Fitting · Auffarth · Kaiser · Heither

Betriebsverfassungsgesetz

Betriebsverfassungsgesetz

Handkommentar

von

Prof. Karl Fitting
Ministerialdirektor a. D.

Prof. Dr. jur. Fritz Auffarth
Vizepräsident
des Bundesarbeitsgerichts a. D.

Heinrich Kaiser
Ministerialdirigent
im Bundesministerium
für Arbeit und Sozialordnung

Dr. jur. Friedrich Heither
Vorsitzender Richter
am Bundesarbeitsgericht

16., neubearbeitete und erweiterte Auflage

Verlag Franz Vahlen München

Zitiervorschlag (alternativ):
Fitting § 37 Rn 24 oder FAKH § 37 Rn 24

CIP-Titelaufnahme der Deutschen Bibliothek

Betriebsverfassungsgesetz : Handkommentar /
von Karl Fitting . . . – 16., neubearb. u. erw. Aufl. –
München : Vahlen, 1990.
ISBN 3 8006 1391 3
NE: Fitting, Karl [Mitverf.]

ISBN 3 8006 1391 3

Satz und Druck der C. H. Beck'schen Buchdruckerei, Nördlingen

Vorwort zur 16. Auflage

Für die Neuauflage 1990 wurde der gesamte Kommentar überarbeitet. Insbesondere wurden die seit der Vorauflage erfolgten Änderungen des Betriebsverfassungsgesetzes, nämlich durch das Gesetz zur Bildung von Jugend- und Auszubildendenvertretungen in den Betrieben vom 13. 7. 1988 (BGBl. I S. 1034) und das Änderungsgesetz vom 20. 12. 1988 (BGBl. I S. 2312), berücksichtigt und eingehend kommentiert. Diese Gesetze haben das Betriebsverfassungsgesetz in wesentlichen Punkten geändert. So ist die Jugendvertretung zu einer Jugend- und Auszubildendenvertretung ausgebaut worden. Die Abgrenzung und Zuordnung der leitenden Angestellten sind neu geregelt, die Vorschriften für die Wahl des Betriebsrats, seiner Ausschüsse und der freizustellenden Betriebsratsmitglieder sowie für die Wahl der Jugend- und Auszubildendenvertretung z. T. grundlegend geändert worden. Außerdem sind die Unterrichtungs- und Beratungsrechte des Betriebsrats und der Arbeitnehmer bei der Planung und Einführung neuer Technologien näher konkretiesiert worden. Auch die zwischenzeitliche zweimalige Änderung der Wahlordnung ist bei der Kommentierung berücksichtigt.

Das Sprecherausschußgesetz wurde im Rahmen der Kommentierung des Betriebsverfassungsgesetzes überall zitiert und erläutert, soweit Berührungspunkte zu den Aufgaben und der Tätigkeit des Betriebsrats bestehen. Der Text dieses Gesetzes wurde als Anhang 4 abgedruckt. Von einer eigenständigen Kommentierung dieses Gesetzes haben die Autoren abgesehen, weil dies bei einer gründlichen Erläuterung den Rahmen eines einbändigen Handkommentars gesprengt hätte.

Die Autoren haben außerdem die seit dem Erscheinen der letzten Auflage ergangene umfangreiche Rechtsprechung des Bundesarbeitsgerichts und die bedeutsamen Entscheidungen der Landesarbeitsgerichte und der Arbeitsgerichte zu betriebsverfassungsrechtlichen Fragen berücksichtigt, ferner die inzwischen erschienene betriebsverfassungsrechtliche Literatur. Rechtsprechung und Schrifttum haben weitere Erkenntnisse, insbesondere zur Mitbestimmung in sozialen und personellen Angelegenheiten und zum Verhältnis von Tarifverträgen zu Betriebsvereinbarungen gebracht. Der Leser erhält somit auch einen Überblick über Entscheidungen und Meinungen, die nach Erscheinen der 15. Auflage bis zum 1. Oktober 1989 veröffentlicht wurden.

Schließlich enthält auch die 16. Auflage ein ebenfalls überarbeitetes Kapitel über das arbeitsgerichtliche Beschlußverfahren. Es ist in besonderem Maße auf die Bedürfnisse der Praxis abgestellt. Die Erläuterungen sollen es den Beteiligten erleichtern, ihren Konflikt notfalls vor den Arbeitsgerichten auszutragen, ohne an verfahrensrechtlichen Hürden zu scheitern.

Trotz des umfangreichen neuen Materials hat der Kommentar seinen Charakter als Handkommentar wahren können. Die Erläuterungen sind, soweit es vertretbar erschien, weiter gestrafft worden, ohne jedoch die Aussagekraft zu gefährden oder die Auseinandersetzung mit der allgemeinen Rechtsentwicklung und aktuellen Streitfragen zu vernachlässigen.

Für die praktische Handhabung des Betriebsverfassungsgesetzes in den Betrieben hat die Rechtsprechung des Bundearbeitsgerichts größte Bedeutung. Durch die Mitwirkung von Richtern am Bundesarbeitsgericht können die Entscheidungen dieses Gerichts besonders sachkundig erläutert werden. Im übrigen hat die Autorengemeinschaft den bisherigen Grundsatz beibehalten, eine Kommentierung „aus einem Guß" zu schaffen; die Autoren haben alle wesentlichen Fragen untereinander abgestimmt.

Die Arbeit der Verfasser wurde wiederum wesentlich gefördert durch den unmittelbaren Kontakt zu Personen, die mit der Anwendung des Betriebsverfassungsgesetzes befaßt sind (Betriebsräte, Arbeitgeber, Personalleiter, Vertreter von Gewerkschaften und Arbeitgeberverbänden).

Herr Regierungsamtmann Ostermann, Bonn, hat auch für diese Auflage die staatliche und autonome Normsetzung der vergangenen Jahre im Bereich des Arbeitsschutzes für den Kommentar zusammengestellt. Herr Amtsrat Kirschner, Kassel, hat es wiederum übernommen, das Fundstellenverzeichnis der Entscheidungen des Bundesarbeitsgerichts zu bearbeiten. Beiden Herren sei auch an dieser Stelle gedankt.

Von einer Kommentierung der Betriebsverfassung in der Seeschifffahrt ist aus den im Vorwort zur 13. Auflage näher dargelegten Gründen weiter Abstand genommen worden. Auf den Abdruck der Wahlordnung Seeschiffahrt – WOS – wurde aus Platzgründen verzichtet.

Die Verfasser hoffen, daß auch die 16. Auflage des Kommentars den Benutzern, insbesondere den Betriebsräten, Gewerkschaften, Arbeitgebern und ihren Verbänden, behilflich ist, auftretende Fragen und Probleme einer sachgerechten Lösung zuzuführen. Für Kritik und Anregungen sind die Verfasser wie bisher stets dankbar.

Bonn/Kassel, im November 1989

Die Verfasser

Inhaltsverzeichnis

Betriebsverfassungsgesetz 1972

Erster Teil. Allgemeine Vorschriften

Zweiter Teil. Betriebsrat, Betriebsversammlung, Gesamt- und Konzernbetriebsrat

Erster Abschnitt. Zusammensetzung und Wahl des Betriebsrats

Inhaltsverzeichnis

Inhaltsverzeichnis

Anhang

Abkürzungsverzeichnis

a. A.	anderer Ansicht
AA	Arbeitsamt
a. a. O.	am angegebenen Ort
ABG	(Preußisches) Allgemeines Berggesetz vom 24. 6. 1865 mit späteren Änderungen
ABl.	Amtsblatt
ABM-Anordnung . .	Anordnung des Verwaltungsrats der Bundesanstalt für Arbeit über die Förderung von allgemeinen Maßnahmen zur Arbeitsbeschaffung
Abs.	Absatz
AbtVerslg.	Abteilungsversammlung
AcP	Archiv für die civilistische Praxis
a. F.	alte Fassung
AFG	Arbeitsförderungsgesetz vom 25. 6. 1969 (BGBl. I S. 582), zuletzt geändert durch Gesetz vom 20. 12. 1988 (BGBl. I S. 2343)
AfP	Archiv für Presserecht (Zeitschrift)
AG	Aktiengesellschaft
AGBG	Gesetz zur Regelung des Rechts der allgemeinen Geschäftsbedingungen vom 9. 12. 1976 (BGBl. I S. 3317)
AiB	Arbeitsrecht im Betrieb (Zeitschrift)
AktG	Aktiengesetz vom 6. 9. 1965
a. M.	anderer Meinung
AmtsG	Amtsgericht
ANBA	Amtliche Nachrichten der Bundesanstalt für Arbeit
Änderungsgesetz 1988	Gesetz zur Bildung von Jugend- und Auszubildendenvertretungen in den Betrieben vom 13. 7. 1988 (BGBl. I S. 1034)
Änderungsgesetz 1989	Änderungsgesetz 1989 vom 20. 12. 1988 (BGBl. I S. 2312), gültig ab 1. 1. 1989
Ang.	Angestellter
Anm.	Anmerkung
AnVNG	Gesetz zur Neuregelung des Rechts der Rentenversicherung der Angestellten (Angestelltenversicherungs-Neuregelungsgesetz) vom 23. 2. 1957
AOG	Gesetz zur Ordnung der nationalen Arbeit vom 20. 1. 1934
AP	Arbeitsrechtliche Praxis
AR	Aufsichtsrat
Arb.	Arbeiter
ArbG	Arbeitsgericht

Abkürzungsverzeichnis

ArbGeb. . . . . Arbeitgeber
ArbGG. . . . . Arbeitsgerichtsgesetz vom 2. 7. 1979 (BGBl. I, S. 853), zuletzt geändert durch Gesetz vom 2. 12. 1988 (BGBl. I S. 2328)
AR-Blattei . . . . . . Arbeitsrechtsblattei
ArbN. . . . . Arbeitnehmer
ArbNErfG . . . . . . Gesetz über Arbeitnehmererfindungen vom 25. 7. 1957
ArbPlSchuG . . . . . Arbeitsplatzschutzgesetz i. d. F. vom 14. 4. 1980 (BGBl. I, S. 425)
ArbSch. . . . . Fachbeilage „Arbeitsschutz" des BArbBl.
ArbSozR . . . . Arbeits- und Sozialrecht, Mitteilungsblatt des Arbeitsministerium Baden-Württemberg
ArbStättV . . . . Arbeitsstättenverordnung vom 20. 3. 1975 (BGBl. I, S. 729)
ArbuR . . . . Arbeit und Recht (Zeitschrift)
ARS . . . . Arbeitsrechtssammlung, Entscheidungen des Reichsarbeitsgerichts und der Landesarbeitsgerichte (Bensheimer Sammlung)
ARSt. . . . . Arbeitsrecht in Stichworten
Art. . . . . Artikel
ASiG . . . . Gesetz über Betriebsärzte, Sicherheitsingenieure und andere Fachkräfte für Arbeitssicherheit vom 12. 12. 1973 (BGBl. I S. 1885), geändert durch Gesetz vom 12. 4. 1976 (BGBl. I S. 965)
ASR . . . . Arbeitsstättenrichtlinien
AtomG . . . . Atomgesetz i. d. F. der Bekanntmachung vom 15. 7. 1985 (BGBl. I S. 1565), geändert durch Gesetz vom 18. 2. 1986 (BGBl. I S. 265)
AÜG . . . . Gesetz zur Regelung der gewerbsmäßigen Arbeitnehmerüberlassung vom 7. 8. 1972 (BGBl. I S. 1393), i. d. F. vom 14. 6. 1985 (BGBl. I S. 1068)
Aufl. . . . . Auflage
AVE . . . . Allgemeinverbindlicherklärung
AVG . . . . Angestelltenversicherungsgesetz i. d. F. vom 23. 2. 1957 u. 9. 6. 1965
AVV . . . . Allgemeine Verwaltungsvorschriften
AZO . . . . Arbeitszeitordnung vom 30. 4. 1938

BAA und BA . . . . . Bundesanstalt für Arbeit
BArbBl. . . . . Bundesarbeitsblatt (Zeitschrift)
BAG . . . . Bundesarbeitsgericht und Amtliche Sammlung des BAG
BAnz. . . . . Bundesanzeiger
BAU . . . . Bundesanstalt für Arbeitsschutz und Unfallforschung
BB . . . . Der Betriebs-Berater (Zeitschrift)

BBergG . . . . Bundesberggesetz vom 13. 8. 1980 (BGBl. I, S. 1310)
BBG . . . . Bundesbeamtengesetz
BBiG . . . . Berufsbildungsgesetz vom 14. 8. 1969 (BGBl. I S. 1112), zuletzt geändert durch Gesetz vom 23. 12. 1981 (BGBl. I S. 1692)
Bd. . . . . Band
BDA . . . . Bundesvereinigung der Deutschen Arbeitgeberverbände
BDSG . . . . Bundesdatenschutzgesetz vom 27. 1. 1977 (BGBl. I, S. 201)
Beil. . . . . Beilage
Bem. . . . . Bemerkung
bes. . . . . besonders
BeschFG . . . . Beschäftigungsförderungsgesetz vom 26. 4. 1985 (BGBl. I S. 710)
BeschlVerf. . . . . . . Beschlußverfahren
betr. . . . . betreffend
BetrAusschuß . . . . Betriebsausschuß
BetrAVG . . . . Gesetz zur Verbesserung der betrieblichen Altersversorgung vom 19. 12. 1974 (BGBl. I S. 3610), zuletzt geändert durch Gesetz vom 13. 4. 1984 (BGBl. I S. 601, 607)
BetrR . . . . Der Betriebsrat, Mitteilung für die Betriebsräte der IG Chemie-Papier-Keramik, Hannover
BetrVerf. . . . . Betriebsverfassung
BetrVerslg. . . . . . . Betriebsversammlung
BetrVertr. . . . . Betriebsvertretung
BetrVG 52 . . . . . . Betriebsverfassungsgesetz 1952
BetrVG . . . . Betriebsverfassungsgesetz 1972
BFH . . . . Bundesfinanzhof
BG . . . . Berufsgenossenschaft, Die Berufsgenossenschaft (Zeitschrift)
BGB . . . . Bürgerliches Gesetzbuch
BGBl. I . . . . Bundesgesetzblatt, Teil I
BGH . . . . Bundesgerichtshof
BGHZ . . . . Entscheidungen des Bundesgerichtshofs in Zivilsachen
BImSchG . . . . Bundesimmissionsschutzgesetz vom 15. 3. 1974 (BGBl. I S. 721)
BlStR . . . . Blätter für Steuer-, Sozial- und Arbeitsrecht (Zeitschrift)
BMA . . . . Bundesminister für Arbeit und Sozialordnung
BMBW . . . . Bundesminister für Bildung und Wissenschaft
BMFT . . . . Bundesminister für Forschung und Technik
BPersVG . . . . Personalvertretungsgesetz des Bundes vom 15. 3. 1974 (BGBl. I S. 693), zuletzt geändert durch Gesetz vom 10. 7. 1989 (BGBl. I S. 1380)

Abkürzungsverzeichnis

BPG . . . . Bergmannsprämiengesetz vom 12. 5. 1969 (BGBl. I S. 434), zuletzt geändert durch Gesetz vom 7. 5. 1980 (BGBl. I S. 532)
BR . . . . Betriebsrat
Breith . . . . Breithaupt, Sammlung von Entscheidungen aus dem Sozialrecht, Walter Stutz Verlag, München
BRGebO . . . . Bundesrechtsanwaltsgebührenordnung
BRG . . . . Betriebsrätegesetz vom 4. 2. 1920
BRVerslg . . . . Betriebsräteversammlung
BSG . . . . Bundessozialgericht
BT . . . . Deutscher Bundestag
BT-Drucks. . . . . . . Drucksache des Deutschen Bundestages
Buchst. . . . . Buchstabe
BUrlG . . . . Bundesurlaubsgesetz vom 8. 1. 1963 (BGBl. I S. 2), zuletzt geändert durch Gesetz vom 29. 10. 1974 (BGBl. I S. 2879)
BV . . . . Betriebsvereinbarung
BVerfG . . . . Bundesverfassungsgericht
BVerfGE . . . . Amtliche Sammlung des BVerfG (Band, Seite)
BVerwG . . . . Bundesverwaltungsgericht
BVerwGE . . . . Amtliche Sammlung des BVerwG (Band, Seite)
BWG . . . . Bundeswahlgesetz i. d. F. vom 1. 9. 1975 (BGBl. I S. 2325)
BZRG . . . . Bundeszentralregistergesetz i. d. F. vom 21. 9. 1984 (BGBl. I, S. 1230)

CDA . . . . Christlich-Demokratische Arbeitnehmerschaft
CGB . . . . Christlicher Gewerkschaftsbund
CR . . . . Computer und Recht (Zeitschrift)

DAG . . . . Deutsche Angestellten-Gewerkschaft
DB . . . . Der Betrieb (Zeitschrift)
DGB . . . . Deutscher Gewerkschaftsbund
DIN . . . . Deutsche Industrie-Norm, Deutsches Institut für Normung
DLA . . . . Der leitende Angestellte (Zeitschrift)
DöD . . . . Der öffentliche Dienst (Zeitschrift)
DR . . . . Dietz/Richardi, Kommentar zum BetrVG, 6. Aufl. Bd. 1 1981, Bd. 2 1982
DRiG . . . . Deutsches Richtergesetz i. d. F. vom 19. 4. 1972 (BGBl. I S. 713)
DRK . . . . Deutsches Rotes Kreuz
DSWR . . . . Datenverarbeitung in Steuer, Wirtschaft u. Recht (Zeitschrift)
DuD . . . . Datenschutz u. Datensicherung (Zeitschrift)
DVBl. . . . . Deutsches Verwaltungsblatt, (Zeitschrift)
DVO . . . . Durchführungsverordnung
DVR . . . . Datenverarbeitung im Recht (Zeitschrift), Schweitzer Verlag

E. . . . . Entscheidungen, Entwurf
EDV . . . . Elektronische Datenverarbeitung
EG . . . . Einführungsgesetz
EG . . . . Europäische Gemeinschaft
EhfG . . . . Entwicklungshelfer-Gesetz vom 18. 6. 1969 (BGBl. I S. 549)
EigÜbG . . . . Eignungsübungsgesetz vom 20. 1. 1956
einstw. Verfg. . . . . einstweilige Verfügung
EKD . . . . Evangelische Kirche Deutschlands
ErsMitgl. . . . . Ersatzmitglied
E-Stelle . . . . Einigungsstelle
ES . . . . Entscheidungssammlung
EStG . . . . Einkommensteuergesetz
EuGH . . . . Europäischer Gerichtshof
EWG . . . . Europäische Wirtschaftsgemeinschaft
EzA . . . . Entscheidungssammlung zum Arbeitsrecht, Luchterhand Verlag, Neuwied

FdA-Anordnung . . Anordnung des Verwaltungsrats der BAA zur Förderung der Arbeitsaufnahme
FGG . . . . Gesetz über Angelegenheiten der freiwilligen Gerichtsbarkeit
FS . . . . Festschrift
FuU-Anordnung . . Anordnung des Verwaltungsrats der BAA über die individuelle Förderung der beruflichen Fortbildung u. Umschulung

G . . . . Gesetz
GBA . . . . Gewerbeaufsichtsbeamter
GefStoffV . . . . Verordnung über gefährliche Arbeitsstoffe vom 26. 8. 1986 (BGBl. I S. 1470)
GenG . . . . Gesetz über die Erwerbs- und Wirtschaftsgenossenschaften vom 20. 5. 1898, zuletzt geändert durch Gesetz vom 19. 12. 1985 (BGBl. I S. 2355)
Ges. . . . . Gesellschaft und Gesamt-
GesBR . . . . Gesamtbetriebsrat
GesBetrAusschuß . . Gesamtbetriebausschuß
Ges-Jug-AzubiVertr Gesamtjugend- und Auszubildendenvertretung
GesSchwbVertr . . . Gesamtschwerbehindertenvertretung
GewO . . . . Gewerbeordnung i. d. F. vom 1. 1. 1978 (BGBl. I, S. 97)
ggfs. . . . . gegebenenfalls
GG . . . . Grundgesetz
GKSB . . . . Gnade/Kehrmann/Schneider/Blanke, Kommentar zum BetrVG
GKSBK . . . . Gnade/Kehrmann/Schneider/Blanke/Klebe, Basiskommentar zum BetrVG, Bund-Verlag, 1989
GL . . . . Galperin/Löwisch, Kommentar zum BetrVG, 6. Aufl., 1982

GK	Gemeinschaftskommentar
GmbH	Gesellschaft mit beschränkter Haftung
GmbHG	Gesetz über die Gesellschaften mit beschränkter Haftung i. d. F. vom 20. 4. 1928, zuletzt geändert durch Gesetz vom 15. 5. 1986 (BGBl. I, S. 721)
GMH	Gewerkschaftliche Monatshefte
GMP	Germelmann Matthes, Prütting, Kommentar zum ArbGG, Beck-Verlag
GO	Geschäftsordnung
GSG	Gesetz über technische Arbeitsmittel – Gerätesicherheitsgesetz vom 24. 6. 1968 (BGBl. I S. 717), zuletzt geändert durch Gesetz vom 13. 8. 1980 (BGBl. I S. 1310)
GVBl.	Gesetz- und Verordnungsblatt
HAG	Heimarbeitsgesetz vom 14. 3. 1951, i. d. F. vom 1. 11. 1974 (BGBl. I, S. 2879)
HandwO	Gesetz zur Ordnung des Handwerks i. d. F. vom 28. 12. 1965 (BGBl. 1966 I S. 1)
Hauptverslg.	Hauptversammlung
HdA	Humanisierung der Arbeit
HGB	Handelsgesetzbuch
h. M.	herrschende Meinung
HSG	Hess/Schlochauer/Glaubitz, Kommentar zum BetrVG, 3. Aufl., 1986
IAO	Internationale Arbeitsorganisation
i. d. F.	in der Fassung
IfaA	Institut für angewandte Arbeitswissenschaft e. V., Köln
IG	Industriegewerkschaft
i. S.	im Sinne
i. Vbdg.	in Verbindung
JArbSchG	Jugendarbeitsschutzgesetz vom 12. 4. 1976 (BGBl. I, S. 965), geändert durch Gesetz vom 24. 4. 1986 (BGBl. I S. 560)
JAVG	Gesetz zur Bildung von Jugend- und Auszubildendenvertretungen in den Betrieben vom 13. 7. 1988 (BGBl I S. 1034)
Jug	Jugendliche
JugAzubiVertr.	Jugend- und Auszubildendenvertretung (-vertreter)
JuS	Juristische Schulung, Zeitschrift für Studium und Ausbildung
JW	Juristische Wochenschrift
JZ	Juristenzeitung

KAB . . . . Katholische Arbeiterbewegung
Kap. . . . . Kapitel
KAPOVAZ . . . . . Kapazitätsorientierte variable Arbeitszeit
KBR . . . . Konzernbetriebsrat
KG a. A. . . . . Kommanditgesellschaft auf Aktien
KO . . . . Konkursordnung, zuletzt geändert durch Gesetz vom 25. 7. 1986 (BGBl. I S. 1130)
kr. . . . . kritisch
KSchG . . . . Kündigungsschutzgesetz i. d. F. vom 25. 8. 1969 (BGBl. I S. 1317), zuletzt geändert durch Gesetz vom 26. 4. 1985 (BGBl. I S. 710)

LAA . . . . Landesarbeitsamt
LAG . . . . Landesarbeitsgericht
LFG . . . . Lohnfortzahlungsgesetz i. d. F. vom 10. 8. 1972, zuletzt geändert durch Gesetz vom 26. 4. 1985 (BGBl. I S. 710)

MAK . . . . Maximale Arbeitsplatzkonzentration
MBR . . . . Mitbestimmungsrecht
MDR . . . . Monatsschrift für Deutsches Recht (Zeitschrift)
MHRG . . . . Gesetz zur Regelung der Miethöhe vom 18. 12. 1974, Zweites Wohnraumkündigungsschutzgesetz (BGBl. I, S. 3604), zuletzt geändert durch Gesetz vom 20. 12. 1982 (BGBl. I S. 1912)
MindArbBedG . . . . Gesetz über die Festsetzung von Mindestarbeitsbedingungen vom 11. 1. 1952
MitbestG . . . . Gesetz über die Mitbestimmung der Arbeitnehmer (Mitbestimmungsgesetz) vom 4. 5. 1976 (BGBl. I, S. 1153)
MitbestEG . . . . . . Gesetz zur Ergänzung des Gesetzes über die Mitbestimmung der Arbeitnehmer in den Aufsichtsräten und Vorständen der Unternehmen des Bergbaus und der Eisen und Stahl erzeugenden Industrie vom 7. 8. 1956 (BGBl. I S. 507), zuletzt geändert durch Gesetz vom 23. 12. 1988 (BGBl. I S. 2324)
MB . . . . Die Mitbestimmung, Zeitschrift der Hans-Böckler-Gesellschaft (ab 1982)
MitbGespr. . . . . . . Das Mitbestimmungsgespräch, Zeitschrift der Hans-Böckler-Gesellschaft (bis 1981)
Mitgl. . . . . Mitglied
MLA . . . . Methodenlehre des Arbeitsstudiums
MLPS . . . . Methodenlehre der Planung und Steuerung
Montan-MitbestG . . Gesetz über die Mitbestimmung der Arbeitnehmer in den Aufsichtsräten und Vorständen der Unternehmen des Bergbaus und der Eisen und Stahl erzeugenden Industrie vom 21. 5. 1951

	(BGBl. I S. 347), zuletzt geändert durch Gesetz vom 21. 5. 1981 (BGBl. I S. 441)
MuSchG	Gesetz zum Schutz der erwerbstätigen Mutter i. d. F. vom 18. 4. 1968 (BGBl. I S. 315), zuletzt geändert durch Gesetze vom 20. 12. 1988 (BGBl. I S. 2590)
NJW	Neue Juristische Wochenschrift (Zeitschrift)
NZA	Neue Zeitschrift für Arbeits- und Sozialrecht
OLG	Oberlandesgericht
OVG	Oberverwaltungsgericht
OWiG	Gesetz über Ordnungswidrigkeiten vom 24. 5. 1968 (BGBl. I, S. 481) i. d. F. vom 19. 2. 1987 (BGBl. I, S. 602)
PersVertr.	Personalvertretung, Die Personalvertretung (Zeitschrift)
PersVG	Personalvertretungsgesetz
PIS	Personalinformationssystem
PR	Personalrat, Der Personalrat (Zeitschrift)
PrAllgBergG	Preußisches Allgemeines Berggesetz vom 24. 6. 1865 mit späteren Änderungen
Quelle	Die Quelle (Zeitschrift)
RabelsZ	(Rabels)Zeitschrift für Ausländisches und Internationales Privatrecht
RABl.	Reichsarbeitsblatt
RAG	Entscheidungen des Reichsarbeitsgerichts und Reichsarbeitsgericht
RdA	Recht der Arbeit (Zeitschrift)
RDV	Recht der Datenverarbeitung (Zeitschrift)
RE	Regierungsentwurf
REFA	Verband für Arbeitsstudien u. Betriebsorganisation e. V.
RG	Reichsgericht
RGBl. I	Reichsgesetzblatt Teil I
RGSt.	Entscheidungen des Reichsgerichts in Strafsachen
RGZ	Entscheidungen des Reichsgerichts in Zivilsachen
RKW	Rationalisierungs-Kuratorium der Deutschen Wirtschaft e. V.
Rn.	Randnummer
Rspr.	Rechtsprechung
RVA	Reichsversicherungsamt
RVO	Reichsversicherungsordnung i. d. F. vom 15. 12. 1924 mit späteren Änderungen

S. . . . . Satz oder Seite
s. a. . . . . siehe auch
SAE. . . . . Sammlung arbeitsrechtlicher Entscheidungen (Zeitschrift)
SchwbG . . . . Schwerbehindertengesetz i. d. F. vom 26. 8. 1986 (BGBl. I, S. 1421), geändert durch Gesetz vom 14. 12. 1987 (BGBl. I S. 2602)
Schwbeh. . . . . Schwerbehinderter
SchwbVertr. . . . . . Schwerbehindertenvertretung
SchwbWV . . . . . . WerkstättenVO SchwbG, 3. DVO vom 13. 8. 1980 (BGBl. I S. 1365)
SGB . . . . Sozialgesetzbuch vom 23. 12. 1976 (BGBl. I, S. 3845), Viertes Buch (IV), zuletzt geändert durch Gesetz vom 25. 7. 1986 (BGBl. I S. 1142)
SozplKonkG . . . . . Gesetz über den Sozialplan im Konkurs- und Vergleichsverfahren vom 20. 2. 1985 (BGBl. I S. 369)
SozSi . . . . Die Soziale Sicherheit (Zeitschrift)
SprAuG . . . . Sprecherausschußgesetz vom 20. 12. 1988 (BGBl. I S. 2312)
Stellvertr. . . . . Stellvertreter
sten. Ber. BT . . . . . stenografische Berichte über die Sitzungen des Deutschen Bundestages
StGB . . . . Strafgesetzbuch i. d. F. vom 10. 3. 1987 (BGBl. I, S. 945)
StVollzG . . . . Strafvollzugsgesetz vom 16. 3. 1976 (BGBl. I S. 581)
StrlSchV. . . . . StrahlenschutzVO vom 13. 10. 1976 (BGBl. I, S. 2905) i. d. F. vom 30. 6. 1989 (BGBl. I S. 1321)
StVZO . . . . Straßenverkehrszulassungsordnung

TAB . . . . Technischer Aufsichtsbeamter
Tar.-Nr. . . . . Tarifregister des Bundesministeriums für Arbeit und Sozialordnung, Registernummer
TO . . . . Tarifordnung
TReg . . . . technische Regeln
TRK-Werte . . . . . . technische Richtkonzentrationen für krebserzeugende Arbeitsstoffe
TU . . . . technische Universität
TV . . . . Tarifvertrag
TVAL . . . . Tarifvertrag für die bei Dienststellen, Unternehmen und sonstigen Einrichtungen der alliierten Behörden und der alliierten Streitkräfte im Gebiet der Bundesrepublik Deutschland beschäftigten Arbeitnehmer vom 28. 1. 1955
TVG . . . . Tarifvertragsgesetz i. d. F. vom 25. 8. 1969 (BGBl. I S. 1323)

u.	und
u. a.	unter anderem
UVNG	Unfallversicherungsneuregelungsgesetz vom 30. 4. 1963 (BGBl. I S. 241)
UVV	Unfallverhütungsvorschrift
u. U.	unter Umständen
UWG	Gesetz gegen den unlauteren Wettbewerb vom 7. 6. 1909, zuletzt geändert durch Gesetz vom 22. 10. 1987 (BGBl. I S. 2294)
VAG	Gesetz über die Beaufsichtigung der Versicherungsunternehmen vom 13. 10. 1983 (BGBl. I S. 1262)
VermBG	Fünftes Gesetz zur Förderung der Vermögensbildung der Arbeitnehmer i. d. F. vom 19. 1. 1989 (BGBl. I S. 137)
Verslg.	Versammlung
Vertr.	Vertreter, Vertretung
VDE	Verband Deutscher Elektrotechniker
VDI	Verein Deutscher Ingenieure
VG	Verwaltungsgericht
VGB 1	Unfallverhütungsvorschriften „Allgemeine Vorschriften“, gültig ab 1. 4. 1977
VGH	Verwaltungsgerichtshof
vgl.	vergleiche
VO	Verordnung
Vorbem.	Vorbemerkung
Vors.	Vorsitzender
Vorst.	Vorstand
VRG	Vorruhestandsgesetz vom 13. 4. 1984 (BGBl. I S. 601)
VRspr.	Verwaltungsrechtsprechung in Deutschland (Bd./Seite)
VVaG	Versicherungsverein auf Gegenseitigkeit
VwGO	Verwaltungsgerichtsordnung vom 21. 1. 1960
WA	Wahlausschreiben
WiAusschuß	Wirtschaftsausschuß
WO	Wahlordnung zum Betriebsverfassungsgesetz 1972
WOPersVG	Wahlordnung zum BPersVG vom 23. 9. 1974 (BGBl. I S. 2337)
WOS	Zweite Verordnung zur Durchführung des Betriebsverfassungsgesetzes (Wahlordnung Seeschiffahrt) vom 24. 10. 1972 (BGBl. I S. 2029)
WSI-Mitt.	WSI-Mitteilungen (Zeitschrift des Wirtschafts- u. Sozialwissenschaftlichen Instituts des DGB)

z. B. . . . . zum Beispiel
ZBR . . . . Zeitschrift für Beamtenrecht
ZDG . . . . Zivildienstgesetz i. d. F. vom 31. 7. 1986 (BGBl. I S. 1205)
ZfA . . . . Zeitschrift für Arbeitsrecht
ZGR . . . . Zeitschrift für Unternehmens- und Gesellschaftsrecht
ZH 1 . . . . Verzeichnis von Sicherheitsregeln u. a., Schriften für Arbeitssicherheit u. Arbeitsmedizin, Hauptverband der gewerblichen Berufsgenossenschaften, Bonn
ZHR . . . . Zeitschrift für das gesamte Handelsrecht und Wirtschaftsrecht
Ziff. . . . . Ziffer
ZIP . . . . Zeitschrift für Gesellschaftsrecht u. Insolvenzpraxis
ZPO . . . . Zivilprozeßordnung
ZRP . . . . Zeitschrif t für Rechtspolitik
ZSKG . . . . Gesetz über das Zivilschutzkorps vom 12. 8. 1965 (BGBl. I S. 782), zuletzt geändert durch G. vom 25. 6. 1969 (BGBl. I S. 645)
z. T. . . . . zum Teil
z. Z. . . . . zur Zeit

Literaturverzeichnis

Auernhammer	Auernhammer, Bundesdatenschutzgesetz, Kommentar, Carl Heymanns Verlag, 2. Aufl., 1981
Auffarth/Müller	Auffarth u. Müller, Kommentar zum Kündigungsschutzgesetz, Vahlen-Verlag 1960
Bauer	Bauer, Sprecherausschußgesetz, Beck-Verlag, 1989
Baumbach/Hueck	Baumbach-Hueck, Kommentar zum Aktiengesetz, 14. Aufl., 1985, Beck-Verlag
Baumbach/Hueck, GmbHG	Baumbach/Hueck, GmbH-Gesetz, 15. Auflage, 1985, Beck-Verlag
Biedenkopf	Biedenkopf, Kurt H., Die Grenzen der Tarifautonomie, C. F. Müller, Karlsruhe 1964
Baumbach/Lauterbach	Baumbach-Lauterbach-Albers-Hartmann, Kommentar zur Zivilprozeßordnung, 44. Aufl., 1986, Beck-Verlag
Becker/Wulfgramm	Becker/Wulfgramm, Kommentar zum AÜG, 3. Aufl., Luchterhand-Verlag 1985
Birkwald/Pornschlegel	Birkwald-Pornschlegel, Handlungsanleitung zur menschengerechten Arbeitsgestaltung nach dem BetrVG, Herausgeb. IG Metall, 1976
Bischoff	Bischoff, Hans Jürgen. Die Einigungsstelle im Betriebsverfassungsrecht, Erich-Schmidt-Verlag, 1975
Bleistein	Bleistein Franzjosef, Betriebsverfassung in der Praxis, 3. Aufl., Stollfuß Verlag Bonn, 1977
Bobrowski/Gaul	Bobrowski/Gaul, Das Arbeitsrecht im Betrieb, 8. Aufl. 2. Bd. Verlagsgesellschaft Recht und Wirtschaft, 1986
Bohn/Schlicht	Bohn/Schlicht, Betriebsverfassungsgesetz, 3. Aufl. 1982
Boldt	Boldt, Kommentar zum Mitbestimmungsgesetz und zum Mitbestimmungsergänzungsgesetz 1952, 1957, Beck-Verlag

Borgward/Fischer . . . . Borgward und Fischer, Sprecherausschußgesetz für leitende Angestellte, 1989

Brecht . . . . Brecht, Kommentar zum Betriebsverfassungsgesetz, Verlag Neue Wirtschaftsbriefe, 1972

Brox/Rüthers . . . . Brox/Rüthers, Arbeitskampfrecht, 2. Aufl., Kohlhammer Verlag, 1982

Däubler . . . . Däubler Wolfgang, Schulung und Fortbildung von Betriebsratsmitgliedern und Jugendvertretern nach § 37 BetrVG, 3. Aufl., Bund Verlag Köln, 1978

Däubler . . . . Däubler Wolfgang, Gewerkschaftsrechte im Betrieb, 5. Aufl. Luchterhand Verlag, 1987

Däubler . . . . Däubler Wolfgang, Das Arbeitsrecht, 2 Bde., 7. bzw. 4. Aufl., Rowohlt Verlag, 1985, 1986

Däubler/Hege . . . . Däubler/Hege, Koalitionsfreiheit, Nomos-Verlag, 1976

Däubler/Hege . . . . Däubler/Hege, Tarifvertragsrecht, Nomos-Verlag, 2. Aufl. 1981

Denecke/Neumann . . . . Denecke/Neumann, Kommentar zur Arbeitszeitordnung, 10. Aufl., 1987, Beck-Verlag

Dersch/Neumann . . . . Dersch/Neumann, Kommentar zum Bundesurlaubsgesetz, 6. Aufl., 1981, Beck-Verlag

DR . . . . Dietz/Richardi, Kommentar zum Betriebsverfassungsgesetz 1972, 6. Aufl., 1981/82, Beck-Verlag

Dietz/Richardi PersVG . . . . Dietz/Richardi, Bundespersonalvertretungsgesetz, 2. Aufl., 2 Bde., Beck-Verlag 1978

Doetsch/Schnabel . . . . Doetsch/Schnabel, Kommentar zum Arbeitssicherheitsgesetz, 2. Aufl. 1980, Heider-Verlag

Dütz . . . . Dütz, Unterlassungs- u. Beseitigungsansprüche des Betriebsrats gegen den Arbeitgeber im Anwendungsbereich des § 87 BetrVG, Hans Böckler Gesellschaft, 1983

Ehmann . . . . Ehmann, Arbeitsschutz u. Mitbestimmung bei neuen Technologien, Dunker & Humblot, Berlin, 1981

Ehmann . . . . Ehmann, Betriebsrisikolehre und Kurzarbeit, Duncker & Humblot, Berlin 1979

Fitting/Wlotzke/Wißmann . . . Fitting-Wlotzke-Wißmann, Kommentar zum Mitbestimmungsgesetz, 2. Aufl., 1978, Vahlen-Verlag, München

Franz . . . . Franz, Astrid, Personalinformationssysteme u. Betriebsverfassung, Bund-Verlag, 1983

Frauenkron . . . . Frauenkron, Betriebsverfassungsrecht, Grundriß, Stollfuß Verlag, 1980

Fredebeul/Krebs/Bäsken . . . . Fredebeul/Krebs/Bäsken , Recht der Berufsbildung, Bertelsmann-Verlag, Bielefeld

Frey . . . . Frey, Der Tendenzschutz im BetrVG 1972, Verlagsgesellschaft Recht und Wirtschaft, Heidelberg, 1974

Friedrichs . . . . Friedrichs, Moderne Personalführung, 4. Aufl.

Fuchs . . . . Fuchs, Harald, Der Sozialplan nach dem BetrVG 1972, Bund-Verlag, 1977

Fuchs . . . . Fuchs, Rainer, Der Konzernbetriebsrat, Europäische Hochschulschriften, 1974

GL . . . . Galperin-Löwisch, Kommentar zum Betriebsverfassungsgesetz 1972, 6. Auflage, Verlagsgesellschaft Recht und Wirtschaft, Heidelberg, 1982

Gaugler/Kolb/Ling . . . . Gaugler/Kolb/Ling, Humanisierung der Arbeitswelt und Produktivität, Herausgeb. Bayerisches Staatsministerium für Arbeit und Sozialordnung, 1977

Gaul . . . . Gaul, Das Arbeitsrecht im Betrieb, 8. Aufl. 2 Bd., Verlag Recht und Wirtschaft Heidelberg 1986

Gaul . . . . Gaul, Die rechtliche Ordnung der Bildschirm-Arbeitsplätze, 2. Aufl., 1984, Schäfer Verlag

Gaul . . . . Gaul, Die betriebliche Einigungsstelle, 2. Aufl., Haufe-Verlag, 1980

Gaul . . . . Gaul, Die Arbeitsbewertung u. ihre rechtliche Bedeutung, 4. Aufl., Beuth Verlag, 1981

Gege . . . . Gege, Die Funktion des Wirtschaftsausschusses im Rahmen der wirtschaftlichen Mitbestimmung, Haag und Herchen Verlag, 1977

GMP . . . . Germelmann/Matthes/Prütting, Kommentar zum ArbGG

Geßler/Hefermehl/Eckardt/Kropff . . . . Geßler/Hefermehl/Eckardt/Kropff, Aktiengesetz, Vahlen-Verlag, 1973

Giese/Ibels/Rehkopf . . . . . . Giese/Ibels/Rehkopf, Kommentar zum Arbeitssicherheitsgesetz, 3. Aufl., 1977, BB-Kommentar

GK-Fabricius-Kraft-Thiele-Wiese-Kreutz . . . . Gemeinschaftskommentar zum Betriebsverfassungsgesetz 1972 von Fabricius-Kraft-Thiele-Wiese-Kreutz, Luchterhand-Verlag, 3. Bearb. 1982/85, Bd. 1 4. Aufl. 1987

GK-MitbestG . . . . Gemeinschaftskommentar zum Mitbestimmungsgesetz von Fabricius, Matthes, Naendrup, Rumpff, Schneider und Westerath, Luchterhand Verlag

Glaubrecht/Halberstadt/Zander . . . . Glaubrecht, Halberstadt, Zander, Betriebsverfassungsrecht in Recht und Praxis, Haufe Verlag, Freiburg

GKSB . . . . Gnade/Kehrmann/Schneider/Blanke, Kommentar zum Betriebsverfassungsgesetz 1972, Bund-Verlag, 2. Aufl., 1983

GKSBK . . . . Gnade/Kehrmann/Schneider/Blanke/Klebe, Basiskommentar zum BetrVG, Bund-Verlag, 1989

GK-TzA . . . . Gemeinschaftskommentar zum Teilzeitarbeitsrecht von Becker u. a., 1987

Gola/Hümmerich/Kerstan . . . Gola/Hümmerich/Kerstan, Datenschutzrecht, Teil II, J. Schweitzer Verlag, 1978

Graeff . . . . Graeff, Kommentar zum Arbeitssicherheitsgesetz, 2. Aufl., 1979, Heymanns-Verlag

Grunsky . . . . Grunsky, Kommentar zum Arbeitsgerichtsgesetz, 5. Aufl., Franz Vahlen Verlag, 1987

Hanau . . . . Hanau, Die juristische Problematik des Entwurfs eines Gesetzes zur Verstärkung der Minderheitenrechte (Rechtsgutachten), Frankfurt, 1986

Hanau/Ulmer . . . . Hanau/Ulmer, Kommentar zum Mitbestimmungsgesetz, Beck-Verlag, 1981

Hässler . . . . Hässler Manfred, Die Geschäftsführung des Betriebsrates, 5. Auflage, Heidelberg, 1984

Heinze . . . . Heinze, Personalplanung, Einstellung u. Kündigung, Schäffer-Verlag, 1982

Herschel/Lorenz . . . . Herschel und Lorenz, Jugendarbeitsschutzgesetz, Kommentar, Verlagsgesellschaft Recht u. Wirtschaft, 1976

Herschel/Löwisch . . . . Herschel und Löwisch, Kündigungsschutzgesetz, 6. Aufl., 1984

Hess/Marienhagen . . . . Hess Hans Georg und Marienhagen Rolf, Betriebsratswahlen, 7. Aufl., Heidelberg, 1972

Höfer/Abt . . . . Höfer/Abt, Gesetz zur Verbesserung der betrieblichen Altersversorgung, Verlag Franz Vahlen, 2. Aufl., 1982

Höhn . . . . Höhn, Betriebsverfassungsgesetz – Stellenbeschreibung und Führungsrichtlinien, Bad Harzburg, 1978

Hörle/Wronka . . . . Hörle-Wronka, Bundesdatenschutzgesetz, 1977

Hofe . . . . Hofe, Betriebliche Mitbestimmung und Humanisierung der Arbeit, Athenäum-Verlag, 1978

Hoffmann/Lehmann/Weinmann . . . . Hoffmann-Lehmann-Weinmann, Mitbestimmungsgesetz, C. H. Beck-Verlag, 1978

Holland . . . . Holland, Jürgen, Teilzeitarbeit, 1988

von Hoyningen-Huene . . . . . von Hoyningen-Huene, Betriebsverfassungsrecht, Beck-Verlag 1983

HSG . . . . Hess, Schlochauer, Glaubitz, Kommentar zum BetrVG, 3. Aufl., Luchterhand-Verlag, 1986

Hueck . . . . Hueck, Kommentar zum Kündigungsschutzgesetz, 10. Aufl., C. H. Beck-Verlag, 1980

Hueck/Nipperdey . . . . Hueck/Nipperdey, Lehrbuch des Arbeitsrechts, 1. Bd., 7. Aufl., 1963, 2. Bd., 7. Aufl., 1970, Vahlen-Verlag

Hümmerich/Gola . . . . Hümmerich/Gola, Personaldatenrecht im Arbeitsverhältnis, Verlagsgesellschaft Recht und Wirtschaft, 1975

Jäcker . . . . Jäcker, Hans, Die Einigungsstelle nach dem Betriebsverfassungsgesetz 1972, Bund-Verlag, 1974

Janzen .... Janzen, Karl-Heinz, Die Praxis der Einigungsstelle nach dem Betriebsverfassungsgesetz 1972, Schriftenreihe der IG-Metall, 1973

Jeiter .... Jeiter, Das neue Gerätesicherheitsgesetz, C. H. Beck-Verlag, 1980

Jobs/Samland .... Jobs/Samland, Personalinformationssysteme in Recht und Praxis, 1984, Schäfer Verlag

Joost .... Joost, Detlev, Betrieb und Unternehmen als Grundbegriffe im Arbeitsrecht, 1988

Kador/Pornschlegel .... Kador/Pornschlegel, Handlungsanleitung zur betrieblichen Personalplanung, RKW, 1977

Kilian .... Kilian, Personalinformationssysteme in deutschen Großunternehmen, Springer-Verlag, 1981

Kittner/Fuchs/Zachert ...... Kittner/Fuchs/Zachert, Arbeitnehmervertreter im Aufsichtsrat, Bund-Verlag, 2 Bd., 3. Aufl., 1986

Kliesch/Nöthlichs/Wagner ... Kliesch/Nöthlichs/Wagner, Arbeitssicherheitsgesetz, Erich Schmidt-Verlag, 1978

Kliesch/Schmidt .... Kliesch/Schmidt, Gesundheitsschutz und Sicherheitstechnik in Betrieben, Kohlhammer-Verlag, 1974

Klinkhammer .... Klinkhammer, Mitbestimmung in Gemeinschaftsunternehmen, Duncker & Humblot, 1977

Klosterkemper .... Klosterkemper, Das Zugangsrecht der Gewerkschaften zum Betrieb, Athenäum-Verlag, 1980

Körnich .... Körnich, Das arbeitsgerichtliche Beschlußverfahren in Betriebsverfassungssachen, Duncker & Humblot, 1978

Kötter .... Kötter, Kommentar zum Mitbestimmungsgesetz und zum Mitbestimmungsergänzungsgesetz 1952, 1958

Konzen .... Konzen, Betriebsverfassungsrechtliche Leistungspflichten des Arbeitgebers Heymann Verlag, 1984

KR-Etzel .... Gemeinschaftskommentar zum Kündigungsschutzgesetz und sonstigen kündigungsschutzrechtlichen Vorschriften von Becker, Etzel, Friedrich,

	Gröninger, Hillebrecht, Rost, Weigand und Wolf, Luchterhand Verlag, 3. Aufl., 1989
Kroll	Kroll, Datenschutz im Arbeitsverhältnis, Athenäum-Verlag, 1981
Küchenhoff	Küchenhoff, Kommentar zum Betriebsverfassungsgesetz 1972, 3. Aufl., 1979, Aschendorffsche Verlagsbuchhandlung
Landmann/Rohmer	Landmann/Rohmer/Eyermann/Fröhler/Neumann, Kommentar zur GewO, 13. Aufl., Stand 1982
Lauterbach	Lauterbach, Unfallversicherung, 3. Aufl., 1976, Verlag Kohlhammer
Leiss	Leiss, Rationelle Betriebsarbeit, Luchterhand-Verlag, 1979
Löwisch	Löwisch, Betriebsverfassungsgesetz, Verlagsgesellschaft Recht und Wirtschaft, Heidelberg, 2. Aufl., 1989
Luhmann	Luhmann, Betriebsjustiz und Rechtsstaat, Verlagsgesellschaft Recht und Wirtschaft, 1975
Meilicke/Meilicke	Meilicke/Meilicke, Kommentar zum Mitbestimmungsgesetz, 2. Aufl., 1976
Meisel	Meisel, Mitwirkung und Mitbestimmung des Betriebsrats in personellen Angelegenheiten, Schriften des BB, 5. Aufl., 1984
Mohr	Mohr, Personalplanung u. Betriebsverfassungsgesetz, Bund-Verlag, 1977
Moll, Entgelt	Moll, Die Mitbestimmung des Betriebsrats beim Entgelt, Duncker & Humblot, 1977
Moll, Tarifvorrang	Moll, Der Tarifvorrang im BetrVG, Erich Schmidt Verlag, 1980
Müller/Lehmann	Gerhard Müller und Rudolf Lehmann, Kommentar zum Mitbestimmungsgesetz, 1952
Müllner	Müllner Wolfgang, Aufgespaltene Arbeitgeberstellung und Betriebsverfassungsrecht, Duncker & Humblot, 1978
Natzel	Natzel, Berufsbildungsrecht, 3. Aufl., Schäffer Verlag Stuttgart 1982
Natzel	Natzel, Menschengerechte Arbeitsge-

	staltung und Gewerkschaftspolitik, Herausgeb. BDA, 1979
Neumann-Duesberg	Neumann – Duesberg, Betriebsverfassungsrecht, Duncker & Humblot, Berlin 1960
Nikisch	Nikisch, Lehrbuch des Arbeitsrechts, 3. Aufl., 1. Bd., 1961, 3. Bd., 2. Aufl., 1966
Nipperdey/Mohnen/Neumann	Nipperdey/Mohnen/Neumann, Der Dienstvertrag, J. v. Staudingers Komm. z. BGB, 11. Aufl., Schweitzer Verlag, Berlin 1958; 12. Aufl. (Naumann), §§ 620–630, Berlin 1979
Opfermann/Streit	Opfermann/Streit, Arbeitsstätten, Deutscher Fachschriften Verlag, Stand 1989
Ossberger	Ossberger, Betriebliche Kontrollen, Carl Heymanns-Verlag, 1981
Osswald	Osswald, Lebendige Arbeitswelt, Sozialgeschichte der Daimler-Benz, Deutsche Verlagsanstalt 1986
Pahlen	Pahlen, Der Grundsatz der Verhältnismäßigkeit bei der Erstattung von Schulungskosten nach dem BetrVG, Duncker & Humblot, 1979
Palandt................	Palandt, Bürgerliches Gesetzbuch, 48. Aufl., 1989
Prölss/Schmidt/Sasse	Prölss, Schmidt, Sasse, Versicherungsaufsichtsgesetz, 9. Aufl., Beck-Verlag, 1983
Pünnel	Pünnel, Die Einigungsstelle des BetrVG 1972, Luchterhand-Verlag, 2. Aufl., 1985
REFA	Methodenlehre des Arbeitsstudiums (MLA), 6 Teile, Carl Hanser Verlag, München
REFA	Methodenlehre der Planung und Steuerung (MLPS), 3 Teile, Carl Hanser Verlag, München
Rewolle	Rewolle, Kommentar zum Schwerbehindertengesetz, Loseblattausgabe
Richardi	Richardi, Kollektivgewalt und Individualwille bei der Gestaltung des Arbeitsverhältnisses, Beck-Verlag, 1968

RKW Handbuch	RKW Handbuch, Praxis der Personalplanung, Luchterhand–Verlag, 1978
Rumpff	Rumpff, Mitbestimmung in wirtschaftlichen Angelegenheiten, Schriften des BB, 2. Aufl., 1978
Säcker	Säcker, Informationsrechte der Betriebs- und Aufsichtsratsmitglieder, Verlagsgesellschaft Recht und Wirtschaft, 1979
Säcker/Zander	Säcker/Zander, Mitbestimmung und Effizienz, Schäffer Verlag, Stuttgart 1981
Sahmer	Sahmer, Kommentar zum Betriebsverfassungsgesetz, Loseblattausgabe, Kommentator-Verlag
Sandmann/Marschall.	Arbeitnehmerüberlassungsgesetz, Kommentar, Loseblatt, Kommentator-Verlag Frankfurt/M.
Schaub	Schaub, Arbeitsrechtshandbuch, 6. Aufl., Beck-Verlag, 1987
Schmatz/Nöthlichs	Schmatz/Nöthlichs, Arbeitsstättenverordnung, Erich Schmidt Verlag, Stand 1986
Schmatz/Nöthlichs	Schmatz/Nöthlichs, Sicherheitstechnik, Erich Schmidt Verlag, Stand 1986
Scholz	Scholz, Pressefreiheit und Arbeitsverfassung, Duncker & Humblot, 1978
Schwarz	Schwarz, Arbeitnehmerüberwachung u. Mitbestimmung, Duncker & Humblot, 1982
Simitis	Simitis, Schutz von Arbeitnehmerdaten, Forschungsbericht, Herausgeber: BMA, 1980
Simitis/Dammann/Mallmann/ Reh	Simitis/Dammann/Mallmann/Reh, Kommentar zum Bundesdatenschutzgesetz, Nomos-Verlagsgesellschaft, 3. Aufl., 1981
Simitis/Rydzy	Simitis/Rydzy, Von der Mitbestimmung zur staatlichen Administration, Nomos Verlag, 1984
Skiba	Skiba, Taschenbuch für Arbeitssicherheit, 4. Aufl., Erich Schmidt Verlag, 1979
Spinnarke-Schork	Spinnarke u. Schork, Arbeitssicherheitsrecht, Loseblattausgabe, Verlag C. F. Müller, 1975

Stege/Weinspach . . . . Stege-Weinspach, Betriebsverfassungsgesetz, 5. Aufl., Deutscher Institutsverlag, 1984

Travlos-Tzonetatos . . . . Travlos-Tzonetatos, Die Regelungsbefugnis der Betriebspartner und ihre Grenzen zum Einzelarbeitsverhältnis, Duncker & Humblot, 1974

Vogt . . . . Vogt Aloys, Die Betriebsversammlung, 3. Auflage, Heidelberg 1977

Vogt . . . . Vogt, Sozialpläne in der betrieblichen Praxis, Otto-Schmidt-Verlag, Köln, 2. Aufl., 1981

Wagner . . . . Wagner, Mitbestimmung bei Bildschirmtechnologien, Verlag Peter Lang, 1984

Wagner/Zerlett/Giesen . . . . . Wagner, Zerlett und Giesen, Berufskrankheiten, Kommentar, Kohlhammer-Verlag, 7. Aufl., Stand 1989

Wahsner/Borgaes . . . . Wahsner, Borgaes, Der folgenlose Rechtsbruch, Kampus Verlag, 1982

Weber . . . . Weber, Das Erzwingungsverfahren gegen den Arbeitgeber nach § 23 Abs. 3 BetrVG, 1979 (Dissertation Mannheim)

Weinmann/Thomas . . . . Weinmann-Thomas, Gefahrstoffverordnung, Carl Heymanns Verlag, Stand 1989

Weiss . . . . Weiss, Betriebsverfassungsgesetz, Nomos Verlagsgesellschaft, 2. Aufl., 1980

Wetzling . . . . Wetzling, Der Konzernbetriebsrat, Hanstein Verlag, 1978

Wiedemann/Stumpf . . . . Wiedemann u. Stumpf, Kommentar zum TVG, 5. Aufl., Beck-Verlag, 1977

Wiese . . . . Wiese, Das Initiativrecht nach dem Betriebsverfassungsgesetz, Luchterhand Verlag, 1977

Willrodt/Neumann . . . . Willrodt u. Neumann, Kommentar zum SchwbG, 7. Aufl., C.H. Beck-Verlag, 1988

Witte/Bronner . . . . Witte-Bronner, Die leitenden Angestellten – Empirische Untersuchung, 2. Bde., C. H. Beck-Verlag 1974/75

Wlotzke . . . . Wlotzke, Betriebsverfassungsgesetz, Beck-Verlag, 1984

Literaturverzeichnis

Wohlgemuth . . . . Wohlgemuth, Datenschutz für Arbeitnehmer, Luchterhand-Verlag, 2. Aufl. 1988

Würdinger . . . . Würdinger, Großkommentar zum AktG, 3. Aufl.

Zachert . . . . Zachert, Betriebliche Mitbestimmung, Bund-Verlag, 1979

Zmarzlik . . . . Zmarzlik, Jugendarbeitsschutzgesetz, Kommentar, Vahlen-Verlag, 3. Aufl., 1985

Zöllner. . . . . Zöllner, Daten- u. Informationsschutz im Arbeitsverhältnis, Carl Heymanns-Verlag, 1982

Zöllner. . . . . Zöllner, Zur Frage des Gewerkschaftsausschlusses wegen gewerkschaftsschädigender Kandidatur bei Betriebsratswahlen, Herausgeber: ÖTV, 1983

Zöllner. . . . . Zöllner, Arbeitsrecht, 3. Aufl., 1983, Beck-Verlag

Text des Betriebsverfassungsgesetzes 1972

Betriebsverfassungsgesetz

Vom 15. Januar 1972 (BGBl. I S. 13) in der Bekanntmachung der Neufassung vom 23. Dezember 1988 (BGBl 1989 I S. 1) mit Berichtigung der Neufassung vom 26. April 1989 (BGBl I S. 902)

Erster Teil. Allgemeine Vorschriften

§ 1 Errichtung von Betriebsräten

In Betrieben mit in der Regel mindestens fünf ständigen wahlberechtigten Arbeitnehmern, von denen drei wählbar sind, werden Betriebsräte gewählt.

§ 2 Stellung der Gewerkschaften und Vereinigungen der Arbeitgeber

(1) Arbeitgeber und Betriebsrat arbeiten unter Beachtung der geltenden Tarifverträge vertrauensvoll und im Zusammenwirken mit den im Betrieb vertretenen Gewerkschaften und Arbeitgebervereinigungen zum Wohl der Arbeitnehmer und des Betriebs zusammen.

(2) Zur Wahrnehmung der in diesem Gesetz genannten Aufgaben und Befugnisse der im Betrieb vertretenen Gewerkschaften ist deren Beauftragten nach Unterrichtung des Arbeitgebers oder seines Vertreters Zugang zum Betrieb zu gewähren, soweit dem nicht unumgängliche Notwendigkeiten des Betriebsablaufs, zwingende Sicherheitsvorschriften oder der Schutz von Betriebsgeheimnissen entgegenstehen.

(3) Die Aufgaben der Gewerkschaften und der Vereinigungen der Arbeitgeber, insbesondere die Wahrnehmung der Interessen ihrer Mitglieder, werden durch dieses Gesetz nicht berührt.

§ 3 Zustimmungsbedürftige Tarifverträge

(1) Durch Tarifvertrag können bestimmt werden:

1. zusätzliche betriebsverfassungsrechtliche Vertretungen der Arbeitnehmer bestimmter Beschäftigungsarten oder Arbeitsbereiche (Arbeitsgruppen), wenn dies nach den Verhältnissen der vom Tarifvertrag erfaßten Betriebe der zweckmäßigeren Gestaltung der Zusammenarbeit des Betriebsrats mit den Arbeitnehmern dient;
2. die Errichtung einer anderen Vertretung der Arbeitnehmer für Betriebe, in denen wegen ihrer Eigenart der Errichtung von Betriebsräten besondere Schwierigkeiten entgegenstehen;

3. von § 4 abweichende Regelungen über die Zuordnung von Betriebsteilen und Nebenbetrieben, soweit dadurch die Bildung von Vertretungen der Arbeitnehmer erleichtert wird.

(2) Tarifverträge nach Absatz 1 bedürfen insoweit der Zustimmung der obersten Arbeitsbehörde des Landes, bei Tarifverträgen, deren Geltungsbereich mehrere Länder berührt, der Zustimmung des Bundesministers für Arbeit und Sozialordnung. Vor der Entscheidung über die Zustimmung ist Arbeitgebern und Arbeitnehmern, die von dem Tarifvertrag betroffen werden, den an der Entscheidung über die Zustimmung interessierten Gewerkschaften und Vereinigungen der Arbeitgeber sowie den obersten Arbeitsbehörden der Länder, auf deren Bereich sich der Tarifvertrag erstreckt, Gelegenheit zur schriftlichen Stellungnahme sowie zur Äußerung in einer mündlichen und öffentlichen Verhandlung zu geben.

(3) Mit dem Inkrafttreten eines Tarifvertrags nach Absatz 1 Nr. 2 endet die Amtszeit der Betriebsräte, die in den vom Tarifvertrag erfaßten Betrieben bestehen; eine solche durch Tarifvertrag errichtete Vertretung der Arbeitnehmer hat die Befugnisse und Pflichten eines Betriebsrats.

§ 4 Nebenbetriebe und Betriebsteile

Betriebsteile gelten als selbständige Betriebe, wenn sie die Voraussetzungen des § 1 erfüllen und

1. räumlich weit vom Hauptbetrieb entfernt
   oder
2. durch Aufgabenbereich und Organisation eigenständig sind.

Soweit Nebenbetriebe die Voraussetzungen des § 1 nicht erfüllen, sind sie dem Hauptbetrieb zuzuordnen.

§ 5 Arbeitnehmer

(1) Arbeitnehmer im Sinne dieses Gesetzes sind Arbeiter und Angestellte einschließlich der zu ihrer Berufsausbildung Beschäftigten.

(2) Als Arbeitnehmer im Sinne dieses Gesetzes gelten nicht

1. in Betrieben einer juristischen Person die Mitglieder des Organs, das zur gesetzlichen Vertretung der juristischen Person berufen ist;
2. die Gesellschafter einer offenen Handelsgesellschaft oder die Mitglieder einer anderen Personengesamtheit, soweit sie durch Gesetz, Satzung oder Gesellschaftsvertrag zur Vertretung der Personengesamtheit oder zur Geschäftsführung berufen sind, in deren Betrieben;
3. Personen, deren Beschäftigung nicht in erster Linie ihrem Erwerb dient, sondern vorwiegend durch Beweggründe karitativer oder religiöser Art bestimmt ist;
4. Personen, deren Beschäftigung nicht in erster Linie ihrem Erwerb dient und die vorwiegend zu ihrer Heilung, Wiedereingewöhnung, sittlichen Besserung oder Erziehung beschäftigt werden;
5. der Ehegatte, Verwandte und Verschwägerte ersten Grades, die in häuslicher Gemeinschaft mit dem Arbeitgeber leben.

(3) Dieses Gesetz findet, soweit in ihm nicht ausdrücklich etwas anderes bestimmt ist, keine Anwendung auf leitende Angestellte. Leitender Angestellter ist, wer nach Arbeitsvertrag und Stellung im Unternehmen oder im Betrieb

1. zur selbständigen Einstellung und Entlassung von im Betrieb oder in der Betriebsabteilung beschäftigten Arbeitnehmern berechtigt ist oder
2. Generalvollmacht oder Prokura hat und die Prokura auch im Verhältnis zum Arbeitgeber nicht unbedeutend ist oder
3. regelmäßig sonstige Aufgaben wahrnimmt, die für den Bestand und die Entwicklung des Unternehmens oder eines Betriebs von Bedeutung sind und deren Erfüllung besondere Erfahrungen und Kenntnisse voraussetzt, wenn er dabei entweder die Entscheidungen im wesentlichen frei von Weisungen trifft oder sie maßgeblich beeinflußt; dies kann auch bei Vorgaben insbesondere auf Grund von Rechtsvorschriften, Plänen oder Richtlinien sowie bei Zusammenarbeit mit anderen leitenden Angestellten gegeben sein.

(4) Leitender Angestellter nach Absatz 3 Nr. 3 ist im Zweifel, wer

1. aus Anlaß der letzten Wahl des Betriebsrats, des Sprecherausschusses oder von Aufsichtsratsmitgliedern der Arbeitnehmer oder durch rechtskräftige gerichtliche Entscheidung den leitenden Angestellten zugeordnet worden ist oder
2. einer Leitungsebene angehört, auf der in dem Unternehmen überwiegend leitende Angestellte vertreten sind, oder
3. ein regelmäßiges Jahresarbeitsentgelt erhält, das für leitende Angestellte in dem Unternehmen üblich ist, oder,
4. falls auch bei der Anwendung der Nummer 3 noch Zweifel bleiben, ein regelmäßiges Jahresarbeitsentgelt erhält, das das Dreifache der Bezugsgröße nach § 18 des Vierten Buches des Sozialgesetzbuch überschreitet.

§ 6 Arbeiter und Angestellte

(1) Arbeiter im Sinne dieses Gesetzes sind Arbeitnehmer einschließlich der zu ihrer Berufsausbildung Beschäftigten, die eine arbeiterrentenversicherungspflichtige Beschäftigung ausüben, auch wenn sie nicht versicherungspflichtig sind. Als Arbeiter gelten auch die in Heimarbeit Beschäftigten, die in der Hauptsache für den Betrieb arbeiten.

(2) Angestellte im Sinne dieses Gesetzes sind Arbeitnehmer, die eine durch § 3 Abs. 1 des Angestelltenversicherungsgesetzes und die hierzu erlassenen Vorschriften über die Versicherungspflicht der Angestellten als Angestelltentätigkeit bezeichnete Beschäftigung ausüben, auch wenn sie nicht versicherungspflichtig sind. Als Angestellte gelten auch Beschäftigte, die sich in Ausbildung zu einem Angestelltenberuf befinden, sowie die in Heimarbeit Beschäftigten, die in der Hauptsache für den Betrieb Angestelltentätigkeit verrichten.

Zweiter Teil. Betriebsrat, Betriebsversammlung, Gesamt- und Konzernbetriebsrat

Erster Abschnitt. Zusammensetzung und Wahl des Betriebsrats

§ 7 Wahlberechtigung

Wahlberechtigt sind alle Arbeitnehmer, die das 18. Lebensjahr vollendet haben.

§ 8 Wählbarkeit

(1) Wählbar sind alle Wahlberechtigten, die sechs Monate dem Betrieb angehören oder als in Heimarbeit Beschäftigte in der Hauptsache für den Betrieb gearbeitet haben. Auf diese sechsmonatige Betriebszugehörigkeit werden Zeiten angerechnet, in denen der Arbeitnehmer unmittelbar vorher einem anderen Betrieb desselben Unternehmens oder Konzerns (§ 18 Abs. 1 des Aktiengesetzes) angehört hat. Nicht wählbar ist, wer infolge strafgerichtlicher Verurteilung die Fähigkeit, Rechte aus öffentlichen Wahlen zu erlangen, nicht besitzt.

(2) Besteht der Betrieb weniger als sechs Monate, so sind abweichend von der Vorschrift in Absatz 1 über die sechsmonatige Betriebszugehörigkeit diejenigen Arbeitnehmer wählbar, die bei der Einleitung der Betriebsratswahl im Betrieb beschäftigt sind und die übrigen Voraussetzungen für die Wählbarkeit erfüllen.

§ 9 Zahl der Betriebsratsmitglieder

Der Betriebsrat besteht in Betrieben mit in der Regel

5 bis 20 wahlberechtigten Arbeitnehmern aus einer Person,
21 bis 50 wahlberechtigten Arbeitnehmern aus 3 Mitgliedern,
51 wahlberechtigten Arbeitnehmern
bis 150 Arbeitnehmern aus 5 Mitgliedern,
151 bis 300 Arbeitnehmern aus 7 Mitgliedern,
301 bis 600 Arbeitnehmern aus 9 Mitgliedern,
601 bis 1000 Arbeitnehmern aus 11 Mitgliedern,
1001 bis 2000 Arbeitnehmern aus 15 Mitgliedern,
2001 bis 3000 Arbeitnehmern aus 19 Mitgliedern,
3001 bis 4000 Arbeitnehmern aus 23 Mitgliedern,
4001 bis 5000 Arbeitnehmern aus 27 Mitgliedern,
5001 bis 7000 Arbeitnehmern aus 29 Mitgliedern,
7001 bis 9000 Arbeitnehmern aus 31 Mitgliedern.

In Betrieben mit mehr als 9000 Arbeitnehmern erhöht sich die Zahl der Mitglieder des Betriebsrats für je angefangene weitere 3000 Arbeitnehmer um 2 Mitglieder.

§ 10 Vertretung der Minderheitsgruppen

(1) Arbeiter und Angestellte müssen entsprechend ihrem zahlenmäßigen Verhältnis im Betriebsrat vertreten sein, wenn dieser aus mindestens drei Mitgliedern besteht.

(2) Die Minderheitsgruppe erhält mindestens bei

bis zu 50	Gruppenangehörigen	1 Vertreter,
51 bis 200	Gruppenangehörigen	2 Vertreter,
201 bis 600	Gruppenangehörigen	3 Vertreter,
601 bis 1000	Gruppenangehörigen	4 Vertreter,
1001 bis 3000	Gruppenangehörigen	5 Vertreter,
3001 bis 5000	Gruppenangehörigen	6 Vertreter,
5001 bis 9000	Gruppenangehörigen	7 Vertreter,
9001 bis 15000	Gruppenangehörigen	8 Vertreter,
über 15000	Gruppenangehörigen	9 Vertreter.

(3) Eine Minderheitsgruppe erhält keine Vertretung, wenn ihr nicht mehr als fünf Arbeitnehmer angehören und diese nicht mehr als ein Zwanzigstel der Arbeitnehmer des Betriebs darstellen.

§ 11 Ermäßigte Zahl der Betriebsratsmitglieder

Hat ein Betrieb nicht die ausreichende Zahl von wählbaren Arbeitnehmern, so ist die Zahl der Betriebsratsmitglieder der nächstniedrigeren Betriebsgröße zugrunde zu legen.

§ 12 Abweichende Verteilung der Betriebsratssitze

(1) Die Verteilung der Mitglieder des Betriebsrats auf die Gruppen kann abweichend von § 10 geregelt werden, wenn beide Gruppen dies vor der Wahl in getrennten und geheimen Abstimmungen beschließen.

(2) Jede Gruppe kann auch Angehörige der anderen Gruppe wählen. In diesem Fall gelten die Gewählten insoweit als Angehörige derjenigen Gruppe, die sie gewählt hat. Dies gilt auch für Ersatzmitglieder.

§ 13 Zeitpunkt der Betriebsratswahlen

(1) Die regelmäßigen Betriebsratswahlen finden alle vier Jahre in der Zeit vom 1. März bis 31. Mai statt. Sie sind zeitgleich mit den regelmäßigen Wahlen nach § 5 Abs. 1 des Sprecherausschußgesetzes einzuleiten.

(2) Außerhalb dieser Zeit ist der Betriebsrat zu wählen, wenn

1. mit Ablauf von 24 Monaten, vom Tage der Wahl an gerechnet, die Zahl der regelmäßig beschäftigten Arbeitnehmer um die Hälfte, mindestens aber um fünfzig, gestiegen oder gesunken ist,
2. die Gesamtzahl der Betriebsratsmitglieder nach Eintreten sämtlicher Ersatzmitglieder unter die vorgeschriebene Zahl der Betriebsratsmitglieder gesunken ist,
3. der Betriebsrat mit der Mehrheit seiner Mitglieder seinen Rücktritt beschlossen hat,
4. die Betriebsratswahl mit Erfolg angefochten worden ist,

5. der Betriebsrat durch eine gerichtliche Entscheidung aufgelöst ist oder
6. im Betrieb ein Betriebsrat nicht besteht.

(3) Hat außerhalb des für die regelmäßigen Betriebsratswahlen festgelegten Zeitraums eine Betriebsratswahl stattgefunden, so ist der Betriebsrat in dem auf die Wahl folgenden nächsten Zeitraum der regelmäßigen Betriebsratswahlen neu zu wählen. Hat die Amtszeit des Betriebsrats zu Beginn des für die regelmäßigen Betriebsratswahlen festgelegten Zeitraums noch nicht ein Jahr betragen, so ist der Betriebsrat in dem übernächsten Zeitraum der regelmäßigen Betriebsratswahlen neu zu wählen.

§ 14 Wahlvorschriften

(1) Der Betriebsrat wird in geheimer und unmittelbarer Wahl gewählt.

(2) Besteht der Betriebsrat aus mehr als einer Person, so wählen die Arbeiter und Angestellten ihre Vertreter in getrennten Wahlgängen, es sei denn, daß die wahlberechtigten Angehörigen beider Gruppen vor der Neuwahl in getrennten, geheimen Abstimmungen die gemeinsame Wahl beschließen.

(3) Die Wahl erfolgt nach den Grundsätzen der Verhältniswahl; wird nur ein Wahlvorschlag eingereicht, so erfolgt die Wahl nach den Grundsätzen der Mehrheitswahl.

(4) In Betrieben, deren Betriebsrat aus einer Person besteht, wird dieser mit einfacher Stimmenmehrheit gewählt; das gleiche gilt für Gruppen, denen nur ein Vertreter im Betriebsrat zusteht. In den Fällen des Satzes 1 ist in einem getrennten Wahlgang ein Ersatzmitglied zu wählen.

(5) Zur Wahl des Betriebsrats können die wahlberechtigten Arbeitnehmer und die im Betrieb vertretenen Gewerkschaften Wahlvorschläge machen.

(6) Jeder Wahlvorschlag der Arbeitnehmer muß von mindestens einem Zwanzigstel der wahlberechtigten Gruppenangehörigen, jedoch von mindestens drei wahlberechtigten Gruppenangehörigen unterzeichnet sein; in Betrieben mit in der Regel bis zu zwanzig wahlberechtigten Arbeitnehmern genügt die Unterzeichnung durch zwei Wahlberechtigte, bei bis zu zwanzig wahlberechtigten Gruppenangehörigen genügt die Unterzeichnung durch zwei wahlberechtigte Gruppenangehörige. In jedem Fall genügt die Unterzeichnung durch fünfzig wahlberechtigte Gruppenangehörige.

(7) Ist nach Absatz 2 gemeinsame Wahl beschlossen worden, so muß jeder Wahlvorschlag von mindestens einem Zwanzigstel der wahlberechtigten Arbeitnehmer unterzeichnet sein; Absatz 6 Satz 1 erster Halbsatz und Satz 2 gilt entsprechend.

(8) Jeder Wahlvorschlag einer Gewerkschaft muß von zwei Beauftragten unterzeichnet sein.

§ 15 Zusammensetzung nach Beschäftigungsarten und Geschlechtern

(1) Der Betriebsrat soll sich möglichst aus Arbeitnehmern der einzelnen Betriebsabteilungen und der unselbständigen Nebenbetriebe zusammensetzen. Dabei sollen möglichst auch Vertreter der verschiedenen Beschäftigungsarten der im Betrieb tätigen Arbeitnehmer berücksichtigt werden.

(2) Die Geschlechter sollen entsprechend ihrem zahlenmäßigen Verhältnis vertreten sein.

§ 16 Bestellung des Wahlvorstands

(1) Spätestens zehn Wochen vor Ablauf seiner Amtszeit bestellt der Betriebsrat einen aus drei Wahlberechtigten bestehenden Wahlvorstand und einen von ihnen als Vorsitzenden. Der Betriebsrat kann die Zahl der Wahlvorstandsmitglieder erhöhen, wenn dies zur ordnungsgemäßen Durchführung der Wahl erforderlich ist. Der Wahlvorstand muß in jedem Fall aus einer ungeraden Zahl von Mitgliedern bestehen. Für jedes Mitglied des Wahlvorstands kann für den Fall seiner Verhinderung ein Ersatzmitglied bestellt werden. In Betrieben mit Arbeitern und Angestellten müssen im Wahlvorstand beide Gruppen vertreten sein. Jede im Betrieb vertretene Gewerkschaft kann zusätzlich einen dem Betrieb angehörenden Beauftragten als nicht stimmberechtigtes Mitglied in den Wahlvorstand entsenden, sofern ihr nicht ein stimmberechtigtes Wahlvorstandsmitglieds angehört.

(2) Besteht acht Wochen vor Ablauf der Amtszeit des Betriebsrats kein Wahlvorstand, so bestellt ihn das Arbeitsgericht auf Antrag von mindestens drei Wahlberechtigten oder einer im Betrieb vertretenen Gewerkschaft; Absatz 1 gilt entsprechend. In dem Antrag können Vorschläge für die Zusammensetzung des Wahlvorstands gemacht werden. Das Arbeitsgericht kann für Betriebe mit in der Regel mehr als zwanzig wahlberechtigten Arbeitnehmern auch Mitglieder einer im Betrieb vertretenen Gewerkschaft, die nicht Arbeitnehmer des Betriebs sind, zu Mitgliedern des Wahlvorstands bestellen, wenn dies zur ordnungsgemäßen Durchführung der Wahl erforderlich ist.

§ 17 Wahl des Wahlvorstands

(1) Besteht in einem Betrieb, der die Voraussetzungen des § 1 erfüllt, kein Betriebsrat, so wird in einer Betriebsversammlung von der Mehrheit der anwesenden Arbeitnehmer ein Wahlvorstand gewählt. § 16 Abs. 1 gilt entsprechend.

(2) Zu dieser Betriebsversammlung können drei wahlberechtigte Arbeitnehmer des Betriebs oder eine im Betrieb vertretene Gewerkschaft einladen und Vorschläge für die Zusammensetzung des Wahlvorstands machen.

(3) Findet trotz Einladung keine Betriebsversammlung statt oder wählt die Betriebsversammlung keinen Wahlvorstand, so bestellt ihn

das Arbeitsgericht auf Antrag von mindestens drei wahlberechtigten Arbeitnehmern oder einer im Betrieb vertretenen Gewerkschaft. § 16 Abs. 2 gilt entsprechend.

§ 18 Vorbereitung und Durchführung der Wahl

(1) Der Wahlvorstand hat die Wahl unverzüglich einzuleiten, sie durchzuführen und das Wahlergebnis festzustellen. Kommt der Wahlvorstand dieser Verpflichtung nicht nach, so ersetzt ihn das Arbeitsgericht auf Antrag von mindestens drei wahlberechtigten Arbeitnehmern oder einer im Betrieb vertretenen Gewerkschaft. § 16 Abs. 2 gilt entsprechend.

(2) Ist zweifelhaft, ob ein Nebenbetrieb oder ein Betriebsteil selbständig oder dem Hauptbetrieb zuzuordnen ist, so können der Arbeitgeber, jeder beteiligte Betriebsrat, jeder beteiligte Wahlvorstand oder eine im Betrieb vertretene Gewerkschaft vor der Wahl eine Entscheidung des Arbeitsgerichts beantragen.

(3) Unverzüglich nach Abschluß der Wahl nimmt der Wahlvorstand öffentlich die Auszählung der Stimmen vor, stellt deren Ergebnis in einer Niederschrift fest und gibt es den Arbeitnehmern des Betriebs bekannt. Dem Arbeitgeber und den im Betrieb vertretenen Gewerkschaften ist eine Abschrift der Wahlniederschrift zu übersenden.

§ 18a Zuordnung der leitenden Angestellten bei Wahlen

(1) Sind die Wahlen nach § 13 Abs. 1 und nach § 5 Abs. 1 des Sprecherausschußgesetzes zeitgleich einzuleiten, so haben sich die Wahlvorstände unverzüglich nach Aufstellung der Wählerlisten, spätestens jedoch zwei Wochen vor Einleitung der Wahlen, gegenseitig darüber zu unterrichten, welche Angestellten sie den leitenden Angestellten zugeordnet haben; dies gilt auch, wenn die Wahlen ohne Bestehen einer gesetzlichen Verpflichtung zeitgleich eingeleitet werden. Soweit zwischen den Wahlvorständen kein Einvernehmen über die Zuordnung besteht, haben sie in gemeinsamer Sitzung eine Einigung zu versuchen. Soweit eine Einigung zustande kommt, sind die Angestellten entsprechend ihrer Zuordnung in die jeweilige Wählerliste einzutragen.

(2) Soweit eine Einigung nicht zustande kommt, hat ein Vermittler spätestens eine Woche vor Einleitung der Wahlen erneut eine Verständigung der Wahlvorstände über die Zuordnung zu versuchen. Der Arbeitgeber hat den Vermittler auf dessen Verlangen zu unterstützen, insbesondere die erforderlichen Auskünfte zu erteilen und die erforderlichen Unterlagen zur Verfügung zu stellen. Bleibt der Verständigungsversuch erfolglos, so entscheidet der Vermittler nach Beratung mit dem Arbeitgeber. Absatz 1 Satz 3 gilt entsprechend.

(3) Auf die Person des Vermittlers müssen sich die Wahlvorstände einigen. Zum Vermittler kann nur ein Beschäftigter des Betriebs oder eines anderen Betriebs des Unternehmens oder Konzerns oder der Arbeitgeber bestellt werden. Kommt eine Einigung nicht zustande, so

schlagen die Wahlvorstände je eine Person als Vermittler vor; durch Los wird entschieden, wer als Vermittler tätig wird.

(4) Wird mit der Wahl nach § 13 Abs. 1 oder 2 nicht zeitgleich eine Wahl nach dem Sprecherausschußgesetz eingeleitet, so hat der Wahlvorstand den Sprecherausschuß entsprechend Absatz 1 Satz 1 erster Halbsatz zu unterrichten. Soweit kein Einvernehmen über die Zuordnung besteht, hat der Sprecherausschuß Mitglieder zu benennen, die anstelle des Wahlvorstands an dem Zuordnungsverfahren teilnehmen. Wird mit der Wahl nach § 5 Abs. 1 oder 2 des Sprecherausschußgesetzes nicht zeitgleich eine Wahl nach diesem Gesetz eingeleitet, so gelten die Sätze 1 und 2 für den Betriebsrat entsprechend.

(5) Durch die Zuordnung wird der Rechtsweg nicht ausgeschlossen. Die Anfechtung der Betriebsratswahl oder der Wahl nach dem Sprecherausschußgesetz ist ausgeschlossen, soweit sie darauf gestützt wird, die Zuordnung sei fehlerhaft erfolgt. Satz 2 gilt nicht, soweit die Zuordnung offensichtlich fehlerhaft ist.

§ 19 Wahlanfechtung

(1) Die Wahl kann beim Arbeitsgericht angefochten werden, wenn gegen wesentliche Vorschriften über das Wahlrecht, die Wählbarkeit oder das Wahlverfahren verstoßen worden ist und eine Berichtigung nicht erfolgt ist, es sei denn, daß durch den Verstoß das Wahlergebnis nicht geändert oder beeinflußt werden konnte.

(2) Zur Anfechtung berechtigt sind mindestens drei Wahlberechtigte, eine im Betrieb vertretene Gewerkschaft oder der Arbeitgeber. Die Wahlanfechtung ist nur binnen einer Frist von zwei Wochen, vom Tage der Bekanntgabe des Wahlergebnisses an gerechnet, zulässig.

§ 20 Wahlschutz und Wahlkosten

(1) Niemand darf die Wahl des Betriebsrats behindern. Insbesondere darf kein Arbeitnehmer in der Ausübung des aktiven und passiven Wahlrechts beschränkt werden.

(2) Niemand darf die Wahl des Betriebsrats durch Zufügung oder Androhung von Nachteilen oder durch Gewährung oder Versprechen von Vorteilen beeinflussen.

(3) Die Kosten der Wahl trägt der Arbeitgeber. Versäumnis von Arbeitszeit, die zur Ausübung des Wahlrechts, zur Betätigung im Wahlvorstand oder zur Tätigkeit als Vermittler (§ 18a) erforderlich ist, berechtigt den Arbeitgeber nicht zur Minderung des Arbeitsentgelts.

Zweiter Abschnitt. Amtszeit des Betriebsrats

§ 21 Amtszeit

Die regelmäßige Amtszeit des Betriebsrats beträgt vier Jahre. Die Amtszeit beginnt mit der Bekanntgabe des Wahlergebnisses oder, wenn zu diesem Zeitpunkt noch ein Betriebsrat besteht, mit Ablauf von dessen Amtszeit. Die Amtszeit endet spätestens am 31. Mai des Jahres, in dem nach § 13 Abs. 1 die regelmäßigen Betriebsratswahlen stattfinden. In dem Fall des § 13 Abs. 3 Satz 2 endet die Amtszeit spätestens am 31. Mai des Jahres, in dem der Betriebsrat neu zu wählen ist. In den Fällen des § 13 Abs. 2 Nr. 1 und 2 endet die Amtszeit mit der Bekanntgabe des Wahlergebnisses des neu gewählten Betriebsrats.

§ 22 Weiterführung der Geschäfte des Betriebsrats

In den Fällen des § 13 Abs. 2 Nr. 1 bis 3 führt der Betriebsrat die Geschäfte weiter, bis der neue Betriebsrat gewählt und das Wahlergebnis bekanntgegeben ist.

§ 23 Verletzung gesetzlicher Pflichten

(1) Mindestens ein Viertel der wahlberechtigten Arbeitnehmer, der Arbeitgeber oder eine im Betrieb vertretene Gewerkschaft können beim Arbeitsgericht den Ausschluß eines Mitglieds aus dem Betriebsrat oder die Auflösung des Betriebsrats wegen grober Verletzung seiner gesetzlichen Pflichten beantragen. Der Ausschluß eines Mitglieds kann auch vom Betriebsrat beantragt werden.

(2) Wird der Betriebsrat aufgelöst, so setzt das Arbeitsgericht unverzüglich einen Wahlvorstand für die Neuwahl ein. § 16 Abs. 2 gilt entsprechend.

(3) Der Betriebsrat oder eine im Betrieb vertretene Gewerkschaft können bei groben Verstößen des Arbeitgebers gegen seine Verpflichtungen aus diesem Gesetz beim Arbeitsgericht beantragen, dem Arbeitgeber aufzugeben, eine Handlung zu unterlassen, die Vornahme einer Handlung zu dulden oder eine Handlung vorzunehmen. Handelt der Arbeitgeber der ihm durch rechtskräftige gerichtliche Entscheidung auferlegten Verpflichtung zuwider, eine Handlung zu unterlassen oder die Vornahme einer Handlung zu dulden, so ist er auf Antrag vom Arbeitsgericht wegen einer jeden Zuwiderhandlung nach vorheriger Androhung zu einem Ordnungsgeld zu verurteilen. Führt der Arbeitgeber die ihm durch eine rechtskräftige gerichtliche Entscheidung auferlegte Handlung nicht durch, so ist auf Antrag vom Arbeitsgericht zu erkennen, daß er zur Vornahme der Handlung durch Zwangsgeld anzuhalten sei. Antragsberechtigt sind der Betriebsrat oder eine im Betrieb vertretene Gewerkschaft. Das Höchstmaß des Ordnungsgeldes und Zwangsgeldes beträgt 20000 Deutsche Mark.

§ 24 Erlöschen der Mitgliedschaft

(1) Die Mitgliedschaft im Betriebsrat erlischt durch

1. Ablauf der Amtszeit,
2. Niederlegung des Betriebsratsamtes,
3. Beendigung des Arbeitsverhältnisses,
4. Verlust der Wählbarkeit,

5. Ausschluß aus dem Betriebsrat oder Auflösung des Betriebsrats auf Grund einer gerichtlichen Entscheidung,
6. gerichtliche Entscheidung über die Feststellung der Nichtwählbarkeit nach Ablauf der in § 19 Abs. 2 bezeichneten Frist, es sei denn, der Mangel liegt nicht mehr vor.

(2) Bei einem Wechsel der Gruppenzugehörigkeit bleibt das Betriebsratsmitglied Vertreter der Gruppe, für die es gewählt ist. Dies gilt auch für Ersatzmitglieder.

§ 25 Ersatzmitglieder

(1) Scheidet ein Mitglied des Betriebsrats aus, so rückt ein Ersatzmitglied nach. Dies gilt entsprechend für die Stellvertretung eines zeitweilig verhinderten Mitglieds des Betriebsrats.

(2) Die Ersatzmitglieder werden der Reihe nach aus den nichtgewählten Arbeitnehmern derjenigen Vorschlagslisten entnommen, denen die zu ersetzenden Mitglieder angehören. Ist eine Vorschlagsliste erschöpft, so ist das Ersatzmitglied derjenigen Vorschlagsliste zu entnehmen, auf die nach den Grundsätzen der Verhältniswahl der nächste Sitz entfallen würde. Ist das ausgeschiedene oder verhinderte Mitglied nach den Grundsätzen der Mehrheitswahl gewählt, so bestimmt sich die Reihenfolge der Ersatzmitglieder unter Berücksichtigung der §§ 10 und 12 nach der Höhe der erreichten Stimmenzahlen.

(3) In den Fällen des § 14 Abs. 4 findet Absatz 1 mit der Maßgabe Anwendung, daß das gewählte Ersatzmitglied nachrückt oder die Stellvertretung übernimmt.

Dritter Abschnitt. Geschäftsführung des Betriebsrats

§ 26 Vorsitzender

(1) Der Betriebsrat wählt aus seiner Mitte den Vorsitzenden und dessen Stellvertreter. Besteht der Betriebsrat aus Vertretern beider Gruppen, so sollen der Vorsitzende und sein Stellvertreter nicht derselben Gruppe angehören.

(2) Gehört jeder Gruppe im Betriebsrat mindestens ein Drittel der Mitglieder an, so schlägt jede Gruppe aus ihrer Mitte je ein Mitglied für den Vorsitz vor. Der Betriebsrat wählt aus den beiden Vorgeschlagenen den Vorsitzenden des Betriebsrats und dessen Stellvertreter.

(3) Der Vorsitzende des Betriebsrats oder im Fall seiner Verhinderung sein Stellvertreter vertritt den Betriebsrat im Rahmen der von ihm gefaßten Beschlüsse. Zur Entgegennahme von Erklärungen, die dem Betriebsrat gegenüber abzugeben sind, ist der Vorsitzende des Betriebsrats oder im Fall seiner Verhinderung sein Stellvertreter berechtigt.

§ 27 Betriebsausschuß

(1) Hat ein Betriebsrat neun oder mehr Mitglieder, so bildet er einen Betriebsausschuß. Der Betriebsausschuß besteht aus dem Vorsitzenden des Betriebsrats, dessen Stellvertreter und bei Betriebsräten mit

9 bis 15 Mitgliedern aus 3 weiteren Ausschußmitgliedern,
19 bis 23 Mitgliedern aus 5 weiteren Ausschußmitgliedern,
27 bis 35 Mitgliedern aus 7 weiteren Ausschußmitgliedern,
37 oder mehr Mitgliedern aus 9 weiteren Ausschußmitgliedern.

Die weiteren Ausschußmitglieder werden vom Betriebsrat aus seiner Mitte in geheimer Wahl und nach den Grundsätzen der Verhältniswahl gewählt. Wird nur ein Wahlvorschlag gemacht, so erfolgt die Wahl nach den Grundsätzen der Mehrheitswahl. Sind die weiteren Ausschußmitglieder nach den Grundsätzen der Verhältniswahl gewählt, so erfolgt die Abberufung durch Beschluß des Betriebsrats, der in geheimer Abstimmung gefaßt wird und einer Mehrheit von drei Vierteln der Stimmen der Mitglieder des Betriebsrats bedarf.

(2) Der Betriebsausschuß muß aus Angehörigen der im Betriebsrat vertretenen Gruppen entsprechend dem Verhältnis ihrer Vertretung im Betriebsrat bestehen. Die Gruppen müssen mindestens durch ein Mitglied vertreten sein. Ist der Betriebsrat nach § 14 Abs. 2 in getrennten Wahlgängen gewählt worden und gehören jeder Gruppe mehr als ein Zehntel der Mitglieder des Betriebsrats, jedoch mindestens drei Mitglieder an, so wählt jede Gruppe ihre Vertreter für den Betriebsausschuß; dies gilt auch, wenn der Betriebsrat nach § 14 Abs. 2 in gemeinsamer Wahl gewählt worden ist und jeder Gruppe im Betriebsrat mindestens ein Drittel der Mitglieder angehört. Für die Wahl der Gruppenvertreter gilt Absatz 1 Satz 3 und 4 entsprechend; ist von einer Gruppe nur ein Vertreter für den Betriebsausschuß zu wählen, so wird dieser mit einfacher Stimmenmehrheit gewählt. Für die Abberufung der von einer Gruppe gewählten Vertreter für den Betriebsausschuß gilt Absatz 1 Satz 5 entsprechend mit der Maßgabe, daß der Beschluß von der Gruppe gefaßt wird.

(3) Der Betriebsausschuß führt die laufenden Geschäfte des Betriebsrats. Der Betriebsrat kann dem Betriebsausschuß mit der Mehrheit der Stimmen seiner Mitglieder Aufgaben zur selbständigen Erledigung übertragen; dies gilt nicht für den Abschluß von Betriebsvereinbarungen. Die Übertragung bedarf der Schriftform. Die Sätze 2 und 3 gelten entsprechend für den Widerruf der Übertragung von Aufgaben.

(4) Betriebsräte mit weniger als neun Mitgliedern können die laufenden Geschäfte auf den Vorsitzenden des Betriebsrats oder andere Betriebsratsmitglieder übertragen.

§ 28 Übertragung von Aufgaben auf weitere Ausschüsse

(1) Ist ein Betriebsausschuß gebildet, so kann der Betriebsrat weitere Ausschüsse bilden und ihnen bestimmte Aufgaben übertragen. Für die Wahl und Abberufung der Ausschußmitglieder gilt § 27 Abs. 1 Satz 3

bis 5 entsprechend. Soweit den Ausschüssen bestimmte Aufgaben zur selbständigen Erledigung übertragen werden, gilt § 27 Abs. 3 Satz 2 bis 4 entsprechend.

(2) Für die Zusammensetzung der Ausschüsse sowie die Wahl und Abberufung der Ausschußmitglieder durch die Gruppen gilt § 27 Abs. 2 entsprechend. § 27 Abs. 2 Satz 1 und 2 gilt nicht, soweit dem Ausschuß Aufgaben übertragen sind, die nur eine Gruppe betreffen. Ist eine Gruppe nur durch ein Mitglied im Betriebsrat vertreten, so können diesem die Aufgaben nach Satz 2 übertragen werden.

(3) Die Absätze 1 und 2 gelten entsprechend für die Übertragung von Aufgaben zur selbständigen Entscheidung auf Mitglieder des Betriebsrats in Ausschüssen, deren Mitglieder vom Betriebsrat und vom Arbeitgeber benannt werden.

§ 29 Einberufung der Sitzungen

(1) Vor Ablauf einer Woche nach dem Wahltag hat der Wahlvorstand die Mitglieder des Betriebsrats zu der nach § 26 Abs. 1 und 2 vorgeschriebenen Wahl einzuberufen. Der Vorsitzende des Wahlvorstands leitet die Sitzung, bis der Betriebsrat aus seiner Mitte einen Wahlleiter bestellt hat.

(2) Die weiteren Sitzungen beruft der Vorsitzende des Betriebsrats ein. Er setzt die Tagesordnung fest und leitet die Verhandlung. Der Vorsitzende hat die Mitglieder des Betriebsrats zu den Sitzungen rechtzeitig unter Mitteilung der Tagesordnung zu laden. Dies gilt auch für die Schwerbehindertenvertretung sowie für die Jugend- und Auszubildendenvertreter, soweit sie ein Recht auf Teilnahme an der Betriebsratssitzung haben. Kann ein Mitglied des Betriebsrats oder der Jugend- und Auszubildendenvertretung an der Sitzung nicht teilnehmen, so soll es dies unter Angabe der Gründe unverzüglich dem Vorsitzenden mitteilen. Der Vorsitzende hat für ein verhindertes Betriebsratsmitglied oder für einen verhinderten Jugend- und Auszubildendenvertreter das Ersatzmitglied zu laden.

(3) Der Vorsitzende hat eine Sitzung einzuberufen und den Gegenstand, dessen Beratung beantragt ist, auf die Tagesordnung zu setzen, wenn dies ein Viertel der Mitglieder des Betriebsrats oder der Arbeitgeber beantragt. Ein solcher Antrag kann auch von der Mehrheit der Vertreter einer Gruppe gestellt werden, wenn diese Gruppe im Betriebsrat durch mindestens zwei Mitglieder vertreten ist.

(4) Der Arbeitgeber nimmt an den Sitzungen, die auf sein Verlangen anberaumt sind, und an den Sitzungen, zu denen er ausdrücklich eingeladen ist, teil. Er kann einen Vertreter der Vereinigung der Arbeitgeber, der er angehört, hinzuziehen.

§ 30 Betriebsratssitzungen

Die Sitzungen des Betriebsrats finden in der Regel während der Arbeitszeit statt. Der Betriebsrat hat bei der Ansetzung von Betriebsratssitzungen auf die betrieblichen Notwendigkeiten Rücksicht zu nehmen. Der Arbeitgeber ist vom Zeitpunkt der Sitzung vorher zu verständigen. Die Sitzungen des Betriebsrats sind nicht öffentlich.

§ 31 Teilnahme der Gewerkschaften

Auf Antrag von einem Viertel der Mitglieder oder der Mehrheit einer Gruppe des Betriebsrats kann ein Beauftragter einer im Betriebsrat vertretenen Gewerkschaft an den Sitzungen beratend teilnehmen; in diesem Fall sind der Zeitpunkt der Sitzung und die Tagesordnung der Gewerkschaft rechtzeitig mitzuteilen.

§ 32 Teilnahme der Schwerbehindertenvertretung

Die Schwerbehindertenvertretung (§ 24 des Schwerbehindertengesetzes) kann an allen Sitzungen des Betriebsrats beratend teilnehmen.

§ 33 Beschlüsse des Betriebsrats

(1) Die Beschlüsse des Betriebsrats werden, soweit in diesem Gesetz nichts anderes bestimmt ist, mit der Mehrheit der Stimmen der anwesenden Mitglieder gefaßt. Bei Stimmengleichheit ist ein Antrag abgelehnt.

(2) Der Betriebsrat ist nur beschlußfähig, wenn mindestens die Hälfte der Betriebsratsmitglieder an der Beschlußfassung teilnimmt; Stellvertretung durch Ersatzmitglieder ist zulässig.

(3) Nimmt die Jugend- und Auszubildendenvertretung an der Beschlußfassung teil, so werden die Stimmen der Jugend- und Auszubildendenvertreter bei der Feststellung der Stimmenmehrheit mitgezählt.

§ 34 Sitzungsniederschrift

(1) Über jede Verhandlung des Betriebsrats ist eine Niederschrift aufzunehmen, die mindestens den Wortlaut der Beschlüsse und die Stimmenmehrheit, mit der sie gefaßt sind, enthält. Die Niederschrift ist von dem Vorsitzenden und einem weiteren Mitglied zu unterzeichnen. Der Niederschrift ist eine Anwesenheitsliste beizufügen, in die sich jeder Teilnehmer eigenhändig einzutragen hat.

(2) Hat der Arbeitgeber oder ein Beauftragter einer Gewerkschaft an der Sitzung teilgenommen, so ist ihm der entsprechende Teil der Niederschrift abschriftlich auszuhändigen. Einwendungen gegen die Niederschrift sind unverzüglich schriftlich zu erheben; sie sind der Niederschrift beizufügen.

(3) Die Mitglieder des Betriebsrats haben das Recht, die Unterlagen des Betriebsrats und seiner Ausschüsse jederzeit einzusehen.

§ 35 Aussetzung von Beschlüssen

(1) Erachtet die Mehrheit der Vertreter einer Gruppe oder der Jugend- und Auszubildendenvertretung einen Beschluß des Betriebsrats als eine

erhebliche Beeinträchtigung wichtiger Interessen der durch sie vertretenen Arbeitnehmer, so ist auf ihren Antrag der Beschluß auf die Dauer von einer Woche vom Zeitpunkt der Beschlußfassung an auszusetzen, damit in dieser Frist eine Verständigung, gegebenenfalls mit Hilfe der im Betrieb vertretenen Gewerkschaften, versucht werden kann.

(2) Nach Ablauf der Frist ist über die Angelegenheit neu zu beschließen. Wird der erste Beschluß bestätigt, so kann der Antrag auf Aussetzung nicht wiederholt werden; dies gilt auch, wenn der erste Beschluß nur unerheblich geändert wird.

(3) Die Absätze 1 und 2 gelten entsprechend, wenn die Schwerbehindertenvertretung einen Beschluß des Betriebsrats als eine erhebliche Beeinträchtigung wichtiger Interessen der Schwerbehinderten erachtet.

§ 36 Geschäftsordnung

Sonstige Bestimmungen über die Geschäftsführung sollen in einer schriftlichen Geschäftsordnung getroffen werden, die der Betriebsrat mit der Mehrheit der Stimmen seiner Mitglieder beschließt.

§ 37 Ehrenamtliche Tätigkeit, Arbeitsversäumnis

(1) Die Mitglieder des Betriebsrats führen ihr Amt unentgeltlich als Ehrenamt.

(2) Mitglieder des Betriebsrats sind von ihrer beruflichen Tätigkeit ohne Minderung des Arbeitsentgelts zu befreien, wenn und soweit es nach Umfang und Art des Betriebs zur ordnungsgemäßen Durchführung ihrer Aufgaben erforderlich ist.

(3) Zum Ausgleich für Betriebsratstätigkeit, die aus betriebsbedingten Gründen außerhalb der Arbeitszeit durchzuführen ist, hat das Betriebsratsmitglied Anspruch auf entsprechende Arbeitsbefreiung unter Fortzahlung des Arbeitsentgelts. Die Arbeitsbefreiung ist vor Ablauf eines Monats zu gewähren; ist dies aus betriebsbedingten Gründen nicht möglich, so ist die aufgewendete Zeit wie Mehrarbeit zu vergüten.

(4) Das Arbeitsentgelt von Mitgliedern des Betriebsrats darf einschließlich eines Zeitraums von einem Jahr nach Beendigung der Amtszeit nicht geringer bemessen werden als das Arbeitsentgelt vergleichbarer Arbeitnehmer mit betriebsüblicher beruflicher Entwicklung. Dies gilt auch für allgemeine Zuwendungen des Arbeitgebers.

(5) Soweit nicht zwingende betriebliche Notwendigkeiten entgegenstehen, dürfen Mitglieder des Betriebsrats einschließlich eines Zeitraums von einem Jahr nach Beendigung der Amtszeit nur mit Tätigkeiten beschäftigt werden, die den Tätigkeiten der in Absatz 4 genannten Arbeitnehmer gleichwertig sind.

(6) Absatz 2 gilt entsprechend für die Teilnahme an Schulungs- und Bildungsveranstaltungen, soweit diese Kenntnisse vermitteln, die für die Arbeit des Betriebsrats erforderlich sind. Der Betriebsrat hat bei der Festlegung der zeitlichen Lage der Teilnahme an Schulungs- und Bil-

dungsveranstaltungen die betrieblichen Notwendigkeiten zu berücksichtigen. Er hat dem Arbeitgeber die Teilnahme und die zeitliche Lage der Schulungs- und Bildungsveranstaltungen rechtzeitig bekanntzugeben. Hält der Arbeitgeber die betrieblichen Notwendigkeiten für nicht ausreichend berücksichtigt, so kann er die Einigungsstelle anrufen. Der Spruch der Einigungsstelle ersetzt die Einigung zwischen Arbeitgeber und Betriebsrat.

(7) Unbeschadet der Vorschrift des Absatzes 6 hat jedes Mitglied des Betriebsrats während seiner regelmäßigen Amtszeit Anspruch auf bezahlte Freistellung für insgesamt drei Wochen zur Teilnahme an Schulungs- und Bildungsveranstaltungen, die von der zuständigen obersten Arbeitsbehörde des Landes nach Beratung mit den Spitzenorganisationen der Gewerkschaften und der Arbeitgeberverbände als geeignet anerkannt sind. Der Anspruch nach Satz 1 erhöht sich für Arbeitnehmer, die erstmals das Amt eines Betriebsratsmitglieds übernehmen und auch nicht zuvor Jugend- und Auszubildendenvertreter waren, auf vier Wochen. Absatz 6 Satz 2 bis 5 findet Anwendung.

§ 38 Freistellungen

(1) Von ihrer beruflichen Tätigkeit sind mindestens freizustellen in Betrieben mit in der Regel

300 bis 600 Arbeitnehmern ein Betriebsratsmitglied,
601 bis 1000 Arbeitnehmern 2 Betriebsratsmitglieder,
1001 bis 2000 Arbeitnehmern 3 Betriebsratsmitglieder,
2001 bis 3000 Arbeitnehmern 4 Betriebsratsmitglieder,
3001 bis 4000 Arbeitnehmern 5 Betriebsratsmitglieder,
4001 bis 5000 Arbeitnehmern 6 Betriebsratsmitglieder,
5001 bis 6000 Arbeitnehmern 7 Betriebsratsmitglieder,
6001 bis 7000 Arbeitnehmern 8 Betriebsratsmitglieder,
7001 bis 8000 Arbeitnehmern 9 Betriebsratsmitglieder,
8001 bis 9000 Arbeitnehmern 10 Betriebsratsmitglieder,
9001 bis 10000 Arbeitnehmern 11 Betriebsratsmitglieder.

In Betrieben mit über 10000 Arbeitnehmern ist für je angefangene weitere 2000 Arbeitnehmer ein weiteres Betriebsratsmitglied freizustellen. Durch Tarifvertrag oder Betriebsvereinbarung können anderweitige Regelungen über die Freistellung vereinbart werden.

(2) Die freizustellenden Betriebsratsmitglieder werden nach Beratung mit dem Arbeitgeber vom Betriebsrat aus seiner Mitte in geheimer Wahl und nach den Grundsätzen der Verhältniswahl gewählt. Wird nur ein Wahlvorschlag gemacht, so erfolgt die Wahl nach den Grundsätzen der Mehrheitswahl; ist nur ein Betriebsratsmitglied freizustellen, so wird dieses mit einfacher Stimmenmehrheit gewählt. Die Gruppen sind entsprechend dem Verhältnis ihrer Vertretung im Betriebsrat zu berücksichtigen. Gehört jeder Gruppe im Betriebsrat mindestens ein Drittel der Mitglieder an, so wählt jede Gruppe die auf sie entfallenden freizustellenden Betriebsratsmitglieder; die Sätze 1 und 2 gelten entsprechend. Der

Betriebsrat hat die Namen der Freizustellenden dem Arbeitgeber bekanntzugeben. Hält der Arbeitgeber eine Freistellung für sachlich nicht vertretbar, so kann er innerhalb einer Frist von zwei Wochen nach der Bekanntgabe die Einigungsstelle anrufen. Der Spruch der Einigungsstelle ersetzt die Einigung zwischen Arbeitgeber und Betriebsrat. Bestätigt die Einigungsstelle die Bedenken des Arbeitgebers, so hat sie bei der Bestimmung eines anderen freizustellenden Betriebsratsmitglieds auch den Minderheitenschutz im Sinne der Sätze 1 bis 3 zu beachten. Ruft der Arbeitgeber die Einigungsstelle nicht an, so gilt sein Einverständnis mit den Freistellungen nach Ablauf der zweiwöchigen Frist als erteilt. Für die Abberufung gilt § 27 Abs. 1 Satz 5 und Abs. 2 Satz 5 entsprechend.

(3) Der Zeitraum für die Weiterzahlung des nach § 37 Abs. 4 zu bemessenden Arbeitsentgelts und für die Beschäftigung nach § 37 Abs. 5 erhöht sich für Mitglieder des Betriebsrats, die drei volle aufeinanderfolgende Amtszeiten freigestellt waren, auf zwei Jahre nach Ablauf der Amtszeit.

(4) Freigestellte Betriebsratsmitglieder dürfen von inner- und außerbetrieblichen Maßnahmen der Berufsbildung nicht ausgeschlossen werden. Innerhalb eines Jahres nach Beendigung der Freistellung eines Betriebsratsmitglieds ist diesem im Rahmen der Möglichkeiten des Betriebs Gelegenheit zu geben, eine wegen der Freistellung unterbliebene betriebsübliche berufliche Entwicklung nachzuholen. Für Mitglieder des Betriebsrats, die drei volle aufeinanderfolgende Amtszeiten freigestellt waren, erhöht sich der Zeitraum nach Satz 2 auf zwei Jahre.

§ 39 Sprechstunden

(1) Der Betriebsrat kann während der Arbeitszeit Sprechstunden einrichten. Zeit und Ort sind mit dem Arbeitgeber zu vereinbaren. Kommt eine Einigung nicht zustande, so entscheidet die Einigungsstelle. Der Spruch der Einigungsstelle ersetzt die Einigung zwischen Arbeitgeber und Betriebsrat.

(2) Führt die Jugend- und Auszubildendenvertretung keine eigenen Sprechstunden durch, so kann an den Sprechstunden des Betriebsrats ein Mitglied der Jugend- und Auszubildendenvertretung zur Beratung der in § 60 Abs. 1 genannten Arbeitnehmer teilnehmen.

(3) Versäumnis von Arbeitszeit, die zum Besuch der Sprechstunden oder durch sonstige Inanspruchnahme des Betriebsrats erforderlich ist, berechtigt den Arbeitgeber nicht zur Minderung des Arbeitsentgelts des Arbeitnehmers.

§ 40 Kosten und Sachaufwand des Betriebsrats

(1) Die durch die Tätigkeit des Betriebsrats entstehenden Kosten trägt der Arbeitgeber.

(2) Für die Sitzungen, die Sprechstunden und die laufende Geschäfts-

führung hat der Arbeitgeber in erforderlichem Umfang Räume, sachliche Mittel und Büropersonal zur Verfügung zu stellen.

§ 41 Umlageverbot

Die Erhebung und Leistung von Beiträgen der Arbeitnehmer für Zwecke des Betriebsrats ist unzulässig.

Vierter Abschnitt. Betriebsversammlung

§ 42 Zusammensetzung, Teilversammlung, Abteilungsversammlung

(1) Die Betriebsversammlung besteht aus den Arbeitnehmern des Betriebs; sie wird von dem Vorsitzenden des Betriebsrats geleitet. Sie ist nicht öffentlich. Kann wegen der Eigenart des Betriebs eine Versammlung aller Arbeitnehmer zum gleichen Zeitpunkt nicht stattfinden, so sind Teilversammlungen durchzuführen.

(2) Arbeitnehmer organisatorisch oder räumlich abgegrenzter Betriebsteile sind vom Betriebsrat zu Abteilungsversammlungen zusammenzufassen, wenn dies für die Erörterung der besonderen Belange der Arbeitnehmer erforderlich ist. Die Abteilungsversammlung wird von einem Mitglied des Betriebsrats geleitet, das möglichst einem beteiligten Betriebsteil als Arbeitnehmer angehört. Absatz 1 Satz 2 und 3 gilt entsprechend.

§ 43 Regelmäßige Betriebs- und Abteilungsversammlungen

(1) Der Betriebsrat hat einmal in jedem Kalendervierteljahr eine Betriebsversammlung einzuberufen und in ihr einen Tätigkeitsbericht zu erstatten. Liegen die Voraussetzungen des § 42 Abs. 2 Satz 1 vor, so hat der Betriebsrat in jedem Kalenderjahr zwei der in Satz 1 genannten Betriebsversammlungen als Abteilungsversammlungen durchzuführen. Die Abteilungsversammlungen sollen möglichst gleichzeitig stattfinden. Der Betriebsrat kann in jedem Kalenderhalbjahr eine weitere Betriebsversammlung oder, wenn die Voraussetzungen des § 42 Abs. 2 Satz 1 vorliegen, einmal weitere Abteilungsversammlungen durchführen, wenn dies aus besonderen Gründen zweckmäßig erscheint.

(2) Der Arbeitgeber ist zu den Betriebs- und Abteilungsversammlungen unter Mitteilung der Tagesordnung einzuladen. Er ist berechtigt, in den Versammlungen zu sprechen. Der Arbeitgeber oder sein Vertreter hat mindestens einmal in jedem Kalenderjahr in einer Betriebsversammlung über das Personal- und Sozialwesen des Betriebs und über die wirtschaftliche Lage und Entwicklung des Betriebs zu berichten, soweit dadurch nicht Betriebs- oder Geschäftsgeheimnisse gefährdet werden.

(3) Der Betriebsrat ist berechtigt und auf Wunsch des Arbeitgebers oder von mindestens einem Viertel der wahlberechtigten Arbeitnehmer verpflichtet, eine Betriebsversammlung einzuberufen und den beantragten Beratungsgegenstand auf die Tagesordnung zu setzen. Vom Zeit-

punkt der Versammlungen, die auf Wunsch des Arbeitgebers stattfinden, ist dieser rechtzeitig zu verständigen.

(4) Auf Antrag einer im Betrieb vertretenen Gewerkschaft muß der Betriebsrat vor Ablauf von zwei Wochen nach Eingang des Antrags eine Betriebsversammlung nach Absatz 1 Satz 1 einberufen, wenn im vorhergegangenen Kalenderhalbjahr keine Betriebsversammlung und keine Abteilungsversammlungen durchgeführt worden sind.

§ 44 Zeitpunkt und Verdienstausfall

(1) Die in den §§ 17 und 43 Abs. 1 bezeichneten und die auf Wunsch des Arbeitgebers einberufenen Versammlungen finden während der Arbeitszeit statt, soweit nicht die Eigenart des Betriebs eine andere Regelung zwingend erfordert. Die Zeit der Teilnahme an diesen Versammlungen einschließlich der zusätzlichen Wegezeiten ist den Arbeitnehmern wie Arbeitszeit zu vergüten. Dies gilt auch dann, wenn die Versammlungen wegen der Eigenart des Betriebs außerhalb der Arbeitszeit stattfinden; Fahrkosten, die den Arbeitnehmern durch die Teilnahme an diesen Versammlungen entstehen, sind vom Arbeitgeber zu erstatten.

(2) Sonstige Betriebs- oder Abteilungsversammlungen finden außerhalb der Arbeitszeit statt. Hiervon kann im Einvernehmen mit dem Arbeitgeber abgewichen werden; im Einvernehmen mit dem Arbeitgeber während der Arbeitszeit durchgeführte Versammlungen berechtigen den Arbeitgeber nicht, das Arbeitsentgelt der Arbeitnehmer zu mindern.

§ 45 Themen der Betriebs- und Abteilungsversammlungen

Die Betriebs- und Abteilungsversammlungen können Angelegenheiten einschließlich solcher tarifpolitischer, sozialpolitischer und wirtschaftlicher Art behandeln, die den Betrieb oder seine Arbeitnehmer unmittelbar betreffen; die Grundsätze des § 74 Abs. 2 finden Anwendung. Die Betriebs- und Abteilungsversammlungen können dem Betriebsrat Anträge unterbreiten und zu seinen Beschlüssen Stellung nehmen.

§ 46 Beauftragte der Verbände

(1) An den Betriebs- oder Abteilungsversammlungen können Beauftragte der im Betrieb vertretenen Gewerkschaften beratend teilnehmen. Nimmt der Arbeitgeber an Betriebs- oder Abteilungsversammlungen teil, so kann er einen Beauftragten der Vereinigung der Arbeitgeber, der er angehört, hinzuziehen.

(2) Der Zeitpunkt und die Tagesordnung der Betriebs- oder Abteilungsversammlungen sind den im Betriebsrat vertretenen Gewerkschaften rechtzeitig schriftlich mitzuteilen.

Fünfter Abschnitt. Gesamtbetriebsrat

§ 47 Voraussetzungen der Errichtung, Mitgliederzahl, Stimmengewicht

(1) Bestehen in einem Unternehmen mehrere Betriebsräte, so ist ein Gesamtbetriebsrat zu errichten.

(2) In den Gesamtbetriebsrat entsendet jeder Betriebsrat, wenn ihm Vertreter beider Gruppen angehören, zwei seiner Mitglieder, wenn ihm Vertreter nur einer Gruppe angehören, eines seiner Mitglieder. Werden zwei Mitglieder entsandt, so dürfen sie nicht derselben Gruppe angehören. Ist der Betriebsrat nach § 14 Abs. 2 in getrennten Wahlgängen gewählt worden und gehören jeder Gruppe mehr als ein Zehntel der Mitglieder des Betriebsrats, jedoch mindestens drei Mitglieder an, so wählt jede Gruppe den auf sie entfallenden Gruppenvertreter; dies gilt auch, wenn der Betriebsrat nach § 14 Abs. 2 in gemeinsamer Wahl gewählt worden ist und jeder Gruppe im Betriebsrat mindestens ein Drittel der Mitglieder angehört. Die Sätze 1 bis 3 gelten entsprechend für die Abberufung.

(3) Der Betriebsrat hat für jedes Mitglied des Gesamtbetriebsrats mindestens ein Ersatzmitglied zu bestellen und die Reihenfolge des Nachrückens festzulegen; § 25 Abs. 3 gilt entsprechend. Für die Bestellung gilt Absatz 2 entsprechend.

(4) Durch Tarifvertrag oder Betriebsvereinbarung kann die Mitgliederzahl des Gesamtbetriebsrats abweichend von Absatz 2 Satz 1 geregelt werden.

(5) Gehören nach Absatz 2 Satz 1 dem Gesamtbetriebsrat mehr als vierzig Mitglieder an und besteht keine tarifliche Regelung nach Absatz 4, so ist zwischen Gesamtbetriebsrat und Arbeitgeber eine Betriebsvereinbarung über die Mitgliederzahl des Gesamtbetriebsrats abzuschließen, in der bestimmt wird, daß Betriebsräte mehrerer Betriebe eines Unternehmens, die regional oder durch gleichartige Interessen miteinander verbunden sind, gemeinsam Mitglieder in den Gesamtbetriebsrat entsenden.

(6) Kommt im Fall des Absatzes 5 eine Einigung nicht zustande, so entscheidet eine für das Gesamtunternehmen zu bildende Einigungsstelle. Der Spruch der Einigungsstelle ersetzt die Einigung zwischen Arbeitgeber und Gesamtbetriebsrat.

(7) Jedes Mitglied des Gesamtbetriebsrats hat so viele Stimmen, wie in dem Betrieb, in dem es gewählt wurde, wahlberechtigte Angehörige seiner Gruppe in der Wählerliste eingetragen sind. Entsendet der Betriebsrat nur ein Mitglied in den Gesamtbetriebsrat, so hat es so viele Stimmen, wie in dem Betrieb wahlberechtigte Arbeitnehmer in der Wählerliste eingetragen sind.

(8) Ist ein Mitglied des Gesamtbetriebsrats für mehrere Betriebe entsandt worden, so hat es so viele Stimmen, wie in den Betrieben, für die

es entsandt ist, wahlberechtigte Angehörige seiner Gruppe in den Wählerlisten eingetragen sind. Sind für eine Gruppe mehrere Mitglieder des Betriebsrats entsandt worden, so stehen diesen die Stimmen nach Absatz 7 Satz 1 anteilig zu. Absatz 7 Satz 2 gilt entsprechend.

§ 48 Ausschluß von Gesamtbetriebsratsmitgliedern

Mindestens ein Viertel der wahlberechtigten Arbeitnehmer des Unternehmens, der Arbeitgeber, der Gesamtbetriebsrat oder eine im Unternehmen vertretene Gewerkschaft können beim Arbeitsgericht den Ausschluß eines Mitglieds aus dem Gesamtbetriebsrat wegen grober Verletzung seiner gesetzlichen Pflichten beantragen.

§ 49 Erlöschen der Mitgliedschaft

Die Mitgliedschaft im Gesamtbetriebsrat endet mit dem Erlöschen der Mitgliedschaft im Betriebsrat, durch Amtsniederlegung, durch Ausschluß aus dem Gesamtbetriebsrat auf Grund einer gerichtlichen Entscheidung oder Abberufung durch den Betriebsrat.

§ 50 Zuständigkeit

(1) Der Gesamtbetriebsrat ist zuständig für die Behandlung von Angelegenheiten, die das Gesamtunternehmen oder mehrere Betriebe betreffen und nicht durch die einzelnen Betriebsräte innerhalb ihrer Betriebe geregelt werden können. Er ist den einzelnen Betriebsräten nicht übergeordnet.

(2) Der Betriebsrat kann mit der Mehrheit der Stimmen seiner Mitglieder den Gesamtbetriebsrat beauftragen, eine Angelegenheit für ihn zu behandeln. Der Betriebsrat kann sich dabei die Entscheidungsbefugnis vorbehalten. § 27 Abs. 3 Satz 3 und 4 gilt entsprechend.

§ 51 Geschäftsführung

(1) Für den Gesamtbetriebsrat gelten § 25 Abs. 1, § 26 Abs. 1 und 3, § 27 Abs. 3 und 4, § 28 Abs. 1 Satz 1 und 3, Abs. 3, die §§ 30, 31, 34, 35, 36, 37 Abs. 1 bis 3, sowie die §§ 40 und 41 entsprechend. § 27 Abs. 1 Satz 1 und 2 gilt entsprechend mit der Maßgabe, daß der Gesamtbetriebsausschuß aus dem Vorsitzenden des Gesamtbetriebsrats, dessen Stellvertreter und bei Gesamtbetriebsräten mit

9 bis 16 Mitgliedern aus 3 weiteren Ausschußmitgliedern,
17 bis 24 Mitgliedern aus 5 weiteren Ausschußmitgliedern,
25 bis 36 Mitgliedern aus 7 weiteren Ausschußmitgliedern,
mehr als 36 Mitgliedern aus 9 weiteren Ausschußmitgliedern

besteht.

(2) Haben die Vertreter jeder Gruppe mindestens ein Drittel aller Stimmen im Gesamtbetriebsrat, so schlägt jede Gruppe aus ihrer Mitte ein Mitglied für den Vorsitz des Gesamtbetriebsrats vor. Der Gesamtbetriebsrat wählt aus den Vorgeschlagenen seinen Vorsitzenden und stellvertretenden Vorsitzenden. Der Gesamtbetriebsausschuß muß aus An-

gehörigen der im Gesamtbetriebsrat vertretenen Gruppen entsprechend dem Stimmenverhältnis bestehen. Die Gruppen müssen mindestens durch ein Mitglied vertreten sein. Haben die nach § 47 Abs. 2 Satz 3 entsandten Mitglieder des Gesamtbetriebsrats mehr als die Hälfte und die Vertreter jeder Gruppe mehr als ein Zehntel aller Stimmen im Gesamtbetriebsrat und gehören jeder Gruppe mindestens drei Mitglieder des Gesamtbetriebsrats an, so wählt jede Gruppe ihre Vertreter für den Gesamtbetriebsausschuß. Für die Zusammensetzung der weiteren Ausschüsse sowie die Wahl der Ausschußmitglieder durch die Gruppen gelten die Sätze 3 bis 5 entsprechend. Die Sätze 3 und 4 gelten nicht, soweit dem Ausschuß Aufgaben übertragen sind, die nur eine Gruppe betreffen. Ist eine Gruppe nur durch ein Mitglied im Gesamtbetriebsrat vertreten, so können diesem die Aufgaben nach Satz 7 übertragen werden.

(3) Ist ein Gesamtbetriebsrat zu errichten, so hat der Betriebsrat der Hauptverwaltung des Unternehmens oder, soweit ein solcher Betriebsrat nicht besteht, der Betriebsrat des nach der Zahl der wahlberechtigten Arbeitnehmer größten Betriebs zu der Wahl des Vorsitzenden und des stellvertretenden Vorsitzenden des Gesamtbetriebsrats einzuladen. Der Vorsitzende des einladenden Betriebsrats hat die Sitzung zu leiten, bis der Gesamtbetriebsrat aus seiner Mitte einen Wahlleiter bestellt hat. § 29 Abs. 2 bis 4 gilt entsprechend.

(4) Die Beschlüsse des Gesamtbetriebsrats werden, soweit nichts anderes bestimmt ist, mit Mehrheit der Stimmen der anwesenden Mitglieder gefaßt. Bei Stimmengleichheit ist ein Antrag abgelehnt. Der Gesamtbetriebsrat ist nur beschlußfähig, wenn mindestens die Hälfte seiner Mitglieder an der Beschlußfassung teilnimmt und die Teilnehmenden mindestens die Hälfte aller Stimmen vertreten; Stellvertretung durch Ersatzmitglieder ist zulässig. § 33 Abs. 3 gilt entsprechend.

(5) Auf die Beschlußfassung des Gesamtbetriebsausschusses und weiterer Ausschüsse des Gesamtbetriebsrats ist § 33 Abs. 1 und 2 anzuwenden.

(6) Die Vorschriften über die Rechte und Pflichten des Betriebsrats gelten entsprechend für den Gesamtbetriebsrat, soweit dieses Gesetz keine besonderen Vorschriften enthält.

§ 52 Teilnahme der Gesamtschwerbehindertenvertretung

Die Gesamtschwerbehindertenvertretung (§ 27 Abs. 1 des Schwerbehindertengesetzes) kann an allen Sitzungen des Gesamtbetriebsrats beratend teilnehmen.

§ 53 Betriebsräteversammlung

(1) Mindestens einmal in jedem Kalenderjahr hat der Gesamtbetriebsrat die Vorsitzenden und die stellvertretenden Vorsitzenden der Betriebsräte sowie die weiteren Mitglieder der Betriebsausschüsse zu einer Versammlung einzuberufen. Zu dieser Versammlung kann der Betriebsrat abweichend von Satz 1 aus seiner Mitte andere Mitglieder ent-

senden, soweit dadurch die Gesamtzahl der sich für ihn nach Satz 1 ergebenden Teilnehmer nicht überschritten wird.

(2) In der Betriebsräteversammlung hat

1. der Gesamtbetriebsrat einen Tätigkeitsbericht,
2. der Unternehmer einen Bericht über das Personal- und Sozialwesen und über die wirtschaftliche Lage und Entwicklung des Unternehmens, soweit dadurch nicht Betriebs- und Geschäftsgeheimnisse gefährdet werden,

zu erstatten.

(3) § 42 Abs. 1 Satz 1 zweiter Halbsatz und Satz 2, § 43 Abs. 2 Satz 1 und 2, sowie die §§ 45 und 46 gelten entsprechend.

Sechster Abschnitt. Konzernbetriebsrat

§ 54 Errichtung des Konzernbetriebsrats

(1) Für einen Konzern (§ 18 Abs. 1 des Aktiengesetzes) kann durch Beschlüsse der einzelnen Gesamtbetriebsräte ein Konzernbetriebsrat errichtet werden. Die Errichtung erfordert die Zustimmung der Gesamtbetriebsräte der Konzernunternehmen, in denen insgesamt mindestens 75 vom Hundert der Arbeitnehmer der Konzernunternehmen beschäftigt sind.

(2) Besteht in einem Konzernunternehmen nur ein Betriebsrat, so nimmt dieser die Aufgaben eines Gesamtbetriebsrats nach den Vorschriften dieses Abschnitts wahr.

§ 55 Zusammensetzung des Konzernbetriebsrats, Stimmengewicht

(1) In den Konzernbetriebsrat entsendet jeder Gesamtbetriebsrat, wenn ihm Vertreter beider Gruppen angehören, zwei seiner Mitglieder, wenn ihm Vertreter nur einer Gruppe angehören, eines seiner Mitglieder. Werden zwei Mitglieder entsandt, so dürfen sie nicht derselben Gruppe angehören. Haben die nach § 47 Abs. 2 Satz 3 entsandten Mitglieder des Gesamtbetriebsrats mehr als die Hälfte und die Vertreter jeder Gruppe mehr als ein Zehntel aller Stimmen im Gesamtbetriebsrat und gehören jeder Gruppe mindestens drei Mitglieder des Gesamtbetriebsrats an, so wählt jede Gruppe den auf sie entfallenden Gruppenvertreter. Die Sätze 1 bis 3 gelten entsprechend für die Abberufung.

(2) Der Gesamtbetriebsrat hat für jedes Mitglied des Konzernbetriebsrats mindestens ein Ersatzmitglied zu bestellen und die Reihenfolge des Nachrückens festzulegen. Für die Bestellung gilt Absatz 1 entsprechend.

(3) Jedes Mitglied des Konzernbetriebsrats hat so viele Stimmen, wie die Mitglieder seiner Gruppe im Gesamtbetriebsrat insgesamt Stimmen haben. Entsendet ein Gesamtbetriebsrat nur ein Mitglied in den Konzernbetriebsrat, so hat dieses Mitglied so viele Stimmen, wie die Mit-

glieder des Gesamtbetriebsrats, von dem es entsandt wurde, insgesamt im Gesamtbetriebsrat Stimmen haben.

(4) Durch Tarifvertrag oder Betriebsvereinbarung kann die Mitgliederzahl des Konzernbetriebsrats abweichend von Absatz 1 Satz 1 geregelt werden. § 47 Abs. 5 bis 8 gilt entsprechend.

§ 56 Ausschluß von Konzernbetriebsratsmitgliedern

Mindestens ein Viertel der wahlberechtigten Arbeitnehmer der Konzernunternehmen, der Arbeitgeber, der Konzernbetriebsrat oder eine im Konzern vertretene Gewerkschaft können beim Arbeitsgericht den Ausschluß eines Mitglieds aus dem Konzernbetriebsrat wegen grober Verletzung seiner gesetzlichen Pflichten beantragen.

§ 57 Erlöschen der Mitgliedschaft

Die Mitgliedschaft im Konzernbetriebsrat endet mit dem Erlöschen der Mitgliedschaft im Gesamtbetriebsrat, durch Amtsniederlegung, durch Ausschluß aus dem Konzernbetriebsrat auf Grund einer gerichtlichen Entscheidung oder Abberufung durch den Gesamtbetriebsrat.

§ 58 Zuständigkeit

(1) Der Konzernbetriebsrat ist zuständig für die Behandlung von Angelegenheiten, die den Konzern oder mehrere Konzernunternehmen betreffen und nicht durch die einzelnen Gesamtbetriebsräte innerhalb ihrer Unternehmen geregelt werden können. Er ist den einzelnen Gesamtbetriebsräten nicht übergeordnet.

(2) Der Gesamtbetriebsrat kann mit der Mehrheit der Stimmen seiner Mitglieder den Konzernbetriebsrat beauftragen, eine Angelegenheit für ihn zu behandeln. Der Gesamtbetriebsrat kann sich dabei die Entscheidungsbefugnis vorbehalten. § 27 Abs. 3 Satz 3 und 4 gilt entsprechend.

§ 59 Geschäftsführung

(1) Für den Konzernbetriebsrat gelten § 25 Abs. 1, § 26 Abs. 1 und 3, § 27 Abs. 3 und 4, § 28 Abs. 1 Satz 1 und 3, Abs. 3, die §§ 30, 31, 34, 35, 36, 37 Abs. 1 bis 3, sowie die §§ 40, 41 und 51 Abs. 1 Satz 2 und Abs. 2, 4 bis 6 entsprechend.

(2) Ist ein Konzernbetriebsrat zu errichten, so hat der Gesamtbetriebsrat des herrschenden Unternehmens oder, soweit ein solcher Gesamtbetriebsrat nicht besteht, der Gesamtbetriebsrat des nach der Zahl der wahlberechtigten Arbeitnehmer größten Konzernunternehmens zu der Wahl des Vorsitzenden und des stellvertretenden Vorsitzenden des Konzernbetriebsrats einzuladen. Der Vorsitzende des einladenden Gesamtbetriebsrats hat die Sitzung zu leiten, bis der Konzernbetriebsrat aus seiner Mitte einen Wahlleiter bestellt hat. § 29 Abs. 2 bis 4 gilt entsprechend.

Dritter Teil. Jugend- und Auszubildendenvertretung

Erster Abschnitt. Betriebliche Jugend- und Auszubildendenvertretung

§ 60 Errichtung und Aufgabe

(1) In Betrieben mit in der Regel mindestens fünf Arbeitnehmern, die das 18. Lebensjahr noch nicht vollendet haben (jugendliche Arbeitnehmer) oder die zu ihrer Berufsausbildung beschäftigt sind und das 25. Lebensjahr noch nicht vollendet haben, werden Jugend- und Auszubildendenvertretungen gewählt.

(2) Die Jugend- und Auszubildendenvertretung nimmt nach Maßgabe der folgenden Vorschriften die besonderen Belange der in Absatz 1 genannten Arbeitnehmer wahr.

§ 61 Wahlberechtigung und Wählbarkeit

(1) Wahlberechtigt sind alle in § 60 Abs. 1 genannten Arbeitnehmer des Betriebs.

(2) Wählbar sind alle Arbeitnehmer des Betriebs, die das 25. Lebensjahr noch nicht vollendet haben; § 8 Abs. 1 Satz 3 findet Anwendung. Mitglieder des Betriebsrats können nicht zu Jugend- und Auszubildendenvertretern gewählt werden.

§ 62 Zahl der Jugend- und Auszubildendenvertreter, Zusammensetzung der Jugend- und Auszubildendenvertretung

(1) Die Jugend- und Auszubildendenvertretung besteht in Betrieben mit in der Regel
5 bis 20 der in § 60 Abs. 1 genannten Arbeitnehmer aus 1 Jugend- und Auszubildendenvertreter,
21 bis 50 der in § 60 Abs. 1 genannten Arbeitnehmer aus 3 Jugend- und Auszubildendenvertretern,
51 bis 200 der in § 60 Abs. 1 genannten Arbeitnehmer aus 5 Jugend- und Auszubildendenvertretern,
201 bis 300 der in § 60 Abs. 1 genannten Arbeitnehmer aus 7 Jugend- und Auszubildendenvertretern,
301 bis 600 der in § 60 Abs. 1 genannten Arbeitnehmer aus 9 Jugend- und Auszubildendenvertretern,
601 bis 1000 der in § 60 Abs. 1 genannten Arbeitnehmer aus 11 Jugend- und Auszubildendenvertretern,
mehr als 1000 der in § 60 Abs. 1 genannten Arbeitnehmer aus 13 Jugend- und Auszubildendenvertretern.

(2) Die Jugend- und Auszubildendenvertretung soll sich möglichst aus Vertretern der verschiedenen Beschäftigungsarten und Ausbildungsberufe der im Betrieb tätigen in § 60 Abs. 1 genannten Arbeitnehmer zusammensetzen.

(3) Die Geschlechter sollen entsprechend ihrem zahlenmäßigen Verhältnis vertreten sein.

§ 63 Wahlvorschriften

(1) Die Jugend- und Auszubildendenvertretung wird in geheimer, unmittelbarer und gemeinsamer Wahl gewählt.

(2) Spätestens acht Wochen vor Ablauf der Amtszeit der Jugend- und Auszubildendenvertretung bestellt der Betriebsrat den Wahlvorstand und seinen Vorsitzenden. Für die Wahl der Jugend- und Auszubildendenvertreter gelten § 14 Abs. 3 bis 5, 6 Satz 1 zweiter Halbsatz, Abs. 7 und 8, § 16 Abs. 1 Satz 6, § 18 Abs. 1 Satz 1 und Abs. 3 sowie die §§ 19 und 20 entsprechend.

(3) Bestellt der Betriebsrat den Wahlvorstand nicht oder nicht spätestens sechs Wochen vor Ablauf der Amtszeit der Jugend- und Auszubildendenvertretung oder kommt der Wahlvorstand seiner Verpflichtung nach § 18 Abs. 1 Satz 1 nicht nach, so gelten § 16 Abs. 2 Satz 1 und 2 und § 18 Abs. 1 Satz 2 entsprechend mit der Maßgabe, daß der Antrag beim Arbeitsgericht auch von jugendlichen Arbeitnehmern gestellt werden kann.

§ 64 Zeitpunkt der Wahlen und Amtszeit

(1) Die regelmäßigen Wahlen der Jugend- und Auszubildendenvertretung finden alle zwei Jahre in der Zeit vom 1. Oktober bis 30. November statt. Für die Wahl der Jugend- und Auszubildendenvertretung außerhalb dieser Zeit gilt § 13 Abs. 2 Nr. 2 bis 6 und Abs. 3 entsprechend.

(2) Die regelmäßige Amtszeit der Jugend- und Auszubildendenvertretung beträgt zwei Jahre. Die Amtszeit beginnt mit der Bekanntgabe des Wahlergebnisses oder, wenn zu diesem Zeitpunkt noch eine Jugend- und Auszubildendenvertretung besteht, mit Ablauf von deren Amtszeit. Die Amtszeit endet spätestens am 30. November des Jahres, in dem nach Absatz 1 Satz 1 die regelmäßigen Wahlen stattfinden. In dem Fall des § 13 Abs. 3 Satz 2 endet die Amtszeit spätestens am 30. November des Jahres, in dem die Jugend- und Auszubildendenvertretung neu zu wählen ist. In dem Fall des § 13 Abs. 2 Nr. 2 endet die Amtszeit mit der Bekanntgabe des Wahlergebnisses der neu gewählten Jugend- und Auszubildendenvertretung.

(3) Ein Mitglied der Jugend- und Auszubildendenvertretung, das im Laufe der Amtszeit das 25. Lebensjahr vollendet, bleibt bis zum Ende der Amtszeit Mitglied der Jugend- und Auszubildendenvertretung.

§ 65 Geschäftsführung

(1) Für die Jugend- und Auszubildendenvertretung gelten § 23 Abs. 1, § 24 Abs. 1, die §§ 25, 26 Abs. 1 Satz 1 und Abs. 3, die §§ 30, 31, 33 Abs. 1 und 2 sowie die §§ 34, 36, 37, 40 und 41 entsprechend.

(2) Die Jugend- und Auszubildendenvertretung kann nach Verständigung des Betriebsrats Sitzungen abhalten; § 29 gilt entsprechend. An

diesen Sitzungen kann der Betriebsratsvorsitzende oder ein beauftragtes Betriebsratsmitglied teilnehmen.

§ 66 Aussetzung von Beschlüssen des Betriebsrats

(1) Erachtet die Mehrheit der Jugend- und Auszubildendenvertreter einen Beschluß des Betriebsrats als eine erhebliche Beeinträchtigung wichtiger Interessen der in § 60 Abs. 1 genannten Arbeitnehmer, so ist auf ihren Antrag der Beschluß auf die Dauer von einer Woche auszusetzen, damit in dieser Frist eine Verständigung, gegebenenfalls mit Hilfe der im Betrieb vertretenen Gewerkschaften, versucht werden kann.

(2) Wird der erste Beschluß bestätigt, so kann der Antrag auf Aussetzung nicht wiederholt werden; dies gilt auch, wenn der erste Beschluß nur unerheblich geändert wird.

§ 67 Teilnahme an Betriebsratssitzungen

(1) Die Jugend- und Auszubildendenvertretung kann zu allen Betriebsratssitzungen einen Vertreter entsenden. Werden Angelegenheiten behandelt, die besonders die in § 60 Abs. 1 genannten Arbeitnehmer betreffen, so hat zu diesen Tagesordnungspunkten die gesamte Jugend- und Auszubildendenvertretung ein Teilnahmerecht.

(2) Die Jugend- und Auszubildendenvertreter haben Stimmrecht, soweit die zu fassenden Beschlüsse des Betriebsrats überwiegend die in § 60 Abs. 1 genannten Arbeitnehmer betreffen.

(3) Die Jugend- und Auszubildendenvertretung kann beim Betriebsrat beantragen, Angelegenheiten, die besonders die in § 60 Abs. 1 genannten Arbeitnehmer betreffen und über die sie beraten hat, auf die nächste Tagesordnung zu setzen. Der Betriebsrat soll Angelegenheiten, die besonders die in § 60 Abs. 1 genannten Arbeitnehmer betreffen, der Jugend- und Auszubildendenvertretung zur Beratung zuleiten.

§ 68 Teilnahme an gemeinsamen Besprechungen

Der Betriebsrat hat die Jugend- und Auszubildendenvertretung zu Besprechungen zwischen Arbeitgeber und Betriebsrat beizuziehen, wenn Angelegenheiten behandelt werden, die besonders die in § 60 Abs. 1 genannten Arbeitnehmer betreffen.

§ 69 Sprechstunden

In Betrieben, die in der Regel mehr als fünfzig der in § 60 Abs. 1 genannten Arbeitnehmer beschäftigen, kann die Jugend- und Auszubildendenvertretung Sprechstunden während der Arbeitszeit einrichten. Zeit und Ort sind durch Betriebsrat und Arbeitgeber zu vereinbaren. § 39 Abs. 1 Satz 3 und 4 und Abs. 3 gilt entsprechend. An den Sprechstunden der Jugend- und Auszubildendenvertretung kann der Betriebsratsvorsitzende oder ein beauftragtes Betriebsratsmitglied beratend teilnehmen.

§ 70 Allgemeine Aufgaben

(1) Die Jugend- und Auszubildendenvertretung hat folgende allgemeine Aufgaben:

1. Maßnahmen, die den in § 60 Abs. 1 genannten Arbeitnehmern dienen, insbesondere in Fragen der Berufbildung, beim Betriebsrat zu beantragen;
2. darüber zu wachen, daß die zugunsten der in § 60 Abs. 1 genannten Arbeitnehmer geltenden Gesetze, Verordnungen, Unfallverhütungsvorschriften, Tarifverträge und Betriebsvereinbarungen durchgeführt werden;
3. Anregungen von in § 60 Abs. 1 genannten Arbeitnehmern, insbesondere in Fragen der Berufsbildung, entgegenzunehmen und, falls sie berechtigt erscheinen, beim Betriebsrat auf eine Erledigung hinzuwirken. Die Jugend- und Auszubildendenvertretung hat die betroffenen in § 60 Abs. 1 genannten Arbeitnehmer über den Stand und das Ergebnis der Verhandlungen zu informieren.

(2) Zur Durchführung ihrer Aufgaben ist die Jugend- und Auszubildendenvertretung durch den Betriebsrat rechtzeitig und umfassend zu unterrichten. Die Jugend- und Auszubildendenvertretung kann verlangen, daß ihr der Betriebsrat die zur Durchführung ihrer Aufgaben erforderlichen Unterlagen zur Verfügung stellt.

§ 71 Jugend- und Auszubildendenversammlung

Die Jugend- und Auszubildendenvertretung kann vor oder nach jeder Betriebsversammlung im Einvernehmen mit dem Betriebsrat eine betriebliche Jugend- und Auszubildendenversammlung einberufen. Im Einvernehmen mit Betriebsrat und Arbeitgeber kann die betriebliche Jugend- und Auszubildendenversammlung auch zu einem anderen Zeitpunkt einberufen werden. § 43 Abs. 2 Satz 1 und 2, die §§ 44 bis 46 und § 65 Abs. 2 Satz 2 gelten entsprechend.

Zweiter Abschnitt. Gesamt-Jugend- und Auszubildendenvertretung

§ 72 Voraussetzungen der Errichtung, Mitgliederzahl, Stimmengewicht

(1) Bestehen in einem Unternehmen mehrere Jugend- und Auszubildendenvertretungen, so ist eine Gesamt-Jugend- und Auszubildendenvertretung zu errichten.

(2) In die Gesamt-Jugend- und Auszubildendenvertretung entsendet jede Jugend- und Auszubildendenvertretung ein Mitglied.

(3) Die Jugend- und Auszubildendenvertretung hat für das Mitglied der Gesamt-Jugend- und Auszubildendenvertretung mindestens ein Ersatzmitglied zu bestellen und die Reihenfolge des Nachrückens festzulegen.

(4) Durch Tarifvertrag oder Betriebsvereinbarung kann die Mitgliederzahl der Gesamt-Jugend- und Auszubildendenvertretung abweichend von Absatz 2 geregelt werden.

(5) Gehören nach Absatz 2 der Gesamt-Jugend- und Auszubildendenvertretung mehr als zwanzig Mitglieder an und besteht keine tarifliche Regelung nach Absatz 4, so ist zwischen Gesamtbetriebsrat und Arbeitgeber eine Betriebsvereinbarung über die Mitgliederzahl der Gesamt-Jugend- und Auszubildendenvertretung abzuschließen, in der bestimmt wird, daß Jugend- und Auszubildendenvertretungen mehrerer Betriebe eines Unternehmens, die regional oder durch gleichartige Interessen miteinander verbunden sind, gemeinsam Mitglieder in die Gesamt-Jugend- und Auszubildendenvertretung entsenden. Satz 1 gilt entsprechend für die Abberufung der Gesamt-Jugend- und Auszubildendenvertretung und die Bestellung von Ersatzmitgliedern.

(6) Kommt im Fall des Absatzes 5 eine Einigung nicht zustande, so entscheidet eine für das Gesamtunternehmen zu bildende Einigungsstelle. Der Spruch der Einigungsstelle ersetzt die Einigung zwischen Arbeitgeber und Gesamtbetriebsrat.

(7) Jedes Mitglied der Gesamt-Jugend- und Auszubildendenvertretung hat so viele Stimmen, wie in dem Betrieb, in dem es gewählt wurde, in § 60 Abs. 1 genannte Arbeitnehmer in der Wählerliste eingetragen sind. Ist ein Mitglied der Gesamt-Jugend- und Auszubildendenvertretung für mehrere Betriebe entsandt worden, so hat es so viele Stimmen, wie in den Betrieben, für die es entsandt ist, in § 60 Abs. 1 genannte Arbeitnehmer in den Wählerlisten eingetragen sind. Sind mehrere Mitglieder der Jugend- und Auszubildendenvertretung entsandt worden, so stehen diesen die Stimmen nach Satz 1 anteilig zu.

§ 73 Geschäftsführung und Geltung sonstiger Vorschriften

(1) Die Gesamt-Jugend- und Auszubildendenvertretung kann nach Verständigung des Gesamtbetriebsrats Sitzungen abhalten. An den Sitzungen kann der Vorsitzende des Gesamtbetriebsrats oder ein beauftragtes Mitglied des Gesamtbetriebsrats teilnehmen.

(2) Für die Gesamt-Jugend- und Auszubildendenvertretung gelten § 25 Abs. 1 und 3, § 26 Abs. 1 Satz 1 und Abs. 3, die §§ 30, 31, 34, 36, 37 Abs. 1 bis 3, die §§ 40, 41, 48, 49, 50, 51 Abs. 3, 4 und 6 sowie die §§ 66 bis 68 entsprechend.

Vierter Teil. Mitwirkung und Mitbestimmung der Arbeitnehmer

Erster Abschnitt. Allgemeines

§ 74 Grundsätze für die Zusammenarbeit

(1) Arbeitgeber und Betriebsrat sollen mindestens einmal im Monat zu einer Besprechung zusammentreten. Sie haben über strittige Fragen mit dem ernsten Willen zur Einigung zu verhandeln und Vorschläge für die Beilegung von Meinungsverschiedenheiten zu machen.

(2) Maßnahmen des Arbeitskampfes zwischen Arbeitgeber und Betriebsrat sind unzulässig; Arbeitskämpfe tariffähiger Parteien werden hierdurch nicht berührt. Arbeitgeber und Betriebsrat haben Betätigungen zu unterlassen, durch die der Arbeitsablauf oder der Frieden des Betriebs beeinträchtigt werden. Sie haben jede parteipolitische Betätigung im Betrieb zu unterlassen; die Behandlung von Angelegenheiten tarifpolitischer, sozialpolitischer und wirtschaftlicher Art, die den Betrieb oder seine Arbeitnehmer unmittelbar betreffen, wird hierdurch nicht berührt.

(3) Arbeitnehmer, die im Rahmen dieses Gesetzes Aufgaben übernehmen, werden hierdurch in der Betätigung für ihre Gewerkschaft auch im Betrieb nicht beschränkt.

§ 75 Grundsätze für die Behandlung der Betriebsangehörigen

(1) Arbeitgeber und Betriebsrat haben darüber zu wachen, daß alle im Betrieb tätigen Personen nach den Grundsätzen von Recht und Billigkeit behandelt werden, insbesondere, daß jede unterschiedliche Behandlung von Personen wegen ihrer Abstammung, Religion, Nationalität, Herkunft, politischen oder gewerkschaftlichen Betätigung oder Einstellung oder wegen ihres Geschlechts unterbleibt. Sie haben darauf zu achten, daß Arbeitnehmer nicht wegen Überschreitung bestimmter Altersstufen benachteiligt werden.

(2) Arbeitgeber und Betriebsrat haben die freie Entfaltung der Persönlichkeit der im Betrieb beschäftigten Arbeitnehmer zu schützen und zu fördern.

§ 76 Einigungsstelle

(1) Zur Beilegung von Meinungsverschiedenheiten zwischen Arbeitgeber und Betriebsrat, Gesamtbetriebsrat oder Konzernbetriebsrat ist bei Bedarf eine Einigungsstelle zu bilden. Durch Betriebsvereinbarung kann eine ständige Einigungsstelle errichtet werden.

(2) Die Einigungsstelle besteht aus einer gleichen Anzahl von Beisitzern, die vom Arbeitgeber und Betriebsrat bestellt werden, und einem unparteiischen Vorsitzenden, auf dessen Person sich beide Seiten einigen müssen. Kommt eine Einigung über die Person des Vorsitzenden nicht

zustande, so bestellt ihn das Arbeitsgericht. Dieses entscheidet auch, wenn kein Einverständnis über die Zahl der Beisitzer erzielt wird.

(3) Die Einigungsstelle faßt ihre Beschlüsse nach mündlicher Beratung mit Stimmenmehrheit. Bei der Beschlußfassung hat sich der Vorsitzende zunächst der Stimme zu enthalten; kommt eine Stimmenmehrheit nicht zustande, so nimmt der Vorsitzende nach weiterer Beratung an der erneuten Beschlußfassung teil. Die Beschlüsse der Einigungsstelle sind schriftlich niederzulegen, vom Vorsitzenden zu unterschreiben und Arbeitgeber und Betriebsrat zuzuleiten.

(4) Durch Betriebsvereinbarung können weitere Einzelheiten des Verfahrens vor der Einigungsstelle geregelt werden.

(5) In den Fällen, in denen der Spruch der Einigungsstelle die Einigung zwischen Arbeitgeber und Betriebsrat ersetzt, wird die Einigungsstelle auf Antrag einer Seite tätig. Benennt eine Seite keine Mitglieder oder bleiben die von einer Seite genannten Mitglieder trotz rechtzeitiger Einladung der Sitzung fern, so entscheiden der Vorsitzende und die erschienenen Mitglieder nach Maßgabe des Absatzes 3 allein. Die Einigungsstelle faßt ihre Beschlüsse unter angemessener Berücksichtigung der Belange des Betriebs und der betroffenen Arbeitnehmer nach billigem Ermessen. Die Überschreitung der Grenzen des Ermessens kann durch den Arbeitgeber oder den Betriebsrat nur binnen einer Frist von zwei Wochen, vom Tage der Zuleitung des Beschlusses an gerechnet, beim Arbeitsgericht geltend gemacht werden.

(6) Im übrigen wird die Einigungsstelle nur tätig, wenn beide Seiten es beantragen oder mit ihrem Tätigwerden einverstanden sind. In diesen Fällen ersetzt ihr Spruch die Einigung zwischen Arbeitgeber und Betriebsrat nur, wenn beide Seiten sich dem Spruch im voraus unterworfen oder ihn nachträglich angenommen haben.

(7) Soweit nach anderen Vorschriften der Rechtsweg gegeben ist, wird er durch den Spruch der Einigungsstelle nicht ausgeschlossen.

(8) Durch Tarifvertrag kann bestimmt werden, daß an die Stelle der in Absatz 1 bezeichneten Einigungsstelle eine tarifliche Schlichtungsstelle tritt.

§ 76a Kosten der Einigungsstelle

(1) Die Kosten der Einigungsstelle trägt der Arbeitgeber.

(2) Die Beisitzer der Einigungsstelle, die dem Betrieb angehören, erhalten für ihre Tätigkeit keine Vergütung; § 37 Abs. 2 und 3 gilt entsprechend. Ist die Einigungsstelle zur Beilegung von Meinungsverschiedenheiten zwischen Arbeitgeber und Gesamtbetriebsrat oder Konzernbetriebsrat zu bilden, so gilt Satz 1 für die einem Betrieb des Unternehmens oder eines Konzernunternehmens angehörenden Beisitzer entsprechend.

(3) Der Vorsitzende und die Beisitzer der Einigungsstelle, die nicht zu den in Absatz 2 genannten Personen zählen, haben gegenüber dem Arbeitgeber Anspruch auf Vergütung ihrer Tätigkeit. Die Höhe der Vergütung richtet sich nach den Grundsätzen des Absatzes 4 Satz 3 bis 5.

(4) Der Bundesminister für Arbeit und Sozialordnung kann durch Rechtsverordnung die Vergütung nach Absatz 3 regeln. In der Vergütungsordnung sind Höchstsätze festzusetzen. Dabei sind insbesondere der erforderliche Zeitaufwand, die Schwierigkeit der Streitigkeit sowie ein Verdienstausfall zu berücksichtigen. Die Vergütung der Beisitzer ist niedriger zu bemessen als die des Vorsitzenden. Bei der Festsetzung der Höchstsätze ist den berechtigten Interessen der Mitglieder der Einigungsstelle und des Arbeitgebers Rechnung zu tragen.

(5) Von Absatz 3 und einer Vergütungsordnung nach Absatz 4 kann durch Tarifvertrag oder in einer Betriebsvereinbarung, wenn ein Tarifvertrag dies zuläßt oder eine tarifliche Regelung nicht besteht, abgewichen werden.

§ 77 Durchführung gemeinsamer Beschlüsse, Betriebsvereinbarungen

(1) Vereinbarungen zwischen Betriebsrat und Arbeitgeber, auch soweit sie auf einem Spruch der Einigungsstelle beruhen, führt der Arbeitgeber durch, es sei denn, daß im Einzelfall etwas anderes vereinbart ist. Der Betriebsrat darf nicht durch einseitige Handlungen in die Leitung des Betriebs eingreifen.

(2) Betriebsvereinbarungen sind von Betriebsrat und Arbeitgeber gemeinsam zu beschließen und schriftlich niederzulegen. Sie sind von beiden Seiten zu unterzeichnen; dies gilt nicht, soweit Betriebsvereinbarungen auf einem Spruch der Einigungsstelle beruhen. Der Arbeitgeber hat die Betriebsvereinbarungen an geeigneter Stelle im Betrieb auszulegen.

(3) Arbeitsentgelte und sonstige Arbeitsbedingungen, die durch Tarifvertrag geregelt sind oder üblicherweise geregelt werden, können nicht Gegenstand einer Betriebsvereinbarung sein. Dies gilt nicht, wenn ein Tarifvertrag den Abschluß ergänzender Betriebsvereinbarungen ausdrücklich zuläßt.

(4) Betriebsvereinbarungen gelten unmittelbar und zwingend. Werden Arbeitnehmern durch die Betriebsvereinbarung Rechte eingeräumt, so ist ein Verzicht auf sie nur mit Zustimmung des Betriebsrats zulässig. Die Verwirkung dieser Rechte ist ausgeschlossen. Ausschlußfristen für ihre Geltendmachung sind nur insoweit zulässig, als sie in einem Tarifvertrag oder einer Betriebsvereinbarung vereinbart werden; dasselbe gilt für die Abkürzung der Verjährungsfristen.

(5) Betriebsvereinbarungen können, soweit nichts anderes vereinbart ist, mit einer Frist von drei Monaten gekündigt werden.

(6) Nach Ablauf einer Betriebsvereinbarung gelten ihre Regelungen in Angelegenheiten, in denen ein Spruch der Einigungsstelle die Einigung zwischen Arbeitgeber und Betriebsrat ersetzen kann, weiter, bis sie durch eine andere Abmachung ersetzt werden.

§ 78 Schutzbestimmungen

Die Mitglieder des Betriebsrats, des Gesamtbetriebsrats, des Konzernbetriebsrats, der Jugend- und Auszubildendenvertretung, der Gesamt-Jugend- und Auszubildendenvertretung, des Wirtschaftsausschusses, der Bordvertretung, des Seebetriebsrats, der in § 3 Abs. 1 Nr. 1 und 2 genannten Vertretungen der Arbeitnehmer, der Einigungsstelle, einer tariflichen Schlichtungsstelle (§ 76 Abs. 8) und einer betrieblichen Beschwerdestelle (§ 86) dürfen in der Ausübung ihrer Tätigkeit nicht gestört oder behindert werden. Sie dürfen wegen ihrer Tätigkeit nicht benachteiligt oder begünstigt werden; dies gilt auch für ihre berufliche Entwicklung.

§ 78a Schutz Auszubildender in besonderen Fällen

(1) Beabsichtigt der Arbeitgeber, einen Auszubildenden, der Mitglied der Jugend- und Auszubildendenvertretung, des Betriebsrats, der Bordvertretung oder des Seebetriebsrats ist, nach Beendigung des Berufsausbildungsverhältnisses nicht in ein Arbeitsverhältnis auf unbestimmte Zeit zu übernehmen, so hat er dies drei Monate vor Beendigung des Berufsausbildungsverhältnisses dem Auszubildenden schriftlich mitzuteilen.

(2) Verlangt ein in Absatz 1 genannter Auszubildender innerhalb der letzten drei Monate vor Beendigung des Berufsausbildungsverhältnisses schriftlich vom Arbeitgeber die Weiterbeschäftigung, so gilt zwischen Auszubildendem und Arbeitgeber im Anschluß an das Berufsausbildungsverhältnis ein Arbeitsverhältnis auf unbestimmte Zeit als begründet. Auf dieses Arbeitsverhältnis ist insbesondere § 37 Abs. 4 und 5 entsprechend anzuwenden.

(3) Die Absätze 1 und 2 gelten auch, wenn das Berufsausbildungsverhältnis vor Ablauf eines Jahres nach Beendigung der Amtszeit der Jugend- und Auszubildendenvertretung, des Betriebsrats, der Bordvertretung oder des Seebetriebsrats endet.

(4) Der Arbeitgeber kann spätestens bis zum Ablauf von zwei Wochen nach Beendigung des Berufsausbildungsverhältnisses beim Arbeitsgericht beantragen,

1. festzustellen, daß ein Arbeitsverhältnis nach Absatz 2 oder 3 nicht begründet wird, oder
2. das bereits nach Absatz 2 oder 3 begründete Arbeitsverhältnis aufzulösen,

wenn Tatsachen vorliegen, auf Grund derer dem Arbeitgeber unter Berücksichtigung aller Umstände die Weiterbeschäftigung nicht zugemutet werden kann. In dem Verfahren vor dem Arbeitsgericht sind der Betriebsrat, die Bordvertretung, der Seebetriebsrat, bei Mitgliedern der Jugend- und Auszubildendenvertretung auch diese Beteiligte.

(5) Die Absätze 2 bis 4 finden unabhängig davon Anwendung, ob der Arbeitgeber seiner Mitteilungspflicht nach Absatz 1 nachgekommen ist.

§ 79 Geheimhaltungspflicht

(1) Die Mitglieder und Ersatzmitglieder des Betriebsrats sind verpflichtet, Betriebs- oder Geschäftsgeheimnisse, die ihnen wegen ihrer Zugehörigkeit zum Betriebsrat bekanntgeworden und vom Arbeitgeber ausdrücklich als geheimhaltungsbedürftig bezeichnet worden sind, nicht zu offenbaren und nicht zu verwerten. Dies gilt auch nach dem Ausscheiden aus dem Betriebsrat. Die Verpflichtung gilt nicht gegenüber Mitgliedern des Betriebsrats. Sie gilt ferner nicht gegenüber dem Gesamtbetriebsrat, dem Konzernbetriebsrat, der Bordvertretung, dem Seebetriebsrat und den Arbeitnehmervertretern im Aufsichtsrat sowie im Verfahren vor der Einigungsstelle, der tariflichen Schlichtungsstelle (§ 76 Abs. 8) oder einer betrieblichen Beschwerdestelle (§ 86).

(2) Absatz 1 gilt sinngemäß für die Mitglieder und Ersatzmitglieder des Gesamtbetriebsrats, des Konzernbetriebsrats, der Jugend- und Auszubildendenvertretung, der Gesamt-Jugend- und Auszubildendenvertretung, des Wirtschaftsausschusses, der Bordvertretung, des Seebetriebsrats, der gemäß § 3 Abs. 1 Nr. 1 und 2 gebildeten Vertretungen der Arbeitnehmer, der Einigungsstelle, der tariflichen Schlichtungsstelle (§ 76 Abs. 8) und einer betrieblichen Beschwerdestelle (§ 86) sowie für die Vertreter von Gewerkschaften oder von Arbeitgebervereinigungen.

§ 80 Allgemeine Aufgaben

(1) Der Betriebsrat hat folgende allgemeine Aufgaben:

1. darüber zu wachen, daß die zugunsten der Arbeitnehmer geltenden Gesetze, Verordnungen, Unfallverhütungsvorschriften, Tarifverträge und Betriebsvereinbarungen durchgeführt werden;
2. Maßnahmen, die dem Betrieb und der Belegschaft dienen, beim Arbeitgeber zu beantragen;
3. Anregungen von Arbeitnehmern und der Jugend- und Auszubildendenvertretung entgegenzunehmen und, falls sie berechtigt erscheinen, durch Verhandlungen mit dem Arbeitgeber auf eine Erledigung hinzuwirken; er hat die betreffenden Arbeitnehmer über den Stand und das Ergebnis der Verhandlungen zu unterrichten;
4. die Eingliederung Schwerbehinderter und sonstiger besonders schutzbedürftiger Personen zu fördern;
5. die Wahl einer Jugend- und Auszubildendenvertretung vorzubereiten und durchzuführen und mit dieser zur Förderung der Belange der in § 60 Abs. 1 genannten Arbeitnehmer eng zusammenzuarbeiten; er kann von der Jugend- und Auszubildendenvertretung Vorschläge und Stellungnahmen anfordern;
6. die Beschäftigung älterer Arbeitnehmer im Betrieb zu fördern;
7. die Eingliederung ausländischer Arbeitnehmer im Betrieb und das Verständnis zwischen ihnen und den deutschen Arbeitnehmern zu fördern.

(2) Zur Durchführung seiner Aufgaben nach diesem Gesetz ist der Betriebsrat rechtzeitig und umfassend vom Arbeitgeber zu unterrichten. Ihm sind auf Verlangen jederzeit die zur Durchführung seiner Aufgaben erforderlichen Unterlagen zur Verfügung zu stellen; in diesem Rahmen ist der Betriebsausschuß oder ein nach § 28 gebildeter Ausschuß berechtigt, in die Listen über die Bruttolöhne und -gehälter Einblick zu nehmen.

(3) Der Betriebsrat kann bei der Durchführung seiner Aufgaben nach näherer Vereinbarung mit dem Arbeitgeber Sachverständige hinzuziehen, soweit dies zur ordnungsgemäßen Erfüllung seiner Aufgaben erforderlich ist. Für die Geheimhaltungspflicht der Sachverständigen gilt § 79 entsprechend.

Zweiter Abschnitt. Mitwirkungs- und Beschwerderecht des Arbeitnehmers

§ 81 Unterrichts- und Erörterungspflicht des Arbeitgebers

(1) Der Arbeitgeber hat den Arbeitnehmer über dessen Aufgabe und Verantwortung sowie über die Art seiner Tätigkeit und ihre Einordnung in den Arbeitsablauf des Betriebs zu unterrichten. Er hat den Arbeitnehmer vor Beginn der Beschäftigung über die Unfall- und Gesundheitsgefahren, denen dieser bei der Beschäftigung ausgesetzt ist, sowie über die Maßnahmen und Einrichtungen zur Abwendung dieser Gefahren zu belehren.

(2) Über Veränderungen in seinem Arbeitsbereich ist der Arbeitnehmer rechtzeitig zu unterrichten. Absatz 1 gilt entsprechend.

(3) Der Arbeitgeber hat den Arbeitnehmer über die auf Grund einer Planung von technischen Anlagen, von Arbeitsverfahren und Arbeitsabläufen oder der Arbeitsplätze vorgesehenen Maßnahmen und ihre Auswirkungen auf seinen Arbeitsplatz, die Arbeitsumgebung sowie auf Inhalt und Art seiner Tätigkeit zu unterrichten. Sobald feststeht, daß sich die Tätigkeit des Arbeitnehmers ändern wird und seine beruflichen Kenntnisse und Fähigkeiten zur Erfüllung seiner Aufgaben nicht ausreichen, hat der Arbeitgeber mit dem Arbeitnehmer zu erörtern, wie dessen berufliche Kenntnisse und Fähigkeiten im Rahmen der betrieblichen Möglichkeiten den künftigen Anforderungen angepaßt werden können. Der Arbeitnehmer kann bei der Erörterung ein Mitglied des Betriebsrats hinzuziehen.

§ 82 Anhörungs- und Erörterungsrecht des Arbeitnehmers

(1) Der Arbeitnehmer hat das Recht, in betrieblichen Angelegenheiten, die seine Person betreffen, von den nach Maßgabe des organisatorischen Aufbaus des Betriebs hierfür zuständigen Personen gehört zu werden. Er ist berechtigt, zu Maßnahmen des Arbeitgebers, die ihn betreffen, Stellung zu nehmen sowie Vorschläge für die Gestaltung des Arbeitsplatzes und des Arbeitsablaufs zu machen.

(2) Der Arbeitnehmer kann verlangen, daß ihm die Berechnung und Zusammensetzung seines Arbeitsentgelts erläutert und daß mit ihm die Beurteilung seiner Leistungen sowie die Möglichkeiten seiner beruflichen Entwicklung im Betrieb erörtert werden. Er kann ein Mitglied des Betriebsrats hinzuziehen. Das Mitglied des Betriebsrats hat über den Inhalt dieser Verhandlungen Stillschweigen zu bewahren, soweit es vom Arbeitnehmer im Einzelfall nicht von dieser Verpflichtung entbunden wird.

§ 83 Einsicht in die Personalakten

(1) Der Arbeitnehmer hat das Recht, in die über ihn geführten Personalakten Einsicht zu nehmen. Er kann hierzu ein Mitglied des Betriebsrats hinzuziehen. Das Mitglied des Betriebsrats hat über den Inhalt der Personalakte Stillschweigen zu bewahren, soweit es vom Arbeitnehmer im Einzelfall nicht von dieser Verpflichtung entbunden wird.

(2) Erklärungen des Arbeitnehmers zum Inhalt der Personalakte sind dieser auf sein Verlangen beizufügen.

§ 84 Beschwerderecht

(1) Jeder Arbeitnehmer hat das Recht, sich bei den zuständigen Stellen des Betriebs zu beschweren, wenn er sich vom Arbeitgeber oder von Arbeitnehmern des Betriebs benachteiligt oder ungerecht behandelt oder in sonstiger Weise beeinträchtigt fühlt. Er kann ein Mitglied des Betriebsrats zur Unterstützung oder Vermittlung hinzuziehen.

(2) Der Arbeitgeber hat den Arbeitnehmer über die Behandlung der Beschwerde zu bescheiden und, soweit er die Beschwerde für berechtigt erachtet, ihr abzuhelfen.

(3) Wegen der Erhebung einer Beschwerde dürfen dem Arbeitnehmer keine Nachteile entstehen.

§ 85 Behandlung von Beschwerden durch den Betriebsrat

(1) Der Betriebsrat hat Beschwerden von Arbeitnehmern entgegenzunehmen und, falls er sie für berechtigt erachtet, beim Arbeitgeber auf Abhilfe hinzuwirken.

(2) Bestehen zwischen Betriebsrat und Arbeitgeber Meinungsverschiedenheiten über die Berechtigung der Beschwerde, so kann der Betriebsrat die Einigungsstelle anrufen. Der Spruch der Einigungsstelle ersetzt die Einigung zwischen Arbeitgeber und Betriebsrat. Dies gilt nicht, soweit Gegenstand der Beschwerde ein Rechtsanspruch ist.

(3) Der Arbeitgeber hat den Betriebsrat über die Behandlung der Beschwerde zu unterrichten. § 84 Abs. 2 bleibt unberührt.

§ 86 Ergänzende Vereinbarungen

Durch Tarifvertrag oder Betriebsvereinbarung können die Einzelheiten des Beschwerdeverfahrens geregelt werden. Hierbei kann bestimmt werden, daß in den Fällen des § 85 Abs. 2 an die Stelle der Einigungsstelle eine betriebliche Beschwerdestelle tritt.

Dritter Abschnitt. Soziale Angelegenheiten

§ 87 Mitbestimmungsrechte

(1) Der Betriebsrat hat, soweit eine gesetzliche oder tarifliche Regelung nicht besteht, in folgenden Angelegenheiten mitzubestimmen:

1. Fragen der Ordnung des Betriebs und des Verhaltens der Arbeitnehmer im Betrieb;
2. Beginn und Ende der täglichen Arbeitszeit einschließlich der Pausen sowie Verteilung der Arbeitszeit auf die einzelnen Wochentage;
3. vorübergehende Verkürzung oder Verlängerung der betriebsüblichen Arbeitszeit;
4. Zeit, Ort und Art der Auszahlung der Arbeitsentgelte;
5. Aufstellung allgemeiner Urlaubsgrundsätze und des Urlaubsplans sowie die Festsetzung der zeitlichen Lage des Urlaubs für einzelne Arbeitnehmer, wenn zwischen dem Arbeitgeber und den beteiligten Arbeitnehmern kein Einverständnis erzielt wird;
6. Einführung und Anwendung von technischen Einrichtungen, die dazu bestimmt sind, das Verhalten oder die Leistung der Arbeitnehmer zu überwachen;
7. Regelungen über die Verhütung von Arbeitsunfällen und Berufskrankheiten sowie über den Gesundheitsschutz im Rahmen der gesetzlichen Vorschriften oder der Unfallverhütungsvorschriften;
8. Form, Ausgestaltung und Verwaltung von Sozialeinrichtungen, deren Wirkungsbereich auf den Betrieb, das Unternehmen oder den Konzern beschränkt ist;
9. Zuweisung und Kündigung von Wohnräumen, die den Arbeitnehmern mit Rücksicht auf das Bestehen eines Arbeitsverhältnisses vermietet werden, sowie die allgemeine Festlegung der Nutzungsbedingungen;
10. Fragen der betrieblichen Lohngestaltung, insbesondere die Aufstellung von Entlohnungsgrundsätzen und die Einführung und Anwendung von neuen Entlohnungsmethoden sowie deren Änderung;
11. Festsetzung der Akkord- und Prämiensätze und vergleichbarer leistungsbezogener Entgelte, einschließlich der Geldfaktoren;
12. Grundsätze über das betriebliche Vorschlagswesen.

(2) Kommt eine Einigung über eine Angelegenheit nach Absatz 1 nicht zustande, so entscheidet die Einigungsstelle. Der Spruch der Einigungsstelle ersetzt die Einigung zwischen Arbeitgeber und Betriebsrat.

§ 88 Freiwillige Betriebsvereinbarungen

Durch Betriebsvereinbarung können insbesondere geregelt werden

1. zusätzliche Maßnahmen zur Verhütung von Arbeitsunfällen und Gesundheitsschädigungen;

2. die Errichtung von Sozialeinrichtungen, deren Wirkungsbereich auf den Betrieb, das Unternehmen oder den Konzern beschränkt ist;
3. Maßnahmen zur Förderung der Vermögensbildung.

§ 89 Arbeitsschutz

(1) Der Betriebsrat hat bei der Bekämpfung von Unfall- und Gesundheitsgefahren die für den Arbeitsschutz zuständigen Behörden, die Träger der gesetzlichen Unfallversicherung und die sonstigen in Betracht kommenden Stellen durch Anregung, Beratung und Auskunft zu unterstützen sowie sich für die Durchführung der Vorschriften über den Arbeitsschutz und die Unfallverhütung im Betrieb einzusetzen.

(2) Der Arbeitgeber und die in Absatz 1 genannten Stellen sind verpflichtet, den Betriebsrat oder die von ihm bestimmten Mitglieder des Betriebsrats bei allen im Zusammenhang mit dem Arbeitsschutz oder der Unfallverhütung stehenden Besichtigungen und Fragen und bei Unfalluntersuchungen hinzuzuziehen. Der Arbeitgeber hat dem Betriebsrat unverzüglich die den Arbeitsschutz und die Unfallverhütung betreffenden Auflagen und Anordnungen der in Absatz 1 genannten Stellen mitzuteilen.

(3) An den Besprechungen des Arbeitgebers mit den Sicherheitsbeauftragten oder dem Sicherheitsausschuß nach § 719 Abs. 3 der Reichsversicherungsordnung nehmen vom Betriebsrat beauftragte Betriebsratsmitglieder teil.

(4) Der Betriebsrat erhält die Niederschriften über Untersuchungen, Besichtigungen und Besprechungen, zu denen er nach den Absätzen 2 und 3 hinzuzuziehen ist.

(5) Der Arbeitgeber hat dem Betriebsrat eine Durchschrift der nach § 1552 der Reichsversicherungsordnung vom Betriebsrat zu unterschreibenden Unfallanzeige auszuhändigen.

Vierter Abschnitt. Gestaltung von Arbeitsplatz, Arbeitsablauf und Arbeitsumgebung

§ 90 Unterrichtungs- und Beratungsrechte

Der Arbeitgeber hat den Betriebsrat über die Planung

1. von Neu-, Um- und Erweiterungsbauten von Fabrikations-, Verwaltungs- und sonstigen betrieblichen Räumen,
2. von technischen Anlagen,
3. von Arbeitsverfahren und Arbeitsabläufen oder
4. der Arbeitsplätze

rechtzeitig unter Vorlage der erforderlichen Unterlagen zu unterrichten.

(2) Der Arbeitgeber hat mit dem Betriebsrat die vorgesehenen Maßnahmen und ihre Auswirkungen auf die Arbeitnehmer, insbesondere auf

die Art ihrer Arbeit sowie die sich daraus ergebenden Anforderungen an die Arbeitnehmer so rechtzeitig zu beraten, daß Vorschläge und Bedenken des Betriebsrats bei der Planung berücksichtigt werden können. Arbeitgeber und Betriebsrat sollen dabei auch die gesicherten arbeitswissenschaftlichen Erkenntnisse über die menschengerechte Gestaltung der Arbeit berücksichtigen.

§ 91 Mitbestimmungsrecht

Werden die Arbeitnehmer durch Änderungen der Arbeitsplätze, des Arbeitsablaufs oder der Arbeitsumgebung, die den gesicherten arbeitswissenschaftlichen Erkenntnissen über die menschengerechte Gestaltung der Arbeit offensichtlich widersprechen, in besonderer Weise belastet, so kann der Betriebsrat angemessene Maßnahmen zur Abwendung, Milderung oder zum Ausgleich der Belastung verlangen. Kommt eine Einigung nicht zustande, so entscheidet die Einigungsstelle. Der Spruch der Einigungsstelle ersetzt die Einigung zwischen Arbeitgeber und Betriebsrat.

Fünfter Abschnitt. Personelle Angelegenheiten

Erster Unterabschnitt. Allgemeine personelle Angelegenheiten

§ 92 Personalplanung

(1) Der Arbeitgeber hat den Betriebsrat über die Personalplanung, insbesondere über den gegenwärtigen und künftigen Personalbedarf sowie über die sich daraus ergebenden personellen Maßnahmen und Maßnahmen der Berufsbildung an Hand von Unterlagen rechtzeitig und umfassend zu unterrichten. Er hat mit dem Betriebsrat über Art und Umfang der erforderlichen Maßnahmen und über die Vermeidung von Härten zu beraten.

(2) Der Betriebsrat kann dem Arbeitgeber Vorschläge für die Einführung einer Personalplanung und ihre Durchführung machen.

§ 93 Ausschreibung von Arbeitsplätzen

Der Betriebsrat kann verlangen, daß Arbeitsplätze, die besetzt werden sollen, allgemein oder für bestimmte Arten von Tätigkeiten vor ihrer Besetzung innerhalb des Betriebs ausgeschrieben werden.

§ 94 Personalfragebogen, Beurteilungsgrundsätze

(1) Personalfragebogen bedürfen der Zustimmung des Betriebsrats. Kommt eine Einigung über ihren Inhalt nicht zustande, so entscheidet die Einigungsstelle. Der Spruch der Einigungsstelle ersetzt die Einigung zwischen Arbeitgeber und Betriebsrat.

(2) Absatz 1 gilt entsprechend für persönliche Angaben in schriftlichen Arbeitsverträgen, die allgemein für den Betrieb verwendet werden sollen, sowie für die Aufstellung allgemeiner Beurteilungsgrundsätze.

§ 95 Auswahlrichtlinien

(1) Richtlinien über die personelle Auswahl bei Einstellungen, Versetzungen, Umgruppierungen und Kündigungen bedürfen der Zustimmung des Betriebsrats. Kommt eine Einigung über die Richtlinien oder ihren Inhalt nicht zustande, so entscheidet auf Antrag des Arbeitgebers die Einigungsstelle. Der Spruch der Einigungsstelle ersetzt die Einigung zwischen Arbeitgeber und Betriebsrat.

(2) In Betrieben mit mehr als 1000 Arbeitnehmern kann der Betriebsrat die Aufstellung von Richtlinien über die bei Maßnahmen des Absatzes 1 Satz 1 zu beachtenden fachlichen und persönlichen Voraussetzungen und sozialen Gesichtspunkte verlangen. Kommt eine Einigung über die Richtlinien oder ihren Inhalt nicht zustande, so entscheidet die Einigungsstelle. Der Spruch der Einigungsstelle ersetzt die Einigung zwischen Arbeitgeber und Betriebsrat.

(3) Versetzung im Sinne dieses Gesetzes ist die Zuweisung eines andern Arbeitsbereichs, die voraussichtlich die Dauer von einem Monat überschreitet, oder die mit einer erheblichen Änderung der Umstände verbunden ist, unter denen die Arbeit zu leisten ist. Werden Arbeitnehmer nach der Eigenart ihres Arbeitsverhältnisses üblicherweise nicht ständig an einem bestimmten Arbeitsplatz beschäftigt, so gilt die Bestimmung des jeweiligen Arbeitsplatzes nicht als Versetzung.

Zweiter Unterabschnitt. Berufsbildung

§ 96 Förderung der Berufsbildung

(1) Arbeitgeber und Betriebsrat haben im Rahmen der betrieblichen Personalplanung und in Zusammenarbeit mit den für die Berufsbildung und den für die Förderung der Berufsbildung zuständigen Stellen die Berufsbildung der Arbeitnehmer zu fördern. Der Arbeitgeber hat auf Verlangen des Betriebsrats mit diesem Fragen der Berufsbildung der Arbeitnehmer des Betriebs zu beraten. Hierzu kann der Betriebsrat Vorschläge machen.

(2) Arbeitgeber und Betriebsrat haben darauf zu achten, daß unter Berücksichtigung der betrieblichen Notwendigkeiten den Arbeitnehmern die Teilnahme an betrieblichen oder außerbetrieblichen Maßnahmen der Berufsbildung ermöglicht wird. Sie haben dabei auch die Belange älterer Arbeitnehmer zu berücksichtigen.

§ 97 Einrichtungen und Maßnahmen der Berufsbildung

Der Arbeitgeber hat mit dem Betriebsrat über die Errichtung und Ausstattung betrieblicher Einrichtungen zur Berufsbildung, die Einführung betrieblicher Berufsbildungsmaßnahmen und die Teilnahme an außerbetrieblichen Berufsbildungsmaßnahmen zu beraten.

§ 98 Durchführung betrieblicher Bildungsmaßnahmen

(1) Der Betriebsrat hat bei der Durchführung von Maßnahmen der betrieblichen Berufsbildung mitzubestimmen.

(2) Der Betriebsrat kann der Bestellung einer mit der Durchführung der betrieblichen Berufsbildung beauftragten Person widersprechen oder ihre Abberufung verlangen, wenn diese die persönliche oder fachliche, insbesondere die berufs- und arbeitspädagogische Eignung im Sinne des Berufsbildungsgesetzes nicht besitzt oder ihre Aufgaben vernachlässigt.

(3) Führt der Arbeitgeber betriebliche Maßnahmen der Berufsbildung durch oder stellt er für außerbetriebliche Maßnahmen der Berufsbildung Arbeitnehmer frei oder trägt er die durch die Teilnahme von Arbeitnehmern an solchen Maßnahmen entstehenden Kosten ganz oder teilweise, so kann der Betriebsrat Vorschläge für die Teilnahme von Arbeitnehmern oder Gruppen von Arbeitnehmern des Betriebs an diesen Maßnahmen der beruflichen Bildung machen.

(4) Kommt im Fall des Absatzes 1 oder über die nach Absatz 3 vom Betriebsrat vorgeschlagenen Teilnehmer eine Einigung nicht zustande, so entscheidet die Einigungsstelle. Der Spruch der Einigungsstelle ersetzt die Einigung zwischen Arbeitgeber und Betriebsrat.

(5) Kommt im Fall des Absatzes 2 eine Einigung nicht zustande, so kann der Betriebsrat beim Arbeitsgericht beantragen, dem Arbeitgeber aufzugeben, die Bestellung zu unterlassen oder die Abberufung durchzuführen. Führt der Arbeitgeber die Bestellung einer rechtskräftigen gerichtlichen Entscheidung zuwider durch, so ist er auf Antrag des Betriebsrats vom Arbeitsgericht wegen der Bestellung nach vorheriger Androhung zu einem Ordnungsgeld zu verurteilen; das Höchstmaß des Ordnungsgeldes beträgt 20000 Deutsche Mark. Führt der Arbeitgeber die Abberufung einer rechtskräftigen gerichtlichen Entscheidung zuwider nicht durch, so ist auf Antrag des Betriebsrats vom Arbeitsgericht zu erkennen, daß der Arbeitgeber zur Abberufung durch Zwangsgeld anzuhalten sei; das Höchstmaß des Zwangsgeldes beträgt für jeden Tag der Zuwiderhandlung 500 Deutsche Mark. Die Vorschriften des Berufsbildungsgesetzes über die Ordnung der Berufsbildung bleiben unberührt.

(6) Die Absätze 1 bis 5 gelten entsprechend, wenn der Arbeitgeber sonstige Bildungsmaßnahmen im Betrieb durchführt.

Dritter Unterabschnitt. Personelle Einzelmaßnahmen

§ 99 Mitbestimmung bei personellen Einzelmaßnahmen

(1) In Betrieben mit in der Regel mehr als zwanzig wahlberechtigten Arbeitnehmern hat der Arbeitgeber den Betriebsrat vor jeder Einstellung, Eingruppierung, Umgruppierung und Versetzung zu unterrichten, ihm die erforderlichen Bewerbungsunterlagen vorzulegen und Auskunft über die Person der Beteiligten zu geben; er hat dem Betriebsrat

unter Vorlage der erforderlichen Unterlagen Auskunft über die Auswirkungen der geplanten Maßnahme zu geben und die Zustimmung des Betriebsrats zu der geplanten Maßnahme einzuholen. Bei Einstellungen und Versetzungen hat der Arbeitgeber insbesondere den in Aussicht genommenen Arbeitsplatz und die vorgesehene Eingruppierung mitzuteilen. Die Mitglieder des Betriebsrats sind verpflichtet, über die ihnen im Rahmen der personellen Maßnahmen nach den Sätzen 1 und 2 bekanntgewordenen persönlichen Verhältnisse und Angelegenheiten der Arbeitnehmer, die ihrer Bedeutung oder ihrem Inhalt nach einer vertraulichen Behandlung bedürfen, Stillschweigen zu bewahren; § 79 Abs. 1 Satz 2 bis 4 gilt entsprechend.

(2) Der Betriebsrat kann die Zustimmung verweigern, wenn

1. die personelle Maßnahme gegen ein Gesetz, eine Verordnung, eine Unfallverhütungsvorschrift oder gegen eine Bestimmung in einem Tarifvertrag oder in einer Betriebsvereinbarung oder gegen eine gerichtliche Entscheidung oder eine behördliche Anordnung verstoßen würde,
2. die personelle Maßnahme gegen eine Richtlinie nach § 95 verstoßen würde,
3. die durch Tatsachen begründete Besorgnis besteht, daß infolge der personellen Maßnahme im Betrieb beschäftigte Arbeitnehmer gekündigt werden oder sonstige Nachteile erleiden, ohne daß dies aus betrieblichen oder persönlichen Gründen gerechtfertigt ist,
4. der betroffene Arbeitnehmer durch die personelle Maßnahme benachteiligt wird, ohne daß dies aus betrieblichen oder in der Person des Arbeitnehmers liegenden Gründen gerechtfertigt ist,
5. eine nach § 93 erforderliche Ausschreibung im Betrieb unterblieben ist oder
6. die durch Tatsachen begründete Besorgnis besteht, daß der für die personelle Maßnahme in Aussicht genommene Bewerber oder Arbeitnehmer den Betriebsfrieden durch gesetzwidriges Verhalten oder durch grobe Verletzung der in § 75 Abs. 1 enthaltenen Grundsätze stören werde.

(3) Verweigert der Betriebsrat seine Zustimmung, so hat er dies unter Angabe von Gründen innerhalb einer Woche nach Unterrichtung durch den Arbeitgeber diesem schriftlich mitzuteilen. Teilt der Betriebsrat dem Arbeitgeber die Verweigerung seiner Zustimmung nicht innerhalb der Frist schriftlich mit, so gilt die Zustimmung als erteilt.

(4) Verweigert der Betriebsrat seine Zustimmung, so kann der Arbeitgeber beim Arbeitsgericht beantragen, die Zustimmung zu ersetzen.

§ 100 Vorläufige personelle Maßnahmen

(1) Der Arbeitgeber kann, wenn dies aus sachlichen Gründen dringend erforderlich ist, die personelle Maßnahme im Sinne des § 99 Abs. 1

Satz 1 vorläufig durchführen, bevor der Betriebsrat sich geäußert oder wenn er die Zustimmung verweigert hat. Der Arbeitgeber hat den Arbeitnehmer über die Sach- und Rechtslage aufzuklären.

(2) Der Arbeitgeber hat den Betriebsrat unverzüglich von der vorläufigen personellen Maßnahme zu unterrichten. Bestreitet der Betriebsrat, daß die Maßnahme aus sachlichen Gründen dringend erforderlich ist, so hat er dies dem Arbeitgeber unverzüglich mitzuteilen. In diesem Fall darf der Arbeitgeber die vorläufige personelle Maßnahme nur aufrechterhalten, wenn er innerhalb von drei Tagen beim Arbeitsgericht die Ersetzung der Zustimmung des Betriebsrats und die Feststellung beantragt, daß die Maßnahme aus sachlichen Gründen dringend erforderlich war.

(3) Lehnt das Gericht durch rechtskräftige Entscheidung die Ersetzung der Zustimmung des Betriebsrats ab oder stellt es rechtskräftig fest, daß offensichtlich die Maßnahme aus sachlichen Gründen nicht dringend erforderlich war, so endet die vorläufige personelle Maßnahme mit Ablauf von zwei Wochen nach Rechtskraft der Entscheidung. Von diesem Zeitpunkt an darf die personelle Maßnahme nicht aufrechterhalten werden.

§ 101 Zwangsgeld

Führt der Arbeitgeber eine personelle Maßnahme im Sinne des § 99 Abs. 1 Satz 1 ohne Zustimmung des Betriebsrats durch oder hält er eine vorläufige personelle Maßnahme entgegen § 100 Abs. 2 Satz 3 oder Abs. 3 aufrecht, so kann der Betriebsrat beim Arbeitsgericht beantragen, dem Arbeitgeber aufzugeben, die personelle Maßnahme aufzuheben. Hebt der Arbeitgeber entgegen einer rechtskräftigen gerichtlichen Entscheidung die personelle Maßnahme nicht auf, so ist auf Antrag des Betriebsrats vom Arbeitsgericht zu erkennen, daß der Arbeitgeber zur Aufhebung der Maßnahme durch Zwangsgeld anzuhalten sei. Das Höchstmaß des Zwangsgeldes beträgt für jeden Tag der Zuwiderhandlung 500 Deutsche Mark.

§ 102 Mitbestimmung bei Kündigungen

(1) Der Betriebsrat ist vor jeder Kündigung zu hören. Der Arbeitgeber hat ihm die Gründe für die Kündigung mitzuteilen. Eine ohne Anhörung des Betriebsrats ausgesprochene Kündigung ist unwirksam.

(2) Hat der Betriebsrat gegen eine ordentliche Kündigung Bedenken, so hat er diese unter Angabe der Gründe dem Arbeitgeber spätestens innerhalb einer Woche schriftlich mitzuteilen. Äußert er sich innerhalb dieser Frist nicht, gilt seine Zustimmung zur Kündigung als erteilt. Hat der Betriebsrat gegen eine außerordentliche Kündigung Bedenken, so hat er diese unter Angabe der Gründe dem Arbeitgeber unverzüglich, spätestens jedoch innerhalb von drei Tagen, schriftlich mitzuteilen. Der Betriebsrat soll, so weit dies erforderlich erscheint, vor seiner Stellungnahme den betroffenen Arbeitnehmer hören. § 99 Abs. 1 Satz 3 gilt entsprechend.

(3) Der Betriebsrat kann innerhalb der Frist des Absatzes 2 Satz 1 der ordentlichen Kündigung widersprechen, wenn

1. der Arbeitgeber bei der Auswahl des zu kündigenden Arbeitnehmers soziale Gesichtspunkte nicht oder nicht ausreichend berücksichtigt hat,
2. die Kündigung gegen eine Richtlinie nach § 95 vestößt,
3. der zu kündigende Arbeitnehmer an einem anderen Arbeitsplatz im selben Betrieb oder in einem anderen Betrieb des Unternehmens weiterbeschäftigt werden kann,
4. die Weiterbeschäftigung des Arbeitnehmers nach zumutbaren Umschulungs- oder Fortbildungsmaßnahmen möglich ist oder
5. eine Weiterbeschäftigung des Arbeitnehmers unter geänderten Vertragsbedingungen möglich ist und der Arbeitnehmer sein Einverständnis hiermit erklärt hat.

(4) Kündigt der Arbeitgeber, obwohl der Betriebsrat nach Absatz 3 der Kündigung widersprochen hat, so hat er dem Arbeitnehmer mit der Kündigung eine Abschrift der Stellungnahme des Betriebsrats zuzuleiten.

(5) Hat der Betriebsrat einer ordentlichen Kündigung frist- und ordnungsgemäß widersprochen, und hat der Arbeitnehmer nach dem Kündigungsschutzgesetz Klage auf Feststellung erhoben, daß das Arbeitsverhältnis durch die Kündigung nicht aufgelöst ist, so muß der Arbeitgeber auf Verlangen des Arbeitnehmers diesen nach Ablauf der Kündigungsfrist bis zum rechtskräftigen Abschluß des Rechtsstreits bei unveränderten Arbeitsbedingungen weiterbeschäftigen. Auf Antrag des Arbeitgebers kann das Gericht ihn durch einstweilige Verfügung von der Verpflichtung zur Weiterbeschäftigung nach Satz 1 entbinden, wenn

1. die Klage des Arbeitnehmers keine hinreichende Aussicht auf Erfolg bietet oder mutwillig erscheint oder
2. die Weiterbeschäftigung des Arbeitnehmers zu einer unzumutbaren wirtschaftlichen Belastung des Arbeitgebers führen würde oder
3. der Widerspruch des Betriebsrats offensichtlich unbegründet war.

(6) Arbeitgeber und Betriebsrat können vereinbaren, daß Kündigungen der Zustimmung des Betriebsrats bedürfen und daß bei Meinungsverschiedenheiten über die Berechtigung der Nichterteilung der Zustimmung die Einigungsstelle entscheidet.

(7) Die Vorschriften über die Beteiligung des Betriebsrats nach dem Kündigungsschutzgesetz und nach § 8 Abs. 1 des Arbeitsförderungsgesetzes bleiben unberührt.

§ 103 Außerordentliche Kündigung in besonderen Fällen

(1) Die außerordentliche Kündigung von Mitgliedern des Betriebsrats, der Jugend- und Auszubildendenvertretung der Bordvertretung und des Seebetriebsrats, des Wahlvorstands sowie von Wahlbewerbern bedarf der Zustimmung des Betriebsrats.

(2) Verweigert der Betriebsrat seine Zustimmung, so kann das Arbeitsgericht sie auf Antrag des Arbeitgebers ersetzen, wenn die außerordentliche Kündigung unter Berücksichtigung aller Umstände gerechtfertigt ist. In dem Verfahren vor dem Arbeitsgericht ist der betroffene Arbeitnehmer Beteiligter.

§ 104 Entfernung betriebsstörender Arbeitnehmer

Hat ein Arbeitnehmer durch gesetzwidriges Verhalten oder durch grobe Verletzung der in § 75 Abs. 1 enthaltenen Grundsätze den Betriebsfrieden wiederholt ernstlich gestört, so kann der Betriebsrat vom Arbeitgeber die Entlassung oder Versetzung verlangen. Gibt das Arbeitsgericht einem Antrag des Betriebsrats statt, dem Arbeitgeber aufzugeben, die Entlassung oder Versetzung durchzuführen, und führt der Arbeitgeber die Entlassung oder Versetzung einer rechtskräftigen gerichtlichen Entscheidung zuwider nicht durch, so ist auf Antrag des Betriebsrats vom Arbeitsgericht zu erkennen, daß er zur Vornahme der Entlassung oder Versetzung durch Zwangsgeld anzuhalten sei. Das Höchstmaß des Zwangsgeldes beträgt für jeden Tag der Zuwiderhandlung 500 Deutsche Mark.

§ 105 Leitende Angestellte

Eine beabsichtigte Einstellung oder personelle Veränderung eines in § 5 Abs. 3 genannten leitenden Angestellten ist dem Betriebsrat rechtzeitig mitzuteilen.

Sechster Abschnitt. Wirtschaftliche Angelegenheiten

Erster Unterabschnitt. Unterrichtung in wirtschaftlichen Angelegenheiten

§ 106 Wirtschaftsausschuß

(1) In allen Unternehmen mit in der Regel mehr als einhundert ständig beschäftigten Arbeitnehmern ist ein Wirtschaftsausschuß zu bilden. Der Wirtschaftsausschuß hat die Aufgabe, wirtschaftliche Angelegenheiten mit dem Unternehmer zu beraten und den Betriebsrat zu unterrichten.

(2) Der Unternehmer hat den Wirtschaftsausschuß rechtzeitig und umfassend über die wirtschaftlichen Angelegenheiten des Unternehmens unter Vorlage der erforderlichen Unterlagen zu unterrichten, soweit dadurch nicht die Betriebs- und Geschäftsgeheimnisse des Unternehmens gefährdet werden, sowie die sich daraus ergebenden Auswirkungen auf die Personalplanung darzustellen.

(3) Zu den wirtschaftlichen Angelegenheiten im Sinne dieser Vorschrift gehören insbesondere

1. die wirtschaftliche und finanzielle Lage des Unternehmens;
2. die Produktions- und Absatzlage;

3. das Produktions- und Investitionsprogramm;
4. Rationalisierungsvorhaben;
5. Fabrikations- und Arbeitsmethoden, insbesondere die Einführung neuer Arbeitsmethoden;
6. die Einschränkung oder Stillegung von Betrieben oder von Betriebsteilen;
7. die Verlegung von Betrieben oder Betriebsteilen;
8. der Zusammenschluß von Betrieben;
9. die Änderung der Betriebsorganisation oder des Betriebszwecks sowie
10. sonstige Vorgänge und Vorhaben, welche die Interessen der Arbeitnehmer des Unternehmens wesentlich berühren können.

§ 107 Bestellung und Zusammensetzung des Wirtschaftsausschusses

(1) Der Wirtschaftsausschuß besteht aus mindestens drei und höchstens sieben Mitgliedern, die dem Unternehmen angehören müssen, darunter mindestens einem Betriebsratsmitglied. Zu Mitgliedern des Wirtschaftsausschusses können auch die in § 5 Abs. 3 genannten Angestellten bestimmt werden. Die Mitglieder sollen die zur Erfüllung ihrer Aufgaben erforderliche fachliche und persönliche Eignung besitzen.

(2) Die Mitglieder des Wirtschaftsausschusses werden vom Betriebsrat für die Dauer seiner Amtszeit bestimmt. Besteht ein Gesamtbetriebsrat, so bestimmt dieser die Mitglieder des Wirtschaftsausschusses; die Amtszeit der Mitglieder endet in diesem Fall in dem Zeitpunkt, in dem die Amtszeit der Mehrheit der Mitglieder des Gesamtbetriebsrats, die an der Bestimmung mitzuwirken berechtigt waren, abgelaufen ist. Die Mitglieder des Wirtschaftsausschusses können jederzeit abberufen werden; auf die Abberufung sind die Sätze 1 und 2 entsprechend anzuwenden.

(3) Der Betriebsrat kann mit der Mehrheit der Stimmen seiner Mitglieder beschließen, die Aufgaben des Wirtschaftsausschusses einem Ausschuß des Betriebsrats zu übertragen. Die Zahl der Mitglieder des Ausschusses darf die Zahl der Mitglieder des Betriebsausschusses nicht überschreiten. Der Betriebsrat kann jedoch weitere Arbeitnehmer einschließlich der in § 5 Abs. 3 genannten leitenden Angestellten bis zur selben Zahl, wie der Ausschuß Mitglieder hat, in den Ausschuß berufen; für die Beschlußfassung gilt Satz 1. Für die Verschwiegenheitspflicht der in Satz 3 bezeichneten weiteren Arbeitnehmer gilt § 79 entsprechend. Für die Abänderung und den Widerruf der Beschlüsse nach den Sätzen 1 bis 3 sind die gleichen Stimmenmehrheiten erforderlich wie für die Beschlüsse nach den Sätzen 1 bis 3. Ist in einem Unternehmen ein Gesamtbetriebsrat errichtet, so beschließt dieser über die anderweitige Wahrnehmung der Aufgaben des Wirtschaftsausschusses; die Sätze 1 bis 5 gelten entsprechend.

§ 108 Sitzungen

(1) Der Wirtschaftsausschuß soll monatlich einmal zusammentreten.

(2) An den Sitzungen des Wirtschaftsausschusses hat der Unternehmer oder sein Vertreter teilzunehmen. Er kann sachkundige Arbeitnehmer des Unternehmens einschließlich der in § 5 Abs. 3 genannten Angestellten hinzuziehen. Für die Hinzuziehung und die Verschwiegenheitspflicht von Sachverständigen gilt § 80 Abs. 3 entsprechend.

(3) Die Mitglieder des Wirtschaftsausschusses sind berechtigt, in die nach § 106 Abs. 2 vorzulegenden Unterlagen Einsicht zu nehmen.

(4) Der Wirtschaftsausschuß hat über jede Sitzung dem Betriebsrat unverzüglich und vollständig zu berichten.

(5) Der Jahresabschluß ist dem Wirtschaftsausschuß unter Beteiligung des Betriebsrats zu erläutern.

(6) Hat der Betriebsrat oder der Gesamtbetriebsrat eine anderweitige Wahrnehmung der Aufgaben des Wirtschaftsausschusses beschlossen, so gelten die Absätze 1 bis 5 entsprechend.

§ 109 Beilegung von Meinungsverschiedenheiten

Wird eine Auskunft über wirtschaftliche Angelegenheiten des Unternehmens im Sinne des § 106 entgegen dem Verlangen des Wirtschaftsausschusses nicht, nicht rechtzeitig oder nur ungenügend erteilt und kommt hierüber zwischen Unternehmer und Betriebsrat eine Einigung nicht zustande, so entscheidet die Einigungsstelle. Der Spruch der Einigungsstelle ersetzt die Einigung zwischen Arbeitgeber und Betriebsrat. Die Einigungsstelle kann, wenn dies für ihre Entscheidung erforderlich ist, Sachverständige anhören; § 80 Abs. 3 Satz 2 gilt entsprechend. Hat der Betriebsrat oder der Gesamtbetriebsrat eine anderweitige Wahrnehmung der Aufgaben des Wirtschaftsausschusses beschlossen, so gilt Satz 1 entsprechend.

§ 110 Unterrichtung der Arbeitnehmer

(1) In Unternehmen mit in der Regel mehr als 1000 ständig beschäftigten Arbeitnehmern hat der Unternehmer mindestens einmal in jedem Kalendervierteljahr nach vorheriger Abstimmung mit dem Wirtschaftsausschuß oder den in § 107 Abs. 3 genannten Stellen und dem Betriebsrat die Arbeitnehmer schriftlich über die wirtschaftliche Lage und Entwicklung des Unternehmens zu unterrichten.

(2) In Unternehmen, die die Voraussetzungen des Absatzes 1 nicht erfüllen, aber in der Regel mehr als zwanzig wahlberechtigte ständige Arbeitnehmer beschäftigen, gilt Absatz 1 mit der Maßgabe, daß die Unterrichtung der Arbeitnehmer mündlich erfolgen kann. Ist in diesen Unternehmen ein Wirtschaftsausschuß nicht zu errichten, so erfolgt die Unterrichtung nach vorheriger Abstimmung mit dem Betriebsrat.

Zweiter Unterabschnitt. Betriebsänderungen

§ 111 Betriebsänderungen

Der Unternehmer hat in Betrieben mit in der Regel mehr als zwanzig wahlberechtigten Arbeitnehmern den Betriebsrat über geplante Betriebsänderungen, die wesentliche Nachteile für die Belegschaft oder erhebliche Teile der Belegschaft zur Folge haben können, rechtzeitig und umfassend zu unterrichten und die geplanten Betriebsänderungen mit dem Betriebsrat zu beraten. Als Betriebsänderungen im Sinne des Satzes 1 gelten

1. Einschränkung und Stillegung des ganzen Betriebs oder von wesentlichen Betriebsteilen,
2. Verlegung des ganzen Betriebs oder von wesentlichen Betriebsteilen,
3. Zusammenschluß mit anderen Betrieben,
4. grundlegende Änderungen der Betriebsorganisation, des Betriebszwecks oder der Betriebsanlagen,
5. Einführung grundlegend neuer Arbeitsmethoden und Fertigungsverfahren.

§ 112 Interessenausgleich über die Betriebsänderung, Sozialplan

(1) Kommt zwischen Unternehmer und Betriebsrat ein Interessenausgleich über die geplante Betriebsänderung zustande, so ist dieser schriftlich niederzulegen und vom Unternehmer und Betriebsrat zu unterschreiben. Das gleiche gilt für eine Einigung über den Ausgleich oder die Milderung der wirtschaftlichen Nachteile, die den Arbeitnehmern infolge der geplanten Betriebsänderung entstehen (Sozialplan). Der Sozialplan hat die Wirkung einer Betriebsvereinbarung. § 77 Abs. 3 ist auf den Sozialplan nicht anzuwenden.

(2) Kommt ein Interessenausgleich über die geplante Betriebsänderung oder eine Einigung über den Sozialplan nicht zustande, so können der Unternehmer oder der Betriebsrat den Präsidenten des Landesarbeitsamtes um Vermittlung ersuchen. Geschieht dies nicht oder bleibt der Vermittlungsversuch ergebnislos, so können der Unternehmer oder der Betriebsrat die Einigungsstelle anrufen. Auf Ersuchen des Vorsitzenden der Einigungsstelle nimmt der Präsident des Landesarbeitsamtes an der Verhandlung teil.

(3) Unternehmer und Betriebsrat sollen der Einigungsstelle Vorschläge zur Beilegung der Meinungsverschiedenheiten über den Interessenausgleich und den Sozialplan machen. Die Einigungsstelle hat eine Einigung der Parteien zu versuchen. Kommt eine Einigung zustande, so ist sie schriftlich niederzulegen und von den Parteien und vom Vorsitzenden zu unterschreiben.

(4) Kommt eine Einigung über den Sozialplan nicht zustande, so entscheidet die Einigungsstelle über die Aufstellung eines Sozialplans. Der Spruch der Einigungsstelle ersetzt die Einigung zwischen Arbeitgeber und Betriebsrat.

(5) Die Einigungsstelle hat bei ihrer Entscheidung nach Absatz 4 sowohl die sozialen Belange der betroffenen Arbeitnehmer zu berücksichtigen als auch auf die wirtschaftliche Vertretbarkeit ihrer Entscheidung für das Unternehmen zu achten. Dabei hat die Einigungsstelle sich im Rahmen billigen Ermessens insbesondere von folgenden Grundsätzen leiten zu lassen:

1. Sie soll beim Ausgleich oder bei der Milderung wirtschaftlicher Nachteile, insbesondere durch Einkommensminderung, Wegfall von Sonderleistungen oder Verlust von Anwartschaften auf betriebliche Altersversorgung, Umzugskosten oder erhöhte Fahrtkosten, Leistungen vorsehen, die in der Regel den Gegebenheiten des Einzelfalles Rechnung tragen.
2. Sie hat die Aussichten der betroffenen Arbeitnehmer auf dem Arbeitsmarkt zu berücksichtigen. Sie soll Arbeitnehmer von Leistungen ausschließen, die in einem zumutbaren Arbeitsverhältnis im selben Betrieb oder in einem anderen Betrieb des Unternehmens oder eines zum Konzern gehörenden Unternehmens weiterbeschäftigt werden können und die Weiterbeschäftigung ablehnen; die mögliche Weiterbeschäftigung an einem anderen Ort begründet für sich allein nicht die Unzumutbarkeit.
3. Sie hat bei der Bemessung des Gesamtbetrages der Sozialplanleistungen darauf zu achten, daß der Fortbestand des Unternehmens oder die nach Durchführung der Betriebsänderung verbleibenden Arbeitsplätze nicht gefährdet werden.

§ 112a Erzwingbarer Sozialplan bei Personalabbau, Neugründungen

(1) Besteht eine geplante Betriebsänderung im Sinne von § 111 Satz 2 Nr. 1 allein in der Entlassung von Arbeitnehmern, so findet § 112 Abs. 4 und 5 nur Anwendung, wenn

1. in Betrieben mit in der Regel mehr als 20 und weniger als 60 Arbeitnehmern 20 vom Hundert der regelmäßig beschäftigten Arbeitnehmer, aber mindestens 6 Arbeitnehmer,
2. in Betrieben mit in der Regel mindestens 60 und weniger als 250 Arbeitnehmern 20 vom Hundert der regelmäßig beschäftigten Arbeitnehmer oder mindestens 37 Arbeitnehmer,
3. in Betrieben mit in der Regel mindestens 250 und weniger als 500 Arbeitnehmern 15 vom Hundert der regelmäßig beschäftigten Arbeitnehmer oder mindestens 60 Arbeitnehmer,
4. in Betrieben mit in der Regel mindestens 500 Arbeitnehmern 10 vom Hundert der regelmäßig beschäftigten Arbeitnehmer, aber mindestens 60 Arbeitnehmer

aus betriebsbedingten Gründen entlassen werden sollen. Als Entlassung gilt auch das vom Arbeitgeber aus Gründen der Betriebsänderung veranlaßte Ausscheiden von Arbeitnehmern auf Grund von Aufhebungsverträgen.

(2) § 112 Abs. 4 und 5 findet keine Anwendung auf Betriebe eines Unternehmens in den ersten vier Jahren nach seiner Gründung. Dies gilt nicht für Neugründungen im Zusammenhang mit der rechtlichen Umstrukturierung von Unternehmen und Konzernen. Maßgebend für den Zeitpunkt der Gründung ist die Aufnahme einer Erwerbstätigkeit, die nach § 138 der Angabenordnung dem Finanzamt mitzuteilen ist.

§ 113 Nachteilsausgleich

(1) Weicht der Unternehmer von einem Interessenausgleich über die geplante Betriebsänderung ohne zwingenden Grund ab, so können Arbeitnehmer, die infolge dieser Abweichung entlassen werden, beim Arbeitsgericht Klage erheben mit dem Antrag, den Arbeitgeber zur Zahlung von Abfindungen zu verurteilen; § 10 des Kündigungsschutzgesetzes gilt entsprechend.

(2) Erleiden Arbeitnehmer infolge einer Abweichung nach Absatz 1 andere wirtschaftliche Nachteile, so hat der Unternehmer diese Nachteile bis zu einem Zeitraum von zwölf Monaten auszugleichen.

(3) Die Absätze 1 und 2 gelten entsprechend, wenn der Unternehmer eine geplante Betriebsänderung nach § 111 durchführt, ohne über sie einen Interessenausgleich mit dem Betriebsrat versucht zu haben, und infolge der Maßnahme Arbeitnehmer entlassen werden oder andere wirtschaftliche Nachteile erleiden.

Fünfter Teil. Besondere Vorschriften für einzelne Betriebsarten

Erster Abschnitt. Seeschiffahrt

§ 114 Grundsätze

(1) Auf Seeschiffahrtsunternehmen und ihre Betriebe ist dieses Gesetz anzuwenden, soweit sich aus den Vorschriften dieses Abschnitts nichts anderes ergibt.

(2) Seeschiffahrtsunternehmen im Sinne dieses Gesetzes ist ein Unternehmen, das Handelsschiffahrt betreibt und seinen Sitz im Geltungsbereich dieses Gesetzes hat. Ein Seeschiffahrtsunternehmen im Sinne dieses Abschnitts betreibt auch, wer als Korrespondentreeder, Vertragsreeder, Ausrüster oder auf Grund eines ähnlichen Rechtsverhältnisses Schiffe zum Erwerb durch die Seeschiffahrt verwendet, wenn er Arbeitgeber des Kapitäns und der Besatzungsmitglieder ist oder überwiegend die Befugnisse des Arbeitgebers ausübt.

(3) Als Seebetrieb im Sinne dieses Gesetzes gilt die Gesamtheit der Schiffe eines Seeschiffahrtsunternehmens einschließlich der in Absatz 2 Satz 2 genannten Schiffe.

(4) Schiffe im Sinne dieses Gesetzes sind Kauffahrteischiffe, die nach dem Flaggenrechtsgesetz die Bundesflagge führen. Schiffe, die in der

Regel binnen 24 Stunden nach dem Auslaufen an den Sitz eines Landbetriebs zurückkehren, gelten als Teil dieses Landbetriebs des Seeschifffahrtsunternehmens.

(5) Jugend- und Auszubildendenvertretungen werden nur für die Landbetriebe von Seeschiffahrtsunternehmen gebildet.

(6) Besatzungsmitglieder sind die in § 3 des Seemannsgesetzes genannten Personen. Leitende Angestellte im Sinne des § 5 Abs. 3 dieses Gesetzes sind nur die Kapitäne. Die Zuordnung der Besatzungsmitglieder zu den Gruppen der Arbeiter und Angestellten bestimmt sich, abweichend von den §§ 4 bis 6 des Seemannsgesetzes, nach § 6 dieses Gesetzes.

§ 115 Bordvertretung

(1) Auf Schiffen, die mit in der Regel mindestens fünf wahlberechtigten Besatzungsmitgliedern besetzt sind, von denen drei wählbar sind, wird eine Bordvertretung gewählt. Auf die Bordvertretung finden, soweit sich aus diesem Gesetz oder aus anderen gesetzlichen Vorschriften nicht etwas anderes ergibt, die Vorschriften über die Rechte und Pflichten des Betriebsrats und die Rechtsstellung seiner Mitglieder Anwendung.

(2) Die Vorschriften über die Wahl und Zusammensetzung des Betriebsrats finden mit folgender Maßgabe Anwendung:

1. Wahlberechtigt sind alle Besatzungsmitglieder des Schiffes.
2. Wählbar sind die Besatzungsmitglieder des Schiffes, die am Wahltag das 18. Lebensjahr vollendet haben und ein Jahr Besatzungsmitglied eines Schiffes waren, das nach dem Flaggenrechtsgesetz die Bundesflagge führt. § 8 Abs. 1 Satz 3 bleibt unberührt.
3. Die Bordvertretung besteht auf Schiffen mit in der Regel
   5 bis 20 wahlberechtigten Besatzungsmitgliedern aus einer Person,
   21 bis 75 wahlberechtigten Besatzungsmitgliedern aus drei Mitgliedern,
   über 75 wahlberechtigten Besatzungsmitgliedern aus fünf Mitgliedern.
4. Die Minderheitsgruppe erhält, abweichend von § 10 Abs. 2, in einer Bordvertretung, die aus mehr als einer Person besteht, bei bis zu 75 Gruppenangehörigen mindestens einen Vertreter, bei mehr als 75 Gruppenangehörigen mindestens zwei Vertreter.
5. § 13 Abs. 1 und 3 findet keine Anwendung. Die Bordvertretung ist vor Ablauf ihrer Amtszeit unter den in § 13 Abs. 2 Nr. 2 bis 5 genannten Voraussetzungen neu zu wählen.
6. Die wahlberechtigten Besatzungsmitglieder können mit der Mehrheit aller Stimmen beschließen, die Wahl der Bordvertretung binnen 24 Stunden durchzuführen.
7. Die in § 16 Abs. 1 Satz 1 genannte Frist wird auf zwei Wochen, die in § 16 Abs. 2 Satz 1 genannte Frist wird auf eine Woche verkürzt.
8. Bestellt die im Amt befindliche Bordvertretung nicht rechtzeitig einen Wahlvorstand oder besteht keine Bordvertretung, findet § 17

Abs. 1 und 2 entsprechende Anwendung. Kann aus Gründen der Aufrechterhaltung des ordnungsgemäßen Schiffsbetriebs eine Bordversammlung nicht stattfinden, so kann der Kapitän auf Antrag von drei Wahlberechtigten den Wahlvorstand bestellen. Bestellt der Kapitän den Wahlvorstand nicht, so ist der Seebetriebsrat berechtigt, den Wahlvorstand zu bestellen. Die Vorschriften über die Bestellung des Wahlvorstands durch das Arbeitsgericht bleiben unberührt.

9. Die Frist für die Wahlanfechtung beginnt für Besatzungsmitglieder an Bord, wenn das Schiff nach Bekanntgabe des Wahlergebnisses erstmalig einen Hafen im Geltungsbereich dieses Gesetzes oder einen Hafen, in dem ein Seemannsamt seinen Sitz hat, anläuft. Die Wahlanfechtung kann auch zu Protokoll des Seemannsamtes erklärt werden. Wird die Wahl zur Bordvertretung angefochten, zieht das Seemannsamt die an Bord befindlichen Wahlunterlagen ein. Die Anfechtungserklärung und die eingezogenen Wahlunterlagen sind vom Seemannsamt unverzüglich an das für die Anfechtung zuständige Arbeitsgericht weiterzuleiten.

(3) Auf die Amtszeit der Bordvertretung finden die §§ 21 bis 25 mit der Maßgabe Anwendung, daß

1. die Amtszeit ein Jahr beträgt,
2. die Mitgliedschaft in der Bordvertretung auch endet, wenn das Besatzungsmitglied den Dienst an Bord beendet, es sei denn, daß es den Dienst an Bord vor Ablauf der Amtszeit nach Nummer 1 wieder antritt.

(4) Für die Geschäftsführung der Bordvertretung gelten die §§ 26 bis 36, § 37 Abs. 1 bis 3 sowie die §§ 39 bis 41 entsprechend. § 40 Abs. 2 ist mit der Maßgabe anzuwenden, daß die Bordvertretung in dem für ihre Tätigkeit erforderlichen Umfang auch die für die Verbindung des Schiffes zur Reederei eingerichteten Mittel zur beschleunigten Übermittlung von Nachrichten in Anspruch nehmen kann.

(5) Die §§ 42 bis 46 über die Betriebsversammlung finden für die Versammlung der Besatzungsmitglieder eines Schiffes (Bordversammlung) entsprechende Anwendung. Auf Verlangen der Bordvertretung hat der Kapitän der Bordversammlung einen Bericht über die Schiffsreise und die damit zusammenhängenden Angelegenheiten zu erstatten. Er hat Fragen, die den Schiffsbetrieb, die Schiffsreise und die Schiffssicherheit betreffen, zu beantworten.

(6) Die §§ 47 bis 59 über den Gesamtbetriebsrat und den Konzernbetriebsrat finden für die Bordvertretung keine Anwendung.

(7) Die §§ 74 bis 105 über die Mitwirkung und Mitbestimmung der Arbeitnehmer finden auf die Bordvertretung mit folgender Maßgabe Anwendung:

1. Die Bordvertretung ist zuständig für die Behandlung derjenigen nach diesem Gesetz der Mitwirkung und Mitbestimmung des Betriebsrats unterliegenden Angelegenheiten, die den Bordbetrieb oder die Besatzungsmitglieder des Schiffes betreffen und deren Regelung dem Kapi-

tän auf Grund gesetzlicher Vorschriften oder der ihm von der Reederei übertragenen Befugnisse obliegt.

2. Kommt es zwischen Kapitän und Bordvertretung in einer der Mitwirkung oder Mitbestimmung der Bordvertretung unterliegenden Angelegenheit nicht zu einer Einigung, so kann die Angelegenheit von der Bordvertretung an den Seebetriebsrat abgegeben werden. Der Seebetriebsrat hat die Bordvertretung über die weitere Behandlung der Angelegenheit zu unterrichten. Bordvertretung und Kapitän dürfen die Einigungsstelle oder das Arbeitsgericht nur anrufen, wenn ein Seebetriebsrat nicht gewählt ist.
3. Bordvertretung und Kapitän können im Rahmen ihrer Zuständigkeiten Bordvereinbarungen abschließen. Die Vorschriften über Betriebsvereinbarungen gelten für Bordvereinbarungen entsprechend. Bordvereinbarungen sind unzulässig, soweit eine Angelegenheit durch eine Betriebsvereinbarung zwischen Seebetriebsrat und Arbeitgeber geregelt ist.
4. In Angelegenheiten, die der Mitbestimmung der Bordvertretung unterliegen, kann der Kapitän, auch wenn eine Einigung mit der Bordvertretung noch nicht erzielt ist, vorläufige Regelungen treffen, wenn dies zur Aufrechterhaltung des ordnungsgemäßen Schiffsbetriebs dringend erforderlich ist. Den von der Anordnung betroffenen Besatzungsmitgliedern ist die Vorläufigkeit der Regelung bekanntzugeben. Soweit die vorläufige Regelung der endgültigen Regelung nicht entspricht, hat das Schiffahrtsunternehmen Nachteile auszugleichen, die den Besatzungsmitgliedern durch die vorläufige Regelung entstanden sind.
5. Die Bordvertretung hat das Recht auf regelmäßige und umfassende Unterrichtung über den Schiffsbetrieb. Die erforderlichen Unterlagen sind der Bordvertretung vorzulegen. Zum Schiffsbetrieb gehören insbesondere die Schiffssicherheit, die Reiserouten, die voraussichtlichen Ankunfts- und Abfahrtszeiten sowie die zu befördernde Ladung.
6. Auf Verlangen der Bordvertretung hat der Kapitän ihr Einsicht in die an Bord befindlichen Schiffstagebücher zu gewähren. In den Fällen, in denen der Kapitän eine Eintragung über Angelegenheiten macht, die der Mitwirkung oder Mitbestimmung der Bordvertretung unterliegen, kann diese eine Abschrift der Eintragung verlangen und Erklärungen zum Schiffstagebuch abgeben. In den Fällen, in denen über eine der Mitwirkung oder Mitbestimmung der Bordvertretung unterliegenden Angelegenheit eine Einigung zwischen Kapitän und Bordvertretung nicht erzielt wird, kann die Bordvertretung dies zum Schiffstagebuch erklären und eine Abschrift dieser Eintragung verlangen.
7. Die Zuständigkeit der Bordvertretung im Rahmen des Arbeitsschutzes bezieht sich auch auf die Schiffssicherheit und die Zusammenarbeit mit den insoweit zuständigen Behörden und sonstigen in Betracht kommenden Stellen.

§ 116 Seebetriebsrat

(1) In Seebetrieben werden Seebetriebsräte gewählt. Auf die Seebetriebsräte finden, soweit sich aus diesem Gesetz oder aus anderen gesetzlichen Vorschriften nicht etwas anderes ergibt, die Vorschriften über die Rechte und Pflichten des Betriebsrats und die Rechtsstellung seiner Mitglieder Anwendung.

(2) Die Vorschriften über die Wahl, Zusammensetzung und Amtszeit des Betriebsrats finden mit folgender Maßgabe Anwendung:

1. Wahlberechtigt zum Seebetriebsrat sind alle zum Seeschiffahrtsunternehmen gehörenden Besatzungsmitglieder.
2. Für die Wählbarkeit zum Seebetriebsrat gilt § 8 mit der Maßgabe, daß
   a) in Seeschiffahrtsunternehmen, zu denen mehr als acht Schiffe gehören oder in denen in der Regel mehr als 250 Besatzungsmitglieder beschäftigt sind, nur nach § 115 Abs. 2 Nr. 2 wählbare Besatzungsmitglieder wählbar sind;
   b) in den Fällen, in denen die Voraussetzungen des Buchstabens a nicht vorliegen, nur Arbeitnehmer wählbar sind, die nach § 8 die Wählbarkeit im Landbetrieb des Seeschiffahrtsunternehmens besitzen, es sei denn, daß der Arbeitgeber mit der Wahl von Besatzungsmitgliedern einverstanden ist.
3. Der Betriebsrat besteht in Seebetrieben mit in der Regel
   5 bis 500 wahlberechtigten Besatzungsmitgliedern aus einer Person,
   501 bis 1000 wahlberechtigten Besatzungsmitgliedern aus drei Mitgliedern,
   über 1000 wahlberechtigten Besatzungsmitgliedern aus fünf Mitgliedern.
4. Die Minderheitsgruppe erhält, abweichend von § 10 Abs. 2, in einem Seebetriebsrat, der aus mehr als einer Person besteht, bei bis zu 500 Gruppenangehörigen mindestens einen Vertreter, bei mehr als 500 Gruppenangehörigen mindestens zwei Vertreter.
5. Ein Wahlvorschlag ist gültig, wenn er im Fall des § 14 Abs. 6 Satz 1 erster Halbsatz und Satz 2 mindestens von drei wahlberechtigten gruppenangehörigen Besatzungsmitgliedern und im Fall des § 14 Abs. 7 mindestens von drei wahlberechtigten Besatzungsmitgliedern unterschrieben ist.
6. Die in § 16 Abs. 1 Satz 1 genannte Frist wird auf drei Monate, die in § 16 Abs. 2 Satz 1 genannte Frist auf zwei Monate verlängert.
7. Zu Mitgliedern des Wahlvorstands können auch im Landbetrieb des Seeschiffahrtsunternehmens beschäftigte Arbeitnehmer bestellt werden. § 17 Abs. 1 und 2 findet keine Anwendung. Besteht in einem Seebetrieb kein Seebetriebsrat, so wird der Wahlvorstand gemeinsam vom Arbeitgeber und den im Seebetrieb vertretenen Gewerkschaften bestellt. Einigen sich Arbeitgeber und Gewerkschaften nicht, so bestellt ihn das Arbeitsgericht auf Antrag des Arbeitgebers, einer im

Seebetrieb vertretenen Gewerkschaft oder von mindestens drei wahlberechtigten Besatzungsmitgliedern. § 16 Abs. 2 Satz 2 und 3 gilt entsprechend.

8. Die Frist für die Wahlanfechtung nach § 19 Abs. 2 beginnt für Besatzungsmitglieder an Bord, wenn das Schiff nach Bekanntgabe des Wahlergebnisses erstmalig einen Hafen im Geltungsbereich dieses Gesetzes oder einen Hafen, in dem ein Seemannsamt seinen Sitz hat, anläuft. Nach Ablauf von drei Monaten seit Bekanntgabe des Wahlergebnisses ist eine Wahlanfechtung unzulässig. Die Wahlanfechtung kann auch zu Protokoll des Seemannsamtes erklärt werden. Die Anfechtungserklärung ist vom Seemannsamt unverzüglich an das für die Anfechtung zuständige Arbeitsgericht weiterzuleiten.
9. Die Mitgliedschaft im Seebetriebsrat endet, wenn der Seebetriebsrat aus Besatzungsmitgliedern besteht, auch, wenn das Mitglied des Seebetriebsrats nicht mehr Besatzungsmitglied ist. Die Eigenschaft als Besatzungsmitglied wird durch die Tätigkeit im Seebetriebsrat oder durch eine Beschäftigung gemäß Absatz 3 Nr. 2 nicht berührt.

(3) Die §§ 26 bis 41 über die Geschäftsführung des Betriebsrats finden auf den Seebetriebsrat mit folgender Maßgabe Anwendung:

1. In Angelegenheiten, in denen der Seebetriebsrat nach diesem Gesetz innerhalb einer bestimmten Frist Stellung zu nehmen hat, kann er, abweichend von § 33 Abs. 2, ohne Rücksicht auf die Zahl der zur Sitzung erschienenen Mitglieder einen Beschluß fassen, wenn die Mitglieder ordnungsgemäß geladen worden sind.
2. Soweit die Mitglieder des Seebetriebsrats nicht freizustellen sind, sind sie so zu beschäftigen, daß sie durch ihre Tätigkeit nicht gehindert sind, die Aufgaben des Seebetriebsrats wahrzunehmen. Der Arbeitsplatz soll den Fähigkeiten und Kenntnissen des Mitglieds des Seebetriebsrats und seiner bisherigen beruflichen Stellung entsprechen. Der Arbeitsplatz ist im Einvernehmen mit dem Seebetriebsrat zu bestimmen. Kommt eine Einigung über die Bestimmung des Arbeitsplatzes nicht zustande, so entscheidet die Einigungsstelle. Der Spruch der Einigungsstelle ersetzt die Einigung zwischen Arbeitgeber und Seebetriebsrat.
3. Den Mitgliedern des Seebetriebsrats, die Besatzungsmitglieder sind, ist die Heuer auch dann fortzuzahlen, wenn sie im Landbetrieb beschäftigt werden. Sachbezüge sind angemessen abzugelten. Ist der neue Arbeitsplatz höherwertig, so ist das diesem Arbeitsplatz entsprechende Arbeitsentgelt zu zahlen.
4. Unter Berücksichtigung der örtlichen Verhältnisse ist über die Unterkunft der in den Seebetriebsrat gewählten Besatzungsmitglieder eine Regelung zwischen dem Seebetriebsrat und dem Arbeitgeber zu treffen, wenn der Arbeitsplatz sich nicht am Wohnort befindet. Kommt eine Einigung nicht zustande, so entscheidet die Einigungsstelle. Der Spruch der Einigungsstelle ersetzt die Einigung zwischen Arbeitgeber und Seebetriebsrat.

5. Der Seebetriebsrat hat das Recht, jedes zum Seebetrieb gehörende Schiff zu betreten, dort im Rahmen seiner Aufgaben tätig zu werden sowie an den Sitzungen der Bordvertretung teilzunehmen. § 115 Abs. 7 Nr. 5 Satz 1 gilt entsprechend.
6. Liegt ein Schiff in einem Hafen innerhalb des Geltungsbereichs dieses Gesetzes, so kann der Seebetriebsrat nach Unterrichtung des Kapitäns Sprechstunden an Bord abhalten und Bordversammlungen der Besatzungsmitglieder durchführen.
7. Läuft ein Schiff innerhalb eines Kalenderjahres keinen Hafen im Geltungsbereich dieses Gesetzes an, so gelten die Nummern 5 und 6 für europäische Häfen. Die Schleusen des Nordostseekanals gelten nicht als Häfen.
8. Im Einvernehmen mit dem Arbeitgeber können Sprechstunden und Bordversammlungen, abweichend von den Nummern 6 und 7, auch in anderen Liegehäfen des Schiffes durchgeführt werden, wenn ein dringendes Bedürfnis hierfür besteht. Kommt eine Einigung nicht zustande, so entscheidet die Einigungsstelle. Der Spruch der Einigungsstelle ersetzt die Einigung zwischen Arbeitgeber und Seebetriebsrat.

(4) Die §§ 42 bis 46 über die Betriebsversammlung finden auf den Seebetrieb keine Anwendung.

(5) Für den Seebetrieb nimmt der Seebetriebsrat die in den §§ 47 bis 59 dem Betriebsrat übertragenen Aufgaben, Befugnisse und Pflichten wahr.

(6) Die §§ 74 bis 113 über die Mitwirkung und Mitbestimmung der Arbeitnehmer finden auf den Seebetriebsrat mit folgender Maßgabe Anwendung:

1. Der Seebetriebsrat ist zuständig für die Behandlung derjenigen nach diesem Gesetz der Mitwirkung oder Mitbestimmung des Betriebsrats unterliegenden Angelegenheiten,
   a) die alle oder mehrere Schiffe des Seebetriebs oder die Besatzungsmitglieder aller oder mehrerer Schiffe des Seebetriebs betreffen,
   b) die nach § 115 Abs. 7 Nr. 2 von der Bordvertretung abgegeben worden sind oder
   c) für die nicht die Zuständigkeit der Bordvertretung nach § 115 Abs. 7 Nr. 1 gegeben ist.
2. Der Seebetriebsrat ist regelmäßig und umfassend über den Schiffsbetrieb des Seeschiffahrtsunternehmens zu unterrichten. Die erforderlichen Unterlagen sind ihm vorzulegen.

Zweiter Abschnitt. Luftfahrt

§ 117 Geltung für die Luftfahrt

(1) Auf Landbetriebe von Luftfahrtunternehmen ist dieses Gesetz anzuwenden.

(2) Für im Flugbetrieb beschäftigte Arbeitnehmer von Luftfahrtunternehmen kann durch Tarifvertrag eine Vertretung errichtet werden. Über die Zusammenarbeit dieser Vertretung mit den nach diesem Gesetz zu errichtenden Vertretungen der Arbeitnehmer der Landbetriebe des Luftfahrtunternehmens kann der Tarifvertrag von diesem Gesetz abweichende Regelungen vorsehen; § 3 Abs. 2 ist entsprechend anzuwenden.

Dritter Abschnitt. Tendenzbetriebe und Religionsgemeinschaften

§ 118 Geltung für Tendenzbetriebe und Religionsgemeinschaften

(1) Auf Unternehmen und Betriebe, die unmittelbar und überwiegend

1. politischen, koalitionspolitischen, konfessionellen, karitativen, erzieherischen, wissenschaftlichen oder künstlerischen Bestimmungen oder
2. Zwecken der Berichterstattung oder Meinungsäußerung, auf die Artikel 5 Abs. 1 Satz 2 des Grundgesetzes Anwendung findet,

dienen, finden die Vorschriften dieses Gesetzes keine Anwendung, soweit die Eigenart des Unternehmens oder des Betriebs dem entgegensteht. Die §§ 106 bis 110 sind nicht, die §§ 111 bis 113 nur insoweit anzuwenden, als sie den Ausgleich oder die Milderung wirtschaftlicher Nachteile für die Arbeitnehmer infolge von Betriebsänderungen regeln.

(2) Dieses Gesetz findet keine Anwendung auf Religionsgemeinschaften und ihre karitativen und erzieherischen Einrichtungen unbeschadet deren Rechtsform.

Sechster Teil. Straf- und Bußgeldvorschriften

§ 119 Straftaten gegen Betriebsverfassungsorgane und ihre Mitglieder

(1) Mit Freiheitsstrafe bis zu einem Jahr oder mit Geldstrafe wird bestraft, wer

1. eine Wahl des Betriebsrats, der Jugend- und Auszubildendenvertretung der Bordvertretung, des Seebetriebsrats oder der in § 3 Abs. 1 Nr. 1 oder 2 bezeichneten Vertretungen der Arbeitnehmer behindert oder durch Zufügung oder Androhung von Nachteilen oder durch Gewährung oder Versprechen von Vorteilen beeinflußt,
2. die Tätigkeit des Betriebsrats, des Gesamtbetriebsrats, des Konzernbetriebsrats, der Jugend- und Auszubildendenvertretung, der Gesamt-Jugend- und Auszubildendenvertretung, der Bordvertretung, des Seebetriebsrats, der in § 3 Abs. 1 Nr. 1 oder 2 bezeichneten Vertretungen der Arbeitnehmer, der Einigungsstelle, der in § 76 Abs. 8 bezeichneten tariflichen Schlichtungsstelle, der in § 86 bezeichneten

betrieblichen Beschwerdestelle oder des Wirtschaftsausschusses behindert oder stört oder

3. ein Mitglied oder ein Ersatzmitglied des Betriebsrats, des Gesamtbetriebsrats, des Konzernbetriebsrats, der Jugend- und Auszubildendenvertretung, der Gesamt-Jugend- und Auszubildendenvertretung, der Bordvertretung, des Seebetriebsrats, der in § 3 Abs. 1 Nr. 1 oder 2 bezeichneten Vertretungen der Arbeitnehmer, der Einigungsstelle, der in § 76 Abs. 8 bezeichneten Schlichtungsstelle, der in § 86 bezeichneten betrieblichen Beschwerdestelle oder des Wirtschaftsausschusses um seiner Tätigkeit willen benachteiligt oder begünstigt.

(2) Die Tat wird nur auf Antrag des Betriebsrats, des Gesamtbetriebsrats, des Konzernbetriebsrats, der Bordvertretung, des Seebetriebsrats, des Wahlvorstands, des Unternehmers oder einer im Betrieb vertretenen Gewerkschaft verfolgt.

§ 120 Verletzung von Geheimnissen

(1) Wer unbefugt ein fremdes Betriebs- oder Geschäftsgeheimnis offenbart, das ihm in seiner Eigenschaft als

1. Mitglied oder Ersatzmitglied des Betriebsrats oder einer der in § 79 Abs. 2 bezeichneten Stellen,
2. Vertreter einer Gewerkschaft oder Arbeitgebervereinigung,
3. Sachverständiger, der vom Betriebsrat nach § 80 Abs. 3 hinzugezogen oder von der Einigungsstelle nach § 109 Satz 3 angehört worden ist, oder
4. Arbeitnehmer, der vom Betriebsrat nach § 107 Abs. 3 Satz 3 oder vom Wirtschaftsausschuß nach § 108 Abs. 2 Satz 2 hinzugezogen worden ist,

bekanntgeworden und das vom Arbeitgeber ausdrücklich als geheimhaltungsbedürftig bezeichnet worden ist, wird mit Freiheitsstrafe bis zu einem Jahr oder mit Geldstrafe bestraft.

(2) Ebenso wird bestraft, wer unbefugt ein fremdes Geheimnis eines Arbeitnehmers, namentlich ein zu dessen persönlichen Lebensbereich gehörendes Geheimnis, offenbart, das ihm in seiner Eigenschaft als Mitglied oder Ersatzmitglied des Betriebsrats oder einer der in § 79 Abs. 2 bezeichneten Stellen bekanntgeworden ist und über das nach den Vorschriften dieses Gesetzes Stillschweigen zu bewahren ist.

(3) Handelt der Täter gegen Entgelt oder in der Absicht, sich oder einen anderen zu bereichern oder einen anderen zu schädigen, so ist die Strafe Freiheitsstrafe bis zu zwei Jahren oder Geldstrafe. Ebenso wird bestraft, wer unbefugt ein fremdes Geheimnis, namentlich ein Betriebs- oder Geschäftsgeheimnis, zu dessen Geheimhaltung er nach den Absätzen 1 oder 2 verpflichtet ist, verwertet.

(4) Die Absätze 1 bis 3 sind auch anzuwenden, wenn der Täter das fremde Geheimnis nach dem Tode des Betroffenen unbefugt offenbart oder verwertet.

(5) Die Tat wird nur auf Antrag des Verletzten verfolgt. Stirbt der Verletzte, so geht das Antragsrecht nach § 77 Abs. 2 des Strafgesetzbuches auf die Angehörigen über, wenn das Geheimnis zum persönlichen Lebensbereich des Verletzten gehört; in anderen Fällen geht es auf die Erben über. Offenbart der Täter das Geheimnis nach dem Tode des Betroffenen, so gilt Satz 2 sinngemäß.

§ 121 Bußgeldvorschriften

(1) Ordnungswidrig handelt, wer eine der in § 90 Abs. 1, 2 Satz 1, § 92 Abs. 1 Satz 1, § 99 Abs. 1, § 106 Abs. 2, § 108 Abs. 5, § 110 oder § 111 bezeichneten Aufklärungs- oder Auskunftspflichten nicht, wahrheitswidrig, unvollständig oder verspätet erfüllt.

(2) Die Ordnungswidrigkeit kann mit einer Geldbuße bis zu 20000 Deutsche Mark geahndet werden.

Siebenter Teil. Änderung von Gesetzen

§ 122 [Betr. Änderung des Bürgerlichen Gesetzbuches; vgl. Anhang 9].

§ 123 [Betr. Änderung des Kündigungsschutzgesetzes; vgl. Anhang 5].

§ 124 [Betr. Änderung des Arbeitsgerichtsgesetzes].

Achter Teil. Übergangs- und Schlußvorschriften

§ 125 Erstmalige Wahlen nach diesem Gesetz

(1) Die erstmaligen Betriebsratswahlen nach § 13 Abs. 1 finden im Jahre 1972 statt.

(2) Die erstmaligen Wahlen der Jugend- und Auszubildendenvertretung nach § 64 Abs. 1 Satz 1 finden im Jahre 1988 statt. Die Amtszeit der Jugendvertretung endet mit der Bekanntgabe des Wahlergebnisses der neu gewählten Jugend- und Auszubildendenvertretung, spätestens am 30. November 1988.

(3) § 13 Abs. 1 Satz 1 und Abs. 2 Nr. 1, § 21 Satz 1, § 26 Abs. 2 Satz 1, § 27 Abs. 1 und 2, die §§ 28, 38 Abs. 2, § 47 Abs. 2 Satz 3, § 51 Abs. 2 und § 55 Abs. 1 Satz 3 sind in geänderter Fassung erstmalig anzuwenden, wenn Betriebsräte nach dem 31. Dezember 1988 gewählt worden sind.

§ 126 Ermächtigung zum Erlaß von Wahlordnungen

Der Bundesminister für Arbeit und Sozialordnung wird ermächtigt, mit Zustimmung des Bundesrates Rechtsverordnungen zu erlassen zur Regelung der in den §§ 7 bis 20, 60 bis 63, 115 und 116 bezeichneten Wahlen über

1. die Vorbereitung der Wahl, insbesondere die Aufstellung der Wählerlisten und die Errechnung der Vertreterzahl;
2. die Frist für die Einsichtnahme in die Wählerlisten und die Erhebung von Einsprüchen gegen sie;
3. die Vorschlagslisten und die Frist für ihre Einreichung;
4. das Wahlausschreiben und die Fristen für seine Bekanntmachung;
5. die Stimmabgabe;
6. die Feststellung des Wahlergebnisses und die Fristen für seine Bekanntmachung;
7. die Aufbewahrung der Wahlakten.

§ 127 Verweisungen

Soweit in anderen Vorschriften auf Vorschriften verwiesen wird oder Bezeichnungen verwendet werden, die durch dieses Gesetz aufgehoben oder geändert werden, treten an ihre Stelle die entsprechenden Vorschriften oder Bezeichnungen dieses Gesetzes.

§ 128 Bestehende abweichende Tarifverträge

Die im Zeitpunkt des Inkrafttretens dieses Gesetzes nach § 20 Abs. 3 des Betriebsverfassungsgesetzes vom 11. Oktober 1952 geltenden Tarifverträge über die Errichtung einer anderen Vertretung der Arbeitnehmer für Betriebe, in denen wegen ihrer Eigenart der Errichtung von Betriebsräten besondere Schwierigkeiten entgegenstehen, werden durch dieses Gesetz nicht berührt.

§ 129 Außerkrafttreten von Vorschriften

(1) Mit dem Inkrafttreten dieses Gesetzes tritt das Betriebsverfassungsgesetz vom 11. Oktober 1952 (BGBl. I S. 681), zuletzt geändert durch das Erste Arbeitsrechtsbereinigungsgesetz vom 14. August 1969 (BGBl. I S. 1106), mit Ausnahme der §§ 76 bis 77a, 81, 85 und 87 außer Kraft. In § 81 Abs. 1 Satz 1 werden die Worte „§§ 67 bis 77" durch die Worte „§§ 76 und 77" ersetzt; Satz 2 wird gestrichen. In § 87 werden die Worte „6 bis 20, 46 und 47," gestrichen. Das Betriebsverfassungsgesetz vom 11. Oktober 1952 erhält die Bezeichnung „Betriebsverfassungsgesetz 1952".

(2) Soweit in den nicht aufgehobenen Vorschriften des Betriebsverfassungsgesetzes 1952 auf Vorschriften verwiesen wird, die nach Absatz 1 aufgehoben sind, treten an ihre Stelle die entsprechenden Vorschriften dieses Gesetzes.

§ 130 Öffentlicher Dienst

Dieses Gesetz findet keine Anwendung auf Verwaltungen und Betriebe des Bundes, der Länder, der Gemeinden und sonstiger Körperschaften, Anstalten und Stiftungen des öffentlichen Rechts.

§ 131 Berlin-Klausel

Dieses Gesetz gilt nach Maßgabe des § 13 Abs. 1 des Dritten Überleitungsgesetzes auch im Land Berlin. Rechtsverordnungen, die auf Grund dieses Gesetzes erlassen werden, gelten im Land Berlin nach § 14 des Dritten Überleitungsgesetzes.

§ 132 Inkrafttreten

Anhang zu § 129 des Betriebsverfassungsgesetzes

Fortgeltende Vorschriften des Betriebsverfassungsgesetzes 1952

§ 76 [Vertretungen der Arbeitnehmer im Aufsichtsrat]

(1) Der Aufsichtsrat einer Aktiengesellschaft oder einer Kommanditgesellschaft auf Aktien muß zu einem Drittel aus Vertretern der Arbeitnehmer bestehen.

(2) Die Vertreter der Arbeitnehmer werden in allgemeiner, geheimer, gleicher und unmittelbarer Wahl von allen nach § 6 wahlberechtigten Arbeitnehmern der Betriebe des Unternehmens für die Zeit gewählt, die im Gesetz oder in der Satzung für die von der Hauptversammlung zu wählenden Aufsichtsratsmitglieder bestimmt ist. Ist ein Vertreter der Arbeitnehmer zu wählen, so muß dieser in einem Betrieb des Unternehmens als Arbeitnehmer beschäftigt sein. Sind zwei oder mehr Vertreter der Arbeitnehmer zu wählen, so müssen sich unter diesen mindestens zwei Arbeitnehmer aus den Betrieben des Unternehmens, darunter ein Arbeiter und ein Angestellter, befinden; § 10 Abs. 3 gilt entsprechend. Sind in den Betrieben des Unternehmens mehr als die Hälfte der Arbeitnehmer Frauen, so soll mindestens eine von ihnen Arbeitnehmervertreter im Aufsichtsrat sein. Für die Vertreter der Arbeitnehmer gilt § 78 entsprechend.

(3) Die Betriebsräte und die Arbeitnehmer können Wahlvorschläge machen. Die Wahlvorschläge der Arbeitnehmer müssen von mindestens einem Zehntel der wahlberechtigten Arbeitnehmer der Betriebe des Unternehmens oder von mindestens einhundert wahlberechtigten Arbeitnehmern unterzeichnet sein.

(4) An der Wahl der Vertreter der Arbeitnehmer für den Aufsichtsrat des herrschenden Unternehmens eines Konzerns (§ 18 Abs. 1 Satz 1 und 2 des Aktiengesetzes) nehmen auch die Arbeitnehmer der Betriebe der übrigen Konzernunternehmen teil. In diesen Fällen kann die Wahl durch Wahlmänner erfolgen.

(5) Die Bestellung eines Vertreters der Arbeitnehmer zum Aufsichtsratsmitglied kann vor Ablauf der Wahlzeit auf Antrag der Betriebsräte oder von mindestens einem Fünftel der wahlberechtigten Arbeitnehmer

der Betriebe des Unternehmens durch Beschluß der wahlberechtigten Arbeitnehmer widerrufen werden. Der Beschluß bedarf einer Mehrheit, die mindestens drei Viertel der abgegebenen Stimmen umfaßt. Auf die Beschlußfassung finden die Vorschriften der Absätze 2 und 4 Anwendung.

(6) Auf Aktiengesellschaften, die Familiengesellschaften sind und weniger als fünfhundert Arbeitnehmer beschäftigen, finden die Vorschriften über die Beteiligung der Arbeitnehmer im Aufsichtsrat keine Anwendung. Als Familiengesellschaften gelten solche Aktiengesellschaften, deren Aktionär eine einzelne natürliche Person ist oder deren Aktionäre untereinander im Sinne von § 15 Abs. 1 Nr. 2 bis 8, Abs. 2 der Abgabenordnung verwandt oder verschwägert sind. Dies gilt entsprechend für Kommanditgesellschaften auf Aktien.

§ 77 [Bildung von Aufsichtsräten bei der GmbH]

(1) Bei Gesellschaften mit beschränkter Haftung und bergrechtlichen Gewerkschaften mit eigener Rechtspersönlichkeit mit mehr als fünfhundert Arbeitnehmern ist ein Aufsichtsrat zu bilden. Seine Zusammensetzung sowie seine Rechte und Pflichten bestimmen sich nach § 90 Abs. 3, 4, 5 Satz 1 und 2, §§ 95 bis 114, 116, 118 Abs. 2, § 125 Abs. 3, §§ 171, 268 Abs. 2 des Aktiengesetzes und § 76 dieses Gesetzes.

(2) Besteht bei Versicherungsvereinen auf Gegenseitigkeit mit mehr als fünfhundert Arbeitnehmern ein Aufsichtsrat, so findet § 76 dieses Gesetzes Anwendung.

(3) Auf Erwerbs- und Wirtschaftsgenossenschaften mit mehr als fünfhundert Arbeitnehmern findet § 76 Anwendung; § 96 Abs. 2 und die §§ 97 bis 99 des Aktiengesetzes sind entsprechend anzuwenden. Das Statut kann nur eine durch drei teilbare Zahl von Aufsichtsratsmitgliedern festsetzen. Der Aufsichtsrat muß mindestens einmal im Kalendervierteljahr einberufen werden.

§ 77a

Soweit nach §§ 76 oder 77 die Beteiligung von Arbeitnehmern im Aufsichtsrat eines herrschenden Unternehmens von dem Vorhandensein oder der Zahl von Arbeitnehmern abhängt, gelten die Arbeitnehmer der Betriebe eines Konzernunternehmens als Arbeitnehmer des herrschenden Unternehmens, wenn zwischen den Unternehmen ein Beherrschungsvertrag besteht oder das abhängige Unternehmen in das herrschende Unternehmen eingegliedert ist.

§ 81 [Ausnahmen für gewisse Betriebe]

(1) Auf Betriebe, die politischen, gewerkschaftlichen, konfessionellen, karitativen, erzieherischen, wissenschaftlichen, künstlerischen und ähnlichen Bestimmungen dienen, finden die §§ 76 und 77 keine Anwendung.

(2) Dieses Gesetz findet keine Anwendung auf Religionsgemeinschaften und ihre karitativen und erzieherischen Einrichtungen unbeschadet deren Rechtsform.

§ 85

(1) Die Vorschriften des Genossenschaftsgesetzes über die Zusammensetzung des Aufsichtsrats sowie über die Wahl und die Abberufung von Aufsichtsratsmitgliedern gelten insoweit nicht, als sie den Vorschriften dieses Gesetzes widersprechen.

(2) Die Vorschriften dieses Gesetzes über Vertreter der Arbeitnehmer im Aufsichtsrat finden keine Anwendung auf die in § 1 Abs. 1 des Mitbestimmungsgesetzes, die in § 1 des Montan-Mitbestimmungsgesetzes und die in den §§ 1 und 3 Abs. 1 des Mitbestimmungsergänzungsgesetzes bezeichneten Unternehmen.

§ 87 [Erlaß einer Wahlordnung]

Die Bundesregierung erläßt mit Zustimmung des Bundesrates Rechtsverordnungen zur Regelung der in den §§ 76 und 77 bezeichneten Wahlen über ...

Einleitung

Durch das **BRG vom 4. 2. 1920** (RGBl. S. 147) wurde **erstmals** die **reichseinheitliche gesetzliche Grundlage für die Betriebsverfassung** gesetzt. Dieses Gesetz regelte die Bildung von einheitlichen Vertretungen aller ArbN (BR) in den Betrieben und Verwaltungen des öffentlichen und privaten Rechts, mit Ausnahme der Fahrzeuge der See- und Binnenschiffahrt. Im Hinblick auf die unterschiedlichen Interessen der Arb. und Ang. wurden Gruppenräte (Arb- und AngRäte) errichtet. Für Unternehmen, die aus mehreren Betrieben bestanden, konnten GesBR gebildet werden. Die Aufgaben der Betriebsvertretungen gliederten sich in die Interessenvertretung der ArbN auf sozialem und personellem Gebiet einerseits, in die Unterstützung der Betriebsleitung bei der Erfüllung der wirtschaftlichen Zwecke des Betriebs andererseits. Das MBR, d. h. die Bindung des ArbGeb. in seinen Entschließungen an die Zustimmung der Betriebsvertretungen, war nur in verhältnismäßig geringem Umfang festgelegt; so auf sozialem Gebiet beim Erlaß der Arbeitsordnungen, auf personellem Gebiet durch die Vorschriften über den Einspruch gegen die Kündigungen, während die Vorschriften über das MBR des BR bei Einstellungen nie praktische Bedeutung gewonnen haben. Dagegen haben die BR durch Abschluß von BV, durch Anregungen gegenüber dem ArbGeb., durch Vertretung der Interessen und Beschwerden der ArbN auf sozialem Gebiet mit Unterstützung der Gewerkschaften weitgehend zu Verbesserungen der Arbeitsbedingungen und der menschlichen Beziehungen in den Betrieben beigetragen. Auf wirtschaftlichem Gebiet war der BR auf die Beratung des ArbGeb. beschränkt, und in größeren Betrieben hatte er Anspruch auf Vorlage und Erläuterung des Jahresbeschlusses (vgl. Gesetz über die Betriebsbilanz- und die Betriebsgewinn- und -verlustrechnung vom 5. 2. 1921, RGBl. S. 159). In die bestehenden AR der juristischen Personen des Handelsrechts entsandte die BR ein oder zwei Mitgl. nach Maßgabe des Gesetzes über die Entsendung von BRMitgl. in den AR vom 15. 2. 1922 (RGBl. I S. 209).

Nach der nationalsozialistischen Machtübernahme wurde das BRG durch § 65 Nr. 1 des **Gesetzes zur Ordnung der nationalen Arbeit (AOG)** vom 20. 1. 1934 (RGBl. I S. 45) aufgehoben. Dieses Gesetz legte die Betriebsverfassung entsprechend dem nationalsozialistischen Gedankengut auf der Grundlage des Führerprinzips fest. Der Betriebsführer leitete die Geschicke des Betriebes, ihm stand beratend ein Vertrauensrat zur Seite, dem er als Vors. angehörte, der jedoch nicht berechtigt war, Vereinbarungen mit dem Betriebsführer zu schließen. Vielmehr wurden die betrieblichen Normen durch BO gesetzt. Der mit dem AOG unternommene Versuch, das Schwergewicht der sozialen Ordnung auf die einzelnen Betriebe zu verlegen, ist jedoch gescheitert, da auch im Dritten Reich die Regelung der Arbeitsbedingungen im wesentlichen auf überbetrieblicher Grundlage (Tarifordnungen) erfolgen mußte. Das AOG galt nur für die Betriebe der Privatwirtschaft, eine Sonderregelung der Betriebsverfassung für den öffentlichen Dienst enthielt das Gesetz zur Ordnung der Arbeit in öffentlichen Verwaltungen und Betrieben vom 23. 3. 1934 (RGBl. I S. 220).

Nach dem Zusammenbruch im Jahre 1945 wurden das AOG durch das Kontrollratsgesetz Nr. 40, das Gesetz zur Ordnung der Arbeit in öffentlichen Verwaltungen und Betrieben durch das Kontrollratsgesetz Nr. 56 aufgehoben. Der Kontrollrat erließ seinerseits das **Kontrollratsgesetz Nr. 22 (Betriebsrätegesetz)** vom 10. 4. 1946 (Amtsbl. des KR 1946 Nr. 6 S. 133). Dieses Gesetz enthielt nur die wichtigsten Vorschriften über die Bildung von BR nach demokratischen Grundsätzen und umschrieb die Aufgaben und Befugnisse, den Schutz der BR sowie die Verpflichtung dieser Organe, ihre Aufgaben in Zusammenarbeit mit den anerkannten Gewerkschaften durchzuführen. Die nähere Ausgestaltung sowohl des Wahlverfahrens als auch der Funktionen der BR sollte der Regelung durch die unmittelbar Beteiligten im Betrieb überlassen bleiben. Diese Art der Betriebsverfassungsgesetzgebung, die sehr stark auf die Initiative der Beteiligten im Betrieb abstellte, entsprach nicht der deutschen Mentalität und Tradition. Es wurden daher in den Ländern Rheinland-Pfalz, Hessen, Württemberg-Baden, Baden, Bremen, Schleswig-Holstein, Bayern und Württemberg-Hohenzollern Gesetze erlassen, welche die Betriebsverfassung ganz oder teilweise regelten. Je nach der politischen Konstellation in den gesetzgebenden Körperschaften der einzelnen Länder wurden verschiedenartige Lösungen der einzelnen Fragenkomplexe gefunden. Zum Teil regelten diese Gesetze die Bildung der Organe der Betriebsverfassung und den gesamten Bereich ihrer Befugnisse, z. T. behandelten sie nur die Aufgaben (so Württemberg-Baden), z. T. enthielten sie keine Vorschriften über das wirtschaftliche MBR (so Rheinland-Pfalz, Bremen, Schleswig-Holstein).

Der Wirtschaftsrat des Vereinigten Wirtschaftsgebietes hat auf dem Gebiete der Betriebsverfassung nur zwei Teilregelungen unternommen: Durch § 1 Abs. 1 des TVG vom 9. 4. 1949 (WiGBl. S. 55) wurde die Befugnis der Sozialpartner festgelegt, im TV auch betriebsverfassungsrechtliche Fragen zu regeln. Von dieser Befugnis ist allerdings nur in beschränktem Umfang Gebrauch gemacht worden. Ferner erließ der Wirtschaftsrat das Gesetz über die Wählbarkeit zum BR vom 9. 8. 1949 (WiGBl. S. 247).

Nach Errichtung der Bundesrepublik wurde zunächst der Versuch unternommen, übereinstimmende Auffassungen der Sozialpartner zu einem BetrVG zu erzielen, der aber scheiterte. Daraufhin reichte die **CDU-Fraktion des Bundestages den Entwurf eines Gesetzes über die Mitbestimmung der Arbeitnehmer im Betrieb** (BT-Drucks. Nr. 970) ein. Andererseits bereitete der Bundesminister für Arbeit einen Referentenentwurf eines BetrVG vor, der jedoch vor seiner Vorlage im Kabinett nochmals mit den Sozialpartnern beraten werden sollte. Die Beratungen führten nicht zu einer Einigung in den Grundsatzfragen und mußten daher abgebrochen werden.

Am 25. 7. 1950 brachte die **Fraktion der SPD den Entwurf eines Gesetzes zur Neuordnung der Wirtschaft** (BT-Drucks. Nr. 1229) ein, der im wesentlichen die Vorschläge des Deutschen Gewerkschaftsbundes über eine paritätische Besetzung der AR, über die Bildung von WiAusschüssen und über die Regelung des überbetrieblichen MBR enthielt. Am 31. 10. 1950 (BT-Drucks. Nr. 1546) folgte die **Gesetzesvorlage der Bundesregierung mit dem Entwurf eines Gesetzes über die Neuordnung der Beziehungen von ArbN und ArbGeb. in den Betrieben (Betriebsverfassungsgesetz).** Der Entwurf wurde federführend durch den Ausschuß für Arbeit des Bundestages unter Beteiligung des Ausschusses für Wirtschaftspolitik beraten. Beide Ausschüsse bildeten einen gemeinsamen Arbeitskreis, der am 14. 11. 1950 mit der Diskussion des schwierigen Gesetzes begann und im November 1951 einen vorläufigen Entwurf vorlegte. Dieser war bis zum Juli 1952 Gegenstand eingehender Beratungen der zuständigen Ausschüsse des Bundestages. Deren Entwurf (BT-Drucks. Nr. 35 85) wurde mit geringfügigen Änderungen vom Bundestag am 17. 7. 1952 in zweiter Lesung, am 19. 7. 1952 in dritter Lesung verabschiedet. Der Bundesrat hat dem Gesetz am 30. 7. 1952 zugestimmt. Die Verkündung des Gesetzes verzögerte sich, weil zuvor das Kontrollratsgesetz Nr. 22 durch Anordnung der Alliierten Hohen Kommission aufgehoben werden mußte. Das geschah durch das Gesetz Nr. 30 vom 30. 9. 1952 mit Wirkung für den sachlichen Geltungsbereich des BetrVG. Daraufhin wurde das BetrVG am 14. 10. 1952 verkündet (BGBl. I S. 681) und trat gemäß § 92 am 14. 11. 1952 in Kraft. Eine Verlängerung der Amtsdauer der BR auf 3 Jahre brachte das Gesetz vom 15. 12. 1964 (BGBl. I S. 1065). Es änderte die §§ 21 und 22. Am 18. 3. 1953 (BGBl. I S. 58) wurde die erste Rechtsverordnung (WO) zur Durchführung der BetrVG erlassen, die durch die Verordnung vom 7. 2. 1962 (BGBl. I S. 64) auf Grund der inzwischen gemachten praktischen Erfahrungen in einzelnen Punkten, insbesondere durch Erweiterung der Möglichkeiten zur schriftlichen Stimmabgabe (Briefwahl), geändert wurde.

Entstehung des Betriebsverfassungsgesetzes 1972

Das BetrVG aus dem Jahre 1952 ist über zwei Jahrzehnte fast unverändert geblieben. Während dieser Zeit hat es sich zwar zunächst im großen und ganzen bewährt, entsprach aber zuletzt nicht mehr den veränderten wirtschaftlichen und sozialen Verhältnissen. Deshalb haben noch **in der 5. Legislaturperiode des Deutschen Bundestages die CDU, die SPD und die FDP Gesetzentwürfe für ein neues BetrVG** vorgelegt. Ebenso haben auch zahlreiche Verbände, u. a. der Deutsche Gewerkschaftsbund, Vorschläge für eine Änderung des BetrVG unterbreitet.

In der Regierungserklärung vom 28. 10. 1969 sagte die Bundesregierung eine Reform des BetrVG zu und legte am 29. 1. 1971 dem Bundestag den **Regierungsentwurf eines neuen BetrVG** vor (BT-Drucks. VI/1786). Auch **die CDU/CSU** hat dem Parlament am 8. 2. 1971 einen **eigenen Gesetzesentwurf** zugeleitet (BT-Drucks. VI/1806). Die beiden

Entwürfe sind insbesondere im Ausschuß für Arbeit und Sozialordnung eingehend in 23 Sitzungen beraten worden. Am 24. und 25. 2. 1971 (Protokolle des Ausschusses für Arbeit Nr. 45 und 46) und am 13. und 14. 5. 1971 (Protokolle Nr. 57 und 58) fanden öffentliche Informationssitzungen (Hearings) statt, in denen zahlreiche Sachverständige gehört wurden. Das Ergebnis der Beratungen des Ausschusses für Arbeit und Sozialordnung ist nach Beteiligung des Rechtsausschusses und des Wirtschaftsausschusses in dem Schriftlichen Bericht BT-Drucks. VI/2729, zu Drucks. VI/2729 enthalten. Die Ausschußfassung des neuen Gesetzes unterscheidet sich in zahlreichen Punkten von dem Regierungsentwurf, von denen aber verhältnismäßig wenige eine wesentliche Änderung enthalten. Das Gesetz wurde in der Fassung der Ausschußvorlage vom Bundestag in seiner 150. Sitzung am 10. 11. 1971 in zweiter und dritter Lesung verabschiedet (Sitzungsprotokoll S. 8586–8619, 8633–8642 und 8645–8675). Der Bundesrat hat in seiner 374. Sitzung am 3. 12. 1971 (Sitzungsprotokoll S. 341 ff.) wegen zahlreicher Änderungswünsche den Vermittlungsausschuß angerufen. Dieser lehnte jedoch eine Änderung des Bundestagsbeschlusses ab. Daraufhin hat der Bundesrat in seiner 375. Sitzung am 17. 12. 1971 (Sitzungsprotokoll S. 369 ff.) dem Gesetz zugestimmt. Das Gesetz ist am 18. 1. 1972 (BGBl. I S. 13) verkündet worden und einen Tag nach seiner Verkündung in Kraft getreten. Die Erste DVO vom 15. 1. 1972, die die näheren Einzelheiten der Wahl der Betriebsräte und der Jugendvertretungen regelt, ist am 19. 1. 1972 im Bundesgesetzblatt (BGBl. I S. 49) verkündet worden und am 20. 1. 1972 in Kraft getreten. Die Zweite DVO (Wahlordnung für die Seeschiffahrt) vom 24. 10. 1972 (BGBl. I S. 2029) ist am 28. 10. 1972 verkündet worden und einen Tag später in Kraft getreten.

Das **BetrVG 72** befaßt sich **nur mit der Betriebsverfassung, nicht** mit der eigentlichen **Unternehmensverfassung** und damit auch nicht mit der Beteiligung der ArbN in AR und in der Geschäftsführung juristischer Personen. Die **§§ 76 ff. BetrVG 52** (vgl. Anhang 2) und die **Montanmitbestimmungsgesetze** gelten weiter. Am 1. 7. 1976 ist das **Gesetz über die Mitbestimmung der Arbeitnehmer (MitbestG)** vom 4. 5. 1976 (BGBl. I S. 1153) in Kraft getreten. Nach diesem Gesetz besteht – abgesehen von den den Montanmitbestimmungsgesetzen unterfallenden Unternehmen sowie den Versicherungsvereinen auf Gegenseitigkeit – in allen Kapitalgesellschaften mit in der Regel mehr als 2000 ArbN der AR je zur Hälfte aus Vertretern der Anteilseigner und der ArbN. Außerdem ist in diesen Unternehmen ein Arbeitsdirektor zu bestellen. Die Vorschriften der §§ 76 ff. BetrVG 52 über die Vertretung der ArbN im AR beschränken sich – abgesehen von den Versicherungsvereinen auf Gegenseitigkeit – unnmehr auf Kapitalgesellschaften mit in der Regel weniger als 2001 ArbN. Die drei Wahlordnungen zur Durchführung des MitbestG vom 23. 6. 1977 (BGBl. I S. 861 ff.) sind am 26. 6. 1977 in Kraft getreten.

Das **BetrVG 72** brachte unter Berücksichtigung der modernen Entwicklung auf technischen und wirtschaftlichen Gebieten sowie Erkenntnissen der Arbeitswissenschaft und des Personalwesens **wesentliche Verbesserungen** gegenüber dem BetrVG 52. Es handelt sich nicht nur um eine Novellierung des BetrVG 52, sondern um eine **neue Kodifikation.**

Auch das BetrVG 1972 beruht auf den Grundsätzen der vertrauensvollen Zusammenarbeit zwischen Arbeitgeber und Betriebsrat und dem Gebot der betrieblichen Friedenspflicht, insbesondere auch dem Verbot der parteipolitischen Betätigung von Arbeitgeber und Betriebsrat. Die Mitbestimmungsrechte des Betriebsrats wurden gegenüber dem bisherigen Recht, insbesondere im sozialen und personellen Bereich, erheblich ausgebaut. Außerdem wurden eine Reihe von Individualrechten des einzelnen Arbeitnehmers in das Gesetz aufgenommen. Die Regelungen über den Schutz der Mitglieder des Betriebsrats und der weiteren betriebsverfassungsrechtlichen Funktionsträger sowie über die Erleichterung ihrer Tätigkeit wurden erheblich verstärkt. Die Stellung der Gewerkschaften innerhalb der Betriebsverfassung wurde unter gleichzeitiger Sicherung ihrer Koalitionsbetätigung eingehender als bisher geregelt. Ebenso wie nach dem bisherigen Recht blieb die Stellung der leitenden Angestellten innerhalb der Betriebsverfassung ungeregelt.

Die bisherigen Erfahrungen seit Inkrafttreten des Gesetzes 1972 berechtigen zu einer insgesamt positiven Beurteilung. Das Interesse an der Betriebsverfassung ist bei Arbeitnehmern, Arbeitgebern, Gewerkschaften und Arbeitgerverbänden eindeutig gestiegen. Die Zusammenarbeit in den Betrieben wurde aktiviert. Zahlreiche bislang betriebsratslose Betriebe wählten erstmals Betriebsräte. Die Information der Betriebsräte und Belegschaften wurde in zahlreichen Unternehmen verstärkt gefördert. Auch die neu erschlossenen Tätigkeitsbereiche der Betriebsräte haben sich schon nach verhältnismäßig kurzer Zeit als „Hilfsmotoren" einer erstrebenswerten Entwicklung erwiesen. Dies gilt insbesondere für den Bereich der menschengerechten Gestaltung der Arbeit (§§ 90, 91), in dem sich politische Bemühungen sowie betriebliche und gewerkschaftliche Anstöße ergänzen; dies strahlt auf Wissenschaft, Forschung und nicht zuletzt die Tätigkeit der Normenorganisationen aus. Eine ähnliche Entwicklung fand auf dem Gebiet der Personalplanung (§ 92) statt.

Gegenüber diesen überwiegend positiven Ergebnissen müssen die bei einer so durchgreifenden Reform z. T. leider unvermeidlichen Reibungen und Rechtsstreitigkeiten in Kauf genommen werden. Was die Rechtsstreitigkeiten angeht, haben die Gerichte, insbesondere das BAG, in vielen wichtigen Fragen richtunggebende Entscheidungen gefällt, so insbesondere zu Fragen der Schulungs- und Bildungsveranstaltungen (§ 37 Abs. 6 und 7), der Kostentragungspflicht des Arbeitgebers (§ 40), der sozialen, personellen und wirtschaftlichen Mitbestimmungsrechte (§§ 87, 99ff., 111ff.), der Abgrenzung der leitenden Angestellten (§ 5 Abs. 3) und des Tendenzschutzes (§ 118). Die Zahl der Verfahren vor Einigungsstellen ist verhältnismäßig gering geblieben.

Ergänzungen des Betriebsverfassungsgesetzes 1972

Im Jahre 1974 wurde das BetrVG 72 durch einen § 78a ergänzt, der den Schutz der im Ausbildungsverhältnis beschäftigten Mitglieder und ehemaligen Mitglieder von Betriebsverfassungsorganen (insbesondere von Jugendvertretern) zum Gegenstand hat (**Gesetz zum Schutze in Ausbildung befindlicher Mitglieder von Betriebsverfassungsorganen** vom 18. 1. 1974 – BGBl. I S. 85 –).

Einige Vorschriften des Gesetzes (§§ 8, 23, 101, 104, 119, 120) sind durch das **Einführungsgesetz zum Strafgesetzbuch** vom 2. 3. 1974 (BGBl. I S. 469) geändert worden.

Art. 2 des **Beschäftigungsförderungsgesetzes** vom 26. 4. 1985 (BGBl. I S. 710) hat § 112 dahin geändert, daß der Einigungsstelle gewisse Grundsätze für die Aufstellung eines Sozialplans vorgegeben und durch einen § 112a die Erzwingbarkeit eines Sozialplans für die dort genannten Fälle ausgeschlossen wird.

Die Jugendvertretung hat, bedingt durch das spätere Eintreten jugendlicher Arbeitnehmer in das Erwerbsleben und die Begrenzung des aktiven Wahlrechts auf Jugendliche, die das 18. Lebensjahr noch nicht vollendet haben, immer mehr an praktischer Bedeutung verloren. Deshalb wurde in Vorgriff auf eine Novellierung des Betriebsverfassungsgesetzes 1972 durch das Gesetz vom 13. 7. 1988 (BGBl. I S. 1034, Änderungsgesetz 1988) die Jugendvertretung in eine **Jugend- und Auszubildendenvertretung** umgewandelt, zu der auch Auszubildende bis zur Vollendung des 25. Lebensjahres wahlberechtigt sind.

Nach Inkrafttreten des BetrVG 72 sind eine Reihe weiterer arbeitsrechtlicher Gesetze erlassen worden, die mittelbar **Auswirkungen auf die Betriebsverfassung** haben:

Nach dem **Arbeitnehmerüberlassungsgesetz** vom 7. 8. 1972 (BGBl. I S. 1393), zuletzt geändert durch das Beschäftigungsförderungsgesetz, sind Leiharbeitnehmer betriebsverfassungsrechtlich grundsätzlich dem Betrieb des Verleihers zugeordnet (Näheres vgl. bei § 5 Rn. 78). Allerdings haben auch die Betriebsräte des Entleiherbetriebes gewisse Aufgaben und Beteiligungsrechte hinsichtlich dieses Personenkreises, so z. B. nach § 99 bei der Beschäftigung von Leiharbeitnehmern im Entleiherbetrieb (vgl. hierzu § 99 Rdnr. 11).

Das **Gesetz über Betriebsärzte, Sicherheitsingenieure und andere Fachkräfte für Arbeitssicherheit (Arbeitssicherheitsgesetz – ASiG –)** vom 12. 12. 1973 (BGBl. I S. 1885), geändert durch das Jugendarbeitsschutzgesetz vom 12. 4. 1976 (BGBl. I S. 965), weist dem Betriebsrat wichtige Aufgaben bei der Bestellung und Abberufung dieser Personen sowie bei der Festlegung ihrer Aufgaben zu; ferner werden diese Personen und die Betriebsräte zur engen Zusammenarbeit verpflichtet (Näheres vgl. § 87 Rdnr. 84ff.).

Das **Gesetz zur Sicherung der Eingliederung Schwerbehinderter in Arbeit, Beruf und Gesellschaft (Schwerbehindertengesetz – SchwbG –)** i. d. F. vom 26. 8. 1986 (BGBl. I S. 1422) regelt u. a. die Institution, die Rechtsstellung und die Aufgaben der Schwerbehindertenvertretung sowie deren Verhältnis zu den Betriebsverfassungsorganen neu (Näheres vgl. insbesondere bei §§ 32 und 52).

Nach dem durch das **Gesetz zur Änderung des Heimarbeitsgesetzes und anderer arbeitsrechtlicher Vorschriften (Heimarbeitsänderungsgesetz)** vom 29. 10. 1974 (BGBl. I S. 2879) in das Heimarbeitsgesetz neu eingefügten § 29a wird den in Heimarbeit Beschäftigten, die eine betriebsverfassungsrechtliche Funktion innehaben, ein dem § 15 des Kündigungsschutzgesetzes entsprechender Kündigungsschutz zuerkannt.

Durch das **Zivildienstgesetz** i. d. F. vom 31. 7. 1986 (BGBl. I S. 1206) wird dem Vertrauensmann der Zivildienstleistenden bei der Behandlung von auch die Zivildienstleistenden betreffenden Angelegenheiten ein beratendes Teilnahmerecht an den Sitzungen des Betriebsrats eingeräumt (vgl. § 37 Abs. 5 ZDG sowie § 29 Rn. 30).

Zum **Gesetz über die Mitbestimmung der Arbeitnehmer (MitbestG)** vom 4. 5. 1976 (BGBl. I S. 1153) vgl. oben S. 68. Durch die drei **Wahlordnungen zur Durchführung des Mitbestimmungsgesetzes** vom 23. 6. 1977 (BGBl. I S. 861 ff.) werden den Betriebsräten, Gesamtbetriebsräten und Konzernbetriebsräten bestimmte Aufgaben und Funktionen bei der Wahl der Aufsichtsratsmitglieder der Arbeitnehmer und ihrer Abberufung zugewiesen.

Das **Bundesdatenschutzgesetz (BDSG)** vom 27. 1. 1977 (BGBl. I S. 201) macht nicht zuletzt deshalb, weil die Betriebsvereinbarung als eine „andere Rechtsvorschrift" i. S. von § 3 Nr. 1 BDSG anzusehen ist, durch die die Verarbeitung personenbezogener Daten der Arbeitnehmer geregelt werden kann, die Bedeutung derjenigen Beteiligungsrechte des BR deutlich, die in besonderem Maße dem Schutz der persönlichen Integrität und des allgemeinen Persönlichkeitsrechts des Arbeitnehmers dienen (vgl. insbesondere §§ 75, 87 Abs. 1 Nr. 6, 94 und 95 BetrVG).

Das **Gesetz zur Beschleunigung und Bereinigung des arbeitsgerichtlichen Verfahrens** vom 21. 5. 1979 (BGBl. I S. 545) enthält u. a. eine Reihe von Regelungen, durch die das für betriebsverfassungsrechtliche Streitigkeiten maßgebende arbeitsgerichtliche Beschlußverfahren effektiver gestaltet werden soll (vgl. wegen Kommentierung des Beschlußverfahrens **Nach § 1**).

Die in den letzten Jahren erlassenen arbeitsschutzrechtlichen Gesetze und Verordnungen, wie z. B. die **Arbeitsstättenverordnung** vom 20. 3. 1975 (BGBl. I S. 729), die **Störfallverordnung** vom 27. 6. 1980 (BGBl. I S. 772), geändert durch VO vom 2. 1. 1982 (BGBl. I S. 1), die Gefahrstoffverordnung vom 26. 8. 1986 (BGBl. I S. 1470) und das **Chemikaliengesetz** vom 16. 9. 1980 (BGBl. I S. 1718) erweitern den Kreis der Schutznormen, hinsichtlich deren dem Betriebsrat ein besonderes Überwachungsrecht und – soweit dem Arbeitgeber bei der Durchführung ihm obliegender gesetzlicher Verpflichtungen im Bereich des Arbeitsschutzes Ermessensspielräume verbleiben – Mitbestimmungsrechte nach § 87 Abs. 1 Nr. 7 zustehen.

Das **Gesetz über die Gleichbehandlung von Männern und Frauen am Arbeitsplatz und über die Erhaltung von Ansprüchen bei Betriebsübergang** (Arbeitsrechtliches EG-Anpassungsgesetz) vom 13. 8.

1980 (BGBl. I S. 1308) – vgl. hierzu Anhang 9 – konkretisiert und verstärkt die bereits in § 75 BetrVG enthaltene Verpflichtung zur Gleichbehandlung der Geschlechter im Betrieb und sichert auch bei Übergang von Betriebsteilen den Fortbestand von Ansprüchen aus Betriebsvereinbarungen grundsätzlich für die Dauer eines Jahres.

Das **Gesetz über den Sozialplan im Konkurs- und Vergleichsverfahren** vom 20. Februar 1985 (BGBl. I S. 369) hat die Frage des Ranges von Sozialplanforderungen im Konkurs erstmals gesetzlich geregelt (Text und Kommentierung im Anhang 3).

Für den Bereich des öffentlichen Dienstes ist eine dem Betriebsverfassungsgesetz weitgehend nachgebildete Regelung durch das **Bundespersonalvertretungsgesetz** vom 15. 3. 1974 (BGBl. I S. 693), zuletzt geändert durch Gesetz vom 10. 7. 1989 (BGBl. I S. 1380), getroffen worden. Dieses Gesetz enthält allerdings gegenüber dem Betriebsverfassungsgesetz gewisse Abweichungen, die durch die Besonderheit des öffentlichen Dienstes bedingt sind. In den Erläuterungen ist auf vergleichbare Vorschriften des BPersVG 74 hingewiesen.

Änderungsgesetz 1989

Schon bei den Beratungen über das Betriebsverfassungsgesetz 1972 sind Forderungen nach einen verstärkten Minderheitenschutz für kleinere Gruppen und Gewerkschaften und nach gesetzlicher Verankerung von Sprecherausschüssen für leitende Angestellte erhoben worden. Nach Verabschiedung des Betriebsverfassungsgesetzes 1972 wurden diese Anliegen weiterverfolgt. In der 8. Legislaturperiode des Bundestages legten Abgeordnete der CDU/CSU Fraktion den Entwurf eines Gesetzes über die Errichtung von Sprecherausschüssen vor (BT-Drucks. 8/3490), der im Parlament nicht mehr abschließend beraten wurde. In der 10. Legislaturperiode brachten dann die Bundestagsfraktionen der CDU/CSU und FDP am 22. 5. 1985 den Entwurf eines Gesetzes zur Verstärkung der Minderheitenrechte in den Betrieben und Verwaltungen ein, der auch die gesetzliche Errichtung von Sprecherausschüssen vorsah (BT-Drucks. 10/3384). Auch dieser Entwurf wurde nicht mehr abschließend beraten. Im März 1987 vereinbarte die Regierungskoalition, durch eine Novellierung des Betriebsverfassungsgesetzes die Minderheitenrechte in den Betrieben zu verstärken, Sprecherausschüsse für leitende Angestellte gesetzlich abschließend zu regeln, bei Einführung und Änderung neuer Techniken die rechtzeitige Information und Beratung mit dem Betriebsrat zu konkretisieren, ohne weitere Mitbestimmungsrechte zu gewähren, die Jugendvertretung in eine Jugend- und Auszubildendenvertretung umzuwandeln und schließlich, die Montanmitbestimmung nach dem Mitbestimmungsergänzungsgesetz festzuschreiben. Die Jugendvertretung wurde bereits durch Gesetz vom 13. 7. 1988 in eine Jugend- und Auszubildendenvertretung umgewandelt (Änderungsgesetz 1988, vgl. Seite 70). Die übrigen Gesetzgebungsvorhaben wurden durch den Entwurf eines Initiativgesetzes vom 16. 6. 1988 (BT-Drucks. 11/2503) im Bundestag von der Regierungskoalition eingebracht. Nach einer sehr kontroversen öffentlichen Anhörung von Verbänden, Betriebspraktikern und Wissenschaftlern am 28. 9. 1988, bei der auch die Vertreter der Arbeitgeber zum Teil erhebliche Bedenken geltend machten, ist der Gesetzentwurf im November 1988 in den Ausschüssen des Bundestags beraten worden. Der ursprüngliche Entwurf wurde durch einige Punkte ergänzt: Die Amtszeit der Betriebsräte sollte auf vier Jahre verlängert werden, die Kosten der Einigungsstelle in einen besonderen Paragraphen gesetzlich geregelt und der Begriff des leitenden Angestellten nach § 5 Abs. 3 Nr. 2 (Prokurist) ergänzt werden. Andererseits sah man von der usprünglich vorgesehenen Beteiligung des Sprecherausschusses vor Abschluß von Betriebsvereinbarungen zwischen Arbeitgeber und Betriebsrat, die die rechtlichen Interessen der leitenden Angestellten berührten, ab.

Mit dieser Maßgabe erging die Beschlußfassung des BT-Ausschusses für Arbeit und Sozialordnung vom 30. 11. 1988 (BT-Drucks. 11/3604; schriftlicher Ausschlußbericht vom 1. 12. 1988, BT-Drucks. 11/3618). Der Bundestag hat das Gesetz mit den Stimmen der CDU/CSU und FDP am 1. 12. 1988 verabschiedet. Es ist am 20. 12. 1988 nach Passieren des Bundesrates im Bundesgesetzblatt verkündet worden (BGBl. I 2312ff.) und am 1. 1. 1989 in Kraft getreten. Allerdings gelten die neuen Wahlvorschriften für den Betriebsrat, dessen Ausschüsse und den Sprecherausschuß regelmäßig erst für die im Frühjahr 1990 anstehenden Wahlen. Aufgrund der Ermächtigung in Artikel 5 des Gesetzes vom 20. 12. 1988 ist das Betriebsverfassungsgesetz in der nunmehr geltenden Fassung am 3. 1. 1989 (BGBl. I S. 1) bekannt gemacht worden (Änderungsgesetz 1989). Eine geringfügige Berichtigung der Neufassung erfolgte am 26. 4. 1989 (BGBl. I S. 902).

Trotz der Neufassung des Gesetzes handelt es sich, anders als bei dem nicht weiter verfolgten Gesetzentwurf der SPD (BT-Drucks. 11/2995 vom 28. 9. 1988) nicht um eine umfassende, neue Kodifikation der Betriebsverfassung, sondern mit Ausnahme des Gesetzes über Sprecherausschüsse nur um eine punktuelle Änderung einiger Teilbereiche. Eingehend zum Änderungsgesetz 1989: *Buchner*, NZA 1989, Beilage 1, Seite 2; *Engels/Natter*, BB 89, Beilage 8 zu Heft 12; *Wlotzke*, DB 89, 111, 173.

Erläuterung des Betriebsverfassungsgesetzes
Erster Teil. Allgemeine Vorschriften

§ 1 Errichtung von Betriebsräten

In Betrieben mit in der Regel mindestens fünf ständigen wahlberechtigten Arbeitnehmern, von denen drei wählbar sind, werden Betriebsräte gewählt.

Inhaltsübersicht

I. Vorbemerkung

1 Das BetrVG regelt als **arbeitsrechtliche Grundordnung** die Zusammenarbeit zwischen ArbGeb. und ArbN im Betrieb. Der BR ist das wichtigste Organ der betrieblichen Interessenvertretung der ArbN. Im **BetrVG** werden Bildung und Geschäftsführung des BR und der übrigen Organe der Betriebsverfassung (§§ 7–73) geregelt. Die ArbN (vgl. § 5 Rn 8ff.) nehmen über den BR und die übrigen Organe an der Willensbil-

dung und an der Entscheidung des ArbGeb. teil durch Mitwirkung und Mitbestimmung. Mitwirkung und Mitbestimmung der ArbN sind im Vierten Teil des Gesetzes (§§ 74–113) ausführlich geregelt. In den §§ 81 bis 86 sind darüber hinaus noch Individualrechte des einzelnen ArbN festgelegt.
Der Fünfte Teil des Gesetzes (§§ 114–118) enthält besondere Vorschriften für einzelne Arten von Betrieben und Unternehmen: Betriebe der Seeschiff- und Luftfahrt und Tendenzbetriebe. In diesen Betrieben sind andere Vertretungen vorgesehen oder das BetrVG ist nicht oder nur eingeschränkt anwendbar (vgl. Rn 22ff.).

1a Zu den Organen der Betriebsverfassung gehören auch die nach dem Sprecherausschußgesetz (SprAuG) vom 20. Dez. 1988 (BGBl. I 2316) gewählten **Sprecherausschüsse der leitenden Angestellten** (zum Inhalt des SprAuG und zum Verhältnis zwischen BR und Sprecherausschuß vgl. § 2 Rn 1a und § 5 Rn 156ff.).

2 Das BetrVG 1972 entspricht dem Übereinkommen Nr. 135 der Internationalen Arbeitsorganisation vom 23. 6. 1971 über den Schutz für ArbNVertreter im Betrieb. Das Übereinkommen ist durch Gesetz vom 23. 6. 1973 (BGBl. II S. 953ff.) für die Bundesrepublik ratifiziert worden (Text Anhang Nr. 5). Vgl. auch Empfehlung Nr. 143 der Internationalen Arbeitsorganisation.

3 Entsprechende Vorschriften im **BPersVG 74:** §§ 1, 12 Abs. 1.

II. Geltungsbereich des Gesetzes

1. Räumlicher Geltungsbereich

a) Grundsatz

4 Das Gesetz gilt nur innerhalb der Grenzen der Bundesrepublik Deutschland und des Landes Berlin (§ 131 und Berliner Gesetz zur Übernahme des Betriebsverfassungsgesetzes vom 10. 2. 1972 – GVBl. Berlin S. 316). Anknüpfungspunkt ist der Betrieb. Liegt der Betrieb im Inland, ist das BetrVG anzuwenden (**„Territorialitätsprinzip“**, vgl. BAG vom 27. 5. 82, AP Nr. 3 zu § 42 BetrVG 1972).

5 Auf die Staatsangehörigkeit des ArbGeb. kommt es nicht an. Das BetrVG gilt deshalb auch für **inländische Betriebe ausländischer Unternehmen** (BAG vom 9. 11. 77, AP Nr. 13 zu Internat. Privatrecht, Arbeitsrecht; h. M.). Soweit Zweigniederlassungen ausländischer Unternehmen im Inland einen Betrieb i. S. der §§ 1 und 4 darstellen, gilt für sie das BetrVG (vgl. hierzu *Beitzke,* RdA 1951 S. 135; *Birk,* Festschrift für Schnorr v. Carolsfeld, S. 61ff. und BAG 9. 5. 59, AP Nr. 3 zu Internat. Privatrecht, Arbeitsrecht).

6 Auch auf die **Staatsangehörigkeit der ArbN** kommt es nicht an. Es ist auch **unerheblich,** ob die ausländischen ArbN mit dem ArbGeb. die Anwendung ausländischen Rechts für ihr Arbeitsverhältnis vereinbart haben (BAG vom 9. 11. 77, AP Nr. 13 zu Internat. Privatrecht, Arbeitsrecht; *GK-Kraft,* Rn 13).

Andererseits ist das BetrVG **nicht** anzuwenden auf die **im Ausland gelegenen Betriebe deutscher Unternehmen** (BAG 1. 10. 74, AP Nr. 1 zu § 106 BetrVG 1972). Auch hier kommt es nicht darauf an, ob auf die Einzelarbeitsverträge der in diesen Betrieben beschäftigten ArbN deutsches oder ausländisches Recht anzuwenden ist (BAG 25. 4. 78, AP Nr. 16 zu Internat. Privatrecht, Arbeitsrecht; *DR,* Vor § 1 Rn 41; *GK-Kraft,* Rn 20; *GKSB,* Rn 4; *HSG,* Rn 3; *GL,* Rn 1 a; *Beitzke,* Anm. AP Nr. 13, 17 zu Internat. Privatrecht, Arbeitsrecht, hält die Bildung von BR in ausländischen Betrieben für möglich). Für diese in ausländischen Betrieben beschäftigten ArbN bestehen keine MBR der BR inländischer Betriebe. 7

Doch ist immer zu prüfen, ob es sich bei den im Ausland gelegenen Betriebsstätten um selbständige Betriebe handelt. Solche **Betriebsstätten** können auch **Teil eines inländischen Betriebes** sein. Anhaltspunkt dafür, ob es sich um einen selbständigen Betrieb handelt, kann sein, ob die ausländische Betriebsstätte, fände deutsches Recht Anwendung, nach § 1 oder § 4 Nr. 2 einen eigenen BR zu bilden hätte. 8

In ausländischen Betrieben inländischer Unternehmen können daher keine BR gewählt werden. Es bestehen keine **MBR** nach dem BetrVG. Soweit das BetrVG MBR auf der **Unternehmensebene** vorsieht – wirtschaftliche Angelegenheiten und Wirtschaftsausschuß – stehen diese MBR nur den ArbN und BR der im Inland gelegenen Betriebe zu. Ist ein Wirtschaftsausschuß zu errichten, werden dessen Mitglieder nur vom BR des im Inland gelegenen Betriebes bzw. von dem für die inländischen Betriebe gebildeten GesBR entsandt. Zur Bildung von GesBR für die im Inland gelegenen Betriebe vgl. § 47 Rn 16. Die Unterrichtung der ArbN gem. § 110 bezieht sich nur auf die in inländischen Betrieben eines Unternehmens beschäftigten ArbN. Die Vorschriften über Interessenausgleich und Sozialplan bei Betriebsänderungen (§§ 111–113) gelten nur für inländische Betriebe eines Unternehmens. 9

Hat das Unternehmen seinen Sitz im Ausland, so ist für die **inländischen Betriebe** ein **GesBR** und **WiAusschuß** zu bilden (vgl. § 47 Rn 16; § 106 Rn 5; *Auffarth,* Festschrift für Hilger/Stumpf, S. 31; *Birk,* Festschrift für Schnorr von Carolsfeld, S. 73; *DR,* Vorbem. 40 zu § 1, § 106 Rn 7; *GL,* § 1 Vorbem. 12 nur für den Fall einer einheitlichen Organisation im Inland; **a. A.** *Gaul,* AWD des BB 74, 471 ff.). Die Unterrichtungspflicht nach § 110 beschränkt sich auf die ArbN der inländischen Betriebe, ebenso die Anwendung der Vorschriften über Interessenausgleich und Sozialplan bei Betriebsänderungen. Wegen der AR-Beteiligung der ArbN vgl. § 76 BetrVG 52, Rn 19, wegen der deutsch-schweizerischen Grenzkraftwerke mit Sitz in der Bundesrepublik vgl. § 76 BetrVG 52, Rn 23; zum MitBestG vgl. *Fitting/Wlotzke/Wißmann,* § 1 Rn 14. 10

Ein **KBR** kann nur für einen Konzern gebildet werden, der im Inland seinen Sitz hat. Eine Ausnahme besteht in den Fällen, in denen ein inländisches Unternehmen anderen inländischen Unternehmen im Leistungsweg übergeordnet ist (inländische Zentrale); dann kann die inländische Gruppe als Konzern im Konzern angesehen werden (vgl. § 54 Rn 23 ff.). 11

12 Der räumliche Geltungsbereich des BetrVG kann weder durch TV noch durch BV verändert werden. Die Vorschriften sind insoweit **zwingend.**

b) Im Ausland tätige Arbeitnehmer inländischer Betriebe

13 Inländische Betriebe können im Ausland tätig werden. So können ArbN zu ausländischen Betrieben entsandt werden oder im Ausland, z. B. auf Montage, beschäftigt werden. Die Frage, ob und inwieweit das BetrVG auf diese ArbN anzuwenden ist, ist keine Frage des räumlichen Geltungsbereichs, sondern eine Frage des **persönlichen Anwendungsbereichs des Gesetzes** (vgl. BAG 27. 5. 82, AP Nr. 3 zu § 42 BetrVG 1972; *Auffarth,* Festschrift für Hilger/Stumpf, S. 31; *Birk,* Festschrift für Schnorr v. Carolsfeld, S. 78f.; *DR,* Vor § 1 Rn 22). Man kann von **„Ausstrahlungen"** eines inländischen Betriebes über die Grenzen der Bundesrepublik hinaus sprechen (BAG 10. 9. 85, AP Nr. 3 zu § 117 BetrVG 1972; vgl. auch *Hickl,* Arbeitsverhältnisse mit Auslandsberührung, NZA 1987, Beilage 1 S. 10ff.).

14 Soweit die im Ausland tätigen ArbN noch zum inländischen Betrieb gehören, können sie Rechte aus dem BetrVG wahrnehmen. In ihren personellen Angelegenheiten besteht ein MBR des BR (BAG 10. 9. 85, AP Nr. 3 zu § 117 BetrVG 1972). ArbN gehören dann zu einem inländischen Betrieb, wenn sie vorübergehend im Ausland **außerhalb einer betrieblichen Organisation beschäftigt** werden (z. B. Montagearbeiter, Vertreter, Lkw-Fahrer, Fliegendes Personal in Luftfahrtunternehmen – vgl. *DR,* Vor § 1 Rn 43; *GL,* Vor § 1 Rn 10; *GK-Kraft,* § 1 Rn 21; BAG 25. 4. 78, AP Nr. 16 zu Internat. Privatrecht, Arbeitsrecht).

15 Auch ArbN, die **im Ausland in eine betriebliche Organisation eingegliedert** sind, können noch ArbN eines inländischen Betriebes sein (BAG 25. 4. 78, AP Nr. 16 zu Internat. Privatrecht, Arbeitsrecht; *HSG,* Rn 6). Entscheidend ist, ob der Einsatz im Ausland zeitlich beschränkt ist. Das ist der Fall bei einer von vornherein vereinbarten **Befristung** des Auslandseinsatzes; das gilt aber auch dann, wenn sich der ArbGeb. **das Recht des jederzeitigen Rückrufs** oder der jederzeitigen Rückversetzung vorbehalten hat, z. B. bei einer Vertretung, einer Einarbeitung oder zur Erledigung eines zeitlich befristeten Auftrags. Dann ist der ArbN noch so eng an den inländischen Betrieb des ArbGeb. gebunden, daß eine unterschiedliche Behandlung zwischen den im Ausland eingesetzten und den im Inland beschäftigten ArbN unberechtigt ist (*HSG,* Rn 6; *GK-Kraft,* Rn 21). Nach *DR,* Vor § 1 Rn 44 soll die Ausstrahlung entfallen, wenn der ArbN länger als zwei Jahre im Ausland beschäftigt wird, nach *Birk,* Festschrift für Schnorr von Carolsfeld, S. 79, schon nach 12-monatiger Tätigkeit. Beides ist im Hinblick auf das Schutzprinzip des BetrVG zu eng und zu schematisch.

16 Andererseits fehlt die Zugehörigkeit zu einem inländischen Betrieb, wenn der ArbN nur für eine **Tätigkeit im Ausland** eingestellt wird.

Das gilt auch dann, wenn der ArbN in einem inländischen Betrieb für kurze Zeit auf den Auslandseinsatz vorbereitet wird (vgl. *Hickl,* NZA 1987, Beilage 1 S. 15).

Auch ArbN, die dem **inländischen Betrieb noch nicht angehört haben** und für einen einmaligen Auslandseinsatz befristet eingestellt werden, gehören nicht zum inländischen Betrieb (BAG 21. 10. 80, AP Nr. 17 zu Internat. Privatrecht, Arbeitsrecht). Bei ihnen liegt keine betriebsverfassungsrechtliche Bindung an den inländischen Betrieb vor, nur eine arbeitsvertragliche an den ArbGeb. im individualrechtlichen Sinne. Vgl. auch § 7 Rn 10.

Die im Ausland tätigen Mitarbeiter inländischer Betriebe, auf die das 17
BetrVG danach anzuwenden ist, sind betriebsverfassungsrechtlich **den im Inland tätigen ArbN gleichgestellt.** Ihnen steht nach Maßgabe der §§ 7 und 8 das aktive und passive **Wahlrecht** zu (vgl. *DR,* Vor § 1 Rn 48; *GK-Kraft,* Rn 21; *GKSB,* Rn 4; einschränkend *HSG,* Rn 7 mit der Begründung, diese ArbN seien aus persönlichen Gründen nicht in der Lage, die ihnen als BRMitglieder obliegenden Pflichten zu erfüllen; vgl. auch § 7 Rn 10).

Dem BR eines inländischen Betriebes stehen für diese ArbN die **MBR** 18
in personellen Angelegenheiten und in den **sozialen Angelegenheiten,** die sich auf einzelne ArbN auswirken können, zu. Das gilt etwa für Einsätze im Ausland, wenn es sich bei diesen um Versetzungen im Sinne von § 95 Abs. 3 handelt (BAG 18. 2. 86, AP Nr. 33 zu § 99 BetrVG 1972). Unerheblich ist, ob diese ArbN vorübergehend in eine ausländische betriebliche Organisation eingegliedert werden (BAG 25. 4. 78, AP Nr. 16 zu Internat. Privatrecht, Arbeitsrecht).

Gehören die im Ausland tätigen ArbN zu einem inländischen Betrieb, 19
können auch ihre Arbeitsbedingungen, soweit nach § 77 zulässig, **durch BV geregelt** werden (*Auffarth,* Festschrift Hilger/Stumpf, S. 31; *Steinmeyer,* DB 80, 1542; **a. A.** LAG Düsseldorf 14. 2. 79, DB 79, 2233).

c) Betriebsratstätigkeit im Ausland

Der BR ist für die im Ausland tätigen ArbN des Betriebes zuständig. 20
Damit ist eine BRTätigkeit im Ausland möglich. So kann ein BRMitglied die im Ausland tätigen ArbN an ihrem Arbeitsplatz aufsuchen, wenn dies sachlich erforderlich ist. **BR-Sitzungen** im Ausland werden im allgemeinen sachlich nicht erforderlich sein. **TeilBetrVerslg.** im Ausland sind möglich; eine TeilBetrVerslg. kommt dann in Betracht, wenn wegen der Eigenart des Betriebes eine VollVerslg. aller ArbN des Betriebes nicht durchgeführt werden kann (vgl. § 42 Rn 53). Es ist zweckmäßig, den im Ausland tätigen ArbN, die zum Betrieb gehören, und auf die sich die Zuständigkeit des BR erstreckt, ein Forum der Aussprache zu eröffnen. (Vgl. § 42 Rn 55; **a. A.** BAG 27. 5. 82, AP Nr. 3 zu § 42 BetrVG 1972). Andernfalls käme nur eine evtl. kostspielige Teilnahme an BetrVerslg des inländischen Betriebes in Betracht. Der BR wird deshalb sorgfältig die Gründe für und gegen eine TeilVerslg im Ausland abzuwägen haben (wie hier *HSG,* Vor § 1 Rn 9).

2. Persönlicher Geltungsbereich

21 Das BetrVG gilt für alle Arbeitnehmer im Sinne des § 5. Das sind Arbeiter und Angestellte einschließlich der zu ihrer Berufsausbildung Beschäftigten. Als Arbeiter und Angestellte gelten auch die in Heimarbeit Beschäftigten, die in der Hauptsache für den Betrieb arbeiten oder Angestelltentätigkeit verrichten (§ 6). Einzelheiten zum Arbeitnehmerbegriff vgl. § 5 Rn 8ff.

3. Gegenständlicher Geltungsbereich

22 Nicht auf alle im Inland gelegenen Betriebe und Verwaltungen ist das BetrVG anzuwenden. Für einige Betriebe und Verwaltungen ist die Geltung ausgeschlossen oder eingeschränkt. Für einige Betriebe ist eine tarifliche Regelung vorgesehen und erforderlich.

a) Öffentlicher Dienst

23 Nicht dem BetrVG, sondern den PersVG des Bundes bzw. der Länder unterliegen die Verwaltungen und Betriebe der öffentlichen Hand (§ 130; Näheres vgl. dort Rn 2–6). Das BPersVG enthält Sonderregelungen für den Bundesgrenzschutz, den Bundesnachrichtendienst und das Bundesamt für Verfassungsschutz. Wegen der **Vertrauensmänner für Soldaten** vgl. § 35 Soldatengesetz u. Vertrauensmännerwahlgesetz. Das PersVG gilt auch für besondere Gruppen von Soldaten (§ 35a SoldatenG) und für die zivilen Bediensteten der Bundeswehr (§ 70 SoldatenG). Wegen des **Vertrauensmanns der Zivildienstleistenden** vgl. § 37 Abs. 1 bis 3 des Zivildienstgesetzes.

b) Religionsgemeinschaften

24 Das Gesetz gilt ebenso wie das BetrVG 1952 nicht für Religionsgemeinschaften und ihre karitativen und erzieherischen Einrichtungen (§ 118 Abs. 2, vgl. dort Rn 48–58; vgl. auch § 5 Abs. 2 Nr. 3). Die Kirchen sind befugt, die Vertretung der Mitarbeiter selbständig zu regeln; sie bestimmen, welche Anforderungen an die Wählbarkeit gestellt werden sollen (BAG 11. 3. 86, AP Nr. 25 zu Art. 140 GG). Das BetrVG – einschl. § 118 Abs. 2 – gilt nur für privatrechtlich organisierte Einrichtungen. Für wirtschaftliche Einrichtungen der Körperschaften des öffentlichen Rechts z. B. Klosterbrauerei eines Ordens gilt das BetrVG nicht (§ 130 – vgl. BAG v. 30. 7. 87, AP Nr. 3 zu § 130 BetrVG 1972).

c) Alliierte Streitkräfte

25 Die alliierten Streitkräfte in der Bundesrepublik genießen auch nach dem Inkrafttreten der Pariser Verträge das Vorrecht der Exterritorialität. Auf die **deutschen ArbN** bei militärischen Dienststellen der Alliierten ist zwar ab 1. 7. 1963 **grundsätzlich das PersVG des Bundes** anzuwenden. Auch jetzt werden aber keine echten MBR gewährt (Näheres vgl. § 130 Rn 8f.).

d) Luftfahrt

Für Landbetriebe von Luftfahrtunternehmen gelten die allgemeinen Vorschriften des Gesetzes (§ 117 Abs. 1). Dagegen kann für die im Flugbetrieb beschäftigten ArbN der Luftfahrtunternehmen nur durch **TV eine besondere Vertretung** gebildet werden (Näheres vgl. § 117 Rn 2). Die Zusammenarbeit dieser Vertretung mit dem BR des Landbetriebes und anderen nach dem BetrVG zu errichtenden Betriebsvertretungen kann ein nach § 3 Abs. 2 zustimmungsbedürftiger TV regeln. 26

e) Seeschiffahrt

Das Gesetz enthält in den §§ 114–116 eine eingehende **Sonderregelung** für die Betriebsvertretungen **(Bordvertretungen, Seebetriebsräte)** in Seeschiffahrtsunternehmen. Die Beteiligungsrechte der §§ 74–113 gelten grundsätzlich auch in diesem Bereich und werden teils von den Bordvertretungen, teils vom Seebetriebsrat wahrgenommen. Für diesen Bereich ist eine bes. WO erlassen worden (Wahlordnung Seeschiffahrt – WOS – vom 24. 10. 72 – BGBl. I S. 2029, abgedruckt in der 14. Aufl. des Kommentars, S. 1382ff.). 27

4. Tendenzbetriebe

Das Gesetz gilt für sog. „Tendenzbetriebe" (§ 118 Abs. 1) insoweit, als deren **Eigenart der Beteiligung des BR** nicht entgegensteht; die Anwendung der §§ 106–110 und der §§ 76–77a BetrVG 52 ist ausgeschlossen (Näheres vgl. § 118 Rn 44ff. und § 76 BetrVG 52 Rn 18). Das BetrVG gilt nicht für Religionsgemeinschaften und ihre karitativen und erzieherischen Einrichtungen (§ 118 Abs. 2). Diese Einrichtungen gehören dann zu einer Religionsgemeinschaft, wenn diese ihre Vorstellungen über Erziehung und Caritas in der Einrichtung durchsetzen kann. Die Durchsetzungsmöglichkeiten können auf Satzungen (Statuten) oder personellen Verpflichtungen beruhen. Die Rechtsform der Einrichtung ist ohne Bedeutung (vgl. BAG 14. 4. 1988, AP Nr. 36 zu § 118 BetrVG 1972). Wegen Nichtanwendung des MitbestG auf Tendenzunternehmen vgl. *Fitting/Wlotzke/Wißmann,* § 1 Rn 33ff. 28

III. Betrieb

1. Allgemeines

Das BetrVG bestimmt weder den Begriff des Betriebs noch den des Betriebsteils. Es bestimmt in § 1 nur, daß in allen Betrieben – unter den genannten zahlenmäßigen Voraussetzungen – BR gewählt werden. Es bestimmt weiter in § 4 Satz 1, daß Betriebsteile unter bestimmten Voraussetzungen als selbständige Betriebe gelten. Nach § 4 Satz 2 werden Nebenbetriebe, die die Voraussetzungen des § 1 nicht erfüllen, dem Hauptbetrieb zugeordnet. 29

30 Rechtsprechung und Lehre (vgl. zuerst *Jacobi,* Betrieb und Unternehmen als Rechtsbegriff, Festschrift Ehrenberg, 1926, S. 9; ders., Arbeitsrecht, S. 286) haben eine Begriffsbestimmung gefunden, die sich an Sinn und Zweck des BetrVG orientiert. Das BetrVG hat einen **eigenen Betriebsbegriff.** Definitionen aus anderen Rechtsgebieten (Handels- und Wirtschaftsrecht, Sozialrecht, Steuerrecht) können nicht ohne weiteres herangezogen werden (*GK-Kraft,* § 4 Rn 3; *Haase,* NZA 1988 Beilage 3, S. 11). Auch im Arbeitsrecht selbst wird der Begriff unterschiedlich gebraucht (Kündigungsschutzrecht, § 613a Abs. 1 BGB, vgl. Rn 59f., Tarifvertragsrecht). Aufgabe des Betriebsbegriffs in der Betriebsverfassung ist es, die ArbN zu bestimmen, die einen BR wählen, der sie dann vertritt.

31 **Betrieb** i. S. des BetrVG ist „die organisatorische Einheit, innerhalb derer ein ArbGeb allein oder mit seinen ArbN mit Hilfe von technischen und immateriellen Mitteln bestimmte arbeitstechnische Zwecke fortgesetzt verfolgt, die sich nicht in der Befriedigung von Eigenbedarf erschöpfen" (BAG, st. Rspr., zuletzt 7. 8. 86, AP Nr. 5 zu § 1 BetrVG 1972; 25. 9. 86, AP Nr. 7 zu § 1 BetrVG 1972; 29. 1. 87, AP Nr. 6 zu § 1 BetrVG 1972; 16. 10. 87, AP Nr. 69 zu § 613a BGB; 14. 9. 88, AP Nr. 9 zu § 1 BetrVG 1972; aus der Literatur vgl. *DR,* § 1 Rn 52; *GL,* Rn 4ff.; *GK-Kraft,* § 4 Rn 5; *HSG,* Rn 2ff.; *Hueck/Nipperdey* I, S. 93; *Nikisch* I, S. 150ff.).

Danach liegt ein Betrieb vor, wenn die in einer Betriebsstätte vorhandenen materiellen **Betriebsmittel** für den oder für die verfolgten arbeitstechnischen Zwecke zusammengefaßt, geordnet und gezielt eingesetzt werden, und wenn der Einsatz der menschlichen Arbeitskraft von einem einheitlichen **Leistungsapparat** gesteuert wird (vgl. insb. BAG 25. 9. 86, AP Nr. 7 zu § 1 BetrVG 1972; ablehnend *Joost,* Betrieb und Unternehmen als Grundbegriffe im Arbeitsrecht, der allein auf die räumliche Verbundenheit abstellen will, vgl. Rn 40).

32 Die **Art des verfolgten Zweckes** (Produktion, Vertrieb, Verwaltung, Dienstleistungen) spielt keine Rolle (*DR,* Rn 59; *GL,* Rn 9; *GK-Kraft,* § 4 Rn 5).

33 Entscheidend sind die **arbeitstechnischen Zwecke.** Darauf, ob der ArbGeb. wirtschaftliche Ziele verfolgt (Gewinn erzielen will), kommt es nicht an. Betriebe im Sinne des BetrVG können deshalb sein Produktionsbetriebe, Dienstleistungsbetriebe, Verwaltungen, Büros, Ladengeschäfte, Bühnen, Apotheken (BAG 5. 8. 65, AP Nr. 2 zu § 21 KSchG), fremdgenutzte Wohnanlagen mit mehreren Mietwohnungen und Hausmeistern (BAG 16. 10. 87, AP Nr. 69 zu § 613a BGB), Kanzleien, Krankenhäuser u. a. **Familienhaushalte** sind kein Betrieb, da deren arbeitstechnische Tätigkeit ausschließlich dem Eigenbedarf dient (h. M.).

2. Abgrenzungsmerkmale

34 Der Betrieb kann mit dem Unternehmen, dem Rechtsträger (vgl. Rn 73), identisch sein, wenn das **Unternehmen** nur einen Betrieb besitzt. Ein Unternehmen kann aber auch **mehrere Betriebe** umfassen.

Abgrenzungsprobleme zwischen Betrieb und Unternehmen ergeben sich dann, wenn der Unternehmenszweck (vgl. Rn 72) in **unterscheidbaren Einheiten** (Betriebsstätten) verfolgt wird. Unterschiede können bestehen in der Zwecksetzung, in der Organisation, in der örtlichen Lage. In diesen Fällen ist zu klären, ob und welche Einheiten einen Betrieb bilden, ob Nebenbetriebe oder Betriebsteile darunter sind, und ob sie betriebsratsfähig sind (vgl. *GK-Kraft,* Rn 9). Für die Abgrenzung entscheidend ist, daß eine sachgerechte Wahrnehmung der Beteiligungsrechte für die ArbN gewährleistet ist (*GL,* Rn 5; *GK-Kraft,* § 4 Rn 10).

Die h. M. setzt voraus, daß die zu beurteilende Einheit nur einen bestimmten **Inhaber** hat, entweder eine natürliche oder eine juristische Person oder eine Personengesamtheit (vgl. *DR,* Rn 80, 81; *GL,* Rn 11; *GK-Kraft,* § 4 Rn 11; *HSG,* Rn 6; BAG vom 5. 12. 75, AP Nr. 1 zu § 47 BetrVG 1972). Das ist nur dann richtig, wenn damit die Einheit der Entscheidung in mitbestimmungspflichtigen Angelegenheiten gemeint ist (vgl. Rn 38). Mehrere Unternehmen können einen gemeinsamen Betrieb haben (vgl. Rn 49ff.). 35

Die Verfolgung eines einheitlichen arbeitstechnischen Zwecks spricht für einen Betrieb. Doch können auch in einem einheitlichen Betrieb **mehrere arbeitstechnische Zwecke** verfolgt werden (BAG 23. 9. 82, AP Nr. 3 zu § 4 BetrVG 1972; BAG 25. 9. 86, AP Nr. 7 zu § 1 BetrVG 1972; BAG 14. 9. 88, AP Nr. 9 zu § 1 BetrVG 1972, jeweils mit weit. Nachw.; *DR,* Rn 60; *GL,* Rn 9; *GK-Kraft,* § 4 Rn 12; *HSG,* Rn 3). Nicht erforderlich ist, daß sich die verschiedenen Zwecke „berühren"; es können mehrere Zwecke innerhalb einer einheitlichen, auf einen arbeitstechnischen Gesamtzweck gerichteten Organisation verfolgt werden (etwa Produktion und Versand oder Verwaltung und Produktion). Der Wechsel des arbeitstechnischen Zwecks berührt den Fortbestand des Betriebs nur dann, wenn dessen Identität durch Veränderung der Organisation oder völligen Wechsel der Aufgabenstellung verlorengeht. 36

Andererseits bilden die Hauptverwaltung eines Unternehmens und ein Produktionsbetrieb zwei selbständige Betriebe, wenn die Hauptverwaltung in straffer Aufgabentrennung ausschließlich den Zwecken des Gesamtunternehmens dient und damit einen anderen arbeitstechnischen Zweck verfolgt als der Produktionsbetrieb. Das gilt selbst dann, wenn der Produktionsbetrieb räumlich mit der Hauptverwaltung verbunden ist und beide Einheiten gemeinsam bestimmte Sozialeinrichtungen benutzen (BAG 23. 9. 82, AP Nr. 3 zu § 4 BetrVG 1972; zustimmend *Löwisch,* AR-Blattei, Betrieb, Entsch. 10; ähnlich LAG Frankfurt vom 26. 11. 85 – 7 Sa 1540/84: Kaufhaus und Restaurant mit jeweils eigenem Leitungsapparat). Besteht das Unternehmen jedoch nur aus einer Produktionsstätte, so ist die Verwaltung unselbständiger Betriebsteil (vgl. BAG 9. 5. 58, AP Nr. 1 zu § 3 BetrVG; kritisch dazu *DR,* Rn 72). 37

Entscheidendes Kriterium ist die **Einheit der Entscheidung in mitbestimmungspflichtigen Angelegenheiten.** Ein einheitlicher Betrieb liegt vor, wenn die in einer Betriebsstätte vorhandenen materiellen und immateriellen Betriebsmittel gezielt eingesetzt werden und der Einsatz der menschlichen Arbeitskraft von einem einheitlichen Leitungsapparat ge- 38 steuert wird (BAG 25. 9. 86, AP Nr. 7 zu § 1 BetrVG 1972; BAG 14. 9. 88, AP Nr. 9 zu § 1 BetrVG 1972). Das folgt aus dem Zweck des BetrVG (vgl. Rn 1). Es spricht für die Einheit und Selbständigkeit einer Betriebsstätte, wenn in ihr die typischen betrieblichen mitbestimmungspflichtigen Entscheidungen, insbesondere in sozialen und personellen Angelegenheiten, getroffen werden (*GL,* Rn 7; *GK-Kraft,* § 4 Rn 15). Dabei ist unschädlich, wenn diese Entscheidungen nach Richtlinien einer Zentrale zu treffen sind (*GL,* Rn 7; *DR,* Rn 71, 73; *GK-Kraft,* aaO).

39 Eine **einheitlich technische** (auch fachlich organisatorische) **Leitung** ist nicht erforderlich. Werden mehrere arbeitstechnische Zwecke in einer Betriebsstätte verfolgt, ist eine einheitliche technische Leitung u. U. sinnvoll, aber nicht notwendig. Wegen der zunehmenden fachlichen Spezialisierung wird die einheitliche fachspezifische technische Leitung in vielen Fällen nicht mehr möglich sein. Das schließt nicht aus, daß der Unternehmer die verschiedenen arbeitstechnischen Zwecke organisatorisch zu einer Einheit zusammenfaßt (vgl. oben Rn 36) und einen gemeinsamen Betriebsleiter einsetzt (vgl. eingehend *GK-Kraft,* § 4 Rn 13).

40 Eine **räumliche Einheit** spricht zwar für einen einheitlichen Betrieb (*DR,* Rn 76; *GL,* Rn 6). Ihr Fehlen spricht aber nicht gegen einen einheitlichen Betrieb. § 4 geht davon aus, daß Betriebsteile räumlich weit vom Hauptbetrieb entfernt sein können. Die Zentrale kann mit den Filialen einen Betrieb bilden, wenn alle mitbestimmungspflichtigen Entscheidungen in der Zentrale fallen (vgl. Rn 38). Die Hauptverwaltung eines Unternehmens und die Filialbetriebe unter einer selbständigen Distriktsleitung sind zwei Betriebe, wenn die maßgebenden ArbGeb-Funktionen auf personellen und sozialen Gebiet der Distriktsleiter ausübt (ArbG Kassel, NZA 86, 723). Umgekehrt ist eine Service-Niederlassung, die organisatorisch in den Hauptbetrieb eingegliedert ist, kein selbständiger Betrieb.

41 **Betriebliche Tätigkeit** ist auch **außerhalb der Betriebsstätte** möglich, für viele Unternehmen typisch, z. B. für Angestellte im Außendienst, Monteure. Sie gehören alle zum Betrieb, für den sie tätig werden (*DR,* Rn 76; *GL,* Rn 6; *HSG,* Rn 8). Doch können sich auswärtige Arbeitsstätten selbst zu einem Betrieb entwickeln (vgl. auch § 4 Rn 5 ff.).

42 Das Vorhandensein einer **einheitlichen Betriebsgemeinschaft** ist kein aussagekräftiges Kriterium (**a. A.** *DR,* Rn 63). Auf subjektive Einstellungen kann es im Interesse der Rechtssicherheit nicht ankommen. Das Entstehen eines Zusammengehörigkeitsgefühls ist mehr die Folge des Umstandes, daß die Belegschaft einer Betriebsstätte einer einheitlichen Leitung in mitbestimmungspflichtigen Angelegenheiten unterworfen wird (*GK-Kraft,* § 4 Rn 16).

43 Die Organisation muß **auf gewisse Dauer angelegt** sein, allerdings nicht auf längere oder unbestimmte Zeit. Auch **Saisonbetriebe** oder **Kampagnebetriebe** können Betriebe i. S. von § 1 sein (*DR,* Rn 69; *GL,* Rn 10; *HSG,* Rn 11; *GK-Kraft,* § 4 Rn 18).

44 Der Betrieb bleibt bei **Verlegung der Betriebsstätte** erhalten, sofern die Belegschaft im wesentlichen erhalten bleibt (*DR,* Rn 79; *GL,* Rn 19). Er endet bei nicht unerheblicher räumlicher Verlegung der Betriebsstätte, wenn eine neue Belegschaft aufgebaut wird (BAG 12. 2. 87, AP Nr. 67 zu § 613a BGB).

Der Betrieb endet bei einer auf Dauer gewollten **Betriebsstillegung.** 45
Sie setzt **Einstellung der wirtschaftlichen Betätigung** voraus in der Absicht, die Weiterverfolgung des bisherigen Betriebszwecks dauernd oder für eine ihrer **Dauer** nach unbestimmte, wirtschaftliche nicht unerhebliche Zeitspanne aufzugeben (BAG, st. Rspr., 12. 2. 87, AP Nr. 67 zu § 613a BGB; BAG 27. 2. 87, AP Nr. 41 zu § 1 KSchG 1969 Betriebsbedingte Kündigung; BAG 28. 4. 88, AP Nr. 74 zu § 613a BGB). Der Entschluß des Unternehmers, den Betrieb aufzulösen, muß objektiv nach außen erkennbar sein. Bei der Betriebsstillegung kommt ein MBR des BR nach § 111ff. in Betracht (vgl. § 111 Rn 17). Der Betrieb endet nicht bei einer nur durch die tatsächlichen Verhältnisse bedingten **vorübergehenden Unterbrechung,** etwa bei Katastrophen oder Arbeitskämpfen (BAG 16. 6. 87, AP Nr. 20 zu § 111 BetrVG 1972). Der **Betriebsübergang** (vgl. dazu Rn 57ff.) führt ebenfalls nicht zur Beendigung eines Betriebes.

Der Betrieb endet durch **Eingliederung** in einen anderen Betrieb oder 46
im Falle der **Zusammenlegung** mit einem anderen Betrieb durch die Bildung eines neuen einheitlichen Betriebes (Verschmelzung, vgl. BAG 25. 9. 86, AP Nr. 7 zu § 1 BetrVG 1972; *GL,* Rn 22ff.; *GK-Kraft,* § 4 Rn 20). Es ist ein neuer BR zu wählen. Für unaufschiebbare personelle und soziale Angelegenheiten bestehen Restmandate der alten BR. Sonst wäre der vom Gesetz gewollte kollektivrechtliche Schutz der ArbN gefährdet (**a. A.** LAG Frankfurt 1. 9. 88, DB 89, 184).

Das Gegenstück ist die **Betriebsaufspaltung.** Sie kann – muß aber 46a
nicht – die Folge einer Unternehmensaufspaltung sein (vgl. Rn 53ff.). Die Betriebsaufspaltung hat **betriebsverfassungsrechtliche Folgen** (Größe des BR, Freistellungen, Abhängigkeit der MBR von der Zahl der ArbN, z. B. in §§ 99, 111). Individualrechtlich wird die Sozialauswahl bei Kündigungen eingeschränkt (vgl. § 1 Abs. 2 KSchG und zu den Weiterbeschäftigungsmöglichkeiten § 1 Abs. 2 Satz 2 Nr. 1b KSchG).

3. Rechtliche Zusammenfassung mehrerer selbständiger Betriebe

Selbst wenn nach den bisher genannten Kriterien ein Unternehmen 47
aus mehreren Betrieben besteht, kann **im Rechtssinne** nur **ein Betrieb** vorliegen. Das ist der Fall, wenn der ArbGeb. den gleichen arbeitstechnischen Zweck in mehreren selbständigen Betrieben verfolgt, von denen nur einer die Voraussetzungen des § 1 erfüllt. Unter diesen Voraussetzungen bilden die **nichtbetriebsratsfähigen Kleinbetriebe eines Unternehmens mit dem betriebsratsfähigen Betrieb einen einzigen Betrieb** i. S. des BetrVG (BAG 3. 12. 85, AP Nr. 28 zu § 99 BetrVG 1972, mit zust. Anm. von *Otto;* **a. A.** *Joost,* Betrieb und Unternehmen als Grundbegriffe, S. 400). Auch Nebenbetriebe, die die Voraussetzungen des § 1 nicht erfüllen, werden dem Hauptbetrieb zugeordnet. Ihre ArbN sollen nach dem BetrVG eine Betriebsvertretung haben. Dann muß das gleiche

auch für selbständige Betriebe gelten, die nicht nur wie Nebenbetriebe dem arbeitstechnischen Zweck des Hauptbetriebes zu dienen bestimmt sind, sondern in denen sogar der gleiche arbeitstechnische Zweck verfolgt wird. Der Fall, der der Entscheidung des BAG zugrunde lag, betraf eine politische Akademie mit Außenstellen.

48 Betrieb i. S. des BetrVG ist auch der nach dem Gesetz vom 3. 8. 1950 (BGBl. I S. 352) gebildete **Gesamthafenbetrieb** als fiktiver ArbGeb. der Gesamthafenarbeiter (zum Begriff der Hafenarbeit vgl. BAG 14. 12. 88, AP Nr. 4 zu § 1 GesamthafenbetriebsG). Eine Beteiligung der BR kommt aber nur insoweit in Betracht, als der Gesamthafenbetrieb ArbGebfunktionen ausübt (*DR,* Rn 86).

4. Gemeinschaftsbetrieb mehrerer Unternehmen

49 Mehrere rechtlich selbständige Unternehmen können einen gemeinsamen Betrieb im betriebsverfassungsrechtlichen Sinn haben (st. Rspr. des BAG, vgl. zuletzt BAG 7. 8. 86, AP Nr. 5 zu § 1 BetrVG 1972; BAG 29. 1. 87, AP Nr. 6 zu § 1 BetrVG 1972; BAG 5. 3. 87, AP Nr. 30 zu § 15 KSchG 1969; BAG 14. 9. 88, AP Nr. 9 zu § 1 BetrVG 1972; *DR,* Rn 83; *GL,* Rn 11; **a. A.** *GK-Kraft,* § 4 Rn 8; zwischen Betrieb im betriebsverfassungs- und kündigungsrechtlichen Sinn unterscheidet *Sowka,* DB 88, 1320, vgl. Rn 30).

50 Voraussetzung für einen einheitlichen Betrieb ist ein **einheitlicher Leitungsapparat** (BAG, st. Rspr., vgl. Rn 49). Die einheitliche Leitung muß sich auf die Entscheidungen des ArbGeb. im Bereich der **personellen und sozialen Angelegenheiten** des gemeinsamen Betriebes beziehen. Die Wahrnehmung einheitlicher unternehmerischer Funktionen im Bereich der wirtschaftlichen Mitbestimmung ist nicht erforderlich (BAG 29. 1. 87, AP Nr. 6 zu § 1 BetrVG 1972). Der einheitliche Leitungsapparat lenkt die für die Erreichung der arbeitstechnischen Zwecke eingesetzten personellen, technischen und immateriellen Mittel (BAG 5. 3. 87, AP Nr. 30 zu § 15 KSchG 1969).

51 Die einheitliche Organisation und Leitung des Betriebes setzt nach der Rechtsprechung des BAG eine **Vereinbarung** oder „rechtliche Verbindung“ voraus (BAG 29. 1. 87, AP Nr. 6 zu § 1 BetrVG 1972; BAG 5. 3. 87, AP Nr. 30 zu § 15 KSchG 1969; BAG 14. 9. 88, AP Nr. 9 zu § 1 BetrVG 1972).

Die vertragliche Vereinbarung braucht nicht ausdrücklich abgeschlossen zu werden. Sie kann sich auch aus **tatsächlichen Umständen** ergeben (BAG st. Rspr., Nachw. in Rn 49). Werden die Arbeitgeberfunktionen im sozialen und personellen Bereich im wesentlichen einheitlich ausgeübt, so führt dies regelmäßig zu dem Schluß, daß eine **konkludente Führungsvereinbarung** vorliegt (BAG 14. 9. 88, AP Nr. 9 zu § 1 BetrVG 1972). Spricht die tatsächliche Handhabung für eine einheitliche Leitung, können auch entgegenstehende Erklärungen die Annahme, es liege ein einheitlicher Betrieb vor, nicht hindern.

Tatsächliche **Umstände,** die **für einen einheitlichen Betrieb** sprechen, können sein: Gemeinsame Nutzung der technischen und immateriellen Betriebsmittel, gemeinsame räumliche Unterbringung, personelle, technische und organisatorische Verknüpfung der Arbeitsabläufe, gemeinsame Lohnbuchhaltung, Sekretariat, Druckerei, Kantine (BAG 23. 3. 84, AP Nr. 4 zu § 23 KSchG 1969; BAG 13. 6. 85, AP Nr. 10 zu § 1 KSchG 1969).

Eine Vereinbarung ist nach Auffassung des BAG notwendig, weil der BR in Fragen der sozialen und personellen Mitbestimmung einen zu einheitlicher Willensbildung für beide Unternehmen fähigen Ansprechpartner brauche. Dies ist keine überzeugende Begründung. Findet der BR tatsächlich eine einheitliche Leitung vor, hat er den notwendigen Ansprechpartner. Die einheitliche Leitung kann sich deshalb auch aus **personellen Verflechtungen** ergeben, etwa wenn beide Unternehmen durch dieselbe Person vertreten werden (LAG Hamm, BB 85, 1792; zustimmend *Hoyningen-Huene,* EWiR 85, 727; *Gamillscheg,* EzA Anm. zu BAG AP Nr. 4 und 5 zu § 4 BetrVG 1972; vgl. auch *Wendeling-Schröder,* NZA 84, 247). Einheitliche Leitung eines Betriebes kann auch durch **gleichlautende Weisungen einer Konzernspitze** erreicht werden (*Konzen,* SAE 88, 94). Die Beteiligungsrechte des BR dürfen nicht von einer freiwilligen Vereinbarung der Unternehmen abhängig gemacht werden.

Für das Vorliegen eines einheitlichen Betriebes ist nicht erforderlich, 52
daß nur ein arbeitstechnischer Zweck verfolgt wird (vgl. BAG 5. 3. 87, AP Nr. 30 zu § 15 KSchG 1969; s. o. Rn 36).

Das Entstehen eines Gemeinschaftsbetriebes mehrerer Unternehmen 53
kann die Folge einer **Unternehmensaufspaltung** sein. Eine Unternehmensaufspaltung führt noch nicht zu einer Betriebsaufspaltung. Unternehmensaufspaltungen werden oft aus steuer- und haftungsrechtlichen Gründen vorgenommen (vgl. zu den Motiven für Unternehmensaufspaltungen und zu den Interessen des BR *Wendeling-Schröder,* AiB 87, 180). Es gibt verschiedene Formen der Betriebsaufspaltung (vgl. die Übersicht bei *Loritz,* NJW 87, 65, 77ff.). Häufig bleibt jedoch die betriebliche Einheit erhalten (vgl. § 111 Rn 14 und die dort angegebene Literatur zu diesen Fragen). Bestand früher ein Betrieb innerhalb eines Unternehmens, spricht auch nach der Unternehmensaufspaltung viel für das Fortbestehen eines einheitlichen Betriebes (vgl. *Haase,* NZA 1988, Beilage 3 S. 15).

Es sind mehrere Formen der Unternehmensaufspaltung möglich. Ei- 54
ne einheitliche Gesellschaft kann z. B. in eine **Eigentums(Vermögens-)gesellschaft** und in eine (vermögenslose) **Produktionsgesellschaft** aufgeteilt werden, die die Betriebsmittel von der Vermögensgesellschaft pachtet. In diesem Fall bleibt die Betriebseinheit regelmäßig erhalten. Streit besteht nur, ob dieser Vorgang eine Betriebsänderung i. S. von § 111 ist (bejahend *Simon,* ZfA 87, 311, 323 wegen Wegfall der Haftungsmasse).

Eine Unternehmensaufspaltung kann auch in der Form geschehen, 55
daß bisher unselbständige Abteilungen zu selbständigen Unternehmen umgewandelt werden (**Diversifikation in Produktgruppen** oder **rechtliche Verselbständigung einzelner Abteilungen** wie Vertrieb, Kunden-

dienst, EDV usw.; vgl. dazu § 111 Rn 14b). Besteht trotz der Aufspaltung in verschiedene Unternehmen noch eine einheitliche betriebliche Organisation, besteht betriebsverfassungsrechtlich noch ein einheitlicher Betrieb.

56 Bleibt nach der Unternehmensaufspaltung ein einheitlicher Betrieb erhalten, bleibt der BR im Amt, BVen bleiben bestehen (vgl. *DR* § 21 Rn 36, 40; *GL* § 21 Rn 23ff., vgl. auch § 21 Rn 34). Der BR bleibt auch im Amt, wenn ein Betriebsteil auf einen Dritten übergeht; seine Zuständigkeit endet jedoch für die ArbN des abgetrennten Betriebsteils, es besteht kein Restmandat (BAG 23. 11. 88, AP Nr. 77 zu § 613a BGB).

Der BR kann **auf ArbGeb-Seite verschiedene Verhandlungspartner** haben: Für die Beteiligungsrechte in personellen Angelegenheiten kann der ArbGeb. zuständig sein, zu dem die Arbeitsverhältnisse bestehen; im übrigen kommt als Ansprechpartner eine BGB-Gesellschaft in Betracht. Wurde sie nicht begründet, sind die beteiligten Unternehmen betriebsverfassungsrechtlich verpflichtet, eine Regelung darüber zu treffen, wer Verhandlungspartner des BR sein soll (vgl. § 111 Rn 14d; zum Problem eingehend *Konzen,* Unternehmensaufspaltung und Organisationsänderungen im Betriebsverfassungsgesetz, 1986, S. 108ff.). Individualrechtlich bleiben die ArbN des gemeinsamen Betriebs ArbN der Unternehmen, mit denen sie einen Arbeitsvertrag abgeschlossen haben.

5. Betriebsübergang nach § 613a BGB

a) Allgemeines

57 Von der Betriebsstillegung ist der Betriebsübergang i. S. von § 613a BGB zu unterscheiden (aus der neueren Literatur: *Schaub,* ZIP 84, 272; *Willemsen,* ZIP 86, 477; *Besgen,* AiB 86, 131; *Loritz,* RdA 87, 65). Diese Vorschrift gilt für alle Betriebe unabhängig davon, ob sie betriebsratsfähig sind oder in ihnen ein Betriebsrat besteht. Sie gilt auch für alle ArbN einschließlich der leitenden Angestellten (BAG 22. 2. 78, AP Nr. 11 zu § 613a BGB). Sie sichert den Fortbestand des Arbeitsverhältnisses. Sie hat aber auch **betriebsverfassungsrechtliche Auswirkungen:** Sie beseitigt alle Zweifel daran, daß das BR-Amt nach dem Betriebsübergang unverändert weiterbesteht. Anlaß für die Einführung dieser Vorschrift (zugleich mit dem BetrVG 1972) war auch die Sicherung des wirtschaftlichen MBR; es sollte gegen den neuen ArbGeb. wirksam werden, wenn dieser Betriebsänderungen beabsichtigt, die sich nachteilig für die ArbN auswirken können (BAG 2. 10. 74, AP Nr. 1 zu § 613a BGB).

58 Der Betriebsübergang ist keine Betriebsänderung i. S. von § 111 (krit. *Simon,* ZfA 87, 311, 315ff.). Beim **Betriebsübergang** bleibt der **Betrieb als solcher erhalten.** Nur der ArbGeb. – im individual- und betriebsverfassungsrechtlichen Sinn – wechselt. Eine Betriebsstillegung (vgl. oben Rn 45) kommt deshalb so lange nicht in Betracht, wie der ArbGeb. sich noch in ernsten Verkaufsverhandlungen mit einem möglichen Betriebserwerber befindet (BAG 27. 9. 84, AP Nr. 39 zu § 613a BGB).

b) Voraussetzungen

Für § 613a BGB muß ebenfalls geklärt werden, was unter einem „Betrieb“ und einem „Betriebsteil“ i. S. dieser Vorschrift zu verstehen ist. Die Rechtsprechung des BAG knüpft an den **Betriebsbegriff** des BetrVG an (vgl. Rn 29ff.). Eine Ausnahme besteht nur in Bezug auf die ArbN. Sie gehören zum Betrieb i. S. des BetrVG, während § 613a BGB ausschließlich an den Übergang der sächlichen und immateriellen Betriebsmittel die Rechtsfolge knüpft, daß Arbeitsverhältnisse der betroffenen ArbN übergehen (BAG 22. 5. 85, AP Nr. 42 zu § 613a BGB). 59

Danach machen die sächlichen und immateriellen **Betriebsmittel** einen Betrieb dann aus, wenn der neue Inhaber mit ihnen und mit Hilfe der ArbN bestimmte **arbeitstechnische Zwecke** verfolgen kann (vgl. BAG 3. 7. 86, AP Nr. 53 zu § 613a BGB). Dabei ist nicht erforderlich, daß alle Wirtschaftsgüter, die bisher zum Betrieb des alten Inhabers gehörten, auf den neuen Betriebsinhaber übergehen. Unwesentliche Bestandteile des Betriebsvermögens bleiben außer Betracht. Entscheidend ist es, ob die Veräußerung einzelner oder einer Summe von Wirtschaftsgütern vorliegt oder die Veräußerung eines Betriebes. Das hängt davon ab, ob der neue Inhaber mit den übernommenen Betriebsmitteln den Betrieb oder den Betriebsteil im wesentlichen unverändert fortführen kann (BAG 29. 10. 75, AP Nr. 2 zu § 613a BGB; BAG 22. 2. 78, AP Nr. 11 zu § 613a BGB; BAG 22. 5. 85, AP Nr. 42 zu § 613a BGB; BAG 3. 7. 86, AP Nr. 53 zu § 613a BGB; BAG 28. 4. 88, AP Nr. 74 zu § 613a BGB). 60

Auf den Zweck der Betriebsübernahme kommt es nicht an; es ist unerheblich, ob der Betriebserwerber den Betrieb unverändert, auf Dauer oder befristet fortführen oder stillegen will (BAG 20. 11. 84, AP Nr. 38 zu § 613a; BAG 29. 11. 1988, AP Nr. 7 zu § 1 BetrAVG Betriebsveräußerung).

Bei **Produktionsbetrieben** bilden die Betriebsanlagen und das technische know-how als immaterielles Betriebsmittel die wesentlichen Grundlagen des Betriebes. Dabei kommt den immateriellen Betriebsmitteln in einer hochtechnisierten Welt eine immer stärkere Bedeutung zu (*Willemsen,* ZIP 86, 481). Andererseits kann die Übernahme technischer Produktionsmittel ausreichen, auch wenn der Erwerber den Firmennamen nicht fortführt und gewerbliche Schutzrechte nicht übernimmt (BAG 22. 5. 85, AP Nr. 43 zu § 613a BGB). 61

Für **Dienstleistungsbetriebe** gelten dieselben Grundsätze, jedoch spielen die immateriellen Betriebsmittel eine noch größere Rolle. Entscheidend kann z. B. der Eintritt des neuen ArbGeb. in die bestehenden Kundenbeziehungen (Besitz der Kundenkartei) sein (BAG 25. 6. 85, AP Nr. 23 zu § 7 BetrAVG). Ein Betriebsübergang kann in diesen Fällen auch dann vorliegen, wenn weder Geschäftsräume, noch Büromöbel, noch technische Hilfsgeräte übernommen werden. Indizien für einen Betriebsübergang sind die Fortführung des Firmennamens, die Übernahme der Geschäftspapiere, der Kundenkartei und der Eintritt in laufende Verträge (vgl. zum Betriebsübergang eines Großhandelsgeschäftes BAG 62

28. 4. 88, AP Nr. 74 zu § 613a BGB; zum Bowlingbetrieb BAG 3. 7. 86, AP Nr. 53 zu § 613a BGB).

63 § 613a gilt auch im **Konkurs** des ArbGeb. (BAG 26. 5. 83, AP Nr. 34 zu § 613a BGB mit weit. Nachw.), bei Betriebsfortführung durch den Zwangsverwalter (BAG 9. 1. 80, AP Nr. 19 zu § 613a BGB), und Folgeerwerber (BAG 14. 10. 82, AP Nr. 36 zu § 613a BGB), bei Veräußerung des Betriebes während des **Vergleichsverfahrens** mit Genehmigung des Vergleichsverwalters (BGH 10. 2. 81, AP Nr. 26 zu § 613a BGB) sowie bei befristeter Fortführung durch eine treuhänderische **Auffanggesellschaft** (BAG 20. 11. 84, AP Nr. 38 zu § 613a BGB).

64 § 613a Abs. 1 BGB setzt einen rechtsgeschäftlichen Betriebsübergang voraus. Gegenstand des Rechtsgeschäfts ist die einverständliche Übertragung der Leitungsmacht auf den Betriebserwerber (BAG 8. 11. 88, AP Nr. 6 zu § 1 BetrAVG Betriebsveräußerung). Als **Rechtsgeschäft** kann dem Betriebsübergang zugrunde liegen z. B. Kauf, Schenkung, Verpachtung oder eine Kombination mehrerer Rechtsgeschäfte, die mit dem bisherigen Betriebsinhaber oder mit Dritten abgeschlossen werden (BAG 25. 2. 81, AP Nr. 24 zu § 613a BGB). Unmittelbare Rechtsbeziehungen zwischen dem alten und neuen Betriebsinhaber, z. B. bei Pächterwechsel, sind nicht erforderlich (BAG 25. 2. 81, AP Nr. 24 zu § 613a BGB). Im übrigen hängt die Rechtsfolge des § 613a BGB nicht davon ab, daß das dem Betriebsübergang zugrunde liegende Rechtsgeschäft wirksam ist (BAG 6. 2. 85, AP Nr. 44 zu § 613a BGB). Führt ein Dritter den Betrieb im wesentlichen weiter, spricht der Beweis des ersten Anscheins für ein zugrunde liegendes Rechtsgeschäft (BAG 15. 5. 85, AP Nr. 41 zu § 613a BGB).

c) Rechtsfolgen

65 Als Rechtsfolge eines Betriebsübergangs schreibt das Gesetz den Eintritt des neuen Betriebsinhabers in die Rechte und Pflichten aus den im Zeitpunkt des Übergangs bestehenden **Arbeitsverhältnissen** vor. Der Eintritt erfolgt kraft Gesetzes; eine Vereinbarung zwischen den ArbN und den beteiligten ArbGeb. ist nicht erforderlich. Damit wird der **Betriebserwerber Schuldner aller Forderungen** der ArbN aus dem Arbeitsverhältnis, nicht nur der künftig fällig werdenden, sondern auch der rückständigen. Am Inhalt des Arbeitsverhältnis ändert sich nichts. **Vereinbarungen** aus Anlaß des Betriebsübergangs sind möglich, sie dürfen den ArbN nicht ohne triftigen Grund schlechter stellen als bisher (BAG 20. 7. 82, AP Nr. 31 zu § 613a BGB). Der **bisherige ArbGeb haftet** neben dem neuen ArbGeb als Gesamtschuldner für alle Verpflichtungen, die vor dem Zeitpunkt des Übergangs entstanden sind und vor Ablauf eines Jahres nach dem Betriebsübergang fällig werden (z. B. Lohn- und Tantiemeforderungen aus der Zeit vor dem Betriebsübergang, vgl. § 613a Abs. 2 BGB).

66 Wegen der persönlichen Natur der Arbeitsleistung (§ 613 BGB) kann der **ArbN** dem Übergang seines Arbeitsverhältnisses auf den neuen Betriebsinhaber **widersprechen** mit der Folge, daß das Arbeitsverhältnis

nicht auf den neuen Betriebsinhaber übergeht, sondern mit dem bisherigen Inhaber weiterbesteht (BAG, st. Rspr., zuletzt 6. 2. 80, AP Nr. 21 zu § 613a BGB). Dieser Widerspruch kann nur bis zum Zeitpunkt des Betriebsüberganges erklärt werden (BAG 17. 11. 77, AP Nr. 10 zu § 613a BGB). Die widerspruchsfreie Weiterarbeit beim neuen ArbGeb. bedeutet umgekehrt die Zustimmung zum Übergang des Arbeitsverhältnisses, vorausgesetzt der ArbN ist über den Betriebsübergang informiert worden. Im beiderseitigen Interesse sollte der bisherige ArbGeb. über den bevorstehenden Betriebsübergang möglichst rechtzeitig und umfassend informieren. Er kann damit die Aufforderung an die betroffenen ArbN verbinden, innerhalb einer angemessenen Überlegungsfrist von ihrem Widerspruchsrecht Gebrauch zu machen, wenn sie mit dem Übergang nicht einverstanden sind (BAG 15. 2. 84, AP Nr. 37 zu § 613a BGB; ebenso *Besgen,* AiB 86, 134).

Nach § 613a Abs. 4 BGB ist die **Kündigung** des Arbeitsverhältnisses 67 eines ArbN durch den bisherigen ArbGeb oder durch den neuen Inhaber **„wegen" des Betriebsübergangs** (Betriebsteilübergangs) unwirksam. Das Recht zur Kündigung des Arbeitsverhältnisses aus anderen Gründen bleibt unberührt. Wegen eines Betriebsübergangs wird gekündigt, wenn das Motiv der Kündigung wesentlich durch den Betriebsinhaberwechsel bedingt ist, wenn der Betriebsübergang nicht nur der äußere Anlaß sondern der tragende Grund für die Kündigung gewesen ist (BAG 26. 5. 83, AP Nr. 34 zu § 613a BGB). Andere Gründe sind insb. verhaltens- oder personenbedingte Gründe. Betriebsbedingte Gründe stehen einer Kündigung i. S. v. § 613a Abs. 4 BGB dann nicht entgegen, wenn entweder der alte oder der neue ArbGeb. den Betrieb rationalisieren will oder wenn ein Arbeitsplatz unabhängig vom Betriebsinhaberwechsel weggefallen ist. Die Unwirksamkeit einer Kündigung nach § 613a Abs. 4 BGB kann auch der ArbN geltend machen, der noch nicht unter das KSchG fällt. Die Kündigungsschutzklage braucht auch nicht innerhalb der Klagefrist von 3 Wochen (§ 4 KSchG) erhoben zu werden. § 613a Abs. 4 BGB enthält ein **eigenständiges Kündigungsverbot** (BAG 31. 1. 85, AP Nr. 40 zu § 613a BGB).

Bei den **betriebsverfassungsrechtlichen Folgen** eines Betriebsüber- 68 gangs ist zu unterscheiden: Bleibt die Identität des übergegangenen Betriebes erhalten, hat dies keine Auswirkungen auf die Rechtsstellung des in diesem Betrieb gewählten BR. Der neue ArbGeb. tritt in die betriebsverfassungsrechtliche Stellung des bisherigen Inhabers und damit auch in bestehende BV ein (vgl. BAG 28. 9. 88, AP Nr. 55 zu § 99 BetrVG 1972).

Bei einer **Verschmelzung** zweier Betriebe kommt es darauf an, ob die Identität eines Betriebes erhalten bleibt. Dann bleibt der in diesem Betrieb gewählte BR im Amt. Im aufgenommenen Betrieb erlischt das Mandat des BR, da dieser Betrieb erloschen ist (vgl. Kreßel, DB 89, 1624). Es kann wegen der Vergrößerung eine Neuwahl erforderlich werden (§ 13 Abs. 1 Nr. 1). Ist durch Verschmelzung ein neuer Betrieb entstanden, endet die Amtszeit der BR in beiden Betrieben (vgl. § 21 Rn 32; *DR* § 21 Rn 38; *HSG* § 21 Rn 29; **a. A.** – für Restmandat – GKSBK § 21 Rn 7). Es muß sofort ein neuer BR gewählt werden. Durch BV kann eine befristete Weiterführung der Ämter bis zur Neuwahl vereinbart werden (vgl. *Kreßel,* DB 89, 1625).

Anders ist die Rechtslage, wenn nur ein **Betriebsteil** auf einen neuen Inhaber übergeht. Dann entsteht ein neuer Betrieb. Deshalb **endet die Zuständigkeit des alten BR** für den abgetrennten Betriebsteil und die in ihm beschäftigten ArbN; es besteht kein Restmandat. Die Belegschaft des abgetrennten Betriebsteils muß einen neuen BR wählen (BAG 23. 11. 88, AP Nr. 77 zu § 613a BGB). Der BR des alten Betriebs bleibt im Amt (vgl. *Sowka,* DB 1988, 1318f.).

Die Normen einer BV, die bisher den Inhalt der Arbeitsverhältnisse der ArbN des abgetrennten Betriebsteils beeinflußt haben, werden Inhalt der Arbeitsverhältnisse der vom Betriebsübergang betroffenen ArbN. Sie dürfen nicht vor Ablauf eines Jahres nach dem Zeitpunkt des Übergangs zum Nachteil des ArbN geändert werden (§ 613a Abs. 1 S. 2 BGB). Das gilt nicht, wenn der TV oder die BV nicht mehr gelten, oder wenn ArbGeb. und ArbN bei fehlender beiderseitiger Tarifgebundenheit im Geltungsbereich eines anderen TV dessen Anwendung vereinbaren (§ 613a Abs. 1 Satz 4 BGB). Im Nachwirkungszeitraum besteht Vertragsfreiheit. Die Anwendung eines anderen TV durch die vereinbarte Bezugnahme wird als sachgerecht angesehen (vgl. hierzu *Wiesner,* BB 86, 1636).

69 Wird das Arbeitsverhältnis beim neuen Betriebsinhaber durch Rechtsnormen eines anderen TV oder durch eine andere BV (beim Übergang eines Betriebsteils kann dies praktisch werden) erfaßt, gelten diese Normen auch für das übergegangene Arbeitsverhältnis (§ 613 Abs. 1 Satz 3 BGB). Das setzt Tarifgebundenheit des ArbGeb. und des ArbN voraus (§ 4 Abs. 1 TVG). Liegt sie vor, wirkt der TV selbst dann, wenn die Tarifbindung an den neuen TV erst Monate nach dem Betriebsübergang entsteht (BAG 19. 3. 86, AP Nr. 49 zu § 613a BGB, mit zust. Bespr. von *Wank,* SAE 87, 140).

6. Zwingendes Recht

70 Die gesetzlichen Bestimmungen darüber, wann ein Betrieb vorliegt, sind zwingend. Die Voraussetzungen können weder durch BV noch durch TV abgeändert werden (*DR,* Rn 65; *GK-Kraft,* § 4 Rn 21). § 3 Abs. 1 Nr. 3 läßt den Tarifvertragsparteien nur die Möglichkeit, die Zuordnung von Betriebsteilen und Nebenbetrieben zum Hauptbetrieb abweichend zu regeln, wenn dadurch die Bildung von BR (Vertretungen der ArbN) erleichtert wird (vgl. § 3 Rn 42ff.).

IV. Unternehmen

71 Neben dem Betrieb ist auch das Unternehmen Anknüpfungspunkt für Beteiligungsrechte der ArbNVertretungen. So kommt dem Begriff des Unternehmens neben dem des Betriebes eine **eigenständige betriebsverfassungsrechtliche Bedeutung zu,** wenn in einem Unternehmen **mehrere BR** bestehen; in diesem Fall ist ein GesBR zu errichten (§ 47 Abs. 1). Beteiligungsrechte des BR in wirtschaftlichen Angelegenheiten beziehen sich auf das Unternehmen (§ 106ff. – Wirtschaftsausschuß, § 110 – Unterrichtung der ArbN) oder richten sich bei Betriebsänderungen gegen den Unternehmer (§§ 111ff.).

Das BetrVG kennt keinen eigenen **Unternehmensbegriff,** es setzt ihn 72 voraus. Unternehmen ist die organisatorische Einheit, mit der der Unternehmer seine wirtschaftlichen oder ideellen Zwecke verfolgt (BAG vom 7. 8. 86, AP Nr. 5 zu § 1 BetrVG 1972; BAG 5. 3. 87, AP Nr. 30 zu § 15 KSchG 1969).

Für das Unternehmen ist die **„Einheit des Rechtsträgers"** ein we- 73 sentliches Erfordernis. Ein Unternehmen i. S. von § 47 Abs. 1 setzt einen einheitlichen Rechtsträger voraus (BAG 11. 12. 87, AP Nr. 7 zu § 47 BetrVG 1972). Bei Personengesellschaften (OHG; KG) und bei Kapitalgesellschaften (AG, KG auf Aktien, GmbH) ist die Gesellschaft identisch mit dem Unternehmen. Die Gesellschaft kann nur ein Unternehmen haben (BAG 13. 6. 85, AP Nr. 10 zu § 1 KSchG 1969). Anders bei einer natürlichen Person; sie kann mehrere Unternehmen haben (**a. A.** *Joost,* Betrieb und Unternehmen als Grundbegriffe im Arbeitsrecht, S. 231). Dann kommt es auf die jeweilige organisatorische Einheit mit dem dahinter stehenden wirtschaftlichen oder ideellen Zweck an.

Unternehmen und Betrieb können identisch sein, wenn das Unter- 74 nehmen nur aus **einem Betrieb** besteht. In diesem Fall ist eine Unterscheidung von Unternehmen und Betrieb in betriebsverfassungsrechtlicher Hinsicht nicht von Bedeutung.

Ein Unternehmen kann auch aus **mehreren Betrieben** bestehen, 75 wenn der im Unternehmen verfolgte Zweck in mehreren Einheiten verfolgt wird, die jeweils selbständige Betriebe nach den oben genannten Kriterien (vgl. Rn 31ff.) bilden.

Soweit Beteiligungsrechte des BR gegenüber dem Unternehmer 76 bestehen, hat das seinen Grund darin, daß bestimmte Informations- und Beteiligungspflichten nur derjenige erfüllen kann, der die Unternehmensziele bestimmt und über die entsprechenden wirtschaftlichen Dispositionsbefugnisse verfügt. Dies hat Bedeutung für Zeitpunkt, Art und Umfang der zu gebenden Informationen (vgl. § 80 Rn 25ff.).

Unmittelbar beeinflußt wird die unternehmerische Entscheidung 77 durch die Mitbestimmung im AR und die Bestellung eines Arbeitsdirektors. Betriebsverfassungsrechtlich ist der Unternehmer verpflichtet, den BR und andere Vertretungen der ArbN über geplante und erfolgte unternehmerische Entscheidungen zu informieren (§ 53 Abs. 2, §§ 106ff., § 111ff.). Die unternehmerische Entscheidung selbst kann der BR letztlich kaum beeinflussen. Er kann versuchen, in einem Interessenausgleich Nachteile für die ArbN soweit wie möglich abzuwenden, oder in einem Sozialplan Nachteile unternehmerischer Entscheidungen auszugleichen (vgl. Einzelheiten zum Inhalt und Umfang der Beteiligungsrechte in wirtschaftlichen Angelegenheiten in §§ 112, 112a Rn 5ff. u. 16ff.).

V. Konzern

78 In mehreren Bestimmungen des BetrVG wird der Konzern angesprochen. Zum einen schreibt § 8 Abs. 1 S. 2 vor, daß auf die Wählbarkeitsvoraussetzung der sechsmonatigen Betriebszugehörigkeit Zeiten anzurechnen sind, in denen der ArbN unmittelbar vorher einem anderen Betrieb desselben Unternehmens oder Konzerns angehört hat. Zum anderen eröffnet § 54 Abs. 1 die Möglichkeit der **Bildung eines KBR.** In beiden Fällen verweist das Gesetz für die Begriffsbestimmung des Konzerns auf § 18 Abs. 1 AktG. In den §§ 76a (E-Stelle bei Beteiligung des KBR) und 87 Abs. 1 Nr. 8 (Wirkungsbereich einer Sozialeinrichtung) sind unter „Konzernunternehmen" und „Konzern" ebenfalls die in § 18 Abs. 1 AktG definierten Konzerne gemeint. Das folgt aus dem sachlichen Zusammenhang dieser Bestimmungen mit den MBR des KBR. In § 18a (Vermittler im Zuordnungsverfahren für Ang.) dagegen ist ein weiter Konzernbegriff gemeint, weil der Kreis der zur Vermittlung geeigneten Personen möglichst groß sein soll. Näheres zum **Begriff des Konzerns** vgl. § 54 Rn 7ff.

VI. Betriebsverfassung und ihre Organe

1. Betriebsverfassung

79 Die Betriebsverfassung regelt als arbeitsrechtliche Grundordnung die Zusammenarbeit zwischen ArbGeb. und ArbN im Betrieb. Diese Zusammenarbeit wird ausgeübt durch den **ArbGeb.** einerseits, den **BR** und die anderen Organe der Betriebsverfassung andererseits. Die Betriebsverfassung regelt die Rechtsstellung der Organe und die Form der Zusammenarbeit zwischen den Organen (verfassungsartig gegliederter konstitutioneller Betrieb). Der BR nimmt an der Willensbildung und an der Entscheidung des ArbGeb. teil, und zwar durch Mitwirkung und Mitbestimmung. Zu den Organen der Betriebsverfassung gehören auch die **Sprecherausschüsse** nach dem SprAuG (vgl. § 2 Rn 1a–c und § 5 Rn 156ff. zu Aufgaben und Zusammenarbeit mit dem BR).

80 Dieses Zusammenwirken zwischen ArbGeb. und BR dient gemeinsamen Zielen, nämlich dem Wohl des Betriebs und der Belegschaft (§ 2 Abs. 1). Es kann zur Rechtsetzung durch gemeinschaftliche Willensbildung führen (vgl. § 77 Abs. 2).

81 Die Betriebsverfassung hat entscheidenden Einfluß auf die Begründung, Inhalt und Beendigung des Einzelarbeitsverhältnisses (vgl. §§ 75, 85, 90, 91, § 96 Abs. 2, § 98 Abs. 3, §§ 99, 102, 104, 112, 113). Die Rechtsbeziehungen zwischen ArbGeb. und ArbN unterliegen der verfassungsmäßigen Ordnung des Betriebs. Dies steht jedoch der Anerkennung einer kollektivfreien Individualsphäre nicht entgegen, die sich insbesondere auf die wohlerworbenen Rechte von ArbN bezieht (vgl. § 77 Rn 34ff.). Diese Individualsphäre wird durch § 75 und §§ 81ff. besonders betont. Das Direktionsrecht des ArbGeb. wird vor allem für die

Gegenstände des § 87 Abs. 1 durch das MBR des BR eingeschränkt (vgl. § 87 Rn 23 und 28ff.).

2. Unternehmensverfassung

Das BetrVG 72 regelt als rein arbeitsrechtliches Gesetz **nicht** die eigentliche **Unternehmensverfassung.** Letztere betrifft die Regelung der Planungs-, Organisations- und Leitungskompetenzen im Unternehmen unter Beteiligung der ArbN in den Verwaltungsträgern von Kapitalgesellschaften (*GK-Thiele,* Einleitung, Rn 7). Die Aufnahme gesellschaftsrechtlicher Vorschriften (Vertretung der ArbN im AR) in die Betriebsverfassung seit dem BRG 1920 war historisch bedingt, stellte aber einen Fremdkörper dar. §§ 76 bis 77a, 81, 85 und 87 BetrVG 52 gelten vorläufig weiter (vgl. § 76 BetrVG 52 Vorbem.). Wegen des MitbestG vgl. § 76 BetrVG 52 Rn 25, 36. 82

3. Organe der Betriebsverfassung

Die wichtigsten Organe der Betriebsverfassung sind **ArbGeb.** und **BR** (Über die Organstellung vgl. *Galperin,* Jahrbuch des Arbeitsrechts 63, 75ff.). Der **Sprecherausschuß** ist die Interessenvertretung einer Gruppe von ArbN, der leitenden Angestellten i. S. von § 5 Abs. 3 (vgl. dort Rn 156ff.). 83

a) Arbeitgeber

Der **Begriff des ArbGeb.** wird im BetrVG in einer **doppelten Beziehung** gebraucht: Gemeint ist einmal der ArbGeb. im herkömmlichen Sinne als gleichberechtigter **Vertragspartner des ArbN.** In diesem Sinne ist dem ArbGeb. verboten, dem ArbN bei Versäumnis von Arbeitszeit wegen Wahrnehmung von betriebsverfassungsrechtlichen Aufgaben in bestimmten Fällen das Arbeitsentgelt zu kürzen, und er ist verpflichtet, BRMitgl. freizustellen (§§ 37f.) oder individuelle Rechte der ArbN zu wahren (§§ 81ff.). 84

Neben dem ArbGeb. im Sinne einer Partei des Arbeitsvertrages steht der ArbGeb. als **Organ der Betriebsverfassung.** In dieser Eigenschaft wird der ArbGeb. z. B. tätig, wenn er BV abschließt, wenn er die Wahl des BR anficht (§ 19), dessen Auflösung beantragt (§ 23 Abs. 1), oder wenn er im BeschlVerf. die Klarstellung betreibt, ob ein Nebenbetrieb oder ein Betriebsteil selbständig ist oder zu einem Hauptbetrieb gehört (§ 18 Abs. 2). Der ArbGeb. ist als Verfassungsorgan des konstitutionellen Betriebes Partner des von ArbNSeite bestellten Betriebsverfassungsorgans (insbesondere des BR) bei der Verwirklichung der Beteiligungsrechte der ArbN im Betrieb (ähnlich *GK-Kraft,* Rn 35; ablehnend *DR,* Rn 26). Die Exekutive im Betrieb hat aber grundsätzlich der ArbGeb. (§ 77 Abs. 1, vgl. dort Rn 4ff.). 85

Der ArbGeb. ist entweder eine **natürliche oder eine juristische Person.** Er wird in letzterem Falle auf arbeitsrechtlichem Gebiete und als 86

Organ der Betriebsverfassung von dem gesetzlichen Vertr. vertreten (vgl. § 5 Rn 103f).

Im Fall des Konkurses, aber nicht im Vergleichsverfahren, ist die ArbGeb.funktion zwischen dem ArbGeb. als Gemeinschuldner und dem Konkursverwalter gespalten (*Brill,* ArbuR 67, 335). Soweit der **Konkursverwalter** die Rechte und Pflichten des Gemeinschuldners ausübt, hat er betriebsverfassungsrechtlich gesehen die gleiche Rechtsstellung wie jeder ArbGeb. (*GK-Kraft,* Rn 38; *Heinze,* ArbuR 76, 33ff. u. DB 80, 205; *Willemsen,* AR-Blattei, Konkurs I; vgl. im einzelnen Sozpl-KonkG (Anhang 3), § 1 Rn 7ff.).

87 Die rechtsgeschäftliche **Vertretung des ArbGeb.** als betriebsverfassungsrechtlichem Organ ist im Gesetz nicht ausdrücklich geregelt, aber in § 43 Abs. 2 (vgl. dort Rn 28) und § 108 Abs. 2 (vgl. dort Rn 6) erwähnt. Der ArbGeb. kann sich in seiner Eigenschaft als Organ der Betriebsverfassung durch eine an der Betriebsleitung verantwortlich beteiligte Person, die er mit seiner Vertretung betraut hat, vertreten lassen (ebenso *DR,* Rn 28; *HSG,* § 2 Rn 7; weitergehend *GL,* Vor § 1 Rn 17 und *GK-Kraft,* Rn 37, die jeden als Vertreter zulassen, wenn eine entspr. Vollmacht erteilt wurde). Das Gebot der vertrauensvollen Zusammenarbeit (§ 2 Abs. 1) verpflichtet den ArbGeb., möglichst selbst mit dem BR zu beraten und zu verhandeln.

b) Betriebsrat

88 Der **BR** ist die **gesetzliche Interessenvertretung** (Repräsentant) **der ArbN** des Betriebes innerhalb der Betriebsverfassung, der aber auch die Interessen des Betriebes zu berücksichtigen hat. Er vertritt nur die ArbN im Sinne des Gesetzes mit Ausnahme der leitenden Ang. (§§ 5, 6); diese werden durch ihren Sprecherausschuß (§§ 1, 25 SprAuG) vertreten.

89 Die **ArbNschaft** bildet den soziologischen Grundtyp einer Organisation auf Grund ihrer Zugehörigkeit zum Betrieb, aber weder rechtlich noch soziologisch eine „Betriebsgemeinschaft" unter Einschluß des ArbGeb. (*DR,* Rn 20). Die nach dem BetrVG organisierte Einheit der ArbN des Betriebes hat aber eine gewisse Sonderrechtsfähigkeit auf dem Gebiet der Betriebsverfassung (ähnlich *DR,* Rn 8). Sie wird bei Ausübung der Beteiligungsrechte durch den BR als ihrem Organ vertreten (vgl. *Galperin,* Jahrbuch des Arbeitsrechts 63, S. 75ff.).

90 Als Organ der Betriebsverfassung wird der **BR im eigenen Namen** (h. M. vgl. § 10 ArbGG) **kraft Amtes** tätig (zur Diskussion um die Rechtsnatur des BR vgl. *GK-Kraft* Rn 40ff.). Dies gilt sowohl für seine Zusammenarbeit mit dem ArbGeb. (§ 2 Abs. 1) als auch für seine Stellung zur Belegschaft (insbesondere zur BetrVerslg. § 45) und zu einzelnen Betriebsangehörigen (zur Rechts- und Aufgabenstellung vgl. *Heinze,* ZfA 88, 53ff.: gesetzliches Auftragsverhältnis, in dem fremde Interessen – der ArbN – in Form eigener Rechte wahrgenommen werden). Auch das nach § 82 Abs. 2, § 83 Abs. 1, § 84 Abs. 1 zugezogene BRMitglied handelt ohne ausdrückliche Ermächtigung nicht als rechtsgeschäftlicher Vertreter des einzelnen ArbN (vgl. auch § 80 Rn 3ff. und BAG

14. 6. 74, AP Nr. 20 zu § 670 BGB; 19. 7. 77, AP Nr. 1 zu § 77 BetrVG 1972).

Im Verhältnis zum ArbGeb. wird der BR als Organ der Betriebsverfassung tätig. Die Rechte und Pflichten der Betriebsverfassungsorgane werden mit der Einordnung als Schuldverhältnis kraft Gesetzes (so *Heinze,* ZfA 88, 53, 72ff.) nicht zutreffend erfaßt. Die Rechte, die dem BR nach der Betriebsverfassung zustehen, sind ihm zum Wohle des Betriebes verliehen. Diese Rechte sind deshalb auch gegenüber dem ArbGeb. durchsetzbar (einklagbar und vollstreckbar); sie stehen nicht unter einem generellen Vorbehalt (a. A. *Heinze,* aaO). Der ArbGeb. ist in Fällen der Mitbestimmung an die Zustimmung des BR gebunden (z. B. § 87 Abs. 2). Diese Zustimmung ist nicht deshalb entbehrlich, weil der ArbGeb. das Wohl des Betriebes anders beurteilt als der BR. Bei fehlender Übereinstimmung muß der Kompromiß in der E-Stelle gefunden werden.

Der BR besitzt keine eigene Rechtspersönlichkeit, er ist nicht rechtsfähig und auch nicht vermögensfähig (BAG 24. 4. 86, AP Nr. 7 zu § 87 BetrVG 1972 Sozialeinrichtung; *DR,* Vor § 1 Rn 26; *GL,* Rn 36; *GK-Kraft,* Rn 64). 91

Der BR ist einerseits **Organ der Belegschaft** (BAG 6. 11. 59, AP Nr. 15 zu § 13 KSchG; *HSG,* Vor § 1 Rn 36: Gesetzlicher Vertr. eigener Art), darüber hinaus aber auch – ebenso wie der ArbGeb. – **Verfassungsorgan des Betriebes.** ArbGeb. und BR wirken im Rahmen der konstitutionellen Ordnung des Betriebs zusammen, wobei der BR mit nach Stärke und Umfang abgestuften Beteiligungsrechten an der für die Gestaltung und Verwaltung des Betriebs und der Einzelarbeitsverhältnisse maßgebenden Willensbildung teilnimmt. 92

Während seiner Amtszeit ist der BR nicht von der Zustimmung der ArbNschaft abhängig. Es gibt kein „imperatives Mandat". Ein „Mißtrauensvotum" in einer BetrVerslg. ist rechtlich unerheblich (vgl. § 42 Rn 10). 93

Die übrigen auf Seiten der ArbN zu bildenden Organe der Betriebsverfassung, die das Gesetz vorsieht, sind in § 1 nicht erwähnt (z. B. BetrVerslg. §§ 42ff., GesBR §§ 47ff., Betriebsräteverslg. § 53, KBR §§ 54ff., JugAzubiVertr. §§ 60ff., GesJugAzubiVertr. §§ 72f., WiAusschuß, §§ 106ff.). Dies erklärt sich aus der Tatsache, daß im Rahmen der eigentlichen Betriebsverfassung der **BR der hauptsächliche Träger der Mitbestimmungs- und Mitwirkungsrechte** der ArbN ist. Diese Primärzuständigkeit des BR entfällt auch nicht, wenn der ArbGeb. die betrieblichen und personellen Angelegenheiten weitgehend bei der Unternehmensleitung konzentriert (z. B. durch Einsatz von EDV-Anlagen). Wegen der **subsidiären Zuständigkeit des GesBR und des KBR** vgl. § 50 Rn 19 und § 58 Rn 5f. 94

Der BR ist die **gemeinsame Vertretung der Arb. und Ang.** Die Vertr. der Arb. und Ang. sind keine Teilorgane des BR. Das Gesetz gewährt aber den ArbN und BRMitgl. der Minderheitsgruppe eine gewisse Sicherung ihrer Rechte, die über ihr zahlenmäßiges Gewicht hinausgeht (**Gruppenschutz,** vgl. z. B. § 10 Abs. 2, § 16 Abs. 1 Satz 5, § 26 95

Abs. 2, § 27 Abs. 2, § 28 Abs. 2, § 29 Abs. 3, §§ 31, 35 Abs. 1, § 38 Abs. 2, § 47 Abs. 2, § 51 Abs. 2, § 55 Abs. 1, § 59). Die Rechte der Minderheitengruppe sind durch Art. 1 des Gesetzes zur Änderung des Betriebsverfassungsgesetzes, über Sprecherausschüsse der leitenden Angestellten und zur Sicherung der Montanmitbestimmung vom 20. Dez. 1988 (BGBl. I 2312) **verstärkt** worden.

95a Durch dieses Gesetz ist auch der bisher vorhandene **Minderheitenschutz** (Schutz politischer Gruppierungen durch Verhältniswahl, § 14 Abs. 3) in fünf Punkten **erweitert** worden: Verringerung der Unterschriftenquoten für Vorschläge der ArbN zur BR-Wahl und zur Wahl der Jugend- und Auszubildendenvertretung (§ 14 Abs. 6 und 7 n. F., § 63 Abs. 2 Satz 2 n. F.), Wahlvorschlagsrecht der Gewerkschaften (§ 14 Abs. 5 n. F.), Teilnahme von Beauftragten der Gewerkschaften im Wahlvorstand (§ 16 Abs. 1 Satz 6 n. F., § 63 Abs. 2 Satz 2 n. F.), Verhältniswahl bei der Besetzung der BR-Ausschüsse (§ 27 Abs. 1 Satz 3–5, § 28 Abs. 1 n. F.), Verhältniswahl bei Freistellungen (§ 38 Abs. 2 n. F.). Die Erfüllung des Wunsches der Minderheiten nach stärkerer Einflußnahme auf Arbeit und Entscheidungen hat jedoch ihren Preis. Die im Ausschuß tätigen oder freigestellten BR benötigen für ihre Arbeit nicht mehr das Vertrauen der Mehrheit im BR. Bei der Ausschußarbeit kommt es nicht mehr allein auf die Persönlichkeit und die Fähigkeiten der einzelnen Mitglieder an (vgl. *Wlotzke,* DB 88, 111 ff.).

96 Der BR ist trotz des verstärkten Gruppenschutzes und trotz des Minderheitenschutzes bei der praktischen Arbeit des BR die **einheitliche Vertretung der Interessen der ArbN** gegenüber dem ArbGeb. Er ist nicht mit einem Parlament zu vergleichen. Obwohl seine Mitglieder nach den Grundsätzen der Verhältniswahl gewählt werden (§ 14 Abs. 3), haben sie als Mitglieder des Organs die gleichen Aufgaben. Das schließt unterschiedliche Meinungen und Abstimmungen zur Feststellung von Mehrheiten nicht aus. Dies ist aber nicht der Selbstzweck des BR sondern nur Mittel zum Zweck. Die einzelnen Mitglieder des BR dürfen sich nicht in erster Linie als Vertreter ihrer Gruppierung verstehen (vgl. *Wlotzke,* DB 88, 111, 114). Jedes Mitglied des BR ist „Repräsentant aller Beschäftigten", auch soweit diese nicht oder in anderen Gewerkschaften organisiert sind (BVerfG 27. 3. 79, AP Nr. 31 zu Art. 9 GG).

97 Der BR kann das ArbG in eigenem Namen anrufen; er ist im **BeschlVerf. beteiligungsfähig** (Nach § 1 Rn 38; vgl. z. B. §§ 76 Abs. 5, 85 Abs. 2, 104 Abs. 1; §§ 10, 83 Abs. 3 ArbGG).

98 Nur der nach Maßgabe dieses Gesetzes gebildete BR kann die Aufgaben und Befugnisse in Anspruch nehmen, die das Gesetz dem BR überträgt. Würde eine andere Form der Vertretung der ArbN festgelegt, so würde sich diese außerhalb des Rahmens der vom Gesetzgeber geordneten Betriebsverfassung bewegen (vgl. für Kleinstbetriebe Rn 158 f.). Ausnahme: § 3 Abs. 1 Nr. 2 (dort Rn 26 ff.). Es besteht kein Vertrauensschutz zugunsten des Bestehens eines BR, der nach Ablauf seiner Amtszeit ohne Neuwahl weiter amtiert (BAG 15. 1. 74, AP Nr. 1 zu § 68 PersVG Baden-Württemberg) oder dessen Wahl offensichtlich nichtig ist (BAG 27. 4. 76, AP Nr. 4 zu § 19 BetrVG 1972).

Datenschutzrechtlich ist der **BR Teil der speichernden Stelle.** Eine Weitergabe von Daten vom ArbGeb. an den BR und der Austausch von Daten innerhalb des BR und seiner Ausschüsse ist keine Übermittlung von Daten i. S. von § 24 BDSG. Das BDSG regelt die dateimäßige Übermittlung von Daten. Sie ist zulässig, wenn sie durch eine Erlaubnisvorschrift i. S. des § 3 Satz 1 Nr. 1 BDSG zugelassen ist, oder wenn eine rechtswirksame Einwilligung i. S. des § 3 Satz 1 Nr. 2 BDSG erteilt wurde, oder wenn die Anforderungen des § 24 BDSG erfüllt sind. 99

Eine **Übermittlung** i. S. des BDSG ist das Bekanntgeben von Daten an Dritte in der Weise, daß die Daten durch die speichernde Stelle weitergegeben oder zur Einsichtnahme, namentlich zum Abruf, bereitgehalten werden. **Absender der Daten ist die speichernde Stelle, Empfänger ist ein Dritter.** Speichernde Stelle i. S. des BDSG ist u. a. jede natürliche oder juristische Person sowie jede Gesellschaft oder Personenvereinigung des privaten Rechts, die geschützte personenbezogene Daten selbst speichert oder für sich speichern läßt (vgl. § 2 Abs. 3 Nr. 1, § 1 Abs. 2 BDSG). Danach wird die **speichernde Stelle** nach streng rechtlichen Kriterien – **rechtliche Selbständigkeit** – bestimmt. Speichernde Stelle kann deshalb nicht der Betrieb sondern nur das Unternehmen sein (vgl. *Wohlgemuth,* Datenschutz für ArbN, Rn 358). Andererseits kann der Konzern keine speichernde Stelle sein. Die Weitergabe von Daten eines konzernangehörigen Unternehmens an ein anderes konzernangehöriges Unternehmen – innerhalb des **Konzerns** – ist deshalb Übermittlung i. S. des BDSG (vgl. *Wohlgemuth,* aaO, Rn 364 mit weit. Nachw.). 99a

Der BR ist Teil der speichernden Stelle (Unternehmen), weil er ein Organ der Betriebsverfassung ist. Die Mitglieder des BR sind keine Dritten außerhalb der speichernden Stelle. **Informationsflüsse innerhalb der speichernden Stelle** selbst sind keine Übermittlung i. S. von § 2 Abs. 2 Nr. 2 BDSG (das ist heute die ganz überwiegende Auffassung, vgl. *Simitis/Dammann/Mallmann/Reh,* BDSG, § 2 Rn 163; *Wohlgemuth,* Datenschutz für ArbN, Rn 371 mit weit. Nachw.; *Linnenkohl,* NJW 81, 203). Entsprechendes gilt für das Verhältnis zwischen Unternehmen und GBR. 100

Auch der **Informationsfluß zwischen dem BR** (GBR) und seinen **Ausschüssen** (insb. Wirtschaftsausschuß) und anderen Vertretungen im Betrieb (JugAzubiVertr.) oder Stellen (Wahlvorstand) wird von den Vorschriften des BDSG nicht erfaßt (vgl. Nachweise bei *Wohlgemuth,* aaO, Rn 371).

Als Teil der speichernden Stelle kann sich der BR eine vom ArbGeb **unabhängige Datei** aufbauen. Die Datenverarbeitung erfolgt insoweit im Rahmen der Zweckbestimmung des Arbeitsverhältnisses, sie ist nach §§ 23–25 BDSG zulässig (vgl. auch § 79 Rn 25f). Das gilt etwa für die Auswertung von Daten über Entgelt, für Sozialdaten im Rahmen des Kündigungsschutzes, bei Verhandlungen über den Interessenausgleich und bei Aufstellung eines Sozialplans. 101

Will der BR **Daten der ArbN an Dritte** übermitteln (z. B. Gewerkschaft), muß dies unter datenschutzrechtlichen Gesichtspunkten (§ 24 BDSG) geprüft werden. Daneben ist die allgemeine Geheimhaltungspflicht nach § 79 zu beachten.

102 Die Mitglieder des BR sind nach speziellen und allgemeinen Bestimmungen **zur Verschwiegenheit verpflichtet** (§ 79). Soweit die Mitglieder des BR Kenntnis von dateimäßig verarbeiteten Daten haben, sind sie zur Einhaltung des Datengeheimnisses nach § 5 Abs. 1 BDSG verpflichtet (vgl. § 79 Rn 25). Doch ist eine förmliche Verpflichtung durch den ArbGeb. (§ 5 Abs. 2 BDSG) weder erforderlich noch erzwingbar (das ist im Schrifttum sehr umstritten: wie hier *GKSB,* § 94 Rn 35; *DR,* § 80 Rn 94; *Wohlgemuth,* Datenschutz für ArbN, Rn 771; *Kilian,* S. 252; *Linnenkohl,* NJW 81, 207; **a. A.** *Simitis,* Schutz von Arbeitnehmerdaten, S. 59, alle mit weiteren Nachw.). Der BR ist ein vom ArbGeb. in jeder Beziehung unabhängiges Organ der Betriebsverfassung; es muß jeder Anschein vermieden werden, daß der ArbGeb. den BR beaufsichtigen oder überwachen könnte.

103 Alle ArbGeb., die personenbezogene Daten automatisch verarbeiten und in der Regel mindestens fünf ArbN ständig beschäftigen, haben einen **Beauftragten für den Datenschutz** schriftlich zu bestellen (§ 28 BDSG). Bestellung und Abberufung als solche unterliegen nicht der Mitbestimmung des BR (anders § 9 Abs. 3 ASiG). Wohl kommen Beteiligungsrechte des BR bei der Einstellung (vgl. § 99 Rn 24) und bei der Versetzung eines ArbN (Zuweisung der Aufgaben eines Datenschutzbeauftragten als Zuweisung eines anderen Arbeitsbereichs i. S. von § 95) in Betracht. Ist der Datenschutzbeauftragte leitender Angestellter, ist der BR nur zu unterrichten (§ 105). Bei der Beauftragung eines externen Beauftragten hat der BR keine Beteiligungsrechte (vgl. *Wohlgemuth,* Datenschutz für ArbN, Rn 740).

104 Der BR hat darauf zu achten, daß ein Datenschutzbeauftragter bestellt wird und daß er seine Aufgaben unabhängig und frei von Weisungen des ArbGeb. ausüben kann (§ 80 Abs. 1 Nr. 1). Eine **Zusammenarbeit zwischen BR und Datenschutzbeauftragtem** ist nicht gesetzlich vorgeschrieben. Sie liegt nahe, weil beide Einrichtungen ähnliche Aufgaben zu erfüllen haben (vgl. § 80 Rn 4). Die Zusammenarbeit kann in BV geregelt werden. Stellt der BR Verstöße gegen das BDSG fest, sollte er den Datenschutzbeauftragten einschalten.

Der Datenschutzbeauftragte kann den **BR nicht überwachen.** Der BR muß seine Aufgaben unabhängig und eigenständig wahrnehmen können. Er darf nicht von einem Beauftragten, den allein der ArbGeb. bestellt (die formale Weisungsfreiheit sichert nicht die volle Unabhängigkeit des Datenschutzbeauftragten), kontrolliert werden können (vgl. *Linnenkohl,* NJW 81, 206; *Däubler,* Das Arbeitsrecht, Bd. 2 Abschnitt 5.5.2 und 10.2; *Wohlgemuth,* Datenschutz für ArbN, Rn 310; **a. A.** *Simitis/Dammann/Mallmann/Reh,* BDSG, 1984, § 29 Rn 17; *von Hoyningen-Huene,* NZA 85, Beil 1, S. 23).

VII. Haftung des Betriebsrats und seiner Mitglieder

1. Haftung des Betriebsrats

Der BR besitzt keine eigene Rechtspersönlichkeit. Er ist im allgemeinen Rechtsverkehr **nicht rechtsfähig** (Ausnahme: Beteiligungsfähig im BeschlVerfahren nach § 10 ArbGG). Er ist daher auch nach allgemeiner Auffassung nicht vermögensfähig (vgl. *DR,* Vor § 26 Rn 8; *GL,* Vor § 1 Rn 36; *GK-Kraft,* Rn 64; BAG 24. 4. 86, AP Nr. 7 zu § 87 BetrVG 1972 Sozialeinrichtung). **105**

Der BR als solcher kann keine Verbindlichkeiten eingehen und keine Forderungen erwerben. Eine Ausnahme ergibt sich aus § 40. Nach § 40 Abs. 1 hat der ArbGeb. die durch die Tätigkeit entstehenden Kosten zu tragen. Er muß dem BR nach § 40 Abs. 2 die für dessen Tätigkeit notwendigen Sachmittel zur Verfügung stellen. Der BR kann die Bereitstellung der sachlichen Mittel für seine Arbeit (Geschäftszimmerbedürfnisse, Zeitschriften, Kommentare) in natura vom ArbGeb. verlangen (vgl. BAG 21. 4. 83, AP Nr. 20 zu § 40 BetrVG 1972; *DR,* Vor § 26 Rn 8; *GK-Kraft,* Rn 65). Diesen Anspruch kann er im BeschlVerf. geltend machen (vgl. § 40 Rn 48ff.). **106**

Schließt der BR **Verträge mit Dritten** ab, etwa mit Sachverständigen oder Rechtsanwälten, kann er nicht Schuldner sein. Auch der ArbGeb. wird nicht verpflichtet, es sei denn, er habe dem BR eine entsprechende Vollmacht erteilt (*DR,* Vor § 26 Rn 9; *GK-Kraft,* Rn 66). Das ist z. B. der Fall, wenn der ArbGeb. dem BR sachliche oder personelle Mittel zum Betrieb einer Kantine zur Verfügung stellt (BAG, 24. 4. 86, aaO, s. Rn 105). Kraft Gesetzes besteht keine Vertretungsmacht für den ArbGeb. Hat der BR das Recht, Sachverständige oder Rechtsanwälte beizuziehen, ist der ArbGeb. verpflichtet, die entsprechenden Verträge abzuschließen. Auf den Abschluß dieser Verträge hat der BR einen im Beschlußverfahren durchsetzbaren Anspruch. Erteilen einzelne BR-Mitgl. persönlich den Auftrag, haben sie gegen den ArbGeb. einen Anspruch auf Befreiung der Verbindlichkeit. Auch hier gibt es eine Ausnahme: Der BR kann den Vorsitzenden und die Beisitzer einer E-Stelle benennen. Werden sie tätig, entstehen Honoraransprüche kraft Gesetzes unmittelbar gegen den ArbGeb. (vgl. § 76a Abs. 3, dort Rn 5). **107**

Im Regelfall ist davon auszugehen, daß BR-Mitglieder nicht den Willen haben, privatrechtliche Verbindlichkeiten finanzieller Art einzugehen (BAG 24. 4. 86, AP Nr. 7 zu § 87 BetrVG 1972 Sozialeinrichtung). Haben einzelne BR-Mitglieder die Verträge jedoch im eigenen Namen abgeschlossen, haften sie persönlich gegenüber den Dritten. Sie haben aber, soweit die Kostentragungspflicht des ArbGeb. reicht, gegen diesen einen Freistellungs- oder Erstattungsanspruch (BAG 27. 3. 79, AP Nr. 7 zu § 80 ArbGG 1953). **108**

Der BR haftet nicht aus **unerlaubter Handlung** (*DR,* Vor § 26 Rn 8; *GL,* Vor § 1 Rn 36; *HSG,* Vor § 1 Rn 41; *Brill,* ArbuR 80, 354; *Weiss,* RdA 74, 270). Kraft ausdrücklicher Vorschrift des § 85 Abs. 2 **109**

ArbGG kommt auch keine Schadensersatzpflicht des BR (und des ArbGeb.) für zu Unrecht erwirkte einstweilige Verfügungen (§ 945 ZPO) in Betracht.

110 Für unerlaubte Handlungen des BR haften weder der Betrieb als solcher noch die ArbN oder der ArbGeb. (*GK-Kraft,* Rn 74ff.; *HSG,* Vor § 1 Rn 41ff.).

2. Haftung der Betriebsratsmitglieder

111 Die einzelnen Mitglieder des BR haften nach **allgemeinen Regeln des Bürgerlichen Rechts** (unerlaubte Handlungen nach § 823 Abs. 1, nach § 823 Abs. 2 bei Verletzung eines Schutzgesetzes, nach § 826 BGB bei vorsätzlicher sittenwidriger Schädigung). Die Auffassung, es bestehe zwischen ArbGeb. und den einzelnen Mitgliedern ein gesetzliches Schuldverhältnis („Sozialrechtsverhältnis"), aus dem besondere Pflichten der BRMitglieder gegenüber dem ArbGeb. erwachsen (vgl. *Neumann-Duesberg,* NJW 54, 619; neuerdings *Heinze,* ZfA 88, 53, 72 und *von Hoyningen-Huene,* NZA 89, 121) ist abzulehnen. Für sie gibt es im Gesetz keine Grundlage (*DR,* Vor § 26 Rn 13; *GL,* Vor § 1 Rn 38; *HSG,* Vor § 1 Rn 45; *Gamillscheg,* AcP Bd. 176 [1976] S. 214). Eine derartige Haftungserweiterung würde den BR daran hindern, seine Entscheidungen frei und unbeeinflußt von sachfremden Erwägungen (unter dem Druck möglicher Haftung) treffen zu können (*HSG,* Vor § 1 Rn 445; *GK-Kraft,* Rn 69). Die BR haften auch nicht aus dem Arbeitsvertrag, wenn sie vorsätzlich oder grob fahrlässig ihre Pflichten bei der Amtsausübung verletzen. Eine solche Haftung würde ebenfalls die Arbeit des BR behindern (*HSG,* Vor § 1 Rn 45; *Weiss,* RdA 74, 272ff.; **a. A.** *Hanau,* RdA 79, 324ff.; *DR,* Vor § 26 Rn 15).

112 Bei der Haftung einzelner BR-Mitglieder nach § 823 Abs. 1 BGB ist die **Ursächlichkeit** zwischen Verhalten des BR (etwa einem Beschluß) und den Folgen zu prüfen. Die Haftung für einen rechtswidrigen BR-Beschluß wird in der Regel entfallen, wenn die E-Stelle oder das ArbG die letzte Entscheidung treffen. Entweder kommt es zu einer Einigung zwischen ArbGeb. und BR, oder die Einigung wird durch die Entscheidung des ArbG oder der E-Stelle ersetzt (vgl. auch § 76 Rn 38). Wendet sich der ArbGeb. in beteiligungspflichtigen Angelegenheiten nicht an die E-Stelle oder das ArbG, so hat er einen etwa eintretenden Schaden selbst zu vertreten (§ 254 Abs. 2 BGB). Dieser ist dem BR, der von seinen gesetzlichen Befugnissen Gebrauch macht, nicht zuzurechnen (*Weiss,* RdA 74, 271).

113 Anspruchsgrundlage kann auch **§ 823 Abs. 2 BGB** sein. Ob und inwieweit Vorschriften des BetrVG **Schutzgesetze** im Sinne dieser Bestimmung sind, ist umstritten. Schutzgesetz im Sinne dieser Bestimmung ist jede Rechtsnorm (nicht nur das förmliche Gesetz), die in Form eines Gebotes oder Verbotes einem Individualzweck dient und gegen eine näher bestimmte Art der Schädigung eines in der Norm festgelegten Rechtsguts oder Individualinteresses gerichtet ist. Die Schaffung eines Schadensersatzanspruchs muß vom Schutzgesetz erkennbar gewollt sein (BGH 46, 23: *Palandt,* § 823, Anm. 9b). Für das BetrVG kommen als Schutzgesetze in Betracht die Friedenspflicht (§ 74 Abs. 2) und die Geheimhaltungspflicht (§ 79) (vgl. dazu *GK-Kraft,* Rn 71 mit weit. Nachw.). Umgekehrt ist § 78 ein Schutzgesetz zugunsten der Betriebsvertretungen.

Schließlich kann sich eine Schadensersatzpflicht aus einem Verstoß gegen **§ 826 BGB** (vorsätzliche sittenwidrige Schädigung) ergeben (BAG 22. 5. 59, AP Nr. 3 zu § 23 BetrVG: Weitergabe von Lohnlisten; *GK-Kraft,* Rn 72; vgl. auch *Fischer,* RdA 61, 232). **114**

Geschädigt kann auch ein **ArbN** des Betriebs sein, so z. B., wenn der BR in vorsätzlich sittenwidriger Weise einen unsachlichen Beschluß bei Ausübung des personellen MBR faßt oder die Entlassung eines ArbN bewirkt (*Gester,* ArbuR 59, 326). Auch ohne vorsätzlich sittenwidriges Verhalten kommt eine Haftung bei Verletzung des Rechts am Arbeitsplatz oder wegen Verletzung eines Schutzgesetzes nach § 823 Abs. 2 BGB in Frage. Eine Haftung wegen Verletzung des Rechts am Arbeitsplatz wird allerdings in der Regel nur dann zu bejahen sein, wenn der ArbGeb. hierfür nicht verantwortlich gemacht werden kann, z. B. wenn der BR einen ArbN aufgrund einer gegenüber dem ArbGeb. erzwungenen „Druckkündigung" (vgl. § 104 Rn 9) vom Arbeitsplatz vertreibt. In anderen Fällen muß sich der ArbN grundsätzlich an den ArbGeb. halten. **115**

Handeln mehrere **BR-Mitglieder gemeinsam,** gelten die §§ 830, 840 BGB. Die gemeinschaftliche Handlung (Mittäter, Anstifter und Gehilfen, § 830 BGB) kann ein Beschluß des BR sein. Allerdings haften nur die Mitglieder, die an dem Zustandekommen des rechtswidrigen Beschlusses mitgewirkt haben (*DR,* Vor § 26 Rn 17; *GL,* Vor § 1, Rn 36; *Buchner,* Festschrift G. Müller, 1981, 113; kritisch *Weiss,* RdA 74, 271; einschränkend *Brill/Derleder,* ArbuR 80, 353). Dabei ist die Beweislast umstritten: Wer muß den Nachweis an der Beteiligung führen? Nach *GL* (aaO) soll das in Anspruch genommene Mitglied beweisen, daß es dem rechtswidrigen Beschluß nicht zugestimmt hat. In jedem Fall darf das in Anspruch genommenen BR-Mitglied nachweisen, daß es gegen den gesetzwidrigen Beschluß gestimmt hat. Das bedeutet allerdings eine teilweise Offenlegung der Abstimmung. **116**

Unabhängig von der Schadenersatzpflicht bleibt die Möglichkeit, gegen den BR bei Verletzung gesetzlicher Pflichten nach § 23 Abs. 1 vorzugehen. **117**

VIII. Beteiligungsrechte

1. Beteiligungsrechte der einzelnen Arbeitnehmer

Das Gesetz legt in den §§ 81–86 Individualrechte des einzelnen ArbN gesetzlich fest, die kraft Rechtslehre und Rechtsprechung bisher nur zum Teil anerkannt waren, und die der ArbN in den Fällen der §§ 82–84 mit **118**

Unterstützung eines BRMitgl seiner Wahl ausüben kann. Diese Rechte, auch soweit sie aus der „Fürsorgepflicht" des Arbeitgebers abzuleiten sind, waren den ArbN bisher nur z. T. bewußt und werden nunmehr verdeutlicht. Eine Beschwerde in den ihn betreffenden Angelegenheiten kann der einzelne ArbN entweder direkt bei der zuständigen Stelle des Betriebes (§ 84) oder über den BR (§ 85) erheben. Wegen der Einzelheiten vgl. die Anmerkungen zu §§ 81–86.

2. Beteiligungsrechte des Betriebsrats

119 Die Rechte der ArbNschaft haben eine unterschiedliche Stärke und sind unter dem **Oberbegriff der „Beteiligung"** zusammenzufassen (ebenso *DR,* Vor § 74 Rn 23; *Hueck-Nipperdey,* 2. Bd., § 68 A I). Zumeist werden vier Beteiligungsformen unterschieden; die Unterrichtung, die Anhörung, die Mitwirkung und die echte Mitbestimmung (vgl. *GK-Kraft,* Rn 46). Dagegen wird hier nur von einer Zweiteilung in **Mitbestimmungs-** und **Mitwirkungsrechte** ausgegangen. Das entspricht auch der Überschrift zum Vierten Teil des Gesetzes.

120 Die **Mitbestimmung** ist die stärkste Form der Beteiligung. Eine Maßnahme des ArbGeb., die der Mitbestimmung unterliegt, kann regelmäßig nur mit Zustimmung des BR getroffen werden, wobei im Streitfall dritte Stellen (E-Stelle, ArbG) entscheiden (vgl. §§ 87 Abs. 2, 91 Satz 2, 94 Abs. 1, 95 Abs. 2, 98 Abs. 4 und 5, 99 Abs. 4, 102 Abs. 3ff., 103 Abs. 2, 104, 112 Abs. 4). Außer in den Fällen der §§ 94 Abs. 1, 95 Abs. 2, 99 Abs. 4, 103 Abs. 2 hat der BR auch das **Initiativrecht,** d. h. er kann selbst verlangen und ggf. erzwingen, daß eine Regelung getroffen wird (vgl. § 87 Rn 26).

121 **Mitwirkung** bedeutet Beratung und Mitsprache bei der Entscheidung des ArbGeb., deren Rechtsgültigkeit zwar nicht von der Zustimmung des BR oder dritter Stellen, wohl aber z. T. von der vorherigen Unterrichtung und Beteiligung des BR abhängt (vgl. §§ 80 Abs. 2, 89 Abs. 2, 90, 92, 96 Abs. 1, 97, 99 Abs. 1, 102 Abs. 1, 111). Es wäre verfehlt, den im Gesetz genannten einzelnen Anhörungs-, Überwachungs- und Beratungsrechten etwa eine geringere Bedeutung beizumessen. Einmal dienen diese Rechte teilweise als Grundlage für eine weitergehende Beteiligung. Außerdem erfordert das Gebot der vertrauensvollen Zusammenarbeit (§ 2 Abs. 1), daß ArbGeb. und BR bei jeder Meinungsverschiedenheit rechtzeitig verhandeln mit dem ehrlichen Willen, zu einer Einigung zu kommen (§ 74 Abs. 1). Der ArbGeb. darf sich z. B. nicht darauf beschränken, die Bedenken des BR gegen eine Kündigung (§ 102 Abs. 1 u. 2) rein passiv zur Kenntnis zu nehmen, selbst wenn es sich nicht um Widerspruchsgründe nach § 102 Abs. 3 handelt. Soweit kein MBR besteht, hat die Beteiligung die Form der Mitwirkung. Eine Verletzung von Aufklärungs- und Auskunftspflichten (dazu ausführlich § 80 Rn 25ff.) durch den ArbGeb. kann gemäß § 121 mit Geldbußen geahndet werden. Außerdem hat der BR einen im BeschlVerf. durchsetzbaren Anspruch auf Erfüllung dieser Informationspflichten (vgl. § 80 Rn 62).

3. Erweiterung der Beteiligungsrechte des Betriebsrats

Das Gesetz enthält nur **Mindestbestimmungen über die Beteiligungsrechte des BR,** auf die nicht wirksam verzichtet werden kann (BAG 14. 2. 67, AP Nr. 9 zu § 56 Wohlfahrtseinrichtungen). Über eine etwaige Erweiterung der Beteiligungsrechte oder eine anderweitige Regelung, insbesondere durch TV, sagt das Gesetz, von einzelnen Sondervorschriften (vgl. § 2 Rn 54) abgesehen, ebensowenig etwas aus wie das BetrVG 52 (Begründung RE zu § 3). 122

Überwiegend **zwingender Natur** sind jedenfalls die **Vorschriften über Wahl und Organisation des BR** und der anderen Betriebsverfassungsorgane, soweit das Gesetz nicht Ausnahmen zuläßt (vgl. §§ 3, 38 Abs. 1, 47 Abs. 4–6, 55 Abs. 4, 72 Abs. 4–6, 117 Abs. 2; h. M.). Die gesetzlichen Begriffsbestimmungen des Betriebes, des Arb., des Ang., des leitenden Ang., können nicht geändert werden (wegen Zuordnung von Betriebsteilen und Nebenbetrieben durch TV vgl. aber § 3 Abs. 1 Nr. 3). Auch eine langjährige gesetzwidrige Handhabung begründet keinen „Vertrauenstatbestand" hinsichtlich der Abgrenzung des Betriebsbegriffs (BAG 17. 1. 78, AP Nr. 1 zu § 1 BetrVG 1972). 123

Auch **gesellschaftsrechtliche Vorschriften** einschließlich der über die Beteiligung der ArbN im AR können nicht durch TV oder BV geändert werden (vgl. Anhang 2, § 76 BetrVG 1952 Rn 7ff.; *Fitting/Wlotzke/Wißmann,* § 1 Rn 3). 124

Im übrigen ist ebenso wie für das BetrVG 1952 streitig, ob die gesetzlichen Vorschriften **nur Mindestnormen** für die Beteiligung der ArbN enthalten (so *GL,* § 87 Rn 13; *GKSB,* § 87 Rn 9; *HSG* § 2 Rn 124; *KG-Wiese,* § 87 Rn 9; wohl auch *Wiedemann/Stumpf,* § 1 Rn 250 u. *Biedenkopf,* Grenzen der Tarifautonomie, S. 288ff.), oder ob sie vorbehaltlich gewisser Modifikationen im sozialen Bereich zweiseitig zwingenden Charakter haben, also eine Erweiterung der MBR ausgeschlossen ist (so z. B. *GL,* Vor § 1 Rn 6, § 87 Rn 13ff.; „Abgewogene betriebsverfassungsrechtliche Gesamtordnung"; *DR,* § 1 Rn 44, § 2 Rn 134ff.; *Buchner,* AR-Blattei „Tarifvertrag", Abschn. V A; *Kraft,* ZfA 73, 250f.; *Säcker,* ZfA 72 (Sonderheft), 47; *Richardi,* NZA 88, 673; *HSG* § 99 Rn 7; *GK-Thiele,* Vorbem. 110ff. hält allenfalls eine Einschränkung des „Dürfens" des ArbGeb. für zulässig, nicht aber des rechtlichen „Könnens"). 125

Das **BAG** hat die Streitfrage praktisch und überzeugend entschieden: Die Beteiligungsrechte des BR können durch TV **erweitert** werden. Dies gilt für soziale Angelegenheiten (BAG 18. 8. 87, AP Nr. 23 zu § 77 BetrVG 1972) und für personelle Angelegenheiten (BAG 10. 2. 88, AP Nr. 53 zu § 99 BetrVG 1972). 126

Nach § 1 Abs. 1 TVG kann der TV normativ (vgl. § 4 Abs. 1 S. 2 TVG) betriebsverfassungsrechtliche Fragen regeln. Es genügt insoweit die Tarifbindung des ArbGeb. (§ 3 Abs. 2 TVG). Der TV kann demnach dem BR auch über das BetrVG 1972 hinaus betriebsverfassungsrechtliche Rechtspositionen einräumen. § 1 Abs. 1 und § 3 Abs. 2 TVG sind durch das BetrVG nicht eingeschränkt worden. Das geschah in Kenntnis der Tatsache, daß das BAG schon zum BetrVG 1952 die Er- 127 weiterung der Beteiligungsrechte durch TV für zulässig gehalten hatte (BAG 12. 10. 55, AP Nr. 1 zu § 56 BetrVG). Andererseits weist das BetrVG ausdrücklich darauf hin, daß die **Aufgaben der Koalition unberührt** bleiben (§ 2 Abs. 3). Das BetrVG ist ArbN-Schutzrecht. Schutzrechte sind in der Regel einseitig zwingender Natur. Das gilt für alle Beteiligungsrechte. Ein Umkehrschluß aus einzelnen Bestimmungen des BetrVG, die ausdrücklich eine Abänderung von Bestimmungen durch TV gestatten, ist nicht möglich, da diese Bestimmungen (§§ 3, 38 Abs. 1, 47 Abs. 4, 55 Abs. 4, 117) nur Wahl und Organisation des BR betreffen (vgl. Rn 123). Für die **einzelnen Bereiche der Beteiligungsrechte des BR** gilt folgendes:

128 In **sozialen Angelegenheiten** ist die funktionelle Zuständigkeit des BR unbeschränkt. Gemäß § 88 können **freiwillige BV** nicht nur über die dort aufgezählten, sondern auch über weitere Fragen abgeschlossen werden (vgl. § 88 Rn 3). Diese BV sind zulässig, aber nicht erzwingbar. Das Gesetz enthält keine abschließende Regelung (*HSG,* Vor § 1 Rn 82; *GK-Wiese,* Rn 6; *GK-Thiele,* Einleitung Rn 110ff.; *Säcker,* ZfA Sonderheft 1972, 46f; *Hanau,* RdA 73, 293; **a.M.** *GL,* § 87 Rn 14).

129 Dann ist aber aus den Gründen der Anmerkung 127 und im Hinblick auf die Vorrangkompetenz der Tarifpartner gerade im sozialen Bereich **auch der Abschluß von TV** möglich, die die Beteiligungsrechte des BR konkretisieren oder auch erweitern (vgl. § 88 Rn 3 mit weiteren Nachweisen; wie hier *GK-Wiese,* § 87 Rn 4ff.; *HSG,* Vor § 1 Rn 83; *GKSB,* § 87 Rn 9; *GL,* § 87 Rn 13; *Weyand,* ArbuR 89, 201; *Hanau,* RdA 73, 293; *Löwisch* ArbuR 78, 97; *Wiedemann/Stumpf,* § 1 Rn 254; *Beuthien,* ZfA 86, 131, 139; auch *DR,* § 2 Rn 139 und NZA 88, 673, soweit die Tarifvertragsparteien in Regelungen über den Inhalt des Einzelarbeitsverhältnisses die Beteiligung des BR vorschreiben). Entsprechendes muß auch für die Fragen der **menschengerechten Gestaltung der Arbeit** gelten, die ihrem Gehalt nach soziale Fragen sind (§§ 90, 91); hier kann der TV insbes. die Fälle konkretisieren, in denen der BR das **MBR** nach § 91 ausüben kann, aber auch „angemessene Maßnahmen" zur Abwendung, Milderung oder zum Ausgleich besonderer negativer Belastungen vorsehen (zust. Beuthien, ZfA 86, 131, 144).

130 Im **personellen Bereich** gilt im Grundsatz das gleiche wie für soziale Angelegenheiten (vgl. BAG 10. 2. 88, AP Nr. 53 zu § 99 BetrVG 1972 mit weit. Nachw. über die Auffassungen in der Literatur). Es kommt hinzu: Das Gesetz weist in § 99 Abs. 2 Nr. 1 daraufhin, daß der BR seine Zustimmung zu einer personellen Maßnahme verweigern kann, wenn diese u. a. gegen einen TV verstößt. Ein **TV** kann aber nach h. M. nicht nur Normen über den Inhalt des Arbeitsverhältnisses im engeren Sinne enthalten, sondern auch Abschlußnormen. Macht ein TV eine Einstellung oder personelle Veränderung von der Beteiligung, u. U. auch der Zustimmung des BR abhängig, so handelt es sich sowohl um eine Abschlußnorm als auch um eine Betriebsverfassungsnorm (vgl. *Wiedemann/Stumpf,* § 4 Rn 255; ähnlich *DR,* § 2 Rn 139).

131 Auch der Abschluß **freiwilliger BV** ist möglich. § 99 Abs. 2 Nr. 1 sieht vor, daß eine personelle Maßnahme gegen eine BV verstoßen kann, die insbesondere auch die **Zustimmungsverweigerungsgründe** des § 99 Abs. 2 **erweitern** könnte (gegen jede Erweiterung im personellen Bereich: *DR,* Rn 46, § 99 Rn 5; *GL,* Vor § 92 Rn 2a; *GK-Kraft,* Vor § 92 Rn 16ff.; *Meisel,* S. 22; für eine Erweiterungsmöglichkeit *Halberstadt,* BB 73, 1442; mit Vorbehalt zu Gunsten der eigentlichen unternehmerischen Sachentscheidungsfreiheit auch *Beuthien,* ZfA 86, 131, 148). Bedenklich wäre es allerdings, wenn ein TV oder eine BV die in §§ 99 Abs. 4, 100 u. 101 vorgesehene Anrufung des ArbG schlechthin ausschließen würde. Auch im Bereich der Personalplanung und der innerbetrieblichen Stellenausschreibung können (freiwillige) BV abgeschlossen werden (vgl. § 92 Rn 9, 11, § 93 Rn 3).

Bei **Kündigungen** sieht § 102 Abs. 6 (vgl. dort Rn 69ff.) vor, daß 132
durch freiwillige **BV** die Wirksamkeit von Kündigungen von der Zustimmung des BR abhängig gemacht werden kann. Insoweit ist also die gesetzliche Regelung des § 102 Abs. 1–5 nicht zwingend, sondern der Erweiterung fähig. Dann können derartige Regelungen aber auch durch Inhaltsnormen eines **TV** getroffen werden. Diese Auffassung wurde z, T. auch schon zum früheren Recht vertreten (BAG 13. 7. 62, AP Nr. 3 zu § 57 BetrVG). Wegen außerordentlicher Kündigung vgl. § 102 Rn 69.

In **wirtschaftlichen Angelegenheiten** wird die Zulässigkeit einer Er- 133
weiterung der Beteiligungsrechte des BR durch TV oder BV **weitgehend verneint** (*Wiedemann/Stumpf,* § 1 Rn 256; *DR,* § 111 Rn 5ff.; *GL,* Vor § 106 Rn 7ff.; *HSG,* Vor § 1 Rn 86; *GK-Thiele,* Einleitung, Rn 120; *Beuthien,* ZfA 86, 131, 141ff.; **a. A.** *Meier-Kreuz,* DB 88, 2149, jedoch mit der Einschränkung, daß Unternehmerentscheidungen, die sich aus der Sicht der ArbN nicht zugleich als Arbeitsbedingungen im weitesten Sinn darstellen, nicht durch TV beeinflußbar sind; ähnlich *Weyand,* ArbuR 89, 202. Die meisten Unternehmerentscheidungen wirken sich jedoch auf die Arbeitsbedingungen der im Betrieb beschäftigten ArbN aus). Der Umstand, daß der Unternehmer nach Durchführung des Verfahrens über den Interessenausgleich letzten Endes über eine geplante Betriebsänderung allein entscheiden kann (vgl. §§ 112, 112a Rn 14), schließt TV zur Regelung der Arbeitsbedingungen nicht aus. Schließlich können sich Unternehmer und BR **freiwillig** auf eine **BV** über Fragen der Betriebsorganisation, des Betriebszwecks, der Betriebsanlagen, neuer Arbeitsmethoden und Fertigungsverfahren (**Gegenstände nach § 111** Satz 2 Nr. 4 und 5) einigen, die auch schon unabhängig von einer konkreten Planung einer Betriebsänderung abgeschlossen werden kann (zur Zulässigkeit von Vereinbarungen über betriebliche Rationalisierungsschutzmaßnahmen im Vorfeld einer Betriebsänderung vgl. BAG 29. 11. 83, AP Nr. 10 zu § 113 BetrVG 1972). Auch der Interessenausgleich ist sachlich eine Einigung über unternehmerische Entscheidungen. Außerhalb des Bereichs der Betriebsänderungen sind BV zulässig über Investitionen, Schaffung von Arbeitsplätzen, Fortführung der Produktion über bestimmte Zeiträume. Solche BV sind nicht erzwingbar. Werden sie vereinbart, kann der BR ihre Durchführung und Einhaltung verlangen (vgl. *Säcker,* Arbeitsrechtliche Probleme der Unternehmenskonzentration,

S. 127, 134). Alle diese Entscheidungen wirken sich auf die Arbeitsbedingungen im weiteren Sinn aus. Auf jeden Fall sind aber durch einen **Sozialplan** die wirtschaftlichen Folgen der unternehmerischen Entscheidung für den einzelnen ArbN auszugleichen (vgl. §§ 112, 112a Rn 19).

134 Auch ist es den TV-Parteien unbenommen, außer dem **Sozialplan,** für den das tarifliche Vorrangprinzip des § 77 Abs. 3 nicht gilt (vgl. § 112 Abs. 1 letzter Satz), generell oder auch durch Firmen-TV für das einzelne Unternehmen und den einzelnen Fall zusätzlich ein **Rationalisierungsschutzabkommen** zur Milderung oder Abwendung wirtschaftlicher Nachteile abzuschließen (*DR* § 111 Rn 6; vgl. auch §§ 112, 112a Rn 24).

135 Die in §§ 81 ff. geregelten **Individualrechte der ArbN** können durch BV und TV erweitert werden (*HSG,* Rn 75 und 78).

Wegen Übertragung weiterer Aufgaben auf den BR durch andere Gesetze vgl. § 80 Rn 6.

IX. Betriebsverfassungsrecht als Privatrecht

136 Es ist heute h. M., daß die **Betriebsverfassung** einschließlich ihrer Organe **zum Privatrecht** gehört, **nicht zum öffentlichen Recht,** das nicht auf dem Grundsatz der Gleichordnung, sondern der Überordnung eines Gemeinwesens im Verhältnis zum Einzelnen beruht (*DR,* Rn 31 ff.; *GL,* Vor § 1 Rn 8; *GK-Kraft,* Rn 4 ff.; **a. A.** *HSG,* Vor § 1 Rn 16; *Molitor,* Festschrift für Herschel, 1955, S. 105 ff.). Weder ist im Rahmen der Betriebsverfassung der ArbGeb. dem BR übergeordnet noch umgekehrt. Sie sind vielmehr gleichgestellte Verfassungsorgane des Betriebes. ArbGeb. und BR üben keine öffentlich-rechtlichen Funktionen aus, sondern **ein privates Amt auf der Ebene des Betriebes,** ebenso wie die gesetzlichen Vertretungsorgane juristischer Personen.

137 Der BR kann zwar im Rahmen seiner Beteiligungsrechte auch in die Rechtsstellung der einzelnen ArbN eingreifen (vgl. z. B. § 77 Rn 37). Er wirkt aber auch dann nur an der **Gestaltung privatrechtlicher Rechtsverhältnisse** mit. Für die privatrechtliche Auffassung spricht auch, daß ein behördlicher Zwang zur Errichtung von BR fehlt (vgl. Rn 155) und keine Verwaltungsaufsicht irgendwelcher Art besteht.

X. Auslegung des Gesetzes

138 Das Betriebsverfassungsrecht ist **Arbeitnehmerschutzrecht.** Die Beteiligungsrechte des BR (Mitbestimmungs- und Mitwirkungsrechte) bestehen im Interesse der ArbN des Betriebs. ArbN, die persönlich und wirtschaftlich vom ArbGeb abhängig sind, bedürfen dieses Schutzes. Der BR kann die Interessen der ArbN besser wahren, als das ein einzelner ArbN – typischerweise – kann. Im Zweifel und bei Streitfragen über Bestand und Umfang der Beteiligungsrechte ist diejenige Auslegung zu

bevorzugen, die dem **Zweck des Gesetzes** im Ganzen und dem Zweck einzelner Beteiligungsrechte am besten gerecht wird.

Auch ist zu berücksichtigen, daß die BR der Friedenspflicht (§ 74 Abs. 2) unterliegende Organe des Betriebes sind, nicht kämpferische Interessenvertr. der ArbN wie die Gewerkschaften (vgl. § 2 Rn 1, § 74 Rn 6a). Hieraus ergibt sich im **Zusammenhang mit der Grundregel der vertrauensvollen Zusammenarbeit** (§ 2 Abs. 1), daß die **Beteiligungsrechte großzügig zu gewähren** und die gesetzlichen Bestimmungen im Rahmen des Wortlauts ihrem Zweck, dem BR Einfluß auf die betrieblichen Entscheidungen zu ermöglichen, entsprechend auszulegen sind. Denn beide Betriebsverfassungsorgane sind verpflichtet, alle Fragen miteinander zu besprechen, die gemeinsame Interessen berühren (vgl. BAG 15. 1. 60, 6. 12. 63, AP Nr. 3, 6 zu § 56 BetrVG Wohlfahrtseinrichtungen). Dieser Grundgedanke wird für die Entscheidungen der E-Stelle besonders konkretisiert (vgl. § 76 Abs. 5 Satz 3, § 112 Abs. 5 Satz 1). Die Vorschriften des § 75 über den **Schutz der Grundrechte und der freien Entfaltung der Persönlichkeit** stellen einen wichtigen Bezugspunkt für die Ausübung der Beteiligungsrechte dar.

Das BetrVG gehört zum kollektiven Arbeitsrecht. Es schützt die **139** ArbN mit kollektivrechtlichen Mitteln. Der einzelne ArbN hat also in aller Regel (vgl. aber § 113) keinen individuellen Schadenersatzanspruch gegen den ArbGeb., weil dieser das BetrVG verletzt habe. Einzelne Vorschriften sind jedoch als Schutzgesetze zugunsten der ArbN des Betriebes anzusehen, z. B. die §§ 20, 74 Abs. 2, 75 Abs. 1 u. 2, 78 (BAG 9. 6. 82, AP Nr. 1 zu § 107 BPersVG, *GL,* Vor § 1 Rn 36), 79. Individuelle Rechte gewähren dem einzelnen ArbN die §§ 81–85, Gründe für die Sozialwidrigkeit einer Kündigung § 1 Abs. 2 S. 2 KSchG i. Vbdg. mit § 102 Abs. 3 (Widerspruch des BR). Im allgemeinen wirkt aber das BetrVG nur reflexartig auf das Einzelarbeitsverhältnis ein, z. B. durch Nichtigkeit einseitiger Maßnahmen des ArbGeb. im Bereich des § 87 wegen fehlender Zustimmung des BR.

XI. Betriebsratsfähiger Betrieb

Hinsichtlich der im Betrieb beschäftigten ArbN stellt das Gesetz für **140** die Bildung eines BR **zwei Voraussetzungen** auf:

a) Im Betrieb müssen in der Regel mindestens fünf ständige wahlberechtigte ArbN (§ 7) beschäftigt werden.
b) Von den fünf ständigen wahlberechtigten ArbN müssen mindestens drei wählbar (§ 8) sein.

Das hat zur Folge, daß ein BR nicht zu errichten ist, wenn in der **141** Regel **weniger als fünf ständige wahlberechtigte ArbN** beschäftigt werden, oder wenn zwar fünf und mehr ArbN dieser Art beschäftigt werden, aber nur ein oder zwei ArbN wählbar sind.

Sinkt während der Wahlperiode die Zahl der ständigen wahlberech- **142** tigten ArbN nicht nur vorübergehend unter 5, so daß der Betrieb nunmehr „in der Regel" weniger als die in § 1 geforderte Mindestzahl an ständigen wahlberechtigten ArbN beschäftigt, so endet damit mangels eines betriebsratspflichtigen Betriebs das Amt des BR (*DR,* Rn 119; *GL,* Rn 31; *GK-Kraft,* Rn 47; *HSG,* Rn 26). Die Mindestzahl der ArbN ist daher nicht nur **Voraussetzung für** die Errichtung des BR, sondern auch für dessen **Fortbestand,** soweit es um die Zahl der ständigen ArbN geht, während die Zahl der wählbaren ArbN – entspr. dem Zweck der Regelung (vgl. Rn 153) – auch unter 3 absinken kann (*DR,* Rn 119; *GL,* Rn 31). Der BR bleibt aber bestehen, wenn der ArbGeb. die Voraussetzung für den Wegfall des BR durch willkürliche Entlassung von ArbN arglistig herbeiführt, um einen ihm etwa unbequemen BR auszuschalten (**a. M.** *GK-Kraft,* Rn 60).

143 Wer ArbN i. S. von § 1 ist, bestimmt § 5. Das können auch Teilzeitbeschäftigte sein. Nicht mitzuzählen sind die leitenden Angestellten, da das Gesetz auf sie keine Anwendung findet (vgl. § 5 Rn 114ff; wie hier auch *DR,* Rn 122; *GL,* Rn 36).

1. „In der Regel“

144 Der sich in vielen Vorschriften (z. B. §§ 9, Abs. 1, 99 Abs. 1, 106 Abs. 1, 110 Abs. 1, 111 Satz 1, 115 Abs. 1 u. 2, 116 Abs. 2; vgl. auch § 1 Abs. 1 Nr. 2 MitbestG), wiederholende Begriff „in der Regel“ geht von der **Beschäftigtenzahl des Betriebes im regelmäßigen** im Gegensatz zu einem nur vorübergehenden **Zustand** aus. Die regelmäßige ArbNZahl kann nicht durch einfaches Abzählen ermittelt werden. Maßgebend ist die Zahl der ArbN, die für den Betrieb im allgemeinen kennzeichnend ist. Dabei hat eine vorübergehende Erhöhung der Personalstärke infolge außergewöhnlichen Arbeitsanfalls ebenso außer Betracht zu bleiben wie eine vorübergehende Verringerung der Belegschaft wegen eines zeitweiligen Arbeitsrückgangs (BAG 22. 2. 83, AP Nr. 7 zu § 113 BetrVG 1972).

145 Zur Feststellung der Zahl der in der Regel beschäftigten ArbN bedarf es eines Rückblicks auf die Vergangenheit, aber auch einer Einschätzung der kommenden Entwicklung (BAG 12. 10. 76, AP Nr. 1 zu § 8 BetrVG 1972, 22. 2. 83, AP Nr. 7 zu § 113 BetrVG 1972). Es ist also festzustellen, wieviel ArbN, wenn man von den Zeiten außergewöhnlicher Arbeitshäufung (Abschlußarbeiten, Weihnachtsgeschäft) oder eines vorübergehenden Arbeitsrückganges (Reise- oder Urlaubszeit) absieht, im allgemeinen im Betrieb beschäftigt werden. Es kommt auf den im größten Teil des Jahres bestehenden „normalen“ Zustand an (vgl. *Fitting/Wlotzke/Wißmann,* § 1 Rn 25f.). Das braucht keineswegs die Durchschnittszahl der ArbN zu sein (so auch *DR,* Rn 129). Denn diese Zahl stellt das Mittel zwischen der höchsten und der niedrigsten ArbNZahl dar, während es sich bei der hier in Frage stehenden Zahl der „in der Regel“ Beschäftigten um die Zahl der ArbN handelt, die in dem während des größten Teils des Jahres bestehenden „normalen“, also regelmäßigen Zustand üblicherweise beschäftigt zu werden pflegen.

146 Es kommt nicht darauf an, ob der Betrieb diese Zahl von ArbN gerade auch im Zeitpunkt der Einleitung der Wahl beschäftigt (*GL,* Rn 33; BAG 12. 10. 76, a. a. O.; den jeweiligen Prüfungszeitpunkt hält *Tschöpe,* BB 83, 1416 für maßgebend). Beträgt daher die Zahl der in der Regel beschäftigten ständigen wahlberechtigten ArbN eines Betriebes 6, sind aber im Zeitpunkt der Einleitung der Wahl nur 4 ständige ArbN vorhanden, von denen 3 wählbar sind, so ist ein BR gleichwohl zu errichten.

Bei reinen **Kampagnebetrieben,** die überhaupt nur während eines Teils des Jahres arbeiten, ist die regelmäßige Zahl der ArbN während dieser Zeit maßgebend (*DR,* Rn 125; *GK-Kraft,* Rn 57; *HSG,* Rn 25). Hat jedoch ein während des ganzen Jahres laufender Betrieb für einige Monate einen Bedarf an zusätzlichen Arbeitskräften **(Saisonbetrieb),** so gelten die allgemeinen Grundsätze, d. h. diese ArbN rechnen nicht zu den ständigen ArbN, es sei denn, die Saison dauert den größeren Teil des Jahres, z. B. in Kurorten (*DR,* Rn 126; BAG 12. 10. 76, AP Nr. 1 zu § 8 BetrVG 1972: mindestens 6 Monate im Jahr). **147**

Bei der Ermittlung der Betriebsratsfähigkeit werden die ArbN von **Betriebsteilen** und **Nebenbetrieben** berücksichtigt, soweit diese nicht selbst betriebsratsfähig sind (*GL,* Rn 39; *DR,* Rn 115; *HSG,* Rn 27). **148**

2. Fünf ständige wahlberechtigte Arbeitnehmer

Voraussetzung für die Errichtung eines BR ist, daß in der Regel fünf ständige wahlberechtigte (hierzu § 7) ArbN beschäftigt werden. Der **Begriff „ständig"** bezieht sich auf die zu erfüllende Arbeitsaufgabe, mit der ein ArbN auf unbestimmte, stets aber längere Zeit beschäftigt wird. Dabei wird man nicht darauf abstellen dürfen, ob der einzelne ArbN schon längere Zeit im Betrieb beschäftigt war, sondern auf den ständig zu besetzenden Arbeitsplatz (*DR,* Rn 123). Auch ein neu Eingestellter kann ständiger ArbN sein, wenn er für eine von vornherein nicht begrenzte Zeit in den Betrieb eingegliedert werden soll. Das gilt auch bei Vereinbarung einer Probezeit (*DR,* Rn 134; **a. A.** *GL,* Rn 35; *HSG,* Rn 24 – doch kann die Rechtsform, in der ArbN beschäftigt werden, nichts über die Größe des Betriebs aussagen) oder der vorübergehenden Besetzung des ständigen Arbeitsplatzes mit LeihArbN (vgl. § 5 Rn 69 ff.) oder mit befristet eingestellten ArbN (etwa nach dem BeschFG) auf einem ständigen Arbeitsplatz. **149**

Den Gegensatz zum ständigen ArbN bildet der von vornherein nur vorübergehend beschäftigte, also nicht ständige ArbN, der im Hinblick auf die ihm zugewiesenen Arbeitsaufgaben nur für eine begrenzte Zeit dem Betrieb angehören soll (z. B. Aushilfen, Saisonarbeiter). **150**

Der Begriff **„ständig"** stellt nicht auf die Arbeitszeit ab. Auch der nur **teilzeitbeschäftigte** (etwa nur halbtägig beschäftigte) ArbN ist ein „ständiger" ArbN, wenn die Beschäftigung für unbestimmte **151**

Zeit vorgesehen ist (h. M.: vgl. BAG 9. 6. 83, AP Nr. 2 zu § 23 KSchG 1969 und § 5 Rn 40ff.).

152 **LeihArbN** rechnen im Verleiher-, u. U. auch Entleiherbetrieb mit (vgl. § 5 Rn 77f; vgl. auch *DR,* Rn 128).

3. Drei wählbare Arbeitnehmer

153 Von denen als Mindesterfordernis verlangten fünf ständigen ArbN müssen mindestens drei wählbar sein (vgl. § 8). Die Wähler sollen bei der Wahl eine gewisse Auswahl haben.

154 Das Erfordernis des Vorhandenseins von drei ständigen wählbaren ArbN bedeutet nicht, daß nur diese gewählt werden können. Sind nicht ständige, aber wählbare ArbN im Betrieb, so können auch sie gewählt werden (*DR,* Rn 133). Das kann zur Folge haben, daß der gewählte nicht ständige, aber im unbefristeten Arbeitsverhältnis stehende ArbN im Hinblick auf den besonderen Kündigungsschutz der BRMitgl. (§ 103 i. V. mit § 15 KSchG) zu einem ständigen ArbN wird.

4. Betriebe ohne Betriebsrat

155 Die **Verpflichtung, BR zu errichten,** ist **zwingend;** sie kann nur im Rahmen des § 3 Abs. 1 Nr. 2 zugunsten tarifvertraglicher Sondervertretungen eingeschränkt, im übrigen aber weder abgeändert noch aufgehoben werden. Der Durchsetzung der Errichtungspflicht dienen zahlreiche Vorschriften, die die Bildung und das Tätigwerden eines Wahlvorst. gewährleisten (§§ 16ff.) und die unbehinderte Wahl sichern (§ 20) sollen. Insoweit ist auf die verstärkten Möglichkeiten der Gewerkschaften (§ 14 Abs. 7, § 16 Abs. 2, § 17 Abs. 2, 3) und den Kündigungsschutz von Mitgl. des Wahlvorst. und der Wahlbewerber (§ 103, § 15 Abs. 2 KSchG) hinzuweisen. Diese Bestimmungen sind so auszulegen, daß die Bildung des BR erleichtert wird (BAG 14. 12. 65, AP Nr. 5 zu § 16 BetrVG). Jede Behinderung der Wahl wird auf Antrag u. a. des Wahlvorstandes, des Unternehmers (ArbGeb.) oder einer im Betrieb vertretenen Gewerkschaft strafrechtlich verfolgt (§ 119 Abs. 1 Nr. 1, Abs. 2).

156 Es genügt die Teilnahme einer Minderheit wahlberechtigter ArbN an einer ordnungsgemäß durchgeführten Wahl. Ein Quorum der Wahlbeteiligung besteht nicht.

Anders ist die Rechtslage in Bezug auf Sprecherausschüsse. Ein **Sprecherausschuß** wird nur gewählt wenn dies die Mehrheit der leitenden Angestellten des Betriebs in einer Versammlung oder durch schriftliche Stimmabgabe verlangt (§ 14 Abs. 2 Satz 4 SprAuG).

Bei Passivität der ArbN kommt kein BR zustande. Eine gerichtliche Notbestellung wie beim AR (Anhang 2, § 76 BetrVG 52 Rn 116) nach § 104 AktG ist nicht vorgesehen.

157 Kommt gleichwohl, insbesondere wegen **Wahlmüdigkeit** der ArbN, ein **BR** nicht zustande (was wohl nur in kleineren Betrieben vorkommen dürfte), so bleibt der **Betrieb vertretungslos.** Die dem BR zustehenden Rechte können daher nicht ausgeübt, BV mit normativer Wirkung nicht

abgeschlossen werden (h. M.). Dennoch geschlossene Vereinbarungen zwischen ArbGeb. und Belegschaft haben nur die Bedeutung einer Ergänzung der Einzelarbeitsverträge der unmittelbar an der Vereinbarung beteiligten ArbN.

5. Kleinstbetriebe

In Betrieben, in denen kein BR gewählt werden kann (Kleinstbetrieben) kann aber ein **TV** für eine Vertretung der ArbN z. B. durch **Vertrauensleute** sorgen. Rechtsstellung und Pflichten dieser Vertretung richten sich aber nicht nach dem BetrVG, sondern ausschließlich nach dem TV, der keiner Genehmigung nach § 3 Abs. 2 bedarf (vgl. § 3 Rn 5). **158**

Es ist auch möglich, daß in Kleinstbetrieben die ArbN selbst eine Betriebsvertretung (Vertrauensmann) errichten. Da es sich nicht um eine gesetzliche Einrichtung handelt, bedarf es hierzu des Einverständnisses des ArbGeb. Eine solche Betriebsvertretung ist jedoch kein BR im Sinne des BetrVG (*GL,* Rn 38). Sie hat nicht die gesetzlichen Rechte und Pflichten des BR und kann insbes. mit dem ArbGeb. keine BV mit normativer Wirkung abschließen. **159**

Die Mitwirkungs- und Beschwerderechte des einzelnen ArbN nach §§ 81 ff. sind vom Bestehen eines BR unabhängig (vgl. § 81 Rn 2, § 83 Rn 1). **160**

XII. Streitigkeiten

Streitigkeiten über die Betriebsratsfähigkeit werden durch das ArbG im BeschlVerf. entschieden (§ 2a ArbGG). Dasselbe gilt für die Frage, ob zwei selbständige Betriebe vorliegen (BAG 17. 1. 78, AP Nr. 1 zu § 1 BetrVG 1972) und ob mehrere an sich selbständige Betriebe einen Betrieb im Rechtssinne bilden (vgl. oben Rn 47). Das BAG versteht § 18 Abs. 2 über seinen Wortlaut hinaus in ständ. Rspr. als Rechtsgrundlage für jederzeit – also auch unabhängig von Betriebsratswahlen – mögliche Anträge, die Betriebsstruktur gerichtlich feststellen zu lassen (BAG 29. 1. 87, AP Nr. 6 zu § 1 BetrVG 1972; krit. hierzu *Kamphausen,* NZA 88, Beilage 4, S. 10, 16). Die Rechtskraft eines solchen Beschlusses bindet nur die Beteiligten (ArbGeb. und BR). Sie erstreckt sich nicht auf Kündigungsschutzprozesse, in denen es darum geht, ob der – zuständige – BR ordnungsgemäß angehört wurde (BAG 29. 1. 87, AP Nr. 6 zu § 1 BetrVG 1972). **161**

Bei einem Streit darüber, ob ein Nebenbetrieb oder ein Betriebsteil selbständig oder dem Hauptbetrieb zuzuordnen ist, findet das BeschlVerf. nach § 18 Abs. 2 statt (vgl. dort Rn 28f.). § 18 Abs. 2 ist auch entspr. anwendbar, wenn fraglich ist, ob zwei selbständige Betriebe zu einem Betrieb verschmolzen sind (BAG, 25. 9. 86, AP Nr. 7 zu § 1 BetrVG 1972). **162**

Im übrigen kann in jedem Urteils- oder BeschlVerf. über die Verken- **163** nung des Betriebsbegriffs oder über die Frage der Betriebsratsfähigkeit als Vorfrage entschieden werden (*DR,* Rn 135; *GL,* Rn 44; *GK-Kraft,* Rn 63; *HSG,* Rn 29). So kann auch im Wahlanfechtungsverfahren und im Verfahren auf Feststellung der Nichtigkeit einer BR-Wahl eine Verkennung des Betriebsbegriffs gerügt werden (BAG 17. 1. 78, AP Nr. 1 zu § 1 BetrVG 1972; BAG 7. 12. 88, AP Nr. 15 zu § 19 BetrVG 1972; vgl. auch § 19 Rn 9ff).

Nach § 1

Das arbeitsgerichtliche Beschlußverfahren

(§ 2a, §§ 80ff. ArbGG 1979)

Inhaltsübersicht

I. Vorbemerkungen

1 Fragen des Verfahrens vor den Arbeitsgerichten sind im ArbGG 1979 geregelt. Im Rahmen dieses Kommentars sollen nur **einige allgemeine Fragen** des BeschlVerf. behandelt werden. Im übrigen ist auf die einschlägigen **Kommentare** zum ArbGG zu verweisen (insbes. *Germelmann/Matthes/Prütting,* ArbGG; *Grunsky,* ArbGG, 4. Aufl.; *Rohlfing/Rewolle/Bader,* ArbGG; *Schaub,* Formularsammlung und Arbeitsgerichtsverfahren, 4. Aufl., 1986; *Stahlhacke,* ArbGG; *Wlotzke/Schwedes/Lorenz,* ArbGG; Rechtsprechungskommentar *Heither/Schönherr,* der die einschlägigen BAG-Entscheidungen systematisch darstellt). Wegen der Zuständigkeit der ArbG zur Entscheidung betriebsverfassungsrechtlicher Streitigkeiten im BeschlVerf. oder Urteilsverfahren ist auf die **SchlußRn** zu den einzelnen Paragraphen zu verweisen (vgl. auch die Übersicht bei *Germelmann/Matthes/Prütting,* § 2a Rn 7ff.). Das BeschlVerf hat seinen Namen daher, daß die in diesem Verfahren ergehenden Entscheidungen des Gerichts „Beschluß“ heißen.

2 Über Streitigkeiten aus den **PersVG** entscheiden die Verwaltungsge-

richte, im ersten und zweiten Rechtszug in der gleichen Zusammensetzung wie ArbG und LAG (§ 84 BPersVG). Der Zuständigkeitskatalog des § 87 BPersVG ist nicht so weitgehend wie der des § 2a ArbGG. Die Abgrenzung von PersVG und BetrVG ergibt sich aus § 130 BetrVG (vgl. dort Rn 2ff.).

II. Urteils- und Beschlußverfahren

Für Rechtsstreitigkeiten vor den ArbG gibt es zwei verschiedene Verfahren, das Urteilsverf. (§ 2 ArbGG) und das BeschlVerf. (§ 2a ArbGG). Im Urteilsverf. stehen sich Parteien zur Entscheidung bürgerlich-rechtlicher Streitigkeiten, vor allem aus dem Arbeitsverhältnis, gegenüber. Das **BeschlVerf.** dient der **Einhaltung und Durchsetzung** des **Betriebsverfassungsrechts** (§ 2a Abs. 1 Nr. 1 ArbGG). Daneben ist im BeschlVerf. zu entscheiden über Angelegenheiten aus dem MitBestG und dem BetrVG 52 hinsichtlich der Wahl der AR (§ 2a Abs. 1 Nr. 2 ArbGG) sowie über die Tariffähigkeit und Tarifzuständigkeit einer Vereinigung (§ 2a Abs. 1 Nr. 3 ArbGG). 3

Das BeschlVerf. ist **Rechtsprechung.** Das Gericht hat einen Sachverhalt zu ermitteln und darauf Rechtsnormen (BetrVG) anzuwenden. Rechtsprechungstätigkeit der ArbG ist abzugrenzen von der Entscheidung über Regelungsstreitigkeiten; diese gehören vor die E-Stelle (vgl. dazu Rn 12). 4

Das BeschlVerf. weicht in einigen Regelungen vom Urteilsverfahren ab, z. T. handelt es sich nur um formelle Abweichungen (z. B. Antrag statt Klage). Von größerer praktischer Bedeutung ist der Untersuchungsgrundsatz anstelle des Beibringungsgrundsatzes (vgl. Rn 40ff.) und die Gebührenfreiheit (§ 12 Abs. 5 ArbGG). 5

Urteils- und BeschlVerf. schließen sich gegenseitig aus. Stellt das Gesetz für bestimmte Streitigkeiten ein besonderes, beschleunigtes und verbilligtes Verfahren zur Verfügung, sind Meinungsverschiedenheiten in diesen Rechtsfragen auch ausschließlich in diesem Verfahren auszutragen. 6

§ 2a Abs. 1 Nr. 1 ArbGG enthält eine **Generalklausel,** wonach alle betriebsverfassungsrechtlichen Streitigkeiten im BeschlVerf. auszutragen sind. Mit dieser Bestimmung soll das BeschlVerf. für alle Streitigkeiten eröffnet werden, die aus dem BetrVG entstehen können. Immer dann, wenn die durch das BetrVG geregelte Ordnung des Betriebs und die gegenseitigen Rechte und Pflichten der Betriebspartner als Träger dieser Ordnung im Streit sind, soll darüber im BeschlVerf. als der dafür geschaffenen und besonders geeigneten Verfahrensart entschieden werden (BAG 22. 10. 85, AP Nr. 5 zu § 87 BetrVG 1972 Werkmietwohnung). Das gilt entsprechend für Streitigkeiten mit Betriebsvertretungen, die auf einem TV beruhen (z. B. für Fliegendes Personal der Luftfahrtunternehmen (§ 117; BAG 5. 11. 85, AP Nr. 4 zu § 117 BetrVG 1972). 7

Die **Abgrenzung** zum Urteilsverf. erfolgt nach der **Anspruchsgrundlage.** Dabei ist zu beachten, daß auch im BetrVG bürgerlich-rechtliche Ansprüche der ArbN gegen den ArbGeb. geregelt sind, über die bei Streit 8 im Urteilsverfahren zu entscheiden ist (vgl. die Hinweise zu diesem Stichwort im Stichwortverzeichnis). Das gilt etwa für Lohnansprüche eines BRMitglieds bei BRTätigkeit (vgl. § 37 Rn 152f.) und für Ansprüche der ArbN, die an BetrVerslg teilnehmen (§ 42 Rn 76 und § 44 Rn 49), für den Anspruch auf Weiterbeschäftigung nach § 78a (vgl. dort Rn 11) und nach § 102 Abs. 5 (vgl. dort Rn 56 u. 67), für Ansprüche der ArbN aus §§ 81ff. und für Ansprüche auf Nachteilsausgleich nach § 113 (vgl. dort Rn 21ff.). Zur Abgrenzung vgl. *Germelmann/Matthes/Prütting,* § 2a Rn 12ff.

9 Die **Wahl der richtigen Verfahrensart** ist Voraussetzung für eine Sachentscheidung. Das Gericht prüft diese Voraussetzung von Amts wegen in jeder Lage des Verfahrens. Das gilt auch für das Beschwerde- und Rechtsbeschwerdeverf.. Wird der Antrag nicht in der richtigen Verfahrensart gestellt, wird er als unzulässig abgewiesen (zur Abgabe auf Antrag vgl. Rn 10).

10 Es ist Sache des Antragstellers, die Verfahrensart zu wählen. Das ArbG ist an die Wahl gebunden (vgl. *Grunsky,* § 80 Rn 8; **a.A.** *Germelmann/Matthes/Prütting,* § 2a, Rn 81, die dem Antragsteller die Befugnis, die Verfahrensart bestimmen zu können, absprechen). Jedes Gericht hat auf Bedenken gegen die gewählte Verfahrensart hinzuweisen. Der Antragsteller kann dann – auch hilfsweise – **Abgabe** in die vom Gericht für richtig gehaltene Verfahrensart beantragen (BAG 5. 4. 84, AP Nr. 13 zu § 78a BetrVG 1972).

11 Betriebsverfassungsrechtliche Fragen können auch als **Vorfragen** in anderen Verfahren (z. B. Urteilsverfahren vor den ArbG) entschieden werden.

III. Rechtsstreitigkeiten und Regelungsstreitigkeiten

12 Das ArbG entscheidet im BeschlVerf. über Rechtsfragen, d. h. darüber, was rechtens ist, z. B. über das Bestehen eines MBR überhaupt oder die Gültigkeit und die Auslegung einer BV. Geht es dagegen darum, daß die mehr oder weniger gegensätzlichen Interessen der Organe der Betriebsverfassung im Rahmen der unstreitig gegebenen Mitbestimmung durch eine Vereinbarung ausgeglichen werden sollen, also nicht um das „ob“, sondern das „wie“ der Beteiligung des BR, so wird nach dem geeignetsten Weg für eine Regelung gesucht, die nicht im Gesetz vorgezeichnet ist, z. B. bei der Frage nach dem Inhalt einer abzuschließenden BV. Können sich die Organe der Betriebs- bzw. Unternehmensverfassung darüber nicht untereinander einigen, was rechtens sein soll, so stellt das Gesetz für die Beilegung dieser „Regelungsstreitigkeiten“ eine besondere betriebsverfassungsrechtliche Schiedsstelle zur Verfügung, nämlich die E-Stelle nach § 76 BetrVG (Näheres vgl. § 76 Rn 31ff., 41ff., § 87 Rn 159). Nur in Ausnahmefällen entscheidet auch die E-Stelle vorbehaltlich der gerichtlichen Überprüfung über Rechtsfragen und das ArbG über Regelungsfragen (vgl. § 76 Rn 31).

IV. Verfahrensgrundsätze

1. Der Antrag

a) Antragsarten

Im BeschlVerf. gibt es ebenso wie im Urteilsverfahren Anträge auf Leistung (z. B. Verpflichtung zur Zahlung von Schulungskosten, Bereitstellung von Sachmitteln, Vorlage von Unterlagen, Unterrichtung), auf **Feststellung** (z. B. daß in einer bestimmten Angelegenheit ein MBR des BR besteht oder nicht besteht) und auf **Rechtsgestaltung** (z. B. Bestellung eines Wahlvorstandes nach § 16 Abs. 2 und 17 Abs. 3, Auflösung des BR oder Ausschluß aus dem BR). Der Antrag auf Unterlassung eines bestimmten Verhaltens ist ein Antrag auf Leistung. 13

Ansprüche auf Handeln, Dulden oder Unterlassen sind im BetrVG in der Regel ausdrücklich gekennzeichnet. Für Anträge auf Feststellung gelten einige Besonderheiten. Für sie ist insb. ein Rechtsschutzinteresse zu prüfen (vgl. dazu Rn 35). **Gegenstand eines Feststellungsantrages** kann nur die Feststellung eines Rechtsverhältnisses sein (§ 256 Abs. 1 ZPO entspr.). Festgestellt werden können **Rechtsverhältnisse,** also das Bestehen eines MBR, aber auch **einzelne Verpflichtungen** aus einem MBR, z. B. die Verpflichtung zur Aufstellung eines Sozialplans bei Betriebsänderung (BAG 17. 12. 85, AP Nr. 15 zu § 111 BetrVG 1972). Ist ein MBR zwischen ArbGeb. und BR streitig, muß dieses Rechtsverhältnis positiv oder negativ festgestellt werden. Anträge auf Feststellung, daß die E-Stelle in einer bestimmten Angelegenheit zuständig sei, geben den Streitgegenstand nicht zutreffend wieder; sie betreffen kein Rechtsverhältnis i. S. v. § 256 ZPO (vgl. *Matthes,* DB 84, 453). Gegenstand eines Feststellungsantrages kann die Frage sein, ob ein Ang. ein leitender Ang. i. S. v. § 5 Abs. 3 ist (BAG 19. 11. 74, AP Nr. 2 zu § 5 BetrVG 1972). Dieses Verfahren ist neben dem Zuordnungsverfahren nach § 18a möglich. Dasselbe gilt für Wahlberechtigungen und Wählbarkeit (§§ 7, 8 – vgl. BVerwGE 49, 342). Das Feststellungsinteresse entfällt jedoch, wenn der ArbN ausgeschieden ist. 14

Tatsächliche Vorgänge, Handlungen oder Veränderungen können nicht Gegenstand eines Feststellungsantrags sein; tatsächliche Vorgänge sind weder rechtswirksam noch rechtsunwirksam (BAG 22. 10. 85, AP Nr. 5 zu § 87 BetrVG 72 Werkmietwohnung).

Der BR, der in einer bestimmten Angelegenheit ein MBR in Anspruch nimmt, kann die **E-Stelle anrufen,** selbst wenn der ArbGeb. das MBR bestreitet. Kommt es nicht zur einvernehmlichen Errichtung der E-Stelle, kann der BR das Verfahren nach **§ 98 ArbGG** betreiben. Das ArbG entscheidet über die Person des Vorsitzenden und die Zahl der Beisitzer der E-Stelle (§ 76 Abs. 2 Satz 2 und 3). Dieses Verfahren darf **nicht** mit Rücksicht auf ein BeschlVerf. über das bestrittene MBR **ausgesetzt** werden. Auch die E-Stelle muß tätig wer- 15 den. Sie muß ihre Zuständigkeit prüfen und, falls sie sie bejaht, in der Sache entscheiden. Im Verfahren nach § 98 ArbGG ist nur zu prüfen, ob die zu errichtende E-Stelle nicht offensichtlich unzuständig ist.

16 Nach der Rechtspr. des BAG können ArbGeb. und BR unabhängig von der Tätigkeit einer E-Stelle das Verfahren auf Feststellung des Bestehens oder Nichtbestehens eines MBR in einer bestimmten Angelegenheit einleiten (sog. **Vorabentscheidungsverfahren,** ständige Rspr., vgl. BAG 13. 10. 87, AP Nr. 7 zu § 81 ArbGG 1979). Dieses Verfahren widerspricht jedoch dem vom Gesetz geforderten Vorrang der betrieblichen Einigung (vgl. *Roßmanith,* ArbuR 83, 339). ArbGeb. und BR kommen häufig selbst dann zu einer Einigung, wenn das MBR umstritten ist. Bejaht die E-Stelle ihre Zuständigkeit zu Unrecht, wird der Spruch ohnehin auf Antrag einer Seite aufgehoben. Gegen eine doppelte Prüfung des Bestehens oder Nichtbestehens eines MBR sprechen somit auch prozeßwirtschaftliche Gründe.

Regelungsvorstellungen des BR unterliegen nicht der Beurteilung des ArbG im Vorabentscheidungsverfahren; es gibt keine Vorabzensur. Streit kann nur bestehen über die MBR des BR in bestimmten Angelegenheiten (so jetzt BAG 13. 10. 87, AP Nr. 7 zu § 81 ArbGG 1979).

17 Im BeschlVerf. kann beantragt werden festzustellen daß der Spruch der E-Stelle unwirksam ist. Er ist unwirksam, wenn in der betr. Angelegenheit kein MBR des BR bestand, wenn die E-Stelle ihren Ermessensspielraum überschritten hat (vgl. § 76 Rn 32f.) oder wenn durch den Spruch geltendes Recht verletzt wird (vgl. § 76 Rn 33c).

18 **Unzulässig** ist ein **Antrag,** durch den festgestellt werden soll, daß eine bestimmte **Regelung vom MBR des BR gedeckt bzw. nicht gedeckt** ist (BAG 24. 11. 81, AP Nr. 11 zu § 76 BetrVG 1972; **a. A.** BAG 16. 8. 83, AP Nr. 2 zu § 81 ArbGG 1979; *Matthes,* DB 84, 455). Diese Verfahren richten sich nur gegen Vorstellungen des BR, wie die mitbestimmungspflichtige Angelegenheit geregelt werden könnte. Sie greifen in die Betriebsautonomie ein. Staatlichen Gerichten ist es verwehrt, über die Zulässigkeit oder Unzulässigkeit von Forderungen, die bei der Regelung einer mitbestimmungspflichtigen Angelegenheit erhoben werden, vorab zu entscheiden. Diese Verfahren behindern eine mögliche Einigung der Betriebsparteien (vgl. zur entsprechenden Beurteilung von Tarifzielen BAG 19. 6. 84, AP Nr. 3 zu § 1 TVG Verhandlungspflicht: Diese Vorabbeurteilung hat das BAG zu Recht abgelehnt). Schließlich fehlt es am Rechtsschutzinteresse (vgl. *Mache,* DB 86, 2077, 2078).

19 Das MBR des BR in **personellen Angelegenheiten** ist besonders ausgestaltet. Verweigert der BR die Zustimmung zu einer personellen Einzelmaßnahme, kommt es zum Zustimmungsersetzungsverfahren (§ 99 Abs. 4). Besteht Streit darüber, ob der BR rechtzeitig und ordnungsgemäß die Zustimmung verweigert hat, kann der ArbGeb. feststellen lassen, daß die Zustimmung des BR als erteilt gilt (§ 99 Abs. 3). Diesen Antrag kann er mit einem Hilfsantrag auf Ersetzung der Zustimmung verbinden (BAG 28. 1. 86, AP Nr. 34 zu § 99 BetrVG 1972).

20 Besteht in personellen Angelegenheiten über den Einzelfall hinaus Streit über das Bestehen von MBR, kann das Bestehen oder Nichtbestehen des MBR (etwa bei Versetzungen einer bestimmten Art, bei der Übernahme von Leiharbeitnehmern, bei Eingruppierungen von ArbN in betriebl. Lohnordnungen) als solches festgestellt werden (BAG 3. 12. 85 und 18. 2. 86, AP Nr. 8 zu § 95 und 33 zu § 99 BetrVG 1972). Dieser **allgemeine Antrag** kann selbständig oder neben dem einen Einzelfall betreffenden Antrag gestellt werden.

Es können in einem Verfahren mehrere Anträge gestellt werden **(Antragshäufung),** auch in Form von Hilfsanträgen (vgl. *Germelmann/ Matthes/Prütting,* § 81 Rn 21f. mit Beispielen: z. B. Feststellung, daß die Zustimmung zu einer personellen Maßnahme als erteilt gilt, hilfsweise die Zustimmung zu ersetzen). **20a**

b) Antragsteller

Der Antragsteller setzt mit seinem Antrag ein BeschlVerf. in Gang oder greift durch Stellung eines eigenen Antrags in ein schon eingeleitetes BeschlVerf. aktiv ein. Ein Antrag ist nur zulässig, wenn der Antragsteller die **Antragsbefugnis** besitzt. Diese Antragsbefugnis entspricht der Prozeßführungsbefugnis im Zivilprozeß. Antragsbefugt ist, wer aus dem Rechtsverhältnis unmittelbar berechtigt und verpflichtet ist. Darüber können nur die Vorschriften, die für das betreffende Rechtsverhältnis gelten, Auskunft geben. Der Antragsteller muß vortragen, unmittelbar in seiner betriebsverfassungsrechtlichen Rechtsposition betroffen zu sein. Er muß eigene, ihm jedenfalls nach seiner Ansicht zustehende Rechte geltend machen. Es ist zu prüfen, ob der Antragsteller sich auf eine Norm stützt, die auch seinem Schutz dienen soll. Dabei muß es sich um eine betriebsverfassungsrechtliche Norm handeln. Wenn **TV-Parteien** die Unwirksamkeit einer BV geltend machen, nehmen sie keine eigenen Rechte aus der Betriebsverfassung wahr (BAG 18. 8. 87, AP Nr. 6 zu § 81 ArbGG 1979; BAG 23. 2. 88, AP Nr. 9 zu § 81 ArbGG 1979, krit. hierzu *Matthießen,* DB 88, 285). Auf die Prüfung der unmittelbaren Betroffenheit kann nur verzichtet werden, wenn das Gesetz dem Antragsteller ein Antragsrecht ausdrücklich zuweist (vgl. etwa § 18 Abs. 1 und 2, § 19 Abs. 2). Ob diese Rechte tatsächlich bestehen, ist eine Frage der Begründetheit seines Antrags. Wird nur bestimmten Personen oder Stellen ein Antragsrecht eingeräumt (z. B. Wahlanfechtung nach § 19 Abs. 2), können nur diese Personen und Stellen den Antrag stellen, nicht Dritte oder andere Stellen. Die Antragsbefugnis wird in jeder Lage des Verfahrens von Amts wegen geprüft (BAG 15. 8. 78, AP Nr. 1 zu § 23 BetrVG 1972, Einzelfälle bei *Germelmann/Matthes/Prütting,* § 81 Rn 62ff.). **21**

Für die Gew. ist eine Antragsbefugnis ausdrücklich vorgesehen in den §§ 16 Abs. 2, 17 Abs. 3, 18 Abs. 1 und 2, 19 Abs. 2, 23 Abs. 1 und 3, 48, 56, 63 Abs. 2 und 3, 65, 116 Abs. 2 Nr. 7. Sie braucht insoweit die Betroffenheit in einer eigenen betriebsverfassungsrechtlichen Position nicht darzulegen (BAG 25. 9. 86, AP Nr. 7 zu § 1 BetrVG 1972). **21a**

Die Antragsbefugnis des Antragstellers ist Voraussetzung für eine Sachentscheidung (BAG 15. 8. 78, AP Nr. 1 zu § 23 BetrVG 1972; *Auf-* **22** *farth,* Festschrift G. Müller, 1981, S. 11; *Dunkl,* Begriff und Arten der Beteiligten im arbeitsgerichtlichen Beschlußverfahren, 1979, S. 76f., 125; *Laux,* Die Antrags- und Beteiligungsbefugnis im arbeitsgerichtlichen Beschlußverfahren, 1985, S. 22, 26, 43; **a. A.** *Grunsky,* § 80 Rn 29: Begründetheitsvoraussetzung).

23 Die Antragsbefugnis ist zu unterscheiden von der Beteiligungsbefugnis (vgl. dazu Rn 38).

c) Bestimmtheit des Antrags

24 Alle Anträge müssen bestimmt genug sein (§ 253 Abs. 2 Nr. 2 ZPO; diese Bestimmung ist entspr. anzuwenden). Bei einem Streit über MBR muß derjenige, der das Bestehen oder Nichtbestehen des MBR festgestellt wissen will, diejenige Maßnahme des ArbGeb. oder denjenigen betrieblichen Vorgang, für den das MBR in Anspruch genommen oder geleugnet wird, **so bezeichnen, daß** mit einer Entscheidung über den Antrag **feststeht, für welche Maßnahmen** oder Vorgänge **das MBR bejaht oder verneint** wird. Nur die Entscheidung über einen bestimmten Antrag kann Rechtsfrieden schaffen (BAG 18. 2. 86, AP Nr. 33 zu § 99 BetrVG 1972; BAG 13. 1. 87, AP Nr. 26 zu § 87 BetrVG 1972 Lohngestaltung). Geht es etwa um ein MBR des BR bei der Anordnung von Überstunden, muß der Anlaß bezeichnet werden (vgl. BAG 10. 6. 86, AP Nr. 18 zu § 87 BetrVG 1972 Arbeitszeit: „Überstunden, die darauf zurückzuführen sind, daß die anfallende Arbeit mit den vorhandenen Arbeitskräften nicht mehr bewältigt werden kann"). Die Bezeichnung des Gesetzes, auf dem das MBR beruht, ist nur dann erforderlich, wenn das MBR einen unterschiedlichen Umfang hat oder besonders ausgestaltet ist. Sonst ist die Bezeichnung der Norm überflüssig, weil das Gericht nicht an die Prüfung gebunden ist. Ein Antrag, der lediglich den Gesetzeswortlaut wiederholt, ohne anzugeben, auf welchen Sachverhalt die Norm anzuwenden ist, ist unzulässig (BAG 17. 3. 87, AP Nr. 7 zu § 23 BetrVG 1972). Meist kann und muß das Gericht mit Auslegung helfen.

d) Rechtsschutzinteresse

25 Bei Anträgen auf Leistung oder Rechtsgestaltung wird das Rechtsschutzinteresse nicht besonders geprüft. Es ist **nur** erforderlich für **Feststellungsanträge** (§ 256 Abs. 1 oder 2 ZPO).

26 Ein Rechtsschutzinteresse besteht immer dann, wenn das MBR streitig ist, die Angelegenheit, für die das MBR in Anspruch genommen oder geleugnet wird, noch nicht geregelt ist, oder wenn in naher Zukunft die Angelegenheit erneut Anlaß zum Streit sein könnte (vgl. BAG 12. 1. 88, AP Nr. 8 zu § 81 ArbGG 1979).

27 Das Rechtsschutzinteresse besteht nicht mehr, wenn der betriebsverfassungsrechtliche Anlaß für den Streit der Beteiligten durch Zeitablauf überholt ist. Das kann insb. bei personellen Einzelmaßnahmen der Fall sein (etwa, wenn der ArbN bereits aus dem Betrieb wieder ausgeschieden ist; zur Möglichkeit, einen über den Einzelfall hinausgehenden Antrag stellen zu können, vgl. Rn 20). Entsprechendes gilt für die Anfechtung einer BRWahl; an der Klärung der Wirksamkeit besteht kein Interesse mehr, wenn ein neuer BR gewählt worden ist. Auch hier können die Beteiligten durch entsprechende Anträge sicherstellen, daß ihre Streitfrage entschieden wird, etwa durch den Antrag, daß bestimmte Gruppen von Beschäftigten ArbN i. S. d. BetrVG und damit wahlberechtigt sind (BAG 29. 7. 82, AP Nr. 5 zu § 83 ArbGG 1979).

e) Antragsänderung, Antragsrücknahme, Vergleich und Erledigung der Hauptsache

Nach § 81 Abs. 3 und § 87 Abs. 2 Satz 3 Halbs. 2 ArbGG ist in der 1. **28** und 2. Instanz eine **Antragsänderung** zulässig, wenn die Antragsgegner zustimmen oder das Gericht die Änderung für sachdienlich hält. Antragsänderung ist Änderung des Streitgegenstandes. Im Rechtsbeschwerdeverfahren ist keine Antragsänderung möglich (BAG 19. 1. 82, AP Nr. 10 zu Art. 140 GG; 29. 7. 82, AP Nr. 5 zu § 83 ArbGG 1979). Die **Auslegung** eines Antrages ist keine Antragsänderung.

Im 1. Rechtszug kann der Antragsteller seinen Antrag jederzeit **zurücknehmen** (§ 81 Abs. 2 Satz 1 ArbGG), in der Beschwerde- und der **29** Rechtsbeschwerdeinstanz nur mit Zustimmung des Antragsgegners. Die Rücknahme hat die Folge, daß das Verfahren als nicht anhängig geworden anzusehen ist. Der Vorsitzende stellt das Verfahren durch Beschluß ein (§ 81 Abs. 2 ArbGG).

Antragsteller und Antragsgegner können vor Gericht einen **Vergleich** **30** schließen „soweit sie über den Gegenstand des Vergleichs verfügen können (§ 83a Abs. 1 ArbGG; vgl. auch § 160 VwGO, § 101 Abs. 1 SGG). Inwieweit das der Fall ist, ergibt sich aus den einschlägigen materiellrechtlichen Bestimmungen, insb. aus dem BetrVG. Verfügungsbefugt sind die Beteiligten insoweit, wie sie sich in der Angelegenheit auch ohne gerichtliches Verfahren einigen könnten. Soweit das BetrVG zwingend ist (z. B. hinsichtlich der Organisationsvorschriften, Betriebsbegriff, ArbN-Eigenschaft, Grundsätze der BRWahl) sind Einigung und Vergleich nicht möglich (vgl. auch *Germelmann/Matthes/Prütting,* § 83a Rn 7ff.).

Ein außergerichtlicher Vergleich ist in demselben Umfang wie ein **31** gerichtlicher Vergleich möglich. Allerdings muß dann das BeschlVerf. noch durch eine verfahrensrechtliche Erklärung (Antragsrücknahme oder übereinstimmende Erledigungserklärung) formell beendet werden.

Die Beteiligten können das **Verfahren für erledigt erklären** (§ 83 **32** Abs. 1 ArbGG), auch im Beschwerde- und Rechtsbeschwerdeverfahren (§ 90 Abs. 2, § 95 Abs. 4 ArbGG). Die Erledigungserklärung muß der Antragsteller abgeben. Der Antragsgegner kann ihr zustimmen. Eine besondere Form der Zustimmung ist in § 83a Abs. 3 ArbGG vorgesehen.

Stimmt der Antragsgegner der Erledigungserklärung des Antragstel- **33** lers nicht zu, hat das Gericht zu entscheiden, ob der Antrag erledigt ist.

Er ist erledigt, wenn er ursprünglich zulässig und begründet war, eine Sachentscheidung wegen inzwischen eingetretener Umstände (Zeitablauf, Erfüllung) aber nicht mehr in Betracht kommt. Dann wird dem Antrag auf Erledigungserklärung stattgegeben. Ist das nicht der Fall, wird der Antrag auf Erledigungserklärung abgewiesen und über die Zulässigkeit und Begründetheit des zunächst gestellten Sachantrags entschieden. Es gelten insoweit dieselben Grundsätze wie im Urteilsverfahren (vgl. BAG 10. 6. 86, AP Nr. 26 zu § 80 BetrVG 1972).

2. Beteiligte des Verfahrens

34 Den Parteien des Urteilsverfahrens entsprechen die Beteiligten im BeschlVerf. (§ 83 Abs. 1 und 2 ArbGG). Das Gesetz bestimmt jedoch nicht, wer Beteiligter ist.

35 Beteiligter ist zunächst der **Antragsteller** und derjenige, gegen den sich der Antrag richtet **(Antragsgegener).** Dies sind die **Beteiligten im engeren Sinn.**

36 Nach § 83 Abs. 3 ArbGG sind in dem BeschlVerf. der ArbGeb., die ArbN und die Stellen zu hören, die nach dem BetrVG (MitBestG, BetrVG 1952 und den dazu ergangenen RechtsVO) im einzelnen Fall beteiligt sind **(Beteiligte im weiteren Sinne).** Zu ihnen gehört auf jeden Fall der ArbGeb. Er ist auch dann Beteiligter, wenn es um einen Streit zwischen oder innerhalb von anderen Betriebsverfassungsorganen geht. Bei einem Betriebsinhaberwechsel tritt der neue ArbGeb. in die betriebsverfassungsrechtliche und verfahrensrechtliche Stellung des alten ArbGeb. ein (BAG 28. 9. 88, AP Nr. 55 zu § 99 BetrVG 1972).

37 Im übrigen gehören zu den Beteiligten im weiteren Sinne alle diejenigen, die von der zu erwartenden Entscheidung in ihrer **betriebsverfassungsrechtlichen Stellung unmittelbar betroffen oder berührt werden** (BAG 31. 5. 83, AP Nr. 27 zu § 118 BetrVG 1972; BAG 19. 9. 85, AP Nr. 12 zu § 19 BetrVG 1972; BAG 25. 9. 86, AP Nr. 7 zu § 1 BetrVG 1972). Wann das der Fall ist, hängt allein vom Streitgegenstand und damit vom materiellem Recht ab (BAG 28. 9. 88, AP Nr. 55 zu § 99 BetrVG 1972). Es gibt nur eine Beteiligung kraft Gesetzes. Eine „gewillkürte“ Beteiligung ist nicht möglich, auch kein Verzicht auf die Stellung eines Beteiligten.

38 Beteiligter kann nur der sein, der auch **beteiligungsfähig** ist. Das ist in § 10 ArbGG geregelt. Die Beteiligungsfähigkeit entspricht der Parteifähigkeit. Sie wird über die nach § 50 ZPO ohnehin parteifähigen natürlichen und juristischen Personen hinaus den in § 10 ArbGG genannten „Stellen“ verliehen (vgl. Einzelheiten bei *Germelmann/Matthes/Prütting,* § 2a, Rn 15ff.).

39 Im Verfahren ist von Amts wegen zu prüfen, wer zu beteiligen ist. Die **Rechtspr.** ist sehr **zurückhaltend.** So ist der GesBR nicht Beteiligter in einem Verfahren, in dem ArbGeb. und BR über ein MBR streiten (BAG 28. 6. 84, AP Nr. 1 zu § 85 BetrVG 1972); Tarifvertragsparteien sind nicht zu beteiligen, wenn es um die Wirksamkeit einer BV im Hinblick auf den Tarifvorrang (§ 77 BetrVG) geht (BAG 9. 2. 84, AP

Nr. 9 zu § 77 BetrVG 1972); die von personellen Einzelmaßnahmen betroffenen ArbN sind nicht zu beteiligen in einem Verfahren, in dem es um die Zustimmung des BR zu diesen Einzelmaßnahmen geht (§ 99 Abs. 4, § 101 BetrVG). Der Ausgang dieser Verfahren berührt die ArbN weder in ihren individualrechtlichen noch in ihren betriebsverfassungsrechtlichen Rechten (BAG 13. 9. 83, AP Nr. 1 zu § 1 TVG Tarifverträge: Druckindustrie). Dagegen ist der Ang. zu beteiligen, wenn sein Status als leitender Ang. i. S. von § 5 Abs. 3 BetrVG streitig ist (BAG 23. 1. 86, AP Nr. 30 zu § 5 BetrVG 1972). Weitere Beispiele aus der Rechtsprechung: Keine Beteiligung der Gew. im Verfahren betr. Feststellung eines Betriebes (BAG 25. 9. 86, AP Nr. 7 zu § 1 BetrVG 1972), keine Beteiligung des WiAusschusses, wenn über Rechtmäßigkeit seiner Bildung gestritten wird (BAG 8. 3. 83, AP Nr. 26 zu § 118 BetrVG 1972). Weitere Beispiele bei *Germelmann/Matthes/Prütting,* § 83 Rn 39ff.

Beteiligte können im Laufe des Verfahrens einen eigenen Sachantrag **39a** stellen und ein Rechtsmittel einlegen (BAG 31. 1. 89, AP Nr. 12 zu § 81 ArbGG 1979). Werden Personen oder Stellen nicht beteiligt, ist das ein Verfahrensfehler. Das Gericht muß ihn wenn möglich ausbessern (BAG 20. 2. 86, AP Nr. 1 zu § 63 BetrVG 1972).

3. Ermittlung der entscheidungserheblichen Tatsachen

Das Gericht erforscht den für die Entscheidung erheblichen Sachver- **40** halt im Rahmen der gestellten Anträge von Amts wegen. Die am Verfahren Beteiligten haben an der Aufklärung des Sachverhalts mitzuwirken (§ 83 Abs. 1 ArbGG). Danach gilt für die Ermittlung des Tatsachenstoffes sowohl der Untersuchungs- als auch der Beibringungsgrundsatz **(Mischform).**

Eine Sachaufklärung kann nur in dem Rahmen erfolgen, in dem der **41** Antragsteller eine gerichtliche Entscheidung erstrebt. Der Antragsteller muß aber die Tatsachen vortragen, die zur Bestimmung des Streitgegenstandes erforderlich sind.

Der Antragsteller ist weiter verpflichtet, dem Gericht die **Tatsachen** **42** zu unterbreiten, **die** seinen **Antrag rechtfertigen sollen.** Ergänzend haben die ArbG weitere Tatsachen zu ermitteln, die im Rahmen der gestellten Anträge erheblich sein können. Doch müssen Anhaltspunkte für eine weitere Aufklärungsbedürftigkeit vorliegen.

An ein Geständnis und an ein Nichtbestreiten ist das Gericht nicht **43** gebunden. In der Regel darf das Gericht die nichtbestrittene Tatsache seiner Entscheidung zugrunde legen. Beteiligtenvorbringen darf, abgesehen von Mißbrauchsfällen, nicht als verspätet zurückgewiesen werden (*Grunsky,* § 83 Rn 6).

Es besteht **keine Beweisführungslast.** Das Gericht entscheidet dar- **44** über, welcher Beweis vernünftigerweise erhoben wird. Es findet eine **Beweisaufnahme** (vgl. *Germelmann/Matthes/Prütting,* § 83 Rn 101 ff.) statt. Die von den Beteiligten zu erheblichen Tatsachen **angebotenen**

Beweise müssen erhoben werden (BAG 25. 9. 86, AP Nr. 7 zu § 1 BetrVG; st. Rspr.). Läßt sich der Sachverhalt nicht voll aufklären, gelten die allgemeinen Grundsätze über die **Beweislast.** Derjenige Beteiligte trägt die Nachteile eines nichterbrachten Beweises, der dazu nach materiellem Recht verpflichtet ist.

45 Die Beteiligten werden mündlich in einer Verhandlung vor der Kammer angehört. Sie können sich auch schriftlich äußern. Mit Einverständnis der Beteiligten kann das Gericht ohne mündliche Verhandlung entscheiden (§ 83 Abs. 4 ArbGG). Es kann **kein Versäumnisurteil** ergehen.

46 In 1. Instanz kann der BR **selbst auftreten.** Er kann sich in 1. und 2. Instanz durch Gewerkschafsvertreter als Prozeßbevollmächtigte **vertreten lassen,** wenn auch nur ein BRMitglied der betr. Gewerkschaft angehört (BAG 17. 2. 83, AP Nr. 6 zu § 212a ZPO). Vor dem BAG müssen sich die Beteiligten durch Rechtsanwälte vertreten lassen. Der Beteiligte, der nicht Beschwerdeführer oder Rechtsbeschwerdeführer ist, kann sich ohne Vertretungszwang äußern (Einzelheiten vgl. §§ 90, 95 ArbGG).

4. Entscheidung des Arbeitsgerichts

47 Das BeschlVerf. endet mit einem von der Kammer zu erlassenden Beschluß (§ 84 ArbGG; Ausnahme § 98 ArbGG: Bestellung des Vorsitzenden und Bestimmung der Zahl der Beisitzer einer E-Stelle allein durch den Vorsitzenden). Der Beschluß hat die Funktion des Urteils im Urteilsverfahren.

48 Der Beschluß ist schriftlich abzufassen und zu verkünden (§ 84 i. V. m. § 60 ArbGG).

49 Wird kein Rechtsmittel eingelegt oder sind die Rechtsmittel erschöpft, werden die Beschlüsse im BeschlVerf. **formell rechtskräftig.** Sie können nicht mehr angefochten werden. Damit tritt auch die **materielle Rechtskraft** ein. Bei gleichem Verfahrensgegenstand und unverändertem Sachverhalt ist die Einleitung eines weiteren BeschlVerf. unzulässig. Ein entspr. Antrag muß als unzulässig abgewiesen werden (BAG 27. 1. 81, AP Nr. 2 zu § 80 ArbGG 1979; BAG 1. 2. 83, AP Nr. 14 zu § 322 ZPO). An die Rechtskraft sind alle Beteiligten gebunden, nicht nur Antragsteller und Antragsgegner (BAG 27. 1. 81, AP Nr. 2 zu § 80 ArbGG 1979, bestr.). Ein abweisender Beschluß nach § 98 ArbGG (Einrichtung einer E-Stelle) hindert kein Verfahren auf Feststellung der umstrittenen MBR (anderer Streitgegenstand) und – bei positivem Ausgang kein weiteres Verfahren nach § 98 ArbGG (veränderte Umstände) (BAG 25. 4. 89 – AP Nr. 3 zu § 98 ArbGG 1979).

50 Der Beschluß kann auch „präjudizielle“ Wirkung haben (Auswirkungen auf andere Verfahren): Ist die Zustimmung des BR zur außerordentlichen Kündigung eines BRMitglieds ersetzt, so wirkt sich dies negativ auf den Kündigungsschutzprozeß aus (vgl. § 103 Rn 30). Die Entscheidung im BeschlVerf. über die Wirksamkeit und Inhalt einer BV ist auch im Urteilsverfahren zu beachten (BAG 17. 2. 81, AP Nr. 11 zu § 112 BetrVG 1972). Die Feststellung der Unwirksamkeit der Wahl oder die Entscheidung über die Betriebsratsfähigkeit eines Betriebes wirkt für und gegen ArbGeb., BR und ArbN (*Dütz,* Jahrbuch des Arbeitsrechts Bd 20, S. 47ff.; *Germelmann/Matthes/Prütting,* § 84 Rn 26). Das gilt auch für die im Beschl. Verf. getroffene Feststellung, die Maßnahme sei keine Betriebsänderung i. S. v. § 111 gewesen, die spätere Klage eines ArbN auf Nachteilsausgleich (§ 113 Abs. 3) muß deshalb abgewiesen werden (BAG 10. 11. 87, AP Nr. 15 zu § 113 BetrVG 1972).

Eine **Kostenentscheidung** ergeht **nicht.** Es werden für das Verfahren keine Gerichtskosten erhoben. Außergerichtliche Kosten sind nicht zu erstatten. Kosten einer Prozeßvertretung des BR durch einen Rechtsanwalt können zu den vom ArbGeb. zu tragenden Auslagen des BR gehören (vgl. § 40 Rn 10ff.). **51**

5. Rechtsmittel

Gegen jede Entscheidung des ArbG im BeschlVerf. kann von den ganz oder teilweise unterlegenen Beteiligten **Beschwerde beim LAG** eingelegt werden (§ 87 Abs. 1 ArbGG). Beschwerde und Beschwerdebegründung müssen von einem Rechtsanwalt oder einem Verbandsvertr. unterzeichnet sein. Die Beschwerdefrist und die Beschwerdebegründungsfrist betragen je einen Monat. **52**

Während gegen jeden arbeitsgerichtlichen Beschluß Beschwerde eingelegt werden kann, bedarf die **Rechtsbeschwerde beim BAG** grundsätzlich der Zulassung im Beschluß des LAG wegen grundsätzlicher Bedeutung oder wegen Divergenz. In Angleichung an die Bestimmungen über die Nichtzulassungsbeschwerde in § 72a ArbGG sieht das Gesetz in § 92a ArbGG ebenfalls eine Nichtzulassungsbeschwerde im BeschlVerf. vor, die allerdings in betriebsverfassungsrechtlichen Streitigkeiten nur auf Abweichung (Divergenz) des anzufechtenden Beschlusses von anderen Entscheidungen der LAG oder des BAG gestützt werden kann. Rechtsbeschwerdefrist und Rechtsbeschwerdebegründungsfrist betragen wie für die Revision je einen Monat (§ 92 Abs. 2 Satz 1 ArbGG). Beide Schriftsätze müssen von einem Rechtsanwalt unterzeichnet sein (§ 94 Abs. 1 ArbGG) und beim BAG eingereicht werden. **53**

6. Zwangsvollstreckung

Aus **rechtskräftigen Beschlüssen** der ArbGG und gerichtlichen Vergleichen findet auch im BeschlVerf. die Zwangsvollstreckung statt, sofern ein Beteiligter einer ausgesprochenen Verpflichtung nicht freiwillig nachkommt (§ 85 Abs. 1 ArbGG). Es gelten grundsätzlich die Vorschriften der ZPO über die Zwangsvollstreckung im Zivilprozeß (§§ 704ff. ZPO). Die Zwangsvollstreckung aus einer Entscheidung des ArbG, die den ArbGeb. verpflichtet, eine Handlung vorzunehmen oder zu unterlassen, erfolgt gemäß §§ 887ff. ZPO. Die Vollstreckung einer unvertretbaren Handlung (§ 888 ZPO) oder Unterlassung (§ 890 ZPO) erfolgt durch die Verhängung von Zwangsgeldern oder Ordnungsgeldern (vgl. BAG 8. 6. 82, AP Nr. 7 zu § 87 BetrVG 1972 Arbeitszeit). Die Verpflichtung auf Herausgabe beweglicher Sachen wird nach § 883 **54**

ZPO vollstreckt, die Verpflichtung auf Abgabe einer Willenserklärung nach § 894 ZPO und die Verpflichtung auf Zahlung eines Geldbetrages nach §§ 803ff. ZPO. Die Regelung des **§ 23 Abs. 3** stellt **keine** die **allgemeine Zwangsvollstreckung ausschließende Sonderregelung** dar (§ 23 Rn 86f., § 87 Rn 161; *Denck* Rn 82, 281; *Lipke,* DB 80, 2239; *DR,* § 23 Rn 63; **a. A.** *Grunsky,* § 85 Rn 5; *Heinze,* Rn 51). Eine Festsetzung von Ordnungs- und Zwangshaft ist nicht zulässig.

54a Beschlüsse in vermögensrechtlichen Streitigkeiten sind **vorläufig vollstreckbar.** Es handelt sich um Streitigkeiten über Sachmittel und Kosten der Organe (z. B. BR, Wahlvorstand, Honorare für Teilnahme an E-Stelle, vgl. dazu *Germelmann/Matthes/Prütting,* § 85 Rn 5f.).

55 Aus Beschlüssen, die lediglich auf eine Feststellung (nicht eine Leistung) gerichtet sind, kann nicht vollstreckt werden. Bei rechtsgestaltenden Entscheidungen (vgl. Rn 13) tritt die Rechtsfolge mit Rechtskraft des Beschlusses von selbst ein. Es bedarf keiner Zwangsvollstreckung.

7. Einstweilige Verfügungen

56 Einstw. Vfg. im BeschlVerf. sieht § 85 Abs. 2 ArbGG ausdrücklich vor (vgl. das entsprechende Stichwort im Stichwortverzeichnis und die Rn zu den einzelnen Vorschriften des BetrVG), wenn auch mit einigen Änderungen gegenüber dem Verfahren nach der ZPO (§§ 935ff.). Der einstweilige Rechtsschutz hat an Bedeutung gewonnen. Mit Hilfe einer einstweiligen Verfügung kann der BR Unterlassung einer mitbestimmungspflichtigen Maßnahme des ArbGeb. erreichen und verhindern, daß der ArbGeb. vollendete Tatsachen schafft (vgl. zum Unterlassungsanspruch § 23 Rn 80ff.). Ist das Hauptverfahren (BeschlVerf.) noch nicht beim ArbG anhängig, so hat das Gericht auf Antrag die Einleitung dieses Verfahrens binnen einer zu bestimmenden Frist anzuordnen, andernfalls wird die einstw. Vfg. aufgehoben (§§ 926, 936 ZPO).

57 Erforderlich ist wie nach der ZPO ein sogen. **Verfügungsanspruch,** d. h. ein Anspruch der einstw. gesichert werden soll, und ein **Verfügungsgrund,** d. h. es muß die Gefahr bestehen, daß durch Fortdauer oder Veränderung des gegenwärtigen Zustandes die Verwirklichung des Anspruchs, z. B. auf Unterrichtung oder Beteiligung des BR, vor Entscheidung der Hauptsache vereitelt oder wesentlich erschwert wird (Sicherungs-Vfg., § 935 ZPO) oder es muß bei einem streitigen betriebsverfassungsrechtlichen Rechtsverhältnis eine vorläufige Regelung notwendig sein (Regelungs-Vfg., § 940 ZPO). Diese Angaben sind glaubhaft zu machen, z. B. durch eidesstattliche Versicherung.

Nach *Germelmann/Matthes/Prütting* (§ 85 Rn 32) ist das Bestehen eines Verfügungsanspruchs auf Unterlassung von Handlungen, die der ArbGeb. nicht ohne vorherige Beteiligung des BR vornehmen darf, zur Sicherung der Beteiligungsrechte nicht erforderlich. Auf diese Weise wird der BR wenigstens in den dringendsten Fällen vor Mißachtung seiner Beteiligungsrechte geschützt. Richtiger ist die Bejahung eines materiell-rechtlichen Unterlassungsanspruchs zur Sicherung der Beteiligungsrechte (vgl. § 23 Rn 80).

Während eines Verfahrens vor der E-Stelle in sogen. Regelungsstreitigkeiten (vgl. § 76 Rn 30f.) ist der Erlaß einer einstw. Vfg. nicht möglich (§ 76 Rn 43; ebenso *Grunsky,* a. a. O., § 85 Rn 14). Zur einstw. Vfg. vgl. auch *Wahsner,* AiB 82, 166 und § 87 Rn 163, § 90 Rn 19, § 101 Rn 5, § 111 Rn 41.

Eine § 85 Abs. 2 ArbGG ersetzende Sonderregelung für personelle Einzelmaßnahmen enthält § 100 (§ 100 Rn 1). Wegen einstw. Vfg. auf Weiterbeschäftigung oder Entbindung von der Weiterbeschäftigungspflicht nach § 102 Abs. 5 Satz 2 vgl. dort Rn 67f.. 58

Für das Verfahren gelten die §§ 935ff. ZPO entsprechend. Zuständig ist das ArbG, das über die Hauptsache zu entscheiden hat (§ 937 Abs. 1 ZPO). Ist das BeschlVerf. bereits in der **Beschwerdeinstanz** anhängig, so ist für den Erlaß der einstw. Vfg. das **LAG** zuständig. 59

Die Entscheidung ergeht durch Beschluß der **Kammer** (§ 85 Abs. 2 S. 2 ArbGG), auch dann, wenn keine mündliche Verhandlung stattfindet. Dadurch wird § 944 ZPO aber nicht ausgeschlossen; in **dringenden Fällen** d. h. wenn die Heranziehung der ehrenamtlichen Richter zu einer unvertretbaren Verzögerung führen würde, kann der **Vors.** allein entscheiden (*Grunsky,* § 85 Rn 18). 60

Wegen der möglichen Rechtsbehelfe ist zu unterscheiden. Hat eine mündliche Verhandlung stattgefunden, in der alle Beteiligten angehört worden sind, so hat der Beschluß urteilsvertretende Funktion. Es kann **Beschwerde zum LAG** eingelegt werden. Dabei macht es keinen Unterschied, ob dem Antrag stattgegeben oder ob er abgelehnt wurde. Sofern **ohne mündliche Verhandlung entschieden** und dem Antrag stattgegeben worden ist, ist der zulässige Rechtsbehelf zunächst der Widerspruch nach §§ 924, 925 ZPO in derselben Instanz (*Grunsky,* Rn 20). Eine Rechtsbeschwerde zum BAG ist nicht zulässig (§ 92 Abs. 1, S. 3 ArbGG). 61

Ein nach § 945 ZPO möglicher Anspruch auf **Schadenersatz** nach Aufhebung einer einstw. Vfg. als von Anfang an ungerechtfertigt ist im BeschlVerf. gemäß § 85 Abs. 2 ArbGG ausgeschlossen. Ein derartiger Anspruch besteht nicht. 62

§ 2 Stellung der Gewerkschaften und Vereinigungen der Arbeitgeber

(1) **Arbeitgeber und Betriebsrat arbeiten unter Beachtung der geltenden Tarifverträge vertrauensvoll und im Zusammenwirken mit den im Betrieb vertretenen Gewerkschaften und Arbeitgebervereinigungen zum Wohl der Arbeitnehmer und des Betriebs zusammen.**

(2) **Zur Wahrnehmung der in diesem Gesetz genannten Aufgaben und Befugnisse der im Betrieb vertretenen Gewerkschaften ist deren Beauftragten nach Unterrichtung des Arbeitgebers oder seines Vertreters Zugang zum Betrieb zu gewähren, soweit dem nicht unum-**

gängliche Notwendigkeiten des Betriebsablaufs, zwingende Sicherheitsvorschriften oder der Schutz von Betriebsgeheimnissen entgegenstehen.

(3) **Die Aufgaben der Gewerkschaften und der Vereinigungen der Arbeitgeber, insbesondere die Wahrnehmung der Interessen ihrer Mitglieder, werden durch dieses Gesetz nicht berührt.**

Inhaltsübersicht

I. Vorbemerkung

1 Diese Vorschrift enthält in Abs. 1 in Vbdg. mit der Sonderbestimmung des § 74 die grundsätzliche Regelung der Zusammenarbeit zwischen ArbGeb., BR, Gewerkschaften und ArbGeb.Verbänden im Betrieb. Abs. 1 enthält (wie schon § 49 Abs. 1 BetrVG 52) die **allgemeinen, tragenden Grundsätze der Zusammenarbeit** zwischen ArbGeb. und BR. Wegen seiner besonderen Bedeutung ist er in die einleitenden Vorschriften des BetrVG 1972 vorgezogen worden. Diese Grundsätze sind als **Generalklauseln** mit unmittelbarer rechtlicher Wirkung anzusehen. Sie werden für die Entscheidungen der E-Stelle in § 76 Abs. 5 Satz 3 und § 112 Abs. 4 Satz 2 konkretisiert. Hinzu kommen weitere Vorschriften, die die Zielrichtung der Zusammenarbeit deutlich machen, insbesondere § 75, § 80 Abs. 1 Nr. 1, § 90 Satz 2, § 96.

1a Eine **Zusammenarbeit zwischen BR und Sprecherausschuß** ist weder im BetrVG noch im SprAuG vorgeschrieben. Der Sprecherausschuß ist die Interessenvertretung eines Teils **der Arbeitnehmer.** Eine Zusammenarbeit zwischen diesen beiden Organen der Betriebsverfassung (§ 1 Rn 1a) liegt daher nahe. Um diese Zusammenarbeit zu erleichtern, kann der Sprecherausschuß dem BR oder Mitgliedern des BR das Recht einräumen, an **Sitzungen** des Sprecherausschusses teilzunehmen. Umgekehrt kann auch der BR dem Sprecherausschuß oder einzelnen Mitgliedern des Sprecherausschusses das Recht einräumen an Sitzungen des BR teilzunehmen. Einmal im Kalenderjahr soll eine **gemeinsame Sitzung** des Sprecherausschusses und des BR stattfinden (§ 2 Abs. 2 SprAuG). Diese gemeinsamen Sitzungen sollen die Zusammenarbeit begünstigen und Konfrontationen verhindern.

1b Eine Zusammenarbeit kommt in Betracht bei **übereinstimmenden,** aber auch bei **widerstreitenden Interessen.** Gemeinsame Interessen können bestehen z. B. in Fragen der Arbeitszeit, des Urlaubs, der Nutzung von Sozialeinrichtungen, der Lohngestaltung. Häufig wird der ArbGeb. schon ein Interesse daran haben, die Arbeitsbedingungen im Betrieb zu vereinheitlichen. Er ist deshalb verpflichtet, vor Abschluß einer BV oder sonstigen Vereinbarung mit dem BR, die rechtliche Interessen der leitenden Angestellten berührt, den **Sprecherausschuß** rechtzeitig **anzuhören** (§ 2 Abs. 1 S. 2 SprAuG).

Das SprAuG räumt dem Sprecherausschuß nicht das Recht ein, Einfluß auf den Inhalt der Vereinbarungen zwischen ArbGeb. und BR auszuüben (anders noch § 33 des Entwurfs, der dem Sprecherausschuß das Recht einräumte, Aufhebung einer BV beim ArbG beantragen zu können). Mit dem **Verzicht auf** dieses, vom BR als diskriminierend empfundene **„Vetorecht"** hat der Gesetzgeber die Zusammenarbeit zwischen den beiden Interessenvertretungen der ArbN erleichtert. 1c

Eine entsprechende **Anhörungspflicht** des ArbGeb. gegenüber dem BR ist im BetrVG ausdrücklich nicht vorgesehen. Sie ergibt sich jedoch aus dem Gebot der vertrauensvollen Zusammenarbeit (§ 2 Abs. 1). Der ArbGeb. kann nicht ohne Anhörung des BR mit dem Sprecherausschuß Richtlinien über den Inhalt, den Abschluß oder die Beendigung von Arbeitsverhältnissen der leitenden Angestellten vereinbaren (§ 28 Abs. 1 SprAuG), ohne zuvor diese Angelegenheiten mit dem BR beraten zu haben. Voraufgehende gemeinsame Beratungen dieser gemeinsamen Angelegenheiten zwischen BR und Sprecherausschuß liegen daher nahe. 1d

Das SprAuG schreibt – ähnlich wie § 2 Abs. 1 BetrVG – eine vertrauensvolle **Zusammenarbeit zwischen ArbGeb. und Sprecherausschuß** vor (§ 2 Abs. 1 S. 1 SprAuG). Diese Zusammenarbeit soll dem Wohl der leitenden Angestellten und des Betriebes dienen. (Zu diesem Ziel vgl. hier Rn 8). Ebenso vorgeschrieben ist die Beachtung der geltenden Tarifverträge. TV können nach ihrem persönlichen Geltungsbereich auch leitende Angestellte erfassen. Leitende Angestellte sind ArbN (vgl. § 5 Rn 114). 1e

Eine **Zusammenarbeit** des Sprecherausschusses mit den im Betrieb vertretenen **Gewerkschaften und mit Arbeitgebervereinigungen** ist nicht vorgeschrieben, obwohl die Gewerkschaften auch Interessen der leitenden Angestellten vertreten können. Für das Fehlen einer solchen Verpflichtung zur Zusammenarbeit könnte nur sprechen, daß leitende Angestellte bisher sich selten einer Gewerkschaft angeschlossen haben. Der Zusammenschluß der leitenden Angestellten selbst, z. B. Union der leitenden Angestellten (ULA) ist keine Gewerkschaft. Er hat es sich nicht zur Aufgabe gemacht, die Arbeitsbedingungen seiner Mitglieder durch TV zu regeln. Er ist auch nicht bereit, notfalls mit Hilfe eines Arbeitskampfes die sozialen Belange seiner Mitglieder zu wahren (zum Gewerkschaftsbegriff vgl. Rn 16ff.). 1f

Zur Rechtsstellung des Sprecherausschusses vgl. § 1 Rn 1a, zu seinen Aufgaben vgl. § 5 Rn 205ff.

Abs. 2 regelt das **Zugangsrecht der Gewerkschaften** zur Erfüllung ihrer betriebsverfassungsrechtlichen Aufgaben und Befugnisse. Die 2

Vorschrift ist mit Art. 13 GG vereinbar (BVerfG 14. 10. 76, AP Nr. 3 zu § 2 BetrVG 1972 unter Hinweis auf BVerfGE 32, 54 [76]).

3 Abs. 3 befaßt sich mit den **koalitionspolitischen Aufgaben der Gewerkschaften und ArbGebVerbände.** Das Gesetz hält wie das bisherige Recht an dem Grundsatz fest, daß **BR und Gewerkschaft unterschiedliche Aufgaben** und Funktionen im Betrieb und im Rahmen der Betriebsverfassung haben. Der **BR** ist **Repräsentant aller ArbN** des Betriebs, auch soweit diese nicht oder in einer anderen Gewerkschaft organisiert sind (BVerfG 27. 3. 79, AP Nr. 31 zu Art. 9 GG; vgl. auch § 1 Rn 96). Unberührt bleibt die gewerkschaftliche Betätigung einzelner BRMitgl. als ArbN (vgl. § 74 Rn 14ff.).

4 Trotz gegenseitiger Unabhängigkeit sollen aber BR und Gewerkschaft im Interesse der ArbN des Betriebes zusammenarbeiten, soweit den Gewerkschaften auf dem Gebiet der Betriebsverfassung Aufgaben und Befugnisse zugesprochen werden (Schriftlicher Bericht des BT-Ausschusses für Arbeit S. 11 A IX zu BT-Drucks. VI/2729; vgl. Rn 52). Da die **Gewerkschaften** sowohl betriebsverfassungsrechtliche als auch koalitionspolitische Aufgaben zu erfüllen haben, stellt Abs. 3 i. V. m. § 74 Abs. 3 klar, daß diese Betätigungen grundsätzlich durch das BetrVG nicht eingeschränkt werden, auch nicht für ArbN, die zugleich Aufgaben nach dem BetrVG übernommen haben.

5 Zur Rechtsstellung der Gewerkschaften im Betriebsverfassungsrecht vgl. *Germelmann,* Jahrbuch des Arbeitsrechts, Bd. 14, S. 47ff.; *Däubler,* Gewerkschaftsrechte im Betrieb, 4. Aufl. 1985; *Hanau,* Jahrb. d. ArbR, Bd. 17 (1980) S. 37; *Gröbing,* ArbuR 81, 307. Zum Zugangsrecht der Gewerkschaften zum Betrieb: *Klosterkemper,* Athenäum-Verlag 1980; *Reuter,* Festschrift Müller, Seite 387ff.; *Richardi,* Festschrift Müller, Seite 413ff.; Zu den Beziehungen Gewerkschaften – BR: *Düttmann,* Jahrbuch des Arbeitsrechts, Bd. 17, S. 71ff.

6 Die Vorschrift gilt auch für GesBR, KBR (§ 51 Abs. 6 i. Vbdg. mit § 59 Abs. 1), sowie Bordvertretung und SeeBR (§ 114 Abs. 1).

Entsprechende Vorschrift im **BPersVG 74:** § 2. Im **SprAuG** fehlt eine entspr. Bestimmung. Dadurch werden Gew. und ArbGebVerbände in ihren koalitionspolitischen Aufgaben nicht eingeschränkt. Die Klarstellung des Abs. 3 ist nicht in gleichem Maße erforderlich.

II. Grundsätze der Zusammenarbeit

7 Die Generalklausel des Abs. 1 enthält **vier Gebote:**

1. Der ArbGeb. (oder sein verantwortlicher Vertreter, vgl. § 1 Rn 87, § 43 Rn 28, § 108 Rn 6) und der BR sollen **vertrauensvoll zusammenarbeiten** (vgl. Rn 8ff.);
2. Die Zusammenarbeit hat unter Beachtung der **geltenden TV** zu erfolgen (Rn 13ff.).
3. Diese Zusammenarbeit hat sich jedenfalls auch auf den **ArbGebVerband** bzw. die **Gewerkschaft** sowohl in getrennten Fühlungnahmen als auch bei gemeinsamen Besprechungen zwischen den Betriebspartnern zu erstrecken (vgl. Rn 16ff. und § 74 Rn 2a).

4. Die Zielrichtung der Zusammenarbeit ist das **Wohl der ArbN und des Betriebs** (Rn 34ff.).

1. Vertrauensvolle Zusammenarbeit

Die Beziehungen zwischen ArbGeb. und BR (GesBR, KBR, Vertr. nach § 3 Abs. 1 Nr. 2) sollen auf Zusammenarbeit gerichtet sein. Sie sind verbunden durch das gemeinsame **Ziel** des Wohles der ArbN und des Betriebes. Die Umstellung der Worte „ArbN" und „Betrieb" gegenüber § 49 Abs. 1 BetrVG 52 hat keine sachliche Bedeutung etwa in der Richtung, daß nunmehr nicht mehr das Wohl der ArbN des Betriebes, sondern der ArbNschaft schlechthin gemeint sei (*DR,* Rn 7; *GL,* Rn 19). Das bedeutet allerdings nicht, daß der BR sich ausschließlich auf betriebsegoistische Interessenwahrnehmung der schon im Betrieb tätigen ArbN beschränken müßte. Vielmehr ergibt sich aus den allgemeinen Aufgaben des BR (vgl. Rn 34ff.) und dem Gebot der Zusammenarbeit mit den Verbänden, daß auch betriebsübergreifende Gesichtspunkte eine Rolle spielen, insbesondere in Krisenzeiten. 8

Durch die Prinzipien des sozialen Rechtsstaates sind die Betriebspartner an sozialpflichtiges Handeln gebunden. Selbstverständlich haben ArbGeb. und BR **Interessengegensätze,** diese können auch durch das Gebot der vertrauensvollen Zusammenarbeit nicht ausgeschlossen oder verdeckt werden (ähnlich *GL,* Rn 12; *GKSB,* Rn 3; *HSG,* Rn 24; *GK-Kraft,* Rn 11). Sie sollen aber möglichst durch gegenseitige vertrauensvolle Zusammenarbeit ausgeglichen werden, ohne daß es einer Anrufung der E-Stelle oder der ArbG bedarf. Die Zusammenarbeit soll sich in gegenseitiger „Ehrlichkeit und Offenheit" (BAG 22. 5. 59, AP Nr. 3 zu § 23 BetrVG) vertrauensvoll (dazu *Gröbing,* ArbuR 69, 42) vollziehen. Im übrigen ergeben sich aus dieser Bestimmung **Verhaltenspflichten.** So darf der ArbGeb. z. B. nicht die für den BR bestimmte Post öffnen (ArbG Stuttgart 22. 12. 87 – 4 BVGa 3/87). Aus der Verpflichtung beider Seiten, sich am Wohl der ArbN und des Betriebes zu orientieren, folgt dagegen nicht, daß der BR verpflichtet wäre, fremde Interessen des Betriebes wahrzunehmen (nach *Heinze* besteht ein Treuhandverhältnis kraft Gesetzes, ZfA 88, 53, 73: Eine Überinterpretation, die den natürlichen Interessengegensatz außer acht läßt). 9

Diese Generalklausel enthält **unmittelbar geltendes Recht** und wirkt direkt auf Inhalt und Abgrenzung aller Einzelrechte und Pflichten von ArbGeb. und BR aus diesem Gesetz ein (BAG 15. 1. 60, 6. 12. 63, AP Nr. 3, 6 zu § 56 BetrVG Wohlfahrtseinrichtungen; BAG 21. 2. 78, AP Nr. 1 zu § 74 BetrVG 1972), z. B. hinsichtlich der Auskunfts- und Informationspflichten des ArbGeb., die stets weit auszulegen sind oder für die Kostentragungspflicht des ArbGeb. nach § 40 (BAG 18. 4. 67, AP Nr. 7 zu § 39 BetrVG). Wer nichts oder zu wenig weiß, kann nicht mitreden. Überzeugen kann der BR nur durch Sachkenntnis. Diese darf ihm der ArbGeb. nicht vorenthalten. Nur so entsteht das notwendige gegenseitige Vertrauen. Auch wird die Pflicht des ArbGeb., Fachzeitschriften für BR-Arbeit zur Verfügung zu stellen, dahin konkretisiert, 10 daß Auswahlwünsche des BR zu berücksichtigen sind (BAG 21. 4. 83, AP Nr. 20 zu § 40 BetrVG 1972, zust. *Kreutz,* EzA § 40 BetrVG Nr. 53). Dagegen lassen sich **MBR und Mitwirkungsrechte nicht** mit § 2 Abs. 1 **begründen** (vgl. *Witt,* Die betriebsverfassungsrechtliche Kooperationsmaxime und der Grundsatz von Treu und Glauben, 1987, S. 81ff.). Ebensowenig können MBR der BR unter Berufung auf diese Bestimmung eingeschränkt werden (**a. A.** *Heinze,* ZfA 88, 53, 73). Wohl aber hindert § 2 Abs. 1 den ArbGeb. daran, den BR vor vollendete Tatsachen zu stellen. Mit § 2 Abs. 1 läßt sich der Anspruch auf **Unterlassung mitbestimmungswidrigen Verhaltens** begründen (*Witt,* aaO, S. 110ff.; **a. A.** *Heinze,* ZfA 88, 53, 80).

11 Diese Klausel gilt nicht für die Zusammenarbeit innerhalb eines Betriebsverfassungsorgans (BAG 5. 9. 67, AP Nr. 8 zu § 23 BetrVG; *DR,* Rn 12; *GK-Kraft,* Rn 8; *GL,* Rn 8; *HSG,* Rn 23).

12 Allgemein zur Generalklausel des Abs. 1: *Witt,* Die betriebsverfassungsrechtliche Kooperationsmaxime und der Grundsatz von Treu und Glauben, 1987; *Heinze,* ZfA 88, 53ff.; *Buchner,* DB 74, 530; *Müller,* Festschrift Herschel, 1982, Seite 269, insbes. zur Rechtsprechung des BAG; *Söllner,* DB 68, 571; *Kreutz,* BlStR 72, 45; *Sandvoß,* MitbGespr. 77, 199. Kritisch *Weiss,* Rn 2, der aus der Formel keine konkreten Rechte oder Pflichten ableiten will. Dagegen verstehen *Däubler,* Das Grundrecht auf Mitbestimmung, S. 389 und *Zachert* in Arbeitsgruppe Arbeitsrecht (AGAR) S. 70, den Grundsatz des Abs. 1 (und § 74 Abs. 2 Satz 2) als Gebot einer „fairen und jede Schikane ausschließenden Verfahrensweise".

2. Beachtung der geltenden Tarifverträge

13 Die Zusammenarbeit von ArbGeb. und BR erfolgt „unter Beachtung" der geltenden TV. Der **BR hat für die Durchführung der TV zu sorgen** (vgl. § 80 Abs. 1 Nr. 1). Ob und welcher TV gilt, bestimmt das TVG. Inhalts-, Abschluß- und Beendigungsnormen setzen Tarifgebundenheit des ArbGeb. und des ArbN voraus; bei betrieblichen und betriebsverfassungsrechtlichen Regelungen genügt die Tarifgebundenheit des ArbGeb. (§ 3 Abs. 2, § 4 Abs. 1 TVG). Der TV selbst bestimmt seinen räumlichen, fachlichen, persönlichen und zeitlichen Geltungsbereich (vgl. *Wiedemann/Stumpf,* § 4 Rn 43 und § 77 Rn 54ff.).

14 Ungeachtet des Günstigkeitsprinzips des § 4 Abs. 3 TVG sind nach § 77 Abs. 3 BV über Arbeitsentgelte und sonstige materielle Arbeitsbedingungen, die tariflich geregelt sind oder üblicherweise geregelt werden, ausgeschlossen, sofern nicht ein TV ergänzende BV ausdrücklich zuläßt (§ 77 Rn 63). Auch die Übernahme von TV durch BV ist unzulässig. Damit wird der Vorrang der Tarifautonomie betont und verhindert, daß der persönliche Geltungsbereich eines TV auf einem anderen Wege als der AVE auf die ArbN eines Betriebes ausgedehnt wird, die nicht organisiert sind.

15 Ebenso wie die TV haben ArbGeb. und BR auch Mindestarbeitsbedingungen (§ 8 MindArbBedG) und bindende Festsetzungen nach § 19 HAG zu beachten.

3. Zusammenwirken mit Verbänden

a) Gewerkschaftsbegriff

Die Betriebsverfassungsorgane haben die **Verpflichtung,** mit Gewerkschaften und ArbGebVerbänden zusammenzuwirken. Der Gewerkschaftsbegriff wird im BetrVG vorausgesetzt und ist für das gesamte Arbeitsrecht, insbesondere das ArbGG, das TVG und das BetrVG, ein einheitlicher (BAG 6. 7. 56, AP Nr. 11 zu § 11 ArbGG; BAG 23. 4. 71, AP Nr. 2 zu § 97 ArbGG; BAG 15. 3. 77, AP Nr. 24 zu Art. 9 GG; *DR,* Rn 29; *GL,* Rn 33; *HSG,* Rn 61; kr. zu diesen einheitlichen Anforderungen: *Buchner,* Festschrift BAG, S. 55ff.). Über die Bedeutung des § 2 Abs. 1 für die Gewerkschaften vgl. Rn 28 und 52. 16

Gewerkschaftseigenschaft kommt nur den ArbN-Vereinigungen (Koalitionen) zu, die **tariffähig** sind (BAG 25. 11. 86, AP Nr. 36 zu § 2 TVG). Die Unterscheidung zwischen Koalitionen und tariffähigen Gewerkschaften ist verfasssungsgemäß (BVerfG 18. 11. 54, AP Nr. 1 zu Art. 9 GG, seither st. Rspr.). 17

Gewerkschaften sind (zu den Voraussetzungen vgl. zuletzt BAG 25. 11. 86, AP Nr. 36 zu § 2 TVG; aus der Literatur *Wiedemann/Stumpf,* TVG § 2, Rn 94ff.; *DR,* Rn 29ff.) Vereinigungen von ArbN (Ang. und Arb.), die 18

auf **freiwilligem Zusammenschluß** beruhen (Koalitionsfreiheit: Art. 9 Abs. 3 GG),

unabhängig vom Wechsel ihrer Mitgl. sind; die Gewerkschaften sind regelmäßig nichtrechtsfähige Vereine, ihre Rechtsstellung entspricht aber weitgehend der einer juristischen Person;

keine ArbGeb. der in Frage kommenden Berufskreise als Mitgl. haben („**gegnerfrei**" sind; wegen der Mitgliedschaft von leitenden Ang. BAG 15. 3. 77, AP Nr. 24 zu Art 9 GG; BAG 16. 11. 82, AP Nr. 32 zu § 2 TVG),

unabhängig von der Gegenseite sind (unmittelbare oder mittelbare Unterstützung durch ArbGeb., deren Vereinigungen, den Staat oder öffentl. Mittel ist unzulässig; Einziehung des Gewerkschaftsbeitrags durch ArbGeb. aber unschädlich, *Farthmann,* ArbuR 63, 353; *Herschel,* JZ 65, 82; *Wiedemann/Stumpf,* § 2 Rn 153; einschr. *DR,* Rn 39, u. *Neumann,* ArbuR 67, 70),

sich zur Aufgabe gemacht haben, die Arbeitsbedingungen ihrer Mitgl. durch **Abschluß von TV** zu regeln und das geltende Tarif- und Schlichtungsrecht anerkennen.

Grundsätzlich müssen Gewerkschaften auf **überbetrieblicher Grundlage** errichtet sein (BAG, aaO). Verbände, die auf Angehörige bestimmter Berufe beschränkt sind, die nur innerhalb eines Betriebes oder Unternehmens vorkommen, sind jedoch dann Gewerkschaften, wenn die Mitgliedschaft in ihnen allein von der Berufszugehörigkeit und nicht von der Betriebszugehörigkeit, d.h. nicht davon abhängig ist, ob der betr. ArbN z. Zt. in dem Betrieb tätig ist. 19

Tariffähigkeit setzt Bereitschaft zum **Arbeitskampf** – als letztem Mittel – voraus, um die sozialen Belange ihrer Mitgl. zu wahren (BAG 20

19. 1. 62, AP Nr. 13 zu § 2 TVG; ablehnend jedenfalls für Hausgehilfinnen BVerfG 6. 5. 64, AP Nr. 15 zu § 2 TVG und nicht erforderlich für leitende Ang.: BAG 15. 3. 77, AP Nr. 24 zu Art. 9 GG. Das BAG (16. 11. 82, AP Nr. 32 zu § 2 TVG) hat nach erneuter Einlegung der Rechtsbeschwerde in letzterer Sache festgestellt, daß der VOE eine Gewerkschaft ist; diese Entscheidung ist bedenklich, da bisher keine TV abgeschlossen worden sind; für die „Mächtigkeit soll es nicht auf die beabsichtigten Formen möglicher Arbeitskämpfe ankommen.

21 Jedenfalls setzt Tariffähigkeit und damit Gewerkschaftseigenschaft voraus, daß die ArbNVereinigung ihre Aufgabe als Tarifpartner sinnvoll erfüllen kann. Dazu gehören **Durchsetzungskraft** gegenüber dem sozialen Gegenspieler und **Leistungsfähigkeit** der Organisation. Ein angemessener, sozial befriedigender Interessenausgleich kann nur zustande kommen, wenn die ArbNVereinigung zumindest so viel Druck ausüben kann, daß sich die ArbGebSeite auf Tarifverhandlungen einlassen muß (**„soziale Mächtigkeit,“** vgl. BAG 25. 11. 86, AP Nr. 36 zu § 2 TVG; aus der früheren Rspr. vgl. BAG 14. 3. 78, AP Nr. 30 zu § 2 TVG unter Verneinung der Gewerkschaftseigenschaft für den Deutschen ArbNVerband, bestätigt durch BVerfG 20. 10. 81, AP Nr. 31 zu § 2 TVG und BAG 10. 9. 85, AP Nr. 34 zu § 2 TVG betr. eine ArbNVereinigung, die TV abgeschlossen hatte, die im Arbeitsleben durchweg beachtet wurden; wie hier; *GKSB,* Rn 10; *HSG,* Rn 70, kr. zu dieser Rechtsprechung: *Mayer-Maly,* RdA 79, 356; *GK-Kraft,* Rn 27 mit weit. Nachw.). Kann eine ArbNVereinigung jedoch nicht selbst verhandeln, sondern kann sie nur AnschlußTV abschließen, spricht dies gegen soziale Durchsetzungskraft. **Leistungsfähigkeit der Organisation** setzt voraus, daß die ArbNVereinigung von ihrem organisatorischen Aufbau her in der Lage sein muß, die gestellten Aufgaben auf tarifpolitischem Gebiet (Vorbereitung der Verhandlungen und Durchführung des TV) zu erfüllen. Das erfordert eine größere Zahl hauptberuflicher Beauftragter und ausreichende finanzielle Mittel (vgl. auch hierzu BAG 25. 11. 86, AP Nr. 36 zu § 2 TVG; LAG Düsseldorf 20. 9. 88 – 3 TaBV – aus diesen Gründen die Gewerkschafts-Eigenschaft der „Christliche Gewerkschaft Bergbau–Chemie–Energie (CGBCE)“ verneinend).

22 Zweifelhaft ist, ob auch Unabhängigkeit von parteipolitischen, konfessionellen und beruflichen Einflüssen verlangt werden muß.

23 Unter den Begriff „Gewerkschaft“ fallen auch die Zusammenschlüsse von Gewerkschaften **(Spitzenverbände)** im Sinne des § 2 Abs. 2 TVG, ferner **Orts-** und **Bezirksverwaltungen** einer Gewerkschaft, wenn sie eine korporative Verfassung, eigenes Vermögen und die Befugnis zum Abschluß von TV haben (*DR,* Rn 35; *Wiedemann/Stumpf,* § 2 Rn 114; BAG 19. 11. 85, AP Nr. 4 zu § 2 TVG Tarifzuständigkeit; BAG 26. 2. 64, AP Nr. 5 zu § 36 ZPO und BAG 22. 12. 60, AP Nr. 25 zu § 11 ArbGG).

b) Arbeitgebervereinigungen

Auch die **Arbeitgebervereinigungen** beruhen auf dem freiwilligen Zusammenschluß von ArbGeb., sie dürfen keine ArbN als Mitgl. haben, müssen unabhängig von der Gegenseite und unabhängig von einem Wechsel der Mitgl. und auf überbetrieblicher Grundlage errichtet sein. Sie sind regelmäßig rechtsfähige Vereine. Ihre grundlegende Aufgabe ist es, die **Arbeitsbedingungen** der bei ihren Mitgl. beschäftigten ArbN **durch Abschluß von TV zu regeln** (*DR,* Rn 43; *Wiedemann/Stumpf,* § 2 Rn 172ff.). Berufsverbände und rein wirtschaftspolitische Vereine **(Industrieverbände)** der Unternehmer rechnen **nicht** hierher (*Wiedemann/Stumpf,* a.a.O., Rn 174). Die Verleihung der Tariffähigkeit an **Innungen** und Innungsverbände (§§ 54 Abs. 3 Nr. 1, 82 S. 2 Nr. 3 HandwO) soll mit dem GG vereinbar sein (BVerfG 19. 10. 66, AP Nr. 24 zu § 2 TVG). 24

c) Zusammenwirken

Auf der ArbGeb.-Seite ist die Vereinigung maßgebend, in der der ArbGeb. Mitglied ist (vgl. § 29 Abs. 4). 25

Auf der ArbN-Seite kommen die **im Betrieb vertretenen** Gewerkschaften in Betracht. Dazu genügt, daß auch nur **ein ArbN** der betreffenden Gewerkschaft angehört (*DR,* Rn 21; *HSG,* Rn 61a; *GK-Kraft,* Rn 20; *GL,* Rn 36). Der Nachweis kann durch notarielle Erklärung („Tatsachenbescheinigung") ohne Namensnennung einzelner ArbN geführt werden. Darin wird festgehalten, daß eine Person, deren Personalien in einem besonderen Umschlag hinterlegt sind, einem bestimmten Betrieb und einer bestimmten Gewerkschaft angehört (LAG Düsseldorf 5. 12. 88, NZA 89, 236; vgl. auch über die Anhörung eines Gewerkschaftssekretärs im BeschlVerf., ohne daß dieser Namen nennen müßte: LAG Düsseldorf 6. 4. 78, DB 79, 110; *GKSB,* Rn 23). 26

Sind nur **leitende Angestellte** Mitglieder der Gewerkschaft, ist diese im Betrieb nicht vertreten, da der BR die Interessen dieser ArbN nicht vertritt (*DR,* Rn 21; *GK-Kraft,* Rn 21). 27

Das Zusammenwirken der Betriebsverfassungsorgane mit den Koalitionen erfolgt sowohl durch **getrennte Fühlungnahme** des ArbGeb. mit seiner ArbGebVereinigung bzw. des BR mit den im Betrieb vertretenen Gewerkschaften, als auch im Wege der **Beteiligung dieser Verbände an BRSitzungen** (§§ 29 Abs. 4, 31) und an BetrVerslg. (§ 46 Abs. 1; BAG 18. 3. 64 u. 14. 2. 67, AP Nr. 1 und 2 zu § 45 BetrVG). Auch gemeinsame Beratungen zwischen den Verbänden, ArbGeb. und BR sind möglich. 28

Bei Beratungen des BR mit den Gewerkschaften hat dieser die Geheimhaltungspflicht nach § 79 zu beachten. Er darf z.B. nicht Listen über Lohngruppenzugehörigkeit an die Gewerkschaft zur Überprüfung der Beitragsehrlichkeit der Gewerkschaftsmitgl. weitergeben (BAG 22. 5. 59, AP Nr. 3 zu § 23 BetrVG). 29

Weitere Möglichkeiten des Zusammenwirkens ergeben sich u.a. bei Bildung der E-Stelle (§ 76 Abs. 1 und 8). 30

Eine Beteiligung der Koalitionen wird häufig unerläßlich sein bei der Überwachung der Durchführung der TV (§ 80 Abs. 1 Nr. 1). Vgl. im übrigen den Überblick in Rn 52.

31 Die **Organe der Betriebsverfassung** haben mit den **Koalitionen** ebenso **vertrauensvoll zusammenzuarbeiten** wie untereinander (*Kreutz,* BlStR 72, 48; *GK-Kraft,* Rn 18). Dazu sind sie **verpflichtet** (*Däubler,* Gewerkschaftsrechte im Betrieb, § 2 V; *Weiss,* Rn. 5; über BRAmt und Gewerkschaft vgl. *Richardi,* RdA 72, 8 und *Buchner,* DB 72, 1236, der nur ein Recht, aber nicht die Pflicht des BR annimmt, Gewerkschaften zu seiner Unterstützung zuzuziehen; ebenso *DR,* Rn 25, 73; *GL,* Rn 29 sprechen von einer Verpflichtung des BR im Rahmen seines pflichtgemäßen Ermessens).

32 Die Pflicht zur Zusammenarbeit des BR mit den im Betrieb vertretenen Gewerkschaften besteht nicht nur in den Fällen, in denen das Gesetz den Koalitionen Befugnisse ausdrücklich einräumt (vgl. etwa §§ 14 Abs. 5, 17 Abs. 2, 46, 53 Abs. 3, 76 Abs. 8). Die Verpflichtung erstreckt sich vielmehr auf den **gesamten Bereich, in dem der BR tätig wird,** in dem auch ArbGeb. und BR zur vertrauensvollen Zusammenarbeit verpflichtet sind (*Kreutz,* BlStR 72, 48; *GKSB,* Rn 17).

33 Eine **Verpflichtung der Gewerkschaften** zur Zusammenarbeit mit dem BR (insbesondere auch soweit dessen Mitgl. nicht oder nur als Minderheit der Gewerkschaft angehören) kann aus § 2 Abs. 1 **nicht** abgeleitet werden; einer solchen Verpflichtung stünde Art. 9 Abs. 3 GG entgegen (*GKSB,* Rn 17; BAG 14. 1. 83, AP Nr. 12 zu § 76 BetrVG 1972). Ob die Gewerkschaft dem BR auf Ersuchen der organisierten BRMitgl. **Rechtsschutz** gewährt, bestimmt ihre Satzung. Im allgemeinen besteht weder kraft Verbandsrecht noch kraft Betriebsverfassungsrecht hierauf ein Anspruch (BAG 3. 10. 78, 4. 12. 79, AP Nr. 14, 18 zu § 40 BetrVG 1972; *Klinkhammer,* ArbuR 77, 144; vgl. § 40 Rn 9f.). Andererseits bestehen keine prozeßrechtlichen Bedenken gegen eine Vertretung des BR durch die Gewerkschaft (vgl. **Nach** § 1, Rn 46). Auch ist die Gewerkschaft bei der Ausübung ihrer Koalitionstätigkeit nicht an die Friedenspflicht des § 74 gebunden. Sie ist auch nicht verpflichtet, die Interessen der Nichtorganisierten zu vertreten.

4. Ziel der Zusammenarbeit

34 Ziel der Zusammenarbeit zwischen ArbGeb. und BR ist das **Wohl der ArbN und des Betriebes.** Der ArbGeb. darf nicht allein die Interessen des Betriebes oder gar seine persönlichen Interessen verfolgen, der BR seine Amtsführung nicht ausschließlich auf die Interessen der ArbN des Betriebes abstellen. Die Grundtendenz des Gesetzes geht nicht auf die Betonung der an sich gegebenen und natürlichen Interessengegensätze zwischen ArbGeb. und ArbN, sondern auf die Zusammenarbeit zur **Vermeidung bzw. Lösung konkreter Konflikte** mit friedlichen Mitteln (§ 74 Abs. 1 und 2). Dauernde Obstruktionspolitik von ArbGeb. oder BR kann zu Maßnahmen nach § 23 führen bzw. zur Bestrafung des ArbGeb. nach § 119.

Das Gesetz schreibt nicht mehr ausdrücklich die Berücksichtigung des Gemeinwohls vor. Gleichwohl dürfen die **Interessen der Allgemeinheit** nicht außer Betracht bleiben (vgl. § 396 AktG: Auflösung einer AG oder KG auf Aktien bei Gefährdung des Gemeinwohls), vor allem in Betrieben, deren Tätigkeit in besonderem Maße der Allgemeinheit dient (z. B. Krankenhäuser, Verkehrs- und Versorgungsbetriebe, soweit diese unter das BetrVG fallen). Einer besonderen Verpflichtung des ArbGeb. in derartigen Betrieben und Unternehmen hat auch der BR Rechnung zu tragen (*DR*, Rn 6). 35

Aber auch bei Beratungen über **Betriebsänderungen** im Sinne des § 111 sind Auswirkungen auf die Allgemeinheit (z. B. das Sozialgefüge der Gemeinde und die Umwelt) zu berücksichtigen, ebenso die allgemeinen ArbN-Interessen, soweit diese im Rahmen des einzelnen Betriebes oder Unternehmens berücksichtigt werden können. Dem BR ist nicht verwehrt, darauf zu achten, daß die Besetzung von Arbeitsplätzen durch **Arbeitslose** den Vorrang hat vor der Anordnung von **Überstunden,** insbesondere wenn die zulässigen Grenzen der AZO überschritten werden sollen (vgl. § 80 Rn 3). Dasselbe gilt für die Beschäftigung von LeihArbN, sofern nicht nur ein unvorhergesehener, vorübergehender Bedarf gedeckt werden soll. Unterstützt oder fordert der BR die Anordnung von Überstunden entgegen den Vorschriften der AZO oder die Beschäftigung von LeihArbN entgegen den Bestimmungen des AÜG, so kann er sich einer groben Verletzung seiner gesetzlichen Pflichten i. S. des § 23 Abs. 1 schuldig machen. Zu weit geht es aber, die soziale Rechtfertigung betriebsbedingter Kündigungen mit der Begründung zu verneinen, es könne allgemein im Betrieb eine dauernde Verkürzung der Arbeitszeit eingeführt werden (so auch LAG Hamm, DB 83, 506; vgl. auch § 102 Rn 50). 36

Auch im Rahmen seiner Beteiligung bei der **Personalplanung** (z. B. Personalbedarfsplanung) und der Berufsbildung kann der BR Gesichtspunkte des Arbeitsmarktes (z. B. der Beschäftigung von Arbeitslosen) einbringen. Grundsätzlich obliegt allerdings die Vertretung der Belange der ArbNschaft im überbetrieblichen Bereich den Gewerkschaften. 37

III. Zugang von Gewerkschaftsbeauftragten zum Betrieb zur Wahrnehmung betriebsverfassungsrechtlicher Aufgaben

Das **Zugangsrecht** der im Betrieb vertretenen Gewerkschaften zur Wahrnehmung betriebsverfassungsrechtlicher Aufgaben wird in Abs. 2 ausdrücklich festgelegt, während die Koalitionsbetätigung der Gewerkschaft von diesem Gesetz unberührt bleibt (Abs. 3 i. Vbdg. mit § 74 Abs. 3, dort Rn 14ff.). Das Zugangsrecht ist mit dem GG vereinbar (BVerfG 14. 10. 76, AP Nr. 3 zu § 2 BetrVG 1972). Das Recht zur Tätigkeit für eine Gewerkschaft zur **Erfüllung koalitions-** 38

politischer Aufgaben ergibt sich **unmittelbar aus Art. 9 Abs. 3 GG** (Näheres vgl. Rn 55ff.; vgl. zum Ganzen *Sarge/Gester,* AiB 88, 228).

39 Die Gewerkschaft soll den ArbGeb. vorher unterrichten (Näheres Rn 46). Eine Unterrichtung des BR ist zweckmäßig, aber nicht vorgeschrieben, so daß auch dann ein Zutrittsrecht besteht, wenn der Betrieb keinen BR hat, z. B. zur Einleitung einer BRWahl (*GL,* Rn 83).

40 Eine dem § 2 Abs. 2 vorgehende Sonderregelung des Zutritts der Gewerkschaften zu den entsprechenden Räumlichkeiten besteht gem. § 31 für BRSitzungen (vgl. § 31 Rn 14, 18), gem. § 108 zu Sitzungen des WiAusschusses (vgl. Rn 52) und gemäß § 46 Abs. 1 für Betr- oder Abteilungsverslg. (vgl. § 46 Rn 5ff.) ebenso wie für die BR-Verslg. (§ 53 Abs. 3) und die JugAzubiVerslg. (§ 71 Satz 3).

41 In der **Seeschiffahrt** kann Gewerkschaftsvertretern der Zugang an Bord gem. § 111 Abs. 1 S. 2 SeemannsG nur aus wichtigem Grund verweigert werden (Näheres vgl. *Reuter,* ZfA 76, 107 [172ff.] u. *Säcker,* Rechtsgutachten für die ÖTV, 1975). In § 14 Nr. 2.2 **BRTV-Bau** ist ein Zutrittsrecht zu den Baustellen, insbes. Wohn-, Schlaf- und Kantinenräumen ausdrücklich festgelegt.

42 Das Zugangsrecht haben die **Beauftragten im Betrieb vertretener Gewerkschaften.** Die Gewerkschaft hat selbst darüber zu befinden, wen sie als Beauftragten entsenden will, z. B. auch ArbN eines anderen Betriebs als ehrenamtliche Funktionäre oder hauptberufliche Angestellte der Gewerkschaft (BAG 14. 2. 78, AP Nr. 26 zu Art. 9 GG). Auf den Wunsch des BR, zu seiner Unterstützung bestimmte Gewerkschaftsangehörige zu entsenden, wird die Gewerkschaft aber zweckmäßigerweise eingehen. Der ArbGeb. kann grundsätzlich nicht einem Gewerkschaftsbeauftragen aus in dessen Person liegenden Gründen den Zugang verwehren (wegen Ausnahmen vgl. unten Rn 50).

43 Das Zugangsrecht besteht für den **Betrieb,** ist also nicht auf den Besuch des BR, anderer Betriebsverfassungsorgane oder der BetrVerslg. beschränkt, sofern die Gewerkschaft ihre Aufgaben und Befugnisse nach diesem Gesetz (vgl. unten Rn 52) wahrnehmen will. Insbesondere ist auch ein **Zutrittsrecht zu dem einzelnen ArbN am Arbeitsplatz** zu bejahen, falls dies z. B. zur Vorbereitung einer BRWahl (vgl. §§ 14 Abs. 6, 16 Abs. 2, 17 Abs. 2, 3) oder zur Beilegung von Akkordstreitigkeiten (§ 87 Abs. 1 Nr. 11) oder aus anderem Anlaß im Rahmen der betriebsverfassungsrechtlichen Aufgaben des BR oder der Gewerkschaft erforderlich ist (BAG 17. 1. 89, AP Nr. 1 zu § 2 LPVG NW; *DR,* Rn 102; *Buchner,* DB 72, 1236; *GK-Kraft,* Rn 49; *Klosterkemper,* S. 51; **a. M.** unter Hinweis auf die Vorgeschichte des Gesetzes: *GL,* Rn 81 und *Hanau,* BB 71, 486; einschränkend auch *Stege/Weinspach,* Rn 17).

44 Nach Auffassung des BAG (26. 6. 1973, AP Nr. 2 zu § 2 BetrVG 1972) hat der ArbGeb. dem Gewerkschaftsbeauftragten Zutritt auch dann zu gewähren, wenn dieser **Aufgaben** wahrnehmen will, die nicht ausdrücklich durch das BetrVG genannt werden, die aber in einem **inneren Zusammenhang mit dem Betriebsverfassungsrecht** stehen und an deren Lösung die Gewerkschaft ein berechtigtes Interesse hat (letzterer Gesichtspunkt ist zweifelhaft, es sollte vielmehr darauf ankommen, daß

der BR der Unterstützung der Gewerkschaft bedarf). Ein allgemeines, aus § 2 abgeleitetes Zutrittsrecht darüber hinaus (z. B. um mit einzelnen ArbN Fragen des geltenden TV zu besprechen) lehnt das BAG zutreffend ab, soweit es sich um eine reine koalitionspolitische Aufgabe handelt. Eine Einladung durch den BRVors. kann ein Indiz für das Bestehen eines Zutrittsrechts sein. Wegen der Verpflichtung des BR, die Zusammenarbeit mit der Gewerkschaft zu suchen, vgl. oben Rn 31).

Das Zugangsrecht besteht grundsätzlich **während der Arbeitszeit** 45 (wegen Ausnahmen vgl. Rn 47).

Die **Gewerkschaft** (nicht der BR) hat den ArbGeb. oder seinen Ver- 46 treter, d. h. die Personen, die kraft Auftrags des ArbGeb. oder kraft Übung regelmäßig eine derartige Mitteilung entgegennehmen, vor dem Besuch zu **unterrichten.** Es ist zweckmäßig, aber nicht notwendig, daß zuvor auch diejenigen Stellen oder Personen unterrichtet werden, die der Gewerkschaftsbeauftragte aufsuchen will, damit er sie im Betrieb antrifft. Im Normalfall soll die Unterrichtung über den Zweck des Besuchs und die Person des Besuchers so rechtzeitig geschehen, daß der ArbGeb. sich auf den Zutritt einstellen u. Zutrittsverweigerungsgründe prüfen kann (*Klosterkemper,* S. 59; *DR,* Rn 104). In Eilfällen genügt aber eine Unterrichtung unmittelbar vor Beginn des Besuches (*DR,* Rn 105; *GL,* Rn 84). Der ArbGeb. kann auf Unterrichtung verzichten (vgl. *GK-Kraft,* Rn 37; *GKSB,* Rn 27).

Nur **ausnahmsweise** kann der ArbGeb. den **Zutritt** allgemein oder zu 47 einem bestimmten Zeitpunkt oder für bestimmte Räumlichkeiten **verweigern,** wenn **unumgängliche Notwendigkeiten des Betriebsablaufs** (Arbeitsablaufs), **zwingende** öffentlich-rechtliche oder nach § 87 Abs. 1 Nr. 7 vereinbarte **Sicherheitsvorschriften** oder der **Schutz von Betriebsgeheimnissen** dies erfordert. Dabei ist nach dem Grundsatz der Verhältnismäßigkeit die mildeste mögliche Maßnahme anzuwenden (z. B. Verweigerung des Zutritts zu bestimmten Tageszeiten oder für bestimmte Räume). In diesem Rahmen kann der ArbGeb. sein sog. „Hausrecht" ausüben.

Solche zwingenden, vom ArbGeb. darzulegenden Gründe sind z. B.: 48 Verbot des Betretens von Räumen, in denen besondere nach außen abzuschirmende Arbeitsprozesse ablaufen (Herstellung empfindlicher elektronischer Maschinen oder pharmazeutischer Artikel) oder ArbN an einem taktgebundenen Band unter ständig erforderlicher Konzentration arbeiten, Untersagung des Zugangs zu Strahlenschutzbereichen i. S. der §§ 57ff. StrlSchV, zu elektrischen Hochspannungseinrichtungen aus Sicherheitsgründen, Verbot des Zutritts zu der **Entwicklungsabteilung** eines Unternehmens wegen der Gefährdung von **Betriebsgeheimnissen** (wegen des Begriffs des Betriebsgeheimnisses vgl. § 79 Rn 2f.).

Gewerkschaftsvertreter dürfen grundsätzlich in ihrem Zugangsrecht 49 **nicht stärker eingeschränkt werden als ArbN des Betriebes** selbst, zumal sie der Geheimhaltungspflicht unterliegen (§ 79 Abs. 2; ähnlich *GKSB,* Rn 30; weiter einschränkend *DR,* Rn 110; auch hier besonders einschränkend *GL,* Rn 111ff. die überdies die Gewerkschaft zur „schonenden Ausübung" des Zugangsrechts verpflichten wollen). Der Arb-

Geb. muß darlegen, daß eine erhebliche Störung des Arbeitsablaufs, eine Verletzung der Geheimhaltungspflicht oder die Verletzung zwingender Sicherheitsvorschriften zu erwarten ist (*DR*, Rn 111). Wegen Streitigkeiten und Erlaß einstweiliger Verfügungen vgl. unten Rn 65.

50 **In besonderen Ausnahmefällen** kann der ArbGeb. einem **bestimmten Gewerkschaftsbeauftragten** aus Gründen, die in dessen Person liegen, den **Zutritt zum Betrieb verweigern.** Ein Mißbrauch der Befugnisse führt zum Wiederaufleben des Hausrechts des ArbGeb. Dann darf der Beauftragte den Betrieb zunächst nicht betreten. Die Gewerkschaft kann aber eine rechtliche Klärung des Zutrittsrechts im BeschlVerf. erreichen und ggf. den Erlaß einer einstweiligen Verfügung beantragen (vgl. unten Rn 65). Die mißbräuchliche Rechtsausübung kann einmal darin liegen, daß der bestimmte Gewerkschaftsbeauftragte schon wiederholt im Betrieb seine gesetzlichen Aufgaben und Befugnisse eindeutig überschritten hat, z. B. durch parteipolitische Propaganda im Betrieb, Aufforderung zur Arbeitsniederlegung, sofern es sich nicht um einen legalen gewerkschaftlichen Streik handelt, Gefährdung der Betriebssicherheit, zum anderen in groben Beleidigungen des ArbGeb., dessen Vertreters oder auch von ArbN, wenn deren Wiederholung zu befürchten ist (vgl. BAG 18. 3. 64, 14. 2. 67, AP Nr. 1, 2 zu § 45 BetrVG). Sachliche, auch in scharfer Form ausgetragene Differenzen oder die Behandlung von Angelegenheiten, die § 74 Abs. 2 (vgl. dort Rn 11ff.) ausdrücklich zuläßt, sind aber kein Grund zur Verweigerung des Zutritts. Die Gewerkschaft als solche verliert ihr Zutrittsrecht nicht. Sie kann dann einen anderen Beauftragten entsenden.

51 Auch vor einem **Arbeitskampf** bestehen keine Beschränkungen für das betriebsverfassungsrechtliche Zugangsrecht der Gewerkschaft (*Klosterkemper,* S. 70; *Kremp,* ArbuR 73, 200; **a. M.** *HSG,* Rn 109; *GL,* Rn 89; *GK-Kraft,* Rn 63). Durch die Wahrnehmung betriebsverfassungsrechtl. Aufgaben wird die Friedenspflicht – § 74 Abs. 2 – nicht verletzt.

52 Das Gesetz weist den im **Betrieb vertretenen Gewerkschaften zahlreiche Aufgaben und Befugnisse zu,** die die Wahl eines BR erleichtern und dessen Tätigkeit unterstützen sollen. Im einzelnen sind folgende Vorschriften besonders hervorzuheben:

§ 2 Abs. 1: Unterstützung der Zusammenarbeit von ArbGeb. und BR. Hieraus ergeben sich mittelbar weitgehende Zutrittsmöglichkeiten für die Gewerkschaft (**akzessorisches Zugangsrecht**). Das Zugangsrecht ist davon abhängig, ob sich der BR der Unterstützung der Gewerkschaft bedienen will. Adressat der Vorschrift sind nicht die Gewerkschaften, sondern nur ArbGeb. und BR. Der Pflicht des BR auf Zusammenarbeit steht nicht unmittelbar ein Recht der Gewerkschaft auf Zutritt zum Betrieb, insbes. zum BR gegenüber (BAG 17. 1. 89, AP Nr. 1 zu § 2 LPVG NW; BAG 26. 6. 73, AP Nr. 2 zu § 2 BetrVG 1972; LAG Hamm, 9. 3. 72, AP Nr. 1 zu § 2 BetrVG 1972; *DR,* Rn 113; ähnlich *GK-Kraft,* Rn 39; *HSG,* Rn 98; *GL,* Rn 79; **a. A.** *Düttmann,* Jahrb. des Arbeitsrechts, Bd. 17,

S. 71ff. für ein selbständiges Zugangsrecht). Der BR macht sich u. U. einer Pflichtverletzung i. S. des § 23 Abs. 1 schuldig, wenn er die Unterstützung der Gewerkschaft zwar an sich benötigt, aber nicht in Anspruch nimmt (vgl. oben Rn 31). Vorausgesetzt wird, daß der BR betriebsverfassungsrechtliche Aufgaben wahrzunehmen hat;

§ 12 Abs. 1: Durchführung der **Vorabstimmung** über anderweitige **Verteilung der BRSitze** (vgl. § 12 Rn 5; *GK-Thiele,* § 12 Rn 10);

§ 14 Abs. 2: Durchführung der **Vorabstimmung über Gemeinschaftswahl** (vgl. § 14 Rn 21);

§ 14 Abs. 5: **Wahlvorschläge** für BRWahl in der in § 14 Abs. 8 vorgeschriebenen Form (JugAzubiVertr. § 63 Abs. 2);

§ 16 Abs. 1: Entsendungsrecht in den Wahlvorstand, wenn der Gewerkschaft kein stimmberechtigtes Wahlvorstandsmitglied angehört (JugAzubiVertr. § 63 Abs. 2).

§ 16 Abs. 2: **Antrag auf Bestellung eines Wahlvorstandes** beim ArbG, wenn sechs Wochen vor Ablauf der Amtszeit des BR kein Wahlvorschlag vorliegt; das ArbG kann auch Gewerkschaftsmitgl. bestellen, die nicht ArbN des Betriebes sind (JugAzubiVertr. § 63 Abs. 3);

§ 17 Abs 2: **Einladung zu einer BetrVerslg.,** die den Wahlvorstand bestellen soll, wenn kein BR besteht, und Vorschläge für die Zusammensetzung des Wahlvorstandes;

§ 17 Abs. 3: **Antrag auf Bestellung eines Wahlvorstandes** durch das ArbG, wenn gemäß § 17 Abs. 1, 2 kein Wahlvorstand bestellt ist;

§ 18 Abs. 1: **Antrag auf Ersetzung** eines untätigen **Wahlvorstandes** durch ArbG (JugAzubiVertr. § 63 Abs. 3);

§ 18 Abs. 2: Antrag auf Entscheidung des ArbG über die **Selbständigkeit eines Nebenbetriebes oder Betriebsteils;**

§ 19 Abs. 2: **Wahlanfechtung** (JugAzubiVertr. § 63 Abs. 3), wenn konkrete Anhaltspunkte für Wahlverstöße vorhanden sind;

§ 23 Abs. 1: **Antrag auf Ausschluß eines Mitgl.** aus dem BR (GesBR § 48, KBR § 56, JugAzubiVertr. § 65 Abs. 1, GesJugAzubiVertr. § 73 Abs. 2) bzw. **auf Auflösung des BR** (JugAzubiVertr. § 65 Abs. 1)

§ 23 Abs. 3: **Antrag gegen ArbGeb.,** eine Handlung vorzunehmen oder zu unterlassen und Zwangsgeldantrag: Zutrittsrecht der Gewerkschaften besteht im Rahmen des § 23, wenn konkrete Anhaltspunkte dafür bestehen, daß BR oder ArbGeb. grob gegen ihre gesetzlichen Pflichten verstoßen haben (ebenso *DR,* Rn 93; *Klosterkemper,* S. 32ff.; *GL,* Rn 78; ablehnend *HSG,* Rn 99),

§ 31 **Teilnahme an BRSitzungen** auf Antrag von einem Viertel der Mitgl. oder der Mehrheit einer Gruppe des BR

(GesBR § 51 Abs. 1 , KBR § 59 Abs. 1, JugAzubiVertr. § 65 Abs. 1, GesJugAzubiVertr. § 73 Abs. 2); insoweit besteht eine von § 2 Abs. 2 unabhängige Regelung (*DR,* Rn 94).

§ 35 Abs. 1: **Verständigung nach Aussetzung eines BRBeschl.** mit Hilfe der Gewerkschaft (GesBR § 51 Abs. 1, KBR § 59 Abs. 1, JugAzubiVertr. § 66 Abs. 1, GesJugAzubiVertr. § 73 Abs. 2).

§ 37 Abs. 7: **Hinzuziehung der Spitzenorganisationen** der Gewerkschaften und ArbGebVerbände bei der **Entscheidung** der obersten Arbeitsbehörde des Landes über die **Geeignetheit von Schulungs- und Bildungsveranstaltungen** (JugAzubiVertr. § 65 Abs. 1);

§ 43 Abs. 4: Antrag auf **Einberufung einer BetrVerslg.,** wenn im letzten Kalenderhalbjahr keine Betriebs- oder Abteilungsverslg. stattgefunden hat;

§ 46 Abs. 1 Abs. 2: **Teilnahme** von Beauftragten der Gewerkschaften an **Betriebs- oder Abteilungsverslg.;** Mitteilung von Zeitpunkt und Tagesordnung an die Gewerkschaft (JugAzubiVerslg. § 71); hier besteht ein eigenständiges Teilnahmerecht der Gewerkschaften (*DR,* Rn 94);

§ 53 Abs. 3: **Teilnahme** von Beauftragten der Gewerkschaften an **BRVerslg.;** Mitteilung von Zeitpunkt und Tagesordnung;

§ 108 Abs. 1: Ein Gewerkschaftsbeauftragter kann in entspr. Anwendung von § 31 an Sitzungen des WiAusschusses auf Einladung des BR teilnehmen (BAG 25. 6. 87, AP Nr. 6 zu § 108 BetrVG 1972).

§ 119 Abs. 2: **Strafantragsrecht** wegen Straftaten gegen Betriebsverfassungsorgane.

53 Ein Zutrittsrecht von Beauftragten der Gewerkschaften nach Abs. 2 besteht nicht nur im Rahmen der vorgenannten Bestimmungen, sondern auch darüber hinaus bei Wahrnehmung von Aufgaben, die mit dem **BetrVG in einem inneren Zusammenhang** stehen (vgl. BAG 26. 6. 73, AP Nr. 2 zu § 2 BetrVG 1972, dazu kr. *Klosterkemper,* S. 45f. und wegen Zuziehung eines Gewerkschaftsbeauftragten zur Sprechstunde auf Wunsch des BR LAG Baden-Württemberg, 25. 6. 74, BB 74, 1206, vgl. auch § 39 Rn 8 und oben Rn 44).

54 Außerdem eröffnet das Gesetz in einigen Vorschriften den TVParteien ausdrücklich die Möglichkeit, **Regelungen des Gesetzes abzuändern oder zu ergänzen.** Da es sich um betriebsverfassungsrechtliche Fragen handelt, braucht nur der ArbGeb. tarifgebunden zu sein (§ 3 Abs. 2 TVG). Es handelt sich um die §§ 3, 38 Abs. 1 S. 3, 47 Abs. 4, 55 Abs. 4, 72 Abs. 4, 76 Abs. 8, 86 und 117. Auch insoweit besteht ein Zutrittsrecht der Gewerkschaften zur Vorbereitung eines entsprechenden TV (*DR,* Rn 100; *Gröbing,* ArbuR 81, 307; zweifelnd *Hanau,* BB 71, 486; *Kremp,* ArbuR 73, 201 will das Zugangsrecht nicht aus Abs. 2, sondern aus Abs. 1 herleiten; ablehnend *GL,* Rn 80).

IV. Koalitionsaufgaben der Gewerkschaften und Arbeitgeberverbände

Abs. 3 hebt die Aufgaben der Koalitionen hervor. Ihre Stellung soll durch die Beteiligungsrechte des BR nicht berührt werden. Die typischen, durch Art. 9 Abs. 3 GG gewährleisteten Koalitionsaufgaben von Gewerkschaften und ArbGebVerbänden, insbesondere der Abschluß von TV ggfs. nach vorhergehendem Arbeitskampf, die Überwachung der Einhaltung von TV und die Beratung der Mitgl. der Verbände in sozialen und arbeitsrechtlichen Fragen sowie deren Prozeßvertretung (§ 11 ArbGG), bleiben neben den Aufgaben nach dem BetrVG bestehen und werden **durch dieses Gesetz weder geregelt noch beeinträchtigt** (BAG 14. 2. 78, AP Nr. 26 zu Art. 9 GG). 55

Für die Verbände gilt auch nicht die Friedenspflicht des § 74 Abs. 2 (vgl. dort Rn 7), u. U. aber die tarifliche Friedenspflicht. Wegen Werbung für Gewerkschaften vgl. § 74 Rn 15f. Zur Koalitionsfreiheit vgl. *Däubler,* Koalitionsfreiheit, Nomos Verlagsgesellschaft, Baden-Baden, 1976. 56

Für **außerbetriebliche Gewerkschaftsbeauftragte,** die den Betrieb zur Erfüllung der vorgenannten **allgemeinen Koalitionsaufgaben** (einschließlich der Werbung, vgl. § 74 Rn 15) betreten wollen, gilt zwar nicht das Zugangsrecht nach Abs. 2. Der ArbGeb. würde aber sein Hausrecht (Art. 13 GG) mißbrauchen und gegen das **Grundrecht der Koalitionsfreiheit** nach Art. 9 Abs. 3 GG verstoßen, wenn er einem Gewerkschaftsbeauftragten ohne triftigen Grund den Zutritt verweigern würde (einschränkend *GL,* Rn 90; verneinend *GK-Kraft,* Rn 80 u. *DR,* Rn 164f., der eine bes. gesetzliche Anspruchsgrundlage vermißt; so auch BVerfG, 17. 2. 81, AP Nr. 9 zu Art. 140 GG gegen Zutrittsrecht, wenn die Gewerkschaft schon durch Mitgl. vertreten ist; ganz verneinend *Reuter,* Festschrift Müller, S. 387ff.). 57

Art. 14 GG steht im Hinblick auf die Sozialbindung des Eigentums und die personellen Elemente des Betriebes dem Zutritt außerbetrieblicher Gewerkschaftsbeauftragter nicht entgegen (BAG 14. 2. 78, AP Nr. 26 zu Art. 9 GG, einschränkend, soweit die Gewerkschaft schon im Betrieb vertreten ist: BVerfG a. a. O. unter Aufhebung von BAG 14. 2. 78 und jetzt dieser Auffassung kraft gesetzl. Verpflichtung folgend BAG 19. 1. 82, AP Nr. 10 zu Art. 140 GG; so früher schon *Richardi,* Festschrift Müller, Seite 473ff.; *HSG,* Rn 94; vgl. auch § 118 Rn 50). 58

Es gehört auch zu den allgemeinen Aufgaben der Gewerkschaften nach § 2 Abs. 3, sich gegenüber dem ArbGeb. für die Interessen der Mitgl. einzusetzen. Das geschieht häufig durch **gewerkschaftliche Vertrauensleute,** die in den Betrieben tätig werden und ArbN des Betriebes sind. Diese Vertrauensleute sind zu unterscheiden von den zusätzlichen Vertretungen nach § 3 Abs. 1 Nr. 1 und den betrieblichen Vertrauensmännern, die aufgrund BV z. T. in Großbetrieben gebildet worden sind (zu deren Unzulässigkeit vgl. § 3 Rn 18) und von einer Vertretung der ArbNschaft in Kleinstbetrieben (vgl. § 1 Rn 158f.). 59

60 Nach Ansicht des BAG (8. 12. 78, AP Nr. 28 zu Art. 9 GG) ist das Institut der gewerkschaftlichen Vertrauensleute zwar verfassungsrechtlich abgesichert; gleichwohl soll sich aus Art. 9 Abs. 3 GG kein Anspruch auf Abhaltung der **Wahl** der Vertrauensleute **im Betrieb** gegen den ArbGeb. ergeben, da dieser nicht dem verfassungsrechtlich garantierten „Kernbereich" der Koalitionsbetätigung zuzurechnen sei. Gegen diese mit einer weitverbreiteten betrieblichen Praxis nicht übereinstimmende Einschränkung *Pfarr* (ArbuR 78, 242), die zu Recht eine Begründung des BAG hinsichtlich der etwa verletzten Rechte des ArbGeb. vermißt (vgl. auch *Pfarr,* ArbuR 79, 290 und *Zachert,* ArbuR 79, 358 u. AiB 82, 73; kr. zu BAG auch *DR,* Rn 168 u. *GKSB,* Rn 36). Jedenfalls wird die Rechtssphäre des ArbGeb. dann nicht berührt, wenn diese Wahlen den Betriebsablauf nicht stören, insbesondere außerhalb der Arbeitszeit stattfinden (*Richardi,* Festschrift f. Müller, S. 413ff. hält Wahl im Betrieb für zulässig, eine Zurverfügungstellung von Räumen durch ArbGeb. könne aber nicht verlangt werden).

61 Gewerkschaftliche Vertrauensleute dürfen wegen ihrer gewerkschaftlichen Betätigung gegenüber anderen ArbN **nicht unterschiedlich behandelt, insbesondere nicht benachteiligt** oder gemaßregelt werden (§ 75 Abs. 1; *GK-Kraft,* Rn 84; *HSG,* Rn 83; vgl. das von der Bundesrepublik ratifizierte **Übereinkommen der IAO Nr. 135** vom 23. 6. 1971, BGBl. II, 1973, S. 953, 1596, abgedruckt als Anhang 6), das aber keine unmittelbaren Rechtsansprüche begründet (BAG 8. 12. 78, AP Nr. 28 zu Art. 9 GG; BAG 19. 1. 82, AP Nr. 10 zu Art. 140 GG).

62 In der Metallindustrie bestand ab 1. September 1969 für das Bundesgebiet eine **tarifvertragliche Regelung** über den Schutz der gewerkschaftlichen Vertrauensleute, die zum 31. 12. 1974 gekündigt wurde. Danach durften diesen ArbN aus ihrer Eigenschaft und Tätigkeit keine Nachteile erwachsen. Andere TV sehen bezahlte Teilfreistellungen (vgl. BAG 5. 4. 78, AP Nr. 2 zu § 1 TVG TV: Banken) oder (und) Erteilung von Sonderurlaub zur Teilnahme an Schulungskursen, sowie ausdrücklich die Abhaltung der Vertrauensleutewahlen im Betrieb vor. Derartige **TV sind zulässig** (ArbG Kassel 5. 8. 76, BB 76, 1127 = DB 76, 1675, mit kr. Anm. *Eich; Gamillscheg,* Festschrift f. Molitor, 1988, S. 133, 148f., *Herschel,* ArbuR 77, 137; *Mayer,* BlStR 77, 17; *Wlotzke,* RdA 76, 80 und *Zachert,* BB 76, 514 gegen *Bulla,* BB 75, 889, der verfassungsrechtliche Bedenken geltend macht); sie bedürfen keiner Zustimmung gemäß § 3 Abs. 2 (vgl. § 3 Rn 19). Für Unzulässigkeit solcher TV: *GK-Kraft,* Rn 85; *Blomeyer,* DB, 77, 101ff.; *Bötticher,* RdA 78, 133; *Hunold,* AR-Blattei Betriebsverfassung V B, Sachliche Zuständigkeit; *DR,* Rn 170, soweit TV über ein Benachteiligungsverbot hinausgehen. Zur Rechtsstellung gewerkschaftlicher Vertrauensleute im Betrieb vgl. *Glaubrecht* in *Bäcker-Zander,* Mitbestimmung u. Effizienz, Schäffer-Verlag, 1981, S. 31ff. Weitere Nachweise bei *Däubler,* Gewerkschaftsrechte im Betrieb, § 17. Auch BRMitgl. können gewerkschaftliche Vertrauensleute sein (*Mül-*

ler, RdA 76, 46), müssen bei Tätigwerden als BRMitgl. aber die Vorschriften des § 75 beachten (vgl. § 75 Rn 14).

Der BR kann sich gem. § 11 ArbGG in einem **BeschlVerf. vor dem ArbG durch Gewerkschaftsvertreter vertreten** lassen, wenn auch nur ein Mitgl. des BR der betreffenden Gewerkschaft angehört und diese bereit und nach ihrer Satzung in der Lage ist, Rechtsschutz zu gewähren (vgl. oben Rn 33 und **Nach** § 1 Rn 46). 63

V. Streitigkeiten

Streitfragen über die vier in Absatz 1 enthaltenen Gebote (oben Rn 7) werden regelmäßig im Zusammenhang mit konkreten Einzelbestimmungen des Gesetzes auftreten und sind danach im **BeschlußVerf.** (§ 2a ArbGG) zu klären. Verstoßen ArbGeb. oder BR grob gegen diese Pflichten, so können Anträge nach § 23 von den dort genannten Antragsberechtigten gestellt werden. 64

Das **Zugangsrecht der Gewerkschaften** nach Abs. 2 zur Erfüllung betriebsverfassungsrechtlicher Aufgaben ist im Streitfall gleichfalls im BeschlVerf. zu entscheiden (*GL,* Rn 91 nehmen irrtümlich an, es würde hier die gegenteilige Ansicht vertreten). Die Gewerkschaft hat ein Antragsrecht und kann insbesondere in dringenden Fällen auch Antrag auf **Erlaß einer einstweiligen Verfügung** stellen (§ 85 Abs. 2 ArbG; *DR,* Rn 175; LAG Hamm, AP Nr. 1 zu § 2 BetrVG 1972), wenn ihrem Beauftragten der Zugang verweigert wird, selbst wenn das Ergebnis des Hauptverfahrens vorweggenommen wird. Die Gewerkschaften sind auch als nicht rechtsfähiger Verein nach § 10 ArbGG im arbeitsgerichtlichen Verfahren unbeschränkt partei- und prozeßfähig. Das gilt heute auch für den Zivilprozeß (BGH AP Nr. 1 zu § 50 ZPO). Örtliche Verwaltungsstellen der Gewerkschaften sind antragsberechtigt im BeschlVerf., wenn sie durch Satzung dazu ermächtigt sind (BAG 7. 12. 55, AP Nr. 5 zu § 18 BetrVG; BAG 6. 12. 77, AP Nr. 10 zu § 118 BetrVG 1972) oder ihnen Vollmacht erteilt ist (BAG 14. 12. 65, AP Nr. 5 zu § 16 BetrVG). Für ArbGebVerbände bestehen keine prozeßrechtlichen Probleme, da sie regelmäßig die Form einer juristischen Person (eingetragener Verein) haben. 65

Ein **Antragsrecht** haben die **Gewerkschaften** in betriebsverfassungsrechtlichen Streitigkeiten nach der Rechtsprechung des BAG aber nur, wenn das Gesetz ihnen ein Antragsrecht ausdrücklich einräumt oder wenn sie in ihrer betriebsverfassungsrechtlichen Rechtstellung (Unterstützungsfunktion) unmittelbar betroffen sind. Das ist immer dann der Fall, wenn sie eigene Rechte oder Ansprüche geltend machen, z. B. Zugangsrechte (vgl. **Nach** § 1 Rn 21 u. 21a). Entsprechendes gilt für die Beteiligtenstellung (vgl. **Nach** § 1 Rn 37). In Verf. über die Nichtigkeit oder Anfechtbarkeit einer BRWahl sind die im Betrieb vertretenen Gewerkschaften nur zu beteiligen, wenn sie die Wahl nach § 19 Abs. 2 angefochten haben (BAG 19. 9. 85, AP Nr. 12 zu § 19 BetrVG 1972). Wegen Abtretung von Ansprüchen an die Gewerkschaft vgl. § 40 Rn 56. 66

67 Handelt es sich dagegen um **Fragen der Koalitionsfreiheit** als solcher, die zwischen Gewerkschaften und ArbGeb. streitig sind (Abs. 3, Rn 55ff.), so entscheiden die ArbG gem. § 2 Abs. 1 Nr. 2 ArbGG im **Urteilsverfahren** (vgl. BAG 29. 6. 65, 14. 2. 67, AP Nr. 6, 10 zu Art. 9 GG; BAG 2. 6. 87, AP Nr. 49 zu Art. 9 GG betr. Abwehransprüche gegen einen ArbGeb., der die Einstellung eines ArbN vom vorherigen Austritt aus der Gewerkschaft abhängig gemacht hatte; *GL,* Rn 92). Das Grundrecht des Art. 9 Abs. 3 GG wäre höchst fragwürdig, würde nur die Koalitionsfreiheit des einzelnen geschützt, nicht aber die verfassungsmäßige Betätigung der Koalition selbst (BVerfG in ständiger Rechtsprechung seit 18. 11. 54, AP Nr. 1 zu Art. 9 GG). Die Verbände können also selbst klagen. Wegen Streitfragen hinsichtlich der Gewerkschaftswerbung im Betrieb vgl. § 20 Rn 18 und § 74 Rn 19.

§ 3 Zustimmungsbedürftige Tarifverträge

(1) **Durch Tarifvertrag können bestimmt werden:**

1. **zusätzliche betriebsverfassungsrechtliche Vertretungen der Arbeitnehmer bestimmter Beschäftigungsarten oder Arbeitsbereiche (Arbeitsgruppen), wenn dies nach den Verhältnissen der vom Tarifvertrag erfaßten Betriebe der zweckmäßigeren Gestaltung der Zusammenarbeit des Betriebsrats mit den Arbeitnehmern dient;**
2. **die Errichtung einer anderen Vertretung der Arbeitnehmer für Betriebe, in denen wegen ihrer Eigenart der Errichtung von Betriebsräten besondere Schwierigkeiten entgegenstehen;**
3. **von § 4 abweichende Regelungen über die Zuordung von Betriebsteilen und Nebenbetrieben, soweit dadurch die Bildung von Vertretungen der Arbeitnehmer erleichtert wird.**

(2) **Tarifverträge nach Absatz 1 bedürfen insoweit der Zustimmung der obersten Arbeitsbehörde des Landes, bei Tarifverträgen, deren Geltungsbereich mehrere Länder berührt, der Zustimmung des Bundesministers für Arbeit und Sozialordnung. Vor der Entscheidung über die Zustimmung ist Arbeitgebern und Arbeitnehmern, die von dem Tarifvertrag betroffen werden, den an der Entscheidung über die Zustimmung interessierten Gewerkschaften und Vereinigungen der Arbeitgeber sowie den obersten Arbeitsbehörden der Länder, auf deren Bereich sich der Tarifvertrag erstreckt, Gelegenheit zur schriftlichen Stellungnahme sowie zur Äußerung in einer mündlichen und öffentlichen Verhandlung zu geben.**

(3) **Mit dem Inkrafttreten eines Tarifvertrags nach Absatz 1 Nr. 2 endet die Amtszeit der Betriebsräte, die in den vom Tarifvertrag erfaßten Betrieben bestehen; eine solche durch Tarifvertrag errichtete Vertretung der Arbeitnehmer hat die Befugnisse und Pflichten eines Betriebsrats.**

Inhaltsübersicht

I. Vorbemerkung

1 Die Vorschriften des Gesetzes über die Organisation der in ihm geregelten Vertr. der ArbN sind grundsätzlich **zwingend** und keiner Abänderung durch BV oder TV zugänglich. Etwas anderes gilt nur, soweit das Gesetz ausdrücklich abweichende Regelungen zuläßt (*DR,* Rn 1; *GL,* Rn 1; *GK-Kraft,* Rn 8; *HSG,* Rn 1; vgl. auch § 1 Rn 123).

2 § 3 gestattet Abweichungen von den Organisationsregelungen des Gesetzes durch TV, nicht durch BV (vgl. Rn 9), in dreifacher Hinsicht. Zur Verbesserung der Zusammenarbeit zwischen BR und den ArbN des Betriebs können **zusätzliche** betriebsverfassungsrechtliche **Vertr.** der ArbN geschaffen werden (vgl. Rn 15ff.). In besonderen Fällen kann anstelle des BR eine **andere Vertr.** der ArbN gebildet werden (vgl. Rn 26ff.). Schließlich wird eine **anderweitige Zuordnung** von Betriebsteilen und Nebenbetrieben abweichend von der Vorschrift des § 4 gestattet (vgl. Rn 42ff.).

3 Im Interesse der Rechtssicherheit und um sicherzustellen, daß abweichende Tarifregelungen i. S. des Abs. 1 nur bei Vorliegen der gesetzlichen Voraussetzungen vereinbart werden, bindet Abs. 2 die Wirksamkeit derartiger TV an die **Zustimmung der obersten Arbeitsbehörde** des Landes bzw. des Bundesministers für Arbeit und Sozialordnung (Näheres Rn 56. ff.).

4 Außer in § 3 bietet das Gesetz noch **in folgenden Vorschriften** die Möglichkeit, von seinen **organisatorischen Bestimmungen abzuweichen:** § 12 (abweichende Verteilung der BRSitze), § 14 Abs. 2 (Beschluß über die Durchführung einer gemeinsamen Wahl), § 38 Abs. 1 (Zahl der freizustellenden BRMitgl), § 47 Abs. 4 bis 6 (Größe des GesBR), § 55 Abs. 4 (Größe des KBR), § 72 Abs. 4 bis 6 (Größe der GesJugAzubiVertr.), § 76 Abs. 8 (Ersetzung der E-Stelle durch eine tarifliche Schlichtungsstelle), § 76a Abs. 5 (Abweichung von gesetzl. vorgeschriebenen Bemessungsfaktoren oder einer Vergütungsordnung für die Tätigkeit in einer E-Stelle), § 86 (Regelung der Einzelheiten des Beschwerdeverfahrens sowie Errichtung einer betriebl. Beschwerdestelle), § 117 Abs. 2 (Zusammenarbeit der tarifvertraglichen Vertr. des „Fliegenden Personals" von Luftfahrtunternehmen mit den ArbNVertr. der Landbetriebe dieser Unternehmen). Zur Frage der Zulässigkeit der **Erweiterung der Beteiligungsrechte** des BR durch TV vgl. § 1 Rn 122ff.

5 Zur Zulässigkeit von tariflichen Regelungen über Vertr. der ArbN in nicht betriebsratsfähigen Kleinstbetrieben vgl. § 1 Rn 158f., hinsichtlich

Vertretungen der leitenden Ang. durch Sprecherausschüsse vgl. § 1 Rn 1a und § 5 Rn 156ff. und hinsichtlich der Religionsgemeinschaften § 118 Rn 48ff. Das BetrVG schließt die Errichtung von Vertr. der ArbN, die nicht in seinen Geltungsbereich eingreifen, nicht aus (*GL*, Rn 4 und 22; **a.A.** *DR*, Rn 8; *Buchner*, AR-Blattei, Tarifvertrag V A Betriebsverfassungsnormen).

6 Die Vorschrift gilt nicht für den **GesBR,** den **KBR** und die **GesJug-AzubiVertr.** Hier bestehen Sondervorschriften über die Möglichkeit einer abweichenden MitglZahl dieser Organe (vgl. § 47 Abs. 4 bis 6, § 55 Abs. 4 und § 72 Abs. 4 bis 6).

7 Regelungen nach Abs. 1 Nr. 3 wirken sich auch auf die Organisationsgrundlage der **JugAzubiVertr.** aus (vgl. § 60 Rn 6).

8 Die Vorschrift ist hinsichtlich der Voraussetzungen für eine abweichende tarifvertragliche Regelung und des Zustimmungsverfahrens **zwingend.**

II. Abweichungen durch Tarifvertrag

9 Vom Gesetz abweichende Regelungen der in Abs. 1 genannten Art können **nur durch TV** und **nur in bezug** auf die in Abs. 1 **geregelten Sachverhalte** getroffen werden. Vereinbarungen anderer Art als TV, etwa BV oder Absprachen zwischen dem ArbGeb. und dem BR bzw. den ArbN des Betriebs, sind unzulässig (*DR*, Rn 2; *GL*, Rn 2; *GK-Kraft*, Rn 23).

10 **Vereinbarungen anderen Inhalts** als der in Absatz 1 genannten Art sind nicht zulässig. Insbesondere können nicht anderweitige oder andersartige betriebsverfassungsrechtliche Institutionen für die vom BetrVG erfaßte Arbeitnehmerschaft geschaffen werden. Zur Unzulässigkeit von Vereinbarungen über sogenannte betriebliche Vertrauensmänner vgl. unten Rn 18.

11 Der Abschluß von TV nach § 3 unterliegt – abgesehen von der Notwendigkeit der behördlichen Zustimmung (vgl. Rn 56ff.) – keiner weiteren Beschränkung als der Abschluß von TV im allgemeinen. Insbesondere sind derartige TV ggfs. auch erstreikbar. Auch der erstreikte TV bedarf zu seiner Wirksamkeit der behördlichen Zustimmung. Die TV nach § 3 sind in das beim Bundesminister für Arbeit und Sozialordnung geführte Tarifregister einzutragen (vgl. § 6 TVG); sie können dort eingesehen werden (vgl. § 16 DVO/TVG).

12 Tarifregelungen der in Absatz 1 genannten Art stellen Rechtsnormen über betriebsverfassungsrechtliche Fragen i. S. von § 3 Abs. 2 TVG dar. Für ihre Geltung reicht es deshalb aus, wenn der **ArbGeb. tarifgebunden** ist und der Betrieb in den betrieblichen, fachlichen und räumlichen Geltungsbereich des TV fällt. In diesem Falle gilt die anderweitige Regelung des TV für alle in dem Betrieb beschäftigten ArbN, d.h. auch für solche, die hinsichtlich ihrer Arbeitsbedingungen nicht tarifgebunden sind oder unter einen anderen TV fallen (§ 3 Abs. 2 TVG). Eine Allgemeinverbindlicherklärung der TV ist zulässig.

Wird ein Betrieb von mehreren den gleichen Sachverhalt regelnden TV nach § 3 erfaßt, so bestimmt sich die Frage, welcher von ihnen maßgebend ist, nach den allgemeinen tarifvertragsrechtlichen Grundsätzen über die **Tarifkonkurrenz** (vgl. hierzu § 77 Rn 55). Da im Genehmigungsverfahren nach Abs. 2 sowohl die beteiligten ArbN und ArbG als auch die interessierten Gewerkschaften und ArbGebVereinigungen zu hören sind, dürften konkurrierende TV über Angelegenheiten des Abs. 1 nicht vorkommen. Werden der Zustimmungsbehörde mehrere, den gleichen Sachverhalt regelnde TV zur Zustimmung vorgelegt, so hat sie nach den Grundsätzen der Tarifkonkurrenz zu entscheiden, welchem dieser TV sie ihre Zustimmung erteilt. 13

Auch **Firmentarifverträge** sind zulässig (*DR*, Rn 16). Dabei ist aber im Falle des Abs. 1 Nr. 2 zu beachten, daß die Schwierigkeiten, die die Errichtung einer anderen ArbNVertr. erforderlich machen, bei allen Betrieben der gleichen Art wegen ihrer besonderen Eigenart bestehen müssen (vgl. unten Rn 28). 14

III. Zusätzliche Vertretungen der Arbeitnehmer (Abs. 1 Nr. 1)

Zusätzliche Vertr. der ArbN nach Abs. 1 Nr. 1 sind nur zulässig, wenn ihre Errichtung nach den Verhältnissen der vom TV erfaßten Betriebe der **zweckmäßigeren Gestaltung der Zusammenarbeit des BR mit den ArbN** dient. Zusätzliche ArbNVertr. kommen also nur dort in Betracht, wo der natürlich gegebene Kontakt zwischen dem BR und den ArbN des Betriebs infolge der besonderen Verhältnisse des Betriebs nicht ordnungsgemäß und in ausreichendem Umfang besteht. Insbesondere kann sich die Zweckmäßigkeit zusätzlicher betriebsverfassungsrechtlicher Vertr. dann ergeben, wenn eine Vertretung der verschiedenen Abteilungen und Beschäftigungsarten der ArbN des Betriebs im BR gemäß § 15 nicht gewährleistet ist (*DR*, Rn 14; *GL*, Rn 7 u. 10). Die Vorschrift hat bisher keine allzu große Bedeutung erlangt. In der Praxis werden (außerhalb der eigentlichen BetrVerf.) weitgehend gewerkschaftliche Vertrauensleute tätig, z. T. aber auch Gruppenvertr., deren Tätigkeit auf betrieblicher Übung beruht, die aber mit den Vorschriften des Gesetzes nicht in Einklang steht (vgl. unten Rn 17f.). 15

Die zusätzlichen ArbNVertr. können nur für **bestimmte Beschäftigungsarten** oder **Arbeitsbereiche** errichtet werden. Es muß also eine Gemeinsamkeit der ArbN entweder in funktionaler Hinsicht (z. B. die Akkordarbeiter, die Außendienst-Angestellten oder die Aushilfskräfte eines Betriebs) oder im Hinblick auf ihre Zusammenarbeit innerhalb einer betrieblichen Organisationseinheit (z. B. die ArbN der Betriebsabteilung „Forschung" oder die ArbN der Abteilung „Versand") bestehen. In den sogenannten **Saisonbetrieben** kann für die nicht ständig beschäftigten ArbN eine zusätzliche ArbNVertr. errichtet werden, allerdings 16 nur unter der Voraussetzung, daß sie nicht nur das ständige Personal verstärken, sondern daß ihnen bestimmte Arbeitsbereiche zugewiesen sind, z. B. das gesamte Bedienungspersonal einer Saisongaststätte (*DR,* Rn 10, **a. A.** wohl *GL,* Rn 8).

17 Die Bildung von zusätzlichen Vertr. für ArbN mit **andersartigen Gemeinsamkeiten** ist **nicht zulässig,** z. B. eine zusätzliche betriebsverfassungsrechtliche Vertr. für die weiblichen ArbN oder für die ausländischen ArbN des Betriebs (*DR,* Rn 9; *GL,* Rn 8; *GK-Kraft,* Rn 10).

18 Unzulässig sind ferner **betriebliche Vereinbarungen** über sogenannte **betriebliche Vertrauensleute,** die jeweils von einer bestimmten Anzahl von ArbN des Betriebs gewählt und als Bindeglied und Informationsträger zwischen ArbGeb., ArbN und BR fungieren (*GKSB,* Rn 5; **a. A.** *Müller,* DB 78, 743; *GK-Kraft,* Rn 43). Soweit derartige Vertrauensmänner ein Bindeglied zwischen ArbN und BR darstellen, sind sie als zusätzliche Vertretungen i. S. von Abs. 1 Nr. 1 anzusehen und können **nur durch TV** errichtet werden (vgl. oben Rn 9). Soweit sie ein Bindeglied zwischen ArbN und ArbGeb. sind, greifen sie unzulässigerweise in die Zuständigkeit des BR ein, da die kollektive Interessenvertretung gegenüber dem ArbGeb. ausschließlich dem BR obliegt.

19 Die Regelung des Abs. 1 Nr. 1 betrifft nur die Bildung einer betriebsverfassungsrechtlichen Vertr. (*DR,* Rn 15; *GL,* Rn 11). Die Errichtung gewerkschaftlicher Vertr. der ArbN auf Betriebsebene (z. B. **gewerkschaftliche Vertrauensleute**) wird von ihr nicht erfaßt (vgl. hierzu § 2 Rn 59).

20 Von einer „betriebsverfassungsrechtlichen" Vertr. kann nur gesprochen werden, wenn ihr ohne Rücksicht auf die gewerkschaftliche Zugehörigkeit die Vertr. der Belange der ArbN der betroffenen Arbeitsgruppe gegenüber dem BR obliegt. Eine betriebsverfassungsrechtliche Vetr. setzt ferner voraus, daß sie nach demokratischen Grundsätzen von den jeweiligen ArbN der betreffenden Arbeitsgruppe **gewählt** wird (vgl. § 119 Abs. 1 Nr. 1; *DR,* Rn 19; *GK-Kraft,* Rn 12; *Weiss,* Rn 3). Eine schriftliche Wahl ist nicht unbedingt erforderlich; es genügt eine Wahl durch Akklamation, sofern der TV nichts anderes bestimmt (*GL,* Rn 12). Die Errichtung einer zusätzlichen Vertretung durch Ernennung durch den BR ist nicht zulässig (*Brecht,* Rn 11).

21 Zulässig ist nur die Bildung **zusätzlicher** betriebsverfassungsrechtlicher Vertr.; sie **ersetzen weder den BR noch andere Vertretungen der ArbN** nach diesem Gesetz. Auch übernehmen sie weder ganz noch teilweise deren Aufgaben und Funktionen, insbesondere nicht die Ausübung der Mitwirkungs- und Mitbestimmungsrechte. Ihr Zweck erschöpft sich vielmehr darin, eine **sachgemäße Zusammenarbeit des BR mit den ArbN des Betriebs** sicherzustellen. Sie haben auch **keine Vertretungsbefugnis gegenüber dem ArbGeb.;** diese steht allein dem BR zu (*GK-Kraft,* Rn 12; *GKSB,* Rn 8). Vielmehr sind ihre Gesprächspartner nur der BR und die ArbN ihrer Arbeitsgruppe (*DR,* Rn 11; *GL,* Rn 13). Das schließt nicht aus, daß ArbGeb. und BR bei der Erörterung der eine Arbeitsgruppe betreffenden Angelegenheiten den Vertr. dieser Gruppe als Auskunftsperson hinzuziehen. Mitgl. der zusätzlichen Vertr.

können auch mit beratender Stimme zu BRSitzungen hinzugezogen werden, wenn besondere Angelegenheiten der betreffenden ArbNGruppe behandelt werden (*DR,* Rn 20; *GL,* Rn 13).

Nicht zulässig ist es jedoch, ihnen auch **Stimmrecht im BR** zuzuerkennen (**a. A.** *DR,* Rn 20, unter Hinweis auf das Stimmrecht der JugAzubiVertr. nach § 67 Abs. 2). Dies ist schon aus Gründen der Wahlgleichheit unzulässig; denn dann kämen die Stimmen der ArbN der betreffenden Arbeitsgruppe bei Abstimmungen doppelt zum Tragen, einmal über die von ihnen gewählten BRMitgl., zum anderen über die zusätzlichen Vertr. Im Fall der JugAzubiVertr. ordnet das G ausdrücklich das Stimmrecht an, beschränkt es jedoch auf Beschlüsse, die überwiegend Jugendliche und Auszubildende betreffen. 22

Da die zusätzlichen Vertr. eine verbesserte Zusammenarbeit des BR mit den ArbN bezwecken, ist ihre Errichtung **nicht zulässig** in Betrieben, in denen **kein BR besteht** (*DR,* Rn 13, 23; *GL,* Rn 9). Endet das Amt des BR nicht nur vorübergehend, so endet auch das Amt etwa bestehender zusätzlicher ArbNVertr. Im übrigen ist jedoch die **Amtszeit** der zusätzlichen ArbNVertr. nicht in der Weise an die des BR gekoppelt, daß mit Beendigung der Amtszeit des BR stets auch die Amtszeit der zusätzlichen Vertr. endet. Die Beendigung der Amtszeit der zusätzlichen Vertr. bestimmt sich nach der tariflichen Regelung. 23

Für die Mitgl. der zusätzlichen Vertr. nach Abs. 1 Nr. 1 **gelten** im allgemeinen auch **nicht die für den BR bzw. seine Mitgl. maßgebenden Vorschriften** dieses Gesetzes oder anderer Gesetze. So gelten z. B. für sie nicht die Vorschriften der §§ 37 und 38 über die Arbeitsbefreiung, die Entgeltsicherung, die Schulung und Fortbildung sowie die Freistellung, auch nicht die Bestimmungen über den besonderen Kündigungsschutz der BRMitgl. (vgl. § 103 dieses Gesetzes und § 15 KSchG). Allerdings dürfen ihre Mitgl. in der Ausübung ihrer Tätigkeit **nicht gestört und behindert werden;** auch dürfen sie wegen ihrer Tätigkeit nicht benachteiligt oder begünstigt werden (vgl. § 78). Hieraus ergibt sich ein **relativer Kündigungsschutz** d. h. eine Kündigung, die erfolgt, um ihnen die Amtsausübung unmöglich zu machen oder sie zu maßregeln, ist nichtig. Aus dem **Benachteiligungsverbot** ergibt sich ferner, daß die Mitgl. zusätzlicher ArbNVertr. bei notwendiger Arbeitsversäumnis keine Lohnminderung erleiden dürfen und daß ihnen notwendige Aufwendungen der Amtsführung zu ersetzen sind. Generell ist davon auszugehen, daß der ArbGeb. die Kosten der zusätzlichen Vertr. zu tragen hat (*DR,* Rn 21 ff.; *GL,* Rn 14; *GKSB,* Rn 9; *Weiss,* Rn 2). Fragen der persönlichen Rechtsstellung und der Amtsführung können tariflich geregelt werden. 24

Die zusätzlichen ArbNVertr. unterliegen der **Geheimhaltungspflicht** nach § 79 sowie den entsprechenden Strafbestimmungen des § 120. Die **Wahl und Tätigkeit** der Mitgl. von zusätzlichen ArbNVertr. sind durch die **Strafbestimmung des § 119** geschützt. Ein eigenes Strafantragsrecht steht jedoch weder der zusätzlichen ArbNVertr. noch ihren Mitgl. zu (vgl. § 119 Abs. 2). Wie sich aus der Unterstützungsfunktion gegenüber dem BR ergibt, gelten die **tragenden Grundsätze des Gesetzes** über die 25

Zusammenarbeit (§ 2 Abs. 1), die Friedenspflicht (§ 74 Abs. 2) und die Behandlung der Betriebsangehörigen (§ 75) auch für die zusätzlichen Vertr. der ArbN nach Abs. 1 Nr. 1. Im übrigen ergibt sich die Rechtsstellung der zusätzlichen Vertr. und ihrer Mitgl. jedoch allein aus dem TV.

IV. Andere Vertretungen der Arbeitnehmer (Abs. 1 Nr. 2)

1. Voraussetzungen

26 Die gesetzliche Regelung über die Bildung von BR kann für bestimmte Arten von Betrieben ungeeignet sein. Deshalb gestattet Abs. 1 Nr. 2 unter bestimmten Voraussetzungen, den BR durch eine andere Vertr. der ArbN zu ersetzen.

27 Die **andere Vertr.** nach Abs. 1 Nr. 2 tritt **an die Stelle des BR.** Sie betrifft deshalb stets Betriebe, für die nach dem Gesetz an sich ein BR zu errichten ist (*DR,* Rn 28; *GL,* Rn 22; *GK-Kraft,* Rn 14).

28 Die Ersetzung der BR durch eine andere Vertr. der ArbN nach Abs. 1 Nr. 2 setzt voraus, daß **wegen der Eigenart dieser Betriebe** der Errichtung eines dem Gesetz entsprechenden BR **besondere Schwierigkeiten** entgegenstehen. Diese Schwierigkeiten müssen allgemein in allen Betrieben gleicher Art bestehen, dürfen also nicht durch die Besonderheiten, die nur in einzelnen Betrieben auftreten, verursacht sein (*DR,* Rn 26; *GK-Kraft,* Rn 16; *HSG,* Rn 4; *Schaub,* § 216 III 2; *Weiss,* Rn 4; **a. M.** *GL,* Rn 16 unter Hinweis auf § 117 Abs. 2; *Gamillscheg,* Festschrift für Molitor (1988), S. 133, 142).

29 Eine andere Vertr. i. S. von Abs. 2 Nr. 2 kann z. B. im **Baugewerbe** in Betracht kommen, da infolge der von der Witterung abhängigen Tätigkeit und des durch die dauernd wechselnden Arbeitsaufgaben bedingten ständigen Wechsels der ArbN ein gesetzlicher BR u. U. unzweckmäßig sein kann. Das gleiche gilt für Betriebe der **Forstwirtschaft** mit ihren weit auseinander liegenden Arbeitsstätten, ferner für Betriebe des **Verkehrsgewerbes** (Binnenschiffahrt) sowie der **Artistik,** insbesondere bei Varietébühnen mit ihrem häufigen Personalwechsel.

30 Wesentliche Bedeutung hat Abs. 1 Nr. 2 bisher nicht erlangt (in der 15. Aufl. sind einige TV aufgeführt). Zum Teil enthalten diese TV zugleich Vereinbarungen über eine abweichende Zuordnung von Betriebsteilen und Nebenbetrieben nach Absatz 1 Nr. 3 (vgl. unten Rn 42ff.).

31 Der TV muß die Errichtung der tariflichen BetrVertr. **unter denselben Voraussetzungen wie das Gesetz vorschreiben.** Sieht er eine Vertretung nur unter erschwerten Voraussetzungen vor (z. B. nur für Betriebe, die in der Regel mehr als 30 oder 50 ArbN beschäftigen), so bleibt die gesetzliche Regelung für alle betriebsratsfähigen Betriebe maßgebend, die die Voraussetzung für die Errichtung der tariflichen BetrVertr. nicht erfüllen (*DR,* Rn 30; *GK-Kraft,* Rn 28; **a. A.** *GL,* Rn 18).

2. Rechtsfolgen

Der TV kann nur Bestimmungen **über die Zusammensetzung und die Wahl** der BetrVertr., über ihre **Amtszeit, Geschäftsführung** usw. treffen, nicht dagegen die Beteiligungsrechte im Vergleich zum Gesetz verschlechtern (vgl. unten Rn 35). Hierbei muß auch die tarifliche Regelung die tragenden Grundsätze des Gesetzes beachten, so z. B. den Grundsatz der allgemeinen, gleichen und geheimen Wahl der Mitgl. der tariflichen BetrVertr. (*DR,* Rn 31f.; *GK-Kraft,* Rn 29; *GL,* Rn 18, 19; *GKSB,* Rn 12). 32

Soweit die tariflichen Vorschriften über die Errichtung einer anderen BetrVertr. von den gesetzlichen Vorschriften abweichen, treten sie mit ihrem Inkrafttreten **an die Stelle der entsprechenden Bestimmungen** des BetrVG. Soweit der TV dagegen keine Regelung trifft, werden die gesetzlichen Vorschriften nicht berührt, sondern bleiben als nicht abgedungenes Gesetzesrecht bestehen (*DR,* Rn 30). Innerhalb des **räumlichen, fachlichen und betrieblichen Geltungsbereichs** des TV ist die BetrVertr. ausschließlich nach den tariflichen Bestimmungen zu errichten. Die Beteiligten haben nicht etwa die Wahl zwischen gesetzlicher oder tariflicher Regelung der BetrVertr.. 33

Sieht der TV mit Rücksicht auf die Eigenart der Betriebe **mehrstufige BetrVertr.** vor, so kann er die Zuständigkeit für die Wahrnehmung der gesetzl. Befugnisse unter diese BetrVertr. verteilen. Der arbeitsrechtliche Begriff des Betriebs als solcher kann nicht geändert werden (BAG 24. 9. 1968, AP Nr. 9 zu § 3 BetrVG; *DR,* Rn 31). Etwas anderes gilt allerdings hinsichtlich einer anderen Zuordnung von Betriebsteilen oder Nebenbetrieben (vgl. unten Rn 42ff.). 34

Dagegen darf der TV **keine einschränkende Regelung der Befugnisse der tariflichen BetrVertr.** enthalten. Alle dem BR gesetzlich eingeräumten Rechte, Pflichten und Befugnisse stehen in gleichem Maße auch der tariflichen BetrVertr. nach Abs. 1 Nr. 2 zu (vgl. Abs. 3 Halbsatz 2; **a. A.** *Gamillscheg,* Festschrift für Molitor (1988), S. 133, 143). Soweit tarifliche Erweiterungen der MBR des BR zulässig sind (vgl. hierzu § 1 Rn 122ff.), können entsprechende Regelungen auch in einen TV über die Errichtung tariflicher Sondervertr. aufgenommen werden. Sie unterliegen insoweit nicht der behördlichen Zustimmung nach § 3 Abs. 2. 35

Da die tarifliche BetrVertr. nach § 3 Abs. 1 Nr. 2 an die Stelle des gesetzlichen BR tritt, haben die Mitgl. der tariflichen BetrVertr. **persönlich,** sofern der TV keine ausdrücklich abweichenden Regelungen enthält, **dieselbe Rechtsstellung wie BRMitgl.** (*DR,* Rn 33; *GK-Kraft,* Rn 40; *GKSB,* Rn 13; **a. A.** *GL,* Rn 21; *Stege/Weinspach,* § 3 Rn 8: maßgebend ist nur der TV). Das gilt insbesondere auch für den **Kündigungsschutz** nach § 15 KSchG und § 103 BetrVG. Grundsätzlich gelten auch die Vorschriften der §§ 37 und 38 für die Mitgl. der tarifl. BetrVertr. Ausdrücklich vorgeschrieben ist, daß die Schutzbestimmungen des § 78, die Verpflichtung zur Geheimhaltung nach § 79 sowie die Strafvorschriften der §§ 119 und 120 auf diese BetrVertr. und ihre Mitgl. Anwendung finden. 36

37 Zur Weitergeltung der nach § 20 Abs. 3 BetrVG 52 abgeschlossenen TV über eine andere Vertr. der ArbN vgl. § 128.

3. Auswirkungen auf bestehende Betriebsräte

38 Nach Abs. 3 **endet die Amtszeit** des BR kraft Gesetzes vor Ablauf der regelmäßigen Amtszeit, sobald ein die Errichtung einer tariflichen Betriebsvertr. vorschreibender TV in Kraft tritt oder ein Betrieb von dem Geltungsbereich eines bereits bestehenden TV erfaßt wird (*GL,* Rn 20 und § 21 Rn 11). Es ist jedoch zulässig, daß der BR in entsprechender Anwendung des § 22 als geschäftsführender BR weiter amtiert (*DR,* Rn 34; *Schneider,* Rn 12; *Weiss,* Rn 4; **a. A.** *GL,* § 21 Rn 15) und insbesondere den für die Wahl der tariflichen Sondervertr. erforderlichen Wahlvorst. bestellen kann. Die Befugnis dazu ergibt sich, auch wenn der TV dies nicht ausdrücklich vorschreibt, aus §§ 16 bis 18, die nicht als nach Abs. 1 Nr. 2 abgedungenes Gesetzesrecht gelten und die Bestellung des Wahlvorst. durch den bisherigen BR sichern.

39 Die Vorschrift des Abs. 3 dürfte sinngemäß zu gelten haben, wenn ein TV, der eine tarifliche BetrVertr. vorsieht, durch einen **neuen TV** ersetzt wird. Mit dem Inkrafttreten des neuen TV endet die Amtszeit der auf Grund des bisherigen TV errichteten tariflichen BetrVertr., es sei denn, daß der neue TV etwas anderes bestimmt, insbesondere die bisherige BetrVertr. bis zur tatsächlichen Bildung der neuen im Amt läßt.

40 **Tritt der TV** dagegen **außer Kraft,** ohne daß gleichzeitig ein neuer TV in Kraft tritt, so entfällt die Rechtsgrundlage der tariflichen BetrVertr. Von diesem Zeitpunkt an **gilt wieder das Gesetz,** nicht erst mit Ablauf der regelmäßigen Amtszeit der tariflichen BetrVertr. Eine **Nachwirkung** kommt hier **nicht** in Frage (*DR,* Rn 36; *GKSB,* Rn 25; *GK-Kraft,* Rn 38; **a. A.** *GL,* Rn 4, 20; *HSG,* Rn 11). Die Gegenmeinung übersieht, daß die Nachwirkung entfallen muß, weil der TV das zwingende Gesetzesrecht des BetrVG nur für die Zeit seiner vollen normativen Geltung zu verdrängen vermag. In entsprechender Anwendung des § 22 ist die tarifliche BetrVertr. jedoch berechtigt, bis zur Wahl des neuen BR die Geschäfte weiterzuführen (*DR,* Rn 36).

41 Die **tarifliche BetrVertr.,** deren Amtszeit wegen **Wegfalls des TV** zu Ende geht, ist ebenfalls, auch wenn der TV dies nicht ausdrücklich vorschreibt, in entsprechender Anwendung des § 16 berechtigt und verpflichtet, den **Wahlvorst.** zur Durchführung der Wahl des neuen BR zu bestellen (*DR,* Rn 36). Sie sollte dies so rechtzeitig tun, daß die BRWahl vor Beendigung ihrer Amtszeit abgeschlossen werden kann.

V. Andere Zuordnung von Betriebsteilen und Nebenbetrieben (Abs. 1 Nr. 3)

42 § 4 regelt, unter welchen Voraussetzungen Betriebsteile und Nebenbetriebe dem Hauptbetrieb zuzuordnen sind oder als selbständige Betrie-

be gelten, die einen eigenen BR zu bilden haben (vgl. § 4 Rn 5ff. und 16ff.). Die gesetzliche Regelung kann in der Praxis zu Schwierigkeiten führen, insbesondere bei Unternehmen mit zahlreichen, weit verstreuten kleinen Filialen. Abs. 1 Nr. 3 gestattet deshalb eine von der gesetzlichen Regelung abweichende Zuordnung von Betriebsteilen und Nebenbetrieben, soweit dadurch die Bildung von ArbNVertr. erleichtert wird.

Von der Möglichkeit der abweichenden Zuordnung von Betriebsteilen oder Nebenbetrieben ist seit Inkrafttreten des BetrVG 1972 schon mehrfach Gebrauch gemacht worden. Auskunft über diese TV geben die Tarifregister des Bundes (BMA) und der Länder. In der 15. Aufl. sind zahlreiche TV aufgeführt. **43**

Die Möglichkeit einer abweichenden tarifvertraglichen Zuordnung besteht nur in bezug auf **Betriebsteile** und **Nebenbetriebe** (zu diesen Begriffen vgl. § 4 Rn 5ff. und 16ff.). Mehrere **selbständige Betriebe** werden kraft Gesetzes zusammengefaßt, wenn sie nicht betriebsratsfähig sind, aber demselben arbeitstechnischen Zweck dienen (vgl. BAG 3. 12. 85, AP Nr. 28 zu § 99 BetrVG 1972, vgl. auch § 1 Rn 47). Darüberhinaus können mehrere selbständige Betriebe nicht durch TV **zusammengefaßt werden** (*GL,* Rn 25; *GKSB,* Rn 15; **a. A.** *Gamillscheg,* Festschrift für Molitor (1988), S. 133, 144; *DR,* Rn 40, der nur die Zusammenfassung von Betrieben verschiedener Unternehmer für unzulässig hält). **44**

Auch kann ein bestehender Betrieb aufgrund dieser Bestimmungen nicht in mehrere Betriebsteile oder Nebenbetriebe „zerlegt“ werden (*DR,* Rn 39; *GL,* Rn 25; *Schneider,* Rn 15; **a. A.** *Gamillscheg,* aaO (Rn 44)). **45**

Eine abweichende Zuordnung von Betriebsteilen und Nebenbetrieben kommt grundsätzlich nur **innerhalb eines Unternehmens** in Betracht. Eine unternehmensübergreifende Zuordnung (etwa die Zusammenfassung von Filialen verschiedener rechtlich selbständiger, wenn auch wirtschaftlich verbundener Unternehmen) ist im allgemeinen unzulässig. Etwas anderes gilt ausnahmsweise dann, wenn sämtliche von der Tarifregelung betroffenen Betriebsteile und Nebenbetriebe als gemeinsam geführte Organisationseinheiten aller beteiligten Unternehmen anzusehen sind (zur vergleichbaren Frage, daß mehrere Unternehmen ausnahmsweise einen Betrieb bilden können, vgl. § 1 Rn 49ff.). **46**

Durch die abweichende Zuordnung können auch nach der Zahl der ArbN betriebsratsfähige Betriebsteile oder Nebenbetriebe, die nur nach der gesetzlichen Fiktion des § 4 als selbständige Betriebe gelten, dem **Hauptbetrieb zugeordnet und sonst zusammengefaßt** werden, z. B. regional, wobei es nicht erforderlich ist, daß durch diese Zusammenfassung ein Betrieb im allgemeinen arbeitsrechtlichen Sinne entsteht. Soweit Beteiligungsrechte des BR von einer bestimmten Zahl im Betrieb beschäftigter ArbN abhängen (vgl. § 7 Rn 22), ist die ArbNZahl der durch die anderweitige Zuordnung entstandenen Einheit maßgebend. Das gleiche gilt für die Zahl der BRMitgl. nach § 9 (*GKSB,* Rn 19). **47**

Durch die abweichende Zuordnung muß die **Bildung von Vertr. der ArbN erleichtert** werden. Hierbei ist unter Vertr. der ArbN sowohl die **48**

Errichtung von **BR** als auch die Errichtung einer **anderen ArbNVertr.** nach Abs. 1 Nr. 2 zu verstehen. Insoweit ist es zulässig, vom Gesetz abweichende tarifvertragliche Regelungen der in Abs. 1 Nr. 2 und 3 genannten Art in einem TV zu verbinden (*DR,* Rn 42; *GK-Kraft,* Rn 20; **a. A.** *Brecht,* Rn 18).

49 Es muß die **Bildung** von Vertr. der ArbN **erleichtert** werden. Diese Voraussetzung ist nicht nur erfüllt, wenn in allen oder doch einem größeren Teil der betroffenen Betriebsteile und Nebenbetriebe **bisher keine BR gebildet** worden sind, sondern auch dann, wenn in den Betriebsteilen oder Nebenbetrieben zwar BR bestehen, diesen jedoch eine optimale **Wahrnehmung der gesetzlichen Mitwirkungs- und Mitbestimmungsrechte** praktisch deshalb **nicht möglich** oder doch jedenfalls **erheblich erschwert** ist, weil die der Beteiligung des BR unterliegenden arbeitgeberseitigen Maßnahmen weitgehend nicht von dem Leiter des Betriebsteils oder des Nebenbetriebs, sondern „höheren Orts" getroffen werden. Denn Zweck der gesetzlichen Ermächtigung, durch TV eine anderweitige Zuordnung von Betriebsteilen oder Nebenbetrieben vornehmen zu können, ist es, betriebsverfassungsrechtliche Organisationseinheiten zu schaffen, die eine optimale Wahrnehmung der Beteiligungsrechte des BR und eine größtmögliche Betreuung der ArbN ermöglichen. Insoweit ist deshalb **auch eine zweckmäßigere Gestaltung** der Zuordnung von Betriebsteilen oder Nebenbetrieben, als die gesetzliche Regelung des § 4 dies vorsieht, durch TV zulässig (*DR,* Rn 41; *GL,* Rn 24; *GKSB,* Rn 16; *Weiss,* Rn 5; *GK-Kraft,* Rn 21; *Gamillscheg,* ZfA, 75, 384; **a. A.** *Brecht,* Rn 17). Andererseits reicht es nicht aus, wenn durch eine anderweitige Zuordnung die Arbeit bestehender Vertr. der AbN, die auch ohne eine solche Zuordnung durchaus ordnungs- und sachgemäß durchgeführt werden kann, lediglich erleichtert werden soll.

50 Die TVParteien haben bei der inhaltlichen Gestaltung der Zuordnung von Betriebsteilen und Nebenbetrieben darauf zu achten, daß neben dem Gesichtspunkt, dem BR eine möglichst **optimale Wahrnehmung seiner Beteiligungsrechte** zu ermöglichen, auch die **Verbindung zwischen BR und den ArbN** der zusammengefaßten Betriebsteile und Nebenbetriebe sowie eine angemessene Kommunikation zwischen ihnen gewährleistet ist. Darauf, daß beide Gesichtspunkte angemessen berücksichtigt sind, hat die Zustimmungsbehörde bei der Frage ihrer Zustimmung zu dem TV (vgl. hierzu unten Rn 56ff.) zu achten.

51 Vielfach kann es zweckmäßig sein, die **anderweitige Zuordnung** von Betriebsteilen und Nebenbetrieben mit der **Bildung zusätzlicher ArbN-Vertr.** nach Abs. 1 Nr. 1 **zu verbinden,** damit die Zusammenarbeit des BR mit den ArbN der Betriebsteile oder Nebenbetriebe ordnungsgemäß gewährleistet ist.

52 Wird ein **TV über eine abweichende Zuordnung** von Betriebsteilen und Nebenbetrieben während der **Amtszeit des BR** des „aufnehmenden Betriebs" abgeschlossen, so ist eine **Neuwahl** dieses BR nur **unter den Voraussetzungen des § 13 Abs. 2 Nr. 1** durchzuführen, d. h. wenn die anderweitige Zuordnung dazu führt, daß mit Ablauf von 18 Monaten, vom Tage der Wahl des BR an gerechnet, die Zahl der regelmäßig beschäftigten ArbN des Betriebs um die Hälfte, mindestens aber um 50, gestiegen oder gesunken ist (*DR,* Rn 45; *GK-Kraft,* Rn 37; Näheres vgl. § 13 Rn 14ff.).

Bestand in einem Betriebsteil oder Nebenbetrieb, der durch den TV dem aufnehmenden Betrieb zugeordnet wurde, ein BR, so endet dessen Amtszeit mit dem Inkrafttreten des TV. Erfolgt die anderweitige Zuordnung nicht in der Weise, daß Betriebsteile oder Nebenbetriebe einem Hauptbetrieb zugeordnet, sondern daß sie **sonstwie zusammengefaßt** werden (vgl. oben Rn 44), ohne daß es einen „aufnehmenden Betrieb" gibt, so kann der TV **Übergangsregelungen** hinsichtlich der in den einzelnen Betriebsteilen oder Nebenbetrieben etwa bestehenden BR treffen (z. B. dahingehend, daß diese gemeinsam den Wahlvorstand für die Wahl des neuen BR zu bestellen haben oder daß sie bis zur Wahl des neuen BR für ihren bisherigen Bereich im Amt bleiben). 53

Wird ein Betriebsteil oder Nebenbetrieb durch die tarifliche Regelung **betriebsverfassungsrechtlich selbständig,** so besteht für ihn, sofern der TV keine entsprechenden Übergangsregelungen enthält, keine Zuständigkeit des BR des abgebenden Betriebs mehr (*GL,* Rn 26; weitergehend *DR,* Rn 44, nach dem der BR des abgebenden Betriebs auch ohne eine entsprechende Tarifregelung bis zur Neuwahl des BR für den abgebenden Betriebsteil oder Nebenbetrieb zuständig bleibt). In ihm ist gemäß § 13 Abs. 2 Nr. 6 ein neuer BR zu wählen. 54

Endet ein TV nach § 3 Abs. 1 Nr. 3, so wird das zwingende Gesetzesrecht wieder maßgebend (vgl. oben Rn 40). Werden danach Betriebsteile oder Nebenbetriebe wegen Wiederanwèndung des § 4 aus einem Hauptbetrieb ausgegliedert, so ist in letzterem unter den Voraussetzungen des § 13 Abs. 1 Nr. 1 der BR neu zu wählen. Jedenfalls verliert der BR des Hauptbetriebes die Zuständigkeit für die ausgegliederten Betriebseinheiten; soweit diese betriebsratsfähig sind, ist in ihnen eine Neuwahl des BR durchzuführen. Der bisher zuständige BR ist in entspr. Anwendung des § 16 berechtigt und verpflichtet, einen Wahlvorstand zur Durchführung des neuen BR zu bestellen (vgl. auch Rn 41). So wird am besten erreicht, daß die zunächst ausgegliederten Betriebseinheiten so bald wie möglich einen BR erhalten. 55

VI. Behördliche Zustimmung

TV nach Abs. 1 bedürfen zu ihrer Wirksamkeit der Zustimmung der obersten Arbeitsbehörde des Landes, TV, die über den Bereich eines Landes hinausgehen, des Bundesministers für Arbeit und Sozialordnung. Oberste Arbeitsbehörden der Länder sind die Landesarbeitsminister, in den Stadtstaaten Berlin (West), Bremen und Hamburg die Senatoren für Arbeit. Die behördliche Zustimmung ist vorgesehen, um sicherzustellen, daß nur dann von den an sich zwingenden organisatorischen Vorschriften des Gesetzes abgewichen wird, wenn die in Abs. 1 genannten Voraussetzungen vorliegen und deshalb ein **Bedürfnis** für eine vom Gesetz abweichende Regelung besteht. Ferner hat die Zustim- 56 mungsbehörde darauf zu achten, daß die getroffene Regelung zur Erreichung der Ziele des BetrVG **zweckmäßig und sinnvoll** ist (*GK-Kraft,* Rn 31; *HSG,* Rn 8; *Schaub,* § 216 I 2).

57 Außer dem Erfordernis der Zustimmung bestehen **keine sonstigen Beschränkungen** für die Freiheit der Koalitionen hinsichtlich solcher TV. Die Zustimmungsbedürftigkeit besteht nur insoweit, als der TV vom Gesetz abweichende Regelungen i. S. des Abs. 1 enthält (*DR,* Rn 47; *GL,* Rn 28; *HSG,* Rn 9; *Brecht,* Rn 20).

58 Die Zustimmung erfolgt nicht von Amts wegen, sondern setzt einen **Antrag** voraus (*DR,* Rn 49). Es genügt, wenn eine der Tarifvertragsparteien den Antrag stellt. Ferner ist es erforderlich, daß der Zustimmungsbehörde die Gründe dargelegt werden, die für die beabsichtigte Abweichung von der gesetzlichen Regelung maßgebend sind. Besondere Formvorschriften sind nicht einzuhalten.

59 Die formularmäßige Übersendung des TV zur Eintragung in das Tarifregister nach § 7 TVG ist nicht als Antrag auf Zustimmung anzusehen, ebensowenig die Mitteilung des Tarifregisterführers über die erfolgte Registrierung. Die Eintragung in das Tarifregister hat nur deklaratorische und keine konstitutive Wirkung (*Wiedemann/Stumpf,* TVG § 6 Rn 10f.; *DR,* Rn 49; *Brecht,* Rn 22).

60 Die Zustimmungsbehörde hat im Interesse einer sachgerechten Entscheidung zuvor ArbGeb. und ArbN, die von dem TV betroffen werden, den interessierten Gewerkschaften und Arbeitgebervereinigungen sowie, falls Zustimmungsbehörde der Bundesminister für Arbeit und Sozialordnung ist, den obersten Arbeitsbehörden der Länder, auf deren Bereich sich der TV erstreckt, **Gelegenheit zur schriftlichen und mündlichen Stellungnahme** zu geben. Dieses Verfahren ist für alle TV nach § 3 einzuhalten (*DR,* Rn 50; *GL,* Rn 29; *GK-Kraft,* Rn 33; **a. A.** *HSG,* Rn 8, die eine Anhörung nur bei TV, für deren Zustimmung der BMA zuständig ist, für erforderlich halten). Ist der BMA für die Zustimmung zuständig, werden der Antrag sowie der Hinweis auf die Gelegenheit zur schriftlichen und mündlichen Stellungnahme im Bundesanzeiger veröffentlicht (*DR,* Rn 51, halten auch die Veröffentlichung des TV für erforderlich).

61 Es brauchen nicht alle ArbGeb. und ArbN, die vom TV betroffen werden, tatsächlich gehört zu werden. Ausreichend ist es, wenn diesen ArbGeb. und ArbN **Gelegenheit zur Stellungnahme** gegeben wird. Besteht in einem von dem TV betroffenen Betrieb ein BR, so dürfte auch ihm Gelegenheit zur Stellungnahme zu geben sein (*GK-Kraft,* Rn 34).

62 Als **interessierte Gewerkschaften** sind neben den tatsächlichen Tarifpartnern diejenigen anzusehen, die als Tarifpartner für einen entsprechenden TV in Betracht gekommen wären, d. h. die für den Betrieb tarifzuständig sind (*DR,* Rn 51).

63 **Unterläßt es die Zustimmungsbehörde,** den in Abs. 2 Satz 2 genannten Personen und Stellen Gelegenheit zur schriftlichen und mündlichen Äußerung zu geben, so macht dies ihre Entscheidung **anfechtbar** (vgl. Rn 72).

Für das **Zustimmungsverfahren** sind im übrigen die Vorschriften des Verwaltungsverfahrensgesetzes vom 25. 5. 1976 (BGBl. I S. 1253) maßgebend, es sei denn, die Zustimmung obliegt der obersten Arbeitsbehörde eines Landes und die öffentlichrechtliche Verwaltungstätigkeit der Behörden dieses Landes ist landesrechtlich durch ein Verwaltungsverfahrensgesetz geregelt (vgl. § 1 VwVfG). 64

Die Zustimmungsbehörde darf die **Zustimmung nur erteilen,** wenn die Voraussetzungen des Abs. 1 für eine ergänzende oder abweichende tarifliche Gestaltung der Betriebsverfassung vorliegen. Andererseits ist sie, auch wenn die Voraussetzungen des Absatzes 1 vorliegen, nicht in jedem Falle zur Erteilung ihrer Zustimmung verpflichtet. Sie hat vielmehr bei ihrer Entscheidung einen **Ermessensspielraum** (*DR,* Rn 53; **a. A.** *Weiss,* Rn 6). Dies ergibt sich daraus, daß einer obersten Landes- bzw. Bundesbehörde die Zustimmungsentscheidung obliegt und man nicht davon ausgehen kann, daß der Gesetzgeber die Zuständigkeit dieser Behörden festgelegt hätte, wenn ihnen lediglich eine Rechtskontrolle obliegen sollte. Vielmehr deutet gerade die Zuständigkeit dieser Behörden, die in einem besonderen Maße parlamentarisch verantwortlich sind, darauf hin, daß diese Stellen auch andere Gesichtspunkte, die die Tarifvertragsparteien nicht unbedingt bei ihrer Regelung beachtet haben müssen (etwa Gesichtspunkte der **Rechtseinheit oder der Rechtssicherheit**), zu berücksichtigen haben. Im Falle des Abs. 1 Nr. 3 darf sich die Zustimmungsbehörde darüber hinaus nicht nur mit der Prüfung begnügen, ob eine anderweitige Zuordnung von Nebenbetrieben oder Betriebsteilen die Bildung von ArbNVertr. erleichtert, sie muß bei ihrer Entscheidung auch den in Nr. 3 nicht ausdrücklich genannten Gesichtspunkt berücksichtigen, daß die vorgesehene tarifliche Regelung auch eine **sachgerechte Betreuung der ArbN** der betreffenden Nebenbetriebe oder Betriebsteile durch den BR gewährleistet (vgl. oben Rn 49f.). 65

Für die **Entscheidung** der Zustimmungsbehörde werden neben der Begründung der TVParteien die Äußerungen der zu beteiligenden Personen und Stellen (vgl. Rn 60) von Bedeutung sein. 66

Erteilt die Zustimmungsbehörde nach ordnungsgemäßer Durchführung des Verfahrens nach Abs. 2 Satz 2 **ihre Zustimmung,** so dürfte damit in aller Regel etwaigen Einwendungen, die gesetzlichen Voraussetzungen für einen vom Gesetz abweichenden TV lägen nicht vor, der Boden entzogen sein. Jedoch macht die behördliche Zustimmung einen aus anderen Gründen rechtsunwirksamen TV nicht rechtsgültig (*DR,* Rn 54). 67

Änderungen des genehmigten TV (z. B. Erweiterungen des Geltungsbereichs, Verlängerung der Geltungsdauer) bedürfen, soweit die Änderung eine vom Gesetz abweichende Regelung des TV i. S. des Abs. 1 betrifft, ebenfalls der behördlichen Zustimmung (*DR,* Rn 47; *GL,* Rn 29). Das gleiche gilt für AnschlußTV. 68

Die Zustimmung der zuständigen Behörde ist, soweit der TV zustimmungsbedürftig ist, **Wirksamkeitsvorausestzung** für den TV. Vor Erteilung der Zustimmung treten die vom Gesetz abweichenden tariflichen 69

Regelungen nicht in Kraft, auch wenn der TV ein früheres Datum für das Inkrafttreten vorsieht. Solange bleibt vielmehr allein die gesetzliche Regelung maßgebend (*DR,* Rn 55; *Brecht,* Rn 20; *GL,* Rn 3; *GK-Kraft,* Rn 36). Insbesondere bleiben bis zu diesem Zeitpunkt etwa bestehende BR im Amt.

VII. Streitigkeiten

70 **Streitigkeiten über die Rechtsgültigkeit** eines von der gesetzlichen Regelung abweichenden TV entscheiden die ArbG im Beschlußverfahren (§§ 2a, 80ff. ArbGG). Das gleiche gilt für **Streitigkeiten über die Zusammensetzung und die Organisation** zusätzlicher oder anderer Vertr. der ArbN nach Abs. 1 Nr. 1 und 2 sowie für Streitigkeiten über die Wahl, Geschäftsführung und die Rechte und Befugnisse dieser zusätzlichen bzw. anderen Vertr. der ArbN (*DR,* Rn 61).

71 Eine Klärung des Vorliegens der Voraussetzungen des § 3 Abs. 1 im arbeitsgerichtlichen Beschlußverfahren ist mangels Rechtsschutzbedürfnisses vor Abschluß eines TV und vor Erteilung der Zustimmung der obersten Arbeitsbehörde nicht zulässig (BAG 4. 11. 60, AP Nr. 1 zu § 20 BetrVG; *DR,* Rn 62; *GL,* Rn 31 u. 43; *GK-Kraft,* Rn 45).

72 Streitigkeiten über die **Zustimmung bzw. Nichtzustimmung der obersten Arbeitsbehörde des Landes** bzw. des **Bundesministers für Arbeit und Sozialordnung** haben den Erlaß bzw. die Versagung eines Verwaltungsaktes zum Gegenstand. Für die Entscheidung über den Anspruch einer TV-Partei auf AVE sind die Verwaltungsgerichte zuständig. Jede TV-Partei hat Anspruch auf fehlerfreie Entscheidung über ihren Antrag (BVerwG 3. 11. 88, AP Nr. 23 zu § 5 TVG). Entsprechendes gilt für Anträge nach § 3 BetrVG.

73 Anfechtungsberechtigt sind außer den TVParteien auch die gemäß Abs. 2 am Zustimmungsverfahren Beteiligten, sofern durch die Entscheidung der obersten Arbeitsbehörde in ihre Rechte eingegriffen wird.

§ 4 Nebenbetriebe und Betriebsteile

Betriebsteile gelten als selbständige Betriebe, wenn sie die Voraussetzungen des § 1 erfüllen und

1. räumlich weit vom Hauptbetrieb entfernt
oder
2. durch Aufgabenbereich und Organisation eigenständig sind.

Soweit Nebenbetriebe die Voraussetzungen des § 1 nicht erfüllen, sind sie dem Hauptbetrieb zuzuordnen.

Inhaltsübersicht

I. Vorbemerkung

Die Vorschrift bestimmt, unter welchen Voraussetzungen **Betriebsteile und Nebenbetriebe** im Sinne des BetrVG als betriebsratsfähige Betriebe gelten und daher einen eigenen BR wählen. Zum Betriebsbegriff vgl. § 1 Rn 29ff.; zu § 4 eingehend *Gamillscheg,* ZfA 75, 357ff. u. *Schimana,* BB 79, 892. 1

Die Vorschrift enthält eine **Fiktion,** die den vorausgesetzten allgemeinen arbeitsrechtlichen **Begriff des Betriebes** im Hinblick auf bestimmte Betriebsteile und Nebenbetriebe **modifiziert.** Für die Anwendung der Vorschrift ist einerseits davon auszugehen, daß kein Betrieb ohne BR bleiben soll, andererseits darf eine zu weitherzige Anwendung nicht zu einem unfruchtbaren Nebeneinander mehrerer BR und zu einer Aufspaltung von Einheiten führen, die wirtschaftlich und organisatorisch als ein Betrieb angesehen werden können. Das Gesetz geht von der **Einheit des Betriebes aus;** wo diese noch sinnvoll aufrechterhalten werden kann, hat sie den Vorrang (*DR,* Rn 12 und 15; *GL,* Rn 1; *HSG,* Rn 3; **a. A.** *GK-Kraft,* Rn 30). Dies gilt um so mehr, als die ArbNZahl für den Umfang der MBR des BR von Bedeutung ist (BAG 24. 2. 76, AP Nr. 2 zu § 4 BetrVG 1972; *Birk,* ArbuR 78, 226 [230]; vgl. § 95 Abs. 2, § 99 Abs. 1, § 106 Abs. 1, § 111 Abs. 1). 2

Die Bildung von **„Wahlkreisen"** mit der Folge, daß einzelne Betriebsteile ihre BRMitgl. allein wählen, ist nicht zulässig (*DR,* Rn 2). Soweit eine zusätzliche Repräsentation erforderlich erscheint, besteht die Möglichkeit, nach § 3 Abs. 1 Nr. 1 durch TV zusätzliche Vertretungen zu bilden. 3

Entsprechende Vorschriften im **BPersVG 74:** § 6 Abs. 3, § 12 Abs. 2. 4

II. Betriebsteile

Betriebsteile sind räumlich und organisatorisch unterscheidbare Abteilungen von Betrieben, die wegen ihrer Eingliederung in den Betrieb **allein nicht bestehen** können. Sie haben innerhalb des Betriebes eine bestimmte Aufgabe zu leisten, die sich zwar von der anderen Abteilung erkennbar abzeichnet, die jedoch in ihrer Zielsetzung in aller Regel dem arbeitstechnischen Zweck des Gesamtbetriebs dient (z. B. die Druckerei eines Zeitungsbetriebs, die Lackiererei einer Automobilfabrik, die Reparaturwerkstatt eines Spediteurs, das Schiff eines Binnenschiffahrtsbetriebs, die Landwirtschaft eines Krankenhauses, die betriebseigene Berufsfach- und Ersatzschule, das Auslieferungslager (vgl. BAG 30. 5. 58, AP Nr. 13 zu § 13 KSchG; BAG 23. 9. 60, AP Nr. 3 zu § 3 BetrVG; BAG 24. 9. 81, AP Nr. 26 zu § 5 BetrVG 1972; BAG 23. 9. 82, 17. 2. 83, 5

AP Nr. 3 u 4 zu § 4 BetrVG 1972; aus der Literartur ähnliche Begriffsbestimmungen bei *DR,* Rn 11 ff.; *GL,* Rn 10; *GK-Kraft,* Rn 24; *HSG,* Rn 4; *GKSB,* Rn 1).

6 Auch zentral gelenkte **Filialen,** insbes. im Lebensmittelhandel und Bankgewerbe sind auf örtlicher Ebene häufig nur Betriebsteile eines einheitlichen Betriebes, obwohl sie nicht verschiedene, sondern parallele arbeitstechnische Zwecke verfolgen (vgl. § 1 Rn 36 f.; BAG 26. 8. 71, AP Nr. 1 zu § 23 KSchG und BAG 24. 2. 76, AP Nr. 2 zu § 4 BetrVG 1972; LAG Hamm 9. 12. 87 – 15 Sa 1542/87 hat betr. selbständig geführter Bewachungsobjekte eigene Betriebe angenommen; vgl. auch BAG 25. 5. 88 – 7 ABR 51/87: Zwei Service-Niederlassungen in 40 km Entfernung eines Unternehmens, die unter einheitlicher Leitung stehen, gelten als einheitlicher Betrieb; weitere Einzelheiten bei *DR,* Rn 11; *Gamillscheg,* ZfA 75, 367). Die Anwendung verschiedener TV kann u. U. ein Indiz für die Annahme mehrerer betriebsverfassungsrechtlich selbständiger Betriebe sein (*Schimana,* BB 79, 892).

7 Betriebsteile gelten für die Wahl des BR nur dann als **selbständige Betriebe, wenn sie**

a) die Mindestzahl wahlberechtigter und wählbarer **ArbN** erreichen, die für die Wahl eines BR erforderlich ist (§ 1 Rn 149 ff. u. 153 ff.) **und**

b) entweder **räumlich weit vom Hauptbetrieb entfernt,**

c) **oder** durch **Aufgabenbereich und Organisation relativ eigenständig** sind.

8 Treffen die Voraussetzungen nach a) nicht mit einer der Voraussetzungen nach b) oder c) zusammen, so nehmen die ArbN des Betriebsteils an der Betriebsverfassung des Hauptbetriebs teil, d. h. sie wählen u. sind wählbar für den **BR** des Hauptbetriebs (wegen schriftlicher Stimmabgabe vgl. § 26 Abs. 3 WO), und der BR des Hauptbetriebs nimmt für sie die gesetzlichen MBR wahr.

9 Nicht jeder Kleinstbetrieb eines Unternehmens ist aber Betriebsteil. Mehrere Kleinstbetriebe müssen bei gleichem arbeitstechnischen Zweck zu einem betriebsratsfähigen Betrieb zusammengefaßt oder diesem zugeordnet werden (vgl. BAG 3. 12. 85, AP Nr. 28 zu § 99 BetrVG 1972; ähnlich schon *Birk,* ArbuR 78, 227; vgl. auch § 1 Rn 47).

10 **Hauptbetrieb** (nicht notwendigerweise die Hauptverwaltung) ist dabei derjenige Betrieb, dessen arbeitstechnischem Zweck der Betriebsteil ganz oder überwiegend dient. Ein anderer größerer Betrieb desselben Unternehmens, der näher gelegen ist, tritt nicht an dessen Stelle (ArbG Hildesheim, 26. 9. 73, BB 74, 369; *Gamillscheg,* ZfA 75, 368 Fußnote 53 hält das nicht für zwingend). Ebenso bilden zwei räumlich vom Hauptbetrieb weit entfernte Betriebsteile dann keinen gemeinsamen Betrieb, wenn sie zwar räumlich benachbart aber verwaltungsmäßig und arbeitstechnisch streng getrennt sind (LAG Düsseldorf DB, 71, 2069).

1. Betriebsratsfähigkeit nach § 1

11 Die Voraussetzungen des § 1 erfüllt der Betriebsteil, wenn er **nach der Zahl der ArbN BRfähig** ist (§ 1 Rn 140 ff.). Voraussetzung ist dagegen

nicht, daß tatsächlich ein BR für den Betriebsteil gebildet ist. D.h., wenn die Vorausestzungen nach b oder c vorliegen, können die ArbN ihre Eingliederung in die Betriebsverfassung des Hauptbetriebs nicht dadurch erreichen, daß sie den an sich möglichen BR nicht wählen. Sie sind zum Hauptbetrieb nicht wahlberechtigt (*GL,* Rn 3).

2. Weite Entfernung

Betriebsteile gelten nur dann als selbständige Betriebe im Sinne der Betriebsverfassung (d.h. für sie ist ein eigener BR zu bilden), wenn sie so **weit vom Hauptbetrieb entfernt** sind, daß ein **erfolgreiches Zusammenwirken** unter den ArbN und mit einem gemeinsamen BR in Fragen der Betriebsverfassung **nicht zu erwarten** ist (*DR,* Rn 15; *GK-Kraft,* Rn 30). Es kommt dabei nicht darauf an, ob die Betriebsteile außerhalb der gleichen politischen Gemeinde oder benachbarter Gemeinden liegen; entscheidend sind insbesondere die Verkehrsmöglichkeiten (ebenso BAG 23. 9. 60, 24. 9. 68, AP Nr. 4, 9 zu § 3 BetrVG; BAG 24. 2. 76, AP Nr. 2 zu § 4 BetrVG 1972; *DR,* Rn 17; *GL,* Rn 14). Weiter spielt eine Rolle, ob die BR-Mitgl. ggfs. kurzfristig zu einer Sitzung zusammentreten können, also nicht in zu großer Entfernung voneinander tätig sind. 12

Dafür kommt es nicht auf die absolute Entfernung der Betriebsteile voneinander an, sondern auf die Verkehrsbedingungen sowohl mit Kraftwagen als auch mit öffentlichen Verkehrsmitteln. 13

Beispiele aus der Rechtsprechung:

Ein Betrieb: Zwei Betriebsstätten in 22 km Entfernung voneinander bei gut ausgebautem Straßennetz gelten nicht als räumlich weit entfernt (BAG 17. 2. 83, AP Nr. 4 zu § 4 BetrVG 1972, LAG Hamburg, BB 83, 1095), ebenso bei 10 km Entfernung u. guten Verkehrsbedingungen (BAG 5. 6. 64, AP Nr. 7 zu § 3 BetrVG), auch noch bei 40 km Entfernung und guten Straßen- u. Bahnverbindungen (BAG 24. 2. 76, AP Nr. 2 zu § 4 BetrVG 1972); ein Betrieb soll auch anzunehmen sein, wenn eine unselbständige Betriebsabteilung 45 km vom Hauptbetrieb entfernt ist und sich dort Produktionsplanung, Materialeinkauf, Verwaltung, technische und soziale Betreuung und Personalabteilung befinden (BAG 29. 3. 77, ArbuR 78, 254 mit kr. Besprechung *Birk,* ArbuR 78, 226, der die ordnungsgemäße Wahrnehmung der BR-Aufgaben und die Größe der Belegschaft für wichtiger ansieht, als den Sitz der Betriebsleitung; *Birk,* ist zuzustimmen, es sei denn, es lägen besonders günstige Verkehrsverbindungen vor). Ein Betrieb ist auch angenommen worden für zwei 17 km voneinander entfernte Niederlassungen eines Großhandelsunternehmens (LAG Hamm, 9. 12. 77, DB 78, 12 82).

Mehrere Betriebe: Zwei weit voneinander liegende Flugplätze selbst bei einheitlichem Kommando gelten nicht als ein Betrieb (LAG Kiel, AP Nr. 1 zu Art. 44 Truppenvertrag); zwei Betriebsstätten in 72 km Entfernung sind selbständige Betriebe (LAG Baden-Württemberg, DB 71, 2267); ebenso Betriebsstätten mit 50 bzw. 80 km Entfernung u. ungünstigen Verkehrsverbindungen (LAG Schleswig-Holstein, 29. 6. u. 7. 7. 72 – 3 Ta BV 3/72 u. 4 Ta BV 4/72 –), bei 60 km Entfernung und Mindestfahrzeit von 1 Std, auch wenn in der Betriebsstätte nur ein BR mit 1 Mitgl. gewählt werden kann (LAG München 21. 10. 87 – 5 Ta BV 9/87, BB 88, 1182); selbst bei günstigen Verkehrsverbindungen kann bei Entfernung von mehr als 200 km ein einheitlicher Betrieb nicht mehr angenommen werden (LAG München, BB 53, S. 797; LAG Düsseldorf, DB 71, 2069).

3. Eigenständigkeit im Aufgabenbereich und in der Organisation

14 Der Begriff der **eigenständigen Organisation** i. S. des § 4 erfordert immer, daß **eine eigene Leitung** auf der Ebene des verselbständigten Teils eines Betriebes besteht, insbesondere in sozialpolitischen, dem MBR unterliegenden Fragen (ArbG Berlin 23. 2. 73, AP Nr. 1 zu § 4 BetrVG 1972; BAG, 17. 2. 83, AP Nr. 4 zu § 4 BetrVG 1972; *Haase* NZA 1988 Beil. 3, S. 14; *GL,* Rn 17; *GK-Kraft,* Rn 35: Indiz), aber nicht auf Gebieten, die der Unternehmensleitung vorbehalten sind; z. B. steht die einheitliche kaufmännische Leitung des Gesamtunternehmens der Annahme eines selbständigen Einzelbetriebes nicht entgegen (BAG 1. 2. 63, AP Nr. 5 zu § 3 BetrVG). Freiheit von Weisungen seitens der Unternehmensleitung ist nicht erforderlich (BAG a. a. O.), sofern der Leitung der Betriebsabteilung Raum für eigene Entscheidungen verbleibt (vgl. *DR,* Rn 25f.).

15 Der **Aufgabenbereich** muß relativ eigenständig sein. Der Betriebsteil wird mit oder ohne räumliche Trennung vom Betriebskomplex (*Birk,* a. a. O.) zumeist fachfremde Hilfsfunktionen für den Gesamtbereich erfüllen, z. B. Verpackungsmaterial für das eigentliche Produkt herstellen, die Reparaturwerkstatt, der Fuhrpark (*DR,* Rn 26). Die räumliche Nähe und organisatorischen Verbindungen zu einem Betrieb des Unternehmens mit anderen Aufgaben läßt noch nicht auf die mangelnde Eigenständigkeit schließen (BAG 25. 11. 80, AP Nr. 3 zu § 18 BetrVG 1972 betr. Lufthansa). Wegen Hauptverwaltung eines Unternehmens vgl. § 1 Rn 37.

III. Nebenbetriebe

16 Nebenbetriebe sind **organisatorisch selbständige Betriebe** (h. M.), die unter eigener Leitung auch einen eigenen Betriebszweck verfolgen, also alle Voraussetzungen eines Betriebes erfüllen (vgl. § 1 Rn 29ff.), jedoch in ihrer **Aufgabenstellung** meist **auf Hilfeleistung für einen Hauptbetrieb** ausgerichtet sind, den dort erstrebten Betriebszweck unterstützen (BAG 17. 2. 83, AP Nr. 4 zu § 4 BetrVG 1972; BAG 25. 9. 86, AP Nr. 7 zu § 1 BetrVG 1972, verneinend für Service-Niederlassungen, die keine Hilfsfunktion erfüllen; vgl. auch *DR,* Rn 6; *GL,* Rn 5; z. B. die Karrosseriefabrik einer Autofirma). In den meisten Fällen unterliegt auch der Nebenbetrieb einer technischen Oberleitung durch den Hauptbetrieb. Zweigstellen **(Filialen)** können je nach ihrer Organisation selbständige Betriebe, Betriebsteile oder Nebenbetriebe sein. Haupt- und Nebenbetriebe müssen denselben Inhaber haben und zum selben Unternehmen gehören (vgl. BAG 5. 12. 75, AP Nr. 1 zu § 47 BetrVG 1972; *DR,* Rn 9; *GL,* Rn 5; *GK-Kraft,* Rn 23). Verschiedene Produktionszweige eines Großunternehmens unter einheitlicher arbeitstechnischer Leitung auf demselben Fabrikgelände stellen einen Betrieb dar (ArbG Berlin 23. 2. 73, AP Nr. 1 zu § 4 BetrVG 1972).

Anders als für den Betriebsteil ist für den Nebenbetrieb grundsätzlich **ein eigener BR** zu bilden und zwar unabhängig von der räumlichen Entfernung zum Hauptbetrieb. Er ist **betriebsverfassungsrechtlich selbständig.** Eine Ausnahme gilt nur, wenn der Nebenbetrieb objektiv nicht BRfähig ist (vgl. Rn 11 und § 1 Rn 140ff.). In diesem Falle nehmen die ArbN stets, und zwar ohne Rücksicht auf die räumliche Lage (wegen schriftlicher Stimmabgabe vgl. § 26 Abs. 3 WO) des Nebenbetriebs zum Hauptbetrieb an dessen BR-Wahl teil. 17

IV. Tarifvertragliche Regelung

Nach § 3 Abs. 1 Nr. 3 haben die TVParteien die Möglichkeit, von den grundsätzlich zwingenden Organisationsvorschriften des Gesetzes hinsichtlich der Zuordnung von Betriebsteilen und Nebenbetrieben von der Regelung des § 4 abzuweichen, soweit dadurch die Bildung von Vertretungen der ArbN erleichtert wird (wegen der Besonderheiten solcher tariflicher Regelungen vgl. § 3 Rn 42ff.). Möglich sind die Zuordnung von Betriebsteilen zum Hauptbetrieb entgegen § 4 Abs. 1 sowie die Zuordnung von Nebenbetrieben zum Hauptbetrieb, auch wenn der Nebenbetrieb betriebsratsfähig ist (vgl. *GK-Kraft,* Rn 39). 18

V. Streitigkeiten

Die **Abgrenzung des Betriebes** ist für die Wahl des BR von besonderer Bedeutung. Daher besteht nach § 18 Abs. 2 die Möglichkeit, vor und unabhängig von einer Neuwahl (*DR,* Rn 39, *GL,* Rn 19) eine Entscheidung des ArbG im BeschlVerf. (vgl. § 2a ArbGG) darüber herbeizuführen, ob ein Nebenbetrieb oder Betriebsteil selbständig (d.h. für die Zwecke der Betriebsverfassung wie ein selbständiger Betrieb) zu behandeln ist oder ob er zu einem Hauptbetrieb gehört (BAG 25. 11. 80, AP Nr. 3 zu § 18 BetrVG 1972). Näheres vgl. § 18 Rn 28ff.. Antragsberechtigt sind der ArbGeb., jeder beteiligte BR oder Wahlvorst. und jede im Betrieb vertretene Gewerkschaft; es genügt Vertretung in einer der betrieblichen Stellen (BAG 5. 6. 64, AP Nr. 7 zu § 3 BetrVG). 19

Die Abgrenzung des Betriebes ist deshalb wichtig, weil eine BR-Wahl, wenn ein falscher Betriebsbegriff zugrunde gelegt ist, mindestens nach § 19 anfechtbar, bei offensichtlicher Verkennung des Betriebsbegriffs sogar nichtig wäre (vgl. § 19 Rn 3f.). Ist aber die Anfechtungsfrist verstrichen und der Betriebsbegriff nicht offensichtlich verkannt, so bleibt ein durch gemeinsame Wahl der ArbN mehrerer Betriebe gebildeter BR für die Dauer seiner Amtszeit im Amt; ihm stehen alle gesetzlichen Beteiligungsrechte zu (BAG 11. 4. 78, AP Nr. 8 zu § 19 BetrVG 1972; 26. 10. 79, AP Nr. 5 zu § 9 KSchG 1969). 20

In anderen Verfahren kann das ArbG über Rechtsfragen nach § 4 als Vorfragen entscheiden, soweit noch keine Entscheidung im Verfahren nach § 18 Abs. 2 vorliegt, aber nur mit Wirkung für den konkreten Streitfall (BAG 28. 12. 56, AP Nr. 1 zu § 22 KSchG). 21

§ 5 Arbeitnehmer

(1) **Arbeitnehmer im Sinne dieses Gesetzes sind Arbeiter und Angestellte einschließlich der zu ihrer Berufsausbildung Beschäftigten.**

(2) **Als Arbeitnehmer im Sinne dieses Gesetzes gelten nicht**

1. **in Betrieben einer juristischen Person die Mitglieder des Organs, das zur gesetzlichen Vertretung der juristischen Person berufen ist;**
2. **die Gesellschafter einer offenen Handelsgesellschaft oder die Mitglieder einer anderen Personengesamtheit, soweit sie durch Gesetz, Satzung oder Gesellschaftsvertrag zur Vertretung der Personengesamtheit oder zur Geschäftsführung berufen sind, in deren Betrieben;**
3. **Personen, deren Beschäftigung nicht in erster Linie ihrem Erwerb dient, sondern vorwiegend durch Beweggründe karitativer oder religiöser Art bestimmt ist;**
4. **Personen, deren Beschäftigung nicht in erster Linie ihrem Erwerb dient und die vorwiegend zu ihrer Heilung, Wiedereingewöhnung, sittlichen Besserung oder Erziehung beschäftigt werden;**
5. **der Ehegatte, Verwandte und Verschwägerte ersten Grades, die in häuslicher Gemeinschaft mit dem Arbeitgeber leben.**

(3) **Dieses Gesetz findet, soweit in ihm nicht ausdrücklich etwas anderes bestimmt ist, keine Anwendung auf leitende Angestellte. Leitender Angestellter ist, wer nach Arbeitsvertrag und Stellung im Unternehmen oder im Betrieb**

1. **zur selbständigen Einstellung und Entlassung von im Betrieb oder in der Betriebsabteilung beschäftigten Arbeitnehmern berechtigt ist oder**
2. **Generalvollmacht oder Prokura hat und die Prokura auch im Verhältnis zum Arbeitgeber nicht unbedeutend ist oder**
3. **regelmäßig sonstige Aufgaben wahrnimmt, die für den Bestand und die Entwicklung des Unternehmens oder eines Betriebs von Bedeutung sind und deren Erfüllung besondere Erfahrungen und Kenntnisse voraussetzt, wenn er dabei entweder die Entscheidungen im wesentlichen frei von Weisungen trifft oder sie maßgeblich beeinflußt; dies kann auch bei Vorgaben insbesondere auf Grund von Rechtsvorschriften, Plänen oder Richtlinien sowie bei Zusammenarbeit mit anderen leitenden Angestellten gegeben sein.**

(4) **Leitender Angestellter nach Absatz 3 Nr. 3 ist im Zweifel, wer**

1. **aus Anlaß der letzten Wahl des Betriebsrats, des Sprecherausschusses oder von Aufsichtsratsmitgliedern der Arbeitnehmer oder durch rechtskräftige gerichtliche Entscheidung den leitenden Angestellten zugeordnet worden ist oder**
2. **einer Leitungsebene angehört, auf der in dem Unternehmen überwiegend leitende Angestellte vertreten sind, oder**
3. **ein regelmäßiges Jahresarbeitsentgelt erhält, das für leitende Angestellte in dem Unternehmen üblich ist, oder,**

4. falls auch bei der Anwendung der Nummer 3 noch Zweifel bleiben, ein regelmäßiges Jahresarbeitsentgelt erhält, das das Dreifache der Bezugsgröße nach § 18 des Vierten Buches Sozialgesetzbuch überschreitet.

Inhaltsübersicht

I. Vorbemerkung

Die Vorschrift beschreibt i. V. m. § 6 den Kreis der ArbN, auf den das BetrVG im Gegensatz zu den übrigen Betriebsangehörigen in vollem Umfang anzuwenden ist. Das ist der Personenkreis, der nach dem Gesetz vom BR repräsentiert wird, und dessen Interessen er wahrnehmen kann und zu vertreten hat (*GK-Kraft,* Rn 4; zur erweiterten Zuständigkeit des BR für entliehene ArbN vgl. Rn 72, 78). 1

§ 5 Abs. 1 geht i. V. m. § 6 von einem allgemeinen arbeitsrechtlichen ArbN-Begriff aus. Er erweitert ihn um die zu ihrer Berufsausbildung Beschäftigten und die in Heimarbeit Beschäftigten, die in der Hauptsache für den Betrieb arbeiten (§ 6 Abs. 1 Satz 2 und Abs. 2 Satz 2). 2

3 Andererseits gelten einige ArbN im arbeitsvertraglichen Sinne nicht als ArbN i. S. d. BetrVG. Dieser Personenkreis wird durch § 5 Abs. 2 beschrieben (vgl. *DR,* Rn 1: „Verlustliste").

4 Außerdem findet das BetrVG, soweit in ihm nicht ausdrücklich etwas anderes bestimmt wird, auf **leitende Angestellte** keine Anwendung. § 5 Abs. 3 bestimmt diesen Kreis der leitenden Angestellten. Die Begriffsbestimmung wurde im Vergleich zu der des BetrVG 1952 geändert mit dem Ziel, eine objektivere Entscheidung als bisher zu ermöglichen (*GK-Kraft,* Rn 2). Die Bestimmung war rechtspolitisch umstritten. Die Gewerkschaften hatten sich für eine möglichst weitgehende Einbeziehung der Angestellten in die Betriebsverfassung ausgesprochen; die Organisation der leitenden Angestellten und die Arbeitgeberverbände waren der Auffassung, daß ein relativ großer Personenkreis nicht vom BR vertreten werden könnte.

4a **§ 5 Abs. 3** ist durch G. vom 20. 12. 88 (BGBl I S. 2312) neu gefaßt worden. Der Begriff des leitenden Angestellten ist **präzisiert** worden. Der Gesetzgeber hat den Kreis der leitenden Angestellten nicht erweitern wollen (vgl. Begründung des Entwurfs BT-Drucks 11/2503 S. 1 und 22; Sozialpolitische Informationen des BMA v. 20. 12. 88 Nr. 17). Im wesentlichen hat der Gesetzgeber die bisherige Rechtsprechung des BAG zum Begriff des leitenden Angestellten bestätigt (Einzelheiten vgl. Rn 114ff.). Nach wie vor enthält die Legaldefinition des § 5 Abs. 3 Satz 2 eine Reihe unbestimmter Rechtsbegriffe. Um den Wahlvorständen eine Orientierungshilfe in Grenzfällen zu geben (vgl. *Wlotzke,* DB 89, 111, 123), wurde ein Abs. 4 eingefügt (vgl. zur Bedeutung dieser Bestimmung Rn 172ff.).

4b Die Abgrenzung der leitenden Angestellten von den übrigen Angestellten des Betriebs hat durch die **Einführung eines Sprecherausschusses** als Interessenvertretung der leitenden Angestellten (vgl. ebenfalls G. v. 20. 12. 88 BGBl I S. 2312) besondere Bedeutung gewonnen (vgl. Rn 197ff.). Leitende Angestellte können einen Sprecherausschuß wählen und sind zu dieser Interessenvertretung wählbar (§ 3 Abs. 1 und 2 SprAuG). Alle übrigen Angestellten wählen den BR und sind zu dieser Interessenvertretung wählbar (Einzelheiten §§ 7 und 8). Jeder Angestellte ist entweder wahlberechtigt zum BR oder zum Sprecherausschuß. Konflikte zwischen den Wahlvorständen aus Anlaß der Wahlen zu den Interessenvertretungen werden in einem besonderen **Zuordnungsverfahren nach § 18a BetrVG** ausgetragen. Außerhalb der Zuordnung eines Ang. aus Anlaß der Wahlen zu den Interessenvertretungen kann der Status eines Ang. – leitender Ang. oder nicht – jederzeit in einem Beschl.Verf. geklärt werden (vgl. Rn 118 und § 18a Rn 5).

5 Die NichtArbN und die leitenden Ang. nach Abs. 3 besitzen weder das Wahlrecht noch die Wählbarkeit zum BR. Sie bleiben auch bei der Entscheidung darüber außer Betracht, ob ein BRpflichtiger Betrieb vorliegt (§ 1), in welcher Stärke der BR zu errichten ist (§ 9), ob ein MBR bzw. Mitwirkungsrecht auf personellem Gebiet besteht (§ 99 Abs. 1), ob ein WiAusschuß zu bilden ist (§ 106 Abs. 1) und ob der BR in wirt-

schaftlichen Angelegenheiten mitzubestimmen hat (§ 111). Beteiligungsrechte in Angelegenheiten, die diesen Personenkreis betreffen, stehen dem BR nicht zu.

Der ArbN-Begriff des Gesetzes ist zwingend; er kann weder durch TV noch durch BV geändert werden (h. M.; *GL,* Rn 6; *GK-Kraft,* Rn 4). Das gilt auch für den Begriff des leitenden Ang. (vgl. Rn 133). 6

Entsprechende Vorschrift im BPersVG 74: § 4, im MitbestG: § 3. 7

II. Begriff des Arbeitnehmers

1. Allgemeine Merkmale

a) Allgemeiner arbeitsrechtlicher Begriff

Das BetrVG enthält keine eigene Begriffsbestimmung. Es geht von einem allgemeinen arbeitsrechtlichen Begriff des ArbN aus. Dieser Begriff wird für das BetrVG durch §§ 5 und 6 zum einen erweitert, zum anderen eingeschränkt (vgl. oben Rn 2 bis 4). Für die weitaus überwiegende Zahl der Mitarbeiter stimmen der allgemeine arbeitsrechtliche und der **betriebsverfassungsrechtliche ArbNBegriff** überein. 8

ArbN ist, wer auf Grund eines privatrechtlichen Vertrages im Dienste eines anderen (ArbG) zur Leistung fremdbestimmter Arbeit in persönlicher Abhängigkeit verpflichtet ist (st. Rspr. des BAG, vgl. zuletzt 13. 1. 83 und 9. 5. 84, AP Nr. 42 und 45 zu § 611 BGB Abhängigkeit; BAG 16. 10. 87, AP Nr. 69 zu § 613a BGB; *Hueck/Nipperdey* I, S. 34ff.; *Nikisch,* I, S. 91; *Staudinger/Nipperdey/Mohnen,* Vor § 611 Rn 15; *DR,* Rn 5; *GL,* Rn 4; *GK-Kraft,* Rn 8). 9

b) Arbeitsvertrag

Das Arbeitsverhältnis wird durch Arbeitsvertrag zwischen ArbGeb. und ArbN begründet. Dieser Vertrag kann ausdrücklich oder auch stillschweigend durch entsprechendes tatsächliches Verhalten geschlossen werden. 10

Das nach § 78a Abs. 2 und nach § 10 Abs. 1 AÜG kraft Gesetzes entstehende Arbeitsverhältnis steht dem durch Rechtsgeschäft begründeten Arbeitsverhältnis gleich. In den genannten Fällen knüpft das Gesetz die Rechtsfolge an ein bestimmtes tatsächliches Verhalten der Beteiligten an, z. B. bei § 78a an die Begründung eines Berufsausbildungsverhältnisses und das Verlangen auf Weiterbeschäftigung. 11

Die **privatrechtliche Wirksamkeit** des Arbeitsvertrages ist keine Voraussetzung für die ArbNEigenschaft. Auch wer aufgrund anfechtbaren oder nichtigen Arbeitsvertrages beschäftigt wird, bleibt ArbN i. S. des BetrVG, solange er im Betrieb tatsächlich beschäftigt wird (h. M.; BAG 15. 11. 57 und 5. 12. 57, AP Nr. 2 zu § 125 BGB und Nr. 2 zu § 123 BGB; *DR,* Rn 46; *KG-Kraft,* Rn 12). 12

Weil die Beschäftigung nicht auf einem privatrechtlichen Vertrag beruht, sind Beamte, Soldaten und Personen, die kraft eines öffentlich- 13 rechtlichen Zwanges beschäftigt werden (z. B. Strafgefangene, Fürsorgepflichtarbeiter) keine ArbN (vgl. Rn 100f.).

c) Gegenstand des Arbeitsvertrages

14 Gegenstand des Arbeitsvertrages sind **Dienstleistungen** (§ 611 Abs. 1 BGB). Der Arbeitsvertrag ist der Hauptanwendungsfall des im BGB geregelten Dienstvertrages. Arbeits-(Dienst-)verträge sind zu unterscheiden von Werkverträgen (§ 631 BGB). Im Werkvertrag verpflichtet sich der Unternehmer zur Herstellung eines versprochenen individuellen Werks, d. h. zur Herbeiführung eines bestimmten Arbeitsergebnisses (Erfolg) für den Besteller (vgl. *Palandt,* § 631, Anm. 1). Zur Abgrenzung des Arbeitsvertrages vom Franchise-Vertrag vgl. BAG 24. 4. 80, AP Nr. 1 zu § 84 HGB; LAG D'dorf 20. 10. 87, DB 88, 293, dazu *Weltrich,* DB 88, 806; *Buschmann,* AiB 88, 51.

15 Maßgebend ist der **Geschäftsinhalt** des Vertrages. Dieser kann sich sowohl aus den schriftlichen Vereinbarungen als auch aus der praktischen Durchführung des Vertrages ergeben. Widersprechen sich schriftliche Vereinbarung und tatsächliche Durchführung, kommt es für die Ermittlung des Geschäftsinhalts auf die tatsächliche Durchführung an. Wenn der Besteller nicht nur das Ergebnis, sondern auch die Herstellung des Werkes beeinflussen kann, liegt ein Dienstvertrag vor (vgl. *Halbach,* DB 80, 2389; *Ulber,* ArbuR 82, 54).

d) Abgrenzung zum freien Mitarbeiter

16 Von den Dienstverträgen (§ 611 BGB) unterscheiden sich die Arbeitsverträge durch den Grad der persönlichen Abhängigkeit, in der sich der zur Dienstleistung Verpflichtete jeweils befindet (fremdbestimmte Arbeit). **ArbN** ist der Mitarbeiter, der seine Dienstleistung in **persönlicher Abhängigkeit** (fremdbestimmt) zu erbringen hat. Diese persönliche Abhängigkeit entsteht schon durch eine Einordnung in die von einem Dritten (ArbGeb.) bestimmte Arbeitsorganisation. Fast in jedem Dienstverhältnis gibt es Regelungen, die zu einer persönlichen Abhängigkeit führen. Maßgebend ist nur der Grad dieser persönlichen Abhängigkeit (vgl. zum Abgrenzungsmerkmal und seiner Konkretisierung *Hilger,* RdA 89, 1 ff. mit zahlreichen Beispielen).

17 Die persönliche Abhängigkeit kann entstehen aus der **Weisungsgebundenheit** des Mitarbeiters, aus der Regelung über Nebentätigkeiten, dem Ort der Arbeitsleistung, der Form der Vergütung, der Gewährung von Urlaub, Führung von Personalunterlagen, Abführung von Steuern und Sozialversicherungsbeiträgen. Stärkstes Indiz ist die Weisungsgebundenheit in sachlicher und zeitlicher Hinsicht.

18 Für die Abgrenzung des Handelsvertreters vom abhängig beschäftigten Handlungsgehilfen (ArbN) enthält **§ 84 Abs. 1 Satz 2 HGB** ein typisches Abgrenzungsmerkmal. Nach dieser Bestimmung ist selbständig, wer im wesentlichen **frei** seine Tätigkeit **gestalten** und seine **Arbeits-**

zeit bestimmen kann. Unselbständig und damit persönlich abhängig ist der Mitarbeiter, dem dies nicht möglich ist. Über die genannte Abgrenzung hinaus enthält diese Bestimmung eine allgemeine gesetzgeberische Wertung (vgl. BAG 13. 1. 83, AP Nr. 42 zu § 611 BGB Abhängigkeit).

Die persönliche Abhängigkeit zeigt sich insbesondere darin, daß ein ArbN hinsichtlich Zeit, Dauer und Ort der Ausführung der versprochenen Dienste einem Weisungsrecht des ArbGeb. unterliegt. Eine fachliche Weisungsgebundenheit liegt häufig vor, sie ist jedoch für Dienste höherer Art nicht immer typisch. Die gleichen Kriterien verwendet das BSG zur Abgrenzung zwischen abhängig Beschäftigten und selbständig Tätigen (BSG 1. 12. 77 und 13. 7. 78, AP Nr. 27 und 29 zu § 611 BGB Abhängigkeit). Das arbeitsrechtliche Schrifttum ist dieser Rspr. des BAG und des BSG im wesentlichen gefolgt (vgl. *Schaub* § 8 II 3 mit weit. Nachw.). Aufschluß über das Maß an persönlicher Abhängigkeit können auch Vereinbarungen über das Verwertungsrisiko bzgl. des Arbeitsergebnisses geben (vgl. *Hilger,* RdA 89, 1, 4): Wer die Chancen einer Verwertung für sich nutzen kann, ist kaum ArbN; wer die Verwertung nicht beeinflussen kann, das Produkt nicht auf dem Markt anbieten kann, ist ArbN. 19

Für die Ermittlung des Grades der persönlichen Abhängigkeit kommt es auf den **Geschäftsinhalt** des Vertrages an, nicht auf die Bezeichnung und die gewünschte Rechtsfolge (vgl. BAG 13. 1. 83, AP Nr. 42 zu § 611 BGB Abhängigkeit). Die Parteien können sich nicht über zwingende Bestimmungen zum Schutz der ArbN hinwegsetzen. Sie können nur den Geschäftsinhalt festlegen. 20

Diese Abgrenzungsmerkmale gelten für alle Dienst- oder Arbeitsverhältnisse. Doch gibt es im Einzelfall **branchenspezifische Kriterien,** die Aussagen über den Grad der persönlichen Abhängigkeit erlauben (vgl. z. B. für Handelsvertreter, Mitarbeiter von Rundfunk- und Fernsehanstalten, Presseunternehmen). 21

ArbN-ähnliche Personen sind keine ArbN. Sie leisten keine Dienste in persönlicher Abhängigkeit. Es handelt sich um Personen, die wirtschaftlich abhängig und vergleichbar einem ArbN sozial schutzbedürftig sind (§ 12a Abs. 1 TVG; zum Begriff vgl. auch *Herschel,* DB 77, 1185). Es fehlt das Merkmal der persönlichen Abhängigkeit. **Wirtschaftliche Abhängigkeit** ergibt sich bei ihnen aus der ausschließlich oder überwiegenden Beschäftigung für eine Person oder ein Unternehmen (z. B. Lehrkräfte, Künstler, Reporter, Kameraleiter, nebenamtliche Dozenten an Volkshochschulen, BAG 26. 1. 77, 23. 9. 81, 25. 8. 82, AP Nr. 13, 22, 32 zu § 611 BGB Lehrer, Dozenten; Erfinder, Wirtschaftsberater, selbst. Handwerksmeister als freie Mitarbeiter, vgl. die Fälle BAG 28. 2. 62, 13. 12. 62, 8. 6. 67, 7. 1. 71, 13. 8. 80, AP Nr. 1, 3 und 6, 8, 10, 12, 14, 15–18, 37 zu § 611 BGB Abhängigkeit). 22

Für ArbN-ähnliche Personen können nach § 12a TVG unter den dort genannten Vorausetzungen TV abgeschlossen werden. Allerdings gilt dies nicht für Handelsvertreter, die des sozialen Schutzes besonders bedürftig wären (§ 12a Abs. 4 TVG). Diese Personen sind auch ArbN im 23

Sinne des ArbGG (vgl. § 5 ArbGG). Nach § 2 BUrlG sind sie den ArbN urlaubsrechtlich gleichgestellt.

e) Unerhebliche Merkmale

24 Unerheblich für die rechtliche Einordnung ist der **zeitliche Umfang der Arbeitsleistung.** Auch Teilzeitbeschäftigte sind ArbN. Dem Gesetz läßt sich keine Einschränkung entnehmen (vgl. *DR,* Rn 28; *GL,* Rn 7; *GK-Kraft,* Rn 25). Die Pflicht zur Arbeitsleistung braucht nicht die ganze Arbeitszeit des ArbN in Anspruch zu nehmen. Die Arbeit braucht nicht berufsmäßig oder im Hauptberuf ausgeübt zu werden. Auch Kurzzeitbeschäftigte können ArbN sein (vgl. *DR,* Rn 27; *GL,* Rn 7; *GK-Kraft,* Rn 26).

25 Auch darauf, ob die Tätigkeit der **Sozialversicherungspflicht** unterliegt, kommt es nicht an. Ist die gelegentliche Beschäftigung nicht mehr versicherungsfrei, spricht dies für ein Arbeitsverhältnis. Umgekehrt führt die Versicherungsfreiheit noch nicht zur Verneinung der ArbN-Eigenschaft, wie sich schon aus dem Wortlaut von § 6 ergibt. Was eine geringfügige Beschäftigung im sozialversicherungsrechtlichen Sinne ist, bestimmt § 8 SGB IV; maßgebende Kriterien sind die Höhe des Arbeitsentgelts und die Dauer der Beschäftigung.

26 Bei gelegentlicher Mitarbeit, die nur an einzelnen Tagen im Monat ausgeübt wird, braucht nicht immer ein Arbeitsverhältnis vorzuliegen (vgl. BAG 25. 6. 74, AP Nr. 3 zu § 19 BetrVG 1972 betr. Zeitungsfrauen; **a. A.** *GKSB,* Rn 4). Im übrigen kann die Tätigkeit, die die ArbN-Eigenschaft begründet, auch nebenberuflich ausgeübt werden (BAG 24. 1. 64, AP Nr. 4 zu § 611 BGB Fleischbeschauer-Dienstverhältnis; 16. 3. 72, AP Nr. 10 zu § 611 BGB Lehrer, Dozenten; *DR,* Rn 25; *GL,* Rn 7).

27 Unerheblich ist auch die Staatsangehörigkeit des Mitarbeiters. (*DR,* Rn 67).

28 Bei Vorliegen der Voraussetzungen gehören auch Personen, deren **Arbeitsverhältnis** ruht, zu den ArbN i. S. des BetrVG. (h. M.; *Brecht,* Rn 6; *GL,* Rn 9; *GK-Kraft,* Rn 32). Ein Arbeitsverhältnis ruht z. B. während der Zeiten des Wehr- oder Zivildienstes. Soweit es auf die Zahl der ArbN ankommt, sind sie zu berücksichtigen. Diese ArbN sind auch wahlberechtigt (§ 7 Rn 14) und wählbar (§ 8 Rn 15).

2. Sonderformen des Arbeitsverhältnisses

Das „Normalarbeitsverhältnis" eines vollzeitbeschäftigten unbefristet eingestellten ArbN mit fester Arbeitszeit in einer Betriebsstätte ist noch immer der Regelfall. Jedoch haben Sonderformen der Beschäftigung – vor allem Teilzeitarbeit und befristete Beschäftigungen – in letzter Zeit zugenommen. Die Gewerkschaften beklagen die Aushöhlung der Grundlagen des Arbeitsrechts (die Hans-Böckler-Stiftung verfügt über Forschungsergebnisse); die ArbGeb. halten eine gewisse „Flexibilisierung" für erforderlich. Die rechtlichen Rahmenbedingungen für den Einsatz von ArbN außerhalb des „Normalarbeitsverhältnisses" haben sich in letzter Zeit erheblich geändert.

a) Befristet Beschäftigte

Ein Arbeitsverhältnis ist befristet, wenn es nach einer bestimmten Zeit automatisch ohne Ausspruch einer Kündigung endet, entweder nach der kalendermäßig bestimmten Zeit (Zeitbefristung) oder nach Eintritt eines der Zeit nach ungewissen Ereignisses (Zweckbefristung). Befristet Beschäftigte sind ArbN i. S. des BetrVG. Sie genießen aber nicht den üblichen **Kündigungsschutz.** Der ArbGeb. entscheidet allein, ob er den ArbN nach Ablauf der Befristung weiterbeschäftigen will. Damit wird die berufliche Zukunft dieser ArbN unkalkulierbar. Rechte, die von einer längeren Betriebszugehörigkeit abhängen, können diese ArbN nicht erwerben. Ähnlich unsicher ist die Lage der ArbN in einem auflösend bedingten Arbeitsverhältnis (der Eintritt eines künftigen Ereignisses ist ungewiß). 29

Das BAG hat deshalb befristete Arbeitsverträge dann für unzulässig erklärt, wenn „der durch die Kündigungsschutzbestimmungen gewährleistete Bestandsschutz des Arbeitsverhältnisses vereitelt wird und dafür kein **sachlicher Grund** vorliegt" (ständige Rspr. seit dem Beschluß des Großen Senats vom 12. 10. 60, AP Nr. 16 zu § 620 BGB Befristeter Arbeitsvertrag). Der sachliche Grund ist immer dann erforderlich, wenn ohne Befristungsabrede kündigungsschutzrechtliche Vorschriften eingreifen würden. 30

Kein sachlicher Grund ist dann erforderlich, wenn die Beschäftigung nicht länger als 6 Monate dauern soll (BAG 6. 6. 84, AP Nr. 83 zu § 620 BGB Befristeter Arbeitsvertrag). Tritt der besondere Kündigungsschutz (BR-Mitglieder, werdende Mütter) erst während des befristeten Arbeitsverhältnisses ein, ist dies unbeachtlich. Nur in besonderen Fällen kann die Berufung auf die Befristung eine unzulässige Rechtsausübung sein (BAG 28. 11. 63, AP Nr. 26 zu § 611 BGB Befristeter Arbeitsvertrag). Wenn bei der Vereinbarung der Befristung schon ein besonderer Kündigungsschutz besteht (z. B. bei befristeter Weiterbeschäftigung eines BRMitgliedes, vgl. BAG 17. 2. 83, AP Nr. 14 zu § 15 KSchG 1969) muß ein sachlicher Grund vorliegen. Bestandsschutznormen sind neben § 1 KSchG auch § 9 MuSchG, § 18 BErzGG für ArbN im Erziehungsurlaub, § 15 SchwbG, § 15 KSchG. 31

Zahlreiche Entscheidungen des BAG befassen sich mit der Frage, wann ein sachlicher Grund für eine Befristung vorliegt (z. B. Erprobung des ArbN, zeitlich begrenzte Aufgaben wie Vertretung anderer ArbN im Urlaub und während der Krankheit und Schwangerschaft; vgl. eine Zusammenstellung bei *KR-Hillebrecht,* § 620 BGB Rn 158ff.; *Schaub,* § 39; *Bobke,* BetrR 86, 191; *Sowka,* DB 88, 2457). 32

Eine sachlich nicht gerechtfertigte Befristung hat zur Folge, daß der ArbGeb. sich auf die unwirksame Vereinbarung nicht berufen kann (BAG 12. 10. 60, AP Nr. 16 zu § 611 BGB Befristeter Arbeitsvertrag; ständige Rspr.). Es kommt ein unbefristetes Dauerarbeitsverhältnis zustande. Das kann der ArbN gerichtlich feststellen lassen. 33

In der Zeit vom 1. 5. 85 bis 1. 1. 1990 kann ein ArbGeb. auch ohne sachlichen Grund einen befristeten Arbeitsvertrag bis zur Dauer von 34

18 Monaten (in Ausnahmefällen (Art. 1 § 1 Abs. 2 BeschFG), auch bis zur Dauer von 2 Jahren) abschließen. Die Befristung ist zulässig, wenn entweder der ArbN neu eingestellt wird oder der ArbN im Anschluß an die Berufsausbildung nur vorübergehend weiterbeschäftigt werden kann, weil kein Arbeitsplatz für einen unbefristet einzustellenden ArbN zur Verfügung steht (Art. 1 § 1 Abs. 1 **BeschFG**). Ob eine Neueinstellung vorliegt, ist in Art. 1 § 1 Abs. 1 Satz 2 BeschFG geregelt (vgl. BAG 27. 4. 88, AP Nr. 4 zu § 1 BeschFG 1985; BAG 10. 6. 88, AP Nr. 5 zu § 1 BeschFG 1985, zust. *Oetker/Kiel,* DB 89, 576).

35 Einzelheiten der Regelung sowie ihre Verfassungsmäßigkeit sind umstritten (vgl. *Löwisch,* BB 85, 1200; *Hanau,* RdA 87, 25; *Düttmann/Hinrichs/Kehrmann/Oberhofer,* AiB 85, 69; *Friedhofen/Weber,* NZA 85, 341; *Schwerdtner,* NZA 85, 579; *Däubler,* Arbeitsrecht 2, S. 774ff.; *Plander,* DB 86, 2180).

Die gesetzliche Befristungsregelung des Art. 1 § 1 BeschFG kann zugunsten der ArbN durch TV beschränkt oder ausgeschlossen werden. Art. 1 § 1 BeschFG ist kein zweiseitig zwingendes Gesetz; bei gesetzlichen Regelungen über die Teilzeitarbeit gestattet Art. 1 § 6 BeschFG Abweichungen zuungunsten der ArbN. In den übrigen Fällen muß es daher bei der allgemeinen Regel bleiben: Es gilt das Günstigkeitsprinzip (vgl. dazu BAG, Großer Senat, 16. 9. 86, AP Nr. 17 zu § 77 BetrVG 1972) als ein die gesamte Arbeitsrechtsordnung beherrschender Grundsatz. Zweiseitig zwingende Normen muß der Gesetzgeber deutlich kennzeichnen (BAG 25. 9. 87, AP Nr. 1 zu § 1 BeschFG 1985; *Wlotzke,* NZA 85, 217; *Kohte,* BB 86, 397; **a. A.** unter Hinweis auf die Entstehungsgeschichte *Winterfeld,* ZfA 86, 157, 168; *Sowka,* DB 88, 2462). Die gesetzliche Befristungsregelung kann auch im Arbeitsvertrag selbst oder nachträglich abbedungen werden (BAG 24. 2. 88, AP Nr. 3 zu § 1 BeschFG).

36 In den Fällen, in denen Art. 1 § 1 BeschFG nicht eingreift, bleibt es bei der bisherigen Rechtslage. Die von der Rechtsprechung entwickelten Grundsätze zu § 620 BGB und Art. 1 § 1 BeschFG sind nebeneinander anwendbar.

37 Ein Sonderfall der Befristung ist die Beschäftigung eines ArbN im Rahmen einer **ABM-Maßnahme** nach dem AFG. Nach § 91 Abs. 2 Satz 1 AFG kann die BA „Arbeiten, die im öffentlichen Interesse liegen" durch Gewährung von Zuschüssen fördern, „soweit die Arbeiten sonst nicht oder erst zu einem späteren Zeitpunkt durchgeführt würden und die Förderung nach Lage und Entwicklung des Arbeitsmarktes zweckmäßig erscheint." Träger einer solchen Maßnahme kann die öffentliche Hand aber auch ein Privatunternehmen sein (§ 92 Abs. 2 AFG). Der Zuschuß muß mindestens 60% des Arbeitsentgelts betragen.

38 Der ArbN wird dem Träger der Maßnahme vom AA zugewiesen. Nach § 93 Abs. 2 Satz 1 AFG richten sich die Beziehungen zwischen den zugewiesenen ArbN und dem Träger nach den Vorschriften des **Arbeitsrechts.** Es müssen also Arbeitsverträge abgeschlossen werden.

39 Diese Arbeitsverträge werden üblicherweise befristet für die Dauer der Förderung. Das ist im Regelfall berechtigt (BAG 3. 12. 82, AP

Nr. 72 zu § 620 BGB Befristeter Arbeitsvertrag); ein Förderungsprogramm läßt sich nicht realisieren, wenn der Träger das Risiko eingehen müßte, in ein unbefristetes Arbeitsverhältnis gezwungen zu werden (vgl. *Plander,* NZA 84, 339).

b) Teilzeitarbeit.

Teilzeitbeschäftigt sind die ArbN, deren regelmäßige Wochenarbeitszeit kürzer ist als die regelmäßige Wochenarbeitszeit vergleichbarer vollbeschäftigter ArbN des Betriebes (vgl. § 2 Abs. 2 BeschlFG). Teilzeitarbeit muß **vereinbart** werden. Der ArbGeb. kann die vereinbarte Arbeitszeit nicht einseitig herabsetzen, auch wenn er sich dies im Arbeitsvertrag ausdrücklich vorbehalten hatte (BAG 12. 12. 84, AP Nr. 6 zu § 2 KSchG 1969). 40

Teilzeitbeschäftigte sind **ArbN** (vgl. *Wank,* RdA 85, 1; über die Rechtspr. zu individualrechtlichen und betriebsverfassungsrechtlichen Fragen der Teilzeitarbeit informiert *Becher-Schaffner,* DB 86, 1773). Ihre **soziale Situation** weist einige **Besonderheiten** auf (vgl. dazu *Däubler,* Das Arbeitsrecht 2, S. 786): Teilzeitarbeit hat Vorteile für den ArbGeb, er kann mit Teilzeitarbeit den Spitzenbedarf abdecken, die Ursachen für Fehlzeiten verringern sich (Arztbesuche außerhalb der Arbeitszeit), die Arbeitsintensität ist vergleichsweise größer. Der ArbN kann häufig die Arbeitszeit nach seinen Bedürfnissen gestalten. Andererseits sind Teilzeitbeschäftigte häufig weniger in den Betrieb integriert; die Bereitschaft zu gewerkschaftlichem Engagement ist geringer. Teilzeitbeschäftigte mit weniger als 15 Stunden/Woche und einem Einkommen bis zu 450,– DM (ab 1. 1. 89) pro Monat unterliegen nach § 8 SGB IV nicht der Sozialversicherungspflicht. Gegen Arbeitslosigkeit ist nur der ArbN versichert, der wöchentlich mindestens 19 Stunden arbeitet (§ 102 AFG). Teilzeitbeschäftigte tragen häufig auch ein höheres Arbeitsplatzrisiko und haben geringere Aufstiegschancen. Ihr Verhältnis von Arbeitszeit zu Wegezeit ist ungünstiger. Auf ArbGebSeite sind die Kosten für die Personalverwaltung bei Teilzeitbeschäftigten ebenso groß wie für die Vollzeitbeschäftigten. 41

Nach Art 1 § 2 Abs. 1 BeschFG darf der ArbGeb. teilzeitbeschäftigte ArbN **nicht** wegen der Teilzeitarbeit gegenüber Vollzeitbeschäftigten **benachteiligen,** es sei denn, für die unterschiedliche Behandlung gebe es einen sachlichen Grund. Im Streitfall muß der ArbGeb. das Vorliegen eines sachlichen Grundes beweisen (vgl. von *Hoyningen-Huene,* NJW 85, 1802; *Lorenz/Schwedes,* DB 85, 1079; *Schwerdtner,* NZA 85, 581; *Schaub,* BB 88, 2254). Da die Teilzeitbeschäftigten zu über 93% Frauen sind (vgl. von *Hoyningen-Huene,* NJW 85, 1802) greifen auch die Diskriminierungsverbote des § 611a Abs. 1 Satz 1 und des § 612 Abs. 3 Satz 1 BGB ein. 42

Teilzeitbeschäftigte haben das **Wahlrecht** zum BR und sind **wählbar** (vgl. § 7 Rn 5 und § 8 Rn 4). An anderer Stelle hat das BeschFG Teilzeitbeschäftigte aus der Berechnung bestimmter Schwellenwerte ausgenommen. Beim BetrVG ist das nicht geschehen. Das läßt nur den 43

Schluß zu, daß Teilzeitbeschäftigte in vollem Umfang mitzählen. Bei personellen Einzelmaßnahmen betr. Teilzeitbeschäftigte hat der BR dieselben Beteiligungsrechte wie in Bezug auf Vollzeitbeschäftigte. Über die Lage der wöchentlichen Arbeitszeit hat der BR uneingeschränkt mitzubestimmen (BAG 13. 10. 87, AP Nr. 24 zu § 87 BetrVG 1972 Arbeitszeit).

44 Zur Möglichkeit, eine tarifliche Sondervertretung nach § 3 Abs. 1 Nr. 1 einzurichten vgl. dort Rn 15f. und *Wank,* RdA 85, 13.

c) Flexible Teilzeitarbeit

45 In den letzten Jahren wurden zunehmend flexible Arbeitszeiten vereinbart. Besondere Bedeutung hat die Arbeit nach Arbeitsanfall (**Kapovaz** = kapazitätsorientierte variable Arbeitszeit). Vereinzelt werden auch **Job-sharing-**Verträge abgeschlossen (Arbeitsplatzteilung; über weitere Formen der Teilzeitarbeit vgl. *Löwisch,* RdA 84, 198; *Schüren,* BB 84, 1235). Der ArbGeb. spart bei dieser Art der Beschäftigung Lohnkosten für „Leerzeiten" (z. B. im Einzelhandel, in Gaststätten); der ArbN ist in seiner Zeitdisposition eingeschränkt, sein Lohnrisiko ist größer. Schutzbestimmungen sind erforderlich. Art 1 §§ 4 und 5 BeschFG enthalten dazu einige gesetzliche Regelungen.

46 Die Praxis kennt verschiedene **Vertragsformen** (offene Dauer und offene Lage der Arbeitszeit, feste Dauer bei offener Lage und variable Dauer bei offener Lage, vgl. *Klevemann,* AiB 86, 103). Nach Art 1 § 4 Abs. 1 BeschFG muß in einem Kapovaz-Arbeitsvertrag eine bestimmte Dauer der Arbeitszeit festgelegt werden. Geschieht dies nicht, gilt eine wöchentliche Arbeitszeit von 10 Stunden als vereinbart. Wird der ArbN in einem solchen Fall weniger als 10 Stunden wöchentlich beschäftigt, kann er Lohnansprüche aus Annahmeverzug (§ 615 BGB) geltend machen.

47 Streitig ist der **Bezugszeitraum** (Festlegung der Arbeitszeit je Woche, Monat, Jahr). Die überwiegende Auffassung geht dahin, daß die Festlegung einer Jahresarbeitszeit den Anforderungen genügt (*Löwisch,* BB 85, 1204; *Lorenz/Schwedes,* DB 85, 1080; *Malzahn,* ArbuR 85, 387; *Schwerdtner,* NZA 85, 582; *Schaub,* BB 88, 2256). *Stevens-Bartol* (AiB 85, 122) fordert eine Vereinbarung pro Monat. Näher liegt der Bezugszeitraum von einer Woche, weil das Gesetz selbst in § 4 Abs. 1 Hs. 2 auf diesen Zeitraum abstellt. Auch Art. 1 § 4 Abs. 2 BeschFG geht mit seiner Ankündigungsfrist von 4 Tagen ersichtlich nicht von längeren arbeitsfreien Zeiträumen aus (so *Plander,* ArbuR 87, 282).

48 Der ArbGeb. muß den ArbN nach Art. 1 § 4 Abs. 3 BeschFG jeweils für mindestens **3 aufeinanderfolgende Stunden** beschäftigen. Allerdings können im Arbeitsvertrag kürzere Arbeitseinsätze vereinbart werden, dann aber im voraus für einen oder mehrere Wochenarbeitstage. Einzelheiten der individualrechtlichen Zulässigkeit von Kapovaz-Verträgen sind umstritten (vgl. etwa *Klevemann,* ArbuR 87, 292; *Löwisch,* BB 85, 1203; *von Hoyningen-Huene,* NJW 85, 1804; *Malzahn,* ArbuR 85, 387; *Schüren,* RdA 85, 23; *Schwerdtner,* NZA 85, 582; *Stevens-Bartol,* AiB 85, 122; *Schaub,* BB 88, 2255).

Bei Planung und Einführung des Kapovaz-Arbeitszeitsystems kommen **Unterrichtungs- und Beratungsrechte des BR** nach § 106 Nr. 4, 5, 9 und 10, nach § 111 Nr. 4 und 5 sowie nach § 90 Nr. 3 in Betracht. Außerdem wird die Einführung des Systems regelmäßig eine neue **Personalplanung** (§ 92) erforderlich machen. Die **MBR in sozialen Angelegenheiten** (§ 87 Abs. 1 Nr. 1 und 6) greifen ein, wenn mit der Einführung des Systems zugleich eine Zeiterfassung und -abrechnung eingeführt wird, und wenn damit zugleich das Verhalten oder die Leistung der ArbN überwacht wird. 49

Ob Kapovaz-Arbeit eingeführt werden soll, unterliegt der **Mitbestimmung** des BR (§ 87 Abs. 1 Nr. 6; vgl. BAG 28. 9. 88, AP Nr. 29 zu § 87 BetrVG 1972 Arbeitszeit). Ist diese Arbeitsform eingeführt, unterliegt ihre nähere **Ausgestaltung** in vollem Umfang dem MBR (vgl. BAG 13. 10. 87, AP Nr. 24 zu § 87 BetrVG 1972 Arbeitszeit *Klevemann,* AiB 86, 160; Näheres vgl. § 87 Rn 44f.). ArbGeb. und BR können sich in jedem Fall auf eine sachgerechte Regelung einigen (der Spruch einer E-Stelle zur Arbeitszeit teilzeitbeschäftigter ArbN in einem Kaufhaus ist abgedruckt in DB 86, 1729). 50

Schließlich besteht ein **MBR** bei der Aufstellung von **Entlohnungsgrundsätzen** und bei der Festlegung von Entlohnungsmethoden (§ 87 Abs. 1 Nr. 10, vgl. dort Rn 121ff.). 51

Beim **Job-sharing** teilen sich 2 oder mehr ArbN einen Arbeitsplatz. Art. 1 § 5 BeschFG regelt einige individualrechtliche Fragen. So muß eine Vertretung bei Ausfall eines ArbN durch die anderen ArbN jeweils für den einzelnen Vertretungsfall gesondert vereinbart werden. Ausnahmsweise kann die Vertretungspflicht vorab für den Fall eines dringenden betrieblichen Erfordernisses vereinbart werden. Dem herangezogenen ArbN muß die Vertretung zumutbar sein (Art. 1 § 5 Abs. 1 BeschFG). Eine Kündigung wegen des Ausscheidens eines Partners ist unwirksam. Nur Änderungskündigungen aus Anlaß des Ausscheidens eines Partners zur Anpassung an die notwendige Arbeitszeit sind möglich (Art. 1 § 5 Abs. 2 BeschFG). Zu individualrechtlichen und kollektivrechtlichen Fragen vgl. *Danne,* Das Job-sharing, 1986. 52

Beteiligungsrechte des BR kommen z. B. in Betracht nach §§ 106, 111, 87 Abs. 1, 6 und 10 sowie bei der Personalplanung (§ 92). 53

d) Tele-Arbeit

Die Tele-Arbeit – der Arbeitsplatz in der Wohnung des ArbN – hat heute noch keine größere praktische Bedeutung. Die Prognosen für die Zukunft sind unterschiedlich (vgl. *Däubler,* Arbeitsrecht 2, S. 845, mit Nachw.) Literatur zur Tele-Arbeit: *Wedde,* Telearbeit und Arbeitsrecht, 1986; *Kilian/Borsum/Hoffmeister,* Forschungsbericht hrsg. vom BMA; *dies.,* NZA 87, 401; *Simon/Kuhne,* BB 87, 201; Kommission des Deutschen Juristinnenbundes, RdA 88, 305; Paasch, AiB 89, 278. 54

Die Einführung der Tele-Arbeit bringt dem ArbGeb. einige Vorteile (Kostenersparnis für Arbeitsräume, Steigerung der Arbeitsproduktivität, Ausnutzung des Lohngefälles zwischen Ballungsräumen und 55 ländlichen Gebieten, flexible Arbeitszeiten der ArbN), aber auch Nachteile (erschwerte Kontrolle, Mißbrauchsgefahren, mangelnder Erfahrungsaustausch bei qualifizierten Tätigkeiten). Für die ArbN dürften die Nachteile überwiegen (Isolation, Gefährdung des ArbN-Status, erschwerte Überwachung arbeitsrechtlicher Schutzbestimmungen, Überforderung der Frauen durch Arbeit und Haushalt). Vorteile ergeben sich durch leichtere Anpassung der Arbeitszeit an familiäre Bedürfnisse, Kosten- und Zeitersparnis für Wege zur Arbeit, Erleichterungen für Randgruppen (vgl. zum Ganzen *Kilian/Borsum/Hoffmeister,* NZA 87, 407).

56 Viele individualrechtliche Fragen sind umstritten (vgl. *Wedde,* Tele-Arbeit, 1986). Für die ArbN-Eigenschaft kommt es auf die **persönliche Abhängigkeit** an; vgl. die Übersicht über mögliche rechtliche Einordnungen – ArbN, selbständiger Dienstnehmer, Heimarbeiter – bei *Herb,* DB 86, 1823). Eine solche Abhängigkeit liegt dann vor, wenn der ausgelagerte Arbeitsplatz mit dem Zentralrechner im **on-line-Betrieb** (direkte Verbindung zur Zentrale) verbunden ist (vgl. *Kappus,* NJW 84, 2385; *Däubler,* Arbeitsrecht 2, S. 849; *Kilian/Borsum/Hoffmeister,* RdA 87, 284; *dies.,* NZA 87, 404; *Simon/Kuhne,* BB 87, 202). Bei diesem System kann der ArbN jederzeit angesprochen und überwacht werden. Bei einem off-line-Betrieb (Speicherung des Geschriebenen auf besondere Datenträger) hängt die ArbN-Eigenschaft von der konkreten Ausgestaltung der Tätigkeit ab (etwa kurze Erledigungsfristen und Bereitschaftsdienst, vgl. Rn 16ff.).

57 Vor der Einführung kommen **Beteiligungsrechte** nach §§ 80, 90, 92, 111 in Betracht. Bei der Einführung dieses Systems muß der ArbGeb. die Beteiligungsrechte des BR nach § 87 Abs. 1 Nr. 1, 2, 6, 7, 10 u. 11 sowie nach § 111 S. 2 Nr. 4 und 5 beachten (vgl. zudem MBR des BR *Simon/Kuhne,* BB 87, 201ff.; *Kilian/Borsum/Hoffmeister,* BArbBl. 87, 5ff.). Daneben besteht das MBR in personellen Angelegenheiten; die Auslagerung des Arbeitsplatzes ist eine Versetzung i. S. v. § 95 Abs. 3.

58 In Bezug auf ArbN und Heimarbeiter stehen dem BR dieselben Rechte zu wie in Bezug auf die übrigen ArbN. Der ausgelagerte **Arbeitsplatz gehört zum Betrieb.** Dies hat Folgen für das Zutrittsrecht des BR, für das gewerkschaftliche Zugangsrecht (vgl. § 2 Rn 43) und für die Gewerbeaufsicht. Die Einhaltung der Arbeitszeitvorschriften läßt sich naturgemäß schwer überwachen.

59 Der Tele-ArbN kann an **Wahlen** und **BetrVerslg** teilnehmen und die **Sprechstunde des BR** aufsuchen. Dabei ist das Arbeitsentgelt einschließlich der Wegezeiten fortzuzahlen. Fahrtkosten sind zu erstatten. Andernfalls würden die Tele-ArbN gegenüber den im Betrieb beschäftigten ArbN benachteiligt. Die Auslagerung von Arbeitsplätzen darf nicht zum Verlust von Rechten der ArbN aus der Betriebsverfassung führen (vgl. *Simon/Kuhne,* BB 87, 201). Soweit möglich, muß der ArbN das Aufsuchen des BR mit Besuchen aus dienstlichem Anlaß im Betrieb verbinden.

e) Arbeitsverhältnisse im Konzern

Viele rechtlich selbständige Unternehmen sind konzernmäßig verflochten. Das BetrVG enthält keine eigene Begriffsbestimmung des Konzerns; es verweist in § 8 Abs. 1 Satz 2 und in § 54 Abs. 1 auf §§ 17 und 18 AktG. Zur Frage, wann ein Konzern im betriebsverfassungsrechtlichen Sinne vorliegt vgl. § 54, Rn 7ff. 60

Häufig werden die Arbeitsverträge mit dem herrschenden Unternehmen abgeschlossen. Tatsächlich wird der ArbN in einem Betrieb eines abhängigen Unternehmens beschäftigt. 61

Betriebsverfassungsrechtlich gehört der ArbN zu dem Betrieb, in dem er arbeitet. Er ist dort wahlberechtigt und wählbar. Es handelt sich um ein sog. **gespaltenes Arbeitsverhältnis** (vgl. *Fabricius,* Rechtsprobleme gespaltener Arbeitsverhältnisse im Konzern, 1982; *Zöllner,* ZfA 83, 93; *Wiedemann,* Die Unternehmensgruppe im Privatrecht, 1988 mit dem Abschnitt „Die Unternehmensgruppe im Arbeitsrecht"). 62

Der BR nimmt seine Beteiligungsrechte demjenigen gegenüber wahr, der zur Entscheidung befugt ist. Das kann der ArbGeb. des Betriebes sein, in dem der BR gebildet wurde, soweit ihm diese Befugnisse zustehen. Fehlen sie, nimmt der BR seine Rechte gegenüber dem herrschenden Unternehmen wahr; das gilt vor allem für das MBR in personellen Angelegenheiten. 63

Im Konzern kann ein KBR gebildet werden (§§ 54ff.). 64

Individualrechtlich ist von Bedeutung, ob der ArbGeb. verpflichtet ist, eine **Kündigung** durch Weiterbeschäftigung im Konzern zu vermeiden. Nach Ansicht des BAG (14. 10. 82, AP Nr. 1 zu § 1 KSchG 1969 Konzern; BAG 22. 5. 86, AP Nr. 4 zu § 1 KSchG 1969 Konzern) ist der ArbGeb. nicht verpflichtet, eine solche anderweitige Unterbringung im Konzern zu versuchen (zustimmend *Wiedemann,* AP a. a. O; für weitergehende Verpflichtungen des ArbGeb. *Martens,* Festschrift BAG, S. 376; *Konzen,* ZfA 82, 305). Eine solche Verpflichtung des ArbGeb. kann sich jedoch aus Zusagen ergeben oder daraus, daß das Unternehmen, zu dem der Arbeitsvertrag besteht, als beherrschendes Unternehmen Einfluß auf weitere Unternehmen hat (vgl. BAG, a. a. O). 65

In einem Interessenausgleich nach § 112 kann sich der Unternehmer verpflichten, ArbN in einem anderen Unternehmen unterzubringen. Streitig ist, ob der Interessenausgleich den betroffenen ArbN einen Rechtsanspruch verschaffen kann (verneinend *Weller,* ArbuR 86, 230; *GKSB,* § 112 Rn 7). In jedem Fall können die ArbN beim Abweichen von einem vereinbarten Interessenausgleich einen Anspruch auf Nachteilsausgleich (§ 113) erwerben. 66

f) Mittelbares Arbeitsverhältnis

Zu den ArbN eines Betriebes gehören auch diejenigen, die nicht vom Betriebsinhaber selbst, sondern von einer **Zwischenperson** eingestellt werden, so daß die ArbGebFunktionen zwischen dieser und 67 dem eigentlichen (mittelbaren) ArbGeb. aufgeteilt sind (vgl. die Fälle BAG 9. 4. 57 u. 8. 8. 58, AP Nr. 2 u. 3 zu § 611 BGB Mittelbares Arbeitsverhältnis, Musikkapelle u. 23. 2. 61, AP Nr. 2 zu § 611 BGB Akkordkolonne zur Betriebsgruppe und Eigengruppe). Entscheidend ist, daß eine Bindung an die Weisungen des mittelbaren ArbGeb. besteht und daß das Arbeitsergebnis dessen Betrieb zugute kommt (*Schaub,* § 212 II 3; *DR,* § 5 Rn 83; *Röhsler,* AR-Blattei „Arbeitsvertrag-Arbeitsverhältnis III"). Im übrigen kann die Gestaltung der Vertragsbeziehungen als sogen. **mittelbares Arbeitsverhältnis** rechtsmißbräuchlich sein, wenn die Zwischenperson als ArbGeb. keine unternehmerischen Entscheidungen zu treffen hat und keinen Gewinn erzielen kann (vgl. BAG 20. 7. 82, AP Nr. 5 zu § 611 BGB Mittelbares Arbeitsverhältnis für einen städt. Schulhausmeister, der Reinigungskräfte beschäftigt). Dann rechnet ein ArbN ohnehin zur Belegschaft des Betriebes, für den er arbeitet.

3. Leiharbeitnehmer

69 Das Leiharbeitsverhältnis ist ein Sonderfall des mittelbaren Arbeitsverhältnisses. Zu unterscheiden sind die **echten** und die **unechten Leiharbeitsverhältnisse.** Von diesen Leiharbeitsverhältnissen unterscheiden sich die **Unternehmerarbeiter,** die für ihren ArbGeb. und ausschließlich unter dessen Leitung (Erfüllungsgehilfen, § 278 BGB) Arbeiten in fremden Betrieben ausüben (zum Begriff und Abgrenzungen vgl. *Becker,* AR-Blattei „Zeitarbeit I"; *Mayer/Krüger,* BetrR 86, 218).

70 Beim **echten Leiharbeitsverhältnis** besteht ein normaler Arbeitsvertrag. Der ArbN wird im allgemeinen im Betrieb seines ArbGeb. beschäftigt. Er wird nur ausnahmsweise an einen ArbGeb. verliehen, um im fremden Betrieb aufgrund der Anweisungen des Entleihers vorübergehend zu arbeiten, etwa um Kenntnisse und Fertigkeiten an ArbN des fremden Betriebes zu vermitteln (vgl. *Becker/Wulfgramm,* AÜG, 3. Aufl. 85, Einl. Rn 16).

71 Bei diesem echten Leiharbeitsverhältnis, das nicht unter das AÜG fällt, bestehen arbeitsrechtliche Beziehungen sowohl zum verleihenden ArbGeb. als auch zum entleihenden ArbGeb.. Die **Arbeitgeberfunktion** ist dahin **aufgespalten,** daß der Entleiher den betrieblichen Arbeitgeberpflichten (z. B. Arbeitsschutz) zu genügen hat und ihm andererseits die Arbeitsleistung zur Verfügung steht, während der Verleiher für die Lohnzahlung und die Abführung der Sozialversicherungsbeiträge einzustehen hat (vgl. BAG 8. 7. 71, AP Nr. 2 zu § 611 BGB Leiharbeitsverhältnis; BAG 15. 6. 83, AP Nr. 5 zu § 10 AÜG).

72 Der ArbN ist in diesem Fall **ArbN des verleihenden Betriebs.** Rechte aus dem BetrVG nimmt er in diesem Betrieb wahr. Er hat dort das aktive und passive **Wahlrecht** nach den allgemeinen Vorschriften. Bei längerfristiger Eingliederung kann er zusätzlich das aktive und passive Wahlrecht zum BR des entleihenden Betriebes erwerben (a. A. BAG 18. 1. 89, AP Nr. 2 zu § 14 AÜG, weil Art. 1 § 14

AÜG entsprechend anwendbar sei; wie hier *DR,* Rn 82: nach Ablauf von drei Monaten; vgl. auch § 7 Rn 6).

Beim Einsatz der LeihArbN steht dem BR ein **MBR** nach § 99 zu (BAG 15. 4. 86, AP Nr. 35 zu § 99 BetrVG 1972; *Schaub,* § 120 VI 3; **a. A.** *DR,* § 99 Rn 37: nur bei einer Eingliederung von mehr als 3 Monaten). § 14 Abs. 3 AÜG, der nur für unechte Leiharbeitsverhältnisse gilt, ist auf die vergleichbare Situation der echten Leiharbeitnehmer entspr. anzuwenden (*Becker/Wulfgramm,* AÜG, 3. Aufl. 85, § 14 Rn 13f.). Das gilt auch für Regelungen in sozialen Angelegenheiten, von denen die Leiharbeitnehmer betroffen sind (Urlaubspläne, Dienstpläne); das MBR des BR erstreckt sich insoweit auch auf diese ArbN.

Ein **unechtes Leiharbeitsverhältnis** liegt vor, wenn der ArbN von vornherein von einem ArbGeb. zu dem Zweck eingestellt wird, an Dritte verliehen zu werden. Die von diesen ArbN in fremden Betrieben verrichtete Tätigkeit wird im allgemeinen Sprachgebrauch als **Leiharbeit** bezeichnet (vgl. *Becker/Wulfgramm,* AÜG, 3. Aufl., Einleitung Rn 16). **73**

Leiharbeit ist sozialpolitisch umstritten. Der ArbGeb. kann kurzfristigen Bedarf an Arbeitskräften abdecken, ohne längere arbeitsrechtliche Bindungen eingehen zu müssen. Häufig besteht keine andere Möglichkeit. Für die ArbN sind besondere soziale Sicherungen erforderlich. Sie wurden durch das AÜG geschaffen. **74**

ArbGeb., die Dritten (Entleihern) ArbN (Leiharbeitnehmer) gewerbsmäßig zur Arbeitsleistung überlassen wollen, bedürfen der **Erlaubnis** (§ 1 Abs. 1 AÜG). Sie wird nur dann erteilt, wenn der Antragsteller die erforderliche Zuverlässigkeit besitzt und voraussichtlich in der Lage ist, die ArbGebPflichten ordnungsgemäß zu erfüllen (§ 3 AÜG). **75**

Das AÜG ist nicht anzuwenden auf die Arbeitnehmerüberlassung zwischen ArbGeb. desselben Wirtschaftszweiges zur Vermeidung von Kurzarbeit oder Entlassungen, sofern ein für den Entleiher und Verleiher geltender Tarifvertrag dies vorsieht, und auf die **Arbeitnehmerüberlassung zwischen Konzernunternehmen** i. S. von § 18 AktG (§ 1 Abs. 3 AÜG (zum Konzernbegriff im AÜG vgl. BAG 5. 5. 88, AP Nr. 8 zu § 1 AÜG). In Betrieben des **Baugewerbes** ist die gewerbsmäßige Arbeitnehmerüberlassung für Arbeiten, die üblicherweise von Arbeitern verrichtet werden, **unzulässig** (§ 12a AFG). Jedoch ist die Abordnung von ArbN zu einer **Arbeitsgemeinschaft,** die ein Werk herstellen soll, keine ArbN-Überlassung, wenn der ArbGeb. Mitglied der Arbeitsgemeinschaft ist, alle Mitglieder der Arbeitsgemeinschaft zur selbständigen Erbringung von Vertragsleistungen verpflichtet sind und für alle Mitglieder TV desselben Wirtschaftszweiges gelten (§ 1 Abs. 1 Satz 2 AÜG). **76**

Der Verleiher ist ArbGeb. Zum Schutze der Leiharbeitnehmer sind bestimmte Abreden und Maßnahmen unzulässig (§ 9 AÜG). Die wichtigsten Arbeitsbedingungen müssen schriftlich in einer Urkunde niedergelegt werden (§ 11 AÜG). Betriebsverfassungsrechtlich ist der LeihArbN grundsätzlich dem Verleiher-Betrieb zugeordnet; die Ein- **77** gliederung in die Arbeitsorganisation des Entleiher-Betriebs verlangt zumindest teilweise die betriebsverfassungsrechtl. Zuordnung zum Entleiher-Betrieb (*Becker/Wulfgramm,* AÜG, 3. Aufl. § 14 Rn 18f.).

78 Zwischen dem Entleiher und dem LeihArbN besteht kein Arbeitsverhältnis. Doch unterliegt die Tätigkeit des LeihArbN beim Entleiher den für den **Betrieb des Entleihers** geltenden öffentlich-rechtlichen Bestimmungen des **Arbeitsschutzes.** Den Entleiher treffen insoweit die Pflichten eines ArbGeb. (§ 11 Abs. 6 AÜG). Nach § 14 Abs. 2 Satz 2 AÜG sind die LeihArbN berechtigt, die **Sprechstunden** der ArbN-Vertretungen im Entleiherbetrieb aufzusuchen und an **Betriebs- und JugAzubiVerslg teilzunehmen.** Für sie gelten auch die §§ 81, 82 Abs. 1, 84 bis 86. Das Wahlrecht im Entleiherbetrieb ist ausdrücklich ausgeschlossen (§ 14 Abs. 2 Satz 1 AÜG).

79 Der **Arbeitseinsatz** im einzelnen Betrieb darf z.Zt. 6 Monate nicht übersteigen (ab 1. 1. 1990 soll die Höchstgrenze – wie vor dem Inkrafttreten des BeschFG – wieder 3 Monate betragen). Wird die zulässige Einsatzzeit überschritten, wird vermutet, daß der Verleiher unerlaubte Arbeitsvermittlung betreibt (§ 1 Abs. 2 AÜG). Nach § 13 entsteht in diesem Fall ein **Arbeitsverhältnis zwischen ArbN und Entleiher** (BAG 10. 2. 77, AP Nr. 9 zu § 103 BetrVG 1972; h. M.). Dasselbe gilt, wenn der Verleiher nicht die vorgeschriebene Erlaubnis besitzt (**§ 10 Abs. 1 Satz 1** i. V. m. § 9 Nr. 1 AÜG). Die Entleiher sollen auf diese Weise veranlaßt werden, im eigenen Interesse nur mit zuverlässigen Verleihern Verträge abzuschließen (vgl. *Däubler,* Arbeitsrecht 2, S. 814). Nach § 10 Abs. 1 Satz 4 AÜG bestimmen sich Inhalt und Dauer dieses Arbeitsverhältnisses nach den für den Betrieb des Entleihers geltenden Vorschriften und sonstigen Regelungen. Dabei hat der LeihArbN mindestens Anspruch auf das mit dem Verleiher vereinbarte Arbeitsentgelt. Im Verhältnis zum Verleiher können Schadenersatzansprüche entstehen (§ 10 Abs. 2 AÜG).

80 Vor der **Übernahme** eines LeihArbN zur Arbeitsleistung im Betrieb des Entleihers ist der **BR** des Entleiherbetriebes **nach § 99 zu beteiligen** (§ 14 Abs. 3 Satz 1 AÜG). Streitig ist, ob diese Bestimmung ein eigenes MBR des BR begründet oder nur auf § 99 BetrVG verweist mit der Folge, daß das MBR nur in Betrieben mit in der Regel von mehr als 20 wahlberechtigten ArbN besteht (vgl. *Becker/Wulfgramm,* AÜG, 3. Aufl. 85, § 14 Rn 96: eigenes MBR; ebenso *Sandmann/Marschall,* AÜG, Art. 1 § 14 Rn 17).

81 Nicht anwendbar ist das AÜG auf den Einsatz solcher ArbN, die im Auftrag ihres ArbGeb. und nur nach dessen Weisungen in einem fremden Betrieb arbeiten (z.B. Montage-, Reparatur-, Bauarbeiten, Bedienung von Maschinen, Gebäudereinigung). In diesem Falle entstehen auch keine MBR beim Einsatz dieser ArbN (*GKSB,* § 99 Rn 13; *GK-Kraft,* § 99 Rn 9; *Däubler,* Arbeitsrecht 2, S. 816; **a. A.** *Ulber,* ArbuR 82, 54).

82 Beispiele aus der Rechtsprechung belegen, daß **zum Schein Werkverträge** abgeschlossen werden, wo in Wirklichkeit Arbeitnehmerüberlassung vorliegt. Es handelt sich um Arbeitnehmerüberlassung, wenn ein Unternehmer (Verleiher) einem anderen Unternehmer (Entleiher) Arbeitskräfte zur Verfügung stellt, die voll in den Betrieb des Entleihers eingegliedert sind und ihre Arbeiten nach dessen Weisungen ausführen. Werden ArbN aufgrund eines Werk- oder Dienstvertrages eingesetzt, unterliegen sie allein der Weisung des Unternehmers, der mit dem Unternehmer den Dienst- oder Werkvertrag abgeschlossen hat. Sie sind dessen Erfüllungsgehilfen (§ 278 BGB) bei der Ausführung des vereinbarten Geschäfts (vgl. BAG 15. 6. 83, AP Nr. 5 zu § 10 AÜG; BAG 10. 9. 85, AP Nr. 3 zu § 117 BetrVG 1972); zur Abgrenzung vgl. *Becker/Wulfgramm,* AÜG, 3. Aufl. 1985, § 12 Rn 32ff.; *Becker,* DB 88, 2561).

Ob die Arbeitskräfte im Rahmen eines Dienst- oder Werkvertrages eingesetzt werden oder ob es sich um ArbN-Überlassung handelt, entscheidet sich nach dem **Geschäftsinhalt,** der zwischen den beteiligten Unternehmen abgeschlossenen Verträge. Dabei kann sich der Geschäftsinhalt sowohl aus den schriftlichen Vereinbarungen als auch aus der praktischen Durchführung des Vertrages ergeben. Widersprechen sich schriftliche Vereinbarungen und tatsächliche Durchführung des Vertrages, kommt es für die Ermittlung des Geschäftsinhalts auf die tatsächliche Durchführung an (vgl. BAG a. a. O). Anzeichen für eine Gesetzesumgehung sind der Ausschluß der Haftung aus dem Werkvertrag, fehlende Projektbezogenheit des Arbeitseinsatzes und Berechnung der von der Drittfirma zu zahlenden Vergütung nach Zeiteinheiten (vgl. *Becker,* ArbuR 82, 378; weitere Kriterien bei *Becker/Wulfgramm,* AÜG, 3. Aufl. 1985, § 12 Rn 36a ff.). Der BR des aufnehmenden Betriebes hat einen Anspruch auf **Einsicht in die** mit dem weiteren Unternehmer abgeschlossenen **Verträge,** um prüfen zu können, ob ArbN-Überlassung vorliegt (BAG 6. 6. 78, AP Nr. 6 zu § 99 BetrVG 1972). Er kann vom ArbGeb. auch Listen über die Einsatztage und -zeiten der einzelnen ArbN verlangen (BAG 31. 1. 89, AP Nr. 33 zu § 80 BetrVG 1972). 83

4. Berufsausbildungsverhältnisse

Zu den ArbN im Sinne des BetrVG gehören auch die zu ihrer Berufsausbildung Beschäftigten (§ 5 Abs. 1). Nach § 6 werden sie einer Gruppe von ArbN zugeordnet (Arbeitern oder Ang.), je nachdem, zu welchem Beruf sie ausgebildet werden. 84

Durch die in § 5 Abs. 1 gewählte Formulierung wird der schon im Gesetzgebungsverfahren zu § 4 Abs. 1 BetrVG 52 entstandene Streit, ob das Ausbildungsverhältnis (Lehrverhältnis) ein Arbeitsvertrag mit erziehungsrechtlichem Einschlag oder ein maßgeblich durch den Ausbildungszweck und die Unabhängigkeit von Ergebnis und Dauer der zu leistenden Arbeit bestimmtes eigenständiges Berufsausbildungsverhältnis ist, für das BetrVG entschieden. Die zu ihrer Berufsausbildung Beschäftigten sind selbst dann ArbN i. S. d. BetrVG, wenn ihr Rechtsverhältnis nicht als Arbeitsverhältnis anzusehen ist. 85

Eine Formulierung wie in § 5 Abs. 1 findet sich auch in anderen 86

Gesetzen (§ 4 BPersVG; § 1 EWG-AufenthG; § 2 BUrlG; § 15 ArbplatzSchutzG; § 36 ArbeitssicherstellungsG; § 17 BetrAVG; § 1 Abs. 2 VermBG; § 5 ArbGG; § 1 Abs. 5 LohnFG). Demgegenüber wird in § 78a nur von Auszubildenden gesprochen (vgl. dort Rn 4b).

87 § 5 Abs. 1 unterscheidet sich im Wortlaut von § 3 BBiG. Der Wortlaut des **§ 5 Abs. 1 ist weitergehend.** Er umfaßt Berufsausbildungsverträge nach § 3 BBiG, ist aber nicht auf Verträge dieser Art beschränkt (BAG, 10. 2. 81, 24. 9. 81, AP Nr. 25 und 26 zu § 5 BetrVG 1972; *DR,* Rn 7; *GL,* Rn 3).

88 Nach § 5 Abs. 1 wird nur ein Vertrag vorausgesetzt, der eine **Ausbildung zum Gegenstand** hat. Erfaßt sind damit alle Verträge, die **berufliche Kenntnisse und Fähigkeiten vermitteln** sollen, also auch Verträge für Anlernlinge, Praktikanten, Volontäre, Umschüler und Krankenpflegeschüler (BAG, a. a. O; *DR,* Rn 8). Für diese Verträge gelten gemäß § 19 BBiG die für Berufsausbildungsverhältnisse maßgebenden Bestimmungen mit einigen Abweichungen. Für die berufliche Umschulung sind §§ 46, 47 BBiG maßgebend (vgl. die Übersicht in § 96 Rn 12ff.).

89 Ausbildungsverhältnisse im Sinne von § 5 Abs. 1 werden durch Vertrag begründet. Der Vertrag kann auch durch schlüssiges Verhalten zustande kommen (BAG 10. 2. 81, AP Nr. 25 zu § 5 BetrVG 1972; *DR,* Rn 7).

90 Zu den zu ihrer Berufsausbildung Beschäftigten gehören nach der st. Rspr. des BAG auch solche Personen, die aufgrund von **Förderprogrammen** in den Betrieben oder besonderen Lehrwerkstätten und Einrichtungen ausgebildet werden. Zum Personenkreis des § 5 Abs. 1 gehören deshalb auch Umschüler und Teilnehmer an berufsvorbereitenden Maßnahmen für jugendliche Arbeitslose, die in einem Betrieb ausgebildet werden, der von der Arbeitsverwaltung hierfür Förderungsmittel erhält. Das gleiche gilt für Teilnehmer einer Ausbildung in einer Schule eines Unternehmens, wenn sie im Rahmen dieser Ausbildung eine praktische Unterweisung im Betrieb dieses Unternehmens erhalten (BAG 10. 2. 81 und 24. 9. 81, AP Nr. 25, 26 zu § 5 BetrVG 1972).

91 Es ist unerheblich, ob die zu ihrer Berufsausbildung Beschäftigten für die Aufgaben des Betriebes oder Unternehmens ausgebildet werden, und ob sie an den betrieblichen Aufgaben bereits während der Ausbildung beteiligt werden (BAG 12. 6. 86, AP Nr. 33 zu § 5 BetrVG 1972; BAG 26. 11. 87, AP Nr. 36 zu § 5 BetrVG 1972). Für das BPerVG gilt – trotz gleichen Wortlauts der Bestimmung – etwas anderes (vgl. GemS-OGB 12. 3. 87, NZA 87, 663; BVerwG 23. 10. 84 – 6 P 15.84).

92 Der privatrechtliche, auf Ausbildung gerichtete Vertrag ist zu unterscheiden von den Rechtsbeziehungen, die zwischen einer fördernden Stelle (Bund, Land, Arbeitsverwaltung) und dem ArbGeb. oder Auszubildenden bestehen. Häufig werden Mittel der Arbeitsverwaltung oder Mittel aus einem sonstigen Förderungsprogramm in Anspruch genommen. Die mögliche Inanspruchnahme kann ein Motiv für den Abschluß des Ausbildungsvertrages sein (BAG 12. 6. 86, AP Nr. 33 zu § 5 BetrVG 1972).

Unerheblich für die Begründung der ArbN-Eigenschaft i. S. v. § 5 Abs. 1 ist der Umstand, ob der zu seiner Berufsausbildung Beschäftigte vom ArbGeb. eine Geldleistung erhält (BAG 10. 2. 81, AP Nr. 25 zu § 5 BetrVG 1972). Unerheblich ist auch, ob die betriebliche Ausbildung Teil eines einheitlichen Ausbildungsganges ist, der aus einem betrieblich-praktischen und einem schulisch-theoretischen Ausbildungsteil besteht (BAG, a. a. O.). Auch die Bezeichnung sagt über den Inhalt des Vertrages nichts aus. Die Bezeichnung als „Schüler" schadet nicht, wenn betrieblich-praktische Ausbildung vereinbart wird (BAG, a. a. O.). 93

Bei Einrichtungen und Maßnahmen der Berufsbildung einschl. Berufsausbildung besteht ein MBR des BR nach Maßgabe der §§ 96–98 (zum Begriff der Berufsbildung vgl. § 96 Rn 12ff.). 94

5. Die in Heimarbeit Beschäftigten

Nach § 6 Abs. 1 und 2 gelten auch die in Heimarbeit Beschäftigten, die in der Hauptsache für den Betrieb arbeiten, als ArbN (Arbeiter oder Ang.). Damit wird der ArbN-Begriff des BetrVG im Vergleich zum allgemeinen **ArbN-Begriff erweitert** (vgl. Rn 8ff.). Systematisch hätte dies in § 5 geregelt werden müssen; § 6 betrifft die Einordnung der ArbN in die beiden Gruppen der ArbN: Ang. oder Arbeiter. 95

§ 6 verweist auf die „in Heimarbeit" Beschäftigten. Damit sind die **Heimarbeiter** und **Hausgewerbetreibenden** gemeint. Wer Heimarbeiter oder Hausgewerbetreibender ist, bestimmen § 2 Abs. 1 und 2 HeimarbeitsG: 96

(1) Heimarbeiter im Sinne dieses Gesetzes ist, wer in selbstgewählter Arbeitsstätte (eigener Wohnung oder selbstgewählter Betriebsstätte) allein oder mit seinen Familienangehörigen (Abs. 5) im Auftrag von Gewerbetreibenden oder Zwischenmeistern erwerbsmäßig arbeitet, jedoch die Verwertung der Arbeitsergebnisse dem unmittelbar oder mittelbar auftraggebenden Gewerbetreibenden überläßt. Beschafft der Heimarbeiter die Roh- und Hilfsstoffe selbst, so wird hierdurch seine Eigenschaft als Heimarbeiter nicht beeinträchtigt.

(2) Hausgewerbetreibender im Sinne dieses Gesetzes ist, wer in eigener Arbeitsstätte (eigener Wohnung oder Betriebsstätte) mit nicht mehr als zwei fremden Hilfskräften (Absatz 6) oder Heimarbeitern (Abs. 1) im Auftrag von Gewerbetreibenden oder Zwischenmeistern Waren herstellt, bearbeitet oder verpackt, wobei er selbst wesentlich am Stück mitarbeitet, jedoch die Verwertung der Arbeitsergebnisse dem unmittelbar oder mittelbar auftraggebenden Gewerbetreibenden überläßt. Beschafft der Hausgewerbetreibende die Roh- und Hilfsstoffe selbst oder arbeitet er vorübergehend unmittelbar für den Absatzmarkt, so wird hierdurch seine Eigenschaft als Hausgewerbetreibender nicht beeinträchtigt.

Heimarbeiter und Hausgewerbetreibende gelten aber nur dann als ArbN, wenn sie **„in der Hauptsache"** für den Betrieb arbeiten. Die 97

Beschäftigung für den Betrieb muß gegenüber der Leistung von Heimarbeit für andere Auftraggeber **überwiegen.** Damit soll erreicht werden, daß Heimarbeiter betriebsverfassungsrechtlich nur einem Betrieb zugeordnet werden, während andere ArbN mit mehreren Arbeitsverhältnissen in mehreren Betrieben wahlberechtigt und wählbar sind (BAG 27. 9. 74, AP Nr. 1 zu § 6 BetrVG 1972).

98 Darauf, welchen Verdienst Heimarbeiter oder Hausgewerbetreibende aus der überwiegend ausgeübten Tätigkeit erzielen, kommt es nicht an; auch nicht darauf, ob sie ihren Lebensunterhalt überwiegend mit Heimarbeit verdienen (BAG 27. 9. 74, AP Nr. 1 zu § 6 BetrVG 1972; *HSG,* Rn 4). Auch der zeitliche Umfang, in dem sie Heimarbeit verrichten, ist nicht entscheidend.

99 Nur Heimarbeiter und Hausgewerbetreibende selbst gelten als ArbN des Betriebes, nicht die Familienangehörigen oder die Hilfskräfte. Nicht als ArbN gelten die den Heimarbeitern gleichgestellten Personen (§ 1 Abs. 2 HAG; vgl. *DR,* § 6 Rn 26; *GL,* § 6 Rn 14).

6. Nicht-Arbeitnehmer nach allgemeinen Grundsätzen

100 Nach allgemeinen Grundsätzen gehören danach nicht zu den ArbN i. S. d. BetrVG: **Beamte** und Beamtenanwärter (für sie gelten die PersVG), es sei denn, sie würden in einen Privatbetrieb abgeordnet und dort als Angestellte beschäftigt (BAG 28. 4. 64, AP Nr. 3 zu § 4 BetrVG); **Soldaten;** Personen, die anstelle des Wehrdienstes **Zivildienst** leisten, auch soweit sie z. B. in der Krankenpflege tätig sind (ZivildienstG i. d. F. v. 29. 9. 83, BGBl. I S. 1221; Personen, die kraft eines öffentlich-rechtlichen Zwangs beschäftigt werden, z. B. **Strafgefangene** (BAG 3. 10. 78, AP Nr. 18 zu § 5 BetrVG 1972); Personen, die im Rahmen des **freiwilligen sozialen Jahres** tätig sind (G. vom 17. 8. 64, BGBl. I S. 640, vgl. hierzu auch *DR,* Rn 60); **Entwicklungshelfer** (G. vom 18. 6. 69, BGBl. I S. 549, vgl. BAG 27. 4. 77, AP Nr. 1 zu § 611 BGB Entwicklungshelfer; das EhfG gibt dem Entwicklungshelfer vielmehr einen Sonderstatus, vgl. *Echterhölter,* BABl. 69, 421; diese gesetzliche Regelung entbehrt der inneren Rechtfertigung).

101 Personen, die in Maßnahmen zur Arbeitsbeschaffung (§§ 91 bis 99 AFG) beschäftigt sind, sind ArbN (vgl. oben Rn 37). Das gleiche gilt für Personen, die aufgrund eines Verpflichtungsbescheids nach §§ 2, 10 ArbeitssicherstellungsG (v. 9. 7. 68, BGBl. I S. 787) beschäftigt werden.

III. Einschränkung des Arbeitnehmerbegriffs nach Abs. 2

102 Die Bestimmung des Abs. 2 zählt einzelne Personengruppen auf, die nicht als ArbN im Sinne des BetrVG gelten. Zumeist (insbesondere Beschäftigte nach Nr. 1, 2, 5, aber regelmäßig auch nach Nr. 3 und 4), handelt es sich um Personen, die schon nach allgemeinem Arbeitsrecht nicht zu den ArbN gehören, aber der Deutlichkeit halber besonders genannt werden.

1. Vertreter juristischer Personen

Ist der Unternehmer eine juristische Person, so sind die Mitgl. des Organs, das zur gesetzlichen Vertretung der juristischen Person befugt ist, nicht ArbN im Sinne des Gesetzes, auch wenn sie in einem Arbeitsverhältnis stehen, d. h. bei 103

Vereinen (nach §§ 21 und 22 BGB): die Vorstandsmitgl. (§ 26 BGB); ist ein Sondervertr. nach § 30 BGB bestellt, so sind trotzdem auch die Vorstandsmitgl. nicht ArbN; bei Liquidation: die Liquidatoren (§ 48 BGB);

Stiftungen: die Mitgl. des nach dem Stiftungsgeschäft bestellten gesetzlichen Vertretungsorgans (§§ 85, 86 BGB);

AktG: Die Vorstandsmitgl. (§ 78 AktG); bei Abwicklung: die Abwickler (§ 269 AktG);

KG auf Aktien: die Komplementäre nach Maßgabe des Gesellschaftsvertrages. Unerheblich ist dabei eine Beschränkung der Vertretungsmacht eines Komplementärs, solange dieser nicht vollständig von der Vertretung ausgeschlossen ist (§ 278 Abs. 2 AktG und §§ 125, 181 HGB);

GmbH: die Geschäftsführer (§ 35 Abs. 1 GmbHG); bei Abwicklung: die Liquidatoren (grundsätzlich die Geschäftsführer, § 66 GmbHG);

VersVereinen: die Vorstandsmitgl. (§ 34 VAG); während der Liquidation: die Liquidatoren;

Genossenschaften: die Vorstandsmitgl. (§ 24 GenG); während der Liquidation: die Liquidatoren (§ 83 GenG).

Bei **Konkurs** einer juristischen Person ist gesetzlicher Vertreter der Konkursverwalter (§ 6 Abs. 2 KO; vgl. § 1 Rn 86 und § 1 SozplKonkG Rn 7, Anhang 3).

Besteht das zur gesetzlichen Vertretung berufene Organ nur aus einer Person, so ist sie als einziges OrganMitgl. nicht ArbN im Sinne der Betriebsverfassung. Die Anteilseigner einer juristischen Person (Aktionäre) und ihre ARMitgl. können jedoch deren ArbN sein. Einfache Genossenschaftsmitgl., die in Betrieben der Erwerbs- und Wirtschaftsgenossenschaften beschäftigt sind, rechnen zu den ArbN. 104

2. Mitglieder von Personengesamtheiten

Ist der ArbGeb. eine **Personengesamtheit,** so gelten **nur die Mitgl.** nicht als ArbN des Betriebes (des Unternehmens), die kraft Gesetzes, Satzung oder Gesellschaftsvertrags **zur Vertretung** oder Geschäftsführung der Personengesamtheit **berufen** sind. Dies sind bei der 105

Offene Handelsgesellschaft:

Alle oder einzelne Gesellschafter (§§ 114, 125 HGB).

Gesellschaft bürgerlichen Rechts: alle oder einzelne Gesellschafter (§§ 709, 710, 714 BGB);

Reederei: die Mitreeder bzw. der Korrespondentreeder (§§ 489, 493, 496 HGB);

Kommanditgesellschaft: die persönlich haftenden Gesellschafter (Komplementäre) (§§ 164, 170 HGB);

Erbengemeinschaft: alle Miterben (§ 2038 Abs. 1 BGB);

eheliche Gütergemeinschaft: einer der Ehegatten (wenn ausdrücklich vereinbart) oder beide Ehegatten (§ 1421 BGB);

nicht rechtsfähiger Verein (z. B. Gewerkschaft): der Vereinsvorstand (§ 54 BGB, § 26 BGB entspr.).

106 Bei den nicht zur Vertretung oder zur Geschäftsführung berufenen Mitgl. einer Personengesamtheit dürfte im allgemeinen, wenn sie im Betrieb beschäftigt sind, der ArbNCharakter überwiegen. Im Einzelfall kann zweifelhaft sein, ob sie lediglich in einem Gesellschafterverhältnis oder in einem Arbeitsverhältnis zur Personengesamtheit stehen. Entscheidend ist, ob der eine Vertragspartner dem anderen gegenüber weisungsberechtigt ist und damit die Stellung des ArbGeb. einnimmt (LAG Bremen, AP Nr. 1 zu § 611 BGB Arbeits- und Gesellschaftsverhältnis).

3. Beschäftigung aus karitativen oder religiösen Gründen

107 Eine vorwiegend durch Beweggründe karitativer oder religiöser Art bestimmte Beschäftigung üben z. B. **Mönche, Ordensschwestern** (vgl. *Müller,* Zum Recht des Ordensvertrages, S. 41) und **Diakonissen** (ArbG Bremen, AP Nr. 4 zu § 5 ArbGG) aus. Bei ihnen spielen Erwerbsgründe keine Rolle, da ihre Versorgung sichergestellt ist durch die religiöse Gemeinschaft, in die sie aufgenommen sind.

108 **Nicht** unter Nr. 3 fallen jedenfalls **alle anderen Krankenschwestern** (Caritas-Verband, Innere Mission, Deutsches Rotes Kreuz, Bund freier Schwestern, Arbeiterwohlfahrt). Religiös-sittliche oder karitative Gesichtspunkte sind zwar Wesensbestandteil der Tätigkeit jeder Krankenschwester. Daneben aber gehen sie einem echten Erwerbsberuf nach, aus dessen Einkünften sie ihren eigenen Lebensunterhalt und vielfach auch den ihrer Familie bestreiten. Sie sind nicht wie die Ordensschwestern und Diakonissen durch eine religiöse Bindung geprägt. Ihre Vergütung entspricht weitgehend den tariflichen Sätzen. Die Krankenschwestern der letztgenannten Gruppe sind daher ArbN sowohl im Sinne des allgemeinen Arbeitsrechts wie auch des BetrVG (*GL,* Rn 26; *GK-Kraft,* Rn 38; *DR,* Rn 114f.; *HSG,* Rn 20; *v. Maydell,* ArbuR 67, 202). Allerdings verneint das BAG die ArbNEigenschaft von Rote-Kreuz-Schwestern, gleichgültig, ob sie in einem Krankenhaus des DRK beschäftigt sind oder aufgrund eines Gestellungsvertrages im Krankenhaus eines Dritten tätig sind (BAG 3. 6. 75, AP Nr. 1 zu § 5 BetrVG 1972 Rotes Kreuz; 20. 2. 86, AP Nr. 2 zu § 5 BetrVG 1972 Rotes Kreuz). Die Entscheidungen beruhen auf dem Gedanken der Verbandszugehörigkeit der Schwestern zum Deutschen Roten

Kreuz. Neben einer alle maßgebenden Rechte und Pflichten umfassenden Mitgliedschaft soll ein bes. Arbeitsverhältnis nicht begründet werden können. Es können aber Arbeitsverhältnis und Mitgliedschaftsverhältnis zu einem Schwesternverband grundsätzlich selbständig nebeneinander stehen; beides schließt sich gegenseitig nicht aus.

Das Bestehen eines Arbeitsverhältnisses zwischen sogen. Gast- **109**
schwestern und der Schwesternschaft (nicht zum jeweiligen Krankenhausträger) wird hingegen vom BAG bejaht (BAG 4. 7. 79, AP Nr. 10 zu § 611 BGB Rotes Kreuz). Maßgebend ist hier nicht die karitative Bestimmung des Tendenzbetriebes (dazu § 118 Rn 19), sondern die Tätigkeit des einzelnen ArbN (vgl. *Kohte,* BlStR 83, 129).

4. Beschäftigung aus medizinischen oder erzieherischen Gründen

Ausgenommen sind ferner vorwiegend die zu ihrer **Heilung, Wie-** **110**
dereingewöhnung Beschäftigten, z. B. Kranke, Körperbehinderte, Alkoholiker, Rauschgiftsüchtige, Geisteskranke, Landstreicher, soweit sie in Anstalten oder sonst aus arbeitstherapeutischen Gründen beschäftigt werden. Das gleiche gilt für Personen, die vorwiegend zu ihrer sittlichen Besserung oder **Erziehung** beschäftigt werden, z. B. **Strafgefangene** (keine ArbN: BAG 24. 4. 69, AP Nr. 18 zu § 5 ArbGG; BAG 3. 10. 78, AP Nr. 18 zu § 5 BetrVG 1972; vgl. auch Rn 100). Etwas anderes gilt für Strafgefangene, die nach § 39 StVollzG mit einem Dritten ein „freies Beschäftigungsverhältnis" eingehen und Fürsorgezöglinge (soweit nicht im freien Arbeitsverhältnis beschäftigt; vgl. *Teitge,* BABl. 58, S. 67).

Ob Schwerbehinderte in einer **Behindertenwerkstatt** nach § 54 **111**
SchwbG (zum Begriff der beschützenden Werkstatt i. S. von § 54 SchwbG vgl. BAG 18. 3. 87, AP Nr. 132 zu §§ 22, 23 BAT 1975) und der dazu erlassenen SchwbWV ArbN sind, läßt sich nur für den Einzelfall danach beurteilen, ob der Schwerpunkt ihrer Beschäftigung in der Rehabilitation liegt oder ob ein Berufsausbildungsvertrag, ein Vertrag i. S. des § 19 BBiG oder gar ein normaler Arbeitsvertrag abgeschlossen wird. Alle diese Möglichkeiten sind in § 13 SchwbWV vorgesehen. Stehen therapeutische Gesichtspunkte der Beschäftigung im Vordergrund, ist Arbeit nur Mittel zum Zweck und wird auch nur eine geringe Vergütung erzielt, so handelt es sich nicht mehr um ArbN (vgl. *Maydell/Eylert,* RdA 81, 148; *Neumann* RdA 81, 143; *Pünnel/Vater,* ArbuR 81, 230; *Pünnel,* ArbuR 87, 104; nach *Jürgens,* RdA 86, 349 handelt es sich in der Regel um einen gemischten Vertrag, auf den zwingende arbeitsrechtliche Schutzvorschriften mit Modifikationen anzuwenden sind). Wegen einer Mitwirkung dieser Behindertengruppe an den Angelegenheiten der Werkstatt vgl. § 14 SchwbWV. Im anderen Fall handelt es sich um ArbN i. S. d. BetrVG.

5. Familienangehörige des Arbeitgebers

112 Auch wenn ein echtes Arbeitsverhältnis besteht, gelten der **Ehegatte,** die **Eltern und Kinder** (auch nichteheliche Kinder) des ArbGeb. **nicht als ArbN** im Sinne der Betriebsverfassung. Voraussetzung ist, daß sie mit dem ArbGeb. in häuslicher Gemeinschaft (Wohnen, Schlafen, Kochen) leben.

Mit „ArbGeb." i. S. dieser Bestimmung ist eine natürliche Person gemeint; nur mit natürlichen Personen ist häusliche Gemeinschaft möglich. Eine entsprechende Anwendung auf Familienangehörige von Mitgl. des zur gesetzlichen Vertretung berufenen Organs einer juristischen Person ist möglich (*Brecht,* Rn 16; *Neumann-Duesberg,* § 155; *GL,* Rn 15f.; **a. A.** *GK-Kraft,* Rn 41). Entsprechend genügt auch das Verwandtschaftsverhältnis zu einem Mitgl. einer Personengesamtheit, soweit Vertretungs- oder Geschäftsführungsbefugnis besteht (vgl. Rn 105). Doch ist entspr. Anwendung nur möglich, soweit der Zweck der Vorschrift das rechtfertigt. Nahe Verwandte von Vorstandsmitgliedern, Geschäftsführern oder persönlich haftenden Gesellschaftern sollen wegen möglicher Konflikte von der Mitwirkung im BR ausgeschlossen werden; sie sind daher zum BR nicht wählbar. Das rechtfertigt noch nicht den Ausschluß vom aktiven Wahlrecht und den Ausschluß von Beteiligungsrechten des BR in ihren personellen Angelegenheiten und z. B. den Ausschluß von Wirkungen einer BV.

Ein **Verlöbnis** mit dem ArbGeb. schließt die ArbN-Eigenschaft nicht aus (*GL,* Rn 28; *GKSB,* Rn 18). Personen, die zu dem ArbGeb. in einem eheähnlichen Verhältnis stehen, fallen auch dann nicht unter § 5 Abs. 2 Nr. 5, wenn sie in die häusliche Gemeinschaft aufgenommen sind (vgl. ArbG Köln, DB 76, 2068).

113 Bei einem **Verwandtschaftsverhältnis weiteren Grades** (z. B. Onkel-Neffe, Großeltern-Enkel), steht das BetrVG der Annahme der ArbNEigenschaft nicht entgegen. Es kommt im Einzelfall darauf an, ob nur ein familienrechtliches oder ein Arbeitsverhältnis besteht. Diese Frage ist nach allgemeinen arbeitsrechtlichen Gesichtspunkten zu prüfen (*DR,* Rn 119).

IV. Leitende Angestellte

1. Allgemeines

a) Gesetzliche Regelungen

114 Leitende Ang. sind **ArbN** im allgemeinen arbeitsrechtlichen Sinn. Sie sind aufgrund eines privatrechtlichen Vertrages im Dienste eines anderen (ArbGeb.) zur Leistung fremdbestimmter Arbeit in persönlicher Abhängigkeit verpflichtet (vgl. Rn 9). Ihre Aufgaben erfüllen sie aufgrund eines **„Arbeitsvertrages“,** wie § 5 Abs. 3 Satz 2 n. F. jetzt

ausdrücklich feststellt. Sie gehören auch zu den **„im Betrieb tätigen Personen"** i. S. von § 75 Abs. 1 (*DR,* § 75 Rn 4; *Wlotzke,* DB 89, 111; **a. A.** *GL.* § 75 Rn 4; *Bauer,* SprAuG § 5 Anm. II unter Hinweis auf die entspr. Bestimmung des § 27 SprAuG, dadurch wurden die Verpflichtungen des ArbGeb. und des BR aus § 75 aber nicht eingeschränkt).

Das BetrVG findet auf diese Gruppen von ArbN keine Anwen- **115** dung, soweit im Gesetz selbst nicht ausdrücklich etwas anderes bestimmt ist (vgl. §§ 105, 107 und 108). Das Gesetz muß deshalb für seinen **Anwendungsbereich** bestimmen, wer zum Kreis der leitenden Ang. gehört. Dies ist in § 5 Abs. 3 Satz 2 geschehen.

Die gesetzliche Definition in § 5 Abs. 3 Satz 2 gilt zunächst nur für **116** das BetrVG. **Andere arbeitsrechtliche Gesetze** enthalten für ihren Anwendungsbereich Beschreibungen eines Personenkreises, der mit dem der leitenden Ang. i. S. von § 5 Abs. 3 Satz 2 BetrVG zum Teil, aber nicht völlig übereinstimmt: § 1 Abs. 2 AZO; §§ 14, 17 Abs. 3 KSchG; § 22 Abs. 2 Nr. 2 ArbGG. Die unterschiedlichen Abgrenzungen beruhen nur auf dem jeweiligen Zweck der Gesetze (vgl. zum BetrVG Rn 124).

In weiteren zwei Gesetzen wird auf die Begriffsbestimmung des § 5 **117** Abs. 3 Satz 2 **verwiesen,** so im **MitbestG** (§ 3 Abs. 3 Nr. 3) und im **SprAuG** (§ 1 Abs. 1). Für die Anwendungsbereiche dieser Gesetze ist deshalb der Kreis der leitenden Ang. identisch (vgl. zum MitbestG *Fitting/Wlotzke/Wißmann,* § 3 Rn 29). Aus diesen beiden Gesetzen lassen sich keine Rückschlüsse auf Abgrenzungskriterien i. S. des BetrVG ziehen (bzgl. MitbestG vgl. BAG 29. 1. 80, AP Nr. 22 zu § 5 BetrVG 1972).

Der **Status** eines Ang. – leitender Ang. oder nicht – kann jederzeit **im** **118** **arbeitsgerichtlichen BeschlVerf geklärt** werden (vgl. unten Rn 210ff.). Für die Zuordnung eines Ang. aus Anlaß der Wahlen zu den Interessenvertretungen sieht **§ 18a** jetzt ein **besonderes Zuordnungsverfahren vor.** Dieses Verfahren gilt nur **für die Wahlen** zu den Interessenvertretungen. Diese Zuordnung erzeugt keine endgültige Rechtswirkung, sie hat keine konstitutive Bedeutung. Eine andere Beurteilung des Status eines Ang. ist in allen Fällen möglich, in denen es auf diesen Status ankommt, z. B. Anhörung der jeweiligen Interessenvertretung vor Ausspruch von Kündigungen (vgl. *Müller,* G., DB 89, 824, 831).

b) Bedeutung der Abgrenzung

Die Zuordnung eines Ang. entweder zum Kreis der leitenden Ang. **119** oder zu den ArbN des Betriebes, für die der **BR zuständig** ist, war bisher schon von großer Bedeutung. Für alle Angelegenheiten, die nur einen leitenden Ang. oder nur die Gruppe der leitenden Ang. betrafen, war der BR nicht zuständig. Da das Gesetz auf die leitenden Ang. im allgemeinen keine Anwendung findet, gehören sie auch **nicht zu** den **wahlberechtigten oder wählbaren ArbN** (§§ 7, 8). Bei allen Bestimmungen, die auf die Zahl der wahlberechtigten ArbN abstellen (z. B. §§ 1, 9, 10 Abs. 2, 38, 99, 111) zählen sie nicht mit.

120 Die Abgrenzung hat für die Betriebe und Unternehmen, in denen die **leitenden Ang. eigene Interessenvertretungen** wählen, noch an Bedeutung gewonnen. Sprecherausschüsse können in Betrieben (§ 1 SprAuG) oder Unternehmen (§ 20 SprAuG) gebildet werden. Dann ist entweder der Sprecherausschuß für Angelegenheiten zuständig, die einen leitenden Ang. oder die Gruppe der leitenden Ang. betreffen, oder der BR für alle übrigen ArbN. So muß z. B. der ArbGeb. vor Ausspruch einer Kündigung den Sprecherausschuß hören, wenn der zu kündigende ArbN ein leitender Ang. ist (§ 31 Abs. 2 SprAuG); handelt es sich um einen Ang. i. S. des BetrVG, ist der BR zu hören (§ 102 Abs. 1 BetrVG). In Zweifelsfällen wird der ArbGeb. zweckmäßig beide Vertr. anhören (vgl. auch § 105 Rn 1).

Die Schaffung einer eigenen Interessenvertretung rechtfertigt es nicht, den Kreis der leitenden Ang. „großzügiger" zu bestimmen, nur um eine „angemessene Gruppenstärke" zu erreichen (so aber *Martens,* RdA 89, 73, 74). Das ließe sich nur rechtfertigen, wenn der Interessenvertretung der leitenden Ang. MBR oder Mitwirkungsrechte von einigem Gewicht eingeräumt würden. Das aber ist nicht der Fall (vgl. Rn 205 ff.). Dem Verlust des kollektivrechtlichen Schutzes durch das BetrVG steht keine gleichwertige Interessenvertretung gegenüber.

c) Die Neuregelung 1988

121 Am 1. 1. 1989 ist das von den Fraktionen der CDU/CSU und der FDP eingebrachte Gesetz zur „Änderung des Betriebsverfassungsgesetzes, über Sprecherausschüsse der leitenden Angestellten und zur Sicherung der Montanmitbestimmung" vom 23. 12. 1988 (BGBl. I 2312 ff.) in Kraft getreten. Durch dieses Gesetz ist § 5 Abs. 3 geändert und ein Abs. 4 hinzugefügt worden.

122 **Ziel des Gesetzes** war es, den Begriff des leitenden Ang. zu **präzisieren** (G-Entwurf BT-Drucks. 11/2503, S. 24). Die frühere Fassung des Gesetzes hat zu Schwierigkeiten bei der Auslegung geführt (vgl. etwa die Diskussion zum „Oberbegriff" des leitenden Ang., dazu BAG 29. 1. 80, AP Nr. 22 zu § 5 BetrVG 1972).

123 Das Gesetz hat jetzt **im wesentlichen die Rechtsprechung des BAG** zur früheren Fassung der Vorschrift **bestätigt** (vgl. *Buchner,* NZA 89 Beil. 1, S. 2, 6; *Dänzer-Vanotti,* ebda, S. 30, 32). Der Personenkreis sollte genauer umschrieben werden, und zwar weder erweiternd noch einengend (vgl. *Wlotzke,* DB 89, 111, 118; in diesem Sinne auch die amtl. Äußerung des BMA in: Sozialpol. Informationen Nr. 17 v. 20. 12. 1988). Tatsächlich hat die Vorschrift größere Klarheit gebracht, sie hat aber nicht alle Zweifelsfragen geklärt. Im Einzelfall kann die Zuordnung nach wie vor wegen der unbestimmten Rechtsbegriffe, vor allem in Abs. 3 Satz 2 Nr. 3, rechtlich sehr schwierig sein. Da die Abgrenzungsmerkmale nur präziser gefaßt wurden, besteht in den Betrieben, in denen sich ArbGeb. und BR über die Zuordnung einig waren, **kein Anlaß zu einer neuen Statusbeurteilung.**

d) Zweck der gesetzlichen Regelung

Die Sonderregelung für leitende Ang. hat ihre eigentliche Ursache in dem natürlichen **Interessengegensatz** zwischen dem ArbGeb. (Unternehmer) und den ArbN des Betriebes. Der ArbGeb. verfolgt in erster Linie wirtschaftliche Interessen. Er verfügt über den Einsatz der Produktionsmittel; die ArbN sind persönlich und wirtschaftlich abhängig. Sie bedürfen des Schutzes. Der BR vertritt ihre Interessen. Er will sozialverträgliche Arbeitsbedingungen. Das **BetrVG** ist **Schutzgesetz** zugunsten aller und einzelner ArbN des Betriebes. **124**

In Groß- und Mittelbetrieben werden die unternehmerischen Aufgaben leitenden Ang. übertragen. Diese Ang. müssen sich mit den Interessen des Unternehmers identifizieren. Die Zahl der leitenden Ang. ist bezogen auf die gesamte Arbeitnehmerschaft klein (vgl. *Hromadka,* Das Recht der leitenden Angestellten, 1979, S. 255; *Witte/Bronner,* DB 74, 1233, 1235: Zwischen 0,8 und 4,3% je nach Branche und Betriebsgröße. **125**

Andererseits haben auch leitende Ang. spezifische Arbeitnehmerinteressen. Sie unterscheiden sich von den übrigen ArbN aber dadurch, daß sie im Unternehmen typische **Unternehmeraufgaben mit einem eigenen erheblichen Entscheidungsspielraum** wahrnehmen. Sie können deshalb nicht gleichzeitig für den ArbGeb. (Unternehmer) handeln und den BR wählen oder zum BR gewählt werden. Sie können in ihrer Person den Interessengegensatz nicht austragen (BAG 29. 1. 80, AP Nr. 22 zu § 5 BetrVG 1972; BAG 23. 1. 1986, AP Nr. 32 zu § 5 BetrVG 1972; zustimmend *Buchner,* NZA 89, Beil. 1, S. 2, 5; abweichend *Martens,* RdA 89, 73, 75, der dem ArbGeb. mit den leitenden Ang. nur weitere Freiräume (Entscheidungs- und Organisationskompetenzen) verschaffen will und für den ArbGeb. eine vor- oder übergesetzliche Entscheidungskompetenz beansprucht).

Dieser Zweck der gesetzlichen Regelung ist bei der **Auslegung** der einzelnen Abgrenzungsmerkmale zu beachten (BAG 9. 12. 75, AP Nr. 11 zu § 5 BetrVG 1972). Der Umstand, daß ein Ang. die Interessen des ArbGeb. gegenüber dem BR zu vertreten hat, ist ein Indiz für unternehmerische Funktionen, der Gegnerbezug ist aber kein Abgrenzungsmerkmal sondern nur Orientierungsmerkmal (BAG 23. 1. 86, AP Nr. 32 zu § 5 BetrVG 1972). **126**

e) Aufbau der gesetzlichen Regelung

Die Neufassung des § 5 Abs. 3 bringt einige Verbesserungen für das Verständnis der Norm. **Satz 1** bestimmt den persönlichen **Geltungsbereich** des BetrVG. **Satz 2** enthält die Voraussetzungen, die erfüllt sein müssen, um leitender Ang. i. S. des BetrVG (und SprAuG) sein zu können (**Legaldefinition**). Nur dieser Satz enthält die entscheidenden Voraussetzungen. Deshalb wird im BetrVG (z. B. § 105) und im SprAuG auch nur auf die Definition in Abs. 3 verwiesen (vgl. § 1 Abs. 1 SprAuG), nicht auf Abs. 4. **Abs. 4** hat nur eine **Hilfsfunktion bei der Anwendung der Nr. 3,** enthält somit keine selbständige Begriffsbestimmung (vgl. Rn 175). **127**

128 § 5 Abs. 3 Satz 2 nennt **alternativ drei Tatbestände,** die den Status eines leitenden Ang. begründen können. In **Nr. 1** wird die **typische Arbeitgeberstellung** angesprochen (Berechtigung eines Ang. zur selbständigen Einstellung und Entlassung von ArbN). In **Nr. 2** wird der Ang. beschrieben, der im Rechtsverkehr kraft der gesetzlich umschriebenen Vollmacht (Prokura) für den ArbGeb. (Unternehmer) tätig wird, und dem im Innenverhältnis nicht unbedeutende Aufgaben übertragen wurden (formale **Unternehmerstellung**). In **Nr. 3** wird die **Hauptgruppe** der leitenden Ang. gekennzeichnet. In dieser Bestimmung kommt auch der Zweck der gesetzlichen Regelung deutlich zum Ausdruck. Es wird abgestellt auf die **Bedeutung der Aufgaben** und die Weisungsfreiheit.

129 Für jede dieser drei Alternativen müssen auch die in § 5 Abs. 3 Satz 2 eingangs genannten Voraussetzungen erfüllt sein. Aufgaben und Berechtigungen müssen dem Ang. im Arbeitsvertrag übertragen (vereinbart) worden sein. Der Ang. muß sie auch tatsächlich im Unternehmen oder im Betrieb wahrnehmen (vgl. Rn 135ff.).

f) Verfassungsmäßigkeit

130 § 5 Abs. 3 Satz 2 kann trotz der Verwendung zahlreicher unbestimmter Rechtsbegriffe in der Praxis vom ArbGeb., von BR und Sprecherausschüssen sowie von Wahlvorständen angewendet werden. Gerichte können verläßlich entscheiden. Die Zuordnung anhand einzelner Tatbestandsmerkmale ist überprüfbar. Die Norm verstößt nicht gegen das Rechtsstaatsprinzip. Sie verletzt weder das Bestimmtheitsgebot noch den Grundsatz der Bindung des Richters an Gesetz und Recht (BVerfG 24. 11. 81, AP Nr. 27 zu § 5 BetrVG 1972 zur früheren Fassung; die Bedenken sind nach der Neufassung eher geringer geworden).

131 Gegen die **Verfassungsmäßigkeit von § 5 Abs. 4** sind in der rechtspolitischen Diskussion Bedenken geäußert worden (vgl. *Clausen/Löhr/Schneider/Trümmer,* ArbuR 88, 293). Diese Bedenken sind – abgesehen von Nr. 4 – nicht begründet, wenn – wie hier – Abs. 4 nur als **Orientierungshilfe in Grenzfällen** (vgl. *Wlotzke,* DB 89, 111, 123; *Engels/Natter,* BB 89, Beil. 8 S. 9f.) verstanden wird, der nur den jeweiligen Wahlvorständen eine leichtere Zuordnung aus Anlaß der BR-Wahlen oder Sprecherausschuß-Wahlen ermöglicht, eine selbständige Statusbeurteilung in einem besonderen BeschlVerf. aber nicht ausschließt (vgl. auch hierzu *Wlotzke,* aaO). Der Zwang zur Zuordnung **aus Anlaß von Wahlen** rechtfertigt in Grenzfällen, d.h. wenn trotz aller Bemühungen der Wahlvorstände um eine zutreffende Beurteilung anhand der Tatbestandsmerkmale die eine oder andere Entscheidung in gleicher Weise vernünftig und rechtlich begründbar erscheint, eine Beurteilung nach ausschließlich formalen Kriterien, obwohl diese nicht in allen Fällen Rückschlüsse auf das eigentlich unterscheidende Merkmal, die Aufgaben, zulassen (vgl. *Buchner,* NZA 89 Beil. 1, S. 2, 9). Die Verfassungswidrigkeit läßt sich nicht damit begründen, Abs. 4 beziehe sich nur auf Abs. 3 Nr. 3 und nicht auf Nr. 1 und 2 (so aber *Müller, G.,* DB 89, 824,

827). Denn bei Anwendung der formalisierten Merkmale der Nr. 1 und 2 entstehen nicht dieselben Probleme.

Nur in Abs. 4 **Nr. 4** ist die nach Art. 3 GG gebotene **Sachgerechtigkeit nicht gewahrt.** Diese Bestimmung ist verfassungswidrig. Art. 3 Abs. 1 GG verbietet nach st. Rspr. des BVerfG eine an sachwidrigen Kriterien ausgerichtete Differenzierung (BVerfGE 35, 335; 42, 388). Für die Abgrenzung kann es nur auf unternehmensinterne Merkmale ankommen, nicht auf Durchschnittsverdienste aller ArbN (vgl. Rn 191; *Müller, G.*, DB 89, 824, 830). Der ArbGeb. wird gehindert, sein Unternehmen sachgerecht zu organisieren und sachgerechte Vergütungen zu vereinbaren. Darüber hinaus verstößt diese Bestimmung wegen des doppelten Vorbehalts gegen das Gebot der Normenklarheit im Rechtsstaat (Art. 20 Abs. 3 GG; vgl. *Clausen/Löhr/Schneider/Trümner,* ArbuR 88, 293, 300; kritisch auch *Steindorff,* ArbuR 88, 266, 271). 132

g) Zwingendes Recht

Die Abgrenzung der leitenden Ang. von den übrigen Ang. des Betriebes nach Abs. 3 ist zwingendes Recht (BAG 5. 3. 74, AP Nr. 1 zu § 5 BetrVG 1972; BAG 19. 8. 75, AP Nr. 1 zu § 105 BetrVG 1972). Weder ein **TV** noch eine **BV** können regeln, wer leitender Ang. i. S. der Betriebsverfassung ist. Auch durch **Vereinbarung zwischen ArbGeb. und ArbN** kann der Status nicht begründet werden. Entscheidend sind allein Aufgaben und Funktionen im Betrieb und Unternehmen. „Ernennungen" zu leitenden Ang. ohne die Übertragung der in § 5 Abs. 3 Satz 2 genannten Aufgaben und Funktionen sind betriebsverfassungsrechtlich bedeutungslos. Indirekt kann der ArbGeb. durch die gewählte Organisation des Unternehmens und die Übertragung der notwendigen Aufgaben auf einzelne Ang. den Status eines ArbN beeinflussen. 133

Die **Eintragung in die Wählerliste** hat keine rechtsbegründende Wirkung (BAG 5. 3. 74, AP Nr. 1 zu § 5 BetrVG 1972; BAG 4. 12. 74, AP Nr. 4 zu § 5 BetrVG 1972). Nicht die Eintragung begründet den Status, sondern nur die Voraussetzungen des § 5 Abs. 3 Satz 2. Das gilt unabhängig davon, ob in einem Betrieb nur der BR oder auch ein Sprecherausschuß gewählt wird. Im letzteren Falle ist bei Meinungsverschiedenheiten zwischen den Wahlvorständen das Zuordnungsverfahren nach § 18a durchzuführen. Im Rahmen eines solchen Zuordnungsverfahrens kann es allerdings auf frühere Zuordnungen aus Anlaß von Wahlen ankommen (§ 5 Abs. 4 Nr. 1). Die Eintragung ist damit nur Orientierungshilfe in Grenzfällen (vgl. Rn 172). 134

2. Allgemeine Voraussetzungen

a) Arbeitsvertrag

Die in Nr. 1–3 genannten Merkmale müssen jeweils „nach Arbeitsvertrag" erfüllt sein. Dem Ang. müssen im Arbeitsvertrag Befugnisse 135 oder Aufgaben der in Nr. 1–3 genannten Art übertragen werden (*Bauer,* SprAuG, § 5 Anm. III; *Wlotzke,* DB 89, 111, 119). Der Arbeitsvertrag eines leitenden Ang. bedarf ebenso wie der Arbeitsvertrag anderer ArbN nicht der Schriftform (BAG 23. 3. 76, AP Nr. 14 zu § 5 BetrVG 1972). Auch mündlich Vereinbartes gilt. Doch ist es zweckmäßig, den Arbeitsvertrag schriftlich abzuschließen, weil nur so Aufgaben und Befugnisse zweifelsfrei ermittelt werden können (*Bauer,* a. a. O.).

b) Stellung im Unternehmen oder im Betrieb

136 Die Übertragung von Aufgaben und Befugnissen im Arbeitsvertrag reicht für sich allein nicht aus. Ein ArbN kann nur leitender Ang. sein, wenn er tatsächlich die Aufgaben und Befugnisse ausübt, die seinen Status als leitenden Ang. begründen können. **Die tatsächlichen Verhältnisse müssen mit den arbeitsvertraglichen Grundlagen übereinstimmen** (BAG 11. 3. 82, AP Nr. 28 zu § 5 BetrVG 1972). Insoweit hat die Neufassung die bisherige Regelung übernommen (vgl. *Buchner,* NZA 89 Beil. 1, S. 2, 6). Diese Voraussetzung entspricht im übrigen einem allgemeinen arbeitsrechtlichen Grundsatz: Es kommt für die Beurteilung eines Rechtsverhältnisses oder eines Status nicht auf die Bezeichnung sondern auf die tatsächliche Handhabung an (vgl. zum ArbN-Begriff Rn 15).

137 Die Aufgaben und Befugnisse, die einen leitenden Ang. kennzeichnen, sind im Kern **unternehmerische Aufgaben.** Mißverständlich hatte § 5 Nr. 3 a.F. die Bedeutung dieser Aufgaben mit den Auswirkungen auf Bestand und Entwicklung des „Betriebes" beschrieben. Unternehmerische Aufgaben wirken sich in erster Linie auf Bestand und Entwicklung des „Unternehmens" aus. Das wird jetzt in den Einleitungsworten der Vorschrift ebenso klargestellt wie in Nr. 3 selbst (vgl. *Buchner,* NZA 89 Beil. 1, S. 2, 6; *Dänzer-Vanotti,* NZA 89 Beil. 1, S. 30, 31; *Engels/Natter,* BB 89, Beil. 8, S. 7).

138 Andererseits können sich die Aufgaben und Befugnisse, die die besondere Stellung eines leitenden Ang. rechtfertigen, auch auf die Leitung eines Betriebes konzentrieren. Das war auch nach der bisherigen Rechtsprechung so (BAG 23. 1. 86, AP Nr. 32 zu § 5 BetrVG 1972). Die Neuregelung stellt dies nur klar (*Wlotzke,* DB 89, 111, 119; abwegig *Martens,* RdA 89, 73, 77, der dem BAG unterstellt, es habe die frühere Regelung unterlaufen). Die dem Ang. übertragenen Aufgaben müssen aber unternehmerische Aufgaben sein. Die Tatbestandsmerkmale der Tatbestandsgruppen müssen in jedem Fall erfüllt werden.

3. Merkmale nach § 5 Abs. 3 Satz 2 Nr. 1–3

139 Von den Voraussetzungen der drei Tatbestandsgruppen brauchen nur die Voraussetzungen einer Gruppe erfüllt zu sein, um die Eigenschaft eines leitenden Ang. zu begründen.

a) Leitende Angestellte nach Nr. 1

Dieser Teil der Vorschrift ist im Vergleich zur Fassung 1972 unverändert geblieben. Die zu dieser Vorschrift ergangene Rechtsprechung ist uneingeschränkt verwertbar. Die Zuordnung stellt auf eine **„Berechtigung"** des Ang. ab. Gemeint ist die Berechtigung des Ang. gegenüber dem ArbGeb., also das **Innenverhältnis** (vgl. BAG 11. 3. 82, AP Nr. 28 zu § 5 BetrVG 1972; *Buchner,* NZA 89 Beil. 1, S. 2, 6; *Bauer,* SprAuG, § 5 BetrVG Anm. IV; *GL,* Rn 33; DR, Rn 142). Satz 2 stellt insgesamt auf die dem Ang. übertragenen Aufgaben ab (BAG 11. 3. 82, AP Nr. 28 zu § 5 BetrVG 1972; *DR,* Rn 142; *GL,* Rn 46; *HSG,* Rn 37). **140**

Die Berechtigung muß sich auf **Einstellung und Entlassung** beziehen; eine der beiden Befugnisse reicht nicht aus (BAG 17. 11. 83 – 6 AZR 291/83; anders § 14 KSchG betr. Angestellte in leitender Stellung: Hier genügt Berechtigung zur Einstellung oder Entlassung). **141**

Die Einstellungs- und Entlassungsbefugnis muß sich auf **„im Betrieb oder in der Betriebsabteilung beschäftigte Arbeitnehmer"** beziehen. Nach dem Wortlaut kommt es auf den zahlenmäßigen Umfang der Berechtigung nicht an. Doch erfordert der Zweck der Norm eine Einschränkung: Die Befugnis muß sich auf einen erheblichen Teil der ArbN beziehen, mindestens auf eine ArbN-Gruppe, Ang. oder Arbeiter, auf den Betrieb oder einen Betriebsteil. Nur nach diesen Kriterien wird auch in der betrieblichen Praxis die Befugnis, falls erforderlich, aufgeteilt (BAG 11. 3. 82, AP Nr. 28 zu § 5 BetrVG 1972; **a. A.** *GL,* Rn 33: Die Befugnisse gegenüber einem kleinen Personenkreis genügen). Die Einstellungs- und Entlassungsbefugnis eines Poliers auf seiner Baustelle oder die Befugnisse des Leiters eines kleinen Filialgeschäftes, der Hilfskräfte einstellen und entlassen darf, reichen nicht aus (BAG 5. 3. 74, AP Nr. 1 zu § 5 BetrVG 1972; BAG 11. 3. 1982, AP Nr. 28 zu § 5 BetrVG 1972; *Wlotzke,* DB 89, 111; *Bauer,* SprAuG, § 5 BetrVG Anm. IV). Die Baustelle ist keine Betriebsabteilung. **142**

Nur die **selbständige Entscheidung** über Einstellungen und Entlassungen begründet die Eigenschaft als leitender Ang. Selbständig heißt, daß der Ang. nicht an die Zustimmung des ArbGeb. oder sonstiger über- oder gleichgeordneter Stellen im Unternehmen oder im Betrieb gebunden ist (vgl. *Wlotzke,* DB 89, 111, 119; *GL,* Rn 46; **a. A.** *Müller,* DB 83, 1597). Personalleiter, die die Entscheidungen der Fachabteilungen im Außenverhältnis vollziehen, scheiden damit aus (*Buchner,* NZA 89 Beil. 1, S. 2, 6). Nr. 1 wird deshalb auch künftig **nur** für einen **kleinen Personenkreis** zutreffen. Der Gesetzgeber hat insoweit die Rechtsprechung des BAG bestätigt (vgl. *Buchner,* a. a. O.). Ang., die diese Voraussetzung nicht erfüllen, können aber leitende Ang. nach Nr. 3 sein. **143**

b) Leitende Angestellte nach Nr. 2

Dieser Teil der Norm stellt ab auf das Außen- **und** Innenverhältnis. **144**

Das Außenverhältnis betrifft die Rechtsbeziehung des ArbGeb. zu Dritten. Der ArbGeb. bedarf vielfach der Vertreter, auch solcher mit **145** weitreichenden Vollmachten. **Generalvollmacht** ist die Vollmacht zur Führung des gesamten Geschäftsbetriebes (§ 105 Abs. 1 AktG), jedenfalls aber eine Vollmacht, die die Besorgung eines wesentlichen Teils der Geschäfte des Vollmachtgebers umfaßt. Generalbevollmächtigte werden erwähnt in § 173 ZPO, § 1 Abs. 2 Nr. 1 AZO, § 9 Nr. 1 ArbErlaubnisVO, § 22 Abs. 2 Nr. 3 ArbGG. Im übrigen ist der Umfang der Vollmacht nicht geregelt. Generalbevollmächtigte kommen in der Praxis nur selten vor.

146 Die **Prokura** enthält eine gesetzlich festgelegte Vollmacht (§§ 48, 49 HGB). Der Prokurist handelt im Rechtsverkehr als Vertreter des ArbGeb. (Unternehmers). Seine Erklärungen wirken unmittelbar für und gegen den Vertretenen (§ 164 Abs. 1 BGB).

147 Die Vollmacht eines Prokuristen hat einen sehr weiten Umfang. Er ist vom Gesetz zwingend festgelegt. Eine Beschränkung des Umfangs der Prokura ist Dritten gegenüber unwirksam (§ 50 Abs. 1 HGB). Beschränkung ist nur in der Form zulässig, daß die Prokura an mehrere Personen gemeinschaftlich erfolgen kann (**Gesamtprokura,** § 48 Abs. 2 HGB) oder daß die Prokura auf eine **Niederlassung,** die unter einer anderen Firma betrieben wird, beschränkt wird (§ 50 Abs. 3 HGB).

148 Abgesehen von diesen Beschränkungen ermächtigt die Prokura zu allen Arten von gerichtlichen oder außergerichtlichen Geschäften und Rechtshandlungen, die der Betrieb eines Handelsgewerbes mit sich bringt. Der Prokurist ist das **„Zweite Ich“** des Unternehmers. Ausgenommen sind nur die Veräußerung und Belastung von Grundstücken. Hier kann der Prokurist den Unternehmer nur verpflichten, wenn ihm diese Befugnis besonders erteilt ist (§ 49 Abs. 2 HGB). Wegen dieses gesetzlich vorgeschriebenen weiten Umfangs der Vollmacht ist die Erteilung der Prokura zum **Handelsregister** anzumelden und dort einzutragen (§ 53 HGB).

149 Das BAG hatte in einer während des Gesetzgebungsverfahrens bekanntgewordenen Entscheidung gefordert, daß sich der Umfang der Vollmacht im Außenverhältnis mit den Aufgaben des Ang. im Innenverhältnis völlig decken müßte. Nach diesem Urteil fielen nur solche Prokuristen unter Nr. 2, die berechtigt waren, die mit einer Prokura im Außenverhältnis verbundene Vertretungsmacht auch im Innenverhältnis uneingeschränkt auszuüben (BAG 27. 4. 88, AP Nr. 37 zu § 5 BetrVG 1972). Damit konnte nur ein kleiner Personenkreis unter diese Tatbestandsgruppe fallen. In größeren Unternehmen mit dezentralisierter Organisationsstruktur gibt es viele Prokuristen, die nach den Vereinbarungen im Innenverhältnis von der Prokura nur im jeweils übertragenen Aufgabengebiet Gebrauch machen dürfen.

150 Um dieses Ergebnis zu korrigieren, wurde die Tatbestandsgruppe der Nr. 2 während der Beratungen über den Gesetzentwurf geändert. Allerdings ist der Wortlaut der Neufassung wieder ungenau: Nicht die „Prokura“ kann unbedeutend sein, gemeint sind die **Aufgaben,** die der ArbGeb. einem Prokuristen überträgt, sie dürfen **nicht unbedeutend** sein. Der Ang., dem Prokura erteilt wurde, und dem der Arb-

Geb. einigermaßen bedeutungsvolle Aufgaben übertragen hat, ist danach leitender Ang. i. S. der Nr. 2.

151 Welche Aufgaben nicht nur unbedeutend i. S. dieser Vorschrift sind, läßt sich nur im Blick auf die Aufgaben sagen, die in Nr. 1 und 3 beschrieben werden. Prokuristen i. S. der Nr. 2 müssen im Innenverhältnis Aufgaben wahrnehmen, die den in Nr. 3 umschriebenen Leitungsfunktionen wenigstens in etwa nahekommen, ohne ihnen genau entsprechen zu müssen (vgl. *Wlotzke,* DB 89, 111, 119; *Engels/Natter,* BB 89, Beil. 8 S. 8). Darauf weist das Verbindungswort „sonstige" in Nr. 3 hin. Die Auslegung dieses Tatbestandsmerkmals muß auch am Zweck der Bestimmung orientiert sein. (vgl. Rn 124). Die einem leitenden Ang. übertragenen Aufgaben müssen sich deutlich von den Aufgaben unterscheiden, die anderen Ang. übertragen werden.

152 Danach sind sog. **Titularprokuristen** nach wie wor **keine leitenden Ang.** (vgl. LAG Bremen, AP Nr. 9 zu § 76 BetrVG 1952; LAG Rheinland-Pfalz, EzA § 5 BetrVG 1972 Nr. 36; *DR,* Rn 146; *Brecht,* Rn 23; *GL,* Rn 36; GK-*Kraft,* Rn 61). Auch andere Aufgaben, die ein Prokurist wahrzunehmen hat, können in ihrer Bedeutung so weit von den in Nr. 3 genannten Aufgaben entfernt sein, daß sie ohne nennenswerte Bedeutung für Bestand und Entwicklung des Unternehmens oder eines Betriebes sind (vgl. *Wlotzke,* a. a. O., S. 119). Wird Prokura nur erteilt, damit der Ang. Zollerklärungen oder sonstige Erklärungen gegenüber Behörden abgeben kann, reicht das nicht aus.

153 Die Erteilung einer **Handlungsvollmacht** (§ 54 HGB) kann die Tatbestandsmerkmale nach Nr. 2 nicht erfüllen (a. A. *HSG,* Rn 40, die Handlungsvollmacht mit Generalvollmacht verwechseln). Handlungsbevollmächtigte können jedoch die Voraussetzungen der Nr. 3 erfüllen.

c) Leitende Angestellte nach Nr. 3

154 Die Tatbestandsgruppe nach Nr. 3 enthält – wie bisher – die Tatbestandsmerkmale, die auf die **Bedeutung der Aufgaben,** die **Entscheidungsfreiheit** sowie die **Kenntnisse und Erfahrungen** des Ang. abstellen. Die Bestimmung enthält nach wie vor eine funktionsbezogene Umschreibung des leitenden Ang. (vgl. *Dänzer-Vanotti,* NZA 89 Beil. 1, S. 30, 32). In ihrer **Grundstruktur** und in ihren Grundaussagen hat sich diese Tatbestandsgruppe **nicht geändert** (so auch *Martens,* RdA 89, 73, 74). Das ÄnderungsG 1988 hat bei der Neufassung Ergebnisse der Rechtsprechung aufgegriffen und das Gewollte verdeutlicht. Durch die Neufassung wird der Kreis der leitenden Ang. nicht erweitert (vgl. *Buchner,* NZA 89 Beil. 1, S. 2, 7; *Dänzer-Vanotti,* NZA 89 Beil. 1, S. 30ff.; auch Rn 123).

155 Ang. sind nur dann leitende Ang. i. S. der Fallgruppe 3, wenn sie „**Aufgaben** wahrnehmen, die für den Bestand und die Entwicklung eines Unternehmens oder eines Betriebes von Bedeutung sind." Damit sind Aufgaben gemeint, die sich deutlich von den Aufgaben abheben, die anderen Ang. übertragen werden. Es sollen nach dem Zweck des Gesetzes nur diejenigen Ang. erfaßt werden, die der Unternehmenslei-

tung wegen ihrer Tätigkeit und wegen der Bedeutung ihrer Funktion nahestehen (BAG 29. 1. 80, AP Nr. 22 zu § 5 BetrVG 1972). Dabei muß es sich um einen beachtlichen **Teilbereich unternehmerischer Gesamtaufgaben** handeln. Es können Aufgaben wirtschaftlicher, technischer, kaufmännischer, organisatorischer, personeller oder wissenschaftlicher Art sein.

156 Das Gesetz bezieht die Aufgaben jetzt ausdrücklich auch auf das **Unternehmen** (vgl. so schon BAG 29. 1. 80, AP Nr. 22 zu § 5 BetrVG 1972; BAG 23. 1. 86, AP Nr. 32 zu § 5 BetrVG 1972). Unternehmerische Aufgaben können sich auch auf den Bestand und die Entwicklung eines **Betriebes** auswirken. Aufgaben mit dieser Tragweite sind ebenfalls unternehmerische Leitungsaufgaben (BAG 23. 1. 86, AP Nr. 32 zu § 5 BetrVG 1972). Insoweit hat sich nichts geändert (vgl. *Wlotzke,* DB 89, 111, 119).

157 Kennzeichen unternehmerischer Leitungsaufgaben ist das **Treffen von Entscheidungen** (vgl. *Wlotzke,* DB 89, 111, 120). Das wird aus dem weiteren Tatbestandsmerkmal der „Entscheidungsfreiheit" deutlich. Nicht alle wichtigen Aufgaben in einem Unternehmen oder in einem Betrieb sind Aufgaben der Unternehmensleitung. Das gilt etwa für Aufsichts- und Überwachungsfunktionen. Auch die Durchführung unternehmerischer Entscheidungen ist keine unternehmerische Leitungsaufgabe (BAG 23. 1. 86 AP Nr. 32 zu § 5 BetrVG 1972; *Wlotzke,* aaO, S. 119); *Bauer,* SprAuG, § 5 BetrVG Anm. VI; **a. A.** *Müller, G.,* DB 89, 824, 826 betr. die Überwachung des Betriebsablaufs; ähnlich zuvor schon *Müller, H. P.,* DB 88, 1697).

158 Daß es sich um unternehmerische Leitungsaufgaben handeln muß, wird jetzt auch durch das Verbindungswort **„sonstige"** (Aufgaben) verdeutlicht. Das Verbindungswort knüpft an die Tatbestandsgruppen der Nr. 1 und 2 an (formale Arbeitgeberstellung und „Zweites Ich" des Unternehmers). Die in Nr. 3 genannten Aufgaben müssen denen in Nr. 1 und 2 genannten Aufgaben **vergleichbar** sein (vgl. BT-Drucks. 11/2503, S. 30; *Wlotzke,* a. a. O., S. 119; *Buchner,* a. a. O., S. 7; *Bauer,* SprAuG, § 5 BetrVG, Anm. VI; **a. A.** *Martens,* RdA 89, 73, 76).

159 Die Zahl der Ang. eines Unternehmens, die leitende Ang. nach Nr. 3 sein können, hängt von der Größe und vor allem von den **Organisationsstrukturen** eines Unternehmens ab. Die Unternehmensleitung kann zentralisiert oder dezentralisiert sein. Werden die fachlichen Aufgabengebiete jedoch ohne Grund in zahlreiche Teilgebiete aufgeteilt („**Atomisierung**") kann es sich nicht mehr um die Wahrnehmung unternehmerischer Leitungsaufgaben handeln (vgl. BAG 9. 12. 75, AP Nr. 11 zu § 5 BetrVG 1972; *Buchner,* a. a. O., S. 7; *Müller, G.,* DB 89, 824, 826). Leitender Ang. ist dann nur derjenige Ang., der für die aufgeteilten Fachgebiete insgesamt zuständig ist.

160 Unternehmerische Leitungsaufgaben kann auch derjenige Angestellte wahrnehmen, der die Unternehmensführung bei ihren Aufgaben unmittelbar unterstützt, z. B. der Vorstandsassistent (vgl. insoweit schon BAG 23. 1. 86, AP Nr. 32 zu § 5 BetrVG 1972: „Führungsfunktionen in Stab oder Linie"). Die Neufassung verdeutlicht dies an anderer Stelle; sie will Ang. berücksichtigt wissen, die die zu treffenden unternehmerischen Entscheidungen maßgeblich beeinflussen.

Die unternehmerischen Leitungsaufgaben muß der Ang. **„regelmäßig"** wahrnehmen. Eine vorübergehende oder nur gelegentliche Wahrnehmung dieser Aufgaben genügt nicht. Der Ang., der einen leitenden Ang. nur vorübergehend vertritt, kann allein deshalb nicht schon leitender Ang. sein (vgl. BAG 23. 1. 86, AP Nr. 30 zu § 5 BetrVG 1972; *Buchner,* NZA 89 Beil. 1, S. 2, 8; *Dänzer-Vanotti,* ebenda, S. 30, 32). Die Annahme der Entwurfs-Begründung (BT-Drucks. 11/2503, S. 30), eine regelmäßige Aufgabenwahrnehmung könne auch im Vertretungsfall vorliegen, ist weder mit dem Wortlaut noch mit dem Zweck der Bestimmung zu vereinbaren. Nur die Übertragung der Leitungsaufgaben auf längere Zeit kann den Status eines leitenden Ang. begründen. 161

Ang., die unternehmensleitende Aufgaben wahrzunehmen haben, sind leitende Ang., wenn sie „dabei", d. h. bei Wahrnehmung dieser Aufgaben die **Entscheidungen im wesentlichen frei von Weisungen** treffen oder die **Entscheidungen maßgeblich beeinflussen.** So hatte das BAG bereits das frühere Tatbestandsmerkmal „eigenverantwortlich" verstanden: Dem leitenden Ang. muß „rechtlich und tatsächlich ein eigener, erheblicher Entscheidungsspielraum zur Verfügung stehen, d. h. er muß mit weitgehender Weisungsfreiheit und Selbstbestimmung im Rahmen seines Tätigkeitsbereichs versehen sein" (BAG 23. 1. 86, AP Nr. 32 zu § 5 BetrVG 1972). An diese Formulierung knüpft die neue Fassung an. Sachlich besteht zwischen „eigenverantwortlicher" Wahrnehmung der Aufgaben und der „Weisungsfreiheit" i. S. der neuen Fassung kein Unterschied (vgl. *Buchner,* a. a. O., S. 8). Es muß sich um eine weitgehend selbstbestimmte Tätigkeit im Rahmen der unternehmerischen Leitungsaufgaben handeln. Entscheidungsbefugnis ist nicht zu verwechseln mit Sach- oder Personalverantwortung oder Führungsverantwortung; der Wortlaut ist eindeutig (anders *Martens,* RdA 89, 73, 78). 162

Leitender Ang. kann auch der sein, der eine unternehmerische Leitungsaufgabe wahrnimmt, die dabei anfallenden **Entscheidungen** aber nicht selbst trifft, sondern sie **„maßgeblich beeinflußt"**. Auch dieser Personenkreis **(Stabsangestellte)** konnte bereits nach der Rechtspr. des BAG (insoweit über den Wortlaut hinausgehend) leitender Ang. sein (BAG 29. 1. 80, AP Nr. 22 zu § 5 BetrVG 1972). Entscheidungen werden maßgeblich beeinflußt, wenn die eigentlichen Entscheidungsträger an den durch Tatsachen und Argumente vorbereiteten Vorschlägen „nicht vorbeigehen können" (vgl. BAG, a. a. O.; ähnlich Entwurfsbegründung in BT-Drucks. 11/2503, S. 30). Maßgebliche Beeinflussung einer im Rahmen der unternehmensleitenden Aufgaben zu treffenden Entscheidungen schließt deshalb einen besonders erheblichen Grad an selbstbestimmter Tätigkeit mit ein (vgl. *Wlotzke,* a. a. O., S. 120, *Müller, H.-P.,* DB 88, 1697, 1698; *Müller, G.,* DB 89, 824, 825; *Engels/Natter,* BB 89, Beil. 8 S. 9). 163

Wiederum hängt der jeweilige **Entscheidungsspielraum** im Einzelfall 164 von Größe und Struktur des Unternehmens und der Organisation ab. Aufschluß kann die **Delegationsstufe** geben, auf der der ArbN Aufgaben in Stab oder Linie wahrzunehmen hat. Von der Unternehmensleitung her betrachtet, ist die Wahrscheinlichkeit, daß wesentliche unternehmerische Entscheidungsspielräume bestehen, umso geringer, je tiefer die Ebene liegt, auf der der Ang. in der Unternehmenshierarchie tätig wird. Doch läßt sich nur im Einzelfall sagen, von welcher Delegationsstufe ab Ang. keine leitenden Ang. mehr sein können (BAG 23. 1. 86, AP Nr. 32 zu § 5 BetrVG 1972).

165 Selbstbestimmte Tätigkeit in diesem Sinne wird nicht dadurch ausgeschlossen, daß der Ang. bei seinen Entscheidungen an Rechtsvorschriften, Pläne oder **Richtlinien** gebunden oder auf eine Zusammenarbeit mit anderen leitenden Ang. angewiesen ist. Auch das war schon Rechtspr. des BAG (BAG 29. 1. 80, AP Nr. 22 zu § 5 BetrVG 1972 mit weit. Nachw.). Das Gesetz 1988 hat dies klarstellend verdeutlicht.

166 Rechtsvorschriften und die übrigen Vorgaben sind nicht in jedem Falle unbeachtlich. Das Merkmal der Weisungsfreiheit kann trotz Bindung an Vorgaben vorliegen, es muß aber nicht. Deshalb kommt es auf den **Grad der Einbindung in Pläne und Richtlinien** an. Falls durch die Vorgaben die Entscheidungen schon weitgehend vorprogrammiert sind und die Tätigkeit des Ang. mehr ausführenden Charakter hat, fehlt es an einer selbstbestimmten Tätigkeit i. S. dieser Fallgruppe (vgl. schon BAG 9. 12. 75, AP Nr. 11 zu § 5 BetrVG 1972 und BAG 23. 3. 76, AP Nr. 14 zu § 5 BetrVG 1972).

167 Schließlich müssen die Aufgaben, die einem leitenden Ang. übertragen werden, **besondere Erfahrungen und Kenntnisse** voraussetzen. Eine besondere Ausbildung wird nicht verlangt. Die erforderlichen Kenntnisse können durch längere praktische Tätigkeit oder im Selbststudium erworben sein (BAG 9. 12. 75, AP Nr. 11 zu § 5 BetrVG 1972; *DR,* Rn 153; *GL,* Rn 63). Diese Voraussetzung bereitet in der Regel keine Schwierigkeiten. Sie wird bei dem Personenkreis, der den leitenden Ang. zugeordnet werden könnte, praktisch immer vorhanden sein.

168 Die Tätigkeiten, die einen Ang. zum leitenden Ang. machen, müssen die Tätigkeit des Ang. prägen, sie **schwerpunktmäßig** bestimmen. Dazu ist erforderlich, daß der Ang. zu einem überwiegenden Teil eine Tätigkeit nach Nr. 3 ausübt. Ang., die Aufgaben nach Nr. 3 nur zu einem geringeren Bruchteil ihrer Arbeitszeit wahrnehmen, können keine leitenden Ang. sein (vgl. BAG 23. 1. 86, AP Nr. 32 zu § 5 BetrVG 1972; *Wlotzke,* DB 89, 111, 121; **a. A.** *Müller, H.-P.,* DB 88, 1697, 1698; kritisch zu diesen Anforderungen *Buchner,* NZA 89 Beil. 1, S. 2, 8). Die rechtliche Qualifizierung einer Tätigkeit nach Schwerpunkten ist ein durchgängiges arbeitsrechtliches Prinzip. Nur dieses Verständnis wird auch dem Zweck der Norm gerecht. *Martens* (RdA 89, 73, 77) verkennt das Merkmal; er unterstellt dem BAG, es wolle sich einen unzulässigen Entscheidungsspielraum verschaffen.

4. Unerhebliche Kriterien

Die in § 5 Abs. 3 Satz 2 aufgeführten **Merkmale sind abschließend aufgezählt.** Auf andere Merkmale kann es bei der Entscheidung nicht ankommen. Das gilt trotz der Einfügung des Abs. 4. Diese Bestimmung enthält keine eigenen Kriterien, sie soll nur Auslegungshilfe bei der Anwendung der Nr. 3 sein (vgl. Rn 172ff.). Unerhebliche Merkmale sind z. B. die Übertragung einer bedeutenden **Sachverantwortung** ohne nennenswerte Entscheidungskompetenz (BAG 23. 1. 86, AP Nr. 32 zu § 5 BetrVG 1972). Auch die **Personalverantwortung** als solche ist kein Tatbestandsmerkmal. Die schlichte Vorgesetztenstellung auch gegenüber einer größeren Zahl unterstellter ArbN reicht für eine Qualifikation als leitender Ang. nicht aus (st. Rspr. des BAG, vgl. zuletzt Beschl. v. 23. 1. 86, AP Nr. 32 zu § 5 BetrVG 1972; anders etwa § 1 Abs. 2 Nr. 2 AZO, der auf die Vorgesetzteneigenschaft von mindestens 20 ArbN abstellt). Auch **Überwachungsfunktionen** genügen nicht (vgl. Rn 162). 169

Von der schlichten Vorgesetztenstellung zu unterscheiden ist die Aufgabe der **Einsatzlenkung** von ArbN zur Erfüllung oder Gewährleistung arbeitstechnischer Abläufe. Diese Aufgabe kann dann als unternehmensleitende Teilaufgabe angesehen werden, wenn der Ang. im wesentlichen frei von Weisungen Entscheidungen auf personellem und sozialem Gebiet treffen muß, die eine Beteiligung des BR erforderlich machen, z. B. Versetzungen, Eingruppierungen, Regelung der Arbeitszeit, des Verhaltens der ArbN im Betrieb, Fragen der Lohngestaltung u. a. Der Gegnerbezug zum BR ist zwar kein eigenes Tatbestandsmerkmal, er kann aber Anzeichen dafür sein, daß es sich bei dem Ang. um einen leitenden Ang. handelt (BAG 23. 1. 86, a. a. O.). 170

Unerheblich sind das **Selbstverständnis** und die **Bezeichnung** eines Ang. als „leitenden Angestellten" im Arbeitsvertrag. **AT-Angestellte** gehören nur dann zu den leitenden Ang., wenn sie die besonderen Voraussetzungen des Abs. 3 Satz 2 erfüllen. Unter AT-Angestellte sind solche Ang. zu verstehen, die nicht unter den persönlichen Geltungsbereich eines TV fallen. Über ihre Eigenschaft als leit. Ang. wird damit noch nichts gesagt. Das BetrVG kennt keine besondere Gruppe von AT-Angestellten (vgl. auch § 87 Rn 14, 139, § 99 Rn 14a und 20). 171

5. Die Auslegungsregel des Abs. 4

a) Zweck und Bedeutung der Norm

Die Entwurfs-Begründung gibt Auskunft über den Zweck dieser Regelung (BT-Drucks. 11/2503 v. 16. 6. 88, S. 25, 30, 31). Danach soll diese Bestimmung eine **Entscheidungshilfe** geben. Die Anwendung der Nr. 3 soll erleichtert werden. Anlaß für die Einführung waren die in der Nr. 3 verwendeten unbestimmten Rechtsbegriffe, bei deren Anwendung es immer wieder schwierig zu beurteilende **Grenzfälle** geben wird. 172

Abs. 4 wendet sich in erster Linie an die Wahlvorstände, nicht an die Gerichte (vgl. *Wlotzke,* DB 89, 11, 121). Die Bestimmung steht im 173 sachlichen Zusammenhang mit dem **Zuordnungsverfahren** nach § 18a. Nach dieser Bestimmung haben die Wahlvorstände die Ang. der einen oder anderen Gruppe zuzuordnen. Das wird häufig ohne spezielle Kenntnisse nicht leicht sein, da die Wahlvorstände in erster Linie nach den Kriterien des Abs. 3 Satz 2 vorgehen müssen (vgl. § 18a Rn 57ff.). Sie müssen sich um die exakte Ermittlung des Sachverhalts und um die rechtliche Würdigung anhand der Tatbestandsmerkmale des Abs. 3 bemühen. Nur in Ausnahmefällen kann es auf Abs. 4 ankommen (vgl. Rn 178ff.)

174 **Gesetzestechnisch** ist Abs. 4 bisher einzigartig. Nach der Vorstellung des Gesetzgebers kann es nach Ausschöpfung der üblichen Auslegungsgrundsätze rechtliche Zweifel über das Auslegungsergebnis geben. Andere Normen mit ebenso unbestimmten Rechtsbegriffen (z. B. „wichtiger Grund" i. S. von § 626 BGB) kennen solche „Auslegungshilfen" nicht.

175 Die neue arbeitsrechtliche Gesetzestechnik kann zu Mißverständnissen führen. Die Bedeutung der Vorschrift wird jetzt schon – abhängig von einem Interessenstandpunkt – unterschiedlich beurteilt. Abs. 4 enthält **keine eigenen Tatbestandsmerkmale,** nach denen ein Ang. den leitenden Ang. zugeordnet werden könnte. Leitender Ang. i. S. des BetrVG kann nur ein leitender Ang. i. S. von § 5 Abs. 3 Satz 2 BetrVG sein. Nur durch Verweisung auf § 5 Abs. 3 werden leitende Ang. in anderen Gesetzen definiert (vgl. § 105, 107 Abs. 1 und 3, § 108 Abs. 2, § 114 Abs. 6, § 1 SprAuG, § 1 Abs. 3 Nr. 2 MitbestG; vgl. hierzu *Wlotzke,* DB 89, 111, 122; *Dänzer-Vanotti,* NZA 89 Beil. 1, S. 30, 33; *Engels/Natter,* BB 89, Beil. 8 S. 10). Die Bedeutung des Abs. 4 wird nicht dadurch sachgerecht umschrieben, daß Abs. 3 und 4 als „eine Einheit" anzusehen sind (so aber *Müller, G.,* DB 89, 824, 827). Dazu sind die Aufgaben beider Abs. zu verschieden. Auch die Auffassung, Abs. 4 müsse einen „eigenen Anwendungsbereich" haben (*Martens,* RdA 89, 73, 83) ist weder mit dem Wortlaut, noch mit dem System und dem Zweck der Norm zu vereinbaren.

176 Abs. 4 enthält auch **keine gesetzlichen Regelbeispiele.** Die Bestimmung gilt nicht „in der Regel", sondern nur „im Zweifel", und zwar nur bei der Prüfung der Voraussetzungen der Nr. 3 (Bauer, SprAuG, § 5 BetrVG, Anm. VII; **a. A.** *Martens,* RdA 89, 73, 83, der fordert, die Vorschrift sei so „aufzubereiten", daß sie einen eigenen Anwendungsbereich aufweise; das ist Wunschdenken, keine am Gesetz orientierte Auslegung). Schließlich werden die **unbestimmten Rechtsbegriffe** des § 5 Abs. 3 Satz 2 Nr. 3 auch **nicht beispielhaft erläutert.** Es heißt eben nicht, daß leitende Ang. „insbesondere" solche Ang. sind, die die Merkmale des Abs. 4 erfüllen. Insoweit ist Abs. 4 auch keine Auslegungsregel (vgl. *Dänzer-Vanotti,* a. a. O., S. 33). Eine Zuordnung nach Abs. 3 Nr. 3 ist möglich, auch ohne daß Merkmale der Nr. 4 erfüllt sind.

177 Abs. 4 enthält schließlich **keine Vermutung** in dem Sinne, daß eine Tatsache das Vorhandensein einer anderen Tatsache vermuten läßt. Die **Zweifel** i. S. des Abs. 4 beziehen sich nicht auf Tatsachen. Sie können nur **bei der rechtlichen Würdigung** bleiben. Alle Tatsachen müssen vor der Heranziehung des Abs. 4 eindeutig ermittelt sein (vgl. *Wlotzke,*

a. a. O., S. 122; *Buchner,* NZA 89 Beil. 1, S. 2, 9; *Engels/Natter,* BB 89, Beil. 8 S. 10; **a. A.** *H.-P. Müller,* DB 88, 1697, 1699).

Danach kommt es allein auf **rechtliche Zweifel am Auslegungsergebnis** an, nicht auf Zweifel bei der Ermittlung des Sachverhalts, der für die Entscheidung maßgebend ist. **178**

Wichtig ist, wann **„Zweifel"** i. S. dieser Bestimmung vorliegen. Da nach § 5 Abs. 3 nach wie vor auf den funktionsbezogenen Grundtatbestand abzustellen ist, kommt eine Heranziehung des Abs. 4 danach nur in Betracht, wenn nach Ausschöpfung aller Erkenntnismöglichkeiten und unter Anwendung aller Auslegungsregeln des Auslegungsergebnis noch immer zweifelhaft ist (wie hier *Müller, G.,* DB 89, 824, 828; **a. A.** *Müller, H. P.,* DB 88, S. 1699ff., der fälschlich davon ausgeht, die Erfüllung der Merkmale nach Abs. 4 reiche zur Begründung des Status aus). Die leichtere Handhabung formaler Merkmale begründet noch keine Zweifel i. S. von Abs. 4 (vgl. *Dänzer-Vanotti,* a. a. O., S. 33). Damit würde in unzulässiger Weise der Grundtatbestand des Abs. 3 verdrängt. Rechtliche Zweifel kann es nur in Grenzfällen geben, wenn das eine Auslegungsergebnis ebenso rechtlich vertretbar ist wie das andere. Abs. 4 ist danach nur eine **„Orientierungshilfe in Grenzfällen"** (vgl. *Wlotzke,* a. a. O., S. 123; *Dänzer-Vanotti,* NZA 89 Beil. 1, S. 30, 34; *Engels/Natter,* BB 89, Beil. 5 S. 10). Es kann leitende Ang. geben, die die Merkmale des Abs. 4 nicht erfüllen; es kann aber auch Ang. geben, die die Merkmale des Abs. 4 erfüllen, aber nach Abs. 3 keine leitenden Ang. sind. **179**

Da auch die Wahlvorstände sich um die Anwendung der Merkmale der Nr. 3 auf den ermittelten Sachverhalt bemühen müssen, kann es zu rechtserheblichen und rechtlich unerheblichen Zweifeln kommen. Abs. 4 darf nur bei **rechtlich erheblichen Zweifeln** herangezogen werden, also nur wenn beide Auslegungsergebnisse gut vertretbar und begründbar erscheinen. Ob dies der Fall ist, ist eine **Rechtsfrage.** Der Gesetzgeber hat den Zuordnungsstellen insoweit **keinen Wertungsspielraum** zugebilligt, anders als etwa in § 1 Abs. 3 Satz 1 KSchG, wonach der ArbGeb. soziale Gesichtspunkte bei der Auswahl des zu kündigenden ArbN nur ausreichend zu berücksichtigen hat. Die Zuordnungsstellen haben sich deshalb nicht nur um die einwandfreie Klärung des Sachverhalts, sondern auch um eine Zuordnung nach Abs. 3 Nr. 3 zu bemühen. Eine „Daumenregelung" (*Martens,* a. a. O.) darf es nicht geben. Erst wenn das Auslegungsergebnis i. S. dieser Erläuterung zweifelhaft ist, können die Zuordnungsstellen auf Abs. 4 zurückgreifen. Das Vorliegen von begründeten Zweifeln ist Tatbestandsvoraussetzung, deren Vorliegen vom ArbG nachgeprüft wird. Werden allzu leichtfertig Zweifel angenommen, ist die Zuordnung fehlerhaft (vgl. *Dänzer-Vanotti,* NZA 89 Beil. 1, S. 30, 34; *Engels/Natter,* a. a. O., S. 11). Sie muß dann vom ArbG selbst vorgenommen werden. Zum Einfluß auf die BR-Wahl vgl. § 18a Rn 59. **180**

Die **Gerichte** selbst werden auf Abs. 4 kaum zurückgreifen müssen, da sie schon bisher in Streitfällen nach Abs. 3 a. F. entscheiden konnten. Danach hat Abs. 4 keine große praktische Bedeutung (vgl. *Steindorff,* ArbuR 88, 266, 269). **181**

b) Die einzelnen Merkmale

182 Die Merkmale der Nr. 1–4 sind formale Merkmale. Sie geben für sich allein betrachtet keinen Aufschluß über das Vorhandensein der den Status begründenden Merkmale nach Abs. 3 Nr. 3. Ihre voreilige Heranziehung kann deshalb zu unsachgemäßen Ergebnissen führen.

183 Für die rechtliche Beurteilung kann von Bedeutung sein, ob der Ang. bereits den leitenden Ang. zugeordnet worden war. Das kann geschehen sein aus Anlaß einer Wahl oder durch gerichtliche Entscheidung. Entscheidend ist nur eine positive Zuordnung. Diese wiederum kann nur von Bedeutung sein, wenn beide Wahlvorstände den Status des Ang. übereinstimmend beurteilt haben, oder wenn der Wahlvorstand für die letzte BR-Wahl den Ang. nicht in die Wählerliste aufgenommen hatte. Die Zuordnung durch einen Vermittler (vgl. § 18a) kann keine Orientierungshilfe bei einem nachfolgenden BeschlVerf sein, das ein Beteiligter – ArbGeb., BR, Sprecherausschuß oder Ang. – anstrengt; dasselbe gilt für die erzwungene Zuordnung aufgrund der Wahlen nach dem MitbestG 1976 (vgl. dort § 11 der 3. WahlO; kritisch zu dieser Bestimmung auch *Müller, G.,* DB 89, 824, 829 mit der zutreffenden Begründung, die Einordnung lasse nicht in allen Fällen sachgerechte Rückschlüsse auf den Status zu. Die sachwidrige Heranziehung läßt sich nur vermeiden, wenn man auf „unstreitige" Zuordnungen abstellt).

184 Abs. 4 Nr. 1 beschreibt nur die Wirkung einer positiven Zuordnung. War ein Ang. als wahlberechtigt zum BR zugeordnet worden, ist diese Zuordnung für ihn bedeutungslos, wenn er in einem Statusverfahren geltend macht, er sei leitender Ang. Steht aber rechtskräftig fest, daß der Ang. kein leitender Ang. ist, kann er diesem Kreis nicht zugeordnet werden (*Steindorff,* ArbuR 88, 266, 270; *Wlotzke,* DB 89, 111; *Bauer,* SprAuG, § 5 BetrVG, Anm. VII 2).

185 Nr. 1 enthält **keine Besitzstandsgarantie.** Die Zuordnung zum Kreis der leitenden Ang. kann als Auslegungshilfe nur herangezogen werden, wenn sich die Tätigkeit des Ang. nach der letzten Zuordnung oder nach der gerichtlichen Entscheidung nicht geändert hat. Es kommt auf die Merkmale des Abs. 3 Nr. 3 an (wie hier auch *Wlotzke,* DB 89, 111, 123; *Dänzer-Vanotti,* NZA 89 Beil. 1, S. 30, 35; **a. A.** *Martens,* RdA 89, 73, 84).

186 Nr. 2 stellt auf die **Leitungsebene** ab, auf der der Ang. tätig wird. Gibt es in einem Unternehmen für verschiedene Bereiche – z. B. Produktion und Verwaltung – unterschiedliche Leitungsebenen, kommt es auf die Leitungsebene an, in der der Ang. tätig ist (vgl. *Dänzer-Vanotti,* a. a. O., S. 36). Die Zuordnung einzelner Ang. zu Leitungsebenen geschieht aufgrund von **Organisationsplänen** der Unternehmen. Sind auf dieser Ebene überwiegend leitende Ang. vertreten, spricht dies für diese Zuordnung. Überwiegend heißt mehr als 50 v. H. Dabei können nur die Ang. berücksichtigt werden, deren Status als leitender Ang. feststeht oder nicht umstritten ist. Ist der Status umstritten, muß er zunächst geklärt werden, bevor die Zuordnungstellen oder Gerichte auf die Kriterien der Nr. 2 abstellen dürfen. Nr. 2 ist am ehesten sachlich berechtigt, weil auf einer hierarchischen Ebene häufig vergleichbare Aufgaben erledigt werden.

Nach Nr. 3 kann das **regelmäßige Jahresarbeitsentgelt,** das für leitende Ang. in dem Unternehmen üblich ist, Orientierungshilfe sein. Zunächst ist das regelmäßige Jahresarbeitsentgelt des betreffenden Ang. zu ermitteln. Was regelmäßiges Jahresarbeitsentgelt ist, kann § 14 SGB IV entnommen werden. Danach sind Arbeitsentgelt alle laufenden oder einmaligen Einnahmen aus einer Beschäftigung, gleichgültig ob ein Rechtsanspruch auf die Einnahmen besteht, unter welcher Bezeichnung und in welcher Form sie geleistet werden und ob sie unmittelbar aus der Beschäftigung oder im Zusammenhang mit ihr erzielt werden. Zum regelmäßigen Jahresarbeitsentgelt gehören das Festgehalt und alle zusätzlichen Vergütungsbestandteile, die regelmäßig, wenn auch in unterschiedlicher Höhe anfallen. Unbeachtlich sind nur einmalige Bezüge. Für variable Vergütungsbestandteile ist der Durchschnitt der letzten Jahre zu ermitteln. 187

Dieses für einen Ang. ermittelte regelmäßige Jahresarbeitsentgelt ist zu vergleichen mit den Gehältern der **Ang., die vergleichbare Aufgaben** wahrnehmen (*Bauer,* SprAuG, § 5 BetrVG Anm. VII 4). Für diese Gruppe von ArbN ist das übliche Jahresarbeitsentgelt zu ermitteln. **Üblich** i. S. dieser Vorschrift ist nicht durchschnittlich. Üblich heißt nur, daß Sonderfälle – höheres Gehalt infolge höheren Lebensalters, Auslandstätigkeit, Berufsanfänger – ausgeschaltet werden. 188

Läßt sich nur durch die Höhe des Gehaltes eine Orientierungshilfe gewinnen, muß der ArbGeb. sowohl im Zuordnungsverfahren als auch im gerichtlichen Verfahren Auskunft sowohl über das Gehalt des betreffenden Ang. als auch über die Gehälter der vergleichbaren Gruppe leitender Ang. geben (*Bauer,* a. a. O.; *Engels/Natter,* BB 89, Beil. 8, S. 12). Er hat das Gehaltsband einschließlich der Sonderfälle darzustellen. Die Bezieher der Einkommen brauchen im Regelfall nicht namentlich bezeichnet zu werden, sondern nur dann, wenn dies bei der Ermittlung des üblichen Gehalts unbedingt erforderlich ist. 189

Schließlich kommen als vergleichbare Ang. nur die in Betracht, deren Status feststeht. 190

Abs. 4 Nr. 4 darf nur herangezogen werden, wenn auch **bei Anwendung der Nr. 3 noch Zweifel** bleiben. Zweifel sind wieder Zweifel über das Ergebnis rechtlicher Würdigung („bei der Anwendung"). Da die Höhe der Gehälter feststeht, können Zweifel nur darüber entstehen, welche Jahresarbeitsentgelte in dem Unternehmen **üblich** sind. Der Rückgriff auf Nr. 4 ist dagegen nicht möglich, wenn die nach Nr. 3 relevanten unternehmensbezogenen Gehaltsgrenzen nicht erreicht sind, der in Nr. 4 genannte Betrag aber überschritten wird (vgl. *Buchner,* NZA 89, Beil. 1, S. 2, 10). Nr. 4 enthält deshalb kein selbständiges Kriterium; die Bestimmung ist – entsprechend ihrem Wortlaut – nur Hilfs-Hilfs-Instrument. In erster Linie muß es – auch nach dem Zweck der Norm – auf unternehmensbezogene Kriterien ankommen. Was „üblich" ist, ist im Regelfall genau bestimmbar. Ein Rückgriff auf Nr. 4 ist meist nicht notwendig. Die Bestimmung ist **praktisch bedeutungslos** 191 (vgl. auch *Buchner,* NZA 89 Beil. 1, S. 2, 10; *Bauer,* SprAuG, § 5 BetrVG Anm. VII 5; *Steindorff,* ArbuR 88, 266, 271; *Engels/Natter,* BB 89, Beil. 8 S. 12).

192 Nach Nr. 4 soll das Gehalt des Ang. mit einer Bezugsgröße – § 18 SGB IV – verglichen werden. Das Dreifache dieser Bezugsgröße beträgt im Jahre 1989 113400,– DM (vgl. jeweils die Sozialversicherungsbezugsgrößenverordnung). Dieses Merkmal enthält keinen Bezug zu den Tatbestandsmerkmalen der Nr. 3 in Abs. 3. § 18 SGB IV enthält Angaben über das durchschnittliche Verdienst aller ArbN. Die daran orientierte Gehaltsgrenze ist willkürlich. Sie ist nicht unternehmensbezogen. Sie kann in dem einen Unternehmen zu hoch, im anderen zu niedrig liegen. Sie ist nicht an den Aufgaben des Ang. orientiert. Sie ist deshalb nach Art. 3 Abs. 1 GG **verfassungswidrig** (vgl. Rn 132 und *Steindorff,* ArbuR 88, 266, 271).

6. Beispiele aus der Rechtsprechung des BAG

193 Die Aufzählung von Beispielen hat nur einen geringen **Aussagewert.** Jede Entscheidung muß auf die übertragenen Aufgaben sowie deren Bedeutung für den oder die Betriebe des Unternehmens abstellen. Die Entscheidungen können daher nur im Zusammenhang mit den **Sachverhalten** näheren Aufschluß über die Eigenschaft als leitender Ang. geben. Die Neufassung des § 5 Abs. 3 hat dagegen keine Änderung gebracht (vgl. Rn 123).

194 Das BAG hat als leitende Ang. anerkannt: **Grubenfahrsteiger** in Bergwerksbetrieben (19. 11. 74, AP Nr. 2 und 3 zu § 5 BetrVG 1972); dagegen jetzt ablehnend für einen **Fahrsteiger** (23. 1. 86, AP Nr. 30 zu § 5 BetrVG 1972); **Wirtschaftsprüfer** als angestellte Prüfungsleiter und/oder Berichtskritiker von Wirtschaftsprüfungsgesellschaften (28. 1. 75, AP Nr. 5 zu § 5 BetrVG 1972); **Abteilungsleiter** für Organisation und Unternehmensplanung (17. 12. 74, AP Nr. 6 und 7 zu § 5 BetrVG 1972); **Leiter einer Forschungsabteilung,** der auch am Abschluß von Lizenzverträgen beteiligt war (23. 3. 76, AP Nr. 14 zu § 5 BetrVG 1972); **Leiter einer Betriebsabteilung,** der nicht nur arbeitstechnische Weisungen erteilt, und **Leiter des Ausbildungswesens** (8. 2. 77, AP Nr. 16 zu § 5 BetrVG 1972); **Sicherheitsingenieur** und Sicherheitsfachmann eines Luftfahrtunternehmens mit 6500 Beschäftigten (8. 2. 77, AP Nr. 16 zu § 5 BetrVG 1972); **Leiter der Abteilung** „Technische Kontrolle" eines Luftfahrtunternehmens (8. 2. 77, AP Nr. 16 zu § 5 BetrVG 1972); **Verkaufsleiter,** der nach Kundenwünschen Industrieanlagen entwirft und Kosten ermittelt (1. 6. 76, AP Nr. 15 zu § 5 BetrVG 1972; Abteilungsleiter eines TÜV (29. 1. 80, AP Nr. 24 zu § 5 BetrVG 1972).

195 **Nicht** als leitende Ang. wurden **anerkannt: Abteilungsleiter** eines Maschinenbauunternehmens (17. 12. 74, AP Nr. 6 zu § 5 BetrVG 1972); **Leiter eines Verbrauchermarktes** mit 45 ArbN, der im personellen und kaufmännischen Bereich keinen eigenen nennenswerten Entscheidungsspielraum hat (19. 8. 75, Nr. 1 zu § 105 BetrVG 1972); **Hauptabteilungsleiter** eines von 20 Hauptbüros eines großen Unternehmens

(19. 11. 74, AP Nr. 2 zu § 5 BetrVG 1972); **Produktionsleiter** in der Kraftfahrzeugindustrie mit 400 unterstellten ArbN (15. 3. 77 (- 1 ABR 86/76); **Verkaufsleiter** in einer Niederlassung eines Kraftfahrzeugunternehmens (15. 3. 77 – 1 ABR 29/76 – DB 78, 496); **Grubenfahrsteiger** 23. 1. 87, AP Nr. 30 zu § 5 BetrVG 1972.

In vielen Fällen wurde das Verfahren vom BAG wegen weiter erforderlicher Aufklärung einzelner Tatbestandsmerkmale an das LAG zurückverwiesen. **196**

7. Sprecherausschüsse

Nach dem **Gesetz über Sprecherausschüsse der leitenden Angestellten** (Sprecherausschußgesetz – SprAuG) vom 20. 12. 1988 (Artikel 2 des Gesetzes zur Änderung des Betriebsverfassungsgesetzes, über Sprecherausschüsse der leitenden Angestellten und zur Sicherung der Montanmitbestimmung vom 20. 12. 1988 – BGBl. S. 2316, 2323) können die leitenden Ang. i. S. von § 5 Abs. 3, eine besondere Gruppe der ArbN (vgl. Rn 114), eine besondere Interessenvertretung **(Sprecherausschuß)** wählen (§ 7 Abs. 2 SprAuG). **197**

Sprecherausschüsse können in Betrieben mit in der Regel **mindestens 10 leitenden Ang.** gewählt werden (§ 1 Abs. 1 SprAuG). Hat der Betrieb weniger als 10 leitende Ang., gelten diese Ang. für die Anwendung des SprAuG als leitende Ang. des räumlich nächsten Betriebes desselben Unternehmens, der die Voraussetzung des § 1 Abs. 1 SprAuG erfüllt (§ 1 Abs. 2 SprAuG). **198**

Sind in einem Unternehmen mit mehreren Betrieben in der Regel insgesamt mindestens 10 leitende Ang. beschäftigt, kann abweichend von § 1 Abs. 1 und 2 ein **Unternehmenssprecherausschuß** der leitenden Ang. gewählt werden (§ 20 SprAuG). Dazu ist ein Beschluß der Mehrheit der leitenden Ang. des Unternehmens erforderlich. Für den Unternehmenssprecherausschuß gelten die Bestimmungen über den Sprecherausschuß im Betrieb entsprechend. **199**

Ein Sprecherausschuß wird nur gewählt, wenn dies die Mehrheit der leitenden Angestellten des Betriebs in einer Versammlung oder durch schriftliche Stimmabgabe verlangt, sog. **Grundsatzbeschluß** (§ 7 Abs. 2 SprAuG). Die Mehrheit entscheidet, anders als im BetrVG, darüber, ob eine Interessenvertretung zustande kommt. Dies ist sachgemäß, weil die Beteiligungsrechte ohnehin nur sehr gering sind und deshalb Vor- und Nachteile einer solchen Vertretung sehr genau abgewogen werden müssen. **200**

Ist der Sprecherausschuß gewählt, vertritt er die **Interessen aller leitenden Ang.** eines Betriebes oder Unternehmens, unabhängig davon, ob sich die leitenden Ang. an der Wahl zum Sprecherausschuß beteiligt haben oder nicht (§ 25 Abs. 1 SprAuG; anders noch die Rechtslage für die auf freiwilliger Grundlage als privatrechtliche Vereinigungen gebildeten Sprecherausschüsse, die nur die Interessen ihrer Mitglieder vertreten konnten). **201**

Neben diesen auf gesetzlicher Grundlage beruhenden **Sprecheraus-** **202**

schüssen kann es **keine freiwilligen Interessenvertretungen** der leitenden Ang. im Betrieb mehr geben. Zwar kann die Bildung privatrechtlicher Vereine nicht verboten werden. Doch kann ein ArbGeb. mit der privaten Interessenvertretung nicht zusammenarbeiten, er würde damit gegen § 1 Abs. 1 Satz 1 SprAuG (Gebot der vertrauensvollen Zusammenarbeit) verstoßen (vgl. *Wlotzke,* DB 89, 174; *ders.* NZA 89, 710; *Martens,* NZA 89, 409).

Freiwillig gebildete Organisationen kann es dagegen weiter **anstelle** der gesetzlich vorgesehenen Interessenvertretung geben. Für die Bildung von Sprecherausschüssen nach dem SprAuG muß sich eine Mehrheit der leitenden Ang. finden (§ 7 SprAuG). Kommt sie nicht zustande, sind private Vereinigungen nicht unzulässig. Nur stehen diesen Vereinen nicht die Rechte und Befugnisse eines Sprecherausschusses nach dem SprAuG zu (*Martens,* NZA 89, 409; **a. A.** *Wlotzke,* DB 89, 174, der mit Konkurrenzschutz und Umgehung des Gesetzes argumentiert). Ein gesetzl. Ausschuß kann jederzeit gebildet werden mit der Folge, daß die Tätigkeit des freiwilligen Ausschusses praktisch eingestellt werden muß (vgl. *Martens,* NZA 89, 409f.).

203 Als Interessenvertretung eines Teils der ArbN (auch die leitenden Ang. sind ArbN, vgl. § 5 Rn 114ff.) ist der Sprecherausschuß ein **Organ der Betriebsverfassung** (vgl. § 1 Rn 1a). Bei wirksamer Vertretung der Interessen dieser ArbN-Gruppe sind Konflikte mit dem ArbGeb. nicht auszuschließen. Die Wahrnehmung der Interessen steht – wie beim BR – jedoch unter dem Gebot der vertrauensvollen Zusammenarbeit (§ 2 Abs. 1 Satz 1 SprAuG und hier § 2 Rn 1e). Auch **zwischen** beiden Interessenvertretungen der ArbN des Betriebs – **BR und Sprecherausschuß** – kann es zur **Zusammenarbeit** und zu **Konflikten** kommen (vgl. § 2 Rn 1aff).

204 Das SprAuG enthält – ebenso wie das BetrVG – Vorschriften über die Wahl, Zusammensetzung und Amtszeit der Sprecherausschüsse (§§ 3 bis 10 SprAuG), über die Geschäftsführung (§§ 11–14 SprAuG), über die Versammlung der leitenden Ang. (§ 15 SprAuG), über Gesamtsprecherausschuß und Konzernsprecherausschuß (§§ 16–24 SprAuG). Die Mitwirkung des Sprecherausschusses ist geregelt in den §§ 25–33 SprAuG. Die §§ 25–29 enthalten dabei die allgemeinen Vorschriften (vergleichbar den §§ 74–80 BetrVG). **Mitwirkungsrechte** sind **nur** in **§ 30** (Arbeitsbedingungen und Beurteilungsgrundsätze), **§ 31** (Personelle Maßnahmen) **und § 32** (Wirtschaftliche Angelegenheiten) geregelt. § 33 enthält besondere Vorschriften für die Seeschiffahrt.

205 **Aufgaben und Beteiligungsrechte** bleiben deutlich hinter den Rechten des BR zurück und sind nicht vergleichbar. Im einzelnen: ArbGeb. und Sprecherausschuß können **Richtlinien** über den Inhalt, den Abschluß oder die Beendigung von Arbeitsverhältnissen der leitenden Ang. vereinbaren (§ 28 Abs. 1 SprAuG). Diese Richtlinien gelten für die Arbeitsverhältnisse der leitenden Ang. **unmittelbar und zwingend,** soweit dies zwischen ArbGeb. und Sprecherausschuß vereinbart ist (§ 28 Abs. 2 SprAuG). Ausdrücklich wird klargestellt, daß abweichende Vereinbarungen zugunsten der leitenden Ang. in den Arbeitsverträgen möglich sind (§ 28 Abs. 2 S. 2). Das **Günstigkeitsprinzip** ist für leitende Ang. gesetzlich geregelt. Es gilt auch für die übrigen ArbN des Betriebs, obwohl eine entsprechende ausdrückliche Regelung im BetrVG fehlt (vgl. BAG, Gr. Senat, 16. 9. 1986, AP Nr. 17 zu § 77 BetrVG 1972).

Im übrigen bestehen **Unterrichtungspflichten** und z. T. auch **Beratungspflichten.** Der ArbGeb. hat den Sprecherausschuß zu unterrichten, wenn er die **Gehaltsgestaltung** oder sonstige **allgemeine Arbeitsbedingungen** ändern will, oder wenn er allgemeine **Beurteilungsgrundsätze** ändern oder einführen will. Durch diese Informations- und Beratungsrechte werden MBR des BR nicht berührt. So bedürfen allgemeine Beurteilungsgrundsätze der Zustimmung des BR (§ 94 BetrVG). Will der ArbGeb. die Beurteilungsgrundsätze einheitlich für alle ArbN des Betriebs einführen, muß er sich an das mit dem BR Vereinbarte oder an den Spruch der E-Stelle halten. Entsprechendes gilt bei Fragen der Lohngestaltung (K § 87 Abs. 1 Nr. 10 BetrVG). 206

Eine beabsichtigte Einstellung oder **personelle Veränderung** eines leitenden Ang. ist dem Sprecherausschuß – ebenso wie dem BR (§ 105 BetrVG) – rechtzeitig mitzuteilen. Vor Kündigungen ist der Sprecherausschuß zu hören. Eine ohne Anhörung des Sprecherausschusses ausgesprochene **Kündigung** ist unwirksam (§ 30 Abs. 2 S. 1 und 2 SprAuG, vgl. hierzu § 102 BetrVG). Ist der Status eines Ang. zweifelhaft, tut der ArbGeb. gut daran, beide Vertretungen zu hören. 207

Der ArbGeb. ist nach § 32 SprAuG verpflichtet, den Sprecherausschuß mindestens einmal im Kalenderhalbjahr (der Wirtschaftsausschuß soll monatlich (!) zusammentreten) über die **wirtschaftlichen Angelegenheiten** des Betriebs und des Unternehmens zu **unterrichten.** Die Unterrichtungspflicht entspricht inhaltlich der Unterrichtungspflicht gegenüber dem Wirtschaftsausschuß; § 30 Abs. 1 Satz 1 SprAuG verweist auf § 106 Abs. 3 BetrVG. Bei geplanten **Betriebsänderungen** i. S. von § 111 BetrVG bestehen Unterrichtungs- und Beratungsrechte. Das gilt auch bezüglich von Maßnahmen zum Ausgleich oder zur Milderung der Nachteile, die leitenden Ang. infolge einer Betriebsänderung entstehen. Der Sprecherausschuß hat aber **keinen Anspruch auf Aufstellung eines Sozialplans.** 208

Streitigkeiten aus dem Sprecherausschußgesetz, z. B. über die Bildung, Wahl, Zusammensetzung, Bestehen und Umfang von Beteiligungsrechten, werden im arbeitsgerichtl. BeschlVerf. ausgetragen (§ 2a Abs. 1 Nr. 2 ArbGG). Der Sprecherausschuß ist in diesem Verfahren partei- und beteiligtenfähig (vgl. Nach § 1 Rn 34ff.); er kann Anträge stellen (vgl. Nach § 1 Rn 21). Für das vorgerichtliche Zuordnungsverfahren aus Anlaß von Wahlen gelten besondere Bestimmungen (§ 18a BetrVG). Der Status eines Ang. kann außerhalb des Zuordnungsverfahrens nach § 18a in einem BeschlVerf. festgestellt werden (vgl. § 5 Rn 164ff.). 209

V. Streitigkeiten

210 Streitigkeiten über die ArbNEigenschaft eines Betriebsangehörigen und Streitigkeiten über die Eigenschaft als leitender Ang. entscheidet das ArbG im BeschlVerf (§ 2a ArbGG).

211 **Antragsberechtigt** sind der ArbGeb. und der BR (ständige Rspr. des BAG, vgl. Beschl. v. 23. 1. 86, AP Nr. 30 zu § 5 BetrVG 1972). Antrags- und Beteiligungsbefugt sind auch die ArbN, um deren Status es geht. Das ist vom BAG anerkannt für die Antrags- und Beteiligungsbefugnis der leitenden Ang. (BAG 23. 1. 86, AP Nr. 30 zu § 5 BetrVG 1972). Dasselbe muß aber auch für Mitarbeiter gelten, um deren ArbNEigenschaft es geht.

212 Im Zusammenhang mit einer BRWahl ist auch eine im Betrieb vertretene Gewerkschaft antragsberechtigt. Dabei ist es unerheblich, ob der Antrag vor der Wahl oder nach der Wahl im Rahmen eines **Anfechtungsverfahrens** gestellt wird (*DR,* Rn 170; *HSG,* Rn 113; für das Anfechtungsverfahren zustimmend auch *GK-Kraft,* Rn 89).

213 Das **Rechtsschutzinteresse** für die positiv oder negativ beantragte Feststellung ergibt sich daraus, daß für BR und ArbGeb. der personelle Kompetenzbereich des BR geklärt werden muß (BAG 23. 1. 86, AP Nr. 30 zu § 5 BetrVG 1972). Das Rechtsschutzinteresse entfällt, wenn der ArbN (leitende Ang.) aus dem Betrieb ausgeschieden ist. Es geht um den persönlichen Status eines ArbN, nicht um die Bewertung einer Stelle. Das Rechtsschutzinteresse wird in jeder Lage des Verfahrens (auch in der Rechtsbeschwerdeinstanz) von Amts wegen geprüft.

214 Die Gesamtwürdigung der verschiedenen Merkmale, die in tatsächlicher Hinsicht vorliegen müssen, um den Status eines leitenden Ang. zu begründen, ist in erster Linie Aufgabe des Tatsachenrichters (ArbG und LAG); sie ist nur einer beschränkten Nachprüfung in der Rechtsbeschwerdeinstanz zugänglich. Dagegen ist die rechtlich richtige Beurteilung der einzelnen Tatsachen eine unbeschränkt nachprüfbare rechtliche Entscheidung (BAG 23. 1. 86, AP Nr. 30 zu § 5 BetrVG 1972).

215 Die Feststellung des rechtlichen Status als leitender Ang. kann auch als **Vorfrage im Kündigungsschutzprozeß** getroffen werden (BAG 23. 3. 76, AP Nr. 14 zu § 5 BetrVG 1972). Eine Entscheidung in diesem Verfahren wirkt mit Rechtskraft nur für und gegen die an diesem Verfahren beteiligten Parteien (ArbGeb., ArbN), nicht gegenüber dem nichtbeteiligten BR.

§ 6 Arbeiter und Angestellte

(1) **Arbeiter im Sinne dieses Gesetzes sind Arbeitnehmer einschließlich der zu ihrer Berufsausbildung Beschäftigten, die eine arbeiterrentenversicherungspflichtige Beschäftigung ausüben, auch wenn sie nicht versicherungspflichtig sind. Als Arbeiter gelten auch die in Heimarbeit Beschäftigten, die in der Hauptsache für den Betrieb arbeiten.**

(2) **Angestellte im Sinne dieses Gesetzes sind Arbeitnehmer, die eine durch § 3 Abs. 1 des Angestelltenversicherungsgesetzes und die hierzu erlassenen Vorschriften über die Versicherungspflicht der Angestellten als Angestelltentätigkeit bezeichnete Beschäftigung ausüben, auch wenn sie nicht versicherungspflichtig sind. Als Angestellte gelten auch Beschäftigte, die sich in Ausbildung zu einem Angestelltenberuf befinden, sowie die in Heimarbeit Beschäftigten, die in der Hauptsache für den Betrieb Angestelltentätigkeit verrichten.**

Inhaltsübersicht

I. Vorbemerkung

1 Das BetrVG übernimmt in § 6 die herkömmliche Einteilung der ArbNschaft in Arb. und Ang. Es gibt keinen allgemeingültigen Begriff des Ang. und damit auch des Arb.. Auch die Grenzen zwischen beiden ArbNGruppen verschieben sich mit der fortschreitenden technischen Entwicklung und können kaum genau bestimmt werden. Der Anteil der Ang. an der Gesamtzahl der ArbN steigt. Im Jahre 1984 (in Klammern die Zahlen für 1975) gab es ca. 9,9 (11) Millionen Arb. und ca. 9,5 (8,7) Millionen Ang. (Statistisches Jahrbuch 85, S. 100). Die Zahl der Ang. ist in den letzten Jahren ständig gestiegen, die der Arb. gesunken. Die gesetzlichen Vorschriften über den Gruppenschutz (vgl. Rn 4), die ursprünglich dem Schutz der Ang. gegen eine Majorisierung dienten, kommen in zunehmendem Maße auch den Arb. zugute.

2 Die herkömmliche Einteilung der ArbN in Arb. und Ang. entspricht nicht mehr den heutigen sozialen und wirtschaftlichen Gegebenheiten (*Kraushaar,* ArbuR 81, 65 hält die fortdauernde Unterscheidung zwischen Arb. und Ang. für verfassungswidrig; ähnlich *Farthmann,* Festschrift Hilger/Stumpf, S. 177ff.; *Lipke,* DB 83, 111; nach BVerfG 16. 11. 82, NJW 83, 617 sind unterschiedliche Kündigungsfristen für länger beschäftigte ArbN verfassungswidrig; wegen unterschiedlicher Sozialleistungen vgl. BAG 5. 3. 80, AP Nr. 44 zu § 242 BGB Gleichbehandlung). Auf dem Gebiet des Arbeitsvertragsrechts hat inzwischen eine weitgehende Annäherung der Rechtsstellung der Arb. an die der Ang. stattgefunden. Unterschiede bestehen praktisch nur noch hinsichtlich der Kündigungsfristen.

3 Das BetrVG hat wegen der Abgrenzungsschwierigkeiten auf eine eigene Begriffsbestimmung verzichtet und wie verschiedene andere Gesetze im Interesse einer möglichst klaren Regelung auf die **Abgrenzung nach der sozialversicherungsrechtlichen Zuordnung** verweisen müssen, ohne die nicht auszukommen ist, und die den eigentlichen Rückhalt der Gruppeneinteilung bildet.

4 Die **Gruppeneinteilung hat besondere Bedeutung** für das Wahlver-

fahren (§ 14), die Zusammensetzung des BR (§§ 10, 12), des GesBR (§ 47 Abs. 2), des Wahlvorst. (§ 16 Abs. 1), des BetrAusschusses (§ 27 Abs. 2), die Wahl des Vors. und des stellvertr. Vors. des BR (§ 26 Abs. 1, 2), das aufschiebende Vetorecht der überstimmten Minderheitengruppe (§ 35 auch in Verbindung mit § 51 Abs. 1 S. 1, § 59 Abs. 1), die Freistellungen (§ 38 Abs. 2 Satz 3 und 4) und die Wählbarkeit zum AR (§ 76 Abs. 2 Satz 2 und 3 BetrVG 1952).

5 Entsprechende Vorschrift im **BPersVG 74:** § 9 Abs. 3 und 4; im **MitbestG:** § 3 Abs. 2 und 3.

II. Begriff des Arbeiters

6 Für den Begriff „Arbeiter" verweist das Gesetz auf die **Vorschriften der RVO über die Arbeiterrentenversicherungspflicht.** Nach § 1227 Abs. 1 RVO sind in der Rentenversicherung der Arb. versichert alle Personen, die als ArbN gegen Entgelt oder die in einem anerkannten Ausbildungsberuf oder sonst zu ihrer Berufsausbildung beschäftigt und nicht angestelltenversicherungspflichtig (unten Rn 8ff.) sind. Eine positive Begriffsbestimmung des „Arbeiters" ist demnach in der RVO nicht getroffen, vielmehr bleibt es bei der negativen Abgrenzung, d.h. Arb. ist derjenige ArbN, der nicht Ang. ist.

7 Ein ArbN ist Arb., sofern er nicht wegen derselben Beschäftigung nach den Bestimmungen des AVG oder des Reichsknappschaftsgesetzes versicherungspflichtig ist oder wenn er in der Rentenversicherung versicherungsfrei oder auf Antrag von der Versicherungspflicht befreit ist (vgl. § 1227 Abs. 1 RVO), insb. aus Gründen, die nicht in der ausgeübten Tätigkeit an sich, sondern in der Eigenart des Arbeitsverhältnisses oder in der Person des Beschäftigten liegen, z.B. Beschäftigung eines ArbN nur gegen freien Unterhalt, Tätigkeit während der wissenschaftlichen Ausbildung für den zukünftigen Beruf (§ 1228 Abs. 1), Beschäftigung eines Empfängers von Altersruhegeld (§ 1230 RVO). **Maßgebend** ist die **sozialversicherungsrechtliche Zuordnung der Tätigkeit** als solche **ohne Rücksicht auf die persönliche Versicherungspflicht** (*DR,* Rn 4; *GL,* Rn 4; *HSG,* Rn 2).

III. Begriff des Angestellten

8 Auch zur **Bestimmung des Begriffs des Ang.** verweist das Gesetz in Abs. 2 auf die **versicherungsrechtlichen Vorschriften.** Hierbei kommt es nicht darauf an, ob der betreffende ArbN im konkreten Fall versicherungspflichtig oder ob er aus besonderen persönlichen Gründen versicherungsfrei ist. Das sagt Abs. 2 ausdrücklich.

9 Nach § 3 AVG **gehören zu den Angestellten insbesondere:**

1. Ang. in leitender Stellung,
2. technische Ang. im Betrieb, Büro und Verwaltung, Werkmeister und andere Ang. in einer ähnlich gehobenen oder höheren Stellung,

3. Büroang., soweit sie nicht ausschließlich mit Botengängen, Reinigung, Aufräumung und ähnlichen Arbeiten beschäftigt werden, einschließlich der in einem anerkannten Büroausbildungsberuf Auszubildenden und der Werkstattschreiber (vgl. BAG 13. 5. 81, AP Nr. 24 zu § 59 HGB).
4. Handlungsgehilfen und andere Ang. für kaufmännische Dienste, auch wenn der Gegenstand des Unternehmens kein Handelsgewerbe ist, Gehilfen und Praktikanten in Apotheken (darüber vgl. BAG AP Nr. 2 zu § 21 KSchG),
5. Bühnenmitgl. und Musiker ohne Rücksicht auf den Kunstwert ihrer Leistungen,
6. Ang. in Berufen der Erziehung, des Unterrichts, der Fürsorge, der Kranken- und Wohlfahrtspflege,
7. (Schiffsoffiziere usw.) ...
8. Bordpersonal der Zivilluftfahrt.

Die Aufzählung in § 3 AVG ist nach ihren Eingangsworten („insbesondere") **nicht erschöpfend.** Auch die auf Grund des § 1 Abs. 4 a. F. AVG erlassenen **Bestimmungen von Berufsgruppen** der Angestelltenversicherung vom 8. 3. 1924 – RGBl. I S. 274 –, vom 4. 2. 1927 – RGBl. I S. 58 – und vom 15. 7. 1927 – RGBl. I S. 222 – sind nicht vollständig und nach den heutigen Verhältnissen ergänzungsbedürftig. Der Berufsgruppenkatalog gilt weiter (BAG 20. 5. 69, AP Nr. 1 zu § 5 BetrVG); er ist allerdings nicht rechtsverbindlich und nicht erschöpfend. 10

Dennoch geben die **Kataloge** gewisse **Anhaltspunkte** zu einer brauchbaren Abgrenzung des AngBegriffes in der Praxis. Ang. ist danach, wer kaufmännische oder büromäßige Arbeit leistet, ferner, wer überwiegend leitende oder beaufsichtigende oder sonst eine gehobene Tätigkeit ausübt (ähnlich *DR,* Rn 8, 9; zur Abgrenzung: *Brill,* DB 81, 316). Techn. Ang. (§ 133c GewO) sind ohne weiteres Ang., Industrie- und Handwerksmeister sowie Werkmeister bei entsprechender gehobener Verwendung im Betrieb (*Schleßmann,* DB 66, 462). 11

Die **Verkehrsauffassung** spielt bei der Abgrenzung eine maßgebliche Rolle; sie kann in den **Eingruppierungsnormen eines TV** zum Ausdruck kommen (BAG 13. 5. 81, AP Nr. 24 zu § 58 HGB betr. Texterfasserin an einem IBM-Recorder).

Bei sog. **gemischten Tätigkeiten** (z. B. Chemielaboranten, Strom- und Gasableser, Verkaufsfahrern) ist entscheidend, ob die gedanklich-geistige Arbeit oder die mechanische Handarbeit überwiegt (vgl. BAG 4. 7. 66, AP Nr. 118 zu § 1 TVG Auslegung; BAG 1. 9. 82, AP Nr. 65 zu §§ 22, 23 BAT 1975, Schulhausmeister; BSG in AP Nr. 2 u. 3 zu § 1 AVG). 12

Entscheidend ist allein die **tatsächlich ausgeübte Tätigkeit,** es genügt nicht, daß die Arbeitsbedingungen der Arb. an die der Ang. angeglichen werden; sog. **„Ehrenangestellte"** bleiben Arb. i. S. des BetrVG (*Schaub,* § 213 III 1). 13

IV. Berufsausbildung und Heimarbeit

14 Die zu ihrer unmittelbaren **Berufsausbildung Beschäftigten** (vgl. § 5 Rn 84ff. werden **je nach ihrem Berufsziel den Arb. oder den Ang.** zugeordnet (Beispiel: Der Schlosserlehrling in einem Handwerksbetrieb gehört zu den Arb., der Auszubildende in einem anerkannten kaufmännischen Ausbildungsberuf zu den Ang.) Etwas anderes gilt für in sich abgeschlossene Ausbildungsgänge, die nur Voraussetzung für weitere Berufsziele sind. So ist der zukünftige Ingenieur während der praktischen Ausbildung zum Schlosser während dieser Zeit Arb., nicht Ang. (a. M. *GL,* Rn 5).

15 Die Regelung, daß die in Berufsausbildung Beschäftigten gemäß ihrer zukünftigen Tätigkeit zu den Arb. oder Ang. zählen, entspricht den versicherungsrechtlichen Vorschriften (§ 1227 Abs. 1 Nr. 1 RVO, § 2 Abs. 1 Nr. 1 AVG).

16 **Je nach der für den Betrieb ausgeübten Tätigkeit** gelten als **Arb. oder Ang.** des Betriebs die **Heimarbeiter** und die **Hausgewerbetreibenden** unter den im Gesetz genannten Voraussetzungen (vgl. dazu § 5 Rn 95ff.). Die versicherungsrechtliche Zuordnung spielt für die Heimarbeit keine Rolle.

V. Streitigkeiten

17 Für die Entscheidung von Streitigkeiten über die Zugehörigkeit eines ArbN zur Gruppe der Arb. oder der Ang. ist gemäß § 2a ArbGG das ArbG zuständig; es entscheidet im **BeschlVerf.** Die Frage der Gruppenzugehörigkeit kann als Vorfrage auch im Urteilsverfahren entschieden werden, wenn sie für Ansprüche oder Pflichten aus dem Arbeitsverhältnis von Bedeutung ist.

Zweiter Teil. Betriebsrat, Betriebsversammlung, Gesamt- und Konzernbetriebsrat

Erster Abschnitt. Zusammensetzung und Wahl des Betriebsrats

§ 7 Wahlberechtigung

Wahlberechtigt sind alle Arbeitnehmer, die das 18. Lebensjahr vollendet haben.

Inhaltsübersicht

I. Vorbemerkung

Die Vorschrift regelt das **aktive Wahlrecht** zum BR. Die Wahlberechtigung zur JugAzubiVertr. ist in § 61 Abs. 1, die zur Bordvertr. und zum SeeBR in § 115 Abs. 2 Nr. 1, § 116 Abs. 2 Nr. 1 geregelt. Wegen der Wahlberechtigung für die Wahl der Vertr. der ArbN im AR vgl. unten Rn 20. 1

Die Vorschrift ist **zwingendes Recht.** Auch durch TV oder BV können keine abweichenden Regelungen getroffen werden (h. M.). 2

Entsprechende Vorschriften: § 13 BPersVG 74 und § 3 Abs. 1 SprAug. 2a

II. Wahlberechtigung

Die Vorschrift regelt das **aktive Wahlrecht,** d. h. die Berechtigung, bei der Wahl des BR mitzuwählen. Wegen des passiven Wahlrechts (Wählbarkeit) vgl. § 8. 3

1. Arbeitnehmer des Betriebs

Wahlberechtigt sind alle **ArbN des Betriebs,** die nach den §§ 5 und 6 als ArbN i. S. dieses Gesetzes anzusehen sind und am (letzten) Wahltag das erforderliche Wahlalter (vgl. hierzu Rn 16), erreicht haben. Zu den Wahlberechtigten gehören die Arb. und Ang. des Betriebs, ferner die zu ihrer Berufsausbildung Beschäftigten, die in einem Ausbildungsverhältnis zum Betrieb stehen, schließlich die in Heimarbeit Beschäftigten 4

(Heimarbeiter und Hausgewerbetreibende), die in der Hauptsache für den Betrieb arbeiten (zur ArbNEigenschaft i. S. des BetrVG vgl. im einzelnen § 5 Rn 8ff.). In **Behindertenwerkstätten** nach § 52 SchwbG beschäftigte Schwbeh. sind nur dann wahlberechtigt, wenn der Schwerpunkt ihrer Beschäftigung in der Rehabilitation liegt, nicht aber wenn bei ihr therapeutische Gesichtspunkte im Vordergrund stehen; denn nur dann sind sie ArbN i. S. von § 5 (*Maydell-Eilert,* RdA 81, 148; Näheres vgl. § 5 Rn 110f.).

5 Grundsätzlich (vgl. aber für Heimarbeiter § 5 Rn 97f.) ist es unerheblich, ob die ArbN in vollem Umfang oder nur teilweise im Betrieb beschäftigt sind. Auch **Teilzeitbeschäftigte,** deren Tätigkeit keine Sozialversicherungspflicht begründet, sind wahlberechtigt, sofern sie nur als ArbN i. S. von § 5 angesehen sind (vgl. hierzu § 5 Rn 41ff.; ebenso *DR,* Rn 14; *GK-Kreutz,* Rn 25; *HSG,* Rn 16; *Hanau,* Festschrift für Müller, S. 172ff.; *Löwisch,* RdA 84, 206; **a. A.** *GL,* Rn 9; *Wank,* RdA 85, 12 für geringfügig Teilzeitbeschäftigte, wenn sie die Mehrzahl der ArbN des Betriebs darstellen; für sie käme eine Vertr. nach § 3 Abs. 1 Nr. 2 in Betracht). Wahlberechtigt sind ferner ArbN in einem Arbeitsverhältnis mit **kapazitätsorientierter variabler Arbeitszeit** (vgl. § 4 BeschFG 1985) sowie ArbN in einem sog. **Job-Sharing-Arbeitsverhältnis** (vgl. § 5 BeschFG 1985; Näheres vgl. § 5 Rn 45ff.). Auch spielt es keine Rolle, ob die ArbN ständig oder nur vorübergehend arbeiten. **Aushilfskräfte,** die am Wahltag in einem ArbVerh. zum Betrieb stehen, sind wahlberechtigt. Zur ArbNEigenschaft von sog. **Tele-ArbN** vgl. § 5 Rn 54ff. Arbeitet ein ArbN in zwei Betrieben (etwa in jedem halbtägig) so ist er in beiden wahlberechtigt (h. M.; BAG 11. 4. 58, AP Nr. 1 zu § 6 BetrVG); das gilt auch, wenn beide Betriebe demselben ArbGeb. gehören (*GK-Kreutz,* Rn 26).

6 Hinsichtlich der im Betrieb beschäftigten **LeihArbN** vgl. § 5 Rn 69ff. LeihArbN i. S. des AÜG sind im Betrieb des Entleihers weder wahlberechtigt noch wählbar (vgl. § 14 Abs. 2 S. 1 AÜG); etwas anderes gilt, wenn der Verleiher keine Erlaubnis nach § 1 Abs. 1 AÜG besitzt und deshalb nach § 10 Abs. 1 AÜG ein Arbeitsverhältnis zum Entleiher fingiert wird (vgl. hierzu eingehend *Becker,* ArbuR 82, 369ff.). LeihArbN, die in einem echten Leiharbeitsverhältnis stehen (vgl. hierzu § 5 Rn 70ff.), sind auch beim Entleiher wahlberechtigt (einschränkend *Becker,* a. a. O.; *GK-Kreutz,* Rn 43f.: nur bei sechsmonatiger Dauer der Überlassung oder genereller Übernahme der ArbGebPflichten durch den Entleiher; hinsichtlich der Dauer bei konzerninterner ArbNÜberlassung; ebenso *Richardi,* NZA 87, 145; **a. A.** BAG 18. 1. 89, AP Nr 2 zu § 14 AÜG; *Stege/Weinspach,* Rn 7). Dasselbe gilt für volljährige **Auszubildende,** die ein ArbGeb. mangels entsprechender Einrichtungen für die Ausbildungszeit in einem anderen Betrieb ausbilden läßt; diese sind zum BR des anderen Betriebs wahlberechtigt (vgl. LAG Hamm, DB 88, 2058).

7 **Nicht wahlberechtigt** sind die in § 5 Abs. 2 und 3 genannten Personen, d. h. insbesondere die **leitenden Ang.** (vgl. hierzu im einzelnen § 5 Rn 102ff., 114ff.).

Wahlberechtigt sind jedoch nur die ArbN **des Betriebs** (Näheres zum Betriebsbegriff, vgl. § 1 Rn 29ff.). Die ArbN müssen zur Belegschaft des Betriebs gehören. Das erfordert, daß sie zum Betriebsinhaber in einem Arbeitsverhältnis stehen und von ihm innerhalb der betrieblichen Organisation zur Erfüllung des Betriebszwecks eingesetzt werden, d. h. daß ihnen innerhalb der betrieblichen Organisation ein Arbeitsbereich als ArbN zugewiesen ist (vgl. *GK-Kreutz* Rn 19; *Richardi,* NZA 87, 145). Auch sog. AußendienstArbN werden in aller Regel zur Erfüllung des Betriebszwecks eingesetzt und gehören deshalb zur Belegschaft des Betriebs. Andererseits sind nicht wahlberechtigt, da sie nicht zur Belegschaft des Betriebs gehören, z. B. im Betrieb tätige Montagearbeiter einer anderen Firma oder eines anderen Betriebs desselben Unternehmens, es sei denn, ihre Beschäftigung erfolgt aufgrund sog. „Scheinwerkverträge" (vgl. hierzu § 5 Rn 82f.; zur Abgrenzung von ArbN-Überlassung gegenüber Werk- und Dienstverträgen vgl. *Becker,* DB 88, 2561). Auch reicht der bloße Abschluß des Arbeitsvertrages für ein erst später beginnendes Arbeitsverhältnis nicht aus. Der ArbN muß vielmehr am Tage der Wahl zur ArbNschaft des Betriebs gehören (*DR,* Rn 12; *GL,* Rn 7; *GK-Kreutz,* Rn 19f.; *HSG,* Rn 3). Gehört ein ArbN zu einer Arbeitsgemeinschaft mehrerer Bauunternehmen, so ist er auch dort wahlberechtigt (vgl. BAG 11. 3. 75, AP Nr. 1 zu § 24 BetrVG 1972; *GKSB* Rn 8; *Knigge,* DB 82, Beil. 4). 8

Auf die tatsächliche Arbeitsleistung im Betrieb oder für ihn im Zeitpunkt der Wahl kommt es nicht an. So sind wahlberechtigt auch **kranke, beurlaubte** oder mit **Außenarbeit** beschäftigte ArbN sowie die in Heimarbeit Beschäftigten, auch wenn sie gerade z. Z. der Wahl von dem Betrieb, für den sie sonst in der Hauptsache arbeiten, keine Aufträge erhalten (*GL,* Rn 10; *GKSB* Rn 3). Zur Möglichkeit der Briefwahl in diesen Fällen vgl. §§ 26ff. WO. 9

Ein ins **Ausland entsandter ArbN** bleibt zum BR des entsendenden Betriebs jedenfalls dann wahlberechtigt, wenn er nicht in eine im Ausland bestehenden betrieblichen Organisation eingegliedert wird, wie dies z. B. im Regelfall bei Montagearbeiten der Fall ist. Das gleiche gilt aber auch dann, wenn ein entsandter ArbN zwar in eine im Ausland bestehenden betrieblichen Organisation eingegliedert wird, seine Tätigkeit im Ausland jedoch nur zeitlich beschränkter Natur ist, z. B. im Falle einer vorübergehenden Vertretung oder zur Erledigung eines zeitlich befristeten Auftrags (vgl. BAG 25. 4. 78, AP Nr. 16 zu Internat. Privatrecht, Arbeitsrecht; vgl. auch § 1 Rn 13ff.; **a. A.** *GK-Kreutz,* Rn 35). Dagegen ist ein ständig zu einer Auslandsvertr. des Unternehmens entsandter ArbN auch dann nicht zum BR der in der Bundesrepublik liegenden Hauptgeschäftsstelle wahlberechtigt, wenn für sein Arbeitsverhältnis weiterhin das deutsche Arbeitsrecht maßgebend ist (BAG 25. 4. 78, a. a. O.; BAG 21. 10. 80, AP Nr. 17 zu Internat. Privatrecht, Arbeitsrecht). 10

Zum Betrieb zählen auch **Betriebsteile,** sofern sie nicht nach § 4 als eigene Betriebe gelten. ArbN von **Nebenbetrieben,** die nach § 4 Satz 2 einem Hauptbetrieb zuzuordnen sind, sind zum BR des Hauptbetriebs 11 wahlberechtigt. Ferner sind ArbN, die in nichtbetriebsratsfähigen Betrieben eines Unternehmens beschäftigt sind, zum BR des betriebsratsfähigen Betriebs jedenfalls dann wahlberechtigt, wenn die mehreren Betriebe des Unternehmens den gleichen arbeitstechnischen Zweck verfolgen (BAG 3. 12. 85, AP Nr. 28 zu § 99 BetrVG 1972). Haben mehrere Unternehmen – ausdrücklich oder konkludent – eine Vereinbarung über die Bildung eines **gemeinsamen Betriebs** abgeschlossen (vgl. hierzu im einzelnen § 1 Rn 49ff.; BAG 14. 9. 88, AP Nr. 9 zu § 1 BetrVG 1972) ist nur ein BR zu wählen, zu dem die im gemeinsamen Betrieb beschäftigten ArbN der mehreren Unternehmen wahlberechtigt sind.

12 Auf die **Dauer der Betriebszugehörigkeit** kommt es im Gegensatz zur Wählbarkeit (§ 8) bei der Wahlberechtigung nicht an. Entscheidend ist allein, daß der ArbN am Wahltag dem Betrieb als ArbN angehört. Auch der kurz vor der Wahl in den Betrieb eingetretene ArbN ist wahlberechtigt (vgl. § 4 Abs. 3 WO).

13 Die **Nichtigkeit** oder **Anfechtbarkeit** eines Arbeitsverhältnisses läßt die Wahlberechtigung des betreffenden ArbN solange unberührt, als dieser Rechtsmangel nicht geltend gemacht wird.

14 Während des **Wehrdienstes** ruht zwar das Arbeitsverhältnis (§§ 1, 10 ArbPlSchG; vgl. auch § 24 Rn 11), die ArbNEigenschaft und das Wahlrecht bleiben aber erhalten, da nur die Hauptpflichten aus dem Arbeitsverhältnis (Lohnzahlungspflicht, Arbeitspflicht) zum Ruhen kommen und ein berechtigtes Interesse des Wehrdienstleistenden an der Zusammensetzung des BR bei der künftigen Wiederaufnahme der Arbeit besteht (BAG 29. 3. 74, AP Nr. 2 zu § 19 BetrVG 1972; *DR,* Rn 17; *GL,* Rn 16; *HSG,* Rn 26; *Kröller,* BB 72, 228; *Maurer,* DB 72, 975; **a. A.** *GK-Kreutz,* Rn 23). Entsprechendes gilt während einer Eignungsübung (§ 1 Abs. 1 EigÜbG) und während der Ableistung des Zivildienstes (§ 78 ZDG). Bei einer Heranziehung im Rahmen des Zivilschutzes oder des Katastrophenschutzes entfällt für die Dauer des Einsatzes oder der Teilnahme an Ausbildungsveranstaltungen lediglich die Pflicht zur Arbeitsleistung; der Bestand des Arbeitsverhältnisses wird nicht berührt (vgl. § 9 ZivilschutzG und § 9 KatastrophenschutzG). Vgl. zum Ganzen auch § 24 Rn 11 ff.

15 Im Falle der **Kündigung** des Arbeitsverhältnisses gilt folgendes: Bei einer **ordentlichen** Kündigung besteht das Wahlrecht bis zum Ablauf der Kündigungsfrist fort, da bis zu diesem Zeitpunkt das Arbeitsverhältnis Bestand hat. Nach Ablauf der Kündigungsfrist besteht das Wahlrecht fort, wenn und solange der Arbeitnehmer während des Kündigungsstreitverfahrens weiterbeschäftigt wird, sei es aufgrund des Weiterbeschäftigungsanspruchs nach § 102 Abs. 5 (vgl. § 102 Rn 56ff.), sei es aufgrund des vom großen Senats des BAG entwickelten allgemeinen Anspruchs auf Weiterbeschäftigung eines gekündigten Arbeitnehmers (vgl. BAG 27. 2. 85, AP Nr. 14 zu § 611 BGB Beschäftigungspflicht; Näheres vgl. § 102 Rn 60). Im übrigen steht einem gekündigten ArbN nach Ablauf der Kündigungsfrist das aktive Wahlrecht nicht mehr zu, selbst dann nicht, wenn er Kündigungsschutzklage erhoben hat (*DR,* Rn 8f.; *GL,* Rn 18; *GK-Kreutz,* Rn 29; *HSG,* Rn 27; *Weiss,* Rn 4; **a. A.** *GKSB,* Rn 13).

Bei einer **außerordentlichen** Kündigung verliert der ArbN seine Wahlberechtigung mit Zugang der Kündigungserklärung, sofern nicht die Voraussetzungen des allgemeinen Anspruchs auf Weiterbeschäftigung vorliegen (vgl. § 102 Rn 60). Ein BRMitgl., dem der ArbGeb. außerordentlich kündigen will, bleibt für die Neuwahl des BR auf jeden Fall solange wahlberechtigt, als der BR seine Zustimmung zur Kündigung nicht erteilt oder das ArbG die Zustimmung des BR nicht rechtskräftig ersetzt hat (vgl. § 103; *DR,* Rn 11). 15a

2. Wahlalter

Der ArbN muß **am Wahltag mindestens 18 Jahre alt** sein, d. h. spätestens an diesem Tage seinen Geburtstag haben (vgl. § 187 Abs. 2 S. 2 BGB). Erstreckt sich die Stimmabgabe über mehrere Tage, so muß das Mindestalter am letzten Tag der Stimmabgabe erreicht sein (h. M.). Zum BR wahlberechtigt sind demnach nur volljährige ArbN. Die noch nicht volljährigen Beschäftigten des Betriebs wählen unter den Voraussetzungen der §§ 60ff. die JugAzubiVertr. Zu ihrer Berufsausbildung Beschäftigte des Betriebs, die am Wahltag über 18 Jahre, jedoch noch keine 25 Jahre alt sind, sind sowohl zum BR als auch zur JugAzubiVertr. wahlberechtigt (zum letzteren vgl. § 61 Rn 3a f.). Die Wahlberechtigung zur Bordvertr. und zum SeeBR ist von keiner Altersgrenze abhängig (vgl. § 115 Abs. 2 Nr. 1, § 116 Abs. 2 Nr. 1). 16

3. Weitere Voraussetzungen

Hinsichtlich der **Staatsangehörigkeit** bestehen keine die aktive Wahlberechtigung einschränkende Vorschriften. Daher sind auch nichtdeutsche Staatsangehörige und staatenlose Personen wahlberechtigt und zwar ohne Rücksicht darauf, ob sie ausreichende deutsche Sprachkenntnisse haben. Wegen Unterrichtung solcher ArbN über das Wahlverfahren durch den Wahlvorstand vgl. § 2 Abs. 5 WO. 17

Ein wegen **geistiger Gebrechen entmündigter** oder **unter Pflegschaft** stehender ArbN ist nicht wahlberechtigt (h. M.). Die Vorschrift des § 13 Nr. 2 des Bundeswahlgesetzes enthält einen allgemeinen Rechtsgrundsatz, der auch für die Wahlberechtigung zum BR gilt. Gleiches gilt bei einer Entmündigung oder Unterstellung unter eine Vormundschaft wegen Verschwendung, Trunksucht oder Rauschgiftsucht; denn auch in diesen Fällen ist dem Betroffenen die Fähigkeit zum selbständigen Handeln durch Richterspruch abgesprochen worden (*DR,* Rn 25; *HSG,* Rn 32; **a. A.** *GL,* Rn 17; im Falle der vorläufigen Vormundschaft auch *GK-Kreutz,* Rn 61). Dagegen wird die Wahlberechtigung nicht dadurch ausgeschlossen, daß dem ArbN gem. § 45 Abs. 5 StGB das Recht aberkannt worden ist, in öffentlichen Angelegenheiten zu wählen oder zu stimmen; denn die BRWahl ist keine öffentliche Angelegenheit i. S. dieser Vorschrift (*DR,* Rn 27; *GL,* Rn 22; *Weiss,* Rn 5). 18

19 In formeller Hinsicht ist für die Ausübung des Wahlrechts gem. § 2 Abs. 3 WO erforderlich, daß der ArbN in die **Wählerliste eingetragen** ist. Obwohl die Eintragung in die Wählerliste für den materiellen Bestand des Wahlrechts ohne Bedeutung ist, kann nur ein in die Wählerliste eingetragener ArbN seine Stimme abgeben (h. M.). Zur Frage der Berichtigung oder Ergänzung der Wählerliste vgl. § 4 WO. Andererseits begründet die Eintragung in die Wählerliste nicht das Wahlrecht eines ArbN, bei dem die materiellen Voraussetzungen für die Wahlberechtigung nicht vorliegen.

III. Auswirkungen der Wahlberechtigung

20 ArbN, die zum BR wahlberechtigt sind, besitzen auch das aktive Wahlrecht für die Wahl der Vertr. der ArbN im **Aufsichtsrat** nach § 76 BetrVG 52 (vgl. § 76 BetrVG 52 Rn 44; siehe Anhang 2) sowie für die Wahl der Wahlmänner nach dem MitbestErG (vgl. § 6 Abs. 2 MitbestErG). Wegen der Wahlberechtigung nach dem MitbestG vgl. § 10 Abs. 3 und § 18 MitbestG.

21 **Bestimmte Befugnisse** der ArbN im Rahmen dieses Gesetzes stehen **nur wahlberechtigten ArbN** zu. So z. B. die Entscheidung über die Durchführung der gemeinsamen Wahl (§ 14 Abs. 2), das Wahlvorschlagsrecht (§ 14 Abs. 5 bis 7), die Mitgliedschaft im Wahlvorstand (§ 16 Abs. 1), das Recht, die Bestellung des Wahlvorstands oder seine Ersetzung beim ArbG zu beantragen (§ 16 Abs. 2, § 18 Abs. 1 S. 2) oder eine BetrVerslg. zur Bestellung des Wahlvorst. einzuberufen (§ 17 Abs. 2), das Wahlanfechtungsrecht (§ 19 Abs. 2), das Recht, die Auflösung des BR oder den Ausschluß eines Mitglieds aus dem BR, dem GesBR oder dem KBR zu beantragen (§ 23 Abs. 1, §§ 48, 56), das Antragsrecht zur Einberufung einer BetrVerslg. nach § 43 Abs. 3 Satz 1.

22 Die Errichtung des BR und **bestimmte Mitbestimmungsrechte** des BR setzen eine bestimmte Anzahl wahlberechtigter ArbN voraus. Vgl. z. B. § 1 (Errichtung des BR), § 9 (Größe des BR), § 95 Abs. 2 (Erzwingbarkeit von Auswahlrichtlinien), § 99 Abs. 1 Satz 1 (MBR des BR bei personellen Einzelmaßnahmen), § 106 (Errichtung des WiAusschusses), § 110 Abs. 2 (Unterrichtung der ArbN über die wirtschaftliche Lage des Unternehmens), § 111 Satz 1 (MBR des BR bei Betriebsänderungen). Auch die **Stimmengewichtung** im GesBR und im KBR stellt auf die Zahl der wahlberechtigten ArbN im Betrieb bzw. im Unternehmen ab (vgl. § 47 Abs. 7 und 8, § 55 Abs. 3).

IV. Streitigkeiten

23 Im Zusammenhang mit der BRWahl obliegt die Entscheidung über die Wahlberechtigung eines ArbN **zunächst dem Wahlvorst.** (§§ 2, 4 Abs. 2 WO). Meinungsverschiedenheiten über seine Entscheidung sind im **arbeitsgerichtlichen BeschlVerf.** zu entscheiden (§§ 2a, 80ff.

ArbGG; vgl. auch § 18 Rn 20ff.). Im Falle des § 18a erfolgt die Zuordnung der leitenden Ang. in einem besonderen Zuordnungsverfahren (vgl. § 18a Rn 5ff.). Das arbeitsgerichtliche BeschlVerf. ist auch die richtige Verfahrensart, wenn außerhalb des Wahlverf. Streit über die Wahlberechtigung eines ArbN entsteht. Beteiligte können sein: der betr. ArbN, dessen Rechtsstellung geklärt werden soll (vgl. BAG 28. 4. 64, AP Nr. 3 zu § 4 BetrVG), der Wahlvorstand (wenn die Wahl noch nicht durchgeführt ist), der ArbGeb., jede im Betrieb vertretene Gewerkschaft und – wenn die Wahl bereits durchgeführt ist – der BR. Die Frage der Wahlberechtigung wird u. U. als Vorfrage im Anfechtungsverfahren (§ 19) zu entscheiden sein.

§ 8 Wählbarkeit

(1) **Wählbar sind alle Wahlberechtigten, die sechs Monate dem Betrieb angehören oder als in Heimarbeit Beschäftigte in der Hauptsache für den Betrieb gearbeitet haben. Auf diese sechsmonatige Betriebszugehörigkeit werden Zeiten angerechnet, in denen der Arbeitnehmer unmittelbar vorher einem anderen Betrieb desselben Unternehmens oder Konzerns (§ 18 Abs. 1 des Aktiengesetzes) angehört hat. Nicht wählbar ist, wer infolge strafgerichtlicher Verurteilung die Fähigkeit, Rechte aus öffentlichen Wahlen zu erlangen, nicht besitzt.**

(2) **Besteht der Betrieb weniger als sechs Monate, so sind abweichend von der Vorschrift in Absatz 1 über die sechsmonatige Betriebszugehörigkeit diejenigen Arbeitnehmer wählbar, die bei der Einleitung der Betriebsratswahl im Betrieb beschäftigt sind und die übrigen Voraussetzungen für die Wählbarkeit erfüllen.**

Inhaltsübersicht

I. Vorbemerkung

Die Vorschrift regelt das **passive Wahlrecht** zum BR (Wählbarkeit). 1
Die Bildung eines BR setzt die Beschäftigung von mindestens drei wählbaren ArbN voraus (vgl. § 1 Rn 153f.). Zur Wählbarkeit zur JugAzubiVertr. vgl. § 61 Abs. 2. Wegen Sonderregelungen für die Wählbarkeit zur Bordvertr. und zum SeeBR vgl. § 115 Abs. 2 Nr. 2 und § 116 Abs. 2 Nr. 2. Wegen der Wählbarkeit der Vertr. der ArbN im Aufsichtsrat nach § 76 BetrVG 52 vgl. § 76 BetrVG 52 Rn 45f. (siehe Anhang 2). Zu Wahlmännern nach dem MitbestErG können nur zu BR der Konzernun-

ternehmen wählbare ArbN gewählt werden (vgl. § 6 Abs. 3 MitbestErG). Über die Bedeutung des passiven Wahlrechts zum BR für die Wahl zum Wahlmann und zum Mitgl. des AR nach dem MitbestG vgl. § 7 Abs. 3 und § 10 Abs. 4 MitbestG.

2 Die Vorschrift ist **zwingend;** abweichende Regelungen durch TV oder BV sind nicht zulässig (BAG 16. 2. 73, AP Nr. 1 zu § 19 BetrVG 1972; BAG 12. 10. 76, AP Nr. 1 zu § 8 BetrVG 1972).

2a Entsprechende Vorschriften: §§ 14, 15 BPersVG 74 und § 3 Abs. 2 SprAug.

II. Wählbarkeit

3 Die **Wählbarkeit,** d. h. das passive Wahlrecht, ist die Fähigkeit, Mitglied des BR und durch Entsendung aus diesem ggf. des GesBR und des KBR zu werden. Die Voraussetzungen der Wählbarkeit sind in § 8 erschöpfend aufgeführt (BAG 16. 2. 73, AP Nr. 1 zu § 19 BetrVG 1972; h. M.).

1. Wahlberechtigung

4 Nur **wahlberechtigte ArbN,** die die übrigen Voraussetzungen des § 8 erfüllen, sind wählbar. Demnach sind wählbar nur die ArbN des Betriebs, die nach den §§ 5 und 6 als ArbN i. S. dieses Gesetzes anzusehen sind. Dazu gehören die Arb. und Ang. des Betriebs, die Auszubildenden, die in einem Ausbildungsverhältnis zum Betrieb stehen, sowie die in Heimarbeit Beschäftigten, die in der Hauptsache für den Betrieb arbeiten. Unerheblich ist, ob der ArbN hauptberuflich oder als Teilzeit-ArbN im Betrieb beschäftigt ist (vgl. § 5 Rn 40ff.; *DR,* Rn 7). Im Gegensatz zu § 14 Abs. 2 PersVG 74 verlangt das BetrVG für die Wählbarkeit keine Mindestdauer der wöchentlichen Beschäftigung im Betrieb. Auch ArbN in einem Arbeitsverhältnis mit kapazitätsorientierter variabler Arbeitszeit (vgl. § 4 BeschFG 1985) sowie ArbN in einem sogenannten Job-Sharing-Arbeitsverhältnis (vgl. § 5 BeschFG 1985; Näheres vgl. § 5 Rn 45ff.) sind wählbar. Zu den Voraussetzungen der Wahlberechtigung vgl. im einzelnen § 7 Rn 3ff. LeihArbN i. S. des AÜG sind im Entleiherbetrieb nicht wählbar (vgl. § 14 Abs. 2 AÜG). Dagegen sind LeihArbN, die in einem echten Leiharbeitsverhältnis stehen (vgl. hierzu § 5 Rn 70ff.), grundsätzlich zum BR des Entleiherbetriebs wählbar (strittig; vgl. hierzu auch § 7 Rn 6). Zur Wählbarkeit von Mitgl. des Wahlvorst. vgl. § 16 Rn 10. Zur Wählbarkeit von Mitgl. aufgelöster BR oder von aus dem BR ausgeschlossener Mitgl. vgl. § 23 Rn 23.

5 Wählbar ist der wahlberechtigte ArbN, der **am Wahltag mindestens 18 Jahre** alt ist. Erstreckt sich die Stimmabgabe über mehrere Tage, so muß der Wahlbewerber mindestens am letzten Tag der Stimmabgabe das 18. Lebensjahr vollendet, d. h. an diesem Tag Geburtstag haben. Nicht entscheidend ist der Beginn der Amtszeit des neugewählten BR (*DR,* Rn 6).

Wird ein jüngerer ArbN gewählt, so ist die Wahl **anfechtbar.** Der Mangel der Wählbarkeit entfällt jedoch, wenn der Gewählte das Mindestalter erreicht hat, ohne daß seine Wahl mit Erfolg angefochten oder die Nichtwählbarkeit gerichtlich festgestellt worden ist (*DR,* Rn 6; *GL,* Rn 5; BAG 7. 7. 54, AP Nr. 1 zu § 24 BetrVG). Näheres hierzu § 24 Rn 26ff. **6**

Ein ArbN, der seinen **Wehrdienst** ableistet, ist gleichwohl wählbar, allerdings für die Zeit der Wehrdienstleistung an der Ausübung des BRAmtes in der Regel verhindert (*DR,* Rn 35; *GL,* Rn 19; *GKSB,* Rn 14; *Kroller,* BB 72, 228; *Maurer,* DB 72, 975; *Pramann,* DB 78, 2479; **a. A.** *GK-Kreutz,* Rn 38). Das gleiche gilt, wenn ein ArbN zu einer Eignungsübung einberufen wird, **Zivildienst** leistet, zur Ausbildung zum Luftschutzdienst herangezogen oder zum Dienst im Zivilschutzkorps oder zum Katastrophenschutz verpflichtet wird (vgl. hierzu auch § 7 Rn 14 und § 24 Rn 11). Nach einem Erlaß des Bundesministers für Verteidigung vom 7. 7. 1976 (VR III 7 – Az. 24-09-01) – abgedruckt in BetrR 76, 449 – können Wehrpflichtige, die Mitgl. des BR oder der JugAzubiVertr. sind, auf Wunsch für eine Amtsperiode vom Wehrdienst zurückgestellt werden, wenn der Personalbedarf der Bundeswehr durch gleiche oder besser geeignete Wehrpflichtige gedeckt werden kann. Entsprechendes gilt nach einem Erlaß des Bundesbeauftragten für den Zivildienst vom 30. 8. 1976 (BfZ 1 P – 77341) für Zivildienstleistende. **7**

Ein ArbN, dessen **Arbeitsverhältnis gekündigt** worden ist und der nach den Vorschriften des KSchG Klage auf Fortbestand des Arbeitsverhältnisses erhoben hat, bleibt, obwohl er grundsätzlich nicht aktiv wahlberechtigt ist (vgl. § 7 Rn 15), gleichwohl zum BR wählbar. Grund dieser Ausnahme ist es auszuschließen, daß der ArbGeb. durch eine Kündigung die Kandidatur eines ihm unliebsamen Bewerbers verhindert (zum Kündigungsschutz von Wahlbewerbern vgl. § 103 Rn 3ff.). Außerdem kann im Gegensatz zur Wahlberechtigung, die am Wahltag zweifelsfrei feststehen muß, die Wirksamkeit der Wahl eines BRMitgl. zunächst in der Schwebe bleiben (*DR,* Rn 10; *GL,* Rn 17; *HSG,* Rn 4f.; *Weiss,* Rn 2; LAG Hamm, DB 61, 1327; **a. A.** *GK-Kreutz,* Rn 18; *Küchenhoff,* Rn 2; *Schröder,* DB 65, 1009). Deshalb hat ein gekündigter ArbN hinsichtlich der Wählbarkeit solange als betriebsangehörig zu gelten, als nicht rechtskräftig geklärt ist, ob die Kündigung gerechtfertigt war. Wird die auf Feststellung der Rechtsunwirksamkeit der Kündigung gerichtete Klage abgewiesen, so steht damit fest, daß im Zeitpunkt der Wahl ein Arbeitsverhältnis nicht bestand; die Wahl dieses BRMitgl. ist deshalb unwirksam. Wird der Kündigungsschutzklage stattgegeben, so steht fest, daß ein Arbeitsverhältnis bestand; die Wahl ist wirksam. Dies gilt sowohl im Falle der ordentlichen als auch der außerordentlichen Kündigung. **8**

Der ArbGeb. kann einen **Antrag nach § 9 KSchG,** das Arbeitsverhältnis trotz Unwirksamkeit der Kündigung unter Festsetzung einer vom ArbGeb. zu zahlenden Abfindung aufzulösen, von dem Zeitpunkt an, von dem der Wahlbewerber den besonderen Kündigungsschutz genießt **9** (vgl. hierzu § 103 Rn 8), nicht mehr stellen, da dies dem besonderen Kündigungsschutz widerspräche (*DR,* Rn 11; *Weiss,* Rn 2). Ist der Antrag früher gestellt worden, so hat das ArbG, falls es ihm stattgibt, den Zeitpunkt der Auflösung festzusetzen. Liegt dieser Zeitpunkt nach der Wahl, so war die Wahl wirksam; das BRMitgl. scheidet jedoch mit der Auflösung des Arbeitsverh. gemäß § 24 Abs. 1 Nr. 3 aus dem BR aus.

10 Wird ein **gekündigter ArbN gewählt,** so tritt bis zur rechtskräftigen Entscheidung über die Wirksamkeit der Kündigung im allgemeinen ein ErsMitgl. an die Stelle des Gewählten in den BR ein (vgl. § 24 Rn 12f., § 25 Rn 19; dort auch Näheres über die Möglichkeit des Erlasses einer einstweiligen Verfügung mit dem Ziel, dem gekündigten BRMitgl. die Teilnahme an BRSitzungen zu gestatten). Einem gekündigten ArbN, der für den BR kandidiert, wird der ArbGeb., will er nicht gegen das Wahlbehinderungsverbot des § 20 Abs. 1 verstoßen (vgl. § 20 Rn 9ff.), einen gewissen Kontakt mit den ArbN im Betrieb – etwa Aufsuchen in den Pausen – zugestehen und zu diesem Zweck den **Zutritt zum Betrieb** gestatten müssen (*Schaub,* § 217 II 3; **a. A.** *HSG,* Rn 8). Dies gilt jedenfalls dann, wenn die Kündigung nicht offensichtlich begründet ist (anders dagegen, wenn der Kündigung z. B. eine zustimmende rechtskräftige gerichtliche Entscheidung nach § 103 Abs. 2 vorausgegangen ist; vgl. hierzu LAG Düsseldorf, BB 75, 700).

11 Ohne Einfluß auf die Wählbarkeit ist es, wenn nach der Art der Tätigkeit des ArbN zu erwarten ist, daß er sich bei der BRArbeit häufig von einem ErsMitgl. vertreten lassen muß, z. B. wegen häufiger Auslandsaufenthalte; das wäre ein unzulässiges Aufstellen weiterer Wählbarkeitsvoraussetzungen. Deshalb sind auch ArbN, die zwar vorübergehend im Ausland beschäftigt werden, jedoch noch zur Belegschaft des Betriebs gehören (vgl. hierzu § 7 Rn 10), zum BR dieses Betriebes wählbar (*DR,* Vorb. 48 vor § 1; *GK-Kreutz,* Rn 21; **a. A.** *GL,* Rn 18; *HSG,* Rn 13).

12 Ein ArbN, der in **zwei Betrieben beschäftigt** ist, ist in beiden Betrieben wählbar; denn § 8, der die Wählbarkeitsvoraussetzungen abschließend aufzählt, kennt keine Beschränkung der Mitgliedschaft auf einen BR (*DR,* Rn 8; *GK-Kreutz,* Rn 21; *GL,* Rn 20; *GKSB,* Rn 11; *Weiss,* Rn 3; BAG 11. 4. 58, AP Nr. 1 zu § 6 BetrVG; im Ergebnis **a. A.** *HSG,* Rn 11f., die darauf abstellen, daß die Funktionsfähigkeit beider BR gewährleistet ist; im Interesse der Rechtssicherheit kann jedoch von einer solchen, stets unsicheren Prognose die Wählbarkeit nicht abhängen).

2. Mindestens sechsmonatige Zugehörigkeit zum Betrieb, Unternehmen oder Konzern

13 Der wahlberechtigte ArbN muß, um wählbar zu sein, im Zeitpunkt der Wahl entweder **mindestens 6 Monate dem Betrieb angehören** (vgl. Rn 14ff.) oder unmittelbar vorhergehend insgesamt mindestens 6 Monate in einem Betrieb des **Unternehmens** oder des **Konzerns** als

ArbN beschäftigt gewesen sein (vgl. Rn 18f.). Bei einem Heimarbeiter ist erforderlich, daß er mindestens sechs Monate in der Hauptsache für einen Betrieb des Unternehmens oder Konzerns gearbeitet hat.

Im Regelfall muß der ArbN am Wahltag – wenn an mehreren Tagen gewählt wird, am letzten Wahltag (insoweit **a. A.** *GK-Kreutz,* Rn 25) – dem Betrieb mindestens 6 Monate als dessen ArbN angehört haben (h. M.). Die Frist berechnet sich nach §§ 186ff. BGB. **Betriebsangehörigkeit** bedeutet die Zugehörigkeit des ArbN zur Belegschaft des Betriebs, in dem er beschäftigt ist (vgl. hierzu § 7 Rn 7). Eine rein rechtliche Zugehörigkeit reicht hierbei nicht aus; vielmehr muß eine tatsächliche Anbindung an den Betrieb bestanden haben (vgl. BAG 28. 11. 77, AP Nr. 2 zu § 8 BetrVG 1972; *GK-Kreutz,* Rn 31). Zeiten, in denen ein Beschäftigter zu den in § 5 Abs. 2 und 3 genannten Personen gehörte, sind in den sechsmonatigen Zeitraum einzurechnen (*DR,* Rn 15; *GL,* Rn 6; *HSG,* Rn 16; *Weiss,* Rn 5; **a. A.** *GK-Kreutz,* Rn 28). Ferner sind Zeiten vor der Vollendung des 18. Lebensjahres, in denen der ArbN im Betrieb als ArbN oder Auszubildender beschäftigt war, zu berücksichtigen. Beschäftigungszeiten als LeiharbN i. S. des AÜG im Betrieb des Entleihers sind für die Wahl des BR in diesem Betrieb dagegen nicht zu berücksichtigen, da zwischen LeiharbN und dem Entleiher kein Arbeitsverhältnis besteht (*GK-Kreutz,* Rn 30; *Frauenkron* Rn 2; **a. A.** *DR,* Rn 15; *HSG,* Rn 16; *GKSB,* Rn 3). 14

Für die sechsmonatige Dauer der Betriebsangehörigkeit wird man im allgemeinen einen **zusammenhängenden Zeitraum** fordern müssen. Bei einer **rechtlichen Unterbrechung** der Betriebszugehörigkeit – etwa durch Zeiten einer anderweitigen Tätigkeit oder durch längere Arbeitslosigkeit – beginnt die Sechsmonatsfrist erneut zu laufen (*DR,* Rn 19; *GL,* Rn 9; *HSG,* Rn 21). Das gilt allerdings nicht uneingeschränkt. Besteht zwischen den ArbVerhältnissen ein innerer Zusammenhang derart, daß das neue ArbVerhältnis als die Fortsetzung des früheren anzusehen ist, ist die frühere Beschäftigungszeit und – soweit die Unterbrechung nur kurzfristig ist (vgl. Rn 16) – auch diese mit zu berücksichtigen. Zu denken ist z. B. an mehrere aneinander anschließende befristete ArbVerhältnisse oder an eine das ArbVerhältnis lösende Abwehraussperrung, an witterungsbedingte Unterbrechungen des ArbVerhältnis im Baugewerbe (vgl. hierzu LAG Baden-Württemberg, AP Nr. 1 zu § 1 KSchG Unterbrechung) oder an kurzfristige, durch Auftragsmangel bedingte Unterbrechungen, insbesondere wenn die Fortsetzung des Arbeitsverh. von vornherein in Aussicht genommen ist (vgl. hierzu auch BAG 23. 9. 76, 6. 12. 76 und 18. 1. 79, AP Nr. 1, 2 und 3 zu § 1 KSchG 1969 Wartezeit; **weitergehend** *Weiss,* Rn 6, *GKSB,* Rn 9, *HSG,* Rn 21; *Löwisch,* Rn 5, die jede kürzere rechtliche Unterbrechung für unschädlich halten; *GK-Kreutz,* Rn 34f., nehmen in diesen Fällen nur eine entsprechende Hemmung der Sechsmonatsfrist an). In Saisonbetrieben kommt im Hinblick auf die Dauer der Unterbrechung eine Zusammenfassung der jeweiligen Betriebszugehörigkeitszeiten nicht in Betracht (*DR,* Rn 21; *GL,* Rn 10; **a. A.** *GK-Kreutz,* Rn 36). 15

Im Falle des **Betriebsinhaberwechsels** wird die Betriebszugehörigkeit 16 nicht unterbrochen, da nach § 613a BGB der neue Betriebsinhaber in die im Zeitpunkt des Betriebsübergangs bestehenden ArbVerhältnisse (nicht jedoch Heimarbeitsverhältnisse, vgl. BAG 3. 7. 80, AP Nr. 23 zu § 613a BGB) eintritt (*DR*, Rn 24; *GK-Kreutz*, Rn 47).

17 Wird die Betriebszugehörigkeit unter Aufrechterhaltung des Arbeitsverhältnisses **nur tatsächlich unterbrochen,** so sind nur kürzere tatsächliche Unterbrechungen der Tätigkeit, etwa durch Krankheit, Urlaub, Werksbeurlaubung usw. für die Berechnung der Dauer der Betriebszugehörigkeit ohne Belang (h. M.). Im Hinblick auf den mit dem Erfordernis einer sechsmonatigen Betriebszugehörigkeit verfolgten gesetzgeberischen Zweck, als Wahlbewerber nur ArbN mit gewissen Betriebskenntnissen zuzulassen, wird man bei einer längeren tatsächlichen Unterbrechung der Betriebszugehörigkeit – etwa bei einer Unterbrechung von mehr als zwei Monaten – eine **Hemmung des Sechsmonats-Zeitraums** annehmen müssen mit der Folge, daß die Zeit der Unterbrechung nicht mitzählt (*DR*, Rn 18; *GL*, Rn 8; *HSG*, Rn 26; **a. A.** *GK-Kreutz*, Rn 32). Dies gilt allerdings nicht im Falle der Einberufung zum Wehrdienst, Zivildienst, zu Eignungsübungen oder zum Dienst im Zivilschutzkorps. Diese Einberufungszeiten sind aufgrund gesetzlicher Sonderregelungen (vgl. § 6 Abs. 2 S. 1 ArbPlSchG, § 78 Abs. 1 S. 1 ZDG, § 18 Abs. 2 ZSKG, § 6 Abs. 1 EigÜG) stets auf die Betriebszugehörigkeit anzurechnen (*DR*, Rn 22; *GK-Kreutz*, Rn 37; *HSG*, Rn 22; **a. A.** *GL*, Rn 11). Muß ein Staatsangehöriger eines Mitgliedstaates der EG seine Tätigkeit zur Erfüllung der Wehrpflicht in seinem Heimatland unterbrechen, so wird die Wehrdienstzeit ebenfalls auf die Betriebszugehörigkeit angerechnet (vgl. EuGH 15. 10. 69 sowie BAG 27. 2. 69 und 5. 12. 69, AP Nr. 1, 2 und 3 zu Art. 177 EWG-Vertrag), nicht dagegen bei ArbN anderer Staaten (LAG Frankfurt, BB 74, 789; *DR*, Rn 23; *GK-Kreutz*, Rn 39; **a. A.** *GL*, Rn 11; *Weiss*, Rn 6).

18 Tätigkeiten in einem anderen Betrieb desselben Unternehmens (zum Unternehmensbegriff vgl. § 47 Rn 7ff.) oder im Betrieb eines Unternehmens, das mit dem gegenwärtigen Beschäftigungsbetrieb in einem Konzern i. S. von § 18 Abs. 1 AktG (vgl. zum Konzernbegriff § 54 Rn 7ff.) verbunden ist, sind nach § 8 Abs. 1 S. 1 auf die Sechsmonatsfrist anzurechnen. Damit soll dem Umstand Rechnung getragen werden, daß ArbN in nicht seltenen Fällen innerhalb des Unternehmens und auch zwischen Konzernunternehmen die Betriebszugehörigkeit wechseln. Im Konzernbereich kann die Regelung insbesondere bedeutsam werden, wenn die Konzernleitung sich die Personalangelegenheiten der Töchterunternehmen, die nur der Rechtsform nach – z. B. wegen des eingeführten Firmennamens – als rechtlich selbständige Unternehmen aufrechterhalten werden, vorbehalten hat.

19 Die Beschäftigungszeiten in den verschiedenen Betrieben desselben Unternehmens bzw. der Konzernunternehmen müssen **unmittelbar** aneinander anschließen. Dies ist der Fall, wenn entweder das Arbeitsverhältnis zum Unternehmen bzw. zu den Konzernunternehmen nicht unterbrochen worden ist oder wenn es zwar unterbrochen gewesen ist, jedoch ein enger zeitlicher und innerer Zusammenhang zwischen der jetzigen Betriebszugehörigkeit und der früheren Betriebszugehörigkeit in dem anderen Betrieb des (Konzern-)Unternehmens besteht (vgl. oben Rn 15; *GK-Kreutz,* Rn 44). Keine „Unmittelbarkeit" liegt vor, wenn der ArbN zwischenzeitlich ein Arbeitsverhältnis zu einem anderen ArbGeb. begründet hat oder längere Zeit arbeitslos gewesen ist (*HSG,* Rn 18; *GKSB,* Rn 2; **a. A.** *Weiss,* Rn 7).

Der Mangel einer sechsmonatigen Betriebs- (Unternehmens- oder Konzern-)zugehörigkeit berechtigt zur **Anfechtung der Wahl.** Der Mangel wird geheilt, sobald der ArbN die sechsmonatige Betriebszugehörigkeit erfüllt hat, ohne daß rechtskräftig die Wahl mit Erfolg angefochten oder die Nichtwählbarkeit festgestellt ist (vgl. § 24 Abs. 1 Nr. 6). 20

3. Wählbarkeit ausländischer Arbeitnehmer

Das BetrVG 52 erkannte das passive Wahlrecht nur denjenigen ArbN zu, die das Wahlrecht zum Deutschen Bundestag besaßen. Aus diesem Grunde waren grundsätzlich nur deutsche ArbN zum BR wählbar. Eine Ausnahme bestand nur für ArbN aus den Mitgliedstaaten der EG auf Grund des vorrangigen Art. 8 Abs. 1 der EG-VO Nr. 1612/68 über die Freizügigkeit der ArbN innerhalb der Gemeinschaft vom 15. 10. 1968 (Amtsbl. der Europ. Gemeinschaften Nr. 257 vom 19. 10. 1968 S. 2; BArbBl. 68, 590). Die Voraussetzung der Wahlberechtigung zum Deutschen Bundestag ist in § 8 nicht mehr enthalten. Demnach sind **alle ausländischen ArbN,** sofern sie die weiteren Voraussetzungen für die Wählbarkeit erfüllen, zum BR **wählbar** (h. M.). 21

4. Verlust der Wählbarkeit durch Richterspruch

Im Hinblick auf die Bedeutung der Stellung eines BRMitgl. sind jedoch solche ArbN von der Wählbarkeit zum BR ausgeschlossen, die infolge **strafgerichtlicher Verurteilung** die Fähigkeit, Rechte aus öffentlichen Wahlen zu erlangen, nicht besitzen. 22

Der Verlust der Fähigkeit, Rechte aus öffentlichen Wahlen zu erlangen, ist nach § 45 Abs. 1 StGB stets die automatische Rechtsfolge einer strafgerichtlichen Verurteilung wegen eines **Verbrechens** zu einer Mindestfreiheitsstrafe von einem Jahr. Dieser Verlust ist kein dauernder, sondern auf fünf Jahre nach Rechtskraft des Urteils beschränkt. Das Strafgericht kann auch **in anderen Fällen,** soweit dies gesetzlich besonders vorgesehen ist (vgl. z. B. § 92a Nr. 3, § 101 Nr. 3, § 108c StGB), die Fähigkeit, Rechte aus öffentlichen Wahlen zu erlangen, für die Dauer von zwei bis fünf Jahren aberkennen (vgl. § 45 Abs. 2 StGB).

Ohne Einfluß auf die Wählbarkeit zum BR ist die nach § 45 Abs. 5 StGB mögliche strafgerichtliche Aberkennung des Rechts, in öffentlichen Angelegenheiten zu wählen oder zu stimmen. Auch eine Entscheidung des BVerfG nach § 39 Abs. 2 BVerfGG, durch die wegen Verwirkung der Grundrechte das Wahlrecht, die Wählbarkeit und die Fähigkeit zur Bekleidung öffentlicher Ämter aberkannt wird, läßt die Wählbarkeit zum BR unberührt, da das BRAmt kein öffentliches Amt ist. 23

24 Hat ein **ausländischer ArbN** in seinem Heimatland infolge einer strafgerichtlichen Verurteilung die Fähigkeit, Rechte aus öffentlichen Wahlen zu erlangen, verloren, so führt dies dann zu einem Verlust der Wählbarkeit zum BR, wenn die ausländische Entscheidung nicht in Widerspruch zu deutschen Rechtsgrundsätzen steht (*GL,* Rn 13a; *GK-Kreutz,* Rn 54; *GKSB,* Rn 21; *Weiss,* Rn 9; *Woltereck-Knes,* AR-Blattei, Ausländische ArbN I unter C II 4a).

25 Die Wählbarkeit zum BR ist nur für die **Dauer** ausgeschlossen, während der der ArbN die Fähigkeit, Rechte aus öffentlichen Wahlen zu erlangen, nicht besitzt. Näheres über die Berechnung der Zeiten vgl. § 45a StGB. Zu beachten ist, daß das Strafgericht die aberkannte Fähigkeit, Rechte aus öffentlichen Wahlen zu erlangen, unter gewissen Voraussetzungen vorzeitig wieder verleihen kann (vgl. § 45b StGB).

26 Maßgebend für die Beurteilung, ob ein ArbN zum BR wählbar ist, ist der **Wahltag.** Der ArbN muß deshalb an diesem Tag im Besitz der Fähigkeit, Rechte aus öffentlichen Wahlen zu erlangen, sein. Wird einem BRMitgl. die Fähigkeit nach der BRWahl aberkannt, so erlischt gem. § 24 Abs. 1 Nr. 4 seine Mitgliedschaft im BR, da er dann nicht mehr wählbar ist (Näheres hierzu vgl. § 24 Rn 23ff.).

5. Eintragung in die Wählerliste

27 Auch für die Wählbarkeit ist in formeller Hinsicht erforderlich, daß der ArbN in die **Wählerliste eingetragen** ist (vgl. § 2 Abs. 3 WO). Zur Frage der Berichtigung oder Ergänzung der Wählerliste vgl. § 4 WO. Außerdem setzt die Wählbarkeit eines ArbN seine Aufnahme in einen ordnungsmäßigen **Wahlvorschlag** voraus (vgl. § 14 Rn 44ff., § 6 WO).

III. Sonderregelung für neuerrichtete Betriebe

28 **Besteht der Betrieb** am Tage der Einleitung der Wahl **weniger als sechs Monate,** so sind wählbar alle Wahlberechtigten, die an diesem Tage im Betrieb als ArbN beschäftigt sind, es sei denn, sie besitzen infolge strafgerichtlicher Verurteilung nicht die Fähigkeit, Rechte aus öffentlichen Wahlen zu erlangen. Eine bestimmte Dauer der Betriebszugehörigkeit ist in diesem Falle nicht erforderlich. Die BRWahl ist mit dem Erlaß des Wahlausschreibens eingeleitet (vgl. § 3 WO). In diesem Zeitpunkt muß der ArbN im Betrieb beschäftigt sein, um wählbar zu sein (*DR,* Rn 29; *GL,* Rn 21; *GK-Kreutz,* Rn 61).

29 Die Vorschrift des Abs. 2 gilt nur für **neu errichtete Betriebe.** Sie betrifft nicht den Fall, daß der Betrieb auf einen neuen ArbGeb. übergeht, da der Wechsel des ArbGeb., wenn der Betrieb fortgeführt wird, die Zugehörigkeit zum Betrieb unberührt läßt (vgl. bei Übergang kraft Rechtsgeschäfts § 613a BGB). Dagegen ist der **Zusammenschluß mehrerer Betriebe** eines Unternehmens unter Aufgabe ihrer Identität zu einem neuen Betrieb als Neuerrichtung i. S. von Abs. 2 anzusehen. Wird dagegen ein Betrieb in einen anderen Betrieb unter Beibehaltung von

dessen Identität lediglich **eingegliedert,** so liegt keine Neuerrichtung vor. Die Betriebszugehörigkeit der Arbeitnehmer im eingegliederten Betrieb ist jedoch nach Abs. 1 Satz 2 anzurechnen. Dies gilt auch für den Fall, daß der Betrieb eines anderen Unternehmens eingeliedert wird, da vor der Eingliederung regelmäßig ein Betriebsübergang mit der Wirkung des § 613a BGB stattgefunden hat. Wird ein Betrieb nicht nur vorübergehend stillgelegt und später wiedereröffnet, liegt eine Neuerrichtung i. S. von Abs. 2 vor (*DR,* Rn 29). Auch **Kampagnebetriebe** (vgl. § 1 Rn 147) unterfallen der Regelung des Abs. 2, es sei denn, sie sind lediglich unselbständige Betriebsteile eines anderen Betriebs (zweifelnd *GK-Kreutz,* Rn 63).

IV. Streitigkeiten

Die Entscheidung über die Wählbarkeit eines Wahlbewerbers hat **zunächst der Wahlvorstand** zu treffen. Meinungsverschiedenheiten über dessen Entscheidung sind im **arbeitsgerichtlichen BeschlVerf.** zu entscheiden (§§ 2a, 80ff. ArbGG; vgl. auch § 18 Rn 20ff.). Über das besondere Verfahren bei der Zuordnung von leitenden Ang. im Rahmen der Wahl vgl. § 18a Rn 5ff. 30

Verstöße gegen Vorschriften über die Wählbarkeit können zur **Anfechtung** der Wahl berechtigen (§ 19). Unterbleibt die rechtzeitige Anfechtung, so erlischt die Mitgliedschaft im BR erst mit der Rechtskraft der nach § 24 Abs. 1 Nr. 6 auch noch nach Ablauf der Anfechtungsfrist möglichen gerichtlichen Entscheidung über die Feststellung der Nichtwählbarkeit (vgl. § 24 Rn 26ff.). Aus der Regelung des § 24 Abs. 1 Nr. 6 ergibt sich, daß die Wahl eines nichtwählbaren ArbN keineswegs stets nichtig ist (*GK-Kreutz,* Rn 66; **a. A.** *HSG,* Rn 41, bei fehlender Betriebszugehörigkeit, Entmündigung und strafgerichtlicher Entscheidung nach Abs. 1 S. 3). Dies kann nur in besonders krassen Fällen gelten, etwa bei der Wahl einer eindeutig betriebsfremden Person. Verliert ein BRMitgl. nachträglich die Wählbarkeit, so scheidet es mit diesem Ereignis aus dem BR aus, ohne daß es einer gerichtlichen Feststellung bedarf (vgl. § 24 Abs. 1 Nr. 4). 31

§ 9 Zahl der Betriebsratsmitglieder

Der Betriebsrat besteht in Betrieben mit in der Regel
5 bis 20 wahlberechtigten Arbeitnehmern aus einer Person,
21 bis 50 wahlberechtigten Arbeitnehmern aus 3 Mitgliedern,
51 wahlberechtigten Arbeitnehmern bis 150 Arbeitnehmern aus 5 Mitgliedern,
151 bis 300 Arbeitnehmern aus 7 Mitgliedern,
301 bis 600 Arbeitnehmern aus 9 Mitgliedern,

601 bis 1000 Arbeitnehmern aus 11 Mitgliedern,
1001 bis 2000 Arbeitnehmern aus 15 Mitgliedern,
2001 bis 3000 Arbeitnehmern aus 19 Mitgliedern,
3001 bis 4000 Arbeitnehmern aus 23 Mitgliedern,
4001 bis 5000 Arbeitnehmern aus 27 Mitgliedern,
5001 bis 7000 Arbeitnehmern aus 29 Mitgliedern,
7001 bis 9000 Arbeitnehmern aus 31 Mitgliedern.

In Betrieben mit mehr als 9000 Arbeitnehmern erhöht sich die Zahl der Mitglieder des Betriebsrats für je angefangene weitere 3000 Arbeitnehmer um 2 Mitglieder.

Inhaltsübersicht

I. Vorbemerkung

1 Die Vorschrift legt die nach der **Betriebsgröße gestaffelte Zahl der BRMitgl.** fest, wobei für die Betriebsgröße die Zahl der in der Regel im Betrieb beschäftigten ArbN maßgebend ist. Durch das Änderungsgesetz 1989 (BGBl 1988 I S. 2312) ist in Satz 1 der bisherige Klammerzusatz „(Betriebsobmann)" hinter dem nur aus einer Person bestehenden BR aus Gründen einer geschlechtsneutralen Terminologie des Gesetzes gestrichen worden. Zur Größe der JugAzubiVertr. vgl. § 62, der Bordvertr. vgl. § 115 Abs. 2 Nr. 3 und des SeeBR vgl. § 116 Abs. 2 Nr. 3. Zur MitglZahl des GesBR vgl. § 47, des KBR vgl. § 55 und der GesJugAzubiVertr. vgl. § 72.

2 Die Zahl der BRMitgl. ist für die jeweilige Betriebsgröße **zwingend,** so daß von der vorgeschriebenen Zahl weder durch TV oder BV noch sonst abgewichen werden kann. Etwas anderes gilt nur für den Fall, daß im Betrieb nicht genügend wählbare ArbN vorhanden sind oder sich als Wahlbewerber zur Verfügung stellen (vgl. unten Rn 11), sowie für die gem. § 3 Abs. 1 Nr. 2 durch TV zulässige Errichtung einer anderen ArbNVertr. (vgl. § 3 Rn 26ff.). Die nach § 3 Abs. 1 Nr. 1 möglichen zusätzlichen betriebsverfassungsrechtlichen Vertr. der ArbN bestimmter Beschäftigungsarten oder Arbeitsbereiche (vgl. § 3 Rn 15ff.) stellen keine Erweiterung der Zahl der Mitgl. des BR dar.

2a Entsprechende Vorschriften: § 16 BPersVG 74 und § 4 Abs. 1 SprAug.

II. Zahl der Betriebsratsmitglieder

Die für die Größe des BR maßgebende ArbNZahl des Betriebs wird vom **Wahlvorstand** (§§ 16ff.) festgestellt. Zu berücksichtigen sind in Betrieben mit bis zu 51 wahlberechtigten ArbN nur die Wahlberechtigten; sind über 51 wahlberechtigte ArbN vorhanden, so zählen für die weiteren Größenstufen des BR alle ArbN, gleichgültig, ob sie wahlberechtigt sind oder nicht. Zur Abgrenzung des Betriebs vgl. § 1 Rn 29ff. Unselbständige Betriebsteile gehören zum Betrieb, sofern sie nicht nach § 4 als eigene Betriebe gelten; Nebenbetriebe sind unter den Voraussetzungen des § 4 Satz 2 dem Hauptbetrieb zuzuordnen (vgl. § 4 Rn 5ff., 16f.). Bestehen gemäß § 3 Abs. 1 Nr. 3 abweichende Tarifregelungen über die Zuordnung von Betriebsteilen und Nebenbetrieben (vgl. § 3 Rn 42ff.), so sind diese bei der Bestimmung der Betriebsgröße zu beachten. 3

1. Zeitpunkt der Feststellung

Maßgebend ist die Zahl der **bei Erlaß des Wahlausschreibens** für die anstehende BRWahl **„in der Regel"** tätigen ArbN (h. M.). In Grenzfällen [regelmäßiger Stand 600 oder 601?] wird der Wahlvorst. nach **pflichtgemäßem Ermessen** zu entscheiden haben (BAG 12. 10. 76, AP Nr. 1 zu § 8 BetrVG 1972; *GK-Kreutz,* Rn 9; *HSG,* Rn 11; im Ergebnis ebenso *DR,* Rn 7; **a. A.** *Nipperdey,* DB 77, 1095). Der Wahlvorst. hat auch die künftige, aufgrund konkreter Entscheidungen des ArbGeb zu erwartende Entwicklung des Beschäftigungsstandes des Betriebs zu berücksichtigen (LAG Hamm, DB 79, 1563; *GL,* Rn 4; *GK-Kreutz,* Rn 10). Zum Begriff „in der Regel" vgl. im einzelnen § 1 Rn 144ff. AushilfsArbN sind zu berücksichtigen, wenn eine bestimmte Anzahl derartiger ArbN regelmäßig für einen Zeitraum von mindestens sechs Monaten im Jahr beschäftigt werden (BAG 12. 10. 76 a. a. O). In Saisonbetrieben sind unter denselben Voraussetzungen, d. h. bei einer über sechs Monate dauernden Saison, die Saisonarbeiter ebenfalls zu berücksichtigen (*DR,* Rn 7; *GK-Kreutz,* Rn 11; *GKSB,* Rn 7). Auch Teilzeitbeschäftigte zählen mit, und zwar die Gesamtzahl der im Betrieb tätigen Teilzeitbeschäftigten; ihre Zahl ist nicht etwa auf eine Zahl vollbeschäftigter ArbN umzurechnen (LAG Hamm, DB 79, 2380; *Löwisch,* RdA, 84, 206). Zu berücksichtigen sind jedoch nur die betriebsangehörigen ArbN, d. h. die ArbN, die zum Betriebsinhaber in einem ArbVerh. stehen und innerhalb der Betriebsorganisation des ArbGeb. abhängige Arbeitsleistungen erbringen (BAG 18. 1. 89, AP Nr 1 zu § 9 BetrVG 1972; vgl. hierzu auch § 7 Rn 8ff.). Hierzu zählen nicht ArbN eines anderen ArbGeb., die im Rahmen von werkvertraglichen Beziehungen Arbeitsleistungen in dem Betrieb des Werkbestellers, in dem die BRWahl durchzuführen ist, erbringen (vgl. hierzu § 5 Rn 81ff.). Auch beim Entleiher beschäftigte LeiharbN i. S. des AÜG zählen nicht mit, da sie zum Entleiher in keinen arbeitsvertraglichen Beziehungen stehen. 4

Dagegen sind beim Entleiher beschäftigte LeiharbN, die in einem echten Leiharbeitsverhältnis stehen (vgl. hierzu § 5 Rn 71 ff.) und bei der BRWahl im Entleiherbetrieb wahlberechtigt sind (vgl § 7 Rn 8), bei der für die BRGröße maßgebenden ArbNZahl zu berücksichtigen (insoweit **a. A.** BAG 18. 1. 89 a. a. O.).

4a Ändert sich in der Zeit zwischen Erlaß des Wahlausschreibens und Wahl die Zahl der ArbN, so nehmen inzwischen hinzugekommene wahlberechtigte ArbN an der Wahl teil, ausgeschiedene ArbN wählen nicht mehr mit (vgl. auch § 4 Abs. 3 WO). Für die Mitgliederzahl des zu wählenden BR ist jedoch unverändert von der Zahl der bei Erlaß des Wahlausschreibens „in der Regel" beschäftigten ArbN auszugehen (*DR*, Rn 6; *GL*, Rn 4; *GK-Kreutz*, Rn 11; *HSG*, Rn 13). Sinkt allerdings die regelmäßge Beschäftigtenzahl im Zeitraum zwischen dem Erlaß des Wahlausschreibens und dem Tag der Wahl des BR unter die Mindestgrenze des § 1, so ist die Wahl abzubrechen (*DR*, Rn 6; *GL*, Rn 3).

5 Eine **nach der Wahl eintretende Änderung** der ArbNZahl hat auf die Größe des BR keine Auswirkung (*DR*, Rn 16; *GL*, Rn 12; *GK-Kreutz*, Rn 13; *HSG*, Rn 14). Etwas anderes gilt nur für die **Sonderfälle,** daß 24 Monate nach der Wahl die Zahl der regelmäßig beschäftigten ArbN um mehr als die Hälfte, mindestens aber um 50, gestiegen oder gesunken ist oder daß die Zahl der regelmäßig beschäftigten wahlberechtigten ArbN unter die Mindestgrenze von fünf ArbN sinkt. Im ersteren Falle ist eine Neuwahl durchzuführen (vgl. § 13 Rn 14 ff.), im zweiten Falle entfällt ein BR (vgl. § 1 Rn 142).

2. Einköpfiger Betriebsrat

6 In Betrieben mit in der Regel 5 bis einschließlich 20 wahlberechtigten ArbN (vgl. § 7) besteht der BR nur aus einem Mitgl. Auch dieser BR ist ein **vollwertiger BR** und hat grundsätzlich dieselben Rechte und Pflichten (*DR*, Rn 15; *GL*, Rn 6; *GK-Kreutz*, Rn 15; *HSG*, Rn 16). **Unterschiede** ergeben sich allerdings daraus, daß die Anwendung einiger Vorschriften des Gesetzes die Beschäftigung einer bestimmten Anzahl (wahlberechtigter) ArbN im Betrieb voraussetzt (vgl. z. B. §§ 99, 110 Abs. 2, § 111). Dem einköpfigen BR wachsen die entsprechenden Mitwirkungs- und Mitbestimmungsrechte zu, wenn die Zahl der regelmäßig beschäftigten ArbN über die betreffende Grenze steigt (*DR*, Rn 15; *GL*, Rn 6; *HSG*, Rn 16; *GK-Kreutz*, Rn 17).

3. Mehrköpfiger Betriebsrat

7 Hat ein Betrieb in der Regel mindestens 21 wahlberechtigte ArbN, so ist ein mehrköpfiger BR zu wählen. Sowohl für den drei- als auch für den fünfköpfigen BR stellt das Gesetz auf die Zahl der **wahlberechtigen ArbN** ab, für die größeren BR dagegen nur noch allgemein auf die Zahl der regelmäßig **beschäftigten ArbN** (also einschließlich der nicht wahlberechtigten jugendlichen ArbN). Die Stufe, von der ab für die Größe des BR allein die Zahl der ArbN des Betriebs maßgebend ist, beginnt mit 151 ArbN (*DR,* Rn 2; *GL,* Rn 1; *GK-Kreutz,* Rn 5; *Weiss,* Rn 1; *HSG,* Rn 6 und 17; **a. A.** *Brecht,* Rn 3; *GKSB,* Rn 3).

Auch soweit das Gesetz für die BRGröße allgemein auf die Zahl der regelmäßigen im Betrieb beschäftigten ArbN abstellt, sind weder die in § 5 Abs. 2 genannten Personen noch die **leitenden Ang.** nach § 5 Abs. 3 mitzuzählen. Die Nichtberücksichtigung auch der leitenden Ang. ergibt sich nicht nur aus dem Wortlaut des § 5 Abs. 3, sondern auch aus dem der Staffelung der BRGröße des § 9 zugrunde liegenden Normzweck: Die Größe des BR soll entsprechend der vom BR vertretenen ArbN wachsen. Da die leitenden Ang. jedoch nicht vom BR vertreten werden, besteht keine innere Rechtfertigung, sie bei der für die BRGröße maßgebenden ArbNZahl zu berücksichtigen (BAG 12. 10. 76, AP Nr. 1 zu § 8 BetrVG 1972; *DR,* Rn 5; *GL,* Rn 2; *GK-Kreutz,* Rn 6; *HSG,* Rn 7; *GKSB,* Rn 4). **8**

Die Zahl der BRMitgl. ist bis zu einer regelmäßigen ArbNZahl von bis zu 9000 ArbN unmittelbar aus der Tabelle des § 9 abzulesen. In Betrieben mit mehr als 9000 ArbN erhöht sich die Zahl der BRMitgl. für je angefangene weitere 3000 ArbN um 2 Mitgl. Demnach besteht der BR in Betrieben mit in der Regel **9**

9001 bis 12000 ArbN aus 33 Mitgl.
12001 bis 15000 ArbN aus 35 Mitgl.
15001 bis 18000 ArbN aus 37 Mitgl.
usw.

Eine **obere Grenze** ist **nicht** vorgesehen.

In Großbetrieben kann die Kommunikation zwischen dem BR und den ArbN trotz der verhältnismäßig großen MitglZahl des BR Schwierigkeiten bereiten, selbst unter Berücksichtigung der Möglichkeit genereller Freistellungen von BRMitgl. (vgl. § 38). Für solche Fälle eröffnet das Gesetz in § 3 Abs. 1 Nr. 1 die Möglichkeit tariflicher Regelungen über die Errichtung **zusätzlicher ArbNVertr.,** die die Verbindung zwischen BR und der Belegschaft fördern sollen (Näheres vgl. § 3 Rn 15ff.). **10**

Eine **Abweichung** von der gesetzlich vorgeschriebenen MitglZahl des BR ist nur zulässig, wenn nicht genügend wählbare ArbN vorhanden oder nicht genügend wählbare ArbN zur Übernahme des BRAmtes bereit sind, sei es, daß zu viele gewählte Kandidaten die Annahme der Wahl ablehnen, sei es, daß trotz ordnungsgemäßen Wahlausschreiben die Vorschlagslisten von vornherein nicht ausreichend Kandidaten enthalten oder daß – was bei der Mehrheitswahl denkbar ist – nicht auf so viele Wahlbewerber, wie der BR Sitze hat, wenigstens eine Stimme entfallen ist (*DR,* Rn 10f.; *GL,* Rn 8ff.; *HSG,* Rn 1ff.; **a. A.** *GK-Kreutz,* Rn 21, für die nicht ausdrücklich in § 11 genannten Fälle; Näheres § 11 Rn 7). Hat eine **Gruppe** nicht genügend wählbare ArbN oder ArbN, die zur Übernahme des BRAmtes bereit sind, so sind die freien Sitze dieser Gruppe mit gewählten ArbN der anderen Gruppe zu besetzen (*DR,* Rn 12; *GK-Kreutz,* Rn 22). **11**

Entspricht abgesehen von vorstehenden Ausnahmen der BR nicht der **12** gesetzlich vorgeschriebenen Größe, so ist der BR nicht ordnungsgemäß zusammengesetzt (*DR,* Rn 13; *GL,* Rn 10). In diesem Fall ist die Wahl des BR **anfechtbar.** Wird die Wahl angefochten, so kann das ArbG die fehlerhafte Größe des BR im Falle der **Mehrheitswahl** nicht berichtigen; denn es kann nicht beurteilen, wie der Wähler die ihm zustehenden Stimmen bei Zugrundelegung der richtigen BRGröße verteilt hätte.

13 Dieser Gesichtspunkt greift aber im Falle der Listenwahl nicht ein. Vielmehr kann bei einer **Listenwahl** im allgemeinen davon ausgegangen werden, daß die Entscheidung des Wählers für eine Liste nicht von der Anzahl der zu wählenden BRMitgl. abhängt. Deshalb ist im Falle der Listenwahl eine Berichtigung der fehlerhaften BRGröße durch das ArbG als zulässig anzusehen, es sei denn, besondere Umstände stehen dem entgegen (ebenso *DR,* Rn 14; *GK-Kreutz,* Rn 25; **a. A.** BAG 12. 10. 76, AP Nr. 1 zu § 8 BetrVG 1972 und AP Nr. 5 zu § 19 BetrVG 1972; LAG Hamm, DB 76, 728; *GL,* Rn 10; *GKSB,* Rn 11; *HSG,* Rn 4; *Schneider,* Rn 12; weitergehend *Weiss,* Rn 2, der die Möglichkeit einer Berichtigung auch bei einer Mehrheitswahl für zulässig hält; zur Möglichkeit einer Berichtigung des Wahlergebnisses im Rahmen einer Wahlanfechtung vgl. allgemein § 19 Rn 18). Ist bei Listenwahl die Größe des BR fälschlicherweise zu niedrig festgesetzt, so hat die Berichtigung dahin zu erfolgen, daß aus den Listen entsprechend viele Wahlbewerber nachrükken. Sind nicht genügend Wahlbewerber vorhanden, ist gem. § 13 Abs. 2 Nr. 2 eine Neuwahl durchzuführen. Ist die Größe des BR fälschlicherweise zu hoch angesetzt, so hat die Berichtigung dahin zu erfolgen, daß die Wahlbewerber, die nach dem d'Hondt'schen Verfahren (vgl. hierzu § 14 Rn 27) als letzte aus den Listen in der BR eingerückt sind, keine BRMitgl., sondern nur ErsMitgl. sind.

14 Werden irrtümlich mehr BRMitgl. als gesetzlich festgelegt gewählt, und wird die Wahl nicht angefochten, so verbleibt es für die Dauer der Amtszeit bei der höheren Mitgliederzahl (BAG 14. 1. 72, AP Nr. 2 zu § 20 BetrVG Jugendvertreter; *DR,* Rn 13; *GK-Kreutz,* Rn 26; *GKSB,* Rn 11). Entsprechendes gilt, wenn irrtümlich weniger BRMitgl. als gesetzlich festgelegt gewählt werden und die Wahl nicht angefochten wird. Nach Ablauf der Anfechtungsfrist kann die richtige Zusammensetzung des BR auch nicht mehr als Vorfrage in einem anderen gerichtlichen Verfahren – etwa einem Kündigungsschutzverfahren – entschieden werden (*GK-Kreutz,* Rn 27).

III. Streitigkeiten

15 Die Größe des zu wählenden BR wird zunächst vom **Wahlvorst.** festgelegt (§ 3 Abs. 2 Nr. 4 WO). Kommt es über dessen Entscheidung zu Streitigkeiten, so sind diese im **arbeitsgerichtlichen Beschlußverfahren** zu entscheiden (§§ 2a, 80ff. ArbGG; vgl. auch § 18 Rn 20ff.).

16 Verstöße gegen die zwingenden Bestimmungen über die Zahl der BRMitgl. können zur **Anfechtung der Wahl** nach § 19 führen, wenn infolge des Verstoßes das Wahlergebnis geändert oder beeinflußt wird und eine Berichtigung nicht möglich ist (vgl. zum letzteren Rn 13). Ein Irrtum über die Zahl der beschäftigten ArbN (z. B. wegen unzutreffender Nichtberücksichtigung von Teilzeitbeschäftigten) ist nur von Belang, wenn die richtige Zahl der ArbN zu einer anderen Größe des BR führen würde. Die Wahl ist bei Zugrundelegung einer unrichtigen Zahl von BRMitgl. in keinem Falle als nichtig anzusehen (BAG 15. 12. 72, AP Nr. 5 zu § 80 ArbGG 1953; BAG 12. 10. 76, AP Nr. 1 zu § 8 BetrVG 1972 und AP Nr. 5 zu § 19 BetrVG 1972).

§ 10 Vertretung der Minderheitsgruppen

(1) **Arbeiter und Angestellte müssen entsprechend ihrem zahlenmäßigen Verhältnis im Betriebsrat vertreten sein, wenn dieser aus mindestens drei Mitgliedern besteht.**

(2) **Die Minderheitsgruppe erhält mindestens bei**

bis zu	**50 Gruppenangehörigen**	**1 Vertreter,**
51 bis	**200 Gruppenangehörigen**	**2 Vertreter,**
201 bis	**600 Gruppenangehörigen**	**3 Vertreter,**
601 bis	**1000 Gruppenangehörigen**	**4 Vertreter,**
1001 bis	**3000 Gruppenangehörigen**	**5 Vertreter,**
3001 bis	**5000 Gruppenangehörigen**	**6 Vertreter,**
5001 bis	**9000 Gruppenangehörigen**	**7 Vertreter,**
9001 bis	**15000 Gruppenangehörigen**	**8 Vertreter,**
über	**15000 Gruppenangehörigen**	**9 Vertreter.**

(3) **Eine Minderheitsgruppe erhält keine Vertretung, wenn ihr nicht mehr als fünf Arbeitnehmer angehören und diese nicht mehr als ein Zwanzigstel der Arbeitnehmer des Betriebs darstellen.**

Inhaltsübersicht

I. Vorbemerkung

1 Die Vorschrift sichert den Schutz der Gruppen der Arb. und Ang. bei der Zusammensetzung des BR. Weitere den Gruppenschutz betreffende Regelungen enthalten § 14 Abs. 2 (Gruppenwahl), § 16 Abs. 1 Satz 5 (Wahlvorst.), § 26 (Vors. des BR und Stellvertr.), §§ 27 Abs. 2 und 28 Abs. 2 (Zusammensetzung des BetrAusschusses und weiterer Ausschüsse des BR), § 29 Abs. 3 Satz 2 (Antragsrecht auf Einberufung einer BRSitzung), § 31 (Antragsrecht auf Hinzuziehung eines Gewerkschaftsbeauftragten), § 35 (Antragsrecht auf Aussetzung eines BRBeschlusses), § 38 Abs. 2 (Berücksichtigung bei der Freistellung), § 47 Abs. 2 und § 55

Abs. 1 (Entsendung in den GesBR und KBR), § 51 Abs. 2 und § 59 (Berücksichtigung der Gruppen im Vorst. und in den Ausschüssen des GesBR bzw. des KBR).

2 Die Regelung des § 10 gilt nicht für die Vertr. der Gruppen im GesBR und im KBR; hier bestehen Sonderregelungen (vgl. § 47 Abs. 2; § 55). Bei der JugAzubiVertr. und der GesJugAzubiVertr. gibt es keinen Gruppenschutz. Für die Bordvertr. und den SeeBR gilt § 10 Abs. 1 und 3 entsprechend (vgl. § 115 Abs. 2, § 116 Abs. 2). Hinsichtlich des Abs. 2 vgl. die Sonderregelungen in § 115 Abs. 2 Nr. 4 und § 116 Abs. 2 Nr. 4.

3 § 10 regelt die Verteilung der Sitze in einem mehrköpfigen BR auf die Gruppen der Arb. und Ang. (§ 6) dahingehend, daß das zahlenmäßige Verhältnis von Arb. und Ang. im Betrieb sich grundsätzlich auch in der Zusammensetzung des BR widerspiegeln soll. Absätze 2 und 3 enthalten Sonderregelungen für die Berücksichtigung der Minderheitsgruppe. Die Vorschrift ist grundsätzlich **zwingend.** Nur in folgenden **Ausnahmefällen** ist eine abweichende Verteilung der BRSitze auf die Gruppen zulässig:

- Nach § 12 Abs. 1 können die Gruppen vor der Wahl in getrennten und geheimen Abstimmungen eine **anderweitige Sitzverteilung** beschließen (Näheres vgl. § 12 Rn 2ff.).
- Ist eine Gruppe **nicht bereit,** sich an der **Wahl zu beteiligen,** so besteht der BR nur aus Vertr. der anderen Gruppe (vgl. § 14 Rn 16).
- Hat eine Gruppe **nicht genügend wählbare ArbN** oder sind nicht genügend Vertr. einer Gruppe zur Übernahme des BRAmtes bereit, so werden die übrigen BRSitze von Vertr. der anderen Gruppe besetzt (vgl. § 9 Rn 11). Dies gilt auch, wenn bei Ausscheiden eines BRMitgl. kein ErsMitgl. der Gruppe, für die es gewählt worden ist, mehr vorhanden ist (vgl. hierzu § 25 Rn 31).

Eine abweichende Verteilung der BRSitze auf die Gruppen durch TV oder BV ist unzulässig (*DR,* Rn 19; *GL,* Rn 2; *GK-Kreutz,* Rn 4).

4 Die gesetzlich vorgeschriebene Verteilung der BRSitze auf die Gruppen gilt sowohl für den Fall der Gruppenwahl als auch der gemeinsamen Wahl (§ 14 Abs. 2) des BR (vgl. §§ 15, 16, 23 Abs. 2 WO; *DR,* Rn 2; *GL,* Rn 1; *HSG,* Rn 7).

4a Entsprechende Vorschrift: § 17 BPersVG 74.

II. Zusammensetzung des Betriebsrats nach Gruppen (Abs. 1)

5 Für die Verteilung der Sitze auf die Arb. und Ang. ist von der Zahl der **Angehörigen jeder Gruppe** auszugehen, die am Tage des Erlasses des Wahlausschreibens (vgl. § 5 Abs. 1 Satz 2 WO) **tatsächlich** dem Betrieb als ArbN angehören (anders für die Größe des BR § 9, der auf die Zahl der „in der Regel" beschäftigten ArbN abstellt, vgl. § 9 Rn 4). Dabei werden bei jeder Gruppe auch die nicht wahlberechtigten Gruppenangehörigen (d.h. jugendl. ArbN) mitgezählt (*DR,* Rn 11; *GL,* Rn 3; *GK-Kreutz,* Rn 10; *HSG,* Rn 9). Zu berücksichtigen sind ferner – entsprechend der Zuordnung zu den Gruppen – die in Heimarbeit Beschäftig-

ten, die in der Hauptsache für den Betrieb arbeiten (vgl. § 6 Rn 16). Nicht mitzuzählen sind jedoch auch hier die leitenden Ang. nach § 5 Abs. 3 (h. M.). Nach Erlaß des Wahlausschreibens eintretende Veränderungen der zahlenmäßigen Zusammensetzung der ArbNschaft des Betriebs bleiben unberücksichtigt (*DR*, Rn 13; *GK-Kreutz*, Rn 9; *HSG*, Rn 9).

Die Verteilung der Sitze auf die Gruppen erfolgt nach den **Grundsätzen der Verhältniswahl** (Höchstzahlensystem; vgl. hierzu § 14 Rn 27). Der Wahlvorst. hat die Zahlen der im Betrieb beschäftigten Arb. und Ang. nebeneinander zu stellen und durch 1, 2, 3, 4 usw. zu teilen. Er hat diese Teilung so lange durchzuführen, als Höchstzahlen entstehen, die noch für die Zuweisung von Sitzen im BR in Frage kommen. Jede Gruppe erhält soviel Sitze, wie Höchstzahlen auf sie entfallen (§ 5 Abs. 1, Abs. 2 Satz 1 und 2 WO). 6

Beispiel:
Ein Betrieb hat 131 ArbN, davon 109 Arb. und 22 Ang. Der BR besteht aus 5 Mitgl. (§ 9 BetrVG).
Der Wahlvorst. rechnet wie folgt:

	109 Arbeiter		22 Angestellte
:1	109	:1	22
:2	54½	:2	11
:3	36⅓		
:4	27¼		
:5	21⅘		

Die 5 höchsten Teilzahlen sind: 109, 54½, 36⅓, 27¼, 22.
Davon entfallen 4 Höchstzahlen auf die Arb., 1 auf die Ang. Der BR besteht also aus 4 Vertr. der Arb. und 1 Vertr. der Ang.

Fällt die niedrigste noch zu berücksichtigende Höchstzahl auf beide Gruppen, so entscheidet das **Los** (§ 5 Abs. 2 Satz 3 WO). Gleiches gilt, wenn beiden Gruppen gleichviele ArbN angehören (§ 5 Abs. 4 WO). 7

Zur Möglichkeit, daß jede Gruppe auch ArbN der anderen Gruppe wählen kann, die dann als Angehörige der Gruppe gelten, die sie gewählt hat, vgl. § 12 Abs. 2 und dort Rn 13ff. 8

III. Mindestvertretung der Minderheitsgruppe (Abs. 2)

§ 10 Abs. 2 begünstigt die **Minderheitsgruppe,** indem ihr eine bestimmte Zahl von Sitzen garantiert wird, auch für den Fall, daß sie nach dem Höchstzahlensystem völlig ausfiele oder nur eine geringere Zahl von Sitzen erhielte. Minderheitsgruppe ist diejenige Gruppe (der Arb. oder der Ang.), die am Tage des Erlasses des Wahlausschreibens durch weniger Gruppenangehörige (einschließlich der nichtwahlberechtigten jugendlichen ArbN) im Betrieb vertreten ist als die andere Gruppe. 9

Wegen Vertretungslosigkeit einer Minderheitsgruppe siehe Abs. 3 (vgl. unten Rn 11, aber auch oben Rn 3).

Für die Ermittlung der Sitze der Minderheitsgruppe im BR wird zu- 10 nächst das Berechnungsverfahren nach Abs. 1 (vgl. Rn 5ff.) durchgeführt und das Ergebnis dieser Berechnung hinsichtlich der Minderheitsgruppe mit der Tabelle in § 10 Abs. 2 verglichen. Ergibt sich danach, daß die Minderheitsgruppe nach dem Höchstzahlensystem weniger Sitze hat, als § 10 Abs. 2 vorschreibt, so bestimmt sich die Anzahl der Sitze der Minderheitsgruppe nach der Tabelle des Abs. 2 (vgl. § 5 Abs. 3 WO); die Sitzzahl der Mehrheitsgruppe verringert sich entsprechend.

Beispiel:

Ein Betrieb beschäftigt am Tage des Erlasses des Wahlausschreibens 530 Arb. und 56 Ang. Der BR besteht nach § 9 aus 9 Mitgl. Die Berechnung nach Abs. 1 ergibt:

530 Arbeiter	56 Angestellte
:1 = 530	:1 = 56
:2 = 265	
:3 = 176⅔	
:4 = 132½	
:5 = 106	
:6 = 88⅓	
:7 = 75 5/7	
:8 = 66¼	
:9 = 58 8/9	

Nach dem Höchstzahlensystem würden alle 9 Sitze der ArbGruppe zufallen. Nach der Tabelle in § 10 Abs. 2 stehen der Minderheitsgruppe bei mehr als 51 Gruppenangehörigen jedoch mindestens 2 Sitze zu. Demnach besteht der BR aus 7 Vertr. der Arb. und 2 Vertr. der Ang.

IV. Gruppen ohne Vertretung (Abs. 3)

11 Eine Gruppe erhält **keine Vertretung** im BR, so daß der BR nur aus Vertr. der Mehrheitsgruppe besteht, wenn

- ihr **nicht mehr als 5 ArbN** (ohne Rücksicht auf die Wahlberechtigung und Wählbarkeit) angehören **und**
- diese 5 oder weniger ArbN **nicht mehr als ein Zwanzigstel** der ArbN des Betriebs darstellen.

Nur wenn **beide Voraussetzungen** vorliegen, erhält die Minderheitsgruppe keine Vertretung (*DR,* Rn 7; *GL,* Rn 8; *GKSB,* Rn 9; *HSG,* Rn 13; **a. A.** *Brecht,* Rn 10). Eine Minderheitsgruppe von fünf ArbN ist daher in einem Betrieb mit bis zu 99 ArbN noch vertretungsberechtigt, da insoweit fünf ArbN stets mehr als ein Zwanzigstel der ArbN darstellen. Umfaßt die Minderheitsgruppe sechs oder mehr ArbN, so steht ihr in jedem Fall eine Vertr. im BR zu; das Verhältnis zur GesamtArbNZahl ist in diesem Fall ohne Bedeutung (*GK-Kreutz,* Rn 18; *GKSB,* Rn 10; *Richardi,* DB 72, 486; unrichtig *HSG,* Rn 13, die hierfür bereits fünf ArbN der Minderheitsgruppe ausreichen lassen).

12 Eine praktische Beschränkung ergibt sich für die Vertretung der Minderheitsgruppe im BR im Falle der Gruppenwahl aus § 14 Abs. 6 S. 1

Halbs. 2. Nach dieser Vorschrift muß bei Kleingruppen ein Wahlvorschlag von mindestens 2 wahlberechtigten Gruppenangehörigen unterzeichnet sein. Eine Minderheitsgruppe, die nicht mindestens 2 wahlberechtigte ArbN umfaßt (z. B. 1 wahlberechtigten und 6 jugendliche ArbN) kann daher nicht im BR vertreten sein (so zum früher erforderlichen Unterschriftenquorum von mindestens 3 wahlberechtigten Gruppenangehörigen ebenso *GK-Kreutz,* Rn 20; *Brecht,* Rn 11; *Schneider,* Rn 21; **a. M.** *DR,* Rn 8, *GL,* Rn 10, *HSG,* Rn 14, die in diesem Falle einen Wahlvorschlag auch mit weniger als den gesetzlich vorgeschriebenen Unterschriften als gültig ansehen).

Die Regelung des Abs. 3 ist **zwingend** und läßt es nicht zu, daß ein Angehöriger der nicht vertretungsberechtigten Minderheitsgruppe gleichwohl als deren Gruppenvertreter gewählt wird. Wohl kann ein Angehöriger dieser Minderheitsgruppe als gruppenfremder Vertreter der Mehrheitsgruppe nach § 12 Abs. 2 gewählt werden. Er hat in diesem Falle jedoch nicht die Stellung eines Vertr. der Minderheitsgruppe (vgl. § 12 Abs. 2 S. 2) und ist folglich insoweit z. B. nicht gem. § 27 Abs. 2 S. 2 bei der Besetzung des BetrAusschusses zu berücksichtigen (*DR,* Rn 10; *GL,* Rn 8; *HSG,* Rn 15). **13**

Erhält die Minderheitsgruppe nach Abs. 3 oder aus den Gründen der Rn 12 keine Vertretung, so bedeutet dies jedoch nicht, daß die Angehörigen dieser Gruppe auch vom aktiven und passiven Wahlrecht ausgeschlossen sind. In diesem Falle ist vielmehr der BR in **gemeinsamer Wahl** zu wählen (*DR.,* Rn 10; *GK-Kreutz,* Rn 21 f.; *HSG,* Rn 15, 17; *GKSB,* Rn 11). Wird auch ein ArbN der Minderheitsgruppe gewählt, so hat dieser jedoch nicht die Stellung eines Gruppenvertreters. **14**

Dies gilt jedoch nur für den Fall der Vertretungslosigkeit der Minderheitsgruppe aus den in den Rn 11 und 12 aufgeführten Gründen. Ist eine Gruppe, obwohl ihr wählbare ArbN angehören, **nicht bereit,** sich an der Wahl zu beteiligen, so wird der BR in der nach § 9 maßgebenden Größe **nur mit Vertr. der Mehrheitsgruppe besetzt,** ohne daß bei deren Wahl die ArbN der Minderheitsgruppe mitwirken (*DR,* Rn 20; *GK-Kreutz,* Rn 24; *GL,* Rn 9; vgl. BAG 11. 4. 58, AP Nr. 1 zu § 6 WO; BAG 20. 10. 54, AP Nr. 1 zu § 25 BetrVG). **14a**

V. Streitigkeiten

Verstöße gegen zwingende Bestimmungen über die Verteilung der BRSitze können zur **Anfechtung der Wahl** (§ 19) führen, wenn durch die Verstöße das Wahlergebnis beeinflußt wurde und eine Berichtigung des Wahlergebnisses nicht möglich ist. **15**

Die Verteilung der Sitze auf die Gruppen ist in erster Linie Aufgabe des Wahlvorst. Im Streitfall entscheiden die **ArbG im BeschlVerf.** (§§ 2a, 80 ff. ArbGG; vgl. auch § 18 Rn 20 ff.). **16**

§ 11 Ermäßigte Zahl der Betriebsratsmitglieder

Hat ein Betrieb nicht die ausreichende Zahl von wählbaren Arbeitnehmern, so ist die Zahl der Betriebsratsmitglieder der nächstniedrigeren Betriebsgröße zugrunde zu legen.

Inhaltsübersicht

I. Vorbemerkung

1 Die Vorschrift läßt in Ausnahmefällen eine von § 9 abweichende BRGröße zu und stellt damit sicher, daß die Bildung eines BR nicht an einer zu geringen Zahl wählbarer ArbN scheitert. Die Regelung gilt für die BordVertr. und den SeeBR entsprechend (vgl. § 115 Abs. 2, § 116 Abs. 2). Sie gilt jedoch nicht für den GesBR, den KBR, die JugAzubiVertr. und die GesJugAzubiVertr. Sie gilt ferner nicht für Gruppenvertr. nach § 10 und ist auf sie auch nicht entsprechend anzuwenden. Sind nicht genügend wählbare Angehörige einer Gruppe vorhanden und wird auch nicht nach § 12 Abs. 2 verfahren, so wachsen die der Gruppe zustehenden, jedoch von ihr nicht genutzten Sitze der anderen Gruppe zu (*DR,* Rn 9; *GL,* Rn 13; *GK-Kreutz,* Rn 12; *HSG,* Rn 10).

2 Die Vorschrift ist **zwingend.** Sie kann auch durch TV oder BV nicht abgedungen werden. Insbesondere kann nicht die Wahl eines BR mit gerader Sitzzahl oder die Wahl nicht wählbarer ArbN vereinbart werden.

2a Das BPersVG 74 und das SprAuG enthalten keine entsprechende Vorschrift.

II. Zurückgehen auf die nächstniedrige Betriebsgröße

3 Das Zurückgehen auf die Zahl der BRSitze, die sich bei der nächstniedrigen Betriebsgröße ergeben würde, setzt voraus, daß **am Tage des Erlasses des Wahlausschreibens** nicht die ausreichende Zahl von ArbN im Betrieb beschäftigt ist, die die Voraussetzungen des § 8 erfüllen (vgl. hierzu § 8 Rn 4ff.).

4 Als **ausreichend** ist die Zahl anzusehen, die nach § 9 für die Zusammensetzung des BR vorgesehen ist. Ausreichend ist demnach die Zahl dann, wenn mindestens ebensoviel wählbare ArbN im Betrieb beschäftigt sind, wie BRMitgl. zu wählen sind. Die Vorschrift des § 6 Abs. 3 WO, nach dem jeder Wahlvorschlag mindestens doppelt so viele Bewerber aufweisen soll, wie BRMitgl. zu wählen sind, ist als bloße Sollvorschrift insoweit ohne Bedeutung. Allerdings müssen mindestens drei wählbare ArbN vorhanden sein, da sonst der Betrieb nicht betriebsratspflichtig ist (vgl. § 1 Rn 153f.).

Sind nicht genügend wählbare ArbN vorhanden, so ist auf die Zahl der BRMitgl. der **nächstniedrigen Betriebsgröße** gem. der Staffelung in § 9 zurückzugehen. Nicht zulässig ist die Festlegung einer BRGröße außerhalb der Staffel des § 9, auch wenn mehr wählbare ArbN vorhanden sind, als der nächstniedrigeren BRGröße entspricht. Hat z. B. ein Betrieb mit 51 wahlberechtigten ArbN nur vier wählbare ArbN, so ist nicht ein BR mit vier Mitgl., sondern ein dreiköpfiger BR zu wählen (*DR,* Rn 3; *GL,* Rn 6; BAG 11. 4. 58, AP Nr. 1 zu § 6 WO). Reicht auch diese Zahl nicht aus, so muß man so lange auf die Zahl der BRMitgl. der weiteren nächstniedrigeren Betriebsgrößen zurückgehen, bis die entsprechende Zahl von BRSitzen voll besetzt werden kann (h. M.). 5

Die Zugrundelegung der jeweils nächstniedrigeren Betriebsgröße ist **verbindlich,** so daß die sich aus ihr ergebende Zahl der BRMitgl. maßgebend ist. Sie gilt bis zur nächsten BRWahl als gesetzliche Zahl der BRMitgl. Eine Nachwahl, um die ursprünglich maßgebende Zahl der BRMitgl. zu erreichen, ist nicht zulässig (*DR,* Rn 5; *GL,* Rn 9; *GK-Kreutz,* Rn 9; *GKSB,* Rn 3). 6

III. Sinngemäße Anwendung bei Mangel an Wahlbewerbern

Seinem Wortlaut nach regelt § 11 nur den Fall, daß nicht genügend ArbN vorhanden sind, die objektiv die Voraussetzungen der Wählbarkeit (§ 8) erfüllen. Daß der wählbare ArbN auch zur Übernahme des Amts bereit ist, wird für die Anwendung des § 11 nicht gefordert. Stellt sich allerdings heraus, daß ein BR unter Zugrundelegung der Zahl der objektiv wählbaren ArbN in dieser Stärke nach § 9 Abs. 1 nicht gebildet werden kann, weil zu viele von ihnen nicht bereit sind, ein BRAmt zu übernehmen, so ist § 11 **sinngemäß anzuwenden** und auf eine Betriebsgröße zurückzugehen, die die Besetzung des BR mit zur Übernahme des Amts bereiten wählbaren ArbN gestattet (*DR,* Rn 6f.; *GL,* Rn 12; *HSG,* Rn 7f.; *Weiss,* Rn 2; **a. A.** *GK-Kreutz,* Rn 11). Sind z. B. in einem Betrieb mit 21 wahlberechtigten ArbN zwar genügend wählbare ArbN vorhanden, aber nur einer oder zwei zur Übernahme des BRAmtes bereit, so ist ein einköpfiger BR zu wählen (BAG 11. 4. 58, AP Nr. 1 zu § 6 WO; wegen der Befugnisse dieses BR vgl. § 9 Rn 6). Gleiches gilt, wenn trotz ordnungsgemäßen Wahlausschreibens die Vorschlagslisten nicht ausreichend Kandidaten enthalten oder wenn bei Mehrheitswahl nicht so viele Wahlbewerber, wie der BR Mitgl. haben sollte, wenigstens eine Stimme erhalten haben (vgl. § 23 WO Rn 4; *DR,* Rn 8; *HSG,* Rn 9; **a. A.** *GK-Kreutz,* Rn 11; *GL,* § 23 WO Rn 3). 7

Vorstehendes gilt jedoch nicht für den Fall, daß nicht die erforderliche Zahl von **Gruppenvertr. die Wahl annehmen.** In diesem Falle sind die von Gruppenvertr. nicht besetzten BRSitze mit gewählten Vertr. der anderen Gruppe zu besetzen (vgl. oben Rn 1). 7a

IV. Streitigkeiten

8 Entsteht Streit über die Größe des BR nach § 11 in Verbindung mit § 9, so entscheidet das **ArbG im BeschlVerf.** (§§ 2a, 80ff. ArbGG). Bei unrichtiger Anwendung des § 11 kann die Wahl nach § 19 **anfechtbar** sein.

§ 12 Abweichende Verteilung der Betriebsratssitze

(1) **Die Verteilung der Mitglieder des Betriebsrats auf die Gruppen kann abweichend von § 10 geregelt werden, wenn beide Gruppen dies vor der Wahl in getrennten und geheimen Abstimmungen beschließen.**

(2) **Jede Gruppe kann auch Angehörige der anderen Gruppe wählen. In diesem Fall gelten die Gewählten insoweit als Angehörige derjenigen Gruppen, die sie gewählt hat. Dies gilt auch für Ersatzmitglieder.**

Inhaltsübersicht

I. Vorbemerkung

1 Diese Vorschrift lockert die starre Aufteilung der BRSitze auf die Gruppen nach § 10 auf, indem sie sowohl eine abweichende Verteilung der Sitze des BR auf die Gruppen als auch die Wahl von Angehörigen der anderen Gruppe ermöglicht. Die Vorschrift gilt für die Bordvertr. und den SeeBR entsprechend (vgl. § 115 Abs. 2, § 116 Abs. 2); sie gilt nicht für den GesBR, den KBR, die JugAzubiVertr. und die GesJugAzubiVertr.

1a Entsprechende Vorschrift: § 18 BPersVG 74.

II. Anderweitige Verteilung der Mitglieder des Betriebsrats auf die Gruppen

2 § 12 Abs. 1 regelt die Möglichkeit, von der in § 10 vorgeschriebenen Verteilung der aus den §§ 9 und 11 ersichtlichen Zahl der BRSitze auf die Arb. und Ang. abzuweichen. Dabei muß **positiv geregelt** werden, wie statt dessen die Sitze auf die Arb. und Ang. verteilt werden sollen. Auch ein Unterschreiten der in § 10 Abs. 2 vorgeschriebenen Mindestzahlen der Gruppenvertreter ist zulässig. Abs. 1 gestattet jedoch lediglich eine anderweitige Verteilung der BRSitze auf die Gruppen, nicht die

Festlegung einer anderweitigen BRGröße (*DR,* Rn 4; *GL,* Rn 4; *GK-Kreutz,* Rn 5; *HSG,* Rn 2). Die anderweitige Verteilung gilt unabhängig davon, ob der BR in Gruppen- oder in Gemeinschaftswahl gewählt wird.

Die abweichende Regelung darf **nicht auf einen völligen Ausschluß einer Gruppe** von der Vertretung im BR hinauslaufen, da es sich dann nicht mehr um eine Verteilung der BRSitze auf die Arb. und die Ang. handelt. Ein völliger Ausschluß einer Gruppe von der Vertretung im BR ist nur unter den Voraussetzungen des § 10 Abs. 3 oder bei Wahlmündigkeit der Gruppe (vgl. § 10 Rn 2 und 11 ff.) zulässig (*DR,* Rn 6; *GL,* Rn 4; *GK-Kreutz,* Rn 10; *HSG,* Rn 4; *Schneider,* Rn 1). Auch eine Verschärfung der Voraussetzungen des § 10 Abs. 3, unter denen eine Gruppe keinen Anspruch auf Vertretung hat, ist nicht zulässig (*DR,* Rn 7; *GK-Kreutz,* Rn 9). 3

Das Gesetz sagt nichts darüber aus, von wem die **Initiative** für eine abweichende Regelung ausgehen kann. Daher steht es sowohl jedem ArbN als auch einer im Betrieb vertretenen Gewerkschaft (insoweit **a. A.** *GL,* Rn 7; *HSG,* Rn 14) frei, eine Regelung nach § 12 Abs. 1 anzuregen (*DR,* Rn 9; *GK-Kreutz,* Rn 15; *Weiss,* Rn 2). In diesem Fall besteht ein Zutrittsrecht der Gewerkschaften zum Betrieb nach § 2 Abs. 2. Die Anregung kann auch vom Wahlvorstand ausgehen. Eine entsprechende Initiative des ArbGeb. ist dagegen unzulässig, da dieser nach der gesamten Konzeption des BetrVG keinen Einfluß auf die Durchführung der Wahl des BR hat (*GL,* Rn 8; *GKSB,* Rn 3; *HSG,* Rn 14; **a. A.** *DR,* Rn 9; *GK-Kreutz,* Rn 14; vgl. auch § 17 Rn 9). 4

Im Hinblick auf die amtliche Stellung und die Unparteilichkeit des **Wahlvorstands** ist dieser zwar nicht verpflichtet (**a. A.** *GK-Kreutz,* Rn 17), jedoch befugt, die Abstimmung nach § 12 Abs. 1 durchzuführen, wenn feststeht, daß im Betrieb vorhandene Kräfte in beiden Gruppen oder die in diesen Gruppen vertretene Gewerkschaft das Vorhaben nachhaltig unterstützen (*DR,* Rn 9; *GL,* Rn 9). Das schließt nicht aus, daß auch andere ArbN die Abstimmung durchführen können, insbesondere wenn der Wahlvorstand untätig bleibt. 5

Über die beabsichtigte abweichende Regelung der Verteilung der BRSitze ist **in beiden Gruppen getrennt** und **geheim** abzustimmen. Dies bedingt eine förmliche Stimmabgabe, d. h. die Verwendung von Stimmzetteln, wobei die geheime Stimmabgabe nach Gruppen getrennt durchzuführen ist. Auch eine schriftliche Stimmabgabe ist zulässig (*DR,* Rn 11; *GL,* Rn 11; vgl. auch § 14 Rn 18). Die nötigen organisatorischen Maßnahmen sind von den die Abstimmung durchführenden ArbN, gegebenenfalls vom Wahlvorst. zu treffen. Die Abstimmungen müssen vor der Wahl, d. h. **vor Erlaß des WA** durchgeführt werden. Letzteres folgt daraus, daß nach § 3 Abs. 2 Nr. 4 WO das WA angeben muß, wie sich die BRSitze auf die Gruppen verteilen, und daß die WO – im Gegensatz zur Abstimmung nach § 14 Abs. 2 über die gemeinsame Wahl (vgl. § 6 Abs. 2 WO) – keine Vorschrift enthält, die die Abstimmung nach § 12 noch nach Erlaß des WA zuläßt (*GL,* Rn 13; *HSG,* Rn 9; **a. A.** *DR,* Rn 12; *GK-Kreutz,* Rn 25; *Schneider,* Rn 5). 6

7 Die Abstimmungen der Gruppen brauchen **nicht gleichzeitig** zu erfolgen. Hat eine Gruppe eine anderweitige Verteilung der Sitze bereits abgelehnt, erübrigt sich die Abstimmung der anderen Gruppe. Aus diesem Grunde dürfte es im allgemeinen zweckmäßig sein, zunächst nur eine Abstimmung der kleineren Gruppen durchzuführen (ebenso *GK-Kreutz,* Rn 22).

8 Die erforderlichen **Kosten der Abstimmung** trägt der ArbGeb. (vgl. § 20 Abs. 3), da die Abstimmung Teil der BRWahl ist. Aus diesem Grunde ist die Abstimmung während der Arbeitszeit durchzuführen (*DR,* Rn 18; *HSG,* Rn 16; *Schneider,* Rn 10; einschränkend *GK-Kreutz,* Rn 22). Die Teilnahme an der Abstimmung führt nicht zu einer Minderung des Arbeitsentgelts (vgl. § 20 Rn 30).

9 **Abstimmungsberechtigt** sind alle am Abstimmungstag im Betrieb beschäftigten Gruppenangehörigen ohne Rücksicht auf ihre Wahlberechtigung, d. h. also auch die jugendlichen ArbN. Im Gegensatz zu § 14 Abs. 2 beschränkt § 12 Abs. 1 den Kreis der Abstimmungsberechtigten nicht auf die Wahlberechtigten. Aus diesem Grunde können die Abstimmungen nach § 12 Abs. 1 und nach § 14 Abs. 2 nicht in einem Wahlgang stattfinden, wenn im Betrieb auch ArbN beschäftigt sind, die nicht wahlberechtigt (§ 7) sind (*DR,* Rn 3; *GL,* Rn 3 und 10).

10 Der Beschluß bedarf der **Beteiligung** der Mehrheit aller Gruppenangehörigen in beiden Gruppen und muß in beiden Gruppen mit der **Mehrheit der Abstimmenden** gefaßt werden. Die vom BAG (Beschlüsse vom 7. 7. 54, AP Nr. 1 und 2 zu § 13 BetrVG) zu § 13 Abs. 2 BetrVG 52 (jetzt § 14 Abs. 2) entwickelte Rechtsprechung ist mit der Maßgabe anzuwenden, daß für die Beurteilung der erforderlichen Mehrheiten in beiden Gruppen nicht die Zahl der Wahlberechtigten, sondern die der Gruppenangehörigen schlechthin maßgebend ist (ebenso *GL,* Rn 12; *GK-Kreutz,* Rn 24; *Weiss,* Rn 2; **a. A.** *DR,* Rn 16, *HSG,* Rn 10 und *Stege/Weinspach,* Rn 1, die eine absolute Mehrheit in beiden Gruppen fordern; demgegenüber wollen *GKSB,* Rn 8, die einfache Mehrheit in den beiden Gruppen ausreichen lassen. Näheres vgl. § 14 Rn 22).

11 Die **Beschlüsse beider Gruppen** müssen **inhaltlich übereinstimmen,** andernfalls ist eine anderweitige Sitzverteilung nicht beschlossen (*DR,* Rn 5; *GL,* Rn 11).

12 Die beschlossene Sitzverteilung gilt nur für die bevorstehende BRWahl, hat also **keine Dauerwirkung** (*DR,* Rn 17; *GL,* Rn 14; *GK-Kreutz,* Rn 27). Sie gilt auch nicht weiter im Falle einer vorzeitigen Neuwahl nach § 13 Abs. 2 Nr. 1 bis 3 und 5. Findet allerdings keine Neuwahl, sondern lediglich eine Wiederholung der Wahl statt (so bei einer wirksam angefochtenen oder nichtigen Wahl), so ist eine erneute Abstimmung nicht erforderlich, es sei denn, die Vorabstimmung selbst war rechtsfehlerhaft (*DR,* Rn 17; *GL,* Rn 14; *GKSB,* Rn 4; *HSG,* Rn 17).

III. Wahl von Arbeitnehmern der anderen Gruppe

Für eine Gruppe können als Vertreter im BR Angehörige der anderen Gruppe auch dann gewählt werden, wenn genügend wählbare ArbN der eigenen Gruppe vorhanden sind. 13

Das Gesetz beschränkt die Möglichkeit der Wahl gruppenfremder Bewerber nicht auf die Gruppenwahl. Wie sich aus Abs. 2 Satz 2 ergibt (vgl. hierzu Rn 16), ist allerdings erforderlich, daß die gruppenfremde Kandidatur eines Wahlbewerbers eindeutig feststeht. Bei Gruppenwahl wird dies durch die Aufnahme eines gruppenfremden Bewerbers in den Wahlvorschlag der betreffenden Gruppe klar dokumentiert. Aber auch bei einer gemeinsamen Wahl ist eine solche Zuordnung eines Wahlbewerbers zur anderen Gruppe dann zulässig, wenn sich sowohl aus dem Wahlvorschlag als auch aus dem Stimmzettel eindeutig ergibt, daß der Wahlbewerber für die andere Gruppe kandidiert. Aus diesem Grunde ist die Wahl gruppenfremder Bewerber nicht nur bei **Gruppenwahl,** sondern bei einer entsprechenden eindeutigen Kenntlichmachung der gruppenfremden Kandidatur auch bei **gemeinsamer Wahl** möglich (vgl. *GKSB,* Rn 14; *Stege/Weinspach,* Rn 4; *Schneider,* Rn 20; *Weiss,* Rn 2; *Geiger,* ArbuR 80, 77; **a. A.** *DR,* Rn 20; *GL,* Rn 15; *GK-Kreutz,* Rn 31; *HSG,* Rn 18; BAG 20. 10. 54, AP Nr. 1 zu § 76 BetrVG; ferner BVerwG, AP Nr. 1 zu § 14 PersVG, dessen Entscheidung allerdings durch die Neufassung des § 19 Abs. 6 BPersVG überholt ist). 14

Der gruppenfremde Bewerber muß bei Gruppenwahl in einen **Wahlvorschlag der Gruppe** aufgenommen werden, für die er kandidiert. Er kann diesen Wahlvorschlag jedoch nicht unterzeichnen, sondern nur einen Wahlvorschlag seiner eigenen Gruppe. Auch wählt er selbst bei seiner Gruppe (*GK-Kreutz,* Rn 33). 15

Der in den BR gewählte gruppenfremde ArbN gilt für die Dauer seiner Mitgliedschaft im BR „insoweit", d. h. hinsichtlich seiner Funktionen und seiner Stellung im BR, (nicht in anderen Funktionen wie z. B. Mitgliedschaft im Wahlvorst. oder im Aufsichtsrat), **als Angehöriger der anderen Gruppe,** die ihn gewählt hat, und ist als Vertr. dieser Gruppe zu zählen. Er kann deshalb z. B. nur als Vertr. der anderen Gruppe zum Vors. des BR (§ 26 Abs. 1, vgl. BAG 6. 7. 56, AP Nr. 4 zu § 27 BetrVG) oder zum Mitgl. des BetrAusschusses oder eines anderen Ausschusses des BR (§§ 27 Abs. 2, 28 Abs. 2) gewählt oder in den GesBR oder den KBR entsandt werden und zählt bei einem Aussetzungsantrag nach § 35 als Vertr. der anderen Gruppe (*DR,* Rn 22; *GL,* Rn 17f.; *GK-Kreutz,* Rn 32; *HSG,* Rn 20). Dagegen bleibt seine arbeitsrechtliche Stellung unverändert, z. B. bleibt der von den Arb. gewählte Ang. arbeitsrechtlich Ang. und unterliegt auch weiterhin den für die Ang. des Betriebs maßgebende Vorschriften und Arbeitsbedingungen. 16

Die Ausführungen in den Rn 13 bis 16 gelten auch für **ErsMitgl.** Danach rückt ein gruppenfremder Wahlbewerber, der bei der Wahl nicht die für einen BRSitz erforderliche Zahl der Stimmen erhalten hat, nach § 25 für die Gruppe nach, für die er als Kandidat aufgestellt war, 17 sobald er nach den für den Eintritt der ErsMitgl. maßgebenden Vorschriften an der Reihe ist (vgl. hierzu § 25 Rn 21 ff).

18 **Wechselt** ein BRMitgl. oder ErsMitgl. während der Amtszeit **die Gruppe,** so berührt das gemäß § 24 Abs. 2 die gruppenmäßige Zuordnung seines betriebsverfassungsrechtlichen Mandats bzw. seiner Anwartschaft als ErsMitgl. nicht (Näheres vgl. § 24 Rn 32).

IV. Streitigkeiten

19 Verstöße gegen § 12, insbesondere die Fehlerhaftigkeit oder die Nichtbeachtung von Beschlüssen der Gruppen gemäß Abs. 1, können eine **Wahlanfechtung** (§ 19) rechtfertigen. Streitigkeiten über eine Abstimmung nach Absatz 1 können auch selbständig während des Wahlverfahrens – ggfs. durch einstweilige Verfügung – gerichtlich ausgetragen werden (vgl. § 18 Rn 20ff.).

20 Streitigkeiten, die sich aus § 12 ergeben, sind von den **ArbG im BeschlVerf.** zu entscheiden (§§ 2a, 80ff. ArbGG).

§ 13 Zeitpunkt der Betriebsratswahlen

(1) **Die regelmäßigen Betriebsratswahlen finden alle vier Jahre in der Zeit vom 1. März bis 31. Mai statt. Sie sind zeitgleich mit den regelmäßigen Wahlen nach § 5 Abs. 1 des Sprecherausschußgesetzes einzuleiten.**

(2) **Außerhalb dieser Zeit ist der Betriebsrat zu wählen, wenn**

1. **mit Ablauf von 24 Monaten, vom Tage der Wahl an gerechnet, die Zahl der regelmäßig beschäftigten Arbeitnehmer um die Hälfte, mindestens aber um fünfzig, gestiegen oder gesunken ist,**
2. **die Gesamtzahl der Betriebsratsmitglieder nach Eintreten sämtlicher Ersatzmitglieder unter die vorgeschriebene Zahl der Betriebsratsmitglieder gesunken ist,**
3. **der Betriebsrat mit der Mehrheit seiner Mitglieder seinen Rücktritt beschlossen hat,**
4. **die Betriebsratswahl mit Erfolg angefochten worden ist,**
5. **der Betriebsrat durch eine gerichtliche Entscheidung aufgelöst ist oder**
6. **im Betrieb ein Betriebsrat nicht besteht.**

(3) **Hat außerhalb des für die regelmäßigen Betriebsratswahlen festgelegten Zeitraums eine Betriebsratswahl stattgefunden, so ist der Betriebsrat in dem auf die Wahl folgenden nächsten Zeitraum der regelmäßigen Betriebsratswahlen neu zu wählen. Hat die Amtszeit des Betriebsrats zu Beginn des für die regelmäßigen Betriebsratswahlen festgelegten Zeitraums noch nicht ein Jahr betragen, so ist der Betriebsrat in dem übernächsten Zeitraum der regelmäßigen Betriebsratswahlen neu zu wählen.**

Inhaltsübersicht

I. Vorbemerkung

Die Vorschrift regelt den Zeitpunkt der BRWahlen. Sie schreibt in Abs. 1 für die Durchführung der regelmäßigen BRWahlen einen festen Vierjahres-Rhythmus (jeweils im Zeitraum vom 1. März bis 31. Mai) vor. Abs. 2 regelt die Fälle, in denen außerhalb des in Abs. 1 genannten Zeitraums BRWahlen stattfinden. Durch Abs. 3 wird der Anschluß einer außerhalb des regelmäßigen Wahlzeitraums durchgeführten BRWahl an die Wahlzeiträume der regelmäßigen BRWahlen sichergestellt. 1

Durch das **Änderungsgesetz 1989** ist die regelmäßige Amtszeit des BR von bisher drei auf nunmehr vier Jahre verlängert worden (vgl. § 21 Rn 15). In Anpassung an diese Änderung ist in Abs. 1 S. 1 der bisherige Dreijahres-Rhythmus für die regelmäßigen BRWahlen auf einen Vierjahres-Rhythmus umgestellt worden. Außerdem ist Abs. 2 Nr. 1 dahingehend angepaßt worden, daß als maßgebender Stichtag für die Notwendigkeit einer Neuwahl des BR wegen Veränderung der Belegschaftsstärke nicht mehr der Ablauf von 18, sondern von 24 Monaten nach der Wahl festgelegt wird. 1a

Durch Art. 2 des G vom 20. 12. 1988 (BGBl I, S. 2316) ist eine gesetzliche Regelung der Sprecherausschüsse für leitende Ang. erfolgt. Die Amtszeit dieser Sprecherausschüsse und der Zeitpunkt ihrer Wahlen entsprechen den für die BR geltenden Regelungen (vgl. § 5 SprAuG). Dies gilt insbesondere auch hinsichtlich der Wahlzeiträume für die regelmäßigen Wahlen des Sprecherausschusses. Um die notwendige Abgrenzung der für den BR und für den Sprecherausschuß jeweils wahlberechtigten ArbN vornehmen und insbesondere das Zuordnungsverfahren für leitende Ang. nach § 18a vor den Wahlen durchführen zu können, schreibt der neue Abs. 1 S. 2 vor, die regelmäßigen BRWahlen zeitgleich mit den regelmäßigen Wahlen des Sprecherausschusses für leitende Ang. einzuleiten. Eine entsprechende Verpflichtung enthält § 5 Abs. 1 S. 2 SprAuG für die Einleitung der regelmäßigen Wahlen des Sprecherausschusses. 1b

Die gesetzlichen Neuregelungen über den Zeitpunkt für die regelmäßigen BRWahlen und die Verpflichtung zur gleichzeitigen Einleitung der regelmäßigen Wahlen zum BR und zum Sprecherausschuß gelten erstmals für die regelmäßigen Wahlen im Jahre 1990 (vgl. § 125 Abs. 3). 1c

Die Vorschrift gilt entsprechend für die Wahl des SeeBR (vgl. § 116 2

Abs. 2). Sonderregelungen bestehen für den Zeitpunkt der Wahl der JugAzubiVertr. (vgl. § 64 Abs. 1) und der BordVertr. (vgl. § 115 Abs. 2 Nr. 5). Die Vorschrift ist nicht auf den GesBR und den KBR anwendbar. Sie hat aber insoweit praktische Bedeutung für diese Gremien, als diese nach Durchführung der BRWahlen regelmäßig neu zu besetzen sind.

3 Die Vorschrift ist **zwingend** und kann weder durch TV noch durch BV abgeändert werden. Ihre Geltung kann allerdings durch TV nach § 3 Abs. 1 Nr. 2 für die dort ermöglichte anderweitige Vertr. der ArbN ausgeschlossen werden, wenn dies die Eigenart der vom TV erfaßten Betriebe bedingt. Auf die zusätzlichen ArbNVertr. nach § 3 Abs. 1 Nr. 1 findet sie keine Anwendung; der Zeitpunkt ihrer Wahl bleibt der tarifvertraglichen Regelung überlassen.

3a Entsprechende Vorschriften: § 27 BPersVG 74 und § 5 Abs. 1 bis 3 SprAuG.

II. Regelmäßige Betriebsratswahlen

4 Durch das BetrVG 1972 ist erstmals ein fester Zeitraum für die Durchführung der regelmäßigen BRWahlen vorgeschrieben worden. Entsprechend der bisher geltenden dreijährigen Amtszeit hatten die regelmäßigen Wahlen für alle Betriebe grundsätzlich einheitlich alle drei Jahre und zwar jeweils im Zeitraum vom 1. März bis 31. Mai stattzufinden. Dieser Dreijahres-Rhythmus hatte im Jahre 1972 (Inkrafttreten des BetrVG 1972) begonnen. Die letzten regelmäßigen BRWahlen in diesem Rhythmus haben im Jahre 1987 stattgefunden; die nächsten sind im Jahre 1990 abzuhalten. Durch das Änderungsgesetz 1989 ist die regelmäßige Amtszeit auf vier Jahre verlängert und der bisherige Dreijahres-Rhythmus für die regelmäßigen BRWahlen auf einen **Vierjahres-Rhythmus** umgestellt worden. Diese Regelung gilt erstmals für BR, die nach dem 31. 12. 1988 gewählt worden sind (vgl. § 125 Abs. 3). Der vierjährige Jahresrhythmus gilt damit erst ab dem regelmäßigen Wahlzeitraum 1990. Die weiteren regelmäßigen BRWahlen finden in den Jahren 1994, 1998, 2002 u. s. w. statt, und zwar jeweils in der Zeit vom 1. März bis 31. Mai. Die Vorschrift des § 13 legt lediglich den Zeitraum für die Durchführung der BRWahl fest; Beginn und Ende der Amtszeit des BR sind in § 21 geregelt.

5 Die Festlegung eines regelmäßigen Wahlzeitraums erleichtert den Gewerkschaften die **organisatorische Vorbereitung** der Wahl, insbesondere durch die Möglichkeit, rechtzeitig und generell die Formulare und sonstige Drucksachen herzustellen und ihre an der Durchführung der Wahl interessierten Mitglieder zu schulen. Damit wird auch die Gefahr von Wahlanfechtungen, die durch Maßnahmen ungenügend geschulter Wahlvorstände verursacht werden können und die ArbGeb. mit Mehrkosten erneuter Wahlen belasten, erheblich vermindert. Wegen Schulung von Mitgliedern des Wahlvorstands vgl. § 20 Rn 29. Auch die ArbGeb-Verbände erhalten so die Möglichkeit, ihre Mitglieder auf die BRWahlen vorzubereiten.

6 Der Zeitraum vom 1. März bis zum 31. Mai bezieht sich auf den

Wahltag, d.h. den Tag der Stimmabgabe (*DR,* Rn 3; *GL,* Rn 4; *HSG,* Rn 5). Bei mehreren Wahltagen ist der letzte Tag der Stimmabgabe entscheidend (insoweit **a.A.** *GK-Kreutz,* Rn 10; *GKSB,* Rn 3). Für den einzelnen Betrieb wird sich der konkrete Zeitpunkt der Wahl nach dem Ende der Amtsperiode des bestehenden BR bestimmen (vgl. hierzu § 21).

Nach Sinn und Zweck der Vorschrift sollte bis zum Ablauf der Amtszeit des bestehenden BR jedoch nicht nur die Wahlhandlung durchgeführt, sondern auch das **Wahlergebnis endgültig festgestellt und bekanntgegeben** sein, weil frühestens mit diesem Zeitpunkt die Amtszeit des neuen BR beginnen kann (vgl. § 21 Satz 2). Andernfalls wäre der Betrieb nach Ablauf der Amtszeit des bisherigen BR bis zur Bekanntmachung des Wahlergebnisses für den neuen BR betriebsratslos. 7

Der gesetzlich vorgeschriebene Wahlzeitraum hindert nicht, mit den **Wahlvorbereitungen** schon vorher zu beginnen, z.B. wenn erkennbar wird, daß Vorabstimmungen nach § 12 Abs. 1 über eine anderweitige Verteilung der BRSitze auf die Gruppen oder nach § 14 Abs. 2 über eine gemeinsame Wahl durchgeführt werden oder daß es Meinungsverschiedenheiten über die Zuordnung der leitenden Ang. geben und sich deshalb das Zuordnungsverfahren nach § 18a langwieriger gestalten wird. Auch im Hinblick darauf, daß während des Wahlverfahrens auftretende Zweifelsfragen u. U. eine gerichtliche Entscheidung notwendig machen, sollte der für die Vorbereitung und Durchführung der BRWahl in Aussicht genommene Zeitraum nicht zu kurz bemessen werden. Die Amtszeit des bestehenden BR wird durch eine vorzeitige Wahl des neuen BR grundsätzlich nicht verkürzt. Vielmehr beginnt dessen Amtszeit erst mit Ablauf der Amtszeit des bestehenden BR (vgl. hierzu § 21 Rn 10ff.). 8

Der regelmäßige Wahlzeitraum hindert nicht die Wahl eines BR in einem Betrieb, in dem kein BR besteht, außerhalb dieses Zeitraums (vgl. Abs. 2 Nr. 6; Näheres hierzu vgl. unten Rn 35). 9

III. Zeitgleiche Einleitung der Wahlen (Abs. 1 S. 2)

Der neue Abs. 1 S. 2 schreibt die **zeitgleiche Einleitung** der regelmäßigen BRWahl mit der Wahl des Sprecherausschusses für leitende Ang. vor. Eine entsprechende Verpflichtung enthält § 5 Abs. 1 S. 2 SprAuG. Die Neuregelung steht im Zusammenhang mit der gesetzlichen Regelung der Sprecherausschüsse für leitende Ang. Die Vorschriften über die Amtszeit der Sprecherausschüsse und ihre regelmäßigen Wahlzeiträume entsprechen denen des BR. Schon aus diesem Grunde lag es nahe, die Wahlen möglichst zeitgleich durchzuführen. Hinzu kommt, daß eine klare Abgrenzung der zum BR und zum Sprecherausschuß wahlberechtigten ArbN erforderlich ist. Hier sieht der neue § 18a ein besonderes Verfahren für die Bestimmung des Personenkreises der leitenden Ang. vor, daß für die anstehenden Wahlen grundsätzlich verbindlich ist und an dem die Wahlvorst. sowohl für die BRWahl als auch für die Wahl des Sprecherausschusses beteiligt sind. Auch dies ließ eine zeitgleiche Einleitung beider Wahlen geboten sein, damit die Klärung der jeweils wahlberechtigten 10

ArbN, die nicht nur für die Aufstellung der Wählerliste, sondern auch für weitere Entscheidungen der Wahlvorst., z. B. Größe des BR bzw. des Sprecherausschusses, Vertretung der Gruppen im BR, Zahl der notwendigen Stützunterschriften für Wahlvorschläge, von Bedeutung ist, vor Einleitung der Wahl abgeschlossen ist.

10a Die Verpflichtung zur zeitgleichen Einleitung der Wahl besteht nur für die **regelmäßigen Wahlen** des BR und des Sprecherausschusses. Regelmäßige Wahlen sind die – im Jahre 1990 beginnend – alle vier Jahre in der Zeit vom 1. März bis 31. Mai stattfindenden Wahlen. Hierunter fallen auch die Wahlen, die nach einer außerhalb des regelmäßigen Wahlzeitraums durchgeführten BRWahl wieder in den regelmäßigen Wahlzeitraum überführt werden (vgl. unten Rn 36ff.). Bei Wahlen außerhalb des regelmäßigen Wahlzeitraums ist eine Verpflichtung der Wahlvorstände zur zeitgleichen Einleitung der Wahl gesetzlich nicht vorgeschrieben, aber möglich (vgl. § 18a Rn 22ff.).

10b Die Wahlen sind zeitgleich **einzuleiten.** Die Einleitung der Wahl erfolgt mit dem **Erlaß des Wahlausschreibens** durch den Wahlvorst. Das Wahlausschreiben zur BRWahl ist somit am selben Tage wie das zur Wahl des Sprecherausschusses zu erlassen. Dies bedingt eine entsprechende Abstimmung der Wahlvorst. untereinander. Bei der Festlegung des Tages des Erlasses des Wahlausschreibens ist darauf zu achten, daß sowohl die Wahl des BR als auch des Sprecherausschusses vor Ablauf der Amtszeit der bestehenden Vertretungen stattfindet und damit eine betriebsrats- oder sprecherausschußlose Zeit vermieden wird. Endet die Amtszeit des bestehenden BR und Sprecherausschusses zu unterschiedlichen Zeiten (z. B. am 15. 3. und 20. 4.), so ist für die Frage des rechtzeitigen Erlasses des Wahlausschreibens stets von dem früheren Amtsende auszugehen (*Dänzer-Vanotti,* ArbuR 89, 204; vgl. auch § 16 Rn 4ff.).

10c Nur die Einleitung der Wahl muß zeitgleich erfolgen. Es besteht keine Verpflichtung, auch das **weitere Wahlverfahren** aufeinander abgestimmt durchzuführen. Insbesondere brauchen die beiden Wahlen nicht am selben Tage durchgeführt zu werden.

10d Die Verpflichtung zur zeitgleichen Einleitung der Wahlen besteht nicht nur im Falle der Wahl eines betrieblichen Sprecherausschusses, sondern auch dann, wenn die leitenden Ang. gemäß § 20 SprAuG in Unternehmen mit mehreren Betrieben anstelle der betrieblichen Sprecherausschüsse die Bildung eines **Unternehmenssprecherausschusses** beschließen. Dies ergibt sich zum einen daraus, daß § 13 Abs. 1 S. 2 allgemein auf die regelmäßigen Wahlen nach § 5 Abs. 1 SprAuG verweist. Unter diese Bestimmung fällt durch die generelle Verweisung in § 20 Abs. 1 S. 2 SprAuG auch die Wahl eines Unternehmenssprecherausschusses. Zum anderen besteht die Notwendigkeit einer gegenseitigen Abgrenzung der jeweiligen für die BRWahl und die Wahl des Sprecherausschusses wahlberechtigten Personen auch bei der Wahl eines Unternehmenssprecherausschusses. Zur Beteiligung der einzelnen betrieblichen Wahlvorst. für die BRWahl an dem Zuordnungsverfahren nach § 18a in diesen Fällen vgl. § 18a Rn 20f.; zur Verpflichtung der rechtzeitigen Bestellung der Wahlvorst. gerade in diesen Fällen vgl. § 16 Rn 4a.

Die zeitgleiche Einleitung der Wahlen des BR und des Sprecherausschusses ist eine **Rechtspflicht** der jeweiligen Wahlvorst. Ihre Mißachtung stellt eine Pflichtverletzung des Wahlvorst. dar. Die Einhaltung dieser Pflicht kann durch das ArbG – ggfs. im Wege einer einstweiligen Verfügung – gesichert werden (**a. A.** offensichtlich *Löwisch,* Rn 1a). 10e

Dem Wahlvorst. obliegen allerdings neben der Verpflichtung zur zeitgleichen Einleitung der Wahl noch zahlreiche weitere Pflichten. Insbesondere ist hier seine Verpflichtung zu nennen, die Wahl so rechtzeitig einzuleiten und so zügig durchzuführen, daß der neu gewählte BR sein Amt mit Ablauf der Amtszeit des bestehenden BR antreten kann und somit eine betriebsratslose Zeit vermieden wird (vgl. § 18 Rn 8). Diese Verpflichtung kann in **Kollision** mit der Verpflichtung zur zeitgleichen Einleitung der Wahl geraten, z. B. wenn der Sprecherausschuß die rechtzeitige Bestellung des Wahlvorst. für seine Neuwahl oder dieser Wahlvorst. eine Abstimmung über den Zeitpunkt der zeitgleichen Einleitung der Wahl verzögert. Im Konfliktfall hat die Verpflichtung zur zügigen Durchführung der Wahl, um eine betriebsratslose Zeit zu vermeiden, Vorrang vor der Verpflichtung zur zeitgleichen Einleitung der Wahl. Denn die Gewährleistung, daß überhaupt ein BR zur Wahrnehmung der ArbNInteressen besteht, ist höher zu bewerten, als die Durchführung des Zuordnungsverfahrens nach § 18a, das lediglich einer möglichst richtigen Abgrenzung der zum BR und zum Sprecherausschuß wahlberechtigten und wählbaren ArbN dient (vgl. hierzu § 18a Rn 5). 10f

Der **Verstoß** gegen die Verpflichtung zur zeitgleichen Einleitung der Wahl hat für sich allein keine Auswirkung auf die Wirksamkeit der Wahl, etwa dahingehend, daß der Verstoß als solcher bereits eine Anfechtung der Wahl rechtfertigt (ebenso *Löwisch,* Rn 1a). Eine derartige Annahme verbietet sich schon deshalb, weil nicht ersichtlich ist, inwiefern die nicht zeitgleiche Einleitung der Wahl als solche Einfluß auf das Wahlergebnis haben kann. Durch die zeitgleiche Einleitung der Wahl soll die Durchführung des Zuordnungsverfahrens nach § 18a ermöglicht werden. Wird dieses Verfahren nicht durchgeführt, hat der Wahlvorstand eigenverantwortlich zu entscheiden, welche ArbN er als leitende Ang. ansieht oder nicht. Diese Entscheidung ist in einem etwaigen Anfechtungsverfahren in vollem Umfang nachprüfbar, weil die Beschränkung des Anfechtungsrechts nach § 18a Abs. 5 wegen des fehlenden Zuordnungsverfahrens nicht Platz greift. Die Verletzung der Pflicht zur zeitgleichen Einleitung der Wahl kann deshalb nur im Zusammenhang mit einer falschen Zuordnung von ArbN zu den leitenden Ang. Bedeutung für eine Wahlanfechtung haben. 10g

IV. Wahlen außerhalb des regelmäßigen Wahlzeitraums

In bestimmten Fällen ist der BR **außerhalb des Vierjahres-Rhythmus** für die regelmäßigen BRWahlen neu zu wählen. Bei den in Abs. 2 umschriebenen Tatbeständen handelt es sich um Fälle, in denen in der Zwischenzeit entweder kein BR (mehr) vorhanden ist (Abs. 2 Nr. 4 bis 6) 11 oder sonstige Umstände eingetreten sind, die eine Neuwahl des BR notwendig machen (Abs. 2 Nr. 1 bis 3).

12 Die in Abs. 2 enthaltenen Tatbestände betreffen lediglich die Frage der (Neu-) Wahl des BR. Wegen der Beendigung der Amtszeit des bisherigen BR und des Beginns der Amtszeit des neuen BR vgl. § 21 Rn 18ff.

13 Eine außerhalb des regelmäßigen Wahlzeitraums durchgeführte BRWahl ist **nur zulässig,** wenn einer der in Abs. 2 genannten Sonderfälle vorliegt. Ist dies nicht der Fall, so ist die außerhalb des regelmäßigen Wahlzeitraums durchgeführte BRWahl **nichtig** (*DR,* Rn 4; *GL,* Rn 5; *GK-Kreutz,* Rn 12; *HSG,* Rn 6; *Schneider,* Rn 7; *Weiss,* Rn 1). Aus diesem Grunde ist die Durchführung einer vorgezogenen BRWahl vor dem 1. März des Wahljahres bei Bestehen eines ordnungsgemäßen BR (etwa zur „Ablösung" eines nicht zurückgetretenen BR) unzulässig (*GK-Kreutz,* Rn 23). Das gleiche gilt, wenn vor Rechtskraft der Entscheidung über die Wahlanfechtung eines BR ein neuer BR gewählt wird (LAG Hamm, DB 78, 1452). Dagegen ist eine verspätete BRWahl (etwa erst im Juni des Wahljahres) zulässig, da die Amtszeit des bisherigen BR spätestens mit Ablauf des 31. Mai des Wahljahres abgelaufen ist und deshalb der Fall des Abs. 2 Nr. 6 vorliegt.

1. Wesentliche Veränderung der Belegschaftsstärke

14 Der BR ist neu zu wählen, wenn nach Ablauf von 24 Monaten seit der Wahl die Zahl der regelmäßig beschäftigten ArbN **um die Hälfte, mindestens aber um 50,** gestiegen oder gesunken ist. Sinn dieser Regelung ist es, nicht nur die Größe des BR an die Belegschaftsstärke anzupassen, sondern auch keine Zweifel an der Legitimation des BR bei einer so starken Veränderung der Belegschaft aufkommen zu lassen (*GK-Kreutz,* Rn 36). Im Interesse der Rechtssicherheit löst nur eine Belegschaftsveränderung zum maßgebenden Stichtag eine Neuwahl aus. Vorübergehende frühere oder spätere Veränderungen sind unbeachtlich. In den ersten 24 Monaten nach der Wahl bleibt der BR auch bei einer entsprechenden Veränderung der Belegschaftsstärke in jedem Fall unverändert.

14a Durch das **Änderungsgesetz 1989** ist der für die Veränderung der Belegschaftsstärke maßgebliche Stichtag abgeändert worden. Während bisher der Ablauf von 18 Monaten seit der Wahl maßgebend war, ist dies nunmehr der Ablauf von 24 Monaten seit der Wahl. Diese Änderung steht im Zusammenhang mit der Verlängerung der Amtszeit des BR von drei auf vier Jahre (vgl. hierzu § 21 Rn 15). Der maßgebliche Stichtag soll in etwa in der Mitte der regelmäßigen Amtszeit liegen. Die Neuregelung gilt für BR, die nach dem 31. 12. 1988 gewählt worden sind. Für die vorher gewählten bleibt die bisherige Regelung (Ablauf von 18 Monaten seit der Wahl) maßgebend. Da diese BR jedoch – auch soweit sie erst Ende 1988 gewählt worden sind – im regelmäßigen Wahlzeitraum ohnehin neu zu wählen sind (vgl. unten Rn 36ff.), dürfte die bisherige 18-Monatsregelung ab 1990 keine Bedeutung mehr haben.

15 **Maßgeblicher Stichtag** zur Feststellung der erforderlichen Änderung der Belegschaft ist der Tag, an dem seit dem Tage der Wahl des BR 24

Monate vergangen sind. Das Gesetz stellt zur Berechnung des Stichtages auf den Tag der Wahl ab, nicht etwa auf den Ablauf von 24 Monaten Amtszeit. Tag der Wahl ist der Tag der Stimmabgabe, nicht der Tag der Bekanntgabe des Wahlergebnisses nach § 19 WO (*DR*, Rn 11). Hat sich die Stimmabgabe über mehrere Tage erstreckt, ist der letzte Tag der Stimmabgabe entscheidend.

Für die **Fristberechnung** gelten die §§ 186ff. BGB. Nach § 187 Abs. 1 16
BGB wird für den Fristbeginn der Tag der Wahl selbst nicht mitgezählt. Gemäß § 188 Abs. 2 BGB läuft die 24-Monatsfrist mit dem Tage ab, der der Zahl nach dem Tage der Wahl entspricht. Maßgebender Stichtag i. S. des Abs. 2 Nr. 1 ist der auf den Ablauf der 24-Monatsfrist folgende Tag (*GK-Kreutz,* Rn 28f.).

Beispiel:

Hat die Wahl des BR am 19. 3. 90 stattgefunden, so läuft die 24-Monatsfrist mit Ablauf des 19. 3. 92 ab. Maßgeblicher Stichtag ist somit der 20. 3. 92.

Änderungen der Belegschaftsstärke **vor oder nach** dem Stichtag sind 17
unerheblich. Steigt z. B. in einem Betrieb mit 200 regelmäßig beschäftigten ArbN in den ersten 24 Monaten nach der Wahl die Zahl der regelmäßig Beschäftigten auf 250 und erst später weiter auf 500, so sind die Voraussetzungen für eine Neuwahl nicht gegeben (*GK-Kreutz,* Rn 27).

Im Regelfall liegt der Stichtag in der Mitte der vierjährigen Amtszeit 18
des BR. Dies gilt allerdings nicht in den Fällen, in denen der BR außerhalb des für die regelmäßige BR Wahlen festgelegten Zeitraums neu gewählt worden ist und sich seine Amtszeit gemäß Abs. 3 in Vbg. mit § 21 Sätze 3 und 4 u. U. verkürzt oder verlängert (Näheres hierzu vgl. mit § 21 Rn 18ff.).

An dem maßgebenden Stichtag muß die Zahl der ArbN des Betriebs 19
um die Hälfte, mindestens aber um 50, gestiegen oder gesunken sein. Für den Zugang oder Abgang an beschäftigten ArbN ist nur von den **regelmäßig beschäftigten ArbN** auszugehen (zu diesem Begriff vgl. § 1 Rn 144ff.), lediglich vorübergehend beschäftigte ArbN, z. B. Aushilfskräfte während der Weihnachtsverkäufe, sind nicht zu berücksichtigen (*DR,* Rn 14; *GK-Kreutz,* Rn 31; *HSG,* Rn 11; *Weiss,* Rn 3); etwas anderes gilt, wenn inzwischen regelmäßig Aushilfskräfte beschäftigt werden (vgl. hierzu § 9 Rn 4; **a. A.** wohl *GL,* Rn 11). Abzustellen ist auf die Gesamtzahl der im Betrieb beschäftigten ArbN, nicht auf die wahlberechtigten ArbN. Auch hier sind jedoch die in § 5 Abs. 2 genannten Personen sowie die leitenden Ang. nach § 5 Abs. 3 nicht mitzuzählen.

Es kommt nur auf eine Veränderung der Gesamtzahl der Belegschaft 20
des Betriebes an. **Änderungen in der Zusammensetzung der Belegschaft,** z. B. Änderungen im Verhältnis der Gruppen oder Änderungen nur innerhalb einer Gruppe, lösen keine Neuwahl aus (*DR,* Rn 13; *GL,* Rn 10; *GKSB,* Rn 8; *GK-Kreutz,* Rn 34).

Die regelmäßige Belegschaftsstärke muß sich **um die Hälfte, minde-** 21

stens aber um 50, verändert haben. Beide Voraussetzungen müssen vorliegen. Ändert sich in einem Betrieb die regelmäßige Belegschaftsstärke zwar um 50 v. H., umfaßt diese Veränderung jedoch weniger als 50 regelmäßig beschäftigte ArbN, findet keine Neuwahl statt.

22 **Unerheblich** ist, ob die Veränderung der Belegschaftsstärke in dem vorgeschriebenen Ausmaß auch nach § 9 zu einer **Veränderung der Zahl der BRMitgl.** führt (*DR,* Rn 16; *GL,* Rn 13; *GK-Kreutz,* Rn 35; *HSG,* Rn 13). Deshalb ist eine zwischenzeitliche Neuwahl auch dann durchzuführen, wenn die Zahl der beschäftigten ArbN in dem gesetzlich angegebenen Ausmaß zurückgegangen ist, zugleich aber auch so viele BRMitgl. ausgeschieden sind, daß die Zahl der restlichen BRMitgl. der niedrigeren Belegschaftsstärke entspricht (*DR,* Rn 17; *GL,* Rn 13; *GK-Kreutz,* Rn 36; *HSG,* Rn 13). Bei der Neuwahl bestimmt sich die Zahl der zu wählenden BRMitgl. nach der aktuellen Belegschaftsstärke (BAG 22. 11. 84, AP Nr. 1 zu § 64 BetrVG 1972).

23 Eine Neuwahl des BR nach Abs. 2 Nr. 1 ist bei BR mit einer vierjährigen oder kürzeren Amtszeit (vgl. hierzu § 21 Rn 17ff.) während dieser Amtszeit nur einmal möglich. Hat ein außerhalb des regelmäßigen Wahlzeitraums gewählter BR im Hinblick auf Abs. 3 Satz 2 eine längere Amtszeit als vier Jahre (vgl. hierzu § 21 Rn 20), so kann sich innerhalb der mit der Wahl dieses BR eingeleiteten Wahlperiode die Notwendigkeit einer vorzeitigen Neuwahl wegen veränderter Belegschaftsstärke unter Umständen zweimal ergeben (*GK-Kreutz,* Rn 37; *Schneider,* Rn 20; **a. A.** *GL,* Rn 8; *HSG,* Rn 14; offensichtlich auch *DR,* Rn 9).

24 Der **BR bleibt** bis zur Wahl des neuen BR mit allen Rechten und Pflichten **im Amt** (§ 21 Satz 5). Er hat unverzüglich den Wahlvorst. für die Durchführung der Neuwahl des BR zu bestellen (vgl. § 16 Rn 5). Unterläßt er dies, so kann dies eine grobe Pflichtverletzung i. S. des § 23 Abs. 1 darstellen, es sei denn, besondere, sachlich einleuchtende Gründe stehen einer sofortigen Bestellung des Wahlvorst. entgegen. Bei Säumigkeit des BR kann in entsprechender Anwendung des § 16 Abs. 2 auch das ArbG den Wahlvorst. bestellen (vgl. § 16 Rn 24).

2. Neuwahl wegen Absinkens der Mitgliederzahl des Betriebsrats

25 Der BR ist ferner neu zu wählen, wenn die bei seiner Wahl maßgebende Gesamtzahl der Mitglieder auch nach Eintritt sämtlicher ErsMitgl. nicht mehr erreicht wird. Auszugehen ist von der **ursprünglichen Zahl der BRMitgl.** War die Zahl der BRMitgl. nach § 11 herabgesetzt, so ist diese Zahl entscheidend (*DR,* Rn 19; *HSG,* Rn 16). Auch wenn die verminderte BRGröße einer verminderten Belegschaftsgröße entsprechen sollte, ist eine Neuwahl durchzuführen (*GL,* Rn 14; *Weiss,* Rn 4; vgl. auch oben Rn 22). Die danach maßgebende Zahl von BRMitgl. muß durch den **dauernden Wegfall von BRMitgl.** eine Lücke aufweisen, die durch ein ErsMitgl. nicht mehr ausgefüllt werden kann. Ist ein BRMitgl. nur zeitweilig verhindert und für dieses ein ErsMitgl. nicht mehr vorhanden, so besteht keine dauernd unbesetzbare Lücke. Das ist

auch der Fall, wenn für ein vorübergehend verhindertes BRMitgl. das letzte vorhandene ErsMitgl. eingetreten ist und während dieser Zeit ein anderes BRMitgl. endgültig ausscheidet; denn das ErsMitgl. kann nach Rückkehr des verhinderten für das ausgeschiedene BRMitgl. nachrükken, so daß die BRGröße der vorgeschriebenen MitglZahl entspricht. Eine Neuwahl findet in diesen Fällen nicht statt (*DR,* Rn 21; *GL,* Rn 16; *GK-Kreutz,* Rn 46, 49; *Weiss,* Rn 4; **a. A.** *GKSB,* Rn 12, die im Falle der Wahl eines nur einköpfigem BR bereits dann die Neuwahl eines neuen ErsMitgl. bejahen, wenn das einzige BRMitgl. oder das ErsMitgl. aus dem Amt ausgeschieden ist).

Die Neuwahl des BR ist solange ausgeschlossen, als noch **ErsMitgl.** in den BR **nachrücken** können (vgl. den Gesetzeswortlaut: nach Einrücken „sämtlicher" ErsMitgl.). Die Reihenfolge des Nachrückens bestimmt sich nach § 25 (vgl. § 25 Rn 21 ff.). Bei Erschöpfung einer Liste ist nach § 25 Abs. 2 auf ErsMitgl. anderer Listen, gegebenenfalls auch der anderen Gruppe, zurückzugreifen (Näheres hierzu § 25 Rn 24 ff., 31 ff.). Erst wenn ohne Rücksicht auf Listen- und Gruppenzugehörigkeit kein ErsMitgl. zur Auffüllung des BR auf die erforderliche MitglZahl mehr zur Verfügung steht, kommt eine Neuwahl in Betracht (*GL,* Rn 15; *GK-Kreutz,* Rn 46). Deshalb führt der Rücktritt sämtlicher BRMitgl. und ErsMitgl. einer Liste ebensowenig zu einer vorzeitigen Neuwahl wie der Rücktritt sämtlicher BRMitgl. und ErsMitgl. einer Gruppe, sofern der BR noch durch andere ErsMitgl. ergänzt werden kann (*DR,* Rn 24; *GL,* Rn 15; *GK-Kreutz,* Rn 47). Die Größe des neu zu wählenden BR richtet sich nach der aktuellen Belegschaftsstärke im Zeitpunkt des Erlasses des Wahlausschreibens, nicht nach der Größe des bisherigen BR (vgl. BAG 22. 11. 84, AP Nr. 1 zu § 64 BetrVG 1972; *GK-Kreutz,* Rn 51). 26

Hinsichtlich der **Amtszeit** des nicht mehr vollständigen BR und seiner Verpflichtung zur Bestellung des Wahlvorst. gelten die Ausführungen in Rn 24 entsprechend. 27

3. Rücktritt des Betriebsrats

Der BR ist neu zu wählen, wenn er seinen **Rücktritt** beschlossen hat. Der Beschluß über den Rücktritt braucht nicht einstimmig zu erfolgen. Es genügt, wenn der BR mit der **Mehrheit der Stimmen seiner Mitgl.** (d. h. mit absoluter Stimmenmehrheit, vgl. § 33 Rn 25; *DR,* Rn 28; *GL,* Rn 17) den Rücktritt beschließt. Die Gründe für den Rücktritt (z. B. Protest, Erzwingung einer Neuwahl) sind unerheblich (LAG Hamm, AP Nr. 1 zu § 15 BetrVG; *DR,* Rn 29; *GL,* Rn 19; *GKSB,* Rn 13; *HSG,* Rn 20). Ein Rücktrittsbeschluß ist deshalb **inhaltlich,** d. h. im Hinblick auf seine Gründe, **gerichtlich nicht überprüfbar** (BAG 3. 4. 79, AP Nr. 1 zu § 13 BetrVG 1972; *GK-Kreutz,* Rn 52). Jedoch kann die Rücktrittserklärung wegen offensichtlichen Mangels der Ernstlichkeit unwirksam sein (*DR,* Rn 29; *GL,* Rn 18; *GK-Kreutz,* Rn 53; *HSG,* Rn 20). 28

Auch der nur aus **einem Mitgl. bestehende BR** kann zurücktreten. Der Gesetzeswortlaut „mit der Mehrheit seiner Stimmen" bedeutet lediglich das Erfordernis einer qualifizierten Mehrheit und keine Be- 29 schränkung der Möglichkeit des Rücktritts auf einen mehrköpfigen BR (*GK-Kreutz,* Rn 54). Die Frage, ob das einzige BRMitgl. „zurücktritt" oder lediglich sein Amt nach § 24 Abs. 1 Nr. 2 niederlegt mit der Folge, daß das ErsMitgl. nachrückt, ist durch Auslegung seiner Erklärung zu beantworten. Entscheidend ist, ob er die Amtszeit der Institution BR beenden oder sich lediglich aus ihm – etwa aus persönlichen Gründen – zurückziehen will (*GK-Kreutz,* Rn 54; *HSG,* Rn 22).

30 Dem Gesamtrücktritt des BR kommt es praktisch gleich, wenn **alle BRMitgl.** und **alle ErsMitgl.** in einer gemeinsamen Aktion **ihr Amt niederlegen** (*GKSB,* Rn 15; *HSG,* Rn 21; *Brecht,* Rn 15; **a. A.** *DR,* Rn 38, *GL,* Rn 20, *GK-Kreutz,* Rn 59, die einen Fall außerhalb des Gesetzes annehmen und deshalb Fortführung der Geschäfte ausschließen). Dies dürfte in der Regel als **kollektiver Rücktritt umzudeuten** sein, da man nur bei Vorliegen besonderer Umstände davon ausgehen kann, daß die BR- und ErsMitgl. eine betriebsratslose Zeit bis zur Neuwahl in Kauf nehmen wollen; denn im Gegensatz zum Rücktritt des BR (vgl. Rn 31) kommt bei einer echten Amtsniederlegung eine Fortführung der Geschäfte bis zur Neuwahl nicht in Betracht. Etwas anderes gilt, wenn nur ein Teil der BRMitgl. „zurücktritt". Hier kann ggf. eine Neuwahl nach Abs. 2 Nr. 2 (Absinken der erforderlichen MitglZahl) notwendig werden.

31 Der rechtswirksam beschlossene Rücktritt **erfaßt den gesamten BR,** auch die BRMitgl., die gegen den Rücktritt gestimmt haben, sowie die ErsMitgl. (*DR,* Rn 29; *GL,* Rn 18). Diese können nicht etwa anstelle der zurückgetretenen BRMitgl. in den BR nachrücken und einen neuen BR bilden. Der zurückgetretene BR bleibt bis zur Wahl des neuen BR im Amt (vgl. § 21 Rn 25) und führt solange die Geschäfte weiter (vgl. § 22 Rn 4ff.). Er ist verpflichtet, zur Durchführung der Neuwahl unverzüglich einen Wahlvorstand zu bestellen (vgl. oben Rn 24).

4. Anfechtung der Wahl

32 Auch bei einer erfolgreichen Anfechtung ist der BR neu zu wählen. Die erfolgreiche Anfechtung der BRWahl hat zur Folge, daß der BR ab **Rechtskraft der gerichtlichen Entscheidung** nicht mehr besteht (§ 19 Rn 36f.). Der Betrieb ist betriebsratslos. Um zu verhindern, daß der Betrieb bis zum nächsten regelmäßigen Wahlzeitraum ohne BR bleibt, ist auch für diesen Fall eine zwischenzeitliche Neuwahl vorgesehen. Zur **Bestellung des Wahlvorst.** in diesem Fall vgl. § 19 Rn 32f.

33 Abs. 2 Nr. 4 erfaßt seinem Wortlaut nach nur die Anfechtung der gesamten BRWahl. Er ist jedoch entsprechend auf den Fall anzuwenden, daß bei Gruppenwahl **nur die Wahl einer Gruppe angefochten** wird (vgl. § 19 Rn 34). In diesem Falle sind die Vertr. dieser Gruppe außerhalb des regelmäßigen Wahlzeitraums, aber nur für den Rest der Amtszeit des BR, neu zu wählen (*DR,* Rn 31; *GL,* Rn 21; *GK-Kreutz,* Rn 61; *HSG,* Rn 25). Die Bestellung des Wahlvorst. erfolgt in diesem Falle durch den bis zur Neuwahl mit ErsMitgl. der anderen Gruppe ergänzten BR (vgl. § 19 Rn 34). Eine Bestellung durch die BetrVerslg. scheidet

aus, da ein BR besteht, der auch im übrigen die gesetzlichen Beteiligungsrechte ausübt. Wird nur die Wahl eines BRMitgl. mit Erfolg angefochten, so läßt dies den Bestand des BR als solchen unberührt. In diesem Falle rückt ein ErsMitgl. nach (vgl. § 19 Rn 35).

5. Auflösung des Betriebsrats durch gerichtliche Entscheidung

Mit der durch den rechtskräftigen Beschluß des ArbG bewirkten Auflösung des BR nach § 23 (nicht nur der Amtserhebung einzelner Mitglieder – in diesem Fall rücken ErsMitgl. nach) hat dieser zu bestehen aufgehört (vgl. § 23 Rn 31). Seine **Amtszeit ist beendet.** Für den betriebsratslosen Betrieb ist deshalb ein neuer BR zu wählen. Die **Bestellung des Wahlvorst.** für die Neuwahl des BR erfolgt gem. § 23 Abs. 2 durch das ArbG (vgl. § 23 Rn 35ff.). 34

6. Fehlen eines Betriebsrats

Darüber hinaus ist allgemein auch zwischen den Wahlzeiträumen für die regelmäßigen BRWahlen ein BR neu zu wählen, wenn in dem Betrieb **kein BR** besteht. Diese Regelung stellt in einer Art **Generalklausel** sicher, daß in allen betriebsratslosen Betrieben ohne Rücksicht auf die regelmäßigen Wahlzeiträume BRWahlen durchgeführt werden können. Voraussetzung ist, daß der Betrieb gemäß § 1 betriebsratspflichtig ist. Aus welchem Grunde ein BR nicht gebildet ist, ist gleichgültig (*DR,* Rn 6, 38; *GK-Kreutz,* Rn 69; *HSG,* Rn 29). Abgesehen von den in Nr. 4 und 5 geregelten Sonderfällen der erfolgreichen Anfechtung einer BRWahl sowie der gerichtlichen Auflösung des BR ist hier insbesondere an folgende Fälle zu denken: der Betrieb ist neu errichtet worden; die ArbN haben bisher davon abgesehen, einen BR zu wählen; die BRWahl war nichtig (vgl. § 19 Rn 3ff.); der Betrieb wird während eines regelmäßigen Wahlzeitraunms betriebsratspflichtig; mehrere bisher selbständige Betriebe werden zu einem neuen Betrieb zusammengelegt. Die Bestellung des Wahlvorstands erfolgt in diesen Fällen nach § 17, d. h. durch die BetrVerslg. oder, wenn dies nicht zum Erfolg führt, durch das ArbG. 35

V. Wiederanschluß an die regelmäßigen Wahlzeiträume

Durch die Regelung des Abs. 3 wird sichergestellt, daß BR, die außerhalb der regelmäßigen Wahlzeiträume gewählt worden sind, bei der Neuwahl **wieder in den Wahlzeitraum der regelmäßigen BRWahlen eingegliedert** werden. Die Wahl außerhalb des regelmäßigen Wahlzeitraums soll eine Ausnahme bleiben. 36

Die Wiedereingliederung in den regelmäßigen Wahlrhythmus erfolgt entweder bei der nächsten oder bei der übernächsten regelmäßigen BRWahl. Ist ein BR außerhalb des regelmäßigen Wahlzeitraums gewählt worden, so findet die Neuwahl des BR im allgemeinen im nächstfolgenden regelmäßigen Wahlzeitraum statt. Die Amtszeit jenes BR ist in die- 37 sem Falle gegenüber der allgemeinen Amtszeit von vier Jahren verkürzt (vgl. hierzu § 21 Rn 19). War jedoch der zwischenzeitlich gewählte BR zu Beginn des regelmäßigen Wahlzeitraums, d.h. am 1. März des folgenden Wahljahres noch kein Jahr im Amt, so wird dieser BR erst bei der **übernächsten** regelmäßigen BRWahl neu gewählt. Hierdurch soll eine BRNeuwahl in zu kurzen Abständen verhindert werden.

38 In allen Fällen einer Wahl nach Abs. 2 außerhalb des regelmäßigen Wahlzeitraums ist für den Beginn der Amtszeit des neugewählten BR die Bekanntmachung des Wahlergebnisses maßgebend (vgl. § 21 Rn 6, 8). Der Tag der Bekanntmachung wird nach § 187 Abs. 1 BGB nicht mitgezählt; vielmehr beginnt die Frist erst mit dem folgenden Tag. Das bedeutet, daß die zwischenzeitlich gewählten BR, deren Wahlergebnis **vor dem 1. März** des dem regelmäßigen Wahljahr voraufgegangenen Jahres bekannt gemacht worden ist, im **nächstfolgenden** regelmäßigen Wahlzeitraum neu zu wählen sind. Dagegen sind die BR, deren Wahlergebnis **am 1. März** des dem regelmäßigen Wahljahr voraufgegangenen Jahres **oder später** bekannt gemacht worden ist, erst im **übernächsten** regelmäßigen Wahlzeitraum neu zu wählen (*DR,* Rn 44ff.; *GK-Kreutz,* Rn 75; *GKSB,* Rn 25; unrichtig *GL,* Rn 31, soweit sie in dem Beispiel auf den Wahltag abstellen).

VI. Streitigkeiten

39 Streitigkeiten über den Zeitpunkt der BRWahl oder über die Zulässigkeit einer BRWahl außerhalb des Wahlzeitraums für die regelmäßigen BRWahlen entscheidet das **ArbG im Beschlußverfahren** (§§ 2a, 80ff. ArbGG).

§ 14 Wahlvorschriften

(1) **Der Betriebsrat wird in geheimer und unmittelbarer Wahl gewählt.**

(2) **Besteht der Betriebsrat aus mehr als einer Person, so wählen die Arbeiter und Angestellten ihre Vertreter in getrennten Wahlgängen, es sei denn, daß die wahlberechtigten Angehörigen beider Gruppen vor der Neuwahl in getrennten, geheimen Abstimmungen die gemeinsame Wahl beschließen.**

(3) **Die Wahl erfolgt nach den Grundsätzen der Verhältniswahl; wird nur ein Wahlvorschlag eingereicht, so erfolgt die Wahl nach den Grundsätzen der Mehrheitswahl.**

(4) **In Betrieben, deren Betriebsrat aus einer Person besteht, wird dieser mit einfacher Stimmenmehrheit gewählt; das gleiche gilt für Gruppen, denen nur ein Vertreter im Betriebsrat zusteht. In den Fällen des Satzes 1 ist in einem getrennten Wahlgang ein Ersatzmitglied zu wählen.**

(5) **Zur Wahl des Betriebsrats können die wahlberechtigten Arbeitnehmer und die im Betrieb vertretenen Gewerkschaften Wahlvorschläge machen.**

(6) **Jeder Wahlvorschlag der Arbeitnehmer muß von mindestens einem Zwanzigstel der wahlberechtigten Gruppenangehörigen, jedoch von mindestens drei wahlberechtigten Gruppenangehörigen unterzeichnet sein; in Betrieben mit in der Regel bis zu zwanzig wahlberechtigten Arbeitnehmern genügt die Unterzeichnung durch zwei Wahlberechtigte, bei bis zu zwanzig wahlberechtigten Gruppenangehörigen genügt die Unterzeichnung durch zwei wahlberechtigte Gruppenangehörige. In jedem Fall genügt die Unterzeichnung durch fünfzig wahlberechtigte Gruppenangehörige.**

(7) **Ist nach Absatz 2 gemeinsame Wahl beschlossen worden, so muß jeder Wahlvorschlag von mindestens einem Zwanzigstel der wahlberechtigten Arbeitnehmer unterzeichnet sein; Absatz 6 Satz 1 erster Halbsatz und Satz 2 gilt entsprechend.**

(8) **Jeder Wahlvorschlag einer Gewerkschaft muß von zwei Beauftragten unterzeichnet sein.**

Inhaltsübersicht

I. Vorbemerkung

1 Die Vorschrift enthält die **Grundsätze für die Wahl des BR** einschließlich des **Wahlvorschlagsrechts.** Diese werden ergänzt durch die auf Grund des § 128 erlassene **Wahlordnung** (abgedruckt als Anhang 1). Die Wahl erfolgt als geheime und unmittelbare Wahl. Die Wahl eines mehrköpfigen BR wird in der Regel als Gruppenwahl durchgeführt. Eine gemeinsame Wahl findet in diesem Fall statt, wenn die Arb. und Ang. dies in getrennten und geheimen Abstimmungen beschließen. Die Wahl des mehrköpfigen BR ist überdies verschieden gestaltet, je nachdem wie viele Wahlvorschläge eingereicht werden. Liegt nur ein Wahlvorschlag vor, so erfolgt die Wahl nach den Grundsätzen der Mehrheitswahl (vgl. hierzu §§ 21–24 WO). Werden dagegen mehrere Wahlvorschläge eingereicht, sind für die Wahl die Grundsätze der Verhältniswahl maßgebend (vgl. hierzu §§ 10–20 WO). Die Wahl des einköpfigen BR erfolgt stets in Mehrheitswahl aller ArbN des Betriebes (vgl. § 25 WO). Das Wahlvorschlagsrecht steht sowohl den ArbN des Betriebs als auch den im Betrieb vertretenen Gewerkschaften zu.

1a Durch das **Änderungsgesetz 1989** ist die Vorschrift in dreifacher Hinsicht geändert worden. Aus Gründen der geschlechtsneutralen Terminologie des Gesetzes wird der bisher in einem getrennten Verfahren zu wählende Vertreter im einköpfigen BR (vgl. Abs. 4 S. 2) nicht mehr als Ersatzmann, sondern als Ersatzmitglied bezeichnet. Ferner wird das Wahlvorschlagsrecht grundlegend geändert. Den im Betrieb vertretenen Gewerkschaften wird generell ein eigenes Wahlvorschlagsrecht für die BRWahl eingeräumt, nicht mehr nur – wie nach dem BetrVG 1972 – für die Wahl in betriebsratslosen Betrieben. Schließlich wird das für einen gültigen Wahlvorschlag der ArbN des Betriebs erforderliche Unterschriftenquorum erheblich abgesenkt (Näheres vgl. unten Rn 44ff.).

2 Die Vorschrift gilt auch für die Wahl der BordVertr. und des SeeBR, für letztere jedoch mit gewissen Abweichungen hinsichtlich des Wahlvorschlagsrechts (vgl. § 116 Abs. 2 Nr. 5). Wegen der Wahl der JugAzubiVertr. vgl. § 63. Die Bestimmung gilt nicht für den GesBR, den KBR und die GesJugAzubiVertr. Die Mitgl. dieser Gremien werden von den jeweils zuständigen betriebsverfassungsrechtlichen ArbNVertretungen entsandt (vgl. § 47 Abs. 2 u. 3; § 55 Abs. 1 u. 2; § 72 Abs. 2 u. 3).

3 Die Vorschrift ist **zwingend.** Weder durch TV noch durch BV können abweichende Wahlbestimmungen getroffen werden. Die Wahl zusätzlicher betriebsverfassungsrechtlicher Vertr. der ArbN nach § 3 Abs. 1 Nr. 1 und tariflicher Sondervertr. nach § 3 Abs. 1 Nr. 2 kann durch TV abweichend von der gesetzlichen Regelung gestaltet werden, muß jedoch ebenfalls demokratischen Grundsätzen entsprechen.

3a Entsprechende Vorschriften: § 19 BPersVG 74 und § 6 SprAuG.

II. Grundsatz der geheimen und unmittelbaren Wahl

4 Die Bildung des BR kann **nur durch eine Wahl** der ArbN des Betriebs erfolgen. Jede andere Art der Errichtung ist unzulässig. Insbesondere besteht auch keine Befugnis des ArbG oder staatlicher Stellen, einen BR einzusetzen (h. M.). Lediglich bei der Bestellung des Wahlvorst. sieht das Gesetz eine Hilfsfunktion des ArbG vor (vgl. § 16 Abs. 2, § 23 Abs. 2).

5 Die Wahl des BR erfolgt als **geheime und unmittelbare Wahl.** Die Wahl ist ferner, obwohl dies nicht ausdrücklich im Gesetz selbst vorgeschrieben ist, **allgemein, gleich** und **frei.** Dies gilt ohne Rücksicht darauf, ob der BR in Gemeinschaftswahl oder Gruppenwahl, in Mehrheitswahl oder Verhältniswahl gewählt wird.

6 Die Stimmabgabe der wahlberechtigten ArbN ist **geheim.** Eine Wahl durch Zuruf in einer Betriebsversammlung oder durch öffentliche Abstimmung ist unzulässig (*DR,* Rn 4; *GL,* Rn 5; *HSG,* Rn 6). Ebenso ist eine Wahl ohne vorgedruckte Stimmzettel unzulässig (vgl. §§ 11ff. WO). Unzulässig ist ebenfalls die Ausgabe von Stimmzetteln außerhalb des Wahlraumes (*GK-Kreutz,* Rn 14; *DR,* Rn 5). Der für die Durchführung der Wahl verantwortliche Wahlvorst. hat daher organisatorische Maßnahmen zu treffen, um die Geheimhaltung des eigentlichen Vor-

gangs des Wählens durch geeignete Vorkehrungen für die unbeobachtete Kennzeichnung der Stimmzettel (z.B. durch Bereitstellung abgeschirmter Schreibgelegenheiten usw.) zu sichern; insbesondere darf kein Wahlhelfer in der Kabine bei der Ausfüllung des Stimmzettels Hilfe leisten, auch nicht bei ausländischen ArbN ohne ausreichende deutsche Sprachkenntnisse (ArbG Bremen, DB 72, 1831; *GK-Kreutz,* Rn 18; *GL,* Rn 7; *Weiss,* Rn 2). Eine Ausnahme besteht nur bei ArbN, denen es infolge körperlicher Behinderung, z.B. Blindheit, unmöglich ist, den Stimmzettel selbst auszufüllen; diese dürfen eine Person ihres Vertrauens zur Kennzeichnung des Stimmzettels hinzuziehen (*DR,* Rn 7; *Schneider,* Rn 9). Der Sicherung des Wahlgeheimnisses dienen im übrigen die Regelungen in §§ 11 und 12 WO. Bei der **Briefwahl** ist das Wahlgeheimnis durch die besondere Ausgestaltung der Stimmabgabe gesichert (vgl. im einzelnen §§ 26ff. WO). Im Hinblick darauf, daß die Voraussetzungen der Briefwahl in § 26 WO im einzelnen festgelegt sind, dürfte es nicht zulässig sein, daß der Wahlvorst. ohne Rücksicht auf diese Voraussetzungen generell Briefwahl anordnet.

Das Wahlgeheimnis hat nicht nur ein **Zeugnisverweigerungsrecht** im Rechtsstreit über die Frage, welche Liste oder Person der einzelne ArbN gewählt hat, zur Folge (vgl. BAG 6. 7. 56, AP Nr. 4 zu § 27 BetrVG; *DR,* Rn 9; *GL,* Rn 9; *HSG,* Rn 11; *Weiss,* Rn 2), sondern aus ihm ergibt sich darüber hinaus ein generelles Verbot einer gerichtlichen Nachprüfung des Wahlverhaltens des ArbN (vgl. ArbG Düsseldorf, DB 85, 1137; *DR,* Rn 9; *GK-Kreutz,* Rn 20). 7

Der Wahlberechtigte wählt **unmittelbar,** d.h. ohne Zwischenschaltung von Wahlmännern. Eine Vertr. in der Stimmabgabe ist nicht zulässig. Die Stimmabgabe ist vielmehr, auch wenn sie schriftlich erfolgt (vgl. § 27 WO), stets eine persönliche. 8

Die BRWahl ist ferner **allgemein,** d.h. jeder Wahlberechtigte übt sein Wahlrecht formal in gleicher Weise aus. Hieraus ergibt sich auch, daß der BR – vorbehaltlich des gesetzlich vorgeschriebenen Gruppenprinzips – **einheitlich für den Betrieb** gewählt wird. Eine Aufteilung des Betriebs in Wahlkreise, in denen sich die Wahlbewerber gesondert zur Wahl stellen, ist unzulässig (*DR,* Rn 14; *GL,* Rn 12; *HSG,* Rn 13; *Weiss,* Rn 2; im Ergebnis ebenso *GK-Kreutz,* Rn 29). 9

Ferner ist die Wahl **gleich** und **frei,** d.h. jede gültige Stimme hat das gleiche Gewicht und jede Behinderung der Wahl oder Wahlbeeinflussung, die über zulässige Werbemaßnahmen hinausgeht (vgl. hierzu § 20 Rn 6, 8), ist unzulässig. 10

Die Teilnahme an der Wahl ist keine Pflicht, sondern ein **Recht des wahlberechtigten ArbN.** Wählt der Wahlberechtigte nicht, so zieht das keine rechtlichen, insbes. arbeitsrechtlichen Folgen nach sich. Andererseits ist ein Verzicht auf das Wahlrecht rechtlich nicht möglich (*DR,* Rn 16). 11

Die Wahl erfolgt grundsätzlich **während der Arbeitszeit** (vgl. § 20 Rn 33). Die zur Ausübung des Wahlrechts notwendige Arbeitsunterbrechung hat **keine Minderung des Arbeitsentgelts** zur Folge (vgl. § 20 Abs. 3). 12

III. Mehrköpfiger Betriebsrat

1. Gruppenwahl

13 Sind im Betrieb Arb. und Ang. beschäftigt, so müssen diese Gruppen in einem mehrköpfigen BR grundsätzlich entsprechend ihrer Stärke im BR vertreten sein (§ 10). In diesen Fällen sieht § 14 Abs. 2 als Regelfall **Gruppenwahl** vor, d. h. die Arb. und Ang. wählen ihre Vertreter im BR in getrennten Wahlgängen.

14 Jeder Angehörige einer Gruppe kann **nur bei seiner Gruppe** seine Stimme abgeben. Zu beachten ist allerdings, daß jede Gruppe auch Angehörige der anderen Gruppe wählen kann (vgl. § 12 Abs. 2). Der von der anderen Gruppe aufgestellte Kandidat kann jedoch selbst nur bei seiner Gruppe wählen. Die BRMitgl. sind zwar als Vertr. ihrer Gruppe gewählt, sie sollen aber keineswegs einseitig deren Interessen, sondern die Interessen aller ArbN des Betriebs ohne Rücksicht auf Gruppenzugehörigkeit vertreten.

15 Die beiden Gruppen wählen zwar getrennt, aber **grundsätzlich gleichzeitig.** Kann aus organisatorischen Gründen die Wahlhandlung nicht für beide Gruppen zur selben Zeit stattfinden (z. B. in Betrieben mit Schichtarbeit), so darf mit der Feststellung des Wahlergebnisses erst nach der Beendigung der gesamten Wahlhandlung begonnen werden, da nicht auszuschließen ist, daß die vorherige Bekanntgabe des Ergebnisses der einen Gruppe die Wahl der anderen Gruppe beeinflußt (*GK-Kreutz,* Rn 23; **a. A.** *DR,* Rn 9; *GL,* Rn 8; *HSG,* Rn 9).

16 Reicht eine Gruppe **keinen** oder nur einen **ungültigen Wahlvorschlag ein,** so verzichtet diese Gruppe auf eine Vertr. im BR und die Angehörigen dieser Gruppe nehmen an der Wahl nicht teil. Der BR besteht dann nur aus Vertretern der wahlaktiven Gruppe (vgl. § 10 Rn 14; ebenso BAG 11. 4. 58, AP Nr. 1 zu § 6 WO; *DR,* Rn 21; *GL,* Rn 16; *GK-Kreutz,* Rn 35; *HSG,* Rn 9). In diesem Falle genügt es für die Gültigkeit der Wahlvorschläge und die Durchführung der Wahl, wenn die aktive Gruppe in ihrem Wahlvorschlag so viele Bewerber aufführt, wie auf sie BRMitgl. und ErsMitgl. entfallen würden, wenn auch die andere Gruppe einen Wahlvorschlag eingereicht hätte.

2. Gemeinsame Wahl

17 Von der Gruppenwahl kann durch Beschlußfassung „in **getrennten** und **geheimen Abstimmungen** der wahlberechtigten Arb. und Ang.", d. h. aller ArbN, die am Tage der Abstimmung dem Betrieb als ArbN angehören und mindestens 18 Jahre alt sind, abgewichen werden. Die Beschlußfasung muß **vor der Wahl,** und zwar nach § 6 Abs. 2 WO spätestens bis zum Ablauf der für die Einreichung von Vorschlagslisten maßgebenden Frist von 2 Wochen seit dem Erlaß des Wahlausschreibens erfolgen (*DR,* Rn 35; *GL,* Rn 22). Eine ohne Abstimmungen vorgenommene Gemeinschaftswahl kann nicht durch nachträglich genehmigende Beschlußfassung geheilt werden (*DR,* Rn 38; *GL,* Rn 23; *GK-*

Kreutz, Rn 48; *HSG,* Rn 23); die Wahl ist aber nicht nichtig, sondern nur anfechtbar (BAG 2. 3. 55, AP Nr. 1 zu § 18 BetrVG). Die Abstimmung kann nur einmal stattfinden, nicht bei unerwünschtem Ergebnis wiederholt werden (LAG Frankfurt, DB 53, 651; *DR,* Rn 36). Da die Abstimmung geheim sein muß, ist eine **förmliche Stimmabgabe** durch schriftliche Stimmzettel erforderlich.

Im übrigen fehlen nähere Regelungen über die Durchführung der Abstimmung. Jedenfalls unter den Voraussetzungen, unter denen bei der BRWahl eine schriftliche Stimmabgabe des ArbN zulässig ist, ist die Zulässigkeit einer **Briefwahl** auch bei einer Abstimmung über eine gemeinsame Wahl anzuerkennen. Darüber hinaus wird man jedoch mangels einer näheren gesetzlichen Regelung der Vorabstimmung und im Hinblick darauf, daß auch bei einer Briefwahl das Wahlgeheimnis gewährleistet ist, den Wahlvorst. für berechtigt ansehen dürfen, die Abstimmung ausschließlich im Wege der Briefwahl durchzuführen (so BAG 14. 2. 78, AP Nr. 7 zu § 19 BetrVG 1972; *DR,* Rn 34; *GK-Kreutz,* Rn 44; *GKSB,* Rn 6; unklar *GL,* Rn 20). 18

An der Abstimmung können anders als bei dem Beschluß über die anderweitige Verteilung der BRSitze auf die Gruppen gemäß § 12 Abs. 1 **nur die wahlberechtigten ArbN** der beiden Gruppen, d. h. alle ArbN, die mindestens 18 Jahre alt sind, teilnehmen. Finden die Abstimmungen der Gruppen nicht gleichzeitig statt, so ist es unschädlich, wenn das in der einen Gruppe erzielte Abstimmungsergebnis bekanntgemacht wird, bevor die andere Gruppe abstimmt (BAG 11. 3. 60, AP Nr. 13 zu § 18 BetrVG). Ist die Entscheidung der zuerst abstimmenden Gruppe negativ, so kann die Abstimmung der anderen Gruppe unterbleiben (*DR,* Rn 37; *GK-Kreutz,* Rn 47; *HSG,* Rn 26; vgl. auch § 20 Rn 30). Falls die Abstimmungen der Gruppen nicht gleichzeitig stattfinden, erscheint es zweckmäßig, die Abstimmung zunächst in der kleineren Gruppe durchzuführen (*GL,* Rn 21). 19

Gegenstand der Abstimmung der beiden Gruppen ist die Frage, ob die **Vertr. der beiden Gruppen in gemeinsamer Wahl** von allen wahlberechtigten ArbN gewählt werden sollen. Die durch §§ 10 und 12 vorgeschriebene Verteilung der BRSitz auf die Arb. und Ang. wird hierdurch nicht berührt. Auch bei gemeinsamer Wahl sind getrennte Wahlvorschläge der Gruppen zuzulassen, allerdings sind in der Praxis gemeinsame Wahlvorschläge der Arb und Ang. dann die Regel. 20

Die Vornahme der Abstimmungen bedarf **keines förmlichen Antrags.** Jeder Wahlberechtigte oder jede im Betrieb vertretene Gewerkschaft (insoweit **a. A.** *DR,* Rn 33; *GL,* Rn 19; *GK-Kreutz,* Rn 40; *HSG,* Rn 29), kann die Vornahme der Abstimmung initiieren (*GKSB,* Rn 5; *Weiss,* Rn 3). Der **Wahlvorstand** ist zwar nicht verpflichtet, jedoch im Hinblick auf seine Stellung und Unparteilichkeit berechtigt, die Abstimmungen durchzuführen, wenn in beiden Gruppen vorhandene Kräfte deren Durchführung nachhaltig unterstützen (*DR,* Rn 33; weitergehend *GK-Kreutz,* Rn 40, der dem Wahlvorst. als solchem ein Initiativrecht zugesteht). Jedoch können auch andere ArbN die Abstimmung durchführen, wenn der Wahlvorstand untätig bleibt. Auch kann der amtieren- 21 de BR die Abstimmung einleiten und durchführen (*DR,* Rn 33; *GL,* Rn 18; *GK-Kreutz,* Rn 40). Die Abstimmungen finden als Teil der BRWahl grundsätzlich während der Arbeitszeit statt. Die Kosten der Abstimmung trägt der ArbGeb. Die Teilnahme an der Abstimmung hat keine Minderung des Arbeitsentgelts zur Folge (vgl. im einzelnen § 20 Rn 32ff.). Näheres über die Durchführung der Abstimmung vgl. § 12 Rn 6.

22 Das Gesetz enthält keine ausdrückliche Regelung, welche **Mehrheit** für die Beschlußfassung über die gemeinsame Wahl erforderlich ist. Das BAG hatte zum insoweit wortgleichen § 13 Abs. 2 BetrVG 1952 im Wege der Rechtsanalogie zu Art. 42 GG i. Verbdg. mit § 49 Abs. 1 und § 54 der Geschäftsordnung des Deutschen Bundestages (BGBl. II 52 S. 389, BGBl. II 55 S. 1048) entschieden, daß für die Wirksamkeit der Abstimmung erforderlich ist, daß **die Mehrheit aller Wahlberechtigten in beiden Gruppen** sich an ihr **beteiligt** (auch ungültige Stimmzettel rechnen mit) und **die Mehrheit der Abstimmenden in beiden Gruppen** sich für die **gemeinsame Wahl** ausspricht (vgl. BAG 7. 7. 54 und 2. 2. 62, AP Nr. 1, 2 und 10 zu § 13 BetrVG). Diese Erfordernisse gelten auch für § 14 Abs. 2 BetrVG 1972, da der Gesetzgeber einen abweichenden Antrag der Opposition unter ausdrücklichem Hinweis auf diese höchstrichterliche Rechtsprechung zurückgewiesen hat (vgl. Ausschußbericht, zu BT-Drucksache VI/2729, S. 20; wie hier: *GL,* Rn 24; *GK-Kreutz,* Rn 41ff.; *HSG,* Rn 27; *Weiss,* Rn 3; *Gaul,* Bd II S. 414; **a. A.** *GKSB,* Rn 3f., und *Schneider,* Rn 18, die ohne Rücksicht auf die Zahl der an der Abstimmung Teilnehmenden allein auf die Mehrheit der Abstimmenden in jeder Gruppe abstellen; demgegenüber halten *DR,* Rn 25ff., 31, eine absolute Mehrheit der Abstimmungsberechtigten in jeder Gruppe für erforderlich).

Beispiel:

Wahlberechtigt sind 900 Arb und 150 Ang. An der Abstimmung müssen sich mindestens beteiligen die Mehrheit der Arb. und der Ang. d.h. 451 Arb. und 76 Ang. Für die gemeinsame Wahl müssen bei einer solchen Mindestbeteiligung stimmen mindestens 226 Arb. und 39 Ang.

23 Wird die gemeinsame Wahl erst **nach Erlaß des WA** beschlossen, so verlieren etwa bereits eingereichte Wahlvorschläge ihre Gültigkeit. Der Wahlvorst. hat für die Einreichung neuer Wahlvorschläge eine Nachfrist von einer Woche zu setzen (vgl. § 6 Abs. 2 WO).

24 Der Beschluß über die gemeinsame Wahl gilt nur für die bevorstehende Wahl, hat also **keine Dauerwirkung** (h. M.). Er gilt auch nicht weiter im Fall einer vorzeitigen Neuwahl nach § 13 Abs. 2 Nr. 1 bis 3 und 5. Findet allerdings eine Wiederholung der Wahl (etwa bei einer wirksam angefochtenen oder nichtigen Wahl) statt, gilt die Abstimmung auch für die Wiederholung der Wahl, es sei denn die Abstimmung über die gemeinsame Wahl war selbst rechtsfehlerhaft (*DR,* Rn 39; *GL,* Rn 22).

3. Verhältniswahl

Sind in einem Wahlgang (d. h. bei Gruppenwahl für die jeweiligen Gruppen, bei gemeinsamer Wahl für den BR insgesamt) **mehrere BRSitze** zu besetzen und sind **2 oder mehr (gültige) Vorschlagslisten** für den Wahlvorgang eingereicht, so findet Verhältniswahl statt. Als Verhältniswahl bezeichnet man das Wahlsystem, das die auf die Minderheit entfallenden Stimmen in einem angemessenen „Verhältnis" berücksichtigt und sich daher besonders für eine Mehrzahl von Wahlvorschlägen eignet. Der Sinn des Verhältniswahlsystems ist der Schutz von Minderheiten. Es soll (möglichst) erreicht werden, daß keine Stimme verlorengeht, daß also einem bestimmten Anteil an der Stimmenzahl ein entsprechender Anteil von Vertr. in dem zu wählenden Organ entspricht. 25

Die Verhältniswahl erfolgt als **Listenwahl.** Der Wähler ist an die Liste als solche gebunden. Er kann nur die Liste als solche wählen oder ablehnen. Er kann dagegen keine auf der Liste stehende Bewerber streichen oder nicht auf ihr stehende Bewerber hinzusetzten, andernfalls ist seine Stimme ungültig (*DR,* Rn 42; *GL,* Rn 28; *GK-Kreutz,* Rn 54). 26

Die Verteilung der Sitze auf die einzelnen Listen folgt nach dem sogenannten **d'Hondtschen System.** Hiernach werden die Stimmzahlen, die auf die einzelnen Listen entfallen, der Reihe nach durch 1, 2, 3, 4 usw. geteilt und die zu vergebenden BRSitze entsprechend den sich hierbei ergebenden Höchstzahlen auf die einzelnen Listen verteilt. Aus den einzelnen zu berücksichtigenden Listen sind die Bewerber in der Reihenfolge gewählt, in der sie in der Liste aufgeführt sind. 27

Allgemeines Beispiel:

Es sind 3 Personen zu wählen. Um diese 3 Mandate bewerben sich 3 Gruppen (Parteien) mit je 1 Liste. Die Liste I erhält 1220 Stimmen die Liste II erhält 620 Stimmen, die Liste III 600 Stimmen.

Liste I			Liste II			Liste III		
1220	:1	1220	620	:1	620	600	:1	600
	:2	610		:2	310		:2	300

Die Reihenfolge der Höchstzahlen ist 1220, 620, 610, 600, 310, 300. Die Liste I erhält 2 Sitze, die Liste II erhält 1 Sitz, die Liste III geht leer aus. Aus der Liste I sind die beiden an erster Stelle stehenden Bewerber, aus der Liste II der an erster Stelle stehende Bewerber gewählt.

Bei der Wahl des BR hat der Wahlvorst. das Höchstzahlensystem gemäß §§ 15f. WO wie folgt anzuwenden:

a) Gruppenwahl 28

Findet Gruppenwahl statt und sind für eine Gruppe mehrere Listen eingereicht worden, so sind lediglich die auf die **einzelnen Listen dieser Gruppe entfallenden Höchstzahlen** maßgebend.

Beispiel:

Die AngGruppe hat vier BRMitgl. zu wählen. Es liegen zwei Listen vor. Die Liste I enthält die fünf Bewerber A, B, C, D und E; die Liste II die vier Bewerber S, T, U und V.

Auf die Liste I entfallen 491, auf die Liste II 125 Stimmen. Die Höchstzahlenberechnung führt zu folgendem Ergebnis:

	Liste I	Höchstzahl		Liste II	Höchstzahl
491	:1	491	125	:1	125
	:2	245½		:2	62½
	:3	163⅔			
	:4	122¾			

Die Reihenfolge der Höchstzahlen ist: 491, 245½, 163⅔, 125. Von der Liste I sind demnach 3 Bewerber, nämlich die 3 an erster Stelle aufgeführten Kandidaten (A, B, C), von der Liste II der an erster Stelle aufgeführte Kandidat S gewählt.

29 Entfällt auf den letzten zu vergebenden BRSitz in mehreren Listen dieselbe Höchstzahl, so entscheidet das Los, welcher Liste der Sitz zufällt (vgl. § 15 Abs. 2 WO). Die **nicht gewählten Bewerber** einer Liste sind **ErsMitgl.** in der Reihenfolge, in der sie auf der Liste stehen (vgl. § 25 Rn 4ff.). Weist die Liste weniger Bewerber auf, als Höchstzahlen auf sie entfallen, so fallen die nicht in Anspruch genommenen BRSitze den anderen Listen in der Reihenfolge der nächsten Höchstzahlen zu.

30 **b) Gemeinsame Wahl**

Bei gemeinsamer Wahl ist auf die **Höchstzahlen,** die auf die gewählten Bewerber entfallen, **und auf deren Gruppenzugehörigkeit abzustellen** (vgl. § 16 WO). Der Wahlvorst. hat auf Grund der Höchstzahlen nacheinander für jede Gruppe gesondert festzustellen, welche Bewerber der einzelnen Listen gewählt sind (*DR,* Rn 49; *GL,* Rn 33; *GK-Kreutz,* Rn 60).

Beispiel:

Der BR besteht aus 7 Mitgl., davon 5 Arb. und 2 Ang. Es ist gemeinsame Wahl gemäß § 14 Abs. 2 beschlossen.

Es sind zwei Listen mit folgenden Bewerbern eingereicht:

Liste I

A	Angestellter	G	Angestellter
B	Arbeiter	H	Arbeiter
C	Arbeiter	I	Arbeiter
D	Arbeiter	K	Arbeiter
E	Angestellter	L	Arbeiter
F	Angestellter		

Liste II

M	Angestellter	S	Arbeiter
N	Angestellter	T	Arbeiter
O	Angestellter	U	Arbeiter
P	Angestellter	V	Arbeiter

Q Angestellter	W Arbeiter
R Angestellter	

Auf die Liste I entfallen 160, auf die Liste II 120 Stimmen.
Die Höchstzahlberechnung ergibt folgendes Ergebnis:

Liste I			Liste II		
160	:1	160	120	:1	120
	:2	80		:2	60
	:3	53⅓		:3	40
	:4	40		:4	30

Die Reihenfolge der Höchstzahlen ist: 160, 120, 80, 60, 53⅓. An Hand dieser Höchstzahlen ist nacheinander für jede Liste gesondert und für jede Gruppe getrennt (§ 16 Abs. 1 WO) zu ermitteln, welche Bewerber jeder Gruppe gewählt sind.

Als Vertreter in den BR sind danach gewählt:
die Arbeiter B, C, D aus Liste I und S, T aus Liste II;
die Angestellten A aus Liste I und M aus Liste II.

Die **Reihenfolge,** in der die Bewerber in der Liste erscheinen, ist **nur für die jeweilige Gruppe** von Bedeutung. 31

Enthält die Liste nur Arb. oder nur Ang., so gehen die der nicht vertretenen Gruppe an sich zustehenden Sitze nach den Höchstzahlen auf andere Listen über, die Arb. und Ang. enthalten (BAG 2. 3. 55, AP Nr. 1 zu § 16 WO; *DR,* Rn 50; *Weiss,* Rn 5). Es ist deshalb bei gemeinsamer Wahl nicht sinnvoll, eine Vorschlagsliste nur mit Kandidaten einer ArbNGruppe einzureichen (vgl. das Beispiel bei *GKSB,* Rn 13).

4. Mehrheitswahl

Sind in dem Wahlgang **mehrere Personen** (bei Gruppenwahl mehrere Gruppenvertr. oder bei gemeinsamer Wahl mehrere BRMitgl.) zu wählen und ist **nur eine gültige Vorschlagsliste** eingereicht, werden die in dieser Vorschlagsliste aufgeführten Bewerber nach den Grundsätzen der **Mehrheitswahl** gewählt. Die Mehrheitswahl beschränkt sich, wenn nur für eine Gruppe eine Vorschlagsliste eingereicht wird, auf diese Gruppe. 32

Bei der Mehrheitswahl wird die Vorschlagsliste nicht geschlossen gewählt oder abgelehnt, vielmehr kann jeder wahlberechtigte ArbN **soviele Kandidaten** auf der Liste **ankreuzen, als Sitze** zu besetzen sind, d. h. bei Gruppenwahl, als Sitze auf die Gruppe entfallen, der der Wähler angehört, bei gemeinsamer Wahl, als BRMitgl. insgesamt zu wählen sind. Es gibt in diesen Fällen also keine Rangfolge der Wahlbewerber durch Plazierung auf der Liste, vielmehr wird die Reihenfolge, in der die auf der Liste aufgeführten Kandidaten in den BR einrücken, durch die Wähler bestimmt. Die zu vergebenden BRSitze werden **entsprechend der erreichten Stimmenzahl** auf die einzelnen Wahlbewerber verteilt. 33

a) Gruppenwahl

34 Bei **Gruppenwahl** sind ohne Rücksicht auf die Reihenfolge, in der Bewerber jeweils auf der Liste aufgeführt sind, diejenigen Bewerber gewählt, die die meisten Stimmen erhalten haben (§ 23 Abs. 1 WO).

Beispiel:

Der BR besteht aus 9 Mitgliedern, und zwar aus 5 Arb. und 4 Ang. Für die Gruppe der Arb. ist eine Liste I mit den Kandidaten A, B, C, D, E, F, G, H, I, K, L und für die Angestellten eine Liste II mit den Kandidaten M, N, O, P, Q, R, S, T eingereicht. Es erhalten an Stimmen:

	Liste I (Arb.)		Liste II (Ang.)
A	35 Stimmen	M	17 Stimmen
B	12 Stimmen	N	8 Stimmen
C	55 Stimmen	O	60 Stimmen
D	6 Stimmen	P	12 Stimmen
E	42 Stimmen	Q	14 Stimmen
F	19 Stimmen	R	35 Stimmen
G	4 Stimmen	S	21 Stimmen
H	29 Stimmen	T	26 Stimmen
I	9 Stimmen		
K	24 Stimmen		
L	11 Stimmen		

Gewählt sind von der Liste I die Arb. C, E, A, H und K, von der Liste II die Ang. O, R, T und S.

b) Gemeinsame Wahl

35 Bei einer gemeinsamen Wahl ist die Einschränkung zu beachten, daß bei der Bestimmung der gewählten Gruppenangehörigen **ausschließlich auf die Stimmen** abzustellen ist, die **auf die Angehörigen der betreffenden Gruppe** entfallen sind, mögen Bewerber der anderen Gruppe auch eine höhere Stimmenzahl erhalten haben (vgl. § 23 Abs. 2 WO).

Beispiel:

Der BR besteht aus 8 Vertr. der Arb. und 3 Vertr. der Ang. Das Wahlergebnis ist wie folgt:

1. A	(Arbeiter)	912 Stimmen
2. B	(Arbeiter)	901 Stimmen
3. C	(Arbeiter)	884 Stimmen
4. D	(Arbeiter)	772 Stimmen
5. E	(Arbeiter)	751 Stimmen
6. F	(Arbeiter)	719 Stimmen
7. G	(Angestellter)	706 Stimmen
8. H	(Arbeiter)	688 Stimmen
9. I	(Arbeiter)	663 Stimmen
10. K	(Arbeiter)	640 Stimmen
11. L	(Arbeiter)	312 Stimmen
12. M	(Arbeiter)	226 Stimmen
13. N	(Arbeiter)	212 Stimmen
14. O	(Angestellter)	175 Stimmen

15. P (Arbeiter) 168 Stimmen
16. Q (Arbeiter) 157 Stimmen
17. R (Angestellter) 103 Stimmen
18. S (Arbeiter) 96 Stimmen
19. T (Angestellter) 75 Stimmen

Gewählt sind als Vertr. der Arb.: Nr. 1 (A), Nr. 2 (B), Nr. 3 (C), Nr. 4 (D), Nr. 5 (E), Nr. 6 (F), Nr. 8 (H), Nr. 9 (I); als Vertr. der Ang.: Nr. 7 (G), Nr. 14 (O), Nr. 17 (R).

Die Arb. Nr. 10 (K), Nr. 11 (L), Nr. 12 (M), Nr. 13 (N), Nr. 15 (P), Nr. 16 (Q) sind trotz ihrer gegenüber den Wahlbewerbern der Ang. O und R höheren Stimmenzahlen nicht gewählt.

Haben bei dem letzten zu vergebenden BRSitz mehrere Bewerber derselben Gruppe **dieselbe Stimmenzahl,** so entscheidet das **Los** darüber, wem der Sitz zufällt. Lehnt ein Gewählter die Wahl ab, tritt an seine Stelle der nicht gewählte Bewerber derselben ArbNGruppe mit der nächsthöchsten Stimmenzahl. Die nicht gewählten Bewerber sind ErsMitgl. (vgl. § 25 Rn 4ff.), vorausgesetzt, daß auf sie wenigstens eine Stimme entfallen ist. 36

Wird der BR in Gemeinschaftswahl auf Grund nur eines Wahlvorschlags gewählt, so haben diejenigen, die den Wahlvorschlag aufstellen, dafür zu sorgen, daß dieser so viele Kandidaten enthält, daß das maßgebende Zahlenverhältnis der Gruppen im BR während der gesamten Wahlperiode auch bei vorzeitigem Ausscheiden von BRMitgl. durch Eintreten von ErsMitgl. aufrechterhalten werden kann (BAG 7. 7. 54, AP Nr. 1 zu § 13 BetrG). Geschieht dies nicht, so wird der BR durch Vertr. der anderen Gruppe ergänzt (vgl. hierzu § 25 Rn 31ff.). 37

IV. Einköpfiger Betriebsrat

Besteht der Betriebsrat **nur aus einer Person** (vgl. § 9 Rn 6), so findet die Wahl stets nach den Grundsätzen der **Mehrheitswahl** statt (Näheres s. § 25 WO). Diese Wahl erfolgt auch immer in **gemeinsamer Wahl.** Gewählt ist der Bewerber, der die meisten Stimmen auf sich vereinigt hat (§ 25 Abs. 4 WO). Entfallen auf mehrere Bewerber gleich viele Stimmen, entscheidet das Los darüber, wer gewählt ist. Lehnt der Gewählte die Wahl ab, so tritt an seine Stelle der nicht gewählte Bewerber mit der nächsthöchsten Stimmenzahl, nicht das in dem getrennten Wahlgang zu wählende ErsMitgl. (vgl. § 25 Abs. 4 S. 3 WO; *DR,* Rn 64; *GL,* Rn 41). 38

Während das Gesetz im allgemeinen keine besondere Wahl von ErsMitgl. vorsieht, sondern diese entsprechend der Regelung des § 25 aus den nicht gewählten Kandidaten der eingereichten Vorschlagslisten entnimmt (Näheres vgl. § 25 Rn 21ff.), schreibt es bei der Wahl eines einköpfigen BR vor, daß das **ErsMitgl. in einem getrennten Wahlgang** zu wählen ist. Gleiches gilt, wenn bei einer Gruppenwahl für eine Gruppe nur ein Vertr. zu wählen ist (vgl. hierzu unten Rn 41f.). Damit soll sichergestellt werden, daß auch das ErsMitgl. des einzigen BRMitgl. 39

oder einzigen Gruppenvertr. durch eine entsprechende Mehrheit in der Belegschaft für die Übernahme des BRAmtes ausreichend legitimiert ist. Jeder Bewerber für die Wahl des einköpfigen BR oder des einzigen Gruppenvertreters kann gleichzeitig auch als ErsMitgl. kandidieren (*GKSB,* Rn 21; vgl. § 25 Abs. 6 S. 2 WO; anders § 17 Abs. 1 S. 3 MitbestG). Vorgesehen ist nur die Wahl eines, nicht mehrerer ErsMitgl. (*DR,* Rn 63; *Schneider,* Rn 50).

40 Die Wahl des einköpfigen BR und des ErsMitgl. für den einköpfigen BR sind **getrennte Wahlen.** Jeder wahlberechtigte ArbN hat also **zwei Stimmen,** eine für die Wahl des BRMitgl. und eine für die Wahl des ErsMitgl. Diese Wahlen erfolgen allerdings zeitlich in einem Akt, was sich schon daraus ergibt, daß nach § 25 Abs. 7 WO die Bewerber – zwar jeweils gesondert gekennzeichnet – auf demselben Stimmzettel aufzuführen sind (kritisch zu dieser Regelung *GK-Kreutz,* Rn 70, 78, der insoweit § 25 Ab. 7 WO für unvereinbar mit § 14 Abs. 4 Satz 2 hält und deshalb getrennte Wahlen befürwortet, wenn die gleiche Person sowohl für die Wahl des BR bzw. einzigen Gruppenvertr. als auch als ErsMitgl. kandidiert; ebenso *DR,* Rn 62, kritisch auch *Schneider,* Rn 47). Erhält das ErsMitgl. mehr Stimmen als das BRMitgl. oder der Gruppenvertr., so ändert das nichts an seiner Stellung als ErsMitgl. (Näheres über die Wahl vgl. § 25 WO).

V. Einziger Gruppenvertreter

41 Findet **Gruppenwahl** statt und steht einer Gruppe nur **1 Vertr. im BR** zu, so wird dieser von den wahlberechtigten Gruppenangehörigen nach den Grundsätzen der **Mehrheitswahl** gewählt. Gewählt ist der Wahlbewerber, der die meisten Stimmen auf sich vereinigt hat. Bei gleicher Stimmenzahl entscheidet das Los.

42 Auch bei der Wahl nur eines einzigen Gruppenvertreters ist – ebenso wie bei der Wahl nur eines BRMitgl. – in einem **getrennten Wahlgang ein ErsMitgl.** zu wählen. Für dessen Wahl gelten die gleichen Grundsätze wie für die des ErsMitgl. im einköpfigen BR (vgl. Rn 39f.). Dies gilt allerdings **nur im Fall der Gruppenwahl;** denn bei Gemeinschaftswahl wird auch der einzige Gruppenvertreter von sämtlichen wahlberechtigten ArbN (insbesondere den Angehörigen der Mehrheitsgruppe) mitgewählt, so daß eine unterschiedliche Regelung des Nachrückens nicht gerechtfertigt wäre (vgl. § 25 Abs. 1 Halbsatz 1 WO; *DR,* Rn 59; *GL,* Rn 38; *GKSB,* Rn 24; *GK-Kreutz,* Rn 69).

43 Auch für den einzigen Gruppenvertreter ist bei Gruppenwahl nur die Wahl eines, nicht mehrerer ErsMitgl. vorgesehen. Scheiden sowohl der einzige Gruppenvertreter als auch sein ErsMitgl. vorzeitig aus dem BR aus, so rückt auf den freigewordenen Sitz ein ErsMitgl. der anderen Gruppe nach (zur Reihenfolge des Nachrückens vgl. § 25 Rn 31ff.). Es findet keine Neuwahl des Gruppenvertreters und seines ErsMitgl. statt, da kein Fall einer vorzeitigen Neuwahl vorliegt (*GKSB,* Rn 24; *Schneider,* Rn 53; **a. A.** *DR,* Rn 67; *GK-Kreutz,* Rn 72).

VI. Wahlvorschläge

Die Wahl des BR erfolgt auf Grund von Wahlvorschlägen. Unter Wahlvorschlag versteht man die in die Form einer **schriftlichen Aufstellung** gekleidete Benennung der Personen, die für die Wahl zum BR vorgeschlagen werden. Über die Voraussetzungen der Wählbarkeit vgl. § 8 Rn 3ff. Wahlvorschlagsberechtigt sind die wahlberechtigten ArbN des Betriebs (vgl. unten Rn 47ff.) und die im Betrieb vertretenen Gewerkschaften (vgl. unten Rn 57ff.). Eine BRWahl, die nicht aufgrund von Wahlvorschlägen durchgeführt wird, ist **nichtig,** nicht nur anfechtbar (*DR,* Rn 68; *GL,* Rn 43; *GK-Kreutz,* Rn 81). Wegen des **Kündigungsschutzes** der Wahlbewerber vgl. § 103 Rn 3ff. 44

Sind in einem Wahlgang **mehrere Personen,** seien es mehrere Gruppenvertr. oder bei gemeinsamer Wahl mehrere BRMitgl., zu wählen, so soll die Vorschlagsliste mindestens doppelt so viele Bewerber aufweisen, wie in dem Wahlgang BRMitgl. zu wählen sind (vgl. § 6 Abs. 3 WO); eine Verletzung der **Sollvorschrift** ist unschädlich. Ein Wahlvorschlag ist sogar dann gültig, wenn in ihm, obwohl mehrere BRMitgl. zu wählen sind, nur ein einziger Wahlbewerber genannt ist (BAG 29. 6. 65, AP Nr. 11 zu § 13 BetrVG; *DR,* Rn 85; *GL,* Rn 50; *HSG,* Rn 49; **a. A.** *Heinze,* NZA 88, 570). Ein Wahlbewerber darf nur auf einer Vorschlagsliste kandidieren (vgl. hierzu § 6 Abs. 8 WO). 45

Ist **nur eine Person** zu wählen, sei es, daß der BR nur aus einer Person besteht, sei es, daß im Falle der Gruppenwahl nur ein einziger Gruppenvertreter zu wählen ist, ist der Wahlvorschlag nur ein **Einzelvorschlag,** d. h. es werden jeweils einzelne Personen vorgeschlagen, wobei jeder Vorschlag mindestens zwei Bewerber umfassen soll (§ 25 Abs. 1 i. Vbdg. mit § 6 Abs. 3 WO). Hierbei ist kenntlich zu machen, wer für die Wahl des BR bzw. des einzigen Gruppenvertr. und wer für die Wahl des ErsMitgl. vorgeschlagen wird (vgl. § 25 Abs. 6 WO). 46

1. Wahlvorschläge der Arbeitnehmer des Betriebs

Wahlvorschläge können zum einen die ArbN des Betriebs machen. Vorschlagsberechtigt sind allerdings nur die **wahlberechtigten ArbN** des Betriebs (vgl. hierzu § 7 Rn 3ff.). Über die Erfordernisse der Wahlvorschläge im einzelnen, über die Einreichungsfrist, über Prüfung und weitere Behandlung der Wahlvorschläge vgl. §§ 6 bis 10, § 25 Abs. 1 WO. Der ArbGeb. kann keine Wahlvorschläge machen (h. M.). 47

Ein Wahlvorschlag der ArbN muß, um gültig zu sein, von einer bestimmten Anzahl von **Stützunterschriften** wahlberechtigter ArbN getragen sein. Hierdurch sollen völlig aussichtslose Wahlvorschläge vermieden werden. Sowohl nach dem BetrVG 1952 als auch nach dem BetrVG 1972 mußte jeder Wahlvorschlag bei Gruppenwahl mindestens von einem Zehntel der wahlberechtigten Gruppenangehörigen, bei Gemeinschaftswahl mindestens von einem Zehntel der wahlberechtigten ArbN insgesamt unterzeichnet sein. In jedem Fall war die Unterzeich- 47a nung durch mindestens 3 wahlberechtigte Gruppenangehörige bei Gruppenwahl bzw. wahlberechtigte ArbN bei Gemeinschaftswahl erforderlich, während andererseits die Unterzeichnung von 100 wahlberechtigten Gruppenangehörigen bzw. ArbN stets ausreichte.

47b Das **Bundesverfassungsgericht** (BVerfGE 67, 369) hat die hiermit inhaltlich übereinstimmende Vorschrift des § 19 Abs. 4 S. 2 und Abs. 5 BPersVG insoweit als mit Art. 3 Abs. 1 GG unvereinbar angesehen und für **nichtig** erklärt, als Wahlvorschläge von mindestens einem Zehntel der wahlberechtigten Gruppenangehörigen bzw. von einem Zehntel der wahlberechtigten ArbN der Dienststelle unterzeichnet sein müssen. Begründet wird diese Entscheidung insbesondere damit, daß diese Unterschriftenquoren eine übermäßige Beschränkung der Allgemeinheit und der Gleichheit der PRWahlen darstellen, die auch unter dem Gesichtspunkt, aussichtslose Wahlvorschläge von der Wahl auszuschließen, verfassungsrechtlich nicht gerechtfertigt werden könne. Unter Bezug auf diese Entscheidung des BVerfG haben sowohl nach der regelmäßigen BRWahl 1984 als auch der des Jahres 1987 verschiedene ArbG das Zehn-Prozent-Quorum des § 14 Abs. 5 u. 6 ebenfalls für verfassungswidrig angesehen und diese Frage dem BVerfG nach Art. 100 Abs. 1 GG zur Entscheidung vorgelegt (vgl. LAG Hamm, NZA 85, 434; ArbG Dortmund vom 10. 9. 1987 – 3 BV 20/87 – zitiert im Handelsblatt vom 9. 10. 1987). Eine Entscheidung des BVerfG ist bisher nicht ergangen.

47c Obwohl die Frage, ob die zum BPersVG ergangene Entscheidung des BVerfG wegen inhaltlicher Übereinstimmung zwingend eine Änderung des Unterschriftenquorums für Wahlvorschläge zur BRWahl erforderlich macht, unterschiedlich bewertet worden ist (bejahend *Richardi,* ArbuR 86, 36; *Buchner* NZA, Beil. 1/89 S. 2; *Engels/Natter,* BB Beil. 8/89 S. 16; *Schneider,* GMH 88, 410; zweifelnd *Hanau,* Gutachten S. 13; wohl auch *Wlotzke,* DB 89, 112; verneinend *Schumann,* AiB 88, 205), hat sich der Gesetzgeber im Interesse der Rechtssicherheit zu einer Absenkung des erforderlichen Unterschriftenquorums entschlossen (vgl. Art. 1 Nr. 4 des Änderungsgesetzes 1989). Hierbei hat er sich nicht darauf beschränkt, daß bisher erforderliche relative Unterschriftenquorum von einem Zehntel – nur dieses Quorum war Gegenstand der verfassungsgerichtlichen Entscheidung – auf ein Zwanzigstel abzusenken. Er hat auch das für einen gültigen Wahlvorschlag in jedem Fall ausreichende absolute Quorum von 100 Unterschriften vorschlagsberechtigter ArbN auf 50 Unterschriften halbiert (kritisch zu dieser durch die Entscheidung des BVerfG nicht geforderten Regelung wegen der Gefahr zu großer Stimmenzersplitterung in Großbetrieben *Hanau,* ArbuR 88, 264; *ders.* Gutachten, S. 13ff.; *Schneider,* GMH 88, 411; ausführlich zu den gesetzgeberischen Gründen *Engels/Natter,* a. a. O.). Ferner ist die Mindestvoraussetzung, daß ein Wahlvorschlag in jedem Fall von drei vorschlagsberechtigten ArbN unterzeichnet sein muß, für die Fälle, daß die Anzahl der vorschlagsberechtigten ArbN im Betrieb in der Regel nicht größer als 20 ist, auf zwei Unterschriften abgesenkt worden. Im einzelnen gilt folgendes:

48 Wird der BR in **Gruppenwahl** gewählt, muß ein Wahlvorschlag

grundsätzlich mindestens von einem Zwanzigstel der wahlberechtigten Gruppenangehörigen unterzeichnet sein. Stets reicht jedoch die Unterzeichnung von 50 wahlberechtigten Gruppenangehörigen für einen gültigen Wahlvorschlag aus, auch wenn diese weniger als ein Zwanzigstel der wahlberechtigten Gruppenangehörigen darstellen (vgl. hierzu BAG 1. 11. 60, AP Nr. 3 zu § 13 BetrVG). Andererseits ist jedoch mindestens die Unterzeichnung von 3 wahlberechtigten Gruppenangehörigen erforderlich. Dieses Mindesterfordernis ist nur dann nicht einzuhalten, wenn im Betrieb in der Regel nur bis zu 20 wahlberechtigte Gruppenangehörige beschäftigt werden. In diesem Falle genügt die Unterzeichnung durch zwei wahlberechtigte Gruppenangehörige. Zum Begriff „in der Regel“ vgl. § 1 Rn 144ff.

Bei **Gemeinschaftswahl** gilt entsprechendes, nur daß hierbei nicht auf die Zahl der wahlberechtigten Gruppenangehörigen abzustellen ist, sondern auf die Zahl der wahlberechtigten ArbN des Betriebs insgesamt. Ein gültiger Wahlvorschlag bedarf demnach der Unterzeichnung von mindestens 5 v.H. der wahlberechtigten ArbN des Betriebs, wobei im allgemeinen drei wahlberechtigte ArbN den Vorschlag unterzeichnen müssen, während andererseits die Unterzeichnung durch 50 wahlberechtigte ArbN stets ausreicht. Werden im Betrieb in der Regel nicht mehr als 20 wahlberechtigte ArbN beschäftigt, reicht die Unterzeichnung von zwei wahlberechtigten ArbN für die Gültigkeit des Wahlvorschlags aus. Bei der Wahl eines nur einköpfigen BR (vgl. § 9) muß ein Wahlvorschlag deshalb nur von 2 wahlberechtigten ArbN unterzeichnet sein. 49

Bei Gruppenwahl obliegt die Unterzeichnung der Wahlvorschläge nur den gruppenangehörigen ArbN. Deshalb kann der gruppenfremde Bewerber (§ 12 Abs. 2) nur einen Wahlvorschlag seiner Gruppe und nicht die Liste der Gruppe, für die er kandidiert, unterzeichnen. 49a

Da auch bei einer kleinen Gruppe ein Wahlvorschlag stets von zwei wahlberechtigten Gruppenangehörigen unterzeichnet sein muß, kann in dem Fall, daß eine Gruppe nur einen wahlberechtigten ArbN hat (z.B. in einem reinen AngBetrieb wird nur ein Arbeiter als Kraftfahrer beschäftigt), dieser keinen gültigen Wahlvorschlag machen (vgl. hierzu auch § 10 Rn 12, 14; zum früheren Recht ebenso *Weiss,* Rn 8; **a.A.** *DR,* Rn 70; *GL,* Rn 46; *GK-Kreutz,* Rn 88; *HSG,* Rn 51). 49b

Für die Errechnung der Mindestzahlen für die Unterzeichnung ist der Tag des Erlasses des Wahlausschreibens maßgebend. Die erforderliche Mindestzahl von Unterschriften ist **im Wahlausschreiben bekanntzugeben** (vgl. § 3 Abs. 2 Nr. 6 WO). Die erforderliche Anzahl der Unterschriften muß – abgesehen von dem Sonderfall des § 8 Abs. 2 Nr. 3 WO – im Zeitpunkt der Einreichung des Wahlvorschlags beim Wahlvorstand gegeben sein (vgl. § 8 Abs. 1 Nr. 3 WO). 50

Es ist nicht zulässig, daß die Belegschaft in einer BetrVerslg. oder einer anderen Zusammenkunft Vorabstimmungen über die zur Wahl zu stellenden Kandidaten durchführt. Das Vorschlagsrecht der ArbN des Betriebs ist vielmehr in den Abs. 6 und 7 **abschließend geregelt** (*GL,* Rn 45). Wohl können ArbN eines Betriebs, die einem Wahlvorschlag 51 einreichen wollen, interne Abstimmungen über die zu benennenden Kandidaten und ihre Reihenfolge vornehmen (z. B. die Mitgl. oder Vertrauensleute einer im Betrieb vertretenden Gewerkschaft).

52 Alle wahlberechtigten ArbN sind zur Unterzeichnung des Wahlvorschlags berechtigt. Deshalb können auch im Wahlvorschlag aufgeführte **Bewerber** diesen Vorschlag unterzeichnen. Auch **Mitgl. des Wahlvorst.** sind unterzeichnungsberechtigt (BAG 4. 10. 77, AP Nr. 2 zu § 18 BetrVG 1972; *GL,* Rn 49; *GK-Kreutz,* Rn 89; *HSG,* Rn 55; *Söllner,* AcP Bd. 161, 411; **a. A.** *DR,* Rn 70, § 16 Rn 46; *Richardi,* DB 72, 488; BAG 3. 10. 58, AP Nr. 3 zu § 18 BetrVG; dazu daß Mitgl. des Wahlvorst. sogar zum BR kandidieren können, vgl. § 16 Rn 10). Für eine Interessenkollision, die eine Unterzeichnung ausschließen könnte, ist kein Raum, da die Prüfungspflicht des Wahlvorst. und seine Tätigkeit rechtlich gebunden und gerichtlich überprüfbar sind.

53 Der Wahlvorschlag muß mindestens von der geforderten Zahl der wahlberechtigten ArbN **persönlich unterschrieben** sein (BAG 12. 2. 60, AP Nr. 11 zu § 18 BetrVG; *GL,* Rn 53; *GK-Kreutz,* Rn 96; *HSG,* Rn 52; **a. A.** ArbG Essen, DB 65, 671; LAG Düsseldorf, DB 65, 1823; *DR,* Rn 82, die eine Unterzeichnung des Wahlvorschlags durch einen Vertreter für zulässig halten, wenn die Vollmacht bis zum Ablauf der Frist für die Einreichung der Wahlvorschläge erbracht wird). Nicht erforderlich ist, daß die Unterschriften auf derselben Urkunde geleistet werden. Ein Wahlvorschlag kann durchaus in mehreren Exemplaren für Unterschriften umlaufen, allerdings müssen diese Exemplare inhaltlich übereinstimmen (*GL,* Rn 54; *GK-Kreutz,* Rn 98). Die Unterschriften müssen auf dem Wahlvorschlag geleistet werden. Bestehen Wahlvorschläge und Unterschriftenlisten aus mehreren Blättern, müssen diese zu einer einheitlich zusammenhängenden Urkunde verbunden und gegen Trennung gesichert sein (vgl. hierzu § 6 WO Rn 11).

53a Der Wahlvorschlag ist ein Vorschlag aller, die ihn unterzeichnet haben. Eine ohne Einverständnis der Unterzeichner vorgenommene **Änderung des Wahlvorschlags** macht diesen ungültig (vgl. BAG 15. 12. 72, AP Nr. 1 zu § 14 BetrVG 1972; LAG Düsseldorf, DB 82, 1628; *GK-Kreutz,* Rn 99). Jeder Wahlberechtigte kann rechtsgültig nur einen Wahlvorschlag unterstützen. Über die Prüfung und Streichung von Unterschriften, über die Funktion von Unterzeichnern als Listen- oder Vorschlagsvertr. vgl. § 6 Abs. 5 und 6, § 25 WO. Über die Ungültigkeit von Wahlvorschlägen infolge unzureichender Zahl von Unterschriften und über die Nachholung von durch Streichung ausgefallenen Unterschriften vgl. § 8 WO.

54 Außer in den Fällen des § 6 Abs. 6 WO ist ein **Zurückziehen von Unterschriften** durch Unterzeichner ordnungsgemäß eingereichter Wahlvorschläge für die Gültigkeit des Wahlvorschlags ohne Bedeutung (vgl. § 8 Abs. 1 Nr. 3 WO; BAG 1. 6. 66, AP Nr. 2 zu § 6 WO). Vor Einreichung des Wahlvorschlags beim Wahlvorst. kann eine Unterschrift zurückgenommen oder widerrufen werden, und zwar durch Erklärung des betreffenden ArbN gegenüber dem Wahlvorst., nicht gegenüber dem Listenvertreter (BVerwG, AP Nr. 6 zu § 10 WO PersVG;

BVerwG, PersVertr. 86, 155; insoweit **a. A.** *GL,* Rn 55; *GK-Kreutz,* Rn 91).

55 Ist ein ArbN mit seiner Zustimmung als **Wahlbewerber** in eine Vorschlagsliste aufgenommen worden, so kann er – abgesehen von der Sonderregelung des § 6 Abs. 8 WO im Falle einer Doppelkandidatur – **seine Bewerbung nicht mehr zurückziehen,** da dies eine materielle Änderung des Wahlvorschlags, die nur mit Zustimmung aller Unterzeichner erfolgen kann (vgl. BAG 15. 12. 72, AP Nr. 1 zu § 14 BetrVG 1972), bedeuten würde (vgl. BVerwG, AP Nr. 1 zu § 9 WO PersVG; LAG Düsseldorf, DB 82, 1628; *Schneider,* § 6 WO Rn 43; *Hanau,* AR-Blattei, Betriebsverfassung IX, Anm. zu Entscheidung 21; **a. A.** *DR,* Rn 86; *GL,* Rn 57; *GK-Kreutz,* Rn 100; *HSG,* Rn 56; wohl auch BAG 27. 4. 76, AP Nr. 4 zu § 19 BetrVG 1972). Allerdings kann der Gewählte nach seiner Wahl die Annahme des Amtes ablehnen (vgl. § 18 Abs. 1 Satz 2 WO).

56 Eine **Verbindung mehrerer** rechtsgültig eingereichter **Vorschlagslisten** ist unzulässig (§ 6 Abs. 7 WO).

2. Wahlvorschläge der im Betrieb vertretenen Gewerkschaften

57 Nach dem BetrVG 1952 waren allein die ArbN des Betriebs berechtigt, Wahlvorschläge für die BRWahl zu machen (vgl. § 13 BetrVG 1952). Das BetrVG 1972 hat erstmals ein eigenständiges Wahlvorschlagsrecht der im Betrieb vertretenen Gewerkschaften vorgesehen; allerdings bestand dieses Recht nur in betriebsratslosen Betrieben (vgl. § 14 Abs. 7 BetrVG 1972). Ziel dieser Regelung war, den Gewerkschaften in verstärktem Umfang die Möglichkeit einzuräumen, darauf hinzuwirken, daß in allen betriebsratsfähigen Betrieben auch tatsächlich BR gewählt werden. Bei dieser Regelung stand die gewerkschaftliche Unterstützungsfunktion für eine effektive BetrVerf. im Vordergrund der Regelung.

57a Durch das Änderungsgesetz 1989 ist den Gewerkschaften **allgemein** ein **eigenständiges Wahlvorschlagsrecht** eingeräumt worden. Damit ist insofern eine wesentliche Änderung vorgenommen worden, als die Tätigkeit der Gewerkschaften sich von der Unterstützungsfunktion im Rahmen der BetrVerf. in Richtung auf ein in eigenem gewerkschaftlichen Interesse liegendes Handeln verlagert. Dies wird auch in der Begründung des Entwurfs deutlich, wo das eigenständige gewerkschaftliche Wahlvorschlagsrecht unter Hinweis auf die Rechtsprechung des BVerfG (vgl. BVerfG AP Nr. 7 zu Art. 9 GG) u. a. damit begründet wird, daß dadurch die Ausübung des in Art. 9 Abs. 3 GG verankerten Rechts der Koalitionen, sich im Bereich der BetrVerf. zu betätigen und Einfluß auf die Wahl des BR zu nehmen, erleichtert werden soll. Dieses allgemeine eigenständige Wahlvorschlagsrecht war in den parlamentarischen Beratungen sehr umstritten (vgl. hierzu den Bericht des federführenden Ausschusses für Arbeit und Sozialordnung, BT-Drucks. 11/3618 S. 4ff.). Es hat insbesondere wegen der Abkehr vom bisher wesentlichen betriebsverfassungsrechtlichen Grundsatz, daß die Wahlvorschläge von den ArbN des Betriebs getragen sein müssen, und wegen der Gefährdung des Gedankens der Einheitsgewerkschaft auch in der arbeitsrechtlichen Literatur Kritik gefunden (vgl. *Richardi,* ArbuR 86, 34; *Hanau,* ArbuR 88, 264; *ders.* Gutachten S. 7ff.; *Klaus,* AiB 88, 328; *Schumann,* AiB 88, 205; *Plander,* AiB 88, 272; *Schneider,* GMH 88, 411; demgegenüber weisen *Wlotzke,* DB 89, 113, und *Engels/Natter,* BB Beil. 8/89 S. 17, auf entsprechende Vorschlagsrechte der Gewerkschaften in Landespersonalvertretungsgesetzen hin, die bisher nicht zu Komplikationen geführt haben; *Buchner,* NZA Beil. 1/89 S. 3, hält ein eigenständiges Wahlvorschlagsrecht der Gewerkschaften wegen ihres verfassungsrechtlich verbürgten Rechts, bestimmte Listen werbemäßig zu unterstützen, für naheliegend).

58 Wahlvorschlagsberechtigt sind nur die im Betrieb vertretenen **Gewerkschaften.** Zum Gewerkschaftsbegriff, der vom BetrVG vorausgesetzt wird und für das gesamte Arbeitsrecht einheitlich ist, vgl. § 2 Rn 16ff. Dieser Gewerkschaftsbegriff gilt auch für das Wahlvorschlagsrecht (so Begründung des Entwurfs, BT-Drucks. 11/2503, S. 23; vgl. auch Ausschuß-Bericht, BT-Drucks. 11/3618, S. 5; ebenso *Löwich,* BB 88, 1953; *Engels/Natter,* a. a. O. S. 18; ferner, wenn auch mit einer gewissen Zurückhaltung *Richardi,* ArbuR 86, 35; *Wlotzke,* DB 89, 113; *Buchner,* NZA Beil. 1/88 S. 3). Der Wahlvorst. hat die Gewerkschaftseigenschaft zu prüfen (*Dänzer-Vanotti,* ArbuR 89, 205). ArbNVereinigungen, bei denen sie zu verneinen ist, haben kein Wahlvorschlagsrecht.

59 **Im Betrieb vertreten** ist eine Gewerkschaft, wenn ihr ein ArbN des Betriebs als Mitglied angehört (vgl. hierzu § 2 Rn 26). Nicht erforderlich ist, daß dieser ArbN wahlberechtigt ist oder der Gruppe angehört, für die die Gewerkschaft einen Wahlvorschlag einreichen will. Die Gewerkschaft muß im Zeitpunkt der Einreichung des Wahlvorschlags im Betrieb vertreten sein (*GL,* Rn 48; *GK-Kreutz,* Rn 110; **a. A.** *HSG,* Rn 58: Wahltag). Soweit diese Voraussetzung nicht offenkundig erfüllt ist, ist sie dem Wahlvorst. – ggfs. durch notarielle Erklärung ohne Namensnennung einzelner ArbN oder durch eine entsprechende eidesstattliche Versicherung (vgl. hierzu LAG Düsseldorf, BB 89, 286) – nachzuweisen.

59a Jede im Betrieb vertretene Gewerkschaft hat das Recht, für **jeden Wahlgang** einen eigenen Wahlvorschlag zu machen. Bei Gruppenwahl kann sie also für die Wahl jeder Gruppe einen Wahlvorschlag einreichen; das gleiche gilt für die Wahl nur eines BRMitgl. oder nur eines Gruppenvertreters und die getrennte Wahl ihres ErsMitgl. gemäß Abs. 4. Das Wahlvorschlagsrecht besteht für jede Art der BRWahl, gleichgültig ob ein ein- oder mehrköpfiger BR zu wählen ist, ob die Wahl als Gruppenwahl oder als Gemeinschaftswahl durchgeführt wird oder ob es sich um eine regelmäßige BRWahl oder eine Wahl außerhalb des regelmäßigen Wahlzeitraums handelt. Als Wahlbewerber können die Gewerkschaften nicht nur bei ihr organisierte ArbN, sondern auch sonstige ArbN des Betriebs vorschlagen, sofern sie die allgemeinen Wählbarkeitsvoraussetzungen (vgl. § 8) erfüllen und sich mit ihrer Kandidatur einverstanden erklärt haben (*GK-Kreutz,* Rn 112).

Das Wahlvorschlagsrecht der Gewerkschaften ist **an die allgemeinen Voraussetzungen,** die für die Einreichung von Wahlvorschlägen zu beachten sind, gebunden. So müssen auch die Gewerkschaften ihre Wahlvorschläge innerhalb der vom Wahlvorstand festgesetzten Frist (vgl. § 6 WO), ggfs. der festgesetzten Nachfrist (vgl. § 9 WO), einreichen. Ferner können nur nach § 8 wählbare ArbN des Betriebs vorgeschlagen werden. 60

Die Vorschlagslisten der Gewerkschaften brauchen jedoch nicht von einem Mindestquorum wahlberechtigter ArbN des Betriebs unterzeichnet zu sein. Es genügt die Unterzeichnung durch **zwei Beauftragte der Gewerkschaft.** Wen die Gewerkschaft als Beauftragte bestimmt, ist ihre Sache. Es können sowohl hauptberufliche Ang. der Gewerkschaft als auch ArbN des Betriebs oder eines anderen Betriebs in ehrenamtlicher Funktion beauftragt werden (*Engels/Natter,* BB Beil. 8/89 S. 18; *Wlotzke,* DB 89, 113). Ihre Beauftragung muß sich allerdings entweder unmittelbar aus der Satzung der Gewerkschaft ergeben oder durch ihre satzungsmäßigen Organe ordnungsgemäß ausgesprochen worden sein. In Zweifelsfällen kann der Wahlvorst. den Nachweis der Beauftragung verlangen (vgl. § 29 WO, Rn 3; *GKSBK,* Rn 10; *Dänzer-Vanotti,* ArbuR 89, 205). Ist der Wahlvorschlag der Gewerkschaft nicht von zwei Beauftragten unterschrieben, ist er ungültig, sofern die Unterschriften nicht innerhalb der Frist für die Einreichung von Wahlvorschlägen nachgeholt werden (vgl. § 8 Abs. 1 Nr. 2 WO; ArbG Siegen, DB 74, 1776). Auch eine etwa fehlende Vollmacht für die Unterzeichnung muß innerhalb dieser Frist nachgeholt werden. 60a

Das den Gewerkschaften eingeräumte eigenständige Wahlvorschlagsrecht gehört zu ihren Aufgaben und Befugnissen i. S. von § 2 Abs. 2 (vgl. hierzu § 2 Rn 38ff.). Deshalb haben sie das Recht, den **Betrieb** für alle mit der BRWahl zusammenhängenden Aktionen und Aktivitäten auch durch externe Vertreter **zu betreten** (*Wlotzke,* DB 89, 113; *Hanau,* Gutachten, S. 8; *Engels/Natter,* BB Beil. 8/89 S. 19). Das gilt z. B. für die Gewinnung von Wahlbewerbern, für die Information über die Wahl und die Wahlbewerber sowie generell für die Wahlwerbung. 60b

VII. Streitigkeiten

Verstöße gegen die Wahlbestimmungen, auch bezüglich der Abstimmung über die Durchführung einer gemeinsamen Wahl nach § 14 Abs. 2 (BAG 14. 1. 69, AP Nr. 12 zu § 13 BetrVG), können unter den Voraussetzungen des § 19 die **Anfechtung der Wahl** rechtfertigen. Bei ganz krassen Verstößen kommt ausnahmsweise Nichtigkeit in Frage (Näheres vgl. § 19 Rn 3ff.). 61

Streitigkeiten aus den Wahlvorschriften sind von den **ArbG im Beschlußverfahren** zu entscheiden (§§ 2a, 80ff. ArbGG). Sie können auch unabhängig von einer Wahlanfechtung schon **während des Wahlverfahrens** gerichtlich ausgetragen werden (BAG 15. 12. 72, AP Nr. 1 zu § 14 BetrVG 1972). **Antragsberechtigt** ist in diesem Falle neben den Anfech- 62 tungsberechtigten jeder, der durch Einzelmaßnahmen des Wahlvorstands in seinem aktiven oder passiven Wahlrecht betroffen wird (Näheres, insbesondere zur Möglichkeit des Erlasses von einstweiligen Verfügungen während des Wahlverfahrens vgl. § 18 Rn 20ff.). Zum Zuordnungsverfahren hinsichtlich der leitenden Ang. vgl. § 18a.

§ 15 Zusammensetzung nach Beschäftigungsarten und Geschlechtern

(1) **Der Betriebsrat soll sich möglichst aus Arbeitnehmern der einzelnen Betriebsabteilungen und der unselbständigen Nebenbetriebe zusammensetzen. Dabei sollen möglichst auch Vertreter der verschiedenen Beschäftigungsarten der im Betrieb tätigen Arbeitnehmer berücksichtigt werden.**

(2) **Die Geschlechter sollen entsprechend ihrem zahlenmäßigen Verhältnis vertreten sein.**

Inhaltsübersicht

I. Vorbemerkung

1 Die Vorschrift strebt eine Zusammensetzung des BR möglichst aus ArbN der **einzelnen Betriebsabteilungen** und **unselbständigen Nebenbetrieben** unter Berücksichtigung der **Beschäftigungsarten** an (Abs. 1). Noch stärker stellt das Gesetz die sachgerechte Vertretung der **Geschlechter** im BR heraus, was insbesondere daran erkennbar ist, daß in Abs. 2 das einschränkende Wort „möglichst" nicht verwandt ist. Nicht ausdrücklich erwähnt ist eine angemessene Berücksichtigung der im Betrieb beschäftigten **ausländischen ArbN.** Es würde jedoch sowohl dem Grundsatz des § 75 entsprechen als auch einer sachgerechten Integration der ausländischen ArbN dienen, wenn auch sie bei der Aufstellung von Wahlvorschlägen angemessen berücksichtigt würden (*Frauenkron,* Rn 1; *GKSB,* Rn 6).

2 Die Vorschrift ist **nicht zwingend,** jedoch keineswegs bedeutungslos. Sie enthält die Aufforderung an diejenigen, die zu Wahlvorschlägen berechtigt sind, darauf hinzuwirken, daß der BR eine die Organisation des Betriebes und die Struktur seiner Arbeitnehmerschaft widerspiegelnde Zusammensetzung erhält. Besonders hervorgehoben wird die Zielsetzung der Vorschrift durch § 3 Abs. 3 WO, nach der der Wahlvorst., sofern Größe, Eigenart oder die Zusammensetzung der ArbNschaft des Betriebs es zweckmäßig erscheinen lassen, **im Wahlausschreiben** einen entsprechenden Hinweis geben soll. Kommen die Wahlvorschlagsberechtigten der Vorschrift nicht nach, hat dies auf die Gültigkeit der Wahl

keinen Einfluß. Das gilt selbst dann, wenn die Vorschrift bewußt nicht beachtet worden ist. Ein Verstoß rechtfertigt daher **keine Wahlanfechtung** nach § 19 (*DR,* Rn 8; *GL,* Rn 2; *GK-Kreutz,* Rn 11; *HSG,* Rn 1; *Hanau,* DB 86, Beil. 4, S. 7).

Obwohl die Vorschrift nicht zwingend ist, ist sie jedoch **nicht abdingbar,** auch nicht in dem Sinne, daß durch TV, BV oder eine Absprache zwischen den ArbN oder zwischen ArbN und ArbGeb eine bestimmte Berücksichtigung von Betriebsabteilungen, Beschäftigungsarten oder der Geschlechter verbindlich vorgeschrieben werden könnte. Denn abgesehen von den Abweichmöglichkeiten nach §§ 12, 14 Abs. 2 und der Sonderregelung des § 3 stehen die Regelungen über Wahl und Zusammensetzung des BR nicht zur Disposition und lassen die Schaffung betrieblicher Wahlordnungen nicht zu (so zutreffend *GK-Kreutz,* Rn 3). **2a**

Die Vorschrift gilt auch für die Wahl der BordVertr. und des SeeBR. Allerdings ist wegen der geringen Größe dieser Vertr. die Berücksichtigung aller in ihr aufgeführten Gesichtspunkte bei der Kandidatenaufstellung praktisch nicht möglich. Für die Wahl der JugAzubiVertr. gelten die Sondervorschriften des § 62 Abs. 2 und 3. Die Vorschrift gilt nicht für den GesBR, den KBR und die GesJugAzubiVertr. (§§ 47, 55 und 72). **3**

Entsprechende Vorschriften: § 17 Abs. 6 und 7 BPersVG 74 und § 4 Abs. 2 SprAuG. **3a**

II. Berücksichtigung der einzelnen Betriebsabteilungen und unselbständigen Nebenbetriebe

Unselbständige Betriebsabteilungen und unselbständige Nebenbetriebe wählen keinen eigenen BR (vgl. § 4). Auch ist es nicht zulässig, die Wahl des BR nach Betriebsabteilungen und Nebenbetrieben in der Form aufzugliedern, daß diese eigene Vertreter in den BR wählen. Das widerspräche sowohl dem Grundsatz der allgemeinen und gleichen Wahl als auch dem Prinzip, daß der BR Vertreter aller ArbN des Betriebes ist (im Ergebnis ebenso *DR,* Rn 3; *GK-Kreutz,* Rn 7). Andererseits bewirkt die gemeinsame Beschäftigung von ArbN innerhalb eines eigenen organisatorischen Verbandes, wie ihn in aller Regel eine Betriebsabteilung oder ein Nebenbetrieb darstellen, im Hinblick auf die vielfältigen aus dieser gemeinsamen Beschäftigung sich ergebenden gleichartigen Fragen, Probleme und Interessen eine **eigene betriebssoziologische Bindung** der ArbN einer solchen Einheit untereinander. Aus diesem Grund erscheint es zweckmäßig, daß dem BR jeweils ArbN derartiger organisatorischer Einheiten angehören, die die besonderen Belange der ArbN der betreffenden Betriebsabteilung oder des Nebenbetriebs im BR zur Sprache bringen. Deshalb soll bei der Aufstellung von Wahlvorschlägen darauf Bedacht genommen werden, daß möglichst die einzelnen Betriebsabteilungen und Nebenbetriebe im BR vertreten sind. **4**

Beispiele für bestimmte Betriebsabteilungen: Abteilung Einkauf, Abteilung Verkauf, Abteilung Versand, die verschiedenen Produktionsabteilungen größerer Industriebetriebe (weitere Beispiele vgl. § 4 Rn 5).

5 Die Vertr. der einzelnen Betriebsabteilungen und Nebenbetriebe sind **keine Arbeitsgruppensprecher** im Sinne von § 3 Abs. 1 Nr. 1. Sie haben auch weder eine gesetzlich näher umschriebene besondere Funktion noch eine besondere Stellung gegenüber den übrigen BRMitgl. Scheidet ein ArbN aus einer bestimmten Betriebsabteilung aus dem BR aus, so rückt nach § 25 Abs. 2 das dort bezeichnete ErsMitgl. nach, nicht etwa ein anderer ArbN aus derselben Betriebsabteilung (*GK-Kreutz,* Rn 7; *GKSB,* Rn 5).

III. Berücksichtigung der Beschäftigungsarten

6 Im BR sollen ferner die verschiedenen Beschäftigungsarten vertreten sein, damit der BR seine Tätigkeit auch im Hinblick auf die im Betrieb ausgeübten Berufsarten möglichst sachkundig ausüben kann. Unter Beschäftigungsarten sind demnach die im Betrieb vertretenen **Berufsgruppen** zu verstehen (*DR,* Rn 4; *GL,* Rn 6; *GKSB,* Rn 4).

Beispiele für Beschäftigungsarten: Facharbeiter (verschiedener Berufe), angelernte Arbeiter, Hilfsarbeiter, Kraftfahrer, Reinemachepersonal usw., verschiedene Angestelltenkategorien, z. B. kaufmännische, technische, naturwissenschaftliche Angestellte, in Heimarbeit Beschäftigte.

7 Die Vertreter der einzelnen Beschäftigungsarten sind keine Gruppenvertreter im Sinne der §§ 10 und 12 Abs. 2. Auch haben sie ebensowenig eine besondere gesetzlich umschriebene Funktion oder eine besondere rechtliche Stellung gegenüber den übrigen BRMitgl. wie die Vertr. von Betriebsabteilungen oder selbständigen Nebenbetrieben (vgl. oben Rn 5).

IV. Berücksichtigung der Geschlechter

8 Ferner sollen im Betriebsrat die **Geschlechter** entsprechend ihrem zahlenmäßigen Verhältnis vertreten sein. Durch diese Regelung soll dem Gedanken des **Gleichberechtigungsgrundsatzes des Art 3 Abs. 2 GG** Rechnung getragen werden (vgl. § 75 Rn 13ff.). Allerdings ist hierbei zu berücksichtigen, daß der Grundsatz der Gleichberechtigung bei einer Wahl nur bedingt erfüllbar ist, da die Auslese aus den Kandidaten letztlich allein dem Wähler obliegt. Überdies kommt es darauf an, daß sich von den Betriebsangehörigen beider Geschlechter ausreichend Kandidaten für das BRAmt zur Verfügung stellen; dies ist bei den weiblichen ArbN leider in vielen Betrieben noch nicht der Fall. Aus diesen Gründen ist die Vorschrift auch lediglich als Sollvorschrift gefaßt. Um jedoch auf eine stärkere Berücksichtigung der Geschlechter im BR entsprechend

ihrem zahlenmäßigen Verhältnis im Betrieb hinzuwirken, soll der Wahlvorstand nach § 3 Abs. 3 WO gegebenenfalls im **Wahlausschreiben** darauf hinweisen, daß bei der Aufstellung von Wahlvorschlägen die Geschlechter entsprechend der Regelung des Abs. 2 berücksichtigt werden.

§ 16 Bestellung des Wahlvorstands

(1) **Spätestens zehn Wochen vor Ablauf seiner Amtszeit bestellt der Betriebsrat einen aus drei Wahlberechtigten bestehenden Wahlvorstand und einen von ihnen als Vorsitzenden. Der Betriebsrat kann die Zahl der Wahlvorstandsmitglieder erhöhen, wenn dies zur ordnungsgemäßen Durchführung der Wahl erforderlich ist. Der Wahlvorstand muß in jedem Fall aus einer ungeraden Zahl von Mitgliedern bestehen. Für jedes Mitglied des Wahlvorstands kann für den Fall seiner Verhinderung ein Ersatzmitglied bestellt werden. In Betrieben mit Arbeitern und Angestellten müssen im Wahlvorstand beide Gruppen vertreten sein. Jede im Betrieb vertretene Gewerkschaft kann zusätzlich einen dem Betrieb angehörenden Beauftragten als nicht stimmberechtigtes Mitglied in den Wahlvorstand entsenden, sofern ihr nicht ein stimmberechtigtes Wahlvorstandsmitglied angehört.**

(2) **Besteht acht Wochen vor Ablauf der Amtszeit des Betriebsrats kein Wahlvorstand, so bestellt ihn das Arbeitsgericht auf Antrag von mindestens drei Wahlberechtigten oder einer im Betrieb vertretenen Gewerkschaft; Absatz 1 gilt entsprechend. In dem Antrag können Vorschläge für die Zusammensetzung des Wahlvorstands gemacht werden. Das Arbeitsgericht kann für Betriebe mit in der Regel mehr als zwanzig wahlberechtigten Arbeitnehmern auch Mitglieder einer im Betrieb vertretenen Gewerkschaft, die nicht Arbeitnehmer des Betriebs sind, zu Mitgliedern des Wahlvorstands bestellen, wenn dies zur ordnungsgemäßen Durchführung der Wahl erforderlich ist.**

Inhaltsübersicht

I. Vorbemerkung

1 Die Vorschrift regelt die Bestellung des Wahlvorst., und zwar in Abs. 1 die Einsetzung des Wahlvorst. für den Regelfall, d.h. durch den bestehenden BR, und in Abs. 2 die Bestellung durch das ArbG, falls der BR den Wahlvorst. nicht rechtzeitig einsetzt. Die Vorschrift ist grundsätzlich **zwingend.** Zur Bestellung des Wahlvorst. in betriebsratslosen Betrieben vgl § 17; zur seiner Bestellung im Falle der gerichtlichen Auflösung des BR, vgl. § 23 Abs. 2.

1a Durch das **Änderungsgesetz 1989** ist die Vorschrift in zweifacher Hinsicht modifiziert worden. Zum einen ist die Frist des Abs. 1 S. 1 für die Bestellung des Wahlvorst. durch den BR von acht auf mindestens zehn Wochen vor Ablauf seiner Amtszeit und die Frist des Abs. 2 S. 1 für die Zulässigkeit einer Bestellung des Wahlvorst. durch das ArbG von sechs auf acht Wochen verlängert worden. Diese Änderungen stehen im Zusammenhang mit dem neuen Zuordnungsverfahren für die leitenden Ang. nach § 18a, das vor Einleitung der Wahl abgeschlossen sein muß und einen zusätzlichen Zeitaufwand erfordert. Zum anderen wird durch den neuen Abs. 1 S. 6 jeder im Betrieb vertretenen Gewerkschaft, die nicht durch ein Mitgl. im Wahlvorst. vertreten ist, das Recht eingeräumt, einen ArbN des Betriebs als nicht stimmberechtigtes Mitgl. in den Wahlvorst. zu entsenden (vgl. hierzu unten Rn 23a ff.).

2 Die Regelung des § 16 gilt grundsätzlich auch für die Wahl der Bord-Vertr. und des SeeBR, jedoch bestehen hier gewisse Abweichungen hinsichtlich der Fristen für die Bestellung des Wahlvorst. und hinsichtlich seiner Mitgl. (vgl. § 115 Abs. 2 Nr. 7 und § 116 Abs. 2 Nr. 6 und 7). Zur Bestellung des Wahlvorst. für die Wahl zur JugAzubiVertr. vgl. § 63 Abs. 2 und 3. Die Vorschrift gilt nicht für die Bestellung der Mitgl. des GesBR (vgl. § 47 Abs. 2), des KBR (vgl. § 55) und der GesJugAzubiVertr. (vgl. § 72 Abs. 2).

Für die Wahl zusätzlicher oder anderer Vertr. der ArbN nach § 3 Abs. 1 Nr. 1 und 2 kann der TV abweichende Regelungen enthalten; diese müssen allerdings ebenfalls eine demokratische Wahl gewährleisten.

2a Entsprechende Vorschriften: § 20 BPersVG 74 und § 7 Abs. 1 SprAuG.

II. Bestellung des Wahlvorstands durch den Betriebsrat

1. Zeitpunkt

3 Die Vorschrift des Absatzes 1 regelt die **Bestellung des Wahlvorst. durch den BR,** dessen Amtszeit in Kürze ablaufen wird. Dabei sind drei Fälle der Beendigung der Amtszeit zu unterscheiden:

- der Ablauf der regelmäßigen Amtszeit von vier Jahren gemäß § 21 Satz 1 (Rn 4),

– die vorzeitige Beendigung der Amtszeit außerhalb des regelmäßigen Wahlzeitraums nach § 21 Satz 5 wegen einer vorzeitigen Neuwahl des BR gemäß § 13 Abs. 2 Nr. 1–3 (Rn 5f.) und
– die Beendigung der verkürzten bzw. der verlängerten Amtszeit des nach § 13 Abs. 2 außerhalb des regelmäßigen Wahlzeitraums gewählten BR im Hinblick auf die Wiedereingliederung der Wahl des neuen BR in den regelmäßigen Wahlzeitraum (Rn 7).

Im Falle des **Ablaufs der regelmäßigen Amtszeit** von vier Jahren hat der BR den Wahlvorst. spätestens an dem Tag zu bestellen, der um zehn Wochen zurückgerechnet dem Tag entspricht, an dem seine Amtszeit abläuft. Ist dieser Tag ein Samstag, Sonntag oder gesetzlicher Feiertag, ist der letzte davorliegende Werktag maßgebend (*GK-Kreutz,* Rn 18). Zur Beendigung der Amtszeit vgl. § 21 Rn 14ff. Bei der Frist des Abs. 1 S. 1 handelt es sich um eine **Mindestfrist.** Die Bestellung des Wahlvorst. zu einem früheren Zeitpunkt ist durchaus zulässig und im allgemeinen auch zweckmäßig. Das gilt insbesondere, wenn umfangreiche und/oder schwierige Arbeiten und Aufgaben (z. B. Klärung schwieriger Sachverhalts- oder Rechtsfragen) zu erledigen oder zu erwarten sind, was insbesondere in Großbetrieben oder in Betrieben mit einer besonderen Struktur (etwa mit zahlreichen unselbständigen Betriebsteilen oder Nebenbetrieben) der Fall sein kann. Die Notwendigkeit einer früheren Bestellung des Wahlvorst. kann sich vielfach auch aus seiner neuen Verpflichtung nach § 13 Abs. 1 S. 2 und § 18a ergeben, die Wahlen zeitgleich mit den Wahlen des (Unternehmens-)Sprecherausschusses für leitende Angestellte einzuleiten (vgl. hierzu § 13 Rn 10ff.) und vorher noch das Zuordnungsverfahren nach § 18a durchzuführen (vgl. hierzu § 18a Rn 5ff.). 4

Wegen dieser Verzahnung der Wahlen des BR und des (Unternehmens-)Sprecherausschusses ist für die Bestellung des Wahlvorst. in der Praxis vom Ende der Amtszeit derjenigen Vertretung auszugehen, deren Amtszeit zuerst endet. Hierauf ist besonders im Falle der Wahl eines Unternehmenssprecherausschusses zu achten, da hier dessen Wahl und die BRWahlen in sämtlichen Betrieben des Unternehmens zeitlich zu koordinieren sind. Endet z. B. im Falle der Wahl eines Unternehmenssprecherausschusses die Amtszeit des BR im Betrieb A bereits am 15. 3. während die Amtszeit des Unternehmenssprecherausschusses und der BR in den übrigen Betrieben des Unternehmens erst im Laufe des April und Mai enden, so ist für die Bestellung aller Wahlvorst. vom Amtsende des BR im Betrieb A am 15. 3. auszugehen. Denn nur in diesem Falle ist einerseits die zeitgleiche Einleitung der Wahl und die vorherige Durchführung des Zuordnungsverfahrens nach § 18a möglich und andererseits eine rechtzeitige Neuwahl des BR im Betrieb A gewährleistet, die sicherstellt, daß dieser Betrieb wegen des Amtsendes des bestehenden BR am 15. 3. nicht vorübergehend betriebsratslos ist (vgl. hierzu auch § 13 Rn 10d ff.). 4a

Auch nach Ablauf der Zehnwochenfrist des Abs. 1 S. 1 kann der BR die Bestellung des Wahlvorst. noch vornehmen, solange eine rechtskräf- 4b tige gerichtliche Ersatzbestellung (vgl. hierzu unten 24ff.) nicht erfolgt ist. Nach Ablauf seiner Amtszeit kann der BR den Wahlvorst. jedoch nicht mehr bestellen. In diesem Falle erfolgt die Bestellung, falls nicht noch vor Ablauf der Amtszeit des BR ein gerichtliches Bestellungsverfahren nach Abs. 2 eingeleitet worden ist, gemäß § 17 durch die BetrVerslg.

5 Die Vorschrift gilt unmittelbar auch für die Fälle, in denen die Amtszeit des BR nach § 13 Abs. 2 Nr. 1–3 i. Vbd. mit § 21 Satz 5 und § 22 **vorzeitig abläuft.** Da der Zeitpunkt des Ablaufs der Amtszeit in diesen Fällen nicht von vornherein feststeht, kann allerdings die Zehnwochenfrist nicht berechnet werden. Der BR hat deshalb in diesen Fällen den Wahlvorst. **unverzüglich,** d. h. ohne schuldhaftes Zögern zu bestellen, nachdem ein die Neuwahl bedingender Tatbestand nach § 13 Abs. 2 Nr. 1–3 eingetreten ist (*DR,* Rn 17; *GK-Kreutz,* Rn 20; *GKSB,* Rn 4; vgl. hierzu auch *Wahsner,* ArbuR 79, 208).

6 **§ 16 gilt nicht** nach einer erfolgreichen rechtskräftigen Anfechtung der BRWahl oder der Feststellung ihrer Nichtigkeit. In diesen Fällen besteht kein BR im Betrieb (mehr), so daß für die Bestellung des Wahlvorst. § 17 anzuwenden ist (vgl. aber auch § 19 Rn 32). Ebenso gilt § 16 nicht bei Auflösung des BR durch das ArbG gemäß § 23; in diesem Falle bestellt das ArbG den Wahlvorst. (vgl. § 23 Abs. 2 und dortige Rn 35ff.).

7 Ist der BR **außerhalb des regelmäßigen Wahlzeitraums** gewählt worden und hat er deshalb gemäß § 13 Abs. 3 i. Vbg. mit § 21 Sätze 3 und 4 eine von der regelmäßigen vierjährigen Amtszeit abweichende **(verkürzte oder verlängerte) Amtszeit** (vgl. hierzu § 21 Rn 18ff.), so muß der Wahlvorst. spätestens (eine frühere Bestellung ist auch in diesem Falle zulässig und vielfach angebracht) am 22. März des Jahres bestellt sein, in dem gemäß § 13 Abs. 3 der BR neu zu wählen ist.

8 Die Bestellung des Wahlvorst. gehört zu den **gesetzlichen Pflichten** des BR. Unterläßt er sie, so kann der Fall des § 23 Abs. 1 vorliegen. Allerdings wäre im Hinblick auf die Dauer des gerichtlichen Verfahrens ein Antrag auf Auflösung des BR unpraktisch. Deshalb sieht das Gesetz in § 16 Abs. 2 die arbeitsgerichtliche Ersatzbestellung des Wahlvorst. bei Untätigkeit des BR vor.

2. Mitglieder

9 Bei den Mitgl. des Wahlvorst. ist zwischen den ordentlichen, d. h. stimmberechtigten Mitgl., deren ErsMitgl. (vgl. Rn 20ff.) und den durch das Änderungsgesetz 1989 neu eingeführten nicht stimmberechtigten Mitgl., die von den nicht im Wahlvorst. vertretenen Gewerkschaften entsandt werden können (vgl. hierzu unten Rn 23a ff.), zu unterscheiden. Wenn im folgenden von Mitgl. des Wahlvorst. gesprochen wird, sind stets die ordentlichen Mitgl. gemeint. Die von den Gewerkschaften entstandten nicht stimmberechtigten Mitgl. werden als solche bezeichnet.

Die Mitgl. des Wahlvorst. nach Abs. 1 (und auch deren ErsMitgl.) werden **vom BR bestellt.** Auf die von den Gewerkschaften nach Abs. 1 S. 6 zu entsendenden nicht stimmberechtigten Mitgl. hat der BR keinen unmittelbaren Einfluß. Allerdings kann er dem Entsendungsrecht der Gewerkschaften dadurch den Boden entziehen, daß er von sich aus Angehörige aller im Betrieb vertretenen Gewerkschaften in den Wahlvorst. beruft und in diesem Falle selbst die in den Wahlvorst. zu berufenen ArbN dieser Gewerkschaften bestimmt. **9a**

Der BR kann **jeden wahlberechtigten ArbN** (vgl. § 7 Rn 3ff.) als Mitglied des Wahlvorst. bestellen. Die Wählbarkeit (vgl. § 8 Rn 3ff.) ist nicht erforderlich; ebensowenig braucht es sich um ständig beschäftigte ArbN zu handeln. **9b**

Auch **Mitgl. des BR** können bestellt werden. Ebenso können **Wahlkandidaten** Mitgl. des Wahlvorst. sein (BAG 12. 10. 76, AP Nr. 1 zu § 8 BetrVG 1972; BAG 4. 10. 77, AP Nr. 2 zu § 18 BetrVG 1972; für das PersVG: BVerwG AP Nr. 6 zu § 10 PersVG; *GK-Kreutz,* Rn 29f.; *GKSB,* Rn 9; *HSG,* Rn 15; *Weiss,* Rn 4; **a. A.** *GL,* Rn 11, § 14 Rn 52; *DR,* Rn 44ff.; *Richardi,* DB 72, 487). Zwar sollte letzteres – um jeden Anschein der Parteilichkeit des Wahlvorst. zu vermeiden – möglichst unterlassen werden. Andererseits wird sich in kleineren Betrieben gelegentlich kein anderer Ausweg bieten, wenn z. B. ein Kandidat als einziger die erforderlichen Kenntnisse für die ordnungsgemäße Durchführung der Wahl aufweist. Zur Frage der Zulässigkeit der Unterzeichnung von Wahlvorschlägen durch Mitgl. des Wahlvorst. vgl. § 14 Rn 52. Nicht dem Betrieb als ArbN angehörige Gewerkschaftsmitgl. können im allgemeinen nicht zu Mitgl. des Wahlvorst. bestellt werden (vgl. jedoch unten Rn 30ff.). Zur Unterstützung des Wahlvorst. durch Gewerkschaften, vgl. § 18 Rn 7. **10**

Die Bestellung der Mitgl. des Wahlvorst. erfolgt durch **Beschluß des BR** mit **einfacher Stimmenmehrheit** (§ 33). Eine förmliche Wahl kann vom BR beschlossen oder in der Geschäftsordnung festgelegt werden (§ 36). Sie ist aber nicht von Gesetzes wegen vorgeschrieben (*GL,* Rn 8; *GK-Kreutz,* Rn 21; *HSG,* Rn 8; *Schneider,* Rn 10; **a. A.** *DR,* Rn 18). Deshalb besteht auch kein Zwang, dann, wenn bei der Bestellung der WahlvorstMitgl. zunächst nicht die erforderliche Mehrheit erreicht worden ist, die folgende Abstimmung auf die beiden Kandidaten mit den meisten Stimmen zu beschränken (*GK-Kreutz,* Rn 22; *HSG,* Rn 8; **a. A.** *DR,* Rn 18; *GL,* Rn 8). Rechtlich steht nichts entgegen, dem BetrAusschuß oder einem Ausschuß nach § 28 durch besonderen Beschluß die Bestellung des Wahlvorst. zu übertragen (vgl. § 27 Abs. 3 Satz 2 und dortige Rn 45ff. § 28 Abs. 1 und dortige Rn 3ff.). Dies wird wegen der Einmaligkeit der Aufgabe jedoch nur in besonders gelagerten Fällen zweckmäßig sein. Die Bestellung fällt nicht in den Rahmen der laufenden Geschäfte. Zur Entsendung nicht stimmberechtigter Mitgl. in den Wahlvorst. durch Gewerkschaften vgl. unten Rn 23a ff. **11**

Der ArbN ist **nicht verpflichtet,** das Amt als Mitgl. des Wahlvorst. **anzunehmen** (h. M.). Lehnt ein ArbN die Übernahme ab, so ist ein neues Mitgl. zu bestellen. Ein bestelltes ErsMitgl. rückt nicht ohne wei- **12** teres nach, da weder ein Fall der zeitweiligen Verhinderung noch des Ausscheidens vorliegt (vgl. unten Rn 20ff.). Jedoch ist es als zulässig anzusehen, daß der BR für den Fall, daß ein bestelltes Mitgl. das Amt nicht annimmt, vorsorglich ein weiteres Mitgl. des Wahlvorst. bestellt oder aber auch das Nachrücken des ErsMitgl. für diesen Fall beschließt. Finden sich nicht genügend ArbN, die bereit sind, im Wahlvorst. mitzuwirken, so kann das **ArbG** in Betrieben mit in der Regel mehr als 20 wahlberechtigten ArbN gemäß Abs. 2 S. 3 auch nicht dem Betrieb angehörende Mitgl. einer im Betrieb vertretenen Gewerkschaft in den Wahlvorst. berufen (vgl. unten Rn 30ff.).

13 Die Mitgliedschaft im Wahlvorst. **endet** zum einen mit der Beendigung des Amtes des Wahlvorst. als Gremium (vgl. hierzu unten Rn 39). Außerdem kann ein WahlvorstMitgl. dieses Amt jederzeit **niederlegen.** Die Mitgliedschaft endet ferner mit dem Verlust des aktiven Wahlrechts zum BR (z. B. Ausscheiden aus dem Betrieb, Aufrücken in den Kreis der leit. Ang.). Der BR kann den einmal bestellten Wahlvorst. oder einzelne seiner Mitgl. **nicht abberufen** (vgl. ArbG Berlin, DB 74, 830; *Schneider,* Rn 14); das kann nur das ArbG nach § 18 Abs. 1 S. 2 (vgl. § 18 Rn 24ff.).

3. Mitgliederzahl

14 Der Wahlvorst. besteht **in der Regel aus drei Mitgl.** Dies gilt auch für Betriebe, in denen nur ein einköpfiger BR zu wählen ist. Ein Wahlvorst. mit weniger als drei Mitgl. ist kein gesetzlich zusammengesetzter Wahlvorst.

15 Der BR kann eine **Vergrößerung** des Wahlvorst. beschließen, wenn dies zur ordnungsgemäßen Durchführung der Wahl erforderlich ist. Hierzu ist **keine Zustimmung des ArbGeb** erforderlich. Andererseits ist die Erforderlichkeit als unbestimmter Rechtsbegriff arbeitsgerichtlich nachprüfbar (*DR,* Rn 8), so daß es sich empfiehlt, die beabsichtigte Erhöhung der Mitgliederzahl mit dem ArbGeb. zu erörtern. Dabei sind die Größe des Betriebs, die Gliederung in Betriebsabteilungen, der Arbeitsrhythmus (z. B. Schichtarbeit), die räumliche Entfernung der Betriebsteile zu berücksichtigen. Von wesentlicher Bedeutung ist auch die Vorschrift des § 12 Abs. 2 WO, wonach während des Wahlgangs stets mindestens ein stimmberechtigtes Mitgl. des Wahlvorst. im Wahllokal anwesend sein muß. Es wird daher auch abzuwägen sein, ob es sachgerechter ist, den Wahlgang über mehrere Tage zu erstrecken oder mehr WahlvorstMitgl. zu bestellen (ähnlich *GK-Kreutz,* Rn 33). Da der Wahlvorst. die Entscheidung über die Anzahl der Wahllokale im Rahmen seiner Verantwortung für eine ordnungsgemäße Durchführung der Wahl zu treffen hat, wird man es auch als zulässig ansehen müssen, daß auf Vorschlag des Wahlvorst. hin der BR die Zahl der Mitgl. des Wahlvorst. **nachträglich erhöht,** wenn nach Ansicht des Wahlvorst. eine Erhöhung der Zahl der Wahllokale sachgemäßer ist als eine sich über mehrere Tage hinstreckende BRWahl.

16 Eine **Höchstgrenze** für die Erhöhung der Mitgliederzahl ist nicht vorgesehen (h. M.). Lediglich ist vorgeschrieben, daß der Wahlvorst. im-

mer aus einer ungeraden Zahl von Mitgl. bestehen muß, damit bei Abstimmungen klare Stimmenverhältnisse erreicht werden.

4. Berücksichtigung der Gruppen

Werden im Betrieb Arb. und Ang. beschäftigt, so müssen beide Gruppen im Wahlvorst. vertreten sein. Über das Verhältnis, in dem die Gruppen vertreten sein müssen, sagt das Gesetz nichts aus. Es muß daher davon ausgegangen weden. daß der BR insoweit nach seinem **freien Ermessen** beschließen kann, in welchem Verhältnis er die Gruppen berücksichtigt (BAG 11. 2. 69, AP Nr. 1 zu § 28 BetrVG; *DR,* Rn 11; *GL,* Rn 13; *GK-Kreutz,* Rn 36; *Weiss,* Rn 4). Jede im Betrieb vertretene Gruppe muß jedoch **mindestens durch einen Angehörigen,** und zwar als stimmberechtigtes Mitgl., im Wahlvorst. vertreten sein. Dieses Erfordernis muß nicht nur bei der Bestellung des Wahlvorst., sondern während der gesamten Durchführung des Wahlverfahrens erfüllt sein (BAG 14. 9. 88, AP Nr. 1 zu § 16 BetrVG 1972). Auf die Stärke der Gruppe kommt es nicht an; ebensowenig darauf, daß die Gruppe im BR vertreten ist. Die Vorschrift des § 10 Abs. 3 findet keine Anwendung. Aus diesem Grunde ist der Wahlvorst. auch dann mit Vertretern beider Gruppen zu besetzten, wenn wegen erfolgreicher Anfechtung der Wahl einer Gruppe nur die Wahl dieser Gruppenvertreter zu wiederholen ist. Findet sich kein wahlberechtigter ArbN einer Gruppe bereit, im Wahlvorst. mitzuwirken, so wird dieser allein aus Vertretern der anderen Gruppe gebildet, da sonst eine Gruppe die BRWahl verhindern könnte (*DR,* Rn 10; *GL,* Rn 10; *GK-Kreutz,* Rn 37; *HSG,* Rn 16; LAG Hamm, AiB 88, 265; vgl. hierzu auch § 14 Rn 16). Gleiches gilt, da dem Wahlvorst. nur wahlberechtigte ArbN angehören dürfen, wenn eine Gruppe keinen wahlberechtigten ArbN hat. 17

Abgesehen von der Berücksichtigung der Gruppen ist der BR nicht verpflichtet, bei der Bestellung der Mitgl. des Wahlvorst. andere Gruppierungen, z. B. Frauen, ausländische ArbN, unterschiedliche Beschäftigungsarten, zu berücksichtigen, ohne daß ihm dies andererseits verwehrt wäre. Auch braucht er nicht Mitgl. der im Betrieb vertretenen Gewerkschaften in den Wahlvorst. zu berufen. Allerdings haben die im Betrieb vertretenen Gewerkschaften, die nicht durch ein ordentliches Mitgl. im Wahlvorst. vertreten sind, das Recht, einen Beauftragten als nicht stimmberechtigtes Mitgl. in den Wahlvorst. zu entsenden (vgl. unten Rn 23a ff.). 17a

5. Vorsitzender

Der Vors. des Wahlvorst. wird nicht von dessen Mitgliedern aus ihrer Mitte gewählt, sondern vom **BR durch Mehrheitsbeschluß** bestellt. Hat der BR übersehen, den Vors. zu bestellen, ist das Versäumte unverzüglich nachzuholen. Besteht der BR nicht mehr, so wählen die Mitgl. des Wahlvorst. aus ihrer Mitte den Vors. (*DR,* Rn 13; *GL,* Rn 9; *GK-Kreutz,* Rn 24). Die Bestellung eines Stellvertr. des Vors. ist nicht vorgeschrieben, jedoch zulässig (*GK-Kreutz,* Rn 38; *DR,* Rn 43). 18

19 Der Vors. hat insbesondere die **Aufgabe,** die Sitzungen des Wahlvorst. einzuberufen, zu denen er auch die nicht stimmberechtigten, von den Gewerkschaften entsandten Mitgl. einzuladen hat. Ferner hat er die Vertretung des Wahlvorst. gegenüber dem ArbG oder sonstigen Personen und Stellen im Rahmen der vom Wahlvorst. gefaßten Beschlüsse zu übernehmen, ggfs. Verhandlungen mit dem ArbGeb. oder sonstigen Stellen zu führen, den erforderlichen Schriftwechsel durchzuführen, zusammen mit mindestens einem weiteren stimmberechtigten Mitgl. des Wahlvorst. das Wahlausschreiben und die Niederschrift über die Feststellung des Wahlergebnisses zu unterzeichnen (vgl. § 3 Abs. 1 und § 17 Abs. 2 WO). Er ist berechtigt, Erklärungen, die dem Wahlvorst. gegenüber abzugeben sind (vgl. z.B. § 6 Abs. 6 u. 8 WO), entgegenzunehmen.

6. Ersatzmitglieder

20 Die ErsMitgl. werden durch **Beschl. des BR** bestimmt, und zwar grundsätzlich jeweils für ein bestimmtes Mitgl. des Wahlvorst. ein ErsMitgl. Man wird es aus Gründen der Praktikabilität jedoch auch zulassen müssen, daß ein ErsMitgl. **für mehrere Mitgl. des Wahlvorst.** bestellt wird (*DR,* Rn 14; *GL,* Rn 14; *GKSB,* Rn 12). Ferner ist es zulässig, für die einzelnen Mitgl. des Wahlvorst. jeweils **mehrere ErsMitgl.** zu bestellen; in diesem Falle ist jedoch die Reihenfolge des Nachrückens der einzelnen ErsMitgl. durch den BR festzulegen (*GK-Kreutz,* Rn 40; *HSG,* Rn 19). In jedem Fall muß bei Nachrücken eines ErsMitgl. die Gruppenvertretung nach § 16 Abs. 1 S. 5 (vgl. Rn 17) gewährleistet sein (*DR,* Rn 14; BAG 14. 9. 88, AP Nr. 1 zu § 16 BetrVG 1972). Die von den Gewerkschaften nach Abs. 1 S. 6 entstandten nicht stimmberechtigten Mitgl. sind keine ErsMitgl. Allerdings steht es dem BR frei, ein solches Mitgl. als ErsMitgl. zu bestellen. Im Vertretungsfall ist dieses Mitgl. dann stimmberechtigt.

21 Das ErsMitgl. tritt im Falle der **Verhinderung des ordentlichen Mitgl.** des Wahlvorst. ein. Aus dem Vergleich des Wortlauts des § 16 Abs. 1 Satz 4 mit dem des § 25 Abs. 1 könnte geschlossen werden, daß das ErsMitgl. nicht an die Stelle eines **ausgeschiedenen Mitgl.** des Wahlvorst. tritt. Diese Auslegung ist jedoch zu eng und entspricht nicht dem Erfordernis der Kontinuität des Wahlvorst. (*DR,* Rn 15; *GL,* Rn 15; *GK-Kreutz,* Rn 41). Lehnt ein Mitgl. des Wahlvorst. die Übernahme des Amtes ab, so ist ein neues Mitgl. zu bestellen (oben Rn 12). Hat der Wahlvorst. auch nach Nachrücken der ErsMitgl. nicht mehr die erforderliche MitglZahl, so hat der BR ihn **unverzüglich zu ergänzen** (BAG 14. 12. 65, AP Nr. 5 zu § 16 BetrVG). Bleibt der BR untätig, erfolgt die Ergänzung entsprechend Abs. 2 auf Antrag durch das ArbG (*GKSB,* Rn 13). Ist die Amtszeit des BR bereits abgelaufen, ist zunächst eine Ergänzung durch die BetriebsVerslg. zu betreiben. Erst wenn trotz Einladung keine BetriebsVerslg. stattfindet oder die BetriebsVerslg. eine Ergänzung des Wahlvorst. nicht beschließt, erfolgt die Ergänzung des Wahlvorst. auf Antrag durch das

ArbG (vgl. § 17 Abs. 3). Eine Ergänzung des Wahlvorst. in der Weise, daß er selbst Mitgl. zuwählt, ist nicht zulässig (*GK-Kreutz,* Rn 42).

Sobald das ErsMitgl. für ein verhindertes oder an Stelle eines ausgeschiedenen Mitgl. in den Wahlvorst. eingetreten ist, genießt es den **Kündigungsschutz** nach § 103 und § 15 KSchG n. F. (Näheres vgl. § 103, Rn 3ff.). Bis zum Eintritt in den Wahlvorst. ist das ErsMitgl. nach § 20 geschützt (vgl. § 20 Rn 12). 22

Die Bestellung von ErsMitgl. ist **nicht zwingend** vorgeschrieben. Wird sie unterlassen, so wird hierdurch die Wahl nicht anfechtbar. 23

III. Entsendung nicht stimmberechtigter Mitglieder durch Gewerkschaften

Der durch das Änderungsgesetz 1989 neu eingefügte Abs. 1 S. 6 räumt jeder im Betrieb vertretenen Gewerkschaft, die nicht durch ein ordentliches Mitgl. im Wahlvorst. vertreten ist, das Recht ein, einem betriebsangehörigen Beauftragten als **nicht stimmberechtigtes Mitgl.** zusätzlich in den Wahlvorst. **zu entsenden.** Diese Neuregelung war sowohl in den parlamentarischen Beratungen (vgl. Ausschußbericht BT-Drucks. 11/3618 S. 4f.) als auch in der sie begleitenden arbeitsrechtlichen Diskussion umstritten. Zum Teil wird das Anliegen dieser Neuregelung, durch Beobachter der nicht im Wahlvorst. vertretenen Gewerkschaften für mehr Transparenz bei der Tätigkeit des Wahlvorst. zu sorgen (so Begründung des Koalitionsentwurfs, vgl. BT-Drucks. 11/2503 S. 23 u. 31) als legitim angesehen (so wohl *Löwisch,* BB 88, 1953; *Buchner,* NZA Beil. 1/89 S. 3; *Wlotzke,* DB 89, 113; *Engels/Natter,* BB Beil. 8/89 S. 20). Zum Teil wird jedoch die Neuregelung als „institutionalisierter Verdacht der Wahlmanipulation" durch die Wahlvorst. scharf verurteilt (so *Klaus,* AiB 88, 328; ähnlich *Schumann,* AiB 88, 205) oder auf die Erschwerung einer ordnungsmäßigen rechtzeitigen Durchführung der Wahl und die hierdurch bedingte erhöhte Gefahr von Wahlanfechtungen hingewiesen (so schon *Richardi,* ArbuR 86, 36; vgl. hierzu auch *Wlotzke* a. a. O.; zum letzteren **a. A.** *Engels/Natter,* BB Beil. 8/89 S. 20). 23a

1. Voraussetzungen

Das Entsendungsrecht steht **nur Gewerkschaften** zu (auch hier gilt der allgemeine Gewerkschaftsbegriff, vgl. im einzelnen hierzu § 2 Rn 16ff.), die im Betrieb vertreten sind, d. h. denen mindestens ein ArbN des Betriebs als Mitgl. angehört (vgl. § 2 Rn 26). Das Entsendungsrecht besteht ferner nur, wenn die Gewerkschaft nicht bereits durch ein ordentliches Mitgl. im Wahlvorst. vertreten ist. Daß ihr ein ErsMitgl. des Wahlvorst. als Mitgl. angehört, steht dem Entsendungsrecht solange nicht entgegen, als das ErsMitgl. nicht in den Wahlvorst. wegen Eintritt des Vertretungsfalls nachgerückt ist. Das Entsendungsrecht gehört zu den Aufgaben und Befugnissen der im Betrieb vertrete- 23b nen Gewerkschaften i. S. von § 2 Abs. 2 und kann deshalb ein **Zutrittsrecht** zum Betrieb im Rahmen dieser Vorschrift begründen (z. B. um einen in den Wahlvorst. zu entsendenden ArbN zu gewinnen).

23c Der Wahlvorst. ist berechtigt und verpflichtet, das Vorliegen der Voraussetzungen des Entsendungsrechts **zu prüfen** (*Engels/Natter,* BB, Beil. 8/89 S. 20; *GKSBK,* Rn 3). Denn bei Fehlen der Voraussetzungen würde die Teilnahme des Entsandten gegen den Grundsatz der Nichtöffentlichkeit der Sitzungen des Wahlvorst. verstoßen. Bestehen Zweifel am Entsendungsrecht, hat die Gewerkschaft als diejenige, die sich darauf beruft, seine Voraussetzungen nachzuweisen.

2. Entsendungsrecht

23d Die Gewerkschaft hat ein Entsendungsrecht; ihr obliegt **keine Verpflichtung,** von diesem Recht Gebrauch zu machen. Der BR oder der Wahlvorst. sind nicht verpflichtet, von sich aus die Gewerkschaften auf das Entsendungsrecht hinzuweisen. Dies folgt zum einen daraus, daß ihnen nicht bekannt zu sein braucht, ob die Gewerkschaft überhaupt im Betrieb vertreten ist oder ob nicht bereits ein ordentl. Mitgl. des Wahlvorst. zu ihren Mitgl. zählt. Zum anderen obliegt es grundsätzlich dem jeweiligen Rechtsinhaber, sich um die Geltendmachung seines Rechts zu kümmern (*Engels/Natter,* BB Beil. 8/89 S. 20; offensichtlich weitergehend *Wlotzke,* DB 89, 113; *Richardi,* ArbuR 86, 36). Allerdings dürfte der Wahlvorst. verpflichtet sein, auf Anfrage den im Betrieb vertretenen Gewerkschaften die Mitgl. und auch ErsMitgl. des Wahlvorst. mitzuteilen, damit sie beurteilen können, ob und inwieweit für sie ein Entsendungsrecht in Betracht kommt. Diese Pflicht des Wahlvorst. folgt aus seiner allgemeinen Verpflichtung, eine ordnungsgemäße Durchführung der Wahl zu gewährleisten.

23e Ein Entsendungsrecht kommt erst **nach Bestellung des Wahlvorst.** durch den BR in Betracht. Denn erst dann steht fest, ob die Gewerkschaft nicht bereits durch ein ordentl. Mitgl. im Wahlvorst. vertreten ist. Andererseits ist die Ausübung des Entsendungsrechts an keine bestimmte Frist gebunden. Sie ist auch noch im Laufe der Vorbereitung oder Durchführung der Wahl zulässig. Nach Abschluß der Aufgaben des Wahlvorst., d. h. nach Bekanntgabe der Gewählten gemäß § 19 WO, kommt eine Entsendung nicht mehr in Betracht.

23f Die Entsendung muß durch einen satzungsmäßigen oder hierzu bevollmächtigten Vertreter der Gewerkschaft **erklärt** werden. Die Erklärung ist in entsprechender Anwendung des § 26 Abs. 3 S. 2 gegenüber dem Vors. des Wahlvorst. abzugeben.

3. Betriebsangehörige Beauftragte

23g Die Gewerkschaft kann nur einen **betriebsangehörigen Beauftragten** in den Wahlvorst. entsenden. Die Entsendung eines externen Vertreters ist selbst dann unzulässig, wenn sich kein Betriebsangehöriger zur Mitgliedschaft im Wahlvorst. bereit erklärt. Die Möglichkeit der Bestellung

Externer gemäß Abs. 2 S. 3 ist auf eine Bestellung durch das ArbG beschränkt und bezieht sich nur auf ordentl. Mitgl. des Wahlvorst.

Das Gesetz beschränkt das Entsendungsrecht der Gewerkschaften nicht auf ihre Mitgl. Vielmehr folgt aus der Verwendung des allgemeinen Begriffs „Beauftragter", daß **auch andere Betriebsangehörige** in den Wahlvorst. entsandt werden können, sofern sie hiermit einverstanden sind. Allerdings können nur wahlberechtigte ArbN entsandt werden, nicht etwa Jugendliche unter 18 Jahren. Dies folgt, da der entsandte Beauftragte ebenfalls Mitgl. des Wahlvorst. – wenn auch ohne Stimmrecht – ist, aus Abs. 1 S. 1. Unzulässig ist die Entsendung von Personen, die keine ArbN i. S. des BetrVG sind, etwa von leitenden Ang. i. S. v. § 5 Abs. 3 oder von Beschäftigten i. S. v. § 5 Abs. 2 (**a. A.** *Löwisch,* Rn 3a). Denn die Wahl des BR, deren ordnungsgemäße Durchführung der Wahlvorst. zu gewährleisten hat, ist allein Sache der ArbN des Betriebs und darf nicht von potentiellen Gegenspielern oder Konkurrenten des BR beeinflußt werden. Im übrigen ist das Entsendungsrecht der Gewerkschaften nicht beschränkt. Zulässig ist z. B. auch die Entsendung eines ArbN, der vom BR als ErsMitgl. des Wahlvorst. bestellt ist oder der dem amtierenden BR angehört oder für den zu wählenden BR kandidiert (vgl. oben Rn 10). Die im Betrieb, jedoch nicht im Wahlvorst. durch ein ordentliches Mitgl. vertretenen Gewerkschaften können jeweils **nur ein zusätzliches** Mitgl. (nicht mehrere) in den Wahlvorst. entsenden. **23h**

Zweifelhaft ist, ob die Gewerkschaft für das entsandte Mitgl. zulässigerweise **ErsMitgl.** bestellen kann. Diese Frage dürfte zu verneinen sein. Der neue Abs. 1 S. 6 enthält hierzu keine Aussage. Seine Stellung innerhalb des Abs. 1 spricht rechtssystematisch dagegen, den vorangehenden Abs. 1 S. 4, der nur die vom BR zu bestellenden ErsMitgl. regelt, auch auf das von der Gewerkschaft entsandte Mitgl. zu erstrecken. Im übrigen dienen die vom BR zu bestellenden ErsMitgl. dazu, die Beschlußfähigkeit des Wahlvorst. zu sichern. Mangels Stimmrecht spielt dieser Aspekt bei den entsandten Mitgl. keine Rolle. Allerdings ist die Gewerkschaft befugt, wenn das von ihr entsandte Mitgl. z. B. wegen Amtsniederlegung oder Beendigung des Arbeitsverhältnisses aus dem Wahlvorst. ausgeschieden ist, zu entsenden. **23i**

4. Rechtsstellung im Wahlvorstand

Der von der Gewerkschaft entsandte Beauftragte ist – wie sich aus dem insoweit eindeutigen Gesetzeswortlaut ergibt – (zusätzliches, aber nicht stimmberechtigtes) **Mitgl. des Wahlvorst.** Nach der Entwurfsbegründung soll der Beauftragte vor allem als „Beobachter für mehr Transparenz bei der Tätigkeit des Wahlvorst. sorgen" (vgl. BT-Drucks. 11/2503, S. 23, 31). Für die Erreichung dieses Zweckes hätte an sich ein Teilnahmerecht an den Sitzungen des Wahlvorst. entsprechend § 20 Abs. 1 S. 3 BPersVG ausgereicht. Da der Gesetzgeber trotz dieses Vorbildes den Beauftragten als „Mitglied" bezeichnet, ist es auch als solches anzusehen und hat, soweit sich aus dem fehlenden Stimmrecht nicht **23k** etwas anderes ergibt, die **gleichen Rechte und Befugnisse** wie die übrigen Mitgl. des Wahlvorst. So hat es z. B. ein Teilnahmerecht an allen Sitzungen des Wahlvorst.; zu diesen ist es wie die ordentl. Mitgl. zu laden. Da der Ausschluß des Stimmrechts nicht auch den Ausschluß eines Beratungsrechts beinhaltet, kann sich das entsandte Mitgl. an der Beratung im Wahlvorst. beteiligen (*Dänzer-Vanotti,* ArbuR 89, 206; **a. A.** *Engels/Natter,* BB, Beil. 8/89 S. 20, deren Hinweis auf § 20 Abs. 1 S. 3 BPersVG jedoch fehl geht, weil diese Vorschrift nur ein Teilnahmerecht und keine – über ein Teilnahmerecht hinausgehende – Mitgliedschaft vorsieht). Ferner hat es das Recht, Einblick in die Unterlagen des Wahlvorst. zu nehmen. Auch kann es bei der Durchführung der Wahl hinzugezogen werden, soweit die WO keine Beschränkung auf stimmberechtigte Mitgl. vorsieht (vgl. hierzu § 1 WO Rn 2). Da der Beauftragte Mitgl. des Wahlvorst. ist, steht ihm auch der besondere Kündigungsschutz nach § 103 BetrVG und § 15 Abs. 3 KSchG zu (vgl. § 103 Rn 3; **a. A.** *Engels/Natter,* a. a. O.; zur Rechtsstellung vgl. auch Rn 38ff.).

23l Der von der Gewerkschaft entsandte Beauftragten hat im Wahlvorst. **kein Stimmrecht.** Ihm ist es deshalb untersagt, an den Abstimmungen teilzunehmen. Dies würde zur Unwirksamkeit eines Beschlusses des Wahlvorst. führen, sofern seine Teilnahme entscheidungserheblich ist. Beschlußorgan ist allein der vom BR bestellte Wahlvorst. Aus dem fehlenden Stimmrecht des entsandten Mitgl. folgt, daß es keine Anforderungen ausfüllen kann, die den ordentlichen Mitgl. des Wahlvorst. vorbehalten ist. So wird z. B. das Erfordernis, daß in Betrieben mit Arb. und Ang. beide Gruppen im Wahlvorst. vertreten sein müssen, nicht dadurch erfüllt ist, daß ein entsandtes Mitgl. einer bestimmten Gruppe angehört (*Engels/Natter,* BB Beil. 8/89 S. 20). Auch kann ein entsandtes Mitgl., sofern es nicht vom BR als ErsMitgl. bestellt worden ist, nicht als Vertr. für ein verhindertes ordentl. Mitgl. einspringen; dies selbst dann nicht, wenn auch das ErsMitgl. verhindert ist.

23m Da das entsandte Mitgl. mangels Stimmrechts keinen bestimmenden Einfluß auf die Willensbildung des Wahlvorst. hat, dürfte eine Verletzung des Entsendungsrechts für sich allein **keine Wahlanfechtung** rechtfertigen (ebenso *Engels/Natter,* a. a. O. S. 20).

IV. Bestellung durch das Arbeitsgericht

1. Voraussetzungen

24 Acht Wochen vor Ablauf der Amtszeit des BR kann die Bestellung des Wahlvorst. **durch das ArbG beantragt** werden, wenn der BR bis zu diesem Zeitpunkt den Wahlvorst. nicht bestellt hat (*DR,* Rn 28; *GKSB,* Rn 20; *GK-Kreutz,* Rn 46, hält die Einhaltung der Frist für eine Frage der Begründetheit des Antrags und läßt deshalb eine frühere Antragstellung zu). Der BR kann – solange seine Amtszeit noch nicht abgelaufen ist – die Bestellung **bis zur rechtskräftigen Entscheidung des Gerichts nach-**

holen (LAG Hamm, AP Nr. 1 zu § 15 BetrVG; *DR,* Rn 16; *GL,* Rn 6; *GK-Kreutz,* Rn 13; *HSG,* Rn 6; *Schneider,* Rn 26; vgl. auch BAG 19. 3. 74, AP Nr. 1 zu § 17 BetrVG 1972; **a. A.** *Brecht,* Rn 15). In diesem Falle ist ein anhängiges gerichtliches Verfahren für erledigt zu erklären. Ist der Wahlvorst. bereits durch Gerichtsbeschluß bestellt, muß der BR durch Rechtsmitteleinlegung den Eintritt der Rechtskraft des Beschlusses verhindern; anderenfalls ist allein der gerichtlich bestellte der rechtmäßige Wahlvorst. (*GK-Kreutz,* Rn 13; *GL,* Rn 6; *HSG,* Rn 16). Nach Ablauf der Amtszeit des BR ist die **Einleitung** des arbeitsgerichtlichen Bestellungsverfahrens nach Abs. 2 nicht mehr zulässig (ein rechtzeitg eingeleitetes Verfahren ist jedoch fortzuführen; vgl. LAG Düsseldorf, DB 76, 682). In diesem Falle ist der Wahlvorst. durch die BetrVerslg. nach § 17 zu bestellen.

Für die **Berechnung der Antragsfrist** gilt in den Fällen des Ablaufs der 25
regelmäßigen Amtszeit des BR das oben in Rn 4 Gesagte entsprechend. Der Antrag kann also frühestens an dem Tag gestellt werden, der um acht Wochen zurückgerechnet dem Tag des Ablaufs der Amtszeit des BR entspricht. In den Fällen der vorzeitigen Neuwahl nach § 13 Abs. 2 Nr. 1 bis 3 (vgl. oben Rn 5) kann der Antrag zwei Wochen nach dem Tag gestellt werden, an dem der BR den Wahlvorst. hätte bestellen müssen, wenn er unverzüglich gehandelt hätte (*DR,* Rn 22; *GL,* Rn 16; *GK-Kreutz,* Rn 49; *HSG,* Rn 23).

In den Fällen, in denen bei einer außerhalb des regelmäßigen Wahlzeitraums durchgeführten BRWahl die Wahl des neuen BR wieder in den regelmäßigen Wahlzeitraum einzugliedern ist (vgl. § 13 Abs. 3 und oben Rn 7), kann der Antrag frühestens acht Wochen vor dem 31. Mai, d. h. frühestens am 6. April des Jahres gestellt werden, in dem der BR gemäß § 13 Abs. 3 neu zu wählen ist.

2. Verfahren

Das Arbeitsgericht wird nur auf Antrag tätig. **Antragsberechtigt** sind 26
mindestens drei wahlberechtigte ArbN des Betriebs (§ 7) und jede im Betrieb vertretene Gewerkschaft (vgl. hierzu § 2 Rn 26). Die Antragsberechtigung ist eine Verfahrensvoraussetzung, die während des gesamten Verfahrens bis zur letzten mündlichen Anhörung in der Rechtsbeschwerdeinstanz bestehen muß (BAG 21. 11. 75, AP Nr. 6 zu § 118 BetrVG 1972; *DR,* Rn 25; *GL,* Rn 18; *GK-Kreutz,* Rn 51 f.; *HSG,* Rn 24). Der ArbGeb ist nicht antragsberechtigt (h. M.) Der Antrag ist schriftlich oder mündlich zur Niederschrift der Geschäftsstelle des ArbG (§ 81 ArbGG) zu stellen und auf die Bestellung eines Wahlvorst. zu richten.

Die Antragsteller können **Vorschläge für die Zusammensetzung** des 27
Wahlvorst. machen. Das ArbG ist aber nicht verpflichtet, diese Vorschläge zu berücksichtigen. Es ist vielmehr ebenso wie der BR in der Auswahl der zu bestellenden Personen frei und kann jeden wahlberechtigten ArbN des Betriebs bestellen (*GL,* Rn 19; *GK-Kreutz,* Rn 54; *HSG,* Rn 25). Das ArbG entscheidet im Beschlußverfahren (§§ 2a, 80ff. ArbGG; BAG 4. 11. 60, AP Nr. 2 zu § 16 BetrVG).

Durch Verweisung auf Abs. 1 ist sichergestellt, daß das ArbG auch 28 über die Zahl der Mitgl. des Wahlvorst. entscheidet (vgl. oben Rn 14f.), eine ungerade Zahl von Mitgl. des Wahlvorst. bestellen muß (vgl. oben Rn 16), die Gruppen bei der Zusammensetzung des Wahlvorst. entsprechend zu berücksichtigen hat (vgl. oben Rn 17) und, falls es für die Durchführung der Wahl zweckmäßig erscheint, für die Mitgl. des Wahlvorst. ErsMitgl. bestellen kann (vgl. oben Rn 20f.).

28a Auch wenn der Wahlvorst. durch das ArbG bestellt worden ist, steht den im Betrieb vertretenen Gewerkschaften, die nicht bereits durch ein ordentl. Mitgl. im Wahlvorst. vertreten sind, das Recht zu, ein nicht stimmberechtigtes Mitgl. zusätzlich in den Wahlvorst. zu entsenden (vgl. hierzu oben Rn 23a ff.). Dies folgt aus der generellen Verweisung auf Abs. 1.

29 Ist ein vom ArbG bestellter Wahlvorst. durch Ausscheiden einiger seiner Mitgl. funktionsunfähig geworden, so ist er auf Antrag durch das ArbG zu ergänzen (LAG Düsseldorf, DB 75, 260; *GL,* Rn 22; *HSG,* Rn 30).

3. Bestellung nichtbetriebsangehöriger Gewerkschaftsmitglieder

30 Um zu erreichen, daß auch in solchen Betrieben, in denen u. U. Hemmungen gegen die Wahl eines BR bestehen, dennoch BR gewählt werden, sieht das Gesetz vor, daß in den Betrieben mit in der Regel mehr als 20 wahlberechtigten ArbN das ArbG in Ausnahmefällen auch **nicht betriebsangehörige Gewerkschaftsmitglieder** zu Mitgl. des Wahlvorst. bestellen kann.

31 Ob diese Vorschrift häufig praktiziert werden wird, hängt sowohl von der Bereitschaft der ArbN ab, sich für den Wahlvorst. zur Verfügung zu stellen, als auch von der Bereitschaft der ArbGeb., die Durchführung der Vorschriften des Gesetzes zu fördern. Praktische Bedeutung dürfte die Vorschrift wohl weniger im Rahmen des § 16 als bei ihrer entsprechenden Anwendung nach § 17 Abs. 3 und § 18 Abs. 1 Satz 2 sowie § 23 Abs. 2 Satz 2 haben.

32 Das ArbG kann Nichtbetriebsangehörige in den Wahlvorst. berufen, wenn

- bei ihm die Bestellung des Wahlvorst. **beantragt** wird (vgl. oben Rn 26),
- im Betrieb in der Regel **mehr als 20 wahlberechtigte ArbN** beschäftigt werden (zum Begriff „in der Regel" vgl. § 1 Rn 144ff.),
- es zur Überzeugung gelangt, daß eine **ordnungsgemäße Durchführung der Wahl** mit einem nur aus wahlberechtigten ArbN des Betriebs bestehenden Wahlvorst. nicht zu erwarten ist, und
- eine oder mehrere **Gewerkschaften „im Betrieb vertreten"** sind (vgl. hierzu § 2 Rn 26).

Liegen diese Voraussetzungen vor, können Nichtbetriebsangehörige auch dann in den Wahlvorst. berufen werden, wenn die ArbN des Betriebs an der Errichtung eines BR desinteressiert sind. Zur Stimmabgabe kann allerdings niemand gezwungen werden.

Zweckmäßigerweise werden die Antragsteller, nach der Sachlage wohl die **antragstellende Gewerkschaft,** auf das Vorliegen dieser Voraussetzungen in ihrem Antrag hinweisen und Mitgl. für den Wahlvorst. **vorschlagen.** Eine Bindung des ArbG an die gemachten Vorschläge besteht allerdings auch hier nicht (vgl. oben Rn 27). 33

Durch die Untergrenze von in der Regel mehr als 20 wahlberechtigten ArbN sind die Kleinbetriebe, für die nach § 9 nur ein einköpfiger BR zu wählen ist, ausgenommen. 34

Das Gericht kann Nichtbetriebsangehörige nur bestellen, wenn das für die **ordnungsgemäße Durchführung der Wahl erforderlich** ist. Zweckmäßigkeit allein genügt nicht. Die Erforderlichkeit ist gegeben, wenn nicht genügend ArbN zur Übernahme des Amtes eines Mitgl. des Wahlvorst. bereit oder in der Lage sind (*GL,* Rn 20; *GK-Kreutz,* Rn 58; *HSG,* Rn 26; LAG Düsseldorf, DB 75, 260). Die Notwendigkeit der Bestellung eines oder mehrerer Nichtbetriebsangehöriger kann sich auch daraus ergeben, daß die ArbN des Betriebs nicht in der Lage sind, das förmlich ausgestaltete Wahlverfahren ordnungsgemäß durchzuführen (z. B. wegen mangelnder Sprachkenntnisse). Das Gericht ist nicht genötigt, den Wahlvorst. in diesen Fällen ausschließlich aus Nichtbetriebsangehörigen zu bestellen. Es kann vielmehr auch lediglich die Ergänzung durch solche Personen auf die erforderliche Anzahl der WahlvorstMitgl. vornehmen (nach *GK-Kreutz,* Rn 58, ist nur dies zulässig). 35

Es können nur **Mitgl. solcher Gewerkschaften** bestellt werden, die im Betrieb durch mindestens ein Mitgl. vertreten sind (vgl. hierzu § 2 Rn 26). Dabei können sowohl Angestellte der im Betrieb vertretenen Gewerkschaften als auch sonstige Mitgl., z. B. ArbN eines anderen Betriebs, bestellt werden. 36

Auch die nichtbetriebsangehörigen Mitgl. des Wahlvorst. handeln **ehrenamtlich** (vgl. Rn 40). Da sie zum Betriebsinhaber in keinem Arbeitsverhältnis stehen, haben sie gegen diesen keinen Lohnanspruch. Der ArbGeb. hat ihnen jedoch **notwendige Aufwendungen und Auslagen** als Mitgl. des Wahlvorst. zu erstatten (vgl. § 20 Rn 30; *DR,* Rn 32; *GK-Kreutz,* Rn 60; *GKSB,* Rn 23; **a. A.** *HSG,* Rn 28, für den Fall, daß die ArbN des Betriebs keinen BR wollen). Das gilt auch für einen eventuellen Verdienstausfall (*GK-Kreutz,* Rn 60). Soweit die Gewerkschaft die Erstattung der Aufwendungen und Auslagen vorschießt, kann sie vom ArbGeb. gem. § 683 BGB Ersatz dieser Aufwendungen im Beschlußverfahren verlangen. 37

Auch bei der Bestellung externer Gewerkschaftsmitgl. zu Mitgl. des Wahlvorst. bleibt das Recht anderer, nicht im Wahlvorst. vertretener Gewerkschaften zur Entsendung nicht stimmberechtigter Mitgl. in den Wahlvorst. unberührt (vgl. oben Rn. 23a ff.). 37a

V. Rechtsstellung des Wahlvorstands und seiner Mitglieder

38 Der Wahlvorst. hat die **gesetzliche Aufgabe,** die BRWahl einzuleiten und durchzuführen sowie das Wahlergebnis festzustellen (Näheres vgl. § 18 Rn 4ff. sowie Erläuterungen zur WO in Anhang 1). Ferner obliegt es ihm, den gewählten BR zur konstituierenden Sitzung einzuberufen (vgl. hierzu § 29 Rn 5ff.). Im Rahmen seiner gesetzlichen Aufgaben ist der Wahlvorst. bei gerichtlichen Streitigkeiten Beteiligter; er wird in entsprechender Anwendung des § 26 Abs. 3 (vgl. § 26 Rn 25ff.) durch den Vors. vertreten (*DR,* Rn 43).

39 Das **Amt des Wahlvorst. beginnt** mit seiner Bestellung durch den BR oder durch rechtskräftige gerichtliche Entscheidung und **endet** mit der Einberufung des BR zu dessen konstituierender Sitzung (BAG 14. 11. 75, AP Nr. 1 zu § 18 BetrVG 1972; *DR,* Rn 48; *HSG,* Rn 29; **a. A.** *GK-Kreutz,* Rn 68; *GL,* Rn 25; *GKSB,* Rn 17: mit der Wahl eines Wahlleiters in der konstituierenden Sitzung; vgl. hierzu § 29 Rn 5). Die Mitgliedschaft der von den Gewerkschaften nach Abs. 1 S. 6 entsandten Mitgl. beginnt mit dem Zugang der entsprechenden Erklärung beim Vors. des Wahlvorst. Ein wirksam bestellter Wahlvorst. kann nur im Wege des § 18 Abs. 1 S. 2 durch das ArbG ersetzt werden (vgl. hierzu § 18 Rn 24). Der BR kann weder den Wahlvorst. in seiner Gesamtheit noch einzelne seiner Mitgl. abberufen (ArbG Berlin, DB 74, 830; *GK-Kreutz,* Rn 65, 69). Im Interesse einer ungestörten Kontinuität der Arbeit des Wahlvorst. kann auch das nach Abs. 1 S. 6 entsandte Mitgl. von der betreffenden Gewerkschaft nicht abberufen werden. Der Wahlvorst. kann auch nicht durch kollektiven Beschluß seine Auflösung oder seinen Rücktritt beschließen (LAG Düsseldorf, DB 75, 840; *GL,* Rn 25; *Schneider,* Rn 15). Wohl ist es möglich, daß einzelne oder auch sämtliche Mitgl. des Wahlvorst. ihr Amt niederlegen (*DR,* Rn 50; *HSG,* Rn 30). In diesem Falle rücken entweder ErsMitgl. nach oder – soweit dies nicht möglich – muß eine Nachbestellung von WahlvorstMitgl. erfolgen. Besteht der BR noch, obliegt ihm die Nachbestellung. Scheiden nach Abs. 1 S. 6 entsandte Mitgl. aus dem Wahlvorst. aus, obliegt die Neuentsendung der betreffenden Gewerkschaft.

40 Die Mitgliedschaft im Wahlvorst. – auch die der nicht stimmberechtigten Mitgl. nach Abs. 1 S. 6 – ist ein **Ehrenamt.** Für Arbeitsversäumnis, die durch die Tätigkeit im Wahlvorst. erforderlich ist, behalten die WahlvorstMitgl. den **Anspruch auf Arbeitsentgelt** (vgl. hierzu § 20 Rn 32ff.). Notwendige **Aufwendungen** sind ihnen zu erstatten. Zum besonderen **Kündigungsschutz** und zur **Schulung** vom Mitgl. des Wahlvorst. vgl. § 103 Rn 3ff. sowie § 20 Rn 29f. Dazu, daß Mitgl. des Wahlvorst. einen Wahlvorschlag unterzeichnen und selbst zum BR kandidieren können, vgl. § 14 Rn 52 und oben Rn 10. Die Mitgl des Wahlvorst. unterliegen keiner besonderen Verschwiegenheits- oder **Geheimhaltungspflicht.** Wohl kommen für sie datenschutzrechtliche Verschwiegenheitspflichten in Betracht (vgl. § 5 BDSG).

VI. Streitigkeiten

Verstöße gegen die Vorschriften über die Bestellung des Wahlvorst. können als Verstöße gegen das Wahlverf. unter den Voraussetzungen des § 19 die **Anfechtung der Wahl** rechtfertigen, wenn durch den Verstoß das Wahlergebnis „geändert oder beeinflußt werden konnte" (BAG 2. 3. 55, AP Nr. 1 zu § 18 BetrVG; BAG 14. 9. 88, AP Nr. 1 zu § 16 BetrVG 1972). Eine ohne Wahlvorst. durchgeführte Wahl ist eine Nichtwahl und daher **nichtig** (*DR,* Rn 1; *GL,* Rn 1; *GK-Kreutz,* Rn 4; *HSG,* Rn 2). 41

Streitigkeiten, die aus der Bestellung des Wahlvorst. durch den BR oder im Rahmen des gewerkschaftlichen Entsendungsrechts nach Abs. 1 S. 6 entstehen, sind von den **ArbG im BeschlVerf.** zu entscheiden (§§ 2a, 80ff. ArbGG). **Antragsberechtigt** sind, da die fehlerhafte Bestellung des Wahlvorst. eine Wahlanfechtung rechtfertigen kann, in entsprechender Anwendung des § 19 Abs. 2 auch die im Betrieb vertretenen Gewerkschaften (BAG 14. 12. 65, AP Nr. 5 zu § 16 BetrVG), desgleichen der ArbGeb. (BAG 3. 6. 75, AP Nr. 1 zu § 5 BetrVG 1972 Rotes Kreuz). Derartige Streitigkeiten können nicht nur im Zusammenhang mit einer Anfechtung der BRWahl, sondern auch selbständig – gegebenenfalls auch im Wege einer einstweiligen Verfügung (vgl. § 85 Abs. 2 ArbGG) – zum Gegenstand eines BeschlVerf. gemacht werden (BAG 8. 2. 57, AP Nr. 1 zu § 82 BetrVG; BAG 3. 6. 75, AP Nr. 1 zu § 5 BetrVG 1972 Rotes Kreuz). Die ArbG können die Bestellung des Wahlvorst. nur unter dem Gesichtspunkt der Rechtmäßigkeit, nicht der Zweckmäßigkeit der Auswahl der bestellten Mitgl. und des Vors. des Wahlvorst. nachprüfen. Wegen Bestellung des Wahlvorst. durch das ArbG vgl. Rn 24ff. Zur Möglichkeit der gerichtlichen Überprüfung von Maßnahmen des Wahlvorstandes während des Wahlverfahrens vgl. § 18 Rn 20ff. 42

§ 17 Wahl des Wahlvorstands

(1) **Besteht in einem Betrieb, der die Voraussetzungen des § 1 erfüllt, kein Betriebsrat, so wird in einer Betriebsversammlung von der Mehrheit der anwesenden Arbeitnehmer ein Wahlvorstand gewählt. § 16 Abs. 1 gilt entsprechend.**

(2) **Zu dieser Betriebsversammlung können drei wahlberechtigte Arbeitnehmer des Betriebs oder eine im Betrieb vertretene Gewerkschaft einladen und Vorschläge für die Zusammensetzung des Wahlvorstands machen.**

(3) **Findet trotz Einladung keine Betriebsversammlung statt oder wählt die Betriebsversammlung keinen Wahlvorstand, so bestellt ihn das Arbeitsgericht auf Antrag von mindestens drei wahlberechtigten Arbeitnehmern oder einer im Betrieb vertretenen Gewerkschaft. § 16 Abs. 2 gilt entsprechend.**

Inhaltsübersicht

I. Vorbemerkung

1 Die Vorschrift regelt die Bestellung des Wahlvorst. in Betrieben, in denen kein **BR besteht.** Die Bestellung erfolgt in diesen Fällen grundsätzlich durch die ArbN des Betriebs in einer **BetrVerslg.,** die von drei wahlberechtigten ArbN des Betriebs oder einer im Betrieb vertretenen Gewerkschaft einberufen werden kann. Wird der Wahlvorst. nicht auf diese Weise bestellt, so ist er auf Antrag vom ArbG zu bestellen.

2 Auf die Wahl der Bordvertr. findet die Vorschrift mit gewissen Abweichungen Anwendung (vgl. § 115 Abs. 2 Nr. 8). Abs. 1 und 2 gelten nicht für die Wahl des SeeBR. Hier bestehen Sonderregelungen (vgl. § 116 Abs. 2 Nr. 7). Die Vorschrift gilt nicht für die Wahl der JugAzubiVertr. (vgl. § 63 Abs. 2); sie gilt ferner nicht für die in den GesBR, den KBK und die GesJugAzubiVertr. zu entsendenden Mitgl. (vgl. hierzu § 47 Abs. 2, § 55 Abs. 1 und § 72 Abs. 2).

3 Die Vorschrift ist **zwingend.** Eine abweichende Regelung – etwa eine Absprache über die Bestellung des Wahlvorst. mit dem ArbGeb. oder einer Gewerkschaft – ist unzulässig.

3a Entsprechende Vorschriften: §§ 21 und 22 BPersVG 74 und § 7 Abs. 2 und 3 SprAuG.

II. Bestellung durch die Betriebsversammlung

1. Voraussetzungen

4 Der Wahlvorst. wird durch die BetrVerslg. (nicht durch AbtVerslgen) gewählt, wenn in einem betriebsfähigen Betrieb (vgl. § 1) **kein BR besteht.** Aus welchen Gründen kein BR besteht, ist unerheblich (*DR,* Rn 2; *Schneider,* Rn 42; *Weiss,* Rn 1). Die Bestelluung des Wahlvorst. durch die BetrVerslg. kommt deshalb in Betracht, wenn erstmals ein BR gewählt werden soll, aber auch dann, wenn die Wahl des BR rechtskräftig angefochten worden ist oder die Wahl nichtig war (vgl. hierzu § 19 Rn 3ff., 9ff.) oder wenn die Amtszeit des BR abgelaufen ist, ohne daß dieser einen Wahlvorst. bestellt hat und auch kein gerichtliches Bestellungsverfahren nach § 16 Abs. 2 eingeleitet worden ist. Auch wenn zwei oder mehrere Betriebsstätten bisher getrennte BR gewählt haben, nunmehr aber aus Rechtsgründen für die Betriebsstätten nur ein BR gewählt werden soll, erfolgt die Bestellung des Wahlvorst. auf einer

gemeinsamen BetrVerslg. dieser Betriebsstätten (ArbG Bremen, AP Nr. 3 zu § 17 BetrVG 1972).

Die Wahl durch die BetrVerslg. ist **nicht zulässig,** wenn der im Amt befindliche BR noch vor Ablauf seiner Amtszeit oder – im Falle der Wahlanfechtung – noch vor Rechtskraft der gerichtlichen Entscheidung (vgl. § 19 Rn 32) einen Wahlvorst. bestellt; des weiteren nicht nach Auflösung des BR gemäß § 23 Abs. 1, da in diesem Falle das ArbG den Wahlvorst. von Amts wegen bestellt (vgl. § 23 Abs. 2). Die Bestellung des Wahlvorst. durch die BetrVerslg. ist ferner unzulässig, solange zwar ein BR – auch ein gem. § 22 nur geschäftsführender BR – besteht, dieser jedoch die Bestellung unterläßt; auch in diesem Fall erfolgt die Bestellung des Wahlvorst. nach § 16 Abs. 2 durch das ArbG, sofern bei ihm vor Ablauf der Amtszeit des BR ein entsprechender Antrag gestellt wird. Läuft während eines arbeitsgerichtlichen Verfahrens zur Bestellung des Wahlvorst. nach § 16 Abs. 2 die Amtszeit des BR ab, so ist zwar das gerichtliche Bestellungsverfahren fortzuführen (vgl. § 16 Rn 24), der Wahlvorst. kann jedoch nunmehr auch durch die BetrVerslg. bestellt werden (*DR,* Rn 2; *GK-Kreutz,* Rn 9). Geschieht dies, ist das gerichtliche Verfahren nach § 16 Abs. 2 einzustellen (vgl. auch § 16 Rn 24). **5**

2. Einberufung der Betriebsversammlung

In Abs. 2 ist festgelegt, wer zu der BetrVerslg. einladen kann. **Einladungsberechtigt** sind mindestens drei wahlberechtigte ArbN des Betriebs (vgl. § 7) sowie jede im Betrieb vertretene Gewerkschaft (§ 2 Rn 26). Vorschriften über die Form der Einladung bestehen nicht. Jedoch muß die Arbeitnehmerschaft rechtzeitig von Termin und Gegenstand unterrichtet werden. Es genügt, wenn die ArbN durch einen Aushang von der BetrVerslg. Kenntnis und damit die Möglichkeit erhalten, an ihr teilzunehmen. Einer Einladung i. S. einer Aufforderung zur Teilnahme bedarf es nicht (LAG Hamm, EzA Nr. 3 zu § 4 BetrVG 1972). Da für die Einladung keine Schriftform vorgeschrieben ist, braucht der Aushang der Einladung nicht unterschrieben zu sein (LAG Hamm, DB 74, 389). Wird die Einladung zur BetrVerslg. nicht so bekannt gemacht, daß alle ArbN des Betriebs hiervon Kenntnis nehmen konnten und haben sie auch nicht auf andere Weise tatsächlich von der Verslg. erfahren, so ist die Wahl des Wahlvorst. auf dieser BetrVerslg. dann **nichtig,** wenn durch das Fernbleiben der nicht unterrichteten ArbN das Wahlergebnis beeinflußt werden konnte (BAG 7. 5. 86, AP Nr. 18 zu § 15 KSchG 1969; *GK-Kreutz,* Rn 15). **6**

Beauftragte der **im Betrieb vertretenen Gewerkschaften** haben das Recht, zum Zwecke der Einladung der ArbN des Betriebs zu dieser Versammlung den Betrieb nach Unterrichtung des ArbGeb. gemäß § 2 Abs. 2 zu betreten. Auch dürfen die Beauftragten der im Betrieb vertretenen Gewerkschaften in diesem Falle ArbN des Betriebs gegebenenfalls an ihrem Arbeitsplatz aufsuchen, um geeignete ArbN zur Übernahme **7** des Amtes als Wahlvorst. zu gewinnen, sofern dem nicht unumgängliche Notwendigkeiten des Betriebsablaufs, zwingende Sicherheitsvorschriften oder der Schutz von Betriebsgeheimnissen entgegenstehen (*GK-Kreutz,* Rn 12; Näheres vgl. § 2 Rn 38ff.).

8 Wer zur BetrVerslg. einlädt, kann nach § 17 Abs. 2 **Vorschläge für die Zusammensetzung des Wahlvorst.** machen. Es können nur betriebsangehörige wahlberechtigte ArbN vorgeschlagen werden. Die BetrVerslg. ist nicht an diese Vorschläge gebunden. Vielmehr können alle an der BetrVerslg. teilnehmenden ArbN ebenfalls Wahlvorschläge unterbreiten.

9 Eine Einladung **durch den ArbGeb.** ist nicht zulässig (*GL,* Rn 6; *Frauenkron,* Rn 2; *Weiss,* Rn 4; *Schneider,* Rn 4; **a. A.** BAG 19. 3. 74, AP Nr. 1 zu § 17 BetrVG 1972; LAG Hamm, DB 80, 1222; *DR,* Rn 7; *GK-Kreutz,* Rn 13f.; *HSG,* Rn 5; *Schaub,* § 217 I 2; *Vogt,* BetrVerslg., S. 64). Allerdings ist die Wahl eines Wahlvorst., der auf einer vom ArbGeb. einberufenen BetrVerslg. gewählt worden ist, nicht nichtig. Denn entscheidend für seine Bildung ist die ordnungsgemäße Wahl auf der BetrVerslg. als solche, nicht die Einberufung der BetrVerslg. Aus diesem Grunde ist auch die von einem solchen Wahlvorst. durchgeführte BRWahl keineswegs nichtig. Sie ist im allgemeinen auch nicht anfechtbar, da nur bei Vorliegen besonderer Umstände angenommen werden kann, daß dieser Mangel der Einberufung der BetrVerslg. Einfluß auf das Wahlergebnis hat (vgl. hierzu § 19 Rn 3ff.). Die Mitgl. eines solchen Wahlvorst. genießen ebenso wie die Wahlbewerber für die von ihnen eingeleitete BRWahl den besonderen Kündigungsschutz nach § 15 KSchG und § 103 BetrVG (vgl. hierzu § 103 Rn 3ff.).

10 Die Einladenden eröffnen die Versammlung, gegebenenfalls unter Hinweis auf deren Zweck, und veranlassen zweckmäßigerweise zunächst die Wahl eines ArbN des Betriebs zum **Versammlungsleiter.** Bis dahin leiten die Einladenden die Versammlung (*DR,* Rn 10; *GL,* Rn 9). Für die Wahl des Versammlungsleiters genügt die relative Mehrheit. Unterbleibt eine förmliche Wahl des Versammlungsleiters, ist die Mehrheit der Versammelten jedoch erkennbar damit einverstanden, daß der die Versammlung Eröffnende (z. B. ein Sekretär der einladenden Gewerkschaft) oder ein sonstiger ArbN die Leitung der Versammlung übernimmt, so hat dies auf die Gültigkeit der Bestellung des Wahlvorst. keinen Einfluß (BAG 14. 12. 65, AP Nr. 5 zu § 16 BetrVG; *GK-Kreutz,* Rn 22).

11 **Teilnahmeberechtigt** an der BetrVerslg. sind alle im Betrieb beschäftigten ArbN (auch die nichtwahlberechtigten), nicht dagegen die in § 5 Abs. 2 und 3 genannten Personen (*GL,* Rn 4; *GK-Kreutz,* Rn 24).

12 Zur **Beschlußfähigkeit** ist nicht erforderlich, daß eine bestimmte Mindestzahl von ArbN an der BetrVerslg. teilnimmt. Denn die Wahl erfolgt nach Abs. 1 S. 1 durch die „Mehrheit der anwesenden ArbN" (*DR,* Rn 18; *GL,* Rn 5; *HSG,* Rn 12). Allerdings müssen die ArbN ordnungsgemäß zu der BetrVerslg. eingeladen worden sein (vgl. oben Rn 6; *DR,* Rn 18; *GK-Kreutz,* Rn 15; LAG Hamm, DB 74, 389).

13 Die BetrVerslg. findet nach § 44 Abs. 1 grundsätzlich **während der**

Arbeitszeit statt. Die Zeit der Teilnahme ist den ArbN einschl. zusätzlicher Wegezeiten wie Arbeitszeit zu vergüten. Besondere Fahrtkosten sind zu erstatten (Näheres vgl. § 44 Rn 7ff., 24ff.). Für die BetrVerslg. gelten unter Berücksichtigung ihres beschränkten Auftrags die allgemeinen Vorschriften über die BetrVerslg., insbesondere § 43 Abs. 2 über die Teilnahme des ArbGeb. und § 46 über die Teilnahme von Beauftragten der Gewerkschaften bzw. des ArbGebVerbandes (*DR*, Rn 11; *GL*, Rn 7f.; *GK-Kreutz*, Rn 18).

Wahl des Wahlvorstands

14 **Stimmberechtigt** sind nicht nur die wahlberechtigten ArbN, sondern – abgesehen von den in § 5 Abs. 2 und 3 genannten Personen und leitenden Angestellten – **alle ArbN** des Betriebs, die an der BetrVerslg. teilnehmen (*DR*, Rn 19; *GL*, Rn 4 und 10; *GK-Kreutz*, Rn 24). Eine förmliche, insbesondere geheime Wahl ist nicht erforderlich, wenn nur nach dem Verlauf der BetrVerslg. zweifelsfrei feststeht, wer gewählt ist (BAG 14. 12. 65, AP Nr. 5 zu § 16 BetrVG; *DR*, Rn 24; *HSG*, Rn 13). Allerdings muß – jedenfalls wenn mehr Kandidaten vorgeschlagen werden, als der Wahlvorst. Mitgl. hat – eine Abstimmung darüber erfolgen, wer dem Wahlvorst. angehören soll; eine derartige Bestimmung durch den VerslgsLeiter läßt die Bestellung des Wahlvorst. nichtig sein (ArbG Bielefeld, BB 87, 1458).

15 Die Wahl findet in einem einheitlichen Wahlgang statt, d. h. es wird nicht nach Gruppen getrennt gewählt (*GK-Kreutz*, Rn 28; *HSG*, Rn 13). **Jeder** in den Wahlvorst. zu wählende ArbN muß mit der **Mehrheit der Stimmen** der an der BetrsVerslg. **teilnehmenden** ArbN des Betriebs gewählt werden. Die Mehrheit der abgegebenen Stimmen genügt nicht (*DR*, Rn 17; *GK-Kreutz*, Rn 23; *Schneider*, Rn 14).

16 Soweit der Wahlvorst. **aus Arb und Ang.** bestehen muß (vgl. § 16 Rn 17), ist abweichend vom reinen Mehrheitsprinzip als Vertreter der Minderheitsgruppe derjenige gewählt, der unter den Bewerbern dieser Gruppe die absolute Mehrheit der Stimmen erhalten hat, mögen auch Bewerber der anderen Gruppe eine noch größere Zahl von Stimmen auf sich vereinigt haben (*DR*, Rn 22; *GK-Kreutz*, Rn 29; *HSG*, Rn 14; *Weiss*, Rn 3). Auch für die Wahl des oder der Vertreter der Minderheitsgruppe ist stets die **Mehrheit der Stimmen** der an der BetrVerslg. teilnehmenden ArbN erforderlich. Wird diese nicht im ersten Wahlgang erreicht, ist ein weiterer Wahlgang durchzuführen (*DR*, Rn 22).

17 Aus den gewählten Mitgl. des Wahlvorst. bestimmt die BetrVerslg. den **Vors. des Wahlvorst.** Auch hierfür ist die absolute Mehrheit der Stimmen der an der BetrVerslg. teilnehmenden ArbN erforderlich, da die Bestimmung des Vors. mit zur Bestellung des Wahlvorst. gehört (*DR*, Rn 25). Hat die BetrVerslg. die Bestimmung des Vors. unterlassen, ist der Wahlvorst. berechtigt, seinen Vors. selbst zu bestimmen (vgl. § 16 Rn 18).

18 Der **Entscheidungsspielraum** der BetrVerslg. bei der Bestellung des Wahlvorst. deckt sich infolge der Verweisung auf § 16 Abs. 1 mit dem

des BR, d.h. die BetrVerslg. hat einen Vorsitzenden des Wahlvorst. zu bestellen, sie kann die Zahl der WahlvorstMitgl. erforderlichenfalls über drei erhöhen (vgl. § 16 Rn 15) und ErsMitgl. bestellen (vgl. § 16 Rn 20f.). Letzteres dürfte sich stets empfehlen, da anderenfalls bei Ausscheiden eines Mitgl. aus dem Wahlvorst. für die Nachwahl eine weitere BetrVerslg. durchgeführt oder das arbeitsgerichtliche Verfahren nach Abs. 3 eingeleitet werden müßte.

18a Auch im Falle der Bestellung des Wahlvorst. durch die BetrVerslg. kann jede im Betrieb vertretene Gewerkschaft, die nicht durch ein ordentl. Mitgl. im Wahlvorst. vertreten ist, zusätzlich einen betriebsangehörigen Beauftragten als nicht stimmberechtigtes Mitgl. in den Wahlvorst. entsenden (vgl. § 16, Rn 23a ff.).

III. Bestellung durch das Arbeitsgericht

19 Die Bestellung des Wahlvorst. durch das ArbG nach Abs. 2 setzt einen **gescheiterten Versuch** voraus, in einer BetrVerslg. den Wahlvorst. zu wählen. Gleichgültigkeit ist, ob der Versuch scheitert, weil keine BetrVerslg. zustande kommt oder diese keinen Wahlvorst. wählt (*DR*, Rn 28; *GL*, Rn 12; *GKSB*, Rn 11; LAG Hamm, BB 60, 288).

20 **Antragsberechtigt** sind mindestens drei wahlberechtigte ArbN oder eine im Betrieb vertretene Gewerkschaft (vgl. hierzu § 16 Rn 26). Andere Personen oder Stellen, z.B. der ArbGeb oder der ArbGebVerband, können das gerichtliche Verfahren nicht einleiten.

21 Für die Zusammensetzung des Wahlvorst. gelten dieselben Grundsätze, wie sie für die Bestellung durch die BetrVerslg. maßgebend sind (vgl. oben Rn 18). Für Betriebe mit mehr als 20 wahlberechtigte ArbN kann das ArbG jedoch, soweit dies für eine ordnungsgemäße Durchführung der Wahl erforderlich ist, darüberhinaus nichtbetriebsangehörige Gewerkschaftsmitglieder in den Wahlvorst. berufen (vgl. § 16 Rn 30ff.) Über die gerichtliche Bestellung im einzelnen vgl. § 16 Rn 24ff.

22 Die BetrVerslg. kann **bis zur rechtskräftigen Entscheidung** des ArbG (oder des Instanzgerichts) die Wahl des Wahlvorst. noch vornehmen (BAG 19. 3. 74, AP Nr. 1 zu § 17 BetrVG 1972; *DR*, Rn 3; *GL*, Rn 1; *GK-Kreutz*, Rn 10, 33; *HSG*, Rn 17; **a.A.** *Brecht*, Rn 11; vgl. hierzu auch § 16 Rn 24).

V. Streitigkeiten

23 Verstöße gegen die Regelungen des § 17 haben als Verstöße gegen das Wahlverfahren zu gelten und berechtigen daher unter den Voraussetzungen des § 19 zur Anfechtung der BRWahl (vgl. auch § 19 Rn 9ff.)

24 Streitigkeiten, die aus der Wahl des Wahlvorst. durch die BertrVerslg. entstehen, sind von den **ArbG im BeschlVerf.** zu entscheiden (§§ 2a, 80ff. ArbGG; vgl. hierzu auch § 16 Rn 42). Im Hinblick auf die in § 17 den im Betrieb vertretenen Gewerkschaften eingeräumten Initiativrechte fehlt für ein isoliertes Feststellungsbegehren einer Gewerkschaft, daß im Betrieb ein BR zu bilden ist, das Rechtsschutzinteresse (BAG 3. 2. 76, AP Nr. 8 zu § 118 BetrVG 1972).

§ 18 Vorbereitung und Durchführung der Wahl

(1) **Der Wahlvorstand hat die Wahl unverzüglich einzuleiten, sie durchzuführen und das Wahlergebnis festzustellen. Kommt der Wahlvorstand dieser Verpflichtung nicht nach, so ersetzt ihn das Arbeitsgericht auf Antrag von mindestens drei wahlberechtigten Arbeitnehmern oder einer im Betrieb vertretenen Gewerkschaft. § 16 Abs. 2 gilt entsprechend.**

(2) **Ist zweifelhaft, ob ein Nebenbetrieb oder ein Betriebsteil selbständig oder dem Hauptbetrieb zuzuordnen ist, so können der Arbeitgeber, jeder beteiligte Betriebsrat, jeder beteiligte Wahlvorstand oder eine im Betrieb vertretene Gewerkschaft vor der Wahl eine Entscheidung des Arbeitsgerichts beantragen.**

(3) **Unverzüglich nach Abschluß der Wahl nimmt der Wahlvorstand öffentlich die Auszählung der Stimmen vor, stellt deren Ergebnis in einer Niederschrift fest und gibt es den Arbeitnehmern des Betriebs bekannt. Dem Arbeitgeber und den im Betrieb vertretenen Gewerkschaften ist eine Abschrift der Wahlniederschrift zu übersenden.**

Inhaltsübersicht

I. Vorbemerkung

Die Vorschrift regelt in Abs. 1 und 3 die Pflichten des Wahlvorst. bei der Einleitung, Durchführung und nach Beendigung der Wahl sowie die Möglichkeit der Ersetzung eines säumigen Wahlvorst. durch das ArbG. In Abs. 2 wird ferner die Möglichkeit eröffnet, bei Zweifeln über die Zuordnung bzw. Nichtzuordnung eines Nebenbetriebs oder Betriebsteils zum Hauptbetrieb nach § 4 vor der Wahl eine Entscheidung des ArbG herbeizuführen. 1

Die Vorschrift findet auf die Wahl der BordVertr. und des SeeBr entsprechende Anwendung (vgl. § 115 Abs. 2, § 116 Abs. 2). Für die Wahl der JugAzubiVertr. gilt die Sonderregelung des § 63 Abs. 2 und 3. Keine Anwendung findet die Vorschrift auf die Entsendung der Mitgl. des GesBR, KBR und der GesJugAzubiVertr. 2

3 Die Vorschrift ist **zwingend.** Weder durch TV noch durch BV können abweichende Regelungen getroffen werden. Für Sondervertr. nach § 3 Abs. 1 Nr. 2 oder zusätzliche betriebsverfassungsrechtliche Vertr. der ArbN nach § 3 Abs. 1 Nr. 1 kann der TV abweichende Regelungen vorsehen, jedoch müssen die abweichenden Wahlvorschriften demokratischen Wahlgrundsätzen entsprechen.

3a Entsprechende Vorschriften: § 23 BPersVG 74 und § 7 Abs. 4 SprAuG.

II. Aufgaben des Wahlvorstands

4 § 18 Abs. 1 und 3 umschreibt die **Aufgaben des Wahlvorst.** in den Grundzügen. Der Wahlvorst. hat die Wahl nach den gesetzlichen Vorschriften, die durch die nach § 126 erlassene **Wahlordnung** ergänzt werden (vgl. § 126 Rn 5ff. sowie Anhang 1), einzuleiten und durchzuführen. Allgemein hat der Wahlvorst. das Wahlverfahren in seinem gesamten Verlauf zu überwachen und für seine ordnungsmäßige Durchführung zu sorgen. Deshalb steht ihm auch ein Strafantragsrecht bei Behinderung oder unzulässiger Beeinflussung der Wahl zu (vgl. § 119 Abs. 2).

5 Der Wahlvorst. kann, sofern er dies z. B. wegen seiner erhöhten MitglZahl für sachgerecht hält, einen **geschäftsführenden Ausschuß** bilden, dem die vielfältigen laufenden Geschäfte des Wahlvorst. (insbesondere vorbereitender oder technischer Art) zur Erledigung übertragen werden können. Zum Begriff der laufenden Geschäfte vgl. § 27 Rn 42. Die das Wahlverfahren betreffenden materiellen Entscheidungen (z. B. Erlaß des Wahlausschreibens, Entscheidungen über Wahlrecht, Wählbarkeit oder die Gültigkeit von Vorschlagslisten) muß jedoch der Wahlvorst. als solcher treffen.

6 Der Wahlvorst. trifft seine Entscheidungen nach **pflichtgemäßem Ermessen** durch Beschluß. Die **Beschlüsse** werden mit einfacher Stimmenmehrheit der stimmberechtigten Mitglieder des Wahlvorst. – also ohne Beteiligung der von den Gewerkschaften nach § 16 Abs. 1 S. 6 entsandten Mitgl. – gefaßt (§ 1 Abs. 3 S. 1 WO). Über jede Sitzung des Wahlvorst. ist eine **Niederschrift** aufzunehmen, die mindestens den Wortlaut der gefaßten Beschlüsse enthält. Die Niederschrift ist vom Vorsitzenden und einem weiteren stimmberechtigten WahlvorstMitgl. zu unterschreiben (§ 1 Abs. 3 S. 2 und 3 WO). ErsMitgl nehmen an den Sitzungen des Wahlvorst., solange sie nicht für ein verhindertes oder ausgeschiedenes Mitgl. eingetreten sind, nicht teil, wohl jedoch die von den Gewerkschaften nach § 16 Abs. 1 S. 1 entsandten Mitgl. (vgl. hierzu § 16 Rn 23k). Zur Rechtstellung der Mitgl. des Wahlvorst. vgl. § 16 Rn 38ff.

7 Auch ohne daß dies ausdrücklich geregelt ist, sind die **Gewerkschaften** berechtigt, dem Wahlvorst. auf sein Verlangen hin fachkundigen Rat zu erteilen, um das komplizierte Wahlverfahren ordnungsgemäß abzuwickeln. Das ergibt sich nicht nur aus der allgemeinen betriebsverfassungsrechtlichen Unterstützungsfunktion der Gewerkschaften, sondern auch aus ihrem Recht, die Wahl anzufechten (§ 19) oder gegen rechtsfeh-

lerhafte Maßnahmen des Wahlvorst. auch während des laufenden Wahlverfahrens gerichtlich vorzugehen (vgl. unten Rn 20ff.). Ist ihnen nämlich das Recht einer nachträglichen Beseitigung rechtsfehlerhafter Maßnahmen des Wahlvorst. zuerkannt, muß ihnen auch eine vorbeugende Hilfe gestattet sein. Hieran ändert auch nichts die in § 16 Abs. 1 S. 6 den nicht im Wahlvorst. vertretenen Gewerkschaften eingeräumte Möglichkeit, einen betriebsangehörigen Beauftragten als nicht stimmberechtigtes Mitgl. in den Wahlvorst. zu entsenden. Denn diese Regelung soll lediglich für mehr Transparenz der Tätigkeit des Wahlvorst. sorgen (vgl. § 16 Rn 23a). Sie kann eine erforderliche Beratung des Wahlvorst. in schwierigen Sach- oder Rechtsfragen nicht gewährleisten.

Ein eigenständiges Teilnahmerecht der Gewerkschaften an den Sitzungen des Wahlvorst. besteht allerdings mangels einer ausdrücklichen gesetzlichen Regelung nicht. Jedoch ist es zulässig, daß ein Gewerkschaftsbeauftragter zur Erörterung konkreter Zweifelsfragen auf Wunsch des Wahlvorst. auch an dessen **Sitzungen** teilnimmt (*DR,* § 16 Rn 41; *GK-Kreutz,* Rn 13; *Schneider,* § 16 Rn 38; LAG Düsseldorf, BB 80, 1424). Dem Gewerkschaftsbeauftragten ist zu diesem Zweck gemäß § 2 Abs. 2 **Zutritt zum Betrieb** zu gewähren (**a. A.** LAG Hamm, DB 78, 844 und DB 81, 848; *HSG,* Rn 4). 7a

1. Einleitung der Wahl

Der Wahlvorst. hat die Wahl **unverzüglich,** d. h. ohne schuldhaftes Zögern, alsbald nach seiner Bestellung **„einzuleiten".** Diese Verpflichtung entsteht mit der Bestellung des Wahlvorst. und ist mit Erlaß des Wahlausschreibens erfüllt (§ 3 Abs. 1 Satz 2 WO). Der Wahlvorst. soll die Wahl so zügig durchführen, daß der neugewählte BR sein Amt mit Ablauf der Amtszeit des bestehenden antreten kann, damit keine betriebsratslose Zeit eintritt. Besteht im Betrieb kein oder nur noch ein nach § 22 bloß geschäftsführender BR, so ist die Wahl so zügig durchzuführen, daß möglichst bald der neue BR gewählt ist. Andererseits muß man dem Wahlvorst. genügende Zeit zugestehen, die Wahlvorbereitungen gründlich zu treffen, um eine Anfechtbarkeit der Wahl (§ 19) zu vermeiden. Jedenfalls soll der Wahlvorst. das Wahlausschreiben spätestens sechs Wochen vor dem ersten Tag der Stimmabgabe erlassen (§ 3 Abs. 1 Satz 1 WO). 8

Bis zum Erlaß des Wahlausschreibens hat der Wahlvorst. 9

- zu beschließen, ob er sich eine **schriftliche Geschäftsordnung** geben will (§ 1 Abs. 2 Satz 1 WO) und ob er Wahlhelfer bestellen will (§ 1 Abs. 2 Satz 2 WO); dies hängt u. a. von der Zahl der erforderlichen Wahllokale ab;
- die **Wählerlisten** nach § 2 Abs. 1 WO aufzustellen, wobei ihn der ArbGeb. nach § 2 Abs. 2 WO durch Auskünfte und Unterlagen (Listen und dergl.) zu unterstützen hat, und zu beschließen, wo diese ausgelegt werden sollen;
- ggfs. das Verfahren nach § 18a über die **Zuordnung der leitenden Ang.** durchführen (vgl. § 18a Rn 5ff.);

- die **Zahl** der zu wählenden BRMitgl. nach § 9 festzustellen;
- die Verteilung der BRSitze auf die **Gruppen** nach § 5 WO zu berechnen (vgl. § 10 Rn 5ff.);
- ggebenenfalls **Abstimmungen** nach § 12 Abs. 1 oder § 14 Abs. 2 durchzuführen (vgl. § 12 Rn 2ff., § 14 Rn 17ff.);
- zu errechnen, von wievielen ArbN ein **Wahlvorschlag** zu unterstützen ist (vgl. § 14 Rn 47ff.);
- zu beschließen, wann und wo **Wahlvorschläge** einzureichen sind (vgl. §§ 6ff. WO) und wo sie ausgelegt werden sollen (vgl. § 10 WO);
- zu beschließen, ob für Betriebsteile oder Nebenbetriebe, die räumlich weit vom Hauptbetrieb entfernt sind, **schriftliche Stimmabgabe** erfolgen soll (§ 26 Abs. 3 WO);
- den Ort, Tag und die Zeit der **Stimmabgabe** festzulegen (vgl. § 3 Abs. 2 Nr. 10 WO).

Vgl. hierzu auch die Erläuterungen zu den angegebenen Vorschriften der WO (abgedruckt in Anhang 1).

Aufgrund dieser Entscheidungen fertigt der Wahlvorst. das **Wahlausschreiben** an, mit dessen Erlaß die Wahl „eingeleitet" ist (§ 3 Abs. 1 Satz 2 WO). Die regelmäßigen BRWahlen nach § 13 Abs. 1 sind zeitgleich mit den regelmäßigen Wahlen nach § 5 Abs. 1 SprAuG, d.h. den Wahlen der betrieblichen Sprecherausschüsse oder des Unternehmenssprecherausschusses einzuleiten (vgl. hierzu § 13 Rn 10ff.).

2. Durchführung der Wahl

10 Nach Erlaß des Wahlauschreibens hat der Wahlvorst. insbesondere folgende Aufgaben: Er hat über **Einsprüche gegen die Richtigkeit der Wählerlisten** zu entscheiden (vgl. § 4 Abs. 1 und 2 WO) und diese bis zum Tage vor Beginn der Stimmabgabe auf dem aktuellen Stand zu halten. Insbesondere hat er neu in den Betrieb eintretende ArbN noch in die Wählerliste einzutragen (vgl. § 4 Abs. 3 WO).

Ferner hat er **Vorschlagslisten** (vgl. § 7 WO) entgegenzunehmen, sie nach den §§ 6ff. WO zu prüfen und ggf. eine Nachfrist von einer Woche festzusetzen und bekanntzumachen, wenn keine Wahlvorschläge eingereicht werden (vgl. § 9 WO). Er hat die Reihenfolge der eingereichten Vorschlagslisten auszulosen (vgl. § 10 WO) sowie die Vorschlagslisten bekanntzumachen. Ferner hat er die **Stimmzettel,** die Wahlumschläge und die Wahlurnen zu beschaffen und schließlich die **Stimmabgabe,** ggf. mit Unterstützung von Wahlhelfern, zu überwachen (vgl. § 12 WO).

3. Feststellung des Wahlergebnisses

11 Für die Feststellung des Wahlergebnisses schreibt § 18 Abs. 3 ausdrücklich die **öffentliche Auszählung der Stimmen** unverzüglich nach Abschluß der Stimmabgabe vor. Nach Sinn und Zweck der Vorschrift, die davon ausgeht, daß die ArbN nicht nur an der Stimmauszählung, sondern insbesondere auch an der Feststellung interessiert sind zu erfahren, wer gewählt ist, ist die Bestimmung dahin auszulegen, daß die gesamte Ermittlung des Wahlergebnisses nach § 17 WO in öffentlicher Sitzung erfolgen muß (vgl. auch § 13 WO; wie hier *DR,* Rn 6; *GK-Kreutz,* Rn 32; *HSG,* Rn 9; *Weiss,* Rn 2; *Schneider,* Rn 12; ArbG Bochum, DB 75, 1898; **a. A.** *Stege/Weinspach,* Rn 6). Mit der Wahlniederschrift nach § 17 WO liegt das vorläufige Wahlergebnis vor. Das **endgültige Wahlergebnis** steht allerdings erst fest, wenn die Gewählten die Wahl gem. § 18 WO angenommen haben (vgl. § 19 WO).

Unter **Öffentlichkeit** ist nicht die allgemeine Öffentlichkeit zu verste- 12
hen, da dies dem internen betrieblichen Charakter der BRWahl nicht entsprechen würde (insoweit zutreffend *Brecht,* Rn 10). Jedoch beschränkt sich die „Öffentlichkeit" auch nicht nur auf die ArbN des Betriebs. Vielmehr ist allen, die ein berechtigtes Interesse an der BRWahl haben, die Anwesenheit zu ermöglichen. Hierzu zählen im Hinblick auf ihr Wahlanfechtungsrecht und die Regelung des Abs. 3 Satz 2 jedenfalls auch die im Betrieb vertretenen Gewerkschaften (*GK-Kreutz,* Rn 33; *DR,* § 13 WO, Rn 3; *Schneider,* § 13 WO, Rn 4; **a. A.** *HSG,* Rn 9; *Stege/Weinspach,* Rn 6). Das Gebot der öffentlichen Stimmauszählung erfordert, daß den Teilnahmeberechtigten ein ungehinderter Zugang zum Ort der Stimmauszählung möglich ist (vgl. auch § 13 WO Rn 3).

Die **Auszählung der Stimmen** regelt § 14 WO. Die Auszählung muß 13
hiernach unverzüglich nach Abschluß der Wahl erfolgen. Sie erfolgt in der Weise, daß der Wahlvorst. die Stimmzettel den Wahlumschlägen entnimmt und die auf jede Vorschlagsliste (bei Verhältniswahl) bzw. auf jeden Wahlbewerber (bei Mehrheitswahl) entfallenden Stimmen zusammenzählt. Hierbei hat er jeweils die **Gültigkeit der einzelnen Stimmzettel** zu prüfen. Es ist zulässig, die Auszählung der Stimmen über eine EDV-Anlage vorzunehmen (vgl. ArbG Bremen, DB 72, 1830; LAG Hamm, BB 78, 358; *HSG,* Rn 9); jedoch muß die Verantwortlichkeit des Wahlvorst. für den Auszählungsvorgang und die Öffentlichkeit der Stimmauszählung gewahrt bleiben (LAG Berlin, DB 88, 504). Wegen schriftlicher Stimmabgabe vgl. § 26ff. WO.

Die **Ermittlung der Sitze** erfolgt bei Gruppenwahl nach § 15 WO 14
(vgl. § 14 Rn 28), bei Gemeinschaftswahl nach § 16 WO (vgl. § 14 Rn 30), bei Mehrheitswahl nach den §§ 23 und 25 WO (vgl. § 14 Rn 32ff.).

Über das vorläufige Wahlergebnis ist eine Niederschrift nach § 17 15
WO zu erstellen, in der für die Feststellung des Wahlergebnisses wesentliche Angaben aufzunehmen sind.

Die **Bekanntgabe des Wahlergebnisses** erfolgt durch zweiwöchigen 16
Aushang (vgl. § 19 WO), sobald die Namen der BRMitgl. endgültig feststehen, d. h. wenn feststeht, ob alle Gewählten die Wahl angenommen haben oder ob gewählte Wahlbewerber nach § 18 WO binnen drei Tagen nach Zugang der Benachrichtigung ihrer Wahl gegenüber dem Wahlvorst. die Ablehnung der Wahl erklärt haben und welche Wahlbewerber an ihrer Stelle endgültig in den BR eingetreten sind.

4. Weitere Verpflichtungen des Wahlvorstands

17 Nach § 18 Abs. 3 Satz 2 ist der Wahlvorst. verpflichtet, eine **Abschrift der Wahlniederschrift** (d. h. der Niederschrift über die Feststellung des Wahlergebnisses) dem **ArbGeb.** und den **Gewerkschaften** (vgl. § 2 Rn 26) zu übersenden, von denen er weiß, daß sie im Betrieb vertreten sind. Die Übersendung hat unverzüglich nach Unterzeichnung der Wahlniederschrift zu erfolgen (*DR,* Rn 6; *GL,* Rn 5; *HSG,* Rn 10; **a. A.** *GK-Kreutz,* Rn 40: nach Bekanntgabe des endgültigen Wahlergebnisses; zur Frage der Anfechtungsfrist vgl. § 19 Rn 23f.). Die Verletzung dieser Vorschrift begründet kein Wahlanfechtungsrecht, da sie die ordnungsgemäße Durchführung der Wahl als solche nicht berührt. Wohl können der ArbGeb. und jede im Betrieb vertretene Gewerkschaft durch Anrufung des ArbG die Aushändigung der Wahlniederschrift im arbeitsgerichtlichen Beschlußverf. (§§ 80ff. ArbGG) erzwingen, ggf. auch im Wege einer einstw. Verfg. nach § 85 Abs. 2 ArbGG. Hat der Wahlvorst. die Übersendung versäumt, kann sie auch vom BR noch vorgenommen werden (LAG Düsseldorf, BB 78, 1310).

18 Der Wahlvorst. hat ferner gemäß § 29 Abs. 1 vor Ablauf von einer Woche nach dem Wahltag die Mitgl. des BR zur **konstituierenden Sitzung** einberufen. Hierbei leitet der Vorsitzende des Wahlvorst. – im Falle seiner Verhinderung ein anderes Mitgl. – die BRSitzung, bis der BR aus seiner Mitte einen Wahlleiter bestellt hat (vgl. im einzelnen § 29 Rn 5ff.).

19 Die **Wahlakten** werden vom BR, und zwar mindestens bis zur Beendigung seiner Amtszeit aufbewahrt (vgl. § 20 WO).

5. Streitfragen im Laufe des Wahlverfahrens

20 Bei der Vielfalt und Vielzahl der Aufgaben des Wahlvorst. sind Meinungsverschiedenheiten über die Rechtsgültigkeit seiner Maßnahmen und Entscheidungen nicht ausgeschlossen. Zu denken ist z. B. an Streit über die Ordnungsmäßigkeit des Wahlausschreibens, über die Nichtanerkennung des aktiven oder passiven Wahlrechts, über die Anerkennung oder Nichtanerkennung eines Wahlvorschlags, über die Rechtsgültigkeit von Vorabstimmungen nach § 12 Abs. 2 oder § 14 Abs. 2. Derartige Rechtsverstöße können zwar auch im Wahlanfechtungsverfahren nach § 19 geltend gemacht werden (vgl. § 19 Rn 9ff.). Das schließt jedoch eine **gerichtliche Klärung** von auftretenden Streitfragen **im Laufe des Wahlverfahrens** nicht aus; denn es wäre widersinnig, ein mit Rechtsfehlern behaftetes Wahlverfahren mit dem Risiko einer Wahlanfechtung und der Notwendigkeit einer Wahlwiederholung fortzusetzen, obgleich die Mängel schon im Laufe des Wahlverfahrens durch eine gerichtliche Entscheidung hätten beseitigt werden können. Deshalb können rechtsfehlerhafte Maßnahmen des Wahlvorst. bereits im Laufe des Wahlverfahrens zum Gegenstand eines arbeitsgerichtlichen Verfahrens gemacht werden (h. M.; vgl. BAG 15. 12. 72, AP Nr. 1 zu § 14 BetrVG 1972; BAG 3. 6. 75, AP Nr. 1 zu § 5 BetrVG 1972 Rotes Kreuz; BAG 25. 8.

81, AP Nr. 2 zu § 83 ArbGG 1979; *GK-Kreutz,* Rn 64; *HSG,* § 19 Rn 3; *Weiss,* Rn 4; *Müller,* FS für Schnorr von Carolsfeld, S. 396; Preis, ArbuR 73, 9ff.; *Held,* DB 85, 1691; *Hanau,* DB 86, Beil. 4, S. 8ff.). Ist die Wahl durchgeführt, ohne daß im Laufe des Wahlverfahrens ein aufgetretener Rechtsverstoß geltend gemacht worden ist, ist nur noch eine Anfechtung der Wahl nach § 19 möglich.

Für die **Zuordnung von leitenden** Ang. im Rahmen der Wahl stellt § 18a ein besonderes Zuordnungsverfahren zur Verfügung (vgl. § 18a Rn 5ff.). Dies beschränkt zwar im Interesse der Rechtsicherheit die Anfechtung der Wahl auf Fälle einer offensichtlich fehlerhaften Zuordnung, schließt aber im übrigen den Rechtsweg nicht aus (vgl. § 18a Rn 50ff.). 20a

Die Klärung von Streitfragen im Laufe des Wahlverfahrens ist wegen des durch den Wahlablauf bestehenden Zeitdrucks meist von großer Dringlichkeit. Deshalb ergibt sich vielfach die Notwendigkeit des Erlasses **einstweiliger Verfügungen** gem. § 85 Abs. 2 ArbGG (vgl. BAG 15. 12. 72, AP Nr. 5 zu § 80 ArbGG 1979; *GK-Kreutz,* Rn 74ff.; *Hanau,* a. a. O. mit weiteren Nachweisen). Durch eine einstweilige Verfügung darf jedoch im allgemeinen die Durchführung der Wahl nicht bis zur endgültigen Klärung der Rechtsfrage ausgesetzt werden, da dies im Hinblick darauf, daß der Betrieb nach Ablauf der Amtszeit des bestehenden BR betriebsratslos ist, auf eine vorläufige Suspendierung des Gesetzes hinauslaufen würde (LAG Hamm, DB 75, 1176). Wegen dieser Konsequenz kommen bei Streitigkeiten im Laufe des Wahlverfahrens im allgemeinen auch keine einstweiligen Verfügungen in Betracht, die lediglich eine vorläufige Regelung schaffen, die endgültige Klärung jedoch dem Ausgang des Streitverfahrens in der Hauptsache vorbehalten. Vielmehr können einstweilige Verfügungen für die weitere Durchführung der Wahl endgültige Maßnahmen („vollendete Tatsachen") treffen (vgl. LAG Hamm, BB 72, 493; DB 73, 1025; *DR,* Rn 10; *GL,* Rn 13; *GK-Kreutz,* Rn 75; *Preis,* ArbuR 73, 9; *Hanau* a. a. O.; **a. A.** wohl *Heinze,* RdA 86, 286). Hiergegen bestehen auch deshalb keine grundsätzlichen Bedenken, weil bei Abwägung der Gesichtspunkte auf der einen Seite die weitere Durchführung der BRWahl ohne großen Zeitverzug gewährleistet ist, auf der anderen Seite jedoch – falls die durch die einstweilige Verfügung getroffene Regelung den Streit zwischen den Beteiligten nicht endgültig beilegen sollte – die Möglichkeit der Anfechtung der BRWahl nicht ausgeschlossen ist und insofern letztlich keine endgültigen Fakten geschaffen werden. 21

Durch einstweilige Verfügungen sind **berichtigende Eingriffe** in das Wahlverfahren zulässig (z. B. Aufnahme eines ArbN in die Wählerliste, Zulassung eines Wahlvorschlags). Derartige Entscheidungen stellen vielfach nicht unerhebliche Eingriffe in das Wahlverfahren dar. Aus diesem Grunde sind an die materielle Begründetheit des Anordnungsanspruchs strenge Anforderungen zu stellen (*Hanau,* a. a. O.; *GK-Kreutz,* Rn 77). 22

In besonderen Ausnahmefällen kann durch eine einstweilige Verfügung auch ein vorzeitiger **Abbruch der Wahl** und die Einleitung einer neuen Wahl vorgesehen werden, dann nämlich, wenn der festgestellte 22a

Rechtsmangel nicht korrigierbar ist und die Weiterführung der Wahl mit Sicherheit eine erfolgreiche Anfechtung oder die Nichtigkeit der Wahl zur Folge hätte (vgl. für den Fall der Nichtigkeit LAG Köln, DB 87, 1996; LAG München, BB 89, 147).

23 **Antragsberechtigt** ist jeder, der durch Maßnahmen des Wahlvorst. in seinem aktiven oder passiven Wahlrecht betroffen ist. Darüberhinaus sind auch die nach § 19 Anfechtungsberechtigten antragsberechtigt (so jedenfalls für die im Betrieb vertretenen Gewerkschaften BAG 5. 3. 74, AP Nr. 1 zu § 5 BetrVG 1972; BAG 14. 12. 65, AP Nr. 5 zu § 16 BetrVG; vgl. auch BAG 5. 6. 64 und 24. 9. 68, AP Nr. 7 und 9 zu § 3 BetrVG; *GK-Kreutz,* Rn 68; *Hanau* a. a. O.). Auch der Wahlvorst. kann ein arbeitsgerichtliches Verfahren einleiten (vgl. BAG 5. 3. 74, AP Nr. 1 zu § 5 BetrVG 1972).

III. Ersetzung des Wahlvorstands durch das Arbeitsgericht

24 Kommt der Wahlvorst. seiner Verpflichtung, die Wahl unverzüglich einzuleiten, durchzuführen und das Wahlergebnis festzustellen (vgl. oben Rn 4ff.), nicht nach, so können mindestens drei wahlberechtigte ArbN des Betriebs oder eine im Betrieb vertretene Gewerkschaft (vgl. § 2 Rn 26) beim ArbG die **Ersetzung des Wahlvorst.** beantragen. Der ArbGeb. ist nicht antragsberechtigt (*HSG,* Rn 14), ebensowenig angesichts des eindeutigen Gesetzeswortlauts der BR (*GK-Kreutz,* Rn 48; **a. A.** *GKSB,* Rn 7). Die BRMitgl. können jedoch als wahlberechtigte ArbN den Antrag stellen. Die Ersetzung einzelner Mitgl. des Wahlvorst. ist nicht zulässig (*DR,* Rn 11; *GL,* Rn 6a; *GK-Kreutz,* Rn 47). Die Ersetzung des Wahlvorst. kann nur durch eine Entscheidung des ArbG erfolgen. Der BR kann den einmal bestellten Wahlvorst. nicht mehr abberufen (ArbG Berlin, DB 74, 830; vgl. § 16 Rn 39).

25 Voraussetzung für das Eingreifen des ArbG ist die **Untätigkeit oder Säumigkeit** des Wahlvorst. Ein Verschulden ist nicht erforderlich (*GK-Kreutz,* Rn 45; *GKSB,* Rn 6). Mißbraucht der Wahlvorst. sein Ermessen pflichtwidrig, ohne daß dies eine Verzögerung der Wahl zur Folge hat, so ist eine Ersetzung des Wahlvorst. nicht gerechtfertigt. Derartige Entscheidungen des Wahlvorst. können jedoch selbständig zum Gegenstand eines arbeitsgerichtlichen BeschlVerf. gemacht werden und ggf. den Erlaß einer einstw. Verfg. nach § 85 Abs. 2 ArbGG rechtfertigen (vgl. oben Rn 20ff.). Unzweckmäßige Maßnahmen des Wahlvorst. rechtfertigen seine Abberufung nicht notwendig, es sei denn, der Wahlvorst. trifft Maßnahmen, die die Durchführung der Wahl geradezu vereiteln; denn das kommt einer Untätigkeit des Wahlvorst. gleich (*DR,* Rn 11; *GK-Kreutz,* Rn 44; *HSG,* Rn 12; *Schneider,* Rn 17). Bei Untätigkeit oder Säumigkeit des Wahlvorst. besteht nur die Möglichkeit seiner gerichtlichen Ersetzung, nicht die Möglichkeit ihn durch gerichtliche Entscheidung zur Durchführung der Wahl zu zwingen (ArbG Iserlohn, DB 88, 1759).

26 Gibt das ArbG dem Antrag statt, so ruft es durch Beschluß den bisherigen Wahlvorst. ab und ersetzt ihn durch einen in dem Beschluß zugleich zu bestellenden **neuen Wahlvorst.** Mit Rechtskraft der Entscheidung des ArbG hört der bisherige Wahlvorst. auf zu bestehen. Seine Mitglieder verlieren ihr Amt kraft Gesetzes. Der Beschluß betrifft den Wahlvorst. als solchen, nicht etwa nur die einzelnen Mitglieder des Wahlvorst. (*GK-Kreutz,* Rn 50). In dem gerichtlichen Abberufungsverfahren ist der Wahlvorst. Beteiligter (*DR,* Rn 15). Die Abberufung des Wahlvorst. hat **keine rückwirkende Kraft.** Bereits ordnungsgemäß eingeleitete Maßnahmen des Wahlvorst. (z. B. Erlaß des Wahlausschreibens) bleiben vielmehr rechtswirksam (*GL,* Rn 8; *GK-Kreutz,* Rn 52; *HSG,* Rn 15). Rechtsfehlerhafte Maßnahmen des alten Wahlvorst. darf und hat der neue Wahlvorst. allerdings zu berichtigen (*DR,* Rn 16; *GKSB,* Rn 8; *GK-Kreutz,* Rn 53).

Die Mitglieder des abberufenen Wahlvorst. genießen nicht den nachwirkenden Kündigungsschutz nach § 15 Abs. 2 Satz 2 KSchG (vgl. § 103 Rn 8). **26a**

Für die Bestellung des neuen Wahlvorst. gilt § 16 Abs. 2 entsprechend (vgl. im einzelnen § 16 Rn 24ff.). Die Wiederbestellung des bisherigen Wahlvorst. verbietet sich von selbst, wohl aber kann ein Mitglied desselben wieder bestellt werden, insbesondere wenn dieses Mitglied keinerlei Anlaß für die Abberufung des alten Wahlvorst. gegeben hat (*DR,* Rn 14; *GK-Kreutz,* Rn 50). Das ArbG kann auch, wenn es dies im Interesse einer ordnungsgemäßen Durchführung der Wahl für erforderlich erachtet, Mitglieder einer im Betrieb vertretenen Gewerkschaft, die nicht ArbN des Betriebs sind, in den Wahlvorst. berufen (vgl. § 16 Rn 30ff.). **27**

IV. Entscheidung über die Zuordnung von Nebenbetrieben oder Betriebsteilen (Abs. 2)

Zweifel über den Umfang des Betriebs, für den der BR zu errichten ist, sind vor der Wahl zu klären, um etwaige Wahlanfechtungen möglichst zu vermeiden. Die Klarstellung der Rechtslage insbesondere durch Beantwortung der Frage, ob Nebenbetriebe oder Betriebsteile nach § 4 oder einer tarifvertraglichen Regelung nach § 3 Abs. 1 Nr. 3 selbständig oder zum Hauptbetrieb zu rechnen sind oder ob vielleicht sogar selbständige Betriebe vorliegen (vgl. BAG 1. 2. 63, AP Nr. 5 zu § 3 BetrVG; BAG 17. 1. 78, AP Nr. 1 zu § 1 BetrVG 1972; BAG 23. 9. 82, AP Nr. 3 zu § 4 BetrVG 1972; *DR,* Rn 18ff.; zum Begriff des Betriebs, Nebenbetriebs und Betriebsteils im einzelnen vgl. § 1 Rn 29ff., § 4 Rn 5ff.), gehört zur Vorbereitung der Wahl durch den Wahlvorst. Das gleiche gilt für die Klärung der Frage, ob durch die räumliche Zusammenlegung zweier bisher selbständiger Betriebe ein einheitlicher Betrieb entstanden ist (BAG 25. 9. 86, AP Nr. 7 zu § 1 BetrVG 1972). Die **Klärung, was zum Betrieb gehört,** spielt aber nicht nur für die Wahl des BR eine Rolle, sondern auch für die Frage, ob dem BR Mitbestimmungsrechte zustehen (vgl. z. B. § 95 Abs. 2, §§ 99–101, 106, 110 Abs. 2, § 111). Deshalb kann die Entscheidung des ArbG auch außerhalb des Wahlver- **28**

fahrens jederzeit herbeigeführt werden (*DR,* Rn 19; *GK-Kreutz,* Rn 56; *GL,* Rn 11; *HSG,* Rn 18; BAG 1. 2. 63 und 24. 9. 68, AP Nr. 5 und Nr. 9 zu § 3 BetrVG; BAG 25. 11. 80, AP Nr. 3 zu § 18 BetrVG 1972; **a. A.** LAG Frankfurt DB 88, 2650). Die Entscheidung des ArbG ist solange bindend, als die Voraussetzungen, von denen sie ausgegangen ist, sich nicht ändern (*DR,* Rn 25; *GK-Kreutz,* Rn 63). Zuständig ist das ArbG, in dessen Bezirk der Betrieb liegt, der als Hauptbetrieb angesehen wird (*DR,* Rn 21).

29 Das Verfahren nach § 18 Abs. 2 wird auf Antrag eingeleitet. **Antragsberechtigt** sind

– der **Arbeitgeber** (vgl. § 1 Rn 84ff.),
– jeder beteiligte **Betriebsrat** (wenn der Nebenbetrieb oder der Betriebsteil bisher als selbständiger Betrieb angesehen wurde und einen eigenen BR hatte, so sind sowohl dieser als auch der BR des Hauptbetriebs beteiligt und deshalb antragsberechtigt);
– jeder beteiligte **Wahlvorst.** (sowohl der Wahlvorst. des Hauptbetriebs als auch etwa bestehende Wahlvorst. der Nebenbetriebe oder Betriebsteile);
– jede im Betrieb, Betriebsteil oder Nebenbetrieb vertretene **Gewerkschaft** (§ 2 Rn 26).

29a Nicht antragsberechtigt sind ArbN des Betriebs, Betriebsteils oder Nebenbetriebs (**a. A.** *GK-Kreutz,* Rn 58, der insoweit eine entsprechende Anwendung des § 19 Abs. 2 bejaht). Wohl ist es möglich, daß im Rahmen eines von einem einzelnen ArbN angestrengten Verfahrens über seine Wahlberechtigung oder Wählbarkeit die Frage der Zuordnung eines Betriebsteils oder Nebenbetriebs inzidenter mitentschieden wird.

29b Ergeht vor Abschluß des Wahlverfahrens eine rechtskräftige gerichtliche Entscheidung über die Zuordnung von Betriebsteilen oder Nebenbetrieben, so ist diese Entscheidung für alle Beteiligten verbindlich. Sollte der anstehenden Wahl eine andere Betriebsabgrenzung zugrunde gelegen haben, ist die Wahl abzubrechen und ein neues Wahlverfahren einzuleiten, u. U. auch ein neuer Wahlvorst. zu bestellen.

30 Wird **während der Amtszeit** eines BR in dem Feststellungsverfahren nach Abs. 2 (nicht in einem Anfechtungsverfahren nach § 19) rechtskräftig festgestellt, daß ein bei der BRWahl als zum Hauptbetrieb gehörig angesehener Betriebsteil selbständig ist, bleibt der BR dennoch bis zum Ablauf seiner Amtszeit für diesen Betriebsteil zuständig. Denn die Verkennung des Betriebsbegriffs rechtfertigt im allgemeinen nur eine Anfechtung der BRWahl, die nur innerhalb der Anfechtungsfrist von zwei Wochen nach Bekanntgabe des Wahlergebnisses geltend gemacht werden kann (vgl. § 19 Rn 9ff.; *GKSB,* Rn 12; *Gnade,* Festschrift für Herschel S. 149; vgl. auch BAG 11. 4. 78 und 7. 12. 88, AP Nr. 8 und 15 zu § 19 BetrVG 1972; **a. A.** *DR,* Rn 26, die die Wahl eines BR für den Betriebsteil nach § 13 Abs. 2 Nr. 6 zulassen und nur bis zur dessen Wahl eine Zuständigkeit des BR des Hauptbetriebs für den Betriebsteil entsprechend § 22 bejahen; *HSG,* Rn 19a; *GK-Kreutz,* Rn 62). Aus demselben Grunde bleibt auch im umgekehrten Fall, in dem ein als selbständig angesehener Betriebsteil in dem Verfahren nach Abs. 2 rechtskräftig dem Hauptbetrieb zugeordnet wird, ein im Betriebsteil gewählter BR bis zum Ablauf seiner Amtszeit im Amt, wenn die Wahl nicht rechtzeitig angefochten worden ist (in diesem Falle ebenso *GK-Kreutz,* Rn 62; **a. A.** *DR,* Rn 26; *HSG,* Rn 19a).

Sind dagegen ein Betriebsteil oder Nebenbetrieb zu Unrecht nicht bei der Wahl des BR im Hauptbetrieb einbezogen worden und ist in ihnen auch kein eigener BR gewählt worden, so erstreckt sich nach rechtskräftiger Zuordnung des Betriebsteils oder Nebenbetriebs zum Hauptbetrieb die Zuständigkeit von dessen BR auch auf den Betriebsteil oder Nebenbetrieb (vgl. hierzu BAG 3. 12. 85, AP Nr. 28 zu § 99 BetrVG 1972). Dieser Fall ist demjenigen vergleichbar, daß sich ein Betrieb nachträglich vergrößert. Da die ArbN des Betriebsteils/Nebenbetriebs nicht an der Wahl des BR des Hauptbetriebs beteiligt waren, kann in entsprechender Anwendung des § 13 Abs. 2 Nr. 1 u. U. eine Neuwahl wegen Veränderung der Belegschaftsstärke in Betracht kommen. **30a**

V. Streitigkeiten

Streitigkeiten, die sich aus dieser Vorschrift ergeben, entscheiden die ArbG im **Beschlußverfahren** (§§ 2a, 80ff. ArbGG). Über die Möglichkeit, gegen rechtsfehlerhafte Maßnahmen des Wahlvorst. bereits während des Wahlverfahrens – ggf. im Wege der einstweiligen Verfügung – vorgehen zu können, vgl. oben Rn 20ff. Über die Möglichkeit einer gerichtlichen Klärung der richtigen Zuordnung von Nebenbetrieben und Betriebsteilen zum Hauptbetrieb, vgl. oben Rn 24ff. Ein vor Durchführung der BRWahl mit einem Feststellungsantrag eingeleitetes arbeitsgerichtliches Beschlußverfahren kann nach Durchführung der Wahl nicht ohne weiteres in ein Verfahren auf Anfechtung der inzwischen durchgeführten BRWahl umgedeutet werden (BAG 15. 12. 72, AP Nr. 5 zu § 80 ArbGG 1953). Es ist jedoch – allerdings nicht mehr in der Rechtsbeschwerdeinstanz – zulässig, innerhalb der Anfechtungsfrist des § 19 von dem ursprünglich gestellten Antrag auf einen entsprechenden Wahlanfechtungsantrag überzugehen (BAG 14. 1. 83, AP Nr. 9 zu § 19 BetrVG 1972). Andererseits wird ein nach § 18 Abs. 2 eingeleitetes Beschlußverfahren durch eine zwischenzeitlich durchgeführte BRWahl nicht erledigt (BAG 25. 11. 80, AP Nr. 3 zu § 18 BetrVG 1972). In einem vom ArbGeb eingeleiteten Beschlußverfahren nach Abs. 2 ist die im Betrieb vertretene Gewerkschaft nicht beteiligungsbefugt, wohl jedoch ein bereits bestellter Wahlvorst. (BAG 25. 9. 86, AP Nr. 7 zu § 1 BetrVG 1972). **31**

§ 18a Zuordnung der leitenden Angestellten bei Wahlen

(1) **Sind die Wahlen nach § 13 Abs. 1 und nach § 5 Abs. 1 des Sprecherausschußgesetzes zeitgleich einzuleiten, so haben sich die Wahlvorstände unverzüglich nach Aufstellung der Wählerlisten, spätestens**

jedoch zwei Wochen vor Einleitung der Wahlen, gegenseitig darüber zu unterrichten, welche Angestellten sie den leitenden Angestellten zugeordnet haben; dies gilt auch, wenn die Wahlen ohne Bestehen einer gesetzlichen Verpflichtung zeitgleich eingeleitet werden. Soweit zwischen den Wahlvorständen kein Einvernehmen über die Zuordnung besteht, haben sie in gemeinsamer Sitzung eine Einigung zu versuchen. Soweit eine Einigung zustande kommt, sind die Angestellten entsprechend ihrer Zuordnung in die jeweilige Wählerliste einzutragen.

(2) **Soweit eine Einigung nicht zustande kommt, hat ein Vermittler spätestens eine Woche vor Einleitung der Wahlen erneut eine Verständigung der Wahlvorstände über die Zuordnung zu versuchen. Der Arbeitgeber hat den Vermittler auf dessen Verlangen zu unterstützen, insbesondere die erforderlichen Auskünfte zu erteilen und die erforderlichen Unterlagen zur Verfügung zu stellen. Bleibt der Verständigungsversuch erfolglos, so entscheidet der Vermittler nach Beratung mit dem Arbeitgeber. Absatz 1 Satz 3 gilt entsprechend.**

(3) **Auf die Person des Vermittlers müssen sich die Wahlvorstände einigen. Zum Vermittler kann nur ein Beschäftigter des Betriebs oder eines anderen Betriebs des Unternehmens oder Konzerns oder der Arbeitgeber bestellt werden. Kommt eine Einigung nicht zustande, so schlagen die Wahlvorstände je eine Person als Vermittler vor; durch Los wird entschieden, wer als Vermittler tätig wird.**

(4) **Wird mit der Wahl nach § 13 Abs. 1 oder 2 nicht zeitgleich eine Wahl nach dem Sprecherausschußgesetz eingeleitet, so hat der Wahlvorstand den Sprecherausschuß entsprechend Absatz 1 Satz 1 erster Halbsatz zu unterrichten. Soweit kein Einvernehmen über die Zuordnung besteht, hat der Sprecherausschuß Mitglieder zu benennen, die anstelle des Wahlvorstands an dem Zuordnungsverfahren teilnehmen. Wird mit der Wahl nach § 5 Abs. 1 oder 2 des Sprecherausschußgesetzes nicht zeitgleich eine Wahl nach diesem Gesetz eingeleitet, so gelten die Sätze 1 und 2 für den Betriebsrat entsprechend.**

(5) **Durch die Zuordnung wird der Rechtsweg nicht ausgeschlossen. Die Anfechtung der Betriebsratswahl oder der Wahl nach dem Sprecherausschußgesetz ist ausgeschlossen, soweit sie darauf gestützt wird, die Zuordnung sei fehlerhaft erfolgt. Satz 2 gilt nicht, soweit die Zuordnung offensichtlich fehlerhaft ist.**

Inhaltsübersicht

I. Vorbemerkung

Die Vorschrift ist durch das Änderungsgesetz 1989 in das BetrVG eingefügt worden. Sie steht im Zusammenhang mit dem gleichzeitig erlassenen Gesetz über die Sprecherausschüsse der leitenden Ang. (vgl. Anhang 4). Die Vorschrift dient der notwendigen Abgrenzung der zum BR und zum Sprecherausschuß wahlberechtigten und wählbaren ArbN, indem bei den jeweils anstehenden Wahlen in einem möglichst einfachen, rasch durchführbaren und kostengünstigen Verfahren für beide Wahlen einheitlich entschieden wird, wer zum Kreis der leitenden Ang. gehört. 1

Die Vorschrift gilt nicht im Bereich der Seeschiffahrt. Durch die ausdrückliche gesetzliche Regelung, daß von den Besatzungsmitgl. der Seeschiffahrtsunternehmen nur die Kapitäne leitende Ang. sind (vgl. § 33 Abs. 3 S. 1 SprAuG, § 114 Abs. 6 S. 2 BetrVG 1972), erübrigt sich ein besonderes Zuordnungsverfahren. Auf die Wahl einer anderen Vertretung der anderen ArbN im Sinne von § 3 Abs. 1 Nr. 2 ist sie entsprechend anzuwenden, da diese an die Stelle des BR tritt. Das Zuordnungsverfahren gilt nicht für die Wahlen der ArbNVertr. zum AR nach dem MitbestG, auch nicht für die ARWahlen nach § 76 BetrVG 1952 (zum letzteren **a. A.** *Martens,* RdA 89, 87, der eine entsprechende Anwendung bejaht). 2

Die Vorschrift ist **zwingend** und kann weder durch TV, BV oder Absprachen zwischen BR und Sprecherausschuß oder den Wahlvorständen abgedungen werden. Absprachen über Einzelheiten des Zuordnungsverfahrens zu seiner näheren Ausgestaltung sind zulässig. 3

Entsprechend der Vorschrift des BPersVG: keine. 4

II. Zuordnungsverfahren

1. Allgemeines

Mit Wirkung vom 1. 1. 1989 besteht eine gesetzliche Regelung für Sprecherausschüsse für leitende Ang. (vgl. Art. 2 des Gesetzes vom 20. 12. 1988, BGBl I S. 2312; vgl. Anhang 4). Die regelmäßigen Wahlen zu den Sprecherausschüssen finden zeitgleich mit den regelmäßigen BR-Wahlen statt (vgl. § 13 Abs. 1 BetrVG 1972, § 5 Abs. 1 SprAuG). Hieraus ergibt sich bei jeder Wahl die Notwendigkeit einer Abgrenzung der zum BR und zum Sprecherausschuß wahlberechtigten Ang. Die materielle Abgrenzung der leitenden Ang. ist nicht selten schwierig und deshalb umstritten; eine gerichtliche Klärung ist jedoch sehr zeitaufwendig und deshalb im Rahmen des Wahlverfahrens vielfach nicht praktikabel. Deshalb sieht § 18a vor, in einem möglichst einfachen, rasch durchführbaren und keine Seite begünstigenden formellen Zuordnungsverfahren für die anstehende Wahl die Frage zu klären, wer zum Kreis der leitenden Ang. gehört. Diese Zuordnung hat nur für die anstehenden Wahlen 5

Bedeutung und keine darüber hinausgehende allgemein verbindliche Wirkung (vgl. unten Rn 50ff.). Die Zweckmäßigkeit, die Abgrenzung des Personenkreises der leitenden Ang. auch durch verfahrensrechtliche Regelungen zu erleichtern, wird weitgehend begrüßt (vgl. z. B. *Engels/Natter,* BB Beil. 8/89 S. 13; *Wlotzke,* DB 89, 124; *Buchner,* NZA Beil. 1/89, S. 11), z. T. wird jedoch die nur auf das Wahlverfahren beschränkte punktuelle Regelung als unbefriedigend angesehen (vgl. *Martens,* RdA 89, 86; *Bauer,* SprAuG S. 125; zu anderen im Rahmen der Gesetzesnovellierung diskutierten Zuordnungsverfahren vgl. *Hromadtka,* DB 88, 735; *Hanau,* RdA 85, 292; *H. P. Müller,* DB 87, 1688; *Martens,* RdA 88, 206).

Das Zuordnungsverfahren gilt nur bei der Wahl eines gesetzlichen, nicht eines freiwilligen Sprecherausschusses, soweit letzterer überhaupt noch zulässig ist (vgl. hierzu § 5 Rn 202).

6 Das gesetzliche Zuordnungsverfahren ist in zwei Stufen zu unterteilen. In erster Linie soll eine **einvernehmliche Zuordnung** zwischen den beteiligten Wahlvorständen – im Falle des Abs. 4 zwischen dem Wahlvorstand und der nicht neu zu wählenden Vertretung – versucht werden (vgl. Rn 8ff.). Erweist sich dies als nicht möglich, wird in der zweiten Stufe ein **Vermittler** zur Klärung und ggfs. Entscheidung der umstrittenen Zuordnungsfälle eingeschaltet (vgl. hierzu unten Rn 31ff.).

7 Im übrigen sind im Rahmen des Zuordnungsverfahrens drei Fallgestaltungen zu unterscheiden:

Die Zuordnung im Rahmen der regelmäßigen Wahlen von BR und Sprecherausschuß (Abs. 1 S. 1; unten Rn 8ff.), die Zuordnung bei einer sonstigen zeitgleichen Einleitung beider Wahlen (vgl. Abs. 1 S. 1 Halbs. 2; unten Rn 22ff.) sowie die Zuordnung in den Fällen, in denen nur die Wahl des BR oder nur des Sprecherausschusses ansteht (vgl. Abs. 4 und unten Rn 26ff.).

2. Regelmäßige Wahlen des Betriebsrats und des Sprecherausschusses

8 Bei den regelmäßigen Wahlen des BR und des Sprecherausschusses obliegt die Durchführung des Zuordnungsverfahrens den **beteiligten Wahlvorst.** Sie sind zu seiner Durchführung gesetzlich verpflichtet. Die regelmäßigen Wahlen sind im Betrieb – im Falle der Wahl eines Unternehmenssprecherausschusses in allen Betrieben des Unternehmens – zeitgleich einzuleiten (vgl. § 13 Rn 10ff.). Die Einleitung der Wahl erfolgt mit dem Erlaß des Wahlausschreibens (§ 3 Abs. 1 S. 2 WO 1972). Dieser Termin ist zwischen den beteiligten Wahlvorst. abzusprechen. Er ist maßgebend für die im Rahmen des Zuordnungsverfahrens einzuhaltenden (Mindest-)Fristen.

9 Die Wahlvorst. für die Wahl des BR und des Sprecherausschusses haben nach ihrer Bestellung die Wahl unverzüglich einzuleiten (§ 18 Abs. 1 BetrVG, § 7 Abs. 4 SprAuG). Hierzu gehört insbesondere die **Aufstellung der Wählerliste** (vgl. § 18 Rn 9; § 2 Abs. 1 WO 1972; § 2 Abs. 1 WOSprAuG). Jeder Wahlvorst. trifft die Entscheidung, welche

ArbN er in die Wählerliste aufnimmt und welche er damit als leitende Ang. ansieht oder nicht ansieht, in eigener Verantwortung zunächst für sich allein (*GKSBK*, Rn 1; *Martens*, RdA 89, 86). Bei ihrer Entscheidung haben sie die Abgrenzungskriterien des § 5 Abs. 3 u. 4 und das zwischen diesen Absätzen bestehende Rangverhältnis zu beachten (vgl. hierzu § 5 Rn 175ff.; *Buchner*, NZA Beil. 1/89 S. 11; *Dänzer-Vanotti*, NZA Beil. 1/89 S. 33). Die Wahlvorst. sind bei ihrer Entscheidung vom ArbGeb. durch Auskünfte und Überlassung der erforderlichen Unterlagen zu unterstützen (§ 2 Abs. 2 WO 1972, § 2 Abs. 2 WOSprAuG). Die Entscheidung über die Aufnahme in die Wählerliste trifft der jeweilige Wahlvorst. durch Beschluß.

Nach Aufstellung der Wählerlisten haben sich die Wahlvorst. **gegenseitig** darüber **zu unterrichten,** welche Ang. sie den leitenden Ang. zugeordnet haben. Die Unterrichtungspflicht beschränkt sich auf den Personenkreis der leitenden Ang. Das bedeutet konkret: Der Wahlvorst. für die BRWahl muß dem Wahlvorst. für die Wahl des Sprecherausschusses die Ang. mitteilen, die er nicht in seine Wählerliste aufgenommen hat (ausgenommen natürlich die in § 5 Abs. 2 genannten Personen). Der Wahlvorst. für die Wahl des Sprecherausschusses muß seinerseits den BRWahlvorst. über seine Wählerliste unterrichten. **10**

Die Unterrichtung ist an **keine** besondere **Form** gebunden. In der Regel dürfte sich jedoch eine schriftliche Unterrichtung empfehlen, um dem anderen Wahlvorst. eine Unterlage für seine Meinungsbildung über die getroffene Zuordnung zu geben. Es kann zweckmäßig sein, die getroffene Zuordnungsentscheidung näher zu begründen, insbesondere in Fällen, in denen Meinungsverschiedenheiten über die Zuordnung nicht auszuschließen sind. Diese Begründung kann auch mündlich durch den Vors. des Wahlvorst. erfolgen, z. B. in der Sitzung, in der der andere Wahlvorst. über die Zuordnung unterrichtet wird und hierzu ggfs. Stellung nimmt. **11**

Die Unterrichtung hat **unverzüglich,** d. h. ohne schuldhaftes Zögern, nach Aufstellung der Wählerlisten zu erfolgen. Die Unterrichtung muß spätestens zwei Wochen vor Einleitung der Wahl, d. h. vor Erlaß des Wahlausschreibens durchgeführt werden. Diese kurze Terminierung erklärt sich aus der Notwendigkeit, vor Erlaß des Wahlausschreibens ggfs. noch eine einvernehmliche Zuordnung und eine Entscheidung des Vermittlers herbeiführen zu können. **12**

Unterläßt einer der Wahlvorst. die rechtzeitige Unterrichtung und nimmt er auch nicht bis spätestens eine Woche vor Einleitung der Wahl zu der vom anderen Wahlvorst. getroffenen und ihm mitgeteilten Zuordnung Stellung, so kann der andere Wahlvorst. die Wahl entsprechend der von ihm getroffenen Zuordnung durchführen. Dies folgt zum einen aus Abs. 1 S. 2, der voraussetzt, daß der andere Wahlvorst. von dem fehlenden Einvernehmen Kenntnis erlangt, um ggfs. danach zum Zwecke einer einvernehmlichen Zuordnung initiativ werden zu können, zum anderen aus Abs. 2 S. 1, der die Einschaltung des Vermittlers spätestens eine Woche vor Einleitung der Wahl vorschreibt. **13**

Nach der gegenseitigen Unterrichtung haben die Wahlvorst. über die **14** vom anderen Wahlvorst. vorgenommene Zuordnung, soweit sie von der eigenen Zuordnung abweicht, zu **beraten.** Dies ist schon wegen des vorgeschriebenen Verständigungsversuches auf der gemeinsamen Sitzung gemäß Abs. 1 S. 2 erforderlich. Die Beratung kann u. U. zu einer Korrektur der eigenen Zuordnungsentscheidung führen. Sofern dies der Fall ist, ist dies dem anderen Wahlvorst. mitzuteilen. Führt diese Korrektur zu einer inhaltlich übereinstimmenden Zuordnung, sind die Wählerlisten entsprechend dieser Zuordnung aufzustellen.

15 Stimmen die von den Wahlvorst. vorgenommenen Zuordnungen – auch nach einer eventuellen erneuten internen Beratung – nicht überein, haben die Wahlvorst. zu einer **gemeinsamen Sitzung** zusammenzutreten, um in ihr eine einverständliche Zuordnung zu versuchen.

16 An der gemeinsamen Sitzung **teilnahmeberechtigt** sind die Mitgl. der jeweiligen Wahlvorst. Hierzu zählen auch die nicht stimmberechtigten Mitgl. im Sinne von § 16 Abs. 1 S. 6, da auch sie Mitgl. des Wahlvorst. sind (vgl. § 16 Rn 23k; **a. A.** *GKSBK,* Rn 2). Andere Personen und Stellen haben kein eigenständiges Teilnahmerecht. Jedoch kann der einzelne Wahlvorst. ebenso wie zu seiner eigenen Sitzung auch zu der gemeinsamen Sitzung **Sachkundige** zur Beratung anstehender Zweifelsfragen, z. B. sachkundige Gewerkschaftsbeauftragte, hinzuziehen. Das Recht zur Hinzuziehung von Gewerkschaftsbeauftragten ist umso mehr anzuerkennen, als im Falle einer einvernehmlichen Zuordnung auf der gemeinsamen Sitzung deren Wahlanfechtungsrecht nach § 19 Abs. 2 berührt wird, da die Anfechtbarkeit der Wahl nur noch im Falle einer offensichtlichen Fehlerhaftigkeit der Zuordnung zulässig ist (vgl. Abs. 6 S. 2 und unten Rn 58ff.). Falls erforderlich kann auch der ArbGeb. zur Auskunftserteilung zu der gemeinsamen Sitzung geladen werden.

17 Es bestehen keine näheren Regelungen über die **Durchführung** der gemeinsamen Sitzung (z. B. Ladung, Ort, Leitung). Diese bleiben einer Absprache zwischen den Wahlvorst. bzw. ihren Vors. vorbehalten (vgl. auch § 29 Rn 33b, 40a). Die **Ladung** kann bei einer entsprechenden Absprache durch eine von den Vors. der Wahlvorst. gemeinsam unterschriebene Einladung erfolgen. Mangels einer solchen Absprache haben die Vors. der einzelnen Wahlvorst. jeweils ihre Mitgl. zu der gemeinsamen Sitzung zu laden. Die **Leitung** der gemeinsamen Sitzung obliegt, sofern keine anderweitige Absprache besteht, den Vors. der beiden Wahlvorst. gemeinsam. Der Zeitpunkt der gemeinsamen Sitzung muß mindestens eine Woche vor Erlaß des Wahlausschreibens liegen. Das folgt aus Abs. 2 S. 1, nach dem im Fall eines fehlenden Einvernehmens mindestens die letzte Woche vor Einleitung der Wahl den Einigungsbemühungen und der Entscheidung des Vermittlers vorbehalten ist.

18 Die gemeinsame Sitzung dient der Erörterung der nicht einvernehmlich vorgenommenen Zuordnungen. **Nur** die zwischen den einzelnen Wahlvorst. **umstrittenen Fälle** stehen zur Debatte (vgl. den Wortlaut von Abs. 1 S. 2: „soweit“). Diese sollen unter Berücksichtigung der für die leitenden Ang. maßgebenden Abgrenzungskriterien des § 5 Abs. 3 u. 4 nochmals zwischen den Wahlvorst. mit dem Ziel einer gemeinsamen Lösung beraten werden. Die gemeinsame Sitzung ist ein Erörterungs-

und Beratungsforum. Eine **gemeinsame Abstimmung** der an der Sitzung teilnehmenden Mitgl. der einzelnen Wahlvorst. über die anstehenden Streitfälle ist nicht zulässig (*Engels/Natter,* BB Beil. 8/89 S. 15). Eine Entscheidung über diese Streitfälle – ggfs. unter Berücksichtigung der gemeinsamen Erörterung – haben vielmehr allein die einzelnen beteiligten Wahlvorst. und zwar jeder für sich zu treffen. Derartige getrennte Abstimmungen können im Rahmen der gemeinsamen Sitzung, aber auch in eigenen Sitzungen der Wahlvorst. durchgeführt werden.

Wird aufgrund der gemeinsamen Sitzung Einvernehmen über die umstrittenen Zuordnungsfälle erzielt, sind die jeweiligen Wählerlisten entsprechend anzupassen. Wird kein Einvernehmen erzielt, ist nunmehr ein Vermittler einzuschalten (vgl. hierzu unten Rn 31ff.). Die Abwicklung des Zuordnungsverfahrens steht jedenfalls dann, wenn es in den gesetzlichen Mindestzeitrahmen durchzuführen ist, unter einem starken Zeitdruck. Deshalb erscheint es vielfach zweckmäßig, sich bereits auf der gemeinsamen Sitzung auch auf die Person des Vermittlers zu verständigen und, soweit dies nicht möglich ist, den Vermittler durch Losentscheid zu bestimmen (vgl. unten Rn 37f.). 19

Wird in einem Unternehmen mit mehreren Betrieben gemäß § 20 Abs. 1 SprAuG anstelle betrieblicher Sprecherausschüsse ein **Unternehmenssprecherausschuß** gewählt, obliegt die Durchführung dieser Wahl dem Unternehmenswahlvorst. (§ 20 Abs. 2 SprAuG). In diesem Falle ist dieser gegenüber den Wahlvorst. für die BRWahlen in den einzelnen Betrieben des Unternehmens für die Durchführung des Zuordnungsverfahrens zuständig (*Wlotzke,* DB 89, 124; *Engels/Natter,* BB Beil. 8/89 S. 14). Je nach der Anzahl der Betriebe des Unternehmens können die im Rahmen des Zuordnungsverfahrens notwendigen Gespräche und gemeinsamen Sitzungen mit dem betrieblichen Wahlvorst. sehr zeitaufwendig sein. Es empfiehlt sich deshalb, zumindestens in diesen Fällen für das Zuordnungsverfahren einen zeitlich größeren Rahmen als den gesetzlich vorgesehenen Mindestrahmen zur Verfügung zu stellen. Das setzt eine entsprechend frühere Bestellung der Wahlvorst. voraus (vgl. hierzu 13 Rn 10b § 16 Rn 4f.). 20

Der Unternehmenswahlvorst. hat das Zuordnungsverfahren mit den **einzelnen Wahlvorst.** für die in den Betrieben des Unternehmens zu wählenden BR durchzuführen (Dänzer-Vanotti, ArbuR 89, 207). Es findet nicht etwa ein unternehmenseinheitliches Zuordnungsverfahren zwischen dem Unternehmenswahlvorst. und allen BRWahlvorst. der einzelnen Betriebe des Unternehmens statt. Auch die zur Klärung etwaiger umstrittener Fälle vorgeschriebene gemeinsame Sitzung der Wahlvorst. ist grundsätzlich vom Unternehmenswahlvorst. und dem einzelnen BRWahlvorst. durchzuführen. Soll der Einigungsversuch umstrittener Zuordnungsfälle auf einer gemeinsamen Sitzung des Unternehmenswahlvorst. und aller oder mehrerer Wahlvorst. für die BRWahl durchgeführt werden, ist hierfür das Einverständnis aller beteiligten Wahlvorst. erforderlich. Auch in diesem Falle bleiben die einzelnen Wahlvorst. jedoch allein zuständig, um über die Beilegung etwaiger Streitfälle in ihrem jeweiligen Bereich zu beschließen. 21

3. Sonstige zeitgleiche Einleitung der Wahlen

22 Bei den regelmäßigen Wahlen des BR und des Sprecherausschusses besteht eine Rechtspflicht zur zeitgleichen Einleitung dieser Wahlen (vgl. § 13 Abs. 2 S. 2). Es sind jedoch auch außerhalb der regelmäßigen Wahlen Fälle möglich, in denen die Wahlen zum BR und zum Sprecherausschuß **in zeitlichem Zusammenhang** durchgeführt werden, z. B. wenn ein Betrieb neu errichtet wird oder BR und Sprecherausschuß zur gleichen Zeit ihren Rücktritt beschlossen haben. In diesem Falle besteht zwar keine gesetzliche Verpflichtung, die Wahlen zeitgleich einzuleiten. Jedoch können die beteiligten Wahlvorst. eine zeitgleiche Einleitung der Wahlen absprechen. Das liegt in ihrem **freien Ermessen.** Beschließen die Wahlvorst. eine zeitgleiche Einleitung der Wahlen, so haben sie in gleicher Weise wie bei den regelmäßigen Wahlen das Zuordnungsverfahren durchzuführen (vgl. Abs. 1 S. 1 Halbs. 2; *Bauer,* NZA Beil. 1/89 S. 22).

23 Sehen sie von einer zeitgleichen Einleitung der Wahl ab, so ist wie folgt zu unterscheiden:

Sind während der Vorbereitung der Wahl der BR und/oder der Sprecherausschuß **noch im Amt,** sei es auch nur geschäftsführend wie im Falle eines beschlossenen Rücktritts, so nehmen diese gemäß Abs. 4 an dem Zuordnungsverfahren teil (Näheres vgl. unten Rn 26ff.).

24 Besteht kein BR und auch kein Sprecherausschuß, so besteht mangels Einigung der Wahlvorst. über eine zeitgleiche Einleitung der Wahlen keine Rechtspflicht zur Durchführung des Zuordnungsverfahrens. Allerdings ist es den beteiligten Wahlvorst. nicht untersagt, auch in diesem Falle **freiwillig** die Durchführung des Zuordnungsverfahrens abzusprechen. Dies ergibt sich aus folgendem: Auch die Verpflichtung zur Durchführung des Zuordnungsverfahrens nach Abs. 2 Halbs. 2 beruht letztlich allein auf einer freiwilligen Verständigung der Wahlvorstände, nämlich ihrem Einvernehmen über eine zeitgleiche Einleitung der Wahl. Die Einigung über diesen Punkt ist jedoch für das Zuordnungsverfahren nicht in dem Sinne sachlich unerläßlich, daß es nur in diesem Falle durchgeführt werden könnte. Es ist deshalb kein Grund ersichtlich, weshalb das gemeinsame Zuordnungsverfahren nur bei einem freiwilligen Einvernehmen über die zeitgleiche Einleitung der Wahl zulässig sein soll (dann ist es verbindlich vorgeschrieben), nicht jedoch in den Fällen, in denen die Wahlvorst. – im allgemeinen doch wohl aus einsichtigen Gründen – von dem gleichzeitigen Erlaß des Wahlausschreibens absehen, jedoch im Interesse der größeren Rechtsicherheit der Wahlen das gemeinsame Zuordnungsverfahren durchführen wollen.

25 Verständigen sich die Wahlvorst. wenn kein BR und/oder kein Sprecherausschuß besteht, nicht auf die Durchführung des Zuordnungsverfahrens, so entscheidet jeder Wahlvorst. für sich allein, welche Ang. er als leitende Ang. ansieht. In diesem Falle treten die Rechtswirkungen des Zuordnungsverfahrens (vgl. hierzu unten Rn 57ff.) nicht ein.

4. Wahl nur des BR oder nur des Sprecherausschusses

Die Wahlen zum BR und zum Sprecherausschuß brauchen nicht immer im zeitlichen Zusammenhang durchgeführt werden. So kann sich z. B. die Notwendigkeit einer Wahl außerhalb des regelmäßigen Wahlzeitraums nur für eine Vertretung ergeben (z. B. erfolgreiche Anfechtung nur der Wahl des Sprecherausschusses oder Rücktritt nur des BR). Ferner kann die Neuwahl einer außerhalb des regelmäßigen Wahlzeitraums gewählten Vertretung erst im übernächsten Wahlzeitraum notwendig werden (vgl. § 13 Rn 36ff.; § 5 Abs. 3 SprAug). Ist nur der BR oder nur der Sprecherausschuß zu wählen, so ist in das Zuordnungsverfahren die jeweils andere, nicht neu zu wählende Vertretung eingeschaltet (Abs. 4 S. 1 u. 3). Das Verfahren gestaltet sich wie folgt: 26

Der Wahlvorst. trifft zunächst intern seine Entscheidung, welche Ang. er für die anstehende Wahl als leitende Ang. ansieht. Diese Entscheidung teilt er unverzüglich, spätestens 2 Wochen vor Einleitung der Wahl, der anderen, nicht neu zu wählenden Vertretung mit, d. h. im Falle der Neuwahl des BR dem Sprecherausschuß bzw. im Falle der Neuwahl des Sprecherausschusses dem BR. Hält die andere Vertretung die vom Wahlvorst. vorgenommene Zuordnung für zutreffend, ist dies dem Wahlvorst. mitzuteilen. Diese Zuordnung ist für die anstehende Wahl maßgebend. 27

Findet die vom Wahlvorst. vorgenommene Zuordnung ganz oder teilweise nicht die Zustimmung der anderen, nicht neu zu wählenden Vertretung, so hat diese Mitgl. zu benennen, die an dem weiteren Zuordnungsverfahren teilnehmen (vgl. Abs. 4 S. 2 u. 3). Es können **nur Mitgl.** der anderen Vertretung benannt werden, nicht etwa sonstige ArbN des Betriebs oder gar Betriebsfremde (vgl. Begründung des Gesetzentwurfs BT-Drucks. 11/2503, S. 32). Im übrigen bestehen hinsichtlich der zu benennenden Mitgl. keine näheren Regelungen. Insbesondere bleibt es der anderen Vertretung überlassen, wieviele Mitgl. sie benennt. Deshalb ist es durchaus zulässig, daß die andere Vertretung alle ihre Mitgl. benennt und damit praktisch selbst am Zuordnungsverfahren teilnimmt. Ist der BR zu beteiligen, so kann dieser den BetrAusschuß oder einen anderen Ausschuß des BR mit der weiteren Beteiligung im Zuordnungsverfahren beauftragen. 28

Die benannten Mitgl. der anderen Vertretung nehmen „anstelle des Wahlvorst." am Zuordnungsverfahren teil. Das bedeutet im einzelnen: Sie haben in einer gemeinsamen Sitzung mit dem Wahlvorst. eine Einigung über die Zuordnung zu versuchen (vgl. oben Rn 15ff.). Gelingt dies, ist diese Zuordnung für die anschließende Wahl maßgebend. Anderenfalls müssen sich die benannten Mitgl. und der Wahlvorst. auf die Person des Vermittlers einigen bzw. den Vermittler durch Losentscheid ermitteln (vgl. Rn 31ff.). Die benannten Mitgl. der anderen Vertretung haben über die im Rahmen des Zuordnungsverfahren notwendig werdenden Entscheidungen stets einen förmlichen Beschluß zu fassen. 29

Wird nur der BR gewählt, ohne daß für den Betrieb ein (betrieblicher oder Unternehmens-)Sprecherausschuß besteht, so kann mangels einer 30 anderen Vertretung das Zuordnungsverfahren nicht durchgeführt werden. Die Festlegung des Personenkreises der leitenden Ang. obliegt allein dem BRWahlvorst., der gemäß § 2 Abs. 2 S. 2 WO hierbei vom ArbGeb. zu unterstützen ist. Die mit dem Zuordnungsverfahren verbundenen Rechtsfolgen (vgl. unten Rn 57ff.) treten in diesem Falle nicht ein. Entsprechendes gilt, wenn nur der Sprecherausschuß gewählt wird und im Betrieb kein BR besteht.

III. Einschaltung des Vermittlers

1. Bestellung des Vermittlers

31 Einigen sich die beteiligten Wahlvorst. (Abs. 1) oder im Fall, daß nur der BR oder nur der Sprecherausschuß gewählt wird (Abs. 4), der Wahlvorst. und die nicht neu zu wählende ArbVertretung nicht selbst über die Zuordnung der leitenden Ang., haben sie insoweit einen Vermittler einzuschalten.

32 Der für eine Vermittlung in Betracht kommende **Personenkreis** ist beschränkt. Nur Beschäftigte des Betriebs oder eines anderen Betriebs des Unternehmens oder Konzerns oder der ArbGeb. können zum Vermittler bestellt werden. Diese Beschränkung erklärt sich aus dem Bestreben, einerseits eine möglichst schnelle und kostengünstige, andererseits jedoch auch eine weitgehend neutrale Vermittlung zu gewährleisten. Eine Klärung der umstrittenen Zuordnungsfälle durch das ArbG oder die E-Stelle hätte dem Anliegen einer schnellen und kostengünstigen Zuordnungsentscheidung nicht genügt. Aus diesem Grunde dürfte auch die Bestellung eines externen Vermittlers, der sich mit dem betriebs- und unternehmensinternen Verhältnissen erst hätte vertraut machen müssen, ausgeschlossen worden sein. Was die Neutralität des Vermittlers anbelangt, so ergeben sich aus der Beschränkung der Auswahlmöglichkeit auf Angehörige des Unternehmens und des Konzerns gewisse Zweifel an der Sachgerechtigkeit der gesetzlichen Regelung. Denn die möglichen Vermittler gehören selbst entweder zu den vom BR oder vom Sprecherausschuß vertretenen ArbNschaft oder sind – bei Vermittlung durch den ArbGeb. – betriebsverfassungsrechtlicher Gegenpart von BR und Sprecherausschuß. Alle in Betracht kommenden Personen können deshalb wohl kaum als völlig unbefangen angesehen werden. Allerdings wären andere Regelungen, wie z. B. dem Selbsteinschätzungsrecht der leitenden Ang. nach § 11 der 3. WO MitbestG oder ein generelles Letztentscheidungsrecht des ArbGeb., wie es ebenfalls diskutiert worden ist (vgl. BT-Drucks. 10/3384: Art. 3 § 3 Abs. 3; *H. P. Müller,* DB 87, 1688) noch erheblich größeren Bedenken ausgesetzt gewesen, da dann stets nur ein- und demselben unmittelbar Betroffenen die Letztentscheidung oblegen hätte. Ob die in die neue gesetzliche Regelung gesetzte Erwartung berechtigt ist, daß die Wahlvorst. angesichts der mit einem Losentscheid verbundene Unsicherheit bestrebt sein werden, sich auf einen für beide Teile akzeptablen Vermittler zu verständi-

gen (so *Wlotzke,* DB 89, 126; *Engels/Natter,* BB Beil. 8/89 S. 14; *Bauer,* SprAuG S. 124; zweifelnd *Martens,* RdA 89, 86), bleibt abzuwarten.

Zu den Beschäftigten, die für eine Vermittlungstätigkeit in Betracht 33
kommen, gehören zum einen alle unternehmens- und konzernangehörigen ArbN einschließlich der leitenden Ang. (zum ArbNBegriff vgl. § 5 Rn 8ff.). Es können nur aktive, nicht bereits pensionierte Beschäftigte zum Vermittler bestellt werden (*Bauer,* SprAuG S. 123). Eine bestimmte Dauer der Unternehmens- oder Konzernzugehörigkeit des Vermittlers wird ebensowenig gefordert wie besondere rechtliche Vorkenntnisse. Im Interesse einer möglichst sachgerechten Aufgabenerfüllung sollte der Vermittler jedoch sowohl eingehendere Kenntnisse der Unternehmens- und Betriebsstruktur als auch gewisse Rechtskenntnisse über den Begriff des leitenden Ang. besitzen. Obwohl das Gesetz keine ausdrückliche diesbezügliche Einschränkung enthält, dürften Mitgl. der beteiligten Wahlvorst. als Vermittler ausgeschlossen sein. Denn da sie in dieser Eigenschaft bereits vorher in das Zuordnungsverfahren eingeschaltet waren, dürfte ihnen die für eine anschließende Vermittlungstätigkeit gebotene Unbefangenheit fehlen (Dänzer-Vanotti, ArbuR 89, 206). Dagegen sind Mitgl. des BR oder des Sprecherausschusses als Vermittler nicht ausgeschlossen (insoweit **a. A.** *Martens,* RdA 89, 87).

Da das Gesetz allgemein von „Beschäftigten" spricht, kommen auch Personen im Sinne von § 5 Abs. 2 (vgl. hierzu § 5 Rn 102f.) für eine Vermittlungstätigkeit in Betracht. Bedenken wegen der ArbGebNähe eines Teiles dieser Beschäftigten sind im Hinblick darauf, daß der ArbGeb. selbst zum Vermittler bestellt werden kann, insoweit nicht stichhaltig (zweifelnd *G. Müller,* DB 89, 828). Eine andere Frage ist, ob die Bestellung dieser Personen zum Vermittler ebenso wie die des ArbGeb. nicht nur in Ausnahmefällen erfolgen sollte (vgl. hierzu unten Rn 36).

Der Vermittler braucht nicht aus dem Betrieb zu stammen, in dem die 35
Wahl stattfindet. Es können auch Beschäftigte aus anderen Betrieben desselben Unternehmens und darüber hinaus aus Betrieben anderer Unternehmen, die mit dem Beschäftigungsunternehmen in einem Konzern verbunden sind, zu Vermittlern bestellt werden (zum Begriff des Unternehmens vgl. § 47 Rn 7ff.; zum Begriff des Konzerns vgl. § 54 Rn 7ff.). Da Abs. 3 S. 2 im Gegensatz zu § 8 Abs. 1 S. 2 und § 54 Abs. 1 S. 1 nicht auf § 18 Abs. 1 AktG verweist, erstreckt sich der Kreis möglicher Vermittler nicht nur auf Beschäftigte anderer Unternehmen in einem Unterordnungskonzern, sondern auch in einem Gleichordnungskonzern (ebenso *Bauer,* SprAuG S. 123; *Löwisch,* Rn 4). Für eine einschränkende Interpretation besteht im Interesse, als Vermittler eine möglichst neutrale Person bestellen zu können, keine Veranlassung.

Auch der **ArbGeb.** kann zum Vermittler bestellt werden (zum Begriff 36
des ArbGeb. vgl. § 1 Rn 84ff.). Da der ArbGeb. der institutionelle betriebsverfassungsrechtliche Gegenpart von BR und Sprecherausschuß ist, erscheint bei ihm die Frage einer etwaigen Befangenheit bei seiner Vermittlungstätigkeit besonders problematisch. Sollte schon aus diesem Grunde die Bestellung des ArbGeb. als Vermittler auf besondere Ausnahmefälle beschränkt werden (weitergehend *GKSBK,* Rn 3: genereller

Ausschluß wegen Befangenheit), so spricht hierfür auch noch folgende Überlegung: Das Vermittlungsverfahren ist im Interesse einer richtigen Entscheidung auf eine intensive Erörterung der für die Zuordnung maßgeblichen Gesichtspunkte zwischen den Beteiligten angelegt (erneuter Verständigungsversuch, Unterstützungspflicht des ArbGeb. durch Auskunftserteilung und Vorlage der erforderlichen Unterlagen, Beratung des Vermittlers mit dem ArbGeb. vor seiner Entscheidung). Die Möglichkeit, die offenen Zuordnungsfälle auf argumentativem Wege einer richtigen Lösung zuzuführen, würden jedoch erheblich gemindert, wenn die gesetzlich vorgesehene Erörterung und Beratung der Problemfälle zwischen Vermittler und ArbGeb. wegen Personenidentität beider ausscheiden.

37 Die **Bestimmung der Person des Vermittlers** erfolgt in erster Linie durch die Wahlvorst. Findet die Wahl nur des BR oder nur des Sprecherausschusses statt (Abs. 4), obliegt die Bestimmung dem Wahlvorst. für die anstehende Wahl und der nicht neu zu wählenden anderen ArbN-Vertr. bzw. den von ihr hierfür benannten Mitgl. (vgl. oben Rn 28f.). Die Entscheidung erfolgt durch getrennte Beschlußfassung der jeweiligen Gremien. Eine geheime Abstimmung ist nicht erforderlich. Das Beschlußerfordernis bezieht sich sowohl auf die Entscheidung, welche Person als Vermittler vorgeschlagen werden soll, als auch auf die Entscheidung, ob ein Vorschlag der anderen Seite akzeptiert werden soll.

38 Können sich die Wahlvorst. (im Falle des Abs. 4: der Wahlvorst. und die andere, nicht neu zu wählenden Vertr.) nicht auf einen Vermittler einigen, so haben sie je eine Person als Vermittler vorzuschlagen. Aus ihnen wird der Vermittler durch **Losentscheid** bestimmt. Die nähere Ausgestaltung des Losentscheids sollte zwischen den beteiligten Wahlvorst. bzw. deren Vors. abgesprochen werden. Mangels Absprache gelten die allgemein üblichen Verfahren eines Losentscheids (vgl. hierzu § 10 WO Rn 2). Um mögliche Zweifel an der Ordnungsmäßigkeit des Losentscheids zu vermeiden, sollte er in Anwesenheit aller Mitgl. der beteiligten Wahlvorst. durchgeführt werden.

39 Eine (hilfsweise) Bestellung des Vermittlers durch das **ArbG.** ist **nicht zulässig** (Löwisch, Rn 12). Das gilt selbst dann, wenn die Wahlvorst. (pflichtwidrig) keine Vermittler vorschlagen oder alle hierfür in Aussicht genommenen Beschäftigten die Übernahme dieses Amtes ablehnen. In diesem Falle kann das **Zuordnungsverfahren nicht durchgeführt** werden (*Bauer,* SprAnG S. 123). Das gleiche gilt für den Fall, daß einer der beteiligten Wahlvorst. nicht in der Lage sein sollte, einen seiner Ansicht nach geeigneten Vermittler vorzuschlagen (etwa mangels Bereitschaft aller vorgeschlagenen Personen) und er auch nicht bereit ist, den Vorschlag des anderen Wahlvorst. zu akzeptieren. Mangels Einverständnisses liegt keine Einigung des Wahlvorst. auf die Person des Vermittlers vor. Ein Losentscheid scheidet, da nur eine Person vorgeschlagen worden ist, ebenfalls aus (vgl. *Bauer,* a. a. O. **a. A.** Löwisch, Rn 12, für den Fall, daß ein Wahlvorst. seine Mitwirkung am Zuordnungsverfahren verweigert). In diesem Fall entscheiden die Wahlvorst. allein über die Wählerlisten. Die Rechtswirkungen des Zuordnungsverfahrens (unten Rn 57ff.) treten nicht ein.

Der Vermittler muß **spätestens in der zweiten Woche** vor Einleitung der Wahl bestellt werden, da er gemäß Abs. 2 S. 1 spätestens eine Woche vor der Wahl eine erneute Verständigung der Wahlvorst. zu versuchen hat. Wegen des beträchtlichen Zeitdrucks, unter denen das Vermittlungsverfahren jedenfalls bei kurzfristiger Bestellung der Wahlvorst. geraten kann, erscheint es angebracht, in der gemeinsamen Sitzung der Wahlvorst. nach Abs. 1 S. 2 auch schon die Bestellung des Vermittlers, ggfs. durch Losentscheid, vorzunehmen (vgl. oben Rn 19). 40

2. Tätigkeit des Vermittlers

Der Vermittler hat zunächst nochmals eine **Verständigung der Wahlvorst.** über die strittigen Zuordnungsfälle zu versuchen. Dieser Versuch muß nach Abs. 2 S. 1 spätestens eine Woche vor Einleitung der Wahl stattfinden. Ein späterer Versuch ist jedoch nicht unzulässig. Die Vermittlung beschränkt sich auf die noch vorhandenen Streitfälle. Fälle einer einvernehmlichen Zuordnung darf der Vermittler nicht von sich aus neu aufgreifen, auch wenn er sie für nicht zutreffend hält. 41

Vor dem erneuten Einigungsversuch wird der Vermittler sich nähere Kenntnis über die umstrittenen Fälle und die Gründe der unterschiedlichen Zuordnung zu verschaffen haben. Er hat, soweit dies seine Vermittlungstätigkeit erfordert, gegen den ArbGeb. Anspruch auf **umfassende Unterstützung.** Insbesondere sind ihm alle zur Erfüllung seiner Vermittlungsfunktion erforderlichen Auskünfte zu erteilen und Unterlagen zu Verfügung zu stellen. Die Auskunfts- und Vorlagepflicht bezieht sich auf alle Aspekte, die für die Zuordnung der leitenden Ang. nach § 5 Abs. 3 u. 4 von Bedeutung sind (vgl. hierzu § 5 Rn 114ff.). Betriebs- und Geschäftsgeheimnisse sind nicht ausgenommen, so daß u. U. – etwa weil eine eindeutige Zuordnung aufgrund des § 5 Abs. 3 Nr. 3 nicht möglich ist –, auch über die Bandbreite der an leitende Ang. gezahlte Gehälter und das Gehalt der umstrittenen Ang. zu unterrichten ist (*Engels/Natter,* BB Beil. 8/89 S. 12; *Löwisch,* Rn 3; *Bauer,* SprAuG S. 122; zur Verschwiegenheitspflicht vgl. Rn 48). Ein Anspruch auf Einsicht in die Personalakte besteht allerdings nicht. 42

Im Interesse einer möglichst richtigen Entscheidung strittiger Zuordnungsfälle ist der Vermittler berechtigt, alle sachdienlichen Erkenntnisquellen zu nutzen. Hierzu zählen auch Gespräche mit den umstrittenen Ang. über ihre Aufgabe und Stellung im Betrieb. Ferner kommen Gespräche mit dem bestehenden BR und/oder Sprecherausschuß in Betracht, insbesondere wenn diese sich mit dem Status der umstrittenen Personen bereits befaßt haben, etwa im Rahmen einer personellen Einzelmaßnahme. Auch kann eine Besichtigung des Arbeitsbereichs des Ang. geboten sein, um dessen Bedeutung und Umfang konkret kennenzulernen. 43

Es bleibt dem Vermittler überlassen, in welcher Weise er den **erneuten Einigungsversuch** der beteiligten Gremien durchführt. Er kann mit ihnen die strittigen Zuordnungsfälle jeweils getrennt erörtern. Er kann sie jedoch auch zu einer gemeinsamen Erörterung einladen. Zu dieser 44

Besprechung kann er auch den ArbGeb. im Rahmen der diesem obliegenden Unterstützungsfunktion nach Abs. 2 S. 2 hinzuziehen. In der Sache wird er die Streitfälle mit den beteiligten Wahlvorst. nochmals eingehend anhand der Abgrenzungskriterien des § 5 Abs. 3 u. 4 und der gegebenen betrieblichen und unternehmensbezogenen Gegebenheiten erörtern. Der Vermittler ist zwar nicht verpflichtet, bei dieser Erörterung seiner Einschätzung der Streitfälle offenzulegen, jedoch wird in aller Regel wohl deutlich werden, welchen Umständen er eine besondere Bedeutung beimißt. Die jeweiligen Wahlvorst. haben aufgrund des Einigungsversuchs des Vermittlers eine Meinungsbildung darüber herbeizuführen, ob sie ihre ursprüngliche Entscheidung der umstrittenen Fälle beibehalten oder ändern wollen. Auch diese Meinungsbildung erfolgt durch Beschluß. Erfolgt keine erneute Beschlußfassung, verbleibt es bei der ursprünglichen Entscheidung.

45 Soweit der erneute Verständigungsversuch des Vermittlers **erfolglos** bleibt, hat er selbst eine Entscheidung zu treffen. Vor dieser Entscheidung hat er sich nochmals mit dem **ArbGeb. zu beraten.** Diese Beratung dient dem Zweck, mit dem ArbGeb. als dem Inhaber der Organisationsgewalt des Betriebs und des Unternehmens (vgl. hierzu *H. P. Müller,* DB 87, 1687; *Martens,* RdA 88, 204) die Streitfälle nochmals in rechtlicher und tatsächlicher Hinsicht zu erörtern. Unterbleibt die Beratung, so hat dies grundsätzlich keinen Einfluß auf die Rechtswirksamkeit der Zuordnungsentscheidung des Vermittlers. Dies gilt insbesondere, wenn der ArbGeb. bereits in den voraufgegangenen Erörterungen seine Einschätzung näher dargelegt hat.

46 Die Entscheidung über die Zuordnung der Streitfälle trifft **allein der Vermittler.** Er hat hierbei die Voraussetzung des § 5 Abs. 3 u. 4 und das Rangverhältnis der beiden Absätze dieser Vorschrift (vgl. hierzu § 5 Rn 175ff.; *Buchner,* NZA Beil. 1/89 S. 11) zu beachten. Der Vermittler ist nicht verpflichtet, seine Entscheidung schriftlich zu begründen. Jedoch erscheint dies im allgemeinen wegen der Folgewirkung dieser Entscheidung nach Abs. 6 und nach § 5 Abs. 4 Nr. 1 zweckmäßig. Die Wahlvorst. sind **verpflichtet,** die umstrittenen Ang. entsprechend der Entscheidung des Vermittlers in die jeweilige **Wählerliste einzutragen.** Sie dürfen diese Zuordnung nicht mehr von sich aus ändern. Eine Änderung aufgrund einer rechtskräftigen gerichtlichen Entscheidung bleibt unberührt (vgl. unten Rn 56).

47 Der Vermittler muß seine Entscheidung **vor der Einleitung der Wahl,** d.h. vor Erlaß des Wahlausschreibens treffen; denn mit dem Erlaß des Wahlausschreibens sind gleichzeitig die Wählerlisten auszulegen (vgl. § 2 Abs. 4 WO 1972). Ist bis zu der Einleitung der Wahl eine Entscheidung nicht getroffen, sind mangels Abschluß des Zuordnungsverfahrens die Wahlvorst. berechtigt, für die anstehende Wahl von der jeweiligen beschlossenen Zuordnung auszugehen. Die Rechtswirkung des Abs. 5 S. 2 (vgl. hierzu unten Rn 57ff.) treten in diesem Falle nicht ein. Den Wahlvorst. bleibt es allerdings unbenommen, die Einleitung der Wahl einvernehmlich hinauszuschieben. Verpflichtet sind sie hierzu jedoch nicht; das gilt insbesondere dann, wenn hier-

durch eine rechtzeitige Durchführung der Wahl vor Amtsende des bestehenden BR oder Sprecherausschusses gefährdet wird (vgl. hierzu auch § 13 Rn 10bff.).

3. Rechtstellung des Vermittlers

Der Vermittler ist zur Übernahme der Vermittlungstätigkeit nicht von Gesetzes wegen verpflichtet. Eine derartige Verpflichtung ergibt sich in aller Regel auch nicht aus der arbeits- oder dienstvertraglichen Treuepflicht (*Bauer,* SprAuG S. 123). Der Vermittler ist in seiner Tätigkeit an **keinerlei Weisungen** gebunden, sondern ausschließlich dem Gesetz und seinem Gewissen verpflichtet. Das allgemeine Benachteiligungs- und Begünstigungsverbot des § 20 Abs. 2 gilt auch für die Vermittlungstätigkeit. Die Verletzung dieses Verbotes ist gemäß § 119 Abs. 1 Nr. 1 strafbewehrt. Der Vermittler ist verpflichtet, über Betriebs- und Geschäftsgeheimnisse und sonstige vertrauliche Angelegenheiten, die ihm im Rahmen seiner Vermittlungstätigkeit bekannt werden, Stillschweigen zu wahren. Zwar besteht keine gesetzliche Schweigepflicht des Vermittlers, da er nicht in § 79 Abs. 2 genannt ist; jedoch ergibt sich diese Verpflichtung in aller Regel aus seinem Arbeits- oder Dienstvertrag. Eine Verletzung dieser Verschwiegenheitspflicht ist jedoch wegen fehlender Nennung des Vermittlers in § 79 Abs. 2 und § 120 nicht strafbewehrt. 48

Für die Vermittlungstätigkeit ist **keine Vergütung** vorgesehen (vgl. Entwurfsbegründung, BT-Drucks. 11/2503 S. 32). Wohl hat der Vermittler Anspruch auf Fortzahlung des Arbeitsentgelts, wenn er wegen seiner Vermittlungstätigkeit gehindert ist, seine üblichen Vertragspflichten zu erfüllen (vgl. § 20 Abs. 3 u. dortige Rn 37a). Im Falle einer Vermittlungstätigkeit außerhalb seiner persönlichen Arbeitszeit ist in entsprechender Anwendung des § 37 Abs. 3 ein Ausgleichsanspruch zu bejahen (vgl. hierzu § 37 Rn 41ff.; ebenso *Engels/Natter,* BB Beil. 8/89 S. 14 Fußnote 105). Notwendige Auslagen, hierzu zählen insbesondere erforderliche Reisekosten, sind ihm zu erstatten (vgl. § 20 Rn 29a). 49

IV. Rechtsstreitigkeiten

1. Rechtsstreitigkeiten über den Status des (leitenden) Angestellten

Durch Abs. 5 S. 1 wird als genereller Grundsatz klargestellt, daß eine Zuordnung nach § 18a den **Rechtsweg nicht ausschließt.** Eine Ausnahme hiervon besteht nach Abs. 1 S. 2 nur insofern, als eine Anfechtung der Wahl des BR und/oder des Sprecherausschusses ausgeschlossen ist, soweit sie darauf gestützt wird, daß die Zuordnung fehlerhaft erfolgt sei. Diese Ausnahmeregelung greift wiederum nicht Platz, soweit die Zuordnung offensichtlich fehlerhaft ist (Abs. 5 S. 3). 50

Die Ausnahme des Abs. 5 S. 2 (Einschränkung des Anfechtungs- 51 rechts) von der generellen Rechtsweggarantie des Abs. 5 S. 1 erklärt sich aus dem Bestreben, im Interesse der Rechtssicherheit die Gefahr von Anfechtungen gleich mehrerer Wahlen mit der eventuellen Notwendigkeit anschließender Neuwahlen gleich mehrerer betriebsverfassungsrechtlicher Gremien möglichst einzuschränken (vgl. *Wlotzke,* DB 89, 126; *Engels/Natter,* BB Beil. 8/89 S. 14). Als Ausnahmeregelung ist Abs. 5 S. 2 **eng auszulegen.** Dies gilt umso mehr, als diese Regelung eine Einschränkung des Rechtsschutzes zum Inhalt hat. Sie erfaßt nur die nachträgliche Anfechtung der Wahl, nicht dagegen eine eventuell erforderliche gerichtliche Klärung von Streitfragen über die Frage, ob ein Ang. leitender Ang. ist oder nicht, außerhalb oder im Laufe des Wahlverfahrens. Hieraus ergibt sich im einzelnen:

52 Die Zuordnungsentscheidung im Rahmen des Wahlverfahrens entfaltet **keinerlei Rechtswirkungen** für andere Bereiche, in denen es darauf ankommt, ob ein ArbN leitender Ang. ist oder nicht (zu der nur eingeschränkten und nur mittelbaren Bedeutung der getroffenen Zuordnung nach § 5 Abs. 4 Nr. 1 vgl. § 5 Rn 185). Das gilt z. B. für die Wahlen zum Aufsichtsrat nach dem MitbestG oder nach §§ 76ff. BetrVG 1952 oder für § 14 KSchG oder § 1 Abs. 2 Nr. 2 AZO oder generell für die Anwendung des BetrVG oder des SprAuG, etwa bei der Beteiligung des BR im Rahmen von personellen Einzelmaßnahmen (*Wlotzke,* DB 89, 125; *Engels/Natter,* BB Beil. 8/89 S. 13; kr. zu dieser Beschränkung *Hanau,* ArbuR 88, 262; *ders.* RdA 85, 291; *Hromadtka,* DB 86, 860; *ders.* DB 88, 755; *Martens,* RdA 88, 206; *H. P. Müller,* DB 88, 1689). Die Frage, ob ein ArbN leitender Ang. ist oder nicht, kann vielmehr als Vorfrage jederzeit und in jedem gerichtlichen Verfahren, z. B. einem Kündigungsschutzverfahren, anders bewertet und entschieden werden.

53 Ferner ist es bei Vorliegen eines entsprechenden Rechtsschutzinteresses jederzeit zulässig, diese Frage außerhalb der Wahl in einem sog. **Statusverfahren** gerichtlich klären zu lassen (vgl. hierzu § 5 Rn 210ff.; *Engels/Natter,* BB Beil. 8/89 S. 13f.; *Wlotzke,* DB 89, 125; *Buchner,* NZA Beil. 1/89 S. 11). Antragsberechtigt sind insbesondere der ArbGeb., der BR, der Sprecherausschuß und der ArbN, dessen Rechtsstellung zu klären ist (vgl. *Wlotzke,* a. a. O.; *Engels/Natter,* a. a. O.).

54 Eine gerichtliche Klärung des Status eines (leitenden) Ang. ist trotz des Zuordnungsverfahrens nach § 18a **auch im Rahmen des Wahlverfahrens** noch zulässig. Die Einschränkung der Anfechtungsmöglichkeit der Wahl des BR und/oder des Sprecherausschusses nach Abs. 5 S. 2, die als Ausnahmeregelung eng auszulegen ist (vgl. oben Rn 51), will nur eine nachträgliche Aufhebung der Wahl mit der Folge notwendiger Neuwahlen ausschließen, nicht jedoch einer möglichst rechtmäßigen Durchführung der Wahl im Wege stehen. Deswegen wird die Möglichkeit, eventuelle Streitfragen über der Status von (leitenden) Ang. vor Durchführung der Wahl gerichtlich klären zu lassen, durch das Zuordnungsverfahren nach § 18a grundsätzlich nicht berührt.

55 Im Zusammenhang mit der anstehenden Wahl sind zur Einleitung eines gerichtlichen Verfahrens **antragsberechtigt** auch die im Rahmen des Zuordnungsverfahrens nicht beteiligten im Betrieb vertretenen Ge-

werkschaften (vgl. § 5 Rn 212; **a. A.** *Martens,* RdA 89, 88 Fußnote 81), ferner der ebenfalls im Zuordnungsverfahren nicht beteiligte ArbN, dessen Rechtsstellung geklärt werden soll. Dies gilt insbesondere, wenn dieser ArbN bei einer der anstehenden Wahlen kandidieren will und hieran durch eine anderweitige Zuordnungsentscheidung gehindert wird (vgl. § 2 Abs. 3 WO). Grundsätzlich sind auch die beteiligten Wahlvorst. trotz ihrer Beteiligung am Zuordnungsverfahren antragsberechtigt (*Wlotzke,* DB 89, 126; *Löwisch,* Rn 9; **a. A.** *Engels/Natter,* BB Beil. 8/89 S. 14). Allerdings dürfte vor Durchführung des Zuordnungsverfahrens einem von einem Wahlvorst. gesondert eingeleiteten gerichtlichen Statusverfahren im allgemeinen das Rechtschutzinteresse fehlen. Das gleiche gilt, wenn die Wahlvorst. die Zuordnung einvernehmlich festgelegt haben oder soweit die Entscheidung des Vermittlers der Ansicht des betreffenden Wahlvorst. entspricht. Im übrigen ist jedoch das Antragsrecht der Wahlvorst. nicht eingeschränkt. Das gilt nicht nur für den Fall, daß ein Wahlvorst. die Zuordnung des Vermittlers offensichtlich für fehlerhaft hält und deshalb weiterhin eine Anfechtung der Wahl möglich ist (vgl. unten Rn 58ff.), die zu verhindern zu seinen wesentlichen Aufgaben gehört. Das gilt auch bei der Geltendmachung einer bloß einfachen Rechtsfehlerhaftigkeit der Zuordnung. Denn die Aufgabe des Wahlvorst. erschöpft sich nicht darin, eine Anfechtbarkeit der Wahl zu verhindern. Ihm obliegt es vielmehr, eine in jeder Hinsicht möglichst rechtmäßige Wahl durchzuführen. Hierzu zählt insbesondere die richtige Zuordnung der (leitenden) Angestellten. Denn bei einer Eintragung in die falsche Wählerliste können sie ihr wichtigstes Wahlrecht, nämlich das aktive und passive Wahlrecht zu „ihrer" Vertretung, nicht ausüben (vgl. § 2 Abs. 3 WO 1972, § 2 Abs. 3 WOSprAuG).

Wird nach erfolgter Zuordnung in einem gerichtlichen Statusverfahren (zu einer Inzidentfeststellung im Rahmen eines Urteilsverfahrens vgl. Rn 59 und § 4 WO Rn 8) rechtskräftig festgestellt, ob ein ArbN leitender Ang. ist oder nicht, so ist diese Entscheidung auch für die anstehende Wahl maßgebend. Eine im Zuordnungsverfahren getroffene andere Entscheidung ist nicht mehr verbindlich (vgl. *Martens,* RdA 89, 84). Die Wählerlisten sind entsprechend zu berichtigen. Ergeht erst nach Durchführung der Wahlen eine derartige rechtskräftige Entscheidung und ist der betreffende Angestellte z. B. bei der Wahl in den Sprecherausschuß gewählt worden, so verliert er in entsprechender Anwendung des § 9 Abs. 2 Nr. 4 SprAuG mit Rechtskraft der Entscheidung, mit der seine „normale" Angestellteneigenschaft festgestellt wird, die Mitglschaft im Sprecherausschuß. Entsprechendes gilt in analoger Anwendung des § 24 Abs. 1 Nr. 4 im umgekehrten Fall, daß ein Angestellter in den BR gewählt worden ist und nachträglich rechtskräftig festgestellt wird, daß er leitender Angestellter ist (vgl. hierzu *Martens,* a. a. O. S. 88; siehe ferner unten Rn 61ff.). 56

Die Zuordnungsentscheidungen durch die Wahlvorst. oder den Vermittler haben in zweifacher Hinsicht **unmittelbare Rechtsfolgen:** Zum einen ist ein Einspruch gegen die Wählerlisten nach § 4 Abs. 2 S. 2 u. 3 WO grundsätzlich ausgeschlossen, soweit er Zuordnungsfälle nach 57

§ 18a betrifft. Mit diesem Ausschluß soll die Möglichkeit verhindert werden, daß der Wahlvorst. von der getroffenen Zuordnung aufgrund eines nachträglichen Einspruchs abweicht (Näheres vgl. § 4 WO Rn 7ff.).

58 Zum anderen ist die **Anfechtung der Wahl** des BR oder des Sprecherausschusses ausgeschlossen, soweit sie auf eine angebliche Fehlerhaftigkeit der getroffenen Zuordnung gestützt wird (vgl. jedoch auch Rn 61ff.). Etwas anderes gilt, wenn die Zuordnung offensichtlich fehlerhaft ist.

59 Eine **offensichtliche Fehlerhaftigkeit** ist anzunehmen, wenn sich die Fehlerhaftigkeit dem mit den Gegebenheiten des Betriebs und Unternehmens Vertrauten geradezu aufdrängt (vgl. *Wlotzke,* DB 89, 126; Löwisch, Rn 8). Die offensichtliche Fehlerhaftigkeit kann sich zum einen auf den Inhalt der Zuordnungsentscheidung beziehen. Sie ist z. B. anzunehmen, wenn ein Ang. ohne jede Rücksicht auf die Abgrenzungskriterien des § 5 Abs. 3 u. 4 als leitender Ang. angesehen worden ist. Sie kann ferner vorliegen, wenn die Wahlvorst. oder der Vermittler ihre Entscheidung ohne Beachtung des Rangverhältnisses zwischen § 5 Abs. 3 und Abs. 4 (vgl. hierzu § 5 Rn 127, 175ff.) allein aufgrund der Hilfskriterien des § 5 Abs. 4 getroffen haben (*Engels/Natter,* BB Beil. 8/89 S. 14; einschränkend *Wlotzke,* DB 89, 126; **a. A.** *Löwisch,* BB 88, 1955; *H. P. Müller,* DB 88, 1701; *Bauer,* SprAuG S. 125; wohl auch *Büchner,* NZA Beil 1/89 S. 11). Das gleiche gilt, wenn bei der Zuordnung von falschen Annahmen ausgegangen worden ist, etwa wegen unzutreffender Unterrichtung durch den ArbGeb (Löwisch, Rn 8) oder weil (zwischenzeitlich) durch eine rechtskräftige gerichtliche Entscheidung, u. U. auch eine bloße Inzidenzentscheidung, der Status eines Angestellten geklärt worden ist.

60 Die Zuordnung kann ferner deswegen offensichtlich fehlerhaft sein, weil das **Zuordnungsverfahren an schweren Mängeln** leidet. Denn dann kann nicht mehr von der Richtigkeit oder jedenfalls Vertretbarkeit der getroffenen Zuordnungsentscheidung, die allein eine Einschränkung des Anfechtungsrechts rechtfertigt, ausgegangen werden. Ein schwerer Mangel ist z. B. anzunehmen, wenn der getroffenen Zuordnung oder der Bestellung des Vermittlers offensichtlich kein wirksamer Beschluß eines oder beider Wahlvorst. zugrunde liegt, etwa bei einer bloßen Absprache lediglich der Vors. der Wahlvorst.

61 Obwohl dem Wortlaut des Abs. 5 S. 2 nach eine getroffene Zuordnungsentscheidung die Möglichkeit der Wahlanfechtung generell einschränkt, ist dies Einschränkung auf die Anfechtung der Wahl des ganzen BR bzw. Sprecherausschusses oder auf die Anfechtung der Wahl einer Gruppe des BR zu begrenzen. Die **Anfechtung der Wahl nur eines einzelnen Mitgl.** des BR bzw. des Sprecherausschusses wegen fehlender Wählbarkeit (vgl. hierzu § 19 Rn 29) ist aus folgenden Gründen nicht eingeschränkt:

62 Die Einschränkung der Anfechtungsmöglichkeit will im Interesse der Rechtssicherheit die Gefahr von Wahlanfechtungen gleich mehrerer Wahlen mit der eventuellen Notwendigkeit mehrerer Neuwahlen begrenzen (vgl. oben Rn 51). Bei der erfolgreichen Anfechtung der Wahl nur eines Mitgl. des BR oder des Sprecherausschusses besteht aber **keine**

Notwendigkeit einer Neuwahl, weil in diesem Falle das an nächster Stelle antstehende ErsMitgl. in dem BR bzw den Sprecherausschuß nachrückt (vgl. § 19 Rn 35). Der rechtspolitische Grund für eine Beschränkung des Wahlanfechtungsrechts fehlt in diesem Falle.

Die fehlerfreie Besetzung des BR und des Sprecherausschusses ist von **63** so wesentlicher Bedeutung, daß der Gesetzgeber bei fehlender Wählbarkeit eines Mitgl. den Verlust der Mitglschaft im BR oder Sprecherausschuß auch noch nach Ablauf der Anfechtungsfrist durch eine rechtskräftige gerichtliche Feststellung der Nichtwählbarkeit vorgesehen hat (vgl. § 24 Abs. 1 Nr. 6 BetrVG, § 9 Abs. 2 Nr. 6 SprAuG). Die in diesen gesetzlichen Regelungen zum Ausdruck kommende entscheidende Bedeutung einer fehlerfreien Besetzung des BR oder des Sprecherausschusses läßt es nicht zu, die Anfechtung einer Wahl wegen fehlender Wählbarkeit davon abhängig sein zu lassen, ob die Zuordnung offensichtlich fehlerhaft ist oder nicht. Denn für die frage einer falschen Besetzung der betr. Vertr. ist dies irrelevant (vgl. hierzu auch *Martens,* RdA 89, 87).

Die Vorschrift des Abs. 5 S. 2 ist als Ausnahmevorschrift eng auszule- **64** gen und auf die Anfechtung der Wahl beschränkt (vgl. oben Rn 51). Sie erstreckt sich nicht auf die Möglichkeit der nachträglichen Geltendmachung der Nichtwählbarkeit gem. § 24 Abs. 1 Nr. 6 BetrVG und § 9 Abs. 2 Nr. 6 SprAuG. Es ist aber widersprüchlich, eine Wahlanfechtung auszuschließen, nach Ablauf der Anfechtungsfrist jedoch die gerichtliche Geltendmachung der Nichtwählbarkeit zuzulassen. Diesen Widerspruch kann man dadurch vermeiden, daß entweder die Einschränkung der Anfechtungsmöglichkeit nach Abs. 5 S. 2 auf die nachträgliche Geltendmachung der Nichtwählbarkeit entsprechend angewandt wird (so *Martens,* RdA 89, 87) oder daß wegen der gesetzlich nicht eingeschränkten Möglichkeit der nachträglichen Geltendmachung der Nichtwählbarkeit die Anfechtung der Wahl eines einzelnen Mitgl. des BR oder Sprecherausschusses von der Einschränkung der Anfechtungsmöglichkeit nach Abs. 5 S. 2 ausgenommen wird. Letzterem ist aus Gründen der materiellen Gerechtigkeit, um nämlich eine fehlerhafte Besetzung des BR oder Sprecherausschusses mit einem Nichtwählbaren über eine ganze vierjährige Amtszeit zu vermeiden, eindeutig der Vorzug zu geben. Dies gilt umso mehr, als eine rechtskräftige Entscheidung der Frage, ob ein Gewählter leitender Angestellter ist oder nicht, im Statusverfahren je nach Fallgestaltung ebenfalls zu einer Beendigung der Mitglschaft im BR oder Sprecherausschuß führt (vgl. oben Rn 56). Daß das Statusverfahren z. T. von anderen Antragsberechtigten betrieben werden kann (vgl. hierzu oben Rn 53f. einerseits und § 24 Rn 26 und § 19 Rn 19ff. andererseits), kann in diesem Zusammenhang keine entscheidende Rolle spielen (vgl. hierzu auch *Martens,* RdA 89, 88).

2. Rechtsstreitigkeiten über das Zuordnungsverfahren

65 Im übrigen sind Streitigkeiten über die Durchführung des Zuordnungsverfahrens, z. B. über die Einhaltung der gesetzlichen Mindestfristen, über die Durchführung von gemeinsamen Sitzungen der Wahlvorst., über die Bestimmung der vom Sprecherausschuß oder dem BR nach Abs. 4 zu benennenden Mitgl., über das Unterstützungs- und Beratungsrecht des Vermittlers gegenüber dem ArbGeb., als Streitigkeiten im Rahmen des Wahlverfahrens von den ArbG in Beschlußverfahren zu entscheiden (§§ 2a, 80ff. ArbGG; Löwisch, Rn 11). Antragsberechtigt sind die beteiligten Wahlvorst. und der bestellte Vermittler, im Falle des Abs. 4 auch der beteiligte BR und Sprecherausschuß. Zur Möglichkeit des Erlasses einstweiliger Verfügungen vgl. § 18 Rn 20ff.

§ 19 Wahlanfechtung

(1) **Die Wahl kann beim Arbeitsgericht angefochten werden, wenn gegen wesentliche Vorschriften über das Wahlrecht, die Wählbarkeit oder das Wahlverfahren verstoßen worden ist und eine Berichtigung nicht erfolgt ist, es sei denn, daß durch den Verstoß das Wahlergebnis nicht geändert oder beeinflußt werden konnte.**

(2) **Zur Anfechtung berechtigt sind mindestens drei Wahlberechtigte, eine im Betrieb vertretene Gewerkschaft oder der Arbeitgeber. Die Wahlanfechtung ist nur binnen einer Frist von zwei Wochen, vom Tage der Bekanntgabe des Wahlergebnisses an gerechnet, zulässig.**

Inhaltsübersicht

I. Vorbemerkung

1 Die Vorschrift ermöglicht die Anfechtung rechtsfehlerhafter BRWahlen, und zwar sowohl des gesamten BR als auch der Wahl einer Gruppe oder eines einzelnen oder einzelner BRMitgl. Zur Möglichkeit, die rechtsfehlerhafte Bestellung oder rechtsfehlerhafte Maßnahmen des Wahlvorst. im Laufe des Wahlverfahrens gerichtlich geltend zu machen, vgl. § 16 Rn 42, § 18 Rn 20ff.

2 Die Vorschrift gilt auch für die Anfechtung der JugAzubiVertr., vgl. § 63 Abs. 2 Satz 2. Für die Anfechtung der Wahl der Bordvertr. und des SeeBR bestehen Sonderregelungen, vgl. § 115 Abs. 2 Nr. 9; § 116 Abs. 2 Nr. 8. Die Vorschrift gilt nicht für die Bestellung der Mitgl., des GesBR, des KBR und der GesJugAzubiVertr. Die Mitgl. dieser Gremien werden durch Beschluß des BR, des GesBR und der JugAzubi-

Vertr. bzw. unter bestimmten Voraussetzungen durch Beschluß der Gruppen im BR und im GesBR bestellt. Diese Beschlüsse sind nach den allgemeinen Grundsätzen, die für die gerichtliche Überprüfung von BRBeschlüssen gelten, überprüfbar (vgl. hierzu § 33 Rn 35ff.). Die Vorschrift gilt ferner nicht für die Wahl des BRVors. und seines Stellvertr. sowie für die Bestellung der Mitgl. des BetrAusschusses und anderer Ausschüsse des BR (vgl. hierzu § 26 Rn 45ff., § 27 Rn 65ff.). Wegen der Anfechtung der Wahl der Vertr. der ArbN im Aufsichtsrat nach dem BetrVG 1952 vgl. § 76 BetrVG, Rn 73ff. (Anhang 2); wegen der Anfechtung der Wahlen der Wahlmänner sowie der Vertr. der ArbN im Aufsichtsrat nach dem MitbestG vgl. §§ 21 und 22 MitbestG.

Entsprechende Vorschriften: § 25 BPersVG 74 und § 8 Abs. 1 SprAuG. 2a

II. Nichtigkeit der Wahl

Von der nur im Wege des Wahlanfechtungsverfahrens möglichen Geltendmachung der Ungültigkeit der Wahl sind die seltenen Fälle zu unterscheiden, in denen die Wahl schlechthin nichtig ist. Eine **nichtige Wahl** ist nur in **besonderen Ausnahmefällen** anzunehmen, in denen gegen wesentliche Grundsätze des Wahlrechts in einem so hohen Maße verstoßen worden ist, daß nicht einmal der Anschein einer dem Gesetz entsprechenden Wahl mehr vorliegt (BAG 2. 3. 55, AP Nr. 1 zu § 18 BetrVG, BAG 27. 4. 76, 28. 11. 77 und 10. 6. 83, AP Nr. 4, 6 und 10 zu § 19 BetrVG 1972; *DR,* Rn 66; *GL,* RN 39; GK-*Kreutz,* Rn 131ff.). Erforderlich ist ein **grober** und **offensichtlicher Verstoß** gegen **wesentliche gesetzliche Wahlregeln** (BAG 24. 1. 64, AP Nr. 6 zu § 3 BetrVG). Ob ein Verstoß offensichtlich ist, ist nicht vom Standpunkt eines Außenstehenden sondern desjenigen zu beurteilen, dem der Wahlvorgang selbst bekannt geworden ist, weil er mit den Betriebsinterna vertraut ist (h. M.: vgl. BAG 24. 1. 64, AP Nr. 6 zu § 3 BetrVG; *DR,* Rn 69; *GL,* Rn 41; *GK-Kreutz,* Rn 133; *Müller,* Festschrift für Schnorr von Carolsfeld, S. 394). Die Häufung von Verstößen gegen wesentliche Wahlvorschriften, von denen jeder für sich allein betrachtet lediglich eine Anfechtung der BRWahl rechtfertigen würde, kann zur Nichtigkeit der Wahl führen. Entscheidend ist, ob bei einer Gesamtwürdigung die mehreren Verstöße als so schwerwiegend und offensichtlich anzusehen sind, daß auch der Anschein einer dem Gesetz entsprechenden Wahl nicht mehr besteht (BAG 27. 4. 76, AP Nr. 4 zu § 19 BetrVG 1972; *GK-Kreutz,* Rn 135). 3

Beispiele für die Nichtigkeit: 4

- Bildung eines BR in der BetrVerslg. spontan durch Zuruf (BAG 12. 10. 61, AP Nr. 84 zu § 611 BGB Urlaubsrecht);
- offene Terrorisierung der Belegschaft während des Wahlaktes (BAG 8. 3. 57, AP Nr. 1 zu § 19 BetrVG);
- Wahl ohne Wahlvorst. und ohne geordnetes Verfahren i. S. des WO (*GK-Kreutz,* Rn 137; weitergehend RAG 4, 315, das schon bei einer

Wahl ohne Wahlvorst. stets die Nichtigkeit annimmt; ebenso *GL,* Rn 41);

- Wahl eines „Aktionsausschusses“ (*Schnorr* zu AP 53, Nr. 172);
- Wahl eines Betriebsrats für einen nichtbetriebsratsfähigen Betrieb (RAG 2, 79; BAG 9. 2. 82, AP Nr. 24 zu § 118 BetrVG 1972);
- willkürliche Zusammenziehung von selbständigen Betrieben zu einem Betrieb (RAG 12, 409). Allerdings hat nicht jede Verkennung des Betriebsbegriffs die Nichtigkeit der Wahl zur Folge, sondern nur eine „offensichtliche“ bzw. „willkürliche“ (BAG 1. 2. 63, 24. 1. 64 und 21. 10. 69, AP Nr. 5, 6 und 10 zu § 3 BetrVG; BAG 17. 1. 78, AP Nr. 1 zu § 1 BetrVG 1972; BAG 11. 4. 78, AP Nr. 8 zu § 19 BetrVG 1972), z. B. Ausschluß auswärtiger Belegschaftsmitgl. von der Briefwahl ohne den geringsten einleuchtenden Grund entgegen einer zehnjährigen Übung (BAG 24. 1. 64, a. a. O.). Im übrigen ist die Wahl nur anfechtbar (BAG 13. 9. 84, AP Nr. 3 zu § 1 BetrVG 1972; BVerwG in AP Nr. 5 zu § 7 PersVG; *DR,* Rn 67; *GL,* 40; *GK-Kreutz,* Rn 138; *Müller,* Festschrift für Schnorr von Carolsfeld, S. 395);
- Wahl eines BR für einen Betriebsteil, obwohl für diesen Betriebsteil zusammen mit anderen bereits ein gemeinsamer BR gewählt und diese Wahl nicht angefochten worden ist (BAG 11. 4. 78, AP Nr. 8 zu § 19 BetrVG 1972);
- Wahl eines BR außerhalb des regelmäßigen Wahlzeitraums, ohne daß eine der Ausnahmeregelungen des § 13 Abs. 2 vorgelegen hat (*DR,* Rn 68; *GL,* Rn 40);
- Wahl einer Person, die offensichtlich kein ArbN des Betriebes ist (*HSG,* Rn 18; weitergehend *GK-Kreutz,* Rn 138: jedes Fehlen einer Wählbarkeitsvoraussetzung; dann wäre jedoch § 24 Abs. 1 Nr. 6 überflüssig);
- vorzeitige, vor Abschluß des Wahlgangs und unter Ausschluß der Öffentlichkeit erfolgte Öffnung der Wahlurne in Verbindung mit nichtöffentlicher Stimmauszählung (ArbG Bochum, DB 72, 1730);
- Wahl bereits 12 Tage nach Bestellung des bei der Stimmabgabe nicht mehr vollzähligen Wahlvorst. ohne Aufstellung einer Wählerliste und ohne Erlaß eines Wahlausschreibens auf der Grundlage nicht mehr zutreffender Stimmzettel, wobei die Stimmauszählung nicht durch WahlvorstMitgl. sondern durch ein gewähltes BRMitgl. erfolgte (BAG 27. 4. 76, AP Nr. 4 zu § 19 BetrVG 1972).

5 Die Feststellung der Nichtigkeit hat **rückwirkende Kraft.** Der BR hat rechtlich nie bestanden. Seine Handlungen sind rechtsunwirksam. Seine Mitgl. genießen nicht den Kündigungsschutz der BRMitgl. nach § 15 KSchG und § 103 BetrVG, wohl jedoch den nachwirkenden Kündigungsschutz nach § 15 KSchG in ihrer Eigenschaft als Wahlbewerber (vgl. LAG Düsseldorf, DB 79, 1092; *DR,* Rn 70; *GL,* Rn 44; vgl. auch BAG 7. 5. 86, AP Nr. 18 zu § 15 KSchG 1969, hinsichtl. einer nichtigen Wahl des Wahlvorst.); letzteres gilt jedenfalls dann, wenn ihnen der zur Nichtigkeit der Wahl führende Verstoß nicht bekannt und zurechenbar war.

6 Die Nichtigkeit einer solchen Wahl kann von jedermann, zu jeder Zeit und in jeder Form geltend gemacht werden.

Ein nichtiger BR besteht rechtlich nicht. Hierauf kann sich **jedermann** berufen, der an der Feststellung der Nichtigkeit ein Interesse hat. Dazu gehören auf jeden Fall die Anfechtungsberechtigten nach § 19 Abs. 2.

Die Nichtigkeit der Wahl kann **zu jeder Zeit** geltend gemacht werden. Sie ist nicht an die Anfechtungsfrist des § 19 gebunden (h. M.). Das gilt auch für den ArbGeb., allerdings mit der Einschränkung, daß er sich auf die Nichtigkeit der Wahl nicht für die Vergangenheit berufen kann, wenn er in Kenntnis der Nichtigkeit den nichtigen BR längere Zeit als rechtmäßige BetrVertr. anerkannt oder als solche behandelt hat. Einer Berufung auf die Nichtigkeit für die Vergangenheit würde in diesem Falle der Einwand der Arglist entgegenstehen (*Küchenhoff,* Rn 3b; *GKSB,* Rn 17; einschränkend *DR,* Rn 70; *GK-Kreutz,* Rn 140; *GL,* Rn 42; *HSG,* Rn 16, die dies nur hinsichtlich arbeitsvertraglicher Ansprüche der als BRMitgl. auftretenden ArbN anerkennen; **a. A.** BAG 27. 4. 76, AP Nr. 4 zu § 19 BetrVG 1972; vgl. auch BAG 15. 1. 74, AP Nr. 1 zu § 68 PersVG Baden-Württemberg). Aus diesem Grunde sind z. B. Kosten der Schulung vom BRMitgl., die vor Feststellung der Nichtigkeit der BRWahl entstanden sind, vom ArbGeb. zu tragen (vgl. LAG Düsseldorf DB 79, 2140). 7

Die Geltendmachung der Nichtigkeit der Wahl ist **in jeder Form** möglich. Sie ist nicht an ein bestimmtes gerichtliches Verfahren gebunden. Über sie kann insbesondere als Vorfrage entschieden werden (z. B. im Rahmen einer Lohn- oder Kündigungsschutzklage; vgl. BAG 27. 4. 76, AP Nr. 4 zu § 19 BetrVG 1972). Die Nichtigkeit kann aber auch im arbeitsgerichtlichen BeschlVerf. festgestellt werden (*DR,* Rn 72; *GK-Kreutz,* Rn 143; *GL,* Rn 43). Im Betrieb vertretene Gewerkschaften sind nach der neueren Rechtsprechung des BAG, sofern sie nicht selbst das Verfahren betreiben, nicht beteiligungsbefugt (vgl. BAG 19. 9. 85, AP Nr. 12 zu § 19 BetrVG 1972; vgl. auch unten Rn. 38; **a. A.** noch BAG 9. 2. 82, AP Nr. 24 zu § 118 BetrVG 1972). Ist beantragt worden, die Wahl für unwirksam zu erklären, so ist der Antrag in der Regel dahin auszulegen, daß die Wahl unter jedem rechtlichen Gesichtspunkt, d. h. sowohl der Nichtigkeit als auch der Anfechtbarkeit überprüft werden soll (BAG 24. 1. 64, AP Nr. 6 zu § 3 BetrVG; BAG 28. 4. 64, AP Nr. 3 zu § 4 BetrVG; BAG 12. 10. 76, AP Nr. 1 zu § 8 BetrVG 1972). 8

III. Anfechtung der Wahl

1. Voraussetzungen der Anfechtung

Die Anfechtung kann darauf gestützt werden, daß gegen **wesentliche Vorschriften** über das Wahlrecht (Rn 10), die Wählbarkeit (Rn 12) oder das Wahlverfahren (Rn 14) verstoßen worden ist. Nicht jeder Verstoß, sondern nur ein Verstoß gegen wesentliche Vorschriften berechtigt zur Anfechtung. Als wesentlich sind solche Vorschriften anzusehen, die tragende Grundprinzipien der BRWahl enthalten. Hierzu zählen grundsätzlich die zwingende Regelungen (sog. Mußvorschriften; vgl. BAG 14. 9. 88, AP Nr. 1 zu § 16 BetrVG 1972). Bloße Ordnungsvorschriften oder Sollbestimmungen (z. B. § 15) rechtfertigen die Anfechtung der Wahl im allgemeinen nicht (*DR,* Rn 13; *GL,* Rn 5; *GK-Kreutz,* Rn 17ff.; 9

HSG, Rn 20; *Müller,* FS Schnorr von Carolsfeld, S. 382; **a. A.** *Hanau,* DB 86 Beil. 4 S. 5, nach dem nur solche Vorschriften wesentlich sind, die Anordnungen treffen, deren Verletzung prinzipiell geeignet ist, das Wahlergebnis zu beeinflussen). Motivirrtum auf Seiten der Wähler begründet die Anfechtbarkeit ebenfalls nicht (BAG 2. 12. 60, AP Nr. 2 zu § 19 BetrVG).

10 Vorschriften über das **Wahlrecht** sind die Bestimmungen über die Wahlberechtigung (§ 7).

Beispiele für Anfechtbarkeit wegen Mängel bzgl. der Wahlberechtigung:

Zulassung von Nichtwahlberechtigten zur Wahl, insbesondere von jugendlichen ArbN oder von Personen nach § 5 Abs. 2 oder leitenden Ang. nach § 5 Abs. 3 (LAG Düsseldorf, BB 58, 701; LAG Bremen BB 61, 933); Nichtzulassung von wahlberechtigten ArbN (vgl. BAG 28. 4. 64, AP Nr. 3 zu § 4 BetrVG, BAG 29. 3. und 25. 6. 74, AP Nr. 2 und 3 zu § 19 BetrVG 1972); Eintragung von ArbN in die Wählerliste der falschen Gruppe (BAG 29. 3. 74, AP Nr. 2 zu § 19 BetrVG 1972).

10a Ist die Frage, ob ein ArbN **leitender Ang.** ist oder nicht, in einem Zuordnungsverfahren nach § 18a entschieden worden, ist eine Anfechtbarkeit der Wahl mit der Begründung, der ArbN sei zu Unrecht von der Wahl ausgeschlossen oder zu ihr zugelassen worden, nur noch dann gegeben, wenn die Zuordnung offensichtlich fehlerhaft ist (vgl. § 18a Rn 58ff.).

11 Soweit anfechtungsberechtigte ArbN nach § 4 WO Einspruch gegen die Wählerliste erheben konnten (vgl. § 4 WO Rn 2) und keinen Einspruch eingelegt haben, steht ihnen insoweit kein Anfechtungsrecht mehr zu (LAG Kiel AP Nr. 1 zu § 4 WO; LAG Düsseldorf, DB 73, 2050; LAG Frankfurt, BB 76, 1271; *DR,* Rn 9; *Küchenhoff,* Rn 14; **a. A.** *GL,* Rn 9; anders aber § 4 WO Rn 2; *GK-Kreutz,* Rn 59; *HSG,* Rn 11; *Hanau,* DB 86, Beil. 4 S. 12; *Bulla,* DB 77, 304; *Gnade,* Festschrift für Herschel, S. 145). Die Wahlanfechtungsbefugnis einer im Betrieb vertretenen Gewerkschaft hängt dagegen nicht davon ab, daß ArbN zuvor Einspruch gegen die Richtigkeit der Wählerliste eingelegt haben (BAG 29. 3. und 25. 6. 74, AP Nr. 2 und 3 zu § 19 BetrVG 1972; LAG Düsseldorf, DB 74, 684). Das gleiche gilt für das Anfechtungsrecht des ArbGeb. (BAG 11. 3. 75, AP Nr. 1 zu § 24 BetrVG 1972).

12 Die Vorschriften über die **Wählbarkeit** sind in § 8 enthalten.

Beispiele für Anfechtbarkeit wegen Mängel bzgl. der Wählbarkeit:

Zulassung nicht wählbarer ArbN als Wahlkandidaten, z. B. von ArbN unter 18 Jahren oder von leitenden Ang. oder von einem ArbN, der zwar rein formalrechtlich zum Betrieb in arbeitsvertraglichen Beziehungen steht, tatsächlich aber ausschließlich in einem anderen Betrieb arbeitet (BAG 28. 11. 77, AP Nr. 2 zu § 8 BetrVG 1972), Nichtzulassung eines wählbaren ArbN zur Wahl, z. B. durch unberechtigte Streichung von der Vorschlagsliste.

Ist Wahlkandidaten außerordentlich gekündigt worden (vgl. hierzu § 103 Rn 3ff.), so gelten sie noch solange als betriebsangehörig und damit als wählbar, als die Wirksamkeit der Kündigung noch nicht feststeht (vgl. § 8 Rn 8).

Die Anfechtbarkeit einer Wahl wegen zu Unrecht bejahter oder verneinter Wählbarkeit ist im Falle einer Zuordnung von leitenden Ang. nach § 18a nur noch gegeben, wenn die Zuordnung offensichtlich fehlerhaft gewesen ist; dies gilt nicht, wenn sich die Anfechtung auf die Wahl eines zu Unrecht gewählten BRMitgl. beschränkt (vgl. § 18a Rn 58ff.). **12a**

Auf die fehlende Wählbarkeit kann die Anfechtung nicht mehr gestützt werden, wenn vor Abschluß der gerichtlichen Verhandlung der ArbN wählbar geworden ist, z. B. inzwischen die sechsmonatige Betriebszugehörigkeit erfüllt hat (BAG 7. 7. 54, AP Nr. 1 zu § 24 BetrVG; *DR*, Rn 7; *GL*, Rn 10). Wegen nachträglicher Feststellung der Nichtwählbarkeit auch noch nach Ablauf der Anfechtungsfrist vgl. § 24 Rn. 26ff. **13**

Vorschriften über das **Wahlverfahren** enthalten die §§ 9 bis 18 und die Vorschriften der Wahlordnung (vgl. Anhang 1); die Anfechtbarkeit begründen nur Verstöße gegen solche Vorschriften, die für die Anwendung der Grundsätze des Gesetzes von wesentlicher, nicht nur förmlicher Bedeutung sind. **14**

Beispiele für Anfechtbarkeit wegen Mängel des Wahlverfahrens:

- Bestellung des Wahlvorstands durch einen BR, dessen Amtszeit abgelaufen oder sonst beendet ist (BAG 2. 3. 55, AP Nr. 1 zu § 18 BetrVG; kritisch hierzu *GK-Kreutz*, Rn 48);
- Nichtberücksichtigung einer Gruppe im Wahlvorstand entgegen § 16 Abs. 1 Satz 5 (BAG 14. 9. 88, AP Nr. 1 zu § 16 BetrVG 1972; BVerwG AP Nr. 1 zu § 6 WP PersVG) oder sonstige nicht ordnungsgemäße Zusammensetzung des Wahlvorstands (vgl. BAG 3. 6. 75, AP Nr. 1 zu § 5 BetrVG 1972 Rotes Kreuz);
- Nichteinhaltung der Fristen der Wahlordnung zur Einreichung von Wahlvorschlägen (BAG 12. 2. 60, AP Nr. 11 zu § 18 BetrVG);
- Fehlen einer Wählerliste (BAG 27. 4. 76, AP Nr. 4 zu § 19 BetrVG 1972);
- Fehlen oder nicht ordnungsgemäße Bekanntgabe des Wahlausschreibens (BAG 27. 4. 76, a. a. O.; LAG Hamm, DB 82, 2252);
- nicht ordnungsgemäße Unterrichtung ausländischer ArbN gem. § 2 Abs. 5 WO (LAG Hamm, DB 82, 2252);
- Nichteinhaltung der im Wahlausschreiben angegebenen Zeit der Stimmabgabe ohne ordnungsgemäße Bekanntgabe der Änderung, es sei denn, es steht fest, daß dadurch keine Wahlberechtigten von der Stimmabgabe abgehalten worden sind (vgl. BAG 11. 3. 60, AP Nr. 13 zu § 18 BetrVG; BAG 19. 9. 85, AP Nr. 12 zu § 19 BetrVG 1972);
- Fehlende Angabe des Ortes der Wahllokale im Wahlausschreiben, sofern dieses nicht so rechtzeitig ergänzt wird, daß für die Wahlberechtigten keine Einschränkung ihres Stimmrechts eintritt (BAG 19. 9. 85, AP Nr. 12 zu § 19 BetrVG 1972);
- Gemeinschaftswahl ohne oder ohne ordnungsgemäße Vorabstimmung (BAG 2. 3. 55, AP Nr. 1 zu § 18 BetrVG; vgl. auch BAG 8. 3. 57, AP Nr. 1 zu § 19 BetrVG; vgl. hierzu aber auch § 20 Rn 17);
- Setzen einer zu kurzen Nachfrist für die Einreichung von Wahlvorschlägen (LAG Frankfurt, BB 65, 1395);
- Verkennung des Betriebsbegriffs durch den Wahlvorstand (BAG

21. 10. 69, AP Nr. 10 zu § 3 BetrVG; BAG 17. 1. 78, AP Nr. 1 zu § 1 BetrVG 1972, LAG Hamm, DB 76, 728);
- unrichtige Verteilung der BRSitze auf die ArbNGruppen (LAG Hamm DB 76, 2020; LAG Frankfurt, DB 87, 54);
- falsche Bezeichnung der Gruppenzugehörigkeit der Wahlbewerber (BAG 2. 2. 62, AP Nr. 10 zu § 13 BetrVG);
- Verletzung des Wahlgeheimnisses (*Herschel,* DB 63, 1046; vgl. hierzu auch LAG Hamm, DB 76, 1920);
- unterbliebene Auslosung der Reihenfolge der Vorschlagslisten gem. § 10 Abs. 1 WO und Fehlen der beiden an erster Stelle stehenden Bewerber der Vorschlagsliste entsprechend § 11 Abs. 2 WO (vgl. ArbG Wetzlar, DB 72, 1731);
- bei Gruppenwahl Zulassung von ArbN, die der Gruppe nicht angehören, oder Nichtzulassung zu der Gruppe gehörende ArbN (BAG 20. 5. 69, AP Nr. 1 zu § 5 BetrVG);
- Zurückweisung eines ordnungsgemäßen Wahlvorschlags durch den Wahlvorst. wegen nicht stichhaltiger Bedenken (LAG Hamm, EZA § 19 BetrVG 1972 Nr. 9);
- Nichtzulassung eines Wahlvorschlags wegen zu geringer Zahl von Bewerbern (BAG 19. 6. 65, AP Nr. 11 zu § 13 BetrVG);
- Unterlassung der Belehrung nach § 6 Abs. 6 S. 2 WO (vgl. LAG Hamm, DB 66, 37);
- Streichung einzelner oder mehrerer Kandidaten von der Vorschlagsliste durch einige Unterzeichner (BAG 15. 12. 72, AP Nr. 1 zu § 14 BetrVG 1972);
- Festsetzung des Endes der Frist für die Einreichung von Wahlvorschlägen auf einen Zeitpunkt, der vor Ende der Arbeitszeit der überwiegenden Zahl der ArbN liegt (BAG 12. 2. 60, AP Nr. 11 zu § 18 BetrVG; ArbG Berlin, DB 72, 877);
- unterschiedliche Gestaltung der Stimmzettel (BAG 14. 1. 69, AP Nr. 12 zu § 13 BetrVG);
- Wahl einer unrichtigen Anzahl von BRMitgl. (BAG 12. 10. 76, AP Nr. 1 zu § 8 BetrVG 1972 und AP Nr. 5 zu § 19 BetrVG 1972; BAG 18. 1. 89, AP Nr 1 zu § 9 BetrVG 1972; vgl. hierzu aber auch § 9 Rn 12ff.);
- Streichungen oder Ergänzungen in den Wählerlisten, ohne daß hierfür die Voraussetzungen der WO vorliegen (LAG Schleswig-Holstein, DB 53, 535);
- rechtswidrige Wahlbeeinflussung, z. B. finanzielle oder sonstige Unterstützung einer bestimmten Gruppe von Kandidaten bei der Wahlwerbung durch den ArbGeb. (BAG 4. 12. 86, AP Nr. 13 zu § 19 BetrVG 1972; im einzelnen vgl. § 20 Rn 15ff.);
- Verbindung unterschiedlicher Vorschlagslisten zu einer Liste (vgl. ArbG Hamm, DB 72, 1734);
- nicht unverzügliche öffentliche Auszählung der abgegebenen Stimmen nach Abschluß der Wahl ohne genügende Sicherung der abgegebenen Stimmen (ArbG Bochum, DB 75, 1898);
- unzureichende Verantwortlichkeit des Wahlvorst. bei der Auszählung der Stimmen mit Hilfe einer EDV-Anlage und unzureichende Öffentlichkeit dieser Stimmauszählung (LAG Berlin, DB 88, 504).

15 Ein Verstoß gegen wesentliche Wahlvorschriften rechtfertigt eine Anfechtung nicht, wenn der Verstoß im Laufe des Wahlverfahrens **rechtzeitig berichtigt** worden ist (vgl. *DR,* Rn 26; *GL,* Rn 7; *GKSB,* Rn 5;

GK-Kreutz, Rn 33ff.). Rechtzeitig ist eine Berichtigung dann, wenn sie zu einem Zeitpunkt erfolgt, daß danach die Wahl noch ordnungsgemäß ablaufen kann. Hierbei ist im Falle der nachträglichen Ergänzung oder Berichtigung des Wahlausschreibens nicht in jedem Fall die Einhaltung der sechswöchigen Aushangfrist nach § 3 Abs. 1 S. 1 WO für die Berichtigung erforderlich. Das hängt von dem Inhalt der Ergänzung oder Berichtigung ab. So ist z. B. die Festlegung oder Änderung des Ortes der Stimmabgabe nach Erlaß des Wahlausschreibens zulässig, sofern sie nur so rechtzeitig erfolgt, daß sich die Wahlberechtigten rechtzeitig informieren können und damit keine Einschränkung ihres Wahlrechts eintritt (BAG 19. 9. 85, AP Nr. 12 zu § 19 BetrVG 1972; vgl. auch § 3 WO Rn 1).

Als weitere Voraussetzung der Anfechtung der Wahl muß hinzu- **16**
kommen, daß der wesentliche Verstoß zu einem **anderen Wahlergebnis** geführt hat oder führen konnte, als es ohne den Verstoß zu verzeichnen gewesen wäre. Ausreichend ist, daß das Wahlergebnis ohne den Verstoß möglicherweise anders ausgefallen wäre. Allerdings reicht nicht jede theoretisch denkbare Möglichkeit eines anderen Ergebnisses aus, vielmehr muß nach der allgemeinen Lebenserfahrung und den konkreten Umständen des Falles die Möglichkeit eines anderen Ergebnisses nicht gänzlich unwahrscheinlich sein (vgl. *GK-Kreutz,* Rn 45; *Müller,* a. a. O. S. 387). Daher kann die Anfechtung der Wahl bei nur zwei Wahlvorschlägen nicht damit begründet werden, daß ein nicht wahlberechtigter ArbN mitgewählt habe, wenn die obsiegende Liste einen so großen Stimmenvorsprung hatte, daß die eine unberechtigte Stimmabgabe ohne Einfluß auf das Wahlergebnis war. Entsprechendes gilt, wenn leitende Angestellte nach § 5 Abs. 3 irrtümlich auf die Wählerliste gesetzt worden sind, diese aber nicht oder nur in einem Umgang gewählt haben, der für das Wahlergebnis unerheblich war. Ebenso begründet die vorzeitige Schließung des Wahllokals keine Anfechtung, wenn feststeht, daß dadurch kein Wahlberechtigter von der Stimmabgabe abgehalten worden ist (vgl. BAG 19. 9. 85, AP Nr. 12 zu § 19 BetrVG 1972). Nach Ansicht des BAG (BAG 14. 9. 88, AP Nr. 1 zu § 16 BetrVG 1972) läßt eine Zusammensetzung des Wahlvorst. ohne Beachtung des zwingenden Gruppenschutzes nicht ohne weiteres den Schluß zu, daß hierdurch das Wahlergebnis nicht geändert oder beeinflußt werden konnte; diese Ansicht erscheint angesichts des rechtlich dezidiert ausgestalteten und damit weitgehend gebundenen Wahlverfahrens ohne Vorliegen besonderer zusätzlicher Umstände überzogen (ebenso Schlömp-Röder, ArbuR 89, 160). Bei einem Verstoß gegen das Gebot der öffentlichen Stimmauszählung ist dagegen der Verdacht einer Manipulation und damit die Möglichkeit eines anderen Wahlergebnisses nicht völlig unwahrscheinlich (vgl. LAG Berlin, DB 88, 505). Läßt sich der von Amts wegen zu ermittelnde Sachverhalt nicht eindeutig i. d. S. aufklären, daß der Verstoß keinen Einfluß auf das Wahlergebnis gehabt hat, so ist von einer Beeinflussung des Wahlergebnisses durch den Verstoß auszugehen (BAG 8. 3. 57, AP Nr. 1 zu § 19 BetrVG; *DR,* Rn 23; *GK-Kreutz,* Rn 42; *HSG,* Rn 22). Den Nachteil, daß der Sachverhalt nicht i. S. einer fehlenden Kausalität aufzuklä

ren ist, trägt der Anfechtungsgegner (*DR,* Rn 25; *GL,* Rn 8; *GK-Kreutz,* Rn 42; *HSG,* Rn 22; *Müller,* Festschrift für Schnorr von Carolsfeld, S. 387f.).

17 **Beschränkt** sich der Anfechtungsgrund bei Gruppenwahl auf die **Wahl nur einer Gruppe,** so ist die BRWahl nur insoweit anfechtbar (BAG 12. 2. 60, AP Nr. 11 zu § 18 BetrVG; *GK-Kreutz,* Rn 90; *HSG,* Rn 45).

18 Ein wesentlicher Verstoß mit möglichen Auswirkungen auf das Wahlergebnis rechtfertigt eine Anfechtung jedoch dann nicht, wenn der Verstoß durch eine entsprechende **Berichtigung des Wahlergebnisses** behoben worden ist oder behoben werden kann (*DR,* Rn 26; *GL,* Rn 7, 37; *GK-Kreutz,* Rn 119; *HSG,* Rn 23, 40).

Beispiel:

Die unrichtige Verteilung der BRSitze auf die Arb. und die Ang. kann im Falle der Verhältniswahl nachträglich berichtigt werden (*GK-Kreutz,* Rn 120; a.A. LAG Hamm, DB 76, 2020; vgl. hierzu auch § 9 Rn 12ff.).

Stellt sich die Möglichkeit der Berichtigung des Wahlergebnisses erst im Anfechtungsverfahren heraus, so hat das ArbG in dem Beschluß das Wahlergebnis zu berichtigen (vgl. BAG 10. 11. 54, 15. 7. 60 und 26. 11. 68, AP Nr. 2, 10 und 18 zu § 76 BetrVG; BAG 6. 7. 55, AP Nr. 2 zu § 20 BetrVG Jugendvertreter; *GK-Kreutz,* Rn 119; *Müller,* a.a.O. S. 391f.). Die Berichtigung (z.B. eines Rechenfehlers) kann noch durch Beschluß des BR selbst, d.h. nach Beendigung des Amtes des Wahlvorst. an Hand der Wahlakten vorgenommen werden (**a.A.** *DR,* Rn 60; *GL,* Rn 37; *GK-Kreutz,* Rn 38; *HSG,* Rn 24).

2. Anfechtungsberechtigung

19 Anfechtigungsberechtigt sind zum einen mindestens **drei wahlberechtigte ArbN** (zur Wahlberechtigung vgl. § 7 Rn 3ff.). Als gewählt festgestellte BRMitgl. sind von der Anfechtung nicht ausgeschlossen (LAG Hamm, DB 76, 1920). Maßgebend für die Feststellung der Wahlberechtigung ist der Tag der Wahl, nicht der Tag der Antragstellung beim ArbG (insoweit **a.A.** *GK-Kreutz,* Rn 63). Nach bisher h.M. in Literatur und Rechtsprechung mußte die Voraussetzung, daß mindestens drei wahlberechtigte ArbN die Wahl anfechten, als Verfahrensvoraussetzung während des gesamten Verfahrens gegeben sein (so BAG 14. 2. 78 u. 10. 6. 83, AP Nr. 7 u. 10 zu § 19 BetrVG 1972; *DR,* Rn 29; *GL,* Rn 13; *GKSB,* Rn 11; *HSG,* Rn 16; *Stege/Weinspach,* Rn 2; nach *GK-Kreutz,* Rn 57, der die Antragsberechtigung als Frage der Aktivlegitimation bewertet, muß sie am Ende der letzten mündlichen Tatsachenverhandlung gegeben sein). Nach der neueren Rechtsprechung des BAG hat dagegen ein nachträglicher Wegfall der Wahlberechtigung – z.B. durch Ausscheiden aus dem Betrieb – keinen Einfluß auf die Anfechtungsbefugnis (so BAG 4. 12. 86, AP Nr. 13 zu § 19 BetrVG 1972 unter ausdrücklicher Aufgabe seiner bisherigen Rechtsprechung und im Anschluß an die Rechtsprechung des BVerwG zum BPersVG, BVerwGE 67, 145, BVerwG, PersV 86, 26). Erforderlich ist allerdings, daß wenig-

stens drei am Wahltag wahlberechtigte ArbN das Wahlanfechtungsverfahren eingeleitet und dieses bis zum Zeitpunkt der Entscheidung – auch wenn nur noch einer von ihnen wahlberechtigt ist – betreiben. Scheiden dagegen alle die Wahlanfechtung betreibenden ArbN endgültig aus ihrem ArbVerhältnis aus, so führt dies zum Wegfall des Rechtsschutzinteresses und damit zur Unzulässigkeit des Wahlanfechtungsverfahrens (BAG 15. 2. 89 – 7 ABR 9/88 –, noch nicht veröffentlicht).

Jeder anfechtende ArbN kann in der ersten Instanz seinen **Antrag** ohne Zustimmung der übrigen Beteiligten **zurücknehmen** (BAG 12. 2. 85, AP Nr. 27 zu § 76 BetrVG 1952 unter Aufgabe von BAG 8. 12. 70, AP Nr. 21 zu § 76 BetrVG 1952). Für einen ausscheidenden Antragsteller kann nach Ablauf der Anfechtungsfrist weder ein anderer wahlberechtigter ArbN (BAG 12. 2. 85, a. a. O.; *GK-Kreutz,* Rn 69; **a. A.** *DR,* Rn 29; *GL,* Rn 13); noch eine im Betrieb vertretene Gewerkschaft (BAG 10. 6. 83, AP Nr. 10 zu § 19 BetrVG 1972) das Anfechtungsverfahren weiter betreiben. Zur Frage des Verlustes der Anfechtungsberechtigung bei Unterlassen des Einspruchs gegen die Wählerliste nach § 4 WO, vgl. oben Rn 11 sowie § 4 WO Rn 3. 19a

Ferner ist jede im Betrieb vertretene **Gewerkschaft** (§ 2 Rn 26) anfechtungsberechtigt. Die örtliche Verwaltungsstelle einer Gewerkschaft ist anfechtungsberechtigt, wenn sie hierzu durch eine Bestimmung der Satzung der Gewerkschaft ermächtigt ist (BAG 1. 6. 66, AP Nr. 15 zu § 18 BetrVG; BAG 29. 3. 74, AP Nr. 2 zu § 19 BetrVG 1972). Auch bei einer Anfechtung durch die Gewerkschaft muß die Verfahrensvoraussetzung, daß die Gewerkschaft im Betrieb vertreten ist, während des ganzen Verfahrens gegeben sein (BAG 21. 11. 75, AP Nr. 6 zu § 118 BetrVG 1972; *DR,* Rn 30; *GL,* Rn 14; einschränkend *GK-Kreutz,* Rn 71: bis zum Ende der letzten mündlichen Verhandlung in der Beschwerdeinstanz; **a. A.** BAG 4. 11. 60, AP Nr. 2 zu § 16 BetrVG). 20

Schließlich ist der **ArbGeb.,** in dessen Betrieb die BRWahl durchgeführt worden ist (§ 1 Rn 84ff.), anfechtungsberechtigt. Haben sich zwei oder mehrere ArbGeb. zu einer BGB-Gesellschaft zusammengeschlossen und an diese ArbN abgestellt, so ist zur Anfechtung der im Betrieb der BGB-Gesellschaft durchgeführten BRWahl als ArbGeb. nur die BGB-Gesellschaft, nicht ein einzelner Gesellschafter berechtigt (BAG 28. 11. 77, AP Nr. 6 zu § 19 BetrVG 1972). Das Anfechtungsrecht des ArbGeb. ist nicht vom Nachweis eines besonderen rechtlichen Interesses abhängig (BAG 10. 11. 54, AP Nr. 2 zu § 19 BetrVG). Nach einem Betriebsübergang ist der Veräußerer des Betriebs nicht mehr anfechtungs- und beschwerdeberechtigt (LAG Düsseldorf, DB 79, 938). 21

Kein Anfechtungsrecht hat der **einzelne ArbN,** auch wenn er bei ordnungsgemäßer Durchführung der Wahl gewählt worden wäre (BAG 20. 4. 56, AP Nr. 3 zu § 27 BetrVG; BAG 12. 2. 85, AP Nr. 27 zu § 76 BetrVG 1952; h. M.). Nicht anfechtungsberechtigt sind ferner der **BR** oder der **Wahlvorst.** als solcher (BAG 14. 11. 75, AP Nr. 1 zu § 18 BetrVG 1972; BAG 28. 2. 58, AP Nr. 1 zu § 29 BetrVG; *GK-Kreutz,* Rn 58; *Müller,* a. a. O. S. 379). Ihre Mitgl. können jedoch als wahlberechtigte ArbN die Anfechtung betreiben. 22

3. Anfechtungsfrist

23 Die Wahl des BR kann innerhalb einer Frist von **zwei Wochen nach Bekanntgabe des Wahlergebnisses** angefochten werden. Der Zeitpunkt der Unterrichtung von ArbGeb. und im Betrieb vertretenen Gewerkschaften nach § 18 Abs. 3 ist nicht maßgebend. Der Beginn der Frist bestimmt sich nach § 187 Abs. 1 BGB. Hiernach beginnt die Frist mit dem Tage, der auf denjenigen folgt, an dem das endgültige Wahlergebnis nach § 19 WO ausgehängt worden ist (*DR,* Rn 34; *GL,* Rn 17). Die Frist endet nach § 188 Abs. 2 BGB zwei Wochen später mit Ablauf des Wochentages, der dem Tag entspricht, an dem das Wahlergebnis ausgehängt worden ist.

Beispiel:

Ist das Wahlergebnis an einem Dienstag ausgehängt worden, so endet die Frist mit Ablauf des Dienstags der zweiten darauffolgenden Woche.

23a Ist der letzte Tag der Frist ein Sonnabend, Sonntag oder Feiertag, so tritt an dessen Stelle der nächste Werktag (§ 193 BGB). Der die Anfechtung erklärende Antrag muß einschließlich Begründung spätestens am letzten Tag der Frist beim ArbG eingegangen sein. Die Aufgabe zur Post an diesem Tage genügt nicht. Zur Wahrung der Frist reicht allerdings der Eingang bei einem örtlich nicht zuständigen ArbG aus (BAG 15. 7. 60, AP Nr. 10 zu § 76 BetrVG). Wird das bekanntgemachte endgültige Wahlergebnis nachträglich vom Wahlvorst. geändert, beginnt insoweit eine neue Anfechtungsfrist zu laufen (*DR,* Rn 35; weitergehend *GK-Kreutz,* Rn 81: insgesamt neue Anfechtungsfrist).

24 Die Frist ist eine **Ausschlußfrist.** Mit ihrem Ablauf erlischt das Anfechtungsrecht, so daß von diesem Zeitpunkt an die Wahl **unanfechtbar** wird, auch wenn das Wahlverfahren an wesentlichen Mängeln gelitten hat (BAG 26. 10. 79, AP Nr. 5 zu § 9 KSchG 1969; *GK-Kreutz,* Rn 74). Da die Anfechtungsfrist eine materiellrechtliche Voraussetzung verfahrensmäßiger Art ist, kann deren Einhaltung allein ein Gericht der Tatsacheninstanz, nicht aber das Rechtsbeschwerdegericht feststellen (BAG 28. 4. 64, AP Nr. 3 zu § 4 BetrVG). Eine Verlängerung der Frist ist nicht möglich, ebensowenig mangels einer dahingehenden Vorschrift eine Wiedereinsetzung in den vorigen Stand (h. M.). Ist innerhalb der Frist ein betriebsverfassungsrechtlich erheblicher Anfechtungsgrund nicht vorgetragen, so kann ein solcher nicht nachgeschoben werden. Das liefe auf eine Verlängerung der Anfechtungsfrist hinaus (BAG 24. 5. 65, AP Nr. 14 zu § 18 BetrVG; *DR,* Rn 44; *GL,* Rn 20; *GK-Kreutz,* Rn 94; *Müller,* a. a. O. S. 378). Hat allerdings ein Anfechtungsberechtigter die Wahl frist- und ordnungsgmäß angefochten, so muß das Gericht weiteren Anfechtungsgründen, die im Laufe des Verfahrens sichtbar werden, von Amts wegen nachgehen (BAG 3. 6. 69, AP Nr. 17 zu § 18 BetrVG; *DR,* Rn 48; *GL,* Rn 22; *GK-Kreutz,* Rn 106; *HSG,* Rn 33; *Müller,* a. a. O. S. 379; **a. A.** *GKSB,* Rn 18). Nach Ablauf der Anfechtungsfrist kann weder eine im Betrieb vertretene Gewerkschaft noch ein anderer Anfechtungsberechtigter dem Verfahren als Antragsteller beitreten und

nach Ausscheiden eines der drei antragstellenden ArbN das Beschlußverfahren fortsetzen (BAG 10. 6. 83, AP Nr. 10 zu § 19 BetrVG 1972; BAG 12. 2. 85, AP Nr. 27 zu § 76 BetrVG 1952). Wegen nachträglicher Feststellung der Nichtwählbarkeit eines BRMitgl. auch nach Ablauf der Anfechtungsfrist vgl. § 24 Rn 26ff.

Wird die Bekanntgabe des Wahlergebnisses **unterlassen** oder **verzögert** oder erfolgt sie **nicht ordnungsgemäß** (vgl. § 19 WO), so kann die Frist nicht zu laufen beginnen. Die Wahl ist u. U. dann noch während der ganzen Wahlperiode anfechtbar (*GK-Kreutz,* Rn 82; *HSG,* Rn 32; *Müller,* a. a. O. S. 375). Jedoch kann die Anfechtung bereits vor der verspäteten Bekanntgabe des Wahlergebnisses erfolgen (LAG München, BB 52, 319; *DR,* Rn 35; *GL,* Rn 21; nur einschränkend *GK-Kreutz,* Rn 83). **25**

Wird der Aushang des Wahlergebnisses vorzeitig vor Ablauf von zwei Wochen abgenommen, wird die Anfechtungsfrist **unterbrochen,** da den Anfechtungsberechtigten die Möglichkeit der Einsichtnahme beschränkt wird und damit die Bekanntgabe nicht ordnungsgemäß erfolgt (vgl. § 19 WO). **25a**

4. Verfahren

Die Anfechtung erfolgt ausschließlich durch **Anrufung des ArbG,** sei es durch Einreichung eines die Anfechtung erklärenden Schriftsatzes, sei es durch Erklärung zur Niederschrift der Geschäftsstelle des ArbG (§ 81 Abs. 1 ArbGG). Eine Nachprüfung der Rechtswirksamkeit der Wahl kann von Amts wegen nicht eingeleitet werden. (*GL,* Rn 24; *HSG,* Rn 29). Der Antrag kann die Feststellung der Ungültigkeit der Wahl zu Ziele haben. Er kann jedoch auch eine Korrektur des Wahlergebnisses anstreben (*DR,* Rn 42; *GK-Kreutz,* Rn 88). Der Wahlanfechtung muß eine Begründung beigefügt sein, damit das ArbG Anhaltspunkte dafür hat, worauf die Anfechtung gestützt wird. **Zuständig** ist das ArbG, in dessen Bezirk der Betrieb seinen Sitz hat. **26**

Anfechtungsgegner ist bei Anfechtung der Gesamtwahl der **BR** (*DR,* Rn 39; *GL,* Rn 25). Ist nach Ansicht eines Anfechtungsberechtigten die in einem Haupt- und einem Nebenbetrieb durchgeführte Wahl von zwei Betriebsräten deshalb unwirksam, weil für beide nur ein gemeinsamer BR hätte gewählt werden dürfen, muß die Wahl beider BR angefochten werden. Denn andernfalls wird nach Ablauf der Anfechtungsfrist die nicht angefochtene BRWahl unanfechtbar mit der Folge, daß die Anfechtung der Wahl des anderen BR ohne Erfolg bleiben muß, da das erstrebte Ziel der Wahl nur eines BR für Haupt- und Nebenbetrieb nicht erreichbar ist (BAG 7. 12. 88, AP Nr. 15 zu § 19 BetrVG 1972; *GKSB,* Rn 14; vgl. ferner oben § 18 Rn 30). **27**

Ist bei Gruppenwahl nur die Wahl der Vertreter einer **Gruppe** angefochten worden, so sind diese Anfechtungsgegener (*DR,* Rn 40; *GL,* Rn 25; *GK-Kreutz,* Rn 90, 96; *HSG,* Rn 29). **28**

Ist die Wahl eines **einzelnen** oder mehrerer einzelner **BRMitgl.** angefochten (z. B. wegen mangelnder Wählbarkeit, § 8), was zulässig ist **29**

(BAG 28. 11. 77, AP Nr. 2 zu § 8 BetrVG 1972; *GL,* Rn 25, 36; *GK-Kreutz,* Rn 90, 96; **a. A.** *DR,* Rn 41), so sind nur diese Anfechtungsgegner (BAG 7. 7. 54, AP Nr. 1 zu § 24 BetrVG).

30 Der **Wahlvorst.** ist **nicht Anfechtungsgegner,** da sein Amt mit Abschluß der Durchführung der Wahl erloschen ist (BAG 26. 10. 62, AP Nr. 11 zu § 76 BetrVG). Nach Konstituierung des BR ist der Wahlvorst. auch dann nicht Beteiligter in einem Anfechtungsverfahren, wenn die Anfechtung mit Mängeln seiner Bestellung oder seines Verfahrens begründet wird (BAG 14. 1. 83, AP Nr. 9 zu § 19 BetrVG 1972). Die Mitgl. des Wahlvorst. werden jedoch in aller Regel vom Gericht als Auskunftspersonen herangezogen werden.

31 **Tritt** bei einer Anfechtung der Wahl des ganzen **BR** dieser in seiner **Gesamtheit zurück** (vgl. § 13 Rn 28ff.), so ist im Hinblick auf die weiter bestehende Geschäftsführungsbefugnis des zurückgetretenen BR (vgl. hierzu § 22 Rn 4ff.) das Verfahren gegen den zurückgetretenen BR fortzusetzen, bis ein neuer BR gewählt ist (LAG Düsseldorf, DB 87, 177; *GK-Kreutz,* Rn 108; **a. A.** *GL,* Rn 28; *HSG,* Rn 36; *Müller,* a. a. O. S. 380; die gegenteilige Ansicht der Vorauflage wird aufgegeben). Etwas anderes gilt, wenn nur die Wahl eines einzelnen Mitgl. des BR angefochten wird und dieses Mitgl. sein Amt niederlegt; denn die Amtsniederlegung führt zum sofortigen Verlust der Mitglschaft im BR, so daß für eine Weiterführung des Anfechtungsverfahrens das Rechtsschutzinteresse fehlt. Das gleiche gilt, wenn die Amtszeit des BR vor rechtskräftiger gerichtlicher Entscheidung endet (*GL,* Rn 28; *GK-Kreutz,* Rn 109; *HSG,* Rn 36; vgl. auch BAG 8. 12. 61 u. 29. 4. 69, AP Nr. 7 u. 9 zu § 23 BetrVG).

5. Neuwahl

32 Die Wahl des BR muß bei erfolgreicher Anfechtung wiederholt werden. Hierzu ist die Bestellung eines **neuen Wahlvorst.** erforderlich. Der BR, dessen Wahl erfolgreich angefochten worden ist, kann den Wahlvorst. nicht bestellen, da er infolge der Anfechtung nicht mehr existent ist und keine Rechtshandlungen mehr vornehmen kann. Das gilt allerdings erst nach Rechtskraft des Beschlusses. Vorher, etwa nach Verkündung des Beschlusses, jedoch vor Ablauf der Rechtsmittelfrist, kann der BR noch den Wahlvorst. bestellen (**a. A.** *DR,* Rn 64; *GK-Kreutz,* Rn 126; *HSG,* Rn 44; *Müller,* a. a. O. S. 369, nach denen vor Rechtskraft der Entscheidung keine Vorbereitungen für die Neuwahl getroffen werden dürfen. Dies ist jedoch nicht überzeugend. Wenn abzusehen ist, daß eine Anfechtung erfolgreich sein wird, ist nicht einzusehen, warum der BR nicht notwendige Vorentscheidungen für die Neuwahl soll treffen können. Dies gilt umso mehr, als der BR in diesem Falle auch zurücktreten könnte und dann als geschäftsführender BR gemäß § 22 verpflichtet wäre, den Wahlvorst. zu bestellen, vgl. hierzu § 22 Rn 8).

33 Da eine § 23 Abs. 2 entsprechende Regelung fehlt, erfolgt keine unmittelbare Bestellung des Wahlvorst. durch das ArbG. Vielmehr ist, wenn der BR nicht vor Rechtskraft den Wahlvorst. bestellt, dieser in einer **BetrVerslG.** zu wählen. Die BetrVerlg. kann den alten Wahlvorst. oder einzelne seiner Mitgl. wieder berufen. Der ArbGeb. ist nicht verpflichtet, von sich aus auf eine ordnungsgemäße Neuwahl hinzuwirken (BAG 12. 10. 61, AP Nr. 84 zu § 611 BGB Urlaubsrecht). Unterbleibt eine BetrVerslg. oder wählt diese keinen Wahlvorst., kann die Bestellung gem. § 16 Abs. 2, § 17 Abs. 3 durch das ArbG erfolgen. Vorabstimmungen über eine anderweitige Sitzverteilung auf die Gruppen gem. § 12 Abs. 1 oder über die Durchführung einer gemeinsamen Wahl nach § 14 Abs. 2 bleiben maßgebend, da es sich lediglich um die Wiederholung der angefochtenen und nicht um eine echte Neuwahl handelt (*DR,* Rn 63; *GL,* Rn 34; einschränkend *GK-Kreutz,* Rn 126, der einen zeitlichen Zusammenhang zur Neuwahl fordert). Dies gilt jedoch nicht, wenn die Anfechtung gerade auf Mängeln bei diesen Abstimmungen beruhte (*GKSB,* Rn 22) oder der Anfechtungsgrund sich auf diese Abstimmungen auswirken kann, z. B. bei fehlerhafter Zuordnung von Betriebsteilen oder Nebenbetrieben (*GK-Kreutz,* Rn 126).

Beschränkt sich bei **Gruppenwahl** die Anfechtung nur auf die Wahl 34 einer Gruppe (vgl. oben Rn 17), so erfolgt **nur insoweit eine Neuwahl des BR.** In der Zeit zwischen der Rechtskraft der gerichtlichen Entscheidung und der erneuten Wahl der Gruppenvertr. werden die Aufgaben des BR von den BRMitgl. der anderen Gruppe wahrgenommen (*DR,* Rn 57; *GL,* Rn 35; *GK-Kreutz,* Rn 128; *GKSB,* Rn 13; *Stege/Weinspach,* Rn 12; **a. A.** *HSG,* Rn 45; *Müller,* Festschrift für Schnorr von Carolsfeld, S. 371), wobei in Höhe der Anzahl der Gruppenvertr., deren Wahl angefochten worden ist, ErsMitgl. der anderen Gruppe nachrücken. Der Gesichtspunkt, daß überhaupt eine Interessenvertr. der ArbN besteht, ist höher zu bewerten als der Umstand, daß der BR vorübergehend nicht in vollem Umfang ordnungsgemäß besetzt ist. Im übrigen liegt hier eine der Wahlmüdigkeit einer Gruppe in etwa vergleichbare Situation vor (vgl. hierzu § 10 Rn 3 und § 14 Rn 16). Die infolge der Anfechtung erforderliche Neuwahl der Gruppenvertr. erfolgt nur für den Rest der Amtszeit des BR, deren Ende sich nach der ursprünglichen Wahl bestimmt. Da nur ein Teil des BR neu gewählt wird, bleiben bei dieser Neuwahl die die BRWahl betreffenden Grundentscheidungen maßgebend, z. B. die Größe des BR und die Verteilung seiner Sitze auf die Gruppen, auch wenn sich die maßgebenden ArbNZahlen geändert haben. Das für einen wirksamen Wahlvorschlag maßgebende Unterschriftenquorum bestimmt sich allerdings nach den Verhältnissen bei Erlaß des Wahlausschreibens zur Neuwahl; das folgt aus dem mit dem Unterschriftenquorum verfolgten Zweck einer ausreichenden Unterstützung des Wahlvorschlags für die anstehende Wahl (insoweit **a. A.** *GK-Kreutz,* Rn 129).

Ist die **Wahl eines BRMitgl.** angefochten und erklärt das ArbG in 35 seiner Entscheidung die Anfechtung der Wahl für begründet, so ist das BRMitgl. nicht wirksam gewählt und deshalb kein Mitglied des BR mehr. An seiner Stelle tritt das nach § 25 in Frage kommende ErsMitgl. in den BR ein (*GL,* Rn 36; *GK-Kreutz,* Rn 130; *HSG,* Rn 47; einschränkend *DR,* Rn 61: nur bei Verhältniswahl). Auch diese Entscheidung wirkt erst mit Rechtskraft, so daß das BRMitgl. während des gerichtlichen Verfahrens im Amt bleibt und nicht von einem ErsMitgl. vertreten wird (*DR,* Rn 61; *GK-Kreutz,* Rn 130; **a. A.** *GL,* Rn 36; *HSG,* Rn 47). Wegen Heilung des Mangels der Wählbarkeit durch Zeitablauf vgl. § 8 Rn 6 und 20. Wegen Geltendmachung des Mangels der Wählbarkeit nach Ablauf der Anfechtungsfrist vgl. § 24, Rn 26ff.

6. Keine Rückwirkung der erfolgreichen Anfechtung

36 Mit der rechtskräftigen Entscheidung steht die Ungültigkeit der BRWahl fest. Die erfolgreiche Anfechtung der Wahl hat (im Gegensatz zu deren Nichtigkeit) **keine rückwirkende Kraft,** sondern wirkt nur für die Zukunft (*DR,* Rn 53; *GL,* Rn 31; *GK-Kreutz,* Rn 116; *HSG,* Rn 41; *Müller,* a. a. O. S. 369). Nach den Bestimmungen des BGB (§ 142) sind zwar Willenserklärungen, die erfolgreich angefochten worden sind, als von Anfang an unwirksam anzusehen. Dieser Grundsatz kann aber nicht auf das ganz andere Gebiet der Anfechtung von Wahlen im Bereich der Betriebsverfassung übertragen werden (h. M.).

37 Betriebsverfassungsrechtliche Handlungen des BR sowie mit ihm abgeschlossene BV, die bis zum rechtskräftigen Abschluß des Anfechtungsverfahrens ergangen sind, bleiben daher **gültig** (h. M.). Den BRMitgl. wird bis dahin auch nicht der besondere Kündigungsschutz des § 15 KSchG und des § 103 BetrVG genommen; dieser entfällt jedoch mit Rechtskraft des der Anfechtung stattgebenden Beschlusses.

37a Andererseits ergibt sich aus § 22 in Verbindung mit § 13 Abs. 2 Nr. 4, daß der BR, dessen Wahl erfolgreich angefochten ist, nicht mehr die Geschäfte bis zur Neuwahl führt (h. M.; vgl. auch oben Rn 32).

IV. Streitigkeiten

38 Die Entscheidung über die Wahlanfechtung erfolgt im **arbeitsgerichtlichen Beschlußverfahren** (§§ 2a, 80ff. ArbGG). Dieses ist auch hier Offizialverfahren. Das nachprüfende ArbG ist deshalb nicht an eine vom Antragsteller vorgenommene Einschränkung der Anfechtungsgründe gebunden. Es hat vielmehr **sämtliche Anfechtungsgründe,** auf die es im Laufe des Verfahrens stößt, von Amts wegen zu berücksichtigen, gleichgültig ob sich die Beteiligten darauf berufen oder nicht (BAG 3. 6. 69, AP Nr. 17 zu § 18 BetrVG; BAG 4. 12. 86, AP Nr. 13 zu § 19 BetrVG 1972; *GL,* Rn 22, 27; *GK-Kreutz,* Rn 106; *Müller,* a. a. O. S. 379). Allerdings besteht **keine Ausforschungspflicht** des Gerichts. Ein Anfechtungsgrund kann auch später nicht wirksam fallen gelassen werden (BAG 3. 10. 58, AP Nr. 3 zu § 18 BetrVG; BAG vom 28. 4. 1964, AP Nr. 4 zu § 4 BetrVG). Greift ein Anfechtungsgrund durch, so braucht das Rechtsbeschwerdegericht, das selbst keine tatsächlichen Feststellungen treffen kann, das Verfahren nicht zwecks Aufklärung und Feststellung weiterer Wahlanfechtungsgründe an das Beschwerdegericht zurückzuverweisen (vgl. BAG 29. 3. 74, AP Nr. 2 zu § 19 BetrVG 1972).

Im Anfechtungsverfahren sind die im Betrieb vertretenen Gewerkschaften, wenn sie von ihrem Anfechtungsrecht keinen Gebrauch machen, nicht von Amts wegen zu beteiligen (BAG 19. 9. 85, AP Nr. 12 zu § 19 BetrVG 1972 unter Aufgabe seiner bisherigen Rechtsprechung, vgl. zuletzt noch BAG 10. 6. 83, AP Nr. 10 zu § 19 BetrVG 1972; *GK-Kreutz,* Rn 98). Dagegen ist der ArbGeb. stets beteiligungs- und rechtsmittelbefugt, da im Anfechtungsverfahren darüber entschieden wird, ob das zwischen ihm und dem gewählten BR bestehende betriebsverfassungsrechtliche Rechtsverhältnis aufgelöst wird oder nicht (BAG 4. 12. 86, AP Nr. 13 zu § 19 BetrVG 1972). Zur Frage der Beteiligung des Wahlvorst. vgl. Rn 30.

Zur Möglichkeit gerichtlicher Entscheidungen über Streitfragen im Laufe des Wahlverfahrens vgl. § 18 Rn 20ff.

§ 20 Wahlschutz und Wahlkosten

(1) **Niemand darf die Wahl des Betriebsrats behindern. Insbesondere darf kein Arbeitnehmer in der Ausübung des aktiven und passiven Wahlrechts beschränkt werden.**

(2) **Niemand darf die Wahl des Betriebsrats durch Zufügung oder Androhung von Nachteilen oder durch Gewährung oder Versprechen von Vorteilen beeinflussen.**

(3) **Die Kosten der Wahl trägt der Arbeitgeber. Versäumnis von Arbeitszeit, die zur Ausübung des Wahlrechts, zur Betätigung im Wahlvorstand oder zur Tätigkeit als Vermittler (§ 18a) erforderlich ist, berechtigt den Arbeitgeber nicht zur Minderung des Arbeitsentgelts.**

Inhaltsübersicht

I. Vorbemerkung

Die Vorschrift sichert die **ungehinderte Durchführung der Wahl** und 1
schützt den einzelnen ArbN in der Ausübung des aktiven und passiven Wahlrechts (Abs. 1 und 3). Darüber hinaus verbietet sie jede Wahlbeeinflussung durch Begünstigung oder Benachteiligung (Abs. 2). Diese Regelungen werden ergänzt durch den besonderen Kündigungsschutz der Mitgl. des Wahlvorst. und der Wahlbewerber nach § 103 BetrVG und § 15 Abs. 3 bis 5 KSchG (vgl. § 103 Rn 3ff.) sowie die Strafvorschrift des § 119 Abs. 1 Nr. 1.

Durch das Änderungsgesetz 1989 ist Abs. 3 S. 2 dahingehend ergänzt 1a worden, daß auch die Tätigkeit als Vermittler im Zuordnungsverfahren nach § 18a zu keiner Minderung des Arbeitsentgelts führt.

2 Die Vorschrift gilt auch für die Wahl der JugAzubiVertr. (vgl. § 63 Abs. 2 Satz 2), der Bordvertr. und des SeeBR (vgl. § 115 Abs. 2, § 116 Abs. 2). Sie gilt nicht für die Bestellung der Mitgl. des GesBR, des KBR, der GesJugAzubiVertr. und des WiAusschusses. Die Bestellung der Mitgl. dieser Institutionen ist durch § 78 geschützt, da es sich insoweit um Beschlußfassung der BR bzw. GesBR und JugAzubiVertr. handelt. Die Kostentragungspflicht des ArbGeb. ergibt sich in diesen Fällen aus § 40 (*GK-Kreutz,* Rn 4; *HSG,* Rn 2; **a. A.** *GL,* Rn 2).

3 Die Vorschrift ist **zwingendes Recht,** auf das kein Beteiligter rechtswirksam verzichten kann (*GK-Kreutz,* Rn 5).

3a Entsprechende Vorschriften: § 24 BPersVG 74 und § 8 Abs. 2 und 3 SprAuG.

II. Schutz der Wahl

4 Durch Abs. 1 und 2 sollen die ungehinderte Durchführung der Wahl und die freie Ausübung des aktiven und passiven Wahlrechts geschützt werden. Das Verbot der Wahlbehinderung und Wahlbeeinflussung richtet sich **gegen jedermann,** also nicht nur gegen den ArbGeb. oder die ArbN des Betriebs, sondern auch gegen Außenstehende. Die Vorschrift bezweckt, die BRWahl nach allen Seiten hin zu schützen und zu sichern.

Die Abwehr unzulässiger Wahlbeeinträchtigung kann im arbeitsgerichtlichen Beschlußverfahren, insbesondere durch Erwirkung einer einstweiligen Verfügung des ArbG, schon während des Wahlverfahrens erreicht werden (vgl. §§ 2a, 85 Abs. 2 ArbGG); solche einstweiligen Verfügungen sind nicht darauf beschränkt, die weitere Durchführung ordnungswidriger Wahlen zu untersagen (vgl. den Fall LAG Schleswig-Holstein, AP Nr. 4 zu § 24 BetrVG), sondern können auch berichtigend in den Wahlablauf eingreifen (*Weihrauch,* ArbuR 65, 13; *Hanau,* DB 86, Beil. 4, S. 8ff.; *DR,* Rn 3, 25; vgl. auch § 18 Rn 20ff.).

1. Verbot der Behinderung der Wahl

5 Der Schutz des § 20 Abs. 1 und 2 bezieht sich auf die **Wahl des BR.** Wahl bedeutet hier nicht nur die eigentliche Ausübung des aktiven oder passiven Wahlrechts. Dieser Begriff ist vielmehr im weitesten Sinne zu verstehen und umfaßt **alle mit der Wahl zusammenhängenden** oder **ihr dienenden Handlungen,** Betätigungen und Geschäfte (*DR,* Rn 4; *GL,* Rn 3; *GK-Kreutz,* Rn 8; *GKSB,* Rn 1; *HSG,* Rn 7; *Vogt,* BB 87, 189), so z. B. die Betätigung im Wahlvorst. oder als Wahlhelfer, die Einberufung und Durchführung der BetrVerslg. zum Zwecke der Bestellung des Wahlvorstands (§ 17 Abs. 1; vgl. BayObLG, BB 80, 1638), das Betreiben des arbeitsgerichtlichen Verfahrens zur Bestellung oder Ersetzung des Wahlvorst. (§§ 16 Abs. 2, 17 Abs. 3, 18 Abs. 1 Satz 2) oder zur Feststellung, ob Nebenbetriebe oder Betriebsteile selbständig sind oder

zum Hauptbetrieb gehören (§ 18 Abs. 2), die Tätigkeit als Vermittler gem. § 18a, ferner die Aufstellung von Wahlvorschlägen, die Durchführung und Teilnahme an Vorabstimmungen nach § 12 Abs. 1 oder § 14 Abs. 2. Auch Maßnahmen, die nach der eigentlichen Wahlhandlung liegen, jedoch mit der Wahl in unmittelbarem Zusammenhang stehen, zählen hierzu, wie z. B. die Stimmauszählung, Bekanntgabe des Wahlergebnisses oder die Anfechtung der Wahl. Hierunter fällt ferner die Tätigkeit der im Betrieb vertretenen Gewerkschaften, soweit sie im Zusammenhang mit der BRWahl tätig werden können (vgl. z. B. § 14 Abs. 8, § 16 Abs. 2, § 17 Abs. 2, § 18 Abs. 1 und 2).

Zur Wahl gehört auch die **Wahlwerbung,** und zwar sowohl durch die ArbN als auch durch die im Betrieb vertretenen Gewerkschaften (*DR,* Rn 5; *GK-Kreutz,* Rn 9; *HSG,* Rn 10; *Schneider,* Rn 19ff.). Das Recht der im Betrieb vertretenen Gewerkschaften zur Wahlwerbung bei BRWahlen gehört zum Kernbereich der in Art. 9 Abs. 3 GG enthaltenen gewerkschaftlichen Betätigungsgarantie (vgl. BVerfG 30. 11. 65, AP Nr. 7 zu Art. 9 GG; BAG 14. 2. 67, AP Nr. 10 zu Art. 9 GG). Eine Behinderung der Wahlwerbung ist deshalb verboten, vorausgesetzt diese verstößt nicht gegen gesetzliche Vorschriften oder arbeitsvertragliche Pflichten. Zur Frage, daß selbst wahrheitswidrige Wahlpropaganda keine Wahlbehinderung ist, vgl. Rn 8; zum Verhältnis von Wahlwerbung zum Verbot unzulässiger Wahlbeeinflussung vgl. Rn 18f.. Als zulässig anzusehen ist z. B. das Verteilen von Handzetteln zugunsten einzelner Listen oder Kandidaten; das gilt jedenfalls dann, wenn die Verteilung während der Arbeitspausen oder vor und nach der Arbeit im Betrieb erfolgt. Ob eine Verteilung auch während der Arbeitszeit zulässig ist (verneinend *GK-Kreutz,* Rn 19; *HSG,* Rn 9), dürfte davon abhängig sein, ob hierdurch der betriebliche Arbeitsablauf gestört wird. Da die Wahlwerbung wesentlicher Bestandteil der Wahl ist, ist der Arbeitgeber nach Abs. 3 als verpflichtet anzusehen, im betriebsüblichen Rahmen auch Flächen zum **Aushang von Wahlplakaten** zur Verfügung zu stellen (vgl. *GK-Kreutz,* Rn 19). Der ArbGeb. darf hierbei die an der Wahl sich beteiligenden Gruppen nicht unterschiedlich behandeln. Seinerseits muß er sich einer Wahlwerbung zugunsten bestimmter Kandidaten oder Listen enthalten, da die Wahl des BR allein Sache der ArbN des Betriebs ist (*DR,* Rn 18; *HSG,* Rn 8). Eine unzulässige Wahlwerbung des ArbGeb. zugunsten einer bestimmten Gruppe liegt auch vor, wenn der ArbGeb. die Wahlwerbung dieser Gruppe finanziell unterstützt (BAG 4. 12. 86, AP Nr. 13 zu § 19 BetrVG 1972). Ein wildes Plakatieren im Betrieb braucht der ArbGeb. nicht zu dulden. 6

Abs. 1 Satz 1 **verbietet jede Behinderung der Wahl,** gleichgültig in welcher Weise sie geschieht. Eine Behinderung der Wahl im Sinne von Abs. 1 Satz 1 liegt vor, wenn ein Wähler, Wahlkandidat oder sonstiger an der Wahl Beteiligter, insbesondere auch der Wahlvorst. oder der Vermittler nach § 18a Abs. 2, in der Ausübung seiner Rechte, Befugnisse oder Aufgaben beeinträchtigt oder beschränkt wird. Es dürfen also keinerlei Maßnahmen oder Handlungen erfolgen, durch die der ungestörte Ablauf der Wahl beeinträchtigt wird. 7

Beispiele für Behinderungen:

Nichtzurverfügungstellen von Wahlräumen oder notwendigen Wahlunterlagen wie Wahlzettel, Wahlumschläge, Wahlurnen; Vorenthaltung der für die Aufstellung von Wählerlisten notwendigen Angaben und Unterlagen (vgl. AmtsG Detmold, BB 79, 783); Verbot der Benutzung des Fernsprechers für notwendige Gespräche in Wahlangelegenheiten; Verweigerung der erforderlichen Arbeitsbefreiung für die Mitgl. des Wahlvorst. oder des Vermittlers nach § 18a zur Erledigung ihrer Aufgaben; Zurückweisung eines Wahlvorschlags ohne gesetzlichen Grund; Vernichtung von Wahlvorschlägen; Hinderung am Betreten des Wahllokals; Fälschung oder Unterschlagung von Wahlzetteln.

8 **Keine Behinderung** der Wahl stellt die **Propaganda** für oder gegen einen Kandidaten oder eine sich an der Wahl beteiligende Liste dar. Das gilt selbst dann, wenn die Propaganda wahrheitswidrig ist (insofern einschränkend *Weiss,* Rn 5). Hierdurch würde der Begriff der Behinderung, der zugleich nach § 119 Abs. 1 Nr. 1 Straftatbestand ist, in einem übertragenen und nicht vom Sprachgebrauch gedeckten Sinne verstanden. Die Behinderung kann sich nur auf die Einschränkung der Handlungsfreiheit, nicht auf die freie innere Willensbildung beziehen (*DR,* Rn 7, 12; *GL,* Rn 8; *GK-Kreutz,* Rn 11; *HSG,* Rn 20). Auch die Straftatbestände bei politischen Wahlen (§§ 107ff. StGB) erfassen die Propagandalüge nicht. Dort sind vielmehr verboten die Täuschung bei Stimmabgabe, die Wahlbestechung, die Wahlnötigung, die Verletzung des Wahlgeheimnisses, die gewaltsame Wahlbehinderung oder -störung, die Wahlfälschung und gewisse Handlungen bei der Erstellung der Wahlunterlagen. Da der Straftatbestand des § 119 Abs. 1 Nr. 1 wohl schwerlich schärfer zu verstehen ist als die entsprechenden Vorschriften bei den allgemeinen politischen Wahlen, ergibt sich schon hieraus, daß Lügen keine Wahlbehinderung sind, wenn sie nicht mit Zwang oder Drohung gekoppelt sind. Demnach ist die wahrheitswidrige Propaganda auch kein zur Anfechtung berechtigter Verstoß gegen das Wahlverfahren, zumal die Lüge als solche zwar ethisch verwerflich ist, rechtswidrig aber nur, wenn noch weitere, insbesondere vermögensschädigende Wirkungen hinzutreten (OVG Lüneburg, VRspr. Bd. 11, 71; VGH Württemberg-Baden ESVGH Bd. 8 S. 73; enger *Weiss,* Rn 5). Der betroffene Wahlbewerber kann sich, wenn die diffamierende wahrheitswidrige Propaganda den strafrechtlichen Tatbestand der Beleidigung oder den zivilrechtlichen der unerlaubten Handlung (§§ 823, 826 BGB) erfüllt, schon vor der Wahl zur Wehr setzen und Gerichtsschutz in Anspruch nehmen, – allerdings nicht unter dem Gesichtspunkt der Wahlbehinderung. In diesen Fällen, insbesondere für den Erlaß einstweiliger Verfügungen, ist das ordentliche Gericht (AmtsG) zuständig, da es sich nicht um einen betriebsverfassungsrechtlichen Tatbestand handelt (*GL,* Rn 9; *HSG,* Rn 21; **a. A.** aus dem Gesichtspunkt der Wahlbeeinflussung ArbG Wesel, BB 57, 366; *DR,* Rn 14; *GK-Kreutz,* Rn 33). Zur Wahlpropaganda im Hinblick auf das Verbot einer unzulässigen Wahlbeeinflussung vgl. unten Rn 18f..

2. Schutz des Wahlrechts des einzelnen Arbeitnehmers

Niemand darf einen ArbN in der Ausübung seines aktiven oder passiven Wahlrechts beschränken. Der Begriff des **Wahlrechts** ist ebenso wie der Begriff Wahl im weitesten Sinne zu verstehen. Er erstreckt sich auf alle in Rn 5ff. bezeichneten Betätigungen, also nicht nur auf die Betätigung als Wähler oder als Wahlkandidat, sondern auch als Mitgl. des Wahlvorst., als Wahlhelfer, als Vermittler gem. § 18a usw. Hierunter fallen auch die Aufstellung und Unterzeichnung von Wahlvorschlägen. 9

Abs. 1 Satz 2 hebt den Fall einer unmittelbaren **Wahlbehinderung des einzelnen ArbN** besonders hervor. Verboten ist danach jede Maßnahme, die darauf gerichtet ist, einen Berechtigten in der Ausübung von Wahlbefugnissen im weitesten Sinne zu beschränken. Im Gegensatz hierzu steht das Verbot der Beeinflussung der Wahl nach Abs. 2, das nicht die äußere Freiheit der ungestörten Ausübung der Wahlbefugnisse, sondern die innere Freiheit der Beteiligten hinsichtlich ihrer Wahlbefugnisse schützt (*GK-Kreutz,* Rn 24; *DR,* Rn 13; *HSG,* Rn 22; *Vogt,* BB 87, 190). 10

Eine **unzulässige Beschränkung** liegt vor allem dann vor, wenn es dem einzelnen ArbN unmöglich gemacht wird, sich an der Wahl zu beteiligen, etwa durch eine Anweisung des ArbGeb., gerade am Wahltag eine nicht unbedingt erforderliche Geschäftsreise zu unternehmen, oder dadurch, daß ein ArbN nicht in die Wählerliste aufgenommen wird. Ferner ist unzulässig die Nichtgewährung notwendiger Arbeitsbefreiung für die Stimmabgabe oder für die Tätigkeit der Mitgl. des Wahlvorst., des Vermittlers nach § 18a oder der Wahlhelfer. Auch das Verbot der Teilnahme an Vorabstimmungen oder der BetrVerslg. zur Bestellung des Wahlvorst. ist eine unzulässige Beschränkung. 11

Verboten ist vor allem, den ArbN dadurch in der Ausübung von Wahlbefugnissen zu behindern, daß der ArbGeb. ihn aus dem Betrieb entfernt, indem er ihm kündigt oder in einen anderen Betrieb versetzt. Wird eine **Kündigung** mit dem Ziel ausgesprochen, den ArbN an der Ausübung seines Wahlrechts (im weitesten Sinne) zu hindern, so verstößt diese Kündigung gegen das gesetzliche Verbot des Abs. 1 Satz 1 und ist deshalb gemäß § 134 BGB nichtig (ArbG München, DB 87, 2662; *DR,* Rn 9; *GL,* Rn 4; *HSG,* Rn 14; *Weiss,* Rn 2; ebenso, wenn auch mit anderer Begründung, *GK-Kreutz,* Rn 18). Zur Beweislast in diesen Fällen vgl. unten Rn 25. Das Behinderungsverbot deckt jedoch nicht ein gesetz- oder sonst rechtswidriges Verhalten eines ArbN im Rahmen der BRWahl. Keine unzulässige Wahlbehinderung ist es deshalb, wenn einem Wahlkandidaten, der bei der Werbung für seine Wahl die Ehre anderer schwerwiegend verletzt und dabei mit parteipolitischer und verfassungsfeindlicher Zielsetzung agiert, außerordentlich gekündigt wird (BAG 13. 10. 77, AP Nr. 1 zu § 1 KSchG 1969 Verhaltensbedingte Kündigung; BAG 15. 12. 77, AP Nr. 69 zu § 626 BGB; *GK-Kreutz,* Rn 34). Für die Mitgl. des Wahlvorst. – auch die nicht stimmberechtigten Mitgl. gem. § 16 Abs. 1 S. 6 – und die Wahlkandidaten dürfte der sich aus dem Wahlbehinderungsverbot ergebende Kündigungsschutz allerdings nicht 12 von allzu großer praktischer Bedeutung sein, da sie kraft ausdrücklicher gesetzlicher Regelung sowohl gegen ordentliche Kündigungen als auch gegen außerordentliche Kündigungen in gleicher Weise wie BRMitgl. geschützt sind (Näheres vgl. § 103 Rn 3ff.). Allerdings greift dieser Kündigungsschutz erst mit der Bestellung zum Wahlvorst. bzw. mit der Aufstellung des Wahlvorschlags ein (vgl. hierzu § 103 Rn 8). Abs. 1 Satz 2 bleibt daher für die Mitgl. des Wahlvorst. und für Wahlbewerber insofern von Bedeutung, als er gegen Kündigungen schützt, die vor der Bestellung zum Wahlvorst. bzw. vor der Aufstellung des Wahlvorschlags erfolgen. Eine unzulässige Beschränkung kann auch darin liegen, daß der ArbGeb. einem gekündigten Wahlbewerber, der die Rechtswirksamkeit der Kündigung gerichtlich angreift, das Betreten des Betriebs verbietet und damit den Kontakt mit den Wählern unterbindet. Unter Berücksichtigung der betrieblichen Notwendigkeiten ist einem gekündigten Wahlbewerber Zugang zum Betrieb – etwa in den Pausen – zu gestatten (vgl. ArbG Münster, DB 75, 1468; LAG Hamm, DB 80, 1223; **a. A.** *GL,* Rn 5; *GK-Kreutz,* Rn 15; *HSG,* Rn 14).

13 Unzulässig ist ferner, daß der ArbGeb. einem ArbN hinsichtlich der Ausübung von Wahlbefugnissen **Anweisungen** (auch wenn diese in Form von Hinweisen oder Empfehlungen gekleidet sind) gibt. Dies ist schon deswegen verboten, weil die ganze Wahlbetätigung der ArbN der Weisungsbefugnis des ArbGeb. entzogen ist (*DR,* Rn 18; *GK-Kreutz,* Rn 17).

Die rechtsirrige Mitteilung des ArbGeb. an wahlberechtigte ArbN, sie seien leitende Ang. und deshalb nicht wahlberechtigt, stellt eine unzulässige Wahlbehinderung dar, wenn die Mitteilung nicht eindeutig als eine unverbindliche Meinungsäußerung, sondern als Wunsch oder gar als Weisung für ein bestimmtes Verhalten zu verstehen ist (LAG Hamm, DB 72, 1297; LAG Baden-Württemberg, DB 72, 1392; *DR,* Rn 11; *GL,* Rn 11; *GK-Kreutz,* Rn 17; *HSG,* Rn 18; *Weiss,* Rn 3; *Buchner* DB 72, 825; weitergehend *Schneider,* Rn 7; *GKSB,* Rn 10).

14 Eine Beschränkung in der Ausübung von Wahlbefugnissen aller Art liegt nicht nur vor, wenn der ArbN durch bestimmte Maßnahmen von der Ausübung von Wahlbefugnissen abgehalten wird, der Verbotstatbestand ist vielmehr auch gegeben, wenn der ArbN seine Befugnisse ausgeübt hat und ihm deshalb Nachteile zugefügt werden (**Maßregelung**). Solche Maßnahmen, zu denen insbes. Kündigung, Versetzung an einen schlechteren Arbeitsplatz usw. gehören, können zwar, abgesehen von dem Fall, daß sie vorher angekündigt waren und daher als Wahlbeeinflussung unter Abs. 2 fallen, nicht zu einer Wahlanfechtung führen, weil ja der Berechtigte von seinen Wahlbefugnissen ordnungsgemäß Gebrauch gemacht hat; wohl aber sind diese Maßnahmen **nichtig** und können **Schadensersatzansprüche** des ArbN auslösen (*DR,* Rn 19; *GK-Kreutz,* Rn 27, 44; *HSG,* Rn 29; *Weiss,* Rn 4). Das gilt sinngemäß für den gleichzubehandelnden Fall, daß ein ArbN das Wahlrecht nicht ausgeübt hat und er deshalb gemaßregelt wird; denn das Wahlrecht umfaßt auch das Recht, nicht zu wählen.

3. Verbot unzulässiger Wahlbeeinflussung

Verboten ist jede Begünstigung oder Benachteiligung, die darauf zielt, auf den Wahlbeteiligten im weitesten Sinne (Wähler, Wahlkandidat, Wahlvorst., Vermittler nach § 18a, Unterzeichner von Vorschlagslisten usw.) dahin einzuwirken, daß er seine (Wahl-)Befugnisse nicht nach seiner **eigener Willensentscheidung,** sondern in dem von dritter Seite (z. B. vom ArbGeb.) gewünschten Sinne ausübt. 15

Verboten ist die Wahlbeeinflussung durch **Zufügung von Nachteilen** (z. B. Kündigung, Versetzung auf einen schlechteren Arbeitsplatz) oder durch **Androhung** von Nachteilen (z. B. Ankündigung einer solchen Maßnahme). 16

Auch die **Gewährung von Vorteilen** (z. B. Beförderung, Lohn- und Gehaltserhöhung, Versetzung auf einen bevorzugten Arbeitsplatz, aber auch Geschenke und Zuwendungen) oder das Versprechen solcher Vorteile zum Zweck der Wahlbeeinflussung sind verboten. Als Fall der unzulässigen Beeinflussung durch Versprechen von Vorteilen hat das BAG (Beschluß 8. 3. 57, AP Nr. 1 zu § 19 BetrVG) angesehen, daß der AngGruppe durch (aus anderen Gründen unzulässige – vgl. hierzu § 12 Rn 9) Verbindung einer Abstimmung nach § 12 Abs. 1 (über abweichende Sitzverteilung) mit der nach § 14 Abs. 2 (über Gemeinschaftswahl) für den Fall der Gemeinschaftswahl eine günstigere Sitzverteilung als die gesetzliche in Aussicht gestellt wurde. Die Entscheidung erscheint nicht unbedenklich (kritisch auch *Brecht,* Rn 9; *Weiss,* Rn 7; *Müller,* Festschrift für Schnorr von Carolsfeld S. 385). Wo soll hier der Vorteil für die AngGruppe liegen, wenn bei Gemeinschaftswahl mit den Stimmen der Arb. und Ang. irgendwelche Ang. in größerer Zahl in den BR gewählt werden, als die Zahl der gesetzlichen Gruppenvertreter betragen haben würde? Überdies erscheint der Begriff des „Vorteils" – selbst wenn ein solcher vorgelegen hätte – doch recht weit gefaßt. Zu einer Abstimmung und Wahl gehört es doch, daß der Wähler seine Stimme so abgibt, wie es ihm im Hinblick auf seine Interessen am vorteilhaftesten erscheint. Soll der ArbN etwa vor der Wahl nicht mehr auf solche allgemeine Vorteile hingewiesen werden können? Unter Vorteilen im Sinne des § 20 Abs. 2 sind doch wohl nur unsachliche, an den Egoismus des einzelnen appellierende Leistungen (bzw. Besserstellungen) zu verstehen (wie BAG jedoch *DR,* Rn 17; *GL,* Rn 16; *GK-Kreutz,* § 12 Rn 19; *HSG,* Rn 25). 17

Keine unzulässige Wahlbeeinflussung ist die **Werbung** und **Propaganda** für eine bestimmte Liste oder einen bestimmten Kandidaten bei der Wahl oder für einen bestimmten Vorschlag bei einer Abstimmung nach § 12 Abs. 1 oder § 14 Abs. 2, gleichgültig, ob diese Werbung durch im Betrieb vertretene Gewerkschaften oder von Gruppen von ArbN des Betriebes oder sonstige Personen erfolgt (zum Wahlaufruf eines mohammedanischen Vorbeters vgl. LAG Hamm, DB 76, 922). Allerdings ist dem ArbGeb. jegliche Wahlwerbung (nicht die Unterrichtung über gesetzliche Wahlvorschriften, vgl. LAG Hamm, DB 82, 1574) untersagt, da die Bildung und Zusammensetzung des BR ausschließlich eine 18

Angelegenheit der ArbN ist und er sich als Gegenspieler des BR jeglichen Einflusses auf dessen Zusammensetzung zu enthalten hat (*DR,* Rn 18; *GKSB,* Rn 4; *Vogt,* BB 87, 190). Auch eine finanzielle Unterstützung der Wahlpropaganda einer bestimmten Vorschlagsliste durch den ArbGeb ist unzulässig (BAG 4. 12. 86, AP Nr. 13 zu § 19 BetrVG 1972).

18a Das Recht der ArbN und der Gewerkschaften auf Werbung und Propaganda wird durch die **allgemeine Meinungsfreiheit** und für die Gewerkschaften zusätzlich durch **Art. 9 Abs. 3 GG** gedeckt (vgl. BVerfG, AP Nr. 7 zu Art. 9 GG; *DR,* Rn 15; *GL,* Rn 12; *GK-Kreutz,* Rn 31; *GKSB,* Rn 18; *HSG,* Rn 10; *Schneider,* Rn 19ff.). Überdies ist die Wahlwerbung, wie bei jeder Wahl, auch wesentlicher Bestandteil der BRWahl (vgl. BAG 2. 12. 60, AP Nr. 2 zu § 19 BetrVG; *Schaub,* DB 65, 1326). Bei den Gewerkschaften kommt hinzu, daß ihnen, wenn sie schon allgemein im Betrieb werben dürfen (vgl. § 74 Rn 15ff.), dies erst recht anläßlich von BRWahlen gestattet ist. Das gilt um so mehr, als ihnen nunmehr ein eigenes gewerkschaftliches Wahlvorschlagsrecht zusteht (vgl. § 14 Abs. 5 u. 8; Näheres vgl. § 14 Rn 57ff.). Denn die sozialpolitische Repräsentanz einer Gewerkschaft im Betrieb wird wesentlich am Abschneiden der von ihr unterstützten Liste bei BRWahlen gemessen. Zwar will Werbung und Propaganda auf die Willensentscheidung des Wählers in einem bestimmten Sinne Einfluß nehmen. Dies ist jedoch solange einem Wahlkampf als wesengemäß und damit als zulässig anzusehen, als eine Abwägung der Standpunkte möglich und die Entscheidungsfreiheit des Wählers gewahrt bleibt. Zudem ist zu beachten, daß Absatz 2 nicht jede Wahlbeeinflussung verbietet, sondern nur eine solche, die durch Zufügung oder Androhung von Nachteilen bzw. Gewährung oder Versprechung von Vorteilen bewirkt wird. Hieran fehlt es jedoch im allgemeinen bei der Werbung und Propaganda für die BRWahl jedenfalls gegenüber den ArbN als Wählern. Gegenüber anderen Wahlbewerbern kann eine diffamierende Wahlpropaganda dann eine unzulässige Wahlbeeinflussung darstellen, wenn sie hierdurch von einer Teilnahme an der Wahl abgehalten werden sollen. Jedoch ist auch hier zu berücksichtigen, daß im Rahmen eines Wahlkampfes eine gewisse überpointierte Darstellung der jeweiligen Standpunkte allgemein üblich und deshalb nicht als unzulässige Wahlbeeinflussung anzusehen ist. Deshalb ist nicht schon jede unsachliche Propaganda an einem Wahlaufruf als unzulässige Wahlbeeinflussung anzusehen (so jedoch OVG Hamburg für das PersVG, ArbuR 61, 350). Kritik, auch an konkurrierenden Gewerkschaften, gehört zum Wesen des Wahlkampfes und ist deshalb zulässig (vgl. BVerfG, AP Nr. 7 zu Art. 9 GG). Auch eine vergleichende Werbung, sofern keine falschen Hoffnungen erweckt werden, und angreifbare Werturteile sind zulässig (BGH, AP Nr. 1 zu § 1004 BGB und AP Nr. 6 zu § 54 BGB). Die Propaganda darf aber nicht in eine Hetze gegen eine andere Gewerkschaft ausarten (BAG 14. 2. 67, AP Nr. 10 zu Art. 9 GG; zur Frage der Zulässigkeit auch harter Auseinandersetzungen zwischen rivalisierenden Gewerkschaften und Berufsverbänden vgl. BGH, AP Nr. 6 zu Art. 5 Abs. 1 GG Meinungsfreiheit). Wenn auch im Rahmen eines Wahlkampfes nicht jedes Wort auf die Goldwaage gelegt werden darf, so darf andererseits jedoch auch nicht die Ehre anderer, insbesondere anderer Wahlbewerber, in schwerwiegender Weise verletzt werden (vgl. hierzu oben Rn 8).

19 Das Verbot der Wahlbeeinflussung richtet sich gegen **jedermann** und gilt deshalb auch für die **Gewerkschaften.** Es fragt sich deshalb, ob eine Gewerkschaft zulässigerweise ihren Mitgl. unter **Androhung des möglichen Ausschlusses** verbieten kann, auf anderen als der mit dem Kennwort der Gewerkschaften bezeichneten oder von ihr unterstützten Listen zu kandidieren oder solche Listen zu unterzeichnen. Diese Frage wird im allgemeinen bejaht, wenn auch im einzelnen unter unterschiedlichen Voraussetzungen (vgl. BGH, AP Nr. 5 zu § 19 BetrVG; BGH, AP Nr. 27 zu Art. 9 GG; BGH, NJW 88, 552; BAG 2. 12. 60, AP Nr. 2 zu § 19 BetrVG; *DR,* Rn 16; *GL,* Rn 13; *GK-Kreutz,* Rn 37; *HSG,* Rn 28; *Weiss,* Rn 8; eingehend *Popp,* ZfA 1977, 401 ff.; *Zöllner,* Rechtsgutachten, S. 20 ff. 30 ff., der § 20 Abs. 2 auf die innerverbandliche Einwirkung einer Gewerkschaft auf ihre Mitglieder für nicht anwendbar hält; *Säcker-Rancke,* ArbuR 81, 1 ff.; *Jülicher,* ZfA 80, 174 ff.; *Reuter,* ZGR 80, 101 ff.; *Dütz,* Festschrift Hilger-Stumpf, S. 99 ff; *Sachse,* ArbuR 85, 267; allgemein zur Rechtmäßigkeit einer Vereinsstrafe vgl. *Larenz,* Gedächtnisschrift für Dietz, S. 45 ff.).

20 Das Verbot der Wahlbeeinflussung bedeutet nicht, daß die aus der Verbandsautonomie sich ergebenden Pflichten völlig unbeachtlich wären. Daß dies nicht der Fall sein kann, ergibt sich schon daraus, daß andernfalls eine Gewerkschaft die Kandidatur eines ihrer Mitgl. selbst auf der Liste einer gegnerischen Gewerkschaft hinnehmen müßte. Das Verbot der Wahlbeeinflussung muß sachgerecht gegenüber den sich aus der Verbandsautonomie ergebenden Pflichten des einzelnen Mitgl. abgegrenzt werden. Hierbei sind folgende Aspekte zu berücksichtigen. Zum einen ist das Ergebnis der BRWahlen für die Gewerkschaften von außerordentlichem verbandspolitischem Interesse. Nachdem den Gewerkschaften durch das Änderungsgesetz 1989 sogar ein eigenes Wahlvorschlagsrecht für die BRWahlen zugestanden worden ist (vgl. § 14 Rn 57 ff.), wird noch mehr als bisher ihre sozialpolitische Repräsentanz sowohl im Betrieb als auch darüber hinaus wesentlich am Erfolg der von ihnen eingereichten oder unterstützten Listen bei den BRWahlen gemessen (vgl. auch *Zöllner,* a. a. O. S. 17 ff., der die gesetzliche Einbindung der Gewerkschaften in die Betriebsverfassung und das daraus folgende Recht der eigenständigen Einflußnahme auf die BRWahl betont). Zum anderen ist zu bedenken, daß die Mitgliedschaft in der Gewerkschaft freiwillig ist und Rechtspflichten sowie eine gewisse Unterwerfung unter die Vereinsmacht begründet, wobei diese Unterwerfung um so mehr respektiert werden muß, je wichtiger die konkrete Angelegenheit im Einzelfall für die Gewerkschaft ist. Die Notwendigkeit einer gewissen Unterwerfung unter die Vereinsmacht besteht umso mehr, als die Gewerkschaft ihre Mitglieder nicht frei auswählen kann, sondern in der Regel einem Aufnahmezwang unterliegt (vgl. BGH, NJW 84, 1216; *Sachse,* ArbuR 85, 267).

21 Die Frage, wann die Ausübung dieser Vereinsmacht zu einer rechts-

widrigen Wahlbeeinflussung i. S. des § 20, z. B. die Androhung des Ausschlusses zu einer rechtswidrigen Androhung von Nachteilen wird, ist zugleich eine Frage nach den Grenzen der Vereinsmacht im Hinblick auf die Vorschriften des BetrVG. Dieser Konflikt zwischen gesetzlichen Rechten und freiwillig übernommenen Pflichten aus der Mitgliedschaft dürfte nach den **Grundsätzen der Sozialadäquanz** zu lösen sein (zustimmend Herschel, ArbuR 84, 160). Es wird darauf abzustellen sein, inwieweit dem einzelnen ArbN wegen seiner Mitgliedschaft in einer Gewerkschaft zugemutet werden kann und muß, auf die Verfolgung anderer, ihm persönlich wichtiger Bestrebungen im Rahmen der BetrVerf. durch Aufstellen eigener Listen zu verzichten. In jedem Falle ist es einem ArbN zuzumuten, nicht auf der **Liste konkurrierender Gewerkschaften** zu kandidieren oder diese offen zu unterstützen. In diesem Falle ist die gewerkschaftliche Solidaritätspflicht stets verletzt und eine Maßregelung mit den satzungsmäßigen Mitteln der Gewerkschaft gerechtfertigt (vgl. BGH, AP Nr. 5 zu § 19 BetrVG; BGH, AP Nr. 27 zu Art. 9 GG; BAG 2. 12. 60, AP Nr. 2 zu § 19 BetrVG; *DR,* Rn 16; *GK-Kreutz,* Rn 38; *HSG,* Rn 28; *Weiss,* Rn 8). Das gleiche gilt für die Kandidatur auf oder die offene Unterstützung von Listen, die unter bewußter Opposition gegen den Bestand einer Gewerkschaft aufgestellt sind oder die die gewerkschaftliche Repräsentanz im Betrieb gefährden. Auch die Anwendung wahlbeeinflussender Täuschungsmittel zum Nachteil einer Gewerkschaft bei der Aufstellung einer Wählerliste – etwa die Behauptung, die Gewerkschaft billige oder unterstütze die Liste – kann einen Ausschluß rechtfertigen (vgl. BGH, ArbuR 84, 157). In all diesen Fällen kann es auch nicht auf die Gründe ankommen, die den ArbN zur Kandidatur oder offenen Unterstützung der gegnerischen Liste bewogen haben.

22 Darüber hinaus dürfte aber auch dann, wenn ein Gewerkschaftsmitgl. auf einer sog. **freien oder neutralen Liste** kandidiert, im allgemeinen die gewerkschaftliche Solidaritätspflicht verletzt und die Androhung eines Ausschlusses aus der Gewerkschaft nicht als rechtswidrige Nachteilsandrohung i. S. von § 20 Abs. 2 und deshalb als zulässig anzusehen sein. Dies gilt jedenfalls dann, wenn bei der Aufstellung der von der Gewerkschaft unterstützten Liste die Gründe, die den ArbN zu einer Kandidatur auf einer freien Liste bewogen haben, im Rahmen der vielfältigen, bei der Aufstellung einer Liste zu bedenkenden Gesichtspunkte mit berücksichtigt worden sind (vgl. OLG Celle, NJW 80, 1004, allerdings aufgehoben durch BGH, AP Nr. 7 zu § 20 BetrVG 1972; **enger** auch BGH, AP Nr. 5 zu § 19 BetrVG sowie BGH, AP Nr. 27 zu Art. 9 GG: nach der letzteren Entscheidung ist ein Gewerkschaftsausschluß eines ArbN wegen Verstoßes gegen § 20 Abs. 2 unzulässig, der bei der BRWahl auf einer Liste kandidiert, die zwar mit der gewerkschaftlich unterstützen Liste konkurriert, jedoch über den Wettbewerb der Stimmen hinaus nicht gewerkschaftsfeindlich ist; ähnlich *Weiss,* Rn 8; *DR,* Rn 16; *GK-Kreutz,* Rn 39; *HSG,* Rn 28; *Schaub,* § 218 I 2; wohl auch *GL,* Rn 13; noch enger BGH NJW 88, 552, nach dem auch eine fortwährende scharfe Kritik an den auf der gewerkschaftlichen Liste gewählten BRMitgl.

nicht nur im Zusammenhang mit BRWahlen, sondern auch während der gesamten Amtszeit des BR keinen Ausschluß aus der Gewerkschaft rechtfertigt; **weitergehend** *Säcker-Rancke,* ArbuR 81, 1ff., 15, *Zöller,* Rechtsgutachten, S. 22ff., 30ff., und *Sachse,* ArbuR 85, 276: grundsätzlich Vorrang der Verbandsautonomie; **a.A.** *Reuter,* ZGR 80, 101ff.). Deshalb ist die Androhung eines Ausschlusses eines auf einer anderen Liste kandidierenden Gewerkschaftsmitgl. dann nicht als unzulässige Wahlbeeinflussung anzusehen, wenn die Interessen der Gruppe, der dieses Gewerkschaftsmitgl. als ArbN im Betrieb angehört (Berufsart, Arb., Ang., Frauen usw.), bei der Aufstellung der Liste angemessen gewahrt worden sind. Auch wenn die Kandidaten auf der von der Gewerkschaft unterstützten Liste in einer geheimen Wahl, sei es von allen betriebsangehörigen Gewerkschaftsmitgliedern, sei von einem von den betriebsangehörigen Gewerkschaftsmitgliedern zu diesem Zweck gewählten Repräsentationsorgan, nominiert worden sind, ist eine Ausschlußdrohung nicht als unzulässig anzusehen (*Popp,* ZfA 77, 430ff.; *Zöllner,* a.a.O. S. 43ff.). Denn die Respektierung des Ergebnisses einer demokratischen geheimen Wahl gehört mit zu den wesentlichsten verbandsrechtlichen Pflichten eines jeden Verbandsmitglieds.

4. Folgen der Zuwiderhandlung

Verstöße gegen die Vorschriften des Abs. 1 und 2 können nicht nur unter den Voraussetzungen des § 19 zur **Wahlanfechtung** führen, sondern bei Vorsatz auch zu einer strafrechtlichen Verfolgung des Täters Anlaß geben, da sie eine **strafbare Handlung** darstellen, die nach § 119 Abs. 1 Nr. 1 mit Geld- oder Freiheitsstrafe bedroht ist (vgl. AmtsG Detmold, BB 79, 783). Die Bestrafung nach §§ 107ff. StGB ist nicht möglich, da diese Vorschriften nur für politische Wahlen i.S. des § 108d StGB gelten (*DR,* Rn 23; *GL,* Rn 18). 23

Die **Nichtigkeit der Wahl** wegen rechtswidriger Beeinflussung dürfte nur in Fällen eines offenen Terrors, der sich auf den eigentlichen Wahlakt erstreckt, gegeben sein. Damit wäre der Wahl auch der Anschein einer ordnungsmäßigen freien Wahl genommen (weitergehend BAG 8. 3. 57, AP Nr. 1 zu § 19 BetrVG; *DR,* Rn 20; *GL,* Rn 17; *GK-Kreutz,* Rn 43). 24

Rechtsgeschäftliche Maßnahmen gegenüber ArbN, um die Wahl zu behindern oder zu beeinflussen, sind **nichtig,** da § 20 Abs. 1 und 2 ein **gesetzliches Verbot** i.S. von § 134 BGB enthält. Das gilt insbesondere für Kündigungen, die diesem Ziele dienen (vgl. BAG 13. 10. 77, AP Nr. 1 zu § 1 KSchG 1969 Verhaltensbedingte Kündigung; *DR,* Rn 21; *GK-Kreutz,* Rn 41; *GL,* Rn 19; vgl. auch oben Rn 12). Die Beweislast dafür, daß die Kündigung erfolgt ist, um die Wahl zu behindern oder zu beeinflussen, obliegt dem ArbN; jedoch kommen die Grundsätze des Beweises des ersten Anscheins zur Anwendung (*DR,* Rn 21; *GL,* Rn 19; *GKSB,* Rn 16), etwa wenn der ArbGeb. allgemein eine betriebsratsfeindliche Haltung erkennen läßt (LAG Kiel, AP 54 Nr. 8). Eine Verschiebung oder Umkehr der Beweislast tritt dadurch nicht ein (*Herschel* 25 zu AP 54 Nr. 8). Klagt der ArbN jedoch nach § 1 KSchG mit der Behauptung, die Kündigung sei sozial ungerechtfertigt, so trägt die Beweislast der ArbGeb. (*Hueck,* § 1 KSchG Rn 149ff.). Die prozessuale Besserstellung kommt aber nur ArbN zugute, die unter das KSchG fallen und sich auf die Sozialwidrigkeit der Kündigung berufen. Die Klage nach dem KSchG kann zudem dazu führen, daß der ArbGeb. sich durch Zahlung einer Abfindung befreien kann, während bei einem Verstoß gegen § 134 BGB, der die Nichtigkeit der Kündigung zur Folge hat, diese Möglichkeit nicht besteht.

26 Soweit ein ArbN durch einen schuldhaften Verstoß gegen § 20 Abs. 1 oder 2 einen sonstigen Schaden, auch durch außerbetriebliche Stellen, erlitten hat, kann er **Schadensersatz** wegen Verletzung eines Schutzgesetzes (§ 823 Abs. 2 BGB) verlangen (*DR,* Rn 22; *GL,* Rn 20; *GK-Kreutz,* Rn 44).

II. Kosten der Wahl

27 Der **ArbGeb.** trägt die **Kosten der Wahl.** Derartige Kosten sind die bei der Vorbereitung und Durchführung der Wahl entstehenden **Sachkosten,** z. B. die Kosten für die Beschaffung von Wählerlisten, Stimmzetteln, Wahlurnen, Vordrucken, Portokosten bei Briefwahl, Kosten für Geschäftsbedürfnisse und für erforderliche Reisen des Wahlvorstands (BAG 15. 5. 57, AP Nr. 5 zu § 242 BGB – Unzulässige Rechtsausübung – Verwirkung). Dem Wahlvorst. sind auch die einschlägigen Gesetzestexte sowie eine Kommentierung der Wahlvorschriften zur Verfügung zu stellen. Das gleiche gilt für sonstige erforderliche Sachmittel, z. B. für ein Kraftfahrzeug, um die zur Durchführung der BRWahl erforderlichen Unterlagen (Wahlurne, Stimmzettel, Wahlkabinen u. a. m.) zu den Wahllokalen zu bringen. Benutzen die Mitgl. des Wahlvorst. hierzu ihr eigenes Fahrzeug, so haben sie Anspruch auf die betriebsübliche Kilometerpauschale. Im Falle eines Unfalls ist der ArbGeb. zur Tragung der Unfallkosten unter denselben Voraussetzungen verpflichtet wie bei einem ArbN, der auf einer Dienstfahrt mit einem eigenen Pkw einen Unfall erleidet; das ist z. B. der Fall, wenn der ArbGeb. den ArbN zur Benutzung des eigenen Fahrzeugs aufgefordert hat oder wenn die Benutzung des eigenen Fahrzeugs zur rechtzeitigen Erledigung der gesetzlichen Aufgaben des Wahlvorst. deshalb notwendig war, weil der ArbGeb. kein Fahrzeug zur Verfügung gestellt hat (vgl. BAG 3. 3. 83, AP Nr. 8 zu § 20 BetrVG 1972; *GK-Kreutz,* Rn 53; wohl ebenso *DR,* Rn 28; **a. A.** LAG Hamm, EzA Nr. 9 zu § 20 BetrVG 1972; allgemein zur Frage der Tragung von Unfallkosten bei Benutzung des eigenen Pkw des ArbN vgl. *Schaub,* § 85, *Gaul,* Bd. I S. 610f.; *Brill,* BlStR 81, 49; BAG 16. 11. 78 und 8. 5. 80, AP Nr. 5 und 6 zu § 611 BGB Gefährdungshaftung des Arbeitgebers); LAG Niedersachsen, EZA § 40 BetrVG 1972 Nr. 48).

28 Zu den Kosten der Wahl zählen auch die Kosten einer Abstimmung über eine anderweitige Verteilung der BRSitze auf die Gruppen nach § 12 Abs. 1 oder über die Durchführung einer gemeinsamen Wahl nach

§ 14 Abs. 2. Der ArbGeb. ist auch verpflichtet, die Kosten des Anfechtungsverfahrens oder sonstiger gerichtlicher Verfahren zur Klärung von Streitfragen im Laufe des Wahlverfahrens zu tragen, soweit die Rechtsverfolgung nicht mutwillig und offensichtlich unbegründet ist (*DR,* Rn 26; *GL,* Rn 21; *GK-Kreutz,* Rn 47; *HSG,* Rn 34; vgl. auch unten Rn 30). Kosten für eventuelle Wahlpropaganda einzelner Gruppen hat der ArbGeb. nicht zu tragen (*DR,* Rn 26; *GL,* Rn 21; *GKSB,* Rn 29; *HSG,* Rn 34; *GK-Kreutz,* Rn 48; **a. A.** *Weiss,* Rn 11); das gilt auch für Rechtsanwaltskosten, die durch ein gerichtliches Verfahren zur Beseitigung unzulässiger Wahlpropagandamaßnahmen entstehen (vgl. LAG Hamm, EzA § 20 BetrVG 1972, Nr. 10; *GK-Kreutz,* Rn 48). Andererseits ist es dem ArbGeb. unter dem Gesichtspunkt der unzulässigen Wahlbeeinflussung untersagt, Wahlpropaganda für einzelne Listen finanziell zu unterstützen (vgl. oben Rn 18). Der ArbGeb. darf eine zulässige Wahlwerbung nicht behindern, sondern muß sie unter Berücksichtigung der betrieblichen Gegebenheiten gestatten (*Becker/Schaffner,* BlStR 75, 130; vgl. auch oben Rn 6).

Da § 20 Abs. 3 die Kostentragungspflicht des ArbGeb. nicht auf die „sächlichen Kosten" beschränkt, hat der ArbGeb. auch die erforderlichen **persönlichen Kosten der Mitgl. des Wahlvorst.** zu tragen, die diesen in ihrer Eigenschaft als WahlvorstMitgl. entstehen, etwa Reisekosten, die zur ordnungsgemäßen Vorbereitung und Durchführung der Wahl, z. B. in auswärtigen Nebenbetrieben oder Betriebsteilen, erforderlich sind. Hierzu gehören auch Kosten einer notwendigen und angemesenen **Schulung** der Mitgl. des Wahlvorst. über eine ordnungsgemäße Vorbereitung und Durchführung der BRWahl. (*DR,* Rn 28, 32; *GK-Kreutz,* Rn 61; *GKSB,* Rn 26f.; *Weiss,* Rn 12; so jetzt auch BAG 7. 6. 84, AP Nr. 10 zu § 20 BetrVG 1972 unter Aufgabe seiner früheren einschränkenden Rechtsprechung, vgl. BAG 13. 3. 73, 26. 6. 73 und 5. 3. 74, AP Nr. 1, 3 und 5 zu § 20 BetrVG 1972, nach der das WahlvorstMitgl. sich in zumutbarer Weise selbst mit den Aufgaben des Wahlvorst. vertraut machen oder sich von bereits geschulten Mitgl. des Wahlvorst. oder des BR unterrichten lassen mußte; einschränkend *GL,* Rn 23; **a. A.** *HSG,* Rn 36). Im allgemeinen ist jedenfalls **jedem stimmberechtigten WahlvorstMitgl.,** das erstmals mit dieser Aufgabe betraut wird, eine in der Regel kurzfristige Schulung zuzugestehen und der ArbGeb. zur Tragung der Schulungskosten verpflichtet. Eine Schulung von Mitgl. des Wahlvorst. ist nicht etwa deshalb entbehrlich, weil eines der Mitgl. bereits ausreichende Kenntnisse über das Wahlverfahren hat; dies widerspräche dem Grundsatz, daß jedes WahlvorstMitgl. sein Amt unabhängig und eigenverantwortlich ausübt (*DR,* Rn 32; *GKSB,* Rn 28). Im Hinblick darauf, daß den von den Gewerkschaften entsandten zusätzlichen Mitgl. des Wahlvorst. nach § 16 Abs. 1 S. 6 kein Stimmrecht zusteht und sie deshalb keinen bestimmenden Einfluß auf seine Tätigkeit haben, dürfte für sie im allgemeinen keine Notwendigkeit einer Schulung bestehen. 29

Zu den Kosten der Wahl zählen auch die Kosten, die durch die Tätigkeit des Vermittlers nach § 18a im Verfahren über die Zuordnung der 29a leitenden Ang. entstehen, etwa notwendige Reisekosten des Vermittlers. Wegen der Schwierigkeit der Abgrenzung des Personenkreises der leitenden Ang. kann u. U. auch eine diesbezügliche Schulung des Vermittlers erforderlich sein. In diesem Falle hat der ArbGeb. auch dessen notwendige Schulungskosten zu tragen.

30 Die Kostentragungspflicht des ArbGeb. besteht allerdings nur insoweit, als die Kosten für eine **ordnungsgemäße Durchführung der Wahl notwendig** sind. Überflüssige Kosten fallen dem ArbGeb. nicht zur Last, z. B. Kosten der Durchführung einer Abstimmung nach § 12 Abs. 1 oder § 14 Abs. 2, wenn die Abstimmung in der anderen Gruppe bereits negativ ausgefallen ist (*DR,* Rn 29; *GL,* Rn 24; *GK-Kreutz,* Rn 49; *HSG,* Rn 38), oder Schulungskosten für solche WahlvorstMitgl., die bereits ausreichende Kenntnisse über die Vorschriften des Wahlverfahrens haben. Nicht erforderlich sind ferner z. B. Kosten, die durch einen Beschluß des Wahlvorst. entstehen, Vorschlagslisten um Lichtbilder der Kandidaten zu ergänzen (BAG 3. 12. 87, AP Nr. 13 zu § 20 BetrVG 1972). Dagegen sind die Kosten eines vom ArbGeb. nach § 16 Abs. 2 eingesetzten betriebsfremden Wahlvorst. Kosten der Wahl und vom ArbGeb. zu tragen; denn auch dieser Wahlvorst. dient der Bildung des BR (*GL,* Rn 25; *GK-Kreutz,* Rn 49; **a. A.** *HSG,* Rn 39; vgl. auch § 16 Rn 37). Zur Frage der Erstattung der Kosten für die Hinzuziehung eines Rechtsanwalts bei Rechtsstreitigkeiten im Rahmen der Durchführung der BRWahl vgl. § 40 Rn 10ff., die sinngemäß gelten. Erstattungspflichtig sind auch Anwaltskosten eines einstweiligen Verfügungsverfahrens eines Wahlbewerbers, um in den Freischichten den Betrieb zum Zwecke der Unterschriftensammlung für einen Wahlvorschlag betreten zu dürfen (LAG Hamm, DB 80, 1223; *GK-Kreutz,* Rn 54).

31 **Streitigkeiten** über die vom ArbGeb. zu tragenden Kosten sowie über die Notwendigkeit von Geschäftsbedürfnissen und sonstigem durch die Wahl bedingten Sachaufwand sind vom **ArbG im Beschlußverfahren** zu entscheiden (§§ 2a, 80ff. ArbGG). Soweit die in diesem Verfahren ergehende rechtskräftige Entscheidung eine Verpflichtung des ArbGeb. ausspricht, ist der Beschluß des Gerichts nach § 85 Abs. 1 ArbGG der Zwangsvollstreckung fähig. Diese Vorschrift ist insbes. wichtig, wenn Mitgl. des Wahlvorst. persönlich Verpflichtungen eingegangen sind oder Kosten, die der ArbGeb. zu tragen hat, vorgelegt haben, der ArbGeb. aber seine Kostenpflicht bestreitet (vgl. hierzu BAG 3. 12. 87, AP Nr. 13 zu § 20 BetrVG 1972). Der rechtskräftige Beschluß wird nach Maßgabe der Zwangsvollstreckungsvorschriften der ZPO vollstreckt (vgl. hierzu Näheres Nach § 1 Rn 54ff.).

IV. Versäumnis von Arbeitszeit

32 Bei notwendiger Versäumnis von Arbeitszeit infolge der Ausübung des Wahlrechts – hierunter fällt auch die Teilnahme an einer Vorabstimmung nach § 12 Abs. 1 und § 14 Abs. 2 (*GL,* Rn 28; *HSG,* Rn 41; *GK-Kreutz,* Rn 64), die Teilnahme an der BetrVerslg. nach § 17 (vgl. hierzu

§ 44 Abs. 1) und die Betätigung im Wahlvorst. – ist das **Arbeitsentgelt** vom ArbGeb. **weiterzuzahlen.** Notwendig ist eine Arbeitszeitversäumnis, die der betr. ArbN bei ruhiger und vernünftiger Überlegung als erforderlich betrachten konnte (Näheres vgl. § 37 Rn 26f.). Eine Arbeitsbefreiung, um für Wahlbewerber während der Arbeitszeit Stützunterschriften zu sammeln oder um sich bei den ArbN als Wahlbewerber vorzustellen, dürfte im allgemeinen nicht erforderlich sein (*GK-Kreutz,* Rn 65; LAG Berlin, BB 79, 1036; LAG Hamm, DB 80, 1223; ArbG Düsseldorf, BB 81, 1579; vgl. aber auch ArbG Berlin, ArbuR 79, 315; **a. A.** *GKSB,* Rn 33). Zur Frage der Abhaltung einer zusätzlichen BetrVerslg. zur Vorstellung der Wahlbewerber vgl. § 43 Rn 35.

Die Wahl findet **während der Arbeitszeit** statt. Das Gesetz bestimmt **33** das zwar nicht ausdrücklich. Wenn es aber den Betrieben im Rahmen einer gesetzlich vorgeschriebenen Betriebsverfassung die Errichtung eines BR auferlegt, so kann das nur dahin verstanden werden, daß die zur Verwirklichung der Betriebsverfassung erforderliche Wahl des BR, auch wenn keine Wahlpflicht, sondern nur ein Wahlrecht besteht, im Betrieb und während der Arbeit, also während der Arbeitszeit, vorzunehmen ist (*DR,* Rn 34; *GL,* Rn 28; *GK-Kreutz,* Rn 57; *HSG,* Rn 40). Ebenso findet die Wahl **im Betrieb** statt, sofern nicht besondere Gründe eine andere Regelung als zweckmäßig erscheinen lassen.

Wahlrecht im Sinne des Abs. 3 ist das **aktive** wie das **passive Wahl-** **34** **recht,** also die Betätigung des ArbN als Wähler und als Wahlbewerber (*HSG,* Rn 41). Die Frage der Notwendigkeit einer Versäumnis von Arbeitszeit wird im allg. nur in Zusammenhang mit der Ausübung des passiven Wahlrechts zu prüfen sein, da die eigentliche Wahlhandlung während der Arbeitszeit stattfindet und deshalb die Ausübung des aktiven Wahlrechts stets eine notwendige Versäumnis der Arbeitszeit darstellt.

Die zum Zwecke der Wahl des Wahlvorst. abzuhaltende BetrVerslg. **35** (§ 17) findet grundsätzlich während der Arbeitszeit statt (vgl. § 44 Abs. 1). Die Zeit der Teilnahme an dieser Verslg. einschließlich etwa erforderlicher zusätzlicher Wegezeiten ist den ArbN wie Arbeitszeit zu vergüten; zusätzliche Fahrtkosten sind ihnen zu erstatten (Näheres vgl. § 44 Rn 24ff.).

Da das Amt des Mitgl. des Wahlvorst. – auch des nicht stimmberech- **36** tigten Mitgl. nach § 16 Abs. 1 S. 6 – **als Ehrenamt unentgeltlich** wahrzunehmen ist, wird eine Vergütung für das Amt nicht gewährt (*DR,* Rn 31; *GL,* Rn 26; *GK-Kreutz,* Rn 56; *HSG,* Rn 42). Dies gilt auch für die Mitgl. des Wahlvorst., die nicht ArbN des Betriebs sind, sondern als Mitgl. der im Betrieb vertretenen Gewerkschaften gem. § 16 Abs. 2 Satz 3 in den Wahlvorst. berufen worden sind (vgl. § 16 Rn 37).

Die **Tätigkeit des Wahlvorst.** findet grundsätzlich während der Ar- **37** beitszeit statt (*DR,* Rn 31; *GKSB,* Rn 25). Soweit es die Erfüllung der Aufgaben erforderlich macht, sind alle Mitgl. des Wahlvorst. (auch die nicht stimmberechtigten nach § 16 Abs. 1 S. 6) von ihrer beruflichen Tätigkeit zu befreien. Hier gilt das gleich wie bei BRMitgl. (vgl. § 37 Rn 12ff.). Das Arbeitsentgelt für eine hierdurch bedingte erforderliche

Versäumnis der Arbeitszeit ist vom ArbGeb. weiterzuzahlen (vgl. hierzu § 37 Rn 34ff.). Überstunden, die ein Mitgl. des Wahlvorst. ohne seine Tätigkeit im Wahlvorst. geleistet hätte, sind ihm auch dann zu vergüten, wenn es sich dabei nicht um regelmäßig anfallende Überstunden handelt (BAG 29. 6. 88, AP Nr 1 zu § 24 BPersVG). Das Arbeitsentgelt ist auch fortzuzahlen, soweit die Mitgl. des Wahlvorst. Arbeitszeit infolge einer notwendigen und angemessenen **Schulung** zum Zwecke einer ordnungsgemäßen Vorbereitung und Durchführung der Wahl versäumen (*DR,* Rn 32; *GL,* Rn 27; *GK-Kreutz,* Rn 60; LAG Hamm, DB 73, 288; so jetzt auch BAG 7. 6. 84, AP Nr. 10 zu § 20 BetrVG 1972; enger noch BAG 26. 6. 73 und 5. 3. 74, AP Nr. 4 und 5 zu § 20 BetrVG 1972 [konkreter betriebsbezogener Anlaß erforderlich]; **a. A.** *HSG,* Rn 44; vgl. auch oben Rn 29). Führen Mitgl. des Wahlvorst. aus betriebsbedingten Gründen Aufgaben ihres Amtes außerhalb der Arbeitszeit durch, so haben sie in entsprechender Anwendung des § 37 Abs. 3 Anspruch auf entsprechenden Freizeitausgleich oder Mehrarbeitsvergütung (*DR,* Rn 31; *GKSB,* Rn 25; *GK-Kreutz,* Rn 58; **a. A.** *HSG,* Rn 43).

37a Auch die Tätigkeit des Vermittlers nach § 18a Abs. 2 im Verfahren über die Zuordnung der leitenden Ang. bei Wahlen findet ebenso wie die Tätigkeiten des Wahlvorst. während der Arbeitszeit statt. Durch die ausdrückliche Erwähung des Vermittlers in Abs. 3 S. 2 ist klargestellt, daß eine Vermittlungstätigkeit während der Arbeitszeit keine Minderung des Arbeitsentgelts zur Folge hat. Das gleiche gilt für den Fall einer eventuell notwendig werdenden Schulung des Vermittlers (vgl. oben Rn 29a).

38 Bei unberechtigter Minderung des Arbeitsentgelts muß der ArbN das einbehaltene Arbeitsentgelt einklagen. Es handelt sich um eine im **Urteilsverfahren** zu entscheidende Lohnklage (BAG 11. 5. 73 und 5. 3. 74, AP Nr. 2 und 5 zu § 20 BetrVG 1972), wobei das ArbG über die Notwendigkeit der Arbeitsversäumnis als Vorfrage entscheidet. Das WahlvorstMitgl. hat darzulegen und ggfls. zu beweisen, daß die Versäumnis der Arbeitszeit zur Betätigung im Wahlvorst. erforderlich i. S. der Rn 32 war (BAG 26. 6. 73, AP Nr. 4 zu § 20 BetrVG 1972). Hat der betroffene ArbN im Beschlußverfahren einen **rechtskräftigen Beschluß** erlangt, daß er zur Ausübung des Wahlrechts in dem dargelegten weiten Sinne, etwa zur Ausübung des Amts als Mitgl. des Wahlvorst., in einem bestimmten Umfang Arbeitszeit versäumen müsse, so hat dieser Beschluß für ein nachfolgendes Urteilsverfahren – etwa für eine Lohnklage – **präjudizielle Wirkung;** auch für dieses Verfahren steht dann bindend fest, daß der geltend gemachte Anspruch dem Grunde nach gerechtfertigt ist (BAG 6. 5. 75, AP Nr. 5 zu § 65 BetrVG 1972; *DR,* Rn 37). Allerdings macht ein rechtskräftig abgeschlossenes Beschlußverfahren eine spätere Lohnklage nicht entbehrlich, wenn der ArbGeb. die Erfüllung des Anspruches verweigern sollte. Denn durch den rechtskräftigen Beschluß ist nur die Notwendigkeit der Arbeitsversäumnis festgestellt, nicht jedoch die für eine Vollstreckung notwendige Höhe des Anspruches ziffernmäßig festgelegt. Für die Einklagung einbehaltenen Arbeitslohns bedarf es deshalb bei Zahlungsverweigerung immer der Lohnklage, auch wenn ein die Berechtigung der Arbeitsversäumnis feststellender, im Beschlußverfahren ergangener rechtskräftiger Beschluß vorliegt (h. M.; vgl. auch § 37 Rn 152).

Zweiter Abschnitt. Amtszeit des Betriebsrats

§ 21 Amtszeit

Die regelmäßige Amtszeit des Betriebsrats beträgt vier Jahre. Die Amtszeit beginnt mit der Bekanntgabe des Wahlergebnisses oder, wenn zu diesem Zeitpunkt noch ein Betriebsrat besteht, mit Ablauf von dessen Amtszeit. Die Amtszeit endet spätestens am 31. Mai des Jahres, in dem nach § 13 Abs. 1 die regelmäßigen Betriebsratswahlen stattfinden. In dem Fall des § 13 Abs. 3 Satz 2 endet die Amtszeit spätestens am 31. Mai des Jahres, in dem der Betriebsrat neu zu wählen ist. In den Fällen des § 13 Abs. 2 Nr. 1 und 2 endet die Amtszeit mit der Bekanntgabe des Wahlergebnisses des neu gewählten Betriebsrats.

Inhaltsübersicht

I. Vorbemerkung

1 Die Vorschrift regelt die **Amtszeit des BR.** Die regelmäßige Amtszeit, die nach dem BetrVG 1972 drei Jahre betrug, ist durch das Änderungsgesetz 1989 im Interesse einer größeren Kontinuität der BRArbeit und im Hinblick darauf, daß die Anforderungen an die BRMitgl. immer schwieriger werden und eine längere Einarbeitszeit erfordern (vgl. Ausschußbericht, BT-Drucks. 11/3618 S. 10), auf vier Jahre verlängert worden. Diese Neuregelung gilt für BR, die nach dem 31. 12. 1988 gewählt werden (vgl. § 125 Abs. 3). Abweichungen von der regelmäßigen Amtszeit ergeben sich für BR, die zwischen den regelmäßigen Wahlzeiträumen gewählt werden (vgl. § 13 Abs. 2). Sie haben je nach dem Zeitpunkt der Zwischenwahl entweder kürzere oder längere Amtszeiten (vgl. Sätze 3 und 4 i. V. mit § 13 Abs. 3).

2 Die Vorschrift gilt für die Amtszeit des SeeBR entsprechend (vgl. § 116 Abs. 2). Für die JugAzubiVertr. sowie für die BordVertr. gelten Sonderregelungen (vgl. § 64 Abs. 2, § 115 Abs. 3). Die Vorschrift gilt nicht für den GesBR und den KBR. Für diese ArbNVertr. hat sie jedoch insoweit praktische Bedeutung, als die Mitgliedschaft in ihnen mit dem Erlöschen der Mitgliedschaft im BR endet (vgl. §§ 49 und 57) und des-

halb diese Gremien in aller Regel mit dem Beginn der regelmäßigen Amtszeiten der neuen BR personell neu zu besetzen sein werden (*DR,* Vorb. vor § 21, Rn 5; *GL,* Rn 2). Entsprechendes gilt für die GesJug-AzubiVertr. (vgl. § 73 Abs. 2 i. V. m. § 49).

3 Die Vorschrift ist **zwingend** und kann weder durch TV noch durch BV abgeändert werden (*DR,* Rn 16; *GL,* Rn 11). Ihre Geltung kann durch TV für die nach § 3 Abs. 1 Nr. 2 mögliche anderweitige Vertr. der ArbN ausgeschlossen werden, wenn dies die Eigenart der vom TV erfaßten Betriebe bedingt. Auf die zusätzlichen ArbNVertr. nach § 3 Abs. 1 Nr. 1 findet sie keine Anwendung; deren Amtszeit ist durch den TV zu regeln (*GK-Wiese,* Rn 6).

3a Entsprechende Vorschriften: § 26 BPersVG 74 und § 5 Abs. 4 SprAuG.

II. Beginn der Amtszeit

4 Die **regelmäßige Amtszeit** beträgt für die nach dem 31. 12. 1988 gewählten BR (vgl. § 125 Abs. 3) vier Jahre. Diese Amtszeit kann sich für BR, die zwischen den regelmäßigen Wahlzeiträumen (vgl. hierzu § 13 Rn 11ff.) neu gewählt werden, verkürzen oder verlängern (vgl. § 13 Rn 37ff. und unten Rn 19ff.). Für die vor dem 31. 12. 1988 gewählten BR verbleibt es bei der bisherigen dreijährigen regelmäßigen Amtszeit. Das bedeutet insbesondere, daß die Amtszeit der im regelmäßigen Wahlzeitraum 1987 gewählten BR im Jahre 1990 endet (vgl. hierzu auch unten Rn 15f.).

5 Für den **Beginn der Amtszeit** sind zwei Fälle zu entscheiden:
- im Zeitpunkt der Bekanntgabe des Wahlergebnisses besteht kein BR (mehr) oder nur noch ein geschäftsführender BR (Rn 6ff.);
- zu diesem Zeitpunkt ist die Amtszeit des bisherigen BR noch nicht abgelaufen (Rn 10ff.).

6 Besteht am Tage der Bekanntmachung des endgültigen Wahlergebnisses nach § 19 WO **kein BR** (mehr), sei es, daß in dem Betrieb erstmalig ein BR gewählt wird, sei es, daß die Amtsperiode des bisherigen BR bereits vorher beendet war, sei es, daß die Amtszeit des BR mit diesem Zeitpunkt endet (vgl. Satz 5 und unten Rn 21ff.), so beginnt die Amtszeit des neuen BR mit der **Bekanntmachung des Wahlergebnisses,** nicht erst am Tage nach Bekanntgabe des Wahlergebnisses (*DR,* Rn 5; *GL,* Rn 4, 8; *GK-Wiese,* Rn 12; *HSG,* Rn 7; *GKSB,* Rn 7; **a. A.** *Brecht,* Rn 8; *Schaub,* § 219 I 1).

Der Amtsbeginn fällt im allgemeinen nicht mit dem Beginn der tatsächlichen Amtsführung zusammen, da in der Regel an diesem Tag der BR noch nicht nach § 26 konstituiert sein wird.

7 **Bekanntgemacht** ist das Wahlergebnis in dem Zeitpunkt, in dem es vom Wahlvorst. gemäß § 19 i. Verb. mit § 3 Abs. 4 WO **im Betrieb ausgehängt** wird. Wird das Wahlergebnis an mehreren Stellen des Betriebs an verschiedenen Tagen ausgehängt, ist der Tag des letzten Aushangs maßgebend. Nicht maßgebend ist der Tag der öffentlichen

Stimmauszählung nach § 18 Abs. 3 des Gesetzes bzw. § 13 WO oder der Tag der Fertigung der Wahlniederschrift gemäß § 17 WO (*DR,* Rn 5; *GK-Wiese,* Rn 11).

Auch in den Fällen, in denen der BR gemäß § 13 Abs. 2 **vorzeitig neu gewählt** wird, beginnt die Amtszeit des neuen BR mit dem Zeitpunkt der Bekanntgabe des endgültigen Wahlergebnisses nach § 19 WO. Dies ist für die Fälle des § 13 Abs. 2 Nr. 4 bis 6 selbstverständlich, da in diesen Fällen kein BR besteht. Für die Tatbestände des § 13 Abs. 2 Nr. 1 bis 3 ergibt sich daraus, daß gemäß Satz 5 die Amtszeit des noch bestehenden BR bzw. gemäß § 22 die Geschäftsführungsbefugnis des zurückgetretenen BR mit der Bekanntgabe des Wahlergebnisses des neu gewählten BR endet (ebenso *DR,* Rn 7; *GL,* Rn 4). 8

Ist der bestehende BR gemäß § 13 Abs. 2 **außerhalb des regelmäßigen Wahlzeitraums** gewählt worden, so beginnt die Amtszeit des im maßgebenden folgenden regelmäßigen Wahlzeitraums zu wählenden **neuen BR** ebenfalls mit der Bekanntgabe des endgültigen Wahlergebnisses des neuen BR; denn die Amtszeit des bestehenden BR endet in diesem Falle mit der Bekanntgabe des Wahlergebnisses des neuen BR (ebenso *GK-Wiese,* Rn 15; *DR,* Rn 6; vgl. unten Rn 21). 9

Ist im Zeitpunkt des Wahlergebnisses die Amtszeit des bisherigen BR **noch nicht abgelaufen** und läuft sie auch nicht in diesem Zeitpunkt ab (vgl. Rn 8f.), so beginnt die Amtszeit des neu gewählten BR am Tage **nach dem Ablauf der Amtszeit des bisherigen BR.** Endet also dessen Amtszeit z. B. am 10. 4. 1990, so beginnt die Amtszeit des neuen BR am 11. 4. 1990. 10

Diese Regelung greift nur bei dem **normalen Ablauf der vollen vierjährigen Amtszeit** innerhalb des regelmäßigen Wahlzeitraums gem. § 13 Abs. 1 Platz. Sie setzt voraus, daß die Wahl so früh angesetzt wurde, daß der bisherige BR über den Tag der Bekanntgabe des Wahlergebnisses hinaus noch im Amt ist. Ist das der Fall, so wird der Beginn der Amtszeit des neugewählten BR bis zum Ablauf der Amtszeit des bisherigen BR hinausgeschoben. Dadurch schließt sich die Amtszeit des neuen BR lückenlos an die des bisherigen BR an. 11

Für den neu gewählten BR ergibt sich in diesem Falle bis zum Amtsantritt ein **Zwischenstadium,** in dem er zwar schon gewählt, aber noch nicht im Amt ist. In diesem Zeitraum stehen die dem BR zugewiesenen Rechte, Pflichten und Befugnisse noch dem bisherigen BR zu. Gegen Kündigungen sind die Mitgl. des neuen BR jedoch bereits als BRMitgl. geschützt; denn andernfalls wären sie bis zum Beginn ihrer Amtszeit gegen außerordentliche Kündigungen ohne einen besonderen Kündigungsschutz. Die Wahlbewerber sind nämlich nach § 15 Abs. 2 S. 2 KSchG nur gegen außerordentliche Kündigungen geschützt, die bis zur Bekanntgabe des Wahlergebnisses ausgesprochen werden (vgl. § 103 Rn 33, 37; BAG 22. 9. 83, AP Nr. 11 zu § 78a BetrVG 1972; jetzt ebenso *DR,* Rn 9; *GK-Wiese,* Rn 19; *GKSB,* Rn 9; **a. A.** *GL,* Rn 7; *HSG,* Rn 9). 12

Weicht die Amtszeit des bestehenden BR von der regelmäßigen Amtszeit von vier Jahren ab, sei es, daß eine vorzeitige Neuwahl durchzuführen ist, sei es, daß der bestehende BR außerhalb des regelmäßigen 13

Wahlzeitraums gewählt worden ist und die Wahl des neuen BR gemäß § 13 Abs. 3 wieder in den regelmäßigen Wahlzeitraum einzugliedern ist, so **beginnt** die Amtszeit des neuen BR **mit der Bekanntgabe des endgültigen Wahlergebnisses** des neuen BR (*GK-Wiese,* Rn 15; *GKSB,* Rn 11; jetzt ebenfalls *DR,* Rn 14). Zur Beendigung der Amtszeit des bisherigen BR in diesen Fällen vgl. unten Rn 18ff.

III. Ende der Amtszeit

14 Das Ende der Amtszeit des BR bedeutet die **Beendigung des Bestehens des Kollektivorgans BR** als solchem. Hiervon zu unterscheiden ist die Beendigung der Mitgliedschaft des einzelnen BRMitgl. im BR. Diese fällt im Regelfall mit dem Ende des BR zusammen; im Einzelfall kann jedoch die Mitgliedschaft im BR auch vor Ablauf von dessen Amtszeit enden (vgl. § 24 Abs. 1 und dort Rn 7ff.). Die Beendigung der Mitgliedschaft des einzelnen BRMitgl. berührt die Amtszeit des BR nicht.

1. Ende der Amtszeit im Regelfall

15 Durch das Änderungsgesetz 1989 ist die regelmäßige Amtszeit des BR von drei auf **vier Jahre** verlängert worden. Diese Regelung gilt jedoch nur für BR, die nach dem 31. 12. 1988 gewählt worden sind (vgl. § 125 Abs. 3). Da die regelmäßige Amtszeit nur Bedeutung für die BR hat, die während des regelmäßigen Wahlzeitraums gewählt werden (vgl. unten Rn 18), wird die verlängerte regelmäßige Amtszeit von vier Jahren erst für die im regelmäßigen Wahlzeitraum im Jahre 1990 gewählten BR bedeutsam.

15a Für die vor dem 31. 12. 1988 gewählten BR verbleibt es bei der bisherigen dreijährigen Amtszeit. Das bedeutet insbesondere für die im regelmäßigen Wahlzeitraum 1987 gewählten BR, daß ihre Amtszeit im Jahre 1990 nach Ablauf von drei Jahren seit ihrem Beginn endet. Da somit für die zur Zeit amtierenden, durch die regelmäßige Neuwahl im Jahre 1990 abzulösenden BR noch die dreijährige Amtszeit gilt, behandeln die folgenden Rn 15b u. 16 den Ablauf der dreijährigen Amtszeit (im übrigen vgl. Rn 16a).

15b Die Amtszeit der vor dem 31. 12. 1988 gewählten BR endet im Regelfall mit Ablauf von drei Jahren seit ihrem Beginn. Für die Berechnung des Endes der Amtszeit ist § 188 BGB maßgebend. Hiernach gilt folgendes: Hat die Amtszeit des BR **mit Ablauf der Amtszeit** des vorausgehenden BR begonnen (vgl. oben Rn 10f.), so endet sein Amt drei Jahre später mit Ablauf desjenigen Kalendertages, der dem Tag vorausgeht, der dem ersten Tag seiner Amtszeit durch seine kalendermäßige Bezeichnung entspricht. Kalendermäßig entspricht dieser Tag dem letzten Tag der Amtszeit des vorausgegangenen BR.

Beispiel: Ist die Amtszeit des vorausgegangenen BR mit Ablauf des 11. Mai 1987 erloschen, so hat die Amtszeit des neuen BR am 12. Mai 1987 begonnen. Sie endet drei Jahre später mit Ablauf des 11. Mai 1990.

Hat die Amtszeit des BR mit der **Bekanntgabe des Wahlergebnisses** 16 begonnen (vgl. oben Rn 6ff.), so endet sie nach § 188 Abs. 2 i. V. mit § 187 Abs. 1 BGB drei Jahre später an dem Tag, der seiner Bezeichnung nach dem Tag der Bekanntgabe des Wahlergebnisses entspricht (*DR,* Rn 11; *GL,* Rn 8; *GK-Wiese,* Rn 21; *HSG,* Rn 11).

Beispiel: Ist das Wahlergebnis im Laufe des 11. Mai 1987 bekanntgemacht worden, so hat die Amtszeit des BR mit diesem Ereignis begonnen. Sie endet drei Jahre später mit Ablauf des 11. Mai 1990.

Im letzteren Fall ist die Amtszeit des BR, da sie bereits mit der Bekanntgabe des Wahlergebnisses und nicht erst am folgenden Tage beginnt, einige Stunden länger als drei Jahre.

Für die nach dem 31. 12. 1988 gewählten BR, deren regelmäßige 16a Amtszeit vier Jahre beträgt, gelten die Rn 15b u. 16 entsprechend mit der Maßgabe, daß anstelle einer dreijährigen auf eine vierjährige Amtszeit abzustellen ist. So würde z. B. im ersten Beispiel die Amtszeit des im regelmäßigen Wahlzeitraums 1990 neugewählten BR am 12. Mai 1990 beginnen und mit Ablauf des 11. Mai 1994 enden.

Die Amtszeit des BR endet unabhängig davon, ob im Zeitpunkt ih- 17 res Ablaufes bereits ein neuer BR gewählt ist (*GL,* Rn 8f.; *GK-Wiese,* Rn 23; *GKSB,* Rn 15; *HSG,* Rn 13; **a. A.** *DR,* Rn 12, für den Fall, daß der neue BR noch nicht gewählt ist; in diesem Fall soll die Amtszeit erst mit der Bekanntgabe des Wahlergebnisses des neugewählten BR, spätestens jedoch am 31. Mai des maßgebenden Wahljahres enden. Diese Ansicht steht im Widerspruch zu § 21 S. 1, der eine feste Regelamtzeit vorschreibt. Sie verkennt außerdem, daß die Regelungen des § 21 Sätze 3 und 4 nur dazu dienen, die Wahl und die Amtszeiten der außerhalb der regelmäßigen Wahlzeiträume gewählten BR wieder in die allgemeine Regelung der §§ 13 Abs. 1 und 21 Sätze 1 und 2 einzuschleusen. Der Ausnahmecharakter dieser Vorschrift verbietet es, unter Verletzung des allgemeinen Grundsatzes des § 21 Satz 1, nach der die Amtszeit in der Regel drei bzw. für die nach dem 31. 12. 1988 gewählten BR vier Jahre beträgt, die Amtszeit der BR darüber hinaus zu verlängern und bei unterlassener Neuwahl allgemein erst mit Ablauf des 31. Mai des Jahres enden zu lassen, in dem die regelmäßigen BRWahlen stattfinden).

2. Ende der Amtszeit in Sonderfällen

Die allgemeine Regelung der Beendigung der Amtszeit des BR gilt 18 nur in den Fällen, in denen sowohl der alte BR als auch der neu zu wählende BR innerhalb der regelmäßigen Wahlzeiträume für die BRWahlen gewählt worden ist bzw. wird. Ist der bestehende BR **außerhalb des regelmäßigen Wahlzeitraums** gewählt worden, so hat er eine von der regelmäßigen Amtszeit abweichende Amtsdauer. Hier sind zwei Fälle zu unterscheiden:

19 Die Amtszeit ist **kürzer als die regelmäßige Amtszeit,** wenn der zwischenzeitlich gewählte BR am 1. März des nächstfolgenden regelmäßigen Wahljahres ein Jahr oder länger im Amt gewesen ist und deshalb nach § 13 Abs. 3 Satz 1 bereits bei der nächstfolgenden regelmäßigen BRWahl neu zu wählen ist. In diesem Falle endet die Amtszeit des zwischenzeitlich gewählten BR „spätestens" am 31. Mai des nächstfolgenden Jahres für die regelmäßigen BRWahlen (vgl. § 21 Satz 3).

20 Die Amtszeit ist **länger als die regelmäßige Amtszeit,** wenn der zwischenzeitlich gewählte BR am 1. März des nächstfolgenden Jahres für die regelmäßigen BRWahlen weniger als ein Jahr im Amt gewesen ist und deshalb gemäß § 13 Abs. 3 Satz 2 der BR erst bei der übernächsten regelmäßigen BRWahl neu zu wählen ist. Hier endet die Amtszeit des zwischenzeitlich gewählten BR „spätestens" am 31. Mai des übernächsten regelmäßigen Wahljahres für die BRWahlen (vgl. § 21 Satz 4).

21 Aus dem Gesetzeswortlaut ergibt sich nicht eindeutig, ob in den Fällen der Rn 19 und 20 die Amtszeit des bestehenden, außerhalb des regelmäßigen Wahlzeitraumes gewählten BR erst am 31. Mai des maßgebenden regelmäßigen Wahljahres oder bereits mit der Bekanntgabe des Wahlergebnisses des neu gewählten BR endet.

Das Wort **„spätestens"** kann jedoch nur in dem Sinn verstanden werden, daß die Beendigung der Amtszeit mit dem Ablauf des 31. Mai den **Ausnahmefall** darstellt und daß deshalb im Regelfall die Amtszeit früher endet. Als früherer Zeitpunkt kommt in Anlehnung an § 21 Satz 5 und § 22 nur der Zeitpunkt der Bekanntgabe des endgültigen Wahlergebnisses des neuen BR nach § 19 WO in Betracht. In den Fällen des § 21 Sätze 3 und 4 endet deshalb die Amtszeit der außerhalb des regelmäßigen Wahlzeitraumes gewählten BR mit der Bekanntgabe des endgültigen Wahlergebnisses des im folgenden maßgebenden regelmäßigen Wahlzeitraums neu gewählten BR (BAG 28. 9. 83, AP Nr. 1 zu § 21 BerVG 1972; *GKSB,* Rn 20; *GL,* Rn 20; *HSG,* Rn 16; *Weiss,* Rn 3; jetzt auch *DR,* Rn 14; *GK-Wiese,* Rn 28f.). Ist bis zum 31. Mai des maßgebenden Wahljahres ein neuer BR nicht gewählt, so endet die Amtszeit des außerhalb des regelmäßigen Wahlzeitraums gewählten BR mit Ablauf des 31. Mai des betreffenden Jahres.

22 Die Frist nach § 16 Abs. 1 für die **Bestellung des Wahlvorstands** durch den BR ist in diesen Fällen vom 31. Mai des nächstfolgenden regelmäßigen Wahljahres aus zu berechnen, d. h. der BR ist verpflichtet, spätestens zehn Wochen vor dem 31. Mai den Wahlvorst. zu bestellen (vgl. § 16 Rn 7). Eine frühere Bestellung des Wahlvorst. dürfte jedoch gerade in diesen Fällen zweckmäßig und angebracht sein. Der Antrag auf Bestellung des Wahlvorstands durch das ArbG gemäß § 16 Abs. 2 kann frühestens acht Wochen vor dem 31. Mai des nächstfolgenden maßgebenden Wahljahres gestellt werden.

23 Abgesehen von den in den Rn 19ff. genannten Fällen besteht außerdem eine von der allgemeinen Regelung der Beendigung der Amtszeit **abweichende Regelung in folgenden Fällen:**

Ist gemäß § 13 Abs. 2 Nr. 1 wegen **Veränderung der Belegschaftsstärke** außerhalb des Wahlzeitraums für die regelmäßigen BRWahlen ein neuer BR zu wählen (vgl. § 13 Rn 14ff.), so endet die Amtszeit des bestehenden BR mit der Bekanntgabe des Wahlergebnisses (vgl. Rn 9) für den neu gewählten BR (vgl. Satz 5). 24

Das gleiche gilt für den Fall einer zwischenzeitlichen Neuwahl des BR außerhalb des regelmäßigen Wahlzeitraums wegen **Absinken der Mitgl-Zahl** des BR unter die maßgebende Größe (vgl. § 13 Abs. 2 Nr. 2 und die dort Rn 25ff.).

Hat der BR mit der Mehrheit seiner Stimmen den **Rücktritt** beschlossen (vgl. § 13 Rn 28ff.), so bleibt er gleichwohl bis zu der Bekanntgabe des Wahlergebnisses des neu gewählten BR im Amt. Dies ist zwar nicht ausdrücklich in § 21 Satz 5 gesagt, ergibt sich jedoch aus § 22. Nach dieser Vorschrift führt auch der zurückgetretene BR die Geschäfte bis zur Bekanntgabe des Wahlergebnisses des neuen BR weiter. Die volle Geschäftsführungsbefugnis setzt aber den einstweiligen Weiterbestand des BRAmtes voraus. Auch in diesen Fällen endet die Amtszeit erst mit der Bekanntgabe des Wahlergebnisses des neu gewählten BR (*DR,* Rn 19; *GL,* Rn 13; *GK-Wiese,* Rn 32; im Ergebnis ebenso *HSG,* Rn 17). 25

Die Amtszeit des BR endet auch, wenn alle Mitgl. und ErsMitgl. aus ihrem Amt **ausgeschieden** sind. Mit dem Amtsverlust des letzten BRMitgl. ist die Amtszeit des BR beendet. Eine Weiterführung der Geschäfte kommt im Gegensatz zum Rücktritt mangels einer gesetzlichen Grundlage nicht in Betracht (*GK-Wiese,* Rn 35). 25a

Im Falle einer vorzeitigen Neuwahl des BR nach § 13 Abs. 1 Nr. 1 bis 3 (vgl. Rn 24–26) bleibt der bestehende BR nicht über seine reguläre Amtszeit (vgl. Rn 15f.) im Amt (*DR,* Rn 20; *GK-Wiese,* Rn 30, 32). Wird das Wahlergebnis für den neugewählten BR erst **nach Ablauf der regulären Amtszeit** des bestehenden BR bekanntgegeben, so besteht deshalb in der Zwischenzeit, d. h. in der Zeit zwischen Ablauf der regulären Amtszeit des bestehenden BR und der Bekanntgabe des Wahlergebnisses kein BR. 26

Ist die BRWahl mit Erfolg **angefochten** (vgl. § 19 Rn 36f.) oder ist der BR durch gerichtliche Entscheidung **aufgelöst** worden (vgl. § 23 Rn 31), so endet die Amtszeit des BR mit dem Tag der **Rechtskraft** der gerichtlichen Entscheidung. Hat ein LAG die Rechtsbeschwerde nicht zugelassen, so tritt die Rechtskraft nicht bereits mit der Verkündung des Beschlusses ein, sondern frühestens mit Ablauf der Frist für die Einlegung der Nichtzulassungsbeschwerde, es sei denn, die Beteiligten verzichten auf die Einlegung dieser Beschwerde (LAG Hamm, DB 78, 216; vgl. auch § 23 Rn 31). Im Falle der **Nichtigkeit** der BRWahl steht mit dem Tage der Rechtskraft der gerichtlichen Entscheidung fest, daß ein rechtsmäßiger BR nicht bestanden hat (vgl. § 19 Rn 5). 27

Die Amtszeit des BR endet ferner vorzeitig, wenn die Zahl der in der Regel ständig beschäftigten wahlberechtigten Arbeitnehmer unter die **vorgeschriebene Mindestzahl von 5 ArbN** sinkt (h. M.). In diesem Falle ist der Betrieb nicht mehr betriebsratsfähig (Näheres vgl. § 1 Rn 142). Dies gilt allerdings nicht, wenn lediglich die Zahl der wählbaren ArbN 28 unter drei sinkt; denn das Erfordernis mehrerer wählbarer ArbN will lediglich eine Auswahl bei der Wahl ermöglichen, ein Erfordernis, das nach Durchführung der Wahl bedeutungslos ist und deshalb keinen Einfluß auf die Amtszeit des bestehenden BR hat (*DR,* Rn 27; *GL,* Rn 18; *GK-Wiese,* Rn 37).

29 Die Amtszeit des BR endet auch mit dem Inkrafttreten eines **TV** nach § 3 Abs. 1 Nr. 3 über die Errichtung einer **anderen Vertr. der ArbN** des Betriebs (vgl. § 3 Abs. 3). Bis zur Wahl dieser tariflichen Betriebsvertr. hat der BR jedoch in entsprechender Anwendung des § 22 die Geschäfte weiterzuführen (vgl. § 3 Rn 38; insoweit **a. A.** *GK-Wiese,* Rn 34 und § 22 Rn 14).

30 Da der BR die Vertr. der ArbN eines Betriebes ist, endet seine Amtszeit auch, wenn der Betrieb nicht mehr besteht. Das ist insbesondere bei der **Stillegung des Betriebs** (vgl. hierzu § 111 Rn 17) der Fall. Die bloße Zerstörung von Betriebsanlagen durch äußere Einwirkungen ist als solche ebensowenig eine Betriebsstillegung wie eine bloß vorübergehende Produktionseinstellung, z. B. durch Streik oder Abwehraussperrung. Die Betriebsstillegung ist nicht bereits vollzogen, wenn die Betriebsanlagen stillgelegt und die ArbN nicht mehr beschäftigt werden. Erforderlich ist vielmehr, daß die Belegschaft in rechtlicher Hinsicht aufgelöst worden ist, d. h. daß die ArbN in einen anderen Betrieb versetzt oder ihre Arbeitsverhältnisse z. B. durch Kündigung oder Auflösungsvertrag aufgelöst worden sind (*DR,* Rn 32; BAG 29. 3. 77, AP Nr. 11 zu § 102 BetrVG 1972). Zum Kündigungsschutz der BRMitgl. im Falle einer Betriebsstillegung vgl. § 103 Rn 12ff.

31 Hinsichtlich des **Zeitpunkts des Amtsendes** des BR bei einer Betriebsstillegung ist folgende **Besonderheit** zu beachten: Eine Betriebsstillegung ist stets eine Betriebsänderung i. S. von § 111. Bei ihr stehen dem BR weitgehende Mitwirkungs- und Mitbestimmungsrechte, insbesondere das Recht zu, ggfs. über die Einigungsstelle die Aufstellung eines Sozialplans zu erzwingen. Würde in diesem Fall das Amt des BR mit der Betriebsstillegung, d. h. mit der Auflösung der betrieblichen Organisation und der Entlassung aller ArbN einschließlich der BRMitgl. enden, so hätte es der ArbGeb. in der Hand, durch eine schnelle Durchführung die Mitwirkungsrechte des BR zu unterlaufen und gegenstandslos zu machen. Im Interesse der Sicherung der Beteiligungsrechte des BR ist deshalb davon auszugehen, daß der BR (nicht etwa nur der BRVorsitzende) auch nach Durchführung der Betriebsstillegung **noch so lange als im Amt befindlich anzusehen ist,** wie die hierbei zu beachtenden Beteiligungsrechte des BR dies gebieten. Wenn z. B. ein ArbGeb. den Betrieb stillegt und alle ArbN entläßt, so ist der BR für die Aufstellung eines Sozialplanes nach § 112 als noch im Amt befindlich anzusehen, auch wenn die Mitgl. des BR bereits aus dem Betrieb ausgeschieden sind. Gleiches gilt für die Geltendmachung etwa in diesem Zusammenhang entstehender Kostenerstattungsansprüche des BR nach § 40 (BAG 29. 3. 77, AP Nr. 11 zu § 102 BetrVG 1972; BAG 3. 10. 78, AP Nr. 14 zu § 40 BetrVG 1972, BAG 14. 11. 78, AP Nr. 6 zu § 59 KO; *GL,* Rn 21, § 111 Rn 9; *GK-Wiese,* Rn 39, 42ff.; *GKSB,*

Rn 29f.; *HSG,* Rn 26; *Blomeyer,* ZfA 1975, 304; *Fuchs,* S. 54f.; **a. A.** LAG Düsseldorf, BB 76, 602; offenbar auch LAG Berlin, DB 76, 602; *Hanau,* ZfA 1974, 109; *DR,* Rn 33; *Richardi,* Sozialplan und Konkurs S. 39: die Gegenmeinung hält die Bestellung eines Treuhänders durch den BR vor Ablauf seiner Amtszeit für zulässig; vgl. zum ganzen auch § 103 Rn 15 und §§ 112, 112a Rn 40).

Nach der Rechtsprechung des BAG (vgl. BAG 16. 6. 87, AP Nr. 20 zu **31a**
§ 111 BetrVG 1972) hat der ArbGeb. in dem Fall, daß er den ArbN wegen Vernichtung des Betriebes durch Brand gekündigt hat und er sich erst Monate später entschließt, den Betrieb endgültig stillzulegen, die Mitbestimmungsrechte des BR nach § 111 selbst dann zu beachten, wenn die reguläre Amtszeit des BR nach der Kündigung aller ArbN an sich abgelaufen war. Damit erkennt das BAG ein Restmandat über den Ablauf der regelmäßigen Amtszeit des BR an (kritisch hierzu *Otto,* SAE 88, 143).

Der Betrieb kann auch bei einer **Zusammenlegung von Betrieben** **32**
untergehen. Hier ist zu unterscheiden: Erfolgt die Zusammenlegung in der Weise, daß der eine Betrieb in den anderen eingegliedert wird, so endet die Amtszeit des BR des eingegliederten Betriebs mit der **Eingliederung,** da hierdurch der eingegliederte Betrieb seine Eigenständigkeit verliert. Der BR im aufnehmenden Betrieb bleibt bestehen, es sei denn, in ihm ist eine Neuwahl aus sonstigen Gründen (etwa nach § 13 Abs. 2 Nr. 1 wegen Veränderung der Belegschaftsstärke) erforderlich. Erfolgt die Zusammenlegung in der Weise, daß ein **neuer selbständiger Betrieb** gegründet wird, so endet mit der Bildung des neuen Betriebs die Amtszeit der bisherigen BR. Für den neuen Betrieb ist ein neuer BR zu wählen (*DR,* Rn 36f.; *GL,* Rn 23f.; *HSG,* Rn 28f.; *GK-Wiese,* Rn 44, 45; LAG Frankfurt, DB 89, 184).

Keine Beendigung der Amtszeit des BR tritt bei einer **Teilstillegung** **33**
des Betriebs ein, solange der Restbetrieb betriebsratsfähig bleibt (vgl. hierzu oben Rn 28; *DR,* Rn 39; *GK-Wiese,* Rn 43). Jedoch kann sich in diesem Fall die Notwendigkeit einer Neuwahl des BR wegen Veränderung der Belegschaftsstärke ergeben (vgl. oben Rn 24).

Auch eine **Betriebsübernahme** führt als solche nicht zu einer Beendi- **34**
gung der Amtszeit des BR, da nach § 613a BGB (vgl. Anhang 9) der neue ArbGeb. kraft Gesetzes in die im Zeitpunkt des Übergangs bestehenden Arbeitsverhältnisse eintritt und deshalb die Identität des bisherigen Betriebes weiterbesteht (*DR,* Rn 40; *GL,* Rn 25; *GK-Wiese,* Rn 47; *Seiter,* Betriebsinhaberwechsel, S. 124, vgl. § 1 Rn 57ff.). Etwas anderes gilt allerdings, wenn der Betriebserwerber nicht unter den Geltungsbereich des BetrVG fällt, z. B. bei Erwerb des Betriebes durch die öffentliche Hand (vgl. § 130) oder bei Erwerb einer erzieherischen oder karitativen Einrichtung durch eine Religionsgemeinschaft (vgl. § 118 Abs. 2). In diesem Fall endet die Amtszeit des BR mit dem Betriebsübergang (vgl. BAG 9. 2. 82, AP Nr. 24 zu § 118 BetrVG 1972). Wird von einem Betrieb ein Betriebsteil übertragen und vom Erwerber als selbständiger Betrieb fortgeführt, so bleibt der BR im abgebenden Betrieb bestehen, er hat jedoch keine Zuständigkeit mehr für den übertragenen Betriebsteil und die in ihm beschäftigten ArbN (vgl. hierzu auch § 22 Rn 6).

35 Die **Fusion** von Gesellschaften führt, da sie die Identität der Betriebe unberührt läßt, nicht zu einer Beendigung der Amtszeit der BR. Verändert der neue Arbeitgeber allerdings die Belegschaftsstärke (vgl. hierzu § 13 Rn 14ff.) oder nimmt er anderweitige organisatorische Veränderungen vor (z. B. Zusammenlegung des übernommenen Betriebs mit einem anderen oder Stillegung des übernommenen Betriebs), so können diese Umstände Einfluß auf die Amtszeit des BR haben (vgl. oben Rn 24ff. sowie § 1 Rn 29ff.)

35a Die Eröffnung eines Konkurs- oder Vergleichsverfahrens hat keinen Einfluß auf die Amtszeit des BR. Die nach § 6 KO auf den Konkursverwalter übergehende Verwaltungs- und Verfügungsbefugnis über das Vermögen des Gemeinschuldners umfaßt auch die Rechte und Pflichten, die sich aus der ArbGebStellung des Gesamtschuldners ergeben. Das gilt auch für betriebsverfassungsrechtliche Rechte und Pflichten (*GK-Wiese,* Rn 48).

3. Bedeutung des Endes der Amtszeit

36 Mit dem **Ende der Amtszeit** hört der BR **kraft Gesetzes** auf zu bestehen. Die ihm zustehenden Rechte, Pflichten und Befugnisse können nach Ablauf der Amtszeit nicht mehr ausgeübt werden. Eine Fortführung der Geschäfte durch den bisherigen BR bis zur Wahl des neuen BR ist nicht möglich (vgl. BAG 15. 1. 74, AP Nr. 1 zu § 68 PersV Baden-Württembg.; *GK-Wiese,* Rn 49; *GL,* Rn 26; vgl. aber auch oben Rn 31a), es sei denn, es ist ausnahmsweise nach § 22 die Weiterführung der Geschäfte zugelassen (vgl. oben Rn 29 und 31). Der Betrieb bleibt vielmehr bis zur Wahl eines neuen BR ohne ArbNVertr.

37 Die bisherigen BRMitgl. genießen nach Ende der Amtszeit nicht mehr den verstärkten **Kündigungsschutz** nach § 103 dieses Gesetzes gegen eine außerordentliche Kündigung aus wichtigem Grunde ohne Einhaltung einer Kündigungsfrist, wohl jedoch noch den nachwirkenden Kündigungsschutz nach § 15 Abs. 1 Satz 2 gegen ordentliche Kündigungen innerhalb eines Jahres nach Beendigung der Amtszeit (vgl. § 103 Rn 33ff.); letzteres gilt nicht, wenn die Beendigung der Amtszeit auf einer gerichtlichen Entscheidung beruht.

Ferner verlieren mit dem Amtsende des BR seine Mitgl. nicht nur ihre Mitgliedschaft im BR, sondern auch sonstige Funktionen, die die Mitgliedschaft im BR voraussetzen, z. B. Freistellung, Mitgliedschaft im GesBR und KBR.

VI. Streitigkeiten

38 Über Fragen der Amtszeit des BR entscheiden im Streitfall die **ArbG im Beschlußverfahren** (§§ 2a, 80ff. ArbGG). Sie können aber auch im Rahmen eines Urteilsverfahrens z. B. eines Kündigungsschutzprozesses inzidenter entschieden werden.

§ 22 Weiterführung der Geschäfte des Betriebsrats

In den Fällen des § 13 Abs. 2 Nr. 1 bis 3 führt der Betriebsrat die Geschäfte weiter, bis der neue Betriebsrat gewählt und das Wahlergebnis bekanntgegeben ist.

Inhaltsübersicht

I. Vorbemerkung

Die Vorschrift regelt die Befugnis zur Weiterführung der Geschäfte für BR, deren Amtszeit aus bestimmten Gründen vorzeitig endet. Sie ist für BR, deren Amtszeit aus den in § 13 Abs. 2 Nr. 1 und 2 genannten Gründen vorzeitig endet, an sich überflüssig. Denn diese BR bleiben gemäß § 21 Satz 5 bis zur Bekanntgabe des Wahlergebnisses des neu gewählten BR ohnehin im Amt. Während der Amtszeit sind die BR jedoch stets in vollem Umfange geschäftsführungsbefugt. Für die Geschäftsführungsbefugnis eines zurückgetretenen BR (vgl. § 13 Abs. 2 Nr. 3) ist die Vorschrift dagegen von Bedeutung, da die Regelung des § 21 Satz 5 insoweit unmittelbar nicht Platz greift (*GK-Wiese*, Rn 9f.). 1

Die Vorschrift gilt für die Bordvertr. und den SeeBR entsprechend (vgl. § 115 Abs. 3, § 116 Abs. 2). Für die Geschäftsführungsbefugnis der JugAzubiVertr. ist die Vorschrift zwar nicht ausdrücklich für anwendbar erklärt. Im Falle des § 13 Abs. 2 Nr. 2 ergibt sich ihre Befugnis zur Weiterführung der Geschäfte jedoch daraus, daß sie in diesem Fall bis zur Bekanntgabe des Wahlergebnisses der neu gewählten JugAzubiVertr. im Amt bleibt (vgl. § 64 Abs. 2 S. 5). Keine Anwendung findet die Bestimmung auf den GesBR, den KBR, die GesJugAzubiVertr. und den WiAusschuß. 2

Die Vorschrift ist **zwingend.** Abweichende Regelungen sind weder durch TV noch durch BV zulässig. 3

Entsprechende Vorschriften: § 27 Abs. 3 BetrVG 74 und § 5 Abs. 5 SprAuG. 3a

II. Volle Geschäftsführungsbefugnis

Die Geschäftsführungsbefugnis nach § 22 besteht in den Fällen des § 13 Abs. 2 Nr. 1 bis 3, d. h. für die BR, deren Amtszeit infolge einer vorzeitigen Neuwahl vor Ablauf der regelmäßigen Amtszeit endet, weil 4

- sich die **regelmäßige ArbNZahl** des Betriebs in dem in § 13 Abs. 2 Nr. 1 genannten Umfang **verändert** hat (vgl. § 13 Rn 14ff.);
- die **MitglZahl des BR** unter die gesetzlich vorgeschriebene MitglZahl **gesunken** ist (vgl. § 13 Rn 25ff.); die Geschäftsführungsbefugnis besteht auch dann, wenn der RumpfBR nur noch aus einem Mitgl. besteht (vgl. LAG Düsseldorf, DB 75, 454; *GL*, Rn 4);

– der BR seinen **kollektiven Rücktritt** erklärt hat (vgl. § 13 Rn 28ff.; dort auch Näheres zu der Frage, wann eine Amtsniederlegung der BRMitgl. als ein Rücktritt anzusehen ist).

5 In den anderen Fällen einer vorzeitigen Beendigung der Amtszeit des BR (vgl. hierzu § 13 Abs. 2 Nr. 4 und 5 und dortige Rn 32ff. sowie § 21 Rn 27ff.) besteht keine Befugnis zur Weiterführung der Geschäfte, auch nicht zur Weiterführung der „laufenden" Geschäfte. Diese Betriebe sind vielmehr betriebsratslos (*GL,* Rn 2; *GK-Wiese,* Rn 13).

6 § 22 ist jedoch entsprechend anzuwenden, wenn die Amtszeit des BR wegen Inkrafttretens eines Tarifvertrags nach § 3 Abs. 1 Nr. 2, der die **Errichtung einer anderen Vertretung der ArbN** vorsieht, endet (vgl. § 3 Rn 38; *DR,* Rn 3 und § 3 Rn 34; *GK-Kraft* § 3 Rn 37; *GKSB,* Rn 5; *HSG,* Rn 6; **a. A.** *GL,* Rn 2, § 21 Rn 15; *GK-Wiese,* Rn 14). Ferner gilt die Vorschrift entsprechend, wenn der BR wegen zeitweiliger Verhinderung von BRMitgl., die auch nicht durch ErsMitgl. vertreten werden können, nicht mehr beschlußfähig ist (BAG 18. 8. 82, AP Nr. 24 zu § 102 BetrVG 1972; *GK-Wiese,* Rn 13). Dagegen ist die Vorschrift mangels Fortbestandes der Betriebsidentität nicht entsprechend anwendbar, wenn ein Betriebsteil auf einen anderen Inhaber übertragen, von diesem als selbständiger Betrieb fortgeführt wird und damit die Zuständigkeit des BR des abgebenden Betriebs für den abgetrennten Betriebsteil und die in ihm beschäftigten ArbN. endet. Insoweit besteht auch kein Restmandat des BR des abgebenden Betriebes zur Wahrnehmung von BR-Aufgaben gegenüber dem neuen Inhaber für eine Übergangszeit bis zur Wahl eines eigenen BR durch die ArbN des übertragenen Betriebsteils (vgl. BAG 23. 11. 88, AP Nr. 77 zu § 613a BGB).

7 Die **Geschäftsführungsbefugnis** nach § 22 ist **umfassend.** Sie ist in keinerlei Weise beschränkt, sondern entspricht in vollem Umfang derjenigen eines ordnungsgemäß gewählten und zusammengesetzten BR während seiner Amtszeit (*DR,* Rn 5; *GL,* Rn 5; *GK-Wiese,* Rn 15f.; *GKSB,* Rn 6f.; *HSG,* Rn 7ff.; *Wahsner,* ArbuR 79, 209). Insbesondere umfaßt sie die Berechtigung zur Wahrnehmung **sämtlicher Mitwirkungs- und Mitbestimmungsrechte** des BR (LAG Düsseldorf, DB 75, 454). Der BR kann auch weiterhin BV abschließen. Ferner kann er alle aus den organisatorischen Vorschriften dieses Gesetzes sich ergebenden Rechte und Befugnisse wahrnehmen. Der BetrAusschuß (§ 27) und etwa gebildete weitere Ausschüsse des BR nach § 28 bleiben mit den ihnen übertragenen Rechten und Befugnissen bestehen. Freistellungen von BRMitgl. gemäß § 38 bleiben weiterhin wirksam. Auch sind die Mitgl. des BR berechtigt, weiterhin an Schulungs- und Bildungsveranstaltungen nach § 37 Abs. 6 und 7 teilzunehmen. Der BR kann ferner weiterhin Sprechstunden (§ 39) abhalten und hat Betriebs- bzw. Abteilungsverslg. durchzuführen (vgl. §§ 42ff.). Die in den GesBR entstandenen Mitgl. bleiben dessen Mitgl. Der BR kann auch weiterhin im Bedarfsfall die Einigungsstelle anrufen oder arbeitsgerichtliche Verfahren einleiten und durchführen. Die BRMitgl. genießen weiterhin den Schutz nach § 78 sowie besonderen Kündigungsschutz nach § 15 KSchG und § 103 dieses Gesetzes.

Der BR ist verpflichtet, in diesen Fällen **unverzüglich,** d.h. ohne schuldhaftes Zögern, einen **Wahlvorstand** für die Durchführung der vorzeitigen Neuwahl zu bestellen (Näheres vgl. § 13 Rn 24, § 16 Rn 5). 8

III. Ende der Geschäftsführungsbefugnis

Die Geschäftsführungsbefugnis endet mit der **Bekanntgabe des Wahlergebnisses** des neu gewählten BR. Unter Bekanntgabe des Wahlergebnisses ist die endgültige Bekanntgabe der Namen der neu gewählten BRMitglieder durch zweiwöchigen Aushang nach § 19 WO zu verstehen. Die Geschäftsführungsbefugnis endet mit der Bekanntgabe des Wahlergebnisses als solcher, nicht erst mit Ablauf des Tages der Bekanntmachung. § 187 BGB ist hier nicht anzuwenden, da die Bekanntmachung nicht den Beginn einer Frist, sondern das Ende einer bestehenden Befugnis festlegt (*GK-Wiese,* Rn 19; *GL,* Rn 7; *HSG,* Rn 10). Die Amtszeit des neu gewählten BR schließt sich lückenlos an (vgl. § 21 Rn 8). 9

Kommt eine **Neuwahl nicht zustande,** sei es, weil der bisherige BR keinen Wahlvorstand bestellt hat und ein Bestellungsverfahren nach § 16 Abs. 2 unterblieben ist oder zu keinem Erfolg geführt hat, sei es aus sonstigen Gründen, so führt der bisherige BR die Geschäfte in vollem Umfang weiter. In diesen Fällen endet die Geschäftsführungsbefugnis des BR nach § 22 endgültig in dem Zeitpunkt, in dem bei **normalem Ablauf die Amtszeit** des BR geendet hätte. § 22 dehnt die Geschäftsführungsbefugnis des BR nicht über seine reguläre Amtszeit aus, sondern sichert sie nur bis zur Bekanntgabe des Wahlergebnisses des vorzeitig neu gewählten BR (*DR,* Rn 8; *GL,* Rn 7; *GK-Wiese,* Rn 20; LAG Düsseldorf, DB 75, 454). 10

Auch bei einer **nichtigen Neuwahl** bleibt der bisherige BR zur vollen weiteren Geschäftsführung berechtigt, sobald die Nichtigkeit der Wahl feststeht. Ist die Wahl des neuen BR dagegen nur **anfechtbar,** so lebt wegen der Wirkung der Anfechtung nur für die Zukunft die Geschäftsführungsbefugnis des alten BR nicht wieder auf, wenn die Wahl des neuen BR mit Erfolg angefochten worden ist (*GL,* Rn 7; *GK-Wiese,* Rn 21; *HSG,* Rn 11; **a. A.** *GKSB,* Rn 12). 11

IV. Streitigkeiten

Über Fragen der Weiterführung der Geschäfte entscheiden im Streitfall die ArbG im **Beschlußverfahren** (§§ 2a, 80ff. ArbGG). 12

§ 23 Verletzung gesetzlicher Pflichten

(1) **Mindestens ein Viertel der wahlberechtigten Arbeitnehmer, der Arbeitgeber oder eine im Betrieb vertretene Gewerkschaft können**

beim Arbeitsgericht den Ausschluß eines Mitglieds aus dem Betriebsrat oder die Auflösung des Betriebsrats wegen grober Verletzung seiner gesetzlichen Pflichten beantragen. Der Ausschluß eines Mitglieds kann auch vom Betriebsrat beantragt werden.

(2) **Wird der Betriebsrat aufgelöst, so setzt das Arbeitsgericht unverzüglich einen Wahlvorstand für die Neuwahl ein. § 16 Abs. 2 gilt entsprechend.**

(3) **Der Betriebsrat oder eine im Betrieb vertretene Gewerkschaft können bei groben Verstößen des Arbeitgebers gegen seine Verpflichtungen aus diesem Gesetz beim Arbeitsgericht beantragen, dem Arbeitgeber aufzugeben, eine Handlung zu unterlassen, die Vornahme einer Handlung zu dulden oder eine Handlung vorzunehmen. Handelt der Arbeitgeber der ihm durch rechtskräftige gerichtliche Entscheidung auferlegten Verpflichtung zuwider, eine Handlung zu unterlassen oder die Vornahme einer Handlung zu dulden, so ist er auf Antrag vom Arbeitsgericht wegen einer jeden Zuwiderhandlung nach vorheriger Androhung zu einem Ordnungsgeld zu verurteilen. Führt der Arbeitgeber die ihm durch eine rechtskräftige gerichtliche Entscheidung auferlegte Handlung nicht durch, so ist auf Antrag vom Arbeitsgericht zu erkennen, daß er zur Vornahme der Handlung durch Zwangsgeld anzuhalten sei. Antragsberechtigt sind der Betriebsrat oder eine im Betrieb vertretene Gewerkschaft. Das Höchstmaß des Ordnungsgeldes und Zwangsgeldes beträgt 20000 Deutsche Mark.**

Inhaltsübersicht

I. Vorbemerkung

1 Die Vorschrift regelt Sanktionsmöglichkeiten gegen den BR, seine Mitgl. und den ArbGeb. im Falle grober Pflichtverletzungen. Die Absätze 1 und 2 regeln abschließend das Verfahren und die Voraussetzungen für eine **Auflösung des BR** als Kollektivorgan und für einen **Ausschluß eines Mitgl.** aus dem BR. Über beide Maßnahmen ist im arbeitsgerichtlichen BeschlVerf. zu entscheiden. Voraussetzung ist eine grobe

Verletzung der gesetzlichen Pflichten sowie ein ordnungsgemäßer Antrag der in Abs. 1 genannten Antragsberechtigten. Eine Abwahl des BR oder eine Absetzung einzelner BRMitgl. durch die ArbN des Betriebs ist nicht zulässig; denn der BR hat kein imperatives, sondern ein repräsentatives Mandat (vgl. hierzu BVerfG, NJW 79, 1875). Beschließt das ArbG die Auflösung des BR, so hat es von Amts wegen einen Wahlvorst. für die Neuwahl zu bestellen. Die Abs. 1 und 2 schließen die gerichtliche Geltendmachung eines Anspruchs gegen den BR oder einzelner BRMitgl., ein bestimmtes gesetzwidriges Verhalten zu unterlassen, nicht aus (BAG 22. 7. 80, AP Nr. 3 zu § 74 BetrVG 1972).

Abs. 3 bietet die Möglichkeit, einen **ArbGeb.,** der grob gegen seine Verpflichtungen aus diesem Gesetz verstoßen hat, auf Antrag des BR oder einer im Betrieb vertretenen Gewerkschaft durch gerichtliche Zwangsmaßnahmen zur Befolgung des Gesetzes anzuhalten. Die Regelung ist **nicht abschließend.** Die Möglichkeit, nach den allgemeinen Zwangsvollstreckungsregeln die Einhaltung der gesetzlichen Pflichten des ArbGeb. sicherzustellen, bleibt unberührt (vgl. unten Rn 77ff.). 2

Die Vorschrift gilt für die Bordvertr. und den SeeBR entsprechend (vgl. § 115 Abs. 3, § 116 Abs. 2). Für die JugAzubiVertr. gilt nur Abs. 1 (vgl. § 65), nicht dagegen die Abs. 2 und 3 (*GL,* Rn 4; *GK-Wiese,* Rn 5; **a. A.:** *Brecht,* Rn 2). Die Bestellung des Wahlvorst. erfolgt bei einer Auflösung der JugAzubiVertr. gemäß § 63. Verletzt der ArbGeb. die ihm gegenüber der JugAzubiVertr. obliegenden Pflichten in grober Weise, so kann, abgesehen von jeder im Betrieb vertretenen Gewerkschaft, nur der BR, nicht die JugAzubiVertr. das Verfahren nach Abs. 3 einleiten (BAG 15. 8. 78, AP Nr. 1 zu § 23 BetrVG 1972; *GK-Wiese,* Rn 5; *DR,* Rn 63). 3

Abs. 1 und 2 sind nicht auf den GesBR, den KBR und die GesJugAzubiVertr. anzuwenden. Hier gelten die Sondervorschriften der §§ 48, 56 und 73 Abs. 2. Andererseits gilt Abs. 3 gem. § 51 Abs. 6 und § 59 auch im Verhältnis des Unternehmers zum GesBR und dem KBR (*GK-Wiese,* Rn 4; **a. A.** *GL,* Rn 4; *HSG,* Rn 3). 3a

Die Vorschrift ist **zwingend.** Sie kann weder durch BV noch durch TV abgedungen werden. 4

Entsprechende Vorschriften: § 28 BPersVG 74 und § 9 Abs. 1 SprAuG. 4a

II. Ausschluß aus dem Betriebsrat – Auflösung des Betriebsrats

1. Antrag

Das arbeitsgerichtliche Verfahren nach Abs. 1 setzt einen **Antrag** voraus, der nur von den in der Vorschrift genannten Antragsberechtigten gestellt werden kann. Der Antrag ist zu begründen. Er kann nur auf den in Abs. 1 Satz 1 genannten Grund einer groben Verletzung der gesetzlichen Pflichten gestützt werden. 5

Der Antrag muß als solcher **ausdrücklich gestellt** werden. Daher ist 6 ein Mißtrauensvotum der BetrVerslg. gegen den BR oder ein einzelnes BRMitgl. nicht als Antrag auf Auflösung des BR oder Ausschluß eines Mitglieds aus dem BR aufzufassen. Ein solches **Mißtrauensvotum** ist, da es eine Abberufung des BR oder eines einzelnen Mitgl. durch die Wähler nicht gibt, ohne rechtliche Wirkung (h. M.). Es kann höchstens dem BR Veranlassung zum Rücktritt geben. Wird es in die Form eines Beschlusses gekleidet, der die Einleitung des arbeitsgerichtlichen Verfahrens fordert, so bedarf der Beschluß der Ausführung durch eine förmliche Antragstellung beim ArbG seitens Antragsberechtigter nach § 81 Abs. 1 ArbGG.

2. Antragsberechtigung

7 Der Antrag kann zum einen gestellt werden von mindestens einem **Viertel der wahlberechtigten ArbN** des Betriebs. Die Wahlberechtigung muß im Zeitpunkt der Antragstellung gegeben sein (*DR,* Rn 25; *GK-Wiese,* Rn 54). Antragsberechtigt sind alle wahlberechtigten ArbN des Betriebs. Dies gilt auch bei dem Antrag auf Ausschluß eines BRMitgl. aus dem BR; in diesem Fall sind nicht etwa nur die wahlberechtigten ArbN, die derselben Gruppe wie das auszuschließende Mitgl. angehören, antragsberechtigt (*DR,* Rn 25; *GL,* Rn 21; *GK-Wiese,* Rn 54; *HSG,* Rn 9). Die Mindestzahl ist zwingend und muß während des gesamten Verfahrens gewahrt sein (BAG 14. 2. 78, AP Nr. 7 zu § 19 BetrVG 1972; *DR,* Rn 25; *GK-Wiese,* Rn 55; **a. A.** *Weiss,* Rn 3); sie ist nach dem regelmäßigen Stand der Belegschaft zu berechnen (vgl. § 1 Rn 144ff.). Im Gegensatz zum Wahlanfechtungsverfahren (vgl. § 19 Rn 19) können in das Verfahren nach § 23 Abs. 1 für ausscheidende andere wahlberechtigte ArbN eintreten, um das erforderliche Mindestquorum zu erhalten (*DR,* Rn 25; *HSG,* Rn 9; **a. A.** *GKSB,* Rn 4; *GK-Wiese,* Rn 55). Denn es handelt sich bei dem Verfahren nach § 23 Abs. 1 um eine akute Vertrauenskrise zwischen ArbN und BR bzw. einzelnen BRMitgl. und nicht wie bei der Wahlanfechtung um die Bewertung eines in der Vergangenheit liegenden Ereignisses. Außerdem kennt das Verfahren nach § 23 im Gegensatz zur Wahlanfechtung keine Ausschlußfrist für die Einleitung des gerichtlichen Verfahrens.

8 Antragsberechtigt ist ferner der **ArbGeb.** (vgl. hierzu § 1 Rn 84ff.). Dies gilt allerdings nur hinsichtlich solcher Pflichtverletzungen, die Rechte und Pflichten des BR oder seiner Mitgl. dem ArbGeb. gegenüber betreffen, nicht Pflichtverletzungen im Verhältnis der BRMitgl. untereinander oder im Verhältnis zur Belegschaft; denn der ArbGeb. ist weder Anwalt der Belegschaft noch des BR (*DR,* Rn 22, 27; *GK-Wiese,* Rn 56).

9 Schließlich kann **jede im Betrieb vertretene Gewerkschaft** (§ 2 Rn 26) den Antrag stellen. Ob örtliche Untergliederungen der Gewerkschaft antragsberechtigt sind, bestimmt sich nach der Satzung der Gewerkschaft. Das gleiche gilt für das Antragsrecht eines Spitzenverbandes der Gewerkschaft, der allerdings auch bevollmächtigt werden kann (*GK-Wiese,* Rn 57; weitergehend *DR,* Rn 22; *HSG,* Rn 10; *GKSB,* Rn 7:

eigenständiges Antragsrecht des Spitzenverbandes). Das Antragsrecht der Gewerkschaft besteht auch, soweit es sich um den Ausschluß eines einzelnen BRMitgl. handelt, und zwar ohne Rücksicht darauf, ob das BRMitgl. der antragstellenden Gewerkschaft angehört (*GK-Wiese,* Rn 57; *HSG,* Rn 10).

Für den Fall der Amtsenthebung einzelner BRMitgl. ist **auch der BR** 10 antragsberechtigt. An dem nach § 33 mit einfacher Mehrheit zu fassenden Beschluß des BR, das Verfahren auf Ausschließung eines BRMitgl. zu betreiben, wirkt das auszuschließende BRMitgl. nicht mit (*DR,* Rn 28; *GK-Wiese,* Rn 58; *HSG,* Rn 11). Es ist im Sinne des § 25 Abs. 1 Satz 2 „zeitweilig" verhindert. Das gilt auch für die Beratung über den Beschluß (insoweit **a. A.** *DR,* Rn 28). An seiner Stelle wirkt das nach § 25 in Frage kommende ErsMitgl. bei der Beschlußfassung mit (vgl. § 25 Rn 15 und § 33 Rn 26; BAG 1. 8. 58, AP Nr. 1 zu § 83 ArbGG).

3. Ausschluß von Mitgliedern aus dem Betriebsrat

Ein BRMitgl. kann nur wegen grober Verletzung der aus dem Amt 11 als BRMitgl., nicht etwa der aus dem Arbeitsverhältnis sich ergebenden Pflichten aus dem BR ausgeschlossen werden. Die grobe Pflichtverletzung muß **objektiv erheblich** und **offensichtlich schwerwiegend** sein (BAG 2. 11. 55, AP Nr. 1 zu § 23 BetrVG; BAG 21. 2. 78, AP Nr. 1 zu § 74 BetrVG 1972; *DR,* Rn 19; *GL,* Rn 5 u. 8; *GK-Wiese,* Rn 29).

Gesetzliche Pflichten in diesem Sinne sind auch die durch **TV** oder 12 **BV** konkretisierten Pflichten (*DR,* Rn 12; *GK-Wiese,* Rn 12, 14; *GKSB,* Rn 8). Zu den gesetzlichen Amtspflichten zählen auch die, die sich aus einer besonderen Stellung innerhalb des BR ergeben, etwa aus der Stellung des Vors. oder stellvertr. Vors., ferner aus der Mitglschaft im BetrAusschuß oder einem anderen Ausschuß des BR. Demgegenüber muß eine Pflichtverletzung als Mitgl. des GesBR oder KBR nicht notwendigerweise auch eine als BRMitgl. darstellen, wenn dies auch vielfach der Fall sein dürfte (*GK-Wiese,* Rn 13). Gleiches gilt, wenn ein BRMitgl. als Mitgl. einer Einigungsstelle eine grobe Pflichtverletzung begeht. Für den Ausschluß aus dem GesBR und dem KBR enthalten §§ 48 und 56 Sonderregelungen. Zur Verantwortlichkeit der BRMitgl. für rechtswidrige BRBeschlüsse vgl. *Buchner,* Festschrift für Müller, S. 93ff.

Die Verletzung von gesetzlichen Pflichten setzt im Regelfall ein 13 **schuldhaftes Verhalten** des BRMitgl. im Sinne eines groben Verschuldens voraus, muß also **vorsätzlich** oder **grob fahrlässig** begangen sein (*DR,* Rn 20; *GL,* Rn 12; *HSG,* Rn 16; *GKSB,* Rn 11; *HSG,* Rn 16; **a. A.** *GK-Wiese,* Rn 31; *Weiss,* Rn 7). Eine nur objektive, nicht schuldhafte Pflichtverletzung genügt nicht, es sei denn, es läge ein krankhaftes, querulatorisches Verhalten vor (BAG 5. 9. 67, AP Nr. 8 zu § 23 BetrVG; BVerwG, AP Nr. 8 zu § 26 PersVG; *GK-Wiese,* Rn 33; **a. A.** *DR,* Rn 6, 21; *GL,* Rn 12; *HSG,* Rn 16).

Es genügt eine **einmalige grobe Pflichtverletzung** (BAG 4. 5. 55, 14 AP Nr. 1 zu § 44 BetrVG; *DR,* Rn 19; *GL,* Rn 8; *GK-Wiese,* Rn 30). Die

Wiederholung leichter Pflichtverletzungen kann nur in Ausnahmefällen zu einer groben Pflichtverletzung werden (weitergehend *DR,* Rn 19; *GL,* a.a.O.; *GK-Wiese,* a.a.O.).

15 Hat der BR den Antrag auf Ausschluß eines seiner Mitgl. gestellt, so genügt nicht der Hinweis auf die Unzumutbarkeit weiterer Zusammenarbeit (so jedoch *Neumann-Duesberg,* Festschrift für Molitor, S. 307); vielmehr ist erforderlich, daß der Auszuschließende durch ein ihm zurechenbares Verhalten die Funktionsfähigkeit des BR ernstlich bedroht oder lahmgelegt hat (BAG 5. 9. 67, AP Nr. 8 zu § 23 BetrVG; BAG 21. 2. 78, AP Nr. 1 zu § 74 BetrVG 1972; *GK-Wiese,* Rn 34; *GL,* Rn 9; *HSG,* Rn 17; einschränkend *DR,* Rn 6, der in diesem Falle nur die Auflösung des BR zulassen will). Andererseits rechtfertigt eine grobe Pflichtverletzung eines einzelnen BRMitgl. seinen Ausschluß auf Antrag des BR auch dann, wenn die Funktionsfähigkeit des BR hierdurch nicht nachhaltig gestört ist.

16 **Beispiele:**

Als **grobe Pflichtverletzung** sind anzusehen:

- Verletzung der Schweigepflicht, wenn sie wiederholt erfolgt oder schwerwiegende Folgen hat (vgl. RAG 10, 122 und 502; *Gaul,* DB 60, 1099). Nicht jeder Beratungspunkt des BR unterliegt der Schweigepflicht, sondern nur Betriebs- und Geschäftsgeheimnisse, die der ArbGeb. ausdrücklich als geheimhaltungsbedürftig bezeichnet hat (vgl. § 79), und solche Gegenstände, die ihrer Natur nach nicht für die Öffentlichkeit bestimmt sind, z.B. aus der Intimsphäre von ArbN (vgl. hierzu auch die Schweigepflicht nach § 82 Abs. 2, § 83 Abs. 1, § 99 Abs. 1, § 102 Abs. 2). In Zweifelsfällen sollte ein BRBeschluß über die Geheimhaltung herbeigeführt werden (vgl. BAG 5. 9. 67, AP Nr. 8 zu § 23 BetrVG; vgl. auch § 79 Rn 2ff.);
- Rücksichtslose Preisgabe von vertraulichen – unter Ausnutzung oder doch aufgrund der BREigenschaft erlangten – Informationen oder Kenntnissen an den ArbGeb. (vgl. LAG München, DB 78, 895);
- unsittliche Belästigung unter Ausnutzung des BRAmts (RAG 10, 489);
- Weitergabe von Gehaltslisten an außerbetriebliche Stellen (z.B. an Gewerkschaft zur Überprüfung der Beitragsehrlichkeit – BAG 22. 5. 59, AP Nr. 3 zu § 23 BetrVG);
- ungerechtfertigte gehässige Diffamierung von BRMitgl. (LAG Hamm, BB 59, 376; LAG Düsseldorf, DB 77, 2191);
- Aufruf zu einem wilden Streik (LAG Hamm, BB 56, 41);
- Aufwiegeln zur „Rebellion" (LAG Bayern, DB 58, 900);
- grober Mißbrauch des BRAmtes zum Schaden des Betriebs und seiner Arbeitnehmer oder zur Bekämpfung der demokratisch gebildeten Gewerkschaften;
- wiederholte (partei-)politische Agitation im Betrieb (BAG 3. 12. 54 und 13. 1. 56, AP Nr. 2 u. 3 zu § 13 KSchG; BAG 21. 2. 78, AP Nr. 1 zu § 74 BetrVG 1972) sowie die Behandlung von (partei-)politischen Fragen in einer BetrVerslg., die den Betriebsfrieden stört (BAG 4. 5. 55, AP Nr. 1 zu § 44 BetrVG; LAG Düsseldorf, DB 77, 2191); nicht jede gelegentliche politische Tätigkeit von BRMitgl. berechtigt jedoch zu deren Ausschluß aus dem BR (vgl. BAG 8. 8. 68, AP Nr. 57 zu § 626 BGB); eine grobe Pflichtverletzung, die einen Ausschluß aus dem BR rechtfertigt, liegt

vielmehr im allgemeinen nur vor, wenn eine parteipolitische Betätigung eine Störung des Betriebsfriedens zur Folge hat (vgl. BAG 21. 2. 78, a. a. O.; Näheres § 74 Rn 8ff.). Zur Frage, inwieweit das Grundrecht der Meinungsfreiheit nach Art. 5 Abs. 1 GG auf die Bewertung einer unzulässigen parteipolitischen Tätigkeit eines BRMitgl. als grobe Pflichtverletzung einwirkt und diese einengt, vgl. BVerfG, AP Nr. 2 zu § 74 BetrVG 1972 sowie § 74 Rn 8a. Parteipolitische Betätigung außerhalb des Betriebs ist zulässig, auch wenn dabei die BRMitgliedschaft zu erkennen gegeben wird (LAG Hamburg BB 70, 1480; vgl. aber auch LAG Niedersachsen BB 70, 1480);
- Veranstaltung von „Volksbefragungen" (BAG 13. 1. 56, AP Nr. 4 zu § 13 KSchG);
- Beteiligung an Arbeitskämpfen unter Ausnutzung des BRAmts (*GK-Wiese,* Rn 4); vgl. aber auch § 74 Rn 5;
- grundsätzliche Ablehnung der Zusammenarbeit durch die Mehrheit der anders organisierten BRMitgl. (BAG 5. 9. 67, AP Nr. 8 zu § 23 BetrVG);
- ständiges unentschuldigtes Fernbleiben von der BRSitzung (*GL,* Rn 18);
- Nichtteilnahme an BRSitzungen und Abstimmungen im BR wegen grundsätzlicher Ablehnung des BetrVG (LAG Mainz, BB 54, 129);
- Entgegennahme von besonderen, nur dem betreffenden BRMitgl. zugewandten Vorteilen zum Zwecke der Beeinflussung der Amtsführung oder zur Belohnung einer voraufgegangenen pflichtwidrigen Amtsführung (LAG München, DB 78, 895);

Keine groben Pflichtverletzungen sind: 16a
- Gewerkschaftliche Betätigung (vgl. nunmehr § 74 Abs. 3);
- Werbung für eine Gewerkschaft ohne Ausübung von Druck (BVerwG AP Nr. 2 zu § 26 PersVG; OVG Saarland AP Nr. 15 zu Art. 9 GG), wohl aber Verletzung der negativen Koalitionsfreiheit (LAG Kiel, BB 60, 1243); vgl. auch § 75 Rn 14ff.;
- Erstattung einer Strafanzeige gegen den ArbGeb., soweit diese nicht mißbräuchlich ist oder absichtlich unwahre Anschuldigungen enthält (LAG Baden-Württemberg AP Nr. 2 zu § 78 BetrVG; hierzu *Bychelberg,* DB 59, 1112);
- mangelnde Kompromißbereitschaft gegenüber dem ArbGeb. (vgl. § 74 Rn 3);
- irrtümliche Verletzung betriebsverfassungsrechtlicher Pflichten (ArbG Paderborn, BB 73, 335);
- Informationen an das Gewerbeaufsichtsamt oder an die Berufsgenossenschaft über sicherheitstechnische Mängel (vgl. § 89 Rn 8);
- Streitigkeiten innerhalb des BR, die auf sachlichen Meinungsverschiedenheiten beruhen (BAG 5. 9. 67, AP Nr. 8 zu § 23 BetrVG).

Von der Verletzung betriebsverfassungsrechtlicher Pflichten ist die 17 **Verletzung von Pflichten aus dem Arbeitsvertrag** zu unterscheiden. Verletzt ein BRMitgl. nur seine Vertragspflichten, z. B. schuldhafte fehlerhafte Arbeitsleistung, kommen nur arbeitsvertragliche Sanktionsmöglichkeiten in Betracht, nicht dagegen ein Ausschluß aus dem BR. Umgekehrt kann eine ausschließliche Amtspflichtverletzung nicht zu arbeitsvertraglichen, sondern nur zu betriebsverfassungsrechtlichen Sanktionen wie der Amtsenthebung führen. Unter Umständen kann aber eine grobe Verletzung der Pflichten des BRMitgl. zugleich auch eine Verletzung der Pflichten aus dem Arbeitsverhältnis darstellen (z. B. wenn das BRMitgl. unter dem Vorwand angeblicher BRGeschäfte sich unberechtigt von der Arbeit entfernt).

17a In diesem Falle hat **der ArbGeb. die Wahl** (*DR,* Rn 14ff.; *GL,* Rn 7; *HSG,* Rn 23; *Weiss,* Rn 6; sehr eingehend *GK-Wiese,* Rn 17ff., 27; **a. A.** *Bieback,* RdA 78, 84ff.). Er kann sich auf den Antrag auf Ausschluß des Mitgl. aus dem BR beschränken. Er kann jedoch dem BRMitgl. auch ohne Einhaltung einer Kündigungsfrist kündigen, sofern dessen Verhalten eine Kündigung des Arbeitsverhältnisses aus wichtigem Grund ohne Einhaltung einer Kündigungsfrist rechtfertigt und der BR gemäß § 103 der außerordentlichen Kündigung zugestimmt hat. Verweigert der BR seine Zustimmung, so kann der ArbGeb. gemäß § 103 Abs. 2 beim ArbG die Ersetzung der Zustimmung des BR zur außerordentlichen Kündigung beantragen. Der ArbGeb. kann den Antrag auf Ausschluß aus dem BR und den Antrag auf Ersetzung der Zustimmung des BR zur außerordentlichen Kündigung des BRMitgl. prozessual miteinander verbinden, allerdings nur in der Weise, daß der Ausschlußantrag hilfsweise gestellt wird (vgl. BAG 21. 2. 78, AP Nr. 1 zu § 74 BetrVG 1972; *GK-Wiese,* Rn 63; vgl. auch § 103 Rn 28; **a. A.** *DR,* Rn 36; *HSG,* Rn 26). Für eine kumulative Häufung der Anträge dürfte im Regelfall das Rechtsschutzinteresse fehlen (insoweit **a. A.** *GK-Wiese,* Rn 63).

18 Da für die Ahndung von Amtspflichtverstößen eines BRMitgl. der normale Weg sein Ausschluß aus dem BR ist (*DR,* Rn 15f.; *Brecht,* Rn 10), ist an die darüber hinaus ggfls. bestehende **Möglichkeit einer außerordentlichen Kündigung** wegen Verletzung des Arbeitsvertrages ein **strenger Maßstab anzulegen** (vgl. BAG 8. 8. 68, AP Nr. 57 zu § 626 BGB), und zwar ein strengerer als bei einem anderen ArbN, der nicht dem BR angehört. Dies gilt jedenfalls dann, wenn die Vertragsverletzung mit der Amtsausübung des BR zusammenhängt; denn BRMitgl. können infolge ihrer exponierten Stellung und gerade bei aktiver BRTätigkeit leichter als andere ArbN in Kollision mit arbeitsvertraglichen Pflichten kommen (vgl. BAG 20. 12. 61, AP Nr. 16 zu § 13 KSchG; BAG 22. 8. 74, AP Nr. 1 zu § 103 BetrVG 1972; BAG 11. 12. 75, AP Nr. 1 zu § 15 KSchG 1969; BAG 16. 10. 86, AP Nr. 95 zu § 626 BGB; *DR,* Rn 16; *GL,* Rn 7; *GK-Wiese,* Rn 22ff.; *GKSB,* Rn 9; *Neumann/ Duesberg,* RdA 62, 293ff.; **a. A.** *Brecht,* Rn 10; *HSG,* Rn 24; **weitergehend** *Freitag,* Betriebsratsamt und Arbeitsverhältnis, S. 83ff.; *Weber,* NJW 73, 787; *Peter,* BlStR 77, 257, *Bieback,* RdA 78, 85ff., die die Möglichkeit einer außerordentlichen Kündigung generell ausschließen bzw. auf den Fall der vorsätzlichen Amtspflicht- und Vertragsverletzung beschränken; diese Ansicht ist jedoch im Hinblick auf das Begünstigungsverbot des § 78 nicht bedenkenfrei).

19 Hat ein BRMitgl. im Zusammenhang mit dem groben Verstoß ein Schutzgesetz verletzt, so kommt die Geltendmachung von Schadensersatzansprüchen in Betracht (vgl. § 1 Rn 111ff., § 79 Rn 28).

20 Der Ausschluß eines BRMitgl. ist **nach Ablauf der Amtsperiode** nicht mehr zulässig, selbst wenn es in der folgenden Amtsperiode wie-

dergewählt wurde (*Brecht,* Rn 11; *GL,* Rn 10 u. 24; *GKSB,* Rn 13; *Weiss,* Rn 8; LAG Berlin, DB 79, 112; LAG Bremen, DB 88, 136; *Bender,* DB 82, 1271; **a. A.** *DR,* Rn 17 ff.; *GK-Wiese,* Rn 36, 72; *HSG,* Rn 18, *Stege/Weinspach,* Rn 6, wenn sich die frühere Pflichtverletzung auf die neue Amtsperiode noch belastend auswirkt). Denn in einer neuen Amtszeit ist eine Ahndung von Verstößen aus einer früheren Amtszeit nicht mehr zulässig (BAG 29. 4. 69, AP Nr. 9 zu § 23 BetrVG; vgl. auch Rn 23). Das Ausschlußverfahren erledigt sich mit der Neuwahl (BAG 8. 12. 61, AP Nr. 7 zu § 23 BetrVG).

Mit der **Rechtskraft** des den Ausschluß aus dem BR aussprechenden arbeitsgerichtlichen Beschlusses **erlischt die Mitgliedschaft** im BR. Gemäß § 25 rückt ein ErsMitgl. nach. 21

Darüber hinaus hat der rechtskräftige Beschluß des ArbG die Wirkung, daß das ausgeschlossene BRMitgl., sofern es zugleich Mitgl. des GesBR und ggfls. des KBR ist, mit der Rechtskraft des Beschlusses auch diese Ämter verliert (vgl. §§ 49 und 57). Das gleiche gilt hinsichtlich des Amts als Mitgl. des WiAusschusses, sofern das ausgeschlossene BRMitgl. nach § 107 Abs. 1 Satz 1 als BRMitgl. in den WiAusschuß entsandt worden war. 22

Die Frage, ob das ausgeschlossene BRMitgl. **sofort wiedergewählt** werden kann oder erst nach einer gewissen Zeit, etwa erst nach Ablauf der normalen Amtsperiode, ist umstritten. Die Frage wird bei vorzeitiger Neuwahl des BR praktisch. Die Möglichkeit auch der alsbaldigen Wiederwahl ist zu bejahen (BVerwG, AP Nr. 7 zu § 10 PersVG; *GL,* Rn 26; *GK-Wiese,* Rn 80 f.; *GKSB,* Rn 33; *Weiss,* Rn 8; *Gaul,* Bd. II S. 465; **a. A.** *DR,* § 8 Rn 36; *HSG,* Rn 38). 23

Das ausgeschlossene Mitglied auch in diesem Falle als **Wahlbewerber** zuzulassen, würde wohl auf keine Bedenken stoßen, wenn die Neuwahl ohne Zusammenhang mit dem Ausschlußverfahren nötig wurde. Aber selbst wenn das der Fall und die sofortige Neuwahl des BR etwa dadurch ausgelöst wäre, daß die übrigen BRMitgl. den Rücktritt beschlossen oder ihr Amt niedergelegt haben, weil sie durch die Erzwingung der Neuwahl den Enthebungsbeschluß ausschalten wollen, sprechen gute Gründe dagegen, die Wählbarkeit zu verneinen. Zum einen sind die materiellen Voraussetzungen der Wählbarkeit abschließend in § 8 geregelt (vgl. BAG 16. 2. 73, AP Nr. 1 zu § 19 BetrVG 1972). Zum anderen sollte man beim Fehlen ausdrücklicher Gesetzesvorschriften die Entscheidung, ob ein BRMitgl., das aus dem BR ausgeschlossen ist, dennoch schon jetzt wieder (nach Ablauf der regelmäßigen Amtszeit soll es auch nach der Gegenmeinung wieder wählbar sein) gewählt werden wird, dem Wähler selbst überlassen.

Das BRMitgl. kann dem Verfahren jederzeit dadurch den Boden entziehen, daß es sein **Amt niederlegt** (vgl. BAG 8. 12. 61 und 29. 4. 69, AP Nr. 7 und 9 zu § 23 BetrVG; *DR,* Rn 33; *GL,* Rn 23; *GK-Wiese,* Rn 67). Das Verfahren ist in diesem Fall mangels Rechtsschutzinteresses einzustellen (BAG a. a. O.; *GK-Wiese,* Rn 69; **a. A.** *DR,* Rn 34: Zurückweisung des Antrags als unbegründet). Bei einem Rücktritt des gesamten BR ist dagegen das Ausschlußverfahren fortzuführen, da der BR bis 24 zur Neuwahl die Geschäfte weiterführt und deshalb das auszuschließende BRMitgl. noch im Amt bleibt (*GK-Wiese,* Rn 69).

25 Bei der Frage, ob auch ein **ErsMitgl. ausgeschlossen** werden kann, ist zu unterscheiden: Hat das ErsMitgl. während seiner (vertretungsweisen) Zugehörigkeit zum BR eine grobe Pflichtverletzung begangen, so kann, da das ErsMitgl. während der Zeit des Verstoßes BRMitgl. war, ein Ausschlußverfahren angestrengt und auch, wenn das ErsMitgl. wieder aus dem BR ausgeschieden und in die Reihe der ErsMitgl. zurückgetreten ist, mit dem Ziele fortgesetzt werden, das ErsMitgl. aus dem Kreis der Mitgl., die ggf. in die BR nachrücken, auszuschließen. Denn anderenfalls stünde sich ein ErsMitgl. u. U. besser als ein BRMitgl. (*DR,* Rn 23; *GL,* Rn 28; *GK-Wiese,* Rn 51; *Weiss,* Rn 5). Auch wenn ein zeitweilig nachgerücktes ErsMitgl. nach Ausscheiden aus dem BR eine grobe Pflichtverletzung begeht, die im Zusammenhang mit seiner vorübergehenden BRMitgliedschaft steht (z. B. Verrat von ihm in einer BRSitzung bekannt gewordenen Betriebsgeheimnissen) ist ein Ausschlußverfahren zulässig. Ein ErsMitgl. als solches, also einen ArbN, der kein BRMitgl. ist und niemals gewesen ist, von dem es auch ungewiß ist, ob es überhaupt einmal dauernd oder nur zeitweise auf einen BRSitz nachrücken wird, auszuschließen, erscheint dagegen schon begrifflich nicht möglich; denn wie soll das ErsMitgl. eine Amtspflichtverletzung begehen können, wenn es überhaupt niemals Mitgl. des BR war (*GL,* Rn 28; *GK-Wiese,* Rn 49; *HSG,* Rn 26).

26 Das **ArbG entscheidet im Beschlußverfahren** (§§ 2a, 80ff. ArbGG). Läuft ein Auflösungsverfahren und wird zugleich auch der Ausschluß eines Mitgl. aus dem BR beantragt, so dürfte dem Auflösungsverfahren der Vorrang gebühren (*GK-Wiese,* Rn 64). Wird der BR aufgelöst, so entfällt jedes weitere Verfahren auf Ausschluß aus dem inzwischen aufgelösten BR; es ist einzustellen. Wird die BRWahl angefochten oder die Feststellung ihrer Nichtigkeit betrieben und wird zugleich ein Antrag auf Auflösung des BR gestellt, so hat das erste Verfahren den Vorrang (*DR,* Rn 52; *GK-Wiese,* Rn 66; *HSG,* Rn 41).

26a In wirklich dringenden und klarliegenden Fällen kann durch eine **einstweilige Verfügung** des ArbG dem BRMitgl. die weitere Amtsausübung bis zur rechtskräftigen Entscheidung im Interesse der ordnungsmäßigen Zusammenarbeit untersagt werden, wenn diese mit dem BRMitgl. unter Anlegung eines strengen Maßstabs nicht einmal mehr vorübergehend zumutbar erscheint (vgl. § 85 Abs. 2 ArbGG; *DR,* Rn 42; *GL,* Rn 25; *GK-Wiese,* Rn 73; *Dütz,* ZfA 72, 247ff., 256; BAG 29. 4. 69, AP Nr. 9 zu § 23 BetrVG; LAG Hamm, BB 75, 1302).

27 Der Ausschluß aus dem BR hat zur Folge, daß das BRMitgl. den besonderen **Kündigungsschutz** der betriebsverfassungsrechtlichen Funktionsträger **verliert.** Soweit dieser Kündigungsschutz auf die Zeit der Mitgliedschaft im BR beschränkt ist, wie z. B. im Fall der außerordentlichen Kündigung gemäß § 103, versteht sich dies von selbst. Aber auch der nachwirkende Kündigungsschutz für BRMitgl. gegen ordentliche Kündigungen gemäß § 15 Abs. 1 KSchG n. F. gilt nicht für durch eine gerichtliche Entscheidung aus dem BR ausgeschlossene BRMitgl.

(vgl. § 15 Abs. 1 Satz 2 zweiter Halbsatz KSchG; Näheres hierzu siehe § 103 Rn 38). Diese Wirkungen treten nicht ein, wenn ein BRMitgl. durch eine einstweilige Verfügung lediglich vorläufig aus dem BR entfernt worden ist (vgl. oben Rn 26a; *GK-Wiese,* Rn 79). Das ausgeschlossene BRMitgl. behält jedoch seine Rechte aus § 37 Abs. 4 und 5 sowie § 38 Abs. 4 (*GL,* Rn 27; *GKSB,* Rn 23; **a. A.** *GK-Wiese,* Rn 79; vgl. § 37 Rn 71, § 38 Rn 52).

4. Auflösung des Betriebsrats

Der BR kann ebenfalls nur wegen **grober Verletzung seiner gesetzlichen Pflichten** aufgelöst werden (zu diesem Begriff vgl. oben Rn 11). 28

Auch eine Überschreitung der gesetzlichen Befugnisse, die zur Störung von Ordnung und Frieden im Betrieb führt, kann eine grobe Pflichtverletzung bedeuten. Ferner kann die dauernde oder wiederholte **Nichtwahrnehmung von Rechten und Befugnissen,** sofern diese dem BR im Interesse und zum Schutz Dritter gewährt werden, eine Pflichtverletzung darstellen; dies gilt jedenfalls dann, wenn die Nichtwahrnehmung dieser Rechte völlig ermessensmißbräuchlich ist (*DR,* Rn 2, 44; *GL,* Rn 32; *GK-Wiese,* Rn 15; *Weiss,* Rn 10). In jedem Fall muß ein konkreter Vorwurf erhoben werden können; allgemeine Behauptungen reichen nicht aus.

Beispiele für grobe Pflichtverletzungen

- Nichtbestellung des Vorsitzenden und stellvertretenden Vorsitzenden des BR;
- Verletzung der Verschwiegenheitspflicht nach § 79;
- Nichtbestellung der Mitgl. des GesBR;
- Nichteinberufung von Pflichtversammlungen nach § 43, jedenfalls wenn die Gewerkschaft einen Antrag nach § 43 Abs. 4 gestellt hat (LAG Hamm, DB 59, 1227);
- Abschluß von BV entgegen § 77 Abs. 3, insbesondere gegen den ausdrücklichen Willen einer TVPartei;
- Beschlüsse, die gegen gesetzliche Schutzvorschriften, insbesondere gegen gesetzliche Arbeitsschutzvorschriften verstoßen, z. B. Zustimmung zu gesetzwidriger Mehrarbeit;
- Nichtausübung oder grob mißbräuchliche Ausübung der MBR (auch bei ablehnender Haltung des ArbGeb.), z. B. Förderung unzulässiger Leiharbeit; ferner, wenn der BR es unterläßt, sich über die übernommenen Aufgaben zu informieren (vgl. LAG Hamm, DB 59, 1227);
- grundsätzliche Mißachtung der vier Gebote in § 2 Abs. 1 (vgl. § 2 Rn 7 ff.);
- Beschlüsse, die zu unzulässigen Arbeitskampfmaßnahmen aufrufen oder eindeutig parteipolitischen Inhalt haben.

Keine grobe Pflichtverletzung ist es, wenn sich der BR bei einer spontanen, durch provokative Maßnahme des ArbGeb. verursachte Arbeitsniederlegung mit den streikenden ArbN solidarisch erklärt und sie nicht zur Wiederaufnahme der Arbeit auffordert (LAG Hamm, DB 76, 343). Keine Pflichtverletzung liegt ferner vor, wenn die betriebsverfassungsrechtlichen Möglichkeiten und Befugnisse konsequent ausge- 28a schöpft werden (*GK-Wiese,* Rn 16). Etwas anderes kann bei einer rechtsmißbräuchlichen Wahrnehmung dieser Rechte und Befugnisse gelten.

29 Die groben Pflichtverletzungen müssen **vom BR als Ganzem** begangen sein. Der BR muß als Organ gehandelt haben. Gleichzeitige, jedoch einzelne Pflichtverletzungen mehrerer oder aller BRMitgl. rechtfertigt nicht die Auflösung des BR, sondern lediglich den Ausschluß einzelner Mitgl. (*GL,* Rn 30; *GK-Wiese,* Rn 85; *HSG,* Rn 46). Diese Unterscheidung ist wichtig, da im ersteren Fall die Amtszeit des BR mit der Auflösung endet, im letzteren Fall jedoch ErsMitgl. nachrücken.

Die Auflösung des BR kann nur wegen Pflichtverstößen in der z.Z. der Antragstellung **laufenden Amtsperiode** erfolgen (*GL,* Rn 33; *GK-Wiese,* Rn 86; *GKSB,* Rn 28; weitergehend *HSG,* Rn 48).

30 Anders als beim Ausschluß eines einzelnen BRMitgl. setzt hier die Verletzung von gesetzlichen Pflichten **kein Verschulden** voraus. Ein Verschulden einzelner oder der Mehrheit der BRMitgl. kommt, soweit es überhaupt feststellbar ist, nicht in Betracht, da nicht die Verletzung der Pflichten eines oder der einzelnen BRMitgl. in Frage steht. Es kommt vielmehr darauf an, ob der BR als körperschaftliches Gremium objektiv seine Pflichten in grober Weise verletzt hat (*DR,* Rn 46; *GL,* Rn 34; *GK-Wiese,* Rn 85, 88, 69; *HSG,* Rn 46f.; *Weiss,* Rn 10). Umgekehrt ist es ohne Einfluß, wenn einzelne BRMitgl. an der Pflichtverletzung des BR nicht teilhaben (*GL,* Rn 30; *GK-Wiese,* Rn 85).

31 Der **rechtskräftige Beschluß** des ArbG bewirkt die **Auflösung des BR.** Damit hat der BR kraft Gesetzes zu bestehen aufgehört; seine Amtszeit ist beendet. Der Beschluß erfaßt auch die ErsMitgl. (*DR,* Rn 55; *GK-Wiese,* Rn 99; *GL,* Rn 45). Diese können nicht etwa den BR fortsetzen. Dieser ist vielmehr nach § 13 Abs. 2 Nr. 5 neu zu wählen, wobei die Wiederwahl bisheriger BRMitgl. nicht ausgeschlossen ist (vgl. oben Rn 23). Die Auflösung des BR durch Beschluß eines LAG ohne Zulassung der Rechtsbeschwerde tritt nicht bereits mit Verkündung des gerichtlichen Auflösungsbeschlusses, sondern grundsätzlich erst mit Ablauf der Frist für die Einlegung der Nichtzulassungsbeschwerde bzw. mit der Entscheidung über diese Beschwerde ein. Bis dahin genießen die BRMitgl. den besonderen Kündigungsschutz nach § 15 KSchG und § 103 BetrVG (LAG Hamm, BB 78, 715; vgl. hierzu auch BAG 25. 1. 79, AP Nr. 12 zu § 103 BetrVG 1972).

31a Eine **einstw. Verfg.,** durch die dem BR vor Rechtskraft des Auflösungsbeschlusses generell die Ausübung seines Amtes untersagt wird oder die ihn einstweilen auflöst, ist nicht zulässig (*DR,* Rn 56; *GK-Wiese,* Rn 97; *HSG,* Rn 54; *Stege/Weinspach,* Rn 12).

32 Der rechtskräftige Auflösungsbeschluß des ArbG bewirkt zugleich für die in den **GesBR** des Unternehmens und ggfls. in den **KBR** weiterentsandten BRMitgl. den Verlust der Ämter in diesen Gremien (vgl. §§ 49 und 57). Ebenso verlieren die vom BR zu Mitgl. des WiAusschusses nach § 107 bestellten BRMitgl. ihr Amt als Mitgl. des **WiAusschusses** mit der Rechtskraft des Auflösungsbeschlusses (vgl. § 107 Rn 5). Das gleiche gilt für die Mitgliedschaft von BRMitgl. in einer betrieblichen

Einigungsstelle; ein laufendes Einigungsstellenverfahren wird durch den Auflösungsbeschluß wegen Wegfalls eines Beteiligten gegenstandslos (*GK-Wiese,* Rn 99; *GKSB,* Rn 32).

Die Auflösung des BR hat ferner zur Folge, daß die BRMitgl. den besonderen **Kündigungsschutz** nicht nur nach § 103 dieses Gesetzes, sondern auch nach § 15 Abs. 1 KSchG verlieren, da der nachwirkende Kündigungsschutz gegen ordentliche Kündigungen nicht gilt, wenn die Beendigung der Mitgliedschaft im BR auf einer gerichtlichen Entscheidung beruht (vgl. oben Rn 27 sowie § 103 Rn 38). **33**

Die Frage, ob auch **der BR** das Verfahren jederzeit dadurch gegenstandslos machen kann, daß er nach § 13 Abs. 2 Nr. 3 **zurücktritt,** ist zu verneinen (*DR,* Rn 51; *GL,* Rn 43; *GK-Wiese,* Rn 92; *HSG,* Rn 55). Das Verfahren wird gegen den zurückgetretenen BR eingeleitet bzw. fortgesetzt. Entspr. gilt, wenn alle Mitgl. und ErsMitgl. einzeln ihr Amt niederlegen und dies als kollektiver Rücktritt anzusehen ist (vgl. § 13 Rn 30). Sonst bestünde die Möglichkeit einer Umgehung des Gesetzes dadurch, daß der BR zurücktritt, jedoch keinen Wahlvorstand bestellt und so eine vorzeitige Neuwahl des BR verhindert. **34**

5. Bestellung des Wahlvorstands

Die Bestellung des Wahlvorst. erfolgt in einem Anschlußverfahren durch das ArbG **von Amts wegen,** sobald der Auflösungsbeschluß rechtskräftig geworden ist. Eine Verbindung dieses Verfahrens mit dem Auflösungsverfahren ist im Interesse, jede vermeidbare Verzögerung der Durchführung der Neuwahl des BR zu verhindern, als zulässig anzusehen (*Sahmer,* Rn 8; **a. A.** *DR,* Rn 59; *GL,* Rn 46; *HSG,* Rn 61; *GK-Wiese,* Rn 102). Allerdings kann der Wahlvorst. erst nach Rechtskraft des Auflösungsbeschlusses tätig werden, da erst dann die Auflösung des BR und die Notwendigkeit einer Neuwahl feststeht. **35**

Die Bestellung des Wahlvorst. erfordert **keinen besonderen Antrag.** Wird der Antrag auf Auflösung des BR von einer im Betrieb vertretenen Gewerkschaft oder von den ArbN gestellt, so können diese **Vorschläge** für die **Größe und Zusammensetzung des Wahlvorst.** machen. Dem ArbGeb. steht ein derartiges Vorschlagsrecht nicht zu, da sich sein Interesse auf die Auflösung des pflichtwidrig handelnden BR beschränkt und die Bildung des neuen BR – wie auch im Regelfall (vgl. §§ 16 u. 17) – allein Sache der ArbN des Betriebs bzw. der im Betrieb vertretenen Gewerkschaften ist (*GKSB,* Rn 37; **a. A.** *DR,* Rn 61; *GK-Wiese,* Rn 105; *HSG,* Rn 62). **36**

Das ArbG kann unter den in § 16 Abs. 2 S. 3 genannten Voraussetzungen auch Mitgl. einer im Betrieb vertretenen Gewerkschaft, die nicht ArbN des Betriebs sind, in den Wahlvorst. berufen (*GL,* Rn 47). Näheres zur Bestellung des Wahlvorst. durch das ArbG vgl. § 16 Rn 24ff. **37**

III. Grobe Pflichtverletzungen des Arbeitgebers

1. Allgemeines

38 Abs. 3 trifft eine **Sonderregelung** für die Fälle, in denen der ArbGeb. in grober Weise gegen seine Verpflichtungen aus diesem Gesetz verstoßen hat. Er gewährt dem BR und jeder im Betrieb vertretenen Gewerkschaft einen **Anspruch** gegen den ArbGeb., eine Handlung zu unterlassen, die Vornahme einer Handlung zu dulden oder eine Handlung vorzunehmen (vgl. § 194 BGB, der bestimmt, was unter einem Anspruch zu verstehen ist).

Dieser Anspruch kann von denjenigen, denen das Gesetz diese Ansprüche einräumt (Gläubiger), nämlich BR und Gewerkschaften, mit Hilfe des ArbG **gerichtlich geltend gemacht** werden. Das ArbG entscheidet über die nach Abs. 3 geltend gemachten Ansprüche im BeschlVerf. Für den Fall, daß den Anträgen der Gläubiger entsprochen wird, kann es, wenn der Schuldner (ArbGeb.) der rechtskräftig auferlegten Verpflichtung zuwider handelt, zur **Zwangsvollstreckung** kommen. Für diese enthalten Abs. 3 Satz 2–5 weitere Sonderregelungen (kritisch zu diesen Sonderregelungen *GL,* Rn 50; *GK-Thiele,* Rn 4; *DR,* Rn 62).

39 Die Regelung des Abs. 3 weist gegenüber anderen Ansprüchen aus dem BetrVG und deren Zwangsvollstreckung folgende **Besonderheiten** auf:

Abs. 3 greift nur Platz bei **groben Verstößen des ArbGeb.** gegen seine Verpflichtungen aus diesem Gesetz (vgl. Rn 45ff.);

unabhängig von der materiellen Gläubigerstellung sind stets der **BR** und jede im Betrieb vertretene **Gewerkschaft** berechtigt, das arbeitsgerichtliche Verfahren einzuleiten (vgl. Rn 53);

der **Höchstbetrag** des im Rahmen des Abs. 3 zu verhängenden Ordnungs- oder Zwangsgeldes ist auf 20000 DM **beschränkt** und die Möglichkeit der **Verurteilung zur Haft ist ausgeschlossen** (vgl. Rn 62 und 71).

40 Umstritten ist vor allem **das Verhältnis des Abs. 3 zu anderen Ansprüchen** des BR und der Gewerkschaften **aus dem BetrVG.** Das gilt vor allem für den vorbeugenden **Unterlassungsanspruch** zur Sicherung des Mitbestimmungsverfahrens und zur Verhinderung mitbestimmungswidriger Maßnahmen des ArbGeb. (vgl. dazu BAG 22. 2. 83, AP Nr. 2 zu § 23 BetrVG 1972 einerseits; BAG 18. 4. 85, AP Nr. 5 zu § 23 BetrVG 1972 andererseits), aber auch zu **anderen Ansprüchen** wie Vornahme einer Handlung, Unterrichtung, Überlassung von Unterlagen usw. (vgl. BAG 17. 5. 83, AP Nr. 19 zu § 80 BetrVG 1972). Umstritten ist weiter das Verhältnis der allgemeinen Vorschriften über die Zwangsvollstreckung aus Beschlüssen des BeschlVerf. (§ 85 ArbGG, vgl. dazu **Nach** § 1 Rn 54f.). Einzelheiten in Rn 77ff.

40a Vor Ansprüchen aus § 23 Abs. 3 sind **Ansprüche aus einer BV** auf Vornahme einer Handlung (z. B. auf Unterrichtung, Überlassung von Unterlagen), auf Unterlassung (z. B. Einsatz von Detektiven zur Überwachung eines Alkoholverbots, Kapovaz-Arbeit, die in einer BV ausgeschlossen wurde, vgl. dazu BAG 10. 11. 87, AP Nr. 24 zu § 77 BetrVG 1972 und BAG 13. 10. 87, AP Nr. 2 zu § 77 BetrVG 1972 Auslegung), zu prüfen. Die sich aus einer BV ergebenden Ansprüche sind an keine weiteren Voraussetzungen (z. B. Verschulden des ArbGeb.) gebunden.

Die Sonderregelung des Abs. 3 betrifft nur – wie sich aus dem in Anlehnung an die §§ 887, 888 und 890 ZPO geregelten Verfahren ergibt – Verpflichtungen des ArbGeb., die die Vornahme einer vertretbaren oder unvertretbaren Handlung, die Unterlassung einer Handlung oder die Duldung der Vornahme einer Handlung zum Inhalt haben. 41

Nicht anwendbar ist die Bestimmung des Abs. 3 auf Verpflichtungen des ArbGeb. auf Herausgabe bestimmter beweglicher Sachen. In diesem Falle erfolgt die Zwangsvollstreckung nach § 85 Abs. 1 ArbGG i. Vbdg. mit § 883 ZPO. Auch auf die Verpflichtung des ArbGeb. zur Abgabe einer Willenserklärung ist Abs. 3 nicht anwendbar. In diesem Falle erfolgt die Zwangsvollstreckung nach § 85 Abs. 1 ArbGG i. Vbdg. mit § 894 ZPO. Schließlich gilt Abs. 3 auch nicht für die Verpflichtung des ArbGeb. zur Erfüllung von Geldforderungen. Derartige Verpflichtungen werden, soweit sie überhaupt im arbeitsgerichtlichen BeschlVerf. entschieden werden, nach § 85 Abs. 1 ArbGG i. Vbdg. mit §§ 803ff. ZPO vollstreckt (ArbG Ludwigsburg, BB 72, 615; *GL,* Rn 57; *GK-Thiele,* Rn 100; *GKSB,* Rn 51; *HSG,* Rn 73; *Heinze,* DB 83, Beil. 9, S. 12f.; vgl. auch *Brecht,* Rn 20; **a. A.** *DR,* Rn 70). 42

Ein Antrag, der lediglich die Feststellung einer groben Pflichtverletzung des ArbGeb. zum Inhalt hat, ist unzulässig, weil kein Rechtsverhältnis festgestellt werden soll (vgl. **Nach** § 1, Rn 14; *DR,* Rn 75; *GL,* Rn 59; *GK-Thiele,* Rn 99; *HSG,* Rn 71; **a. A.** *Brecht,* Rn 19). 43

Sonderregelungen, die gegenüber § 23 Abs. 3 im Rahmen ihres Regelungsbereichs **Spezialvorschriften** sind, enthalten § 98 Abs. 5, §§ 101 und 104 (vgl. BAG 5. 12. 78, AP Nr. 4 zu § 101 BetrVG 1972; LAG Hamm, DB 76, 1917; *DR,* Rn 65; *GL,* Rn 51; *GK-Thiele,* Rn 90; *HSG,* Rn 84). § 101 ist jedoch nur Sondervorschrift, soweit es um die Aufhebung einer konkreten personellen Einzelmaßnahme geht (vgl. § 101 Rn 5); § 101 schließt den Anspruch des BR nach § 23 Abs. 3 auf künftige Beachtung seiner MBR nicht aus (BAG 17. 3. 87, AP Nr. 7 zu § 23 BetrVG 1972 – insoweit wird BAG 5. 12. 78, AP Nr. 4 zu § 101 BetrVG 1972 aufgegeben). 44

2. Grobe Verstöße des Arbeitgebers gegen seine Verpflichtungen

Das Verfahren nach Abs. 3 setzt einen **groben Verstoß** gegen Verpflichtungen des ArbGeb. aus diesem Gesetz voraus. Der Begriff des groben Pflichtverstoßes deckt sich inhaltlich weitgehend mit dem in Abs. 1 verwandten Begriff der „groben Verletzung der gesetzlichen Pflichten" des BR (*Brecht,* Rn 17; vgl. oben Rn 11ff., 28f.). 45

Allerdings betrifft Abs. 3 im Gegensatz zu Abs. 1 nur die Verletzung von Pflichten, die dem ArbGeb. „aus diesem Gesetz" obliegen. Es muß sich um Pflichten des ArbGeb. im Rahmen der Betriebsverfassung han- 46 deln. Hierzu zählen auch solche **betriebsverfassungsrechtlichen Pflichten** des ArbGeb., die ihren Standort nicht im BetrVG selbst, sondern in anderen Gesetzen oder in TV haben, z. B. § 17 Abs. 2 KSchG, § 9 ASiG, §§ 25–29 SchwbG, § 88 Abs. 2 S. 1 AFG (*DR,* Rn 69). Im übrigen werden jedoch Verletzungen von Pflichten auf Grund anderer Gesetze oder auf Grund von TV von Abs. 3 nicht erfaßt; desgleichen nicht Verletzungen von allgemeinen arbeitsvertraglichen Pflichten des ArbGeb. Jedoch sind die Pflichten des ArbGeb. gegenüber dem einzelnen ArbN nach § 75 und nach den §§ 81 ff. gesetzliche Pflichten i. S. des Abs. 3 (LAG Köln, DB 89, 1341; *DR,* Rn 69; *GK-Thiele,* Rn 93; *HSG,* Vor §§ 81–86, Rn 6; *Schaub,* 219 VII 3; **a. A.** *Heinze,* DB 83, Beil. 9, S. 16).

47 Ferner fallen grobe Verletzungen von Pflichten, die sich **aus Betriebsvereinbarungen** – auch soweit sie auf einem Spruch der E-Stelle beruhen – ergeben, unter die Regelung des Abs. 3, da sie ihre Grundlage in diesem Gesetz haben. Zu den gesetzlichen Pflichten gehören auch solche, die durch TV oder BV lediglich konkretisiert sind (*DR,* Rn 69; *GL,* Rn 52; *GK-Thiele,* Rn 92; *HSG,* Rn 64; *Heinze,* a. a. O. S. 12). Anprüche nach § 23 Abs. 3 und Ansprüche aus BV können nebeneinander bestehen (Anspruchskonkurrenz, vgl. Rn 40a), wenn die jeweiligen Voraussetzungen erfüllt sind.

48 Eine grobe Pflichtverletzung setzt **nicht** unbedingt ein **schuldhaftes Verhalten** des ArbGeb. voraus, da der ArbGeb. hier nicht als Einzelperson, sondern als Organ der Betriebsverfassung angesprochen ist und insoweit das gleiche gilt wie bei der Auflösung des BR (vgl. oben Rn 30; BAG 18. 4. 85, AP Nr. 5 zu § 23 BetrVG 1972; LAG Baden-Württemberg 30. 4. 87 – 13 Ta BV 15/86; *von Hoyningen-Huene,* Anm. AP Nr. 5 zu § 23 BetrVG 1972; im Ergebnis ebenso, wenn auch mit anderer Begründung *DR,* Rn 72; *GK-Thiele,* Rn 95; *GKSB,* Rn 44; *Heinze,* a. a. O. S. 11; **a. A.** *GL,* Rn 54; *HSG,* Rn 66). Der Zweck der Bestimmung, rechtswidriges Verhalten des ArbGeb. zu verhindern, verlangt kein Verschulden. Die Interessen der ArbGeb. werden im Vollstreckungsverfahren ausreichend gewahrt.

48a Ein Unterlassungsanspruch nach § 23 Abs. 3 setzt auch keine Wiederholungsgefahr voraus (BAG 18. 4. 85, AP Nr. 5 zu § 23 BetrVG 1972). Die Ansprüche sind Reaktion auf grobe Verstöße des ArbGeb. gegen die Betriebsverfassung; das allein begründet schon „Wiederholungsgefahr" und unterscheidet diese Ansprüche von einfachen Unterlassungsansprüchen zur Sicherung von MBR (**a. A.** *DR,* Rn 74; *GL,* Rn 59; *GKSB,* Rn 47; *HSG,* Rn 71; *GK-Thiele,* Rn 94).

49 **Beispiele für grobe Pflichtverletzungen:**

- Beharrliche Weigerung der Zusammenarbeit des ArbGeb. mit dem BR (§ 2 Abs. 1);
- nachhaltige Verstöße gegen das Verbot der parteipolitischen Betätigung (§ 74 Abs. 2 Satz 3);
- offensichtlich grundlose Verweigerung des Zutritts von Gewerkschaftsbeauftragten (§ 2 Abs. 2);
- beharrliche und generelle Mißachtung der Mitwirkungs-, Mitbestimmungs- und Informationsrechte des BR;

- Weigerung, vereinbarte BV durchzuführen (§ 77 Abs. 1);
- die Verteidigung eines offensichtlich vorgeschützten oder eines offensichtlich völlig abwegigen Rechtsstandpunktes, wenn dieser auf einer groben Unkenntnis des Gesetzes oder der höchstrichterlichen Rechtsprechung beruht;
- ungenügende Unterrichtung des Wirtschaftsausschusses in wesentlichen Fragen;
- wiederholte oder gar ständige Unterlassung der Berichte nach § 43 Abs. 2 oder § 110;
- Aktivitäten gegen die Bildung eines BR oder Unterlassen der dem ArbGeb. im Zusammenhang mit der Bildung eines BR obliegenden Duldungs- und Unterstützungspflichten;
- willkürliche Verstöße gegen das Gleichbehandlungsgebot des § 75;
- grobe Verstöße gegen § 75 II durch unzulässigen Druck auf ArbN wegen krankheitsbedingter Fehlzeiten (LAG Köln DB 89, 1341;
- Begünstigung von Belegschaftsverslg. während der Arbeitszeit unter Überlassung der Wählerlisten sowie sonstiger Sachmittel (Wahlzählmaschine), um ein Mißtrauensvotum gegen den BR zu erreichen;
- Verweigerung der Teilnahme eines BRMitgl. an Gesprächen mit ArbN über Entgeltzusammensetzung, Leistungsbeurteilung und beruflichen Aufstieg (ArbG Hamm, BB 80, 42);
- mehrfaches Übergehen der MBR des BR bei der Anordnung von Überstunden (BAG 18. 4. 85, AP Nr. 5 zu § 23 BetrVG 1972);
- Verhinderung einer ordnungsgemäß einberufenen BetrVerslg durch Entfernung der Einladung vom Schwarzen Brett (LAG B-W 30. 4. 87 – 13 Ta BV 15/86);
- Behinderung einer Freistellung (§ 38) durch die Drohung, es würden freiwllige soziale Leistungen gestrichten (ArbG Rosenheim 22. 6. 88 – 3 BV 4/88).
- Aushänge am Schwarzen Brett über Fehlzeiten der BR wegen Krankheit, BR-Tätigkeit und Besuch von Lehrgängen (ArbG Verden, DB 89, 1580).

Keine grobe Pflichtverletzung ist die Verteidigung einer bestimmten Rechtsansicht in einer schwierigen und ungeklärten Rechtsfrage (BAG vom 27. 11. 1973, AP Nr. 4 zu § 40 BetrVG 1972) oder die Klärung einer bestimmten Rechtsfrage durch Anrufung des ArbG. 50

3. Das Verfahren

Das Verfahren gegen den ArbGeb. gliedert sich in **zwei Stufen:** In das arbeitsgerichtliche **Erkenntnisverfahren** nach Abs. 3 Satz 1 und das arbeitsgerichtliche **Vollstreckungsverfahren** nach Abs. 3 Sätze 2 und 3. 51

a) Erkenntnisverfahren

Das arbeitsgerichtliche Erkenntnisverfahren nach Abs. 3 Satz 1 setzt einen Antrag des BR oder einer im Betrieb vertretenen Gewerkschaft (§ 2 Rn 26) voraus. 52

Das Recht, das arbeitsgerichtliche Verfahren nach Abs. 3 zu beantragen, steht dem **BR** oder **jeder im Betrieb vertretenen Gewerkschaft** zu. Und zwar steht ihnen das Recht auch zu, wenn sie **nicht Gläubiger der** 53

Verpflichtung sind, gegen die der ArbGeb. in grober Weise verstoßen hat; insoweit besteht eine **gesetzliche Prozeßstandschaft** (*DR,* Rn 76; *GK-Thiele,* Rn 98; *Dütz,* ArbuR 73, 356; *Heinze,* a.a.O. S. 22; **a.A.** *GL,* Rn 60, hinsichtlich des Antrags, die Vornahme einer Handlung zu dulden; nach *Derleder,* ArbuR 83, 289ff., dient § 23 Abs. 3 nur der prozeßstandschaftlichen Geltendmachung fremder Ansprüche, nicht der Geltendmachung eigener Rechte). So kann z.B., wenn der ArbGeb. grob gegen das Verbot der parteipolitischen Betätigung verstoßen hat oder generell die Mitwirkungs- und Mitbestimmungsrechte des BR mißachtet, auch eine im Betrieb vertretene Gewerkschaft das gerichtliche Verfahren einleiten, obwohl nicht sie, sondern der BR „Gläubiger" dieser Ansprüche ist. Ferner kann der BR das gerichtliche Verfahren einleiten, wenn der ArbGeb. z.B. Rechte der Gewerkschaften (etwa nach § 2 Abs. 2, §§ 31 oder 46), der JugAzubiVertr. (§§ 60ff.), des WiAusschusses (§§ 106ff.) oder einzelner ArbN nach § 81ff. grob verletzt.

54 Andere Personen oder Institutionen (etwa eine Anzahl von BRMitgl. oder von ArbN, die BetrVerslg. oder die JugAzubiVertr. sind **nicht antragsberechtigt** (BAG vom 15. 8. 1978, AP Nr. 1 zu § 23 BetrVG 1972). Sie können allenfalls beim BR oder den im Betrieb vertretenen Gewerkschaften die Einleitung eines gerichtlichen Verfahrens gegen den ArbGeb. nach Abs. 3 anregen. Wohl ist es möglich, daß z.B. die JugAzubiVertr. oder einzelne ArbN gemäß § 83 ArbGG an einem eingeleiteten Verfahren zu beteiligen sind (BAG 15. 8. 1978, a.a.O.).

55 Mit dem Antrag muß ein bestimmter grober Verstoß oder **bestimmte** grobe Verstöße des ArbGeb. gegen seine sich aus dem BetrVG ergebenden gesetzlichen Pflichten geltend gemacht werden (vgl. **Nach** § 1 Rn 24). Je nach Art dieser Pflichtverletzungen lautet der Antrag, dem ArbGeb. aufzugeben, eine konkret umschriebene Handlung vorzunehmen oder zu unterlassen oder die Vornahme einer solchen Handlung durch Dritte zu dulden.

56 Mit diesem Antrag kann der androhende Antrag, den ArbGeb. wegen einer jeden Zuwiderhandlung gegen die gerichtlich auferlegte Verpflichtung zu einem Ordnungsgeld zu verurteilen, verbunden werden (*GKSB,* Rn 39).

57 Das Vorliegen eines groben Verstoßes des ArbGeb. gegen seine gesetzlichen Pflichten ist materielle Voraussetzung für einen dem Antrag stattgebenden Beschluß des ArbG. Die bloße Befürchtung eines groben Verstoßes reicht für das Sonderverfahren nach § 23 Abs. 3 nicht aus.

58 Da die Verurteilung zu einem Ordnungs- oder Zwangsgeld die Rechtskraft der gerichtlichen Entscheidung nach Abs. 3 Satz 1 voraussetzt (*Grunsky,* ArbGG, § 85 Rn 8), können die in Abs. 3 vorgesehenen Ansprüche nicht im Verfahren auf Erlaß einer einstweiligen Verfügung geltend gemacht werden (vgl. LAG Hamm, DB 77, 1514; *DR,* Rn 79; *HSG,* Rn 74; *GL,* Rn 61; **a.A.** LAG Köln, NZA 85, 634; *GK-Thiele,* Rn 101; *Dütz,* DB 84, 115ff.; *Heinze,* DB 83, Beil. 9 S. 23; *Weber,* Erzwingungsverfahren, S. 152). Das schließt einstw. Verfg. zur künftigen Sicherung der MBR nicht aus (vgl. Rn 80ff.).

Liegt kein grober Verstoß des ArbGeb. gegen seine gesetzlichen Pflichten vor, so ist der Antrag als unbegründet zurückzuweisen (vgl. *GL,* Rn 58; *GK-Thiele,* Rn 99; **a. A.** *DR,* Rn 74: Abweisung als unzulässig). Die Umdeutung eines Antrags nach § 23 Abs. 3 Satz 1 in einen entsprechenden Feststellungsantrag ist nicht zulässig, wohl jedoch eine Antragsänderung, die allerdings nur bis zum Ablauf der Beschwerdefrist möglich ist (BAG 15. 8. 1978, AP Nr. 1 zu § 23 BetrVG 1972). 59

Das arbeitsgerichtliche Verfahren ist stets auf ein **künftiges Verhalten des ArbGeb.** gerichtet (*DR,* Rn 75; *GK-Thiele,* Rn 99; *HSG,* Rn 71). Je nach der Art der Pflichtverletzung dient es der Beseitigung eines vom ArbGeb. veranlaßten rechtswidrigen Zustands oder der Verhinderung bestimmter weiterer rechtswidriger Handlungen oder Unterlassungen des Arbeitgebers (zur möglichen Anspruchskonkurrenz vgl. Rn 77). **Bereits begangene grobe Verstöße** des ArbGeb. gegen seine Verpflichtungen aus diesem Gesetz sind zwar materielle Voraussetzungen für einen dem Antrag stattgebenden Beschluß des ArbG, können jedoch nicht selbst Gegenstand einer Verurteilung zu einem Ordnungs- oder Zwangsgeld nach Abs. 3 Satz 2 oder 3 sein. U. U. können sie jedoch, wenn sie gleichzeitig einen Verstoß gegen den Straftatbestand des § 119 darstellen oder als eine Ordnungswidrigkeit i. S. des § 121 anzusehen sind, auf Grund dieser Vorschriften geahndet werden (*DR,* Rn 75; *HSG,* Rn 71). 60

b) Vollstreckungsverfahren

Bei der **gerichtlichen Vollstreckung** der gem. Abs. 3 S. 1 vom ArbG festgesetzten Verpflichtung ist zu unterscheiden, ob das ArbG dem ArbGeb. aufgibt, 61

eine Handlung zu unterlassen oder die Vornahme einer Handlung zu dulden (Abs. 3 Satz 2 – vgl. Rn 62ff.) oder

eine Handlung vorzunehmen (Abs. 3 Satz 3 – vgl. Rn 73ff.).

aa) Ist der ArbGeb. rechtskräftig verpflichtet worden, eine **Handlung zu unterlassen** oder **die Vornahme einer Handlung zu dulden,** so ist die Verurteilung des ArbGeb. zu einem **Ordnungsgeld** möglich. Die Verhängung einer Ordnungshaft (§ 890 ZPO) ist nicht zulässig. Die Verhängung von Ordnungsgeld hat folgende Voraussetzungen: 62

Vorherige rechtskräftige Androhung durch das ArbG: 63

Die Androhung der Verhängung eines Ordnungsgeldes bei Nichtbefolgung der im arbeitsgerichtlichen Beschluß ausgesprochenen Verpflichtung kann bereits in dem Beschluß nach Abs. 3 Satz 1 selbst enthalten sein (vgl. oben Rn 56). Ist dies nicht der Fall, muß die gerichtliche Androhung auf Antrag eines der nach Satz 1 Antragsbefugten (also nicht nur desjenigen, der den Antrag nach Abs. 3 S. 1 gestellt hat, vgl. *DR,* Rn 83; *GK-Thiele,* Rn 107; *GL,* Rn 63; **a. A.** *Heinze,* a. a. O. S. 23) zunächst nachgeholt werden. Solange eine rechtskräftige Androhung nicht besteht, ist die Verhängung eines Ordnungsgeldes gegen den ArbGeb. nicht zulässig (*GKSB,* Rn 54).

Es braucht kein bestimmtes Ordnungsgeld angedroht zu werden. In 64 keinem Falle darf ein höheres Ordnungsgeld als 20000 DM angedroht werden (vgl. Abs. 3 Satz 5). Diese Beschränkung ist damit zu erklären, daß der Kreis der Antragsberechtigten gegenüber dem allgemeinen Recht erweitert ist (vgl. Rn 53). Wird ein niedrigeres Ordnungsgeld angedroht, so darf bei der Festsetzung des Ordnungsgeldes diese Summe nicht überschritten werden (*DR,* Rn 83).

65 **Nichtbefolgung** der im rechtskräftigen arbeitsgerichtlichen Beschluß **ausgesprochenen Verpflichtung durch den Arbeitgeber.**

Der ArbGeb. muß **nach Rechtskraft** des arbeitsgerichtlichen Beschlusses gemäß Abs. 3 Satz 1 der in ihm enthaltenen Verpflichtung, eine Handlung zu unterlassen oder die Vornahme einer Handlung zu dulden, zuwidergehandelt haben. Zuwiderhandlungen vor Rechtskraft des Beschlusses rechtfertigen nicht die Verhängung eines Ordnungsgeldes (vgl. oben Rn 60; *GL,* Rn 64; *GK-Thiele,* Rn 105).

66 Bei der Festsetzung eines Ordnungsgeldes wegen Verstoßes des ArbGeb. gegen seine Verpflichtung, eine Handlung zu unterlassen oder die Vornahme einer Handlung zu dulden, handelt es sich nicht um eine Beugemaßnahme, sondern um eine **repressive Rechtsfolge** für einen voraufgegangenen Ordnungsverstoß. Deshalb ist die Verhängung des angedrohten Ordnungsgeldes auch dann noch zulässig, wenn der ArbGeb. nach einer Zuwiderhandlung, jedoch vor Vollstreckung des Ordnungsgeldes die Handlung unterläßt oder die Vornahme der angedrohten Handlung duldet. Ferner kann das angedrohte Ordnungsgeld wegen einer **jeden Zuwiderhandlung** gegen die gerichtlich angeordnete Verpflichtung erneut verhängt werden (*DR,* Rn 93; *GL,* Rn 68).

67 Da es sich bei dem Ordnungsgeld um eine repressive Rechtsfolge für einen vorausgegangenen Ordnungsverstoß handelt, setzt seine Verhängung ein **Verschulden des ArbGeb.** voraus (*DR,* Rn 84; *GL,* Rn 65; *GK-Thiele,* Rn 106). Nicht erforderlich ist ein grobes Verschulden des ArbGeb. Es genügt einfaches Verschulden, d. h. Fahrlässigkeit des ArbGeb. Wenn Abs. 3 Satz 1 einen groben Verstoß des ArbGeb. gegen seine Verpflichtungen aus diesem Gesetz verlangt, so stellt dies lediglich eine Voraussetzung dafür dar, daß das ArbG dem ArbGeb. eine der in Satz 1 genannten Verpflichtungen auferlegen kann (vgl. oben Rn 57). Dies hat jedoch keine Bedeutung für die Vollstreckung einer gerichtlich festgesetzten Verpflichtung. Andernfalls würde die Möglichkeit einer Zwangsvollstreckung gemäß Abs. 3 Satz 2 in einem gegenüber der normalen Zwangsvollstreckung unerträglichen Maße eingeschränkt.

68 Da es sich bei dem Ordnungsgeld zwar um eine repressive Rechtsfolge für einen voraufgegangenen Ordnungsverstoß, jedoch nicht um eine Kriminalstrafe (vgl. *DR,* Rn 66, 87) handelt, ist es zulässig, gegen den ArbGeb. wegen derselben Zuwiderhandlung ein Ordnungsgeld nach Abs. 3 S. 2 zu verhängen und ihn außerdem ggf. **nach § 119 zu bestrafen** oder **nach § 121 mit einer Geldbuße** zu belegen (*GL,* Rn 68; h. M.; **a. A.** *DR,* Rn 66).

69 **Antrag eines Antragsberechtigten:** Das Vollstreckungsverfahren wird **nicht von Amts wegen** eingeleitet. Es erfordert vielmehr einen **gesonderten Antrag** eines Antragsberechtigten (vgl. hierzu oben

Rn 53). Nicht erforderlich ist, daß der Antrag von demselben Antragsteller gestellt wird, der das Beschlußverfahren nach Abs. 3 Satz 1 eingeleitet hat. Vielmehr kann jeder der in Abs. 3 genannten Antragsberechtigten die Einleitung des Vollstreckungsverfahrens beantragen (*DR,* Rn 81; *GL,* Rn 66; *GK-Thiele,* Rn 107 u. 114). Der Antrag kann erst gestellt werden, wenn sowohl der Beschluß nach Abs. 3 Satz 1 als auch die Androhung des Ordnungsgeldes **rechtskräftig** geworden sind (*DR,* Rn 67).

Festsetzung durch das Gericht: Die Festsetzung des Ordnungsgeldes **70** erfolgt stets durch **Beschluß des ArbG.** Das gilt auch dann, wenn Grundlage der Vollstreckung eine rechtskräftige Entscheidung eines LAG oder des BAG ist. Der Beschluß des ArbG kann ohne mündliche Verhandlung ergehen (§ 85 Abs. 1 ArbGG i. Vbdg. mit § 891 ZPO). Jedoch ist dem ArbGeb. stets **rechtliches Gehör** zu gewähren. Erfolgt keine mündliche Verhandlung, so ist dem ArbGeb. jedenfalls Gelegenheit zur schriftlichen Stellungnahme zu geben (*DR,* Rn 91; *GL,* Rn 67). Unterbleibt eine mündliche Verhandlung, so entscheidet gemäß § 53 Abs. 1 ArbGG der Vorsitzende der zuständigen Kammer allein.

Das bei jeder Zuwiderhandlung im Einzelfall zu verhängende Ord- **71** nungsgeld darf den Betrag von DM 20000 nicht übersteigen (vgl. Abs. 3 Satz 5). Das festgesetzte Ordnungsgeld verfällt der Staatskasse.

Gegen die Festsetzung des Ordnungsgeldes, aber auch gegen den selb- **72** ständigen Androhungsbeschluß, ist die sofortige Beschwerde gemäß § 793 ZPO zulässig (§ 85 Abs. 1 ArbGG). Eine weitere Beschwerde findet nicht statt (§ 78 Abs. 2 ArbGG).

bb) Führt der ArbGeb. entgegen einer rechtskräftig festgestellten Ver- **73** pflichtung, eine **Handlung vorzunehmen,** die Handlung nicht durch, so ist auf Antrag eines Antragsberechtigten durch das ArbG zu erkennen, daß der ArbGeb. zur Vornahme der Handlung durch Zwangsgeld anzuhalten sei.

Der **Antrag** kann erst gestellt werden, wenn der Beschluß des ArbG nach Abs. 3 Satz 1, durch den dem ArbGeb. die Vornahme der Handlung aufgegeben worden ist, **rechtskräftig** geworden ist (*DR,* Rn 72; *GKSB,* Rn 55). Zur **Antragsberechtigung** vgl. oben Rn 53.

Der Antrag muß keinen bestimmten Geldbetrag enthalten. Im Gegensatz zu Abs. 3 Satz 2 ist es nicht notwendig, daß dem ArbGeb. das Zwangsgeld zunächst angedroht wird (*DR,* Rn 88; *GL,* Rn 71; *GK-Thiele,* Rn 113). Vielmehr kann das Gericht das Zwangsgeld zunächst androhen oder sofort festsetzen. Droht das ArbG das Zwangsgeld zunächst an, so kann seine Festsetzung erst erfolgen, wenn der Androhungsbeschluß rechtskräftig ist (*DR,* Rn 73).

Bei der Festsetzung des Zwangsgeldes gemäß Abs. 3 Satz 3 handelt es **74** sich lediglich um eine **Beugemaßnahme.** Deshalb ist seine Verhängung unzulässig, wenn der ArbGeb. inzwischen die Handlung vorgenommen hat. Seine Verhängung setzt **kein Verschulden** des ArbGeb. voraus (*DR,* Rn 89; *GL,* Rn 71; *GK-Thiele,* Rn 112; *HSG,* Rn 80).

Auch die Festsetzung des Zwangsgeldes nach Abs. 3 Satz 3 erfolgt **75** durch **Beschluß des ArbG** (vgl. oben Rn 70). Dieser Beschluß kann ebenfalls ohne mündliche Verhandlung ergehen; in diesem Falle entscheidet der Vorsitzende der zuständigen Kammer des ArbG allein (vgl. § 53 Abs. 1 ArbGG). Die Gewährung des rechtlichen Gehörs für den ArbGeb. ist in diesem Falle nicht erforderlich, da dieser die Vollstrekkung des Zwangsgeldes durch Vornahme der gerichtlich festgesetzten Handlung abwenden kann.

76 Hinsichtlich der **Höhe des Zwangsgeldes** und der zulässigen **Rechtsmittel** vgl. oben Rn 71f.

4. Das Verhältnis zu anderen Vorschriften

a) Das Verhältnis zu anderen Ansprüchen

77 Streitig ist, ob Abs. 3 als materiellrechtliche Anspruchsgrundlage eine abschließende Regelung enthält, oder ob und in welchen Fällen weitere Ansprüche des BR oder der Gewerkschaften gegen den ArbGeb. aus dem BetrVG entstehen können (vgl. zum Meinungsstand *Heinze,* DB 83, Beil. 9, S. 2; von *Hoyningen-Huene,* Anm. zu BAG 18. 4. 85, AP Nr. 5 zu § 23 BetrVG 1972; *Konzen,* Betriebsverfassungsrechtliche Leistungsansprüche, 1984, S. 1ff.; *Derleder,* ArbuR 83, 290).

78 Nach Auffassung des BAG enthält § 23 Abs. 3 **keine abschließende Regelung.** Aus dem BetrVG können sich andere und weitergehende Ansprüche des BR und der Gewerkschaften gegen den ArbGeb. ergeben, z. B. aus § 2 Abs. 2 (Zutrittsrecht der Gewerkschaften), § 20 Abs. 3 (Tragung der Kosten der BRWahl), § 29 Abs. 3 (BRSitzung auf Verlangen des ArbGeb.), § 40 (Kosten der BRTätigkeit), § 44 (Kosten der BetrVers.), § 74 Abs. 2 (Unterlassung von Verstößen gegen die Friedenspflicht), § 80 Abs. 2 (Vorlage von Unterlagen), § 89 Abs. 2 (Mitteilung von Arbeitsschutzvorschriften), § 93 (Stellenausschreibung auf Verlangen des BR) (vgl. *HSG,* Rn 83). Dies sind alles Bestimmungen, die den ArbGeb. zur Leistung von Geld oder Sachen, zur Vorlage von Unterlagen, zur Unterrichtung verpflichten. Sie geben einen unmittelbaren **Erfüllungsanspruch** und sind daher auch außerhalb des Verfahrens nach § 23 Abs. 3 nach den allgemeinen Vorschriften des arbeitsgerichtlichen Verfahrens und nach allgemeinem Vollstreckungsrecht (§ 85 ArbGG) durchsetzbar (BAG 17. 5. 83, AP Nr. 19 zu § 80 BetrVG 1972).

79 Auch die überwiegende Auffassung der Literatur nahm bisher an, daß § 23 Abs. 3 mögliche Ansprüche des BR und der Gewerkschaften nicht abschließend regelt (vgl. *DR,* Rn 63; *GL,* Rn 62; *GK-Thiele,* Rn 89; *Dütz,* ArbuR 73, 356; *Kammann/Hess/Schlochauer,* Voraufl. Rn 7; **a. A.** jetzt *HSG,* Rn 83).

80 Eine andere Frage ist, **ob** aus einzelnen Bestimmungen des BetrVG dann **Ansprüche begründet sind,** wenn sie nicht ausdrücklich als Handlungs- oder Unterlassungsansprüche gekennzeichnet werden. Diese Frage wird bedeutsam für **Unterlassungsansprüche zur Sicherung der MBR des BR nach § 87** (vgl. § 87 Rn 161). Nach § 87 darf der ArbGeb. die dort beschriebenen Maßnahmen nur durchführen, wenn er sich mit dem BR hierüber geeinigt hat, oder wenn die Einigung durch Spruch

der E-Stelle ersetzt wurde (§ 87 Abs. 2). Das Gesetz, das dem BR ein MBR einräumt, muß zugleich sicherstellen, daß der ArbGeb. keine vollendeten Tatsachen schaffen darf und sich nicht über bestehende MBR hinwegsetzen kann. Dieser Anspruch besteht solange, bis ein verbindlicher Spruch der E-Stelle ergangen ist.

Die Sanktion des § 23 Abs. 3 reicht nicht aus, denn dann müßte der **81** BR abwarten, bis die Verstöße des ArbGeb. gegen MBR des BR sich zu einem groben Verstoß i. S. von § 23 Abs. 3 verdichtet hätten. Die Möglichkeit, die E-Stelle anzurufen, sichert noch keine MBR (a. A. *Buchner,* SAE 84, 189). Es geht um das Verhalten des ArbGeb. bis zum Spruch der E-Stelle. Die Ansprüche aus § 23 Abs. 3 und der allgemeine Unterlassungsanspruch zur Sicherung von MBRen des BR haben unterschiedliche Voraussetzungen und dienen anderen Zwecken. § 23 Abs. 3 ist in erster Linie Reaktion auf grobe Verstöße, allgemeine Unterlassungsansprüche dienen nur der Sicherung von Rechtspositionen für die Zukunft. Rechtspositionen wie MBR des BR sind schutzfähig und schutzbedürftig (vgl. *MünchKomm-Medicus,* BGB, § 1004 Rn 4f; *Staudinger-Gursky,* BGB, 12. Aufl., § 1004 Rn 6). Recht und Rechtsdurchsetzung bilden eine Einheit (*Salje,* DB 88, 909, 911). Auch die Individualrechte betroffener ArbN können gesetz-(mitbestimmungs-)widriges Verhalten nicht verhindern, z. B. nicht bei der Einführung technischer Anlagen zur Überwachung der ArbN (*Hanau,* JuS 85, 362). Ohne den das Mitbestimmungsverfahren sichernden Unterlassungsanspruch ist das MBR in sozialen Angelegenheiten ineffektiv (*Derleder,* ArbuR 85, 70; *Dütz,* DB 84, 117; *Trittin,* BB 84, 1272).

Zwischen den sich aus dem BetrVG ergebenden Ansprüchen (auch **82** den Unterlassungsansprüchen bei mitbestimmungswidrigem Verhalten des ArbGeb. in Angelegenheiten des § 87) und den Ansprüchen nach § 23 Abs. 1 Satz 1 besteht **Anspruchskonkurrenz. § 23 Abs. 3 Satz 1 verdrängt die übrigen Ansprüche nicht** (aus der Rspr. der LAG: LAG Berlin 22. 4. 87 – 12 Ta BV 1/87; LAG Frankfurt 19. 4. 88, AiB 88, 313; **a. A.** BAG 22. 2. 83, AP Nr. 2 zu § 23 BetrVG 1972; kritisch dazu BAG 18. 4. 85, AP Nr. 5 zu § 23 BetrVG 1972; bei entgegengesetzten Auffassungen des 1. und 6. Senats wird der Große Senat des BAG entscheiden müssen). § 23 Abs. 3 Satz 1 geht einerseits weiter; er gewährt Ansprüche nicht nur der im BetrVG jeweils genannten Stelle, sondern auch dem BR und der Gewerkschaft unabhängig von deren Gläubigerstellung (vgl. oben Rn 53). Andererseits ist der Anspruch nach § 23 Abs. 3 Satz 1 nur bei groben Verstößen des ArbGeb. begründet. Auch die Funktionen dieser beiden Ansprüche sind verschieden: § 23 Abs. 3 ist in erster Linie Reaktion auf mitbestimmungswidriges Verhalten; der vorbeugende allgemeine Unterlassungsanspruch will künftigen Verstößen vorbeugen (ein Verstoß braucht noch nicht vorzuliegen).

Aus dem **Wortlaut** ergibt sich nicht, daß die Regelung abschließend **83** gemeint ist. Es fehlt das Wort „nur" (vgl. *Coen,* DB 84, 2460; *Kümpel,* AiB 83, 133 und ArbuR 85, 81; *Trittin,* BB 84, 1170; ArbG Düsseldorf, BB 88, 482). Auch der verringerte Sanktionsrahmen (§ 23 Abs. 3 Satz 5, vgl. oben Rn 62 u. 71) spricht gegen eine abschließende und verdrängende Regelung aller sonstigen Ansprüche. Diese Sonderregelung beruht darauf, daß auch Nichtgläubiger die in Satz 1 genannten Ansprüche geltend machen können (vgl. Rn 53; *DR,* Rn 63; *Derleder,* ArbuR 83, 289; *ders.,* ArbuR 85, 69; *Dütz,* DB 84, 116; *Konzen,* Betriebsverfassungsrechtliche Leistungspflichten des Arbeitgebers, 1984, S. 47, 71; *Kümpel,* ArbuR 85, 83; *Trittin,* BB 84, 1170).

84 Gegen das Verständnis der Norm als verdrängende Norm (mit Ausnahme der reinen Erfüllungsansprüche) spricht vor allem auch die **Entstehungsgeschichte.** Die Begründung des RegEntwurfs (BT-Drucks. VI/1786, S. 39) weist darauf hin, daß es im Gegensatz zur Möglichkeit, BRMitglieder aus dem BR auszuschließen oder den gesamten BR aufzulösen, an entsprechenden Sanktionsmöglichkeiten gegenüber dem ArbGeb. fehle. Diese Lücke fülle Abs. 3. Gedacht war nur an eine **„Gleichgewichtigkeit"** (*Bobke,* AiB 83, 85; *Konzen,* a. a. O. S. 40). Abs. 3 sollte deshalb **zusätzliche Sanktionsmöglichkeiten schaffen, keine Sanktionsmöglichkeiten abbauen** (*DR,* Rn 62; *GL,* Rn 50; *Kümpel,* ArbuR 85, 89; ähnlich auch *GK-Thiele,* Rn 89). Ziel des Gesetzgebers war es: „Die Mitbestimmungs- und Mitwirkungsrechte des Betriebsrates in sozialen, personellen und wirtschaftlichen Angelegenheiten werden ausgebaut und verstärkt" (BT-Drucks. VI/1786, Vorblatt B).

85 In einem Sonderfall (§ 115 Abs. 7 Nr. 4 betr. Kapitän und Bordvertretung) kann der ArbGeb. vorläufige Regelungen treffen, wenn dies zur Aufrechterhaltung des ordnungsgemäßen Schiffsbetriebes dringend erforderlich ist. Diese Regelung beruht auf den Besonderheiten der Seeschiffahrt. Sie zeigt, daß dem ArbGeb. in anderen Fällen diese Befugnis nicht zustehen soll (ArbG Düsseldorf 2. 9. 87, BB 88, 482; *Kümpel,* ArbuR 85, 85).

85a Der BR kann Unterlassung mitbestimmungswidrigen Verhaltens auch im Wege der **einstw. Verfg.** verlangen (anders als im Rahmen von § 23 Abs. 3, vgl. Rn 58). Das ist Praxis der LAGe (vgl. z. B. LAG Frankfurt 19. 4. 88, DB 89, 128).

b) Verhältnis zur allgemeinen Zwangsvollstreckung nach § 85 ArbGG

86 Die Regelung des Abs. 3 stellt auch **keine die allgemeine Zwangsvollstreckung nach § 85 ArbGG ausschließende Sonderregelung** dar (*DR,* Rn 63; *GK-Thiele,* Rn 89; *GKSB,* Rn 50, 58; *HSG,* Rn 85; *Weiss,* Rn 15; *Dütz,* ArbuR 73, 356; *ders.,* Unterlassungs- und Beseitigungsansprüche, S. 33ff.; *Denk,* RdA 82, 281; *Grunsky,* ArbGG, § 85 Rn 8; *Weber,* Erzwingungsverfahren, S. 10ff.; *Derleder,* ArbuR 83, 289ff.; *Kümpel,* AiB 83, 132ff.; BAG 17. 5. 83, AP Nr. 19 zu § 80 BetrVG 1972, soweit Vorschriften des BetrVG den ArbGeb. zur Leistung von Geld oder Sachen, zur Vorlage von Unterlagen oder zur Unterrichtung verpflichten).

87 Der Gesetzgeber hat zusammen mit der Vorschrift des § 23 Abs. 3 gleichzeitig § 85 Abs. 1 in das ArbGG eingefügt und damit die Zwangsvollstreckungsvorschriften der ZPO allgemein für das Beschlußverfah-

ren für anwendbar erklärt (vgl. **Nach** § 1 Rn 54f.). Zweck des § 23 Abs. 3 ist es u.a., die Einhaltung des Gesetzes durch die erweiterte Möglichkeit der Verhängung von Sanktionen gegen den gesetzwidrig handelnden ArbGeb. besser zu sichern. Dieses Ziel würde praktisch in sein Gegenteil verkehrt, wenn § 23 Abs. 3 mit seiner engen Voraussetzung einer voraufgegangenen groben Pflichtverletzung die allgemeinen Zwangsvollstreckungsmöglichkeiten ausschließen würde. Insbesondere wäre damit eine vorbeugende Sicherung der Mitbestimmungs- und Mitwirkungsrechte des BR ausgeschlossen. Der gleichzeitige Erlaß sowohl des § 23 Abs. 3 als auch des § 85 Abs. 1 ArbGG und der mit ihnen verfolgte gesetzgeberische Zweck zeigt eindeutig, daß § 85 Abs. 1 ArbGG neben § 23 Abs. 3 anwendbar ist (vgl. unter Würdigung der Gesetzgebungsgeschichte *Dütz,* Unterlassungsansprüche, a.a.O.).

Deshalb kann der ArbGeb., auch wenn er **keine grobe, sondern lediglich eine leichte Pflichtverletzung** begangen hat, durch das ArbG zur Erfüllung seiner gesetzlichen Pflichten angehalten werden (vgl. oben Rn 77ff.). Aus Beschlüssen des ArbG, durch die dem ArbGeb. aufgegeben worden ist, eine Handlung zu unterlassen, die Vornahme einer Handlung zu dulden oder eine Handlung vorzunehmen, kann gemäß § 85 ArbGG nach den allgemeinen Zwangsvollstreckungsvorschriften des Achten Buches der ZPO vollstreckt werden. 88

Soweit allerdings der **materiell Berechtigte** bei einem groben Verstoß des ArbGeb. **das Verfahren nach § 23 Abs. 3 betreibt,** ist für ihn eine Zwangsvollstreckung nach den allgemeinen Zwangsvollstreckungsvorschriften der ZPO **nicht** mehr **zulässig,** da § 23 Abs. 3 insoweit als Sondervorschrift anzusehen ist (vgl. *Dütz,* ArbuR 73, 356; jetzt auch *HSG,* Rn 85). Wird das Erkenntnisverfahren nach § 23 Abs. 3 von dem **materiell Nichtberechtigten** betrieben (zur Prozeßstandschaft vgl. Rn 53), ist die Zwangsvollstreckung der Entscheidung nach allgemeinen Zwangsvollstreckungsregelungen zulässig (a.A. *DR,* Rn 64; *GK*-Thiele, Rn 89; *GKSB,* Rn 58). Erst recht wird allgemeines Zwangsvollstreckungsrecht nicht ausgeschlossen, wenn **kein Verfahren nach § 23 Abs. 3** betrieben wird, grobe Pflichtverstöße also keine Anspruchsvoraussetzungen sind (vgl. oben Rn 78ff; a.A. *GL,* Rn 62). 89

§ 24 Erlöschen der Mitgliedschaft

(1) **Die Mitgliedschaft im Betriebsrat erlischt durch**

1. Ablauf der Amtszeit,
2. Niederlegung des Betriebsratsamtes,
3. Beendigung des Arbeitsverhältnisses,
4. Verlust der Wählbarkeit,
5. Ausschluß aus dem Betriebsrat oder Auflösung des Betriebsrats auf Grund einer gerichtlichen Entscheidung,
6. gerichtliche Entscheidung über die Feststellung der Nichtwählbar-

keit nach Ablauf der in § 19 Abs. 2 bezeichneten Frist, es sei denn, der Mangel liegt nicht mehr vor.

(2) **Bei einem Wechsel der Gruppenzugehörigkeit bleibt das Betriebsratsmitglied Vertreter der Gruppe, für die es gewählt ist. Dies gilt auch für Ersatzmitglieder.**

Inhaltsübersicht

I. Vorbemerkung

1 Die Vorschrift regelt in Absatz 1 die Beendigung der Mitgliedschaft im BR und in Absatz 2 die Bedeutung des Wechsels der arbeitsrechtlichen Gruppenzugehörigkeit eines BRMitgl. während seiner Mitgliedschaft im BR. Im Gegensatz zum Erlöschen der Mitgliedschaft des einzelnen Mitgl. des BR steht die Beendigung der Amtszeit des BR als Kollektivorgan. Diese ist in § 21 geregelt (vgl. § 21 Rn 14ff.).

2 Die Aufzählung der sechs Gründe in Abs. 1, aus denen die Mitgliedschaft des einzelnen Mitgl. im BR erlischt, ist **nicht erschöpfend,** wenn auch die meisten Gründe der Beendigung der Mitgliedschaft sich in einen der aufgeführten Tatbestände einordnen lassen. So erscheint der Tod in der Regel als ein Unterfall der Beendigung des Arbeitsverhältnisses. Dies gilt allerdings nicht für den Fall der Todeserklärung, obwohl ein solcher Fall kaum jemals praktisch werden dürfte, sowie für den Fall, daß das Arbeitsverhältnis nach seinem Inhalt mit den Erben fortgesetzt wird. Gleichwohl erlischt mit dem Tod oder der Todeserklärung stets die Mitgliedschaft im BR (*DR,* Rn 7; *GL,* Rn 1 und 8; *GK-Wiese,* Rn 24). Wegen des Verlustes der Wählbarkeit durch Übertritt in den Kreis der leitenden Angestellten vgl. unten Rn 24. Wegen Beendigung der Mitgliedschaft durch Übertritt in einen anderen Betrieb des Unternehmens vgl. unten Rn 19ff.

3 Die Mitgliedschaft erlischt in den Fällen des Abs. 1 Nr. 1 bis 4 **kraft Gesetzes,** ohne daß es einer besonderen gerichtlichen Feststellung bedarf. Demgegenüber erlischt die Mitgliedschaft in den Fällen des Abs. 1 Nr. 5 und 6 nur aufgrund einer die Rechtslage gestaltenden gerichtlichen Entscheidung.

4 Für **ErsMitgl.** gilt Abs. 1 nicht unmittelbar. Er ist jedoch auf sie entsprechend anwendbar, so daß bei Vorliegen eines der Tatbestände des Abs. 1 die Anwartschaft des ErsMitgl., in den BR nachzurücken, erlischt (*DR,* Rn 5; *GL,* Rn 4; *GK-Wiese,* Rn 54f.; *HSG,* Rn 3; zum Fall des Abs. 1 Nr. 5 vgl. § 23 Rn 25).

Die Vorschrift gilt auch für die Mitgl. der Bordvertr. und des SeeBR, wobei jedoch für die Beendigung der Mitgliedschaft (vgl. Abs. 1) die ergänzenden Sonderregelungen in § 115 Abs. 3 Nr. 2 und § 116 Abs. 2 Nr. 9 zu beachten sind. Für die JugAzubiVertr. gilt Abs. 1 entsprechend (vgl. § 65 Abs. 1), nicht jedoch Abs. 2, da die JugAzubiVertr. ohne Rücksicht auf die Gruppenzugehörigkeit gewählt wird. Abs. 1 gilt nicht für den GesBR, den KBR und die GesJugAzubiVertr. Hier greifen die Sonderbestimmungen der §§ 49, 57 und 73 Abs. 2 ein. Abs. 2 findet demgegenüber für die Mitgl. des GesBR und des KBR entsprechende Anwendung, nicht dagegen für die GesJugAzubiVertr. Abs. 1 gilt entsprechend für die Mitgliedschaft in zusätzlichen oder anderen betriebsverfassungsrechtlichen Vertr. gem. § 3 Abs. 1 Nr. 1 und 2, sofern der TV keine anderweitige Regelung enthält (*GL*, Rn 4; *GK-Wiese*, Rn 5). 5

Die Vorschrift ist **zwingend** und kann weder durch TV noch durch BV abgedungen werden (h. M.). 6

Entsprechende Vorschriften: § 29 BPersVG 74 und § 9 Abs. 2 SprAuG. 6a

II. Erlöschen der Mitgliedschaft im Betriebsrat

1. Ablauf der Amtszeit

Mit dem Ablauf der Amtszeit endet die **Mitgliedschaft aller Mitgl. des BR.** In Betracht kommen in erster Linie der Ablauf der regelmäßigen Amtszeit (§ 21 Satz 1), ferner die Fälle der vorzeitigen Beendigung der Amtszeit nach § 21 Sätze 3 und 5 sowie die Fälle der verlängerten Amtszeit gemäß § 21 Satz 4 (vgl. hierzu im einzelnen § 21 Rn 15ff.). Schließlich sind hier die erfolgreiche Anfechtung der Wahl (§ 19) sowie die rechtskräftige Auflösung des BR durch das ArbG (§ 23 Abs. 1) zu nennen. Das Erlöschen der Mitgliedschaft des BRMitgl. fällt in diesen Fällen mit dem Ende der Amtszeit des BR als Organ zusammen. Die Feststellung der Nichtigkeit beendet keine Amtszeit, da ein BR überhaupt nicht rechtswirksam bestanden hat. 7

2. Niederlegung des Betriebsratsamtes

Amtsniederlegung ist die **freiwillige Aufgabe** des Amtes des BRMitgl. Sie kann schon unmittelbar nach der Wahl erklärt werden (BVerwG, AP Nr. 2 zu § 27 PersVG). Die Ablehnung der Wahl nach § 18 Abs. 2 WO ist keine Amtsniederlegung, da das BRMitgl. vor der Wahlannahme noch kein BRAmt innehat. 8

Eine **Form** ist für die Amtsniederlegung **nicht** vorgeschrieben (LAG Berlin, BB 67, 1424; *DR*, Rn 8; *GL*, Rn 9; *HSG*, Rn 6). Es genügt die eindeutige, am besten schriftliche Erklärung gegenüber dem BR (z. B. in einer BRSitzung) oder seinem Vors. (vgl. § 26 Abs. 3), nicht gegenüber dem ArbGeb. (LAG Schleswig-Holstein, AP Nr. 4 zu § 24 BetrVG). Von der Amtsniederlegung ist die bloße Absichtserklärung, das Amt 9 niederzulegen zu wollen, zu unterscheiden. Diese ist rechtlich bedeutungslos. Die Amtsniederlegung bewirkt die Beendigung der Mitgliedschaft im Zeitpunkt ihrer Erklärung, bei schriftlicher Erklärung mit dem Zugang des Schreibens an den Empfänger, es sei denn, daß der Erklärende selbst einen anderen Zeitpunkt festsetzt, z. B. erklärt, er wolle mit Ablauf des Monats aus dem Amt ausscheiden. Die Erklärung kann mit Rücksicht auf die mit ihr verknüpfende Rechtsfolge der Beendigung der Mitgliedschaft im BR **nicht zurückgenommen oder widerrufen** werden (ebenso BVerwG, AP Nr. 2 zu § 27 PersVG). Sie kann auch nicht an den Eintritt oder Nichteintritt einer Bedingung geknüpft werden (*GK-Wiese,* Rn 11; *HSG,* Rn 7; *Weiss,* Rn 3). Jedoch kann Mangel der – erkennbaren – Ernstlichkeit eingewandt werden (vgl. § 116 BGB; RAG 7, 534; *DR,* Rn 9; *GL,* Rn 10). Die Erklärung kann **nicht angefochten** werden, da sich BR und ArbN nicht mit unklaren und ungewissen Mitgliedschaften belasten können (*DR,* Rn 9; *Weiss,* Rn 3; *GKSB,* Rn 5; einschränkend *GK-Wiese,* Rn 12, die eine Anfechtung der Rücktrittserklärung so lange zulassen, als der BR als solcher noch nicht wieder tätig geworden ist; einschränkend auch *GL,* Rn 10, und *HSG,* Rn 8, die eine Anfechtung wegen Drohung oder arglistiger Täuschung zulassen).

10 Von der Amtsniederlegung zu unterscheiden sind die Fälle, in denen ein BRMitgl. lediglich gewisse Funktionen innerhalb des BR niederlegt (z. B. Niederlegung des Vorsitzes, Ausscheiden aus dem BetrAusschuß). Dies berührt die Mitgliedschaft im BR nicht. Die vakanten Posten sind vom BR neu zu besetzen (*DR,* Rn 8; *GL,* Rn 12; *GK-Wiese,* Rn 17; *HSG,* Rn 8).

3. Beendigung des Arbeitsverhältnisses

11 Da nur betriebsangehörige ArbN wählbar sind, erlischt die Mitgliedschaft im BR mit der Beendigung des Arbeitsverhältnisses. Entscheidend ist die **rechtliche Beendigung** des Arbeitsverhältnisses. Daher wird die Mitgliedschaft nicht beendet und die Ausübung der Ämter nicht berührt, wenn das Arbeitsverhältnis nur ruht, in seinem rechtlichen Bestand aber aufrechterhalten bleibt. Zu denken ist hier z. B. an einen längeren Sonder- oder Schwangerschaftsurlaub eines BRMitgl. Auch wenn ein ArbN zum Wehrdienst oder Zivildienst oder zu einer Wehr- oder Eignungsübung eingezogen wird, ruht das Arbeitsverhältnis (vgl. §§ 1 und 10 ArbPlSchuG, § 78 ZDG, § 1 EigÜbG). Das gleiche gilt bei einer Heranziehung zu Einsätzen oder Ausbildungsveranstaltungen im Rahmen des Zivil- oder Katastrophenschutzes (vgl. § 9 Zivilschutzgesetz, § 9 Katastrophenschutzgesetz). In allen diesen Fällen wird die Zugehörigkeit zum BR als solche nicht berührt (*Kröller,* BB 72, 228; *DR,* Rn 19; *GL,* Rn 22; *GK-Wiese,* Rn 31, 42; *HSG,* Rn 18). Das betreffende BRMitgl. ist vielmehr an der Ausübung seines Amtes zeitweise verhindert, so daß für die Zeit der Verhinderung ein ErsMitgl. in den BR nachrückt. Zu der Möglichkeit der Rückstellung von BRMitgl. vom Wehr- oder Zivildienst vgl. § 8 Rn 7.

12 Eine Beendigung des Arbeitsverhältnisses erfolgt in erster Linie durch

Kündigung. Kündigt das BRMitgl. unter Einhaltung der in Betracht kommenden Kündigungsfrist, so erlischt die Mitgliedschaft im BR erst mit Ablauf der Kündigungsfrist.

Der ArbGeb. kann gegenüber einem BRMitgl. eine **ordentliche Kündigung nur** im Falle der Stillegung oder Teilstillegung des Betriebs aussprechen (vgl. § 15 Abs. 4 und 5 KSchG; Näheres hierzu vgl. § 103 Rn 12ff.). Für den Ausspruch einer **außerordentlichen Kündigung** aus wichtigem Grund ist entweder die Zustimmung des BR oder ein die Zustimmung des BR ersetzender rechtskräftiger Beschluß des ArbG erforderlich (vgl. § 103 Rn 17ff.). Aus der Tatsache, daß ein BRMitgl. nach einer (unzulässigen) Kündigung ohne Widerspruch den Arbeitsplatz verläßt, kann allein nicht geschlossen werden, daß ein Aufhebungsvertrag zustande gekommen ist (vgl. LAG Hamburg, AP 50 Nr. 70; *DR,* Rn 13). 12a

Kündigt der ArbGeb. nach Zustimmung des BR oder einer diese Zustimmung ersetzenden rechtskräftigen arbeitsgerichtlichen Entscheidung einem BRMitgl. außerordentlich, so endet mit Zugang der Kündigungserklärung das Arbeitsverhältnis und damit die Mitgliedschaft im BR. Erhebt das BRMitgl. Kündigungsschutzklage, so bleibt die Wirksamkeit der Kündigung bis zur rechtskräftigen Entscheidung des Kündigungsschutzprozesses offen. Gleichwohl ist das gekündigte BRMitgl. während des Kündigungsschutzprozesses wegen seiner Entlassung nicht in der Lage, sein BRAmt wahrzunehmen. Es ist vielmehr während dieser Zeit im Sinne von § 25 Abs. 1 Satz 2 an der Ausübung seines Amtes gehindert; an seine Stelle tritt ein ErsMitgl. in den BR ein (*DR,* Rn 12; *GL,* Rn 15; *GK-Wiese,* § 25 Rn 23; *GKSB,* Rn 8; *HSG,* Rn 11; LAG Düsseldorf DB 74, 2164; LAG Schleswig-Holstein, DB 76, 1974; **a.A.** LAG Düsseldorf, NJW 56, 386; *Dütz,* DB Beil. 13/78 S. 19). Etwas anderes gilt, soweit das BRMitgl. aufgrund des vom großen Senat des BAG entwickelten allgemeinen Anspruchs auf Weiterbeschäftigung (vgl. hierzu Näheres § 102 Rn 60) weiterzubeschäftigen sein sollte. In diesem Falle nimmt es auch wieder seine BRFunktionen wahr. 13

Da während des Kündigungsrechtsstreits über die außerordentliche Kündigung noch nicht feststeht, ob Betriebszugehörigkeit und BRAmt fortbestehen, kann zugunsten des BRMitgl. im allgemeinen auch **keine einstweilige Verfügung** zum Schutze der BRTätigkeit erlassen werden (LAG Frankfurt a. M., AP Nr. 2 zu § 25 BetrVG; *DR,* § 25 Rn 13; *GK-Wiese,* § 25 Rn 25; *HSG,* Rn 12; *Heinze,* RdA 86, 288; LAG Köln, DB 75, 700; LAG Schleswig-Holstein, DB 76, 1975; **a.A.** *GL,* Rn 17; *GKSB,* Rn 18; *Dütz,* DB Beil. 13/78 a. a. O.). Zulässig ist eine einstweilige Verfügung allerdings, wenn der ArbGeb. die Kündigung ohne Zustimmung des BR oder eine die Zustimmung ersetzende arbeitsgerichtliche Entscheidung nach § 103, Abs. 2 ausgesprochen hat, wenn die Kündigung aus einem anderen Grunde offensichtlich unbegründet ist oder wenn dem BRMitgl. entsprechend der Rechtsprechung des großen Senats ein Anspruch auf Weiterbeschäftigung während des Kündigungsschutzverfahrens zusteht (LAG Düsseldorf, DB 75, 700 und DB 77, 1053; LAG Schleswig-Holstein, DB 76, 1974; *GK-Wiese,* § 25 Rn 25; 14

DR, § 25 Rn 25; *Weihrauch,* ArbuR 65, 9; **a. A.** *Heinze,* RdA 86, 288, für den Fall der Weiterbeschäftigung aufgrund der BAG-Rechtsprechung).

15 Die erfolgreiche **Anfechtung** oder die **Nichtigkeit des Arbeitsvertrages** wirkt erst mit ihrer Feststellung für die Zukunft. Das gilt auch für das mit dem Bestand des Arbeitsverhältnisses verbundenen BRAmt (*DR,* Rn 18; *GK-Wiese,* Rn 23; *HSG,* Rn 14; BAG 5. 12. 57, AP Nr. 2 zu § 123 BGB; BAG 15. 11. 57, AP Nr. 2 zu § 125 BGB).

16 **Befristete Arbeitsverhältnisse** enden auch bei BRMitgl. durch Zeitablauf (vgl. § 103 Rn 11). Wird der ArbN über die Befristung hinaus weiterbeschäftigt, so besteht auch das Amt fort. Sieht eine BV das ausscheiden der ArbN mit Vollendung des 65. Lebensjahres vor, so gilt dies auch für BRMitgl.; räumt die BV aber die Möglichkeit von Ausnahmen ein, so ist davon zugunsten eines BRMitgl. bis zum Ablauf der Amtsperiode des BR Gebrauch zu machen (BAG 12. 12. 68, AP Nr. 6 zu § 24 BetrVG; *HSG,* Rn 15; *GKSB,* Rn 10; **a. A.** *DR,* Rn 16; *GK-Wiese,* Rn 21).

17 Wird ein unter Beendigung des Arbeitsverhältnisses aus dem Betrieb ausgeschiedenes BRMitgl. später **wiedereingestellt,** so wird es damit dennoch nicht wieder BRMitgl., dies selbst dann nicht, wenn die spätere Wiedereinstellung von vornherein in Aussicht genommen oder gar zugesichert war. Denn über die zwingenden Vorschriften des Gesetzes hinsichtlich der Mitgliedschaft im BR können die Arbeitsvertragsparteien nicht verfügen (RAG 6, 223; *DR,* Rn 21; *GL,* Rn 28; *GK-Wiese,* Rn 34; *HSG,* Rn 21).

18 Anders ist die Rechtslage bei einem **Streik** oder einer **Aussperrung.** Der Streik hat grundsätzlich nur suspendierende Wirkung (vgl. hierzu BAG 28. 1. 55 und 27. 9. 57, AP Nr. 1 und 6 zu Art. 9 GG Arbeitskampf; *DR,* Rn 21). Nach Beendigung des Arbeitskampfes lebt das nur suspendierte Arbeitsverhältnis wieder auf. Das gilt auch, wenn der ArbGeb. eine Aussperrung ausgesprochen hat. Denn die Arbeitsverhältnisse von BRMitgl. können auch durch eine Aussperrung nur suspendiert, nicht aufgelöst werden (vgl. BAG 21. 4. 71, AP Nr. 43 zu Art. 9 GG Arbeitskampf Teil III C. 5; BAG 25. 10. 88 AP Nr. 110 zu Art. 9 GG Arbeitskampf; zur Verfassungsmäßigkeit dieser Rechtsprechung vgl. BVerfG, DB 75, 792). Zum Weiterbestand des BRAmtes während eines Arbeitskampfes vgl. auch § 74 Rn 6.

18a Bei **ErsMitgl.** führt allerdings eine lösende Aussperrung, soweit diese überhaupt zulässig ist, zu einer Beendigung des Arbeitsverhältnisses und damit zu einer Beendigung ihrer Ersatzmitgliedschaft. Sie gewinnen ihre Eigenschaft als ErsMitgl. jedoch zurück, wenn sie nach Beendigung des Arbeitskampfes wieder eingestellt werden. Dies gilt jedenfalls dann, wenn die TVParteien ein Maßregelungsverbot vereinbart haben oder wenn bei der Wiedereinstellung der Ausgesperrten allgemein vereinbart wird, daß die Arbeitsverhältnisse als nicht unterbrochen gelten (*GK-Wiese,* Rn 35; *HSG,* Rn 17; vgl. auch BAG 21. 4. 71, AP Nr. 43 zu Art. 9 GG Arbeitskampf).

19 Das BRAmt endet auch, wenn der ArbGeb. das Mitgl. in **einen anderen Betrieb des Unternehmens versetzt** (*DR,* Rn 23; *GL,* Rn 24;

GKSB, Rn 11). Eine solche Versetzung, die nach Maßgabe der §§ 99ff. der Mitbestimmung des BR unterliegt (vgl. hierzu § 99 Rn 21ff.; weitergehend LAG Hamm, EzA § 103 BetrVG Nr. 19, das eine Zustimmung des BR des abgebenden Betriebs nach § 103 verlangt), ist aber nur zulässig, wenn sie ohne Kündigung des Arbeitsverhältnisses erfolgen kann und keine verbotene Störung der Tätigkeit des BR im Sinne des § 78 BetrVG darstellt oder wenn sie mit Einwilligung des BRMitgl. erfolgt. Erforderlich ist, daß die Versetzung durch dringende sachliche, insbesondere betriebliche Gründe geboten ist, die auch unter Berücksichtigung der Tatsache, daß ein ArbN BRMitgl. ist, durchschlagen. Der unter diesen Voraussetzungen zulässigen Versetzung kann der BR die Zustimmung verweigern, aber nur aus den für alle ArbN geltenden Gründen des § 99 i. Verb. m. § 78 S. 2 (*DR,* Rn 23; *GL,* Rn 24). Stimmt der BR zu, so kann der ArbGeb. das BRMitgl. versetzen; damit verliert es seine Mitgliedschaft im BR.

Eine nicht durch den Arbeitsvertrag gestattete Versetzung macht, **19a** wenn ihr das BRMitgl. nicht zustimmt, eine **Änderungskündigung** erforderlich, die nach § 15 KSchG unzulässig ist, sofern sie nicht im Zuge einer Stillegung oder Teilstillegung des Betriebs nach § 15 Abs. 4 und 5 KSchG erfolgt (vgl. hierzu § 103 Rn 12ff.). Soweit danach die Änderungskündigung überhaupt zulässig ist, unterliegt sie wiederum der Mitbestimmung des BR nach § 102.

Das BRMitgl. scheidet ferner aus dem Betrieb und damit aus dem BR **20** aus, wenn der ganze unselbständige **Betriebsteil,** in dem das Mitgl. beschäftigt ist, aus dem Betrieb **ausgegliedert** wird, sei es, daß jener mit einem anderen Betrieb des Unternehmens vereinigt wird, sei es, daß er als selbständiger Betrieb organisiert wird (*DR,* Rn 24; *GL,* Rn 25; *GK-Wiese,* Rn 39); mit vollzogener Neugliederung des Betriebsteils verliert das BRMitgl. sein Amt. Dies dürfte allerdings nur dann gelten, wenn es aus betrieblichen Gründen nicht möglich ist, das BRMitgl. in dem nicht ausgegliederten Teil des Betriebes zu beschäftigen. Besteht diese Möglichkeit, so ist das BRMitgl. in entsprechender Anwendung des § 15 Abs. 5 KSchG in diesen Teil des Betriebes zu übernehmen (*GKSB,* Rn 11; **a. A.** *GL,* Rn 25; *GK-Wiese,* Rn 39; *HSG,* Rn 25). Bei völlig von der Arbeit freigestellten BRMitgl. ist für die Beurteilung der Beschäftigungsmöglichkeit auch die betriebsübliche Entwicklung vergleichbarer Arbeitnehmer (vgl. hierzu § 37 Rn 72ff., § 38 Rn 47ff.) zu berücksichtigen. Im übrigen besteht bei derartigen betrieblichen Änderungen das MBR des BR nach Maßgabe der §§ 111ff.

Die **Veräußerung eines Betriebs** hat keine Auswirkungen auf die **21** Mitgliedschaft im BR, da nach § 613a BGB die im Zeitpunkt des Betriebsübergangs bestehenden Arbeitsverhältnisse kraft Gesetzes auf den neuen Betriebsinhaber überführt werden (vgl. hierzu § 1 Rn 57ff.). Der BR bleibt deshalb bei einer Betriebsveräußerung unverändert im Amt. Wird allerdings **nur ein Betriebsteil veräußert,** so scheiden die BRMitgl., die in dem veräußerten Teil ihren Arbeitsplatz haben, aus dem für den nicht veräußerten Betriebsteil fortbestehenden BR aus, da sie infolge des Übergangs der Arbeitsverhältnisse auf den Erwerber gem. § 613a BGB zu dem bisherigen Betriebsinhaber nicht mehr in einem Arbeitsverhältnis stehen (vgl. LAG Schleswig-Holstein, DB 85, 47). Etwas anderes gilt, wenn sie dem Übergang des Arbeitsverhältnisses auf den Erwerber widersprechen (vgl. BAG 2. 10. 74 und 6. 2. 80, AP Nr. 1 und 21 zu § 613a BGB); in diesem Falle bleiben sie Mitgl. des für den nicht veräußerten Betriebsteil fortbestehenden BR.

22 Die **Eröffnung des Konkursverfahrens** über das Vermögen des ArbGeb. hat auf den Bestand des Arbeitsverhältnisses keinen unmittelbaren Einfluß. Die Mitgliedschaft im BR bleibt deshalb auch während des Konkurses bis zur Auflösung des Betriebes bestehen (*GL,* Rn 21; *GK-Wiese,* Rn 33; *GKSB,* Rn 15). Zur Frage der Beachtung der gesetzlichen Beteiligungsrechte des BR durch den Konkursverwalter vgl. § 1 SozplkonkG Rn 7 (siehe Anhang 3). Wegen des Weiterbestandes des BR im Interesse der Mitbestimmung der ArbN beim Abschluß eines Sozialplans auch bei vorzeitiger Auflösung des Betriebs vgl. auch § 21 Rn 31.

4. Verlust der Wählbarkeit

23 Das Amt des BRMitglieds endet durch **nachträglich** eintretenden Verlust der Wählbarkeit (§ 8), etwa wenn das BRMitgl. durch strafgerichtliche Verurteilung die Fähigkeit, Rechte aus öffentlichen Wahlen zu erlangen, verliert oder wenn es entmündigt wird (*DR,* Rn 26; *GL,* Rn 29f.; *GK-Wiese,* Rn 40). Mit dem Tage des Verlustes der Wählbarkeit erlischt auch die Mitgliedschaft im BR, ohne daß es einer besonderen gerichtlichen Feststellung bedarf.

Fehlte dagegen die Wählbarkeit schon im Zeitpunkt der Wahl, so gilt das in Rn 26ff. Gesagte.

24 Die Wählbarkeit wird auch verloren, wenn das Mitgl. aus dem persönlichen Geltungsbereich des BetrVG (vgl. § 5 Abs. 2 und 3) ausscheidet. Das BRMitglied, das zum **leitenden Ang. nach § 5 Abs. 3** befördert wird, scheidet daher aus dem BR aus. Die Beförderung selbst ist als Umgruppierung aufzufassen, die jedoch nicht der personellen Mitbestimmung nach § 99, sondern dem Verfahren nach § 105 unterliegt (vgl. § 99 Rn 20). Ein Verlust der Wählbarkeit tritt ferner ein, wenn das BRMitgl. nicht mehr zu den ArbN des Betriebs gehört, für den der BR gebildet ist (vgl. oben Rn 19ff.). Dagegen besteht die Wählbarkeit weiter, wenn der ArbN **die Gruppe wechselt** (z. B. ein Arb. wird Ang.). Das ist durch Abs. 2 ausdrücklich klargestellt (vgl. unten Rn 32).

5. Amtsenthebung

25 Wird durch **rechtskräftigen Beschl.** des ArbG. nach § 23 entweder der BR **aufgelöst** oder das Mitgl. aus dem BR **ausgeschlossen,** so erlischt die Mitgliedschaft der Mitgl. des BR oder des einzelnen ausgeschlossenen Mitgl. mit der Rechtskraft des arbeitsgerichtlichen Beschlusses (Näheres § 23 Rn 21, 31). Die Rechtskraft eines diesbezüglichen Beschlusses eines LAG, das keine Rechtsbeschwerde zugelassen hat, tritt erst mit Ablauf der Frist für die Einlegung der Nichtzulassungs-

beschwerde ein, es sei denn, es wird vorher auf die Einlegung dieses Rechtsmittels verzichtet (LAG Hamm, BB 78, 715).

6. Nachträgliche Feststellung der Nichtwählbarkeit

Im Gegensatz zu dem nachträglichen Verlust der Wählbarkeit (Rn 23) **26** handelt es sich hier um den Tatbestand, daß die Wählbarkeit **bereits im Zeitpunkt der Wahl** nicht vorhanden war. Dieser Fehler ist in erster Linie durch eine Wahlanfechtung zu bereinigen, die nach § 19 binnen 14 Tagen nach Bekanntgabe des Wahlergebnisses erfolgen kann (vgl. § 19 Rn 12f.). Aber auch später, d. h. wenn die Anfechtungsfrist ungenutzt verstrichen ist, kann der Mangel der Wählbarkeit noch jederzeit festgestellt werden (BAG 11. 4. 58, AP Nr. 1 zu § 6 BetrVG; *GL,* Rn 32). Diese Feststellung erfolgt durch **richterliche Entscheidung,** und zwar im arbeitsgerichtlichen Beschlußverfahren (§§ 2a, 80ff. ArbGG). **Antragsberechtigt** sind nur die nach § 19 Anfechtungsberechtigten (BAG 11. 3. 75, AP Nr. 1 zu § 24 BetrVG 1972; BAG 28. 11. 77, AP Nr. 2 zu § 8 BetrVG 1972; *DR,* Rn 32; *GL,* Rn 33). Ein eigentliches Anfechtungsverfahren findet jedoch nicht statt. Das Zuordnungsverfahren nach § 18a schließt die nachträgliche Feststellung der Nichtwählbarkeit nicht aus (vgl. § 18a Rn 64).

Eine Entscheidung dieser Frage als Vorfrage im Urteilsverfahren **26a** reicht nicht aus. Gegenstand des Verfahrens muß die Feststellung der Nichtwählbarkeit als solche sein (*DR,* Rn 31; *GK-Wiese,* Rn 44).

Die Feststellung ist **unzulässig,** wenn der Anfechtungsberechtigte in **27** einem vorausgegangenen Anfechtungsverfahren mit der Anfechtung nicht durchgedrungen ist; anders, wenn das Anfechtungsverfahren aus anderen Gründen eingestellt wurde (*DR,* Rn 34; *GKSB,* Rn 23; *GK-Wiese,* Rn 46).

Die nachträgliche Feststellung der Nichtwählbarkeit im Zeitpunkt der **28** Wahl führt dann nicht zum Verlust der Mitgliedschaft im BR, wenn der **Mangel inzwischen nicht mehr vorliegt.** War z. B. das gewählte BRMitgl. im Zeitpunkt der Wahl noch nicht 18 Jahre alt oder noch keine sechs Monate im Betrieb beschäftigt, so fehlte ihm die Wählbarkeit. Dieser Mangel wird aber geheilt, wenn der Gewählte das Mindestalter oder die Mindestbeschäftigungszeit erreicht, ohne daß seine Wahl angefochten oder die Nichtwählbarkeit rechtskräftig festgestellt wurde (BAG 7. 7. 54, AP Nr. 1 zu § 24 BetrVG; *DR,* Rn 33; *GL,* Rn 33a). Die Heilung muß allerdings bis zur letzten gerichtlichen Tatsachenverhandlung erfolgt sein, da die Rechtsbeschwerdeinstanz derartige tatsächliche Feststellungen nicht treffen kann (*GK-Wiese,* Rn 49).

Mit der Rechtskraft des arbeitsgerichtlichen Beschlusses erlischt die **29** Mitgliedschaft im BR kraft Gesetzes für die Zukunft. Infolgedessen sind Beschlüsse, an denen das BRMitgl. zuvor mitgewirkt hat, nicht etwa wegen Teilnahme eines Unbefugten unwirksam (*GK-Wiese,* Rn 50; *GL,* Rn 33a; *HSG,* Rn 32). Auf der anderen Seite genießt bis zur Rechtskraft des Beschlusses das BRMitgl. den besonderen Kündigungsschutz, so daß eine ordentliche Kündigung, die nach dem Beschluß des ArbG über die Feststellung der Nichtwählbarkeit, jedoch vor dessen Rechtskraft ausgesprochen wird, nach § 15 Abs. 1 KSchG unwirksam ist (BAG 29. 9. 83, AP Nr. 15 zu § 15 KSchG 1969).

III. Folgen des Erlöschens der Mitgliedschaft

30 Die Erlöschensgründe beenden nicht nur die Mitgliedschaft im BR und damit alle Funktionen und Ämter innerhalb des BR, sondern, wenn das Mitgl. in den GesBR des Unternehmens (vgl. § 47) oder den KBR des Konzerns (vgl. § 55) entsandt worden ist, zugleich auch diese Ämter (vgl. §§ 49 und 57). Gleiches gilt, wenn das BRMitgl. als solches in den WiAusschuß entsandt worden ist (vgl. § 107 Rdnr. 5; *GL,* Rn 34; *GK-Wiese,* Rn 51; *GKSB,* Rn 26). Die Mitgliedschaft im Aufsichtsrat des Unternehmens wird durch den Verlust der Mitgliedschaft im BR nicht berührt (*DR,* Rn 39).

31 Mit dem Erlöschen der Mitgliedschaft erlischt auch der **besondere Kündigungsschutz** des BRMitgl. gegen außerordentliche Kündigungen nach § 103 BetrVG; denn dieser Kündigungsschutz ist auf die Dauer der Mitgliedschaft im BR beschränkt. Dagegen bleibt nach der Rechtsprechung des BAG der **nachwirkende Kündigungsschutz** gegen ordentliche Kündigungen gemäß § 15 Abs. 1 Satz 2 KSchG grundsätzlich auch bei Beendigung der persönlichen Mitgliedschaft (und nicht nur bei Beendigung der Amtszeit des BR als Kollektivorgan) bestehen, es sei denn, die Beendigung der Mitgliedschaft beruht auf einer gerichtlichen Entscheidung (vgl. BAG 5. 7. 79, AP Nr. 6 zu § 15 KSchG 1969; *DR,* Rn 40; *GK-Wiese,* Rn 52; *Barwasser,* ArbuR 77, 74; *Matthes,* DB 80, 1169; im Ergebnis auch *GL,* Rn 38f.; **a. A.** *HSG,* Rn 34a; Näheres vgl. § 103 Rn 39). Obwohl die Rechtsprechung des BAG angesichts der terminologischen Unterscheidung zwischen Amtszeit und Mitgliedschaft nicht unbedingt zwingend ist, ist ihr im Hinblick auf Sinn und Zweck des nachwirkenden Kündigungsschutzes und insbesondere deshalb zu folgen, weil der Deutsche Bundestag eine im Rahmen des Arbeitsrechtlichen EG-Anpassungsgesetzes beabsichtigte diesbezügliche Änderung des § 15 KSchG (und auch des § 37 Abs. 4 und 5 sowie des § 38 Abs. 3 BetrVG) gerade wegen dieser Rechtsprechung des BAG nicht mehr für erforderlich gehalten hat (vgl. BT-Drucks. 8/4259, S. 9f.). Zum Kündigungsschutz der ErsMitgl. vgl. § 25 Rn 6ff.

IV. Wechsel der Gruppenzugehörigkeit

32 Abs. 2 regelt die früher umstrittene Frage, welchen Einfluß der Wechsel der Gruppenzugehörigkeit eines BRMitgl. während der Dauer seiner Mitgliedschaft im BR hat, i. S. der **Kontinuität der Mitgliedschaft.** Sowohl ein Gruppenwechsel des BRMitgl. selbst als auch des ErsMitgl. ist ohne Einfluß auf die Mitgliedschaft bzw. die Anwartschaft auf die Mitgliedschaft im BR (h. M.). Das BRMitgl. bzw. das ErsMitgl. bleibt Vertr. der Gruppe, für die es gewählt worden ist. Das gilt sowohl im

Falle der Gruppenwahl als auch der Gemeinschaftswahl (*DR,* Rn 37; *GK-Wiese,* Rn 57; *GL,* Rn 42). Dies gilt auch für alle Funktionen innerhalb des BR, für die die Gruppenzugehörigkeit von Bedeutung ist (z. B. die Bestellung zum Vors. oder stellvertr. Vors. des BR nach § 26; Besetzung des BetrAusschusses und weitere Ausschüsse des BR nach §§ 27 u. 28; die Freistellung von BRMitgl. nach § 38; die Entsendung der Mitgl. in den GesBR und den KBR nach § 47 Abs. 2 und § 55 Abs. 2).

V. Streitigkeiten

Besteht Streit darüber, ob die Mitgliedschaft im BR erloschen ist, so entscheiden die ArbG im Beschlußverfahren (§§ 2a, 80ff. ArbG). In den Fällen des Abs. 1 Nr. 5 und 6 ist das **arbeitsgerichtliche Beschlußverfahren** die ausschließliche Verfahrensart zur Feststellung, ob die Mitgliedschaft im BR erloschen ist. In den übrigen Fällen kann diese Frage auch inzidenter als Vorfrage in einem Urteilsverfahren (etwa einem Kündigungsschutzverfahren) entschieden werden. Das auch im arbeitsgerichtlichen Beschlußverfahren stets zu prüfende Rechtsschutzinteresse entfällt, wenn vor der rechtskräftigen Entscheidung das betreffende BRMitgl. aus dem BR ausgeschieden ist (BAG 13. 7. 62, AP Nr. 2 zu § 24 BetrVG; BAG 11. 3. 75, AP Nr. 1 zu § 24 BetrVG 1972; *GK-Wiese,* Rn 50; *GL,* Rn 44; nach *DR,* Rn 33, ist das Verfahren für erledigt zu erklären). 33

§ 25 Ersatzmitglieder

(1) **Scheidet ein Mitglied des Betriebsrats aus, so rückt ein Ersatzmitglied nach. Dies gilt entsprechend für die Stellvertretung eines zeitweilig verhinderten Mitglieds des Betriebsrats.**

(2) **Die Ersatzmitglieder werden der Reihe nach aus den nichtgewählten Arbeitnehmern derjenigen Vorschlagslisten entnommen, denen die zu ersetzenden Mitglieder angehören. Ist eine Vorschlagsliste erschöpft, so ist das Ersatzmitglied derjenigen Vorschlagsliste zu entnehmen, auf die nach den Grundsätzen der Verhältniswahl der nächste Sitz entfallen würde. Ist das ausgeschiedene oder verhinderte Mitglied nach den Grundsätzen der Mehrheitswahl gewählt, so bestimmt sich die Reihenfolge der Ersatzmitglieder unter Berücksichtigung der §§ 10 und 12 nach der Höhe der erreichten Stimmenzahlen.**

(3) **In den Fällen des § 14 Abs. 4 findet Absatz 1 mit der Maßgabe Anwendung, daß das gewählte Ersatzmitglied nachrückt oder die Stellvertretung übernimmt.**

Inhaltsübersicht

I. Vorbemerkung

1 Die Vorschrift regelt das Eintreten von ErsMitgl. für zeitweilig verhinderte oder endgültig ausgeschiedene BRMitgl. Sie dient dem Zweck, die Tätigkeit des BR und seine Beschlußfähigkeit (§ 33) zu sichern.

1a Durch das Änderungsgesetz 1989 ist aus Gründen einer geschlechtsneutralen Terminologie des Gesetzes der in Abs. 3 bisher verwandte Begriff „Ersatzmann" durch den Begriff „ErsMitgl." ersetzt worden.

2 Die Vorschrift gilt auch für die Bordvertr. und den SeeBR (vgl. § 115 Abs. 3, § 116 Abs. 2) sowie für die JugAzubiVertr. (vgl. § 65 Abs. 1). Hinsichtlich der ErsMitgl. für den GesBR, den KBR und die GesJugAzubiVertr. vgl. die Sonderregelungen in § 47 Abs. 3 Satz 1, § 55 Abs. 2 und § 72 Abs. 3. Die Vorschrift gilt nicht für den WiAusschuß. Für seine Mitgl. ist die Bestellung von ErsMitgl. gesetzlich nicht vorgesehen. Die Vorschrift gilt für eine tarifliche Sondervertr. nach § 3 Abs. 1 Nr. 2 entsprechend, sofern der TV keine abweichende Regelung enthält (*GL,* Rn 2; *GK-Wiese,* Rn 4; *HSG,* Rn 2). Die Bestellung von ErsMitgl. für zusätzliche betriebsverfassungsrechtliche Vertr. nach § 3 Abs. 1 Nr. 1 bleibt der tariflichen Regelung vorbehalten. Zur Bestellung von ErsMitgl. des Wahlvorst. vgl. § 16 Rn 20ff.

3 Die Vorschrift enthält **zwingendes** Recht. Sie kann weder durch TV noch durch BV abgeändert werden (h. M.).

3a Entsprechende Vorschriften: § 31 BPersVG 74 und § 10 SprAuG.

II. Ersatzmitglieder

4 ErsMitgl. ist ein nicht gewählter Wahlbewerber (anders aber das ErsMitgl. im nur einköpfigen BR bzw. des einzigen Gruppenvertr.; vgl. unten Rn 28), der nach § 25 eine **Anwartschaft** darauf hat, entweder im Falle einer nur vorübergehenden Verhinderung des BRMitgl. zeitweilig (Abs. 1 Satz 2) oder im Fall eines vorzeitigen Ausscheidens eines BRMitgl. für den Rest der Amtszeit des BR kraft Gesetzes die Stellung eines ordentlichen BRMitgl. einzunehmen. Solange dieser Fall nicht eingetreten ist, steht das ErsMitgl. außerhalb des BR (*GK-Wiese,* Rn 43f.). Bei Beendigung der Amtszeit des BR als Kollektivorgan rücken keine ErsMitgl. nach, da in diesem Falle der BR nicht mehr besteht.

Ein Mitgl. des BR kann sich im Falle seiner Verhinderung nur durch ein gemäß Abs. 2 oder 3 nachrückendes ErsMitgl. vertreten lassen, nicht durch ein von ihm selbst bestimmtes ErsMitgl. oder einen von ihm selbst bestimmten Bevollmächtigten.

Das ErsMitgl. tritt im Falle des Ausscheidens eines ordentlichen Mitgl. endgültig, im Falle der vorübergehenden Verhinderung eines ordentlichen Mitgl. für die Dauer der Verhinderung als vollwertiges Mitgl. mit allen sich aus dieser Stellung ergebenden **Rechten und Pflichten** in den BR ein (vgl. BAG 9. 11. 77, 17. 1. 79 und 6. 9. 79, AP Nr. 3, 5 und 7 zu § 15 KSchG 1969; *DR,* Rn 34; *GL,* Rn 6; *GK-Wiese,* Rn 45, 47; *Brill,* BlStR 83, 177). Insbesondere genießt es während der Zeit der Stellvertr. alle **Schutzrechte** eines BRMitgl.; so gelten z. B. die Behinderungs- und Benachteiligungsverbote des § 78 auch in Bezug auf ErsMitgl.. Zur Schulung von ErsMitgl. vgl. § 37 Rn 101. 5

Hinsichtlich des **Kündigungsschutzes** ist wie folgt zu unterscheiden: 6

Vor Eintritt in den BR für ein ausgeschiedenes oder verhindertes BRMitgl. genießt das ErsMitgl. grundsätzlich nicht den Kündigungsschutz der BRMitgl. nach § 103 und § 15 Abs. 1 KSchG (BAG 9. 11. 77 und 17. 1. 79, AP Nr. 3 und Nr. 5 zu § 15 KSchG 1969; *GL,* Rn 1). In den ersten sechs Monaten nach Bekanntgabe des Wahlergebnisses ist es allerdings gegen ordentliche Kündigungen unter dem Gesichtspunkt des **nachwirkenden Kündigungsschutzes** der Wahlbewerber gemäß § 15 Abs. 3 Satz 2 KSchG geschützt (vgl. § 103 Rn 34). Ferner kann sich ein Kündigungsschutz für ErsMitgl. auch vor Eintritt in den BR aus der **Schutzvorschrift des § 78** ergeben, der jede Benachteiligung auch eines ErsMitgl. (vgl. § 78 Rn 8) wegen seiner (zu erwartenden) Tätigkeit untersagt. Eine Kündigung mit dem Ziel, das Eintreten eines ErsMitgl. in den BR zu verhindern, wäre als Verstoß gegen § 78 i. Vdb. mit § 134 BGB nichtig (*DR,* Rn 39; *GK-Wiese,* Rn 49). Darüber hinaus greift nach der Rechtsprechung des BAG der Kündigungsschutz nach § 15 KSchG und § 103 BetrVG zugunsten eines ErsMitgl. vor Eintritt in den BR dann ein, wenn zwar der Verhinderungsfall noch nicht vorliegt, das ErsMitgl. sich jedoch auf eine BRSitzung, an der es wegen eines Verhinderungsfalles teilnehmen muß, vorbereitet. In diesem Falle genießt das ErsMitgl. vom Tage der Ladung zur Sitzung ab, im allgemeinen jedoch höchstens für eine Zeit von drei Tagen vor der Sitzung, den den BRMitgl. zustehenden Kündigungsschutz (BAG 17. 1. 79, AP Nr. 5 zu § 15 KSchG 1969; ablehnend *HSG,* Rn 17; wohl auch *GK-Wiese,* Rn 49).

Während der **Zeit der Mitgliedschaft** im BR genießt das nachgerückte ErsMitgl. den vollen Kündigungsschutz eines BRMitgl. nach § 103 und § 15 KSchG (h. M.; vgl. hierzu § 103 Rn 7). Denn das ErsMitgl. muß sein Amt mit der gleichen Unabhängigkeit ausüben können wie jedes andere BRMitgl. 7

Scheidet ein ErsMitgl. das für ein zeitweilig verhindertes ordentliches Mitgl. dem BR angehört hat, nach Beendigung des Vertretungsfalles wieder aus dem BR aus, so genießt das ErsMitgl., wenn es während der Vertr. Aufgaben eines BRMitgl. wahrgenommen hat, nach dem Ausscheiden den **nachwirkenden Kündigungsschutz gegen ordentliche** 8

Kündigungen gemäß § 15 Abs. 1 Satz 2 KSchG (BAG 6. 9. 79, AP Nr. 7 zu § 15 KSchG 1969; *GK-Wiese,* Rn 51; *Barwasser,* ArbuR 77, 74; *Matthes,* DB 80, 1170f.; jetzt wohl auch *DR,* Rn 40; einschränkend *GL,* Rn 9: nur das jeweils erste ErsMitgl. einer Liste; **a. A.** *Brecht,* Rn 18; *HSG,* Rn 19; *Nipperdey,* DB 81, 217; vgl. zum ganzen § 103 Rn 35ff.).

9 Ein in der Berufsausbildung befindliches ErsMitgl. ist berechtigt, nach § 78a Abs. 2 den **Antrag auf Übernahme in ein Arbeitsverhältnis** zu stellen, und zwar nicht nur, wenn es z. Z. der Antragstellung Mitgl. des BR oder der JugVertr. war (BAG 15. 1. 80, AP Nr. 8 zu § 78a BetrVG 1972), sondern auch dann, wenn es innerhalb des letzten Jahres vor erfolgreichem Abschluß des Berufsausbildungsverhältnisses ein Mitgl. des BR oder der JugVertr. vorübergehend vertreten hat (BAG 13. 3. 86, AP Nr. 3 zu § 9 BPersVG).

III. Eintreten von Ersatzmitgliedern

1. Nachrücken für ausgeschiedene Betriebsratsmitglieder

10 Die im § 24 Abs. 1 Nr. 2 bis 6 bezeichneten Gründe des Erlöschens der Mitgliedschaft bezeichnen zugleich die Fälle, in denen ein Mitgl. aus dem BR **endgültig ausscheidet.** Legt ein einzelnes BRMitgl. sein Amt nieder, scheidet es aus dem Betrieb aus, verliert es die Wählbarkeit, wird es durch rechtskräftigen Beschluß des ArbG aus dem BR ausgeschlossen oder seine Nichtwählbarkeit festgestellt, so tritt stets ein ErsMitgl. ein. Ein Eintritt von ErsMitgl. ist so lange möglich, als die Amtszeit des BR nicht beendet ist (vgl. hierzu § 21 Rn 14ff.). Deshalb können auch in BR, die nach § 22 die Geschäfte bis zur Neuwahl weiterführen, bei Ausscheiden oder Verhinderung von BRMitgl. ErsMitgl. nachrücken (*GK-Wiese,* Rn 13; *HSG,* Rn 5; *GKSB,* Rn 6).

11 Das ErsMitgl. tritt an die Stelle des ausgeschiedenen BRMitgl. und nimmt ohne weiteres und selbsttätig dessen Rechtsstellung für den Rest der Amtszeit des BR ein. Einer Benachrichtigung durch den Vors. bedarf es ebensowenig wie einer Erklärung des ErsMitgl., daß es in den BR eintreten will (BAG 17. 1. 79, AP Nr. 5 zu § 15 KSchG 1969; *DR,* Rn 33; *GL,* Rn 4; *GK-Wiese,* Rn 26; *HSG,* Rn 6; *Brill,* BlStR 83, 178; **a. A.** *Eich,* DB 76, 47, der eine Annahmeerklärung des ErsMitgl. fordert und solange diese nicht erfolgt ist, ein Nachrücken ausschließt). Eine Unterrichtung des ArbGeb. ist ebenfalls nicht erforderlich, im Hinblick auf eine etwa notwendige Arbeitsbefreiung oder den Kündigungsschutz (vgl. oben Rn 6ff.) jedoch zweckmäßig (*GKSB,* Rn 5; weitergehend *GK-Wiese,* Rn 26, der eine aus § 2 Abs. 1 abgeleitete Verpflichtung zur Unterrichtung des ArbGeb. durch den BRVors. annimmt). Das ErsMitgl. ist vollwertiges BR Mitgl. und hat alle Rechte und Pflichten eines solchen. Allerdings tritt das ErsMitgl. **nur in den BR ein.** Es übernimmt nicht kraft Gesetzes auch die Funktionen innerhalb des BR, die das ausgeschiedene Mitgl. innehatte (*DR,* Rn 35; *GL,* Rn 6; *GK-Wiese,* Rn 46; *HSG,* Rn 16). Es wird z. B. nicht Mitgl. des BetrAusschusses oder

des GesBR, wenn das vertretene BRMitgl. diesen Gremien angehört. Auch eine Freistellung des vertretenen BRMitgl. gilt nicht für das ErsMitgl.

2. Stellvertretung für zeitweilig verhinderte Betriebsratsmitglieder

Im Falle des Abs. 1 Satz 2 rückt das ErsMitgl. nicht endgültig, sondern nur **für die Dauer der zeitweiligen Verhinderung** des ordentlichen Mitgl. in den BR nach. Nach deren Beendigung tritt es in die Reihen der ErsMitgl. zurück. Während der Dauer der Stellvertretung ist es aber Mitgl. des BR und hat grundsätzlich alle Rechte und Pflichten eines ordentlichen BRMitgl. (vgl. Rn 5), wenn sich das auch im Hinblick auf die oft nur kurze Zeit der Stellvertretung nicht immer voll auszuwirken vermag. Die Stellvertr. beginnt, sobald das ordentliche BRMitgl. verhindert ist. Auch bei einer nur zeitweisen Verhinderung ist die Stellvetr. unabhängig von einer förmlichen Benachrichtigung des ErsMitgl. oder von einer Annahmeerklärung durch das ErsMitgl. (vgl. Rn 11). 12

Während der Zeit der Stellvertretung nimmt das ErsMitgl. nicht nur an den **BRSitzungen** teil, sondern auch alle sonstigen dem BR obliegenden Geschäfte wahr. So kann es sich wie jedes andere BRMitgl. an außerhalb der Sitzungen zu stellenden Anträgen an den BR beteiligen, z. B. an Anträgen auf Anberaumung einer BRSitzung (§ 29 Abs. 3), auf Zuziehung eines Gewerkschaftsvertr. (§ 31), auf Aussetzung eines Beschlusses nach § 35 Abs. 1 (*DR,* Rn 34; *GL,* Rn 6). Über die Ladung von ErsMitgl. zu BRSitzungen vgl. § 29 Rn 33. Dagegen erstreckt sich die Stellvertretung **nicht auf die Ämter und Funktionen,** die dem zeitweilig verhinderten BRMitgl. im BR übertragen sind und ihm trotz der zeitweiligen Verhinderung erhalten bleiben. Insoweit gilt das oben in Rn 11 Gesagte entsprechend. 13

Eine **zeitweilige Verhinderung** liegt immer dann vor, wenn das BRMitgl. vorübergehend aus tatsächlichen oder rechtlichen Gründen nicht in der Lage ist, seine betriebsverfassungsrechtlichen Amtsobliegenheiten auszuüben (z. B. wegen Urlaubs oder Teilnahme an einer Schulungsveranstaltung, während des Kündigungsschutzrechtsstreits über eine Kündigung des BRMitgl. – vgl. hierzu § 24 Rn 13f.). Auf die **Dauer** der zeitweiligen Verhinderung **kommt es nicht an** (*GL,* Rn 12; *GK-Wiese,* Rn 18; *HSG,* Rn 9; *GKSB,* Rn 11; *Weiss,* Rn 2; *Schuldt,* ArbuR 60, 227; *Schaub,* § 219 VI 2; **a. A.** *DR,* Rn 7, die eine voraussehbare gewisse Dauer der Verhinderung fordern). Diese kann unter Umständen sehr kurz sein und z. B. **nur eine BRSitzung** betreffen (BAG 17. 1. 79, AP Nr. 5 zu § 15 KSchG 1969; vgl. hierzu auch die Mitteilungs- und Ladungspflichten nach § 29 Abs. 2 S. 4 und 5 bei Verhinderung eines BRMitgl.). Ein Verhinderungsfall ist selbst dann gegeben, wenn ein BRMitgl. nicht an der ganzen BRSitzung teilnehmen kann; denn auch in diesen Fällen muß gewährleistet sein, daß wichtige Beschlüsse möglichst von dem voll besetzten BR gefaßt werden (*GK-* 14

Wiese, Rn 21; *GKSB,* Rn 11; **a. A.** *DR,* Rn 8). Eine krankheitsbedingte Arbeitsunfähigkeit eines BRMitgl. führt zwar in der Regel, jedoch nicht zwangsläufig auch stets zu einer Amtsunfähigkeit des BRMitgl. und damit zu einer Verhinderung i. S. von § 25 Abs. 1. Das ist unter Berücksichtigung der Umstände des Einzelfalles zu beurteilen (vgl. BAG 15. 11. 84, AP Nr. 2 zu § 25 BetrVG 1972, nach dem der ArbGeb., der das arbeitsunfähig erkrankte einzige BRMitgl. in einer Personalangelegenheit eines bestimmten ArbN beteiligt hat, dieses auch zu der wenige Tage später beabsichtigten Kündigung des ArbN anhören muß; *GK-Wiese,* Rn 17). Andererseits liegt eine zeitweilige Verhinderung mangels eindeutiger gegenteiliger Anhaltspunkte vor, wenn sich ein BRMitgl. krank meldet und der Arbeit fernbleibt, auch wenn sich später herausstellen sollte, daß es nicht arbeitsunfähig krank war und der Arbeit unberechtigt ferngeblieben ist (BAG 5. 9. 86, AP Nr. 26 zu § 15 KSchG 1969).

15 Zeitweilig verhindert ist auch ein BRMitgl., das von einem Beschluß des BR **unmittelbar betroffen** wird, z. B. wenn über die Stellung eines Antrages nach § 23 (Ausschluß aus dem BR) oder eine das BRMitgl. betreffende personelle Maßnahme (Umgruppierung, Versetzung, Kündigung) beschlossen werden soll (BAG 25. 3. 76, AP Nr. 6 zu § 103 BetrVG 1972; BAG 23. 8. 84, AP Nr. 17 zu § 103 BetrVG 1972; *GL,* Rn 13; *GK-Wiese,* Rn 22; *HSG,* Rn 11; *Brill,* BlStR 83, 178; *Schmitt,* NZA 87, 78; **a. A.** *DR,* Rn 14). Das gilt insbesondere bei einem Beschluß des BR gem. § 103 über die Zustimmung des BR zu einer außerordentlichen Kündigung des BRMitgl. (BAG 26. 8. 81, AP Nr. 13 zu § 103 BetrVG 1972). Soll wegen eines bestimmten Vorgangs mehreren BRMitgl. gekündigt werden, so ist bei der Beratung und Abstimmung über die Zustimmung zu den einzelnen Kündigungen jeweils nur dasjenige BRMitgl. i. S. des § 25 zeitweilig verhindert, das durch die ihm gegenüber beabsichtigte Kündigung unmittelbar betroffen wird, nicht jedoch die BRMitgl., denen aus demselben Anlaß ebenfalls gekündigt werden soll (BAG 25. 3. 76, a. a. O.).

16 Ein BRMitgl. ist dagegen nicht verhindert bei **organisatorischen Akten** des BR, so z. B.: Wahl zum Vors., stellv. Vors., Mitgl. des BetrAusschusses oder eines anderen Ausschusses des BR, Beschluß über die Teilnahme an einer Schulungs- und Bildungsveranstaltung nach § 37 Abs. 6 und 7, Freistellung nach § 38, Bestellung zum Mitgl. des GesBR, des KBR, des WiAusschusses oder Vorschlag zur Wahl als ANVertreter im AR (*DR,* Rn 15; *GK- Wiese,* Rn 22; *GKSB,* Rn 14). Das gilt auch, wenn über die Abberufung eines BRMitgl. aus solchen Funktionen beschlossen wird. In all diesen Fällen kann das BRMitgl. mitberaten und mitabstimmen, auch wenn es sich um Funktionen handelt, für die es sich bewirbt oder die es innehat.

17 Das ErsMitgl. kann aber nur mitbeschließen, wenn es auch mitberaten hat. Deshalb tritt es auch für die **Beratung** an die Stelle des Verhinderten. Das wegen persönlicher Betroffenheit zeitweilig verhinderte BRMitgl. ist sowohl von der Beratung als auch der Beschlußfassung ausgeschlossen (BAG 26. 8. 81 und 23. 8. 84, AP Nr. 13 und 17 zu § 103

BetrVG 1972; *GK-Wiese,* Rn 22; *HSG,* Rn 11; *GL,* Rn 13; **a. A.** *DR,* Rn 14; *Bieback,* ArbuR 77, 327).

18 Die Stellvertretung muß stets **notwendig** und darf nicht willkürlich sein. Es kann also das BRMitgl. sich nicht ohne zwingenden Grund, vielleicht für eine ihm gerade nicht passende Sitzung, vertreten lassen (*DR,* Rn 16; *GL,* Rn 12; *GK-Wiese,* Rn 19; *Weiss,* Rn 2). Eine Verhinderung liegt andererseits nicht nur vor, wenn dem BRMitgl. die Amtsausübung objektiv unmöglich ist. Es reicht aus, wenn sie **unzumutbar** ist. So ist z. B. auch das BRMitgl., das seinen Urlaub am Betriebsort verbringt und ohne weiteres an den BRSitzungen teilnehmen könnte, verhindert (*GKSB,* Rn 11; *Brill,* BlStR 83, 179; *GK-Wiese,* Rn 20, nimmt einen Fall der objektiven Verhinderung an, mit der nicht akzeptablen Folge, daß das BRMitgl. nicht an der Sitzung teilnehmen darf). Ferner liegt eine Verhinderung vor, wenn ein BRMitgl. sein Amt nur unter **Aufwand erheblicher Kosten** ausüben kann, die unter Berücksichtigung sowohl der Interessen der ArbN als auch der Belange der ArbGeb. nicht als erforderlich anerkannt werden können; so ist z. B. ein BRMitgl., das sich auf Montage im Ausland befindet, im allg. auch dann als verhindert anzusehen, wenn es selbst bereit sein sollte, auf Kosten des ArbGeb. zu den BRSitzungen anzureisen (vgl. BAG 24. 6. 69, AP Nr. 8 zu § 39 BetrVG; *DR,* Rn 16; *GK-Wiese,* Rn 20). Für ein der BRSitzung fernbleibendes, aber nicht verhindertes BRMitgl. ist kein ErsMitgl. zu laden.

19 Die Dauer der zeitweiligen Verhinderung kann sich auch über einen längeren Zeitraum erstrecken (z. B. längere **Krankheit, Kuraufenthalt**). Auch ein durch mehrere Instanzen geführter **Rechtsstreit** über die Rechtswirksamkeit einer außerordentlichen Kündigung eines BRMitgl., der z. B. der BR zugestimmt hat (vgl. hierzu § 103 Rn 27ff. sowie § 24 Rn 13f.) ist hier zu nennen (*DR,* Rn 11; *GL,* Rn 11; *GK-Wiese,* Rn 23; *HSG,* Rn 13; LAG Schleswig-Holstein, DB 76, 1974). Wegen einstweiliger Verfügungen zugunsten der Teilnahme eines offensichtlich zu Unrecht außerordentlich gekündigten BRMitgl. vgl. § 24 Rn 14. Kein Verhinderungsfall liegt vor, wenn der ArbGeb. einem BRMitgl. außerordentlich kündigt, bevor der BR zugestimmt oder das ArbG die Zustimmung des BR rechtskräftig ersetzt hat; denn in diesem Falle liegt keine wirksame Kündigungserklärung vor (vgl. § 103 Rn 17). Das ErsMitgl. rückt auch nach, wenn ein BRMitgl. im Rahmen eines Ausschußverfahrens durch eine einstweilige Verfügung vorläufig aus dem BR entfernt wird (vgl. hierzu § 23 Rn 26a).

20 Da das Nachrücken der ErsMitgl. auch bei zeitweiliger Verhinderung von BRMitgl. die stetige volle Besetzung des BR sicherstellen soll, hat der Vors. des BR die Pflicht, durch rechtzeitige Heranziehung der in Frage kommenden ErsMitgl. dafür zu sorgen, daß der BR stets mit der vorgesehenen Zahl der BRMitgl. besetzt ist. Für BRMitgl., von denen ihm bekannt ist, daß sie verhindert sind, hat er zur Erledigung der anfallenden BRAufgaben die betreffenden ErsMitgl. heranzuziehen; das gilt insbesondere für die Teilnahme an BRSitzungen, für die § 29 Abs. 2 S. 6 eine ausdrückliche **Ladungspflicht** des Vors. vorsieht (vgl. hierzu

im einzelnen § 29 Rn 33). Die Ladung durch den Vors. ist nicht Voraussetzung für die Teilnahme des ErsMitgl. an den BRSitzungen, da das Nachrücken des ErsMitgl. automatisch mit dem Beginn der zeitweiligen Verhinderung des ordentlichen Mitgl. erfolgt und keiner besonderen „Berufung" oder eines anderen nach außen hin erkennbaren Aktes bedarf (vgl. oben Rn 11; *GK-Wiese,* Rn 26).

IV. Reihenfolge der Ersatzmitglieder

21 Die **Reihenfolge,** in der die ErsMitgl. anstelle der ausgeschiedenen oder verhinderten BRMitgl. in den BR nachrücken, bestimmt sich nach Abs. 2 und 3. Hierbei ist zu unterscheiden, ob das ausgeschiedene oder verhinderte BRMitgl. in **Verhältniswahl** (vgl. Rn 22ff.) oder in **Mehrheitswahl** (vgl. Rn 27f.) gewählt worden ist oder ob es um die Vertretung des Mitgl. im nur einköpfigen BR oder des einzigen in Gruppenwahl gewählten Gruppenvertr. (vgl. Rn 29f.) geht.

Bei der Bestimmung der in den BR eintretenden ErsMitgl. bleiben selbstverständlich diejenigen außer Betracht, die nachträglich die Wählbarkeit verloren haben, z. B. dadurch, daß sie inzwischen leitende Angestellte geworden sind, oder die aus einem sonstigen Grunde aus dem Kreis der ErsMitgl. ausgeschieden sind (vgl. § 24 Rn 4).

1. Reihenfolge des Nachrückens bei Verhältniswahl

22 Ist der BR im Wege der **Verhältniswahl** gewählt worden, d. h. ist die Wahl gemäß § 14 Abs. 3 erster Halbsatz auf Grund mehrerer Vorschlagslisten erfolgt, so rücken bei **Gruppenwahl** die ErsMitgl. in der **Reihenfolge** nach, in der sie auf der Liste aufgeführt sind, der das ausgeschiedene oder verhinderte Mitgl. angehört.

Beispiel (Gruppenwahl):

Die Gruppe der Arb. hat drei Vertr. im BR. Es hat **Gruppenwahl** stattgefunden. Für die ArbGruppe wurden zwei Vorschlagslisten eingereicht:

Liste I		Liste II	
	A		D
	B		E
	C		F
			G

Von der Liste I war nach den Grundsätzen der Verhältniswahl A in den BR gewählt, von der Liste II D und E. Für A ist das anstehende ErsMitgl. B; für D und E zunächst F.

23 Bei einer **Gemeinschaftswahl** rückt – u. U. abweichend von der unmittelbaren Reihenfolge auf der Liste – das ErsMitgl. in den BR nach, das an **nächsthöchster Stelle** auf der Liste steht, auf der das ausgeschiedene oder verhinderte BRMitgl. stand, **und das derselben Gruppe** wie das ausgeschiedene oder verhinderte BRMitgl. angehört.

Beispiel (Gemeinschaftswahl):

Ein fünfköpfiger BR ist in **gemeinschaftlicher Wahl** gewählt worden. Der BR besteht aus drei Arbeitern und zwei Angestellten. Es wurden zwei Vorschlagslisten eingereicht, und zwar

Liste I		Liste II	
	A = Arbeiter		G = Arbeiter
	B = Arbeiter		H = Angestellter
	C = Angestellter		J = Angesteller
	D = Arbeiter		K = Arbeiter
	E = Arbeiter		
	F = Angestellter		

Gewählt worden sind von der Liste I die Arbeiter A und B sowie der Angestellte C, von der Liste II der Arbeiter G und der Angestellte H. Scheidet der Angestellte C aus dem BR aus, so rückt nicht der an nächster Stelle auf der Liste stehender Arbeiter D, sondern der Angestellte F in den BR nach.

24 Abs. 2 S. 2 regelt das Nachrücken, wenn die **Vorschlagsliste,** aus der an sich das ErsMitgl. zu entnehmen wäre, **erschöpft** ist. In diesem Falle ist zunächst die Liste zu ermitteln, auf die der nächste BRSitz entfallen wäre, wenn der BR aus einem Mitgl. mehr, als die gesetzliche Regelung vorsieht, bestehen würde. Aus dieser Liste rückt dann bei Gruppenwahl der nächste nicht gewählte Bewerber (vgl. Beispiel unten Rn 25), bei Gemeinschaftswahl der nächste nicht gewählte Kandidat, der derselben Gruppe wie das ausscheidende oder verhinderte Mitglied angehört, in den BR nach. Hierbei ergibt sich bei einer gemeinsamen Wahl die Notwendigkeit des Übergreifens auf eine andere Liste bereits dann, wenn auf der Liste, der das ausscheidende oder verhinderte Mitgl. angehört, kein ErsMitgl. derselben Gruppe, der das zu ersetzende BRMitgl. angehört, mehr zur Verfügung steht, mögen auch ErsMitgl. der anderen ArbNGruppe noch vorhanden sein (vgl. Beispiel unten in Rn 26; *DR,* Rn 25; *GK-Wiese,* Rn 36; **a. A.** *GL,* Rn 18; *GKSB,* Rn 17).

25 **Beispiel** für das **Übergreifen auf eine andere Liste bei Gruppenwahl:**

Für eine Gruppe kandidieren drei Listen für fünf BRSitze.

Liste A erhält 160 Stimmen. Liste B 120 Stimmen und Liste C 90 Stimmen.

Nach dem Verhältniswahlsystem sind die Sitze wie folgt zu berechnen:

	Liste A	Liste B	Liste C
	160	120	90
: 1	160	120	90
: 2	80	60	45
: 3	53⅓	40	30

Auf die Listen A und B entfallen jeweils zwei, auf die Liste C ein Sitz. Scheidet ein auf der Liste A gewähltes BRMitgl. aus und ist diese Liste erschöpft, so wird der freigewordene fünfte BRSitz für die Gruppe mit dem an zweiter Stelle stehenden Wahlbewerber der Liste C mit der Höchstzahl 45 besetzt. Scheidet auch das zweite auf der Liste A gewählte BRMitgl. aus dem BR aus, so rückt der an dritter Stelle stehende Kandidat der Liste B mit der Höchstzahl 40 in den BR nach.

26 **Beispiel** für das **Übergreifen auf eine andere Liste bei Gemeinschaftswahl:**

Der BR besteht aus sieben Mitgl., davon fünf ArbVertr. und zwei AngVertr. Für die Gemeinschaftswahl sind drei Listen eingereicht worden, und zwar

Liste I	Liste II	Liste III
A = Arbeiter	F = Arbeiter	K = Arbeiter
B = Arbeiter	G = Angestellter	L = Arbeiter
C = Angestellter	H = Arbeiter	M = Angestellter
D = Angestellter	J = Arbeiter	N = Arbeiter
E = Arbeiter		

Es entfallen auf die Liste I 150 Stimmen, auf die Liste II 74 Stimmen und auf die Liste III 52 Stimmen.

Nach dem Verhältniswahlsystem sind die BRSitze wie folgt zu verteilen (vgl. § 16 WO):

	Liste I	Liste II	Liste III
	150	74	52
: 1	150	74	52
: 2	75	37	26
: 3	50	24⅔	17⅓
: 4	37½	18½	
: 5	30		

Der BR setzt sich zusammen aus 5 Vertr. der Liste I (3 ArbVertr. und 2 AngVertr.), 1 Vertr. der Liste II (1 ArbVertr.) und 1 Vertr. der Liste III (1 ArbVertr.). Scheidet nunmehr ein AngVertr. der Liste I aus dem BR aus, so rück der AngVertr. G der Liste II in den BR nach, da die Liste I keinen AngVertr. mehr aufweist und auf die Liste II nach den Grundsätzen der Verhältniswahl der nächste Sitz entfallen wäre. Scheidet auch der zweite AngVertr. der Liste I aus dem BR aus, so rückt, da auch die Liste II keinen AngVertr. mehr aufweist, der AngVertr. M der Liste III in den BR nach.

2. Reihenfolge des Nachrückens bei Mehrheitswahl

27 Der BR wird in Mehrheitswahl gewählt, wenn die Wahl auf Grund nur einer Vorschlagliste erfolgt (vgl. § 14 Rn 32ff.). In diesem Falle rückt bei einer **Gruppenwahl** für das verhinderte oder ausgeschiedene BRMitgl. das ErsMitgl. mit der nächsthöchsten Stimmenzahl nach (so im Beispiel § 14 Rn 34 für die ArbGruppe das ErsMitgl. F, für die AngGruppe das ErsMitgl. M).

28 Ist ein mehrköpfiger BR in **Gemeinschaftswahl** gewählt worden, so rückt das ErsMitgl. mit der nächsthöchsten Stimmenzahl in den BR nach, das **derselben Gruppe** angehört wie das verhinderte oder ausgeschiedene BRMitgl. (so im Beispiel § 14 Rn 35 für ein BRMitgl. der ArbGruppe das ErsMitgl. K, für ein BRMitgl. der AngGruppe das ErsMitgl. T).

3. Nachrücken bei Verhinderung des Mitglieds im nur einköpfigen Betriebsrat oder des einzigen Gruppenvertreters

29 Besteht der BR nur aus einer Person, der stets in Mehrheitswahl gewählt wird (vgl. § 14 Abs. 4 Satz 1 erster Halbsatz), so rückt bei einem Ausscheiden oder bei einer Verhinderung dieses BRMitgl. das in dem gemäß § 14 Abs. 4 Satz 2 getrennten Wahlgang zu wählende ErsMitgl. in den BR nach (Näheres über die getrennte Wahl vgl. § 14 Rn 38f. und § 25 Abs. 4 bis 8 WO).

Das gleiche gilt, wenn einer **Gruppe nur ein Vertr.** im BR zusteht und der BR in **Gruppenwahl** gewählt worden ist. In diesem Falle rückt bei einer Verhinderung oder bei einem Ausscheiden des einzigen Gruppenvertreters das in dem gesonderten Wahlgang gewählte ErsMitgl. in den BR nach.

30 **Etwas anderes** gilt jedoch dann, wenn einer ArbNGruppe zwar nur ein Vertr. im BR zusteht, dieser jedoch in **gemeinsamer Wahl** zusammen mit den übrigen BRMitgl. gewählt worden ist. In diesem Falle wird das ErsMitgl. des einzigen Gruppenvertr. nicht in einem gesonderten Wahlgang gewählt (vgl. § 25 WO). Das Nachrücken des ErsMitgl. bestimmt sich vielmehr nach den allgemeinen Grundsätzen (*GK-Wiese,* Rn 40; vgl. hierzu für den Fall der Verhältniswahl oben Rn 23, für den Fall der Mehrheitswahl oben Rn 28).

4. Fehlen von Ersatzmitgliedern

31 Ist bei Ausscheiden oder zeitweiliger Verhinderung eines BRMitgl. kein ErsatzMitgl. derselben ArbNGruppe mehr vorhanden, und zwar weder auf der Liste, der das ausscheidende BRMitgl. angehört, noch auf einer anderen Liste, so rückt ein ErsMitgl. **der anderen ArbNGruppe** in den BR nach (*DR,* Rn 21; *GK-Wiese,* Rn 32; *HSG,* Rn 24). Hinsichtlich der Reihenfolge des Nachrückens des ErsMitgl. der anderen ArbN-Gruppe ist wie folgt zu unterscheiden:

32 Ist der BR in **Gruppenwahl** gewählt worden, so rückt, falls die Vertr. der anderen Gruppe in **Verhältniswahl** gewählt worden sind, das Ersatzmitgl. von der Liste der anderen Gruppe nach, auf die nach den Grundsätzen der Verhältniswahl der nächste BRSitz entfallen wäre. Sind die Vertr. der anderen Gruppe dagegen in **Mehrheitswahl** gewählt worden, so rückt das Ersatzmitgl. der anderen Gruppe mit der nächsthöchsten Stimmenzahl nach. Vorstehendes gilt auch im Falle des einzigen Gruppenvertreters im BR, wenn dessen gesondert gewähltes ErsMitgl. weggefallen ist (*GK-Wiese,* Rn 34; *GKSB,* Rn 20; *Weiss,* Rn 7).

33 Ist der BR in **Gemeinschaftswahl** und auf Grund mehrerer Vorschlagslisten in **Verhältniswahl** gewählt worden, so rückt das ErsMitgl. der anderen ArbNGruppe aus der Liste nach, aus der das ErsMitgl. hätte entnommen werden müssen, wären von Anfang an genügend Ersatzleute auch der einen ArbNGruppe vorhanden gewesen. Scheidet z. B. in dem Beispiel in Rn 26 der nachgerückte AngVertr. M aus dem BR aus,

so rückt nicht etwa der derselben Liste angehördende Arb L in den BR nach, sondern an sich ein Arb. aus der Liste I; da diese Liste jedoch erschöpft ist, rückt der Arb. H aus der Liste II in den BR nach. Ist der BR in **Gemeinschaftswahl** aufgrund nur **einer Vorschlagsliste** und deshalb in **Mehrheitswahl** gewählt worden, so rückt bei Fehlen eines ErsMitgl. einer Gruppe das ErsMitgl. der anderen Gruppe mit der nächsthöchsten Stimmenzahl nach (*GK-Wiese,* Rn 36, 38).

34 Sind **überhaupt keine ErsMitgl.** mehr vorhanden, die nachrücken können, und scheidet nunmehr ein Mitgl. aus dem BR aus, so daß dessen Sitz nicht mehr mit einem ErsMitgl. besetzt werden kann, so ist gemäß § 13 Abs. 2 Nr. 2 ein neuer BR zu wählen (vgl. § 13 Rn 25ff.). Die Amtszeit des nicht mehr vollzähligen BR endet gemäß § 21 Satz 5 mit der Bekanntgabe des Wahlergebnisses für den neuen BR (vgl. § 21 Rn 24).

5. Verhinderung mehrerer Betriebsratsmitglieder oder des Ersatzmitglieds

35 Das Gesetz kennt keine an die Person des einzelnen BRMitgl. anknüpfende ErsMitgliedschaft. Die ErsMitgl. rücken vielmehr – ggf. unter Berücksichtigung der Gruppenzugehörigkeit – in der sich aus der Vorschlagsliste (bei Verhältniswahl) bzw. der erreichten Stimmenzahl (bei Mehrheitswahl) ergebenden Reihenfolge für verhinderte oder ausgeschiedene BRMitgl. in den BR nach. Diese sich aus der Vorschlagsliste bzw. der erreichten Stimmenzahl ergebende Reihenfolge hat **qualitative Bedeutung** in dem Sinne, daß das „erste" ErsMitgl. stets vor dem nächstfolgenden anstelle verhinderter oder ausgeschiedener BRMitgl. dem BR angehört (vgl. BAG 17. 1. 79 und 6. 9. 79, AP Nr. 5 und 7 zu § 15 KSchG 1969; *GK-Wiese,* Rn 39; *DR,* Rn 29; *Weiss,* Rn 6). Ist z. B. für ein nur zeitweilig verhindertes BRMitgl. das in Betracht kommende ErsMitgl. nachgerückt und scheidet nunmehr von derselben Liste ein anderes BRMitgl. endgültig aus dem BR aus, so rückt für dieses das an nächstbereiter Stelle stehende ErsMitgl. ein. Dieses ErsMitgl. tritt jedoch nicht endgültig in den BR ein, sondern nur solange, bis die zeitweilige Verhinderung des anderen BRMitgl. behoben ist. Anstelle des ausgeschiedenen BRMitgl. tritt dagegen das an erster Stelle stehende, zunächst für das zeitweilig verhinderte BRMitgl. nachgerückte ErsMitgl. endgültig in den BR ein. Ähnliches gilt, wenn z. B. mehrere BRMitgl. aus derselben Liste zur gleichen Zeit, jedoch unterschiedlich lange zeitweilig verhindert sind. Auch in diesem Falle bestimmt sich die Reihenfolge der dem BR angehörenden ErsMitgl. immer nach der sich aus der Liste ergebenden Rangfolge; das „erste" ErsMitgl. bleibt deshalb Mitgl. des BR, solange ein ordentliches BRMitgl. aus der Liste verhindert ist (*GK-Wiese,* Rn 39).

36 Ist das **ErsMitgl.,** das an die Stelle eines ausgeschiedenen oder zeitweilig verhinderten BRMitgl. nachgerückt ist, **selbst zeitweilig verhindert,** so wird es für die Dauer seiner Verhinderung seinerseits von dem an nächstbereiter Stelle stehenden ErsMitgl. vertreten (BAG 6. 9. 79, AP

Nr. 7 zu § 15 KSchG 1969; *DR,* Rn 27; *GL,* Rn 22; *GK-Wiese,* Rn 27; *HSG,* Rn 15; **a.A.** *Schuldt,* ArbuR 60, 230). Während der Zeit seiner Verhinderung behält das an erster Stelle stehende ErsMitgl. den besonderen Kündigungsschutz nach § 103 und § 15 KSchG, sofern die Zeit der Verhinderung im Vergleich zur Dauer des Vertretungsfalles als unerheblich anzusehen ist (BAG 9. 11. 77, AP Nr. 3 zu § 15 KSchG 1969).

V. Streitigkeiten

Streitigkeiten aus § 25, insbesondere Streitigkeiten über das Nachrükken und über die Reihenfolge des Nachrückens, sind vom **ArbG** im allgemeinen **im Beschlußverfahren** zu entscheiden (§§ 2a, 80ff. ArbGG). Sie können aber auch in anderen Verfahren als Vorfrage entschieden werden, z.B. in einem Kündigungsstreitverfahren, wenn der ArbN die Zulässigkeit der Kündigung im Hinblick auf § 15 KSchG bestreitet oder in einem Verfahren, bei dem es auf die Rechtswirksamkeit eines BRBeschlusses ankommt, an dem ein ErsMitgl. mitgewirkt hat. **37**

Dritter Abschnitt. Geschäftsführung des Betriebsrats

§ 26 Vorsitzender

(1) **Der Betriebsrat wählt aus seiner Mitte den Vorsitzenden und dessen Stellvertreter. Besteht der Betriebsrat aus Vertretern beider Gruppen, so sollen der Vorsitzende und sein Stellvertreter nicht derselben Gruppe angehören.**

(2) **Gehört jeder Gruppe im Betriebsrat mindestens ein Drittel der Mitglieder an, so schlägt jede Gruppe aus ihrer Mitte je ein Mitglied für den Vorsitz vor. Der Betriebsrat wählt aus den beiden vorgeschlagenen den Vorsitzenden des Betriebsrats und dessen Stellvertreter.**

(3) **Der Vorsitzende des Betriebsrats oder im Fall seiner Verhinderung sein Stellvertreter vertritt den Betriebsrat im Rahmen der von ihm gefaßten Beschlüsse. Zur Entgegennahme von Erklärungen, die dem Betriebsrat gegenüber abzugeben sind, ist der Vorsitzende des Betriebsrats oder im Fall seiner Verhinderung sein Stellvertreter berechtigt.**

Inhaltsübersicht

I. Vorbemerkung

1 Die Vorschrift regelt die **organisatorische Gestaltung** des mehrköpfigen BR, indem sie diesen zwingend zur Wahl eines Vors. und stellvertr. Vors. verpflichtet. Außerdem regelt sie die Stellung dieser Vertretungsorgane des BR sowohl für die Abgabe als auch die Entgegennahme von Erklärungen. Abs. 2 verstärkt gegenüber dem BetrVG 1952 ab einer bestimmten Stärke der Minderheitsgruppe die Berücksichtigung der Gruppen bei der Bestellung des Vors. und seines Stellvertr. Dieser Gruppenschutz ist durch das Änderungsgesetz 1989 nochmals allerdings nur geringfügig erweitert worden (vgl. hierzu im einzelnen unten Rn 15).

2 Die Vorschrift gilt in vollem Umfang für die Bordvertr. und den SeeBR (vgl. § 115 Abs. 4, § 116 Abs. 3). Für die JugAzubiVertr. und die GesJugAzubiVertr. gelten nur Abs. 1 Satz 1 und Abs. 3, da die Wahl der JugAzubiVertr. und der GesJugAzubiVertr. ohne Unterscheidung nach ArbNGruppen erfolgt. Die Abs. 1 und 3 geltend für den GesBR und den KBR entsprechend (vgl. § 51 Abs. 1 und § 59 Abs. 1). Hinsichtlich der Berücksichtigung der Gruppen bestehen für diese ArbNVertr. Sonderregelungen (vgl. § 51 Abs. 2 und § 59 Abs. 1).

3 Die Abs. 1 und 2 sind **zwingendes Recht.** Weder durch BV noch durch TV kann von ihnen abgewichen werden. Für tarifvertragliche Sondervertr. nach § 3 Abs. 1 Nr. 1 und 2 sind abweichende Regelungen zulässig. Von Abs. 3 kann insoweit abgewichen werden, als der BR auch andere seiner Mitgl. mit seiner Vertr. betrauen kann (vgl. unten Rn 34, 38).

3a Entsprechende Vorschriften: §§ 32, 33 BPersVG 74 und § 11 Abs. 1 und 2 SprAuG.

II. Wahl des Vorsitzenden und seines Stellvertreters

1. Allgemeines

4 Die Wahl des Vors. und des stellvertr. Vors. ist eine **innere Angelegenheit des BR,** d. h. an ihr nehmen ausschließlich seine einzelnen Mitglieder teil. Die Wahl kann nicht auf den BetrAusschuß oder einen anderen Ausschuß delegiert werden. Ist ein BRMitgl. zeitweilig verhindert, so wird es nach § 25 Abs. 1 Satz 2 von einem ErsMitgl. vertreten. Die JugAzubiVertr. nehmen an der Wahl des Vors. und des stellvertr. Vors. nicht teil. Zum Vors. und stellvertr. Vors. kann **nur ein Mitgl. des BR** gewählt werden (vgl. „aus seiner Mitte"). Ein ErsMitgl. kann nicht gewählt werden, es sei denn, es ist endgültig in den BR nachgerückt (h. M.).

Die Wahl des Vors. und seines Stellvertr. ist eine **gesetzliche Pflichtaufgabe des BR** (*DR,* Rn 1; *GL,* Rn 4; *GK-Wiese,* Rn 5). Nimmt der BR die Wahl nicht vor, so handelt er pflichtwidrig und kann nach § 23 wegen grober Verletzung seiner gesetzlichen Pflichten aufgelöst werden (*GKSB,* Rn 1; *Weiss,* Rn 1). Eine Ersatzbestellung des Vors. und seines Stellvertr. durch das ArbG ist nicht zulässig, selbst wenn im BR keine Wahl zustande kommt oder die Gewählten die Wahl nicht annehmen (*GL,* Rn 5; *GK-Wiese,* Rn 5). Der ArbGeb. kann Verhandlungen mit einem BR, der keinen Vors. hat, ablehnen; denn der BR ist solange noch nicht konstituiert und damit noch nicht funktionsfähig (BAG 23. 8. 84, AP Nr. 36 zu § 102 BetrVG 1972; *DR,* Rn 1; *GL,* Rn 4; *HSG,* Rn 2; **a. A.** *GK-Wiese,* Rn 6; *GKSB,* Rn 2). 5

Die Wahl erfolgt in der **konstituierenden Sitzung** des BR (vgl. § 29 Rn 16). Die Wahl des Vors. und seines Stellvertr. ist keine Wahl in dem Sinne, daß ein Gegenkanditat aufgestellt werden müßte (BAG 29. 1. 65, AP Nr. 8 zu § 27 BetrVG). 6

Nähere **Wahlvorschriften** bestehen nicht. Mangels ausdrücklicher Vorschriften wird man auch eine nicht geheime, auch mündliche Stimmabgabe, unter Umständen sogar eine Wahl durch Zuruf für ausreichend halten dürfen, sofern diese Art der Stimmabgabe eine einwandfreie Feststellung des Abstimmungsergebnisses gestattet (*DR,* Rn 6; *GL,* Rn 7; *GK- Wiese,* Rn 8). Der BR kann geheime Wahl beschließen. Allerdings genügt hierfür nicht das Verlangen eines einzelnen BRMitgl. (*GK-Wiese,* Rn 8; **a. A.** *GKSB,* Rn 3; *Hässler,* Geschäftsführung des BR, S. 10). Wahlberechtigt ist jedes BRMitgl., d. h. auch der Kandidat selbst (*DR,* Rn 3; *GK-Wiese,* Rn 7; *HSG,* Rn 7). 7

Die Wahl erfolgt nicht nach Gruppen getrennt, sondern in einem **einheitlichen Wahlgang aller BRMitgl.** Die Wahl des Vors. und die seines Stellvertr. sind jedoch gesondert, also in je einem Wahlgang vorzunehmen. Gewählt ist, wer jeweils die meisten Stimmen auf sich vereinigt. Es ist nicht etwa derjenige, der die meisten Stimmen erhalten hat, zum Vors. und der mit der nächsthöheren Stimmenzahl zum stellvertr. Vors. gewählt (*DR,* Rn 12; *GL,* Rn 11; *GKSB,* Rn 5; *HSG,* Rn 6; **a. A.** *GK-Wiese,* Rn 9, sofern der BR das vor der Wahl beschlossen hat). Im Einzelnen kann der BR den Wahlmodus unter Beachtung der vorstehenden Grundsätze selbst festlegen (BAG 28. 2. 58, AP Nr. 1 zu § 29 BetrVG). Jedoch können weder der BR noch ein Tarifvertrag weitere persönliche Wählbarkeitsvoraussetzungen für die Wahl des Vors. oder seines Stellvertr. aufstellen, die über die gesetzlichen Anforderungen gem. §§ 8 und 26 Abs. 1 hinausgehen (BAG 16. 2. 73, AP Nr. 1 zu § 19 BetrVG 1972). Bei der Wahl des Vors. und seines Stellvertr. können „Koalitionsabsprachen" getroffen werden (BAG 1. 6. 66, AP Nr. 16 zu § 18 BetrVG). 8

Der BR muß bei der Wahl auf jeden Fall gem. § 33 Abs. 2 beschlußfähig sein (*DR,* Rn 5; *GL,* Rn 8; *GK-Wiese,* Rn 8). Absolute Mehrheit fordert das Gesetz nicht; der BR kann ein solches Verfahren jedoch beschließen. Bei **Stimmengleichheit** sollte der BR angesichts des Fehlens näherer Wahlregelungen zunächst eine weitere Abstimmung und 9 erst bei einem etwaigen erneuten Patt einen Losentscheid zwischen den bestplatziertesten Bewerbern vorsehen (ähnlich *DR,* Rn 12; *GKSB,* Rn 6). Der BR kann jedoch auch einen sofortigen Losentscheid beschließen (OVG Lüneburg, AP Nr. 7 zu § 31 PersVG; *GL,* Rn 9; *HSG,* Rn 6; nach *GK-Wiese,* Rn 9, soll ein Losentscheid nur zulässig sein, wenn der BR dies vor der Wahl beschlossen hat). Über die Wahl ist eine **Niederschrift** (§ 34) aufzunehmen.

10 Die Wahl des Vors. und seines Stellvertr. gilt grundsätzlich **für die gesamte Wahlperiode** des BR, so daß beide das Amt bis zum Ende der Amtszeit des BR innehaben. Der BR kann sie aber durch Mehrheitsbeschluß abberufen (BAG 26. 1. 62, AP Nr. 8 zu § 626 BGB Druckkündigung; *DR,* Rn 34; *GL,* Rn 15; *GK-Wiese,* Rn 36; *HSG,* Rn 13) mit der Wirkung, daß sie das Amt des Vors. oder stellvertr. Vors. verlieren, aber Mitgl. des BR bleiben (vgl. jedoch auch unten Rn 23). Eine Amtsenthebung des Vors. oder stellv. Vors. durch das ArbG in entsprechender Anwendung des § 23 ist nicht möglich, wohl jedoch die Geltendmachung der Unwirksamkeit der Wahl wegen Rechtsverstoßes (vgl. hierzu unten Rn 45ff.).

11 Ein BRMitgl., das zum Vors. des BR oder zu seinem Stellvertr. gewählt wird, braucht das Amt nicht anzunehmen (BAG 29. 1. 65, AP Nr. 8 zu § 27 BetrVG; *DR,* Rn 18; *GL,* Rn 10; *GK-Wiese,* Rn 34; *HSG,* Rn 11). Erklärt sich der Gewählte zur Annahme des Amts nicht bereit, so ist eine erneute Wahl vorzunehmen. Der Vors. oder stellvertr. Vors. können das Amt jederzeit durch eine eindeutige und nicht widerrufbare Erklärung gegenüber dem BR **niederlegen** (*DR,* Rn 20; *GL,* Rn 15; *GK-Wiese,* Rn 35).

2. Berücksichtigung der Gruppen gemäß Abs. 1 Satz 2

12 Besteht der BR aus Vertr. der Arb. und der Ang. (§ 10, § 12 Abs. 1), so **sollen** Vors. und stellvertr. Vors. **nicht derselben Gruppe** angehören. Dies gilt auch, wenn der BR in Gemeinschaftswahl gewählt wurde (BAG 2. 11. 55, AP Nr. 1 zu § 27 BetrVG; *DR,* Rn 9; *GK-Wiese,* Rn 21; *GL,* Rn 12). Als Vertr. einer Gruppe gilt auch der nach § 12 Abs. 2 gewählte gruppenfremde Vertr. (hat z. B. die ArbGruppe einen Ang. gewählt, so wird dieser als Vors. oder stellvertr. Vors. des BR der ArbGruppe angerechnet; vgl. BAG 6. 7. 56, AP Nr. 4 zu § 27 BetrVG).

13 Das Gesetz schreibt in Abs. 1 S. 2 – im Gegensatz zu Abs. 2 – **nicht zwingend vor,** daß Vors. und sein Stellvertr. stets verschiedenen Gruppen angehören müssen. Vielmehr ist die Bestimmung als Sollvorschrift gefaßt. Aus diesem Grunde ist eine Abweichung von der Vorschrift zulässig, wenn hierfür einsichtige und vernünftige Gründe sprechen (so unter ausdrücklicher Abschwächung seiner bisherigen Ansicht BAG 12. 10. 76, AP Nr. 2 zu § 26 BetrVG 1972; *GKSB,* Rn 15; *GK-Wiese,* Rn 22; ebenso, wenn auch in der Tendenz enger *DR,* Rn 10; *GL,* Rn 14; nur bei Vorliegen objektiver sachlich-betrieblicher Gründe: BAG 6. 7. 56 und 29. 1. 65, AP Nr. 4 u. 8 zu § 27 BetrVG sowie *HSG,* Rn 22).

13a Die Ausgestaltung der Vorschrift als **Sollvorschrift** verbietet es, daß die Mehrheitsgruppe im BR ohne Rücksicht auf die gegebenen Verhältnisse und ohne Prüfung der konkreten Sachlage willkürlich sowohl den Vors. als auch den Stellvertr. beanspruchen dürfte. Vielmehr ist das nur bei Vorliegen einsichtiger und vernünftiger Gründe zulässig. Hierbei reicht das bloße Zahlenverhältnis von 2 AngVertr. zu 13 ArbVertr. für sich allein als ein rechtfertigender Grund für eine Abweichung nicht aus (so BAG 12. 10. 76, AP Nr. 2 zu § 26 BetrVG 1972). Etwas anderes gilt, wenn der einzige AngVertr. im BR nicht zur Wahl vorgeschlagen worden ist und sich auch nicht selbst vorgeschlagen hat (BAG 26. 3. 87, AP Nr. 7 zu § 26 BetrVG 1972).

Die Sollvorschrift gestattet außerdem sowohl der Minderheitsgruppe als auch der Mehrheitsgruppe, auf eine Berücksichtigung zu **verzichten** (LAG Hamm, DB 73, 433; *GL,* Rn 13; *GKSB,* Rn 14; *HSG,* Rn 24; **a. A.** *GK-Wiese,* Rn 24). Deshalb ist eine einstimmige Wahl durch sämtliche BRMitgl. stets wirksam, auch wenn eine Gruppe nicht berücksichtigt worden ist. **14**

3. Berücksichtigung der Gruppen gemäß Abs. 2

Abs. 2 verstärkt die Verpflichtung des BR, die Gruppen bei der Wahl seines Vors. und stellvertr. Vors. zu berücksichtigen. Dieser besondere Gruppenschutz ist durch das BetrVG 1972 in das Gesetz eingefügt worden. Das Änderungsgesetz 1989 hat ihn nochmals insofern erweitert, als das eigenständige Vorschlagsrecht der Gruppe bereits dann Platz greift, wenn jeder Gruppe im BR **„mindestens“** – und nicht wie nach dem BetrVG 1972 „mehr als“ – **ein Drittel** der Mitgl. des BR angehört. Diese Änderung führt in den Fällen zu einer Ausweitung des Gruppenschutzes, in denen eine Teilung der Zahl der BRMitgl. durch die Zahl 3 eine runde Zahl ergibt und die Minderheitengruppe diese Zahl erreicht (Näheres zur Berechnung vgl. unten Rn 16f.). Diese Änderung gilt für BR, die nach dem 31. 12. 1988 gewählt werden (§ 125 Abs. 3). **15**

Gehören sowohl der Arb- als auch der AngGruppe im BR mindestens ein Drittel der BRMitgl. an, so haben die Gruppen nicht nur jeweils ein **eigenes selbständiges Vorschlagsrecht** für die Kandidaten des Vorst. des BR, vielmehr ist der BR bei der Wahl des Vors. und seines Stellvertr. an die vorgeschlagenen Kandidaten **gebunden** (*DR,* Rn 13, 16; *GK-Wiese,* Rn 17; *GKSB,* Rn 17; *HSG,* Rn 25). Dem BR bleibt in diesem Fall lediglich die Entscheidung, wer von den von den Gruppen vorgeschlagenen Kandidaten Vors. und wer stellvertr. Vors. wird (*GL,* Rn 17; *Weiss,* Rn 4). **15a**

Voraussetzung für das eigene Vorschlagsrecht der Gruppen mit der für den BR bindenden Wirkung ist, daß sowohl die Arb- als auch die AngGruppe im BR mit **mindestens einem Drittel** der Mitgl. vertreten ist. Maßgebend ist die tatsächliche Zusammensetzung, so daß eine fehlende Ausschöpfung der Gruppensitze zu Lasten dieser Gruppe geht (*GL,* Rn 18; *HSG,* Rn 27; vgl. hierzu § 10 Rn 3). Der Angehörige einer Gruppe, der nach § 12 Abs. 2 als Vertr. der anderen Gruppe gewählt ist, zählt zu der Gruppe, die ihn gewählt hat. Die Feststellung, ob jede **16**

Gruppe durch mindestens ein Drittel der Mitgl. im BR vertreten ist, erfolgt in der Weise, daß die Zahl der BRMitgl. durch drei geteilt wird und die so ermittelte Zahl, sofern sie keine ganze Zahl ergibt, auf die nächste volle Zahl aufgerundet wird. Jede Gruppe im BR muß mindestens so viele Mitgl. im BR haben, wie die ganze oder aufgerundete Zahl ausweist.

Beispiel:

Bei neun BRMitgl. muß jede Gruppe mindestens drei Mitgl. im BR haben (denn 9:3 = 3).

Bei 19 BRMitgl. muß jede Gruppe mindestens sieben Mitgl. im BR haben (denn 19:3 = 6⅓ bis zur nächsten vollen Zahl aufgerundet = 7).

16a Obwohl die vorstehende Berechnung auch bei einem dreiköpfigen BR zu einer runden Zahl führen kann (3:3 = 1), kommt für ihn ein Vorschlagsrecht der Gruppen nach Abs. 2 nicht in Betracht. Denn das Vorschlagsrecht erfordert weiter, daß jede Gruppe „aus ihrer Mitte" ein Mitgl. für den Vorsitz vorschlägt. Dieses Erfordernis kann ein einziges Gruppenmitgl. nicht erfüllen; vielmehr muß jede Gruppe mindestens aus 2 Personen bestehen. Vielfach dürfte bei einem dreiköpfigen BR für das einzige Gruppenmitgl. jedoch schon die Regelung des Abs. 1 S. 2 eingreifen (vgl. oben Rn 12ff.).

17 Hat jede Gruppe mindestens ein Drittel der BRSitze, so schlägt jede Gruppe auf Grund einer **gesonderten Vorwahl** ihre Kandidaten für die Wahl des BRVors. vor. Die jeweilige Vorabstimmung wird, sofern die Angehörigen der Gruppen nicht mit Stimmenmehrheit etwas anderes beschließen, in entsprechender Anwendung des § 29 Abs. 1 Satz 2 vom Wahlleiter durchgeführt (*GL,* Rn 19; *HSG,* Rn 29; für Alleinzuständigkeit des Wahlleiters *DR,* Rn 15; *GK-Wiese,* Rn 15).

18 Von jeder Gruppe ist das BRMitgl. für den Vorsitz vorgeschlagen, das bei der Vorabstimmung die meisten Stimmen der Mitgl. der jeweiligen Gruppe auf sich vereinigt hat. Eine bestimmte Stimmenmehrheit ist nicht erforderlich. Jedoch wird man in entsprechender Anwendung des § 33 Abs. 3 fordern müssen, daß sich mindestens die Hälfte der Mitgl. der Gruppe an der Vorwahl beteiligt (*GL,* Rn 19; *GK-Wiese,* Rn 16). Ggf. muß die Vorabstimmung solange zurückgestellt werden, bis eine ausreichende Beteiligung sichergestellt ist. Erhalten bei der Vorabstimmung innerhalb einer Gruppe zwei Kandidaten **dieselbe Stimmenzahl,** so ist eine einmalige Wiederholung der Vorabstimmung zulässig. Ergibt auch diese keine Mehrheit für einen Kandidaten, so ist ein Vorschlag der Gruppe nicht zustande gekommen (*GKSB,* Rn 20; *GK-Wiese,* Rn 16, für den Fall, daß nicht vor dem ersten Nominierungsversuch Losentscheid beschlossen worden ist; **a. A.** BAG 26. 2. 87, AP Nr. 5 zu § 26 BetrVG 1972, *DR,* Rn 15, *GL,* Rn 19, *HSG,* Rn 28, die in einer Pattsituation das Los entscheiden lassen).

19 **Jede Gruppe** kann jeweils **nur eines ihrer Mitgl.** dem BR für den Vorsitz vorschlagen. Unzulässig ist es, dem BR mehrere Kandidaten vorzuschlagen und ihm die Auswahl zu überlassen (vgl. den Gesetzeswortlaut: „aus den beiden Vorgeschlagenen"). In diesem Falle ist es so anzusehen, als habe die Gruppe keinen Vorschlag gemacht (*HSG,* Rn 30; **a. A.** *DR,* Rn 15; *GKSB,* Rn 21).

Wer von den von den beiden ArbNGruppen für den Vorsitz vorgeschlagenen BRMitgl. Vors. und wer stellvertr. Vors. wird, bestimmt der BR in seiner Gesamtheit mit **einfacher Stimmenmehrheit.** Er ist hierbei an die von den Gruppen vorgeschlagenen Bewerber insoweit gebunden, als ihm nur die Entscheidung überlassen bleibt, wer von den Vorgeschlagenen Vors. und wer stellvertr. Vors. wird (vgl. den Wortlaut des Abs. 2 Satz 2: „aus den beiden Vorgeschlagenen"). Eine Ablehnung eines oder gar beider für den Vorsitz vorgeschlagenen Kandidaten ist nicht zulässig. Im Hinblick auf diese Bindung ist mit der Wahl des Vors. der nicht zum Vors. gewählte Kandidat der anderen Gruppe stellvertr. Vors., auch wenn er nicht die Stimmenmehrheit der BRMitgl. erhalten sollte (BAG 19. 3. 74, AP Nr. 1 zu § 26 BetrVG 1972; *DR,* Rn 16; *GL,* Rn 19a; *GK-Wiese,* Rn 17f.; *Weiss,* Rn 4; **a. A.** *GKSB,* Rn 21). **20**

Die Bindung des BR bei der Wahl des Vors. und seines Stellvertr. an die von den Gruppen vorgeschlagenen Kandidaten besteht nur, wenn die Gruppen entsprechende Vorschläge machen. Macht eine **Gruppe von ihrem Vorschlagsrecht keinen Gebrauch,** ist der BR lediglich hinsichtlich des von der anderen Gruppe vorgeschlagenen Kandidaten gebunden (*DR,* Rn 19; *GL,* Rn 20; *GK-Wiese,* Rn 19). Er kann also ein anderes BRMitgl. zum Vors. oder zum stellvertr. Vors. wählen, wobei er allerdings den Grundsatz des Abs. 1 Satz 2, nach dem Vors. und stellvertr. Vors. nicht derselben Gruppen angehören sollen, zu beachten hat. Entsprechendes gilt auch für den Fall, daß beide Gruppen keinen Vorschlag machen (*GKSB,* Rn 19; *Weiss,* Rn 4). **21**

Lehnt das zum Vors. oder stellvertr. Vors. gewählte BRMitgl. die **Annahme der Wahl ab,** so muß zunächst die Gruppe, von der das die Wahl nicht annehmende BRMitgl. vorgeschlagen worden ist, in einer neuen Vorabstimmung einen neuen Kandidaten vorschlagen. Der BR hat in einem neuen Wahlgang zu entscheiden, wer von den nunmehr Vorgeschlagenen BRVors. und wer Stellvertr. sein soll. Ein automatisches Nachrücken in die Funktion, die das die Wahl ablehnende BRMitgl. eingenommen hätte, verbietet sich, weil diese zu einer Verkürzung der Entscheidungsgewalt des BR führen würde (*DR,* Rn 19; *GK-Wiese,* Rn 20; *HSG,* Rn 31; **a. A.** *GL,* Rn 21). Entsprechendes gilt für den Fall, daß der Vors. oder stellvertr. Vors. nach Annahme der Wahl ihr **Amt niederlegen** oder aus dem Amt aus einem sonstigen Grunde – etwa wegen Beendigung des Arbeitsverhältnisses – ausscheiden. **22**

Haben die Gruppen von ihrem Vorschlagsrecht nach Abs. 2 Gebrauch gemacht, so kommt im Hinblick auf die Bindung des BR an die von den Gruppen vorgeschlagenen Kandidaten eine **Abberufung** des Vors. und stellvertr. Vors. **durch den BR** grundsätzlich nicht in Betracht. Der BR hat lediglich die Möglichkeit, den bisherigen Stellvertr. zum Vors. zu wählen und letzteren damit die Funktion des stellvertr. Vors. zu übertragen. Denn nur in diesem Rahmen steht ihm bei der Bestellung des Vors. und stellvertr. Vors. ein Entscheidungsspielraum zu (*GK-Wiese,* Rn 37; **23**

a. A. *GKSB,* Rn 23; *HSG,* Rn 33; ferner *DR,* Rn 34, *GL,* Rn 23, und *Weiss,* Rn 5, die zwar dem BR ein Abberufungsrecht zugestehen, jedoch, falls die Gruppe den Abberufenen erneut vorschlägt, wieder eine Bindung des BR annehmen).

24 Aus dem Grundgedanken des Abs. 2, daß der jeweilige Gruppenvertr. im Vorst. des BR vom Vertrauen der jeweiligen Gruppenmehrheit getragen sein soll, ergibt sich, daß die **jeweilige Gruppe** dem von ihr vorgeschlagenen Mitgl. das Vertrauen entziehen und es **abberufen** kann (*GK-Wiese,* Rn 37; *HSG,* Rn 34; *Hässler,* a. a. O. S. 17; **a. A.** *Weiss,* Rn 5; *DR,* Rn 36, die den BR jedoch für verpflichtet halten, das betr. Mitgl. abzuberufen). Schlägt die Gruppe einen anderen Gruppenangehörigen für den Vorst. vor, so ist der BR für die vorzunehmende Neuwahl an diesen Vorschlag gebunden (vgl. Rn 20).

III. Stellung des Vorsitzenden

1. Allgemeines

25 Der Vors. (und der stellvertr. Vors.) ist in erster Linie BRMitgl., ebenso wie die anderen Mitgl. Ihm liegen jedoch besonders zusätzliche **Befugnisse, Aufgaben und Zuständigkeiten** ob, die das Gesetz speziell dem Vors. zuweist. Neben der Aufgabe, den BR im Rahmen der von ihm gefaßten Beschlüsse zu vertreten, sowie der Berechtigung zur Entgegennahme von dem BR gegenüber abzugebenden Erklärungen (vgl. Rn 36ff.) hat der Vors. insbesondere folgende **gesetzliche Aufgaben:**

- die **Führung der laufenden Geschäfte** in BR mit weniger als neun Mitgl., falls diese ihm durch Beschluß des BR übertragen worden ist (§ 27 Abs. 3);
- die Mitgliedschaft kraft Amtes im **BetrAusschuß** (§ 27 Abs. 1);
- die **Einberufung der BRSitzungen,** die Festlegung der Tagesordnung für die Sitzungen, die Ladung der BRMitgl., der Schwbvertr. und der JugAzubiVertr. zu den Sitzungen sowie die Leitung der BRSitzungen (§ 29 Abs. 2 und 3);
- die Unterzeichnung der **Sitzungsniederschriften** (§ 34 Abs. 1);
- die **Leitung der BetrVerslg.** (§ 42 Abs. 1 Satz 1);
- die Teilnahme an **Sitzungen der JugAzubiVertr.** (§ 65 Abs. 2), falls nicht ein anderes BRMitgl. hiermit beauftragt ist;
- die beratende Teilnahme an den **Sprechstunden der JugAzubiVertr.,** falls nicht ein anderes BRMitgl. hiermit beauftragt ist (vgl. § 69 Satz 4).

Darüber hinaus können dem Vors. sowohl durch die Geschäftsordnung des BR als auch durch speziellen Einzelauftrag noch weitere Aufgaben übertragen werden (vgl. unten Rn 26, 29).

2. Vertretungsbefugnis im besonderen

Der Vors. des BR ist weder dessen Bevollmächtigter noch dessen gesetzlicher Vertr. in dem Sinne, daß er für den BR handelt und an dessen Stelle die dem BR gesetzlich zugewiesenen Befugnisse, Pflichten und Zuständigkeiten ausübt (h. M.). Diese werden vielmehr ausschließlich vom BR wahrgenommen. Der Vors. hat eine Eigenzuständigkeit und damit eine Entscheidungsbefugnis aus eigenem Recht nur in den ihm im Gesetz ausdrücklich zugewiesenen Angelegenheiten (vgl. Rn 25). Im übrigen hat er lediglich die von dem BR in Ausübung seiner Pflichten und Befugnisse gefaßten Beschlüsse auszuführen und sie nach außen zum Ausdruck zu bringen. Er ist daher **nicht Vertreter im Willen, sondern Vertr. in die Erklärung** (h. M.; vgl. BAG 26. 9. 63, AP Nr. 2 zu § 70 PersVG Kündigung; BAG 17. 2. 81, AP Nr. 11 zu § 112 BetrVG 1972, *DR,* Rn 40; *GK-Wiese,* Rn 41; *HSG,* Rn 37; *GL,* Rn 22, nennen ihn „Wortführer"). Da das Gesetz außer in den in Rn 25 genannten Fällen alle Befugnisse und Zuständigkeiten dem BR als solchem, also in seiner Gesamtheit, einräumt, erscheint es auch nicht möglich, daß der BR generell (Generalvollmacht jedenfalls unzulässig; *DR,* Rn 49; *GL,* Rn 36; *HSG,* Rn 38; *GK-Wiese,* Rn 42) alle oder auch nur einzelne ihm zustehende Befugnisse und Rechte dem Vors., dem stellvertr. des Vors. oder einem sonstigen Mitgl. des BR zur selbständigen Ausübung überträgt und ihm insoweit Handlungsfreiheit mit verbindlicher Wirkung für und gegen den BR einräumt. Eine Vertretung in der Willensbildung kommt vielmehr nicht in Betracht (LAG Frankfurt, NJW 65, 654 mit weiteren Hinweisen; LAG Hamm, DB 65, 1329; *GK-Wiese,* Rn 42f.). 26

Die Vertretungsbefugnis des Vors. des BR besteht nur **im Rahmen der vom BR gefaßten Beschlüsse.** Nur innerhalb dieses Rahmens kann er rechtsgeschäftliche Erklärungen mit verbindlicher Wirkung für und gegen den BR abgeben (BAG 15. 12. 61, AP Nr. 1 zu § 615 BGB Kurzarbeit; *DR,* Rn 40ff.; *GL,* Rn 29; *GK-Wiese,* Rn 42f.; *GKSB,* Rn 24). Das gilt auch für die Anhörung des BR nach § 102 Abs. 1. Eine Kündigung des ArbGeb. ist bei fehlenden oder mangelhaften Beschluß des BR grundsätzlich nur wirksam, wenn der ArbGeb. die Kündigung erst nach Ablauf der in § 102 Abs. 2 genannten Ausschlußfristen ausspricht (*GK-Wiese,* Rn 48; Näheres zu der insoweit a. A. des BAG vgl. § 102 Rn 22f. 27

Auch durch **ständige betriebliche Übung** kann die Vertretungsmacht des Vors. **nicht erweitert** werden (bedenklich insoweit BAG 28. 2. 58, AP Nr. 1 zu § 14 AZO). Nur eine ausdrückliche Genehmigung durch den BR im Einzelfall ist möglich (*DR,* Rn 52ff.). Wegen einer ausnahmesweisen Zurechnung aus Grundsätzen der Rechtsscheinhaftung oder der Haftung kraft widersprüchlichen Verhaltens vgl. unten Rn 33. 28

Eine gewisse selbständige Entscheidungsbefugnis ist dem Vors. des BR allenfalls einzuräumen, wenn der BR für bestimmte Angelegenheiten im voraus bindende **Richtlinien** oder **Weisungen** beschließt, die eine Sachentscheidung für sich häufig wiederholende Fälle darstellen (*DR,* Rn 49; *GK-Wiese,* Rn 43; *HSG,* Rn 39; einschränkend *GKSB,* Rn 27; **a. A.** *Stege/Weinspach,* Rn 9). Damit wird ein sachlicher Rahmen gesetzt, 29 innerhalb dessen dem Vors. die Vertretung zukommt. Auch Alternativbeschlüsse sind zulässig (*Nikisch,* 3. Bd. § 100 II 2; *GK-Wiese,* Rn 43). Näheres – insbes. die Beteiligung einzelner sachverständiger BRMitgl. oder die Vorlage von Angelegenheiten von grundsätzlichem Interesse an den BR – kann die **Geschäftsordnung** regeln. Für ausnahmsweise Ermächtigung des BRVors. zur Entscheidung in konkreten Einzelfällen – offenbar auch im Rahmen von Richtlinien – *Herschel,* RdA 59, 84; *DR,* Rn 19; *GL,* Rn 36.

30 Der Vors. des BR braucht bei seinen Erklärungen den Beschluß des BR nicht vorzulegen (*DR,* Rn 43; *GL,* Rn 33). Den **Nachweis,** daß den Handlungen und Erklärungen des Vors. ein vom BR gefaßter Beschluß zugrundeliegt, wird der ArbGeb. nur bei Vorliegen eines berechtigten Interesses fordern können, ggfs. dann sogar müssen, z. B. wenn aus Äußerungen von BRMitgl. oder aus dem Verhalten des BRVors. (sofortige Entscheidung ohne Beratung mit dem BR) sich Zweifel ergeben, ob ein Beschluß des BR überhaupt oder mit dem angegebenen Inhalt vorliegt, oder wenn das Vorliegen eines rechtswirksamen Beschlusses seinerseits Rechtswirksamkeitsvoraussetzung für Erklärungen des ArbGeb. gegenüber Dritten ist, etwa bei Ausspruch einer Kündigung (vgl. hierzu BAG 26. 9. 63, AP Nr. 2 zu § 70 PersVG Kündigung; BAG 16. 12. 60, AP Nr. 3 zu § 133c GewO; LAG Düsseldorf, DB 68, 535; LAG Schleswig-Holstein, DB 73, 1608; *GL,* Rn 33; *GK-Wiese,* Rn 48; *HSG,* Rn 46; weitergehend *DR,* Rn 43, die dieses Recht dem ArbGeb. stets zugestehen; ebenso *Oetker,* BlStR 84, 132f.; **a. A.** neuerdings BAG 4. 8. 75 u. 2. 4. 76, AP Nr. 4 u. 9 zu § 102 BetrVG 1972 im Rahmen der Anhörung des BR bei Kündigungen; vgl. hierzu § 102 Rn 22f.; ferner BAG 23. 8. 84, AP Nr. 17 zu § 103 BetrVG 1972 mit dem Hinweis, dies sei eine bedenkliche Einmischung in die Geschäftsführung des BR). Wird im Streitfall geltend gemacht, ein Beschluß des BR sei nicht oder nicht mit diesem Inhalt gefaßt, so ist die Frage, ob die Erklärung dem vom BR gefaßten Beschluß entspricht, der Nachprüfung keineswegs verschlossen (*Herschel,* zu AP 54 Nr. 148). Die Erklärung des Vors. des BR hat zwar die **Vermutung** für sich, daß der BR den der Erklärung zugrunde liegenden Beschluß auch so gefaßt hat. Die Vermutung kann aber durch Gegenbeweis jederzeit entkräftet werden (BAG 17. 2. 81, AP Nr. 11 zu § 112 BetrVG 1972; *GK-Wiese,* Rn 48). Der gute Glaube des ArbGeb., daß sich der Vors. im Rahmen eines ordnungsmäßigen BRBeschl. hält, wird grundsätzlich nicht geschützt (*DR,* Rn 51; *GL,* Rn 31; *GK-Wiese,* Rn 49; *Brecht,* Rn 15; *Herschel,* RdA 59, 82; *HSG,* Rn 42; einschränkend nach den Grundsätzen des Vertrauensschutzes BAG 23. 8. 84, AP Nr. 17 zu § 103 BetrVG 1972).

31 Handelt der Vors. des BR, ohne daß ein entsprechender Beschluß gefaßt wurde, oder gibt er in einer Angelegenheit gar eine dem Beschluß des BR widersprechende Erklärung ab, so kann er abgesetzt werden. Bei **grober Pflichtverletzung** (§ 23) kann er aus dem BR ausgeschlossen werden. Auch haftet er persönlich für den aus der unbefugt abgegebenen Erklärung entstehenden Schaden (*GL,* Rn 42; *GK-Wiese,* Rn 47; *HSG,* Rn 47).

Eine nicht durch einen entsprechenden Beschluß des BR gedeckte Erklärung ist **unwirksam,** ebenso eine vom Vors. allein abgeschlossene BV (BAG 15. 12. 61, AP Nr. 1 zu § 615 BGB Kurzarbeit; *DR,* Rn 51; *GL,* Rn 29). Durch **Genehmigung** des BR kann die Unwirksamkeit der Erklärungen des Vors. aber geheilt werden (BAG a. a. O.; *DR,* Rn 52; *GL,* Rn 30; *GK-Wiese,* Rn 45). Die Genehmigung kann im allgemeinen nur in Form eines ordnungsgemäßen Beschl. des BR, also nicht stillschweigend (vgl. aber auch Rn 33), erfolgen. Sie kann auch nicht durch eine ständige betriebliche, vom BR gebilligte Übung ersetzt werden (*GK-Wiese,* Rn 46; *GKSB,* Rn 27; **a. A.** BAG 28. 2. 58, AP Nr. 1 zu § 14 AZO). 32

Unter Umständen kann sich eine Bindung des BR an nicht von der Vertretungsmacht gedeckten Erklärungen des Vors. aus den Grundsätzen der Rechtsscheinshaftung oder der Vertrauenshaftung kraft widersprüchlichen Verhaltens ergeben (vgl. *DR,* Rn 55 ff.; *Dietz,* RdA 68, 441; *GL,* Rn 32; *GK-Wiese,* Rn 49 ff.; *HSG,* Rn 44). Eine Bindung des BR aus **Grundsätzen der Rechtsscheinshaftung** setzt voraus, daß der BR in einer ihm zurechenbaren Weise den Anschein gesetzt hat, die Erklärung des Vors. sei durch einen Beschluß gedeckt. Dem BR zurechenbar ist der Anschein dann, wenn jedenfalls die Mehrheit der BRMitgl. das nicht durch einen Beschluß des BR gedeckte Verhalten des Vors. kennt und gleichwohl untätig bleibt; z. B. der BRVors. erklärt nach einer BRSitzung in Anwesenheit und ohne Widerspruch der BRMitgl. dem ArbGeb. gegenüber die Zustimmung des BR zu einer bestimmten Maßnahme, obwohl der BR keinen entsprechenden Beschluß gefaßt hatte (vgl. hierzu *DR,* Rn 55; *Weiss,* Rn 6). Nicht ausreichend ist, daß der BR bzw. die Mehrheit seiner Mitgl. das Verhalten des Vors. hätte kennen müssen (so aber *GL,* Rn 32; *GK-Wiese,* Rn 50; *Buchner,* BB 76, 535; vgl. auch *DR,* Rn 56). 33

Eine **Vertrauenshaftung kraft widersprüchlichen Verhaltens,** bei der noch nicht einmal das subjektive Zurechnungsmoment der Kenntnis der BRMitgl. vom Verhalten des Vors. vorliegen muß, kommt nur in ganz engen Grenzen in Betracht; sie setzt voraus, daß sich der BR in einer gegen Treu und Glauben verstoßenden Weise mit seinem bisherigen Verhalten in Widerspruch setzt (vgl. *DR,* Rn 56; *GK-Wiese,* Rn 52; eingehend zum Ganzen *Canaris,* Die Vertrauenshaftung im deutschen Privatrecht, 1971, S. 265 ff.).

Die Vertr. durch den Vors. ist **keine notwendige Vertretung** in dem Sinne, daß der BR nur durch den Vors. handeln kann. Es bleibt ihm vielmehr unbenommen, alle Pflichten, Befugnisse und Zuständigkeiten selbst in seiner Gesamtheit handelnd wahrzunehmen. Im übrigen kann der BR zwar nicht generell, aber in von ihm zu **bestimmenden Einzelfällen** die Ausführung seiner Beschlüsse und die Erklärung seines Willens einem **anderen BRMitgl.** als dem Vors. übertragen (*DR,* Rn 44; *GL,* Rn 27; *GK-Wiese,* Rn 65; *HSG,* Rn 48), z. B. auch dem Stellvertr. des Vors. Das Mitgl. bedarf dann einer rechtsgeschäftlichen Vollmacht. 34

Die Übertragung der Vertretungsbefugnis auf ein anderes BRMitgl. ist insbesondere möglich, wenn der BR dem BetrAusschuß oder einem 35 anderen Ausschuß bestimmte **Aufgaben zur selbständigen Erledigung** überträgt (vgl. § 27 Rn 45ff., § 28 Rn 5). In diesem Falle kann im Interesse einer ordnungsmäßigen Ausübung der Beteiligungsrechte in den betreffenden Angelegenheiten (z. B. bei personellen Einzelmaßnahmen) auch die Übertragung der Vertretungsbefugnis auf ein Mitgl. des Ausschusses zweckdienlich sein (*DR,* Rn 45; *GK-Wiese,* Rn 65).

3. Entgegennahme von Erklärungen

36 Durch Abs. 3 Satz 2 wird klargestellt, daß dem BR gegenüber abzugebende Erklärungen grundsätzlich vom BRVors. entgegengenommen werden. Dies gilt nicht nur für rechtsgeschäftliche Erklärungen im engeren Sinne, sondern generell für dem BR gegenüber abzugebende Erklärungen u. Mitteilungen, gleichgültig ob es sich um Mitteilungen des ArbGeb., Äußerungen (z. B. Beschwerden) von ArbN oder Erklärungen anderer betriebsverfassungsrechtlicher Institutionen (z. B. der JugAzubiVertr. oder des WiAusschusses) handelt. Wird eine dem BR gegenüber abzugebende Erklärung nicht dem Vors. (im Falle seiner Verhinderung dem stellvertr. Vors.), sondern einem anderen BRMitgl. gegenüber abgegeben, so wird dieser als Bote tätig; dem BR ist die Erklärung solange nicht zugegangen, als sie nicht dem Vorsitzenden oder dem BR als solchem zur Kenntnis gelangt ist (vgl. hierzu BAG 28. 2. 74 und 27. 6. 85, AP Nr. 2 und 37 zu § 102 BetrVG 1972; LAG München, DB 88, 2651; *DR,* Rn 47; *GL,* Rn 28; *GK-Wiese,* Rn 55; *HSG,* Rn 49). Dies ist insbesondere in den Fällen von Bedeutung, in denen mit dem Zugang der Erklärung eine Frist zu laufen beginnt (vgl. z. B. § 99 Abs. 3 Satz 2, § 102 Abs. 2 Satz 2). In diesen Fällen ist für den Beginn des Fristablaufs der Zeitpunkt maßgebend, in dem der Vors. oder der BR als solcher Kenntnis von der Erklärung genommen hat (*GK-Wiese,* Rn 55). Sind sowohl der BRVors. als auch sein Stellvertr. verhindert und hat der BR versäumt, für diesen Fall Vorkehrungen zu treffen, kann der ArbGeb. grundsätzlich jedem BRMitgl. gegenüber Erklärungen abgeben mit der Folge, daß eine etwaige gesetzliche Frist zu laufen beginnt (vgl. LAG Frankfurt, BB 77, 1048).

37 Auch für die Entgegennahme von **Zustellungen** in einem arbeitsgerichtlichen Verfahren des BR ist der BRVors. zuständig. Bedient sich allerdings der BR der beim ArbGeb. bestehenden Posteingangsstelle, so ist der dort tätige ArbN, der vom BR mit der Annahme seiner Post betraut ist, bei gerichtlichen Zustellungen Bediensteter i. S. von § 184 Abs. 1 ZPO (BAG 20. 1. 76, AP Nr. 2 zu § 47 BetrVG 1972).

38 Der BR kann allerdings in bestimmten Angelegenheiten (auch) **andere Mitgl. des BR** als zuständig für die Entgegennahme von Erklärungen bestimmen (*GK-Wiese,* Rn 57; *GKSB,* Rn 30). Der ArbGeb. braucht sich eine anderweitige Regelung des BR über die Empfangsberechtigung von Erklärungen erst entgegenhalten zu lassen, wenn ihm diese vom BR mitgeteilt ist. Wenn einem **Ausschuß** des BR bestimmte Aufgaben zur selbständigen Erledigung übertragen sind, wird man in der Regel davon ausgehen müssen, daß der Vors. des Ausschusses im Rahmen der über-

tragenen Aufgaben zur Entgegennahme von Erklärungen berechtigt ist (BAG 4. 8. 75, AP Nr. 4 zu § 102 BetrVG 1972; *DR,* Rn 46; *GK-Wiese,* Rn 57).

IV. Stellung des Stellvertreters des Vorsitzenden

Die Worte „im Falle seiner Verhinderung" bringen zum Ausdruck, daß der Stellvertr. des Vors. die Aufgaben und Befugnisse nur dann wahrnehmen kann und darf, wenn und solange der **Vors. selbst verhindert** ist (vgl. BAG 1. 8. 58, AP Nr. 1 zu § 83 ArbGG). Der Stellvertr. ist daher **kein „zweiter" Vors.** mit gleichen Rechten (*DR,* Rn 58; *GL,* Rn 37; *HSG,* Rn 50). Insbesondere tritt er nicht neben den Vors. als Vertreter der Gruppe, der er angehört auf. Der Vors. kann auch nicht einzelne Aufgaben oder Geschäfte dem Stellvertr. zur einmaligen oder ständigen Erledigung übertragen (*DR,* Rn 61; *GK-Wiese,* Rn 48), jedoch kann dies der BR (vgl. oben Rn 34, 38). 39

Für die Beurteilung der Frage, wann der Vors. als **verhindert** anzusehen ist, dürften die für die zeitweilige Verhinderung eines BRMitgl. nach § 25 Abs. 1 Satz 2 maßgebenden Grundsätze entsprechend gelten. Verhinderungsgründe sind insbesondere Urlaub und Krankheit des Vors., im allgemeinen aber nicht eine ganz kurzfristige Verhinderung, z. B. wenn der Vors. aus irgendwelchen, insbes. dienstlichen Gründen den Betrieb auf einige Stunden verläßt, es sei denn, es ist eine unaufschiebbare Angelegenheit zu regeln (*DR,* Rn 59; *GK-Wiese,* Rn 59). Verhindert ist der Vors. auch, wenn er selbst durch eine Angelegenheit persönlich betroffen wird (*GL,* Rn 37; *GK-Wiese,* Rn 59; *HSG,* Rn 51; RAG 4, 348; Näheres § 25 Rn. 14f.). 40

Die zeitweilige Verhinderung des Vors. führt zu einer Aufspaltung seiner Vertretung: In seiner Eigenschaft als Vors. des BR tritt sein Stellvertr. an seine Stelle. Im übrigen (d. h. ohne den Vorsitz zu übernehmen) rückt das nach § 25 Abs. 2 in Betracht kommende ErsMitgl. in den BR nach. 41

Scheidet der Vors. aus diesem Amt aus, sei es, daß er den BR ganz verläßt, sei es, daß er lediglich sein Amt als Vors. (nicht als BRMitgl.) niederlegt, so wird sein Stellvertr. nicht automatisch BRVors. (*DR,* Rn 21; *GL,* Rn 41; *GK-Wiese,* Rn 60); dieser bleibt vielmehr Stellvertr. des Vors. Der Vors. ist vom BR neu zu wählen. 42

Der stellvertr. Vors. **übernimmt** für die Dauer der zeitweiligen Verhinderung des Vors. bzw. bei dessen Ausscheiden bis zu seiner Neuwahl dessen **Aufgaben, Befugnisse und Zuständigkeiten kraft Gesetzes.** Diese Stellung kann ihm durch rechtsgeschäftliche Vereinbarung nicht entzogen werden. Wohl aber kann der BR beschließen, daß im Einzelfall eine bestimmte Aufgabe bei Verhinderung des Vors. von einem anderen BRMitgl. erledigt wird (*GK-Wiese,* Rn 58). Betreibt der BR gemäß § 23 ein Ausschlußverfahren gegen den Vors., so kann dieser als am Verfahren persönlich Beteiligter den BR nicht vertreten; in diesem Falle tritt der Stellvertreter ein (BAG 1. 8. 58, AP Nr. 1 zu § 83 ArbGG). In sol- 43 chen Fällen ist es allerdings vernünftiger, das BRMitgl. sofort als Vors. abzuberufen und einen neuen Vors. zu wählen. Der stellvertretende Vorsitzende tritt ferner an die Stelle des Vors., soweit es um die Frage der Zustimmung des BR zu einer außerordentlichen Kündigung des BRVors. gem. § 103 geht (vgl. § 25 Rn 15).

44 Ist **auch der Stellvertr.** des Vors. während der Dauer der Stellvertretung zeitweise **verhindert,** so muß, wenn dieser Fall nicht in der Geschäftsordnung (§ 36) geregelt ist, der BR eine Regelung der Vertretung des Vors. treffen. In diesem Fall kann der BR für die Dauer der Verhinderung einen weiteren Stellvertr. wählen, der so lange die Aufgaben des Vors. übernimmt (*DR,* Rn 60; *GK-Wiese,* Rn 62; *Weiss,* Rn 8). Sind BRVors. und sein Stellvertr. **dauernd verhindert** (etwa weil sie aus dem BR ausgeschieden sind), so hat der BR eine Neuwahl durchzuführen. Der BR hat in diesen Fällen ein **Selbstzusammentrittsrecht;** er wählt – am zweckmäßigsten unter Leitung des ältesten Mitgl. – einen Wahlleiter zur Durchführung der Neuwahl (*GL,* Rn 40; *GK-Wiese,* Rn 62f.; *HSG,* Rn 55).

V. Streitigkeiten

45 Streitigkeiten über Wahl, Abberufung und Zuständigkeit des Vors. oder seines Stellvertr. sind von den ArbG im BeschlVerf. zu entscheiden (§§ 2a, 80ff. ArbGG). Die Wahlen des Vors. und seines Stellvertr. sind auf ihre **Rechtmäßigkeit** hin gerichtlich überprüfbar (vgl. BAG 12. 10. 76, AP Nr. 2 zu § 26 BetrVG 1972, unter Aufgabe seiner früheren Rechtsprechung [vgl. hierzu BAG 16. 2. 73, AP Nr. 1 zu § 19 BetrVG 1972: nur Anfechtung zulässig]; *DR,* Rn 22ff.; *GL,* Rn 43; *GK-Wiese,* Rn 25ff.).

46 Die Wahl des Vors. oder seines Stellvertr. kann nichtig oder sonstwie rechtswidrig sein. **Nichtigkeit der Wahl** ist nur gegeben, wenn krasse Verstöße vorliegen, die jeden Anschein einer ordnungsgemäßen Wahl vermissen lassen, wenn ein Verstoß gegen die guten Sitten vorliegt oder ein BRBeschluß überhaupt nicht gefaßt wurde (z. B. Inanspruchnahme des Vorsitzes durch eine brutale Minderheit außerhalb der ordnungsgemäßen BRSitzung). Als nichtig wird man auch die Wahl des Vors. und stellvertr. Vors. ansehen müssen, die ohne Rücksicht auf die Vorschläge der Gruppen gemäß Abs. 2 durchgeführt wird (*GK-Wiese,* Rn 25). Die Nichtigkeit kann **jederzeit** und **von jedermann** geltend gemacht werden.

47 Bei **geringeren Rechtsverstößen** (z. B. bei willkürlicher oder nicht durch sachliche Gründe getragene Abweichung von der Sollvorschrift des § 26 Abs. 1 S. 2; **a. A.** *DR,* Rn 11, die einen Verstoß gegen diese Bestimmung sanktionslos lassen), kann die Wahl durch das Gericht **aufgehoben** werden (*GL,* Rn 43; *GK-Wiese,* Rn 27; *HSG,* Rn 23; **a. A.** für PersVG: OVG Lüneburg, AP Nr. 3 zu § 31 PersVG). Die Teilnahme des Arbeitsdirektors an der Sitzung, in der die Wahl erfolgt, rechtfertigt die Aufhebung nicht (LAG Düsseldorf, BB 61, 900). Dasselbe gilt für

die Ersetzung eines stellvertr. Vors. laut „Koalitionsabsprache", sofern hierbei die Grundsätze des § 26 Abs. 1 S. 2 oder Abs. 2 berücksichtigt werden (vgl. hierzu BAG 1. 6. 66, AP Nr. 16 zu § 18 BetrVG).

Antragsberechtigt zur Einleitung des gerichtlichen Verfahrens ist jedes BRMitgl. und jede im Betrieb vertretene Gewerkschaft (BAG 12. 10. 76, AP Nr. 2 zu § 26 BetrVG 1972; BAG 1. 6. 76, AP Nr. 1 zu § 28 BetrVG 1972; *DR,* Rn 27f.; *GK-Wiese,* Rn 29; *GL,* Rn 43). Das Antragsrecht der Gewerkschaften ergibt sich daraus, daß es sich bei der Wahl des Vors. und seines Stellvertr. um **konstitutive Akte des BR** handelt, die insbesondere im Hinblick auf die Vertretungsbefugnis des Vors. von wesentlicher Bedeutung für die gesetzlich vorgesehene Zusammenarbeit der Gewerkschaften mit dem BR sind und die die Gewerkschaften deshalb in ihrer betriebsverfassungsrechtlichen Stellung unmittelbar berühren. Nicht antragsberechtigt sind der ArbGeb. und einzelne ArbN des Betriebs, da ihnen keine Kontrollfunktion über die interne Geschäftsführung des BR zukommt (*DR,* Rn 29; *GL,* Rn 43; *GK-Wiese,* Rn 29; *GKSB,* Rn 11; *HSG,* Rn 19). Der Antrag auf Feststellung der Rechtswidrigkeit der Wahl kann – abgesehen von dem Fall der Nichtigkeit – aus Gründen der Rechtssicherheit nicht zeitlich unbegrenzt, sondern in entsprechender Anwendung des § 19 **nur innerhalb von zwei Wochen** nach Kenntniserlangung des Rechtswidrigkeitsgrundes durch den Antragsberechtigten geltend gemacht werden (BAG 12. 10. 76, AP Nr. 2 zu § 26 BetrVG 1972; *GL,* Rn 43; *GK-Wiese,* Rn 28; **a. A.** *DR,* Rn 31; *HSG,* Rn 17: unbefristet). Die gerichtliche Entscheidung wirkt rechtsgestaltend, d. h. bis zur rechtskräftigen Feststellung der Ungültigkeit der Wahl bleiben der Vors. und sein Vertreter im Amt (h. M.). 48

§ 27 Betriebsausschuß

(1) **Hat ein Betriebsrat neun oder mehr Mitglieder, so bildet er einen Betriebsausschuß. Der Betriebsausschuß besteht aus dem Vorsitzenden des Betriebsrats, dessen Stellvertreter und bei Betriebsräten mit**

9 bis 15 Mitgliedern	**aus 3 weiteren Ausschußmitgliedern,**
19 bis 23 Mitgliedern	**aus 5 weiteren Ausschußmitgliedern,**
27 bis 35 Mitgliedern	**aus 7 weiteren Ausschußmitgliedern,**
37 oder mehr Mitgliedern	**aus 9 weiteren Ausschußmitgliedern.**

Die weiteren Ausschußmitglieder werden vom Betriebsrat aus seiner Mitte in geheimer Wahl und nach den Grundsätzen der Verhältniswahl gewählt. Wird nur ein Wahlvorschlag gemacht, so erfolgt die Wahl nach den Grundsätzen der Mehrheitswahl. Sind die weiteren Ausschußmitglieder nach den Grundsätzen der Verhältniswahl gewählt, so erfolgt die Abberufung durch Beschluß des Betriebsrats, der in geheimer Abstimmung gefaßt wird und einer Mehrheit von drei Vierteln der Stimmen der Mitglieder des Betriebsrats bedarf.

(2) **Der Betriebsausschuß muß aus Angehörigen der im Betriebsrat vertretenen Gruppen entsprechend dem Verhältnis ihrer Vertretung im Betriebsrat bestehen. Die Gruppen müssen mindestens durch ein Mitglied vertreten sein. Ist der Betriebsrat nach § 14 Abs. 2 in getrennten Wahlgängen gewählt worden und gehören jeder Gruppe mehr als ein Zehntel der Mitglieder des Betriebsrats, jedoch mindestens drei Mitglieder an, so wählt jede Gruppe ihre Vertreter für den Betriebsausschuß; dies gilt auch, wenn der Betriebsrat nach § 14 Abs. 2 in gemeinsamer Wahl gewählt worden ist und jeder Gruppe im Betriebsrat mindestens ein Drittel der Mitglieder angehört. Für die Wahl der Gruppenvertreter gilt Absatz 1 Satz 3 und 4 entsprechend; ist von einer Gruppe nur ein Vertreter für den Betriebsausschuß zu wählen, so wird dieser mit einfacher Stimmenmehrheit gewählt. Für die Abberufung der von einer Gruppe gewählten Vertreter für den Betriebsausschuß gilt Absatz 1 Satz 5 entsprechend mit der Maßgabe, daß der Beschluß von der Gruppe gefaßt wird.**

(3) **Der Betriebsausschuß führt die laufenden Geschäfte des Betriebsrats. Der Betriebsrat kann dem Betriebsausschuß mit der Mehrheit der Stimmen seiner Mitglieder Aufgaben zur selbständigen Erledigung übertragen; dies gilt nicht für den Abschluß von Betriebsvereinbarungen. Die Übertragung bedarf der Schriftform. Die Sätze 2 und 3 gelten entsprechend für den Widerruf der Übertragung von Aufgaben.**

(4) **Betriebsräte mit weniger als neun Mitgliedern können die laufenden Geschäfte auf den Vorsitzenden des Betriebsrats oder andere Betriebsratsmitglieder übertragen.**

Inhaltsübersicht

I. Vorbemerkung

1 Die Vorschrift bezweckt, die Geschäftsführung des BR zu erleichtern, das BRKollegium zu entlasten und damit eine praktikable BRArbeit zu ermöglichen.

Durch das Änderungsgesetz 1989 ist die Vorschrift in mehrfacher Hinsicht **minderheitenfreundlicher ausgestaltet** worden. 1a

Bisher sind die weiteren Mitgl. des BetrAusschusses entweder vom BR oder unter den Voraussetzungen des Abs. 2 von den beiden Gruppen im BR in Mehrheitswahl gewählt worden; auch konnten sie vom jeweiligen Wahlkörper mit einfacher Stimmenmehrheit aus dem BetrAusschuß abberufen werden. Nach der Neuregelung sind die weiteren Mitgl. des BetrAusschusses dagegen grundsätzlich in **Verhältniswahl** zu wählen. Nur wenn ein einziger Wahlvorschlag zur Abstimmung steht – sei es im BR, sei es im Falle des Abs. 2 in einer oder beiden Gruppen, sei es, daß nur ein einziger Gruppenvertreter zu wählen ist –, erfolgt ihre Wahl auch künftig in Mehrheitswahl. Stets hat die Wahl der weiteren BRAusschußMitgl. **geheim** zu erfolgen. Für die Abberufung der in Verhältniswahl gewählten Mitgl. ist künftig eine geheime Wahl und eine qualifizierte Mehrheit von drei Vierteln der Stimmen des BR bzw. im Falle der Gruppenwahl nach Abs. 2 der Stimmen der betreffenden Gruppe erforderlich.

Ferner sind die Voraussetzungen des Abs. 2 für das Selbstbestimmungsrecht der Gruppen weiter erleichtert worden. Bei einem in Gruppenwahl gewählten BR ist das Erfordernis, daß jeder Gruppe mindestens fünf Mitgl. angehören müssen, auf drei Mitgl. herabgesetzt worden. Bei einem in Gemeinschaftswahl gewählten BR besteht das Selbstbestimmungsrecht bereits dann, wenn jeder Gruppe mindestens (bisher: mehr als) ein Drittel der Mitgl. angehört. 1b

Die Neuregelungen des Änderungsgesetzes sind auf BR anzuwenden, die nach dem 31. 12. 1988 gewählt werden (vgl. § 125 Abs. 3). 1c

Die Einführung des Verhältniswahlrechts für die Wahl der weiteren Mitgl. des BetrAusschusses ist in der arbeitsrechtlichen Literatur überwiegend auf erhebliche **Kritik** gestoßen. Wenn auch z. T. die im Verhältniswahlrecht liegende größere Chancengleichheit begrüßt wird (so insbesondere *Buchner,* NZA, Beil. 1/89 S. 3; diesen Aspekt erkennen als legitim auch an *Löwich,* BB 88, 1954, *Wlotzke,* DB 89, 114; vgl. ferner *Engels/Natter,* BB Beil. 8/89 S. 21 ff.), wird sie wegen der erheblichen Gefahr einer Zersplitterung der Arbeit und damit der Funktionsfähigkeit des BR und wegen ihrer geringeren Möglichkeit, die Wahl nach Persönlichkeit und Qualifikation zu treffen, ganz überwiegend abgelehnt (vgl. *Richardi,* ArbuR 86, 33; *Hanau,* Gutachten, S. 20 ff.; *Schneider,* GMH 88, 413; *Klaus,* AiB 88, 328; *Schumann,* AiB 88, 206). 1d

Absätze 3 und 4 gelten für den GesBR (vgl. § 51 Abs. 1 uns 2) und den KBR (vgl. § 59 Abs. 1) entsprechend, dagegen gilt für die Zusammensetzung des GesBetrAusschusses § 51 Abs. 1 und 2, für die des KBetrAusschusses § 59 Abs. 1. Auf die Bordvertr. und den SeeBR findet nur Abs. 4 Anwendung, da die Bildung eines BetrAusschusses für diese ArbNVertr. angesichts ihrer beschränkten MitglZahl (vgl. § 115 Abs. 2 Nr. 3 und § 116 Abs. 2 Nr. 3) nicht möglich ist. Die Vorschrift findet keine Anwendung auf die JugAzubiVertr. und die GesJugAzubiVertr. 2

Die Vorschrift ist grundsätzlich **zwingend** und kann weder durch TV noch durch BV abgeändert werden (vgl. aber auch Rn 16). Ihre Geltung 2a kann allerdings durch TV für die nach § 3 Abs. 1 Nr. 2 zulässige anderweitige Vertr. der ArbN ausgeschlossen werden, wenn dies die Eigenart der vom TV erfaßten Betriebe bedingt (*GL,* Rn 4; *GK-Wiese,* Rn 4). Auf die zusätzlichen ArbNVertr. nach § 3 Abs. 1 Nr. 3 ist sie nicht anzuwenden.

2a Entsprechende Vorschriften: §§ 32, 33 BPersVG 74 und § 11 Abs. 3 SprAuG.

II. Bestellung des Betriebsausschusses

1. Pflicht zur Bestellung

3 Die Bildung des BetrAusschusses gehört, wenn die Voraussetzungen dafür vorliegen, zu den **Pflichtaufgaben** des BR (*DR,* Rn 2; *GL,* Rn 6; *GK-Wiese,* Rn 7).

2. Zeitpunkt der Bestellung

4 Über den Zeitpunkt der Wahl besteht keine ausdrückliche Regelung. Man wird indessen § 29 Abs. 1 auch hier anwenden und davon ausgehen müssen, daß in der **ersten Sitzung des BR** nicht nur der Vors. und sein Stellvertr., sondern auch die übrigen Mitgl. des BetrAusschusses gewählt werden sollen, die zusammen mit dem Vors. und dessen Stellvertr. den BetrAusschuß bilden (zust. *GK-Wiese,* Rn 9). Dies ist jedenfalls zweckmäßig, damit diese grundlegenden Organisationsentscheidungen in der ersten Sitzung des BR erledigt werden (so auch *DR,* Rn 12; *GL,* Rn 7; *HSG,* Rn 12; *GKSB,* Rn 3).

5 Wählt der BR keinen BetrAusschuß, so handelt er **pflichtwidrig.** Ob diese Pflichtverletzung als ein grober Verstoß i. S. des § 23 Abs. 1 angesehen werden kann, der zur Auflösung des BR in dem durch § 23 vorgesehenen arbeitsgerichtlichen Verfahren führt, ist nach den Umständen des Einzelfalls zu beurteilen. Bei einem großen BR, der zur Erleichterung seiner Arbeit den BetrAusschuß unbedingt benötigt, dürfte die Unterlassung der Wahl wohl als eine grobe Pflichtverletzung anzusehen sein (*DR,* Rn 3; *GK-Wiese,* Rn 8; *GL,* Rn 6; *HSG,* Rn 8).

3. Größe des Betriebsausschusses

6 Die Größe des BetrAusschusses ist **zwingend** vorgeschrieben. Hiernach besteht der BetrAusschuß bei BR mit

9–15 Mitgl. aus insgesamt 5 Ausschußmitgl.,
19–23 Mitgl. aus insgesamt 7 Ausschußmitgl.,
27–35 Mitgl. aus insgesamt 9 Ausschußmitgl.,
37 und mehr Mitgl. aus insgesamt 11 Ausschußmitgl.

Entscheidend ist die Zahl der gewählten BRMitgl., nicht die gesetzlich vorgeschriebene MitglZahl, die u. U. nicht erreicht wird (vgl. § 11 Rn 3ff.; *DR,* Rn 4; *GL,* Rn 12; *GK-Wiese,* Rn 10). Sinkt die MitglZahl des

BR im Laufe der Amtszeit, so daß nach § 13 Abs. 2 Nr. 2 eine Neuwahl notwendig wird, so bleibt der BetrAusschuß größenmäßig unverändert bestehen, solange der BR noch im Amt ist (*DR,* Rn 2; *GK-Wiese,* Rn 7).

4. Berücksichtigung der Gruppen

Die Gruppen der Arb. und Ang. müssen im BetrAusschuß **entsprechend dem Verhältnis ihrer Vertretung im BR** vertreten sein. In jedem Falle muß eine im BR vertretene Gruppe mindestens durch ein Mitgl. vertreten sein. Soweit die Gruppen bereits durch den BRVors. oder seinen Stellvertr. im BetrAusschuß vertreten sind, sind diese auf die ihnen zustehenden Sitze anzurechnen (*DR,* Rn 8; *GL,* Rn 13; *GK-Wiese,* Rn 12; *GKSB,* Rn 11; *HSG,* Rn 20). Die Vorschrift des Abs. 2 S. 1 ist ebenso wie § 10 eine Bestimmung zum Schutz der Minderheitsgruppe. Es dürften deshalb keine Bedenken bestehen, der Minderheitsgruppe mehr Vertr. in BetrAusschuß zuzubilligen, wenn die Mehrheitsgruppe einstimmig damit einverstanden ist (vgl. LAG Hamm, EzA Nr. 5 zu § 27 BetrVG 1972; offengelassen von BAG 7. 10. 80, AP Nr. 1 zu § 27 BetrVG 1972; nach *DR,* Rn 10, genügt das Einverständnis der Mehrheit der Gruppe; ebenso *GK-Wiese,* Rn 14, der zusätzlich einen bestätigenden Beschluß des BR verlangt; **a. A.** *HSG,* Rn 23). Andererseits dürfte es auch zulässig sein, daß die Minderheitsgruppe – jedenfalls wenn sie dies einstimmig beschließt (ein ausdrücklicher Beschluß der Gruppe ist nach BAG 7. 10. 80, a. a. O. unerläßlich) – nicht alle ihr nach Abs. 2 zustehenden Sitze im BetrAusschuß in Anspruch nimmt (*GKSB,* Rn 11; **a. A.** *GK-Wiese,* Rn 14). 7

Für die Verteilung der Sitze im BetrAusschuß auf die Gruppen ist von der **Zahl der gewählten Gruppenvertr. im BR** auszugehen. Diese Verteilung erfolgt nach den Grundsätzen des **Höchstzahlensystems** (vgl. § 14 Rn 26f.). Hiernach werden die Zahlen der im BR vertretenen Gruppenangehörigen nebeneinandergestellt und so oft durch 1, 2, 3, 4 usw. geteilt, daß so viele Teilzahlen entstehen, wie dem BetrAusschuß Mitgl. angehören. Jede Gruppe erhält so viele Sitze im BetrAusschuß, wie Höchstzahlen auf sie entfallen. 8

Beispiel:

Der BR besteht aus 15 Mitgl., davon 9 Vertr. der Arb. und 6 Vertr. der Ang. Der BetrAusschuß besteht nach Abs. 1 Satz 2 aus 5 Mitgl. Die Verteilung der Gruppen im BetrAusschuß berechnet sich wie folgt:

	9	6
:1	9	6
:2	4,5	3
:3	3	

Der BetrAusschuß besteht danach aus 3 Vertr. der ArbGruppe und 2 Vertr. der AngGruppe. Bei dieser Aufteilung der Sitze des BetrAusschusses auf die Gruppen ist die Gruppenzugehörigkeit des dem BetrAusschuß kraft Gesetzes angehörigen BRVors. und seines Stellvertr. zu berücksichtigen. Da in dem Beispielsfall der Vors. und stellvertr. Vors. des BR nach § 26 Abs. 2 verschiedenen Gruppen angehören dürften, stehen der ArbGruppe noch 2 weitere Sitze und der AngGruppe noch 1 weiterer Sitz im BetrAusschuß zu.

9 Fällt die niedrigste Höchstzahl, die noch zur Besetzung eines Sitzes im BetrAusschuß berechtigt, auf beide Gruppen, so entscheidet in entsprechender Anwendung des § 5 Abs. 2 Satz 2 WO **das Los** darüber, von welcher Gruppe dieser Sitz zu besetzen ist (*DR,* Rn 9; *GK-Wiese,* Rn 10; *HSG,* Rn 21; **a. A.** *GL,* Rn 14, die den Stellenwert der Höchstzahlen für entscheidend ansehen, damit jedoch den letzten Sitz stets der kleineren Gruppe zusprechen; das wäre jedoch ein über das Gesetz hinausgehender Minderheitenschutz).

10 Auch wenn nach dem Höchstzahlensystem auf eine Gruppe kein Sitz im BetrAusschuß entfiele, so muß sie nach Abs. 2 Satz 2 doch **in jedem Fall durch ein Mitgl.** im BetrAusschuß vertreten sein. Das gilt selbstverständlich nur, wenn die Gruppe im BR mindestens durch einen Gruppenvertr. vertreten ist.

Beispiel:

Der BR besteht aus 13 Angestellten und 2 Arb., der BetrAusschuß besteht aus 5 Mitgl. Die Verteilung der Sitze auf die Gruppen nach dem Höchstzahlensystem errechnet sich wie folgt:

	13	2
:1	13	2
:2	$6\frac{1}{2}$	
:3	$4\frac{1}{3}$	
:4	$3\frac{1}{4}$	
:5	$2\frac{3}{5}$	

Alle Höchstzahlen fallen auf die AngGruppe. Gleichwohl gehört mindestens 1 Vertr. der ArbGruppe dem BetrAusschuß an. Soweit bereits ein Vertr. der ArbGruppe Vors. oder stellvertr. Vors. des BR ist, hat es dabei sein Bewenden, da diese kraft Gesetzes auch dem BetrAusschuß angehören. Soweit jedoch als Vors. und stellvertr. Vors. nur Vertr. der AngGruppe gewählt worden sind (zur Frage, inwieweit dies überhaupt zulässig ist, vgl. § 26 Rn 12 ff.), muß ein Vertr. der ArbGruppe dem BetrAusschuß als weiteres Mitgl. angehören.

11 Ist eine Gruppe nur durch ein Mitgl. im BR vertreten, so gehört dieses – auch ohne besondere Wahl – dem BetrAusschuß an (*GK-Wiese,* Rn 13). Eine formelle Wahl erübrigt sich hier, da keine Auswahlmöglichkeit besteht. Die Möglichkeit, daß der einzige Gruppenvertreter auf eine Mitglschaft im BetrAusschuß verzichtet (vgl. oben Rn 7), bleibt allerdings unberührt.

12 **Wechselt ein Mitgl.** des BetrAusschusses seine arbeitsrechtliche **Gruppenzugehörigkeit,** so hat dies keinen Einfluß auf die Zusammensetzung des BetrAusschusses (vgl. § 24 Rn 32; *DR,* Rn 22; *GK-Wiese,* Rn 16). Die Möglichkeit, dieses Mitgl. aus dem BetrAusschuß abzuberufen (vgl. unten Rn 25 a ff.) bleibt unberührt.

5. Wahl der weiteren Mitglieder des Betriebsausschusses

Kraft Gesetzes gehören dem BetrAusschuß stets der **BRVors.** und sein **Stellvertr.** an. Sie sind deshalb nicht gesondert in den BetrAusschuß zu wählen. Die übrigen AusschußMitgl. sind jedoch zu **wählen.** Mitgl. des BetrAusschusses kann nur sein, wer auch dem BR angehört (vgl. den Wortlaut von Abs. 1 S. 3: „aus seiner Mitte"; *GL,* Rn 10; *GK-Wiese,* Rn 10). ErsMitgl. des BR können in dieser Eigenschaft, d.h. solange sie noch nicht in den BR nachgerückt sind, nicht dem BetrAusschuß angehören. 13

Bis auf die in dem Abs. 1 u. 2 enthaltenen Grundentscheidungen enthält das Gesetz keine näheren Regelungen über die Wahl der weiteren Mitgl. des BetrAusschusses. Diese können auch nicht durch eine Rechtsverordnung nach § 126 BetrVG näher festgelegt werden, da diese Ermächtigungsnorm auf die Wahlen der ArbN zu den jeweiligen betriebsverfassungsrechtlichen Vertretungen beschränkt ist und sich nicht auf interne Wahlen innerhalb dieser Vertretungen erstreckt. Soweit nicht die zwingenden Grundentscheidungen der Abs. 1 u. 2 entgegenstehen, kann deshalb der BR **nähere Regelungen der Wahl** beschließen (*Engels/Natter,* BB Beil. 8/89 S. 21). Das kann jeweils von Fall zu Fall geschehen, jedoch auch als generelle Regelung in der Geschäftsordnung nach § 36 festgelegt werden. 14

Die Wahl der weiteren Mitgl. des BetrAusschusses erfolgt im Gegensatz zur Wahl des ihm von Gesetzes wegen angehörenden Vors. und stellvertretenen Vors. in **geheimer Wahl.** Das gilt auch im Falle einer Mehrheitswahl, da Abs. 2 S. 2 nur eine Abweichung von der Verhältniswahl, nicht jedoch von dem Grundsatz der geheimen Wahl zum Inhalt hat. Die geheime Wahl bedingt eine förmliche Stimmabgabe mit **Stimmzetteln.** Nicht erforderlich ist die Verwendung vorgedruckter Stimmzettel. Andererseits ist dies durchaus zulässig und im Interesse, die Ordnungsmäßigkeit der Wahl bei Meinungsverschiedenheiten auch belegen zu können, vielfach zweckmäßig. Bei Verwendung nicht vorgedruckter Stimmzettel ist darauf zu achten, daß der Grundsatz der geheimen Wahl gewahrt bleibt (vgl. hierzu auch § 38 Rn 25). Der Vors. des BR, dem die Leitung der Wahl obliegt, hat dafür zu sorgen, daß den BRMitgl. eine geheime Stimmabgabe möglich ist. 14a

Für die Wahl der weiteren Mitgl. sind **verschiedene Fallgestaltungen** zu unterscheiden. Liegen die Voraussetzungen des Abs. 2 S. 2 nicht vor, werden die weiteren Mitgl. durch den BR gewählt, und zwar, wenn mehrere Wahlvorschläge eingereicht werden, in Verhältniswahl (vgl. unten Rn 17), bei Einreichung nur eines Wahlvorschlags in Mehrheitswahl (vgl. unten Rn 18f.). Im Falle des Abs. 2 S. 2 werden die weiteren Mitgl. von den im BR vertretenen Gruppen der Arb. und Ang. gewählt, und zwar auch hier in Verhältniswahl, wenn in den Gruppen jeweils mehrere Wahlvorschläge eingereicht werden (vgl. Rn 20b). Wird in einer oder beiden Gruppen nur ein Wahlvorschlag eingereicht, findet insoweit Mehrheitswahl statt. Das gleiche 14b gilt für den Fall, daß bei getrennter Gruppenwahl in einer Gruppe nur ein Mitgl. in den BetrAusschuß zu wählen ist (vgl. Rn 20c f.).

a) Wahl durch den Betriebsrat

15 Vorbehaltlich des u. U. zu beachtenden Selbstbestimmungsrecht der Gruppen (vgl. Rn 19ff.) erfolgt die Wahl der weiteren Mitgl. durch den gesamten BR. In diesem Falle ist die Wahl stets eine **Gemeinschaftswahl.** Eine wirksame Wahl setzt voraus, daß sich mindestens die Hälfte der BRMitgl. an der Wahl beteiligt; denn nur dann ist der BR beschlußfähig (vgl. § 33 Abs. 2). Das Erfordernis der Beschlußfähigkeit muß auch bei organisatorischen Akten des BR erfüllt sein, für die eine förmliche Wahl vorgeschrieben ist.

16 Berechtigt, **Wahlvorschläge,** d. h. Vorschlagslisten einzureichen, sind die Mitgl. (nicht auch ErsMitgl.) des BR. Für einen gültigen Wahlvorschlag ist kein bestimmtes Mindestquorum erforderlich. Auch ein einzelnes BRMitgl. ist deshalb berechtigt, einen Wahlvorschlag zu machen. Das Vorschlagsrecht ist auch nicht in sonstiger Hinsicht eingeschränkt, etwa dahingehend, daß eine listenmäßige Zusammengehörigkeit bei der Wahl zum BR zu beachten wäre. Vielmehr können BRMitgl., die bei dieser Wahl auf konkurrierenden Listen kandidiert haben, für die Wahl des BetrAusschusses einen gemeinsamen Wahlvorschlag unterbreiten. Wahlvorschläge können auch mündlich gemacht werden, sind dann jedoch vom BRVors. bzw. vom Protokollführer schriftlich festzuhalten. Stets ist erforderlich, daß sich die für die Wahl vorgeschlagenen BRMitgl. mit ihrer Kandidatur einverstanden erklärt haben. Dies hat der BRVors. als Leiter der Wahl vor ihrer Durchführung festzustellen.

16a Die Mitgl. des BetrAusschusses werden aus der Mitte des BR gewählt. Deswegen können **nur BRMitgl.** vorgeschlagen werden, nicht dagegen ErsMitgl. des BR, solange sie nicht in den BR nachgerückt sind. Die nach dem bisherigen Recht bestehende Möglichkeit, Mitgl. des BetrAusschusses durch einfachen Mehrheitsbeschluß jederzeit abzuberufen und neu zu bestellen (vgl. hierzu 15. Aufl., § 27 Rn 13) und damit ggfs. auch nachgerückte ErsMitgl. in den BetrAusschuß zu wählen, ist im Falle der Verhältniswahl der weiteren Mitgl. des BetrAusschusses nicht mehr gegeben (vgl. unten Rn 24ff.). In diesem Falle sind ErsMitgl. des BR, auch wenn sie in den BR nachgerückt sind, weitgehend von der Mitarbeit im BetrAusschuß ausgeschlossen.

16b Da die Wahl der weiteren AusschußMitgl. durch den BR eine gemeinsame Wahl ist, können und sollten die einzelnen Wahlvorschlagslisten sowohl der Arb.- aus auch der Ang.Gruppe angehörenden BRMitgl. enthalten (zu den andernfalls möglichen Nachteilen vgl. § 14 Rn 31).

17 Werden für die Wahl **mehrere Wahlvorschläge,** d. h. mehrere Listen mit einem oder mehreren Wahlkandidaten eingereicht, so erfolgt die Wahl als **Verhältniswahl** (vgl. hierzu § 14 Rn 25). Die Verhältniswahl ist stets eine Listenwahl, d. h. die BRMitgl. können die Listen nur als solche wählen. Sie können weder die Reihenfolge, in der die Kandidaten auf der Liste stehen, ändern noch können sie auf der Liste stehende

Bewerber streichen oder die Liste um weitere Bewerber ergänzen. Dies würde ihre Stimme ungültig machen.

Die Verteilung der auf die einzelnen Vorschlagslisten entfallenen Sitze bestimmt sich nach den auf sie entfallenen **Höchstzahlen** sowie nach der **Gruppenzugehörigkeit** der Bewerber im BR (vgl. § 16 WO). Die Höchstzahlen werden nach dem sog. d'Hondtschen System berechnet (vgl. § 14 Rn 27). Der BRVors. als Leiter der Wahl hat aufgrund der Höchstzahlen für jede Gruppe gesondert festzustellen, welche Bewerber der einzelnen Listen gewählt sind. Maßgebend ist hierbei die Reihenfolge, in der die Bewerber für die jeweilige Gruppe auf den Listen stehen (vgl. zum generellen Berechnungsprinzip das Beispiel in § 14 Rn 30). 17a

Wird nur eine Vorschlagsliste eingereicht – sei es, daß sich die BRMitgl. hierauf verständigen, sei es, daß die Einreichung weiterer Listen aus sonstigen Gründen unterbleibt – so erfolgt die Wahl der weiteren BRMitgl. des BetrAusschusses in **Mehrheitswahl.** Jedes BRMitgl. hat das Recht, aus dieser Liste so viele Bewerber zu wählen, wie weitere Mitgl. des BetrAusschusses zu bestellen sind. Wählt er mehr Bewerber, macht dies seine Stimme ungültig; wählt er weniger, so hat es dabei sein Bewenden. 18

Als weitere Mitgl. des BetrAusschusses gewählt sind die Bewerber, die die **meisten Stimmen** erhalten haben. Allerdings ist auch hier die notwendige Berücksichtigung der **Gruppen** zu beachten. Für die von den Gruppen zu besetzenden Sitze des BetrAusschusses kommt es ausschließlich auf die Stimmen an, die auf die Bewerber der betreffenden Gruppe entfallen sind, mögen Kandidaten der anderen Gruppe auch mehr Stimmen erhalten haben (zum vergleichbaren Fall bei der BRWahl vgl. das Beispiel in § 14 Rn 35). Haben bei dem letzten der Gruppe zustehenden Sitz zwei oder mehr Kandidaten dieselbe Stimmenzahl erhalten, so erfolgt die Vergabe dieses Sitzes zwischen diesen Bewerbern durch Losentscheid. 18a

b) Wahl getrennt nach Gruppen

Die Voraussetzungen, unter denen die Wahl der weiteren Mitgl. des BetrAusschusses durch getrennte Wahl der Gruppen im BR erfolgt, sind unterschiedlich, je nach dem ob der BR in Gruppenwahl (vgl. Rn 19a) oder in Gemeinschaftswahl (vgl. Rn 19b) gewählt worden ist. 19

Ist der BR in **Gruppenwahl** gewählt worden (vgl. hierzu § 14 Rn 13ff.), so sind die weiteren Mitgl. des BetrAusschusses unter folgenden Voraussetzungen ebenfalls in getrennter Wahl jeweils der Arb- und der AngGruppe im BR zu bestimmen: 19a

- Jede Gruppe muß durch **mehr als ein Zehntel** der BRMitgl. im BR vertreten sein und
- in jedem Falle müssen jedoch **mindestens drei Mitgl.** des BR **jeder Gruppe** angehören.

Erforderlich ist, daß **beide Voraussetzungen** zusammentreffen. Anderenfalls werden die Vertr. der Gruppen im BetrAusschuß vom BR in seiner Gesamtheit gewählt (*DR,* Rn 13; *GL,* Rn 16). Die Vorschrift kann für BR ab 7 Mitgl. Bedeutung gewinnen.

Beispiel 1:

Der in Gruppenwahl gewählte BR besteht aus 19 Mitgl., davon 17 Vertr. der Arb und 2 Vertr. der Ang. In diesem Falle werden die weiteren BetrAusschußMitgl. nicht getrennt nach Gruppen gewählt: zwar stehen der Minderheitsgruppe mehr als ein Zehntel der BRSitze zu, jedoch ist die Minderheitsgruppe nicht wenigstens durch 3 Gruppenangehörige im BR vertreten.

Beispiel 2:

Der in einem Betrieb mit 8000 ArbN in Gruppenwahl gewählte BR besteht aus 31 Mitgl., davon 28 Vertr. der Arb. und 3 Vertr. der Ang. Auch in diesem Falle werden die weiteren BetrAusschußMitgl. nicht getrennt nach Gruppen gewählt; zwar stellt die Minderheitsgruppe 3 BRMitgl., diese stellen jedoch nicht mehr als ein Zehntel der Mitgl. des BR dar.

19b Ist der BR in **Gemeinschaftswahl** gewählt worden, so werden die weiteren BetrAusschußMitgl. nur dann in getrennter Wahl von den Arb- und AngVertr. im BR gewählt, wenn jede Gruppe im BR durch **mindestens ein Drittel der Mitgl.** vertreten ist. Diese Voraussetzung entspricht derjenigen des § 26 Abs. 2 hinsichtlich des bindenden Vorschlagsrechts jeder Gruppe bei der Wahl des Vors. und stellvertr. Vors. des BR. Näheres hierüber vgl. § 26 Rn 16 (dort auch Beispiel).

20 Berechtigt, **Wahlvorschläge** für die einzelnen Gruppenvertreter zu machen, sind nur die der jeweiligen Gruppen zuzurechnenden BRMitgl. Auch können nur BRMitgl. für den BetrAusschuß vorgeschlagen werden, die der betreffenden Gruppe angehören. Die bei der BRWahl bestehende Möglichkeit, daß eine Gruppe auch Angehörige der anderen Gruppe in den BR wählen kann (vgl. § 12 Rn 13ff.), ist bei der Wahl der weiteren AusschußMitgl. nicht zulässig (vgl. Abs. 2 S. 1). Allerdings zählt das BRMitgl., das bei der BRWahl von der anderen Gruppe gewählt worden ist, auch für die Ausschußwahl zu der Gruppe, die es gewählt hat.

20a Bei der Wahl der weiteren Mitgl. des BetrAusschusses durch die Gruppen ist für die Wirksamkeit der Wahl in entsprechender Anwendung des § 33 Abs. 2 erforderlich, daß mindestens die **Hälfte** der der jeweiligen Gruppe zuzurechnenden BRMitgl. an der Wahl **teilnehmen** (vgl. § 33 Rn 12; *GR,* Rn 17; *GL,* Rn 18).

20b Die Wahl der weiteren Mitgl. des BetrAusschusses erfolgt nach den Grundsätzen der **Verhältniswahl,** wenn in den Gruppen jeweils mehrere Wahlvorschlagslisten eingereicht werden (vgl. hierzu auch § 14 Rn 25ff.). Die auf die Listen entfallenen Sitze im BetrAusschuß bestimmen sich nach den auf die einzelnen Listen entfallenen Höchstzahlen. Entsprechend diesen Höchstzahlen sind die Bewerber in der Reihenfolge gewählt, in der sie in den Listen aufgeführt sind.

20c Wird in einer oder in beiden Gruppen jeweils nur ein Wahlvorschlag eingereicht, werden die weiteren AusschußMitgl. in **Mehrheitswahl** gewählt (vgl. hierzu oben Rn 18 sowie § 14 Rn 34). Gewählt sind die Bewerber, die die höchsten Stimmenzahlen für die zu besetzenden Ausschußsitze erhalten haben. Eine etwaige Stimmengleichheit beim letzten zu besetzenden Ausschußsitz wird durch Los entschieden.

Steht einer Gruppe nur ein weiterer Ausschußsitz zu, so wird dessen Besetzung stets durch Mehrheitswahl der Gruppenangehörigen bestimmt (vgl. Abs. 2 S. 4 Halbs. 2). **20d**

6. Wahl von Ersatzmitgliedern

Das Gesetz enthält keine ausdrückliche Regelung über die Wahl von ErsMitgl. für verhinderte oder für aus dem BetrAusschuß ausgeschiedene BRMitgl. Gleichwohl ist in entsprechender Anwendung der § 47 Abs. 3 und § 55 Abs. 3 die Bestellung von ErsMitgl. **zulässig** und vielfach **zweckmäßig,** um eine volle Besetzung des BetrAusschusses insbesondere in den Fällen zu gewährleisten, in denen ihm Aufgaben zur selbständigen Erledigung (vgl. hierzu unten Rn 45ff.) übertragen sind (*DR,* Rn 18; *GL,* Rn 9; *GK-Wiese,* Rn 30; *HSG,* Rn 11). Nur der BR kann ErsMitgl. wählen, nicht der BetrAusschuß seine ErsMitgl. selbst bestimmen. **21**

Ebenso wie die ordentl. Mitgl. müssen auch die ErsMitgl. des BetrAusschusses Mitgl. des BR sein. Es ist deshalb nicht zulässig, daß ErsMitgl. des BR in dieser Eigenschaft Mitgl. des BetrAusschusses werden. In keinem Falle rückt bei einer zeitweiligen Verhinderung eines Mitgl. des BetrAusschusses das für ihn in den BR nachrückende ErsMitgl. automatisch auch in den BetrAusschuß nach (vgl. § 25 Rn 11; *DR,* Rn 19; *GK-Wiese,* Rn 31; *HSG,* Rn 11). Etwas anderes gilt in dem Fall, in dem eine Gruppe nur durch ein Mitgl. im BR vertreten ist (vgl. hierzu unten Rn 22a). **21a**

Da die Wahl von ErsMitgl. gesetzlich nicht ausdrücklich geregelt ist, besteht insoweit eine **gewisse Gestaltungsfreiheit** des BR. Andererseits muß ihre Wahl jedoch nach denselben Grundsätzen erfolgen, die für die Wahl der weiteren Mitgl. des BetrAusschusses maßgebend sind. Hieraus ergibt sich: Die Wahl der ErsMitgl. muß ebenfalls geheim sein. Ihre Wahl erfolgt im Falle des Abs. 1 S. 3 durch den ganzen BR und im Falle des Abs. 2 S. 3 getrennt durch die jeweiligen Gruppen. Ferner muß die Wahl den in Abs. 1 S. 3 u. 4 geregelten Wahlgrundsätzen entsprechen. Damit ist die bisher praktizierte Möglichkeit, durch einen einfachen Mehrheitsbeschluß des BR bzw. der Gruppen für die einzelnen Mitgl. des BetrAusschusses ein oder mehrere ErsMitgl. zu bestellen, nicht mehr zulässig. Die Tatsache, daß sich die Wahl der ordentl. Mitgl. des BetrAusschusses unterschiedlich gestalten kann (Verhältniswahl, Mehrheitswahl), hat auch Auswirkungen auf die Wahl der ErsMitgl. Denn deren Wahl darf das Ergebnis der Wahl der ordentl. Mitgl. des BetrAusschusses in Bezug auf den neu eingeführten Minderheitenschutz nicht unterlaufen. Im einzelnen sind **folgende Fälle** zu unterscheiden: **22**

Ist eine Gruppe im BR **nur** durch **ein Mitgl.** vertreten, so daß dieses Mitglied dem BetrAusschuß auch ohne eine förmliche Wahl angehört (vgl. oben Rn 11), so tritt im Falle der Verhinderung oder des Ausscheidens dieses Mitgl. das in den BR nachrückende ErsMitgl. gleichzeitig auch in den BetrAusschuß ein. Das folgt aus der zwingenden Regelung des Abs. 2 S. 2. **22a**

23 Sind die weiteren Mitgl. des BetrAusschusses in **Mehrheitswahl** gewählt worden, sei es vom BR insgesamt, sei es durch getrennte Wahl einer oder beider Gruppen, so bestehen mehrere Möglichkeiten der Wahl der ErsMitgl.

23a Zum einen kann der BR eine entsprechende Anwendung des § 25 Abs. 2 S. 3 beschließen. In diesem Falle rücken – bei einer Wahl durch den ganzen BR unter Berücksichtigung der Gruppenzugehörigkeit – die BRMitgl. in der Reihenfolge der erreichten Stimmenzahl in den BetrAusschuß nach, die für ihn kandidiert, jedoch nicht die für einen ordentl. Sitz erforderliche Stimmenzahl erreicht haben (vgl. hierzu auch § 25 Rn 27).

23b Jedoch kann der BR – bei einer Wahl getrennt nach Gruppen jede Gruppe – auch zulässigerweise beschließen, nach der Wahl der ordentlichen Ausschußmitgl. in einem **gesonderten Wahlgang** ebenfalls in Mehrheitswahl die ErsMitgl. zu wählen. Dies ist zulässig, weil die Mehrheitswahl stets eine Personenwahl ist, bei der der Wähler so viele Stimmen hat, als Personen zu wählen sind, und der Erfolg der Wahl allein von der erreichten Stimmenzahl abhängt. Eine gesonderte Wahl erscheint sogar insofern sachgerechter, als sich bei ihr alle Stimmen auf die Wahl der ErsMitgl. konzentrieren und diese nicht lediglich durch die Stimmen ermittelt werden, die für einen ordentlichen Sitz im BetrAusschuß nicht mehr ausgereicht haben (vgl. den entsprechenden Grundgedanken bei der gesonderten Wahl des ErsMitgl. im einköpfigen BR in § 14 Abs. 4 S. 2). Die Reihenfolge des Nachrückens der ErsMitgl. bestimmt sich – ggfs. unter Berücksichtigung der Gruppenzugehörigkeit – nach der erreichten Stimmenzahl (bei Stimmengleichheit durch Losentscheid).

23c Sind die weiteren Ausschußmitgl. in Mehrheitswahl gewählt worden, können ErsMitgl. auch im Laufe der Amtszeit aus **konkretem Anlaß,** z. B. weil der BetrAusschuß nicht mehr die vorgeschriebene Zahl von Mitgl. hat und keine ErsMitgl. zum Nachrücken mehr vorhanden sind, **nachgewählt** werden.

24 Sind die weiteren Mitgl. des BetrAusschusses in **Verhältniswahl** gewählt worden, so sind ErsMitgl. in entsprechender Anwendung des § 25 Abs. 2 S. 1 u. 2 der Reihe nach die nicht gewählten ArbN derjenigen Vorschlagslisten, denen die verhinderten oder aus dem BetrAusschuß ausgeschiedenen Mitgl. angehören (**a. A.** *Dänzer-Vanotti,* ArbuR 89, 208). Hierbei rückt im Falle der Wahl durch den BR das ErsMitgl. nach, das an nächsthöchster Stelle auf der Liste steht und das derselben Gruppe wie das zu ersetzende ordentl. Mitgl. angehört (vgl. hierzu allgemein § 25 Rn 21 ff.). Ist eine Vorschlagsliste erschöpft, so ist entsprechend der für ErsMitgl. des BR geltenden Regelung das ErsMitgl. derjenigen Vorschlagsliste zu entnehmen, auf die nach den Grundsätzen der Verhältniswahl der nächste Sitz entfallen würde (vgl. hierzu § 25 Rn 29).

24a Da eine ausdrückliche Regelung der Wahl der ErsMitgl. des BetrAusschusses fehlt, dürfte es jedoch auch zulässig sein, daß der BR anstelle der entsprechenden Anwendung des § 25 Abs. 2 S. 2 beschließt, im Falle der Erschöpfung einer Liste eine Neuwahl aller weiteren Mitgl. des BetrAusschusses vorzunehmen.

24b Um im Falle der Verhinderung oder des Ausscheidens von ordentl.

Mitgl. des BetrAusschusses die freiwerdenden Sitze aus der jeweiligen Liste nachbesetzen zu können, empfiehlt es sich, möglichst viele Bewerber in die Vorschlagslisten aufzunehmen (vgl. *Engels/Natter,* BB Beil. 8/89 S. 22).

Im Gegensatz zur Wahl der weiteren BRMitgl. in Mehrheitswahl dürfte bei einer Verhältniswahl eine **gesonderte Wahl** der ErsMitgl. **nicht zulässig** sein. Denn dies könnte und würde vielfach eine Änderung des Ergebnisses der Listenwahl der ordentl. Mitgl. des BetrAusschusses in Bezug auf den in der Verhältniswahl liegenden Minderheitenschutz zur Folge haben. Denn da sich im Falle einer gesonderten Verhältniswahl der ErsMitgl. die Reihenfolge des Nachrückens nach den auf die einzelnen Listen entfallenen Höchstzahlen bei dieser Wahl bestimmen müßte, wäre nicht gewährleistet, daß das ErsMitgl. von derselben Gruppierung im BR getragen wird wie das zu ersetzende Mitgl. des BetrAusschusses. **24c**

Beispiel:

Es sind 5 weitere Ausschußmitgl. zu wählen. 3 Listen stehen zur Wahl, die folgende Stimmen erhalten: 1. Liste 11 Stimmen, 2. Liste 7 Stimmen und 3. Liste 5 Stimmen. Die Verteilung der weiteren Ausschußsitze berechnet sich wie folgt:

1. Liste		2. Liste		3. Liste	
11:1	11	7:1	7	5:1	5
:2	5½	:2	3½	:2	2½
:3	3⅔	:3	2⅓	:3	1⅔

Als ordentl. Mitgl. sind danach gewählt die drei ersten Bewerber der Liste 1 und jeweils der erste Kandidat der Listen 2 und 3. Bei einer gesonderten Wahl der ErsMitgl. und der Annahme, daß sich wieder 3 Listen zur Wahl stellen und auf sie dieselben Stimmen entfallen, müßte als erstes ErsMitgl. stets der erste Kandidat der Liste 1 nachrücken, auch wenn ein ordentl. Mitgl. der Liste 2 oder 3 zu vertreten wäre.

Daß bei einer gesonderten Wahl der ErsMitgl. in Mehrheitswahl der Listenschutz der in Verhältniswahl gewählten ordentl. Mitgl. des BetrAusschusses nicht aufrecht erhalten werden kann, liegt in der Natur der Mehrheitswahl. Deshalb scheidet in diesem Falle eine gesonderte Wahl der ErsMitgl. in Mehrheitswahl ebenfalls aus. **24d**

Aus denselben Gründen, die bei der Verhältniswahl eine gesonderte Wahl der ErsMitgl. ausschließen, ist es bei ihr auch nicht zulässig, im Bedarfsfall, z. B. weil wegen Fehlens von ErsMitgl. ein Sitz im BetrAusschuß auf Dauer nicht mehr besetzt werden kann, eine gesonderte Nachwahl nur zur Auffüllung dieses freien Sitzes durchzuführen (**a. A.** *Dänzer-Vanotti,* ArbuR 89, 208). Dies würde eine unzulässige Vermengung von Verhältnis- und Mehrheitswahl darstellen. Kann in diesem Falle ein Sitz im BetrAusschuß wegen Fehlens von ErsMitgl. auf Dauer nicht nachbesetzt werden, ist in entsprechender Anwendung des § 13 Abs. 2 Nr. 2 eine Neuwahl der weiteren Mitgl. des BetrAusschusses vorzunehmen. Etwas **anderes** gilt nur, wenn alle BRMitgl. bzw. bei Wahl durch die Gruppen alle Vertr. der betr. Gruppe mit einer **gesonderten Nachwahl einverstanden** sind. **24e**

7. Amtsniederlegung, Abberufung

25 Die zu weiteren Mitgl. oder ErsMitgl. des BetrAusschusses gewählten BRMitgl. sind zur **Übernahme dieses Amts nicht verpflichtet** (*DR,* Rn 20; *GL,* Rn 11; *GK-Wiese,* Rn 26). Daher können die gewählten weiteren Ausschußmitgl. dieses Amt auch jederzeit **niederlegen** (*DR,* Rn 21). Dies gilt allerdings nicht für den BRVors. und seinen Stellvertr. Sie gehören in dieser Eigenschaft dem BetrAusschuß kraft Gesetzes an. Aus diesem Grunde können sie aus dem BetrAusschuß nur unter gleichzeitiger Niederlegung des Amtes des Vors. oder des stellvertr. Vors. ausscheiden.

25a Die Wahl der weiteren Ausschußmitgl. gilt, da der BetrAusschuß bis zum Ende der Amtszeit des BR besteht, grundsätzlich für dessen gesamte Amtszeit. Allerdings können die Mitgl. des BetrAusschusses vorzeitig abberufen werden (*DR,* Rn 23; *GL,* Rn 26; *GK-Wiese,* Rn 2). Die **Abberufung** kann nur durch das Gremium erfolgen, daß das betreffende AusschußMitgl. gewählt hat, d.h. im Falle des Abs. 1 durch den BR (vgl. Abs. 1 S. 5), im Falle des Abs. 2 durch die betreffende Gruppe im BR (vgl. Abs. 2 S. 5). Der BetrAusschuß selbst kann ebensowenig eines seiner Mitgl. abberufen, wie er seine Mitgl. selbst bestimmen kann. Das abzuberufende AusschußMitgl. ist bei der Abstimmung über seine Abberufung im BR ebenso stimmberechtigt wie es bei seiner Wahl in den BetrAusschuß stimmberechtigt gewesen ist (jetzt ebenso *DR,* Rn 25; *GK-Wiese,* Rn 27; **a.A.** *GL,* Rn 26; *HSG,* Rn 17).

26 Sind das oder die abzuberufenden Mitgl. des BetrAusschusses in **Verhältniswahl** gewählt worden, so bedarf die Abwahl einer **geheimen** Abstimmung und ferner einer **qualifizierten Mehrheit** von drei Vierteln der Stimmen der Mitgl. des BR, wenn die Abberufung durch ihn erfolgt, bzw. der Gruppe, falls diese für die Abberufung zuständig ist. Das Erfordernis einer qualifizierten Mehrheit erklärt sich aus der notwendigen Absicherung des Verhältniswahlrechts. Denn der in ihm liegende Minderheitenschutz wäre nicht gesichert, wenn die so gewählten AusschußMitgl. mit einfacher Stimmenmehrheit jederzeit abgewählt werden könnten (vgl. *Engels/Natter,* BB Beil. 8/89 S. 22).

26a Für die Berechnung dieser qualifizierten Mehrheit ist bei einer Abberufung durch den BR von seiner gesetzlich vorgeschriebenen bzw. der u. U. nach § 11 verringerten BRGröße (nicht von der Zahl der anwesenden oder an der Beschlußfassung teilnehmenden BRMitgl.) auszugehen. Bei der Abwahl durch die Gruppe ist für die Berechnung der qualifizierten Mehrheit die Größe der betreffenden Gruppe nach § 10 bzw. der hiervon abweichenden Größe nach § 12 Abs. 1 maßgebend. Hat sich die Größe des BR oder einer Gruppe durch Ausscheiden von Mitgl. aus dem BR in der Weise geändert, daß auch durch Nachrücken von ErsMitgl. die bisherige Größe nicht aufrechterhalten werden kann (vgl. hierzu § 25 Rn 31ff.), so bestimmt sich die qualifizierte Mehrheit nach der nunmehrigen tatsächlichen Größe des BR bzw. der betreffenden Gruppe. In all diesen Fällen ist die maßgebende Ausgangszahl mit 0,75 zu multiplizieren und das Ergebnis, falls es keine ganze Zahl ergibt, auf die nächste volle Zahl aufzurunden.

Beispiel:

Bei einem aus 23 Mitgl. bestehenden BR beträgt die qualifizierte Mehrheit 18 Stimmen; denn 23 × 0,75 = 17,25, aufgerundet auf die nächste volle Zahl = 18.

Sind das oder die abzuberufenden Mitgl. des BetrAusschusses in **Mehrheitswahl** gewählt worden, erfordert eine Abwahl lediglich die einfache Mehrheit der Stimmen im BR (im Falle des Abs. 1) bzw. in der betreffenden Gruppe (im Falle des Abs. 2). Erforderlich ist allerdings, daß der BR bzw. die betreffende Gruppe beschlußfähig ist (vgl. oben Rn 15). 26b

Beispiel:

Ein in einem 31köpfigen BR in Mehrheitswahl gewähltes Ausschußmitgl. ist abberufen, wenn an der Beschlußfassung 16 Mitgl. teilnehmen und hiervon 9 Mitgl. für die Abberufung stimmen.

Ob diese äußerst unterschiedlichen Abberufungsvoraussetzungen innerlich gerechtfertigt sind, erscheint zweifelhaft. Sie dürfen kaum dazu beitragen, daß sich die BRMitgl. auf eine Vorschlagsliste verständigen und damit eine Mehrheitswahl ermöglichen.

Die Abberufung muß nur in dem Fall, daß die Wahlen der weiteren Mitgl. des BetrAusschusses in Verhältniswahl erfolgt ist, **geheim** durchgeführt werden. Bei ihrer Wahl in Mehrheitswahl ist eine offene Abstimmung zulässig. Angesichts der Tatsache, daß die Wahl der weiteren AusschußMitgl. jedoch stets geheim erfolgt (vgl. oben Rn 14a) ist diese Differenzierung nicht recht einleuchtend. Der BR bzw. die betreffende Gruppe kann beschließen, daß auch im Falle der Mehrheitswahl die Entscheidung über die Abberufung durch geheime Stimmabgabe zu erfolgen hat. 26c

Der BRVors. und sein Stellvertr. können nicht aus dem BetrAusschuß abberufen werden, es sei denn, sie werden zugleich als Vors. oder stellvertr. Vors. abberufen (vgl. oben Rn 25 und § 26 Rn 10). 27

Lassen sich Mitgl. des BetrAusschusses **grobe Pflichtverletzungen** zuschulden kommen, so können sie im arbeitsgerichtlichen Verfahren nach § 23 aus dem BR ausgeschlossen werden, wodurch sie zugleich aus dem BetrAusschuß ausscheiden. Dagegen ist der Ausschluß eines Mitgl. nur aus dem BetrAusschuß durch das ArbG auch in entsprechender Anwendung des § 23 nicht zulässig (*DR*, Rn 27; *GL*, Rn 28; *GK-Wiese*, Rn 28). 28

III. Stellung und Aufgaben des Betriebsausschusses

1. Stellung des Betriebsausschusses

Der BetrAusschuß ist keine gesonderte Betriebsvertretung, sondern ein **Organ des BR,** dessen rechtliche Stellung und Aufgaben sich aus § 27 ergeben und das in diesem Rahmen an die Stelle des BR tritt (*DR*, 29

Rn 36; *GL,* Rn 19; *GK-Wiese,* Rn 32; *HSG,* Rn 29). Dabei bleibt es diesem unbenommen, daneben noch Sonderausschüsse zu bilden, denen bestimmte Aufgaben sowohl lediglich zur Vorbereitung als auch zur selbständigen Entscheidung (vgl. § 28 Rn 3ff.), nicht aber die Führung der laufenden Geschäfte des BR, übertragen werden können.

30 Für die **Geschäftsführung des BetrAusschusses** gelten grundsätzlich die Vorschriften des §§ 30ff. über die Geschäftsführung des BR sinngemäß. Da der BetrAusschuß einen erweiterten geschäftsführenden Vorstand des BR darstellt, ist der Vors. des BR ohne weiteres auch Vors. des BetrAusschusses und sein Stellvertr. stellvertr. Vors. des BetrAusschusses (*GK-Wiese* Rn 33; *DR,* Rn 37; *GL,* Rn 20; *HSG,* Rn 30). Der BetrAusschuß hält ebenso wie der BR seine Sitzungen in der Regel während der Arbeitszeit ab (vgl. § 30 Rn 2). Die Sitzungen des BetrAusschusses sind ebenso wie die des BR nicht öffentlich. Der ArbGeb. ist von den Sitzungen des BetrAusschusses vorher zu verständigen (vgl. hierzu § 30 Rn 10f.).

31 An den **Sitzungen des BetrAusschusses** können der ArbGeb., Vertr. der ArbGebVereinigung, der er angehört und der im BR vertretenen Gewerkschaften nach Maßgabe der für ihre Teilnahme an den Sitzungen des BR geltenden Vorschriften (vgl. § 29 Abs. 4 und § 31) teilnehmen, d. h. z. B. der Vertr. einer Gewerkschaft, wenn ein Viertel der Mitgl. des BR bzw. die Mehrheit einer Gruppe im BR dies verlangt oder wenn dies der BR oder der BetriebsAusschuß beschließt (*DR,* Rn 40; *GL,* Rn 21; *HSG,* Rn 31; einschränkend *GK-Wiese,* Rn 36: kein Teilnahmerecht, wenn dem BetrAusschuß nur die laufende Geschäftsführung obliegt; Näheres vgl. § 31 Rn 21).

32 Die **SchwbVertr.** hat nach § 25 Abs. 4 SchwbG ein eigenständiges Recht, auch an den Sitzungen der Ausschüsse der BR beratend teilzunehmen, unabhängig davon, ob zu behandelnde Angelegenheiten die besonderen Belange des Schwbeh. berühren. Zum Teilnahmerecht der SchwbVertr. im einzelnen vgl. § 32 Rn 13ff.

33 Dagegen besteht **kein Recht der JugAzubiVertr.** zu den Sitzungen des BetrAusschusses stets einen Vertr. entsenden zu können (*DR,* Rn 41; § 67 Rn 16; *GL,* Rn 24; *HSG,* Rn 32; **a. A.** *GK-Wiese,* Rn 37; *GKSB,* Rn 21).

34 Etwas anderes gilt allerdings in den Fällen, in denen der BetrAusschuß Angelegenheiten behandelt, die **besonders oder überwiegend** jugendliche ArbN oder Auszubildende des Betriebs betreffen und hinsichtlich derer die JugAzubiVertr., würde die Angelegenheit im BR behandelt, volles Teilnahme- und ggf. Stimmrecht hätte (vgl. hierzu § 65). In diesem Falle hat auch die JugAzubiVertr. das Recht, an den Sitzungen des BetrAusschusses teilzunehmen (*DR,* § 67 Rn 67; *GL,* Rn 24; *HSG,* Rn 32). Allerdings wird man im Hinblick auf die beschränkte Größe des BetrAusschusses nicht der gesamten JugAzubiVertr. das Teilnahmerecht zubilligen können, sondern lediglich so vielen ihrer Mitgl., daß das Verhältnis der Ausschußmitglieder zu den an seiner Sitzung teilnehmenden JugAzubiVertr. dem zahlenmäßigen Verhältnis der Mitgl. des BR und derjenigen der JugAzubiVertr. entspricht (im Grundsatz ähnlich

GK-Wiese, Rn 38; *GKSB,* Rn 21; *HSG,* Rn 32). Ergibt die Berechnung keine ganze Zahl, so ist entsprechend den allgemeinen Grundsätzen auf- oder abzurunden (nach *GK-Wiese,* Rn 38, ist stets abzurunden). Diese Beschränkung der Teilnahme der JugAzubiVertr. an den Sitzungen des BetrAusschusses ist aus Gründen einer erforderlichen Stimmengewichtung unumgänglich (insoweit **a. A.** *DR,* § 67 Rn 16).

Beispiel:

Besteht der BR aus 15 Mitgl. und die JugAzubiVertr. aus 3 Mitgl., so hat 1 Mitgl. der JugAzubiVertr das Recht, bei der Behandlung von besonders bzw. überwiegend die jugendlichen ArbN und/oder die Auszubildenden berührenden Angelegenheiten an den Sitzungen des aus 5 Mitgl. bestehenden BetrAusschusses teilzunehmen und ggfs. mitzustimmen.

Welche ihrer Mitgl. in diesen Fällen an den Sitzungen des BetrAusschusses teilnehmen, bestimmt die JugAzubiVertr. selbst.

Im Gegensatz zu § 25 Abs. 4 SchwBG hinsichtlich der SchwbVertr. **35** sieht § 37 Abs. 5 ZDG ein Teilnahmerecht des **Vertrauenmanns der Zivildienstleistenden** nur an den Sitzungen des BR und nicht seiner Ausschüsse vor (*GL,* Rn 23; *GKSB,* Rn 20; *HSG,* Rn 34; **a. A.** *GK-Wiese,* Rn 36, für den Fall, das dem BetrAusschuß Angelegenheiten zur selbständigen Erledigung übertragen sind). Dem BetrAusschuß ist es jedoch unbenommen, den Vertrauensmann der Zivildienstleistenden zu Sitzungen heranzuziehen, auf denen besonders die Zivildienstleistenden betreffenden Fragen erörtert werden.

Auch die Vorschrift des § 33 über die **Beschlußfassung** des BR gilt **36** grundsätzlich für den BetrAusschuß. Allerdings wird man den BR, soweit er dem BetrAusschuß bestimmte Aufgaben zur selbständigen Erledigung überträgt, für berechtigt erachten müssen, abweichend von der gesetzlichen Regelung besondere Stimmenmehrheiten festzusetzen (Näheres Rn 48).

Die Vorschrift des § 34 über die **Sitzungsniederschrift** gilt grundsätz- **37** lich ebenfalls für den BetrAusschuß. Die Mitglieder des BR haben jederzeit das Recht, in die Unterlagen des BetrAusschusses Einsicht zu nehmen (vgl. § 34 Abs. 3).

Das gleiche gilt für die Möglichkeit, die **Aussetzung von Beschlüssen** **38** des BetrAusschusses zu beantragen (vgl. § 35), wobei es allerdings erforderlich ist, daß die Mehrheit der Vertr. der Gruppe im BR (nicht im BetrAusschuß) bzw. die Mehrheit der JugAzubiVertr. (nicht die Mehrheit ihrer an der BetrAusschußsitzung teilnehmenden Mitgl.) den Beschluß als eine erhebliche Beeinträchtigung wichtiger Interessen der durch sie vertretenene ArbN ansieht. Auch die SchwbVertretung kann die Aussetzung von Beschlüssen des BetrAusschusses unter den Voraussetzungen des § 35 verlangen.

Schließlich wird man den BetrAusschuß für berechtigt erachten müs- **39** sen, sich eine **Geschäftsordnung** zu geben. Beschließt allerdings der BR eine besondere Geschäftsordnung für den BetrAusschuß, so hat diese Vorrang (*GL,* Rn 20; *GKSB,* Rn 18; **a. A.** *DR,* Rn 42; *HSG,* Rn 35 im Widerspruch zu § 36 Rn 15). In der Geschäftsordnung für den BetrAusschuß kann die Verpflichtung einer regelmäßigen Berichterstattung über die Tätigkeit des BetrAusschusses gegenüber dem BR vorgesehen werden (*GK-Wiese,* Rn 40).

2. Führung der laufenden Geschäfte

40 Der BetrAusschuß hat **von Gesetzes wegen** die Aufgabe, die **laufenden Geschäfte des BR** zu führen. Damit soll eine funktionsfähige Arbeitsweise größerer BR gewährleistet werden. Der BetrAusschuß hat in verwaltungsmäßiger und organisatorischer Hinsicht dafür zu sorgen, daß die dem BR von Gesetzes wegen zugewiesenen Aufgaben ordnungsgemäß durchgeführt werden können. Der BetrAusschuß tritt, was die Erfüllung dieser Aufgaben anbelangt, nicht an die Stelle des BR. Er bereitet lediglich ihre Erfüllung durch den BR vor. Zum Recht des BetrAusschusses, in die Lohn- und Gehaltslisten einzusehen, vgl. § 80 Rn 40ff.

41 Dem BetrAusschuß ist mit der laufenden Geschäftsführung gesetzlich ein **eigener Zuständigkeitsbereich** zugewiesen. Soweit dieser Zuständigkeitsbereich reicht, entscheidet der BetrAusschuß anstelle des BR (*DR,* Rn 44; *GL,* Rn 29; *GK-Wiese,* Rn 43). Allerdings gilt dies nur im Grundsatz. Der BR ist nicht gehindert, eine Angelegenheit, die zum Kreis der laufenden Geschäfte gehört, im Einzelfall an sich zu ziehen. Auch kann er eine Entscheidung des BetrAusschusses aufheben, sofern diese noch nicht nach außen wirksam geworden ist (*DR,* Rn 44; *GL,* Rn 29; *GK-Wiese,* Rn 43; *GKSB,* Rn 22; *HSG,* Rn 38).

42 Das Gesetz enthält keine ausdrückliche Definition dessen, was unter **laufenden Geschäften** zu verstehen ist. Diese Frage war schon zum BetrVG 1952 umstritten (vgl. die 9. Aufl. dieses Kommentars, § 28, Rn 18ff. mit weiteren Nachweisen). Auch zum neuen BetrVG wird sie unterschiedlich beantwortet. Kernpunkt des Streites ist hierbei, ob auch die **Ausübung der materiellen Mitwirkungs- und Mitbestimmungsrechte des BR** ggf. als unter die laufende Geschäftsführung fallend angesehen werden kann, insbesondere soweit es sich um eine routinemäßige Erledigung von Einzelfällen handelt. Dies ist jedoch zu **verneinen** (ebenso *GK-Wiese,* Rn 44f.; *GL,* Rn 32; *GKSB,* Rn 23; *HSG,* Rn 42; *Weiss,* Rn 5; *Popp,* DB 56, 918; LAG, Düsseldorf, DB 74, 926; **a.A,** *DR,* Rn 45ff., wohl auch *Brecht,* Rn 11). Die Ansicht, dem BetrAusschuß stehe im Rahmen der laufenden Geschäftsführung auch eine eigene Entscheidungsbefugnis in Mitbestimmungsangelegenheiten zu, erscheint zum einen schon deshalb bedenklich, weil dem BetrAusschuß im allgemeinen (vgl. jedoch unten Rn 45ff.) keine die Willensbildung des BR ersetzende Funktion zukommt und er außerdem auch nur eine nach innen wirkende Geschäftsführungsbefugnis, aber grundsätzlich keine Vertretungsbefugnis nach außen hat (vgl. *GL,* Rn 32). Zum anderen sieht § 27 Abs. 3 Satz 2 ausdrücklich die Möglichkeit vor, dem BetrAusschuß mit qualifizierter Mehrheit Aufgaben zur selbständigen Erledigung zu übertragen. Insbesondere angesichts dieser Regelung vermag die Gegenmeinung zu überzeugen.

Bei der Bestimmung des Begriffs der laufenden Geschäfte ist deshalb davon auszugehen, daß grundsätzlich allein dem BR die Wahrnehmung der ihm nach diesem Gesetz zugewiesenen Aufgaben obliegt, und daß die Funktion des BetrAusschusses sich insoweit lediglich auf eine den BR bei der Erfüllung dieser Aufgaben unterstützende Tätigkeit beschränkt. Damit handelt es sich bei den laufenden Geschäften um solche im **internen verwaltungsmäßigen und organisatorischen Bereich** (*GK-Wiese,* Rn 44; *HSG,* Rn 40). Es wird sich im allgemeinen um sich regelmäßig wiederholende Geschäfte handeln. Was im einzelnen darunter fällt, hängt nicht zuletzt sowohl von den konkreten Verhältnissen des einzelnen Betriebs als auch von der Größe des betreffenden BR ab. 43

Beispiele:
Vorbereitung beabsichtigter Beschlüsse sowie von BRSitzungen; Einholung von Auskünften, Beschaffung von Unterlagen, Besprechungen mit Vertretern der im Betrieb vertretenen Gewerkschaften über konkrete, der Beteiligung des BR unterliegenden Angelegenheiten; Vorbesprechung mit dem ArbGeb.; Erstellung von Entwürfen von BV; ggf. Durchführung von Beschlüssen des BR; Entgegennahme von Anträgen der ArbN; Voruntersuchungen über die Berechtigung von Beschwerden oder Anregungen; Vorbereitung der Betriebs- und Abteilungsversammlungen; anfallender Schriftwechsel.

In der nach § 36 zulässigen **Geschäftsordnung** für den BetrAusschuß kann der Kreis der laufenden Geschäfte näher festgelegt werden, ohne daß dadurch deren Umfang konstitutiv erweitert werden kann (*GK-Wiese* Rn 46; *GKSB,* Rn 24; *HSG,* Rn 43). Zu den laufenden Geschäften gehört nicht die Vertretung des BR nach außen. Diese obliegt dem BRVors. (*GL,* Rn 32; *GK-Wiese,* Rn 46; vgl. hierzu § 26 Rn 26ff.). 44

3. Übertragung von Aufgaben zur selbständigen Erledigung

a) Allgemeines

Abs. 3 S. 2 sieht im Hinblick auf den erweiterten Aufgabenbereich des BR und im Interesse einer zügigen Erledigung dieser Aufgaben die Möglichkeit vor, daß der BR dem BetrAusschuß (oder einem anderen Ausschuß des BR, vgl. hierzu § 28 Rn 3) mit qualifizierter Mehrheit und schriftlich **Aufgaben zur selbständigen Erledigung** überträgt. 45

Die Übertragung von Aufgaben zur selbständigen Erledigung bedeutet, daß in diesem Fall der BetrAusschuß sowohl in der Willensbildung als auch in der Willensäußerung **an die Stelle des BR tritt.** Der Beschluß des BetrAusschusses ersetzt dann den des BR (*DR,* Rn 61; *GK-Wiese,* Rn 53; *HSG,* Rn 48). Bei einer Übertragung bestimmter Aufgaben zur selbständigen Erledigung wird man insoweit im allgemeinen den Vors. des Ausschusses als zur Entgegennahme von Erklärungen berechtigt ansehen müssen (vgl. § 26 Rn 38). Soweit eine Übertragung zur selbständigen Erledigung erfolgt ist, kann der BR einen Beschluß des BetrAusschusses nur mit absoluter Mehrheit aufheben, und dies auch nur solange, als der Beschluß des BetrAusschusses noch nicht nach 46 außen wirksam geworden ist (*DR,* Rn 61; *GK-Wiese,* Rn 53; *GKSB,* Rn 36).

47 Abs. 3 Satz 2 regelt nur den Fall der Übertragung von Aufgaben auf den BetrAusschuß zur „selbständigen Erledigung", d.h. den Fall, daß die Beschlüsse des Ausschusses in bestimmten Angelegenheiten an die Stelle der Beschlüsse des BR treten. Selbstverständlich besteht auch die Möglichkeit, dem BetrAusschuß bestimmte Angelegenheiten lediglich zur Vorberatung zu übertragen, während die endgültige Beschlußfassung dem BR vorbehalten bleibt. In diesem Falle sind die Voraussetzungen des Abs. 3 Sätze 2 und 3 – eine qualifizierter Mehrheit und die Schriftform des Übertragungsbeschlusses – nicht erforderlich. Die Übertragung von Aufgaben lediglich zur Vorbereitung bestimmt sich nach allgemeinen Grundsätzen (vgl. hierzu § 33 Rn 4ff.; *DR,* Rn 64; *GL,* Rn 34; *GK-Wiese,* Rn 57).

48 Da es im freien Ermessen des BR liegt, dem BetrAusschuß bestimmte Angelegenheiten zur selbständigen Erledigung zu übertragen, ist der BR berechtigt, die **formelle Behandlung** derartiger Angelegenheiten im BetrAusschuß näher zu regeln; etwa in der Hinsicht, daß ein Beschluß in diesen Angelegenheiten eine bestimmte **qualifizierte Mehrheit im BetrAusschuß** oder sogar Einstimmigkeit erfordert, anderenfalls die Angelegenheiten dem BR zur Beschlußfassung zufließen (*GK-Wiese,* Rn 54; *HSG,* Rn 47). Wird eine solche Regelung nicht getroffen, gilt für die Beschlußfassung § 33 entsprechend (vgl. oben Rn 36 sowie § 33 Rn 2). Ferner ist es zulässig, daß der BR für die Behandlung der delegierten Angelegenheit bestimmte Weisungen erteilt oder Richtlinien aufstellt (*DR,* Rn 61; *GL,* Rn 35; *GKSB,* Rn 28). Auch kann der BR den BetrAusschuß verpflichten, in bestimmten Zeitabständen über die im BetrAusschuß beschlossenen Angelegenheiten zu **berichten.** Desgleichen kann der BR sich vorbehalten, daß nur er berechtigt ist, die **E-Stelle** anzurufen, wenn in einer Mitbestimmungsangelegenheit zwischen ArbGeb. und dem BetrAusschuß keine Einigung erzielt wird (ähnlich *GK-Wiese,* Rn 54; *Frauenkron,* Grundriß, Rn 252, und *GKSB,* Rn 27, halten hierzu nur den BR für befugt). Soll über die dem Ausschuß übertragene Angelegenheit eine BV abgeschlossen werden, so ist allein der BR zur Anrufung der E-Stelle berechtigt. Dies ergibt sich daraus, daß der Abschluß von BV allein dem BR vorbehalten ist.

49 Der **Aufgabenbereich,** der dem BetrAusschuß (oder gemäß § 28 einem anderen Ausschuß des BR) zur selbständigen Erledigung übertragen werden kann, ist **dem Gegenstand nach nicht begrenzt.** Aus diesem Grunde können auch der Mitbestimmung des BR unterliegende Angelegenheiten dem BetrAusschuß zur selbständigen Erledigung übertragen werden (vgl. BAG 1. 6. 76, AP Nr. 1 zu § 28 BetrVG 1972; *GK-Wiese,* Rn 49; *GKSB,* Rn 28).

50 Allerdings ist der **Abschluß von BV** (zu diesem Begriff vgl. § 77 Rn 10ff.) allein **dem BR vorbehalten.** Hieraus ergibt sich eine Beschränkung der dem BetrAusschuß zu übertragenden Aufgaben. Soweit eine sachgerechte Erledigung der der Beteiligung des BR unterliegenden Angelegenheiten nur durch Abschluß einer BV möglich ist, verbietet sich

eine Übertragung zur selbständigen Erledigung. Dem BetrAusschuß können ferner nicht übertragen werden **organisatorische Entscheidungen des BR,** wie z. B. die Bestellung des BRVors. und seines Stellvertr. sowie die Bestellung der weiteren Mitgl. des BetrAusschusses und weiterer Ausschüsse des BR nach § 28. Dies ergibt sich aus der Natur der Sache (*DR,* Rn 56; *GK-Wiese,* Rn 48; *HSG,* Rn 46). Auch die Entsendung der Mitgl. in den GesBR oder den KBR können – wie sich aus § 47 Abs. 2 S. 3 ergibt – nicht auf den BetrAusschuß übertragen werden. Dasselbe gilt für die Zustimmung des BR zu einer außerordentlichen Kündigung eines BRMitgl. nach § 103 (LAG Berlin, ArbuR 80, 29). Außerdem ist eine Übertragung der Angelegenheiten auf den BetrAusschuß zur selbständigen Erledigung nicht zulässig, in denen das Gesetz für einen wirksamen Beschluß des BR die Mehrheit der Stimmen seiner Mitglieder fordert (vgl. hierzu § 33 Rn 25). Außerdem darf die Übertragung von Angelegenheiten zur selbständigen Erledigung auf den BetrAusschuß oder andere Ausschüsse des BR nicht so weit gehen, daß dem BR als Gesamtorgan **nicht ein Kernbereich** der gesetzlichen Befugnisse **verbleibt** (vgl. BAG 1. 6. 76, AP Nr. 1 zu § 28 BetrVG 1972; *DR,* Rn 56; *GL,* Rn 34; *GK-Wiese,* Rn 49; *GKSB,* Rn 27; *HSG,* Rn 46).

b) Voraussetzungen

Die **Übertragung** von Angelegenheiten zur selbständigen Erledigung auf den BetrAusschuß ist in formeller Hinsicht an zwei Voraussetzungen gebunden: **51**

- Der Übertragungsbeschluß muß mit qualifizierter Stimmenmehrheit, nämlich der Mehrheit der Stimmen der Mitgl. des BR gefaßt werden (Rn 52f.).
- Der Übertragungsbeschluß bedarf der Schriftform (Rn 54ff.).

Die Übertragung bedarf der **Mehrheit der Stimmen der Mitgl. des BR.** Dies gilt auch in den Fällen, in denen der zur selbständigen Erledigung übertragene Sachbereich nur eine Gruppe der ArbN betrifft. Es müssen also mehr als die Hälfte der Mitgl., wie der BR nach den §§ 9 und 11 Mitgl. hat, der Übertragung zustimmen. Nicht ausreichend ist die Mehrheit der an der Beschlußfassung teilnehmenden Mitgl. **52**

Beispiel:
Der BR besteht aus 35 Mitgl. Bei der Beschlußfassung über die Übertragung sind 28 Mitgl. anwesend. Erforderlich für die Übertragung ist die Zustimmung von mindestens 18 BRMitgl.

Nehmen an der Beschlußfassung die **Mitgl. der JugAzubiVertr.** teil, – etwa weil der Gegenstand der Übertragung eine überwiegend die jugendlichen ArbN und Auszubildenden betreffende Angelegenheit darstellt (vgl. § 67 Abs. 2 i. Verb. mit § 33 Abs. 3) – so sind die Stimmen der JugAzubiVertr. mit zu berücksichtigen (*DR,* Rn 57). Allerdings muß auch in diesem Falle der Beschluß stets mindestens von der Mehrheit der BRMitgl. getragen sein (*GK-Wiese,* Rn 51; Näheres vgl. § 33 Rn 27 und die Beispiele dort). **53**

54 Die Übertragung bedarf der **Schriftform.** Diese Voraussetzung ist nicht bereits dadurch erfüllt, daß lediglich die Übertragung als solche ordnungsgemäß schriftlich niedergelegt wird. Erforderlich ist vielmehr, daß **auch die Angelegenheiten,** die dem BetrAusschuß zur selbständigen Erledigung übertragen werden, in dem Übertragungsbeschluß **genau umschrieben** werden. Dies ist aus Gründen der Rechtssicherheit notwendig, damit eindeutig feststeht, in welchen Angelegenheiten der BetrAusschuß anstelle des BR für eine rechtsverbindliche Beschlußfassung zuständig ist (*GL,* Rn 35; *GK-Wiese,* Rn 52; *HSG,* Rn 50).

55 Schriftform bedeutet die schriftliche Niederlegung des Übertragungsbeschlusses in einer Urkunde, die vom BRVors. unterzeichnet werden muß. Dem Erfordernis der Schriftform wird jedoch auch dadurch Genüge getan, daß der Übertragungsbeschluß mit den erforderlichen Angaben gemäß § 34 Abs. 1 in die **Sitzungsniederschrift** aufgenommen und vom BRVors. und einem weiteren BRMitgl. unterzeichnet worden ist (*DR,* Rn 58; *GL,* Rn 35; *Brecht,* Rn 13; *GK-Wiese,* Rn 52). Die Schriftform ist auch gewahrt, wenn in der **Geschäftsordnung des BR** dem BetrAusschuß oder einem anderen Ausschuß des BR bestimmte Aufgaben zur selbständigen Erledigung zugewiesen werden, da die Geschäftsordnung gem. § 36 ihrerseits der Schriftform bedarf (vgl. BAG 4. 8. 75, AP Nr. 4 zu § 102 BetrVG 1972).

56 Wird der Übertragungsbeschluß nicht mit der erforderlichen Mehrheit gefaßt oder nicht schriftlich niedergelegt, ist er **unwirksam.** Der BetrAusschuß kann in diesem Fall keine rechtsverbindlichen Beschlüsse in den betreffenden Angelegenheiten fassen. Gleichwohl gefaßte Beschlüsse sind unwirksam, es sei denn, sie werden durch einen Beschluß des BR genehmigt (*DR,* Rn 62; **a. A.** *GK-Wiese,* Rn 52).

57 Für die Wirksamkeit des Übertragungsbeschlusses ist nicht erforderlich, daß er dem **ArbGeb mitgeteilt** wird. Allerdings dürfte sich die unverzügliche Unterrichtung des ArbGeb. im Interesse einer ordnungsgemäßen und zügigen Zusammenarbeit von ArbGeb. und BetrAusschuß in den übertragenen Angelegenheiten empfehlen. Denn der ArbGeb. braucht sich eine entsprechende Übertragung von Angelegenheiten auf den BetrAusschuß nicht entgegenhalten zu lassen, solange er von der Übertragung keine Kenntnis erlangt hat. Deshalb kann der ArbGeb., wenn der BetrAusschuß die Übertragung behauptet, verlangen, daß ihm dies – ggfs. durch Vorlage des schriftlich niedergelegten Übertragungsbeschlusses – nachgewiesen wird (*GK-Wiese,* Rn 56, und *HSG,* Rn 52, leiten aus § 2 Abs. 1 eine Verpflichtung des BR zur Unterrichtung des ArbGeb. ab; ähnlich *GL,* Rn 35).

58 Die **Mitgl. des BR** haben jederzeit das Recht, in die Unterlagen des BetrAusschusses, insbesondere soweit diesem Angelegenheiten zur selbständigen Erledigung übertragen worden sind, **Einsicht zu nehmen** (vgl. § 34 Abs. 3 und dort Rn 23ff.).

59 Für den **Widerruf der Übertragung** von Angelegenheiten zur selbständigen Erledigung gelten gemäß Abs. 3 Satz 4 die gleichen Grundsätze wie für die Übertragung selbst, d. h. der Widerruf bedarf ebenfalls der **Mehrheit der Stimmen der Mitgl. des BR** (*DR,* Rn 63; *GL,* Rn 35; *GK-*

Wiese, Rn 55; *GKSB,* Rn 31; *HSG,* Rn 53), ggfs. unter Berücksichtigung der Stimmen der JugAzubiVertr. (vgl. oben Rn 52), sowie der **Schriftform** (vgl. oben Rn 54f.).

Die für die Übertragung und den Widerruf maßgebenden Vorausset- 60
zungen gelten auch, wenn der Kreis der dem BetrAusschuß zur selbständigen Erledigung übertragenen Aufgaben umfangmäßig oder inhaltlich **geändert** wird.

IV. Führung der laufenden Geschäfte in kleineren Betriebsräten

Im Interesse einer möglichst praktikablen Erledigung der laufenden 61
Geschäfte des BR auch in kleineren Betrieben gestattet Abs. 4, die Führung der laufenden Geschäfte auf den Vors. des BR oder andere BRMitgl. zu übertragen. Diese Möglichkeit der Übertragung besteht nur für BR mit **weniger als 9 Mitgl.,** d. h. für BR, die keinen BetrAusschuß bilden können.

Der Übertragungsbeschluß ist an keine besonderen Voraussetzungen 62
gebunden. Ausreichend ist es, daß der beschlußfähige BR mit **einfacher Stimmenmehrheit** einen entsprechenden Beschluß faßt (*GL,* Rn 37; *GK-Wiese,* Rn 60; *HSG,* Rn 56; *Weiss,* Rn 8; *GKSB,* Rn 34; **a. A.** *DR,* Rn 69, die für den Beschl. absolute Mehrheit verlangen). Auch die Schriftform ist nicht erforderlich, obwohl sie im Regelfall gegeben sein dürfte, da gemäß § 34 Abs. 1 auch dieser Beschluß in der Sitzungsniederschrift des BR aufzunehmen ist. Der Übertragungsbeschluß sollte dem ArbGeb. im Interesse einer ordnungsgemäßen und zügigen Zusammenarbeit mitgeteilt werden.

Die Führung der laufenden Geschäfte kann **dem BRVors.** oder **ande-** 63
ren BRMitgl, d. h. auch mehreren Mitgl. gemeinsam, übertragen werden. Im letzteren Falle besteht eine Art „geschäftsführender Ausschuß", der jedoch kein BetrAusschuß i. S. des Gesetzes ist und für dessen Wahl und Zusammensetzung deshalb auch nicht § 27 Abs. 1 und 2 maßgebend ist (*DR,* Rn 71; *GL,* Rn 38; *GK-Wiese,* Rn 59; *HSG,* Rn 55). Der BR ist in seiner Entscheidung, welches oder welche seiner Mitgl. er mit der Führung der laufenden Geschäfte beauftragt, frei. Auch kann er ein oder mehrere ErsMitgl. bestellen. Wird nicht der BRVors., sondern ein anderes BRMitgl. mit der Führung der laufenden Geschäfte beauftragt, so hat das keinen Einfluß auf die dem BRVors. von Gesetzes wegen zustehenden Rechte und Befugnisse (z. B. nach § 26 Abs. 3, § 29 Abs. 2 und 3, § 42 Abs. 1).

Die Übertragung ist auf die Führung der **laufenden Geschäfte** be- 64
schränkt (zum Begriff der laufendenden Geschäfte vgl. oben Rn 40f.). Eine Übertragung darüber hinausgehender Aufgaben und Befugnisse zur selbständigen Erledigung auf den BRVors. oder andere BRMitgl. ist nicht zulässig (*DR,* Rn 68; *GL,* Rn 36; *GK-Wiese,* Rn 58; *GKSB,* Rn 33). Dies gilt insbesondere für die Ausübung von Beteiligungsrechten des BR, die in Betrieben mit bis zu 9 Mitgl. nur von dem BR als ganzem wahrgenommen werden können (LAG Bremen, ArbuR 83, 123; *HSG;*

Rn 57). Zum Recht des BRVors., in kleineren Betrieben in die Lohn- und Gehaltslisten Einblick zu nehmen vgl. § 80 Rn 40.

V. Streitigkeiten

65 Streitigkeiten in Zusammenhang mit der Wahl, Zusammensetzung oder Abberufung der weiteren BetrAusschußmitgl. oder des gemäß Abs. 4 mit der Führung der laufenden Geschäfte beauftragten BRMitgl. sowie Streitigkeiten über die Zuständigkeit des BetrAusschusses oder des beauftragten BRMitgl. entscheiden die **ArbG im Beschlußverfahren** (§§ 2a, 80ff. ArbGG).

66 Die Wahl der Mitgl. des BetrAusschusses ist auf ihre Rechtmäßigkeit hin gerichtlich überprüfbar. **Nichtigkeit** der Wahl ist nur bei ganz groben und für jedermann offensichtlichen Rechtsverstößen gegeben, z.B. bei Mißachtung der zwingenden Wahlvorschriften des Abs. 1 S. 3 und 4 oder des Selbstbestimmungsrechts der Gruppen nach Abs. 2 S. 3 oder der Mußvorschrift des Abs. 2 S. 2 (*GK-Wiese,* Rn 24). Die Nichtigkeit der Wahl kann jederzeit und von jedermann geltend gemacht werden. Sie ist an kein bestimmtes Verfahren gebunden.

67 Bei **anderen Rechtsverstößen** kann die Wahl durch konstitutive gerichtliche Entscheidung aufgehoben werden (*DR,* Rn 31, 35; *GK-Wiese,* Rn 24).

68 **Antragsberechtigt** ist auch ein einzelnes BRMitgl. (BAG 1. 6. 76, AP Nr. 1 zu § 28 BertrVG 1972). Antragsberechtigt ist ferner jede im Betrieb vertretenen Gewerkschaft. Denn die Wahl des BetrAuschusses ist ebenso wie die Wahl des BRVors. (vgl. hierzu § 26 Rn 48) ein **konstitutiver Akt des BR,** der wegen der gesetzlich vorgesehenen Geschäftsführungsbefugnis des Ausschusses und insbesondere wegen der Möglichkeit, dem BetrAusschuß Aufgaben zur selbständigen Erledigung zu übertragen, von wesentlicher Bedeutung für die Unterstützungsfunktion der Gewerkschaften im Rahmen der BetrVerf. ist (*GK-Wiese,* Rn 24; **a. A.** BAG 12. 10. 76, AP Nr. 2 zu § 26 BetrVG 1972; vgl. jedoch auch BAG 16. 2. 73, AP Nr. 1 zu § 19 BetrVG 1972). Im Falle des Abs. 2 S. 3 und 5, d.h. bei der Wahl der Ausschußmitgl. durch die Gruppen ist auch der BR antragsberechtigt (*GK-Wiese,* Rn 24). Nicht antragsberechtigt sind der ArbGeb und einzelne ArbN des Betriebs (vgl. hierzu auch § 26 Rn 48).

69 Im Interesse der Rechtssicherheit ist in entsprechender Anwendung von § 19 Abs. 2 der Antrag auf Feststellung der Rechtswidrigkeit nur innerhalb einer **Frist von zwei Wochen** nach Kenntniserlangung des Grundes der Rechtswidrigkeit zulässig (*GK-Wiese* Rn 24; *Engels/Natter,* BB Beil. 8/89 S. 21; **a. A.** *DR,* Rn 34).

§ 28 Übertragung von Aufgaben auf weitere Ausschüsse

(1) **Ist ein Betriebsausschuß gebildet, so kann der Betriebsrat weitere Ausschüsse bilden und ihnen bestimmte Aufgaben übertragen. Für die Wahl und Abberufung der Ausschußmitglieder gilt § 27 Abs. 1 Satz 3 bis 5 entsprechend. Soweit den Ausschüssen bestimmte Aufgaben zur selbständigen Erledigung übertragen werden, gilt § 27 Abs. 3 Satz 2 bis 4 entsprechend.**

(2) **Für die Zusammensetzung der Ausschüsse sowie die Wahl und Abberufung der Ausschußmitglieder durch die Gruppen gilt § 27 Abs. 2 entsprechend. § 27 Abs. 2 Satz 1 und 2 gilt nicht, soweit dem Ausschuß Aufgaben übertragen sind, die nur eine Gruppe betreffen. Ist eine Gruppe nur durch ein Mitglied im Betriebsrat vertreten, so können diesem die Aufgaben nach Satz 2 übertragen werden.**

(3) **Die Absätze 1 und 2 gelten entsprechend für die Übertragung von Aufgaben zur selbständigen Entscheidung auf Mitglieder des Betriebsrats in Ausschüssen, deren Mitglieder vom Betriebsrat und vom Arbeitgeber benannt werden.**

Inhaltsübersicht

I. Vorbemerkung

Diese Vorschrift ermöglicht im Interesse der Intensivierung der BRArbeit neben dem BetrAusschuß nach § 27 die Bildung weiterer Ausschüsse des BR und gemeinsamer Ausschüsse von ArbGeb. und BR, denen Angelegenheiten auch zur selbständigen Entscheidung übertragen werden können. **1**

Die durch das Änderungsgesetz 1989 vorgesehenen Neuregelungen der Wahl und Abberufung der weiteren Mitgl. des BetrAusschusses und des erweiterten Selbstbestimmungsrechts der Gruppen (vgl. § 27 Rn 13ff.) gelten durch die Änderung der Abs. 1 und 2 auch für die Mitgl. der weiteren Ausschüsse des BR. **1a**

Die Vorschrift gilt entsprechend für den GesBR und den KBR (vgl. § 51 Abs. 1 und § 59 Abs. 1). Sie gilt nicht für die JugAzubiVertr. und die GesJugAzubiVertr. Sie gilt ferner nicht für die BordVertr. und den SeeBR, weil diese ArbNVertr. angesichts ihrer beschränkten MitglZahl (vgl. § 115 Abs. 2 Nr. 3 und § 116 Abs. 2 Nr. 3) keinen BetrAusschuß und folglich auch keine weiteren Ausschüsse bilden können (*DR,* Rn 2; *GL,* Rn 2; *GK-Wiese,* Rn 2). **1b**

Die Vorschrift ist **zwingend** und kann weder durch TV noch durch **2**

BV abgeändert werden. Für die nach § 3 Abs. 1 Nr. 2 möglichen anderweitigen Vertr. der ArbN kann der TV jedoch abweichende Regelungen vorsehen, wenn dies die Eigenart der vom TV erfaßten Betriebe bedingt. Auf die zusätzlichen ArbNVertr. nach § 3 Abs. 1 Nr. 1 ist die Bestimmung nicht anzuwenden (*GK-Wiese,* Rn 3f.).

2a Entsprechende Vorschriften: keine im BPersVG und im SprAuG.

II. Weiterer Ausschüsse

1. Aufgaben

3 Die Ermächtigung des BR, neben dem BetrAusschuß **weitere Ausschüsse** des BR bilden und diesen auch Aufgaben zur selbständigen Erledigung übertragen zu können, ist im Interesse der Intensivierung sowie der **Straffung und Beschleunigung der BRArbeit** insbesondere im Hinblick auf die umfangreichen Aufgaben des BR geschaffen worden.

4 Der BR kann den weiteren Ausschüssen bestimmten Angelegenheiten lediglich zum Zweck einer ordnungsgemäßen und sachgerechten **Vorbereitung** seiner eigenen Beschlüsse übertragen. In diesem Falle haben die Ausschüsse keine eigene Entscheidungsbefugnis, sondern lediglich eine vorbereitende Hilfsfunktion für eine sachgerechte Beschlußfassung des BR. In diesem Rahmen können die Ausschüsse alle Maßnahmen vornehmen, die für eine ordnungsgemäße Beschlußfassung des BR sachdienlich erscheinen, z. B. vorbereitende Gespräche mit Vertr. des ArbGeb. Vorklärung von Sach- und Rechtsfragen, Erarbeitung von Lösungsmöglichkeiten. Über die Voraussetzungen für die Bildung eines lediglich vorbereitenden Ausschusses vgl. Rn 12.

5 Der BR kann den weiteren Ausschüssen auch bestimmte Angelegenheiten, insbesondere auch **Mitbestimmungsangelegenheiten, zu selbständigen Erledigung** übertragen. Im Rahmen dieser Übertragung treten in diesem Falle die Ausschüsse an die Stelle des BR. Die Willensbildung in den Ausschüssen ersetzt diejenige des BR (*DR,* Rn 3, 27; *GL,* Rn 5; *GK-Wiese,* Rn 9; vgl. hierzu auch § 27 Rn 45ff.).

6 Der Kreis der Angelegenheiten, die den weiteren Ausschüssen des BR zur selbständigen Erledigung übertragen werden können, ist gesetzlich nicht näher umschrieben. Er ist **grundsätzlich nicht begrenzt.** So ist z. B. die Delegation der Beteiligungsrechte des BR nach den §§ 99 und 102 auf einen sog. Personalausschuß zulässig (vgl. BAG 4. 8. 75, AP Nr. 4 zu § 102 BetrVG 1972; BAG 1. 6. 76, AP Nr. 1 zu § 28 BetrVG 1972), was sich im Hinblick auf die Ausschlußfristen in § 99 Abs. 3 S. 2 und § 102 Abs. 2 in größeren BR vielfach empfehlen dürfte. Ferner ist zu denken an einen Ausschuß zur Verwaltung von Sozialeinrichtungen oder einen Akkord-, Personalplanungs-, Berufsbildungs-, Beschwerde- oder Arbeitsschutzausschuß. Auch können Ausschüsse zur Erledigung begrenzter Aufgaben, z. B. zur Ausgestaltung von Arbeitsplätzen oder zur Durchführung eines Betriebsfestes, gebildet worden.

7 Allerdings können die weiteren Ausschüsse des BR ebensowenig wie der BetrAusschuß ermächtigt werden, **Betriebsvereinbarungen** abzuschließen. Der Abschluß von Betriebsvereinbarungen ist wegen ihrer normativen Wirkung allein dem BR vorbehalten (wegen weiterer Beschränkungen vgl. § 27 Rn 50). Ferner kann den weiteren Ausschüssen auch nicht die Führung der laufenden Geschäfte übertragen werden, da diese dem BetrAusschuß als gesetzliche Aufgabe zugewiesen ist (vgl. § 27 Rn 40ff.; *DR,* Rn 26). Soweit allerdings der übertragene Aufgabenbereich die Notwendigkeit einer eigenen laufenden Geschäftsführung mit sich bringt (etwa bei einem Wohnungsausschuß die laufende Verwaltung der Wohnungen), so kann diese dem Ausschuß übertragen werden (*DR,* Rn 26; *GK-Wiese,* Rn 7; *Weiss,* Rn 2).

Die Bildung von weiteren Ausschüssen ist auch für solche Angelegen- 8
heiten zulässig, die **ausschließlich eine Gruppe betreffen.** In diesem Falle kann der „Ausschuß" sogar nur aus einem Mitgl. bestehen, sofern die betreffende Gruppe nur durch ein Mitgl. im BR vertreten ist (vgl. Rn 22).

2. Voraussetzungen für ihre Bildung

Die Bildung weiterer Ausschüsse des BR ist nur zulässig, wenn ein 9
BetrAusschuß besteht (*DR,* Rn 3; *GL,* Rn 4; *GK-Wiese,* Rn 11; *HSG,* Rn 5). Weitere Ausschüsse kommen deshalb nur in BR mit 9 oder mehr Mitgl. in Betracht. Das schließt allerdings nicht aus, daß BR mit weniger als 9 Mitgl. einzelne BRMitgl. mit der Vorbereitung bestimmter Aufgaben beauftragen können. Eine generelle Übertragung bestimmter Aufaben auf einzelne BRMitgl. und eine Übertragung zur selbständigen Erledigung ist allerdings nicht zulässig (*DR,* Rn 3; *GK-Wiese,* Rn 12; *GKSB,* Rn 2).

Der **BetrAusschuß** muß vor Bildung eines weiteren Ausschusses ge- 10
mäß § 28 **tatsächlich errichtet** sein (*DR,* Rn 4; *GK-Wiese,* Rn 11; *GKSB,* Rn 1). Insoweit genießt die Bildung des BetrAusschusses gegenüber derjenigen weiterer Ausschüsse die Priorität. Ein nur vorübergehender Wegfall des BetrAusschusses läßt den Bestand weiterer Ausschüsse allerdings unberührt.

Bei Bestehen eines BetrAusschusses ist der BR zur Bildung weiterer 11
Ausschüsse berechtigt, nicht verpflichtet. Im Gegensatz zur Bildung des BetrAusschusses (vgl. § 27 Rn 3ff.) obliegt diese Entscheidung seinem freien Ermessen (enger *DR,* Rn 5; *GK-Wiese,* Rn 13: pflichtgemäßem Ermessen).

Werden dem weiteren Ausschuß Aufgaben **zur selbständigen Erledi-** 12
gung übertragen, so muß, ebenso wie bei der entsprechenden Übertragung auf den BetrAusschluß, die Überrtragung mit der **Mehrheit der Stimmen der Mitgl. des BR** beschlossen werden (Näheres hierzu vgl. § 27 Rn 52f.). Ferner bedarf die Übertragung der Schriftform (Näheres hierzu vgl. § 27 Rn 54f.).

Wird dem oder den weiteren Ausschüssen lediglich die Aufgabe über- 13
tragen, die Beschlüsse des BR **vorzubereiten,** so genügt für die Übertragung dieser Aufgabe ein **einfacher Mehrheitsbeschluß** des BR (vgl.

§ 33 Rn 22ff.). Der Schriftform des Übertragungsbeschlusses bedarf es nicht.

14 Die für die Übertragung von Angelegenheiten auf weitere Ausschüsse geltenden Voraussetzungen gelten entsprechend, wenn ein Übertragungsbeschluß **widerrufen** oder **abgeändert** werden soll (vgl. auch § 27 Rn 59f.).

3. Größe, Berücksichtigung der Gruppen

15 Im Gegensatz zum BetrAusschuß ist für die weiteren Ausschüsse **keine bestimmte Größe** vorgeschrieben. Die Größe braucht sich nicht an die des BetrAusschusses anzulehnen; ihre Festlegung liegt im pflichtgemäßen Ermessen des BR. Aus diesem Grunde können die weiteren Ausschüsse auch aus weniger als 5 Mitgl. bestehen (*DR,* Rn 9; *GL,* Rn 9; *GK-Wiese,* Rn 24; *HSG,* Rn 6; *GKSB,* Rn 9, die allerdings vor zu kleinen Ausschüssen warnen). Die Größe der Ausschüsse ist eine der Faktoren, die bei der nunmehr grundsätzlich vorgeschriebenen Wahl der AusschußMitgl. in Verhältniswahl den Erfolg der einzelnen zur Wahl anstehenden Listen beeinflussen kann. Je größer die Ausschüsse sind, um so mehr kommen die Grundsätze der Verhältniswahl zum Tragen (vgl. hierzu *Wlotzke,* DB 89, 114). Sofern einem weiteren Ausschuß des BR nicht ausschließlich Angelegenheiten übertragen werden, die nur eine Gruppe betreffen, muß der Ausschuß jedoch mindestens aus 2 BRMitgl., und zwar aus je einem Vertr. der Arb- und der AngGruppe bestehen (vgl. Abs. 2 Satz 1 i. Vbg. mit § 27 Abs. 2 Satz 2). Nicht notwendig ist, daß die Zahl der Ausschußmitgl. stets eine ungerade ist. Allerdings dürfte sich im Hinblick auf die Sicherstellung von Beschlußmehrheiten eine gerade Zahl von Ausschußmitgl. nur in Ausnahmefällen empfehlen.

16 Für die **Berücksichtigung der Gruppen** bei der Zusammensetzung der weiteren Ausschüsse gelten durch die Verweisung in Abs. 2 S. 1 auf § 27 Abs. 2 dieselben Regelungen wie bei der Besetzung des BetrAusschusses. Die **Gruppen** müssen auch in den weiteren Ausschüssen des BR grundsätzlich **entsprechend ihrem Verhältnis im BR,** mindestens jedoch durch ein Gruppenmitgl. vertreten sein (*DR,* Rn 11; *GL,* Rn 10; *GK-Wiese,* Rn 26; Näheres vgl. § 27 Rn 7ff.).

17 Etwas anderes gilt nach Abs. 2 S. 2, wenn einem Ausschuß **Aufgaben** übertragen werden, die ihrem Gegenstand nach **nur eine Gruppe betreffen** (z. B. Akkordausschuß, Ausschuß für Arbeitsschutzfragen, die nur für die Arb. von Bedeutung sind). Diese Regelung gestattet es, in derartige Ausschüsse, wenn nicht gar ausschließlich, so doch zumindest zum überwiegenden Teil Vertr. der betroffenen Gruppe zu entsenden (*DR,* Rn 12; *GK-Wiese,* Rn 27; *HSG,* Rn 10; *Weiss,* Rn 5; weitergehend *GL,* Rn 11, nach denen in einen solchen Ausschuß nur Angehörige der betreffenden Gruppe entsandt werden dürfen). Der BR hat in diesem Falle vor der Wahl der Mitgl. des Ausschusses konkret festzulegen, wie sich dessen Sitze auf die Gruppen verteilen. Abs. 2 S. 3 läßt es konsequenterweise zu, den einzigen Gruppenvertr. bei der Behandlung von nur

eine Gruppe betreffenden Angelegenheiten ebenso wie einen Ausschuß zur selbständigen Erledigung dieser Angelegenheiten zu ermächtigen. Allerdings dürfte dies wohl nur in Ausnahmefällen zweckmäßig sein; ferner wird hierbei besonders auf die Sicherstellung der Verbindung mit dem BR zu achten sein.

4. Wahl, Amtsniederlegung, Abberufung, Geschäftsführung

18 Für die **Wahl** der Mitgl. der weiteren Ausschüsse gelten **dieselben Grundsätze** wie für die Wahl der weiteren Mitgl. des BetrAusschusses (vgl. Abs. 1 S. 2 u. Abs. 2 S. 1 i. V. m. § 27 Abs. 1 S. 3–5 u. Abs. 2 S. 4). Das bedeutet im einzelnen: Die Wahl ist grundsätzlich geheim (vgl. § 27 Rn 14a). Sie erfolgt getrennt durch die Gruppen, wenn der BR in Gruppenwahl gewählt worden ist und jeder Gruppe mehr als ein Zehntel, mindestens jedoch 3 BRMitgl. angehören (vgl. § 27 Rn 19a) oder wenn der BR in Gemeinschaftswahl gewählt worden ist und jeder Gruppe mindestens ein Drittel der BRMitgl. angehört (vgl. § 27 Rn 19b). Liegen diese Voraussetzungen nicht vor, werden die Mitgl. der weiteren Ausschüsse vom gesamten BR gewählt (vgl. § 27 Rn 15ff.). Das gilt auch wenn einem Ausschuß nur eine Gruppe betreffende Angelegenheiten übertragen werden und er nur mit den Angehörigen dieser Gruppe besetzt wird.

19 Die Wahl erfolgt grundsätzlich in Verhältniswahl. Eine Mehrheitswahl findet nur statt, wenn im BR bzw. in einer oder in beiden Gruppen lediglich ein Wahlvorschlag eingereicht wird (vgl. § 27 Rn 17ff., 20b f.). Ist eine Gruppe nur durch ein Mitgl. im BR vertreten und werden diesem nur die Gruppe betreffenden Aufgaben übertragen (vgl. Abs. 2 S. 3), bedarf es keiner besonderen Wahl dieses Mitgl. Vielmehr genügt der Beschluß über die Übertragung der betreffenden Aufgabe auf das einzige Gruppenmitgl. (*GK-Wiese,* Rn 19). Berechtigt, Wahlvorschläge für die Mitgl. der weiteren Ausschüsse einzureichen, sind nur die BRMitgl. (vgl. § 27 Rn 16). Auch können nur BRMitgl., nicht jedoch noch nicht in den BR nachgerückte ErsMitgl. in die weiteren Ausschüsse gewählt werden (vgl. § 27 Rn 16a). Die Wahl von ErsMitgl. ist ebenso wie beim BetrAusschuß zulässig (vgl. § 27 Rn 21ff.). Auch die Mitgl. weiterer Ausschüsse des BR können dieses Amt jederzeit niederlegen (vgl. § 27 Rn 25) oder aus diesem Amt wieder abberufen werden. Sind sie in Verhältniswahl gewählt worden, ist zu ihrer Abwahl allerdings eine geheime Wahl und eine qualifizierte Mehrheit erforderlich (vgl. § 27 Rn 25a ff.).

20 Abweichend von der Regelung für den BetrAusschuß gehören der **BRVors. und sein Stellvertr.** den weiteren Ausschüssen **nicht von Gesetzes wegen** an (*GL,* Rn 9; *GK-Wiese,* Rn 25; *GKSB,* Rn 9).

21 Die weiteren Ausschüsse des BR werden im allgemeinen ebenfalls für die **Dauer der Amtszeit** des BR gewählt. Etwas anderes gilt, wenn ein Ausschuß ausdrücklich nur für eine bestimmte Zeit oder für einen bestimmten Zweck errichtet wird. In diesem Falle endet die Tätigkeit des Ausschusses mit Zeitablauf oder mit Erfüllung seines Zwecks (*GK-Wiese,* Rn 23).

22 Für die **Geschäftsführung** der weiteren Ausschüsse gelten grundsätz-

lich dieselben Regelungen wie für den BR. Das gilt insbesondere in Bezug auf die Beschlußfassung, deren Voraussetzungen der BR allerdings näher regeln kann (vgl. § 27 Rn 48 u. unten Rn 29), für das Teilnahmerecht der Gewerkschaften oder anderer Personen oder Institutionen an den Sitzungen, die Sitzungsniederschrift, die Frage der Aussetzung von Beschlüssen sowie die Geschäftsordnung (vgl. hierzu im einzelnen § 27 Rn 30ff.).

23 Da der BRVors. und sein Stellvertr. den weiteren Ausschüssen nicht von Gesetzes wegen angehören, sind sie auch nicht automatisch Vors. und stellvertr. Vors. der weiteren Ausschüsse. Die **Bestellung eines Vors.** und eines stellvertr. Vors. erscheint jedoch auch für die weiteren Ausschüsse zweckmäßig. Die Bestellung erfolgt durch den BR. Unterläßt der BR sie, kann der Ausschuß seinen Vors. und dessen Stellvertr. selbst bestellen (*GK-Wiese,* Rn 30; *GKSB,* Rn 10). Jedenfalls bei einer Übertragung bestimmter Aufgaben zur selbständigen Erledigung wird man den Vors. des Ausschusses im allgemeinen insoweit als zur Entgegennahme von Erklärungen berechtigt ansehen müssen (vgl. § 26 Rn 38).

III. Gemeinsam vom Arbeitgeber und Betriebsrat zu besetzende Ausschüsse

24 In der betrieblichen Praxis werden z. T. der Beteiligung des BR unterliegende Angelegenheiten in **Ausschüssen** behandelt, deren Mitgl. vom **ArbGeb. und BR benannt** werden (z. B. Akkordausschüsse, Ausschüsse zur Verwaltung von Sozialeinrichtungen, Wohnungsausschüsse, Ausschüsse für Arbeitssicherheit oder für menschengerechte Gestaltung der Arbeit). Die Bildung derartiger – in aller Regel **paritätisch** besetzter – Ausschüsse hat sich insbesondere deshalb als zweckmäßig erwiesen, weil eine sachgerechte Behandlung bestimmter Angelegenheiten einen besonderen Sachverstand auf speziellen Gebieten erfordert und daher entsprechenden Sachverständigen des BR und des ArbGeb. überlassen wird. Außerdem erfordern diese Angelegenheiten vielfach ein häufiges Zusammenkommen von ArbGeb. und BR. Abs. 3 bietet die Möglichkeit, derartige Ausschüsse lediglich zur sachlichen Vorbereitung der weiteren Verhandlungen zwischen ArbGeb und BR einzusetzen oder ihnen aber auch – abgesehen von dem Abschluß von BV – die endgültige Entscheidungsbefugnis in bestimmten Angelegenheiten zu übertragen, so daß es nicht erforderlich ist, die von den gemischten Ausschüssen erzielten Vereinbarungen ausdrücklich von BR und ArbGeb. billigen zu lassen (vgl. BAG 12. 7. 84, AP Nr. 32 zu § 102 BetrVG 72).

25 Ein gemeinsamer Ausschuß ist kein Ausschuß des BR; das ergibt sich schon aus der Mitgliedschaft auch von Vertretern des ArbGeb. Der gemeinsame Ausschuß steht vielmehr – im Gegensatz zum BetrAusschuß und den weiteren Ausschüssen – selbständig neben dem BR. Er ist kein Organ des BR, sondern eine eigenständige Einrichtung der BetrVerf. (*DR,* Rn 29; *GK-Wiese,* Rn 31; *HSG,* Rn 22).

Abgesehen von der Anerkennung gemeinsamer Ausschüsse als solche enthält das Gesetz über sie **keine nähere Regelungen.** So bleiben z. B. Größe und Besetzung dieser Ausschüsse einer näheren Absprache zwischen den Betriebspartnern vorbehalten. Werden dem gemeinsamen Ausschuß Aufgaben zur selbständigen Erledigung übertragen, so darf der BR für seine Mitgl. keine unterparitätische Besetzung des Ausschusses akzeptieren, da dies auf einen Verzicht auf Mitwirkung und Mitbestimmung hinausliefe (*GK-Wiese,* Rn 35; **a. A.** *Kallmeyer,* DB 78, 98). 26

Die Regelung des Abs. 3 betrifft nur die Übertragung einer selbständigen Entscheidungsbefugnis auf die Mitgl. des BR in derartigen Ausschüssen. Die selbständige Entscheidungsbefugnis der vom ArbGeb. benannten Mitgl. muß von diesem ausgesprochen werden. 27

Was die Übertragung von Aufgaben zur selbständigen Entscheidung auf die BRMitgl. in derartigen gemischten Ausschüssen anbelangt, so sind die **gleichen Grundsätze** zu beachten wie bei einer Delegation von Aufgaben zur selbständigen Erledigung auf einen Ausschuß des BR (*DR,* Rn 31; *GL,* Rn 17). Dies bedeutet im einzelnen: Der gemischte Ausschuß kann **keine Betriebsvereinbarung** abschließen (vgl. oben Rn 7). Er kann nur gebildet werden in Betrieben, die auch einen **Betriebsausschuß gebildet** haben (vgl. oben Rn 9). Die Übertragung derartiger Aufgaben auf den gemischten Ausschuß bedarf der **Mehrheit der Stimmen der Mitgl. des BR** und der **Schriftform** (vgl. oben Rn 12). Außerdem müssen die Gruppen in gemischten Ausschüssen, soweit diese mit BRMitgl. besetzt wird, in demselben Verhältnis wie im BR vertreten sein (vgl. oben Rn 16); dies gilt nur dann nicht, wenn die dem gemischten Ausschuß übertragenen Aufgaben ausschließlich eine Gruppe betreffen (vgl. oben Rn 17). Für die Wahl und auch die Abberufung der vom BR zu bestimmenden Mitgl. und ErsMitgl. gelten dieselben Grundsätze wie bei der Wahl und Abberufung von Mitgl. und ErsMitgl. weiterer Ausschüsse des BR (vgl. oben Rn 18ff.). 28

Das Gesetz regelt nicht die Frage, auf welche Weise die gemischten Ausschüsse ihre Entscheidungen treffen. Insbesondere ist nicht geregelt, ob für einen **Beschluß des Ausschusses die einfache Mehrheit der Ausschußmitgl.** ausreicht, ohne Rücksicht darauf, ob es sich hierbei um vom BR oder vom ArbGeb. in den Ausschuß entsandte Mitgl. handelt (in diesem Falle könnte gegen die Mehrheit der vom BR entsandten Ausschußmitgl. eine Minderheit zusammen mit den vom ArbGeb. entsandten Vertr. eine Entscheidung des Ausschusses herbeiführen), oder ob Voraussetzung für einen Beschluß des Ausschusses darüber hinaus ist, daß die **Mehrheit der vom BR entsandten Mitgl.** dem Beschluß des Ausschusses zugestimmt hat (im letzteren Sinne *DR,* Rn 35; offengelassen von BAG 12. 7. 84, AP Nr. 32 zu § 102 BetrVG 1972). Sicherlich ist es angesichts des Schweigens des Gesetzes zulässig, daß BR und ArbGeb. bei der Bildung von gemischten Ausschüssen näher die **Voraussetzungen für die Beschlußfassung im Ausschuß** festlegen, z. B. in dem Sinne, daß ein Beschluß des Ausschusses nicht zustandekommt, wenn nicht die Mehrheit der vom BR entsandten Mitgl. dem Beschluß zugestimmt hat (ebenso *GL,* Rn 16; *GK-Wiese,* Rn 37; *GKSB,* Rn 14; *HSG,* 29

Rn 29; *Kallmeyer,* DB 78, 98). Auch kann der BR bestimmen, daß bei Meinungsverschiedenheiten zwischen den entsandten BRMitgl. eine Entscheidung des BR einzuholen ist. Soweit hierüber nichts gesagt ist, wird man entsprechend den allgemeinen Grundsätzen über die Beschlußfassung in Kollegialgremien davon ausgehen müssen, daß für einen Beschluß die einfache Mehrheit der Mitgl. des Ausschusses ausreicht, wobei allerdings in entsprechender Anwendung des § 33 Abs. 2 mindestens die Hälfte der Ausschußmitgl. an der Beschlußfassung teilgenommen haben muß. Denn anderenfalls würde es sich in Wirklichkeit gar nicht mehr um eine Beschlußfassung „des Ausschusses", sondern um getrennte Beschlußfassungen der vom BR und vom ArbGeb. benannten Ausschußmitglieder handeln (*GL,* Rn 16; *GK-Wiese,* Rn 37; *HSG,* Rn 28; *Kallmeyer,* a. a. O.; **a. A.** *DR,* Rn 35; *Hanau,* BB 73, 1277).

30 Für die **Berichterstattungspflicht** der vom BR bestellten Mitgl. der gemischten Ausschüsse gegenüber dem BR gilt das zu § 27 Rn 48 Gesagte entsprechend.

31 Da die gemischten Ausschüsse ihrerseits keine BV abschließen können, sie jedoch vielfach Entscheidungen treffen, die **unmittelbare Wirkung auf den Inhalt der Arbeitsverhältnisse** haben (z. B. bei Akkordfestsetzungen), ist es erforderlich, insoweit die **Aufgaben und Befugnisse der gemischten Ausschüsse in einer BV** näher festzulegen. Denn soweit die Entscheidungen des Ausschusses nicht durch das Direktionsrecht des ArbGeb. zum Inhalt der Arbeitsverträge gemacht werden können, kann auf diese Weise sichergestellt werden, daß die Entscheidungen der Ausschüsse ohne Einschaltung des gesamten BR in die Arbeitsverhältnisse einfließen (*GL,* Rn 18; *Frauenkron,* Rn 5; **a. A.** *GK-Wiese,* Rn 38).

32 Werden in Betrieben unter 300 ArbN, in denen der BR mit 7 oder weniger Mitgl. keinen BetrAusschuß bilden kann, paritätische Kommissionen von ArbGeb. und BR eingerichtet, so sind das zwar keine gemeinsamen Ausschüsse i. S. des Abs. 3. Sie sind gleichwohl nicht unzulässig, sofern sie sich darauf beschränken, die Entscheidugnen von ArbGeb. und BR vorzubereiten. Ihnen können keine Aufgaben zur selbständigen Entscheidung übertragen werden (*DR,* Rn 30; *GK-Wiese,* Rn 33; *GKSB,* Rn 16).

IV. Streitigkeiten

33 Streitigkeiten im Zusammenhang mit der Bildung, Zusammensetzung, Wahl und Zuständigkeit der weiteren Ausschüsse des BR sowie der gemeinsamen Ausschüsse von ArbGeb. und BR gemäß Abs. 3 entscheiden die **ArbG im Beschlußverfahren** (§§ 2a, 80ff. ArbGG). Zur Frage der gerichtlichen Überprüfbarkeit der Entscheidungen des BR im Zusammenhang mit der Bildung weiterer Ausschüsse und der Antragsberechtigung gilt das zu § 27 Rn 65ff. Gesagte entsprechend. Unter Umständen können derartige Streitigkeiten inzidenter im Urteilsverfahren entschieden werden, z. B. bei einer Lohnklage eines Akkordarbeiters die Frage der Entscheidungsbefugnis der Akkordkommission.

§ 29 Einberufung der Sitzungen

(1) **Vor Ablauf einer Woche nach dem Wahltag hat der Wahlvorstand die Mitglieder des Betriebsrats zu der nach § 26 Abs. 1 und 2 vorgeschriebenen Wahl einzuberufen. Der Vorsitzende des Wahlvorstands leitet die Sitzung, bis der Betriebsrat aus seiner Mitte einen Wahlleiter bestellt hat.**

(2) **Die weiteren Sitzungen beruft der Vorsitzende des Betriebsrats ein. Er setzt die Tagesordnung fest und leitet die Verhandlung. Der Vorsitzende hat die Mitglieder des Betriebsrats zu den Sitzungen rechtzeitig unter Mitteilung der Tagesordnung zu laden. Dies gilt auch für die Schwerbehindertenvertretung sowie für die Jugend- und Auszubildendenvertreter, soweit sie ein Recht auf Teilnahme an der Betriebsratssitzung haben. Kann ein Mitglied des Betriebsrats oder der Jugend- und Auszubildendenvertretung an der Sitzung nicht teilnehmen, so soll es dies unter Angabe der Gründe unverzüglich dem Vorsitzenden mitteilen. Der Vorsitzende hat für ein verhindertes Betriebsratsmitglied oder für einen verhinderten Jugend- und Auszubildendenvertreter das Ersatzmitglied zu laden.**

(3) **Der Vorsitzende hat eine Sitzung einzuberufen und den Gegenstand, dessen Beratung beantragt ist, auf die Tagesordnung zu setzen, wenn dies ein Viertel der Mitglieder des Betriebsrats oder der Arbeitgeber beantragt. Ein solcher Antrag kann auch von der Mehrheit der Vertreter einer Gruppe gestellt werden, wenn diese Gruppe im Betriebsrat durch mindestens zwei Mitglieder vertreten ist.**

(4) **Der Arbeitgeber nimmt an den Sitzungen, die auf sein Verlangen anberaumt sind, und an den Sitzungen, zu denen er ausdrücklich eingeladen ist, teil. Er kann einen Vertreter der Vereinigung der Arbeitgeber, der er angehört, hinzuziehen.**

Inhaltsübersicht

I. Vorbemerkung

Die Vorschrift regelt wesentliche Einzelheiten der **konstituierenden** Sitzung sowie der **weiteren Sitzungen** des BR. 1

Auf die Sitzungen der JugAzubiVertr., der BordVertr. und des SeeBR ist sie entsprechend anzuwenden (vgl. § 65 Abs. 2, § 115 Abs. 4 und 2

§ 116 Abs. 3). Die Abs. 2 bis 4 gelten für den GesBR und den KBR entsprechend (vgl. § 51 Abs. 3 Satz 3 und § 59 Abs. 2 Satz 3). Für die Einberufung und Leitung der konstituierenden Sitzung des GesBR und des KBR enthalten § 51 Abs. 3 Sätze 1 und 2 sowie § 59 Abs. 2 Sätze 1 und 2 Sonderregelungen. Das gleiche gilt für die GesJugAzubiVertr. (vgl. § 73 Abs. 2).

Mit gewissen Modifikationen gelten Abs. 2 bis 4 für den BetrAusschuß und sonstige Ausschüsse des BR, des GesBR und des KBR entsprechend, insbesondere wenn ihnen Aufgaben zur selbständigen Erledigung übertragen sind (vgl. auch § 27 Rn 30ff.; BAG 18. 11. 80, AP Nr. 2 zu § 108 BetrVG 1972). Die Vorschrift gilt nicht für zusätzliche betriebsverfassungsrechtliche Vertr. nach § 3 Abs. 1 Nr. 1, wohl jedoch für eine andere Vertr. der ArbN des Betriebs i. S. von § 3 Abs. 1 Nr. 2, sofern der TV keine abweichenden Regelungen enthält (vgl. § 3 Rn 32).

3 Die Vorschrift ist **zwingend.** Abweichende Vereinbarungen sind weder durch TV noch durch BV zulässig.

3a Entsprechende Vorschriften: § 34 BPersVG 74 und § 12 Abs. 1 bis 4 SprAuG.

II. Konstituierende Sitzung des Betriebsrats

4 Die konstituierende Sitzung des BR dient der **Wahl des Vors. und stellvertr. Vors.,** in BR mit 9 oder mehr Mitgl. zweckmäßiger Weise auch der Wahl der weiteren Mitgl. des BetrAusschusses (vgl. § 26 Rn 6; § 27 Rn 4).

1. Einberufung der konstituierenden Sitzung

5 Die konstituierende Sitzung wird vom **Wahlvorst.** einberufen. Dieser wird seinerseits durch seinen Vors. vertreten (*DR,* Rn 4). Das Recht des Wahlvorst. beschränkt sich auf die Einberufung der konstituierenden Sitzung. Ein Teilnahmerecht aller Mitgl. des Wahlvorst. an der konstituierenden Sitzung des BR besteht nicht. Vielmehr ist nur der Vors. des Wahlvorst., der bis zur Wahl eines Wahlleiters die konstituierende Sitzung des BR leitet, zur Teilnahme an dieser Sitzung des BR berechtigt. Sein Teilnahmerecht entfällt, sobald der BR aus seiner Mitte einen Wahlleiter für die Wahl des Vors. bestellt hat (*DR,* Rn 4; *GL,* Rn 7; *GK-Wiese,* Rn 15; *GKSB,* Rn 6).

6 Die konstituierende Sitzung ist spätestens **eine Woche nach dem Wahltag** (erstreckt sich die Wahl über mehrere Tage, nach dem letzten Tag der Stimmabgabe) einzuberufen. Der Wahltag selbst ist bei der Fristberechnung nicht mitzurechnen.

Beispiel:

Hat die Wahl des BR am Mittwoch, dem 18. 4. 90 stattgefunden, so muß die Einberufung zur konstituierenden Sitzung spätestens bis Mittwoch, dem 25. 4. 90, erfolgt sein.

Fällt der letzte Tag der Frist auf einen Samstag, Sonntag oder gesetzlichen Feiertag, läuft die Frist mit dem nächsten Werktag ab (vgl. § 193 BGB).

Die Frist von einer Woche ist eine **Ordnungsvorschrift.** An geringfügige Überschreitungen sind keine Rechtsfolgen geknüpft. Ihre Nichtbeachtung ist insbesondere dann unerheblich, wenn bei Ablauf der Frist das endgültige Wahlergebnis noch nicht feststeht. Kommt der Wahlvorst. seiner Verpflichtung, die BRMitgl. zur ersten Sitzung einzuberufen, dagegen überhaupt nicht oder längere Zeit nicht nach, so müssen die gewählten BRMitgl. selbst die Initiative ergreifen, sei es, daß ein einzelnes BRMitgl. zur ersten Sitzung einlädt, sei es, daß sich die BRMitgl. untereinander verständigen und den Zeitpunkt der ersten Sitzung zum Zweck der Wahl des Vors. und seines Stellvertr. vereinbaren (*DR,* Rn 8; *GL,* Rn 9; *GK-Wiese,* Rn 12; insoweit **a. A.** BAG 23. 8. 84, AP Nr. 36 zu § 102 BetrVG 1972, das ein Selbstversammlungsrecht des BR vor der Konstituierung für unzulässig hält; *HSG,* Rn 7, die bei Säumigkeit des Vors. eine Ersetzung des Wahlvorst. durch das ArbG in entsprechender Anwendung des § 18 Abs. 1 S. 2 für erforderlich halten). Hierbei muß allerdings sichergestellt sein, daß alle BRMitgl., ggfs. auch nach § 25 heranzuziehende ErsMitgl., vom Zeitpunkt und Ort der konstituierenden Sitzung unterrichtet sind. 7

Ein Vorgehen gegen einen **säumigen Wahlvorst.** ist nicht vorgesehen; es hat auch wenig Sinn, da mit der Einberufung der konstituierenden Sitzung die Tätigkeit des Wahlvorst. ohnehin endet. Ein säumiger Wahlvorst. kann auch nicht mehr gem. § 18 Abs. 1 S. 2 abberufen werden mit der Wirkung, daß seine Mitgl. den nachwirkenden Kündigungsschutz verlieren. Denn die Unterlassung der Einberufung der konstituierenden Sitzung des BR stellt keine die Abberufung rechtfertigende Pflichtverletzung i. S. von § 18 Abs. 1 S. 2 dar (*GK-Wiese,* Rn 12; **a. A.** offensichtich *HSG,* Rn 7). 8

Vor Ablauf der Wochenfrist sind die BRMitgl. lediglich **zur ersten Sitzung** des BR **einzuberufen.** Es sind also, wie sich aus dem eindeutigen Wortlaut der Vorschrift ergibt, in der Frist nur die BRMitgl. zur konstituierenden BRSitzung zu laden. Nicht erforderlich ist, daß die Sitzung selbst in dieser Zeit schon stattfindet (*DR,* Rn 5; *GL,* Rn 4; *GKSB,* Rn 3; *HSG,* Rn 3; **a. A.** *GK-Wiese,* Rn 8; *Weiss,* Rn 1). Den Zeitpunkt der konstituierenden Sitzung festzulegen, ist vielmehr dem Wahlvorst. überlassen, der, wenn die Amtszeit des bisherigen BR am Wahltag oder unmittelbar danach schon abgelaufen war, die Sitzung sehr kurzfristig wird anzuberaumen müssen. Ist dagegen die Amtszeit des bisherigen BR innerhalb einer Woche nach der Wahl noch nicht abgelaufen, so kann der Wahlvorst. die konstituierende Sitzung auf den ersten Tag der Amtszeit des neuen BR festsetzen. Es ist jedoch auch zulässig, die konstituierende Sitzung bereits vor Beginn der Amtszeit des BR abzuhalten (*DR,* Rn 6; *GL,* Rn 4; *GK-Wiese,* Rn 9; *GKSB,* Rn 2; *HSG,* Rn 3). Allerdings muß sich diese Sitzung auf die Konstituierung des BR, d. h. die Wahl des Vors., seines Stellvertreters und ggfls. der Mitgl. des BetrAusschusses, deren Amt erst mit Ablauf der Amtszeit des noch im 9

Amt befindlichen BR beginnt, beschränken. Sachentscheidungen in Beteiligungsangelegenheiten können nicht wirksam beschlossen werden, da die Amtszeit des BR noch nicht begonnen hat.

10 Die konstituierende Sitzung ist auch dann in der vorgeschriebenen Frist anzuberaumen, wenn die **Wahl angefochten** ist (*GK-Wiese,* Rn 7).

11 Bevor sich der BR durch Vornahme der nach § 26 vorgeschriebenen Wahlen konstituiert hat, braucht der ArbGeb. mit ihm nicht zu verhandeln. In der Zeit vor der Konstituierung etwa schon gefaßte Beschlüsse sind nicht verbindliche Meinungsäußerungen der BRMitgl.; sie stellen keine Beschlüsse des BR dar (BAG 23. 8. 84, AP Nr. 36 zu § 102 BetrVG 1972; *DR,* Rn 10; *HSG,* Rn 2; LAG Düsseldorf, BB 68, 628; **a. A.** *GK-Wiese,* § 26 Rn 6; *GKSB,* Rn 2). Den ArbGeb. trifft auch grundsätzlich keine Pflicht, mit einer an sich beteiligungspflichtigen Maßnahme, z. B. einer Kündigung zu warten, bis sich der BR konstituiert hat (BAG 23. 8. 84, a. a. O.).

12 Zur Sitzung **einzuladen** sind die nach dem bekanntgegebenen Wahlergebnis (§ 19 WO) **gewählten Mitgl. des BR.** Hat ein Wahlbewerber erklärt, daß er die Wahl nicht annehme, so ist der statt seiner in den BR einrückende Wahlbewerber (vgl. hierzu § 18 Abs. 2 WO) zu laden. Steht fest, daß ein Mitgl. durch Krankheit, Urlaub usw. zeitweilig verhindert ist, so ist das nach § 25 in Frage kommende ErsMitgl. zu laden. Der Wahlvorst. ist nicht berechtigt, zu der Sitzung den ArbGeb. oder die im Betrieb vertretenen Gewerkschaften zu laden, da diese Entscheidungen dem BR bzw. dessen Vors. vorbehalten sind und daher erst nach Konstituierung des BR getroffen werden können (*DR,* Rn 7; *GK-Wiese,* Rn 10, 15; *HSG,* Rn 10; **a. A.** *GKSB,* Rn 6). Kein Teilnahmerecht an der konstituierenden Sitzung wegen ihres beschränkten Zwecks haben und deshalb auch nicht zu laden sind die Schwerbehindertenvertr. und ein Mitgl. der JugAzubiVertr. (insoweit **a. A.** *DR,* Rn 7; *GKSB,* Rn 6; *HSG,* Rn 16) sowie der Vertrauensmann der Zivildienstleistenden (*GL,* Rn 5; *GK-Wiese,* Rn 15).

2. Leitung der konstituierenden Sitzung

13 Der **Vors. des Wahlvorst.** (im Verhinderungsfalle sein Stellvertreter oder ein sonstiges Mitgl. des Wahlvorst.). hat die Sitzung solange zu leiten, bis der BR aus seiner Mitte einen **Wahlleiter** gewählt hat.

14 Die Wahl des **Wahlleiters** für die Wahl des BRVors. erfolgt durch den BR in seiner Gesamtheit. Er kann – einem oft geübten Brauch entsprechend – das älteste BRMitgl. als Wahlleiter bestellen; zwingend ist dies jedoch nicht. Gewählt ist, wer von den aus der Mitte des BR vorgeschlagenen Kandidaten die meisten Stimmen erhält. Eine qualifizierte Stimmenmehrheit ist für die Wahl des Wahlleiters nicht erforderlich (h. M.).

15 Sobald der Wahlleiter gewählt ist, endet die Berechtigung des Vors. des Wahlvorst., die konstituierende Sitzung zu leiten und an ihr teilzunehmen (BAG 28. 2. 58, AP Nr. 1 zu § 29 BetrVG; *GKSB,* Rn 6). Findet die Wahl des BRVors. unter Leitung des Vors. des Wahlvorst.

statt, so kann die Wahl u. U. durch das ArbG für unwirksam erklärt werden (BAG a. a. O.; vgl. auch *DR,* Rn 4).

Nach seiner Wahl übernimmt der Wahlleiter die weitere Leitung der konstituierenden Sitzung des BR. Er hat nunmehr die **Wahl des BRVors.** durchzuführen. Hierbei hat er die Grundsätze des § 26 Abs. 2 zu beachten und ggfs. die entsprechenden Vorabstimmungen in den Gruppen durchzuführen. Er kann allerdings auch, falls eine Gruppe dies verlangt, die Sitzung unterbrechen, um den Gruppen Gelegenheit zu geben, in jeweils getrennten Abstimmungen ihren Kandidaten für die Wahl des BRVorsitzes zu bestimmen (vgl. auch § 26 Rn 17). **16**

Mit der Wahl des BRVors. ist die Aufgabe des Wahlleiters erfüllt. Nunmehr übernimmt der **BRVors. die weitere Leitung** der konstituierenden Sitzung des BR (*Weiss,* Rn 2; *Stege/Weinspach,* Rn 2; *Hässler,* Geschäftsführung, S. 10; **a. A.** *GL,* Rn 8; *GK-Wiese,* Rn 18; *GKSB,* Rn 8; *HSG,* Rn 13). Er hat die Wahl seines Stellvertr. unter Berücksichtigung der Grundsätze des § 26 Abs. 2 durchzuführen. **17**

In der konstituierenden Sitzung des BR sollten ferner auch noch die weiteren **Mitgl. des BetrAusschusses gewählt** werden (vgl. hierzu § 27 Rn 4ff.). Außerdem kann der BR, wenn alle seine Mitgl., damit einverstanden sind oder die absolute Mehrheit seiner Mitgl. die beschließt, **weitere Punkte** beraten und darüber Beschluß fassen. Zwar sind die BRMitgl. gem. § 29 Abs. 2 Satz 3 grundsätzlich unter Mitteilung der vom Vors. festgesetzten Tagesordnung zu laden, jedoch können weitere Punkte, die der sofortigen Erledigung bedürfen, durch Beschl. des BR auf die Tagsordnung gesetzt werden (*Brecht,* Rn 7; *GK-Wiese,* Rn 19; *GKSB,* Rn 9; **a. A.** BAG 28. 4. 88, AP Nr. 2 zu § 29 BetrVG 1972; *DR,* Rn 11; *GL,* Rn 8; *HSG,* Rn 14, nach denen eine Beschlußfassung über weitere Punkte nur zulässig sein soll, wenn alle BRMitgl. hiermit einverstanden sind; zu dieser umstrittenen Frage vgl. im einzelnen unten Rn 38 und § 33 Rn 17). Für die Beratung von weiteren Punkten ist jedoch das Teilnahmerecht der SchwbVertr. nach § 32, der JugAzubiVertr. nach § 65 und ggfs. des Vertrauensmanns der Zivildienstleistenden nach § 37 Abs. 5 ZDG zu beachten, die deshalb insoweit hinzugezogen werden müssen (vgl. unten Rn 29ff.). **18**

III. Die weiteren Sitzungen des Betriebsrats

1. Einberufung

Die **weiteren Sitzungen** des BR hat der **Vors. des BR** anzuberaumen und die Teilnehmer unter Mitteilung der Tagesordnung zu laden. Im Regelfall beraumt der Vors. des BR, sofern nicht durch Beschluß des BR oder durch die Geschäftsordnung (§ 36) turnusmäßige Sitzungen vorgesehen sind, die Sitzungen nach pflichtgemäßen Ermessen an, sobald sich die Notwendigkeit einer Sitzung ergibt. Gegegenenfalls kann er sich zuvor mit dem BetrAusschuß beraten. Ist der BRVors. selbst verhindert, erfolgt die Einberufung der weiteren BRSitzungen durch den stell- **19** vertr. Vors. Andere BRMitgl. sind nicht berechtigt, zu einer BRSitzung einzuladen (*DR,* Rn 12; *GL,* Rn 10; *GK-Wiese,* Rn 22; *HSG,* Rn 16).

2. Verpflichtung zur Einberufung einer Sitzung

20 Der BRVors. ist nach Abs. 3 **zur Einberufung einer BRSitzung verpfichtet,** wenn dies ein Viertel der Mitgl. des BR (vgl. Rn 21), die Mehrheit der Vertreter einer Gruppe (vgl. Rn 22) oder der ArbGeb. beantragt.

21 Die Berechnung des **Viertels der Mitgl. des BR** erfolgt, da die Zahl der Mitgl. stets eine ungerade ist, wie folgt:
Die Zahl der BRMitgl. wird durch 4 geteilt und das so gewonnene Ergebnis sofern es keine ganze Zahl ergibt, auf die nächste ganze Zahl aufgerundet. Ist ein BRMitgl. verhindert, kann sich das nachrückende ErsMitgl. an der Antragstellung beteiligen.

22 Die **Mehrheit der Vertr. einer Gruppe** im BR ist nur antragsberechtigt, wenn diese Gruppe im BR durch mindestens 2 Mitgl. vertreten ist. Ist die Gruppe nur durch 2 Mitgl. im BR vertreten, so muß der BRVors. einem Antrag auf Anberaumung einer BRSitzung nur nachkommen, wenn beide Gruppenvertr. den Antrag unterstützen, da anderenfalls eine Mehrheit der Gruppenvertr. nicht gegeben ist (*GK-Wiese,* Rn 23).

23 Außer zur Anberaumung der BRSitzung als solcher ist der BRVors. ferner verpflichtet, den Gegenstand, dessen Beratung beantragt wird, auf die **Tagesordnung** zu setzen.

23a Den Antragsberechtigten, die die Anberaumung einer BRSitzung verlangen können, steht auch das Recht zu, die **Ergänzung der Tagesordnung** einer bereits anberaumten oder anzuberaumenden BRSitzung zu verlangen (*DR,* Rn 17; *GL,* Rn 12; *GK-Wiese,* Rn 26). Sofern eine Ergänzung der Tagesordnung aus zeitlichen Gründen nicht möglich ist, hat der BR eine besondere Sitzung einzuberufen, es sei denn, die Antragsteller sind damit einverstanden, daß der gewünschte Beratungsgegenstand in die Tagesordnung der nächstfolgenden Sitzung aufgenommen wird.

24 Andere Personen, etwa die Belegschaft oder Teile der Belegschaft, eine im Betrieb vertretene Gewerkschaft, der GesBR oder die SchwbVertr., haben **kein formelles Recht,** die Einberufung einer BRSitzung zu verlangen. Sie können allenfalls die Einberufung einer Sitzung anregen (*DR,* Rn 15; *HSG,* Rn 21). Auch die JugAzubiVertr. hat kein Recht, eine BRSitzung zu beantragen. Wohl steht ihr gemäß § 67 Abs. 3 die für den BR bindende Antragsbefugnis zu, Angelegenheiten, die besonders die jugendlichen ArbN und die Auszubildenden des Betriebs betreffen und über die sie bereits vorberaten hat, auf die Tagesordnung der nächsten BRSitzung zu setzen (vgl. hierzu § 67 Rn 22ff.). Auch die SchwbVertr. hat das Recht zu beantragen, daß Angelegenheiten, die einzelne Schwbeh. oder die Schwbeh. als Gruppe besonders betreffen, auf die Tagesordnung der nächsten BRSitzung gesetzt werden (vgl. § 25 Abs. 4 SchwbG).

25 Der **Antrag** auf Einberufung einer BRSitzung nach § 29 Abs. 3 ist an

den Vors. der BR zu richten. Eine **Form** ist **nicht** vorgeschrieben; mündliches Verlangen genügt. Der Antrag muß den Gegenstand angeben, dessen Beratung in der Sitzung verlangt wird. Der Beratungsgegenstand muß zum Aufgabenbereich des BR gehören (*DR,* Rn 16; *GK-Wiese,* Rn 24; *HSG,* Rn 22). Im übrigen ist der BRVors. jedoch nicht berechtigt, die Zweckmäßigkeit des Antrags zu prüfen.

Entspricht der Vors. dem Antrag auf Einberufung einer BRSitzung nicht, so handelt er **pflichtwidrig.** Der Antragsteller kann aber in diesem Fall den BR nicht anstelle des Vors. von sich aus einberufen (*DR,* Rn 18; *GL,* Rn 13; *GK-Wiese,* Rn 27; *GKSB,* Rn 25), sondern nur (bei grober Pflichtverletzung) nach § 23 vorgehen und zusammen mit anderen Wahlberechtigten beim ArbG beantragen, daß der Vors. aus dem BR ausgeschlossen wird. Gegebenenfalls kann er seine Gewerkschaft oder den BR veranlassen, den Antrag zu stellen. 26

Der Vors. des BR handelt ferner pflichtwidrig, wenn er zwar eine Sitzung anberaumt, den beantragten Punkt aber **nicht auf die Tagesordnung setzt** oder ohne Tagesordnung zur BRSitzung einlädt. In diesem Falle wird der beantragte Gegenstand in der anberaumten Sitzung u. U. nicht behandelt werden können, wenn nicht die Mehrheit der BRMitgl. zustimmt (*GK-Wiese,* Rn 28; *Brecht,* Rn 7; **a. A.** BAG 28. 4. 88, AP Nr. 2 zu § 29 BetrVG 1972; *DR,* Rn 18; *GL,* Rn 14; *HSG,* Rn 24; *Weiss,* Rn 3, die eine Beschlußfassung über den betreffenden Punkt nur zulassen, wenn alle BRMitgl. erschienen und damit einverstanden sind; zu der umstrittenen Frage einer zulässigen Ergänzung der Tagesordnung während einer BRSitzung vgl. unten Rn 38). 27

3. Ladung

Der BRVors. hat zu den BRSitzungen **alle Mitgl.** des BR **rechtzeitig einzuladen** und ihnen mit der Einladung die **Tagesordnung** mitzuteilen. Finden die BRSitzungen entsprechend der Geschäftsordnung des BR (turnusgemäß) stets zu einer bestimmten festgelegten Zeit statt, so kann die Ladung der BRMitgl. unterbleiben, nicht jedoch die Ladung etwaiger ErsMitgl. (vgl. hierzu unten Rn 33). In diesem Falle ist den BRMitgl. jedoch noch die Tagesordnung rechtzeitig mitzuteilen, sofern diese nicht bereits auf der voraufgegangenen BRSitzung festgelegt worden und den BRMitgl. deshalb bekannt ist (*DR,* Rn 30; *GL,* Rn 18; *GK-Wiese,* Rn 33). 28

Außer den BRMitgl. ist zu allen BRSitzungen auch die **SchwbVertr.** unter Mitteilung der Tagesordnung zu laden (vgl. § 32 Rn 16ff.). 29

Werden auf der BRSitzung Angelegenheiten behandelt, die auch im Betrieb beschäftigte Zivildienstleistende betreffen, ist der **Vertrauensmann der Zivildienstleistenden** ebenfalls zur Sitzung zu laden. Zwar sieht das Gesetz nicht ausdrücklich eine Ladungspflicht vor; wenn jedoch der Vertrauensmann der Zivildienstleistenden gem. § 37 Abs. 5 ZDG berechtigt ist, an derartigen Sitzungen beratend teilzunehmen, so müssen ihm auch Ort, Zeitpunkt und Tagesordnung der Sitzung bekanntgegeben werden. 30

31 Die **JugAzubiVertr.** hat je nach dem Beratungsgegenstand des BR unterschiedliche Rechte auf Teilnahme an den BRSitzungen (vgl. § 67 Rn 3ff.). Generell hat sie das Recht, zu allen BRSitzungen einen Vertr. zu entsenden. In diesem Falle ist ihr der Zeitpunkt und Ort der BRSitzung unter Mitteilung der Tagesordnung mitzuteilen mit dem Anheimgeben, einen Vertr. zu dieser Sitzung zu entsenden. Hat sie im voraus ein bestimmtes Mitgl. für die Teilnahme an BRSitzungen bestimmt, so hat der BRVorsitzende dieses Mitgl. unmittelbar unter Mitteilung der Tagesordnung zu laden (*GK-Wiese,* Rn 37).

32 **Alle Mitgl. der JugAzubiVertr.** haben das Recht, bei der Beratung solcher Angelegenheiten teilzunehmen, die besonders jugendliche ArbN und zu ihrer Berufsausbildung Beschäftigte betreffen. In diesem Fall ist jedes Mitgl. der JugAzubiVertr. unter Mitteilung des betreffenden Tagesordnungspunktes zu der BRSitzung einzuladen. Das gleiche gilt bei der Behandlung von Angelegenheiten, bei denen die JugAzubiVertr. gemäß § 67 Abs. 2 im BR Stimmrecht haben (zum Teilnahmerecht aller JugAzubiVertr. an den BRSitzungen vgl. § 67 Rn 10ff.).

33 Ist ein BRMitgl. oder ein Mitgl. der JugAzubiVertr. verhindert, an der BRSitzung teilzunehmen, so hat der BRVors. sobald er dies erfährt, **von Amts wegen** das entsprechende **ErsMitgl.** (vgl. § 25 Rn 12ff., § 65 Rn 5) unter Mitteilung der Tagesordnung zu laden. Um dem BRVors. die Ladung des ErsMitgl. zu ermöglichen, sollen BRMitgl. und die Mitgl. der JugAzubiVertr. ihre Verhinderung unter Angabe des Verhinderungsgrundes (z. B. Krankheit, Urlaub, Dienstreise) dem BRVors. unverzüglich mitteilen. Die Angabe des Verhinderungsgrundes soll es dem BRVors. ermöglichen festzustellen, ob ein Verhinderungsfall vorliegt. Ist dies nicht der Fall, ist das ErsMitgl. nicht zu laden, da eine gewillkürte Stellvertretung nicht zulässig ist (*DR,* Rn 24; vgl. § 25 Rn 18). Bei einer verspäteten oder unterbliebenen Mitteilung muß die Ladung der ErsMitgl. u. U. sehr kurzfristig erfolgen. Obwohl es das Gesetz nicht ausdrücklich bestimmt, wird man den BRVors. für verpflichtet ansehen müssen, bei einer **Verhinderung** des ordentl. Mitgl. der **SchwbVertr.** oder des **Vertrauensmanns der Zivildienstleistenden** deren Stellvertr. (vgl. hierzu § 24 Abs. 1 S. 1 SchwbG, § 37 ZDG) zu den BRSitzungen zu laden (vgl. § 32 Rn 17; *GL,* Rn 21; *GK-Wiese,* Rn 41).

33a Nach § 2 Abs. 2 S. 2 SprAuG kann der BR dem **Sprecherausschuß für leitende Ang.** oder einzelnen seiner Mitgl. das Recht einräumen, an seinen Sitzungen teilzunehmen. Das gleiche gilt in Bezug auf den Unternehmenssprecherausschuß und seine Mitgl., falls anstelle betrieblicher Sprecherausschüsse ein Unternehmenssprecherausschuß gebildet worden ist (vgl. § 20 Abs. 1 SprAuG). Die Entscheidung darüber, ob der Sprecherausschuß oder einzelne Mitgl. an einer BRSitzung teilnehmen soll, trifft der BR durch Beschluß. Er kann diese Entscheidung gemäß § 27 Abs. 3 S. 2 auf den BetrAusschuß delegieren. Liegt ein entsprechender Beschluß vor, obliegt dem BRVors. auch insoweit eine entsprechende Einladungspflicht. Soll der gesamte Sprecherausschuß an einer BRSitzung teilnehmen, ist die Einladung an den Vors. des Sprecherausschusses zu richten. Sollen nur einige seiner Mitgl. teilnehmen, können diese – falls die Teilnahme nur ganz bestimmter Mitgl. gewünscht wird, z. B. des Vors. oder eines mit einer bestimmten Aufgabe betrauten oder besonders fachkundigen Mitgl. – unmittelbar geladen werden; im übrigen ist die Einladung an den Vors. des Sprecherausschusses zu richten mit der Bitte, ein oder mehrere Mitgl. zu der BRSitzung zu entsenden.

Zu der einmal jährlich vorgesehenen gemeinsamen Sitzung des BR 33b und des Sprecherausschusses (vgl. § 2 Abs. 2 S. 3 SprAuG) werden – sofern zwischen BR und Sprecherausschuß nichts anderes abgesprochen ist – die Mitgl. des BR und des Sprecherausschusses jeweils von ihren Vors. eingeladen.

Zu den Sitzungen des BR sind außerdem in den Fällen des Abs. 4 34 Satz 1 der **ArbGeb.** (vgl. hierzu unten Rn 42ff.) sowie nach Maßgabe des § 31 **Vertr. der Gewerkschaften** einzuladen.

Eine **Einladungsfrist** und eine **Form** der Einladung ist im Gesetz nicht 35 vorgesehen. Diese können aber durch die Geschäftsordnung vorgeschrieben werden. Besteht keine Vorschrift, so ist mit angemessener Frist und in geeigneter Weise einzuladen (*DR,* Rn 28; *GL,* Rn 17). Auch eine mündliche Ladung ist zulässig, z. B. wenn eine Sitzung wegen besonderer Umstände ganz kurzfristig stattfinden muß. Jedenfalls muß die Ladung **rechtzeitig** ergehen, d. h. so zeitig, daß die BRMitgl. sich auf die Sitzung einrichten (z. B. für Vertr. am Arbeitsplatz sorgen), notwendige Vorberatungen treffen, ggfs. dem Vors. eine voraussehbare Verhinderung mitteilen können (*GL,* Rn 17; *GK-Wiese,* Rn 31). Allerdings ist in unvorhergesehenen Eilfällen auch eine ganz kurzfristige Einladung zulässig (*HSG,* Rn 18).

Ohne Ladung durch den Vors. des BR kann eine Sitzung auf der 36 wirksame Beschlüsse gefaßt werden können, **nur stattfinden,** wenn **alle BRMitgl.** mit Zeit und Ort der Sitzung einverstanden sind (LAG Saarbrücken, AP Nr. 2 zu § 29 BetrVG; LAG Düsseldorf, DB 75, 743; *DR,* Rn 12; *GL,* Rn 16; *GK-Wiese,* Rn 22; *HSG,* Rn 19).

4. Tagesordnung

Die Aufstellung der Tagesordnung und ihre Mitteilung an die 37 BRMitgl. dient dem Zweck, daß sich alle BRMitgl. auf die Beratung der einzelnen Tagesordnungspunkte **ordnungsgemäß vorbereiten,** ggfs. auch mit den im Betrieb beschäftigten ArbN Fühlung aufnehmen oder mit den im Betrieb vertretenen Gewerkschaften die Angelegenheiten besprechen können. Im Hinblick hierauf muß die Tagesordnung die zu behandelnden Punkte möglichst konkret angeben.

Abgesehen von den in Rn 23ff. genannten Sonderfällen stellt der 38 BRVors. die einzelnen Punkte der Tagesordnung an Hand der Geschäftslage zusammen; dabei wird ihn der BetrAusschuß unterstützen können (§ 27 Rn 43). Ihm steht jedoch keine uneingeschränkte Entscheidungsgewalt hinsichtlich der Tagesordnung in dem Sinne zu, daß es in seinem freien Ermessen stünde, ob und welche Punkte er auf die Tagesordnung setzen will. Die von ihm festgesetzte Tagesordnung ist auch nicht in dem Sinne verbindlich, daß sie nicht in Eilfällen auch sehr kurzfristig **geändert oder ergänzt** werden könnte, sofern die dahingehenden Anträge die ausreichende Unterstützung durch die BRMitgl. finden. Die h. M. hält eine Ergänzung nur für zulässig, wenn der vollzählig versammelte BR hiermit einstimmig einverstanden ist (vgl. BAG 28. 4. 88, AP Nr. 2 zu § 29 BetrVG 1972; LAG Saarbrücken, AP Nr. 2 zu § 29 BetrVG; LAG Düsseldorf, DB 75, 743; *DR,* Rn 31; *GL,* Rn 14, 22; *Weiss,* Rn 3; *Stege/Weinspach,* Rn 6; nach *HSG,* Rn 25 müssen alle anwesenden BRMitgl. mit der Ergänzung einverstanden sein). Diese Ansicht erscheint überzogen. Sie übersieht, daß entsprechend den allgemein üblichen Geschäftsordnungsgrundsätzen die Tagesordnung durchaus Änderungen und Ergänzungen zugänglich ist und daß insbesondere – der allgemeinen Praxis entsprechend – im Rahmen des Punktes „Verschiedenes" Angelegenheiten behandelt zu werden pflegen, die nicht ausdrücklich in der Tagesordnung erwähnt sind. Deshalb ist eine Ergänzung der Tagesordnung zulässig, wenn die Mehrheit der Mitgl. des BR hiermit einverstanden ist (ebenso *GKSB,* Rn 14; weitergehend *Brecht,* Rn 7; *GK-Wiese,* Rn 47, die einen Mehrheitsbeschluß nach § 33 als ausreichend ansehen; vgl. zum ganzen auch § 33 Rn 17). Eine Ergänzung oder Änderung der TO setzt allerdings eine ordnungsgemäße Ladung zur Sitzung voraus (vgl. oben Rn 28ff., 36).

5. Leitung der Sitzung

39 Die Leitung der BRSitzungen obliegt dem **Vors.,** im Falle seiner Verhinderung dem Stellvertr. Ist auch dieser verhindert, können die anwesenden BRMitgl. durch Mehrheitsbeschluß aus ihrer Mitte einen Sitzungsleiter bestimmen. Sind der Vors. und sein Stellvertr. für längere Zeit verhindert, kann der BR für die Dauer der Verhinderung einen weiteren Stellvertr. wählen; dieser hat dann die Aufgaben des Vors. wahrzunehmen, insbesondere die erforderlichen Sitzungen einzuberufen und zu leiten (vgl. § 26 Rn 41). Der Vors. eröffnet und schließt die Sitzungen, führt die Rednerliste, gibt und entzieht das Wort, erteilt Ordnungsrufe, leitet die Abstimmungen und stellt ihre Ergebnisse fest. Er sorgt für die nach § 34 vorgeschriebene Sitzungsniederschrift. Er hat im Sitzungszimmer das **Hausrecht** (*DR,* Rn 37; *GL,* Rn 24; *GK-Wiese,* Rn 51; *GKSB,* Rn 19; *HSG,* Rn 48), dessen Ausübung im einzelnen in der Geschäftsordnung (§ 36) näher festgelegt werden kann.

40 Die Frage, ob der Vors. des BR **ein BRMitgl. von einer Sitzung ausschließen** kann, ist zu verneinen (*Hässler,* a. a. O. S. 30, *Weiss,* Rn 2; wohl auch *Frauenkron,* Rn 14; **a. A.** *DR,* Rn 36; *GK-Wiese,* Rn 53; *HSG,* Rn 48; nach *GL,* Rn 24, soll ein Ausschluß zulässig sein, wenn die Geschäftsordnung dies vorsieht). Dem Vors. des BR kann eine so weitgehende Befugnis in einem verhältnismäßig kleinem Gremium nicht zugebilligt werden. Dagegen spricht vor allem die Erwägung, daß die Zulassung des Ausschlußrechts die Anerkennung einer Strafgewalt des Vors. bedeuten und diesem eine Machtfülle geben würde, die ihm nach seiner Rechtsstellung nicht zukommt. Da überdies jede dahingehende

gesetzliche Regelung fehlt, ist der Vors. auf das Recht beschränkt, bei ungebührlichem Verhalten eines BRMitgl. diesem das Wort zu entziehen. Bei groben Verstößen kann der BR (nicht der Vors. des BR allein) beim ArbG den Ausschluß des BRMitgl. im arbeitsgerichtlichen Beschlußverfahren nach § 23 beantragen. Eine Bestrafung des BRMitgl. nach § 119 Abs. 1 Nr. 2 könnte dagegen nur in dem wohl seltenen Fall in Frage kommen, in dem das BRMitgl. unter Nichtachtung des Wortentzugs durch böswilliges und renitentes Verhalten den Abbruch der BRSitzungen erzwingt und dadurch die Tätigkeit des BR vorsätzlich behindert oder stört.

Die jährlich einmal vorgesehene **gemeinsame Sitzung des BR und des Sprecherausschusses** für leitende Ang. (vgl. § 2 Abs. 2 S. 3 SprAuG) wird von den Vors. beider Gremien gemeinsam geleitet. Zulässig ist aber auch eine anderweitige Absprache etwa dahingehend, daß die Leitung dieser Sitzungen zwischen dem Vors. des BR und des Sprecherausschusses wechselt. **40a**

Über Nichtöffentlichkeit und Zeitpunkt der BRSitzungen vgl. § 30. Wegen Beschlußfassung und Beschlußfähigkeit vgl. § 33. Weitere Regelungen über BRSitzungen enthalten §§ 34 bis 37, 40 Abs. 2. **41**

6. Teilnahmerecht des Arbeitgebers

Der **ArbGeb.** hat **kein allgemeines Recht,** an BRSitzungen teilzunehmen. Ein solches Recht ergibt sich nicht etwa aus § 74 Abs. 1. Diese Vorschrift will lediglich das Zusammenwirken der beiden betriebsverfassungsrechtlichen Organe BR und ArbGeb, insbesondere bei strittigen Fragen, sicherstellen (*GK-Wiese,* Rn 54, *GL,* Rn 25). Ein Anspruch des ArbGeb. auf Teilnahme an einer BRSitzung besteht gemäß § 29 Abs. 4 nur, **42**

- wenn er **selbst die Einberufung** einer Sitzung **beantragt** hat, (hat er lediglich die Ergänzung der Tagesordnung der Sitzung oder einer anzuberaumenden Sitzung verlangt (vgl. oben Rn 23), beschränkt sich sein Teilnahmerecht auf die Behandlung dieses Tagesordnungspunktes) oder
- wenn der **BRVors.** ihn **ausdrücklich eingeladen** hat. Die Einladung kann sich auf einzelne Punkte der Tagesordnung beschränken *(GK-Wiese,* Rn 55; *GKSB,* Rn 27; **a. A.** *GL,* Rn 29; *HSG,* Rn 36).

In beiden Fällen ist der ArbGeb. rechtzeitig über Zeit und Ort der BRSitzung, im letzten Falle auch über den oder die Tagesordnungspunkte, weswegen seine Teilnahme gewünscht wird, zu unterrichten.

Der ArbGeb. hat kein Recht, eine gemeinsame Sitzung von BR und Sprecherausschuß (vgl. § 2 Abs. 2 S. 3 SprAuG) zu beantragen. Wohl können die Vors. des BR und des Sprecherausschusses ihn zu dieser Sitzung oder zu bestimmten Punkten der Tagesordnung dieser Sitzung einladen. **42b**

Der ArbGeb. ist im Hinblick auf das Gebot der vertrauensvollen Zu- **43** sammenarbeit nach § 2 Abs. 1 in den Fällen des § 29 Abs. 4 im allgemeinen als **verpflichtet** anzusehen, entweder selbst oder durch einen Vertr. (vgl. Rn 45) an der BRSitzung **teilzunehmen** (ähnlich *DR,* Rn 40; *GK-Wiese,* Rn 59; *GKSB,* Rn 29; *HSG,* Rn 37; jetzt auch *GL,* Rn 26; **a. A.** *Brecht,* Rn 14).

44 Ein grundsätzliches und hartnäckiges Fernbleiben des ArbGeb. von BRSitzungen kann einen **groben Verstoß** des ArbG. gegen seine Verpflichtungen aus diesem Gesetz darstellen und den BR oder eine im Betrieb vertretene Gewerkschaft zur Einleitung des gerichtlichen Zwangsverfahrens nach § 23 Abs. 3 (vgl. § 23 Rn 38ff.) berechtigen. Außerdem kann ein derartiges Verhalten u. U. eine vorsätzliche Behinderung oder Störung der Tätigkeit des BR bedeuten und daher gemäß § 119 Abs. 1 Nr. 2 zur Bestrafung des ArbGeb. führen (*GK-Wiese,* Rn 59; *GL,* Rn 27f.; *GKSB,* Rn 29; *HSG,* Rn 37).

45 Das Anwesenheitsrecht steht dem **ArbGeb. persönlich** zu, bei juristischen Personen den nach Gesetz oder Gesellschaftsvertrag **zur Vertretung Berechtigten.** Der ArbGeb. kann sich durch eine an der Leitung des Betriebs verantwortlich beteiligte Person vertreten lassen (vgl. § 1 Rn 87), nicht aber durch eine betriebsfremde Person z. B. durch einen Rechtsanwalt (*DR,* Rn 43; *GK-Wiese,* Rn 56f.; *GL,* Rn 30). Er kann außerdem zu seiner Unterstützung betriebsangehörige Sachbearbeiter mitbringen, sofern für die anstehenden Tagesordnungspunkte deren Sachkunde erforderlich ist (*DR,* Rn 43; *GL,* Rn 32; *GK-Wiese,* Rn 57; *HSG,* Rn 38). Betriebsfremde Auskunftspersonen oder Sachverständige, die nicht Vertr. des ArbGebVerbandes sind, kann der ArbGeb. nur zur Sitzung heranziehen, wenn der BR zustimmt. Das folgt aus dem Hausrecht des BR in seinen Sitzungen.

46 Der ArbGeb. hat in den Sitzungen des BR **kein Stimmrecht** (*DR,* Rn 42; *GL,* Rn 29). Er hat auch keine beratende Stimme (*Weiss,* Rn 6; **a. A.** *DR,* Rn 41; *GL,* Rn 46; *GK-Wiese,* Rn 58; *HSG,* Rn 39). Selbstverständlich kann und soll er sich zu den Fragen äußern. Wo aber das Gesetz Außenstehenden eine beratende Stimme einräumt, bringt es dies eindeutig zum Ausdruck (vgl. z. B. §§ 31, 67). Das Teilnahmerecht erstreckt sich nicht auf die Beschlußfassung zu den einzelnen TOPunkten (*GKSB,* Rn 30; *HSG,* Rn 40; LAG Düsseldorf, DB 75, 743; **a. A.** *GK-Wiese,* Rn 58, bei Sitzungen auf Verlangen des ArbGeb.).

47 Dem ArbGeb. kann **nicht die Leitung der Sitzung** übertragen werden (*GL,* Rn 29; *GK-Wiese,* Rn 49; *GKSB,* Rn 30). Zum Anspruch des ArbGeb. auf Abschrift der **Sitzungsniederschrift** bei Teilnahme an der BRSitzung vgl. § 34 Abs. 2.

48 § 29 Abs. 4 betrifft nur die Teilnahme des ArbGeb. an förmlichen Sitzungen des BR, nicht jedoch sonstige Besprechungen des ArbGeb. mit der Gesamtheit der Mitgl. oder mit einzelnen Mitgl. des BR. Insbesondere die Besprechungen nach § 74 Abs. 1 finden nicht notwendigerweise in BRSitzungen statt, können allerdings mit solchen verbunden werden.

7. Hinzuziehung von Arbeitgeberverbandsvertretern

Die ArbGebVereinigung kann ebensowenig wie die Gewerkschaft von sich aus an der BRSitzung teilnehmen. Sie kann vielmehr einen Vertr. nur entsenden, wenn der **ArbGeb. dies ausdrücklich wünscht.** Dabei ist Voraussetzung, daß der ArbGeb. entweder selbst an der Sitzung des BR teilnimmt oder sich durch eine an der Betriebsleitung verantwortlich beteiligte Person vertreten läßt (*DR,* Rn 44; *GL,* Rn 31; *GK-Wiese,* Rn 61; *GKSB,* Rn 32; *HSG,* Rn 41). Andererseits hängt die vom ArbGeb. beabsichtigte Teilnahme eines Vertr. der ArbGebVereinigung nicht davon ab, daß der Vors. des BR seinerseits die ArbGebVereinigung einlädt. Wohl aber ist es zu empfehlen, den Vors. des BR möglichst frühzeitig zu benachrichtigen, wenn der ArbGeb. einen Vertr. der ArbGebVereinigung hinzuzuziehen beabsichtigt (*GK-Wiese,* Rn 62; *HSG,* Rn 42). 49

Läßt der BR entgegen Abs. 4 Satz 2 einen Vertreter der ArbGebVereinigung, der der ArbGeb. angehört, nicht zu, so handelt er **pflichtwidrig.** Der ArbGeb. kann seine Teilnahme an der Sitzung verweigern. Bei groben Verstößen kann er außerdem nach § 23 vorgehen. Die Wirksamkeit der auf der Sitzung gefaßten Beschlüsse des BR wird hierdurch jedoch nicht berührt (*GK-Wiese,* Rn 63; *HSG,* Rn 44). 50

Der Vertr. der ArbGebVereinigung kann lediglich an der Sitzung teilnehmen und dabei **den ArbGeb. beraten.** Er hat, anders als der Vertreter der Gewerkschaft (§ 31), dem das Gesetz dies ausdrücklich einräumt, keine beratende Stimme gegenüber dem BR (**a. A.** *DR,* Rn 45; *GL,* Rn 31, *GK-Wiese,* Rn 64; *HSG,* Rn 43; vgl. oben Rn 46). Selbstverständlich kann der BRVors. dem Vertr. des ArbGebVerbandes das **Wort erteilen;** hierzu ist er dem ArbGeb. gegenüber auf dessen Wunsch hin aus dem Grundsatz der vertrauensvollen Zusammenarbeit jedenfalls dann verpflichtet, wenn auch dem ArbGeb. selbst das Wort zu erteilen wäre (vgl. hierzu auch § 46 Rn 19, sowie BAG 19. 5. 78, AP Nr. 3 zu § 43 BetrVG 1972). 51

Der Vertr. der ArbGebVereinigung hat über **Betriebs- und Geschäftsgeheimnisse,** die ihm in der BRSitzung bekannt geworden und vom ArbGeb. ausdrücklich als geheimzuhalten bezeichnet worden sind, Stillschweigen zu wahren (§ 79). Die Verletzung der Schweigepflicht kann nach § 120 Abs. 1 Nr. 2 strafrechtlich geahndet werden. 52

8. Hinzuziehung von Gewerkschaftsvertretern

Über die Möglichkeit der Hinzuziehung von Beauftragten der im BR vertretenen Gewerkschaften zu den BRSitzungen vgl. § 31. 53

IV. Streitigkeiten

Streitigkeiten über die Anberaumung und die Tagesordnung von Sitzungen, über die Ladungen zu ihnen, über das Anwesenheitsrecht ande- 54 rer Personen an den Sitzungen, über das Teilnahmerecht des ArbGeb. oder eines Vertr. des ArbGebVerbandes sind von den **ArbG im Beschlußverfahren** zu entscheiden (§§ 2a, 80ff. ArbGG). Der Erlaß von einstweiligen Verfügungen ist zulässig (§ 85 Abs. 2 ArbGG).

§ 30 Betriebsratssitzungen

Die Sitzungen des Betriebsrats finden in der Regel während der Arbeitszeit statt. Der Betriebsrat hat bei der Ansetzung von Betriebsratssitzungen auf die betrieblichen Notwendigkeiten Rücksicht zu nehmen. Der Arbeitgeber ist vom Zeitpunkt der Sitzung vorher zu verständigen. Die Sitzungen des Betriebsrats sind nicht öffentlich.

Inhaltsübersicht

I. Vorbemerkung

1 Die Vorschrift behandelt in Fortsetzung des § 29 weitere Einzelheiten der BRSitzungen, insbesondere ihren Zeitpunkt und ihre Nichtöffentlichkeit. Diese Regelungen sind auch bei einer gemeinsamen Sitzung des BR und des Sprecherausschusses für leitende Ang. gemäß § 2 Abs. 2 S. 3 SprAuG anzuwenden.

2 Die Vorschrift gilt auch für den GesBR (vgl. § 51) und für den KBR (vgl. § 59), ferner für die JugAzubiVertr. (vgl. § 65) und die GesJugAzubiVertr. (vgl. § 73) sowie für die Bordvertr. und den SeeBR (vgl. § 115 Abs. 4, § 116 Abs. 3). Die Vorschrift ist auf die Sitzung des BetrAusschusses (§ 27) und andere Ausschüsse des BR gem. § 28 entsprechend anzuwenden (BAG, 18. 11. 80, AP Nr. 2 zu § 108 BetrVG 1972; *DR,* Rn 1; *GL,* Rn 2). Denn diese Ausschüsse unterliegen hinsichtlich der Durchführung der ihnen übertragenen Aufgaben und Befugnisse grundsätzlich den gleichen Vorschriften wie der BR. Für den ArbNVertr. nach § 3 Abs. 1 Nr. 2 kann der TV nähere Bestimmungen treffen. Über Sitzungen der ArbNVertr. nach § 3 Abs. 1 Nr. 1 sollte der TV nähere Regelungen enthalten (vgl. § 3 Rn 24).

2a Entsprechende Vorschriften: § 35 BPersVG 74 und § 12 Abs. 5 SprAuG.

II. Sitzungen während der Arbeitszeit

3 Die BRSitzungen finden grundsätzlich **während der Arbeitszeit** statt. Ausnahmen sind nur zuzulassen, wenn die besonderen Verhältnisse des Betriebs eine Arbeitsbefreiung der BRMitgl. verbieten, so z. B. wenn in kleineren Betrieben alle oder fast alle BRMitgl. Arbeitsplätze innehaben, auf denen sie nicht entbehrt oder vertreten werden können (Kranführer, Maschinenwärter, Schalterdienst usw.). Wird in mehreren Schichten gearbeitet und gehören die BRMitgl. verschiedenen Schichten an, so wird jeweils für einen Teil der BRMitgl. die Sitzung außerhalb der Arbeitszeit stattfinden müssen. In diesen Fällen haben die BRMitgl. nach § 37 Abs. 3 Anspruch auf entsprechende bezahlte Arbeitsbefreiung oder, soweit dies nicht möglich ist, auf Vergütung der aufgewendeten Zeit wie Mehrarbeit (Näheres vgl. § 37 Rn 41ff.). Zur Frage der Erstattung notwendiger zusätzlicher Fahrtkosten in diesen Fällen vgl. § 40 Rn 22a.

4 Die Abhaltung der BRSitzungen während der **Arbeitspausen** oder unmittelbar vor Beginn oder nach Ende der Arbeitszeit erscheint außer in den oben genannten Ausnahmefällen nicht zumutbar. Eine Vereinbarung zwischen ArbGeb. und BR, daß die BRSitzungen stets außerhalb der Arbeitszeit stattfinden, ist wegen Verstoßes gegen Satz 1 **nichtig.**

5 Für die Teilnahme an der BRSitzung bedürfen die BRMitgl. **keiner besonderen Erlaubnis des ArbGeb.** Jedoch müssen sie, soweit sie nicht überhaupt von der Arbeit freigestellt sind (§ 38), den zuständigen Vorgesetzten vom Verlassen der Arbeit und von deren Wiederaufnahme nach Schluß der BRSitzung verständigen (BAG 8. 3. 57, AP Nr. 4 zu § 37 BetrVG; BAG 19. 6. 79, AP Nr. 36 zu § 37 BetrVG 1972; *DR,* Rn 2; *GL,* Rn 3; *GK-Wiese,* Rn 11). Zur Frage der Fortzahlung des Arbeitsentgelts an die BRMitgl. für die Zeit der Sitzungsdauer vgl. § 37 Rn 34ff. Die Sitzungsteilnahme ist erforderliche BRTätigkeit i. S. von § 37 Abs. 2.

6 Es bedarf keines Abschlusses einer BV über den Zeitpunkt der BRSitzung mit dem ArbGeb., da § 30 dieser Frage abschließend dahingehend regelt, daß die **Anberaumung der BRSitzungen** im Rahmen der gesetzlichen Vorschriften (d.h. in der Regel während der Arbeitszeit) ausschließlich **Sache des BR und seines Vorsitzenden** ist. Andererseits kann gerade in kleineren und mittleren Betrieben eine (unverbindliche) Abstimmung mit dem ArbGeb. durchaus zweckmäßig sein. Vereinbarungen zwischen ArbGeb. und BR über den Zeitpunkt von BRSitzungen können den BRVors. jedoch nicht hindern, falls erforderlich, auch außerhalb der vereinbarten Zeit Sitzungen anzuberaumen (*DR,* Rn 7; *GL,* Rn 7; *GK-Wiese,* Rn 10; *HSG,* Rn 7). Über die Anzahl der BRSitzungen entscheidet entsprechend dem Arbeitsanfall grundsätzlich allein der BR bzw der BRVors. (BAG 23. 4. 74, AP Nr. 11 zu § 37 BetrVG 1972; *GKSB,* Rn 4; vgl. auch § 29 Rn 19ff.).

III. Berücksichtigung der betrieblichen Notwendigkeiten

7 Der BR hat bei Ansetzung der Sitzungen auf die **betrieblichen Notwendigkeiten** (den Betriebs- und Arbeitsablauf) Rücksicht zu nehmen. Betriebliche Notwendigkeiten sind nicht gleichzusetzen mit betrieblichen Interessen oder Bedürfnissen. Als betriebliche Notwendigkeiten sind nur solche dringenden betrieblichen Gründe anzuerkennen, die zwingenden Vorrang vor dem Interesse des BR auf Abhaltung der BRSitzung zu dem vorgesehenen Zeitpunkt haben (*GK-Wiese,* Rn 6; *GKSB,* Rn 5). Die Rücksichtnahme auf betriebliche Notwendigkeiten kann es u. U gebieten, die BRSitzungen an den Beginn oder das Ende und nicht mitten in die Arbeitszeit zu legen; jedoch kann eine derartige Verpflichtung nicht generell angenommen werden (*GK-Wiese,* Rn 7; *GKSB,* Rn 5; **a. A.** *DR,* Rn 5; *HSG,* Rn 6; *GL,* Rn 5). Betriebliche Notwendigkeiten, die einer Sitzung während der Arbeitszeit entgegenstehen, können sich insbesondere aus den Arbeitsbereichen der nicht völlig freigestellten BRMitgl. ergeben. Im allgemeinen können betriebliche Notwendigkeiten **nur in Ausnahmefällen** dazu führen, daß eine BRSitzung außerhalb der Arbeitszeit stattfinden muß (vgl. Rn 3).

Die Vorschrift wendet sich in erster Linie an den Vors., dem die Anberaumung der BRSitzungen und damit die Festlegung ihres Zeitpunkts obliegt (§ 29 Abs. 2 Satz 1). Der BR kann aber den Zeitpunkt von BRSitzungen auch selbst gem. § 30 Satz 2 beschließen.

8 Wird eine Sitzung ohne Rücksicht auf betriebliche Notwendigkeiten angesetzt, so wird dadurch die **Rechtmäßigkeit** der in ihr gefaßten **Beschlüsse** nicht beeinträchtigt (*GL,* Rn 6; *GK-Wiese,* Rn 9; *Weiss,* Rn 2). Der ArbGeb. kann eine derartige Sitzung auch nicht eigenmächtig unterbinden. Er ist deshalb auch nicht berechtigt, den BRMitgl. das Arbeitsentgelt entsprechend zu kürzen (vgl. LAG Hamm, EzA § 37 BetrVG 1972 Nr. 58; *GKSB,* Rn 5).

9 Bei **groben Verstößen** gegen das Gebot der Rücksichtnahme kann § 23 Abs 1 zur Anwendung kommen (*DR,* Rn 9; *GL,* Rn 6; Näheres vgl. § 23 Rn 11 ff., 28 ff.). U. U. kann der ArbGeb. auch die Aufhebung der angesetzen Sitzung durch eine einstweilige Verfügung des ArbG (§ 85 Abs. 2 ArbGG) erwirken (vgl. *GK-Wiese,* Rn 14; *HSG,* Rn 8).

IV. Verständigung des Arbeitgebers

10 Der ArbGeb. ist **vom Zeitpunkt** einer jeden BRSitzung **vorher zu verständigen,** damit er unterrichtet ist, daß die BRMitgl. ihre Tätigkeit im Betrieb für die Dauer der Sitzung unterbrechen. Einer Mitteilung der Tagesordung an den ArbGeb. bedarf es nicht (*GL,* Rn 8; *GK-Wiese,* Rn 15; *GKSB,* Rn 7; *HSG,* Rn 10). Eine Zustimmung des ArbGeb. ist nicht erforderlich. Die jeweilige Unterrichtung kann entfallen, wenn die BRSitzungen – z. B. nach der Geschäftsordnung des BR – stets zu einer bestimmten Zeit stattfinden und dies dem ArbGeb. bekannt ist.

Die schuldhafte Unterlassung der Verständigung des ArbGeb. berechtigt diesen zwar nicht, dem BRMitgl. das auf die Zeit der BRSitzungen entfallende Arbeitsentgelt zu verweigern oder zu mindern, sie kann aber zu **Schadensersatzansprüchen** des ArbGeb. führen, wenn dieser durch die Unterlassung an entsprechenden betrieblichen Dispositionen gehindert worden ist und hierdurch einen Schaden erlitten hat (*GL,* Rn 9; *GK-Wiese,* Rn 16; **a. A.** *HSG,* Rn 13). 11

V. Nichtöffentlichkeit

Die Vorschrift des Satzes 4 über die Nichtöffentlichkeit beschränkt den **Kreis der an den Sitzungen der BR Teilnehmenden** grundsätzlich auf die BRMitglieder. Außer diesen haben nur der ArbGeb. (§ 29 Abs. 4), die Schwerbehindertenvertr. (§ 32), die JugAzubiVertr. (§ 67), die Vertr. von Gewerkschaften und von ArbGebVereinigungen (§§ 31, 29 Abs. 4 S. 2) sowie der Vertrauensmann der Zivildienstleistenden (§ 37 Abs. 5 ZDG), das Recht, an BRSitzungen teilzunehmen. Ferner kann der BR dem Sprecherausschuß für leitende Ang. oder einzelnen seiner Mitgl. das Recht einräumen, an seinen Sitzungen teilzunehmen (vgl. § 2 Abs. 2 S. 2 SprAuG). Andere Personen, insbesondere auch ErsMitgl., soweit sie nicht nach § 25 in den BR nachgerückt sind, dürfen grundsätzlich nicht teilnehmen (*DR,* Rn 12; *GL,* Rn 10f.; *GK-Wiese,* Rn 20; *GKSB,* Rn 8). Wegen Zuziehung einer Schreibkraft als Protokollführerin vgl. § 34 Rn 7. 12

Das Gebot der Nichtöffentlichkeit kann weder durch Beschluß des BR noch durch eine BV oder Tarifregelung aufgehoben werden.

Der Grundsatz der Nichtöffentlichkeit der BRSitzungen schließt allerdings nicht aus, daß der BR weitere Personen zur **Beratung einzelner Gegenstände** der Tagesordnung hinzuzieht. Dies ist stets dann als zulässig anzusehen, wenn der BR das im Hinblick auf eine sachgerechte Behandlung einzelner Tagesordnungspunkte für zweckmäßig erachtet. So kann er zu einzelnen Beratungsgegenständen **Sachverständige** oder sonstige **Auskunftspersonen** (z. B. Gewerbeaufsichtsbeamte, technische Aufsichtsbeamte der Berufsgenossenschaften, Bedienstete des zuständigen Arbeitsamtes, Mitgl. des GesBR, Verteter der ArbN im Aufsichtsrat, betroffene ArbN bei personellen Einzelmaßnahmen oder bei Beschwerden, sonstige für bestimmte Angelegenheiten besonders sachkundige ArbN des Betriebs, z. B. EDV-Sachkundige) einladen (*DR,* Rn 13; *GL,* Rn 13; *GK-Wiese,* Rn 18f.; *GKSB,* Rn 9). 13

Diese Personen haben allerdings **keine beratende Stimme** in dem Sinne, daß sie Einfluß auf die Willensbildung des BR nehmen dürfen (*DR,* Rn 13; *HSG,* Rn 16). Das schließt jedoch nicht aus, daß sie u. U. während der Beratung des betreffenden Tagesordnungspunktes anwesend sein dürfen, damit der BR ggf. rückfragen kann (**a. A.** hinsichtlich Auskunftspersonen *GK-Wiese,* Rn 19). Wegen der Zuziehung von Sachverständigen und Auskunftspersonen durch den BR vgl. § 80 Rn 59ff. 14

15 Soweit sich eine **Verschwiegenheitspflicht** der vom BR zugezogenen Sachverständigen und Auskunftspersonen über Betriebs- und Geschäftsgeheimnisse nicht bereits aus diesem Gesetz (vgl. §§ 79, 80 Abs. 3) oder aus ihrer speziellen Rechtstellung ergibt (etwa Dienstpflicht des Gewerbeaufsichtsbeamten oder des technischen Überwachungsbeamten der Berufsgenossenschaft, Arbeitsverhältnis des zugezogenen ArbN), ist der BR verpflichtet, dafür zu sorgen, daß diese Personen solche Geheimnisse nicht erfahren. Sollten sie ihnen gleichwohl bekannt werden, hat der BR diesen Personen eine besondere Verschwiegenheitspflicht aufzuerlegen; diese ist allerdings nicht nach § 120 strafbewehrt (*DR,* Rn 15; *HSG,* Rn 22; *Weiss,* Rn 5).

16 Aus dem Grundsatz der Nichtöffentlichkeit der BRSitzung ergibt sich keine über den Rahmen des § 79 hinausgehende Verschwiegenheitspflicht der BRMitgl. Deshalb besteht auch **keine generelle Pflicht, Stillschweigen über den Inhalt von BRSitzungen** zu wahren (vgl. BAG 5. 9. 67, AP Nr. 8 zu § 23 BetrVG; LAG München, DB 79, 895; *DR,* Rn 16; *GL,* Rn 15; *GK-Wiese,* Rn 25; *GKSB,* Rn 10; *HSG,* Rn 23). Allerdings kann bei Angelegenheiten, die ihrer Natur nach einer vertraulichen Behandlung bedürfen oder deren allgemeines Bekanntwerden für den Betroffen Nachteile mit sich bringen würde, eine gewisse Verpflichtung zur Vertraulichkeit bestehen. Dies gilt insbesondere, wenn der BR die vertrauliche Behandlung der Angelegenheit beschlossen hat (*Weiss,* Rn 5; *GKSB,* Rn 10; insoweit **a. A.** *HSG,* Rn 23). Diese Verpflichtung ergibt sich jedoch nicht aus dem Grundsatz der Nichtöffentlichkeit der BRSitzung, sondern aus dem vertraulichen Charakter der betreffenden Angelegenheit. Ferner ist zu beachten, daß der BR ein Kollektivorgan ist und sich hieraus **gewisse Solidaritätspflichten seiner Mitgl.** ergeben. Aus diesem Grunde dürfte es jedenfalls nicht generell zulässig sein, daß überstimmte BRMitgl. diese Tatsache und ihre Ansicht zu der anstehenden Frage dem ArbGeb. mitteilen (*GK-Wiese,* § 35 Rn 25). Ferner haben die BRMitgl. darauf zu achten, daß die Funktionsfähigkeit des BR nicht durch unangebrachte Indiskretion beeinträchtigt wird (vgl. hierzu BAG 5. 9. 67, AP Nr. 8 zu § 23 BetrVG).

17 Ein Verstoß gegen das Gebot der Nichtöffentlichkeit beeinträchtigt die **Rechtsgültigkeit der vom BR gefaßten Beschlüsse** im allgemeinen nicht, sondern nur dann, wenn feststeht, daß der Beschluß des BR bei Einhaltung des Gebotes der Nichtöffentlichkeit anders ausgefallen wäre (vgl. hierzu BAG 28. 2. 58, AP Nr. 1 zu § 29 BetrVG; BAG 24. 3. 77, AP Nr. 12 zu § 102 BetrVG 1972; *DR,* Rn 17; *GL,* Rn 14, *GK-Wiese,* § 33 Rn 41; *GKSB,* Rn 11; nach *HSG,* Rn 25, führt ein Verstoß gegen den Grundsatz der Nichtöffentlichkeit als bloßer Ordnungsvorschrift nie zur Ungültigkeit gefaßter Beschlüsse). Die sanktionslose Gebotsvorschrift des § 30 Satz 4 steht in ihrer Rechtswirkung einer Sollvorschrift gleich. Ähnlich die Vorschrift über die Teilnahme an der Beschlußfassung des Aufsichtsrats (§ 109 AktGes.), die insoweit deutlicher als Sollvorschrift gefaßt ist. Nach allgemeiner Auffassung nimmt die Teilnahme eines unbefugten Dritten (jedenfalls wenn dieser nicht mitgestimmt hat) in aller Regel dem Aufsichtsratsbeschluß nicht seine Wirksamkeit (*Godin-Wilhelmi,* AktGes. § 109 Rn 4; *Baumbach-Hueck,* AktGes., § 109 Rn 2).

VI. Streitigkeiten

Streitigkeiten über den Zeitpunkt von BRSitzungen sowie darüber, wer an ihnen teilnehmen oder zu ihnen hingezogen werden kann, entscheiden die **ArbG im Beschlußverfahren** (§§ 2a, 80ff. ArbGG). GGfs. besteht die Möglichkeit des Erlasses einer einstweiligen Verfügung durch das ArbG (vgl. § 85 Abs. 2 ArbGG). 18

§ 31 Teilnahme der Gewerkschaften

Auf Antrag von einem Viertel der Mitglieder oder der Mehrheit einer Gruppe des Betriebsrats kann ein Beauftragter einer im Betriebsrat vertretenen Gewerkschaft an den Sitzungen beratend teilnehmen; in diesem Fall sind der Zeitpunkt der Sitzung und die Tagesordnung der Gewerkschaft rechtzeitig mitzuteilen.

Inhaltsübersicht

I. Vorbemerkung

Die Vorschrift konkretisiert das allgemeine Gebot der Zusammenarbeit des BR mit den Gewerkschaften in bezug auf die BRSitzungen, indem sie den im BR vertretenen Gewerkschaften auch auf Antrag einer Minderheit, nämlich eines Viertels der Mitgl. des BR oder der Mehrheit einer Gruppe, das Recht geben, beratend an der BRSitzung teilzunehmen. Die Vorschrift gilt auch für die gemeinsame Sitzung von BR und Sprecherausschuß für leitende Ang. gemäß § 2 Abs. 2 S. 3 SprAuG. Dies folgt daraus, daß es für die vorgesehenen gemeinsamen Sitzungen dieser Gremien keine besonderen Regelungen gibt und deshalb die für die Sitzungen der einzelnen Gremien geltenden Vorschriften maßgebend bleiben. 1

Die Vorschrift gilt entsprechend für den GesBR (§ 51 Abs. 1), den KBR (§ 59 Abs. 1), die JugAzubiVertr. (§ 65 Abs. 1), die GesJugAzubiVertr. (§ 73 Abs. 2), die BordVertr. (§ 115 Abs. 4) und den SeeBR (§ 116 Abs. 3). Zur Anwendung der Vorschrift auf Ausschüsse des BR vgl. Rn 21. Die Vorschrift gilt ferner entsprechend für tarifliche ArbNVertr. nach § 3 Abs. 1 Nr. 2. Die Teilnahme von Gewerkschaftsvertr. 2

an Zusammenkünften der zusätzlichen ArbNVertr. nach § 3 Abs. 1 Nr. 1 ist im TV zu regeln.

3 Die Vorschrift ist **zwingend** und kann weder durch TV noch durch BV eingeschränkt oder abgedungen werden.

3a Entsprechende Vorschrift: § 36 BPersVG 74.

II. Antrag auf Zuziehung von Gewerkschaftsvertretern

4 Die Vorschrift dient dem **Schutz gewerkschaftlicher Minderheiten** im BR. Selbstverständlich ist ein Beauftragter einer im BR vertretenen Gewerkschaft auch hinzuziehen, wenn der **BR mit Mehrheit** die Hinzuziehung beschließt (*DR,* Rn 10; *GL,* Rn 5; *GK-Wiese,* Rn 12; *HSG,* Rn 1). Die Hinzuziehung von Gewerkschaftsbeauftragten durch den BR als solchen kann sowohl durch Beschluß im Einzelfall als auch generell erfolgen, z. B. in der **Geschäftsordnung** vorgesehen werden (*Müller,* ZfA 72, 227; *Düttmann,* Jahrbuch des Arbeitsrechts, Bd. 17, S. 71ff.; *GKSB,* Rn 2; *Däubler,* Gewerkschaftsrechte im Betrieb, S. 78; vgl. auch BAG 18. 11. 80, AP Nr. 2 zu § 108 BetrVG 1972; **a. A.** hinsichtlich einer generellen Hinzuziehung BAG 25. 6. 87, AP Nr. 6 zu § 108 BetrVG 1972 (für Sitzungen des WiAusschusses); *DR,* Rn 11; *GK-Wiese,* Rn 19; *HSG,* Rn 7; *GL,* Rn 5 und 7, lassen eine generelle Hinzuziehung nur durch die Geschäftsordnung zu). Hierbei genügt für einen Beschluß im Einzelfall die einfache Stimmenmehrheit; bei einer diesbezüglichen Regelung in der Geschäftsordnung ist die absolute Mehrheit erforderlich, da der Erlaß einer Geschäftsordnung gem. § 36 einer qualifizierten Mehrheit bedarf. Der BR ist nicht verpflichtet, jede im BR vertretene Gewerkschaft hinzuzuziehen, sondern kann seine Entscheidung auf eine bestimmte Gewerkschaft beschränken.

5 Andererseits kann im Hinblick auf die ausdrückliche Vorschrift des § 31 der **BR nicht durch Mehrheitsbeschluß den Antrag** des Viertels der BRMitgl. oder der Mehrheit der Vertr. einer Gruppe im BR auf Hinzuziehung des Vertr. einer bestimmten Gewerkschaft **ablehnen** und dadurch den von den Minderheiten gestellten Antrag zunichte machen (*DR,* Rn 10; *GK-Wiese,* Rn 15; *GKSB,* Rn 5; *HSG,* Rn 10).

6 Der **Antrag** auf Hinzuziehung eines Beauftragten einer im BR vertretenen Gewerkschaft kann gestellt werden von einem Viertel der Mitgl. des BR oder von der Mehrheit einer Gruppe im BR. Der Antrag kann während oder außerhalb der BRSitzung gestellt werden. Er ist nicht an eine bestimmte Form gebunden, sondern kann mündlich gestellt werden. Er bedarf keiner Begründung. Wegen seiner Bedeutung ist er in die Sitzungsniederschrift nach § 34 aufzunehmen.

7 Für den Fall der Stellung des Antrags durch ein **Viertel der Mitgl. des BR** gilt für die Ermittlung der erforderlichen Zahl von Antragstellern das zu § 29 Rn 21 Gesagte entsprechend. Erforderlich ist ein Viertel der **Gesamtzahl der BRMitgl.** nicht ein Viertel der anwesenden oder an der Beschlußfassung teilnehmenden BRMitgl. (*DR,* Rn 6; *GL,* Rn 9; *GK-Wiese,* Rn 9).

Zur Stellung des Antrags durch die **Mehrheit der Vertr. einer Gruppe** (Arb oder Ang.) vgl. § 29 Rn 22. Wenngleich das Gesetz an dieser Stelle nur von der „Mehrheit einer Gruppe" spricht und nicht wie in § 29 Abs. 3 Satz 2 ausdrücklich den Fall einbezieht, daß eine „Mehrheit" auch bei einer Gruppe von nur zwei Mitgl. gebildet werden kann, ist eine analoge Anwendung zu bejahen, so daß die nur aus zwei Mitgl. bestehende Gruppe den Antrag durch übereinstimmende Erklärung der beiden Gruppenvertr. stellen kann (*GL,* Rn 9; *GK-Wiese,* Rn 9; *HSG,* Rn 5). Ist eine Gruppe dagegen nur mit einem Mitgl. im BR vertreten, so steht diesem angesichts des klaren Gesetzeswortlauts kein Antragsrecht zu (*Frauenkron,* Rn 3; *GL,* Rn 9; *Weiss,* Rn 1; **a. A.** *DR,* Rn 6; *GK-Wiese,* Rn 9; *HSG,* Rn 5; *GKSB,* Rn 4; *Stege/Weinspach,* Rn 1; *Däubler,* Gewerkschaftsrechte, S. 76). Allerdings steht es diesem Mitgl. selbstverständlich frei, sich mit einem Beauftragten der Gewerkschaft, der es angehört, zu beraten (GK-Wiese, Rn 9). 8

An dem Antrag kann sich **jedes BRMitgl.,** auch das nicht organisierte oder das anders organisierte Mitgl. beteiligen. Es ist also nicht erforderlich, daß die Antragsteller der Gewerkschaft angehören, deren Beauftragten hinzuzuziehen sie beantragen (*DR,* Rn 6; *GL,* Rn 9; *GK-Wiese,* Rn 8). 9

Der **Antrag** ist **an den Vors. des BR** zu richten und wird im allgemeinen so frühzeitig zu stellen sein, daß der Vors. in der Lage ist, dem Antrag zu entsprechen und die Gewerkschaft aufzufordern, einen Beauftragten zur Sitzung zu entsenden. Der Antrag kann jedoch auch noch in der Sitzung selbst gestellt werden, was unter Umständen zu einer Vertagung der Sitzung führen kann, falls der BR dies beschließt. Ein Anspruch darauf, daß die Sitzung vertagt wird, besteht jedoch nicht; dies gilt insbesondere dann, wenn der Tagesordungspunkt, zu dem die Hinzuziehung beantragt wird, ordnungsgemäß vorher angekündigt war (*DR,* Rn 7; *HSG,* Rn 4; *GK-Wiese,* Rn 10). Der Antrag auf Hinzuziehung eines Gewerkschaftsbeauftragten kann auf bestimmte Tagungspunkte beschränkt werden (*DR,* Rn 12; *GL,* Rn 7). 10

Der Antrag kann nur auf Entsendung eines Beauftragten einer **im BR vertretenen** Gewerkschaft gerichtet werden. Sind mehrere Gewerkschaften im BR vertreten, so kann natürlich die Entsendung von Beauftragten mehrerer im BR vertretenen Gewerkschaften beantragt oder auch vom BR mit Mehrheit beschlossen werden (*DR,* Rn 8; *GL,* Rn 4; *GK-Wiese,* Rn 13; *HSG,* Rn 8). Daß die Gewerkschaft im Betrieb vertreten ist, genügt nicht; vielmehr muß der Gewerkschaft mindestens ein BRMitglied angehören (vgl. BAG 4. 11. 60, AP Nr. 2 zu § 16 BetrVG). Es bestehen aber keine Bedenken, Beauftragte von Gewerkschaften, die nicht im BR vertreten sind, in geeigneten Fällen als Auskunftspersonen zu einzelnen Beratungsgegenständen zu hören (*DR,* Rn 5; *GK-Wiese,* Rn 14; vgl. hierzu § 30 Rn 13). Wird die Hinzuziehung eines Beauftragten nur einer bestimmten im BR vertretenen Gewerkschaft beantragt, so gibt dies den übrigen im BR vertretenen Gewerkschaften nicht das Recht zur Entsendung von Beauftragten. Die Gewerkschaft ist – jedenfalls bei einem entsprechenden Begehren der Antragsberechtigten – 11 nicht darauf beschränkt, nur einen Beauftragten zu entsenden. Sie kann mehrere Beauftragte entsenden, wenn dies im Hinblick auf die Tagesordnung im Interesse einer sachgerechten Beratung des BR liegt (*GL,* Rn 15; *GK-Wiese,* Rn 20; *GKSB,* Rn 11; *Weiss,* Rn 1; *Däubler,* Gewerkschaftsrechte, S. 76; **a. A.** *DR,* Rn 14; *Brecht,* Rn 5; *HSG,* Rn 13).

12 Der **BRVors. muß einem ordnungsgemäßen Antrag stattgeben.** Eine Entscheidung darüber, ob die Hinzuziehung zweckmäßig ist, steht ihm nicht zu. Entspricht der Vors. dem Antrag nicht und lehnt er die beantragte Hinzuziehung des Gewerkschaftsvertreters ab, so handelt er pflichtwidrig. Er kann u. U. – etwa bei wiederholter Nichtbeachtung eines Antrags – nach § 23 im arbeitsgerichtlichen BeschVerf. wegen grober Verletzung seiner gesetzlichen Pflichten aus dem BR ausgeschlossen werden.

13 Eine **generelle Hinzuziehung** von Gewerkschaftsbeauftragten zu allen Sitzungen des BR kann eine **Minderheit nicht** mit einem Antrag nach § 31 erzwingen; sie würde dem Sinne der Vorschrift nicht entsprechen, die einer Minderheit lediglich die Hinzuziehung von Gewerkschaftsbeauftragten zu einer oder auch mehreren bestimmten BRSitzung ermöglichen will (*DR,* Rn 11; *GL,* Rn 11; *HSG,* Rn 7; *Weiss,* Rn 3). Wegen genereller Hinzuziehung durch Mehrheitsbeschluß des BR vgl. oben Rn 4.

III. Beauftragte der im Betriebsrat vertretenen Gewerkschaften

14 Die Gewerkschaften haben kein eigenes Recht, an BRSitzungen teilzunehmen (anders bei BetrVerslg. vgl. § 46). Ihre Teilnahme ist nur zulässig, wenn ein **Antrag nach § 31** gestellt worden ist oder der **BR die Teilnahme beschlossen** hat (*DR,* Rn 2; *GL,* Rn 1). Ist dies geschehen, so steht der Gewerkschaft das Teilnahmerecht zu. Die Vorschrift des § 31 ist gegenüber der allgemeinen Zugangsregelung des § 2 Abs. 2 eine **Sonderregelung** (vgl. § 2 Rn 40; *DR,* Rn 17; **a. A.** *Brecht,* Rn 8; *GK-Wiese,* Rn 22; *HSG,* Rn 14; Näheres unten Rn 18).

15 Der auf Antrag einzuladende **Beauftragte der Gewerkschaft** braucht kein Angestellter derselben zu sein. Die Gewerkschaft kann vielmehr jedes ihrer Mitgl. als Beauftragten entsenden, auch ArbN des Betriebs (*DR,* Rn 15; *GL,* Rn 15; *GKSB,* Rn 11; *HSG,* Rn 13). Die Entsendung von ArbN, die in einem ausgesprochenen Konkurrenzbetrieb tätig sind, dürfte dagegen im allgemeinen nicht zulässig sein (*DR,* Rn 15; *GL,* Rn 14; *GK-Wiese,* Rn 16; **a. A.** *Weiss,* Rn 2, der dies allerdings auch für nicht zweckmäßig hält).

Von dem Beauftragten kann ein Nachweis über die Beauftragung verlangt werden.

16 BRSitzungen sind nur die **förmlichen Sitzungen,** nicht sonstige Besprechungen zwischen ArbGeb. und BR, so daß Gewerkschaftsbeauftragte an solchen Besprechungen nur teilnehmen können, wenn

dies von beiden Seiten gewünscht wird (*DR,* Rn 3; *GL,* Rn 2; *GK-Wiese,* Rn 18; vgl. § 29 Rn 48; **a. A.** *GKSB,* Rn 10).

Der Beauftragte der Gewerkschaft hat im Gegensatz zu dem Vertr. der ArbGebVereinigung (§ 29 Abs. 4 Satz 2) **beratende Stimme,** d. h. er darf auf die Willensbildung des BR Einfluß nehmen. Ihm ist auf Antrag das Wort zu erteilen. Er kann zur Sache sprechen, jedoch nicht an Abstimmungen teilnehmen. Wohl aber kann er bei ihnen zugegen sein, da das Gesetz dies nicht verbietet (*DR,* Rn 19; *GL,* Rn 17; *GK-Wiese,* Rn 21; *GKSB,* Rn 13). Die Leitung der Sitzung kann dem Gewerkschaftsbeauftragten nicht übertragen werden. 17

Der ArbGeb. kann dem Gewerkschaftsbeauftragten das **Betreten des Betriebs** zum Zwecke der Teilnahme an einer BRSitzung, zu der er hinzugezogen wird, **nicht verweigern,** da im Sitzungsraum der Vors. des BR das Hausrecht hat (vgl. § 29 Rn 39). Da § 31 gegenüber § 2 Abs. 2 eine Sonderregelung darstellt (vgl. oben Rn 14), kann der ArbGeb. dem Gewerkschaftsbeauftragten den Zutritt zum Betrieb auch nicht aus den Gründen des § 2 Abs. 2 a. E. verwehren (**a. A.** *GK-Wiese,* Rn 22; *HSG,* Rn 15). Dies auch nicht, wenn die Zuziehung des Gewerkschaftsbeauftragten durch den BR mit Mehrheit beschlossen wurde, da dieser Beschluß regelmäßig unter Beteiligung der in § 31 genannten Mindestzahl von BRMitgl. zustandekommt. Allerdings kann der ArbGeb. in besonderen Ausnahmefällen unter dem Gesichtspunkt des Rechtsmißbrauchs den Zutritt eines bestimmten Gewerkschaftsbeauftragten (etwa bei drohender Gefahr von unerlaubten oder strafbaren Handlungen) untersagen (*DR,* Rn 17; *GL,* Rn 16; *Weiss,* Rn 4; vgl. auch § 46 Rn 9). Verweigert der ArbGeb. einem Gewerkschaftsbeauftragten widerrechtlich den Zutritt zur BRSitzung, so liegt regelmäßig eine Störung der BRTätigkeit i. S. des § 78 vor, die u. U. strafrechtliche Folgen nach § 119 Abs. 1 Nr. 2 haben kann (*GKSB,* Rn 15). Darüber hinaus kann bei groben Verstößen das Zwangsverfahren nach § 23 Abs. 3 eingeleitet werden. 18

Der Beauftragte der Gewerkschaft hat über **Betriebs- und Geschäftsgeheimnisse,** die vom ArbGeb. als geheimhaltungsbedürftig bezeichnet worden sind, gem. § 79 Abs. 2 **Stillschweigen** zu wahren (*DR,* Rn 20; *GL,* Rn 19). Diese Pflicht obliegt ihm auch gegenüber seiner Gewerkschaft. Die Verletzung der Verschwiegenheitspflicht kann nach § 120 Abs. 1 Nr. 2 strafrechtlich geahndet werden. 19

IV. Mitteilung von Zeitpunkt und Tagesordnung der Betriebsratssitzung

Ist ein Antrag nach § 31 gestellt oder hat der BR einen Beschluß auf Hinzuziehung eines Gewerkschaftsbeauftragten gefaßt, so hat der Vors. des BR der Gewerkschaft den **Zeitpunkt** der BRSitzung und die **Tagesordnung** rechtzeitig mitzuteilen. „Rechtzeitig" bedeutet, daß der Gewerkschaft so frühzeitig Zeitpunkt und Tagesordnung der Sitzung mitzuteilen sind, daß sie einen oder mehrere geeignete Beauftragte auswäh- 20 len und diese sich ordnungsgemäß auf die BRSitzung vorbereiten können (*GKSB,* Rn 6). Die Mitteilung kommt einer **Einladung** gleich. Sie ist vor der Sitzung vorzunehmen. Daher sind hier die Ausführungen zu § 29 Abs. 2 Satz 3 entsprechend heranzuziehen (vgl. § 29 Rn 28 ff.). Unterbleibt die Mitteilung so kann dies eine grobe Pflichtverletzung i. S. des § 23 darstellen. Ist die Einladung der Gewerkschaft trotz rechtzeitiger Antragstellung unterblieben, so dürfte der TOPunkt, zu dem die Hinzuziehung eines Gewerkschaftsbeauftragten begehrt worden ist, selbst dann nicht behandelt werden können, wenn der BR das mehrheitlich beschließt. Denn das käme einem Unterlaufen des Antragsrechts gleich. (**a. A.** *GK-Wiese,* Rn 15). Auf der anderen Seite braucht eine BRSitzung nicht vertagt oder unterbrochen zu werden, wenn ein Antrag so verspätet oder gar erst in der BRSitzung gestellt wird, daß eine Hinzuziehung oder ordnungsmäßige Teilnahme eines Gewerkschaftsbeauftragten nicht mehr möglich bzw. zumutbar ist; denn sonst könnte eine Minderheit im BR stets eine Beschlußfassung über TOPunkte verhindern (*DR,* Rn 7; *GK-Wiese,* Rn 10).

V. Anwendung auf Ausschüsse des Betriebsrats

21 Da § 27 Abs. 3 S. 2 und § 28 Abs. 1 die rechtliche Möglichkeit eröffnen, Aufgaben des BR auf den BetrAusschuß oder andere Ausschüsse zu übertragen, stellt sich die Frage der **entsprechenden Anwendung** des § 31 auf diese Ausschüsse. Jedenfalls soweit diesen Ausschüssen Aufgaben zur selbständigen Erledigung übertragen worden sind, ist die entsprechende Anwendung grundsätzlich zu bejahen (BAG 18. 11. 80 und 25. 6. 87, AP Nr. 2 und 6 zu § 108 BetrVG 1972; *DR,* Rn 21; *GK-Wiese,* Rn 3; *GKSB,* Rn 16; *HSG,* Rn 20; *Weiss,* Rn 5; **a. A.** *GL,* Rn 20; *Stege/Weinspach,* Rn 4). **Antragsberechtigt** sind zum einen der BR und die nach § 31 zur Antragstellung Befugten, d. h. ein Viertel der Mitgl. des BR oder die Mehrheit einer Gruppe im BR (**a. A.** *HSG,* Rn 22). Darüber hinaus kann jedoch auch der Auschuß selbst durch Mehrheitsbeschluß die Hinzuziehung eines Gewerkschaftsbeauftragten beschließen. Das ergibt sich daraus, daß der Ausschuß insoweit an die Stelle des BR tritt (*DR,* Rn 22; *GKSB,* Rn 16; *GK-Wiese,* Rn 4; *Weiss,* Rn 5). In beiden Fällen genügt es, daß die Gewerkschaft im BR vertreten ist; sie braucht nicht mit einem Mitgl. im Ausschluß vertreten zu sein. **Nicht antragsberechtigt** ist dagegen ein Viertel der Mitgl. des Ausschusses oder die Mehrheit einer Gruppe im Ausschuß; das wäre eine nicht zu rechtfertigende Ausweitung des in § 31 geregelten Minderheitenschutzes (**a. A.** *DR,* Rn 22; *GK-Wiese,* Rn 4; *Däubler,* Gewerkschaftsrechte im Betrieb, S. 79).

22 Zum Teilnahmerecht von Gewerkschaftsbeauftragten an Sitzungen des WiAusschusses vgl. § 108 Rn 8a.

VI. Streitigkeiten

23 Streitigkeiten, die sich aus dem Recht auf Hinzuziehung von Gewerkschaftsbeauftragten ergeben, sind von den **ArbG im Beschlußverfahren** zu entscheiden (§§ 2a, 80ff. ArbGG) Antragsberechtigt ist auch die betr. Gewerkschaft (BAG 18. 11. 80, AP Nr. 2 zu § 108 BetrVG 1972; *DR*, Rn 23; *GL*, Rn 21; *GK-Wiese*, Rn 24). Der Erlaß einer einstweiligen Verfügung ist zulässig (vgl. § 85 Abs. 2 ArbGG).

§ 32 Teilnahme der Schwerbehindertenvertretung

Die Schwerbehindertenvertretung (§ 24 des Schwerbehindertengesetzes) kann an allen Sitzungen des Betriebsrats beratend teilnehmen.

Inhaltsübersicht

I. Vorbemerkung

1 Das Schwerbehindertengesetz (SchwbG) i. d. F. der Bekanntmachung vom 28. 8. 1986 (BGBl. I S. 1421) schreibt die Bildung einer **Schwerbehindertenvertretung** (SchwbVertr.) vor. Diese besteht aus einem Mitgl., das – je nachdem ob das Amt von einer Frau oder einem Mann wahrgenommen wird – **Vertrauensfrau** oder **Vertrauensmann der Schwbeh.** genannt wird (vgl. § 24 Abs. 1 und 9 SchwbG; Näheres über Institution und Aufgaben der SchwbVertr. vgl. unten Rn 4ff.).

1a Der BR ist im Rahmen seiner allgemeinen Aufgaben verpflichtet, die Eingliederung der Schwbeh. im Betrieb zu fördern (§ 80 Abs. 1 Nr. 4). Zur Unterstützung dieser Verpflichtung hat das Mitgl. der SchwbVertr. das Recht, an allen Sitzungen des BR und seiner Ausschüsse (vgl. § 32 BetrVG, § 25 Abs. 4 SchwbG) teilzunehmen; zu diesen Sitzungen ist es gem. § 29 Abs. 2 S. 4 rechtzeitig unter Mitteilung der Tagungsordnung zu laden. Außerdem kann es in SchwbehAngelegenheiten die Ergänzung der TO der nächsten BRSitzung sowie die Aussetzung eines BRBeschlusses verlangen (vgl. § 35 BetrVG, § 25 Abs. 4 SchwbG). Zum Teilnahmerecht des **Vertrauensmannes der Zivildienstleistenden** an den Sitzungen des BR vgl. § 29 Rn 30.

2 Die Vorschrift gilt auch für ArbNVertr. nach § 3 Abs. 1 Nr. 2, nicht dagegen für die Teilnahme an Sitzungen zusätzlicher betriebsverfassungsrechtlicher Vertr. i. S. von § 3 Abs. 1 Nr. 1, es sei denn, der TV

enthält eine entsprechende Regelung. Sie gilt ferner für die gemeinsame Sitzung von BR und Sprecherausschuß für leitende Ang. nach § 2 Abs. 2 S. 3 SprAuG. Hinsichtlich des Teilnahmerechts der GesSchwbVertr. an den Sitzungen des GesBR vgl. § 52. Die Teilnahme eines Vertr. der Schwbeh. an den Sitzungen des KBR, der JugAzubiVertr. und der GesJugAzubiVertr. ist gesetzlich nicht vorgesehen. Für die Sitzungen der Bordvertr. und des SeeBR findet § 32 zwar entsprechende Anwendung (vgl. § 115 Abs. 4 und § 116 Abs. 3). Allerdings dürfte diese Vorschrift für diese Vertr. im Hinblick darauf, daß wegen der besonderen gesundheitlichen Anforderung an die Besatzungsmitgl. im allgemeinen keine Schwbeh. auf Schiffen beschäftigt werden, nicht von Bedeutung sein.

3 Die Vorschrift ist **zwingend** und kann weder durch TV noch durch BV abgedungen werden.

3a Entsprechende Vorschrift: § 40 BPersVG 74.

II. Die Schwerbehindertenvertretung

4 Die **Institution der SchwbVertr.** ist in den §§ 23ff. SchwbG geregelt. In allen Betrieben mit fünf oder mehr nicht nur vorübergehend beschäftigten Schwbeh. wählen diese in unmittelbarer und geheimer Wahl nach den Grundsätzen der Mehrheitswahl einen Vertrauensmann (eine Vertrauensfrau) sowie wenigstens einen Stellvertr. (§ 24 Abs. 1, 2, 4 und 6 SchwbG). Wählbar sind alle ArbN des Betriebs (also nicht nur die Schwbeh.), die zum BR wählbar sind (also nicht leitende Ang. i. S. von § 5 Abs. 3) und die dem Betrieb seit sechs Monaten angehören (vgl. § 24 Abs. 3 SchwbG). Zur Wahl des GesVertrauensmanns (der GesVertrauensfrau) der Schwbeh. vgl. § 52 Rn 5ff.

5 Die **persönliche Rechtsstellung** des Mitglieds der SchwbVertr. entspricht weitgehend derjenigen eines BRMitgl. Das gilt insbesondere in bezug auf

- seine **ehrenamtliche Tätigkeit** (vgl. § 26 Abs. 1 SchwbG),
- das generelle **Verbot der Behinderung,** Begünstigung und Benachteiligung (vgl. § 26 Abs. 2 SchwbG),
- den **Schutz gegen Kündigung,** Versetzung und Abordnung (vgl. § 26 Abs. 3 SchwbG),
- die **Arbeitsbefreiung** zur Durchführung seiner Aufgaben sowie zur Teilnahme an erforderlichen Schulungs- und Bildungsveranstaltungen (vgl. § 26 Abs. 4 SchwbG),
- den **besonderen beruflichen Schutz** des freigestellten Mitgl. des SchwbVertr. (vgl. § 26 Abs. 5 SchwbG),
- den **Anspruch auf Freizeitausgleich** für Amtstätigkeit, die es aus betriebsbedingten Gründen außerhalb seiner Arbeitszeit durchgeführt hat (vgl. § 26 Abs. 6 SchwbG),
- seine **Verschwiegenheitspflicht** (vgl. § 26 Abs. 7 SchwbG),
- die **Kostentragungspflicht** des ArbGeb. für die Tätigkeit der SchwbVertr. (vgl. § 26 Abs. 8 SchwbG).

Der **Stellvertreter des Vertrauensmanns** (der Vertrauensfrau) besitzt während der Dauer der Vertretung und der in Betrieben mit in der Regel mindestens 300 Schwbeh. zulässigen Heranziehung zu bestimmten Aufgaben (vgl. § 25 Abs. 1 S. 3 SchwbG) dieselbe persönliche Rechtstellung wie das ordentl. Mitgl. der SchwbVertr. (vgl. § 26 Abs. 3 S. 2 SchwbG). Im übrigen hat er dieselbe Rechtstellung wie ErsMitgl. des BR (vgl. hierzu § 25 Rn 5ff.). 6

Die **Räume und der Geschäftsbedarf,** die der ArbGeb. dem BR zur Durchführung seiner Aufgaben zur Verfügung stellt, kann die SchwbVertr. auch zur Durchführung ihrer Aufgaben benutzen, es sei denn, ihr werden eigene Räume und sachliche Mittel zur Verfügung gestellt (vgl. § 26 Abs. 9 SchwbG). 7

Die SchwbVertr. hat die Aufgabe, die **Eingliederung** Schwbeh. in den Betrieb zu fördern, ihre **Interessen im Betrieb** zu vertreten und ihnen beratend und helfend zur Seite zu stehen (vgl. § 25 Abs. 1 SchwbG). Zu diesem Zweck arbeiten ArbGeb., SchwbVertr. und BR eng zusammen (vgl. § 29 Abs. 1 SchwbG). Die SchwbVertr. ist berechtigt, mindestens einmal im Kalenderjahr eine **Verslg. der Schwbeh.** des Betriebs durchzuführen (§ 25 Abs. 6 SchwbG). In allen Angelegenheiten, die einen Schwbeh. oder die Schwbeh. als Gruppe berühren, ist sie vom ArbGeb. rechtzeitig und umfassend zu **unterrichten** und **anzuhören;** getroffene Maßnahmen sind ihr unverzüglich mitzuteilen. 8

Ist die Beteiligung der SchwbVertr. unterblieben, so ist die Durchführung oder Vollziehung der beabsichtigten Maßnahme auszusetzen; die Beteiligung ist innerhalb einer Frist von sieben Tagen nachzuholen; sodann ist endgültig zu entscheiden (vgl. § 25 Abs. 2 SchwbG). Die unterlassene Beteiligung durch den ArbGeb gibt der SchwbVertr. außerdem das Recht, allein aus diesem Grunde die Aussetzung eines Beschlusses des Betriebsrats nach § 35 zu verlangen (vgl. § 25 Abs. 4 Satz 2 SchwbG). Diese Regelungen zeigen, daß eine zwar erforderliche, jedoch unterbliebene Beteiligung der SchwbVertr. **keine Unwirksamkeit** der getroffenen Maßnahme zur Folge hat (vgl. hierzu auch den Bericht des Ausschusses für Arbeit und Sozialordnung zur Änderung des SchwbG vom 19. 6. 1986, BT-Drucksache 10/5701 S. 7; BAG 28. 7. 83, AP Nr. 1 zu § 22 SchwbG). 8a

Schwbeh. können den Vertrauensmann (die Vertrauensfrau) bei der Einsicht in ihre **Personalakte** hinzuziehen (vgl. § 25 Abs. 3 SchwbG). Im übrigen hat die SchwbVertr. hinsichtlich der Schwbeh. des Betriebs ähnliche allgemeine Aufgaben, wie sie dem BR nach § 80 Abs. 1 Nr. 1 bis 3 obliegen (vgl. § 25 Abs. 1 SchwbG). Andererseits verdrängt sie den BR nicht aus diesen Aufgaben (vgl. unten Rn 10). 8b

Allgemein zu den Aufgaben und der Rechtsstellung der SchwbVertr. vgl. die Kommentare zum SchwbG von *Willrodt-Neumann,* 1988, *Jung-Cramer,* 1987, und *Rewolle-Dörner* (Loseblatt-Kommentar); ferner zum SchwbG 1974: *Schmidt,* ArbuR 74, 75ff.; *Marienhagen,* BB 74, 743; *Jung,* BABl. 74, 177; *ders.* DB 74, 919; *ders.* RdA 74, 161; *Siegler,* ArbuSozR 75, 164; *ders.* BlStR 79, 55; *Brill,* BlStR 80, 293; zur Novelle des SchwbG 8c

1986: *Hoyer,* DB 86, 1673; *Assmann,* BB 86, Beil. 12; *Cramer,* NZA 86, 555.

9 Sowohl der BR als auch die SchwbVertr. haben die Eingliederung Schwbeh. in den Betrieb zu fördern (vgl. § 80 Abs. 1 Nr. 4 BetrVG, § 29 Abs. 1 SchwbG). Beide haben sich bei der Erfüllung der ihnen in bezug auf die Schwbeh. obliegenden Aufgaben gegenseitig zu unterstützen. Diese Zusammenarbeit zwischen BR und SchwbVertr. wird durch das **Teilnahmerecht** des Mitgl. der SchwbVertr. an allen **Sitzungen des BR** und seiner **Ausschüsse** nach § 32 BetrVG und § 25 Abs. 1 S. 1 SchwbG (vgl. hierzu § 27 Rn 32) und an den Besprechungen zwischen ArbGeb und BR nach § 74 Abs. 1 institutionalisiert. So kann sie bei allen im Betrieb zu behandelnden Angelegenheiten die besonderen Probleme der Schwbeh. fachkundig vertreten.

10 Die SchwbVertr. ist **kein Betriebsverfassungsorgan** (*DR,* Rn 2, die sie jedoch als eine zusätzliche betriebsverfassungsrechtliche Vertr. der ArbN ansehen; **a. A.** *GK-Wiese,* Rn 9). Insbesondere stehen ihr **keine Mitbestimmungsrechte** zu; diese übt allein der BR aus (BAG 16. 8. 77, AP Nr. 1 zu § 23 SchwbG; *DR* a. a. O.; *GL,* Rn 9; *GK-Wiese,* Rn 9; *HSG,* Rn 4; *Schmidt,* ArbuR 74, 75).

11 Der BR hat in allen Angelegenheiten, die die Schwbeh. berühren, mit der SchwbVertr. **eng zusammenzuarbeiten.** Der Vertrauensmann (die Vertrauensfrau) ist als solcher nicht Mitgl. des BR, sondern hat ein eigenes Amt und eine eigene Verantwortung. Ein **Doppelamt** mit der Wirkung, daß das Mitgl. der SchwbVertr. gleichzeitig Mitgl. des BR ist, ist jedoch zulässig (*GL,* Rn 9; *GK-Wiese,* Rn 10; *Weiss,* Rn 2). In diesem Falle ist es trotz der Mitgliedschaft im BR in seiner Eigenschaft als Vertrauensmann (Vertrauensfrau) der Schwbeh. insoweit nicht an Beschlüsse des BR gebunden; er kann vielmehr dem ArbGeb. gegenüber auch eine abweichende Meinung nach § 25 Abs. 2 SchwbG vertreten. Beide Ämter erlöschen auch unabhängig voneinander (vgl. §§ 21, 24 BetrVG 1972, § 24 Abs. 8 SchwbG; ebenso *GK-Wiese,* Rn 10).

12 § 26 Abs. 3 SchwbG gewährt dem Mitgl. der SchwbVertr. denselben **Kündigungs-, Versetzungs- und Abordnungsschutz** wie einem Mitgl. des BR. Hierdurch ist es nicht nur in den besonderen Kündigungsschutz von BRMitgl. nach § 15 KSchG einbezogen, sondern auch in denjenigen nach § 103 dieses Gesetzes. Eine außerordentliche Kündigung eines Mitgl. der SchwbVertr. ist deshalb nur mit Zustimmung des BR zulässig (vgl. hierzu § 103 Rn 4.).

III. Teilnahme an Sitzungen des Betriebsrats und seiner Ausschüsse

13 Die SchwbVertr. ist nach § 32 berechtigt, an **allen Sitzungen des BR** (nicht nur an solchen, auf denen Fragen der Schwbeh. behandelt werden) beratend teilzunehmen. Nach § 25 Abs. 4 Satz 1 SchwbG kann sie auch an den **Sitzungen der Ausschüsse** des BR beratend teilnehmen.

Deshalb hat sie auch das Recht, an allen Sitzungen des BetrAusschusses und weiterer Ausschüsse des BR nach § 28 beratend teilzunehmen (*DR,* Rn 20; *GL,* Rn 10; *HSG,* Rn 9; **a. A.** *GK-Wiese,* Rn 3, für Ausschüsse des BR ohne eigene Entscheidungskompetenz; vgl. auch § 27 Rn 32). Allerdings dürfte in größeren Betrieben die SchwbVertr., die an allen Sitzungen des BR und seiner Ausschüsse teilnimmt, völlig überfordert sein.

Umstritten ist, ob der SchwbVertr. auch berechtigt ist, an den Sitzungen des **WiAusschusses** teilzunehmen. Dieses Recht wurde bisher insbesondere wegen der Besonderheit der im Wirtschaftsausschuß zu behandelnden Angelegenheiten überwiegend verneint (vgl. *Willrodt/Neumann,* SchwbG, § 22 Rn 15; *DR,* Rn 20; *GK-Fabricius* § 108, Rn 41; *HSG,* Rn 10; Voraufl., Rn 14). Das BAG hat demgegenüber das Teilnahmerecht generell auch für die Sitzungen des Wirtschaftsausschusses anerkannt (BAG 4. 6. 87, AP Nr. 2 zu § 22 SchwbG; ebenso *GKSB,* Rn 2; LAG Hamm, AiB 85, 158). 14

Kraft ausdrücklicher, durch die Novelle zum SchwbG von 1986 eingefügter gesetzlicher Regelung ist die SchwbVertr. auch zu den Besprechungen zwischen ArbGeb. und BR nach § 74 Abs. 1 hinzuzuziehen (vgl. § 25 Abs. 5 SchwbG; **a. A.** noch BAG 19. 1. 84, AP Nr. 4 zu § 74 BetrVG 1972). 15

Nach § 29 Abs. 2 ist die SchwbVertr. zu allen Sitzungen ebenso **zu laden** wie BRMitgl., d. h. **rechtzeitig** und unter Mitteilung der **Tagesordnung.** Entsprechendes gilt für die Besprechungen zwischen ArbGeb. und BR nach § 74 Abs. 1. 16

Nach § 24 Abs. 1 Satz 1 SchwbG ist für den Vertrauensmann (Vertrauensfrau) der Schwbeh. mindestens ein Stellvertr. zu wählen, der den Vertrauensmann (Vertrauensfrau) im Fall einer Verhinderung vertritt. Obwohl das BetrVG diesen Stellvertr. nicht erwähnt, ist davon auszugehen, daß der **Stellvertr.** an den Sitzungen des BR und seiner Ausschüsse sowie an den Besprechungen zwischen ArbGeb. und BR nach § 74 Abs. 1 teilnehmen kann, wenn das ordentl. Mitgl. der SchwbVertr. verhindert ist (*GK-Wiese,* Rn 13; *GKSB,* Rn 4; *GL,* Rn 11; *DR,* Rn 19). Ist dem BRVors. bzw. den Vors. der Ausschüsse die Verhinderung des ordentl. Mitgl. bekannt, so haben sie den Stellvertreter unmittelbar zu laden (vgl. § 29 Rn 33). Der Stellvertreter ist nur bei Verhinderung des ordentl. Mitgl. der SchwbVertr. zur Teilnahme an den Sitzungen des BR und seiner Ausschüsse berechtigt, nicht jedoch, wenn er nach § 25 Abs. 1 S. 3 SchwbG vom ordentl. Mitglied lediglich zu bestimmten Aufgaben herangezogen wird. 17

Hat in einem Unternehmen mit mehreren Betrieben ein Betrieb, in dem Schwbeh. beschäftigt werden, keine SchwbVertr., so vertritt in diesem Falle gem. § 27 Abs. 5 SchwbG die **GesSchwbVertr.** die Interessen der Schwbeh. auch dieses Betriebes. In diesem Falle ist die GesSchwbVertr. zu den Sitzungen des BR und seiner Ausschüsse sowie zu den Besprechungen nach § 74 Abs. 1 zu laden. 18

Die SchwbVertr. hat kein Recht, die **Einberufung einer BRSitzung** 19
zu beantragen (*DR,* Rn 17; *GK-Wiese,* Rn 12). Wohl kann sie verlan-

gen, Angelegenheiten, die einzelne Schwbeh. oder die Schwbeh. als Gruppe besonders betreffen, auf die Tagesordnung der nächsten BRSitzung zu setzen (vgl. § 25 Abs. 4 S. 1 SchwbG). Diese Regelung lehnt sich an das entsprechende Recht der JugVertr. nach § 67 Abs. 3 S. 1 an (vgl. § 67 Rn 24ff., die sinngemäß gelten).

20 Eine Unterlassung der Ladung oder die Nichtteilnahme der SchwbVertr. haben keinen Einfluß auf die **Rechtswirksamkeit von Beschlüssen** des BR (*GK-Wiese,* Rn 12; *Brecht,* Rn 5; *GKSB,* Rn 5; *HSG,* Rn 12; **a. A.** *GL,* Rn 12, für den Fall, daß die Beschlüsse Angelegenheiten der Schwbeh. betreffen). Diese Vorschrift betrifft nur die innere Ordnung des BR. Andererseits kann die bewußte Ausschaltung der SchwbVertr. eine grobe Pflichtverletzung i. S. des § 23 Abs. 1 sein (*GK-Wiese,* Rn 12).

21 Die SchwbVertr. ist **nicht verpflichtet,** an den BRSitzungen teilzunehmen, insbesondere wenn aus der Tagesordnung ersichtlich ist, daß Belange der Schwbeh. nicht anstehen. Ihre Verpflichtung ergibt sich ausschließlich aus dem SchwbG. Das gilt auch für etwaige sich aus der Verletzung dieser Verpflichtung ergebenden rechtlichen Konsequenzen (*DR,* Rn 16; *GL,* Rn 13; *GK-Wiese,* Rn 13; *HSG,* Rn 14). Andererseits darf der SchwbVertr. die Teilnahme aber auch weder vom BR noch vom ArbGeb. verwehrt werden. Das wäre eine unzulässige Behinderung ihrer Tätigkeit (vgl. hierzu § 26 Abs. 2 SchwbG).

22 Das Mitgl. der SchwbVertr. ist ebenso wie ein BRMitgl. verpflichtet, sich beim Verlassen seines Arbeitsplatzes bei seinem Vorgesetzten **abzumelden** (vgl. hierzu § 37 Rn 31f.; *GK-Wiese,* Rn 16; *HSG,* Rn 16). Die Zeit der Teilnahme an den Sitzungen des BR und seiner Ausschüsse ist eine notwendige Arbeitsversäumnis i. S. von § 26 Abs. 4 SchwbG, die den ArbGeb. nicht zu einer Minderung des Arbeitsentgelts berechtigt.

23 Das Mitgl. der SchwbVertr. ist verpflichtet, über **Betriebs- und Geschäftsgeheimnisse** des ArbGeb., die ihm durch die Teilnahme an den BRSitzungen bekannt werden und die der ArbGeb. ausdrücklich als geheimhaltungsbedürftig bezeichnet hat, **Stillschweigen** zu bewahren (vgl. § 26 Abs. 7 SchwbG). Diese Verschwiegenheitspflicht gilt nicht gegenüber den Mitgl. der in § 79 Abs. 1 BetrVG genannten betriebsverfassungsrechtlichen Institutionen. Eine Verletzung der Verschwiegenheitspflicht ist nach § 69 SchwbG mit Strafe bedroht.

24 Die SchwbVertr. nimmt **beratend** an den BRSitzungen teil (vgl. § 31 Rn 17). Das Beratungsrecht ist umfassend; eine Beschränkung auf Fragen der Schwbeh. besteht nicht (*DR,* Rn 18; *GL,* Rn 13; *GK-Wiese,* Rn 14). Das Mitglied der SchwbVertr. hat kein Stimmrecht, auch dann nicht, wenn die betreffende Angelegenheit besonders die Schwbeh. betrifft (*DR,* Rn 18; *GK-Wiese,* Rn 14; *GKSB,* Rn 7; *Weiss,* Rn 3). Jedoch bestehen keine Bedenken dagegen, daß es bei der Abstimmung anwesend ist. Die SchwbVertr. ist berechtigt, die **Aussetzung** eines BRBeschlusses zu beantragen, wenn dieser ihrer Ansicht nach eine erhebliche Beeinträchtigung wichtiger Interessen der Schwbeh. darstellt (vgl. hierzu § 35 Rn 12).

IV. Streitigkeiten

Streitigkeiten über das Teilnahmerecht der SchwbVertr. an den Sitzungen des BR und seiner Ausschüsse sowie über ihre Befugnisse innerhalb der Betriebsverfassung entscheiden die ArbG im **Beschlußverfahren** (§§ 2a, 80ff. ArbGG). Auch die SchwbVertr. ist antragsberechtigt. Im übrigen sind jedoch Streitigkeiten zwischen dem Mitgl. der SchwbVertr. und dem ArbGeb. über seine Rechtsstellung und Zuständigkeiten, z. B. über die Kosten einer Schulung des Mitgl. der SchwbVertr., im **Urteilsverfahren** zu entscheiden (BAG 16. 8. 77, AP Nr. 1 zu § 23 SchwbG; **a. A.** *DR,* Rn 10). 25

§ 33 Beschlüsse des Betriebsrats

(1) **Die Beschlüsse des Betriebsrats werden, soweit in diesem Gesetz nichts anderes bestimmt ist, mit der Mehrheit der Stimmen der anwesenden Mitglieder gefaßt. Bei Stimmengleichheit ist ein Antrag abgelehnt.**

(2) **Der Betriebsrat ist nur beschlußfähig, wenn mindestens die Hälfte der Betriebsratsmitglieder an der Beschlußfassung teilnimmt; Stellvertretung durch Ersatzmitglieder ist zulässig.**

(3) **Nimmt die Jugend- und Auszubildendenvertretung an der Beschlußfassung teil, so werden die Stimmen der Jugend- und Auszubildendenvertreter bei der Feststellung der Stimmenmehrheit mitgezählt.**

Inhaltsübersicht

I. Vorbemerkung

Die Vorschrift regelt die für die Willensbildung des BR als Kollegialorgan besonders wichtige Fragen der **Beschlußfassung** (Abs. 1 und 3) und der **Beschlußfähigkeit** (Abs. 2). 1

Die Vorschrift gilt für Beschlüsse und die Beschlußfähigkeit des BetrAusschusses und weiterer Ausschüsse des BR entsprechend (*GK-Wiese,* Rn 3). Allerdings kann der BR bei der Übertragung bestimmter Aufgaben auf den BetrAusschuß oder weiterer Ausschüsse eine anderweitige Regelung, insbesondere verschärfte Anforderungen für die Beschlußfassung oder für die Beschlußfähigkeit festlegen (vgl. § 27 Rn 48; *GK-Wiese,* Rn 3; *GKSB,* Rn 1; *HSG,* Rn 1). 2

Für die Beschlußfassung und die Beschlußfähigkeit des GesBR und 2a des KBR gilt § 33 nicht. Hier greifen die Sonderregelungen des § 47 Abs. 7 und 8, § 51 Abs. 4, § 55 Abs. 4 und § 59 Abs. 1 ein. Das gleiche gilt für die GesJugAzubiVertr. (vgl. § 72 Abs. 7 und § 73 Abs. 2 i. Vbg. mit § 51 Abs. 4). Auf Beschlüsse des GesBetrAusschusses und KBetrAusschusses sowie weiterer Ausschüsse des GesBR und des KBR findet § 33 dagegen Anwendung (vgl. § 51 Abs. 5, § 59 Abs. 1).

2b Die Abs. 1 und 2 gelten entsprechend für die Beschlüsse der JugAzubiVertr. (vgl. § 65 Abs. 1) und der Bordvertr. (vgl. § 115 Abs. 4). Für die Beschlußfähigkeit des SeeBR enthält § 116 Abs. 3 Nr. 1 für bestimmte Ausnahmefälle eine Sonderregelung. Abs. 3 ist auf Beschlüsse der Bordvertr. und des SeeBR nicht anwendbar, da im Seebereich eine JugAzubiVertr. nicht zu bilden ist.

2c Die Vorschrift findet, sofern der TV keine anderweitige Regelung enthält, Anwendung auf die Beschlußfassung anderer ArbNVertretungen i. S. von § 3 Abs. 1 Nr. 2. Die Beschlußfassung der zusätzlichen ArbNVertr. nach § 3 Abs. 1 Nr. 1 kann im TV ebenfalls abweichend geregelt werden.

2d Sollen auf einer gemeinsamen Sitzung von BR und Sprecherausschuß der leitenden Ang. gemäß § 2 Abs. 2 S. 3 SprAuG Beschlüsse gefaßt werden, so erfolgen diese in jeweils getrennten Abstimmungen des BR und des Sprecherausschusses. Eine gemeinsame Abstimmung der Mitgl. des BR und des Sprecherausschusses ist unzulässig.

3 Die Regelung über die Beschlußfähigkeit und die Beschlußfassung des BR ist **zwingendes Recht.** Abweichende Regelungen sind weder durch TV noch durch BV zulässig. Auch die Geschäftsordnung kann keine abweichende Regelung treffen (*DR,* Rn 17; *GK-Wiese,* Rn 5). Wohl kann die Geschäftsordnung die Durchführung der Beschlußfassung näher regeln (vgl. unten Rn 20).

3a Entsprechende Vorschriften: §§ 37, 38 BPersVG 74 und § 13 Abs. 1 und 2 SprAuG.

II. Allgemeine Voraussetzungen für die Beschlußfassung

4 Der BR trifft seine Entscheidungen als Kollegialorgan durch **Beschluß.** Dies ist die allein zulässige Form der Willensbildung des BR. Sie kann weder auf den Vors. allein noch auf den Vors. und stellvertr. Vors. gemeinsam übertragen werden. Grundsätzlich können auch die Beschlüsse des BetrAusschusses nicht die Beschlüsse des BR ersetzen, da dem BetrAusschuß von Gesetzes wegen nur die Führung der laufenden Geschäfte obliegt (vgl. § 27 Abs. 3 Satz 1). Etwas anderes gilt dann, wenn dem BetrAusschuß oder einem weiteren Ausschuß des BR zulässigerweise Aufgaben zur selbständigen Erledigung übertragen worden sind (vgl. hierzu § 27 Rn 45ff., § 28 Rn 3ff.). Zu den Wirksamkeitsvoraussetzungen von BRBeschlüssen und den Folgen fehlerhafter Beschlüsse vgl. allgemein *Heinze,* DB 73, 2089ff.

1. Beschlußfähigkeit

Der BR kann einen Beschluß fassen, wenn er beschlußfähig ist. **Beschlußfähig** ist er nur, wenn mindestens die Hälfte seiner Mitgl. an der Beschlußfassung teilnimmt. Da der BR stets aus einer ungeraden Zahl von Mitgl. besteht, ist praktisch für die Beschlußfähigkeit die Teilnahme von mehr als der Hälfte der BRMitgl. erforderlich. 5

Die **Hälfte der BRMitgl.** bedeutet die Hälfte der nach § 9 gesetzlich vorgeschriebenen oder nach § 11 zulässigerweise ermäßigten Zahl der BRMitgl. Ist die Gesamtzahl der BRMitgl. auch nach Eintreten sämtlicher ErsMitgl. unter die vorgeschriebene Zahl gesunken, (vgl. § 13 Abs. 2 Nr. 2), ist bis zur Neuwahl des BR von der Zahl der noch vorhandenen BRMitgl. einschließlich der nachgerückten ErsMitgl. auszugehen (vgl. § 22; *DR,* Rn 5; *GL,* Rn 6; *GK-Wiese,* Rn 11). Gleiches gilt, wenn infolge einer vorübergehenden Verhinderung von BRMitgl. der BR auch nach Einrücken von ErsMitgl. nicht mehr mit der vorgeschriebenen Zahl besetzt ist (BAG 18. 8. 82, AP Nr. 24 zu § 102 BetrVG 1972). 6

Für die Beschlußfähigkeit des BR reicht es nicht aus, wenn die Hälfte seiner Mitgl. anwesend ist. Vielmehr muß mindestens die Hälfte seiner Mitgl. **an der Beschlußfassung teilnehmen** (*GK-Wiese,* Rn 13; *HSG,* Rn 7). Teilnahme an der Beschlußfassung kann auch in Form der Stimmenthaltung geschehen. Im allgemeinen dürfte eine tatsächliche Vermutung dafür sprechen, daß bei der Beschlußfassung anwesende BRMitgl. auch an der Beschlußfassung teilgenommen haben, so daß in der Regel, wenn ein BRMitgl. einem Beschluß des BR weder zugestimmt noch diesen abgelehnt hat, eine Stimmenthaltung anzunehmen ist. Eine Teilnahme an der Abstimmung liegt dagegen nicht vor, wenn ein anwesendes BRMitgl. erklärt, an der Abstimmung nicht teilnehmen zu wollen. Die **Nichtteilnahme** muß **ausdrücklich erklärt** werden (*GL,* Rn 8; *Weiss* Rn 2; **a.M.** *GK-Wiese,* Rn 13; *HSG,* Rn 7). Das nicht teilnehmende BRMitgl. wird bei der Feststellung der Beschlußfähigkeit nicht mitgezählt. 7

Im Hinblick darauf, daß der Beschluß eines beschlußunfähigen BR unwirksam ist, empfiehlt es sich, in der **Sitzungsniederschrift** nach § 34 bei der Aufnahme der Stimmenmehrheit nicht nur die Ja- und Nein-Stimmen, sondern auch die Stimmenthaltungen ausdrücklich aufzunehmen. Ferner erscheint es zweckmäßig, die Erklärung von Mitgl., an der Abstimmung nicht teilzunehmen, ausdrücklich in der Sitzungsniederschrift zu erwähnen. 8

Die Beschlußfähigkeit muß **bei jeder Abstimmung** des BR (vgl. „an der Beschlußfassung") bestehen. Daß der BR zu Beginn seiner Sitzung beschlußfähig gewesen ist, ist weder erforderlich noch ausreichend (*DR,* Rn 6; *GL,* Rn 7; *GK-Wiese,* Rn 15; *GKSB,* Rn 7; *HSG,* Rn 8). Deshalb kann die Beschlußfähigkeit durch Heranholen abwesender BRMitgl. herbeigeführt werden. Andererseits kann die Beschlußunfähigkeit des BR dadurch bewirkt werden, daß BRMitgl. nicht an der Beschlußfassung teilnehmen und dadurch die für die Beschlußfähigkeit des BR er- 9 forderliche Teilnehmerzahl nicht mehr erreicht wird (*GK-Wiese,* Rn 15; jetzt ebenfalls *HSG,* Rn 10; *DR,* Rn 6, halten dies unter Hinweis auf den Rechtsgedanken des § 162 BGB für unzulässig; dem kann nicht zugestimmt werden; denn dieses Mittel der Verhinderung eines Beschlusses ist insbesondere zur Vermeidung von Zufallsmehrheiten durchaus legitim). Führen allerdings BRMitgl. ohne triftigen Grund die Beschlußunfähigkeit des BR herbei, so handeln sie u. U. pflichtwidrig und können ggfs. im arbeitsgerichtlichen Beschlußverfahren wegen grober Verletzung ihrer gesetzlichen Pflichten gemäß § 23 Abs. 1 aus dem BR ausgeschlossen werden (*GL,* Rn 9; *GK-Wiese,* Rn 15; *HSG,* Rn 10).

9a Das Erfordernis der Beschlußfähigkeit des BR muß auch bei Entscheidungen des BR erfüllt sein, für die eine **förmliche Wahl** vorgeschrieben ist (vgl. z. B. § 26 Abs. 1, § 27 Abs. 1 S. 3–5, Abs. 2 S. 3–5, § 38 Abs. 2; *GK-Wiese,* Rn 12).

10 Die **Beschlußunfähigkeit** braucht nicht besonders festgestellt zu werden; sie tritt von selbst ein (*DR,* Rn 9; *GL,* Rn 7; *GK-Wiese,* Rn 13).

11 Für die Frage der Beschlußfähigkeit des BR kommt es nur auf die Teilnahme von **mindestens der Hälfte der BRMitgl.** an der Beschlußfassung an. Die Stimmen der JugAzubiVertr. zählen, auch wenn sie Stimmrecht im BR haben, für die Frage der Beschlußfähigkeit des BR nicht mit (*DR,* Rn 8; *GK-Wiese,* Rn 18; *GKSB,* Rn 3). Die an der Abstimmung teilnehmenden JugAzubiVertr. können daher einem BR nicht zur Beschlußfähigkeit verhelfen (vgl. auch unten Rn 27).

12 Abs. 2 regelt nur die Beschlußfähigkeit des BR. Die Frage, ob und unter welchen Voraussetzungen eine im BR vertretene **Gruppe** in den Fällen, in denen ihr ein eigenes Entscheidungsrecht – sei es in Form eines Beschlusses oder einer förmlichen Wahl – zusteht (vgl. § 26 Abs. 2; § 27 Abs. 2 S. 3 und 5, § 28 Abs. 2 S. 1, § 38 Abs. 2 S. 4 und 10, § 47 Abs. 2), **beschlußfähig** ist, ist im Gesetz nicht geregelt. Allerdings wird man in diesen Fällen in entsprechender Anwendung des § 33 Abs. 2 fordern müssen, daß sich die Mehrheit der Vertr. der Gruppe an der gruppeninternen Abstimmung beteiligt (*GK-Wiese,* Rn 12). In den Fällen der §§ 31 und 35 verlangt das Gesetz absolute Mehrheit der Gruppenangehörigen.

2. Weitere Voraussetzungen

13 Beschlüsse des BR können grundsätzlich nur auf einer **ordnungsgemäßen Sitzung des BR** gefaßt werden, nicht etwa auf den monatlichen Besprechungen zwischen ArbGeb. und BR gemäß § 74 Abs. 1 oder auf sonstigen Zusammenkünften des BR (*DR,* Rn 3; *GK-Wiese,* Rn 9; *GKSB,* Rn 8; *HSG,* Rn 4).

14 Eine Beschlußfassung im **Umlaufverfahren** ist **unzulässig.** Sie widerspricht der Vorschrift, die eine mündliche Beratung (mit der Möglichkeit der Einwirkung auf die Willensbildung der anderen BRMitgl.) und Beschlußfassung der anwesenden BRMitgl. fordert (*DR,* Rn 2; *GL,* Rn 1; *GK-Wiese,* Rn 10; *GKSB,* Rn 2; *HSG,* Rn 4; *Weiss,* Rn 1; *Heinze,* DB 73, 2091; **a. A.** LAG München, DB 75, 1228 bei klaren und einfach gelagerten Sachverhalten; LAG Hamm DB 74, 1343 für Anhörung nach

§ 102; *Brill,* ArbuR 75, 20; *Gaul,* Bd. II, S. 453). Aus demselben Grunde ist auch eine schriftliche, telegrafische oder fernmündliche Beschlußfassung unzulässig (anders § 108 Abs. 4 AktG). Sie ist auch nicht zulässig, wenn alle BRMitgl. mit der Beschlußfassung im Umlaufwege einverstanden sind. Angelegenheiten, die im allgemeinen einer schnellen Entscheidung bedürfen, können einem Ausschuß zur selbständigen Erledigung übertragen werden (vgl. § 27 Rn 45ff., § 28 Rn 3ff.).

Die Beschlußfassung setzt eine **ordnungsgemäße Ladung** der BRMitgl. voraus (*DR,* Rn 3; *GKSB,* Rn 8; *HSG,* Rn 11). Zur Ladung der BRMitgl. vgl. § 29 Rn 28ff. Erforderlich ist die Ladung **aller BRMitgl.** Werden nicht alle BRMitgl. geladen, ist die Sitzung nicht ordnungsgemäß; die auf ihr gefaßten Beschlüsse sind unwirksam (LAG Düsseldorf DB 75, 743). Dies gilt nicht, wenn alle BRMitgl. mit der Abhaltung der BRSitzung einverstanden sind (*GL,* Rn 4). In den Fällen, in denen die **JugAzubiVertr.** im BR Stimmrecht hat (vgl. § 67 Abs. 2), ist auch ihre ordnungsgemäße Ladung im allgemeinen Voraussetzung für eine wirksame Beschlußfassung (vgl. jedoch auch unten Rn 39). Dagegen hängt die Wirksamkeit gefaßter Beschlüsse nicht davon ab, daß der ArbGeb. (vgl. § 29 Rn 42ff.), die Schwerbehindertenvertr. (vgl. § 32 Rn 16f.), der Vertrauensmann der Zivildienstleistenden (vgl. § 29 Rn 30) oder der Gewerkschaftsbeauftragte (vgl. § 31 Rn 20) zur BRSitzung geladen worden sind. 15

Ist ein **BRMitgl. zeitweise verhindert** (z. B. durch Krankheit oder Urlaub), so tritt für die Dauer der Verhinderung gemäß § 25 ein ErsMitgl. in den BR ein (vgl. § 25 Rn 12ff.). In diesem Fall ist das **ErsMitgl. zu laden.** Wird das ErsMitgl. nicht geladen, ist der BR an einer wirksamen Beschlußfassung gehindert (BAG 23. 8. 84, AP Nr. 17 zu § 103 BetrVG 1972; LAG Saarbrücken, AP Nr. 2 zu § 29 BetrVG). Allerdings setzt dies voraus, daß der BRVors. von der Verhinderung Kenntnis hat (vgl. hierzu die Mitteilungspflicht des verhinderten BRMitgl. gemäß § 29 Abs. 2 Satz 5). Eine Beschlußfassung ist nicht deshalb unwirksam, weil ein BRMitgl. plötzlich verhindert ist und es dem BRVors. nicht möglich war, ein ErsMitgl. zu laden (BAG 23. 8. 84 a. a. O.; *HSG,* Rn 12; *Weiss* Rn 1). Ist ein BRMitgl. nicht verhindert, bleibt es jedoch der BRSitzung fern, so muß für dieses BRMitgl. kein ErsMitgl. geladen werden (vgl. § 25 Rn 18). 16

Außer der Ladung als solche ist für eine Beschlußfassung des BR grundsätzlich die rechtzeitige **Mitteilung der Tagesordnung** notwendig (*DR,* Rn 3; *GL,* Rn 4; *HSG,* Rn 11; vgl. § 29 Rn 37f.). Dies darf jedoch nicht dahin verstanden werden, daß über einen Punkt, der nicht auf der Tagesordnung genannt ist, nicht doch ein wirksamer Beschluß gefaßt werden könnte. Dies würde an der betrieblichen Wirklichkeit, die oft kurzfristige und schnelle Entscheidungen des BR notwendig macht, vorbeigehen. Deshalb sind Beschlüsse über nicht auf der den BRMitgl. übersandten Tagesordnung stehenden Angelegenheiten dann als zulässig anzusehen, wenn sich die Mehrheit der BRMitgl. mit der Behandlung dieses Punktes einverstanden erklärt (**a. A.** die wohl h. M.; Näheres zur Frage der zulässigen Ergänzung der TO vgl. § 29 Rn 38). 17

18 Werden Angelegenheiten, die voraussehbar waren, absichtlich nicht auf die Tagesordnung gesetzt, so verletzt der BRVors. seine Verpflichtung nach § 29 Abs. 2 Satz 3; dies kann u. U. – insbesondere im Wiederholungsfall – eine grobe Pflichtverletzung i. S. von § 23 Abs. 1 sein.

III. Beschlußfassung

19 Das Verfahren der Abstimmung bei Beschlüssen des BR ist im einzelnen nicht geregelt. Nähere Einzelheiten der Abstimmung (Reihenfolge der Stimmabgabe, schriftliche oder mündliche Stimmenabgabe, offene oder geheime Abstimmung, Feststellung des Abstimmungsergebnisses usw.) können, soweit das Gesetz selbst keine Regelung enthält, in der nach § 36 zulässigen **Geschäftsordnung** festgelegt werden. Die Geschäftsordnung kann aber nicht eine qualifizierte Mehrheit vorschreiben, wo das Gesetz die einfache Mehrheit ausreichen läßt, oder umgekehrt (*DR,* Rn 19; *GL,* Rn 9; *GK-Wiese,* Rn 5 und 23; *HSG,* Rn 19).

20 Die BRMitgl. stimmen grundsätzlich **gemeinsam** ab, nicht getrennt nach Gruppen. Etwas anderes gilt nur für die Fälle, in denen das Gesetz den Gruppen eine eigene Entscheidung zugesteht (vgl. oben Rn 12). Das einzelne BRMitgl. gibt seine Stimme in eigener Verantwortung ab. Es ist nicht an Weisungen oder Aufträge gebunden (*GK-Wiese,* Rn 24). Zur Frage der Mängel bei der Stimmabgabe vgl. *Heinze,* DB 73, 2092f. und unten Rn 35ff.

21 Der Beschluß des BR fordert grundsätzlich eine positive Abstimmung innerhalb des BR. Sie kann jedoch auch in der Weise erfolgen, daß festgestellt wird, es werde **kein Widerspruch** (oder nur der Widerspruch einer Minderheit) gegen einen zur Abstimmung gestellten Antrag erhoben. Eine **stillschweigende Beschlußfassung** gibt es dagegen nicht (*Dietz,* RdA 68, 441; *DR,* Rn 21f.; *GL,* Rn 1; *GK-Wiese,* Rn 25). Allerdings kommt dem Stillschweigen des BR in bestimmten Fällen rechtliche Bedeutung zu (vgl. § 99 Abs. 3 Satz 2, § 102 Abs. 2 Satz 2; vgl. auch § 26 Rn 33; eingehend *DR,* Rn 23ff.).

22 Ein Beschluß des BR wird im allgemeinen, sofern das Gesetz nicht eine besondere Stimmenmehrheit verlangt (vgl. unten Rn 25), mit der Mehrheit der Stimmen der teilnehmenden BRMitgl. gefaßt (**einfache Stimmenmehrheit**), wobei der BR allerdings beschlußfähig sein muß (vgl. hierzu oben Rn 5ff.). **Stimmenthaltung** ist zulässig. Da jedoch die Mehrheit der teilnehmenden BRMitgl. für den Beschluß stimmen muß, wirkt sich die Stimmenthaltung eines BRMitgl. als Ablehnung aus (*DR,* Rn 12; *GL,* Rn 11; *GK-Wiese,* Rn 22; *HSG,* Rn 15).

Beispiel:

Von einem 15köpfigen BR nehmen 11 BRMitgl. an einer Beschlußfassung teil. 5 Mitgl. stimmen für den Antrag, 4 dagegen und 2 enthalten sich der Stimme. Der Antrag ist nach Abs. 1 mit 5:(4+2) abgelehnt.

23 Trotz des Gesetzeswortlauts, der für einen Beschluß die Mehrheit der anwesenden BRMitgl. fordert, bleiben BRMitgl, die zwar bei der Be-

schlußfassung anwesend sind, jedoch ausdrücklich erklären, **an der Beschlußfassung nicht teilzunehmen,** bei der Berechnung der Stimmenmehrheit unberücksichtigt. Denn es wäre widersinnig, die Stimme eines BRMitgl., das an der Beschlußfassung nicht teilnimmt, dennoch bei der Ermittlung der Stimmenmehrheit zu berücksichtigen (*HSG,* Rn 15; *Weiss,* Rn 3; **a. A.** *DR,* Rn 12; *GL,* Rn 11; *GK-Wiese,* Rn 22; *GKSB,* Rn 12). Die erklärte Nichtteilnahme wird also auch nicht als Gegenstimme gezählt. Hätten im obigen Beispiel die beiden BRMitgl., statt sich zu enthalten, ihre Nichtteilnahme erklärt, so wäre der BR mit 9 Abstimmenden beschlußfähig gewesen und der Antrag wäre mit 5:4 Stimmen angenommen worden.

Bei **Stimmengleichheit** ist ein Antrag **abgelehnt.** Keinesfalls gibt in diesem Falle die Stimme des Vors. den Ausschlag (*DR,* Rn 15; *GK-Wiese,* Rn 22). **24**

Die einfache Stimmenmehrheit der anwesenden Mitgl. eines beschlußfähigen BR reichen für einen wirksamen Beschluß nicht aus, soweit das Gesetz für einen Beschluß eine qualifizierte Mehrheit fordert. Die Mehrheit der Stimmen der Mitgl. des BR, d. h. die **absolute Mehrheit,** verlangt das Gesetz **25**

- beim Rücktritt des BR (vgl. § 13 Abs. 2 Nr. 3),
- bei der Übertragung von Aufgaben zur selbständigen Erledigung auf Ausschüsse oder einzelne BRMitgl. (vgl. § 27 Abs. 3, § 28),
- bei der Aufstellung einer schriftlichen Geschäftsordnung (vgl. § 36),
- bei der Beauftragung des GesBR, eine Angelegenheit für den BR mit der Unternehmensleitung zu behandeln (vgl. § 50 Abs. 2),
- bei der Übertragung von Aufgaben des Wirtschaftsausschusses auf einen Ausschuß des BR (vgl. § 107 Abs. 3).

In diesen Fällen muß die Mehrheit aller BRMitgl. für den Beschlußvorschlag stimmen, z. B. in einem BR mit 19 Mitgliedern mindestens 10 Mitgl.

In **persönlichen Angelegenheiten** (z. B. personelle Maßnahmen wie Beförderung, Versetzung, Kündigung, Antrag auf Ausschließung aus dem BR nach § 23 Abs. 1 Satz 2) hat das betroffene BRMitgl. **kein Stimmrecht** (BAG 23. 8. 84, AP Nr. 17 zu § 103 BetrVG 1972; *DR,* Rn 18; *GL,* Rn 15; *GK-Wiese,* Rn 19; *HSG,* Rn 17; *Schmidt,* NZA 87, 78). Etwas anderes gilt jedoch bei organisatorischen Akten des BR wie etwa bei der Wahl oder Abberufung des BRVors. oder der Mitgl. des BetrAusschusses oder des GesBR oder beim Beschluß über die Teilnahme an einer Schulungs- und Bildungsveranstaltung (*GL,* Rn 15; *GK-Wiese,* Rn 20; vgl. auch § 25 Rn 16). Ist das BRMitgl. wegen persönlichen Betroffenseins vom Stimmrecht ausgeschlossen, so ist es auch gehindert, an der vorausgehenden Beratung im BR teilzunehmen (BAG 26. 8. 81 und 23. 8. 84, AP Nr. 13 und 17 zu § 103 BetrVG 1972; *GK-Wiese,* Rn 19; *Schmitt,* NZA 87, 81). Anstelle des betroffenen BRMitgl. nimmt das nach § 25 anstehende ErsMitgl. an Beratung und Abstimmung teil. **26**

Läßt der Vors. ein in seiner Amtstätigkeit aus persönlichen Gründen verhindertes BRMitgl. und nicht das ErsMitgl. an der Beschlußfassung mitwirken, so kann diese unwirksam sein (LAG Hamm, DB 61, 1327; vgl. aber auch 40).

27 Nehmen die **Mitgl. der JugAzubiVertr.** an der Beschlußfassung des BR teil (vgl. hierzu § 67 Rn 16ff.), so zählen ihre Stimmen bei der Feststellung der Stimmenmehrheit mit, nicht jedoch bei der Frage, ob der BR beschlußfähig ist (*DR,* Rn 8, 13; *GL,* Rn 12; *GK-Wiese,* Rn 18; *HSG,* Rn 16).

Beispiel:

Der BR hat 19 Mitgl., die JugAzubiVertr. 5 Mitgl. An der Beschlußfassung müssen nach Abs. 2 mindestens 10 BRMitgl. teilnehmen. Stimmen 6 BRMitgl. gegen den Beschlußvorschlag, 4 BRMitgl. und die 5 JugAzubiVertr. dafür, so ist der Beschluß als Beschluß des BR mit 9:6 Stimmen angenommen.

28 Für die Wirksamkeit eines Beschlusses in Jugend- und Ausbildungsangelegenheiten ist es nicht erforderlich, daß die Mehrheit der Mitgl. der JugAzubiVertr. bei der Beschlußfassung anwesend ist oder dem Beschluß zugestimmt hat (*DR,* Rn 13; *GKSB,* Rn 14); § 65 Abs. 1 i. V. mit § 33 Abs. 2 gilt nur für eigene Sitzungen der JugAzubiVertr. (*GK-Wiese,* Rn 18; *Frauenkron,* Rn 8).

29 Bei der Abstimmung in JugAngelegenheiten ist **jeder JugAzubiVertr. stimmberechtigt.** Die JugAzubiVertr. gibt ihre Stimmen nicht gebündelt ab. Das einzelne Mitgl. ist bei der Stimmabgabe nicht an einen Beschluß der JugAzubiVertr. gebunden.

30 Bei der Abstimmung hat die Stimme eines JugAzubiVertr. grundsätzlich das gleiche Gewicht wie die eines BRMitgl. Dies gilt allerdings nicht ausnahmslos. Soweit Beschlüsse der **Mehrheit der Stimmen der BRMitgl.** bedürfen (vgl. oben Rn 25) und an diesen Beschlüssen die Mitgl. der JugAzubiVertr. teilnehmen (was wohl nur im Falle des § 27 Abs. 3 S. 2 bei der Übertragung von Jugend- und Ausbildungsangelegenheiten auf einen Ausschuß des BR praktisch werden kann), so setzt ein wirksamer Beschluß des BR voraus, daß ihm sowohl die Mehrheit des aus BRMitgl. und JugAzubiVertr. gebildeten Gremiums als auch die absolute Mehrheit der BRMitgl. zustimmt (*GK-Wiese,* Rn 23; *GKSB,* Rn 15). Fehlt es an einem dieser Erfordernisse, so ist ein positiver Beschluß nicht zustande gekommen. Es kann also in einem solchen Falle nicht eine Minderheit von BRMitgl. zusammen mit den JugAzubiVertr. einen wirksamen Beschluß fassen. Dies ergibt sich daraus, daß es sich bei den Beschlüssen, für die das Gesetz eine absolute Mehrheit der Stimmen der BRMitgl. fordert, stets um organisatorische Akte des BR handelt, die nicht gegen den Willen der Mehrheit seiner Mitgl. gefaßt werden sollen.

Beispiel:

Ein BR mit 25 Mitgl. beabsichtigt, einen besonderen Jugend- und Ausbildungsausschuß mit selbständiger Entscheidungsbefugnis zu bilden. Die JugAzubiVertr. in dem Betrieb besteht aus 5 Mitgl. Die Abstimmung ergibt eine Mehrheit von 16 Stimmen für die Bildung des Ausschusses, davon 12 Stimmen von BRMitgl. und 4 Stimmen von JugAzubiVertr. Der

Beschluß hat zwar die absolute Mehrheit der Stimmen erzielt; jedoch hat sich nicht die Mehrheit der Mitgl. des BR für ihn ausgesprochen. Der Beschluß über die Bildung des Ausschusses ist deshalb nicht zustande gekommen.

Andererseits kann die Mehrheit der BRMitgl. den Beschluß nicht gegen die Mehrheit des aus Mitgl. des BR und der JugAzubiVertr. gebildeten Gremiums durchsetzen. 31

Beispiel: (Fortsetzung des vorigen Beispiels)

Der Antrag wird von 15 BRMitgl. angenommen; gegen ihn haben gestimmt 10 BRMitgl. und 5 JugAzubiVertr. Dann ist der Antrag wegen Stimmengleichheit abgelehnt, obwohl ihm die absolute Mehrheit der BRMitgl. zugestimmt hat.

Für eine ordnungsmäßige und rechtswirksame Beschlußfassung des BR ist die Aufnahme des Beschlusses in die nach § 34 Abs. 1 vorgeschriebene **Niederschrift** keine Wirksamkeitsvoraussetzung (s. § 34 Rn 17). 32

Der **Beschluß** kann, solange er noch nicht durchgeführt ist und keine Rechtswirkungen nach außen entfaltet hat (z. B. Mitteilung an den ArbGeb.), jederzeit durch einen entgegenstehenden Beschluß des BR **geändert** oder **aufgehoben** werden (*DR,* Rn 30; *GL,* Rn 16; *GK-Wiese,* Rn 30; *HSG,* Rn 29; vgl. auch BAG 15. 12. 61, AP Nr. 1 zu § 615 BGB Kurzarbeit). Etwas anderes gilt, wenn der Beschluß bereits **Außenwirkung** entfaltet hat. Ist z. B. die vom BR beschlossene Zustimmung zu einer Kündigung dem ArbGeb. mitgeteilt worden, so kann diese Zustimmung nicht durch Beschluß des BR wieder rückgängig gemacht werden. Hat der Beschluß des BR zum Abschluß einer BV geführt, so kann der BR seinen Beschluß nicht mehr aufheben oder ändern; ihm bleibt allein die Möglichkeit einer Kündigung der BV (*GKSB,* Rn 18). 33

Unter den Voraussetzungen des § 35 kann die Mehrheit der Vertr. einer Gruppe im BR, die JugAzubiVertr. oder die SchwbVertr. die **Aussetzung des Beschlusses** auf die Dauer von einer Woche, vom Zeitpunkt der Beschlußfassung an gerechnet, verlangen (Näheres hierzu vgl. § 35 Rn 3ff.). 34

IV. Streitigkeiten, insbesondere gerichtliche Überprüfung der Beschlüsse

Streitigkeiten über die Beschlußfähigkeit des BR und über die Rechtsgültigkeit von BRBeschlüssen sind von den **ArbG im Beschlußverfahren** zu entscheiden (§§ 2a, 80ff. ArbGG). Sie können jedoch auch als Vorfrage im Urteilsverfahren, z. B. im Rahmen eines Kündigungsschutzprozesses entschieden werden. 35

Die Beschlüsse des BR können auf die Rechtsgültigkeit ihres Zustandekommens oder ihres Inhalts nicht schlechthin, sondern nur in einem **eingeschränkten Umfang nachgeprüft** werden. Sie können insbesondere **nicht angefochten** werden, da die Vorschrift des § 19 auf BRBeschlüsse mangels einer gesetzlichen Grundlage nicht anwendbar ist (*DR,* Rn 34; 36

GL, Rn 18; *GK-Wiese,* Rn 33; *HSG,* Rn 21; *Oetker,* BlStR 84, 129ff.). Eine Anfechtung der Stimmabgabe des einzelnen BRMitgl. wegen Irrtums, Täuschung oder Drohung ist dagegen nicht ausgeschlossen (*DR,* Rn 32; *GK-Wiese,* Rn 33; *HSG,* Rn 22; *Heinze,* DB 73, 2093); das kann u. U. Auswirkungen auf die für die Wirksamkeit des Beschlusses erforderliche Mehrheit haben.

37 Die ArbG sind vielmehr nur befugt, die **Rechtsunwirksamkeit** von BRBeschlüssen festzustellen, wenn sie wegen Rechtswidrigkeit **nichtig** sind (Einzelheiten vgl. unten Rn 38ff.).

Hieraus ergibt sich, daß eine bloße Nachprüfung der **sachlichen Zweckmäßigkeit** des BRBeschlusses **ausgeschlossen** ist (vgl. BAG 3. 4. 79, AP Nr. 1 zu § 13 BetrVG 1972; LAG Düsseldorf, DB 75, 1898; *DR,* Rn 35; *GL,* Rn 22; *GK-Wiese,* Rn 46; *Brecht,* Rn 14; *Schaub,* § 220 V 1; bedenklich insoweit BAG 5. 3. 59, AP Nr. 26 zu § 611 BGB Fürsorgepflicht mit kritischer Anmerkung von *Herschel,* das eine BV als unwirksam erachtet hat, weil der BR die Interessen der ArbN nicht genügend beachtet habe; *Herschel* a. a. O. weist zutreffend auf die Gefahren einer solchen richterlichen Kontrolle über die Willensbildung der Träger kollektiver Regelungen hin. Vgl. hierzu ausführlich § 77 Rn 96ff.; wie BAG jedoch *Heinze,* DB 73, 2095).

38 **Nichtig** sind Beschlüsse des BR nur, wenn sie entweder einen gesetzeswidrigen Inhalt haben oder nicht ordnungsgemäß zustande gekommen sind (BAG 23. 8. 84, AP Nr. 17 zu § 103 BetrVG 1972; *Oetker,* BlStR 84, 129). Einen **gesetzeswidrigen Inhalt** haben die Beschlüsse, wenn die Aussage des Beschlusses gegen ein Gesetz, eine Verordnung, eine Unfallverhütungsvorschrift oder einen TV verstößt oder der BR außerhalb seiner sachlichen Zuständigkeit gehandelt hat (*DR,* Rn 36ff; *GL,* Rn 19; *GK-Wiese,* Rn 34).

39 Die Nichtigkeit eines BRBeschlusses wegen **nicht ordnungsgemäßer Beschlußfassung** liegt nicht schon bei kleinen Formfehlern vor. Sie ist vielmehr nur bei **groben Verstößen** gegen Vorschriften und Grundsätze gegeben, deren Beachtung unerläßliche Voraussetzungen einer Beschlußfassung sind (BAG 23. 8. 84, a. a. O.; *GK-Wiese,* Rn 35; *HSG,* Rn 24; *Heinze,* DB 73, 2094). Derartige Voraussetzungen sind: Ladung aller BRMitgl. – im Falle des § 67 Abs. 2 auch der JugAzubiVertr. – grundsätzlich unter Mitteilung der Tagesordnung (vgl. hierzu jedoch auch oben Rn 17 und § 29 Rn 38); die Nichtbeteiligung der JugAzubiVertr. berührt die Rechtsgültigkeit eines Beschlusses dann nicht, wenn die Beschlußfassung entsprechend einem Antrag der JugAzubiVertr. erfolgt ist und die JugAzubiVertr. durch ihre Stimmen das Abstimmungsergebnis nicht hätte beeinflussen können (vgl. BAG 6. 5. 75, AP Nr. 5 zu § 65 BetrVG 1972); Teilnahme von mindestens der Hälfte der BRMitgl. an der Beschlußfassung (Beschlußfähigkeit); Beschlußfassung durch die Mehrheit der teilnehmenden BRMitgl, ggf. unter Einschluß der JugAzubiVertr.; in bestimmten Fällen Beschlußfassung durch die Mehrheit der Mitgl. des BR (vgl. hierzu oben Rn 25); u. U. auch Beachtung der Schriftform des Beschlusses (vgl. § 27 Abs. 3 Satz 3; § 28 Abs. 1, § 36).

Hat ein **Nichtberechtigter,** etwa ein nach § 25 nicht vertretungsberechtigtes ErsMitgl. oder das Mitgl. der SchwbVertr., an der Beschlußfassung mitgewirkt, so ist der Beschluß nur dann unwirksam, wenn durch die Mitwirkung das Ergebnis der Beschlußfassung beeinträchtigt wurde, nicht aber, wenn beispielsweise bei einem aus einer größeren Zahl von Mitgl. bestehenden BR der Nichtberechtigte an einem einstimmig gefaßten Beschluß mitgewirkt hatte, so daß die Stimmabgabe des Nichtberechtigten keinen Einfluß auf das Ergebnis haben konnte (*DR,* Rn 38; *GL,* Rn 21; *GK-Wiese,* Rn 39; *HSG,* Rn 25; **a. A.** *Schmitt,* NZA 87, 81). 40

Keine Wirksamkeitsvoraussetzung für die Gültigkeit eines BRBeschlusses sind: Nichtöffentlichkeit der Sitzung und Aufnahme in die Sitzungsniederschrift (*DR,* Rn 39; *GK-Wiese,* Rn 41; vgl. auch § 30 Rn 17, § 34 Rn 17). 41

Nichtige BRBeschlüsse haben grundsätzlich **keine Rechtswirkung.** 42
Dies bedeutet für Maßnahmen, bei denen Beteiligungsrechte des BR zu beachten sind, folgendes:

Unterliegt eine Maßnahme lediglich der **Mitwirkung** des BR, so hat ein nichtiger BR Beschluß **keine Auswirkungen** auf die Rechtsgültigkeit der Maßnahme des ArbGeb, da diese nicht der Zustimmung des BR bedarf. Der ArbGeb hat vielmehr mit der ordnungsgemäßigen Einleitung des Mitwirkungsverfahrens seine ihm obliegenden Verpflichtungen erfüllt. Weiß er allerdings von der Nichtigkeit des BR Beschlusses, so kann er u. U. aus dem Gesichtspunkt der vertrauensvollen Zusammenarbeit verpflichtet sein, eine eventuelle erneute ordnungsgemäße Beschlußfassung abzuwarten.

Bei Maßnahmen, die der **Mitbestimmung** des BR unterliegen, hat ein Beschluß des BR **konstitutive Wirkung.** Diese kann einem nichtigen BRBeschluß jedoch nicht zukommen. Deshalb ist im Falle der Nichtigkeit des BR Beschlusses die vom ArbGeb vorgenommene Maßnahme grundsätzlich ebenso **unwirksam,** wie wenn der BR überhaupt nicht beteiligt worden wäre. Allerdings können zugunsten des ArbGeb in diesen Fällen u. U. die Grundsätze des Vertrauensschutzes eingreifen (vgl. BAG 23. 8. 84, AP Nr. 17 zu § 103 Betr.VG 1972; *DR,* Rn 42; **a. A.** *Oetker,* BlStR 84, 132; vgl. hierzu auch § 26 Rn 33f.).

§ 34 Sitzungsniederschrift

(1) **Über jede Verhandlung des Betriebsrats ist eine Niederschrift aufzunehmen, die mindestens den Wortlaut der Beschlüsse und die Stimmenmehrheit, mit der sie gefaßt sind, enthält. Die Niederschrift ist von dem Vorsitzenden und einem weiteren Mitglied zu unterzeichnen. Der Niederschrift ist eine Anwesenheitsliste beizufügen, in die sich jeder Teilnehmer eigenhändig einzutragen hat.**

(2) **Hat der Arbeitgeber oder ein Beauftragter einer Gewerkschaft an der Sitzung teilgenommen, so ist ihm der entsprechende Teil der Niederschrift abschriftlich auszuhändigen. Einwendungen gegen die**

Niederschrift sind unverzüglich schriftlich zu erheben; sie sind der Niederschrift beizufügen.

(3) **Die Mitglieder des Betriebsrats haben das Recht, die Unterlagen des Betriebsrats und seiner Ausschüsse jederzeit einzusehen.**

Inhaltsübersicht

I. Vorbemerkung

1 Die Vorschrift betrifft die Anfertigung der Niederschrift und ihren Mindestinhalt sowie das Recht aller BRMitgl., die Unterlagen des BR und seiner Ausschüsse einzusehen.

2 Die Vorschrift gilt entsprechend für den GesBR (§ 51 Abs. 1 Satz 1), den KBR (§ 59 Abs. 1), die JugAzubiVertr. (§ 65 Abs. 1), die GesJugAzubiVertr. (§ 73 Abs. 2), die Bordvertr. (§ 115 Abs. 4 Satz 1) und den SeeBR (§ 116 Abs. 3). Sie ist auf die andere ArbNVertr. nach § 3 Abs. 1 Nr. 2 anzuwenden. Die Anfertigung von Niederschriften über die Zusammenkünfte der zusätzlichen ArbNVertr. nach § 3 Abs. 1 Nr. 1 ist durch den TV zu regeln. Zur Frage ihrer Anwendung auf Ausschüsse des BR vgl. unten Rn 5.

3 Die Vorschrift ist **zwingend.** Sie kann weder durch TV noch durch BV abgedungen werden. Ergänzende Regelungen über Erstellung, Inhalt und Form der Niederschrift in der Geschäftsordnung des BR sind zulässig (vgl. § 36 Rn 3ff.).

3a Entsprechende Vorschriften: § 41 BPersVG 74 und § 13 Abs. 3 und 4 SprAuG.

II. Niederschrift

1. Inhalt

4 Die Niederschrift ist eine **Privaturkunde** im Sinne des § 416 ZPO, die zum Zwecke des Nachweises der Ordnungsmäßigkeit und der Rechtsgültigkeit der BRBeschlüsse angefertigt wird. Sie beweist allerdings nur, daß die Aussteller, d. h. die Unterzeichner die Angaben in der Niederschrift gemacht haben. Ob diese Angaben richtig sind, wird durch die Niederschrift nicht bewiesen. Über die inhaltliche Richtigkeit ist im Streitfall nach freier richterlicher Beweiswürdigung zu entscheiden (§ 286 ZPO). Die Niederschrift ist auch Urkunde i. S. von § 267 StGB, so daß sie Gegenstand einer Urkundenfälschung sein kann. Sie

gehört ebenso wie ein etwaiges besonderes Protokollbuch zu den Akten des BR. Der ArbGeb. hat an diesen Urkunden ebensowenig wie an den übrigen Akten des BR Eigentum (vgl. § 40 Rn 45; **a. A.** *DR,* Rn 12; *GK-Wiese,* § 40 Rn 90; *HSG,* Rn 15, die dem ArbGeb. jedoch kein Besitzrecht zugestehen).

Die Niederschrift ist über jede „Verhandlung" des BR zu fertigen. Aus § 34 Abs. 2 und aus der Gesetzessystematik ergibt sich, daß die Vorschrift sich nur auf die **Sitzungen des BR** im engeren Sinn (§§ 29 bis 35) bezieht. Andererseits gilt sie für alle BRSitzungen, auch wenn im Einzelfall kein Beschluß gefaßt wurde (*DR,* Rn 3; *GL,* Rn 6; *GK-Wiese,* Rn 5). Obwohl dies nicht ausdrücklich bestimmt ist, gilt die Vorschrift entsprechend für die **Sitzungen des BetrAusschusses** und **anderer Ausschüsse** des BR. Dies gilt nicht nur dann, wenn den Ausschüssen bestimmte Aufgaben zur selbständigen Erledigung übertragen sind (so jedoch *GL,* Rn 3; die Vorauflage), sondern auch bei bloß vorbereitender Tätigkeit dieser Ausschüsse. Denn auch in diesen Fällen kommt eine Beschlußfassung in Betracht (*DR,* Rn 2; *GK-Wiese,* Rn 2; *HSG,* Rn 1). 5

Die Vorschrift ist entsprechend auf die gemeinsame Sitzung des BR und des Sprecherausschusses für leitende Ang. nach § 2 Abs. 2 S. 3 SprAuG anzuwenden (vgl. auch § 13 Abs. 3 und 4 SprAuG). 5a

Wer die Niederschrift aufzunehmen hat, ist im Gesetz nicht bestimmt. Jedenfalls ist die Bestellung eines für die Niederschrift verantwortlichen **Schriftführers** aus dem Kreise der BRMitgl. zulässig (*DR,* Rn 5; *HSG,* Rn 8). Die Bestellung hat durch den BR, nicht durch den BRVors. zu erfolgen (*Frauenkron,* Rn 5). Es ist auch die Bestellung mehrerer BRMitgl. zu Schriftführern möglich. 6

Die **Hinzuziehung einer Schreibkraft** ist zulässig (*DR,* Rn 5; *GL,* Rn 8; *HSG,* Rn 9 **a. A.** *GK-Wiese,* § 30 Rn 20). Allerdings hat der BR Sorge zu tragen, daß die Schreibkraft von Betriebs- und Geschäftsgeheimnissen nichts erfährt, da sie nicht der Schweigepflicht nach § 79 unterliegt. Die Schreibkraft ersetzt nicht den für die Niederschrift verantwortlichen Schriftführer, sondern unterstützt ihn lediglich (*DR,* Rn 5; *GKSB,* Rn 6). 7

Da das Gesetz nichts darüber aussagt, ob die Niederschrift unmittelbar in der Sitzung angefertigt werden muß oder ob sie auf Grund von Notizen nach der Sitzung ausgearbeitet werden kann, dürfte beides zulässig sein (h. M.). 8

Eine wörtliche Wiedergabe oder die Angabe jeder Äußerung in der Niederschrift ist nicht notwendig. Erforderlich ist jedoch die Wiedergabe des **Wortlauts der Beschlüsse** und die Angabe des Stimmenverhältnisses, mit der sie gefaßt sind (vgl. hierzu § 33 Rn 19ff.). Zu den Beschlüssen gehören nicht nur die vom BR angenommenen, sondern auch die abgelehnten. Deshalb muß auch der Wortlaut abgelehnter Anträge in die Niederschrift aufgenommen werden (*DR,* Rn 3; *HSG,* Rn 4; *GKSB,* Rn 2).

Anzugeben ist das **Stimmenverhältnis,** mit dem ein Beschluß gefaßt oder der Antrag auf Beschlußfassung abgelehnt wurde. Die Angabe, wie jedes BRMitgl. gestimmt hat, ist möglich, aber nicht vorgeschrieben; sie 9 ist aber, wenn der BR namentliche Abstimmung beschlossen hat, erforderlich (**a. A.** *GK-Wiese,* Rn 13; *HSG,* Rn 5). Aus dem Stimmenverhältnis ist zugleich die Beschlußfassung zu ersehen. Über Beschlüsse und Stimmenmehrheit siehe im einzelnen § 33.

10 Die Niederschrift ist **aufzubewahren,** solange ihr Inhalt von rechtlicher Bedeutung ist (*DR,* Rn 23; *GK-Wiese,* Rn 30; *GKSB,* Rn 8). Geht diese über die Amtszeit des BR hinaus, so ist die Niederschrift vom folgenden BR aufzubewahren.

2. Unterzeichnung

11 Der **Vors.** – bei dessen Abwesenheit sein Stellvertr. – sowie ein **weiteres Mitgl.** des BR haben die Niederschrift zu unterzeichnen.

12 Wenn die Geschäftsordnung keine Bestimmungen darüber enthält, welches BRMitgl. die Niederschrift neben dem Vors. unterzeichnet, ist das Mitgl. vom BR zu bestimmen (*HSG,* Rn 10). Trifft der BR keine Bestimmung, ist jedes BRMitgl. zur Unterzeichnung berechtigt. Ist ein **Schriftführer** aus dem Kreis des BR bestellt, so ist dieser in der Regel neben dem Vors. zur Unterzeichnung der Niederschrift berechtigt (*DR,* Rn 9; *GL,* Rn 10).

3. Anwesenheitsliste

13 Die Anwesenheitsliste ist **Bestandteil der Niederschrift** und beweist durch die **eigenhändige Unterschrift** eines jeden Teilnehmers, daß er an der BRSitzung – wenn auch nur zeitweise – teilgenommen hat. Einzutragen haben sich **alle Teilnehmer,** also nicht nur die teilnehmenden BRMitgl. und ErsMitgl. für zeitweilige verhinderte BRMitgl., sondern auch der ArbGeb, die JugAzubiVertr., das Mitgl. der SchwbVertr., der Vertrauensmann der Zivildienstleistenden, Vertr. der ArbGebVereinigung oder der Gewerkschaften, Mitgl. des Sprecherausschusses für leitende Ang., ggf. Sachverständige und Auskunftspersonen sowie die Schreibkraft (*DR,* Rn 10; *GL,* Rn 11; *GK-Wiese,* Rn 17; *HSG;* Rn 11). Die Eintragung hat **eigenhändig** zu erfolgen. Sie kann deshalb nicht vom Vors. oder Schriftführer stellvertretend vorgenommen werden. Allerdings sollten diese bei nur vorübergehender Anwesenheit von Teilnehmern Angaben über den Zeitraum der Teilnahme machen (*GL,* Rn 11; *GK-Wiese,* Rn 18). Tonbandaufnahmen von der Sitzung zu Protokollzwecken sind nur zulässig, wenn alle Anwesenden ausdrücklich damit einverstanden sind (*GK-Wiese,* Rn 15; *GKSB,* Rn 6; vgl. auch § 42 Rn 45).

4. Aushändigung von Teilen der Niederschrift an Arbeitgeber und Gewerkschaftsbeauftragte

14 Der ArbGeb. erhält eine **Abschrift der Niederschrift,** soweit er oder sein Vertreter an der Sitzung **teilgenommen** hat, nicht aber schon, wenn er nach § 29 Abs. 4 zur Teilnahme berechtigt war, aber nicht

teilgenommen hat (*DR,* Rn 11; *GL,* Rn 15; *GKSB,* Rn 10; *HSG,* Rn 16). Entsprechendes gilt für die **Gewerkschaftsbeauftragten,** die durch Beschluß des BR oder nach § 31 zur BRSitzung herangezogen werden. Auch sie erhalten die Niederschrift nur bei tatsächlicher Teilnahme an der Sitzung. Hat der ArbGeb. oder der Gewerkschaftsbeauftragte nicht an der ganzen Sitzung teilgenommen, sondern nur an der Verhandlung über einzelne Punkte, so erhält er **nur den entsprechenden Teil,** d. h. den Teil der Niederschrift, der die Verhandlung während seiner Teilnahme wiedergibt (*GK-Wiese,* Rn 20; *Weiss,* Rn 5).

Die Abschrift braucht nur vom BRVors., nicht auch von einem weiteren BRMitgl. unterschrieben zu werden (*DR,* Rn 12; *GK-Wiese,* Rn 21; *GKSB,* Rn 10). Einer Gegenzeichnung (Abzeichnung) der Niederschrift durch den ArbGeb. bedarf es nicht. **Unterzeichnet der ArbGeb.** einen ihm zugesandten ordnungsgemäß protokollierten Beschluß des BR, der inhaltlich eine BV zum Gegenstand hat, so wird mit der Unterzeichnung der Formvorschrift des § 77 Abs. 2 Satz 2 für den Abschluß einer BV Genüge getan, sofern der ArbGeb. eine auf Abschluß einer BV gerichtete Willenerklärung bereits abgegeben hat oder mit der Unterzeichnung abgibt (*DR,* Rn 14; *GK-Wiese,* Rn 21). 15

Die **übrigen Teilnehmer** an der BRSitzung – wie z. B. das Mitgl. der SchwbVertr., der Vertrauensmann der Zivildienstleistenden, die JugAzubiVertr., Mitgl. des Sprecherausschusses für leitende Ang., Sachverständige, sonstige Auskunftspersonen oder die anwesende Schreibkraft – haben **keinen Anspruch** auf Aushändigung einer Abschrift der Sitzungsniederschrift (*GL,* Rn 15; *HSG,* Rn 18; *GK-Wiese,* Rn 20). 16

5. Unterlassung der Niederschrift

Die Anfertigung der Niederschrift ist zwar vorgeschrieben. Ihre Unterlassung ist aber auf die **Rechtsgültigkeit** der BRBeschlüsse im allgemeinen **ohne Einfluß** (BAG 8. 2. 77, BAG AP Nr. 10 zu § 80 BetrVG 1972; *DR,* Rn 20; *GL,* Rn 13; *GK-Wiese,* Rn 8; *HSG,* Rn 12). Das gilt naturgemäß erst recht, wenn lediglich die erforderlichen Unterschriften oder die Anwesenheitsliste fehlen. Ist die Niederschrift unterblieben und wird die Rechtmäßigkeit eines BRBeschlusses bestritten, so ist der Beweis für das rechtsgültige Zustandekommen des bestrittenen Beschlusses durch Zeugen oder durch andere Unterlagen zu führen. 17

Die Anfertigung einer Niederschrift ist jedoch für die Rechtsgültigkeit eines Beschlusses des BR erforderlich, wenn dieser Beschluß kraft gesetzlicher Regelung – nicht durch eine Regelung in der Geschäftsordnung – der **Schriftform** bedarf (*DR,* Rn 21; *GL,* Rn 13; *GK-Wiese,* Rn 9; *HSG,* Nr 12). Das ist z. B. der Fall beim Erlaß einer Geschäftsordnung (§ 36) oder bei der Übertragung von Aufgaben zur selbständigen Erledigung auf den BetrAusschuß oder andere Ausschüsse des BR sowie deren Widerruf (vgl. § 27 Abs. 3, § 28) oder der Beauftragung des GesBR nach § 50 Abs. 2. 18

III. Einwendungen gegen die Niederschrift

19 § 34 Abs. 2 Satz 2 regelt die Behandlung von **Einwendungen** gegen die Richtigkeit der Niederschrift, insbes. gegen die Wiedergabe der Beschlüsse oder Stimmenmehrheiten, die Vollständigkeit der Anwesenheitsliste, ggfs. die Protokollierung von Anträgen und von in der Sitzung gemachten Ausführungen.

Die **Berechtigung,** solche Einwendungen zu erheben, ist nicht auf den ArbGeb. und die Gewerkschaftsbeauftragten beschränkt, sondern steht **jedermann** zu, der an der Sitzung teilgenommen und vom Inhalt der Niederschrift Kenntnis genommen hat(*DR,* Rn 15; *GL,* Rn 12; *GK-Wiese,* Rn 23; *HSG,* Rn 20). Das sind insbesondere die BRMitgl.

20 Einwendungen müssen **unverzüglich,** d. h. ohne vorwerfbare Verzögerung, und **schriftlich** beim BR, d. h. bei seinem Vors. (§ 26 Abs. 3), erhoben werden. Der BRVors. ist verpflichtet, erhobene Einwendungen dem BR zur Kenntnis zu bringen. Sind Einwendungen ordnungsgemäß erhoben worden, so sind sie der Niederschrift beizufügen, auch wenn der BR die Einwendungen nicht für berechtigt erachtet. Durch diese Ordnungsvorschrift soll erreicht werden, daß Zweifel an der Richtigkeit der Niederschrift möglichst bald entweder ausgeräumt oder aktenkundig gemacht werden. Die Anfertigung eines vollständigen „Gegenprotokolls", z. B. des ArbGeb, fällt aber nicht mehr unter den Begriff der „Einwendung" (LAG Frankfurt, 19. 5. 88, DB 89, 486). Die Erhebungen von Einwendungen hat auf die Wirksamkeit von Beschlüssen des BR keine unmittelbaren Auswirkungen.

21 Durch die Vorschrift des Abs. 2 Satz 2 wird der BR nicht gehindert, in üblicher Weise (z. B. in der folgenden Sitzung) festzustellen, ob Einsprüche gegen die Niederschrift erhoben werden, und ggfs. die Niederschrift zu berichtigen. Dabei können selbstverständlich noch **mündlich vorgebrachte Einwendungen** berücksichtigt werden (*GK-Wiese,* Rn 25; *GKSB,* Rn 12; *HSG,* Rn 22).

22 Will der BR erhobenen **Einwendungen nicht stattgeben,** so wird er zweckmäßigerweise die Angelegenheit auf sich beruhen lassen und abwarten, ob sich aus den widersprechenden Auffassungen ein Streit entwickelt, der eine arbeitsgerichtliche Klärung erfordert. Dieser Streit betrifft eine Angelegenheit der Geschäftsführung des BR und ist somit vom ArbG im BeschlVerf. zu entscheiden. **Antragsberechtigt** ist auch derjenige, der Einwendungen erhoben hat (*GL,* Rn 12; *GK-Wiese,* Rn 25; *HSG,* Rn 23). Unter Umständen kann ein Streit über die Berechtigung von Einwendungen auch als Vorfrage in einem anderen Verfahren zu entscheiden sein.

IV. Einsichtsrecht der Mitglieder des Betriebsrats

23 Durch Abs. 3 wird den BRMitgl. das Recht eingeräumt, jederzeit **die Unterlagen des BR und seiner Ausschüsse** einzusehen. Durch den Be-

griff **„jederzeit"** wird sichergestellt, daß für das Verlangen keine besonderen zeitlichen Beschränkungen bestehen (ebenso § 80 Abs. 2 Satz 2 erster Halbsatz). Auch besondere sachliche Voraussetzungen für die Ausübung des Einsichtsrechts, insbesondere das Vorliegen eines besonderen Interesses des einzelnen BRMitgl., sind nicht erforderlich. Vielmehr sollen die BRMitgl., insbesondere wegen der möglichen Delegation von Aufgaben nach §§ 27 und 28, den **Überblick über die Gesamttätigkeit des BR** behalten. Andererseits ist das Einsichtsrecht in einer Weise auszuüben, daß die Arbeit des BR und seiner Ausschüsse nicht behindert wird (*DR,* Rn 27; *GK-Wiese,* Rn 28; *HSG,* Rn 27). Unzulässig ist es, das Einsichtsrecht von besonderen Voraussetzungen (etwa einem Beschluß des BR) abhängig zu machen. Auch kann die Einsicht nicht durch einen Beschluß des BR untersagt werden (*DR,* Rn 27), es sei denn, das Einsichtsrecht wird mißbräuchlich ausgeübt.

Es besteht kein Anspruch auf Überlassung oder Zurverfügungstel- **24** lung der einzusehenden Unterlagen. Jedoch kann sich das BRMitgl. aus diesen Notizen machen oder Ablichtungen fertigen (*DR,* Rn 28; *GL,* Rn 15; *GK-Wiese,* Rn 27; *Pramann,* DB 83, 1922; **a. A.** hinsichtlich der Fertigung von Ablichtungen BAG 27. 5. 82, AP Nr. 1 zu § 34 BetrVG 1972; *HSG;* Rn 28). Dies gilt jedoch nicht, soweit die Geheimhaltungspflicht nach § 79 entgegensteht, was jedoch wegen § 79 Abs. 1 S. 3 regelmäßig nicht der Fall sein dürfte.

Das Gesetz gesteht **nur den BRMitgl.** das Einsichtsrecht zu, nicht **25** dagegen den übrigen Personen, die berechtigt sind, allgemein oder im Einzelfall an BRSitzungen teilzunehmen, z. B. ArbGeb., JugAzubiVertr., SchwbVertr., Vertrauensmann der Zivildienstleistenden; Mitgl. des Sprecherausschusses für leitende Ang. (*DR,* Rn 24; *GL,* Rn 14; *HSG,* Rn 25). Andererseits hindert die Vorschrift nicht, daß solchen Personen – soweit nicht die Geheimhaltungspflicht nach § 79 entgegensteht – Informationen an Hand der Unterlagen gegeben werden, soweit ein berechtigtes Interesse besteht (*GK-Wiese,* Rn 26; *GKSB,* Rn 15). Gegenüber der **JugAzubiVertr.** kann im Einzelfall insoweit eine gesetzliche Verpflichtung auf Grund des Unterrichtungsrechts nach § 70 Abs. 2 Satz 1 bestehen.

Zu den **Unterlagen** gehören diejenigen schriftlichen Aufzeichnungen **26** und Materialien, die der BR angefertigt hat oder die ihm ständig zur Verfügung stehen (Niederschriften, Listen, Berechnungen, Betriebsvereinbarungen, Tarifverträge, Gesetzestexte, Erläuterungsbücher). Nicht verlangt werden kann, daß der ArbGeb. Einsichtnahmen, die er ordnungsgemäß gewährt hat, auf Wunsch einzelner BRMitgl. wiederholt. Das Verlangen auf Einsicht kann auf die über die Behandlung eines bestimmten Vorgangs entstandenen Unterlagen beschränkt werden.

Entsprechendes gilt für die Einsichtnahme in die schriftliche Unterla- **27** gen, die sich bei den **Akten der Ausschüsse des BR** befinden, und zwar sowohl des BetrAusschusses als auch der nach § 28 gebildeten Ausschüsse, unabhängig davon, ob ihnen Aufgaben zur selbständigen Erledigung übertragen worden sind oder ob sie nur die Aufgabe haben, Beschlüsse des BR vorzubereiten(*GK-Wiese,* Rn 2, 29; *HSG,* Rn 26).

28 Das Einsichtsrecht dürfte auch gegenüber den Mitgl. von **gemischten Ausschüssen** nach § 28 Abs. 3 bestehen, soweit bei ihnen eigene Unterlagen entstanden sind. Wegen Berichterstattung solcher Ausschußmitgl. gegenüber dem BR vgl. § 28 Rn 30, § 27 Rn 48.

29 Die **Verweigerung der Einsichtnahme,** insbesondere eine ständige Verweigerung gegenüber bestimmten BRMitgl, kann eine grobe Pflichtverletzung nach § 23 Abs. 1 darstellen.

V. Streitigkeiten

30 Streitigkeiten über die Notwendigkeit der Anfertigung und die Richtigkeit der Niederschriften, über die Berechtigung und Behandlung von Einwendungen und über das Einsichtsrecht nach Absatz 3 sind von den ArbG im **Beschlußverfahren** zu entscheiden (§§ 2a, 80ff. ArbGG).

§ 35 Aussetzung von Beschlüssen

(1) **Erachtet die Mehrheit der Vertreter einer Gruppe oder der Jugend- und Auszubildendenvertretung einen Beschluß des Betriebsrats als eine erhebliche Beeinträchtigung wichtiger Interessen der durch sie vertretenen Arbeitnehmer, so ist auf ihren Antrag der Beschluß auf die Dauer von einer Woche vom Zeitpunkt der Beschlußfassung an auszusetzen, damit in dieser Frist eine Verständigung, gegebenenfalls mit Hilfe der im Betrieb vertretenen Gewerkschaften, versucht werden kann.**

(2) **Nach Ablauf der Frist ist über die Angelegenheit neu zu beschließen. Wird der erste Beschluß bestätigt, so kann der Antrag auf Aussetzung nicht wiederholt werden; dies gilt auch, wenn der erste Beschluß nur unerheblich geändert wird.**

(3) **Die Absätze 1 und 2 gelten entsprechend, wenn die Schwerbehindertenvertretung einen Beschluß des Betriebsrats als eine erhebliche Beeinträchtigung wichtiger Interessen der Schwerbehinderten erachtet.**

Inhaltsübersicht

I. Vorbemerkung

Die Vorschrift gibt den Vertr. bestimmter ArbNGruppen ein **suspensives Vetorecht** gegen Beschlüsse des BR. Sie gilt entsprechend für die BordVertr. (§ 115 Abs. 4), den SeeBR (§ 116 Abs. 3), den GesBR (§ 51 Abs. 1) und mit gewissen Abweichungen wegen Fehlens einer JugAzubiVertr. und einer Vertr. der Schwerbeh. auf Konzernebene auch für den KBR (§ 59 Abs. 1). Sie gilt nicht für Beschlüsse der JugAzubiVertr. und der GesJugAzubiVertr. (vgl. § 66 Abs. 1, § 73 Abs. 2). Auf eine tarifliche Sondervertretung nach § 3 Abs. 1 Nr. 2 ist die Bestimmung entsprechend anzuwenden. Für eine zusätzliche Vertretung nach § 3 Abs. 1 Nr. 1 bleibt eine entsprechende Regelung dem TV überlassen. Wegen ihrer Anwendung auf den BetrAusschuß und weitere Ausschüsse des BR vgl. unten Rn 31. 1

Die Vorschrift ist **zwingend** und kann weder durch TV noch durch BV abgedungen werden. Zulässig ist es jedoch, das bei der Antragstellung und der Behandlung des Antrags zu beachtende Verfahren in der Geschäftsordnung des BR näher zu regeln. 2

Entsprechende Vorschrift: § 39 BPersVG 74. 2a

II. Antrag auf Aussetzung eines Beschlusses

Der Antrag auf Aussetzung kann nur **gegen einen Beschluß des BR** gestellt werden. Die Wahl des BRVors., seines Vertr. (§ 26), der Mitgl. des BetrAusschusses oder anderer Ausschüsse (§§ 27, 28), der freizustellenden BRMitgl (§ 38 Abs. 2), der Mitgl. des GesBR (§ 47 Abs. 2) oder KBR (§ 55 Abs. 1) sind keine Beschlüsse i. S. dieser Vorschrift. Deshalb greift hier § 35 nicht ein. Überdies ist in diesen Fällen der Gruppenschutz besonders geregelt. Außerdem tritt bei einer Wahl stets sofort eine unmittelbare Wirkung ein, so daß sich schon deshalb die Aussetzung verbietet (BAG 20. 4. 56, AP Nr. 3 zu § 27 BetrVG; *DR,* Rn 4; *GK-Wiese,* Rn 16; *HSG,* Rn 2; *Weiss,* Rn 1). Zur Frage der gerichtlichen Überprüfbarkeit dieser Wahlen vgl. § 26 Rn 45ff., § 27 Rn 65ff., § 38 Rn 60ff. 3

Antragsberechtigt sind die Mehrheit einer Gruppe (Rn 5ff.) oder der JugAzubiVertr. (Rn 9ff.) sowie die SchwbVertr. (Rn 12). 4

Der Antrag auf Aussetzung kann gestellt werden von der **Mehrheit einer Gruppe** (Arb. oder Ang.), nicht von einer Mehrheit aus Angehörigen verschiedener Gruppen (*DR,* Rn 7; *GL,* Rn 4; *GK-Wiese,* Rn 9). Unerheblich ist, ob der BR in Gruppenwahl oder gemeinsamer Wahl gewählt worden ist (HSG, Rn 7). Der Antrag bedarf der **absoluten Mehrheit** der Vertr. der Gruppe, die bei der Beschlußfassung über die betreffende Angelegenheit überstimmt worden ist. Ein BRMitgl., das von den ArbN der anderen Gruppe gewählt worden ist, gilt auch hier als Angehöriger der Gruppe, die es gewählt hat. Hatte die Mehrheit der Gruppe dem Beschluß zugestimmt, so kann diese Gruppe den Antrag nicht mehr nachträglich stellen; ebenfalls kann der Gruppenangehörige, 5 der für den Antrag gestimmt hat, sich nicht nachträglich am Aussetzungsantrag beteiligen (*GK-Wiese,* Rn 8; *GKSB,* Rn 4; **a. A.** *DR,* Rn 8; *GL,* Rn 11; *HSG,* Rn 6; *Oetker,* BlStR, 83, 290).

6 § 35 bezieht sich nicht nur auf die Minderheitsgruppe. Auch die **Mehrheitsgruppe** kann überstimmt werden, wenn einige Mitgl. für einen Antrag der Minderheitsgruppe stimmen. Es muß dann lediglich der Teil der Mehrheitsgruppe, der gegen den Antrag gestimmt hatte, aber überstimmt wurde, noch so groß sein, daß er die Mehrheit der Gruppe ausmacht (*DR,* Rn 6; *GL,* Rn 5; *GK-Wiese,* Rn 10; *GKSB,* Rn 5; *HSG,* Rn 5). Besteht beispielsweise ein BR aus 10 Arb. und 5 Ang. und haben die 5 Ang. sowie 3 Arb. für einen Beschluß gestimmt, so können die übrigen 7 Arb. den Aussetzungsantrag stellen.

7 Eine **Gruppe von zwei Vertr.** im BR kann den Aussetzungsantrag durch übereinstimmende Erklärung der beiden Gruppenvertr. stellen. Ist dagegen eine Gruppe im BR nur durch ein Mitgl. vertreten, so steht diesem kein Einspruchsrecht zu; denn ein einzelnes Mitgl. kann keine Mehrheit bilden (vgl. den Wortlaut von Abs. 1 und § 31 Rn 8; *Frauenkron,* Rn 3; *GL,* Rn 5; *Weiss,* Rn 2a; **a. A.** *DR,* Rn 9; *GK-Wiese,* Rn 9; *GKSB,* Rn 6; *HSG,* Rn 6; *Oetker,* BlStr 83, 290).

8 Die Antragstellung bedingt eine gewisse Offenbarung, wie einzelne BRMitgl. bei der Beschlußfassung gestimmt haben. Dies ist jedoch bei einer **geheimen Abstimmung** nicht möglich. In diesem Falle kommt es allein darauf an, daß der Aussetzungsantrag von der Mehrheit einer Gruppe unterstützt wird.

9 Der **Antrag der JugAzubiVertr.** bedarf eines ordentlichen Beschlusses, der mit der absoluten Mehrheit dieser Vertr. zu fassen ist (vgl. den Wortlaut; *GKSB,* Rn 7; *Weiss,* Rn 3; **a. A.** *DR,* Rn 10, *GL,* Rn 6, *GK-Wiese,* Rn 11, und *HSG,* Rn 9, die keinen Kollektivbeschluß der JugAzubiVertr. für erforderlich halten, sondern es – wie bei den Gruppenvertr. – als ausreichend ansehen, daß eine ausreichende Zahl einzelner Mitgl. dieser Vertr. den Antrag stellt; Näheres vgl. § 66 Rn 3). Da er nur bei erheblicher Beeinträchtigung wichtiger Interessen gestellt werden kann, betrifft er stets Angelegenheiten, die die jugendlichen oder zu ihrer Berufsausbildung beschäftigten ArbN „überwiegend" oder „besonders" i. S. des § 67 angehen.

10 Bei einem Beschluß über eine Angelegenheit, die die jugendlichen oder zu ihrer Berufsausbildung beschäftigten ArbN „überwiegend" betrifft, bei dem daher die gesamte JugAzubiVertr. nach § 67 Abs. 2 Stimmrecht hat (vgl. § 67 Rn 16ff.), setzt der Antrag voraus, daß die **Mehrheit der JugAzubiVertr. gegen den Beschluß** gestimmt hat (*GK-Wiese,* Rn 11; *GKSB,* Rn 7; **a. A.** *DR,* Rn 10, 14; *GL,* Rn 11; *HSG,* Rn 6).

11 Bei einem Beschluß, der jugendliche oder zu ihrer Berufsausbildung beschäftigten ArbN „besonders" betrifft, bei dessen Erörterung daher die gesamte JugAzubiVertr. nach § 67 Abs. 1 Satz 2 ein beratendes Teilnahmerecht hat, ist für die Berechtigung zur Antragstellung zu fordern, daß die JugAzubiVertr. erkennbar gemacht hat, daß sie **mehrheitlich erhebliche Bedenken** gegen den zur Abstimmung gestellten Beschluß

hatte (*GK-Wiese,* Rn 11; *GKSB,* Rn 7; im Ergebnis unter dem Gesichtspunkt des Rechtsmißbrauchs ebenso *DR,* Rn 18; **a. A.** *HSG,* Rn 6; *Weiss,* Rn 5). Deshalb erscheint eine Erklärung zur Niederschrift zweckmäßig.

Die **SchwbVertr.** nimmt nach § 32 beratend an den Sitzungen teil. 12
Auch von ihr wird man verlangen müssen, daß sie ihre Bedenken vor der Beschlußfassung dargetan hat (*GK-Wiese,* Rn 12; wohl auch *DR,* Rn 18; **a. A.** *GL,* Rn 11; *HSG,* Rn 6). Ist die SchwbVertr. entgegen § 25 Abs. 2 S. 1 SchwbG in Angelegenheiten, die einzelne Schwbeh. oder die Schwbeh. als Gruppe berühren, nicht rechtzeitig und umfassend unterrichtet und vor einer Entscheidung des ArbGeb. nicht gehört worden, so kann die SchwbVertr. allein wegen der unterbliebenen Beteiligung den Aussetzungsantrag stellen (vgl. § 25 Abs. 4 S. 2 SchwbG). Im Falle der Verhinderung des ordentlichen Mitgl. der SchwbVertr. kann dessen Stellvertreter den Aussetzungsantrag stellen (*GL,* Rn 7).

Kein Recht zur Stellung eines Aussetzungsantrags hat der Vertrau- 13
ensmann der Zivildienstleistenden. Auch anderen Gruppen, etwa ausländischen ArbN oder Frauen, steht kein Antragsrecht zu.

Auch der **Sprecherausschuß** für leitende Ang. hat **kein Recht,** einen 13a
Aussetzungsantrag zu stellen. Im § 33 des Entwurfs des SprAuG (vgl. BT-Drucks. 11/2503, S. 13) war ursprünglich vorgesehen, daß im Falle, daß der Sprecherausschuß eine Vereinbarung zwischen ArbGeb. und BR als eine Beeinträchtigung rechtlicher Interessen der leitenden Ang. erachtet, auf seinen Antrag hin der Abschluß der Vereinbarungen für 2 Wochen auszusetzen und innerhalb dieser Frist eine Verständigung zu versuchen sei. Diese Vorschrift ist jedoch im Laufe der parlamentarischen Beratungen entfallen (vgl. Ausschuß-Bericht, BT-Drucks. 11/3604, S. 29 u. 11/3618 S. 12 u. 19).

Für den Antrag auf Aussetzung ist **keine Form** vorgeschrieben. Es 14
genügt daher auch ein mündlicher Antrag.

Auch eine **Frist** ist für die Antragstellung ausdrücklich nicht vorge- 15
schrieben. Mittelbar ergibt sich eine Frist jedoch daraus, daß der Beschluß nur auf eine Woche, von der Sitzung – nicht vom Antrag – an gerechnet, ausgesetzt werden kann. Deshalb kann nach Ablauf von einer Woche nach Beschlußfassung der Antrag nicht mehr gestellt werden (*DR,* Rn 15; *GL,* Rn 8; *GK-Wiese,* Rn 14). Wird der Antrag bereits in der Sitzung gestellt, in der der betreffende Beschluß gefaßt wurde, so ist er in der Niederschrift aufzunehmen. Ist der Beschluß bereits durchgeführt, so kann eine Aussetzung nicht mehr beantragt werden (*DR,* Rn 15; *GL,* Rn 8; *GK-Wiese,* Rn 15; *GKSB,* Rn 9; *HSG,* Rn 22).

Der Antrag ist grundsätzlich an den **Vors. des BR** zu richten (§ 26 16
Abs. 3 Satz 2). In ihm muß behauptet werden, der Beschluß beeinträchtige in erheblicher Weise wichtige Interessen der von den Antragstellern vertretenen ArbN. Es ist zwar nicht erforderlich, daß die Antragsteller das Vorliegen einer solchen Beeinträchtigung beweisen; eine Begründung für den Antrag wird aber von den Antragstellern zu verlangen sein (*DR,* Rn 13; *GL,* Rn 10; *GK-Wiese,* Rn 17; *HSG,* Rn 11).

Der Antrag kann jederzeit **zurückgenommen** werden (*GL,* Rn 14; *HSG,* Rn 15).

III. Aussetzung des Beschlusses

17 **Aussetzen** bedeutet, die Durchführung des Beschlusses um die angegebene Dauer hinauszuschieben. Der eigentliche Bestand des Beschlusses wird durch eine Aussetzung nicht berührt; der Beschluß ist lediglich suspendiert (*DR,* Rn 25; *GK-Wiese,* Rn 19). Wegen der Rechtswirkung des Aussetzungsantrags vgl. unten Rn 27ff.

18 Der Vors. hat ein **formelles Prüfungsrecht,** d. h. er hat zu prüfen, ob die Antragsberechtigung gegeben ist und die Antragsfrist eingehalten ist. Ist dies der Fall, ist er grundsätzlich verpflichtet, den Beschluß auszusetzen. Er kann nicht über die Berechtigung des Antrags entscheiden. Eine Verletzung dieser Pflicht kann ggf. als grobe Pflichtverletzung i. S. von § 23 Abs. 1 angesehen werden. Andererseits wird man dem Vors. jedoch zubilligen müssen, insbesondere in dringenden Fällen, von der Berücksichtigung eines Antrags abzusehen, wenn dieser **offensichtlich unbegründet** ist (*Frauenkron,* Rn 6; ähnlich *GK-Wiese,* Rn 18; *Oetker,* BlStR 83, 291; **a. A.** *Brecht,* Rn 6; *DR,* Rn 19; *GL,* Rn 12, *HSG,* Rn 16; *Weiss,* Rn 5). Letzteres kann der Fall sein, wenn der Antrag offensichtlich auf einem Rechts- oder Tatsachenirrtum beruht, er nicht mit speziellen Interessen der von den Antragstellern vertretenen ArbN, sondern mit allgemeinen Erwägungen begründet wird oder wenn der Antrag offensichtlich mutwillig gestellt ist.

19 Bei einem ordnungsgemäßen Antrag ist der Beschluß auf die **Dauer von einer Woche,** gerechnet von der BRSitzung an, in der er gefaßt worden ist, auszusetzen. Für die Berechnung der Frist ist nach § 187 Abs. 1 BGB der Tag, an dem der Beschluß gefaßt wurde, nicht mitzuzählen. Die Frist endet mit Ablauf des Wochentages der nächsten Woche, der in seiner Bezeichnung dem Tag der Beschlußfassung entspricht. Eine Verlängerung der Frist ist nicht vorgesehen, jedoch kann der BR im Hinblick auf den Verlauf der Verständigungsverhandlungen eine längere Aussetzung des Beschlusses beschließen (*HSG,* Rn 25). Eine Verkürzung der Frist ist grundsätzlich nicht zulässig, es sei denn, es wird im Laufe der Frist die Angelegenheit im allgemeinen Einverständnis geregelt (*GL,* Rn 14; *GK-Wiese,* Rn 19; vgl. aber auch unten Rn 27f.).

20 Während der Aussetzungsfrist soll eine **Verständigung** zwischen der Mehrheit im BR und den Antragstellern versucht werden. Dies erfordert entsprechende Verhandlungen innerhalb des BR, die aber, besonders wenn die Hilfe der Gewerkschaften in Anspruch genommen wird, nicht notwendig in förmlichen BRSitzungen stattfinden müssen.

IV. Hinzuziehung der Gewerkschaften

21 Die **im Betrieb vertretenen Gewerkschaften** (vgl. hierzu § 2 Rn 26) können zur Hilfeleistung bei den Verständigungsverhandlungen herangezogen werden. Für eine solche Hilfeleistung dürften insbesondere die im BR vertretenen Gewerkschaften in Betracht kommen. Ein Beschluß des BR als solcher ist für die Anrufung der Gewerkschaften nicht notwendig. Vielmehr können die Beteiligten unmittelbar die im Betrieb vertretenen Gewerkschaften zur Mithilfe hinzuziehen (*DR,* Rn 21; *GL,* Rn 13; *GK-Wiese,* Rn 21). Nicht erwähnt sind die Verbände der Schwbeh. Jedoch ist der BR nicht gehindert, in einschlägigen Fällen Vertreter eines solchen Verbandes als Auskunftspersonen zu hören.

V. Erneute Beschlußfassung

22 Nach Ablauf der Wochenfrist ist über die Angelegenheit **neu zu beschließen** und zwar dahingehend, ob der alte Beschluß aufrechterhalten, aufgehoben oder abgeändert werden soll. Gegenstand der Beschlußfassung ist also nicht der ursprüngliche Antrag, sondern der angegriffene Beschluß (*DR,* Rn 22; *GK-Wiese,* Rn 22; *HSG,* Rn 22). Das Aussetzungsverfahren wird durch die **erneute Beschlußfassung abgeschlossen.** Erfolgt keine erneute Beschlußfassung, so ist das Verfahren gegenüber den Antragstellern nicht abgeschlossen (vgl. unten Rn 27), der Beschluß ist aber im Außenverhältnis weiterhin wirksam, kann insbesondere durch einen Vollzug dem ArbGeb. gegenüber Rechtswirkungen entfalten (ähnlich *GK-Wiese,* Rn 19, 23; *Weiss,* Rn 8; **a. A.** *Brecht,* Rn 10 nach dem Beschluß unwirksam werden soll; vgl. im übrigen auch unten Rn 27ff.).

23 **Bestätigt der BR den angegriffenen Beschluß,** so kann ein neuer Antrag nicht gestellt werden, und zwar weder von den ursprünglichen Antragstellern noch von anderen möglicherweise Antragsberechtigten, weil für letztere die Frist nach § 35 Abs. 1 bereits abgelaufen ist (*DR,* Rn 23; *GKSB,* Rn 17; *GK-Wiese,* Rn 24).

24 **Bestätigt der BR den Beschluß** in seinem **wesentlichen Inhalt,** verändert er ihn aber nur unerheblich, d. h. in einzelnen Punkten, die bei Gesamtwürdigung des Beschlusses zurücktreten, so ist ebenfalls ein erneuter Aussetzungsantrag ausgeschlossen. Dabei ist es unwesentlich, aus welchen Gründen diese nur unerheblichen Änderungen erfolgt sind, z. B. um dem Antragsteller in bestimmten Fragen entgegenzukommen, die im ganzen unerheblich, für den Antragsteller aber besonders wichtig sind (*Weiss,* Rn 7; ähnlich *GK-Wiese,* Rn 24).

25 **Ändert der BR seinen Beschluß nicht nur unerheblich,** so kann ein erneuter Aussetzungsantrag gestellt werden. Hierbei ist für die Frage der Zulässigkeit dieses Aussetzungsantrages von der erneuten Beschlußfassung auszugehen (*DR,* Rn 24; *GKSB,* Rn 17). Eine erhebliche Änderung ist es, wenn der ursprüngliche Beschluß aufgehoben wird, ohne daß in

der Sache ein erneuter Beschluß gefaßt worden ist (vgl. *GL,* Rn 15; **a. A.** *GK-Wiese,* Rn 24).

26 Aus dem Wortlaut des Gesetzes ergibt sich, daß die erneute Beschlußfassung nach Ablauf der Frist von einer Woche stattfindet, also frühestens an dem Tag, der auf den Ablauf der Frist folgt. Eine weitere Verschiebung der Beschlußfassung (z. B. auf den nächsten Termin turnusmäßiger BRSitzungen) ist daher zulässig (**a. A.** *GK-Wiese,* Rn 23). Es ist jedoch nicht ausgeschlossen, daß im Einverständnis mit den Antragstellern die erneute Beschlußfassung auch vor Ablauf der Wochenfrist durchgeführt wird (vgl. auch unten Rn 29).

VI. Rechtswirkung des Aussetzungsantrages

27 Der Aussetzungsantrag kann nicht nur von der Mehrheit einer Gruppe im BR gestellt werden, sondern auch von der Mehrheit der JugAzubiVertr. und von der SchwbVertr. Dabei ist zu beachten, daß letztere niemals Stimmrecht im BR hat (§ 32), die JugAzubiVertr. nur in den Fällen des § 67 Abs. 2. Damit wird das Antragsrecht auf Personen erweitert, die im allgemeinen nicht an der Abstimmung über einen ordnungsgemäßen Beschluß selbst teilnehmen können. Ihre Stellung ist also durch das Antragsrecht weit über ihre sonstige betriebsverfassungsrechtliche Einflußmöglichkeit gehoben.

Die Frage nach der **rechtlichen Wirkung des Aussetzungsantrags** ist von Bedeutung, weil die Frist von 1 Woche für die Aussetzung des Beschlusses sich mit der förmlichen Ausschlußfrist von 1 Woche nach § 99 Abs. 3 und § 102 Abs. 2 Satz 1 überschneiden kann. Das gilt in verstärktem Maße für die Frist von 3 Tagen nach § 102 Abs. 2 Satz 3. In diesem Falle könnte man daran denken, daß die Frist der §§ 99 Abs. 2 bzw. 102 Abs. 2 durch den Aussetzungsantrag unterbrochen wird, was in der Praxis zu einer Verlängerung der dem ArbGeb. gegenüber einzuhaltenden Fristen der §§ 99 und 102 führen würde.

Beispiel:

Der ArbGeb. teilt dem BR am Montag, dem 8. 10. 90 mit, er beabsichtigte, einen Ang. einzustellen. Die Frist nach § 99 Abs. 2 Satz 1 läuft mit dem 15. 10. 90 ab. In der BRSitzung am 11. 10. 90 beschließt der BR, der Einstellung zuzustimmen. Die AngGruppe stellt am 12. 10. den Aussetzungsantrag. Die Frist nach § 35 läuft mit dem 18. 10. 90 ab.

In diesem Falle würde die Frist gegenüber dem ArbGeb. um 6 Tage unterbrochen, d. h. sie liefe i. Vbg. mit § 193 BGB erst mit dem 22. 10. 90 ab.

28 Dieser Lösungsvorschlag befriedigt jedoch nicht. Er ist insbesondere für den ArbGeb. und auch den einzustellenden ArbN nicht zumutbar, weil diese nach Ablauf der gesetzlichen Fristen klar sehen müssen, ob sie mit dem Widerspruch oder der Zustimmung des BR zu rechnen haben. Auch dem BR ist die Lösung vielfach nicht zuzumuten; er würde möglicherweise gezwungen sein, gegen den Willen der Mehrheit zunächst seine Zustimmung zu verweigern.

Diese Erwägungen zwingen zu der Folgerung, daß die Vorschrift des § 35 eine **interne Ordnungsvorschrift für die Willensbildung des BR** ist, deren Nichtbeachtung wohl u. U. eine Pflichtverletzung des BR sein kann, im übrigen die **Wirksamkeit von BRBeschlüssen** jedoch **nicht** berührt (zustimmend *GK-Wiese,* Rn 20). Auch ist nach wie vor davon auszugehen, daß die Aussetzung nicht mehr beantragt werden kann, wenn der Beschluß schon durchgeführt ist. Schließlich sollte gerade in diesen Fällen der an sich im Gesetz gewahrte Gesichtspunkt der Gruppenberücksichtigung nicht zu einer Lähmung des BR führen. Deshalb hat der Aussetzungsantrag keine Verlängerung einer Frist, insbesondere nicht der Fristen nach §§ 99 und 102 zur Folge, was hinsichtlich des Aussetzungsantrags der SchwbVertr. in § 25 Abs. 4 S. 3 SchwG ausdrücklich festgelegt ist (im Ergebnis ebenso, wenn auch z. T. mit anderer Begründung *DR,* Rn 26f.; *GL,* Rn 12a; *GK-Wiese,* Rn 20; *HSG,* Rn 23 *Weiss,* Rn 9; wohl auch *GKSB,* Rn 12; **a A.** *Oetker,* BlStR 83, 293; *Brecht,* Rn 8, der die Frist des § 99 Abs. 3 und § 102 Abs. 2 als unterbrochen ansieht; nach Eich, DB 78, 586, ist bei einer außerordentlichen Kündigung eines BRMitgl. die ansonsten auch in Zustimmungsersetzungsverfahren nach § 103 Abs. 2 zu beachtende Zwei-Wochenfrist gemäß § 626 Abs. 2 BGB für eine Woche gehemmt). Allerdings hat der BRVors. dem ArbGeb. mitzuteilen, daß ein Aussetzungsantrag gestellt worden ist. Der ArbGeb. wird im Rahmen der vertrauensvollen Zusammenarbeit abzuwägen haben, ob er die vorgesehene Maßnahme bis zur erneuten Beschlußfassung des BR zurückstellen kann (so *GL,* Rn 12a; *GK-Wiese,* Rn 20; *GKSB,* Rn 12). Abzulehnen ist die Ansicht von *DR* (Rn 27), der BR habe bei einem Aussetzungsantrag gegen einen zustimmenden Beschluß zu einer Personalmaßnahme bei einer Mitteilung an den ArbGeb. die von den Antragstellern vorgetragenen Gründe zu übernehmen, bis der BR über die Angelegenheit erneut beschlossen habe; dies wäre eine unzulässige Mißachtung des – immerhin mit Mehrheit gefaßten – BRBeschlusses.

Andererseits ist der BR **verpflichtet,** bei Stellung eines nicht offensichtlich unbegründeten Antrags alle zumutbaren Anstrengungen zu unternehmen, um die Angelegenheit **beschleunigt** mit den Antragstellern zu klären und ggfs. vor Ablauf der dem ArbGeb. gegenüber einzuhaltenden Frist nochmals in der Angelegenheit zu beschließen. **29**

Die obigen Ausführungen sind auf den Fall der Zeitnot des BR abgestellt. In anderen Fällen, in denen dieser Tatbestand nicht vorliegt, kann die Nichtbeachtung der Verfahrensvorschrift des § 35 eine grobe Pflichtverletzung i. S. des § 23 sein. **30**

VII. Anwendung auf Beschlüsse von Ausschüssen des Betriebsrats

Ein Antrag auf Aussetzung eines Beschlusses eines **Ausschusses nach §§ 27 und 28** ist jedenfalls dann zulässig, wenn dem Ausschuß Aufgaben zur selbständigen Erledigung übertragen worden sind. Denn andernfalls **31** könnte das Aussetzungsrecht durch Verlagerung von Aufgaben auf Ausschüsse unterlaufen werden (*DR,* Rn 28; *GL,* Rn 2; *GKSB,* Rn 1; *GK-Wiese,* Rn 4; *HSG,* Rn 33; vgl. hierzu auch § 27 Rn 38). Auch in diesen Fällen ist der Antrag an den Vors. des BR (nicht des Ausschusses) zu richten (*GK-Wiese,* Rn 4; *DR,* Rn 28; **a. A.** *Oetker,* BlStR 83, 293). Die Antragsberechtigung ergibt sich unmittelbar aus § 35 Abs. 1 und 3 (vgl. oben Rn 3ff.), d. h. der Antrag kann nicht von der Mehrheit der dem Ausschuß angehörenden Gruppenvertr. gestellt werden, sondern bedarf der Mehrheit der Gruppenvertr. im BR (**a. A.** *GK-Wiese,* Rn 4; *HSG,* Rn 33; *Oetker,* a. a. O).

Bei Beschlüssen des **WiAusschusses** ist § 35 nicht anwendbar, da er keine originären BRAufgaben sondern ihm eigens zugewiesene Aufgaben zu erfüllen hat (*DR,* Rn 28; *GK-Wiese,* Rn 4).

VIII. Streitigkeiten

32 Streitigkeiten, die sich aus Anträgen auf Aussetzung eines BRBeschlusses oder aus der Durchführung der Aussetzung ergeben, sind von den **ArbG im Beschlußverfahren** zu entscheiden (§§ 2a, 80ff. ArbGG).

§ 36 Geschäftsordnung

Sonstige Bestimmungen über die Geschäftsführung sollen in einer schriftlichen Geschäftsordnung getroffen werden, die der Betriebsrat mit der Mehrheit der Stimmen seiner Mitglieder beschließt.

Inhaltsübersicht

I. Vorbemerkung

1 Der Erlaß einer Geschäftsordnung ist dem BR wegen ihrer Bedeutung für einen ordnungsgemäßen Ablauf der BRTätigkeit durch **Sollvorschrift** aufgegeben. Wegen der Bedeutung der Geschäftsordnung und aus Gründen der Rechtssicherheit bedarf ihr Erlaß der absoluten Mehrheit im BR und der Schriftform.

2 Die Vorschrift gilt entsprechend für den GesBR (§ 51 Abs. 1 Satz 1), den KBR (§ 59 Abs. 1), die JugAzubiVertr. (§ 65 Abs. 1), die GesJugAzubiVertr. (§ 73 Abs. 2), die Bordvertr. (§ 115 Abs. 4 Satz 1) und den SeeBR (§ 116 Abs. 3). Sie gilt ferner für eine anderweitige ArbNVertr. nach § 3 Abs. 1 Nr. 2, da diese an die Stelle des BR tritt. Für eine zusätzliche ArbNVertr. nach § 3 Abs. 1 Nr. 1 bleibt die Frage der Geschäftsordnung der tariflichen Regelung überlassen.

Obwohl dies nicht ausdrücklich geregelt ist, gilt die Vorschrift ferner entsprechend für den BetrAusschuß und weitere Ausschüsse des BR. Allerdings können die Geschäftsordnungen dieser Ausschüsse auch vom BR selbst beschlossen werden (*GL,* Rn 2; *GK-Wiese,* Rn 2; *HSG,* Rn 2; *Weiss,* Rn 1; vgl. auch § 27 Rn 39). Entsprechendes gilt für Ausschüsse des GesBR und des KBR. **2a**

Entsprechende Vorschriften: § 42 BPersVG 74 und § 13 Abs. 6 SprAuG. **2b**

II. Inhalt der Geschäftsordnung

Die Geschäftsordnung enthält Bestimmungen über die **Ordnung der internen Geschäftsführung,** insbesondere der Sitzungen des BR. Sie darf zwar Bestimmungen der §§ 26 bis 41 wiederholen, nicht aber von zwingenden Vorschriften abweichen (*DR,* Rn 5; *GK-Wiese,* Rn 10; *GKSB,* Rn 3; *HSG,* Rn 4), so z. B. nicht von Bestimmungen über die Beschlußfassung des BR (§ 33), die Teilnahme von JugAzubiVertr. (§ 65), der SchwbVertr. (§ 32) oder des Vertrauensmanns der Zivildienstleistenden (§ 37 Abs. 5 ZDG) an den Sitzungen des BR. Ebensowenig kann die Geschäftsordnung absolute Mehrheit verlangen, wo das Gesetz eine einfache Mehrheit ausreichen läßt, oder umgekehrt. Auch kann die Geschäftsordnung dem BR keine Aufgaben und Befugnisse übertragen, die ihm nichts bereits durch eine gesetzliche oder tarifliche Regelung obliegen (*DR,* Rn 3; *GL,* Rn 5; *HSG,* Rn 3; *GK-Wiese,* Rn 11). **3**

Zulässig sind insbesondere Vorschriften über **Einzelheiten der BRSitzungen,** so über Anberaumung der Sitzungen, Festlegung regelmäßiger Sitzungen, Einladungsfrist, Leitung der Sitzung, wenn Vors. und stellvertr. Vors. zugleich verhindert sind, Redeordnung, Rednerliste, Leitung und Durchführung der Abstimmungen, Ordnungsrufe, Hausrecht des Vors., Regelungen über die Verschwiegenheitspflicht, insbesondere die Festlegung von Angelegenheiten, über die Verschwiegenheit zu wahren ist, Bestellung von BRMitgl. als Schriftführer des BR, Meldepflicht bei Verhinderung des einzelnen BRMitgl., Einzelheiten der Sitzungsniederschrift usw. Weiter kann die Geschäftsordnung Vorschriften enthalten über die Abberufung und Neuwahl des Vors. und des Stellvertr. des Vors. (§ 26 Rn 4ff.), die Bestellung des Wahlvorst., die Art der Bekanntgabe von Mitteilungen an die Belegschaft, die Konkretisierung der vom BetrAusschuß nach § 27 Abs. 3 zu erledigenden laufenden Geschäfte, die Übertragung der laufenden Geschäfte auf den Vors. oder andere BRMitgl. (§ 27 Abs. 4), die Übertragung von Aufgaben zur selbständigen Erledigung auf den BetrAusschuß (§ 27 Abs. 3), auf andere Ausschüsse (§ 28 Abs. 1), auf den einzigen Gruppenvertr. (§ 28 Abs. 2 Satz 3) und auf BRMitgl., die in paritätisch besetzten Ausschüssen nach § 28 Abs. 3 den BR vertreten. In den Fällen der Delegation nach § 27 Abs. 3 und § 28 kann die Geschäftsordnung auch die Beschlußfassung der Ausschüsse regeln (§ 27 Rn 48). **4**

5 **Maßnahmen,** über die **nur gemeinsam mit dem ArbGeb.** entschieden werden kann, z. B. die Zuverfügungstellung von Geschäftsräumen, Zeit und Ort der Sprechstunden, Durchführung der monatlichen Besprechungen, zusätzliche Freistellungen von BRMitgl. nach § 38, können nicht durch die Geschäftsordnung, sondern nur durch BV oder eine sonstige Vereinbarung zwischen ArbGeb. und BR geregelt werden (BAG 16. 1. 79, AP Nr. 5 zu § 38 BetrVG 1972, *GL,* Rn 9; *GK-Wiese,* Rn 11). Umgekehrt können Regelungen, die in die Geschäftsordnung gehören, nicht Gegenstand einer BV sein (*DR,* Rn 3; *GK-Wiese,* Rn 12). Allerdings können sich BV und Geschäftsordnung ergänzen, z. B. bei einer Vereinbarung zwischen ArbGeb. und BR über Ort und Zeit der Sprechstunden sowie einer hieran anknüpfenden entsprechenden Regelung in der Geschäftsordnung.

III. Erlaß der Geschäftsordnung

6 Der **Beschluß des BR** über die Geschäftsordnung bedarf der **absoluten Mehrheit** der Stimmen seiner Mitgl. (vgl. hierzu § 33 Rn 25). Durch die Sollvorschrift des § 36 wird dem BR der Erlaß der Geschäftsordnung aufgegeben (schärfer *GK-Wiese,* Rn 5); die Nichtbeachtung der Vorschrift macht jedoch die Beschlüsse des BR nicht unwirksam; andererseits ist – insbesondere in größeren BR – der Nachweis der Beachtung der Geschäftsordnung wichtig, wenn es gilt, die Ordnungsmäßigkeit von Beschlüssen des BR und seiner Ausschüsse darzulegen. Der Nichterlaß einer Geschäftsordnung ist für sich allein keine grobe Pflichtverletzung nach § 23.

7 Der Erlaß der Geschäftsordnung bedarf der **Schriftform.** Die Schriftform ist ohnedies für Beschlüsse nach § 27 Abs. 3 Satz 3 und 4 und § 28 Abs. 1 Satz 2 erforderlich. Zur Schriftform gehört auch die Unterzeichnung durch den Vorsitzenden des BR. Wird der Beschluß über die Geschäftsordnung in die Sitzungsniederschrift aufgenommen, so ist diese von einem weiteren Mitgl. des BR zu unterzeichnen (vgl. § 34 Abs. 1 Satz 2).

8 Eine **Veröffentlichung** der Geschäftsordnung ist nicht erforderlich; sie bedarf daher weder des Aushangs noch einer sonstigen Bekanntmachung (*DR,* Rn 10; *GL,* Rn 4; *GK-Wiese,* Rn 8). Sie braucht auch dem ArbGeb. nicht bekanntgegeben zu werden; dies kann jedoch zweckmäßig sein, insbesondere soweit die Geschäftsordnung die Delegation von Aufgaben des BR nach § 27 Abs. 3 Satz 2 und § 28 vorsieht (vgl. hierzu § 27 Rn 57; weitergehend *GK-Wiese,* Rn 8, der insoweit eine Verpflichtung des BR aus § 2 Abs. 1 annimmt).

IV. Wirkung der Geschäftsordung

Die Geschäftsordnung enthält Verfahrensrichtlinien, die nur für die **Dauer der Amtszeit** des BR gelten (*GL,* Rn 8; *GK-Wiese,* Rn 16; *GKSB,* Rn 10; *HSG,* Rn 12; **a. A.** *DR,* Rn 15, *Weiss,* Rn 3, die eine Nachwirkung der Geschäftsordnung für den folgenden BR bejahen). Allerdings kann sich aus der Geschäftsordnung eine allgemeine Übung entwickeln, die auch der spätere BR beachtet. Ebenso kann dieser die bisherige Geschäftsordnung als eigene übernehmen, wenn er dies beschließt. 9

Die Mitgl. des BR, insbesondere der Vors. und sein Stellvertr., sind **an die Geschäftsordnung gebunden,** nicht aber der BR als solcher. Dieser kann vielmehr jederzeit im Einzelfall von der Geschäftsordnung durch Beschluß, der der absoluten Mehrheit im BR bedarf, abweichen (*GL,* Rn 7; *GK-Wiese,* Rn 9, 15; *GKSB,* Rn 8; *HSG,* Rn 11; **a. A.** *DR,* Rn 13, der bei einer Abweichung im Einzelfall das Einverständnis aller BRMitgl. fordert). Eine generelle Änderung der Geschäftsordnung bedarf außerdem der Schriftform. Dasselbe dürfte aus Gründen der Rechtssicherheit auch für die Aufhebung der Geschäftsordnung gelten (insoweit **a. A.** *GK-Wiese,* Rn 9). 10

Da die Geschäftsordnung nur **interne Vorgänge des BR** regelt, können nicht dem BR angehörige Personen, etwa der ArbGeb. oder einzelne ArbN, aus ihr keine unmittelbaren Rechte herleiten (*GL,* Rn 6). Eine Verletzung von Vorschriften der Geschäftsordnung macht einen Beschluß des BR nicht unwirksam, jedenfalls dann nicht, wenn es sich lediglich um eine Ordnungsvorschrift handelt (*DR,* Rn 12, 14, *GL,* Rn 7; *GK-Wiese,* Rn 17; *HSG,* Rn 14). 11

V. Steitigkeiten

Streitigkeiten über Erlaß, Inhalt oder Auslegung einer Geschäftsordnung sind von den ArbG im **BeschlVerf.** zu entscheiden (§§ 2a, 80ff. ArbGG). 12

§ 37 Ehrenamtliche Tätigkeit, Arbeitsversäumnis

(1) **Die Mitglieder des Betriebsrats führen ihr Amt unentgeltlich als Ehrenamt.**

(2) **Mitglieder des Betriebsrats sind von ihrer beruflichen Tätigkeit ohne Minderung des Arbeitsentgelts zu befreien, wenn und soweit es nach Umfang und Art des Betriebs zur ordnungsgemäßen Durchführung ihrer Aufgaben erforderlich ist.**

(3) **Zum Ausgleich für Betriebsratstätigkeit, die aus betriebsbedingten Gründen außerhalb der Arbeitszeit durchzuführen ist, hat das Betriebsratsmitglied Anspruch auf entsprechende Arbeitsbefreiung**

unter Fortzahlung des Arbeitsentgelts. Die Arbeitsbefreiung ist vor Ablauf eines Monats zu gewähren; ist dies aus betriebsbedingten Gründen nicht möglich, so ist die aufgewendete Zeit wie Mehrarbeit zu vergüten.

(4) **Das Arbeitsentgelt von Mitgliedern des Betriebsrats darf einschließlich eines Zeitraums von einem Jahr nach Beendigung der Amtszeit nicht geringer bemessen werden als das Arbeitsentgelt vergleichbarer Arbeitnehmer mit betriebsüblicher beruflicher Entwicklung. Dies gilt auch für allgemeine Zuwendungen des Arbeitgebers.**

(5) **Soweit nicht zwingende betriebliche Notwendigkeiten entgegenstehen, dürfen Mitglieder des Betriebsrats einschließlich eines Zeitraums von einem Jahr nach Beendigung der Amtszeit nur mit Tätigkeiten beschäftigt werden, die den Tätigkeiten der in Absatz 4 genannten Arbeitnehmer gleichwertig sind.**

(6) **Absatz 2 gilt entsprechend für die Teilnahme an Schulungs- und Bildungsveranstaltungen, soweit diese Kenntnise vermitteln, die für die Arbeit des Betriebsrats erforderlich sind. Der Betriebsrat hat bei der Festlegung der zeitlichen Lage der Teilnahme an Schulungs- und Bildungsveranstaltungen die betrieblichen Notwendigkeiten zu berücksichtigen. Er hat dem Arbeitgeber die Teilnahme und die zeitliche Lage der Schulungs- und Bildungsveranstaltungen rechtzeitig bekanntzugeben. Hält der Arbeitgeber die betrieblichen Notwendigkeiten für nicht ausreichend berücksichtigt, so kann er die Einigungsstelle anrufen. Der Spruch der Einigungsstelle ersetzt die Einigung zwischen Arbeitgeber und Betriebsrat.**

(7) **Unbeschadet der Vorschrift des Absatzes 6 hat jedes Mitglied des Betriebsrats während seiner regelmäßigen Amtszeit Anspruch auf bezahlte Freistellung für insgesamt drei Wochen zur Teilnahme an Schulungs- und Bildungsveranstaltungen, die von der zuständigen obersten Arbeitsbehörde des Landes nach Beratung mit den Spitzenorganisationen der Gewerkschaften und der Arbeitgeberverbände als geeignet anerkannt sind. Der Anspruch nach Satz 1 erhöht sich für Arbeitnehmer, die erstmals das Amt eines Betriebsratsmitglieds übernehmen und auch nicht zuvor Jugend- und Auszubildendenvertreter waren, auf vier Wochen. Absatz 6 Satz 2 bis 5 findet Anwendung.**

Inhaltsübersicht

I. Vorbemerkung

1 Die Bestimmung regelt wesentliche Fragen der **allgemeinen Rechtsstellung der BRMitgl.** Sie steht damit in engem Zusammenhang mit §§ 78, 78a und 103 dieses Gesetzes sowie §§ 15f. KSchG. Zweck der Vorschrift ist die Sicherung der äußeren und inneren Unabhängigkeit der BRMitgl., um so eine ordnungsgemäße und sachdienliche BRArbeit zu gewährleisten. Dem dient zunächst der Grundsatz des Abs. 1, daß das Amt der BRMitgl. ein **Ehrenamt** ist, das unentgeltlich zu führen ist. Die BRMitgl. sollen keine finanziellen Vorteile aus dieser Tätigkeit ziehen. Andererseits sollen sie durch ihre Tätigkeit jedoch auch keine Nachteile erleiden. Das gilt sowohl in arbeitsmäßiger als auch in finanzieller und beruflicher Hinsicht. Dem dienen insbesondere die Regelungen der Abs. 3 bis 5. Die Regelung des Abs. 2, nach der BRMitgl. **von ihrer beruflichen Tätigkeit** ohne Minderung des Arbeitsentgelts zu **befreien** sind, wenn und soweit es nach Umfang und Art des Betriebs zu ordnungsgemäßen Durchführungen ihrer Aufgaben erforderlich ist, will die Erfüllung der BRAufgaben während der Arbeitszeit ermöglichen. Zur völligen Freistellung von BRMitgl. vgl. § 38.

Von erheblicher Bedeutung ist ferner die in Abs. 6 und 7 geregelte Freistellung von BRMitgl. zum Zwecke der Teilnahme an **Schulungs- und Bildungsveranstaltungen.** Hierdurch soll den betriebsverfassungsrechtlichen Funktionsträgern die Erlangung des für ihre Aufgabenerfüllung erforderlichen Wissens ermöglicht werden.

2 Die Abs. 1 bis 3 gelten für den GesBR (vgl. § 51 Abs. 1), den KBR (vgl. § 59 Abs. 1) und die GesJugAzubiVertr. (vgl. § 73 Abs. 2) entsprechend. Nicht dagegen gelten für sie die Abs. 4 bis 7; die in diesen Abs. enthaltenen Regelungen finden auf die Mitgl. dieser Arb.NVertr. bereits in ihrer Eigenschaft als BRMitgl. bzw. Mitgl. der JugAzubiVertr. Anwendung. Für die Mitgl. der JugAzubiVertr. gilt § 37 entsprechend (vgl. § 65 Abs. 1). Das Gleiche gilt für die Mitglieder des SeeBR (vgl. § 116 Abs. 3). Auf die BordVertr. finden nur Abs. 1 bis 3 Anwendung

(vgl. § 115 Abs. 4). Dagegen ist § 37 auf ArbNVertr. i. S. von § 3 Abs. 1 Nr. 2 in vollem Unfang anzuwenden, da diese Vertretung an die Stelle des BR tritt. Seine Anwendung auf zusätzliche ArbNVertr. i.S. von § 3 Abs. 1 Nr. 1 bleibt einer entsprechenden Regelung des TV vorbehalten; allerdings dürfen Abs. 1 und 2 auch ohne eine ausdrückliche tarifvertragliche Regelung für zusätzliche ArbN Vertreter gelten (vgl. hierzu auch § 3 Rn. 24).

3 Die Vorschrift ist zugunsten des BR und seiner Mitgl. **zwingend** und kann weder durch TV noch durch BV abgeändert werden. Soweit es sich allerdings um die Durchführung der Vorschrift handelt, sind Regelungen durch TV und BV zulässig, sofern sich diese in Übereinstimmung mit den Grundsätzen des § 37 halten (*GL,* Rn. 7; *GK-Wiese,* Rn. 5; enger *HSG,* Rn. 4).

3a Entsprechende Vorschrift: § 46 BPersVG 74 und § 14 Abs. 1 SprAuG.

II. Ehrenamt (Abs.1)

4 Das „Amt“ des BR ist **kein Amt im öffentlich-rechtlichen Sinne.** Das BRMitgl. versieht daher kein Amt i. S. des Beamtenrechts (*DR,* Rn. 4; *GL,* Rn 8; *GK-Wiese,* Rn. 7) und übt auch keine öffentlich-rechtlichen Amtsbefugnisse aus (vgl. § 1 Rn. 136). Vielmehr bleibt das Rechtsverhältnis des BRMitgl. zum ArbGeb. ein Arbeitsverhältnis, dessen Inhalt allerdings durch die Vorschriften dieses Gesetzes z. T. modifiziert wird.

5 Während die Absätze 4 und 5 sowie die Kündigungsschutzvorschriften zugunsten der Mitgl. des BR (vgl. hierzu § 103 BetrVG, §§ 15f. KSchG) die **äußere Unabhängigkeit** der BRMitgl. gewährleisten sollen, soll ihnen durch die strenge Durchführung des Grundsatzes der unentgeltlichen Ausübung ihres BRAmtes auch die **innere Unabhängigkeit** gegeben werden (*DR,* Rn 2; *HSG,* Rn 6; kritisch hierzu *Weiss,* Rn 2). An den Begriff der Unentgeltlichkeit ist im Interesse der Unabhängigkeit der BRMitgl. ein **strenger Maßstab** anzulegen (*DR,* Rn 5; *GL,* Rn 9; *GK-Wiese,* Rn 8). Deshalb darf das BRMitgl. im Interesse der unparteiischen und unabhängigen Wahrnehmungen des Amtes aus dessen Führung keine Vorteile haben, aber auch keine Einbußen erleiden. Notwendige Aufwendungen und Auslagen, die ihm im Rahmen der Ausübung des Amts erwachsen, sind ihm zu ersetzen (vgl. § 40 Abs. 1).

6 Für die Wahrnehmung des Amts darf dem BRMitgl. **in keiner Weise** und **von keiner Seite irgendeine Vergütung** zufließen, auch nicht in mittelbarer oder versteckter Form (*DR,* Rn 6; *GL,* Rn 10; *GKSB,* Rn1; *GK-Wiese,* Rn 9; *HSG,* Rn 9). Unzulässig ist z. B. die Gewährung von Lohn für nicht notwendige Arbeitsversäumnis, die Zuweisung einer besonders verbilligten Werkswohnung, die Einräumung besonders günstiger Konditionen bei einem Firmendarlehen, die Gewährleistung eines längeren Urlaubs, die Zahlung von Sitzungsgeldern zusätzlich zum fortgezahlten Entgelt, die Freistellung von Arbeit, ohne daß dies zur Erfüllung der BRArbeit erforderlich ist (vgl. BAG 1. 3. 63, AP Nr. 8 zu § 37

BetrVG; *DR,* Rn 6), die Beförderung eines BRMitgl. wenn diese nicht durch dessen Leistung bedingt ist oder der Regelung des Abs. 4 entspricht, Ersatz von nicht notwendig und nicht wirklich entstandenen Auslagen (*GK-Wiese,* Rn 11, *Rüthers,* RdA 76, 61ff.). Nicht zulässig ist auch die Weitergewährung einer pauschalierten Überstundenabgeltung an freigestellte BRMitgl., wenn die Arbeitskollegen im allgemeinen keine Überstunden mehr leisten. Es ist auch nicht angängig, vom BR die Abhaltung der Sitzungen außerhalb der Arbeitszeit unter Zahlung des entsprechenden Arbeitsentgelts zu fordern, wenn dies nicht aus betrieblichen Gründen erforderlich ist. Muß aber ein BRMitgl. an Sitzungen außerhalb seiner persönlichen Arbeitszeit teilnehmen, da es z. B. in Wechselschicht arbeitet, so stellt die Gewährung eines bezahlten Freizeitausgleichs keinen unberechtigten Vorteil dar (vgl. Abs. 3). Das gleiche gilt, wenn ein BRMitgl. mit Rücksicht auf seine BRTätigkeit an einem geringer entlohnten Arbeitsplatz beschäftigt wird, jedoch weiterhin seinen bisherigen Lohn erhält (*DR,* Rn 6; *GL,* Rn 10; *HSG,* Rn 10). Zur Frage der Änderung der Arbeitsbedingungen auch der BRMitgl. bei einer Massenänderungskündigung vgl. § 103 Rn 10.

Der **pauschale Ersatz regelmäßig entstehender Auslagen** und barer 7
Aufwendungen kann als zulässig angesehen werden, wenn die Pauschale im wesentlichen dem Durchschnitt der wirklichen Auslagen und Aufwendungen entspricht, sich in ihr also keine versteckte Vergütung verbirgt (h. M.; BAG 9. 11. 55, AP Nr 1 zu Art. IX KRG Nr. 22, Betriebsrätegesetz; *GL,* Rn 12; *HSG,* Rn 12; *Rüthers,* RdA 76, 63; enger *DR,* Rn 7). Entsteht dem BRMitgl. ein höherer Aufwand, als er bei der Pauschalierung berücksichtigt wurde, so kann es den Mehraufwand erstattet verlangen. Zur Aufwandsentschädigung freigestellter Mitgl. des Personalrats vgl. § 46 Abs. 5 BPersVG 74.

Unzulässig ist ferner die Gewährung einer Vergütung oder sonstiger 8
Leistungen an BRMitgl. **durch die Arbeitnehmer** selbst (vgl. § 41).

Unzulässig ist nicht nur das Gewähren unberechtigter zusätzlicher 9
Leistungen an BRMitgl., sondern auch das **Versprechen derartiger Leistungen.** Vereinbarungen jeder Art über eine unzulässige Entgeltgewährung, seien es einzelvertragliche Absprachen oder Regelungen in BV oder TV, sind nach § 134 BGB **nichtig,** da sie gegen das Begünstigungsverbot des § 78 verstoßen. Aufgrund solcher Vereinbarungen gezahlte Entgelte sind ohne Rechtsgrund geleistet; sie können aber nicht zurückgefordert werden, weil das Verbot der unzulässigen Entgeltgewährung sich auch gegen den ArbGeb. richtet und deshalb auch der Leistende gegen Absatz 1 verstößt (vgl. § 817 BGB; *DR,* Rn 8; *GL,* Rn 14; **a. A.** *GK-Wiese,* Rn 15; *HSG,* Rn 14). Verstöße gegen den Grundsatz der ehrenamtlichen Tätigkeit können u. U. zum Ausschluß aus dem BR nach § 23 Abs. 1 führen (*GL,* Rn 15; *GK-Wiese,* Rn 16). Die vorsätzliche Begünstigung oder Benachteiligung eines BRMitgl. um seiner Tätigkeit willen ist nach § 119 Abs. 1 Nr. 1 strafbar.

Die ehrenamtliche Tätigkeit des BRMitgl. steht der von ihm zu lei- 10
stenden Arbeit gleich. Das hat zur Folge, daß die Tätigkeit als BRMitgl. in **sozialversicherungsrechtlicher Hinsicht** als Arbeitsleistung gilt. Un-

fälle, die das BRMitgl. in Ausübung von Amtsgeschäften erleidet, sind Betriebsunfälle, die nach den allgemeinen unfallversicherungsrechtlichen Vorschriften zu entschädigen sind (vgl. *Staudinger/Nipperdey/Neumann,* § 616 BGB Rn 96; *DR,* Rn 11; *GK-Wiese,* Rn 14; BSG, BB 76, 980). Das gleiche gilt auch für die Teilnahme von BRMitgl. an Schulungsveranstaltungen nach § 37 Abs 6 und 7 (Wolber, Soziale Sicherheit 74, 170).

11 Allerdings ist die BRTätigkeit nicht mit der nach dem Arbeitsvertrag zu erbringenden Arbeitsleistung identisch. Deshalb ist sie in einem **Arbeitszeugnis** grundsätzlich nicht – auch nicht mittelbar – zu erwähnen (LAG Hamm, DB 76, 1112; LAG Frankfurt DB 78, 167; ArbG Ludwigshafen, DB 87, 1364; *DR,* Rn 11; *GK-Wiese,* Rn 14; *HSG,* Rn 8; vgl. auch *Schleßmann,* BB 88, 1322); dies gilt jedenfalls dann, wenn der ArbN damit nicht einverstanden ist. Etwas anderes kann nur in Ausnahmefällen bei einem freigestellten BRMitgl. im Falle eines auf seinen Wunsch hin auszustellenden qualifizierten Zeugnisse gelten, wenn andernfalls die auf die Arbeitsleistung bezogenen Aussagen des Zeugnisses unrichtig werden, etwa wenn das freigestellte BRMitgl. infolge der Freistellung und inzwischen eingeführter grundlegender technischer Neuerungen in seinem Arbeitsbereich seinem Arbeitsplatz entfremdet worden ist (ArbG *Kassel,* DB 76, 1487; LAG Frankfurt, a. a. O.; *GKSB,* Rn 6; *Brill* BB 81, 616; vgl. hierzu auch *Schaub,* § 146 III 1; *Gaul,* Bd. II S. 487).

III. Arbeitsbefreiung (Abs. 2)

12 Die Mitgl. des BR sind weiterhin ArbN des Betriebs und deshalb grundsätzlich auch verpflichtet, die ihnen nach ihrem Arbeitsvertrag obliegenden Arbeitsleistungen zu erbringen. Da ihnen durch die Übernahme des BRAmtes jedoch weitere und nicht unerhebliche Amtspflichten und Aufgaben obliegen, ist eine Klärung notwendig, in welchem Rangverhältnis diese sich aus dem Amt ergebenden Pflichten und Aufgaben zu denjenigen aus dem Arbeitsvertrag stehen. Das Gesetz räumt der **Erfüllung der BRAufgaben den Vorrang** ein (vgl. Abs. 2 und § 38).

13 Der Anspruch von BRMitgl. auf Befreiung von der beruflichen Tätigkeit nach Abs. 2 betrifft in erster Linie die **vorübergehende Arbeitsbefreiung aus konkretem Anlaß.** Demgegenüber sieht § 38, der einen Unterfall der Generalklausel des § 37 Abs. 2 darstellt (vgl. BAG 22. 5. 73, AP Nr. 2 zu § 37 BetrVG 1972 und Nr. 1 und 2 zu § 38 BetrVG 1972), eine völlige Freistellung von der Verpflichtung der Arbeitsleistung vor. Für die völlig von der Arbeit freigestellten BRMitgl. ist Absatz 2 ohne Bedeutung. Dies gilt allerdings nicht, wenn gemäß § 38 Abs. 1 Satz 3 eine anderweitige Regelung über die Freistellung in der Weise vereinbart worden ist, daß statt einer völligen Freistellung oder über die gesetzliche Freistellungsstaffel des § 38 Abs. 1 hinaus BRMitgl. teilweise von der Arbeit freigestellt werden (vgl. hierzu § 38 Rn 5f.). In diesem Falle können sich aus Absatz 2 für die nur teilweise freigestellte BRMitgl. u. U. Ansprüche auf Arbeitsbefreiung über die vereinbarte

Teilfreistellung hinaus ergeben (*GL,* Rn 17; *GK-Wiese,* Rn 18; *HSG,* Rn 17).

Die Regelung gilt auch für **ErsMitgl.,** soweit sie in den BR nachgerückt sind (*GL,* Rn 19; *GK-Wiese,* Rn 20). 14

Abgesehen von der Arbeitsbefreiung aus konkretem Anlaß eröffnet Abs. 2 auch die Möglichkeit, einzelne BRMitgl. generell für einen **bestimmten Teil ihrer Arbeitszeit,** etwa für bestimmte Stunden am Tag oder für bestimmte Tage in der Woche oder im Monat freizustellen, sofern dies für die ordnungsgemäße Erfüllung der BRAufgaben erforderlich ist. Dies kann insbesondere in Betrieben unter 300 ArbN in Betracht kommen, in denen nicht von Gesetzes wegen ein Mitgl. des BR völlig von der Arbeit freizustellen ist (vgl. hierzu § 38 Rn 13; *GL,* Rn 18; *GK-Wiese,* Rn 18; *GKSB,* Rn 8; **a. A.** *HSG,* Rn 18). Darüber hinaus gewährt Abs. 2 u. U. auch einen Anspruch auf generelle Befreiung von einer **bestimmten Art der Arbeit.** So ist es z. B., wenn dies für eine sachgerechte Erfüllung der Aufgaben des BR erforderlich ist, notwendig, ein BRMitgl. aus der Wechselschicht in die Normalschicht oder aus dem Außendienst in den Innendienst oder von der Akkordarbeit in die Zeitarbeit zu übernehmen (vgl. BAG 13. 11. 64, AP Nr. 9 zu § 37 BetrVG; LAG Düsseldorf, DB 75, 311; *DR,* Rn 13; *GL,* Rn 18; *GK-Wiese,* Rn 19; *GKSB,* Rn 8; **a. A.** *HSG,* Rn 19). 15

1. Voraussetzungen

Der Anspruch auf Befreiung von der beruflichen Tätigkeit ohne Minderung des Arbeitsentgelts nach Abs. 2 hängt von **zwei Voraussetzungen** ab. 16

- Die Arbeitsbefreiung muß der Durchführung der dem **BR obliegenden Aufgaben dienen** (Rn 17ff.).
- die Arbeitsbefreiung muß zur ordnungsgemäßen Durchführung dieser Aufgaben **erforderlich** sein (Rn 24ff.).

a) Aufgaben des Betriebsrats

Es muß sich um Aufgaben handeln, die zu den **Amtsobliegenheiten der BRMitgl.** gehören. Das sind in erster Linie die in diesem Gesetz genannten Aufgaben des BR und seiner Mitgl. Hierzu zählen z. B. die Teilnahme an Sitzungen des BR, des BetrAusschusses oder anderer Ausschüsse des BR oder an Sitzungen des Sprecherausschusses für leitende Ang. nach § 2 Abs. 2 SprAuG; die Durchführung von Sprechstunden des BR; die Teilnahme an Sitzungen des GesBR, des KBR oder des WiAusschusses; die Teilnahme an Betr.- und AbtVerslg. sowie der Betriebsräteverslg. nach § 53; die Beteiligung an Betriebsbesichtigungen der Gewerbeaufsichtsbeamten; die Beteiligung an Unfalluntersuchungen; Teilnahme an Besprechungen mit dem Sicherheitsbeauftragten oder dem Sicherheitsausschuß, Besprechungen mit Behörden wie z. B. dem Gewerbeaufsichtsamt über Arbeitschutzfragen oder dem Arbeitsamt bei drohenden Massenentlassungen oder drohender Kurzarbeit (vgl. 17

BAG 23. 9. 82, AP Nr 42 zu § 37 BetrVG 1972); Verhandlungen und Besprechungen mit dem ArbGeb.; Besuch einer auswärtigen Betriebsstätte; Besprechung mit Vertr. der Gewerkschaften im Rahmen des Zusammenarbeitsgebot nach § 2 Abs. 1; die Erfüllung der allgemeinen Aufgaben des BR nach § 80 (vgl. BAG 1. 3. 63, AP Nr. 8 zu § 37 BetrVG); die Teilnahme als Beteiligter am arbeitsgerichtlichen Beschlußverfahren (vgl. LAG Düsseldorf, BB 75, 373); die Teilnahme an Verfahren der E-Stelle; die Unterstützung einzelner ArbN im Rahmen der §§ 81ff.; die Entgegennahme von und die Untersuchung der Berechtigung von Beschwerden der ArbN; wie überhaupt die Durchführung der dem BR obliegenden Mitwirkungs- und Mitbestimmungsrechte.

18 Ferner zählen zu den Amtsobliegenheiten des BR Aufgaben, die ihm in **anderen Gesetzen** (vgl. hierzu § 80 Rn 4ff.) oder in **TV** (z. B. tariflichen Akkordkommissionen) oder **BV** übertragen sind. (**a. A.** *HSG,* Rn 22, hinsichtlich TV und BV).

19 Unerheblich ist, ob die Durchführung dieser Aufgaben **innerhalb** oder **außerhalb des Betriebes** erfolgt (*GL,* Rn 21; GK-*Wiese,* Rn 24; *HSG,* Rn 24). Im allgemeinen wird sich die Tätigkeit des BR zwar innerhalb des Betriebs vollziehen, jedoch gilt das nicht uneingeschränkt. So kommen z. B. Verhandlungen mit Behörden, etwa dem Gewerbeaufsichtsamt oder den Berufsgenossenschaften im Rahmen der Durchführung des Arbeitsschutzes oder dem Arbeitsamt im Rahmen der Aufstellung eines Sozialplans, in Betracht (vgl. hierzu *Brill,* ArbuR 81, 202). Auch ist die Beteiligung an Verhandlungen möglich, die der ArbGeb. mit Behörden führt und in denen es auf die Stellungnahme des BR ankommt (vgl. z. B. §§ 8, 72, 81, 88, 116, 141f. AFG und § 17 KSchG; BAG 23. 9. 82, AP Nr. 42 zu § 37 BetrVG 1972) oder in denen aus sonstigen Gründen die Hinzuziehung des BR erwünscht ist. Auch Besprechungen mit Vertr. der Gewerkschaft im Rahmen des § 2 Abs. 1 können u. U. außerhalb des Betriebs (z. B. in der gewerkschaftlichen Geschäftsstelle) durchgeführt werden, wenn hierfür ein besonderer Anlaß besteht (*GL,* Rn 21). Ferner gehört der Besuch eines Rechtsanwalts durch ein BRMitgl., um z. B. ein arbeitsgerichtliches Streitverfahren vorzubereiten, zu den außerhalb des Betriebs wahrzunehmenden Aufgaben (vgl. hierzu LAG Hamm, DB 87, 282). Der BR tritt vor den Gerichten für Arbeitssachen in den Streitfällen auf, in denen er unmittelbar beteiligt ist. In Ausnahmefällen kann die Teilnahme eines BRMitgl. an einem Prozeß als Zuhörer eine notwendige Arbeitsversäumnis darstellen, wenn es sich um einen grundsätzlichen Rechtsstreit von allgemeiner Bedeutung über eine für die Arbeit des betreffenden BR wesentliche Frage handelt (vgl. LAG Bremen, DB 64, 1302; ArbG Hamburg, DB 79, 111; ArbG Frankfurt, DB 80, 886; LAG Hamburg, DB 81, 2236; LAG München, BB 87, 685; *GKSB,* Rn 15; *Leisten,* ArbuR 81, 168; **a. A.** BAG 19. 5. 83, AP Nr. 44 zu § 37 BetrVG 1972; LAG Freiburg, AP Nr. 3 zu § 37 BetrVG; LAG Frankfurt, DB 82, 186; *DR,* Rn 16; *GL,* Rn 23; *GK-Wiese,* Rn 25; *HSG,* Rn 24). Tritt ein BRMitgl. als Zeuge vor Gericht auf (sei es auch in einem Strafverfahren gegen den ArbGeb. nach

§ 119), so findet das Gesetz über die Entschädigung von Zeugen und Sachverständigen Anwendung. Das BRMitgl. muß seinen Lohnausfall gegen den Staat geltend machen, da es als Zeuge insoweit keine andere Stellung hat wie jeder andere Zeuge (vgl. LAG Düsseldorf, DB 71, 2315; *GL*, Rn 23).

Nicht zu den Aufgaben des BR gehört die Teilnahme an Veranstaltungen rein gewerkschaftlichen Charakters, auch nicht die Werbung für eine Gewerkschaft. Wegen Wahrnehmung gewerkschaftlicher Aufgaben vgl. § 74 Rn 14. Die Zusammenarbeit mit den im Betrieb vertretenen Gewerkschaften im Rahmen des § 2 Abs. 1 gehört dagegen zu den Aufgaben des BR (*DR*, Rn 15; *GL*, Rn 21; *GK-Wiese*, Rn 27). Zur Frage der Teilnahme an gewerkschaftlichen Schulungs- und Bildungsveranstaltungen vgl. unten Rn 77ff. Die Teilnahme an Tarifverhandlungen – auch soweit es sich um Firmentarifverträge handelt – gehört ebenfalls nicht zu den Aufgaben des BR (*DR*, Rn 17; *GL*, Rn 24; *GK-Wiese*, Rn 28). Das gilt auch dann, wenn das BRMitgl. in seiner Eigenschaft als Angehöriger der Gewerkschaft Mitgl. der Tarifkommission ist. Auch die Ausübung andere Ehrenämter, z. B. als Arbeitsrichter oder als Mitgl. des Verwaltungsausschusses des Arbeitsamtes, gehört nicht zu den Aufgaben des BR. Es besteht kein Anspruch auf Arbeitsbefreiung der BRMitgl. für die Teilnahme an gewerkschaftlichen Veranstaltungen zur Einführung in das Wahlverfahren; denn für die Durchführung der Wahl ist allein der Wahlvorst. zuständig (vgl. BAG 10. 11. 54, AP Nr. 2 zu § 37 BetrVG; *DR*, Rn 17). Zur Schulung von Mitgl. des Wahlvorst. vgl. § 20 Rn 29f. 20

Nicht zu den Aufgaben des BR gehört es ferner, Betriebsangehörige in deren Arbeitsstreitigkeiten vor den ArbG zu vertreten (*DR*, Rn 16; *GL*, Rn 22; *GK-Wiese*, Rn 25; *Blank*, ArbuR 59, 279; LAG Düsseldorf BB 75, 373; vgl auch BAG 19. 5. 83, AP Nr. 44 zu § 37 BetrVG 1972). 21

Abgesehen von der Teilnahme an der BRVerslg. nach § 53 stellt die Teilnahme des BR an **Besprechungen mit BR fremder Betriebe** im allgemeinen keine dem BR durch das Gesetz gestellte Aufgaben dar; etwas anderes kann gelten, wenn diese Besprechung durch eine konkrete betriebliche Frage bedingt ist (*GK-Wiese*, Rn 29). Es bleibt dem ArbGeb. jedoch unbenommen, allgemein auch andere Veranstaltungen von BR desselben oder mehrerer Unternehmen durch die Gewährung von Arbeitsbefreiung und die Übernahme der erforderlichen Kosten zu fördern (vgl. LAG Hannover, AP 53 Nr. 204). 22

Soweit ein BRMitgl. Arbeitsbefreiung für die Durchführung von Aufgaben in Anspruch genommen hat, die nicht zu den Aufgaben des BR gehören, hat es auf der Grundlage des § 37 Abs. 2 grundsätzlich keinen Anspruch auf Fortzahlung des Arbeitsentgelts. Dies gilt allerdings dann nicht, wenn das BRMitgl. in einem **entschuldbaren Irrtum** davon ausgegangen ist, diese Aufgaben gehörten zu denjenigen des BR (vgl. *Neumann-Duesburg*, RdA 62, 291; *Weiss*, Rn 4; **a. A.** *DR*, Rn 14, der dem BRMitgl. allerdings einen Beurteilungsspielraum einräumt; *GL*, Rn 26; *GK-Wiese*, Rn 21; *HSG*, Rn 21; *Frohner*, BlStR 79, 66; vgl. auch unten Rn 26). 23

b) Erforderlichkeit der Arbeitsbefreiung

24 Die **Arbeitsbefreiung** muß zur Durchführung der vom BR zu erfüllenden Aufgaben **erforderlich** sein. Hierbei ist davon auszugehen, daß die BRMitgl. berechtigt sind, ihre Aufgaben im allgemeinen **während der Arbeitszeit** durchzuführen. Nur in Ausnahmefällen sind sie gehalten, diese Tätigkeit während ihrer persönlichen Freizeit auszuüben, wie die Regelung des Absatzes 3 zeigt.

25 Die Frage, ob eine Arbeitsbefreiung von BRMitgl. erforderlich ist, beantwortet sich z. T. unmittelbar aus dem Gesetz. So finden die **BRSitzungen** grundsätzlich während der Arbeitszeit statt, so daß die Arbeitsbefreiung zum Zwecke der Teilnahme an diesen Sitzungen stets erforderlich ist. Dies gilt auch dann, wenn die BRSitzung selbst nicht erforderlich war oder unter Verstoß gegen § 30 Satz 2 anberaumt worden ist; denn auf die Anberaumung der BRSitzung hat das einzelne BRMitgl. keinen Einfluß (LAG Hamm, EzA § 37 BetrVG 1972 Nr. 58). Der ArbGeb. ist nicht berechtigt, einem BRMitgl. die Teilnahme an einer solchen Sitzung oder deswegen zu untersagen, weil die Erledigung dringender Arbeiten im Rahmen des Arbeitsvertrages vordringlich seien. Dasselbe gilt für die BRMitgl., die dem BetrAusschuß, einem anderen Ausschuß des BR, dem WiAusschuß, dem GesBR oder KBR angehören, hinsichtlich der **Teilnahme an den Sitzungen dieser Gremien.** Auch die Teilnahme an den Betriebs- und AbtVerslg. stellt stets einen Fall erforderlicher Arbeitsversäumnis dar. Allerdings stellt sich bei den AbtVerslg. im Einzelfall die Frage, wieviele BRMitgl hieran zweckmäßiger teilnehmen sollten. Das hängt nicht zuletzt von der Tagesordnung ab (zu eng *HSG,* Rn 31, und *GL,* Rn 28, die eine Arbeitsbefreiung nur derjenigen BRMitgl. annehmen, die der betreffenden Abteilung als ArbN angehören; vgl. hierzu auch § 42 Rn 72). Soweit Mitgl. des BR berechtigt sind, an den Sitzungen der JugAzubiVertr. bzw. der GesJugAzubiVertr. und der JugAzubiVerslg. teilzunehmen (vgl. § 65 Abs. 2, § 71 S. 2, § 73 Abs. 1), stellt auch dies einen Fall erforderlicher Arbeitsversäumnis dar. Das gleiche gilt für die Teilnahme von BRMitgl. an Sitzungen des Sprecherausschusses für leitende Ang. gem. § 2 Abs. 2 SprAuG.

26 Die Erforderlichkeit einer Arbeitsbefreiung beschränkt sich aber keineswegs auf die Teilnahme an den BRSitzungen oder den Sitzungen der sonstigen betriebsverfassungsrechtlichen Gremien. Dies schon deshalb nicht, weil die zahlreichen dem BR obliegenden Aufgaben nur zu einem geringen Teil während der BRSitzungen erledigt werden können. Deshalb haben die BRMitgl. **auch außerhalb der BRSitzungen** Anspruch auf entsprechende Arbeitsbefreiung, soweit dies für die Durchführung der dem BR obliegenden Aufgaben erforderlich ist. Was im Einzelfall in diesem Sinne als erforderlich anzusehen ist – und zwar sowohl hinsichtlich der Dauer der Arbeitsbefreiung als auch hinsichtlich der Frage, welche BRMitgl. Anspruch auf Arbeitsbefreiung haben –, kann nur anhand der konkreten Umstände des Einzelfalls beurteilt werden (*GK-Wiese,* Rn 33). Hierbei erfolgt diese Beurteilung weder nach rein objektiven Ge-

sichtspunkten noch nach der rein persönlichen subjektiven Auffassung des betreffenden BRMitgl. Entscheidend ist vielmehr, daß das betreffende BRMitgl. bei **gewissenhafter Überlegung** und bei **ruhiger, vernünftiger Würdigung aller Umstände** die Arbeitsversäumnis für erforderlich halten durfte, um den gestellten Aufgaben gerecht zu werden (*DR,* Rn 23; *GL,* Rn 29; *GKSB,* Rn 16; BAG 8. 3. 57 und 6. 7. 62, AP Nr. 4 und Nr. 7 zu § 37 BetrVG verlangt, daß „ein vernünftiger Dritter" bei der Abwägung der Interessen des Betriebs, des BR und der Belegschaft die Arbeitsversäumnis für sachlich geboten halten würde; ebenso *GK-Wiese,* Rn 31; *HSG,* Rn 26). Hierbei spielen insbesondere Größe und Art des Betriebes, die Vielfalt der konkreten dem BR obliegenden Aufgaben und auch die Aktivität des jeweiligen BR eine wesentliche Rolle. Ein BR, der den weit gesteckten Rahmen seiner gesetzlichen Mitwirkungs- und Mitbestimmungsrechte auszuschöpfen versucht, überschreitet keineswegs die Grenzen der Erforderlichkeit (*GK-Wiese,* Rn 33; *Frohner,* BlStR 79, 67).

Allerdings genügt ein Beschluß des BR, mit dem ein BRMitgl. zur Erledigung einer bestimmten Aufgabe „freigestellt" wird, für sich allein nicht, um die Erforderlichkeit einer Arbeitsbefreiung zu begründen (BAG 6. 8. 81, AP Nr. 39 zu § 37 BetrVG 1972). Da die Erforderlichkeit der Arbeitsbefreiung sich nach den Umständen des jeweiligen Einzelfalls richtet, ist es nicht zulässig, nach sog. Richtwerten in Anlehnung an die Freistellungsstaffel des § 38 Abs. 1 Höchstgrenzen festzusetzen. Dies verbietet sich schon deshalb, weil § 38 selbst nur Mindestfreistellungen vorschreibt (BAG 21. 11. 78, AP Nr. 34 zu § 37 BetrVG 1972). Hat das BRMitgl. nach gewissenhafter Prüfung die Arbeitsbefreiung für erforderlich gehalten und stellt sich nachher heraus, daß diese objektiv doch nicht notwendig war, so hat dies auf den Lohnfortzahlungsanspruch des BRMitgl. keinen Einfluß (*GL,* Rn 29; *GK-Wiese,* Rn 32; *Weiss,* Rn 4). Ebensowenig ist in diesem Falle eine Abmahnung des ArbN wegen nichtberechtigter Arbeitsversäumnis zulässig (BAG 6. 8. 81, AP Nr. 39 und 40 zu § 37 BetrVG 1972). 27

Bei erforderlichen BRTätigkeiten außerhalb des Betriebs (z. B. notwendigem Behördenbesuch, Teilnahme an der BRVerslg.) oder für BRMitgl., die außerhalb des Betriebs tätig sind (z. B. Fahrpersonal, Vertr.), zählen auch die während der Arbeitszeit des ArbN aufgewendeten **Wege- und Reisezeiten** zur erforderlichen Arbeitsversäumnis i. S. von Abs. 2 (*DR,* Rn 20; *GL,* Rn 32; *GK-Wiese,* Rn 38; *HSG,* Rn 34; LAG Düsseldorf, EzA § 37 BetrVG 1972 Nr 56; LAG, Hamm, EzA § 37 BetrVG 1972 Nr. 61; vgl BAG 11. 7. 78, DB 78, 2177). 28

Der **Umfang der Arbeitsbefreiung** ist nicht für alle BRMitgl. gleich, sondern bestimmt sich danach, welche **Aufgaben das jeweilige BRMitgl.** im Rahmen der BRTätigkeit zu erfüllen hat. Ein BRMitgl., das Mitgl. des BetrAusschusses oder weiterer Ausschüsse des BR ist, ist naturgemäß in einem weitergehenden Maße von der Arbeit zu befreien als ein BRMitgl., dessen Tätigkeit sich im wesentlichen auf die Teilnahme an den regelmäßigen BRSitzungen beschränkt. Insoweit hängt die Erforderlichkeit der Arbeitsbefreiung einzelner BRMitgl. insbesondere 29 davon ab, in welcher Weise der BR die Bewältigung der ihm obliegenden Aufgaben auf die einzelnen BRMitgl. verteilt. Die Entscheidung dieser organisatorischen Frage ist **alleinSache des BR** (*DR,* Rn 21; *GL,* Rn 30; *GK-Wiese,* Rn 22, 34; enger *HSG,* Rn 28 die eine Amtspflicht des BR zur rationellen Arbeitsgestaltung bejahen). Zu eng ist deshalb die Ansicht, in Betrieben mit nach § 38 völlig freigestellten Mitgl. sei eine zeitweise Arbeitsbefreiung anderer Mitgl. nur in Ausnahmefällen erforderlich (so *DR,* a. a. O.; *GL,* a. a. O. *HSG,* Rn 31f.; *Stege/Weinspach,* Rn 7). Dies könnte nur dann gelten, wenn die freigestellten BRMitgl. mit den ihnen zugewiesenen Aufgaben nicht ausgelastet wären. Sind sie jedoch ausgelastet, ist es dem BR unbenommen, nicht freigestellten Mitgl. die Erledigung bestimmter weiterer Aufgaben zu übertragen (vgl. BAG 19. 9. 85, AP Nr. 1 zu § 42 LPVG Rheinland-Pfalz). Unzutreffend ist ferner die Ansicht, es ei überflüssig, wenn zu einer Verhandlung mit dem ArbGeb. der gesamten BR erscheine; es genüge vielmehr, wenn der Vors., ggf. zusammen mit einem sachkundigen BRMitgl. verhandele (*GL,* Rn 29). Dies kann keinesfalls für Besprechungen nach § 74 Abs. 1 und für die Behandlung von grundsätzlichen Fragen gelten, allenfalls für reine Routineverhandlungen (*GK-Wiese,* Rn 34). Im übrigen stehen jedem BRMitgl. gewisse, sich aus dem Wesen seines Mandats ergebende originäre Aufgaben zu, die ihm selbst durch einen Beschluß des BR nicht entzogen werden können und die deshalb im Rahmen des Erforderlichen eine Arbeitsbefreiung rechtfertigen können; zu denken ist hier z. B. an Informationsmöglichkeiten im Zusammenhang mit den allgemeinen Aufgaben des BR nach § 80 Abs. 1 Nr. 1 bis 3 oder an die Fälle einer Hinzuziehung des BRMitgl. durch einen ArbN gem. § 82 Abs. 2, S. 2 § 83 Abs. 1, S. 2 oder § 84 Abs. 1 S. 2.

30 Verhandlungen über Angelegenheiten, die dem BetrAusschuß oder einem anderen Ausschuß zur selbständigen Erledigung übertragen sind, sind im allgemeinen von allen Mitgl. des Ausschusses wahrzunehmen. Werden BRMitgl. von einzelnen ArbN gemäß § 82 Abs. 2 Satz 2, § 83 Abs. 1 Satz 2 und § 84 zur Unterstützung herangezogen, so ist die hierdurch bedingte Arbeitsversäumnis dieser BRMitgl. auch dann erforderlich, wenn die Unterstützung auch von einem freigestellten BRMitgl. hätte gewährt werden können. Dies folgt aus dem besonderen Vertrauensverhältnis zwischen dem einzelnen ArbN und dem hinzugezogenen BRMitgl. (*GL,* Rn 31; *HSG,* Rn 32; LAG Hamm, DB 80, 694, das aber andererseits betont, daß im übrigen die laufenden Aufgaben wie z. B. Entgegennahmen von Anregungen und Beschwerden, Beantwortung von Anfragen, von den freigestellten BRMitgl. wahrzunehmen sind).

31 Soweit zur ordnungsgemäßen Durchführung der dem BR gestellten Aufgaben eine Arbeitsbefreiung erforderlich ist, ist das BRMitgl. in entsprechendem Umfang von der Verpflichtung zur Arbeitsleistung befreit. Diese Arbeitsbefreiung tritt jeweils von Fall zu Fall ein. Ist ein BRMitgl. nicht allgemein von der Arbeit freigestellt (vgl. hierzu § 38 Rn 4ff.), so muß es sich **beim Verlassen des Arbeitsplatzes abmelden.** Hierbei hat es dem ArbGeb. bzw dem Vorgesetzten in groben Zügen den Grund für die begehrte Arbeitsbefreiung mitzuteilen, so daß diesem erkennbar wird, daß es sich um die Erfüllung betriebsverfassungsrechtlicher Aufgaben handelt (BAG 6. 8. 81 und 23. 6. 83, AP Nr. 39 und 45 zu § 37 BetrVG 1972). Falls keine besonderen Umstände vorliegen, dürfte vielfach der allgemeine Hinweis auf die Wahrnehmung betriebsverfassungsrechtlicher Aufgaben ohne nähere Spezifizierung ausreichen. Eine genaue Schilderung der betreffenden Aufgabe ist in keinem Falle erforderlich. Ebensowenig kann der ArbGeg, falls das BRMitgl einen ArbN aufsuchen will, die Angabe dessen Namens verlangen (BAG 23. 6. 83, AP Nr. 45 zu § 37 BetrVG 1972; vgl. zum ganzen *Beck,* AiB 85, 56). Die Angabe des Grundes ist ferner nicht notwendig, wenn es sich um eine vertrauliche Angelegenheit handelt, die nur den BR oder die Belegschaft betrifft, ohne daß die Belange des ArbGeb. berührt werden. Zur Rückmeldepflicht nach Beendigung der BR Tätigkeit vgl. LAG Düsseldorf DB 85, 2463.

Einer Zustimmung des ArbGeb. zur Arbeitsbefreiung bedarf es nicht (BAG 8. 3. 57, AP Nr. 4 zu § 37 BetrVG; BAG 30. 1. 73, AP Nr. 3 zu § 40 BetrVG 1972; BAG 19. 6. 79 und 6. 8. 81, AP Nr. 36 und 39 zu § 37 BetrVG 1972; *GK-Wiese,* Rn 39; *GKSB* Rn 21; im Ergebnis ebenso *DR,* Rn 24f., und *GL,* Rn 33, die zwar grundsätzlich eine Arbeitsbefreiung durch den ArbGeb. fordern, im Weigerungsfall den BRMitgl. jedoch das Recht zustehen, den Arbeitsplatz zu verlassen; **a. A.** *Dütz,* DB 76, S. 1430ff., und *Frohner,* BlStR 79, 68, nach denen nur bei nicht voraussehbarer Arbeitsversäumnis eine Zustimmung des ArbGeb. entbehrlich sein soll; *Meisel,* SAE 84, 198). Eine nähere Regelung des Abmeldeverfahrens unterliegt nach § 87 Abs. 1 Nr. 1 der Mitbestimmung des BR (LAG Baden-Württemberg, DB 76, 1820; ArbG Wuppertal, DB 73, 1954; *DR,* Rn 26; *GL,* Rn 33; *GKSB,* Rn 22; *Beck,* AiB 85, 57; *Schaub* § 221 II 2; **a. A.** *GK-Wiese,* Rn 42; *HSG,* Rn 39; *von Friesen,* DB 81, 1618; BAG 23. 6. 83, AP Nr. 45 zu § 37 BetrVG 1972, das ein MBR deswegen verneint, weil der ArbGeb. kein Weisungsrecht hinsichtlich der Ausübung der BRTätigkeit habe; bei dem Abmeldeverfahren geht es aber um eine nähere Regelung der Formalien bei der Arbeitsbefreiung). Auch die gesonderte Festlegung der Person, bei der sich das BRMitgl. abzumelden hat, ist mitbestimmungspflichtig (ArbG Siegen, DB 82, 439; **a. A.** LAG Hamm, DB 82, 1173). 32

Kommt das BRMitgl. seiner Abmeldungspflicht nicht nach, so kann es sich u. U. schadensersatzpflichtig machen (*GL,* Rn 34; *GK-Wiese,* Rn 41). 33

2. Verbot der Minderung des Arbeitsentgelts

Wenn das BRMitgl. sein Amt auch unentgeltlich auszuüben hat, so darf seine Tätigkeit doch nicht zu einer Schmälerung seines Arbeitseinkommens führen. Das BRMitgl. hat vielmehr, sofern seine BRTätigkeit während der Arbeitszeit erforderlich war, **Anspruch auf das Arbeitsentgelt,** das es erzielt haben würde, wenn es gearbeitet hätte (Lohnausfallprinzip). Es hat Anspruch auf Fortzahlung seines individuellen Arbeitsentgelts. Zum Entgeltanspruch eines freigestellten BRMitgl. vgl. auch § 38 Rn 44ff. 34

35 Der Lohnfortzahlungsanspruch eines BRMitglieds hat bei berechtigter Arbeitsversäumnis nicht in § 37 Abs. 2, sondern allein im Arbeitsvertrag i. V. m. § 611 Abs. 1 BGB seine Rechtsgrundlage (h. M.; vgl. BAG 18. 6. 74, 17. 9. 74 und 31. 7. 86, AP Nr. 16, 17 und 55 zu § 37 BetrVG 1972). Liegen die Voraussetzungen des § 37 Abs. 2 vor, so bleibt der Lohnanspruch bestehen; er verwandelt sich nicht in einen Ersatzanspruch. Der Anspruch unterliegt deshalb auch der Lohnsteuer und ist sozialabgabenpflichtig. Die notwendige Arbeitsversäumnis ist wie geleistete Arbeit zu vergüten. Es wird nicht etwa die BRArbeit als solche vergütet; denn das BRAmt ist ein unentgeltliches Ehrenamt. Aus dem Lohnausfallprinzip folgt andererseits, daß für BRTätigkeiten außerhalb der Arbeitszeit grundsätzlich kein Lohnanspruch besteht (vgl. aber auch Abs. 3 unten Rn 41ff.). Deshalb haben BRMitgl., deren ArbVerh. durch eine zulässige Aussperrung suspendiert ist, keinen Anspruch auf Fortzahlung des Arbeitsentgelts, wenn sie während der Aussperrung BRAufgaben wahrnehmen (BAG 25. 10. 88, AP Nr. 110 zu Art. 9 GG Arbeitskampf). Versucht dagegen im Falle eines wilden Streiks der BR im Einverständnis mit dem ArbGeb. durch Verhandlungen zwischen diesem und den streikenden ArbN zu „schlichten“, so ist die Zeit der schlichtenden Tätigkeit, die funktionell zur BRTätigkeit gehören kann, wie Arbeitszeit auch dann zu vergüten, wenn die Arbeit infolge des Streiks auch an den Arbeitsplätzen der BRMitgl. ruht (BAG 5. 12. 78 – 6 AZR 485/76 – nicht veröffentlicht). Denn durch den wilden Streik waren die ArbVerh. der BRMitgl. nicht suspendiert; diese waren vielmehr grundsätzlich zur Arbeit verpflichtet, und der ArbGeb. wäre in Anahmeverzug gekommen, wenn er ihre Arbeit nicht angenommen hätte (vgl. hierzu BAG 25. 10. 88, a. a. O. unter III 3c der Gründe).

36 Zum fortzuzahlenden Arbeitsentgelt gehören auch die bei Arbeitsleistung anfallenden **Nebenbezüge,** wie z. B. Erschwernis- und Schmutzzulagen, Inkassoprämien, Zuschläge für Mehr-, Nacht oder Sonntagsarbeit, das Wintergeld nach § 81 Abs. 1 AFG (BAG 21. 6. 57, AP Nr. 5 zu § 37 BetrVG betr. Sonntagsarbeit; BAG 11. 1. 78, AP Nr. 7 zu § 2 LohnFG betr. Inkassoprämien; LAG Niedersachsen, EzA § 37 BetrVG 1972 Nr. 68 betr. Nachtarbeitszuschlag; LAG Düsseldorf, DB 73, 578; *DR,* Rn 27; *GL,* Rn 37; *GK-Wiese,* Rn 47; *GKSB,* Rn 23; *HSG,* Rn 42). Fällt wegen der BRSitzung für im Fahrdienst beschäftigte BRMitgl. notwendig die ganze Schicht aus, so ist die Arbeitszeit für die volle Schicht zu vergüten (LAG Köln, EzA § 37 BetrVG 1972 Nr. 56). Wegen Lohnfortzahlung für eine wegen Unzumutbarkeit ausgefallene Nachtschicht im Anschluß an eine ganztägige BRSitzung vgl. LAG Baden-Württemberg, NZA 89, 567.

37 Auch **allgemeine Zuwendungen** des ArbGeb., z. B. Weihnachtsgratifikationen, Urlaubsgeld, Anwesenheitsprämien, vermögenswirksame Leistungen, sind an die von der Arbeit befreiten BRMitgl. fortzuzahlen (*GL,* Rn 36; LAG Düsseldorf, DB 74, 1966). Das gilt auch für freiwillige, jederzeit widerrufliche Zulagen (BAG 21. 4. 83, AP Nr. 43 zu § 37 BetrVG 1972).

37a Das fortzuzahlende Arbeitsentgelt unterliegt der **Steuer-** und **Sozial-**

abgabenpflicht. Da nach § 3b EStG Zuschläge nur für tatsächlich geleistete Sonntags-, Feiertags- oder Nachtarbeit steuerfrei sind, unterliegen sie bei BRMitgl., die derartige Zuschläge nur aufgrund des Entgeltminderungsverbots fortgezahlt erhalten, nunmehr der Steuer- und damit auch der Sozialabgabenpflicht. Der ArbGeb. ist nicht verpflichtet, dem BRMitgl. die von diesen Zuschlägen zu zahlenden Steuern und Sozialabgaben zu erstatten (BAG 29. 7. 80, AP Nr. 37 zu § 37 BetrVG 1972 unter ausdrücklicher Aufgabe seiner früheren Ansicht im Beschluß 10. 6. 69, AP Nr. 12 zu § 37 BetrVG; BAG 22. 8. 85, AP Nr. 50 zu § 37 BetrVG 1972; *DR,* Rn 30; *GL,* Rn 38; *HSG,* Rn 46; *Schaub,* § 221 II 3; **a. A.** *GKSB,* Rn 26; *Schneider,* NZA 84, 21; *Becker/Schaffner,* BB 82, 498). Allerdings verstößt ein ArbGeb., der den BRMitgl. diese Steuer und Sozialabgaben freiwillig erstattet, nicht gegen das Begünstigungsverbot des § 78.

Leistungen des ArbGeb., die einen **reinen Aufwendungscharakter** 38
tragen, sind an BRMitgl., die solche Aufwendungen infolge ihrer Arbeitsbefreiung nicht mehr haben (etwa Wegegelder, Auslösungen, Beköstigungszulagen, vgl. BAG AP Nr. 1 zu Art. IX KRG Nr. 22), nicht fortzuzahlen (*GK-Wiese,* Rn 49; *GKSB,* Rn 25; *HSG,* Rn 44). Dies gilt allerdings nicht in den Fällen, in denen es sich bei diesen Leistungen um einen besonderen Teil des Lohnes handelt, z. B. wenn eine Schmutzzulage nicht als Ausgleich für den Verbrauch zusätzlicher Reinigungsmittel, sondern als Entgelt für die Leistung von schmutziger Arbeit gezahlt wird (*DR,* Rn 28). Auch pauschalierte Auslösungen können, je nach der Vertragsgestaltung, über einen reinen Aufwendungsersatz hinausgehen; insoweit sind sie als fortzuzahlendes Arbeitsentgelt anzusehen (so für den steuerpflichtigen Teil der Nahauslösung gem. § 7 BundesmontageTV, BAG 10. 2. 88, AP Nr. 64 zu § 37 BetrVG 1972; LAG Düsseldorf, DB 74, 2405; LAG Frankfurt, NZA 88, 817).

Bei **Akkordarbeit** ist der Akkordlohn nach Maßgabe der durch- 39
schnittlichen seitherigen Arbeitsleistung des BRMitgl. zu vergüten; ist diese nicht feststellbar, so ist der Durchschnitt der jetzt an vergleichbare ArbN gezahlten Akkordlöhne zugrunde zu legen (*DR,* Rn 27; *GL,* Rn 35; *GK-Wiese,* Rn 46; *HSG,* Rn 41).

Nach § 6 Abs. 2 der DVO zum BPG erhalten BRMitgl. **im Bergbau die Prämie** auch für zulässigerweise versäumte Untertageschichten, obwohl diese aus öffentlichen Mitteln gezahlten Prämien nach § 4 BPG im übrigen arbeitsrechtlich nicht als Bestandteil des Lohnes gelten (*DR,* Rn 29; *GL,* Rn 39). An **Schlechtwettertagen** besteht im Baugewerbe nur ein Anspruch auf Schlechtwettergeld (BAG 23. 4. 74, AP Nr. 11 zu § 37 BetrVG 1972); das gilt selbst dann, wenn das BRMitgl. während der Zeit des Arbeitsausfalls wegen Schlechtwetters BRTätigkeit verrichtet hat (BAG 31. 7. 86, AP Nr. 55 zu § 37 BetrVG 1972). Bei betrieblicher **Kurzarbeit** hat auch das BRMitgl. gegen den ArbGeb. grundsätzlich nur Anspruch auf das verkürzte Arbeitsentgelt und im übrigen Anspruch auf Kurzarbeitergeld gegen die Bundesanstalt für Arbeit (ArbG Aachen, BB 75, 136.). Führt das BRMitgl. aus betriebsbedingten Gründen außerhalb der Kurzarbeitszeit BRAufgaben aus, hat es gem. Abs. 3

Anspruch auf entsprechende Vergütung, allerdings ohne einen Mehrarbeitszuschlag, da auch bei normaler Arbeitszeit diese Zeit nur mit dem üblichen Entgelt entlohnt worden wäre.

40 Das zu leistende Arbeitseinkommen darf nicht gemindert werden. Eine solche Minderung würde eintreten, wenn ein BRMitgl. im Hinblick auf den durch seine Amtstätigkeit bedingten Ausfall seiner Arbeitskraft auf einen **minder entlohnten Arbeitsplatz** versetzt würde. Zur Frage, inwieweit das zulässig ist, vgl. unten Rn 72ff. Wird dem BR-Mitgl.eine andere Beschäftigung zugewiesen, weil es wegen seines Amtes die bisherige Arbeit nicht mehr verrichten kann, so behält es mindestens die seitherige Entlohnung (*GL,* Rn 10).

IV. Ausgleich für Betriebsratstätigkeit außerhalb der Arbeitszeit (Abs.3)

41 Die Mitgl. des BR sollen – wie sich aus Abs. 3 ergibt – die sich aus ihrem Amt ergebenden Aufgaben grundsätzlich während der Arbeitszeit durchführen. Dies ist jedoch nicht in allen Fällen möglich. So wird z. B. in einem Betrieb mit Schichtarbeit einem Teil der BRMitgl. die Teilnahme an den BRSitzungen vielfach nur außerhalb ihrer persönlichen Arbeitszeit möglich sein. Aber auch sonst kann in besonderen Situationen die Durchführung von BRArbeit außerhalb der normalen Arbeitszeit der einzelnen BRMitgl. oder über diese Arbeitszeit hinaus erforderlich werden (etwa eine Sitzung des BR außerhalb der Arbeitszeit mit Rücksicht auf die Erledigung dringender betrieblicher Arbeiten oder wegen der Schwierigkeit der zu beratenden Fragen). Um zu verhindern, daß BRMitgl., die aus betriebsbedingten Gründen ihre BRTätigkeit nicht während der Arbeitszeit durchführen können, durch einen Verlust pesönlicher Freizeit benachteiligt werden, gewährt ihnen Abs. 3 einen **Ausgleichsanspruch** auf entsprechende Arbeitsbefreiung ohne Minderung des Arbeitsentgelts bzw., wenn dieser nicht innerhalb eines Monats gewährt werden kann, hilfsweise auf Bezahlung der aufgewandten Zeit wie Mehrarbeit.

1. Voraussetzungen

42 Der **Ausgleichsanspruch** setzt voraus, daß eine BRTätigkeit (Rn 43ff.) aus betriebsbedingten Gründen (Rn 47ff.) außerhalb der Arbeitszeit (Rn 51) durchgeführt worden ist.

43 a) Betriebsratstätigkeit

Bei der außerhalb der Arbeitszeit durchgeführten Tätigkeit muß es sich um eine **BRTätigkeit** gehandelt haben. d. h. um die Erfüllung von Aufgaben, die dem BR oder seinen Mitgl. kraft Gesetzes, TV oder BV obliegen oder in unmittelbarem Zusammenhang mit der Erfüllung dieser Aufgaben stehen (vgl. hierzu im einzelnen oben Rn 17ff.).

Ferner muß die BRTätigkeit, die außerhalb der Arbeitszeit durchgeführt worden ist, **zur ordnungsgemäßen Durchführung** der Aufgaben des BR **erforderlich** i. S. von Abs. 2 gewesen sein. Dies ergibt sich aus dem Grundsatz, daß die erforderliche BRArbeit im allgemeinen während der Arbeitszeit durchgeführt werden soll (vgl. Abs. 2) und die Regelung des Abs. 3 lediglich einen entsprechenden Ausgleich für die Fälle schaffen will, in denen dies aus betrieblichen Gründen nicht möglich ist (*DR,* Rn 40; *GK-Wiese,* Rn 57; *Weiss,* Rn 5). Eine andere Auslegung würde auch zu einer ungleichen Behandlung von BRMitgl. führen. Denn dann stünde BRMitgl., die zwar nützliche, jedoch nicht i. S. von Abs. 2 erforderliche BRTätigkeiten aus betriebsbedingten Gründen außerhalb der Arbeitszeit durchführen, ein entsprechender Ausgleichsanspruch zu, während BRMitgl., die dieselbe Tätigkeit während der Arbeitszeit durchführen, keinerlei Ansprüche, auch keinen Anspruch auf Fortzahlung des Arbeitsentgelts hätten. 44

Zur BRTätigkeit i. S. von Abs. 3 zählen auch solche Tätigkeiten, die für sich allein keine BRTätigkeit darstellen, jedoch in einem unmittelbaren notwendigen sachlichen Zusammenhang mit der Durchführung einer BRTätigkeit stehen. Aus diesem Grunde können auch **Reisezeiten** oder zusätzliche **Wegezeiten,** die ein BRMitgl. zur Erfüllung notwendiger betriebsverfassungsrechtlicher Aufgaben aufwendet, einen entsprechenden Ausgleichsanspruch auslösen, vorausgesetzt, daß diese Zeiten ebenfalls aus betriebsbedingten Gründen außerhalb der Arbeitszeit aufgewendet werden müssen (vgl. zum letzteren unten Rn 50, ebenso *DR,* Rn 39, 42; *GL,*Rn 42; *GKSB,* Rn 30; *Grikschat,* ArbuR 75, 334; vgl. auch LAG Hamm, EzA § 37 BetrVG 1972 Nr. 61; LAG Hamm, DB 89, 1422; **a. A.** hinsichtlich zusätzlicher Wegezeiten LAG Bremen, BB 75, 838; allg. zur Frage, wann Reisezeit als Arbeitszeit anzusehen ist, *Loritz/Koch,* BB 87, 1102). 45

Findet im Betrieb eine **Betr.- oder AbtVerslg.** gemäß § 44 Abs. 1 S. 1 **außerhalb der Arbeitszeit** statt, so findet für BRMitgl. die Regelung des Abs. 3 (und nicht diejenige des § 44 Abs. 1 S. 3) Anwendung, da davon auszugehen ist, daß die Mitgl. des BR **in ihrer Amtseigenschaft** und nicht in ihrer Eigenschaft als ArbN des Betriebs an diesen Verslg. teilnehmen. Da die Teilnahme eine notwendige BRTätigkeit darstellt, steht ihnen auch der Ausgleichsanspruch nach Abs. 3 zu (*GK-Wiese,* Rn 60; *HSG,* Rn 51; einschränkend *DR,* Rn 38, 50). Dies gilt allerdings nicht für die außerordentliche Betr.- und AbtVerslg., die mangels Zustimmung des ArbGeb. gem. § 44 Abs. 2 nicht während der Arbeitszeit durchgeführt werden. Denn der Grund für die Durchführung dieser Verslg. außerhalb der Arbeitszeit ist die gesetzliche Regelung des § 44 und kein betriebsbedingter Grund i. S. des Abs. 3. Etwas anderes gilt allerdings dann, wenn der ArbGeb. seine Zustimmung zur Durchführung der BetrVerslg. während der Arbeitszeit lediglich aus betriebsbedingten Gründen verweigert. 46

47 **b) Betriebsbedingte Gründe**

Nicht jede BRTätigkeit außerhalb der Arbeitszeit löst einen entsprechenden Ausgleichsanspruch aus, sondern nur eine solche, die aus betriebsbedingten Gründen außerhalb der Arbeitszeit durchgeführt werden muß. **Betriebsbedingte Gründe** sind insbesondere solche, die sich aus der Eigenart des Betriebs oder seines Arbeitsablaufs ergeben; es muß ein im Betrieb selbst vorhandener Sachzwang dazu führen, daß die BRTätigkeit nicht während der Arbeitszeit durchgeführt werden kann (BAG 11. 7. 78 und 31. 10. 85, AP Nr. 57 und 52 zu § 37 BetrVG 1972; *GL,* Rn 41; *GK-Wiese,* Rn 58). Zu denken ist hier z. B. an Betriebe mit Schichtarbeit oder an die Beschäftigung von BRMitgl. an Arbeitsplätzen (z. B. Bandstraßen), an denen sie nicht entbehrlich sind. Allerdings ist der Begriff der „betriebsbedingten Gründe" nicht nur in diesem engen Sinne zu verstehen. Vielmehr liegen betriebsbedingte Gründe für eine BRTätigkeit außerhalb der Arbeitszeit bereits dann vor, wenn aus Gründen, die in **der Sphäre des Betriebs** liegen, die BRTätigkeit nicht während der Arbeitszeit durchgeführt wird (*DR,* Rn 38; *GK-Wiese,* Rn 59; *GKSB,* Rn 31; *HSG,* Rn 51). So besteht z. B. ein Ausgleichsanspruch auch dann, wenn die BRSitzung lediglich auf eine entsprechende Bitte des ArbGeb. hin außerhalb der Arbeitszeit abgehalten wird (*Weiss,* Rn 5) oder wenn bei Meinungsverschiedenheiten zwischen ArbGeb. und BR in einer wichtigen und für den Betrieb wesentlichen Frage, die im Interesse des Betriebs eine schnelle Entscheidung fordert, die Verhandlungen zwischen den Betriebspartnern oder die Beratungen des BR über die gewöhnliche Arbeitszeit hinausgehen (**a. A.** LAG Hamm, EzA § 37 BetrVG 1972 Nr. 61). Betriebsbedingte Gründe liegen auch vor, wenn ein teilzeitbeschäftigtes BRMitgl. an einer BRSitzung, die zwar außerhalb seiner persönlichen Arbeitszeit, jedoch innerhalb der Normalarbeitszeit liegt, teilnimmt; denn die Festlegung der Teilzeitarbeit ist Teil der betrieblichen Organisation (LAG Niedersachsen, AiB 86, 94; LAG Frankfurt, DB 88, 1706). Entsprechendes gilt für BRMitgl., die einem Arbeitsverhältnis mit kapazitätsorientierter variabler Arbeitszeit (vgl. § 4 BeschFG 1985) oder in einem Job-Sharing-Arbeitsverhältnis (vgl. § 5 BeschFG 1985) stehen. Denn diese Formen des Arbeitsverhältnisses werden mit ihrer praktischen Anwendung im Betrieb Teil der betrieblichen Organisation und gehören damit zur Sphäre des Betriebs.

48 **Keine betriebsbedingten Gründe** liegen vor, wenn das BRMitgl. aus persönlichen Gründen BRTätigkeiten außerhalb der Arbeitszeit durchführt, die es ohne weiteres auch während der Arbeitszeit hätte durchführen können. Das gleiche gilt, wenn die Durchführung der BRTätigkeit außerhalb der Arbeitszeit durch eine besondere Gestaltung der BRArbeit bedingt ist. **Betriebsratsbedingte Gründe** sind **nicht** gleichzusetzen mit betriebsbedingten Gründen (BAG 21. 5. 74, AP Nr. 14 zu § 37 BetrVG 1972; *DR,* Rn 39; *GL,* Rn 41; *GK-Wiese,* Rn 60f.; *HSG,* Rn 52; kritisch zum letzteren *GKSB,* Rn 32). Findet z. B. eine BRSitzung nur deshalb außerhalb der Arbeitszeit statt, weil ansonsten die Teilnahme eines in einer Spezialfrage besonders sachverständigen Gewerkschaftsvertreters

nicht möglich ist, so besteht kein entsprechender Ausgleichanspruch. Auch die Festsetzung von Zeit und Ort z. B. von Sitzungen des GesBR oder des KBR oder der Zeit der BRVerslg. werden im allgemeinen nicht durch betriebsbedingte Gründe bestimmt sein (BAG vom 11. 7. 1978, DB 78, 2177; vgl. auch LAG Hamm, EzA § 37 BetrVG 1972 Nr. 61). Die Unterbrechung des Urlaubs eines BRMitgl., um an einer BRSitzung teilzunehmen, erfolgt nicht aus betriebsbedingten Gründen, so daß kein Anspruch auf eine entsprechende Verlängerung des Urlaubs besteht (*DR,* Rn 39; *GK-Wiese,* Rn 60; **a. A.** *Ochsmann,* BB 78, 562). Der Anspruch eines BRMitgl. auf Freizeitausgleich bzw. Mehrarbeitsvergütung, das nach dem Arbeitsvertrag die zeitliche Lage seiner Arbeitszeit ganz oder teilweise selbst bestimmen und außerhalb des Betriebs ableisten kann (z. B. Lehrer), setzt auch voraus, daß das BRMitgl. dem ArbGeb. vorher mitgeteilt hat, daß die BRTätigkeit aus betriebsbedingten Gründen nicht innerhalb der Arbeitszeit erfolgen kann (BAG 31. 10. 85, AP Nr. 52 zu § 37 BetrVG 1972). Hat das BRMitgl. eine entsprechende Mitteilung gemacht, der ArbGeb. aber keine Möglichkeit zur Ausübung der BRTätigkeit während der Arbeitszeit gegeben, liegen betriebsbedingte Gründe im Sinne des Abs. 3 vor. Das gleiche gilt auch ohne Mitteilung des BRMitgl., wenn sich der ArbGeb. eindeutig und endgültig auch für zukünftige Fälle geweigert hat, die BRTätigkeit während der Arbeitszeit zu ermöglichen (BAG 3. 12. 87, AP Nr. 62 zu § 37 BetrVG 1972). Freigestellte BRMitgl. sind ebenfalls grundsätzlich gehalten, ihre BRAufgaben während der normalen Arbeitszeit durchzuführen. Ist dies infolge eines übermäßigen Arbeitsanfalls nicht möglich, sind ggfls. weitere BRMitgl. (ganz oder teilweise) freizustellen (vgl. BAG 21. 5. 74, AP Nr. 14 zu § 37 BetrVG 1972; zur Frage weiterer Freistellungen vgl. § 38 Rn 4ff., 17).

Die Teilnahme eines BRMitgl. an einer **Schulungs- und Bildungsveranstaltung** nach Abs. 6 oder 7, die außerhalb der Arbeitszeit des betreffenden Mitgl. stattfindet oder die länger als seine betriebsübliche Arbeitszeit dauert, oder die Reise zu oder von einer solchen Schulungsveranstaltung löst im allgemeinen keinen Ausgleichsanspruch aus. Dies nicht nur, weil Abs. 6 lediglich auf Abs. 2, nicht jedoch auf Abs. 3 verweist, sondern insbesondere deshalb, weil die Schulungszeit ausschließlich vom Schulungsträger festgelegt und die Zeit der Teilnahme an der Schulung somit nicht aus betriebsbedingten Gründen außerhalb der Arbeitszeit liegt (vgl. BAG 18. 9. 73 und 19. 7. 77, AP Nr. 3 und 31 zu § 37 BetrVG 1972; LAG Düsseldorf, DB 73, 577 und 975; *DR,* Rn 37, 112; *GL,* Rn 40, 96; *GK-Wiese,* Rn 64; *Dütz/Säcker,* DB 72, Beil. 17 S. 5; **a. A.** LAG Hamm, BB 73, 1354; *Däubler,* a. a. O., S. 104 für Schulungsveranstaltungen nach Abs. 6; *Matthöfer,* GMH 72, 125; *GKSB,* Rn 82; *Weiss,* Rn 13). 49

Bei **Reisen eines BRMitgl.** in erforderlichen betriebsverfassungsrechtlichen Angelegenheiten ist im allgemeinen davon auszugehen, daß das BRMitgl. nach Abs. 2 jedenfalls in dem Umfang Anspruch auf entsprechende Arbeitsbefreiung hat (vgl. Rn 28), daß es in angemessener Weise und zu angemessener Zeit am Reiseziel eintrifft. So wird man 50

z. B. ein BRMitgl., das zur GesBRSitzung von München nach Hamburg reist, für berechtigt ansehen müssen, die Reise schon am Vortage anzutreten. Sofern dies aus betriebsbedingten Gründen nicht möglich ist, hat das BRMitgl. insoweit Anspruch auf einen entsprechenden Freizeitausgleich, als es am Vortag Arbeitszeit für die Durchführung der Reise hätte in Anspruch nehmen können (*DR,* Rn 39, 42; *GL,* Rn 42; *GK-Wiese,* Rn 63; BAG, DB 78, 2177; **a. A.** *HSG,* Rn 53; LAG Bremen, BB 75, 838 vgl. hierzu auch BAG 9. 11. 71, AP Nr. 2 zu § 8 ArbGG 1953, und oben Rn 45). Bestehen über die Durchführung von Dienstreisen nähere tarifliche oder betriebliche Regelungen, sind diese auch bei Reisen von BRMitgl. maßgebend (BAG 21. 9. 77, AP Nr. 3 zu § 19 MTB II; allgemein zur Frage der Dienstreisezeit als Arbeitszeit, vgl. *Hunold,* DB 77, 1506; *Loritz/Koch,* BB 87, 1102; BAG 22. 2. 78, AP Nr. 3 zu § 17 BAT m. w. Nachw.).

c) Tätigkeit außerhalb der Arbeitszeit

51 Die BRTätigkeit muß **außerhalb der Arbeitszeit** durchgeführt worden sein. Diese Voraussetzung ist auf das einzelne BRMitgl., das bei der Ausübung der betreffenden BRTätigkeit beteiligt war, zu beziehen; es kommt auf dessen **individuelle Arbeitszeit** an, so wie sie sich aus der bestehenden tariflichen Regelung, einer BV nach § 87 Abs. 1 Nr. 2 oder dem Arbeitsvertrag ergibt (BAG 3. 12. 87, AP Nr. 62 zu § 37 BetrVG 1972; *GL,* Rn 43; *GKSB,* Rn 34; *GK-Wiese,* Rn 65). Für BRMitgl., die in einem Teilzeitarbeitsverhältnis oder in einem Arbeitsverhältnis mit kapazitätsorientierter variabler Arbeitszeit (vgl. § 4 BeschFG 1985) oder in einem Job-Sharing-Arbeitsverhältnis (vgl. § 5 BeschFG 1985) beschäftigt sind, ist ebenfalls ihre jeweilige konkrete persönliche Arbeitszeit maßgebend.

2. Anspruch auf Arbeitsbefreiung

52 Das BRMitgl. hat bei Vorliegen der in den Rn 42ff. genannten Voraussetzungen in erster Linie Anspruch auf entsprechende **Arbeitsbefreiung unter Fortzahlung des Arbeitsentgelts.** Nur wenn die Gewährung von Arbeitsbefreiung innerhalb eines Monats aus betriebsbedingten Gründen nicht möglich ist, besteht ein **Abgeltungsanspruch** (vgl. hierzu unten Rn 61). Dieses **Rangverhältnis** zwischen dem Ausgleichs- und dem Abgeltungsanspruch unterliegt weder der Disposition des ArbGeb. noch des betreffenden BRMitgl. (*DR,* Rn 48; *GL,* Rn 44; *GK-Wiese,* Rn 66, 75; *HSG,* Rn 54).

53 Das BRMitgl. hat Anspruch auf entsprechende Arbeitsbefreiung unter Fortzahlung des Arbeitsentgelts. Der Anspruch steht dem **einzelnen BRMitgl.,** nicht dem BR zu (*GK-Wiese,* Rn 68). Das BRMitgl. hat dem ArbGeb., sofern dieser nicht ohnehin davon Kenntnis hat, die Voraussetzungen des Ausgleichsanspruchs darzulegen, d. h. ihm mitzuteilen, wann und wie lange es BRAufgaben außerhalb der Arbeitszeit durchgeführt hat (*DR,* Rn 45). Da der Freizeitausgleich grundsätzlich innerhalb eines Monats gewährt werden soll, hat die **Mitteilung unverzüglich** zu erfolgen. Eine verspätete Geltendmachung des Anspruches, auch wenn er erst nach Ablauf eines Monats erfolgt, ist jedoch unschädlich (*DR,* Rn 45; *GK-Wiese,* Rn 68, 73; *GKSB,* Rn 35; **a. A.** *GL,* Rn 46, *Stege/Weinspach,* Rn 26, nach denen der Anspruch erlischt, wenn er nicht innerhalb eines Monats geltend gemacht wird; einschränkend auch *HSG,* Rn 58, die in bestimmten Fällen nur eine Hemmung der Monatsfrist anerkennen). Zur Verjährung des Anspruchs auf Freizeitausgleich vgl. unten Rn 60.

Der ArbGeb. hat dem BRMitgl. **Arbeitsbefreiung zu gewähren.** Das BRMitgl. darf diesen Anspruch grundsätzlich nicht von sich aus ohne eine entsprechende Gewährung durch den ArbGeb. durchsetzen und einfach von der Arbeit fernbleiben (*DR,* Rn 46; *GL,* Rn 47; *GK-Wiese,* Rn 70). Insoweit gelten entsprechende Grundsätze wie bei der Urlaubsgewährung (enger *DR,* Rn 46; *GL,* Rn 48; *GK-Wiese,* Rn 69; *Dütz,* DB 76, 1480, die die Wunschberücksichtigung nur in einem eingeschränkteren Maße als beim Urlaub gelten lassen). 54

Wenn der ArbGeb. allerdings den Ausgleichsanspruch nicht innerhalb eines Monats erfüllt und **offensichtlich keinerlei erkennbare Gründe** seiner Gewährung entgegenstehen, kann das BRMitgl. den Freizeitausgleich von sich aus in Anspruch nehmen; denn es ist zu berücksichtigen, daß der Anspruch auf Freizeitausgleich durch BRTätigkeit bedingt ist und das BRMitgl. für die Wahrnehmung von BRTätigkeiten während der Arbeitszeit ebenfalls keiner Zustimmung des ArbGeb. bedarf (vgl. oben Rn 31f.; *GKSB,* Rn 36; *Lichtenstein,* BetrR 72, 152; **a. A.** *DR,* Rn 47; *GL,* Rn 47; *GK-Wiese,* Rn 70; *HSG,* Rn 56). 55

Der Ausgleichsanspruch besteht **in dem gleichen Umfang,** wie das BRMitgl. aus betrieblichen Gründen außerhalb der Arbeitszeit BRTätigkeit durchgeführt hat. Für so viel Zeit, wie das BRMitgl. für die BRTätigkeit außerhalb der Arbeitszeit aufgewendet hat, ist ihm entsprechend Arbeitsbefreiung zu gewähren. Ein Anspruch auf einen 25%igen Freizeitzuschlag – entsprechend dem Mehrarbeitszuschlag – besteht nicht (vgl. den Gesetzeswortlaut: „entsprechende Arbeitsbefreiung"; BAG 19. 7. 77, AP Nr. 29 zu § 37 BetrVG 1972; *DR,* Rn 42; *GL,* Rn 49, anders aber Rn 53; *GK-Wiese,* Rn 71; *Eich,* BB 74, 1445; **a. A.** *GKSB,* Rn 38). 56

Das Gesetz enthält keine Regelung, in welcher Weise der Anspruch auf Arbeitsbefreiung zu erfüllen ist, z. B. ob die Arbeitsbefreiung **zusammenhängend** genommen werden muß oder ob **eine Teilung,** ggf. in Form einer teilweisen (stundenweisen) Arbeitsbefreiung über mehrere Tage hinweg, zulässig ist. Sofern keine betriebsbedingten Gründe entgegenstehen, bestimmt sich die zeitliche Lage der entsprechenden Arbeitsbefreiungen nach den **Wünschen des BRMitgl.** (enger *DR,* Rn 46; *GL,* Rn 48; *GK-Wiese,* Rn 69; *HSG,* Rn 55; *Dütz,* DB 76, 1480). 57

Für die Zeit der Arbeitsbefreiung ist dem BRMitgl. das **Arbeitsentgelt fortzuzahlen.** Das BRMitgl. erhält also nicht die Zeit für die außerhalb der Arbeitszeit geleisteten BRTätigkeit vergütet (dann hätte es u. U. Anspruch auf Mehrarbeitsvergütung), vielmehr hat es einen An- 58 spruch auf Arbeitsbefreiung unter Fortzahlung des Arbeitsentgelts. Fortzuzahlen ist das Arbeitsentgelt, daß das BRMitgl. verdient haben würde, wenn es während der Zeit der Arbeitsbefreiung gearbeitet hätte (BAG 19.7. 77, a.a. O.; *DR,* Rn 43; *HSG,* Rn 60; **a.A.** *GKSB,* Rn 38, die einen Freizeitzuschlag gewähren). Auch etwaige **Zulagen** sind ihm zu gewähren (vgl. oben Rn 34ff.).

59 Die Arbeitsbefreiung ist **innerhalb eines Monats** zu gewähren. Für den Beginn der Frist ist nicht die Geltendmachung des Anspruchs, sondern der Zeitpunkt maßgebend, an dem das BRMitgl. aus betriebsbedingten Gründen BRTätigkeit außerhalb der Arbeitszeit durchgeführt hat (*DR,* Rn 44; *GK-Wiese,* Rn 67). Die Monatafrist endet gemäß § 188 Abs. 2 BGB mit dem Ablauf des Tages des folgenden Monats, der durch seine Zahl dem Tag entspricht, an dem die BRTätigkeit ausgeübt wurde.

Beispiel:

Hat ein BRMitgl. am 15. Februar außerhalb der Arbeitszeit BRTätigkeit durchgeführt, so muß spätestens bis zum Ablauf des 15. März die entsprechende Arbeitsbefreiung gewährt sein.

60 Wird der Anspruch nicht innerhalb eines Monats erfüllt, so wandelt er sich, falls seiner Erfüllung **betriebsbedingte Gründe** entgegenstehen, in einen **Abgeltungsanspruch** um (vgl. hierzu unten Rn 61ff.). Wird die Arbeitsbefreiung nicht innerhalb eines Monats gewährt, obwohl dem keine betrieblichen Gründe entgegenstehen und deshalb im allgemeinen kein Abgeltungsanspruch entsteht, so behält das BRMitgl. grundsätzlich den Anspruch auf Arbeitsbefreiung. Die Monatsfrist ist **keine Ausschlußfrist** in dem Sinne, daß nach Ablauf der Frist der Anspruch nicht mehr bestünde (*DR,* Rn 45, 47; *GL,* Rn 50; *GK-Wiese,* Rn 68, 73; *GKSB,* Rn 40; *HSG,* Rn 58; offen gelassen von BAG 18. 9. 73, AP Nr. 3 zu § 37 BetrVG 1972; vgl. jedoch auch unten Rn 62). Zweck dieser verhältnismäßig kurzen Frist ist es vielmehr sicherzustellen, daß das BRMitgl. möglichst umgehend einen entsprechenden Freizeitausgleich erhält. Gemäß § 196 Abs. 1 Nr. 8 und 9, § 200 BGB **verjährt** der Anspruch auf Freizeitausgleich mit Ablauf von zwei Jahren, gerechnet vom Schluß des Jahres an, in dem er entstanden ist (*DR,* Rn 47; *GL,* Rn 50). Wenn der ArbGeb. den Freizeitausgleich ordnungsgemäß gewährt, das BRMitgl. ihn jedoch unbegründet nicht in Anspruch genommen hat, erlischt der Anspruch (*DR,* Rn 47; *GK-Wiese,* Rn 73).

3. Abgeltung

61 Eine Abgeltung des Anspruchs auf entsprechende Arbeitsbefreiung unter Fortzahlung des Arbeitsentgelts kommt nur in Betracht, wenn die Arbeitsbefreiung aus **betriebsbedingten Gründen** nicht innerhalb eines Monats möglich ist. Im Hinblick auf das grundsätzliche Rangverhältnis des Ausgleichsanspruchs auf Arbeitsbefreiung und des Abgeltungsanspruchs und dem ihm zugrunde liegenden sozial-, insbesondere gesundheitspolitischen Grundgedanken wird man den Begriff der „betriebsbe-

dingten Gründe„ nicht zu weit verstehen dürfen. Grundsätzlich soll dem BRMitgl. entsprechende Arbeitsbefreiung gewährt werden und nur in Ausnahmefällen die aufgewendete Zeit mit Geld abgegolten werden. Betriebsbedingt Gründe sind deshalb nur solche, die aus objektiven Gründen eines ordnungsgemäßen Betriebsablaufs auch eine nur vorübergehende Abwesenheit des BRMitgl. als nicht vertretbar erscheinen lassen (*GK-Wiese,* Rn 76; *GKSB,* Rn 41; **a. A.** *DR,* Rn 48; *GL,* Rn 51; *HSG,* Rn 61).

Das BRMitgl. kann den Abgeltungsanspruch nicht dadurch herbeiführen, daß es den Anspruch auf Arbeitsbefreiung nicht geltend macht (*DR,* Rn 49; *GL,* Rn 51), Andererseits entsteht dieser Anspruch auch dann, wenn der ArbGeb, unter objektiver Verkennung des Begriffs Betriebsbedingtheit die beantragte Arbeitsbefreiung verweigert hat und das BRMitgl. sich hiermit zufrieden gibt; denn eine Verweigerung der Abgeltung durch den ArbGeb. würde im Hinblick auf seine vorausgegangene Verweigerung des Freizeitausgleichs gegen Treu und Glauben verstoßen (*DR,* Rn 49; *HSG,* Rn 58; insoweit **a. A.** *GL,* Rn 51; *GK- Wiese,* Rn 75). 62

Ist eine Arbeitsbefreiung aus betriebsbedingten Gründen nicht möglich, so ist die außerhalb der Arbeitszeit ausgeübte BRTätigkeit wie Mehrarbeit zu vergüten. Die Abgeltung wie Mehrarbeit rechtfertigt sich daraus, daß sich in diesem Falle die außerhalb der Arbeitszeit ausgeübte BRTätigkeit tatsächlich als eine zusätzliche zu der normalen Arbeitsleistung vollbrachte Tätigkeit darstellt, die nicht in anderer Weise ausgeglichen wird. Die **Vergütung wie Mehrarbeit** ist **zwingend** vorgeschrieben. Deshalb ist die aufgewandte Zeit auch dann wie Mehrarbeit zu bezahlen, wenn sie nicht dazu führt, daß die Grenze, von der ab Mehrarbeitszuschläge zu zahlen sind, überschritten wird. Vielmehr ist es stets so anzusehen, als ob Mehrarbeit vorgelegen hätte (*DR,* Rn 51; *GL,* Rn 52; *GK-Wiese,* Rn 78; *GKSB,* Rn 41; **a. A.** BAG 7. 2. 85, AP Nr. 48 zu § 37 BetrVG 1972; *HSG,* Rn 61). In welcher **Höhe der Mehrarbeitszuschlag** zu zahlen ist, richtet sich in erster Linie nach einer bestehenden Vereinbarung (Tarifvertrag, Einzelarbeitsvertrag, Betriebsüblichkeit), falls eine solche Vereinbarung nicht besteht, nach § 15 AZO. 63

V. Wirtschaftliche und berufliche Absicherung (Abs. 4 und 5)

Durch die Abs. 4 und 5 soll sichergestellt werden, daß BRMitgl. sowohl während ihrer Amtszeit als auch ein Jahr nach Beendigung der Amtszeit bei der Bemessung ihres Arbeitsengelts einschließlich allgemeiner Zuwendungen und grundsätzlich auch hinsichtlich der zugewiesenen beruflichen Tätigkeit **nicht schlechter gestellt werden als vergleichbare ArbN** des Betriebs mit betriebsüblicher Entwicklung. BRMitgl. sollen weder hinsichtlich ihres Einkommens noch hinsichtlich der ausgeübten beruflichen Tätigkeit dadurch beeinträchtigt werden, daß sie wegen der Inanspruchnahme durch das BRAmt mit der berufli- 64 chen Entwicklung vergleichbarer ArbN des Betriebs nicht Schritt halten konnten. Die Regelungen der Abs. 4 und 5 konkretisieren damit das allgemeine Benachteilligungsverbot des § 78 S. 2 (BAG 17. 5. 77, AP Nr. 28 zu § 37 BetrVG 1972). Der nachwirkende Schutz von einem Jahr nach Beendigung des BRAmts steht in engem Zusammenhang mit dem **nachwirkenden Kündigungsschutz** der BRMitgl. gegen ordentliche Kündigung nach § 15 Abs. 2 KSchG, der ebenfalls ein Jahr nach Beendigung der Amtszeit des BR fortdauert und innerhalb dessen die BRMitgl in aller Regel eine verzögerte berufliche Entwicklung nachholen können. Für freigestellte BRMitgl. verlängert sich der nachwirkende Schutzzeitraum nach § 38 Abs. 3 unter bestimmten Voraussetzungen auf zwei Jahre (Näheres vgl. § 38 Rn 48ff.).

1. Wirtschaftliche Absicherung

65 Während Abs. 2 die Fortzahlung des Arbeitsentgelts an BRMitgl. wegen notwendiger Arbeitsversäumnis infolge der BRTätigkeit sichert, betrifft Abs. 4 die **Angleichung des Arbeitsentgelts** von BRMitgl. an das vergleichbarer ArbN des Betriebs mit betriebsüblicher Entwicklung. Das BRMitgl. soll grundsätzlich dasselbe Arbeitsentgelt erhalten, das es verdient haben würde, wenn es das BRAmt nicht übernommen und deshalb vielleicht eine bessere berufliche Entwicklung genommen hätte. Da diese hypothetische Betrachtungsweise im Einzelfall zu Schwierigkeiten führen kann, stellt das Gesetz auf das Arbeitsentgelt vergleichbarer ArbN mit betriebsüblicher Entwicklung ab (*GL,* Rn 56; *GK-Wiese,* Rn 82).

Die Regelung des Abs. 4 wird in erster Linie für **freigestellte BRMitgl.** von Bedeutung sein, da die nicht freigestellten ihre berufliche Tätigkeit weiter ausüben und sich ihr Arbeitsentgelt im allgemeinen nach dieser beruflichen Tätigkeit bestimmt. Allerdings kann Abs. 4 auch für nicht freigestellte BRMitgl. bedeutsam werden, wenn ihre Inanspruchnahme durch das BRAmt dazu führt, daß sie sich ihrer beruflichen Entwicklung nicht in derselben Weise widmen können wie vergleichbare ArbN (*GK-Wiese,* Rn 81).

66 Maßgebend ist das Arbeitsentgelt solcher ArbN, die mit dem BRMitgl. **„vergleichbar“** sind. Hat der Betrieb nur einen vergleichbaren ArbN, ist der Vergleich mit diesem maßgebend (BAG 21. 4. 83, AP Nr. 43 zu § 37 BetrVG 1972). Maßgebender Zeitpunkt für den Vergleich ist zunächst der Zeitpunkt der Wahl des BRMitgl., d. h. der Zeitpunkt, in dem sich das BRMitgl. noch – ohne auch das Amt eines BRMitgl. innezuhaben – ausschließlich seiner beruflichen Tätigkeit gewidmet hat (**a. A.** *Hennecke,* RdA 86, 242: letzter Tag der beruflichen Tätigkeit vor Beginn der ausschließlichen BRTätigkeit; damit wird die Vorschrift aber unzulässigerweise auf freigestellte BRMitgl. beschränkt). Das Arbeitsentgelt des BRMitgl. ist in diesem Zeitpunkt mit dem anderer ArbN zu vergleichen, die unter Berücksichtigung der **Qualifikation** und **der Persönlichkeit** dieselbe oder eine vergleichbare Arbeit verrichtet haben (*DR,* Rn 54; *GL,* Rn 57; *GK-Wiese,* Rn 83, 86;

HSG, Rn 67; *Weiss*, Rn 7; *Rüthers*, RdA 76, 63; BAG 17. 5. 77 und 21. 4. 83, AP Nr. 28 und 43 zu § 37 BetrVG 1972).

67 Der Begriff vergleichbar ist insofern **auch subjektiv** zu verstehen, als es darauf ankommt, einen Vergleich des jeweiligen BRMitgl. mit entsprechenden anderen ArbN vorzunehmen. Ist ein BRMitgl. z. B. besonders qualifiziert und in seiner beruflichen Tätigkeit überdurchschnittlich gewesen, so kommt als vergleichbarer ArbN nur einer mit ähnlicher Qualifikation und überdurchschnittlicher Leistung in Betracht (BAG 21. 4. 83 und 13. 11. 87, AP Nr. 43 und 61 zu § 37 BetrVG 1972; *GL*, Rn 57; *GK-Wiese*, Rn 83; *GKSB*, Rn 45; *HSG*, Rn 68; *Hennecke*, RdA 86, 242; jetzt auch *DR*, Rn 54). Entsprechendes gilt auch im umgekehrten Fall.

68 Bei der Bemessung des an das BRMitgl. zu zahlenden Arbeitsentgelts ist die **betriebsübliche Entwicklung** dieser vergleichbarer ArbN zu berücksichtigen. Betriebsüblich ist die Entwicklung, die ein anderer nach Qualifikation und Persönlichkeit vergleichbarer ArbN unter Berücksichtigung der betrieblichen Gegebenheiten im Betrieb genommen hat. Hierbei sind auch betriebliche Maßnahmen der beruflichen Fortbildung (nicht eine rein private Fortbildung, z. B. auf Volkshochschulen oder Abendgymnasien) zu berücksichtigen, an denen zwar vergleichbare ArbN teilgenommen haben, an denen teilzunehmen dem betreffenden BRMitgl. wegen der BRTätigkeit nicht möglich war (*DR*, Rn 55; *GL*, Rn 58; *GK-Wiese*, Rn 85; *GKSB*, Rn 46; *HSG*, Rn 69; *Hennecke*, RdA 86, 243f.; *ders.* BB 86, 938).

Beispiel:

Ein freigestelltes BRMitgl. hat vor seiner Wahl als angelernter Arbeiter in Zeitlohn gearbeitet. Die damals mit entsprechenden Arbeiten Beschäftigten werden nach entsprechenden Berufsfortbildungsmaßnahmen mit höherwertigen Arbeiten im Akkordlohn beschäftigt. In diesem Falle bemißt sich das Arbeitsentgelt des BRMitgl. nach dem Arbeitsentgelt, das ein solcher ehemaliger Berufskollege nach Wahrnehmung dieser betriebsüblichen Entwicklungschance erhält.

69 Das **Arbeitsentgelt** des BRMitgl. ist demjenigen vergleichbarer ArbN **laufend anzupassen.** Hierbei umfaßt diese Entgeltsicherung auch den Ausgleich etwaiger Entgeltminderungen, die dadurch eintreten, daß ein BRMitgl. wegen seiner BRTätigkeit von Akkordarbeit auf Zeitarbeit oder von Wechselschicht auf die einfache Tagesschicht umgesetzt wird (*DR*, Rn 56f.; *GK-Wiese*, Rn 87). Der Begriff Arbeitsentgelt i. S. von Abs. 4 ist andererseits nicht i. S. des effektiven Wochen- oder Monatsverdienstes, sondern i. S. der **maßgebenden Arbeitsengelteinheit** zu verstehen (*DR*, Rn 53; *GL*, Rn 56, 59; vgl. hierzu auch BAG 17. 5. 77 und 21. 4. 83, AP Nr. 28 und 43 zu § 37 BetrVG 1972). Das BRMitgl. darf keinen geringeren Stundenlohn, Akkordlohn, Prämiensatz usw. erhalten als vergleichbare ArbN mit betriebsüblicher Entwicklung. Ein unterschiedlicher Arbeitsverdienst wegen vorübergehender unterschiedlicher Arbeitszeit wird durch Abs. 4 nicht ausgeglichen. Erhalten z. B. vergleichbare ArbN wegen vorübergehend anfallender Mehrarbeit, die

das BRMitgl. nicht leistet, vorübergehend insgesamt einen etwas höheren Arbeitsverdienst als üblich, so kommen diese Überstunden dem BRMitgl. nicht zugute. Entsprechendes gilt für eine vorübergehende Verkürzung der Arbeitszeit vergleichbarer ArbN, an der das BRMitgl. nicht teilnimmt (vgl. BAG 7. 2. 85; AP Nr. 3 zu § 46 BPersVG; *DR,* Rn 57; *GL,* Rn 59; *GK-Wiese,* Rn 87; *HSG,* Rn 72; *GKSB,* Rn 47). Zum Anspruch von BRMitgl. auf Mehrarbeitsvergütung vgl. oben Rn 35f. und § 38 Rn 45.

70 Zu dem Arbeitsentgelt zählen auch **allgemeine Zuwendungen** des ArbGeb. (*DR,* Rn 58; *GL,* Rn 60; *GK-Wiese,* Rn 88; *HSG,* Rn 73). Auch insoweit werden die BRMitgl. den vergleichbaren ArbN mit betriebsüblicher Entwicklung gleichgestellt. Allgemeine Zuwendungen sind solche, die der ArbGeb. entweder allen ArbN oder jedenfalls den vergleichbaren ArbN gewährt (BAG 21. 4. 83, AP Nr. 43 zu § 37 BetrVG 1972; *Hennecke,* RdA 86, 246). Als solche allgemeine Zulagen kommen insbesondere in Betracht Sozialzulagen (Familien-, Kinder-, Hausstands-, Wohnungszulagen), besondere Leistungszulagen und Leistungsprämien (auch wenn sie freiwillig und widerruflich gezahlt werden; vgl. BAG 21. 4. 83, AP Nr. 43 zu § 37 BetrVG 1972), Gewinnbeteiligung, Gratifikationen, vermögenswirksame Leistungen, Vertretungszulagen (die Pauschalierung einer Vertretungszulage schließt eine Nachforderung für zusätzliche Vertretungstage nicht aus, vgl. LAG Köln, DB 85, 394). Dem BRMitgl. steht gegen den ArbGeb. ein Auskunftsanspruch über das Arbeitsentgelt (einschließlich Zuwendungen) vergleichbarer ArbN zu (*Hennecke,* RdA 86, 246).

71 Das Verbot der geringeren Bemessung des Arbeitsentgelts eines BRMitgl. besteht nicht nur für die Zeit der Mitglschaft des ArbN im BR, sondern auch innerhalb eines Zeitraums von einem Jahr nach **Beendigung der Amtszeit** des BR. Das BetrVG unterscheidet zwar terminologisch zwischen „Beendigung der Amtszeit“ und „Erlöschen der Mitgliedschaft“. Dennoch greift entsprechend der neueren Rechtsprechung des BAG zum nachwirkenden Kündigungsschutz von BRMitgl. (vgl. hierzu § 24 Rn 31; § 25 Rn 5ff.) der nachwirkende Schutzzeitraum von einem Jahr nicht nur bei Beendigung der Amtszeit des BR als Kollektivorgan, sondern auch dann Platz, wenn die Mitglschaft eines einzelnen BRMitgl. bei Fortbestand des BR als solchem (z. B. bei vorzeitigem Rücktritt des BRMitglieds) endet (*GK-Wiese,* Rn 90; *Frauenkron,* Rn 27; jetzt ebenfalls *DR,* Rn 59; *GL,* Rn 61). Im Falle einer nichtigen BRWahl ist Abs. 4 jedenfalls so lange anwendbar, als die Nichtigkeit nicht geltend geworden ist (vgl. § 19 Rn 7). Der nachwirkende Schutz gilt auch, wenn der BR nach § 23 Abs. 1 aufgelöst oder das BRMitgl. aus dem BR ausgeschlossen worden ist; denn die Einschränkungen des § 15 Abs. 1 S. 2 KSchG im Falle, daß die Beendigung der Mitglschaft auf einer gerichtlichen Entscheidung beruht, ist auf die außerordentliche Kündigung beschränkt (**a. A.** *DR,* Rn 59; *GL,* Rn 61; *GK-Wiese,* Rn 90; *HSG,* Rn 74). Über die Verlängerung dieser nachwirkenden Schutzfrist für BRMitgl., die drei Amtszeiten freigestellt waren, vgl. § 38 Abs 3 und dortige Rn 48ff.

2. Beruflicher Tätigkeitsschutz

Während Abs. 4 der Entgeltsicherung des BRMitgl. dient, sichert Abs. 5 das BRMitgl. gegen die Zuweisung von **unterwertigen beruflichen Tätigkeiten.** Diese Regelung trägt der Erkenntnis Rechnung, daß aus Gründen des Persönlichkeitsschutzes das BRMitgl. nicht nur gegen Benachteiligung in finanzieller Hinsicht, sondern auch gegen eine Diskriminierung in der beruflichen Tätigkeit ausreichend geschützt werden muß (*GK-Wiese,* Rn 91; *GKSB,* Rn 50). Die Vorschrift ist für freigestellte BRMitgl. während der Dauer der Freistellung nicht von Bedeutung, wohl jedoch, wenn sie nach Beendigung der Freistellung wieder eine berufliche Tätigkeit aufnehmen. 72

Grundsätzlich dürfen BRMitgl. nur mit Tätigkeiten beschäftigt werden, die den Arbeiten, die vergleichbare ArbN mit betriebsüblicher Entwicklung verrichten, gleichwertig sind. 73

Zum Begriff **„vergleichbare ArbN"** vgl. oben Rn 66, zum Begriff **„betriebsübliche Entwicklung"** vgl. oben Rn 68.

Unter dem Begriff „Tätigkeit" ist die **konkrete berufliche Tätigkeit** zu verstehen, die das BRMitgl. ausübt (*DR,* Rn 61; *GL,* Rn 63; *GK-Wiese,* Rn 93). Das BRMitgl. hat keinen Anspruch auf Beschäftigung mit einer gleichen, sondern mit einer **gleichwertigen Tätigkeit.** Ob eine Tätigkeit gleichwertig ist, ist unter Berücksichtigung aller Umstände des Einzelfalls, insbesondere unter Berücksichtigung der Auffassung der in der betreffenden Berufssparte Tätigen zu beurteilen (*GL,* Rn 63; *GKSB,* Rn 51; **a. A.** *GK-Wiese,* Rn 93, die lediglich auf die Auffassung der im Betrieb Tätigen abstellen; ebenso *DR,* Rn 61, *HSG,* Rn 74, wenn die Auffassung der im Betrieb Tätigen strenger ist als die in der Berufssparte maßgebende).

Die Regelung des Abs. 5 bedeutet zum einen, daß ein BRMitgl. grundsätzlich nicht mit einer Tätigkeit beschäftigt werden darf, die nicht mindestens derjenigen, die es vor Antritt des BRAmtes ausgeübt hat, gleichwertig ist (LAG Frankfurt, DB 87, 442). Darüber hinaus ergibt sich aus dieser Vorschrift auch ein Anspruch auf **Zuweisung einer höherwertigen Tätigkeit,** sofern vergleichbare ArbN unter Berücksichtigung der betriebsüblichen Entwicklung inzwischen eine entsprechende höherwertige Tätigkeit ausüben (*DR,* Rn 62; *GL,* Rn 64; *GK-Wiese,* Rn 94). Voraussetzung hierfür ist allerdings, daß das BRMitgl. die für die Ausübung der beruflichen Tätigkeit **erforderliche berufliche Qualifikation** besitzt. War ihm infolge der Inanspruchnahme durch die BRTätigkeit die Teilnahme an beruflichen Fortbildungsmaßnahmen, die Voraussetzung für die Übertragung der neuen Aufgabe sind, nicht möglich, so hat es auch keinen Anspruch auf die Zuweisung einer entsprechenden beruflichen Tätigkeit ohne Durchführung entsprechender beruflicher Fortbildungsmaßnahmen (*GK-Wiese,* Rn 94; *GKSB,* Rn 52; *Weiss,* Rn 8). Wohl hat es gemäß der Arbeitsentgeltgarantie des Abs. 4 Anspruch auf das Arbeitsentgelt der vergleichbaren ArbN mit der höherwertigen Tätigkeit (vgl. oben Rn 65ff.; *DR,* Rn 62; *GL,* Rn 64; *HSG,* Rn 78). Auch ist das 74

BRMitgl bei weiteren Maßnahmen der beruflichen Fortbildung bevorzugt zu berücksichtigen (vgl. § 38 Abs. 4).

75 Ein Anspruch auf Zuweisung einer gleichen oder gleichwertigen Beschäftigung besteht nicht, wenn dem **zwingende betriebliche Notwendigkeiten** entgegenstehen. Als Ausnahmeregelung ist diese Voraussetzung **eng auszulegen** (*DR,* Rn 63; *GL,* Rn 64; *GK-Wiese,* Rn 95). Zwingende betriebliche Notwendigkeiten sind solche, die im Interesse eines ordnungsgemäßen Betriebsablaufs die Zuweisung einer gleichwertigen Tätigkeit an das BRMitgl. ausschließen. So liegt z. B. eine zwingende betriebliche Notwendigkeit vor, wenn ein entsprechender **Arbeitsplatz fehlt** (auf Grund des Abs. 5 kann nicht die Schaffung eines weiteren, nicht notwendigen Arbeitsplatzes verlangt werden), ferner, wenn das BRMitgl. nicht an beruflichen Fortbildungsmaßnahmen teilgenommen hat, die für die Ausübung der Tätigkeit unbedingt erforderlich sind (*DR,* Rn 63; *GL,* Rn 64; *GK-Wiese,* Rn 95; *HSG,* Rn 78).

76 Auch das Verbot einer Beschäftigung mit nicht mindestens gleichwertigen Arbeiten besteht nicht nur für die Dauer der Amtszeit, sondern für einen Zeitraum von **einem Jahr nach Beendigung der Mitgliedschaft** im BR (vgl. oben Rn. 71).

VI. Schulung und Bildung der Betriebsratsmitglieder (Abs. 6 und 7)

1. Allgemeines

77 Ausgehend von der Erkenntnis, daß die Aufgaben des BR so vielgestaltig und jedenfalls z. T. so schwierig sind, daß ohne eine entsprechende Schulung seiner Mitglieder eine sachgerechte Durchführung dieser Aufgaben nicht möglich ist, enthält das BetrVG 1972 ausdrückliche Regelungen über die Arbeitsbefreiung von BRMitgl. zum Zwecke der Teilnahme an Schulungs- und Bildungsveranstaltungen. Hierbei sind **zwei Arten der Arbeitsbefreiung** zu unterscheiden. Die BRMitgl. sind von ihrer beruflichen Tätigkeit ohne Minderung des Arbeitsentgelts für die Teilnahme an solchen Schulungs- und Bildungsveranstaltungen zu befreien, die für die BRArbeit **erforderliche Kenntnisse** vermitteln (Abs. 6). Darüber hinaus hat jedes BRMitgl. während seiner regelmäßigen Amtszeit Anspruch auf bezahlte Arbeitsbefreiung für die Dauer von 3 Wochen zur Teilnahme an solchen Schulungs- und Bildungsveranstaltungen, die von der zuständigen obersten Arbeitsbehörde des Landes nach Beratung mit den Spitzenorganisationen der Gewerkschaften und ArbGebVereinigungen **als geeignet anerkannt** sind (Abs. 7). Das Verfahren über die Gewährung des Anspruchs auf Arbeitsbefreiung zu Schulungs- und Bildungszwecken ist in beiden Fällen das gleiche (vgl. Abs. 6 Sätze 2 bis 5 und Abs. 7 Satz 3). Wegen der Verpflichtung des ArbGeb. zur Tragung der Schulungskosten vgl. § 40 Rn. 28ff.

2. Schulungs- und Bildungsveranstaltungen nach Abs. 6

a) Zulässiger Schulungsinhalt

Der Anspruch auf Arbeitsbefreiung zu Schulungs- und Bildungszwecken nach Abs. 6 besteht hinsichtlich solcher Veranstaltungen, die **Kenntnisse** vermitteln, die für die **BRArbeit erforderlich** sind. 78

Die Kenntnisvermittlung muß sich auf die BRArbeit, d. h. auf Gegenstände beziehen, die zu den **Aufgaben des BR gehören** (*DR,* Rn 72; *GL,* Rn 72; *Dütz/Säcker,* DB 72, Beilage 17 S. 10; *Däubler,* Schulung, S. 53ff.). Was nicht zu den Aufgaben des BR gehört, kann auch nicht Gegenstand einer Schulungs- und Bildungsveranstaltung i. S. von Abs. 6 mit der Folge eines Freistellungsanspruchs sein. Deshalb fallen Veranstaltungen, die einer rein gewerkschaftlichen Funktionärsschulung oder einer politischen, parteipolitischen, künstlerischen oder kirchlichen Schulung dienen, nicht unter die Regelung des Abs. 6. Unter der weiteren Voraussetzung daß die Kenntnisvermittlung für die BRArbeit erforderlich ist (vgl. hierzu folgende Rn 79ff.), kann jedoch Gegenstand einer Schulungsveranstaltung nach Abs. 6 alles sein, was zum Aufgabenbereich des BR gehört und damit die BRTätigkeit betrifft. Hierunter fällt im Hinblick auf die sehr weitgehenden Aufgaben des BR nicht nur die Vermittlung von **Kenntnissen rechtlicher Art** im engeren Sinne (z. B. Kenntnisse über das BetrVG oder das allgemeine Arbeitsrecht), sondern auch **spezieller Sachmaterien,** z. B. des Akkord- und Prämienlohns oder anderer leistungsbezogener Entgelte, der Arbeitswissenschaften, des Arbeitsschutzes, der Personalplanung, der Betriebs- und Finanzwirtschaft, der Betriebsorganisation (*GKSB,* Rn 61).

Eine Arbeitsbefreiung zur Teilnahme an Schulungs- und Bildungsveranstaltungen setzt ferner voraus, daß die vermittelten Kenntnisse für die BRArbeit **erforderlich** sind. Über die Auslegung des unbestimmten Rechtsbegriffs der „Erforderlichkeit" der für die BRArbeit zu vermittelnden Kenntnisse und der hierunter zu subsumierenden zulässigen Bildungsinhalte bestand in den ersten Jahren nach Inkrafttreten des Gesetzes ein lebhafter Meinungsstreit. Seine Spannweite reichte von der Beschränkung der zulässigen Bildungsinhalte auf bestimmte Spezialkenntnisse bis hin zu der Vermittlung aller Kenntnisse, die sich irgendwie für die Umsetzung in die Tagesarbeit der BR eignen. Für die Praxis ist dieser Meinungsstreit mittlerweile durch die insoweit **ständige und inzwischen gefestigte Rechtsprechung des BAG** entschieden. Deshalb darf wegen der Einzelheiten dieser Auseinandersetzung auf die 10. bis 13. Auflage dieses Kommentars verwiesen werden. 79

Nach der Rechtsprechung des BAG ist die Vermittlung von Kenntnissen dann erforderlich, wenn diese **unter Berücksichtigung der konkreten Verhältnisse im Betrieb und im BR notwendig sind, damit der BR seine gegenwärtigen oder in naher Zukunft anstehenden Aufgaben sach- und fachgerecht erfüllen kann** (BAG 9. 10. 73, 6. 11. 73, 27. 9. 74, 8. 2. 77, 21. 11. 78 und 15. 5. 86, AP Nr. 4, 6, 18, 26, 35 und 54 zu § 37 BetrVG 1972; BAG 29. 1. 74 und 8. 10. 74, AP Nr. 5 und 7 zu § 40 80

BetrVG 1972; BAG 27. 11. 73, AP Nr. 9 zu 89 ArbGG 1953; ebenso *Dütz/Säcker,* DB 72, Beil. Nr. 17, S. 9ff.; *DR,* Rn 73; *GL,* Rn 70f.; *HSG,* Rn 87; *GK-Wiese,* Rn 108ff.).

81 Wenn auch dieser Umschreibung der „erforderlichen Kenntnisse" i. S. des Abs. 6 grundsätzlich zuzustimmen ist, so ist andererseits nicht zu verkennen, daß die vom BAG aufgestellten Kriterien ihrerseits interpretationsbedürftig sind und deshalb bei ihrer Anwendung im konkreten Einzelfall durchaus unterschiedlichen Bewertungen unterliegen können. Hier ist vor einer **restriktiven Interpretation zu warnen.** Vielmehr muß man sich bei der Anwendung dieser Grundsätze stets des Grundanliegens, das hinter dem gesetzlichen Bildungsanspruch der BRMitgl. steht, und des inneren Zusammenhangs dieses Bildungsanspruchs mit den gesetzlichen Beteiligungsrechten des BR bewußt bleiben. Die Einräumung von Mitwirkungs- und Mitbestimmungsrechten des BR bei Entscheidungen des ArbGeb. bzw. des Unternehmers ist nur zu rechtfertigen, wenn der BR die notwendigen Voraussetzungen für eine **sach- und fachgerechte Ausübung** seiner Rechte und Befugnisse besitzt. Insofern ist die Grundthese von *Däubler* (a. a. O. S. 32ff.), der Normzweck der Abs. 6 und 7 liege in der Herstellung einer intellektuellen Waffengleichheit von ArbGeb. und BR, durchaus zutreffend (*GKSB,* Rn 85; *Hoffmann,* ArbuR 74, 266; *Kopp,* ArbuR 76, 333; trotz im übrigen starker Kritik an *Däubler* insoweit zustimmend *Eich,* BB 73, 1032; *Streckel,* DB 74, 335; kritisch zu dem Begriff Waffengleichheit *DR,* Rn 68f.; **a. A.** *GK-Wiese,* Rn 99; *HSG,* Rn 82). Hierbei ist allerdings zu berücksichtigen, daß trotz der Beteiligungsrechte des BR zwischen ihm und dem ArbGeb. **funktionale Unterschiede** bestehen. Aufgabe des BR ist nicht eine gleichberechtigte Mitleitung des Betriebs oder die Ausübung eines Mitdirektionsrechts gegenüber den ArbN. Seine Funktion liegt vielmehr darin, durch die Ausübung seiner Beteiligungsrechte die sonst gegebene alleinige Entscheidungsbefugnis des ArbGeb. zu binden und damit eine **sachgerechte Berücksichtigung der berechtigten Interessen der ArbN** bei diesen Entscheidungen sicherzustellen (insoweit zustimmend *DR,* Rn 68; ebenso *GL,* Rn 68). Soweit diese **Schutzfunktion** des BR allerdings reicht und der BR nicht bereits entsprechende Kenntnisse besitzt oder in zumutbarer sonstiger Weise erlangen kann, ist die Vermittlung von Kenntnissen, ohne die der BR die ihm konkret obliegenden Aufgaben nicht sach- und fachgerecht erfüllen kann, als erforderlich i. S. von Abs. 6 anzusehen.

82 Die Vermittlung **allgemeiner Grundkenntnisse des Betriebsverfassungsrechts** gehört auf jeden Fall zu dem nach Abs. 6 zulässigen Schulungsinhalt. Ein Nachweis des von der Rechtsprechung geforderten konkreten betriebsbezogenen Anlasses erübrigt sich hier. Denn die Kenntnisse des – keineswegs einfachen – BetrVG als der gesetzlichen Grundlage für die Tätigkeit des BR ist unabdingbare Voraussetzung für eine ordnungsgemäße BRArbeit (vgl. BAG 6. 11. 73 und 27. 9. 74, AP Nr. 5 u. 18 zu § 37 BetrVG 1972; BAG 29. 1. 74 und 8. 10. 74, AP Nr. 5 u. 7 zu § 40 BetrVG 1972; BAG 27. 11. 73, AP Nr. 9 zu § 89 ArbGG 1953; vgl. auch BVerwG, ZBR 79, 310; *DR,* Rn 74; *GL,* Rn 76; *GKSB,*

Rn 57; *HSG,* Rn 100). Dies gilt nicht nur für eine gewisse Übergangszeit nach Inkrafttreten des Gesetzes (so jedoch *GK-Wiese,* Rn 112), sondern auch nach einer längeren Zeit der Geltung des Gesetzes jedenfalls für die ArbN, die erstmals in den BR gewählt werden (so jetzt auch ausdrücklich BAG 21. 11. 78, AP Nr. 35 zu § 37 BetrVG 1972; *DR,* Rn 75; *GL,* Rn 76; *HSG,* Rn 100; **a. A.** LAG Berlin, DB 76, 695; LAG Hamm, DB 79, 1364 in ausdrücklichem Gegensatz zum BAG). Schon die gesetzliche Verpflichtung eines jeden BRMitgl., sein Amt in eigener Verantwortung auszuüben, macht es unerläßlich, daß ihm jedenfalls die Grundlagen des Betriebsverfassungsrechts bekannt sind. Die Auffassung, die Schulung von BRMitgl. über Grundkenntnisse des Betriebsverfassungsrechts seien grundsätzlich in Schulungsveranstaltungen nach Abs. 7 zu erwerben (so LAG Hamm, DR 72, 2491; *Klinkhammer,* BB 73, 1399) steht im Gegensatz zum Gesetzeswortlaut; denn daß diese Kenntnisse für die Arbeit des BR erforderlich, ja unerläßlich sind, kann ernsthaft nicht bestritten werden.

Auch die Vermittlung von Grundkenntnissen des **allgemeinen Arbeitsrechts,** insbesondere auch des Arbeitsschutzrechts, ist stets als eine erforderliche Kenntnisvermittlung i. S. von Abs. 6 anzusehen. Dies ergibt sich zum einen aus der Einbettung des Betriebsverfassungsrechts in das allgemeine Arbeitsrecht, zum anderen aus der allgemeinen Überwachungspflicht des BR nach § 80 Abs. 1 (BAG 16. 10. 86, AP Nr. 58 zu § 37 BetrVG 1972; *DR,* Rn 76; *GK-Wiese,* Rn 125; *GKSB,* Rn 57; vgl. auch unten Rn 92). 83

Soweit es um eine besondere **Vertiefung der Kenntnisse** des Betriebsverfassungsrechts oder des allgemeinen Arbeitsrechts oder um die Vermittlung von **speziellem Fachwissen** in den Bereichen geht, in denen dem BR Beteiligungsrechte zustehen, ist bei der Prüfung der Notwendigkeit der Schulung auf die **konkreten Aufgaben des jeweiligen BR** abzustellen (*GL,* Rn 75). Diese hängen nicht zuletzt von der Art und Struktur des jeweiligen Betriebs ab, so daß nicht generell für alle BR die Frage, ob eine Schulung erforderlich ist oder nicht, beantwortet werden kann. So dürfte z. B. in einem reinen Angestelltenbetrieb die Frage des technischen Arbeitsschutzes eine erheblich geringere Bedeutung spielen als in einem Produktionsbetrieb, so daß dem BR insoweit weniger konkrete Aufgaben obliegen und sich deshalb eine geringe Schulungsnotwendigkeit ergibt. 84

Bei der Prüfung der Frage, ob die konkreten Aufgaben eines BR eine Schulung notwendig erscheinen lassen, ist darauf abzustellen, ob nach den **Verhältnissen des konkreten einzelnen Betriebes** Fragen und Probleme anstehen oder in naher Zukunft anstehen werden, die der Beteiligung des BR unterliegen und bei denen im Hinblick auf den Wissensstand des konkreten BR eine Schulung von BRMitgl. erforderlich erscheint, damit der BR seine Beteiligungsrechte sach- und fachgerecht ausüben kann (vgl. BAG 9. 10. 73, 6. 11. 73, 27. 9. 74 und 14. 6. 77, AP Nr. 4, 5, 6, 18 und 30 zu § 37 BetrVG 1972; BAG 29. 1. 74 und 8. 10. 74, AP Nr. 5 und 7 zu § 40 BetrVG 1972; BAG 27. 11. 73, AP Nr. 9 zu § 89 ArbGG 1953; *DR,* Rn 77; *GL,* Rn 73; *GKSB,* Rn 59). Die rein theoreti- 85 sche Möglichkeit, daß eine bestimmte Frage einmal im Betrieb auftreten könnte, reicht demnach nicht aus, die Notwendigkeit einer Schulung zu begründen. Vielmehr muß sich das vermittelte Wissen unmittelbar auf die BRTätigkeit auswirken. Es muß eine **Aktualität** für die Notwendigkeit einer Schulung in dem Sinne bestehen, daß die vermittelten Kenntnisse, wenn auch nicht sofort, so doch voraussichtlich in absehbarer Zeit benötigt werden (vgl. BAG 9. 10. 73, AP Nr. 4 zu § 37 BetrVG 1972; *GK-Wiese,* Rn 110; enger *GL,* Rn 73, die verlangen, daß der BR mit der entsprechenden Angelegenheit ständig konfrontiert wird). Hierbei liegt eine Aktualität für die Notwendigkeit einer Schulung allerdings nicht nur dann vor, wenn der ArbGeb. bestimmte der Beteiligung des BR unterliegende Maßnahmen beabsichtigt. Vielmehr kann sich diese Aktualität auch im Hinblick auf eine **beabsichtigte Initiative des BR** ergeben (so zutreffend *Kittner* in Anm. zu BAG vom 6. 11. 1973, AP Nr. 5 zu § 37 BetrVG 1972; *GL,* Rn 74; *GK-Wiese,* Rn 110). Eine solche Initiativmöglichkeit besteht stets in den Angelegenheiten, in denen dem BR echte Mitbestimmungsrechte (z. B. § 87) oder ausdrücklich Vorschlagsrechte (z. B. § 92 Abs. 2) eingeräumt sind. Sie ist jedoch keineswegs auf diese Fälle beschränkt. Im Hinblick auf das allgemeine Initiativrecht des BR nach § 80 Abs. 1 Nr. 2 (vgl. § 80 Rn 12ff.) können auch sonstige, in den Aufgabenbereich des BR fallenden Angelegenheiten (z. B. Maßnahmen nach § 88) eine Aktualität für die Notwendigkeit einer Schulung begründen (insoweit **a. A.** *GL,* Rn 74; *HSG,* Rn 103).

86 Unter Berücksichtigung der konkreten Verhältnisse des Betriebs und des BR kommen deshalb für eine Schulung i. S. des Abs. 6 **insbesondere** in Betracht;

- eine **Vertiefung der Kenntnisse** des allgemeinen **Arbeitsrechts;**
- eine Schulung über die für den Betrieb **maßgebenden TV** (*DR,* Rn 76; LAG Hamm, DB 81, 1678);
- Fragen des **Akkord- und Prämienlohns** (vgl. BAG 9. 10. 73, AP Nr. 4 zu § 37 BetrVG 1972; LAG Düsseldorf, DB 75, 795; LAG Hamm, EzA § 38 BetrVG 1972 Nr. 47); hierbei schließt eine praktische Erfahrung des für Akkordfragen zuständigen BRMitgl. auf diesem Gebiet die Notwendigkeit einer theoretischen und systematischen Untermauerung seines Wissens jedenfalls dann nicht aus, wenn ohne eine gewisse theoretische Schulung eine sachgerechte Aufgabenerfüllung nicht gewährleistet ist (BAG 29. 1. 74, AP Nr. 9 zu § 37 BetrVG 1972; BAG 27. 8. 74, ArbuR 74, 312; LAG Düsseldorf, DB 81, 119);
- Fragen des betrieblichen **Arbeitsschutzes** und der **Arbeitssicherheit** (BAG 15. 5. 86, AP Nr. 54 zu § 37 BetrVG 1972; LAG Hamm, BB 80, 1374); hierbei hängt wegen der besonderen Bedeutung des Arbeitsschutzes die Notwendigkeit einer Schulung im Hinblick auf die konkreten betrieblichen Gegebenheiten nicht davon ab, daß im Betrieb eine übermäßige Unfallhäufigkeit besteht; Themen der Arbeitssicherheit sind ständig im Fluß und deshalb im Regelfall aktuell (vgl. BAG 15. 5. 75 – 1 ABR 108/73 – und 5. 5. 78 – 6 ABR 132/74);
- Unterrichtung über **arbeitswissenschaftliche Erkenntnisse über die menschengerechte Gestaltung der Arbeit** i. S. von § 90 (vgl. BAG

29. 1. 74, AP Nr. 9 zu § 37 BetrVG 1972; LAG Düsseldorf, DB 75, 795; vgl. ferner BAG 14. 6. 77, AP Nr. 30 zu § 37 BetrVG 1972, das allerdings eine dezidierte Darlegung von konkret anstehenden Änderungen oder Planungen im Betrieb verlangt);

- Fragen der **Personalplanung** (§ 92);
- Fragen des **Arbeitnehmererfinderrechts** (§ 87 Abs. 1 Nr. 12);
- Fragen der **Vermögensbildung** (§ 88 Nr. 3);
- Fragen der **Berufsbildung** (ArbG Kassel, DB 74, 924);
- Lehrveranstaltungen über die **Rechtsprechung des BAG und der LAG zum BetrVG;** diese sind jedenfalls solange als erforderlich anzusehen, als es angesichts der Fülle der Gerichtsentscheidungen zu diesem Gesetz selbst Fachleuten Mühe macht, den Überblick über die Rechtsprechung zu behalten (*GK-Wiese,* Rn 115; *Teichmüller,* DB 75, 446; **a. A.** *GL,* Rn 75; *HSG,* Rn 99, die ein Selbststudium verlangen; ähnlich *DR,* Rn 79);
- wichtiger Wandel in der **Rechtsprechung** zu einem für die BRArbeit wichtigen Gesetz oder TV (BAG 22. 1. 65, AP Nr. 10 zu § 37 BetrVG);
- Fragen und Probleme der Einführung und Anwendung von **Datenverarbeitungssystemen** und der **Computertechnik,** insbesondere von Personalinformationssystemen (ArbG Stuttgart DB 83, 1718);
- Fragen des **Datenschutzes im Betrieb,** insbesondere eine Unterrichtung über das **Bundesdatenschutzgesetz** und seine Bedeutung für die BRArbeit (LAG Niedersachsen, EzA § 37 BetrVG 1972 Nr. 64; *Wohlgemuth,* BlStR, 80, 211);
- betriebswirtschaftliche oder **betriebsorganisatorische Fragen,** wenn hierfür ein konkreter betriebsbezogener Anlaß – etwa eine beabsichtigte Rationalisierungsmaßnahme – besteht;
- Lehrveranstaltungen in der Muttersprache **ausländischer ArbN** (LAG Hamm, DB 74, 1439);
- Schulungen über **sozialversicherungsrechtliche Fragen,** sofern diese z. B. für die Einrichtung oder Ausgestaltung einer betrieblichen Altersversorgung von Bedeutung sind (**a. A.** LAG Berlin BB 74, 786; *GL,* Rn 72; *GK-Wiese,* Rn 109);
- Fragen des Arbeitsmarktes, der Teilzeitarbeit und anderer Probleme, die mit einer etwa drohenden Arbeitslosigkeit der ArbN des Betriebs zusammenhängen.

Nicht als erforderlich sind angesehen worden Schulungsveranstal- 87
tungen über

- **Lohnsteuerrichtlinien,** da es weder zu den dem BR in § 80 Abs. 1 Nr. 1 zugewiesenen Aufgaben gehört, darüber zu wachen, daß der ArbGeb. bei der Berechnung des Lohns die Vorschriften des Lohnsteuerrechts beachtet, noch ihm die Aufgabe obliegt, einzelne ArbN in steuerrechtlichen Fragen zu beraten (BAG 11. 12. 73, AP Nr. 5 zu § 80 BetrVG 1972);
- Ziele **gewerkschaftlicher Bildung** (BAG 28. 1. 75, AP Nr. 20 § 37 BetrVG 1972);
- **Gesetzentwürfe,** wenn nach dem Stand des Gesetzgebungsverfahrens

nicht damit gerechnet werden kann, daß diese ohne wesentliche Änderungen verabschiedet werden (BAG 16. 3. 88, AP Nr. 63 zu § 37 BetrVG 1972). Etwas anderes gilt allerdings, wenn mit dem alsbaldigen Inkrafttreten der geplanten gesetzlichen Regelung zuverlässig gerechnet werden kann.

88 Schulungen über für die BRArbeit erforderliches **spezielles Fachwissen** sind nicht auf die Vermittlung gewisser Grundkenntnisse beschränkt. Vielmehr kann und wird in der Regel unter Berücksichtigung der konkreten Verhältnisse des einzelnen Betriebs durchaus eine die Grundkenntnis **vertiefende Schulung notwendig** sein; das gilt jedenfalls für die BRMitgl., die sich im Rahmen der BRArbeit besonders mit den entsprechenden Sachbereichen befassen (vgl. hierzu unten, Rn 93f.; BAG 15. 6. 76, AP Nr. 12 zu § 40 BetrVG 1972; *GL,* Rn 81; *GK-Wiese,* Rn 128; *GKSB,* Rn 59; stark einschränkend hinsichtlich einer vertiefenden Schulung über das BetrVG unter Hinweis auf das Gebot des Selbststudiums und der Schulungsmöglichkeit nach Abs. 7 *DR,* Rn 79). Auch kann – etwa nach einer gewissen Zeit – eine **Wiederholungsschulung** zur Auffrischung und Erweiterung der bisherigen Kenntnisse notwendig sein. Dies gilt insbesondere in den Bereichen, die durch eine schnelle Entwicklung gekennzeichnet sind (z. B. die Computertechnik), oder dann, wenn im Betrieb neue oder besondere Konflikte auftreten.

89 Schulungsveranstaltungen für BR werden durchweg allgemein angeboten und nicht speziell für BRMitgl. eines bestimmten Betriebes durchgeführt. Die Allgemeinheit des Angebotes kann zur Folge haben, daß nicht alle auf der Schulungsveranstaltung behandelten Themen für jedes teilnehmende BRMitgl. als erforderlich in vorstehend erläuterten Sinne anzusehen sind. Dies kann jedoch nicht dazu führen, daß für diese BRMitgl. der Besuch der Veranstaltung damit unzulässig würde. Vielmehr ist, soweit auf einer Schulungsveranstaltung **teils erforderliche, teils** jedoch auch **nicht erforderliche Kenntnisse** in engerem Sinne vermittelt werden, nach der Rechtsprechung des BAG wie folgt zu unterscheiden:

- Werden nicht erforderliche Kenntnisse nur ganz **geringfügig** gestreift, so berührt dies die Erforderlichkeit der ganzen Schulung nicht (BAG 29. 1. 74, AP Nr. 5 zu § 40 BetrVG 1972).
- Nimmt die Behandlung nicht erforderlicher Themen einen **größeren Umfang** ein, ist der erforderliche und nicht erforderliche Teil der Schulungsveranstaltung jedoch sowohl in thematischer Hinsicht als auch hinsichtlich der zeitlichen Behandlung der einzelnen Themen so klar voneinander abgrenzbar, daß ein **zeitweiser Besuch** der Veranstaltungen möglich und sinnvoll ist, so beschränkt sich – abweichend von dem an sich maßgebenden Grundsatz, daß die Erforderlichkeit einer Veranstaltung einheitlich zu bewerten ist – die Erforderlichkeit auf den Teil, auf den für die BRArbeit erforderliche Kenntnisse vermittelt werden (BAG 10. 5. 74, AP Nr. 4 zu § 65 BetrVG 1972, BAG 28. 5. 76, AP Nr. 24 zu § 37 BetrVG 1972, BAG 21. 7. 78, AP Nr. 4 zu § 38 BetrVG 1972; *GL,* Rn 78; *GK-Wiese,* Rn 116). Bei der Beurteilung der Frage, ob ein zeitweiser Besuch der Veranstaltung möglich

ist, kommt es auch darauf an, ob die Veranstaltung nur als einheitliches Ganzes angeboten wird (**a.A.** *GK-Wiese,* Rn 116).

- Ist ein zeitweiser Besuch einer solchen Schulungsveranstaltung praktisch nicht möglich oder sinnvoll, so kommt es darauf an, ob die **Schulungszeit der erforderlichen Themen mit mehr als 50 v.H. überwiegt.** Ist dies der Fall, ist die gesamte Veranstaltung als erforderlich anzusehen (BAG 28. 5. 76, AP Nr. 24 zu § 37 BetrVG 1972 unter Aufgabe der vorher vertretenen Geprägetheorie [vgl. hierzu BAG 10. 5. 74, AP Nr. 4 zu § 65 BetrVG 1972; BAG 27. 9. 74, AP Nr. 18 zu § 37 BetrVG 1972], da diese keine klaren Abgrenzungsmöglichkeiten zulasse; ebenso *GL,* Rn 79; *GKSB,* Rn 63; für die Geprägetheorie jedoch *DR,* Rn 80; *HSG,* Rn 97f.; kritisch zur neuen BAG-Rechtsprechung *GK-Wiese,* Rn 117; ferner *Hanau,* Festschrift für Müller, S. 176, der sie auf das einzelne BRMitgl. bezogen akzeptiert, nicht jedoch, wenn Teile der Veranstaltung generell als nicht erforderlich anzusehen sind). Bei Würdigung dieser sicherlich großzügigen Rechtsprechung des BAG zu Veranstaltungen mit nur teilweise erforderlichen Themen ist jedoch zu berücksichtigen, daß das BAG auf der anderen Seite selbst bei einer erforderlichen Kenntnisvermittlung sowohl die Dauer der Schulung (vgl. unten Rn 97f.) als auch die Pflicht des ArbGeb., die Schulungskosten zu tragen (vgl. hierzu § 40 Rn 28ff.), unter dem Gesichtspunkt der Verhältnismäßigkeit bewertet und ggf. begrenzt.

b) Teilnehmerzahl

Im Gegensatz zur Regelung des Abs. 7, die jedem BRMitgl. einen individualrechtlichen Anspruch auf Teilnahme an den dort genannten Schulungsveranstaltungen einräumt, stellt Abs. 6 mit dem Erfordernis, daß die vermittelten Kenntnisse für die BRArbeit notwendig sein müssen, auf das **Kollektivorgan BR** als solchen ab (BAG 6. 11. 73, AP Nr. 5 zu § 37 BetrVG 1972). Der BR muß in die Lage versetzt werden, seine gesetzlichen Aufgaben ordnungsgemäß zu erfüllen. Deshalb ist Träger des Schulungsanspruchs nach Abs. 6 zunächst der BR und nicht von vornherein das einzelne BRMitgl. (*GL,* Rn 65; *GK-Wiese,* Rn 104; *GKSB,* Rn 65; *HSG,* Rn 109, 112; *Dütz/Säcker,* DB 72, Beil. 17, S. 17). Erst wenn der BR durch Beschluß ein bestimmtes Mitgl. für eine Schulungsteilnahme bestimmt hat, erwirbt dieses einen aus dem Kollektivbeschluß **abgeleiteten Individualanspruch** (vgl. BAG 6. 11. 73, 27. 9. 74, 5. 4. 84 und 16. 10. 86, AP Nr. 5, 18, 46 und 58 zu § 37 BetrVG 1972; weitergehend *DR,* Rn 88, und *Schwegler,* BlStR 72, 307, die generell auch das einzelne BRMitgl. als anspruchsberechtigt ansehen). 90

Daß der BR als Kollektivorgan in der Lage sein muß, seine konkreten Aufgaben ordnungsgemäß zu erfüllen, ist auch der entscheidende Gesichtspunkt für die Beantwortung der Frage, ob der BR berechtigt ist, stets alle seine Mitgl. zu einer bestimmten Schulungsveranstaltung zu entsenden, oder ob insoweit gewisse Einschränkungen bestehen. 91

Für eine ordnungsgemäße BRArbeit ist es unerläßlich, daß **jedes**

BRMitgl. Grundkenntnisse über das BetrVG als Basis jeder BRArbeit hat. Denn nur dann, wenn es diese Kenntnisse besitzt, ist es in der Lage, seiner Pflicht zur eigenverantwortlichen Erfüllung der mit diesem Amt verbundenen Aufgaben zu genügen. Deshalb kann jedes BRMitgl., das solches Grundwissen noch nicht hat, zulässigerweise zu einer Schulungsveranstaltung über das BetrVG entsandt werden (BAG 21. 11. 78, AP Nr. 35 zu § 37 BetrVG 1972; BAG 5. 11. 81, DB 82, 704; vgl. auch BVerwG, ZBR 79, 310; *DR,* Rn 83; *GK-Wiese,* Rn 125; *HSG,* Rn 110; **a. A.** LAG Hamm, DB 79, 1365, für den Fall, daß genügend andere BRMitgl. mit ausreichenden Kenntnissen vorhanden sind).

92 Ebenfalls muß jedes BRMitgl. über gewisse **Grundkenntnisse des allgemeinen Arbeitsrechts** verfügen. Das ergibt sich nicht nur aus der allgemeinen Überwachungspflicht des BR nach § 80 Abs. 1 Nr. 1, sondern insbesondere aus den vielfältigen Verflechtungen des Betriebsverfassungsrechts und der Beteiligungsrechte des BR mit anderen Bereichen des Arbeitsrechts, insbesondere des Individualarbeitsrechts und des Tarifvertragsrechts (*GL,* Rn 80; *GK-Wiese,* Rn 125; *GKSB,* Rn 57; *Kittner,* BlStR 79, 257; jetzt ebenso BAG 16. 10. 86, AP Nr. 58 zu § 37 BetrVG 1972 unter ausdrücklicher Aufgabe seiner bisherigen einschränkenden Rechtsprechung in BAG 25. 4. 78, AP Nr. 33 zu § 37 BetrVG 1972; das BAG a. a. O. betont jedoch, daß Grundkenntnisse des Arbeitsrechts auch durch langjährige BRTätigkeit erworben werden können und es der Darlegung besonderer Umstände bedürfe, falls dies im Einzelfall nicht zutreffe; einschränkend *DR,* Rn 76; *HSG,* Rn 110). Eine sachgerechte BRArbeit erfordert ferner von jedem BRMitgl. ausreichende Kenntnisse über den für den Betrieb geltenden MTV (LAG Hamm, DB 81, 1678) sowie einen **gewissen Standard an allgemeinen rechtlichen, wirtschaftlichen und technischen Kenntnissen** (vgl. BAG 27. 11. 73, AP Nr. 9 zu § 89 ArbGG 1953; LAG Hamm, DB 73, 1357; *GL,* Rn 80; *GK-Wiese,* Rn 125; *Weiss,* Rn 11; **a. A.** *HSG,* Rn 103f.). Insoweit ist allen BRMitgl., sofern sie derartige Kenntnisse noch nicht besitzen, insbesondere weil sie erstmals in den BR gewählt worden sind und auch keine einschlägigen Vorkenntnisse haben, die Teilnahme an Schulungs- und Bildungsveranstaltungen zu ermöglichen, die solche notwendigen allgemeinen Kenntnisse vermitteln.

93 Angesichts der Vielfältigkeit und Vielgestaltigkeit der dem BR obliegenden Aufgaben ist zu ihrer sachgemäßen Erfüllung oft eine gewisse **Aufgabenverteilung** innerhalb des BR und damit verbunden eine gewisse Spezialisierung einzelner BRMitgl. unumgänglich. Nimmt der BR eine solche Aufgabenverteilung vor, so dürfte es im allgemeinen nicht erforderlich sein, allen BRMitgl. auf den entsprechenden Sachgebieten eine besondere Schulung zukommen zu lassen. Vielmehr kommt in diesen Fällen eine **intensivierende und vertiefende Vermittlung besonderer Spezialkenntnisse** auf den entsprechenden Sachgebieten im allgemeinen nur für solche BRMitgl. in Betracht, die vom BR gerade mit der Wahrnehmung dieser Aufgaben betraut worden sind (vgl. LAG Hamm, BB 80, 1374; *DR,* Rn 83; *GL,* Rn 81; *GK-Wiese,* Rn 126, 128; *GKSB,* Rn 66; *HSG,* Rn 110; weitgehend *Däubler,* a. a. O. S. 77). Dies

wird insbesondere in den Fällen von Bedeutung sein, in denen dem BetrAusschuß oder weiteren Ausschüssen des BR besondere Aufgaben zur selbständigen Erledigung übertragen worden sind (vgl. § 27 Abs. 3 und § 28). So ist z. B. eine besondere Schulung von BRMitgl. auf dem Gebiet der Akkord- und Leistungsentgelte im allgemeinen auf die Mitgl., die der **Akkordkommission** angehören oder die sich im Rahmen der BRArbeit besonders mit Akkordfragen befassen, zu beschränken; für diese ist eine Schulung jedoch auf jeden Fall erforderlich (vgl. hierzu LAG Hamm, EzA § 37 BetrVG 1972 Nr. 67; vgl. auch LAG Düsseldorf, DB 81, 119; *HSG,* Rn 110, jedoch mit der Einschränkung, daß der Ausschuß nicht zu groß ist). Das gleiche gilt hinsichtlich der Schulung auf dem Gebiet der Personalplanung für BRMitgl., die sich im Rahmen der BRArbeit besonders mit diesen Fragen befassen. Im Einzelfall kommt es darauf an, welche Aufgaben das jeweilige BRMitgl. im Rahmen der BRArbeit zu erfüllen hat. Bei der Übertragung von Aufgaben und Besetzung von Posten innerhalb des BR und seiner Ausschüsse ist **der BR autonom;** diese Autonomie ist nicht im Rahmen der Erforderlich der Schulung überprüfbar (einschränkend *DR,* Rn 78, 83; *GK-Wiese,* Rn 126).

Da der **Vors. des BR** und sein **Stellvertr.** sowie in größeren Betrieben die freigestellten BRMitgl. erfahrungsgemäß in einem weit stärkeren Maße und intensiverem Umfang in betriebsverfassungsrechtlichen Fragen um Rat und Auskunft angegangen werden und sie deshalb in besonderem Maße über Kenntnisse des BetrVG verfügen müssen, ist es vielfach notwendig, ihnen eine **breitere** und **intensivere Schulung** über das Gesetz zukommen zu lassen (vgl. hierzu BAG 27. 9. 74 und 8. 2. 77, AP Nr. 18 und 26 zu § 37 BetrVG 1972). 94

c) Träger der Schulung

Wer **Träger der Schulungs- und Bildungsveranstaltung** ist, ist grundsätzlich unerheblich (*DR,* Rn 85; *GL,* Rn 84; *GK-Wiese,* Rn 130; *HSG,* Rn 86; *Dütz/Säcker,* DB 72, Beil. Nr. 17, S. 9; im Grundsatz auch *Däubler,* a. a. O. S. 83f., der jedoch im Hinblick auf den verfassungsrechtlich gewährleisteten Kernbereich gewerkschaftlicher Betätigung gem. Art. 9 Abs. 3 GG den Schulungen der Gewerkschaften einen gewissen Sonderschutz zuerkennt; kritisch hierzu *Streckel,* DB 74, 337). Entscheidend ist allein, daß auf ihr für die BRArbeit erforderliche Kenntnisse vermittelt werden. Aus diesem Grunde kommen sowohl Schulungs- und Bildungsveranstaltungen der **Gewerkschaften** als auch solche der ArbGebVereinigungen in Betracht. Ferner ist zu denken an Schulungsveranstaltungen kirchlicher Träger oder von Arbeitskammern, von Volkshochschulen und Universitäten sowie von privaten Veranstaltern, die auch die Schulung von Personalleitern durchführen. Zum Recht des BR, die konkrete Schulungsveranstaltung auszuwählen, vgl. unten Rn 135. 95

Unerheblich ist, ob an der Schulungsveranstaltung außer BRMitgl. noch **andere Personen teilnehmen.** Denn das ist für die Frage, ob die 96

Veranstaltung für die BRArbeit erforderliche Kenntnisse vermittelt, nicht von Bedeutung (*Däubler,* a. a. O. S. 85; *DR,* Rn 87; *GL,* Rn 84a; *GK-Wiese,* Rn 133).

d) Dauer der Schulung

97 Die Dauer der Schulung bestimmt sich ausschließlich nach ihrer **Erforderlichkeit.** Denn „soweit" BRMitgl. erforderliche Kenntnisse vermittelt werden, besteht ein Anspruch auf Arbeitsbefreiung nach dem in Abs. 6 für entsprechend anwendbar erklärten Abs. 2 (*GK-Wiese,* Rn 118, 122; *GL,* Rn 82; *HSG,* Rn 95; *Däubler,* a. a. O. S. 69 ff.; *GKSB,* Rn 67; BAG 9. 10. 73, AP Nr. 4 zu § 37 BetrVG 1972). In seinen Beschlüssen vom 27. 9. 74 und 28. 5. 76 (AP Nr. 18 und 24 zu § 37 BetrVG 1972) bezieht das **BAG** das Merkmal der Erforderlichkeit allerdings ausschließlich auf die vermittelten Kenntnisse und bestimmt die Dauer der Schulung nach dem zu § 40 entwickelten **Grundsatz der Verhältnismäßigkeit.** Diese Ansicht begegnet **Bedenken.** Zum einen wird ignoriert, daß Abs. 6 auf Abs. 2 verweist und dort die Dauer der Arbeitsbefreiung durch das Merkmal der Erforderlichkeit bestimmt wird (vgl. oben Rn 24 ff.). Zum anderen ist es bedenklich, daß mit dem Grundsatz der Verhältnismäßigkeit generell (und nicht etwa auf besondere Ausnahmefälle beschränkt) ein im Gesetz **nicht enthaltenes zusätzliches Begrenzungskriterium** eingeführt wird, das wegen seiner Unbestimmtheit für die Praxis zudem auch kaum klare Aussagen zuläßt (*Weiss,* Rn 11; kritisch ebenfalls *GK-Wiese,* Rn 123; im Ergebnis wie das BAG jedoch *DR,* Rn 82, 84).

98 Im Hinblick darauf, daß die Erforderlichkeit der Schulung nur unter Berücksichtigung der konkreten Verhältnisse des einzelnen Betriebs beurteilt werden kann, ist eine generelle Aussage über die zulässige Dauer der Veranstaltungen nicht möglich. Diese hängt vielmehr nicht zuletzt von dem jeweiligen Inhalt der Schulung, insbesondere von dem Umfang und der Schwierigkeit der auf ihr behandelten Themen, den jeweiligen Besonderheiten und Problemen des konkreten Betriebes sowie vom Wissensstand innerhalb des BR ab. Generelle Zeitangaben sind deshalb nicht möglich. Das Gesetz gibt allerdings keinerlei Anhaltspunkte für die Annahme, Abs. 6 betreffe nur kurzfristige Schulungen bis höchstens drei Tagen aus aktuellem Anlaß, während längere Schulungen mit Seminarcharakter nur nach Abs. 7 durchgeführt werden könnten (so jedoch *Stege/Weinspach,* Rn 52; ähnlich *Gaul,* Bd. II S. 447: im allg. höchstens eine Woche; *HSG,* Rn 101 f.: drei Tage, für exponierte Funktionsträger höchstens acht Tage; wie hier *GK-Wiese,* Rn 127; *GL,* Rn 79; jetzt auch *DR,* Rn 84). Bei einer Schulung über das BetrVG hat das **BAG** eine **fünf- bzw. sechstägige Schulung** als erforderlich anerkannt (vgl. BAG 6. 11. 73, AP Nr. 5 zu § 37 BetrVG 1972; BAG 27. 11. 73, AP Nr. 9 zu § 89 ArbGG 1953). Bei einer Schulung des **BRVors.** über das BetrVG ist eine **vierzehntägige Schulung** anerkannt worden (BAG 8. 2. 77, AP Nr. 26 zu § 37 BetrVG 1972; vgl. auch BAG 27. 9. 74, AP Nr. 18 zu § 37 BetrVG 1972). Eine vierzehntägige Schulungsdauer ist auch für andere freigestellte BRMitgl. anerkannt worden (vgl. ArbG Kassel, BB 74, 647 und DB 74, 1966; ArbG Kiel, BB 73, 848; ArbG Ulm BB 73, 1027; LAG Hamm, DB 75, 109 [bei Vorliegen besonderer Umstände]; LAG Bremen, BB 74, 184). Bei einem Mitgl. der Akkordkommission ist eine vierzehntägige Schulung über „Lohngestaltung und Mitbestimmung" nicht ausgeschlossen worden (vgl. BAG 29. 1. 74, AP Nr. 9 zu § 37 BetrVG 1972). Dagegen hat das LAG Düsseldorf (EzA § 37 BetrVG 1972 Nr. 72) von einer insgesamt dreiwöchigen Schulung über Probleme der Lohngestaltung trotz Bejahung der Erforderlichkeit lediglich die Kosten für zwei Wochen als dem Gebot der Verhältnismäßigkeit entsprechend anerkannt.

e) Beurteilungsspielraum des Betriebsrats

Bei der Beurteilung der Frage, ob die Entsendung eines BRMitgl. zu einer Schulung erforderlich ist, handelt es sich um die Anwendung eines unbestimmten Rechtsbegriffs, der dem BR einen gewissen **Beurteilungsspielraum** offen läßt. Das gilt sowohl für den Inhalt der Veranstaltung als auch für deren Dauer und die Teilnehmerzahl (*DR,* Rn 92; *GL,* Rn 83; *GK-Wiese,* Rn 129; *GKSB,* Rn 74; LAG Hamm, DB 74, 698). Der BR darf die Entsendung nicht allein nach seinem subjektiven Ermessen treffen, sondern muß vom Standpunkt eines vernünftigen Dritten aus, der die Interessen der Beteiligten (Betrieb, BR, ArbNschaft) gegeneinander abwägt, fragen, ob unter Berücksichtigung der konkreten Situation im Betrieb und im BR die Schulung nach dem mitgeteilten Lehrplan geeignet erscheint, die Kenntnisse zu vermitteln, die der BR zur ordnungsgemäßen Durchführung der ihm obliegenden Aufgaben benötigt. Nicht entscheidend ist, daß in einer Rückschau die Teilnahme an einer Schulungsveranstaltung sich **nachträglich als nicht erforderlich** herausstellt (vgl. BAG 9. 10. 73, 6. 11. 73, 27. 9. 74 und 16. 10. 86, AP Nr. 4, 5, 18 und 58 zu § 37 BetrVG 1972; im Ergebnis ebenso *Esser,* RdA 76, 229, der sich jedoch gegen die Verwendung des Begriffes „Beurteilungsspielraum" wendet; einen Beurteilungsspielraum grundsätzlich ablehnend, *Zitscher,* DB 84, 1399; *HSG,* Rn 90). Zur Frage des Bestreitens der Erforderlichkeit durch den ArbGeb. vgl. Rn 149. 99

Trotz des dem BR zustehenden Beurteilungsspielraumes kommt es in der Praxis zwischen den Betriebspartnern immer wieder zu **Streitigkeiten** über die Teilnahme von BRMitgl. an Schulungsveranstaltungen nach § 37 Abs. 6. Ursache hierfür sind insbesondere Meinungsverschiedenheiten über die Erforderlichkeit der Schulungsinhalte, die Dauer der Schulung und die Teilnehmerzahl. Derartige Meinungsverschiedenheiten und Gerichtsverfahren wirken sich über den konkreten Fall hinaus vielfach negativ auf die allgemeine Zusammenarbeit zwischen ArbGeb. und BR aus, was weder im Interesse des Betriebs noch der ArbN liegt. Um derartige Streitigkeiten mit ihren allgemeinen negativen Auswirkungen zu vermeiden, sollten sich ArbGeb. und BR überlegen, ob es nicht zweckmäßig ist, unter Berücksichtigung der jeweiligen betrieblichen Gegebenheiten und Notwendigkeiten im Rahmen des Beurtei- 100 lungsspielraums konkretisierende und pauschalierende Regelungen über die Schulung von BRMitgl. zu vereinbaren, z. B. dadurch, daß näher festgelegt wird, welche **Schulungsthemen** für den BR des jeweiligen Betriebs als erforderlich anzusehen sind, und daß dem BR ein gewisses **Kontigent von Schulungstagen pro Amtszeit** zur Verfügung gestellt wird, über das er eigenverantwortlich verfügen kann (zustimmend *GK-Wiese,* Rn 129; *GKSB,* Rn 75). In der Praxis sind solche Vereinbarungen z. T. bereits getroffen worden. In ihnen werden z. B. Informationsveranstaltungen über arbeitsrechtliche und sozialrechtliche Gesetze, über die einschlägigen TV, über die höchstrichterliche Rechtsprechung, über Personalplanung, Arbeitssicherheit, Entgeltfragen und arbeitswissenschaftliche Themen als für die konkrete BRArbeit des betreffenden Unternehmens erforderlich anerkannt. Das in derartigen Vereinbarungen dem BR zur Verfügung gestellte Kontigent an Schulungstagen steigt mit der Größe des BR – allerdings im allgemeinen degressiv gestaffelt – an; so wird z. B. in der Vereinbarung eines Unternehmens dem Betriebsobmann ein Kontigent von 21 Schulungstagen, dem 31köpfigen BR ein Kontigent von 396 Schulungstagen pro Amtszeit (das bedeutet auf das einzelne BRMitgl. bezogen ein Kontigent von 12,8 Schulungstagen) zuerkannt. Ähnliche Vereinbarungen könnten auch für die Schulung von Mitgl. der JugAzubiVertr., des Wahlvorst. und des WiAusschusses abgeschlossen werden.

f) Anspruchsberechtigte

101 Die Schulungsmöglichkeit nach Abs. 6 ist auf BRMitgl. (und über § 65 Abs. 1 auf die Mitgl. der JugAzubiVertr.) beschränkt. Für **Ers-Mitgl.** gilt sie grundsätzlich nicht, solange sie nicht in den BR nachgerückt sind. Ist dies der Fall, so sind sie als vollwertige BRMitgl. ebenfalls berechtigt, an Schulungsveranstaltungen nach Abs. 6 teilzunehmen, soweit dies für die BRArbeit erforderlich ist. Dies dürfte im allgemeinen bei einem nur kurzfristig für ein vorübergehend verhindertes Mitgl. in den BR nachrückendes ErsMitgl. jedoch kaum der Fall sein. Anders ist es, wenn ein ErsMitgl. für ein ausgeschiedenes BRMitgl. endgültig in den BR nachrückt. Eine Besonderheit besteht überdies dann, wenn ein bestimmtes ErsMitgl. **sehr häufig** für vorübergehend verhinderte BRMitgl. in den BR **nachrückt.** Das kann insbesondere dann praktisch werden, wenn in größeren Betrieben eine Liste im BR sehr stark vertreten ist und deshalb für jedes zeitweilige verhinderte BRMitgl. aus dieser Liste der erste nicht mehr gewählte Bewerber für die Dauer der Verhinderung in den BR eintritt (vgl. § 25 Rn 22ff.). Entsprechendes gilt im Fall der Mehrheitswahl für den ersten nicht mehr gewählten Bewerber (vgl. § 25 Rn 27f.). In diesen Fällen ist dem ErsMitgl., das zwar nur vorübergehend, jedoch in ständiger und häufiger Wiederholung in den BR eintritt, die Teilnahme an einer Schulungsveranstaltung nach Abs. 6 auch dann zu ermöglichen, wenn es im Zeitpunkt der Schulung einmal nicht für ein verhindertes Mitgl. in den BR nachgerückt, der Erwerb der auf der Schulungsveranstaltung vermittelten Kenntnisse unter Berück-

sichtigung der ErsMitgliedschaft für die Gewährleistung der aktuellen Arbeitsfähigkeit des BR jedoch erforderlich ist (vgl. BAG 15. 5. 86, AP Nr. 53 zu § 37 BetrVG 1972; ArbG Kassel, DB 83, 1876; *GK-Wiese,* Rn 105; *HSG,* Rn 107; *GKSB,* Rn 70; *Däubler,* a. a. O. S. 87; *Teichmüller,* DB 75, S. 446; *Wenning-Morgenthaler,* BB 85, 1336; **einschränkend** *GL,* Rn 98f., die jedoch andererseits für den Stellvertr. im nur einköpfigen BR und des einzigen Gruppenvertr. eine Schulungsmöglichkeit bejahen; vgl. auch BAG 10. 5. 74, AP Nr. 2 zu § 65 BetrVG 1972; LAG Frankfurt BB 84, 1043; vgl. ferner die ausdrückliche gesetzliche Regelung in § 26 Abs. 4 S. 3 SchwbG für den ersten Stellvertr. des Vertrauensmanns der Schwbeh.; **a. A.** *DR,* Rn 89). Bei der Prüfung der Erforderlichkeit der Teilnahme eines ErsMitgl. an einer Schulungsveranstaltung ist neben der Vermittlung sachbezogenen Wissens auch die im Zeitpunkt der Beschlußfassung zu erwartende Tätigkeit künftiger Vertretungsfälle und die noch verbleibende Amtszeit des BR zu berücksichtigen; bei dieser Entscheidung steht dem BR ein Beurteilungsspielraum zu (BAG 15. 5. 86, a. a. O.).

Das Gesetz sieht zwar nicht ausdrücklich eine Schulungsmöglichkeit **102** für **Mitgl. des WiAusschusses** vor. Jedoch ist eine entsprechende Anwendung der Regelung des § 37 Abs. 6 auf sie zu bejahen, und zwar nicht nur für die Mitgl. des WiAusschusses, die zugleich BRMitgl. sind (so aber BAG 6. 11. 73, AP Nr. 5 zu § 37 BetrVG 1972 mit insoweit kritischer Anm. von *Kittner;* BAG 20. 1. 76, AP Nr. 10 zu § 89 ArbGG 1953; BAG 28. 4. 88, NZA 89, 221; *GL,* Rn 99; auch insoweit **a. A.** *Schlüter,* SAE 75, 162), sondern für alle Mitgl. des WiAusschusses (*DR,* Rn 90; *GK-Fabricius,* § 107 Rn 44ff.; *GKSB,* Rn 71; *Däubler,* a. a. O. S. 93; **a. A.** *HSG,* Rn 107). Dies ergibt sich daraus, daß die Mitgl. des WiAusschusses vom BR bestellt werden und er darüber hinaus die Aufgaben des WiAusschusses auch einem seiner Ausschüsse übertragen kann (vgl. § 107 Abs. 3 sowie dort Rn 14ff.). Im Hinblick darauf, daß nach § 107 Abs. 1 Satz 3 die Mitgl. des WiAusschusses die zur Erfüllung ihrer Aufgaben erforderliche fachliche Eignung besitzen sollen, bedarf die Notwendigkeit ihrer Schulung allerdings einer besonderen Darlegung.

Die Regelung des Abs. 6 findet keine Anwendung auf die Schulung **103** von gewerkschaftlichen Vertrauensleuten im Betrieb. Zur Frage der Schulung von Mitgl. des Wahlvorst. vgl. § 20 Rn 29f., zur Schulung von JugAzubiVertr. vgl. § 65 Rn 12aff. Für die Schulung des Vertrauensmanns bzw. der Vertrauensfrau der Schwbeh. enthält § 26 Abs. 4 S. 2 SchwbG eine Sonderregelung.

g) Entgeltfortzahlung

Liegt die Erforderlichkeit der Schulung i. S. von Abs. 6 vor, so darf **104** für die an der Schulung teilnehmenden BRMitgl. **keine Minderung des Arbeitsentgelts** eintreten. Sie haben vielmehr Anspruch auf das Arbeitsentgelt, das ihnen zustünde, wenn sie – statt an der Schulung teilzunehmen – im Betrieb weitergearbeitet hätten. Es gilt also das **Lohnausfallprinzip** (vgl. hierzu im einzelnen oben 34ff.). Vermögenswirksame Leistungen sind deshalb weiterzugewähren, auch wenn eine tarifliche Regelung hierfür auf die tatsächliche Arbeitsleistung abstellt (LAG Düsseldorf, DB 74, 1966). Ferner darf die Arbeitsversäumnis wegen Teilnahme an einer Schulungsveranstaltung nicht zu einer Minderung einer Jahressonderzahlung führen; sie ist auch keine Fehlzeit i. S. einer Anwesenheitsprämienregelung (ArbG Ludwigshafen, ArbuR 74, 349). Andererseits folgt aus dem Lohnausfallprinzip, daß in den Fällen, in denen eine Schulung außerhalb der Arbeitszeit durchgeführt wird oder die Schulungsveranstaltung die betriebsübliche Arbeitszeit überschreitet, insoweit kein Anspruch auf Arbeitsentgelt besteht (BAG 18. 9. 73, AP Nr. 3 zu § 37 BetrVG 1972 mit krit. Anm. von *Weiss; DR,* Rn 111; *GL,* Rn 96; *HSG,* Rn 126). Es besteht insoweit auch kein Anspruch auf Freizeitausgleich (vgl. oben Rn 49). Auch wenn BRMitgl. wegen der Lage der Schulungsveranstaltung und der Entfernung des Schulungsorts an einem arbeitsfreien Tag zu oder von der Schulungsveranstaltung an- oder abreisen müssen, steht ihnen für die aufgewendete Reisezeit an den arbeitsfreien Tagen kein Vergütungsanspruch zu (BAG 19. 7. 77, AP Nr. 31 zu § 37 BetrVG 1972). Für Schulungen an Schlechtwettertagen besteht im Baugewerbe nur ein Anspruch auf Schlechtwettergeld (BAG 23. 4. 74, AP Nr. 11 zu § 37 BetrVG 1972; BAG 20. 7. 77, AP Nr. 1 zu § 720 RVO; **a. A.** *GKSB,* Rn 82). Wird während der Zeit der Schulung im Betrieb Kurzarbeit durchgeführt, so hat das BRMitgl. gegen den ArbGeb. grundsätzlich nur Anspruch auf das der verkürzten Arbeitszeit entsprechende Arbeitsgelt (vgl. ArbG Aachen, BB 75, 136; *GL,* Rn 97).

Zur Frage des Anspruchs auf Arbeitsentgelt bei Teilnahme an Schulungsveranstaltungen, die z. T. auch nicht erforderliche Kenntnisse i. S. von Abs. 6 vermitteln, vgl. oben Rn 89.

105 Während der Zeit der Teilnahme an einer Schulungs- und Bildungsveranstaltung unterliegt das BRMitgl. dem **gesetzlichen Unfallversicherungsschutz** nach §§ 539ff. RVO; das gleiche gilt während der An- und Abreise zu bzw. von einer Schulungsveranstaltung (*DR,* Rn 113; *Wolber,* Soziale Sicherheit 74, 170ff.; vgl. auch oben Rn 10).

Zur Frage der Erstattung der dem BRMitgl. durch die Teilnahme an Schulungsveranstaltungen nach Abs. 6 entstehenden **Kosten** vgl. § 40 Rn 28ff.

3. Schulungs- und Bildungsveranstaltungen nach Abs. 7

a) Rechtsnatur des Anspruchs

106 Im Gegensatz zu dem Schulungsanspruch nach Abs. 6, der ein Kollektivanspruch des BR ist (vgl. oben Rn. 90), handelt es sich bei dem Anspruch nach Abs. 7 um einen **Individualanspruch des einzelnen BRMitgl.** (BAG 6. 11. 73 und 18. 12. 73, AP Nr. 5 und Nr. 7 zu § 37 BetrVG 1972; *DR,* Rn 116; *GL,* Rn 101; *GK-Wiese,* Rn 135; *HSG,* Rn 129; *GKSB,* Rn 84; *Schwegler,* BlStR 72, 312; *Kraft,* DB 73, 2520). Der Anspruch richtet sich gegen den ArbGeb. Jedoch erfolgt die Festlegung der Zeit der Teilnahme an den Schulungs- und Bildungsveranstaltungen – ebenso wie bei denjenigen nach Abs. 6 – durch den BR (vgl. Abs. 7 Satz 3 i. V. mit Abs. 6 S. 2 bis 4), der hierbei auf die Berücksichtigung der betrieblichen Notwendigkeiten zu achten hat (vgl. unten Rn 132ff.).

b) Geeignete Schulungsveranstaltungen

Während für die Arbeitsbefreiung zur Teilnahme an einer Schulungs- und Bildungsveranstaltung nach Abs. 6 jeweils geprüft werden muß, ob die Veranstaltung Kenntnisse vermittelt, die für die konkrete Arbeit des einzelnen BR erforderlich sind (vgl. oben Rn 78ff.), ist eine solche Prüfung für die Teilnahme an Schulungs- und Bildungsveranstaltungen nach Abs. 7 entbehrlich. Hier reicht es aus, wenn die betreffende Veranstaltung von der zuständigen obersten Arbeitsbehörde des Landes als **geeignet anerkannt** ist (*DR,* Rn 117; *GL,* Rn 101). **107**

Die oberste Arbeitsbehörde des Landes darf nur **geeignete Schulungs- und Bildungsveranstaltungen** anerkennen. Der Begriff der Geeignetheit ist ebenso wie der der Erforderlichkeit i. S. von Abs. 6 ein unbestimmter Rechtsbegriff. Er hat gegenüber diesem einen weiteren Inhalt, umfaßt diesen andererseits jedoch. Obwohl das Gesetz keinen ausdrücklichen Bezugspunkt der Eignung der Veranstaltung nennt, fallen nur solche Veranstaltungen unter die Regelung des Abs. 7, die Kenntnisse vermitteln, die **einen betriebsverfassungsrechtlichen Bezug** haben. Die vermittelten Kenntnisse müssen – allgemein gesehen – im Zusammenhang mit der BRArbeit stehen und dieser **im weiten Sinne dienlich und förderlich** sein (vgl. BAG 6. 11. 73, 18. 12. 73 und 6. 4. 76, AP Nr. 5, 7 und 23 zu § 37 BetrVG 1972). Von der BRArbeit völlig losgelöste allgemeine Bildungsmaßnahmen werden von Abs. 7 nicht erfaßt. Dies ergibt sich nicht nur aus der systematischen Stellung des Abs. 7 im Rahmen des Abschnittes über die Geschäftsführung des BR und der Erhöhung des Freistellungsanspruchs für solche Mitgl., die erstmals ein BRAmt übernommen haben, sondern insbesondere aus dem Gesichtspunkt, daß die BRMitgl. in einer gegen § 78 BetrVG verstoßenden Weise gegenüber anderen ArbN begünstigt würden, wenn sie an allgemeinen, nicht im Zusammenhang mit ihrem Amt stehenden Schulungsmaßnahmen teilnehmen dürften (vgl. BAG 6. 11. 73 und 18. 12. 73, AP Nr. 5 und 7 zu § 37 BetrVG 1972; *DR,* Rn 119; *GL,* Rn 102; *GK-Wiese,* Rn 137; *HSG,* Rn 132; *Dütz/Säcker,* DB 72, Beil. Nr. 17 S. 9; *Kraft,* DB 73, 2520; **weitergehend** *GKSB,* Rn 85; *Däubler,* a. a. O. S. 53ff., 67ff.; *Weiss,* Rn 14; LAG Düsseldorf, BB 74, 38). Im Hinblick auf das weite und vielschichtige Aufgabengebiet des BR darf allerdings der sachliche Zusammenhang der Themen derartiger Schulungs- und Bildungsveranstaltungen mit der BRTätigkeit nicht zu eng gesehen werden (im Grundsatz zustimmend *GK-Wiese,* Rn 139). Insbesondere ist auch zu berücksichtigen, daß für eine sachgerechte BRArbeit eine gewisse Allgemeinbildung gesellschaftspolitischer und staatsbürgerlicher Art jedenfalls zweckmäßig ist, um sowohl gegenüber dem ArbGeb. als auch der Belegschaft sachgerecht argumentieren zu können (*GL,* Rn 102; in- **108** sofern offensichtlich enger BAG 6. 4. 76, AP Nr. 23 zu § 37 BetrVG 1972; **a. A.** *GK-Wiese,* Rn 139). Daß die Thematik der Veranstaltungen nach Abs. 7 weit zu verstehen ist, ergibt sich auch daraus, daß das Gesetz u. a. den umfassenden Begriff der „**Bildungs**veranstaltung" verwendet.

109 Unter Berücksichtigung dieser Gesichtspunkte sind deshalb in jedem Falle als **geeignet** anzuerkennen Veranstaltungen, die Kenntnisse auf folgenden Sachgebieten vermitteln;

- **verfassungsrechtliche Grundlagen** des Arbeitsrechts und seine Einbettung in das allgemeine Rechtssystem;
- **Mitbestimmungs- und Gesellschaftsrecht;**
- **allgemeines Sozialrecht,** insbesondere das Recht der Kranken-, Renten- und Unfallversicherung;
- **wirtschaftliche** und **betriebswirtschaftliche Fragen;**
- **allgemeine Fragen der Arbeitsbewertung;**
- **allgemeine Fragen der Arbeitswissenschaften;**
- Fragen des Arbeitsmarktes, der Teilzeitarbeit und anderer Bereiche, die im Zusammenhang mit der **Arbeitslosigkeit** von Bedeutung sein können;
- **Versammlungspraxis** und **Versammlungsleitung;**
- **Diskussions-** und **Verhandlungstechnik** (ein Seminar über Rhetorik hat das BAG 15. 8. 78 – 6 ABR 65/76 [nicht veröffentlicht] allerdings nicht als geeignet anerkannt).

Ferner gehören hierher allgemeine **Themen gesellschaftspolitischer, sozialpolitischer** und **wirtschaftlicher Art** sowie generelle Fragen unserer **Sozialordnung,** die zur Tätigkeit des BR einen allgemeinen Bezug haben (vgl. *DR,* Rn 120). Hierunter fällt z. B. auch eine Schulung über die Geschichte der deutschen Arbeiterbewegung (zweifelnd *GL,* Rn 103).

Je nach der konkreten betrieblichen Situation kann und wird das eine oder andere der vorstehenden Themen durchaus als eine erforderliche Schulung i. S. von Abs. 6 anzusehen sein. Soweit dies der Fall ist, sind die BRMitgl. nicht gezwungen, vorrangig entsprechende Schulungsveranstaltungen nach Abs. 7 zu besuchen (vgl. Rn 131).

110 **Nicht als geeignet** i. S. von Abs. 7 sind dagegen Veranstaltungen anzusehen, die der rein gewerkschaftlichen Funktionärsschulung oder der allgemein politischen, parteipolitischen oder kirchlichen Schulungen dienen. Auch die ausschließliche Vermittlung von Allgemeinwissen staatsbürgerlicher Art fällt nicht unter Abs. 7 (vgl. BAG 18. 12. 73 und 6. 4. 76, AP Nr. 7 und 23 zu § 37 BetrVG 1972; *DR,* Rn 121; *GL,* Rn 104; *GK-Wiese,* Rn 138, 140; *HSG,* Rn 134; **weitergehend** *GKSB,* Rn 85; *Däubler,* a. a. O. S. 67). Desgleichen nicht allgemeine wirtschaftspolitische oder gesellschaftspolitische Themen ohne jeglichen Bezug zur BRArbeit (vgl. hierzu auch die Übersicht über 7 Jahre Praxis mit § 37 Abs. 7 von *Liebers,* DB 80, 638).

111 Enthält eine Veranstaltung eine nur z. T. i. S. des Abs. 7 als geeignet anzuerkennende Thematik und ist davon auszugehen, daß der Antragsteller die Eignungsanerkennung nur für die in Aussicht genommene Veranstaltung als Ganzes begehrt, so ist für die Frage der Eignung auf das **Gesamtgepräge** der Veranstaltung abzustellen (LAG Baden-Württemberg, EzA § 37 BetrVG 1972 Nr. 6). Nicht bereits ein einziges nicht geeignetes Thema, insbesondere wenn es von seinem Inhalt und von seiner zeitlichen Dauer her von untergeordneter Bedeutung ist, nimmt der gesamten Veranstaltung die Eignung i. S. von Abs. 7. Es kommt darauf an, ob die Gesamtveranstaltung schwergewichtig gesehen einen betriebsverfassungsrechtlichen Bezug hat (*GL,* Rn 105; **a. A.** *DR,* Rn 123; *GK-Wiese,* Rn 142; *HSG,* Rn 135; *Hanau,* Festschrift für Müller, S. 179ff., die die Geeignetheit eines jeden Themas verlangen; **weitergehend** *GKSB,* Rn 86, die die Geeignetheit nur bei überwiegend ungeeigneten Themen verneinen).

Der Charakter der Schulungs- und Bildungsveranstaltungen nach Abs. 7 ist dadurch geprägt, daß sie weniger der Vermittlung von Kenntnissen dienen, die für die konkrete BRArbeit erforderlich im engeren Sinne sind, sondern daß bei ihnen die Vermittlung von zwar **auf die BRArbeit bezogenen,** jedoch mehr als **„Allgemeinwissen"** zu bewertenden Kenntnissen im Vordergrund steht. Im Hinblick hierauf dürfte es sich bei diesen Veranstaltungen in erster Linie um solche handeln, die in Form eines **Blockunterrichts** über einen nicht zu kurzen Zeitraum durchgeführt werden (*GK-Wiese,* Rn 143). Allerdings ist dies keine Voraussetzung für den Anspruch. 112

Es muß die **jeweilige Schulungs- und Bildungsveranstaltung** als geeignet anerkannt sein (*DR,* Rn 118; *GL,* Rn 106; *GK-Wiese,* Rn 145; *HSG,* Rn 141). Nicht ausreichend ist die Anerkennung des Veranstalters. Bei der Prüfung der Eignung der Veranstaltung ist die Person des Veranstalters mit zu berücksichtigen. Denn die Frage, ob eine Schulungs- und Bildungsveranstaltung geeignet ist, läßt sich nicht losgelöst von der Frage beurteilen, wer die Veranstaltung durchführt. 113

Ob eine Veranstaltung geeignet ist, hängt insbesondere von **ihrem Inhalt** ab. Anerkannt werden muß deshalb der Inhalt, d. h. das Programm der Veranstaltung. Hierzu gehören grundsätzlich auch die in Aussicht genommenen Referenten oder mindestens deren Qualifikation (*GKSB,* Rn 88). Allerdings ist dies nicht dahin zu verstehen, als müßte der Ablauf des Programms bis in die kleinsten Einzelheiten festgelegt sein. Schon aus Gründen der Praktikabilität muß eine gewisse Beweglichkeit in der Durchführung der Veranstaltung gestattet sein. Aus diesem Grunde ist es als zulässig anzusehen, daß die **Anerkennung für einen bestimmten Veranstaltungstyp,** dessen Inhalt im wesentlichen festliegt, sowie für mehrere Referenten, deren Auswahl im einzelnen dem Veranstalter überlassen bleibt, ausgesprochen wird (*DR,* Rn 124; *GK-Wiese,* Rn 153; *HSG,* Rn 141; *Däubler,* a. a. O. S. 140). 114

Ist eine Veranstaltung genehmigt, so ist zu ihrer **Wiederholung** eine erneute Genehmigung nicht erforderlich (*DR,* Rn 118, *GK-Wiese,* Rn 153; *GKSB,* Rn 87), es sei denn, dies ist in der Genehmigung ausdrücklich ausgesprochen. 115

c) Träger der Veranstaltung

116 Das Gesetz sieht **keinerlei Einschränkung** hinsichtlich des Trägers der Veranstaltung vor. Deshalb kann Träger einer Schulungs- und Bildungsveranstaltung i. S. von Abs. 7 grundsätzlich jeder sein, sofern nur die Veranstaltung als solche geeignet ist (*HSG,* Rn 137; *Däubler,* a. a. O. S. 81). Von der Natur der Sache her dürften sich in erster Linie die **Gewerkschaften** zur Durchführung von Schulungs- und Bildungsveranstaltungen angesprochen fühlen. Jedoch kommen durchaus auch andere Institutionen in Betracht wie z. B. ArbGebVerbände, Arbeitskammern, Kirchen, Volkshochschulen, Universitäten oder auch private Schulungsträger (Zur Frage, inwieweit die Schulung durch die Gewerkschaften einen durch Art. 9 Abs. 3 GG verfassungsrechtlich garantierten Schutz genießt, vgl. *Däubler,* a. a. O. S. 83; *GK-Wiese,* Rn 131; kritisch hierzu *Streckel,* DB 74, 337).

d) Anerkennungsverfahren

117 Die Anerkennung einer Veranstaltung setzt einen **Antrag des Trägers** voraus. Der Antrag muß alle Angaben enthalten, die für die Beurteilung der Eignung der Schulungs- und Bildungsveranstaltung erforderlich sind. Deshalb werden in dem Antrag in aller Regel Angaben zu machen sein über den Träger der Veranstaltung, über Zeit und Ort der Veranstaltung, über das Programm nach Inhalt und zeitlichem Ablauf sowie über den Teilnehmerkreis und die in Aussicht genommenen Lehrkräfte (*DR,* Rn 128; *GL,* Rn 108; *GK-Wiese,* Rn 148; *HSG,* Rn 139).

118 Der Antrag ist zwar von Gesetzes wegen an **keine Form** gebunden, im Hinblick auf seinen für die Einigungsprüfung notwendigen Inhalt dürften in der Praxis allerdings nur schriftliche Anträge in Betracht kommen. Für den Antrag ist auch **keine Frist** vorgeschrieben. Die obersten Arbeitsbehörden der Länder benötigen jedoch für eine ordnungsgemäße Prüfung der Eignung der Veranstaltung eine ausreichende Zeit. Deshalb dürfte es im allgemeinen angebracht sein, den Antrag mindestens acht Wochen vor Beginn der Veranstaltung oder der Veranstaltungsreihe bei der zuständigen Behörde zu stellen.

119 **Zuständig** für die Anerkennung ist die oberste Arbeitsbehörde des Landes. Sie kann deshalb auch Interessierten Auskunft über die von ihr als geeignet anerkannten Veranstaltung und deren Träger geben. Aus dem Gesetz ist nicht eindeutig zu entnehmen, ob dies die oberste Arbeitsbehörde desjenigen Landes ist, in dem die Veranstaltung durchgeführt wird (Ortsprinzip) oder in dem der Veranstalter seinen Sitz hat (Trägerprinzip). Der Gesetzeswortlaut läßt beide Auslegungen zu. Insbesondere aus Gründen der Zweckmäßigkeit ist die Zuständigkeit nach dem **Trägerprinzip** zu bestimmen (so BAG 18. 12. 73 und 5. 11. 74, AP Nr. 7 und 19 zu § 37 BetrVG 1972; *GL,* Rn 107; *GK-Wiese,* Rn 150; *GKSB,* Rn 89; *HSG,* Rn 138; trotz Bedenken jetzt wohl auch *DR,* Rn 127; **a. A.** *Frauenkron,* Rn 41; *Wölfel,* ArbSozR 72, 208; *Gaul,* Bd. II S. 445; *Däubler,* a. a. O. S. 137 ff. bejaht eine alternative Zuständigkeit beider obersten Arbeitsbehörden).

120 Die oberste Arbeitsbehörde entscheidet nach **Beratung** mit den Spitzenorganisationen der Gewerkschaften und ArbGebVerbände. Zum Begriff der Spitzenorganisation vgl. § 2 Abs. 2, § 12 TVG. Spitzenorganisation der Gewerkschaften sind insbesondere der DGB und die DAG. Da die Prüfung der Geeignetheit einer Schulungs- und Bildungsveranstaltung den obersten Arbeitsbehörden der einzelnen Länder, nicht dem Bundesarbeitsministerium, übertragen ist, sind grundsätzlich die **Spitzenverbände der Koalition auf Landesebene** zu beteiligen, soweit hier selbständige Spitzenorganisationen bestehen (vgl. BAG 18. 12. 73 und 5. 11. 74, AP Nr. 7 und 19 zu § 37 BetrVG 1972; *DR,* Rn 131; *GK-Wiese,* Rn 151; *HSG,* Rn 140; *Wölfel,* ArbSozR 72, 208; *Wiese,* BlStR 73, 340). Soweit eine Spitzenorganisation nur auf Bundesebene besteht (vgl. für den DGB § 11 der Satzung des DGB, für die DAG §§ 42ff. ihrer Satzung), kann sich diese bei der Beratung jedoch durch die entsprechende **Landesorganisation vertreten** lassen (BAG a. a. O.; *GK-Wiese,* a. a. O.; *HSG,* a. a. O.). Auf ArbGebSeite sind im Hinblick auf die andere Organisationsstruktur Spitzenverbände in der Regel die Vereinigungen der ArbGebVerbände auf Landesebene. Zu beteiligen sind nur die Spitzenorganisationen des Landes, dessen oberste Arbeitsbehörde die Entscheidung über die Anerkennung trifft, nicht die Spitzenorganisationen anderer Länder (BAG 5. 11. 74 und 6. 4. 76, AP Nr. 19 und 23 zu § 37 BetrVG 1972).

121 Erforderlich ist im allgemeinen eine Beratung, d. h. eine **mündliche Erörterung** des Antrags; im Einverständnis aller Beteiligten kann jedoch hierauf verzichtet werden (*DR,* Rn 132; *GK-Wiese,* Rn 152; *HSG,* Rn 140).

e) Anspruchsberechtigte, Dauer, Entgeltfortzahlung

122 **Anspruchsberechtigt** für die Teilnahme an Schulungs- und Bildungsveranstaltungen nach Abs. 7 sind nur BRMitgl. (und gemäß § 65 Abs. 1 die JugAzubiVertr.). Anderen betriebsverfassungsrechtlichen Funktionsträgern etwa Mitgl. des Wahlvorst. oder des WiAusschusses steht dieser Anspruch nicht zu (*DR,* Rn 135; *GK-Wiese,* Rn 135). Desgleichen nicht ErsMitgl., solange sie nicht in den BR nachgerückt sind (*GL,* Rn 115; *Schaub,* § 221 VI 1; **weitergehend** *Wenning-Morgenthaler,* BB 85, 1339; vgl. auch Rn 123). Doch steht es dem ArbGeb. selbstverständlich frei, auch anderen Personen zum Zwecke der Teilnahme Arbeitsbefreiung zu gewähren. Für die Frage der Eignung einer Veranstaltung kommt es nicht darauf an, ob auch andere Personen als BRMitgl. an ihr teilnehmen (*GK-Wiese,* Rn 144; *Wölfel,* ArbSozR 72, 211).

123 **Scheidet ein BRMitgl.** während der Amtszeit **aus dem BR aus** und hat es seinen Anspruch nach Abs. 7 noch nicht verbraucht, so kann es den Anspruch nicht mehr geltend machen. Denn dieser Anspruch steht ihm nur als BRMitgl. zu (*DR,* Rn 138; *GL,* Rn 115; *GK-Wiese,* Rn 160, 162; *Weiss,* Rn 16; *Schaub,* § 221 VI 1; **a. A.** *Däubler,* a. a. O. S. 74, der jedoch nicht beachtet, daß auch die Schulungsveranstaltungen nach Abs. 7 betriebsratsbezogen sein müssen). Dem endgültig nachrückenden

ErsMitgl. steht der Anspruch nach Abs. 7 **anteilig** für die verbleibende Amtszeit zu (*DR,* Rn 139; *GL,* Rn 115; *GK-Wiese,* Rn 160, 162; *GKSB,* Rn 93; *Däubler,* a. a. O. S. 76; *Brill,* BlStR 83, 178). Das gilt unabhängig davon, ob das ausgeschiedene BRMitgl. seinen Anspruch schon voll ausgeschöpft hat. Sofern das ErsMitgl. vorher noch nicht Mitgl. eines BR oder einer JugAzubiVertr. gewesen ist, erhöht sich der ihm als endgültig nachgerücktem Mitgl. zustehende Anspruch im Hinblick auf Abs. 7 S. 2 um 1 Woche. Einem nur zeitweise für ein vorübergehend verhindertes BRMitgl. in den BR eintretenden ErsMitgl. steht ein Anspruch nach Abs. 7 nicht zu (ArbG Bochum, BB 74, 276; *DR,* Rn 139; *GK-Wiese,* Rn 163; **a. A.** *Däubler,* a. a. O. S. 88: anteiliger Anspruch bei über dreimonatiger Vertretung).

124 Im Regelfall besteht ein Anspruch auf Freistellung zur Teilnahme an Schulungs- und Bildungsveranstaltungen nach Abs. 7 für die Dauer von drei Wochen pro Amtszeit, bei erstmaligen Mitgl. des BR für die Dauer von 4 Wochen. Als dieser Anspruch bei der Reform des BetrVG 1972 geschaffen wurde, betrug die regelmäßige Amtszeit drei Jahre. Durch das **Änderungsgesetz 1989** ist im Hinblick auf die immer schwieriger werdenden Aufgaben des BR und im Interesse einer größeren Kontinuität seiner Arbeit die Amtszeit auf vier Jahre verlängert worden (vgl. Ausschußbericht, BT-Drucks. 11/3618, S. 10f.). Trotz dieser Verlängerung der Amtszeit und trotz der Anerkennung, daß die Aufgaben des BR immer schwieriger werden, ist die Dauer der Schulung unverändert geblieben. Ein erforderlicher erhöhter Schulungsbedarf ist deshalb durch Schulungen nach Abs. 6 abzudecken (vgl. oben Rn 78ff.).

124a Jedes BRMitgl. hat bei Schulungsveranstaltungen nach Abs. 7 Anspruch auf bezahlte Freistellung für die **Dauer von drei Wochen,** d. h. 21 Tage einschl. der Sonn- und Feiertage bzw. 18 Werktage, wenn man die Sonn- und Feiertage unberücksichtigt läßt (*GK-Wiese,* Rn 156; *GKSB,* Rn 90; *HSG,* Rn 144). Für BRMitgl., die erstmals einen BR angehören und vorher auch nicht Mitgl. der JugAzubiVertr. waren, **erhöht sich der Anspruch auf vier Wochen,** d. h. 28 Tage einschl. der Sonn- und Feiertage bzw. 24 Werktage. Eine Mitgliedschaft in einem Personalrat ist insoweit einer Mitgliedschaft im BR gleichzustellen, so daß einem BRMitgl., das bereits einmal Mitgl. eines Personalrats war, nur ein dreiwöchiger Anspruch zusteht (*Däubler,* a. a. O. S. 73; *GK-Wiese,* Rn 156). Demgegenüber bewirkt eine Mitgliedschaft in einer ausländischen betrieblichen ArbNVertr. keine Verkürzung des vierwöchigen Schulungsanspruches; dies folgt aus der in der Regel bestehenden völligen Andersartigkeit ausländischer Betriebsvertretungen (*Kopp,* ArbuR 76, 335).

125 **Arbeitet ein Betrieb in Fünf-Tage-Woche,** so rechnet man zweckmäßigerweise den drei- bzw. vierwöchigen Anspruch gemäß Abs. 7 auf Arbeitstage um, d. h. den BRMitgl. steht in diesen Betrieben ein Freistellungsanspruch nach Abs. 7 in Höhe von 15 bzw. 20 Arbeitstagen zu (*Ebert,* BB 74, 466; *Kopp,* ArbuR 76, 335; *GK-Wiese,* Rn 156; *GKSB,* Rn 90; *Schaub,* § 221 VI 1; vgl. hierzu auch BAG 8. 3. 84 und 27. 1. 87, AP Nr. 15 und 30 zu § 13 BUrlG). In diesem Falle sind Schulungstage, an denen für das betreffende BRMitgl. aus einem anderen Grund keine Arbeitspflicht besteht (z. B. im Falle der Schichtarbeit ein freier Tag bei Schichtwechsel) nicht auf den Freistellungsanspruch nach Abs. 7 anzurechnen (*GK-Wiese,* Rn 157; *HSG,* Rn 147). Erkrankt ein ArbN während des Bildungsurlaubs, so ist der durch Krankheit bedingte Ausfall entsprechend § 9 BUrlG ebenfalls nicht auf die Dauer des Bildungsurlaubs anzurechnen (*Däubler,* a. a. O. S. 120).

Der Anspruch besteht während der **regelmäßigen Amtszeit** des BR. **126** Die regelmäßige Amtszeit beträgt für die nach dem 31. 12. 1988 gewählten BR nunmehr vier Jahre (vgl. § 21 Rn 1 u. 4). **Verkürzt** oder **verlängert sich die Amtszeit** eines BR wegen einer außerhalb des regelmäßigen Wahlzeitraums durchgeführten Wahl (vgl. hierzu § 13 Abs. 2 und 3 i. V. mit § 21 S. 3 und 4), so verkürzt oder verlängert sich der dreiwöchige Freistellungsanspruch nach Abs. 7 S. 1 entsprechend (*GL,* Rn 110; *GK-Wiese* Rn 159f.; *DR,* Rn 137; *HSG,* Rn 145; *Kopp,* ArbuR 76, 335; **a. A.** *GKSB,* Rn 91; *Weiss,* Rn 16; *Däubler,* a. a. O. S. 73 für den Fall der verkürzten Amtszeit). Dies ergibt sich daraus, daß Abs. 7 für die Dauer des dreiwöchigen Freistellungsanspruchs auf die „regelmäßige Amtszeit" abstellt. Aus Gründen der praktischen Handhabung sollte man allerdings den Freistellungsanspruch nur verkürzen, wenn die Amtszeit des BR um mindestens ein Jahr kürzer als die regelmäßige Amtszeit ist. Für jedes volle fehlende Jahr Amtszeit wäre der Freistellungsanspruch danach um ein Viertel zu kürzen. Bei einem BRMitgl., das erstmalig einer ArbNVertretung angehört, ist im Falle einer Verkürzung der Amtszeit der von dem dreiwöchigen Regelanspruch nach Abs. 7 S. 1 berechnete verkürzte Anspruch jedoch stets um 1 Woche zu erhöhen, da nach Abs. 7 S. 2 den Erstmitgl. gegenüber dem Regelanspruch nach Abs. 7 S. 1 ein um 1 Woche erhöhter Anspruch zusteht (*GK-Wiese,* Rn 160; **weitergehend** *DR,* Rn 137, *GL,* Rn 111, die einem Erstmitgl. stets einen vierwöchigen Anspruch zuerkennen). Entsprechendes gilt im Falle der Verlängerung der Amtszeit des BR gem. § 21 S. 4 i. V. mit § 13 Abs. 3 S. 2.

Es bestehen keine Vorschriften darüber, in welcher Weise der Freistel- **127** lungsanspruch nach Abs. 7 gewährt werden muß. Er kann sowohl **zusammenhängend** genommen als auch **geteilt** werden (*DR,* Rn 140; *GL,* Rn 116; *HSG,* Rn 149).

Wird der Freistellungsanspruch nicht in Anspruch genommen, so **128** **verfällt** er mit Ablauf der Amtszeit. Eine Übertragung auf die neue Amtszeit ist nicht vorgesehen (*DR,* Rn 138, *GL,* Rn 116; *GK-Wiese,* Rn 162; *HSG,* Rn 150; **a. A.** *GKSB,* Rn 91; *Däubler,* a. a. O. S. 72, bei dringenden persönlichen Gründen).

Die BRMitgl. haben für die Teilnahme an geeigneten Bildungsveran- **129** staltungen Anspruch auf bezahlte Freistellung. Ihnen ist deshalb das **Arbeitsentgelt** fortzuzahlen, das sie erhalten hätten, wenn sie – statt an der Schulung teilzunehmen – im Betrieb weitergearbeitet hätten. Es gelten insoweit dieselben Grundsätze wie bei der Teilnahme an Schulungsveranstaltungen nach Abs. 6 bzw. bei der allgemeinen Freistellung nach Abs. 2 (vgl. oben Rn 34ff., 104).

130 Bei Schulungsveranstaltungen nach Abs. 7 besteht im allgemeinen keine über die Entgeltfortzahlung hinausgehende **Kostentragungspflicht** des ArbGeb. Etwas anderes gilt, wenn auf einer solchen Bildungsveranstaltung erforderliche Kenntnisse i. S. des Abs. 6 vermittelt werden (vgl. § 40 Rn 28ff.).

f) Verhältnis zum Anspruch nach Abs. 6

131 Die **Ansprüche** auf Freistellung zur Teilnahme an Schulungs- und Bildungsveranstaltungen **nach Abs. 6 und 7 stehen nebeneinander** (*DR,* Rn 141; *GL,* Rn 114; *GK-Wiese,* Rn 98, 119). Eine Anrechnung einer Freistellung nach Abs. 6 auf die Schulungsveranstaltungen nach Abs. 7 kommt deshalb nicht in Betracht (*GK-Wiese,* Rn 136; BAG 5. 4. 84, AP Nr. 46 zu § 37 BetrVG 1972). Soweit allerdings „erforderliche Kenntnisse" i. S. von Abs. 6 bereits auf einer Veranstaltung nach Abs. 7 vermittelt worden sind, ist die Teilnahme an einer Veranstaltung nach Abs. 6 nicht mehr erforderlich. Das bedeutet auf der anderen Seite jedoch nicht, daß die BRMitgl. verpflichtet wären, zunächst die Schulungs- und Bildungsveranstaltungen nach Abs. 7 in Anspruch zu nehmen (*DR,* Rn 141; *GL,* Rn 114; *HSG,* Rn 148; *Kraft,* DB 73, 2522; einschränkend *GK-Wiese,* Rn 120f., wenn erforderliche Kenntnisse zur gleichen Zeit in einer Veranstaltung nach Abs. 7 erworben werden können).

131a Macht der BR für eines seiner Mitgl. einen Freistellungsanspruch gemäß § 37 Abs. 6 geltend, obwohl die Veranstaltung auch nach § 37 Abs. 7 anerkannt ist, und zahlt der ArbGeb. den Lohn für die Schulungsveranstaltung weiter, so erfüllt er damit nicht den Freistellungsanspruch nach Abs. 7, so daß auch keine Anrechnung auf diesen Anspruch erfolgt (BAG 5. 4. 84, AP Nr. 47 zu § 37 BetrVG 1972).

4. Festlegung der Teilnahme an den Schulungs- und Bildungsveranstaltungen

a) Entscheidungskompetenz des Betriebsrats

132 Bei der Festlegung der Teilnahme an Schulungs- und Bildungsveranstaltungen sind zwei Fragen zu unterscheiden. Zum einen die Frage, wer bestimmt, **welche BRMitgl.** an welchen Schulungs- und Bildungsveranstaltungen teilnehmen, zum anderen, wer festlegt, **zu welchem Zeitpunkt** BRMitgl. an Schulungs- und Bildungsveranstaltungen teilnehmen.

133 Die **Festlegung der zeitlichen Lage** der Teilnahme an Schulungs- und Bildungsveranstaltungen obliegt allein dem BR (vgl. Abs. 6 S. 2 und Abs. 7 S. 3; *DR,* Rn 93, 142; *GK-Wiese,* Rn 173). Das gilt sowohl für die Teilnahme an Schulungs- und Bildungsveranstaltungen nach Abs. 6 als auch denjenigen nach Abs. 7. Ohne einen entsprechenden Beschluß des BR über die Teilnahme ist ein BRMitgl. nicht berechtigt, Schulungs- und Bildungsveranstaltungen zu besuchen (BAG 10. 5. 74,

AP Nr. 3 zu § 65 BetrVG 1972; vgl. auch *Leinemann,* ArbuR 74, 32). Die Willensbildung des BR erfolgt durch Beschluß (vgl. § 33).

Demgegenüber ist bei der Frage, ob dem BR eine Entscheidungsbefugnis dahingehend zusteht, **welche seiner Mitgl.** an Schulungs- und Bildungsveranstaltungen teilnehmen, zwischen den Veranstaltungen nach Abs. 6 und Abs. 7 zu unterscheiden. Bei Bildungsveranstaltungen **nach Abs. 7** steht dem einzelnen BRMitgl. ein **individualrechtlicher Anspruch** auf Teilnahme an diesen Veranstaltungen zu. Deshalb beschränkt sich hier die Entscheidungskompetenz des BR auf die Festlegung der zeitlichen Lage des Bildungsurlaubs. Weitergehende Befugnisse, etwa dahingehend, an welchen Schulungsveranstaltungen das BRMitgl. teilnimmt, hat der BR nicht (*Kopp,* ArbuR 76, 336; *Däubler,* a. a. O. S. 85; *DR,* Rn 142; *GK-Wiese,* Rn 166, 172). **134**

Bei Schulungs- und Bildungsveranstaltungen **nach Abs. 6** ist der BR als solcher Träger des Anspruchs auf Schulung seiner Mitgl. und nicht von vornherein das einzelne BRMitgl. (vgl. oben Rn 90). Deshalb ist bei diesen Veranstaltungen grundsätzlich der BR berechtigt festzulegen, welche seiner Mitgl. an welchen Schulungen teilnehmen (*GL,* Rn 83; *GK-Wiese,* Rn 167, 171; *GKSB,* Rn 72; *HSG,* Rn 112; im Ergebnis ebenso *DR,* Rn 95). An der Beschlußfassung über die Auswahl darf sich das betroffene BRMitgl. beteiligen (vgl. hierzu § 25 Rn 16, § 33 Rn 26; ebenso *DR,* Rn 97; *GK-Wiese,* Rn 167). Die Gewerkschaften haben kein Mitwirkungsrecht bei der Beschlußfassung des BR, welche Mitgl. er zu einer Schulungsveranstaltung entsendet (BAG 28. 1. 75, AP Nr. 20 zu § 37 BetrVG 1972). **135**

Allerdings ist der BR bei seiner ihm zustehenden Entscheidungskompetenz nicht völlig frei, vielmehr hat er diese nach **pflichtgemäßem Ermessen** auszuüben (vgl. *GK-Wiese,* Rn 168; *GKSB,* Rn 72). Hierbei sind für ihn insbesondere folgende Entscheidungskriterien verbindlich: Zum einen hat er darauf zu achten, daß die in der Schulungsveranstaltung vermittelten Kenntnisse in **möglichst optimaler Weise für die BRArbeit** fruchtbar werden. Aus diesem Grunde ist der BR nicht nur berechtigt, sondern sogar gehalten, die Auswahl danach zu treffen, welche Aufgaben und Funktionen die einzelnen Mitgl. im BR ausüben. In diesem Rahmen hat er zum anderen allerdings bei seiner Auswahlentscheidung die **Grundsätze des § 75 Abs. 1 BetrVG** zu beachten, d. h. ihm ist insoweit eine unterschiedliche Behandlung der BRMitgl. wegen ihrer Abstammung, Religion, Nationalität, Herkunft, politischen oder gewerkschaftlichen Betätigung oder Einstellung oder ihres Geschlechts untersagt. Dieses Verbot gilt generell, d. h. ihm ist jede Benachteiligung, aber auch jede Bevorzugung von BRMitgl. aus einem der vorstehenden Gründe untersagt (vgl. *Däubler,* a. a. O. S. 80; *DR,* Rn 95; *GL,* Rn 87; *GK-Wiese,* Rn 169; *HSG,* Rn 112). **136**

Däubler (a. a. O. S. 80) hält den BR darüber hinaus für verpflichtet, bei seiner Entscheidung auch soziale Gesichtspunkte (etwa einen besonders großen Nachholbedarf in bildungsmäßiger Hinsicht, wie er z. B. bei Gastarbeitern häufig anzutreffen ist) zu berücksichtigen (**a. A.** *DR,* Rn 95; *GL,* Rn 84; *HSG,* Rn 112). Dem ist unter der Einschränkung zuzustimmen, daß man sich bewußt bleibt, daß die Schulungsveranstaltungen nach Abs. 6 und Abs. 7 keine Allgemeinbildung der BRMitgl. bezwecken, sondern darauf bezogen sind, die für die BRArbeit erforderlichen bzw. mit ihr in Zusammenhang stehenden Kenntnisse zu vermitteln.

137 Konkretisiert man den Gesichtspunkt, durch die Schulung in möglichst optimaler Weise die BRArbeit zu fördern, so ist davon auszugehen, daß der BR **jedem seiner Mitgl.** die Möglichkeit bieten muß, die **Grundkenntnisse,** die für jede BRArbeit unabdingbare Voraussetzungen sind (vgl. hierzu oben Rn 85ff., 91), durch eine entsprechende Schulung zu erlangen. Soweit die Schulung der Vermittlung bestimmter **Spezialkenntnisse** dient, wird er demgegenüber gehalten sein, in erster Linie solche BRMitgl. zu diesen Schulungsveranstaltungen zu entsenden, die sich im Rahmen der BRArbeit besonders mit derartigen Angelegenheiten beschäftigen (vgl. oben Rn 93f.; *GK-Wiese,* Rn 170, bejaht in diesen Fällen u. U. einen Anspruch des BRMitgl. gegen den BR auf Einteilung für eine entsprechende Schulung).

138 Bei der Festlegung der zeitlichen Lage der Teilnahme an Schulungs- und Bildungsveranstaltungen ist der BR verpflichtet, **auf die betrieblichen Notwendigkeiten Rücksicht zu nehmen.** Dies ist im allgemeinen nur hinsichtlich der BRMitgl. von Bedeutung, die nicht freigestellt sind. Das Gesetz spricht von der Berücksichtigung betrieblicher Notwendigkeiten, nicht der Berücksichtigung betrieblicher Interessen oder Bedürfnisse. An das Vorliegen betrieblicher Notwendigkeiten sind deshalb **strenge Anforderungen** zu stellen (**a. A.** *HSG,* Rn 113). Nur wenn die betrieblichen Gegebenheiten den zwingenden Vorrang vor einer Arbeitsbefreiung von BRMitgl. zu Schulungszwecken haben, liegen dringende betriebliche Notwendigkeiten vor, die eine zeitweise Rückstellung von BRMitgl. an Schulungsmaßnahmen rechtfertigen (*Däubler,* a.a.O. S. 76; *GL,* Rn 88; *GK-Wiese,* Rn 174f.; weitergehend dagegen *DR,* Rn 93, nach denen der Betriebsablauf nicht beeinträchtigt werden darf). Ein Fall dringender betrieblicher Notwendigkeiten kann z. B. angenommen werden, wenn eine für den ordnungsgemäßen Betriebsablauf unabkömmliche Vertretung nicht sichergestellt ist oder wenn ein besonderer Arbeitsanfall, dessen Erledigung nicht hinausgeschoben werden kann (Saisonspitze), vorliegt.

139 Bei der Berücksichtigung der betrieblichen Notwendigkeiten handelt es sich nur um eine Modalität hinsichtlich der Festlegung des Zeitpunktes der Schulungsteilnahme von BRMitgl. Sie darf nicht dazu führen, daß die Teilnahme an einer **Schulung** nach Abs. 6 oder Abs. 7 völlig **unterbleibt.** Ist eine Beeinträchtigung betrieblicher Notwendigkeiten nicht zu umgehen, so hat die Schulungsteilnahme der BRMitgl. letztlich den Vorrang (*DR,* Rn 93; *GK-Wiese,* Rn 175; *Däubler,* a.a.O. S. 77; *Kopp,* ArbuR 76, 336).

b) Unterrichtungs- und Einspruchsrecht des Arbeitgebers

Der ArbGeb. ist von der beabsichtigten Teilnahme des betreffenden BRMitgl. und der zeitlichen Lage der Schulungs- und Bildungsveranstaltungen **rechtzeitig zu unterrichten.** Das gilt auch bei der Teilnahme freigestellter BRMitgl. (BAG 21. 7. 78, AP Nr. 4 zu § 38 BetrVG 1972). Rechtzeitig ist eine Unterrichtung, die dem ArbGeb. die Prüfung ermöglicht, ob die Voraussetzungen für die Gewährung einer bezahlten Freistellung vorliegen, und die es ihm, falls er die betrieblichen Notwendigkeiten für nicht ausreichend berücksichtigt hält, ferner gestattet, die E-Stelle anzurufen (BAG 18. 3. 77, AP Nr. 27 zu § 37 BetrVG 1972; *DR,* Rn 98; *GL,* Rn 89; *GK-Wiese,* Rn 176; *Kopp,* ArbuR 76, 336). **140**

Im Hinblick darauf, daß der ArbGeb. nur dann verpflichtet ist, BRMitgl. unter Fortzahlung des Arbeitsentgelts von ihrer beruflichen Tätigkeit zu befreien, wenn es sich um eine Schulungs- oder Bildungsveranstaltung nach Abs. 6 oder 7 handelt, wird man den BR für verpflichtet ansehen müssen, dem ArbGeb. auch die **näheren Einzelheiten der Schulung,** d.h. Ort, Zeit, Dauer und Veranstalter mitzuteilen (vgl. *DR,* Rn 99; *GL,* Rn 89; *GK-Wiese,* Rn 177; *HSG,* Rn 116; **a. A.** *Däubler,* a. a. O. S. 125). Zweckmäßigerweise wird der BR im Falle des Abs. 6 ferner mitteilen, aus welchen Gründen er die Teilnahme des betreffenden BRMitgl. für erforderlich hält, bzw. im Fall des Abs. 7, daß die betreffende Veranstaltung von der obersten Arbeitsbehörde des Landes als geeignet anerkannt ist (nach *DR,* Rn 99; *GL,* Rn 86; *GK-Wiese,* Rn 177, ist diese Mitteilung stets erforderlich). **141**

Unterläßt der BR die Unterrichtung des ArbGeb. und nimmt das BRMitgl. gleichwohl an der Schulungsveranstaltung teil, so hat es im allgemeinen **dennoch Anspruch** auf entsprechende **Fortzahlung des Arbeitsentgelts,** wenn im übrigen dessen Voraussetzungen vorliegen. Denn die vorherige Unterrichtung des ArbGeb. ist keine zusätzliche anspruchsbegründete Voraussetzung des Entgeltfortzahlungsanspruchs, sondern lediglich eine Regelung formalen Charakters (*GL,* Rn 90; *GK-Wiese,* Rn 178; *Däubler,* a. a. O. S. 128; *Böhm,* DB 74, 723; **a. A.** *DR,* Rn 100; *HSG,* Rn 117). Die Unterlassung der Unterrichtung kann insbesondere im Wiederholungsfall eine grobe Amtspflichtverletzung des BR i. S. von § 23 Abs. 1 darstellen (*GL,* Rn 90; *GK-Wiese,* Rn 178). **142**

Der ArbGeb. kann, falls er die betrieblichen Notwendigkeiten für nicht ausreichend berücksichtigt hält, zur Klärung dieser Frage die **E-Stelle** gem. § 76 Abs. 5 anrufen. Die E-Stelle hat nur über die Frage der Berücksichtigung der betrieblichen Notwendigkeiten zu entscheiden (*GK-Wiese,* Rn 179; *HSG,* Rn 120). Spricht sich der ArbGeb. gegen die Teilnahme von BRMitgl. an einer Bildungsveranstaltung aus, weil nach seiner Ansicht die Veranstaltung keine für die BRArbeit erforderliche Kenntnisse vermittelt, so obliegt die Entscheidung dieser Frage nicht der E-Stelle, sondern dem ArbG nach § 2a ArbGG. Allerdings ist auch in diesem Falle das freiwillige E-Stellenverfahren nach § 76 Abs. 6 möglich (*DR,* Rn 102; *GL,* Rn 91; *GK-Wiese,* Rn 179). Im Falle einer Schulung nach Abs. 7 ist der ArbGeb. nicht befugt, die Entscheidung der obersten **143**

Arbeitsbehörde des Landes über die Eignung der Veranstaltung auf ihre Richtigkeit hin selbst nachzuprüfen. Zur Frage, ob der ArbGeb. die Entscheidung der obersten Arbeitsbehörde gerichtlich nachprüfen lassen kann, vgl. unten Rn 161.

144 Das Gesetz hat **keine Frist** festgelegt, binnen derer der ArbGeb. seine Bedenken gegen die mangelnde Berücksichtigung der betrieblichen Notwendigkeiten durch Anrufung der E-Stelle geltend machen muß. Da jedoch sein Schweigen nicht dazu führen darf, daß die Teilnahme von BRMitgl. an der Veranstaltung auf unbegrenzte Zeit hinausgeschoben wird, wird man den ArbGeb. für verpflichtet halten müssen, in entsprechender Anwendung des § 38 Abs. 2 S. 6 jedenfalls spätestens innerhalb von 14 Tagen (ArbG Hamm, DB 73, 2249; insoweit strenger *DR,* Rn 103, *GL,* Rn 92: unverzüglich; weitergehend *GK-Wiese,* Rn 180, *HSG,* Rn 122: angemessene Zeit), nach Mitteilung des BR die E-Stelle anzurufen oder dem BR bekanntzugeben, daß er aus anderen Gründen die Voraussetzungen für eine Teilnahme an der Veranstaltung nicht für gegeben hält. **Anderenfalls** ist davon auszugehen, daß er gegen die beabsichtigte Teilnahme des BRMitgl. **keine Bedenken** erhebt (*DR,* Rn 104; *GL,* Rn 92; *GKSB,* Rn 79; *Däubler,* a. a. O. S. 125; *Kopp,* ArbuR 76, 336).

145 Die E-Stelle kann den Beschluß des BR bestätigen, wenn sie der Ansicht ist, die betrieblichen Notwendigkeiten seien ausreichend berücksichtigt. In diesem Falle trifft sie, da der Begriff der betrieblichen Notwendigkeiten ein unbestimmter Rechtsbegriff – wenn auch mit weitem Beurteilungsspielraum – ist, eine Rechtsentscheidung. Hält die E-Stelle die betrieblichen Notwendigkeiten **nicht für ausreichend berücksichtigt,** so kann sie sich nicht damit begnügen, den Beschluß des BR aufzuheben, sie hat vielmehr selbst einen oder mehrere geeignete Zeitpunkte festzusetzen (*DR,* Rn 105; *HSG,* Rn 125). Hierbei ist sie nicht nur an die Entscheidungskriterien nach § 76 Abs. 5 S. 3 gebunden, sondern auch an die Beachtung des unbestimmten Rechtsbegriffs der „Berücksichtigung der betrieblichen Notwendigkeiten" (*DR,* Rn 105; *GK-Wiese,* Rn 183; *Dütz,* DB 71, 675 sowie DB 72, 386).

146 Der Spruch der E-Stelle ist **gerichtlich überprüfbar** (vgl. unten Rn 158). Allerdings muß die Überprüfung binnen einer Frist von zwei Wochen beantragt werden, anderenfalls ist er endgültig verbindlich (vgl. § 76 Abs. 5 S. 4).

147 Umstritten ist, ob ein BRMitgl. die **Teilnahme** an einer Schulungs- und Bildungsveranstaltung zurückstellen muß, weil ihr der ArbGeb. widersprochen hat, sei es, daß er die betrieblichen Notwendigkeiten nicht für ausreichend berücksichtigt erachtet, sei es, weil er der Ansicht ist, die Veranstaltung sei nicht als erforderlich i. S. von Abs. 6 anzusehen oder eine Eignungsanerkennung der obersten Arbeitsbehörde des Landes liege nicht vor.

148 Hier ist wie folgt zu unterscheiden:

Widerspricht der ArbGeb. der Teilnahme eines BRMitgl. an einer Schulungs- und Bildungsveranstaltung, weil der BR bei der Festlegung der zeitlichen Lage **die betrieblichen Notwendigkeiten nicht berück-**

sichtigt habe, so ist die Teilnahme solange **zurückzustellen,** bis ein Spruch der E-Stelle vorliegt (BAG 18. 3. 77, AP Nr. 27 zu § 37 BetrVG 1972; LAG Düsseldorf, BB 75, 1388; *DR,* Rn 106; *GL,* Rn 93; *GK-Wiese,* Rn 181; *HSG,* Rn 123; *Kopp,* ArbuR 76, 336; *Schaub,* § 221 V 5; **a. A.** *GKSB,* Rn 79; *Däubler,* a. a. O. S. 123, 128f.). Das folgt aus der gesetzlich angeordneten Entscheidungskompetenz der E-Stelle. Denn stets, wenn das Gesetz bei Meinungsverschiedenheiten zwischen ArbGeb. und BR die E-Stelle einschaltet und vorschreibt, daß ihre Entscheidung die Einigung zwischen ArbGeb. und BR ersetzt, bedeutet dies, daß ohne eine entsprechende Entscheidung der E-Stelle die in Aussicht genommene Maßnahme nicht durchgeführt werden darf. Ebenso wie dies z. B. im Rahmen der MBR des BR in sozialen Angelegenheiten nach § 87 der Fall ist (vgl. hierzu § 87 Rn 23ff.), gilt dies auch bei § 37 Abs. 6 S. 4 und 5. In besonderen **Ausnahmefällen** – etwa wenn die E-Stelle nicht rechtzeitig zusammentreten kann und eine einmalige Schulungsveranstaltung unmittelbar bevorsteht – wird der BR die Erlaubnis zur Teilnahme auch durch eine **einstweilige Verfügung des ArbG** erwirken können, zumal Meinungsverschiedenheiten über die Frage, ob die betrieblichen Belange ausreichend berücksichtigt worden sind, letztlich keine Regelungs- sondern eine Rechtsstreitigkeit zum Gegenstand haben (*DR,* Rn 106; *Dütz/Säcker,* DB 72, Beil. Nr. 17, S. 14f.; *GL,* Rn 93, *GK-Wiese,* Rn 184; **a. A.** *Heinze,* RdA 86, 287).

Anderes gilt, wenn der ArbGeb. der Teilnahme eines BRMitgl. an **149**
einer Schulungs- und Bildungsveranstaltung deshalb widerspricht, weil auf ihr **keine für die BRArbeit erforderlichen Kenntnisse** vermittelt würden. Abs. 6 nimmt, was die Frage der Arbeitsbefreiung anbelangt, die Regelung des Abs. 2 in Bezug. Deshalb sind die zu Abs. 2 entwickelten Grundsätze, nach denen der ArbGeb. der konkreten Arbeitsversäumnis im Einzelfall nicht zuzustimmen braucht, sondern daß es genügt, daß sich das BRMitgl. bei seinem Vorgesetzten ordnungsgemäß abmeldet, grundsätzlich auch im Falle des Abs. 6 anzuwenden (vgl. oben Rn 31f.; ebenso *Däubler,* a. a. O. S. 124; *DR,* Rn 107; *GKSB,* Rn 81; LAG Hamm DB 74, 2486; vgl. auch BAG 6. 5. 75, AP Nr. 5 zu § 65 BetrVG 1972; **a. A.** *GL,* Rn 95; *GK-Wiese,* Rn 185; *HSG,* Rn 117; *Strekkel,* DB 74, 388; *Dütz,* DB 76, 1432, der dies nur für kurzfristig angesetzte Schulungsveranstaltungen anerkennt; LAG Frankfurt, BB 74, 335; vgl. auch Rn 23, 26 und 99).

Bestehen zwischen ArbGeb. und BR sowie dem einzelnen BRMitgl. **150**
Meinungsverschiedenheiten über die Erforderlichkeit einer Schulung, so können sowohl der ArbGeb. als auch der BR oder das einzelne BRMitgl. ein arbeitsrechtliches BeschlVerf. zur Klärung dieser Frage einleiten (*DR,* Rn 107, 110; *GL,* Rn 94; *HSG,* Rn 118; **a. A.** *Dütz,* DB 76, 1433: nur der ArbGeb., wenn Abmeldung des BRMitgl. genügt). Hat der ArbGeb. ein arbeitsgerichtliches Verfahren zum Zwecke der Feststellung, die beabsichtigte Schulungsteilnahme sei nicht erforderlich, eingeleitet, so hat dieser Umstand für sich allein nicht zur Folge, daß das BRMitgl. den Besuch der Schulungsveranstaltung zurückstellen muß (*DR,* Rn 107; LAG Hamm, DB 74, 2486). In keinem Falle ist dies

erforderlich, wenn der BR ein BeschlVerf. eingeleitet und vor Beginn der Schulung einen obsiegenden Beschluß der ersten Instanz erwirkt hat (BAG 6. 5. 75, AP Nr. 5 zu § 65 BetrVG 1972; *GL,* Rn 94; **a. A.** *GK-Wiese,* Rn 188; *Dütz,* DB 76, 1433).

151 Das ArbG kann dem BRMitgl. durch **einstweilige Verfügung** die Teilnahme an einer Schulungsveranstaltung gestatten bzw. (auf Antrag des ArbGeb.) untersagen. Daß durch eine die Teilnahme gestattende einstweilige Verfügung endgültige Tatsachen geschaffen werden, steht dem nicht entgegen, jedenfalls dann nicht, wenn die Regelung dringend geboten ist (LAG Hamm, DB 72, 2489; *GK-Wiese,* Rn 188; **a. A.** *Heinze,* RdA 86, 287); dies gilt auch dann, wenn mehrere Schulungsveranstaltungen über einen längeren Zeitraum hinweg zur Verfügung stehen (insoweit **a. A.** *GK-Wiese,* Rn 188; *HSG,* Rn 123).

VII. Streitigkeiten

152 Streitigkeiten zwischen einem BRMitgl. und dem ArbGeb. über

- die **Fortzahlung des Arbeitsentgelts** oder die Höhe des fortzuzahlenden Arbeitsentgelts bei Arbeitsbefreiung zur Durchführung von BRAufgaben (Abs. 2) oder bei Teilnahme an Schulungs- und Bildungsveranstaltungen nach Abs. 6 und 7,
- die **Gewährung von Freizeitausgleich** bzw. die Zahlung von Mehrarbeitsvergütung bei Durchführung notwendiger BRAufgaben außerhalb der Arbeitszeit (Abs. 3),
- die Frage, ob das **Arbeitsentgelt** des BRMitgl. demjenigen **vergleichbarer ArbN** mit betriebsüblicher beruflicher Entwicklung entspricht (Abs. 4),
- die **Zuweisung eines unterwertigen Arbeitsplatzes** aus zwingenden betrieblichen Gründen (Abs. 5)

sind **individualrechtliche Streitigkeiten,** die im **Urteilsverfahren** zu entscheiden sind (so ständige Rechtsprechung des BAG, bestätigt in den Beschlüssen 18. 6. 74 und 17. 9. 74, AP Nr. 16 u. 17 zu § 37 BetrVG 1972; *DR,* Rn 151, 153ff.; *GL,* Rn 117; *GK-Wiese,* Rn 190ff.; *HSG,* Rn 157ff.; *Dütz,* DB 72, Beil. Nr. 17, S. 11ff.; *Etzel,* RdA 74, 281; **a. A.** *Däubler,* a. a. O. S. 129; *Söllner,* ArbuR 73, 384; *Leinemann,* ArbuR 74, 32 (de lege ferenda); *Bulla,* RdA 78, 209). Als Vorfrage sind hierbei die betriebsverfassungsrechtlichen Voraussetzungen dieser Ansprüche mitzuentscheiden. Ist über diese Vorfragen bereits in einem Beschlußverfahren (vgl. Rn 154) **rechtskräftig** entschieden worden, so haben diese Entscheidungen insoweit für das Urteilsverfahren **präjudizielle Wirkung** (BAG 6. 5. 75, AP Nr. 5 zu § 65 BetrVG 1972; *DR,* Rn 153, 159; *GL,* Rn 117; *GK-Wiese,* Rn 197; *HSG,* Rn 158). Bei gleichzeitiger Einleitung eines Urteils- und eines BeschlVerf. (z. B. Geltendmachung von Auslagen und Lohnansprüchen anläßlich einer Schulungsteilnahme) ist es zum Zwecke der Vermeidung unterschiedlicher Entscheidungen zulässig, das Urteilsverfahren bis zum rechtskräftigen Abschluß des BeschlVerf. auszusetzen (*Dütz,* Anm. zu BAG AP Nr. 17 zu § 37 BetrVG

1972). Eine Verbindung beider Verfahren dürfte (leider) nicht zulässig sein (*GL,* Rn 122; *GK*-Wiese, Rn 198; *Dütz,* ArbuR 73, 370; *Lepke,* RdA 74, 229; *Leser,* AR-Blattei Betriebsverfassung VIII; *Bulla,* RdA 78, 211; **a. A.** *Söllner,* ArbuR 73, 384; *Etzel,* RdA 74, 221).

Die Ansprüche sind im Streitfall vom **einzelnen BRMitgl. einzuklagen.** Sie können ohne eine entsprechende Abtretung nicht von der Gewerkschaft geltend gemacht werden (BAG 27. 11. 73, AP Nr. 4 zu § 40 BetrVG 1972). Das BRMitgl. muß die Voraussetzungen für seinen Anspruch beweisen (*DR,* Rn 153; *GK-Wiese,* Rn 198). Hierbei erstreckt sich bei Ansprüchen nach den Abs. 2 und 6 der Beweis darauf, daß bei gewissenhafter Überlegung und vernünftiger Würdigung aller Umstände die Voraussetzungen für eine Arbeitsbefreiung als gegeben angesehen werden durften (zur Frage eines Irrtums hierüber vgl. oben Rn 23, 26). Ohne Bedeutung für den Anspruch auf Arbeitsentgelt ist es, wenn eine Schulungsveranstaltung nachträglich die in sie gestellten Erwartungen nicht erfüllt hat. Hat die oberste Arbeitsbehörde eines Landes eine Schulungsveranstaltung nach Abs. 7 als geeignet anerkannt, beschränkt sich die Nachweispflicht des BRMitgl. insoweit auf diese Anerkennung. Für das Vorliegen zwingender betrieblicher Notwendigkeiten i. S. von Abs. 5 u. 6 ist der ArbGeb. beweispflichtig (*GL,* Rn 117; *GK-Wiese,* Rn 206). 153

Hat dagegen der Streit zwischen ArbGeb. und BR bzw. dem einzelnen BRMitgl. allein die betriebsverfassungsrechtliche Frage zum Inhalt, 154
- ob nach Art und Umfang des Betriebs eine entsprechende **Arbeitsbefreiung** zur ordnungsgemäßen Durchführung der BRAufgaben **erforderlich** ist (Abs. 2),
- ob **betriebsbedingte Gründe** für die Durchführung von BRAufgaben **außerhalb der Arbeitszeit** vorliegen (Abs. 3),
- ob eine **Bildungsveranstaltung** für die BRTätigkeit **erforderliche Kenntnisse** vermittelt (Abs. 6),
- ob eine **Genehmigung der obersten Arbeitsbehörde eines Landes** für eine bestimmte Schulung und Bildungsveranstaltung vorliegt (Abs. 7),
- in welchem **Umfang einem BRMitgl. ein Anspruch auf bezahlte Freistellung** für die Teilnahme an Schulungs- und Bildungsveranstaltungen zusteht,

ohne daraus vergütungsmäßige Folgerungen zu ziehen, so ist dieser Streit **vom ArbG im BeschlVerf.** zu entscheiden (vgl. §§ 2a, 80ff. ArbGG; BAG 13. 11. 64 und 3. 6. 69, AP Nr. 9 und 11 zu § 37 BetrVG; *DR,* Rn 152; *GL,* Rn 119; *GK-Wiese,* Rn 200ff.; *HSG,* Rn 162ff.; *Dütz/Säcker,* DB 72, Beil. Nr. 17, S. 12; *Etzel,* RdA 74, 220; *Bulla,* RdA 78, 213). Das gleiche gilt für Streitigkeiten zwischen dem einzelnen BRMitgl. und dem BR hinsichtlich der Teilnahme an Schulungs- und Bildungsveranstaltungen (vgl. oben Rn 132ff.).

Antragsberechtigt sind der **BR,** da es sich bei diesen Streitigkeiten um Fragen seiner Geschäftsführung handelt (BAG 9. 10. 73, AP Nr. 4 zu § 37 BetrVG 1972; *GL,* Rn 120), sowie der **ArbGeb.** Daneben kommt im Einzelfall eine Antragsberechtigung des **einzelnen BRMitgl.** in Be- 155 tracht, z. B. wenn nach einem Beschluß des BR über seine Schulungsteilnahme vom ArbGeb. die Erforderlichkeit der Schulung bestritten wird (vgl. oben Rn 90; vgl. auch BAG 6. 11. 73, AP Nr. 5 u. 6 zu § 37 BetrVG 1972; *GK-Wiese,* Rn 217). Die Gewerkschaften sind bei Streitigkeiten zwischen ArbGeb. und BR über die Erforderlichkeit einer Schulung auch dann nicht antragsberechtigt und an dem Verfahren zu beteiligen, wenn sie Träger der Schulungsveranstaltung sind (BAG 28. 1. 75, AP Nr. 20 zu § 37 BetrVG 1972).

156 Das Rechtsschutzinteresse an der Feststellung der Erforderlichkeit einer Schulung entfällt nicht schon deshalb, weil die Schulungsveranstaltung inzwischen stattgefunden hat, sofern dieselbe Rechtsfrage auch in Zukunft zwischen den Beteiligten wieder streitig werden kann (BAG 10. 6. 74 und 16. 3. 76, AP Nr. 15 und 22 zu § 37 BetrVG 1972; *GK-Wiese,* Rn 205).

157 Ist ein Anspruch in der falschen Verfahrensart geltend gemacht worden, so ist auf Antrag die Sache noch in der Revisions- oder Rechtsbeschwerdeinstanz an das im ersten Rechtszug zuständige Arbeitsgericht zur Entscheidung in der richtigen Verfahrensart abzugeben (vgl. BAG 9. 11. 71, AP Nr. 2 zu § 8 ArbGG 1953; BAG 30. 1. 73 und 21. 5. 74, AP Nr. 1 und 12 zu § 37 BetrVG 1972; *GK-Wiese,* Rn 199).

158 Meinungsverschiedenheiten zwischen ArbGeb. und BR darüber, ob der BR bei der Festlegung der zeitlichen Lage der Teilnahme an Schulungs- und Bildungsveranstaltungen die **betrieblichen Notwendigkeiten ausreichend berücksichtigt** hat, sind zwar zunächst durch eine Entscheidung der E-Stelle beizulegen. Da es sich jedoch bei dem Begriff „Berücksichtigung der betrieblichen Notwendigkeiten" um einen Rechtsbegriff, wenn auch mit weitem Beurteilungsspielraum, handelt, kann die Verkennung dieses Rechtsbegriffs durch die E-Stelle gemäß § 76 Abs. 7 im **arbeitsgerichtlichen Beschlußverfahren** angegriffen werden (*GL,* Rn 125; *Dütz/Säcker,* DB 72, Beil. 17, S. 11f.; *GK-Wiese,* Rn 189, 206; für den Fall, daß die E-Stelle den Beschluß des BR ersetzt, bejaht *DR,* Rn 164, nur eine Ermessensüberprüfung nach § 76 Abs. 5).

159 Die Begriffe „Umfang und Art des Betriebs", „ordnungsgemäße Durchführung der BRAufgaben", „betriebsbedingte Gründe", „zwingende betriebliche Notwendigkeiten", „für die Arbeit des BR erforderlich" sind **unbestimmte Rechtsbegriffe,** bei deren Beurteilung den Gerichten der Tatsacheninstanz ein **Beurteilungsspielraum** zusteht (BAG 6. 11. 73 und 6. 8. 81, AP Nr. 5 und 39 zu § 37 BetrVG 1972; *GK-Wiese,* Rn 219). Das Revisions-(Rechtsbeschwerde-)gericht kann daher in materiellrechtlicher Hinsicht nur prüfen, ob das Tatsachengericht die Rechtsbegriffe verkannt oder gegen Denkgesetze oder allgemeine Erfahrungssätze verstoßen hat. Aber auch das Tatsachengericht ist hinsichtlich der für die Erfüllung von BRAufgaben erforderlichen Zeitdauer auf Schätzungen angewiesen, weshalb auf Fälle dieser Art § 287 ZPO über seinen Wortlaut hinaus anzuwenden ist (hierzu ausführlich BAG 1. 3. 63, AP Nr. 8 zu § 37 BetrVG).

160 Auch Streitigkeiten über die **Anerkennung** oder Nichtanerkennung **von Schulungs- und Bildungsveranstaltungen** durch die oberste Arbeitsbehörde des Landes nach Abs. 7 sind von den ArbG im BeschlVerf. zu entscheiden. Zwar handelt es sich bei der Entscheidung der obersten Arbeitsbehörde der Sache nach um einen Verwaltungsakt (vgl. hierzu *Finkelnburg,* DB 73, 968), jedoch ist dessen gerichtliche Überprüfung durch § 2a ArbGG den ArbG zugewiesen (BAG 18. 12. 73 und 6. 4. 76, AP Nr. 7 und 23 zu § 37 BetrVG 1972; BVerwG, BB 77, 899; *GKSB,* Rn 97; *GL,* Rn 124; *GK-Wiese,* Rn 208; *HSG,* Rn 163; *Dütz,* ZfA 72, 252; *Dütz/Säcker,* DB 72, Beil. Nr. 17 S. 11; *Weiss,* Rn 15; demgegenüber halten die VerwG für zuständig *DR,* Rn 165; *Finkelnburg,* DB 73, 969; *Däubler,* a. a. O. S. 141). Der Antrag ist auf Aufhebung des Anerkennungsbescheides, nicht auf Feststellung seiner Rechtswidrigkeit zu richten (BAG 6. 4. 76, AP Nr. 23 zu § 37 BetrVG 1972.; *GK-Wiese,* Rn 210).

Antragsberechtigt sind die in § 37 Abs. 7 genannten Personen und **161**
Organisationen, d. h. der Antragsteller sowie die am Anerkennungsverfahren beteiligten Spitzenorganisationen der Gewerkschaft und der ArbGebVerbände, nicht der ArbGebVerband, der unter Berücksichtigung des Trägerprinzips nicht zu beteiligen war und auch nicht beteiligt worden ist (BAG 5. 11. 74, AP Nr. 19 zu § 37 BetrVG 1972). Umstritten ist, ob auch der **einzelne ArbGeb.** antragsberechtigt ist. Das BAG (Beschluß 6. 4. 76, AP Nr. 23 zu § 37 BetrVG 1972) hatte zunächst zwar ein allgemeines Antragsrecht des einzelnen ArbGeb. verneint, dieses jedoch für den Fall zugestanden, daß ein BRMitgl. aus seinem Betrieb an einer anerkannten Veranstaltung teilnimmt (ebenso *DR,* Rn 134, 166; *Loritz,* BB 82, 1386; weitergehend *Finkelnburg,* DB 73, 968). Später hat das BAG (Beschluß 25. 6. 81, AP Nr. 38 zu § 37 BetrVG 1972) jedoch auch dieses Antragsrecht verneint, da der Anerkennungsbescheid der obersten Arbeitsbehörde gegenüber dem einzelnen ArbGeb. wegen fehlender unmittelbarer Betroffenheit keinen Verwaltungsakt, sondern lediglich ein Tatbestandsmerkmal der auf § 37 Abs. 7 beruhenden Lohnfortzahlungsverpflichtung des ArbGeb. darstelle (hiergegen *Müller,* DB 85, 704; *Richardi,* SAE 84, 8). Auch eine Inzidentkontrolle des Anerkennungsbescheids im Rahmen einer Lohnklage des BRMitgl. sei unzulässig (BAG 17. 12. 81, AP Nr. 41 zu § 37 BetrVG 1972). Nach dieser Rechtsprechung des BAG hat der einzelne ArbGeb. keinerlei Möglichkeit, die Rechtmäßigkeit des Anerkennungsbescheides in Frage zu stellen, und dies, obwohl letztlich allein er durch die Anerkennung belastet wird. Es erscheint zweifelhaft, ob diese Rechtsprechung mit der grundgesetzlich gewährleisteten Rechtswegsgarantie vereinbar ist, zumal der einzelne ArbGeb. im Anerkennungsverfahren ebenfalls nicht beteiligt wird (kritisch in dieser Hinsicht ebenfalls *DR,* a. a. O. *Loritz,* a. a. O.; *Müller* a. a. O.; *Grunsky,* Anm. zu BAG in AP Nr. 38 und 41 zu § 37 BetrVG 1972; *Dütz,* AR-Blattei, Betriebsverfassung VIII A Anm. zu Entscheidung 53a; *Richardi,* SAE 84, 8; *GK-Wiese,* Rn 209; *HSG,* Rn 143).

§ 38 Freistellungen

(1) **Von ihrer beruflichen Tätigkeit sind mindestens freizustellen in Betrieben mit in der Regel**

300 bis	**600**	**Arbeitnehmern**	**1 Betriebsratsmitglied,**
601 bis	**1000**	**Arbeitnehmern**	**2 Betriebsratsmitglieder,**
1001 bis	**2000**	**Arbeitnehmern**	**3 Betriebsratsmitglieder,**
2001 bis	**3000**	**Arbeitnehmern**	**4 Betriebsratsmitglieder,**
3001 bis	**4000**	**Arbeitnehmern**	**5 Betriebsratsmitglieder,**
4001 bis	**5000**	**Arbeitnehmern**	**6 Betriebsratsmitglieder,**
5001 bis	**6000**	**Arbeitnehmern**	**7 Betriebsratsmitglieder,**
6001 bis	**7000**	**Arbeitnehmern**	**8 Betriebsratsmitglieder,**
7001 bis	**8000**	**Arbeitnehmern**	**9 Betriebsratsmitglieder,**
8001 bis	**9000**	**Arbeitnehmern**	**10 Betriebsratsmitglieder,**
9001 bis	**10000**	**Arbeitnehmern**	**11 Betriebsratsmitglieder.**

In Betrieben mit über 10000 Arbeitnehmern ist für je angefangene weitere 2000 Arbeitnehmer ein weiteres Betriebsratsmitglied freizustellen. Durch Tarifvertrag oder Betriebsvereinbarung können anderweitige Regelungen über die Freistellung vereinbart werden.

(2) **Die freizustellenden Betriebsratsmitglieder werden nach Beratung mit dem Arbeitgeber vom Betriebsrat aus seiner Mitte in geheimer Wahl und nach den Grundsätzen der Verhältniswahl gewählt. Wird nur ein Wahlvorschlag gemacht, so erfolgt die Wahl nach den Grundsätzen der Mehrheitswahl; ist nur ein Betriebsratsmitglied freizustellen, so wird dieses mit einfacher Stimmenmehrheit gewählt. Die Gruppen sind entsprechend dem Verhältnis ihrer Vertretung im Betriebsrat zu berücksichtigen. Gehört jeder Gruppe im Betriebsrat mindestens ein Drittel der Mitglieder an, so wählt jede Gruppe die auf sie entfallenden freizustellenden Betriebsratsmitglieder; die Sätze 1 und 2 gelten entsprechend. Der Betriebsrat hat die Namen der Freizustellenden dem Arbeitgeber bekanntzugeben. Hält der Arbeitgeber eine Freistellung für sachlich nicht vertretbar, so kann er innerhalb einer Frist von zwei Wochen nach der Bekanntgabe die Einigungsstelle anrufen. Der Spruch der Einigungsstelle ersetzt die Einigung zwischen Arbeitgeber und Betriebsrat. Bestätigt die Einigungsstelle die Bedenken des Arbeitgebers, so hat sie bei der Bestimmung eines anderen freizustellenden Betriebsratsmitglieds auch den Minderheitenschutz im Sinne der Sätze 1 bis 3 zu beachten. Ruft der Arbeitgeber die Einigungsstelle nicht an, so gilt sein Einverständnis mit den Freistellungen nach Ablauf der zweiwöchigen Frist als erteilt. Für die Abberufung gilt § 27 Abs. 1 Satz 5 und Abs. 2 Satz 5 entsprechend.**

(3) **Der Zeitraum für die Weiterzahlung des nach § 37 Abs. 4 zu bemessenden Arbeitsentgelts und für die Beschäftigung nach § 37 Abs. 5 erhöht sich für Mitglieder des Betriebsrats, die drei volle aufeinanderfolgende Amtszeiten freigestellt waren, auf zwei Jahre nach Ablauf der Amtszeit.**

(4) **Freigestellte Betriebsratsmitglieder dürfen von inner- und außerbetrieblichen Maßnahmen der Berufsbildung nicht ausgeschlossen werden. Innerhalb eines Jahres nach Beendigung der Freistellung eines Betriebsratsmitglieds ist diesem im Rahmen der Möglichkeiten des Betriebs Gelegenheit zu geben, eine wegen der Freistellung unterbliebene betriebsübliche berufliche Entwicklung nachzuholen. Für Mitglieder des Betriebsrats, die drei volle aufeinanderfolgende Amtszeiten freigestellt waren, erhöht sich der Zeitraum nach Satz 2 auf zwei Jahre.**

Inhaltsübersicht

I. Vorbemerkung

Im Interesse einer möglichst wirksamen BRArbeit sieht § 38 Abs. 1 als generalisierende Konkretisierung der allgemeinen Vorschrift des § 37 Abs. 2 ab einer bestimmten Betriebsgröße die völlige Freistellung von BRMitgl. von der Arbeit vor. Die Anzahl der freizustellenden BRMitgl. ist nach der Betriebsgröße gestaffelt. Die gesetzliche Staffel enthält Mindestzahlen. Die Anzahl der freizustellenden BRMitgl. kann durch TV oder BV abweichend geregelt werden. Während Absatz 2 das bei der Freistellung im einzelnen zu beachtende Verfahren sowie einen besonderen Gruppenschutz regelt, bezwecken Absätze 3 und 4 die finanzielle und berufliche Absicherung der freigestellten BRMitgl., insbesondere auch nach Beendigung ihrer Freistellung. **1**

Durch das Änderungsgesetz 1989 ist Abs. 2 in mehrfacher Hinsicht im Sinne einer **Verstärkung des Gruppen- und Minderheitenschutzes** geändert worden: **1a**
- Während bisher die Gruppen bei der Auswahl der freizustellenden BRMitgl. angemessen zu berücksichtigen waren, sind sie nunmehr entsprechend dem Verhältnis ihrer Vertr. im BR zu berücksichtigen (Abs. 2 S. 3).
- Im Gegensatz zum bisherigen Recht, nach dem die freizustellenden BRMitgl. durch Mehrheitsbeschluß des BR bzw. ab einer gewissen Gruppenstärke durch die Gruppen im BR bestimmt wurden, werden

sie nunmehr geheim und im Regelfall nach den Grundsätzen der Verhältniswahl gewählt. Eine Mehrheitswahl findet nur statt, wenn lediglich ein Wahlvorschlag eingereicht wird oder nur ein BRMitgl. freizustellen ist (Abs. 2 S. 1 u. 2).

- Die maßgebende Gruppenstärke in Abs. 2 S. 4, ab der die Wahl der auf die Gruppen entfallenden freizustellenden BRMitgl. durch die Gruppen selbst erfolgt, ist von „mehr als einem Drittel" auf „mindestens einem Drittel" abgesenkt worden.
- Im Falle der Bestimmung der freizustellenden BRMitgl. durch die Einigungsstelle (Abs. 2 S. 8) wird ausdrücklich deren Pflicht normiert, bei ihrer Entscheidung auch den Gruppen- und Minderheitenschutz nach den Sätzen 1 bis 3 zu beachten.
- Die Abberufung der in Verhältniswahl bestimmten freigestellten BRMitgl. hat in geheimer Wahl zu erfolgen und bedarf einer qualifizierten Mehrheit von drei Vierteln der Mitgl. des BR bzw. im Falle ihrer Wahl durch die Gruppen der BRMitgl. der betr. Gruppe (Abs. 2 S. 10 i. V. m. § 27).

1b Die Vorschrift des Abs. 2 i. d. F. des Änderungsgesetzes findet auf BR Anwendung, die nach dem 31. 12. 88 gewählt worden sind (vgl. § 125 Abs. 3).

1c Diese Neuregelung des Minderheiten- und Gruppenschutzes bei der Freistellung von BRMitgl. ist im Zusammenhang mit den parlamentarischen Beratungen in der arbeitsrechtlichen Literatur überwiegend auf erhebliche Kritik gestoßen. Zwar wird z. T. die im Verhältniswahlrecht liegende Wahrscheinlichkeit, daß auch die Minderheitsgruppe künftig unter den freigestellten BRMitgl. eine Person ihres Vertrauens findet, begrüßt (*Buchner,* NZA, Beil. 1/89, S. 4; *Engels/Natter,* BB Beil. 8/89, S. 22; diesen Aspekt sehen ebenfalls als verständlich an *Löwich,* BB 88, 1954; *Wlotzke,* DB 89, 115). Ganz überwiegend wird jedoch auf die im Verhältniswahlrecht und der Kumulierung von Gruppen- und Minderheitenschutz liegende Gefahr hingewiesen, daß nicht mehr die qualifiziertesten und für eine sachkundige und effektive BRArbeit geeignetsten sowie vom Vertrauen der Mehrheit getragenen Mitgl. freigestellt werden (*Hanau,* ArbuR 88, 265; *ders.* Gutachten, S. 20ff.; *Richardi,* ArbuR 86, 38; *Schumann,* AiB 88, 206; *Schneider,* GMH 88, 413; insoweit ebenfalls *Löwich,* BB 88, 1954; *Wlotzke,* DB 89, 115).

2 Die Vorschrift gilt nicht für die Mitgl. des GesBR und des KBR. Sie sind, soweit sie nicht ohnehin von ihrem BR gemäß § 38 freigestellt sind, für die Erfüllung ihrer Aufgaben als Mitgl. dieser ArbNVertr. nach § 37 Abs. 2 i. Vbg. mit § 51 Abs. 1 und § 59 Abs. 1 von ihrer beruflichen Tätigkeit zu befreien. Auch auf JugAzubiVertr. und die GesJugAzubiVertr. findet § 38 keine Anwendung (vgl. § 65 und § 73 Abs. 2). Für ihre Mitgl. gilt allein die Regelung der Arbeitsbefreiung nach § 37 Abs. 2. Allerdings ist es zulässig, daß ArbGeb. und BR eine Vereinbarung auch über eine Freistellung von JugAzubiVertr. treffen (vgl. hierzu § 65 Rn 16 a. E.). Auf die Mitgl. der Bordvertr. findet § 38 ebenfalls keine Anwendung (§ 115 Abs. 4), wohl gilt er für den SeeBR (§ 116 Abs. 3). Für „zusätzliche ArbNVertr." i. S. von § 3 Abs. 1 Nr. 1

gilt § 38 nicht, es sei denn der TV enthält eine entsprechende Regelung. Auf eine „andere ArbNVertr." i. S. von § 3 Abs. 1 Nr. 2 findet § 38 dagegen Anwendung, da diese an die Stelle des BR tritt.

Abgesehen von der Möglichkeit abweichender Regelungen über die Zahl der freizustellenden BRMitgl. (Abs. 1 Satz 3) enthält die Vorschrift **zwingendes Recht** und kann weder durch TV noch durch BV abgeändert werden. 3

Entsprechende Vorschrift: § 46 Abs. 4 BPersVG. 3a

II. Freistellung von Betriebsratsmitgliedern

Obwohl § 38 lediglich ein **Unterfall der Generalnorm des § 37 Abs. 2** ist (vgl. § 37 Rn 12ff.), sind die Begriffe „Freistellung" (§ 38) und „Befreiung von der beruflichen Tätigkeit" (§ 37 Abs. 2) zu unterscheiden. Während unter letzterem die Entbindung von der Arbeitspflicht zu verstehen ist, die aus einem konkreten Anlaß zur Durchführung von Aufgaben des BR erforderlich ist, versteht man unter **„Freistellung"** die generelle Entbindung der BRMitgl. von ihrer Verpflichtung zur Arbeitsleistung zum Zwecke der Erfüllung von BRAufgaben, ohne daß es jeweils eines konkreten Nachweises bedarf, daß die Arbeitsversäumnis wegen der Durchführung der dem BR obliegenden Aufgaben erforderlich ist (*DR,* Rn 3; *GL,* Rn 5; *GK-Wiese,* Rn 6; *HSG,* Rn 6; *Jülicher,* ArbuR 73, 161; zur Rechtsstellung freigestellter BRMitgl. vgl. unten Rn 42ff.). Der Anspruch auf Freistellung steht dem BR, nicht von vornherein dem einzelnen BRMitgl. zu (*DR,* Rn 15; *GK-Wiese,* Rn 7). Dieses erwirbt erst nach einer Wahl gem. Abs. 2 einen hieraus abgeleiteten Individualanspruch auf Freistellung. 4

Die Freistellung erfolgt im allgemeinen in der Form, daß ein oder mehrere BRMitgl. in vollem Umfang von ihrer Verpflichtung zur betrieblichen Arbeitsleistung entbunden werden und sich ausschließlich mit den Aufgaben des BR befassen. Allerdings kann die Freistellung jedenfalls durch eine anderweitige Regelung durch TV oder BV auch in der Weise erfolgen, daß BRMitgl. lediglich für bestimmte Stunden oder für bestimmte Tage von ihrer Verpflichtung zur Arbeitsleistung entbunden werden (*DR,* Rn 18; *GKSB,* Rn 2). 5

Fraglich ist, ob der BR ohne Einverständnis des ArbGeb. **statt der vollen Freistellung** der vorgesehenen Zahl von BRMitgl. die **teilweise Freistellung** einer über die gesetzliche Freistellungsstaffel hinausgehende Zahl von BRMitgl. zulässigerweise beschließen kann. Diese Frage ist durchaus von praktischer Bedeutung, da BRMitgl. trotz der erhöhten Schutzvorschriften der Abs. 3 und 4 zugunsten freigestellter BRMitgl. vielfach aus durchaus anerkennenswerten Gründen den Wunsch haben, während ihrer Amtszeit nicht völlig aus ihrer beruflichen Tätigkeit auszuscheiden. Ferner ist daran zu denken, daß ein teilzeitbeschäftigtes BRMitgl. freigestellt werden soll. Auch wenn eine diesbezügliche Regelung in einem TV oder in einer BV fehlt, wird man eine teilweise Freistellung einer erhöhten Zahl von BRMitgl. jedenfalls dann als zulässig 6 ansehen müssen, wenn dem ArbGeb. durch die Teilfreistellung einer größeren Anzahl von BRMitgl. anstelle und im Rahmen der gesetzlichen Freistellungsstaffel keine unzumutbaren erhöhten Nachteile entstehen. Denn es ist zu berücksichtigen, daß der BR einerseits verpflichtet ist, die ordnungsgemäße Erfüllung seiner Aufgaben sicherzustellen, andererseits einem BRMitgl. die (völlige) Freistellung nicht aufgezwungen werden kann und teilzeitbeschäftigte BRMitgl. nicht von der Freistellung ausgeschlossen werden dürfen (vgl. *Jülicher,* ArbuR 73, 161; *DR,* Rn 15; *GKSB,* Rn 11; LAG Schleswig-Holstein, DB 73, 87; **a. A.** *GL,* Rn 23; *GK-Wiese,* Rn 24; *HSG,* Rn 18; *Stege/Weinspach,* Rn 8).

1. Zahl der freizustellenden Mitglieder

7 Abs. 1 Satz 1 sieht eine nach der Betriebsgröße gestaffelte Zahl von mindestens freizustellenden BRMitgl. vor. Diese **Mindestfreistellungen** knüpften an die „in der Regel" im Betrieb beschäftigten ArbN an. Zu dem Begriff „in der Regel" vgl. § 1 Rn 144ff. Maßgebend ist der Zeitpunkt der Beschlußfassung, nicht des Wahlausschreibens, da Zweck der Feststellung die ordnungsgemäße Erfüllung der BRAufgaben ist (*DR,* Rn 8; *GL,* Rn 7; *GK-Wiese,* Rn 9; *GKSB,* Rn 6; **a. A.** *Weiss,* Rn 2).

8 Maßgebend ist die **Zahl der im Betrieb beschäftigten ArbN.** Im Betrieb beschäftigt sind auch die ArbN, die in zum Betrieb gehörenden Betriebsteilen oder Nebenbetrieben arbeiten. Als ArbN sind die in § 5 Abs. 1 und § 6 genannten Personen zu verstehen. Auch die in Heimarbeit Beschäftigten, die in der Hauptsache für den Betrieb arbeiten, sind zu berücksichtigen. Desgleichen zählen TeilzeitArbN mit, und zwar nach Köpfen und nicht nur in der Form, daß ihre Arbeitszeit zu der eines VollzeitArbN zusammengezählt wird und nur insoweit zählt (**a. A.** de lege ferenda: *Löwisch,* RdA 84, 207). Es kommt nicht darauf an, daß die ArbN zum BR wahlberechtigt sind. Deshalb zählen auch die im Betrieb beschäftigten jugendlichen ArbN mit. Nicht mitzurechnen sind die in § 5 Abs. 2 genannten Personen sowie die in § 5 Abs. 3 aus dem Geltungsbereich des Gesetzes ausgenommenen leitenden Ang. (*DR,* Rn 5; *GL,* Rn 6).

9 Die **Zahl der mindestens freizustellenden ArbN** ist für Betriebe mit bis 10000 ArbN unmittelbar aus dem Gesetz abzulesen. Darüber hinaus ist für je angefangene weitere 2000 ArbN mindestens 1 weiteres BRMitgl. freizustellen, so z. B. in Betrieben mit

10001 bis 12000 ArbN 12 BRMitgl.
12001 bis 14000 ArbN 13 BRMitgl.
14001 bis 16000 ArbN 14 BRMitgl.
usw.

Für Freistellungen in Höhe der gesetzlichen Staffel bestehen außer der erforderlichen ArbNZahl keine weiteren Voraussetzungen.

10 **Erhöht sich die Zahl der regelmäßig beschäftigten ArbeitN** während der Amtszeit des BR nicht nur vorübergehend, so ist dieser berechtigt, die Zahl der freizustellenden BRMitgl. entsprechend zu erhöhen.

Entsprechendes gilt im umgekehrten Fall: Sinkt die Belegschaftsstärke nicht nur vorübergehend, so ist der BR gehalten, unter berücksichtigung der neuen Lage erneut über die Freistellung zu beschließen und diese entsprechend zu verringern, wenn sich die Aufgaben des BR entsprechend verringert haben (*DR,* Rn 8; *GL,* Rn 7; *GK-Wiese,* Rn 9; *GKSB,* Rn 6; *HSG,* Rn 11; *Becker/Schaffner,* BB 82, 499; **a. A.** *Weiss,* Rn 2, der ausschließlich auf die Zahl der am Wahltag regelmäßig beschäftigten ArbN abstellt).

Die Zahl der freizustellenden BRMitgl. ist als **Mindestzahl** bezeichnet. Die sich nach der Tabelle ergebenden Freistellungen werden im Einzelfall je nach den Verhältnissen des Betriebs, insbesondere in Großbetrieben mit ihren vielfältigen Problemen, u. U. nicht ausreichen. Die Zahl der Freistellungen kann deshalb auch erhöht werden. Daß eine solche Erhöhung durch TV oder durch eine freiwillige, nicht durch Anrufen der E-Stelle erzwingbare BV erfolgen kann, ist in Abs. 1 Satz 3 ausdrücklich gesagt (vgl. unten Rn 19). **11**

Darüber hinaus hat der BR aber auch ohne eine derartige Vereinbarung Anspruch auf eine entsprechende Erhöhung der Zahl der freizustellenden BRMitgl., wenn dies zur **ordnungsgemäßen Durchführung seiner Aufgaben erforderlich** ist. Das ergibt sich daraus, daß die Freistellungsstaffel des Abs. 1 ausdrücklich als Mindestzahl bezeichnet und lediglich eine generalisierende Konkretisierung der allgemeinen Regelung des § 37 Abs. 2 ist, die durch § 38 Abs. 1 nicht verdrängt wird (BAG 22. 5. 73, AP Nr. 1 und Nr. 2 zu § 38 BetrVG 1972; AP Nr. 2 zu § 37 BetrVG 1972; *DR,* Rn 11; *GL,* Rn 20; *GK-Wiese,* Rn 11; *GKSB,* Rn 9; *HSG,* Rn 12). **12**

Bestehen zwischen ArbGeb. und BR Meinungsverschiedenheiten über die Frage, ob eine Erhöhung der Zahl der freizustellenden BRMitgl. zur ordnungsgemäßen Erfüllung der Aufgaben des BR erforderlich ist, so ist dieser nach h. M. nicht berechtigt, eine entsprechende Erhöhung der Zahl der Freistellungen einseitig zu beschließen. Die Frage der Erforderlichkeit weitergehender Freistellungen ist vielmehr **zunächst in einem arbeitsgerichtlichen Beschlußverfahren** zu klären, bevor der BR eine erhöhte Zahl seiner Mitgl. freistellt (BAG 22. 5. 73, 9. 10. 73 und 16. 1. 79, AP Nr. 2, 3 und 5 zu § 38 BetrVG 1972; *DR,* Rn 12; *GL,* Rn 19; *GK-Wiese,* Rn 11 ff.; *HSG,* Rn 12, 14; *Jülicher,* ArbuR 73, 164; **a. A.** *GKSB,* Rn 8; *Auffarth,* ArbuR 72, 35). Eine über die gesetzliche Staffel hinausgehende Freistellung kann deshalb auch nicht lediglich in der Geschäftsordnung des BR festgelegt werden, ohne daß hierüber vorher mit dem ArbGeb. eine Vereinbarung getroffen worden ist (vgl. BAG 16. 1. 79, AP Nr. 5 zu § 38 BetrVG 1972). **12a**

Auch im **Betrieb mit unter 300 ArbN** kann dem BR ein Anspruch auf völlige oder teilweise Freistellung eines oder mehrerer BRMitgl. zustehen, wenn und soweit dies zur ordnungsmäßigen Durchführung der Aufgaben des BR erforderlich ist (BAG 2. 4. 74, AP Nr. 10 zu § 37 BetrVG 1972; *DR,* Rn 10; *GL,* Rn 21; *GK-Wiese,* Rn 16; *GKSB,* Rn 10; *Auffarth,* ArbuR 72, 35; *Jülicher,* ArbuR 73, 163; vgl. auch *Ottow* DB 75, 646; **a. A.** *HSG,* Rn 15 ff.). Da es auf die konkreten Umstände des einzel- **13** nen Betriebs ankommt, lassen sich Richtwerte nicht aufstellen (BAG 21. 11. 78, AP Nr. 34 zu § 37 BetrVG 1972).

14 Ist ein freigestelltes BRMitgl. zeitweilig verhindert, so hat der BR, wenn dies für die ordnungsmäßige Durchführung seiner Aufgaben erforderlich ist, auf Grund der allgemeinen Regelung des § 37 Abs. 2 Anspruch auf **Ersatzfreistellung** eines anderen BRMitgl. (BAG 22. 5. 73, AP Nr. 1 zu § 38 BetrVG 1972; *DR,* Rn 13; *GL,* Rn 22; *GK-Wiese,* Rn 27). Der BR ist in diesem Falle nicht darauf beschränkt, lediglich Arbeitsbefreiungen aus konkretem Anlaß nach § 37 Abs. 2 vorzunehmen.

15 Ob in jedem Falle sofort eine völlige Ersatzfreistellung eines anderen BRMitgl. notwendig ist, läßt sich nicht generell, sondern nur unter Berücksichtigung der konkreten Gegebenheiten des Einzelfalles beurteilen. Zu berücksichtigen sind hierbei insbesondere die Dauer der Verhinderung des freigestellten BRMitgl., die Anzahl der freigestellten BRMitgl. sowie Art, Organisation und räumliche Lage der einzelnen Betriebsstätten sowie die Arbeitszeit des Betriebs (z. B. Schichtbetrieb). Im allgemeinen wird man davon ausgehen müssen, daß jedenfalls in den Fällen, in denen mehrere BRMitgl. freigestellt sind, nicht bereits jede kurzfristige Verhinderung eines freigegestellten BRMitgl. den BR berechtigt, für die Dauer der Verhinderung ein anderes seiner Mitgl. völlig von der Arbeit freizustellen. Vielmehr ist davon auszugehen, daß der Gesetzgeber bei der Aufstellung der Mindeststaffel des Abs. 1 solche üblichen kurzfristigen Fehlzeiten, die bei jedem ArbN einmal vorkommen, mitberücksichtigt hat (BAG 22. 5. 73, AP Nr. 2 zu § 37 BetrVG 1972; *GL,* Rn 22; *GK-Wiese,* Rn 27; *HSG* Rn 13; *Weiss,* Rn 6; weitergehend *DR,* Rn 14; *GKSB,* Rn 12, in kleineren Betrieben mit nur einem oder zwei Freigestellten). In diesem Fall besteht jedoch stets die Möglichkeit einer vorübergehenden, aus konkretem Anlaß notwendig werdenden Arbeitsbefreiung eines BRMitgl. nach § 37 Abs. 2.

16 Über die gesetzliche Staffel hinausgehende Freistellungen sind nur zulässig, soweit diese zur ordnungsmäßigen Durchführung der Aufgaben des BR erforderlich sind (BAG 22. 5. 73, AP Nr. 1 und Nr. 2 zu § 38 BetrVG 1972; *DR,* Rn 11; *GK-Wiese,* Rn 15; *GKSB,* Rn 7, 9). Die Grundsätze für die Arbeitsbefreiung nach § 37 Abs. 2 sind für die weitergehenden Freistellungen insoweit entsprechend heranzuziehen. Dies ergibt sich schon daraus, daß eine Freistellung, die nicht zur Erfüllung der Aufgaben des BR erforderlich ist, als eine nicht gerechtfertigte Begünstigung des betreffenden BRMitgl. anzusehen und deshalb wegen Verstoßes gegen § 78 Abs. 1 nichtig wäre (*Jülicher,* a. a. O. S. 162; vgl. hierzu auch § 78 Rn 12).

17 Über die gesetzliche Staffel hinausgehende Freistellungen sind dann zur ordnungsmäßigen Durchführung der Aufgaben des BR erforderlich, wenn es den entsprechend der gesetzlichen Staffel freigestellten BRMitgl. auch unter Berücksichtigung der Arbeitsbefreiung der übrigen BRMitgl. nach § 37 Abs. 2 nicht möglich ist, die Aufgaben des BR ordnungsgemäß **innerhalb der betriebsüblichen Arbeitszeit** zu erfüllen (vgl. hierzu auch BAG 21. 5. 74, AP Nr. 14 zu § 37 BetrVG 1972). Die Erforderlichkeit muß sich aus den Verhältnissen des betreffenden Betriebs ergeben, z. B. Besonderheiten der betrieblichen Organisation, zahlreiche und verstreut liegende betriebliche Außenstellen (vgl. im einzelnen hierzu § 37 Rn 16ff.). Die Notwendigkeit einer erhöhten Freistellung ist vom BR durch konkrete Tatsachen darzulegen (BAG 22. 5. 73, AP Nr. 2 zu § 37 BetrVG 1972). Hierbei sind an die Darlegungslast bei einer ständigen erhöhten Freistellung höhere Anforderungen zu stellen, als wenn es lediglich um eine vorübergehende zusätzliche Freistellung für ein oder mehrere auf längere Zeit verhinderte freigestellte BRMitgl. geht (BAG 22. 5. 73, AP Nr. 1 zu § 38 BetrVG 1972).

Freigestellt werden können **nur BRMitgl.** (*DR,* Rn 28; *GK-Wiese,* Rn 30; *GKSB,* Rn 1; *HSG,* Rn 8). Die Freistellung anderer ArbN des Betriebs ist nicht zulässig. Auch **ErsMitgl.** können erst freigestellt werden, wenn sie gemäß § 25 für ein BRMitgl. in den BR nachgerückt sind. **18**

2. Anderweitige Regelungen durch Tarifvertrag oder Betriebsvereinbarung

Durch Abs. 1 Satz 3, nach dem durch TV oder BV anderweitige Regelungen über die Freistellung vereinbart werden können, wird die Möglichkeit eröffnet, anstelle der gesetzlichen eine anderweitige pauschalierte Regelung der Freistellung festzulegen. Hierbei kann die anderweitige Regelung sowohl in einer generellen Änderung der Zahl der freizustellenden BRMitgl. als auch darin bestehen, daß anstelle einer völligen Freistellung die teilweise Freistellung einer größeren Anzahl von BRMitgl. vorgesehen wird (*DR,* Rn 18; *GL,* Rn 31; *GK-Wiese,* Rn 19; *GKSB,* Rn 14; **a. A.** hinsichtlich einer teilweisen Freistellung *HSG,* Rn 19). Auch ist es möglich, für Betriebe unter 300 ArbN eine pauschalierte völlige oder teilweise Freistellung von BRMitgl. zu vereinbaren (*DR,* Rn 17; *GK-Wiese,* Rn 19). **19**

Die anderweitige Regelungsbefugnis durch TV oder BV bezieht sich – wie sich aus ihrer Stellung in Abs. 1 S. 3 ergibt – auf die Anzahl der ganz oder teilweise freigestellten BRMitgl., und nicht auf eine abweichende Regelung des Freistellungsverfahrens nach Abs. 2 und des dort geregelten Gruppenschutzes. **19a**

Im Hinblick auf den allgemeinen Begriff „anderweitig" (nicht „weitergehend") wird man es auch als zulässig ansehen müssen, daß TV oder BV **eine geringere Zahl von Freistellungen** als die Staffel des Gesetzes festlegen können (*DR,* Rn 17; *GL,* Rn 31; *GK-Wiese,* Rn 19; *GKSB,* Rn 14f.; *Brecht,* Rn 7; *Schaub,* § 221 IV 2; **a. A.** *Weiss,* Rn 3). Allerdings darf sich der BR mit einer geringeren Zahl von Freistellungen als der gesetzlichen Regelung dann nicht einverstanden erklären, wenn damit die ordnungsgemäße Durchführung der Aufgaben des BR nicht mehr gewährleistet ist. Dies würde eine Verletzung seiner gesetzlichen Pflichten darstellen. Nicht zulässig ist es, eine Freistellung von BRMitgl. ganz auszuschließen; denn dies stellt keine anderweitige Regelung der Freistellung dar (*GK-Wiese,* Rn 20; *HSG,* Rn 19). **20**

20a Die BV über eine anderweitige Regelung der Freistellung kann nur **freiwillig** abgeschlossen und nicht über die E-Stelle gegen den Willen eines der Betriebspartner erzwungen werden (*DR,* Rn 16; *GL,* Rn 30).

21 Besteht eine anderweitige tarifvertragliche Regelung über die Freistellung, so ist eine BV insoweit zulässig, als sie eine **weitergehende Freistellungsregelung** als der Tarifvertrag enthält. § 77 Abs. 3 findet keine Anwendung, da es sich bei der Freistellung nicht um die Regelung von Arbeitsbedingungen, sondern um eine betriebsverfassungsrechtliche Frage handelt (*DR,* Rn 19; *GK-Wiese,* Rn 21; *HSG,* Rn 21; **a. A.** *GL,* Rn 32). Eine BV mit einer ungünstigeren Freistellungsregelung, als der TV sie vorsieht, ist nicht zulässig, da der TV gegenüber der BV die höherrangige Norm ist. Etwas anderes gilt nur, wenn der TV eine ungünstigere Regelung durch BV ausdrücklich zuläßt.

22 Besteht eine anderweitige Regelung der Freistellung durch TV oder BV, so ist davon auszugehen, daß der BR an die in der entsprechenden Vereinbarung getroffene Regelung gebunden ist. In diesem Falle hat er, falls TV oder BV dies nicht ausdrücklich zulassen, keinen Anspruch auf weitergehende Freistellungen (*DR,* Rn 20; *GL,* Rn 33; *GK-Wiese,* Rn 22). Der Anspruch auf Arbeitsbefreiung aus konkretem Anlaß nach § 37 Abs. 2 bleibt jedoch unberührt.

3. Berücksichtigung der Gruppen

23 Das Änderungsgesetz 1989 hat die bisherige Regelung, die Gruppen bei der Freistellung angemessen zu berücksichtigen, durch die Verpflichtung zu ihrer Berücksichtigung entsprechend dem **Verhältnis ihrer Vertretung im BR** ersetzt. Eine Mindestberücksichtigung der Gruppen – wie bei der Besetzung des BetrAusschusses in § 27 Abs. 2 S. 2 vorgeschrieben – ist nicht vorgesehen.

Die Berechnung der den Gruppen zustehenden Freistellungen erfolgt wie im Falle der Berücksichtigung der Gruppen bei der Besetzung des BetrAusschusses nach den Grundsätzen des Höchstzahlensystems. Zu diesem Berechnungsverfahren vgl. § 27 Rn 8f., § 14 Rn 26f.; die dortigen Ausführungen gelten entsprechend. Ein nach § 12 Abs. 2 gewähltes gruppenfremdes BRMitgl. zählt zu der Gruppe, die es gewählt hat.

24 Die Berücksichtigung der Gruppen entsprechend dem Verhältnis ihrer Vertretung im BR ist nicht in dem Sinne zwingend, daß hiervon nicht **einvernehmlich abgewichen** werden könnte. So kann – jedenfalls bei einem einstimmigen Beschluß der betreffenden Gruppe – sowohl die Mehrheitsgruppe der Minderheitsgruppe mehr Freistellungen zugestehen, als ihrer Vertretung im BR entspricht, als auch die Minderheitsgruppe ganz oder teilweise darauf verzichten, bei der Freistellung berücksichtigt zu werden (vgl. zu den entsprechenden Verzichtsmöglichkeiten bei der Besetzung der Sitze des BetrAusschusses § 27 Rn 7; *Dänzer-Vanotti,* ArbuR 89, 210). Eine solche Modifikationsmöglichkeit ist schon aus dem Grunde anzuerkennen, als kein BRMitgl. zu einer Freistellung gezwungen werden kann und deshalb ohnehin nicht gewährleistet ist, daß die den Gruppen zustehenden Freistellungen auch tatsächlich

in Anspruch genommen werden. Wenn dies von vorn herein erkennbar ist, muß auch ein vorheriger Verzicht zulässig sein.

24a Erklären sich **weniger BRMitgl.** einer Gruppe zu einer Freistellung bereit, als dieser nach dem Verhältnis ihrer Vertretung im BR zustehen, so fallen die nicht von dieser Gruppe in Anspruch genommenen Freistellungen der anderen Gruppe zu.

4. Wahl der freizustellenden Betriebsratsmitglieder

25 Die freizustellenden BRMitgl. werden in **geheimer Wahl** bestimmt. Das gilt nicht nur im Fall der Verhältniswahl, sondern auch der Mehrheitswahl, da Abs. 2 S. 2 nur eine Abweichung von der Verhältniswahl, nicht jedoch von dem Grundsatz der geheimen Wahl zum Inhalt hat. Nähere Regelungen über die Durchführung der Wahl enthält das Gesetz nicht. Insoweit gelten die allgemeinen Grundsätze einer geheimen Abstimmung. Erforderlich ist stets die Verwendung von Stimmzetteln, die so gestaltet sein müssen, daß sie keine Identifizierung des Wählers zulassen. Mangels näherer Regelungen über die Gestaltung des Stimmzettels ist im Interesse, einen zu großen Formalismus zu vermeiden, eine den jeweiligen Umständen gerecht werdende Regelungsfreiheit anzuerkennen. Hierbei muß allerdings die Wahrung des Wahlgeheimnisses gesichert bleiben. Dies ist anzunehmen, wenn die Kennzeichnung des Stimmzettels in einer einfachen Weise erfolgt, die keinen Rückschluß auf den Wähler zuläßt. So dürften z. B. gegen die Durchführung der Wahl in der Weise, daß drei eingereichten Vorschlagslisten mit I, II und III bezeichnet werden und jedes BRMitgl. auf einem leeren Stimmzettel die Nr. der Liste aufschreibt, die es wählen will, keine Bedenken bestehen. In diesem Falle dürfte die Möglichkeit eines Rückschlusses auf den Wähler aus dem Schriftbild und damit eine Verletzung des Grundsatzes der geheimen Wahl ausgeschlossen sein.

25a Der Vors. des BR, dem die Leitung der Wahl obliegt, hat dafür zu sorgen, daß den BRMitgl. eine geheime Abstimmung möglich ist.

25b Die Kandidatur zur Freistellung setzt ebenso wie die Freistellung selbst (vgl. hierzu Rn 41d) das **Einverständnis** des betreffenden BRMitgl. voraus (*DR,* Rn 31; *GL,* Rn 23; *GK-Wiese,* Rn 30; *GKSB,* Rn 27). Zur Möglichkeit eines nachträglichen Widerrufs des Einverständnisses vgl. unten Rn 41d.

a) Wahl durch den Betriebsrat

26 Sofern nicht die Voraussetzungen des Abs. 2 S. 4 über eine Wahl getrennt nach Gruppen vorliegen (vgl. hierzu unten Rn 29), werden die Freizustellenden vom gesamten BR gewählt. Gleiches gilt, wenn nur ein Mitgl. des BR freizustellen ist oder wenn auf eine der Gruppen keine Freistellung entfällt. Die Wahl ist in diesem Falle stets eine **Gemeinschaftswahl.** Für eine wirksame Wahl ist erforderlich, daß mindestens die Hälfte der BRMitgl. an der Wahl teilnehmen; denn nur dann ist der BR beschlußfähig (vgl. § 33 Abs. 2). Das Erfordernis der Beschlußfähig-

keit muß auch bei organisatorischen Akten des BR erfüllt sein, für die eine förmliche Wahl vorgeschrieben ist (§ 33 Rn 9a).

26a Sind die Freizustellenden durch den BR zu wählen, sind alle BRMitgl. (ohne Rücksicht auf ihre Gruppenzugehörigkeit) berechtigt, **Wahlvorschläge** einzureichen. Das Recht steht nur den BRMitgl., nicht den ErsMitgl. des BR zu. Ein bestimmtes Mindestquorum für einen gültigen Wahlvorschlag ist nicht vorgeschrieben, so daß auch ein einziges Mitgl. einen Wahlvorschlag unterbreiten und sich selbst vorschlagen kann. Nur BRMitgl. können vorgeschlagen werden, nicht ErsMitgl. des BR, solange sie nicht in den BR nachgerückt sind. Es können nicht nur BRMitgl. der eigenen Gruppe, sondern auch Mitgl. der anderen Gruppe für die Freistellung vorgeschlagen werden. Ein gültiger Wahlvorschlag liegt auch vor, wenn er weniger Bewerber enthält, als Freistellungen vorzunehmen sind.

27 Die Wahl erfolgt, wenn mehrere Wahlvorschläge (Listen) zur Abstimmung stehen, nach den Grundsätzen der **Verhältniswahl.** Die Verhältniswahl ist eine Listenwahl. Bei ihr kann der Wähler nur eine der zur Wahl stehenden Liste als solche wählen (vgl. zur Verhältniswahl allgemein § 14 Rn 25ff.). Ob nur eine Liste oder mehrere Listen zur Wahl stehen, hängt davon ab, ob sich die BRMitgl. auf die Vorlage nur eines Wahlvorschlages verständigen bzw. die Vorlage nur einer Liste akzeptieren, oder ob sie mehrere konkurrierende Wahlvorschläge zur Wahl stellen.

27a Im Falle der Verhältniswahl bestimmen sich die gewählten Freizustellenden nach den **Höchstzahlen,** die auf die einzelnen Listen entfallen, und nach der Gruppenzugehörigkeit der Bewerber. Die Höchstzahlen werden nach dem sog. d'Hondtschen System berechnet (vgl. hierzu § 14 Rn 27 u. § 27 Rn 17a). Der BRVors. hat als Leiter der Wahl aufgrund der Höchstzahlen für jede Gruppe gesondert festzustellen, welche Bewerber der einzelnen Listen gewählt sind (vgl. § 16 WO). Maßgebend ist hierbei die Reihenfolge, in der die Bewerber für die jeweilige Gruppe auf den Listen stehen (vgl. zum generellen Berechnungsprinzip der Berücksichtigung der Gruppen im Falle der Gemeinschafts- und Verhältniswahl § 14 Rn 30f.).

28 Wird nur eine Vorschlagsliste eingereicht, so erfolgt die Wahl als **Mehrheitswahl.** Gleiches gilt, wenn nur ein BRMitgl. freizustellen ist (Abs. 2 S. 2). In diesen Fällen hat jedes BRMitgl. das Recht, aus der Liste der vorgeschlagenen Bewerber so viele Kandidaten zu wählen, wie BRMitgl. freizustellen sind. Wählt er mehr Bewerber, ist seine Stimme ungültig, wählt er weniger, hat es dabei sein Bewenden.

28a Bei einer Mehrheitswahl sind die Bewerber als Freizustellende gewählt, die die **meisten Stimmen** erhalten haben. Allerdings ist auch hier die notwendige Berücksichtigung der Gruppen (vgl. hierzu oben Rn 23ff.) zu beachten. Für die auf die Gruppen entfallenden Freistellungen kommt es ausschließlich auf die Stimmen an, die auf die Bewerber der betreffenden Gruppe entfallen sind, mögen Bewerber der anderen Gruppe auch mehr Stimmen erhalten haben (vgl. zum generellen Berechnungsprinzip der Berücksichtigung der Gruppen im Falle der Gemeinschafts- und Mehrheitswahl § 14 Rn 35f.). Haben mehrere Bewerber für den letzten einer Gruppe zustehenden Sitz dieselbe Stimmenzahl erhalten, so erfolgt die Vergabe dieses Sitzes zwischen diesen Bewerbern durch Losentscheid.

b) Wahl getrennt nach Gruppen

Die Gruppen im BR wählen die auf sie entfallenden freizustellenden Mitgl. in jeweils getrennten Wahlen selbst, wenn jeder Gruppe im BR **mindestens ein Drittel der BRMitgl.** angehört (Abs. 2 S. 4). Diese Voraussetzung entspricht derjenigen, unter denen den Gruppen im BR ein eigenständiges und verbindliches Vorschlagsrecht für die Wahl des Vors. und stellvertretenden Vors. des BR zusteht (vgl. § 26 Rn 16). **29**

Bei der Wahl der freizustellenden BRMitgl. durch die Gruppen ist für die Wirksamkeit der Wahl in entsprechender Anwendung des § 33 Abs. 2 erforderlich, daß mindestens die **Hälfte** der der jeweiligen Gruppe zuzurechnenden BRMitgl. an **der Wahl teilnehmen** (vgl. § 33 Rn 12, § 27 Rn 20a; *DR,* Rn 30; *GL,* Rn 14; *GK-Wiese,* Rn 40; *HSG,* Rn 28). **29a**

Im Falle der Gruppenwahl sind nur die BRMitgl. (nicht die ErsMitgl.) berechtigt, **Vorschläge** für die der Gruppe zustehenden Freizustellenden zu machen, die der betreffenden Gruppe zuzurechnen sind. Es können auch nur BRMitgl. der betreffenden Gruppe für die Freistellung vorgeschlagen werden. Die bei der BRWahl bestehende Möglichkeit, daß eine Gruppe auch Angehörige der anderen Gruppe wählt (vgl. § 12 Rn 13ff.), ist bei der Freistellung nicht vorgesehen (vgl. aber auch oben Rn 24f.). **29b**

Die Wahl der freizustellenden BRMitgl. durch die Gruppen erfolgt nach den Grundsätzen der **Verhältniswahl,** wenn in ihnen jeweils mehrere Wahlvorschläge eingereicht worden sind (vgl. oben Rn 27). Die Reihenfolge der Gewählten bestimmt sich nach den auf die einzelnen Listen in der jeweiligen Gruppe entfallenen Höchstzahlen. Entsprechend diesen Höchstzahlen sind die BRMitgl. in der Reihenfolge gewählt, in der sie auf der Liste aufgeführt sind (vgl. zum generellen Berechnungsprinzip bei Verhältnis- und Gruppenwahl § 14 Rn 28f.). **30**

Wird in einer oder in beiden Gruppen jeweils nur ein Wahlvorschlag eingereicht, werden die freizustellenden BRMitgl. durch die jeweiligen Gruppenangehörigen in **Mehrheitswahl** gewählt. Das gleiche gilt, wenn einer oder beiden Gruppen jeweils nur eine Freistellung zusteht. Gewählt sind die Bewerber der jeweiligen Gruppe, die für die der Gruppe zustehenden Freistellungen die meisten Stimmen erhalten haben (vgl. zum allgemeinen Berechnungsprinzip bei Gruppen- und Mehrheitswahl § 14 Rn 34). Erhalten in einer Gruppe für die einzige oder für die letzte ihr zustehende Freistellung mehrere Bewerber dieselbe Stimmenzahl, ist über diese Freistellung durch Los zu entscheiden. **31**

c) Beratung mit dem Arbeitgeber

32 Der Wahl der freizustellenden BRMitgl. hat eine Beratung mit dem ArbGeb. vorauszugehen. Die Beratung obliegt dem BR, wenn die freizustellenden Mitgl. von ihm gewählt werden oder – im Falle ihrer Wahl durch die Gruppen – den jeweiligen Gruppen (vgl. Abs. 2 S. 1 u. S. 4 Halbs. 2). Die Beratung hat in einer ordnungsgemäß einberufenen BRSitzung zu erfolgen (*DR,* Rn 23; *GKSB,* Rn 20; **a. A.** *GK-Wiese,* Rn 33: auch in der monatlichen Besprechung nach § 74 Abs. 1). Die Beratung dient dem Zweck, dem ArbGeb. vor der Wahl Gelegenheit zu geben, etwaige aus betrieblichen Gründen bestehende Bedenken gegen die Freistellung bestimmter BRMitgl. erheben zu können. Da weder der BR noch – im Falle der Gruppenwahl nach Abs. 2 S. 4 – die Gruppe als solche gültig eingereichte Wahlvorschläge von sich aus ändern können, richtet sich die Beratung in erster Linie an diejenigen, die Wahlvorschläge eingereicht haben. Allerdings sind die übrigen BRMitgl. nicht gehindert, ihre Auffassung zu den Bedenken des ArbGeb. vorzutragen; dies folgt schon daraus, daß der BR Beteiligter eines etwaigen Verfahrens vor der E-Stelle ist, wenn der ArbGeb. diese wegen sachlicher Unvertretbarkeit einer Freistellung anruft. Der BR bzw. die Gruppen im BR sind zwar aus dem Gesichtspunkt der vertrauensvollen Zusammenarbeit gehalten, die Bedenken des Arbeitgebers zu würdigen. Letztlich sind die BRMitgl. jedoch sowohl hinsichtlich ihres Wahlvorschlagsrechts als auch ihrer Wahlentscheidung frei. Allerdings ist je nach der Gewichtigkeit der Einwände nicht auszuschließen, daß der ArbGeb. die E-Stelle anruft, wenn seine Einwände unberücksichtigt bleiben (vgl. unten Rn 36).

32a Unterbleibt die Beratung mit dem ArbGeb., so führt dies **nicht zur Unwirksamkeit des Freistellungsbeschlusses** (*GK-Wiese,* Rn 34; *GKSB,* Rn 19; *Weiss,* Rn 4; **a. A.** *DR,* Rn 23; *GL,* Rn 10; *HSG,* Rn 25; *Böhm,* DB 74, 725; *Becker/Schaffner,* BB 82, 500; *Schaub,* § 221 IV 5). Allerdings kann eine offensichtlich grundlose oder böswillige Unterlassung der Beratung u. U. als ein grober Verstoß gegen die dem BR obliegenden gesetzlichen Verpflichtungen angesehen werden, die den ArbGeb. berechtigen, die Auflösung des BR gemäß § 23 Abs. 1 zu beantragen.

5. Ersatzfreistellungen

33 Der BR hat im Falle der Verhinderung eines freigestellten BRMitgl. im allgemeinen Anspruch auf **ErsFreistellung** eines anderen BRMitgl. (vgl. oben Rn 14f.). Das gleiche gilt für den Fall, daß ein freigestelltes BRMitgl. diese Funktion niederlegt oder aus dieser Funktion abberufen wird (vgl. hierzu unten Rn 41d ff.). Die Wahl von BRMitgl., die anstelle des verhinderten oder aus der Funktion eines freigestellten ausgeschiedenen BRMitgl. freizustellen sind, ist deshalb nicht nur zulässig, sondern vielfach zweckmäßig, um stets die volle Zahl der Freizustellenden zur Erfüllung der BRArbeit zur Verfügung zu haben.

Für die Wahl der ErsMitgl. für Freigestellte gelten **dieselben Grundsätze** wie für die Wahl der ErsMitgl. des BetrAusschusses. Denn ihre Wahl ist einerseits ebensowenig wie deren Wahl ausdrücklich geregelt, andererseits stimmen die Grundsätze der Wahl der Mitgl. des BetrAusschusses mit den Wahlgrundsätzen für die freizustellenden BRMitgl. überein. Aus diesem Grunde kann auf die Erläuterungen zu § 27 Rn 21ff., soweit sie für die Freistellung einschlägig sind, verwiesen werden. Zusammengefaßt gilt folgendes: **33a**

Die Wahl der ErsMitgl. für Freizustellende ist **geheim.** Sie erfolgt im Falle des Abs. 2 S. 1 u. 2 durch den BR und im Falle des Abs. 2 S. 4 getrennt durch die Gruppen (vgl. § 27 Rn 22). Sind die Freizustellenden in **Mehrheitswahl** gewählt worden, gleichgültig ob durch den BR insgesamt oder durch getrennte Wahl in den Gruppen, so ist eine Bestimmung der ErsMitgl. für Freigestellte in entsprechender Anwendung des § 25 Abs. 2 S. 3 zulässig (vgl. § 27 Rn 23a i. V. m. § 25 Rn 27). Jedoch kann der BR bzw. die betreffende Gruppe auch eine gesonderte Wahl der ErsMitgl. beschließen (vgl. § 27 Rn 23b). **33b**

Sind die Freizustellenden dagegen in **Verhältniswahl** gewählt worden, so sind ErsMitgl. in entsprechender Anwendung des § 25 Abs. 2 S. 1 u. 2 der Reihe nach die nicht gewählten Bewerber derjenigen Vorschlagslisten, denen das verhinderte oder aus der Freistellungsfunktion ausgeschiedene BRMitgl. angehört (Löwisch, Rn 14). Bei einer Wahl der Freizustellenden durch den BR ist bei der Heranziehung von ErsMitgl. neben ihrer Reihenfolge auf der Liste auch die Gruppenzugehörigkeit des zu ersetzenden Freigestellten zu berücksichtigen (vgl. im einzelnen § 27 Rn 24 i. V. m. § 25 Rn 29). Eine gesonderte Wahl der ErsMitgl. ist bei einer Verhältniswahl grundsätzlich (vgl. aber auch § 27 Rn 24e a. E.) nicht zulässig, da sie den bei dieser Wahl bestehenden Listenschutz unterlaufen würde (vgl. § 27 Rn 24c ff.; **a. A.** *Dänzer-Vanotti,* ArbuR 89, 209). **33c**

Auch die Wahl der ErsMitgl. für freigestellte BRMitgl. ist mit dem ArbGeb. vor der Wahl zu beraten (vgl. oben Rn 32f.). **33d**

6. Unterrichtung des Arbeitgebers, Einigungsstelle

Obwohl der BR bzw. die in ihm vertretenen Gruppen durch Wahl darüber bestimmen, welche BRMitgl. freigestellt werden sollen, erfolgt die **Freistellung selbst durch den ArbGeb.** Dies ergibt sich daraus, daß der ArbGeb. als Gläubiger des Anspruchs auf Arbeitsleistung allein befugt ist, generell auf die Erfüllung dieses Anspruchs zu verzichten (*DR,* Rn 32; *GL,* Rn 17; *GK-Wiese,* Rn 41; *HSG,* Rn 23; *Jülicher,* ArbuR 73, 165). Vor Einverständniserklärung des ArbGeb. mit den beschlossenen Freistellungen (die jedoch auch durch konkludentes Verhalten gegeben werden kann und stets anzunehmen ist, wenn der ArbGeb. nicht binnen zwei Wochen nach Bekanntgabe des Beschlusses die E-Stelle angerufen hat – vgl. Abs. 2 S. 6 –) dürfen die gewählten BRMitgl. ihrer beruflichen Tätigkeit nicht generell fernbleiben. Die Möglichkeit der Arbeitsbefreiung nach § 37 Abs. 2 besteht jedoch in jedem Fall. Der ArbGeb. ist bei Vorliegen der gesetzlichen Voraussetzungen **verpflichtet,** die gewählten **34**

BRMitgl. freizustellen. Der Freistellungsanspruch kann ggf. durch eine **einstweilige Verfügung des ArbG** vorläufig gesichert werden. Handelt der ArbGeb. bewußt seiner Verpflichtung zur Freistellung zuwider, so kann dies eine grobe Pflichtverletzung i. S. von § 23 Abs. 3 darstellen; auch kann hierin eine nach § 119 Abs. 1 Nr. 2 strafbare Behinderung der BRArbeit liegen (*GK-Wiese,* Rn 42; *GL,* Rn 18; *HSG,* Rn 23).

35 Der BR hat dem ArbGeb. **die Namen** der für die Freistellung vorgesehenen BRMitgl. **mitzuteilen.** Stimmt der ArbGeb. ihrer Freistellung zu, so sind die BRMitgl. nunmehr von ihrer beruflichen Tätigkeit freigestellt. Das gleiche gilt, falls der ArbGeb. sich über zwei Wochen nach Bekanntgabe der Namen der Freizustellenden verschweigt (vgl. Abs. 2 Satz 6). Nach widerspruchslosem Ablauf der Frist sind die betreffenden BRMitgl. berechtigt, ihrer Arbeit fernzubleiben und sich nur der BRArbeit zu widmen (*DR,* Rn 39, *GL,* Rn 26; **a. A.** *Dütz,* DB 76, 1434; *GK-Wiese,* Rn 41: ausdrückliche Freistellung durch ArbGeb. erforderlich).

36 Hält der ArbGeb. das Ergebnis der Wahl der Freizustellenden ganz oder teilweise für **sachlich nicht vertretbar,** so kann er binnen zwei Wochen, nachdem ihm die Namen der gewählten Freizustellenden mitgeteilt worden sind, die **E-Stelle** anrufen.

Da der Umfang der Freistellung durch die gesetzliche Freistellungsstaffel, durch eine anderweitige tarifliche oder betriebliche Vereinbarung oder durch eine gerichtliche Entscheidung (vgl. hierzu oben Rn 12a) verbindlich festliegt, kann sich die „sachliche Nichtvertretbarkeit“ der Freistellungsentscheidung des BR nur auf die **Auswahl der freizustellenden BRMitgl.** beziehen (BAG 9. 10. 73, AP Nr. 3 zu § 38 BetrVG 1972; *DR,* Rn 36, *GL,* Rn 27; *GK-Wiese,* Rn 41). Obwohl grundsätzlich allein dem BR bzw. den Gruppen im BR die durch Wahl zu treffende Entscheidung obliegt, welche BRMitgl. freigestellt werden sollen, so haben sie bei ihrer Entscheidung doch gemäß § 2 Abs. 1 auf die betrieblichen Belange Rücksicht zu nehmen. Stehen zwingende betriebliche Notwendigkeiten der Freistellung eines bestimmten Mitgl. entgegen, so ist von dessen Freistellung abzusehen, wenn andere für eine Freistellung geeignete BRMitgl. vorhanden sind. Dies kann z. B. der Fall sein, wenn eine für den ordnungsgemäßen Betriebsablauf notwendige, besonders qualifizierte Fachkraft freigestellt werden soll, für die ein Ersatz nicht gefunden werden kann, oder wenn mehrere BRMitgl. aus einer Arbeitsgruppe freigestellt werden sollen und die Arbeitsgruppe dadurch, da keine Ersatzleute vorhanden und zu beschaffen sind, nicht mehr arbeitsfähig ist (*GL,* Rn 27; *GK-Wiese,* Rn 44). Nur wirklich **zwingende Gründe** können die Aufhebung der Wahlentscheidung des BR oder der Gruppen durch die E-Stelle rechtfertigen, nicht jede Erschwerung des Betriebsablaufs oder Unannehmlichkeiten für den ArbGeb. (im Ergebnis ebenso *HSG,* Rn 32). Diese Einschränkung der Entscheidungskompetenz der E-Stelle auf wirklich zwingende Gründe wird auch darin deutlich, daß das Änderungsgesetz 1989 in Abs. 2 S. 6 die Worte „sachlich nicht begründet“ durch die Worte „sachlich nicht vertretbar“ ersetzt hat; mit diesen, jedenfalls in der Tendenz engeren Worten wird die bisherige Interpretation des Gesetzes zutreffender eingefangen. Letztlich dürfte bei der Abwägung der im einzelnen zu bedenkenden Umstände der Sicherung einer ordnungsgemäßen BRArbeit das ausschlaggebende Gewicht beizumessen sein.

Die Anrufung der E-Stelle ist binnen einer **Frist von 2 Wochen** zulässig, nachdem dem ArbGeb. die freizustellenden BRMitgl. bekanntgegeben worden sind, d. h. diesem oder der hierfür vertretungsberechtigten Person die entsprechende Mitteilung zugegangen ist. Daß der ArbGeb. von der Mitteilung Kenntnis genommen hat, ist nicht erforderlich. 37

Die Zwei-Wochen-Frist ist eine **Ausschlußfrist** (*HSG,* Rn 31). Die Berechnung der Frist bestimmt sich nach den §§ 187 ff. BGB. Da der Tag der Bekanntgabe bei der Berechnung nicht mitzählt, endet die Frist mit Ablauf des Tages der zweiten Woche, der demjenigen entspricht, an dem die freizustellenden BRMitgl. dem ArbGeb. bekanntgegeben worden sind. Fällt der letzte Tag der Frist auf einen Samstag, Sonntag oder gesetzlichen Feiertag, so endet die Frist mit dem nächstfolgenden Werktag.

Die E-Stelle muß vor Ablauf der Frist **angerufen** sein. Besteht eine ständige betriebliche E-Stelle (vgl. § 76 Abs. 1 Satz 2), so muß vor Ablauf der Frist der Antrag des ArbGeb. auf Überprüfung der vom BR beschlossenen Freistellungen beim Vors. der E-Stelle eingegangen sein. Muß die E-Stelle jedoch erst gebildet werden, so ist die Frist gewahrt, wenn der ArbGeb. innerhalb der Frist beim BR den Antrag stellt, eine E-Stelle zum Zwecke der Überprüfung der Freistellung zu bilden (*DR,* Rn 33; *GL,* Rn 25; *GK-Wiese,* Rn 47). 38

Der ArbGeb. kann die Geltendmachung der sachlichen Nichtvertretbarkeit auf **einzelne der freizustellenden BRMitgl. beschränken,** so z. B. wenn er nur die Freistellung eines bestimmten BRMitgl. wegen dessen besonderer Bedeutung für einen ordnungsgemäßen Betriebsablauf für sachlich nicht vertretbar hält (*DR,* Rn 34; *GL,* Rn 25; *GK-Wiese,* Rn 48; LAG Hamm, DB 73, 142; LAG Düsseldorf, DB 73, 627). 39

Ruft der ArbGeb. die E-Stelle nicht innerhalb der Frist von 2 Wochen an, so gilt sein **Einverständnis** mit der Freistellung als erteilt (Abs. 2 S. 9). Ein späteres Anrufen der E-Stelle, um die beschlossenen Freistellungen auf ihre sachliche Vertretbarkeit zu überprüfen, ist ohne Rechtswirkung. Auch im arbeitsgerichtlichen Beschlußverfahren kann der ArbGeb. die sachliche Nichtvertretbarkeit der Freistellung in bezug auf die Person der freigestellten BRMitgl. nicht mehr mit Erfolg geltend machen. Zur nachträglichen Änderung der Zahl der Freigestellten wegen Vergrößerung oder Verringerung der Belegschaft vgl. oben Rn 10. 40

Hat der ArbGeb. die E-Stelle rechtzeitig angerufen und teilt diese seine Bedenken, daß die Freistellung eines oder einzelner gewählter BRMitgl. sachlich nicht vertretbar ist, so darf sie sich nicht damit begnügen, insoweit die vom BR bzw. den Gruppen getroffene Wahlentscheidung lediglich aufzuheben. Sie muß vielmehr **selbst** ein oder mehrere **neue freizustellende BRMitgl. bestimmen.** Bei ihrer Entscheidung hat die E-Stelle zum einen die allgemeinen Entscheidungskriterien des § 76 Abs. 5 S. 3 (angemessene Berücksichtigung der Belange des Betriebs und der betroffenen ArbN bzw. des BR) zu berücksichtigen. Zum 41 andern hat sie jedoch auch dem Gruppen- und Minderheitenschutz nach Abs. 2 S. 1 bis 3 Rechnung zu tragen.

41a Durch die Notwendigkeit der Berücksichtigung einer Vielzahl von Kriterien wird die personelle Auswahlentscheidung der E-Stelle erheblich eingeschränkt. Diese Kriterien können im Einzelfall auch durchaus in Widerspruch zueinander stehen. Keines dieser Kriterien kann für sich eine absolute Priorität in dem Sinne beanspruchen, daß es auf jeden Fall uneingeschränkt berücksichtigt werden müsse (unzutreffend *Buchner,* NZA Beil. 1/89 S. 4, und Löwisch, Rn 12: zwingende Berücksichtigung der Minderheitsgruppe nach den Grundsätzen der Verhältniswahl; wäre das richtig, hätte ein bloßes Kassationsrecht der E-Stelle nahegelegen). Die E-Stelle hat vielmehr in jedem Einzelfall unter sorgfältiger Abwägung der zu beachtenden Aspekte zu entscheiden. Sie darf sich einer Entscheidung nicht etwa deshalb versagen, weil sie glaubt, eines der Kriterien nicht berücksichtigen zu können (unzutreffend deshalb *Richardi,* ArbuR 86, 38, und ihm folgend *Wlotzke,* DB 89, 115, nach denen dann, wenn auf der Vorschlagsliste kein weiterer Bewerber als „Ersatz" vorhanden ist, eine Entscheidung der E-Stelle nicht getroffen werden könne). In einem solchen Falle reicht es aus, wenn die E-Stelle dem Grundanliegen, das hinter den ihr gesetzten Entscheidungskriterien steht, soweit wie möglich und vertretbar Rechnung trägt.

41b Die E-Stelle hat bei ihrer Entscheidung über die Freistellung insbesondere folgende Aspekte zu beachten:

- Die Freistellung muß inhaltlich rechtmäßig sein, z. B. kann nur ein BRMitgl. und nicht ein ErsMitgl. freigestellt werden. Auch darf die Freistellung ihrerseits nicht sachlich unvertretbar im Sinne des Abs. 2 S. 6 sein.
- Die Freistellung muß eine sachgerechte Erfüllung der mit ihr verbundenen Aufgaben und Funktionen (vgl. hierzu auch unten Rn 43) erwarten lassen.
- Dem Gruppenschutz kommt angesichts des klaren Wortlauts des Abs. 2 S. 3 ein hoher Stellenwert zu, der im Falle einer Wahl getrennt nach Gruppen noch unterstrichen wird. Jedoch kann dieser Aspekt z. B. je nach der Anzahl der übrigen Freistellungen der Gruppen u. U. gegenüber anderen wichtigen Auswahlkriterien zurückstehen.
- Hinsichtlich der Beachtung des Minderheitenschutzes bei der Wahl sollte die E-Stelle in erster Linie prüfen, ob nicht ein BRMitgl. aus derselben Liste freizustellen ist, der das zu ersetzende BRMitgl. angehört. Ist dies nicht möglich oder vertretbar, etwa weil kein weiterer Kandidat auf der Liste steht oder der einzige folgende Bewerber für diese Aufgabe ungeeignet ist, sollte sie prüfen, ob nicht ein geeigneter ErsKandidat auf der Liste steht, auf die nach den Grundsätzen der Verhältniswahl die nächste Freistellung entfallen wäre (vgl. § 25 Rn 24; so zutreffend *Engels/Natter,* BB Beil. 8/89 S. 23). Im Falle der Mehrheitswahl der Freizustellenden kann bei Abwägung der verschiedenen Aspekte auch der Stimmenabstand der möglichen ErsKandidaten bedeutsam sein.

41c Die Entscheidung der E-Stelle korrigiert nicht nur das Wahlergebnis des BR bzw. der Gruppe, sondern ersetzt auch die Einigung zwischen ArbGeb. und BR über die Freistellung. Zur Frage einer gerichtlichen Überprüfung der Entscheidung der E-Stelle vgl. unten Rn 60ff.

7. Amtsniederlegung, Abberufung

Die Freistellung setzt in allen Phasen das **Einverständnis** des betreffenden BRMitgl. voraus. Ebenso wie dies für die Kandidatur zur Freistellung erforderlich ist (vgl. oben Rn 25b), gilt dies für die Freistellung als solche (*DR,* Rn 31; *GL,* Rn 23; *GK-Wiese,* Rn 30; *GKSB,* Rn 27; jetzt ebenso *Gaul,* Bd. II S. 441). Auch kann das freigestellte BRMitgl. sein Einverständnis zur Freistellung grundsätzlich jederzeit **widerrufen** und erklären, wieder seine berufliche Tätigkeit aufnehmen zu wollen (*GKSB,* Rn 27; *GK-Wiese,* Rn 30). Daß er je nach den Umständen des Einzelfalles, z. B. Fehlen eines geeigneten ErsMitgl., ggfs. verpflichtet sein kann, die Freistellung noch für eine gewisse Übergangszeit weiter zu übernehmen, ändert nichts an der generellen Möglichkeit einer jederzeitigen Rücknahme des Einverständnisses mit der Freistellung. **41d**

Die Freistellung erfolgt im allgemeinen für die Amtsperiode des BR (*DR,* Rn 44). Das ist jedoch nicht im Sinne eines festen, nicht abänderbaren Zeitraums zu verstehen. Vielmehr können die Freigestellten jederzeit aus dieser Funktion **abberufen** werden. Hierbei sind folgende Voraussetzungen zu beachten: **41e**

Die Abberufung kann immer nur durch das Gremium erfolgen, das auch die Wahl des Freigestellten durchgeführt hat. **41f**

Die Erfordernisse für eine Abberufung sind unterschiedlich, je nachdem ob die Wahl des abzuberufenden Freigestellten in **Verhältniswahl** oder in Mehrheitswahl erfolgt ist. Bei einer Verhältniswahl bedarf die Abberufung einer **qualifizierten Mehrheit** von drei Vierteln der Stimmen des BR bzw. im Falle der Gruppenwahl der betreffenden Gruppe. Außerdem muß die Abberufung als geheime Abstimmung durchgeführt werden (Abs. 2 S. 2 i. V. m. § 27; vgl. § 27 Rn 26f.). **41g**

Im Falle der **Mehrheitswahl** der Freigestellten reicht für ihre Abberufung die **einfache Mehrheit** des beschlußfähigen BR bzw. im Falle der Gruppenwahl der beschlußfähigen betreffenden Gruppe aus (vgl. auch § 27 Rn 26b f.). Diese Beschlußfassung braucht von Gesetzes wegen nicht durch geheime Stimmabgabe zu erfolgen. Allerdings kann der BR oder die betreffende Gruppe eine geheime Stimmabgabe beschließen. **41h**

Lassen sich freigestellte BRMitgl. **grobe Pflichtverletzungen** zuschulden kommen, so können sie deswegen u. U. aus dem BR im arbeitsgerichtlichen Verfahren nach § 23 ausgeschlossen werden, wodurch sie zugleich ihre Funktion als freigestellte BRMitgl. verlieren. Eine Abberufung der Freigestellten aus dieser Funktion durch das ArbG, etwa in entsprechender Anwendung des § 23, ist nicht zulässig. **41i**

III. Rechtsstellung der freigestellten Betriebsratsmitglieder

1. Allgemeines

42 Die freigestellten BRMitgl. sind grundsätzlich von ihrer arbeitsvertraglichen Verpflichtung zur Arbeitsleistung entbunden. Sie widmen sich nur noch der Erfüllung ihrer betriebsverfassungsrechtlichen Aufgaben. Deshalb unterliegen sie insoweit auch nicht mehr dem **Direktionsrecht des ArbGeb.** (*DR,* Rn 47; *GK-Wiese,* Rn 51; *GKSB,* Rn 28). Allerdings gelten die nicht unmittelbar mit der Arbeitsleistung zusammenhängenden Pflichten aus dem Arbeitsverhältnis sowie allgemeine Regelungen über das Verhalten der ArbN und die Ordnung im Betrieb im allgemeinen auch für die freigestellten BRMitgl. weiter. Deshalb haben auch freigestellte BRMitgl. grundsätzlich die **betriebsübliche Arbeitszeit** einzuhalten und etwaige diesbezügliche Kontrolleinrichtungen, z. B. Arbeitszeitkontrollgeräte zu benützen (*DR,* Rn 47; *GL,* Rn 35; *GK- Wiese,* Rn 52). Arbeitet ein Betrieb in Wechselschicht, sind die freigestellten BRMitgl. allerdings nicht verpflichtet, ihre frühere Schichteinteilung beizubehalten. Sie können ihre BRTätigkeit vielmehr so einteilen, wie es ihrer Ansicht nach zur ordnungsgemäßen Durchführung ihrer Aufgaben am besten erscheint (**a. A.** *GK-Wiese,* Rn 52: nur mit Einverständnis des ArbGeb.). Führt das BRMitgl. während der Freistellung andere als BRAufgaben durch, besteht insoweit kein Anspruch auf Zahlung des Arbeitsentgelts (vgl. BAG 19. 5. 83, AP Nr. 44 zu § 37 BetrVG 1972; *GK-Wiese,* Rn 52). Für die Teilnahme freigestellter BRMitgl. an Schulungs- und Bildungsveranstaltungen nach § 37 Abs. 6 und 7 gelten dieselben Voraussetzungen wie für die anderen BRMitgl.; nimmt ein freigestelltes BRMitgl. an einer Schulungsveranstaltung teil, die weder nach § 37 Abs. 7 als geeignet anerkannt ist noch erforderliche Kenntnisse im Sinne von § 37 Abs. 6 vermittelt, so hat es weder Anspruch auf Kostenerstattung noch auf Fortzahlung des Arbeitsentgelts (BAG 21. 7. 78, AP Nr. 4 zu § 38 BetrVG 1972; *DR,* Rn 51; *GK-Wiese,* § 37, Rn 107). Soweit ein freigestelltes BRMitgl. aus betriebsbedingten Gründen BRAufgaben außerhalb der Arbeitszeit durchführt, hat es Anspruch auf entsprechenden Freizeitausgleich (vgl. BAG 21. 5. 74, AP Nr. 14 zu § 37 BetrVG 1972). Da ein freigestelltes BRMitgl. nicht in den Betriebsablauf eingegliedert ist, ist es grundsätzlich befugt, selbst zu bestimmen, wann es den ihm zustehenden Freizeitausgleich nehmen will (*DR,* Rn 48; *GL,* Rn 36; *GK-Wiese,* Rn 56; *GKSB,* Rn 29). Wenn auch ein freigestelltes BRMitgl. hinsichtlich der Erfüllung der betriebsverfassungsrechtlichen Aufgaben nicht dem Direktionsrecht des ArbGeb. unterliegt, so wird man es doch für verpflichtet ansehen müssen, auf Verlangen des ArbGeb. darzulegen, daß es sich der Erfüllung betriebsverfassungsrechtlicher Aufgaben gewidmet hat, wenn es diese Aufgaben außerhalb der betriebsüblichen Arbeitszeit oder außerhalb des Betriebs durchgeführt hat. Eine Verpflichtung des freigestellten BRMitgl., das zur Erfüllung betriebsverfassungsrechtlicher Aufgaben das Betriebsgelände verläßt, dies dem ArbGeb. vorher

mitzuteilen, dürfte nur bei Vorliegen besonderer Umstände bestehen (enger: *DR,* Rn 47; *GL,* Rn 35; *GK-Wiese,* Rn 53; *HSG,* Rn 38). In keinem Falle kann der ArbGeb. von einem freigestellten BRMitgl. einen laufenden Tätigkeitsbericht verlangen (*GL,* Rn 35; *GK-Wiese,* Rn 55; *GKSB,* Rn 30). Das verbietet schon das grundlegende Gebot der vertrauensvollen Zusammenarbeit von ArbGeb. und BR. Dieses Gebot hat, falls keine konkreten gegenteiligen Verdachtsmomente vorliegen, auch zum Inhalt, daß der ArbGeb. grundsätzlich davon ausgehen kann und muß, daß die BRMitgl. die ihnen durch das Gesetz eingeräumten Rechte und Befugnisse im Rahmen und zur Erfüllung der dem BR obliegenden Aufgaben wahrnehmen.

Das freigestellte BRMitgl. unterliegt auch nicht den **Weisungen des BRVors.** (*GK-Wiese,* Rn 51). Allerdings ist folgendes zu beachten: Die Freistellung dient ebenso wie die Arbeitsbefreiung nach § 37 Abs. 2 allein dem Zweck, eine ordnungsgemäße Erfüllung der Aufgaben des BR zu ermöglichen (vgl. § 37 Rn 17ff., § 38 Rn 4). Wie diese ordnungsgemäße Aufgabenerfüllung zu **organisieren** ist, obliegt, soweit das Gesetz nicht bereits entsprechende Regelungen enthält (z. B. § 26 Abs. 3; § 27 Abs. 3 S. 1 u. Abs. 4), grundsätzlich dem BR. Ebenso wie dieser Ausschüsse bilden und ihnen bestimmte Aufgabengebiete zur Vorberatung oder sogar selbständigen Entscheidung zuweisen kann (vgl. hierzu § 27 Rn 45ff., § 28 Rn 3ff.), ist er grundsätzlich auch befugt, den einzelnen freigestellten BRMitgl. bestimmte, im einzelnen umschriebene **Aufgabengebiete zu übertragen,** die diese in erster Linie zu beobachten und zu betreuen haben. Diese Aufgabengebiete können nach fachlichen Aspekten festgelegt werden (z. B. Akkordangelegenheiten, betriebliche Sozialeinrichtungen, Angelegenheiten ausländischer ArbN oder von Arbeitnehmerinnen), jedoch kommen auch andere Gesichtspunkte in Betracht, etwa räumlicher Art z. B. Betreuung bestimmter Betriebsteile. Soweit das Gesetz dem einzelnen ArbN das Recht zugesteht, sich der Hilfe eines BRMitgl. seines Vertrauens zu bedienen (vgl. z. B. § 82 Abs. 2 S. 2, § 83 Abs. 1 S. 2, § 84 Abs. 1 S. 2), kann dieses Recht durch einen anderweitigen Organisationsbeschluß des BR jedoch nicht beseitigt oder eingeschränkt werden. 43

Das freigestellte BRMitgl. ist verpflichtet, sich den betriebsverfassungsrechtlichen Aufgaben zu widmen, insbesondere den ihm durch BRBeschluß etwa besonders übertragenen Angelegenheiten. Widmet sich ein freigestelltes BRMitgl. während der Arbeitszeit anderen als seinen betriebsverfassungsrechtlichen Aufgaben, so kann dies u. U. eine grobe Amtspflichtverletzung i. S. von § 23 Abs. 1 darstellen (*GL,* Rn 37). Außerdem kann hierin eine Verletzung der Pflichten aus dem Arbeitsvertrag liegen, da die Freistellung zweckgebunden zur Erfüllung betriebsverfassungsrechtlicher Aufgaben erfolgt (*DR,* Rn 53; *GK-Wiese,* Rn 54; *HSG,* Rn 41). 43a

Das freigestellte BRMitgl. hat **Anspruch auf das Arbeitsentgelt,** das es erhalten hätte, wenn es nicht freigestellt worden wäre, sondern weiter seine berufliche Tätigkeit ausgeübt hätte. Insoweit gilt für die Frage der Fortzahlung des Arbeitsentgelts an freigestellte BRMitgl. im Grundsatz 44 nichts anderes als bei lediglich vorübergehend von der Arbeit befreiten BRMitgl. (vgl. hierzu § 37 Rn 34ff.; *DR,* Rn 49; *GL,* Rn 38; *Marienhagen,* BUV 72, 321; **a. A.** *Aden,* RdA 80, 256, der bei einem Freigestellten die BRTätigkeit als Beruf ansieht, in dem sich die Höhe des „Betriebsratsgehalt" nach dem gem. § 37 Abs. 4 anzupassenden Arbeitsvertrag ergebe). Da die freigestellten BRMitgl. nicht in den Arbeitsprozeß eingegliedert sind, bereitet allerdings die Feststellung ihres individuellen Lohnes z. T. Schwierigkeiten. Das gilt insbesondere für solche freigestellten BRMitgl., die im **Leistungslohn** gestanden haben. Da wegen der Freistellung die persönliche Arbeitsleistung als Bezugspunkt ausscheidet, auf der anderen Seite die BRMitgl. wegen ihrer Freistellung insbes. auch in finanzieller Hinsicht nicht benachteiligt werden dürfen, ist ihr Arbeitsentgelt nach demjenigen **vergleichbarer ArbN mit betriebsüblicher Entwicklung** zu bemessen (*DR,* Rn 49; *GL,* Rn 38; *GK-Wiese,* Rn 57; *Schneider,* NZA 84, 23; *Marienhagen,* a. a. O.). Das gilt auch für den Fall, daß der Arbeitsplatz des freigestellten BRMitgl. ersatzlos weggefallen ist (BAG 17. 5. 77, AP Nr. 28 zu § 37 BetrVG 1972). Der Anspruch des freigestellten BRMitgl. umfaßt **alle Entgeltsbestandteile,** die den vergleichbaren ArbN zufließen und die auch das freigestellte BRMitgl. erhalten hätte, wäre es nicht freigestellt. Zu denken ist hier insbesondere an Mehrarbeitszulagen, Überstundenzuschläge, Nachtarbeitszuschläge (vgl. LAG Niedersachsen, EzA § 37 BetrVG 1972 Nr. 68) oder Sozialzulagen. Auszunehmen sind lediglich solche Leistungen, die reinen Aufwendungscharakter haben, sofern dem freigestellten BRMitgl. diese Aufwendungen nicht mehr entstehen (Näheres vgl. § 37 Rn 34ff.).

45 Da das freigestellte BRMitgl. durch die Freistellung keinen finanziellen Nachteil erleiden soll, hat es auch dann Anspruch auf **Mehrarbeitszuschläge,** wenn zwar die vergleichbaren ArbN Mehrarbeit leisten, im Rahmen der BRTätigkeit Mehrarbeit jedoch nicht anfällt (*DR,* Rn 50; *GL,* Rn 40; *GK-Wiese,* Rn 58; *Marienhagen,* a. a. O. S. 324; LAG Hamburg, DB 77, 1097; vgl. auch BAG 29. 6. 88, AP Nr. 1 zu § 24 BPersVG; einschränkend *Aden,* RdA, 80, 259; **a. A.** *Löwisch,* Rn 18). Macht in diesem Falle ein BRMitgl. im Rahmen seiner BRTätigkeit aus betriebsbedingten Gründen Überstunden, so steht ihm allerdings nicht außerdem ein Anspruch auf Freizeitausgleich oder gar auf Mehrarbeitsvergütung nach § 37 Abs. 3 zu. Denn dann wäre das BRMitgl. insofern begünstigt, als es Überstunden trotz Freizeitausgleichs oder gar die Überstunden doppelt vergütet erhielte (*DR,* Rn 50; *GK-Wiese,* Rn 58; *Marienhagen,* a. a. O. S. 325). Müssen ArbN der Betriebsabteilung, der das BRMitgl. bis zu seiner Freistellung angehört hat, kurzarbeiten, so hat das freigestellte BRMitgl. nicht allein schon deshalb ebenfalls nur Anspruch auf verringertes Arbeitsentgelt; denn die Kurzarbeit hat keineswegs ohne weiteres eine entsprechende Verringerung der BRAufgaben zur Folge (*GL,* Rn 40; *Schneider,* NZA 84, 23; LSG Bayern, Breith, 1979, 657; **a. A.** *HSG,* Rn 42).

Hatte das freigestellte BRMitgl. vor seiner Freistellung wegen besonderer Arbeitsbedingungen Anspruch auf **Zusatzurlaub,** so behält er diesen Anspruch auch während der Freistellung (BAG 8. 10. 81, AP Nr. 2 zu § 49 BAT).

Freigestellte BRMitgl. ändern ihre **sozialversicherungsrechtliche Stellung** nicht. Obwohl die BRTätigkeit als solche im allgemeinen als eine AngTätigkeit anzusehen ist, unterliegen freigestellte BRMitgl., die der ArbGruppe angehören, weiterhin der Versicherungspflicht in der Rentenversicherung der Arb. (vgl. hierzu BSG, BB 66, 783; *GL*, Rn 41). 46

2. Besonderer Schutz freigestellter Betriebsratsmitglieder

Freigestellte BRMitgl. widmen sich nur noch der BRArbeit. Sie verlieren deshalb nicht selten berufliche Fertigkeiten und Kenntnisse, insbesondere in solchen Berufen, die einem starken technologischen Wandel unterliegen. Außerdem kann es im Interesse eines ordnungsgemäßen Arbeitsablaufs erforderlich sein, den durch die Freistellung freiwerdenden Arbeitsplatz mit einem anderen ArbN zu besetzen. Aus diesem Grund haben BRMitgl., die über einen längeren Zeitraum freigestellt waren, nach Beendigung der Freistellung nicht selten Schwierigkeiten, wieder einen angemessenen Arbeitsplatz im Betrieb zu finden. Sie bedürfen eines besonderen Schutzes. 47

a) Verlängerung der Schutzfristen des § 37 Abs. 4 und 5

Nach § 37 Abs. 4 darf das Arbeitsentgelt von BRMitgl. während der Dauer ihrer Amtstätigkeit sowie eines Zeitraumes von einem Jahr nach Beendigung der Amtszeit nicht geringer bemessen werden, als das Arbeitsentgelt vergleichbarer ArbN mit betriebsüblicher beruflicher Entwicklung (vgl. § 37 Rn 65 ff.). Nach § 37 Abs. 5 gilt Entsprechendes für die berufliche Tätigkeit von BRMitgl. Diese nachwirkenden **Schutzfristen** von einem Jahr nach Beendigung der Amtszeit werden für solche BRMitgl., die drei volle aufeinanderfolgende Amtszeiten hintereinander freigestellt waren, gemäß Abs. 4 jeweils auf zwei Jahre verlängert. Hierdurch wird sichergestellt, daß längerfristig freigestellte BRMitgl. ein ausreichender Zeitraum zur Verfügung steht, in dem sie ohne Sorge in finanzieller Hinsicht und in bezug auf ihre berufliche Tätigkeit eine infolge der Freistellung etwa unterbliebene berufliche Entwicklung nachholen können. 48

Die Erhöhung der nachwirkenden Schutzfrist auf zwei Jahre setzt eine **Freistellung über drei aufeinanderfolgende Amtszeiten** voraus. Unter Freistellung i. S. des Absatzes wird man entsprechend dem Normzweck nur eine völlige Freistellung zu verstehen haben, da eine nur teilweise (etwa stunden- oder tageweise) Freistellung in aller Regel weder die Aufgabe des bisherigen Arbeitsplatzes noch eine Berufsentfremdung nach sich zieht (*DR*, Rn 55; *GK-Wiese*, Rn 61; *GKSB*, Rn 34). 49

Das BRMitgl. muß über drei volle aufeinanderfolgende Amtszeiten freigestellt gewesen sein. Eine **volle Amtszeit** ist – nach ihrer Verlängerung durch das Änderungsgesetz 1989 nunmehr – die vierjährige Amtszeit i. S. von § 21 Satz 1. Keine volle Amtszeit ist die verkürzte Amtszeit 50 wegen der Notwendigkeit einer vorzeitigen Neuwahl gemäß § 13 Abs. 2 Nr. 1–3 oder die vorzeitige Beendigung der Amtszeit des BR auf Grund einer gerichtlichen Entscheidung gemäß § 19 oder § 23. Auch die **verkürzte Amtszeit** wegen der Wiedereingliederung eines außerhalb des regelmäßigen Wahlzeitraum nach § 13 Abs. 3 Satz 1 i. Vbg. mit § 21 Satz 3 ist keine volle Amtszeit, da ein solcher BR weniger als vier Jahre im Amt ist (*GK-Wiese,* Rn 62; *GL,* Rn 43; *GKSB,* Rn 35; *HSG,* Rn 46; **a. A.** *DR,* Rn 56, die jedoch nicht beachten, daß das Gesetz von „vollen" Amtszeiten spricht). Etwas anderes gilt allerdings für den Fall, daß der BR gemäß § 13 Abs. 3 Satz 2 i. Vbg. mit § 21 Satz 4 erst in dem übernächsten regelmäßigen Wahlzeitraum neu zu wählen ist. Denn ein solcher BR ist länger als vier Jahre im Amt (vgl. § 13 Rn 37, und § 21 Rn 20). Hatte der BR infolge einer vorzeitigen Neuwahl eine verkürzte Amtszeit, war die Amtszeit des folgenden BR jedoch gem. § 21 Satz 4 i. Vbg. mit § 13 Abs. 3 Satz 2 über vier Jahre hinaus verlängert, so sind beide Amtszeiten mit zusammen acht Jahre als zwei volle Amtszeiten anzuerkennen (*DR,* Rn 56; *GK-Wiese,* Rn 63; **a. A.** *GL,* Rn 43).

51 Die Freistellung muß sich über **drei aufeinanderfolgende Amtszeiten,** d. h. in der Regel **über zwölf Jahre,** erstreckt haben. Es darf keine Amtszeit eines BR dazwischen liegen, in der das BRMitgl. nicht freigestellt gewesen ist. Auf der anderen Seite ist es jedoch nicht erforderlich, daß sich die Amtszeiten der BR nahtlos aneinanderschließen. Ein kurzer Zwischenraum zwischen den Amtszeiten der BR – etwa wegen einer geringfügigen Verzögerung der Wahl – ist unerheblich, da in dieser Zeit das freigestellte BRMitgl. nicht wieder in das Berufsleben eingegliedert werden konnte (*GK-Wiese,* Rn 64; *HSG,* Rn 47).

52 Die **Erhöhung der nachwirkenden Schutzfrist auf zwei Jahre** setzt voraus, daß das BRMitgl. auch in der letzten Amtszeit vor seinem Ausscheiden freigestellt gewesen ist. Denn berücksichtigt man den Normzweck des Abs. 3 (vgl. oben Rn 47) und seinen inneren Zusammenhang mit dem ebenfalls auf zwei Jahre nach Beendigung der Freistellung (vgl. unten Rn 57) erhöhten Schulungsgebot des Abs. 4 S. 2 für langjährig freigestellte BRMitgl., so ist es auch im Verhältnis zu den übrigen BRMitgl. nicht gerechtfertigt, einem BRMitgl., das in der letzten Amtszeit vor seinem Ausscheiden dem BR als normales nicht freigestelltes Mitgl. angehört hat, gleichwohl die erhöhte nachwirkende Schutzfrist von zwei Jahren zuzuerkennen. Denn dieses BRMitgl. steht seit vier Jahren wieder im Arbeitsprozeß und hatte in den ersten beiden dieser vier Jahre nach Abs. 4 S. 2 Anspruch auf eine bevorzugte Teilnahme an Schulungs- und Bildungsveranstaltungen, um eine durch die Freistellung unterbliebene berufliche Entwicklung nachzuholen (wie hier *DR,* Rn 58; *GL,* Rn 44; *HSG,* Rn 48; **a. A.** *GK-Wiese,* Rn 65; *GKSB,* Rn 37). Etwas anderes gilt, wenn die Amtszeit dieses BR vorzeitig endet und das BRMitgl. deshalb nicht wenigstens 2 Jahre nach Beendigung der Freistellung wieder im Arbeitsprozeß gestanden hat. Zur Frage, daß der nachwirkende Schutz auch bei Beendigung der persönlichen Mitgliedschaft im BR bei Fortbestand von dessen Amtszeit und ferner bei Auflösung des BR oder Ausschluß des BRMitgl. nach § 23 Abs. 1 eingreift, vgl. § 37 Rn 71.

b) Berufliche Weiterbildung

Die Vorschrift des Abs. 4, die eine besondere Ausprägung des allgemeinen Benachteiligungsverbots von BRMitgl. (§ 78) darstellt, will freigestellten BRMitgl. eine möglichst schnelle und an die betriebsübliche Entwicklung vergleichbarer ArbN angepaßte Wiedereingliederung in das Berufsleben nach Beendigung der Freistellung ermöglichen. Aus diesem Grunde dürfen freigestellte BRMitgl., obwohl sie von ihrer beruflichen Tätigkeit entbunden sind, auch während der Zeit ihrer Freistellung **von inner- und außerbetrieblichen Maßnahmen der Berufsbildung** nicht ausgeschlossen werden (*DR,* Rn 59; *GL,* Rn 47; *HSG,* Rn 51). Unter außerbetrieblichen Maßnahmen der Berufsbildung sind solche Bildungsmaßnahmen zu verstehen, die der Betrieb üblicherweise zur Berufsbildung seiner ArbN benutzt (vgl. § 96 Rn 12f., § 98 Rn 30). 53

Die BRMitgl. dürfen von den Berufsbildungsmaßnahmen **nicht ausgeschlossen** werden. Diese Regelung bedeutet nicht, daß freigestellte BRMitgl. einen Anspruch auf bevorzugte Berücksichtigung bei der Teilnahme an solchen Veranstaltungen hätten. Sie dürfen jedoch nicht übergangen werden, sondern sind in gleicher Weise zu berücksichtigen, wie es der Fall wäre, wenn sie anstatt freigestellt zu sein, ihre berufliche Tätigkeit weiter ausgeübt hätten (*GL,* Rn 48; *GK-Wiese,* Rn 67; *GKSB,* Rn 38; *Weiss,* Rn 10). Der BR kann im Rahmen seiner MBR nach § 98 Abs. 3 und 4 auf eine angemessene Berücksichtigung freigestellter BRMitgl. an betrieblichen oder außerbetrieblichen Fortbildungsveranstaltungen hinwirken (vgl. hierzu § 98 Rn 28ff.). 54

Etwas anderes gilt allerdings dann, wenn freigestellte BRMitgl. durch die Freistellung nicht an der betriebsüblichen beruflichen Entwicklung haben teilnehmen können, etwa weil sie infolge der Inanspruchnahme durch die BRAufgaben an der Teilnahme an betrieblichen Fortbildungsmaßnahmen gehindert waren. In diesem Falle ist ihnen innerhalb eines Jahres nach Beendigung der Freistellung **bevorzugt** die Möglichkeit zu geben, an betrieblichen und außerbetrieblichen Berufsbildungsmaßnahmen teilzunehmen, um eine wegen der Freistellung unterbliebene berufliche Entwicklung nachzuholen. Die unterbliebene berufliche Entwicklung muß durch die Freistellung bedingt sein. Hat sie in anderen Umständen ihre Ursache, besteht der Anspruch nicht (*GK-Wiese,* Rn 68; *GKSB,* Rn 39). Der Anspruch dient nur der **Nachholung** einer betriebsüblichen beruflichen Entwicklung (vgl. hierzu § 37 Rn 68). Ein Anspruch auf eine besonders bevorzugte berufliche Stellung besteht nicht (*DR,* Rn 59; *GL,* Rn 49; *GK-Wiese,* Rn 68; *Weiss,* Rn 10). Abzustellen ist auch hier auf die betriebsübliche berufliche Entwicklung vergleichbarer ArbN (vgl. zu diesem Begriff § 37 Rn 66f.). 55

Die Verpflichtung des ArbGeb., einem freigestellten BRMitgl. bevorzugt die Möglichkeit zu geben, eine unterbliebene betriebsübliche berufliche Entwicklung nachzuholen, besteht **innerhalb eines Jahres nach Beendigung der Freistellung,** nicht erst nach Beendigung der Amtszeit des BR (*DR,* Rn 61; *GK-Wiese,* Rn 71; *GKSB,* Rn 39). Dieser Anspruch besteht ohne Rücksicht auf die Dauer der Freistellung (*GL,* Rn 50). 56

Allerdings dürfte eine nur kurzfristige Freistellung in aller Regel keine Nachteile in der beruflichen Entwicklung zur Folge haben.

57 Ist das BRMitgl. über drei volle aufeinanderfolgende Amtszeiten (vgl. hierzu oben Rn 49ff.) freigestellt gewesen, **erhöht** sich der Zeitraum, innerhalb dessen dem BRMitgl. bevorzugt Gelegenheit zu geben ist, eine infolge der Freistellung unterbliebene berufliche Entwicklung nachzuholen, **auf zwei Jahre.** Die nachwirkende zweijährige Schutzfrist des Abs. 4 Satz 3 beginnt nicht erst mit Ablauf der Amtszeit, sondern bereits mit der Beendigung der Freistellung (*DR,* Rn 61; *GKSB,* Rn 41).

58 Die Verpflichtung des ArbGeb., einem freigestellten BRMitgl. die Möglichkeit zu geben, eine wegen der Freistellung unterbliebene betriebsübliche berufliche Entwicklung nachzuholen, besteht im **Rahmen der Möglichkeiten des Betriebs.** Die entsprechende Schulung des BRMitgl. darf für den ArbGeb. nicht unzumutbar sein (*DR,* Rn 60; *GK-Wiese,* Rn 70; *GKSB,* Rn 40). Allerdings kann eine entsprechende Schulung nicht bereits mit dem Hinweis auf eine fehlende innerbetriebliche Schulungsmöglichkeit abgelehnt werden. Bestehen entsprechende über- oder außerbetriebliche Fortbildungsmöglichkeiten, so hat das BRMitgl. Anspruch auf Teilnahme an diesen Veranstaltungen auf Kosten des ArbGeb. (*GKSB,* Rn 40; *HSG,* Rn 55; *Schneider,* NZA 84, 24).

59 Nach Durchführung einer entsprechenden Schulung hat das BRMitgl. im Rahmen der betrieblichen Möglichkeiten gem. § 37 Abs. 5, § 38 Abs. 3 **Anspruch auf Zuweisung** einer der Schulung entsprechenden Tätigkeit (*DR,* Rn 62; *GK-Wiese,* Rn 72).

IV. Streitigkeiten

60 Streitigkeiten aufgrund der Abs. 1 und 2, etwa über den Umfang der Freistellungen bzw. über die Wahl der freizustellenden BRMitgl., über die Berücksichtigung der Gruppen, über das Selbstbestimmungsrecht der Gruppen hinsichtlich der von ihnen freizustellenden BRMitgl., entscheiden **die ArbG im Beschlußverfahren** (§§ 2a, 80ff. ArbGG). Bei der Wahl der Freizustellenden handelt es sich um Geschäftsführungsakte des BR. **Antragsberechtigt** zur Einleitung des arbeitsgerichtlichen BeschlVerf. ist auch das betroffene BRMitgl., nicht jedoch die im Betrieb vertretenen Gewerkschaften (LAG Düsseldorf, DB 75, 1897; vgl. auch BAG 12. 10. 76, AP Nr. 2 zu § 26 BetrVG 1972). Soweit der ArbGeb. die sachliche Unvertretbarkeit der Freistellung geltend macht, hat er vor Anrufung des ArbG das Verfahren vor der E-Stelle durchzuführen. Eine unmittelbare Anrufung des ArbG ist nicht zulässig (*GL,* Rn 52; *GK-Wiese,* Rn 74; *HSG,* Rn 58; **a. A.** LAG Düsseldorf, DB 73, 626). Der Spruch der E-Stelle kann nach § 76 Abs. 5 und 7 vom ArbG daraufhin überprüft werden, ob er sachlich nicht vertretbar ist; denn der Begriff „sachlich nicht vertretbar" ist ein unbestimmter Rechtsbegriff, wenn auch mit weitem Beurteilungsspielraum.

61 Bei Streitigkeiten über die Notwendigkeit von weiteren, über die Staffel des Abs. 1 hinausgehenden Freistellungen (vgl. oben Rn 12a) ist

es Sache des BR, im einzelnen darzulegen, aus welchen Gründen weitere Freistellungen für eine ordnungsgemäße Erfüllung seiner Aufgaben erforderlich sind (BAG 22. 5. 73, AP Nr. 2 zu § 37 BetrVG 1972; *GK-Wiese,* Rn 15). Diese Darlegungspflicht ist in dem Fall, in dem lediglich eine zusätzliche Freistellung für ein zeitweilig verhindertes BRMitgl. als notwendig behauptet wird, im allgemeinen geringer, als wenn auf Dauer über die gesetzliche Staffel des Abs. 1 hinaus weitere BRMitgl. freigestellt werden sollen (BAG 22. 5. 73, AP Nr. 1 zu § 38 BetrVG 1972).

Streitigkeiten zwischen den BRMitgl. und dem ArbGeb., die sich aus einer Arbeitsentgeltminderung oder -vorenthaltung oder der Zuweisung eines minderwertigen Arbeitsplatzes ergeben (vgl. Abs. 3 i. Verb. mit § 37 Abs. 4 und 5), sind individualrechtliche Streitigkeiten, die im **Urteilsverfahren** zu entscheiden sind (vgl. hierzu auch § 37 Rn 152). Das gleiche gilt für Streitigkeiten von freigestellten BRMitgl. hinsichtlich der Teilnahme an Berufsbildungsmaßnahmen nach Abs. 4 (*DR,* Rn 65; *GL,* Rn 53; *GK-Wiese,* Rn 75). 62

§ 39 Sprechstunden

(1) **Der Betriebsrat kann während der Arbeitszeit Sprechstunden einrichten. Zeit und Ort sind mit dem Arbeitgeber zu vereinbaren. Kommt eine Einigung nicht zustande, so entscheidet die Einigungsstelle. Der Spruch der Einigungsstelle ersetzt die Einigung zwischen Arbeitgeber und Betriebsrat.**

(2) **Führt die Jugend- und Auszubildendenvertretung keine eigenen Sprechstunden durch, so kann an den Sprechstunden des Betriebsrats ein Mitglied der Jugend- und Auszubildendenvertretung zur Beratung der in § 60 Abs. 1 genannten Arbeitnehmer teilnehmen.**

(3) **Versäumnis von Arbeitszeit, die zum Besuch der Sprechstunden oder durch sonstige Inanspruchnahme des Betriebsrats erforderlich ist, berechtigt den Arbeitgeber nicht zur Minderung des Arbeitsentgelts des Arbeitnehmers.**

Inhaltsübersicht

I. Vorbemerkung

Die Vorschrift bietet die Möglichkeit, in allen Betrieben unabhängig von ihrer Größe Sprechstunden des BR durchzuführen. Durch die Einrichtung von Sprechstunden soll es dem einzelnen ArbN des Betriebs ermöglicht werden, während der Arbeitszeit dem BR seine Beschwerden, Wünsche oder Anregungen vorzubringen und von diesem einen 1

Rat hinsichtlich der vorgetragenen Angelegenheit zu erhalten. Die Einrichtung von Sprechstunden bietet den Vorteil einer geordneten Verfahrensweise, indem das Vorbringen von Einzelanliegen der ArbN zeitlich zusammengefaßt wird, worauf sich sowohl der BR als auch die ArbN des Betriebs einstellen können. Sprechstunden können auch im Interesse des ArbGeb. liegen, weil bei ihrer zeitlichen Festlegung auf betriebliche Notwendigkeiten Rücksicht genommen werden kann. (Zum Für und Wider von Sprechstunden vgl. *Brill,* BB 79, 1247; ferner BAG 23. 6. 83, AP Nr. 45 zu § 37 BetrVG 1972.) Sinn der Sprechstunde ist es nicht, in ihr die Belegschaft über die Tätigkeit oder beabsichtigte kollektive Maßnahmen des BR zu unterrichten oder diese mit der Belegschaft zu erörtern. Hierfür stehen dem BR andere Mittel (z. B. Schwarzes Brett, ordentliche oder ggf. außerordentliche BetrVerslg., schriftliche Information) zur Verfügung (vgl. LAG Niedersachsen NZA 87, 33; ArbG Kassel, NZA 87, 534; ArbG Mannheim, DB 79, 833).

2 Die Vorschrift gilt nicht für den GesBR, den KBR und die GesJugAzubiVertr. (vgl. § 51 Abs. 1, § 59 Abs. 1 und § 73 Abs. 2). Über eigene Sprechstunden der JugAzubiVertr. vgl. § 69. Für die Bordvertr. und den SeeBR gilt § 39 entsprechend (vgl. § 115 Abs. 4 und § 116 Abs. 3 Nr. 6). Das gleiche gilt für eine „andere Vertr. der ArbN" i. S. von § 3 Abs. 1 Nr. 2, da diese an die Stelle des BR tritt. Für eine zusätzliche ArbN-Vertr. nach § 3 Abs. 1 Nr. 1 bleibt die Einrichtung von Sprechstunden dem TV vorbehalten.

3 Die Vorschrift ist insoweit **zwingend,** als sie weder durch TV noch durch BV zuungunsten des BR oder der ArbN abgedungen werden kann. Die Festlegung näherer Einzelheiten über die Durchführung der Sprechstunden ist zulässig (*GL,* Rn 2).

3a Entsprechende Vorschrift: § 43 BPersVG 74.

II. Einrichtungen der Sprechstunden

4 Die Entscheidung über die Einrichtung von Sprechstunden während der Arbeitszeit **obliegt allein dem BR.** Er entscheidet nach pflichtgemäßem Ermessen darüber, ob und in welcher Weise er Sprechstunden durchführen will (*DR,* Rn 3; *GL,* Rn 4, 6; *GK-Wiese,* Rn 8; *GKSB,* Rn 1; *HSG,* Rn 5; *Brill,* BB 79, 1247). Eine **Zustimmung des ArbGeb.** ist **nicht** erforderlich. Andererseits ist diesem der Beschluß mitzuteilen. Bei seiner Entscheidung hat der BR die betrieblichen Verhältnisse, insbesondere auch die Zahl der im Betrieb beschäftigten ArbN, zu berücksichtigen.

5 Der BR **kann** Sprechstunden einrichten. Eine gesetzliche Verpflichtung dazu besteht nicht. Im allgemeinen dürfte sich die Einrichtung einer festen Sprechstunde allerdings empfehlen (vgl. oben Rn 1). Die Möglichkeit des BR, die ArbN am Arbeitsplatz aufzusuchen, ist nicht geeignet, die Sprechstunde zu ersetzen; denn zum einen besteht diese Möglichkeit nicht uneingeschränkt (vgl. hierzu § 80 Rn 5), zum anderen liegt dann – im Gegensatz zur Sprechstunde – die Initiative für ein Ge-

spräch beim BR und nicht beim einzelnen ArbN (*DR,* Rn 28). Da keine ausdrückliche Verpflichtung zur Einrichtung einer Sprechstunde besteht, stellt es jedenfalls im allgemeinen keine Pflichtverletzung des BR dar, wenn er von ihrer Einrichtung Abstand nimmt.

Die Einführung von Sprechstunden bedarf eines ordnungsgemäßen **Beschlusses** des BR nach § 33 (*DR,* Rn 4; *GL,* Rn 5; *GK-Wiese,* Rn 9). Für den Beschluß genügt die einfache Mehrheit. 6

Der BR entscheidet auch darüber, **in welcher Form** er die Sprechstunden durchführen will, insbesondere darüber, welches oder welche seiner Mitgl. er mit der **Durchführung der Sprechstunden** beauftragt (*DR,* Rn 11; *GL,* Rn 7; *GKSB,* Rn 4; *Brill,* a. a. O. S. 1248). Trifft der BR keine anderweitige Entscheidung, ist der **BRVors.,** im Verhinderungsfall sein Stellvertr., berechtigt, die Sprechstunden abzuhalten. Die Durchführung der Sprechstunden gehört zur laufenden Geschäftsführung des BR, so daß bei Bestehen eines BetrAusschusses dieser über die Modalitäten der Durchführung befindet (*DR,* Rn 11; *GK-Wiese,* Rn 12). Die Mitgl. des BR, die mit der Durchführung der Sprechstunden beauftragt sind, sind, sofern sie nicht ohnehin freigestellt sind, nach § 37 Abs. 2 für die Dauer der Durchführung der Sprechstunden von ihrer beruflichen Tätigkeit befreit. 7

Soweit dies für eine ordnungsgemäße Beratung der ArbN erforderlich ist, kann der BR gemäß § 80 Abs. 3 nach näherer Vereinbarung mit dem ArbGeb. auch **Sachverständige** zu der Sprechstunde hinzuziehen (*DR,* Rn 12; *GL,* Rn 8; *GK-Wiese,* Rn 13; *HSG,* Rn 14). Ferner kann auf Ersuchen des BR auch ein **Gewerkschaftsbeauftragter** im Rahmen der allgemeinen Unterstützungsfunktion der im Betrieb vertretenen Gewerkschaften (vgl. § 2 Abs. 1 und dort Rn 25 ff.) an der Sprechstunde teilnehmen, jedenfalls soweit dies zur sachkundigen Beratung der ArbN, z. B. in Tariffragen, erforderlich erscheint. In diesem Falle ist eine Vereinbarung mit dem ArbGeb. nicht erforderlich; dieser ist vielmehr lediglich gemäß § 2 Abs. 2 zu unterrichten (vgl. LAG Bad.-Württ., BB 74, 1206; *Weiss,* Rn 1; *DR,* Rn 12; *GK-Wiese,* Rn 13; **a. A.** *GL,* Rn 8; *HSG,* Rn 14). 8

Die Sprechstunden finden grundsätzlich **während der Arbeitszeit** statt. Zur Arbeitszeit zählen nicht die Pausen. Arbeitet der Betrieb in mehreren Schichten, dürfte es sich empfehlen, die Sprechstunden so zu legen, daß den ArbN jeder Schicht der Besuch der Sprechstunden während der Arbeitszeit möglich ist. 9

Während die Frage, ob Sprechstunden eingerichtet werden sollen, der alleinigen Entscheidungskompetenz des BR unterliegt, ist für die **Festlegung von Zeit und Ort** der Sprechstunden während der Arbeitszeit eine Vereinbarung mit dem ArbGeb. erforderlich. Unter Festlegung der Zeit der Sprechstunden ist die Bestimmung der zeitlichen Dauer der Sprechstunden (insoweit **a. A.** *DR,* Rn 5), die Festlegung ihrer zeitlichen Lage während der Arbeitszeit sowie die Frage ihrer Häufigkeit (z. B. täglich, an bestimmten Tagen in der Woche oder im Monat) zu verstehen (*GL,* Rn 9; *GK-Wiese,* Rn 10; *GKSB,* Rn 6; *HSG,* Rn 6). Dauer und Häufigkeit der Sprechstunden werden insbesondere von Art und Größe des Betriebes abhängen. 10

11 Unter **Ort** der Sprechstunden ist der Raum zu verstehen, in dem die ArbN des Betriebs den BR aufsuchen können, d. h., der Raum, in dem die Sprechstunde durchgeführt wird. Führt der BR die Sprechstunde außerhalb der Arbeitszeit und außerhalb des Betriebs durch, bedarf es keiner Vereinbarung mit dem ArbGeb. (*DR,* Rn 6; *GL,* Rn 9).

12 Kommt es über die Festlegung von Zeit und Ort der Sprechstunden nicht zu einer Verständigung zwischen ArbGeb. und BR, so entscheidet hierüber die **E-Stelle** nach § 76 Abs. 5. Sie hat ihre Entscheidung unter angemessener Berücksichtigung der Belange des Betriebs und der betroffenen ArbN nach billigem Ermessen zu treffen. Hinsichtlich der Belange der ArbN wird insbesondere zu berücksichtigen sein, daß den ArbN ein ordnungsgemäßes Aufsuchen der Sprechstunden des BR ermöglicht wird (*GK-Wiese,* Rn 11; *HSG,* Rn 8).

13 Der **Spruch der E-Stelle ersetzt die Einigung** zwischen BR und ArbGeb. über Zeit und Ort der Sprechstunden. Diese Vereinbarung bleibt solange maßgebend, bis sie durch eine andere Vereinbarung zwischen ArbGeb. und BR ersetzt wird. Da es sich bei der Festlegung von Zeit und Ort der Sprechstunden – auch soweit sie auf einem Spruch der E-Stelle beruht – im allgemeinen um eine **Betriebsvereinbarung** handelt (*DR,* Rn 7; *GL,* Rn 9; *GK-Wiese,* Rn 10), ist eine Kündigung dieser Vereinbarung nach § 77 Abs. 5 möglich.

14 Dem ArbGeb. ist in § 40 Abs. 2 die Verpflichtung auferlegt, den **sachlichen Aufwand für die Sprechstunden** zu tragen (*DR,* Rn 13; *GL,* Rn 13; *GK-Wiese,* Rn 19). Er hat die für die Abhaltung der Sprechstunden erforderlichen Räumlichkeiten, Licht, Heizung, Schreibmaterial usw. zur Verfügung zu stellen (siehe auch § 40 Abs. 2 und dort Rn 38ff.). Dies gilt auch für den Fall, daß der BR aus bestimmten Gründen die Sprechstunde außerhalb der Arbeitszeit durchführt. Muß die Sprechstunde aus betriebsbedingten Gründen außerhalb der Arbeitszeit durchgeführt werden, so hat das die Sprechstunde abhaltende BRMitgl. gemäß § 37 Abs. 3 Anspruch auf entsprechenden Freizeitausgleich bzw. auf Abgeltung dieser Zeit wie Mehrarbeit (vgl. § 37 Rn 52ff.).

III. Teilnahme eines Vertreters der Jugend- und Auszubildendenvertretung

15 Soweit die JugAzubiVertr. keine eigenen Sprechstunden durchführt, kann an den Sprechstunden des BR **eines ihrer Mitgl. zur Beratung jugendl. oder zu ihrer Berufsausbildung beschäftigten ArbN** teilnehmen. Zu den Voraussetzungen eigener Sprechstunden der JugAzubiVertr. vgl. § 69 und dort Rn 3f.

Die Teilnahme eines Mitgl. der JugAzubiVertr. dient dem Zweck der Beratung jugendl. oder zu ihrer Berufsausbildung beschäftigten ArbN. Ihnen soll durch die Teilnahme eines von ihnen gewählten Vertr. eine etwaige Befangenheit beim Vorbringen ihrer Anliegen genommen werden. Ferner soll das Mitgl. der JugAzubiVertr., die sich gemäß § 70 insbesondere mit den Belangen der jugendl. und der zu ihrer Berufsausbildung beschäftigten ArbN zu befassen hat, diese bei dem Vorbringen ihrer Anliegen unterstützen und beraten. Die Teilnahme eines Mitgl. der JugAzubiVertr. hat außerdem zur Folge, daß sie über die von jugendl. ArbN in den Sprechstunden vorgebrachten Wünschen und Anliegen unterrichtet wird und so Ansatzpunkte für die eigene Arbeit gewinnt.

Das Teilnahmerecht eines Mitgl. der JugAzubiVertr. an den Sprechstunden des BR besteht stets dann, wenn sie keine eigenen Sprechstunden abhält. Hierbei ist es unerheblich, ob die Voraussetzungen für die Durchführung eigener Sprechstunden nicht vorliegen oder ob die JugAzubiVertr. trotz bestehender Möglichkeiten von eigenen Sprechstunden Abstand nimmt (*DR,* Rn 15; *GL,* Rn 11; *GK-Wiese,* Rn 14). Führt die JugAzubiVertr. eigene Sprechstunden durch, entfällt ihr Teilnahmerecht an den Sprechstunden des BR. 16

An den Sprechstunden **„kann“** ein Mitgl. der JugAzubiVertr. teilnehmen. Eine Verpflichtung hierzu besteht nicht. Ob von der Möglichkeit der Teilnahme Gebrauch gemacht wird, ist ihrer Entscheidung überlassen (*GL,* Rn 12; schärfer *GK-Wiese,* Rn 16, der in der Nichtteilnahme ggf. eine grobe Pflichtverletzung i. S. von § 23 Abs. 1 sieht). Auch die Entscheidung, **welches ihrer Mitgl.** an den Sprechstunden des BR teilnimmt, obliegt allein der JugAzubiVertr. (*DR,* Rn 17; *GK-Wiese,* Rn 17). Trifft sie hierüber keine ausdrückliche Regelung, ist ihr Vors., im Verhinderungsfall sein Stellvertr. teilnahmeberechtigt. Für die Zeit der Teilnahme ist das Mitgl. der JugAzubiVertr. von der Verpflichtung zur Arbeitsleistung befreit (§ 65 Abs. 1 i. V. mit § 37 Abs. 2). 17

Da die Teilnahme eines Mitgl. der JugAzubiVertr. dem Zwecke der Beratung jugendl. und zu ihrer Berufsausbildung beschäftigter ArbN dient, besteht ein **Teilnahmerecht** nur insoweit, als **diese die Sprechstunden aufsuchen,** nicht dagegen beim Besuch sonstiger erwachsener ArbN (*DR,* Rn 18; *GL,* Rn 11; *HSG,* Rn 10; **a. A.** *Weiss,* Rn 2; *GK-Wiese,* Rn 18: nur wenn der erwachsene ArbN Abwesenheit des JugAzubiVertr. verlangt). Im Hinblick hierauf kann es im Interesse einer ordnungsgemäßen Durchführung der Sprechstunden u. U. zweckmäßig sein, wenn der BR getrennte Sprechstunden für jugendl. und zu ihrer Berufsausbildung beschäftigte sowie für die übrigen ArbN einrichtet. 18

Auch soweit ein jugendl. oder zu seiner Berufsausbildung beschäftigter ArbN die Sprechstunde aufsucht, ist er nicht gehalten, sich der Unterstützung des JugAzubiVertr. zu bedienen; vielmehr steht es ihm frei, sich allein mit dem BRMitgl. zu beraten (*GK-Wiese,* Rn 15; *HSG,* Rn 12). 19

IV. Verbot der Minderung des Arbeitsentgelts

Die ArbN des Betriebs sind **berechtigt,** die Sprechstunden des BR zum Zwecke der Erörterung besonderer persönlicher oder auch allgemeiner Belange aufzusuchen. Das gilt auch für im Betrieb beschäftigte LeiharbN (vgl. § 14 Abs. 2 Satz 2 AÜG). In der Sprechstunde dürfen 20 die ArbN in allen Angelegenheiten gehört und beschieden werden, die mit ihrer Stellung als ArbN des Betriebs zusammenhängen und die in den Aufgabenbereich des BR fallen (*DR,* Rn 2; *GK-Wiese,* Rn 7; vgl. auch oben Rn 1). So können in der Sprechstunde Beschwerden vorgebracht oder erörtert werden. Auch eine Rechtsberatung ist zulässig, wenn sie mit den Aufgaben des BR zusammenhängt (*DR,* Rn 2; *GK-Wiese,* Rn 7; **a. A.** *HSG,* Rn 4). Es bleibt dem einzelnen ArbN unbenommen, soweit dies erforderlich ist, **auch außerhalb der Sprechstunden** den BR in Anspruch zu nehmen (*DR,* Rn 22; *GL,* Rn 14; *GK-Wiese,* Rn 9; *GKSB,* Rn 3). BRMitgl., die von ArbN angesprochen werden, sind deshalb auch nicht verpflichtet, die ArbN generell auf die Sprechstunde des BR zu verweisen (BAG 23. 6. 83, AP Nr. 45 zu § 37 BetrVG 1972). Der ArbGeb. kann den ArbN nicht vom Besuch einer Sprechstunde abhalten, weil der zuständige Vorgesetzte in der betreffenden Angelegenheit noch nicht eingeschaltet worden sei (*GK-Wiese,* Rn 7; *HSG,* Rn 4). Der ArbN braucht dem ArbGeb. den Anlaß seines Besuchs der Sprechstunde nicht mitzuteilen (*GL,* Rn 14; *GKSB,* Rn 12; *GK-Wiese,* Rn 22).

21 Dem ArbN entsteht durch den Besuch von Sprechstunden **kein Verlust an Arbeitsentgelt.** Die durch den Besuch bedingte Arbeitsversäumnis ist ihm wie Arbeitszeit zu vergüten. Auch etwaige Zuschläge sind weiterzuzahlen (*DR,* Rn 25; *GL,* Rn 16; *GK-Wiese,* Rn 23). Allerdings ist der ArbN verpflichtet, sich vor dem Besuch der Sprechstunden bei seinem Vorgesetzten **ordnungsgemäß abzumelden** und nach Rückkehr wieder zurückzumelden (vgl. zu der entsprechenden Verpflichtung der BRMitgl. hinsichtlich des Anspruchs auf Befreiung von ihrer beruflichen Tätigkeit § 37 Rn 31 f.; *DR,* Rn 23; *GL,* Rn 14; *GKSB,* Rn 12; BAG 23. 6. 83 a. a. O.). Verweigert der ArbGeb. ohne triftigen Grund den Besuch der Sprechstunde, so kann der ArbN auch gegen den Widerspruch des ArbGeb. die Sprechstunde aufsuchen (*GK-Wiese,* Rn 22; **a. A.** *HSG,* Rn 16; *Dütz,* DB 76, 1481, der eine vorherige gerichtliche Entscheidung – ggf. eine einstweilige Verfügung – für notwendig hält).

22 Die Pflicht zur Fortzahlung des Arbeitsentgelts besteht allerdings nur insoweit, als der **Besuch der Sprechstunde** oder die sonstige Inanspruchnahme des BR **erforderlich ist.** Dies ist nicht der Fall, wenn ein Querulant ständig die Sprechstunde aufsucht. Es muß ein sachlicher Grund für die Inanspruchnahme des BR gegeben sein (*DR,* Rn 24; *GL,* Rn 15; *GK-Wiese,* Rn 21; *Brill,* BB 79, 1248; **a. A.** *Weiss,* Rn 4).

23 Das Verbot der Minderung des Arbeitsentgelts besteht ferner für die Versäumnis von Arbeitszeit, die durch **eine sonstige Inanspruchnahme des BR** bedingt ist, so etwa durch die Erhebung einer Beschwerde beim BR gemäß § 85, zumal dann, wenn das mit der Wahrnehmung der Sprechstunde beauftragte BRMitgl. zur Entgegennahme von Beschwerden nicht befugt ist (*DR,* Rn 22; *GL,* Rn 16; *GK-Wiese,* Rn 24). Die BRMitgl. sind nicht verpflichtet, die ArbN generell auf die Sprechstunde zu verweisen (BAG 23. 6. 83, AP Nr. 45 zu § 37 BetrVG 1972). Auch wenn ein BRMitgl. einen ArbN auf dessen Bitte hin zulässigerweise am Arbeitsplatz aufsucht, um mit ihm eine arbeitsplatzbezogene Angele-

genheit zu besprechen, bleibt dessen Anspruch auf Arbeitsentgelt erhalten (vgl. *GKSB,* Rn 14; LAG Berlin, EzA § 39 BetrVG 1972 Nr. 1; zum Zugangsrecht des BR zu den Arbeitsplätzen, vgl. § 80 Rn 5, § 70 Rn 9).

Während des Besuches der Sprechstunde oder einer sonstigen Inanspruchnahme des BR untersteht der ArbN weiter dem gesetzlichen Unfallversicherungsschutz. **24**

V. Haftung für Auskünfte

Die BRMitgl. haften für die Auskünfte, die sie in den von ihnen abgehaltenen Sprechstunden erteilen, nur **bei unerlaubter Handlung** (vgl. § 676 BGB; *DR,* Rn 27; *GK-Wiese,* Rn 26; *GL,* Rn 17; *HSG,* Rn 23). Eine Haftung des BR als Kollektivorgan kommt nicht in Betracht (vgl. § 1 Rn 105ff.). Auch eine Haftung des ArbGeb. scheidet aus, weil die BRMitgl. nicht als dessen Erfüllungsgehilfen im Rahmen des Arbeitsverhältnisses tätig werden, sondern in eigener Verantwortung als Amtsträger handeln (*DR,* Rn 27; *GK-Wiese,* Rn 26). **25**

VI. Streitigkeiten

Streitigkeiten über die Einrichtung und Abhaltung von Sprechstunden sind von den ArbG im **BeschlVerf.** zu entscheiden (§§ 2a, 80ff. ArbGG). Betrifft die Meinungsverschiedenheit Zeit und Ort der Sprechstunde, ist die **E-Stelle** zur Streitentscheidung berufen, deren Entscheidung im Rahmen des § 76 Abs. 5 gerichtlich überprüfbar ist. **26**

Ansprüche auf vorenthaltenes Arbeitsentgelt wegen Teilnahme an der Sprechstunde sind von den ArbG im **Urteilsverfahren** zu entscheiden (*DR,* Rn 30; *GK-Wiese,* Rn 28; *HSG,* Rn 24). **27**

§ 40 Kosten und Sachaufwand des Betriebsrats

(1) **Die durch die Tätigkeit des Betriebsrats entstehenden Kosten trägt der Arbeitgeber.**

(2) **Für die Sitzungen, die Sprechstunden und die laufende Geschäftsführung hat der Arbeitgeber in erforderlichem Umfang Räume, sachliche Mittel und Büropersonal zur Verfügung zu stellen.**

Inhaltsübersicht

I. Vorbemerkung

1 Die Vorschrift verpflichtet den ArbGeb., die durch die Tätigkeit des BR entstehenden und zur Durchführung seiner Aufgaben erforderlichen **Kosten** zu tragen sowie die erforderlichen Räume, sonstigen Sachmittel sowie das erforderliche Büropersonal bereitzustellen.

2 Die Bestimmung gilt für den GesBR (§ 51 Abs. 1), den KBR (§ 59 Abs. 1), die JugAzubiVertr. (§ 65 Abs. 1), die GesJugAzubiVertr. (§ 73 Abs. 2), die Bordvertr. (§ 115 Abs. 4) und den SeeBR (§ 116 Abs. 3) entsprechend. Obwohl dies nicht ausdrücklich bestimmt ist, gilt sie auch für den WiAusschuß entsprechend (*GL,* Rn 4; *GK-Wiese,* Rn 2), desgleichen für eine „andere Vertr. der ArbN" i. S. von § 3 Abs. 1 Nr. 2 sowie für eine zusätzliche Vertr. der ArbN i. S. von § 3 Abs. 1 Nr. 1. Für Ausschüsse des BR gilt § 40 unmittelbar, da die Tätigkeit der Ausschüsse eine Tätigkeit des BR ist. Zu den Kosten der E-Stelle vgl. § 76a.

3 Die Vorschrift ist **zwingendes Recht.** Sie kann weder durch TV noch durch BV abgedungen werden. Allerdings wird man eine gewisse pauschalierende Regelung der Kosten durch TV oder BV aus Gründen der Praktikabilität zulassen können, sofern damit keine Umgehung der Vorschrift verbunden ist (vgl. hierzu BAG 9. 11. 55, AP Nr. 1 zu Art. IX KRG Nr. 22 Betriebsrätegesetz; *DR,* Rn 3, 35; *GL,* Rn 2; *GK-Wiese,* Rn 16; *GKSB,* Rn 5; *Weiss,* Rn 3; einschränkend *HSG,* Rn 63; *Stege/Weinspach,* Rn 11). Ferner ist es zulässig, nähere Vereinbarungen über die Form des Nachweises und über die Abrechnung der BRKosten zu treffen.

3a Entsprechende Vorschriften: § 44 BPersVG 74 und § 14 Abs. 2 SprAuG.

II. Kosten der Betriebsratstätigkeit

4 Der ArbGeb. hat sowohl die **sachlichen** als auch die **persönlichen Kosten der Tätigkeit des BR** und **seiner Mitgl.** zu tragen. Weder das einzelne BRMitgl. noch die ArbNschaft in ihrer Gesamtheit (vgl. das Umlageverbot des § 41) sollen durch die im gesetzlichen Rahmen durchgeführte BRTätigkeit (vgl. hierzu § 37 Rn 17ff.) finanziell belastet werden. Da die Vergütung für im Rahmen der BRTätigkeit aufgewendete Arbeitszeit in § 37 eine Sonderregelung erfahren hat, betrifft die Regelung des § 40 die über die Arbeitszeitvergütung hinausgehenden Kosten und Aufwendungen des BR bzw. seiner Mitgl.

5 Die Kostentragungspflicht des ArbGeb. gilt auch für einen BR, dessen Wahl **angefochten** ist oder der nach einer Betriebsstillegung ein „Restmandat" (vgl. hierzu § 21 Rn 30f.) wahrnimmt (*GK-Wiese,* Rn 7; *HSG,* Rn 3; LAG Hamm, EzA § 40 BetrVG 1972 Nr. 42). Auch im Falle der **Nichtigkeit** der Wahl des BR besteht eine Kostentragungspflicht, es sei denn, die Mitgl. des ScheinBR kannten die Nichtigkeit der Wahl (*HSG,* Rn 4; LAG Düsseldorf, DB 79, 2140; enger *DR,* Rn 36; *GK-Wiese,*

Rn 7: Kostentragungspflicht nur, wenn BRMitgl. nach Treu und Glauben von der Rechtmäßigkeit ihres Tuns überzeugt sein konnten).

1. Kosten des Betriebsrats

Bei den **sachlichen Kosten des BR** handelt es sich in erster Linie um die sogenannten **Geschäftsführungskosten.** Das sind alle Kosten, die zu einer sachgerechten und ordnungsgemäßen Durchführung der Aufgaben des BR erforderlich sind. Hierzu zählt der gesamte Sachaufwand, den der BR zur Durchführung seiner Aufgaben benötigt. 6

Die Kostentragungspflicht des ArbGeb. besteht insoweit, als die entstehenden Kosten für die **Durchführung der BRArbeit erforderlich** sind. Ob dies der Fall ist, ist nicht unter rückblickender Betrachtung nur von einem rein objektiven Standpunkt aus zu beurteilen. Es genügt vielmehr, daß der BR die Ausgaben unter Anlegung eines verständigen Maßstabes für erforderlich halten konnte (BAG 18. 4. 67 und 24. 6. 69, AP Nr. 7 und 8 zu § 39 BetrVG; *DR,* Rn 4ff.; *GL,* Rn 6; *GK-Wiese,* Rn 9; *GKSB,* Rn 2; *HSG,* Rn 7; *Weiss,* Rn 2; *Dütz/Säcker,* DB 72, Beil. 17, S. 3). Soweit der BR Aufwendungen für erforderlich halten darf, bedarf er grundsätzlich **nicht der Zustimmung des ArbGeb.** Bei außergewöhnlichen Aufwendungen ist es entsprechend dem Grundsatz der vertrauensvollen Zusammenarbeit geboten, sich vorher mit dem ArbGeb. ins Benehmen zu setzen (*DR,* Rn 7; *GL,* Rn 7; *GK-Wiese,* Rn 11; *GKSB,* Rn 3; *Weiss,* Rn 5; BAG 18. 4. 67, AP Nr. 7 zu § 39 BetrVG). 7

Im Rahmen seiner Rechtsprechung zu den Schulungskosten (vgl. hierzu unten Rn 28ff.) hat das BAG neben dem Merkmal der Erforderlichkeit als weitere allgemeine Voraussetzung der Kostentragungspflicht des ArbGeb. die Beachtung des **Grundsatzes der Verhältnismäßigkeit** aufgestellt (vgl. BAG 31. 10. 72 und 8. 10. 74, AP Nr. 2 und 7 zu § 40 BetrVG 1972; BAG 29. 1. 74, 27. 9. 74 und 28. 5. 76, AP Nr. 8, 18 und 24 zu § 37 BetrVG 1972; zustimmend *DR,* Rn 5; *GL,* Rn 6, 26; *HSG,* Rn 7; *Blomeyer,* BAG-Festschrift, S. 33; *ders.,* Die Finanzierung der Mitbest., S. 90ff.; *Pahlen,* Grundsatz der Verhältnismäßigkeit, S. 24ff., 119f.; im Ergebnis ähnlich *GK-Wiese,* Rn 10). Hiergegen bestehen keine Bedenken, wenn durch dieses Merkmal eine unverhältnismäßige Kostenbelastung des ArbGeb. ausgeschlossen werden soll, wohl aber, wenn dieses zusätzliche und in seiner Abgrenzung äußerst unbestimmte Kriterium dazu verwandt wird, die Kostentragungspflicht des ArbGeb. und damit auch die Aktivität des BR auf ein unteres Niveau festzuschreiben (kritisch auch *GKSB,* Rn 2; *Weiss,* Rn 2; vgl auch unten Rn 30). 8

Zu den Geschäftsführungskosten des BR gehören auch Kosten, die der **gerichtlichen Verfolgung oder Verteidigung von Rechten** des BR oder seiner Mitgl. dienen. Denn zur Tätigkeit des BR gehört auch die Wahrnehmung seiner Rechte sowie die seiner Mitgl. Der BR kann deshalb betriebsverfassungsrechtliche Streitfragen auf Kosten des ArbGeb. gerichtlich klären lassen. Gleichgültig ist, zwischen wem das gerichtliche Streitverfahren schwebt, ob zwischen dem BR und dem ArbGeb., zwischen dem BR oder einem anderen betriebsverfassungsrechtlichen 9

Organ (z. B. GesBR oder KBR), zwischen dem BR und einer im Betrieb vertretenen Gewerkschaft (z. B. bei einer Wahlanfechtung oder bei einem Antrag auf Auflösung des BR) oder zwischen dem BR und einem seiner Mitgl. (vgl. hierzu unten Rn 23ff.). Auch reicht es aus, wenn der BR lediglich Beteiligter i. S. von § 83 ArbGG ist. Der ArbGeb. hat in all diesen Fällen die Kosten zu tragen, die dem BR durch seine Beteiligung an einem derartigen gerichtlichen Verfahren entstehen, und zwar unabhängig davon, ob der BR in dem Gerichtsverfahren obsiegt oder nicht. Nur wenn die Einleitung eines gerichtlichen Verfahrens durch den BR zur Klärung der Streitfrage nicht erforderlich ist, etwa weil eine anderweitige Klärung möglich ist (z. B. einvernehmliches Abwarten eines Parallelverfahrens oder eines Musterprozesses; vgl. hierzu LAG Berlin, AP Nr. 21 zu § 40 BetrVG 1972), oder weil die Rechtsverfolgung oder Verteidigung von vornherein offensichtlich aussichtslos oder mutwillig ist, trifft den ArbGeb. entsprechend dem allgemeinen Grundsatz, daß er nur die notwendigen Kosten des BR zu tragen hat, keine Kostentragungspflicht (BAG 3. 10. 78, AP Nr. 14 zu § 40 BetrVG 1972; BAG 3. 4. 79, AP Nr. 1 zu § 13 BetrVG 1972; *DR,* Rn 17; *GL,* Rn 11; *GK-Wiese,* Rn 29f.; *GKSB,* Rn 10; HSG, Rn 14ff.). Im Interesse der Kostenschonung des ArbGeb. kann der BR bzw. sein Prozeßbevollmächtigter verpflichtet sein, für mehrere gleichgelagerte Sachverhalte an Stelle von gerichtlichen Einzelverfahren „Gruppenverfahren" (Musterprozesse) durchzuführen (vgl. LAG Düsseldorf, DB 89, 1036). Da im arbeitsgerichtlichen BeschlVerf. keine Gebühren und Auslagen erhoben werden (vgl. § 12 Abs. 5 ArbGG), beschränkt sich die Kostentragungspflicht des ArbGeb. auf die außergerichtlichen Kosten.

10 Zu den vom ArbGeb. im Rahmen von Rechtsstreitigkeiten zu tragenden Auslagen des BR zählen auch die Kosten einer **Prozeßvertretung des BR durch einen Rechtsanwalt,** wenn der BR bei pflichtgemäßer und verständiger Abwägung der zu berücksichtigenden Umstände die Zuziehung eines Rechtsanwalts für notwendig erachten konnte (BAG 12. 2. 19 und 18. 4. 67, AP Nr. 1 und 7 zu § 39 BetrVG; BAG 26. 11. 74, AP Nr. 6 zu § 20 BetrVG 1972; BAG 3. 10. 78 und 4. 12. 79, AP Nr. 14 und 18 zu § 40 BetrVG 1972; *DR,* Rn 19ff.; *GL,* Rn 12; *GK-Wiese,* Rn 34ff.; *GKSB,* Rn 10; *Weiss,* Rn 6; einschränkend *HSG,* Rn 18; **a. A.** *Stege,* DB 74, 2204 für den Fall, daß Streitigkeiten zwischen BR und ArbGeb. in ausschließlichem oder überwiegendem Verbandsinteresse geführt werden). **Notwendig** ist die Hinzuziehung eines Rechtsanwalts stets in der Rechtsbeschwerdeinstanz, da im Rechtsbeschwerdeverfahren die Vertretung durch einen Anwalt zwingend vorgeschrieben ist. Darüber hinaus ist die Hinzuziehung eines Anwalts dann notwendig, wenn der BR sie aus seiner Sicht aus sachlichen, in der Natur des Rechtsstreits liegenden Gründen für erforderlich halten darf, z. B. wegen der (wahrscheinlich) bestehenden Schwierigkeit der Sach- oder Rechtslage oder wenn zur Beurteilung der Sach- oder Rechtslage bestimmte, dem Anwalt in besonderem Maße bekannte Verhältnisse von Bedeutung sind. Bei der Beurteilung der Frage, ob die Sach- oder Rechtslage Schwierigkeiten aufweist, ist zu berücksichtigen, daß sich dies nicht selten erst im

Laufe des Prozesses herausstellt und sich deshalb einer exakten vorausschauenden Beurteilung des juristisch oft nicht oder nur wenig geschulten BR entzieht. Für die Berechtigung des BR, auf Kosten des ArbGeb. einen Rechtsanwalt hinzuzuziehen, muß eine bestehende Unsicherheit des BR hinsichtlich der Beurteilung der Schwierigkeit der Sach- oder Rechtslage ausreichen, da dies auch sonst ein wesentlicher Gesichtspunkt für die Beauftragung eines Anwalts ist (im Ergebnis wohl ebenso *GK-Wiese,* Rn 38f.; vgl. hierzu auch BAG 3. 10. 78, AP Nr. 14 zu § 40 BetrVG 1972). Die Hinzuziehung eines Rechtsanwalts erfordert einen ordnungsgemäßen Beschluß des BR, und zwar gesondert für jede Instanz (LAG Schleswig-Holstein, BB 84, 533; LAG Berlin, AP Nr. 25 zu § 40 BetrVG 1972).

Liegen die Voraussetzungen dafür vor, daß die Prozeßvertretung 11
durch einen Anwalt als erforderlich erscheint, so ist der BR berechtigt, **bereits in der ersten und zweiten Instanz einen Rechtsanwalt** auf Kosten des ArbGeb. hinzuzuziehen, obwohl in diesen Instanzen nach § 11 ArbGG auch eine Vertretung durch einen Gewerkschaftsvertreter möglich ist (BAG 3. 10. 78, AP Nr. 14 zu § 40 BetrVG 1972; BAG 4. 12. 79, AP Nr. 18 zu § 40 BetrVG 1972: jedenfalls für die zweite Instanz; vgl. auch *GL,* Rn 12; *GK-Wiese,* Rn 38f.; *Boldt,* DB 67, 1806; *Schaub,* § 222 II 3; **einschränkend** noch BAG 26. 11. 74, AP Nr. 6 zu § 20 BetrVG 1972; *HSG,* Rn 20; *Blanck,* ArbuR 59, 279; *Stege,* DB 74, 2204; **a. A.** für die 1. Instanz: *DR,* Rn 21; *Hanau,* SAE 79, 220; LAG Hamm, EzA Nr. 34 zu § 40 BetrVG 1972). Diese Möglichkeit steht in keinem Falle der Beauftragung eines Rechtsanwalts entgegen, wenn die Gewerkschaft die Übernahme einer Prozeßvertretung ablehnt, zumal diese zur Übernahme einer derartigen Prozeßvertretung nicht verpflichtet ist, und zwar weder nach ihren Rechtsschutzrichtlinien (hiernach ist die Rechtsschutzgewährung eine im allgemeinen freiwillige Leistung nur gegenüber den Mitgl., nicht gegenüber dem BR als Institution) noch aus der betriebsverfassungsrechtlichen Hilfsfunktion der Gewerkschaften nach § 2 Abs. 1 BetrVG; denn diese Vorschrift beinhaltet keine Rechtsverpflichtung der Gewerkschaft zur Zusammenarbeit mit dem BR (vgl. § 2 Rn 33; BAG 3. 10. 78 und 4. 12. 79, AP Nr. 14 und 18 zu § 40 BetrVG 1972; *GK-Wiese,* Rn 38; *HSG,* Rn 22; *Stege/Weinspach* Rn 8; *Klinkhammer,* ArbuR 77, 144; insoweit auch *DR,* Rn 20; **a. A.** LAG Düsseldorf, EzA § 40 BetrVG 1972 Nr. 28; LAG Schleswig-Holstein, BB 75, 1636; generell die diesbezügliche Rechtsprechung des BAG ablehnend, *Schumann,* DB 84, 1395ff.).

Aber auch wenn die Gewerkschaft zur Übernahme der Prozeßvertre- 12
tung bereit ist, ist der BR nicht gehalten, von der Beauftragung eines Rechtsanwalts Abstand zu nehmen. Denn in der Wahl seines Prozeßvertreters ist der BR grundsätzlich frei; er kann denjenigen Verfahrensvertreter wählen, zu dem er im Hinblick auf die zu vertretende Angelegenheit das größte Vertrauen hat (**a. A.** *Gerauer,* NZA Beil. 4/88 S. 19, wenn die Gewerkschaft den BR bereits vorprossual vertreten hat). Allerdings hat der BR bei seiner Wahl auch auf die finanziellen Belange des ArbGeb. Rücksicht zu nehmen. Ist im konkreten Fall die Vertretung

durch einen Gewerkschaftssekretär oder die anwaltliche Vertretung als gleichwertig anzusehen, ist der BR verpflichtet, die für den ArbGeb. kostengünstigere zu wählen (vgl. BAG 26. 11. 74, AP Nr. 6 zu § 20 BetrVG 1972; *GL,* Rn 13; *GK-Wiese,* Rn 38; *Klinkhammer,* ArbuR 77, 144). Die Absicht, einen bestimmten Anwalt auch mit der Prozeßvertretung vor dem BAG zu beauftragen, reicht für sich allein nicht aus, um die Notwendigkeit einer Vertretung in der unteren Instanz zu begründen. Beauftragt der BR ein nicht am Gerichtsort ansässiges Anwaltsbüro mit der Prozeßvertretung, obwohl am Gerichtsort sachkundige Anwälte ansässig sind, sind Fahrtkosten des beauftragten Anwalts zum Gerichtsort nur zu erstatten, wenn das beauftragte Anwaltsbüro besondere, über das normale Maß hinausgehende Sachkompetenz in den für den Rechtsstreit maßgeblichen Rechtsfragen hat (BAG, NZA 87, 753).

13 Ist die Hinzuziehung eines Rechtsanwalts erforderlich, hat der ArbGeb. auf Verlangen des Anwalts **Vorschüsse auf dessen Honorar** zu zahlen (vgl. § 17 BRAGO; *GK-Wiese,* Rn 40; *HSG,* Rn 23, 59; **a. A.** *Stege/Weinspach,* Rn 8). Wird ein Rechtsanwalt als Vors. oder Beisitzer einer E-Stelle tätig, so findet, da es sich um eine schiedgerichtsähnliche Tätigkeit handelt, die Rechtsanwaltsgebührenordnung keine Anwendung (vgl. § 2 BRAGO). Die Frage der Vergütung richtet sich nach den allgemeinen Honorargrundsätzen für Mitgl. der E-Stelle (vgl. hierzu die Rn zu § 76a).

14 Zu den vom ArbGeb. zu tragenden Kosten der BRTätigkeit gehören auch diejenigen, die durch eine Hinzuziehung von **Sachverständigen** gemäß § 80 Abs. 3 entstehen (*GL,* Rn 10; *GK-Wiese,* Rn 43; *GKSB,* Rn 11; *HSG,* Rn 11). Voraussetzung ist allerdings, daß vorher ArbGeb. und BR über die Hinzuziehung des Sachverständigen eine Vereinbarung getroffen haben oder diese durch eine arbeitsgerichtliche Entscheidung ersetzt worden ist; insoweit ist § 80 Abs. 3 eine Sonderregelung gegenüber § 40 (BAG 25. 4. 78, AP Nr. 11 zu § 80 BetrVG 1972; Näheres über die Hinzuziehung von Sachverständigen vgl. § 80 Rn 59ff.). Wird ein Rechtsanwalt nicht im Rahmen einer Prozeßvertretung zur Wahrnehmung von Rechten des BR tätig (wozu allerdings auch die vorbereitende Beratung des Gerichtsverfahrens gehört), sondern vom BR zur gutachtlichen Beratung über eine abzuschließende BV hinzugezogen, so ist er Sachverständiger i. S. von § 80 Abs. 3, so daß eine Kostentragungspflicht des ArbGeb. nur bei Vorliegen der Voraussetzungen dieser Vorschrift besteht (BAG 25. 4. 78, a. a. O.; *GK-Wiese,* Rn 43). Dies gilt auch für die Einholung eines gesonderten, lediglich der Vorbereitung eines Prozesses dienenden Rechtsgutachtens eines Rechtsanwalts, wenn zu erwarten ist, daß der Rechtsstreit hierdurch doch nicht erspart wird (vgl. LAG Düsseldorf, AP Nr. 2 zu § 39 BetrVG; *DR,* Rn 22; *GL,* Rn 10; *HSG,* Rn 11, verneinen in diesem Falle im Hinblick auf die Möglichkeit des gerichtskostenfreien arbeitsgerichtlichen BeschlVerf. grundsätzlich die Erstattungspflicht des ArbGeb.; weitergehend *GK-Wiese,* Rn 44). Wird allerdings der Rechtsstreit erspart, so dürften die Kosten eines solchen Gutachtens jedenfalls

in Höhe der sonst entstandenen Prozeßvertretungskosten erstattungsfähig sein (zustimmend *GL,* Rn 10; **a. A.** *DR,* a. a. O.; *HSG,* Rn 11).

15 In Betrieben mit zahlreichen ausländischen ArbN sind u. U. auch die Kosten für die Heranziehung eines **Dolmetschers** oder die **Übersetzung** z. B. des Tätigkeitsberichtes des BR nach § 43, erforderliche Kosten (LAG Düsseldorf, BB 69, 1086; ArbG München, DB 74, 1118; *GL,* Rn 9; *GK-Wiese,* Rn 18; *HSG,* Rn 10; enger für Klein- und Mittelbetriebe LAG Düsseldorf, DB 81, 1093: nur Dolmetscher).

Als nicht erforderlich hat das BAG (Beschluß 27. 9. 74, AP Nr. 8 zu § 40 BetrVG 1972) den MitglBeitrag von BRMitgl. zum **Mieterbund** angesehen, da die auf Dauer angelegte Mitgliedschaft im Hinblick auf die allgemeine sozialpolitische Zielsetzung des Mieterbundes nicht das adäquate Mittel für den BR zur sachgerechten Durchführung seiner gesetzlichen Beteiligungsrechte bei Werkswohnungen sei.

16 Zu den Kosten, die durch die BRTätigkeit entstehen, gehören auch die **Kosten der E-Stelle** (h. M.; BAG 27. 3. 79, AP Nr. 7 zu § 76 BetrVG 1972; *DR,* Rn 25; *GK-Wiese,* Rn 42). Durch das Änderungsgesetz 1989 haben die Kosten der E-Stelle und die Vergütung ihrer Mitgl. in dem neu eingefügten § 76a eine Sonderregelung erfahren. Näheres vgl. die Rn zu § 76a.

17 Die Herausgabe eines **regelmäßigen eigenen Informationsblatts** des BR zur Unterrichtung der Belegschaft erscheint im Hinblick auf die bestehenden Unterrichtungsmöglichkeiten durch die BetrVerslg. und durch Anschläge am Schwarzen Brett, die allerdings keineswegs die einzigen Informationsmöglichkeiten des BR sind (vgl. BAG 8. 2. 77, AP Nr. 10 zu § 80 BetrVG 1972; **a. A.** *Eich,* DB 78, 398), im allgemeinen nicht erforderlich. Etwas anderes gilt bei Vorliegen besonderer Umstände (z. B. Dringlichkeit einer Unterrichtung vor der nächsten BetrVerslg. und Unzulänglichkeit anderer Informationsmittel, keine überhöhten Kosten) für **Rundschreiben des BR aus konkretem Anlaß** (BAG 21. 11. 78, AP Nr. 15 zu § 40 BetrVG 1972; LAG Hamburg, DB 78, 118; vgl. auch LAG Baden-Württemberg, DB 78, 799; *DR,* Rn 64; *GL,* Rn 46; *GK-Wiese,* Rn 80; *Löwisch,* Festschrift Hilger/Stumpf, S. 431 ff.; **a. A.** *HSG,* Rn 83; weitergehend *Hoffmann,* ArbuR 74, 266; *GKSB,* Rn 9). Dieser konkrete Anlaß kann sich auch aus der Tätigkeit des GesBR ergeben, da Informationen an die ArbN aus seinem Bereich durch die BR erfolgt und der GesBR zur Herausgabe eines eigenen Informationsblattes auf Kosten des ArbGeb. nicht berechtigt ist (vgl. BAG 21. 11. 78, AP Nr. 4 zu § 50 BetrVG 1972). Wo die Möglichkeit eines Rundschreibens des BR aus konkretem Anlaß nicht nur ein seltener Ausnahmefall ist, sollten die Betriebspartner zur Vermeidung von Streitigkeiten im Einzelfall eine nähere Vereinbarung über die Modalitäten von Rundschreiben des BR treffen.

18 Bei einem umfangreichen **Tätigkeitsbericht** des BR nach § 43 Abs. 1 Satz 1 kann es, um eine sachgerechte Diskussion des Berichts auf der BetrVerslg. zu ermöglichen, u. U. erforderlich sein, den Bericht den ArbN vor der Verslg. auch **schriftlich** vorzulegen. Das gleiche gilt, wenn ein nicht unerheblicher Teil der Belegschaft, aus welchen Gründen

auch immer, nicht an der BetrVerslg. teilnehmen kann (LAG Bad.-Württ., ArbuR 84, 54).

19 Entstehen dem BR Aufwendungen oder Auslagen, so kann er vom ArbGeb. die **Zahlung eines angemessenen Vorschusses** verlangen (*DR,* Rn 36; *GK-Wiese,* Rn 17; *HSG,* Rn 23, 59; *Weiss,* Rn 4; *Dütz/Säcker,* DB 72, Beil. 17 S. 7; *Bulla,* DB 74, 1623; einschränkend *GL,* Rn 17). In größeren Betrieben empfiehlt es sich, dem BR für dessen Geschäftsbedürfnisse von vornherein einen entsprechenden **Fond** zur Verfügung zu stellen, aus dem er die ihm oder seinen Mitgl. entstehenden Kosten bezahlen kann (*GK-Wiese,* Rn 17; *HSG,* Rn 59; *Dütz/Säcker,* a. a. O.). Über den Fond ist nach einer gewissen Zeit abzurechnen.

2. Aufwendungen der Betriebsratsmitglieder

20 Zu den Kosten, die durch die Tätigkeit des BR entstehen, gehören auch **Aufwendungen einzelner BRMitgl.,** die diese im Rahmen und in Erfüllung ihrer BRAufgaben machen (BAG 6. 11. 73, AP Nr. 6 zu § 37 BetrVG 1972, BAG 3. 4. 79, AP Nr. 1 zu § 13 BetrVG 1972; *DR,* Rn 8, 39; *GL,* Rn 18; *GK-Wiese,* Rn 19; *GKSB,* Rn 13; *HSG,* Rn 24). Der ArbGeb. hat deshalb auch derartige dem einzelnen BRMitgl. entstehenden Kosten zu tragen, soweit diese zur ordnungsmäßigen Erfüllung der BRAufgaben notwendig sind. Auch das einzelne BRMitgl. kann auf die voraussichtlich entstehenden Kosten einen **angemessenen Vorschuß** verlangen (*DR,* Rn 36; *GL,* Rn 27; *GK-Wiese,* Rn 17). Hat es bereits Aufwendungen gemacht, kann es vom ArbGeb. unter dem Gesichtspunkt der Geschäftsführung ohne Auftrag gemäß § 683 BGB deren Erstattung verlangen (*DR,* Rn 38). Im Gegensatz zu § 46 Abs. 5 BPersVG 74, der für freigestellte und teilweise freigestellte Mitgl. des Personalrats eine durch VO (vgl. BGBl. 74, I S. 1499) der Höhe nach festzusetzende monatliche Aufwandsentschädigung vorsieht, enthält das BetrVG keine entsprechende Regelung. Wird in einer BV ein **Pauschbetrag für Aufwendungen** der BRMitgl. vorgesehen, so muß sich dieser Betrag im Rahmen der üblichen und notwendigen Aufwendungen halten und darf keine versteckte Vergütung umfassen (BAG 9. 11. 55, AP Nr. 1 zu Art. IX KRG Nr. 22 Betriebsrätegesetz; *GL,* Rn 18; einschränkend *DR,* Rn 35). Notwendige, über den Pauschbetrag hinausgehende Auslagen sind vom ArbGeb. zu erstatten (LAG Köln, DB 85, 394).

21 Zur BRTätigkeit gehören **alle Tätigkeiten eines BRMitgl.,** die es gerade im Hinblick auf seine Mitgliedschaft im BR und zur Erfüllung seiner Aufgaben im BR durchführt (vgl. § 37 Rn 17 ff.). Entscheidend ist, daß das BRMitgl. die Tätigkeit und die damit verbundenen Aufwendungen nur deshalb übernimmt, weil es Mitgl. des BR ist und die Übernahme der Tätigkeit für eine ordnungsgemäße Durchführung der Aufgaben des BR erforderlich halten darf (vgl. oben Rn 7). Hierbei ist auch zu berücksichtigen, welche **Funktionen** das einzelne Mitgl. im BR ausübt.

22 Zu den insoweit vom ArbGeb. zu tragenden Aufwendungen zählen insbesondere **Reisekosten,** die dem BRMitgl. im Rahmen seiner BRTä-

tigkeit entstehen, z. B. durch die Teilnahme an Sitzungen des GesBR oder KBR, an der BRVerslg. oder an Gerichtsverhandlungen (vgl. hierzu § 37 Rn 19 und BAG, BB 77, 796) oder durch den Besuch eines abgelegenen, jedoch zum Betrieb gehörenden Betriebsteils oder Nebenbetriebs. Hierbei umfassen die Reisekosten auch die Aufwendungen für eine angemessene Verpflegung und Unterkunft, wobei zwischen den einzelnen BRMitgl. keine Unterschiede zu machen sind (vgl. hierzu auch unten Rn 34). Machen mehrere BRMitgl. eine erforderliche Reise und benutzt eines von ihnen den eigenen Pkw, so sind die übrigen Mitgl. grundsätzlich nicht verpflichtet, in diesem Pkw mitzufahren (*GKSB,* Rn 14; **a. A.** LAG Hamm, DB 76, 1919; *GL,* Rn 21; *GK-Wiese,* Rn 20; *HSG,* Rn 28). Eine Verpflichtung zur gemeinsamen Fahrt besteht jedoch dann, wenn der ArbGeb. ein Dienstfahrzeug zur Verfügung stellt. Nicht erforderlich sind Reisekosten eines BRMitgl., das von seinem Urlaubsort an den Betriebsort zur konstituierenden Sitzung des BR anreist, weil es sich durch ein ErsMitgl. vertreten lassen kann (BAG 24. 6. 69, AP Nr. 8 zu § 39 BetrVG; *GKSB,* Rn 4). Zur Frage, inwieweit außerhalb der Arbeitszeit für Aufgaben des BR aufgewendete Zeit auszugleichen bzw. abzugelten ist, vgl. § 37 Rn 45 und 50.

Auch **sonstige notwendige Fahrtkosten** sind zu erstatten. Fährt z. B. ein BRMitgl. gesondert zu einer BRSitzung, die außerhalb seiner Arbeitszeit (z. B. Nachtschicht), aber innerhalb der üblichen Arbeitszeit der meisten BRMitgl. liegt, so sind ihm die gesondert aufgewendeten Fahrtkosten zu erstatten (BAG 18. 1. 89, AP Nr. 28 zu § 40 BetrVG 1972). Ferner kann ein BRMitgl., das wegen seiner Amtstätigkeit nicht mehr die kostenlose Beförderung mit Bussen des ArbGeb. in Anspruch nehmen kann, nach § 78 S. 2 die Erstattung der notwendigen Beförderungskosten verlangen, die ihm durch die Benutzung des eigenen Pkw oder der öffentlichen Verkehrsmittel entstehen (*DR,* Rn 10; *HSG,* Rn 2; *GK-Wiese,* Rn 19; LAG Düsseldorf, DB 69, 1086; **a. A.** *GL,* Rn 19). **22a**

Auch notwendige **Telefongebühren** sind zu erstatten (*GK-Wiese,* Rn 24; *GKSB,* Rn 14). **22b**

Durch die BRTätigkeit bedingt sind auch die Kosten, die einem BRMitgl. durch die **Führung von Rechtsstreitigkeiten in betriebsverfassungsrechtlichen Angelegenheiten** entstehen, und zwar auch dann, wenn die Rechtsstreitigkeit ausschließlich das Verhältnis des einzelnen BRMitgl. zum BR betrifft (*DR,* Rn 16; *GL,* Rn 36; *GK-Wiese,* Rn 31 f.; *HSG,* Rn 33, 37). Dies gilt jedenfalls, wenn die gesetzliche Rechtsstellung des einzelnen BRMitgl. Streitgegenstand ist oder durch den Rechtsstreit berührt wird. Das ist z. B. der Fall bei Rechtsstreitigkeiten über die Anfechtung der Wahl eines BRMitgl., über den Ausschluß eines Mitgl. aus dem BR (vgl. BAG, ArbuR 82, 258), über die Feststellung des nachträglichen Verlustes seiner Wählbarkeit, über die Wirksamkeit eines Rücktrittsbeschlusses des BR oder über das Einblicksrecht eines Mitgl. in die BRUnterlagen (vgl. hierzu BAG 3. 4. 79, AP Nr. 1 zu § 13 BetrVG 1972; LAG Berlin, DB 79, 2043; LAG Hamm, DB 80, 213). Falls die Rechtsverfolgung oder -verteidigung nicht von vornherein aussichtslos oder mutwillig ist, hat der ArbGeb. deshalb auch die **23**

Kosten zu tragen, die dem einzelnen BRMitgl. durch seine Beteiligung an derartigen Rechtsstreitigkeiten entstehen. Für die Erstattungsfähigkeit der Kosten eines vom BRMitgl. hinzugezogenen Rechtsanwalts gelten die Ausführungen in Rn 10f. entsprechend. Ob im Falle eines Ausschlusses aus dem BR wegen grober Pflichtverletzung das BRMitgl. in jedem Fall die Erstattung der ihm entstehenden Anwaltskosten verlangen kann, ist allerdings zweifelhaft (verneinend *GK-Wiese,* Rn 23). Je nach Art und Schwere der groben Pflichtverletzung des BRMitgl. kann die Geltendmachung eines Erstattungsanspruchs gegen den ArbGeb. u. U. als rechtsmißbräuchlich erscheinen (vgl. hierzu BVerwG, AP Nr. 4 zu § 44 PersVG; *HSG,* Rn 37).

24 Im Hinblick darauf, daß jedes BRMitgl. sein Amt in eigener Verantwortung ausübt (vgl. BAG 1. 6. 76, AP Nr. 1 zu § 28 BetrVG 1972; BAG 21. 11. 78, AP Nr. 35 zu § 37 BetrVG 1972), ist das einzelne BRMitgl. berechtigt, ein gerichtliches Verfahren zur **Überprüfung von BRBeschlüssen** einzuleiten, wenn Zweifel an ihrer formellen oder materiellen Rechtmäßigkeit bestehen. Dem ArbG steht allerdings keine Zweckmäßigkeits- oder Billigkeitskontrolle hinsichtlich der Beschlüsse des BR zu. Kosten eines arbeitsgerichtlichen BeschlVerf., mit dem ein BRMitgl. die Aufhebung eines BRBeschlusses anstrebt, weil es lediglich mit dem Inhalt der Entscheidung nicht einverstanden ist, hat der ArbGeb. nicht zu tragen, da ein Verfahren mit diesem Ziel als von vornherein aussichtlos anzusehen ist (vgl. BAG 3. 4. 79, AP Nr. 1 zu § 13 BetrVG 1972 hinsichtlich eines Rücktrittsbeschlusses des BR; *GK-Wiese,* Rn 31; *GL,* Rn 36; *HSG,* Rn 35f.).

25 In Fällen, in denen das Gesetz die Berücksichtigung der **Gruppenbelange** besonders vorschreibt (vgl. z. B. §§ 26, 27 Abs. 2, 38 Abs. 2, 47 Abs. 2), können auch die **Vertr. einer Gruppe im BR** ein gerichtliches Verfahren anstrengen, wenn Zweifel daran bestehen, ob die zugunsten der Gruppen bestehenden Vorschriften beachtet worden sind (vgl. BVerwG, AP Nr. 1 zu § 44 BPersVG; *GL,* Rn 36; *GK-Wiese,* Rn 33; *HSG,* Rn 38). Die notwendigen Kosten eines solchen Verfahrens trägt ebenfalls der ArbGeb.

26 Dagegen hat der ArbGeb. nicht die Kosten zu tragen, die einem BRMitgl. dadurch entstehen, daß es im **Verfahren nach § 103 Abs. 2** zur Ersetzung der Zustimmung des BR zu seiner außerordentlichen Kündigung beteiligt wird. Denn diese Beteiligung erfolgt nicht in Erfüllung betriebsverfassungsrechtlicher Aufgaben des BRMitgl., sondern wegen des besonders ausgestalteten Kündigungsschutzes von BRMitgl., bei denen das Vorliegen eines wichtigen Grundes als Voraussetzung einer außerordentlichen Kündigung bereits vor Anspruch der Kündigung im arbeitsgerichtlichen BeschlVerf. und nicht erst in einem nachträglichen Kündigungsschutzverfahren gerichtlich geprüft wird (BAG 3. 4. 79, AP Nr. 16 zu § 40 BetrVG 1972; *GK-Wiese,* Rn 33). Wohl hat der ArbGeb. die Kosten eines vom **BR** in dem Verfahren nach § 103 Abs. 2 hinzugezogenen Anwalts zu tragen, wenn dessen Hinzuziehung erforderlich war. Ebenso hat der ArbGeb. die Kosten zu tragen, die einem BRMitgl. durch eine notwendig werdende **Lohnklage ausschließlich aus Anlaß**

betriebsratsbedingter Arbeitsversäumnis entstehen, es sei denn, die umstrittene betriebsverfassungsrechtliche (Vor-)Frage hätte in dem billigeren arbeitsgerichtlichen BeschlVerf. verbindlich geklärt werden können. Denn auch diese Kosten sind durch BRTätigkeit bedingt und es kann für ihre Erstattungsfähigkeit nicht darauf ankommen, ob ihre Geltendmachung im Beschlußverfahren oder im Urteilsverfahren zu erfolgen hat (*Blomeyer,* Finanzierung der Mitbestimmung, S. 88; **a. A.** die h. M., die die Kostentragungspflicht auf gerichtliche Verfahren zur Klärung betriebsverfassungsrechtlicher Rechte oder Rechtsverhältnisse beschränkt, vgl. BAG 14. 10. 82, AP Nr. 19 zu § 40 BetrVG 1972 mit ablehnender Anmerkung von Otto; LAG Hamm, EzA § 40 BetrVG 1972 Nr. 33; *DR,* Rn 11, 23; *GL,* Rn 36; *HSG,* Rn 34; *GK-Wiese,* Rn 33). Dies gilt allerdings nicht, wenn die Lohnklage durch andere als betriebsverfassungsrechtliche Meinungsverschiedenheiten bedingt ist. In diesem Fall hat das BRMitgl. keine andere Stellung wie jeder andere ArbN.

Zu den Aufwendungen zählen nicht nur solche in Geld, sondern **jede** 27
Aufopferung von Vermögenswerten. Beschmutzt oder beschädigt ein BRMitgl. anläßlich der Durchführung von BRAufgaben seine Kleidung, so hat es Anspruch auf Erstattung der Kosten, die zur Behebung dieser Schäden notwendig sind (*DR,* Rn 43; *GL,* Rn 37; *GK-Wiese,* Rn 25; *HSG,* Rn 25). Erleidet ein BRMitgl. im Rahmen seiner Tätigkeit einen **Unfall,** so hat es Anspruch auf entsprechende Heil- und Kurkosten. Allerdings greift auch hier hinsichtlich der Personenschäden das sozialversicherungsrechtliche Haftungsprivileg nach § 636 RVO ein, d. h. ein Unfall eines BRMitgl. im Rahmen seiner BRTätigkeit ist ein **Arbeitsunfall** i. S. von §§ 546 Abs. 1, 539 Abs. 1 Nr. 1 RVO, so daß nur ein Anspruch auf Leistungen aus der gesetzlichen Unfallversicherung besteht (*DR,* Rn 44; *GK-Wiese,* Rn 25; *Hanau,* RdA 79, 326; *Lauterbach,* Gesetzliche Unfallversicherung, § 548 Rn 42). Benutzt ein BRMitgl. zur Erledigung von BRAufgaben den eigenen Pkw und erleidet es hierbei einen Verkehrsunfall, so kann es die Reparaturkosten unter denselben Voraussetzungen vom ArbGeb. erstattet verlangen, unter denen einem ArbN bei einem Unfall mit dem eigenen Pkw auf einer Dienstfahrt ein derartiger Erstattungsanspruch zusteht (vgl. hierzu § 20 Rn 27; LAG Niedersachsen, EzA § 40 BetrVG 1972 Nr. 48).

3. Schulungskosten

Der ArbGeb. hat auch die Kosten zu tragen, die durch die Teilnahme 28
von BRMitgl. an solchen **Schulungs- und Bildungsveranstaltungen** entstehen, die für die BRArbeit **erforderliche** Kenntnisse vermitteln. Denn das Wissen der BRMitgl. um ihre gesetzlichen Aufgaben und die praktische Durchführung dieser Aufgaben im Betrieb sind derartig eng miteinander verbunden, daß sie nicht getrennt werden können. Deshalb gehört auch die Erlangung der Kenntnisse, die zur Durchführung des Gesetzes und zur ordnungsgemäßen Wahrnehmung der Aufgaben des BR im Betrieb erforderlich sind, zur BRTätigkeit, für die der ArbGeb.

gemäß § 40 die notwendigen Kosten zu tragen hat (ständige Rechtsprechung des BAG BetrVG 72; vgl. BAG 31. 10. 72, 29. 1. 74 und 8. 10. 74, AP Nr. 2, 5 und 7 zu § 40 BetrVG 1972; BAG 25. 4. 78 und 21. 11. 78, AP Nr. 33 und 35 zu § 37 BetrVG 1972 m. w. Nachw.; *DR,* Rn 27; *GL,* Rn 32; *GK-Wiese,* Rn 45ff.; *HSG,* Rn 41ff.). Aus dieser Rechtsprechung folgt:

28a Die **Kosten** der Teilnahme von BRMitgl. an **Schulungs- und Bildungsveranstaltungen nach § 37 Abs. 6** hat der ArbGeb. stets zu tragen, da diese Schulungs- und Bildungsveranstaltungen eine für die BRArbeit erforderliche Kenntnisvermittlung voraussetzen (vgl. hierzu im einzelnen § 37 Rn 78ff.). Zur Frage der Beurteilung des Begriffs Erforderlichkeit, wenn eine Veranstaltung **teils erforderliche,** teils nicht erforderliche Kenntnisse vermittelt, vgl. § 37 Rn 89.

28b Demgegenüber reicht bei **Schulungsveranstaltungen i. S. von § 37 Abs. 7** ihre Anerkennung durch die zuständige oberste Arbeitsbehörde als „geeignet" für sich allein nicht aus, um eine Kostentragungspflicht des ArbGeb. zu begründen; jedoch besteht diese, wenn auf einer Veranstaltung nach § 37 Abs. 7 Kenntnisse vermittelt werden, die für die BRArbeit als erforderlich i. S. von § 37 Abs. 6 anzusehen sind (BAG 6. 11. 73, 8. 2. 77 und 25. 4. 78, AP Nr. 6, 26 und 33 zu § 37 BetrVG 1972; *GL,* Rn 23ff. 35; *GK-Wiese,* Rn 61ff.; *HSG,* Rn 46f.; **weitergehend** *DR,* Rn 28; *GKSB,* Rn 15; *Weiss,* Rn 10: generelle Kostentragungspflicht bei Veranstaltungen nach Abs. 7). Dies ergibt sich schon daraus, daß anderenfalls BRMitgl. unterschiedlich behandelt würden, je nachdem ob sie erforderliche Kenntnisse auf einer Veranstaltung nach § 37 Abs. 6 oder nach Abs. 7 erlangen. Werden Kosten für eine Schulungsveranstaltung nach § 37 Abs. 7 geltend gemacht, so sind die Umstände, die eine Erforderlichkeit der Schulung in engerem Sinne ergeben, im einzelnen dezidiert darzulegen (BAG 26. 8. 75, AP Nr. 21 zu § 37 BetrVG 1972; vgl. auch § 37 Rn 131f.).

28c Das BVerwG hat für den Bereich des Bundespersonalvertretungsrechts ebenfalls eine Pflicht des Dienstherrn bejaht, die Kosten der Schulung von Mitgl. des **Personalrats** zu tragen, die für eine ordnungsgemäße Amtsführung erforderliche Kenntnisse vermittelt (vgl. BVerwG vom 27. 4. 1979, ZBR 79, 310). Das BVerfG hat die Rechtsprechung des BAG zur Kostentragungspflicht des ArbGeb. bei der Schulung von BRMitgl. als **verfassungsgemäß** anerkannt (BVerfG 14. 2. 78, AP Nr. 13 zu § 40 BetrVG 1972).

29 Nach dieser höchstrichterlichen Rechtsprechung steht jedenfalls für die Praxis fest, daß der ArbGeb. grundsätzlich die Kosten einer Schulung von BRMitgl. zu tragen hat, die für eine Erfüllung der Aufgaben des BR erforderlich ist. Diese Frage war in den ersten Jahren nach Inkrafttreten des BetrVG 1972 sehr umstritten. Zu den Einzelheiten dieses Meinungsstreits wird angesichts der inzwischen gefestigten höchstrichterlichen Rechtsprechung auf die Rn 12aff. der 12. Auflage dieses Kommentars verwiesen.

30 Die Kostentragungspflicht des ArbGeb. bei Teilnahme von BRMitgl. an Schulungs- und Bildungsveranstaltungen beschränkt sich auf die Erstattung der **erforderlichen Kosten.** Kosten einer nicht erforderlichen Schulung oder nicht erforderliche Kosten einer notwendigen Schulung hat der ArbGeb. nicht zu tragen. Das BAG hat darüber hinaus als zusätzliches Kriterium einer Kostentragungspflicht des ArbGeb. den **Grundsatz der Verhältnismäßigkeit** eingeführt (BAG 31. 10. 72, 29. 1. 74 und 8. 10. 74, AP Nr. 2, 5 und 7 zu § 40 BetrVG 1972; BAG 29. 1. 74, 27. 9. 74 und 28. 5. 76, AP Nr. 8, 18 und 24 zu § 37 BetrVG 1972; zustimmend *DR,* Rn 32; *GL,* Rn 26; *Blomeyer,* BAG-Festschrift, S. 33; ausführlich *Pahlen* a. a. O. S. 24ff., 119f.; kritisch *GKSB,* Rn 2, 16; *Weiss,* Rn 2). Dieser Grundsatz verpflichtet den BR zu prüfen, ob die Schulungskosten unter Berücksichtigung des Inhalts und des Umfangs des vermittelten Wissens mit der Größe und Leistungsfähigkeit des Betriebs zu vereinbaren sind. Gegen die Berücksichtigung des Grundsatzes der Verhältnismäßigkeit bei der Kostentragungspflicht des ArbGeb. ist insofern nichts einzuwenden, als er dazu dient, eine im Verhältnis zur Größe und Leistungsfähigkeit des Betriebs **unverhältnismäßige Kostenbelastung** des ArbGeb. durch die Schulung von BRMitgl. auszuschließen; denn eine unverhältnismäßige Inanspruchnahme von Befugnissen und Rechten entspricht weder allgemeinen Rechtsgrundsätzen noch denen des BetrVG, das in besonderem Maße durch den Grundsatz der vertrauensvollen Zusammenarbeit von ArbGeb. und BR zum Wohle der ArbN und des Betriebs geprägt ist (vgl. § 2 Abs. 1). Nicht angewandt werden kann der Grundsatz der Verhältnismäßigkeit allerdings, soweit mit seiner Hilfe die Kostentragungspflicht des ArbGeb. von vornherein auf ein allgemeines und durchschnittliches Niveau „festgeschrieben" werden sollte. Das wäre eine unzulässige Einschränkung der Rechte und Befugnisse des BR in bezug auf die Schulung seiner Mitgl. auf Kosten des ArbGeb. (wohl ebenso *GK-Wiese,* Rn 56). Die Einschränkung der Kostentragungspflicht des ArbGeb. durch den Grundsatz der Verhältnismäßigkeit (besser wohl der Unverhältnismäßigkeit) bedarf deshalb stets einer konkret betriebsbezogenen Begründung (vgl. hierzu auch *GKSB,* Rn 16, die zutreffend auf die Notwendigkeit eines Vergleiches mit der Managementschulung des Betriebs hinweisen).

Da der ArbGeb. nur die erforderlichen Kosten zu tragen hat, besteht **31** für den BR die Verpflichtung, das BRMitgl. bei **mehreren gleichwertigen Veranstaltungen** an derjenigen teilnehmen zu lassen, die für den ArbGeb. die geringeren Kosten verursacht; anderenfalls hat der ArbGeb. die erhöhten Kosten nicht zu tragen (BAG 23. 4. 74, AP Nr. 11 zu § 37 BetrVG 1972; LAG Schleswig-Holstein, BB 88, 1389; *DR,* Rn 32; *GK-Wiese,* Rn 57). Allerdings ist der BR keineswegs verpflichtet, stets die mit den geringsten Kosten verbundene Schulungsveranstaltung auszuwählen, falls diese nach seiner Ansicht im Verhältnis zu anderen Veranstaltungen qualitativ geringwertiger ist. Bei der Wahl zwischen einer qualitativ höherwertigen Schulungsveranstaltung mit erhöhten Kosten und einer weniger guten mit geringeren Kosten ist im Interesse einer sachgerechten Schulung im Zweifel der qualitativ höherwertigen Schulung der Vorzug zu geben, vorausgesetzt, daß sich deren Kosten nicht in einem unangemessenen Rahmen bewegen (vgl. hierzu BAG 29. 1. 74,

AP Nr. 9 zu § 37 BetrVG 1972; *DR,* Rn 32; *GK-Wiese,* Rn 57; *GKSB,* Rn 16; *HSG,* Rn 54). Entsprechendes gilt auch in bezug auf den Ort der Schulungsveranstaltung. Aus diesem Grunde sind Reisekosten zu einer weiter entfernt liegenden Schulungsstätte zu erstatten, wenn hier die Schulung – etwa im Hinblick auf den Einsatz entsprechender Lehrkräfte oder die Verwendung besonderer pädagogischer Hilfsmittel – eine effektivere Ausbildung ermöglicht (vgl. hierzu BAG 29. 4. 75, AP Nr. 9 zu § 40 BetrVG 1972; BAG 24. 8. 76, AP Nr. 2 zu § 95 ArbGG 1953). Das gleiche gilt, wenn eine nahegelegene Schulungsstätte für längere Zeit ausgebucht ist (*GK-Wiese,* Rn 58; bedenklich LAG Düsseldorf, DB 76, 1115, das eine achtmonatige Wartezeit für zumutbar hält; **a. A.** auch *GL,* Rn 27).

31a Überschreitet der Kostenaufwand einer Schulung den Rahmen des nach den Verhältnissen Zumutbaren, so ist der ArbGeb. nur in diesem Rahmen zu Erstattung entstandener Kosten verpflichtet (BAG 27. 9. 74, AP Nr. 18 zu § 37 BetrVG 1972; *GL,* Rn 28).

32 Zu den Kosten, die im Rahmen einer erforderlichen Schulung der BRMitgl. vom ArbGeb. zu tragen sind, zählen insbesondere die **Fahrtkosten** sowie die **Kosten für Verpflegung** und **Übernachtung** (*GK-Wiese,* Rn 52). Übernachtungskosten sind jedoch nicht erforderlich, wenn dem BRMitgl. die tägliche An- und Abreise zum bzw. vom Schulungsort zumutbar ist; etwas anderes gilt allerdings für den Fall, daß die Übernachtungskosten wegen Pauschalhonorars und fehlender Absprache mit dem Veranstalter vom BRMitgl. nicht beeinflußbar sind (BAG 5. 7. 84, AP Nr. 24 zu § 40 BetrVG 1972). Nicht zu erstatten sind Kosten der **persönlichen Lebensführung,** wie z. B. Aufwendungen für Getränke, Tabakwaren o. ä. (BAG 29. 1. 74 und 15. 6. 76, AP Nr. 5 und 12 zu § 40 BetrVG 1972; *GKSB,* Rn 17), wohl jedoch sogenannte Zehrgelder, d. h. Spesen für den Anreise- und Abreisetag. Sofern diese Spesen nicht durch eine betriebliche Reisekostenregelung oder nach der betrieblichen Praxis pauschaliert sind, sind sie im einzelnen zu belegen (BAG 29. 4. 75, AP Nr. 9 zu § 40 BetrVG 1972).

33 Zu den vom ArbGeb. zu tragenden Kosten zählen auch etwaige **Teilnehmergebühren des Veranstalters.** Das gilt auch, wenn Veranstalter eine Gewerkschaft ist (vgl. BAG 28. 5. 76 und 3. 4. 79, AP Nr. 11 und 17 zu § 40 BetrVG 1972; BVerwG, ZBR 79, 310; *DR,* Rn 30, 42; *GK-Wiese,* Rn 51f.; *Weiss,* Rn 9; **a. A.** *GL,* Rn 34; *HSG,* Rn 43; *Ohlgardt,* BB 74, 1029). Allerdings ist bei einer Schulung durch die Gewerkschaften folgendes zu beachten: Die Kostentragungspflicht des ArbGeb. darf nicht dazu führen, daß den Gewerkschaften über die durch die BRSchulung entstehenden tatsächlichen Unkosten hinaus Mittel zufließen. Das widerspräche dem koalitionsrechtlichen Grundsatz, daß kein sozialer Gegenspieler zur Finanzierung des gegnerischen Verbandes verpflichtet werden kann. Deshalb ist dem BAG (a. a. O.) im Grundsatz darin zuzustimmen, daß die als sogenannte Vorhaltekosten oder Generalunkosten der Schulungsstätten der Gewerkschaften zu bezeichnenden Kosten – z. B. Kosten für Fremd- oder Eigenkapitalverzinsung, für Grundstücksabgaben, für Mieten und Mietnebenabgaben, für Heizung, Beleuchtung oder Reinigung, für Mobiliar und allgemeine Lehrmittel – nicht Bestandteil einer vom ArbGeb. zu tragenden Teilnehmergebühr sein dürfen (*DR,* Rn 31, 42; *GK-Wiese,* Rn 52; **a. A.** *Däubler,* a. a. O. S. 111f.; *GKSB,* Rn 19, mit Hinweis darauf, daß die Zusammensetzung der Teilnehmergebühr für das BRMitgl. nicht durchschaubar sei). Allerdings gilt dies insoweit nicht, als die Gewerkschaften nachweisen, daß derartige Kosten ganz oder z. T. ausschließlich durch die **konkrete BRSchulung bedingt** und damit von den sog. **Generalunkosten abgrenzbar** sind. Aus diesem Grunde sind **Honoraraufwendungen für eigene Referenten** der veranstaltenden Gewerkschaft oder des DGB dann als notwendige Kosten vom ArbGeb. zu tragen, wenn eine entsprechende Lehrtätigkeit weder zu den Haupt- noch zu den Nebenpflichten des Referenten aus seinem Arbeitsverhältnis mit der Gewerkschaft oder dem DGB gehört, sondern neben und außerhalb seiner beruflichen Verpflichtung erfolgt (BAG 3. 4. 79, AP Nr. 17 zu § 40 BetrVG 1972; *GK-Wiese,* Rn 52; *DR,* Rn 42; *GKSB,* Rn 19; enger noch BAG 28. 5. 76, AP Nr. 11 zu § 40 BetrVG 1972; **a. A.** *HSG,* Rn 44). Auch die den gewerkschaftseigenen Referenten anläßlich der konkreten Schulung entstandenen Fahrtkosten und Spesen sind von den Generalkosten abgrenzbar und damit im Rahmen einer Teilnehmergebühr vom ArbGeb. zu tragen. Tagungsunterlagen, soweit sie für eine ordnungsgemäße Schulung erforderlich sind, sind ebenfalls erstattungsfähig (das LAG Berlin, DB 89, 682, hat die Überlassung einer Gesetzessammlung an jeden Teilnehmer zum Verbleib, da über den Schulungszweck hinausgehend, als nicht erforderlich angesehen). Das gleiche gilt für Kosten, die durch die Anmietung von Räumen zur Durchführung der Schulungsveranstaltung entstehen (LAG Hamm, DB 83, 1556).

Die **Aufwendungen** des BRMitgl. müssen ferner **tatsächlich entstanden** sein. Die Vereinbarung oder Gewährung eines Pauschalaufwendungsersatzes ist deshalb im allgemeinen unzulässig (*DR,* Rn 35; *GK-Wiese,* Rn 16). Für regelmäßig wiederkehrende Aufwendungen kann allerdings eine **pauschale Abgeltung** erfolgen, wenn hierin nicht die Gewährung eines Sondervorteils liegt (vgl. oben Rn 3, 20 sowie § 37 Rn 7). Besteht im Betrieb eine für die ArbN verbindliche **Reisekostenregelung,** so ist diese grundsätzlich auch für Reisen von BRMitgl. im Rahmen ihrer BRTätigkeit maßgebend. Dies gilt jedenfalls insoweit, als die entstehenden Kosten vom BRMitgl. beeinflußt werden können (BAG 17. 9. 74 u. 23. 6. 75, AP Nr. 6 u. 10 zu § 40 BetrVG 1972; *DR,* Rn 40; *GL,* Rn 29; *GK-Wiese,* Rn 21). Sind dagegen z. B. die Tagessätze des Veranstalters höher als die der betrieblichen Reisekostenregelung und vom BRMitgl. nicht beeinflußbar, so hat der ArbGeb. die höheren Tagessätze des Veranstalters zu erstatten (BAG 29. 1. 74, AP Nr. 9 zu § 37 BetrVG 1972; BAG 7. 6. 84, AP Nr. 24 zu § 40 BetrVG 1972 hinsichtlich der Übernachtungsgebühr eines in der Nähe des Schulungsortes wohnenden BRMitgl.; *HSG* Rn 49). Wird in dem Betrieb bei Dienstreisen üblicherweise die zweite Wagenklasse benutzt, so haben BRMitgl. im Hinblick auf das Begünstigungsverbot des § 78 keinen Anspruch auf Benutzung der ersten Wagenklasse. Enthält die **betriebliche Reiseko-** 34

stenregelung nach der betrieblichen Stellung der ArbN abgestufte Pauschbeträge, so ist – jedenfalls wenn mehrere BRMitgl. gemeinsam reisen – nicht darauf abzustellen, in welcher Stufe das einzelne BRMitgl. einzustufen wäre, wenn es als ArbN des Betriebes eine Dienstreise macht. Denn dann würden die BRMitgl., obwohl sie alle in gleicher Funktion – nämlich als BRMitgl. – reisen, u. U. unterschiedliche Pauschbeträge erhalten. Vielmehr ist insoweit auf ihre Funktionstätigkeit als BRMitgl. abzustellen. Wenn die betriebliche Reisekostenregelung keine besondere Stufe für reisende BRMitgl. enthält, ist diese durch eine an der Bedeutung der BRTätigkeit zu messende vergleichende Wertung zu ermitteln (vgl. hierzu § 44 Abs. 1 S. 2 BPersVG 1974; *GL,* Rn 29; *Weiss,* Rn 7; *Däubler,* a. a. O. S. 113; ähnlich *DR,* Rn 40; nur bei einer ausdrücklichen entsprechenden Regelung auf einen Mittelwert *GK-Wiese,* Rn 21; demgegenüber stellen ausschließlich auf die Stellung und Lebensweise des einzelnen BRMitgl. ab: BAG 29. 4. 75, AP Nr. 9 zu § 40 BetrVG 1972; *HSG,* Rn 32). Werden in einem Betrieb üblicherweise die Aufwendungen anläßlich einer Dienstreise nach steuerlichen **Pauschbeträgen der Lohnsteuerrichtlinien** abgerechnet, so gilt dies auch für die Teilnahme von BRMitgl. an Schulungsveranstaltungen nach § 37 Abs. 6 (BAG 29. 1. 74, AP Nr. 8 zu § 37 BetrVG 1972). Über die Pauschsätze hinausgehende notwendige Aufwendungen kann das BRMitgl. gesondert geltend machen. Soweit eine Pauschalierung nicht erfolgt oder die geltend gemachten Aufwendungen darüber hinausgehen, hat das BRMitgl. die Aufwendungen im einzelnen nachzuweisen (*GL,* Rn 31; *GK-Wiese,* Rn 15, 22; *GKSB,* Rn 5).

35 Hat ein BRMitgl. durch eine längere Dienstreise eigene **Aufwendungen erspart** (z. B. häusliche Verpflegung, Fahrten zwischen Arbeitsstätte und Wohnung), so können diese abgezogen werden (vgl. BAG 29. 1. 74, AP Nr. 8 zu § 37 BetrVG 1972; *GL,* Rn 31; **a. A.** *GKSB,* Rn 18). An ersparter häuslicher Verpflegung kann entsprechend Abschnitt 39 Abs. 1 LStR 1990 ein Abzug von 20 v. H. der Aufwendungen gemacht werden, es sei denn, die Kosten halten sich in den Grenzen der dort genannten Sätze (vgl. BAG a. a. O.). Bei Anwendung einer betrieblichen Reisekostenregelung ist zu beachten, daß bei ihnen ersparte Aufwendungen meistens bereits berücksichtigt sind (*GK-Wiese,* Rn 23; *HSG,* Rn 30).

36 Auch das einzelne BRMitgl. kann auf voraussichtlich entstehende Kosten einen **angemessenen Vorschuß** verlangen (*DR,* Rn 36; *GL,* Rn 33; *GK-Wiese,* Rn 17).

37 Da der Erstattungsanspruch des einzelnen BRMitgl. nicht im Arbeitsverhältnis wurzelt, sondern sich aus seiner BRTätigkeit ergibt, unterliegt er weder einer tariflichen **Ausschlußklausel** noch der kurzen **Verjährung** nach § 196 BGB; er verjährt vielmehr erst nach 30 Jahren (BAG 30. 1. 73, AP Nr. 3 zu § 40 BetrVG 1972; *DR,* Rn 45; *GL,* Rn 38; *GK-Wiese,* Rn 26). Jedoch können Freistellungs- oder Erstattungsansprüche des BR oder seiner Mitgl. **verwirken** (vgl. BAG 14. 11. 78, AP Nr. 39 zu § 242 BGB Verwirkung; LAG Schleswig-Holstein, BB 76, 1418).

III. Bereitstellung der erforderlichen Sachmittel

1. Sachmittel

Während Abs. 1 dem ArbGeb. allgemein die mit der BRTätigkeit verbundenen Kosten auferlegt, verpflichtet ihn die Sonderregelung des Abs. 2 zur Bereitstellung der für die BRSitzungen, Sprechstunden und die laufende Geschäftsführung erforderlichen **Räume, sonstigen Sachmittel und des notwendigen Büropersonals.** Diese Verpflichtung besteht in dem Rahmen, wie es nach Art und Beschaffenheit des Betriebs zur ordnungsmäßigen Durchführung der Aufgaben des BR erforderlich ist (*DR,* Rn 50; *GK-Wiese,* Rn 64; *HSG,* Rn 67). Der ArbGeb. hat die erforderlichen Sachmittel und das notwendige Büropersonal **zur Verfügung zu stellen.** Der BR hat einen Überlassungsanspruch; er ist grundsätzlich nicht berechtigt, sich die Sachmittel oder das Büropersonal selbst zu beschaffen (vgl. BAG 21. 4. 83, AP Nr. 20 zu § 40 BetrVG 1972; *GK-Wiese,* Rn 65). 38

Der ArbGeb. wird geeignete **Räume** in erster Linie **im Betrieb selbst** zur Verfügung zu stellen haben. Nur in ganz besonders gelagerten Fällen werden für dauernd (z. B. Privatbahnbereich, wenn die BRMitgl. ihren Arbeitsplatz an verschiedenen Stellen der Strecke haben) oder vorübergehend (z. B. bei Umbau des Gebäudes, in dem das Sitzungszimmer liegt) auch Räume außerhalb des Betriebes zur Verfügung gestellt werden können, sei es, daß der ArbGeb. Räume anmietet oder sonst Räume in nicht zum Betrieb gehörigen Grundstücken bereitstellt. Die Verpflichtung zur Bereitstellung von Räumen umfaßt auch die Beleuchtung und Beheizung. Ob die Räume dem BR zur ständigen Benutzung überlassen werden oder ihm nur zu bestimmten Zeiten zur Verfügung stehen, bestimmt sich ebenso wie die Frage nach Zahl und Größe der bereitzustellenden Räume nach den Geschäftsbedürfnissen des BR, die ihrerseits wieder von Art, Größe und Umfang des Betriebes abhängen (*DR,* Rn 51; *GL,* Rn 40; *GK-Wiese,* Rn 66; *GKSB,* Rn 23 f.; *HSG,* Rn 67 f.). Im Falle einer ständigen Benutzung hat der BR Anspruch auf ein abschließbares BRZimmer (ArbG Heilbron, BB 84, 982). Der ArbGeb. ist berechtigt, dem BR andere Räume als die bisher benutzten zur Verfügung zu stellen, sofern diese ebenfalls den konkreten Erfordernissen des BR genügen (ArbG Hamburg, DB 87, 1987). 39

In den Räumen des BR, die zu Sitzungen, Sprechstunden oder zur Abwicklung des Geschäftsbetriebes dienen, hat der BR das **Hausrecht** (*DR,* Rn 52; *GL,* Rn 41; *GK-Wiese,* Rn 69; *HSG,* Rn 70). Damit ist allerdings dem ArbGeb. nicht jegliches Verfügungsrecht über diese Räume genommen. Benötigt er diese Räume zu anderen betrieblichen Zwecken, kann er dem BR andere gleichwertige Räume zur Verfügung stellen. 40

Zu den **sächlichen Mitteln,** die der ArbGeb. für die Sitzungen, Sprechstunden und die laufende Geschäftsführung zur Verfügung stellen muß, können u. a. gehören: verschließbarer Schrank oder Aktenschrank, Schreibmaterialien, Schreibmaschine, in größeren Betrieben 41 ggfs. auch ein Schreibautomat, Diktiergerät, Porto, Stempel, Fernsprecher, wobei in kleineren Betrieben die Benutzung des Fernsprechers des Betriebes, in größeren Betrieben dagegen entweder eine eigene Amtsleitung, zum mindesten aber ein eigener Nebenanschluß in Frage kommt (*DR,* Rn 53; *GL,* Rn 42; *GK-Wiese,* Rn 71; *GKSB,* Rn 25; *HSG,* Rn 71). Ein Abhören der Gespräche von BRMitgl. ist sowohl aus persönlichkeitsrechtlichen als auch betriebsverfassungsrechtlichen Gründen (Verbot der Störung und Behinderung der BRArbeit, § 78 Satz 1) unzulässig. Ferner hat der BR Anspruch auf Mitbenutzung von betrieblichen Vervielfältigungsgeräten, in größeren Betrieben auch auf eigenes Vervielfältigungsgerät (*GL,* Rn 42; *GK-Wiese,* Rn 72; *HSG,* Rn 71). Auch kann – insbesondere in größeren Betrieben – die Überlassung eines **Personal-Computers** in Betracht kommen (**a. A.** ArbG Göttingen, RDV 88, 270; LAG Niedersachsen, NZA 89, 442). Ob ein Personal-Computer zur sachgerechten Aufgabenerfüllung des BR erforderlich ist, richtet sich neben dem Umfang der laufenden Geschäftsführung insbesondere nach den konkreten Aufgaben und Aktivitäten des BR; insbesondere in Fällen, in denen zur inhaltlichen Ausfüllung von Initiativrechten des BR, d. h. von Mitbestimmungs- oder Vorschlagsrechten viele Daten zu verarbeiten sind (z. B. bei der betrieblichen Lohngestaltung oder im Bereich der Personalplanung) und der BR in diesen Bereichen konkrete Aktivitäten entfaltet, kann diese Frage durchaus zu bejahen sein. Ferner ist in diesem Zusammenhang auch die technische Infrastruktur des Betriebs insgesamt zu berücksichtigen. Bearbeitet der BR auf dem Personal-Computer personenbezogene Daten, hat er die einschlägige Datenschutzgesetzgebung, z. B. das BDSG (vgl. hierzu § 83 Rn 16ff.) zu beachten. Der BR ist ferner berechtigt, für seinen Schriftverkehr Briefpapier mit dem Kopf des Unternehmens und dem Zusatz „Der Betriebsrat" zu verwenden (LAG Frankfurt, DB 73, 2451; *GL,* Rn 42; *GK-Wiese,* Rn 72).

42 Als sächliche Mittel sind ferner die wichtigsten **arbeits-** und **sozialrechtlichen Gesetzbücher** und **Gesetzestexte** bereitzustellen, die der BR bei seiner Arbeit benötigt (vgl. hinsichtl. der Gesetzessammlung Nipperdey I Arbeitsrecht VGH Bad.-Württ., NZA 86, 105). Hierzu gehören insbesondere: BetrVG, ArbGG, KSchG, SchwbG, BUrlG, JArbSchG, ArbNErfG, LFZG, ASiG, Beschäftigungsförderungsgesetz; AFG, Angestelltenkündigungsschutzgesetz, Arbeitsplatzschutzgesetz, Arbeitsstättenverordnung, AZO, BBiG, BetrAVG, TVG, arbeitsrechtliche Vorschriften des BGB, der GewO und des HGB, HAG, Feiertagslohnzahlungsgesetz, MuSchG, VermbG, AÜG; ferner Spezialliteratur zu bestimmten Sachbereichen, etwa Personalplanung, Akkord- und Prämienwesen, Unfallverhütung, Gestaltung von Arbeitsplatz und Arbeitsmitteln, menschengerechte Gestaltung der Arbeit, gefahrengeneigte Arbeit, Gleichbehandlung. Dabei werden auf jeden Fall in mittleren und größeren Betrieben auch **kommentierte Ausgaben** der wichtigsten arbeitsrechtlichen Gesetze zur Verfügung zu stellen sein (*GL,* Rn 43; **enger** *DR,* Rn 55; *HSG,* Rn 75f.: im allgemeinen nur Mitbenutzung; *Bulla,* DB 74, 1624; **weitergehend** *GKSB,* Rn 26, und *Sandvoss,* MitbGespr.

79, 31, die jedem BR einen Anspruch auf einen Kommentar zu allen wichtigen arbeits- und sozialrechtlichen Gesetzen zuerkennen). Jedem BR ist auf jeden Fall ein neuerer **Kommentar zum Betriebsverfassungsgesetz** zur Verfügung zu stellen. Bei der Auswahl von Kommentaren darf der BR bestimmte Werke bevorzugen (*DR,* Rn 55; *GL,* Rn 43; *GK-Wiese,* Rn 74; *HSG,* Rn 75; *Bulla,* a. a. O.). Der BR ist auf jeden Fall berechtigt, einen Kommentar abzulehnen, der in gewichtigen Fragen nach seiner Ansicht eine für ihn ungünstige Auffassung vertritt. In kleineren Betrieben kann es ausreichen, wenn die Gesetzestexte und geeignete Kommentare des ArbGeb. zur jederzeitigen Mitbenutzung des BR an einer stets zugänglichen Stelle zur Verfügung stehen (*GL,* Rn 43; *Weiss,* Rn 11; **a. A.** *GKSB,* Rn 26).

Neben Gesetzesbüchern und Gesetzestexten sind die für den Betrieb **maßgebenden TV** und **Unfallverhütungsvorschriften,** ferner auch eine arbeits- und sozialrechtliche **Fachzeitschrift,** je nach den konkreten Umständen ggfs. auch eine arbeitsrechtliche Entscheidungssammlung bereitzustellen (*GKSB,* Rn 26; *Sandvoss,* a. a. O. S. 33; bezügl. einer Entscheidungssammlung **a. A.** *DR,* Rn 55; *GL,* Rn 44; *GK-Wiese,* Rn 73; *Bulla,* DB 74, 1624; LAG Düsseldorf, BB 78, 1413). Als eine Fachzeitschrift, die für die BRArbeit erforderliche Informationen vermittelt und deren Bezug der BR deshalb vom ArbGeb. verlangen kann, ist auch die Zeitschrift „Arbeitsrecht im Betrieb" anzusehen; der BR hat bei der Auswahl, welche Zeitschrift für seine Tätigkeit erforderlich ist, einen Ermessensspielraum, der nicht dadurch verletzt ist, daß die Zeitschrift in einem gewerkschaftseigenen Verlag erscheint (BAG 21. 4. 83, AP Nr. 20 zu § 40 BetrVG 1972; *GK-Wiese,* Rn 75; *GKSB,* Rn 26; **a. A.** *Schwerdtner,* DB 81, 988; LAG Bad.-Württ., BB 81, 1949; LAG Hamm, DB 82, 961; *HSG,* Rn 78; *Stege/Weinspach,* Rn 13). Die gegen die Entscheidung des BAG 21. 4. 83 (AP Nr. 20 zu § 40 BetrVG 1972) eingelegte Verfassungsbeschwerde wurde vom Bundesverfassungsgericht nicht zur Entscheidung angenommen (vgl. BVerfG Beschluß 10. 12. 85, AP Nr. 20a zu § 40 BetrVG 1972). Ein Anspruch auf Überlassung einer Lohnabzugstabelle besteht nicht, da der BR auf dem Gebiet der Lohnsteuer keine Zuständigkeit hat (LAG Düsseldorf, BB 70, 79; vgl. hierzu auch BAG 11. 12. 73, AP Nr. 5 zu § 80 BetrVG 1972). In Betrieben mit vielen ausländischen ArbN gehört auch ein fremdsprachliches Wörterbuch zu den erforderlichen Sachmitteln (*Brill,* BB 78, 1575; *GK-Wiese,* Rn 73; *HSG,* Rn 74). 43

Unter besonderen Umständen wird auch die **Tagespresse** zu den sächlichen Mitteln nach Abs. 2 gerechnet werden können (vgl. ArbG Darmstadt, DB 87, 746, hinsichtlich des „Handelsblatts" für einen BR in der Automobilbranche; **a. A.** *DR,* Rn 55; *GL,* Rn 44; *GK-Wiese,* Rn 76; *HSG,* Rn 78; *Brill,* DB 77, 2143).

Für die Bekanntmachungen des BR hat der ArbGeb. ein **„Schwarzes Brett"** zur Verfügung zu stellen, das an einer geeigneten, allen ArbN des Betriebs zugänglichen Stelle anzubringen ist. Bei größeren Betrieben kommen mehrere Schwarze Bretter in Betracht. Die Entscheidung darüber, was am Schwarzen Brett anzuschlagen ist, liegt beim BR, der aber 44 nur Anschläge anbringen darf, die sich im Rahmen seiner Aufgaben und seiner Zuständigkeit bewegen (LAG Hamburg DB 78, 118; LAG Bad.-Württ. DB 78, 799; *DR*, Rn 62; *GL*, Rn 45; *GK-Wiese*, Rn 78; *GKSB*, Rn 27; *HSG*, Rn 81). Hierzu zählt auch die Unterrichtung der Belegschaft über die Rechtsansicht der Gewerkschaft zu einer bestimmten aktuellen betriebsverfassungsrechtlichen Frage; das ergibt sich aus der Unterstützungsfunktion der Gewerkschaft nach § 2 Abs. 1 (*GK-Wiese*, Rn 78; *HSG*, Rn 81; **a. A.** LAG Bad.-Württ. DB 78, 799). Wegen Plakatwerbung der Gewerkschaften vgl. § 74 Rn 15ff. Der BR ist ferner nicht gehindert, in sachlicher Form seine von der des ArbGeb. abweichende Ansicht in einer bestimmten Frage am Schwarzen Brett bekanntzugeben. Unzulässig sind jedoch Anschläge, durch die der Frieden des Betriebs beeinträchtigt wird (LAG Düsseldorf, BB 77, 294, das deshalb den Anschlag der Korrespondenz zwischen ArbGeb. und BR in einer umstrittenen Frage als unzulässig ansieht) oder die offensichtlich Beleidigungen und Ehrenkränkungen des ArbGeb. enthalten. Letztere dürfen, wenn der BR sich weigert, den Anschlag zurückzunehmen, und wenn die Voraussetzungen der Notwehr oder der Nothilfe vorliegen, vom ArbGeb. entfernt werden (*DR*, Rn 63; *GL*, Rn 45; *GK-Wiese*, Rn 79; LAG Berlin, DB 80, 1704). Im übrigen muß der ArbGeb. jedoch zur Beseitigung unzulässiger Aushänge den Rechtsweg beschreiten (**a. A.** *HSG*, Rn 82).

45 Während die **Nutzung** der vom ArbGeb. zur Verfügung gestellten Sachmittel, wie z. B. Mobiliar, Schreibmaschine, Literatur, dem BR zusteht, behält der ArbGeb. das **Eigentum** an diesen Sachen (*DR*, Rn 58; *GL*, Rn 47; *GK-Wiese*, Rn 89). Das gilt natürlich nicht für verbrauchbare Sachen, wie Papier, sonstige Schreibmaterialien usw. Der ArbGeb. verliert vielmehr das Eigentum an dem durch das Beschreiben zu Geschäftspapieren und Akten des BR gewordenen Schreibpapier (§ 950 BGB; *Schaub*, § 222 III 6; **a. A.** *DR*, Rn 59; *GL*, Rn 48; *GK-Wiese*, Rn 90; ArbG Paderborn, LAG Hamm, AR-Blattei BetrVerf. X, Entscheidungen 6 und 7, die dem BR nur das Besitzrecht einräumen; nach *HSG*, Rn 85, hat der BR nur ein Gebrauchsrecht; vgl. auch *Böhm*, RdA 74, 88). Das Eigentum geht aber nicht auf den BR als solchen, wohl aber auf die Gesamtheit der BRMitgl. über, wie diese auch Eigentümer der für den BR eingehenden Schriftstücke und der dem BR von dritter Seite überlassenen Bücher, Akten usw. werden. Die Geschäftspapiere und Akten können daher auch nach Ablauf der Amtszeit vom BR nicht herausverlangt werden (*GK-Wiese*, Rn 90). Dieser hat dann vielmehr die Akten zu vernichten (nach *GK-Wiese*, Rn 90, und *HSG*, Rn 85, ist das unzulässig) oder dem neugewählten BR zu übergeben (im Ergebnis ebenso *Frey*, ArbuR 58, 248; *Gaul*, Bd. II S. 454).

2. Büropersonal

46 Außerdem hat der ArbGeb. das zur Durchführung der Aufgaben des BR erforderliche **Büropersonal zur Verfügung zu stellen.** Hierbei wird es sich in erster Linie um Schreibkräfte handeln, die die anfallende

Schreibarbeit des BR erledigen; jedoch kommen u. U. auch Kräfte für andere Hilfstätigkeiten in Betracht (LAG Bad.-Württ., ArbuR 89, 93). Der Anspruch auf eine Schreibkraft besteht auch dann, wenn ein freigestelltes BRMitgl. selbst über schreibtechnische Kenntnisse verfügt (ArbG Solingen, DB 74, 782). Je nach der Größe und Art des Betriebs wird es ausreichen, wenn der ArbGeb. eine Schreibkraft teilweise – sei es jeweils auf Anforderung, sei es stundenweise oder für bestimmte Tage in der Woche – für die BRArbeit zur Verfügung stellt. In größeren Betrieben dürfte es wohl im allgemeinen erforderlich sein, eine oder ggfs. auch mehrere Schreibkräfte ausschließlich für die BRArbeit einzustellen. Entscheidend ist der tatsächliche Arbeitsanfall (*DR,* Rn 56; *GL,* Rn 49; *GK-Wiese,* Rn 82; *GKSB,* Rn 28). Der BR hat einen Anspruch auf Überlassung des erforderlichen Büropersonals; er kann es schon mangels eigener Rechtspersönlichkeit nicht selbst einstellen. Bei der Auswahl des dem BR zur Verfügung zu stellenden Büropersonals ist diesem allerdings ein **Mitspracherecht** einzuräumen. Dies ergibt sich schon daraus, daß diese Tätigkeit ein gewisses Vertrauensverhältnis zum BR voraussetzt (*GL,* Rn 49; *GKSB,* Rn 28; *Weiss,* Rn 12; **a. A.** *DR,* Rn 57; *GK-Wiese,* Rn 83; *HSG,* Rn 86). Das Büropersonal tritt, auch wenn es ausschließlich für den BR tätig wird, nicht zu diesem in ein Arbeitsverhältnis. Partner des Arbeitsvertrages ist allein der ArbGeb. (*DR,* Rn 57).

Die **Rechtsstellung des Büropersonals** wird gesetzlich nicht näher 47 umschrieben. Das Direktionsrecht des ArbGeb. erstreckt sich nicht auf die Art und Weise der Durchführung der BRArbeit. Insoweit ist der BR berechtigt, **Arbeitsanweisungen** zu geben (*DR,* Rn 57; *GL,* Rn 50; *GK-Wiese,* Rn 84; *HSG,* Rn 87). Da das Büropersonal ebenso wie BRMitgl. häufig durch seine Tätigkeit Kenntnisse von Betriebs- und Geschäftsgeheimnissen erlangt, sollte in dem Anstellungsvertrag festgelegt werden, daß es derselben Verschwiegenheitspflicht wie BRMitgl. unterliegt (*GL,* Rn 50; nach *DR,* Rn 57, *GK-Wiese,* Rn 84, *HSG,* Rn 87, besteht die Verschwiegenheitspflicht auch ohne ausdrückliche Vereinbarung). Diese Vereinbarung hat allerdings nur vertragliche und nicht auch strafrechtliche Bedeutung, so daß eine Verletzung der Verschwiegenheitspflicht keine Bestrafung nach § 120 ermöglicht. Wegen der Teilnahme einer Schreibkraft an BRSitzungen vgl. § 34 Rn 7.

Sofern die Bürokraft selbst BRMitglied ist, ist sie nicht auf die nach § 38 Abs. 1 vorgeschriebene Anzahl der freizustellenden BRMitgl. anzurechnen (*DR,* Rn 56; *GK-Wiese,* Rn 85; **a. A.** *GL,* Rn 49).

IV. Streitigkeiten

Streitigkeiten über die Geschäftsführungskosten des BR, insbesondere 48 auch über deren Notwendigkeit, sowie Streitigkeiten über die Bereitstellung der erforderlichen Sach- und Personalmittel des BR sind gemäß §§ 2a, 80ff. ArbGG im **arbeitsgerichtlichen Beschlußverfahren** zu entscheiden (BAG 12. 2. 65 und 18. 4. 67, AP Nr. 1 und 7 zu § 39 BetrVG;

DR, Rn 65; *GL,* Rn 51; *GK-Wiese,* Rn 93; *Dütz/Säcker,* DB 72, Beil. Nr. 17, S. 12). Das gleiche gilt für Streitigkeiten über Fragen des Besitzrechts an BRAkten (BAG 3. 4. 57, AP Nr. 46 zu § 2 ArbGG). Da der BR selbst nicht vermögensfähig ist, geht bei Streitigkeiten über Geschäftsführungskosten sein Anspruch gegen den ArbGeb. auf **Übernahme der Kosten** oder für den Fall, daß eine Verbindlichkeit bereits begründet worden ist, auf **Freistellung von dieser Verbindlichkeit** (*GK-Wiese,* Rn 12). Ein Antrag des BR auf generelle Feststellung der Erforderlichkeit bestimmter Kosten der BRTätigkeit ist im allgemeinen unzulässig (BAG, DB 87, 1439).

49 Rechtskräftige Beschlüsse über die Verpflichtung des ArbGeb. zur Tragung von Kosten oder des Sachaufwands des BR nach § 40 sind nach Maßgabe der Zwangsvollstreckungsvorschriften der ZPO vollstreckbar (vgl. § 85 ArbGG). Im Beschlußverfahren, in dem der Anspruch des BR gegen den ArbGeb. auf Erstattung notwendiger BRKosten geltend zu machen ist, ist auch die Frage zu entscheiden, ob diese Erstattungsforderung von einem gerichtlichen **Vergleichsverfahren,** das der ArbGeb. beantragt hat, betroffen wird. An diesem Vergleichsverfahren ist der BR hinsichtlich seiner Erstattungsforderung Vergleichsgläubiger, weil diese Forderung im Konkursverfahren des ArbGeb. nach § 61 Nr. 1 KO nicht bevorrechtigt ist (so BAG 16. 10. 86, AP Nr. 26 zu § 40 BetrVG 1972 unter ausdrücklicher Aufgabe seiner bisherigen Rechtsprechung in BAG 12. 2. 65, AP Nr. 1 zu § 39 BetrVG; **a. A.** *DR,* Rn 48; *GK-Wiese,* Rn 99; *GL,* Rn 54; *HSG,* Rn 66).

50 **Vor Eröffnung des Konkurses** des ArbGeb. bereits begründete Kostenerstattungsansprüche sind keine Masseschulden nach § 59 KO; sie unterliegen nach der neueren Rechtsprechung des BAG auch nicht dem Konkursvorrecht nach § 61 Abs. 1 Nr. 1 KO (BAG 16. 10. 86, a. a. O.; **a. A.** *DR,* Rn 48; *GK-Wiese,* Rn 99). Bei Geltendmachung dem Konkursvorrecht unterliegender Forderungen ist der BR an das Verfahrensrecht der Konkursordnung gebunden, d. h. er muß z. B. seine behauptete Forderung zur Konkurstabelle anmelden (BAG 14. 11. 78, AP Nr. 6 zu § 59 KO). Bleibt die behauptete Forderung in Streit, ist hierüber, da sich durch den Konkurs ihre Rechtsnatur nicht ändert, im arbeitsgerichtlichen BeschlVerf. zu entscheiden. Auch der Honoraranspruch des Vorsitzenden der E-Stelle, die vor Konkurseröffnung einen Sozialplan aufgestellt hat, ist keine Masseschuld i. S. von § 59 Abs. 1 Nr. 1 KO (BAG 25. 8. 83, AP Nr. 14 zu § 59 KO). **Nach Eröffnung des Konkurses** begründete Kostenerstattungsansprüche sind **Masseschulden** i. S. von § 59 Abs. 1 Nr. 1 oder 2 KO und aus der Masse vorab zu befriedigen. Zu denken ist hier an die Kosten der E-Stelle zur Aufstellung eines Sozialplans (BAG 15. 12. 78, AP Nr. 5 zu § 76 BetrVG 1972) oder an Aufwendungen von BRMitgl. anläßlich einer Anhörung des Landesarbeitsamts nach § 20 Abs. 1 KSchG wegen einer vom Konkursverwalter beantragten Abkürzung der Sperrfrist. Die Kosten der E-Stelle sind auch dann Masseschulden i. S. von § 59 Abs. 1 Nr. 1 KO, wenn das E-Stellenverfahren bereits vor Konkurseröffnung begonnen, jedoch erst nach Konkurseröffnung durch einen Spruch der E-Stelle abgeschlossen worden ist (BAG 27. 3. 79, AP Nr. 7 zu § 76 BetrVG 1972).

Hat ein **einzelnes BRMitgl. die notwendigen Geschäftsführungskosten ausgelegt,** z. B. notwendige Anschaffungen für den BR gemacht oder Reisekosten vorgestreckt, so kann es vom ArbGeb. deren Ersatz verlangen und zu diesem Zweck den Anspruch unmittelbar gegen den ArbGeb. geltend machen. Auch die Geltendmachung des Erstattungsanspruches eines einzelnen BRMitgl. erfolgt im **arbeitsgerichtlichen BeschlVerf.;** denn maßgebend ist, daß der Anspruch nicht wie der im Urteilsverfahren geltend zu machende Anspruch auf Fortzahlung des Arbeitsentgelts (vgl. § 37 Rn 152) im Arbeitsverhältnis, sondern im BRAmt wurzelt (BAG 24. 6. 69, AP Nr. 8 zu § 39 BetrVG; BAG 6. 11. 73 und 21. 11. 78, AP Nr. 5, 6 und 35 zu § 37 BetrVG 1972; BAG 31. 10. 72 und 18. 1. 89, AP Nr. 2 und 28 zu § 40 BetrVG 1972; *DR,* Rn 66; *GL,* Rn 55; *GK-Wiese,* Rn 94; *HSG,* Rn 90). Das gleiche gilt für Ansprüche eines BRMitgl. gegen den BR, z. B. wenn der ArbGeb. dem BR für seine Sachkosten einen Fond zur Verfügung gestellt hat (vgl. oben Rn 19) und das BRMitgl. die Erstattung von Aufwendungen aus diesem Fond verlangt (*DR,* Rn 67; *Dütz,* ArbuR 73, 371). Auch Ansprüche inzwischen aus dem BR ausgeschiedener ArbN sind weiterhin im arbeitsgerichtlichen BeschlVerf. geltend zu machen (BAG 10. 10. 69, AP Nr. 1 zu § 8 ArbGG 1953; *GL,* Rn 55). Ist das einzelne BRMitgl. eine Verbindlichkeit eingegangen und hat es diese noch nicht erfüllt, so ist der prozessuale Anspruch darauf zu richten, von dieser Verbindlichkeit freigestellt zu werden. Hat es die Verbindlichkeit bereits erfüllt, steht ihm ein Erstattungs-(Zahlungs-)Anspruch zu (BAG 27. 3. 79, AP Nr. 7 zu § 80 ArbGG 1953). 51

Im letzten Falle können **Zinsansprüche** des BRMitgl. aus dem Gesichtspunkt des Verzuges (§ 288 BGB) oder der Rechtshängigkeit (§ 291 BGB) in Betracht kommen (*DR,* Rn 47; *GL,* Rn 52, anders aber Rn 56; *GK-Wiese,* Rn 14; jetzt auch BAG 18. 1. 89, AP Nr. 28 zu § 40 BetrVG 1972 unter ausdrücklicher Aufgabe seiner bisherigen Rechtsprechung [vgl. hierzu BAG 21. 11. 78, AP Nr. 35 zu § 37 BetrVG 1972; BAG 24. 7. 79, AP Nr. 1 zu § 51 BetrVG 1972]; **a. A.** *HSG,* Rn 62); dies gilt nicht im Falle eines Freistellungsanspruchs, da dieser keine Geld-, sondern eine Handlungsschuld zum Gegenstand hat (BAG 21. 11. 78, AP Nr. 35 zu § 37 BetrVG 1972). Ist das BRMitgl. allerdings seinerseits dem Gläubiger gegenüber in Verzug, so umfaßt der Freistellungsanspruch auch die diesem zustehenden Verzugszinsen (BAG 3. 10. 78, AP Nr. 14 zu § 40 BetrVG 1972). Gleiches gilt, falls der Gläubiger das BRMitgl. verklagt hat, für die ihm zustehenden Zinsen ab Rechtshängigkeit (*GK-Wiese,* Rn 14). 52

Auch der **BR** ist befugt, **in eigenem Namen** Freistellungs- oder Erstattungsansprüche von BRMitgl. im BeschlVerf. geltend zu machen, und zwar mit dem Ziel der Freistellung seiner Mitgl. von der betreffenden Verbindlichkeit bzw. der Zahlung der betreffenden Geldschuld an diese Mitgl., nicht an sich selbst (BAG 10. 6. 75, AP Nr. 1 zu § 73 53

BetrVG 1972; BAG 27. 3. 79, AP Nr. 7 zu § 80 ArbGG 1953; *DR,* Rn 67; *GK-Wiese,* Rn 94).

54 Macht ein einzelnes BRMitgl. Freistellungs- oder Erstattungsansprüche geltend, ist der **BR notwendiger Beteiligter** i. S. von § 83 ArbGG (BAG 13. 7. 77, AP Nr. 8 zu § 83 ArbGG 1953; *GL,* Rn 57; *HSG,* Rn 91). Dies gilt auch, wenn inzwischen ein neuer BR gewählt worden ist, da dieser Funktionsnachfolger des früheren BR ist (BAG 25. 4. 78, AP Nr. 11 zu § 80 BetrVG 1972; BAG 3. 4. 79, AP Nr. 1 zu § 13 BetrVG 1972). Ein vom BR oder einem einzelnen BRMitgl. in einem arbeitsgerichtlichen Beschlußverfahren als Verfahrensbevollmächtigter hinzugezogener Rechtsanwalt ist in einem BeschlVerf., das wegen der Freistellung von seinen Honoraransprüchen bzw. deren Erstattung eingeleitet wird, kein Beteiligter i. S. von § 83 ArbGG, da er nur in einem vertraglich begründeten, nicht jedoch in einem betriebsverfassungsrechtlichen Rechtsverhältnis zum BR bzw. zum ArbGeb. steht und das BeschlVerf. nur der Klärung betriebsverfassungsrechtlicher Rechtsbeziehungen dient (BAG 3. 10. 78, AP Nr. 14 zu § 40 BetrVG 1972). Das gleiche gilt in bezug auf einen von BR nach § 80 Abs. 3 hinzugezogenen Sachverständigen (BAG 25. 4. 78, AP Nr. 11 zu § 80 BetrVG 1972).

55 **Honorar- und Auslagenerstattungsansprüche von Mitgl. der E-Stelle** sind ebenfalls im arbeitsgerichtlichen BeschlVerf. geltend zu machen; denn die E-Stelle ist eine betriebsverfassungsrechtliche Einrichtung (BAG 15. 12. 78 und 27. 3. 79, AP Nr. 5, 6 und 7 zu § 76 BetrVG 1972 m. w. N.). Näheres hierzu vgl. § 76a.

56 Hat eine **Gewerkschaft** erforderliche Geschäftsführungskosten des BR oder einzelner BRMitgl. verauslagt und sich deren Ansprüche abtreten lassen, so kann sie die abgetretenen Ansprüche ebenfalls im arbeitsgerichtlichen BeschlVerf. geltend machen (BAG 30. 1. 73 und 29. 1. 74, AP Nr. 3 und 5 zu § 40 BetrVG 1972; BAG 25. 4. 78, AP Nr. 33 zu § 37 BetrVG 1972; *DR,* Rn 68; *GL,* Rn 58; *GK-Wiese,* Rn 95). Aus eigenem Recht, d. h. ohne Abtretung ist sie nicht antragsberechtigt (LAG Düsseldorf, DB 76, 1115). Das gleiche gilt für die Abtretung eines Freistellungsanspruchs des BR hinsichtlich erforderlicher Anwaltsgebühren an den Rechtsanwalt, der ihn in einem arbeitsgerichtlichen Beschlußverfahren vertreten hat (vgl. LAG Berlin, AP Nr. 25 zu § 40 BetrVG 1972). Haben der BR oder einzelne BRMitgl. einen Freistellungsanspruch an diejenige Gewerkschaft abgetreten, die Gläubiger der Verpflichtung ist, auf die sich der Freistellungsanspruch bezieht, wandelt sich der Freistellungsanspruch bei Abtretung an die Gewerkschaft in einen Zahlungsanspruch um (vgl. hierzu BGHZ 12, 136; LAG Berlin, DB 89, 683).

57 Führen Streitigkeiten über die Tragung der Kosten zu einer wesentlichen Erschwerung der BRArbeit, kann der BR im **BeschlVerf.** eine **einstweilige Verfügung** beantragen (vgl. § 85 Abs. 2 ArbGG i. Vbg. mit § 940 ZPO; *DR,* Rn 70; *GL,* Rn 53; *GK-Wiese,* Rn 100; *HSG,* Rn 94).

58 Führt die Weigerung des ArbGeb., die ihm nach § 40 obliegende Pflichten zu erfüllen, zu einer Behinderung der BRArbeit, so kann dies den Straftatbestand des § 119 Abs. 1 Nr. 2 erfüllen (*DR,* Rn 71; *GK-*

Wiese, Rn 101). In diesen Fällen kommt auch ein Verfahren nach § 23 Abs. 3 in Betracht.

§ 41 Umlageverbot

Die Erhebung und Leistung von Beiträgen der Arbeitnehmer für Zwecke des Betriebsrats ist unzulässig.

Inhaltsübersicht

I. Vorbemerkung

Die Vorschrift verbietet jede Umlage unter den ArbN für Zwecke des BR. Die Vorschrift gilt auch für den GesBR (§ 51 Abs. 1) und den KBR (§ 59 Abs. 1). Sie gilt ferner für die JugAzubiVertr. (§ 65 Abs. 1), die GesJugAzubiVertr. (§ 73 Abs. 2), die Bordvertr. (§ 115 Abs. 4) und den SeeBR (§ 116 Abs. 3). Sie ist **zwingendes Recht.** **1**

Entsprechende Vorschrift: § 45 BPersVG 74. **1a**

II. Verbot der Erhebung oder Leistung von Beiträgen

Das BRAmt ist ein Ehrenamt (vgl. § 37 Abs. 1). Die Kosten des BR hat der ArbGeb. zu tragen (§ 40). Deshalb verbietet § 41 es dem BR, die ArbN zu **Beiträgen** für Zwecke des BR zu veranlassen oder solche Beiträge entgegenzunehmen, Sammlungen durchzuführen und dergl. Dies gilt sowohl für laufende Beitragsannahmen als auch für einmalige Sammlungen. Eine Ausnahme besteht jedoch für gelegentliche Sammlungen für betriebliche Zwecke, die nicht mit den Aufgaben des BR zusammenhängen, so daß weder die Gefahr besteht, daß der BR eigene Mittel ansammelt (bedenklich eine BRKasse als Dauereinrichtung, vgl. BAG 22. 4. 60, AP Nr. 1 zu § 2 ArbGG Betriebsverfassungsstreit; **a. A.** *GKSB,* Rn 2), noch daß er seine Neutralität verletzt. Zulässig dürften sein z. B. Sammlungen für ein Jubiläums- oder Geburtstagsgeschenk, für eine Kranzspende, für einen Betriebsausflug oder dergl., auch wenn die Sammlung vom BR ausgeht (insoweit **a. A.** *GK-Wiese,* Rn 4) oder von einzelnen Mitgl. des BR in die Hand genommen wird (*DR,* Rn 7; *GL,* Rn 6; *GKSB,* Rn 3; *HSG,* Rn 5; *Weiss,* Rn 1). **2**

Ein Beschl. des BR oder der BetrVerslg., der dem Verbot des § 41 zuwiderläuft, ist nach § 134 BGB **nichtig** (*GK-Wiese,* Rn 8; *DR,* Rn 5). **3**

Die Vorschrift wird allgemein analog angewendet auf sonstige Sammlungen des BR für Zwecke, die nicht zu den BRAufgaben gehören. Auch die Entgegennahme von **Zuwendungen von Dritten,** etwa **4**

Gewerkschaften oder politischen Parteien, ist **unzulässig** (*DR,* Rn 5; *GL,* Rn 2; *GK-Wiese,* Rn 7; *HSG,* Rn 3; *Weiss,* Rn 1). Desgleichen die Verwaltung von Beiträgen der ArbNVertr. im Aufsichtsrat (LAG Baden-Württemberg, AP Nr. 2 zu § 82 BetrVG; *GL,* Rn 4; *GK-Wiese,* Rn 5; **a. A.** *GKSB,* Rn 2). Auch die Einziehung von Gewerkschaftsbeiträgen gehört nicht zu den Aufgaben des BR, allerdings sind BRMitgl. nicht daran gehindert, für ihre Gewerkschaft die Aufgaben des Beitragsinkassos zu übernehmen (vgl. hierzu auch § 74 Rn 14ff.; *DR,* Rn 6; *GL,* Rn 3; *GK-Wiese,* Rn 6; *HSG,* Rn 6).

5 Die Vorschrift **verbietet den ArbN, Beiträge** für Zwecke des BR **zu leisten.** Die Rückforderung gesetzwidrig geleisteter Beiträge durch die ArbN ist nach § 817 Satz 2 BGB ausgeschlossen (*DR,* Rn 3; *GL,* Rn 5; **a. A.** *GK-Wiese,* Rn 8; *HSG,* Rn 4).

III. Streitigkeiten

6 Verstöße gegen § 41 können, wenn es sich um eine grobe Verletzung der gesetzlichen Pflichten des BR handelt, u. U. zu seiner Auflösung im arbeitsgerichtlichen Verfahren nach § 23 Abs. 1 führen.

7 Streitigkeiten, die sich aus der Anwendung des § 41 ergeben, entscheiden die **ArbG im Beschlußverfahren** (§§ 2a, 80ff. ArbGG).

Vierter Abschnitt. Betriebsversammlung

§ 42 Zusammensetzung, Teilversammlung, Abteilungsversammlung

(1) **Die Betriebsversammlung besteht aus den Arbeitnehmern des Betriebs; sie wird von dem Vorsitzenden des Betriebsrats geleitet. Sie ist nicht öffentlich. Kann wegen der Eigenart des Betriebs eine Versammlung aller Arbeitnehmer zum gleichen Zeitpunkt nicht stattfinden, so sind Teilversammlungen durchzuführen.**

(2) **Arbeitnehmer organisatorisch oder räumlich abgegrenzter Betriebsteile sind vom Betriebsrat zu Abteilungsversammlungen zusammenzufassen, wenn dies für die Erörterung der besonderen Belange der Arbeitnehmer erforderlich ist. Die Abteilungsversammlung wird von einem Mitglied des Betriebsrats geleitet, das möglichst einem beteiligten Betriebsteil als Arbeitnehmer angehört. Absatz 1 Satz 2 und 3 gilt entsprechend.**

Inhaltsübersicht

I. Vorbemerkung

Die Rechtsfragen im Zusammenhang mit BetrVerslg. sind im Gesetz nicht systematisch behandelt. Erläutert werden insb. folgende Fragen: 1
- **Aufgaben** der BetrVerslg. (§ 42 Rn 7, § 45 Rn 5–19),
- **Anzahl** der BetrVerslg. (§ 43 Rn 5–7),
- **Zeitraum und Zeitpunkt** der Verslg. (§ 43 Rn 8–11, § 44 Rn 5–23),
- **Teilnehmer** (§ 42 Rn 14–27, § 43 Rn 28–32, § 46 Rn 5–19),
- **Themen,** (§ 45 Rn 5ff.),
- **Einberufung** der Verslg. (§ 42 Rn 28–33),
- **Ablauf** der Verslg. (§ 42 Rn 34–51, § 43 Rn 12–27, § 45 Rn 5–19),
- **Kosten** (§ 42 Rn 52),
- **Arbeitsentgelt und Fahrkostenerstattung** (§ 44 Rn 24–48).

Besondere Formen der BetrVerslg. sind **Teil- und Abteilungsverslg.** (§ 42 Rn 53–74) sowie **zusätzliche und außerordentliche Verslg.** (§ 43 Rn 33–51).

§ 42 enthält die Begriffsbestimmungen der Verslg. der ArbN des Betriebs, nämlich der **BetrVerslg.** (Abs. 1 Satz 1), der **Teilverslg.** (Abs. 1 Satz 3) und der **AbtVerslg.** (Abs. 2). Außerdem regelt diese Vorschrift die Leitung dieser Verslg. (Abs. 1 Satz 1 und Abs. 2 Satz 2) und schreibt ihre Nichtöffentlichkeit vor. 1a

Die Vorschrift gilt nicht für den **GesBR,** den **KBR** und die **GesJugAzubiVertr.** Auf Unternehmens- und Konzernebene finden von Gesetzes wegen keine Verslg. der ArbN statt. Wegen der **BRVerslg.** vgl. § 53. 2

Über die Möglichkeit der Abhaltung eigener betrieblicher **JugAzubiVerslg.** vgl. § 71. 3

Auf die **Bordvertr.** findet § 41 entsprechende Anwendung (vgl. § 115 Abs. 5), nicht jedoch auf den **SeeBR** (vgl. § 116 Abs. 4). Allerdings kann der SeeBR auf den einzelnen Schiffen der Reederei Bordverslg. durchführen (vgl. § 116 Abs. 3 Nr. 6ff.). 4

Die Vorschrift ist **zwingend** und kann weder durch TV noch durch BV abbedungen werden. Allerdings sind im Rahmen des zwingenden Gesetzesrechts Vereinbarungen über die nähere Ausgestaltung der BetrVerslg. und insbesondere auch über die Durchführung von Teil- und AbtVerslg. zulässig. 5

Entsprechende Vorschrift des **BPersVG 74:** § 48, des **SprAuG:** § 15. 6

II. Betriebsversammlung

1. Allgemeines

a) Aufgaben

7 Die **BetrVerslg.** ist das **Forum der Aussprache** zwischen BR und ArbNschaft des Betriebs und der **Unterrichtung der ArbN** über sie interessierende wesentliche Fragen. Der BR hat in der BetrVerslg. Rechenschaft über seine Tätigkeit zu geben (§ 43 Abs. 1 Satz 1). Die BetrVerslg. selbst kann dem BR Anträge unterbreiten und zu seinen Beschlüssen Stellung nehmen (§ 45 Satz 2). Der ArbGeb. hat mindestens einmal im Kalenderjahr in einer BetrVerslg. einen Bericht über das Personal- und Sozialwesen und die wirtschaftliche Lage und Entwicklung des Betriebs zu geben (§ 43 Abs. 2 Satz 2).

b) Betriebsratslose Betriebe

8 In Betrieben, in denen kein BR besteht, können keine BetrVerslg. i. S. von §§ 42ff. stattfinden. Die BetrVerslg. dient in erster Linie der Verständigung von BR und ArbNschaft (*DR,* Vorbem. vor § 42 Rn 10; *HSG,* Rn 4). Möglich sind BetrVerslg. nach § 17 zur Bestellung des Wahlvorstandes.

c) Organ der Betriebsverfassung

9 Die BetrVerslg. ist ein **Organ der BetrVerf** (*Brecht,* Rn 2; *GL,* Rn 1; *HSG,* Rn 5; *Hunold,* AR-Blattei, Betriebsverfassung IX; *DR,* Vorbem. 2 vor § 42, spricht von einer Institution der BetrVerf.; **a. A.** *Neumann-Duesberg,* Kap. 21 III, *Nikisch,* Bd. 3, § 104 I 1, *Vogt,* Betriebsversammlung, S. 21, die ihr eine Organstellung absprechen). Ausführlich zur Rechtsnatur der BetrVerslg. *GK-Fabricius,* vor § 42 Rn 6ff.

10 Die BetrVerslg. ist das **schwächste Organ** der BetrVerf. Sie hat keine Funktion nach außen, insbesondere hat sie **keine Vertretungsmacht.** Sie kann keine rechtsgeschäftlichen Erklärungen mit Wirkung für die ArbN des Betriebs abgeben, insbesondere kann sie keine BV mit dem ArbGeb. abschließen (vgl. Rn 42). Sie hat keine rechtliche Einflußmöglichkeit auf die Tätigkeit des BR, der **kein imperatives Mandat** ausübt (vgl. § 45 Rn 29). Insbesondere steht der BetrVerslg. kein Weisungsrecht gegenüber dem BR zu; sie ist dem BR nicht übergeordnet (*DR,* Vorbem. 3ff. vor § 42, § 45 Rn 18ff.; *GL,* Rn 1; *GKSB,* Rn 2; *HSG,* Rn 10; *Weiss,* Rn 1). Die BetrVerslg. kann dem BR lediglich Anregungen geben und innerhalb des in § 45 festgelegten Zuständigkeitsbereichs Anträge stellen. Sie ist ferner nicht befugt, ein rechtlich erhebliches Mißtrauensvotum gegenüber dem BR oder einem seiner Mitglieder auszusprechen (vgl. hierzu BVerfG, NJW 79, 1875). Eine solche Mißtrauensäußerung kann allenfalls dazu führen, daß der BR oder das betreffende Mitgl. von sich aus zurücktritt.

d) Andere Versammlungen und Informationsmöglichkeiten

Die gesetzliche Regelung der BetrVerslg. nach den §§ 42ff. ist **keine ausschließliche** in dem Sinne, daß **andere Verslg. der ArbN** des Betriebs unzulässig wären. So ist es dem **ArbGeb.** z. B. nicht verwehrt, die ArbN des ganzen Betriebes oder bestimmter Betriebsteile oder Betriebsabteilungen oder die ArbN mit bestimmten Funktionen (z. B. die Vorgesetzten) zu einer Verslg. zu laden und mit ihnen betriebsbezogene Fragen zu besprechen (vgl. BAG 27. 6. 89 – 1 ABR 28/88; LAG D'dorf, DB 85, 872). Solche Mitarbeiterversammlungen dürfen jedoch nicht zu „Gegenveranstaltungen" gegenüber BetrVerslg. mißbraucht werden (BAG, aaO). Die ArbN sind zur Teilnahme an den vom ArbGeb. einberufenen Verslg. verpflichtet, wenn auf ihnen Fragen und Angelegenheiten erörtert werden, auf die sich das Direktionsrecht des ArbGeb. erstreckt (vgl. RAG 13, 424; *DR,* Rn 65; *GL,* Rn 3; *GK-Fabricius,* Rn 6; **a. A.** *Lichtenstein,* BetrR 72, 281). Die **Befugnisse und Aufgaben der BetrVerslg.** i. S. des Gesetzes bleiben davon **jedoch unberührt.** In diese darf der ArbGeb. nicht eingreifen. ArbN, die an vom ArbGeb. einberufenen Verslg. teilnehmen oder – bei Nichtteilnahme – infolge der durch die Verslg. eintretenden Betriebsstörung nicht arbeiten können, behalten ihren Anspruch auf Arbeitsentgelt (*GL,* Rn 33). 11

Auch eine **Selbstversammlung** der Betriebsangehörigen ArbN ist – außer im Falle des § 17 – keine BetrVerslg. i. S. der §§ 42ff. Ebenso gibt es kein Selbsteinberufungsrecht der BetrVerslg. als solcher (*DR,* Rn 9; *GL,* Rn 18; *Weiss,* Rn 5). Zur Frage, inwieweit andere Personen die Einberufung einer BetrVerslg. verlangen können, vgl. § 43 Rn 40ff. 12

Wenn auch die BetrVerslg. sicherlich das wichtigste Forum für den Dialog zwischen BR und ArbNschaft ist, so ist sie andererseits jedoch nicht das einzige. Es ist z. B. zulässig, unter den ArbN des Betriebs auch außerhalb einer BetrVerslg. eine Fragebogenaktion durchzuführen, sofern sich die Fragen im Rahmen der gesetzlichen Aufgaben des BR halten (BAG 8. 2. 1977, AP Nr. 10 zu § 80 BetrVG 1972). Ferner ist es zulässig, daß der BR ein Informationsblatt herausgibt; zur Verpflichtung des ArbGeb., die Kosten dieses Informationsblatts zu tragen, vgl. § 40 Rn 17. 13

2. Teilnehmer

a) Arbeitnehmer des Betriebes

Die BetrVerslg. besteht aus den ArbN des Betriebs. Zum **Betrieb** gehören auch **nichtselbständige Nebenbetriebe** und **Betriebsteile** nach § 4 sowie aufgrund einer tarifvertraglichen Regelung nach § 3 Abs. 1 Nr. 3 dem Betrieb **zugeordnete Nebenbetriebe** und **Betriebsteile.** Eine Verslg. der ArbN mehrerer Betriebe (auch desselben Unternehmens) ist keine BetrVerslg. i. S. des § 42 (vgl. RAG, ARS 14, 264, 573; *DR,* Rn 2). Zu den **ArbN** des Betriebs gehören alle im Betrieb beschäftigten ArbN i. S. des § 5 Abs. 1 und des § 6 (Arb., Ang., befristet Beschäftigte, 14

Teilzeitbeschäftigte, ArbN auf ausgelagerten Arbeitsplätzen und Abruf-ArbN (Kapovaz), die zu ihrer Berufsausbildung Beschäftigten sowie die Heimarbeiter, die in der Hauptsache für den Betrieb arbeiten), ohne Rücksicht darauf, ob sie wahlberechtigt, ständig oder nichtständig Beschäftigte, jugendliche oder erwachsene ArbN sind (*DR,* Rn 3; *GL,* Rn 6). ArbN im Erziehungsurlaub bleiben ArbN des Betriebs und sind deshalb auch teilnahmeberechtigt (LAG Hamm 19. 8. 88, BB 89, 355). Bei minderjährigen ArbN ist nur der Minderjährige selbst, nicht der gesetzliche Vertr. teilnahmeberechtigt. Auch im Betrieb beschäftigte **LeiharbN** sind teilnahmeberechtigt (§ 14 Abs. 2 Satz 2 AÜG). Das gleiche gilt für Betriebsangehörige **im Außendienst** (einschränkend *Viets,* RdA 79, 272); für diese dürften sich jedoch, insbesondere wenn dem Betrieb zahlreiche und weit von ihm entfernt tätige Außendienstmitarbeiter angehören, die Abhaltung gesonderter Teilverslg. (vgl. hierzu Rn 53ff.) empfehlen, z. B. wenn sie zu einer dienstlichen Besprechung ohnehin im Betrieb anwesend sind. Teilnahmeberechtigt sind ferner ArbN des Betriebs, die am Tage der BetrVerslg. nicht zu arbeiten brauchen, z. B. weil sie eine Freischicht haben oder an diesem Tage geleistete Überstunden abfeiern. Auch im Urlaub befindlichen ArbN ist die Teilnahme an der BetrVerslg. nicht verwehrt, obwohl sich die Frage stellt, ob eine solche Teilnahme dem Sinn des Urlaubs entspricht (zu Ansprüchen auf Lohn und Auslagenersatz vgl. § 44 Rn 24ff.).

b) Andere mögliche Teilnehmer

15 Die **leitenden Ang. nach § 5 Abs. 3** sind **nicht** von Gesetzes wegen als ArbN **teilnahmeberechtigt,** da das Gesetz insoweit auf sie keine Anwendung findet (*DR,* Rn 5; *GL,* Rn 7; *GKSB,* Rn 6; *HSG,* Rn 12). Sie können zu eigenen Verslg. zusammenkommen, wenn ein Sprecherausschuß besteht (§ 15 SprAuG) oder gebildet werden soll (§ 7 Abs. 2 SprAuG). An BetrVerslg. können sie **als Gäste** teilnehmen, wenn weder der ArbGeb. noch der BR ihrer Teilnahme widersprechen. Soweit leitende Ang. als **Vertr. des ArbGeb.** anzusehen sind, sind sie in dieser Eigenschaft unter den Voraussetzungen des § 43 teilnahmeberechtigt. Das gleiche gilt für die in § 5 Abs. 2 genannten Personen. Eine Teilnahme dieser Personen ist ferner zulässig, wenn sie den ArbGeb. als **Sachverständige** oder **Auskunftsperson** begleiten.

16 **Personen,** die **keine ArbN des Betriebs** sind, haben im allgemeinen kein Recht, an der BetrVerslg. teilzunehmen. Das Gesetz selbst kennt indessen jedoch **Ausnahmen** von diesem Grundsatz und gestattet die Teilnahme an der BetrVerslg. ausdrücklich

- dem **ArbGeb.** nach Maßgabe des § 43 Abs. 2 und 3 (vgl. hierzu § 43 Rn 28ff.),
- **Beauftragten der im Betrieb vertretenen Gewerkschaften** nach Maßgabe des § 46 Abs. 1 Satz 1 (vgl. hierzu § 46 Rn 5ff.) und
- **Beauftragten der ArbGebVereinigung,** der der ArbGeb. angehört, nach Maßgabe des § 46 Abs. 1 Satz 2 (vgl. § 46 Rn 17ff.).

17 Diese gesetzlichen Ausnahmen sind **keine abschließende Regelung** in

dem Sinne, daß nicht auch die Teilnahme anderer Personen an der BetrVerslg. zugelassen werden könnte. Gegen die Teilnahme anderer Personen bestehen keine Bedenken, wenn hierfür **im Rahmen der Zuständigkeit der BetrVerslg.** (vgl. hierzu § 45 Rn 5ff.) ein **sachlicher Grund** vorliegt, d.h. wenn ihre Teilnahme für eine ordnungsgemäße Erfüllung der Aufgaben der BetrVerslg. sachdienlich ist (so jedenfalls im Grundsatz, wenn auch in der Ausgestaltung unterschiedlich, die h. M.). Zur Nichtöffentlichkeit der BetrVerslg. vgl. Rn 43ff.

Die Teilnahme von betriebsfremden Mitgl. des **GesBR,** des **KBR,** des **WiAusschusses** und von **Vertr. der ArbN im AR** an der BetrVerslg. ist stets als sachdienlich anzusehen (*GKSB,* Rn 7; *Schaub,* § 223 I 1; jetzt auch *DR,* Rn 29). Das ergibt sich schon allein aus der Tatsache, daß in diesen Fällen der Betrieb Teil der größeren Einheit des Unternehmens bzw. des Konzerns mit den sich daraus ergebenden Abhängigkeiten und Berührungspunkten ist. Die ArbN des Betriebs haben ein berechtigtes Interesse daran, sowohl von ihren Vertr. auf der Unternehmens- und Konzernebene Informationen über ihren Betrieb betreffende Fragen und Angelegenheiten zu erhalten, als auch diese Vertr. mit besonders sie und ihren Betrieb betreffenden Fragen und Problemen bekanntzumachen (BAG 13. 9. 1977 und 28. 11. 1978, AP Nr. 1 und Nr. 2 zu § 42 BetrVG 1972; *Säcker,* Informationsrecht, S. 25f.; *Weiss,* Rn 3; einschränkend *GK-Fabricius,* Rn 25 und *HSG,* Rn 19 und 23: nur als Sachverständiger i.S. von § 80 Abs. 3; *GL,* Rn 9, verlangen die Zustimmung des ArbGeb.; **a.A.** *Vogt,* a.a.O. S. 38; *Bobrowski/Gaul,* Bd. II, S. 572). 18

Ferner ist es zulässig, daß der BR zur Behandlung eines oder mehrerer Tagesordnungspunkte gemäß § 80 Abs. 3 und mit dem dort vorgesehenen Einverständnis des ArbGeb. einen oder mehrere **Sachverständige** zur BetrVerslg. hinzuzieht (*DR,* Rn 29f.; *GK-Fabricius,* Rn 25b; *GKSB,* Rn 6; *HSG,* Rn 18; nach *Lopau,* BlStR 79, 230 ist ein Einverständnis des ArbGeb. nicht erforderlich, wenn der Sachverständige auf der BetrVerslg. ohne Honoraranspruch lediglich ein Referat hält). 19

Darüber hinaus können auch andere Personen als **Gäste** an der BetrVerslg. teilnehmen, wenn **ihre Teilnahme sachdienlich** ist, z.B. wenn sie zu einem im Rahmen der Zuständigkeit der BetrVerslg. liegenden Thema ein Referat halten oder als Auskunftsperson zur Verfügung stehen (BAG 13. 9. 1977, AP Nr. 1 zu § 42 BetrVG 1972; *GL,* Rn 9; *GK-Fabricius,* Rn 25b; jetzt auch *DR,* Rn 32; vgl. auch *Kohte,* BlStR 80, 337; **a.A.** *HSG,* Rn 12; *Glaubitz,* DB 72, 1278). Ihre Teilnahme erfordert eine Einladung des BR; diese ist aber auch ausreichend, eines Einverständnisses des ArbGeb. bedarf es nicht (BAG a.a.O.; insoweit **a.A.** *GL,* a.a.O.). 20

Schließlich ist über den vorstehend genannten Personenkreis hinaus auch die Teilnahme anderer Personen als Gäste jedenfalls dann als zulässig anzusehen, wenn der **ArbGeb. gegen die Einladung des BR keine Einwände** erhebt oder die **Einladung vom BR und ArbGeb. gemeinsam** ausgesprochen wird (vgl. *GL,* Rn 9; einschränkend *GK-Fabricius,* Rn 25b, der zusätzlich die Zustimmung aller Teilnahmeberechtigten verlangt; **a.A.** *DR,* Rn 32; *HSG,* Rn 24). Zu denken ist hier z.B. an 21

Wissenschaftler oder ausländische ArbN oder ArbGeb., die die Praxis der BetrVerslg. oder das deutsche System der ArbNBeteiligung näher kennenlernen wollen (wegen Teilnahme von Politikern vgl. § 45 Rn 22).

22 Für eine ordnungsgemäße Durchführung der BetrVerslg. kann auch die Teilnahme von **Hilfskräften** notwendig werden. Zu denken ist hier etwa an die Teilnahme von **Dolmetschern** in Betrieben mit einem erheblichen Anteil ausländischer ArbN (*DR,* Rn 38; *GK-Fabricius,* Rn 18; ArbG München, BB 74, 1022; LAG Düsseldorf, DB 81, 1093).

23 Die genannten Personen haben im Gegensatz zu den ArbN des Betriebes und den in Rn 16ff. genannten Personen **kein originäres Teilnahmerecht;** ihre Teilnahme setzt vielmehr eine entsprechende Einladung des BR und in den Fällen der Rn 19 und 21 zusätzlich das Einverständnis des ArbGeb. voraus. Wird die Teilnahme von **Mitgl. des GesBR, KBR** oder des **WiAusschusses** gewünscht, so ist die Einladung an diese Institutionen als solche zu richten; die Auswahl der an der BetrVerslg. teilnehmenden Mitgl. haben diese Gremien durch Beschluß vorzunehmen (BAG 28. 11. 1978, AP Nr. 2 zu § 42 BetrVG 1972).

c) Teilnahme- und Stimmrecht

24 Die betriebsangehörigen ArbN sind zur Teilnahme an der BetrVerslg. berechtigt, aber nicht verpflichtet (*DR,* Rn 3; *GL,* Rn 8; *Vogt,* a. a. O. S. 43). Dies gilt auch, wenn BetrVerslg. während der Arbeitszeit stattfinden.

25 Wenn teilnahmeberechtigte ArbN von einer BetrVerslg. ausgeschlossen werden, sind gefaßte Beschlüsse rechtsunwirksam, sofern es bei der Abstimmung auf die Stimmen der ausgeschlossenen ArbN ankommen konnte. Dies gilt jedoch nicht, wenn z. B. ArbN wegen ungebührlichen Verhaltens zu recht entfernt wurden.

26 Nimmt der ArbN an einer BetrVerslg. nicht teil, so hat er während der BetrVerslg. weiterzuarbeiten, sofern dies arbeitstechnisch möglich ist, was aber oft nicht der Fall sein dürfte. Zur Frage der Fortzahlung des Arbeitsentgelts an diese ArbN vgl. § 44 Rn 35. Erleidet ein ArbN während der Teilnahme an einer BetrVerslg. oder auf dem Wege zu oder von ihr einen Unfall, so liegt ein Arbeitsunfall vor (§ 548 Abs. 1 i. V. m. § 539 Abs. 1 Nr. 1 RVO).

27 **Stimmberechtigt** in der BetrVerslg. sind **nur die teilnahmeberechtigten ArbN des Betriebs** (vgl. oben Rn 14), nicht dagegen sonstige an ihr teilnehmende Personen.

3. Einberufung

a) Zuständigkeit des Betriebsrats

28 Eine BetrVerslg. (sei es eine regelmäßige, zusätzliche oder außerordentliche, sei es eine in Form von Teil- oder AbtVerslg. durchgeführte) kann nur stattfinden, wenn **der BR sie einberuft.** Über die Einberufung beschließt der BR als Gremium (*GL,* Rn 18; **a. A.** *DR,* Rn 8 und *Vogt,* S. 32, die die Einberufung der BetrVerslg. zu den laufenden Geschäften

zählen und deshalb den BetrAusschuß für zuständig halten). Der BRVors. führt den Einberufungsbeschluß lediglich aus. Andere Stellen sind nicht berechtigt, eine BetrVerslg. einzuberufen. Von ihnen veranstaltete Verslg. der ArbN des Betriebs sind keine BetrVerslg. i. S. der §§ 42ff., z. B. eine vom ArbGeb. einberufene Verslg. der ArbN (vgl. Rn 11). Das gleiche gilt grundsätzlich für eine Einberufung durch die Gewerkschaft. Eine Ausnahme besteht in diesem Falle nur insoweit, als durch die **BetrVerslg. ein Wahlvorstand** gewählt werden soll. Zu dieser Verslg. können auch eine im Betrieb vertretene Gewerkschaft oder drei wahlberechtigte ArbN einladen (vgl. § 17 Abs. 2).

b) Tagesordnung

Der BR bestimmt die **Tagesordnung.** In der Gestaltung der Tagesordnung ist der BR grundsätzlich frei. Im Falle des § 43 Abs. 1 muß sie aber die Erstattung des **Vierteljahresberichts** und im Falle des § 43 Abs. 2 den **beantragten Beratungsgegenstand** enthalten. Außerdem muß einmal im Kalenderjahr der **Bericht des ArbGeb.** über das Personal- und Sozialwesen sowie über die wirtschaftliche Lage und Entwicklung des Betriebs auf die Tagesordnung gesetzt werden. Dieser Tagesordnungspunkt ist im Einvernehmen mit dem ArbGeb. festzulegen. Die Tagesordnung muß sich im Rahmen der Zuständigkeit der BetrVerslg. nach § 45 halten (*GK-Fabricius,* Rn 14; vgl. § 45 Rn 5ff.). 29

Im Hinblick darauf, daß **der ArbGeb.** oder ein **Viertel der ArbN des Betriebs** die Abhaltung einer besonderen BetrVerslg. beantragen können (vgl. § 43 Abs. 3), ist ihnen auch das Recht zuzugestehen, die **Ergänzung der Tagesordnung** einer regelmäßigen BetrVerslg. **zu beantragen,** wenn hierdurch die ordnungsgemäße Abwicklung der übrigen Tagesordnungspunkte nicht beeinträchtigt wird (*DR,* § 43 Rn 33). Die BetrVerslg. kann auch beschließen, Themen, die nicht auf der Tagesordnung stehen, zu behandeln. 30

c) Ort

Vorschriften über den Ort der BetrVerslg. enthält das Gesetz nicht. Im allgemeinen hat die **BetrVerslg. im Betrieb stattzufinden.** Der BR wird den Ort im Einvernehmen mit dem ArbGeb. von Fall zu Fall festzulegen haben (*GK-Fabricius,* Rn 8; **a. A.** *DR,* Rn 13; *HSG,* Rn 31; *Vogt,* a. a. O., S. 50, die das Recht der Bestimmung des Ortes der BetrVerslg. allein dem ArbGeb. zugestehen), sofern nicht ein geeigneter Raum für die Abhaltung der BetrVerslg. ein für allemal vorgesehen ist. Der ArbGeb. ist zu beteiligen, weil er in entsprechender Anwendung der für den BR geltenden Vorschriften des § 40 Abs. 2 verpflichtet ist, die zur Abhaltung der BetrVerslg. erforderlichen Räume zur Verfügung zu stellen. Sind die angebotenen Räume ungeeignet und kann auch mit Teilverslg. (Rn 53ff.) nicht geholfen werden, so kann der **BR Räume außerhalb des Betriebs anmieten** (*DR,* Rn 14; *HSG,* Rn 30). 31

d) Form und Frist

32 Nähere Vorschriften über Form und Frist der Einberufung enthält das Gesetz nicht. Der BR kann deshalb die Einberufung nach pflichtgemäßem Ermessen durchführen, wobei allerdings in betriebsüblicher Weise gewährleistet sein muß, daß den ArbN des Betriebs die rechtzeitige Kenntnisnahme von der BetrVerslg. möglich ist. In Betracht kommen z. B. Rundschreiben, Werkszeitung, Schwarzes Brett o. ä.

Außer der **Bekanntgabe von Zeit und Ort** der BetrVerslg. ist auch deren **Tagesordnung** in betriebsüblicher Weise bekanntzugeben (*DR,* Rn 11; *GL,* Rn 19; *GK-Fabricius,* Rn 13).

33 Der **ArbGeb.** ist zur BetrVerslg. unter Mitteilung der Tagesordnung **einzuladen** (§ 43 Abs. 2 Satz 1). Den im BR vertretenen **Gewerkschaften** sind Zeitpunkt, Ort und Tagesordnung rechtzeitig **schriftlich mitzuteilen** (§ 46 Abs. 2).

4. Gestaltung und Ablauf

a) Leitung und Hausrecht

34 Die **Leitung** der BetrVerslg. obliegt dem Vors. des BR, bei dessen Verhinderung dem stellvertr. BRVors., nicht etwa, wenn der ArbGeb. anwesend ist, diesem oder einem anwesenden Gewerkschaftsbeauftragten (*DR,* Rn 15; *GL,* Rn 20). Sind der BRVors. und sein Stellvertr. verhindert, kann der BR ein anderes seiner Mitgl. mit der Leitung beauftragen (BAG 19. 5. 1978, AP Nr. 3 zu § 43 BetrVG 1972).

35 Über die **Befugnisse** des Vors. des BR als Leiter der BetrVerslg. trifft das Gesetz keine Bestimmungen. Für die Durchführung der BetrVerslg. wie auch für die Befugnisse ihres Leiters werden die allgemeingültigen parlamentarischen Grundsätze und Gepflogenheiten zu gelten haben, nach denen Verslg. abgehalten werden (h. M. vgl. eingehend zum Ablauf einer BetrVerslg. nach parlamentarischem Brauch *Mußler,* NZA 85, 445). Der Vors. des BR hat daher die **Rednerliste zu führen,** das **Wort zu erteilen** und **zu entziehen,** er kann die Redezeit beschränken und Ordnungsrufe erteilen, ferner hat er **Abstimmungen** zu leiten und ihr Ergebnis bekanntzugeben. Er hat ferner dafür zu sorgen, daß der Charakter der BetrVerslg. gewahrt bleibt, und darum alle Versuche zu unterbinden, Themen, die nicht auf eine BetrVerslg. gehören, zu erörtern (vgl. § 45 Rn 24ff.).

36 Der Vors. des BR hat in der BetrVerslg. **das Hausrecht** (BAG 18. 3. 1964, AP Nr. 1 zu § 45 BetrVG; BAG 13. 9. 77, AP Nr. 1 zu § 42 BetrVG 1972; *GL,* Rn 22; *GKSB,* Rn 3; *Vogt,* a. a. O. S. 78; *Weiss,* Rn 6; *GK-Fabricius,* Rn 43ff. unterscheidet zwischen einem Ordnungsrecht i. S. eines Leitungsrechts der Verslg. und dem eigentums- und besitzrechtlichen Hausrecht; ähnlich *DR,* Rn 20f. und *HSG,* Rn 34; eingehende Kritik an der Verwendung des Begriffs des Hausrechts übt *Dudenbostel,* a. a. O. S. 51ff., 64ff., 80ff.; nach ihm ist der BRVors. unmittelbarer Besitzer des Versammlungsraums – nicht der Zugangswege – mit

allen sich hieraus ergebenden besitzrechtlichen Befugnissen nach §§ 854ff. BGB; kritisch auch *Lopau,* BlStR 79, 232). Das Hausrecht steht ihm als Leiter der BetrVerslg. notwendig zu (vgl. § 7 Abs. 4 Versammlungsgesetz). Er hat Störer und Unbefugte von der Teilnahme auszuschließen (BGH, DB 65, 1851). Falls gleichwohl die BetrVerslg. durch nachhaltige grobe Verstöße gegen die Befugnisse ihren Charakter als BetrVerslg. verliert und der BRVors. als Leiter der Verslg. den gesetzmäßigen Ablauf der Verslg. nicht mehr sicherstellen kann oder will, wächst das Hausrecht wieder dem ArbGeb. zu (*DR,* Rn 22; *GL,* Rn 23, *GKSB,* Rn 3; *HGSG,* Rn 34; enger *Schlüter/Dudenbostel,* DB 74, 2350; *Dudenbostel,* a. a. O. S. 80ff.; *GK-Fabricius,* Rn 46a; *Schaub,* § 223 I 1, die dem ArbGeb. lediglich ein Notwehr- oder Selbsthilferecht zuerkennen; vgl. auch § 45 Rn 24ff.).

Das Hausrecht des BR erstreckt sich auch auf die **Zugangswege** zum VerslgRaum (*GL,* Rn 22; **a. A.** *DR,* Rn 24; *GK-Fabricius,* Rn 51; *Dudenbostel,* a. a. O. S. 100f.).

b) Geschäftsordnung

Nähere Vorschriften über die **Gestaltung und Ablauf der BetrVerslg.,** insbesondere über die Beschlußfassung, bestehen nicht. Die Verslg. kann diese Fragen in einer **Geschäftsordnung** regeln, die sie selbst beschließt (*DR,* Rn 17; *GL,* Rn 24). Besteht keine GO, ist nach parlamentarischem Brauch zu verfahren (vgl. *Mußler,* NZA 85, 445). 37

Zweckmäßigerweise wird der BR, auch wenn eine GO nicht besteht oder darüber nichts vorschreibt, über den Verlauf der BetrVerslg. **eine Niederschrift** fertigen, in der vor allem die Beschlüsse festgehalten werden.

Die **Beschlüsse** der BetrVerslg. werden mit **einfacher Mehrheit der Stimmen der teilnehmenden ArbN** (ohne Rücksicht auf ihre Wahlberechtigung) des Betriebes gefaßt (*DR,* § 45 Rn 22). 38

Berechtigt, **Anträge** zur Beschlußfassung **zu stellen,** sind der **BR** und **jeder** an der BetrVerslg. teilnahmeberechtigte **ArbN,** nicht dagegen der ArbGeb. (vgl. zum letzteren § 43 Rn 32; **a. A.** *DR,* § 45 Rn 21).

Stimmberechtigt sind nur die ArbN des Betriebs (vgl. Rn 27). Auch die Mitgl. des BR sind stimmberechtigt, und zwar auch dann, wenn die BetrVerslg. dem BR Anregungen gibt oder zu seinen Beschlüssen oder seiner Tätigkeit Stellung nimmt (**a. A.** *DR,* § 45 Rn 22).

Für die **Beschlußfähigkeit** ist eine **Mindestanzahl von Teilnehmern nicht vorgeschrieben.** Die BetrVerslg. ist daher, sofern sie ordnungsmäßig einberufen ist, auch dann beschlußfähig, wenn nur wenige ArbN des Betriebs teilnehmen (*DR,* § 45 Rn 24). Es muß aber für die überwiegende Mehrheit der dem Betrieb angehörenden ArbN wenigstens die Möglichkeit bestehen, an der BetrVerslg. teilzunehmen und ihre Rechte darin auszuüben (LAG Saarbrücken, AP Nr. 2 zu § 43 BetrVG). Bei der Feststellung, ob sich für einen Beschluß eine Mehrheit ergibt, sind Stimmenthaltungen nicht zu berücksichtigen (*DR,* § 45 Rn 23). 39

In der BetrVerslg. hat **jeder teilnehmende ArbN** des Betriebs im 40

Rahmen der Tagesordnung **das Recht, zur Sache zu sprechen und Fragen zu stellen** (*DR,* Rn 19). Er hat sich dabei in gehöriger Weise zu Wort zu melden (LAG Berlin, BB 61, 716). Dieses Recht kann den ArbN nicht beschränkt oder entzogen werden (LAG Saarbrücken, AP Nr. 2 zu § 43 BetrVG); jedoch sind GObeschlüsse auf Schluß der Debatte zulässig.

41 **Stellungnahmen** und **Willensäußerungen der BetrVerslg.** erfolgen **durch Beschluß** (*DR,* § 45 Rn 20; *GK-Fabricius,* Rn 38; *HSG,* Rn 36). Das gilt auch dann, wenn die BetrVerslg. dem BR Anträge unterbreitet oder Anregungen und Wünsche vorbringt. **Der BR ist an sie nicht gebunden** und braucht ihnen nicht zu entsprechen (*DR,* § 45 Rn 25; *GL,* § 45 Rn 29). Das heißt aber nicht, daß Beschlüsse der BetrVerslg. für den BR unbeachtlich wären. Er muß sie vielmehr sorgfältig prüfen und ihnen, soweit sie seine gesetzlichen Pflichten berühren, Beachtung schenken. Entspricht er offenbar berechtigten Beschlüssen nicht, so kann hierin eine Vernachlässigung seiner gesetzlichen Pflichten liegen, die u. U. ein Vorgehen gegen ihn nach § 23 Abs. 1 rechtfertigen kann, z. B. wenn er willkürlich berechtigten Beschwerden über Mißstände im Betrieb, die ihm durch Beschluß der BetrVerslg. unterbreitet werden, nicht einmal prüft (*GK-Fabricius,* Rn 80).

42 Die **BetrVerslg. kann weder selbst eine BV abschließen** noch eine abgeschlossene BV aufheben oder kündigen (*DR,* § 45 Rn 25; *GL,* Rn 1; *HSG,* Rn 37). Das ist ausschließlich Sache des BR (§ 77 Abs. 2), der die BetrVerslg. auch nicht vor dem Abschluß der BV zu hören braucht, wenn sich das auch, vor allem bei grundlegenden und besonders wichtigen BV, empfehlen kann.

c) Nichtöffentlichkeit

43 Die Vorschrift des Abs. 1 Satz 2, nach der die BetrVerslg. nicht öffentlich ist, unterstreicht den **innerbetrieblichen Charakter der BetrVerslg.** Sie ist ein Ort des Gedankenaustausches zwischen BR und den ArbN des Betriebs sowie der Unterrichtung der Belegschaft über sie unmittelbar interessierende Fragen (vgl. § 43 Abs. 2 Satz 3, § 45 Satz 1). Die Erörterung derartiger Angelegenheiten soll grundsätzlich nicht unter Teilnahme der allgemeinen Öffentlichkeit, sondern nur innerhalb des unmittelbar von ihnen betroffenen Personenkreises erfolgen. Allerdings schließt der Grundsatz der Nichtöffentlichkeit der BetrVerslg. nicht aus, daß aus sachdienlichen Gründen und im Rahmen ihrer Zuständigkeit im Einzelfall auch **andere Personen** als die ArbN des Betriebs, der ArbGeb. und die in Betracht kommenden Verbandsvertreter z. B. **als Sachverständige oder als Gäste an ihr teilnehmen** (vgl. hierzu oben Rn 17ff.). Dadurch wird die BetrVerslg. nicht zu einer öffentlichen Versammlung, sondern bleibt nichtöffentlich, ebenso wie die BRSitzung auch dann nichtöffentlich bleibt, wenn andere Personen, z. B. als Sachverständige oder Auskunftspersonen an ihr teilnehmen (vgl. § 30 Rn 12ff.). Voraussetzung für die Teilnahme anderer Personen ist allerdings, daß ihnen die Teilnahme **ausdrücklich gestattet** und ihre Teilnahme mit den **Aufga-**

ben der konkreten BetrVerslg. vereinbar ist (BAG 13. 9. 1977 und 28. 11. 1978, AP Nr. 1 und Nr. 2 zu § 42 BetrVG 1972; *GK-Fabricius,* Rn 23ff.; *Vogt,* a.a.O. S. 57f.; *Kohte,* BlStR 80, 339; enger *DR,* Rn 30ff., der nur Sachverständige und Auskunftspersonen zulassen will; ähnlich *GL,* Rn 27 und *HSG,* Rn 24, die zusätzlich eine Zustimmung des ArbGeb. fordern; **a.A.** *Brecht,* Rn 5; *Frauenkron,* Rn 14).

Aus dem Gebot der Nichtöffentlichkeit folgt ferner, daß eine generelle Hinzuziehung von **Reportern der Presse,** des **Rundfunks oder des Fernsehens** zum Zwecke der Berichterstattung über den Verlauf der BetrVerslg. grundsätzlich **nicht zulässig** ist (*DR,* Rn 32; *GL,* Rn 26; *HSG,* Rn 22; *Glaubitz,* BB 72, 1278; **a.A.** *GKSB,* Rn 12; ferner *GK- Fabricius,* Rn 24, 25b: sofern alle Beteiligten, d.h. ArbN, BR, ArbGeb. und Vertr. der Verbände zustimmen). 44

Tonbandaufnahmen oder **Aufzeichnungen auf Bildträger** über den Verlauf der BetrVerslg. sind **nur ausnahmsweise mit Zustimmung** des Versammlungsleiters **zulässig.** Die **Tatsache der Aufnahme muß bekannt gegeben werden** (LAG München, DB 78, 895; *DR,* Rn 34; *GL,* Rn 29; *HSG,* Rn 41; *Schwan,* ArbuR 59, 80; *Vogt,* a.a.O. S. 59; *GK-Fabricius,* Rn 41, verlangt die Zustimmung der Mehrheit der VerslgTeilnehmer; nach *Gaul,* DB 75, 980, und *Bobrowski/Gaul,* Bd. II, S. 480, ist die vorherige Zustimmung eines jeden einzelnen VerslgTeilnehmers – nicht nur des Redners – notwendig). Jeder Sprecher kann verlangen, daß für seinen Beitrag das Tonband abgeschaltet wird. Geschieht dies nicht, so ist die Aufnahme „unbefugt". Unbefugte Tonbandaufnahmen sind strafbar (§ 201 StGB). Sie dürfen weder von der BetrVerslg. noch vom ArbGeb., dem BR, den Gerichten oder Behörden verwertet werden. Der BRVors. muß das Tonband für den BR in Besitz nehmen und sicher aufbewahren. Nimmt ein ArbN in der BetrVerslg. heimlich Tonbandaufnahmen auf, kann dies eine außerordentliche Kündigung rechtfertigen (LAG Düsseldorf, DB 80, 2396). 45

Eine **Lautsprecherübertragung in andere Räume** des Betriebs, in denen sich in der Regel nur ArbN aufhalten, ist zulässig (*DR,* Rn 37; *GL,* Rn 30; *HSG,* Rn 44). 46

Das Gebot der Nichtöffentlichkeit der BetrVerslg. verbietet es nicht, sich während der Verslg. Notizen zu machen. Die Aufnahme eines vollständigen **Wortprotokolls** durch den ArbGeb. widerspricht sowohl dem Grundsatz der vertrauensvollen Zusammenarbeit als auch dem Sinn der Teilnahme des ArbGeb. und ist unzulässig (*DR,* Rn 36; *Carl/Herrfahrdt,* BlStR 78, 241; LAG Hamm 9. 7. 1986, 3 TaBV 31/86; **a.A.** LAG Bad.-Württ. DB 79, 316; *HSG,* Rn 43; *Schaub,* § 223 I 6). 47

Der **Leiter der Versammlung** ist verpflichtet, auf die **Nichtöffentlichkeit zu achten** und allen Nichtteilnahmeberechtigten, insbesondere nichtteilnahmeberechtigten betriebsfremden Personen, den Zutritt zu der BetrVerslg. und die Teilnahme an ihr zu verwehren. Zu diesem Zweck hat er notfalls von seinem Hausrecht Gebrauch zu machen, soweit ihm das zugemutet werden kann (vgl. RAG 15, 140). Werden außenstehende Personen, die nicht befugt sind, an der BetrVerslg. 48

teilzunehmen, in größerer Zahl zugelassen, so handelt es sich nicht mehr um eine BetrVerslg. i. S. der §§ 42ff. (h. M.).

49 Der ArbN verliert wegen der Anwesenheit nicht teilnahmeberechtigter Personen an der BetrVerslg. im allgemeinen nicht seinen Lohnanspruch; denn er wird in vielen Fällen gar nicht erkennen können, ob ein Verstoß gegen die Nichtöffentlichkeit gegeben ist. Besonders wenn der Verstoß erst während oder gar erst nach der Veranstaltung entdeckt wird, wäre es in hohem Maße unbillig, dem ArbN den Lohnanspruch zu entziehen. Schließlich darf nicht übersehen werden, daß nicht nur Betriebsfremde von der Teilnahme ausgeschlossen sind, sondern grundsätzlich auch die in § 5 Abs. 2 und 3 genannten Personen, soweit sie nicht als Vertreter oder Begleiter des ArbGeb. anwesend sind (*DR,* Rn 39; *GL,* Rn 28; *Weiss,* Rn 3; im Ergebnis ebenso *GK-Fabricius,* § 44 Rn 32ff.).

50 Etwas anderes gilt allerdings, wenn die Teilnahme von nichtteilnahmeberechtigten Personen **offensichtlich ist und für jedermann erkennbar ist,** daß keine auf die ArbN des Betriebs beschränkte, sondern eine **„öffentliche“** BetrVerslg. vorliegt (*GKSB,* Rn 13). Soweit jedoch nichtteilnahmeberechtigte Personen im Einvernehmen mit dem ArbGeb. an der BetrVerslg. teilnehmen, entfällt nicht der Lohnanspruch der ArbN.

d) Verschwiegenheitspflichten

51 **Erfährt der ArbN** in der BetrVerslg., etwa durch den nach § 110 regelmäßig zu erstattenden Lagebericht oder durch den Bericht des ArbGeb. nach § 43 Abs. 2 Satz 2, **Geschäfts- und Betriebsgeheimnisse,** so hat er über diese auf Grund seiner arbeitsvertraglichen Treuepflicht Stillschweigen zu bewahren, wenn der ArbGeb. auf die Geheimhaltungsbedürftigkeit ausdrücklich hingewiesen hat (*GK-Fabricius,* Rn 28; weitergehend *GL,* Rn 32; **a. A.** *GKSB,* Rn 14). Im übrigen besteht keine Verschwiegenheitspflicht über Inhalt und Ablauf der BetrVerslg.

5. Kosten

52 **Notwendige Kosten,** die durch die Durchführung der BetrVerslg. entstehen, fallen dem ArbGeb. zur Last. Erweist es sich als erforderlich, eine BetrVerslg. außerhalb des Betriebs, also in betriebsfremden Räumen abzuhalten, so sind die dadurch entstehenden Kosten, insbesondere für die Anmietung der Räume, für Heizung, Licht usw., vom ArbGeb. zu tragen (LAG Hamm, AP Nr. 5 zu § 618 BGB; dort auch zur Haftung des ArbGeb. für die Unterbringung von Fahrrädern der teilnehmenden ArbN für die Dauer der BetrVerslg.). Die Inanspruchnahme außerbetrieblicher Räume kann nach vernünftiger Würdigung aller Umstände und nach Prüfung der Frage, ob Teilverslg. zumutbar sind, erfolgen (*DR,* Rn 14; *GL,* Rn 35). Zur Frage der Kosten für einen Dolmetscher vgl. § 40 Rn 15.

III. Teilversammlungen

1. Voraussetzungen

53 Grundsätzlich ist die BetrVerslg. als Vollverslg. durchzuführen. Die Durchführung von **Teilverslg.** läßt Abs. 1 Satz 3 **als Ausnahme** zu, wenn wegen der Eigenart des Betriebs eine Vollverslg. aller ArbN des Betriebs nicht durchgeführt werden kann.

54 Es steht **nicht im freien Ermessen** des BR oder seines Vors., ob die BetrVerslg. als Vollverslg. durchzuführen ist oder ob an deren Stelle Teilverslg. treten. Teilverslg. sind vielmehr **nur zulässig,** wenn infolge der Eigenart des Betriebes eine **gleichzeitige Versammlung aller ArbN** des Betriebs **nicht möglich** ist (*DR,* Rn 40; *GK-Fabricius,* Rn 62ff.; *Rüthers,* ZfA 74, 209). Ist dies allerdings der Fall, ist der BR verpflichtet, Teilverslg. durchzuführen (*HSG,* Rn 45). Die Vorschrift stellt allgemein auf die **Eigenart des Betriebs** ab. Die zur Teilverslg. zwingende Eigenart des Betriebs dürfte meist durch dessen **Größe** bedingt sein, weil eine übergroße ArbNZahl erfahrungsgemäß eine sachliche Durchführung der BetrVerslg., insbesondere auch eine sachliche Aussprache nicht zuläßt (*DR,* Rn 41; *GL,* Rn 12). Aber auch die Tatsache, daß **in mehreren Schichten** gearbeitet wird, kann zu Teilverslg. zwingen, insbesondere dann, wenn der Betrieb voll kontinuierlich arbeitet (*DR,* Rn 41; *GL,* Rn 12; *GKSB,* Rn 16; *HSG,* Rn 47; *Vogt,* a. a. O. S. 25; LAG Saarbrükken 21. 12. 60, AP Nr. 2 zu § 43 BetrVG). Das gleiche gilt, wenn im Betrieb **kein genügend großer Raum** für eine Vollverslg. zur Verfügung steht und auch die Anmietung eines außerhalb des Betriebs gelegenen Raumes nicht möglich oder nicht zumutbar ist (*DR,* Rn 41; vgl. aber auch oben Rn 52). Dagegen ist der Umstand, daß Betriebsstätten räumlich auseinanderliegen, im allgemeinen noch kein Grund für die Durchführung von Teilverslg. Dies gilt jedenfalls dann, wenn die Verkehrsmöglichkeiten es gestatten, daß die ArbN den VerslgOrt in zumutbarer Zeit und Weise erreichen (*DR,* Rn 42; insoweit weitergehend *GL,* Rn 12).

55 Andererseits kommt in Betrieben mit vielen im Außendienst tätigen ArbN, die wegen der Art ihrer Tätigkeit vielfach nicht an den üblichen BetrVerslg. teilnehmen können, die Abhaltung von Teilverslg. für diese Mitarbeiter in Betracht (*GL,* Rn 12). Für ArbN, die vorübergehend im Ausland (z. B. auf einer dortigen Baustelle) tätig sind, nach den Grundsätzen der „Ausstrahlungstheorie“ jedoch noch zum Betrieb gehören (vgl. hierzu § 1 Rn 13ff.), kann auch im Ausland eine Teilverslg. durchgeführt werden, jedenfalls soweit nicht zwingende Vorschriften des betreffenden Staates entgegenstehen. Denn es ist sicherlich zweckmäßig, diesen ArbN, die noch zum Betrieb gehören und auf die sich die Zuständigkeit des BR erstreckt, auch ein Forum der Aussprache zu eröffnen (vgl. oben Rn 7), ohne daß sie auf eine evtl. kostspielige Teilnahme an der BetrVerslg. des Heimatbetriebs angewiesen sind (*DR,* Vor § 42 Rn 9; *GL,* Rn 13; *Beitzke,* Anm. zu BAG AP Nr. 3 zu § 42 BetrVG

1972; LAG Hamm DB 80, 1030, **a. A.** BAG 27. 5. 1982, AP Nr. 3 zu § 42 BetrVG 1972, das wegen des auf die Bundesrepublik Deutschland beschränkten Geltungsbereichs einen Rechtsanspruch des BR oder anderer betriebsverfassungsrechtlicher Institutionen auf ein Tätigwerden im Ausland ausschließt; ebenso *HSG,* Rn 3).

56 Kann zwar eine Vollverslg. durchgeführt werden, wegen der Eigenart des Betriebs jedoch nur außerhalb der Arbeitzeit, so steht es im **Ermessen des BR** statt dessen Teilverslg. durchzuführen, wenn diese während der Arbeitszeit stattfinden können (*DR,* Rn 43; **a. A.** *Hohn,* DB 85, 2195, der Vollverslg. zwingend vorschreiben will, falls sie technisch-organisatorisch möglich sind, selbst wenn die ArbN Freizeit in Anspruch nehmen müssen).

57 Mit einer Ermessensentscheidung – etwa abwechselnd Voll- und Teilverslg. durchzuführen – kann der BR beiden Grundstäzen, Vollverslg. vor Teilverslg. und Verslg. während der Arbeitszeit am ehesten gerecht werden.

58 **Keine Teilverslg. ist gegeben,** wenn **gleichartige ArbN des Betriebs,** etwa nur die Arb., die Ang., die im Leistungslohn beschäftigten ArbN, die weiblichen oder ausländischen ArbN **versammelt werden.** Derartige Verslg. sind keine BetrVerslg. i. S. der §§ 42ff. (*DR,* Rn 44; *GL,* Rn. 14; *GK-Fabricius,* Rn. 68; *HSG,* Rn. 50). Eine Ausnahme besteht insoweit nur hinsichtlich der JugAzubiVerslg. (näheres vgl. § 71) sowie der in § 25 Abs. 6 SchwbG vorgesehenen Verslg. der Schwbeh. des Betriebs. Zur Verslg. der leitenden Ang. vgl. § 15 SprAuG.

2. Durchführung

59 Die Entscheidung des BR über die Durchführung von Teilverslg. ist durch **Beschluß** (§ 33) zu treffen.

60 Soweit Teilverslg. durchgeführt werden, sind diese in engem **zeitlichen Zusammenhang** abzuhalten, damit sie möglichst die gleiche Wirkung wie eine Vollverslg. erzielen (*GL,* Rn 14; *GKSB,* Rn 16; *HSG,* Rn 52; *Rüthers,* ZfA 74, 211).

61 Den **Vorsitz in der Teilverslg.** führt der **BRVors.** Werden mehrere Teilverslg. gleichzeitig abgehalten, kann der BR neben dem Vors. und dem stellvertretenden Vors. weitere BRMitgl. mit der Leitung beauftragen (*DR,* Rn 46); **a. A.** LAG Hamm, DB 80, 1031).

62 **Teilnahme-** und **stimmberechtigt** an Teilverslg. sind die ArbN, die in den vom BR zur Teilversl. zusammengefaßten Bereichen des Betriebs beschäftigt sind. Ferner ist der gesamte BR teilnahmeberechtigt. Es können die in Rn 15ff. genannten Personen unter den dort genannten Voraussetzungen auch an Teilverslg. teilnehmen. Die Teilnahme von ArbN anderer Bereiche des Betriebs verletzt nicht den Grundsatz der Nichtöffentlichkeit der Teilverslg.

63 Für Gestaltung und Ablauf der Teilverslg. gelten die für die Vollverslg. geltenden Vorschriften entsprechend (vgl. Rn 34ff.).

IV. Abteilungsversammlungen

1. Voraussetzungen

64 Das Gesetz sieht die Möglichkeit vor, anstelle der BetrVerslg. AbtVerslg. durchzuführen. Die AbtVerslg. dienen dem Zweck, den ArbN in den einzelnen Betriebsabteilungen die Erörterungen ihrer speziellen gemeinsamen Belange zu ermöglichen, die in der Vollverslg. aller ArbN des Betriebs vielfach nicht angesprochen werden können. **Die AbtVerslg. sind eine besondere Form der BetrVerslg.**

AbtVerslg. sind die vom BR zusammengefaßten ArbN organisatorisch oder räumlich abgegrenzter Betriebsteile, deren spezielle Belange eine gesonderte Erörterung außerhalb der Vollverslg. der ArbN erforderlich machen.

65 Zu AbtVerslg. zusammengefaßt werden können **nur ArbN von Betriebsteilen,** die entweder **organisatorisch oder räumlich abgegrenzt sind.** Es reicht aus, wenn eine dieser Voraussetzungen vorliegt. Der Begriff Betriebsteil in § 42 Abs. 2 deckt sich nicht mit demjenigen in § 4; er ist vielmehr weiter (*DR,* Rn 52).

66 Die **organisatorische Abgrenzung** bestimmt sich aus der jeweiligen betrieblichen Organisationsstruktur; diese richtet sich nach den verschiedenen Aufgaben, die der Betrieb zu erfüllen hat. So stellen z. B. Produktionsbetrieb und Verwaltung im allgemeinen organisatorisch abgegrenzte Betriebsteile dar. Innerhalb des Produktionsbetriebs sind weitere Abgrenzungen möglich, sei es, daß der Betrieb verschiedenartige Produkte in organisatorisch selbständigen Einheiten herstellt (z. B. in einem chemischen Betrieb die Erzeugung von Medikamenten, Kunststoffprodukten, Düngemitteln), sei es, daß der Betrieb zwar nur ein Erzeugnis herstellt, die für das Gesamtprodukt notwendigen Einzelfertigungen jedoch in organisatorisch abgegrenzten Betriebsteilen hergestellt werden (z. B. in der Automobilindustrie Motorenwerkstatt und Karosseriebau). Die organisatorische Abgrenzung setzt außer einer gewissen Eigenständigkeit in der Aufgabenstellung auch eine gewisse Eigenständigkeit in der Leitung voraus (*DR,* Rn 53; *GKSB,* Rn 23; *HSG,* Rn 58; unzutreffend *GK-Fabricius,* Rn 77, der auch eine Zusammenfassung bestimmter Kategorien von ArbN – z. B. alle Chemielaboranten des Betriebs – für zulässig hält).

67 **Räumlich abgegrenzte Betriebsteile** sind solche, die entweder durch die örtliche Lage oder durch die jeweilige bauliche Situation besondere betriebliche Einheiten bilden. So sind z. B. Zweigstellen, sofern sie nicht selbständige Betriebe sind, im allgemeinen als räumlich abgegrenzte Betriebsteile anzusehen. Das gleiche gilt für besondere Betriebsstätten. Auch können einzelne Gebäude auf einem größeren Betriebsgelände räumlich abgegrenzte Betriebsteile darstellen.

68 Die ArbN von organisatorisch oder räumlich abgegrenzten Betriebsteilen bilden nicht von sich aus die AbtVerslg., vielmehr ist das nur der Fall, wenn sie **vom BR zu diesem Zweck zusammengefaßt** worden sind. Hierbei ist der BR nicht darauf beschränkt, lediglich die ArbN der

einzelnen organisatorisch oder räumlich abgegrenzten Betriebsteile zu jeweils getrennten AbtVerslg. zusammenzufassen. Vielmehr kann er auch **mehrere organisatorische oder räumlich abgegrenzte Betriebsteile zu einer AbtVerslg. zusammenziehen.** Allerdings ist erforderlich, daß die jeweilige Zusammensetzung für die Erörterung der besonderen Belange der beteiligten ArbN geboten ist (*Rüthers,* ZfA 74, 212, 215; *GKSR,* Rn 24; *GL,* Rn 15; zu weitgehend *GK-Fabricius,* Rn 84, nach dem der BR bei einer Entscheidung an bestehende Organisationsformen überhaupt nicht gebunden sein soll).

69 Die Durchführung von AbtVerslg. liegt nicht im freien Ermessen des BR, vielmehr muß ihre Durchführung **für die Erörterung der besonderen Belange der ArbN erforderlich** sein (*DR,* Rn 55; *GL,* Rn 16; *HSG,* Rn 61; *Vogt,* a. a. O. S. 28; *Rüthers,* ZfA 74, 212). Diese Voraussetzung wird im allgemeinen dann erfüllt sein, wenn gemeinsame Interessen und Probleme der ArbN der einzelnen Betriebsteile bestehen, deren Erörterung auf der allgemeinen BetrVerslg. wegen ihres speziellen Charakters nicht zweckmäßig erscheint.

Nicht erforderlich ist, daß die besonderen Belange der einzelnen Abteilungen durch strukturelle, d. h. ihrem Wesen nach auf Dauer angelegte Merkmale bedingt sind. Auch ein einmaliger Anlaß kann die Notwendigkeit von AbtVerslg. rechtfertigen (*DR,* Rn 56; *GL,* Rn 16; *Rüthers,* a. a. O.; *GK-Fabricius,* Rn 83; *HSG,* Rn 62; **a. A.** *Vogt,* a. a. O. S. 29).

70 Da die AbtVerslg. im Rahmen der Regelung des § 43 Abs. 1 Satz 2 die BetrVerslg. ersetzen, ist es allerdings erforderlich, daß **zumindest für die überwiegende Zahl der Betriebsteile** die Durchführung von AbtVerslg. zur Erörterung der besonderen Belange der ArbN der einzelnen Betriebsteile als erforderlich erscheint. Lediglich die besonderen Belange der ArbN eines einzigen oder nur weniger Betriebsteile rechtfertigen es nicht, auch den anderen Betriebsteilen anstelle der allgemeinen BetrVerslg. eine AbtVerslg. aufzuzwingen (*DR,* Rn 56; *Rüthers,* ZfA 74, 213; *GK-Fabricius,* § 43 Rn 21; *GKSB,* Rn 25; **a. A.** *GL,* Rn 16). In diesem Falle kann allerdings für den betreffenden Betriebsrat ein besonderer Grund für eine zusätzliche AbtVerslg. gemäß § 43 Abs. 1 Satz 4 oder Abs. 3 vorliegen (*Rüthers,* ZfA 74, 213; **a. A.** *Vogt,* S. 29, der die Abhaltung zusätzlicher AbtVerslg. nur für zulässig hält, wenn diese als ständige Einrichtungen neben der BetrVerslg. stattfinden). Für ArbN, für die keine AbtVerslg. durchgeführt werden, ist eine Teilverslg. durchzuführen, wenn anderenfalls der mit § 43 Abs. 1 Satz 1 verfolgte Zweck, allen ArbN viermal jährlich die Möglichkeit der Information durch den BR und des Gesprächs mit dem BR zu geben, nicht gewährleistet ist (*Weiss,* § 43 Rn 2).

2. Durchführung

71 Liegen die Voraussetzungen für die Durchführung von AbtVerslg. vor, so ist **der BR verpflichtet,** in jedem **Kalenderhalbjahr eine BetrVerslg. in Form von AbtVerslg.** abzuhalten. Bei der Beantwortung der

Frage, ob diese Voraussetzungen vorliegen, hat der BR einen **Beurteilungsspielraum** (*DR,* Rn 57; *GL,* Rn 16; *Weiss,* Rn 9). Die **Entscheidung über die Durchführung von AbtVerslg.** trifft der BR durch Mehrheitsbeschluß. Auch die AbtVerslg. können ggf. als **Teilverslg.** durchgeführt werden, wie sich aus der Verweisung in Abs. 2 Satz 3 auf Absatz 1 ergibt. Zu denken ist hier z. B. an Betriebsabteilungen, die in Schicht arbeiten (*DR,* Rn 59; *GL,* Rn 15; *GKSB,* Rn 19).

Auch die AbtVerslg. unterstehen der Leitung des BR. Um jedoch eine möglichst sachkundige Leitung und Durchführung der AbtVerslg. zu erreichen, soll sie von einem Mitgl. des BR geleitet werden, das dem jeweiligen Betriebsteil als ArbN angehört; hiervon kann aus besonderen sachlichen Gründen abgewichen werden. Jedoch muß stets ein BRMitgl. die AbtVerslg. leiten, anderenfalls ist sie keine AbtVerslg. i. S. des Gesetzes (*Rüther,* ZfA 74, 217). Die Entscheidung, welches BRMitgl. die jeweilige AbtVerslg. leitet, trifft der BR durch Mehrheitsbeschluß (*DR,* Rn 61; *GL,* Rn 20). 72

Für die **Leitung und Durchführung der AbtVerslg.** gelten im übrigen dieselben Grundsätze wie für die BetrVerslg. (vgl. oben Rn 28ff.). Das gleiche gilt für den Grundsatz der Nichtöffentlichkeit der AbtVerslg. (vgl. oben Rn 43ff.). Die Teilnahme von ArbN anderer Abteilungen verstößt zwar nicht gegen das Gebot der Nichtöffentlichkeit, ist aber mit Sinn und Zweck der AbtVerslg. nicht vereinbar (*Brecht,* Rn 8; *GKSB,* Rn 27). Stimmberechtigt sind nur die ArbN der zu der AbtVerslg. zusammengefaßten Betriebsteile. 73

Auf AbtVerslg. können neben den abteilungsspezifischen Angelegenheiten auch Belange des gesamten Betriebes und aller ArbN erörtert werden. Das ergibt sich schon daraus, daß nach § 43 Abs. 1 S. 2 die AbtVerslg. z. T. eine die BetrVerslg. ersetzende Funktion haben (*Rüthers,* ZfA 74, 214). 74

V. Streitigkeiten

Über die Teilnahmeberechtigung an Betr- und AbtVerslg. hat zunächst der Vors. des BR als Leiter der BetrVerslg. zu befinden. 75

Im übrigen sind Streitigkeiten im Zusammenhang mit der Abhaltung von Betr- oder AbtVerslg., insbesondere auch Streitigkeiten über die Teilnahme an diesen Verslg., über ihre Zuständigkeit, über die Kostentragungspflicht des ArbGeb. und über die Zulässigkeit von Teilverslg. und AbtVerslg. von den **ArbG im Beschlußverfahren** zu entscheiden (§§ 2a, 80ff. ArbGG). Der Anspruch des an der Verslg. teilnehmenden einzelnen ArbN auf Zahlung des Arbeitsentgelts ist dagegen im **Urteilsverfahren** geltend zu machen. Dies gilt auch für die Erstattung etwaiger Fahrkosten, die dem ArbN infolge der Teilnahme an der BetrVerslg. entstanden sind (vgl. hierzu § 44 Rn 24ff.). 76

§ 43 Regelmäßige Betriebs- und Abteilungsversammlungen

(1) **Der Betriebsrat hat einmal in jedem Kalendervierteljahr eine Betriebsversammlung einzuberufen und in ihr einen Tätigkeitsbericht zu erstatten. Liegen die Voraussetzungen des § 42 Abs. 2 Satz 1 vor, so hat der Betriebsrat in jedem Kalenderjahr zwei der in Satz 1 genannten Betriebsversammlungen als Abteilungsversammlungen durchzuführen. Die Abteilungsversammlungen sollen möglichst gleichzeitig stattfinden. Der Betriebsrat kann in jedem Kalenderhalbjahr eine weitere Betriebsversammlung oder, wenn die Voraussetzungen des § 42 Abs. 2 Satz 1 vorliegen, einmal weitere Abteilungsversammlungen durchführen, wenn dies aus besonderen Gründen zweckmäßig erscheint.**

(2) **Der Arbeitgeber ist zu den Betriebs- und Abteilungsversammlungen unter Mitteilung der Tagesordnung einzuladen. Er ist berechtigt, in den Versammlungen zu sprechen. Der Arbeitgeber oder sein Vertreter hat mindestens einmal in jedem Kalenderjahr in einer Betriebsversammlung über das Personal- und Sozialwesen des Betriebs und über die wirtschaftliche Lage und Entwicklung des Betriebs zu berichten, soweit dadurch nicht Betriebs- oder Geschäftsgeheimnisse gefährdet werden.**

(3) **Der Betriebsrat ist berechtigt und auf Wunsch des Arbeitgebers oder von mindestens einem Viertel der wahlberechtigten Arbeitnehmer verpflichtet, eine Betriebsversammlung einzuberufen und den beantragten Beratungsgegenstand auf die Tagesordnung zu setzen. Vom Zeitpunkt der Versammlungen, die auf Wunsch des Arbeitgebers stattfinden, ist dieser rechtzeitig zu verständigen.**

(4) **Auf Antrag einer im Betrieb vertretenen Gewerkschaft muß der Betriebsrat vor Ablauf von zwei Wochen nach Eingang des Antrags eine Betriebsversammlung nach Absatz 1 Satz 1 einberufen, wenn im vorhergegangenen Kalenderhalbjahr keine Betriebsversammlung und keine Abteilungsversammlungen durchgeführt worden sind.**

Inhaltsübersicht

I. Vorbemerkung

Die Vorschrift regelt den Zeitraum, in dem die **regelmäßigen** Betr- bzw. AbtVerslg. durchzuführen sind (Abs. 1 S. 1 bis 3), die Möglichkeit der Einberufung **zusätzlicher** oder **außerordentlicher** Betr- oder AbtVerslg. (Abs. 1 S. 4 und Abs. 3), die Teilnahmeberechtigung des **ArbGeb.** an diesen Verslg. und seine Verpflichtung zur Abgabe eines jährlichen **Wirtschafts- und Sozialberichts** (Abs. 2) sowie das **Antragsrecht der Gewerkschaften** zur Durchführung unterbliebener BetrVerslg. (Abs. 4). 1

Die Vorschrift gilt nicht für den **GesBR,** den **KBR,** die **GesJugAzubiVertr.** und den **SeeBR.** Auf die **Bordvertr.** findet sie dagegen Anwendung. Über ihre entsprechende Anwendung auf die **JugAzubiVerslg.** vgl. § 71. Wegen der **BRVerslg.** vgl. § 53. 2

Die Vorschrift ist **zwingend.** Weder TV noch BV können die gesetzliche Mindestzahl von BetrVerslg. herabsetzen oder die Voraussetzungen für zusätzliche oder außerordentliche BetrVerslg. sowie für Teil- oder AbtVerslg. abweichend vom Gesetz regeln. Wohl ist es zulässig, den dem BR bei seinen Entscheidungen zustehenden Beurteilungs- bzw. Ermessensspielraum durch derartige Vereinbarungen näher zu konkretisieren. 3

Entsprechende Vorschrift des **BPersVG 74:** § 49, des **SprAuG:** § 15. 4

II. Regelmäßige Betriebs- und Abteilungsversammlungen

1. Anzahl und Art der Versammlungen

Der BR hat **in jedem Kalendervierteljahr** – nicht innerhalb von drei Monaten – eine Verslg. der ArbN des Betriebs durchzuführen. Dies ist im Regelfall eine **Vollverslg.** aller ArbN des Betriebs. Soweit die Eigenart des Betriebs einer Vollverslg. aller ArbN entgegensteht (vgl. § 42 Rn 53ff.), sind Teilverslg. durchzuführen. 5

Sind in dem Betrieb gem. § 42 Abs. 2 **AbtVerslg.** durchzuführen, so sind von den vier jährlichen Verslg. der ArbN zwei als BetrVerslg. aller ArbN (ggf. in Teilverslg.) und die restlichen zwei in Form von AbtVerslg. (ggf. in Form von Teilverslg.) abzuhalten. Die **Festlegung der Reihenfolge** dieser Verslg. ist **dem BR überlassen** (*DR,* Rn 5; *GL,* Rn 8 und 27). Er kann jeweils zwischen einer Vollverslg. der ArbN des Betriebs und AbtVerslg. abwechseln, aber auch eine andere Reihenfolge festlegen. Sofern sich nur einmal im Jahr die Notwendigkeit ergibt, die besonderen Belange der ArbN in AbtVerslg. zu erörtern (vgl. § 42 Rn 64ff.), ist nur eine der vierteljährlichen BetrVerslg. in Form von AbtVerslg. durchzuführen. 6

Um zu vermeiden, daß die Durchführung von AbtVerslg. zu einer stärkeren Störung des Arbeitsablaufs führt als eine Vollverslg. der ArbN, schreibt Abs. 1 Satz 3 vor, daß die **AbtVerslg. möglichst gleichzeitig stattfinden** sollen. Ist allerdings die Durchführung einer Abt- 7

Verslg. in einem Betriebsteil ohne Einfluß auf den Arbeitsablauf in den übrigen Betriebsteilen, so dürften gegen eine zeitlich gesonderte Durchführung der AbtVerslg. in diesem Betriebsteil keine Einwände zu erheben sein. Das gleiche gilt, wenn besondere Umstände eine gleichzeitige Durchführung der AbtVerslg. nicht sachgerecht erscheinen lassen. Hierüber entscheidet der BR durch Beschluß, wobei er auch etwaige negative Auswirkungen auf den Betriebsablauf in seine Überlegungen einbeziehen muß. Die Notwendigkeit einer Zustimmung des ArbGeb. besteht jedoch nicht.

2. Zeitpunkt

8 **Der BR** entscheidet nach pflichtgemäßem Ermessen über die **Festlegung des Zeitpunkts** der BetrVerslg. bzw. der AbtVerslg. innerhalb des jeweiligen Kalendervierteljahres. Der ArbGeb. braucht nicht zuzustimmen (*DR,* Rn 13; *GL,* Rn 7). Die Einhaltung eines Zwischenraums von drei Moanten ist zwar nicht erforderlich, jedoch im Regelfall empfehlenswert (*DR,* Rn 3; *Weiss,* Rn 1). Allerdings können besondere Umstände (etwa bedeutsame Hauptversammlungen, wichtige Entscheidungen der Geschäftsleitung oder des Aufsichtsrats) ein Abgehen von dem gleichmäßigen Rhythmus zweckmäßig sein lassen.

9 Grundsätzlich finden die regelmäßigen Betriebs- und AbtVerslg. **während der Arbeitszeit** statt (vgl. § 44 Abs. 1 und dort Rn 5ff.). Bei der Festlegung der zeitlichen Lage hat der BR auf die betrieblichen Notwendigkeiten Rücksicht zu nehmen.

10 **Unterläßt es der BR, die regelmäßigen Betriebs- bzw. AbtVerslg.** nach Abs. 1 Satz 1 und 2 **einzuberufen,** so **handelt er pflichtwidrig.** Dies ist auch dann der Fall, wenn der ArbGeb. für die Nichtdurchführung der BetrVerslg. den ArbN besondere Leistungen gewährt. Die Unterlassung kann insbesondere im Wiederholungsfall eine grobe Verletzung der gesetzlichen Pflichten des BR i. S. von § 23 Abs. 1 bedeuten (vgl. LAG Hamm, DB 59, 1227; *DR,* Rn 22; *GL,* Rn 10; *GKSB,* Rn 3; *HSG,* Rn 10). Sie braucht es aber nicht in jedem Falle zu sein. In größeren Betrieben kann die strenge zeitliche Einhaltung der Vorschrift zu betrieblichen Schwierigkeiten führen, die der regelmäßigen Durchführung entgegenstehen. Leistet der BR allerdings einem Antrag der Gewerkschaften nach Abs. 4 nicht Folge (vgl. unten Rn 52ff.), so dürfte grundsätzlich eine grobe Pflichtverletzung des BR i. S. von § 23 Abs. 1 zu bejahen sein.

11 Die Durchführung der BetrVerslg. oder AbtVerslg. kann **nicht** dadurch **ersetzt** werden, daß der BRVors. über Lautsprecher eine Ansprache an die an ihren Arbeitsplätzen verbleibenden ArbN hält oder eine **Informationsschrift des BR** an die ArbN verteilt wird (*GL,* Rn 6).

3. Ablauf der Versammlungen

a) Tagesordnung

Für den **Ablauf der BetrVerslg.** bzw. der AbtVerslg. ist die **Tagesordnung** bestimmend (vgl. § 42 Rn 29f.). Die Tagesordnung der regelmäßigen BetrVerslg. bzw. AbtVerslg. muß auf jeden Fall den **vierteljährlichen Tätigkeitsbericht des BR** enthalten (*GL,* Rn 11; *HSG,* Rn 11). Darüber hinaus können auch andere die ArbN oder den Betrieb unmittelbar betreffende Angelegenheiten auf die Tagesordnung gesetzt werden (vgl. § 45). Hierüber entscheidet der BR durch Beschluß. 12

b) Tätigkeitsbericht des Betriebsrats

Der **Tätigkeitsbericht ist vom BR zu erstatten,** d.h. der BR hat den Bericht in seinem Inhalt festzulegen und nach § 33 zu beschließen (*DR,* Rn 8; *GL,* Rn 11; *HSG,* Rn 11). Der Bericht hat die in der Berichtszeit eingetretenen Ereignisse anzugeben und über Tatsachen, die für das betriebliche Leben, insbesondere für seine ArbN, bedeutsam sind, Auskunft zu geben. Der Bericht des BR erfaßt auch die Tätigkeit seiner **Ausschüsse** sowie des **GesBR** und des **WiAusschusses,** soweit sie den Betrieb betrifft oder für ihn von Bedeutung ist (*Weiss,* Rn 3; hinsichtlich des WiAusschusses; **a.A.** *DR,* Rn 10; *GL,* Rn 13; *HSG,* Rn 13; *Vogt,* a.a.O. S. 72, mit der Begründung, daß die Unterrichtung der ArbN über die wirtschaftliche Lage und Entwicklung des Unternehmens gemäß § 110 dem ArbGeb. obliege. Diese Unterrichtungspflicht des Unternehmers deckt sich jedoch nicht mit der über die Tätigkeit des Wirtschaftsausschusses; **a.A.** auch *GK-Fabricius,* Rn 5, der die funktionelle Selbständigkeit des Wirtschaftsausschusses hervorhebt, jedoch übersieht, daß es die vornehmste Aufgabe des Wirtschaftsausschusses ist, den BR zu unterrichten; vgl. § 108 Abs. 4). Zum anderen sind in dem Tätigkeitsbericht aber auch die Überlegungen und Erwägungen anzugeben, von denen sich der BR bei seinen Beschlüssen, Maßnahmen und Stellungnahmen hat leiten lassen. Hierbei hat er auf seine Verschwiegenheitspflicht, insbesondere nach §§ 79, 99 Abs. 1 Satz 3 und § 102 Abs. 2 Satz 4 zu achten (*DR,* Rn 11; *HSG,* Rn 15). Darüber hinaus soll der Bericht möglichst bestrebt sein, über die Geschäftsführung des BR hinaus ein allgemeines Bild über das betriebliche Geschehen zu geben, soweit dies für die ArbN von Interesse ist. 13

Die **Tätigkeit der ARMitgl. der ArbN** ist **nach Ansicht des BAG nicht Gegenstand des Berichts des BR** (vgl. BAG 1. 3. 1966, AP Nr. 1 zu § 69 BetrVG = ArbuR 67, 61 mit kritischer Anm. von *Herschel;* ebenso *GL,* Rn 14; *GK-Fabricius,* Rn 5; *HSG,* Rn 14). Jedenfalls wird man es den BRMitgl. oder ArbN des Betriebs, die Mitgl. des AR sind, oder den zur BRVerslg. eingeladenen ARMitgl. nicht verwehren können, Informationen, die für die Belegschaft von Interesse sind, zu geben, soweit nicht die Schweigepflicht nach § 93 Abs. 1 Satz 2 AktG entgegensteht (vgl. hierzu auch BGH, DB 75, 1309; *Fitting/Wlotzke/Wißmann,* MitbestG § 25 Rn 98ff., 110ff.; *DR,* Rn 11; *GKSB,* Rn 9; *Köstler,* Mitbest- 14

Gespr., 79, 217; *Säcker,* Informationsrechte, a.a.O. S. 85f.; *von Hoyningen-Huene,* DB 79, 2423ff.; *Hanau,* ZGR 77, 411; *Lopau,* BlStR 79, 233; weitergehend *Rech/Lewerenz,* ArbuR 76, 361; *Däubler,* BlStR 76, 186, die eine Berichtspflicht der ARMitgl. der ArbN in der BetrVerslg. annehmen).

15 In **AbtVerslg.** kann der Tätigkeitsbericht des BR auf die besonderen Belange der Abteilung und der in ihr beschäftigten ArbN zugeschnitten werden. Jedoch ist er **nicht auf bloße Abteilungsangelegenheiten** zu beschränken. Allgemein interessierende Fragen sind stets auch in den Tätigkeitsbericht auf AbtVerslg. aufzunehmen, jedenfalls soweit die AbtVerslg. eine BetrVerslg. ersetzen.

16 Der Bericht ist **vom BRVors.** (bei seiner Verhinderung von dem stellvertr. BRVors.) **mündlich vorzutragen.** Der BR kann durch Beschluß auch ein anderes seiner Mitgl. mit der Berichterstattung beauftragen (*DR,* Rn 12; *HSG,* Rn 11). Umfaßt der Bericht verschiedene Sachgebiete – was in Großbetrieben vielfach der Fall sein dürfte –, so kann der Tätigkeitsbericht über die einzelnen Sachgebiete auch von verschiedenen BRMitgl. erstattet werden (*GKSB,* Rn 9).

17 Die **schriftliche Vorlage des Berichts** kann nicht verlangt werden, sie ist aber zulässig (*Löwisch,* Festschrift Hilger/Stumpf, S. 429). Sie kann, um eine sachgerechte Diskussion über die Tätigkeit des BR zu ermöglichen, bei einem umfangreichen Bericht geboten sein. Insoweit sind die Kosten eines solchen Berichts als notwendige Kosten vom ArbGeb. zu tragen (vgl. § 40 Rn 18).

18 Werden AbtVerslg. durchgeführt, so obliegt die Berichterstattung dem die jeweilige AbtVerslg. leitenden BRMitgl., sofern der BR kein bestimmtes Mitgl. hiermit beauftragt hat (*GL,* Rn 11). Erbetene Ergänzungen wird der Berichterstatter ablehnen müssen, wenn er nicht durch den dem Bericht zugrunde liegenden Beschluß des BR hierzu ermächtigt ist. Dies gilt insbes. für Fragen nach Meinungsverschiedenheiten innerhalb des BR.

c) Berichte des Arbeitgebers

19 Einmal in jedem Kalenderjahr ist der **ArbGeb.** verpflichtet, auf einer BetrVerslg. – und zwar **auf einer Vollverslg.** der ArbN, nicht auf einer BetrVerslg. in Form von AbtVerslg. (*DR,* Rn 15; *GL,* Rn 17; *HSG,* Rn 18) – über das **Personal- und Sozialwesen des Betriebs** sowie über **dessen wirtschaftliche Lage und Entwicklung** zu berichten. Auf welcher der vier BetrVerslg. im Jahr der ArbGeb. diesen Bericht erstattet, unterliegt seiner Entscheidung. Die Berichtspflicht besteht auch in einem von zwei Stadtgemeinden in der Rechtsform einer Gesellschaft des bürgerlichen Rechts betriebenen Tendenzunternehmen (BAG 8. 3. 1977, AP Nr. 1 zu § 43 BetrVG 1972). Betreiben mehrere Unternehmen gemeinsam einen Betrieb (vgl. § 1 Rn 49ff.), muß jeder Unternehmer in seiner Eigenschaft als ArbGeb. den Bericht erstatten.

Der Bericht ist „im“ Kalenderjahr zu erstatten, nicht „für“ ein Kalenderjahr.

Die Unterrichtung hat **mündlich zu erfolgen,** was nicht ausschließt, daß der Bericht auch zusätzlich schriftlich vorgelegt wird (*DR,* Rn 17; *GKSB,* Rn 19). 20

Der **Bericht über das Personalwesen** erstreckt sich auf die betriebliche Personalplanung (vgl. hierzu im einzelnen § 92 Rn 2ff.) und sich daraus eventuell ergebende Maßnahmen der betrieblichen Berufsbildung. Ferner zählt hierzu eine Darstellung der Struktur der Belegschaft (Alter, Geschlecht, Nationalität), der voraussichtlichen Entwicklung der Belegschaftsstärke und -struktur sowie der Fluktuation der ArbN des Betriebs. In dem Bericht kann ferner eingegangen werden auf den Stand der innerbetrieblichen Aus- und Weiterbildung, auf Engpässe in bestimmten Berufsgruppen und auf die Nachwuchsförderung zur Entwicklung eines qualifizierten Stammpersonals. Unter das **Sozialwesen** fällt insbes. der Bericht über die betrieblichen Sozialeinrichtungen (vgl. hierzu § 87 Rn 92ff.) sowie sonstige Sozialleistungen des Betriebs (vgl. hierzu auch *GK-Fabricius,* Rn 15). Zum Inhalt sog. Sozialbilanzen vgl. *Kittner/Mehrens,* MitbGespr. 77, 135; ferner die Empfehlung des Arbeitskreises „Sozialbilanz-Praxis" in DB 78, 1141. 21

Im Gegensatz zu der Unterrichtungspflicht des Unternehmens über die wirtschaftliche Lage und Entwicklung des Unternehmens nach § 110 bezieht sich der Bericht des ArbGeb. nach § 43 Abs. 2 Satz 3 auf die **wirtschaftliche Lage und Entwicklung des Betriebs.** In vielen Fällen wird der Bericht des ArbGeb. nach § 43 Abs. 2 nur verständlich sein durch Einbeziehung der den Betrieb berührenden Entwicklung des Unternehmens. Insoweit kommt dem Bericht des ArbGeb. auch die Funktion einer Kommentierung des nach § 110 zu erstattenden Berichts aus betrieblicher Sicht zu. Der Bericht des ArbGeb. soll den ArbN in großen Zügen einen Überblick geben über die wirtschaftliche Situation des Betriebs und seine voraussichtliche Entwicklung, über bestehende Schwierigkeiten, über die Absatz- und Marktlage, über Produktions- und Investitionsvorhaben, über Rationalisierungsmaßnahmen und durchgeführte oder bevorstehende Betriebsänderungen gemäß § 111 sowie über sonstige Umstände, die für die wirtschaftliche Lage und Entwicklung des Betriebs von Bedeutung sind. 22

Der ArbGeb. kann die BetrVerslg. auch dazu benutzen, die ArbN des Betriebs **gemäß § 110 über die wirtschaftliche Lage und Entwicklung des Unternehmens** entweder **zu unterrichten** oder, soweit diese Unterrichtung schriftlich erfolgen muß (vgl. hierzu § 110 Abs. 1 und dort Rn 3), **den Bericht näher zu erläutern** (*DR,* Rn 16; *GL,* Rn 19; *HSG,* Rn 17). Diese Unterrichtung obliegt dem Unternehmer in allen Unternehmen mit mehr als 20 ArbN. 23

Die Berichtspflicht des ArbGeb. besteht nicht, soweit durch die Mitteilung von Tatsachen auf der BetrVerslg. **Betriebs- oder Geschäftsgeheimnisse gefährdet** werden (*DR,* Rn 16; *GL,* Rn 18; *GKSB,* Rn 21). Zum Begriff des Betriebs- oder Geschäftsgeheimnisses vgl. § 79 Rn 3ff. Ausreichend für die Einschränkung der Berichtspflicht des ArbGeb. ist bereits eine Gefährdung von Betriebs- oder Geschäftsgeheimnissen. Aus diesem Grunde darf der ArbGeb. solche Umstände verschweigen, die 24 mittelbar Rückschlüsse auf Betriebs- oder Geschäftsgeheimnisse gestatten (*GK-Fabricius,* Rn 17; *HSG,* Rn 18a; **a. A.** *Weiss,* Rn 4).

d) Diskussion der Berichte

25 Den Teilnehmern der BetrVerslg. bzw. der AbtVerslg. ist ausreichend Gelegenheit zu geben, zum Bericht des BR **Stellung zu nehmen** und dem BR **Anregungen und Hinweise zu geben** (*DR,* Rn 13; *GL,* Rn 16; *GKSB,* Rn 10).

26 Der **Bericht des ArbGeb.** kann **in der BetrVerslg. erörtert werden.** Der ArbGeb. ist in diesem Falle verpflichtet, sich einer Diskussion zu stellen und ggf. ergänzende und erläuternde Angaben zu machen (*DR,* Rn 17), es sei denn, hierdurch würden Betriebs- oder Geschäftsgeheimnisse gefährdet. Die Unterlassung des jährlichen Berichts des ArbGeb. über das Personal- und Sozialwesen sowie des Wirtschaftsberichts kann eine grobe Pflichtverletzung des ArbGeb. i. S. von § 23 Abs. 3 darstellen (*DR,* Rn 20; *GL,* Rn 20; *HSG,* Rn 18a). Gleiches gilt, wenn der Bericht bewußt lückenhaft gegeben wird (*GKSB,* Rn 22).

27 Der ArbGeb. darf den Bericht des BR und die Diskussion weder auf Tonband aufzeichnen noch ein Wortprotokoll anfertigen. Das ginge nur mit Zustimmung des Verslg.-Leiters und nach Bekanntmachung in der Verslg. (*Brill,* BB 83, 1862; vgl. auch § 42, Rn 45ff.).

3. Teilnahmerecht des Arbeitgebers

28 **Der ArbGeb. ist berechtigt,** an den **regelmäßigen Betriebs- oder AbtVerslg. teilzunehmen** (vgl. die Übersicht über Rechte und Pflichten des ArbGeb. in der BetrVerslg. bei *Brill,* BB 83, 1860ff.; *Hassel,* Personal 86, 120). Soweit der ArbGeb. selbst nicht teilnehmen kann, ist er berechtigt, einen oder mehrere Vertr. zu den BetrVerslg. zu entsenden (zur Frage der Vertr. des ArbGeb. vgl. § 1 Rn 87; ferner LAG Düsseldorf, DB 82, 1066). Da der ArbGeb. als Organ der Betriebsverfassung teilnahmeberechtigt ist, kann er sich **nicht durch betriebsfremde Personen,** auch nicht durch Rechtsanwälte **vertreten lassen.** Auch die Teilnahme eines Rechtsanwalts als Beistand des ArbGeb. kommt nicht in Betracht, auch dann nicht, wenn der ArbGeb. nicht organisiert ist und keinen Beauftragten seines Verbandes (§ 46) mitbringen kann (anders *Bauer,* NJW 88, 1130, der den hier vertretenen Grundsätzen jedoch zustimmt). Der betriebsverfassungsrechtliche Vertreter des ArbGeb. muß „kompetent“ sein. Bei der Durchführung von AbtVerslg. ist eine Vertretung des ArbGeb. im allgemeinen unumgänglich. Eine Vertretung durch nicht betriebs- oder unternehmensangehörige Personen ist nicht zulässig.

29 Da der ArbGeb. ein Recht auf Teilnahme an den regelmäßigen Betr- und AbtVerslg. hat, ist er vom BR zu diesen Verslg. **unter Mitteilung der Tagesordnung einzuladen.** Eine Pflicht des ArbGeb. zur Teilnahme besteht im allgemeinen nicht (*DR,* Rn 52; *GL,* Rn 32; *GK-Fabricius,* Rn 47). Allerdings muß er einmal im Jahr an einer BetrVerslg. teilnehmen,

um seiner Berichtspflicht nach Abs. 2 Satz 3 nachzukommen. Ferner ist seine Anwesenheit erforderlich, wenn er den mündlichen Vierteljahresbericht über die wirtschaftliche Lage und Entwicklung des Unternehmens nach § 110 Abs. 2 auf der BetrVerslg. abgibt (vgl. Rn 23). Durch die Einladung wird der ArbGeb. zugleich über den Zeitpunkt der BetrVerslg. unterrichtet und weiß daher, daß die ArbN des Betriebs den Arbeitsplatz verlassen werden und daß der für die Verslg. vorgesehene Raum in Anspruch genommen wird.

Nimmt der ArbGeb. an der Betr- bzw. den AbtVerslg. teil, so kann er **zu seiner Unterstützung** (das ist kein Fall der Vertretung, vgl. Rn 28) sowohl andere ArbN des Betriebs, insbesondere auch leitende Ang., als auch einen **Beauftragten der ArbGebvereinigung,** der er angehört, zu der Betriebs- oder AbtVerslg. **hinzuziehen** (vgl. § 46 Abs. 1 Satz 2). 30

Das Teilnahmerecht des ArbGeb. beinhaltet auch **das Recht,** zu den einzelnen Punkten der Tagesordnung **das Wort zu ergreifen** (vgl. Abs. 2 Satz 2). Er kann auch zu den einzelnen Punkten des Tätigkeitsberichts des BR Stellung nehmen (*DR,* Rn 53; *Brecht,* Rn 5; *Brill,* BB 83, 1860). Auch können an ihn Fragen gerichtet werden, zu deren Beantwortung er – soweit nicht besondere Umstände, insbesondere die Gefährdung von Betriebs- oder Geschäftsgeheimnissen (vgl. Rn 24) entgegenstehen – verpflichtet ist (*GK-Fabricius,* Rn 49; **a. A.** *DR,* Rn 53). 31

Der ArbGeb. kann keine Anträge stellen. Zwar kann er die Abhaltung einer BetrVerslg. über eine bestimmte Frage verlangen. Aber das Recht, eine BetrVerslg. einberufen zu lassen, beinhaltet nicht das Recht, auf der BetrVerslg. Anträge zur Beschlußfassung zu stellen. Die Willensbildung in der BetrVerslg. – und hierzu gehört auch das Recht der Antragstellung – ist ausschließlich Angelegenheit der ArbN (*Weiss,* Rn 8; **a. A.** *DR,* Rn 54; *GL,* Rn 34; *GK-Fabricius,* Rn 49). Der ArbGeb. **hat kein Stimmrecht** (h. M.). 32

III. Zusätzliche und außerordentliche Betriebs- und Abteilungsversammlungen

Neben den in § 43 Abs. 1 Satz 1 und 2 genannten regelmäßigen Betr- bzw. AbtVerslg. können folgende **zusätzliche** und **außerordentliche BetrVerslg. bzw. AbtVerslg.** durchgeführt werden 33

- die BetrVerslg. **nach § 17 zur Bestellung des Wahlvorst.** (vgl. hierzu § 17 Rn 4ff.);
- in jedem Kalenderhalbjahr **eine zusätzliche BetrVerslg.** oder, wenn die Voraussetzungen des § 42 Abs. 2 für die Durchführung von AbtVerslg. vorliegen, stattdessen eine weitere AbtVerslg., wenn dies aus besonderen Gründen zweckmäßig erscheint (Abs. 1 Satz 4);
- weitere **außerordentliche BetrVerslg.** (Abs. 3), wenn entweder
  - der BR dies für erforderlich erachtet,
  - dies ein Viertel der wahlberechtigten ArbN des Betriebs oder
  - der ArbGeb. beantragt.

In den beiden letztgenannten Fällen ist der BR verpflichtet, eine

BRVerslg. einzuberufen und den beantragten Beratungsgegenstand auf die Tagesordnung zu setzen.

1. Zusätzliche Betriebsversammlungen

34 Eine **zusätzliche BetrVerslg.** je Kalenderhalbjahr bzw. AbtVerslg. nach Abs. 1 Satz 4 ist zulässig, wenn dem BR ihre Durchführung aus besonderen Gründen **zweckmäßig erscheint.** Der BR hat bei dieser Entscheidung einen weiten Ermessensspielraum. Die Möglichkeit, die Angelegenheit auf der nächsten ordentlichen BetrVerslg. zu behandeln, schließt die Zulässigkeit einer zusätzlichen BetrVerslg. nicht aus; dies gilt jedenfalls dann, wenn die Angelegenheit für die ArbN von unmittelbarem aktuellen Interesse ist (enger *GL,* Rn 20; *GK-Fabricius,* Rn 33; *HSG,* Rn 23).

35 Ein **besonderer Grund** liegt z. B. vor, wenn bestimmte Angelegenheiten auf der regelmäßigen BetrVerslg. aus Zeitnot oder aus sonstigen Gründen nicht ordnungsgemäß behandelt werden konnten oder wenn die ArbN des Betriebs über einen besonderen betrieblichen Vorgang (etwa eine bevorstehende Betriebsänderung wie z. B. Umstellung der Produktion, Stillegung oder Verlegung von Betriebsteilen, Liquidations- oder Absatzschwierigkeiten, drohende Kurzarbeit, Betriebsinhaberwechsel) informiert werden sollen; ferner, wenn der BR die Auffassung der ArbN zu bestimmten aktuellen und bedeutsamen Fragen, etwa dem bevorstehenden Abschluß einer wichtigen BV, in Erfahrung bringen oder diese mit ihnen besprechen will. Das LAG Berlin (DB 79, 1850) hat die Absicht des BR, auf der zusätzlichen BetrVerslg. die Kandidaten für die nächste BRWahl vorzustellen, als einen die Verslg. rechtfertigenden Grund anerkannt.

36 Die zusätzliche BetrVerslg. kann **in Form von AbtVerslg.** durchgeführt werden, wenn die Voraussetzungen des § 42 Abs. 2 vorliegen. Liegen nur für bestimmte organisatorisch oder räumlich abgegrenzte Betriebsteile besondere Gründe vor, die die Durchführung von AbtVerslg. zweckmäßig erscheinen lassen, so sind die zusätzlichen AbtVerslg. auf diese Abteilungen zu beschränken. Soweit die ArbN in den Abt., in denen keine AbtVerslg. durchgeführt werden, infolge des Arbeitsausfalls in den anderen Abt. ebenfalls nicht arbeiten können, behalten sie ihren Anspruch auf Arbeitsentgelt.

37 Eine **zusätzliche BetrVerslg.** (bzw. zusätzliche AbtVerslg.) kann **einmal in jedem Kalenderhalbjahr,** d. h. in dem Zeitraum vom 1. 1. bis 30. 6. sowie vom 1. 7. bis 31. 12. stattfinden.

2. Außerordentliche Betriebsversammlungen

38 Der BR ist berechtigt, über die in Abs. 1 Satz 1 und 4 genannten regelmäßigen und zusätzlichen VertrVerslg. hinaus noch außerordentliche BetrVerslg. durchzuführen, wenn er dies für **notwendig** erachtet (Abs. 3). Das Erfordernis der Notwendigkeit ist zwar im Gesetz nicht ausdrücklich genannt. Doch sollen regelmäßige und zusätzliche Verslg.

im Regelfall ausreichen. Für außerordentliche Verslg. muß es deshalb besondere Gründe geben (*DR,* Rn 26; *GL,* Rn 20; *GKSB,* Rn 20; *Weiss,* Rn 6). Die Notwendigkeit einer außerodentlichen BetrVerslg. ist insbesondere dann zu bejahen, wenn in einer Frage von besonderer Bedeutung die unverzügliche Abhaltung einer BetrVerslg. sachlich dringend geboten ist (weitergehend *GK-Fabricius,* Rn 43a).

Die außerordentliche BetrVerslg. kann sowohl **als Vollverslg.** als auch in Form von **Teilverslg.** als auch, soweit die Voraussetzungen des § 42 Abs. 2 vorliegen, in Form von **AbtVerslg.** (vgl. hierzu Rn 45) durchgeführt werden. Die Entscheidung über die Einberufung einer weiteren BetrVerslg. erfolgt durch Beschluß des BR gemäß § 33. Bei Teilnahme an einer außerordentlichen BetrVerslg. besteht im allgemeinen kein Lohnanspruch (vgl. § 44 Rn 471ff.). **39**

Der BR ist **verpflichtet,** eine außerordentliche BetrVerslg. einzuberufen, **wenn dies ein Viertel der wahlberechtigten ArbN beantragt.** Zum Begriff „wahlberechtigte ArbN" vgl. § 7. Für die Errechnung des erforderlichen Quorums der wahlberechtigten ArbN ist die Zahl der im Zeitpunkt des Antrags im Betrieb tätigen wahlberechtigten ArbN zugrunde zu legen (*DR,* Rn 28; *GL,* Rn 24). Der Antrag ist an keine besondere Form gebunden. Allerdings muß feststehen, daß er von der erforderlichen ArbNZahl gestellt wird. Die Unterschriftensammlung für eine außerordentliche BetrVerslg. kann während der Arbeitszeit durchgeführt werden (ArbG Stuttgart, BB 77, 1304). **40**

Eine Verpflichtung zur Einberufung einer außerordentlichen BetrVerslg. besteht ferner, wenn der ArbGeb. dies beantragt. Auch dieser Antrag ist an keine besondere Form gebunden. **41**

Beantragen der ArbGeb. oder ein Viertel der wahlberechtigten ArbN des Betriebs eine außerordentliche BetrVerslg., so müssen sie zugleich den **Beratungsgegenstand** angeben, den sie erörtert wissen wollen. Anderenfalls ist der BR nicht verpflichtet, die BetrVerslg. einzuberufen (*DR,* Rn 30; *GL,* Rn 23f.; *GKSB,* Rn 26; *Vogt,* a.a.O. S. 60). Der BR hat zu prüfen, ob die BetrVerslg. zur Erörterung und Behandlung des beantragten Gegenstandes zuständig ist, nicht aber, ob die Durchführung der BetrVerslg. von seinem Standpunkt aus zweckmäßig ist (*DR,* Rn 28; *HSG,* Rn 26 und 27; *Weiss,* Rn 7). Ist die Zulässigkeit zu verneinen, so ist die Einberufung abzulehnen. Wird eine außerordentliche BetrVerslg. wegen eines unzulässigen Tagesordnungspunktes einberufen, so kann der ArbGeb. diese durch eine einstweilige Verfügung des ArbG untersagen lassen. **42**

Verweigert der BR willkürlich die Einberufung einer außerordentlichen BetrVerslg., so kann dies – insbesondere im Wiederholungsfall – zu seiner Auflösung nach § 23 führen (*DR,* Rn 40; weitergehend *GK-Fabricius,* Rn 41). Das Unterlassen der Einberufung aus entgegenstehenden besonderen Gründen im Einzelfall ist kein Auflösungsgrund (LAG Mainz, BB 60, 892). **43**

Der ArbGeb. oder ein Viertel der wahlberechtigten ArbN des Betriebs können **nachträglich die Ergänzung der Tagesordnung** verlangen. Der BR kann auch von sich aus die Ergänzung der Tagesordnung **44** einer außerordentlichen BetrVerslg. beschließen (*DR,* Rn 33f.; *GL,* Rn 25).

45 Die Regelung des Abs. 3 gilt, obwohl dies nicht ausdrücklich ausgesprochen ist, **auch für AbtVerslg.** im Sinne des § 42 Abs. 2; dies folgt aus § 44 Abs. 2 (*DR,* Rn 31; *GL,* Rn 28; *GK-Fabricius,* Rn 42; *HSG,* Rn 25; ArbG Stuttgart, BB 77, 1304). Bei der Bestimmung des Viertels der wahlberechtigten ArbN für den Antrag ist – wie sich aus dem Gesetzeswortlaut ergibt – von der Zahl der wahlberechtigten ArbN **des Betriebs** auszugehen, nicht von der ArbNZahl des einzelnen Betriebsteils (*Weiss,* Rn 8; **a.A.** *DR,* Rn 32; *GKSB,* Rn 29; *GK-Fabricius,* Rn 43; *HSG,* Rn 25).

3. Zeitpunkt und Ablauf der Versammlungen

46 Die **zusätzlichen Betr-** oder **AbtVerslg.** nach Abs. 1 Satz 4 (vgl. oben Rn 34ff.) sowie die auf **Antrag des ArbGeb.** durchzuführenden **außerordentlichen Betr-** oder **AbtVerslg.** finden grundsätzlich **während der Arbeitszeit** statt. Etwas anderes gilt nur, wenn die Eigenart des Betriebs eine andere Regelung zwingend erfordert (vgl. § 44 Abs. 1 und dort Rn 5ff.). Das gleiche gilt für die **BetrVerslg. nach § 17.** Die Zeit der Teilnahme der ArbN an diesen Verslg. einschließlich zusätzlicher Wegezeiten ist den ArbN wie Arbeitszeit zu vergüten (Näheres § 44 Rn 24ff.).

47 Die **übrigen außerordentlichen Betr- und AbtVerslg.** finden nur dann während der Arbeitszeit statt, wenn der **ArbGeb. hiermit einverstanden** ist (vgl. § 44 Abs. 2). Selbstverständlich kann der BR, sofern die vierteljährliche BetrVerslg. nach Abs. 1 Satz 1 oder die zusätzliche BetrVerslg. nach Abs. 1 Satz 4 noch nicht durchgeführt worden sind, beschließen, die beantragte außerordentliche BetrVerslg. als regelmäßige nach Abs. 1 Satz 1 oder zusätzliche nach Abs. 1 Satz 4 durchzuführen (*DR,* Rn 39). Ist dies der Fall, so führt die Teilnahme an dieser Verslg. nicht zu einer Minderung des Arbeitsentgelts (Näheres vgl. § 44 Rn 24ff.). Im allgemeinen wird man, sofern der BR für die beantragte außerordentliche BetrVerslg. eine noch offene BetrVerslg. nach Abs. 1 verwenden kann, davon ausgehen müssen, daß er hiervon Gebrauch macht, wenn er die BetrVerslg. innerhalb der Arbeitszeit anberaumt.

48 Der Ablauf der außerordentlichen und zusätzlichen Verslg. folgt den Regeln, die für die regelmäßigen Verslg. gelten (vgl. Rn 12ff.).

4. Teilnahme des Arbeitgebers

49 Ein **Teilnahmerecht des ArbGeb.** besteht **nur** hinsichtlich der **zusätzlichen** Betr- bzw. AbtVerslg. **gemäß Abs. 2 Satz 4** sowie hinsichtlich der auf **seinen Antrag** anberaumten **außerordentlichen** Betr- bzw. AbtVerslg. (*DR,* Rn 41f., 45, 47). Zu diesen Verslg. ist er unter Mitteilung der Tagesordnung einzuladen. Im übrigen gilt hinsichtlich der Teilnahme des ArbGeb. das oben in Rn 28ff. Gesagte entsprechend.

50 Hat der BR gemäß Abs. 3 von sich aus oder auf Antrag von einem Viertel der wahlberechtigten ArbN eine außerordentliche BetrVerslg.

einberufen, so hat der ArbGeb. nicht das Recht, an dieser Verslg. teilzunehmen. Es steht dem BR selbstverständlich frei, den ArbGeb. einzuladen, wenn er dies für zweckmäßig erachtet (*DR,* Rn 48; *GL,* Rn 33; *GKSB,* Rn 27; *GK-Fabricius,* Rn 48, fordert eine Zustimmung der BetrVerslg.). In diesem Falle hat der ArbGeb. dieselben Rechte und Befugnisse wie bei einer regelmäßigen BetrVerslg. (vgl. Rn 28ff.).

Es empfiehlt sich, den ArbGeb. auch über den Zeitpunkt und die 51
Tagesordnung solcher außerordentlicher BetrVerslg. zu unterrichten, zu denen er nicht eingeladen wird. Das erscheint jedenfalls empfehlenswert, wenn die Verslg. im Einvernehmen mit dem ArbGeb. während der Arbeitszeit oder wenn sie außerhalb der Arbeitszeit, aber in Räumen des Betriebs stattfindet.

IV. Betriebsversammlungen auf Antrag der Gewerkschaften

Um zu verhindern, daß die BetrVerslg. bzw. AbtVerslg. nicht oder 52
nur in unverhältnismäßig großen Zeitabständen stattfinden, gibt Abs. 4 den **im Betrieb vertretenen Gewerkschaften das Recht,** beim BR **die Einberufung einer BetrVerslg. zu beantragen.** Voraussetzung für dieses Antragsrecht ist, daß im voraufgegangenen Kalenderhalbjahr keine BetrVerslg. und auch keine AbtVerslg. durchgeführt worden sind.

Maßgebend ist das der Antragstellung voraufgehende **Kalenderhalb-** 53
jahr. Kalenderhalbjahr ist der Zeitraum vom 1. 1. bis 30. 6. sowie vom 1. 7. bis 31. 12. (*DR,* Rn 55; *GKSB,* Rn 30; *GL,* Rn 36). Nicht ausreichend ist, daß sechs Monate vor Antragstellung keine Betr- oder AbtVerslg. durchgeführt worden sind. Hat z. B. die letzte BetrVerslg. im März stattgefunden, so verpflichtet ein im Dezember gestellter Antrag der im Betrieb vertretenen Gewerkschaften den BR nicht zur Einberufung einer BetrVerslg. Die Möglichkeit der Gewerkschaften, u. U. die Auflösung des BR wegen grober Verletzung seiner Pflichten nach § 23 Abs. 1 zu beantragen besteht aber auch in solchen Fällen.

In dem voraufgegangenen Kalenderhalbjahr **dürfen weder Betr-** 54
noch AbtVerslg. durchgeführt worden sein. Es braucht sich hierbei nicht um eine regelmäßige BetrVerslg. oder um die regelmäßigen AbtVerslg. zu handeln. Auch soweit im voraufgegangenen Kalenderhalbjahr eine außerordentliche BetrVerslg. – sei es auch eine auf Antrag des ArbGeb. durchgeführte – stattgefunden hat, steht dies dem Antragsrecht der Gewerkschaften nach Abs. 4 dann entgegen, wenn auf dieser Verslg. ein Tätigkeitsbericht des BR erstattet worden ist (*DR,* Rn 55; weitergehend *GL,* Rn 37: Tätigkeitsbericht nicht erforderlich, **a. A.** *GK-Fabricius,* Rn 25). Soweit im voraufgegangenen Kalenderjahr AbtVerslg. durchgeführt worden sind, ist zu fordern, daß zumindest für die ganz überwiegende Zahl der ArbN des Betriebs AbtVerslg. stattgefunden haben (*DR,* Rn 55; *GL,* Rn 37; *GKSB,* Rn 31; weitergehend *GK-Fabricius,* Rn 24 und *HSG,* Rn 32: für alle ArbN muß eine Verslg. stattgefunden haben; vgl. auch § 42 Rn 70).

Der Antrag kann nur von einer **im Betrieb vertretenen Gewerk-** 55

schaft (vgl. § 2 Rn 26) gestellt werden. Er ist an den BR zu richten. Eine besondere Form ist für den Antrag nicht vorgeschrieben. Er kann auch mündlich gestellt werden. Die im Betrieb vertretene Gewerkschaft kann die BetrVerslg. nicht selbst einberufen (*GL,* Rn 38; *GKSB,* Rn 32). Das ist ihr selbst dann verwehrt, wenn der BR dem Antrag nicht Folge leistet. Sie hat jedoch die Möglichkeit, im Beschlußverfahren eine einstweilige Verfügung zu beantragen (*DR,* Rn 60). Keine Rechte stehen ihr hinsichtlich der Gestaltung der Tagesordnung dieser BetrVerslg. zu. Da es sich bei dieser BetrVerslg. stets um eine regelmäßige i. S. von Abs. 1 Satz 1 handelt, muß der BR auf ihr auf jeden Fall seinen Tätigkeitsbericht erstatten.

56 Der BR ist verpflichtet, vor **Ablauf von 2 Wochen** nach Eingang des Antrags eine BetrVerslg. einzuberufen. **„Einberufen"** bedeutet, daß der BR vor Ablauf von zwei Wochen zu der BetrVerslg. einladen muß. Sie braucht nicht innerhalb dieser Frist durchgeführt zu werden. In Großbetrieben kann diese Frist für eine ordnungsgemäße organisatorische Vorbereitung der BetrVerslg. zu kurz sein (*Brecht,* Rn 7; *GKSB,* Rn 33; *Weiss,* Rn 9; *GK-Fabricius,* Rn 28; **a. A.** *DR,* Rn 57; *GL,* Rn 39; *HSG,* Rn 34). Allerdings darf der BR den Zeitpunkt der Verslg. nicht unverhältnismäßig hinausschieben. Sie ist vielmehr so bald wie möglich durchzuführen.

57 Der BR muß eine **Vollverslg. aller ArbN des Betriebs** – ggfs. in Form von Teilverslg. – **einberufen.** Die Einberufung von AbtVerslg. ist in diesem Falle nicht zulässig (*DR,* Rn 59; *GL,* Rn 41; *GKSB,* Rn 35).

58 Die **Frist von 2 Wochen** berechnet sich nach §§ 187ff. BGB. Der Tag des Eingangs des Antrags beim BR zählt bei der Berechnung der Frist nicht mit (vgl. das Beispiel in § 19 Rn 23). Der Antrag ist beim BR eingegangen, wenn er dem BRVors., im Falle seiner Verhinderung dem stellvertr. Vors., zugegangen ist (vgl. § 26 Abs. 3 Satz 2).

59 Die **Unterlassung der fristgerechten Einberufung** der beantragten BetrVerslg. stellt im Regelfall einen groben Verstoß gegen die dem BR obliegenden gesetzlichen Pflichten dar, der zur Auflösung des BR nach § 23 Abs. 1 berechtigt (*DR,* Rn 61; *GL,* Rn 42; *GKSB,* Rn 33; *HSG,* Rn 36). Etwas anderes kann nur dann angenommen werden, wenn zwingende Gründe einer rechtzeitigen Einberufung entgegenstehen. In diesem Falle muß die Einberufung so bald wie möglich erfolgen.

V. Streitigkeiten

60 Streitigkeiten im Zusammenhang mit der Einberufung von BetrVerslg. oder AbtVerslg. und der Teilnahme an ihnen sowie über die Zuständigkeit und die Kosten dieser Versammlungen sind von den **ArbG im Beschlußverfahren** zu entscheiden (§§ 2a, 80ff. ArbGG). Das gleiche gilt für die Verpflichtung des BR zur Einberufung einer BetrVerslg. nach Abs. 4. Die Gewerkschaft kann im letzteren Fall u. U. auch eine **einstweilige Verfügung** gegen den BR zum Zwecke der Durchführung der BetrVerslg. erwirken.

§ 44 Zeitpunkt und Verdienstausfall

(1) **Die in den §§ 17 und 43 Abs. 1 bezeichneten und die auf Wunsch des Arbeitgebers einberufenen Versammlungen finden während der Arbeitszeit statt, soweit nicht die Eigenart des Betriebs eine andere Regelung zwingend erfordert. Die Zeit der Teilnahme an diesen Versammlungen einschließlich der zusätzlichen Wegezeiten ist den Arbeitnehmern wie Arbeitszeit zu vergüten. Dies gilt auch dann, wenn die Versammlungen wegen der Eigenart des Betriebs außerhalb der Arbeitszeit stattfinden; Fahrkosten, die den Arbeitnehmern durch die Teilnahme an diesen Versammlungen entstehen, sind vom Arbeitgeber zu erstatten.**

(2) **Sonstige Betriebs- oder Abteilungsversammlungen finden außerhalb der Arbeitszeit statt. Hiervon kann im Einvernehmen mit dem Arbeitgeber abgewichen werden; im Einvernehmen mit dem Arbeitgeber während der Arbeitszeit durchgeführte Versammlungen berechtigen den Arbeitgeber nicht, das Arbeitsentgelt der Arbeitnehmer zu mindern.**

Inhaltsübersicht

I. Vorbemerkung

1 Die Vorschrift bestimmt, welche Betriebs- und AbtVerslg. **während** und welche **außerhalb der Arbeitszeit** stattfinden. Ferner stellt die Vorschrift sicher, daß den ArbN durch die Teilnahme an den Betr- und AbtVerslg., die während der Arbeitszeit stattfinden bzw. an sich stattfinden müßten und nur wegen zwingender betrieblicher Erfordernisse außerhalb der Arbeitszeit durchgeführt werden, **kein finanzieller Nachteil** entsteht. Das gilt nicht nur hinsichtlich der Fortzahlung des Arbeitsentgelts, sondern im allgemeinen auch hinsichtlich der Erstattung notwendiger Fahrkosten (Abs. 1 Sätze 2 und 3 und Abs. 2 Satz 2 zweiter Halbsatz).

2 Die Vorschrift gilt für die **JugAzubiVerslg.** (vgl. 71) und die **Bord-**

verslg. (vgl. § 115 Abs. 5 und § 116 Abs. 3 Nr. 5ff.) entsprechend. Wegen der **BRVerslg.** vgl. § 53 Rn 30.

3 Die Bestimmung ist **zwingend** und kann weder durch TV noch durch BV zuungunsten der ArbN abgedungen werden (vgl. aber auch unten Rn 14).

4 Entsprechende Vorschrift des **BPersVG 74:** § 50, des **SprAuG:** § 15 Abs. 2.

II. Zeitpunkt der Betriebs- und Abteilungsversammlungen

1. Grundsätze

5 **Kraft Gesetzes** finden folgende Verslg. der ArbN **während der Arbeitszeit** statt (Abs. 1):

- die vierteljährlich abzuhaltenden regelmäßigen Betr- bzw. AbtVerslg. nach § 43 Abs. 1 Satz 1 und 2,
- die in jedem Kalenderjahr mögliche zusätzliche BetrVerslg. bzw. zusätzliche AbtVerslg. nach § 43 Abs. 1 Satz 4,
- die BetrVerslg. zur Bestellung des Wahlvorst. nach § 17 Abs. 1 und
- die auf Antrag des ArbGeb. einzuberufende außerordentliche Betr- oder AbtVerslg. nach § 43 Abs. 3.

6 **Außerhalb der Arbeitszeit** finden statt (Abs. 2):

- die außerordentlichen BetrVerslg., die der BR auf Antrag eines Viertels der Wahlberechtigten einberuft (§ 43 Rn 40),
- die außerordentlichen BetrVerslg., die der BR aufgrund eigener Entschließung einberuft (vgl. § 43 Rn 38).

2. Versammlungen während der Arbeitszeit

7 Die in Abs. 1 genannten Verslg. finden regelmäßig während der Arbeitszeit statt. Eine Ausnahme ist nur möglich, wenn die Eigenart des Betriebs eine andere Regelung zwingend erfordert (vgl. dazu Rn 17ff.).

8 Unter Arbeitszeit i. S. von Abs. 1 S. 1 ist die **betriebliche Arbeitszeit** zu verstehen, d.h. die Zeit, während der jedenfalls ein erheblicher Teil der Belegschaft arbeitet (BAG 27. 11. 87, AP Nr. 7 zu § 44 BetrVG 1972; *DR,* Rn 4; *GL,* Rn 4; *GKSB,* Rn 3; **a.A.** *GK-Fabricius,* Rn 3: Arbeitszeit des einzelnen ArbN). Arbeitet der Betrieb in **gleitender Arbeitszeit,** so ist der BR berechtigt, die BetrVerslg. in die **Kernarbeitszeit** zu legen (*DR,* Rn 4; *GL,* Rn 8; *HSG,* Rn 5). Sind Teilzeit-ArbN oder ArbN mit Kapovaz (vgl. § 2 Rn 45) beschäftigt, soll die BetrVerslg. zeitlich so gelegt werden, daß möglichst viele dieser ArbN an der Verslg. während ihrer Arbeitszeit teilnehmen können. Zweck der Vorschrift ist es, möglichst vielen ArbN die Teilnahme ohne weitere Mühen und Kosten zu ermöglichen. Eine Teilnahmepflicht der ArbN besteht nicht.

9 Den genauen Zeitpunkt (Tag und Stunde) der BetrVerslg. bestimmt der BR durch Beschluß. Einer **Zustimmung des ArbGeb. bedarf es**

nicht. Das bedeutet indessen nicht, daß der BR die während der Arbeitszeit stattfindenden BetrVerslg. willkürlich ansetzen darf. Er ist vielmehr gehalten, auf die betrieblichen Notwendigkeiten Rücksicht zu nehmen, auch wenn dies (im Gegensatz zur entsprechenden Vorschrift über BRSitzungen – § 30 Satz 2) nicht ausdrücklich vorgeschrieben ist (*DR,* Rn 13; *GL,* Rn 7; *HSG,* Rn 6). Diese Rücksichtnahme gebietet schon § 2 Abs. 1. Andererseits ist die Dauer der BetrVerslg. nicht auf 1 Arbeitstag beschränkt; sie kann am 2. Arbeitstag fortgesetzt werden, wenn anders eine Erledigung der Tagesordnung nicht möglich und die Behandlung der Themen auf einer weiteren Verslg. nicht sachdienlich wäre (LAG Stuttgart 12. 12. 85, AiB 86, 67).

In Unternehmen des Einzelhandels können BetrVerslg. während der **Ladenöffnungszeiten** stattfinden (BAG 9. 3. 76, AP Nr. 3 zu § 44 BetrVG 1972; **a. A.** *HSG,* Rn 12; *GL,* Rn 18; *DR,* Rn 4; *Kappes/Rath,* DB 87, 2645). Es gibt kein Sonderrecht für diese Betriebe. Der ArbGeb. muß deshalb mögliche Umsatzeinbußen bis zur Grenze der Zumutbarkeit hinnehmen (*Strümper,* NZA 84, 315). Doch können ArbGeb. und BR nach Wegen suchen, die bei gleicher Teilnahmemöglichkeit der ArbN die Ladenöffnungszeiten möglichst schonen. Wenn die auf der Verslg. zu beratenden Themen es zulassen, soll der BR die Verslg. nicht in besonders verkaufsstarken Zeiten (z. B. Weihnachtsgeschäft) durchführen (vgl. Rn 18; BAG 9. 3. 76, AP Nr. 3 zu § 44 BetrVG 1972; *Kappes/Rath,* DB 87, 2645). Der ArbGeb. darf die ArbN nicht von der BetrVerslg. dadurch abhalten, daß er den Laden offenhält (zu weitgehend LAG Köln, DB 88, 1400: ArbGeb. darf abwarten, ob alle ArbN zur BetrVerslg. gehen). 10

Eine besondere Lage ist gegeben, wenn ein Betrieb in **mehreren Schichten arbeitet.** Die BetrVerslg. fällt dann für die eine Schicht in die Arbeitszeit, für die andere Schicht findet sie außerhalb der Arbeitszeit statt. Hierin wird man keine Unbilligkeit sehen dürfen, wenn der BR bei der Ansetzung der BetrVerslg. diese Fälle berücksichtigt und die nächste BetrVerslg. so anberaumt, daß sie in der Schicht derjenigen ArbN fällt, in deren Freizeit die letzte BetrVerslg. abgehalten wurde (*DR,* Rn 14; *GL,* Rn 19; *GKSB,* Rn 10; *HSG,* Rn 15; **a. A.** *GK-Fabricius,* Rn 11, der derartige Billigkeitserwägungen ablehnt). Ferner ist es als zulässig anzusehen, daß der BR die BetrVerslg. zeitlich so festlegt, daß sie in etwa gleichem Umfang am Ende der einen und am Anfang der nächsten Schicht liegt (zu weitgehend LAG Niedersachsen, DB 83, 1312, wenn es in einem Zweischichtenbetrieb nur diese zeitliche Lage der BetrVerslg. für zulässig hält). In diesem Falle liegt für die ArbN beider Schichten die BetrVerslg. teils in und teils außerhalb der Arbeitszeit (*Rüthers,* ZfA 74, 221). 11

Allerdings dürfte gerade in Betrieben mit Schichtarbeit die Durchführung von Teilverslg. gemäß § 42 Abs. 1 nicht selten angebracht sein (vgl. § 42 Rn 54).

Wird nur in einer Schicht gearbeitet, wird die Verslg. zweckmäßigerweise entweder auf den Beginn oder den letzten Teil der Arbeitszeit anberaumt, so daß ihr mutmaßliches Ende mit dem der Arbeitszeit zu- 12 sammenfällt (*DR,* Rn 13; *GL,* Rn 8; *HSG,* Rn 7; *GK-Fabricius,* Rn 55, geht von einem etwa dreistündigen Zeitabstand zum Ende der Arbeitszeit aus). **Der BR ist berechtigt,** die für eine **ordnungsgemäße Abwicklung der Tagesordnung der BetrVerslg. erforderliche Zeit in Anspruch zu nehmen.** Dehnt sich die BetrVerslg. über das Ende der normalen Arbeitszeit hinaus aus, steht den ArbN auch insoweit ein Lohnanspruch zu, als die Überschreitung aus sachlichen Gründen gerechtfertigt ist (vgl. unten Rn 26f.). Eine zeitliche Begrenzung der BetrVerslg. auf die Höchstdauer von einer Stunde ist bei den von Gesetzes wegen während der Arbeitszeit stattfindenden BetrVerslg. unzulässig (LAG Saarbrücken, AP Nr. 2 zu § 43 BetrVG; *DR,* Rn 16; *HSG,* Rn 9).

13 Bei der Festlegung des Zeitpunkts der während der Arbeitszeit abzuhaltenden BetrVerslg. soll der BR mit dem ArbGeb. Fühlung aufnehmen und diesen unbeschadet der formellen Einladung nach § 43 Abs. 2 Satz 1 oder der Benachrichtigung nach § 43 Abs. 3 Satz 2 über den Zeitpunkt der Verslg. frühzeitig unterrichten, damit er die in bezug auf den Arbeitsausfall erforderlichen Vorkehrungen treffen kann (*DR,* Rn 13; *GL,* Rn 8; *HSG,* Rn 9; ArbG Berlin, DB 73, 140). Setzt der BR einen mit den betrieblichen Notwendigkeiten unvereinbaren Termin fest, kann dieser ggf. vom ArbG durch einstw. Verfg. aufgehoben werden (vgl. LAG Düsseldorf, DB 72, 2212).

14 Die Vorschrift, wonach die in § 44 Abs. 1 genannten BetrVerslg. während der Arbeitszeit stattfinden, ist **zwingend.** Von ihr kann weder durch TV noch durch BV abgewichen werden (*DR,* Rn 11; *GKSB,* Rn 2; *HSG,* Rn 2; LAG Hamburg, BB 60, 704). Aus diesem Grunde bestehen auch **Bedenken gegen eine BV über die Dauer der BetrVerslg.** (**a. A.** *Rüthers,* ZfA 74, 224). Da eine solche BV weder verhindern kann, daß die BetrVerslg. über die vereinbarte Dauer fortgesetzt wird, um die ordnungsgemäße Erledigung der Tagesordnung zu gewährleisten, noch den ArbN in solchen Fällen den Lohnanspruch nehmen kann, ist der praktische Wert einer solchen BV nicht ersichtlich.

15 **Meinungsverschiedenheiten** zwischen BR und ArbGeb. darüber, ob die Eigenart des Betriebs eine andere Regelung des Zeitpunktes der BetrVerslg. zwingend erfordert, können zu erheblichen Spannungen im Betrieb und zur Störung des Arbeitsfriedens führen, wenn der BR bei ungeklärter Rechtslage eine BetrVerslg. während der Arbeitszeit einberuft, der ArbGeb. aber widerspricht und die ArbN darauf hinweist, daß er einen Lohnanspruch nicht anerkennt. Es kann sich in solchen Fällen empfehlen, die Frage von dem dafür zuständigen **ArbG im voraus im BeschlVerf.** – ggfs. im Wege der einstw. Verfg. – klären zu lassen.

3. Versammlungen außerhalb der Arbeitszeit

16 Versammlungen nach Abs. 1 können in Ausnahmefällen – wenn die Eigenart des Betriebes eine andere Regelung zwingend erfordert – außerhalb der Arbeitszeit abgehalten werden. Außerordentliche Verslg.

nach Abs. 2 (Rn 20ff.) finden kraft Gesetzes außerhalb der Arbeitszeit statt. Auch die Verslg. der leitenden Ang. „soll" während der Arbeitszeit stattfinden; Ausnahmen sind in § 15 SprAuG nicht vorgesehen.

a) Eigenart des Betriebes

Die Durchführung der BetrVerslg. außerhalb der Arbeitszeit ist an **strenge Voraussetzungen** geknüpft; sie ist nur in wirklich zwingenden, durch die Eigenart des konkreten Betriebs bedingten Fällen zulässig. § 44 ist Schutzbestimmung zugunsten der ArbN (vgl. Rn 8; BAG 27. 11. 87, AP Nr. 7 zu § 44 BetrVG 1972; LAG Hamm, BB 60, 288). Es darf sich daher nicht nur um das übliche wirtschaftliche Interesse des ArbGeb. an der Vermeidbarkeit des Arbeitsausfalls oder um eine bloße Unbequemlichkeit handeln, die es angezeigt erscheinen läßt, die BetrVerslg. in die Zeit außerhalb der Arbeitszeit zu verlegen (*DR,* Rn 7; *GL,* Rn 15; *GKSB,* Rn 6; weitergehend *HSG,* Rn 10; *Vogt,* a.a.O. S. 54f.). Es muß vielmehr eine besondere Eigenart des Betriebs bestehen, die die Abhaltung der BetrVerslg. während der Arbeitszeit praktisch unmöglich macht. Das braucht nicht schlechthin eine technische Unmöglichkeit zu bedeuten, wohl aber eine **technisch untragbare Störung eines eingespielten Betriebsablaufs** (BAG 26. 10. 1956, AP Nr. 1 zu § 43 BetrVG für den Fall, daß der Betrieb für einen ganzen Arbeitstag stillgelegt werden müßte; ähnlich LAG Saarbrücken, AP Nr. 2 zu § 43 BetrVG; *GKSB,* Rn 7; vgl. auch *Herschel,* DB 62, S. 238). Weicht die persönliche Arbeitszeit einer ArbN-Gruppe (z.B. Teilzeitbeschäftigte) von der Arbeitszeit der übrigen Belegschaft ab, besteht kein ausreichender Grund für eine Verlegung außerhalb der betriebsüblichen Arbeitszeit. Es muß ein Zeitpunkt innerhalb der betriebsüblichen Arbeitszeit gefunden werden (BAG 27. 11. 87, AP Nr. 7 zu § 44 BetrVG 1972; kritisch *van Venroy,* SAE 88, 173). Rein wirtschaftliche Erwägungen allein können nur in besonderen Ausnahmefällen, etwa bei **absoluter wirtschaftlicher Unzumutbarkeit,** die Durchführung der BetrVerslg. außerhalb der Arbeitszeit notwendig machen (*Rüthers,* ZfA, 74, 211; *GK-Fabricius,* Rn 16; *Hunold,* ARBlattei, Betriebsverfassung XI C; weitergehend *GL,* Rn 15f.; *Brecht,* Rn 2; wohl auch *DR,* Rn 6). 17

In Warenhäusern und Ladengeschäften, in denen die Arbeitszeit im wesentlichen mit den Öffnungszeiten zusammenfällt, wird die Abhaltung der BetrVerslg. während der Arbeitszeit zwar zur Schließung des Geschäftsbetriebs führen; dies kann jedoch in stillen Geschäftszeiten durchaus tragbar sein, allerdings kaum in Hauptgeschäftszeiten oder während der „Saison", etwa freitags oder samstags oder während des Weihnachts- oder Ostergeschäfts oder der Schlußverkäufe (vgl. BAG 9. 3. 1976, AP Nr. 3 zu § 44 BetrVG 1972; LAG Berlin, DB 63, 1327; LAG Bad.-Württ. BB 80, 1267; ArbG Wuppertal, DB 75, 1084; *GK-Fabricius,* Rn 16; *Schaub,* § 223 IV 1; vgl. hierzu auch BAG 31. 8. 1982, AP Nr. 8 zu § 87 BetrVG 1972 Arbeitszeit; **a. A.** i. S. nur außerhalb der Ladenöffnungszeiten: *DR,* Rn 7; *GL,* Rn 18; *Brecht,* Rn 2; *HSG,* Rn 12; *Herschel,* DB 62, 239). 18

19 **Umstritten** ist, ob eine **Vollverslg. außerhalb der Arbeitszeit nur durchgeführt** werden kann, wenn auch die **Durchführung von Teilverslg. während der Arbeitszeit** wegen der Eigenart des Betriebs **unmöglich ist** (so LAG Hamm, DB 60, 288; *Rüthers,* ZfA 74, 211; *GK-Fabricius,* Rn 8f.) oder ob **umgekehrt** die **Durchführung von Teilverslg. nur zulässig ist,** wenn eine **Vollverslg. aller ArbN** des Betriebs **außerhalb der Arbeitszeit nicht durchgeführt** werden kann (so *Herschel,* DB 62, 240). Das Gesetz verlangt sowohl für die Durchführung von Teilverslg. anstelle der Vollverslg. während der Arbeitszeit als auch für die Verlegung der BetrVerslg. außerhalb der Arbeitszeit, daß dies durch die Eigenart des Betriebs bedingt ist. Beide Gesetzesregelungen sind grundsätzlich als gleichwertig anzusehen; denn dem Gesichtspunkt der Teilnahme aller ArbN des Betriebs an einer Vollverslg. dürfte kein höherer Rang beizumessen sein als dem Interesse der ArbN, ihre persönliche Freizeit nicht zum Besuch einer BetrVerslg. außerhalb der Arbeitszeit opfern zu müssen. Im Hinblick auf die grundsätzliche Gleichwertigkeit der Regelungen des § 42 Abs. 1 Satz 3 und § 44 Abs. 1 Satz 1 wird man **dem BR insoweit einen Ermessensspielraum zuerkennen** müssen, der es ihm gestattet, unter Berücksichtigung der jeweiligen konkreten Umstände des Einzelfalls von der einen oder der anderen Regelung Gebrauch zu machen (*DR,* Rn 8; *GL,* Rn 17; *GKSB,* Rn 8f.; *HSG,* Rn 13 und 14; *Weiss,* Rn 5). Wenn der BR die für die eine oder andere Regelung sprechenden Gründe als gleichwertig ansieht, kann er auch die Verslg. jeweils **abwechselnd** einmal als VollVerslg. außerhalb der Arbeitszeit und das nächste Mal als Teilverslg. während der Arbeitszeit abhalten.

b) Außerordentliche Versammlungen

20 Die in Abs. 2 angeführten BetrVerslg. (d. h. diejenigen **außerordentlichen BetrVerslg.,** die der BR entweder auf Antrag eines Viertels der Wahlberechtigten oder auf Grund eigener Entschließung einberuft) sind **außerhalb der Arbeitszeit** abzuhalten, es sei denn, der ArbGeb. stimmt der Abhaltung während der Arbeitszeit zu. Diese Zustimmung zu geben, steht im **Ermessen des ArbGeb.** Er kann hierzu nicht gezwungen werden. Sein Einverständnis kann auch nicht im arbeitsgerichtlichen Beschlußverfahren oder durch Beschluß der E-Stelle ersetzt werden. Das Einverständnis kann in einer BV geregelt, jedoch auch formlos erklärt werden (*DR,* Rn 12; *GL,* Rn 5, 14). Setzt der BR **ohne Einverständnis des ArbGeb.** die BetrVerslg. während der Arbeitszeit an, so kann dies – etwa bei bewußtem Verstoß gegen die Vorschrift des Abs. 2 – als eine im Sinne des § 23 grobe Pflichtverletzung anzusehen sein, die seine Auflösung rechtfertigen kann. Eine entgegen § 44 Abs. 2 während der Arbeitszeit abgehaltene BetrVerslg. behält ihren Charakter als BetrVerslg. (*DR,* Rn 17) und stellt, wenn sie sich im Rahmen ihrer Zuständigkeit (§ 45) bewegt, keine unzulässige Kampfmaßnahme dar (BAG 14. 10. 1960, AP Nr. 25 zu § 123 GewO). Jedoch kann der ArbGeb. die Abhaltung einer derartigen BetrVerslg. während der Arbeitszeit durch eine einstw. Verfg. untersagen lassen.

Da es dem ArbGeb. bei den in Abs. 2 genannten Betr- und AbtVerslg. frei steht, ihre Durchführung während der Arbeitszeit zu gestatten, kann er seine **Zustimmung auf eine bestimmte Höchstdauer** der Verslg. **beschränken** (*DR*, Rn 16, 34; *GL*, Rn 6). 21

Einem ArbN, der an einer entgegen der Vorschrift des Abs. 2 während der Arbeitszeit angesetzten BetrVerslg. teilgenommen hat, kann im allgemeinen nicht außerordentlich gekündigt werden, da ein solcher einmaliger Vorgang kaum die Voraussetzungen des § 626 BGB erfüllen dürfte. Ob überhaupt ein vorwerfbarer Verstoß gegen Pflichten aus dem Arbeitsverhältnis vorliegt, hängt davon ab, ob der ArbN die wahre Rechtslage gekannt hat. Ob es dazu genügt, daß der ArbGeb. der Abhaltung der BetrVerslg. während der Arbeitszeit widersprochen und die ArbN auf die etwaigen Folgen einer Teilnahme an der in unzulässiger Weise während der Arbeitszeit angesetzten BetrVerslg. hingewiesen hat, erscheint jedenfalls dann zweifelhaft, wenn der ArbN die Mitteilungen des ArbGeb. für dessen subjektive und unrichtige Rechtsauffassung halten konnte. Widerspricht der ArbGeb. der Einberufung der BetrVerslg. nur dem BRVors. gegenüber, so reicht das jedenfalls nicht aus. Bei ArbN, die die Rechtslage nicht kannten, ist eine außerordentliche Kündigung in keinem Falle gerechtfertigt, da sie sich auf die Rechtmäßigkeit der Einladung durch den BRVors. verlassen konnten (BAG 14. 10. 1960, AP Nr. 24 zu § 123 GewO; *DR,* Rn 36; *GL,* Rn 11). Zum Anspruch auf Arbeitsentgelt in diesen Fällen vgl. unten Rn 48. 22

Findet eine außerordentliche BetrVerslg. nach Abs. 2 außerhalb der Arbeitszeit statt, haben aber einzelne ArbN eine abweichende Arbeitszeit derart, daß die BetrVerslg. in ihre Arbeitszeit fällt, so können sie, da für sie die BetrVerslg. in der Arbeitszeit liegt, an der Verslg. nur teilnehmen, wenn **der ArbGeb.** gemäß Abs. 2 zustimmt. Der verständige ArbGeb. wird das sicher tun, wenn dem keine wichtigen betrieblichen Gründe entgegenstehen. Sofern sich die Teilnahme aller ArbN nicht auf diese Weise ermöglichen läßt, ist die außerordentliche BetrVerslg. **ggfs. in Teilverslg.** aufzuteilen. 23

III. Fortzahlung des Arbeitsentgelts, Fahrkostenerstattung

Die Teilnahme der ArbN an den regelmäßigen Verslg. (weitere Verslg. in Rn 25) löst Vergütungsansprüche aus. Dadurch werden Anreize zur Teilnahme geschaffen. Zugleich wird sichergestellt, daß die ArbN durch die Teilnahme an den Betr- und AbtVerslg. **keine finanziellen Einbußen** erleiden. Dem dienen die Regelungen des Abs. 1 Sätze 2 und 3 und des Abs. 2 Satz 2 zweiter Halbsatz. Diese finanzielle Absicherung der ArbN besteht allerdings nicht bei jeder Betr- bzw. AbtVerslg. Sie ist, auch soweit sie Platz greift, umfangmäßig nicht in allen Fällen gleich. 24

1. Vergütungs- und fahrkostenerstattungspflichtige Versammlungen

a) Art der Versammlungen

25 Die Teilnahme an
- der BetrVerslg. zur Bestellung des Wahlvorst.,
- den regelmäßigen Betr- oder AbtVerslg. nach § 43 Abs. 1 S. 1 und 2
- den in jedem Kalenderhalbjahr möglichen zusätzlichen Betr- oder AbtVerslg. nach § 43 Abs. 1 S. 4 sowie
- den auf Antrag des ArbGeb. einberufenen außerordentlichen Betr- oder AbtVerslg. nach § 43 Abs. 3

ist den ArbN einschl. zusätzlicher Wegezeiten (vgl. hierzu unten Rn 36) wie Arbeitszeit zu vergüten.

b) Dauer der Lohnzahlungspflicht

26 Der Anspruch auf Vergütung nach § 44 Abs. 1 Satz 2 und 3 für die Zeit der Teilnahme einschließlich der zusätzlichen Wegezeiten ist ein **eigenständiger Anspruch,** der nur davon abhängt, daß der ArbN an der in Satz 1 genannten BetrVerslg. teilnimmt. Es kommt nicht darauf an, ob und in welchem Umfang der ArbN in dieser Zeit einen Lohnanspruch erworben hätte (**kein Lohnausfallprinzip,** vgl. BAG 5. 5. 87, AP Nr. 4 zu § 44 BetrVG 1972). *Kraft/Raab* (Anm. AP Nr. 6 a. a. O.) nehmen einen vertraglichen Lohnanspruch an, der dem Ausgleich von Nachteilen dient. Ansprüche bei Auseinanderfallen von betrieblicher und persönlicher Arbeitszeit seien nicht geregelt. Die Auslegung des BAG verdient den Vorzug. Die angebliche Lücke wird künstlich geschaffen, während die Norm ersichtlich alle Fallgestaltungen erfassen will. Fällt die BetrVerslg. in die betriebliche Arbeitszeit, entstehen Ansprüche nach Satz 2, liegt die Verslg. außerhalb der betrieblichen Arbeitszeit, entstehen Ansprüche nach Satz 3. Der Anspruch ist nicht auf die Zeit begrenzt, in der die Betr- oder AbtVerslg. während der persönlichen Arbeitszeit des betreffenden ArbN stattfindet, sondern erstreckt sich auf die gesamte Dauer der BetrVerslg. Das hat Folgen für die Fälle, in denen kein Lohnanspruch entstehen konnte, z. B. bei BetrVerslg. während eines Arbeitskampfes (BAG 5. 5. 87, AP Nr. 4 zu § 44 BetrVG 1972) und während Kurzarbeit (BAG 5. 5. 87, AP Nr. 6 zu § 44 BetrVG 1972).

27 Die Verpflichtung des ArbGeb., die Zeit der Teilnahme an einer Betr- oder AbtVerslg., die **außerhalb der betrieblichen Arbeitszeit** stattfindet, wie Arbeitszeit zu vergüten, setzt voraus, daß ein **sachlicher Grund** dafür vorhanden ist, die Verslg. außerhalb der Arbeitszeit durchzuführen (vgl. Rn 17). Soweit diese Verslg. generell außerhalb der Arbeitszeit stattfinden, ergibt sich dies unmittelbar aus Abs. 1 Satz 3. Auch soweit eine während der Arbeitszeit angesetzte Verslg. über die Arbeitszeit hinaus fortgesetzt wird, muß dies einen sachlichen Grund haben. Dies folgt daraus, daß der ArbGeb. infolge der Entgeltfortzahlungsverpflichtung zusätzlich finanziell belastet wird und eine solche Belastung nur bei Vorliegen eines sachlichen Grundes gerechtfertigt ist. Ein Vergütungs-

anspruch entsteht jedenfalls dann nicht, wenn der ArbGeb. der Einberufung der BetrVerslg. außerhalb der betrieblichen Arbeitszeit ausdrücklich den ArbN gegenüber widersprochen hatte (BAG 27. 11. 87, AP Nr. 7 zu § 44 BetrVG 1972); ohne einen solchen Hinweis können Ansprüche aus Vertrauenshaftung oder als Schadenersatz entstehen (LAG Hamm 5. 11. 86 – 2 Sa 1359/86). Ein sachlicher Grund, der die Abhaltung der Betr- oder AbtVerslg. über die normale Arbeitszeit hinaus rechtfertigt, liegt z. B. vor, wenn andernfalls die Tagesordnung nicht ordnungsgemäß abgewickelt werden kann (*DR,* Rn 22; *GL,* Rn 22; *GK-Fabricius,* Rn 28; *Weiss,* Rn 6).

Einen Lohnanspruch haben alle **Teilzeitbeschäftigten** und **ArbN mit Kapovaz,** gleichgültig, ob die BetrVerslg. in deren persönliche Arbeitszeit fällt oder nicht; das gilt auch für **ArbN auf ausgelagerten Arbeitsplätzen.** Kein ArbN darf wegen der Teilnahme an der BetrVerslg. einen finanziellen Nachteil erleiden. Ein Betrieb, der seine Arbeit so organisiert, daß diese Formen der Arbeitsleistung anfallen, muß die damit verbundenen Mehrkosten – Vergütung für zusätzliche Wegezeiten (vgl. Rn 36ff.) und Fahrkostenersatz (vgl. Rn 39ff.) – aufbringen. 28

ArbN, die während ihres **Urlaubs** an einer BetrVerslg. teilnehmen, haben Anspruch auf die Vergütung wegen des eigenständigen Charakters der Regelung (vgl. Rn 26; BAG 5. 5. 87, AP Nr. 5 zu § 44 BetrVG 1972), unabhängig davon, ob die BetrVerslg. außerhalb der üblichen für diese ArbN maßgebenden Arbeitszeit stattfindet (LAG Hamm, ArbuR 74, 350; *DR,* Rn 22; *GKSB,* Rn 19; *Schaub,* § 223 IV 1; **a. A.** *GL,* Rn 40; *HSG,* Rn 23). Auch ArbN im Erziehungsurlaub können an BetrVerslg. teilnehmen. Sie haben Anspruch auf Vergütung (ArbG Bochum 23. 2. 88, BB 88, 1389). 29

BetrVerslg. können während eines **Arbeitskampfes** stattfinden. Deshalb ist den Teilnehmern die Zeit der Teilnahme wie Arbeitszeit zu vergüten (BAG 5. 5. 87, AP Nr. 4 zu § 44 BetrVG 1972). Die notwendige Aussprache zwischen Belegschaft und BR hat sachlich nichts mit dem Arbeitskampf zu tun. Es können auch Auswirkungen des Arbeitskampfes auf den Betrieb besprochen werden. Die Kampfparität wird durch diese Lohnzahlungspflichten nicht beeinträchtigt. Entsprechendes gilt für BetrVerslg. während einer **Kurzarbeitsperiode,** auch wenn wegen arbeitskampfbedingter Störungen nicht gearbeitet werden kann (BAG 5. 5. 87, AP Nr. 6 zu § 44 BetrVG 1972). 30

c) Höhe des Lohnes

Die Zeit der Teilnahme an den Verslg. ist den ArbN **wie Arbeitszeit** zu vergüten. Sie erhalten daher für die Zeit der Teilnahme an diesen Verslg. ihren **individuellen Lohn** weiter. Das gilt auch für ihnen normalerweise gezahlte **besondere Zulagen** wie etwa vermögenswirksame Leistungen, Schmutzzulagen, Erschwerniszulagen, die Bergmannsprämie nach § 6 Abs. 2 DVO zum BPG (vgl. *DR,* Rn 24; *GL,* Rn 27; *HSG* Rn 27), ferner für Sonn- und Feiertagszuschläge, sofern eine BetrVerslg. an einem Sonn- oder Feiertag durchgeführt wird (*GKSB,* Rn 12; **a. A.** 31

BAG 1. 10. 1974, AP Nr. 2 zu § 44 BetrVG 1972, das den ArbN, für die die BetrVerslg. in ihre Freizeit fällt, keinen Anspruch auf sog. zeitabhängige Lohnzuschläge wie z. B. Sonn- und Feiertagszuschläge zuerkennt; *DR,* Rn 25; *GL,* Rn 28; *HSG,* Rn 29). Bei **Akkordlohn** ist der **Durchschnitt des zuletzt erzielten Akkordlohnes** zugrunde zu legen (BAG 23. 9. 1960, AP Nr. 11 zu § 1 Feiertagslohnzahlungsgesetz; LAG Düsseldorf, BB 73, 1395; *HSG,* Rn 28; *Weiss,* Rn 7). Ist eine vermögenswirksame Leistung oder ihre Höhe von der Zahl der tatsächlichen geleisteten Arbeitsstunden abhängig, ist die Zeit der BetrVerslg. mitzurechnen (LAG Düsseldorf, DB 79, 784). Das für die Zeit der Teilnahme an der BetrVerslg. gezahlte Entgelt gehört zum lohn- und sozialversicherungspflichtigen Arbeitsentgelt.

32 Die Zeit der Teilnahme an den Betr- und AbtVerslg. ist **keine Arbeitszeit,** sondern den ArbN lediglich „wie Arbeitszeit" zu vergüten. Deshalb gelten für die Betr- und AbtVerslg. auch **nicht die Arbeitszeitvorschriften,** insbesondere nicht diejenigen über die höchstzulässige Mehrarbeitszeit.

33 Auf der anderen Seite ergibt sich hieraus, daß die Zeit der Teilnahme an den Verslg., auch soweit sie über die normale Arbeitszeit hinausgeht, **keine „Mehrarbeit"** ist, also auch **nicht als Mehrarbeitszeit zu vergüten** ist. Ein Anspruch auf Mehrarbeitszuschlag besteht deshalb nicht (BAG 18. 9. 1973, AP Nr. 1 zu § 44 BetrVG 1972; *DR,* Rn 25; *GL,* Rn 29; *HSG,* Rn 29; LAG Düsseldorf, DB 73, 386; *Weiss,* Rn 7; **a. A.** *GKSB,* Rn 13; *GK-Fabricius,* Rn 37 ff.; *Denecke/Neumann,* AZO, § 4 Rn 12). Allerdings steht denjenigen ArbN ein Anspruch auf Mehrarbeitszuschlag zu, die normalerweise während der Zeit der BetrVerslg. Mehrarbeit geleistet hätten (BAG 18. 9. 1973, AP Nr. 1 zu § 44 BetrVG 1972; *HSG,* Rn 16; **a. A.** *DR,* Rn 25). Wegen der Sonderstellung der BRMitgl. in diesen Fällen vgl. § 37 Rn 46.

d) Wegfall des Lohnanspruchs in besonderen Fällen

34 Die Lohnzahlungspflicht des ArbGeb. für die Zeit der Teilnahme an den Betr- und AbtVerslg. **entfällt** jedoch insoweit, als der gesetzliche Rahmen einer BetrVerslg. **durch die Erörterung unzulässiger Themen erheblich überschritten wird und** der an der BetrVerslg. **teilnehmende ArbGeb. auf die Unzulässigkeit der** Erörterung derartiger Themen und **die** sich daraus ergebenden **Folgen hingewiesen** hat. Tut er das nicht, so ist ihm sein Schweigen als Einverständnis zuzurechnen mit der Folge, daß der Anspruch der ArbN auf den Lohn nicht entfällt (LAG Baden-Württemberg, DB 87, 1441; LAG Bremen, DB 82, 1573; *DR,* Rn 39; *GL,* Rn 41; *HSG,* Rn 25; *Weiss,* Rn 10; einschränkend *Schlüter/Dudenbostel,* DB 74, 2473). Die Behandlung nicht auf der Tagesordnung stehender, jedoch zulässiger Fragen läßt die Lohnzahlungspflicht des ArbGeb. unberührt (*Neumann-Duesberg,* RdA 68, 443). Wird durch ein nur unwesentliches Überschreiten des gesetzlich zulässigen Themenkreises einer BetrVerslg. der Arbeitsfrieden nicht gestört, so kann für eine insgesamt geringfügige Zeit ein Lohnabzug nicht vorgenommen werden (LAG

Düsseldorf, AP Nr. 7 zu § 43 BetrVG; *GL,* Rn 41; **a. A.** *Vogt,* a. a. O. S. 120). Es ist als geringfügige, nicht zum Lohnabzug berechtigende Abweichung anzusehen, wenn auf einer BetrVerslg. von drei Stunden Dauer nur etwa eine Viertelstunde Erörterungen außerhalb des zulässigen Themenkreises erfolgen (vgl. auch § 45 Rn 5ff.). Zur Frage eines Schadenersatzanspruches gegen Störer der BetrVerslg. vgl. *Schlüter/Dudenbostel,* DB 74, 2473; *Herschel,* DB 75, 690.

c) Ansprüche fernbleibender Arbeitnehmer

Abs. 1 Satz 2 gibt allen Teilnehmern an der BetrVerslg. eine Lohnzahlungsgarantie. Das bedeutet aber nicht, daß umgekehrt dem **ArbN,** der aus irgendwelchen – vielleicht durchaus anzuerkennenden und achtenswerten – Gründen an der Betr- oder AbtVerslg. **nicht teilnimmt** und **an seinem Arbeitsplatz bleibt,** ohne arbeiten zu können, der **Lohn versagt werden kann.** Der ArbGeb. gerät gegenüber dem zur Arbeit bereiten ArbN in Annahmeverzug (*Sahmer,* § 42 Rn 3; *Schaub,* § 223 IV 1; **a. A.** *DR,* Rn 41; *GL,* Rn 40; *GK-Fabricius,* Rn 26b; *HSG,* Rn 22; *GKSB,* Rn 20; *Weiss,* Rn 9; *Vogt,* a. a. O., S. 43). Verläßt ein ArbN während der Verslg. Arbeitsplatz und Betrieb, hat er keinen Lohnanspruch, es sei denn, daß ihm ein solcher durch den ArbGeb. ausdrücklich oder durch ein Verhalten, das diesen Schluß zuläßt (vgl. hierzu *Kuhlendall,* Die Mitbestimmung 61, 138), eingeräumt wird. 35

f) Vergütung für Wegezeiten

Außer der eigentlichen Zeit der Teilnahme an den Verslg. sind den ArbN auch **zusätzliche Wegezeiten,** die sie aufbringen müssen, um an der Betr- bzw. AbtVerslg. teilnehmen zu können, **wie Arbeitszeit zu vergüten.** Für die Beurteilung der Frage, ob eine zusätzliche Wegezeit gegeben ist, ist jeweils auf den **einzelnen ArbN** abzustellen. „Zusätzlich" sind die Zeiten, die der ArbN über die Wegezeit hinaus aufwenden muß, die er zur Erfüllung seiner Arbeitspflicht benötigt (BAG 5. 5. 87, AP Nr. 4 zu § 44 BetrVG 1972). Soweit die Betr- und AbtVerslg. während der Arbeitszeit im Betrieb stattfinden, dürfte diese Regelung nicht von praktischer Bedeutung sein, da hier zusätzliche Wegezeiten kaum anfallen. Etwas anderes gilt, wenn die Betr- und AbtVerslg. außerhalb der Arbeitszeit stattfinden, so daß der ArbN eine zusätzliche Fahrt von seiner Wohnung zum Betrieb machen muß, oder wenn die BetrVerslg. außerhalb der Betriebsstätte durchgeführt wird, so daß für die ArbN ggf. ein längerer Anfahrtsweg entsteht (*DR,* Rn 23; *GKSB,* Rn 15). 36

Auch bei Betrieben mit weit verstreuten, jedoch unselbständigen Betriebsteilen (Filialen) oder Nebenbetrieben können für die dort beschäftigten ArbN bei Teilnahme an einer BetrVerslg. im Hauptbetrieb vergütungspflichtige zusätzliche Wegezeiten entstehen (**a. A.** *Viets,* RdA 79, 272). In diesen Fällen sind – abweichend von dem allgemeinen Grundsatz, daß die Fahrt zu und von der Arbeit nicht als Arbeitszeit zu vergüten ist – die notwendigen An- und Abfahrtszeiten den ArbN ebenfalls wie Arbeitszeit mit dem normalen Arbeitsentgelt abzugelten. Kommen 37 teilzeitbeschäftigte ArbN außerhalb ihrer persönlichen Arbeitszeit oder ArbN auf ausgelagerten Arbeitsplätzen zur BetrVerslg., muß ihre Wegezeit wie Arbeitszeit vergütet werden (vgl. Rn 28).

38 Die Vergütungspflicht besteht jedoch nur hinsichtlich der zusätzlichen Wegezeiten, die zur Teilnahme an der BetrVerslg. erforderlich sind. Es ist deshalb die Zeit zugrunde zu legen, die der ArbN auch sonst für den Weg zu und von der Arbeit benötigt. Die Vergütung für zusätzliche Wegezeiten gehört zum lohn- und sozialversicherungspflichtigen Arbeitseinkommen.

g) Fahrkostenersatz

39 In den Fällen, in denen die in Rn 17 genannten Betr- und AbtVerslg. **wegen der Eigenart des Betriebs** ausnahmsweise **außerhalb der Arbeitszeit stattfinden,** sind den ArbN **außerdem die Fahrkosten,** die ihnen durch die Teilnahme an diesen Verslg. entstehen, zu erstatten. Außerhalb der Arbeitszeit bedeutet hier **außerhalb der persönlichen Arbeitszeit des einzelnen ArbN** (*GL,* Rn 32; *GKSB,* Rn 17; im Ergebnis ebenso *DR,* Rn 28). Wird also in einem Betrieb, der in Schichten arbeitet, eine allgemeine BetrVerslg. durchgeführt, so steht ein Anspruch auf Fahrkostenerstattung nur denjenigen ArbN zu, für die die Verslg. nicht innerhalb ihrer Schicht fällt.

40 Nicht ausdrücklich geregelt ist die Frage, ob den ArbN notwendige Fahrkosten zur Teilnahme an den Betr- und AbtVerslg. zu erstatten sind, die zwar **während der Arbeitszeit,** jedoch **außerhalb des Betriebs** oder bei einem weit verzweigten Betrieb mit zahlreichen Betriebsstätten, Betriebsteilen oder Nebenbetrieben an einem zentralen Ort oder im Hauptbetrieb stattfinden. Da das Gesetz im allgemeinen davon ausgeht, daß die ArbN durch die Inanspruchnahme betriebsverfassungsrechtlicher Rechte und Befugnisse keine finanziellen Nachteile erleiden sollen (vgl. z. B. § 20 Abs. 3, § 39 Abs. 3, § 44 Abs. 1), ist insoweit die **Regelung des § 44 Abs. 1 Satz 3 entsprechend anzuwenden** (*DR,* Rn 29; *GK-Fabricius,* Rn 43; *HSG,* Rn 35; *Rüthers,* ZfA 74, 219; *Weiss,* Rn 7; **a. A.** *GL,* Rn 33ff.; *Viets,* RdA 79, 274 für den Fall zu hoher Kostenbelastung des ArbGeb.).

41 Die Verpflichtung zur Fahrkostenerstattung besteht nur insoweit, als den ArbN **tatsächlich zusätzliche Fahrkosten entstehen.** Eine **Pauschalierung** dürfte zulässig sein (etwa bei Benutzung des eigenen Pkws oder Motorrads die Pauschsätze, die nach § 9 Abs. 1 Nr. 4 Einkommensteuergesetz als Werbungskosten zu berücksichtigen sind; vgl. *DR,* Rn 30; *GL,* Rn 37). Die Erstattung der Fahrkosten unterliegt, da es sich um einen Aufwendungsersatz handelt, nicht der Lohnsteuerpflicht (vgl. hierzu Schreiben des Bundesministers für Wirtschaft und Finanzen vom 16. 5. 72, abgedruckt in BB 72, 697).

42 Werden in einer **BV Regelungen** getroffen, die eine pauschale Abgeltung der Zeit der Teilnahme an Betr- bzw. AbtVerslg., zusätzlicher Wegezeiten oder von Fahrkosten vorsehen, so wird hierdurch ein **weitergehender Anspruch** nach § 44 **nicht ausgeschlossen** (*GL,* Rn 38;

GKSB, Rn 21; *HSG,* Rn 34). Das gleiche gilt im Hinblick auf den zwingenden Charakter des § 44 auch für eine entsprechende tarifliche Regelung.

2. Nur vergütungspflichtige Versammlungen

Die vom BR 43
- aufgrund eines **eigenen Entschlusses** oder
- auf **Antrag von einem Viertel der wahlberechtigten ArbN** einberufenen

außerordentlichen BetrVerslg. nach § 43 Abs. 3 können mit **Zustimmung des ArbGeb. während der Arbeitszeit** durchgeführt werden (vgl. Abs. 2 S. 2). In diesem Falle führt der durch die Teilnahme bedingte Arbeitsausfall **nicht** zu einer **Minderung des Arbeitsentgelts** der an der Verslg. teilnehmenden ArbN. Der ArbGeb. kann sein Einverständnis nicht auf die Abhaltung der BetrVerslg. während der Arbeitszeit beschränken, eine Lohnfortzahlungsverpflichtung jedoch ablehnen (*DR,* Rn 34).

Bei diesen Verslg. besteht **kein Anspruch auf Vergütung von zusätzlichen Wegezeiten.** Jedoch sind in der Arbeitszeit liegende Wegezeiten zu vergüten, die der ArbN benötigt, um zum Verslg.Ort zu gelangen; denn sonst würde doch für die Zeit der Anfahrt zur Verslg. eine Minderung des Arbeitsentgelts eintreten (*Weiss,* Rn 8). Ein **Anspruch auf Fahrkostenerstattung** ist **nicht** gegeben. 44

Die durch die Teilnahme an diesen Verslg. versäumte Arbeitszeit ist so zu vergüten, als hätten die ArbN ihre Arbeit nicht unterbrochen. Sie erhalten ihren Lohn einschließlich etwaiger Zulagen weiter. 45

Die Lohnzahlungspflicht des ArbGeb. besteht jedoch **nur insoweit, als die BetrVerslg. während der Arbeitszeit durchgeführt** wird. Auch hier kommt es auf die **persönliche Arbeitszeit** des einzelnen ArbN an. Wird die BetrVerslg. über das Ende der Arbeitszeit hinaus fortgesetzt, so ist der ArbGeb. nicht verpflichtet, diese Zeit zu vergüten. Denn Abs. 2 Satz 2 zweiter Halbsatz verbietet lediglich eine Minderung des Arbeitsentgelts und dieses Verbot kann sich nur auf die Arbeitszeit beziehen, nicht auf Zeiten, für die ein Lohnanspruch ohnehin nicht besteht (*DR,* Rn 33; *GL,* Rn 23, 30; *GKSB,* Rn 25). Für BRMitgl. gilt in diesem Fall die Sonderregelung des § 37 Abs. 3 (vgl. dort Rn 46). Hat der ArbGeb. sein Einverständnis zur Abhaltung der BetrVerslg. während der Arbeitszeit auf eine bestimmte Zeit beschränkt, beschränkt sich seine Verpflichtung zur Fortzahlung des Arbeitsentgelts auf diese Zeit, vorausgesetzt, den ArbN ist die zeitliche Beschränkung des Einverständnisses des ArbGeb. bekannt (*DR,* Rn 34; *GL,* Rn 23; *Weiss,* Rn 8). 46

3. Versammlungen ohne Anspruch auf Arbeitsentgelt und Fahrkostenerstattung

47 Die auf Antrag eines Viertels der wahlberechtigten ArbN oder aus eigenem Entschluß des BR einberufenen außerordentlichen BetrVerslg. sind außerhalb der betrieblichen Arbeitszeit abzuhalten, wenn **der ArbGeb. einer Abhaltung während der Arbeitszeit nicht zustimmt.** In diesem Falle steht den ArbN **weder ein Anspruch auf Zahlung von Arbeitsentgelt** für die Zeit der Teilnahme und etwaiger Wegezeiten **noch ein Anspruch auf Fahrkostenerstattung** zu. In Betrieben mit gleitender Arbeitszeit kann zwar die nur außerhalb der Arbeitszeit durchzuführende BetrVerslg. während der Gleitzeit abgehalten werden (**a. A.** *DR,* Rn 4), jedoch darf die Zeit der Teilnahme nicht als Arbeitszeit gutgeschrieben werden.

48 Führt der BR ohne Einverständnis des ArbGeb. eine der in Rn 47 genannten BetrVerslg. während der Arbeitszeit durch, so verlieren die teilnehmenden ArbN ihren Anspruch auf Fortzahlung des Arbeitsentgelts. **Dies gilt** allerdings dann **nicht,** wenn entweder **dem ArbGeb. die Abhaltung der Verslg. bekannt** ist und er ihr **nicht widersprochen hat** oder **den ArbN das Fehlen des Einverständnisses des ArbGeb.** und die Unzulässigkeit der Abhaltung der BetrVerslg. während der Arbeitszeit **nicht bekannt ist.** In einem derartigen Falle besteht eine Haftung des ArbGeb. aus Rechtsscheinsgrundsätzen (*DR,* Rn 35; *GL,* Rn 24; *Säcker,* DB 65, 1858; *Hunold,* AR-Blattei, a. a. O. unter E; *Weiss,* Rn 8; wohl auch *GK-Fabricius,* Rn 22). Falls man eine derartige Haftung verneint, so ist eine Haftung jedoch – jedenfalls in aller Regel – aus dem Gesichtspunkt des Schadenersatzes wegen Verletzung der Fürsorgepflicht gegeben; denn der ArbGeb. ist aus seiner Fürsorgepflicht heraus gehalten, die ArbN über sein fehlendes Einverständnis zur Abhaltung der BetrVerslg. während der Arbeitszeit zu unterrichten.

IV. Streitigkeiten

49 Streitigkeiten über die Abhaltung von BetrVerslg. während der Arbeitszeit und über ihre Kosten werden im **arbeitsgerichtl. Beschlußverfahren** entschieden (§§ 2a, 80ff. ArbGG).

Über Ansprüche der ArbN auf Zahlung des Arbeitsentgelts für die Zeit der Teilnahme an der BetrVerslg. und die zusätzlichen Wegezeiten sowie auf Erstattung der Fahrkosten entscheiden die ArbG im **Urteilsverfahren** (vgl. BAG 18. 9. 1973, AP Nr. 1 zu § 44 BetrVG 1972).

§ 45 Themen der Betriebs- und Abteilungsversammlungen

Die Betriebs- und Abteilungsversammlungen können Angelegenheiten einschließlich solcher tarifpolitischer, sozialpolitischer und wirtschaftlicher Art behandeln, die den Betrieb oder seine Arbeitneh-

mer unmittelbar betreffen; die Grundsätze des § 74 Abs. 2 finden Anwendung. Die Betriebs- und Abteilungsversammlungen können dem Betriebsrat Anträge unterbreiten und zu seinen Beschlüssen Stellung nehmen.

Inhaltsübersicht

I. Vorbemerkung

1 Die Vorschrift befaßt sich mit den **Rechten, Befugnissen und Zuständigkeiten der BetrVerslg.,** ohne diese erschöpfend zu regeln. Weitere Aufgaben der BetrVerslg. ergeben sich aus § 43 Abs. 1 S. 1 und Abs. 2 S. 3 (Tätigkeitsbericht des BR, Personal- und Sozialbericht des ArbGeb.). Ferner hat sie unter den Voraussetzungen des § 17 die Aufgabe, einen Wahlvorstand zu wählen (vgl. § 17 Rn 4ff.). **Andere Angelegenheiten,** wie z. B. die Abstimmung über eine abweichende Verteilung der BRSitze auf die Gruppe der Arb. und der Ang. nach § 12 Abs. 1 und die Abstimmung über eine gemeinsame Wahl nach § 14 Abs. 2, können in BetrVerslg. behandelt werden. Ihre Erledigung kann aber ebensogut außerhalb der BetrVerslg. erfolgen.

2 Auf die **JugAzubiVerslg.,** die **Bordverslg.** und die **BRVerslg.** findet die Vorschrift entsprechende Anwendung (vgl. §§ 53, 71 und § 115 Abs. 5 sowie § 116 Abs. 3 Nr. 5).

3 Die Regelung ist **zwingend.** Sie kann weder durch TV noch BV abbedungen werden.

4 Entsprechende Vorschrift des BPersVG 74: § 51, des **SprAuG** (zu Satz 2): § 15 Abs. 2.

II. Themen der Betriebs- und Abteilungsversammlungen

1. Grundsatz

5 Die Betriebs- und AbtVerslg. können alle Fragen behandeln, die **den Betrieb** oder **seine ArbN unmittelbar betreffen.** Hierunter fallen **insbesondere** alle Fragen, die zum **Aufgabenbereich des BR** gehören (vgl. BAG 4. 5. 1955, AP Nr. 1 zu § 44 BetrVG; *DR,* Rn 2; *GL,* Rn 2 u. 5) oder die das **Verhältnis zwischen ArbGeb. und den ArbN des Betriebs** zum Gegenstand haben (*GKSB,* Rn 2).

6 Jedoch ist hiermit der Kreis der zulässigen Themen einer BetrVerslg.

nicht abschließend umschrieben. Denn das Gesetz stellt nicht auf den Aufgabenbereich des BR oder die Beziehungen zwischen ArbGeb. und ArbN, sondern allein darauf ab, daß die Angelegenheiten den **Betrieb oder seine ArbN unmittelbar betreffen** (vgl. *Herschel,* DB 62, 1143; im Ergebnis weitgehend ebenso *DR,* Rn 2, 6; *GL,* Rn 2, 5, die zwar auf den Aufgabenbereich des BR abheben, diesen jedoch im Hinblick auf § 2 Abs. 1 und § 80 Abs. 1 weit auslegen).

7 Das können auch Angelegenheiten sein, die nicht in den Aufgabenbereich des BR fallen oder das Verhältnis zwischen ArbGeb. und ArbN – jedenfalls nicht unmittelbar – betreffen (vgl. unten Rn 10ff.). Es ist daher z. B. zulässig, daß auf einer BetrVerslg. die beabsichtigte Stillegung einer für den Betrieb wichtigen Verkehrsverbindung und deren Auswirkungen auf den Betrieb erörtert werden, ggfs. eine Resolution zu dieser Frage beschlossen wird. Erforderlich ist allerdings stets, daß die Angelegenheiten den Betrieb oder seine ArbN unmittelbar betreffen. Es muß ein konkreter Bezugspunkt zwischen der betreffenden Angelegenheit und entweder dem Betrieb oder seinen ArbN bestehen, und zwar müssen die ArbN in ihrer Eigenschaft als ArbN dieses Betriebs angesprochen sein, wobei andererseits nicht erforderlich ist, daß die betreffende Angelegenheit ausschließlich den Betrieb oder seine ArbN betrifft (*DR,* Rn 4; *GL,* Rn 1, 5; *GK-Fabricius,* Rn 29ff.; *HSG,* Rn 5; *GKSB,* Rn 1; *Weiss,* Rn 3). Angelegenheiten, die die ArbN nur in ihrer Eigenschaft als Staatsbürger berühren, dürfen auf der BetrVerslg. nicht erörtert werden (vgl. *Herschel,* DB 62, 1110). Umstritten ist die Zulässigkeit friedens- und abrüstungspolitischer Themen (vgl. *Berg/Bobke/Wolter,* BlStR 83, 356). Selbstverständlich können im Rahmen der BetrVerslg. die ArbN auch über ihre betriebsverfassungsrechtlichen Rechte und die Aufgaben des BR unterrichtet werden (*HSG,* Rn 5; **a. A.** *GK-Fabricius,* Rn 45).

2. Tarifpolitische, sozialpolitische und wirtschaftliche Angelegenheiten

8 Das Gesetz stellt ausdrücklich klar, daß bei Vorliegen eines konkreten betrieblichen Bezugspunktes auch die Behandlung von **Angelegenheiten tarifpolitischer, sozialpolitischer und wirtschaftlicher Art** auf der BetrVerslg. zulässig ist (vgl. hierzu auch § 74 Rn 11ff.).

9 Als eine zulässige **tarifpolitische Angelegenheit** ist es z. B. anzusehen, wenn die ArbN über die für den Betrieb **maßgebenden TV** oder über grundsätzliche **Urteile** über die für den Betrieb maßgebenden TV unterrichtet werden. Das gleiche gilt hinsichtlich der Unterrichtung über den **Stand der Tarifverhandlung** oder über die Vorstellung einer künftigen Gestaltung des für den Betrieb maßgebenden TV (vgl. hierzu *DR,* Rn 6, 9; *GL,* Rn 6; *GK-Fabricius,* Rn 44d; *HSG,* Rn 7; *GKSB,* Rn 3; *Rüthers,* ZfA 74, 227; enger *Vogt,* a. a. O., S. 103ff.). Auch die Unterrichtung über mögliche Auswirkungen von Arbeitskämpfen in Zulieferbetrieben ist zulässig (**a. A.** *GL,* a. a. O.). Zu beachten ist allerdings, daß auch für die Durchführung der BetrVerslg. und der AbtVerslg. das

Gebot der betrieblichen Friedenspflicht und insbesondere das Verbot von Arbeitskampfmaßnahmen gilt (vgl. unten Rn 20ff.).

Der Begriff **„sozialpolitisch" ist in weitem Sinne zu verstehen.** Er umfaßt alle gesetzlichen Maßnahmen oder sonstigen Regelungen, die den Schutz oder eine Veränderung der Rechtsstellung der ArbN bezwecken oder damit im Zusammenhang stehen (*DR,* Rn 10). Zur Sozialpolitik gehören insbesondere **Fragen der Sozialversicherung,** der **Arbeitsmarktpolitik,** des **Arbeits- und des Unfallschutzes,** der **beruflichen Bildung,** der **Vermögensbildung,** der **flexiblen Altersgrenze,** der sozialen und gesellschaftlichen **Eingliederung ausländischer, älterer** oder **arbeitsloser** ArbN, der **Gleichstellung von Mann und Frau** im Arbeitsleben, der **Arbeitsmedizin,** der Betriebsratsfähigkeit des Betriebes oder von Betriebsteilen (§ 3) usw. 10

Sozialpolitische Angelegenheiten dürfen auch dann auf einer BetrVerslg. erörtert werden, wenn sie nicht ausschließlich den Betrieb, sondern eine ganze Branche oder einen größeren Wirtschaftszweig angehen (vgl. hierzu BAG 14. 2. 1967, AP Nr. 2 zu § 45 BetrVG; *GKSB,* Rn 1; enger *DR,* Rn 1; *Vogt,* a.a.O., S. 105f.). Allerdings ist ein konkreter Bezugspunkt zum Betrieb oder seinen ArbN unerläßlich. Zulässig ist z.B. die Unterrichtung über gesetzliche Neuregelungen und deren Erörterung auf dem Gebiet des Arbeitsschutzes, die gerade für den Betrieb von besonderem Interesse sind (*HSG,* Rn 8). Das gleiche gilt z.B. für Fragen der Arbeitszeitregelung oder des Ladenschlusses (*GL,* Rn 7; zum letzteren **a.A.** *GK-Fabricius,* Rn 19). 11

Auch darf die BetrVerslg. die Notwendigkeit der Verbesserung der Gesetzgebung über eine bestimmte sozialpolitische oder arbeitsrechtliche Frage behandeln, wenn aus einem konkreten Anlaß heraus die bestehende Regelung gerade für den Betrieb als lückenhaft oder verbesserungsbedürftig empfunden wird (*Weiss,* Rn 4; *GKSB,* Rn 5; **a.A.** *GL,* Rn 7; Rüthers, ZfA 74, 229f., der die Behandlung derartiger Fragen auf der BetrVerslg. deshalb für unzulässig hält, weil Fragen der Gesetzgebung nicht in die Regelungskompetenz der Betriebspartner fallen. § 45 S. 1 stellt jedoch nicht hierauf ab, sondern allein darauf, daß die Angelegenheiten den Betrieb oder die ArbN unmittelbar betreffen müssen; vgl. hierzu oben Rn 5ff.). Zulässig ist die Erörterung der Auswirkungen der Neuregelung des § 116 AFG (Neutralität der BA im Arbeitskampf) auf den Betrieb und die ArbN. Es darf allerdings nicht der Anschein entstehen, als sollte der Gesetzgeber unter Druck gesetzt werden. 12

Zu beachten ist dabei, daß auch in der BetrVerslg. jede parteipolitische Betätigung zu unterbleiben hat (vgl. hierzu unten Rn 22f.). Die Behandlung von sozialpolitischen Angelegenheiten darf deshalb nicht zu einer parteipolitischen Betätigung, insbesondere einer einseitigen parteipolitischen Stellungnahme führen. 13

Als **wirtschaftliche Angelegenheiten** sind sowohl solche auf dem Gebiet der **Gesetzgebung** oder der allgemeinen **Wirtschaftspolitik** als auch **konkrete wirtschaftliche Maßnahmen des ArbGeb.** zu verstehen. Daß letztere auf der BetrVerslg. erörtert werden dürfen, ja müssen, ergibt sich schon daraus, daß der ArbGeb. verpflichtet ist, einmal im 14

Kalenderjahr der BetrVerslg. einen **Bericht über die wirtschaftliche Lage und Entwicklung des Betriebs** zu geben. Bei der Behandlung von wirtschaftlichen Fragen auf dem Gebiet der Gesetzgebung oder der allgemeinen Wirtschaftspolitik muß ein konkreter betrieblicher Bezugspunkt bestehen (*DR,* Rn 11; *GL,* Rn 9; *GK-Fabricius,* Rn 23; *HSG,* Rn 10; *GKSB,* Rn 8). Dieser liegt z. B. vor, wenn in einem stark exportorientierten Betrieb aktuelle Fragen der internationalen **Währungspolitik** (z. B. die Frage des Wechselkurses) oder der **Rohstoff-** und **Energieversorgung** erörtert werden. Ferner ist hier zu denken an **Strukturpolitische Maßnahmen,** an **Subventionen** für **spezielle Wirtschaftsbereiche,** an Neuregelungen einzelner Wirtschaftszweige, an **Auswirkungen der Steuergesetzgebung auf den Betrieb.** Zu den wirtschaftlichen Angelegenheiten zählen ferner ein bevorstehender **Betriebsinhaberwechsel,** etwa durch Verpachtung oder Veräußerung des Betriebs, sowie Fragen einer etwaigen **Unternehmenskonzentration** oder multinationaler Zusammenschlüsse, von denen der Betrieb betroffen ist.

3. Weitere mögliche Themen

15 Die in Satz 1 aufgeführten Angelegenheiten stellen **keine abschließende Aufzählung** dar, wie sich aus dem Wort „einschließlich" ergibt (*GL,* Rn 10; *GK-Fabricius,* Rn 9; *Hunold,* AR-Blattei, a. a. O. unter F). Vielmehr können auch andere Angelegenheiten auf der BetrVerslg. diskutiert und behandelt werden, wenn sie den Betrieb oder seine ArbN unmittelbar betreffen. Zu denken ist etwa an Verkehrsprobleme, die im Rahmen der An- und Abfahrt zum Betrieb auftreten.

16 Aus diesem Grunde ist auch die Behandlung **gewerkschaftlicher Angelegenheiten** keineswegs schlechthin ausgeschlossen (vgl. *DR,* Rn 13; *GL,* Rn 8). So kann z. B. die Betr- oder AbtVerslg. gewerkschaftliche Fragen und Anregungen, die für den Betrieb von Bedeutung sind (etwa die Einrichtung oder Durchführung von Ausbildungskursen durch die Gewerkschaft), erörtern und hierzu Stellung nehmen (*DR,* Rn 13; *GL,* Rn 8; *GKSB,* Rn 7; einschränkend *GK-Fabricius,* Rn 44a; weitergehend *Weiss,* Rn 7, der generell die Behandlung der Ziele und der Strategie gewerkschaftlicher Tarifpolitik und der gewerkschaftlichen Politik für zulässig hält). Zur Frage der Unterrichtung über einen TV oder über die Tarifverhandlungen vgl. oben Rn 9).

17 Ferner kann die gesetzlich vorgesehene **Zusammenarbeit zwischen BR und im Betrieb vertretenen Gewerkschaften** (vgl. z. B. § 2 Abs. 1) erörtert werden (*HSG,* Rn 6; vgl. auch LAG Düsseldorf, DB 81, 1729, das ein Referat über „Vertrauensleutearbeit im Betrieb" als zulässig angesehen hat; ebenso LAG Hamm 3. 12. 86, DB 87, 2659, soweit der Bericht keine Werbung für die Gewerkschaft enthält). Koalitionspolitische Gegensätze ohne konkreten Bezug zum Betrieb oder seinen ArbN dürfen jedoch nicht zum Gegenstand einer BetrVerslg. gemacht werden (*DR,* Rn 13). Zur Frage der Werbung für die Gewerkschaften und der gewerkschaftlichen Betätigung der BRMitgl. vgl. § 74 Rn 14ff.

18 Die Vereinbarung von Arbeitsbedingungen ist nicht Aufgabe der

BetrVerslg. Wohl kann sie sich mit der Durchführung der im Betrieb geltenden TV und BV befassen. Darüber hinaus ist die BetrVerslg. generell befugt, dem BR **Anregungen zum Abschluß oder zur inhaltlichen Gestaltung von BV** zu geben. Der BR ist an diese Anregungen allerdings nicht gebunden (vgl. auch § 42 Rn 41).

Insbesondere kann die BetrVerslg. nicht (auch nicht durch einstimmigen Beschluß) gegenüber dem ArbGeb. den Verzicht auf Lohnansprüche erklären (auch soweit diese abdingbar sind); denn die BetrVerslg. hat keine Vertretungsmacht (*GK-Fabricius,* Rn 78).

4. Meinungsfreiheit der Teilnehmer

Die an der BetrVerslg. **teilnehmenden ArbN haben das Recht,** im Rahmen der Behandlung der anstehenden Themen **ihre Meinung** zu **allen betrieblichen Angelegenheiten frei zu äußern.** So können sie an vorhandenen Mißständen im Betrieb Kritik äußern, ebenso an Personen, die für diese Mißstände verantwortlich sind. Die Kritik darf sich auch gegen den ArbGeb. oder leitende Ang. des Betriebs richten; sie darf allerdings nicht in unsachlicher Form oder in ehrverletzender Weise vorgetragen werden, wobei kein kleinlicher Maßstab anzulegen ist (*GKSB,* Rn 12; *DR,* Rn 19; vgl. BAG 22. 10. 1964, AP Nr. 4 zu § 1 KSchG – Verhaltensbedingte Kündigung; enger *GL,* Rn 14f., die den ArbN aus seiner Treuepflicht heraus u. U. für verpflichtet halten, auf die Ausübung einzelner Befugnisse, die ihm nach dem Grundrecht der Meinungsfreiheit gem. Art. 5 GG an sich zustehen, zu verzichten; das kann allenfalls die Form der Äußerung, nicht ihren Inhalt betreffen; zur Bedeutung der Meinungsfreiheit auch im betrieblichen Bereich vgl. BVerfG, DB 76, 1485). 19

III. Friedenspflicht

Dadurch, daß das Gesetz für die Betr- und AbtVerslg. die Grundsätze des § 74 Abs. 2 für anwendbar erklärt, unterwirft es auch diese Verslg. dem **Gebot der betrieblichen Friedenspflicht** (vgl. hierzu § 74 Rn 4ff.). Diese Bestimmung setzt der Freiheit der Meinungsäußerung Grenzen. Sie darf deshalb nicht zu großzügig ausgelegt werden. Bei ihrer Auslegung muß die Bedeutung, die das Grundrecht der Meinungsäußerungsfreiheit (Art. 5 GG) für Staat und Gesellschaft hat, berücksichtigt werden (ständige Rspr. des BVerfG). Das bedeutet insbesondere, daß **Maßnahmen des Arbeitskampfes** (insbesondere Abstimmungen über Streiks) nicht Gegenstand der Erörterung oder von Beschlüssen der BetrVerslg. sein dürfen. Hierbei ist nicht nur die Durchführung der Urabstimmung selbst, sondern auch die Erörterung möglicher Kampfmaßnahmen unzulässig (*DR,* Rn 5, 9; *GL,* Rn 12; *GK-Fabricius,* Rn 54; *GKSB,* Rn 11; ArbG Göttingen, DB 82, 334 (Rechtslage bei Warnstreik); **a. A.** *Weiss,* Rn 7). Zu dem Verbot von Arbeitskampfmaßnahmen vgl. im einzelnen § 74 Rn 4ff. Die Erörterung und Durchführung 20 von arbeitsrechtlichen Kampfmaßnahmen obliegt nicht der BetrVerslg., sondern bleibt **allein den Gewerkschaften** vorbehalten.

21 Ferner darf sich die BetrVerslg. nicht mit Themen befassen, deren Behandlung den **Arbeitsablauf oder den Frieden des Betriebs beeinträchtigen** (zu diesen Begriffen vgl. im einzelnen § 74 Rn 7). Das schließt jedoch eine auch scharfe sachliche Kritik an betrieblichen Vorgängen nicht aus (*GKSB,* Rn 12; *Weiss,* Rn 5). Außerdem ist die Behandlung einer Angelegenheit nicht bereits dann unzulässig, wenn hierdurch möglicherweise der Betriebsfrieden gefährdet werden könnte; vielmehr muß aufgrund objektiver Anhaltspunkte mit hoher Wahrscheinlichkeit eine Beeinträchtigung des Betriebsfriedens zu erwarten sein (*GK-Fabricius,* Rn 57; vgl. auch § 74 Rn 7).

22 Schließlich hat in der BetrVerslg. auch jede **parteipolitische Betätigung** zu unterbleiben (vgl. hierzu im einzelnen § 74 Rn 8ff.). Das Verbot der parteipolitischen Betätigung gilt absolut; es kommt nicht darauf an, ob durch diese Betätigung eine konkrete Gefährdung des Betriebsfriedens zu besorgen ist (BAG 13. 9. 1977, AP Nr. 1 zu § 42 BetrVG 1972). Der Sinn des Verbotes der parteipolitischen Betätigung ist nicht nur darin zu sehen, den Betriebsfrieden zu wahren, sondern es sollen auch die ArbN des Betriebes im Kollektiv der Belegschaft, dem sie sich nicht entziehen können, in ihrer Meinungs- und Wahlfreiheit als Staatsbürger nicht beeinflußt werden (BAG, a. a. O.; *GK-Fabricius,* Rn 62a). Auf der BetrVerslg. darf deshalb keine Werbung oder Propaganda für eine bestimmte Partei betrieben oder Beschlüsse mit einer einseitig parteipolitischen Färbung gefaßt werden (*DR,* Rn 12; *Brecht,* Rn 4). Die BetrVerslg. ist **insoweit zur Neutralität verpflichtet.** Das Verbot der parteipolitischen Betätigung bedeutet allerdings nicht, daß die BetrVerslg. nicht zu allen Fragen, die den Betrieb oder seine ArbN unmittelbar betreffen, sachlich Stellung nehmen kann.

23 Die **Behandlung politischer Themen,** sofern diese den Betrieb oder seine ArbN in ihrer Eigenschaft als ArbN des Betriebes unmittelbar betreffen, ist zulässig, da eine sachliche Erörterung von betriebsbezogenen Fragen keine parteipolitische Betätigung darstellt. Deshalb stellt es keinen Verstoß gegen das Verbot parteipolitischer Betätigung dar, wenn sich die BetrVerslg. z. B. mit bestimmten, den Betrieb oder seine ArbN unmittelbar betreffenden sozialpolitischen oder wirtschaftlichen Angelegenheiten sachlich befaßt, mögen diese Angelegenheiten auch im Meinungsstreit der politischen Parteien eine Rolle spielen (BAG 13. 9. 1977, AP Nr. 1 zu § 42 BetrVG 1972; *DR,* Rn 12; *GKSB,* Rn 13; *Brecht,* Rn 4; *Weiss,* Rn 4; *HSG,* Rn 15; **a. A.** *GL,* Rn 13; *Meisel,* RdA 76, 40ff.). Aus dem gleichen Grunde ist ein sachliches Referat über ein den Betrieb oder seine ArbN unmittelbar betreffendes Thema durch einen Politiker kein Verstoß gegen das parteipolitische Betätigungsverbot (*GKSB,* Rn 14; einschränkend *DR,* Rn 15; **a. A.** *GL,* Rn 13; *Meisel,* RdA 76, 41; *Hohn,* DB 75, 376). Etwas anderes kann allerdings für Auftritte von Politikern in Wahlkampfzeiten gelten, insbesondere wenn sie selbst Kandidat sind, die Betriebsauftritte ein Teil der Wahlkampfstrategie darstellen und sie außerhalb des Wahlkampfes nicht oder kaum BetrVerslg. besuchen; in

diesem Falle tritt das Sachthema gegenüber dem parteipolitischen Auftritt in den Hintergrund (so BAG 13. 9. 77, a. a. O.; vgl. ferner *Löwisch,* DB 76, 676).

IV. Unterbindung unzulässiger Themen

24 Die Schranken der Themen, deren Erörterung auf der BetrVerslg. zulässig ist, gelten **für alle Beteiligten** der BetrVerslg., also nicht nur für den BR, sondern auch für den ArbGeb., die teilnehmenden ArbN, die Beauftragten von Gewerkschaften und der ArbGebVereinigung und etwaige sonstige Teilnehmer (*DR,* Rn 14; *HSG,* Rn 11; *GKSB,* Rn 16; im Ergebnis ebenso, wenn auch mit anderer Begründung *GK-Fabricius,* Rn 48f.). Der **BR** darf Fragen, die in der BetrVerslg. nicht erörtert werden dürfen, **nicht auf die Tagesordnung der BetrVerslg. setzen** oder ihre **Behandlung in der Verslg. zulassen.**

25 Der **Vors. des BR** hat darüber zu wachen, daß keine unzulässigen Themen erörtert werden (*DR,* Rn 26; *GKSB,* Rn 17). Er kann, um die Erörterung zu verhindern, notfalls von seinem **Hausrecht** gegenüber jedem Teilnehmer, nicht nur gegenüber den teilnehmenden ArbN, Gebrauch machen (vgl. auch § 42 Rn 36). Unterbindet er die Behandlung unzulässiger Gegenstände nicht, oder regt er selbst deren Behandlung an, so kann dies eine grobe Verletzung seiner gesetzlichen Pflichten nach § 23 darstellen (*GL,* Rn 16; *GK-Fabricius,* Rn 66). Eine grobe Pflichtverletzung wird insbesondere dann zu bejahen sein, wenn der Vors. trotz berechtigten Widerspruchs von Teilnehmern auf der Behandlung besteht und dadurch Unruhe in der Verslg. und im Betrieb entsteht (BAG 4. 5. 1955, AP Nr. 1 zu § 44 BetrVG). Dies gilt auch für andere BRMitgl., die an der BetrVerslg. teilnehmen (BAG a. a. O.).

26 Die BetrVerslg. verliert den Charakter einer BetrVerslg. im Sinne der §§ 42ff., wenn die **Behandlung unzulässiger Themen** einen **großen Raum** einnimmt, insbesondere wenn der Vors. sie zur Diskussion stellt oder wenn durch die Behandlung Unruhe entsteht. Beiläufige Verstöße gegen § 45, etwa Anfragen einzelner Teilnehmer, lassen die BetrVerslg. noch nicht ihren Charakter als solche verlieren mit der Folge, daß der Anspruch auf Arbeitsentgelt entfiele (vgl. § 44 Rn 34; LAG Düsseldorf 22. 1. 63, AP Nr. 7 zu § 43 BetrVG; *DR,* Rn 27; demgegenüber läßt *GK-Fabricius,* Rn 67f. grundsätzlich den Lohnanspruch bestehen; enger dagegen *GL,* Rn 16).

27 Bei **groben Verstößen** wächst dem ArbGeb. das Hausrecht wieder zu (vgl. § 42 Rn 36). Insbesondere darf ein BRMitgl. nicht die ArbNschaft zu gemeinsamen Maßnahmen gegen den ArbGeb. aufrufen, um diesen durch Androhung wirtschaftl. Nachteile (z. B. Dienst nach Vorschrift) unter Druck zu setzen und für eine Verbesserung der Lohnbedingungen gefügig zu machen. Auch soweit in der BetrVerslg. Themen behandelt werden, die über den durch § 45 gesetzten Rahmen hinausgehen, ergeben sich hieraus **keine rechtlichen Folgerungen,** insbesondere nicht hinsichtlich der Ansprüche der ArbN auf Fortzahlung des Arbeitsentgelts,

wenn **ArbGeb. und BR mit der Behandlung derartiger Themen einverstanden sind** (*GKSB,* Rn 18; vgl. auch § 44 Rn 34). Hier gilt Ähnliches wie bei Verstößen gegen das Gebot der Nichtöffentlichkeit (vgl. § 42 Rn 49).

28 Der ArbGeb. kann einen ArbN, der sich mit einem Diskussionsbeitrag nicht im Rahmen der nach Abs. 1 Satz 1 zulässigen Themen hält, deswegen nicht kündigen, wenn der BR als Versammlungsleiter die Fortsetzung des Diskussionsbeitrags nicht verhindert hat (LAG Frankfurt 13. 3. 1972 – 8 Sa 63/73).

V. Verhältnis Betriebsversammlung-Betriebsrat

29 Die BetrVerslg. steht in wechselseitigen Beziehungen zum BR. Dieser beschließt die Abhaltung der BetrVerslg. Die BetrVerslg. ihrerseits bleibt stets dem **BR zugeordnet, ohne diesem jedoch übergeordnet zu sein.** § 45 S. 2 beschränkt die Befugnisse der BetrVerslg. gegenüber dem BR ausdrücklich dahingehend, daß sie dem BR Anträge unterbreiten und zu seinen Beschlüssen Stellung nehmen kann (gleichlautend auch § 15 Abs. 4 SprAuG). Sie kann deshalb keinen Antrag auf Abberufung des BR stellen oder für den BR handeln, etwa eine BV abschließen. Sie hat vielmehr ausschließlich **Informations- und Diskussionsrechte** (*DR,* Rn 19; *GL,* Rn 17ff.; *GKSB,* Rn 19). Sie ist ein legitimes Forum für die freie Meinungsäußerung der ArbN über die betrieblichen Angelegenheiten. In diesem Sinne kann sie auch zur Tätigkeit des BR Stellung nehmen. Auch scharfe sachliche Kritik an der Geschäftsführung des BR ist zulässig. Ferner kann die BetrVerslg. dem BR **Anregungen** für seine Tätigkeit geben; dieser ist jedoch nicht verpflichtet, diesen Anregungen in jedem Falle nachzukommen. Der BR übt **kein imperatives Mandat** aus, sondern trifft seine Entscheidungen eigenverantwortlich (*DR,* Rn 18ff.; *GL,* Rn 17, 20; *HSG,* Rn 21; *Weiss,* Rn 9; vgl. auch § 42 Rn 10). Wohl ist der BR gehalten, Vorschläge und Anregungen aus der BetrVerslg. in seine Überlegungen einzubeziehen und ihre Verwirklichung zu prüfen. Er darf sie nicht grundlos ignorieren.

VI. Streitigkeiten

30 Streitigkeiten über Aufgaben, Zuständigkeiten und Befugnisse sowie über die Rechtswirksamkeit von Beschlüssen der BetrVerslg. sind von den **ArbG im Beschlußverfahren** zu entscheiden (§§ 2a, 80ff. ArbGG).

§ 46 Beauftragte der Verbände

(1) **An den Betriebs- oder Abteilungsversammlungen können Beauftragte der im Betrieb vertretenen Gewerkschaften beratend teilnehmen. Nimmt der Arbeitgeber an Betriebs- oder Abteilungsver-**

sammlungen teil, so kann er einen Beauftragten der Vereinigung der Arbeitgeber, der er angehört, hinzuziehen.

(2) **Der Zeitpunkt und die Tagesordnung der Betriebs- oder Abteilungsversammlungen sind den im Betriebsrat vertretenen Gewerkschaften rechtzeitig schriftlich mitzuteilen.**

Inhaltsübersicht

I. Vorbemerkung

1 Die Vorschrift regelt das **Recht der Beauftragten von Gewerkschaften** und **ArbGebVereinigungen,** an den Betr- und AbtVerslg. teilzunehmen. Während die Beauftragten der im Betrieb vertretenen Gewerkschaften ohne weiteres und ohne besondere Einladung teilnehmen können, und zwar mit beratender Stimme (Satz 1), kann der Beauftragte der ArbGebVereinigung, der der ArbGeb. angehört, nur teilnehmen, wenn der zur Teilnahme berechtigte ArbGeb. ihn ausdrücklich hinzuzieht. Durch Abs. 2 soll sichergestellt werden, daß die im BR vertretenen Gewerkschaften rechtzeitig über Zeitpunkt und Tagesordnung der Betr- bzw. AbtVerslg. unterrichtet werden.

2 Die Vorschrift gilt für die **BRVerslg.** (§ 53), die **JugAzubiVerslg.** (§ 71) und die **Bordverslg.** (§ 115 Abs. 4, § 116 Abs. 3 Nr. 5) entsprechend. Auf andere betriebliche Verslg. oder Zusammenkünfte (vgl. § 42 Rn 11) ist sie nicht anzuwenden; jedoch ist auch an ihnen eine Teilnahme von Gewerkschaftsbeauftragten oder Vertr. der ArbGebVereinigung zulässig, wenn die Beteiligten hiermit einverstanden sind.

3 Die Vorschrift ist **zwingend** und kann weder durch TV noch durch BV abgedungen werden.

4 Entsprechende Vorschrift des **BPersVG 74:** § 52, des **SprAuG:** keine.

II. Teilnahme von Gewerkschaftsvertretern

5 Die **Beauftragten** der im Betrieb vertretenen Gewerkschaften nehmen **kraft eigenen Rechts dieser Gewerkschaften** an **sämtlichen** (regelmäßigen, zusätzlichen und außerordentlichen) **Betr- und AbtVerslg. teil** (*DR,* Rn 3; *GL,* Rn 5; *GKSB,* Rn 1; *HSG,* Rn 3). Das gleiche gilt für die BetrVerslg. zur Bestellung des Wahlvorstands nach § 17. Sie bedürfen **keiner Zulassung.** Das Zugangsrecht wird für den Arbeitskampf nicht eingeschränkt (vgl. § 44 Rn 26).

6 Die Gewerkschaft muß im Betrieb vertreten sein (vgl. § 2 Rn 26). Ist dies der Fall, kann die Gewerkschaft auch zu allen AbtVerslg. Beauftragte entsenden, auch wenn keiner der in der betreffenden Abteilung be-

schäftigten ArbN bei ihr organisiert ist (*DR,* Rn 3; *GL,* Rn 4; *HSG,* Rn 3; *Müller,* ZfA 72, 216).

7 Die **Gewerkschaft hat selbst** darüber zu befinden, **wen sie als Beauftragten** zur BetrVerslg. **entsenden will** (*DR,* Rn 8; *GL,* Rn 7). Weder dem ArbGeb. noch dem BR oder dem VerslgLeiter steht insoweit ein Mitspracherecht zu. Es dürfte jedoch zweckmäßig sein, auf Wünsche des BR Rücksicht zu nehmen (zu weitgehend *Kraft,* ArbuR 61, 231). Bei den Beauftragten der Gewerkschaft braucht es sich nicht um deren Ang. zu handeln. Vielmehr können die Gewerkschaften nicht nur hauptamtliche Kräfte, sondern auch ehrenamtliche Funktionäre, auch ArbN anderer Betriebe, als Beauftragte bestimmen (*DR,* Rn 8; *GKSB,* Rn 4; *HSG,* Rn 11; **a. A.** *Vogt,* a. a. O., S. 46). Die Gewerkschaften können **auch mehrere Beauftragte** entsenden (*GL,* Rn 7; einschränkend *GK-Fabricius,* Rn 6). Die Zahl der Beauftragten muß sich aber in dem Rahmen halten, der durch den Zweck der Entsendung, nämlich die teilnehmenden ArbN zu beraten, gezogen ist (*DR,* Rn 9; *Weiss,* Rn 1). Beauftragte müssen sich auf Verlangen über ihre Person und ihren Auftrag ausweisen.

8 **Der ArbGeb. kann der Teilnahme** von Vertr. der im Betrieb vertretenen Gewerkschaften grundsätzlich **nicht widersprechen** oder **sie verhindern** (*DR,* Rn 13ff.; *GL,* Rn 8; *GKSB,* Rn 3). Vielmehr können die Gewerkschaftsvertr., da die Teilnahme an den Betr- und AbtVerslg. eine ihnen zugewiesene eigenständige gesetzliche Aufgabe ist, **den Betrieb** zum Zwecke der Teilnahme an der Betr- und AbtVerslg. **auch ohne ausdrückliche Genehmigung betreten** (*Weiss,* Rn 2; **a. A.** *Schlüter/Dudenbostel,* DB 74, 2354; *Dudenbostel,* a. a. O., S. 104ff.). Eine **Unterrichtungspflicht gemäß § 2 Abs. 2** gegenüber dem ArbGeb. **besteht** für die Teilnahme an BetrVerslg. **nicht,** da § 46 gegenüber § 2 Abs. 2 eine Sonderregelung ist (*DR,* Rn 13; *GL,* Rn 9; *GK-Fabricius,* Rn 8; *GKSB,* Rn 3; *Hanau,* BB 71, 486; **a. A.** *Brecht,* Rn 2; *HSG,* Rn 12; *Vogt,* a. a. O. S. 47; *Klosterkemper,* a. a. O. S. 20). Es besteht deshalb auch keine Möglichkeit, den Gewerkschaftsbeauftragten die Teilnahme an der Betr- oder AbtVerslg. aus den in § 2 Abs. 2 letzter Satz genannten Gründen zu untersagen.

9 Eine andere Frage ist, ob der **ArbGeb.** u. U. der **Teilnahme eines bestimmten Beauftragten widersprechen** kann. Dies wird man bejahen können, wenn besondere Umstände gegeben sind, z. B. wenn mit Sicherheit zu erwarten ist, daß dieser Beauftragte schwere rechtswidrige Verstöße gegen den ArbGeb. begehen wird (*DR,* Rn 14f.; *GL,* Rn 11; *HSG,* Rn 11; vgl. auch § 2 Rn 50), nicht aber bei zu erwartenden – noch so scharfen – sachlichen Differenzen. Eine Gewerkschaft verliert ihr Recht auf Entsendung eines bestimmten Beauftragten zur Teilnahme an der BetrVerslg. nur dann, wenn dieser seine Teilnahme entgegen dem Grundsatz von Treu und Glauben, unter Mißachtung des auch von ihm zu beachtenden Gebots der vertrauensvollen Zusammenarbeit von ArbGeb. und BR nach § 2 Abs. 1 oder außerhalb der durch § 74 Abs. 1 gesetzten Grenzen ausübt; denn dies wäre eine **rechtsmißbräuchliche** Wahrnehmung des beratenden Teilnahmerechts (vgl. BAG 18. 3. 1964 und 14. 2. 1967, AP Nr. 1 und 2 zu § 45 BetrVG; *Weiss,* Rn 3; ähnlich

DR, Rn 14; *GL,* Rn 13 und *HSG,* Rn 11). Unberührt bleibt das Recht der Gewerkschaft, in diesem Falle einen **anderen Beauftragten** zu entsenden; denn das rechtsmißbräuchliche Verhalten eines ihrer Beauftragten berührt das Teilnahmerecht der Gewerkschaft nicht. Ein Gewerkschaftsbeauftragter darf nicht deshalb ausgeschlossen werden, weil er ArbN eines Konkurrenzunternehmens ist. Gefragt ist die Sachkunde der Beauftragten. Betriebsgeheimnisse werden nach § 79 Abs. 2 geschützt (LAG Hamburg 28. 11. 86, DB 87, 1595). Die Durchführung der Vorbereitung eines Streiks durch eine Gewerkschaft verstößt nicht gegen ihre Verpflichtung, auf die vertrauensvolle Zusammenarbeit der Betriebspartner hinzuwirken (*DR,* Rn 15; *GKSB,* Rn 4; **a. A.** *GL,* Rn 10). Auch sachliche Kritik des entsandten Gewerkschaftsvertr. ist zulässig (BAG 14. 2. 1967, AP Nr. 2 zu § 45 BetrVG).

Auch der BR kann die **Teilnahme** eines **Gewerkschaftsbeauftragten** 10 **nicht verhindern** (*DR,* Rn 5, 12). Lehnt der Vors. des BR die Teilnahme eines Beauftragten einer im Betrieb vertretenen Gewerkschaft ab, so handelt er pflichtwidrig und läuft Gefahr, nach § 23 aus dem BR ausgeschlossen zu werden.

Da die Gewerkschaft die Interessen ihrer Mitglieder (und in gewissem 11 Umfang auch der ArbN schlechthin) wahrzunehmen hat, wird ihrem Beauftragten in der BetrVerslg. eine **beratende Stimme** zuerkannt. Der Beauftragte hat deshalb ebenso wie die ArbN **das Recht,** sich zu **Wort zu melden** (LAG Berlin, ArbuR 61, 279), das Wort zu ergreifen, **Fragen zu stellen** und **zur Sache zu sprechen.** Er hat aber **kein Stimmrecht** und kann **keine Anträge stellen** (*DR,* Rn 11; *GKSB,* Rn 5; *GL,* Rn 14f.; *GK-Fabricius,* Rn 19; *HSG,* Rn 14). Die Beiträge der Gewerkschaftsbeauftragten müssen sich im Rahmen der Tagesordnung und des Aufgabenbereichs der Betr- und AbtVerslg. halten. Auch haben sie die für die Durchführung der Betr- und AbtVerslg. maßgebenden Grundsätze des § 74 Abs. 2 zu beachten (*DR,* Rn 10; *GL,* Rn 16). Deshalb darf der Gewerkschaftsbeauftragte nicht in der BetrVerslg. oder im Zusammenhang mit ihr zu einem Warnstreik aufrufen (LAG Bremen, DB 83, 778). Die Gewerkschaftsbeauftragten unterliegen der Verschwiegenheitspflicht nach § 79 (vgl. § 79 Rn 7).

III. Unterrichtung der Gewerkschaften

Der BR hat den in ihm vertretenen Gewerkschaften Zeitpunkt und 12 Tagesordnung der Betr- und AbtVerslg. rechtzeitig und schriftlich mitzuteilen (Abs. 2).

Die Unterrichtungspflicht besteht nur hinsichtlich der **im BR vertre-** 13 **tenen Gewerkschaften.** Im BR vertreten ist eine Gewerkschaft, wenn wenigstens ein BRMitgl. bei ihr organisiert ist. Nicht ausreichend ist, daß eine Gewerkschaft im Betrieb vertreten ist. Andererseits ist die Unterrichtung der im Betrieb vertretenen Gewerkschaften nicht untersagt (*DR,* Rn 6; *GL,* Rn 18; *HSG,* Rn 5; *Weiss,* Rn 6). Die Unterrichtungspflicht besteht hinsichtlich aller Betr- und AbtVerslg., gleichgültig, ob es sich um regelmäßige, zusätzliche oder außerordentliche Verslg. handelt, auch soweit sie in Form von Teilverslg. durchgeführt werden (*GL*, Rn 17; *HSG*, Rn 4). Unterläßt der BRVors. trotz positiver Kenntnis die Unterrichtung einer im BR vertretenen Gewerkschaft, verstößt er gegen seine gesetzlichen Pflichten.

14 Die Unterrichtung erstreckt sich nach dem Gesetzeswortlaut lediglich auf den **Zeitpunkt** und die **Tagesordnung** der Betr- und AbtVerslg. Jedoch ist der BR auch verpflichtet, den Gewerkschaften den **Ort der Versammlung** mitzuteilen (*GL*, Rn 19; *GKSB*, Rn 7). Das gilt insbesondere, wenn sie an einem anderen Ort als dem bisher üblichen durchgeführt wird.

Ändern sich Zeitpunkt und Tagesordnung nachträglich, ist dies den im BR vertretenen Gewerkschaften unverzüglich mitzuteilen. Das gleiche gilt für eine etwaige Ergänzung der Tagesordnung.

15 Die Unterrichtung muß **schriftlich** und **rechtzeitig** erfolgen. Der Schriftform wird genügt, wenn der Gewerkschaft die Sitzungsniederschrift über den Beschluß des BR über Zeit, Ort und Tagesordnung der BetrVerslg. nach § 34 Abs. 2 übersandt wird. Rechtzeitig ist die Unterrichtung, wenn den Gewerkschaften noch genügend **Zeit für eine sachgerechte Vorbereitung** der Teilnahme ihres Beauftragten bleibt (*DR*, Rn 6; *GKSB*, Rn 8; *HSG*, Rn 6). Wird die Betr- oder AbtVerslg. kurzfristig einberufen, muß die Unterrichtung der Gewerkschaften unverzüglich erfolgen.

16 Der BRVors. ist nicht verpflichtet, auch den ArbGebVerband, dem der ArbGeb. angehört, von der Betr- oder AbtVerslg. zu unterrichten. Dessen Unterrichtung ist Sache des ArbGeb.

IV. Teilnahme eines Vertreters des Arbeitgeberverbandes

17 **Voraussetzung für die Hinzuziehung** eines Beauftragten der ArbGebVereinigung, der der **ArbGeb.** angehört, ist, daß **dieser** oder sein Vertr. an der BetrVerslg. **tatsächlich teilnimmt** (wegen Teilnahme des ArbGeb. vgl. § 43 Rn 28ff.). Der Beauftragte hat – anders als der Gewerkschaftsbeauftragte – **kein eigenständiges Teilnahmerecht** (*DR*, Rn 17f.; *GL*, Rn 22; *GK-Fabricius*, Rn 25; *GKSB*, Rn 9; *HSG*, Rn 18). Er ist vielmehr nur dann teilnahmeberechtigt, wenn der ArbGeb. dies ausdrücklich veranlaßt. Zweckmäßigerweise teilt der ArbGeb. seine Absicht, den Beauftragten hinzuzuziehen, dem Vors. des BR, der nach § 42 Abs. 1 Satz 1 die BetrVerslg. zu leiten hat, vorher mit. Der nicht organisierte ArbGeb. kann keinen Rechtsanwalt anstelle eines Verbandsbeauftragten hinzuziehen. Der Ausschluß von Anwälten ist kein Verstoß gegen die negative Koalitionsfreiheit des ArbGeb. Dieser muß auf die Unterstützung der Tarifpartei verzichten, wenn er ihr nicht angehören will (a. A. *Bauer*, NJW 88, 1130; zur Stellung des Verbandsbeauftragten siehe Rn 19).

18 **Der Vors. des BR** kann, wenn die gesetzlichen Voraussetzungen vorliegen, **die Teilnahme** des Beauftragten der ArbGebVereinigung **nicht**

ablehnen. Tut er dies dennoch, so handelt er pflichtwidrig. Der Beauftragte der ArbGebVereinigung muß sich auf Verlangen über seine Person ausweisen. Ein Nachweis seines Auftrags dürfte sich erübrigen, da er nicht aus eigenem Recht erscheint, sondern vom ArbGeb. hinzugezogen wird.

Im Gegensatz zu dem Beauftragten der Gewerkschaft hat der Beauftragte der ArbGebVereinigung **keine beratende Stimme.** Hätte ihm das Gesetz eine solche zuerkennen wollen, so wäre dies sicher ausdrücklich gesagt worden. Es besteht daher hier die gleiche Rechtslage wie bei der Teilnahme an der BRSitzung, wo ebenfalls der Beauftragte der Gewerkschaft, nicht aber auch der Beauftragte der ArbGebVereinigung, eine beratende Stimme hat (vgl. § 29 Rn 51). Diese Regelung hat ihren Grund darin, daß die BetrVerslg. eine Angelegenheit der ArbN ist. Selbstverständlich kann der BRVors. als Leiter der BetrVerslg. dem Beauftragten des ArbGebVerbandes gestatten, das **Wort** zu **ergreifen. Dieser hat aber keinen eigenständigen Anspruch** hierauf (*Brecht,* Rn 3; *Frauenkron,* Rn 8; *GK-Fabricius,* Rn 26; *GKSB,* Rn 11; *Weiss,* Rn 7; **a. A.** *DR,* Rn 21; *GL,* Rn 22; *Vogt,* a. a. O. S. 46). Wohl ist der VerslgLeiter **auf Verlangen des ArbGeb. diesem gegenüber** verpflichtet, ebenso wie dem ArbGeb. selbst auch dem Beauftragten das Wort zu erteilen (BAG 19. 5. 1978, AP Nr. 3 zu § 43 BetrVG 1972). Dem Vertr. des ArbGeb-Verbandes obliegt es, den ArbGeb. dadurch zu unterstützen, daß er ihm beratend zur Seite steht (vgl. auch § 29 Rn 51). Ebensowenig wie der ArbGeb. hat er das Recht, an Abstimmungen teilzunehmen oder Anträge zu stellen (h. M.). 19

V. Streitigkeiten

Streitigkeiten über die Teilnahme und Befugnisse der Beauftragten der im Betrieb vertretenen Gewerkschaften und der ArbGebVereinigung, der der ArbGeb. angehört, sind im **arbeitsgerichtl. BeschlVerf.** zu entscheiden (§§ 2a, 80ff. ArbGG). 20

Beteiligte können sein: BR, ArbGeb., eine im Betrieb vertretene Gewerkschaft, nicht dagegen der ArbGebVerband (BAG 19. 5. 1978, AP Nr. 3 zu § 43 BetrVG 1972). Die im Betrieb vertretenen Gewerkschaften sind in einem solchen Verfahren nicht nur dann, wenn ihr Teilnahmerecht als solches bestritten wird, sowohl beteiligt als auch antragsberechtigt, sondern auch, wenn es um die Entsendung eines bestimmten Gewerkschaftsbeauftragten geht (BAG 18. 3. 1964 und 14. 2. 1967, AP Nr. 1 und AP Nr. 2 zu § 45 BetrVG). Der Erlaß einer einstw. Verfg. (vgl. § 85 Abs. 2 ArbGG) kann wegen der typischen Eilbedürftigkeit in Betracht kommen (vgl. LAG Hamm, EzA zu § 46 BetrVG 1972 Nr. 1).

Fünfter Abschnitt. Gesamtbetriebsrat

§ 47 Voraussetzungen der Errichtung, Mitgliederzahl, Stimmengewicht

(1) **Bestehen in einem Unternehmen mehrere Betriebsräte, so ist ein Gesamtbetriebsrat zu errichten.**

(2) **In den Gesamtbetriebsrat entsendet jeder Betriebsrat, wenn ihm Vertreter beider Gruppen angehören, zwei seiner Mitglieder, wenn ihm Vertreter nur einer Gruppe angehören, eines seiner Mitglieder. Werden zwei Mitglieder entsandt, so dürfen sie nicht derselben Gruppe angehören. Ist der Betriebsrat nach § 14 Abs. 2 in getrennten Wahlgängen gewählt worden und gehören jeder Gruppe mehr als ein Zehntel der Mitglieder des Betriebsrats, jedoch mindestens drei Mitglieder an, so wählt jede Gruppe den auf sie entfallenden Gruppenvertreter; dies gilt auch, wenn der Betriebsrat nach § 14 Abs. 2 in gemeinsamer Wahl gewählt worden ist und jeder Gruppe im Betriebsrat mindestens ein Drittel der Mitglieder angehört. Die Sätze 1 bis 3 gelten entsprechend für die Abberufung.**

(3) **Der Betriebsrat hat für jedes Mitglied des Gesamtbetriebsrats mindestens ein Ersatzmitglied zu bestellen und die Reihenfolge des Nachrückens festzulegen; § 25 Abs. 3 gilt entsprechend. Für die Bestellung gilt Absatz 2 entsprechend.**

(4) **Durch Tarifvertrag oder Betriebsvereinbarung kann die Mitgliederzahl des Gesamtbetriebsrats abweichend von Absatz 2 Satz 1 geregelt werden.**

(5) **Gehören nach Absatz 2 Satz 1 dem Gesamtbetriebsrat mehr als vierzig Mitglieder an und besteht keine tarifliche Regelung nach Absatz 4, so ist zwischen Gesamtbetriebsrat und Arbeitgeber eine Betriebsvereinbarung über die Mitgliederzahl des Gesamtbetriebsrats abzuschließen, in der bestimmt wird, daß Betriebsräte mehrerer Betriebe eines Unternehmens, die regional oder durch gleichartige Interessen miteinander verbunden sind, gemeinsam Mitglieder in den Gesamtbetriebsrat entsenden.**

(6) **Kommt im Fall des Absatzes 5 eine Einigung nicht zustande, so entscheidet eine für das Gesamtunternehmen zu bildende Einigungsstelle. Der Spruch der Einigungsstelle ersetzt die Einigung zwischen Arbeitgeber und Gesamtbetriebsrat.**

(7) **Jedes Mitglied des Gesamtbetriebsrats hat so viele Stimmen, wie in dem Betrieb, in dem es gewählt wurde, wahlberechtigte Angehörige seiner Gruppe in der Wählerliste eingetragen sind. Entsendet der Betriebsrat nur ein Mitglied in den Gesamtbetriebsrat, so hat es so viele Stimmen, wie in dem Betrieb wahlberechtigte Arbeitnehmer in der Wählerliste eingetragen sind.**

(8) **Ist ein Mitglied des Gesamtbetriebsrats für mehrere Betriebe**

entsandt worden, so hat es so viele Stimmen, wie in den Betrieben, für die es entsandt ist, wahlberechtigte Angehörige seiner Gruppe in den Wählerlisten eingetragen sind. Sind für eine Gruppe mehrere Mitglieder des Betriebsrats entsandt worden, so stehen diesen die Stimmen nach Absatz 7 Satz 1 anteilig zu. Absatz 7 Satz 2 gilt entsprechend.

Inhaltsübersicht

I. Vorbemerkung

Die Vorschrift regelt die **Errichtung,** die **MitglZahl,** die **Zusammensetzung des GesBR** und die **Stimmengewichtung** in ihm. Über seine Aufgaben und seine Zuständigkeit, insbesondere über das Verhältnis von GesBR zu den BR der Betriebe des Unternehmens vgl. § 50, über seine Geschäftsführung vgl. § 51. 1

Über die Errichtung und MitglZahl der **GesJugAzubiVertr.** und die Stimmengewichtung in ihr vgl. § 72. Über die Errichtung eines **KBR** vgl. § 54. 2

Die Vorschrift ist, abgesehen von der Möglichkeit, durch TV oder BV eine abweichende MitglZahl des GesBR vorzusehen, **zwingendes Recht.** Liegen die Voraussetzungen vor, muß ein GesBR gebildet werden; seine Bildung liegt nicht im Ermessen der BR. Das schließt nicht aus, daß sich mehrere BR eines Unternehmens oder auch mehrerer Unternehmen eines Konzerns zur Behandlung spezieller Einzelfragen auf freiwilliger Basis zu einer Arbeitsgemeinschaft zusammenschließen; diese hat allerdings keinerlei rechtliche Kompetenz, kann keine bindenden Beschlüsse fassen und nicht in die gesetzl. Zuständigkeit des GesBR eingreifen (vgl. auch *DR,* Rn 18). 3

Vergleichbare Vorschriften des **BPersVG 74:** §§ 53, 55. Neben dem GesPersonalrat (§ 55) kennt das BPersVG 74 entsprechend dem in aller Regel gegebenen dreistufigen Verwaltungsaufbau eine entsprechende Gliederung der Personalvertretungen: den Personalrat bei der örtlichen Dienststelle, den Bezirkspersonalrat bei den Dienststellen der Mittelstufe, den Hauptpersonalrat bei den obersten Dienstbehörden (vgl. § 53 BPersVG 74). 4

4a Nach § 16 Abs. 1 SprAuG ist ein Gesamtsprecherausschuß zu errichten, wenn in einem Unternehmen mehrere Sprecherausschüsse bestehen. Nach § 16 Abs. 2 SprAuG entsendet jeder Sprecherausschuß eines seiner Mitglieder. § 16 Abs. 4 sieht eine § 47 Abs. 7 entsprechende Stimmengewichtung vor.

II. Voraussetzungen für die Bildung des Gesamtbetriebsrats

5 Die **Errichtung des GesBR** ist **zwingend** vorgeschrieben, wenn ein Unternehmen mehrere BR hat.

In Unternehmen mit mehreren Betrieben fallen wichtige, die ArbN betreffende Entscheidungen nicht im Betrieb, sondern im Unternehmen. Der Unternehmensleitung soll ein für das Gesamtunternehmen zuständiges Vertretungsorgan der ArbN gegenüberstehen.

6 Eine übereinstimmende Beschlußfassung einer Mehrheit der BR wie nach § 46 BetrVG 52 ist für die Errichtung des GesBR nicht erforderlich. Daher ist es auch **unerheblich,** wenn **einzelne BR** oder gar deren Mehrheit gegen die Errichtung des GesBR **Bedenken** haben. Vielmehr ist die Beteiligung des BR an der **Errichtung des GesBR** bei Vorliegen der gesetzlichen Voraussetzungen eine Rechtspflicht aller BR. Erfüllen sie diese Rechtspflicht nicht, so stellt dies in aller Regel eine grobe Pflichtverletzung i. S. des § 23 Abs. 1 dar (*DR,* Rn 17, 36; *GL,* Rn 10; *GKSB,* Rn 5; *HSG,* Rn 17).

1. Unternehmen

7 Die Bildung des GesBR setzt ein Unternehmen voraus. Das BetrVG kennt keinen eigenständigen Unternehmensbegriff, sondern geht von dem **allgemeinen Unternehmensbegriff** aus, wie er von der Rechtsprechung und Rechtslehre entwickelt worden ist (BAG 5. 12. 1975, AP Nr. 1 zu § 47 BetrVG 1972; *DR,* § 1 Rn 54; **a. A.** *Leipold,* SAE 77, 139; offengelassen von BAG 23. 9. 1980, AP Nr. 4 zu § 47 BetrVG 1972; vgl. § 1 Rn 72). Hiernach wird das Unternehmen durch die Einheit des hinter dem arbeitstechnischen Zweck des Betriebs (vgl. hierzu § 1 Rn 33) liegenden Zwecks wirtschaftlicher und/oder ideeller Art und die Einheit der dieser Zweckerreichung dienenden Organisation bestimmt (vgl. BAG 3. 12. 1954, AP Nr. 1 zu § 88 BetrVG; *DR,* § 1 Rn 54; *GL,* Rn 13; *HSG,* Rn 10; grundlegend *Jacobi,* Betrieb und Unternehmen, S. 16ff.; vgl. auch § 1 Rn 71ff.). Zur Unterscheidung von ArbGeb. und Unternehmer vgl. § 1 Rn 76. Ein Unternehmen muß demnach **zwei Voraussetzungen** erfüllen: Es muß eine **einheitliche Rechtspersönlichkeit** besitzen sowie eine **einheitliche und selbständige Organisation** aufweisen.

8 Die Notwendigkeit der **einheitlichen Rechtspersönlichkeit** des Unternehmens bedeutet im Falle des § 47 Abs. 1, der für die Bildung des GesBR mehrere BR und folglich mehrere Betriebe eines Unternehmens

voraussetzt, daß die mehreren Betriebe des Unternehmens alle von demselben Unternehmen betrieben werden müssen. Es muß eine **rechtliche Identität des „betreibenden Unternehmers"** bestehen (BAG 5. 12. 1975, AP Nr. 1 zu § 47 BetrVG 1972; *DR,* Rn 7ff.; *GL,* Rn 6; *GK-Fabricius,* Rn 14; *GKSB,* Rn 3; *HSG,* Rn 8). Hierbei kann es sich bei dem betreibenden Unternehmer um eine **natürliche Person,** um eine **Personengesamtheit** (z. B. OHG, KG) oder um eine **juristische Person** (z. B. AktG, GmbH, Genossenschaft, e. V.) handeln. Mehrere natürliche oder/und juristische Personen können sich auch in eine **Rechtsform ohne eigene Rechtspersönlichkeit** (z. B. Gesellschaft des bürgerlichen Rechts, nicht rechtsfähiger Verein) vertraglich zu einem Unternehmen zusammenschließen. Auch ist es möglich, daß sich mehrere Unternehmen, z. B. zur Erfüllung bestimmter (Teil-)Aufgaben (etwa zu Forschungszwecken oder zur Erstellung eines gemeinsamen Großprojekts) zusammenschließen und so ein weiteres Unternehmen bilden, das seinerseits einen oder mehrere Betriebe führt. Soweit der Zusammenschluß reicht, besteht eine rechtliche Identität dieses Unternehmens; im übrigen bleiben die beteiligten Unternehmen jedoch selbständig (vgl. auch § 1 Rn 49ff. zur Frage eines gemeinsamen Betriebs mehrerer Unternehmen). Bei der GmbH & Co KG kommt es darauf an, ob die KG mehrere Betriebe hat. Haben GmbH und KG jeweils selbständige Betriebe, kommt die Bildung eines KBR (§ 54) in Betracht.

Eine rechtliche Identität des betreibenden Unternehmers liegt dagegen 9
nicht vor **bei einer bloß wirtschaftlichen** oder **finanziellen Beteiligung,** etwa im Verhältnis zwischen einer juristischen Person und ihren Mitgliedern, zwischen einer AG und ihren Aktionären, zwischen einer GmbH und ihren Gesellschaftern. Dies gilt auch dann, wenn alle Aktien oder Geschäftsanteile einer oder denselben mehreren Personen zustehen (*DR,* Rn 6; *Weiss,* Rn 2). Auch zwischen Mutter- und Tochtergesellschaften besteht, da sie rechtlich selbständige Unternehmen sind, ebensowenig eine Identität des betreibenden Unternehmers, wie dies bei der Zusammenfassung rechtlich selbständiger Unternehmen unter einheitlicher Leitung der Fall ist, selbst wenn ein Beherrschungsvertrag abgeschlossen worden ist oder eine Gesellschaft in die andere eingegliedert ist (BAG 11. 12. 87, AP Nr. 7 zu § 47 BetrVG 1972; *DR,* Rn 6; *GK-Fabricius,* Rn 16). Andernfalls wären die Bestimmungen über die Einrichtung eines KBR überflüssig. Soweit die Bildung eines GesBR wegen fehlender rechtlicher Identität des betreibenden Unternehmens nicht möglich ist, kann allerdings bei Vorliegen der Voraussetzungen des § 54 die Bildung eines KBR in Betracht kommen (vgl. hierzu § 54 Rn 7ff.).

Neben der einheitlichen Rechtspersönlichkeit erfordert der Begriff des 10
Unternehmens eine **einheitliche und selbständige Organisation.** Die einzelnen Betriebe des Unternehmens müssen durch eine einheitliche Verwaltung unter einer **einheitlichen Leitung** organisatorisch zusammengefaßt sein (*DR,* Rn 9; *GL,* Rn 7; *GK-Fabricius,* Rn 18; *HSG,* Rn 10; *GKSB,* Rn 3; *Weiss,* Rn 2). Unerheblich ist, ob die Betriebe des Unternehmens gleiche oder unterschiedliche Betriebszwecke haben. So kann ein Unternehmen aus Betrieben mit sehr verschiedenen und voneinan-

der unabhängigen Betriebszwecken (z. B. Maschinenfabrik in Köln und Hotel in Hannover) bestehen, wenn die Betriebe nur in einer einheitlichen und selbständigen Organisation, insbesondere einer übergeordneten gemeinsamen Verwaltung zusammengefaßt sind.

11 Daraus folgt: Da ein Unternehmen eine einheitliche selbständige Organisation voraussetzt, ist es möglich, daß eine natürliche Person mehrere Betriebe hat, ohne daß diese zu einem Unternehmen zusammengefaßt sind. Dies ist dann der Fall, wenn die einzelnen Betriebe nicht durch eine einheitliche Organisation verbunden sind, vielmehr jeweils eine eigene und selbständige Organisation aufweisen. Die natürliche Person führt bzw. besitzt dann zwei oder mehrere Unternehmen. Demgegenüber kann eine juristische Person (z. B. AG, GmbH, Genossenschaft) oder eine Gesamthandsgemeinschaft (OHG, KG, BGB-Gesellschaft) stets nur ein Unternehmen haben; dies ergibt sich aus den jeweiligen gesetzlichen Vorschriften über die notwendige Festlegung des Unternehmensgegenstandes und der Letztverantwortlichkeit der Unternehmensleitung für die Führung des Unternehmens (BAG 5. 12. 1975, AP Nr. 1 zu § 47 BetrVG 1972; *DR,* Rn 10).

12 Die Frage, ob bei einer sog. **Betriebsführungsgesellschaft,** die von mehreren Unternehmen zum Zwecke der gemeinsamen Führung ihrer Betriebe errichtet wird, ein GesBR für diese Betriebe zu bilden ist, ist je nach der vertraglichen Ausgestaltung unterschiedlich zu beantworten: Führt die Betriebsführungsgesellschaft die Betriebe der beteiligten Unternehmen in deren und nicht im eigenen Namen, so bleiben die Betriebe weiterhin rechtlich jeweils ihrem Unternehmen zugeordnet. Die Bildung eines GesBR bei der Betriebsführungsgesellschaft scheidet wegen Unterschiedlichkeit der Unternehmen aus (vgl. *Rüthers,* BB 77, 612; *DR,* Rn 11). Anders ist dies, wenn die Betriebsführungsgesellschaft die Betriebe im eigenen Namen führt und damit auch ArbGeb. der in den Betrieben beschäftigten ArbN wird; dann ist bei ihr ein GesBR zu bilden (*DR,* a. a. O.).

13 Ein Spitzenverband der freien Wohlfahrtspflege führt ein Unternehmen, wenn er sich nicht auf die Wahrnehmung verbandlicher Aufgaben, d. h. der Koordination und der Führung des Verbandes beschränkt, sondern parallel und ergänzend hierzu weitere Tätigkeiten in Einrichtungen sozialfürsorgerischer und heilender Art durch die Beschäftigung von ArbN wahrnimmt (BAG 23. 9. 1980, AP Nr. 4 zu § 47 BetrVG 1972).

14 Der Tendenzcharakter eines Unternehmens steht der Errichtung eines GesBR nicht entgegen (*HSG,* Rn 10).

2. Mehrere Betriebsräte

15 Die Errichtung des GesBR setzt weiter voraus, daß in dem Unternehmen **mehrere BR bestehen.** Nicht notwendig ist, daß es sich um mehrköpfige BR handelt. Auch der aus einer Person bestehende BR (früher Betriebsobmann) ist BR i. S. des § 47. Nicht erforderlich ist, daß in allen Betrieben eines Unternehmens ein BR besteht. Jedoch müssen mindestens in zwei Betrieben des Unternehmens BR gebildet sein, wobei es

unerheblich ist, ob es sich bei diesen Betrieben um selbständige Betriebe im eigentlichen Sinne oder um nach § 4 oder gemäß einer entsprechenden tarifvertraglichen Regelung nach § 3 Abs. 1 Nr. 3 als selbständig geltende Betriebsteile oder Nebenbetriebe handelt (*DR,* Rn 13; *GL,* Rn 8). Besteht dagegen nur in einem Betrieb des Unternehmens ein BR, so kann ein GesBR nicht gebildet werden (h. M.).

Im **Ausland gelegene Betriebe** eines inländischen Unternehmens nehmen an der Bildung des GesBR nicht teil, da sich der Geltungsbereich des BetrVG nicht auf sie erstreckt (*DR,* Rn 15; *GL,* Rn 9; *HSG,* Rn 14, **a. A.** *Birk,* Festschrift für Schnorr von Carolsfeld, S. 83; *Däubler,* RabelsZ Bd. 39 S. 462ff.). Hat ein **ausländisches Unternehmen mehrere Betriebe im Geltungsbereich des BetrVG,** so ist für diese Betriebe, sofern wenigstens in zweien von ihnen ein Betriebsrat gewählt worden ist, ein Gesamtbetriebsrat zu bilden. Denn die Bildung des GesBR setzt nicht voraus, daß der Sitz des Unternehmens innerhalb der Bundesrepublik einschließlich Berlin (West) liegt (zustimmend *GL,* Rn 9; *DR,* Rn 16; *HSG,* Rn 15; *Birk,* a. a. O.; *Simitis,* Festschrift für Kegel, S. 179; *Auffarth* Festschrift für Hilger/Stumpf, S. 33; vgl. auch BAG 1. 10. 1974 und 31. 10. 1975, AP Nr. 1 und 2 zu § 106 BetrVG 1972 hinsichtlich der Bildung eines WiAusschusses; einschränkend *Bobrowski/Gaul,* Bd. II S. 487; nur bei Vorliegen einer über den einzelnen Betriebszweck hinausgreifenden partiellen unternehmerischen Organisationseinheit; vgl. auch § 1 Rn 9ff.). 16

Besteht in einem Unternehmen ein GesBR, sind in ihm jedoch nicht alle innerhalb der Bundesrepublik einschließlich Berlin (West) gelegenen Betriebe des Unternehmens vertreten, sei es weil diese Betriebe nicht nach § 1 betriebsratsfähig sind, sei es weil in ihnen aus sonstigen Gründen kein Betriebsrat gewählt worden ist, so **erstreckt sich die Zuständigkeit des GesBR gleichwohl auch auf diese Betriebe** (*DR,* Rn 13; *GL,* Rn 11; *Mothes,* ArbuR 74, 328; **a. A.** BAG 16. 8. 1983, AP Nr. 5 zu § 50 BetrVG 1972; *GK-Fabricius,* Rn 34ff.; *HSG,* Rn 16; *Blomeyer,* DB 67, 2225). Die nur dem EinzelBR zustehenden Mitbestimmungsrechte kann der GesBR dagegen in einem betriebsratslosen Betrieb nicht ausüben (*DR,* Rn 13; *GL,* Rn 11). 17

Die **Initiative zur Bildung** des GesBR ist in § 51 Abs. 3 (Zuständigkeit zur Einberufung der konstituierenden Sitzung) geregelt. 18

III. „Amtszeit" des Gesamtbetriebsrats

Der GesBR hat als solcher **keine Amtszeit,** da er eine **Dauereinrichtung** ist (BAG 5. 12. 1975, AP Nr. 1 zu § 47 BetrVG 1972; *DR,* Rn 19; *GL,* Rn 15; *HSG,* Rn 19; **a. A.** *GK-Fabricius,* § 49 Rn 15; *Sahmer,* § 49 Rn 2; *Schaub,* § 224 VI 1; vgl. hierzu auch § 49 Rn 5). „Auflösungsbeschlüsse" der BR oder des GesBR sind auf den rechtlichen Bestand des GesBR ohne Einfluß. Das **Amt des GesBR** wird grundsätzlich **nur** dadurch **beendet,** daß die **Voraussetzungen für seine Errichtung entfallen,** z. B. wenn die Betriebe eines Unternehmens zu einem Betrieb zu- 19 sammengelegt werden, oder wenn Betriebe aus einem Unternehmen ausgegliedert werden, so daß das Unternehmen nur noch aus einem Betrieb besteht, oder wenn nicht in mindestens zwei Betrieben des Unternehmens BR gebildet sind.

Erforderlich ist in dem letzteren Falle jedoch, daß der **Wegfall der BR von einer gewissen Dauer** ist. Ein kurzfristiger Wegfall, etwa weil wegen nicht rechtzeitiger Einleitung der BRWahl diese nicht vor Ablauf der Amtszeit des bisherigen BR durchgeführt werden konnte oder weil die BRWahl mit Erfolg angefochten worden ist, hat keinen Einfluß auf den Bestand des GesBR (*GL,* Rn 15; *HSG,* Rn 21). Ein GesBR ist allerdings funktionsunfähig, wenn alle BR ihre Mitgl. einschließlich der ErsMitgl. aus dem GesBR abberufen und – pflichtwidrig – keine neuen Mitgl. bestellen. Wegen des Erlöschens der Mitgliedschaft der in den GesBR entsandten einzelnen Mitgl. vgl. § 49.

IV. Regelmäßige Zusammensetzung des Gesamtbetriebsrats

1. Entsendung

20 Die Mitgl. des GesBR werden nicht in Urwahl durch die ArbN des Unternehmens, sondern durch **Entsendung von BRMitgl. durch die einzelnen BR des Unternehmens** bestimmt. Die Entsendung durch ein anderes Gremium, z. B. ein Wahlmännergremium ist unzulässig (LAG Frankfurt DB 77, 1056; *GKSB,* Rn 8). Auch eine Beauftragung des BetrAusschusses ist – wie sich aus Abs. 2 S. 3 ergibt – nicht zulässig (*DR,* Rn 25; **a. A.** *GK-Fabricius,* Rn 26).

21 Die BR der einzelnen Betriebe des Unternehmens entsenden ohne Rücksicht auf die Betriebsgröße entweder zwei oder eines ihrer Mitgl. in den GesBR. Ob **ein oder zwei Mitgl.** zu entsenden sind, hängt davon ab, ob im BR beide ArbNGruppen vertreten sind oder ob der BR nur aus Vertr. einer Gruppe (entweder der Arb. oder der Ang.) besteht. Im ersteren Falle sind zwei BRMitgl., im zweiten Fall ein BRMitgl. in den GesBR zu entsenden. Entsendet ein BR zwei Mitgl. in den GesBR, so dürfen sie **nicht derselben Gruppe** angehören. Dies ist selbst dann unzulässig, wenn die Vertr. der anderen Gruppen damit einverstanden sind. Die Regelung des § 14 Abs. 2 ist weder unmittelbar noch entsprechend anwendbar (*DR,* Rn 23; vgl. aber auch unten Rn 23).

22 Ist ein BRMitgl. nach § 12 Abs. 2 von der anderen Gruppe (z. B. ein Arb. als Vertr. der Ang.) in den BR gewählt worden, so kann dieses Mitgl. auch in den GesBR nur als Vertr. der Gruppe entsandt werden, die es gewählt hat (*DR,* Rn 23; *GL,* Rn 12; *GK-Fabricius,* Rn 33; *GKSB,* Rn 10).

23 Findet sich **kein Vertr. einer Gruppe** bereit, in den GesBR einzutreten oder entsendet **eine Gruppe kein Mitgl.,** so ist der BR **nur durch ein Mitgl.** im GesBR vertreten (*DR,* Rn 24; *GL,* Rn 14; *HSG,* Rn 27; **a. A.** *GK-Fabricius,* Rn 35). In diesem Falle kann nicht etwa die

andere Gruppe einen weiteren Vertr. entsenden. Zur Frage der Stimmengewichtung in diesem Falle vgl. unten Rn 41.

Besteht der BR nur aus einer Person (früher Betriebsobmann), so tritt dieser ohne weiteres in den GesBR ein. Das gleiche gilt, wenn die Minderheitsgruppe im BR nur mit einem Mitgl. vertreten ist (*DR,* Rn 29; *GL,* Rn 13; *GKSB,* Rn 9, 11). 24

Der BR kann die ihm im GesBR zustehenden Sitze **nur mit seinen Mitgl. besetzen.** Andere Personen als BRMitgl. – hierzu zählen auch ErsMitgl., solange sie nicht in den BR nachgerückt sind – können nicht in den GesBR entsandt werden. Hiervon kann auch nicht durch TV oder BV abgewichen werden. Andererseits kann der BR jedes seiner Mitgl. in den GesBR entsenden. Das Amt als Vors., stellv. Vors. oder als Mitgl. des BetrAusschusses schließt die Entsendung nicht aus, begründet aber auch keinen Anspruch auf Entsendung in den GesBR. 25

Grundsätzlich werden die zu entsendenden Mitgl. **vom beschlußfähigen BR** bestimmt (*GL,* Rn 13; *GK-Fabricius,* Rn 34). Werden mehrere Mitgl. in den GesBR entsandt, so ist für jedes eine gesonderte Beschlußfassung erforderlich. In jedem Fall ist die vorgeschriebene Vertretung der Gruppe zu beachten. Der BR kann beschließen, die zu entsendenden BRMitgl. durch eine förmliche Wahl zu bestimmen, wobei auch festgelegt werden kann, daß die relative Mehrheit der Stimmen ausreicht (*DR,* Rn 27; *GL,* Rn 13; **a. A.** *HSG,* Rn 28). 26

Unter bestimmten Voraussetzungen steht nicht dem BR sondern den **Gruppen** das Entsendungsrecht für das auf sie entfallende Mitglied zu. Gewählt wird dann **in getrennten Beschlußfassungen** (vgl. auch § 27 Abs. 2 Satz 3 betr. die Wahl der Mitglieder des Betriebsausschusses durch die Gruppen). Eine getrennte Beschlußfassung der Gruppen über die in den GesBR zu entsendenden BRMitgl. erfolgt demnach **in folgenden zwei Fällen:** 27

(1) Der **BR ist selbst in Gruppenwahl** (§ 14 Abs. 2 Halbs. 1) gewählt worden und jeder Gruppe gehören **mehr als ein Zehntel der Mitgl., mindestens jedoch drei** (früher: fünf, Verstärkung des Gruppenschutzes durch G v. 23. 12. 88) **Mitgl. des BR** an. 28

Beide Voraussetzungen müssen vorliegen. Da der Minderheitsgruppe mindestens drei Mitgl. angehören müssen, kann der Fall der getrennten Beschlußfassung der Gruppen von einer BRGröße ab 7 Mitgl. (z. B. 4 Vertr. der Ang. und 3 Vertr. der Arb.) praktisch werden. Andererseits genügt es bei einem BR mit 19 Mitgl. nicht, wenn die Minderheitsgruppe lediglich aus 2 Mitgl. besteht.

(2) Der **BR ist in Gemeinschaftswahl** (§ 14 Abs. 2 Halbs. 2) gewählt worden und jeder Gruppe gehört **mindestens** (früher „mehr als") **ein Drittel** der Mitgl. des BR an. 29

Dieser Fall kann in einem BR ab fünf Mitgl. praktisch werden (z. B. bei einem fünfköpfigen BR mit drei Vertr. der Arb. und zwei Vertr. der Ang.; bei einem siebenköpfigen BR mit vier Vertr. der Ang. und drei Vertr. der Arb.). Bei einem dreiköpfigen BR ist der einzige Vertr. der Minderheitsgruppe ohne weiteres Mitgl. des GesBR (vgl. Rn 24).

30 Bei der Bestimmung der Mitgl. des GesBR durch die Gruppen des BR ist in entsprechender Anwendung des § 33 Abs. 2 erforderlich, daß mindestens die Hälfte der Gruppenvertr. an der Beschlußfassung teilnimmt (*DR,* Rn 28; *HSG,* Rn 30; Näheres hierzu vgl. § 27 Rn 23ff., die hier entsprechend gelten).

31 Das Bestellungsverfahren kann deshalb in den einzelnen BR desselben Unternehmens **unterschiedlich** sein. Dies hat unmittelbare Auswirkungen auf die Bildung des GesBetrAusschusses (vgl. § 51 Rn 20ff.) sowie gegebenenfalls des KBR (vgl. § 55 Rn 9).

32 Bei **Neuwahl eines BR** – sei es die regelmäßige, sei es eine vorzeitige – hat dieser die von ihm **zu entsendenden Mitgl.** des GesBR **neu zubestimmen.**

2. Abberufung

33 Die Bestellung der Mitgl. des GesBR (und auch der ErsMitgl.) erfolgt im allgemeinen für die **Dauer der Amtszeit des entsendenden BR. Jedoch** kann dieser die entsandten Mitgl. **jederzeit abberufen** und durch andere ersetzen. Eines besonderen Anlasses für die Abberufung bedarf es nicht; sie ist insbesondere nicht an eine Pflichtverletzung des entsandten BRMitgl. gebunden (*GL,* Rn 16; *GKSB,* Rn 11; enger *HSG,* Rn 20; *GK-Fabricius,* Rn 53ff.).

34 Für die Abberufung gelten die gleichen Grundsätze wie für die Entsendung, d.h. der BR kann ein entsandtes Mitgl. nur in demselben Verfahren abberufen, in dem es entsandt wurde; entweder – im Regelfall – durch **einfachen Mehrheitsbeschluß** des BR (vgl. Rn 26) oder bei Entsendung durch die Gruppen durch einen Beschluß der jeweiligen Gruppe (vgl. Rn 27ff.). Sind die Mitgl. des GesBR durch die Gruppen entsandt worden, so kann der BR als solcher die entsandten Mitgl. nicht abberufen (*DR,* Rn 31; *GL,* Rn 16; *GK-Fabricius,* Rn 48; *HSG,* Rn 33). Ist die Mehrheit des BR der Ansicht, daß ein von einer Gruppe entsandtes Mitgl. seine Pflichten grob verletzt hat, so kann sie – falls die betr. Gruppe die Abberufung nicht vornimmt – allenfalls dessen Ausschluß aus dem GesBR durch das ArbG mit Hilfe einer der in § 48 genannten antragsberechtigten Stellen anstreben. Ein eigenes Antragsrecht des BR besteht in solchen Fällen nicht.

35 Von der Abberufung zu unterscheiden sind der Ausschluß aus dem GesBR nach § 48 und die sonstigen Erlöschenstatbestände nach § 49.

36 Für das abberufene oder ausgeschlossene Mitgl. **rückt** in der Regel nach Maßgabe des Abs. 3 ein **ErsMitgl. nach** (vgl. Rn 37ff.). Der BR bzw. – im Falle der Entsendung des GesBR durch die Gruppen – die Gruppenvertr. können jedoch eine abweichende Regelung beschließen, z.B. das ordentliche Mitgl. und die ErsMitgl. neu bestimmen.

3. Ersatzmitglieder

In derselben Weise, in der die einzelnen BR die in den GesBR zu entsendenden Mitgl. bestimmen (vgl. oben Rn 20ff.), **ist für jedes Mitgl. des GesBR mindestens ein ErsMitgl. zu bestellen,** das für das ordentliche Mitgl. in den GesBR eintritt, wenn dieses zeitweilig verhindert ist oder aus dem GesBR ausscheidet (§ 49). Der BR oder die Gruppenvertreter können jedoch die ordentlichen und die Ersatzmitglieder neu bestimmen. 37

Der BR kann die ErsMitgl. **nur aus seiner Mitte** bestimmen. Er kann nicht von vornherein auf ErsMitgl. nach § 25 Abs. 1 zurückgreifen, solange diese nicht in den BR nachgerückt sind (*DR,* Rn 33; *GL,* Rn 17; *GK-Fabricius,* Rn 68).

Eine **Ausnahme** bildet der Fall, daß entweder nur ein Betriebsobmann vorhanden oder bei Gruppenwahl eine Gruppe nur durch ein Mitgl. im BR vertreten ist (vgl. § 14 Abs. 4). In diesen Fällen rückt der im getrennten Wahlgang gewählte ErsMann als ErsMitgl. in den GesBR nach (h. M.). Auch wenn der BR in Gemeinschaftswahl gewählt worden ist und ihm nur 1 Mitgl. der Minderheitsgruppe angehört, rückt das in den BR eintretende ErsMitgl. (vgl. § 25 Rn 23 u. 27) gleichzeitig in den GesBR nach. 38

Der BR kann für jedes von ihm entsandte GesBRMitgl. auch **mehrere ErsMitgl.** bestellen. Ob er dies tut, ist in sein Ermessen gestellt. Werden mehrere ErsMitgl. bestellt, so hat der BR die Reihenfolge ihres Nachrückens festzulegen (*DR,* Rn 34). 39

V. Stimmengewichtung

Um eine gerechte Gewichtung der einzelnen Betriebe im GesBR zu gewährleisten, richtet sich nach § 47 Abs. 7 das **Stimmengewicht** eines jeden Mitgl. im GesBR nach der **Zahl der wahlberechtigten ArbN der von ihm vertretenen Gruppe im entsendenden Betrieb.** Entsendet ein BR nur ein Mitgl. in den GesBR – sei es, weil der BR nur aus einer Person besteht, sei es weil eine Gruppe im BR nicht vertreten ist – so bestimmt sich dessen Stimmengewicht nach der Zahl aller wahlberechtigten ArbN – ohne Rücksicht auf die Gruppenzugehörigkeit – im entsendenden Betrieb. Dasselbe gilt auch in dem Fall, in dem zwar im BR beide Gruppen vertreten sind, jedoch nur ein Mitgl. in den GesBR entsandt wird, weil z. B. eine Gruppe von ihrem Entsendungsrecht keinen Gebrauch macht (vgl. hierzu Rn 41). Das Stimmengewicht der einzelnen Mitgl. des GesBR ist damit unterschiedlich. 40

Beispiel:

Zum Unternehmen gehören	Im GesBR hat
Betrieb A mit 9000 wahlberechtigten ArbN davon 3000 Ang	der ArbVertreter ein Stimmengewicht von 6000, der AngVertreter von 3000

Betrieb B mit 350 wahlberechtigten ArbN davon 250 Ang	der ArbVertreter ein Stimmengewicht von 100, der AngVertreter von 250
Betrieb C mit 18 wahlberechtigten ArbN davon 15 Ang	der aus einer Person bestehende BR (früher „Betriebsobmann") 18 Stimmen.

41 Sofern ein BR nur **ein Mitgl.** in den GesBR entsendet (wie im Beispiel des Betriebs C) und die Beschlußfassung im GesBR nach Gruppen getrennt erfolgt (vgl. z. B. § 51 Abs. 2 hinsichtlich der Wahl des Vors. und stellvertr. Vors. des GesBR oder die Wahl der Mitgl. des GesBetrAusschusses), so stimmt dieses Mitgl. des GesBR **mit allen ihm zustehenden Stimmen bei der Gruppe mit,** der die **meisten wahlberechtigten ArbN** in dem Betrieb **angehören.** Im Beispiel Betrieb C würde der BR (früher Betriebsobmann) bei der Gruppe der Ang. abstimmen. Eine Stimmenaufspaltung findet nicht statt (**a. A.** *GKSB,* Rn 31; *DR,* Rn 71). Macht **eine Gruppe** im BR von ihrem **Entsendungsrecht keinen Gebrauch,** so stimmt das entsandte Mitgl. der anderen Gruppen mit allen ihm zustehenden Stimmen (auch denjenigen der anderen Gruppe) bei der Gruppe mit **für die es entsandt** worden ist (*GL,* Rn 26; *GKSB,* Rn 12; **a. A.** *DR,* Rn 65; *GK-Fabricius,* Rn 35; *HSG,* Rn 61).

42 Für das Stimmengewicht maßgebend ist die **Zahl der wahlberechtigten ArbN,** die bei der letzten Wahl des BR **in die Wählerliste eingetragen** waren (h. M.). Nachträgliche Veränderungen der Belegschaftsstärke der Betriebe bleiben unberücksichtigt. Dagegen ist eine nachträgliche Berichtigung der Wählerliste durch das ArbG zu beachten.

43 Zur Frage der Stimmengewichtung im Fall der **Vergrößerung** oder **Verkleinerung** der MitglZahl des GesBR vgl. Rn 53 u. 65.

44 Die einzelnen **Mitgl. des GesBR** können die ihnen zustehenden **Stimmen** stets **nur einheitlich abgeben** (*DR,* Rn 70; *GL,* Rn 26; *GK-Fabricius,* Rn 79; *HSG,* Rn 63). Dies gilt auch, wenn ein Mitgl. nach Abs. 4 oder 5 für mehrere Betriebe entsandt worden ist. In ihrer Stimmabgabe sind die Mitgl. des GesBR frei und an keine Aufträge oder Weisungen des entsendenden BR gebunden. Es besteht **kein imperatives Mandat** (*DR,* Rn 69; *HSG,* Rn 64). Doch ist das Mitgl. des GesBR aus seiner Loyalitätspflicht gegenüber dem entsendenden BR gehalten, jedenfalls dann, wenn dieser eine Angelegenheit vorberaten hat, das Ergebnis dieser Vorberatung in die Beratung des GesBR einzubringen. Ein Mitgl. des GesBR, das sich in wichtigen Fragen über die Meinungsbildung des entsendenden BR hinwegsetzt, läuft Gefahr, aus dem GesBR abberufen zu werden.

VI. Abweichende Regelungen durch Tarifvertrag oder Betriebsvereinbarung

1. Gegenstand der Regelung

45 Die **Zahl der Mitgl. des GesBR** hängt von der **Zahl** der im Unternehmen bestehenden **BR** ab. Es kann nach Abs. 2 in Unternehmen mit sehr vielen (auch kleinen) Betrieben ein unverhältnismäßig großer GesBR entstehen (z. B. bei 60 Betrieben mit Arb. und Ang. ein GesBR mit 120 Mitgl.). Umgekehrt kann ein Unternehmen, das aus wenigen sehr großen Betrieben besteht, einen sehr kleinen GesBR erhalten (z. B. bei nur 3 Großbetrieben ein GesBR mit 6 Mitgl.). Um solche Mißverhältnisse zu bereinigen, gestattet das Gesetz durch TV oder BV (die allerdings nur unter den Voraussetzungen des Abs. 5 erzwingbar sind) eine abweichende Regelung der Mitgliederzahl. Die abweichende Regelung kann vorsehen, daß für mehrere BR gemeinsame Vertr., aber auch, daß für einen BR mehrere Vertr. entsandt werden.

46 Das Gesetz gestattet **nur eine abweichende Regelung von der gesetzlichen MitglZahl** des GesBR, d. h. von dem Grundsatz der Repräsentation jedes BR im GesBR durch zwei Mitgl. (wenn dem BR Vertr. beider Gruppen angehören) bzw. durch ein Mitgl. (wenn ihm Vertr. nur einer Gruppe angehören). Eine **abweichende Regelung der Zusammensetzung des GesBR in bezug auf die Gruppen ist nicht zulässig** (*DR,* Rn 40; *GL,* Rn 20; *GK-Fabricius,* Rn 88; *Weiss,* Rn 10; *Schaub,* § 224 I 5; **a. A.** *GKSB,* Rn 19). Sobald in einem BR oder bei Zusammenfassung von mehreren BR zum Zweck der gemeinsamen Entsendung von Mitgl. in den GesBR in einem dieser BR beide Gruppen vertreten sind, ist die Vorschrift des Abs. 2 über die Berücksichtigung der Gruppen zu beachten. In diesem Falle müssen mindestens zwei Mitgl., die nicht derselben Gruppe angehören dürfen, für den BR bzw. für die zusammengefaßten BR in den GesBR entsandt werden. Außerdem muß die Vorschrift des Abs. 2 Satz 3 über das Entsendungsverfahren eingehalten werden, wenn die dort genannten Voraussetzungen erfüllt sind.

47 Durch TV oder BV können **keine vom Gesetz abweichende Regelungen hinsichtlich der Voraussetzungen für die Errichtung oder die Zuständigkeit** des GesBR festgelegt werden (BAG 15. 8. 1978, AP Nr. 3 zu § 47 BetrVG 1972). Die Bildung von getrennten GesBR für Gruppen von Betrieben nach regionalen Gesichtspunkten oder aus Gründen der interessenmäßigen Zusammengehörigkeit ist unzulässig (*HSG,* Rn 36). Auch eine andere Bestellung der Mitgl. des GesBR als durch Entsendung durch die BR ist nicht zulässig. Ferner ist es nicht möglich zu vereinbaren, andere Personen als BRMitgl. in den GesBR zu entsenden. Von der gesetzlichen Regelung über die Abberufung der Mitgl. des GesBR und die Bestellung von ErsMitgl. kann ebensowenig abgewichen werden, wie von der gesetzlichen Zuständigkeitsregelung (*DR,* Rn 40f.; *GL,* Rn 20).

2. Regelungskompetenz

48 Die abweichende Regelung kann **durch TV oder BV** erfolgen. Hierbei hat die **tarifvertragliche Regelung Vorrang** vor einer BV, auch vor der nach § 47 Abs. 5 erzwingbaren BV (*DR,* Rn 47; *GL,* Rn 22).

Eine abweichende tarifvertragliche Regelung greift nur Platz, wenn **alle Betriebe des Unternehmens von dem TV erfaßt** werden (*DR,* Rn 43; *GL,* Rn 21). Das wird im allgemeinen dann der Fall sein, wenn die Betriebe des Unternehmens gleichartigen oder doch ähnlichen Zwecken dienen und sie deshalb alle unter den fachlichen Geltungsbereich des TV fallen. Ist dies nicht der Fall, so ist es **zulässig,** die **tarifliche Regelung** für die nicht vom TV erfaßten Betriebe **durch BV** mit dem nach der gesetzlichen Regelung zusammengesetzten GesBR **zu übernehmen** (*DR,* Rn 44; *GL,* Rn 21; *HSG,* Rn 43).

Da es sich bei derartigen tarifvertraglichen Regelungen um solche betriebsverfassungsrechtlicher Art handelt, genügt gemäß § 3 Abs. 2 TVG die Tarifbindung nur des ArbGeb., d. h. des Unternehmens.

49 Für das **Zustandekommen von TV** über eine abweichende Zahl der Mitgl. des GesBR bestehen **keine einschränkenden Bestimmungen.** Wenn sie auch in der Regel nicht Gegenstand eines Arbeitskampfes sein werden, so kann ihnen die Erstreikbarkeit doch nicht abgesprochen werden (*GKSB,* Rn 20; *HSG,* Rn 46; *Brox/Rüthers,* § 8 Rn 261, 269; **a. A.** *Brecht,* Rn 11; *DR,* Rn 45; *GK-Fabricius,* Rn 90).

50 **BV** nach Abs. 4 und 5 können **nur zwischen dem ArbGeb. und dem nach den gesetzlichen Vorschriften (§ 47 Abs. 2) rechtmäßig gebildeten GesBR** abgeschlossen werden. Dieser muß daher zunächst nach § 51 Abs. 3 konstituiert und für den Abschluß der BV in beschlußfähiger Zusammensetzung zusammengetreten sein (BAG 15. 8. 1978, AP Nr. 3 zu § 47 BetrVG 1972; h. M.). Die durch die BV getroffene Regelung gilt auch für diejenigen BR, die sich an der Beschlußfassung nicht beteiligt haben. BV über eine abweichende Regelung der MitglZahl des GesBR sind **im allgemeinen freiwillige BV.** Lediglich im Falle des Abs. 5 (vgl. Rn 66ff.) kann die E-Stelle auch gegen den Willen eines der Betriebspartner eine derartige BV aufstellen.

51 Die **abweichende Regelung** durch TV oder BV **bleibt so lange maßgebend,** wie der TV oder die BV gilt. Ist deren Geltung nicht von vornherein befristet (etwa auf die rgelmäßige Amtszeit der derzeitigen BR), so gilt sie so lange, bis der TV oder die BV ordnungsgemäß gekündigt oder einverständlich aufgehoben worden ist. Ist dies der Fall, bestimmt sich die MitglZahl des GesBR wieder nach der gesetzlichen Regelung, die durch einen bloß nachwirkenden TV bzw. nachwirkende BV nicht verdrängt wird (**a. A.** *GL,* § 3 Rn 20; *HSG,* Rn 47).

3. Vergrößerung des Gesamtbetriebsrats

52 Der GesBR kann über die gesetzlich vorgeschriebene MitglZahl hinaus vergrößert werden. **Eine Höchstgrenze ist gesetzlich nicht vorgeschrieben.** Deshalb kann auch eine über 40 Mitgl. hinausgehende Mitgl-

Zahl festgelegt werden. Das ist sowohl durch TV als auch durch BV möglich (*GKSB,* Rn 21; **a. A.** *DR,* Rn 50; *Weiss,* Rn 10; *HSG,* Rn 37; hinsichtlich einer Regelung durch BV auch *Frauenkron,* Rn 14f.). Die Vergrößerung der MitglZahl des GesBR erfolgt in der Weise, daß festgelegt wird, daß für einen Betrieb mehr Mitgl. des BR als nach der gesetzlichen Regelung vorgeschrieben entsandt werden. Dabei können sowohl jeder Gruppe mehrere Mitgl. zugebilligt werden als auch nur einer (z. B. der stärksten) Gruppe (*DR,* Rn 49; *Brecht,* Rn 16; *GK-Fabricius,* Rn 92).

Werden für die Gruppen im BR jeweils mehrere Mitgl. entsandt, so **teilen sich diese zu gleichen Teilen die der jeweiligen Gruppe im GesBR zustehenden Stimmen.** 53

Beispiel:

In einem Betrieb waren bei der letzten BRWahl in die Wählerliste eingetragen 15000 wahlberechtigte Arb. und 7200 wahlberechtigte Ang. Aufgrund eines TV oder einer BV entsendet der BR in den GesBR vier ArbVertr. und zwei AngVertr. In diesem Falle hat jeder ArbVertr. ein Stimmengewicht von 3750, jeder AngVertr. ein Stimmengewicht von 3600 Stimmen.

Die den jeweiligen Gruppen im GesBR insgesamt zustehenden Stimmen werden in diesem Falle **nicht geschlossen abgegeben.** Vielmehr gibt jedes Mitgl. im GesBR die ihm zustehenden Stimmen getrennt ab.

Gehören die aus einem BR in den GesBR entsandten mehreren Mitgl. **nur einer Gruppe an,** so teilen sich diese zu gleichen Teilen sämtliche auf den Betrieb entfallenden Stimmen. 54

Beispiel:

Eine BV sieht vor, daß für einen typischen AngBetrieb zwei Mitgl. des BR zu entsenden sind. In die Wählerliste waren 1500 Ang. und 4 Arb. eingetragen. Jedes der beiden entsandten BRMitgl. hat im GesBR ein Stimmengewicht von 752 Stimmen.

Im Falle einer Vereinbarung über eine Erhöhung der MitglZahl des GesBR dürfte sich u. U. auch die Prüfung empfehlen, ob nicht gleichzeitig die BR von kleineren Betrieben des Unternehmens zur gemeinsamen Entsendung nach § 47 Abs. 5 (vgl. Rn 56ff.) zusammengefaßt werden sollten, insbesondere um zu vermeiden, daß bei den Abstimmungen des GesBR eine oder wenige Personen durch ihr Stimmengewicht alle anderen Mitgl. des GesBR übereinstimmen können. Besteht z. B. ein Unternehmen aus einem Großbetrieb mit 40000 Arb. und 14000 Ang. sowie weiteren 25 mittleren und kleinen Betrieben mit zusammen 20000 wahlberechtigten ArbN, so könnte der einzige ArbVertreter des Großbetriebs mit seinem Stimmengewicht alle anderen Mitgl. des GesBR überstimmen. 55

4. Verkleinerung des Gesamtbetriebsrats

56 Um zu gewährleisten, daß auch bei einer Verkleinerung des GesBR jeder BR des Unternehmens Gelegenheit findet, bei der Bestimmung der Mitgl. des GesBR mitzuwirken, kann die Verringerung der Mitgl-Zahl des GesBR nur in der Weise erfolgen, daß die **BR mehrerer Betriebe zusammengefaßt** werden, um gemeinsam ihre Vertr. in den GesBR zu entsenden, und zwar, wenn wenigstens in einem von ihnen beide Gruppen vertreten sind, je einen Vertr. der Arb. und der Ang. oder, wenn in sämtlichen zusammengefaßten BR nur eine Gruppe vertreten ist, einen Vertr. Auch bei einer Verkleinerung ist **nur eine Verringerung der Zahl der Mitgl.** des GesBR, nicht dagegen eine Abweichung vom Gruppenprinzip des Abs. 2 zulässig (BAG 15. 8. 1978, AP Nr. 3 zu § 47 BetrVG 1972; *DR,* Rn 51, 62f.; *GL,* Rn 24; *HSG,* Rn 38; **a. A.** *GKSB,* Rn 19, 27).

57 Zum Zwecke der gemeinsamen Entsendung zusammengefaßt werden können nur BR solcher Betriebe, die entweder regional oder durch gleichartige Interessen miteinander verbunden sind. Diese Regelung ist **zwingend** (BAG a. a. O.). Weitere Voraussetzungen sind jedoch nicht zu beachten (**a. A.** *DR,* Rn 51, nach denen nur eine Zusammenfassung solcher Betriebe zulässig ist, deren BR bei der Entsendung ihrer Vertreter denselben Gruppenschutzregelungen unterliegen; vgl. hierzu unten Rn 63f.).

58 Eine **regionale Verbundenheit** ist gegeben, wenn die Betriebe räumlich nicht weit voneinander entfernt liegen (vgl. hierzu auch § 4 Rn 12f.). Eine Verbundenheit durch **gleichartige Interessen** ist z. B. anzunehmen bei gleichen oder verwandten Betriebszwecken, gleicher Struktur der Belegschaft, gleicher Stellung der Betriebe innerhalb der Unternehmensorganisation, wie z. B. Produktion, Vertrieb (vgl. *DR,* Rn 61; *GKSB,* Rn 24). Bei der Ausfüllung der unbestimmten Rechtsbegriffe der „regionalen Verbundenheit" sowie der „Verbundenheit infolge gleichartiger Interessen" haben Arb. und GesBR einen **Beurteilungsspielraum.**

59 Die zusammengefaßten BR **beschließen gemeinsam** in der gleichen Weise über die Entsendung von BRMitgl. in den GesBR, **wie wenn sie gemeinsamer BR wären** (vgl. BAG 15. 8. 1978, a. a. O.; *Gaul,* DB 81, 214, hält auch getrennte parellele Beschlüsse der einzelnen beteiligten BR für zulässig, insbesondere wenn die Vereinbarung über die Zusammenfassung nähere Regelungen für ein solches Verfahren vorsieht).

Beispiel:

Durch TV oder BV werden zusammengefaßt

Betrieb A
mit 301 wahlberechtigten ArbN = 9 BRMitgl.
davon 7 ArbVertr. und 2 AngVertreter

Betrieb B
mit 590 wahlberechtigten ArbN = 9 BRMitgl.
davon 7 ArbVertr. und 2 AngVertreter

Betrieb C
mit 54 wahlberechtigten ArbN = 5 BRMitgl.
davon 4 ArbVertr. und 1 AngVertreter
Das Gremium für die gemeinsame Entsendung der BRMitgl. besteht in diesem Fall aus 23 BRMitgl., davon 18 Vertr. der Arb. und 5 Vertr. der Ang.

Die Bestimmung der Mitgl. des GesBR durch ein anderes Gremium als die zusammengefaßten BR ist nicht zulässig. Unzulässig wäre z. B. eine Regelung, die vorsähe, daß die Mitgl. des verkleinerten GesBR auf einer BRVerslg. oder von den Mitgl. des nicht verkleinerten GesBR gewählt werden (vgl. BAG 15. 8. 1978, AP Nr. 3 zu § 47 BetrVG 1972). Auch die Bestellung durch Wahlmänner der beteiligten BR ist unzulässig (*GKSB,* Rn 3; **a. A.** *DR,* Rn 53). 60

Die **Beschlußfassung** der zusammengefaßten BR erfolgt **im allgemeinen nach Köpfen,** d. h. **jedes Mitgl.** der zusammengefaßten BR hat **eine Stimme** (*DR,* Rn 52; *GK-Fabricius,* Rn 111). Dies kann u. U. dazu führen, daß (infolge der Degression des Verhältnisses der Zahl der BRMitgl. zur Zahl der ArbN im Betrieb) je nach der Größe der zusammengefaßten BR die Stimmen der einzelnen BRMitgl. – bezogen auf die Zahl der ArbN in den einzelnen Betrieben – unterschiedlich viele ArbN vertreten. Das führt zu einer Benachteiligung größerer Betriebe. So würden z. B. bei einer Zusammenfassung von vier Betrieben, von denen drei jeweils 65 wahlberechtigte ArbN beschäftigen (und folglich jeweils fünf BRMitgl. stellen), und einem Betrieb mit 950 ArbN (dessen BR aus 11 Mitgl. besteht) die 15 BRMitgl. aus den drei kleineren Betrieben die Mehrheit für den Entsendungsbeschluß bilden können, obwohl sie lediglich 195 ArbN vertreten, die 11 BRMitgl. aus dem größeren Betrieb jedoch 950 ArbN. 61

Im Hinblick auf die insoweit gleichartige Interessenlage, wie sie für die Regelung der Stimmengewichtung in Abs. 7 u. 8 maßgebend ist, ist es deshalb **zulässig,** wenn der TV oder die BV für die **Beschlußfassung über die gemeinsame Entsendung** in Anlehnung an die Regelung der Abs. 7 u. 8 **eine Stimmengewichtung** vorsieht, und zwar in der Weise, daß die Vertr. der Gruppen der einzelnen BR **anteilig so viele Stimmen** haben, wie in dem jeweiligen Betrieb **wahlberechtigte Gruppenangehörige** in der Wählerliste eingetragen sind (zustimmend *DR,* Rn 52). 62

Schwierigkeiten bereitet bei einer Zusammenfassung von BR zum Zwecke der gemeinsamen Entsendung von Mitgl. in den GesBR die **Anwendung des § 47 Abs. 2 S. 3.** Die Voraussetzungen für das selbständige Entsendungsrecht der Gruppen sind unterschiedlich, je nachdem ob der BR in Gruppenwahl oder in gemeinsamer Wahl gewählt worden ist. Für die Beurteilung dieser Frage wird man entsprechend dem Grundsatz der Stimmengewichtung auf die **Zahl der wahlberechtigten ArbN der zusammengefaßten Betriebe** abstellen müssen. Die Regelung des ersten Halbsatzes von Abs. 2 S. 3 (Wahl durch die Gruppe) findet danach Anwendung, wenn der oder die BR, die von den zusammengefaßten 63

Betrieben zusammen die Mehrheit der wahlberechtigten ArbN vertreten, in Gruppenwahl gewählt worden sind. Sind dieser oder diese BR dagegen in Gemeinschaftswahl gewählt worden, so richten sich die Voraussetzungen für eine Wahl durch die Gruppenvertr. nach Abs. 2 Satz 3 zweiter Halbsatz. Im Beispiel Rn 59 kommt es daher darauf an, ob der BR des Betriebs B in Gruppen- oder in Gemeinschaftswahl gewählt worden ist. Ein unmittelbares Zurückgehen auf die Zahl der BRMitgl. würde – wie obiges Beispiel zeigt – zu unbilligen Ergebnissen führen (vgl. auch *GK-Fabricius,* Rn 94; **a. A.** *Weiss,* Rn 11, der das Entsendungsrecht der Gruppen schon dann bejaht, wenn nur in einem der zusammengefaßten BR die Voraussetzungen des Abs. 2 Satz 3 gegeben sind; demgegenüber verneinen *DR,* Rn 51, die Möglichkeit der Zusammenfassung von Betrieben mit unterschiedlichem Gruppenschutz in den einzelnen BR, vgl. oben Rn 57).

64 Für die Frage, ob die **weiteren Voraussetzungen** des Abs. 2 S. 3 für das Selbstbestimmungsrecht der Gruppen vorliegen, wird man dagegen von den **Zahlenverhältnissen** ausgehen müssen, **wie sie sich aus der Zusammenfassung der einzelnen BR ergeben;** im Beispiel in Rn 59 also davon, daß der „zusammengefaßte BR" aus 23 Mitgl., und zwar aus 18 Vertr. der Arb. und 5 Vertr. der Ang. besteht.

65 Werden mehrere BR zum Zwecke einer gemeinsamen Entsendung von Mitgl. in den GesBR zusammengefaßt, so ist diese Zusammenfassung auch bei der **Ermittlung der Stimmengewichte** der gemeinsam entsandten Mitgl. des GesBR zu berücksichtigen. Sind von den zusammengefaßten BR zwei Mitgl. in den GesBR entsandt worden und gehören diese nicht derselben Gruppe an, so hat jedes entsandte Mitgl. so viele Stimmen, wie in den zusammengefaßten Betrieben insgesamt wahlberechtigte Gruppenangehörige in die Wählerlisten eingetragen sind. Entsenden die zusammengefaßten BR nur ein Mitgl. in den GesBR (etwa in dem Fall, in dem die zusammengefaßten BR nur aus einer Person bestehen), so hat dieses so viele Stimmen, wie in den zusammengefaßten Betrieben insgesamt wahlberechtigte ArbN in die Wählerlisten eingetragen sind (vgl. Abs. 8 Satz 1).

Beispiel: (Fortführung des Beispiels in Rn 59):

Betrieb A: 250 wahlberechtigte Arb.	51 wahlberechtigte Ang.
Betrieb B: 430 wahlberechtigte Arb.	160 wahlberechtigte Ang.
Betrieb C: 48 wahlberechtigte Arb.	6 wahlberechtigte Ang.
insgesamt 728 wahlberechtigte Arb.	217 wahlberechtigte Ang.

Der Vertr. der Arb. hat in diesem Fall ein Stimmengewicht von 728, der AngVertr. von 217.

VII. Erzwingbare Verkleinerung durch Betriebsvereinbarung

1. Voraussetzung

66 Der Abschluß einer BV über eine Verkleinerung der MitglZahl des GesBR ist **vorgeschrieben,** wenn der GesBR nach der Bestimmung des Abs. 2 **mehr als 40 Mitgl.** hat, d.h. das Unternehmen muß aus mindestens 21 Betrieben bestehen. Dies gilt auch dann, wenn der bereits konstituierte GesBR durch Vermehrung der Zahl der Betriebe oder durch die Wahl von BR in bisher betriebsratslosen Betrieben über 40 Mitgl. hinauswächst. Ist die **Bildung des GesBR tariflich** geregelt, so ist **für eine BV kein Raum,** selbst wenn der GesBR nach der tariflichen Regelung mehr als 40 Mitgl. hat (vgl. Rn 48; ebenso *GL,* Rn 23; *GKSB,* Rn 23; *GK-Fabricius,* Rn 106; **a. A.** *DR,* Rn 55; *Weiss,* Rn 11).

67 Ist nach Abs. 5 eine BV zu schließen, und einigen sich die Partner der BV über deren Inhalt nicht, so wird die BV von einer E-Stelle verbindlich erlassen (vgl. Rn 71). Andererseits ist der Abschluß einer BV über eine Verkleinerung der MitglZahl des GesBR und die Anrufung der E-Stelle von einer **Initiative des ArbGeb. oder des GesBR** abhängig. Solange eine Verkleinerung nicht erfolgt, bleibt der nach Abs. 2 gebildete GesBR für die Erfüllung der gesetzlichen Aufgaben des GesBR zuständig.

2. Verfahren

68 **Partner** der BV sind der **ArbGeb. und der GesBR.** Der GesBR muß daher zunächst einmal nach der Vorschrift des Abs. 1 gebildet werden (BAG 15. 8. 1978, AP Nr. 3 zu § 47 BetrVG 1972; **h.M.**).

69 Zweck des Abs. 5 ist offenbar eine **Senkung der Zahl der Mitgl. des GesBR.** Jedoch ist **nicht vorgeschrieben,** daß dabei unbedingt eine Senkung auf oder **unter die Zahl von 40 Mitgl. erfolgen muß.** Dies steht vielmehr in der **freien Entscheidung der Vertragspartner** (*Brecht,* Rn 12; *GK-Fabricius,* Rn 107; *GKSB,* Rn 26; *Lichtenstein,* BetrR 72, 213; **a. A.** *DR,* Rn 60 [im Falle eines Spruches der E-Stelle]; *GL,* Rn 23; *Weiss,* Rn 11; offen gelassen von BAG 15. 8. 1978 a. a. O.). Zur Frage, wie die Verkleinerung der MitglZahl des GesBR durchzuführen ist, vgl. oben Rn 56ff.

70 Der durch die BV verkleinerte GesBR tritt an die Stelle des bisherigen, nach den gesetzlichen Vorschriften gebildeten GesBR, und zwar nicht schon mit Wirkung vom Zeitpunkt des Abschlusses der BV an, sondern erst, wenn der **neue GesBR sich** entsprechend der getroffenen Regelung **tatsächlich konstituiert** hat (**a. A.** *DR,* Rn 56; *HSG,* Rn 54). In der BV kann (und sollte) jedenfalls festgelegt werden, daß bis zur Konstituierung des verkleinerten GesBR der „gesetzliche" GesBR im Amt bleibt. Bis zu diesem Zeitpunkt bleibt der nach Abs. 2 gebildete GesBR bestehen und nimmt alle Aufgaben und Befugnisse des GesBR wahr. Seine Funktion erschöpft sich nicht darin, die BV nach Abs. 3 zu schließen (*GL,* Rn 25; **a. A.** *HSG,* Rn 56).

71 Kommt eine BV nicht freiwillig zustande, ist sie von der **E-Stelle** mit verbindlicher Wirkung zu erlassen. Deshalb können der ArbGeb. und der GesBR, indem sie die E-Stelle anrufen, eine Verkleinerung des GesBR erzwingen. Die Beisitzer der E-Stelle werden vom ArbGeb. und dem nicht verkleinerten GesBR bestellt (*DR,* Rn 57; *GL,* Rn 25).

72 Durch den **Spruch der E-Stelle** wird die GesBV festgestellt. Er bedarf nach § 76 Abs. 3 Satz 3 der Schriftform. Über das Verfahren vor der E-Stelle siehe § 76 Rn 19ff.

73 Die GesBV über eine Verkleinerung des GesBR bleibt, sofern sie nicht z. B. auf die regelmäßige Amtszeit der entsendenden BR befristet ist, solange maßgebend, wie die ihr zugrundeliegenden Voraussetzungen unverändert bleiben. Sie kann jederzeit durch eine andere (tarifliche oder betriebliche) Regelung ersetzt und auch gekündigt werden. Im Falle einer Kündigung bestimmt sich die MitglZahl des GesBR wieder nach der gesetzlichen Regelung, da diese durch eine bloß nachwirkende BV nicht verdrängt wird (**a. A.** *DR,* Rn 64; vgl. auch Rn 51).

VIII. Streitigkeiten

74 Streitigkeiten über die Errichtung, MitglZahl und Zusammensetzung des GesBR sowie die Stimmengewichtung in ihm sind von den ArbG im BeschlVerf. zu entscheiden (§§ 2a, 80ff. ArbGG). **Zuständig** ist das ArbG, in dessen Bezirk das Unternehmen seinen Sitz hat (§ 82 Satz 2 ArbGG). Hat das Unternehmen seinen **Sitz im Ausland** (vgl. oben Rn 16), ist zuständig das ArbG, in dessen Bezirk der Betrieb des ausländischen Unternehmens liegt, dem innerhalb der Bundesrepbulik Deutschland einschließlich Berlin (West) die zentrale Bedeutung zukommt (BAG 31. 10. 1975, AP Nr. 2 zu § 106 BetrVG 1972). Das Verfahren kann auch auf Antrag einer im Betrieb des Unternehmens vertretenen Gewerkschaft oder von einem BR oder einzelnen BRMitgl. eingeleitet werden (vgl. BAG einzelnen 15. 8. 1978, AP Nr. 3 zu § 47 BetrVG 1972; LAG Saarbrücken, BB 59, 632). Zur Zuständigkeit der E-Stelle bei BV nach Abs. 4 und 5 vgl. oben Rn 48ff. u. 66ff.

§ 48 Ausschluß von Gesamtbetriebsratsmitgliedern

Mindestens ein Viertel der wahlberechtigten Arbeitnehmer des Unternehmens, der Arbeitgeber, der Gesamtbetriebsrat oder eine im Unternehmen vertretene Gewerkschaft können beim Arbeitsgericht den Ausschluß eines Mitglieds aus dem Gesamtbetriebsrat wegen grober Verletzung seiner gesetzlichen Pflichten beantragen.

Inhaltsübersicht

I. Vorbemerkung

Die Vorschrift eröffnet die Möglichkeit, ein Mitgl. des GesBR bei groben Pflichtverletzungen durch gerichtliche Entscheidung aus dem GesBR auszuschließen. Der Ausschluß aus dem entsendenden BR ist damit nicht verbunden. Dazu bedarf es eines Verfahrens nach § 23 Abs. 1. Umgekehrt führt der Verlust der Mitgliedschaft in einem BR zum Amtsverlust im GesBR (§ 49). Die Regelung ist § 23 Abs. 1 nachgebildet. Über sonstige Beendigungsgründe der Mitgliedschaft im GesBR vgl. § 49. 1

Für die **GesJugAzubiVertr.** gilt § 48 entsprechend (vgl. § 73 Abs. 2). Für den **KBR** enthält § 56 eine Sonderregelung. 2

Die Vorschrift ist **zwingendes Recht.** Von ihr kann weder durch TV noch durch BV abgewichen werden. 3

Entsprechende Vorschrift des **BPersVG 74:** §§ 54, 56 i. Vbdg. mit § 28, des **SprAuG:** § 17. 4

II. Voraussetzungen

Das Gesetz gestattet im Gegensatz zu § 23 Abs. 1 **nur den Ausschluß von einzelnen Mitgl.** aus dem GesBR, **nicht dagegen die Auflösung des GesBR** als solchen. Dies hat darin seinen Grund, daß der GesBR eine Dauereinrichtung ist (vgl. § 47 Rn 19; § 49 Rn 5) und im Gegensatz zum BR nicht durch Wahl, sondern durch Entsendung seiner Mitgl. durch die einzelnen BR gebildet wird (*DR,* Rn 1; *Brecht,* Rn 4; *HSG,* Rn 1; kritisch *GL,* Rn 6). 5

Der Antrag auf Ausschluß braucht sich nicht auf ein Mitgl. zu beschränken, sondern **kann gegen mehrere oder alle Mitgl. des GesBR** gerichtet sein, insbesondere, wenn diese sich gemeinschaftlich einer groben Pflichtverletzung schuldig gemacht haben (*DR,* Rn 1; *HSG,* Rn 1). Auch wenn alle Mitglieder des GesBR ausgeschlossen werden, ist der GesBR nicht aufgelöst. Die Ersatzmitglieder rücken nach (*HSG,* Rn 1). Die Möglichkeit des Ausschlusses von nicht in den GesBR nachgerückten ErsMitgl. ist aus denselben Gründen wie beim BR (vgl. hierzu § 23 Rn 25) im allgemeinen zu verneinen.

Ein Ausschluß aus dem GesBR setzt voraus: 6

- eine **grobe Verletzung der** dem Mitgl. des GesBR obliegenden **gesetzlichen Pflichten** (vgl. Rn 7).
- einen **Antrag** von mindestens einem **Viertel der wahlberechtigten ArbN des Unternehmens,** des **ArbGeb.,** des **GesBR** oder einer **im Unternehmen vertretenen Gewerkschaft** (vgl. Rn 8ff.) sowie
- eine **rechtskräftige Entscheidung des ArbG** über den Ausschluß aus dem GesBR (vgl. Rn 14ff.).

Der Begriff der „groben Verletzung der gesetzlichen Pflichten" entspricht materiell demjenigen des § 23 Abs. 1 (vgl. hierzu § 23 Rn 11ff.). 7

Allerdings muß das Mitgl. des GesBR die grobe Pflichtverletzung **in seiner Eigenschaft als Mitgl. des GesBR** begangen haben. Die Pflichtverletzung muß eine solche Pflicht betreffen, die sich aus der Mitgliedschaft im GesBR ergibt. Sie muß auf die Tätigkeit im GesBR bezogen sein (*DR,* Rn 2; *GL,* Rn 4; *HSG,* Rn 4). Dies ergibt sich daraus, daß BR und GesBR zwei selbständige und unabhängige betriebsverfassungsrechtliche Organe mit unterschiedlichen Zuständigkeiten sind. Die Pflichten der Mitgl. des GesBR sind selbständige Pflichten und nicht nur solche, die sich aus ihrer Stellung als BRMitgl. ergeben (*DR,* Rn 2). Daher reicht eine grobe Pflichtverletzung, die ein Mitgl. des GesBR nicht in dieser Eigenschaft, sondern in seiner Eigenschaft als Mitgl. des entsendenden BR begangen hat, für einen Ausschluß aus dem GesBR für sich allein nicht aus. Wird allerdings das Mitgl. des GesBR wegen einer Pflichtverletzung gemäß § 23 Abs. 1 aus dem BR ausgeschlossen, so endet auch seine Mitgliedschaft im GesBR, da diese an die Mitgliedschaft im BR gebunden ist (vgl. § 49). Andererseits rechtfertigt eine grobe Pflichtverletzung eines Mitgl. des GesBR in dieser Eigenschaft nicht ohne weiteres den Ausschluß des Mitgl. auch aus dem BR; dies kann nur dann der Fall sein, wenn die Verletzung gleichzeitig eine solche Pflicht betrifft, die ihm auch als BRMitgl. obliegt.

III. Verfahren

1. Antrag

8 Das gerichtliche Ausschlußverfahren setzt einen diesbezüglichen **Antrag** beim zuständigen ArbG voraus.

9 **Antragsberechtigt** sind ein **Viertel der wahlberechtigten ArbN des Unternehmens:** Maßgebend ist die Zahl der wahlberechtigten ArbN im **Zeitpunkt der Antragstellung,** nicht diejenige im Zeitpunkt der Bildung des GesBR (*DR,* Rn 6; *GK-Fabricius,* Rn 10; vgl. auch § 23 Rn 7). Erforderlich ist ein Viertel der wahlberechtigten ArbN **des Unternehmens;** ArbN von betriebsratslosen und nicht betriebsratsfähigen Unternehmen zählen mit (*GL,* Rn 3; *GKSB,* Rn 5; **a. A.** *HSG,* Rn 6). Sie stehen nicht außerhalb der Betriebsverfassung. Der GesBR wird auch in ihrem Interesse tätig. Gleichgültig ist, welcher Gruppe die Antragsteller angehören. Ein Viertel der ArbN eines Betriebs des Unternehmens reicht nicht aus.

Nicht erforderlich ist, daß der Antrag von der Mehrheit der ArbN des Betriebs, aus dessen BR das auszuschließende Mitgl. in den GesBR entsandt worden ist, unterstützt wird. Gleichgültig ist, welcher Gruppe die Antragsteller angehören.

Die erforderliche Mindestzahl der Antragsteller ist zwingend und muß während des gesamten Verfahrens gewahrt sein. Es geht um die Entscheidung in einer akuten Vertrauenskrise. Es gelten die gleichen Grundsätze wie bei einem Antrag auf Ausschluß aus dem BR (vgl. hierzu § 23 Rn 7). Scheidet ein ArbN während des Verfahrens aus dem

Betrieb aus, zählt er bei der Berechnung der notwendigen Mindestzahl der Antragsteller nicht mehr mit.

Antragsberechtigt ist auch der **Arbeitgeber:** Unter ArbGeb. ist hier nicht der „betriebliche ArbGeb.", sondern die Leitung des Unternehmens zu verstehen (vgl. § 1 Rn 76). 10

Schließlich kann auch der **Gesamtbetriebsrat** den Ausschluß eines Mitglieds betreiben. Der Antrag des GesBR bedarf eines förmlichen Beschlusses nach § 51 Abs. 4 i. Vbdg. mit § 47 Abs. 7 (vgl. hierzu § 51 Rn 53ff. und § 47 Rn 40ff.). An diesem Beschluß wirkt das Mitgl. des GesBR, das ausgeschlossen werden soll, nicht mit (*DR,* Rn 8; *GK-Fabricius,* Rn 13). Es ist i. S. des § 51 Abs. 1 i. Vbdg. mit § 25 Abs. 1 Satz 2 „zeitweilig verhindert". Es wird durch das gemäß § 47 Abs. 3 nächstfolgende ErsMitgl. vertreten (*GKSB,* Rn 6; *HSG,* Rn 7; *Weiss,* Rn 2; **a. A.** *DR,* Rn 8; *GK-Fabricius,* Rn 13b, die ein Tätigwerden des Ersatzmitgliedes bei bloßer Verhinderung an der Stimmabgabe nicht zulassen). 11

Dem **einzelnen BR steht kein Antragsrecht** auf Ausschluß eines Mitgl. aus dem GesBR zu, da er die von ihm entsandten Mitgl. jederzeit und ohne Begründung aus dem GesBR abberufen kann (vgl. § 49 Rn 17f.). Hinsichtlich der von anderen BR entsandten Mitgl. des GesBR fehlt dem BR für ein Antragsrecht auf Ausschluß aus dem GesBR die sachliche Legitimation (*DR,* Rn 10; *GK-Fabricius,* Rn 15). 12

Antragsberechtigt ist jede **im Unternehmen vertretene Gewerkschaft.** Im Unternehmen ist eine Gewerkschaft vertreten, wenn mindestens ein ArbN eines Betriebs des Unternehmens bei ihr organisiert ist (vgl. § 2 Rn 26). Das Antragsrecht der Gewerkschaft besteht ohne Rücksicht darauf, ob das auszuschließende Mitgl. des GesBR bei der antragstellenden Gewerkschaft organisiert ist. Auch ist es nicht erforderlich, daß die Gewerkschaft gerade in dem Betrieb vertreten ist, von dessen BR das auszuschließende Mitgl. des GesBR entsandt worden ist (h. M.). 13

2. Rechtskräftige Entscheidung des Arbeitsgerichts

Der Ausschluß aus dem GesBR tritt erst mit **Rechtskraft der gerichtlichen Entscheidung des ArbG** ein (*DR,* Rn 11; *HSG,* Rn 9). Bis dahin bleibt die Mitgliedschaft im GesBR bestehen, es sei denn, das betreffende Mitgl. würde von dem entsendenden BR abberufen oder seine Mitgliedschaft würde aus einem sonstigen Grunde zu einem früheren Zeitpunkt enden (vgl. hierzu § 49). Endet die Mitgliedschaft vor der Entscheidung des ArbG über den Ausschluß aus dem GesBR aus einem anderen Grunde (vgl. § 49), so ist das arbeitsgerichtliche Ausschlußverfahren mangels Rechtsschutzinteresses unzulässig; es kann auf Antrag eingestellt werden (vgl.: **Nach** § 1 Rn 27 und 32f.). 14

Für das ausgeschlossene Mitgl. rückt das gem. § 47 Abs. 3 bestellte ErsMitgl. in der vom entsendenden BR festgelegten Reihenfolge nach. Ist kein ErsMitgl. bestellt worden oder ein ErsMitgl. nicht mehr vorhanden, hat der entsendende BR bzw. im Falle des § 47 Abs. 2 Satz 3 die entsendende Gruppe im BR unverzüglich ein anderes Mitgl. zum Mitgl. 15

des GesBR zu bestellen. Das neue Mitgl. muß derselben Gruppe angehören wie das ausgeschlossene (vgl. § 47 Rn 20ff.).

16 **Gehörte** das aus dem GesBR **ausgeschlossene Mitgl. gleichzeitig dem KBR** an, so **endet** mit dem Verlust der Mitgliedschaft im GesBR auch **die Mitgliedschaft im KBR,** da diese an die im GesBR gebunden ist (vgl. § 57). Dagegen hat der Ausschluß aus dem GesBR **keine Auswirkungen auf die Mitgliedschaft im BR** (vgl. oben Rn 7; h. M.). Das ArbG ist an den gestellten Antrag auf Ausschluß aus dem GesBR gebunden und kann nicht von sich aus ohne einen diesbezüglichen Antrag auch den Ausschluß aus dem BR aussprechen. Wohl ist es zulässig, die Anträge auf Ausschluß aus dem GesBR und auf Ausschluß aus dem BR prozessual miteinander zu verbinden, sofern für beide Anträge dasselbe ArbG örtlich zuständig ist (*GK-Fabricius,* Rn 23). Hierbei ist zu berücksichtigen, daß der Kreis der Antragsberechtigten für einen Antrag auf Ausschluß aus dem GesBR sich nicht unbedingt mit dem der Antragsberechtigten für einen Ausschluß aus dem BR (vgl. hierzu § 23 Rn 7ff.) deckt.

17 Stellt die grobe Pflichtverletzung des Mitgl. des GesBR zugleich einen Grund dar, der den ArbGeb. zu einer **außerordentlichen Kündigung aus wichtigem Grund** ohne Einhaltung einer Kündigungsfrist gemäß § 626 BGB berechtigt, so erlischt mit Beendigung des Arbeitsverhältnisses auf Grund einer außerordentlichen Kündigung sowohl die Mitgliedschaft im BR als auch im GesBR, da beide den Bestand des Arbeitsverhältnisses voraussetzen (vgl. § 24 Abs. 1 Nr. 3 und § 49). Allerdings ist zu berücksichtigen, daß das Mitgl. des GesBR stets auch Mitgl. eines BR ist und die außerordentliche Kündigung von BRMitgl. gemäß § 103 nur mit Zustimmung des betreffenden BR oder auf Grund eines diese Zustimmung ersetzenden arbeitsgerichtlichen Beschlusses zulässig ist. Der GesBR kann die Zustimmung zur außerordentlichen Kündigung nicht erteilen. Hierfür ist ausschließlich der entsendende BR zuständig (*Brecht,* Rn 5).

18 Das gerichtliche Ausschlußverfahren und das Verfahren auf Ersetzung der Zustimmung des BR zur außerordentlichen Kündigung können ebenfalls prozessual miteinander verbunden werden, sofern für beide Anträge dasselbe ArbG örtlich zuständig ist (vgl. hierzu § 23 Rn 17f.).

19 Ist ein **BRMitgl. rechtskräftig** aus dem GesBR **ausgeschlossen,** so wird man es als **unzulässig ansehen müssen,** daß der entsendende BR **während seiner Amtszeit** das ausgeschlossene Mitgl. **wieder zum Mitgl. des GesBR bestellt.** Dies würde eine Umgehung der gerichtlichen Entscheidung darstellen (*DR,* Rn 14; *GL,* Rn 2; *GK-Fabricius,* Rn 21; *GKSB,* Rn 11; *HSG,* Rn 11).

20 Allerdings ist die **erneute Entsendung** des ausgeschlossenen Mitgl. in den GesBR **nach erfolgter Neuwahl des BR** zulässig (*DR,* Rn 14; *HSG,* Rn 11; *Weiss,* Rn 1; einschränkend *GK-Fabricius,* Rn 21: nur nach regelmäßiger Wahl gemäß § 13 Abs. 1). Denn in diesem Falle besteht eine erneute demokratische Legitimation des ausgeschlossenen Mitgl. des GesBR sowohl durch die Belegschaft des Betriebs, dem es angehört, als auch durch den neugewählten BR (vgl. auch § 23 Rn 23).

§ 49 Erlöschen der Mitgliedschaft

Die Mitgliedschaft im Gesamtbetriebsrat endet mit dem Erlöschen der Mitgliedschaft im Betriebsrat, durch Amtsniederlegung, durch Ausschluß aus dem Gesamtbetriebsrat auf Grund einer gerichtlichen Entscheidung oder Abberufung durch den Betriebsrat.

Inhaltsübersicht

I. Vorbemerkung

Die Vorschrift regelt das Erlöschen der Mitgliedschaft der einzelnen Mitgl. im GesBR in Anlehnung an die Gründe für das Erlöschen der Mitgliedschaft im BR nach § 24 Abs. 1. 1

Für die GesJugAzubiVertr. gilt § 49 entsprechend (vgl. § 73 Abs. 2). Für das Erlöschen der Mitgliedschaft im **KBR** enthält § 57 eine Sonderregelung. 2

Die Vorschrift ist **zwingendes Recht.** Weder durch TV noch durch BV kann von ihr abgewichen werden. 3

Entsprechende Vorschrift des **BPersVG 74:** §§ 54, 56 i. Vbg. mit § 29, des **SprAuG:** § 16 Abs. 2. 4

II. Kollektive Beendigungsgründe

Die Beendigung des GesBR als Kollektivorgan ist gesetzlich nicht geregelt. Dies erklärt sich daraus, daß der GesBR keine gesetzlich festumgrenzte Amtszeit hat. Vielmehr ist der GesBR, sobald er gem. § 47 Abs. 2 errichtet ist, eine **Dauereinrichtung** (vgl. § 47 Rn 19; *DR,* Rn 2; *GKSB,* Rn 1; *Brecht,* § 48 Rn 2; **a. A.** *GK-Fabricius,* Rn 15; *Schaub,* § 224 VI 1). Seine Mitgl. ergänzen sich immer wieder dadurch, daß die BR der einzelnen Betriebe die aus dem GesBR ausscheidenden Mitgl. durch neu entsandte BRMitgl. ersetzen. Allerdings ergibt sich aus dem **festen Wahlzeitraum für die regelmäßigen BRWahlen** (vgl. § 13 Abs. 1), daß der GesBR im Anschluß an diese regelmäßigen Wahlen und die dadurch bedingte Neuentsendung von BRMitgl. in den GesBR in personeller Hinsicht vielfach eine **neue Zusammensetzung** erhält und auch den Vors. und stellvertr. Vors. sowie die Mitgl. seiner Ausschüsse neu zu bestellen hat (vgl. ArbG Stuttgart, DB 76, 1160). Das bedeutet jedoch weder eine kollektive Beendigung noch den Beginn einer neuen Amtszeit des GesBR, vielmehr ändert sich in solchen Fällen lediglich seine 5 personelle Zusammensetzung einschließlich der Person des Vors. und seines Stellvertreters.

6 Das Gesetz kennt auch **keine sonstigen kollektiven Beendigungstatbestände.** Insbesondere besteht auch keine Möglichkeit einer gerichtlichen Auflösung des GesBR (vgl. hierzu § 48 Rn 5).

7 Auch ein **kollektiver Rücktritt** des GesBR mit der Folge seines völligen Wegfalls ist **nicht möglich** (*DR,* Rn 2; *GKSB,* Rn 5). Erklären die Mitgl. des GesBR geschlossen ihren „Rücktritt", so handelt es sich rechtlich um die Summe von einzelnen Amtsniederlegungen der Mitgl. des GesBR (zur Amtsniederlegung vgl. Rn 12ff.). Dies führt nicht zu einem Wegfall des Organs „GesBR". Vielmehr rücken in diesem Falle die gem. § 47 Abs. 3 bestellten ErsMitgl. entsprechend der festgelegten Reihenfolge in den GesBR nach. Sind in den einzelnen BR keine ErsMitgl. mehr vorhanden, so müssen die betreffenden BR unverzüglich die von ihnen in den GesBR zu entsendenden Mitgl. neu bestellen (*HSG,* § 48 Rn 10; *Brecht,* Rn 6).

8 Eine Beendigung des GesBR tritt jedoch dann ein, wenn nachträglich die Voraussetzungen für seine Bildung entfallen (vgl. hierzu § 47 Rn 19).

III. Ausscheiden einzelner Mitglieder

1. Erlöschen der Mitgliedschaft im Betriebsrat

9 Die Beendigung der Mitgliedschaft im BR hat stets das Erlöschen der Mitgliedschaft im GesBR zur Folge. Das ergibt sich daraus, daß der BR nach § 47 Abs. 2 nur eigene Mitgl. in den GesBR entsenden kann (vgl. § 47 Rn 20ff.; BAG 15. 12. 1961, AP Nr. 1 zu § 47 BetrVG; *DR,* Rn 3; *GL,* Rn 2; *HSG,* Rn 5).

10 Die Tatbestände, die ein **Erlöschen der Mitgliedschaft im BR** zur Folge haben, sind im einzelnen in § 24 geregelt. Es handelt sich hierbei insbesondere um

- die **Beendigung der Amtszeit des BR** (vgl. § 24 Rn 7). Soweit ein BR bei vorzeitiger Beendigung seiner Amtszeit zur Weiterführung der Geschäfte befugt ist (vgl. § 22), bleiben seine Mitgl. auch Mitgl. des GesBR,
- Niederlegung des Betriebsratsamts,
- die **Beendigung des Arbeitsverhältnisses** (vgl. § 24 Rn 11ff.),
- den **Verlust der Wählbarkeit** (vgl. § 24 Rn 23),
- den **Ausschluß aus dem BR** oder die **Auflösung des BR** auf Grund einer gerichtlichen Entscheidung (vgl. § 23 Rn 5ff.),
- die **gerichtliche Entscheidung** über die **Feststellung der Nichtwählbarkeit** nach Ablauf der Anfechtungsfrist für die BRWahl (vgl. § 24 Rn 26).

Über sonstige Beendigungsgründe der Mitgliedschaft im BR vgl. § 24 Rn 2.

11 **Kein Erlöschen der Mitgliedschaft** im GesBR hat ein **Wechsel der Gruppenzugehörigkeit** zur Folge (vgl. § 24 Abs. 2); das BRMitgl.

bleibt vielmehr Vertr. der Gruppe, für die es entsandt worden ist (*DR,* Rn 11; *GL,* Rn 3).

2. Amtsniederlegung

12 Die Amtsniederlegung ist die **freiwillige Aufgabe des Amts** eines Mitgl. des GesBR. Sie kann **jederzeit** erklärt werden und ist an **keine Form** gebunden. Sie muß eindeutig sein. Sie ist gegenüber dem Vors. des GesBR zu erklären, der den entsendenden BR hiervon unverzüglich zu unterrichten hat (*DR,* Rn 12; *GL,* Rn 5). Mit dem Zeitpunkt, in dem die Erklärung der Amtsniederlegung dem Vors. des GesBR zugeht, ist die Mitgliedschaft im GesBR beendet, sofern nicht das Mitgl. des GesBR einen anderen Zeitpunkt für die Beendigung seines Amts festgelegt hat. Die Erklärung der Amtsniederlegung kann mit Rücksicht auf die Rechtsfolge der Beendigung der Mitgliedschaft im GesBR **nicht zurückgenommen** oder **widerrufen** werden. Sie kann auch **nicht angefochten** werden (*DR,* Rn 12; *HSG,* Rn 7; vgl. auch § 24 Rn 8ff.).

13 Die Amtsniederlegung steht einer erneuten Entsendung in den GesBR nicht entgegen, auch wenn sie nach kurzer Zeit erfolgt (*DR,* Rn 12; *HSG,* Rn 8).

14 Der einzige BR (früher Betriebsobmann) oder der einzige Gruppenvertr. im BR, der dem GesBR ohne einen förmlichen Entsendungsakt angehört (vgl. § 47 Rn 24), kann zwar auch die Mitgliedschaft im GesBR niederlegen; jedoch dürfte dies in aller Regel eine grobe Pflichtverletzung i. S. von § 23 Abs. 1 darstellen, die eine Amtsenthebung als BR bzw. als Mitgl. des BR rechtfertigt (*DR,* Rn 13; vgl. auch § 47 Rn 6).

15 Die Amtsniederlegung des einzelnen Mitgl. des GesBR bezieht sich auf die Mitgliedschaft im GesBR. Sie läßt die Mitgliedschaft im BR unberührt. War allerdings das Mitgl. vom GesBR in den KBR entsandt, so endet mit der Amtsniederlegung auch die Mitgliedschaft im KBR (vgl. § 57). Legt ein Mitgl. das BRAmt nieder, so endet damit auch seine Mitgliedschaft im GesBR.

3. Ausschluß auf Grund einer gerichtlichen Entscheidung

16 Bei diesem Beendigungsgrund handelt es sich um den Ausschluß aus dem GesBR **wegen grober Verletzung der** dem Mitgl. des GesBR obliegenden **gesetzlichen Verpflichtungen** durch eine rechtskräftige gerichtliche Entscheidung gem. § 48. Näheres hierzu vgl. § 48 Rn 5ff. Die Mitgliedschaft im GesBR endet mit Rechtskraft der gerichtlichen Entscheidung.

4. Abberufung durch den Betriebsrat

17 Der entsendende BR kann nach § 47 Abs. 2 Satz 4, ggf. unter Berücksichtigung der besonderen Gruppenrechte nach § 47 Abs. 2 Sätze 2 und 3, **jederzeit und ohne Vorliegen besonderer Voraussetzungen** die in

den GesBR entsandten Mitgl. wieder **abberufen** (Näheres § 47 Rn 33f.). Die Abberufung bedarf eines Beschlusses des BR bzw. im Falle des § 47 Abs.2 Satz 3 der betreffenden Gruppe im BR (*DR,* § 47 Rn 31; *GL,* Rn 7f.). Eine besondere Mehrheit ist nicht erforderlich.

Die Abberufung wird mit Mitteilung der Abberufung durch den Vors. des BR an den Vors. des GesBR wirksam (*Brecht,* Rn 5; *HSG,* Rn 13). Mit der Abberufung endet gleichzeitig eine eventuelle Mitgliedschaft im KBR (§ 57).

18 Das **abberufene Mitgl. des GesBR** hat grundsätzlich **nicht die Möglichkeit,** dem Abberufungsbeschluß des BR mit Erfolg **zu widersprechen.** Der BR bzw. die betreffende Gruppe entscheidet frei darüber, welches Mitgl. des BR er bzw. im Falle des § 47 Abs. 2 Satz 3 die Gruppe in den GesBR entsenden will (einschränkend *GL,* Rn 7; *HSG,* Rn 14: pflichtgemäßes Ermessen). Wohl kann eine Gruppe unter den Voraussetzungen des § 35 die **Aussetzung eines Abberufungsbeschlusses** des BR für die Dauer von einer Woche verlangen, wenn die Mehrheit der Gruppe den Beschluß als eine erhebliche Beeinträchtigung wichtiger Interessen der durch sie vertretenen ArbN ansieht (vgl. hierzu § 35 Rn 5ff.).

5. Nachrücken von Ersatzmitgliedern

19 Für das aus dem GesBR ausscheidende Mitgl. rückt das gem. § 47 Abs. 3 bestellte **ErsMitgl. entsprechend der festgelegten Reihenfolge** nach, wenn nicht der BR bzw. bei Gruppenentscheid gem. § 47 Abs. 2 Satz 3 die betreffende Gruppe eine Neubestellung des in den GesBR zu entsendenden Mitgl. und des ErsMitgl. vornimmt.

IV. Streitigkeiten

20 Streitigkeiten über den Fortbestand der Mitgliedschaft im GesBR, über die Wirksamkeit einer Amtsniederlegung oder Abberufung sowie über das Nachrücken von ErsMitgl. entscheiden die **ArbG im BeschlVerf.** (§§ 2a, 80ff. ArbGG). **Örtlich zuständig** ist im allgemeinen das für den Sitz des Unternehmens zuständige ArbG. Dagegen ist das für den Sitz des BR örtlich zuständige ArbG bei Streitigkeiten über die Wirksamkeit eines Abberufungsbeschlusses des entsendenden BR oder über das Erlöschen der Mitgliedschaft im BR zuständig.

§ 50 Zuständigkeit

(1) **Der Gesamtbetriebsrat ist zuständig für die Behandlung von Angelegenheiten, die das Gesamtunternehmen oder mehrere Betriebe betreffen und nicht durch die einzelnen Betriebsräte innerhalb ihrer Betriebe geregelt werden können. Er ist den einzelnen Betriebsräten nicht übergeordnet.**

(2) **Der Betriebsrat kann mit der Mehrheit der Stimmen seiner Mitglieder den Gesamtbetriebsrat beauftragen, eine Angelegenheit für ihn zu behandeln. Der Betriebsrat kann sich dabei die Entscheidungsbefugnis vorbehalten. § 27 Abs. 3 Satz 3 und 4 gilt entsprechend.**

Inhaltsübersicht

I. Vorbemerkung

Die Vorschrift regelt die **Rechtsstellung des GesBR gegenüber den einzelnen BR.** Ferner legt sie die **Zuständigkeit** des GesBR fest und grenzt sie gegen die Zuständigkeit der BR der einzelnen Betriebe des Unternehmens ab. 1

Für die **GesJugAzubiVertr.** gilt § 50 entsprechend (vgl. § 73 Abs. 2). Zur Zuständigkeit des **KBR** vgl. § 58. 2

Die Vorschrift ist **zwingend** und kann weder durch TV noch BV abgedungen werden. Allerdings können dem GesBR für Bereiche, die im Gesetz nicht abschließend geregelt sind, durch TV Zuständigkeiten übertragen werden. 3

Entsprechende Vorschrift des **BPersVG 74:** § 82, des **SprAuG:** § 18 Abs. 1 und 2. 4

II. Rechtsstellung des Gesamtbetriebsrats

Der GesBR ist ein **selbständiges betriebsverfassungsrechtliches Organ. Er ist den BR der Einzelbetriebe des Unternehmens weder übergeordnet** (vgl. Abs. 1 Satz 2) **noch untergeordnet.** Er ist also weder verpflichtet, Weisungen der einzelnen BR zu folgen, noch ist er berechtigt, diesen Weisungen zu erteilen. Ebenso kann der GesBR **keine verbindlichen Richtlinien** für BV oder für die Behandlung von Angelegenheiten durch die BR der einzelnen Betriebe des Unternehmens festlegen. (*DR,* Rn 28; *GL,* Rn 2; *GK-Fabricius,* Rn 6; *GKSB,* Rn 1 und 5; *Weiss,* Rn 1; *Brill,* ArbuR 83, 169). 5

Der GesBR darf sich bemühen, etwaige gleichartige Regelungen der BR der Einzelbetriebe zu **koordinieren,** wie er überhaupt als Verbindungsorgan zwischen den einzelnen BR tätig werden kann. Diese Koor- 6 dinierungstätigkeit kann nur darin bestehen, eine freiwillige gleichartige Regelung einer Angelegenheit durch die einzelnen BR herbeizuführen. Eine bestimmende Einflußnahme auf die Willensbildung der einzelnen BR steht dem GesBR nicht zu (*DR,* Rn 28; *GL,* Rn 2; *GK-Fabricius,* Rn 6; *Brill,* a. a. O.).

7 Der GesBR ist **kein „Überbetriebsrat"** in dem Sinne, daß ihm bei einer fehlenden Einigung zwischen ArbGeb. und den einzelnen BR eine Entscheidungskompetenz zuwächst. Vielmehr ist er ein gleichberechtigt neben den BR bestehendes betriebsverfassungsrechtliches Organ, das grundsätzlich die gleichen Rechte und Pflichten wie der BR hat.

8 Soweit der GesBR zuständig ist, haben die BR der einzelnen Betriebe keine Zuständigkeit. Soweit die BR zuständig sind, fehlt dem GesBR die Zuständigkeit, außer im Fall des Auftrags (Abs. 2). Das Gesetz enthält keine generelle Zuweisung von bestimmten Mitwirkungs- und Mitbestimmungsrechten nur an den GesBR oder nur an die einzelnen BR. Der Unterschied zwischen GesBR und BR besteht – abgesehen von Besonderheiten in organisatorischen Fragen – lediglich in dem unterschiedlichen Zuständigkeitsbereich, der danach abgegrenzt ist, daß der BR für die Behandlung von Angelegenheiten auf der betrieblichen, der GesBR für die Behandlung von Angelegenheiten auf der überbetrieblichen Ebene, sofern diese nicht von den einzelnen BR geregelt werden können, zuständig ist. Innerhalb ihres jeweiligen Zuständigkeitsbereichs haben GesBR und BR jedoch die gleichen Rechte und Pflichten.

9 Im Zweifel ist der BR zuständig, nicht der GesBR. Das Gesetz geht von einer **Primärzuständigkeit** des BR aus. Der BR steht den im BetrVG angesprochenen sozialen Problemen der ArbN näher als der GesBR. Der GesBR wird deshalb – ausnahmsweise – unter bestimmten Voraussetzungen tätig (BAG 30. 4. 1981, AP Nr. 12 zu § 99 BetrVG 1972; *DR,* Rn 2; *GKSB,* Rn 4; *Weiss,* Rn 2).

10 Da § 50 Abs. 1 nur eine Zuständigkeitsabgrenzung zwischen BR und GesBR enthält, hat die Zuständigkeit des GesBR **keine Ausweitung der Mitwirkungs- und Mitbestimmungsrechte** zur Folge, soweit diese von einer bestimmten **Belegschaftsstärke** in den einzelnen Betrieben abhängen (*DR,* Rn 27; *GL,* Rn 2; *HSG,* Rn 5; *Weiss,* Rn 4; vgl. auch *Rumpff,* Mitbestimmung in wirtschaftlichen Angelegenheiten, unter H 1.4; **a. A.** *Mothes,* ArbuR 74, 329). So besteht z. B. ein erzwingbares Mitbestimmungsrecht des BR bei der Aufstellung von personellen Auswahlrichtlinien nach § 95 Abs. 2 nur in Betrieben mit mehr als 1000 ArbN. Ferner bestehen die Beteiligungsrechte des BR bei Betriebsänderungen nur in Betrieben mit in der Regel mehr als 20 wahlberechtigten ArbN. Diese zahlenmäßigen Voraussetzungen für die Beteiligungsrechte des BR in den einzelnen Betrieben bleiben auch maßgebend, soweit für die Behandlung einer derartigen Angelegenheit gem. § 50 Abs. 1 die Zuständigkeit des GesBR gegeben sein sollte. In diesem Falle ist nicht etwa die Belegschaftsstärke des Unternehmens oder der Betriebe, die von der zu regelnden Angelegenheit betroffen werden, für die Frage entscheidend, ob die erforderlichen Voraussetzungen für eine Mitwirkung der ArbN gegeben sind oder nicht (**a. A.** *Mothes,* a. a. O.).

11 Betrifft z. B. eine Betriebsänderung i. S. von § 111 mehrere Betriebe, von denen jedoch keiner mehr als 20 wahlberechtigte ArbN beschäftigt, so stehen dem GesBR keine Beteiligungsrechte zu. Ist jedoch unter den mehreren Betrieben, die von einer Betriebsänderung erfaßt werden, auch ein Betrieb mit weniger als 20 ArbN, so erstrecken sich die Beteiligungsrechte des GesBR nach §§ 111ff. auch auf diesen Betrieb. Das folgt hinsichtlich des Interessenausgleichs aus der Notwendigkeit der einheitlichen Regelung, die ja erst die Zuständigkeit des GesBR begründet; hinsichtlich des Abschlusses eines Sozialplans ergibt sich dies aus dem Gleichbehandlungsgrundsatz, der es verbietet, ArbN, die durch ein und dieselbe Maßnahme des ArbGeb. betroffen werden, unterschiedlich zu behandeln (*DR,* Rn 27; vgl. auch § 111 Rn 4). Entsprechendes gilt für die Initiative des GesBR zur Aufstellung von Auswahlrichtlinien (vgl. hierzu § 95 Rn 6).

12 Ist die Zuständigkeit des GesBR begründet, nimmt er die Rechte eines BR auch für solche Betriebe wahr, die nicht betriebsratsfähig sind oder in denen kein BR besteht (*DR,* § 47 Rn 13; *GL,* § 47 Rn 11; *Mothes,* ArbuR 74, 328; *Weiss,* Rn 4; *GKSB,* Rn 2; **a. A.** BAG 16. 8. 1983, AP Nr. 5 zu § 50 BetrVG 1972; *GK-Fabricius,* Rn 34ff.; *HSG,* § 47 Rn 16; *Blomeyer,* DB 67, 2225).

13 Die nur dem EinzelBR zustehenden Mitbestimmungsrechte kann der GesBR in einem betriebsratslosen Betrieb nicht ausüben (*DR,* Rn 31; *GL,* § 47 Rn 11; *HSG,* § 47 Rn 16).

14 Soweit eine Zuständigkeit des **GesBR** kraft Gesetzes besteht, dieser jedoch von ihr **keinen Gebrauch** macht, bleiben die einzelnen BR zur Regelung der Angelegenheit befugt. Auch dies folgt aus der grundsätzlichen Primärzuständigkeit des BR (vgl. BAG 19. 3. 1981, AP Nr. 14 zu § 80 BetrVG 1972; *DR,* Rn 29; *GL,* Rn 21, anders wohl Rn 2; *GKSB,* Rn 8; **a. A.** aber BAG 6. 4. 1976, AP Nr. 2 zu § 50 BetrVG 1972; *GK-Fabricius,* Rn 38ff.; *HSG,* Rn 5; *Weiss,* Rn 3). Insofern besteht ein vergleichbares Verhältnis wie zwischen Bund und Ländern im Bereich der konkurrierenden Gesetzgebung, bei der nach Art. 72 GG die Zuständigkeit der Länder erst dann ausgeschlossen ist, wenn der Bund von seinem Gesetzgebungsrecht Gebrauch gemacht hat.

15 **Verhandlungspartner** des GesBR ist bei den kraft Gesetzes in seine Zuständigkeit fallenden überbetrieblichen Angelegenheiten im allgemeinen die **Unternehmensleitung.** Hat diese derartige Angelegenheiten – z. B. die Verwaltung aller Sozialeinrichtungen des Unternehmens – einer bestimmten Betriebsleitung zur „federführenden Bearbeitung“ zugewiesen, ist **auch** diese **Betriebsleitung** Verhandlungspartner des GesBR. Bei einer Beauftragung des GesBR nach Abs. 2 kann sich die Unternehmensleitung entsprechend dem mit dieser Delegationsmöglichkeit verfolgten Zweck dem Wunsch des GesBR, die Angelegenheit mit ihr zu erörtern, selbst dann nicht entziehen, wenn sie die Angelegenheit der Betriebsleitung zur Entscheidung delegiert hat (*HSG,* Rn 7). Der GesBR kann in diesem Falle aber auch mit der Betriebsleitung verhandeln (*GL,* Rn 16; *GK-Fabricius,* Rn 64, wohl auch *DR,* Rn 44).

16 Für die Art und Weise der Erledigung der in die Zuständigkeit des

GesBR fallenden Aufgaben gilt grundsätzlich das gleiche wie beim BR (vgl. § 51 Abs. 6). Insbesondere können vom GesBR im Rahmen seiner Zuständigkeit auch **BV mit der Unternehmensleitung** abgeschlossen werden, wobei es nicht unbedingt erforderlich ist, daß sich diese BV auf alle Betriebe des Unternehmens erstrecken (*GL,* Rn 21f.). Zur GesBV vgl. Rn 53ff.

III. Zuständigkeit des Gesamtbetriebsrats kraft Gesetzes

1. Allgemeines

17 Bei der Zuständigkeit des GesBR ist zu unterscheiden zwischen einer Zuständigkeit kraft Gesetzes (Abs. 1 S. 1) und der kraft Auftrags (Abs. 2; vgl. hierzu Rn 45ff.). Die **Zuständigkeit des GesBR kraft Gesetzes** ist von **zwei Voraussetzungen** abhängig:

- Einmal muß die Angelegenheit entweder **das Gesamtunternehmen oder zumindest mehrere Betriebe des Unternehmens** betreffen.
- Zum anderen darf diese Angelegenheit **nicht durch die einzelnen BR innerhalb ihrer Betriebe geregelt werden können.**

a) Überbetriebliche Angelegenheiten

18 Der GesBR ist von Gesetzes wegen nur zuständig für Angelegenheiten, die über den betrieblichen Bereich hinausgehen. Es muß sich um **überbetriebliche Angelegenheiten** handeln (*DR,* Rn 4; *GL,* Rn 5).

Angelegenheiten, die **nur einen Betrieb** betreffen, gehören **ausschließlich zur Zuständigkeit des BR dieses Betriebs.** Befaßt sich der GesBR trotz fehlenden Auftrags des BR nach Abs. 2 mit derartigen Angelegenheiten, so greift er in die Zuständigkeit des BR ein und verstößt damit gegen die ihm obliegenden gesetzlichen Pflichten. In solchen Angelegenheiten gefaßte Beschlüsse des GesBR oder zwischen ihm und dem ArbGeb. getroffene Vereinbarungen sind mangels Zuständigkeit des GesBR unwirksam (*DR,* Rn 4). Es ist allerdings zulässig, daß der an sich zuständige EinzelBR einen Beschluß des GesBR oder eine zwischen diesem und dem ArbGeb. getroffene Vereinbarung nachträglich genehmigt. Denn wenn es zulässig ist, daß der einzelne BR dem GesBR eine Angelegenheit zur selbständigen Erledigung überträgt, muß auch eine nachträgliche Genehmigung zulässig sein. Hierbei bedarf die Genehmigung ebenso wie der Übertragungsbeschluß nach Abs. 2 der Mehrheit der Stimmen der Mitgl. des BR. Die Genehmigung hat rückwirkende Kraft.

b) Keine betriebliche Regelungsmöglichkeit

19 Außer dem überbetrieblichen Charakter der Angelegenheit erfordert die Zuständigkeit des GesBR weiter, daß die Angelegenheit **„nicht durch die einzelnen BR innerhalb ihrer Betriebe geregelt werden" kann.** Die Primärzuständigkeit liegt beim BR (vgl. Rn 9). Nicht bereits

durch den überbetrieblichen Charakter einer Angelegenheit soll die Zuständigkeit der BR zugunsten des GesBR ausgeschlossen sein, sondern nur dann, wenn eine Regelung der Angelegenheit durch die EinzelBR nicht möglich ist.

Allerdings kann das negative Abgrenzungsmerkmal „nicht durch die BR innerhalb ihrer Betriebe geregelt werden können" **nicht dahin verstanden** werden, daß es **objektiv unmöglich** sein müßte, die Angelegenheit durch die BR der einzelnen Betriebe zu regeln (BAG 23. 9. 1975, AP Nr. 1 zu § 50 BetrVG 1972; *DR,* Rn 6, 10; *GL,* Rn 6; *GK-Fabricius,* Rn 14; *HSG,* Rn 11; *Weiss,* Rn 2; *Müller,* Festschrift für Küchenhoff, Bd. 1, S. 290). Denn dann würde, da die Möglichkeit von Parallelvereinbarungen aller BR der einzelnen Betriebe eines Unternehmens nicht auszuschließen ist, eine Zuständigkeit des GesBR überhaupt nicht bestehen. Das würde jedoch nicht nur dem Sinn des § 50, sondern auch der Tatsache widersprechen, daß die Bildung des GesBR in Unternehmen mit mehreren Betrieben obligatorisch vorgeschrieben ist (anders noch BAG 5. 2. 1965, AP Nr. 1 zu § 56 BetrVG Urlaubsplan; *GKSB,* Rn 7; *Kittner,* BlStR 76, 232). 20

Aus diesem Grunde ist die negative Voraussetzung „nicht durch die einzelnen BR geregelt werden können" auch gegeben, wenn bei vernünftiger Würdigung eine **zwingende sachliche Notwendigkeit für eine einheitliche Regelung** der betreffenden Angelegenheit innerhalb des Unternehmens besteht. Hierbei kann sich diese Notwendigkeit einer einheitlichen Regelung insbesondere aus technischen Gründen (z. B. einer unumgänglichen produktionstechnischen Abstimmung), aber auch aus rechtlichen Gründen (z. B. aus dem Gesichtspunkt der Gleichbehandlung der ArbN bei Maßnahmen des Unternehmens, die über einen Betrieb hinausgehen) ergeben. Allerdings ist im Hinblick auf die grundsätzliche Primärzuständigkeit des BR eine zwingende sachliche Notwendigkeit der einheitlichen Regelung der Angelegenheit nur dann anzuerkennen, wenn sich diese Notwendigkeit aus der **Natur der Sache aufdrängt,** d. h. wenn eine unterschiedliche Regelung der Angelegenheit sachlich oder rechtlich nicht zu rechtfertigen ist (ständige Rspr. des BAG, vgl. zuletzt BAG 20. 4. 1982, DB 82, 1674; BAG 6. 12. 88, AP Nr 37 zu § 87 BetrVG 1972 Lohngestaltung in Bezug auf Lohngerechtigkeit; *GK-Fabricius,* Rn 17; *Weiss,* Rn 2; *Blomeyer,* DB 67, 222; **weitergehend** wohl *DR,* Rn 7ff., 11, die darauf abstellen, daß es nach der Regelungsmaterie objektiv vernünftig ist, sie einheitlich zu gestalten; *GL,* Rn 7; **enger** dagegen *GKSB,* Rn 5 und 7, die die Zuständigkeit des GesBR verneinen, wenn die Regelung durch parallele Vereinbarungen der einzelnen BR erfolgen kann; *Kittner,* BlStR 76, 232, der darauf abstellt, ob die zu regelnde Angelegenheit als Ganzes notwendigerweise auf das ganze Unternehmen bzw. mehrere Betriebe des Unternehmens bezogen und deshalb der funktionalen Zuständigkeit der EinzelBR entzogen ist). 21

Nach dem insoweit eindeutigen Wortlaut des Gesetzes reicht die **bloße Zweckmäßigkeit einer einheitlichen Regelung nicht** aus, um die Zuständigkeit des GesBR zu begründen (*Brecht,* Rn 3; *GL,* Rn 6; *GK-* 22

Fabricius, Rn 15; *GKSB*, Rn 5; *HSG*, Rn 10; *Weiss*, Rn 2; LAG Düsseldorf, BB 64, 759). Deshalb begründet auch ein **bloßes Koordinierungsinteresse des Unternehmens,** d. h. sein Bestreben nach möglichst einheitlichen Regelungen von Angelegenheiten innerhalb des Unternehmens, **nicht schon die Zuständigkeit des GesBR** (BAG 23. 9. 1975, AP Nr. 1 zu § 50 BetrVG 1972; *DR*, Rn 8; *HSG*, Rn 10).

23 In Unternehmen, in denen die maßgebenden Arbeitgeberentscheidungen der Unternehmensleitung vorbehalten sind, dürfte das Bestreben nach einheitlichen Regelungen von Angelegenheiten eher gegeben sein als in Unternehmen, die derartige Entscheidungen weitgehend den einzelnen Betriebsleitungen überlassen. Doch kann die **Unternehmensleitung** durch **Konzentration der Entscheidungsgewalt** die an sich gegebene **Primärzuständigkeit des BR für Fragen der Einzelbetriebe nicht ausschalten** (*GKSB*, Rn 6; *Weiss*, Rn 2; **a. A.** *HSG*, Rn 12 mit der Begründung, häufig könnten die BR Entscheidungen auf Unternehmensebene nicht durchschauen). Die Zuständigkeit des GesBR wird nicht dadurch positiv oder negativ beeinflußt, daß dem Vorstand des Unternehmens ein Arbeitsdirektor nach § 33 MitbestG angehört (zu dem Aufgabengebiet des Arbeitsdirektors vgl. *Fitting/Wlotzke/Wißmann*, § 33 Rn 28 mit weit. Nachw.).

c) Rahmenkompetenz des Gesamtbetriebsrats

24 Auch soweit danach eine Zuständigkeit des GesBR gegeben ist, ist im Einzelfall stets zu prüfen, ob tatsächlich eine ins einzelne gehende Regelung durch eine Vereinbarung zwischen ArbGeb. und GesBR erforderlich ist oder ob nicht und ggf. in welchem Maße **den einzelnen BR die nähere Ausgestaltung von vereinbarten Grundsätzen überlassen werden muß** (vgl. hierzu *Kittner*, BlStR 76, 235). Im Hinblick auf die **grundsätzliche Primärzuständigkeit der BR** (vgl. oben Rn 9) muß sich eine Vereinbarung zwischen GesBR und ArbGeb. auf das **unbedingt Erforderliche beschränken** (*GKSB*, Rn 10). In der Praxis werden dementsprechend z. B. für den Einsatz von Bildschirmgeräten, elektronisch gesteuerten Datenverarbeitungssystemen oder integrierten Personalinformationssystemen mit dem GesBR lediglich Rahmen-GesBV abgeschlossen. Durch die Beschränkung der Regelungsbefugnis auf den Rahmen oder die Grundsätze wird die Zuständigkeit des GesBR nicht erweitert (so aber *Keim*, BB 87, 962), sondern – entsprechend den Grundsätzen über die Verteilung der Zuständigkeit (vgl. Rn 9) – eingeschränkt.

2. Einzelheiten

a) Soziale Angelegenheiten

25 Im Bereich der **sozialen Angelegenheiten** besteht in der Regel die **Zuständigkeit des BR** und nicht des GesBR, da diese Angelegenheiten in erster Linie konkret betriebsbezogen sind und eine objektive sachliche Notwendigkeit für eine gemeinsame Regelung nur in Ausnahmefällen gegeben sein dürfte (BAG 23. 9. 1975, AP Nr. 1 zu § 50 BetrVG 1972; LAG Düsseldorf/Köln, EzA § 50 BetrVG 1972 Nr. 5 (betr. Torkontrolle); *DR,* Rn 12; *GL,* Rn 8). Allerdings gehört die Wahrnehmung der Beteiligungsrechte bei unternehmensbezogenen Sozialleistungen (vgl. Rn 32) und bei der Errichtung, Form, Ausgestaltung und Verwaltung von **Sozialeinrichtungen, deren Wirkungsbereich sich auf das Unternehmen** erstreckt (vgl. § 87 Abs. 1 Nr. 8, § 88 Nr. 2) zur Zuständigkeit des GesBR, so etwa bei einer unternehmenseinheitlichen Altersversorgung (BAG 30. 1. 1970, AP Nr. 142 zu § 242 BGB Ruhegehalt; BAG 25. 3. 1971, AP Nr. 5 zu § 57 BetrVG; BAG 5. 5. 1977, AP Nr. 3 zu § 50 BetrVG 1972; BAG 19. 3. 1981, AP Nr. 14 zu § 80 BetrVG 1972; BAG 8. 12. 1981, AP Nr. 1 zu § 1 BetrAVG Ablösung; *DR,* Rn 12; *GL,* Rn 8; *GKSB,* Rn 11; *HSG,* Rn 23). Bestehen Meinungsverschiedenheiten darüber, ob eine auf Unternehmensebene bestehende Regelung als eine Sozialeinrichtung i. S. von § 87 Abs. 1 Nr. 8 anzusehen ist, so ist der GesBR zur Einleitung eines Beschlußverfahrens zur Klärung dieser Frage zuständig (BAG 5. 5. 1977, a. a. O.; LAG Frankfurt BB 77, 796).

26 Bei Fragen der **Auszahlung des Arbeitsentgelts** besteht grundsätzlich eine Zuständigkeit des einzelnen BR; das gilt auch bei Regelungen über die Erstattung von Kontoführungsgebühren oder die Gewährung von Freizeit zum Aufsuchen der Kreditinstitute (vgl. BAG, DB 82, 1674). Etwas anderes kann ausnahmsweise bei der Einführung einer für das gesamte Unternehmen zentral geführten und computergesteuerten Entgeltabrechnung gelten (vgl. LAG Berlin, DB 79, 2091; **a. A.** *GKSB,* Rn 15). Jedoch beschränkt sich in diesem Falle die Zuständigkeit des GesBR auf die Regelungen, die infolge der zentralen Abrechnung notwendigerweise einheitlich getroffen werden müssen. Soweit dies nicht der Fall ist, verbleibt es bei der Zuständigkeit der einzelnen BR. Im Hinblick auf die Flexibilität von Computern dürfte jedenfalls die Frage der Zeit der Auszahlung der Arbeitsentgelte auch bei einer zentralen Entgeltabrechnung weiterhin der Mitbestimmung der einzelnen BR unterliegen.

27 Die Zuständigkeit des GesBR kann in Ausnahmefällen auch bei der **Aufstellung des Urlaubsplans** zu bejahen sein, wenn alle oder ein Teil der Betriebe eines Unternehmens in ihrem arbeitsmäßigen Zusammenspiel derart miteinander verflochten sind, daß sich aus dieser arbeitsmäßigen Verzahnung heraus die sachliche Notwendigkeit einer einheitlichen Regelung ergibt (*DR,* Rn 14; *GK-Fabricius,* Rn 25; *HSG,* Rn 18; einschränkend *GL,* Rn 8; **a. A.** BAG 5. 2. 1965, AP Nr. 1 zu § 56 BetrVG Urlaubsplan; *GKSB,* Rn 12); das wird allenfalls bei allgemeinen, im Unternehmen aufeinander abgestimmten Betriebsferien zutreffen. Für die Zuständigkeit der BR sprechen unterschiedliche Ferienregelungen in den Ländern.

28 Bei der Festlegung des **Beginns und des Endes der Arbeitszeit** kann ausnahmsweise eine Zuständigkeit des GesBR gegeben sein, wenn alle oder doch mehrere Betriebe produktionstechnisch derart miteinander verbunden sind, daß nur eine einheitliche Regelung sachlich zu rechtfertigen ist (vgl. BAG 23. 9. 1975, AP Nr. 1 zu § 50 BetrVG 1972; LAG Düsseldorf, BB 64, 759; *DR,* Rn 14; *GL,* Rn 8; *GKSB,* Rn 13).

29 Die Einführung von **Kurzarbeit** fällt grundsätzlich in die Zuständigkeit der EinzelBR. Das ergibt sich nicht nur daraus, daß die §§ 64ff. AFG hinsichtlich der Voraussetzungen für die Gewährung von Kurzarbeitergeld auf den Betrieb abstellen, sondern insbesondere aus dem Umstand, daß die Notwendigkeit der Kurzarbeit nach der konkreten Beschäftigungslage im einzelnen Betrieb zu beurteilen ist. Eine Zuständigkeit des GesBR kann ausnahmsweise in Betracht kommen, wenn mehrere Betriebe produktionstechnisch so eng miteinander verbunden sind, daß die Kurzarbeit in einem Betrieb notwendigerweise eine Produktionseinschränkung in einem oder mehreren anderen Betrieben zur Folge hat (*DR,* Rn 14; einschränkend BAG 29. 11. 1978, AP Nr. 18 zu § 611 BGB Bergbau: Eine Zuständigkeit des GesBR bei der Einführung von Kurzarbeit soll nur im Wege der Beauftragung nach § 50 Abs. 2 in Betracht kommen).

30 Ferner kann im Einzelfall die Zuständigkeit des GesBR hinsichtlich der MBR bei der **Aufstellung von Entlohnungsgrundsätzen** und der Einführung und Anwendung von **neuen Entlohnungsmethoden** bestehen, wenn eine sachliche Notwendigkeit dafür gegeben ist, eine einheitliche Regelung auf Unternehmensebene zu treffen. Eine solche sachliche Notwendigkeit dürfte allerdings nur dann zu bejahen sein, wenn wegen der völlig oder doch weitgehenden Gleichartigkeit der Struktur, Aufgaben und Tätigkeit von einzelnen Betrieben des Unternehmens unter dem Gesichtspunkt der Vermeidung einer nicht gerechtfertigten Ungleichbehandlung der ArbN der einzelnen Betriebe eine einheitliche Regelung geboten ist (vgl. hierzu BAG 16. 11. 1967, 22. 2. 1968 und 17. 10. 1968, AP Nr. 63, 64 und 66 zu § 611 BGB Gratifikation; *DR,* Rn 13; *GK-Fabricius,* Rn 20).

31 Die Ausgestaltung eines **Systems erfolgsabhängiger Vergütung** für sämtliche Vertriebsbeauftragte eines Unternehmens fällt in die Zuständigkeit des GesBR (LAG Hamm, DB 76, 1973). Das gleiche gilt, wenn die Vergütungen der Außendienstangestellten einheitlich für den Unternehmensbereich geregelt werden (BAG 29. 3. 1977, AP Nr. 1 zu § 87 BetrVG 1972 Provision; BAG 6. 12. 88, AP Nr. 37 zu § 87 BetrVG 1972 Lohngestaltung).

32 Ferner dürfte die Zuständigkeit des GesBR bei der **Gewährung freiwilliger Leistungen** an **alle ArbN des Unternehmens** und der Festlegung der näheren Einzelheiten für die Gewährung (etwa die Aufstellung gleicher Grundsätze für die im einzelnen gestaffelte Höhe der Zulage) zu bejahen sein, da derartige Leistungen – nicht zuletzt auch unter dem Gesichtspunkt der Vermeidung einer nicht gerechtfertigten unterschiedlichen Behandlung der ArbN des Unternehmens – in aller Regel einer einheitlichen Regelung bedürfen (BAG 6. 4. 1976, AP Nr. 2 zu § 50 BetrVG 1972; *DR,* Rn 13; *GK-Fabricius,* Rn 28; *GKSB,* Rn 14). Das gleiche gilt für freiwillige Maßnahmen zur Förderung der **Vermögensbildung** der ArbN des Unternehmens i. S. des § 88 Nr. 3.

33 So fällt der Abschluß einer freiwilligen BV über eine **Weihnachtsgratifikation** für das gesamte Unternehmen in die Zuständigkeit des GesBR (vgl. BAG 6. 11. 1967, AP Nr. 63 zu § 611 BGB Gratifikation), ferner die Festsetzung des 65. Lebensjahres als **Altersgrenze** für alle

ArbN des Unternehmens (vgl. BAG 25. 3. 1971, AP Nr. 5 zu § 57 BetrVG).

Werden **Werkswohnungen** vom Unternehmen verwaltet, ist der GesBR im Interesse der Gleichbehandlung aller Betriebe zu beteiligen (*HSG,* Rn 22). 34

Will ein Unternehmen für alle Betriebe ein einheitliches **Personaldatensystem** einführen, ist der GesBR zuständig (LAG Köln 3. 7. 87, DB 87, 2107). 34a

b) Gestaltung von Arbeitsplätzen

Die Errichtung **neuer Arbeitsstätten** (§ 90 Nr. 1) fällt in die Zuständigkeit des BR. Die Einführung **neuer Technologien** nach § 90 Nr. 2 bis 4 (z. B. zentrale EDV-Systeme) kann ausnahmsweise in die Zuständigkeit des GesBR fallen, wenn ihre zentrale Einführung zwingend eine einheitliche Regelung erfordert. Sofern die neuen Technologien Differenzierungen nach den einzelnen Betrieben zulassen – was regelmäßig der Fall sein dürfte –, verbleibt es insoweit bei der Zuständigkeit des BR der einzelnen Betriebe. Insbesondere das **korrigierende Mitbestimmungsrecht** nach § 91 steht in erster Linie dem BR zu, der das Vorliegen besonderer Belastungen aufgrund seiner Sachnähe besser beurteilen kann (**a. A.** *DR,* Rn 15; *HSG,* Rn 26). 35

c) Personelle Angelegenheiten

In personellen Angelegenheiten dürfte die Frage der **Personalplanung auf Unternehmensebene** in die Zuständigkeit des GesBR fallen, soweit der Personalbedarf für das gesamte Unternehmen geplant wird bzw. eine integrierte Gesamtplanung für das Unternehmen (sei es generell, sei es für bestimmte Gruppen von ArbN) betrieben wird. In solchen Fällen ist die sachliche Notwendigkeit einer einheitlichen Regelung für das Gesamtunternehmen grundsätzlich zu bejahen (vgl. *DR,* Rn 17; *GL,* Rn 9; *GKSB,* Rn 16; *HSG,* Rn 28). Im übrigen ist für die Personalplanung auf der betrieblichen Ebene der BR zuständig. 36

Hinsichtlich der Beteiligungsrechte der ArbN bei der Aufstellung von **Personalfragebogen, Formulararbeitsverträgen** und **Beurteilungsgrundsätzen** (vgl. § 94) dürfte eine Zuständigkeit des GesBR **nur dann** zu bejahen sein, wenn im Hinblick auf die Gleichartigkeit der Betriebe eine unterschiedliche Regelung dieser Angelegenheiten sachlich nicht vertretbar ist bzw. wenn die Regelungen Instrumente einer auf das Unternehmen bezogenen Personalplanung sind. Das gleiche gilt auch hinsichtlich der Beteiligungsrechte bei der **Aufstellung von Auswahlrichtlinien** gem. § 95 (*DR,* Rn 18; *GK-Fabricius,* Rn 31; vgl. auch BAG 31. 5. 1983, AP Nr. 2 zu § 95 BetrVG 1972, bei Aufstellung unternehmenseinheitlicher Anforderungsprofile für bestimmte Arbeitsplätze). 37

Eine **Ausschreibung von Arbeitsplätzen** nach § 93 kann dann in die Zuständigkeit des GesBR fallen, wenn wegen der unternehmenseinheitlichen Personalplanung die Ausschreibung auf Unternehmensebene im Interesse der ArbN liegt (vgl. *DR,* Rn 18; *GL,* Rn 9; weitergehend 38 offenbar BAG 18. 11. 1980, AP Nr. 1 zu § 93 BetrVG 1972, das ohne nähere Zuständigkeitsprüfung eine Auslegung der vom GesBR abgeschlossenen BV über die Ausschreibung von Arbeitsplätzen vornimmt; **a. A.** *Brecht,* Rn 5).

39 Im Bereich der **Berufsbildung** der ArbN dürfte die Zuständigkeit des GesBR für solche Angelegenheiten bestehen, die von der Unternehmensleitung **zentral durchgeführt werden.** Insbesondere wenn Berufsbildungsmaßnahmen als Ausfluß einer Personalplanung auf Unternehmensebene anzusehen sind, ist für generelle Regelungen die Zuständigkeit des GesBR zu bejahen. Demgegenüber fällt die Einzeldurchführung von Berufsbildungsmaßnahmen im betrieblichen Bereich in die Zuständigkeit der Einzelbetriebsräte (*DR,* Rn 19; *GL,* Rn 10; *GK-Fabricius,* Rn 31; *GKSB,* Rn 16).

40 Bei den **personellen Einzelmaßnahmen** ist grundsätzlich die **Zuständigkeit des BR** und nicht des GesBR gegeben, da Einstellungen, Eingruppierungen, Umgruppierungen und Kündigungen im allgemeinen nur den einzelnen Betrieb betreffen (vgl. hierzu BAG 3. 2. 1982, AP Nr. 1 zu § 77 LPVG Bayern; *DR,* Rn 20; *GL,* Rn 9; *HSG,* Rn 30; *GKSB,* Rn 16). Dies gilt auch bei einer Versetzung eines ArbN von einem Betrieb des Unternehmens in einen anderen. Hier besteht keine Zuständigkeit des GesBR (*GK-Fabricius,* Rn 30; **a. A.** *DR,* Rn 20; *Weiss,* Rn 2). Falls die beteiligten BR hinsichtlich der Versetzung unterschiedlicher Auffassung sind, ist diejenige des BR des aufnehmenden Betriebs maßgebend (vgl. § 99 Rn 32). Ausnahmsweise kann eine Zuständigkeit des GesBR bei personellen Einzelmaßnahmen gegeben sein, wenn bei einer besonderen Ausbildung bestimmter ArbN auf Unternehmensebene die Durchführung der Ausbildung sich von vornherein auf mehrere Betriebe erstreckt und nur so sachgerecht erfolgen kann (entschieden zu weitgehend *Neyes,* BlStR 76, 372, der bei einer zentralen Einsatzplanung des Unternehmens für das mittlere Management stets die Zuständigkeit des GesBR bejaht).

d) Wirtschaftliche Angelegenheiten

41 Im **wirtschaftlichen Bereich** ist der GesBR von Gesetzes wegen (vgl. §§ 107, 108 Abs. 6 und § 109 Satz 4) zuständig für die Angelegenheiten, die mit der **Errichtung und den Aufgaben des Wirtschaftsausschusses** zusammenhängen. Die Mitgl. des WiAusschusses werden allein vom GesBR bestellt (vgl. § 107 Abs. 2). Der GesBR ist zuständig zur Beilegung von Streitigkeiten über die Auskunftserteilung des Unternehmens an den WiAusschuß (§ 109), zur Entgegennahme der Erläuterungen des Jahresabschlusses nach § 108 Abs. 5 sowie zur Abstimmung des vom Unternehmen nach § 110 zu erstattenden Berichts über die wirtschaftliche Lage und Entwicklung des Unternehmens (vgl. *DR,* Rn 21). Andererseits hat der WiAusschuß die **Unterrichtung** nach § 106 Abs. 1 Satz 2 und § 108 Abs. 4 je nach der Zuständigkeit der zu unterrichtenden Stelle vorzunehmen; ist also eine Angelegenheit für einen BR von Bedeutung und fällt in dessen Zuständigkeit (z. B. eine Betriebsänderung), so hat

der WiAusschuß für dessen Unterrichtung zu sorgen, insbesondere wenn der BR des betroffenen Betriebs durch kein Mitgl. im WiAusschuß vertreten ist (vgl. § 106 Rn 8).

Die Wahrnehmung der **MBR bei Betriebsänderungen** obliegt dagegen den **BR der Einzelbetriebe,** sofern es sich nicht um Maßnahmen handelt, die das ganze Unternehmen oder mehrere Betriebe des Unternehmens betreffen und **notwendigerweise nur einheitlich geregelt** werden können (vgl. *DR,* Rn 22; *GL,* Rn 11; *GK-Fabricius,* Rn 33; weitergehend *Mothes,* ArbuR 74, 326). Dies ist z. B. der Fall bei der **Stillegung aller Betriebe** eines Unternehmens (vgl. BAG 17. 2. 1981, AP Nr. 11 zu § 112 BetrVG 1972) oder auch bei der **Zusammenlegung mehrerer Betriebe,** die stets als Betriebsänderungen i. S. von § 111 gelten (vgl. § 111 Rn 7, 17 und 27). Treffen bei der Zusammenlegung von Betrieben die durch einen Sozialplan auszugleichenden Nachteile nur die Belegschaft eines der beteiligten Betriebe, so ist für die Aufstellung des Sozialplans der BR dieses Betriebes zuständig. 42

Auch die Änderung des Betriebszwecks oder der Betriebsanlagen oder die Einführung grundlegend neuer Arbeitsmethoden und Fertigungsverfahren gehört dann in die Zuständigkeit des GesBR, wenn sie aus objektiven sachlichen Gründen – etwa wegen des inneren technischen oder arbeitstechnologischen Zusammenhangs – in allen oder mehreren Betrieben des Unternehmens einheitlich durchgeführt werden müssen. In diesem Falle obliegt die Wahrnehmung der Beteiligungsrechte der ArbN nach § 112, insbesondere auch die Herbeiführung eines **Sozialplans,** dem GesBR. Der GesBR wird allerdings in solchen Fragen eingehend mit dem BR der betroffenen Betriebe zu beraten haben, da deren Interessenlagen häufig sehr unterschiedlich sind. Gerade in solchen Fällen kann der in Rn 24 entwickelte Grundsatz der Verhältnismäßigkeit von besonderer Bedeutung sein. 43

e) Sonstige Aufgaben

Kraft ausdrücklicher gesetzlicher Anordnung sind dem GesBR ferner übertragen: 44

- die Aufgaben im Zusammenhang mit der **Errichtung eines KBR** (vgl. §§ 54ff.),
- Mitwirkung bei der **Bestellung des Wahlvorst. für die Wahl der AR-Mitgl. der ArbN** nach dem BetrVG 1952, nach dem MitbestErgG und dem MitbestG (vgl. § 38 WO 1953; §§ 4 u. 5 der 2. WO MitbestG; § 4 Abs. 4 u. § 5 der 3. WO MitbestG; §§ 3 u. 4 WO MitbestErgG).
- die Entgegennahme des **Antrags auf Widerruf der Bestellung eines ARMitgl. der ArbN** (vgl. § 49 WO 1953; § 107 der 2. WO MitbestG, § 108 der 3. WO MitbestG; § 101 WO MitbestErgG),
- die **Anfechtung** der **Wahl der ARMitgl. der ArbN** (vgl. § 76 BetrVG 1952, Rn 73 [Anhang 2]; § 22 Abs. 2 MitbestG).

IV. Zuständigkeit des Gesamtbetriebsrats kraft Auftrags

45 Die Vorschrift des Abs. 2 ermöglicht in Anlehnung an die Rechtsprechung zum BetrVG 1952 (vgl. BAG 1. 3. 1966, AP Nr. 1 zu § 69 BetrVG) die Ermächtigung und damit die Begründung einer **ad-hoc-Zuständigkeit des GesBR** in Angelegenheiten, die an sich in die Zuständigkeit des einzelnen BR fallen. Zweck dieser Regelung ist einmal, den einzelnen BR die Möglichkeit zu eröffnen, sich eventuell bestehende bessere Verhandlungsmöglichkeiten des GesBR wegen seines unmittelbaren Kontaktes zur Unternehmensleitung zunutze zu machen. Zum anderen erlaubt es Abs. 2, in Angelegenheiten, deren einheitliche Regelung zwar sachlich nicht unbedingt erforderlich ist, jedoch **zweckmäßig** erscheint, durch eine Delegation dieser Angelegenheit durch die einzelnen BR auf den GesBR eine einheitliche Regelung für alle bzw. einen Teil der Betriebe des Unternehmens zu erreichen (*GK-Fabricius,* Rn 53; *HSG,* Rn 36).

46 Die Beauftragung des GesBR erfordert einen **Beschluß** des BR, der einer **qualifizierten Mehrheit** bedarf (vgl. § 33 Rn 25). Die Mehrheit der Mitgl. des BR muß der Übertragung zustimmen. Insoweit gilt für die Übertragung von Zuständigkeiten auf den GesBR das gleiche wie für den Fall, daß der BR dem BetrAusschuß Aufgaben zur selbständigen Erledigung überträgt (vgl. § 27 Abs. 3 Satz 2 und dort Rn 52).

47 Die Übertragung bedarf der **Schriftform.** Im Gegensatz zu § 27 (vgl. § 27 Rn 55) wird die Schriftform nicht bereits dadurch gewahrt, daß der Beschluß über die Übertragung in die Sitzungsniederschrift aufgenommen wird. Vielmehr muß die Übertragung dem **Vors. des GesBR** schriftlich mitgeteilt werden (*DR,* Rn 39; *GL,* Rn 15; *GK-Fabricius,* Rn 48f.). Mit dem Zugang der schriftlichen Mitteilung an den Vors. des GesBR wird die Übertragung wirksam. Von diesem Zeitpunkt ab obliegt, sofern sich der BR nicht die Entscheidungsbefugnis vorbehalten hat, die Behandlung der Angelegenheit allein dem GesBR. Will der BR die Angelegenheit wieder an sich ziehen, ist dies nur durch einen entsprechenden **Widerrufsbeschluß** des BR, der ebenfalls der absoluten Mehrheit der Stimmen seiner Mitgl. bedarf, möglich (*DR,* Rn 41; *GL,* Rn 17; *HSG,* Rn 43). Auch der Widerruf wird erst wirksam, wenn er schriftlich dem Vors. des GesBR zugegangen ist. Es entspricht dem Gebot der vertrauensvollen Zusammenarbeit, daß der BR den ArbGeb. über die Beauftragung des GesBR bzw. den Widerruf unterrichtet, wenn dies auch keine Voraussetzung für die Wirksamkeit der Übertragung bzw. des Widerrufs ist (*DR,* Rn 43; *GL,* Rn 19; *HSG,* Rn 44).

48 Die Übertragung auf den GesBR kann grundsätzlich **nur für eine bestimmte Angelegenheit** beschlossen werden. Eine Übertragung ganzer Sachbereiche auf den GesBR, wie sie beim BetrAusschuß möglich ist (vgl. § 27 Rn 49f.), ist unzulässig (*DR,* Rn 33; *GL,* Rn 18; *GK-Fabricius,* Rn 54; *HSG,* Rn 38; LAG Köln 20. 12. 1973, DB 84, 937). Das Gesetz spricht nur von „einer" Angelegenheit, nicht wie in §§ 27 Abs. 3 und 38 Abs. 1 von Aufgaben, die den Ausschüssen zur selbständigen Erledi-

gung übertragen werden können. Die gesetzliche Zuständigkeit darf nicht generell im voraus zugunsten des GesBR verschoben werden. Doch darf der Begriff „Angelegenheit" nicht zu eng verstanden werden. So kann der GesBR ermächtigt werden, eine komplexe und vielschichtige Angelegenheit, die gesonderter Verhandlung und Beschlußfassung bedarf, in mehreren Stufen zu erledigen. Auch ist die Übertragung mehrerer gleicher oder ähnlich liegender Fälle zulässig. Im Interesse der klaren Abgrenzung der Zuständigkeit von GesBR und BR muß die übertragene Angelegenheit **möglichst konkret umschrieben sein.**

Die Angelegenheiten, deren Übertragung auf den GesBR nach Ab- 49
satz 2 möglich ist, sind nach ihrem Gegenstand nicht beschränkt. Die den materiellen Beteiligungsrechten des BR unterliegenden Angelegenheiten können auf den GesBR übertragen werden. Dasselbe gilt für das Wahlvorschlagsrecht des BR nach § 76 Abs. 3 BetrVG 1952. Auch die Übertragung einer **Prozeßstandschaft** an den GesBR, d. h. seine Beauftragung, für den BR im eigenen Namen einen Anspruch des BR gerichtlich geltend zu machen, ist möglich (BAG 6. 4. 1976, AP Nr. 2 zu § 50 BetrVG 1972; vgl. auch BAG 1. 3. 1966, AP Nr. 1 zu § 69 BetrVG; *DR,* Rn 34).

Der BR kann die Behandlung der Angelegenheit in vollem Umfang, 50
d. h. **einschließlich der materiellen Entscheidungsbefugnis** auf den GesBR übertragen. In diesem Falle ist der GesBR in der betreffenden Angelegenheit in vollem Umfang sachlegitimiert. Weil der GesBR ein selbständiges Organ ist, ist es nicht zulässig, daß der BR dem GesBR verbindlich bestimmte Richtlinien für die Behandlung der Angelegenheit vorschreibt. Vielmehr ist der GesBR mit der Übertragung allein und in vollem Umfang zur Behandlung der Angelegenheit ermächtigt (*DR,* Rn 37; *GL,* Rn 14; **a. A.** *GK-Fabricius,* Rn 57; *HSG,* Rn 40).

Der BR kann nach Abs. 2 Satz 2 den GesBR lediglich mit der Ver- 51
handlung der Angelegenheit beauftragen und sich selbst die **Entscheidungsbefugnis** – etwa den Abschluß der BV – **vorbehalten.** In diesem Falle ist die Ermächtigung des GesBR zwar qualitativ, nicht jedoch quantitativ beschränkt. Was den Gegenstand der Übertragung anbelangt, ist der GesBR in vollem Umfang zu entsprechenden Verhandlungen mit dem ArbGeb. befugt. Der Abschluß einer bindenden Vereinbarung ist ihm jedoch versagt.

Die Beauftragung des GesBR ist eine Ermächtigung. **Der GesBR ist** 52
daher **nicht verpflichtet, den Auftrag zu übernehmen,** insbesondere wenn er der Ansicht ist, daß die vom BR angestrebte Regelung nicht geeignet ist, dem Wohl der ArbN und des Betriebs zu dienen, oder wenn er feststellt, daß seine Beauftragung aus Bequemlichkeit des BR erfolgt und deshalb einer Vernachlässigung dessen gesetzlicher Pflichten gleichkommt (*GL,* Rn 15; *GK-Fabricius,* Rn 47; **a. A.** *DR,* Rn 42; *GKSB,* Rn 18; *HSG,* Rn 42; *Weiss,* Rn 5; *Brill,* ArbuR 83, 173).

V. Gesamtbetriebsvereinbarung

53 Die im Rahmen der gesetzlichen Zuständigkeit des GesBR nach **Abs. 1** abgeschlossenen Vereinbarungen bezeichnet man als **GesBV** (*DR,* Rn 48). Demgegenüber handelt es sich bei Vereinbarungen, die der GesBR auf Grund einer Delegation nach **Abs. 2** mit dem ArbGeb. abschließt, um **BV.** Denn bei ihnen handelt der GesBR nicht aus orginärem, sondern aus einem vom EinzelBR abgeleiteten Recht; außerdem verliert die Angelegenheit durch die Beauftragung nicht ihren betrieblichen Charakter. Derartige Vereinbarungen gelten – obwohl sie der GesBR im eigenen Namen abschließt – **unmittelbar für den beauftragten BR** und die ArbN dieses Betriebs (*Brecht,* Rn 10). Zur Kündigung dieser BV ist nur der BR berechtigt, es sei denn, die Ermächtigung ist ausdrücklich auf die Kündigung erstreckt worden.

54 Zur Frage, wie das **Verhältnis einer vom GesBR** im Rahmen seiner Zuständigkeit nach Abs. 1 **abgeschlossenen GesBV zu einer BV des einzelnen BR** mit dem ArbGeb. über **denselben Regelungstatbestand** zu beurteilen ist, werden drei unterschiedliche Auffassungen vertreten. Die eine Ansicht löst das Problem nach den Grundsätzen der **Tarifkonkurrenz** (*Müller,* Festschrift für Küchenhoff, Bd. 1, S. 295ff.; *Hueck/Nipperdey,* Bd. 2, Halbband 2, S. 1300). Nach einer anderen Auffassung soll das **Günstigkeitsprinzip** maßgebend sein (*Dietz,* BetrVG, 4. Aufl. § 48 Rn 11). Schließlich wird die gesetzliche Zuständigkeitsabgrenzung als maßgebend angesehen mit der Folge, daß eine **GesBV** grundsätzlich **BV der einzelnen BR ausschließt** (*DR,* Rn 50; *GL,* Rn 21; *GK-Fabricius,* Rn 65f.; *HSG,* Rn 45).

55 Der letzteren Auffassung ist zuzustimmen. Es wäre nicht verständlich, wenn das Gesetz auf der einen Seite die Bildung eines GesBR zwingend vorschreibt, auf der anderen Seite jedoch BV einzelner Betriebsräte neben einer bestehenden GesBV, die die Materie erschöpfend regelt, zulassen sollte. Damit wäre die Institution des GesBR im Ergebnis weitgehend ausgehöhlt (so mit Recht *DR,* Rn 50). Zwischen GesBR und den einzelnen BR besteht vielmehr eine der konkurrierenden Gesetzgebung in etwa vergleichbare Zuständigkeitsabgrenzung (wobei zu beachten ist, daß eine Zuständigkeit des GesBR grundsätzlich nur in dem verhältnismäßig eng begrenzten Umfang wie oben Rn 17ff. dargelegt, besteht). Die Zuständigkeit von GesBR und den einzelnen BR unterscheiden sich nicht ihrem sachlichen Inhalt nach (*Müller,* Festschrift für Küchenhoff, Bd. 1, S. 284ff.). Vielmehr haben die einzelnen BR, soweit eine Zuständigkeit des GesBR gegeben ist, dieser von ihr jedoch keinen Gebrauch macht, eine entsprechende **Regelungskompetenz** (vgl. oben Rn 14). Macht der GesBR von seiner Zuständigkeit Gebrauch und schließt er im Rahmen seiner Zuständigkeit entsprechende Vereinbarungen ab, so kommen insoweit BV der einzelnen BR nicht mehr in Betracht, es sei denn, die GesBV läßt sie ausdrücklich zu (BAG 31. 1. 89, AP Nr. 12 zu § 81 ArbGG 1979; vgl. in diesem Zusammenhang auch oben Rn 24). Da eine Zuständigkeit der einzelnen BR nicht mehr be-

steht, soweit der GesBR zulässigerweise im Rahmen seiner Zuständigkeit abschließende Regelungen getroffen hat, ist für die Anwendung sowohl des Günstigkeitsprinzips als auch der Grundsätze der Tarifkonkurrenz im Verhältnis zwischen GesBV und den BV der einzelnen BR kein Raum.

Bei Meinungsverschiedenheiten zwischen ArbGeb. und GesBR über eine der Mitbestimmung des GesBR unterliegende Angelegenheit entscheidet im Streitfall eine **für das Unternehmen zu bildende E-Stelle** (vgl. § 76 Abs. 1). Die Benennung der Beisitzer der ArbNSeite gem. § 76 Abs. 2 obliegt in diesem Falle dem GesBR. 56

VI. Streitigkeiten

Streitigkeiten über die Zuständigkeit des GesBR entscheiden die **ArbG** im **BeschlVerf.** (§§ 2a, 80ff. ArbGG). **Zuständig** ist das für den Sitz der Unternehmensleitung örtlich zuständige ArbG. Soweit der Streit jedoch einen Beschluß des BR nach Abs. 2 betrifft, ist örtlich zuständig das für den Sitz des Betriebs zuständige ArbG. 57

Das für den Sitz des Betriebes zuständige ArbG ist in den Fällen örtlich zuständig, in denen im Rahmen der Behandlung einer von einem BR gemäß Abs. 2 auf den GesBR übertragenen Angelegenheit das ArbG angerufen wird (z. B. nach §§ 99 Abs. 4 oder 100 Abs. 2 oder zur Bestellung des Vors. der E-Stelle nach § 76 Abs. 2 S. 2). Denn die Abgrenzung der örtlichen Zuständigkeit zwischen dem ArbG am Sitz des Betriebes und dem am Sitz des Unternehmens gem. § 82 ArbGG erfolgt nicht nach den Verfahrensbeteiligten, sondern nach materiellen Kriterien, d. h. danach, ob es sich um eine betriebliche Angelegenheit oder um eine solche auf Unternehmensebene handelt (vgl. *Grunsky,* ArbGG, § 82, Rn 3). Die von einem BR nach Abs. 2 übertragene Angelegenheit bleibt eine betriebliche, auch wenn sie vom GesBR behandelt wird.

In einem Verfahren, in dem über ein bestrittenes MBR des BR zu entscheiden ist, ist der GesBR nicht Beteiligter i. S. von § 83 Abs. 3 ArbGG, weil seine betriebsverfassungsrechtliche Stellung nicht unmittelbar betroffen ist (BAG 13. 3. 1984, AP Nr. 9 zu § 83 ArbGG 1979). 58

§ 51 Geschäftsführung

(1) **Für den Gesamtbetriebsrat gelten § 25 Abs. 1, § 26 Abs. 1 und 3, § 27 Abs. 3 und 4, § 28 Abs. 1 Satz 1 und 3, Abs. 3, die §§ 30, 31, 34, 35, 36, 37 Abs. 1 bis 3 sowie die §§ 40 und 41 entsprechend. § 27 Abs. 1 Satz 1 und 2 gilt entsprechend mit der Maßgabe, daß der Gesamtbetriebsausschuß aus dem Vorsitzenden des Gesamtbetriebsrats, dessen Stellvertreter und bei Gesamtbetriebsräten mit**

9 bis 16 Mitgliedern	**aus 3 weiteren Ausschußmitgliedern,**
17 bis 24 Mitgliedern	**aus 5 weiteren Ausschußmitgliedern,**

25 bis 36 Mitgliedern	aus 7 weiteren Ausschußmitgliedern,
mehr als 36 Mitgliedern	aus 9 weiteren Ausschußmitgliedern

besteht.

(2) Haben die Vertreter jeder Gruppe mindestens ein Drittel aller Stimmen im Gesamtbetriebsrat, so schlägt jede Gruppe aus ihrer Mitte ein Mitglied für den Vorsitz des Gesamtbetriebsrats vor. Der Gesamtbetriebsrat wählt aus den Vorgeschlagenen seinen Vorsitzenden und stellvertretenden Vorsitzenden. Der Gesamtbetriebsausschuß muß aus Angehörigen der im Gesamtbetriebsrat vertretenen Gruppen entsprechend dem Stimmenverhältnis bestehen. Die Gruppen müssen mindestens durch ein Mitglied vertreten sein. Haben die nach § 47 Abs. 2 Satz 3 entsandten Mitglieder des Gesamtbetriebsrats mehr als die Hälfte und die Vertreter jeder Gruppe mehr als ein Zehntel aller Stimmen im Gesamtbetriebsrat und gehören jeder Gruppe mindestens drei Mitglieder des Gesamtbetriebsrats an, so wählt jede Gruppe ihre Vertreter für den Gesamtbetriebsausschuß. Für die Zusammensetzung der weiteren Ausschüsse sowie die Wahl der Ausschußmitglieder durch die Gruppen gelten die Sätze 3 bis 5 entsprechend. Die Sätze 3 und 4 gelten nicht, soweit dem Ausschuß Aufgaben übertragen sind, die nur eine Gruppe betreffen. Ist eine Gruppe nur durch ein Mitglied im Gesamtbetriebsrat vertreten, so können diesem die Aufgaben nach Satz 7 übertragen werden.

(3) Ist ein Gesamtbetriebsrat zu errichten, so hat der Betriebsrat der Hauptverwaltung des Unternehmens oder, soweit ein solcher Betriebsrat nicht besteht, der Betriebsrat des nach der Zahl der wahlberechtigten Arbeitnehmer größten Betriebs zu der Wahl des Vorsitzenden und des stellvertretenden Vorsitzenden des Gesamtbetriebsrats einzuladen. Der Vorsitzende des einladenden Betriebsrats hat die Sitzung zu leiten, bis der Gesamtbetriebsrat aus seiner Mitte einen Wahlleiter bestellt hat. § 29 Abs. 2 bis 4 gilt entsprechend.

(4) Die Beschlüsse des Gesamtbetriebsrats werden, soweit nichts anderes bestimmt ist, mit Mehrheit der Stimmen der anwesenden Mitglieder gefaßt. Bei Stimmengleichheit ist ein Antrag abgelehnt. Der Gesamtbetriebsrat ist nur beschlußfähig, wenn mindestens die Hälfte seiner Mitglieder an der Beschlußfassung teilnimmt und die Teilnehmenden mindestens die Hälfte aller Stimmen vertreten; Stellvertretung durch Ersatzmitglieder ist zulässig. § 33 Abs. 3 gilt entsprechend.

(5) Auf die Beschlußfassung des Gesamtbetriebsausschusses und weiterer Ausschüsse des Gesamtbetriebsrats ist § 33 Abs. 1 und 2 anzuwenden.

(6) Die Vorschriften über die Rechte und Pflichten des Betriebsrats gelten entsprechend für den Gesamtbetriebsrat, soweit dieses Gesetz keine besonderen Vorschriften enthält.

Inhaltsübersicht

I. Vorbemerkung

Die Vorschrift regelt die **innere Organisation und die Geschäftsführung des GesBR.** Diese Regelungen entsprechen weitgehend denjenigen, die für den BR gelten. Gewisse Abweichungen ergeben sich daraus, daß der GesBR eine Dauereinrichtung ist und seine Mitgl. von den einzelnen BR entsandt werden. Abs. 6 stellt klar, daß dem GesBR im Rahmen seiner Zuständigkeit grundsätzlich dieselben Rechte und Pflichten obliegen wie dem einzelnen BR. 1

Abs. 1 Satz 2 und Abs. 2, 4 bis 6 gelten für den **KBR** entsprechend (vgl. § 59 Abs. 1). 2

Auf die **GesJugAzubiVertr.** findet § 51 Abs. 3, 4 und 6 entsprechende Anwendung (vgl. § 73 Abs. 2). 3

Die Vorschrift ist **zwingend** und weder durch TV noch durch BV abdingbar. 4

Entsprechende Vorschrift des **BPersVG 74:** §§ 54, 56, des **SprAuG** § 19. 5

II. Konstituierung des Gesamtbetriebsrats

Der GesBR hat **keine Amtszeit,** da er eine **Dauereinrichtung** ist (vgl. § 47 Rn 19). Demgemäß kommt grundsätzlich nur eine einmalige Konstituierung dieses Gremiums nach § 51 Abs. 3 in Betracht. Die Vorschrift ist entsprechend anzuwenden, wenn aus besonderem Anlaß (z. B. nach den regelmäßigen BRWahlen oder nach einer Amtsniederlegung sämtlicher Mitgl. und ErsMitgl. des GesBR) die Vornahme von Neuwahlen innerhalb des GesBR erforderlich ist und ein Wahlleiter aus der Mitte des GesBR nicht bestellt wurde (*DR,* Rn 31; *GL,* Rn 5; *HSG,* Rn 15; *GK-Fabricius,* Rn 20; ArbG Stuttgart, DB 76, 1160). 6

Die Zuständigkeit für die **Einladung zur konstituierenden Sitzung des GesBR,** d. h. zur Vornahme der Wahl des Vors. des GesBR und seines Stellvertr. ist in erster Linie dem **BR der Hauptverwaltung** des Unternehmens zugewiesen. Dies setzt voraus, daß die Hauptverwaltung ein betriebsratsfähiger Betrieb im Sinne des Gesetzes ist. Ist die Hauptverwaltung betriebsverfassungsrechtlich nur unselbständiger Betriebs- 7 teil eines Produktionsbetriebes (BAG 9. 5. 1958, AP Nr. 1 zu § 3 BetrVG), so dürfte der dort bestehende BR nicht als BR der Hauptverwaltung zu betrachten sein (vgl. § 1 Rn 15; *Brecht,* Rn 9; **a. A.** *DR,* Rn 29; *GL,* Rn 3; *GK-Fabricius,* Rn 11; *HSG,* Rn 13; *Weiss,* Rn 8). Ob dieser BR für die Einladung zuständig ist, ist im letzten Falle von seiner ArbN-Zahl abhängig.

8 Besteht für die Hauptverwaltung kein eigener BR, so ist zur Einladung der **BR des nach der Zahl der wahlberechtigten ArbN größten Betriebs** des Unternehmens zuständig. Maßgebend für die Feststellung dieser Zahl sind (wie bei der Stimmengewichtung nach § 47 Abs. 7 und 8) die Eintragungen in die Wählerlisten bei der letzten BRWahl (*DR,* Rn 28; *GK-Fabricius,* Rn 10).

9 Der nach Abs. 3 Satz 1 **zuständige BR ist verpflichtet,** zur konstituierenden Sitzung des GesBR einzuladen, sobald die Voraussetzungen für die Bildung eines GesBR vorliegen. Die Einladung ergeht an alle BR des Unternehmens und enthält die Aufforderung zur Bestellung der Mitgl. des GesBR. Die Unterlassung der Einladung wird in aller Regel eine **grobe Pflichtverletzung** i. S. des § 23 Abs. 1 darstellen (*DR,* Rn 32; *GK-Fabricius,* Rn 19).

10 **Unterbleibt die Einladung** zur konstituierenden Sitzung, können die von den einzelnen BR in den GesBR entsandten Mitgl. von **sich aus zusammentreten,** um die Wahlen nach § 51 Abs. 1 und 2 vorzunehmen (*DR,* Rn 32; *GL,* Rn 6; *GK-Fabricius,* Rn 19; **a. A.** *HSG,* Rn 17: gerichtliche Ersetzung des verpflichteten BR durch einen anderen entspr. § 18 Abs. 1 Satz 2).

11 Der **Vors. des einladenden BR** hat für die Konstituierung dieselbe Stellung wie der Vors. des Wahlvorst. nach § 29 Abs. 1 Satz 2. Er leitet die Sitzung nur solange, bis der GesBR aus seiner Mitte einen Wahlleiter bestellt hat. Falls er selbst nicht in den GesBR entsandt wurde, endet seine Teilnahme an der Sitzung mit der Bestellung des Wahlleiters (*DR,* Rn 30; *GK-Fabricius,* Rn 16).

III. Vorsitzender

12 Durch die Verweisung in Abs. 1 Satz 1 gilt auch für den GesBR die Vorschrift des § 26 Abs. 1, wonach **der Vors. und sein Stellvertr. von den Mitgl. des GesBR aus ihrer Mitte** zu wählen sind (und zwar in der konstituierenden Sitzung nach § 51 Abs. 3 Sätze 1 und 2). Besteht der GesBR aus **Vertretern beider Gruppen,** was regelmäßig der Fall sein dürfte, so sollen der Vors. und sein Stellvertr. nicht derselben Gruppe angehören. Wegen der Bedeutung dieser Sollvorschrift vgl. § 26 Rn 12.

13 Soweit nicht der besondere (durch G. vom 23. 12. 88 verstärkte) Gruppenschutz nach Abs. 2 Sätze 1 und 2 zu beachten ist (vgl. Rn 14f.), erfolgt die Wahl des Vors. und seines Stellvertr. jeweils durch **Beschluß** des beschlußfähigen GesBR mit **einfacher Mehrheit** (vgl. Abs. 4 Satz 1 bis 3 i. Vbdg. mit § 47 Abs. 7 und 8).

14 Absatz 2 Sätze 1 und 2 übernehmen den (ebenfalls geänderten) Grund-

satz des § 26 Abs. 2 über ein **eigenständiges Vorschlagsrecht der Gruppen** unter Anpassung an das Prinzip der Stimmgewichtung (§ 47 Abs. 7 und 8). Voraussetzung für das getrennte Vorschlagsrecht der Gruppen für den Vors. und seinen Stellvertr. ist, daß jede Gruppe **mindestens ein Drittel der Stimmen im GesBR** hat. Während § 26 Abs. 2 auf die Zahl der Sitze im BR abstellt, kommt es im GesBR auf die Zahl der von jeder Gruppe entsandten BRMitgl. nicht an.

Beispiel:

Der GesBR hat 20 Mitgl., davon 10 ArbVertr. und 10 AngVertr.. Das Gesamtstimmgewicht sämtlicher Mitgl. nach § 47 Abs. 7 beträgt 18000. Das eigenständige Vorschlagsrecht der Gruppen ist gegeben, wenn die Summe der Stimmgewichte der Vertreter der kleineren Gruppe mindestens 6000 beträgt.

Ist ein Betrieb nur durch ein Mitgl. im GesBR vertreten (etwa ein Betrieb mit 13 Arb. und 5 Ang.), so sind die diesem GesBRMitgl. zustehenden Stimmen, da eine Stimmenaufspaltung nicht stattfindet (vgl. § 47 Rn 41), derjenigen Gruppe zuzurechnen, der die meisten wahlberechtigten ArbN in dem Betrieb (im Beispielsfalle also der Arb.-Gruppe) angehören (**a. A.** *GKSB,* Rn 17; *DR,* § 47 Rn 71, die eine entsprechende Stimmenaufspaltung annehmen; vgl. auch § 47 Rn 40ff.). 15

Hat jede Gruppe mindestens ein Drittel der Stimmen im GesBR, so schlägt jede Gruppe aus ihrer Mitte je einen Kandidaten vor, aus denen der beschlußfähige GesBR **mit einfacher Mehrheit** (Abs. 4 Sätze 1 und 3) den Vors. und seinen Stellvertr. bestimmt. Der nicht zum Vors. gewählte Kandidat ist stellvertr. Vors. des GesBR. Wegen der Bedeutung dieses Vorschlagsrechts im einzelnen und der Möglichkeit der Abberufung des Vors. und seines Stellvertr. vgl. § 26 Rn 15ff. Die Minderheitsgruppe kann auf ihr Vorschlagsrecht verzichten (*GL,* Rn 8; *GK-Fabricius,* Rn 32). 16

Auch die Vorschriften über die **Vertretungsbefugnis des Vors.** des BR (§ 26 Abs. 3) und seines Stellvertr. sind entsprechend auf den GesBR anzuwenden (vgl. § 51 Abs. 1 Satz 1). Näheres hierzu § 26 Rn 26ff. 17

Auf den Vors. oder auf andere Mitgl. eines GesBR mit weniger als 9 Mitgl. kann die **Führung der laufenden Geschäfte** durch einfachen Mehrheitsbeschluß übertragen werden (vgl. § 51 Abs. 1 S. 1 i. Vbdg. mit § 27 Abs. 4; vgl. § 27 Rn 61ff.). 18

Die Wahl des Vors. und seines Stellvertr. erfolgt im allgemeinen **für die Dauer ihrer Amtszeit als BRMitgl.** Jedoch kann der Vorsitz jederzeit **niedergelegt** werden. Auch kann durch Mehrheitsbeschluß des GesBR – bzw. bei einem Vorschlagsrecht der Gruppen der jeweiligen Gruppe – der Vors. oder sein Stellvertr. jederzeit **abberufen** werden. Die Bemerkungen zu § 26 Rn 10ff. u. 23 gelten sinngemäß. Ferner kann der entsendende BR das zum Vors. oder stellvertretenden Vors. gewählte Mitgl. des GesBR jederzeit nach § 49 abberufen (vgl. § 49 Rn 17). Mit Ablauf der Amtszeit der BR, die den Vors. und stellvertretenden Vors. entsandt haben, endet ihre Mitgliedschaft in diesem BR und nach § 49 ihre Mitgliedschaft im GesBR. In diesem Falle sind der Vors. und der 19 stellvertr. Vors. neu zu wählen, was im allgemeinen nach den regelmäßigen Wahlen der BR nach § 13 Abs. 1 notwendig wird (*DR*, Rn 10; ArbG Stuttgart, DB 76, 1160).

IV. Gesamtbetriebsausschuß und weitere Ausschüsse

1. Errichtung

20 Nach § 51 Abs. 1 Satz 2 ist für GesBR **mit 9 oder mehr Mitgl.** ein GesBetrAusschuß zu bilden. Das gehört zu den **gesetzlichen Pflichten des GesBR.** Die Nichtbefolgung dieser Pflichten kann allerdings nicht zur gerichtlichen Auflösung des GesBR führen, da der GesBR als Dauereinrichtung nicht aufgelöst werden kann (*DR*, Rn 12; *GL*, Rn 12). Die Stellung des GesBetrAusschusses entspricht der des BetrAusschusses (§ 51 Abs. 1 Satz 1 i. Vbdg. mit § 27 Abs. 3).

21 Die Vorschriften über die **Zahl der Mitgl. des GesBetrAusschusses** weichen von § 27 Abs. 1 Satz 2 ab, da die MitglZahlen des GesBR nach anderen Grundsätzen zu ermitteln sind als die des BR. Die für die BRGröße maßgebende Tabelle in § 9 stellt auf die Zahl der ArbN ab und sieht stets ungerade Zahlen von BRMitgl. vor. Die Zahl der Mitgl. des GesBR hängt dagegen im Regelfall von der Zahl der Betriebe des Unternehmens ab und wird wegen der Entsendung von Vertretern beider Gruppen häufig eine gerade Zahl sein.

22 Der GesBetrAusschuß besteht aus dem Vors., seinem Stellvertr. sowie aus den in der Tabelle in § 51 Abs. 2 genannten „weiteren Mitgl.". Die **Wahl von ErsMitgl.** für die Mitgl. des GesBetrAusschusses ist nicht vorgesehen, jedoch zulässig (*DR*, Rn 19).

23 Neben dem GesBetrAusschuß können noch **weitere Ausschüsse des GesBR** gebildet und ihnen bestimmte Aufgaben übertragen werden. Für die Zusammensetzung dieser Ausschüsse und die Bestellung ihrer Mitgl. gelten dieselben Grundsätze wie beim GesBetrAusschuß (§ 51 Abs. 2 Satz 6). Etwas anderes gilt, wenn dem Ausschuß Aufgaben übertragen werden, die nur eine Gruppe betreffen (§ 51 Abs. 2 Satz 7). Insoweit ist ein Gruppenschutz unnötig. Ist eine Gruppe nur durch ein Mitgl. im GesBR vertreten, können diesem die Aufgaben, die nur die Gruppe betreffen, übertragen werden (§ 51 Abs. 2 Satz 8). Im Rahmen der Zuständigkeit des GesBR ist ferner die Bildung von Ausschüssen zulässig, die gemeinsam von GesBR und ArbGeb. gebildet werden (vgl. § 28 Rn 24ff.).

2. Gruppenschutz

a) Zusammensetzung

24 Für die **Zusammensetzung des GesBetrAusschusses gilt** der Grundsatz über die Vertretung der Gruppen entsprechend ihrer Stärke mit der Maßgabe, daß es nicht auf die Zahl der für jede Gruppe entsandten Mitgl. des GesBR ankommt, sondern auf die **Verteilung der Stimmge-**

wichte zwischen den Gruppen (§ 51 Abs. 2 Satz 3). Die Sitzverteilung in den Ausschüssen des GesBR entspricht damit dem Anteil der Gruppen innerhalb der repräsentierten Arbeitnehmerschaft.

Beispiel:
Ein GesBR besteht aus 26 Mitgl. davon 8 Vertr. der Arb. und 18 Vertr. der Ang. (Produktionsunternehmen mit einem weitgestreuten Netz von Vertriebsfilialen ohne Arb.). Der GesBR hat einen GesBetrAusschuß aus 9 Mitgl. zu bilden. 7 weitere Mitgl. sind zu wählen. Entfiele dabei auf die Ang. ein Stimmgewicht von 6400, auf die Arb. ein Stimmgewicht von 11600, so wäre nach dem Höchstzahlensystem (vgl. § 14 Rn 27) zu rechnen.

	6400		11600
:1	6400	:1	11600
:2	3200	:2	5800
:3	2133,3	:3	3866,6
:4	1600	:4	2900
:5	1280	:5	2320

Der GesBetrAusschuß bestünde aus 5 ArbVertr. und 2 AngVertr., neben dem Vors. und dem Stellvertr.

Auch wenn nach dem Höchstzahlensystem eine Gruppe völlig ausfällt, muß sie **mindestens durch einen Vertr. im GesBetrAusschuß** vertreten sein (§ 51 Abs. 2 Satz 4). Dieser Vertr. wird dem GesBetrAusschuß in aller Regel bereits als Vorsitzender oder stellvertr. Vors. des GesBR von Amts wegen angehören. 25

b) Wahl

Die Wahl der weiteren Mitgl. des GesBetrAusschusses erfolgt je nach der Stärke der Vertretung der Minderheitsgruppe entweder durch die **Gruppen** getrennt **oder** durch **Beschluß des GesBR.** 26

Die komplizierte Vorschrift des Abs. 2 Satz 5 regelt die Voraussetzungen, unter denen die Vertr. der **Gruppen** ihre Vertr. in den GesBetrAusschuß **selbst** (durch internen Mehrheitsbeschluß) **wählen.** Dabei müssen **drei Voraussetzungen** zusammenkommen: 27

a) diejenigen Mitgl. des GesBR, die ihrerseits nach § 47 Abs. 2 Satz 3 nicht durch Mehrheitsbeschluß ihrer BR, sondern durch die Gruppen in den GesBR entstandt wurden, müssen **mehr als die Hälfte des Stimmgewichts im GesBR haben;**
b) Das Stimmgewicht der Vertr. jeder Gruppe (d. h. insbesondere der Minderheitsgruppe) muß **mehr als ein Zehntel der Summe der Stimmgewichte sämtlicher GesBRMitgl.** betragen;
c) der Minderheitsgruppe müssen **mindestens 3** (früher: 5) **Mitgl. des GesBR** angehören. Hierbei kommt es ausschließlich auf die **tatsächliche MitglZahl** im GesBR an, so daß eine Vergrößerung oder Verkleinerung der MitglZahl des GesBR nach § 47 Abs. 4 oder 5 zu beachten ist. Entscheidend ist also nicht, wieviele Mitgl. den Gruppen nach dem normalen Entsendungsverfahren gemäß § 47 Abs. 2 zustehen würden, sondern maßgebend ist allein, wieviele Mitgl. der Minder-

heitsgruppe aufgrund der abweichenden Regelung nach § 47 Abs. 4 oder 5 tatsächlich angehören (*DR,* Rn 17; *GL,* Rn 14; *Weiss,* Rn 5; **a. A.** *GKSB,* Rn 18).

28 Treffen diese **drei Voraussetzungen nicht kumulativ** zusammen, so werden die Mitgl. des GesBetrAusschusses mit der **einfachen Mehrheit** der Stimmen der GesBRMitgl. unter Berücksichtigung der Gruppen **gemeinsam gewählt.**

Beispiel:

Das Unternehmen hat 10 Betriebe, für jeden Betrieb sind zwei Mitgl. in den GesBR entsandt.

a) In den 5 Betrieben A bis E haben die BR die Mitgl. des GesBR durch einfachen Mehrheitsbeschluß bestimmt, weil die Voraussetzungen des § 47 Abs. 2 Satz 3 nicht vorlagen (z. B. diese BR wurden selbst in Gemeinschaftswahl gewählt und die Minderheitsgruppe hatte nicht mehr als ein Drittel der Sitze im BR).
In den 5 Betrieben F bis J wurden die in den GesBR entsandten BRMitgl. nach § 47 Abs. 2 Satz 3 durch die Gruppen getrennt gewählt. Haben die Vertr. der 5 Betriebe A bis E zusammen (d. h. ohne Trennung nach Gruppen) ein höheres Stimmgewicht als die Vertr. der Betriebe F bis J, so findet § 51 Abs. 2 Satz 5 keine Anwendung.

b) Haben die Vertr. der Betriebe F bis J zusammen das höhere Stimmgewicht, so ist weiter zu prüfen, ob das Stimmgewicht jeder Gruppe mehr als ein Zehntel der Summe der Stimmgewichte sämtlicher Mitgl. des GesBR beträgt.
Z. B. müßte bei einem Gesamtstimmvolumen von 20000 Stimmen die Summe der Stimmgewichte der Vertr. jeder Gruppe im GesBR 2000 übersteigen. Für diese Berechnung kommt es nicht darauf an, aus welchen Betrieben die Vertr. der Gruppe stammen, in unserem Beispiel würden die Stimmen aller ArbVertr. der Betriebe A bis J und aller AngVertr. dieser Betriebe zusammen gezählt und gegenübergestellt.
Liegt diese Voraussetzung nicht vor, (was allerdings nur in extremen Fällen der stärkemäßigen Ungleichheit der Gruppen der Fall sein kann), so findet § 51 Abs. 2 Satz 5 ebenfalls keine Anwendung.

c) Hat jede Gruppe mehr als ein Zehntel der Summe der Stimmgewichte des GesBR, so ist festzustellen, ob jede Gruppe mindestens 3 Mitgl. im GesBR hat, in unserem Beispiel ist das der Fall. Im übrigen wird gerade diese letzte Voraussetzung im größeren GesBR regelmäßig erfüllt sein.

29 Gewählt wird nach den Grundsätzen des Abs. 4 **(Mehrheitsprinzip)** und anders als für den Betriebsausschuß **nicht** nach den Grundsätzen der **Verhältniswahl** (vgl. § 27 Abs. 1 Satz 3). Der Minderheitenschutz (vgl. § 27 Rn 17f.) ist hier nicht angebracht, weil die Mitgl. des GesBR ihre Betriebe vertreten.

Erfolgt die Wahl der Mitgl. des GesBetrAusschusses durch die Gruppen, wird man für die **Beschlußfähigkeit** in entsprechender Anwendung des Abs. 4 (vgl. hierzu Rn 54) fordern müssen, daß sich mindestens die Hälfte der Gruppenmitgl. an der Wahl beteiligt, und die Teilnehmenden mindestens die Hälfte aller auf die Gruppe entfallenden Stimmen vertreten (*DR,* Rn 18).

30 Die Vorschrift über die getrennte Bestimmung der Mitgl. des Ges-

BetrAusschusses durch die Gruppen findet auch Anwendung, **falls die Zahl der Mitgl. des GesBR** nach § 47 Abs. 4 bis 6 anderweitig geregelt wurde, da auch in diesem Falle die maßgebende Vorschrift des § 47 Abs. 2 Satz 3 zu beachten ist (vgl. § 47 Rn 63f.).

Wegen der Möglichkeit der **Abberufung** der Mitgl. des GesBetrAusschusses vgl. die insoweit entsprechend heranzuziehende Erläuterung zu § 27 Rn 13f. Haben die Vertr. der Gruppen im GesBR ihre Vertr. im GesBetrAusschuß selbst bestimmt (vgl. oben Rn 26), können auch nur sie, nicht der GesBR als solcher, die jeweiligen Gruppenvertr. abberufen (*DR,* Rn 23; *GL,* Rn 19; *GK-Fabricius,* Rn 49). 31

3. Geschäftsführung

Der GesBetrAusschuß führt die laufenden Geschäfte des GesBR nach Maßgabe des § 27 Abs. 3 (Verweisung in § 51 Abs. 1 Satz 1). 32

Für die Beschlußfassung gelten § 33 Abs. 1 und 2 (Beschlüsse des BR, nicht des BetrAusschusses) unmittelbar (vgl. § 51 Abs. 5). Jedes Mitgl. hat eine Stimme; das Prinzip der Stimmgewichtung findet keine Anwendung. 33

V. Anwendung von Vorschriften über die Geschäftsführung des Betriebsrats

Auf die Geschäftsführung des GesBR sind weitgehend die für den BR geltenden Vorschriften anzuwenden. Die Verweisungen in § 51 Abs. 1 bis 5 sind **insoweit erschöpfend** und können nicht durch die Generalklausel des § 51 Abs. 6 erweitert werden. Diese Bestimmung bezieht sich nicht auf die Errichtung und Geschäftsführung des GesBR (vgl. Rn 64). 34

Durch die Verweisung auf den nicht zur Geschäftsführung im engeren Sinne gehörenden **§ 25 Abs. 1** wird das Nachrücken der **ErsMitgl.** im Verhinderungsfalle oder bei Ausscheiden eines Mitgl. des GesBR sichergestellt (vgl. hierzu § 47 Rn 37ff., § 25 Rn 10ff.). 35

Wegen der **Wahl des Vors.** und seines Stellvertr. wird auf § 26 Abs. 1 verwiesen (vgl. oben Rn 12ff.). Wegen der **Stellung** des Vors. und seines Stellvertr. wird auf § 26 Abs. 3 verwiesen (vgl. § 26 Rn 25ff., 39ff.). Zur Wahl der weiteren **Mitgl. des GesBetrAusschusses** vgl. oben Rn 20ff. In Abs. 1 wird nur wegen der Geschäftsführung auf § 27 Abs. 3 und 4 verwiesen. 36

Wegen der Übertragung der Führung der laufenden Geschäfte auf den Vors. oder ein anderes Mitgl. des GesBR vgl. oben Rn 18. Besteht ein GesBetrAusschuß, führt dieser die laufenden Geschäfte (§ 51 Abs. 1 Satz 1 i. Vbdg. mit § 27 Abs. 3. 37

Der GesBR kann mit der Mehrheit der Stimmen seiner Mitgl., d. h. mit absoluter Mehrheit dem GesBetrAusschuß **Aufgaben zur selbständigen Erledigung übertragen** (vgl. § 27 Rn 45ff.). Dies gilt nicht für den Abschluß von BV (z. B. nach § 88 Nr. 2). Entsprechendes gilt für 38 den Widerruf der Übertragung. Wegen weiterer Beschlüsse, die der absoluten Mehrheit des GesBR bedürfen, vgl. unten Rn 57.

39 Zu der Möglichkeit der **Bildung weiterer** – auch gemeinsamer – **Ausschüsse** vgl. § 28 und oben Rn 23. Diese Ausschüsse werden – wie der GesBetrAusschuß – mit Mehrheit gewählt, nicht nach den Grundsätzen der Verhältniswahl (auf § 28 Abs. 1 Satz 2 wird nicht verwiesen).

40 § 29 Abs. 1 ist nicht entsprechend anzuwenden, da für die Konstituierung des GesBR § 51 Abs. 3 Satz 1 und 2 gilt. Dagegen gilt für die **Einberufung der Sitzungen** des GesBR § 29 Abs. 2 bis 4 entsprechend (§ 51 Abs. 3 Satz 3). Dabei sind die Vorschriften über die Beteiligung der GesJugAzubiVertr. nach § 73 Abs. 2 i. Vbg. mit § 67 und der GesSchwbehVertr. nach § 52 zu beachten.

41 Nach dem entsprechend anzuwendenden § 29 Abs. 3 hat der Vors. des BR eine Sitzung einzuberufen und eine bestimmte Angelegenheit auf die Tagesordnung zu setzen, wenn dies der **ArbGeb.** oder ein **Viertel der Mitgl.** oder die **Mehrheit einer Gruppe beantragt,** sofern diese Gruppe im BR durch mindestens 2 Mitgl. vertreten ist. Es erscheint zweifelhaft, ob diese Vorschrift in der Weise auf den GesBR angewandt werden kann, daß nur auf die Zahl der Mitgl. des GesBR abgestellt wird. Vielmehr wird man in entsprechender Anwendung des § 51 Abs. 4 Satz 3 erster Halbs. zu fordern haben, daß die Antragsteller **sowohl mindestens ein Viertel der GesBRMitgl. als auch ein Viertel des Stimmgewichts repräsentieren** (*GL,* Rn 21; *GK-Fabricius,* Rn 58; *DR,* Rn 33; *HSG,* Rn 25). Entsprechend ist für die Ermittlung der Mehrheit einer Gruppe zu verfahren. Dem EinzelBR steht dieses Antragsrecht nicht zu (*DR,* Rn 33; *GL,* Rn 21).

42 Die Vorschrift des § 30 über die **BRSitzungen** bedarf bei ihrer entsprechenden Anwendung keiner besonderen Modifizierung; das gilt auch für die Möglichkeit, nicht teilnahmeberechtigte Personen zur Beratung bestimmter Angelegenheiten heranzuziehen (vgl. § 30 Rn 13ff.). Da der GesBR im Rahmen seiner Zuständigkeiten (§ 50) der Gesprächs- und Verhandlungspartner der Unternehmensleitung ist, werden im allgemeinen die Sitzungen des GesBR aus Zweckmäßigkeitsgründen am **Sitz der Hauptverwaltung** abgehalten werden. Zwingend vorgeschrieben ist dies jedoch nicht. Der GesBR kann vielmehr beschließen, eine oder mehrere seiner Sitzungen **auch in einem anderen Betrieb** des Unternehmens abzuhalten (BAG 24. 7. 1979, AP Nr. 1 zu § 51 BetrVG 1972; enger *GL,* Rn 22; *HSG,* Rn 30). Dies erscheint insbesondere dann angebracht, wenn besondere Probleme gerade dieses Betriebes zur Beratung anstehen.

43 Bei entsprechender Anwendung des § 31 über die **Teilnahme von Beauftragten der Gewerkschaft** an Sitzungen des GesBR gilt für die Ermittlung der **Antragsberechtigten** das in Rn 41 Gesagte entsprechend (*GL,* Rn 23; **a. A.** *DR,* Rn 35; *HSG,* Rn 38 und *GK-Fabricius,* Rn 69, die allein auf das Stimmgewicht abstellen; *Frauenkron,* Rn 4, der allein die MitglZahl für entscheidend hält). Dies gilt nicht, wenn der beschlußfähige GesBR als solcher über die Teilnahme von Gewerkschaftsbeauftragten beschließt. Bei Ermittlung der in diesem Fall erforderlichen

Mehrheit gilt § 51 Abs. 4. **Teilnahmeberechtigt** sind nur Vertr. von Gewerkschaften, die **im GesBR vertreten** sind (*GL,* Rn 23; *HSG,* Rn 28; **a. A.** *DR,* Rn 35, die es ausreichen lassen, daß die Gewerkschaft in einem BR des Unternehmens vertreten ist). Der GesBR ist im Rahmen seiner Zuständigkeit die Interessenvertretung der ArbN.

§ 51 Abs. 1 Satz 1 verweist nicht auf § 32. Die Teilnahme der GesSchwbehVertr. ist in § 52 eigenständig geregelt. **44**

Für die **Sitzungsniederschrift des GesBR,** ihre Erfordernisse und Behandlung sowie für das Einsichtsrecht der Mitgl. des GesBR in die Unterlagen des GesBR und seiner Ausschüsse gilt § 34 entsprechend. Ein Einsichtsrecht der übrigen Mitgl. des entsendenden BR besteht nicht. **45**

Der **Antrag auf Aussetzung eines Beschl. des GesBR – § 35** entsprechend – kann von der Mehrheit einer Gruppe im GesBR, von der Mehrheit der GesJugAzubiVertr. sowie von der GesSchwbehVertr. (§ 27 Abs. 6 i. Vbdg. mit § 24 Abs. 4 SchwbG) gestellt werden. Für die Ermittlung der erforderlichen Mehrheit ist auf das in Rn 41 Gesagte zu verweisen, d. h. die Antragsteller müssen nach Zahl der Mitgl. und nach Stimmengewicht diese Mehrheit darstellen (**a. A.** *DR,* Rn 48; *GL,* Rn 31; *HSG,* Rn 41; *GK-Fabricius,* Rn 83, die nur das Stimmengewicht für maßgebend halten). Wegen der rechtlichen Wirkung des Aussetzungsantrags vgl. § 35 Rn 27ff. Diese Ausführungen sind von besonderer Bedeutung für den GesBR, dessen Mitgl. in aller Regel nicht an ein und demselben Ort beschäftigt sind, so daß die erneute kurzfristige Einberufung nach § 35 Abs. 2 praktischen Schwierigkeiten begegnen kann. **46**

Bei entsprechender Anwendung der Vorschriften über die **GO** (§ 36) sind die Besonderheiten der Beschlußfassung mit absoluter Mehrheit im GesBR (unten Rn 53) zu beachten. **47**

Die Vorschrift des § 37 Abs. 1 bis 3 über die **ehrenamtliche Tätigkeit,** die **Arbeitsbefreiung** und den **Ausgleich** von amtsbedingter Tätigkeit außerhalb der Arbeitszeit durch **Freizeitgewährung oder Vergütung wie Mehrarbeit** sind ebenfalls auf die Mitgl. des GesBR anzuwenden (*DR,* Rn 51; *GL,* Rn 34). **48**

§ 37 Abs. 4 bis 7 über die Ermittlung des **Arbeitsentgelts** der BRMitgl., über die Art ihrer **Beschäftigung** und ihre Teilnahme an **Bildungsveranstaltungen** finden dagegen keine Anwendung auf die Mitgl. des GesBR, da diese Vorschriften für diese Personen bereits in ihrer Eigenschaft als BRMitgl. gelten (*HSG,* Rn 44; *GKSB,* Rn 3). Der Umfang der im GesBR übernommenen Aufgaben kann Auswirkungen auf die Beurteilung der Erforderlichkeit der Teilnahme an Schulungs- und Bildungsveranstaltungen nach § 37 Abs. 6 haben. Diese Erforderlichkeit kann nicht allein nach der im entsendenden BR ausgeübten Tätigkeit beurteilt werden; vielmehr muß hierbei auch die Tätigkeit im GesBR, die letztlich eine aus der BRFunktion fließende Betätigung ist, berücksichtigt werden (BAG 10. 6. 1975, AP Nr. 1 zu § 73 BetrVG 1972; *DR,* Rn 52; *GL,* Rn 36; *GK-Fabricius,* Rn 63). **Zuständig** für die Entsendung von Mitgl. des GesBR zu Schulungsveranstaltungen ist nicht der GesBR, sondern der **entsendende BR** (BAG a. a. O.). **49**

Für die Freistellung von Mitgl. des GesBR gilt **nicht § 38 Abs. 1;** es **50** gibt **keine Mindestfreistellungen.** Über die auch für die GesBRMitgl. geltende Generalklausel des **§ 37 Abs. 2** kann der GesBR jedoch die **Freistellung** eines oder mehrerer seiner Mitgl. beanspruchen, wenn und soweit dies zur ordnungsmäßigen Wahrnehmung der dem GesBR obliegenden Aufgaben erforderlich ist (vgl. hierzu § 38 Rn 16ff.). Da die Entscheidung der Person der Freizustellenden allein dem GesBR obliegt, ist insoweit § 38 Abs. 2 entsprechend anzuwenden (*DR,* Rn 53; *GKSB,* Rn 4; **a. A.** *GL,* Rn 35; *HSG,* Rn 46; *GK-Fabricius,* Rn 65). Freiwillige Vereinbarungen zwischen ArbGeb. und GesBR über Freistellungen von Mitgl. des GesBR sind zulässig (*GL,* aaO; *GK-Fabricius,* aaO).

51 **Sprechstunden** des GesBR während der Arbeitszeit sind **nicht** vorgesehen (§ 39 ist nicht entsprechend anwendbar). Wohl können ArbGeb. und GesBR freiwillig die Durchführung von Sprechstunden auch des GesBR vereinbaren (*HSG,* Rn 47; *DR,* Rn 42; *GL,* Rn 26).

52 Dagegen finden die Vorschriften über **Kosten und Sachaufwand (§ 40)** und über das **Umlageverbot (§ 41)** auf den GesBR Anwendung. Kosten, die bei einer beabsichtigten Veräußerung eines von mehreren Betrieben durch den Besuch des Betriebes und seines BR durch den Vors. des GesBR entstehen, können als erforderlich i. S. von § 40 angesehen werden (LAG Berlin, DB 74, 1439). Die Kosten für die Teilnahme der Mitgl. des GesBR an dessen Sitzungen hat der ArbGeb. im Rahmen des Grundsatzes der Verhältnismäßigkeit auch dann zu tragen, wenn die Sitzungen nicht am Sitz der Hauptverwaltung, sondern in einem anderen Betrieb des Unternehmens stattfinden (BAG 24. 7. 1979, AP Nr. 1 zu § 51 BetrVG 1972; vgl. auch Rn 42). Die Sitzungen des GesBR werden wegen des Reiseaufwandes (Zeit und Geld) nicht so häufig stattfinden wie BR-Sitzungen. Sie können aber länger dauern. Häufigkeit und Dauer bestimmt allein der GesBR. Sitzungen, die länger als 1 Tag dauern, sind nicht zu beanstanden, wenn sie erforderlich sind (ArbG Darmstadt 5. 7. 88, AiB 88, 285). Die Herausgabe eines eigenen **Informationsblatts** des GesBR an die ArbN des Unternehmens auf Kosten des ArbGeb. hat das BAG (Beschl. 21. 11. 1978, AP Nr. 4 zu § 50 BetrVG 1972) im Hinblick auf die Möglichkeit der Unterrichtung der ArbN durch die einzelnen BR (vgl. § 40 Rn. 173) nicht als erforderlich anerkannt. Das ist unzutreffend, soweit der GesBR zuständig ist. Dann muß auch das zuständige Organ gegenüber den vertretenen ArbN aus seiner Sicht berichten dürfen. Für die Tätigkeit im GesBR sind den Mitgliedern Büropersonal, Räume, Fachliteratur und Sachmittel zur Verfügung zu stellen, soweit die den BR zur Verfügung gestellten Mittel nicht ausreichen.

VI. Beschlüsse des Gesamtbetriebsrats und seiner Ausschüsse

1. Beschlüsse des Gesamtbetriebsrats

53 § 51 Abs. 4 modifiziert die Grundsätze des § 33 über die Beschlußfassung des GesBR unter Berücksichtigung des Prinzips der Stimmengewichtung (§ 47 Rn 40ff.).

Beschlußfähigkeit (vgl. § 33 Abs. 2) ist gegeben, wenn die Hälfte der Mitgl. des GesBR an der Beschlußfassung teilnimmt und die teilnehmenden Mitglieder mindestens die Hälfte des Stimmengewichts aller GesBRMitgl. repräsentieren. Dabei kommt es nicht auf die Zusammensetzung des beschlußfähigen Gremiums nach Gruppen an. 54

Beispiel:

Der GesBR hat 20 Mitgl., die ein Gesamtvolumen an Stimmengewicht von 18000 repräsentieren. Der GesBR ist beschlußfähig, wenn mindestens 10 Mitgl. an der Beschlußfassung teilnehmen (§ 33 Rn 7) und diese Mitgl. mindestens 9000 Stimmen vertreten.

Beschlüsse, die mit **einfacher Mehrheit** zu fassen sind, bedürfen der Mehrheit der Stimmen der anwesenden (und an der Beschlußfassung teilnehmenden) Mitgl. des GesBR. Dabei kommt es nicht auf die Zahl der Mitgl. an, die für den Beschluß gestimmt haben, sondern **ausschließlich auf** deren **Stimmengewicht** (*DR,* Rn 45; *GL,* Rn 29; *HSG,* Rn 9). 55

Beispiel: (Extremer Fall)

Die Beschlußfähigkeit des GesBR ist durch die Teilnahme von 10 Mitgl. mit einem Stimmengewicht von mindestens 9000 Stimmen hergestellt. Ein an der Beschlußfassung teilnehmendes Mitgl. vertritt 4800 Stimmen, die anderen 9 Mitgl. zusammen 4200 Stimmen. Das erstgenannte Mitgl. kann die übrigen Mitgl. überstimmen und damit den Beschluß herbeiführen.

Auch bei der Ermittlung der **Stimmengleichheit,** die zur Ablehnung eines Beschlusses führt, ist ausschließlich von den Stimmengewichten auszugehen. 56

Bestimmte Beschlüsse des GesBR bedürfen der **absoluten Mehrheit,** und zwar 57

- die **Übertragung von Aufgaben zur selbständigen Erledigung auf den GesBetrAusschuß** (§ 51 Abs. 1 Satz 1 i. Vbdg. mit § 27 Abs. 3) sowie auf andere Ausschüsse oder einzelne Mitgl. (§ 51 Abs. 1 Satz 1 i. Vbdg. mit § 28);
- der Erlaß einer **Geschäftsordnung** (§ 51 Abs. 1 Satz 1 i. Vbdg. mit § 36);
- die Beauftragung des KBR mit der Wahrnehmung einer Angelegenheit für den GesBR (§ 58 Abs. 2);
- die Übertragung der Aufgaben des Wirtschaftsausschusses auf einen Ausschuß des GesBR (§ 51 Abs. 6 i. Vbdg. mit § 107 Abs. 3).

Ist für die Beschlußfassung absolute Mehrheit erforderlich, so muß der GesBR beschlußfähig sein (Rn 54) und es müssen dem Beschluß so viele Mitgl. zustimmen, daß deren Stimmengewicht mehr als die Hälfte aller im GesBR vertretenen Stimmengewichte betragen (*DR,* Rn 46; *GL,* Rn 28; *HSG,* Rn 34). 58

Beispiel:

Der GesBR besteht aus 20 Mitgl. Das Gesamtvolumen der Stimmengewichte beträgt 20000. Gegenstand des Beschlusses ist der Entwurf der

Geschäftsordnung. Der GesBR ist für eine Abstimmung in beschlußfähiger Zusammensetzung zusammengetreten. Die 10 Mitgl. (mindestens die Hälfte der Mitgl.), die an der Beschlußfassung persönlich teilnehmen, vertreten 13000 Stimmen, damit mehr als die Hälfte der Stimmen.

a) Für den Beschluß stimmen 8 Mitgl. mit zusammen 9000 Stimmen, 2 Mitgl. mit zusammen 4000 Stimmen lehnen den Beschluß ab. Der Beschluß ist nicht zustande gekommen.

b) Für den Beschluß stimmen 2 Mitgl. mit zusammen 11000 Stimmen, gegen den Beschluß stimmen 8 Mitgl. mit zusammen 2000 Stimmen. Der Beschluß hat die erforderliche absolute Mehrheit gefunden.

59 Bei der Beschlußfassung des GesBR ist Stellvertretung durch Ers-Mitgl. zulässig (§ 51 Abs. 4 Satz 3 a. E. i. Vbdg. mit § 33 Abs. 2, vgl. dort Rn 16 u. 26). Zur Bestellung von ErsMitgl. vgl. § 47 Rn 37ff., zum Nachrücken vgl. oben Rn 35 und § 25 Rn 10ff.).

60 Nach § 73 Abs. 2 i. Vbdg. mit § 67 Abs. 2 hat die **GesJugAzubiVertr. Stimmrecht** im GesBR, soweit der zu fassende Beschluß „überwiegend" jugendliche oder auszubildende ArbN des Unternehmens betrifft (vgl. § 67 Rn 16ff.). In diesen Fällen werden nach § 51 Abs. 4 Satz 4 die Stimmen der GesJugAzubiVertr. bei der Feststellung der **Stimmenmehrheit** mitgezählt, **nicht** dagegen bei der Frage der **Beschlußfähigkeit** des GesBR (vgl. Abs. 4 Satz 4 i. Vbdg. mit § 33 Abs. 3; *DR,* Rn 47; *GL,* Rn 30; *GK-Fabricius,* Rn 86; *HSG,* Rn 23) oder bei der Feststellung, ob eine gesetzlich vorgeschriebene **absolute Mehrheit** der Stimmen der Mitgl. des GesBR zustande gekommen ist (vgl. § 33 Rn 27ff.). Soweit die Stimmen mitgezählt werden, ist auf die Stimmengewichte der Mitgl. des GesBR und der GesJugAzubiVertr. abzustellen, nicht auf die Zahl der Personen, d. h. die Mitgl. der GesJugAzubiVertr. bringen die von ihnen vertretenen Stimmen in die Beschlußfassung ein. Dabei kann jedes Mitgl. der GesJugAzubiVertr. nur die Stimmen abgeben, die ihm nach § 72 Abs. 7 zustehen. Die GesJugAzubiVertr. gibt die Gesamtheit ihres Stimmengewichts nicht geschlossen ab.

1. Beispiel:

Gegenstand der Beschlußfassung ist ein mit einfacher Mehrheit zu fassender Beschluß, der überwiegend jugendliche und auszubildende ArbN des Unternehmens betrifft.

Der GesBR ist in einer Besetzung mit 10 Mitgl., die insges. 12000 Stimmen vertreten, beschlußfähig zusammengetreten. Von der GesJugAzubi-Vertr. nehmen 5 Mitgl. mit insgesamt 700 Stimmen an der Beschlußfassung teil.

Die Abstimmung ergibt:

für den Beschluß haben gestimmt 7 Mitgl. des GesBR mit insges.	5900 Stimmen
3 Mitgl. der GesJugAzubiVertr. mit insges.	500 Stimmen
	6400 Stimmen
Gegen den Beschluß haben gestimmt 3 Mitgl. des GesBR mit insges.	6100 Stimmen
2 Mitgl. der GesJugAzubiVertr. mit insges.	200 Stimmen
	6300 Stimmen

Der Beschluß, bei dem die Stimmen der GesJugAzubiVertr. den Ausschlag gegeben haben, ist als Beschluß des GesBR mit einfacher Mehrheit zustande gekommen.

2. Beispiel:

Ein Beschluß bedarf der absoluten Mehrheit im GesBR. Er betrifft überwiegend die jug. und auszubildenden ArbN (§ 60 Abs. 1) des Unternehmens.

Der GesBR besteht aus 20 Mitgl. Das Gesamtvolumen der Stimmengewichte beträgt 19500. An der Beschlußfassung nimmt die JugAzubiVertr. mit 5 Mitgl. und einem Gesamtvolumen von 700 Stimmen teil.

a) Für den Beschluß haben gestimmt:

8 Mitgl. des GesBR mit insgesamt	10000 Stimmen
5 Mitgl. der GesJugAzubiVertr. mit insgesamt	700 Stimmen
	10700 Stimmen;

Gegen den Beschluß haben gestimmt:

12 Mitgl. des GesBR mit insgesamt	9500 Stimmen

Der Beschluß ist mit absoluter Mehrheit gefaßt.

b) Für den Beschluß haben gestimmt:

12 Mitgl. des GesBR mit insgesamt	9500 Stimmen
5 Mitgl. der GesJugAzubiVertr. mit insgesamt	700 Stimmen
	10200 Stimmen;

Gegen den Beschluß haben gestimmt:

8 Mitgl. des GesBR mit insgesamt	10000 Stimmen

Der Beschluß hat nicht das Erfordernis der absoluten Mehrheit der Stimmen der Mitgl. des GesBR erfüllt; die Stimmen der GesJugAzubi-Vertr. werden nicht mitgezählt.

c) Für den Beschluß haben gestimmt:

8 Mitgl. des GesBR mit insgesamt	10000 Stimmen;

gegen den Beschluß haben gestimmt:

12 Mitgl. des GesBR mit insgesamt	9500 Stimmen
5 Mitgl. der GesJugAzubiVertr. mit insgesamt	700 Stimmen.

Die Abstimmung hat zwar die Voraussetzung der absoluten Mehrheit der Stimmen der Mitgl. des GesBR ergeben, jedoch nicht die im Hinblick auf das Stimmrecht der GesJugAzubiVertr. erforderliche Stimmenmehrheit erbracht. Der Beschluß ist daher abgelehnt.

2. Beschlüsse der Ausschüsse des Gesamtbetriebsrats

Das **Prinzip der Stimmengewichtung** findet **keine Anwendung auf Beschlüsse von Ausschüssen des GesBR** (§ 51 Abs. 5 i. Vbdg. mit § 33 Abs. 1 und 2). Das in einen solchen Ausschuß gewählte Mitgl. des GesBR vertritt nicht mehr die Stimmen der wahlberechtigten ArbN des entsendenden Betriebes, sondern seine Aufgaben sind ihm unmittelbar vom GesBR übertragen worden. Außerdem entspricht die Sitzverteilung im GesBetrAusschuß dem Anteil der Gruppen innerhalb der vom GesBR repräsentierten ArbNschaft (vgl. Rn 24ff.). In den Ausschüssen wird daher ebenso wie in den Ausschüssen des BR nach Personen abgestimmt. **Jedes Mitgl. des Ausschusses** hat nur **eine Stimme** (*DR,* Rn 45; *GL,* Rn 17; *HSG,* Rn 39 und 40; Näheres vgl. § 27 Rn 36). Für die 61

Beschlußfassung der Ausschüsse des GesBR gilt, sofern der GesBR nicht strengere Anforderungen beschlossen hat (vgl. § 27 Rn 48), § 33 Abs. 1 und 2, d.h. die Beschlußfähigkeit ist gegeben, wenn mindestens die Hälfte der Mitgl. des Ausschusses an der Beschlußfassung teilnimmt; ein Antrag ist angenommen, wenn sich die Mehrheit der teilnehmenden Ausschußmitgl. für ihn ausgesprochen hat.

62 Wegen **Teilnahme von Mitgl. der GesJugAzubiVertr.** an den Sitzungen des GesBetrAusschusses oder weiterer Ausschüsse des GesBR vgl. § 27 Rn 33f.; die dortigen Ausführungen gelten entsprechend.

VII. Rechte und Pflichten des Gesamtbetriebsrats

63 § 51 Abs. 6 stellt durch eine **Generalklausel** sicher, daß der GesBR grundsätzlich **dieselben Rechte und Pflichten** hat wie der BR. Dies gilt sowohl für allgemeine Grundsätze des Gesetzes wie z. B. für das Gebot zur vertrauensvollen Zusammenarbeit gem. § 2 Abs. 1 oder für das Gebot zur Beachtung des Gleichbehandlungsgrundsatzes gem. § 75, als auch insbesondere für die materiellen Mitwirkungs- und Mitbestimmungsrechte von BR und GesBR, die ihrem sachlichen Inhalt nach nicht verschiedenartig sind (*GL,* Rn 32; *HSG,* Rn 51). Der GesBR kann seine Rechte und Pflichten nur im Rahmen seiner Zuständigkeit nach § 50 ausüben (vgl. hierzu § 50 Rn 17ff.).

64 § 51 Abs. 6 bezieht sich **nicht auf Fragen der Errichtung und Geschäftsführung des GesBR,** d. h. auf die eigentlichen Organisationsvorschriften, da diese Fragen in den entsprechenden Vorschriften über den GesBR oder durch ausdrückliche Verweisung auf die für den BR geltenden Bestimmungen geregelt sind (*GL,* Rn 33; *GK-Fabricius,* Rn 94; *HSG,* Rn 52).

65 Der in § 51 Abs. 6 niedergelegte Gedanke wird durch die ausdrückliche Erwähnung des GesBR in einer Reihe von Vorschriften des Gesetzes (vgl. § 76 Abs. 1 Satz 1, § 78 Satz 1, § 79 Abs. 1 Satz 4, Abs. 2, § 107 Abs. 2 Satz 2, Abs 3 Satz 6, § 108 Abs. 6, § 109 Satz 4) bestätigt.

66 Aus der Tatsache, daß der GesBR in einzelnen Vorschriften des Gesetzes erwähnt, in anderen nicht erwähnt ist, sind im Hinblick auf die **Generalklausel** in § 51 Abs. 6 formale Gegenschlüsse nicht zulässig. Soweit der GesBR im Rahmen seiner Zuständigkeit handelt, hat er unmittelbar dieselbe Rechtsstellung wie der BR, und zwar sowohl hinsichtlich der materiellen Gegenstände der Mitbestimmung und Mitwirkung als auch hinsichtlich des Verfahrens in Regelungs- und Rechtsstreitigkeiten. Der GesBR hat deshalb z. B. unter den Voraussetzungen des § 80 Abs. 3 das Recht, zur Erfüllung seiner Aufgaben **Sachverständige** hinzuzuziehen.

VIII. Streitigkeiten

Die sich aus der Anwendung des § 51 ergebenden Streitigkeiten in bezug auf die Geschäftsführung des GesBR entscheiden die **ArbG im BeschlVerf.** (§§ 2a, 80ff. ArbGG). Zuständig ist das ArbG, in dessen Bezirk das Unternehmen seinen Sitz hat (§ 82 Satz 2 ArbGG). 67

Streitigkeiten, die sich aus einer Vorenthaltung oder Minderung des Arbeitsentgelts an Mitgl. des GesBR ergeben, sind im **arbeitsgerichtlichen Urteilsverfahren** einzuklagen. Die örtliche Zuständigkeit bestimmt sich in diesem Falle nach den allgemeinen Grundsätzen des ArbGG; in der Regel dürfte gem. § 46 Abs. 2 ArbGG i. Vbdg. mit § 29 ZPO das ArbG örtlich zuständig sein, in dessen Bezirk der Beschäftigungsbetrieb liegt (Gerichtsstand des Erfüllungsortes). 68

§ 52 Teilnahme der Gesamtschwerbehindertenvertretung

Die Gesamtschwerbehindertenvertretung (§ 27 Abs. 1 des Schwerbehindertengesetzes) kann an allen Sitzungen des Gesamtbetriebsrats beratend teilnehmen.

Inhaltsübersicht

I. Vorbemerkung

Die Vorschrift gewährt der GesSchwerbehVertr. (GesVertrauensmann oder GesVertrauensfrau) das Recht, an allen Sitzungen des GesBR beratend teilzunehmen. Sie steht in **sachlichem Zusammenhang mit § 27 SchwbG** (i. d. Neufassung vom 26. 8. 1986, BGBl I, S. 1421), der die Bildung und Aufgaben der GesSchwerbehVertr. regelt, und mit § 32 BetrVG, der die Teilnahme der SchwerbehVertr. an Sitzungen des BR regelt und seinerseits ergänzt wird durch §§ 24, 25 SchwbG über die Wahl, Amtszeit und Aufgaben der SchwerbehVertr. sowie durch § 26 SchwbG mit den Bestimmungen über persönliche Rechte und Pflichten der Vertrauensmänner (Vertrauensfrauen) der Schwerbeh. (vgl. insoweit § 32 Rn 4ff.). 1

Ein Teilnahmerecht der GesSchwerbehVertr. an den Sitzungen des **KBR** und der **GesJugAzubiVertr** und der **BRVerslg.** besteht nicht. 2

Die Vorschrift ist **zwingend** und kann weder durch TV noch durch BV abgedungen werden. 3

Entsprechende Vorschriften des **BPersVG** 74: §§ 54, 56 i. Vbdg. mit § 40. 4

II. Die Gesamtschwerbehindertenvertretung

1. Wahl und Amtszeit

5 Bildung und Aufgaben der GesSchwerbehVertr. sind in § 27 SchwbG geregelt. Ist für mehrere Betriebe ein **GesBR errichtet** worden, wählen die SchwerbehVertr. der einzelnen Betriebe eine GesSchwerbehVertr. (§ 27 Abs. 1 Satz 1 SchwbG). Ist eine SchwerbehVertr. nur in einem der Betriebe des Unternehmens gewählt worden, auf die Gründe kommt es nicht an, so nimmt diese kraft Gesetzes und ohne weitere Wahl die Rechte und Pflichten der GesSchwerbehVertr. wahr (§ 27 Abs. 1 Satz 2 SchwbG).

5 Zu wählen ist **ein Vertrauensmann** oder eine Vertrauensfrau und zugleich **ein Stellvertr.** (§ 27 Abs. 4 SchwbG). Die regelmäßigen Wahlen zur GesSchwerbehVertr. finden alle vier Jahre in der Zeit vom 1. Dezember bis 31. Januar statt (§ 27 Abs. 6 SchwbG). Die Wahl der GesSchwerbehVertr. schließt sich an die Wahlen der SchwerbehVertr. an, die in der Zeit vom 1. Oktober bis 30. November stattfinden. Zu wählen ist erstmals im Jahre 1986 nach diesen Bestimmungen.

6 **Wahlberechtigt** sind nur die SchwerbehVertr. der einzelnen Betriebe. **Wählbar** sind alle im Unternehmen nicht nur vorübergehend Beschäftigten, die am Wahltag das 18. Lebensjahr vollendet haben und dem Unternehmen seit 6 Monaten angehören. Der Gewählte braucht kein Schwerbeh. zu sein. Nicht wählbar ist, wer kraft Gesetzes nicht dem BR angehören kann, z. B. leitende Ang. (§ 27 Abs. 6 i. Vbdg. mit § 24 Abs. 3 SchwbG; vgl. auch § 32 Rn 4). Einzelheiten des **Wahlverfahrens** sind in § 27 Abs. 6 SchwbG i. Vbdg. mit § 24 Abs. 6 SchwbG geregelt. Die Vorschriften über die Wahlanfechtung, den Wahlschutz und die Wahlkosten bei der Wahl eines BR sind sinngemäß anzuwenden. Vorgesehen ist eine Rechtsverordnung mit näheren Vorschriften über die Vorbereitung und Durchführung dieser Wahlen (vgl. § 27 Abs. 6 i. Vbdg. mit § 24 Abs. 6 und 7 SchwbG).

7 Die **Amtszeit** der GesSchwerbehVertr. beträgt 4 Jahre (§ 27 Abs. 6 i. Vbdg. mit § 24 Abs. 8 SchwbG). Das Amt erlischt vorzeitig, wenn der GesVertrauensmann (GesVertrauensfrau) es niederlegt, aus dem Arbeitsverhältnis ausscheidet oder seine Wählbarkeit verliert. Scheidet der GesVertrauensmann (GesVertrauensfrau) vorzeitig aus dem Amt aus, rückt der mit der höchsten Stimmenzahl gewählte Stellvertr. für den Rest der Amtszeit nach. Entsprechendes gilt für den Stellvertr. (§ 27 Abs. 6 i. Vbdg. mit § 24 Abs. 8 SchwbG). Außerdem kann der Widerspruchsausschuß bei der Hauptfürsorgestelle (§ 41 SchwbG) das Erlöschen des Amtes eines GesVertrauensmannes (GesVertrauensfrau) beschließen. Voraussetzung für einen solchen Beschluß ist eine gröbliche Verletzung der ihm als GesSchwerbehVertr. obliegenden Pflichten und der Antrag eines Viertels der wahlberechtigten Schwerbeh. des Unternehmens (§ 27 Abs. 6 i. Vbdg. mit § 24 Abs. 8 Satz 5 SchwbG). Entsprechende Anwendung bedeutet in diesem Falle, daß es nicht auf die Zahl

der wahlberechtigten Schwerbeh. im Betrieb, sondern im Unternehmen ankommt, da die GesSchwerbehVertr. die Interessen der Schwerbeh. des Unternehmens vertritt.

2. Aufgaben

Die GesSchwerbehVertr. vertritt die Interessen der Schwerbeh. in allen **Angelegenheiten, die das Gesamtunternehmen** oder **mehrere Betriebe des ArbGeb. betreffen,** und von den SchwerbehVertr. der einzelnen Betriebe nicht geregelt werden können (§ 27 Abs. 5 SchwbG). Die Regelung ist der des § 50 Abs. 1 BetrVG über das Verhältnis vom GesBR zum BR nachgebildet (vgl. dort Rn 17ff.). Darüber hinaus hat die GesSchwerbehVertr. die Interessen derjenigen Schwerbeh. zu vertreten, die in einem Betrieb tätig sind, für den eine SchwerbehVertr. nicht gewählt werden kann (§ 24 Abs. 1 Satz 1 SchwbG) oder nicht gewählt worden ist (§ 27 Abs. 5 Satz 1 SchwbG). 8

Die betriebsverfassungsrechtliche Rechtsstellung der auf Unternehmensebene gebildeten GesSchwerbehVertr. entspricht derjenigen der SchwerbehVertr. auf der betrieblichen Ebene (§ 27 Abs. 6 SchwbG verweist auf § 25 Abs. 2, 4, 5 und 7 SchwbG; vgl. dazu § 32 Rn 8ff.). 9

Im Rahmen ihrer Zuständigkeit ist die GesSchwerbehVertr. vom ArbGeb. in allen Angelegenheiten zu beteiligen, die einen einzelnen Schwerbeh. (wenn die GesSchwerbehVertr. zugleich als betriebliche SchwerbehVertr. tätig wird) oder die Schwerbeh. als Gruppe berühren. Der **ArbGeb.** muß die GesSchwerbehVetr. **umfassend und rechtzeitig unterrichten,** er hat sie vor einer Entscheidung zu **hören.** Die getroffene Entscheidung ist der Vertr. unverzüglich mitzuteilen. Ist die Beteiligung unterblieben, so ist die Durchführung oder Vollziehung einer Entscheidung auszusetzen. Die Beteiligung ist innerhalb von 7 Tagen nachzuholen. Sodann muß der ArbGeb. endgültig entscheiden (§ 27 Abs. 6 i. Vbdg. mit § 25 Abs. 2 SchwbG). Daraus folgt: Die unterbliebene Beteiligung hat keine Unwirksamkeit der Maßnahme zur Folge (vgl. § 32 Rn 8). 10

Die GesSchwerbehVertr. hat das Recht, an allen **Sitzungen des GesBR** und dessen Ausschüssen beratend **teilzunehmen** (§ 27 Abs. 6 i. Vbdg. mit § 25 Abs. 4 SchwbG und § 52 BetrVG; Näheres dazu unten Rn 14ff.). Sie ist auch zu den **monatlichen Besprechungen** zwischen ArbGeb. und GesBR (§ 51 Abs. 6 i. Vbdg. mit § 74 Abs. 1) hinzuzuziehen (§ 27 Abs. 6 i. Vbdg. mit § 25 Abs. 5 SchwbG). 11

Die GesSchwerbehVertr. hat das Recht, mindestens einmal im Kalenderjahr eine **Verslg. der Vertrauensmänner** und Vertrauensfrauen durchzuführen. Auf diese Verslg. finden die für BetrVerslg. geltenden Vorschriften entsprechende Anwendung (§ 27 Abs. 7 i. Vbdg. mit § 25 Abs. 6 SchwbG). 12

3. Persönliche Rechtsstellung

13 Für die persönliche Rechtsstellung der GesSchwerbehVertr. gelten die Bestimmungen über die persönlichen Rechte und Pflichten der Vertrauensmänner (Vertrauensfrauen) entsprechend (§ 27 Abs. 6 i. Vbdg. mit § 26 SchwbG). Sie wird erläutert in § 32 Rn 5ff. Nur § 26 Abs. 4 Satz 3 SchwbG gilt nicht. Nach dieser Bestimmung kann auch der mit der höchsten Stimmenzahl gewählte Stellvertr. an Schulungs- und Bildungsveranstaltungen ohne Minderung des Arbeitsverdienstes teilnehmen, wenn dies wegen seiner ständigen Heranziehung erforderlich ist. Diese Möglichkeit hat der Vertr. des GesVertrauensmannes (GesVertrauensfrau) nicht.

III. Teilnahme an den Sitzungen des Gesamtbetriebsrats und seiner Ausschüsse

14 Der GesVertrauensmann (GesVertrauensfrau) ist berechtigt, jedoch nicht verpflichtet, an **allen Sitzungen des GesBR** und seiner Ausschüsse beratend, also ohne Stimmrecht, teilzunehmen (§ 52 BetrVG und § 27 Abs. 7 i. Vbdg. mit § 25 Abs. 4 SchwbG; vgl auch § 32 Rn 13ff.). Das gilt nicht nur für Sitzungen, auf denen Fragen der Schwerbeh. behandelt werden. Der Vors. des GesBR hat deshalb die GesSchwerbehVertr. unter Mitteilung der Tagesordnung **rechtzeitig** zu allen Sitzungen **zu laden** (§ 51 Abs. 3 i. Vbdg. mit § 29 Abs. 2). Ist der GesVertrauensmann verhindert, ist sein Stellvertr. berechtigt, an den Sitzungen teilzunehmen (vgl. hierzu § 32 Rn 17). Ist die Ladung unterblieben, hat dies keine Bedeutung für die Rechtswirksamkeit der Beschlüsse des GesBR (*GL*, Rn 7; *GKSB*, Rn 6).

15 Die GesSchwerbehVertr. hat nicht das Recht, die Einberufung einer GesBRSitzung zu beantragen. Wohl kann sie beim GesBR beantragen, **Angelegenheiten,** die einzelne Schwerbeh. oder die Schwerbeh. als Gruppe besonders betreffen, auf die **Tagesordnung** der nächsten Sitzung zu setzen (§ 27 Abs. 6 i. Vbdg. mit § 25 Abs. 4 SchwbG).

16 Die GesSchwerbehVertr. kann die **Aussetzung von Beschlüssen** des GesBR verlangen (§ 27 Abs. 6 i. Vbdg. mit § 25 Abs. 4 SchwbG). Diese Möglichkeit besteht, wenn die GesSchwerbehVertr. glaubt, daß der Beschluß des GesBR wichtige Interessen der Schwerbeh. erheblich beeinträchtigt. Sie besteht auch, wenn der ArbGeb. sie nicht ordnungsgemäß nach § 25 Abs. 2 Satz 1 SchwbG beteiligt hatte.

17 Das **Verfahren bei der Aussetzung** von Beschlüssen ist in § 35 und für den GesBR in § 51 Abs. 1 i. Vbdg. mit § 35 BetrVG geregelt. Auf diese Bestimmungen verweist § 25 Abs. 4 Satz 2 SchwbG.

IV. Streitigkeiten

18 Streitigkeiten über das Teilnahmerecht des GesVertrauensmannes (GesVertrauensfrau) an den Sitzungen des GesBR und seiner Ausschüsse sowie über die Befugnisse der GesSchwerbehVertr. innerhalb des BetrVG entscheiden die ArbG im BeschlVerf. (§§ 2a, 80ff. ArbGG).

§ 53 Betriebsräteversammlung

(1) **Mindestens einmal in jedem Kalenderjahr hat der Gesamtbetriebsrat die Vorsitzenden und die stellvertretenden Vorsitzenden der Betriebsräte sowie die weiteren Mitglieder der Betriebsausschüsse zu einer Versammlung einzuberufen. Zu dieser Versammlung kann der Betriebsrat abweichend von Satz 1 aus seiner Mitte andere Mitglieder entsenden, soweit dadurch die Gesamtzahl der sich für ihn nach Satz 1 ergebenden Teilnehmer nicht überschritten wird.**

(2) **In der Betriebsräteversammlung hat**

1. der Gesamtbetriebsrat einen Tätigkeitsbericht,

2. der Unternehmer einen Bericht über das Personal- und Sozialwesen und über die wirtschaftliche Lage und Entwicklung des Unternehmens, soweit dadurch nicht Betriebs- und Geschäftsgeheimnisse gefährdet werden,

zu erstatten.

(3) **§ 42 Abs. 1 Satz 1 zweiter Halbsatz und Satz 2, § 43 Abs. 2 Satz 1 und 2 sowie die §§ 45 und 46 gelten entsprechend.**

Inhaltsübersicht

I. Vorbemerkung

1 Die Einrichtung einer BRVerslg. ist durch das BetrVG 1972 neu geschaffen worden. Sie stellt neben dem GesBR ein weiteres **Bindeglied der ArbN der verschiedenen Betriebe eines Unternehmens** dar. Sie ist auf der Unternehmensebene – wie sich auch aus der entsprechenden Anwendung einiger für die BetrVerslg. geltenden Vorschriften ergibt – in ihrer Funktion und ihren Aufgaben in etwa der BetrVerslg. auf der betrieblichen Ebene vergleichbar (h. M.; vgl. eingehend *Brill,* ArbuR 79, 139).

2 **Zweck** der BRVerslg. ist es, einer größeren Zahl von BRMitgl., die nicht dem GesBR angehören, aus erster Hand **Informationen** über die Tätigkeit des GesBR sowie durch einen Bericht des Unternehmers über

das Personal- und Sozialwesen und die wirtschaftliche Lage und Entwicklung des Unternehmens **zu vermitteln.** Zum anderen bietet sie Gelegenheit zum persönlichen **Gedankenaustausch** der BRMitgl. eines Unternehmens untereinander und dient somit einer stärkeren Bindung innerhalb der Arbeitnehmerschaft eines Unternehmens.

3 Im **Konzernbereich** findet die Vorschrift keine Anwendung (vgl. § 59 Abs. 1). Ebenso kennt das Gesetz keine **JugAzubiVertrVerslg.** auf Unternehmensebene (vgl. § 73 Abs. 2). Im Bereich der **Seeschiffahrt** sind Versammlungen der Bordvertr. nicht durchzuführen (vgl. § 116 Abs. 4 und 5).

4 Die Vorschrift ist zwingend und kann weder durch TV noch durch BV abgedungen werden. Wohl ist es zulässig, nähere Einzelheiten für die Durchführung der BRVerslg. in einer zwischen dem GesBR und dem ArbGeb. abzuschließenden ergänzenden BV festzulegen (*GL,* Rn 2; *HSG,* Rn 2; *Brill,* a. a. O., S. 138; *GKSB,* Rn 3, halten darüber hinaus eine Erweiterung des Teilnehmerkreises auf alle BRMitgl. durch TV für zulässig).

5 Entsprechende Vorschrift im **BPersVG 74:** keine, im **SprAuG:** keine.

II. Teilnehmer

1. Betriebsräte

6 An der BRVerslg. **teilnahmeberechtigt** sind der **Vors.** und **stellvertr. Vors.** (§ 26) sowie die **weiteren Mitgl. der Betriebsausschüsse** (§ 27) der einzelnen BR. Hat ein BR keinen BetrAusschuß, sind der Vors. und der stellvertr. Vors. des BR teilnahmeberechtigt; hat ein Betrieb nur einen Betriebsrat (früher: Betriebsobmann), so ist dieser teilnahmeberechtigt.

7 Es ist **dem einzelnen BR freigestellt,** statt der gesetzlich vorgesehenen Teilnehmer **andere seiner Mitgl. zu entsenden.** Hierdurch wird die Möglichkeit geschaffen, zum einen den Kreis der Teilnehmer im Interesse einer möglichst großen Informationsbreite zu wechseln, zum anderen zu speziellen Tagesordnungspunkten der BRVerslg. besonders sachkundige BRMitgl. zu entsenden. Eine Entsendung anderer Mitgl. kommt ferner stets dann in Betracht, wenn der BRVors., sein Stellvertr. oder andere Mitgl. des BetrAusschusses bereits Mitgl. des GesBR sind und deshalb in dieser Eigenschaft (als Veranstalter) an der BRVerslg. teilnehmen.

8 Die dem **GesBR angehörenden BRMitgl.** sind auf die Gesamtzahl der nach § 53 teilnahmeberechtigten BRMitgl. **nicht anzurechnen** (*DR,* Rn 6; *GL,* Rn 5; *GK-Fabricius,* Rn 14f.; *GKSB,* Rn 5; **a. A.** *HSG,* Rn 4, die aber übersehen, daß die Verslg. aus den Mitgliedern des GesBR und den BR besteht). Abgesehen von dieser Ausnahme haben jedoch aus den einzelnen Betrieben nicht mehr BRMitgl. Anspruch darauf, an der BRVerslg. teilzunehmen, als der gesetzlichen Zahl der Mitgl. des jeweiligen BetrAusschusses entspricht.

Nur BRMitgl. können zur BRVerslg. entsandt werden; die Teilnahme von Ersatzmitgl. ist, solange sie nicht in den BR nachgerückt sind, unzulässig (vgl. Abs. 1 Satz 2: „aus seiner Mitte"; *DR,* Rn 5; *GL,* Rn 7; *GK-Fabricius,* Rn 15; *HSG,* Rn 5; *Brill,* a. a. O. S. 140).

Bei der Entsendung anderer Mitgl. braucht die Gruppenzusammensetzung des BetrAusschusses nicht unbedingt berücksichtigt zu werden (*GKSB,* Rn 5; *DR,* Rn 3; *GL,* Rn 6; *GK-Fabricius,* Rn 17; *HSG,* Rn 6; strenger *Weiss,* Rn 3: nur bei Vorliegen besonderer Gründe). 9

Die Entsendung anderer als der gesetzlich vorgesehenen Mitgl. erfolgt durch **Beschluß des BR,** der mit **einfacher Stimmenmehrheit** gefaßt wird (*DR,* Rn 4; *GKSB,* Rn 6). 10

2. Weitere Teilnehmer

Der **Unternehmer** ist zur Teilnahme berechtigt und wegen der Berichtspflicht (Abs. 2 Nr. 2) auch verpflichtet. Er ist deshalb unter Mitteilung der Tagesordnung zu der Verslg. zu laden. 11

Nimmt der Unternehmer an der Verslg. teil, kann er einen **Beauftragten der ArbGebVereinigung** hinzuziehen, der er angehört (Abs. 3 i. Vbdg. mit § 46 Abs. 1 S. 1). 12

Teilnahmeberechtigt sind die Beauftragten aller in einem Betrieb des Unternehmens vertretenen **Gewerkschaften** (vgl. hierzu § 2 Rn 26; *DR,* Rn 8 und 35; *GL,* Rn 16; *HSG,* Rn 9). Die Verpflichtung des GesBR, den Gewerkschaften Zeitpunkt, Tagesordnung und Ort der BRVerslg. rechtzeitig und schriftlich mitzuteilen, beschränkt sich auf die im GesBR vertretenen Gewerkschaften (*GL,* Rn 16; *Sahmer,* Rn 4; *GKSB,* Rn 15; *HSG,* Rn 26; **a. A.** *DR,* Rn 24; *GK-Fabricius,* Rn 40). Die BRVerslg. ist eine Veranstaltung des GesBR; es kommt deshalb darauf an, ob die Gewerkschaft im GesBR vertreten ist. 13

Kein Teilnahmerecht hat die GesSchwerbehVertr. (§ 25 SchwbG; wie hier *DR,* Rn 9; *GL,* Rn 4; *HSG,* Rn 10; **a. A.** *GKSB,* Rn 15; zur Versammlung der Vertrauensmänner und Vertrauensfrauen eines Unternehmens vgl. § 27 Abs. 7 i. Vbdg. mit § 25 Abs. 6 SchwbG). 14

Die Teilnahme von Mitgl. der **GesJugAzubiVertr.,** des **KBR,** des **WiAusschusses** und von **ArbNVertr. im AR** ist nicht vorgeschrieben, jedoch nicht unzulässig und kann im Einzelfall je nach Tagesordnung zweckmäßig sein, z. B. die Teilnahme eines Mitgl. der GesJugAzubiVertr., wenn die jugendl. und auszubildende ArbN betreffende Angelegenheiten (z. B. Schaffung von – zusätzlichen – Ausbildungsplätzen) auf der BRVerslg. zur Debatte stehen (*GL,* Rn 4; *Brill,* a. a. O. S. 143). Daß die BRVerslg. – wie sich aus der Bezugnahme des § 42 Abs. 1 Satz 2 ergibt – nicht öffentlich ist, steht der Teilnahme von Mitgl. der vorstehend genannten Gremien ebensowenig entgegen wie ihrer Teilnahme an der BetrVerslg. (vgl. hierzu § 42 Rn 18, 43). Ihre Teilnahme setzt eine Einladung des Vors. des GesBR voraus; sie haben kein originäres Teilnahmerecht. 15

III. Aufgaben

16 Die BRVerslg. hat auf der Ebene des Unternehmens eine **ähnliche Funktion wie die BetrVerslg.** auf der betrieblichen Ebene. Sie hat keinen unmittelbaren Einfluß auf die Tätigkeit des GesBR. Insbesondere steht ihr **kein Weisungsrecht** gegenüber dem GesBR zu. Sie kann lediglich Anregungen geben und im Rahmen des entsprechend anwendbaren § 45 Anträge stellen und Beschlüsse fassen, die den GesBR nicht binden (h. M.).

17 Hauptaufgabe der BRVerslg. ist die Entgegennahme des **Tätigkeitsberichts des GesBR** (Abs. 2 Nr. 1) und des **Berichts des Unternehmers** über das Personal- und Sozialwesen sowie über die wirtschaftliche Lage und Entwicklung des Unternehmens (Abs. 2 Nr. 2).

18 Den **Tätigkeitsbericht** hat der GesBR zu erstatten. Deshalb ist der Bericht vom GesBR in seinem Inhalt festzulegen und nach § 51 Abs. 4 zu beschließen (*DR,* Rn 12; *HSG,* Rn 14). Für den Tätigkeitsbericht des GesBR gelten im übrigen dieselben Grundsätze wie für den vom BR auf der BetrVerslg. zu erstattenden Bericht. Die Bemerkungen zu § 43 Rn 12ff. gelten deshalb sinngemäß.

19 Die **Berichtspflicht des Unternehmers** gegenüber der BRVerslg. betrifft das Personal- und Sozialwesen und die wirtschaftliche Lage und Entwicklung des **Unternehmens** (*DR,* Rn 14). Sie geht über die Berichtspflicht des ArbGeb. nach § 43 Abs. 2 Satz 2 hinaus, die sich nur auf den jeweiligen Betrieb bezieht. Der ArbGeb. ist in § 53 (ebenso wie in §§ 106ff.) **in seiner Eigenschaft als Unternehmer** angesprochen (anders in § 47 Abs. 5, § 48, wo er in seiner Eigenschaft als ArbGeb. dem GesBR gegenübertritt). Daraus ergibt sich, daß der abzugebende Bericht aus der umfassenden Sicht desjenigen zu gestalten ist, der die wirtschaftlichen bzw. ideellen Ziele verfolgt, denen die Tätigkeit der Betriebe zu dienen bestimmt ist (vgl. § 1 Rn 71ff.). Den Bericht muß der Unternehmer selbst erstatten; Vertretung ist – anders als in § 43 Abs. 2 Satz 3 und in § 108 Abs. 2 – nicht vorgesehen, bei zwingenden Gründen jedoch nicht immer vermeidbar (strenger in den Anforderungen jedoch LAG Frankfurt 26. 1. 89, DB 89, 1473). Abgesehen hiervon entspricht die Berichtspflicht jedoch inhaltlich derjenigen des § 43 Abs. 2 Satz 3 (vgl. § 43 Rn 19ff.).

20 Eine Berichtspflicht besteht nicht, soweit dadurch **Betriebs- oder Geschäftsgeheimnisse gefährdet** werden (vgl. hierzu § 43 Rn 26). Bei der Beurteilung der Frage, ob eine Gefährdung von Betriebs- oder Geschäftsgeheimnissen vorliegt, ist der Umstand zu berücksichtigen, daß sich der Teilnehmerkreis der BRVerslg. auf Personen beschränkt, die der Verschwiegenheitspflicht des § 79 unterliegen (*Frauenkron,* Rn 8; *GK-Fabricius,* Rn 24; *Weiss,* Rn 4; *Brill,* a. a. O. S. 144; **a. A.** *DR,* Rn 14).

21 Der **Bericht des Unternehmers** ist **mündlich** zu erstatten. Ein Rechtsanspruch der Teilnehmer auf schriftliche Aushändigung des Berichts besteht nicht. Als Grundlage kann in größeren Unternehmen der schriftliche Bericht nach § 110 Abs. 1 dienen. „Erstatten“ heißt aber

mehr als „verlesen"; der Unternehmer muß auch Fragen zum Bericht beantworten (LAG Frankfurt 26. 1. 89, DB 89, 1473).

Durch die Bezugnahme auf § 45 Abs. 3 ist klargestellt, daß die BRVerslg. **alle Angelegenheiten einschließlich solcher tarifpolitischer, sozialpolitischer und wirtschaftlicher Art** behandeln darf, die das Unternehmen oder seine ArbN unmittelbar betreffen. Entsprechend dem Charakter der BRVerslg. als einer Institution auf Unternehmensebene wird es sich bei diesen Angelegenheiten in erster Linie um solche handeln, die über den betrieblichen Bereich eines einzelnen Betriebes hinausgehen und entweder das Unternehmen bzw. seine ArbN insgesamt oder doch mehrere Betriebe des Unternehmens bzw. deren ArbN betreffen (*DR,* Rn 15). Dies schließt nicht aus, daß sich die BRVerslg. auch mit Angelegenheiten befaßt, die ausschließlich einen Betrieb des Unternehmens oder dessen ArbN betreffen (*GK-Fabricius,* Rn 25; **a. A.** *HSG,* Rn 17). 22

Zu den Begriffen „tarifpolitische, sozialpolitische und wirtschaftliche Angelegenheiten" vgl. § 45 Rn 8ff. und § 74 Rn 11ff.

Auch die BRVerslg. unterliegt dem **Gebot der betrieblichen Friedenspflicht,** was insbesondere bedeutet, daß sie nicht zu einem Instrument des Arbeitskampfes gemacht werden darf (vgl. hierzu § 45 Rn 20ff.). Auch ist auf ihr **jede parteipolitische Betätigung untersagt** (vgl. § 45 Rn 22f.; *DR,* Rn 15; *GL,* Rn 9; *HSG,* Rn 18). 23

IV. Anzahl, Einberufung und Durchführung

Die BRVerslg. ist **mindestens einmal im Kalenderjahr** durchzuführen (Abs. 1 Satz 1). Wie sich aus dem Wort „mindestens" ergibt, sind **weitere BRVerslg.** während eines Kalenderjahres **zulässig.** Soweit der Unternehmer den weiteren BRVerslg. zustimmt, stehen dem keinerlei Bedenken entgegen. Soweit dies nicht der Fall ist, ist eine weitere Verslg. zulässig, wenn ihre Durchführung für die Tätigkeit des GesBR bzw. der BR **sachlich erforderlich** ist (*DR,* Rn 16; *HSG,* Rn 20; *Brill,* a. a. O. S. 141; enger *GL,* Rn 11: dringendes Erfordernis; weitergehend *GK-Fabricius,* Rn 27: jedenfalls zwei pro Jahr). Hierüber entscheidet der GesBR durch Beschluß. 24

Die BRVerslg. kann **nicht in Teilverslg.** durchgeführt werden (*GL,* Rn 14; *GK-Fabricius,* Rn 32; *GKSB,* Rn 13). 25

Den **Zeitpunkt der BRVerslg.** legt der GesBR durch Beschluß fest. Er entscheidet nach pflichtgemäßem Ermessen. Eine vorherige Abstimmung mit dem Unternehmer ist zwar nicht ausdrücklich vorgeschrieben, ergibt sich jedoch aus dem Gebot der vertrauensvollen Zusammenarbeit von GesBR und Unternehmer sowie daraus, daß der Unternehmer auf dieser Verslg. den Bericht nach Abs. 2 Nr. 2 erstatten muß. 26

Unterläßt der GesBR die Einberufung der BRVerslg., so handelt er pflichtwidrig. Die Unterlassung kann eine grobe Verletzung der den Mitgl. des GesBR obliegenden Plflichten darstellen, die gem. § 48 den Ausschluß der Mitgl., die die Einberufung verhindern, aus dem GesBR rechtfertigen kann (*DR,* Rn 18; *GK-Fabicius,* Rn 42). 27

28 Die **Einberufung** der BRVerslg. **durch eine andere Stelle** als den GesBR (etwa den Unternehmer oder einen anderen BR) ist **nicht zulässig.** Die Einladung zu der BRVerslg. ist an die einzelnen BR zu Hd. ihrer Vors. (§ 26 Abs. 3) zu richten. Die Einladung an die teilnehmenden BRMitgl. ist weder erforderlich noch möglich, da dem BR insoweit eine eigene Dispositionsbefugnis zusteht (*DR,* Rn 20). Die Einladung hat so **rechtzeitig** zu erfolgen, daß den einzelnen BR eine ordnungsgemäße Vorbereitung der Teilnahme möglich ist (*DR,* Rn 21).

29 Der **Unternehmer** hat anders als bei der BetrVerslg. (vgl. § 43 Abs. 3) **kein den GesBR bindendes Antragsrecht** auf Einberufung einer BRVerslg. Der GesBR kann einem derartigen Antrag des Unternehmers zwar nachkommen, verpflichtet ist er jedoch hierzu nicht (*DR,* Rn 30; *GL,* Rn 15; *GK-Fabricius,* Rn 42; *HSG,* Rn 28).

Desgleichen haben auch die **im Unternehmen vertretenen Gewerkschaften** kein den GesBR bindendes **Antragsrecht** auf Einberufung einer BRVerslg., wie dies in § 43 Abs. 4 hinsichtlich der BetrVerslg. vorgesehen ist. Ihnen bleibt, falls der GesBR eine BRVerslg. nicht einberuft, nur die Möglichkeit des Ausschlußverfahrens nach § 48 (*DR,* Rn 29; *GL,* Rn 17; *GK-Fabricius,* Rn 42; *HSG,* Rn 28).

30 Die BRVerslg. findet grundsätzlich **während der Arbeitszeit** statt (*GL,* Rn 13; *GKSB,* Rn 14; *HSG,* Rn 32; **a. A.** *Brecht,* Rn 5). Dies ergibt sich daraus, daß die Teilnahme der BRMitgl. an der Verslg. eine im Rahmen ihrer BRTätigkeit liegende Aufgabe ist. Die BRTätigkeit ist grundsätzlich während der Arbeitszeit durchzuführen (vgl. § 37 Abs. 2 und 3 und dort Rn 10ff.). Aus diesem Grunde ist eine Bezugnahme auf § 44 Abs. 3 nicht erforderlich.

31 Soweit für einzelne BRMitgl. die Teilnahme an der BRVerslg. außerhalb ihrer Arbeitszeit liegt, haben sie unter den Voraussetzungen des § 37 Abs. 3 Anspruch auf entsprechenden **Freizeitausgleich** bzw. auf **Vergütung dieser Zeit wie Mehrarbeit** (vgl. § 37 Rn 41ff.; *DR,* Rn 37; *GL,* Rn 13; *GK-Fabricius,* Rn 28; *HSG,* Rn 32). Das gilt auch für die Zeit der Reise zur BRVerslg., vorausgesetzt die Reise wird aus betriebsbedingten Gründen außerhalb der Arbeitszeit durchgeführt (BAG, DB 78, 2177; vgl. auch § 37 Rn 50).

32 Die durch die Teilnahme an der BRVerslg. den BRMitgl. entstehenden Kosten, z. B. für Übernachtung, Verpflegung, An- und Abreise, sind Kosten der BRTätigkeit i. S. des § 40 und vom ArbGeb. zu tragen. Das gleiche gilt für die sonstigen durch die Verslg. entstehenden Kosten.

33 Die BRVerslg. wird **vom Vors. des GesBR geleitet** (Abs. 3 i. Vbdg. mit § 42 Abs. 1 Satz 1 zweiter Halbsatz). Ist dieser verhindert, obliegt die Leitung dem stellvertr. Vors. des GesBR (*DR,* Rn 26). Die sich aus der VerslgLeitung ergebenden Rechte und Befugnisse entsprechen denjenigen des BRVors. als Leiter der BetrVerslg. (vgl. hierzu § 42 Rn 34ff.).

34 Die **Tagesordnung** wird nicht vom Vors. des GesBR allein festgelegt, sondern **vom GesBR beschlossen** (*GL,* Rn 14). Außer dem in Abs. 2 genannten Tätigkeitsbericht des GesBR und dem Bericht des Unternehmers über das Personal- und Sozialwesen und die wirtschaftliche Lage

und Entwicklung des Unternehmens können auch andere Punkte auf die Tagesordnung gesetzt werden. Allerdings müssen sie sich im Rahmen des zulässigen Themenbereichs des entspr. anwendbaren § 45 halten.

Obwohl das Gesetz dies nicht ausdrücklich vorschreibt, ist den einzelnen BR, um ihnen eine ordnungsgemäße Vorbereitung auf die BRVerslg. zu ermöglichen, die **Tagesordnung rechtzeitig bekanntzumachen** (*DR,* Rn 22). Die festgesetzte Tagesordnung ist nicht abschließend in dem Sinne, daß andere Fragen auf der BRVerslg. nicht behandelt werden dürften. Vielmehr können, zumal die Beschlüsse der BRVerslg. keine den GesBR bindende Wirkung haben, jederzeit auch weitere Fragen und Angelegenheiten zur Sprache gebracht und zur Abstimmung gestellt werden. 35

Die BRVerslg. ist **nicht öffentlich** (Abs. 3 i. Vbdg. mit § 42 Abs. 1 Satz 2). Andere als die gesetzlich vorgesehenen Personen (das sind die Mitgl. des GesBR, die von den einzelnen BR entsandten Teilnehmer, der Unternehmer, Beauftragte der im Unternehmen vertretenen Gewerkschaften und der ArbGebVereinigung, der der Unternehmer angehört) dürfen an der Verslg. grundsätzlich nicht teilnehmen. Jedoch ist die Teilnahme von **Sachverständigen** und geladenen **Gästen** im Rahmen der Zuständigkeit der BRVerslg. ebenso wie bei einer BetrVerslg. (vgl. hierzu § 42 Rn 17ff., 43ff.) zulässig; zu denken ist hier etwa an eine Teilnahme von **ARMitgl.** der ArbN oder von Mitgl. der **GesJugAzubiVertr.** (vgl. auch oben Rn 15). Der Vors. des BR hat als Leiter der Verslg. auf die Nichtöffentlichkeit zu achten (vgl. im einzelnen die sinngemäß geltenden Rn 43ff. zu § 42). 36

Die BRVerslg. kann Beschlüsse fassen. Jedes an der Verslg. teilnehmende BR-Mitglied hat eine Stimme. Die Regelung des § 47 Abs. 7 und 8 über die Stimmengewichtung ist nicht anzuwenden. Die Beschlüsse binden den GesBR nicht (vgl. oben Rn 16). 37

Der **Unternehmer** kann zu allen Punkten der Tagesordnung das **Wort** ergreifen und Stellung nehmen (Abs. 3 i. Vbdg. mit § 43 Abs. 2 Satz 2). Insoweit hat er die gleichen Befugnisse wie bei der Teilnahme an der BetrVerslg. (vgl. § 43 Rn 28ff.). 38

V. Streitigkeiten

Streitigkeiten, die im Rahmen der Abhaltung und Durchführung der BRVerslg. entstehen, entscheiden die **ArbG im BeschlVerf.** (§§ 2a, 80ff. ArbGG). Zuständig ist das ArbG, in dessen Bezirk das Unternehmen seinen Sitz hat (*GL,* Rn 18). Für Streitigkeiten, die zwischen dem einzelnen BR oder einem seiner Mitgl. und dem ArbGeb. über die Teilnahme an der Verslg. entstehen, ist örtlich zuständig das ArbG, in dessen Bezirk der Betrieb liegt. Ansprüche auf Arbeitsentgelt für die Zeit der Teilnahme sind im Streitfall im **Urteilsverfahren** einzuklagen (vgl. hierzu auch § 37 Rn 152f.). 39

Sechster Abschnitt. Konzernbetriebsrat

§ 54 Errichtung des Konzernbetriebsrats

(1) **Für einen Konzern (§ 18 Abs. 1 des Aktiengesetzes) kann durch Beschlüsse der einzelnen Gesamtbetriebsräte ein Konzernbetriebsrat errichtet werden. Die Errichtung erfordert die Zustimmung der Gesamtbetriebsräte der Konzernunternehmen, in denen insgesamt mindestens 75 vom Hundert der Arbeitnehmer der Konzernunternehmen beschäftigt sind.**

(2) **Besteht in einem Konzernunternehmen nur ein Betriebsrat, so nimmt dieser die Aufgaben eines Gesamtbetriebsrats nach den Vorschriften dieses Abschnitts wahr.**

Inhaltsübersicht

I. Vorbemerkung

1 Der KBR ist die Vertr. der ArbN im **betriebsverfassungsrechtlichen** (nicht unternehmensrechtlichen) **Bereich der Konzernarbeitnehmerschaft** (vgl. *Martens,* ZfA 73, 305ff.). Der KBR steht neben den GesBR der einzelnen Konzernunternehmen, ohne diesen übergeordnet zu sein.

2 Die Vorschrift des § 54 legt die Voraussetzungen fest, unter denen für einen Konzern ein KBR gebildet werden kann. Dieser wird durch übereinstimmende Beschl. der GesBR der Konzernunternehmen errichtet. In jedem Konzern kann im allgemeinen nur ein KBR bestellt werden (vgl. jedoch unten Rn 21f.). Wegen der Bestellung der Mitgl. und der Zusammensetzung des KBR vgl. § 55, wegen seiner Aufgaben und seiner Geschäftsführung vgl. §§ 58 und 59.

3 Die Bestimmung **bezweckt,** auch innerhalb eines Konzerns eine ArbNVertr. zur Wahrnehmung der Interessen der ArbN bei beteiligungspflichtigen – und zwar mitbestimmungspflichtigen und mitwirkungspflichtigen – Entscheidungen der Konzernleitung zuzulassen. Im Hinblick auf die Vielgestaltigkeit der Konzernstrukturen dürfte jedoch nicht in allen Konzernen ein Bedürfnis für die Bildung eines KBR bestehen (vgl. Begründung des RE, BT-Drucks. VI/1786, S. 43). Deshalb ist die Errichtung eines KBR **nicht obligatorisch** vorgeschrieben, sondern der Entscheidung einer qualifizierten Mehrheit der GesBR (bzw. im Falle des Abs. 2 der BR) der Konzernunternehmen vorbehalten.

Die Bildung einer **KonzernJugAzubiVertr.** ist nicht vorgesehen. 4

Die Vorschrift ist **zwingend** und weder durch TV noch durch BV abdingbar. 5

Entsprechende Vorschrift des **BPersVG 74:** keine. Die Vorschriften über die Stufenvertretungen (vgl. §§ 53ff. BPersVG 74) sind nicht vergleichbar. Das **SprAuG** sieht einen – freiwilligen – Konzernsprecherausschuß vor (§§ 21–24 SprAuG). 6

II. Konzern

Voraussetzung für die Errichtung eines KBR ist das **Bestehen eines Konzerns.** Das BetrVG enthält keine eigene Begriffsbestimmung des Konzerns, sondern verweist sowohl in § 54 Abs. 1 als auch in § 8 Abs. 1 S. 2, der bei den Wählbarkeitsvoraussetzungen zum BR die Anrechnung von Vordienstzeiten im Konzern vorschreibt, auf den Konzernbegriff des § 18 Abs. 1 AktG (vgl. zum Konzernbegriff § 1 Rn 78). Die einschlägigen Vorschriften der §§ 17 und 18 AktG haben folgenden Wortlaut: 7

§ 17 Abhängige und herrschende Unternehmen

(1) Abhängige Unternehmen sind rechtlich selbständige Unternehmen, auf die ein anderes Unternehmen (herrschendes Unternehmen) unmittelbar oder mittelbar einen beherrschenden Einfluß ausüben kann.

(2) Von einem in Mehrheitsbesitz stehenden Unternehmen wird vermutet, daß es von dem an ihm mit Mehrheit beteiligten Unternehmen abhängig ist.

§ 18 Konzern und Konzernunternehmen

(1) Sind ein herrschendes und ein oder mehrere abhängige Unternehmen unter der einheitlichen Leitung des herrschenden Unternehmens zusammengefaßt, so bilden sie einen Konzern; die einzelnen Unternehmen sind Konzernunternehmen. Unternehmen, zwischen denen ein Beherrschungsvertrag (§ 291) besteht oder von denen das eine in das andere eingegliedert ist (§ 319), sind als unter einheitlicher Leitung zusammengefaßt anzusehen. Von einem abhängigen Unternehmen wird vermutet, daß es mit dem herrschenden Unternehmen einen Konzern bildet.

(2) Sind rechtlich selbständige Unternehmen, ohne daß das eine Unternehmen von dem anderen abhängig ist, unter einheitlicher Leitung zusammengefaßt, so bilden sie auch einen Konzern; die einzelnen Unternehmen sind Konzernunternehmen.

1. Allgemeines

Dadurch, daß § 54 Abs. 1 nur auf § 18 Abs. 1 AktG verweist, ist klargestellt, daß ein KBR **nur in einem sogenannten Unterordnungskonzern** errichtet werden kann. In einem Gleichordnungskonzern nach § 18 Abs. 2 AktG ist ein KBR nicht zu bilden (vgl. *DR,* Rn 2; *GL,* Rn 5; 8

GKSB, Rn 2; *HSG,* Rn 9; *GK-Fabricius,* § 54 Rn 2; *Weiss,* Rn 2; *Martens,* ZfA 73, 301; *Fuchs,* Konzernbetriebsrat, S. 34).

9 Ein **Unterordnungskonzern** i. S. von § 18 Abs. 1 AktG setzt voraus, daß ein herrschendes und ein oder mehrere abhängige Unternehmen unter der **einheitlichen Leitung des herrschenden Unternehmens** zusammengefaßt sind. Herrschendes Unternehmen ist das Unternehmen, das die einheitliche Leitung des zu wirtschaftlichen Zwecken zusammengeschlossenen Konzerns darstellt, das also auf die Verwaltung und die Geschäftsführung der abhängigen Unternehmen maßgebenden Einfluß ausübt. Diese einheitliche Leitung muß tatsächlich ausgeübt werden – die Möglichkeit ihrer Ausübung allein genügt nicht. Allerdings sind Unterschiede in der Straffheit und im Umfang der Ausübung der Leitungsmacht möglich.

10 Für die Annahme eines Konzerns i. S. des § 54 ist es **unerheblich,** in welcher **Rechtsform** das herrschende oder die abhängigen Unternehmen geführt werden. Der Unternehmensbegriff wird in den §§ 15ff. AktG (auch in § 18) rechtsformenneutral verwendet (BAG 5. 5. 88, AP Nr. 8 zu § 1 AÜG). Außerdem wird durch die Verweisung auf § 18 Abs. 1 AktG lediglich klargestellt, was unter einem Konzern, für den ein KBR gebildet werden kann, zu verstehen ist. Hierdurch soll nicht die Möglichkeit der Bildung von KBR auf die dem AktG unterfallenden Unternehmen beschränkt werden. Ein KBR kann deshalb auch dann gebildet werden, wenn die einzelnen Konzernunternehmen nicht in Form einer AG oder KG a. A., sondern als GmbH oder als Personengesellschaften (OHG, KG; Gesellschaft des bürgerlichen Rechts) geführt werden, ja sogar, wenn es sich bei ihnen um Einzelkaufleute handelt (*DR,* Rn 6; *GL,* Rn 12; *GK-Fabricius,* Rn 15; *GKSB,* Rn 2; *HSG,* Rn 10; *Weiss,* Rn 2; *Monjau,* BB 72, 840; *Martens,* ZfA 73, 300; *Fuchs,* a. a. O. S. 35f.; *Oetker,* ZfA 86, 194f.).

11 Der Unternehmer ist verpflichtet, dem GesBR darüber **Auskunft zu geben,** ob und ggfs. mit welchen Unternehmen **ein Konzernverhältnis** i. S. von § 18 Abs. 1 AktG **besteht.**

12 Auch wenn ein herrschendes Unternehmen ein **Tendenzunternehmen** i. S. von § 118 Abs. 1 ist, kann für dieses ein KBR errichtet werden, obwohl eine Beteiligung der ArbN im Aufsichtsrat dieses Unternehmens nicht stattfindet (vgl. § 81 BetrVG 1952; § 1 Abs. 3 MitbG).

2. Vertragskonzern

13 Die einheitliche Leitung beruht bei einem sog. **Vertragskonzern** auf den in § 18 Abs. 1 S. 1 AktG genannten Verträgen, nämlich entweder dem **Beherrschungsvertrag** nach § 291 AktG, auf Grund dessen der Vorstand des abhängigen Unternehmens den für ihn verbindlichen Weisungen des herrschenden Unternehmens unterliegt (§ 308 AktG) oder dem **Eingliederungsvertrag** nach § 319 AktG, durch den das eingegliederte Unternehmen seine wirtschaftliche Selbständigkeit praktisch verliert.

14 Liegt einer dieser Verträge zwischen Unternehmen vor, so wird nach

§ 18 Abs. 1 S. 3 unwiderleglich vermutet, daß ein **Vertragskonzern** vorliegt (*Geßler,* AktG, § 18 Rn 59). Zum Beherrschungsvertrag gegenüber einer GmbH oder Personalgesellschaft vgl. § 77 BetrVG 52, Rn 3a (Anhang 2).

3. Faktischer Konzern

Auch **ohne daß ein Beherrschungsvertrag vorliegt,** kann eine einheitliche Leitung des herrschenden Unternehmens und damit ein Konzern bestehen. Ein solcher **faktischer Konzern** kann insbesondere durch die Ausübung des Einflusses geführt werden, der auf **Mehrheitsbesitz** am Gesellschaftskapital des abhängigen Unternehmens beruht, z. B. durch „Gleichschaltung" der Unternehmensleitungen, aber auch durch langfristige Liefer-, Abnahme- oder Lizenzverträge sowie ähnliche Beherrschungsmittel. Entscheidend ist, ob das herrschende Unternehmen über Mittel verfügt, im abhängigen Unternehmen seinen Willen durchzusetzen. Ist dies der Fall, so ist auch in einem faktischen Konzern die Bildung eines KBR zulässig (*DR,* Rn 3; *GL,* Rn 6; *GK-Fabricius,* Rn 14; *HSG,* Rn 13; *Weiss,* Rn 2; *Fuchs,* a. a. O. S. 43; *Martens,* a. a. O. S. 302). Es sollen alle Formen der einheitlichen Leitung erfaßt werden, wie z. B. ständige Fühlungnahme, ständige Anweisungen, Erlaß von Richtlinien, Empfehlungen usw. (vgl. *Geßler,* AktG, § 18 Rn 27). Die einheitliche Leitung setzt kein Weisungsrecht voraus. Einheitliche Leitung bedeutet auch nicht, daß die leitenden Personen identisch sind; vorausgesetzt wird Leitung in einheitlichem Sinne (vgl. *Geßler,* a. a. O., Rn 28). Einheitliche Leitung kann deshalb auch in der Form bestehen, daß leitende Ang. des herrschenden Unternehmens Mitgl. des Vertretungsorgans der abhängigen Konzerngesellschaft sind (LAG Düsseldorf, 11. 9. 87, ArbuR 88, 92). 15

Stets ist jedoch Voraussetzung, daß die einheitliche Leitung **tatsächlich ausgeübt** wird. **Möglichkeit der Beherrschung,** insbes. durch Kapitalbeteiligung (Banken), **genügt nicht,** wenn nicht die Einflußmöglichkeit auch tatsächlich zu einer Zusammenfassung der Unternehmen unter einheitlicher organisatorischer Leitung führt (*Fitting/Wlotzke/Wißmann,* § 5 Rn 25ff. m. w. Nachw.). 16

Im Verhältnis von Unternehmen, von denen das eine von dem anderen nach § 17 AktG abhängig ist (bzw. die Vermutung nach § 17 Abs. 2 AktG nicht widerlegt ist), wird nach **§ 18 Abs. 1 S. 3 AktG vermutet,** daß das **abhängige Unternehmen mit dem herrschenden Unternehmen einen Konzern bildet.** Diese Vermutung gilt bis zum Beweis des Gegenteils (z. B. daß keine Abhängigkeit i. S. des § 17 vorliegt oder daß keine Leitungsmacht nach § 18 Abs. 1 ausgeübt wird). 17

4. Gemeinschaftsunternehmen

Wenn ein Unternehmen von zwei oder mehreren Unternehmen gemeinsam beherrscht wird **(Gemeinschaftsunternehmen),** kann es zu jedem dieser herrschenden Unternehmen in einem Konzernverhältnis ste- 18 hen. Voraussetzungen sind mehrfache Abhängigkeiten und mehrfache Zusammenfassung der Unternehmen unter einheitlicher Leitung (vgl. BAG 30. 10. 86, AP Nr. 1 zu § 55 BetrVG 1972). Haben **zwei Gesellschaften** ihr Stimmrecht für den überwiegenden Aktienbesitz an einer dritten AG gepoolt und sich insoweit zu gemeinsamer Leitung verpflichtet (z. B. im Konsortialvertrag sind Mehrheitsentscheidungen bei der Ausübung der Leitungsmacht ausgeschlossen), so bildet jedes der herrschenden Unternehmen im Verhältnis zum abhängigen Unternehmen einen **bes. Konzern** (BAG 18. 6. 1970, AP Nr. 20 zu § 76 BetrVG; BAG 30. 10. 86, AP Nr. 1 zu § 55 BetrVG 1972; BGH 30. 9. 86, DB 87, 1628). Davon ist der BT-Ausschuß bei der Beratung des Gesetzes zur Sicherung der Montanmitbestimmung, die Rechtspr. des BAG ausdrücklich billigend, ausgegangen (BT-Drucks. 11/3618, S. 14; vgl. dazu *Wißmann,* DB 89, 426, 427). Es kann demnach bei jedem der herrschenden Unternehmen ein KBR gebildet werden (vgl. hierzu *Fitting/Wlotzke/Wißmann,* MitbestG, § 5 Rn 39ff.; *Geßler,* in *Geßler/Hefermehl/Ekkardt, Kropff,* AktG, § 17 Rn 70; *Weiss,* Rn 4; *GKSB,* Rn 5; LAG Hamm 16. 1. 1985, DB 85, 871; **a. A.** *DR,* Rn 5; *GL,* Rn 7ff.; *HSG,* Rn 15; *Schaub,* § 226 I 1; *Würdinger,* AktG, 3. Aufl., § 17 Rn 11; *Buchner,* RdA 75, 9, die nur, wenn eine der Obergesellschaften dominiert, die Bildung des KBR bei dieser zulassen; ähnlich LAG Düsseldorf, EzA zu § 18 AktG Nr. 1; nach *Fuchs,* a. a. O. S. 163ff. ist bei der durch den Konsortialvertrag der beiden Obergesellschaften entstandenen BGB-Gesellschaft der KBR zu bilden; ähnlich de lege ferenda *Duden,* ZHR 77, 166). Die **Vermutungsregel des § 18 Abs. 1 Satz 3** ist auch für Fälle mehrfacher Abhängigkeit anzuwenden (BAG 30. 10. 86, AP Nr. 1 zu § 55 BetrVG 1972; *Säcker,* NJW 80, 801, 806). Denkbar ist auch, daß das beherrschte Unternehmen jeweils nur mit **Teilbereichen** der Mutterunternehmen zusammengefaßt und unter eine einheitliche Leitung gestellt wird. Das reicht schon für die Anwendung konzernrechtlicher Vorschriften aus (vgl. *Geßler,* AktG, § 18 Rn 41). Die Zulässigkeit der Bildung des KBR bei den Obergesellschaften ergibt sich aus dem mit dem KBR verfolgten **Zweck,** nämlich eine ArbNVertr. dort zu schaffen, wo für die ArbN der abhängigen Unternehmen wesentliche Entscheidungen getroffen werden (BAG 30. 10. 86, a. a. O.).

19 Nicht ausreichend für die Zurechnung eines Gemeinschaftsunternehmens zu beiden Mutterunternehmen ist dagegen, wenn jedes dieser Unternehmen nur nach Maßgabe eines Kapitalanteils Aktionärsrechte ausübt, ohne daß die erforderliche Koordination stattfindet. In diesem Fall kann von einer einheitlichen gemeinschaftlichen Leitung nicht gesprochen werden (Näheres *Fitting/Wlotzke/Wißmann,* § 5 Rn 39ff. m. w. Nachw.; wie hier auch *GL,* Rn 6).

20 Sind zwei Unternehmen mit gleichen Anteilen beteiligt (50:50), wird vermutet, daß das beherrschte Unternehmen von jedem herrschenden Unternehmen einheitlich geleitet wird. Beide Gesellschaften müssen sich praktisch einigen (BAG 30. 10. 86, AP Nr. 1 zu § 55 BetrVG 1972; *Säcker,* NJW 80, 804; LAG Hamm 16. 1. 1985, DB 85, 871).

5. Konzern im Konzern

Innerhalb eines mehrstufigen Konzerns können weitere Konzernverhältnisse **(„Konzern im Konzern")** bestehen, wenn das herrschende Unternehmen (Muttergesellschaft) von seiner Leitungsmacht zwar im wesentlichen Umfang, aber doch nur teilweise (z. B. als Richtlinienkompetenz) Gebrauch macht und einem abhängigen Unternehmen (Tochterunternehmen) noch wesentliche Leitungsaufgaben zur eigenständigen Ausübung (also nicht nur als Durchgangsstation) gegenüber den diesem nachgeordneten Unternehmen (Enkelunternehmen) beläßt (BAG 21. 10. 80, AP Nr. 1 zu § 54 BetrVG 1972; vgl. auch *Semmler,* DB 77, 805; *Geßler,* BB 77, 1313; *Klinkhammer,* DB 77, 1601; OLG Düsseldorf, Die Aktiengesellschaft, 79, 318; *Fitting/Wlotzke/Wißmann,* § 5 Rn 30ff. m. w. Nachw.). Entsprechend dem Grundsatz, daß der Konzernbegriff (auch dort, wo er durch Verweisung auf § 18 AktG für maßgebend erklärt wird), nach Sinn und Zweck des jeweiligen Gesetzes auszulegen ist (vgl. hierzu *Buchner,* RdA 75, 10), ist für den Bereich des BetrVG die Möglichkeit eines Konzerns im Konzern zu **bejahen.** Denn Sinn und Zweck der Möglichkeit der Errichtung eines KBR ist es, die Beteiligung der Konzernarbeitnehmerschaft an den Entscheidungen der Konzernleitung sicherzustellen. Dieser gesetzgeberische Zweck würde jedoch nicht erreicht, wenn einer Tochtergesellschaft bei den den Beteiligungsrechten des BR unterliegenden Angelegenheiten ein wesentlicher eigener Entscheidungsspielraum zur Verfügung steht, sie also nicht durch Weisungen der Muttergesellschaft gebunden ist, und dennoch bei ihr kein KBR errichtet werden könnte. Beschränkt sich z. B. die bis zu den Enkelgesellschaften durchgreifende Leitung der Muttergesellschaft im wesentlichen auf den finanziellen und kaufmännischen Bereich, während in personellen und sozialen Angelegenheiten der Tochtergesellschaft eine weitgehende eigene Entscheidungsbefugnis zusteht, so würde die Errichtung eines KBR nur bei der Muttergesellschaft zu einer Verkürzung der Beteiligungsrechte der ArbN führen. Denn wegen der orginären Entscheidungskompetenz der Tochtergesellschaft im personellen und sozialen Bereich läuft insoweit eine Zuständigkeit des bei der Muttergesellschaft errichteten KBR ins Leere. Würde bei dem Tochterunternehmen kein KBR errichtet werden können, wäre trotz des § 54 eine Beteiligung der ArbN an beteiligungspflichtigen Entscheidungen auf dieser Konzernebene nicht sichergestellt. 21

Deshalb ist bei einem mehrstufigen Konzern die Möglichkeit, auch bei der **Konzernspitze des Unterkonzerns** (Tochtergesellschaft) einen **KBR zu errichten,** dann zu bejahen, wenn der Unterkonzernspitze in einem wesentlichen Bereich von beteiligungspflichtigen Angelegenheiten eine originäre, nicht durch konkrete Weisungen der Konzernspitze (Muttergesellschaft) gebundene Entscheidungskompetenz zusteht und sie von dieser Kompetenz auch tatsächlich Gebrauch macht (ebenso BAG 21. 10. 1980, AP Nr. 1 zu § 54 BetrVG 1972; *GK-Fabricius,* Rn 16ff.; *GKSB,* Rn 4; jetzt auch *HSG,* Rn 16a; *Weiss,* Rn 3; *Klinkhammer,* a. a. O. S. 130ff.; *Schaub,* § 226 I 1; **a. A.** *DR,* Rn 7; *GL,* Rn 12f.; *Monjau,* 22

BB 72, 840; *Friesinger/Lehmann,* DB 72, 2337; *Lutter/Schneider,* BB 77, 553; nach *Fuchs,* a. a. O., S. 172ff. soll zwar nur ein KBR zu bilden sein, dieser soll jedoch sowohl bei der Muttergesellschaft als auch bei den Konzernspitzen der Unterkonzerne die Beteiligungsrechte wahrnehmen). Die Frage hat seit Inkrafttreten des MitbestG wegen der Beteiligung an den Wahlen der ARMitgl. der ArbN an Aktualität gewonnen. In der Praxis bereitet sie jedoch weniger Schwierigkeiten als in der Theorie; vielmehr nehmen die Konzernleitungen und die ArbN auf die tatsächliche Verteilung der Leitungsmacht und die hieraus entstehenden Bedürfnisse des Zusammenwirkens je nach Lage des Einzelfalles Rücksicht (vgl. hierzu auch *Klinkhammer,* DB 77, 1601, sowie den Vorschlag von *Duden,* ZHR 77, 145ff.).

6. Konzerne mit Auslandsbeziehung

23 Der KBR kann nur für einen Konzern gebildet werden, dessen **herrschendes Unternehmen seinen Sitz im Geltungsbereich des Grundgesetzes** hat. Ist ein ausländisches Unternehmen herrschendes Unternehmen, so ist kein KBR zu bilden, auch wenn abhängige Unternehmen im Inland liegen (*HSG,* Rn 18; **a. A.** *DR,* Rn 11; *Birk,* Festschrift für Schnorr von Carolsfeld, S. 84; *Simitis,* Festschrift für Kegel, S. 179; *Grassmann,* ZGR 73, 323). Keine Anwendung auf den Konzernbegriff i. S. des BetrVG finden die Vorschriften über den **fingierten Teilkonzern nach § 5 Abs. 3 MitbestG.**

24 Übt allerdings ein **ausländisches Unternehmen,** das einen mehrstufigen Unterkonzern im Inland beherrscht, seine Leitungsmacht auf dem **„Leitungswege“** über ein den anderen abhängigen Unternehmen zu diesem Zweck übergeordnetes inländisches Unternehmen aus (z. B. eine sogenannte „Zentrale“), kann diese inländische Unternehmensgruppe dann als Konzern im Konzern angesehen werden, wenn dem betreffenden inländischen Unternehmen in einem wesentlichen Bereich eine eigene, originäre Leitungsmacht zusteht (vgl. hierzu *Fitting/Wlotzke/Wißmann,* § 5 Rn 56ff.). In diesem Falle kann durch Beschluß der GesBR der inländischen abhängigen Unternehmen ein KBR bei dieser Zentrale errichtet werden (vgl. *Fuchs,* a. a. O., S. 184ff.; *GL,* Rn 13; *GKSB,* Rn 7; *HSG,* Rn 18; *Schaub,* § 226 I 1).

25 Liegen **abhängige Unternehmen im Ausland,** so nehmen die ArbN-Vertr. dieser Unternehmen nicht an der Bildung des KBR für das innerhalb der Bundesrepublik Deutschland oder Berlin (West) liegende herrschende Unternehmen teil. Das folgt nicht nur aus dem beschränkten territorialen Geltungsbereich des Gesetzes, sondern auch aus den organisatorischen Vorschriften über die Bildung, Zusammensetzung und Geschäftsführung des KBR, die auf den Besonderheiten der betriebsverfassungsrechtlichen Vertr. nach diesem Gesetz, z. B. dem Gruppenschutz, aufbauen (*DR,* Rn 10; *GL,* Rn 13; *GKSB,* Rn 7; *HSG,* Rn 19; *Simitis,* Festschrift für Kegel, S. 179; **a. A.** *Fuchs,* a. a. O., S. 180ff., *Birk,* a. a. O. S. 84; *Däubler,* RabelsZ Bd. 39, 462).

III. Errichtung des Konzernbetriebsrats

1. Allgemeines

26 Die **Errichtung eines KBR ist freigestellt;** ein Zwang zur Errichtung ist nicht gegeben (*DR,* Rn 12; *GL,* Rn 17). Umgekehrt kann, wenn die Voraussetzungen der Errichtung nicht vorliegen, ein KBR nicht gebildet werden (z. B. für Unternehmen, an denen ein anderes Unternehmen beteiligt ist, ohne daß die Voraussetzungen des Konzernbegriffs nach § 18 Abs. 1 AktG vorliegen). Ein dennoch errichtetes Gremium ist kein KBR i. S. des BetrVG und hat nicht die dem KBR gesetzlich zugewiesenen Rechte, Befugnisse und Zuständigkeiten (*GL,* Rn 17). Die Errichtung des KBR liegt insbesondere dann nahe, wenn dem Vorstand eines herrschenden Unternehmens in der Rechtsform z. B. einer AG oder GmbH ein Arbeitsdirektor nach § 33 MitbestG angehört.

27 Die Errichtung des KBR kommt nur in Betracht, wenn in den Konzernunternehmen **mindestens zwei GesBR** bestehen. Hat ein Konzernunternehmen nur einen betriebsratsfähigen Betrieb, so daß kein GesBR gebildet werden kann, so tritt an die Stelle des GesBR **der BR dieses Unternehmens.** Es können also u. U. auch zwei BR die Bildung eines KBR beschließen, dann nämlich, wenn zwei Konzernunternehmen jeweils nur einen Betrieb haben und in ihnen 75 v. H. der ArbN des Konzerns beschäftigt sind (*DR,* Rn 17, 33; *GL,* Rn 14; *HSG,* Rn 20). Besteht allerdings nur in einem Konzernunternehmen ein GesBR (bzw. im Falle des § 54 Abs. 2 nur ein BR), so scheitert die Bildung eines KBR an der Vorschrift des § 55 über dessen Zusammensetzung (*DR,* Rn 17; *HSG,* Rn 20; *Weiss,* Rn 7). Nicht erforderlich ist, daß im herrschenden Unternehmen ein GesBR oder BR besteht oder daß diese der Errichtung des KBR zugestimmt haben.

28 Die **Initiative** für die Errichtung eines KBR kann der GesBR jedes der zum Konzern gehörenden Unternehmen ergreifen, d. h. sowohl der GesBR des herrschenden als auch der eines jeden abhängigen Unternehmens (*GL,* Rn 18; *GK-Fabricius,* Rn 35; *HSG,* Rn 23). Der GesBR, der die Errichtung anstrebt, wird zweckmäßigerweise die übrigen GesBR auffordern, ebenfalls einen Beschluß über die Bildung des KBR herbeizuführen.

2. Beschlüsse

29 Die **Errichtung des KBR** erfolgt durch **selbständige Beschlüsse der einzelnen GesBR** der Konzernunternehmen. Über das Zustandekommen der Beschlüsse siehe § 51 Rn 53ff. Nicht erforderlich ist, daß die GesBR aller Konzernunternehmen zustimmen. Es genügen entsprechende Beschlüsse der GesBR der Unternehmen, die **75 v. H. der ArbN des Konzerns** beschäftigten.

30 Wird in einem **mehrstufigen Konzern** auch für eine Tochtergesellschaft ein KBR gebildet (vgl. Rn 21 f.), so bleiben für die Errichtung des KBR bei der Konzernspitze (Muttergesellschaft) dennoch allein die

GesBR der einzelnen Konzernunternehmen (Mutter-, Tochter- und Enkelgesellschaften), nicht etwa der KBR bei der Tochtergesellschaft, zuständig (*GK-Fabricius,* Rn 23; *Weiss,* Rn 8).

31 Aus der Mehrzahl „Gesamtbetriebsräte der Konzernunternehmen" (Abs. 1 Satz 2) könnte man schließen, daß mindestens 2 GesBR zustimmen und diese mindestens 75 v. H. der ArbN des Konzerns vertreten müssen. Eine solche Auslegung wäre zu formalistisch und würde dem Sinn des § 54 nicht gerecht werden. Deshalb reicht für die Bildung eines KBR auch der **Beschluß des GesBR eines der Konzernunternehmen aus,** wenn dieser nur mehr als 75 v. H. der ArbN der Konzernunternehmen vertritt (*DR,* Rn 17; *GL,* Rn 19; *GKSB,* Rn 8; *GK-Fabricius,* Rn 38; *HSG,* Rn 24).

32 **Spricht sich ein GesBR** (oder im Falle des § 54 Abs. 2 ein BR) **gegen** die Errichtung eines KBR aus, so handelt er **nicht pflichtwidrig** (*DR,* Rn 18). Legt der Vors. eine Aufforderung, die Errichtung eines KBR zu beschließen, dem GesBR nicht zur Beschlußfassung vor, so handelt er jedoch pflichtwidrig.

33 Der KBR ist **kraft Gesetzes errichtet,** sobald die GesBR (bzw. BR) der Konzernunternehmen, die zusammen 75 v. H. der ArbN des Konzerns beschäftigen, dahingehende **übereinstimmende Beschlüsse** gefaßt haben (*DR,* Rn 13, 19; *GL,* Rn 21; *HSG,* Rn 25; **a. A.** *GK-Fabricius,* Rn 26ff., der die Errichtung erst mit der Entsendung der Mitgl. in den KBR als vollzogen ansieht); dies ist zu jedem beliebigen Zeitpunkt möglich. Damit steht aber nur die Bildung des KBR fest; welche Mitgl. er hat, ergibt sich ausschließlich aus § 55.

34 Bei der Ermittlung der maßgebenden Beschäftigtenzahl zählen **alle ArbN der Konzernunternehmen** mit, gleichgültig ob sie wahlberechtigt sind oder nicht. Zum Begriff des ArbN siehe § 5 Rn 8ff. Leitende Ang. nach § 5 Abs. 3 zählen jedoch nicht mit. Maßgebend ist die Zahl der z. Z. der Beschlußfassung beschäftigten ArbN, nicht etwa – wie nach § 9 Abs. 1 – die Zahl der im Betrieb regelmäßig tätigen ArbN (*DR,* Rn 15; *GL,* Rn 19; *GK-Fabricius,* Rn 37; *HSG,* Rn 22). Auch die ArbN der Betriebe, in denen ein **BR nicht besteht** (sei es, daß sie nicht betriebsratsfähig sind, sei es, daß die ArbN von einer Wahl abgesehen haben), zählen mit, wenn für das betr. Unternehmen ein GesBR gebildet worden ist (*DR,* Rn 16; *Weiss,* Rn 7; **a. A.** *GK-Fabricius,* Rn 37; *HSG,* Rn 22).

35 Ist der KBR durch entsprechende Beschlüsse der GesBR errichtet, so sind die GesBR aller Konzernunternehmen, auch diejenigen, die keinen Beschluß über die Bildung des KBR gefaßt oder sich sogar gegen seine Errichtung ausgesprochen haben, verpflichtet, gemäß § 55 Mitgl. in den KBR zu entsenden (*DR,* Rn 19; *HSG,* Rn 26). Über die Einberufung des KBR zur konstituierenden Sitzung vgl. § 59 Rn 10ff.

36 Die **Zuständigkeit des KBR** erstreckt sich auf alle Konzernunternehmen, auch auf solche, deren GesBR sich gegen die Errichtung eines KBR ausgesprochen, die Beschlußfassung unterlassen oder keine Mitgl. in den KBR entsandt haben. Sie erstreckt sich ferner auf Konzernunternehmen ohne GesBR oder ohne BR (*GL,* Rn 21; *Brecht,* Rn 4; **a. A.** zum

letzteren *GK-Fabricius,* Rn 39f.; vgl. hierzu auch § 47 Rn 17 zu der vergleichbaren Situtation beim GesBR).

3. Rechtsstellung des Konzernbetriebsrats

37 Der ordnungsgemäß gebildete KBR ist – ebenso wie der GesBR – eine **Dauereinrichtung** (*DR,* Rn 22; *GL,* Rn 22; *GKSB,* Rn 13; *HSG,* Rn 28; **a. A.** *GK-Fabricius,* Rn 41). Er hat **keine feste Amtszeit,** sondern besteht fort, solange die Voraussetzungen für seine Errichtung vorliegen.

Deshalb hört der KBR zu bestehen auf, wenn die Konzernbindungen entfallen. (Zum Eintritt oder Austritt von Konzernunternehmen vgl. § 57 Rn 4ff.)

38 Ferner kann der KBR, da seine Bildung nicht obligatorisch vorgeschrieben ist, sondern von einem qualifizierten Mehrheitsbeschluß der GesBR der Konzernunternehmen abhängt, jederzeit durch entsprechende übereinstimmende Beschlüsse der GesBR der Konzernunternehmen wieder **aufgelöst** werden (*DR,* Rn 25; *GL,* Rn 23; *HSG,* Rn 33). Im Gegensatz zur Bildung des KBR ist hierbei ein qualifizierter Mehrheitsbeschluß der GesBR der Konzernunternehmen nicht erforderlich. Vielmehr reicht es mangels einer abweichenden gesetzlichen Regelung entsprechend den allgemeinen demokratischen Grundsätzen aus, wenn die GesBR der Konzernunternehmen, in denen mehr als die Hälfte der ArbN des Konzerns beschäftigt sind, für die Auflösung des KBR stimmen (*DR,* Rn 21; *GK-Fabricius,* Rn 44; *GKSB,* Rn 15; *HSG,* Rn 33; *Lichtenstein,* a. a. O., S. 237; **a. A.** *Brecht,* Rn 14; *GL,* Rn 23; *Weiss,* Rn 9, die für die Auflösung die gleiche qualifizierte Mehrheit wie für die Errichtung fordern).

39 Der KBR kann sich **nicht selbst durch Beschluß auflösen.** Er kann **nicht** seinen **kollektiven Rücktritt** erklären (*DR,* Rn 23; *GL,* Rn 22; *HSG,* Rn 29). Wohl können die einzelnen Mitgl. des KBR ihr Amt niederlegen (vgl. § 57). In diesem Falle rücken die bestellten ErsMitgl. nach.

40 Der KBR kann auch nicht durch **Beschluß des ArbG** aufgelöst werden. Lediglich einzelne Mitgl. des KBR können aus ihm durch Beschluß des ArbG ausgeschlossen werden (vgl. § 57).

IV. Konzernunternehmen mit nur einem Betriebsrat (Abs. 2)

41 Die §§ 54, 55, 57, 58 und 59 berücksichtigen in ihrem Wortlaut nur den Regelfall, daß der KBR durch die GesBR von Konzernunternehmen gebildet wird. Damit wird unterstellt, daß sämtliche Konzernunternehmen in der Regel aus mehreren Betrieben bestehen und einen GesBR haben.

42 Durch Abs. 2 wird mit Wirkung einer **Generalklausel** festgelegt, daß sämtliche Vorschriften über Rechte, Pflichten und Zuständigkeit der GesBR der Konzernunternehmen im Zusammenhang mit der Bildung und Zusammensetzung des KBR für den Fall, daß ein Konzernunterneh-

men nur einen BR hat, für diesen BR gelten. Diese Regelung betrifft in erster Linie den Fall, daß das Konzernunternehmen nur aus einem betriebsratsfähigen Betrieb besteht (*DR,* Rn 31; *GKSB,* Rn 17; *HSG,* Rn 35; *Brecht,* Rn 4).

43 Umstritten ist, ob und in welcher Weise die Regelung des Abs. 2 anzuwenden ist, wenn ein Konzernunternehmen aus **mehreren betriebsratsfähigen Betrieben** besteht, jedoch **nur in einem** dieser Betriebe **ein BR gebildet** worden ist und deshalb die Errichtung eines GesBR nicht möglich ist. Zum Teil wird die Anwendung des Abs. 2 abgelehnt, weil dieser ein einheitlich-zentralistisch organisiertes Unternehmen voraussetze, dessen sämtliche ArbN durch den GesBR repräsentiert werden müßten (so *DR,* Rn 31; *GL,* Rn 15, 26; *Weiss,* Rn 5); zum Teil wird dem bestehenden BR im Zusammenhang mit der Bildung und Zusammensetzung des KBR in vollem Umfang die Funktion des GesBR zuerkannt, und zwar auch insoweit, als es auf die Zahl der in den einzelnen Betrieben des betreffenden Konzernunternehmens beschäftigten ArbN ankommt (so *Brecht,* Rn 4; *GKSB,* Rn 18f.). Zutreffend dürfte sein, den in dem mehrbetrieblichen Konzernunternehmen bestehenden einzigen BR zwar im Rahmen der Bildung und Zusammensetzung des KBR zu beteiligen. Sofern das Gesetz auf die Zahl der in dem Konzernunternehmen beschäftigten ArbN abstellt, können jedoch lediglich die in dem betreffenden Betrieb des Konzernunternehmens beschäftigten ArbN, für den der BR gebildet ist, berücksichtigt werden (ebenso *GK-Fabricius,* Rn 47; *HSG,* Rn 35; *Monjau,* BB 72, 481).

44 Einem gänzlichen Ausschluß des einzigen BR in einem mehrbetrieblichen Konzernunternehmen (so *DR,* a. a. O.), steht der Wortlaut des Absatzes 2 entgegen. Insoweit ist die Beteiligung dieser BR im Rahmen der Bildung und Zusammensetzung des KBR zwingend vorgeschrieben. Doch ist es bedenklich, diesem BR, der nur von den ArbN eines Betriebs gewählt worden ist, als Repräsentant aller ArbN des Konzernunternehmens anzusehen (vgl. *Monjau,* a. a. O.; insoweit zutreffend *DR,* a. a. O.). Auch läßt sich diese Repräsentation technisch vielfach gar nicht durchführen, so z. B. bei Abstimmungen im KBR; da in den übrigen Betrieben des betreffenden Konzernunternehmens keine BR und folglich auch keine Wählerlisten bestehen, können die ArbN dieser Betriebe bei der Bemessung der Stimmengewichtung im KBR nicht berücksichtigt werden.

45 Bestehen allerdings in einem mehrbetrieblichen Konzernunternehmen **mehrere BR,** haben diese jedoch entgegen der gesetzlichen Regelung des § 47 **keinen GesBR gebildet,** so findet die Regelung des **Absatzes 2 keine Anwendung** (*GL,* Rn 27; *GK-Fabricius,* Rn 49; *HSG,* Rn 36; *Monjau,* a. a. O., S. 841). Diese BR sind an der Bildung des KBR nicht beteiligt.

46 Aufgrund der Regelung des Absatzes 2 nimmt der einzige BR eines Konzernunternehmens in gleicher Weise wie der GesBR an der **Beschlußfassung über die Bildung eines KBR** (§ 54) und an der **Entsendung und Abberufung** von Mitgl. in den KBR (§§ 55, 57) teil. Dieser BR hat ferner, falls auf ihn die Voraussetzung des § 59 Abs. 2 zutrifft,

zur konstituierenden Sitzung des KBR einzuladen. Auch kann er mit der absoluten Mehrheit der Stimmen seiner Mitgl. den KBR mit der Behandlung einer Angelegenheit beauftragen (§ 58 Abs. 2).

V. Streitigkeiten

Streitigkeiten über die Errichtung eines KBR sind von den **ArbG im BeschlVerf.** zu entscheiden (§§ 2a, 80ff. ArbGG). Zuständig ist das ArbG, in dessen Bezirk das herrschende Unternehmen seinen Sitz hat (§ 82 Satz 2 ArbGG). Bei einem Streit über das Entsendungsrecht eines GesBR sind nur dieser und der ArbGeb. in einem BeschlVerf. antragsberechtigt, nicht auch der Gesellschafter einer Gesellschaft bürgerlichen Rechts, die zur gemeinsamen Leitung des beherrschten Unternehmens gebildet wurde (BAG 29. 8. 1985, AP Nr. 13 zu § 83 ArbGG 1979). 47

§ 55 Zusammensetzung des Konzernbetriebsrats, Stimmengewicht

(1) **In den Konzernbetriebsrat entsendet jeder Gesamtbetriebsrat, wenn ihm Vertreter beider Gruppen angehören, zwei seiner Mitglieder, wenn ihm Vertreter nur einer Gruppe angehören, eines seiner Mitglieder. Werden zwei Mitglieder entsandt, so dürfen sie nicht derselben Gruppe angehören. Haben die nach § 47 Abs. 2 Satz 3 entsandten Mitglieder des Gesamtbetriebsrats mehr als die Hälfte und die Vertreter jeder Gruppe mehr als ein Zehntel aller Stimmen im Gesamtbetriebsrat und gehören jeder Gruppe mindestens drei Mitglieder des Gesamtbetriebsrats an, so wählt jede Gruppe den auf sie entfallenden Gruppenvertreter. Die Sätze 1 bis 3 gelten entsprechend für die Abberufung.**

(2) **Der Gesamtbetriebsrat hat für jedes Mitglied des Konzernbetriebsrats mindestens ein Ersatzmitglied zu bestellen und die Reihenfolge des Nachrückens festzulegen. Für die Bestellung gilt Absatz 1 entsprechend.**

(3) **Jedes Mitglied des Konzernbetriebsrats hat so viele Stimmen, wie die Mitglieder seiner Gruppe im Gesamtbetriebsrat insgesamt Stimmen haben. Entsendet ein Gesamtbetriebsrat nur ein Mitglied in den Konzernbetriebsrat, so hat dieses Mitglied so viele Stimmen, wie die Mitglieder des Gesamtbetriebsrats, von dem es entsandt wurde, insgesamt im Gesamtbetriebsrat Stimmen haben.**

(4) **Durch Tarifvertrag oder Betriebsvereinbarung kann die Mitgliederzahl des Konzernbetriebsrats abweichend von Absatz 1 Satz 1 geregelt werden. § 47 Abs. 5 bis 8 gilt entsprechend.**

Inhaltsübersicht

I. Vorbemerkung

1 Die Vorschrift regelt in Anlehnung an die entsprechende Bestimmung des § 47 Abs. 2 bis 8 die **MitglZahl und Zusammensetzung** des KBR unter Berücksichtigung der besonderen Gruppenrechte (Abs. 1), die Verpflichtung, ErsatzMitgl. zu bestellen und die Reihenfolge ihres Nachrückens festzulegen (Abs. 2), die **Stimmengewichtung** im KBR (Abs. 3 und 4 i. Vbdg. mit § 47 Abs. 8) sowie die Möglichkeit der **abweichenden Festlegung der MitglZahl** des KBR durch TV oder BV (Abs. 4 i. Vbdg. mit § 47 Abs. 5 und 6).

2 Abgesehen von der Möglichkeit einer abweichenden Festlegung der MitglZahl des KBR durch TV oder BV ist die Vorschrift **zwingendes Recht.**

3 Entsprechende Vorschrift des **BPersVG 74:** keine, des **SprAuG:** § 21 Abs. 2–4.

II. Regelmäßige Zusammensetzung

1. Entsendung

4 Die GesBR der Konzernunternehmen (d. h. des herrschenden Unternehmens und der abhängigen Unternehmen, vgl. § 54 Rn 7ff.) entsenden jeweils **zwei** ihrer **Mitgl.** in den KBR, wenn im GesBR die beiden Gruppen der **Arb.** und der **Ang.** vertreten sind. Ist **nur eine Gruppe** im GesBR vertreten, so ist nur **ein Mitgl.** des GesBR in den KBR zu entsenden. Werden zwei Mitgl. entsandt, so dürfen sie nicht derselben Gruppe angehören. Ist der KBR wirksam errichtet, ist jeder GesBR, auch wenn er der Errichtung des KBR widersprochen hatte, **verpflichtet,** die auf ihn entfallenden Vertr. zu entsenden (*DR,* Rn 14; *GL,* Rn 3; *HSG,* Rn 2).

5 Entsandt werden können **nur Mitgl. des GesBR** (bzw. im Falle des § 54 Abs. 2 des betreffenden BR). Die Entsendung kann längstens für die Zeit erfolgen, in der die entsandten Personen Mitgl. des GesBR sind. Da die Mitgliedschaft im GesBR von der Mitgliedschaft im BR abhängt (vgl. § 47 Rn 25), endet die Mitgliedschaft spätestens mit Ablauf der Amtszeit des BR (*GK-Fabricius,* § 55 Rn 10). Über die Möglichkeit vorzeitiger Abberufung vgl. unten Rn 11ff., über den Verlust der Mitgliedschaft aus sonstigen Gründen vgl. § 57.

6 Die Vorschrift des § 55 Abs. 1 Sätze 1 und 2 über die Entsendung der

Mitgl. des KBR im Regelfall stimmt wörtlich mit § 47 Abs. 2 Sätze 1 und 2 überein. Insoweit wird auf die sinngemäß geltenden Rn 20ff. zu § 47 verwiesen.

Besteht für ein Konzernunternehmen kein GesBR, sondern **nur ein BR,** so ist dieser nach § 54 Abs. 2 zur Entsendung verpflichtet (vgl. § 54 Rn 41ff.). 7

Grundsätzlich werden die von den GesBR (bzw. im Falle des § 54 Abs. 2 dem BR) zu entsendenden Mitgl. des KBR durch **gemeinsamen Beschluß des GesBR** (bzw. des BR) bestimmt (wegen der Beschlußfassung im GesBR vgl. § 51 Abs. 4 und dort Rn 53ff.; wegen der Beschlußfassung im BR vgl. § 33 Rn 19ff.). 8

Der Grundsatz, daß die Mitgl. des GesBR durch gemeinsamen Mehrheitsbeschluß bestimmt werden, gilt jedoch nicht uneingeschränkt. Vielmehr wählen die im GesBR vertretenen **Gruppen** die auf sie entfallenden Mitgl. des KBR unter folgenden Voraussetzungen durch getrennte Beschlußfassungen: 9

a) diejenigen Mitgl. des GesBR, die ihrerseits nach § 47 Abs. 2 S. 3 nicht durch Mehrheitsbeschluß ihrer BR, sondern durch die Gruppen in den GesBR entsandt worden sind, müssen mehr als die Hälfte des Stimmengewichts im GesBR haben;
b) das Stimmengewicht der Vertr. jeder Gruppe (d.h. insbesondere der Minderheitsgruppe) muß mehr als ein Zehntel der Summe der Stimmengewichte sämtlicher Mitgl. des GesBR betragen;
c) der Minderheitsgruppe müssen mindestens drei (früher: fünf) Mitgl. des GesBR angehören.

Diese Voraussetzungen entsprechen denjenigen, unter denen die Gruppen im GesBR die auf sie entfallenden weiteren Mitgl. des GesBetrAusschusses selbst bestimmen (vgl. § 51 Abs. 2 S. 5). Insoweit wird auf § 51 Rn 27f., insbesondere auf das dort gebildete Beispiel verwiesen.

Wegen dieser Regelung ist das Bestellungsverfahren in den GesBR der einzelnen Konzernunternehmen unterschiedlich vorzunehmen.

Eine dem § 55 Abs. 1 Satz 3 entsprechende Regelung für die Entsendung durch die Gruppen fehlt für den Fall, daß in einem Konzernunternehmen **nur ein BR besteht** (§ 54 Abs. 2). Hier wird man darauf abstellen müssen, in welcher Weise **der BR die Mitgl. seines BetrAusschusses zu bestellen** hat (vgl. § 27 Abs. 2 Satz 3). Treffen die Voraussetzungen des § 27 Abs. 2 Satz 3 zu, d.h. werden die weiteren Mitgl. des BetrAusschusses getrennt durch die Gruppen gewählt, so sind auch die Mitgl. des KBR durch die Gruppen zu entsenden (BAG 10. 2. 1981, AP Nr. 2 zu § 54 BetrVG 1972; LAG Düsseldorf DB 79, 110; *DR,* Rn 7; *GL,* Rn 5; *GK-Fabricius,* Rn 15; *HSG,* Rn 6; **a.A.** *GKSB,* Rn 4). Das gilt nach Änderung des § 27 Abs. 2 Satz 3 weiter; in beiden Bestimmungen (§ 55 Abs. 1 Satz 3 und § 27 Abs. 2 Satz 3) wurde der Gruppenschutz verstärkt. Ein Minderheitenschutz, wie er in § 27 Abs. 2 Satz 4 i. Vbdg. mit § 27 Abs. 1 Satz 3 vorgesehen ist, kommt nicht in Betracht (vgl. § 51 Rn 29). 10

2. Abberufung

11 Ebenso wie die Mitgl. des GesBR können auch die Mitgl. des KBR **nur in demselben Verfahren abberufen** werden, in dem sie entsandt worden sind (vgl. § 47 Rn 33ff.).

12 Wegen sonstiger Gründe des **Erlöschens der Mitgliedschaft** im KBR vgl. § 57.

13 Für das abberufene Mitgl. **rückt** nach § 59 Abs. 1 i. Vbdg. mit § 25 Abs. 1 das in Betracht kommende **ErsMitgl. nach,** es sei denn, die Entsendungsberechtigten beschließen eine abweichende Regelung.

3. Ersatzmitglieder

14 In derselben Weise wie durch den einzelnen GesBR die Entsendung von Mitgl. in den **KBR** erfolgt (vgl. oben Rn 4ff.), ist für jedes Mitgl. **mindestens ein ErsMitgl. zu bestellen,** das für das ordentliche Mitgl. in den KBR eintritt, wenn dieses zeitweilig verhindert ist oder aus dem KBR ausscheidet (vgl. § 57). Dabei kann der GesBR die ErsMitgl. **nur aus seiner Mitte** bestimmen und nicht von vornherein auf ErsMitgl. nach § 47 Abs. 3 zurückgreifen.

15 Werden mehrere ErsMitgl. für ein entsandtes GesBRMitgl. bestellt, so hat der GesBR die **Reihenfolge des Nachrückens** festzulegen (h. M.).

16 Diese Regeln gelten entsprechend für den **einzigen BR eines Konzernunternehmens** (vgl. § 54 Abs. 2). Besteht der BR nur aus einer Person oder ist bei der Gruppenwahl eine Gruppe nur mit einem Vertr. im BR vertreten, ist § 25 Abs. 3 anzuwenden: Das gewählte ErsMitgl. rückt nach (vgl. § 47 Abs. 3 Satz 1 zweiter Halbsatz, der hier entsprechend anzuwenden ist; ebenso *GL,* Rn 8; *GK-Fabricius,* Rn 20; *HSG,* Rn 9).

III. Stimmengewichtung

17 Im KBR findet ebenfalls eine **Stimmengewichtung** statt. Das Stimmgewicht des einzelnen KBRMitgl. entspricht der Gesamtzahl der Stimmen, die die Mitgl. einer Gruppe im GesBR haben. Hierbei ist maßgebend die Zahl der wahlberechtigten Gruppenangehörigen, die bei der letzten Wahl derjenigen BR, die den entsendenden GesBR bilden, in die Wählerliste eingetragen waren. Es ist also nicht etwa auf das Stimmgewicht der gesamten Wahlberechtigten ArbNschaft des Unternehmens abzustellen; denn der entsendende GesBR kann nicht mehr Stimmen auf seine entsandten Mitgl. delegieren, als er selbst hat.

18 Für die Feststellung des Stimmgewichts eines Vertr. einer Gruppe werden die **Stimmgewichte der Mitgl. des entsendenden GesBR,** die **derselben Gruppe** angehören, **zusammengezählt.**

Beispiel:

Die 4 ArbVertr. im GesBR eines Konzernunternehmens haben folgende Stimmgewichte:

Betrieb A	450 wahlberechtigte Arb.
Betrieb B	820 wahlberechtigte Arb.
Betrieb C	1500 wahlberechtigte Arb.
Betrieb D	1070 wahlberechtigte Arb.
	3840

Das Stimmengewicht des in den KBR entsandten ArbVertr. beträgt 3840.

Besteht **der GesBR nur aus Vertr. einer Gruppe,** so umfaßt das Stimmengewicht des in den KBR entsandten Mitgl. die Summe der Stimmgewichte sämtlicher Mitgl. seines GesBR (vgl. § 47 Rn 40; *GL,* Rn 9; *DR,* Rn 22; *HSG,* Rn 12). 19

Im Falle des § 54 Abs. 2 haben die von dem einzigen BR des Konzernunternehmens in den KBR entsandten Mitgl. das sich aus § 47 Abs. 7 ergebende Stimmengewicht (*DR,* Rn 23; *GK-Fabricius,* Rn 24; *HSG,* Rn 13; *Weiss,* Rn 4). 20

Die Mitgl. des KBR können ihre Stimmen stets **nur einheitlich abgeben;** eine Aufsplitterung der Stimmen ist nicht zulässig (*DR,* Rn 27; einschränkend *GKSB,* Rn 8). 21

In ihrer Stimmabgabe sind sie frei und an keine Aufträge oder Weisungen des entsendenden GesBR gebunden. Es besteht **kein imperatives Mandat** (*DR,* Rn 26; *GK-Fabricius,* Rn 25; *GKSB,* Rn 9). 22

IV. Abweichende Regelungen durch Tarifvertrag oder Betriebsvereinbarung

Ähnlich wie beim GesBR hängt auch beim KBR die Zahl der Mitgl. von der Zahl der Konzernunternehmen ab, so daß insoweit vergleichbare Probleme entstehen können, bei zahlreichen Konzernunternehmen eine erhebliche Zahl von Mitgl. des KBR, bei wenigen Konzernunternehmen mit einer sehr großen Belegschaftsstärke ein unverhältnismäßig kleiner KBR. Das Gesetz gestattet daher auch für den KBR unter ähnlichen Voraussetzungen eine abweichende Regelung durch TV oder BV wie beim GesBR. Eine abweichende Gestaltungsmöglichkeit besteht ebenso wie beim GesBR nur **hinsichtlich der MitglZahl des KBR, nicht hinsichtlich seiner gruppenmäßigen Zusammensetzung** (*DR,* Rn 16; *GL,* Rn 10). 23

Partner des TV ist das **herrschende Unternehmen,** da nur der mit diesem abgeschlossene TV die Regelung für den gesamten Konzern verbürgt (*DR,* Rn 17; *GL,* Rn 10; *HSG,* Rn 10; *GKSB,* Rn 11; *Weiss,* Rn 5; nach *GK-Fabricius,* Rn 35, ist der Konzern, der insoweit partielle Rechtsfähigkeit besitzen soll, Vertragspartner). Es ist nicht erforderlich, daß die vertragschließende Gewerkschaft in den Betrieben sämtlicher Konzernunternehmen vertreten ist. 24

BV nach Abs. 4 können nur zwischen dem herrschenden Unternehmen und dem nach § 55 Abs. 1 bereits gebildeten KBR abgeschlossen werden (*DR,* Rn 18; *GL,* Rn 11; *HSG,* Rn 10; *GK-Fabricius,* Rn 40, 43; vgl. hierzu auch § 47 Rn 50). 25

26 Wegen der Gestaltungsmöglichkeiten des TV oder der BV vgl. die Erläuterungen zu dem nach § 55 Abs. 4 entsprechend anzuwendenden § 47 Abs. 5 bis 8 (vgl. § 47 Rn 52ff.).

Die Verkleinerung des regelmäßig zusammengesetzten KBR erfolgt durch **Zusammenfassung der GesBR** (oder im Falle des § 54 Abs. 2 der BR) von Konzernunternehmen, die entweder regional oder durch gleichartige Interessen miteinander verbunden sind, zur gemeinsamen Entsendung. Das **Stimmgewicht** der von zusammengefaßten GesBR entsandten Mitgl. bestimmt sich nach dem Gesamtvolumen der Stimmgewichte dieser GesBR (*DR,* Rn 24).

27 Im Falle der Entsendung mehrerer Gruppenangehöriger des GesBR in den KBR teilen sich diese zu gleichen Teilen das den Gruppen im GesBR zustehende Stimmgewicht.

V. Erzwingbare Betriebsvereinbarung

28 Besteht bei regelmäßiger Zusammensetzung nach § 55 Abs. 1 der KBR aus **mehr als 40 Mitgl.** und besteht auch kein TV über eine abweichende Zusammensetzung, so können der ArbGeb. (d. h. der Unternehmer des herrschenden Unternehmens) und der KBR den Abschluß einer BV über die MitglZahl des KBR verlangen (Abs. 4 Satz 2 i. Vbdg. mit § 47 Abs. 5 bis 8). Kommt diese BV nicht freiwillig zustande, entscheidet über sie die beim herrschenden Unternehmen zu bildende **E-Stelle** (*GL,* Rn 13).

29 Wegen des weiteren Verfahrens wird auf die Erläuterung zu § 47 Abs. 5 und 6 (vgl. dort Rn 68ff.) verwiesen, die sinngemäß gelten.

§ 56 Ausschluß von Konzernbetriebsratsmitgliedern

Mindestens ein Viertel der wahlberechtigten Arbeitnehmer der Konzernunternehmen, der Arbeitgeber, der Konzernbetriebsrat oder eine im Konzern vertretene Gewerkschaft können beim Arbeitsgericht den Ausschluß eines Mitglieds aus dem Konzernbetriebsrat wegen grober Verletzung seiner gesetzlichen Pflichten beantragen.

Inhaltsübersicht

I. Vorbemerkung

1 Die Vorschrift regelt in Anlehnung an die entsprechende Bestimmung des § 48 die **Möglichkeit des Ausschlusses** von Mitgl. aus dem KBR.

2 Die Regelung ist **zwingend** und kann weder durch TV noch durch BV abgedungen werden.

Entsprechende Vorschrift des **BPersVG 74:** keine, des **SprAuG:** § 22 Abs. 1. 3

II. Ausschluß aus dem Konzernbetriebsrat

Ebenso wie beim GesBR besteht auch beim KBR bei Vorliegen der gesetzlichen Voraussetzungen nur die Möglichkeit des **Ausschlusses einzelner seiner Mitgl., nicht** dagegen der **Auflösung des KBR**, da der KBR, wenn er einmal gebildet ist und die Voraussetzungen, die zu seiner Errichtung geführt haben, weiterbestehen, eine Dauereinrichtung ist (*DR,* Rn 1; *GL,* Rn 1; *HSG,* Rn 1; vgl. auch § 54 Rn 37f.). Zur Frage der **Abberufung** von Mitgl. aus dem KBR durch den GesBR vgl. § 55. 4

Die Voraussetzungen für den Ausschluß eines Mitgl. aus dem KBR entsprechen weitgehend denjenigen für einen Ausschluß aus dem GesBR (vgl. hierzu § 48 Rn 5ff.). Die **grobe Pflichtverletzung** muß eine Pflicht betreffen, die dem auszuschließenden Mitgl. in **seiner Eigenschaft als Mitgl. des KBR** obliegt (*DR,* Rn 2; *GL,* Rn 3; *GK-Fabricius,* Rn 10). Die Verletzung von Pflichten, die es in seiner Eigenschaft als Mitgl. des BR oder des GesBR zu beachten hat, rechtfertigen für sich allein nicht den Ausschluß aus dem KBR. Ein Ausschluß aus dem GesBR oder dem BR hat auch den Verlust der Mitgliedschaft im KBR zu Folge, da sie an die Mitgliedschaft im GesBR (vgl. § 57) und diese wiederum an die Mitgliedschaft im BR (vgl. § 49) gebunden ist. Der Ausschluß eines Mitgl. aus dem KBR hat dagegen keinen Einfluß auf seine Mitgliedschaft im GesBR oder BR (*DR,* Rn 9). 5

Die Regelung der **Antragsberechtigung** lehnt sich an § 48 an (vgl. § 48 Rn 8ff.). Hierbei müssen die erforderlichen besonderen Voraussetzungen auf der Konzernebene erfüllt sein. So bedarf der Ausschlußantrag, der von ArbN gestellt wird, der Unterstützung von mindestens einem **Viertel der wahlberechtigten ArbN der Konzernunternehmen** (*HSG,* Rn 5; einschränkend *GK-Fabricius,* Rn 4: nur ArbN der Konzernbetriebe, in denen BR bestehen). 6

Den Antrag auf Ausschluß kann auch eine **Gewerkschaft** stellen, die im Konzern vertreten ist, d. h. die mindestens einen ArbN eines Konzernunternehmens zu ihrem Mitgl. zählt (vgl. § 2 Rn 26). 7

Unter **ArbGeb.** i. S. von § 56 ist **nur die Konzernleitung,** nicht die Leitung der abhängigen Konzernunternehmen zu verstehen (*DR,* Rn 5; *GL,* Rn 5; *HSG,* Rn 6; *GK-Fabricius,* Rn 5f.; *Weiss,* Rn 1). 8

Antragsberechtigt ist ferner der **KBR,** nicht jedoch der GesBR eines Konzernunternehmens (*DR,* Rn 6; *GL,* Rn 6; *HSG,* Rn 7). Dieser kann die von ihm entsandten Mitgl. ggf. unter Beachtung des Selbstbestimmungsrechts der Gruppen, aus dem KBR abberufen (vgl. § 55 Rn 11; § 48 Rn 11). 9

Über die Rechtsfolgen einer rechtskräftigen arbeitsgerichtlichen Entscheidung über den Ausschluß eines Mitgl. aus dem KBR vgl. § 48 Rn 14ff.; die dortigen Ausführungen gelten sinngemäß. Zuständig ist das ArbG, in dessen Bezirk das herrschende Unternehmen seinen Sitz hat. 10

§ 57 Erlöschen der Mitgliedschaft

Die Mitgliedschaft im Konzernbetriebsrat endet mit dem Erlöschen der Mitgliedschaft im Gesamtbetriebsrat, durch Amtsniederlegung, durch Ausschluß aus dem Konzernbetriebsrat auf Grund einer gerichtlichen Entscheidung oder Abberufung durch den Gesamtbetriebsrat.

Inhaltsübersicht

I. Vorbemerkung

1 Die Vorschrift regelt in Anlehnung an die entsprechende Bestimmung des § 49 für den GesBR das **Erlöschen der Mitgliedschaft** im KBR.

2 Die Vorschrift ist **zwingend** und weder durch TV noch durch BV abdingbar.

3 Entsprechende Vorschrift des **BPersVG 74:** keine, des **SprAuG:** § 22 Abs. 2.

II. Erlöschen der Mitgliedschaft

4 Die Bestimmung regelt – wie § 49 – nur die Beendigung der Mitgliedschaft des **einzelnen Mitgl. des KBR, nicht** die **Beendigung des KBR als Kollektivorgan.** Dies deshalb, weil der KBR – ist seine Errichtung einmal wirksam beschlossen – eine **Dauereinrichtung** ist und **keine feste Amtszeit** hat (vgl. § 54 Rn 37; *DR,* Rn 2; *GL,* Rn 2; *Weiss,* Rn 1; *HSG,* Rn 2; **a.A.** *GK-Fabricius,* § 50 Rn 41 und § 55 Rn 4, der im Hinblick auf den regelmäßigen Wahlzeitraum für die Wahlen der **BR** und die Notwendigkeit, nach diesen Wahlen die Mitgl. des GesBR und des KBR neu zu bestellen, eine dreijährige Amtszeit des KBR annimmt; vgl. auch § 47 Rn 19; § 49 Rn 5). Deshalb kann das ArbG den KBR bei einem groben Pflichtverstoß **nicht auflösen,** sondern nur einzelne seiner Mitgl. ausschließen (vgl. § 56). Auch ein **kollektiver Rücktritt** des KBR ist ebensowenig wie beim GesBR möglich (vgl. § 49 Rn 7; *DR,* Rn 2; *GL,* Rn 2).

5 Allerdings **endet der KBR,** wenn die **Voraussetzungen für seine Errichtung** (vgl. § 54) nachträglich **wegfallen.** Dies ist der Fall, wenn die GesBR der Konzernunternehmen die Auflösung des KBR beschließen (vgl. § 54 Rn 29f.) oder wenn die Voraussetzungen des Konzernbegriffs nach § 18 Abs. 1 AktG nachträglich entfallen (z. B. durch Veränderung der Beteiligungs- oder Beherrschungsverhältnisse zwischen den Konzernunternehmen).

6 Nur eine **Funktionsunfähigkeit** des KBR, jedoch keine rechtliche Be-

endigung tritt ein, wenn die GesBR – pflichtwidrig – keine Mitgl. mehr in den KBR entsenden (*GL,* Rn 4; **a. A.** *DR,* Rn 2). In diesem Falle können die GesBR der Konzernunternehmen ohne einen neuen Errichtungsbeschluß jederzeit wieder Mitgl. in den KBR entsenden.

Änderungen in der Konzernzusammensetzung (Ausscheiden bisheriger Konzernunternehmen aus dem Konzern, Einbeziehung neuer Unternehmen in den Konzernverband) **berühren den Bestand des KBR** als solchen **nicht.** Allerdings scheiden die Mitgl. des KBR, die von den ausgeschiedenen Konzernunternehmen entsandt worden sind, aus dem KBR aus. Die GesBR (im Falle des § 54 Abs. 2 der BR) von neu in den Konzern einbezogenen Unternehmen entsenden ihrerseits neue Mitgl. (*DR,* § 54 Rn 28f.; *GL,* Rn 3; *Weiss,* Rn 1; *HSG,* § 54 Rn 31). Vollzieht sich letzteres reibungslos, so ist darin eine erneute Legitimation des KBR zu sehen. An einem etwaigen Beschluß über die Auflösung des KBR nehmen nur noch die GesBR (BR) derjenigen Unternehmen teil, die z. Z. der Beschlußfassung dem Konzern angehören. 7

Die Gründe für das **Erlöschen der Mitgliedschaft** im KBR entsprechen weitgehend denjenigen für das Erlöschen der Mitgliedschaft im GesBR (vgl. dazu § 49 Rn 9ff.). Ein Wechsel der Gruppenzugehörigkeit führt nicht zum Erlöschen der Mitgliedschaft im KBR, da entsprechend § 24 Abs. 2 das Mitgl. Vertr. der Gruppe bleibt, für die es entsandt worden ist (*DR,* Rn 4; *GL,* Rn 5; *HSG,* Rn 4). 8

Hat im Falle des § 54 Abs. 2 der BR das Mitgl. des KBR bestimmt, so endet mit dem Erlöschen der Mitgliedschaft im BR (vgl. hierzu § 24) ebenfalls die Mitgliedschaft im KBR. 9

Zur Frage der **Amtsniederlegung** vgl. die Ausführungen zu § 49 Rn 12, die sinngemäß für die Niederlegung des Amtes eines KBRMitgl. gelten. 10

Zum **Ausschluß aus dem KBR** auf Grund einer gerichtlichen Entscheidung vgl. § 56. Mit Rechtskraft der gerichtlichen Entscheidung endet die Mitgliedschaft im KBR. 11

Zur **Abberufung durch den GesBR** vgl. § 55 Rn 11ff. Die Abberufung wird mit Mitteilung des Abberufungsbeschlusses durch den Vors. des GesBR an den Vors. des KBR wirksam (vgl. auch § 49 Rn 17ff.). Besteht ein Konzernunternehmen nur aus einem betriebsratsfähigen Betrieb, so kann **dessen BR** das entsandte Mitgl. aus dem KBR abberufen (§ 54 Rn 46). 12

Nicht im Gesetz erwähnt ist der Fall, daß ein Konzernunternehmen nach Bildung des KBR **aus dem Konzern ausscheidet.** Auch in diesem Fall endet die Mitgliedschaft der Vertr. dieses Unternehmens im KBR (vgl. oben Rn 7). 13

Mit dem Erlöschen der Mitgliedschaft im KBR enden auch **Ämter und Funktionen,** die die Mitgliedschaft im KBR voraussetzen, z. B. Mitgliedschaft im KonzernBetrAusschuß (vgl. *DR,* Rn 8; *GL,* Rn 8; *HSG,* Rn 3). 14

Für die aus dem KBR ausgeschiedenen Mitgl. rücken die gem. § 55 Abs. 3 bestellten **ErsMitgl.** der einzelnen GesBR entsprechend der festgelegten Reihenfolge in den KBR nach. Der GesBR kann jedoch unter 15

Abberufung des zunächst nachgerückten ErsMitgl. und unter Beachtung der Voraussetzungen des § 55 Abs. 1 auch ein anderes seiner Mitgl. in den KBR entsenden (*HSG*, Rn 3).

III. Streitigkeiten

16 Streitigkeiten über das Erlöschen der Mitgliedschaft im KBR entscheiden die **ArbG im BeschlVerf.** (§§ 2a, 80ff. ArbGG). Zuständig ist im allgemeinen das ArbG, in dessen Bezirk das herrschende Unternehmen seinen Sitz hat.

Ist streitig, ob die Mitgliedschaft im GesBR – und damit auch die Mitgliedschaft im KBR – beendet ist, entscheidet das für den Sitz des Unternehmens örtlich zuständige ArbG (vgl. § 49 Rn 20).

§ 58 Zuständigkeit

(1) **Der Konzernbetriebsrat ist zuständig für die Behandlung von Angelegenheiten, die den Konzern oder mehrere Konzernunternehmen betreffen und nicht durch die einzelnen Gesamtbetriebsräte innerhalb ihrer Unternehmen geregelt werden können. Er ist den einzelnen Gesamtbetriebsräten nicht übergeordnet.**

(2) **Der Gesamtbetriebsrat kann mit der Mehrheit der Stimmen seiner Mitglieder den Konzernbetriebsrat beauftragen, eine Angelegenheit für ihn zu behandeln. Der Gesamtbetriebsrat kann sich dabei die Entscheidungsbefugnis vorbehalten. § 27 Abs. 3 Satz 3 und 4 gilt entsprechend.**

Inhaltsübersicht

I. Vorbemerkung

1 Die Vorschrift regelt das **Verhältnis zwischen dem KBR und den GesBR** der zum Konzern gehörenden Unternehmen. Ferner regelt sie die **Zuständigkeit des KBR** und grenzt diese gegen die der GesBR der Konzernunternehmen ab. Nach § 54 Abs. 2 gilt sie auch für das Verhältnis zwischen KBR und dem einzigen BR eines Konzernunternehmens.

2 Die Vorschrift ist **zwingendes Recht** und weder durch TV noch durch BV abdingbar.

3 Entsprechende Vorschrift des **BPersVG 74:** keine, des **SprAuG:** § 23.

II. Verhältnis Konzernbetriebsrat zum Gesamtbetriebsrat

4 Für die Rechtsstellung des KBR gegenüber den GesBR der Konzernunternehmen gilt grundsätzlich das gleiche wie im Verhältnis zwischen GesBR und den EinzelBR eines Unternehmens (vgl. hierzu § 50 Rn 5ff.). Auch der KBR ist ein selbständiges betriebsverfassungsrechtliches Organ, das weder den GesBR der Konzernunternehmen übergeordnet (vgl. Abs. 1 Satz 2) noch an Weisungen der GesBR gebunden ist. Er hat im Rahmen seiner Zuständigkeit dieselben Rechte und Pflichten wie ein GesBR oder ein BR im Rahmen seiner Zuständigkeiten (vgl. § 59 Abs. 1 i. Vbdg. mit § 51 Abs. 6; *DR,* Rn 1; *GL,* Rn 1).

III. Zuständigkeit des Konzernbetriebsrats

1. Allgemeines

5 Die Regelung der Zuständigkeitsabgrenzung zwischen KBR und den GesBR der Konzernunternehmen lehnt sich an diejenige zwischen dem GesBR und den EinzelBR eines Unternehmens an. Ein **originärer Zuständigkeitsbereich** des KBR ist nur unter folgenden zwei Voraussetzungen gegeben:

- zum einen muß es sich um eine Angelegenheit handeln, die alle oder doch mehrere Konzernunternehmen betreffen;
- zum anderen dürfen diese Angelegenheiten nicht durch die GesBR der Konzernunternehmen geregelt werden können (Abs. 1 Satz 1).

6 Da die materiellen Abgrenzungskriterien des § 58 für die Zuständigkeit des KBR denjenigen des § 50 für die Zuständigkeit des GesBR entsprechen, gelten die Ausführungen zu § 50 Rn 17ff. für den KBR sinngemäß. Nur ist im Konzernbereich die Notwendigkeit einer einheitlichen Regelung für alle oder mehrere Konzernunternehmen in **erheblich geringerem Umfang** als im Unternehmensbereich gegeben; es ist zu berücksichtigen, daß der KBR im Gegensatz zum GesBR nicht gesetzlich vorgeschrieben ist (*GL,* Rn 3 und 5; zur Zuständigkeit des KBR allgemein vgl. *Müller,* Festschrift für Küchenhoff, Bd. 1, S. 283ff.; *Martens,* ZfA 73, 306ff.; *Fuchs,* a. a. O. 64ff. und S. 110ff., der jedoch bei der Darstellung von Einzelfällen einen zu weitgehenden Standpunkt einnimmt; entschieden zu weitgehend – sowohl generell als auch in Einzelfällen – *Wetzling,* S. 62ff., 139ff., der die Zuständigkeit des KBR bereits dann bejaht, wenn die Konzernleitung sich einer beteiligungpflichtigen Angelegenheit annimmt; dagegen auch *DR,* Rn 6, der im übrigen zwischen Mitbestimmungs- und Mitwirkungsangelegenheiten unterscheidet und bei letzteren wegen der insoweit fehlenden wirksamen Einflußmöglichkeiten der GesBR bzw. EinzelBR eher eine Zuständigkeit des KBR bejaht).

7 Sofern für eine beteiligungspflichtige Angelegenheit keine Zuständigkeit des KBR gegeben ist, ersetzt eine Beteiligung des KBR durch die Konzernleitung nicht die erforderliche Beteiligung des zuständigen

GesBR oder BR durch die betreffende Unternehmensleitung. Führt deshalb die Konzernleitung Planungen in Angelegenheiten durch, die der Beteiligung der bei den Konzernunternehmen bestehenden GesBR bzw. BR unterliegen, so hat sie sicherzustellen, daß der oder die zuständigen GesBR oder BR rechtzeitig und umfassend durch ihre Unternehmens- bzw. Betriebsleitungen unterrichtet werden. Die Konzernleitung selbst hat die Unterrichtung und Beteiligung vorzunehmen, wenn die organschaftlichen Verpflichtungen so stark sind, daß die Konzernleitung praktisch die konzernabhängigen Unternehmen führt.

8 **Verhandlungspartner** des KBR ist im allgemeinen die **Konzernleitung.** Ist jedoch eines der Konzernunternehmen für bestimmte Angelegenheiten konzernweit zuständig (z. B. wenn alle Werkswohnungen des Konzerns von einem konzernzugehörigen Wohnungsunternehmen verwaltet werden), kann der KBR mit der Unternehmensleitung dieses Konzernunternehmens verhandeln. Bei einer Delegation von Aufgaben auf den KBR nach Abs. 2 kann sowohl die Konzernspitze als auch die Leitung des Unternehmens, dessen GesBR die Angelegenheit delegiert hat, Verhandlungspartner des KBR sein (vgl. auch § 50 Rn 15; § 59 Rn 26).

2. Einzelne Angelegenheiten

9 Eine Zuständigkeit des KBR besteht hinsichtlich der Errichtung und Verwaltung von **Sozialeinrichtungen, deren Wirkungsbereich sich auf den Konzern erstreckt** (BAG 21. 6. 1979, AP Nr. 1 zu § 87 BetrVG 1972 Sozialeinrichtung; Näheres vgl. § 87 Rn 92ff., 107, § 88 Rn 7ff.). Erhalten jedoch ArbN nur eines Konzernunternehmens neben Leistungen aus einer konzerneinheitlichen Versorgungsordnung zusätzliche Versorgungsleistungen, so ist hierfür nicht der KBR, sondern der GesBR des betreffenden Unternehmens zuständig (BAG 19. 3. 1981, AP Nr. 14 zu § 80 BetrVG 1972). Eine Zuständigkeit kann auch für das **Werkwohnungswesen** (§ 87 Abs. 1 Nr. 9) in Betracht kommen.

10 Ferner können in Ausnahmefällen auch Fragen der **allgemeinen Personalpolitik** (§§ 92, 94, 95, 96, 98) sowie der Folgen bei Betriebsänderungen (vgl. §§ 111ff.) in die Zuständigkeit des KBR fallen (ebenso *GL,* Rn 4; *GKSB,* Rn 2; *DR,* Rn 10f., 14; vgl. hierzu *Martens,* a. a. O., S. 307ff.). Die Zuständigkeit des KBR hat den Vorteil, in einem abzuschließenden **Sozialplan** die Übernahme der ArbN der von der Betriebsänderung betroffenen Betriebe in andere Konzernunternehmen vorzusehen (vgl. auch § 112 Abs. 5 Nr. 2: Weiterbeschäftigung im Konzern vor Abfindungen). Der Abschluß einer derartigen Regelung wäre dem BR des betroffenen Betriebes oder dem GesBR des betroffenen Konzernunternehmens wegen seines auf den Betrieb bzw. das Konzernunternehmen beschränkten Zuständigkeitsbereichs rechtlich nicht möglich (vgl. *Martens,* a. a. O., S. 307, 315ff.; **a. A.** *HSG,* Rn 15, die jedoch übersehen, daß es im konzerneinheitlichen Sozialplan nur um ein Übernahmeangebot an die ArbN gehen kann. MBR der BR oder der GesBR bei personellen Einzelmaßnahmen bleiben unberührt). Wegen der pri-

mären Zuständigkeit der BR für Angelegenheiten nach § 111 ist meist nur die **Beauftragung** nach § 58 Abs. 2 möglich (vgl. unten Rn 16).

Bei **personellen Einzelmaßnahmen im konzernleitenden Betrieb** 11 der Konzernobergesellschaft besteht grundsätzlich keine Zuständigkeit des KBR, sondern des dort bestehenden BR. Dies gilt auch für die Einstellung solcher ArbN durch die Konzernobergesellschaft, die nach dem Inhalt des Arbeitsvertrages im gesamten Konzernbereich eingesetzt werden können (*HSG,* Rn 13; **a. A.** *Martens,* BAG-Festschrift, S. 369; *DR,* Rn 12 m. w. Angaben). Der konkrete Einsatz eines solchen ArbN in einem anderen Konzernunternehmen unterliegt dem personellen Beteiligungsrecht des dort bestehenden BR. Das gilt auch für die Versetzung von einem Konzernunternehmen in ein anderes (vgl. BAG 30. 4. 1981, AP Nr. 12 zu § 99 BetrVG 1972).

Mit Zustimmung der Konzernleitung kann sich der KBR oder einer 12 seiner Ausschüsse der **Angelegenheiten** annehmen, die auf Unternehmensebene in die Zuständigkeit des **Wirtschaftsausschusses** fallen. Denn die Erörterung und Beratung derartiger Angelegenheiten ist auf Konzernebene ebenso wichtig wie auf Unternehmensebene. Nur weil §§ 106ff. auf das Unternehmen abstellen, ist die Erörterung derartiger Angelegenheiten auf Konzernebene nicht unzulässig (vgl. *Weiss,* Rn 1; *Rumpf,* a. a. O., S. 111; *Boldt,* Die Aktiengesellschaft 72, 299ff.; jetzt auch *DR,* Rn 13; **a. A.** *GL,* Rn 4 und § 106 Rn 8; *HSG,* Rn 14).

In diesem Zusammenhang ist auf das allgemeine Auskunftsrecht nach 13 § 80 Abs. 2 hinzuweisen, das im Rahmen seiner Zuständigkeit auch dem KBR zusteht. Es gehört zu den Aufgaben des KBR, sich für die Belange der ArbN der Konzernunternehmen einzusetzen (vgl. § 59 Abs. 1 i. Vbdg. mit § 51 Abs. 6, § 80 Abs. 1 Nr. 2, § 2 Abs. 1). Der KBR oder der betreffende Ausschuß hat nicht die Stellung eines Wirtschaftsausschusses nach §§ 106ff. (**a. A.** *DR,* a. a. O.); die Zuständigkeit der bei den Konzernunternehmen bestehenden Wirtschaftsausschüsse bleibt unberührt.

3. Besondere Zuständigkeiten

Ausdrücklich zugewiesen sind dem KBR die Mitwirkung bei der Be- 14 stellung des Hauptwahlvorst. für die **Wahl der ARMitgl. der ArbN des herrschenden Unternehmens eines Konzerns** nach dem MitbestG (vgl. §§ 2 u. 4 der 3. WO MitbestG), bei der Entgegennahme eines Antrags auf **Abberufung eines ARMitgl.** der ArbN (vgl. § 108 der 3. WO MitbestG) und die **Anfechtung der Wahl von ARMitgl.** der ArbN (vgl. § 22 Abs. 2 MitbestG).

Nach § 1 Abs. 4 Montan-MitbestG i. d. F. vom 21. 5. 1981 (BGBl. I, 15 S. 441) hat das Bestehen des (fakultativen) KBR Bedeutung für das **Wahlverfahren** und die **Wählbarkeit zum AR** in einem Montanunternehmen, das **herrschendes Unternehmen** eines Konzerns ist, ohne aber unter das MitbestEG zu fallen (§ 2 MitbestEG): Ist ein **KBR errichtet,** so ist dieser Wahlkörper i. S. des § 6 MontanMitbestG für die Vertr. der ArbN und das der ArbNSeite zuzurechnende „weitere Mitgl." des AR

(§ 4 Abs. 1 Buchst. b Montan-MitbestG). Außerdem können in diesem Falle auch ArbN der abhängigen Unternehmen auf die der Belegschaft vorbehaltenen Sitze gewählt werden (§ 6 Abs. 1 Montan-MitbestG). Ist **kein KBR errichtet,** verbleibt es bei der grundsätzlichen Regelung, wonach nur die BR des herrschenden Unternehmens wahlberechtigt und nur die ArbN dieses Unternehmens wählbar sind (vgl. *Wißmann,* BArbBl. 81, Heft 7/8, S. 8).

Auch bei der Wahl der **Aufsichtsratsmitglieder** der ArbN nach dem **MitbestEG** (i. d. F. vom 20. 12. 88 – BGBl. I S. 2312) wirkt der KBR bei der Bestellung des Hauptwahlvorstandes mit (§ 3 Abs. 4 WahlO vom 23. 1. 89 – BGBl. I S. 147). Der KBR nimmt auch Anträge auf Abberufung eines Aufsichtsratsmitglieds der Arbeitnehmer nach § 10m MitbestEG entgegen (§ 101 WO zum MitbestEG) und leitet das Abberufungsverfahren durch Bildung eines Hauptwahlvorstandes ein.

4. Zuständigkeit kraft Auftrags

16 Der **GesBR** kann mit qualifizierter Mehrheit und unter Beachtung der notwendigen Schriftform **den KBR beauftragen,** eine Angelegenheit für ihn zu erledigen (Abs. 2), so wie dies im Verhältnis zwischen BR und GesBR vorgesehen ist (vgl. hierzu § 50 Rn 45ff.). Ferner ist es zulässig, daß der GesBR eine ihm vom BR gem. § 50 Abs. 2 übertragene Angelegenheit mit Einverständnis des BR an den KBR zur Erledigung weitergibt. Für die Delegation von Aufgaben des GesBR auf den KBR sind die Besonderheiten der Stimmengewichtung (vgl. § 47 Abs. 6 und 7) und der Beschlußfassung im GesBR (vgl. § 51 Rn 53ff.) zu beachten.

17 Zur Frage, inwieweit noch eine Zuständigkeit der GesBR des Konzernunternehmens besteht, wenn eine Zuständigkeit des KBR vorliegt, vgl. die Ausführungen zu § 50 Rn 14 und 54f., die im Verhältnis des KBR zum GesBR sinngemäß gelten.

IV. Konzernbetriebsvereinbarung

18 Im Rahmen seiner Zuständigkeit kann der KBR mit dem **herrschenden Unternehmen BV abschließen,** die man KBV nennt. Diese **KBV** gelten trotz der rechtlichen Selbständigkeit der **abhängigen Konzernunternehmen auch für diese** und **ihre ArbN.** Diese Rechtsfolge ist zwar im Gesetz nicht ausdrücklich ausgesprochen. Sie ergibt sich daraus, daß nach §§ 88 Nr. 2, 77 Abs. 4 die BV als Regelungsinstrument für die Errichtung einer Sozialeinrichtung für den Konzernbereich vorgesehen ist. Außerdem würde man dem KBR praktisch seine Bedeutung nehmen, wenn er die im Rahmen seiner Beteiligungsrechte getroffenen Absprachen mit der Konzernleitung stets mit den einzelnen Konzernunternehmen rechtsförmlich vereinbaren müßte.

19 **KBV,** die zwischen dem **KBR** und dem **herrschenden Unternehmen** für die abhängigen Unternehmen und ihre ArbN vereinbart werden, gelten sowohl im **Vertragskonzern** als auch im **faktischen Konzern**

(*GK-Fabricius,* Rn 11ff. sowie Vor § 54 Rn 53ff.; *Weiss,* Rn 3; eingehend *Fuchs,* a.a.O. S. 92ff.; *Monjau,* BB 72, 841; *HSG,* Rn 22; **a.A.** nur bei Vorliegen eines Beherrschungsvertrags *DR,* Rn 32; *GL,* Rn 7; *Biedenkopf,* Festschrift für Sanders, S. 11; *Wetzling,* a.a.O. S. 198f. Demgegenüber halten wegen der rechtlichen Selbständigkeit der Konzernunternehmen stets eine Vereinbarung zwischen dem KBR und dem einzelnen Konzernunternehmen für erforderlich: *Buchner,* Die Aktiengesellschaft 71, 190; *Martens,* ZfA, 73, 309ff., und *DR,* Rn 33, unterscheiden zwischen Vereinbarungen von sog. horizontalen Konzernregelungen, d.h. inhaltlich gleichlautenden Regelungen für den Bereich der einzelnen Konzernunternehmen, und Vereinbarungen von sog. vertikalen Konzernregelungen, d.h. von Regelungen, die eine unmittelbare Rechtsbeziehung zwischen der Konzernspitze und der in den abhängigen Konzernunternehmen tätigen ArbNschaft begründen; nur im letzteren Fall soll der Abschluß einer BV mit der Konzernspitze zulässig sein, bei horizontalen Konzernregelungen dagegen nur mit den einzelnen Konzernunternehmen, wobei sich das herrschende Unternehmen im Rahmen seiner Weisungsbefugnis entsprechende Abschlußvollmachten soll besorgen können). Zur Frage des Verhältnisses einer KBV zu einer GesBV oder der BV eines EinzelBR vgl. § 50 Rn 54f.; die dortigen Ausführungen gelten sinngemäß.

Überträgt ein GesBR eine Angelegenheit nach § 58 Abs. 2 dem KBR **zur selbständigen Erledigung,** so vereinbart dieser eine etwaige **BV** nicht mit der Konzernspitze, sondern **mit dem Konzernunternehmen,** dessen GesBR ihn beauftragt hat (vgl. *HSG,* Rn 21; *Monjau,* BB 72, 842; *Konzen,* RdA 84, 77). 20

V. Streitigkeiten

Streitigkeiten über die Zuständigkeit des KBR entscheiden die **ArbG im Beschlußverfahren** (§§ 2a, 80ff. ArbGG). Zuständig ist das für den Sitz des herrschenden Unternehmens zuständige ArbG. Betrifft die Streitigkeit einen Beschluß des GesBR gemäß Abs. 2, so ist zuständig das für den Sitz des Unternehmens örtlich zuständige ArbG. 21

§ 59 Geschäftsführung

(1) **Für den Konzernbetriebsrat gelten § 25 Abs. 1, § 26 Abs. 1 und 3, § 27 Abs. 3 und 4, § 28 Abs. 1 Satz 1 und 3, Abs. 3, die §§ 30, 31, 34, 35, 36, 37 Abs. 1 bis 3 sowie die §§ 40, 41 und 51 Abs. 1 Satz 2 und Abs. 2, 4 bis 6 entsprechend.**

(2) **Ist ein Konzernbetriebsrat zu errichten, so hat der Gesamtbetriebsrat des herrschenden Unternehmens oder, soweit ein solcher Gesamtbetriebsrat nicht besteht, der Gesamtbetriebsrat des nach der Zahl der wahlberechtigten Arbeitnehmer größten Konzernunternehmens zu der Wahl des Vorsitzenden und des stellvertretenden Vorsit-**

zenden des Konzernbetriebsrats einzuladen. Der Vorsitzende des einladenden Gesamtbetriebsrats hat die Sitzung zu leiten, bis der Konzernbetriebsrat aus seiner Mitte einen Wahlleiter bestellt hat. § 29 Abs. 2 bis 4 gilt entsprechend.

Inhaltsübersicht

I. Vorbemerkung

1 Absatz 1 regelt in Anlehnung an die für den GesBR maßgebende Vorschrift des § 51 die **innere Organisation und die Geschäftsführung** des KBR durch Verweisung auf entsprechende Bestimmungen des BR bzw. des GesBR. Durch Absatz 2 werden Einzelheiten der konstituierenden Sitzung und durch Verweisung auf § 29 der weiteren Sitzungen des KBR festgelegt.

2 Die Vorschrift ist **zwingendes** Recht und weder durch TV noch BV abdingbar.

3 Entsprechende Vorschrift des **BPersVG 74:** keine, des **SprAuG:** § 24.

II. Vorsitzender

4 Für die **Bestellung des Vors. des KBR** und **seines Stellvertr.** gelten durch Verweisung in § 59 Abs. 1 auf § 26 Abs. 1 und § 51 Abs. 2 dieselben Regelungen wie für die Bestellung des Vors. des GesBR und dessen Stellvertr. Der Vors. und sein Stellvertr. sollen nicht derselben Gruppe angehören. Haben die Vertreter jeder Gruppe mindestens (früher: mehr als) ein Drittel des Gesamtstimmvolumens des KBR, so schlägt jede Gruppe aus ihrer Mitte einen Kandidaten für den Vorsitz des KBR vor, aus denen dann der KBR den Vors. und seinen Stellvertr. wählt (vgl. § 51 Rn 14ff.).

Da der KBR keine feste **Amtszeit** hat, die ablaufen könnte, verlieren der Vors. und sein Stellvertr. dieses Amt nur aus in ihrer Person liegenden Gründen, z. B. Amtsniederlegung, Absetzung durch den KBR, Ausscheiden aus dem KBR. Ein Ausscheiden aus dem KBR liegt auch vor, wenn die Amtszeit der BR, dem der Vors. oder sein Stellvertr. angehören, abläuft. Selbst wenn sie wieder in den BR gewählt worden sind, muß sie dieser nach der Wahl erneut in den GesBR (vgl. § 47 Rn 32) und dieser in den KBR entsenden.

5 Die **Befugnisse** des Vors. und seines Stellvertr. entsprechen denjenigen des BRVors. und dessen Stellvertr. (§ 59 Abs. 1 i. Vbdg. mit § 26 Abs. 3 und § 27 Abs. 4). Der Vors. (oder im Falle seiner Verhinderung

sein Stellvertr.) vertritt den KBR im Rahmen der von diesem gefaßten Beschlüsse. Er ist auch zur Entgegennahme von Erklärungen befugt, die dem KBR gegenüber abzugeben sind. Im KBR mit weniger als 9 Mitgl. kann ihm auch die Führung der laufenden Geschäfte übertragen werden (*DR,* Rn 7; *GL,* Rn 5; Näheres vgl. § 26 Rn 26ff.).

III. Konzernbetriebsausschuß

Der KBR hat einen KBetrAusschuß zu bilden, wenn er **mehr als acht Mitgl.** hat. Dieser hat die laufenden Geschäfte des KBR zu führen. Die MitglZahl des KBetrAusschusses entspricht durch Verweisung auf § 51 Abs. 1 S. 2 derjenigen des GesBetrAusschusses (vgl. § 51 Rn 21ff.). **6**

Der KBetrAusschuß muß aus **Vertretern der im KBR vertretenen Gruppen** entsprechend ihrem Stimmenverhältnis bestehen (§ 59 Abs. 1 i. V. mit § 51 Abs. 2 Sätze 3 bis 5). **7**

Von Gesetzes wegen gehören dem KBetrAusschuß der Vors. sowie der stellvertr. Vors. des KBR an. Die Bestimmung der weiteren Mitgl. des KBetrAusschusses entspricht durch die Verweisung auf § 51 Abs. 2 Satz 5 der Regelung für den GesBetrAusschuß. Insoweit kann auf § 51 Rn 26ff. verwiesen werden. **8**

Für die Bestellung der weiteren Mitgl. durch die im KBR vertretenen **Gruppen** bedarf die entsprechende Anwendung der ersten der in § 51 Abs. 2 Satz 5 genannten Voraussetzungen, nach der die nach § 47 Abs. 2 Satz 3 entsandten Mitgl. des GesBR mehr als die Hälfte der Stimmen im GesBR haben müssen (vgl. § 51 Rn 27 unter a)), einer gewissen Modifikation. Denn dieses Kriterium paßt nicht unmittelbar für die Verhältnisse im KBR. Die entsprechende Anwendung dieser Bestimmung ist dahin zu verstehen, daß diejenigen Mitgl. des KBR, die nach § 55 Abs. 1 Satz 3 durch die Gruppen gewählt worden sind, **mehr als die Hälfte der Stimmen im KBR** haben müssen (*DR,* Rn 10; *GL,* Rn 8; *GK-Fabricius,* Rn 23; *HSG,* Rn 34). Die weiteren Voraussetzungen für die Bestellung der weiteren Mitgl. des KBetrAusschusses durch die Gruppen sind dieselben wie für den GesBetrAusschuß, d. h. die Vertr. jeder Gruppe müssen **mehr als ein Zehntel der Stimmen** im KBR haben und jeder Gruppe müssen **mindestens 3 Mitgl. des KBR** angehören (vgl. im einzelnen § 51 Rn 27). Fehlt eine der drei genannten Voraussetzungen, wird der KBetrAusschuß vom **KBR insgesamt** gewählt. **9**

Auch der KBR kann – wie sich aus der Verweisung auf § 51 Abs. 2 Satz 6 und 7 sowie auf § 28 ergibt – neben dem KBetrAusschuß zur Vorbereitung oder zur selbständigen Erledigung bestimmter Aufgaben **weitere Ausschüsse** bilden. Für die Zusammensetzung und die Bestellung der Mitgl. dieser Ausschüsse gelten dieselben Grundsätze wie beim KBetrAusschuß. Auch die Errichtung von gemeinsamen Ausschüssen nach § 28 Abs. 3 (vgl. hierzu § 28 Rn 24ff.) ist zulässig. **10**

Auf die Beschlüsse der Ausschüsse des KBR findet – ebenso wie für **11** die Ausschüsse des GesBR – das Prinzip der Stimmengewichtung keine Anwendung; vielmehr hat jedes Mitgl. im Ausschuß nur 1 Stimme (vgl. § 51 Rn 61f.).

IV. Konstituierung des Konzernbetriebsrats

12 § 59 Abs. 2 regelt die **Einberufung der konstituierenden Sitzung** des KBR. Wenn die Voraussetzungen für die Errichtung der KBR (übereinstimmende Beschlüsse nach § 54 Abs. 1) vorliegen, erfolgt die Einladung zur konstituierenden Sitzung durch

- entweder den **GesBR des herrschenden Unternehmens** (der Wortlaut wurde redaktionell klargestellt; früher: „der GesBR der Hauptverwaltung des Konzerns". Eine sachliche Änderung ist das nicht, vgl. § 59 Rn 13 der 15. Aufl.) oder,
- wenn ein solcher nicht besteht, durch den **GesBR des nach der Zahl der wahlberechtigten ArbN größten Konzernunternehmens.** Maßgebend für die Ermittlung der **höchsten ArbNZahl** sind die Eintragungen in die Wählerliste bei der letzten Wahl zu den einzelnen BR. Besteht in einem Betrieb kein BR, so ist auf die gegenwärtige Zahl der wahlberechtigten ArbN abzustellen (*DR,* Rn 15; *GL,* Rn 11; **a.A.** *HSG,* Rn 7: ArbN dieses Betriebs zählen nicht mit).

13 Der einberufende GesBR hat auch diejenigen GesBR zur Entsendung von Mitgl. in den KBR aufzufordern, die sich gegen die Bildung des KBR ausgesprochen haben (h. M.; vgl. auch § 54 Rn 35f.).

14 Ist für das herrschende Unternehmen **nur ein BR** zu bilden, so ist dieser für die Einladung zuständig (vgl. § 54 Rn 46).

15 Wegen weiterer Einzelheiten im Zusammenhang mit der Konstituierung des KBR vgl. die sinngemäß heranzuziehenden Erläuterungen zu § 51 Rn 6ff.

V. Geschäftsführung des Konzernbetriebsrats

16 Auf die Geschäftsführung des KBR sind, wie sich aus den Verweisungen in § 59 ergibt, weitgehend die für den BR geltenden Vorschriften anzuwenden; außerdem gelten einige Sonderregelungen über die Geschäftsführung des GesBR entsprechend.

17 Soweit Abs. 1 auf die Geschäftsführung des BR verweist, deckt sich diese Verweisung mit der für den GesBR in § 51 Abs. 1 Satz 1 maßgebenden Regelung. Insoweit ist auf die sinngemäß geltenden Rn 34ff. zu § 51 zu verweisen. **Folgende Abweichungen** sind jedoch zu beachten.

- Bei der **Einberufung der Sitzungen des KBR** (§ 29 Abs. 2) ist zu berücksichtigen, daß weder ein KonzernSchwbehVertr. noch eine KonzernJugAzubiVertr. besteht, so daß eine Einladung dieser Stellen entfällt. Soweit der ArbGeb. ein Teilnahmerecht hat (vgl. § 29 Abs. 4), ist er auch zur Sitzung des KBR einzuladen. Zur Frage, wer im Verhältnis zum KBR als ArbGeb. anzusehen ist, vgl. unten Rn 26.

- Für das **Teilnahmerecht von Gewerkschaftsbeauftragten** an den Sitzungen des KBR ist erforderlich, daß die Gewerkschaft im KBR vertreten ist (*HSG,* Rn 25; **a. A.** *DR,* Rn 20 und *GL,* Rn 17, die es ausreichen lassen, daß die Gewerkschaft in einem BR eines Konzernunternehmens vertreten ist).
- Das in § 35 geregelte Recht, die **Aussetzung eines Beschlusses** des KBR verlangen zu können, gilt mit der Maßgabe, daß ein Antrag nur von der Mehrheit einer Gruppe im KBR gestellt werden kann. Die für die Aussetzung erforderliche Mehrheit ist nach der Stimmgewichtung, nicht nach der Kopfzahl zu berechnen (§ 55 Abs. 3; zust. *HSG,* Rn 28). Ein Antragsrecht der JugAzubiVertr. oder der SchwbehVertr. besteht nicht, da sie kein Teilnahmerecht an den Sitzungen des KBR haben (*GK-Fabricius,* Rn 37; *HSG,* Rn 28).

Die Verweisung auf spezielle Geschäftsführungsregelungen des GesBR in § 51 Abs. 1 Satz 2, 4 bis 6 betrifft die Bildung des KBetr-Ausschusses (vgl. oben Rn 6ff.), die Wahl des Vors. und stellvertr. Vors. des KBR (vgl. oben Rn 4f.), die Beschlußfassung im KBR und seiner Ausschüsse (vgl. unten Rn 21ff.) sowie die allgemeinen Rechte und Pflichten des KBR (vgl. unten Rn 25ff.). 18

Die **Aufzählung** der auf den KBR entsprechend anzuwendenden Geschäftsführungsvorschriften des BR und GesBR in § 59 ist **erschöpfend.** Sie kann nicht über den nach § 59 Abs. 1 entsprechend anzuwendenden § 51 Abs. 6 (vgl. hierzu § 51 Rn 63) erweitert werden (*DR,* Rn 29; *GL,* Rn 21; *GK-Fabricius,* Rn 6). Insbesondere finden **keine Sprechstunden** des KBR während der Arbeitszeit statt. Auch eine BRVerslg. i. S. des § 53 ist auf der Ebene des Konzerns nicht vorgeschrieben (jedoch mit Zustimmung der ArbGeb. üblich). Wegen der Teilnahme von Mitgl. des KBR an **Schulungs- und Bildungsveranstaltungen** vgl. § 51 Rn 49, wegen ihrer **Freistellung** vgl. § 51 Rn 55; die dort zum GesBR gemachten Bemerkungen gelten für den KBR entsprechend. 19

Der KBR hat nach § 59 Abs. 1 i. Vbdg. mit § 51 Abs. 6 das Recht, unter den Voraussetzungen des (nicht zu den Geschäftsführungsvorschriften zählenden) § 80 Abs. 3 **Sachverständige** zur Erfüllung seiner Aufgaben hinzuzuziehen (*DR,* Rn 21; *HSG,* Rn 44). 20

VI. Beschlüsse des Konzernbetriebsrats und seiner Ausschüsse

Für die Beschlußfassung des KBR gelten durch die Verweisung auf § 51 Abs. 4 die für die Beschlußfassung des GesBR maßgebenden Grundsätze (vgl. hierzu im einzelnen § 51 Rn 53ff.). 21

Der KBR ist nur **beschlußfähig,** wenn mindestens die Hälfte seiner Mitgl. anwesend ist und an der Beschußfassung teilnimmt und wenn die teilnehmenden Mitgl. mindestens die Hälfte des Gesamtstimmengewichts im KBR vertreten (vgl. das sinngemäß heranzuziehende Beispiel in § 51 Rn 54). 22

Für die **Beschlußfassung** innerhalb des beschlußfähigen KBR kommt 23 es auf die Stimmengewichte an, und zwar sowohl bei Beschlüssen, die mit einfacher, als auch bei solchen, die mit absoluter Mehrheit zu fassen sind (vgl. § 51 Rn 55ff.). Etwas anderes gilt für die Beschlußfassung in den Ausschüssen (vgl. § 51 Rn 61f. und oben Rn 11).

24 Nicht auf den KBR entsprechend anzuwenden ist § 51 Abs. 4 Satz 4, der die Beteiligung der **GesJugAzubiVertr.** regelt, denn eine Konzern-JugAzubiVertr. ist nicht zu bilden.

VII. Rechte und Pflichten des Konzernbetriebsrats

25 Die Generalklausel des § 51 Abs. 6 findet durch Verweisung in § 59 Abs. 1 entsprechende Anwendung auf die Rechte und Pflichten des KBR. Demgemäß hat der KBR im Rahmen seiner Zuständigkeit grundsätzlich dieselben Rechte und Pflichten wie ein BR. Näheres in § 51 Rn 63ff.

26 Im Verhältnis zum KBR ist **„ArbGeb."** im allgemeinen der **Unternehmer des herrschenden Unternehmens,** z. B. der Vorstand der Konzernobergesellschaft. Jedoch kann, insbesondere wenn in bestimmten Einzelfällen die Regelung der betreffenden Angelegenheiten einem einzelnen Konzernunternehmen übertragen ist (z. B. die Versorgung der ArbN des Konzerns durch einen eigenen, dem Konzern angehörenden Kantinenbetrieb oder die Verwaltung der dem Konzern gehörenden Werkswohnungen durch eine eigene, in den Konzern eingegliederte Wohnungsgesellschaft), die Leitung dieses Konzernunternehmens insoweit als der „ArbGeb." anzusehen sein. Das gilt auch dann, wenn ein GesBR eine Angelegenheit gemäß § 58 Abs. 2 auf den KBR übertragen hat (vgl. § 50 Rn 15; § 58 Rn 8; im Ergebnis ebenso *DR,* Rn 19; *GL,* Rn 16; *HSG,* Rn 29; *Weiss,* Rn 3; vgl. zum Ganzen *Martens,* ZfA 73, 305).

VIII. Streitigkeiten

27 Die sich aus der Anwendung des § 59 ergebenden Streitigkeiten entscheiden die **ArbG im BeschlVerf.** (§§ 2a, 80ff. ArbGG). Zuständig ist das ArbG, in dessen Bezirk das herrschende Konzernunternehmen seinen Sitz hat (§ 82 Satz 2 ArbGG).

28 Streitigkeiten, die sich aus einer Vorenthaltung oder Minderung des Arbeitsentgelts an Mitgl. des KBR ergeben, sind im arbeitsgerichtlichen **Urteilsverfahren** einzuklagen. Die örtliche Zuständigkeit des ArbG bestimmt sich in diesem Falle nach den allgemeinen Grundsätzen des ArbGG; gem. § 42 Abs. 2 i. Vbdg. mit § 29 ZPO ist das ArbG örtlich zuständig, in dessen Bezirk der Beschäftigungsbetrieb liegt (Gerichtsstand des Erfüllungsortes).

Dritter Teil. Jugend- und Auszubildendenvertretung

Erster Abschnitt. Betriebliche Jugend- und Auszubildendenvertretung

§ 60 Errichtung und Aufgabe

(1) **In Betrieben mit in der Regel mindestens fünf Arbeitnehmern, die das 18. Lebensjahr noch nicht vollendet haben (jugendliche Arbeitnehmer) oder die zu ihrer Berufsausbildung beschäftigt sind und das 25. Lebensjahr noch nicht vollendet haben, werden Jugend- und Auszubildendenvertretungen gewählt.**

(2) **Die Jugend- und Auszubildendenvertretung nimmt nach Maßgabe der folgenden Vorschriften die besonderen Belange der in Absatz 1 genannten Arbeitnehmer wahr.**

Inhaltsübersicht

I. Vorbemerkung

Das BetrVG 1972 hat im Interesse einer den Belangen der jug. ArbN angemessenen Regelung ihrer Vertr. die im BetrVG 1952 nur in den Grundzügen und über das Gesetz verstreuten Vorschriften über die JugVertr. in einem eigenen Teil des Gesetzes zusammengefaßt. Hierbei sind Organisation, Aufgaben, Stellung und Rechte der JugVertr., insbesondere unter dem Gesichtspunkt einer Aktivierung der Teilnahme der jug. ArbN am betrieblichen Geschehen wesentlich ausgebaut worden. 1

Das Gesetz zur Bildung von Jug.- und AuszubildendenVertr. in den Betrieben **(JAVG)** vom 13. Juli 1988 (BGBl I S. 1034) sowie das Änderungsgesetz 1989 (BGBl 1989 I S. 2312) hat die gesetzlichen Regelungen über die JugVertr. in wesentlichen Punkten weiterentwickelt und zum Teil geändert. Diese **Änderungen** betreffen insbesondere folgende Bereiche: 1a

- Die JugVertr. wird zu einer **JugAzubiVertr.** ausgebaut. Bisher beschränkte sich die Zuständigkeit der JugVertr. und die Wahlberechtigung zu ihr ausschließlich auf die nicht zum BR wahlberechtigten jug. ArbN. unter 18. Jahren. Nunmehr erstreckt sich Zuständigkeit und Wahlberechtigung auch auf alle zu ihrer Berufsausbildung Beschäftigten, die das 25. Lebensjahr noch nicht vollendet haben (§§ 60 u. 61 Abs. 1).

- Als Folge dieser Änderung wird die Altersgrenze für die **Wählbarkeit** auch anderer ArbN des Betriebs zur JugAzubiVertr. vom 24. auf das 25. Lebensjahr erhöht (§ 61 Abs. 2).
- In Großbetrieben mit über 600 jugendlichen oder zu ihrer Berufsausbildung beschäftigten ArbN. wird die **Größe** der JugAzubiVertr. von bisher 9 auf bis zu 13 Mitgl. erweitert (§ 62 Abs. 1).
- Der **Wahlzeitraum** für die regelmäßigen Wahlen zur JugAzubiVertr. wird vom Frühjahr (1. Mai bis 30. Juni) auf den Herbst (1. Oktober bis 30. November) des jeweils maßgebenden Wahljahres verlegt (§ 64 Abs. 1).
- Die bisher zwingend vorgeschriebene Wahl der JugVertr. in Mehrheitswahl wird modifiziert. Bei Vorliegen mehrerer Wahlvorschläge ist die JugAzubiVertr. nunmehr – ebenso wie der BR – nach den Grundsätzen der **Verhältniswahl** zu wählen (§ 63 Abs. 2 i. V. m. § 14 Abs. 3).
- Die **Gewerkschaften** erhalten auch zu den Wahlen der JugAzubiVertr. ein eigenständiges **Vorschlagsrecht** § 63 Abs. 2 i. V. m. § 14 Abs. 5 u. 8).
- Die **JugAzubiVerslg.** kann künftig im Einvernehmen mit dem BR und ArbGeb. auch losgelöst von der BetrVerslg. durchgeführt werden (§ 71).

Zu den gesetzlichen Änderungen vgl. *Engels/Natter,* BB 88, 1453; *dies.* DB 88, 229; *dies.* BB Beil. 8/89 S. 24ff.; *Brill,* ArbuR 88, 334; *Schwab,* NZA 88, 687, 835; *Wlotzke,* DB 89, S. 111ff.

1b Durch das JAVG ist die bisherige JugVertr. zu einer JugAzubiVertr. ausgebaut worden. **Hintergrund** dieser Regelung war zum einen, daß vor allem aufgrund der längeren Schulzeiten, des Ausbaues der Vollzeitberufsschulen und des Berufsbildungsjahres die Zahl der jug. ArbN in den Betrieben und damit auch die Zahl der JugVertr. stark rückläufig war (vgl. Entwurfsbegründungen BT-Drucks. 11/1134 S. 5; BT-Drucks. 11/955 S. 10; ferner die Angaben bei *Engels/Natter,* DB 88, 229 Fn. 13; *dies.* BB 88, 1453 Fn. 10). Zum anderen hat sich in der betrieblichen Praxis gezeigt, daß die betriebliche Berufsausbildung und die mit ihr zusammenhängenden Fragen und Probleme eine die Altersgrenze von 18 Jahren überspringende soziologische Klammer der jug. ArbN und der über 18 Jahre alten zu ihrer Berufsausbildung Beschäftigten darstellt. Diese Gemeinsamkeit der Interessen in Fragen der Berufsausbildung, die bei jugendl. und in ihrer Berufsausbildung stehenden ArbN eine besondere und im Vordergrund stehende Bedeutung hat, ließ eine institutionelle Zusammenführung dieser Interessen in einer JugAzubiVertr. gerechtfertigt erscheinen. Allerdings sollte der Charakter der JugAzubiVertr. als einer Vertr. junger ArbN des Betriebs gewahrt bleiben. Deshalb ist die Einbeziehung der zu ihrer Berufsausbildung Beschäftigten altersmäßig auf die noch nicht 25 jährigen Auszubildenden begrenzt worden (vgl. zum ganzen Ausschußbericht BT-Drucks. 11/2474 S. 9ff; *Engels/Natter* a. a. O.; *Brill,* ArbuR 88, 334; *Schwab,* NZA 88, 687). Die Einbeziehung der volljährigen zu ihrer Berufsausbildung Beschäftigten in die JugVertr. hat keinen Einfluß auf ihr Wahlrecht zum BR (vgl. § 7 Rn. 16 sowie § 61 Rn. 3a).

Trotz des Ausbaus der JugVertr. zu einer JugAzubiVertr. und trotz ihrer eingehenden gesetzlichen Regelung in einem eigenen Teil des Gesetzes ist die JugAzubiVertr. **kein selbständiges und gleichberechtigt neben dem BR stehendes Organ der BetrVerf.**, das die Interessen der jugendlichen ArbN und der zu ihrer Berufsausbildung Beschäftigten unter 25 Jahren unabhängig vom BR und unmittelbar gegenüber dem ArbGeb. vertritt. **Allein dem BR** obliegt die Wahrnehmung der Interessen aller ArbN des Betriebs gegenüber dem ArbGeb., auch derjenigen der in Abs. 1 genannten ArbN (BAG 20. 11. 73 und 10. 5. 74, AP Nr. 1, 3 und 4 zu § 65 BetrVG 1972; BAG 21. 1. 82, AP Nr. 1 zu § 70 BetrVG 1972; *DR,* Rn 8ff.; *GL,* Rn 6, 10; *GK-Kraft,* Einführung zu §§ 60ff., Rn 3f; *HSG,* Rn 8; *Weiss,* Rn 2, 5; *Düttmann/Zachmann,* Die Jugendvertretung, Rn 1; *Brill,* BB 75, 1642; *Peter,* BlStR 80, 65; **a. A.** *GKSB,* Rn 7, und *Däubler,* Arbeitsrecht 1, S. 515, für den Fall, daß ein BR nicht besteht). 1c

Hieran hat auch nichts der Ausbau zu einer JugAzubiVertr. geändert (vgl. *Engels/Natter,* BB 88, 1454; *Brill,* ArbuR 88, 334; *Schwab,* NZA 88, 687; die zum Teil auf eine größere Selbständigkeit der JugAzubiVertr. zielenden Regelungen des SPD-Entwurfs – BT-Drucks. 11/955, sind im Gesetzgebungsverfahren nicht übernommen worden, vgl. Ausschußbericht, BT-Drucks. 11/2474 S. 10).

Die **Aufgabe und Stellung** der JugAzubiVertr. sind darin zu sehen, die speziellen Interessen der jugendlichen und der zu ihrer Ausbildung beschäftigten ArbN gegenüber dem BR zu artikulieren und so mit dafür zu sorgen, daß ihre Belange im Rahmen der BRArbeit angemessen und sachgerecht berücksichtigt werden. 1d

Außer in den §§ 60 bis 73 werden die JugAzubiVertr. bzw. ihre Mitgl. angesprochen in § 29 Abs. 2, § 33 Abs. 3, § 35 Abs. 1, § 39 Abs. 2, §§ 78, 78a, 79 Abs. 2, §§ 103, 119 ,120, 125, 126 dieses Gesetzes und § 15 KSchG (Näheres hierzu vgl. § 65 Rn 15). 2

Zur GesJugAzubiVertr. siehe §§ 72ff. Auf Konzernebene ist eine JugAzubiVertr. nicht zu bilden (h. M.). Etwaige Ausschüsse von JugAzubiVertr. auf Konzernebene haben keine betriebsverfassungsrechtliche Funktion. Die Vorschriften über die JugAzubiVertr. gelten nicht für den Bereich der Seeschiffahrt, wohl jedoch für die Landbetriebe von Seeschiffahrtsunternehmen (vgl. § 114 Abs. 5). 3

Die Vorschriften der §§ 60ff. sind **zwingend.** Weder durch TV noch durch BV kann von ihnen abgewichen werden (*GK-Kraft,* Einf. zu § 60 Rn 5). Insbesondere kann die Bildung einer JugAzubiVertr. nicht ausgeschlossen werden. 4

Entsprechende Vorschrift: § 57 BPersVG. 4a

II. Voraussetzungen

Eine JugAzubiVertr. ist zu wählen, wenn in einem Betrieb in der Regel mindestens 5 ArbN beschäftigt werden, die das 18. Lebensjahr noch nicht vollendet haben oder die zu ihrer Berufsausbildung beschäf- 5 tigt werden und das 25. Lebensjahr nocht nicht vollendet haben. Ferner ist Voraussetzung, daß in dem Betrieb ein BR gebildet ist. Die Wahl ist nicht fakultativ, sondern **gesetzlich vorgeschrieben.** Der BR ist deshalb verpflichtet, den Wahlvorstand zur Durchführung der Wahl der JugAzubiVertr. zu bestellen (vgl. § 80 Abs. 1 Nr. 5).

6 Zum Begriff **Betrieb** vgl. § 1 Rn 29ff. Er ist in demselben Sinne zu verstehen, wie er auch für die Bildung des BR zugrunde zu legen ist. Aus diesem Grunde sind Nebenbetriebe und Betriebsteile, soweit sie nicht nach § 4 als selbständige Betriebe anzusehen sind, auch für die Frage der Bildung der JugAzubiVertr. dem Betrieb zuzuordnen (*DR,* Rn 5). Auch eine abweichende Zuordnung von Betriebsteilen und Nebenbetrieben durch TV gemäß § 3 Abs. 1 Nr. 3 ist für die Bildung der JugAzubiVertr. maßgebend.

6a Die Wahl der JugAzubiVertr. setzt die Beschäftigung von in der Regel 5 jug. oder auszubildenden ArbN. voraus. **Jug. ArbN** sind die ArbN, die das 18. Lebensjahr noch nicht vollendet haben und deshalb wegen ihres Alters noch nicht zum BR wahlberechtigt sind. Zum Begriff des ArbN vgl. § 5 Rn. 8ff.

6b Ferner sind hierbei **die zu ihrer Berufsausbildung Beschäftigten** des Betriebes zu berücksichtigen, die noch keine 25 Jahre als sind (zum Begriff der in Berufsausbildung Beschäftigten vgl. § 5 Rn. 84ff.). Der betriebsverfassungsrechtliche Begriff ist weiter als der des § 1 Abs. 2 u. 3 BBiG. Er umfaßt nicht nur Ausbildungsverhältnisse im engeren Sinne, sondern alle Verträge, die berufliche Kenntnisse, Fertigkeiten und Erfahrungen vermitteln. Zu den zu ihrer Berufsausbildung Beschäftigten zählen deshalb neben den Auszubildenden im Sinne des BBiG auch Anlernlinge, Umschüler, Volontäre, Praktikanten oder Teilnehmer an berufsvorbereitenden Ausbildungsmaßnahmen im Betrieb. Auch Studenten, die als Bestandteil des Studiums ein Praktikum im Betrieb absolvieren, zählen hierzu (streitig, vgl. § 5 Rn. 88; *Engels/Natter,* BB 88, 1455; *Brill,* ArbuR 88, 335; **a. A.** offensichtlich der BT-Ausschuß für Arbeit und Sozialordnung, vgl. BT-Drucks. 11/2474 S. 11; *Schwab,* NZA 88, 688). Nicht zu den zu ihrer Berufsausbildung Beschäftigten zählen dagegen Schüler, die – wie in den Bundesländern Hessen u. NRW – vor ihrem Schulabschluß ein ein- oder zweiwöchiges Betriebspraktikum ableisten. Dieses Betriebspraktikum will den Schulabgängern lediglich einen allgemeinen Einblick in die Arbeitswelt ermöglichen. Sie werden im Rahmen dieses Praktikums weder in irgendeiner Form ausgebildet noch sind sie zur Arbeitsleistung verpflichtet (vgl. *Engels/Natter,* BB 88/1455).

6c Die Berufsausbildung braucht nicht für die Zwecke des Betriebs zu erfolgen. Deshalb zählen auch Teilnehmer einer Ausbildung in einer überbetrieblichen Ausbildungsstätte, die aufgrund staatlicher Programme zur Förderung der Berufsausbildung von benachteiligten Jug. eine Berufsausbildung betreibt, zu den zu ihrer Berufsausbildung Beschäftigten im Sinne des BetrVG (BAG 26. 11. 87, AP Nr. 36 zu § 5 BetrVG 1972; vgl. hierzu auch *Mayer,* ArbuR 86, 353; **a. A.** wegen Verkennung des Betriebsbegriffs *Hanau,* DB 87, 2356).

6d Zu berücksichtigen sind jedoch nur die zu ihrer Berufsausbildung Beschäftigten, die das 25. Lebensjahr noch nicht vollendet haben. Durch diese **altersmäßige Begrenzung** soll eine Homogenität der unter die Zuständigkeit der JugAzubiVertr. fallenden Beschäftigten nicht nur in Bezug auf die Ausbildung, sondern auch im Hinblick auf das Alter gesichert bleiben (vgl. auch oben Rn. 1b). Ältere ArbN, etwa solche, die im Rahmen von Förderungsmaßnahmen der Bundesanstalt für Arbeit in einen anderen Beruf umgeschult werden, zählen nicht mit.

6e Im Interesse der besseren Lesbarkeit der Kommentierung wird im folgenden weder die umständliche gesetzliche Umschreibung „die zu ihrer Berufsausbildung beschäftigt sind und das 25. Lebensjahr noch nicht vollendet haben" noch der generelle, jedoch zu abstrakte Hinweis auf die „in § 60 Abs. 1 genannten ArbN" verwendet. Wenn generalisierend von den „zu ihrer Berufsausbildung Beschäftigten" oder „auszubildenden ArbN." gesprochen wird, sind hiermit stets die zu ihrer Berufsausbildung Beschäftigten unter 25 Jahren gemeint.

7 Zum Begriff **„in der Regel"** vgl. § 1 Rn 144ff. Es kommt für die Bildung einer JugAzubiVertr. darauf an, daß im Betrieb im allgemeinen und üblicherweise 5 oder mehr jugendliche oder auszubildende ArbN beschäftigt werden. Nicht entscheidend ist, ob gerade im Zeitpunkt der Einleitung der Wahl oder am Wahltag diese Zahl erreicht wird (*DR,* Rn 4; *GL,* Rn 7).

8 Sinkt die Zahl der jugendlichen oder auszubildenden ArbN auf Dauer unter 5, so **endet** damit das **Amt der JugAzubiVertr.,** da eine Voraussetzung für ihre Errichtung nicht mehr vorliegt (vgl. hierzu auch § 1 Rn 142).

9 Für die Bildung einer JugAzubiVertr. ist ferner Voraussetzung, daß in dem Betrieb ein **BR gebildet** ist (*DR,* Rn 6; *GL,* Rn 8; *GK-Kraft,* Rn 6; *HSG,* Rn 6; *Weiss,* Rn 2; *Düttmann/Zachmann,* a.a.O., Rn 2; *Fuchs,* BlStR 76, 113; **a. A.** *GKSB,* Rn 4; *Däubler,* Arbeitsrecht 1, S. 515). Das ergibt sich aus zwei Gründen: Zum einen ist die JugAzubiVertr. kein eigenständiges, neben dem BR stehendes Organ der BetrVerf., das losgelöst und unabhängig vom BR Beteiligungsrechte ausüben kann (vgl. Rn 1). Zum anderen obliegt dem BR die Bestellung des Wahlvorst. für die Wahl der JugAzubiVertr. (vgl. § 63 Abs. 2); das ArbG kann einen Wahlvorst. nur bestellen, wenn der BR säumig ist, was voraussetzt, daß überhaupt ein BR besteht. Besteht kein BR, ist auch keine JugAzubiVertr. zu bilden, auch wenn in dem Betrieb regelmäßig mehr als fünf jugendliche oder auszubildende ArbN beschäftigt sind. Die Wahl einer JugAzubiVertr. in einem Betrieb, in dem kein BR besteht, ist **nichtig** (*DR,* Rn 6; *HSG,* Rn 6; *GK-Kraft,* Rn 6).

9a Andererseits führt ein **kurzfristiger Wegfall des BR** (etwa bei einer erfolgreichen Wahlanfechtung oder bei einer verzögerten Neuwahl des BR) nicht auch zum Wegfall einer bestehenden JugAzubiVertr. (*DR,* Rn 6; *GL* Rn 9; *GK-Kraft,* Rn 6). Sie ist allerdings bis zur Neuwahl des BR in der Erfüllung ihrer Aufgaben weitgehend beschränkt, da sie nur über den BR die Interessen der jugendl. und zu ihrer Berufsausbildung beschäftigten ArbN wahrnehmen kann (vgl. §§ 65ff. sowie oben Rn 1).

Ein kurzfristiger Wegfall des BR hat auch keinen Einfluß auf die weitere Durchführung einer bereits eingeleiteten Wahl der JugAzubiVertr. durch den bestehenden Wahlvorst.

III. Rechtsstellung und Aufgaben

10 Die JugAzubiVertr. hat die Aufgabe, die **besonderen Interessen der jugendlichen ArbN und der zu ihrer Berufsausbildung Beschäftigten unter 25 Jahren wahrzunehmen,** und zwar zu einem gegenüber dem BR (vgl. § 70), zum anderen in Zusammenwirken mit dem BR gegenüber dem ArbGeb. (vgl. §§ 67, 68). Ein Recht der JugAzubiVertr., unabhängig vom BR oder an ihm vorbei die Interessen der jugendlichen oder zu ihrer Berufsausbildung beschäftigten ArbN gegenüber dem ArbGeb. wahrzunehmen, besteht nicht. Denn die JugAzubiVertr. ist kein selbständiges, neben dem BR bestehendes Organ mit selbständigen und eigenen Vertretungsrechten (BAG 20. 11. 73 und 8. 2. 77, AP Nr. 1 zu § 65 BetrVG 1972 und Nr. 10 zu § 80 BetrVG 1972; vgl. auch oben Rn 1c). Auch in Ausnahmefällen tritt die JugAzubiVertr. nicht an die Stelle des BR.

11 Die **JugAzubiVertr.** sind **keine Mitgl. des BR,** sondern haben nur die Befugnis, mit abgestuften Rechten (vgl. § 67) an den Sitzungen des BR teilzunehmen. Die JugAzubiVertr. kann **keine BV** mit dem ArbGeb. abschließen. Auch die Ausübung von Mitbestimmungs- und Mitwirkungsrechten steht hinsichtlich der jugendl. und der zu ihrer Berufsausbildung Beschäftigten nicht der JugAzubiVertr., sondern allein dem BR zu (*DR,* Rn 9; *GL,* Rn 10; *GK-Kraft,* Einführung zu §§ 60ff., Rn 4; *HSG,* Rn 8). Allerdings ist der BR verpflichtet, die JugAzubiVertr. in Angelegenheiten, die **besonders** oder **überwiegend** die jugendl. oder auszubildende ArbN betreffen, gemäß § 67 bei der **Beratung** bzw. **Beschlußfassung zu beteiligen** (Näheres vgl. § 67 Rn 10ff.).

Im übrigen kann sich die JugAzubiVertr. jedoch aller Angelegenheiten annehmen, die für die jugendl. ArbN und die zu ihrer Berufsausbildung Beschäftigten des Betriebs von Belang sind. Sie kann diese Angelegenheiten innerhalb der JugAzubiVertr. sowie mit dem BR und mit diesem zusammen auch mit dem ArbGeb. erörtern. Sie hat den **Kontakt mit den jugendlichen ArbN** und der zu ihrer Berufsausbildung Beschäftigten unter 25 Jahren zu pflegen, ohne jedoch den BR von diesem Kontakt ausschließen zu können.

IV. Streitigkeiten

12 Streitigkeiten über die Bildung einer JugAzubiVertr. sowie über ihre Zuständigkeit sind gem. §§ 2a, 80ff. ArbGG von den **ArbG im Beschlußverfahren** zu entscheiden. Das gilt auch für Streitigkeiten im Verhältnis zwischen BR und JugAzubiVertr.

§ 61 Wahlberechtigung und Wählbarkeit

(1) **Wahlberechtigt sind alle in § 60 Abs. 1 genannten Arbeitnehmer des Betriebs.**

(2) **Wählbar sind alle Arbeitnehmer des Betriebs, die das 25. Lebensjahr noch nicht vollendet haben; § 8 Abs. 1 Satz 3 findet Anwendung. Mitglieder des Betriebsrats können nicht zu Jugend- und Auszubildendenvertretern gewählt werden.**

Inhaltsübersicht

I. Vorbemerkung

1 Die Vorschrift regelt das **aktive und passive Wahlrecht** zur JugAzubiVertr. Zur Bestellung der Mitgl. des **GesJugAzubiVertr.** vgl. § 72 Rn 12ff.

1a Das JAVG hat als Folge des Ausbaus der JugVertr. zu einer JugAzubiVertr. die **Wahlberechtigung** auf die zu ihrer Berufsausbildung Beschäftigten unter 25 Jahren **ausgeweitet** (Abs. 1) und als Folge dieser Änderung ferner die Vollendung des 25. Lebensjahres allgemein als die maßgebende Altersgrenze für die Wählbarkeit zur JugAzubiVertr. festgelegt (Abs. 2).

2 Die Vorschrift ist **zwingend** und weder durch TV noch durch BV abdingbar oder abänderbar.

2a Entsprechende Vorschrift des **BPersVG 74:** § 58.

II. Wahlberechtigung

3 **Wahlberechtigt** sind zum einen **alle jugendlichen ArbN unter 18 Jahren,** d.h. alle Beschäftigten des Betriebs, die wegen fehlender Volljährigkeit noch nicht zum BR wahlberechtigt sind. Maßgebend ist das Alter am Wahltag; erstreckt sich die Wahl über mehrere Tage, ist maßgebend das Alter am letzten Wahltag. Die jugendl. ArbN müssen ArbN des **Betriebs** sein, d.h. in einem Arbeits- oder Ausbildungsverhältnis zum Betriebsinhaber stehen und zur Belegschaft des Betriebes gehören. Weitere Voraussetzungen bestehen nicht. Insbesondere steht es der Wahlberechtigung nicht entgegen, wenn ein jugendl. ArbN wegen seines Alters unter **Vormundschaft** steht; anderes gilt allerdings, wenn er wegen geistiger Gebrechen entmündigt ist (*DR,* Rn 2; *GL,* Rn 4; *HSG,* Rn 2; vgl. § 7 Rn 18). Einer besonderen Ermächtigung des Erziehungsberechtigten bedarf es zur Ausübung des Wahlrechts nicht.

3a Ferner sind die zu ihrer Berufsausbildung Beschäftigten des Betriebs wahlberechtigt, die das 25. Lebensjahr noch nicht vollendet haben (vgl. hierzu § 60 Rn 6bf.). Maßgebender Zeitpunkt für beide Voraussetzungen ist der **Wahltag.** Nur solche Beschäftigte, die am Wahltag noch in der Berufsausbildung stehen und an diesem Tag noch nicht 25 Jahre alt sind oder werden, dürfen an der Wahl teilnehmen. Erstreckt sich die Wahl über mehrere Tage, ist der letzte Wahltag maßgebend. Das Wahlrecht der über 18 Jahre alten zu ihrer Berufsausbildung beschäftigten ArbN zum BR wird durch ihre Wahlberechtigung auch zur JugAzubiVertr. nicht berührt. Sie bleiben weiterhin auch zum BR wahlberechtigt (vgl. § 7 Rn 16; *Brill,* ArbuR 88, 335; *Engels/Natter,* BB 88, 1455 u. DB 88, 231, mit überzeugenden Gründen für die verfassungsrechtliche Zulässigkeit dieses Doppelwahlrechts).

3b Zur Ausübung des Wahlrechts ist in formeller Hinsicht erforderlich, daß der jug. oder in der Berufsausbildung stehende ArbN des Betriebs in die **Wählerliste** eingetragen ist. Anderenfalls kann er sein Wahlrecht nicht wahrnehmen (vgl. §§ 30, 2 Abs. 3 WO).

III. Wählbarkeit

4 **Wählbar** zur JugAzubiVertr. sind alle ArbN, die das 25. Lebensjahr noch nicht vollendet haben (vgl. Rn 5ff.), nicht infolge strafgerichtlicher Verurteilung die Fähigkeit, Rechte aus öffentlichen Wahlen zu erlangen, verloren haben (vgl. Rn 9) und nicht Mitglied des BR sind (vgl. Rn 10).

5 Alle ArbN des Betriebs, die das **25. Jahr noch nicht vollendet** haben, sind zur JugAzubiVertr. wählbar. Eine untere Altersgrenze besteht nicht. Bei minderjährigen ArbN, d. h. ArbN unter 18 Jahren, ist eine Zustimmung des gesetzlichen Vertreters zur Kandidatur nicht erforderlich (*HSG,* Rn 3). Vielmehr ist diese von der gesetzlichen Ermächtigung des § 113 BGB erfaßt. Die zum Beitritt in eine Gewerkschaft als Ausfluß der Ermächtigung des § 113 BGB entwickelten Grundsätze (vgl. hierzu *Kittner,* ArbuR 71, 280; *Palandt,* BGB, § 113 Rn 4; *Schaub,* § 32 II 3, jeweils m. w. Nachw.) sind für die Wählbarkeit zu dem gesetzlich geregelten Ehrenamt der JugAzubiVertr., das auch minderjährigen ArbN offensteht, entsprechend heranzuziehen.

6 Die Wählbarkeit ist nicht auf die zur JugAzubiVertr. wahlberechtigten ArbN beschränkt. Vielmehr sind auch ArbN des Betriebs, die über 18 Jahre alt sind und nicht zu ihrer Berufsausbildung beschäftigt werden, wählbar, sofern sie das 25. Lebensjahr noch nicht vollendet haben.

Die ArbN zwischen 18 und 25 Jahren sind damit sowohl zur JugAzubiVertr. als auch zum BR wählbar. Allerdings ist eine Doppelmitgliedschaft in beiden ArbNVertr. nicht zulässig (vgl. unten Rn 10).

7 Maßgebender Zeitpunkt für die festgelegte Höchstaltersgrenze ist der **Tag des Beginns der Amtszeit der JugAzubiVertr.,** nicht der Tag der Wahl (zum Beginn der Amtszeit vgl. § 64 Rn 9). Das folgt aus § 64 Abs. 3 (h. M.). Der Wahlbewerber darf, um wählbar zu sein, an diesem Tage das 25. Lebensjahr noch nicht vollendet haben. Vollendet ein Jug-

AzubiVertr. während der Amtszeit das 25. Lebensjahr, so hat dies keinen Einfluß auf eine Mitgliedschaft in der JugAzubiVertr. (vgl. § 64 Rn 12).

Die Wählbarkeit zur JugAzubiVertr. ist im Gegensatz zu derjenigen im BR von **keiner** bestimmten **Dauer der Betriebszugehörigkeit** abhängig (*DR,* Rn 5; *GKSB,* Rn 4). Vielmehr ist jeder ArbN unter 25 Jahren wählbar, mag er auch erst vor kurzem in den Betrieb als ArbN eingetreten sein. Wohl muß er ArbN des Betriebs sein (vgl. hierzu im einzelnen § 7 Rn 8ff.). Zur Möglichkeit der Wahl von ArbN, die zum Wehrdienst einberufen worden sind, sowie zur Möglichkeit der Rückstellung von gewählten JugAzubiVertr. vom Wehrdienst vgl. § 8 Rn 7. 8

Die Wählbarkeit ist nicht auf deutsche ArbN beschränkt. **Ausländische ArbN** des Betriebs sind wählbar, sofern sie die übrigen Voraussetzungen der Wählbarkeit erfüllen (*GL,* Rn 5).

Die Wählbarkeit ist ebenso wie die zum BR ausgeschlossen, wenn der Wahlbewerber infolge **strafgerichtlicher Verurteilung** die Fähigkeit, Rechte aus öffentlichen Wahlen zu erlangen, nicht besitzt. Nicht wählbar ist ferner, wer wegen geistigen Gebrechens **entmündigt** ist (vgl. hierzu im einzelnen § 8 Rn 22ff.). 9

Schließlich ist zur JugAzubiVertr. **nicht wählbar,** wer bereits **Mitgl. des BR** ist. Dieser Ausschluß der Doppelmitgliedschaft im BR und in der JugAzubiVertr. ist schon deswegen unumgänglich, weil unter bestimmten Voraussetzungen die Mitgl. der JugAzubiVertr. im BR volles Stimmrecht haben (vgl. § 67 Abs. 2) und bei einer Doppelmitgliedschaft nicht alle stimmberechtigten Stimmen der JugAzubiVertr. bei einer Beschlußfassung im BR zum Tragen kämen. Nur Mitgl. des BR sind zur JugAzubiVertr. nicht wählbar. **ErsMitgl.** des BR sind wählbar, solange sie nicht für ein verhindertes oder ausgeschiedenes BRMitgl. in den BR nachgerückt sind (*DR,* Rn 7; *GL,* Rn 8; *GK-Kraft,* Rn 4; *HSG,* Rn 7; *Weiss,* Rn 4). Rückt ein ErsMitgl. nach, so scheidet es gemäß § 65 i. Vbg. mit § 24 Abs. 1 Nr. 4 wegen nachträglichen Verlustes der Wählbarkeit aus der JugAzubiVertr. aus, da es als nunmehriges Mitgl. des BR nicht mehr zur JugAzubiVertr. wählbar ist. Das gilt auch, wenn es nur vorübergehend für ein zeitweilig verhindertes BRMitgl. in den BR nachrückt. Scheidet das ErsMitgl. nach Beendigung der zeitweiligen Verhinderung des BRMitgl. wieder aus dem BR aus, so tritt es nicht wieder in die JugAzubiVertr. ein. Das Ausscheiden aus der JugAzubiVertr. ist vielmehr **endgültig** (BAG 21. 8. 1979, AP Nr. 6 zu § 78a BetrVG 1972; *GL,* Rn 8; *GK-Kraft,* Rn 5; *Fuchs,* BlStR 76, 114; *HSG,* Rn 8; **a. A.** *DR,* Rn 7; *GKSB,* Rn 5, *Lichtenstein,* BetrR 78, 221, die bei nur vorübergehendem Nachrükken eines JugAzubiVertr. in den BR diesen im Verhältnis zur JugAzubiVertr. lediglich als zeitweilig verhindert ansehen, so daß er nach Beendigung der zeitweiligen Verhinderung wieder in die JugAzubiVertr. eintritt. Diese Ansicht übersieht, daß bei – auch nur vorübergehendem – Eintritt in den BR die Wählbarkeit erlischt). Aus diesem Grunde sollte es sich ein Mitgl. der JugAzubiVertr., das gleichzeitig ErsMitgl. für den BR ist, überlegen, ob es, wenn nur eine Vertretung für einen vorübergehenden Verhinderungsfall ansteht, die ErsMitglschaft (dann allerdings endgültig) niederlegt. 10

11 Da ein Mitgl. des BR zur JugAzubiVertr. nicht wählbar ist, kann es auch nicht zur JugAzubiVertr. **kandidieren,** es sei denn, es legt vorher die Mitgliedschaft im BR nieder (*GK-Kraft,* Rn 4, *Frauenkron,* Rn 7; *Brecht,* Rn 4). Andererseits schließt die Mitgliedschaft in der JugAzubiVertr. eine Kandidatur für den BR nicht aus (*DR,* Rn 7). Wird das Mitgl. der JugAzubiVertr. in den BR gewählt und nimmt es die Wahl an, so verliert es die Wählbarkeit zur JugAzubiVertr. und scheidet aus ihr aus (vgl. § 65 i. V. m. § 24 Abs. 1 Nr. 4).

12 In formeller Hinsicht ist für die Wählbarkeit der jug. und zu ihrer Berufsausbildung beschäftigten Wahlbewerber die Eintragung in die **Wählerliste** notwendig (§§ 30, 2 Abs. 3 WO). Dies gilt nicht für ArbN, die zwar wählbar, jedoch nicht wahlberechtigt sind. ArbN. des Betriebs im Alter von 18 bis 25 Jahren, die nicht zu ihrer Berufsausbildung sondern als normale ArbN beschäftigt werden, sind deshalb auch ohne Eintragung in die Wählerliste wählbar.

IV. Streitigkeiten

13 Ob jemand wahlberechtigt oder wählbar ist, entscheidet zunächst der Wahlvorst. Streitigkeiten über seine Entscheidung sind ebenso wie bei der BRWahl im **arbeitsgerichtlichen BeschlVerf.** zu entscheiden (§§ 2a, 80ff. ArbGG). Im einzelnen vgl. § 7 Rn 23, § 8 Rn 30, § 18 Rn 20ff.

§ 62 Zahl der Jugend- und Auszubildendenvertreter, Zusammensetzung der Jugend- und Auszubildendenvertretung

(1) **Die Jugend- und Auszubildendenvertretung besteht in Betrieben mit in der Regel**
5 bis 20 der in § 60 Abs. 1 genannten Arbeitnehmer aus 1 Jugend- und Auszubildendenvertreter,
21 bis 50 der in § 60 Abs. 1 genannten Arbeitnehmer aus 3 Jugend- und Auszubildendenvertretern,
51 bis 200 der in § 60 Abs. 1 genannten Arbeitnehmer aus 5 Jugend- und Auszubildendenvertretern,
201 bis 300 der in § 60 Abs. 1 genannten Arbeitnehmer aus 7 Jugend- und Auszubildendenvertretern,
301 bis 600 der in § 60 Abs. 1 genannten Arbeitnehmer aus 9 Jugend- und Auszubildendenvertretern,
601 bis 1000 der in § 60 Abs. 1 genannten Arbeitnehmer aus 11 Jugend- und Auszubildendenvertretern,
mehr als 1000 der in § 60 Abs. 1 genannten Arbeitnehmer aus 13 Jugend- und Auszubildendenvertretern.

(2) **Die Jugend- und Auszubildendenvertretung soll sich möglichst aus Vertretern der verschiedenen Beschäftigungsarten und Ausbildungsberufe der im Betrieb tätigen in § 60 Abs. 1 genannten Arbeitnehmer zusammensetzen.**

(3) **Die Geschlechter sollen entsprechend ihrem zahlenmäßigen Verhältnis vertreten sein.**

Inhaltsübersicht

I. Vorbemerkung

1 Die Vorschrift regelt **Größe** und **Zusammensetzung** der JugAzubi-Vertr.

Durch das JAVG ist die Größe der JugAzubiVertr. in Großbetrieben mit mehr als 600 jug. ArbN oder zu ihrer Berufsausbildung Beschäftigten unter 25 Jahren von bisher neun auf bis zu dreizehn Mitgl. erweitert worden. Außerdem ist die Sollvorschrift des Abs. 2 dahingehend ergänzt worden, daß sich die JugAzubiVertr. möglichst auch aus Vertretern der verschiedenen im Betrieb vorhandenen Ausbildungsberufe zusammensetzen soll.

1a Die Regelung des Abs. 1 ist **zwingend** und kann weder durch TV noch durch BV abgedungen werden (vgl. jedoch auch Rn 3). Auch die Abs. 2 und 3 sind grundsätzlich nicht abdingbar; allerdings handelt es sich bei ihnen nur um Sollvorschriften. Über die Rechtsfolgen eines Verstoßes gegen die Abs. 2 und 3 vgl. § 15 Rn 2.

1b Entsprechende Vorschrift des **BPersVG:** § 59.

II. Zahl der Mitglieder

2 Die **Größe der JugAzubiVertr.** ergibt sich unmittelbar aus der Tabelle des Abs. 1. Die für die Größe maßgebende Beschäftigtenzahl ist vom Wahlvorst. festzulegen. Zu berücksichtigen sind hierbei nur jug. ArbN, d. h. ArbN des Betriebes unter 18 Jahren, sowie die zu ihrer Berufsausbildung Beschäftigten unter 25 Jahren. Zum Betrieb gehören auch die gemäß § 4 unselbständigen Betriebsteile und Nebenbetriebe. Eine tarifvertragliche Regelung nach § 3 Abs. 1 Nr. 3 über eine anderweitige Zuordnung von Betriebsteilen und Nebenbetrieben ist auch für die Wahl der JugAzubiVertr. maßgebend. Erklären sich nicht genügend ArbN zur Übernahme des Amtes eines JugAzubiVertr. bereit, so ist die nächstniedrigere Größe der JugAzubiVertr. zugrunde zu legen. § 11 findet insoweit entsprechende Anwendung (*DR,* Rn 4; *GL* Rn 4; *GK-Kraft,* Rn 4, *HSK,* Rn 2; vgl. hierzu im einzelnen § 11 Rn 3ff.).

3 Maßgebend für die Größe der JugAzubiVertr. ist die Zahl der **am Tage des Erlasses des Wahlausschreibens** „in der Regel“ im Betrieb beschäftigten jugendlichen und zu ihrer Berufsausbildung beschäftigten ArbN (h. M.). Zum Begriff „in der Regel“ vgl. § 1 Rn 144ff. In Grenzfällen (z. B. 50 und 51 wahlberechtigten ArbN) hat der Wahlvorst. nach

pflichtgemäßem Ermessen zu entscheiden. **Ändert** sich in der Zeit zwischen Erlaß des Wahlausschreibens und Wahl die Zahl der wahlberechtigten ArbN, so nehmen inzwischen hinzugekommene ArbN an der Wahl teil, ausgeschiedene ArbN wählen nicht mehr mit. Für die Größe der JugAzubiVertr. ist jedoch unverändert von der Zahl der im Zeitpunkt des Erlasses des Wahlausschreibens in der Regel beschäftigten ArbN auszugehen (*DR,* Rn 3; *GK-Kraft,* Rn 3; *GKSB,* Rn 2; *HSG,* Rn 3). Im Falle einer vorzeitigen Neuwahl der JugAzubiVertr. bestimmt sich ihre Größe nach der Zahl der bei Erlaß des Wahlausschreibens zu dieser Wahl in der Regel beschäftigten jugendl. oder auszubildenden ArbN, nicht nach der Zahl der ArbN bei der Wahl der JugAzubiVertr., deren Amtszeit vorzeitig endet (BAG 22. 11. 84, AP Nr. 1 zu § 64 BetrVG 1972).

4 Ohne Bedeutung ist es, wenn sich die **Zahl der jugendl. oder der zu ihrer Berufsausbildung beschäftigten ArbN nach der Wahl ändert.** Selbst wenn es sich um eine Änderung größeren Ausmaßes handeln sollte, ist dennoch keine Neuwahl durchzuführen. Die Regelung des § 13 Abs. 2 Nr. 1, die bei erheblicher Veränderung der Belegschaftsstärke eine Neuwahl des BR vorschreibt, findet auf die JugAzubiVertr. keine Anwendung (vgl. § 64 Abs. 1 S. 2; *GL,* Rn 5). Etwas anderes gilt nur, wenn die Zahl der im Betrieb in der Regel beschäftigten jugendl. oder auszubildenden ArbN nicht nur vorübergehend unter 5 sinkt. In diesem Falle entfällt eine Voraussetzung für die Bildung der JugAzubiVertr. Eine bestehende JugAzubiVertr. verliert ihr Amt (vgl. § 60 Rn 8).

III. Berücksichtigung der Beschäftigungsarten und Geschlechter

5 Die Regelungen der Absätze 2 und 3, die § 15 Abs. 1 Satz 2 und Abs. 2 nachgebildet sind (vgl. § 15 Rn 6ff.), dienen dem Zweck, die JugAzubiVertr. zu befähigen, ihre Arbeit möglichst sachkundig unter Berücksichtigung der im Betrieb ausgeübten Beschäftigungsarten und Ausbildungsberufe durchzuführen. Dem Grundsatz der Berücksichtigung der Beschäftigungsarten und Ausbildungsberufe kommt gerade bei der JugAzubiVertr. eine besondere Bedeutung zu, da sie ohne Unterscheidung nach Gruppen stets in gemeinsamer Wahl gewählt wird (vgl. § 63 Rn 3) und deshalb nicht von Gesetzes wegen von vornherein eine Unterteilung nach Arb- und AngTätigkeiten erfolgt (*GK-Kraft,* Rn 7; *HSG,* Rn 4). Ferner soll auch bei der JugAzubiVertr. dem Gedanken des **Gleichheitsgrundsatzes** von Mann und Frau gem. Art. 3 Abs. 2 GG Rechnung getragen werden.

6 Die Sollvorschriften der Abs. 2 und 3 richten sich an diejenigen, die **Wahlvorschläge einreichen.** Sie sollen ihre Wahlvorschläge so gestalten, daß die JugAzubiVertr. eine möglichst der Struktur der jugendl. und der zu ihrer Berufsausbildung beschäftigten ArbN und ihrer betrieblichen Tätigkeit widerspiegelnde Zusammensetzung erhält. Hierauf soll im Wahlausschreiben ausdrücklich hingewiesen werden (§§ 30, 3

Abs. 3 WO). Kommen die Wahlberechtigten dieser Aufforderung nicht nach, so hat dies auf die **Gültigkeit der Wahl keinen Einfluß** (*DR,* Rn 6; *GL,* Rn 6; *GK-Kraft,* Rn 6; *HSG,* Rn 4). Das gilt selbst dann, wenn die Vorschrift bewußt mißachtet worden ist (vgl. hierzu auch § 15 Rn 2).

IV. Streitigkeiten

Die Zahl der zu wählenden JugAzubiVertr. legt zunächst der Wahlvorst. fest. Meinungsverschiedenheiten über seine Entscheidung sind im **arbeitsgerichtlichen BeschlVerf.** zu entscheiden (§§ 2a, 80ff. ArbGG). Verstöße gegen Abs. 1 können zur **Anfechtung der Wahl** berechtigen (vgl. hierzu im einzelnen § 19 Rn 9ff.). Erfolgt keine Wahlanfechtung, so bleibt es für die Dauer der Amtsperiode bei der vom Wahlvorst. festgelegten Zahl. Werden z. B. in einem Betrieb, in dem nur ein JugAzubiVertr. zu wählen ist, irrtümlich drei JugAzubiVertr. gewählt und wird die Wahl nicht angefochten, so verbleibt es für die Dauer der Wahlperiode bei der Besetzung der JugAzubiVertr. mit drei Mitgl. (BAG 14. 1. 72, AP Nr. 2 zu § 20 BetrVG Jugendvertreter; *DR,* Rn 8; *GL,* Rn 7; *HSG,* Rn 6). 7

§ 63 Wahlvorschriften

(1) **Die Jugend- und Auszubildendenvertretung wird in geheimer, unmittelbarer und gemeinsamer Wahl gewählt.**

(2) **Spätestens acht Wochen vor Ablauf der Amtszeit der Jugend- und Auszubildendenvertretung bestellt der Betriebsrat den Wahlvorstand und seinen Vorsitzenden. Für die Wahl der Jugend- und Auszubildendenvertreter gelten § 14 Abs. 3 bis 5, 6 Satz 1 zweiter Halbsatz, Abs. 7 und 8, § 16 Abs. 1 Satz 6, § 18 Abs. 1 Satz 1 und Abs. 3 sowie die §§ 19 und 20 entsprechend.**

(3) **Bestellt der Betriebsrat den Wahlvorstand nicht oder nicht spätestens sechs Wochen vor Ablauf der Amtszeit der Jugend- und Auszubildendenvertretung oder kommt der Wahlvorstand seiner Verpflichtung nach § 18 Abs. 1 Satz 1 nicht nach, so gelten § 16 Abs. 2 Satz 1 und 2 und § 18 Abs. 1 Satz 2 entsprechend mit der Maßgabe, daß der Antrag beim Arbeitsgericht auch von jugendlichen Arbeitnehmern gestellt werden kann.**

Inhaltsübersicht

I. Vorbemerkung

1 Die Vorschrift legt – weitgehend durch Verweisungen auf Vorschriften zur BRWahl – die Grundsätze für die Wahl der JugAzubiVertr. fest und regelt ferner Bestellung und Aufgaben des Wahlvorst. Sie wird ergänzt durch §§ 30 und 31 WO. Im Gegensatz zur Wahl des BR wird die JugAzubiVertr. stets in gemeinsamer Wahl gewählt. Die Bestellung des Wahlvorst. für die JugAzubiVertr. obliegt dem BR. Bei Säumnis des BR bzw. des Wahlvorst. haben auch jugendl. ArbN das Recht, beim ArbG die Bestellung des bzw. eines neuen Wahlvorst. zu beantragen.

1a Durch das JAVG sowie das Änderungsgesetz 1989 ist die Vorschrift in mehrfacher Hinsicht **geändert** worden.

- Die bisher zwingend vorgeschriebene Mehrheitswahl der JugAzubiVertr. ist bei Vorliegen mehrerer Wahlvorschläge durch die **Verhältniswahl** abgelöst worden (diese Änderung war in den parlamentarischen Beratungen äußerst umstritten; vgl. Ausschußbericht, BT-Drucks. 11/2474 S. 11).
- Außerdem sind – in Anpassung an die Regelungen bei der BRWahl – das erforderliche **Unterschriftenquorum** bei Wahlvorschlägen herabgesetzt und den **Gewerkschaften** ein allgemeines eigenes **Wahlvorschlagsrecht** eingeräumt worden.
- Die im Betrieb vertretenen **Gewerkschaften** haben auch beim Wahlvorst. zur Wahl der JugAzubiVertr. das Recht zur Entsendung eines nicht stimmberechtigten Mitgl., wenn sie im **Wahlvorst.** nicht durch ein ordentliches Mitgl. vertreten sind.
- Schließlich wird auch für die Wahl der JugAzubiVertr. die **öffentliche Stimmauszählung** sowie eine Unterrichtungspflicht über das Wahlergebnis gegenüber dem ArbGeb und den im Betrieb vertretenen Gewerkschaften vorgeschrieben.

2 Die Vorschrift ist **zwingendes Recht** und weder durch TV noch durch BV abdingbar.

2a Entsprechende Vorschrift der **BPersVG 74:** § 60 Abs. 1.

II. Wahlgrundsätze

3 Die Bildung der JugAzubiVertr. erfolgt ausschließlich durch eine Wahl, und zwar durch eine **geheime, unmittelbare, allgemeine, freie** und **gleiche Wahl** (vgl. zu diesen Grundsätzen § 14 Rn 4ff.). Kraft Gesetzes findet die Wahl der JugAzubiVertr. stets als **gemeinsame Wahl** der jugendlichen ArbN und der zu ihrer Berufsausbildung Beschäftigten des Betriebs statt (vgl. hierzu § 14 Rn 17ff., 33f.). Gruppenwahl ist unzulässig. Die Mitgl. der JugAzubiVertr. werden vielmehr ohne Rücksicht auf die Zugehörigkeit zu den Gruppen der Ang. und der Arb. gewählt. Die verschiedenen Beschäftigungsarten sollen allerdings bei der Aufstellung der Wahlvorschläge berücksichtigt werden (vgl. § 62 Rn 5f.).

3a Während sowohl nach dem BetrVG 1972 als auch nach dem BetrVG

1952 die JugVertr. stets in Mehrheitswahl gewählt worden ist, ist nach Änderung des Abs. 1 und 2 durch das JAVG nunmehr grundsätzlich ihre Wahl nach den Grundsätzen der **Verhältniswahl** vorgeschrieben (zur Verhältniswahl vgl. im einzelnen § 14 Rn 25ff.). Eine Mehrheitswahl findet nur noch statt, wenn entweder nur ein Wahlvorschlag eingereicht worden ist oder nur eine einköpfige JugAzubiVertr. zu wählen ist. Es gelten nunmehr dieselben Grundsätze wie bei der BRWahl (vgl. hierzu § 14 Rn 32ff., 38ff.), nur daß es bei der Wahl der JugAzubiVertr. auf eine Unterscheidung nach Gruppen (Arbeiter/Angestellte) nicht ankommt.

Bei der **Verhältniswahl** kann der wahlberechtigte jugendl. oder zu 4 seiner Berufsausbildung beschäftigte ArbN. nur eine **Liste** als solche wählen. Er kann keine auf der Liste stehenden Bewerber streichen oder nicht auf ihr stehende Bewerber hinzusetzen, anderenfalls ist seine Stimmabgabe ungültig. Die Verteilung der Sitze auf die einzelnen Listen erfolgt nach dem sog. d'Hondt'schen **Höchstzahlensystem** (vgl. hierzu § 14 Rn 27). Entsprechend den erreichten Höchstzahlen sind aus den einzelnen Listen die Bewerber in der Reihenfolge gewählt, in der sie auf der Liste aufgeführt sind. Auf eine Zugehörigkeit zur Gruppe der Arbeiter oder Ang. kommt es hierbei nicht an (vgl. § 31 Abs. 2 WO). Entfällt auf den letzten zu besetzenden Sitz der JugAzubiVertr. dieselbe Höchstzahl, entscheidet das Los darüber, welcher Liste der Sitz zufällt.

Ist nur **ein gültiger Wahlvorschlag** eingereicht worden und findet 4a deshalb die Wahl der JugAzubiVertr. in Mehrheitswahl statt, kann jeder Wahlberechtigte auf dem Stimmzettel so viele Kandidaten ankreuzen, wie Mitgl. der JugAzubiVertr. zu wählen sind (vgl. § 31 Abs. 3 WO). Kreuzt er mehr Kandidaten an, ist seine Stimme ungültig, kreuzt er weniger an, hat es dabei sein Bewenden. Die zu besetzenden Sitze der JugAzubiVertr. werden von den Wahlbewerbern entsprechend den erreichten Stimmzahlen eingenommen. Haben für den letzten zu vergebenden Sitz mehrere Wahlbewerber die gleiche Stimmenzahl erhalten, entscheidet das Los darüber, wem von ihnen der Sitz zufällt (vgl. hierzu auch § 14 Rn 36).

Die Wahl findet stets in Mehrheitswahl statt, wenn die **JugAzubiVertr. 4b nur aus einem Mitgl.** besteht (vgl. hierzu die entsprechende Regelung für die Wahl eines nur einköpfigen BR § 14 Abs. 4 S. 1). In diesem Falle ist in einem gesonderten Wahlgang ein ErsMitgl. zu wählen (vgl. Abs. 2 S. 2 i. V. m. § 14 Abs. 4 sowie § 31 Abs. 4 WO i. V. m. § 25 WO). Bei der Wahl einer nur einköpfiger JugAzubiVertr. hat der Wahlberechtigte also zwei Stimmen, eine für das ordentl. Mitgl. und eine für das ErsMitgl. (vgl. hierzu im einzelnen die entsprechenden Erläuterungen in § 14 Rn 38ff.).

Die Wahl erfolgt auf Grund von **Wahlvorschlägen.** Vorschlagsberech- 5 tigt sind nur die jugendl. und die zu ihrer Berufsausbildung beschäftigten ArbN des Betriebs (vgl. Abs. 2 S. 2 i.V.m. mit § 14 Abs. 7). Jeder Wahlvorschlag muß, um gültig zu sein, von einem Zwanzigstel der vorschlagsberechtigten ArbN. unterzeichnet sein. In jedem Falle genügt jedoch die Unterzeichnung durch 50 Vorschlagsberechtigte. Andererseits ist jedoch stets die Unterzeichnung von mindestens drei Vorschlagsberechtigten erforderlich. Dieses Mindesterfordernis ist nur dann nicht einzuhalten, wenn im Betrieb in der Regel nur bis zu 20 zur JugAzubiVertr.

wahlberechtigte ArbN beschäftigt werden. In diesem Falle genügt die Unterzeichnung durch 2 Vorschlagsberechtigte. Bei der Wahl einer nur einköpfigen JugAzubiVertr. muß ein Wahlvorschlag deshalb nur von 2 Vorschlagsberechtigten unterschrieben sein.

6 Auch die im Betrieb vertretenen **Gewerkschaften** sind berechtigt, zu der Wahl der JugAzubiVertr. einen Wahlvorschlag einzureichen (Abs. 2 i. V. m. § 14 Abs. 5 u. 8). Dieser Wahlvorschlag bedarf keiner Unterzeichnung durch wahlberechtigte ArbN. des Betriebs; er muß jedoch von zwei Beauftragten der Gewerkschaft unterzeichnet sein (vgl. hierzu im einzelnen § 14 Rn 57 ff.).

Das Wahlvorschlagsrecht der Gewerkschaften setzt voraus, daß ein Wahlvorst. gebildet ist, der das Wahlverfahren durch das Wahlausschreiben eingeleitet hat. Da die Bildung des Wahlvorstands das Bestehen eines BR voraussetzt (vgl. unten Rn 9), können die Gewerkschaften in einem betriebsratslosen Betrieb auch keine Wahlvorschläge für die Wahl der JugAzubiVertr. machen (*DR,* Rn 23; *HSG,* Rn 4).

7 Die Wahl der JugAzubiVertr. kann ebenso wie die des BR **angefochten** werden, wenn gegen wesentliche Vorschriften des Wahlrechts, der Wählbarkeit und des Wahlverfahrens verstoßen worden ist (vgl. Abs. 2 Satz 2 i. Vbg. mit § 19). Näheres über die Anfechtbarkeit vgl. § 19 Rn 9 ff. Die dortigen Ausführungen gelten für die Anfechtung der Wahl der JugAzubiVertr. sinngemäß. **Anfechtungsberechtigt** sind – außer dem ArbGeb. und den im Betrieb vertretenen Gewerkschaften – allerdings nur jugendliche und zu ihrer Berufsausbildung beschäftigte ArbN, da § 19 Abs. 2 Satz 1 nur auf Wahlberechtigte abstellt (*DR,* Rn 27; *GL,* Rn 10; *GK-Kraft,* Rn 14; *Weiss,* Rn 3; *GKSB,* Rn 23). Im Verfahren über die Anfechtung der Wahl zur JugAzubiVertr. ist der BR Beteiligter (BAG 20. 2. 86, AP Nr. 1 zu § 63 BetrVG 1972). Ebenso wie die BRWahl kann die Wahl der JugAzubiVertr. **nichtig** sein, wenn gegen allgemeine Grundsätze einer jeden Wahl in so hohem Maße verstoßen worden ist, daß auch der Anschein einer dem Gesetz entsprechenden Wahl nicht mehr vorliegt (vgl. hierzu § 19 Rn 3 ff.).

8 Für den **Schutz** und die **Kosten der Wahl** der JugAzubiVertr. gilt die Vorschrift des § 20 über den Schutz und die Kosten der BRWahl entsprechend (Näheres vgl. § 20 Rn 4 ff. und 27 ff.).

Die Wahlbewerber für die JugAzubiVertr. sowie die WahlvorstMitgl. für ihre Wahl genießen den gleichen **Kündigungsschutz** wie die Wahlbewerber und die WahlvorstMitgl. für die BRWahl. § 103 dieses Gesetzes und § 15 Abs. 2 KSchG sprechen ganz allgemein von Wahlbewerbern bzw. Mitgl. des Wahlvorst. ohne Beschränkung auf die BRWahl (vgl. § 103 Rn 3, 33; *DR,* Rn 16, 30; *GL,* Rn 14; *GK-Kraft,* Rn 16; *HSG,* Rn 12). Die Vorschrift des § 78a gilt dagegen nicht für Wahlbewerber und Mitgl. des Wahlvorst. (vgl. § 78a Rn 1); insoweit kommt jedoch u. U. die Schutzvorschrift des § 20 zum Tragen (vgl. § 20 Rn 9 ff.). Hat ein Wahlbewerber für einen Sitz in der JugAzubiVertr. eine ausreichende Zahl von Stimmen erhalten, so unterliegt er der Schutzvorschrift des § 78a bereits mit der Feststellung des Wahlergebnisses nach § 17 WO, nicht erst mit Beginn der Amtszeit der JugAzubiVertr. (BAG 22. 9. 83, AP Nr. 11 zu § 78a BetrVG 1972).

Die **Kosten der Wahl** trägt der ArbGeb. Versäumnis von Arbeitszeit, die zur Ausübung des Wahlrechts oder zur Betätigung im Wahlvorst. erforderlich ist, berechtigt den ArbGeb. nicht zur Minderung des Arbeitsentgelts (vgl. Abs. 2 i. V. m. § 20 Abs. 3 Satz 2, Einzelheiten vgl. § 20 Rn 32ff.). Zur Schulung von Mitgl. des Wahlvorst. vgl. § 20 Rn 29f.

III. Wahlvorstand

1. Bestellung durch den Betriebsrat

Die **Bestellung des Wahlvorst. obliegt dem BR.** Der Wahlvorst. 9
kann weder durch die noch im Amt befindliche JugAzubiVertr. noch durch die JugAzubiVerslg. bestellt werden. Das gilt unabhängig davon, ob im Betrieb ein BR besteht oder nicht (*DR,* Rn 3; *GK-Kraft,* Rn 3; *HSG,* Rn 13). Da es sich bei der Bestellung des Wahlvorst. um eine Angelegenheit handelt, die überwiegend jugendliche und zu ihrer Berufsausbildung beschäftigte ArbN betrifft, hat die JugAzubiVertr. bei der Bestellung des Wahlvorst. gem. § 67 Abs. 2 **Stimmrecht im BR.** Auch kann die JugAzubiVertr. die Frage der Besetzung des Wahlvorst. gemäß § 67 Abs. 3 vorberaten und ihre Ansicht dem BR zuleiten. Der BR ist verpflichtet, spätestens 8 Wochen vor Ablauf der Amtszeit der JugAzubiVertr. den Wahlvorst. für die Durchführung der Neuwahl zu bestellen. Zum Ablauf der Amtszeit vgl. § 64. Eine frühere Bestellung als 8 Wochen vor Ablauf der Amtszeit ist zulässig. Endet die Amtszeit der JugAzubiVertr. vorzeitig und ist deshalb vorzeitig eine Neuwahl durchzuführen (vgl. hierzu § 64 Rn 10), so muß die Bestellung des Wahlvorst. unverzüglich erfolgen, nachdem das die vorzeitige Neuwahl bedingende Ereignis eingetreten ist (vgl. § 16 Rn 5).

Die Bestellung des Wahlvorst. für die Wahl der JugAzubiVertr. gehört zu den gesetzlichen Aufgaben des BR (vgl. § 80 Abs. 1 Nr. 5). Unterläßt der BR die Bestellung, verstößt er gegen seine gesetzlichen Pflichten, was u. U. einen groben Verstoß i. S. des § 23 Abs. 1 darstellen kann, der zur Auflösung des BR berechtigt (*DR,* Rn 7; *GL,* Rn 4; *HSG,* Rn 13).

Eine bestimmte **Größe des Wahlvorst.** ist nicht festgelegt. Der BR hat 10
die Größe nach pflichtgemäßem Ermessen zu bestimmen, so daß eine ordnungsmäßige Durchführung der Wahl gewährleistet ist. Der Wahlvorst. muß jedoch in jedem Falle aus einer ungeraden Zahl von Mitgl., mindestens aus drei Mitgl. bestehen (vgl. § 16 Abs. 2 i. Vbg. mit § 16 Abs. 1 Satz 3; *DR,* Rn 4; *GL,* Rn 5; *GK-Kraft,* Rn 4; *HSG,* Rn 14, sehen drei Mitgl. zugleich als Höchstgrenze an). Der BR kann sowohl jugendl. und auszubildende ArbN als auch sonstige ArbN des Betriebs zu Mitgl. des Wahlvorst. bestellen (*DR,* Rn 5). Mindestens 1 Mitgl. des Wahlvorst. muß jedoch das passive Wahlrecht zum BR besitzen (vgl. § 30

Satz 2 WO). Der BR kann für jedes Mitgl. des Wahlvorst. ein **ErsMitgl.** bestellen, das im Falle des Ausscheidens oder der Verhinderung des ordentlichen Mitgl. in den Wahlvorst. eintritt. Zulässig ist auch, ein ErsMitgl. für mehrere Mitgl. des Wahlvorst. oder für jedes Mitgl. des Wahlvorst. mehrere ErsMitgl. zu bestellen (vgl. hierzu § 16 Rn 20). Im letzteren Falle ist die Reihenfolge des Nachrückens der einzelnen ErsMitgl. festzulegen. Eine zwingende Berücksichtigung der Gruppen im Wahlvorst. für die Wahl der JugAzubiVertr. ist ebensowenig wie in der JugAzubiVertr. selbst vorgeschrieben. Zum Schutz der Mitgl. des Wahlvorst. vgl. oben Rn 8.

10a Ebenso wie beim Wahlvorst. zur BRWahl hat auch beim Wahlvorst. für die Wahl der JugAzubiVertr. jede im Betrieb vertretene **Gewerkschaft,** die nicht durch ein ordentl. Mitgl. im Wahlvorst. vertreten ist, das Recht, einen dem Betrieb angehörigen **Beauftragten** als nicht stimmberechtigtes Mitgl. in den Wahlvorst. zu **entsenden** (Näheres vgl. § 16 Rn 23a ff.). Das Entsendungsrecht setzt nicht voraus, daß die Gewerkschaft unter den zur JugAzubiVertr. Wahlberechtigten vertreten ist, d. h. einer der jug. oder auszubildenden ArbN ihr Mitgl. ist. Ausreichend ist auch hier, daß ihr ein ArbN des Betriebs als Mitgl. angehört.

11 Der BR hat eines der Mitgl. zum **Vors. des Wahlvorst.** zu bestellen. Ist diese Bestellung unterblieben, hat der BR sie unverzüglich nachzuholen. Bestellt der BR kein Mitgl. des Wahlvorstands zum Vors., so wird man den Wahlvorst. für berechtigt erachten müssen, mit Stimmenmehrheit aus seiner Mitte ein Mitgl. zum Vors. zu wählen (*GK-Kraft,* Rn 4).

2. Bestellung durch das Arbeitsgericht

12 Bestellt der BR den Wahlvorst. nicht oder nicht rechtzeitig, so kann seine Bestellung durch das ArbG erfolgen. Als nicht rechtzeitig ist die Bestellung unter entsprechender Anwendung des § 16 Abs. 2 jedenfalls dann anzusehen, wenn 6 Wochen vor Ablauf der Amtszeit der JugAzubiVertr. der Wahlvorst. noch nicht bestellt ist. Ist eine vorzeitige Neuwahl der JugAzubiVertr. notwendig (vgl. § 64 Rn 7), so ist die Bestellung des Wahlvorst. nicht rechtzeitig, wenn sie nicht innerhalb von 2 Wochen nach dem die Neuwahl bedingenden Ereignis erfolgt ist (vgl. § 16 Rn 25). Der BR kann die Bestellung des Wahlvorst. nachholen, solange das ArbG eine Bestellung noch nicht vorgenommen hat. Eine gerichtliche Bestellung des Wahlvorst. kommt nicht in Betracht, wenn im Betrieb kein BR besteht (vgl. § 60 Rn 9; *DR,* Rn 9; *GL,* Rn 6; *GK-Kraft,* Rn 5; **a. A.** *GKSB,* Rn 13; ferner *Fuchs,* BlStR 76, 114, der bei einem kurzfristigen Wegfall des BR die Bestellung des Wahlvorst. durch das ArbG als zulässig ansieht).

13 Für die Bestellung des Wahlvorst. durch das ArbG gelten im wesentlichen die gleichen Grundsätze wie für die gerichtliche Bestellung des Wahlvorst. für die BRWahl (vgl. zum letzteren § 16 Rn 24 ff.). Allerdings kann das ArbG in den Wahlvorst. für die Wahl der JugAzubiVertr. **nur ArbN des Betriebs,** nicht auch dem Betrieb nicht angehörige Gewerkschaftsmitglieder berufen, da § 63 Abs. 3 nur § 16 Abs. 2 Sätze 1 und 2 und nicht auch Satz 3 für entsprechend anwendbar erklärt (*DR,* Rn 11; *GL,* Rn 6; *GK-Kraft,* Rn 5; *GKSB,* Rn 11).

Antragsberechtigt für die Einleitung des gerichtlichen Verfahrens zur Bestellung des Wahlvorst. sind außer den im Betrieb vertretenen Gewerkschaften oder mindestens drei zum BR wahlberechtigten ArbN des Betriebs **auch jugendl. ArbN** (so der ausdrückliche Wortlaut des Abs. 3; *DR,* Rn 10; *GL,* Rn 6; *GK-Kraft,* Rn 5; *HSG,* Rn 17). Es können also auch drei zur JugAzubiVertr. wahlberechtigte ArbN unter 18 Jahren – ggf. zusammen mit zum BR wahlberechtigten ArbN – das arbeitsgerichtliche Verfahren zur Bildung des Wahlvorst. einleiten. Mit dem Antrag können gleichzeitig Vorschläge für die Zusammensetzung des Wahlvorst. gemacht werden, an die das ArbG allerdings nicht gebunden ist (vgl. § 16 Abs. 2 Satz 2 und dort Rn 27). 14

Die Antragsberechtigten können bei **Säumnis des Wahlvorst.** auch das gerichtliche Verfahren zum Zwecke seiner Ersetzung durch einen neuen Wahlvorst. einleiten (vgl. Abs. 3 i. Vbg. mit § 18 Abs. 1 Satz 2; Näheres hierzu vgl. § 18 Rn 24ff.). 15

3. Aufgaben des Wahlvorstands

Der Wahlvorst. hat die Wahl der JugAzubiVertr. unverzüglich **einzuleiten, durchzuführen** und das **Wahlergebnis festzustellen** (vgl. Abs. 2 Satz 2 i. Vbg. mit § 18 Abs. 1). Ferner hat er die Auszählung der Stimmen und die Feststellung des Wahlergebnisses öffentlich durchzuführen und eine Abschrift der Wahlniederschrift sowohl den im Betrieb vertretenen Gewerkschaften als auch dem ArbGeb zu übersenden (Abs. 2 S. 2 i. V. m. § 18 Abs. 3). 16

Die diesbezüglichen Pflichten des Wahlvorst. für die Wahl der JugAzubiVertr. decken sich mit denen des Wahlvorst. bei der BRWahl. Die Ausführungen in § 18 Rn 4ff. gelten sinngemäß.

IV. Streitigkeiten

Streitigkeiten im Zusammenhang mit der Wahl sowie der Bestellung und der Zuständigkeit des Wahlvorst. sind von den ArbG im Beschlußverfahren zu entscheiden (§§ 2a, 80ff. ArbGG). 17

§ 64 Zeitpunkt der Wahlen und Amtszeit

(1) **Die regelmäßigen Wahlen der Jugend- und Auszubildendenvertretung finden alle zwei Jahre in der Zeit vom 1. Oktober bis 30. November statt. Für die Wahl der Jugend- und Auszubildendenvertretung außerhalb dieser Zeit gilt § 13 Abs. 2 Nr. 2 bis 6 und Abs. 3 entsprechend.**

(2) **Die regelmäßige Amtszeit der Jugend- und Auszubildendenvertretung beträgt zwei Jahre. Die Amtszeit beginnt mit der Bekannt-**

gabe des Wahlergebnisses oder, wenn zu diesem Zeitpunkt noch eine Jugend- und Auszubildendenvertretung besteht, mit Ablauf von deren Amtszeit. Die Amtszeit endet spätestens am 30. November des Jahres, in dem nach Absatz 1 Satz 1 die regelmäßigen Wahlen stattfinden. In dem Fall des § 13 Abs. 3 Satz 2 endet die Amtszeit spätestens am 30. November des Jahres, in dem die Jugend- und Auszubildendenvertretung neu zu wählen ist. In dem Fall des § 13 Abs. 2 Nr. 2 endet die Amtszeit mit der Bekanntgabe des Wahlergebnisses der neu gewählten Jugend- und Auszubildendenvertretung.

(3) **Ein Mitglied der Jugend- und Auszubildendenvertretung, das im Laufe der Amtszeit das 25. Lebensjahr vollendet, bleibt bis zum Ende der Amtszeit Mitglied der Jugend- und Auszubildendenvertretung.**

Inhaltsübersicht

I. Vorbemerkung

1 Die Vorschrift regelt den **Zeitpunkt der Wahlen** zur JugAzubiVertr. (Abs. 1), ihre Amtszeit (Abs. 2) sowie den Fortbestand der Mitgliedschaft eines ArbN in der JugAzubiVertr., der während der Amtszeit das 25. Lebensjahr vollendet (Abs. 3).

1a Durch das JAVG ist der Zeitraum für die regelmäßigen Wahlen der JugAzubiVertr. vom Frühjahr (1. Mai bis 30. Juni) auf den Herbst (1. Oktober bis 30. November) des jeweils maßgebenden Wahljahres verschoben worden.

2 Die Vorschrift ist **zwingend** und kann weder durch TV noch durch BV abgedungen werden.

2a Entsprechende Vorschrift des **BPersVG 74:** § 60 Abs. 2.

II. Regelmäßige Wahlen

3 Ebenso wie für die BRWahl (vgl. § 13 Abs. 1) wird für die Wahl der JugAzubiVertr. ein **fester regelmäßiger Wahlzeitraum** vorgeschrieben. Da die regelmäßige Amtszeit der JugAzubiVertr. 2 Jahre beträgt (vgl. Rn 9f.), finden ihre regelmäßigen Wahlen (beginnend im Jahre 1972, vgl. § 125 Abs. 1 a. F.) alle zwei Jahre statt.

3a Das BetrVG 1972 hatte als regelmäßigen **Wahlzeitraum** die Zeit vom 1. Mai bis 30. Juni festgelegt. Das JAVG hat diesen Zeitraum – mit Wirkung vom regelmäßigen Wahljahr 1988 ab – auf die Zeit vom 1. Oktober bis 30. November verlegt. Diese Verlegung erfolgte, weil die Schulentlassungen jetzt allgemein in den Sommer fallen und man den danach neu eingestellten jug. ArbN und Auszubildenden eine möglichst baldige Teilnahme an der Wahl zur JugAzubiVertr. ermöglichen will (vgl. die Begründungen der Entwürfe BT-Drucks. 11/1134 S. 5 u. BT-Drucks. 11/955 S. 11). Durch das Gesetz zur Verlängerung der Amtszeit der JugVertr. in den Betrieben vom 18. 12. 1987 (BGBl I S. 2792) ist die Amtszeit der JugVertr., die nach den bisherigen Regelungen an sich im Frühjahr 1988 geendet hätte, bis spätestens 30. November 1988 verlängert worden. Die regelmäßigen Wahlen der JugAzubiVertr. in dem neuen Wahlzeitraum im Herbst haben erstmals im Jahre 1988 stattgefunden. Die nächsten regelmäßigen Wahlen sind in den Jahren 1990, 1992, 1994 u. s. w., jeweils in der Zeit vom 1. Oktober bis 30. November durchzuführen.

Der **gesetzlich festgelegte Zeitraum** vom 1. Okt. bis 30. Nov. bezieht sich auf den **Wahltag** (*DR,* Rn 3; *GL,* Rn 3). Während dieses Zeitraums hat die Stimmabgabe für die Wahl der JugAzubiVertr. zu erfolgen. Die Bestellung des Wahlvorst. ist schon vorher möglich und vielfach sogar angebracht. Es sollte auf jeden Fall darauf Bedacht genommen werden, daß vor Ablauf des 30. Nov. nicht lediglich die Stimmabgabe, sondern auch die Stimmauszählung durchgeführt und das **endgültige Wahlergebnis** bekanntgemacht ist, da spätestens mit Ablauf des 30. Nov. die Amtszeit der bisherigen JugAzubiVertr. endet. 4

Im übrigen gelten die Bemerkungen zu § 13 Abs. 1 über die regelmäßige BRWahl für die Wahl der JugAzubiVertr. sinngemäß; vgl. im einzelnen § 13 Rn 4ff. 5

III. Wahl außerhalb des regelmäßigen Wahlzeitraums

Unter denselben Voraussetzungen, unter denen der BR außerhalb des regelmäßigen Wahlzeitraums gewählt werden kann (vgl. § 13 Abs. 2), ist auch die Wahl der JugAzubiVertr. **außerhalb** des für sie **maßgebenden Wahlzeitraums** möglich. Eine Ausnahme besteht im Hinblick auf die kürzere Amtszeit der JugAzubiVertr. nur insofern, als eine wesentliche Veränderung der Zahl der im Betrieb beschäftigten jugendlichen oder zu ihrer Berufsausbildung beschäftigten ArbN keine Neuwahl der JugAzubiVertr. auslöst (§ 13 Abs. 1 Nr. 1 ist in § 64 Abs. 1 nicht für entsprechend anwendbar erklärt). 6

Die JugAzubiVertr. ist außerhalb des regelmäßigen Wahlzeitraums neu zu wählen, wenn 7

- die **Gesamtzahl ihrer Mitgl.** auch nach Eintreten sämtlicher ErsMitgl. unter die gesetzlich vorgeschriebene Zahl (vgl. § 62 Abs. 1) **gesunken** ist (Näheres hierzu vgl. § 13 Rn 25ff.),
- die JugAzubiVertr. mit der Mehrheit ihrer Stimmen den **Rücktritt** beschlossen hat (Näheres hierzu vgl. § 13 Rn 28ff.),
- die Wahl mit Erfolg **angefochten** worden ist (Näheres hierzu vgl. § 13 Rn 32 sowie § 63 Rn 7),
- die JugAzubiVertr. durch eine **gerichtliche Entscheidung aufgelöst** ist (Näheres hierzu vgl. § 13 Rn 34 sowie § 65 Rn 3),

– im Betrieb eine **JugAzubiVertr. nicht besteht,** obwohl die Voraussetzungen für ihre Bildung vorliegen (Näheres hierzu vgl. § 13 Rn 35 sowie § 60 Rn 5ff.).

Liegt keiner dieser Gründe vor, ist eine außerhalb des regelmäßigen Wahlzeitraums durchgeführte Wahl zur JugAzubiVertr. **nichtig** (*Weiss,* Rn 1; vgl. auch § 13 Rn 13).

8 Ist eine JugAzubiVertr. außerhalb des regelmäßigen Wahlzeitraums gewählt worden, so wird durch die Bezugnahme des § 13 Abs. 3 die **Wiedereingliederung in den regelmäßigen Wahlzeitraum** sichergestellt. Die Neuwahl der JugAzubiVertr. findet in diesem Falle

– bereits im **nächstfolgenden regelmäßigen Wahlzeitraum** statt, wenn sie am 1. Okt. des nächsten regelmäßigen Wahljahres bereits 1 Jahr oder länger im Amt gewesen ist, d. h. wenn die Amtszeit der JugAzubiVertr. mit dem 1. Okt. des dem regelmäßigen Wahljahr voraufgehenden Jahres oder früher begonnen hat (vgl. § 13 Abs. 3 Satz 1), oder
– erst im **übernächsten regelmäßigen Wahlzeitraum** statt, wenn die JugAzubiVertr. am 1. Okt. des nächstfolgenden regelmäßigen Wahlzeitraums noch nicht 1 Jahr im Amt gewesen ist. d. h. wenn die Amtszeit der JugAzubiVertr. im Laufe des 1. Okt. des Jahres, das dem nächstfolgenden regelmäßigen Wahljahr vorausgeht, oder später begonnen hat.

Näheres über die Wiedereingliederung in den regelmäßigen Wahlzeitraum vgl. § 13 Rn 36ff., die für die Wahl der JugAzubiVertr. sinngemäß gelten.

IV. Amtszeit der Jugend- und Auszubildendenvertretung

9 Die Amtszeit der JugAzubiVertr. beträgt im Regelfall **2 Jahre.** Durch die im Gegensatz zur Amtszeit des BR verkürzte Amtszeit der JugAzubiVertr. von 2 Jahren soll erreicht werden, daß die jug. und zu ihrer Berufsausbildung beschäftigten ArbN. wenigstens einmal vor Vollendung des 18. Lebensjahres bzw. vor Abschluß ihrer Ausbildung Gelegenheit haben, an der Wahl der JugAzubiVertr. teilzunehmen.

10 Für **Beginn** und **Ende der Amtszeit** der JugAzubiVertr. bestehen gegenüber der Amtszeit des BR keine Besonderheiten. Die Ausführungen zu § 21 Rn 4ff. gelten deshalb sinngemäß. Das gleiche gilt für Beginn und Ende der Amtszeit in den Sonderfällen einer außerhalb des regelmäßigen Wahlzeitraums durchgeführten Wahl der JugAzubiVertr. (vgl. hierzu § 21 Rn 18ff.).

11 Obwohl § 22 auf die JugAzubiVertr. nicht für entsprechend anwendbar erklärt ist, bleibt eine **zurückgetretene JugAzubiVertr.** bis zur Bekanntgabe des Wahlergebnisses der neugewählten JugAzubiVertr. im Amt (vgl. hierzu § 21 Rn 26; *DR,* Rn 25; **a. A.** *GL,* Rn 12; *Brecht,* Rn 1; *GK-Kraft,* Rn 13; *HSG,* Rn 7, die ein Bedürfnis für eine analoge Anwendung des § 22 verneinen, da der BR die Interessen der jugendl. ArbN wahrzunehmen habe). Das ergibt sich aus der engen Anlehnung der Vorschriften über die Amtszeit der JugAzubiVertr. an die des BR.

V. Vollendung des 25. Lebensjahres

Die früher umstrittene Frage, ob ein Mitgl. der JugAzubiVertr., das im Laufe der Amtszeit das für die Wählbarkeit festgelegte Höchstlebensalter vollendet, wegen Verlustes der Wählbarkeit aus ihr ausscheiden muß, regelt Abs. 3 im Sinne der **Kontinuität der Mitgliedschaft.** Ein Mitgl. der JugAzubiVertr. verliert seine Mitgliedschaft deshalb nicht dadurch, daß es im Laufe der Amtszeit das 25. Lebensjahr vollendet (durch das JAVG ist die bisherige Altersgrenze von 24 Jahren wegen der geänderten Altersgrenze für die Wählbarkeit auf das 25. Lebensjahr erhöht worden). Abs. 3 ist insoweit eine Sonderregelung gegenüber § 24 Abs. 1 Nr. 4. Unberührt bleibt die Beendigung der Mitgliedschaft in der JugAzubiVertr. aus anderen Gründen (vgl. hierzu § 65 i. Vbg. mit § 24). 12

Die Regelung des Abs. 3 greift nur ein, wenn das Mitgl. der JugAzubiVertr. **im Laufe der Amtszeit** das 25. Lebensjahr vollendet. Hat es vor Beginn der Amtszeit das 25. Lebensjahr vollendet, so war es nicht wählbar. Dies macht die Wahl anfechtbar, kann jedoch gemäß § 65 Abs. 1 i. Vbg. mit § 24 Abs. 1 Nr. 6 auch noch nach Ablauf der Anfechtungsfrist beim ArbG geltend gemacht werden (*DR,* Rn 28; *GL,* Rn 13).

VI. Streitigkeiten

Streitigkeiten über den Zeitpunkt der Wahlen zur JugAzubiVertr., über vorzeitige Neuwahlen sowie über die Amtszeit der JugAzubiVertr. entscheiden die ArbG im Beschlußverfahren (§§ 2a, 80ff. ArbGG). 13

§ 65 Geschäftsführung

(1) **Für die Jugend- und Auszubildendenvertretung gelten § 23 Abs. 1, § 24 Abs. 1, die §§ 25, 26 Abs. 1 Satz 1 und Abs. 3, die §§ 30, 31, 33 Abs. 1 und 2 sowie die §§ 34, 36, 37, 40 und 41 entsprechend.**

(2) **Die Jugend- und Auszubildendenvertretung kann nach Verständigung des Betriebsrats Sitzungen abhalten; § 29 gilt entsprechend. An diesen Sitzungen kann der Betriebsratsvorsitzende oder ein beauftragtes Betriebsratsmitglied teilnehmen.**

Inhaltsübersicht

I. Vorbemerkung

1 Die Vorschrift regelt Fragen der **Organisation** und der **Geschäftsführung** der JugAzubiVertr., indem sie eine Reihe der für den BR geltenden Bestimmungen auf die JugAzubiVertr. für entsprechend anwendbar erklärt und der JugAzubiVertr. ausdrücklich das Recht auf eigene Sitzungen einräumt. Zur Geschäftsführung der GesJugAzubiVertr. vgl. § 73.

1a Entsprechende Vorschriften des BPersVG 74: § 60 Abs. 2 und 3, § 61 Abs. 5, § 62.

II. Entsprechend anwendbare Vorschriften

2 Durch die Vorschrift des Abs. 1 werden eine Reihe der die Organisation und die Geschäftsführung des BR regelnden Bestimmungen für die JugAzubiVertr. für entsprechend anwendbar erklärt. Im einzelnen handelt es sich hierbei um folgende Angelegenheiten:

3 a) Möglichkeit, die **JugAzubiVertr. aufzulösen** oder **einzelne Mitgl. aus ihr auszuschließen** (vgl. § 23 Abs. 1 und dort Rn 5ff.).

Antragsberechtigt sind der ArbGeb., eine im Betrieb vertretene Gewerkschaft, ein Viertel der wahlberechtigten jugendl. und zu ihrer Ausbildung beschäftigten ArbN sowie – hinsichtlich des Ausschlusses eines Mitgl. aus der JugAzubiVertr. – auch die JugAzubiVertr. selbst. Obwohl dies im Gesetz nicht ausdrücklich geregelt ist, ist **auch der BR** antragsberechtigt, und zwar sowohl hinsichtlich der Auflösung der JugAzubiVertr. als auch hinsichtlich des Ausschlusses eines ihrer Mitgl. (*DR,* Rn 2f.; *GL,* Rn 2 und 4; *HSG,* Rn 2; **a.A.** *GKSB,* Rn 1; *GK-Kraft,* Rn 4; *Weiss,* Rn 1). Dies folgt nicht nur aus der Verpflichtung des BR, in Jugend- und Ausbildungsfragen eng mit der JugAzubiVertr. zusammenzuarbeiten (vgl. § 67), sondern auch aus der allgemeinen Überwachungspflicht des BR nach § 80 Abs. 1 Nr. 1.

Das ArbG hat bei einer Auflösung der JugAzubiVertr. nicht von Amts wegen einen **Wahlvorst.** zu bestellen, wie es der nicht für entsprechend anwendbar erklärte § 23 Abs. 2 bei einer Auflösung des BR vorsieht. Die Bestellung des Wahlvorst. obliegt vielmehr zunächst dem BR. Erst wenn dieser keinen Wahlvorst. bestellt, kann das ArbG auf Antrag einer im Betrieb vertretenen Gewerkschaft oder von 3 ArbN des Betriebs (ohne Rücksicht auf ihr Lebensalter) einen Wahlvorst. bestellen (h.M.; vgl. hierzu § 63 Rn 12ff., § 16 Rn 24ff.).

4 b) **Beendigung der Mitgliedschaft** in der JugAzubiVertr. (vgl. § 24 Abs. 1 und dort Rn 7ff.). Der Verlust der Wählbarkeit infolge der Vollendung des 25. Lebensjahres führt allerdings nicht zu einem Erlöschen der Mitgliedschaft in der JugAzubiVertr. (vgl. § 64 Rn 12), wohl jedoch die nachträgliche Mitgliedschaft im BR (vgl. § 61 Rn 10).

c) **Nachrücken von ErsMitgl.** (vgl. § 25 Rn 10ff., 21f.). Beim Nachrücken von ErsMitgl. ist zu unterscheiden, ob die JugAzubiVertr. in **Verhältniswahl oder** in **Mehrheitswahl** gewählt worden ist. Im ersteren Falle rücken grundsätzlich die nicht gewählten Bewerber aus der Liste nach, der das verhinderte oder ausgeschiedene Mitgl. angehört (Näheres vgl. § 25 Rn 22). Im Falle der Mehrheitswahl rückt als ErsMitgl. der nicht gewählte Bewerber mit der nächsthöchsten Stimmenzahl nach (Näheres vgl. § 25 Rn 27). In beiden Fällen kommt es nicht auf die Gruppenzugehörigkeit des ErsMitgl. an, da diese bei der JugAzubiVertr. ohne Bedeutung ist. Besteht die JugAzubiVertr. nur aus einem Mitgl., so rückt bei dessen Verhinderung oder Ausscheiden das in einem getrennten Wahlgang gemäß § 14 Abs. 4 i. Vbg. mit § 25 Abs. 4 der WO gewählte ErsMitgl. nach (vgl. § 63 Rn 4b). Zum Kündigungsschutz von ErsMitgl. vgl. § 25 Rn 6ff., § 103 Rn 3ff. u. 35. 5

d) **Wahl des Vors.** und **stellvertr. Vors. der JugAzubiVertr.** sowie deren Aufgaben (vgl. § 26 Abs. 1 Satz 1 und Abs. 3 und dort Rn 4ff., 25ff.). 6

Die Vorschriften über die Berücksichtigung der Gruppen bei der Wahl des Vors. und stellvertr. Vors. finden für die JugAzubiVertr. keine Anwendung, da der Gruppenzugehörigkeit keine Bedeutung zukommt (vgl. § 63 Rn 3).

Zu den Aufgaben des Vors. der JugAzubiVertr. (im Verhinderungsfall seines Stellvertr.) gehören insbesondere die **Vertretung der JugAzubiVertr.** im Rahmen ihrer Zuständigkeit und der von ihr gefaßten Beschlüsse sowie die Entgegennahme von Erklärungen, die der JugAzubiVertr. gegenüber abzugeben sind. Ferner hat der Vors. die Sitzungen der JugAzubiVertr. einzuberufen, den BRVors. hierüber zu unterrichten und die Sitzungen zu leiten (vgl. auch unten Rn 17ff. sowie § 26 Rn 25ff.). Wegen der Leitung der JugAzubiVerslg. vgl. § 71 Rn 18.

e) **Sitzungen der JugAzubiVertr.** (§ 30; vgl. hierzu auch unten Rn 17). Grundsätzlich finden die Sitzungen der JugAzubiVertr. während der Arbeitszeit statt. Sie sind ebenso wie die des BR nicht öffentlich (vgl. hierzu § 30 Rn 3ff., 12ff.). 7

f) **Teilnahmerecht einer in der JugAzubiVertr. vertretenen Gewerkschaft** an den Sitzungen der JugAzubiVertr. mit beratender Stimme, wenn dies ein Viertel ihrer Mitgl. beantragt (vgl. hierzu im einzelnen § 31 Rn 4ff.). Ein Antragsrecht der Mehrheit der Vertr. einer Gruppe kommt bei der JugAzubiVertr. nicht in Betracht, da die JugAzubiVertr. ohne Rücksicht auf die Gruppenzugehörigkeit gewählt wird. **Umstritten** ist, ob ein Teilnahmerecht der Gewerkschaften nur hinsichtlich der in der JugAzubiVertr. vertretenen Gewerkschaften (so *GK-Kraft,* Rn 21; *HSG,* Rn 8) oder auch hinsichtlich der **im BR vertretenen Gewerkschaften** besteht (so *DR,* Rn 22; *GL,* Rn 10; *Weiss,* Rn 3). Hier ist zu unterscheiden: Soweit die Teilnahme von einem Viertel der Mitgl. der JugAzubiVertr. beantragt wird, beschränkt sich diese auf die in der JugAzubiVertr. vertretenen Gewerk- 8 schaften (*GK-Kraft,* Rn 21). Allerdings kann auch der BR eine Hinzuziehung von Beauftragten der Gewerkschaften, und zwar der in ihm vertretenen Gewerkschaften, beschließen. Das folgt aus der generellen Beratungsfunktion des BR gegenüber der JugAzubiVertr., dem Teilnahmerecht des BRVors. an ihren Sitzungen nach Abs. 2 S. 2 und dem Umstand, daß bei Teilnahme des ArbGeb. auch dieser einen Vertreter des ArbGebVerbandes hinzuziehen kann (zustimmend *HSG,* Rn 8; **a. A.** *GK-Kraft,* Rn 21; vgl. auch Rn 19a).

Selbstverständlich kann auch die **JugAzubiVertr.** die Hinzuziehung eines Gewerkschaftsbeauftragten beschließen. In diesem Fall bestehen keine Bedenken gegen die Einladung von Beauftragten auch solcher Gewerkschaften, die nicht in der JugAzubiVertr., jedoch im BR vertreten sind, sofern die JugAzubiVertr. deren Beiziehung für sachdienlich hält (*Däubler,* Gewerkschaftsrechte, S. 81).

Der Vors. der JugAzubiVertr. hat bei Teilnahme eines Gewerkschaftsbeauftragten der betreffenden Gewerkschaft Zeitpunkt, Ort und Tagesordnung der Sitzung rechtzeitig mitzuteilen.

9 g) **Beschlußfassung** und **Beschlußfähigkeit der JugAzubiVertr.** (§ 33 Abs. 1 und 2). Stimmberechtigt sind nur die Mitgl. der JugAzubiVertr., nicht das an ihren Sitzungen teilnehmende BRMitgl.

Im allgemeinen werden Beschlüsse der JugAzubiVertr. mit der Mehrheit der Stimmen der anwesenden Mitgl. gefaßt. Der **absoluten Mehrheit** der Stimmen der JugAzubiVertr. bedürfen Beschlüsse über

- ihren **Rücktritt** (vgl. § 64 Abs. 1 i. Vbg. mit § 13 Abs. 2 Nr. 3),
- ihre **Geschäftsordnung** (vgl. § 36),
- die **Beauftragung der GesJugAzubiVertr.,** eine Angelegenheit für sie mit dem GesBR zu behandeln (vgl. § 73 Abs. 2 i. Vbg. mit § 50 Abs. 2),
- den **Antrag auf Aussetzung eines Beschlusses des BR** gem. § 35 (vgl. § 66 Rn 2).

Beschlußfähig ist die JugAzubiVertr., wenn mehr als die Hälfte ihrer Mitgl. an der Beschlußfassung teilnimmt.

Näheres über die Beschlußfassung und Beschlußfähigkeit vgl. § 33 Rn 4ff.

10 h) **Sitzungsniederschrift** (§ 34).

Die JugAzubiVertr. ist verpflichtet, über jede Verhandlung eine Niederschrift aufzunehmen, die mindestens den Wortlaut der Beschlüsse und die Stimmenmehrheit, mit der sie gefaßt sind, enthält. Dies ist insbesondere von Bedeutung in Angelegenheiten, die die JugAzubiVertr. gemäß § 67 Abs. 3 Satz 1 vorzuberaten hat oder in denen sie die Aussetzung eines Beschlusses des BR beantragt (vgl. § 66).

Auch hat jedes Mitgl. der JugAzubiVertr. das Recht, in die Unterlagen **Einsicht zu nehmen** (vgl. § 34 Rn 23ff).

11 i) **Geschäftsordnung der JugAzubiVertr.** (§ 36).

Die JugAzubiVertr. kann sich mit der Mehrheit der Stimmen

ihrer Mitgl. eine Geschäftsordnung geben. Zur Geschäftsordnung im einzelnen vgl. § 36 Rn 3ff.

12 k) **Ehrenamtliche Tätigkeit der JugAzubiVertr.** (vgl. § 37 Abs. 1 und dort Rn 4ff.).

Arbeitsbefreiung der Mitgl. der JugAzubiVertr., soweit dies für die Aufgabenerfüllung der JugAzubiVertr. erforderlich ist (vgl. § 37 Abs. 2 und dort Rn 12ff.).

Freizeitausgleich und ggfs. den **Entgeltausgleich** für notwendige Tätigkeit der Mitgl. der JugAzubiVertr. außerhalb ihrer Arbeitszeit (vgl. § 37 Abs. 3 und dort Rn 41ff.). Einer solchen Tätigkeit dürfte das **JugArbSchG** nicht entgegenstehen, da es sich nicht um eine Beschäftigung durch den ArbGeb. i.S. dieses Gesetzes handelt. Im Hinblick auf den Gesundheitszustand der jugendlichen ArbN ist in erster Linie der Freizeitausgleich zu gewähren; wo dies, z.B. aus Gründen der Berufsausbildung, nicht möglich ist, ist die Mehrarbeitsvergütung nach den im Betrieb allgemein üblichen Grundsätzen zu bemessen (**a.A.** wohl *DR,* Rn 34).

Finanzielle und berufliche Gleichstellung der Mitgl. der JugAzubiVertr. mit vergleichbaren ArbN des Betriebs mit betriebsüblicher Entwicklung (vgl. § 37 Abs. 4 und 5 und dort Rn 64ff.).

Zum **Kündigungsschutz** der Mitgl. der JugAzubiVertr. vgl. § 103 Rn 3ff.; zum Weiterbeschäftigungsanspruch nach Abschluß der Berufsausbildung vgl. § 78a.

12a Anspruch auf Arbeitsbefreiung für die Teilnahme an **Schulungs- und Bildungsveranstaltungen** (vgl. § 37 Abs. 6 und 7 und dort Rn 77ff.).

Bei der Beurteilung der **Erforderlichkeit einer Schulung** nach § 37 Abs. 6 ist einerseits zu berücksichtigen, daß die Aufgaben der JugAzubiVertr. im Verhältnis zu denjenigen des BR begrenzter sind und die JugAzubiVertr. infolgedessen von der Thematik her gesehen keiner so umfassenden Schulung wie BRMitgl. bedürfen. Auf der anderen Seite besteht jedoch im Hinblick auf die allgemein geringeren Kenntnisse und Erfahrungen der Mitgl. der JugAzubiVertr. insoweit eine erhöhte Schulungs- und Bildungsbedürftigkeit (zum letzteren **a.A.** *DR,* Rn 37, *GL,* Rn 15, *HSG,* Rn 15, die die erhöhte Schulungsbedürftigkeit über Veranstaltungen nach § 37 Abs. 7 befriedigen wollen; dazu dürfte jedoch die gegenüber den anderen Mitgl. lediglich um eine Woche erhöhte Schulungsdauer kaum ausreichen).

12b Als für die JugAzubiVertr. erforderlich sind Schulungen anzusehen über das **BetrVG** und die **Grundzüge des allgemeinen Arbeitsrechts,** ferner insbesondere Schulungen über spezielle, die jugendliche oder auszubildende ArbN betreffende gesetzliche Regelungen, wie z.B. das **Jugendarbeitsschutzgesetz** und das **Berufsbildungsgesetz** (*GKSB,* Rn 15). Der abweichenden Ansicht des BAG (Beschlüsse vom 10. 5. 74 u. 6. 5. 75, AP Nr. 4 u. 5 zu § 65 BetrVG 1972), das eine Schulung von JugAzubiVertr. über die letzteren Gesetze als nicht erforderlich ansieht und dies u.a. mit der nur zweijährigen Amtszeit der JugAzubiVertr. und damit begründet, daß ihre

Mitgl. im Hinblick darauf, daß Träger der MBR allein der BR sei (vgl. hierzu § 60 Rn 1c, 10), nicht die gleichen umfangreichen und eingehenden Kenntnisse des BetrVG und anderer zugunsten der jugendlichen ArbN bestehenden Vorschriften haben müsse wie die BRMitgl., kann **nicht zugestimmt** werden (ebenso *Teichmüller,* DB 75, 446; *Däubler,* Schulung S. 90f.; *Weiß,* Rn 6; vgl. auch BAG 10. 6. 75, AP Nr. 6 zu § 65 BetrVG 1972 zum Thema „Gesundheitsschutz im Betrieb"; **a. A.** *DR,* Rn 38; *HSG,* Rn 15).

Wieso die Erforderlichkeit der Schulung von der Dauer der Amtszeit abhängt, ist nicht einzusehen. Bei dem weiteren Argument des BAG wird – abgesehen davon, daß die vorgeschriebene entsprechende Anwendung des § 37 Abs. 6 keine inhaltliche Einschränkung dieser Vorschrift gestattet – darüber hinaus verkannt, daß die Mitgl. der JugAzubiVertr. gerade in spezifischen Jugend- und Ausbildungsfragen im BR vielfach sogar Stimmrecht haben (vgl. hierzu § 67 Rn 16ff.) und insofern zu Mitträgern der Beteiligungsrechte des BR werden. Wenn das BAG ferner darauf hinweist, daß das Beteiligungsrecht des BR bei der Berufsbildung nur im Rahmen der gesetzlichen Vorschriften besteht, so erfordert dies jedenfalls bei neu in das Berufsleben eingetretenen jungen Menschen gerade, ihnen Umfang und etwaige Grenzen der Beteiligungsrechte der ArbNVertr. näher darzulegen.

12c Zur **Dauer der Schulung** und Erforderlichkeit der **Schulung von ErsMitgl.** vgl. § 37 Rn 97ff., 101, die sinngemäß gelten. Die Teilnahme des nicht endgültig nachgerückten ErsMitgl. einer mehrköpfigen JugAzubiVertr. an einer Schulungsveranstaltung ist im Regelfall für ihre Arbeit nicht erforderlich (BAG 10. 5. 1974, AP Nr. 2 zu § 65 BetrVG 1972; vgl. jedoch auch BAG 15. 5. 86, DB 86, 2189).

12d Die **Festlegung der zeitlichen Lage** der Teilnahme an Schulungsveranstaltungen erfolgt nicht durch die JugAzubiVertr. sondern **durch den BR.** Dies ergibt sich zwar nicht unmittelbar aus § 65, jedoch aus der Überlegung, daß die JugAzubiVertr., keine selbständigen Mitwirkungs- und Mitbestimmungsrechte hat, sondern nur durch und über den BR tätig werden kann (ebenso BAG 20. 11. 73 und 10. 5. 74, AP Nr. 1 und 3 zu § 65 BetrVG 1972; BAG 10. 6. 75, AP Nr. 1 zu § 73 BetrVG 1972; *DR,* Rn 40; *GL,* Rn 16; *GKSB,* Rn 10; *HSG,* Rn 17; *Weiss,* Rn 5; kritisch *Teichmüller,* DB 75, 446; **a. A.** *Däubler,* a. a. O. S. 88f.). Bei seiner Entscheidung hat der BR gemäß § 67 Abs. 2 **die JugAzubiVertr. mit vollem Stimmrecht** zu beteiligen. Gleiches gilt bei Schulungs- und Bildungsveranstaltungen nach § 37 Abs. 6 für die Frage, welche Mitgl. der JugAzubiVertr. an der Veranstaltung teilnehmen. Vorstehendes gilt auch, wenn ein Mitgl. der GesJugAzubiVertr. an einer Schulung teilnehmen soll; in diesem Falle entscheidet nicht etwa die GesJugAzubiVertr., sondern der BR unter Hinzuziehung der JugAzubiVertr. des Betriebes, dem der zu schulende JugAzubiVertr. angehört (vgl. BAG 10. 6. 75, AP Nr. 1 zu § 73 BetrVG 1972).

12e Obwohl die regelmäßige Amtszeit der JugAzubiVertr. gegenüber derjenigen des BR zwei Jahre kürzer ist, haben ihre Mitgl. gleichwohl den **vollen Freistellungsanspruch von 3 bzw. 4 Wochen nach § 37 Abs. 7** für die Teilnahme an den dort genannten Schulungs- und Bildungsveranstaltungen (*DR,* Rn 42; *GL,* Rn 15; *GK-Kraft,* Rn 14; *GKSB,* Rn 11). Gerade bei den Mitgl. der JugAzubiVertr. wird vielfach ein vierwöchiger Anspruch auf Bildungsurlaub in Betracht kommen, da sie vorher in der Regel nicht Mitgl. einer anderen ArbNVertr. i. S. des BetrVG waren.

l) **Kosten** und **Sachaufwand der JugAzubiVertr.** (vgl. § 40 und dort Rn 4ff.). Hierzu zählen auch Aufwendungen, die einem ihrer Mitgl. durch die Hinzuziehung eines Rechtsanwalts in einem vom BR eingeleiteten Ausschlußverfahren entstanden sind (vgl. LAG Berlin, DB 79, 2043; BAG, ArbuR 82, 258). **13**

m) Verbot, von den jugendl. oder auszubildenden ArbN Leistungen oder **Beiträge** für die Arbeit der JugAzubiVertr. zu erheben (vgl. § 41). **14**

Weitere für die **Geschäftsführung der JugAzubiVertr.** und die Rechtsstellung ihrer Mitgl. wesentliche Regelungen enthalten außer den in diesem Abschnitt genannten Vorschriften (vgl. hierzu insbesondere §§ 66 bis 70) **15**

- § 29 Abs. 2 Satz 4 über die **Ladung der JugAzubiVertr.** zu den BRSitzungen, soweit sie ein Recht auf Teilnahme an diesen Sitzungen haben (vgl. § 67),
- § 35 über die **Aussetzung von Beschlüssen des BR** auf Antrag der JugAzubiVertr. (vgl. § 65 Abs. 2),
- § 39 Abs. 2 über das Teilnahmerecht eines Mitgl. der JugAzubiVertr. an den **Sprechstunden des BR,** sofern sie keine eigenen Sprechstunden durchführt (vgl. § 69),
- § 78 über das allgemeine **Begünstigungs- bzw. Benachteiligungsverbot** von Mitgl. der JugAzubiVertr.,
- § 78a über die **Übernahme** von JugAzubiVertr., deren Ausbildungsverhältnis endet, in ein unbefristetes **Arbeitsverhältnis,**
- § 79 Abs. 2 über die **Geheimhaltungspflicht** der Mitgl. der JugAzubiVertr.,
- § 80 Abs. 1 Nr. 3 und 5 über die Verpflichtung des BR, Anregungen der JugAzubiVertr. entgegenzunehmen sowie mit ihr **eng zusammenzuarbeiten** und ggf. von ihr Stellungnahmen und Vorschläge anzufordern,
- § 103 und § 15 KSchG über den **Kündigungsschutz** von Mitgl. der JugAzubiVertr., von Wahlbewerbern und WahlvorstMitgl. (vgl. hierzu § 103 Rn. 3ff.).

Keine Anwendung auf die JugAzubiVertr. finden die Vorschriften über folgende Angelegenheiten: **16**

a) Bildung eines **BetrAusschusses** oder weiterer Ausschüsse des BR (§§ 27 und 28). **16a**

Die JugAzubiVertr. kann, auch soweit sie neun oder mehr Mitgl. hat, keine Ausschüsse mit selbständigen Entscheidungsbefugnissen bilden. Die Schaffung vorbereitender Kommissionen ist damit jedoch nicht ausgeschlossen (*GL,* Rn 8). Die JugAzubiVertr. kann die Führung der laufenden Geschäfte mangels Bezugnahme auf § 27 Abs. 4

nicht generell auf ihren Vors. oder ein anderes Mitgl. übertragen *DR,* Rn 9; *GL,* Rn 7f.; *GK-Kraft,* Rn 10). Im übrigen gelten allerdings für die Stellung des Vors. der JugAzubiVertr. und seines Stellvertr. die Ausführungen zu § 26 Rn 25ff. entsprechend.

Zur Frage der **Teilnahme** von Mitgl. der JugAzubiVertr. an Sitzungen von Ausschüssen des BR vgl. § 27 Rn 33f. und § 67 Rn 14.

16b b) Teilnahmerecht der Schwerbehindertenvertretung sowie des Vertrauensmanns der Zivildienstleistenden an den Sitzungen (vgl. § 32 BetrVG, § 37 Abs. 5 ZDG).

16c c) Aussetzung von Beschlüssen (§ 35), soweit es sich um die eigenen Beschlüsse der JugAzubiVertr. handelt (vgl. § 66 Rn 1).

16d d) **Freistellung von Mitgl. der JugAzubiVertr.** gem. § 38 (*Frauenkron* Rn 17; *GL,* Rn 17). Der Ausschluß des § 38 dürfte damit zu erklären sein, daß sich die Mitgl. der JugAzubiVertr. vielfach noch in der Berufsausbildung befinden werden und diese nicht gefährdet werden soll. Ihre Mitgl. sind jedoch im Rahmen des **§ 37 Abs. 2** von ihrer **beruflichen Tätigkeit zu befreien,** soweit dies nach Umfang und Art des Betriebs zur ordnungsgemäßen Durchführung ihrer Aufgaben erforderlich ist. Dies kann in Großbetrieben mit vielen jugendlichen oder auszubildenden ArbN faktisch zu einer völligen Freistellung führen (vgl. hierzu auch § 51 Rn 50). Ferner ist es als zulässig anzusehen, daß unter den Voraussetzungen des § 37 Abs. 2 insbesondere durch Vereinbarungen zwischen ArbGeb. und BR Mitgl. der JugAzubiVertr. ständig von der Arbeit freigestellt werden (**a. A.** *GK-Kraft,* Rn 13). Die Freistellung darf aber nicht zu einer Beeinträchtigung der Berufsausbildung führen, weswegen in der Berufsausbildung stehende JugAzubiVertr. nicht freigestellt werden dürfen (*DR,* Rn 35).

III. Eigene Sitzungen

17 Die JugAzubiVertr. hat das Recht, nach Verständigung des BR **eigene Sitzungen** durchzuführen. Sie bedarf zur Durchführung eigener Sitzungen **keines Einverständnisses des BR.** Sie hat den BR lediglich vorher zu verständigen. Die Verständigung des BR ist keine Wirksamkeitsvoraussetzung für die Rechtmäßigkeit der Sitzungen der JugAzubiVertr., sondern lediglich eine Ordnungsvorschrift, die dem Zwecke dient, dem BR als dem maßgebenden betriebsverfassungsrechtlichen Organ Kenntnis von den Sitzungen der JugAzubiVertr. und die Möglichkeit zur Teilnahme eines BRMitgl. an diesen Sitzungen gemäß Abs. 2 Satz 2 zu geben (*DR,* Rn 11; *GL,* Rn 9; *GK-Kraft,* Rn 16; *HSG,* Rn 19). Allerdings kann – insbesondere im Wiederholungsfall – die Nichtverständigung des BR eine grobe Pflichtverletzung i. S. von § 23 Abs. 1 darstellen. Erforderlich für die Durchführung eigener Sitzungen der JugAzubiVertr. ist, daß diese der Erfüllung ihrer Aufgaben dienen.

18 Die Durchführung eigener Sitzungen der JugAzubiVertr. bedarf grundsätzlich einer entsprechenden **Einladung durch ihren Vors.** Bei der Festlegung der Sitzungstermine hat dieser auf die betrieblichen Notwendigkeiten Rücksicht zu nehmen (vgl. § 30 Rn 7). Jedoch kann auch die JugAzubiVertr. selbst den Zeitpunkt ihrer Sitzungen festlegen. In diesem Falle muß sie selbst bei der Festlegung der zeitlichen Lage der Sitzungen die betrieblichen Notwendigkeiten berücksichtigen. Außer dem BR ist auch der ArbGeb. vom Zeitpunkt der Sitzungen der JugAzubiVertr. vorher zu verständigen (vgl. § 30 Rn 10f.).

Für die **Einladung** zu den Sitzungen der JugAzubiVertr. gilt § 29 entsprechend. Die konstituierende Sitzung der JugAzubiVertr. hat der Wahlvorst. einzuberufen. Sie wird bis zur Wahl eines Wahlleiters aus der Mitte der JugAzubiVertr. von dem Vors. des Wahlvorst. geleitet (§ 29 Abs. 1). Die weiteren Sitzungen ruft der Vors. der JugAzubiVertr. ein. Er setzt auch die **Tagesordnung** fest. Die Mitgl. der JugAzubiVertr. sind zu den Sitzungen rechtzeitig und unter Mitteilung der Tagesordnung zu laden. Mitgl. der JugAzubiVertr., die an der Sitzung nicht teilnehmen können, haben dies dem Vors. unverzüglich mitzuteilen. Der Vors. hat die in Betracht kommenden ErsMitgl. zu laden (vgl. § 29 Abs. 2). Sollen **Gewerkschaftsbeauftragte** hinzugezogen werden (vgl. hierzu Rn 8), sind der Gewerkschaft Zeitpunkt, Ort und Tagesordnung der Sitzung rechtzeitig mitzuteilen (vgl. § 31). Die Schwerbehindertenvertretung sowie der Vertrauensmann der Zivildienstleistenden sind nicht zu laden, da sie kein Recht auf Teilnahme an den Sitzungen der JugAzubiVertr. haben (*GL,* Rn 10; *HSG,* Rn 20). 19

Sowohl der ArbGeb. (insoweit **a. A.** *Frauenkron,* Rn 7) als auch ein Viertel der JugAzubiVertr. kann die **Einberufung** einer Sitzung der JugAzubiVertr. **beantragen** (*DR,* Rn 14; *HSG,* Rn 22). Der Vors. der JugAzubiVertr. ist verpflichtet, dem Antrag stattzugeben und den beantragten Gegenstand auf die Tagesordnung zu setzen. Der BR hat kein die JugAzubiVertr. bindendes Recht, eine Sitzung der JugAzubiVertr. zu beantragen (*HSG,* Rn 22; *GK-Kraft,* Rn 17; **a. A.** *DR,* Rn 14, *Frauenkron,* Rn 7, und *GL,* Rn 10, die dies aus § 67 Abs. 3 Satz 2 herleiten). Ein solches Recht erscheint auch nicht erforderlich, da der BR die zu behandelnde JugAngelegenheit auf die Tagesordnung setzen kann und hierzu die JugAzubiVertr. hinzuziehen muß. Der ArbGeb. hat im Rahmen des § 29 Abs. 4 das Recht, an den Sitzungen der JugAzubiVertr., die auf seinen Antrag stattfinden oder zu denen er eingeladen ist, teilzunehmen und ggfs. einen Vertr. der ArbGebVereinigung, der er angehört, hinzuzuziehen. 19a

Der BRVors. oder ein anderes hiermit beauftragtes BRMitgl. haben das Recht, an **allen Sitzungen der JugAzubiVertr.** teilzunehmen (Abs. 2 Satz 2; zum Recht des BR, hierbei einen Beauftragten der in ihm vertretenen Gewerkschaften hinzuzuziehen, vgl. oben Rn 8). Dieses Recht dient sowohl dem Zweck, die JugAzubiVertr. in allen Fragen sachkundig zu beraten, als auch dazu, dem BR Kenntnis über die Belange und Probleme der JugAzubiVertr. zu verschaffen. Eine Verpflichtung des BRVors. oder des beauftragten BRMitgl. zur Teilnahme an den Sitzungen der JugAzubiVertr. besteht nicht. Jedoch kann ein ständiges oder wiederholtes Fernbleiben von den Sitzungen der JugAzubiVertr. u. U. eine Vernachlässigung der vom Gesetz vorgesehenen Zusammenarbeit 20 darstellen. Der BRVors. bzw. das beauftragte BRMitgl. haben **kein Stimmrecht** in der JugAzubiVertr. (*GK-Kraft,* Rn 20).

21 Der BRVors. bzw. das beauftragte BRMitgl. sind vom Vors. der JugAzubiVertr. zu allen Sitzungen **unter Mitteilung der Tagesordnung zu laden.** § 29 Abs. 2 Satz 3 gilt sinngemäß. Die Verletzung dieser Verpflichtung kann, insbesondere im Wiederholungsfall, eine grobe Verletzung gesetzlicher Pflichten i. S. des § 23 Abs. 1 darstellen und ggf. zur Auflösung der JugAzubiVertr. bzw. zum Ausschluß des Vors. aus der JugAzubiVertr. führen.

IV. Streitigkeiten

22 Streitigkeiten über die Organisation und Geschäftsführung der JugAzubiVertr. – auch im Verhältnis zum BR – sind von den ArbG im Beschlußverfahren zu entscheiden (§§ 2a, 80ff. ArbGG). Da über die Teilnahme von JugAzubiVertr. an Schulungs- und Bildungsveranstaltungen nach § 37 Abs. 6 und 7 der BR zu beschließen hat (vgl. oben Rn 12d), ist bei Streitigkeiten mit dem ArbGeb. über die Teilnahme neben der beteiligten JugAzubiVertr. auch der BR antrags- und beteiligungsbefugt (vgl. BAG 6. 5. 75, AP Nr. 5 zu § 65 BetrVG 1972). Ein minderjähriger JugAzubiVertr. braucht für eine Beteiligung an arbeitsgerichtlichen Streitverfahren nicht die Zustimmung des gesetzlichen Vertreters (ArbG Bielefeld, DB 73, 1754). Lohnansprüche von JugAzubiVertr. und Ansprüche auf Freizeitausgleich gemäß § 37 Abs. 3 sind im **Urteilsverfahren** geltend zu machen (§ 2 Abs. 1 Nr. 3 ArbGG).

§ 66 Aussetzung von Beschlüssen des Betriebsrats

(1) **Erachtet die Mehrheit der Jugend- und Auszubildendenvertreter einen Beschluß des Betriebsrats als eine erhebliche Beeinträchtigung wichtiger Interessen der in § 60 Abs. 1 genannten Arbeitnehmer, so ist auf ihren Antrag der Beschluß auf die Dauer von einer Woche auszusetzen, damit in dieser Frist eine Verständigung, gegebenenfalls mit Hilfe der im Betrieb vertretenen Gewerkschaften, versucht werden kann.**

(2) **Wird der erste Beschluß bestätigt, so kann der Antrag auf Aussetzung nicht wiederholt werden; dies gilt auch, wenn der erste Beschluß nur unerheblich geändert wird.**

Inhaltsübersicht

I. Vorbemerkung

Die Vorschrift wiederholt im Interesse einer übersichtlichen Zusammenfassung der wesentlichen für die JugAzubiVertr. maßgebenden Bestimmungen im dritten Teil des Gesetzes inhaltlich § 35, soweit in ihm die JugAzubiVertr. angesprochen ist. Die Vorschrift regelt nur die Aussetzung von Beschlüssen des BR. Eine Möglichkeit, eigene Beschlüsse der JugAzubiVertr. auszusetzen, besteht nicht, da sich die JugAzubiVertr. nicht nach Gruppen zusammensetzt (*GL,* Rn 1). Wohl kann die JugAzubiVertr. als solche einen gefaßten Beschluß aufheben, sofern er noch nicht nach außen (insbesondere gegenüber dem BR) wirksam geworden ist (*GKSB,* Rn 2). Die Vorschrift gilt für die GesJugAzubiVertr. entsprechend (vgl. § 73 Abs. 2). 1

Entsprechende Vorschrift des **BPersVG 74:** § 61 Abs. 2 i. Vbg. mit § 39. 1a

II. Aussetzungsantrag

Wegen der Voraussetzungen und Wirkungen des Aussetzungsantrags und seiner Behandlung durch den BR vgl. im einzelnen § 35 Rn 3ff. 2

Der Aussetzungsantrag bedarf eines **Beschlusses der JugAzubiVertr. als Organ,** d.h. einer ordnungsmäßigen Beschlußfassung in einer Sitzung der JugAzubiVertr. Dies ergibt sich aus der Grundnorm des § 35 (*GK-Kraft,* Rn 3; *GKSB,* Rn 3; *Weiss,* Rn 1; **a.A.** *DR,* Rn 3; *GL,* Rn 3; *HSG,* Rn 2). Die Vorschrift des § 66 legt fest, daß dieser Beschluß mit **absoluter Mehrheit der Stimmen der JugAzubiVertr.** gefaßt werden muß (*GK-Kraft,* Rn 3).

Der Antrag der JugAzubiVertr. setzt nicht voraus, daß objektiv eine erhebliche Beeinträchtigung wichtiger Interessen der jugendl. oder der zu ihrer Berufsausbildung beschäftigten ArbN vorliegt. Ausreichend ist, daß dies nach Ansicht der Mehrheit der JugAzubiVertr. der Fall ist (*GL,* Rn 4; *GK-Kraft,* Rn 4). In aller Regel wird allerdings ein Aussetzungsantrag nur in den Fällen in Betracht kommen, in denen die JugAzubiVertr. gemäß § 67 Abs. 1 Satz 2 und Abs. 2 in ihrer Gesamtheit ein **Teilnahmerecht** an den Sitzungen des BR oder **Stimmrecht** bei den Beschlüssen des BR hat (*DR,* Rn 4; *GL,* Rn 4; *HSG,* Rn 3; *Weiss,* Rn 2). Das Recht, die Aussetzung eines BRBeschlusses zu verlangen, besteht nicht, wenn sich die JugAzubiVertr. bei der Beschlußfassung im BR mehrheitlich für den Beschluß ausgesprochen haben (*GK-Kraft,* Rn 5; *DR,* Rn 5; *GL,* Rn 5; *HSG,* Rn 4). 3

Der Aussetzungsantrag kann auch gestellt werden, wenn die Mitgl. der JugAzubiVertr. entgegen der Regelung des § 67 Abs. 1 Satz 2 und Abs. 2 vom BR **nicht** zur Behandlung der die jugendl. oder zu ihrer 4

Berufsausbildung beschäftigten ArbN „besonders“ oder „überwiegend“ betreffenden **Angelegenheiten hinzugezogen** worden sind. In diesem Falle dürfte der Aussetzungsantrag stets berechtigt sein. Dies dürfte selbst dann gelten, wenn nach dem Abstimmungsergebnis die Stimmen der Mitgl. der JugAzubiVertr. keine anderweitige Entscheidung hätten herbeiführen können (*DR,* Rn 5; *GKSB,* Rn 6).

5 Damit für den BR ersichtlich ist, worin die JugAzubiVertr. die Beeinträchtigung wichtiger Interessen der jugendlichen oder auszubildenden ArbN erblickt, ist sie verpflichtet, den **Antrag zu begründen** (*DR,* Rn 4; *GL,* Rn 3; *Weiss,* Rn 2). Zur Frist für den Aussetzungsantrag vgl. § 35 Rn 15.

III. Erneute Beschlußfassung

6 Ist der Aussetzungsantrag rechtzeitig und ordnungsgemäß gestellt, ist der **Beschluß auszusetzen.** Nach Ablauf der Verständigungsfrist (vgl. hierzu § 35 Rn 19) ist über die Angelegenheiten **erneut zu beschließen.** Bei Bestätigung des ersten Beschlusses kann nicht ein erneuter Aussetzungsantrag gestellt werden; das gilt auch bei einer nur unerheblichen Änderung des ursprünglichen Beschlusses (vgl. hierzu im einzelnen § 35 Rn 22ff.). Wegen der Rechtswirkung des Aussetzungsantrages, insbesondere soweit er Beschlüsse betrifft, die innerhalb einer Ausschlußfrist gefaßt werden müssen, vgl. § 35 Rn 27ff.

IV. Streitigkeiten

7 Streitigkeiten über die Voraussetzungen sowie die Wirkungen des Aussetzungsantrags entscheiden die ArbG im Beschlußverfahren (§§ 2a, 80ff. ArbGG).

§ 67 Teilnahme an Betriebsratssitzungen

(1) **Die Jugend- und Auszubildendenvertretung kann zu allen Betriebsratssitzungen einen Vertreter entsenden. Werden Angelegenheiten behandelt, die besonders die in § 60 Abs. 1 genannten Arbeitnehmer betreffen, so hat zu diesen Tagesordnungspunkten die gesamte Jugend- und Auszubildendenvertretung ein Teilnahmerecht.**

(2) **Die Jugend- und Auszubildendenvertreter haben Stimmrecht, soweit die zu fassenden Beschlüsse des Betriebsrats überwiegend die in § 60 Abs. 1 genannten Arbeitnehmer betreffen.**

(3) **Die Jugend- und Auszubildendenvertretung kann beim Betriebsrat beantragen, Angelegenheiten, die besonders die in § 60 Abs. 1 genannten Arbeitnehmer betreffen und über die sie beraten hat, auf die nächste Tagesordnung zu setzen. Der Betriebsrat soll Angelegenheiten, die besonders die in § 60 Abs. 1 genannten Arbeit-**

nehmer betreffen, der Jugend- und Auszubildendenvertretung zur Beratung zuleiten.

Inhaltsübersicht

I. Vorbemerkung

1 Auch soweit jugendl. oder zu ihrer Berufsausbildung beschäftigte ArbN betroffen sind, obliegt die Wahrnehmung ihrer Interessen gegenüber dem ArbGeb. dem BR (vgl. § 60 Rn 1c, 10). Die Vorschrift des § 67 stellt durch verschiedenartige und unterschiedlich starke Befugnisse sicher, daß die JugAzubiVertr. in angemessenem Rahmen an den Entscheidungen des BR beteiligt wird. Sie sieht ein der **Intensität nach gestaffeltes Teilnahmerecht** der JugAzubiVertr. an den BRSitzungen (Abs. 1 und 2) sowie ein besonderes **Antrags-** und **Informationsrecht** in Jugend- und Ausbildungsangelegenheiten (Abs. 3) vor. Für die GesJugAzubiVertr. gilt § 67 entsprechend (vgl. § 73 Abs. 2).

2 Die Vorschrift ist **zwingend** und kann weder durch TV noch durch BV abgedungen werden.

2a Entsprechende Vorschrift des **BPersVG 74:** § 40.

II. Teilnahmerecht an den Betriebsratssitzungen

3 Die JugAzubiVertr. ist nicht zur Ausübung von Mitwirkungs- und Mitbestimmungsrechten befugt. Dieses Recht steht vielmehr allein dem BR zu (vgl. § 60 Rn 1c, 10). Die JugAzubiVertr. nehmen jedoch – je nachdem wie stark die Interessen der jugendlichen und zu ihrer Berufsausbildung beschäftigten ArbN durch die Entscheidung des BR berührt werden – in Form **abgestufter Beteiligungsrechte an den Entscheidungen des BR** teil. Die JugAzubiVertr. sind keine Mitgl. des BR. Sie treten lediglich im Rahmen der Regelungen dieser Vorschrift zu den Sitzungen des BR hinzu, teils lediglich durch ein Mitgl., teils durch alle Mitgl., teils lediglich mit beratender Stimme, teils mit vollem Stimmrecht.

1. Teilnahmerecht eines Mitglieds

4 Die JugAzubiVertr. hat das Recht, zu **allen Sitzungen des BR einen Vertr.** zu entsenden **(allgemeines Teilnahmerecht).** Eine Verpflichtung zur Teilnahme besteht nicht (*DR,* Rn 4; *GL,* Rn 3). Eine Ausnahme von dem Grundsatz, daß keine Sitzung des BR unter Ausschluß der JugAzubiVertr. abgehalten werden darf, ist jedoch für den Fall anzuerkennen, daß

aus besonderem Anlaß das Verhältnis zwischen BR und JugAzubiVertr. oder ein bestimmtes Verhalten der JugAzubiVertr. erörtert werden soll. In diesem Falle hat der BR das Recht, zumindest in Form einer Vorberatung, die betreffende Angelegenheit ohne Teilnahme eines Mitgl. der JugAzubiVertr. zu behandeln (*DR,* Rn 3; *GL,* Rn 3; *HSG,* Rn 5; *Hromadka,* DB 71, 1966; **a. A.** *GK-Kraft,* Rn 4). Die JugAzubiVertr. ist jedoch sowohl über die Tatsache einer gesonderten Behandlung der Angelegenheit im BR als auch über deren Ergebnis zu unterrichten. Das gebietet der Grundsatz der vertrauensvollen Zusammenarbeit, der in besonderem Maße im Verhältnis zwischen BR und JugAzubiVertr. gilt.

5 Das **allgemeine Teilnahmerecht** besteht nur hinsichtlich der **Plenarsitzungen des BR.** Ein Recht auf Teilnahme auch an den Sitzungen des BetrAusschusses (vgl. § 27) oder weiterer Ausschüsse des BR (vgl. § 28) besteht nicht. Dies gilt selbst dann, wenn dem BetrAusschuß oder den weiteren Ausschüssen bestimmte Angelegenheiten zur selbständigen Erledigung übertragen worden sind und sie insoweit an die Stelle des BR treten (*GL,* Rn 3; *HSG,* Rn 5; *GKSB,* Rn 5, anders aber Rn 10; **a. A.** *GK-Kraft,* Rn 12; *Weiss,* Rn 2; jetzt auch *DR,* Rn 8).

Zum Teilnahmerecht von Mitgl. der JugAzubiVertr., soweit dem BetrAusschuß oder weiteren Ausschüssen des BR Angelegenheiten zur selbständigen Erledigung übertragen sind, die „besonders" oder „überwiegend" jugendl. ArbN betreffen, vgl. § 27 Rn 34 sowie unten Rn 14, 19.

6 Die JugAzubiVertr. hat das Recht auf Entsendung eines Vertr. Der Vertr. muß **Mitgl. der JugAzubiVertr.** sein. Die Entsendung einer anderen Person ist nicht zulässig. Auch ein ErsMitgl. kann nur entsandt werden, wenn es in die JugAzubiVertr. nachgerückt ist (*GK-Kraft,* Rn 4).

7 Die Bestimmung, welches ihrer Mitgl. an den BRSitzungen teilnimmt, trifft allein **die JugAzubiVertr.,** und zwar durch Beschluß (*DR,* Rn 5; *GL,* Rn 3). Für den Beschluß ist die einfache Stimmenmehrheit ausreichend. Der BR hat kein Recht, einem von der JugAzubiVertr. entsandten Mitgl. die Teilnahme zu verwehren oder sich ein Mitgl. der JugAzubiVertr. „auszusuchen". Die Bestimmung, welches Mitgl. der JugAzubiVertr. an den Sitzungen des BR teilnimmt, kann generell im voraus getroffen werden, etwa in der Form, daß stets ihr Vors. an den Sitzungen des BR teilnimmt. Sie kann aber auch von Fall zu Fall getroffen werden, was vielleicht in den Fällen zweckmäßig erscheint, in denen sich einzelne Mitgl. der JugAzubiVertr. auf bestimmte Sachgebiete spezialisiert haben und diese gerade schwergewichtig auf der BRSitzung behandelt werden (*DR,* Rn 5; *GK-Kraft,* Rn 5; *HSG,* Rn 4).

Wegen der Einladung des Mitgl. der JugAzubiVertr. zu den BRSitzungen durch den BRVors. vgl. § 29 Rn 31 ff.

8 Das Recht der Teilnahme des Mitgl. der JugAzubiVertr. nach Abs. 1 Satz 1 beschränkt sich auf eine **beratende Teilnahme.** Das entsandte Mitgl. hat kein Stimmrecht im BR. Wohl ist es berechtigt, zu allen Tagungsordnungspunkten der BRSitzung das Wort zu ergreifen und Stellung zu nehmen (*DR,* Rn 7; *GK-Kraft,* Rn 6). Der BRVors. darf ihm das Wort nur unter denselben Voraussetzungen wie einem BRMitgl. entziehen (vgl. hierzu § 29 Rn 39ff.).

Das Mitgl. der JugAzubiVertr. hat über **Betriebs- und Geschäftsgeheimnisse,** die ihm durch die Teilnahme an der BRSitzung bekannt werden, Stillschweigen zu bewahren (vgl. § 79 Rn 2ff.). 9

2. Teilnahmerecht der gesamten Vertretung

Die **gesamte JugAzubiVertr.** ist berechtigt, an den Sitzungen des BR teilzunehmen, wenn Angelegenheiten behandelt werden, die **besonders** jugendl. ArbN oder zu ihrer Berufsausbildung Beschäftigte unter 25 Jahren betreffen **(besonderes Teilnahmerecht).** 10

Der Begriff **„besonders"** ist im Gegensatz zu dem in Abs. 2 verwandten Begriff „überwiegend" **qualitativ** zu verstehen (*DR,* Rn 10; *GL,* Rn 4; *HSG,* Rn 9; *Küchenhoff,* Rn 4; *Brecht,* Rn 1; *Schaub,* § 227 III 2; *Brill,* DB 75, 1643; **a. A.** *GK-Kraft,* Rn 8, und *Weiss,* Rn 3, die den Begriff sowohl qualitativ als auch quantitativ verstehen). Es muß sich um Angelegenheiten handeln, die für jugendl. oder auszubildende ArbN des Betriebs **in dieser ihrer Eigenschaft von spezieller Bedeutung** sind. Dies kann der Fall sein, weil der Beratungsgegenstand Vorschriften oder Maßnahmen auf Grund von Vorschriften betrifft, die gerade den **Schutz der jugendlichen oder auszubildenden ArbN** bezwecken (etwa das JArbSchG, Vorschriften über die Berufsausbildung, das Berufsbildungsgesetz, Bestimmungen über die Wahl und Tätigkeit der JugAzubiVertr. im Rahmen ihrer Aufgaben – vgl. hierzu z.B. § 70, § 80 Abs. 1 Nr. 3 und 5). Dies kann aber auch deswegen der Fall sein, weil die Angelegenheit im Hinblick auf ihre altersspezifische Bedeutung für die jugendlichen oder auszubildenden ArbN von besonderem Interesse ist (z. B. die Berücksichtigung der Berufsschulferien bei der Festlegung des Urlaubsplans oder die Errichtung einer Jugendsportabteilung im Betrieb). Nicht erforderlich ist, daß die Angelegenheit ausschließlich oder doch überwiegend jugendl. oder auszubildende ArbN betrifft. Auch die Behandlung von Angelegenheiten, die ebenfalls für die erwachsenen ArbN von Bedeutung sind, rechtfertigen eine Teilnahme der JugAzubiVertr., sofern die Angelegenheiten in ihrem Schwerpunkt ArbN im Sinne des § 60 Abs. 1 in dieser ihrer Eigenschaft betrifft (*GL,* Rn 4; *GKSB,* Rn 6). Wenn auch hier in erster Linie an **Maßnahmen kollektiven Charakters** zu denken ist, kann jedoch auch eine (personelle) Einzelmaßnahme gegenüber einem jugendlichen oder auszubildenden ArbN hierunter fallen, wenn bei ihr besondere jugend- oder ausbildungsspezifische Gesichtspunkte eine Rolle spielen oder wenn sie von präjudizieller Bedeutung für die jugendlichen oder auszubildenden ArbN ist (weitergehend *DR,* Rn 11, *Brecht,* Rn 1, *GKSB,* Rn 7, *Weiss,* Rn 3, die ein Teilnahmerecht der JugAzubiVertr. bei jeder personellen Einzelmaßnahme gegenüber einem jugendl. ArbN oder zu ihrer Berufsausbildung Beschäftigten unter 25 Jahren bejahen; demgegenüber schließen *HSG,* Rn 10, und *GK-Kraft,* Rn 8, ein Teilnahmerecht der JugAzubiVertr. bei personellen Einzelmaßnahmen gegenüber jugendl. und auszubildenden ArbN generell aus). Zum Stimmrecht in diesen Fällen vgl. Rn 16.

11 Die gesamte JugAzubiVertr. hat das Recht auf Teilnahme nur hinsichtlich der **speziellen Tagesordnungspunkte,** die besonders die Belange der jugendl. oder auszubildenden ArbN betreffen. Nur soweit und solange diese Tagesordnungspunkte behandelt werden, sind alle Mitgl. der JugAzubiVertr. zur Teilnahme berechtigt (*DR,* Rn 13; *GL,* Rn 4; *HSG,* Rn 11). Das Teilnahmerecht beschränkt sich auch hier auf eine **beratende Teilnahme.** Volles Stimmrecht haben die Mitgl. der JugAzubiVertr. nur unter der zusätzlichen Voraussetzung des Abs. 2 (vgl. hierzu unten Rn 16ff.). Die beratende Teilnahme umfaßt das Recht, das Wort zu ergreifen und zu der Angelegenheit Stellung zu nehmen. Dieses Recht hat jedes einzelne an der Sitzung teilnehmende Mitgl. der JugAzubiVertr., nicht etwa nur der Vors. Das Wort darf nur ergreifen, wem es vom Vors. des BR, der die Sitzung leitet, erteilt worden ist. Der BRVors. darf den Mitgl. der JugAzubiVertr. das Wort nicht willkürlich abschneiden oder entziehen (vgl. im einzelnen § 29 Rn 39f.).

12 **Teilnahmeberechtigt** ist im Falle des Abs. 1 Satz 2 die gesamte JugAzubiVertr., d. h. **alle Mitgl. der JugAzubiVertr.** Ein Ausschluß einzelner Mitgl. ist unzulässig. Ist ein Mitgl. der JugAzubiVertr. verhindert, ist das nächstfolgende ErsMitgl. teilnahmeberechtigt. Der BRVors. hat die **einzelnen Mitgl.** der JugAzubiVertr. unter Mitteilung der Tagesordnung einzuladen (vgl. § 29 Abs. 2 Sätze 3 und 4). Ist ein Mitgl. an der Teilnahme verhindert, so hat es dies dem BRVors. unverzüglich mitzuteilen. Der BRVors. hat sodann das nächstfolgende ErsMitgl. zu laden. Die Ladung der einzelnen Mitgl. der JugAzubiVertr. muß durch den BRVors. oder dessen Stellvertr. erfolgen. Sie kann nicht auf den Vors. der JugAzubiVertr. delegiert werden (*DR,* Rn 14).

Unterbleibt die Einladung der Mitgl. der JugAzubiVertr., so ist ein ohne ihre Anwesenheit gefaßter Beschluß gleichwohl **nicht unwirksam,** weil die Mitgl. der JugAzubiVertr. im Falle des Abs. 1 Satz 2 nur beratende Stimme und deshalb keinen unmittelbaren Einfluß auf das Abstimmungsergebnis haben (*DR,* Rn 17; *GL,* Rn 5; *GK-Kraft,* Rn 9; *HSG,* Rn 15; vgl. auch BAG 6. 5. 75, AP Nr. 5 zu § 65 BetrVG 1972). Zur Frage des Aussetzungsantrages in diesen Fällen vgl. § 66 Rn 4.

13 Der Vors. des BR, der die JugAzubiVertr. nicht zur BRSitzung einlädt, handelt pflichtwidrig und verstößt gegen die ihm gesetzlich obliegenden Pflichten. Sofern die Nichteinladung als ein grober Pflichtverstoß anzusehen ist, kann er gem. § 23 Abs. 1 aus dem BR ausgeschlossen werden. Lehnt der BR in seiner Gesamtheit die Hinzuziehung der JugAzubiVertr. ab, obwohl die Voraussetzungen für ihre Teilnahme an der Sitzung gegeben sind, so verstößt der BR als solcher gegen die ihm obliegenden Pflichten und kann u. U. nach § 23 aufgelöst werden.

14 Das Teilnahmerecht der gesamten JugAzubiVertr. nach Abs. 1 Satz 2 bezieht sich nur auf die **Plenarsitzung des BR.** Gesetzlich nicht geregelt ist das Teilnahmerecht in den Fällen, in denen besonders jugendl. ArbN betreffende Angelegenheiten nicht im BR selbst, sondern in einem seiner **Ausschüsse** behandelt werden. Zweifellos bedarf die Übertragung der

Behandlung einer derartigen Angelegenheit auf den BetrAusschuß oder einen anderen Ausschuß des BR der beratenden Teilnahme der Mitgl. der JugAzubiVertr. gemäß Abs. 1 Satz 2. Hinsichtlich der Teilnahme an Ausschußberatungen selbst ist entsprechend dem Grundgedanken des Abs. 1 Satz 2 davon auszugehen, daß an den Ausschußberatungen **so viele** Mitgl. der JugAzubiVertr. beratend teilnehmen können, daß im Ausschuß in etwa **dasselbe zahlenmäßige Verhältnis** zwischen BRMitgl. und Mitgl. der JugAzubiVertr. wie im BR besteht (ebenso *GK-Kraft,* Rn 14; *Weiss,* Rn 4; *GKSB,* Rn 10; vgl. hierzu auch § 27 Rn 34; *DR,* Rn 16, halten die gesamte JugAzubiVertr. für teilnahmeberechtigt; nach *HSG,* Rn 13, soll demgegenüber den Mitgl. der JugAzubiVertr. keinerlei Teilnahmerecht an Sitzungen von Ausschüssen des BR zustehen; nach *GL,* Rn 4a, und *Frauenkron,* Rn 3, soll ein Teilnahmerecht nur auf Grund einer besonderen Einladung bestehen). Das gilt sowohl in dem Fall, in dem dem Ausschuß lediglich eine vorberatende Funktion zukommt (insoweit **a. A.** *GK-Kraft,* Rn 14), als auch dann, wenn ihm bestimmte Jugendangelegenheiten zur selbständigen Erledigung übertragen worden sind.

Die **Auswahl** der an den Ausschußsitzungen teilnehmenden Mitgl. hat die JugAzubiVertr. zu treffen. Sie kann aus ihrer Mitte auch ErsMitgl. bestellen, die für den Fall an den Ausschußsitzungen teilnehmen, daß das in erster Linie bestellte Mitgl. der JugAzubiVertr. verhindert ist. 15

Hat die JugAzubiVertr. für die Teilnahme an Ausschußsitzungen bestimmte Mitgl. ausgewählt, und dem Ausschußvors. mitgeteilt, so hat dieser die betreffenden Mitgl. der JugAzubiVertr. unter Mitteilung der Tagesordnungspunkte unmittelbar zu den Ausschußsitzungen zu laden (vgl. oben Rn 12). Falls eine Auswahl nicht getroffen ist, ist der JugAzubiVertr. Zeitpunkt und Tagesordnung der betr. Ausschußsitzung mitzuteilen mit dem Anheimgeben, die entsprechende Anzahl von Mitgl. der JugAzubiVertr. zu den Ausschußsitzungen zu entsenden. Im übrigen gilt für die Teilnahme der Mitgl. der JugAzubiVertr. an den Ausschußsitzungen das oben in Rn 11 Gesagte entsprechend.

III. Stimmrecht im Betriebsrat

Nach Abs. 2 haben die Mitgl. der JugAzubiVertr. im BR **Stimmrecht,** soweit die zu fassenden Beschlüsse des BR **„überwiegend“** jugendl. oder zu ihrer Berufsausbildung beschäftigte ArbN betreffen. Der Begriff „überwiegend“ ist **quantitativ** zu verstehen (*DR,* Rn 18; *Brecht,* Rn 2; *GK-Kraft,* Rn 17; *HSG,* Rn 18; *Küchenhoff,* Rn 8; *Schaub,* § 227 III 2; weitergehend *GKSB,* Rn 13, und *GL,* Rn 8, die den Begriff auch qualitativ verstehen). Das bedeutet, daß der Beschluß zahlenmäßig mehr jugendl. oder auszubildende ArbN als andere ArbN betreffen muß. Das dürfte z. B. der Fall sein bei dem Abschluß einer Betriebsvereinbarung über die „Ordnung in der betrieblichen Ausbildungswerkstatt“, die neben den mit der Berufungsausbildung betrauten ArbN in der Regel zahlenmäßig überwiegend die in der Berufsausbildung beschäftigten ArbN betreffen wird. 16

Der Begriff „überwiegend" hat einen **kollektiven Charakter.** Deshalb besteht ein Stimmrecht der JugAzubiVertr. im BR bei einer Einzelmaßnahme nur in den Fällen, in denen diese einen kollektiven Bezug hat. Das ist z. B. der Fall bei einer **personellen Einzelmaßnahme** gegenüber einem Ausbilder oder bei der Entscheidung des BR über die Zustimmung zu einer außerordentlichen Kündigung eines Mitgl. der JugAzubiVertr. oder der Teilnahme eines JugAzubiVertr. an Schulungsveranstaltungen (vgl. BAG 6. 5. 75, AP Nr. 5 zu § 65 BetrVG 1972), in der Regel jedoch nicht bei einer personellen Einzelmaßnahme gegenüber einem jugendl. oder auszubildenden ArbN (*GK-Kraft,* Rn 17; *HSG,* Rn 19; wohl auch *GL,* Rn 8; **a. A.** *DR,* Rn 18, und *Brecht,* Rn 2, die den JugAzubiVertr. auch im letzteren Fall das Stimmrecht zubilligen).

17 Neben dem Erfordernis, daß eine Angelegenheit überwiegend die jugendl. oder auszubildenden ArbN betreffen muß, ist für das Stimmrecht der JugAzubiVertr. im BR außerdem notwendig, daß die betreffende Angelegenheit **auch besonders,** d. h. qualitativ (vgl. hierzu oben Rn 10), die jugendl. oder auszubildenden ArbN angeht. Hierfür sprechen nicht nur der Wortlaut des Absatzes 2, der den Jugend- und Auszubildendenvertretern (Plural!) ein Stimmrecht einräumt, sowie der Wortlaut von § 33 Abs. 3 („Jugend- und Auszubildendenvertretung"), sondern insbesondere der Umstand, daß die Regelung der Absätze 1 und 2 in einem **abgestuften Rangverhältnis** zueinanderstehen mit der Folge, daß das weitergehende Recht der Mitgl. der JugAzubiVertr. im Rahmen ihrer Beteiligung an den Sitzungen des BR jeweils auch die Erfordernisse des weniger weitgehenden Teilnahmerechts voraussetzt. Das Mitgl. der JugAzubiVertr., das lediglich im Rahmen des § 67 Abs. 1 Satz 1 an allen BRSitzungen teilnimmt, hat deshalb **kein Stimmrecht** im BR (*DR,* Rn 19, im Ergebnis wohl ebenso *GK-Kraft,* Rn 17; *GL,* Rn 8; BVerwG, ZBR 78, 173 für den im wesentlichen inhaltsgleichen § 40 Abs. 1 BPersVG; **a. A.** *HSG,* Rn 20, und *Brecht,* Rn 2, die dann, wenn eine Angelegenheit zwar „überwiegend", jedoch nicht „besonders" jugendliche oder auszubildende ArbN betrifft, auch dem einzigen Mitgl. der JugAzubiVertr. im BR ein Stimmrecht zuerkennen).

18 Umfaßt ein Beschluß des BR sowohl Angelegenheiten, die jugendl. oder auszubildende ArbN „überwiegend" betreffen, als auch Angelegenheiten, bei denen dies nicht der Fall ist, so ist, soweit dies möglich ist, eine **getrennte Beschlußfassung** durchzuführen. Hinsichtlich der Angelegenheiten, die die jugendl. oder auszubildende ArbN überwiegend betreffen, ist die JugAzubiVertr. bei der Beschlußfassung zu beteiligen. Hinsichtlich der übrigen Angelegenheiten beschließen die Mitgl. des BR allein (*DR,* Rn 20; *GK-Kraft,* Rn 18; *HSG,* Rn 21).

Ist eine Aufteilung des Beschlusses von seinem Inhalt her nicht möglich, ist darauf abzustellen, ob der Beschluß insgesamt mehr die jugendlichen oder auszubildende ArbN betrifft oder nicht. Im ersteren Falle sind die JugAzubiVertr. stimmberechtigt.

19 Soweit der **BetrAusschuß** oder ein anderer Ausschuß des BR über eine Angelegenheit, die jugendliche oder auszubildende ArbN überwiegend betrifft, zu beschließen hat, haben die teilnahmeberechtigten

Mitgl. der JugAzubiVertr. in diesen Ausschüssen volles **Stimmrecht.** Wegen der Reduzierung der teilnahmeberechtigten JugAzubiVertr. vgl. oben Rn 14 sowie § 27 Rn 34. Obwohl *Dietz-Richardi,* (Rn 22) auch in diesem Falle ein Teilnahmerecht aller JugAzubiVertr. bejahen, nehmen sie bei Abstimmungen jedoch ebenfalls eine entsprechende Reduzierung der Stimmen der JugAzubiVertr. vor.

Die Stimmen der Mitgl. der JugAzubiVertr. sind nur zu berücksichtigen, soweit es um die Feststellung geht, ob ein **Beschluß** des BR bzw. des Ausschusses des BR die **erforderliche Mehrheit** gefunden hat oder nicht. (Zur Frage der erforderlichen Mehrheit, wenn ein Beschluß des BR der absoluten Mehrheit bedarf, vgl. § 33 Rn 30). Für die Ermittlung der **Beschlußfähigkeit** zählen die Stimmen der JugAzubiVertr. nicht mit (vgl. § 33 Rn 11; *GL,* Rn 9; *HSG,* Rn 22; *Hromadka,* DB 71, 1966). Das Stimmrecht steht dem **einzelnen JugAzubiVertr.** zu. Dieser ist nicht an einen etwa voraufgegangenen Beschluß der JugAzubiVertr. gebunden. 20

Hat der BR die Mitgl. der JugAzubiVertr. an der Beschlußfassung nicht beteiligt, obwohl sie hätten beteiligt werden müssen, so ist im allgemeinen **kein rechtswirksamer Beschluß** zustande gekommen (*DR,* Rn 23; *GKSB,* Rn 14; *Weiss,* Rn 6; **a. A.** *GL,* Rn 9; *Hromadka,* DB 71, 1966; einschränkend auch *HSG,* Rn 23). Etwas anderes kann u. U. dann gelten, wenn die Beteiligung der JugAzubiVertr. auf das Ergebnis der Beschlußfassung keinen Einfluß haben konnte, z. B. wenn der Beschluß einem Antrag der JugAzubiVertr. entsprach oder die Teilnahme der JugAzubiVertr. nicht zu einem anderen Beschluß hätte führen können, weil die Differenz zwischen den dem Beschluß zustimmenden und ihn ablehnenden Stimmen größer ist als die MitglZahl der JugAzubiVertr. (vgl. hierzu BAG 6. 5. 75, AP Nr. 5 zu § 65 BetrVG 1972; *DR,* Rn 23; *GK-Kraft,* Rn 20). Zur Frage des Aussetzungsantrags in diesen Fällen vgl. § 66 Rn 4. 21

IV. Antragsrecht der Vertretung

Die JugAzubiVertr. hat zwar kein Recht, eine Sitzung des BR zu beantragen. Wohl hat sie nach § 67 Abs. 3 die Befugnis, die Aufnahme einer besonders die jugendl. oder zu ihrer Berufsausbildung beschäftigten ArbN unter 25 Jahren betreffende Angelegenheit in die **Tagesordnung der nächsten BRSitzung** zu verlangen. Voraussetzung hierfür ist, daß es sich um eine betriebliche Angelegenheit handelt, bei deren Beratung die gesamte JugAzubiVertr. ein Teilnahmerecht hat, weil sie jugendl. oder auszubildende ArbN **besonders** oder gar überwiegend betrifft (vgl. hierzu oben Rn 10ff.), und die JugAzubiVertr. diese Angelegenheit bereits vorberaten hat. 22

Das Erfordernis der **Vorberatung** der Angelegenheit in der JugAzubiVertr. soll sicherstellen, daß diese sich mit der betreffenden Jugend- oder Auszubildendenangelegenheit bereits befaßt hat. Nicht erforderlich ist, daß die JugAzubiVertr. hierbei schon zu einer abschließenden Meinungs- 23 bildung gekommen ist (*DR,* Rn 26; *GK-Kraft,* Rn 21; *HSG,* Rn 25). Sie muß die Angelegenheit jedoch beraten haben, d.h. eingehend erörtert haben. Die JugAzubiVertr. soll sich mit der betreffenden Angelegenheit bereits so beschäftigt haben, daß ihr eine sachkundige Diskussion in der BRSitzung möglich ist. Hat die Erörterung in der JugAzubiVertr. bereits zu einem bestimmten Ergebnis geführt, wird dies zweckmäßigerweise bereits zusammen mit dem Antrag dem BR mitgeteilt.

Die Tatsache der Vorbereitung der Angelegenheit ist dem BRVors. mit dem Antrag bekanntzumachen und ggf. nachzuweisen. Sie wird zweckmäßigerweise in der Sitzungsniederschrift festgehalten.

24 Der BRVors. ist **verpflichtet,** den beantragten Beratungsgegenstand auf die **Tagesordnung der nächsten BRSitzung** zu setzen, wenn die Voraussetzungen des Abs. 3 Satz 1 vorliegen. Unterläßt er dies, verstößt er gegen seine gesetzlichen Pflichten, was u. U. – etwa bei ständiger Weigerung – als ein grober Verstoß i. S. des § 23 Abs. 1 anzusehen ist (*GKSB,* Rn 17). Allerdings besteht die Verpflichtung nur, wenn der Antrag beim BRVors. so **rechtzeitig** eingeht, daß seine Aufnahme in die Tagesordnung der nächsten BRSitzung noch möglich und zumutbar ist. Ist dies nicht der Fall, ist die Angelegenheit auf die Tagesordnung der nächstfolgenden Sitzung zu setzen (*GL,* Rn 6; *HSG,* Rn 26). Zu der Sitzung hat der BRVors., da in diesem Falle stets die Voraussetzungen des Abs. 1 Satz 2 vorliegen, alle Mitgl. der JugAzubiVertr. einzuladen (vgl. oben Rn 10ff.).

Der BR muß sich auf der nächsten Sitzung mit der betreffenden **Angelegenheit befassen.** Er ist allerdings nicht verpflichtet, die Sache abschließend oder gar i. S. des Vorbeschlusses der JugAzubiVertr. zu behandeln. Vielmehr steht ihm hinsichtlich dieses Tagesordnungspunktes – abgesehen von der Beratungspflicht als solcher – dieselbe Freiheit zu wie hinsichtlich anderer Tagesordnungspunkte (*GL,* Rn 6; *GK-Kraft,* Rn 22; *HSG,* Rn 26; *Weiss,* Rn 7). Der BR kann die Angelegenheit einem **Ausschuß** zur weiteren Behandlung zuweisen. Er kann auch der JugAzubiVertr. anheimgeben, die Angelegenheit nochmals unter Berücksichtigung etwaiger neuer Gesichtspunkte zu beraten.

25 Ist die Behandlung von Angelegenheiten der von der JugAzubiVertr. beantragten Art einem Ausschuß des BR zur selbständigen Entscheidung übertragen worden, so kann die JugAzubiVertr. ihren Antrag **unmittelbar bei diesem Ausschuß** anbringen (*DR,* Rn 24, 27; *GL,* Rn 7; *GK-Kraft,* Rn 23; *Weiss,* Rn 7). Wird der Antrag beim BR eingebracht, hat dieser den Antrag dem zuständigen Ausschuß zu überweisen. Über das Teilnahmerecht der Mitgl. der JugAzubiVertr. in diesem Falle vgl. oben Rn 14ff. sowie § 27 Rn 34.

V. Informationspflicht des Betriebsrats

26 Will der BR von sich aus eine Angelegenheit, die besonders jugendl. oder zu ihrer Berufsausbildung beschäftigte ArbN betrifft, behandeln, so **soll** er diese Angelegenheit vor ihrer Beratung im BR der JugAzubi-

Vertr. zur Beratung zuleiten (Abs. 2 Satz 2). Dieser soll so die Möglichkeit gegeben werden, die Angelegenheit vor der Beratung im BR vorzuberaten, um ihre Ansicht hierzu in der BRSitzung angemessen zur Sprache bringen zu können.

Der BR kann der JugAzubiVertr. für die Vorberatung eine **Äußerungsfrist** setzen. Die vorherige Beratung in der JugAzubiVertr. ist **keine Wirksamkeitsvoraussetzung** für eine abschließende Beschlußfassung im BR (*DR,* Rn 31; *GL,* Rn 11; *GK-Kraft,* Rn 25; *HSG,* Rn 28). Jedoch darf der BR die Vorberatung in der JugAzubiVertr. nicht ohne sachlichen Grund verhindern; dies kann – jedenfalls im Wiederholungsfall – eine grobe Amtspflichtverletzung darstellen (*DR,* Rn 31). In jedem Falle haben bei der Behandlung der Angelegenheit im BR die Mitgl. der JugAzubiVertr. gemäß Abs. 2 Satz 1 ein beratendes Teilnahmerecht und sind zu diesem Tagesordnungspunkt zu der BRSitzung zu laden (vgl. oben Rn 10ff.).

Die Zuleitung der Angelegenheit an die JugAzubiVertr. braucht nicht 27
durch den BR aufgrund eines Beschlusses zu erfolgen. Vielmehr kann der **BRVors.** im Rahmen der ordnungsgemäßen **Vorbereitung der BRSitzung** die Angelegenheit der JugAzubiVertr. zur Vorberatung zuleiten (*DR,* Rn 30; *GK-Kraft,* Rn 24). Werden besonders jugendliche oder zu ihrer Berufsausbildung beschäftigte ArbN betreffende Angelegenheiten von einem Ausschuß des BR wahrgenommen, hat der Vors. des Ausschusses die Zuleitung vorzunehmen.

VI. Streitigkeiten

Streitigkeiten über das Teilnahmerecht der JugAzubiVertr. an den 28
Sitzungen des BR und seiner Ausschüsse, über das Stimmrecht der JugAzubiVertr. in ihnen, sowie über die Wirksamkeit von gemeinsamen Beschlüssen des BR und der JugAzubiVertr. entscheiden die **ArbG im Beschlußverfahren** (§§ 2a, 80ff. ArbGG). Das gleiche gilt für Streitigkeiten über die Aufnahme von Angelegenheiten in die Tagesordnung des BR nach Abs. 3 Satz 1.

Über die Bedeutung der Nichtteilnahme der Mitgl. der JugAzubiVertr. an den BRSitzungen für die Beschlüsse des BR vgl. oben Rn 12 und 21 sowie § 33 Rn 39.

§ 68 Teilnahme an gemeinsamen Besprechungen

Der Betriebsrat hat die Jugend- und Auszubildendenvertretung zu Besprechungen zwischen Arbeitgeber und Betriebsrat beizuziehen, wenn Angelegenheiten behandelt werden, die besonders die in § 60 Abs. 1 genannten Arbeitnehmer betreffen.

Inhaltsübersicht

I. Vorbemerkung

1 Die Vorschrift dient der Zusammenarbeit von BR und JugAzubiVertr. in Jugend- und Ausbildungsfragen, indem sie den BR verpflichtet, die JugAzubiVertr. zu den Besprechungen mit dem ArbGeb. über solche Angelegenheiten hinzuzuziehen, die besonders jugendl. oder auszubildende ArbN betreffen. Auf die GesJugAzubiVertr. findet sie entsprechende Anwendung (vgl. § 73 Abs. 2).

2 Die Vorschrift ist **zwingend** und kann weder durch TV noch durch BV abgedungen werden.

2a Entsprechende Vorschrift des **BPersVG 74:** § 61 Abs. 4.

II. Teilnahmerecht an gemeinsamen Besprechungen

3 Das Recht der JugAzubiVertr., zu den gemeinsamen Besprechungen zwischen ArbGeb. und BR zugezogen zu werden, besteht bei der Behandlung von Angelegenheiten, die **„besonders“** – und natürlich auch „überwiegend“ i. S. von § 67 Abs. 2 – die jugendl. oder zu ihrer Berufsausbildung beschäftigten ArbN des Betriebs betreffen. Das Recht auf Teilnahme an den gemeinsamen Besprechungen besteht damit unter denselben Voraussetzungen, unter denen die gesamte JugAzubiVertr. berechtigt ist, an den Sitzungen des BR gemäß § 67 Abs. 1 Satz 2 teilzunehmen (*DR,* Rn 2; *HSG,* Rn 2; *GL,* Rn 2; vgl. hierzu im einzelnen § 67 Rn 10, 16f.).

4 Ein Teilnahmerecht besteht bei **Besprechungen zwischen BR und dem ArbGeb.,** nicht dagegen bei gelegentlichen Einzelbesprechungen des BRVors. oder eines anderen BRMitgl. mit dem ArbGeb. (*DR* Rn 5; *HSG,* Rn 4 **a. A.** *GK-Kraft,* Rn 3; auch unten Rn 8). Das Teilnahmerecht der JugAzubiVertr. beschränkt sich nicht auf die monatlichen Besprechungen zwischen ArbGeb. und BR gemäß § 74 Abs. 1, sondern betrifft alle Besprechungen zwischen ArbGeb. und BR, sofern auf ihnen besondere Jugend- und Ausbildungsfragen behandelt werden (*DR,* Rn 3; *GKSB,* Rn 1; *HSG,* Rn 4). Das Teilnahmerecht besteht nur in bezug auf besondere Jugend- und Auszubildendenangelegenheiten, nicht hinsichtlich anderer Besprechungspunkte. In letzteren Fällen ist, sofern die Besprechung nicht im Rahmen einer allgemeinen BRSitzung stattfindet, auch nicht ein Mitgl. der JugAzubiVertr. zur Teilnahme berechtigt. § 67 Abs. 1 Satz 1 findet auf die Besprechung zwischen ArbGeb. und BR außerhalb der BRSitzungen keine Anwendung (*HSG,* Rn 3).

Der BR ist **verpflichtet,** die JugAzubiVertr. zu den Besprechungen derartiger Angelegenheiten hinzuzuziehen (*GL,* Rn 2). Eine Verletzung dieser Verpflichtung kann u. U. – insbesondere im Wiederholungsfalle – als ein grober Verstoß i. S. des § 23 Abs. 1 angesehen werden, der zur Auflösung des BR berechtigen kann (*DR,* Rn 6). Die Hinzuziehung der JugAzubiVertr. obliegt dem BRVors. 5

Hinzuzuziehen ist die JugAzubiVertr. Soweit die gemeinsame Besprechung nicht im Rahmen einer BRSitzung erfolgt, zu der die einzelnen Mitgl. der JugAzubiVertr. gesondert zu laden sind (vgl. § 29 Rn 32), kann die **JugAzubiVertr. als solche geladen** werden. § 29 Abs. 2 Satz 4 findet, da es sich nicht um eine BRSitzung handelt, keine Anwendung. Es genügt, wenn der Vors. der JugAzubiVertr. über den Zeitpunkt der Besprechung und die besonders die jugendl. oder auszubildenden ArbN betreffenden Besprechungspunkte unterrichtet wird (§ 65 Abs. 1 i. Vbg. m. § 26 Abs. 3 Satz 2). Eine schriftliche Unterrichtung ist nicht erforderlich, wenn auch vielfach zweckmäßig. Der Vors. der JugAzubiVertr. ist verpflichtet, seinerseits alle Mitgl. der JugAzubiVertr. über Ort, Zeit und Inhalt der gemeinsamen Besprechung zu informieren (*DR,* Rn 5; *GK-Kraft,* Rn 4; *HSG,* Rn 5). 6

Teilnahmeberechtigt sind alle Mitgl. der JugAzubiVertr. Eine Beschränkung der Teilnahme nur auf den Vors. oder stellvertr. Vors. ist unzulässig (*DR,* Rn 4; *GL,* Rn 2; *GKSB,* Rn 2; *GK-Kraft,* Rn 5f.; *HSG,* Rn 5). Andererseits besteht keine Pflicht der Mitgl. der JugAzubiVertr. zur Teilnahme an diesen Besprechungen. Soweit ein Mitgl. der JugAzubiVertr. aus freien Stücken auf die Teilnahme verzichtet, bleibt ihm dies unbenommen. In diesem Falle kann auch nicht das ErsMitgl. zu der Besprechung hinzugezogen werden, da ein „Verhinderungsfall" nicht vorliegt (*GK-Kraft,* Rn 5; vgl. auch § 25 Rn 18). Die Mitgl. der JugAzubiVertr. haben nicht nur das Recht, bei der Besprechung anwesend zu sein, sie können sich auch aktiv an der Erörterung beteiligen. 7

Wird die Besprechung nicht vom gesamten BR, sondern vom **BetrAusschuß** oder einem anderen Ausschuß wahrgenommen, dem diese Aufgabe zur selbständigen Erledigung übertragen ist, so hat dies auf das Teilnahmerecht der gesamten JugAzubiVertr. keinen Einfluß (*DR,* Rn 5; *GKSB,* Rn 4; *GK-Kraft,* Rn 6; **a. A.** *Weiss,* Rn 2, der eine entsprechende Reduzierung der Teilnehmer der JugAzubiVertr. fordert). Das gebietet das vom Gesetz in § 69 anerkannte Informationsinteresse der JugAzubiVertr. Gründe, die eine Beschränkung der Zahl der teilnahmeberechtigten Mitgl. der JugAzubiVertr. geboten erscheinen lassen könnten, so wie dies im Falle der Behandlung von Jugend- und Auszubildendenangelegenheiten durch einen Ausschuß des BR der Fall ist (vgl. hierzu § 67 Rn 14 u. 19), bestehen nicht. Denn die gemeinsamen Besprechungen mit dem ArbGeb. haben keine beratende oder gar entscheidende Funktion, wie dies bei der Behandlung von JugAngelegenheiten in einem Ausschuß des BR der Fall ist. 8

III. Streitigkeiten

9 Streitigkeiten über das Teilnahmerecht der JugAzubiVertr. an den gemeinsamen Besprechungen zwischen BR und ArbGeb. entscheiden die ArbG im Beschlußverfahren (§§ 2a, 80ff. ArbGG). Das ArbG kann im Eilfall die Teilnahme der Mitgl. der JugAzubiVertr. durch den Erlaß einer einstweiligen Verfügung gemäß § 85 Abs. 2 ArbGG sicherstellen (*GK-Kraft,* Rn 7; *DR,* Rn 7; *HSG,* Rn 6).

§ 69 Sprechstunden

In Betrieben, die in der Regel mehr als fünfzig der in § 60 Abs. 1 genannten Arbeitnehmer beschäftigen, kann die Jugend- und Auszubildendenvertretung Sprechstunden während der Arbeitszeit einrichten. Zeit und Ort sind durch Betriebsrat und Arbeitgeber zu vereinbaren. § 39 Abs. 1 Satz 3 und 4 und Abs. 3 gilt entsprechend. An den Sprechstunden der Jugend- und Auszubildendenvertretung kann der Betriebsratsvorsitzende oder ein beauftragtes Betriebsratsmitglied beratend teilnehmen.

Inhaltsübersicht

I. Vorbemerkung

1 Die Vorschrift eröffnet in Betrieben mit über 50 jugendl. oder zu ihrer Berufsausbildung beschäftigten ArbN unter 25 Jahren die Möglichkeit, **eigene Sprechstunden der JugAzubiVertr.** einzurichten. Sofern hiervon kein Gebrauch gemacht wird, kann ein Mitgl. der JugAzubiVertr. an den Sprechstunden des BR zur Beratung jugendl. oder auszubildender ArbN teilnehmen (vgl. § 39 Abs. 1).

2 Die Vorschrift ist **zwingend** und kann zuungunsten der JugAzubiVertr. weder durch TV noch durch BV abgedungen werden. Die Einführung eigener Sprechstunden der JugAzubiVertr. in Betrieben mit weniger als 51 jugendl. oder auszubildenden ArbN ist mit Zustimmung des ArbGeb. und des BR zulässig (*GL,* Rn 2; *GK-Kraft,* Rn 6).

2a Entsprechende Vorschrift des **BPersVG 74:** § 62 i. Vbg. mit § 43.

II. Eigene Sprechstunden

1. Voraussetzungen

3 Die Einrichtung eigener Sprechstunden der JugAzubiVertr. setzt voraus, daß im Betrieb in der Regel **mehr als 50 jugendl. oder zu ihrer Berufsausbildung Beschäftigte ArbN** beschäftigt werden und die JugAzubiVertr. die Einführung **eigener Sprechstunden beschließt.**

Zum Begriff der jugendl. und der zu ihrer Berufsausbildung Beschäftigten vgl. § 60 Rn 6a ff. Im Betrieb müssen in der Regel mehr als 50 jugendl. oder auszubildende ArbN beschäftigt werden. Zum Betrieb gehören auch die unselbständigen Betriebsteile und Nebenbetriebe sowie die auf Grund einer Tarifregelung gemäß § 3 Abs. 1 Nr. 3 dem Betrieb zugeordneten Betriebsteile und Nebenbetriebe. Zum Begriff „in der Regel" vgl. § 1 Rn 144ff.

Eine vorübergehende Unterschreitung der Grenze von 50 jugendl. oder auszubildenden ArbN – etwa bei einem allgemeinen Ausbildungsabschluß – ist unschädlich, sofern davon ausgegangen werden kann, daß in absehbarer Zeit wieder mehr als 50 dieser ArbN im Betrieb beschäftigt werden (*DR,* Rn 2). Sinkt allerdings die Zahl der jugendl. oder auszubildenden ArbN nicht nur vorübergehend unter 51, so darf die JugAzubiVertr. etwaige Sprechstunden nicht weiter durchführen, es sei denn, hierüber wird durch Vereinbarung zwischen ArbGeb., BR und der JugAzubiVertr. Einverständnis erzielt (*GL,* Rn 5; *GKSB,* Rn 1; *GK-Kraft,* Rn 6; *HSG,* Rn 1).

4 Die Einführung eigener Sprechstunden liegt **im Ermessen allein der JugAzubiVertr.** Sie ist zu eigenen Sprechstunden während der Arbeitszeit zwar berechtigt, aber nicht verpflichtet (*DR,* Rn 3; *GL,* Rn 4; *GK-Kraft,* Rn 5; *HSG,* Rn 2). Die Einführung erfolgt durch einfachen **Mehrheitsbeschluß** der JugAzubiVertr. An diesen Beschluß sind, sofern die gesetzlichen Voraussetzungen für eigene Sprechstunden vorliegen, ArbGeb. und BR gebunden (h. M.). Ihnen obliegt jedoch die Festlegung von Zeit und Ort der Sprechstunden (vgl. hierzu Rn 6f.).

5 Die Sprechstunde der JugAzubiVertr. ist nur für die jugendl. oder zu ihrer Berufsausbildung Beschäftigten unter 25 Jahren **zuständig.** Andererseits sind diese ArbN nicht auf die Sprechstunden der JugAzubiVertr. beschränkt, vielmehr können sie ihre Anliegen und Wünsche auch in der Sprechstunde des BR vorbringen. Der BR darf die jugendl. oder auszubildenden ArbN, die seine Sprechstunde aufsuchen, nicht abweisen und auf die Sprechstunden der JugAzubiVertr. verweisen (*DR,* Rn 7; *GL,* Rn 13; *GK-Kraft,* Rn 11; *HSG,* Rn 8).

2. Zeit und Ort

6 Die Festlegung von **Zeit und Ort** der Sprechstunde obliegt, da die JugAzubiVertr. gegenüber dem ArbGeb. keine eigene Zuständigkeit besitzt, **ArbGeb. und BR** (*DR,* Rn 4; *GL,* Rn 6). Auch die Sprechstunden

der JugAzubiVertr. finden grundsätzlich **während der Arbeitszeit** statt. Bei der Festlegung von Zeit und Ort der Sprechstunden haben BR und ArbGeb. sowohl die betrieblichen Notwendigkeiten zu berücksichtigen als auch darauf zu achten, daß die Sprechstunden ordnungsgemäß abgewickelt werden können. Die Vereinbarung zwischen ArbGeb. und BR ist für die JugAzubiVertr. bindend. An der Besprechung sowie der Beschlußfassung über die Festlegung von Zeit und Ort der Sprechstunden nimmt die JugAzubiVertr. gemäß § 68 und § 67 Abs. 2 (d.h. mit Stimmrecht) teil. Einigen sich BR und ArbGeb. nicht, so werden Zeit und Ort der Sprechstunden durch die **E-Stelle** festgelegt (§ 39 Abs. 1). Die E-Stelle kann nur vom ArbGeb. oder BR, nicht von der JugAzubiVertr. angerufen werden (*GL,* Rn 6; *GK-Kraft,* Rn 10; *GKSB,* Rn 4; *HSG,* Rn 5). Wohl kann die E-Stelle, was in der Regel angebracht erscheint, die JugAzubiVertr. vor ihrer Entscheidung anhören.

7 Die Festlegung von Zeit und Ort der von der JugAzubiVertr. beschlossenen Sprechstunden gehört zu den **gesetzlichen Pflichten von ArbGeb. und BR.** Die beharrliche Weigerung, Zeit und Ort der Sprechstunden festzulegen, kann u. U. als grober Verstoß i. S. des § 23 angesehen werden und die dort geregelten Rechtsfolgen auslösen.

3. Kosten und Arbeitsversäumnis

8 Der ArbGeb. hat die durch die Abhaltung der Sprechstunden notwendigen **Kosten** zu tragen. Er hat die zur ordnungsmäßigen Durchführung der Sprechstunden erforderlichen **Räume** und andere sachliche Mittel zur Verfügung zu stellen (§ 65 Abs. 1 i. V. m. § 40).

9 Ist die Sprechstunde wirksam beschlossen, so gehört ihre Durchführung zu den **Amtsobliegenheiten** der JugAzubiVertr. Das oder die Mitgl. der JugAzubiVertr., die die Sprechstunde abhalten, behalten für diese Zeit ihren **Anspruch auf Arbeitsentgelt** (vgl. § 65 Abs. 1 i. V. m. § 37 Abs. 2).

10 Auch die jugendl. oder zu ihrer Berufsausbildung beschäftigten ArbN, die die Sprechstunde besuchen oder sonstwie die JugAzubiVertr. während der Arbeitszeit in Anspruch nehmen, erleiden **keinen Ausfall an Arbeitsentgelt,** soweit die Arbeitsversäumnis für diese Zwecke erforderlich ist (Satz 3 i. V. m. § 39 Abs. 3; vgl. im einzelnen hierzu § 39 Rn 20ff.). Der jugendl. oder auszubildende ArbN ist allerdings verpflichtet, sich bei seinem Vorgesetzten vor dem Besuch der Sprechstunde von der Arbeit ab- und anschließend wieder zurückzumelden. Die Unterlassung dieser Ab- und Zurückmeldung kann eine Verletzung des Arbeitsvertrages darstellen (*GL,* Rn 10; *GK-Kraft,* Rn 16).

III. Teilnahmerecht des Betriebsratsvorsitzenden

11 Der **BRVors.** oder ein anderes hiermit beauftragtes BRMitgl. ist berechtigt, an den Sprechstunden der JugAzubiVertr. **beratend teilzunehmen.** Zweck dieser Regelung des Abs. 4 ist sowohl eine sachkundige

Beratung der jugendl. oder zu ihrer Berufsausbildung beschäftigten ArbN als auch das Bestreben, dem BR Gelegenheit zu geben, sich Kenntnis von den Fragen und Sorgen dieser ArbN zu verschaffen. Eine Verpflichtung zur Teilnahme eines Mitgl. des BR an den Sprechstunden der JugAzubiVertr. besteht nicht (h. M.). In aller Regel dürfte sie jedoch empfehlenswert sein.

Die **JugAzubiVertr.** muß die **Anwesenheit des BRVors.** oder eines anderen beauftragten BRMitgl. während der Sprechstunden **dulden.** Sofern nicht der BRVors. oder im Verhinderungsfall sein Stellvertr. an der Sprechstunde teilnehmen, erscheint es sachgerecht, die JugAzubiVertr. über die Person des teilnehmenden BRMitgl. zu informieren. Die Beauftragung eines anderen BRMitgl. erfolgt durch Mehrheitsbeschluß des BR (*GL,* Rn 8; *GK-Kraft* Rn 13; **a. A.** *DR,* Rn 9, die eine Beauftragung durch den BRVors. für zulässig halten). Der Beschluß des BR bedarf nicht der Zustimmung der JugAzubiVertr., auch hat diese kein Stimmrecht nach § 67 Abs. 2, da es sich um eine Organisationsregelung des BR handelt. Die Teilnahme des BRVors. bzw. des beauftragten anderen BRMitgl. beschränkt sich auf eine Beratung sowohl der JugAzubiVertr. als auch der die Sprechstunden aufsuchenden jugendl. oder auszubildenden ArbN in anstehenden Sach- und Rechtsfragen. 12

IV. Streitigkeiten

Meinungsverschiedenheiten über die Voraussetzung für die Errichtung eigener Sprechstunden der JugAzubiVertr. sind von den ArbG im Beschlußverfahren zu entscheiden (§§ 2a, 80ff. ArbGG). Das gleiche gilt für die Frage der Berechtigung der jugendl. oder zu ihrer Berufsausbildung beschäftigten ArbN, die Sprechstunden der JugAzubiVertr. zu besuchen, sowie das Teilnahmerecht des BRVors. oder des beauftragten anderen BRMitgl. an den Sprechstunden. Auch der Spruch der Einigungsstelle über Zeit und Ort der Sprechstunden kann im Rahmen des § 76 Abs. 5 vom ArbG im Beschlußverfahren überprüft werden; das Beschlußverfahren kann jedoch in diesem Falle nur vom BR oder dem ArbGeb., nicht von der JugAzubiVertr. eingeleitet werden; die JugAzubiVertr. ist jedoch zu beteiligen. Klagen von jugendl. oder auszubildenden ArbN auf etwa wegen des Besuchs der Sprechstunden vorenthaltenen Lohnes sind von den ArbG im **Urteilsverfahren** zu entscheiden. 13

§ 70 Allgemeine Aufgaben

(1) **Die Jugend- und Auszubildendenvertretung hat folgende allgemeine Aufgaben:**

1. **Maßnahmen, die den in § 60 Abs. 1 genannten Arbeitnehmern dienen, insbesondere in Fragen der Berufsbildung, beim Betriebsrat zu beantragen;**
2. **darüber zu wachen, daß die zugunsten der in § 60 Abs. 1 genannten**

Arbeitnehmer geltenden Gesetze, Verordnungen, Unfallverhütungsvorschriften, Tarifverträge und Betriebsvereinbarungen durchgeführt werden;

3. Anregungen von in § 60 Abs. 1 genannten Arbeitnehmern, insbesondere in Fragen der Berufsbildung, entgegenzunehmen und, falls sie berechtigt erscheinen, beim Betriebsrat auf eine Erledigung hinzuwirken. Die Jugend- und Auszubildendenvertretung hat die betroffenen in § 60 Abs. 1 genannten Arbeitnehmer über den Stand und das Ergebnis der Verhandlungen zu informieren.

(2) **Zur Durchführung ihrer Aufgaben ist die Jugend- und Auszubildendenvertretung durch den Betriebsrat rechtzeitig und umfassend zu unterrichten. Die Jugend- und Auszubildendenvertretung kann verlangen, daß ihr der Betriebsrat die zur Durchführung ihrer Aufgaben erforderlichen Unterlagen zur Verfügung stellt.**

Inhaltsübersicht

I. Vorbemerkung

1 Die Vorschrift weist der JugAzubiVertr. in Anlehnung an den für den BR maßgebenden § 80 allgemeine Aufgaben zu. Die **allgemeinen Aufgaben** beziehen sich auf sämtliche Tätigkeitsbereiche, die für die jugendl. oder zu ihrer Berufsausbildung beschäftigten ArbN von Bedeutung sind. Von besonderem Gewicht werden insbesondere Fragen der **Berufsbildung** sein (vgl. Abs. 1 Nr. 1 und 3).

Die Durchführung der allgemeinen Aufgaben erfolgt über den BR, nicht durch unmittelbare Verhandlung der JugAzubiVertr. mit dem ArbGeb. (vgl. § 60 Rn 1c, 10). Aus diesem Grunde weist Abs. 2 auch allein dem BR und nicht dem ArbGeb. die Verpflichtung zu, die JugAzubiVertr. über die zur Durchführung ihrer Aufgaben erforderlichen Umstände und Tatsachen zu unterrichten und ihr die erforderlichen Unterlagen zur Verfügung zu stellen.

2 Die Vorschrift ist nach § 51 Abs. 6 i. V. m. § 73 Abs. 2 auf die GesJugAzubiVertr. entsprechend anzuwenden, obwohl sie in § 73 Abs. 2 nicht ausdrücklich aufgeführt ist (*GL*, Rn 2; *HSG*, Rn 2).

2a Entsprechende Vorschrift des **BPersVG 74:** § 61 Abs. 1 und 3.

II. Allgemeine Aufgaben (Abs. 1)

3 Die allgemeinen Aufgaben der JugAzubiVertr. sind **überwachender und beratender Art.** Sie beziehen sich auf alle Fragen und Bereiche so-

zialer, personeller und wirtschaftlicher Art, die jugendl. oder die zu ihrer Berufsausbildung beschäftigten ArbN unmittelbar oder mittelbar betreffen oder ihnen dienen. Die Wahrnehmung und Erfüllung der allgemeinen Aufgaben erfolgt über den BR (*DR,* Rn 1; *GL,* Rn 1) und bedarf deshalb einer ständigen und engen Zusammenarbeit mit dem BR. Über das Initiativrecht der JugAzubiVertr. in Fragen, die besonders die jugendl. oder auszubildenden ArbN betreffen, vgl. auch § 67 Abs. 3 Satz 1 und dort Rn 22ff.

Im Rahmen ihrer gesetzlichen Aufgaben können BR und JugAzubiVertr. gemeinsam die Durchführung einer Fragebogenaktion unter den jugendlichen oder auszubildenden ArbN beschließen, soweit dadurch Betriebsablauf oder Betriebsfriede nicht gestört werden (BAG 8. 2. 77, AP Nr. 10 zu § 80 BetrVG 1972; kritisch zu dieser Entscheidung *Eich,* DB 78, 395; zustimmend *DR,* Rn 26; *GL,* Rn 8).

1. Antragsrecht

Abs. 1 Nr. 1 gewährt der JugAzubiVertr. ein **allgemeines Initiativrecht.** Sie kann beim BR – nicht beim ArbGeb. (*DR,* Rn 3; *GK-Kraft,* Rn 3; *GL,* Rn 3) – alle Maßnahmen beantragen, die den **jugendl. oder zu ihrer Berufsausbildung beschäftigten ArbN des Betriebs dienen.** Nicht erforderlich ist, daß es sich um Maßnahmen handelt, bei denen der BR ein Mitwirkungs- oder Mitbestimmungsrecht hat. Auch sonstige Angelegenheiten, die für die jugendl. oder auszubildenden ArbN von Bedeutung sind, kann die JugAzubiVertr. beim BR anregen. Allerdings muß es sich um Maßnahmen und Angelegenheiten im Bereich des Betriebs handeln, zu deren Behandlung der **BR zuständig** ist. Ist dies nicht der Fall (z. B. bei außerbetrieblichen Angelegenheiten ohne jeden Betriebsbezug), besteht mangels Legitimation kein Antragsrecht der JugAzubiVertr. (*DR,* Rn 3; *GL,* Rn 3; *GK-Kraft,* Rn 4; *HSG,* Rn 5). Zielrichtung des Antrags der JugAzubiVertr. ist stets das Wohl der jugendl. oder auszubildenden ArbN des Betriebs. 4

Als Angelegenheiten i. S. der Nr. 1 können z. B. in Betracht kommen: Fragen der **Arbeitszeit** der jugendl. oder auszubildende ArbN unter Berücksichtigung der §§ 11 bis 18 JugArbSchG, besondere **Sozialleistungen oder Sozialeinrichtungen** für diese ArbN – etwa die Einrichtung von Aufenthaltsräumen für jugendliche oder auszubildende ArbN, die Bildung einer betrieblichen Sportabteilung oder Musikgruppe, die Einrichtung einer Jugendbibliothek, ferner ein „Haus der offenen Tür" oder ein Ferienhaus für jugendl. oder auszubildende ArbN des Betriebs –, Fragen der **Urlaubsregelung** für jugendl. ArbN unter Berücksichtigung des § 19 JugArbSchG, Fragen der menschengerechten Gestaltung der Arbeits- und Ausbildungsplätze der jugendlichen ArbN. Von besonderer Bedeutung sind naturgemäß Fragen der betrieblichen **Berufsausbildung.** Hier können insbesondere Maßnahmen hinsichtlich der Durchführung der Berufsausbildung in Betracht kommen, etwa die Gestaltung des **Ausbildungsplans** im Rahmen der gesetzlichen Regelung oder die Verbesserung der **Ausbildungsmetho-** 4a

den; ferner die Erstellung von **Beurteilungsbogen** für die Auszubildenden. Auch Fragen über die Person der Ausbilder oder die Beschaffung zusätzlicher oder besonderer Ausbildungsmittel können Gegenstand des Antragsrechts nach Nr. 1 sein (*GK-Kraft,* Rn 4). Ferner ist es zulässig, daß sich die JugAzubiVertr. dem BR gegenüber für die Schaffung von Ausbildungsplätzen einsetzt, zumal der BR für Fragen der Personalplanung (§ 92) und der Berufsbildung (§§ 96ff.) zuständig ist.

5 Die Maßnahmen sind von der JugAzubiVertr. **beim BR zu beantragen** (*DR,* Rn 3; *GKSB,* Rn 3). Dies setzt einen entsprechenden Beschluß der JugAzubiVertr. voraus. Die JugAzubiVertr. muß sich also vorher auf einer Sitzung mit der betreffenden Angelegenheit ordnungsgemäß befaßt haben. Der Vors. der JugAzubiVertr. als solcher hat kein Antragsrecht, er führt lediglich einen Beschluß der JugAzubiVertr. durch, wenn er diesen an den BR weiterleitet (h. M.).

6 Der **BR ist verpflichtet,** den Antrag der JugAzubiVertr. nach Nr. 1 entgegenzunehmen und **sich mit ihm zu befassen.** Das gehört zu den ihm obliegenden allgemeinen Aufgaben (vgl. § 80 Abs. 1 Nr. 3). Eine Nichtbeachtung von Anträgen der JugAzubiVertr. kann u. U. – insbesondere im Wiederholungsfalle – als ein grober Verstoß gegen die dem BR obliegenden gesetzlichen Pflichten nach § 23 Abs. 1 anzusehen sein.

Vielfach wird bei der Behandlung der beantragten Maßnahmen die JugAzubiVertr. gemäß § 67 Abs. 1 Satz 2 zu beteiligen sein. Soweit der Antrag eine Angelegenheit zum Gegenstand hat, die besonders die jugendl. oder auszubildenden ArbN betrifft, hat der BR gemäß § 67 Abs. 3 Satz 1 diese Angelegenheit auf die Tagesordnung seiner nächsten Sitzung zu setzen.

6a Der BR ist **nicht verpflichtet,** die von der JugAzubiVertr. beantragten Maßnahmen gegenüber dem ArbGeb. weiter zu verfolgen. Unbegründete, unzweckmäßige oder unsachliche Anträge der JugAzubiVertr. kann er zurückweisen (*DR,* Rn 4; *GL,* Rn 4; *GK-Kraft,* Rn 7; *HSG,* Rn 8; *Weiss,* Rn 2). Wie er den Antrag sachlich behandelt, unterliegt seinem Ermessen. Jedoch muß er die JugAzubiVertr. stets über die weitere Behandlung der Angelegenheit **bescheiden** (vgl. § 80 Abs. 1 Nr. 3), sofern dies nicht deshalb überflüssig ist, weil die JugAzubiVertr. an der BRSitzung bzw. der Beschlußfassung gem. § 67 teilgenommen hat.

6b Sofern der BR den Antrag der JugAzubiVertr. als sachdienlich oder berechtigt anerkennt, ist er im Rahmen seines Ermessens verpflichtet, die **Angelegenheit mit dem ArbGeb. zu erörtern.** Vielfach wird bei dieser Erörterung die JugAzubiVertr. gem. § 68 teilnahmeberechtigt sein. Soweit ein Teilnahmerecht der gesamten JugAzubiVertr. nicht in Betracht kommt, weil die Angelegenheit die jugendl. ArbN nicht besonders betrifft, dürfte es sich empfehlen, wenigstens den Vors. der JugAzubiVertr. oder ein anderes ihrer Mitgl. zu der Erörterung der von der JugAzubiVertr. beantragten Angelegenheit hinzuzuziehen.

2. Überwachungsrecht

Die Regelung des Abs. 1 Nr. 2 beinhaltet nicht nur ein Überwachungsrecht der JugAzubiVertr., sondern normiert gleichzeitig eine **Überwachungspflicht** (*DR,* Rn 7; *GL,* Rn 8; *GK-Kraft,* Rn 8). Die Überwachung bezieht sich auf sämtliche Rechtsnormen, die für die jugendl. oder auszubildenden ArbN des Betriebs von Bedeutung sind. Erfaßt werden sowohl gesetzliche als auch tarifliche oder betriebliche Rechtsnormen. Nicht erforderlich ist, daß die Rechtsnormen ausschließlich oder überwiegend die jugendl. oder auszubildende ArbN betreffen. Das Überwachungsrecht besteht vielmehr hinsichtlich aller Normen, die **„auch"** für diese ArbN von Bedeutung sind (*DR,* Rn 6; *Hromadka,* DB 71, 1965; *GK-Kraft,* Rn 8; *HSG,* Rn 9; *Weiss,* Rn 3; enger *Brecht,* Rn 2 und 4). Hierunter fallen auch die Bestimmungen, die den Aushang derartiger Vorschriften im Betrieb vorschreiben. In erster Linie werden allerdings insbesondere solche Vorschriften in Betracht kommen, die speziell jugendl. oder auszubildende ArbN ansprechen. Hierbei beschränkt sich das Überwachungsrecht nicht auf Vorschriften über den arbeitstechnischen Schutz für ArbN, sondern umfaßt alle sonstigen Vorschriften im arbeitsrechtlichen Bereich. 7

Bei den **gesetzlichen Vorschriften** ist insbesondere zu denken an das Berufsbildungsgesetz und die Handwerksordnung, soweit sie die Berufsausbildung betreffen; ferner an das JugArbSchG, insbesondere an seine Beschäftigungsverbote und besonderen Arbeitszeitvorschriften für jugendl. ArbN sowie seine Bestimmungen über die gesundheitliche Betreuung der jugendl. ArbN. Bei den VO kommen insbesondere die auf Grund des Berufsbildungsgesetzes, des JugArbSchG sowie der GewO erlassenen VO in Betracht. Zahlreiche **Unfallverhütungsvorschriften** der Berufsgenossenschaften enthalten ebenfalls Sonderregelungen über die Beschäftigung jugendl. oder auszubildender ArbN. Auch **TV** und **BV** sehen vielfach entsprechende Sonderregelungen vor. 8

Die Überwachung bezieht sich darauf, daß die geltenden Rechtsnormen durchgeführt werden. Die JugAzubiVertr. hat also darauf zu achten, daß die jugendl. oder auszubildenden ArbN entsprechend den bestehenden Normen behandelt werden bzw. unter Berücksichtigung dieser Normen ihre Arbeit ausüben. Stellt sie hier Mißstände fest, hat sie beim BR auf deren Abstellung hinzuwirken. Das Überwachungsrecht bedeutet nicht, daß die JugAzubiVertr. damit zu einem dem ArbGeb. übergeordneten **Kontrollorgan** wird (*DR,* Rn 7; *GL,* Rn 8; *GK-Kraft,* Rn 9; *HSG,* Rn 9; *Hromadka,* a. a. O. S. 1965). Das schließt jedoch nicht aus, daß die JugAzubiVertr. von sich aus und ohne tatsächliche Verdachtsmomente hinsichtlich einer Nichtanwendung oder fehlerhaften Anwendung von Vorschriften von ihrer Überwachungsbefugnis Gebrauch machen kann. Sie kann deshalb auch ohne konkreten Anlaß Stichproben hinsichtlich der Einhaltung solcher Vorschriften machen (BAG 21. 1. 82, AP Nr. 1 zu § 70 BetrVG 1972; **a. A.** *GK-Kraft,* Rn 9; *HSG,* Rn 9; *Schlochauer,* Festschrift für Müller, S. 476; vgl. hierzu auch § 80 Rn 3ff.). Zu diesem Zweck kann sie mit Zustimmung des BR 9 (insoweit **a. A.** *GKSB,* Rn 7) die jugendlichen oder auszubildenden ArbN auch an ihrem Arbeitsplatz aufsuchen (BAG 21. 1. 82, a. a. O.; *DR,* Rn 26; **a. A.** *Peters,* BlStR 80, 68; *Kraft,* SAE 82, 202; *GK-Kraft,* Rn 9).

Die Überwachungspflicht erstreckt sich nicht auf die Durchsetzung von Ansprüchen jugendl. oder auszubildender ArbN im Streitfall. Eine Vertretung vor den ArbG gehört ebensowenig zu den Aufgaben der JugAzubiVertr., wie das beim BR der Fall ist (vgl. § 80 Rn 9; *GL,* Rn 9; *GK-Kraft,* Rn 8; *HSG,* Rn 10; *Weiss,* Rn 3).

3. Anregungsrecht

10 Zweck der Regelung des Abs. 1 Nr. 3, die § 80 Abs. 1 Nr. 3 entspricht, ist es, eine möglichst **enge Kommunikation** zwischen den jugendl. oder auszubildenden ArbN und ihrer betrieblichen Vertr. sicherzustellen und so zu erreichen, daß die JugAzubiVertr. stets über Fragen und Wünsche der jugendl. und auszubildenden ArbN unterrichtet ist. Die Entgegennahme von Anregungen der von ihr betreuten ArbN ist vielfach eine wesentliche Voraussetzung für eine fruchtbare Arbeit der JugAzubiVertr.

Die JugAzubiVertr. hat **Anregungen** der jugendl. oder auszubildenden ArbN entgegenzunehmen. Der Begriff Anregungen ist weit zu verstehen und umfaßt auch **Beschwerden** (*DR,* Rn 8; *GL,* Rn 7; *GK-Kraft,* Rn 10; *HSG,* Rn 11; **a. A.** *Frauenkron,* Rn 3). Die Anregung braucht sich nicht notwendigerweise auf Angelegenheiten zu beziehen, die ausschließlich oder besonders jugendl. oder auszubildende ArbN betreffen. Vielmehr können diese ArbN in allen betrieblichen Fragen ihre Anregungen, auch soweit sie alle ArbN des Betriebs berühren, der JugAzubi-Vertr. unterbreiten. Andererseits sind sie nicht verpflichtet, ihre Anregungen nur bei der JugAzubiVertr. anzubringen. Sie können sie auch gem. § 80 Abs. 1 Nr. 3 unmittelbar beim BR vorbringen (*DR,* Rn 11; *GL,* Rn 7; *GK-Kraft,* Rn 11; *HSG,* Rn 14). Dies gilt insbesondere für Beschwerden, für deren Behandlung gegenüber dem ArbGeb. der BR allein zuständig ist.

11 Die JugAzubiVertr. ist **verpflichtet,** die Anregungen jugendlicher oder zu ihrer Berufsausbildung beschäftigten ArbN **entgegenzunehmen.** Sie muß sich mit ihnen auf einer Sitzung der JugAzubiVertr. befassen und hierbei ihre Berechtigung prüfen. Hält sie die Anregung für nicht berechtigt, etwa weil sie unzweckmäßig oder nicht durchführbar erscheint, so hat sie dies in einem Beschluß festzustellen und die betr. jugendl. oder auszubildenden ArbN hierüber zu unterrichten (*GL,* Rn 5).

12 Hält die JugAzubiVertr. die Anregung für berechtigt, so hat sie **beim BR auf eine Erledigung hinzuwirken.** Sie ist nicht berechtigt, unmittelbar mit dem ArbGeb. über die betr. Angelegenheit zu verhandeln. Dieses Recht hat ausschließlich der BR, der allerdings die JugAzubiVertr. im Rahmen des § 68 zu diesen Besprechungen hinzuzuziehen hat, wenn die Angelegenheit besonders jugendl. oder auszubildende ArbN betrifft.

12a **„Hinwirken"** bedeutet, daß die JugAzubiVertr. die Angelegenheit dem BR mit ihrer Stellungnahme zu dem Zweck zuleitet, daß der BR die Angelegenheit erledigt. Der BR ist allerdings durch den Beschluß der JugAzubiVertr. in seiner Entscheidung nicht gebunden. Er hat selbständig zu prüfen, ob er die Anregung für berechtigt erachtet (*HSG,* Rn 12). Betrifft die Anregung besonders oder überwiegend jugendl. oder auszubildende ArbN, so ist die gesamte JugAzubiVertr. bei der Behandlung dieses Tagesordnungspunktes gem. § 67 Abs. 1 Satz 2 und Abs. 2 an der BRSitzung teilnahmeberechtigt, ggf. auch stimmberechtigt (Näheres § 67 Rn 10ff. und 16ff.).

Die JugAzubiVertr. hat den bzw. die jugendl. oder auszubildenden ArbN über die Behandlung der Anregung **zu unterrichten.** Die Unterrichtung umfaßt zum einen die Behandlung der Angelegenheit in der JugAzubiVertr. selbst. Die JugAzubiVertr. hat also auch mitzuteilen, daß sie die Anregung nicht für berechtigt erachtet und sie deshalb die Angelegenheit nicht weiter verfolgt. Hat sie die Anregung an den BR weitergeleitet, so muß sie den bzw. die jugendl. oder auszubildenden ArbN über die Behandlung im BR unterrichten; d. h. sie muß mitteilen, welche Stellung der BR zu der Anregung eingenommen hat. Insbesondere sind der oder die jugendl. oder auszubildenden ArbN über das Ergebnis von Verhandlungen des BR mit dem ArbGeb. über die Anregung zu unterrichten (*GL,* Rn 6; *GK-Kraft,* Rn 13; *HSG,* Rn 13). 13

Die Unterrichtung erfolgt in erster Linie durch die JugAzubiVertr. Will der BR in Fällen, in denen jugendl. oder auszubildende ArbN Anregungen an die JugAzubiVertr. gerichtet haben, von sich aus diese ArbN über den Stand und das Ergebnis der Verhandlungen unterrichten, so hat er die JugAzubiVertr. zu beteiligen.

III. Unterrichtungsrecht (Abs. 2)

1. Rechtzeitige und umfassende Unterrichtung

Damit die JugAzubiVertr. ihre Aufgaben sach- und fachgerecht ausüben kann, ist sie vom BR in dem hierfür erforderlichen Umfang **rechtzeitig und umfassend zu unterrichten.** Die Unterrichtung obliegt **allein dem BR.** Ein Anspruch der JugAzubiVertr. auf Unterrichtung durch den ArbGeb. besteht nicht (*DR,* Rn 12; *GL,* Rn 10; *GK-Kraft,* Rn 15; *GKSB,* Rn 8; *HSG,* Rn 15). Die Unterrichtung dient einer ordnungsgemäßen Durchführung der Aufgaben der JugAzubiVertr. Aus diesem Zweck ergeben sich auch Inhalt und Grenzen der Unterrichtungspflicht des BR. Die Unterrichtung erstreckt sich grundsätzlich auf alle Umstände und Tatsachen, die sich auf die gesetzlichen Aufgaben der JugAzubiVertr. beziehen. Hierzu zählen insbesondere die allgemeinen Aufgaben nach § 70 Abs. 1 sowie darüber hinaus alle Angelegenheiten, die besonders oder überwiegend die Belange der jugendl. oder zu ihrer Berufsausbildung beschäftigten ArbN berühren und hinsichtlich deren sie ein Teilnahmerecht an den Sitzungen des BR hat. Die Unterrichtung beschränkt sich andererseits nicht nur auf Mitteilungen tatsächlicher Art, sondern bezieht sich auch auf Rechtsauskünfte (*DR,* Rn 13; *GL,* Rn 10; *HSG,* Rn 15). 14

15 Die Unterrichtung muß der BR **von sich aus** vornehmen. Sie setzt keinen entsprechenden Antrag der JugAzubiVertr. voraus (*DR,* Rn 14; *GL,* Rn 11; *GK-Kraft,* Rn 15). Eine besondere Form der Unterrichtung ist nicht vorgeschrieben. Sie kann auch mündlich erfolgen. **Rechtzeitig** ist die Unterrichtung, wenn die JugAzubiVertr. die erforderlichen Mitteilungen bei der Durchführung ihrer Aufgaben, insbes. bei ihren Beschlüssen, berücksichtigen kann. Da die Unterrichtung ferner **umfassend** sein muß, erstreckt sie sich auf alle Umstände, die für eine ordnungsgemäße Meinungsbildung der JugAzubiVertr. erforderlich sind. Was im Einzelfall hierunter fällt, hängt von den jeweiligen konkreten Umständen ab.

15a Über **Betriebs- oder Geschäftsgeheimnisse** darf der BR die JugAzubiVertr. allerdings **nicht** unterrichten, selbst dann nicht, wenn dies gerade für die jugendl. oder auszubildenden ArbN von besonderer Bedeutung ist. Das ergibt sich daraus, daß die JugAzubiVertr. in die Ausnahmebestimmungen des § 79 Abs. 1 Satz 4 nicht aufgenommen ist (vgl. § 79 Rn 12; *GL,* Rn 10; *GK-Kraft,* Rn 16; *HSG,* Rn 21; *Weiss,* Rn 6; jetzt auch *DR,* Rn 22; **a. A.** *GKSB,* Rn 10). Das gleiche gilt für persönliche Angaben i. S. von § 99 Abs. 1 Satz 3.

Erfahren Mitgl. der JugAzubiVertr. Betriebs- oder Geschäftsgeheimnisse, so sind sie hierüber zur Geheimhaltung verpflichtet (§ 79 Abs. 1); dasselbe gilt hinsichtlich persönlicher Angaben i. S. von § 99 Abs. 1 S. 3, obwohl hier eine Verschwiegenheitspflicht der Mitgl. der JugAzubiVertr. nicht ausdrücklich normiert ist (*DR,* Rn 23; *GKSB,* Rn 11).

2. Vorlage von Unterlagen

16 **Auf Verlangen** der JugAzubiVertr. hat der BR seine Unterrichtung durch die **Vorlage der erforderlichen Unterlagen** zu ergänzen. Die Verpflichtung zur Vorlage der erforderlichen Unterlagen besteht hinsichtlich sämtlicher Aufgaben, die der JugAzubiVertr. obliegen. Allerdings müssen die Unterlagen zur Erfüllung dieser Aufgaben notwendig sein (*GK-Kraft,* Rn 17). Die Vorlagepflicht beschränkt sich auf solche Unterlagen, die dem BR gemäß § 80 Abs. 2 Satz 1 zur Verfügung gestellt worden sind bzw. deren Zurverfügungstellung er im Rahmen des § 80 Abs. 2 Satz 2 verlangen kann (*DR,* Rn 17; *GL,* Rn 12; *GK-Kraft,* Rn 17). Keine Vorlageverpflichtung besteht hinsichtlich solcher Unterlagen, die ein Betriebs- oder Geschäftsgeheimnis oder persönliche Angaben i. S. von § 99 Abs. 1 Satz 3 enthalten (vgl. Rn 15a).

16a Zu den vorzulegenden Unterlagen zählen z. B. die für die Arbeit der JugAzubiVertr. erforderlichen **Rechtsvorschriften** (Abs. 1 Nr. 2), des weiteren Berichte der zuständigen Behörden über gerade die jugendl. oder zu ihrer Berufsausbildung beschäftigten ArbN betreffenden Fragen, ferner ein etwa bestehender Ausbildungsplan sowie sonstige beim BR vorhandene Unterlagen, die für die Bearbeitung der jeweiligen konkreten Aufgabe der JugAzubiVertr. erforderlich sind. Die JugAzubiVertr. kann nicht die Vorlage der **Lohn- und Gehaltslisten** der jug. oder auszubildenden ArbN verlangen. Dies scheitert schon daran, weil nach

§ 80 Abs. 2 S. 2 dem BR selbst lediglich ein Einsichtsrecht zusteht (vgl. BAG 15. 6. 76, AP Nr. 9 zu § 80 BetrVG 1972). Wohl kann die JugAzubiVertr. beim BR anregen, Einsicht in die Bruttolohn- und Gehaltslisten der jug. und auszubildenden ArbN. zu nehmen und ihr das Ergebnis dieser Einsichtnahme mitzuteilen (vgl. *DR,* Rn 19, *GK-Kraft,* Rn 17; *Weiß,* Rn 4; **a. A.** *GL,* Rn 12; wohl auch *HSG,* Rn 19).

Der BR hat die Unterlagen der JugAzubiVertr. **zur Verfügung zu stellen,** d. h. ggf. auf Zeit zu überlassen. Eine bloße Vorlage reicht nicht aus (*GL,* Rn 13; *GK-Kraft,* Rn 17; *HSG,* Rn 20; **a. A.** *DR,* Rn 20, die im allgemeinen eine bloße Vorlage ausreichen lassen). Diese Pflicht besteht allerdings nur, wenn die JugAzubiVertr. dies ausdrücklich verlangt. Im Gegensatz zur Unterrichtungspflicht des Abs. 2 Satz 1 ist der BR nicht von sich aus zur Überlassung der erforderlichen Unterlagen verpflichtet. 17

Eine Verletzung der Unterrichtungs- und Überlassungspflicht nach Abs. 2 kann u. U. – insbesondere im Wiederholungsfalle – als ein grober Verstoß gegen die dem BR obliegenden gesetzlichen Pflichten nach § 23 Abs. 1 angesehen werden (*DR,* Rn 24; *GK-Kraft,* Rn 19; *GKSB,* Rn 13). 17a

IV. Streitigkeiten

Streitigkeiten über Inhalt, Umfang und Grenzen der Aufgaben der JugAzubiVertr. sowie des Unterrichtungsrechts und des Anspruches auf Vorlage von Unterlagen nach Abs. 2 entscheiden die ArbG im Beschlußverfahren (§§ 2a, 80ff. ArbGG). Beteiligter ist auch die JugAzubiVertr. (BAG 8. 2. 77, AP Nr. 10 zu § 80 BetrVG 1972). 18

§ 71 Jugend- und Auszubildendenversammlung

Die Jugend- und Auszubildendenvertretung kann vor oder nach jeder Betriebsversammlung im Einvernehmen mit dem Betriebsrat eine betriebliche Jugend- und Auszubildendenversammlung einberufen. Im Einvernehmen mit Betriebsrat und Arbeitgeber kann die betriebliche Jugend- und Auszubildendenversammlung auch zu einem anderen Zeitpunkt einberufen werden. § 43 Abs. 2 Satz 1 und 2, die §§ 44 bis 46 und § 65 Abs. 2 Satz 2 gelten entsprechend.

Inhaltsübersicht

I. Vorbemerkung

1 Die JugAzubiVerslg. dient dem Zweck, den jugendl. ArbN und Auszubildenden Gelegenheit zu geben, die sie betreffenden Angelegenheiten unter sich erörtern zu können. Aus Gründen einer möglichst geringen Unterbrechung des Betriebsablaufs ist die JugAzubiVerslg. in zeitlichem Zusammenhang mit der BetrVerslg. oder den sie ersetzenden AbtVerslg. durchzuführen. Ihre Durchführung bedarf des **Einvernehmens mit dem BR.** Satz 2 erweitert die zeitlichen Möglichkeiten bei Einvernehmen mit BR und ArbGeb. Um einen ordnungsgemäßen Ablauf der JugAzubiVerslg. sicherzustellen, sind einige Vorschriften über die BetrVerslg. für entsprechend anwendbar erklärt. Zur Zulässigkeit, auch außerhalb der JugAzubiVerslg. eine schriftliche Fragebogenaktion unter den jugendlichen ArbN des Betriebs durchzuführen, vgl. § 70 Rn 3.

2 Die Vorschrift gilt nicht für die **GesJugAzubiVertr.** (vgl. § 73 Abs. 2).

3 Die Regelung ist zwingendes Recht und kann weder durch BV noch durch TV abbedungen werden.

4 Entsprechende Vorschrift des **BPersVG 74:** § 63.

II. Jugend- und Auszubildendenversammlung

1. Allgemeines

5 Die JugAzubiVerslg. besteht aus den **Mitgl. der JugAzubiVertr. sowie den jugendl. ArbN** des Betriebs und den ArbN, die zu ihrer **Ausbildung** beschäftigt sind und das 25. Lebensjahr noch nicht vollendet haben (§ 60 Abs. 1). Außerdem dürfen von Gesetzes wegen nur teilnehmen der **ArbGeb.** (vgl. unten Rn 21), der **BRVors.** oder ein anderes beauftragtes BRMitgl. (vgl. unten Rn 28) sowie **Beauftragte der Verbände** unter den Voraussetzungen des § 46 (vgl. unten Rn 28). Weitere Personen können im Einverständnis mit dem Vors. der JugAzubiVertr. und des BR als **Sachverständige** oder **Gäste** teilnehmen (vgl. § 42 Rn 15ff.).

6 Die über 18 Jahre alten Auszubildenden (bis zur Vollendung des 25. Lebensjahres) können jetzt – nach Erweiterung der BetrJugVerslg. in eine Jugend- und Auszubildendenverslg. – ohne Einverständnis des ArbGeb. teilnehmen (anders die frühere Regelung, vgl. 15. Aufl. Rn 6). Fragen der Berufsausbildung werden häufig Schwerpunkt der Verslg. sein. Alle Jugendlichen und Auszubildenden (Rn 5) haben **Stimmrecht.** Ältere Auszubildende können ohne Stimmrecht als Gäste teilnehmen, wenn ArbGeb und BR einverstanden sind; der ArbGeb muß gefragt werden, um den Anspruch auf Ausbildungsvergütung zu sichern.

7 Die jugendl. ArbN und die Auszubildenden sind durch die Teilnahme an der JugAzubiVerslg. nicht gehindert, auch an der BetrVerslg. teilzunehmen.

8 Die JugAzubiVerslg. kann **nicht in Form von AbtVerslg.** durchgeführt werden, da § 42 Abs. 2 und § 43 Abs. 1 Satz 1 in § 71 nicht in Bezug genommen werden (*GL,* Rn 1; *GK-Kraft,* Rn 3; *GKSB,* Rn 3;

HSG, Rn 15; **a. A.** *DR,* Rn 5; *Weiss,* Rn 2). Wohl ist es **zulässig,** die BetrJugAzubiVerslg. in **Teilverslg.** durchzuführen, wenn wegen der Eigenart des Betriebs eine Verslg. aller jugendl. ArbN und der Auszubildenden zum gleichen Zeitpunkt nicht stattfinden kann. Zwar wird § 42 Abs. 1 Satz 3 in § 71 nicht ausdrücklich erwähnt; gleichwohl ist diese Bestimmung entsprechend anzuwenden. Denn auf eine Verslg. der jugendl. ArbN des Betriebs darf nicht verzichtet werden, nur weil wegen der Eigenart des Betriebs eine Vollverslg. der jugendl. ArbN nicht möglich ist (*Weiss,* Rn 2; ähnlich *DR,* Rn 4, der jedoch Teilverslg. bereits dann als zulässig ansieht, wenn die BetrVerslg. ihrerseits in Teilverslg. durchgeführt wird; **a. A.** *GK-Kraft,* Rn 3; *GKSB,* Rn 3; *HSG,* Rn 15). Der vom Gesetz geforderte zeitliche Zusammenhang zwischen BetrVerslg. und JugAzubiVerslg. kann auch in diesem Falle beachtet werden, nämlich in der Form, daß die BetrJugAzubiTeilVerslg. vor oder nach einer BetrTeilVerslg. abgehalten wird.

2. Voraussetzungen

Die Einberufung einer JugAzubiVerslg. erfordert einen entsprechenden **Beschluß der JugAzubiVertr.** sowie das **Einvernehmen des BR.** Für den Beschluß reicht die einfache Stimmenmehrheit der beschlußfähigen JugAzubiVertr. aus. 9

Ob die JugAzubiVertr. eine JugAzubiVerslg. durchführen will, liegt in ihrem **Ermessen** (*DR,* Rn 6; *GL,* Rn 8; *GK-Kraft,* Rn 7; *HSG,* Rn 6). Eine Verpflichtung hierzu besteht nicht. Auch ein Antragsrecht der Gewerkschaften oder des BR auf Einberufung einer JugAzubiVerslg. besteht nicht. Die Durchführung eigener JugAzubiVerslg. hängt davon ab, ob ausreichend Themen für eine allgemeine Erörterung zur Verfügung stehen. Da jetzt auch Auszubildende teilnehmen und Fragen der Ausbildung den Schwerpunkt bilden, dürfte das Bedürfnis größer geworden sein. 10

Die Einberufung einer JugAzubiVerslg. bedarf des **Einvernehmens des BR.** Einvernehmen bedeutet **Zustimmung** (h. M.). Die Entscheidung über die Zustimmung trifft der BR durch einfachen Mehrheitsbeschluß nach pflichtgemäßem Ermessen. An dieser Beschlußfassung ist die JugAzubiVertr. gem. § 67 Abs. 2 teilnahme- und stimmberechtigt. Die Zustimmung des BR bezieht sich nicht nur auf die Durchführung einer JugAzubiVerslg. als solche, sondern auch auf ihre **zeitliche Lage** sowie auf die **Tagesordnung** (*DR,* Rn 7; *GL,* Rn 7; *GK-Kraft,* Rn 8; *HSG,* Rn 7). Aus diesem Grunde ist es erforderlich, daß die JugAzubiVertr. dem BR nicht nur ihren Wunsch nach Abhaltung einer JugAzubiVerslg., sondern auch die gewünschte zeitliche Lage und die Tagesordnung mitteilt. Eine nachträgliche Änderung oder Ergänzung der Tagesordnung in wesentlichen Punkten bedarf ebenfalls der Zustimmung des BR (*DR,* Rn 7; vgl. auch Rn 17). 11

3. Anzahl und Zeitpunkt

12 Die JugAzubiVertr. kann eine JugAzubiVerslg. vor oder nach **jeder BetrVerslg.** durchführen. Gleichgültig ist, ob es sich um eine regelmäßige, zusätzliche oder außerordentliche BetrVerslg. handelt. Auch ist es unerheblich, ob die BetrVerslg. gemäß § 42 i. V. mit § 43 Abs. 1 Satz 2 in Form von AbtVerslg. durchgeführt wird. Denn auch letztere sind BetrVerslg. (*GL,* Rn 6; *GK-Kraft,* Rn 4; *GKSB,* Rn 9; *HSG,* Rn 9). Wenn danach so viele JugAzubiVerslg. wie BetrVerslg. durchgeführt werden könnten, so wird ihre tatsächliche Anzahl sich doch danach richten, inwieweit ein **berechtigtes Bedürfnis** für die Abhaltung eigener Verslg. besteht. Dies sollen sowohl die JugAzubiVertr. selbst bei ihrem Beschluß als auch der BR bei seiner Zustimmung berücksichtigen.

13 Soweit die Durchführung einer zusätzlichen oder außerordentlichen BetrVerslg. nur unter besonderen Voraussetzungen zulässig ist (vgl. hierzu § 43 Rn 33ff.), sind diese auch für die Durchführung einer **außerordentlichen JugAzubiVerslg.** erforderlich (*GK-Kraft,* Rn 4).

14 Die JugAzubiVerslg. darf ohne Einverständnis des ArbGeb. nur **vor oder nach einer BetrVerslg.** stattfinden. Sie ist also grundsätzlich in unmittelbarem zeitlichen Zusammenhang mit der BetrVerslg. am selben Tage abzuhalten (BAG 15. 8. 1978, AP Nr. 1 zu § 23 BetrVG 1972). Sinn dieser Regelung ist, die Störung des Betriebsablaufs in möglichst engen Grenzen zu halten. Der Besuch von zwei Verslg. an einem Tag ist nicht unzumutbar; dies gilt jedenfalls dann, wenn diese Verslg. durch eine Pause (etwa die Mittagspause) getrennt sind. Liegen besondere betriebliche Umstände oder persönliche Gründe der jugendl. ArbN vor, die die Abhaltung der JugAzubiVerslg. am Tage der BetrVerslg. unmöglich machen oder zumindest erheblich erschweren, so kann die JugAzubiVerslg. auch an einem Arbeitstag vor oder nach der BetrVerslg. einberufen werden.

15 Im **Einverständnis** mit BR, JugAzubiVertr. und ArbGeb. kann die JugAzubiVerslg. auch zu einem **anderen Zeitpunkt** stattfinden. Das ist jetzt durch Satz 2 klargestellt worden (vgl. 15. Aufl. Rn 15).

16 Im allgemeinen findet die JugAzubiVerslg. **während der Arbeitszeit** statt (Satz 2 i. Vbdg. mit § 44; vgl. auch Rn 22). Das ist bei der Wahl des Zeitpunkts der JugAzubiVerslg. (vor oder nach der BetrVerslg.) zu beachten.

4. Einberufung und Leitung

17 **Die Einberufung der JugAzubiVerslg. obliegt der JugAzubiVertr.** Sie ist dabei an die **Zustimmung des BR** gebunden. Die JugAzubiVertr. darf die JugAzubiVerslg. nicht zu einem anderen **Zeitpunkt** einberufen als dem, zu dem der BR seine Zustimmung erteilt hat. Grundsätzlich ist sie auch an die vom BR gebilligte **Tagesordnung** gebunden. Allerdings ist eine Ergänzung der Tagesordnung um sachverwandte Themen als zulässig anzusehen. Um hier nicht in Schwierigkeiten zu kommen, erscheint es zweckmäßig, daß der BR die Tagesordnung le-

diglich in ihren Grundzügen billigt und der JugAzubiVertr. einen Spielraum für geringfügige Änderungen oder Ergänzungen läßt.

Die **Leitung der JugAzubiVerslg.** obliegt – obwohl § 42 Abs. 1 Satz 1 zweiter Halbsatz nicht ausdrücklich für entsprechend anwendbar erklärt ist – dem **Vors. der JugAzubiVertr.** (*DR,* Rn 14; *GL,* Rn 9; *GK-Kraft,* Rn 9; *GKSB,* Rn 13; *HSG,* Rn 11; **a. A.** *Hromadka,* DB 71, 1966, nach dem die Leitung der JugAzubiVerslg. gemeinsam den Vors. von BR und JugAzubiVertr. obliegt). Er hat insoweit dieselben Befugnisse wie der BRVors. bei der Leitung der BetrVerslg. (vgl. hierzu § 42 Rn 34ff.). Er hat dafür zu sorgen, daß die JugAzubiVerslg. ordnungsgemäß abläuft und auf ihr keine unzulässigen Themen erörtert werden (vgl. hierzu unten Rn 26 sowie § 45 Rn 5ff. und 24ff.). Dem Vors. der JugAzubiVertr. steht insoweit auch das **Hausrecht** zu. 18

Kommt der Vors. der JugAzubiVertr. seinen Verpflichtungen nicht nach, ist der **BRVors.** bzw. das beauftragte Mitgl. des BR berechtigt und auch verpflichtet, **darauf hinzuwirken,** daß die **JugAzubiVerslg. ordnungsgemäß abläuft** (*GKSB,* Rn 14). Ist dies nicht der Fall, bleiben der BRVors. oder das beauftragte BRMitgl. untätig oder bleibt ihr Eingreifen wirkungslos, wächst bei einem groben Verstoß das Hausrecht wieder dem ArbGeb. zu (vgl. § 42 Rn 36). 19

Die JugAzubiVerslg. ist **nicht öffentlich.** § 42 Abs. 1 Satz 2 ist, obwohl nicht ausdrücklich erwähnt, dennoch entsprechend anzuwenden (*DR,* Rn 15; *GL,* Rn 1, 10; *GK-Kraft,* Rn 9; *HSG,* Rn 12; vgl. im einzelnen § 42 Rn 43ff.). 20

5. Entsprechend anwendbare Vorschriften

Kraft ausdrücklicher gesetzlicher Regelung ist **der ArbGeb.** berechtigt, an allen JugAzubiVerslg. **teilzunehmen** und dort **das Wort zu ergreifen** (h. M.; einschränkend nur *Weiss,* Rn 4). Der Vors. der JugAzubiVertr. ist verpflichtet, den ArbGeb. unter Mitteilung der Tagesordnung zu allen JugAzubiVerslg. einzuladen (§ 43 Abs. 2 Satz 1 und 2). 21

Für den **Zeitpunkt der JugAzubiVerslg.** gelten grundsätzlich die gleichen Regelungen wie für die BetrVerslg. (vgl. Satz 2 i. Vbdg. mit § 44). Die JugAzubiVerslg., die im Zusammenhang mit den in § 43 Abs. 1 und den auf Wunsch des ArbGeb. durchgeführten BetrVerslg. stattfinden, werden grundsätzlich **während der Arbeitszeit** durchgeführt (vgl. § 44 Rn 5 und 7ff.), die übrigen Verslg. dann, wenn der **ArbGeb. sein Einverständnis** damit erklärt hat (vgl. § 44 Rn 20f.); insoweit bedarf der BR für die Festlegung der zeitlichen Lage der JugAzubiVerslg. zusätzlich des Einverständnisses des ArbGeb. 22

Hinsichtlich der **Fortzahlung des Arbeitsentgelts** und der **Auslagenerstattung** ist wie bei der BetrVerslg. wie folgt zu unterscheiden: 23

a) Findet die JugAzubiVerslg. im Zusammenhang mit einer **BetrVerslg. nach § 43 Abs. 1** oder einer **auf Wunsch des ArbGeb.** einberufenen BetrVerslg. statt, so ist die Zeit der Teilnahme an der JugAzubiVerslg. einschließlich zusätzlicher Wegezeiten den jugendl. ArbN wie Arbeitszeit zu vergüten; dies gilt auch dann, wenn wegen der Eigenart des Betriebes die JugAzubiVerslg. außerhalb der Arbeitszeit durchgeführt wird. Außerdem sind etwa entstehende zusätzliche Fahrkosten zu erstatten. Näheres hierzu vgl. § 44 Rn 25ff. Das gilt auch, wenn die hier genannten JugAzubiVersl. mit Einverständnis des ArbGeb. zu einem anderen Zeitpunkt als unmittelbar vor oder nach einer BetrVerslg. stattfinden (vgl. Satz 2 und oben Rn 15).

24 b) Findet die JugAzubiVerslg. im Zusammenhang mit einer **einvernehmlich mit dem ArbGeb.** während der Arbeitszeit durchgeführten **außerordentlichen BetrVerslg.** statt, so darf das Arbeitsentgelt der an der JugAzubiVerslg. teilnehmenden jugendl. und auszubildenden ArbN nicht gemindert werden. Ein Anspruch auf Erstattung etwa entstehender zusätzlicher Fahrkosten besteht nicht (vgl. hierzu im einzelnen § 44 Rn 43ff.).

25 c) Findet die JugAzubiVerslg. in Zusammenhang mit einer **außerhalb der Arbeitszeit** durchgeführten **außerordentlichen BetrVerslg.** statt, so besteht weder ein Anspruch auf Arbeitsentgelt noch auf Fahrkostenerstattung (vgl. § 44 Rn 47ff.).

26 Die **Zuständigkeit der JugAzubiVerslg.** erstreckt sich auf die Behandlung von Themen, die die jugendl. ArbN oder die im Betrieb beschäftigten Auszubildenden unmittelbar betreffen (vgl. hierzu § 45 Rn 5ff., die sinngemäß gelten; *DR,* Rn 16f.; *GL,* Rn 15; *HSG,* Rn 20). Hierunter fallen auch Themen tarifpolitischer, sozialpolitischer (z.B. Fragen des Jugendarbeitsschutzes im Betrieb oder der Bereitstellung von Ausbildungsplätzen im Betrieb) und wirtschaftlicher Art, sofern ein Bezug zu Auszubildenden oder jugendl. ArbN des Betriebs besteht. Nicht erforderlich ist, daß diese Angelegenheiten besonders oder überwiegend die Auszubildenden oder jugendlichen ArbN betreffen. Es genügt, wenn sie diesen Personenkreis „auch" betreffen (vgl. auch § 70 Rn 7). Auch die JugAzubiVerslg. hat das Gebot der betrieblichen Friedenspflicht, das Arbeitskampfverbot und das Verbot jeglicher parteipolitischer Betätigung zu beachten (*DR,* Rn 18; *GL,* Rn 15; *GK-Kraft,* Rn 13; *HSG,* Rn 22; vgl. § 45 Rn 20ff.).

27 Die JugAzubiVerslg. kann entsprechend der Regelung für die BetrVerslg. **Anträge an die JugAzubiVertr. richten** sowie zu ihren Beschlüssen Stellung nehmen (§ 45 S. 2; Einzelheiten bei § 45 Rn 29ff.).

28 Schließlich ist durch die Bezugnahme der §§ 46 und 65 Abs. 2 Satz 2 sichergestellt, daß in allen JugAzubiVerslg. außer dem ArbGeb. (vgl. oben Rn 21) **auch der BRVors.** oder ein anderes beauftragtes BRMitgl. sowie die Beauftragten der **im Betrieb vertretenen Gewerkschaften** und der **ArbGebVereinigungen,** der der ArbGeb. angehört, mit den Befugnissen, wie in § 46 und 65 Abs. 2 Satz 2 umschrieben, **teilnehmen** können (vgl. § 46 Rn 5ff. und 17ff. sowie § 65 Rn 20).

29 Den **in der JugAzubiVertr. vertretenen Gewerkschaften** sind Zeitpunkt und Tagesordnung der JugAzubiVerslg. **mitzuteilen** (§ 46 Abs. 2; wie hier *GL,* Rn 8; *HSG,* Rn 14; nach *DR,* Rn 12, soll eine Mitteilungspflicht hinsichtlich der im BR vertretenen Gewerkschaften bestehen).

III. Streitigkeiten

Streitigkeiten über die Zulässigkeit und die Durchführung einer JugAzubiVerslg. sowie über das Teilnahmerecht an ihr entscheiden die **ArbG im Beschlußverfahren** (§§ 2a, 80ff. ArbGG). Ansprüche auf vorenthaltenen Lohn oder auf Fahrkostenerstattung wegen der Teilnahme an einer JugAzubiVerslg. sind im arbeitsgerichtlichen **Urteilsverfahren** einzuklagen (vgl. § 2 Abs. 1 Nr. 3 ArbGG). 30

Zweiter Abschnitt. Gesamt-Jugend- und Auszubildendenvertretung

§ 72 Voraussetzungen der Errichtung, Mitgliederzahl, Stimmengewicht

(1) **Bestehen in einem Unternehmen mehrere Jugend- und Auszubildendenvertretungen, so ist eine Gesamt-Jugend- und Auszubildendenvertretung zu errichten.**

(2) **In die Gesamt-Jugend- und Auszubildendenvertretung entsendet jede Jugend- und Auszubildendenvertretung ein Mitglied.**

(3) **Die Jugend- und Auszubildendenvertretung hat für das Mitglied der Gesamt-Jugend- und Auszubildendenvertretung mindestens ein Ersatzmitglied zu bestellen und die Reihenfolge des Nachrückens festzulegen.**

(4) **Durch Tarifvertrag oder Betriebsvereinbarung kann die Mitgliederzahl der Gesamt-Jugend- und Auszubildendenvertretung abweichend von Absatz 2 geregelt werden.**

(5) **Gehören nach Absatz 2 der Gesamt-Jugend- und Auszubildendenvertretung mehr als zwanzig Mitglieder an und besteht keine tarifliche Regelung nach Absatz 4, so ist zwischen Gesamtbetriebsrat und Arbeitgeber eine Betriebsvereinbarung über die Mitgliederzahl der Gesamt-Jugend- und Auszubildendenvertretung abzuschließen, in der bestimmt wird, daß Jugend- und Auszubildendenvertretungen mehrerer Betriebe eines Unternehmens, die regional oder durch gleichartige Interessen miteinander verbunden sind, gemeinsam Mitglieder in die Gesamt-Jugend- und Auszubildendenvertretung entsenden. Satz 1 gilt entsprechend für die Abberufung der Gesamt-Jugend- und Auszubildendenvertretung und die Bestellung von Ersatzmitgliedern.**

(6) **Kommt im Fall des Absatzes 5 eine Einigung nicht zustande, so entscheidet eine für das Gesamtunternehmen zu bildende Einigungsstelle. Der Spruch der Einigungsstelle ersetzt die Einigung zwischen Arbeitgeber und Gesamtbetriebsrat.**

(7) **Jedes Mitglied der Gesamt-Jugend- und Auszubildendenvertretung hat so viele Stimmen, wie in dem Betrieb, in dem es gewählt wurde, in § 60 Abs. 1 genannte Arbeitnehmer in der Wählerliste eingetragen sind. Ist ein Mitglied der Gesamt-Jugend- und Auszubildendenvertretung für mehrere Betriebe entsandt worden, so hat es so viele Stimmen, wie in den Betrieben, für die es entsandt ist, in § 60 Abs. 1 genannte Arbeitnehmer in den Wählerlisten eingetragen sind. Sind mehrere Mitglieder der Jugend- und Auszubildendenvertretung entsandt worden, so stehen diesen die Stimmen nach Satz 1 anteilig zu.**

Inhaltsübersicht

I. Vorbemerkung

1 Durch die Institution der GesJugAzubiVertr., die im BetrVG 52 nicht vorgesehen war, soll erreicht werden, daß auch **auf Unternehmensebene ein betriebsverfassungsrechtliches Organ** besteht, das sich speziell der Belange der Auszubildenden und der jugendlichen ArbN des Unternehmens annimmt. Das Gesetz schreibt die Bildung einer GesJugAzubiVertr. vor, wenn in einem Unternehmen mehrere JugAzubiVertr. gewählt sind.

2 Die Vorschrift des § 72 regelt in Anlehnung an die Bestimmung des § 47 über die Bildung des GesBR die Voraussetzungen für die **Errichtung** einer GesJugAzubiVertr. (Abs. 1), ihre regelmäßige **MitglZahl** (Abs. 2), die Verpflichtung zur Bestellung von ErsMitgl. und die Festlegung der Reihenfolge ihres Nachrückens (Abs. 3), die Möglichkeit, durch TV oder BV die MitglZahl abweichend von der gesetzlichen Regelung zu gestalten (Abs. 4 bis 6) sowie die **Stimmengewichtung** in der GesJugAzubiVertr. (Abs. 7).

3 Die Bildung einer **KonzernVertr.** jugendl. ArbN und Auszubildender ist nicht vorgesehen. „Ausschüsse" von JugAzubiVertr. auf Konzernebene haben keine betriebsverfassungsrechtliche Funktion, können jedoch durch freiwillige Vereinbarungen zwischen dem herrschenden Unternehmen des Konzerns und dem KBR gebildet werden.

4 Die Vorschrift ist – abgesehen von der Möglichkeit, durch TV oder BV die MitglZahl abweichend vom Gesetz zu regeln – **zwingendes Recht.**

5 Entsprechende Vorschrift des **BPersVG 74:** § 64.

II. Stellung der Gesamt-Jugend- und Auszubildendenvertretung

6 Die Stellung der GesJugAzubiVertr. ist in zweifacher Hinsicht abzugrenzen, einmal **gegenüber den JugAzubiVertr.**, zum anderen **gegenüber dem GesBR** des Unternehmens.

Die GesJugAzubiVertr. steht **neben den einzelnen JugAzubiVertr.** des Unternehmens und ist diesen **weder über- noch untergeordnet** (*GK-Kraft,* Rn 3; *HSG,* Rn 3). Insoweit gilt dasselbe wie im Verhältnis zwischen GesBR und den einzelnen BR eines Unternehmens (vgl. § 50 Rn 5ff.).

Auch die Zuständigkeitsabgrenzung zwischen GesJugAzubiVertr. und den einzelnen JugAzubiVertr. entspricht derjenigen zwischen GesBR und den einzelnen BR. Insoweit gilt das zu § 50 Rn 17ff. Gesagte entsprechend. (vgl. auch § 73 Abs. 2).

7 Im **Verhältnis zum GesBR** hat die GesJugAzubiVertr. die gleiche Stellung wie die JugAzubiVertr. zum BR. Die GesJugAzubiVertr. ist kein selbständiges, neben dem GesBR stehendes betriebsverfassungsrechtliches Organ mit selbständigen und von diesem unabhängigen Vertretungsrechten gegenüber dem ArbGeb. Insbesondere stehen ihr keine eigenen Mitwirkungs- und Mitbestimmungsrechte zu. Vielmehr kann sie die ihr übertragenen Aufgaben, die Interessen der Auszubildenden und der jugendl. ArbN auf der Unternehmensebene wahrzunehmen (vgl. § 73 Abs. 2 i. V. mit § 50), nur durch und über den GesBR erfüllen (h. M.). Insoweit gelten die Ausführungen zu § 60 Rn 1 über das Verhältnis zwischen der JugAzubiVertr. und dem BR sinngemäß.

III. Voraussetzungen für die Bildung einer Gesamt-Jugend- und Auszubildendenvertretung

8 Die GesJugAzubiVertr. ist in einem **Unternehmen** zu errichten, in dem **mehrere JugAzubiVertr. bestehen.** Die Voraussetzungen für die Errichtung eines GesJugAzubiVertr. entsprechen – abgesehen davon, daß es für die Bildung des GesBR auf das Bestehen mehrerer BR, für den GesJugAzubiVertr. jedoch auf die Existenz mehrerer JugAzubiVertr. in einem Unternehmen ankommt – denjenigen für die Bildung eines GesBR. Es kann insoweit auf die Rn 5ff. zu § 47 verwiesen werden, die sinngemäß gelten. In einem Unternehmen kann nur eine GesJugAzubiVertr. gebildet werden (*DR,* Rn 6; *HSG,* Rn 6).

9 Die Errichtung einer GesJugAzubiVertr. ist nach dem Gesetzeswortlaut nicht davon abhängig, daß in dem Unternehmen auch ein GesBR besteht. Da jedoch eine JugAzubiVertr. nur in Betrieben gebildet werden kann, in denen ein BR besteht (vgl. § 60 Rn 9) ist die **Errichtung einer GesJugAzubiVertr. nur** in solchen Unternehmen **zulässig, in denen nach § 47 Abs. 1 auch ein GesBR gebildet werden muß** (*DR,* Rn 4; *GL,* Rn 6; *GK-Kraft,* Rn 7; *HSG,* Rn 4; **a. A.** von ihrem Standpunkt aus folgerichtig *GKSB,* Rn 2). Insoweit ist die Existenz einer

GesJugAzubiVertr. ohne Bestehen eines GesBR nur denkbar, wenn entgegen der gesetzlichen Verpflichtung die Konstituierung des GesBR unterbleibt. Da die GesJugAzubiVertr. ihre Aufgaben nur durch und über den GesBR erfüllen kann (vgl. oben Rn 7), ist sie in diesem Falle in ihrer Tätigkeit weitgehend beschränkt (*GL,* Rn 6; *GK-Kraft,* Rn 7; *HSG,* Rn 5; *DR,* Rn 4; *Weiss,* Rn 1).

10 Die Bildung einer GesJugAzubiVertr. ist, wenn die gesetzlichen Voraussetzungen vorliegen, **zwingend vorgeschrieben.** Es besteht eine **Rechtspflicht** der JugAzubiVertr., die GesJugAzubiVertr. zu bilden. Ein besonderer Errichtungsbeschluß der einzelnen JugAzubiVertr. ist nicht erforderlich (*DR,* Rn 5; *GL,* Rn 5 u. 7; *HSG,* Rn 6). Vielmehr hat die JugAzubiVertr. nur das Mitgl. zu bestimmen, das sie in die GesJugAzubiVertr. entsenden will.

Die Einberufung der konstituierenden Sitzung der GesJugAzubiVertr. obliegt der JugAzubiVertr., die im Betrieb der Hauptverwaltung des Unternehmens gebildet ist. Besteht hier keine JugAzubiVertr., so obliegt die Einberufung der JugAzubiVertr. des nach der Zahl der Auszubildenden (bis 25 J) und der jugendlichen ArbN größten Betriebs des Unternehmens (vgl. hierzu § 73 Rn 8). Die einladende JugAzubiVertr. hat den GesBR von der konstituierenden Sitzung zu unterrichten (vgl. § 73 Abs. 2 i. V. m. § 51 Abs. 3).

11 Die **GesJugAzubiVertr.** hat ebenso wie der GesBR **keine feste Amtszeit,** da sie eine **Dauereinrichtung** ist (h. M.; vgl. hierzu § 47 Rn 19, § 49 Rn 5). Auflösungsbeschlüsse der einzelnen JugAzubiVertr. oder eine Selbstauflösung der GesJugAzubiVertr. sind für ihren rechtlichen Bestand ohne Bedeutung. Die GesJugAzubiVertr. endet nur, wenn die Voraussetzungen für ihre Errichtung entfallen. Wegen des Erlöschens der Mitgliedschaft einzelner Mitgl. der GesJugAzubiVertr. vgl. § 73 Abs. 2 i. V. mit § 49.

IV. Regelmäßige Zusammensetzung

1. Entsendung

12 Ebenso wie der GesBR wird die GesJugAzubiVertr. nicht durch Wahl, sondern durch **Entsendung von Mitgl. der einzelnen JugAzubiVertr.** gebildet. Da die JugAzubiVertr. nach § 63 in gemeinsamer Wahl ohne Berücksichtigung der Gruppen der Arb. und Ang. gewählt wird, entsendet jede JugAzubiVertr. im Gegensatz zum BR **nur ein Mitgl.** in die GesJugAzubiVertr.

13 Die Bestimmung des zu entsendenden Mitgl. der JugAzubiVertr. erfolgt durch einfachen **Mehrheitsbeschluß** der nach § 65 Abs. 1 i. V. mit § 33 beschlußfähigen JugAzubiVertr. Die JugAzubiVertr. kann **nur eines ihrer Mitgl.** entsenden (vgl. auch § 47 Rn 25). Die Entsendung anderer Personen, auch von ErsMitgl. der JugAzubiVertr., ist nicht zulässig.

Besteht eine JugAzubiVertr. nur aus einem Mitgl., so ist dieses

Mitgl. ohne weiteres auch Mitgl. der GesJugAzubiVertr. (*GL,* Rn 9; *GK-Kraft,* Rn 10; *HSG,* Rn 8).

Liegen die Voraussetzungen für die Errichtung einer GesJugAzubi-Vertr. vor, so ist **jede JugAzubiVertr. verpflichtet,** ein Mitgl. in die GesJugAzubiVertr. zu entsenden. Unterläßt die JugAzubiVertr. dies, so kann dies eine **grobe Pflichtverletzung** darstellen, die gemäß § 65 Abs. 1 i. Vbdg. mit § 23 Abs. 1 die Auflösung der JugAzubiVertr. rechtfertigen kann (h. M.). **14**

2. Ersatzmitglieder

Die JugAzubiVertr. ist verpflichtet, für das entsandte Mitgl. **mindestens ein ErsMitgl. zu bestellen,** das in die GesJugAzubiVertr. nachrückt, wenn das ordentliche Mitgl. zeitweilig verhindert ist oder aus der GesJugAzubiVertr. ausscheidet. Auch die Bestellung des ErsMitgl. erfolgt durch einfachen Mehrheitsbeschluß der beschlußfähigen JugAzubiVertr. Das oder die ErsMitgl. müssen ebenfalls Mitgl. der JugAzubiVertr. sein (vgl. § 47 Rn 37). **15**

Besteht die JugAzubiVertr. nur aus 1 Mitgl., so ist ErsMitgl. das nach § 63 Abs. 2 i. V. mit § 14 Abs. 4 in einem gesonderten Wahlgang gewählte ErsMitgl. des JugAzubiVertr. (*DR,* Rn 11; *GL,* Rn 10; *GK-Kraft,* Rn 9, 10; *HSG,* Rn 10). **16**

Bestellt die JugAzubiVertr. mehrere ErsMitgl., so hat sie gleichzeitig durch einfachen Mehrheitsbeschluß die Reihenfolge ihres Nachrükkens in die GesJugAzubiVertr. festzulegen (h. M.). **17**

3. Abberufung

Das in die GesJugAzubiVertr. entsandte Mitgl. kann von der JugAzubiVertr. **jederzeit** und **ohne Angabe von Gründen** durch **einfachen Mehrheitsbeschluß** wieder **abberufen** werden (*DR,* Rn 10; *GL,* Rn 11; *GK-Kraft,* Rn 11; *HSG,* Rn 9; vgl. § 73 Abs. 2 i. V. m. § 49). **18**

Für das abberufene Mitgl. rückt das nach Abs. 3 bestellte ErsMitgl. entsprechend der festgelegten Reihenfolge in die GesJugAzubiVertr. nach, sofern nicht die JugAzubiVertr. durch Mehrheitsbeschluß eine andere Bestimmung trifft. **19**

Wegen sonstiger Gründe des Erlöschens der Mitgliedschaft in der GesJugAzubiVertr. vgl. § 73 Abs. 2 i. V. mit § 49. **20**

4. Stimmengewichtung

In Anlehnung an die für die Mitgl. des GesBR (vgl. § 47 Abs. 7 und dort Rn 40ff.) geltende Regelung bestimmt sich das Stimmengewicht der Mitgl. der GesJugAzubiVertr. jeweils nach der **Zahl der Auszubildenden (bis 25 J) und der jugendl. ArbN des entsendenden Betriebs** (vgl § 60 Abs. 1). Maßgebend ist die Zahl der ArbN, die bei der letzten Wahl der JugAzubiVertr. in die Wählerliste eingetragen waren, nicht die Zahl der gegenwärtig beschäftigten ArbN i. S. **21** von § 60 Abs. 1 (*DR,* Rn 20; *GL,* Rn 15; *HSG,* Rn 14; *GK-Kraft,* Rn 20).

22 Zur Frage der Stimmengewichtung bei einer Vergrößerung oder Verkleinerung der GesJugAzubiVertr. vgl. unten Rn 28ff.

23 Das einzelne Mitgl. der GesJugAzubiVertr. kann die ihm zustehenden Stimmen **nur einheitlich abgeben.** Eine Aufspaltung der Stimmen ist nicht zulässig. In seiner Stimmabgabe ist es frei und **nicht an Aufträge oder Weisungen der entsendenden JugAzubiVertr. gebunden** (*DR,* Rn 23; *GL,* Rn 17; *GK-Kraft,* Rn 23; *HSG,* Rn 17; vgl. auch § 47 Rn 44).

V. Abweichende Regelungen durch Tarifvertrag oder Betriebsvereinbarung

24 Ebenso wie beim GesBR hängt die Größe der GesJugAzubiVertr. von der Zahl der innerhalb eines Unternehmens bestehenden JugAzubiVertr. ab. Insoweit können ähnliche Probleme wie beim GesBR entstehen (vgl. § 47 Rn 45). Ein Unternehmen mit vielen Betrieben würde nach der gesetzlichen Zusammensetzung eine unverhältnismäßig große GesJugAzubiVertr., ein Unternehmen mit nur einigen, aber größeren Betrieben mit vielen Auszubildenden und jugendl. ArbN eine im Verhältnis zur Gesamtzahl der betreffenden ArbN unverhältnismäßig kleine GesJugAzubiVertr. erhalten.

25 Aus diesem Grunde sieht das Gesetz die Möglichkeit vor, durch **TV** oder **BV** eine von der gesetzlichen Regelung **abweichende MitglZahl der GesJugAzubiVertr.** festzulegen, die an die jeweiligen praktischen Bedürfnisse angepaßt werden kann.

Hierbei kann ebenso wie beim GesBR eine Verringerung der gesetzlichen MitglZahl nur in der Weise erfolgen, daß **mehrere JugAzubiVertr. zusammengefaßt** werden, die dann **gemeinsam** eines oder mehrere ihrer Mitgl. in die GesJugAzubiVertr. **entsenden** (vgl. § 47 Rn 57). Auch kann vorgesehen werden, daß eine JugAzubiVertr. mehrere Mitgl. in die GesJugAzubiVertr. entsendet (vgl. § 47 Rn 52).

26 Die abweichende Festsetzung der MitglZahl kann **nur durch TV oder BV** erfolgen. Der **TV** hat hierbei **Vorrang** vor einer BV (*DR,* Rn 15; *GL,* Rn 13). Besteht keine tarifliche Regelung und gehören der GesJugAzubiVertr. mehr als 20 Mitglieder an, ist zwischen ArbGeb. und GesBR eine Gesamtbetriebsvereinbarung zum Zweck der Verringerung der Mitgliederzahl abzuschließen (Abs. 5, vgl. Rn 32ff.).

27 **Zuständig** für den **Abschluß der BV sind** der **GesBR des Unternehmens** und **der ArbGeb.** (*DR,* Rn 14; *GL,* Rn 13; *GK-Kraft,* Rn 15; *HSG,* Rn 12). Die GesJugAzubiVertr. kann ebensowenig wie die JugAzubiVertr. eine BV abschließen (vgl. § 60 Rn 11). Die nach der gesetzlichen Regelung zusammengesetzte GesJugAzubiVertr. wirkt bei den Verhandlungen über die BV sowie bei der Beschlußfassung des GesBR gem. § 73 Abs. 2 i. V. mit § 67 Abs. 1 und 2 und § 68 mit. Die **Mitgl. der GesJugAzubiVertr.** haben hierbei **volles Stimmrecht,** da es sich um eine Angelegenheit

handelt, die überwiegend die Auszubildenden und jugendlichen ArbN betrifft (*GKSB,* Rn 9; *Weiss,* Rn 3).

Bei der Frage der **Stimmengewichtung** in der GesJugAzubiVertr., die eine von der gesetzlichen Regelung abweichende MitglZahl hat, ist je nachdem, ob die GesJugAzubiVertr. vergrößert oder verkleinert wird, zu unterscheiden: 28

Wird die MitglZahl der GesJugAzubiVertr. **vergrößert,** so teilen sich die mehreren von der einzelnen JugAzubiVertr. entsandten Mitgl. das Stimmengewicht, das bei einer regelmäßigen Zusammensetzung der GesJugAzubiVertr. dem einzigen zu entsendenden Mitgl. der JugAzubiVertr. zugekommen wäre, **zu gleichen Teilen** (*DR,* Rn 24; *GL,* Rn 16; *GK-Kraft,* Rn 22; *HSG,* Rn 16; vgl. hierzu auch § 47 Rn 53). 29

Beispiel:

In einem Betrieb sind 450 Auszubildende bis 25 und jugendl. ArbN in die Wählerliste eingetragen. Es werden 3 Vertr. in die GesJugAzubiVertr. entsandt. Jedes Mitgl. hat ein Stimmengewicht von 150 Stimmen.

Wird die MitglZahl der GesJugAzubiVertr. durch eine Zusammenfassung mehrerer JugAzubiVertr. zur gemeinsamen Entsendung eines Vertr. in die GesJugAzubiVertr. **verkleinert,** so stehen diesem so viele Stimmen zu, wie **in den zusammengefaßten Betrieben** bei der letzten Wahl der JugAzubiVertr. **ArbN i. S. von § 60 Abs. 1 in die Wählerlisten** eingetragen waren (*DR,* Rn 21; *GL,* Rn 16; *GK-Kraft,* Rn 21; *HSG,* Rn 15, vgl. § 47 Rn 65). 30

Beispiel:

Es werden sechs Betriebe zur gemeinsamen Entsendung eines Vertr. in die GesJugAzubiVertr. zusammengefaßt. In den Wählerlisten dieser Betriebe zur letzten Wahl der JugAzubiVertr. waren insgesamt 47 jugendl. ArbN eingetragen. Der in die GesJugAzubiVertr. entsandte Vertr. hat ein Stimmengewicht von 47 Stimmen.

Im Interesse der Verdeutlichung für die JugAzubiVertr. betont Abs. 5 Satz 2 ausdrücklich, daß die in abweichenden Regelungen über die Mitglzahl der GesJugAzubiVertr. getroffenen Entsendungsbestimmungen für die **Abberufung** von Mitgl. der GesJugAzubiVertr. und die **Bestellung von ErsMitgl.** entsprechend gelten (vgl. hierzu auch *GK-Kraft,* Rn 18; *HSG,* Rn 13). 31

VI. Erzwingbare Betriebsvereinbarung

Besteht keine abweichende tarifvertragliche Regelung über eine anderweitige Festsetzung der MitglZahl der GesJugAzubiVertr., so ist der Abschluß einer die MitglZahl der GesJugAzubiVertr. verkleinernden BV **zwingend vorgeschrieben,** wenn **der GesJugAzubiVertr.** bei einer regelmäßigen Zusammensetzung **mehr als 20 Mitgl.** angehören. Andererseits bedarf es einer Initiative des ArbGeb. oder des GesBR. 32

Es ist jedoch nicht erforderlich, daß eine Herabsetzung der MitglZahl der JugAzubiVertr. unbedingt auf die Zahl 20 oder gar darunter erfolgen muß. Die Ausführungen zu der gleichgelagerten Problematik beim GesBR (vgl. § 47 Rn 69) gelten sinngemäß.

33 **Partner der BV sind der ArbGeb. und der GesBR** (vgl. oben Rn 27). Kommt eine Einigung zwischen GesBR und ArbGeb. nicht zustande, so hat die **E-Stelle** eine bindende Entscheidung zu treffen. Die E-Stelle kann nur vom GesBR und dem ArbGeb., nicht dagegen von der GesJugAzubiVertr. angerufen werden (*GKSB,* Rn 13). Wohl sollte die E-Stelle die GesJugAzubiVertr. vor ihrer Entscheidung hören.

34 Wegen des Inhalts der BV und weiterer Einzelheiten vgl. § 47 Rn 68ff.

VII. Streitigkeiten

35 Streitigkeiten, die sich aus der Anwendung des § 72 ergeben (z. B. Errichtung, Mitgliedschaft, Stimmengewicht), entscheiden die **ArbG im BeschlVerf.** (§§ 2a, 80ff. ArbGG). Zuständig ist das ArbG, in dessen Bezirk das Unternehmen seinen Sitz hat (§ 82 Satz 2 ArbGG).

§ 73 Geschäftsführung und Geltung sonstiger Vorschriften

(1) **Die Gesamt-Jugend- und Auszubildendenvertretung kann nach Verständigung des Gesamtbetriebsrats Sitzungen abhalten. An den Sitzungen kann der Vorsitzende des Gesamtbetriebsrats oder ein beauftragtes Mitglied des Gesamtbetriebsrats teilnehmen.**

(2) **Für die Gesamt-Jugend- und Auszubildendenvertretung gelten § 25 Abs. 1 und 3, § 26 Abs. 1 Satz 1 und Abs. 3, die §§ 30, 31, 34, 36, 37 Abs. 1 bis 3, die §§ 40, 41, 48, 49, 50, 51 Abs. 3, 4 und 6 sowie die §§ 66 bis 68 entsprechend.**

Inhaltsübersicht

I. Vorbemerkung

1 Die Vorschrift regelt durch Verweisung auf die für den BR, den GesBR und die JugAzubiVertr. geltenden Vorschriften die innere Organisation, die Geschäftsführung, die Zuständigkeit sowie die Rechtsstellung der GesJugAzubiVertr.

2 Die Vorschrift ist **zwingend** und weder durch TV noch durch BV abdingbar.

3 Entsprechende Vorschriften des **BPersVG 74:** § 64.

II. Sitzungen der Gesamt-Jugend- und Auszubildendenvertretung

4 Die **GesJugAzubiVertr.** hat wie die JugAzubiVertr. (vgl. § 65 Abs. 2) **das Recht,** nach Verständigung des GesBR **eigene Sitzungen abzuhalten.** Da – abgesehen davon, daß im Gegensatz zu den Sitzungen der JugAzubiVertr. nicht der BR, sondern der **GesBR** von den Sitzungen vorher zu verständigen ist – die Voraussetzungen für die Sitzungen der GesJugAzubiVertr. denjenigen für die Sitzungen der JugAzubiVertr. entsprechen, gelten die Rn 17ff. zu § 65 sinngemäß. Das gleiche gilt für das Teilnahmerecht des Vors. oder eines anderen beauftragten Mitgl. des GesBR (vgl. § 65 Rn 20).

5 Die Sitzungen der GesJugAzubiVertr. finden grundsätzlich **während der Arbeitszeit** statt (vgl. Abs. 2 i. V. mit § 30 Abs. 1). Sie sind **nicht öffentlich.** Bei ihrer Festlegung ist auf die betrieblichen Notwendigkeiten Rücksicht zu nehmen. Neben dem GesBR ist auch der ArbGeb. von den Sitzungen zu verständigen (vgl. Abs. 2 i. V. mit § 30 Satz 3).

6 Für die **Ladung zu den Sitzungen** gilt § 29 Abs. 2 entsprechend (vgl. Abs. 2 i. V. mit § 51 Abs. 3 Satz 3). Eine Ladung der GesSchwerbehVertr. kommt nicht in Betracht, da diese kein Recht hat, an Sitzungen der GesJugAzubiVertr. teilzunehmen. Der Vors. der GesJugAzubiVertr. ist **verpflichtet, eine Sitzung einzuberufen** und den beantragten Gegenstand auf die Tagesordnung zu setzen, wenn dies ein Viertel ihrer Mitgl. oder der ArbGeb. beantragen (vgl. Abs. 2 i. V. mit § 51 Abs. 3 Satz 3, § 29 Abs. 3). Zur Frage, wie die Voraussetzung „ein Viertel der Mitgl. der JugAzubiVertr." zu verstehen ist, vgl. § 51 Rn 41.

7 Der **ArbGeb.** nimmt an den Sitzungen der GesJugAzubiVertr. im Rahmen des § 29 Abs. 4 teil (vgl. Abs. 2 i. V. mit § 51 Abs. 3 Satz 3).

8 Zur **konstituierenden Sitzung** der GesJugAzubiVertr. hat gem. Abs. 2 i. V. mit § 51 Abs. 3 Satz 1 die JugAzubiVertr. einzuladen, die bei der Hauptverwaltung des Unternehmens gebildet ist (vgl. hierzu § 51 Rn 7). Besteht dort keine JugAzubiVertr., so ist zur Einladung die JugAzubiVertr. des nach der Zahl der wahlberechtigten auszubildenden und jugendl. ArbN (§ 60 Abs. 1) größten Betriebs des Unternehmens zuständig. Maßgebend für die Feststellung dieser Zahl sind die Eintragungen in den Wählerlisten bei der letzten Wahl der JugAzubiVertr. (*DR,* Rn 3; *GL,* Rn 3).

9 Die zur konstituierenden Sitzung einladungsberechtigte JugAzubiVertr. hat **den GesBR** vorher von dieser Sitzung **zu unterrichten** (vgl. Abs. 1 Satz 1; *DR,* Rn 2; *GL,* Rn 4; *HSG,* Rn 4); denn das Teilnahmerecht des Vors. des GesBR bzw. des beauftragten Mitgl. des GesBR besteht auch für die konstituierende Sitzung. Im übrigen gilt für die Konstituierung der GesJugAzubiVertr. das in Rn 6ff. zu § 51 über die Konstituierung des GesBR Gesagte sinngemäß.

III. Entsprechend anwendbare Vorschriften

10 Durch die Vorschrift des Abs. 2 werden eine Reihe für die **Organisation,** die **Geschäftsführung,** die **Zuständigkeit** und die **Rechtsstellung der GesJugAzubiVertr.** bedeutsame Bestimmungen des Gesetzes für entsprechend anwendbar erklärt. Hierbei handelt es sich teils um den BR betreffende Vorschriften, teils um solche, die für den GesBR, teils um solche, die für die JugAzubiVertr. gelten.

11 Die für **den BR maßgebenden Vorschriften,** die für die GesJugAzubiVertr. entsprechend gelten, betreffen folgende Angelegenheiten:

- § 25 Abs. 1 und 3: Das **Nachrücken von ErsMitgl.** im Falle der Verhinderung oder des Wegfalls der ordentlichen Mitgl. Zur Frage der Bestellung der ErsMitgl. und der Feststellung der Reihenfolge ihres Nachrückens vgl. § 72 Rn 15ff.
- § 26 Abs. 1 Satz 1 und Abs. 3: Die **Wahl des Vors.** und stellvertr. Vors. der GesJugAzubiVertr. sowie deren **VertrBefugnis.** Da die Gruppenzugehörigkeit in der JugAzubiVertr. nicht von Bedeutung ist, findet § 26 Abs. 1 Satz 2 und Abs. 2 keine Anwendung.
- § 30: **Sitzungen der GesJugAzubiVertr.** (vgl. hierzu oben Rn 4ff.).
- § 31: Das **Teilnahmerecht der Gewerkschaften an den Sitzungen der GesJugAzubiVertr.** Erforderlich ist, daß die betreffende Gewerkschaft in der GesJugAzubiVertr. vertreten ist (*GKSB,* Rn 6; *HSG,* Rn 11; *Sahmer,* Rn 3; **a. A.** *DR,* Rn 6, der darauf abstellt, daß die Gewerkschaft in einem BR des Unternehmens vertreten ist). Wohl kann auf Beschluß des GesBR der an der Sitzung teilnahmeberechtigte Vors. Beauftragte der im GesBR vertretenen Gewerkschaften beiziehen (vgl. hierzu auch § 65 Rn 8). Zur Bestimmung des nach § 31 erforderlichen Quorums „ein Viertel der Mitgl." vgl. § 51 Rn 41. Ein Antrag auf Hinzuziehung eines Gewerkschaftsbeauftragten durch die Mehrheit einer Gruppe kommt nicht in Betracht, da die Gruppenzugehörigkeit bei der JugAzubiVertr. ohne Bedeutung ist (*DR,* Rn 6). Selbstverständlich kann die GesJugAzubiVertr. mit Stimmenmehrheit die Hinzuziehung eines Beauftragten der Gewerkschaft beschließen. In diesem Fall bestehen auch keine Bedenken gegen die Hinzuziehung von Beauftragten solcher Gewerkschaften, die zwar nicht in der GesJugAzubiVertr., wohl aber in einer JugAzubiVertr., einem BR oder einem Betrieb des Unternehmens vertreten sind, wenn die GesJugAzubiVertr. dies für sachdienlich hält (vgl. § 65 Rn 8).
- § 34: Die **Sitzungsniederschrift** über jede Sitzung der GesJugAzubiVertr. sowie das **Einsichtsrecht** der Mitgl. **in die Unterlagen der GesJugAzubiVertr.**
- § 36: Die Möglichkeit der GesJugAzubiVertr., mit der Mehrheit der Stimmen ihrer Mitgl. **eine Geschäftsordnung** zu beschließen.
- § 37 Abs. 1 bis 3: **Die ehrenamtliche Tätigkeit** der Mitgl. der GesJugAzubiVertr., das Recht auf **Arbeitsbefreiung,** soweit dies zur Aufgabenerfüllung der GesJugAzubiVertr. erforderlich ist, und auf

Freizeitausgleich, ggf. auf **Entgeltausgleich** für notwendige Tätigkeiten der Mitgl. der GesJugAzubiVertr. außerhalb ihrer Arbeitszeit. Die Vorschriften des § 37 Abs. 4 bis 7 finden auf die Mitgl. der GesJugAzubiVertr. bereits in ihrer Eigenschaft als Mitgl. der JugAzubiVertr. Anwendung (vgl. § 65 Rn 12), so daß sich eine besondere Bezugnahme erübrigt (vgl. auch § 51 Rn 49). Was die Erforderlichkeit der Schulung i. S. von § 37 Abs. 6 anbelangt, so gehören auch Kenntnisse über Aufgaben und Befugnisse der GesJugAzubiVertr. zu dem „erforderlichen" Wissen; das gilt jedenfalls für die in die GesJugAzubiVertr. entsandten Mitgl. der JugAzubiVertr. Über die Teilnahme eines Mitgl. der GesJugAzubiVertr. an Schulungsveranstaltungen entscheidet nicht die GesJugAzubiVertr., sondern der BR unter Hinzuziehung der JugAzubiVertr. des Betriebes, dem der Vertreter angehört (BAG 10. 6. 1975, AP Nr. 1 zu § 73 BetrVG 1972).

– § 40: Die Verpflichtung des ArbGeb., die **Kosten** und den **Sachaufwand der GesJugAzubiVertr.** und seiner Mitgl. zu tragen.
– § 41: Das **Verbot** der Erhebung und Leistung von **Beiträgen** der ArbN für die GesJugAzubiVertr.

Die **für den GesBR maßgebenden Vorschriften,** die für die GesJugAzubiVertr. entsprechende Anwendung finden, betreffen folgende Regelungen: 12

– § 48: Die Möglichkeit des **Ausschlusses von Mitgl. aus der GesJugAzubiVertr.** Antragsberechtigt sind der ArbGeb., jede im Unternehmen vertretene Gewerkschaft, ein Viertel der auszubildenden und jugendlichen ArbN (§ 60 Abs. 1; nicht ein Viertel der zum BR wahlberechtigten ArbN) des Unternehmens (**a. A.** *GKSB,* Rn 8) sowie die GesJugAzubiVertr. Auch der GesBR ist antragsberechtigt (vgl. hierzu die sinngemäß geltende Rn 3 zu § 65; *DR,* Rn 12; *HSG,* Rn 17).
– § 49: Das **Erlöschen der Mitgliedschaft** in der GesJugAzubiVertr.
– § 50: Die Regelung der **Zuständigkeit der GesJugAzubiVertr.** im Verhältnis zur JugAzubiVertr. (vgl. hierzu § 72 Rn 6). Auch die JugAzubiVertr. kann mit der Mehrheit der Stimmen ihrer Mitgl. die GesJugAzubiVertr. beauftragen, eine Angelegenheit für sie zu behandeln (§ 50 Abs. 2). Dies ist jedoch nur sinnvoll, wenn auch der GesBR von dem betr. BR entsprechend beauftragt wird, da die GesJugAzubiVertr. nicht unmittelbar mit dem ArbGeb. verhandeln kann (*HSG,* Rn 7; vgl. auch § 72 Rn 7; nach *DR,* Rn 19, ist die GesJugAzubiVertr. nur dann zuständig, wenn der GesBR ebenfalls beauftragt worden ist). Im übrigen folgt die Zuständigkeit der GesJugAzubiVertr. der des GesBR. Ist dieser im Verhältnis zu den BR für eine Angelegenheit zuständig, so ergibt sich daraus auch die Zuständigkeit der GesJugAzubiVertr. (*DR,* Rn 18f.).
– § 51 Abs. 3: Die **Konstituierung des GesJugAzubiVertr.** und ihre **weiteren Sitzungen** (vgl. hierzu auch oben Rn 4ff.)
– § 51 Abs. 4: Die **Beschlußfähigkeit** der GesJugAzubiVertr. und ihre **Beschlußfassung** (vgl. hierzu auch § 51 Rn 53ff.).
– § 51 Abs. 6: Die **allgemeinen Rechte und Pflichten** der GesJugAzubiVertr. (vgl. hierzu auch § 51 Rn 63ff.). Zu beachten ist, daß diese

Bezugnahme nur im Rahmen der Zuständigkeit der GesJugAzubi-Vertr. Platz greift (vgl. hierzu § 72 Rn 6).

13 Die für entsprechend anwendbaren Bestimmungen **über die JugAzubiVertr.** betreffen folgenden Angelegenheiten:

- § 66: Die Möglichkeit der GesJugAzubiVertr., die **Aussetzung von Beschlüssen des GesBR** zu beantragen.
- § 67: Das **Teilnahmerecht an den Sitzungen des GesBR** und das **Stimmrecht der Mitgl. der GesJugAzubiVertr. im GesBR** (vgl. hierzu auch § 51 Rn 60).
  Hat der GesBR die Behandlung von Angelegenheiten, die besonders oder überwiegend auszubildende und jugendl. ArbN i. S. von § 60 Abs. 1 betreffen, auf den GesBetrAusschuß oder einen anderen Ausschuß des GesBR delegiert, so gelten für das Teilnahmerecht von Mitgl. der GesJugAzubiVertr. bei der Behandlung dieser Angelegenheiten in dem betreffenden Ausschuß des GesBR dieselben Grundsätze, die für das Teilnahmerecht der JugAzubiVertr. an den Sitzungen von Ausschüssen des BR maßgebend sind (vgl. hierzu § 27 Rn 33 und § 67 Rn 14 und 19; *DR,* Rn 24; **a. A.** *HSG,* Rn 23, die ein Teilnahmerecht der GesJugAzubiVertr. an den Sitzungen von Ausschüssen des GesBR verneinen).
- § 68: Das **Teilnahmerecht der GesJugAzubiVertr. an den Besprechungen** zwischen dem ArbGeb. und dem GesBR.
- § 70 betr. die allgemeinen Aufgaben der JugAzubiVertr. gilt über § 51 Abs. 6 ebenfalls für die GesJugAzubiVertr., da es sich bei ihr nicht um eine Organisationsnorm, sondern um eine materielle Beteiligungsvorschrift handelt.

14 Bei den in Abs. 2 für entsprechend anwendbar erklärten Organisationsvorschriften handelt es sich um eine **abschließende Regelung.** Sie kann auch nicht über den entsprechend anwendbaren § 51 Abs. 6 erweitert werden (*GL,* Rn 8; *GK-Kraft,* Rn 14; *HSG,* Rn 25). Insbesondere finden auf die GesJugAzubiVertr. **keine Anwendung** die Vorschriften über die Bildung des **BetrAusschusses** oder **weiterer Ausschüsse** des BR bzw. des GesBR (vgl. §§ 27 und 28 sowie § 51 Abs. 2 Satz 3; *GK-Kraft,* Rn 14), über die **Freistellung** (vgl. § 38), über das Teilnahmerecht der GesSchwerbehVertr. an den Sitzungen des GesBR (vgl. § 52; ebenso *DR,* Rn 4; *HSG,* Rn 25) sowie über die **BRVerslg.** (vgl. § 53). Wegen Teilnahme von Mitgl. der GesJugAzubiVertr. an der BRVerslg. vgl. § 53 Rn 15.

IV. Streitigkeiten

15 Streitigkeiten, die sich aus der Anwendung des § 73 und der in ihm in Bezug genommenen Vorschriften ergeben, entscheiden die **ArbG im Beschlußverfahren** (§§ 2a, 80ff. ArbGG). Zuständig ist das ArbG, in dessen Bezirk das Unternehmen seinen Sitz hat (§ 82 Satz 2 ArbGG).

16 Streitigkeiten, die sich aus der Vorenthaltung oder Minderung von Arbeitsentgelt (vgl. § 37 Abs. 2) oder der Verweigerung der Gewährung

von Freizeitausgleich gem. § 37 Abs. 3 ergeben, sind im arbeitsgerichtlichen **Urteilsverfahren** zu entscheiden (*DR,* Rn 27; *GK-Kraft,* Rn 17; *GL,* Rn 9; *HSG,* Rn 28; vgl. auch § 37 Rn 152f.). Die örtliche Zuständigkeit des ArbG bestimmt sich in diesen Fällen nach den allgemeinen Grundsätzen des ArbGG; im allgemeinen ist gem. § 46 Abs. 2 ArbGG i. V. mit § 29 ZPO das ArbG örtlich zuständig, in dessen Bezirk der Beschäftigungsbetrieb liegt (Gerichtsstand des Erfüllungsortes).

Vierter Teil. Mitwirkung und Mitbestimmung der Arbeitnehmer

Erster Abschnitt. Allgemeines

§ 74 Grundsätze für die Zusammenarbeit

(1) **Arbeitgeber und Betriebsrat sollen mindestens einmal im Monat zu einer Besprechung zusammentreten. Sie haben über strittige Fragen mit dem ernsten Willen zur Einigung zu verhandeln und Vorschläge für die Beilegung von Meinungsverschiedenheiten zu machen.**

(2) **Maßnahmen des Arbeitskampfes zwischen Arbeitgeber und Betriebsrat sind unzulässig; Arbeitskämpfe tariffähiger Parteien werden hierdurch nicht berührt. Arbeitgeber und Betriebsrat haben Betätigungen zu unterlassen, durch die der Arbeitsablauf oder der Frieden des Betriebs beeinträchtigt werden. Sie haben jede parteipolitische Betätigung im Betrieb zu unterlassen; die Behandlung von Angelegenheiten tarifpolitischer, sozialpolitischer und wirtschaftlicher Art, die den Betrieb oder seine Arbeitnehmer unmittelbar betreffen, wird hierdurch nicht berührt.**

(3) **Arbeitnehmer, die im Rahmen dieses Gesetzes Aufgaben übernehmen, werden hierdurch in der Betätigung für ihre Gewerkschaft auch im Betrieb nicht beschränkt.**

Inhaltsübersicht

I. Vorbemerkung

1 Die Vorschrift enthält Regelungen über die **allgemeine Zusammenarbeit zwischen ArbGeb. und BR** und die **Friedenspflicht.** Sie enthält neben § 2 (und diese Bestimmung teilweise ergänzend) die grundlegenden Gesichtspunkte der Zusammenarbeit zwischen ArbGeb. und BR. Abs. 1 Satz 1 institutionalisiert die monatliche Besprechung; Satz 2 konkretisiert die vertrauensvolle Zusammenarbeit. Abs. 2 regelt die Sicherung von Arbeitsablauf und Betriebsfrieden. Abs. 3 ergänzt § 2 Abs. 2 und 3 hinsichtlich der Koalitionsfreiheit der BRMitgl. Abs. 3 stellt aus-

drücklich klar, daß die Wahrnehmung betriebsverfassungsrechtlicher Funktionen das Recht zur **Betätigung für die Gewerkschaft auch im Betrieb** nicht ausschließt. Allgemein zur rechtlichen Bewertung des Betriebsfriedens nach dem BetrVG 72; *Blomeyer,* ZfA 72, 85ff.; siehe auch *Germelmann,* Der Betriebsfrieden im Betriebsverfassungsrecht, 1972; über Politik im Betrieb: *Meisel,* RdA 76, 38; Zur politischen und gewerkschaftlichen Betätigung insbes. von BRMitgl: *Gnade,* Jahrbuch des Arbeitsrechts, Bd. 14 S. 59; *Däubler,* Gewerkschaftsrechte im Betrieb, § 2; *Sowka/Krichel,* DB 89, Beil. 11; *Oetker,* BlStR 83, 321; *Schönfeld,* BB 89, 1818.

Entsprechende Vorschriften im **BPersVG 74:** § 66, § 67 Abs. 1 S. 3, Abs. 2 u. 3 u. im **SprAuG:** § 2 Abs. 4. **1a**

Die Bestimmungen gelten entsprechend für GesBR und KBR im Verhältnis zum jeweils zuständigen ArbGeb. (Unternehmer), vgl. § 51 Abs. 6 i. Vbdg. mit § 59 Abs. 1. **1b**

II. Monatliche Besprechungen

Durch die Sollvorschrift des Abs. 1 Satz 1 wird den Beteiligten nahegelegt, sich **monatlich mindestens einmal zur Besprechung** der den Betrieb und die ArbNschaft betreffenden Fragen zusammenzufinden. Sowohl der BR als auch der ArbGeb. (wegen dessen Vertretung vgl. § 1 Rn 87 u. § 108 Rn. 6) sind verpflichtet, für die Durchführung dieser monatlichen Besprechungen Sorge zu tragen. Der BR kann den BetrAusschuß oder einen anderen Ausschuß (§§ 27, 28) mit der Wahrnehmung der Besprechung beauftragen (*DR,* Rn 4). Die monatlichen Besprechungen gehören aber nicht zu den laufenden Geschäften, die ohne weiteres dem BetrAusschuß zufallen (*GKSB,* Rn 4; *GK-Thiele,* Rn. 10). Wegen Beiziehung der JugAzubiVertr. vgl. § 68 Rn 4 und des Vertrauensmanns(-frau) der Schwbeh. § 32 Rn 15. Formvorschriften für Einberufung und Durchführung bestehen nicht. Die Besprechung kann mit einer BR- Sitzung verbunden werden; erforderlich ist dies aber nicht (vgl. § 29 Rn 48). Ein Gespräch zwischen ArbGeb. und BRVors. „unter vier Augen" ersetzt nicht die monatliche Besprechung mit dem BR. **2**

Die Beteiligten können **vereinbarungsgemäß Verbandsvertreter zuziehen** (*DR,* Rn 8; *GKSB,* Rn 5; *HSG,* Rn 5). Aus dem Grundsatz des Zusammenwirkens mit den Koalitionen nach § 2 Abs. 1 kann sich eine Verpflichtung der Betriebspartner zur Einladung von Verbandsvertretern ergeben (vgl. § 2 Rn 8f; einen eigenständigen Anspruch haben ArbGebVerband und Gewerkschaften aber nicht; vgl. auch *GK-Thiele,* Rn 13). Im übrigen bedarf eine Erweiterung des Teilnehmerkreises des Einverständnisses von ArbGeb und BR (wegen des Ausnahmefalls der Zuziehung eines Dolmetschers bei den Alliierten Streitkräften vgl. BAG 14. 4. 1988, AP Nr. 1 zu § 66 BPersVG). **2a**

Bei den monatlichen Besprechungen, aber auch bei sonstigen Verhandlungen (Abs. 1 Satz 2 bezieht sich auch auf diese!), ist über streitige Fragen auf dem Gebiet der Betriebsverfassung mit dem **ernsthaften Willen zur Einigung** zu verhandeln. Grundlegender Gedanke ist die **3**

Verpflichtung, im Betrieb bei strittigen Fragen eine Verständigung herbeizuführen und sich gegenseitig nicht durch negative Kritik zu lähmen, sondern die gemeinsam zu beachtenden Belange durch positive Vorschläge zu fördern. Eine „Anhörung" in dem Sinn, daß die Äußerung der Gegenseite nur entgegengenommen, nicht jedoch auf sie eingegangen wird, ist mit der Vorschrift nicht zu vereinbaren. Ein rein passives Verhalten könnte kaum dem Ziel – der Einigung – dienlich sein. Es besteht ein gegenseitiger **„Einlassungszwang"**, aber nicht i. S. einer Verfahrensvoraussetzung für ein Verfahren vor dem ArbG oder der E-Stelle (*DR,* Rn 12ff.; *GK-Thiele,* Rn 16; vgl. aber auch § 76 Rn 24). Zwar kann eine Einigung oftmals nur im Wege gegenseitigen Nachgebens erreicht werden. Zu untragbaren Konsequenzen würde es aber führen, wenn man in einem Beharren auf der eigenen Ansicht ohne Kompromißbereitschaft eine nach § 23 zu beurteilende Amtspflichtverletzung des BR oder ArbGeb. erblicken wollte (so auch *DR,* Rn 10; *GKSB,* Rn 9; vgl. auch BAG 1. 3. 66, AP Nr. 1 zu § 69 BetrVG 1952). Die Wahrnehmung der MBR ist keine „Beeinträchtigung" des Arbeitsablaufs oder des Betriebsfriedens.

3a Dauernde Sabotierung der Zusammenarbeit von einer Seite kann aber eine grobe Pflichtverletzung i. S. des § 23 sein. Eine Anrufung der E-Stelle ohne vorherigen Einigungsversuch würde dem Gebot der Zusammenarbeit widersprechen. Andererseits verstoßen ArbGeb. oder BR, die nach erfolgloser Verhandlung die E-Stelle anrufen, nicht gegen den Grundsatz der vertrauensvollen Zusammenarbeit (vgl. BAG 27. 11. 73, AP Nr. 4 zu § 40 BetrVG 1972.

III. Friedenspflicht

1. Arbeitskampf

4 Der wichtigste Fall der Gefährdung des Betriebsfriedens ist die Durchführung **wirtschaftlicher Kampfmaßnahmen,** Streik, Sitzstreik, Arbeitsverlangsamung, Aussperrung, Boykott. Derartige Maßnahmen dürfen ArbGeb. und BR als Betriebsverfassungsorgane nicht durchführen. Abs. 2 ist eine betriebsverfassungsrechtliche, keine arbeitskampfrechtliche Vorschrift (*Wiese,* NZA 84, 380). Es besteht zwischen beiden Teilen **völlige Friedenspflicht:** Weder darf der ArbGeb. wegen Meinungsverschiedenheiten über das MBR aussperren, noch darf der BR als Institution die Belegschaft zum Streik oder einer Betriebsbesetzung aufrufen. Weder der BR noch der ArbGeb. dürfen also Kampfmaßnahmen durchführen, um den anderen Teil zu irgendeinem betriebsverfassungsrechtlichen Verhalten oder zum Abschluß einer BV zu zwingen. Alle Meinungsverschiedenheiten auf der Ebene des Betriebes müssen vielmehr auf friedlichem Wege, notfalls unter Inanspruchnahme der im BetrVG vorgesehenen E-Stelle oder des ArbG ausgetragen werden (BAG 17. 12. 1976, AP Nr. 52 zu Art. 9 GG Arbeitskampf; *Bulla,* RdA 62, 385; *DR,* Rn 15; *GL,* Rn 7ff.; *GK-Thiele,* Rn 23). Arbeitskämpfe zur

Regelung betriebsverfassungsrechtlicher Streitigkeiten sind rechtswidrig, gleichgültig wer sie organisiert u. verpflichten zum Schadensersatz (BAG 7. 6. 1988, AP Nr. 106 zu Art. 9 GG Arbeitskampf).

Führen tariffähige Partien (Gewerkschaften einerseits, ArbGebVereinigungen oder einzelne ArbGeb. andererseits) wirtschaftliche Kampfmaßnahmen (Streik, Aussperrrung) gegeneinander durch, so hat sich der **BR als Organ** jeder Tätigkeit im Arbeitskampf zu enthalten; er bleibt völlig **neutral.** Insbesondere darf er einen Streik nicht unterstützen, andererseits darf er nicht die Belegschaft auffordern, sich an einem von den Gewerkschaften ausgerufenen Streik nicht zu beteiligen. Der BR darf aber gemäß § 88 mit dem ArbGeb. über Durchführungen eines **Notdienstes** für sogen. Erhaltungsarbeiten verhandeln (*Hiersemann,* BB 66, 252; *Schmidt,* DB 78, 1278 nimmt insoweit sogar eine Verpflichtung des BR an). In erster Linie ist aber auch hier die streikführende Gewerkschaft zuständig (*Buschmann,* ArbuR 80, 230; *Däubler,* ArbuR 81, 264; *Leinemann,* DB 71, 2315; *Löwisch-Mikosch,* ZfA 78, 174; *Wiese,* NZA 84, 381; offengelassen BAG 30. 3. 82, AP Nr. 74 zu Art. 9 GG Arbeitskampf, das aber den BR nicht erwähnt; *GKSB,* Rn 19 u. *GK-Thiele,* Rn. 45: nur Gewerkschaft und ArbGeb.). Regelungen durch TV sind möglich, durch BV nur kraft Zulassung in einem TV (*Löwisch-Mikosch,* ZfA 78, 153; *Wiese,* a. a. O.). Auch bei „wilden Streiks“ dürfte keine Rechtspflicht des BR bestehen, auf die ArbN einzuwirken, um sie zum Abbruch des Streiks zu veranlassen. Damit wäre der BR überfordert (*Wiese,* a. a. O.; *GL,* Rn 10; BAG 5. 12. 78 – 6 AZR 485/76 –; *GK-Thiele,* Rn 31; *Weiss,* Rn 7; **a. M.** *DR,* Rn 22; vgl. auch Rn 7). 5

Die **einzelnen Mitgl. des BR** können aber wie jeder andere ArbN des Betriebes zu gewerkschaftlichen Kampfmaßnahmen Stellung nehmen und sich an ihrer Durchführung **als Gewerkschaftsmitgl.** (vgl. Abs. 3) beteiligen (*Bieback,* RdA 78, 93), und zwar auch, wenn der Arbeitskampf den Abschluß eines **FirmenTV** bezweckt (*DR* Rn 20; *GK-Thiele,* Rn 28). Sie dürfen sich aber z. B. nicht der Mittel, die dem BR gem. § 40 Abs. 2 zur Verfügung gestellt sind (Räume oder sachliche Mittel, z. B. Schreibmaschinen), zu Streikzwecken bedienen oder Streikaufrufe und Verlautbarungen unter ausdrücklicher Erwähnung der BRMitgliedschaft unterzeichnen (h. M.). Auch die Sammlung von Geldern zugunsten streikender ArbN durch den BR ist unzulässig (h. M.). **Als ArbN unterliegen BRMitgl.** aber **keinen Einschränkungen.** Sie können auch innerhalb des Betriebes für die Durchführung einer Kampfmaßnahme tätig werden, z. B. bei Urabstimmungen (*GKSB* Rn. 16; *GK-Thiele,* Rn. 29, 36; einschr. *DR,* Rn 23 und *GL,* § 1 Vorbem. 69, § 74 Rn. 12). Eines besonderen Hinweises darauf, daß Handlungen in der Eigenschaft als ArbN oder als BR-Mitgl. erfolgen, bedarf es nicht (*Wiese* NZA 84, 380). Zum Verhältnis von BR und Arbeitskampf vgl. auch *Bobke/Grimberg;* AiB 84, 20. 5a

Das **BRAmt** als solches mit seinen **Rechten und Pflichten besteht während eines Arbeitskampfes weiter** (*DR,* Rn 21; *Brill,* DB 79, 405; *HSG,* Rn 27; *Wiese,* NZA 84, 378; näheres *Herbst,* AiB 87, 4) und zwar unabhängig davon, ob das BRMitgl. mitstreikt oder nicht. Die Arbeits- 6 verhältnisse von BRMitgl. können durch eine Aussperrung seitens des ArbGeb. nur suspendiert, nicht gelöst werden (BAG Beschl. des Großen Senats vom 21. 4. 1971, AP Nr 43 zu Art. 9 GG Arbeitskampf, Teil III C 5, bestätigt durch BVerfG, 19. 2. 1975, AP Nr. 50 zu Art. 9 GG Arbeitskampf; allgemein zu den Grenzen der Aussperrung vgl. die Entscheidungen des BAG vom 10. 6. 1980, AP Nr. 64–67 zu Art. 9 GG Arbeitskampf). Der BR ist wegen eines Arbeitskampfes keineswegs funktionsunfähig (BAG 14. 2. 78, AP Nr. 59 zu Art. 9 GG Arbeitskampf). Gerade auch während eines Arbeitskampfes ergeben sich wichtige Aufgaben des BR, z. B. Aufrechterhaltung der betrieblichen Ordnung, Wahrnehmung der MBR in personellen Angelegenheiten, soweit es sich nicht um mitbestimmungsfreie Arbeitskampfmaßnahmen des ArbGeb. handelt, z. B. um sogen. Kampfkündigungen des ArbGeb. in unmittelbar streikbetroffenen Betrieben (BAG 14. 2. 78, AP Nr. 57, 58, 60 zu Art. 9 GG Arbeitskampf), Einstellung sogen. Streikbrecher oder die Kennzeichnung von Werkausweisen nicht ausgesperrter ArbN (BAG 16. 12. 86 AP Nr. 13 zu § 87 BetrVG 1972 Ordnung des Betriebes). Trotz der Wahrnehmung von BR-Aufgaben sollen BR-Mitgl. nach Ansicht des BAG (25. 10. 88, AP Nr. 110 zu Art. 9 GG Arbeitskampf) aber während einer Abwehraussperrung keinen Vergütungsanspruch nach § 37 Abs. 2 haben.

6a Bei **Kündigungen** während eines Streiks, die aus anderen als arbeitskampfbedingten Gründen erfolgen, ist dagegen der BR zu hören (BAG 14. 2. 78, 6. 3. 79, AP Nr. 60 zu Art. 9 GG Arbeitskampf, AP Nr. 20 zu § 102 BetrVG 1972; allgemein verneinend *Meisel,* Rn 398; *GL,* Rn 13b wollen nur in sozialen Angelegenheiten die Beteiligung des BR fortbestehen lassen; wie hier bei „arbeitskampfneutraler" Auslegung der MBR: *Reuter,* ArbuR 73, 1; *DR,* Rn 29f.; *GK-Thiele,* Rn 40ff.; *Brill,* DB 79, 404; *HSG,* Rn 27f.; gegen jede Einschränkung der Beteiligungsrechte: *Bieback,* RdA 78, 94). Auch das *BVerfG* betont im Beschluß vom 19. 2. 1975 die Bedeutung der weiteren Funktionsfähigkeit des BR (zustimmend *Kittner,* Anm. AP Nr. 50 zu Art. 9 GG Arbeitskampf). Wegen MBR bei Anordnung von Kurzarbeit vgl. § 87 Rn 54aff.

2. Beeinträchtigung von Arbeitsablauf oder Frieden des Betriebs

7 Neben dem Arbeitskampf verbietet Abs. 2 Satz 2 allgemein auch alle Betätigungen von ArbGeb. oder BR, durch die der **geordnete Arbeitsablauf** (§ 90 Rn 13) oder der **Frieden des Betriebes** beeinträchtigt wird. Es soll jede Handlung unterbleiben, von der die Betriebspartner wissen oder doch wissen müßten, daß sie mit hoher Wahrscheinlichkeit zu einer derartigen Beeinträchtigung führen wird. Die Beeinträchtigung bzw. Störung muß nicht bereits eingetreten, aber doch aufgrund objektiver Anhaltspunkte mit hoher Wahrscheinlichkeit zu erwarten sein (vgl. *Blomeyer,* ZfA 72, 119, 121; *DR,* Rn 44; *HSG,* Rn 30; enger *GKSB,* Rn 20; *Otto,* ArbuR 80, 189, 295; kr. *Däubler,* Das Arbeitsrecht I, 6.3.2.3). Ist sie aber bereits eingetreten, so werden ArbGeb. und BR bei Wiederho-

lung einer derartigen Situation besonders zurückhaltend sein müssen. Darüber hinaus besteht keine Verpflichtung von ArbGeb. und BR, auch aktiv gegenüber der ArbNschaft auf die Wahrung des Betriebsfriedens hinzuwirken (*DR,* Rn 47; *GL,* Rn 17; LAG Hamm 6. 11. 1975, DB 76, 343 unter Zustimmung von *GL,* Rn 10 für den Fall einer Fabrikbesetzung unter besonderen Umständen; ebenso *Brill,* DB 79, 405; für eine Rechtspflicht, des BR, zur Wiederherstellung des Arbeitsfriedens beizutragen: *HSG* § 103 Rdn 2; vgl. auch Rn 5). Andererseits gehört es zu den möglichen Aufgaben des BR, nach einer (rechtswidrigen) Arbeitsniederlegung im Betrieb mit dem ArbGeb. über deren Beendigung zu verhandeln (BAG 17. 12. 1976, AP Nr. 52 zu Art. 9 GG Arbeitskampf; 5. 12. 78 – 6 AZR 485/76 –; *DR,* Rn 22; *Wiese,* NZA 84, 382 nimmt eine Rechtspflicht des BR an, auf Wunsch des ArbGeb. Verhandlungen aufzunehmen).

Auch für die einzelnen ArbN ergeben sich aus § 74 Abs. 2 keine be- **7a**
sonderen Verpflichtungen, vorbehaltlich eines Verfahrens nach § 104 (*Blomeyer,* a. a. O., S. 112, 117; *Kothe,* ArbuR 84, 125; *Söllner,* Festschrift Herschel, S. 394; *GKSB,* Rn 21; *DR,* Rn 48). Wohl aber ist der **einzelne ArbN arbeitsvertraglich verpflichtet,** betriebsstörende, rechtlich nicht begründete Aktivitäten im Betrieb zu unterlassen (*Gnade,* Jahrbuch des Arbeitsrechts, Bd. 14, S. 68; BAG 26. 5. 77, AP Nr. 5 zu § 611 BGB Beschäftigungspflicht; vgl. auch Rn 9).

Keine Seite darf durch einseitige Maßnahmen in den Zuständigkeits- **7b**
bereich der anderen eingreifen, insbesondere nicht der BR in die Betriebsleitung (§ 77 Abs. 1).

Beispiele für Verletzung der Grundsätze der Zusammenarbeit (vgl. auch § 23 Rn 16, 28):

Entfernung von Anschlägen des ArbGeb. oder BR am schwarzen Brett, einseitige Bekanntgabe des lfd. Schriftwechsels zwischen BR u. ArbGeb. während der Vertragsverhandlungen (vgl. LAG Düsseldorf, 25. 5. 1976, BB 77, 294 u. BAG 22. 7. 80, AP Nr. 3 zu § 74 BetrVG 72), Verteilung von Flugblättern gegen den ArbGeb. durch BR; einseitige Akkordfestsetzung durch den ArbGeb.; Aufforderungen an ArbN, Maßnahmen des Direktionsrechts des ArbGeb. nicht durchzuführen, Bezeichnung des BetrVG als „Unterdrückungsinstrument" gegen die Arbeiterklasse (BAG 15. 12. 77, AP Nr. 69 zu § 626 BGB).

Ohne Verletzung des § 74 Abs. 2 kann der BR bei groben Verstößen **7c**
des ArbGeb., z. B. in der BetrVerslg. darauf hinweisen, daß eine Maßnahme des ArbGeb. z. B. wegen Mißachtung des Arbeitsschutzes oder eines MBR rechtswidrig ist. Zulässig ist auch die Durchführung einer **Fragebogenaktion** durch BR (JugAzubiVertr.) unter den ArbN, wenn sich die Fragen im Rahmen der Zuständigkeit der Betriebsverfassungsorgane halten und die Persönlichkeitssphäre anderer ArbN nicht unnötig verletzt wird (BAG 8. 2. 1977, AP Nr. 10 zu § 80 BetrVG 1972; *GL,* § 80 Rn 29b; *Schaub,* § 234 IV 1; kr. *Eich,* DB 78, 395; vgl. auch § 70 Rn 3; wegen Ablehnung einer einstw. Verfügung zur Untersagung einer Fragebogenaktion des ArbGeb. vgl. LAG Frankfurt, DB 77, 2053).

3. Parteipolitische Betätigung

8 **BR und ArbGeb.** haben im Betrieb (nach BAG 21. 2. 78, AP Nr. 1 zu § 74 BetrVG 1972 auch am Werktor) **jede parteipolitische Werbung, Propaganda,** Veranlassung von **Resolutionen,** Sammlung von Unterschriften, Veranstaltung von Geldspenden und dgl. (Beispiele: *Glaubitz,* BB 72, 1277) zu **unterlassen.** Unter **„Betätigung"** ist alles zu verstehen, was ArbN oder ArbGeb. zu einer Stellungnahme in parteipolitischen Fragen veranlassen soll, die mit dem betrieblichen Geschehen nichts zu tun haben. Dies gilt auch für Maßnahmen, die ohne Nennung einer Partei (zum Begriff vgl. § 2 Abs. 1 Parteiengesetz) offenbar deren Interessen dienen. Es wird hier im Gegensatz zu Rn 7 eine Gefährdung des Betriebsfriedens abstrakt unterstellt (BAG 13. 9. 77, 21. 2. 78, AP Nr. 1 zu § 42 BetrVG 1972, AP Nr. 1 zu § 74 BetrVG 1972). Es wäre allerdings lebensfremd anzunehmen, daß jedes gelegentliche parteipolitische Gespräch unterbunden werden könnte; es verstößt nicht gegen § 74 Abs. 2, wenn Betriebsfrieden und Arbeitsablauf unberührt bleiben (vgl. BAG 18. 1. 1968, AP Nr. 28 zu § 66 BetrVG 1952). Die politische Meinungsäußerung kann dem Bereich der betrieblichen Arbeitswelt, die die Lebensgestaltung zahlreicher Staatsbürger wesentlich bestimmt, nicht schlechthin ferngehalten werden (so wörtlich BVerfG 28. 4. 1976, AP Nr. 2 zu § 74 BetrVG 1972).

8a Die Vorschrift widerspricht nicht dem Benachteiligungsverbot des Art. 3 Abs. 3 GG und nicht dem **Recht auf freie Meinungsäußerung nach Art. 5 GG,** wenn sie dahin ausgelegt wird, daß nicht jede politische Meinungsäußerung als solche verboten sei, sondern lediglich der Betriebsfrieden gewahrt werden soll (BVerfG 28. 4. 1976 a. a. O.; BAG 3. 12. 1954, Nr. 2 zu § 13 KSchG). Der Wertgehalt des Art. 5 GG muß grundsätzlich gewahrt bleiben. Zwar setzt § 74 Abs. 2 der vollen Meinungsfreiheit Schranken; jedoch muß diese Vorschrift wegen des Grundrechts der Meinungsfreiheit ihrerseits „zurückhaltend" ausgelegt werden (zur „Wechselwirkung" beider Vorschriften vgl. auch BAG 21. 2. 78, 2. 3. 82, AP Nr. 1 zu § 74 BetrVG 1972, AP Nr. 8 zu Art. 5 Abs. 1 GG Meinungsfreiheit; für weite Auslegung des Begriffs „parteipolitisch" jetzt BAG 12. 6. 86, AP Nr. 5 zu § 74 BetrVG 1972; kr. hierzu *Derleder,* ArbuR 88, 17). Der Ausschluß eines langjährigen BRMitgl. aus dem BR wegen einmaliger Verteilung eines sachlich gehaltenen Wahlaufrufs, der zu keiner Unruhe im Betrieb führte, widerspricht nach Ansicht des BVerfG a. a. O. diesen Grundsätzen (vgl. auch *Bieback,* RdA 78, 82 [90]). Andererseits kann eine Kündigung in Betracht kommen, wenn das Recht der persönlichen Ehre durch Betriebsangehörige, auch von BRMitgl., oder die Ehre des ArbGeb. durch Wahlaufrufe verletzt wird (BAG 13. 10. 77, AP Nr. 1 zu § 1 KSchG 1969 Verhaltensbedingte Kündigung, 26. 5. 77, AP Nr. 5 zu § 611 BGB Beschäftigungspflicht). Nicht zu beanstanden ist nach verschiedenen Gerichtsentscheidungen mangels konkreter Störung des Betriebsfriedens die Verteilung von Flugblättern einer betrieblichen Friedensinitiative vor dem Werktor (ArbG München, 29. 11. 83, DB 84, 512) oder der Aushang von Plakaten der Gewerkschaft gegen die Stationierung von Raketen am Schwarzen Brett (LAG Baden-Württemberg, 24. 9. 84, DB 85, 46, Anm. *Mayer,* AiB 85, 16, aufgehoben durch Beschluß BAG 12. 6. 86, AP Nr. 5 zu § 74 BetrVG 1972 mit kr. Anm. *Wendeling-Schröder,* AiB 87, 173 und *Derleder* aaO). Außerhalb der Betriebssphäre wird die politische Betätigung überhaupt nicht beschränkt.

Für **alle ArbN** gilt im übrigen die allgemeine **arbeitsvertragliche Verpflichtung,** auf Betriebsfrieden und geordneten Betriebsablauf Rücksicht zu nehmen. Daraus ergibt sich die Pflicht, eine unruhestiftende parteipolitische Betätigung im Betrieb zu unterlassen, **nicht** aber **Meinungsäußerungen zu betriebsbezogenen Fragen,** auch wenn diese gleichzeitig Gegenstand parteipolitischer Erörterung sind (vgl. BAG 15. 7. 71, AP Nr. 83 zu § 1 KSchG, 28. 9. 72, AP Nr. 2 zu § 134 BGB, 11. 12. 75, AP Nr. 1 zu § 15 KSchG 1969; offen gelassen BAG 13. 10. 77, AP Nr. 1 zu § 1 KSchG 1969 Verhaltensbedingte Kündigung; *HSG,* Rn 34 wollen das gesetzliche Verbot auf alle ArbN erstrecken). Eine **besondere Überwachungspflicht** seitens des ArbGeb. und des BR besteht in dieser Hinsicht **nicht,** da das Verbot parteipolitischer Betätigung ausschließlich in den an die Betriebsverfassungsorgane gerichteten Vorschriften der §§ 45, 74 enthalten ist. (*DR,* Rn 65; *GK-Thiele,* Rn 56; *Schaub,* § 215 III 1; **a. M.** *HSG,* Rn 35 u. offenbar auch *Meisel,* RdA 76, 39). Der einzelne ArbN soll als mündiger Staatsbürger in der Freiheit seiner Meinungsäußerung nicht weiter eingeschränkt werden, als für einen ungestörten Arbeitsablauf erforderlich ist (*Blomeyer,* ZfA 72, 118; BAG 15. 7. 1971, AP Nr. 83 zu § 1 KSchG; weiter einschränkend *Meisel,* RdA 76, 43). Dies muß auch für das einzelne BR-Mitgl. gelten, soweit es nicht in dieser Funktion für den BR tätig wird (anders im Fall einer offensichtlichen Störung des Betriebsfriedens durch den BR-Vors., vgl. BAG 21. 2. 78, AP Nr. 1 zu § 74 BetrVG 1972). In sogen. **Tendenzbetrieben,** die eine bestimmte politische Richtung vertreten, kann darüber hinaus die arbeitsvertragliche Pflicht zur Unterstützung dieser Ziele bestehen (vgl. § 118 Rn 43). Wegen parteipolitischer Betätigung **außerhalb des Betriebes** darf kein ArbN unterschiedlich behandelt werden (§ 75 Rn 12). 9

Nicht verboten sind **allgemeine politische Meinungsäußerungen** und Gespräche im Betrieb, soweit sie sich auf Fragen erstrecken, die im Zusammenhang mit dem betrieblichen Leben stehen und soweit sie auch keine Propaganda für politische Parteien darstellen (vgl. Rn 11 ff.; *GK-Thiele,* Rn 52, einschr. noch BAG 21. 2. 78, AP Nr. 1 zu § 74 BetrVG 1972, das schon das Eintreten für eine „politische Richtung" für verboten hält; dagegen auch *GKSB,* Rn 26; allgemein zur freien Meinungsäußerung im Arbeitsverhältnis: *Schaub,* RdA 79, 137; *Söllner,* Festschrift Herschel, S. 389 u. zu Betriebsfrieden u. Politik: *Glaubitz,* BB 72, 1277; *Meisel,* RdA 76, 38; *Oetker,* BlStR 83, 321). In diesem Rahmen dürfte auch das Eintreten für **Bürgerinitiativen** zulässig sein. 10

Die Frage des **Tragens von Plaketten** an der Kleidung (bzw. des Anbringens von Autoaufklebern) im Betrieb mit unmittelbaren oder mittelbaren (partei)politischen Inhalt, kann nicht einheitlich beantwortet 10a werden. Auch ist zwischen der individualrechtlichen und der kollektivrechtlichen Betrachtung zu unterscheiden. Die arbeitsvertraglichen Pflichten zur Wahrung des Betriebsfriedens und das Grundrecht auf freie Meinungsäußerung (Art. 5 Abs. 1 GG) stehen in Wechselwirkung. Soweit der Betriebsablauf nicht gestört und keine Kontakte zu Betriebsfremden (z. B. Kunden) bestehen, wird gegen das Tragen von Plaketten ohne parteipolitischen Bezug nichts einzuwenden sein („Atomkraft nein Danke", „rettet den Wald", „Frieden schaffen ohne Waffen", vgl. ArbG Köln 28. 3. 84, BB 85, 663). Insoweit kann auch kein Verbot durch den Arbeitsvertrag vereinbart oder durch BV erlassen werden. Tritt hingegen der ArbN in Beziehung zu außenstehenden Dritten (z. B. als Verkäufer) oder trägt er als Werbemaßnahme eine bes. Arbeitskleidung, so kann ein Verbot in Betracht kommen, insbesondere wenn das Tragen der Plakette ein besonderes gesellschaftspolitisches Bekenntnis ausdrückt. Eine derartige Regelung unterliegt dem MBR nach § 87 Abs. 1 Nr. 1. Entsprechende BV sind dann zulässig (wegen Antiatomplakette vgl. BAG 2. 3. 82, AP Nr. 8 zu Art. 5 Abs. 1 GG Meinungsfreiheit: Das Tragen von Antiatomplaketten durch Lehrer im Dienst ist nach § 8 BAT unzulässig, da ihr Tragen eine politische Werbung darstellt; wegen Kündigung, weil Anti-Strauß-Plakette getragen wird vgl.: BAG 9. 12. 82, AP Nr. 73 zu § 626 BGB mit kr. Anm. *Kothe,* ArbuR 84, 125; allgemein zum Tragen von Plaketten: *Mummenhoff,* DB 81, 2539 und *Söllner,* a. a. O., S. 400: Das Tragen von Plaketten ist immer provozierend und deshalb verboten; dagegen bejahend: *GKSB,* Rn 33; *Buschmann/Grimberg,* ArbuR 89, 65; *von Hoyningen- Huene,* BB 84, 1050; *Zachert,* ArbuR 84, 289).

4. Behandlung tarifpolitischer, sozialpolitischer und wirtschaftlicher Fragen

11 Wenn auch nach Abs. 2 parteipolitische Betätigungen im Betrieb zu unterlassen sind, so arbeitet doch der Betrieb nicht in einem luftleeren Raum. Es können ebenso wie auf einer BetrVerslg. (§ 45) **alle Angelegenheiten erörtert** werden, die den **Betrieb oder seine ArbN unmittelbar betreffen** (Abs. 2 Satz 3 Halbs. 2), selbst wenn dabei allgemeine politische Argumente eine Rolle spielen. **Beispiele:** Auswirkungen der Wirtschaftsmaßnahmen anderer Länder auf den deutschen Export; Fragen der flexiblen Altersgrenze und des betrieblichen Ruhegeldes oder des BetrAVG (BAG 13. 9. 77, AP Nr. 1 zu § 42 BetrVG 1972), aber nicht: Kriegsereignisse oder Rassenprobleme in anderen Ländern, innenpolitische Verhältnisse anderer Staaten. Durch solche allgemeinen politischen Erörterungen darf der Betriebsfrieden nicht beeinträchtigt werden (vgl. auch Rn 10).

12 Ausdrücklich für zulässig erklärt das Gesetz die Behandlung von Fragen tarifpolitischer, sozialpolitischer und wirtschaftlicher Art, soweit sie den Betrieb oder die ArbN angehen. **Tarifpolitische Fragen** sind solche, die mit den durch TV geregelten oder zu regelnden Arbeitsbedingungen und deren Verhältnis zu betrieblichen Lohnzuschlägen und der Lohngruppeneinteilung zusammenhängen sowie mit der Zahlung von Gratifikationen (vgl. näheres § 45 Rn 9). **Sozialpolitische Fragen** können auch erörtert werden, wenn sie nicht speziell nur den Betrieb, sondern die ganze Branche oder einen größeren Wirtschaftsraum angehen (BAG 14. 2. 1967, AP Nr. 2 zu § 45 BetrVG 1952). Das Gebiet der **Sozialpolitik** ist sehr weitgehend (BAG 13. 9. 77, AP Nr. 1 zu § 42 BetrVG 1972) und umfaßt alle gesetzlichen und sonstigen Regelungen auf dem Gebiet der Sozialversicherung, des Arbeitsschutzes, des Unfallschutzes, des Bildungswesens und der die ArbN und den Betrieb berührenden Steuerfragen (vgl. auch § 45 Rn 14). Die Diskussion braucht sich nicht auf den gegenwärtigen Zustand und dessen Auswirkungen auf den Betrieb oder die ArbN zu beschränken, sondern kann auch wünschenswerte Verbesserungen der geltenden Bestimmungen zum Inhalt haben. Der Anschein eines Drucks auf den Gesetzgeber muß aber vermieden werden. (Eingehend über die Behandlung tarif- und sozialpolitischer Fragen in BetrVerslg. *Neumann,* BB 66, 89). **Wirtschaftliche Fragen** sind sowohl solche der Auswirkung der Gesetzgebung auf Betrieb und ArbN, als auch beabsichtigte konkrete wirtschaftliche Maßnahmen des ArbGeb. (wegen MBR insoweit vgl. § 90ff., 106ff. und 111ff.). Nehmen sich politische Parteien derartigen Fragen an, so wird deren innerbetriebliche Erörterung dadurch noch nicht unzulässig (*DR,* Rn 67; BAG a. a. O.). Zu den zulässigen Gesprächsthemen vgl. eingehend § 45 Rn 5ff.

Auch die Behandlung allgemeiner **gewerkschaftlicher Fragen** ist kei- 13
neswegs ausgeschlossen, z. B. die Fragen der Einrichtung von Bildungsmaßnahmen durch die Gewerkschaften, Stand von Tarifverhandlungen. Wegen Werbung für Gewerkschaften vgl. Rn 15.

IV. Gewerkschaftsbetätigung von Arbeitnehmern, die betriebsverfassungsrechtliche Aufgaben wahrnehmen

Soweit die Gewerkschaften betriebsverfassungsrechtliche Aufgaben 14
wahrnehmen (vgl. § 2 Rn 52), sind die BR ohnehin zur Zusammenarbeit mit ihnen verpflichtet (§ 2 Abs. 1). Aber auch hinsichtlich der **allgemeinen Koalitionsaufgaben** der Gewerkschaften (§ 2 Rn 55ff.), die unabhängig vom BetrVG wahrzunehmen sind (§ 2 Abs. 3), unterliegen ArbN des Betriebes in ihrer Eigenschaft als Gewerkschaftsmitglied grundsätzlich keinen Beschränkungen. Dieses gilt, wie Abs. 3 klarstellt, **auch für ArbN,** die **Aufgaben nach dem BetrVG** wahrnehmen, insbesondere für BRMitgl. (aber z. B. auch für Mitgl. der JugAzubiVertr., der E-Stelle, des Wi-Ausschusses, des Wahlvorstands; wegen ARMitgl. vgl. § 76 BetrVG 52 Rn 137 und *Fitting/Wlotzke/Wißmann,* MitbestG, § 25 Rn 114ff.). Damit trägt das Gesetz dem Dualismus der gewerkschaftlichen Aufgaben (Koalitionsbetätigung und betriebsverfassungsrechtliche Unterstützungsfunktion) und der Stellung des BR Rechnung. Die Vorschrift des Abs. 3 beseitigt eine früher teilweise vertretene Diskriminierung der BRMitgl. und Inhaber anderer betriebsverfassungsrechtlicher Ämter gegenüber den anderen ArbN, die ohnehin in ihrer

gewerkschaftlichen Betätigung im Rahmen ihrer arbeitsvertraglichen Pflichten frei sind (z. B. als Vertrauensleute im Betrieb, *GKSB,* Rn 47; vgl. auch § 2 Rn 59). Zugleich wird auch den betrieblichen Gegebenheiten Rechnung getragen. Denn vielfach sind aktive ArbN zugleich BRMitgl. und ehrenamtliche Funktionäre der Gewerkschaften. Die BRMitgl. und sonstigen Funktionsträger brauchen sich in ihrer Gewerkschaftstätigkeit keine besondere Zurückhaltung aufzuerlegen. Sie brauchen „mit schizophren gespaltenem Bewußtsein" (*GKSB,* Rn 44) ihr **Amt nicht zu verleugnen,** sollen es aber auch nicht in unbilliger Weise herausstellen, wenn sie für ihre Gewerkschaft eintreten.

14a Die Grundsätze des **§ 75 Abs. 1** bleiben **unberührt,** d. h. die Amtsträger müssen sich **in ihrem Amt neutral** verhalten, dürfen z. B. keinen Druck zum Eintritt in eine bestimmte Gewerkschaft ausüben oder ArbN wegen Nichtzugehörigkeit zu ihrer Gewerkschaft benachteiligen. Sie sind Repräsentanten aller ArbN (vgl. § 75 Rn 14f.; BVerfG 27. 3. 79, NJW 79, 1875). Die Unparteilichkeit des BR muß gewahrt bleiben. Der BR als solcher darf keine Werbung durchführen (BVerfG AP Nr. 18 zu Art. 9 GG), wohl aber das einzelne BRMitgl. außerhalb der Tätigkeit als Mitgl. des betriebsverfassungsrechtlichen Organs. Es besteht auch keine Vermutung dafür, daß ein Gewerkschaftsmitgl. unzulässiger Weise als BRMitgl. wirbt (so aber *HSG,* Rn 41; wie hier *BAG* 14. 2. 67, AP Nr. 10 zu Art. 9 GG; *Bieback,* RdA 78, 92; *DR,* Rn 76; wohl auch *GL,* Rn 24ff.; *Gnade,* Jahrbuch des Arbeitsrechts, Bd. 14, S. 73f.; *Däubler,* Koalitionsfreiheit, S. 118, *GK-Thiele,* Rn 63).

15 Die Frage der **Gewerkschaftswerbung** im Betrieb regelt das Gesetz nicht ausdrücklich. Sie ist aber insbesondere im Hinblick auf Abs. 3 i. V. mit § 2 Abs. 3 zu bejahen, und zwar nicht nur für die Werbung vor BR-Wahlen, sondern allgemein (§ 20 Rn 38f.). Die Gewerkschaften haben das eigenständige Recht, im Betrieb für ihre Ziele zu werben, die ArbN zu informieren und zum Beitritt aufzufordern (vgl. *Konzen,* Jahrbuch des Arbeitsrechts, Bd. 18, S. 19ff.u. *Sarge/Gester,* AiB 88, 228). In erster Linie kommen dafür ArbN des Betriebes in Frage. Wegen Werbung durch **betriebsfremde Beauftragte** vgl. § 2 Rn 42 u. § 118 Rn 50. Das allgemeine Recht auf Werbung auch in den Betrieben, in denen sich das Arbeitsleben praktisch abspielt, ergibt sich insbesondere aus Art. 9 Abs. 3 GG, der nicht auf die Garantie der Festlegung der Arbeits- und Wirtschaftsbedingungen beschränkt werden kann. Das Grundrecht des Art. 9 Abs. 3 GG umfaßt auch Informations- und Werbetätigkeit als notwendige Voraussetzung für Bestand und Betätigung der Gewerkschaften. Deren Wirkungsmöglichkeit hängt in hohem Maße von der Zahl ihrer Mitgl. ab. Deshalb ist die Werbung ein notwendiger Ausfluß des Grundrechts der Koalitionsfreiheit (vgl. BVerfG AP Nr. 18 zu Art. 9 GG). Soweit die Rechtsprechung früher Einschränkungen für die Werbung durch einzelne BRMitgl. gemacht hat, sind diese durch § 74 Abs. 3 überholt (so wohl auch *DR,* Rn 76). Vgl. auch das von der Bundesrepublik ratifizierte Übereinkommen Nr. 135 der IAO, Art. 5 (abgedruckt als Anhang 6), das nach BAG 19. 1. 82, AP Nr. 10 zu Art. 140 GG aber keine unmittelbare Anspruchsgrundlage bildet, und zur Gewerkschaftswerbung im Betrieb eingehend *Däubler,* Gewerkschaftsrechte im Betrieb, 1985, §§ 10ff.

Wenn gewisse Grenzen (Rn 17) eingehalten werden, kann der ArbGeb. die Werbung in seinem Betrieb auch nicht unter Berufung auf Art. 13 oder 14 GG verweigern. Art. 13 GG bezieht sich in erster Linie auf die Unverletzlichkeit der Wohnung. Hier geht es aber um den konstitutionalisierten Betrieb. Das Eigentum des ArbGeb. wird mangels wirtschaftlicher Nachteile überhaupt nicht berührt. Allenfalls liegt eine zulässige Sozialbindung des Eigentums vor (vgl. BAG 14. 2. 1967, 14. 2. 78: AP Nr. 10, 11 u. 26 zu Art. 9 GG; BVerfG AP Nr. 7, 16 und 17 zu Art. 9 GG betr. Propaganda für Personalratswahlen; *Hoffmann,* ArbuR 69, 73; im Grundsatz auch *HSG,* § 2 Rn 88f.; ablehnend zu BAG 14. 2. 78: *Richardi,* DB 78, 1496; eher kritisch auch *GL,* § 2 Rn 65ff.) 16

Zur Gewerkschaftsbewegung gehört auch **Plakatwerbung** (BAG 30. 8. 83, AP Nr. 38 zu Art. 9 GG). Sie darf aber nicht an beliebiger Stelle im Betrieb, sondern nur nach Rücksprache mit dem ArbGeb. vorgenommen werden. Zweckmäßig ist die Benutzung des Schwarzen Bretts oder anderer betrieblicher Anschlagflächen. Stellt der ArbGeb. diese der Gewerkschaft zur Verfügung, so ist die einseitige Entfernung von Anschlägen unzulässig (LAG Frankfurt, DB 72, 1027). Nach BAG (23. 2. 79, AP Nr. 30 zu Art. 9 GG) soll der ArbGeb. unter Berufung auf sein Eigentum das Aufkleben von Gewerkschaftsemblemen auf den von ihm gestellten Schutzhelmen verbieten können. Die Gewerkschaft sei auf diese Art der Werbung nicht angewiesen (kr. dazu *Zachert,* ArbuR 79, 358). Diese Entscheidung läßt eine Darlegung darüber vermissen, worin die Beeinträchtigung des Eigentums des ArbGeb. besteht. 16a

Da Art. 9 Abs. 3 GG nur einen „Kernbereich" der Koalitionsbetätigung schützt (BVerfGE 4, 96 [106, 108], 17, 319 [333]; 18, 18 [27]; 19, 303 [321] = AP Nr. 7 zu Art. 9 GG, 57, 220 [245f.] = AP Nr. 9 zu Art. 140 GG) und der Betriebsfrieden gewahrt werden muß, ist auch nicht jede beliebige **Gewerkschaftswerbung** im Betrieb zulässig. Sie muß sich in einem **vernünftigen Rahmen bewegen.** Demnach dürften Werbemaßnahmen im Betrieb unzulässig sein, die den oder die ArbGeb. allgemein in beleidigender Weise angreifen, parteipolitische Fragen erörtern, konkurrierende Gewerkschaften unter grober Entstellung der Wahrheit verunglimpfen (BAG 11. 11. 1968, AP Nr. 14 zu Art. 9 GG) oder schließlich durch den Zeitpunkt der Werbung (Bedenken gegen Werbung während der effektiven Arbeitszeit, verneinend BAG 26. 1. 82, AP Nr. 35 zu Art. 9 GG; bejahend *GKSB,* Rn 50) oder ihren Umfang („wildes Plakatieren") den Arbeitsablauf stören. Wegen der Benutzung des hausinternen Postverteilungssystems eines Krankenhauses vgl. die ablehnende Entscheidung BAG 23. 9. 86, AP Nr. 45 zu Art. 9 GG. 17

Wegen bestimmter Artikel darf ebenfalls das **Verteilen** einer Ausgabe einer **Gewerkschaftszeitung** im Betrieb beanstandet werden. Sonst ist deren Verteilung im Betrieb, sei es nun an Gewerkschaftsmitgl. oder an alle ArbN durch das Grundrecht auf Koalitionsbetätigung der Gewerkschaft als solcher und auch deren einzelner Mitgl. geschützt (vgl. *Kunze,* Festschrift BAG, S. 315ff.; vgl. aber BAG 23. 2. 79, AP Nr. 29 zu Art. 9 17a

GG, das das Verteilen der Zeitschrift durch Gewerkschaftsmitglieder nur an Gewerkschaftsmitgl. im Betrieb nicht als durch Art. 9 Abs. 3 geschützt ansieht, da es nicht der Werbung diene; diese Entscheidung ist nur schwer verständlich, vgl. *Hanau,* Jahrbuch des Arbeitsrechts, Bd. 17, S. 51; *GKSB,* Rn 51). Nicht durch Art. 9 Abs. 3 GG gedeckt ist aber die Wahlwerbung durch die Gewerkschaft im Betrieb im Hinblick auf eine allgemeine politische Wahl (BVerfG 28. 4. 76, AP Nr. 2 zu § 74 BetrVG 1972).

V. Streitigkeiten

18 Der Unterlassungspflicht gem. § 74 Abs. 2 S. 2 entspricht eine im BeschlVerf. nach § 2a ArbGG geltend zu machender **Unterlassungananspruch** des BR bzw. des ArbGeb.; es bedarf aber einer Präzisierung der (zukünftig) zu unterlassenden Handlung, die gegen § 74 Abs. 2 verstößt, damit bei Zuwiderhandlungen gegen die Entscheidung des ArbG die Zwangsvollstreckung betrieben werden kann (vgl. **Nach** § 1 Rn 54; BAG 22. 7. 1980, AP Nr. 3 zu § 74 BetrVG 1972; vgl. *Jahnke,* BlStR 74, 164; *GK-Thiele,* Rn 49). Auch ein entsprechender Feststellungsantrag ist zulässig. Es gibt nicht nur das Verfahren nach § 23 (vgl. dort Rn 78). Grobe Verstöße gegen die Friedenspflicht und das Verbot parteipolitischer Betätigung können darüber hinaus zum Ausschluß einzelner BRMitgl. oder Auflösung des BR nach § 23 Abs. 1 führen. U. U. kommt eine Schadensersatzpflicht einzelner BR-Mitgl. nach § 823 Abs. 1 BGB (Störung des eingerichteten und ausgeübten Gewerbebetriebs, z. B. bei Streik über Fragen aus dem BetrVG) in Betracht (*GKSB,* Rn 16; *GK-Thiele,* Rn 25; *DR,* Rn 53: Nur Anspruch aus dem Arbeitsverhältnis). Läßt sich der ArbGeb. solche Verstöße zuschulden kommen, so kann ihm nach § 23 Abs. 3 vom ArbG ein gesetzmäßiges Verhalten aufgegeben und er im Fall der Zuwiderhandlung zu einem Ordnungsgeld verurteilt werden (*Heinze,* DB 83, Beilage 9, S. 15 hält ein Verfahren gegen den ArbGeb. nach § 23 Abs. 3 nicht für zulässig). Aussperrungen des ArbGeb. wegen betriebsverfassungsrechtlicher Streitigkeiten sind nach § 134 BGB nichtig; die ArbN haben nach § 615 BGB Anspruch auf Weiterzahlung des Arbeitsentgelts.

19 Streitfragen über die gewerkschaftliche Tätigkeit von BRMitgl. und anderen Amtsträgern, insbesondere auch über deren MitglWerbung für die Gewerkschaft, entscheiden die ArbG im BeschlVerf. nach § 2a ArbGG (*Brox,* BB 65, 1326; *Säcker,* BB 66, 705; für Urteilsverfahren: BAG 14. 2. 67, AP Nr. 10 zu Art. 9 GG). Über **Fragen der Koalitionsfreiheit** der Gewerkschaften u. deren Werbetätigkeit im Betrieb ist aber gemäß § 2 Abs. 1 Nr. 2 ArbGG im **Urteilsverfahren** zu entscheiden (vgl. § 2 Rn 67 u. BAG 14. 2. 78, 26. 1. 82, AP Nr. 26, 35 zu Art. 9 GG).

§ 75 Grundsätze für die Behandlung der Betriebsangehörigen

(1) **Arbeitgeber und Betriebsrat haben darüber zu wachen, daß alle im Betrieb tätigen Personen nach den Grundsätzen von Recht und Billigkeit behandelt werden, insbesondere, daß jede unterschiedliche Behandlung von Personen wegen ihrer Abstammung, Religion, Nationalität, Herkunft, politischen oder gewerkschaftlichen Betätigung oder Einstellung oder wegen ihres Geschlechts unterbleibt. Sie haben darauf zu achten, daß Arbeitnehmer nicht wegen Überschreitung bestimmter Altersstufen benachteiligt werden.**

(2) **Arbeitgeber und Betriebsrat haben die freie Entfaltung der Persönlichkeit der im Betrieb beschäftigten Arbeitnehmer zu schützen und zu fördern.**

Inhaltsübersicht

I. Vorbemerkung

1 Durch die Vorschrift des Abs. 1 soll die **gerechte und gleichmäßige Behandlung aller im Betrieb tätigen Personen** entspechend dem arbeitsrechtlichen Gleichbehandlungsgrundsatz sichergestellt und der Schutz ihrer Grundrechte nach Art. 3 und 9 GG gewährleistet werden. ArbN dürfen nicht wegen **Überschreitung bestimmter Altersstufen** benachteiligt werden; dazu gehören auch **jugendl. ArbN** (vgl. Rn 20a). Abs. 2 gebietet ausdrücklich Schutz und Förderung der **Persönlichkeit der einzelnen ArbN** und konkretisiert damit das Grundrecht der freien Entfaltung der Persönlichkeit nach Art. 2 Abs. 1 GG. § 75 ist zwar nicht die „Magna Charta" der Betriebsverfassung (so aber *DR*, Rn 1), aber eine wichtige Auslegungsregel für das Gesetz.

2 Die Bestimmung wirkt sich auf die Ordnung des Betriebs aus, denn sie dient der Sicherung des Betriebsfriedens; außerdem beeinflußt sie auch das Einzelarbeitsverhältnis, auf das die Grundsätze des § 75 Anwendung finden müssen (vgl. auch Rn 19; *DR*, Rn 4). Insbesondere ist auf § 99 Abs. 2 Nr. 2 und § 104 hinzuweisen.

Die Vorschriften gelten entspr. für GesBR, KBR und ArbGeb., auch soweit letzterer in den §§ 106–113 als Unternehmer angesprochen wird (§ 51 Abs. 6 i. Vbdg. mit § 59 Abs. 1).

2a Entsprechende Vorschrift im **BPersVG 74:** § 67 Abs. 1 S. 1 und 2 u. im **SprAuG:** § 27.

II. Behandlung der im Betrieb tätigen Personen

3 Die Pflicht zur **Überwachung der Gleichbehandlung** und des Schutzes der Persönlichkeit gilt sowohl im **Verhältnis zwischen BR und ArbGeb.** als auch im **Verhältnis beider zu den ArbN** (ähnlich: *DR,* Rn 6). ArbGeb. und BR haben gemeinsam auf die Druchführung der Grundsätze des § 75 hinzuwirken, d.h. positiv dafür einzutreten, und zwar nicht etwa erst nach einer Beschwerde des ArbN (§§ 84, 85). Sie müssen sich gegenseitig auf Mängel und Verstöße hinweisen. Der BR hat die Verantwortung, im Rahmen seiner Einflußmöglichkeiten auf die Belegschaft einzuwirken, wenn solche Verstöße im Betrieb vorkommen (z.B. durch Aufklärung in der BetrVerslg., Anschläge am Schwarzen Brett). Er kann u.U. gem. § 104 die Entlassung eines ArbN verlangen, der durch wiederholte ernstliche Verstöße gegen die in der Vorschrift aufgestellten Grundsätze den Betriebsfrieden gestört hat (vgl. Rn 26).

4 Aus der Überwachungspflicht ergibt sich auch, daß **ArbGeb. und BR selbst** auch **keine Verstöße gegen die in § 75 genannten Grundsätze** verüben dürfen. Beide haben sich in ihrem Verhalten von Rechts- und Billigkeitsgründen und der Achtung der Persönlichkeit leiten zu lassen, der BR in seinem Gesamtverhalten und bei allen Entscheidungen, zu denen er befugt ist (z.B. auch hinsichtlich des Einblickrechts in die Lohn- und Gehaltslisten, BAG 12. 2. 80, AP Nr. 12 zu § 80 BetrVG 1972), der ArbGeb. bei Ausübung seines Weisungsrechts und bei der Organisation des betrieblichen Geschehens. Konkretisierungen dieser Vorschriften enthalten z.B. § 87 Abs. 1 Nrn. 1 u. 6 u. §§ 90, 91.

4a § 75 betrifft als materiellrechtliche Vorschrift aber nicht die interne Geschäftsführung des BR, z.B. die Besetzung von Ausschüssen. Diese regelt der BR im Rahmen der Vorschriften der §§ 26ff. autonom.

5 Die Überwachung bezieht sich auf die **Behandlung aller im Betrieb Tätigen,** d.h. sowohl der ArbN, als auch der im § 5 Abs. 2 genannten NichtArbN und der **LeihArbN** (vgl. § 5 Rn 78) und der **Teilzeitbeschäftigten** (Art. 1 § 2 Abs. 1 BeschFG; BAG 25. 1. 89, AP Nr. 2 zu § 2 BeschFG 1985). Wegen Berücksichtigung des Geschlechts bei Einstellungen vgl. Rn 13a.

5a Bei **Einstellungen** ist § 75 insoweit anwendbar, als eine Diskriminierung aus den genannten Gründen zu unterbleiben hat, z.B. wegen des Geschlechts. Dasselbe gilt für die Aufstellung von Auswahlrichtlinien (vgl. Rn 19 u. § 95 Rn 10; *DR,* Rn 7; **a.M.** *GL,* Rn 5; *GK-Wiese,* Rn 8).

1. Grundsatz von Recht und Billigkeit

6 Die Behandlung nach den Grundsätzen von Recht und Billigkeit erfordert ein Verhalten, durch das nicht nur die Rechtsansprüche aller Betriebsangehörigen anerkannt und erfüllt, sondern darüber hinaus auf ihre berechtigten menschlichen, sozialen und wirtschaftlichen Belange insoweit Rücksicht genommen wird, als nicht die Ordnung des Betriebs, sein Arbeitsablauf und seine wirtschaftliche Leistungsfähigkeit

oder die Interessen anderer ArbN entgegenstehen. Hierzu gehört auch die menschengerechte Gestaltung der Arbeit (vgl. VOR § 89 Rn 57ff.). Wegen Billigkeitskontrolle von BV vgl. § 77 Rn 96.

2. Schutz von Grundrechten

7 Das Gesetz bringt in zusammengedrängten Worten bzw. mit redaktionellen Änderungen die Vorschriften des **Art. 3 Abs. 3 und des Art. 9 Abs. 3 GG.** Die Vorschrift ist jedoch nicht nur eine reine Wiederholung der Normen des Grundgesetzes, da sie von BR und ArbGeb. ein **positives Eintreten** für diese Grundsätze verlangt, deren unmittelbare Geltung für Privatpersonen außerhalb der Organe der staatlichen Gewalt sonst umstritten ist. Wie sich aus dem Wort „insbesondere" ergibt„ ist die Aufzählung nicht erschöpfend. Vielmehr ist jede sachlich nicht gerechtfertigte, willkürliche Ungleichbehandlung verboten (h. M.; vgl. nur BAG 19. 4. 83, AP Nr. 124 zu Art. 3 GG m. w. N.).

8 Unter dem Begriff **„Abstammung"** sind die regionale und die volkliche (Volkszugehörigkeit) Zugehörigkeit zusammengefaßt.

9 Der Begriff **„Religion"** ist hier weit auszulegen. Er deckt sowohl das religiöse wie das weltanschauliche Bekenntnis (vgl. auch § 118 Rn 48).

10 Innerhalb des Betriebs dürfen Angehörige anderer Nationen wegen ihrer **Nationalität** (Staatsangehörigkeit) nicht anders behandelt werden als Deutsche. Soweit auf Grund gesetzlicher Bestimmungen eine unterschiedliche Behandlung vorgeschrieben ist, hat es aber dabei sein Bewenden. Auch Ausländer sind unbeschränkt für den BR wählbar (vgl. § 8). **Diskriminierungsverbote** (wegen der Staatsangehörigkeit) enthalten auch mehrere internationale Verträge, z. B. Art. 48 Abs. 1 u. 2 EWG-Vertrag, die EWG-VO Nr. 1612/68 vom 15. 10. 1968 stellt in Art. 7 ArbN aus EWG-Staaten Inländern völlig gleich, Aufenthaltsgesetz EWG vom 22. 7. 1969 (BGBl. I S. 927) u. das durch Gesetz vom 8. 3. 1961 (BGBl. II S. 97) ratifizierte Übereinkommen Nr. 111 der Internat. Arbeitsorganisation vom 25. 6. 1958 (vgl. *Halbach,* ArbuR 61, 137). Wegen der Situation ausländischer ArbN vgl. auch kr. *Dohse,* AiB 82, 116. Vgl. auch § 80 Abs. 1 Nr. 7 und dort Rn 24.

11 Unter **„Herkunft"** ist das Herkommen aus einem bestimmten Gebiet (insbesondere bei Flüchtlingen, Heimatvertriebenen, Asylanten und heimatlosen Ausländern) u. aus einer bestimmten sozialständischen Schicht (BVerfGE 5, 17 [22] u. in AP Nr. 44 zu Art. 3 GG) zu verstehen.

12 Die (partei)**politische Betätigung oder Einstellung** eines Betriebsangehörigen **außerhalb des Betriebs** hat grundsätzlich mit seiner Tätigkeit im Betrieb nichts zu tun (*GL,* Rn 18). Wegen parteipolitischer Betätigung innerhalb des Betriebes vgl. § 74 Rn 8f.

13 Das Gesetz bekennt sich zu dem Grundsatz des Art. 3 Abs. 2 GG **(„Männer und Frauen sind gleichberechtigt"),** das im Diskriminierungsverbot des Art. 3 Abs. 3 GG seinen Niederschlag findet. Dieser Verfassungsgrundsatz ist als geltende Rechtsnorm durch § 75 für den Betrieb als unmittelbar verbindlich erklärt worden. **Keine Frau** darf wegen ihres **Geschlechts diskriminiert** werden. Wegen der Streitfragen

um die Gleichberechtigung der Frau im Arbeitsrecht, insbesondere wegen Gewährung des gleichen Tariflohnes, vgl. die zahlreichen Entscheidungen des BAG und die dort aufgeführte Literatur (BAG 11. 1. 73, 20. 4. 77, AP Nr. 110, 111 zu Art. 3 GG; BAG 11. 9. 1974, AP Nr. 39 zu § 242 BGB Gleichbehandlung, 9. 9. 81, 6. 4. 82, 25. 8. 82, AP Nr. 117 zu Art. 3 GG, AP Nr. 1 zu § 1 BetrAVG Gleichbehandlung, AP Nr. 53 zu § 242 BGB Gleichbehandlung, 14. 3. 89, AP Nr. 5 zu § 1 BetrAVG Gleichberechtigung; Europäischer Gerichtshof zu Art. 119 EWGV u. Richtlinie 75/117 EWG, 8. 4. 1976, NJW 1976, 2068), sowie Übereinkommen Nr. 100 der IAO. Werden bestimmte Zulagen wegen bestimmter Erschwernisse der Arbeit nur an Männer, aber an alle gezahlt, obwohl diese Voraussetzungen nur auf einen Teil der Männer zutreffen, so sind diese Zulagen auch den weiblichen ArbN zu zahlen (BAG 11. 9. 1974, a. a. O.; dagegen steht männlichen ArbN keine Ehefrauenzulage zu, da die Tarifnorm gegen Art. 3 GG verstößt; sie ist aber für die Vergangenheit ebenso wie den Männern auch den Frauen zu gewähren (BAG 13. 11. 85, AP Nr. 136 zu Art. 3 GG). Die Betriebspartner haben u. a. auch dafür zu sorgen, daß Frauen gleichberechtigt an Fortbildungsmaßnahmen (§§ 96–98) teilnehmen können und am beruflichen Aufstieg (§ 99). Wegen Frauenarbeitsschutz und Gleichberechtigungsgebot vgl. Referat von *Hilger* auf dem 54. Juristentag, AiB 82, 163 u. wegen Durchsetzung von Frauenförderplänen im Betrieb: *Degen,* AiB 86, 218.

13a Die EG-Richtlinie Nr. 76/207 EWG vom 9. 2. 76 (ABl. EG Nr. L 39, 40 –, **„Gleichbehandlungsrichtlinie“**) ist durch das **EG-Anpassungsgesetz** in deutsches Recht umgesetzt worden (Gesetz vom 13. 8. 1980, BGBl. I, S. 1308, §§ 611a, 611b, 612; Abdruck Anhang 9). Insbesondere darf für gleiche oder gleichwertige Arbeit wegen des Geschlechts keine geringere Vergütung vereinbart werden, auch nicht, wenn für ArbN wegen des Geschlechts besondere Schutzvorschriften gelten. Jede unterschiedliche Behandlung ist unzulässig, es sei denn, ein bestimmtes Geschlecht sei unverzichtbare Voraussetzung für eine Tätigkeit. Bei Einstellungen, Beförderungen und Kündigungen ist eine Benachteiligung wegen des Geschlechts verboten; insoweit kann aber bei Nichteinhaltung dieses Gebots nach der bisherigen gesetzlichen Regelung nur der sogen. „Vertrauensschaden“ geltend gemacht werden, d. h. dem ArbN ist nur der Schaden zu ersetzen, der durch das Vertrauen auf die zu erwartende Rechtsposition entstanden ist (z. B. Bewerbungskosten); eine Durchführung der Maßnahme kann er nicht verlangen. Arbeitsplätze sollen nach § 611b BGB grundsätzlich für Männer und Frauen ausgeschrieben werden (vgl. § 93 Rn 9; diese einzelne Vorschrift genügt der EG-Richtlinie, EuGH 21. 5. 85, NZA 85, 627). Den Aushang der §§ 611a ff. BGB im Betrieb schreibt Art. 2 des Gesetzes vor.

13b Die gesetzliche Regelung hat der EuGH, in einem Urteil vom 10. 4. 84 (AP Nr. 1 zu § 611a BGB) für nicht ausreichend angesehen, um der EG-Richtlinie zu genügen. Welche Sanktionen zukünftig insbesondere die unterlassene Einstellung eines diskriminierten Bewerbers, also vor allem einer Frau, zur Folge haben soll, ist unklar, da die erforderliche gesetzliche Änderung des innerstaatlichen Rechts immer noch fehlt. Die

Meinungen gehen weit auseinander, von einem Einstellungsanspruch bis zur vorläufigen weiteren Anwendung des bisherigen Rechts (vgl. *Bertelsmann/Pfarr,* DB 84, 1297, Birk, NZA 84, 175, *Bleckmann,* DB 84, 1574; *Colneric,* BB 88, 968; *Scholz,* Anm. SAE 84, 250, Zulegg RdA 84, 325). Die bisherige Rechtsprechung billigt überwiegend Schadensersatz bis zu 6 Monatsgehältern zu (vgl. ArbG Hamm, 6. 9. 84, DB 84, 2700; ArbG Oberhausen 8. 2. 85, NZA 85, 252; LAG Hamburg, 11. 2. 87, DB 88, 131 = AiB 87, 268 mit Anm. Bertelsmann; LAG Frankfurt 11. 3. 88, BB 88, 1748). Dem hat sich jetzt das BAG angeschlossen, das im Regelfall eine Entschädigung in Höhe eines Monatsgehalts zubilligen will (BAG 14. 3. 1989 – 8 AZR 447/87). Zur Rechtsprechung der EuGH vgl. Pfarr, NZA 86, 585.

3. Koalitionsfreiheit

Die Koalitionsfreiheit, d. h. die **Freiheit, Vereinigungen zur Wahrung und Förderung der Arbeits- und Wirtschaftsbedingungen zu bilden** (vgl. Art. 9 Abs. 3 GG), ist in besonderem Maße geschützt. Der Schutz erstreckt sich auf die Betätigung (insbes. auch von BRMitgl.) im Dienste von Gewerkschaften oder für sie im Betrieb (Beispiel: Kassieren von Beiträgen in den Arbeitspausen; vgl. näheres § 74 Abs. 3 dort Rn 14f.) und auf die sich aus der Gewerkschaftszugehörigkeit ergebende Einstellung. Der BR kann, wenn ein wesentlicher Teil seiner Mitgl. selbst einer bestimmten Gewerkschaft angehört oder nahesteht, durch diese Vorschrift, die ihm auch ein positives Eintreten zum Schutz der Betätigung von ArbN in anderen Gewerkschaften aufgibt, in erhebliche Gewissenskonflikte kommen, muß aber gleichwohl die Grundsätze des § 75 beachten. Die positive Koalitionsfreiheit der organisierten ArbN und der Bestandsschutz der Gewerkschaften wird durch eine Aussperrung verletzt, die gezielt nur die organisierten ArbN erfaßt (BAG 10. 6. 1980, AP Nr. 66 zu Art. 9 GG Arbeitskampf). Nach Art. 9 Abs. 3 GG ist es auch unzulässig, die Einstellung eines ArbN vom Austritt aus der Gewerkschaft abhängig zu machen; dagegen kann die Gewerkschaft mit einer Unterlassungsklage gegen den ArbGeb vorgehen (BAG 2. 6. 87, AP Nr. 49 zu Art. 9 GG). 14

Das Gesetz erwähnt nicht ausdrücklich, ob nur die **positive** oder auch die **negative** Koalitionsfreiheit, d. h. die Freiheit, einer Gewerkschaft fernzubleiben, geschützt sein soll. Diese Frage ist für Art. 9 Abs. 3 GG umstritten, aber jedenfalls im Rahmen des § 75 zu bejahen. Aus dem Verbot unterschiedlicher Behandlung wegen gewerkschaftlicher „Einstellung" läßt sich der **Schutz der negativen Koalitionsfreiheit** deshalb folgern, weil der Begriff der „Einstellung" auch die Ablehnung der Gewerkschaft umfaßt (*DR,* Rn 24; *GL,* Rn 20; *GK-Thiele,* Rn 37; **a. M.** *GKSB,* Rn 16; *Weiss,* Rn 3). 15

Die Anerkennung der negativen Koalitionsfreiheit bedeutet aber nicht, daß es untersagt wäre, **tarifgebundenen ArbN die tariflichen** (u. U. günstigeren) **Arbeitsbedingungen** zu gewähren, den nicht tarifgebundenen diese Leistungen jedoch nicht zuzugestehen. Ein solches 16

Verfahren benachteiligt die nicht Tarifgebundenen nicht etwa wegen ihrer gewerkschaftlichen „Einstellung" (die sich durch Nichtbeitritt geäußert hat), sondern ergibt auch aus der Wirkung des TV (BAG 20. 7. 1960, AP Nr. 7 zu § 4 TVG, zustimmend *GL,* Rn 20; *GKSB,* Rn 16; *GK-Thiele,* Rn 27). Anderenfalls käme man zu einer Art Allgemeinverbindlichkeit des TV für den Betrieb, was mit den Rechtsnormen des TVG (§ 3 Abs. 1 TVG) nicht vereinbar wäre (vgl. auch § 77 Rn 66). Zahlt allerdings der ArbGeb. ständig im Betrieb auch den Außenseitern den Tariflohn, so kann er nicht ohne besonderen Grund einzelne ArbN hiervon ausschließen (h. M.). Das wäre ein Verstoß gegen den Gleichbehandlungsgrundsatz (Rn 18).

17 Für **Tendenzbetriebe** (§ 118 Abs. 1) ergeben sich **Einschränkungen** für die Anwendbarkeit des § 75, soweit die Tendenz des Betriebs eine unterschiedliche Behandlung erfordert, aber auch ausschließlich in diesen Grenzen.

Beispiele:

Die Geschäftsstelle einer Partei kann die Einstellung von ArbN von der Parteizugehörigkeit abhängig machen; der Küster einer katholischen Gemeinde kann bei Übertritt zum evangelischen Glauben entlassen werden; eine Gewerkschaft kann die Mitgliedschaft ihrer ArbN verlangen (vgl. wegen Mitgliedschaft eines Gewerkschaftssekretärs in einer sogen. K-Gruppe BAG 6. 12. 79, AP Nr. 2 zu § 1 KSchG 1969 verhaltensbedingte Kündigung); bedenklich dagegen BAG 31. 1. 1956, AP Nr. 15 zu § 1 KSchG betr. Kündigung eines Handwerkers in einem katholischen Krankenhaus wegen Wiederverheiratung nach bürgerlicher Scheidung. Die standesamtliche Heirat der Leiterin eines kath. Kindergartens mit einem geschiedenen Mann stellt nach BAG (25. 4. 78, AP Nr. 2 zu Art. 140 GG; dazu kr. *Dudenbostel-Klas,* ArbuR 79, 296 [305 f.]) einen personen- und betriebsbedingten Kündigungsgrund dar; ebenso für die Ang. einer Caritasgeschäftsstelle (BAG 14. 10. 80, AP Nr. 7 zu Art. 140 GG). Vgl. auch § 118 Rn 43.

4. Keine unterschiedliche Behandlung

18 Jede Bevorzugung oder Benachteiligung aus den in § 75 Abs. 1 bezeichneten Gründen muß unterbleiben. Selbstverständlich soll jeder im Betrieb Tätige möglichst nach seiner persönlichen Eigenart behandelt werden. Das gebietet die Achtung vor seiner Menschenwürde. Es soll jede unterschiedliche Behandlung zum Guten oder zum Schlechten, die ausschließlich oder überwiegend aus den in Abs. 1 bezeichneten Gründen erfolgt, oder das Maß des „Rechten und Billigen" im Verhältnis zur Behandlung anderer Personen im Betrieb übersteigt, unterbunden werden. Dagegen sind **sachgemäße Unterscheidungen,** die in den verschiedenen Verhältnissen der ArbN begründet sind, sowohl bei **Abschluß des Arbeitsvertrages** (Vertragsfreiheit!) als auch bei der weiteren **Ausgestaltung des Einzelarbeitsverhältnisses** (z. B. freiwillige soziale Zuwendungen) **möglich** (h. M.; vgl. zum **Gleichbehandlungsgrundsatz:** BAG 5. 3. 1980, 25. 8. 82, 14. 6. 83, 25. 1. 84; AP Nr. 44, 53, 58, 67, 68 zu § 242 BGB Gleichbehandlung, 26. 1. 82, AP Nr. 1 zu § 1 HausArbtagsG Hamburg; zur Geltung des Gleichbehandlungsgrundsatzes im überbetrieblichen Bereich vgl. BAG 26. 4. 1966, AP Nr. 117 zu § 1 TVG Auslegung 13. 8. 80, AP Nr. 2 zu § 77 BetrVG 1972). Die Gewährung einer höheren Vergütung an einzelne neu eintretende ArbN ist dann zulässig, wenn für wichtige Stellen sonst keine Arbeitskräfte mehr zu gewinnen sind (*Stege/Weinspach,* Rdn 5). Andererseits hat ein einzelner ArbN u. U. Anspruch auf Höhergruppierung, wenn alle anderen vergleichbaren ArbN auch höhergruppiert sind (BAG 10. 4. 1973, AP Nr. 38 zu § 242 BGB Gleichbehandlung) oder sogar auf Zahlung einer Zulage, wenn er aufgrund sachwidriger Differenzierung eine im Betrieb gewährte freiwillige Zulage nicht erhält (BAG 11. 9. 1974, AP Nr. 39 a. a. O.). Bei Sozialleistungen darf nicht ohne sachlichen Grund zwischen Arb. und Ang. unterschieden werden (BAG 5. 3. 1980, AP Nr. 44 a. a. O. betr. Zahlung einer Weihnachtsgratifikation nur an Ang.). Bei einer allgemeinen betriebseinheit Erhöhung der Gehälter dürfen die AT-Ang. nicht völlig von der generellen Erhöhung ausgeschlossen werden, wenn diese auch den Ausgleich der Verteuerung der Lebenshaltungskosten bezweckt (BAG 17. 5. 78, AP Nr. 42 a. a. O.). Nicht gleichbehandlungswidrig ist die Beschränkung einer betrieblichen Versorgungsordnung auf sog. Führungskräfte, selbst wenn dadurch mehr Männer als Frauen begünstigt würden (BAG 11. 11. 86, AP Nr. 4 zu § 1 BetrAVG Gleichberechtigung). Eine Änderungskündigung zwecks Herabsetzung zusätzlicher vertraglicher Leistungen unter Berufung auf den Gleichbehandlungsgrundsatz ist nicht zulässig (BAG 28. 4. 82, AP Nr. 3 zu § 2 KSchG 1969).

Die Bildung betriebl. Gewohnheitsrechts aus einer Übung heraus kommt nicht in Betracht (dafür aber *Gamillscheg,* Festschrift Hilger/Stumpf, S. 227 ff.), weil die **betriebliche Übung** Bestandteil der einzelnen Arbeitsverträge wird und deshalb keine normative Wirkung hat (BAG 15. 2. 1965, AP Nr. 6 zu § 13 BUrlG; 5. 2. 71, 3. 8. 82, 4. 9. 85, AP Nr. 10, 12, 22 zu § 242 BGB, Betriebliche Übung; BAG 30. 10. 84, AP Nr. 1 zu § 1 BetrAVG Betriebliche Übung; *Hromadka,* NZA 85, 241); zur Rechtsprechung des BAG: *Backhaus,* ArbuR 83, 65. **18a**

Die Anwendung des Gleichbehandlungsgrundsatzes kommt auch **innerhalb eines Unternehmens** mit mehreren Betrieben in Betracht, sofern diese ein gleichartige Struktur aufweisen (vgl. BAG 29. 3. 1977, AP Nr. 1 zu § 87 BetrVG 1972 Provision, 6. 4. 1976, AP Nr. 2 zu § 50 BetrVG 1972, aber nicht innerhalb eines Konzerns mit mehreren ArbGeb (BAG 20. 8. 86, AP Nr. 6 zu § 1 TVG TV: Seniorität). **18b**

Das Verbot unterschiedlicher Behandlung gilt auch für **Normen einer BV** (BAG 11. 11. 1986, AP Nr. 4 zu § 1 BetrAVG Gleichberechtigung), und für sonstige einheitliche Arbeitsbedingungen im Betrieb (BAG 4. 5. 1962, 9. 11. 72, AP Nr. 32, 36 zu § 242 BGB Gleichbehandlung; *GK-Thiele,* Rn 28; wegen Billigkeitskontrolle von BV vgl. § 77 Rn 96). Niemand darf aus willkürlichen Gründen aus einer betrieblichen Ordnung herausgenommen werden. § 1 Abs. 1 Satz 3 BetrAVG erwähnt ausdrücklich die betriebliche Übung und den Grundsatz der Gleichbehandlung als Anspruchsgrundlage für Versorgungsleistungen. Der ArbGeb. **18c** ist aber nicht verpflichtet, eine irrtümlich aufgrund einer unwirksamen BV bezahlte Zulage aus Gründen der Gleichbehandlung nach Kenntnis der Rechtslage allen ArbN zu zahlen; es gibt keine Gleichbehandlung „im Rechtsirrtum" (BAG 13. 8. 80, AP Nr. 2 zu § 77 BetrVG 1972).

19 Aus der Überwachungspflicht ergibt sich, daß der BR bei Vorliegen eines Tatbestandes nach § 99 Abs. 2 verpflichtet ist, wegen der zumeist darin liegenden Verletzung des § 75 Abs. 1 die Zustimmung zu einer **personellen Maßnahme** zu verweigern, § 75 gewinnt darüber hinaus in Zusammenhang mit den Rechten des einzelnen ArbN nach §§ 81 ff. an Bedeutung (ohne allerdings über die Anwendung des allgemeinen Gleichbehandlungsgrundsatzes hinaus individualrechtliche Rechtsansprüche für einzelne ArbN zu begründen, BAG 3. 12. 85, AP Nr. 2 zu § 74 BAT) und in Hinblick auf § 104. Im übrigen ist **§ 75 Abs. 1 Leitvorschrift für die Anwendung der MBR,** der aber selbst keine MBR begründet, die das Gesetz sonst nicht erwähnt (z. T. bedenklich insoweit BAG 12. 6. 1975, AP Nr. 1–3 zu § 87 BetrVG 1972 Altersversorgung; kritisch dazu *Blomeyer,* Anm. AP Nr. 3 a. a. O., *Kraft,* SAE 76, 43 und *Hanau* BB 76, 93; wie hier aber BAG 8. 12. 81, AP Nr. 6 zu § 87 BetrVG 1972 Lohngestaltung).

5. Überschreitung bestimmter Altersstufen

20 Abs. 1 Satz 2 spricht die konkrete Verpflichtung von ArbGeb. und BR aus, sich um die Belange von ArbN, die bestimmte Altersstufen überschritten haben, zu kümmern. Dieses Gebot wird in § 80 Abs. 1 Nr. 6 (dort Rn 23) für die Beschäftigung älterer ArbN und in § 96 Abs. 2 Satz 2 (dort Rn 30) für die Berufsbildung näher konkretisiert. Auch die staatliche Arbeitsförderung nimmt sich dieser ArbGruppe an (vgl. §§ 2 Nr. 6, 91 Nr. 3 und 97–99 AFG). ArbN, die bestimmte Altersstufen überschritten haben, sollen deshalb gegenüber anderen ArbN nicht benachteiligt werden. Es muß mit allen Mitteln versucht werden, sie in sinnvoller Weise trotz der schnellen wirtschaftlichen und technischen Entwicklung weiterzubeschäftigen, u. U. nach **Umschulungsmaßnahmen** und (oder) Versetzung innerhalb des Betriebes. Es darf bei älteren ArbN nicht das Gefühl aufkommen, „zum alten Eisen" zu gehören. Die Berücksichtigung tatsächlich (und rechtlich) erheblicher Gesichtspunkte ist aber zulässig, z. B. des Umstandes, daß der ArbN wegen Nachlassens seiner Kräfte am bisherigen Arbeitsplatz nicht mehr beschäftigt werden kann (*HSG,* Rn 14; *GL,* Rn 22) oder die Festlegung kürzerer Arbeitszeiten (BAG 18. 8. 1987, AP Nr. 23 zu § 77 BetrVG 1972).

20a Eine **BV über das Ausscheiden von ArbN** bei Erreichen des Stichtages für die Antragstellung auf das gesetzliche Altersruhegeld gilt auf den Zeitpunkt der Vollendung des 65. Lebensjahres als abgeschlossen und ist mit dieser Maßgabe zulässig (vgl. § 77 Rn 37a), eine Einzelkündigung aus diesem Anlaß aber nicht (BAG 28. 9. 61, AP Nr. 1 zu § 1 KSchG Personenbedingte Kündigung). § 75 Abs. 1 Satz 2 dient dem Schutz des ArbN während des Arbeitsverhältnisses, steht aber einer Beendigung aus Altersgründen nicht entgegen (BAG 20. 11. 87, AP Nr. 2 zu § 620

BGB Altersgrenze, s. dazu *Joost,* Anm. a. a. O.). Eine Altersgrenze kann auch in einem TV vorgesehen werden (BAG 21. 4. 77, AP Nr. 1 zu § 60 BAT). Ein **Sozialplan** kann die Unverfallbarkeit von Versorgungsanwartschaften vom Erreichen einer bestimmten Altersgrenze abhängig machen (BAG 13. 2. 1975, AP Nr. 9 zu § 242 BGB Ruhegehalt – Unverfallbarkeit) und für ArbN, die das vorgezogene Altersruhegeld in Anspruch nehmen können, geringere oder keine Abfindungen vorsehen (vgl. § 112, 112a Rn 22). Versorgungsordnungen können auch betriebliche Leistungen zu Beginn des Arbeitsverhältnisses von einem bestimmten Höchsteintrittsalter, z. B. 50. Lebensjahr, abhängig machen (BAG 14. 1. 86, AP Nr. 5 zu § 1 BetrAVG Gleichbehandlung).

Die Vorschrift ist abzuwägen gegen das ebenso dringende Gebot der **Vermeidung von Jugendarbeitslosigkeit.** Auch jugl. ArbN überschreiten nach Abschluß ihrer beruflichen Grundausbildung eine bestimmte Altersstufe und haben ein dringendes Interesse daran, weiterbeschäftigt zu werden. Bei entsprechender sozialer Absicherung wird gegen die Vereinbarung eines freiwilligen Ausscheidens älterer ArbN auch vor Vollendung des 65. Lebensjahres zur Freimachung von Arbeitsplätzen für jugendl. ArbN nach „Recht und Billigkeit" nichts einzuwenden sein. Wegen der Vermeidung von Entlassungen durch andere personelle Maßnahmen (Umsetzung, Umschulung) vgl. § 102 Rn 45–50a und § 96 Rn 22f, 32, 37. **20b**

III. Freie Entfaltung der Persönlichkeit

In Abs. 2 werden ArbGeb. und BR (GesBR) verpflichtet, gemäß dem Grundrecht des Art. 2 Abs. 1 GG die **Persönlichkeit des einzelnen ArbN,** deren **freie Entfaltung** im Rahmen der betrieblichen Möglichkeiten **zu schützen** und zu **fördern.** Die Vorschrift hat nicht nur (abwehrenden) Schutzcharakter, sondern enthält darüber hinaus die Verpflichtung, auf positive Gestaltung der Arbeitsbedingungen im Interesse der freien Persönlichkeitsentfaltung hinzuwirken (*GK-Thiele,* Rn 56f.; *Weiss,* Rn 6, der von einem „Teilhaberecht" spricht). Eine Reihe weiterer Vorschriften des Gesetzes dienen der Konkretisierung dieses allgemein geltenden Grundsatzes (vgl. §§ 80, 83–86, 90–91, 96–98). Die Bestimmung des § 75 Abs. 2 ist auch bei der Ausübung der MBR sowie bei der Entscheidung der E-Stelle zu beachten, z. B. nach § 87 Abs. 1 Nr. 1, 5, 6, 9, § 91, § 99 hinsichtlich Versetzung und Umgruppierung, § 102 Abs. 3. Wenn und soweit Eingriffe in die Persönlichkeitsrechte absolut unzulässig sind, kann sie auch eine Beteiligung des BR, z. B. nach § 87 Abs. 1 Nr. 1 oder 6 nicht zulässig machen (*GKSB,* Rn 33). **21**

Ein durchsetzbarer Rechtsanspruch des ArbN besteht aber insoweit nur gegenüber dem ArbGeb. (vgl. wegen Arbeitszeit von Ärzten BAG 24. 2. 82, AP Nr. 7 zu § 17 BAT), nicht gegenüber dem BR als solchen (*Hanau,* RdA 73, 289), vorbehaltlich von Maßnahmen nach § 23 Abs. 1 oder Schadensersatzansprüchen gegen einzelne BRMitgl. (*Gl,* Rn 41 und Vorbem. zu § 74). Auch hat der **einzelne ArbN kein Antragsrecht** im **21a**

BeschlVerf., **vom BR ein bestimmtes Handeln oder Unterlassen zu verlangen** (so aber ganz allgemein *Blomeyer,* Gedächtnisschrift Dietz S. 147ff.). Vgl. auch § 99 Rn 67. Allgemein über Persönlichkeitsschutz des ArbN gegenüber ArbGeb.: *Wiese,* ZfA 71, 273ff. und **Vor** § 89 Rn 14, 17.

21b Die freie Entfaltung der Persönlichkeit des ArbN im Betrieb kann in besonderer Weise durch den Einsatz **moderner Technologien** gefährdet werden. Zu nennen sind hier insbesondere die in neuerer Zeit stark entwickelten **Personalinformationssysteme** sowie der Einsatz der **Mikroelektronik** zur Steuerung und Unterstützung von Arbeitsabläufen sowohl im Produktions- als auch im Dienstleistungsbereich. Hier können der freien Entfaltung der Persönlichkeit der ArbN in dreifacher Hinsicht Gefahren drohen: Zum einen eröffnen die nahezu unbegrenzten Fähigkeiten der modernen Personalinformationssysteme, Daten der ArbN zu speichern und nach den verschiedensten Gesichtspunkten in kürzester Zeit automatisch auszuwerten und damit über jeden ArbN ein mehr oder weniger umfassendes Persönlichkeitsbild zu erstellen, das weit über die Kenntnisse hinausgeht, die durch das konkrete Arbeitsverhältnis bedingt und damit als zulässig anzusehen sind (zur Verfassungswidrigkeit einer umfassenden Registrierung und Katalogisierung eines Menschen vgl. BVerfGE 27, 1ff. – Mikrozensusbeschluß u. die Volkszählungsentscheidung vom 15. 12. 83, NJW 84, 419; vgl. auch *Gola,* BB 80, 584). Zum anderen kann der zunehmende Einsatz der Mikroelektronik zur Steuerung und Unterstützung der Arbeitsabläufe und die damit gegebene umfassende automatische Kontrolle der einzelnen Arbeitsschritte auch zu einer umfassenden automatischen Kontrolle des Arbeitsverhaltens und der Arbeitsleistung des ArbN führen. Schließlich besteht die Möglichkeit, die über die ArbN in Datensystemen gespeicherten Personen-, Verhaltens- und Leistungsdaten mit anderen Datensystemen des Betriebs (Unternehmens) in einer Weise zu verknüpfen, daß Personalentscheidungen über die ArbN „automatisiert" durch das Datensystem selbst getroffen werden, ohne auf individuelle Gesichtspunkte oder auf Ausnahmesituationen Rücksicht zu nehmen (zu den hier bestehenden Gefahren und rechtlichen Bedenken vgl. insbesondere *Gola,* BB 80, 585ff. m. w. Angaben). Vgl. auch zur Überwachung durch technische Einrichtungen § 87 Rn 66.

21c Weder die Erstellung eines Gesamtpersönlichkeitsbildes des einzelnen ArbN, noch eine umfassende Kontrolle seiner Leistung und seines Verhaltens, noch das Fällen von Personalentscheidungen durch den Computer sind vereinbar mit dem Gebot, die freie Entfaltung der Persönlichkeit des ArbN im Betrieb zu schützen und zu fördern. Für die Betriebspartner ergibt sich bei der Einführung derartiger neuer Technologien aus § 75 Abs. 2 die Verpflichtung, die von diesen Systemen her möglichen Auswirkungen auf die Persönlichkeitsrechte der ArbN sorgfältig zu prüfen und auf das Unumgängliche einzuschränken. Zu den in diesem Zusammenhang in Betracht kommenden Mitwirkungs- und Mitbestimmungsrechten des BR vgl. § 87, Rn 64ff., § 92 Rn 22ff., § 94 Rn 6ff., § 95 Rn 4ff.

§ 75 Abs. 2 ist eine gesicherte arbeitswissenschaftliche Erkenntnis und daher bei Anwendung des §§ 90, 91 zu berücksichtigen (näheres vgl. **Vor** § 89 Rn 17). 21d

Eine **Einschränkung** einzelner Persönlichkeitsrechte des ArbN ist nur zulässig, soweit dies auf Grund **überwiegender betrieblicher Interessen** insbes. wegen des Arbeitsablaufs **erforderlich** ist (*Wiese,* ZfA 71, 283). Nach diesen allgemeinen Maßstäben ist zu entscheiden, inwieweit im Rahmen der Ordnung des Betriebes (vgl. § 87 Rn 29ff.) dem ArbN Verhaltensvorschriften gemacht werden können, z. B. ob Bekleidungsvorschriften zulässig sind oder Bestimmungen über Torkontrollen, ärztliche Untersuchungen oder die Teilnahme an Betriebsausflügen (vgl. auch § 77 Rn 35), soweit nicht schon kraft Gesetzes oder sonstiger Bestimmungen (z. B. UVV) derartige Maßnahmen vorgesehen sind. Wegen Weiterleitung eines Fragebogens zwecks Sicherheitsüberprüfung und der Abwägung zu den Persönlichkeitsrechten des ArbN vgl. BAG 17. 5. 83, AP Nr. 11 zu § 75 BPersVG und zur Überwachung von Arbeitsplätzen durch Videokameras in Kaufhäusern BAG 7. 10. 87, AP Nr. 15 zu § 611 BGB Persönlichkeitsrecht. 22

Der **Schutz der Nichtraucher** gegen die Beeinträchtigung der Atemluft wird lebhaft diskutiert (vgl. § 5 u. § 32 ArbStättVO; dafür *Schmidt,* RdA 87, 337, DÖD 82, 97 und *Wischnath,* DB 77, 1365, 79, 1133, RdA 77, 162, Soz Fortschritt 81, 134 gegen *Fuchs,* BB 77, 851 u. *Mummenhoff,* RdA 76, 364f.; differenzierend: *Löwisch,* DB 79, Beilage 1 und *Scholz,* DB 79, Beilage 10). Das Problem ist nicht mit einem einfachen ja oder nein zu beantworten. Aus § 5 ArbStättVO läßt sich außer bei Vorliegen einer hohen Konzentration von Tabakrauch kein allgemeines Verbot des Rauchens herleiten (**a. M.** ArbG Berlin, 26. 10. 88, DB 88, 2518, ArbG Hamburg, 16. 4. 89, BB 89, 1199), wie sich auch aus der Sondervorschrift des § 32 ArbStättVO (Nichtraucherschutz in Pausen-, Bereitschafts- und Liegeräumen) ergibt, ebenso nicht aus § 75 Abs. 2 i. V. m. Art. 2 Abs. 1 GG unmittelbar; denn auch die Raucher berufen sich auf diese Bestimmungen. Wohl aber ist der ArbGeb. nach § 618 BGB verpflichtet, angemessene Maßnahmen zum Schutz der Nichtraucher zu treffen, wobei den Rauchern die Möglichkeit zum Rauchen, wenigstens in den Pausen, eingeräumt werden muß. Der Interessenwiderstreit könnte insbes. durch Einrichtung von getrennten Arbeitsräumen für Raucher und Nichtraucher und (oder) bessere Durchlüftung gelöst werden. Nur wenn anders Abhilfe nicht möglich ist, wäre der Erlaß eines generellen Rauchverbots in bestimmten Räumen (vorbehaltlich vorgehender gesetzlicher Regelungen, vgl. § 87 Rn 34) möglich (für Rauchverbot in der Stadtratssitzung auf Antrag eines Nichtrauchers: OVG NRW 10. 9. 82, DB 82, 2398 = JZ 83, 25 mit Anm. *Wischnath* unter Hinweis auf ASR zu § 5.2., wonach die Luftqualität im wesentlichen der der Außenluft entsprechen muß, VG Stade, 21. 1. 88, NJW 88, 790; Rauchverbot in Lehrerzimmern: OVG Münster 10. 4. 87, NJW 87, 2921; nach BVerwG 26. 11. 87, NJW 88, 783 genügt der Verdacht einer Gesundheitsschädigung; der ArbN dürfe nicht auf einen anderen Arbeitsplatz umgesetzt werden, sofern nicht ein anormaler Gesundheitszu- 22a stand vorliege; wegen Rauchverbot im Krankenhaus vgl. LAG München 30. 10. 85, NZA 86, 577 und in einem Kurheim LSG Schleswig-Holstein, 4. 2. 87, NJW 87, 2958). Innerhalb dieses für den ArbGeb nach pflichtgemäßem Ermessen bestehenden Gestaltungsspielraums greift dann das MBR des BR nach § 87 Abs. 1 Nr. 1 ein (vgl. § 77 Rn 35, § 87 Rn 4; ebenso GKSB Rn 36, *GK-Wiese* § 87 Rn 11). Zu verfassungsrechtlichen Fragen des Nichtraucherschutzes vgl. Bayr.VerfGH 30. 4. 1987, NJW 1987, 2921. Wegen Beschwerden des Rauchers oder Nichtrauchers bei Verneinung eines Rechtsanspruchs auf Abhilfe vgl. § 85 Rn 3a.

22b Nur im Rahmen des betrieblich-technisch Notwendigen unbedenklich sind **Kontrolleinrichtungen,** die nicht nur den Arbeitsablauf überwachen, sondern zugleich auch, oder sogar überwiegend, das Verhalten der ArbN (wegen MBR vgl. § 87 Abs. 1 Nr. 6 und dort Rn 64ff.). Zumindest muß neben dem BR auch der einzelne ArbN von vornherein über die Maßnahme unterrichtet werden (*Wiese,* ZfA 71, 287). Das **Abhören von Telefongesprächen** ist **unzulässig,** sofern nicht der ArbN zustimmt (vgl. LAG Berlin, 19. 2. 1974, DB 74, 1243; *GL,* Rn 27; **a.M.** LAG Baden-Württemberg, 29. 4. 1976, DB 77, 776; wegen Zulassung privater Gespräche allgemein vgl. § 87 Rn 34). Der ArbN hat aber nach Auffassung des BAG (1. 3. 1973, AP Nr. 1 zu § 611 BGB Persönlichkeitsrecht) das Unterbrechen privater Ferngespräche aus dienstlichen Gründen hinzunehmen. Wegen der Zulässigkeit einer automatischen Erfassung von Telefondaten nach dem BDSG vgl. § 87 Rn 73 u. insbes. BAG 27. 5. 86, AP Nr. 15 zu § 87 BetrVG 72 Überwachung. Die unbefugte, d. h. nicht vom Betroffenen genehmigte Aufnahme nicht öffentlicher, d. h. privater Gespräche im kleinen Kreis jeder Art (also nicht nur von Telefongesprächen) auf **Tonträger** und deren Benutzung ist **strafbar** (§ 201 Abs. 1 StGB), ebenso das **Abhören privater Gespräche** mit einem Abhörgerät die nicht für die Kenntnis des Abhörenden bestimmt sind (§ 201 Abs. 2 StGB), nicht aber das Mithören von Gesprächen am Telefon durch einen privaten Verstärker (BGH, 17. 2. 82, AP Nr. 2 zu § 284 ZPO = DB 82, 1215). Kann aber der Gesprächspartner von der Vertraulichkeit des Gesprächs ausgehen, so dürfen auch Zeugenaussagen aus Mithören nicht im Prozeß verwertet werden (BAG 2. 6. 82, AP Nr. 3 zu § 284 ZPO; LAG Berlin, AP Nr. 1 zu § 284 ZPO; wegen Mithörung von telefonischen Verkaufsgesprächen vgl. LAG Köln, DB 83, 1101). Es kann auf Freiheitsstrafe bis zu drei Jahren oder auf Geldstrafe erkannt werden.

22c Die Verwendungen sogen. **„Einwegscheiben“,** die nur von einer Seite durchsehbar sind, zur Kontrolle von ArbN ist unzulässig (*GKSB,* Rn 33).

22d Betriebliche **Bekleidungsvorschriften** sind nur insoweit zulässig, als sie durch die Verhältnisse des Betriebes geboten sind (LAG Köln, 8. 6. 88, DB 89, 684; *GL,* Rn 30e). Sie unterliegen dem MBR nach § 87 Abs. 1 Nr. 1 (vgl. dort Rn 34).

Dem Schutz der Persönlichkeit dient auch die Schweigepflicht von BRMitgl. wegen privater Geheimnisse von ArbN, vgl. die §§ 82 Abs. 2 Satz 3, 83 Abs. 1 Satz 3 und 99 Abs. 1 Satz 3 und die dort. Rn. Wegen

Mitteilung von Schwangerschaften und Vorstrafen an den BR vgl. § 94 Rn 18, 16 und wegen ärztlicher Untersuchung und psychologischer Tests § 94 Rn 21ff.

IV. Verstöße und Streitigkeiten

Verstößt der **BR** grob gegen die Überwachungspflicht, oder begeht er selbst Verstöße gegen die in § 75 Abs. 1 festgelegten Grundsätze, so kann er nach § 23 Abs. 1 aufgelöst, einzelne Mitgl. können des Amtes auf Antrag des ArbGeb. im BeschlVerf. enthoben werden (BAG 4. 5. 55, AP Nr. 1 zu § 44 BetrVG 1952). U. U. kann die fristlose Kündigung gerechtfertigt sein, wenn das BRMitgl. nicht nur gegen seine Amtspflichten, sondern auch gegen die Pflichten aus dem Arbeitsverhältnis gröblich verstoßen hat. Hierzu bedarf es aber der Zustimmung des BR nach § 103. Ggfs. können die geschädigten Betriebsangehörigen Schadenersatzansprüche wegen Verletzung der Vorschrift des Grundgesetzes i. Verb. mit § 75 Abs. 1 nach § 823 Abs. 2 BGB geltend machen. Sie haben aber kein Antragsrecht, im BeschlVerf. vom BR ein bestimmtes Verhalten zu verlangen (vgl. Rn 21a). 23

Verstößt der **ArbGeb.** gegen die Grundsätze des § 75, so können geschädigte Betriebsangehörige Schadensersatzansprüche, vielfach schon wegen zugleich vorliegender Verletzung arbeitsvertraglicher Pflichten, u. U. auch nach § 823 Abs. 2 BGB erheben, da **§ 75 Abs. 1 ein Schutzgesetz** zugunsten der ARbN ist (vgl. § 1 Rn 139; BAG 5. 4. 84, AP Nr. 2 zu § 17 BBiG; *GK-Thiele,* Rn 54; **a. M.** *DR,* Rn 46). Der ArbN hat ggfls. auch ein Leistungsverweigerungsrecht. Bei groben Verstößen können BR oder Gewerkschaft auch gemäß § 23 Abs. 3 vorgehen und ein BeschlVerf. einleiten, aber nicht der einzelne ArbN (vgl. auch *Heinze,* DB 83, Beilage 9, S. 15). 24

Bei **personellen Maßnahmen** hat der BR das Mitbestimmungsrecht nach §§ 99ff., das nach Verweigerung der Zustimmung wegen Verstoßes gegen § 75 zur Nachprüfung der Maßnahme durch das ArbG im BeschlVerf. führen kann (§ 2a ArbGG), bzw. bei Widerspruch gegen eine Kündigung zu deren Sozialwidrigkeit. Schließlich unterliegen Maßnahmen des ArbGeb. auch der Kontrolle des ArbG, wenn ein ArbN im Urteilsverfahren Ansprüche wegen behaupteter Verletzung des Gleichbehandlungsgrundsatzes geltend macht. 25

Während sich die Vorschrift des § 75 Abs. 1 unmittelbar nur an ArbGeb. und BR richtet, ergibt sich **aus § 104 mittelbar auch eine Verpflichtung der im Betrieb tätigen ArbN,** nach den Grundsätzen von Recht und Billigkeit zu handeln. Tut ein ArbN dies nämlich nicht und wird dadurch der Betriebsfrieden wiederholt und ernstlich gestört, so kann der BR vom ArbGeb. die Versetzung oder gar Entlassung dieses ArbN verlangen. Näheres vgl. die Rn zu § 104. 26

Schließlich kann bei Verstößen gegen die Grundsätze des § 75 Abs. 1 ein Feststellungs- bzw. **Unterlassungsanspruch** im BeschlVerf. geltend gemacht werden, der allerdings einer genauen Antragstellung bedarf 27 (vgl. § 74 Rn 18). Verstoßen ArbGeb. oder BR gleichwohl weiterhin gegen die Grundsätze des § 75 Abs. 1, so kommt ein Verfahren nach § 23 Abs. 1 oder Abs. 3 in Betracht, das ggfs. auch die Gewerkschaften einleiten können.

§ 76 Einigungsstelle

(1) **Zur Beilegung von Meinungsverschiedenheiten zwischen Arbeitgeber und Betriebsrat, Gesamtbetriebsrat oder Konzernbetriebsrat ist bei Bedarf eine Einigungsstelle zu bilden. Durch Betriebsvereinbarung kann eine ständige Einigungsstelle errichtet werden.**

(2) **Die Einigungsstelle besteht aus einer gleichen Anzahl von Beisitzern, die vom Arbeitgeber und Betriebsrat gestellt werden, und einem unparteiischen Vorsitzenden, auf dessen Person sich beide Seiten einigen müssen. Kommt eine Einigung über die Person des Vorsitzenden nicht zustande, so bestellt ihn das Arbeitsgericht. Dieses entscheidet auch, wenn kein Einverständnis über die Zahl der Beisitzer erzielt wird.**

(3) **Die Einigungsstelle faßt ihre Beschlüsse nach mündlicher Beratung mit Stimmenmehrheit. Bei der Beschlußfassung hat sich der Vorsitzende zunächst der Stimme zu enthalten; kommt eine Stimmenmehrheit nicht zustande, so nimmt der Vorsitzende nach weiterer Beratung an der erneuten Beschlußfassung teil. Die Beschlüsse der Einigungsstelle sind schriftlich niederzulegen, vom Vorsitzenden zu unterschreiben und Arbeitgeber und Betriebsrat zuzuleiten.**

(4) **Durch Betriebsvereinbarung können weitere Einzelheiten des Verfahrens vor der Einigungsstelle geregelt werden.**

(5) **In den Fällen, in denen der Spruch der Einigungsstelle die Einigung zwischen Arbeitgeber und Betriebsrat ersetzt, wird die Einigungsstelle auf Antrag einer Seite tätig. Benennt eine Seite keine Mitglieder oder bleiben die von einer Seite genannten Mitglieder trotz rechtzeitiger Einladung der Sitzung fern, so entscheiden der Vorsitzende und die erschienenen Mitglieder nach Maßgabe des Absatzes 3 allein. Die Einigungsstelle faßt ihre Beschlüsse unter angemessener Berücksichtigung der Belange des Betriebs und der betroffenen Arbeitnehmer nach billigem Ermessen. Die Überschreitung der Grenzen des Ermessens kann durch den Arbeitgeber oder den Betriebsrat nur binnen einer Frist von zwei Wochen, vom Tage der Zuleitung des Beschlusses an gerechnet, beim Arbeitsgericht geltend gemacht werden.**

(6) **Im übrigen wird die Einigungsstelle nur tätig, wenn beide Seiten es beantragen oder mit ihrem Tätigwerden einverstanden sind. In diesen Fällen ersetzt ihr Spruch die Einigung zwischen Arbeitgeber und Betriebsrat nur, wenn beide Seiten sich dem Spruch im voraus unterworfen oder ihn nachträglich angenommen haben.**

(7) **Soweit nach anderen Vorschriften der Rechtsweg gegeben ist, wird er durch den Spruch der Einigungsstelle nicht ausgeschlossen.**

(8) **Durch Tarifvertrag kann bestimmt werden, daß an die Stelle der in Absatz 1 bezeichneten Einigungsstelle eine tarifliche Schlichtungsstelle tritt.**

Inhaltsübersicht

I. Vorbemerkung

Entsprechend dem in § 74 Abs. 1 aufgestellten Grundsatz, daß Meinungsverschiedenheiten grundsätzlich durch Einigung der Betriebspartner erledigt werden sollen, sieht § 76 die Bildung betrieblicher E-Stellen vor. 1

Ist ein **GesBR** errichtet (§§ 47ff.), so gelten die Vorschriften des § 76 entsprechend für die Bildung von E-Stellen für das Unternehmen, sofern der GesBR zuständig ist (§§ 50, 51 Abs. 6). Gleiches gilt für den **KBR** (§§ 58, 59 Abs. 1, 51 Abs. 6). Dagegen gilt die Vorschrift nicht für die JugAzubiVertr. und die GesJugAzubiVertr., da diese nicht Träger von Beteiligungsrechten sind. 2

Die E-Stelle ist **kein Gericht und keine Behörde,** vielmehr ein von BR und ArbGeb. gemeinsam gebildetes **Organ der Betriebsverfassung,** dem kraft Gesetzes gewisse Befugnisse zur Beilegung von Meinungsverschiedenheiten übertragen sind (vgl. *Leipold,* Festschrift Schnorr v. Carolsfeld, S. 273 [276]). Sie ist eine privatrechtliche innerbetriebliche Schlichtungs- u. Entscheidungsstelle, die ersatzweise Funktionen der Betriebspartner wahrnimmt (BAG 22. 1. 1980, AP Nr. 7 zu § 111 BetrVG 1972; *Leipold,* a. a. O. S. 285; *Schmitt-Rolfes,* Jahrbuch des Arbeitsrechts, Bd. 19, S. 69ff.; vgl. auch *GK-Thiele,* Rn 53). Vgl. auch § 74 Rn 3. 3

Der Spruch der E-Stelle ist auch im erzwingbaren Verfahren vor der E-Stelle **kein Vollstreckungstitel** (*DR,* Rn 95; *Gaul/Bartenbach,* NZA 85, 341; *GK-Thiele,* Rdnr. 106 *Schmitt-Rolfes* a. a. O.) Je nach dem Inhalt des Spruchs bedarf es noch eines Beschl.- oder Urteilsverfahrens (z. B. Anspruch von ArbN aus einem eine BV darstellenden Spruch), um die Entscheidung der E-Stelle zwangsmäßig durchsetzen zu können. 3a

Daß im Falle des Abs. 2 Satz 2 der Vors. durch einen Richter (den Vors. des ArbG; vgl. unten Rn 11) bestellt wird, spricht ebensowenig gegen den **innerbetrieblichen Charakter der E-Stelle** wie die Tatsache, daß ihre Mitgl. nicht Angehörige des Betriebs zu sein brauchen (BAG 6. 4. 1973, AP Nr. 1 zu § 76 BetrVG 1972, *Jäcker,* S. 17; *Lepke,* BB 77, 4

49; *Obermayer,* DB 71, 1720; **a. M.** *DR,* Rn 4: Betriebsfremdes Entscheidungsorgan). Das Gesetz behandelt die E-Stelle ganz offensichtlich als betriebliche Institution; deshalb auch ihre Einschaltung in § 109 im Hinblick auf die Eigenart der dort zu behandelnden betriebsvertraulichen Angelegenheiten.

Zu praktischen Problemen des Verfahrens der E-Stelle: *Pünnel,* ArbuR 73, 257 u. Die E-Stelle des BetrVG 72, Luchterhand-Verlag, 1985; *Janzen,* Schriftenreihe der IG Metall, Heft 58; *Thiele,* BlStR 73, 353; ausführlich auch *Dütz,* ArbuR 73, 353 [357f.]; *Gnade,* ArbuR 73, 43; *Bischoff,* Die E-Stelle im Betriebsverfassungsrecht, Erich-Schmidt-Verlag 1975; *Gaul,* die betriebliche E-Stelle, 2. Aufl., 1980, Haufe-Verlag, *Jäckel,* Die E-Stelle nach dem BetrVG 72, Bund-Verlag 1974; MitbGespr. 75, Heft 11/12; *Müller,* Festschrift für Barz 1974, S. 489; *Sbresny-Uebach,* Die E-Stelle, I AR-Blattei. Wegen einer Untersuchung über Zustandekommen und Analyse von BV und praktischen Erfahrungen mit der E-Stelle vgl. BABl 83, Heft 9.

4a Entsprechende Vorschrift im **BPersVG 74:** § 71.

II. Organisation und Verfahren

1. Errichtung

5 Die E-Stelle ist **keine zwingend vorgeschriebene Dauereinrichtung,** vielmehr braucht sie nur dann gebildet zu werden, wenn ein Bedürfnis für ein derartiges betriebliches Schlichtungsorgan besteht. Es wird von der betrieblichen Praxis abhängen, ob die einmal gebildete Stelle sofort nach Erfüllung ihrer Arbeitsaufgabe wieder aufgelöst oder als ständige Einrichtung aufrechterhalten wird. In letzterem Fall ist eine BV abzuschließen (§ 76 Abs. 1 Satz 2), die aber nicht erzwungen werden kann (*HSG,* Rn 21; *GKSB,* Rn 4). In Großbetrieben, in denen u. U. häufig Fragen, die dem MBR unterliegen, zu entscheiden sind, ist das letztere Verfahren u. U. zweckmäßig. Auch in einer ständigen E-Stelle können die Beisitzer je nach dem zu regelnden Fragenkreis wechseln (z. B. Interessenausgleich u. Sozialplan). Eine (freiwillige) BV kann Einzelheiten des Verfahrens regeln (Abs. 4, z. B. Ladung der Beisitzer, Protokollführung, Zuleitung des Spruchs).

Soweit in den folgenden Rn, der BR angesprochen ist, tritt an dessen Stelle der GesBR oder KBR, wenn die E-Stelle in deren Zuständigkeitsbereich errichtet wird.

2. Zusammensetzung

6 Die E-Stelle besteht aus einer **gleichen Zahl von Beisitzern,** die vom ArbGeb. und BR bestellt werden, und einen **unparteiischen Vors.** (Abs. 2 Satz 1).

Die Terminologie in Abs. 2 und Abs. 5 ist unterschiedlich. Die in Abs. 2 als „Beisitzer" bezeichneten Personen werden in Abs. 5 „Mitglieder" genannt. Daraus ist jedoch nicht zu schließen, daß die Bezeichnung Mitgl. nicht auch den Vors. mitumfasse. Dies entspräche nicht dem allgemeinen Sprachgebrauch. Soweit das Gesetz an anderer Stelle von Mitgl. der E-Stelle spricht, sind hierunter auch sowohl die Beisitzer als auch der Vors. zu verstehen (§§ 78, 79 Abs. 2, 119 Abs. 1 Nr. 3).

a) Beisitzer

Die Beisitzer werden je zur Hälfte durch den BR und den ArbGeb. (in den Fällen der §§ 109 u. 112 durch den Unternehmer) bestellt. Sie **müssen nicht Angehörige des Betriebes** sein (h. M.). Wegen Beisitzern bei Verhandlungen über den Interessenausgleich vgl. §§ 112, 112a Rn 10. Die Auswahl der Beisitzer bleibt dem ArbGeb. bzw. dem BR überlassen. Es können daher **auch Verbandsvertr.** als Beisitzer bestellt werden, wenn dies im Einzelfall zweckmäßig erscheint (BAG 14. 1. 83, 14. 12. 88, AP Nr. 12, 30 zu § 76 BetrVG 1972; *Pünnel,* Rn 36). ArbGeb. (Konkursverwalter) und BR können sich aus selbst zum Mitgl. der E-Stelle bestellen (h. M.; BAG 6. 5. 86, AP Nr. 8 zu § 128 HGB). Der ArbGeb. kann auch leitende Ang. entsenden (*GK-Thiele,* Rn 38). Die Gegenseite kann die von einer Seite bestellten Beisitzer nicht ablehnen (LAG Düsseldorf, BB 81, 733, *Jäcker,* S. 25), auch nicht wegen angeblicher **Befangenheit** (*Dütz,* ArbuR 73, 359; BAG 6. 4. 1973, AP Nr. 1 zu § 76 BetrVG 1972; *DR,* Rn 38; *GL,* Rn 8a und *Bischoff,* S. 78 sind der Ansicht, daß ArbGeb. und BR nur solche Beisitzer bestellen dürfen, von denen zu erwarten ist, daß sie wichtige Interessen der anderen Seite nicht verletzen; eine solche Beschränkung des Personenkreises kann aus § 2 Abs. 1 und § 74 aber nicht abgeleitet werden). Der Ausschluß einer Bestellung kommt nur in Betracht, wenn die Angelegenheit persönliche Interessen eines ArbN berührt, z. B. in den Fällen des § 38 Abs. 2 Satz 4, § 87 Abs. 1 Nr. 9 oder § 98 Abs. 4 Satz 1 (vgl. Schmitt NZA 87, 78). Vgl. auch Rn 15. 7

Über die **Zahl der Beisitzer** sagt das Gesetz nichts aus (nach § 63 Abs. 1 S. 2 BPersVG je 3 Beisitzer). Lediglich der Grundsatz der Parität ist in Abs. 2 Satz 1 ausgesprochen. Kommt eine Einigung über die Zahl der Beisitzer nicht zustande, so entscheidet der Vors. der ArbG (Abs. 2 Satz 3; § 98 Abs. 1 ArbGG; vgl. Rn 11ff.). Bei der Entscheidung wird der Vors. zu prüfen haben, welche **Zahl nach der Eigenart des zu entscheidenden Falles** angemessen erscheint; eine größere Zahl wird vertretbar sein, wenn mehrere Beschäftigungsarten von ArbN von der Entscheidung betroffen werden. Auch ist die Größe des Betriebs und der Schwierigkeitsgrad der Probleme zu berücksichtigen. Im Regelfall dürften **je 2 Beisitzer angemessen** sein (vgl. LAG Hamm und München DB 75, 2452, DB 87, 1441; LAG Düsseldorf, BB 81, 379; *Bischoff,* S. 75). Die Beteiligten können sich auch noch nachträglich auf eine Anzahl von Beisitzern einigen, die von der vom Vors. des ArbG bestimmten Zahl abweicht (*Jäcker,* S. 31; *GK-Thiele,* Rn 36). Die Bestimmung der Person der Beisitzer steht dem Vors. des ArbG aber nicht zu. 8

Die Bestellung von **stellv. Beisitzern** regelt das Gesetz nicht. Beden- 9 ken hiergegen dürften jedoch nicht bestehen, zumal es jeder Seite überlassen bleibt, ob sie als Ersatz für ausfallende Beisitzer Neubestellungen vornehmen oder durch Benennung von Stellvertr. für solche Fälle vorsorgen will (*Pünnel,* Rn 40; *GKSB,* Rn 22).

b) Vorsitzender

10 Über die Person des Vors. sagt das Gesetz (Abs. 2 Satz 1) nur aus, daß er **„unparteiisch"** sein muß. Die Unparteilichkeit festzustellen ist im Regelfall Sache der Beteiligten, d. h. der **Vors. wird durch ArbGeb. und BR** bestellt (*DR,* Rn 39; *GK-Thiele,* Rn 40; *HSG,* Rn 39; *Dütz,* ArbuR 73, 359; *Müller,* Festschrift Barz, 1974, S. 489 [492]). Der Unparteiische kann auch dem Betrieb angehören, obwohl im allgemeinen ein Außenstehender geeigneter und unbefangener sein dürfte (*Bischoff,* S. 83; *GKSB,* Rn 9; *HSG,* Rn 40). Die Betriebspartner sind in der Auswahl des Vors. frei. Auch **Richter** können unter den Voraussetzungen des § 40 DRiG **bestellt** werden (vgl. Rn 13 u. LAG Köln, 21. 8. 84, DB 85, 135; LAG Hamburg, 7. 3. 85, DB 85, 1798). Sie bedürfen zur Übernahme dieser Nebentätigkeit der Genehmigung, die zu versagen ist, wenn der Richter mit der Sache befaßt ist oder nach der Geschäftsverteilung seines Gerichts befaßt werden kann (*Herschel,* BB 82, 1974 hält die Bestellung von Richtern für bedenklich), aber nicht bereits deshalb, weil der Sitz des Betriebes im Bezirk des Gerichts liegt, dem der Richter angehört (BVerwG, 30. 6. 1983, 2 C 57/82, so aber Schönfeld, DB 88, 1996). Eine Verpflichtung zur Übernahme des Amtes besteht nicht.

11 Grundsätzlich „müssen" sich beide Seiten auf die Person des Vors. der E-Stelle einigen. Trotz des Wortlauts handelt es sich hier um eine Sollvorschrift, da sich eine Einigung nicht erzwingen läßt. Kommt eine Einigung nicht zustande, so wird der **Vors.** auf Antrag durch den nach der Geschäftsverteilung berufenen **Kammer-Vors. des zuständigen** (Sitz des Betriebes, § 82 ArbGG) **ArbG bestellt (§ 98 Abs. 1 ArbGG;** vgl. Rn 14). Hierbei handelt es sich um einen richterlichen Akt, der in seinem materiellen Gehalt der Bestellung des Vereinsvorst. durch das Amtsgericht (§ 29 BGB) entspricht. Eine mündliche Anhörung der Beteiligten ist nicht zwingend vorgeschrieben. **Ob ein MBR besteht** und damit die **Zuständigkeit der E-Stelle** gegeben ist, kann im Bestellungsverfahren der **Vors. des ArbG nicht entscheiden.** Er darf die Bestellung des Vors. der E-Stelle **nur mit der Begründung ablehnen,** die **Zuständigkeit der E-Stelle sei offensichtlich nicht gegeben** (§ 98 Abs. 1 Satz 2 ArbGG 1979). Die E-Stelle hat in erster Linie und eigener Zuständigkeit die Rechtsfrage zu prüfen, ob ihre Zuständigkeit gegeben ist (vgl. Rn 41). Die Ablehnung einer Vorsitzendenbestellung kommt allenfalls dann in Betracht, wenn die Zuständigkeit der E-Stelle nach dem vorgetragenen Sachverhalt auf den ersten Blick unter **keinem denkbaren rechtlichen Gesichtspunkt** als möglich erscheint (LAG Berlin, AP Nr. 1 zu § 98 ArbGG 1979; LAG Düsseldorf, 4. 11. 1988, NZA 89, 146). Um diese Prüfung zu ermöglichen muß der **Antrag begründet,** d. h. ein konkreter Sachverhalt dargelegt werden, über den ein Regelungsstreit zwischen den Betriebspartnern besteht (GMP § 98 Rn 18). Nur über diesen Sachverhalt darf die E-Stelle entscheiden, sofern nicht die Beteiligten mit einem weitergehenden Tätigwerden einverstanden sind (GMP, § 98 Rn 31).

Andererseits ist das besondere Bestellungsverfahren nicht anzuwenden, sondern im **allgemeinen BeschlVerf. vor der Kammer** zu entscheiden (vgl. Rn 41), wenn der Streit zwischen den Beteiligten nicht um die Bestellung des Vors. geht, über den sie sich einig sind, sondern allein um die **Rechtsfrage der Zuständigkeit der E-Stelle.** Sind Bestellungsverfahren und allgemeines BeschlVerf. gleichzeitig anhängig, so kommt eine Aussetzung des Bestellungsverfahrens in entsprechender Anwendung des § 148 ZPO bis zur Entscheidung über das Bestehen eines MBR und damit über die Zuständigkeit der E-Stelle im allgemeinen BeschlVerf. nicht in Betracht, es sei denn, der Vors. des ArbG hält die E-Stelle für offensichtlich unzuständig; sonst würde der Zweck der Neufassung des § 98 ArbGG, das E-Stellen-Verfahren zügig durchzuführen, wieder vereitelt (BAG 24. 11. 81, AP Nr. 11 zu § 76 BetrVG 1972; GMP, § 98 Rn 14; *GKSB,* Rn 15; *Schaub,* § 232 II 2; LAG Düsseldorf, DB 81, 1783; LAG Hamm, DB 79, 994; LAG Baden-Württemberg, DB 80, 1076; **a.M.** *Dütz,* SAE 83, 249; *Gaul,* DB 80, 1894, derselbe Anm. EzA § 76 BetrVG 72 Nr. 33; *Stege/Weinspach,* § 87 Rn 41; *Schmitt-Rolfes,* Jahrbuch des Arbeitsrechts, Bd. 19, S. 81ff. hält eine Aussetzung für möglich, da endgültige Befriedung nur durch das allgemeine BeschlVerf. eintrete). § 98 ArbGG bezweckt lediglich, das Funktionieren der E-Stelle zu gewährleisten. Selbst nach rechtskräftiger Ablehnung der Bestellung eines Vors. gemäß § 98 ArbGG kann noch ein allgemeines Beschl.Verf. über das Bestehen eines MBR eingeleitet werden, da es sich um verschiedene Streitgegenstände handelt (BAG 25. 4. 89, AP Nr. 3 zu § 98 ArbGG 1979; vgl. auch Rn. 42b). 11a

Einigen sich BR und ArbGeb. im Laufe des Verfahrens auf die **Person eines anderen Vors.,** so endet das Amt des bisherigen Vors. auch ohne förmliche Abberufung, vgl. §§ 29 BGB, 85 Abs. 2, 104 Abs. 5 AktG (*DR,* Rn 59; *GK-Thiele,* Rn 47; *Lepke,* BB 77, 51; *Schönfeld,* DB 88, 1996, wohl auch *HSG,* Rn 42). 12

Der bestellende Richter hat auf die **Unparteilichkeiten des Vors.** der E-Stelle besonders zu achten; er darf weder einen Vertr. des ArbGeb. noch der ArbN, aber auch keine Gewerkschaftsbeauftragten oder Vertr. von ArbGeb Verbänden bestellen (*DR,* Rn 40). Dagegen dürfen praktische Bedenken gegen die Bestellung von Vors. von Kammern eines ArbG oder LAG (so aber *GK-Thiele,* Rn 43) durch die Praxis nicht bestätigt worden sein (wie hier *Leinemann,* ArbuR 75, 26; GMP, § 98, Rn 23; vgl. auch Rn 10). Das ArbG ist nicht auf die von den Beteiligten genannten Personen beschränkt (LAG Hamm, 16. 8. 76, DB 76, 2069 und *GK-Thiele,* Rn 43; LAG Frankfurt, 6. 4. 76. ArbuR 77, 62; im Regelfall für den vom Antragsteller vorgeschlagenen Vors. aber LAG Bremen, 1. 7. 88, AiB 88, 315), sollte aber jedenfalls keine Person zum Vors. bestellen, die von einer Seite abgelehnt wird, wenn ohne Schwierigkeiten ein anderer Vors. bestellt werden kann, gegen den keine Ein- 13 wendungen erhoben werden (LAG Frankfurt, 5. 7. 85, DB 86, 756). Zum Problem der Vors.Bestellung vgl. auch *Heilmann,* AiB 89, 68.

13a Eine **Ablehnung** des Vors. wegen **Befangenheit** ist in entsprechender Anwendung der §§ 42, 1032 ZPO denkbar, wenn seine Verhandlungsführung oder später bekanntgewordene Umstände dies rechtfertigen (*Dütz,* ArbuR 73, 359; *DR,* Rn 41; *Kaven,* Sozialplan, S. 85; *Leipold,* a. a. O. Seite 278; *Schaub,* § 232 II 2; *Schönfeld,* DB 88, 1996; **a. M.** *Lepke,* BB 77, 51, GMP, § 98, Rn 30 u *Pünnel,* Rn 19). Hierüber entscheidet das **ArbG im BeschlVerf.,** wenn keine Einigung zwischen den Beteiligten möglich ist (*GK-Thiele,* Rn 41; GL, Rn 15 halten eine Abberufung des gerichtlich bestellten Vors. aus wichtigem Grund für möglich).

14 Der **Vors. des ArbG** wird auf schriftlichen oder zu Protokoll der Geschäftsstelle erklärten **Antrag einer Seite tätig,** und zwar im freiwilligen wie im erzwingbaren Verfahren. Im Verfahren ist dem ArbGeb. und den beteiligten Betriebsverfassungsorganen rechtliches Gehör zu gewähren. Gegen die Entscheidungen des Vors. des ArbG findet die **Beschwerde an das LAG** statt. Der Vors. der zuständigen Kammer des LAG (§ 98 Abs. 2 ArbGG) entscheidet **endgültig.**

3. Rechtsstellung der Mitglieder

15 Gesetzliche Vorschriften bestehen insoweit nicht. Keine Seite kann die von der anderen Seite benannten Mitgl. ablehnen (vgl. Rn 7). Eine Pflicht zur Übernahme des Amtes eines Beisitzers oder Vors. besteht nicht (*DR,* Rn 133). Nicht nur der Vors., sondern auch die von ArbG. und BR bestellten Beisitzer haben nach **bestem Wissen und Gewissen zu entscheiden,** ohne an Weisungen oder Anträge gebunden zu sein. Die Beisitzer sind aber im Rahmen der auch von ihnen zu berücksichtigenden Abwägungsgesichtspunkte des Abs. 5 S. 3 nicht gehindert, bei ihrer Stellungnahme die Interessen zur Geltung zu bringen, denen sie sich verbunden fühlen. Deshalb kann auch nicht die Bestellung eines Beisitzers mit der Begründung angegriffen werden, dieser sei befangen, weil er im BR in einem bestimmten Sinne abgestimmt habe (BVerwG, 21. 6. 82, BVerwGE 66, 15). Vgl. auch Rn 7.

16 Eine **Haftung von Mitgl. der E-Stelle** für eine Verletzung der Geheimhaltungspflicht oder einen fehlerhaften Spruch der E-Stelle aufgrund der bestehenden Vertragsbeziehungen zu den Betriebspartnern ist grundsätzlich nicht ausgeschlossen. Wegen der besonderen Natur der E-Stelle als betrieblichem Schlichtungsorgan (Rd 5), das einem Schiedsgericht vergleichbar ist, haften die Mitgl. der E-Stelle aber nicht für jedes Verschulden (§ 276 BGB), sondern **nur für Vorsatz oder grobe Fahrlässigkeit.** Nur bei Vorliegen eines derartigen Sachverhalts wird sich auch überhaupt feststellen lassen, daß die E-Stelle nicht nach billigem Ermessen entschieden hat (vgl. Rd 32). Weiter bedarf es aber der Feststellung eines infolge der Pflichtverletzung eingetretenen Schadens. Dieser kann Mitgl. der E-Stelle nur insoweit zur Last gelegt werden, als die Benachteiligten selbst nicht die Überprüfung des Spruchs der E-Stelle

durch das ArbG herbeiführen konnten (vgl. § 254 Abs. 2 Satz 1 BGB; vgl. auch Rd 38). Eingehend zur Haftung der E-Stelle *Bischoff,* a. a. O., S. 151 ff.

Für die Mitgl. der E-Stelle gilt in gleicher Weise wie für den BR das strafrechtlich geschützte (§ 119 Abs. 1 Nr. 3) Verbot der Begünstigung oder Benachteiligung um ihrer Tätigkeit willen (vgl. § 78). Auch jede Störung oder Behinderung der Arbeit der E-Stelle selbst ist strafbar (§ 119 Abs. 1 Nr. 2). 17

Die Mitgl. der E-Stelle unterliegen der gleichen **Schweigepflicht** wie die BRMitgl. (vgl. § 79 Abs. 2 und der Strafvorschrift im § 120 Abs. 1). Wegen **Vergütung** der Mitgl. der E-Stelle vgl. jetzt § 76a und die dortigen Rn. 18

4. Verfahren

Die Regelung des Verfahrens der E-Stelle liegt weitgehend in ihrem pflichtmäßigen Ermessen (dazu *Schönfeld,* NZA 88, Beil 4.5.3). Das Gesetz schreibt in Abs. 3 Satz 1 lediglich **mündliche Beratung** (also kein schriftliches Umlaufverfahren!), nicht die mündliche Verhandlung vor (*Bischoff,* S. 86, *Jäcker,* S. 124; *Pünnel,* Rn 52, aber für mündliche Anhörung der Beteiligten, vgl. insoweit Rn 21). Für den Beschluß (Spruch) genügt die einfache Stimmenmehrheit der anwesenden Mitgl. In der **ersten Abstimmung** hat der **Vors.** sich der **Stimme zu enthalten.** Damit soll erreicht werden, daß die unmittelbar Beteiligten möglichst eine Regelung unter sich finden (vgl. hierzu auch § 4 Abs. 3 S. 2 HAG; *Maus,* HAG, § 4 Rn 28). Auch wenn nur Beisitzer einer Seite teilnehmen (vgl. Rn 25), hat der Vors. zunächst nicht mitzustimmen. Ergibt die erste Abstimmung keine Mehrheit (oder wird gar ein Vermittlungsvorschlag des Vors. einstimmig abgelehnt, LAG Baden-Württemberg, 8. 10. 86, NZA 88, 214), so **stimmt der Vors.** nach erneuter Beratung (erneute Sitzung nicht erforderlich) in der **folgenden Abstimmung mit** (anders, wenn ein Spruch vor Zustellung einstimmig für gegenstandslos erklärt wird und die E-Stelle erneut berät). Seine Stimme gibt den Ausschlag, wenn er der Ansicht einer Seite beitritt, aber auch bei Stimmengleichheit, wenn sich etwa ein Beisitzer der Stimme enthält (**a. A.** *GK-Thiele,* Rn 77). Bei dieser Abstimmung darf der Vors. sich nicht der Stimme enthalten (*HSG,* Rn 51; *Bischoff,* S. 91; *Jäcker,* S. 134; *GKSB,* Rn 45). Er soll ja gerade im Nichteinigungsfall den Ausschlag geben. Die Abstimmungsvorschriften in Abs. 3 bestehen nur für sachlich-rechtliche Beschlüsse, nicht für Beschlüsse in Verfahrensfragen (*Schönfeld,* aaO). 19

Eine **Stimmenthaltung von Beisitzern** ist dagegen zulässig (*HSG,* Rn 49, wohl auch *GK-Thiele,* Rn 76; **a. A.** *DR,* Rn 84; *GL,* Rn 32; *Hoffmann,* Jahrbuch des Arbeitsrechts, Bd. 15, S. 44 ff.; *Kehrmann,* MitbGespr. 75, 211; *Jäcker,* S. 134; *Bischoff,* S. 93 für die 2. Abstimmung u. S. 95 ff. ausführlich über die Beschlußfassung, wenn die Mitgl. einer Seite nicht erscheinen). Sie ist nicht als Ablehnung zu werten, sondern als nicht abgegebene, **nicht zu zählende Stimme** (*GK-Thiele,* Rn 76; *Bischoff,* a. a. O., S. 94, *Pünnel,* Rn 115; *HSG,* Rn 50 u. *Kaven,* Sozial- 19a plan, S 98 wollen Stimmenenthaltung als „Neinstimme" werten mit dem Ergebnis, daß die Beschlußfassung stets der Mehrheit aller Stimmen der Mitgl. der E-Stelle bedarf. Diese Ansicht findet im Gesetz unter Berücksichtigung der Regelung des Abs. 3 bei Fernbleiben der Beisitzer einer Seite keine Stütze und wertet eine Stimmenthaltung unangemessen auf).

20 Das Verfahren kann durch **BV näher geregelt** werden (Abs. 4). Allerdings darf dabei nicht von den gesetzlichen Vorschriften abgewichen werden. Bei Beschlußfassung muß die E-Stelle ordnungsmäßig, d.h. mit der vereinbarten oder vom Vors. des ArbG bestimmten Mitgl.Zahl besetzt sein (h.M.).

21 Aus der Natur der Sache ergibt sich, daß der Vors. die Sitzungen der E-Stelle einberuft, leitet, das Wort erteilt und die sonstigen geschäftsleitenden Maßnahmen trifft. Insbesondere wird der Vors. für die **Anhörung der Beteiligten** (mündlich oder schriftlich) zu sorgen haben (h. M.; vgl. Art. 103 Abs. 1 GG und § 71 Abs. 2 BPersVG). Die Beteiligten sollen entsprechende Anträge stellen. Im Rahmen dieser Anträge ist der Sachverhalt von Amts wegen festzustellen, soweit er streitig ist. ArbGeb. und BR können sich durch Bevollmächtigte jedenfalls dann unterstützen lassen, auch durch **Rechtsanwälte** (*Pünnel,* Rn 74ff.; BAG 21. 6. 1989 – 7 AZR 78/87 –), wenn der Regelungsgegenstand der E-Stelle schwierige Rechtsfragen aufwirft (vgl. auch *Bauer/Röder,* DB 89, 226; **a.M.** wegen Kosten eines zugezogenen Rechtsanwalts: Bengelsdorf, NZA 89, 497; *Herschel,* DB 82, 1984). Zur Stellung des Rechtsanwalts im E-Stellenverfahren vgl. *Bauer,* AnwBl, 85, 225 u. zu Gebührenansprüchen *Bauer/Röder* aaO). Nach Ansicht des BAG (a. a. O.) kann der BR ein Honorar in Höhe der Vergütung eines Beis. (§ 76a Rn 8) zusagen.

21a Der Vors. wird mindestens bei wichtigen Entscheidungen die Anfertigung einer **Niederschrift** veranlassen. Aus Gründen der Rechtssicherheit sind die **Beschlüsse schriftlich** festzulegen, vom Vors. zu unterschreiben und ArbGeb. und BR zuzuleiten (Abs. 3 Satz 3). Obwohl das Gesetz über eine (schriftliche) **Begründung** nichts sagt und diese aus Gründen der Rechtsstaatlichkeit auch nicht zwingend erforderlich ist (BVerfG 18. 10. 87, AP Nr. 7 zu § 87 BetrVG 1972 Auszahlung), ist diese doch zweckmäßig, damit eine gerichtliche Überprüfung des Spruchs erleichtert wird (auch die Zweckmäßigkeit bezweifelt z. T. *GL,* Rn 34; ArbG Lörrach, 9. 8. 1976, DB 77, 1371, *Bischoff,* S. 108 halten eine schriftl. Begründung für notwendig, *Pünnel,* Rn 117ff., soweit die E-Stelle Rechtsfragen entscheidet; wie hier BAG 8. 3. 1977, 30. 10. 79, 28. 7. 81, 31. 8. 82, AP Nr. 1 zu § 87 BetrVG 1972 Auszahlung, AP Nr. 9 zu § 112 BetrVG 1972, AP Nr. 2 zu § 87 BetrVG 1972 Urlaub, AP Nr. 8 zu § 87 BetrVG 1972 Arbeitszeit; u. *HSG,* Rn 53; *GK-Thiele,* Rn 97; *Schroeder-Printzen,* ZIP 83, 264). Im Einverständnis mit den Beteiligten kann von einer Begründung aber abgesehen werden. Weitere Verfahrensvorschriften können durch BV festgelegt werden (Abs. 4), z.B. Fragen der Protokollführung, Festsetzung der Zahl und Fristen für die Ladung von Beisitzern, Anhörung von Zeugen und Sachverständigen, deren Zuziehung nicht nur nach § 109 S. 3, sondern ggfls. allgemein möglich ist (*Dütz,* ArbuR 73, 363). Die E-Stelle beschließt nach eigenem pflichtgemäßen Ermessen die Zuziehung von **Sachverständigen;** es bedarf keiner Einigung mit dem ArbGeb nach § 80 Abs. 3 (LAG Niedersachsen, 4. 3. 88, AiB 88, 311; *Löwisch* DB 89, 223).

Die **Sitzungen** sind nicht öffentlich (vgl. Rn 19). Die Pflicht zur Zusammenarbeit (§ 2 Abs. 1) bedingt, daß ArbGeb. und BR der E-Stelle die **angeforderten Unterlagen zur Verfügung stellen.** Zwangsmittel hat die E-Stelle nicht. Der BR kann gem. § 80 Abs. 2 aber die Vorlage von Unterlagen an sich verlangen, um diese ggfs. an die E-Stelle weiterzuleiten und diese zu informieren. Insbesondere besteht auch keine Zeugnispflicht gegenüber der E-Stelle (h. M.). Die E-Stelle kann auch nicht die ArbG um Zeugenvernehmung ersuchen. Eine eidliche Vernehmung freiwillig erschienener Zeugen ist nicht zulässig. Weitere Verfahrensvorschriften enthalten § 77 Abs. 1 (Durchführung der Sprüche der E-Stelle durch ArbGeb.), § 109 Satz 3 (Auskunft an WiAusschuß, Zuziehung von Sachverständigen) und § 112 Abs. 3–5 (Interessenausgleich und Sozialplan). 22

III. Tätigwerden auf Antrag einer Seite

In den Fällen, in denen der Spruch der E-Stelle die Einigung zwischen ArbGeb. und BR ersetzt (Abs. 5, vgl. die Aufzählung Rn 30), kommt in aller Regel eine BV zustande (so ausdrücklich § 112 Abs. 1 Satz 3). Es ist wie bei der freiwilligen Einigung der Regelungstatbestand dafür maßgebend, ob es sich um einen Spruch mit dem Charakter einer BV handelt (vgl. § 77 Rn 68f.). In den Fällen des Abs. 5 ist mit dem Spruch der E-Stelle die Einigung der Betriebspartner ersetzt (Ausnahme: der Interessenausgleich nach § 112 Abs. 2). Es dürfte zulässig sein, bei Dauerregelung (BV) eine **Kündigungsfrist** in den Spruch aufzunehmen (BAG 8. 3. 77, 28. 7. 81, AP Nr. 1 zu § 87 BetrVG 1972 Auszahlung, AP Nr. 2 zu § 87 BetrVG 1972 Urlaub; *DR,* Rn 91). Wegen Kündigung von Sprüchen mit den Wirkungen einer BV vgl. § 77 Rn 56 und wegen Nachwirkung § 77 Rn 60ff. Entscheidet die E-Stelle über eine allgemeine Maßnahme im Rahmen des Direktionsrechts, so ist diese entsprechend der Entscheidung durchzuführen bzw. zu unterlassen. Es ist grundsätzlich nicht ausgeschlossen, daß der Spruch eine rückwirkende Regelung trifft (vgl. BAG 8. 3. 77 a. a. O. und § 77 Rn 38). Wegen der Erzwingbarkeit der Durchführung vgl. § 85 Abs. 1 ArbGG. 23

Im **erzwingbaren Einigungsverfahren** wird die E-Stelle schon tätig, d. h. sie wird errichtet und ersetzt die Einigung, wenn BR (gemäß einem BR-Beschluß; soweit es nicht um einen Spruch mit den Wirkungen einer BV geht, auch ein BR-Ausschuß mit selbständiger Entscheidungsbefugnis, vgl. § 27 Rn 49) oder ArbGeb. es **beantragen.** Der Antrag muß begründet werden (vgl. Rn 11). Sie entscheidet in keinem Falle von Amts wegen (ebenso: *DR,* Rn 70). Gemäß § 74 Abs. 1 Satz 2 soll aber zunächst ein Einigungsversuch ohne Anrufung der E-Stelle unternommen werden (vgl. § 74 Rn 3; *Bischoff,* S. 34ff.; LAG Baden-Württem- 24 berg, 4. 10. 84, NZA 85, 163; LAG Düsseldorf, 22. 2. 85, DB 85, 764). Der Antrag muß der Gegenseite zugehen und ist zweckmäßig schriftlich zu stellen; damit kann zugleich der Vorschlag für die Anzahl der Beisitzer und die Person des Vors. verbunden werden. Das dient der Beschleunigung des Verfahrens. Jede Seite kann ihre Beisitzer bestellen und die andere Seite auffordern, ihrerseits zur Verhandlung einer bestimmten zu bezeichnenden Angelegenheit die gleiche Zahl von Beisitzern zu bestellen. Entspricht dem die andere Seite nicht, oder findet sie sich nicht bereit, über die Person des Vors. zu verhandeln, oder führt die Verhandlung über die Person des Vors. zu keinem Ergebnis, so kann die Seite, welche die Erichtung der E-Stelle anstrebt, beim **Vors. der zuständigen Kammer des ArbG** die Bestellung eines **Vors. der E-Stelle** bzw. die **Entscheidung über die Zahl der Beisitzer** nach § 76 Abs. 2 Satz 2, 3 beantragen. Nach Bestellung des Vors. entscheidet – falls auch bis dahin die anderer Seite ihre Beisitzer nicht benannt hat – die E-Stelle in der Angelgenheit in der Besetzung mit dem Vors. und den Beisitzern der einigungswilligen Seite allein (nach ArbG Mannheim/Heidelberg, 2. 7. 87, NZA 87, 682 können die Beis. der einen Seite dann auch ohne Vors. in der 1. Abstimmung einen „Säumnisspruch" fällen). Es besteht also ein **mittelbarer Einlassungszwang.**

25 Ist die E-Stelle bereits errichtet, und bleiben die **Beisitzer einer Seite** trotz rechtzeitiger Einladung unter Mitteilung der Tagesordnung der Sitzung ohne genügende Entschuldigung **fern,** so entscheidet der Vors. mit den erschienenen Beisitzern allein. Die E-Stelle hat aber auch bei einseitiger Besetzung **allen Beteiligten rechtliches Gehör** zu gewähren, d. h. eine Gelegenheit zur Stellungnahme. Das ergibt sich aus allgemeinen Rechtsgrundsätzen (vgl. Art. 103 GG). Durch diese Verfahrensvorschriften werden ArbGeb. und BR angehalten, in ihrem eigenen Interesse die E-Stelle zu besetzen und für die Teilnahme der vor ihnen benannten Beisitzer zu sorgen.

26 Im allgemeinen kann **jede Seite** das **Verfahren der E-Stelle in Gang setzen.** Ausnahmsweise hat nur eine Seite das Antragsrecht, und zwar der BR gemäß § 85 Abs. 2, der ArbGeb. in den Fällen der §§ 37 Abs. 6 u. 7, 38 Abs. 2, 65 und § 95 Abs. 1. Eine Frist von 2 Wochen hat der ArbGeb. nach § 38 Abs. 2 Satz 5 und 7 und auch im Fall des § 37 Abs. 6 Satz 4 (vgl. § 37 Rn 144) einzuhalten. Sonst ist die Anrufung der E-Stelle an keine Frist gebunden. Dagegen kann der einzelne ArbN die E-Stelle nicht anrufen (*Bischoff,* S. 60; vgl. auch Rn 34 und § 75 Rn 21a).

26a Die E-Stelle bleibt auch im **Konkursfall** bestehen (vgk. LAG Hamm 23. 10. 75, DB 76, 154, BAG 27. 3. 79, AP Nr. 7 zu § 76 BetrVG 1972 und SozplkonkG, § 1 Rn 7ff.), und zwar unabhängig vom Fortbestand der Arbeitsverhältnisse betriebsangehöriger Beisitzer (vgl. auch § 21 Rn 31).

IV. Tätigwerden nur auf Antrag beider Seiten

27 Ausnahmsweise kann die E-Stelle nur tätig werden, wenn **ArbGeb. und BR** ihrer Errichtung **zustimmen** und ihr Tätigwerden beantragen oder mindestens damit einverstanden sind (**freiwilliges Einigungsverfahren** nach Abs. 6). Ist die E-Stelle bereits gebildet, so kann das Einverständnis der anderen Seite auch nachträglich erklärt werden. Es gilt als erklärt, wenn sich beide Seiten auf die Verhandlung vor der E-Stelle eingelassen haben. Das Einverständnis kann von beiden Seiten jederzeit auch widerrufen werden, z. B. durch Zurückziehung der benannten Beisitzer. Das Verfahren kommt dann zum Erliegen. Das Amt des Vors. erlischt. Erstreckt sich die Einigung über die Errichtung der E-Stelle nicht auf die Person des Vors., so ist nach Abs. 2 zu verfahren (vgl. Rn 11 ff., wie hier: *Leinemann,* ArbuR 75, 26).

28 Das **Verfahren zur Erzielung eines Interessenausgleichs** (§ 112 Abs. 2 Satz 2) ist ein **Sonderfall.** Einerseits wird die E-Stelle schon tätig, wenn nur eine Seite sie anruft (vgl. §§ 112, 112a Rn 7), so daß § 76 Abs. 1 bis 3 und Abs. 5 Satz 2 anzuwenden sind; andererseits hat der Spruch der E-Stelle nur die Wirkung des § 76 Abs. 6 Satz 2, d. h., er ist nur unter den dort genannten Voraussetzungen verbindlich. Das Verfahren nach Abs. 6 ist aber auch in anderen Fällen möglich, z. B. im Rahmen der allgemeinen Aufgaben des BR (§ 80), zur Regelung des Beschwerdeverfahrens (§ 86) oder zur Erzielung einer freiwilligen BV in weiteren sozialen Angelegenheiten (§ 88), über die menschengerechte Arbeitsgestaltung (§ 90), die Einführung einer Personenplanung (§ 92 Abs. 2), über die Berufsausbildung (§ 96) und über die Mitbestimmung bei Kündigungen (§ 102 Abs. 6). Der E-Stelle können im Rahmen eines freiwilligen Einigungsverfahrens **alle Meinungsverschiedenheiten** vorgelegt werden, auch Rechtsstreitigkeiten, soweit die Betriebspartner verfügungsbefugt sind (*DR,* Rn 28; *GK-Thiele,* Rn 16ff.). § 85 Abs. 2 Satz 3 steht der freiwilligen Anrufung der E-Stelle nicht entgegen.

29 Nicht nur die Tätigkeit, sondern auch der **Spruch der E-Stelle** ist in diesen Fällen **unverbindlich,** d. h. er ersetzt nicht ohne weiteres die Einigung der Parteien, sondern enthält nur einen Einigungsvorschlag. Bindende Wirkung des Spruchs tritt nur ein, wenn sich BR und ArbGeb. der Entscheidung im **voraus unterworfen** haben, oder sie **nachträglich annehmen** (vgl. den Fall BAG 28. 2. 84, AP Nr. 4 zu § 87 BetrVG 1972 Tarifvorrang u. 6. 12. 88, AP Nr. 26 zu § 111 BetrVG 1972 betr. freiwilligen Sozialplan). Die Unterwerfung und die Annahme können formlos und mündlich erklärt werden. Die E-Stelle kann eine Frist für die Erklärung der Parteien über die Annahme setzen. Durch BV kann die Unterwerfung für bestimmte oder alle Fälle im voraus erfolgen (eine nähere Bezeichnung der Fälle verlangen *DR,* Rn 32, *GK-Thiele,* Rn 51). Das Gesetz sieht dies in § 102 Abs. 6 ausdrücklich vor (vgl. dort Rn 69ff.). Bei Rechtsansprüchen ist das Einigungsverfahren nur ein (nicht abschließend entscheidendes) Vorver-

fahren (Abs. 7, vgl. Rn 34). In anderen Fällen wird die E-Stelle zwar nach Abs. 5 Satz 3 zu entscheiden haben, d. h. nach billigem Ermessen (vgl. Rn 32). Eine gerichtliche Überprüfung kommt aber wegen der freiwilligen vertraglichen Bindung der Parteien im allgemeinen nicht in Betracht, insbes. wenn ein schon ergangener Spruch ausdrücklich gebilligt wurde (*DR,* Rn 107f.; *GKSB,* Rn 72; *Müller,* Festschrift Barz, S. 497).

V. Zuständigkeit und Beurteilungsspielraum im erzwingbaren Einigungsverfahren

30 Die E-Stelle ersetzt schon auf Antrag einer Seite in folgenden Fällen die Einigung zwischen ArbGeb. und BR (wegen freiwilligen Einigungsverfahrens vgl. Rn 28):

§ 37 Abs. 6, 7	Schulung von BRMitgl. (§ 65 Abs. 1 JugAzubiVertr.)
§ 38 Abs. 2	Freistellung von BRMitgl.
§ 39 Abs. 1	Sprechstunden des BR (§ 69 Abs. 1 JugAzubiVertr.)
§ 47 Abs. 6	Herabsetzung der Zahl der Mitgl. des GesBR (§ 55 Abs. 4, KonzernBR, § 72 Abs. 6 GesJugAzubiVertr.)
§ 85 Abs. 2	Entscheidung über ArnNBeschwerden, die der BR für berechtigt hält (soweit es sich nicht um Rechtsansprüche handelt)
§ 87 Abs. 2	Mitbestimmung in sozialen Angelegenheiten
§ 91 Satz 2	Ausgleichsmaßnahmen bei Änderung von Arbeitsablauf oder Arbeitsumgebung
§ 94 Abs. 1 u. 2	Mitbestimmung über Personalfragebögen, persönliche Angaben in Formularverträgen und bei Beurteilungsgrundsätzen
§ 95 Abs. 1 u. 2	Mitbestimmung über Richtlinien für Einstellung, Versetzung, Umgruppierung und Kündigung von Arbeitnehmern
§ 98 Abs. 3 u. 4	Mitbestimmung bei der Durchführung betrieblicher Bildungsmaßnahmen und bei der Auswahl von Teilnehmern
§ 102 Abs. 6	Meinungsverschiedenheiten über den Ausspruch von Kündigungen, falls laut BV von der Zustimmung des BR abhängig
§ 109	Auskunft an den WiAusschuß bzw. BR
§ 112 Abs. 4	Aufstellung eines Sozialplanes bei Betriebsänderungen
§ 116 Abs. 3 Nr. 2, 4, 8	Arbeitsplatz und Unterkunft für Mitgl. der SeeBR; Spechstunden und Bordverslg. in Liegehäfen außerhalb Europas.

Die **Erweiterung der Zuständigkeit der E-Stelle** zur verbindlichen Entscheidung **durch TV** ist insbesondere im sozielen und personellen

Bereich und bei der menschengerechten Gestaltung der Arbeit zulässig (Näheres vgl. § 1 Rn 128f.).

Die E-Stelle ist im allgemeinen zur **Entscheidung von Regelungsfragen** berufen. Die Entscheidung über **Rechtsfragen** allein oder in Verbindung mit Regelungsfragen kommt in folgenden Fällen in Betracht (vgl. *Dütz,* ArbuR 73, 358): §§ 37 Abs. 6, 7 (vgl. dort Rn 145), 38 Abs. 2 (vgl. dort Rn 60f.), 99, 109. Umgekehrt entscheidet ausnahmsweise das ArbG von vornherein einen Regelungsstreit über die Zusammensetzung der E-Stelle gemäß § 76 Abs. 2, § 98 ArbGG. Es entscheidet der Vorsitzende allein. Weitere Fälle der Entscheidung von Regelungsfragen durch das ArbG: §§ 16 Abs. 2, 17 Abs. 3, 80 Abs. 3. 31

Ersetzt der Spruch der E-Stelle **die Einigung** zwischen ArbGeb. und BR, so hat die E-Stelle ihre Beschlüsse unter angemessener Berücksichtigung der Belange des Betriebes u. Unternehmens, nicht des ArbGeb. persönlich (insbesondere in wirtschaftlicher Hinsicht), und der betroffenen ArN **nach billigem Ermessen** (§§ 315 Abs. 1, 317 Abs. 1, 660 Abs. 1, 2048 BGB) zu treffen (Abs. 5 Satz 3): Sie hat also zu entscheiden, wie sich ArbGeb. und BR vernünftigerweise freiwillig geeinigt hätten. Dabei sind auch die Grundsätze des § 2 Abs. 1 und des § 75 zu beachten. Dieses Billigkeitsermessen ist gerichtlich nicht in vollem Umfang dahin nachprüfbar, ob objektiv gesehen der Spruch schlechthin der Billigkeit entspricht (§ 315 Abs. 3 BGB). Andererseits ist die äußerste Grenze auch nicht erst die offenbare Unbilligkeit i. S. des § 319 Abs. 1 BGB. Die E-Stelle hat vielmehr einen **Ermessens-(Gestaltungs-)spielraum,** der innerhalb seiner Grenzen gerichtlich nicht nachgeprüft werden kann. Den **ArbG.** steht **keine allgemeine Zweckmäßigkeitskontrolle** zu (vgl. auch § 77 Rn 96). Das ArbG hat nicht an Stelle der E-Stelle eine eigene, etwa abweichende Ermessensentscheidung zu fällen, wenn diese Entscheidung so, aber auch anders ausfallen könnte. Wohl aber kann das ArbG den Spruch der E-Stelle aufheben, wenn diese ihren **Ermessensspielraum überschritten** hat, wenn also die Entscheidung für die Beteiligten deutlich erkennbar keine sachgerechte Interessenabwägung mehr enthält. Das ist z. B. der Fall, wenn die E-Stelle von sachfremden Erwägungen ausgeht oder die als Richtpunkt des Ermessens ausdrücklich genannten Belange des Betriebes oder der ArbN überhaupt nicht berücksichtigt oder dem ArbGeb eine Gestaltungsfreiheit einräumt, die einem „mitbestimmungsfreien Zustand“ nahekommt (BAG 28. 10. 86, AP Nr. 20 zu § 87 BetrVG 1972 Arbeitszeit). 32

Das „billige Ermessen“ stellt noch einen **Ermessensbegriff** keinen einer vollen gerichtlichen Nachprüfung unterliegender unbestimmten Rechtsbegriff dar (vgl. Gemeinsamer Senat der Obersten Gerichtshöfe, Beschluß vom 19. 10. 1971, BGHZ 58, 399 = BVerwGE 39, 355 *Schaub,* § 232 VI 2; *Pünnel,* Rn 142ff: *GK-Thiele,* Rn 92; **a.M.** BAG 28. 7. 81, 31. 8. 82, AP Nr. 2 zu § 87 BetrVG 1972 Urlaub, AP Nr. 8 zu § 87 BetrVG 1972 Arbeitszeit 21. 12. 82, DB 83, 996, 16. 12. 86, AP Nr. 8 zu § 87 BetrVG 1972 Prämie). Einzelne Vorschriften geben noch zusätzliche Ermessensgrenzen zu der angemessenen Berücksichti- 32a gung der Belange des Betriebes und der betroffenen ArbN, z. B. § 112 Abs. 5 „Berücksichtigung der sozialen Belange der ArbN und wirtschaftliche Vertretbarkeit für das Unternehmen" (vgl. §§ 112, 112a Rn 32f.).

32b Nur bei Überschreitung dieser Ermessensgrenzen kann das ArbG die **Unwirksamkeit des Spruchs der E-Stelle feststellen** (BAG 30. 10. 79, 22. 1. 80, 27. 5. 86, AP Nr. 9 zu § 112 BetrVG 1972, AP Nr. 7 zu § 111 BetrVG 1972, AP Nr. 15 zu § 87 BetrVG 1972 Überwachung), ggfls. die teilweise Unwirksamkeit, wenn die restliche Regelung noch ein sinnvolles Ganzes darstellt (BAG 28. 4. 81, 28. 7. 81, AP Nr. 1 zu § 87 BetrVG 1972 Vorschlagswesen, AP Nr. 2 zu § 87 BetrVG 1972 Urlaub). Sonst muß es von den Wertungen der E-Stelle ausgehen und hat sie nicht durch eine eigene Ermessensausübung u. Entscheidung zu ersetzen (*Jäcker,* S. 130f.; *GK-Thiele,* Rn 119, 127; im Ergebnis ähnlich wie hier auch *Dütz,* ArbuR 73, 366f., der einen „Mischtatbestand" annimmt, bei dem unbestimmte Rechtsbegriffe einen Ermessensrahmen festlegen, ebenso *Hoffmann,* Jahrbuch des Arbeitsrechts, Bd. 15, S. 45). Ob die E-Stelle u. U. fehlerhafte Erwägungen angestellt hat („Ermessensfehlgebrauch"), ist unerheblich. Der Überprüfung durch die ArbG unterliegt allein das Ergebnis der Tätigkeit, der Spruch der E-Stelle aufgrund der damals vorhandenen Umstände (BAG 31. 8. 82, AP Nr. 8 zu § 87 BetrVG 1972 Arbeitszeit, kr. Anm. *Löwisch,* SAE 83, 143 u. *Richardi,* EzA § 87 BetrVG Arbeitszeit Nr. 13).

33 **Überschreitet der Spruch der E-Stelle diese Ermessensgrenze,** so können ArbGeb. oder BR binnen einer **Aufschlußfrist** von **zwei Wochen** nach Zugang des Spruchs (der Tag des Zugangs wird nicht mitgerechnet, § 187 Abs. 1 BGB, so daß die Frist 2 Wochen später an demselben Wochentag wie dem Zugangstag abläuft) das ArbG anrufen u. die Feststellung der Unwirksamkeit des Spruchs beantragen (Abs. 5 Satz 4). Ein **Fehlen der Begründung** des Antrags innerhalb der Frist führt nicht zu dessen Unzulässigkeit, wohl aber zum Erlöschen des Anfechtungsrechts wegen Ermessensüberschreitung. Das ArbG kann nur noch nachprüfen, ob der Spruch der E-Stelle mangels Zuständigkeit unwirksam ist, weil sie keine Regelungskompetenz hat (BAG 26. 5. 88, AP Nr. 26 zu § 76 BetrVG 1972). Eine Wiedereinsetzung wegen Versäumung der Ausschlußfrist gibt es nicht. Beteiligt sind ArbGeb. und BR. Ihnen wird der Beschluß zugestellt.

Bei **Feststellung der Unwirksamkeit des Spruchs** entscheidet das ArbG die Regelungsfragen nicht endgültig. Besteht eine ständige E-Stelle oder wird der **Fortbestand** der bisherigen **E-Stelle vereinbart,** so hat diese ihr **Verfahren** unter Beachtung des Beschlusses des ArbG **fortzusetzen u. nochmals zu entscheiden** (*Bischoff,* S. 164f.; *GK-Thiele,* Rn 127; eine erneute Anrufung der E-Stelle halten *DR,* Rn 114,; *GL,* Rn 46 u. *GKSB,* Rn 68 stets für erforderlich; *Jäcker,* S. 150f., will den Betriebspartnern überlassen, auf welchen Wegen sie nunmehr zu einer Einigung kommen; *Pünnel,* Rn 149 verlangt eine Neubildung der E-Stelle). ArbGeb. und BR können sich aber nunmehr auch untereinander einigen; dann wird die E-Stelle funktionslos (BAG 30. 10. 1979, AP Nr. 9 zu § 112 BetrVG 1972). Andernfalls muß die E-Stelle neu gebildet werden (BAG 25. 8. 83, AP Nr. 14 zu § 59 KO).

Eine abschließende Entscheidung des ArbG kommt allenfalls in Betracht, wenn nur eine Regelung denkbar ist oder es sich ausschließlich um die Entscheidung von Rechtsfragen handelt (für abschließende Entscheidung durch die ArbG auf jeden Fall: *Leipold,* a. a. O., S. 288). Das **ArbG** darf nicht **sein eigenes Ermessen an die Stelle des Ermessens der E-Stelle** setzen (*Herschel,* ArbuR 74, 265, *HSG,* Rn 83; h. M.). Es kann vor Gericht auch ein Vergleich geschlossen werden, der allerdings der ausdrücklichen Billigung von ArbGeb. und BR bedarf. 33a

Die **Anrufung des ArbG suspendiert den Spruch nicht,** er muß, insbes. in Fragen der Ordnung des Betriebes, zunächst einmal durchgeführt werden (*Gaul/Bartenbach,* NZA 85, 341, GL, Rn 37; LAG Berlin, 6. 12. 84, BB 85, 1199; *GK-Theile,* Rn 124); wegen einstweiliger Verfügung vgl. Rn 43. Die **Zweiwochenfrist** gilt nur für die Geltendmachung von Ermessensfehlern. Wird sie **versäumt,** so können solche Mängel nicht mehr geltend gemacht werden (BAG 26. 5. 88, AP Nr. 26 zu § 76 BetrVG 1972). 33b

Andere **rechtliche Mängel** des Spruchs oder des Verfahrens der E-Stelle können **jederzeit** gerügt werden, insbesondere die Verkennung von Rechtsbegriffen, sofern solche Mängel nicht wegen langdauernder Hinnahme verwirkt sind (vgl. insoweit § 77 Rn 21). Solche Rechtsmängel sind z. B. fehlender Antrag, mangelnde Zuständigkeit, d. h. Regelungskompetenz, schwere Verfahrensfehler, Verstoß gegen Gesetze (z. B. AZO oder BUrlG, § 1 Abs. 3 KSchG [vgl. § 95 Rn 10, 19 u. BAG 11. 3. 76, AP Nr. 1 zu § 95 BetrVG 1972], TV oder auch gültige BV). Wird im BeschlVerf. gerügt, der Spruch weise Ermessensfehler auf, so sollen andere Rechtsverstöße zugleich geltend gemacht werden, damit über die Wirksamkeit des Spruchs in einem Verfahren entschieden werden kann. Das ArbG ist zur Prüfung von Rechtsfehlern ohnehin verpflichtet, wenn der Sachverhalt dafür Anhaltspunkte liefert (*Grunskey,* ArbGG, § 2a, Rn 24, 25). Entscheidet die E-Stelle über **Rechtsfragen,** also die Anwendung von Rechtsnormen (vgl. Rn 31), so unterliegt ihr Spruch einer **unbeschränkten gerichtlichen Kontrolle** einschließlich der Nachprüfung, ob bei Anwendung unbestimmter Rechtsbegriffe die Grenzen des Beurteilungsspielraums (Rn 32) eingehalten sind. Die E-Stelle ist bei Anwendung unbestimmter Rechtsbegriffe nicht so frei wie bei Ausübung ihres billigen Ermsessens. Bei unrichtiger Entscheidung von Rechtsfragen kann das ArbG jederzeit eine ersetzende Entscheidung treffen (*DR,* Rn 100, *Söllner,* Festschrift BAG, S. 616), da es im Prinzip nur eine richtige Entscheidung gibt, während in Regelungsfragen oft mehrere Lösungsmöglichkeiten vorhanden sind. Rechtsmängel können als Vorfrage auch in einem Urteilsverfahren geltend gemacht werden. 33c

Für Streitigkeiten über **individuelle Rechtsansprüche des ArbN** 34 muß der **Rechtsweg zu den ArbG** offenstehen. Das entspricht rechtsstaatlichen Grundsätzen. Die E-Stelle ist kein Gericht i. S. des Art, 92 GG (vgl. Rn 3). Deshalb stellt Abs. 7 ausdrücklich klar, daß für Rechtsansprüche trotz des Spruchs der E-Stelle der Rechtsweg beschritten werden kann. Die Entscheidung der E-Stelle ersetzt nur die Willensbildung von ArbGeb. u. BR. Die Rechtslage ist nicht anders, als wenn sich ArbGeb und BR freiwillig geeinigt hätten. Bei Rechtsansprüchen besteht keine bindende „Drittwirkung“ des Spruchs, sondern das Verfahren vor der E-Stelle ist nur ein **Vorverfahren,** mit dem sich der Einzelne zufriedengeben kann, aber nicht muß (vgl. insbesondere die Fälle § 87 Abs. 1 Nr. 5 betr. zeitliche Festlegung des Urlaubs, dort Rn 61 und Nr. 9 betr. Kündigung von Werkwohnungen, dort Rn 115, Ein- u. Umgruppierungen nach § 99, dort Rn 14, 17, sowie die Zustimmung zu einer Kündigung gem. § 102 Abs. 6 und die Entscheidung der E-Stelle über die Berechtigung einer Beschwerde, die bei Rechtsansprüchen gemäß § 85 Abs. 2 Satz 3 nur in einem Einigungsverfahren nach § 76 Abs. 6 möglich ist). Da der Spruch der E-Stelle wie die BV kein Vollstreckungstitel ist, muß der ArbN ggfs. ihn etwa begünstigende Wirkungen des Spruchs einklagen (*Gaul/Bartenbach,* NZA 85, 341). Der einzelne ArbN hat aber kein allgemeines Antragsrecht im BeschlVerf. dahingehend, der BR sei zur Anrufung der E-Stelle anzuhalten (vgl. § 75 Rn 21a; so aber *Blomeyer,* Gedächtnisschrift Dietz S. 173). Er kann auch nicht von sich aus die E-Stelle anrufen. Ist eine BV (ein Sozialplan) durch Spruch der E-Stelle zustandegekommen, so kann die Entscheidung von Meinungsverschiedenheiten über das Bestehen von Ansprüchen aus dieser BV zwischen ArbGeb und einzelnen ArbN nicht der E-Stelle übertragen werden. Das wäre eine nach § 101 ArbGG unzulässige Schiedsabrede (BAG 22. 10. 87, AP Nr. 22 zu § 76 BetrVG 1972). Vielmehr muß der einzelne ArbN seine Forderung im Urteilsverfahren vor dem ArbG einklagen.

VI. Regelungszuständigkeit verfassungskonform

35 Die verfassungsrechtliche Unbedenklichkeit von BetrVG (und MitbestG) hat das BVerfG bestätigt (Beschlüsse vom 14. 10. 1976, AP Nr. 3 zu § 2 BetrVG 1972, 18. 10. 87, AP Nr. 7 zu § 87 BetrVG 1972 Auszahlung und 1. 3. 1979, AP Nr. 1 zu § 1 MitbestG).

Da Arbeitskampfmaßnahmen zwischen ArbGeb. und BR im Interesse des Betriebsfriedens nicht geführt werden dürfen (§ 74 Abs. 2), muß eine besondere Schiedsstelle eingerichtet werden. Dann muß ein Gericht oder eine außerbetriebliche oder innerbetriebliche Stelle entscheiden. Letzteren Weg geht das BetrVG 72. Der **friedliche Ausgleich** von Interessengrundsätzen bedingt **entsprechende Institutionen.**

36 Bei dem verbindlichen Spruch einer E-Stelle im innerbetrieblichen Bereich handelt es sich nicht um eine unzulässige tarifliche Zwangs-

schlichtung. Die **Koalitionsfreiheit der Verbände** wird **gewahrt.** Das Gesetz verankert im Gegenteil das absolute Vorrangsprinzip des TV (§ 77 Abs. 3; § 87 Eingangssatz). Eingriffsmöglichkeiten staatlicher Verwaltungsbehörden bestehen nicht. Demnach wird Art. 9 Abs. 3 GG nicht verletzt.

Die erweiterte Zuständigkeit der E-Stelle verletzt weder im Einzelfall noch im ganzen die Grundrechte des Unternehmens oder des einzelnen ArbN, noch widerspricht sie dem Grundsatz der Verhältnismäßigkeit (*HSG,* § 87 Rn 62ff. machen Vorbehalte, sofern der „Kernbereich unternehmerischer Entscheidungsfreiheit" berührt wird; im Ergebnis wie hier: *DR,* Rn 16f.; *Müller,* Festschrift Barz, S. 505f.; *GL,* Rn 4; *Moll,* Entgelt, S. 180ff.; 220ff.; BAG 31. 8. 82, AP Nr. 8 zu § 87 BetrVG 1972 Arbeitszeit: BetrVG selbst enthält die gesetzliche Lösung des Wertungswiderspruchs zwischen MBR und Freiheit der unternehmerischen Entscheidung; vgl. auch § 87 Rn 20, 47). Das Sozialstaatsprinzip des Art. 20 Abs. 1 GG deckt die gesetzliche Neuregelung. Das Gesetz verstößt nicht zu Lasten des ArbGeb. (Unternehmers) oder des einzelnen ArbN gegen die Art. 2, 12 oder 14 GG. Ein angemessener Spielraum zur Entfaltung der Unternehmerinitiative bleibt bestehen (vgl. BVerfGE 4, 7 [15f.]; 25, 371 [407]; 29, 260 [267]; 63, 312, 327; 68, 287, 310f.). 37

Im Zusammenhang mit der Erweiterung der Zuständigkeit der E-Stelle ist die Frage aufgeworfen worden, ob der **ArbGeb.** (Unternehmer) noch (allein) für die **von ihm allein durchzuführenden Maßnahmen** (§ 77 Abs. 1), die u. U. auf einem Spruch der E-Stelle beruhen, **haften** könne, und zwar sowohl gegenüber Dritten (z. B. ArbN oder Bewerber), als auch bei juristischen Personen gegenüber den Aktionären bzw. Gesellschaftern. Die Frage ist zu bejahen. Der ArbGeb. muß mangels Einigung mit dem BR notfalls die E-Stelle anrufen und, wenn deren Spruch sich nicht im Rahmen billigen Ermessens hält (Rn 33) oder sonst rechtsfehlerhaft ist, das ArbG anrufen. Auch besteht die Möglichkeit, den Erlaß einer einstweiligen Verfügung zu beantragen. Tut dies der ArbGeb. nicht, so beruht die unterbliebene Maßnahme oder der nicht angefochtene fehlerhafte Spruch der E-Stelle auf der Untätigkeit des ArbGeb., die dieser selbst zu vertreten hat (§ 254 Abs. 2 BGB). Ist aber der Rechtsweg ohne Erfolg ausgeschöpft, so kann der ArbGeb. nicht persönlich für Handlungen haftbar gemacht werden, die ihm durch Spruch der E-Stelle und evtl. anschließende Entscheidung des ArbG auferlegt worden sind. Wegen Haftung von Mitgl. der E-Stelle vgl. Rn 15a. 38

VII. Tarifliche Schlichtungsstelle

Abs. 8 sieht die Möglichkeit vor, die E-Stelle durch eine tarifliche Schlichtungsstelle zu ersetzen, die deren Befugnisse übernimmt. Dann kann die Einrede der Unzuständigkeit der betrieblichen E-Stelle erhoben werden. Aus dem Wortlaut der Vorschrift ergibt sich im Gegen- 39 satz zu § 50 Abs. 5 BetrVG 52, daß weder die Zuständigkeit noch im Grundsatz das Verfahren geändert werden können (*DR,* Rn 140; *HSG,* Rn 24; *Pünnel,* Rn 135; **a.M.** *GKSB,* Rn 75). Wohl aber ist die Einrichtung eines **zusätzlichen Instanzenzuges** möglich (*GK-Thiele,* Rn 133; **a.M.** *Müller,* Festschrift Barz, S. 499). Wird kein Vors. der tariflichen Schlichtungsstelle bestellt, so fällt im Nichteinigungsfall die Entscheidung an die E-Stelle zurück (*GK-Thiele,* Rn 133 und *Müller,* Festschrift Barz, S. 498 sehen die Bestellung des Vors. durch die TV-Parteien als zwingend an). Eine Bestellung nach § 98 ArbGG kommt hier nicht in Frage (*Pünnel,* Rn 136; **a.M.** *GK-Thiele,* Rn 134; GMP, § 98 Rn 4). Wegen der Kostenfrage und der bei den TV-Parteien vorhandenen besonderen Sachkunde ist die Einrichtung tariflicher Schlichtungsstellen, besonders für kleinere und mittlere Betriebe zu empfehlen. Ihre Zuständigkeit kann betrieblich (z. B. nur kleinere Betriebe) oder fachlich (z. B. nur Akkordfragen) abgegrenzt werden. Im übrigen bleibt dann das gesetzliche Verfahren der E-Stelle bestehen.

39a Auch die Entscheidung tariflicher Schlichtungsstellen sind **gerichtlich nachprüfbar:** Die tarifliche Schlichtungsstelle muß nicht ausschließlich für betriebsverfassungsrechtliche Fragen errichtet, sein; sie kann auf Grund des TV auch andere Aufgaben wahrnehmen. Insoweit haben die Entscheidungen die Vermutung der Richtigkeit für sich, so daß nur eine Nachprüfung auf offensichtliche Unbilligkeit hin in Frage kommen dürfte (§ 319 Abs. 1 BGB; *GKSB,* Rn 77; **a.M.** *GK-Thiele,* Rn 137). In Betriebsverfassungsfragen sind sie hingegen ebenso gerichtlich nachprüfbar (vgl. Rn 32) wie Sprüche der E-Stelle (h. M.; BAG 22. 10. 81; AP Nr. 10 zu § 76 BetrVG 1972, 18. 8. 87, AP Nr. 23 zu § 77 BetrVG 1972). Der TV über die Betriebsverfassung im rheinisch-westfälischen Steinkohlebergbau, gültig ab 1. 1. 1977, enthält in §§ 22ff. eine eingehende Regelung über eine tarifliche Schlichtungsstelle mit vorgeschaltetem Güteverfahren (zu diesem TV vgl. *Boldt,* AR- Blattei, D Bergarbeitsrecht III, III Betriebsverfassung und *Föhr,* RdA 77, 285). Wegen einer betrieblichen Schiedstelle in Durchführung eines TV über analytische Arbeitsbewertung vgl. BAG 19. 5. 78, AP Nr. 1 zu § 88 BetrVG 1972 u. wegen einer durch TV vereinbarten Schiedstelle BAG 8. 3. 83, AP Nr. 14 zu § 87 BetrVG 1972 Lohngestaltung.

40 Ist der ArbGeb. tarifgebunden, so gilt der TV für den gesamten Betrieb (§ 3 Abs. 2 TVG), da es sich um Fragen des Betriebsverfassungsrechts handelt. Auf die Tarifbindung der ArbN kommt es daher nicht an (*HSG,* Rn 27; *GK-Thiele,* Rn 136).

VIII. Streitigkeiten

41 Bei **Streit über die Zuständigkeit der E-Stelle** (BAG 22. 1. 80, 8. 3. 83, AP Nr. 7 zu § 111 BetrVG 1972 u. AP Nr. 3, 14 zu § 87 BetrVG 1972 Lohngestaltung), die Zusammensetzung, die Ordnungsmäßigkeit der Geschäftsführung und des Verfahrens entscheidet das

ArbG im **BeschlVerf.** (§ 2a ArbGG). Das gleiche gilt für die Entscheidung der Frage, ob der Spruch der E-Stelle bindende Wirkung hat (BAG 23. 3. 1962, 15. 5. 1964, AP Nr. 1, 5 zu § 56 BetrVG Akkord), die Ermessensgrenzen (Rn 33) überschreitet oder andere Rechtsverstöße enthält. Dagegen können die ArbG die sachliche Richtigkeit u. **Zweckmäßigkeit** des Spruchs der E-Stelle im übrigen **nicht nachprüfen** (vgl. § 77 Rn 96; *DR,* Rn 99). Wegen Rechtsansprüchen einzelner ArbN vgl. Rn 34.

Die **E-Stelle ist nicht Beteiligte im BeschlVerf.** Sie besteht meist nach Fällung ihres Spruchs nicht mehr (vgl. Rn 5) u. ist nur Hilfsorgan der Betriebspartner. Sie kann nicht „in eigener Sache" beteiligt sein bei der Überprüfung ihres Spruchs (*GK-Thiele,* Rn 114; *Pünnel,* Rn 151f.; *GKSB,* Rn 41; BAG 28. 4. 81, 28. 7. 81, AP Nr. 1 zu § 87 BetrVG 1972 Vorschlagswesen, AP Nr. 2 zu § 87 BetrVG 1972 Urlaub und AP Nr. 3 zu § 87 BetrVG 1972 Arbeitssicherheit; *GL,* Rn 45; **a. M.** BVerwG 13. 2. 76, BVerwGE 50, 176; *Lepke,* BB 77, 55 u. *Weber,* SAE 81, 114). Wohl aber ist die Anhörung von Mitgl. der E-Stelle als **Zeugen** möglich, insbes. zur Erläuterung des gefällten Spruchs (BAG 28. 4. 81 a. a. O.). 41a

Das **ArbG** hat für die Frage der Zuständigkeit der E-Stelle die sogen. **Kompetenz-Kompetenz** (*Dütz,* ArbuR 73, 368; LAG Düsseldorf, DB 78, 701). Das Rechtsschutzinteresse für ein allgemeines BeschlVerf. zur Klärung der Zuständigkeit besteht auch, wenn die E-Stelle bereits angerufen ist (BAG 3. 4. 79, AP Nr. 2 zu § 87 BetrVG 1972). Die ArbG können entscheiden, ohne den Spruch der E-Stelle abzuwarten. Die Durchführung der E-Stellenverfahrens ist keine Prozeßvoraussetzung für ein allgemeines BeschlVerf. (BAG 15. 10. 79, 17. 2. 81, 28. 7. 81, 4. 8. 81, 22. 10. 81, 24. 11. 81, 8. 12. 81, 8. 3. 83, AP Nr. 5, 9 zu § 111 BetrVG 1972, AP Nr. 3 zu § 87 BetrVG 1972 Arbeitssicherheit, AP Nr. 5 zu § 87 BetrVG 1972 Arbeitszeit, AP Nr. 10, 11 zu § 76 BetrVG 1972, AP Nr. 1 zu § 87 BetrVG 1972 Prämie, AP Nr. 14 zu § 87 BetrVG 1972 Lohngestaltung; gegen eine „Vorabentscheidung" der ArbG schlechthin: *Rossmanith,* ArbuR 82, 339). Eine Aussetzung des Verfahrens bis zur Entscheidung der E-Stelle kommt nicht in Betracht. 42

Die **E-Stelle** hat andererseits über ihre **eigene Zuständigkeit als Vorfrage selbst** zu befinden (*Leipold,* Festschrift Schnorr v. Carolsfeld, S 273 [289]; *DR,* Rn 86; *Lepke,* BB 77, 56; *Schell,* BB 76, 1517; BAG 3. 4. 79, 22. 1. 80, AP Nr. 2 zu § 87 BetrVG 1972, AP Nr. 3 zu § 87 BetrVG 1972 Lohngestaltung; 28. 7. 81, 22. 10. 81, 24. 11. 81, 8. 3. 83, a. a. O.). Wird sie verneint, so ist das Verfahren einzustellen, wird sie bejaht, so ist das Verfahren vor der E-Stelle unabhängig von einem BeschlVerf. durchzuführen. Nur bei Einverständnis der Betriebspartner wird die E-Stelle ihr Verfahren bis zur Klärung der Zuständigkeit im arbeitsgerichtlichen BeschlVerf. unter entspr. Anwendung des § 148 ZPO aussetzen können (GMP, § 98 Rn 14; *Matthes,* DB 84, 453). Denn die E-Stelle ist dazu berufen, nach ihrer Errichtung alsbald eine Entscheidung zu fällen. Eine Vorabentscheidung im 42a allgemeinen BeschlVerf. würde die betriebliche Konfliktlösung, deren Ergebnis noch gar nicht feststeht, so daß auch das Rechtsschutzinteresse für ein allgemeines BeschlVerf. vielfach fehlen wird (BAG 24. 11. 81, AP Nr. 11 zu § 76 BetrVG 1972) vorwegnehmen und die effektive Ausübung der MBR verzögert (BAG 22. 2. 83, AP Nr. 2 zu § 23 BetrVG 1972, 16. 8. 83, AP Nr. 2 zu § 81 ArbGG 1979; *Rossmanith,* ArbuR 82, 339; **a.M.** LAG Düsseldorf EzA § 76 BetrVG Nr. 28, 29; *Dütz,* SAE 83, 249; *GK-Thiele,* Rn 46; *Weber,* SAE 81, 114; *Schmitt-Rolfes,* Jahrbuch des Arbeitsrechts Bd. 19, S. 79, 81ff. hält die Aussetzung des E-Stellen-Verfahrens für möglich aber nicht für zwingend geboten).

42b Das Rechsschutzinteresse für ein allgemeines BeschlVerf. über die Zuständigkeit des BR oder des GesBR entfällt aber auch nicht, wenn die E-Stelle inzwischen einen Spruch gefällt hat und dieser in einem weiteren allgemeinen BeschlVerf. angefochten wird. Denn der Streitgegenstand des letzteren Verfahrens beschränkt sich auf die Überprüfung der Wirksamkeit dieses Spruchs. Die Rechtskraft dieses Beschlusses des ArbG erfaßt nicht die generelle Frage des MBR des BR (BAG 20. 4. 82 – 1 ABR 22/80 – DB 82, 1674). Gleiches gilt, wenn die Bestellung eines Vors. der E-Stelle abgelehnt worden ist. Streitgegenstand dieses Verfahrens ist lediglich die Errichtung der E-Stelle. Wird nunmehr in einem allgemeinen BeschlVerf. ein MBR bejaht, so kann ggfls erneut die Bestellung eines Vors. der E-Stelle beantragt werden (BAG 25. 4. 89, AP Nr. 3 zu § 98 ArbGG 1979). Andererseits können die Beteiligten des BeschlVerf. ihren Antrag umstellen und nunmehr die Überprüfung des Spruchs zur Entscheidung stellen. Wegen Aussetzung des Bestellungsverfahrens nach § 98 ArbGG vgl. Rn 11.

43 Auch in dringenden **Eilfällen** darf der **ArbGeb. keine einseitigen Anordnungen** treffen (vgl. § 87 Rn 21, sowie **Vor** § 89 Rn 44 wegen des Ausnahmefalles der Abwendung konkreter Gefahren für Leben u. Gesundheit der ArbN). Man wird auch nicht das ArbG für zuständig erachten können, durch einstweilige Verfügung eine vorläufige Zwischenregelung bis zur Entscheidung der E-Stelle zu treffen (ArbG Siegburg 3. 3. 1975, DB 75, 555; *GL,* § 87 Rn 23; **a.M.** *Dütz,* ZfA 72, 265f. und ArbuR 73, 342; *Stege/Weinspach,* § 87 Rn 10; *DR,* Rn 26; *Bischoff,* S. 57; LAG Frankfurt, NJW 79, 783). Das ArbG hat allein die Aufgabe, die Sprüche der E-Stelle auf Ermessens- und Rechtsfehler hin zu überprüfen, aber nicht selbst „betriebliches Recht" zu schaffen. Eine **Zuständigkeit des ArbG** in Regelungsfragen kommt erst **nach Entscheidung der E-Stelle** in Betracht. Eine unmittelbare Anrufung des ArbG ist unzulässig (*Leipold,* Festschrift für Schnorr v. Carolsfeld, S. 286; *Simitis/Weiß,* DB 73, 1240 [1244, 1252]; vgl. BAG 3. 4. 79, AP Nr. 2 zu § 87 BetrVG 1972). **Während des BeschlVerf.** kann ein Antrag auf einstweilige Verfügung nach § 85 Abs. 2 ArbGG gestellt werden (ebenso *Dütz,* ZfA 72, 268; *Gnade,* ArbuR 73, 46; *GL,* Rn 39; *Lepke,* BB 77, 57; *Leipold,* a.a.O., S. 297; **a.M.** *Gaul/Bartenbach,* NZA 85, 341). Er wird aber nur Erfolg haben, wenn der

Spruch der E-Stelle offensichtlich rechtswidrig ist, nicht wenn es um die Grenzen der Ermessensausübung geht (LAG Frankfurt 24. 9. 87, BB 88, 347).

Wegen Streitigkeiten über Honoraransprüche vgl. § 76a Rn 10. 44

§ 76a Kosten der Einigungsstelle

(1) **Die Kosten der Einigungsstelle trägt der Arbeitgeber.**

(2) **Die Beisitzer der Einigungsstelle, die dem Betrieb angehören, erhalten für ihre Tätigkeit keine Vergütung; § 37 Abs. 2 und 3 gilt entsprechend. Ist die Einigungsstelle zur Beilegung von Meinungsverschiedenheiten zwischen Arbeitgeber und Gesamtbetriebsrat oder Konzernbetriebsrat zu bilden, so gilt Satz 1 für die einem Betrieb des Unternehmens oder eines Konzernunternehmens angehörenden Beisitzer entsprechend.**

(3) **Der Vorsitzende und die Beisitzer der Einigungsstelle, die nicht zu den in Absatz 2 genannten Personen zählen, haben gegenüber dem Arbeitgeber Anspruch auf Vergütung ihrer Tätigkeit. Die Höhe der Vergütung richtet sich nach den Grundsätzen des Absatzes 4 Satz 3 bis 5.**

(4) **Der Bundesminister für Arbeit und Sozialordnung kann durch Rechtsverordnung die Vergütung nach Absatz 3 regeln. In der Vergütungsordnung sind Höchstsätze festzusetzen. Dabei sind insbesondere der erforderliche Zeitaufwand, die Schwierigkeit der Streitigkeit sowie ein Verdienstausfall zu berücksichtigen. Die Vergütung der Beisitzer ist niedriger zu bemessen als die des Vorsitzenden. Bei der Festsetzung der Höchstsätze ist den berechtigten Interessen der Mitglieder der Einigungsstelle und des Arbeitgebers Rechnung zu tragen.**

(5) **Von Absatz 3 und einer Vergütungsordnung nach Absatz 4 kann durch Tarifvertrag oder in einer Betriebsvereinbarung, wenn ein Tarifvertrag dies zuläßt oder eine tarifliche Regelung nicht besteht, abgewichen werden.**

Inhaltsübersicht

I. Vorbemerkung

Die Vorschrift war im RE noch nicht enthalten, sondern wurde auf Vorschlag des BT-Ausschusses für Arbeit und Sozialordnung eingefügt. Dieser Ausschuß hatte schon aus Anlaß der parlamentarischen Behand- 1 lung des BetrVG 1972 angeregt, die im Gesetz selbst nicht geregelte Kostenfrage durch Verordnung zu regeln. Gleiche Vorschläge machte in den folgenden Jahren mehrfach die Konferenz der Arbeits- und Sozialminister der Länder, jedoch ohne Erfolg. Infolgedessen mußte sich die Rechtsprechung, insbesondere das BAG der Probleme annehmen (vgl. 15. Aufl., § 76 Rn 18–18c). Gegen diese Rechtsprechung ist erhebliche Kritik laut geworden, und zwar weniger gegen die Zuerkennung eines Honoraranspruchs an den Vors und die betriebsfremden Beisitzer, als vielmehr gegen die Heranziehung der BRGebO für die Berechnung der Höhe der Ansprüche, da die Gebührensätze für RA auch die Bürokosten mit abdecken, die für Mitgl. der E-Stelle in der Regel nicht anfielen. Es kam hinzu, daß die Festsetzung des Gegenstandswertes schwierig war und vor allem bei Sozialplänen zu überhöhten Honoraransprüchen führen konnte (vgl. Bengelsdorf, NZA 89, 489ff; Wlotzke, DB 89, 111, 117). Die neue Regelung zählt in Abs. 3 und 4 bestimmte Gesichtspunkte auf, die bei der Bemessung der Vergütung zu berücksichtigen sind. Hiervon kann aber durch TV, BV oder auch Einzelvereinbarung abgewichen werden, aber auch von einer etwa nach Abs. 4 erlassenen Rechts-VO.

2 Entsprechende Vorschrift in BPersVG: Keine.

II. Kostentragung durch den Arbeitgeber

1. Verfahrenskosten

3 Abs. 1 legt grundsätzlich fest, daß der ArbGeb die Kosten der E-Stelle trägt, so daß keine Heranziehung des § 40 als Anspruchsgrundlage mehr erforderlich ist (vgl. insoweit 15. Aufl., § 40 Rn 16). Der ArbGeb trägt zunächst den **Sachaufwand** für die Tätigkeit der E-Stelle, also z. B. für Räume, Schreibmaterial und Büropersonal (Schreibkräfte). Es kann insoweit auf die Ausführungen zu § 40 Abs. 2 (dort Rn 38ff.) verwiesen werden (vgl. auch BAG 6. 4. 1973, 11. 5. 1976, 27. 3. 1979, AP Nr. 1, 3, 7 zu § 76 BetrVG 1972). Wegen Vertretung von ArbGeb und BR vor der E-Stelle durch **RA** vgl. § 76 Rn 21 und wegen der Heranziehung von **Sachverständigen** § 76 Rn 21a. Auch diese Kosten trägt im erforderlichen Umfang der ArbGeb.

2. Fortzahlung des Arbeitsentgelts für betriebsangehörige Beisitzer

4 Abs. 2 bestimmt in Übereinstimmung mit der bisherigen Rechtsprechung des BAG, daß Beisitzer der E-Stelle, die dem Betrieb (auch als leitende Ang.) angehören, über dessen Angelegenheit zu entscheiden ist, keinen Honoraranspruch haben, aber das Arbeitsentgelt für die Zeit der Tätigkeit in der E-Stelle in entsprechender Anwendung des § 37 Abs. 2 weiter erhalten; ggfs. kommt auch Freizeitausgleich oder Zahlung einer

Mehrarbeitsvergütung nach § 37 Abs. 3 in Betracht (vgl. näheres § 37 Rn 12ff., 41ff.). Entsprechendes gilt für einen Unternehmens- oder Konzernangehörigen, wenn die E-Stelle zwischen ArbGeb und GesBR oder KBR gebildet wird; andererseits entfällt der Honoraranspruch nicht, wenn die E-Stelle für einen anderen Betrieb des Unternehmens oder Konzerns gebildet wird als den Betrieb, dem der Beisitzer angehört (*Bauer/Röder,* DB 89, 224; LAG Baden-Württemberg, 30. 12. 88, DB 89, 736; *Engels/Natter,* DB 89, Beil. 8 S. 26; BAG 21. 6. 1989 – 7 AZR 92/87 –). Daneben sind die Aufwendungen (Auslagen, wie z. B. Fahrtkosten, Porto, Telefongebühren) zu ersetzen. Die Regelung gilt unabhängig davon, ob die Beis. BRMitgl. sind oder nicht (Bengeldsdorf, NZA 89, 493).

3. Honorar des Vorsitzenden und der außerbetrieblichen Beisitzer

Abs. 3 Satz 1 begründet in Übereinstimmung mit der bisherigen Rechtsprechung des BAG einen unmittelbaren Anspruch gegen den ArbGeb auf Vergütung der Tätigkeit für den Vors. und die betriebsfremden Beisitzer in der E-Stelle. Er besteht auch für Verbandsmitglieder von ArbGebVereinigungen und Gewerkschaften (insoweit kr. *Bauer/Röder,* DB 89, 224, Bengelsdorf, a. a. O.). Eine Vergütung steht einem Gewerkschaftssekretär auch dann zu, wenn dieser intern verpflichtet ist, den gezahlten Betrag ganz oder teilweise an eine Gewerkschaftsstiftung abzuführen (BAG 14. 12. 1988 AP Nr. 30 zu § 76 BetrVG 1972). Er wird als Privatperson tätig u. kann über sein Honorar nach Belieben verfügen. Der Honoraranspruch ist dem Grunde nach nicht von einer vorherigen Vereinbarung zwischen ArbGeb und BR bzw. dem Mitgl. der E-Stelle abhängig. Die Höhe der Vergütung ist mangels näherer Vereinbarung nach billigem Ermessen zu bestimmen (§§ 315, 316 BGB). 5

Bemessungsgrundsätze für die Höhe der Vergütung in einer etwaigem RechtsVO enthält Abs. 4 S. 3–5. Es sollen insbesondere der erforderliche **Zeitaufwand** (einschließlich Vor- und Nachbereitung, z. B. Studium der Unterlagen, Abfassung des Protokolls oder eines Spruchs der E-Stelle), **die Schwierigkeit der Streitigkeit** sowie ein **Verdienstausfall** berücksichtigt werden, soweit dieser durch die Tätigkeit in der E-Stelle für betriebsfremde Mitgl. entsteht. Der letztere Gesichtspunkt könnte für freiberufliche Mitgl., z. B. RA eine erhebliche Rolle spielen (vgl. *Bauer/Röder,* DB 89, 224). Gegen dessen Berücksichtigung bestehen aber erhebliche Bedenken. Die Höhe der Honorare, auch der Beisitzer, hinge von Zufälligkeiten ab und würde u. U. für Beisitzer zu unterschiedlichen Ergebnissen führen (vgl. auch Rn 8). Die wirtschaftliche Bedeutung der Streitfrage wird im Gesetz nicht genannt, so daß auch die Bemessung des Honorars nach einem Gegenstandswert entfällt. 6

Auch sollen in einer RechtsVO **Höchstsätze** festgelegt werden, die einerseits den berechtigten Interessen der Mitgl. der E-Stelle, andorer- 7 seits des ArbGeb Rechnung tragen. Zwar wäre es, wie das BAG mehrfach betont hat (vgl. z. B. 6. 4. 1973, AP Nr. 1 zu § 76 BetrVG 1972), zweckmäßig, wenn die Honorarfrage vorab geklärt würde. Angesichts der vorgegebenen Bemessungsgrundsätze wird man die konkrete Höhe der Vergütung aber vielfach erst am Ende des Verfahrens endgültig festlegen können (*Engels/Natter* BB 89, Beil. 8 S. 26; *Wlotzke,* DB 89, 111, 117). Als Vergleichsmaßstab für die Vergütung sind weder die Sätze des § 3 ZSEG (Stundensätze von 40,– bis 70,– DM, allenfalls 105,– DM) für Sachverständige angemessen (*Bauer/Röder,* DB 89, 224; **a. M.** *Löwisch,* DB 89, 223 u. Bengeldsdorf, NZA 89, 495 der allerdings für die Tätigkeit des Vors. in der Verhandlung Stundensätze nach dem Bruttoeinkommen eines Richters mit dem Divisor 174 zubilligen will, den Beis. aber nur eine Vergütung nach dem Gesetz über die Entschädigung für ehrenamtliche Richter vom 1. 10. 1969, BGBl I S. 1753), noch kann im Gegensatz zur bisherigen Rechtsprechung die BRGebO herangezogen werden (*Engels/Natter* BB 89, Beil. 8 S. 26; *Wlotzke,* DB 89, 111, 117), deren pauschale Gebührensätze nicht auf Schwierigkeit und Zeitaufwand abstellen. Vielleicht können die Gebührensätze für Verhandlungstage in Strafsachen oder ein Mehrfaches dieser Sätze ein Anhaltspunkt sein (§ 83 BRGebO: 140,– bis 2060,– DM für den 1. Tag, 140,– bis 1030,– DM für jeden weiteren Tag).

8 Für **Beisitzer** ist die Vergütung niedriger festzusetzen als für den Vorsitzenden (Abs. 4 S. 4). Auch dies entspricht der bisherigen Rechtsprechung des BAG (13. 1. 1981, 14. 1. 1983, 14. 12. 1988, AP Nr. 8, 12, 30 zu § 76 BetrVG 1972), die im allgemeinen ein Honorar in Höhe von 7/10 der Vergütung des Vors. als angemessen angenommen hat (kr. dazu Bengelsdorf, a. a. O.). Unzulässig wäre die Zubilligung einer höheren Vergütung für Beisitzer einer Seite; es müssen für alle Beisitzer die gleichen Maßstäbe angelegt werden, da sie gleiche Rechtsstellung u. Aufgaben haben (BAG 15. 12. 1978, AP Nr. 6 zu § 76 BetrVG 1972; *Löwisch,* DB 89, 224; **a. M.** *Bauer/Röder,* DB 89, 224).

9 Abs. 4 S. 1 ermächtigt den Bundesminister für Arbeit und Sozialordnung, durch **RechtsVO** die Vergütung nach Maßgabe des Abs. 4 S. 2–5 (Rn 6–7) festzulegen. Insbesondere sind auch Höchstgrenzen festzusetzen. Diese RechtsVO könnte sich gegenüber **TV** und **BV** aber selbst nur subsidiäre Geltung beilegen (Abs. 5). TV gehen vor, soweit diese nicht bestehen oder eine Öffnungsklausel enthalten (§ 77 Rn 82ff.) auch BV. BV können aber nur auf freiwilliger Grundlage abgeschlossen werden. Abweichungen von vorrangigen Gebührenordnungen sind zulässig und können ggfs. zu niedrigeren oder auch höheren Honoraren führen (*Löwisch,* aaO). Von den Regelungen einer Vergütungsordnung, eines TV oder einer BV kann durch individuelle Vereinbarung zwischen den Mitgl. der E-Stelle und dem ArbGeb zu deren Gunsten abgewichen werden (*Löwisch,* DB 89, 223; *Bauer/Röder,* DB 89, 224; Bengelsdorf, a. a. O., **a. M.** *Engels/Natter,* BB 89, Beil. 8 S. 27), wenn alle Beisitzer gleich behandelt werden. Sofern und solange keine allgemeine Gebührenordnung besteht, muß das Honorar im Einzelfall gemäß den Bewertungs grundsätzen des Abs. 4 S. 2–5 nach billigem Ermessen (§§ 315, 612

BGB) bemessen werden (BAG 15. 12. 1978, 13. 1. 1981, AP Nr. 5, 8 zu § 76 BetrVG 1972).

III. Streitigkeiten

Streitigkeiten über Honorare, Fortzahlung des Arbeitsentgelts und Auslagenersatz sind dem Grund und der Höhe nach gemäß § 2a Abs. 1 Nr. 1 ArbGG im **BeschlVerf** auszutragen, auch für außerbetriebliche Mitgl. der E-Stelle (ständige Rechtsprechung des BAG). Die ArbG haben mangels konkreter Vergütungsregelungen die Vergütung nach billigem Ermessen festzusetzen. 10

§ 77 Durchführung gemeinsamer Beschlüsse, Betriebsvereinbarungen

(1) **Vereinbarungen zwischen Betriebsrat und Arbeitgeber, auch soweit sie auf einem Spruch der Einigungsstelle beruhen, führt der Arbeitgeber durch, es sei denn, daß im Einzelfall etwas anderes vereinbart ist. Der Betriebsrat darf nicht durch einseitige Handlungen in die Leitung des Betriebs eingreifen.**

(2) **Betriebsvereinbarungen sind von Betriebsrat und Arbeitgeber gemeinsam zu beschließen und schriftlich niederzulegen. Sie sind von beiden Seiten zu unterzeichnen; dies gilt nicht, soweit Betriebsvereinbarungen auf einem Spruch der Einigungsstelle beruhen. Der Arbeitgeber hat die Betriebsvereinbarungen an geeigneter Stelle im Betrieb auszulegen.**

(3) **Arbeitsentgelte und sonstige Arbeitsbedingungen, die durch Tarifvertrag geregelt sind oder üblicherweise geregelt werden, können nicht Gegenstand einer Betriebsvereinbarung sein. Dies gilt nicht, wenn ein Tarifvertrag den Abschluß ergänzender Betriebsvereinbarungen ausdrücklich zuläßt.**

(4) **Betriebsvereinbarungen gelten unmittelbar und zwingend. Werden Arbeitnehmern durch die Betriebsvereinbarung Rechte eingeräumt, so ist ein Verzicht auf sie nur mit Zustimmung des Betriebsrats zulässig. Die Verwirkung dieser Rechte ist ausgeschlossen. Ausschlußfristen für ihre Geltendmachung sind nur insoweit zulässig, als sie in einem Tarifvertrag oder einer Betriebsvereinbarung vereinbart werden; dasselbe gilt für die Abkürzung der Verjährungsfristen.**

(5) **Betriebsvereinbarungen können, soweit nichts anderes vereinbart ist, mit einer Frist von drei Monaten gekündigt werden.**

(6) **Nach Ablauf einer Betriebsvereinbarung gelten ihre Regelungen in Angelegenheiten, in denen ein Spruch der Einigungsstelle die Einigung zwischen Arbeitgeber und Betriebsrat ersetzen kann, weiter, bis sie durch eine andere Abmachung ersetzt werden.**

Inhaltsübersicht

I. Vorbemerkung

1 In Abs. 1 wird klargestellt, daß die von ArbGeb. und BR getroffenen Vereinbarungen (BV und Regelungsabreden) regelmäßig vom ArbGeb. durchgeführt werden und der BR nicht einseitig in die Betriebsleitung eingreifen darf.

2 Abs. 2 bis Abs. 6 enthalten in Anlehnung an das TVG u. a. eine eingehendere Regelung der Rechtswirkungen, der Kündigung und Nachwirkung von BV. Abs. 2 enthält Formvorschriften für den Abschluß eines BV; Abs. 3 regelt den grundsätzlichen Vorrang des TV gegenüber der BV. In Abs. 4 werden in Angleichung an die Rechtswirkungen eines TV die Rechtswirkungen einer BV näher geregelt. Schließlich enthält Abs. 5 eine Regelung über die Kündigung einer BV und Abs. 6 über deren Nachwirkung. Die Vorschriften gelten **auch für BV mit dem GesBR und KBR.** Wegen Bordvereinbarungen zwischen Bordvertretung und Kapitän vgl. § 115 Abs. 7 Nr. 3.

3 Über die rechtsgeschichtliche Entwicklung und das Schrifttum zur BV vgl. *Hueck/Nipperdey,* 2. Bd. § 65 B; vgl. im übrigen *Flatow,* BV und Arbeitsordnung, 2. Aufl. 1923; *G. Hueck,* Die BV 1952; *Kerschner/Zimmermann,* Die BV, Erich Schmidt-Verlag, 1981; *Löwisch,* ArbuR 78, 97; *Nikisch,* Bd. 3, § 107; *Pornschlegel,* Die BV, Bund-Verlag, 1971; *Säkker,* Die BV, AR-Blattei, BV I; *Strasser,* Die BV nach österreichischem und deutschem Recht, Manz-Verlag, 1971. Überblick über Art und Zahl von BV nach einer Untersuchung von 468 Betrieben mit mindestens 200 ArbN: *Knuth,* Mitbestimmung 82, 204.

3a Entsprechende Vorschriften im **BPersVG 74:** §§ 73, 74, 75 Abs. 5. u. im **SprAuG:** § 38.

II. Durchführung von Vereinbarungen durch den Arbeitgeber

4 Die **Exekutive im Betrieb** steht grundsätzlich **dem ArbGeb.** allein zu. Dies gilt sowohl für die Entscheidungen, die er kraft Direktionsrechts oder Arbeitsvertrags ohne Beteiligung des BR trifft und treffen kann, als auch für Maßnahmen, die er unter Beteiligung des BR faßt oder auf Grund eines Spruchs der E-Stelle durchzuführen hat. Das **MBR** ist **kein Mitdirektionsrecht.** Nur nach ausdrücklicher Abmachung zwischen ArbGeb. und BR kann von diesem Grundsatz abgewichen werden. Die **Verantwortung und zivilrechtliche Haftung** (vgl. § 76 Rn 38) für alle betrieblichen Maßnahmen liegen daher ohne Rücksicht auf die Beteiligung des BR **beim ArbGeb.,** wenn er sie durchführt (*HSG,* Rn 57; *DR,* Rn 8).

5 In einer bestimmten Angelegenheit kann dem BR aber die Befugnis übertragen werden, einen gemeinsam gefaßten Beschluß durchzuführen, z. B. einen Betriebsausflug zu veranstalten, eine Kantine zu betreiben (vgl. den Fall BAG 24. 4. 86, AP Nr. 7 zu § 87 BetrVG 1972 Sozialeinrichtung) oder die Verteilung von Zuwendungen an die ArbN des Betriebs vorzunehmen (h. M.). Der BR wird sorgfältig zu prüfen haben, ob eine solche Durchführung im Interesse seiner sonstigen Aufgaben liegt.

6 Der BR kann aber eigene Entscheidungen (§ 33), die er selbständig treffen kann, insbesondere also über Angelegenheiten seiner Geschäftsführung, allein durchführen. Beispiele: Einberufung einer BetrVerslg.; Bestellung des Wahlvorst.; Bekanntmachungen über Beschlüsse (§ 33) des BR am Schwarzen Brett, das der ArbGeb. zur Verfügung stellen muß (vgl. auch § 40 Rn. 44). Gleiches gilt naturgemäß für BV über MitglZahl von GesBR und KBR (§ 47 Abs. 4, § 55 Abs. 4), sowie GesJugAzubiVertr. (§ 72 Abs. 4, 5).

7 **Keinesfalls** darf der **BR einseitig,** d. h. durch selbständige Anordnungen in die **Leitung des Betriebs eingreifen** (z. B. Anordnungen des ArbGeb. wiederrufen, seine Anschläge entfernen oder die ArbN nach Hause schicken). Seine Befugnisse zur Einschränkung des Direktionsrechts des ArbGeb. liegen im Bereich der internen Beteiligung. Die Exekutive ist dem BR versagt; die Einheitlichkeit der Leitung des Betriebs gegenüber Dritten durch den ArbGeb. wird durch die Betriebsverfassung nicht beeinträchtigt (h. M.).

8 Das Verbot des Eingriffs in die Betriebsleitung gilt selbst dann, wenn sich der ArbGeb. nicht an die im Rahmen des MBR des BR getroffenen Entscheidungen und BV hält, insbesondere letztere nicht durchführt (h. M.). Der **BR** kann dann aber die Durchführung beschlossener Maßnahmen u. BV im **arbeitsgerichtlichen BeschlVerf.** erzwingen (darüber unten Rn 93). Er hat auch die Einhaltung der BV zu überwachen (§ 80 Abs. 1 Nr. 1, für JugAzubiVertr. vgl. § 70 Abs. 1 Nr. 2) und kann sie auch selbst bekanntmachen, wenn der ArbGeb. seiner Verpflichtung nach Abs. 2 S. 3 nicht nachkommt. Handelt der **ArbGeb.** seinerseits auf

Gebieten selbständig, die dem MBR unterliegen, so sind die getroffenen Entscheidungen unwirksam, soweit das BetrVG keine abweichenden Bestimmungen enthält (Näheres vgl. bei den einzelnen MBR). Außerdem kann nach §§ 23 Abs. 3, 98 Abs. 5, 101 und 104 bei Verstößen gegen gerichtliche Entscheidungen im BeschlVerf. die Verhängung von Bußgeldern in Betracht kommen. Wegen einstw. Vfg. vgl. **Nach** § 1 Rn 56ff, § 87 Rn 161.

9 **Verstößt der BR grob** gegen das Verbot des Eingriffs in die Betriebsleitung, so kann der ArbGeb. beim ArbG die **Auflösung des BR** oder die Amtsenthebung einzelner BRMitgl. beantragen (§ 23 Abs. 1) Eine außerordentliche Kündigung von BRMitgl. kann nur gerechtfertigt sein, wenn die Verstöße gegen arbeitsvertragliche Pflichten klar überwiegen (vgl. § 103 Rn 18). Ob das einzelne BRMitgl. gegenüber dem ArbGeb. auch zum Schadenersatz verpflichtet ist, beurteilt sich nach allgemeinen zivilrechtlichen Vorschriften (§§ 823, 826 BGB; Eingriff in den ausgeübten Gewerbebetrieb; vgl. § 1 Rn 111ff.).

III. Betriebsvereinbarung

1. Zustandekommen

10 Die BV kommt durch **übereinstimmende Beschlüsse von ArbGeb. und BR** (§ 33) zustande. Auf seiten der ArbN kann auch der **GesBR** zuständig sein, wenn ihm die Ausübung des MBR nach § 50 Abs. 1 obliegt (vgl. § 50 Rn 17ff.) oder nach § 50 Abs. 2 übertragen ist (vgl. § 50 Rn 45ff.). Entsprechendes gilt für den KBR (§ 51 Abs. 6, § 59 Abs. 1). Die JugAzubiVertr., GesJugAzubiVertr., WiAusschuß und BetrVerslg. (§ 42 Rn 42) sind dagegen zum Abschluß von BV nicht befugt, ebenso nicht Ausschüsse des BR (§ 27 Abs. 3 Satz 2, § 28 Abs. 1 Satz 2). Besteht in einem Betrieb, gleich aus welchen Gründen, kein BR, so kann eine BV nicht geschlossen werden (h. M.). Wegen betrieblicher Einheitsregelungen vgl. Rn 86–89.

11 Die BV bedarf zwingend der **Schriftform.** Die mündlich festgelegte BV ist nichtig, § 125 Satz 1 BGB ist entsprechend anzuwenden. Der Austausch einseitig unterzeichneter Urkunden ist nicht zulässig, vielmehr muß die BV stets die Unterschriften beider Organe der Betriebsverfassung bzw. bevollmächtigter Vertreter (Vors. des BR § 26 Abs. 3 Satz 1) auf derselben Urkunde aufweisen (§ 126 Abs. 2 Satz 1 BGB). Bilden mehrere Blätter, die inhaltlich aufeinander Bezug nehmen und räumlich verbunden sind, z. B. durch eine Heftklammer, eine sog. Gesamturkunde, so braucht nicht jedes Blatt einzeln unterschrieben zu werden (vgl. BAG 11. 11. 86, AP Nr. 4 zu § 1 BetrAVG Gleichberechtigung für eine Versorgungsordnung mit beigefügter, nicht unterschriebener „Musterzusage"). Ein gemeinsam von ArbGeb. u. BR unterzeichnetes Rundschreiben (LAG Düsseldorf, DB 77, 1954) oder ein Protokoll über eine Besprechung ist noch keine BV, wenn nicht der beiderseitige Wille erkennbar ist, eine förmliche BV mit deren Rechtsfolgen abzu-

schließen (vgl. § 34 Rn 15). Wegen Aufrechterhaltung mündlicher Absprachen als Regelungsabrede vgl. Rn 90.

Durch **Bezugnahme auf einen bestimmten TV** oder eine andere **BV,** 12
wird die Schriftform auch gewahrt, wenn dieser nicht wörtlich wiedergegeben oder als Anlage beigefügt ist (*DR,* Rn 30; GK-*Thiele,* Rn 135; *Wiedemann/Sumpf,* § 1 Rn 104 für TV). Das gilt aber nicht für eine Verweisung auf einen TV in der jeweils geltenden Fassung. Eine derartige **Blankettverweisung ist unzulässig** (GL Rn 11; früher BAG 27. 7. 1956, AP Nr. 3 zu § 4 TVG Geltungsbereich, 16. 2. 1962, AP Nr. 12 zu § 3 TVG Verbandszugehörigkeit; GK-*Thiele,* Rn 136f.; *Gröbing,* ArbuR 82, 116 hält derartige Verweisungen auf TV für verfassungswidrig; **a. M.** *DR,* Rn 51; *HSG,* Rn 65; *Wiedemann/Stumpf,* a. a. O.; bedenklich BAG 22. 8. 79, AP Nr. 3 zu § 611 BGB Deputat betr. Verweisung eines Sozialplans auf den jeweils geltenden TV; 9. 7. 80, 10. 11. 82, AP Nr. 7, 8 zu § 1 TVG Form betr. jeweils geltende TV, die mit dem verweisenden TV „in einem engen sachlichen Zusammenhang" stehen). Die Betriebspartner würden sich ihrer gesetzlichen Normsetzungsbefugnis entäußern. Nach Abs. 3 wird die **Übernahme tariflicher Regelung in BV** und damit ihre Erstreckung auf alle ArbN ohnehin **nur ausnahmsweise** zulässig sein, wenn es sich nämlich nicht um Arbeitsentgelte oder sonstige Arbeitsbedingungen handelt oder wenn eine tarifliche Öffnungsklausel besteht (vgl. unten Rn 82).

Beruhen BV auf einem **Spruch der E-Stelle,** so unterzeichnet sie de- 13
ren Vors. (§ 76 Abs. 3 Satz 3). Eine Unterschrift durch BR und ArbGeb. ist in diesen Fällen nicht vorgesehen (§ 77 Abs. 2 Satz 2, Halbs. 2).

Die **Pflichten des ArbGeb.** zur **Bekanntgabe** (Auslegung) der BV im 14
Betrieb ähneln § 8 TVG. Die BV ist so auszulegen (oder auszuhängen), daß sämtliche ArbN in der Lage sind, sich ohne besondere Umstände mit dem Inhalt vertraut zu machen (Verteilung von Abschriften, Anschlag im Betrieb, Veröffentlichung in der Werkzeitung). Es genügt die Auslegung einer oder mehrerer Abschriften. Das Wort „auslegen" ist nicht nur dahin zu verstehen „auf Anforderung den ArbN zugänglich machen" (so aber für TV: BAG 5. 11. 1963, AP Nr. 1 zu § 1 TVG Bezugnahme auf TV). Die Bekanntmachung der BV hat keine rechtserzeugende Wirkung. Die Bestimmung des § 77 Abs. 2 Satz 3 enthält **nur Ordnungsvorschriften** (für TV BAG 8. 1. 1970, AP Nr. 43 zu § 4 TVG Ausschlußfristen u. 15. 11. 1957, AP Nr. 1 zu § 8 TVG; *GL,* Rn 13; *DR,* Rn 34; GK-*Thiele,* Rn 141). Notfalls hat der BR die ArbN vom Inhalt einer BV in geeigneter Form (z. B. Anschlag am Schwarzen Brett) zu unterrichten. Durch Unterlassung der Bekanntmachung kann der ArbGeb. u. U. schadensersatzpflichtig werden, z. B. wenn ein ArbN eine Ausschlußfrist, die für die Geltendmachung eines durch BV geregelten Anspruchs besteht, versäumt, weil sie ihm unbekannt geblieben ist. Das AGBG gilt nicht für das Gebiet des Arbeitsrechts (§ 23 AGBG), so daß in den Arbeitsverträgen nicht ausdrücklich auf die geltenden BV hingewiesen werden muß.

Soweit **Sprecherausschüsse** mit dem **ArbGeb Vereinbarungen** 14a
(Richtlinien) abschließen, handelt es sich nicht um BV; sondern um

einen schuldrechtlichen Vertrag. Sie gelten aber gemäß § 28 Abs. 2 SprAuG für die Arbeitsverhältnisse der leitenden Angestellten ebenso unmittelbar und zwingend wie BV (Rn 19), wenn und soweit dies zwischen ArbGeb und Sprecherausschuß ausdrücklich vereinbart wird. Auch das Günstigkeitsprinzip (Rn 44ff.) gilt für derartige Vereinbarungen und wird ausdrücklich in § 28 Abs. 2 Satz 2 SprAuG festgelegt. Die Vertragspartner können also die Richtlinien übernehmen, sofern sie nicht ohnehin wie BV wirken, oder auch für den leitenden Ang. günstigere Abmahnungen treffen.

14b Nach § 2 Abs. 1 Satz 2 SprAuG ist der ArbGeb verpflichtet, den **Sprecherausschuß** rechtzeitig vor Abschluß einer BV oder einer Regelungsabrede oder sonstigen Vereinbarungen mit dem BR **anzuhören,** wenn „rechtliche Interessen“ der leitenden Ang. berührt werden. Eine entsprechende Verpflichtung des ArbGeb gegenüber dem Betriebsrat vor Abschluß einer Richtlinie mit dem Sprecherausschuß sieht das Gesetz nicht vor. Sie kann aber aus dem Grundsatz der vertrauensvollen Zusammenarbeit zwischen ArbGeb und BR nach § 2 Abs. 1 BetrVG abgeleitet werden (vgl. *Wlotzke,* DB 89, 175). Die Vorschrift dürfte keine große praktische Bedeutung haben, weil rechtliche Interessen der leitenden Ang. durch eine BV oder sonstige Vereinbarung nur selten berührt sein werden. Unmittelbar gelten sie für leitende Ang. ohnehin nicht. Mittelbare Auswirkungen sind aber möglich. Zu denken wäre z. B. an Fragen der Arbeitszeitregelungen im Betrieb, den Urlaubsplan, die Nutzungsbedingungen für Sozialeinrichtungen, die Altersversorgung (*Buchner,* NZA 89, Beil. 1. S. 14). Eine Sanktion wegen fehlender, mangelhafter oder nicht rechtzeitiger Unterrichtung des Sprecherausschusses sieht das Gesetz nicht vor. Insbesondere sind die BV aus diesem Grund weder anfechtbar noch gar nichtig.

2. Rechtsnatur und Rechtswirkungen

15 Die **BV** ist das durch schriftliche Vereinbarung der Organe der Betriebsverfassung (ArbGeb. und BR) geschaffene **Gesetz des Betriebs.** Sie dient der generellen Regelung der betrieblichen und betriebsverfassungsrechtlichen Ordnung sowie der Gestaltung der individuellen Rechtsbeziehungen zwischen ArbGeb. und ArbN. Sie ersetzt einerseits betriebliche Maßnahmen, die sonst der ArbGeb. kraft Direktionsrechts allein treffen könnte und die nun dem MBR durch BV oder Regelungsabrede unterliegen (vgl. Rn 90) und regelt zum anderen materielle Arbeitsbedingungen, die bei Fehlen einer kollektiven Regelung einzelvertraglich vereinbart werden müßten.

16 Der Begriff der BV ist auch im BetrVG 1972 nicht näher erläutert und daher deren Rechtsnatur nach wie vor umstritten. Es stehen sich hauptsächlich zwei Meinungen gegenüber. Die eine sieht die BV ebenso wie den TV als **privatrechtlichen Vertrag (Vertragstheorie)** an, als zweiseitig-kollektiven Normenvertrag, der zwischen ArbGeb. und ArbN-schaft, vertreten durch den BR, abgeschlossen wird (so GK-*Thiele,* Rn 31ff.; *Hueck/Nipperdey,* 2. Bd. § 65 E VI; *DR,* Rn 26). Nach der anderen, von *Herschel* begründeten Auffassung stellt die BV eine durch übereinstimmende, parallele Beschlüsse der Organe der Betriebsverfassung zustande kommende **Normenordnung** für den Betrieb dar, eine **autonome Satzung (Satzungstheorie:** *Herschel,* RdA 48, 47; BABl. 54, 731; RdA 56, 161). Außerdem wird noch eine dritte Meinung vertreten, die zwischen Satzungstheorie und Vertragstheorie steht. Danach ist die BV kein privatrechtlicher Vertrag im engeren Sinn, sondern eine **rechtsetzende Vereinbarung,** die nicht durch sich ergänzende Abreden wie beim eigentlichen Vertrag, sondern durch parallel gerichtete Willenserklärungen zustande kommt (so *Dietz,* Festschrift für Sitzler, S. 137; *Jacobi,* Grundlehren des Arbeitsrechts, 1927, S. 351; *Neumann-Duesberg,* RdA 62, 409 für normativen Teil einer BV; Nikisch, Bd. 3, § 107 IV 5: autonome betriebliche Satzung; abzulehnen ist die Ansicht von *Bickel,* ZfA 71, 181: Normenwirkung der BV beruht auf unmittelbarer Wirkung des staatlichen Gesetzes).

Der Wortlaut des Gesetzes, wonach die BV durch ArbGeb. und BR gemeinsam beschlossen (§ 77 Abs. 2 Satz 1) wird, spricht zwar für die Satzungstheorie ebenso wie die Tatsache, daß der Streit über Bestehen oder Nichtbestehen von BV im BeschlVerf. ausgetragen wird (§ 2a ArbGG), während für Rechtsstreitigkeiten aus TV und über deren Bestehen oder Nichtbestehen das Urteilsverfahren vorgesehen ist (§§ 2 Abs. 1 Nr. 1, 46 Abs. 1 ArbGG). Das BetrVG 72 hat die **Rechtswirkungen der BV weitgehend an die des TV angeglichen** und in Abs. 1 die Worte „gemeinsam gefaßten Beschlüsse“ durch „Vereinbarungen“ ersetzt. Es spricht daher viel dafür, für die Rechtsnatur der BV die ganze h. M. zum TV zu übernehmen, nach der der TV ein privatrechtlicher Vertrag, und zwar ein **kollektiver Normenvertrag** kraft staatlicher Ermächtigung ist (vgl. *GL,* Rn 6; *HSG,* Rn 7; GK-*Thiele,* Rn 34; *GKSB,* Rn 15; so auch eingehend *Säcker,* AR-Blattei, BV I D I). **17**

Die praktischen Auswirkungen der unterschiedlichen Auffassungen über die Rechtsnatur der BV sind nicht erheblich (so auch *DR,* Rn. 47, die aber obligatorische Abreden in BV für zulässig ansehen). Vom Standpunkt der Satzungstheorie aus sind zwar schuldrechtliche Abmachungen in BV nicht denkbar. Heute sind aber entsprechend dem Rechtszustand für den TV (§ 1 Abs. 1 TVG) nicht nur alle den Inhalt, den Abschluß und die Beendigung des Arbeitsverhältnisses betr. Bestimmungen einer BV als normativ wirkende Regelungen aufzufassen, sondern auch alle Vorschriften über betriebliche und betriebsverfassungsrechtliche Fragen. Die allgemein als schuldrechtliche Verpflichtung angesehene Durchführungs- und Friedenspflicht beim TV ist für die BV bereits gesetzlich bestimmt (§§ 74 Abs. 2, 77 Abs. 1). Außerdem können ArbGeb. und BR formlose Regelungsabreden (unten Rn 90), treffen, insbes. wenn die Belegschaft nicht unmittelbar betroffen wird, sondern nur Einzelfragen zu entscheiden sind. **18**

Die **Normen der BV** gelten nach Abs. 4 Satz 1 ebenso wie Tarifnormen (§ 4 Abs. 1, 3 TVG) **unmittelbar und zwingend** zugunsten der Arbeitsverhältnisse der ArbN des Betriebs. Sie sind **unabdingbar,** d. h. sie können **nicht zuungunsten der ArbN** durch Einzelabmachungen **19** geändert werden, es sei denn, es handelt sich um nachgiebige Normen (dispositives Recht). Günstigere Einzelvereinbarungen sind aber möglich (vgl. Rn 44). Die BV wirkt als Gesetz des Betriebes von außen auf die Arbeitsverhältnisse ein, ohne deren Bestandteil zu werden (h. M.).

20 Ein Verzicht oder eine Verwirkung von Ansprüchen der ArbN aus BV ist nach Maßgabe des Abs. 4 Satz 2 und 3 unzulässig (vgl. § 4 Abs. 4 TVG). Unter einem **Verzicht** auf Ansprüche (Forderungen) gegen den ArbGeb., der auch außerhalb eines Vergleichs erfolgen kann, ist einmal der Erlaßvertrag nach § 397 Abs. 1 BGB zu verstehen, aber auch der sog. negative Schuldanerkenntnisvertrag nach § 397 Abs. 2 BGB, insbesondere in der Form der **Ausgleichsquittung,** in der nicht nur der Empfang des Lohnes quittiert (§ 397 BGB), sondern zugleich auch die Erklärung abgegeben wird, weitere Ansprüche beständen nicht. Darin kann ein Verzicht auf tatsächlich noch bestehende Ansprüche liegen (vgl. Näheres zum Verzicht: *Wiedemann/Stumpf,* TVG, § 4 Rn 322ff.). Derartige Erklärungen werden insbesondere bei Beendigung des Arbeitsverhältnisses nicht selten vom ArbGeb. dem ArbN zur Unterschrift vorgelegt. Sofern es dabei um Rechtsansprüche auf Grund von BV geht, muß der BR einen Verzicht im konkreten Fall zustimmen. Die Klagrücknahme im Prozeß (§ 271 ZPO) ist kein Verzicht. Ohne weiteres zulässig ist auch der sog. Tatsachenvergleich, d. h. die Ausräumung von Meinungsverschiedenheiten über die tatsächlichen Voraussetzungen von Ansprüchen aus BV (*DR,* Rn 132; GK-*Thiele,* Rn 144; *GL,* Rn 39; h. M. für TV).

21 Die **Verwirkung von Rechten des ArbN,** nicht des ArbGeb. (*DR,* Rn 111; *HSG,* Rn 100; GK-*Thiele,* Rn 177), aus BV ist überhaupt **ausgeschlossen.** Eine Verwirkung von Rechten kann eintreten, wenn diese zwar noch nicht verjährt, aber längere Zeit nach Fälligkeit nicht geltend gemacht sind, so daß der ArbGeb. aus dem Verhalten des ArbN den Schluß ziehen kann, dieser werde die Ansprüche nicht mehr verfolgen. Die Verwirkung erfordert weiter, daß dem ArbGeb. nach Treu und Glauben nicht zuzumuten ist, nunmehr noch die Ansprüche des ArbN zu erfüllen. Dieser Gedanke der sog. illoyalen Verspätung gilt für Ansprüche aus BV ebensowenig wie für Ansprüche aus TV (Näheres über den Begriff der Verwirkung *Wiedemann/Stumpf,* a. a. O., § 4 Rn 349ff.). Die Geltendmachung eines Anspruchs aus BV kann aber aus anderen Gründen eine unzulässige Rechtsausübung sein (*DR,* Rn 133).

22 **Ausschlußfristen** für die Geltendmachung von Ansprüchen aus BV sind nur zulässig, wenn sie in einem TV oder einer BV vereinbart sind (Abs. 4 Satz 4). Unter Ausschlußfristen versteht man Fristen, deren Ablauf einen Rechtsanspruch zum Erlöschen bringt. Sie sind von Amts wegen zu berücksichtigen. Eine Ausschlußfrist begrenzt ein Recht in zeitlicher Hinsicht. Sie führt unmittelbar zum **Erlöschen des Rechts.** Derartige Ausschlußfristen sind regelmäßig nicht in Gesetzen, sondern aus der Praxis des Arbeitslebens heraus häufig in TV festgelegt, um möglichst bald eine Klärung der Rechtslage herbeizuführen. Läßt der geltende TV die Vereinbarung von Ausschlußfristen für Ansprüche aus BV zu, so kommt es insoweit auf die Tarifbindung des einzelnen ArbN nicht an. Keine Ausschlußfristen in diesem Sinne sind Fristen für die rechnerische Nachprüfung einer Lohn- oder Gehaltsabrechnung. Diese können auch hinsichtlich der Ansprüche aus BV zwischen ArbGeb. und einzelnen ArbN vereinbart werden (Näheres zu den Ausschlußfristen vgl. *Wiedemann/Stumpf,* a. a. O., § 4 Rn 363ff.). BV können keine Ausschlußfristen für Ansprüche festlegen, die auf TV oder Einzelvereinbarung beruhen (*Bauer,* NZA 87, 440; für letztere **a. M.** *DR,* Rn 83, 135).

Schließlich bedarf auch die **Verkürzung der Verjährungsfristen** für Ansprüche aus BV der Regelung in TV oder BV (Abs. 4 Satz 4 Halbs. 2), deren einzelvertragliche Abkürzung nach § 225 BGB in diesen Fällen nicht möglich ist. Die Verjährung von Lohnansprüchen tritt ohne Verkürzung in einer BV nach 2 Jahren ein (§ 196 Abs. 1 Nr. 8, 9 BGB, beginnend mit dem auf die Entstehung des Anspruchs folgenden Kalenderjahr). Nach Ablauf der Frist ist der Verpflichtete (ArbGeb.) berechtigt, die Leistung zu verweigern (§ 222 Abs. 1 BGB). 23

Die **Auslegung der Normen der BV** hat – ebenso wie beim TV – nach den **Regeln über die Auslegung von Gesetzen** zu erfolgen; es kommt also nicht nur auf den buchstäblichen Wortsinn, sondern auf den nach Treu und Glauben zu ermittelnden Sinn an, wobei der von den Betriebsverfassungsorganen verfolgte Zweck in erster Linie zu berücksichtigen ist, soweit er im Wortlaut wenigstens andeutungsweise Ausdruck gefunden hat. Raum für die Feststellung eines vom Wortlaut abweichenden Willens der Betriebspartner besteht nicht (BAG 11. 6. 75, 4. 3. 82, AP Nr. 1 zu § 77 BetrVG 1972 Auslegung, AP Nr. 3 zu § 77 BetrVG 1972; BAG 27. 5. 82, AP Nr. 3 zu § 80 ArbGG 1979, 8. 11. 88, AP Nr. 48 zu § 112 BetrVG 1972). Hilfsweise sind der Gesamtzusammenhang der BV und ihre Entstehungsgeschichte zu berücksichtigen. BV sind nach Möglichkeit gesetzeskonform auszulegen (BAG 27. 10. 88, AP Nr. 16 zu § 620 BGB Bedingung; *DR,* Rn 151). Zur Auslegung von TV vgl. BAG 26. 4. 1966, 20. 9. 71, 9. 7. 80 AP Nr. 117, 121 zu § 1 TVG Auslegung, AP Nr. 2 zu § 1 TVG TV: Seeschiffahrt). Die dort entwickelten Grundsätze gelten für die BV entsprechend (BAG 27. 8. 75, 29. 11. 78, AP Nr. 2, 7 zu § 112 BetrVG 1972; einschr. *DR,* Rn 152). Wegen Zweckmäßigkeits- und Billigkeitskontrolle vgl. unten Rn 96. Eingehend zur Auslegung von BV: GK-*Thiele,* Rn 187ff. 24

3. Geltungsbereich

Die BV gilt **räumlich** nur für den Betrieb, bzw. für die Betriebe des Unternehmens, für die sie durch ArbGeb. und BR bzw. GesBR vereinbart ist. Auch ein Betrieb ohne BR wird von einer vom GesBR abgeschlossenen BV erfaßt (vgl. § 47 Rn 17; GK-*Thiele,* Rn 48; *Schaub,* § 231 II 6; **a. M.** *HSG,* Rn 9; BAG 16. 8. 83, AP Nr. 5 zu § 50 BetrVG 1972). 25

In **persönlicher Hinsicht** gilt die BV **grundsätzlich für alle ArbN** (§§ 5 Abs. 1, 6) des Betriebes, ohne Rücksicht auf ihre gewerkschaftliche Zugehörigkeit, vom Beginn des Arbeitsverhältnisses an auch für neu in den Betrieb eingetretene ArbN (*GL,* Rn 32), aber jedenfalls nach ständiger Rechtssprechung des BAG **nicht** für die **Pensionäre** (BAG 30. 1. 70, 17. 1. 80, AP Nr. 142, 185 zu § 242 BGB Ruhegehalt, 25. 10. 88, AP 26

Nr. 1 zu § 1 BetrAVG BV; *DR,* Rn 62f.; *von Hoyningen Huene,* RdA 83, 229; vgl Rn 38), sofern sie sich nicht der jeweiligen Ruhegeldregelung vertraglich unterworfen habe. Sie gelten auch nicht für ArbN, die bei Inkrafttreten der BV bereits ausgeschieden waren (vgl. BAG 19. 6. 1962, AP Nr. 5 zu § 1 TVG Rückwirkung).

26a Die Rechtssprechung des BAG zur mangelnden Regelungszuständigkeit des BR für **Pensionäre** begegnet Bedenken, insbesondere soweit es sich um die **Änderung,** vor allem **Verbesserung bisheriger Regelungen** handelt (vgl. eingehend *Schwerdtner,* ZfA 75, 171ff., der auch eine Verschlechterung durch BV unter gerichtlicher Billigkeitskontrolle für möglich hält, *Fuchs,* Sozialplan nach dem BetrVG 72, S. 38 nur hinsichtlich begünstigender Regelungen). Aber auch eine Herabsetzung oder Neuregelung von Pensionen und sonstigen Leistungen (z. B. Miete für Werkmietwohnungen) selbst gegenüber ausgeschiedenen ArbN ist jedenfalls dann als zulässig anzusehen, wenn diese Änderung durch eine Satzung der Sozialeinrichtung erfolgt, die auch für die aktiven ArbN gilt oder gelten wird und wenn die Herabsetzung eine **unangemessene Überversorgung** auf einen angemessenen Rahmen zurückführen will (BAG 9. 7. 85, AP Nr. 6 zu § 1 BetrAVG Ablösung; vgl. auch Rn 38). Das Gesetz geht in § 112, 112a ohne weiteres von der Zuständigkeit des BR zum Abschluß eines Sozialplanes auch für bereits ausgeschiedene ArbN aus (§§ 112, 112a, Rn 28; vgl. *Herschel,* Festschrift Hilger/Stumpf, S. 311ff. u. *Säcker,* AR-Blattei, BV I Ziff. C II 2; *GL,* Rn 33; *HSG,* Rn 11, 24, vgl. auch BAG 7. 8. 1975, AP Nr. 169 zu § 242 BGB Ruhegehalt; **a. M.** außer für Sozialplan GK-*Thiele,* Rn 52, ferner *DR,* Rn 62 u. BAG 18. 5. 1977, AP Nr. 175 zu § 242 BGB Ruhegehalt, 10. 11. 1977, AP Nr. 8 zu § 242 BGB Ruhegehalt-Unterstützungskassen, 25. 10. 88, AP Nr. 1 zu § 1 BetrAVG BV).

26b Für den in **§ 5 Abs. 2 und 3 genannten Personenkreis gilt eine BV nicht** (BAG, a. a. O.; *von Hoyningen/Huene,* RdA 83, 213; Ausnahme: BV über vermögenswirksame Leistungen an den Personenkreis des § 5 Abs. 2 Nr. 5 (§ 3, 5. VermBG, insoweit **a. M.** *DR,* Rn 61; *GL,* Rn 31; *HSG,* Rn 13; wegen des Geltungsbereichs von Sozialplänen vgl. §§ 112, 112a, Rn 26). Wegen Vereinbarungen zwischen ArbGeb und Sprecherausschuß vgl. Rn 14a. Die BV kann ihre Geltung auf bestimmte ArbN-Gruppen beschränken (z. B. Jugendliche, weibliche ArbN, ArbN einer Betriebsabteilung) oder diese von einer allgemeinen Regelung ausnehmen.

4. Regelungsbereich

27 Das Gesetz unterscheidet die BV einmal nach der Art ihres Zustandekommens, je nachdem ob ein Spruch der E-Stelle die etwa fehlende Einigung zwischen ArbGeb. und BR ersetzen kann oder nicht (erzwingbare und freiwillige BV). Damit ist aber weder gesagt, daß im konkreten Fall die BV auf einem Spruch der E-Stelle beruhen muß, noch daß jeder Spruch der E-Stelle die Rechtsqualität einer BV hat (z. B. nicht bei echten Einzelmaßnahmen, vgl. Rn 90f. und in den Fällen der Rn 29). Über die E-Stelle **erzwingbare BV** (wegen Nachwirkung vgl. Rn 60f.) können in folgenden Fällen abgeschlossen werden:

§ 39 Abs. 1	Vereinbarung über **Sprechstunden** des BR (Zeit und Ort; § 69 JugAzubiVertr.),
§ 47 Abs. 5 und 6	**Mitgliederzahl des GesBR,** wenn er nach Abs. 2 mehr als 40 Mitgl. hätte (§ 55 Abs. 4 **KBR,** § 72 Abs. 5, 6 **GesJugAzubiVertr.),**
§ 87	Mitbestimmung in **sozialen Angelegenheiten** (außer Abs. 1 Nr. 5 u. 9, soweit Einzelmaßnahme),
§ 91	Abänderung, Milderung oder Ausgleich von **Belastungen,** die den ArbN durch **Verstöße** gegen die Grundsätze der **menschengerechten Gestaltung der Arbeit** entstehen,
§ 94	**Personalfragebogen,** persönliche Angaben in Formulararbeitsverträgen, Beurteilungsgrundsätze, wenn sie der ArbGeb. einführen will,
§ 95	**Personelle Auswahlrichtlinien** (in kleineren Betrieben gemäß Abs. 1 nur, wenn ArbGeb. sie einführen will),
§ 98 Abs. 1, 4	Durchführung von **Maßnahmen der betrieblichen Berufsbildung,**
§ 112 Abs. 1, 4, 5, § 112a	Aufstellung eines Sozialplanes, soweit dessen Erzwingbarkeit nicht nach § 112a entfällt.

Sog. **freiwillige BV** können insbes. in folgenden Fällen mit oder ohne Einschaltung der E-Stelle im freiwilligen Einigungsverfahren (§ 76 Rn 27ff.) abgeschlossen werden: 28

§ 38 Abs. 1 Satz 3	Anderweitige Regelung der **Freistellung** von BRMitgl.,
§ 47 Abs. 4	Abweichende Festsetzung der **MitglZahl des GesBR,** wenn er nach Abs. 2 nicht mehr als 40 Mitgl. hätte (§ 55 Abs. 4 **KBR,** § 78 Abs. 4 **GesJugAzubiVertr.).**
§ 76 Abs. 1 Satz 2, Abs. 4	Errichtung einer **ständigen E-Stelle,** Regelung der Einzelheiten ihres Verfahrens,
§ 76a Abs. 5	Vergütungsordnung für E-Stelle
§ 86	Regelung der **Einzelheiten des Beschwerdeverfahrens,**
§ 88	BV über **weitere soziale Angelegenheiten** (ohne inhaltliche Beschränkung),
§ 93	Grundsätze über die **Ausschreibung von Arbeitsplätzen.**
§ 102 Abs. 6	BV über **Zustimmungserfordernis bei Kündigungen.**
§ 112a Abs. 1, 4, 5	**Aufstellung eines Sozialplanes** in den Fällen des § 112a

Dagegen dürfte, auch bei Einschaltung der E-Stelle, **keine** Regelung mit dem Charakter einer **BV** in folgenden Fällen vorliegen: 29

§ 37 Abs. 6, 7	Entscheidung der E-Stelle über Antrag des ArbGeb. hinsichtlich der ausreichenden Berücksichtigung betrieblicher Notwendigkeiten bei der Freistellung einzelner BRMitgl. für Lehrgänge,
§ 38 Abs. 2	Entscheidung der E-Stelle auf Antrag des ArbGeb. über sachliche Begründetheit völliger Freistellungen von BRMitgl.
§ 80 Abs. 3	Vereinbarung über die Zuziehung von Sachverständigen durch BR,
§ 87 Abs. 1 Nr. 5, 9	Festsetzung des Urlaubs für einzelne ArbN, Zuweisung und Kündigung von Wohnräumen,
§ 93	Ausschreibung eines Arbeitsplatzes im konkreten Einzelfall,
§ 98 Abs. 3, 4	Teilnahme von ArbN an Berufsbildungsmaßnahmen,
§ 109	Auskunft an WiAusschuß.

30 Eine weitere Gliederung der Arten der BV ergibt sich aus dem Gegenstand der BV. Gegenstand der BV ist ebenso wie beim TV die Setzung von **Normen für Arbeitsverhältnisse** (vgl. auch § 88 Rn 2; einschränkend *DR,* Rn 51, 53), über **betriebliche** Fragen und über **betriebsverfassungsrechtliche Fragen.** Insoweit können die Vorschriften über den TV weitgehend entsprechend herangezogen werden. Eine BV kann aber nur über Fragen abgeschlossen werden, die zum Aufgabenbereich des **BR** gehören, d. h. seiner **funktionellen Zuständigkeit** unterliegen (darüber vgl. unten Rn 34ff.). Wegen des Vorrangs der gesetzlichen und tariflichen Regelung vgl. § 87 Rn 4ff. und unten Rn. 65ff.

30a Ist hiernach eine **BV teilweise unwirksam,** so gilt der übrige Teil, sofern anzunehmen ist, daß ArbGeb. u. BR diesen Teil bei Kenntnis der Rechtslage aufrechterhalten hätten. Dies ist der Fall, wenn die weiterhin gültigen Normen noch eine sinnvolle Regelung enthalten (§ 139 BGB; BAG 28. 4. 81, 28. 7. 81, 20. 12. 83, AP Nr. 1 zu § 87 BetrVG 1972 Vorschlagswesen, AP Nr. 2 zu § 87 BetrVG 1972 Urlaub, AP Nr. 17 zu § 112 BetrVG 1972; *HSG,* Rn 119; auch *DR,* Rn 37, die aber § 139 BGB nicht für anwendbar halten). Wegen Anfechtung einer BV vgl. Rn 64.

31 Die **Normen über Arbeitsverhältnisse** betreffen deren Abschluß, Inhalt und Beendigung (BAG 20. 11. 87, AP Nr. 2 zu § 620 BGB Altersgrenze). In diesem Bereich kann grundsätzlich alles in der BV geregelt werden, was durch TV geregelt werden könnte, soweit nicht § 77 Abs. 3 entgegensteht (**a. M.** für „materielle“ Arbeitsbedingungen zuungunsten der ArbN: *DR,* Rn 54) oder es sich um lediglich tarifdispositives, sonst aber zwingendes Gesetzesrecht handelt (§ 7 AZO, § 622 BGB, § 13 BUrlG, § 2 LFG; Art. 1 § 6 BeschFG; insoweit gleicher Meinung *DR,* Rn 57). Wegen Erstreckung einer BV auf Pensionäre vgl. Rn 26 und wegen des Vorrangs evtl. einzelvertraglicher Ansprüche Rn 44. **Schiedsabreden** sind innerhalb einer BV zulässig, wenn es sich um Regelungsfragen, d. h. Fragen der zweckmäßigen Gestaltung der Beteiligungsrechte handelt; in Rechtsfragen ist die Vereinbarung einer betrieblichen Schiedsstelle gem. §§ 101ff. ArbGG nicht zulässig (*DR,* Rn 44). Auswahlrichtlinien nach § 95 sind als BV anzusehen (vgl. Rn 27 u. § 95 Rn 6), die Abschlußgebote u. -verbote enthalten (*Säcker,* AR-Blattei, BV I).

Die Normen über **betriebliche Fragen** betreffen die Gesamtheit oder Gruppen der ArbNschaft. Sie haben nur mittelbare Wirkung für das Einzelarbeitsverhältnis, gleichwohl aber normativen Charakter. Hierher gehören die in § 87 Abs. 1 Nr. 1, 6, 7, 8 und 12 und die in § 88 genannten BV, soweit sie nicht unmittelbar den Inhalt des einzelnen Arbeitsverhältnisses, aber das betriebliche Rechtsverhältnis (*DR,* Rn 93) der ArbN gestalten. Insbes. sind BV nach § 87 Abs. 1 Nr. 6 auf dem Gebiet der Mikroelektronik (vgl. § 87 Rn 68) zulässig, ohne daß insoweit ein Tarifvorrang nach § 77 Abs. 3 besteht (vgl. Rn 69). Entsprechendes wird z. B. für die Regelung der Ordnung des Betriebes (§ 87 Abs. 1 Nr. 1) und für Sozialeinrichtungen (§ 87 Abs. 1 Nr. 8) zu gelten haben. Betriebliche Normen enthalten auch BV nach § 91, sowie nach § 98, soweit sie keine individualrechtlichen Ansprüche begründen. Entsprechendes gilt für freiwillige BV über Fragen der Personalplanung nach § 92. 32

Die Normen über **betriebsverfassungsrechtliche Fragen** behandeln die Rechtsstellung der Organe des Betriebs zueinander. Diese sind auch weiterhin zulässig, soweit nicht zwingende Vorschriften des Gesetzes (wie z. B. die über die Wahl des BR) entgegenstehen. Ausdrücklich vorgesehen sind im Gesetz die BV nach den §§ 38 Abs. 1 Satz 3, 47 Abs. 4 u. 5, 55 Abs. 4, 72 Abs. 4 u. 5, 76 Abs. 1 u. 4, 86, 102 Abs. 6). Eine enge Auslegung ist hier nicht angebracht, da man es den Organen des Betriebs nicht verwehren sollte, im Rahmen der gesetzlichen und tariflichen Vorschriften ihre Beziehungen in freier Normensetzung so zu gestalten, wie es der Eigenart des Betriebs am besten entspricht. Dies gilt ggfs. für die Errichtung gemeinsamer Ausschüsse für Fragen der Personalplanung (§ 92 Rn 23) oder der menschengerechten Arbeitsgestaltung (§ 90 Rn 8a). 33

Die **funktionelle Zuständigkeit der Partner der BV** ist aber **nicht unbeschränkt.** ArbGeb. und BR können keine Normen beschließen, die außerhalb des allerdings weit zu fassenden Rahmens des BetrVG liegen u. mit dem Inhalt des Arbeitsverhältnisses oder der betriebsverfassungsrechtlichen Gestaltung des Betriebes nichts mehr zu tun haben (BAG, 20. 12. 57, AP Nr. 1 zu § 399 BGB). Der BR muß sich im Rahmen der Bestimmungen halten, zu deren Erfüllung er geschaffen ist. Eingehend vgl. die Schrift von *Travlos-Tzanetatos* „Die Regelungsbefugnis der Betriebspartner und ihre Grenzen zum Einzelarbeitsverhältnis", Bd. 11 der Schriften zum Sozial- u. Arbeitsrecht, Duncker & Humblot Verlag, Berlin, 1974. Wegen Zuständigkeit des BR nach anderen Gesetzen vgl. § 80 Rn 6 u. wegen Verschlechterung arbeitsvertraglicher Einheitsregelungen Rn 45ff. 34

Durch BV kann **nicht** oder doch nur in dem unbedingt erforderlichen Umfang **in** den durch § 76 Abs. 2 besonders geschützten **Persönlichkeitsbereich der einzelnen ArbN** eingegriffen werden, der einer kollektiven Regelung unzugänglich ist. Der ArbN darf nicht ohne gewichtige 35

Gründe bevormundet werden (DR, Rn 76). *Siebert* spricht hier von „ursprünglichen Individualrechten“ (vgl. Festschrift für Nipperdey, 1955, S. 139), *Blomeyer* vom „Übermaßverbot“ (Festschrift BAG, S. 17ff.)

Beispiele für unzulässige Bestimmungen:

Vorschriften über die Verwendung des verdienten Arbeitsentgelts oder die Gestaltung der arbeitsfreien Zeit, Verwendung zurückgelassenen Eigentums ausgeschiedener ArbN (**a.M.** *Rother,* BB 66, 353); Verpflichtung zur Teilnahme an Betriebsfeiern oder -ausflügen, auch während der Arbeitszeit (BAG 4. 12. 1970, AP Nr. 5 zu § 7 BUrlG; *Feller,* RdA 64, 41, *Neumann,* AR-Blattei, Betriebsfeier I); Verpflichtung zum Beitritt in bestimmte Verbände und Lohnabzüge für Organisationen oder Vereine (BAG 20. 12. 1957, AP Nr. 1 zu § 399 BGB; aber BV über Einzug von Gewerkschaftsbeiträgen durch Lohnbüro möglich, vgl. *Farthmann,* ArbuR 63, 353 und § 2 Rn 17; **a.M.** *HSG,* Rn 19); Verbot einer Nebenbeschäftigung *(Rewolle,* BB 59, 670; ebenso *Coppèe,* BB 61, 1133, soweit Arbeitsverhältnis nicht unmittelbar betroffen wird, z.B. durch Übermüdung, vgl. BAG 25. 5. 70, 13. 11. 79, AP Nr. 4 zu § 60 HGB, AP Nr. 5 zu § 1 KSchG 69 Krankheit; **a.M.** für TV BAG 13. 6. 1958, AP Nr. 6 zu Art. 12 GG); Kündigung der ArbN anläßlich einer Betriebsstillegung (vgl. §§ 112, 112a Rn 29) oder als Disziplinarmaßnahme (BAG 28. 4. 82, AP Nr. 4 zu § 87 BetrVG 1972 Betriebsbuße), Übergang der Arbeitsverhältnisse auf neuen ArbGeb. gegen den Willen des ArbN (BAG 2. 10. 1974, AP Nr. 1 zu § 613a BGB); Impfzwang, Vorschriften über den Wohnsitz (wegen Werkwohnung vgl. aber § 87 Rn 109) oder den Urlaubsort (vgl. zum Ganzen auch *HSG,* Rn 19).

35a Betriebliche Ordnungsvorschriften über das Äußere der ArbN oder Torkontrollen sind nur im Rahmen der betrieblichen Erfordernisse zulässig (vgl. § 87 Rn 34 und § 75 Rn 22). Wegen Ausscheidens mit einer bestimmten Altersgrenze vgl. Rn 37a, wegen Rauchverbot § 87 Rn 34 u. § 75 Rn 22a, wegen BV über die Zulässigkeit der Datenverarbeitung § 83 Rn 28 und wegen automatisierter Verwendung personenbezogener Daten § 94 Rn 8.

36 Eine BV kann auch nicht in **bereits fällige Einzelansprüche der ArbN** eingreifen, mögen diese nun auf einzelvertraglicher oder kollektiver Regelung (BV, TV) beruhen (für TV: BAG 16. 2. 1962, AP Nr. 11 zu § 4 TVG Günstigkeitsprinzip; BAG 28. 9. 83, AP Nr. 9 zu § 1 TVG Rückwirkung; BAG 30. 10. 1962, AP Nr. 1 zu § 4 TVG Ordnungsprinzip).

Beispiele:

Die Stundung oder der Erlaß des bereits verdienten Lohnes ist durch BV nicht möglich (LAG Baden-Württemberg, 27. 4. 1977, BB 77, 996). Individualrechtliche Versorgungszusagen können nicht geschmälert (BAG 24. 11. 77, AP Nr. 177 zu § 242 BGB Ruhegehalt), bzw. unverfallbare Versorgungsanwartschaften wegen ihres eigentumsähnlichen Charakters nicht ohne Grund gekürzt oder entzogen werden (BAG 17. 1. 80, 19. 6. 80, 21. 8. 80, AP Nr. 185 zu § 242 BGB Ruhegehalt, AP Nr. 8, 7 zu § 1 BetrAVG Wartezeit).

Dagegen gehört die betriebliche Vereinbarung eines **Lohnabtretungsverbots** zu den zulässigen Normen über den Inhalt des Arbeitsverhältnisses. Wenn der Lohnanspruch von vornherein so entsteht, daß er vor Auszahlung durch den ArbGeb. nicht abgetreten werden kann, handelt es sich nicht um einen Eingriff in fällige Lohnansprüche (so auch BAG 20. 12. 1957, 5. 9. 1960, AP Nr. 1 und 4 zu § 399 BGB mit zust. Anm. *Hueck; DR,* Rn 82; **a.M.** *Canaris,* ArbuR 66, 133, BAG 26. 1. 83, AP Nr. 1 zu § 75 LPVG Rheinland-Pfalz). Unzulässig werden auch zeitlich vor der BV liegende Vorausabtretungen des Lohnes (*Wehr,* BB 60, 709), nicht aber solche an Träger der Sozialversicherungen, die dem ArbN zur Erhaltung seiner Existenz Leistungen gewähren (BAG 2. 6. 1966, AP Nr. 8 zu § 399 BGB). 36a

Gegenstand der BV muß nicht notwendig eine Regelung zugunsten der ArbN sein. Vielmehr kann Gegenstand der BV **auch die Festlegung von Pflichten der ArbN** oder sonstiger dem Betrieb dienlicher Normen sein; dies gilt insbesondere für Fragen der Ordnung im Betriebe (z. B. Rauchverbote, Torkontrollen, vgl. § 75 Rn 22a, § 87 Rn 34). Dem steht die arbeitnehmernahe Stellung des BR nicht entgegen. Insoweit bedenklich BAG 5. 3. 1959, AP Nr. 26 zu § 611 BGB Fürsorgepflicht über Unzulässigkeit des Haftungsausschlusses für Werkparkplatz (wie hier: *GL,* Rn 47; *HSG,* Rn 23). Jedenfalls die Haftung für leichte Fahrlässigkeit des ArbGeb. kann ausgeschlossen werden (wegen Schäden an abgestellte Waren durch Dritte verneint das BAG eine Haftung des ArbGeb., 25. 6. 1975, AP Nr. 4 zu § 611 BGB Parkplatz). Möglich ist auch die Vereinbarung einer Kostenpauschale für die Bearbeitung von Lohnpfändungen. 37

Bei entsprechender sozialer Sicherung zulässig ist auch die **Vereinbarung des Ausscheidens** des ArbN (auch von BRMitgl.) mit **Vollendung des 65. Lebensjahres** (*DR,* Rn 56, 88; *HSG,* Rn 21; *Hueck,* KSchG, § 1 Rn 85; **a.M.** *Linnenkohl/Rauschenberg/Schmidt,* BB 84, 603). Das gilt jedenfalls, soweit der ArbN ein gesetzliches Altersruhegeld zu beanspruchen hat (BAG 20. 11. 87 AP Nr. 2 zu § 620 BGB Altersgrenze, kr. Anm. *Jost* a. a. O.; kr. aus der verfassungsrechtlichen Sicht des Art. 12 GG: *Belling,* Anm. EzA § 620 BGB Altersgrenze Nr. 1 und *Schlüter/Belling,* NZA 88, 297; vgl. auch § 75 Rn 20a, wegen tariflicher Regelung vgl.: BAG 18. 7. 78, 20. 12. 84, 13. 6. 85, AP Nr. 9 zu § 99 BetrVG 1972, AP Nr. 9 zu § 620 BGB Bedingung, AP Nr. 19 zu § 611 BGB Beschäftigungspflicht, u. für Bordpersonal Lufthansa: 6. 3. 86, AP Nr. 1 zu § 620 BGB Altersgrenze, 12. 7. 88, AP Nr. 54 zu § 99 BetrVG 1972). Wird auf den Zeitpunkt der Antragsstellung auf Altersruhegeld vor Vollendung des 65. Lebensjahres abgestellt, so gilt die Vereinbarung erst auf die Vollendung des 65. Lebensjahres als geschlossen (Art. 6 § 5 Abs. 2 des Rentenreformgesetzes vom 16. 10. 1972, BGBl. I 1972, 1965 [1996]). Wegen Unwirksamkeit einer BV mangels Bestimmbarkeit des Zeitpunkts der Beendigung des Arbeitsverhältnisses, die auf den „Eintritt der Erwerbsunfähigkeit" abstellt, vgl. BAG 27. 10. 88, AP Nr. 16 zu § 620 BGB Bedingung. 37a

Von den Fällen der Altersgrenze abgesehen können aber die Arbeitsverhältnisse nicht durch BV aufgelöst werden; damit wird die funktionelle Zuständigkeit der Betriebspartner überschritten (vgl. BAG 2. 10. 74, AP Nr. 1 zu § 613a BGB; LAG Hamm, 6. 11. 84, DB 85, 442 u. § 88 Rn 2, § 112, 112a Rn 29). Wegen der Frage der Zulässigkeit der Herabsetzung einer vertraglichen Altersgrenze durch spätere BV ist der GS der BAG angerufen werden (BAG 19. 9. 85, AP Nr. 11 zu § 77 BetrVG 1972).

38 Ausgeschlossen ist dagegen eine **Verschlechterung** der materiellen (einzel- oder kollektivvertraglich festgelegten) Arbeitsbedingungen für die Vergangenheit durch vereinbarte **Rückwirkung einer BV,** sofern man überhaupt eine Rückwirkung an sich für zulässig hält. Für Rückwirkungsmöglichkeit beim TV: BAG, 6. 2. 80, 28. 9. 83, AP Nr. 7, 9 zu § 1 TVG Rückwirkung). Das BAG verneint die Rückwirkung aber zumindest hinsichtlich solcher ArbN, die zur Zeit des Abschlusses der BV nicht mehr im aktiven Dienst standen (BAG 30. 1. 1970, AP Nr. 142 zu § 242 BGB Ruhegehalt; *von Hoyningen-Huene,* RdA 83, 226) und hält auch eine nachträgliche Verschlechterung bereits erworbener Individualrechte nur unter bes. Voraussetzungen für möglich (BAG 10. 12. 1971, AP Nr. 154 zu § 242 BGB Ruhegehalt; 9. 5. 85, AP Nr. 6 zu § 1 BetrAVG Ablösung, 25. 10. 88, AP Nr. 1 zu § 1 BetrAVG BV; vgl. auch Rn 26). War eine frühere BV schon längere Zeit gekündigt, so soll eine Neuregelung rund 6 Monate zurückwirken können (BAG 8. 3. 1977, AP Nr. 1 zu § 87 BetrVG 1972 Auszahlung). Ist ein ArbN bereits unkündbar geworden, so kann ihm diese Rechtsstellung nicht durch BV genommen werden (vgl. für TV BAG 16. 2. 1962, AP Nr. 11 zu § 4 TVG Günstigkeitsprinzip). Ganz allgemein gilt, daß die ArbN mangels bes. gegenteiliger Anhaltspunkte davon ausgehen können, daß ihnen einmal zugesagte bzw. gewährte Leistungen nicht rückwirkend entzogen werden (*DR,* Rn 64ff.; *Wiedemann/ Stumpf,* § 4 Rn 138ff. beim TV). Dagegen kann eine BV rückwirkend **zugunsten der ArbN** deren Rechtsstellung verbessern (vgl. BAG 6. 3. 84, AP Nr. 10 zu § 1 BetrAVG).

39 Bedenklich ist die Begründung finanzieller Verpflichtungen für den ArbN, die an sich den ArbGeb. treffen, z. B. für **Arbeits- u. Schutzkleidung** bzw. **-ausrüstung.** Sie ist allenfalls dann rechtlich zulässig, wenn eine Benutzung auch im privaten Bereich gestattet ist und vom ArbN gewünscht wird (BAG 10. 3. 1976, 18. 8. 82, 21. 8. 85, AP Nr. 17, 18, 19 zu § 618 BGB). Wegen MBR vgl. § 87 Rn 34.

5. Konkurrenz von Betriebsvereinbarungen, vertraglichen Einheitsregelungen und Einzelabmachungen

40 Es sind folgende Fallgestaltungen zu unterscheiden:

a) Eine **neue BV** tritt **an die Stelle einer alten BV.** nach § 77 Abs. 4 Satz 1 gelten BV unmittelbar und zwingend. Diese Regelung lehnt sich an § 4 Abs. 1 TVG an. Sie enthält nur das, was Rechtspr. und Literatur schon vor Inkrafttreten des § 77 Abs. 4 Satz 1 für die BV nach früherem Recht angenommen hatten (vgl. *DR,* Rn 90 mit weit. Nachw.). Die unmittelbare und zwingende Wirkung wird als **Unabdingbarkeit** bezeichnet. Diese Wirkung kommt allein für den normativen Teil einer BV in Betracht. Dazu gehören die Bestimmungen, die objektives Recht für den Inhalt und für die Beendigung von Arbeitsverhältnissen (Inhaltsnormen) schaffen. Die Bestimmungen des normativen Teils der neuen BV gestalten unmittelbar (automatisch) den Inhalt des Arbeitsverhältnisses, ohne daß des auf die Billigung oder Kenntnis der Vertragsparteien des Einzelarbeitsverhältnisses ankommt. Es bedarf im Gegensatz zu Regelungsabreden (vgl. Rn 91, 87) auch keiner Anerkennung, Unterwerfung oder Übernahme dieser Normen durch die Parteien des Einzelarbeitsvertrages (vgl. *DR,* Rn 95) Diese Normen wirken auch zwingend; abweichende ungünstigere Einzelvereinbarungen können nicht getroffen werden.

Die neue BV tritt im Grundsatz an die Stelle der alten BV. Dieser **41**
Vorgang wird als **Ablösung** bezeichnet (vgl. BAG 30. 1. 70, AP Nr. 142 zu § 242 BGB Ruhegehalt; 24. 3. 81, AP Nr. 12 zu § 112 BetrVG 1972, 17. 3. 87, AP Nr. 9 zu § 1 BetrAVG Ablösung; DR, Rn 118).

Eine neue, nachfolgende BV kann jedoch nicht schrankenlos in **Be- 42**
sitzstände der ArbN eingreifen (BAG – Großer Senat – 16. 9. 86, AP Nr. 17 zu § 77 BetrVG 1972). So können fällige Ansprüche nicht beseitigt, erdiente Anwartschaften (etwa bei der Altersversorgung) können nur in Ausnahmefällen gekürzt werden; BAG 22. 9. 87, AP Nr. 5 zu § 1 BetrAVG Besitzstand; vgl. auch Rn 38). Nur der nicht erdiente Teil eines Anspruchs ist weniger geschützt. Insoweit unterliegt die neue BV einer **Billigkeitkontrolle** (vgl. Rn 96). Außerdem kann eine Neuregelung, soweit sie in erdiente Besitzstände eingreift, auch Art. 3 Abs. 1 GG verletzen (BAG 14. 12. 82, AP Nr. 1 zu § 1 BetrAVG Besitzstand, 17. 3. 87, AP Nr. 9 zu § 1 BetrAVG Ablösung),

Wegen des Verhältnisses von Gesamt- zu EinzelBV vgl. Rn 59 und § 50 Rn 54ff.

b) Entgegenstehende **schlechtere Bedingungen des einzelnen Ar- 43**
beitsvertrages werden durch die Normen der günstigeren BV verdrängt. Die Normen der BV sind unabdingbar (vgl. Rn 40).

c) **Günstigere Bedingungen** können in Einzelverträgen auch **nach 44**
Abschluß der BV jederzeit getroffen werden. § 77 Abs. 4 Satz 1 will das **Günstigkeitsprinzip** nicht ausschließen. Es ist Ausdruck des allgemeinen arbeitsrechtlichen Schutzprinzips (BAG 16. 9. 86, AP Nr. 17 zu § 77 BetrVG 1972). Eine solche Regel läßt sich auch mit dem Sozialstatsprinzip (vgl. *G. Müller,* DB 67, 903, 905; *Ramm,* JZ 66, S. 214, 218) und mit der Privatautonomie (*Martens,* RdA 83, S. 217, 222; *Säcker,* Gruppenautonomie und Übermachtkontrolle im Arbeitsrecht, 1972, S. 293f.) begründen. **Inhaltsnormen einer BV** sind daher nur einseitig zwingend. Sie haben zu Gunsten der ArbN dispositiven Charakter (h. M.; *DR,* Rn 98; *Säcker,* ZfA Sonderheft 1972, S. 54f.; *Kreuz,* Grenzen der Betriebsautonomie, 1979, S. 224; *Belling,* DB 82, S. 2513). Der Wortlaut des § 77 Abs. 4 steht einer solchen teleologischen Reduktion (zweckgerichteten einschänkenden Auslegung) nicht entgegen (BAG 16. 9. 1986, a. a. O.). Ein Umkehrschluß zu § 4 Abs. 3 TVG ist nicht berechtigt (vgl. *Säcker,*

AR-Blattei, BV I, unter D II 2b; *GK-Thiele,* Rn 159f.; *Martens,* RdA 83, 217, 222f.; **a. A.** *HSG,* Rn 51; BAG 12. 8. 82, AP Nr. 4 zu § 77 BetrVG 1972 – diese Entscheidung ist durch den Beschluß des Großen Senats vom 16. 9. 86 insoweit überholt).

45 d) Das Günstigkeitsprinzip gilt auch für **vertragliche Einheitregelungen.** Auch bei diesen Ansprüchen handelt es sich um solche aus **Vertrag.** Bei einer Einheitsregelung unterbreitet der ArbGeb. den ArbN ein Angebot, das von den ArbN ausdrücklich angenommen wird. Den Angeboten gehen Überlegungen zu Zweck und Aufwand der Zusagen voraus. Eine **Gesamtzusage** wendet sich an alle ArbN des Betriebs oder an abgrenzbare Gruppen (z. B. durch Aushang am schwarzen Brett). Die Annahme des Angebots wird nicht ausdrücklich erklärt (§ 151 BGB). Entsprechendes gilt für Ansprüche aufgrund **betrieblicher Übung.** Die Besonderheiten des Zustandekommens dieser Abreden haben keinen Einfluß auf deren Rechtsnatur (BAG 16. 9. 86, AP Nr. 17 zu § 77 BetrVG 1972). Die Einheitsregelung ist keine selbständige, weitere kollektive Gestaltungsmöglichkeit des Arbeitsrechts.

46 Das **Günstigkeitsprinzip** ist jedoch **mit anderen Vergleichsmaßstäben** anzuwenden. Die Ansprüche aus vertraglichen Einheitsregelungen können inhaltliche Besonderheiten aufweisen, die zu einer Veränderung des Vergleichsmaßstabs führen können. Die vertraglichen Abreden sind u. U. nur **Teil einer generellen Regelung.** Die Ansprüche haben dann einen kollektiven Bezug. Dem ArbN muß allerdings **erkennbar sein,** daß ihm Ansprüche nur als Mitglied einer Gruppe oder der Belegschaft zugesagt werden sollten. Das ist bei Gesamtzusagen immer, bei vertraglichen Einheitsregelungen meist der Fall. Typische Beispiele sind betriebliche Sozialleistungen, vor allem die Altersversorgung (*Höfer* u. a., DB 87, 1585), aber auch sonstige Arbeitsbedingungen, z. B. Bestimmung einer Altersgrenze (*Hromadka,* NZA 87, Beilage 3 Seite 2; BAG 20. 11. 87, AP Nr. 2 zu § 620 BGB Altersgrenze).

47 Nach dem **kollektiven Günstigkeitsvergleich** dürfen nur die individualrechtlichen Leistungen mit kollektivem Bezug insgesamt mit den kollektivrechtlichen Zusagen gemäß einer BV verglichen werden, nicht der Anspruch eines einzelnen ArbN aufgrund seiner vertraglichen Zusage mit seinen konkreten Ansprüchen aus der späteren BV. Ist die BV gegenüber der früheren vertraglichen Einheitsregelung bei kollektiver Betrachtungsweise **insgesamt** für die Belegschaft **nicht ungünstiger,** etwa weil nur andere Veteilungsmaßstäbe verwirklicht oder unpraktikabel gewordene Regelungen auf den neuesten Stand gebracht wurden, ist diese **umstrukturierende BV zulässig.** Sie verletzt das Günstigkeitsprinzip nicht, auch wenn für einzelne ArbN die Neuregelung ungünstiger ist, sich aber im Rahmen von Recht und Billigkeit hält. Die **Beweislast** für die Voraussetzungen einer derartigen Eingriffsmöglichkeit trägt der ArbGeb (BAG 16. 9. 86 a. a. O.; *Däubler,* ArbuR 87, 349; *Otto* EzA Anm. § 77 BetrVG Nr. 17). Die Feststellung, ob der bisherige Dotierungsrahmen insgesamt nicht unterschritten wird, kann, insbes. bei der Altersversorgung, schwierig sein, wie das BAG selbst nicht verkennt, Ggfs. ist es erforderlich, versicherungsmathematische Gutachten einzu-

holen (*Höfer* u. a. DB 87, 1585; zum Dotierungsrahmen unter betriebswirtschaftlichen Gesichtspunkten vgl. *Ahrend* u. a., BB 88, 333). **Maßgeblicher Zeitpunkt** für den Vergleich ist das Inkrafttreten der ändernden BV (BAG 3. 11. 87, AP Nr. 25 zu § 77 BetrVG 1972; *Hromadka* NZA 87, Beilage 3 Seite 2).

Bei dem vorgeschriebenen kollektiven Günstigkeitsvergleich werden die vertraglichen Regelungen mit kollektivem Bezug insgesamt mit der neuen kollektivrechtlichen Regelung insgesamt verglichen. Dieser Vergleich entspricht dem Vergleich zwischen den Normen einer BV und eines TV (soweit die BV zulässig ist, Rn 82f.). In den Vergleich werden alle diejenigen **Zusagen** einbezogen, **die objektiv in einem Zusammenhang stehen.** Das ist insbes. der Fall bei einer Identität des Leistungszwecks. **48**

Soweit umstrukturierende BV zulässig sind, kann der **BR** sein **Initiativrecht** im Rahmen des § 87 Abs. 1 Nr. 10 zur Verwirklichung der innerbetrieblichen Lohngerechtigkeit, d. h. zur Durchsetzung anderer Verteilungsmaßstäbe einsetzen (vgl. § 87 Rn 129). Es besteht jedenfalls ein MBR bei der Aufstellung der neuen Verteilungsgrundsätze BAG 16. 9. 86, a. a. O). **49**

Anders ist die Rechtslage bei BV, die die vertraglichen Einheitsregelungen **insgesamt verschlechtern** sollen. Durch sie wird das Günstigkeitsprinzip verletzt. Sie können die günstigeren einzelvertraglichen Abreden (auch in Form von vertraglichen Einheitsregelungen) nicht verdrängen (BAG, a. a. O.). Möglich ist nur die individualrechtliche Änderungskündigung oder ein vertraglich vorbehaltener Widerruf durch den ArbGeb. **50**

e) Zu einer Kollision zwischen einzelvertraglichen Ansprüchen und einer nachfolgenden ungünstigeren BV kommt es dann nicht, wenn diese einzelvertraglichen Rechte einer Änderung durch BV zugänglich, also „betriebsvereinbarungsoffen" sein sollen (BAG 12. 8. 82, AP Nr. 4 zu § 77 BetrVG 1972; vgl. den Fall einer Jubiläumszuwendung, bei der die früheren Richtlinien mit dem KBR abgestimmt waren (BAG 3. 11. 87, AP Nr. 25 zu § 77 BetrVG 1972). Solche betriebsvereinbarungsoffenen Abreden werden insbesondere bei der Gewährung von Leistungen aufgrund betrieblicher Übung (vgl. § 75 Rn 18a) und bei Zusagen aufgrund von Regelungsabreden (Rn 90f.) eher vorliegen als bei schriftlichen Zusagen in einer Mehrzahl von Arbeitsverträgen. Der u. U. verschlechternden Abänderung durch BV sind auch Arbeitsverträge zugänglich, die auf die jeweils geltenden BV Bezug nehmen (BAG 20. 11. 87, AP Nr. 2 zu § 620 BGB Altersgrenze). **51**

Das Günstigkeitsprinzip wird auch dann nicht verletzt, wenn die vertragliche Rechtsposition vor Abschluß der neuen BV in ihrem rechtlichen Bestand deshalb nicht mehr geschützt war, weil für diese Zusagen die **Geschäftsgrundlage** inzwischen **weggefallen** ist (§ 242 BGB), z. B. einer Versorgungsordnung wegen Überversorgung bei veränderter Rechtslage (BAG 9. 7. 85, AP Nr. 6 zu § 1 BetrAVG Ablösung). Dann kann der ArbN seine Ansprüche nicht mehr in vollem Umfang durchsetzen. Die BV nimmt ihm nichts, was rechtlich geschützt wäre. In **52** diesen Fällen ist deshalb auch eine **verschlechternde BV zulässig.** Eine Neuregelung unter Übergehung des BR wäre aber unwirksam (BAG a. a. O.).

53 f) Das Ordnungsprinzip, das Ablösungsprinzip nach der Rechtsprechung des 3. Senats des BAG (BAG 30. 1. 70, AP Nr. 142 zu § 242 BGB Ruhegehalt) und die Lehre vom Vorrang der im Rahmen des § 87 abgeschlossenen BV (BAG 12. 8. 82, AP Nr. 4 zu § 77 BetrVG 1972) hat der Große Senat des BAG im Beschluß vom 16. 9. 86 abgelehnt. Diese Entscheidung hat den Streit über diese Kollisionsregeln für die Praxis entschieden.

54 Es ist fraglich, von **welchem Zeitpunkt an** die im Beschluß des GS des BAG vom 16. 9. 86 aufgestellten neuen Grundsätze gelten sollen, will man nicht die Auffassung vertreten, daß ggfs. schon vor Jahrzehnten abgeschlossene BV unwirksam seien. Als frühester Zeitpunkt kommt wohl die Entscheidung des 6. Senats des BAG vom 12. 8. 82 in Betracht (AP Nr. 4 zu § 77 BetrVG 1972; *Joost,* RdA 89, 7, 24). Zumindest aber wird man die Wirksamkeit von BV, die nach Verkündung des Beschlusses des GS am 16. 9. 86 abgeschlossen worden sind, nach den aufgestellten Grundsätzen beurteilen müssen (*Schumann,* DB 88, 2510). Zur Entscheidung des GS vgl. insbesondere *Ahrend* u. a. BB 87 Beilage 7, BB 88, 333; *Belling* DB 87, 1888; *Blomeyer,* DB 87, 634, *Däubler* ArbuR 87, 349; *Hromadka* NZA 87 Beilage 3 Seite 2; *Joost,* RdA 89, 7; *Kemper* DB 87, 986; *Moll,* NZA 88, Beilage 1 Seite 17; *Richardi,* NZA 87, 185; *Otto* Anm. EzA § 77 BetrVG 72, Nr. 17; Wank, Anm. EzA § 77 BetrVG Nr. 20). Soweit in den Besprechungen Kritik geäußert wird, richtet sie sich aus rechtlichen und praktischen Gründen vor allem gegen das vom GS erfundene „kollektive Günstigkeitsprinzip“.

5. Ende und Nachwirkung

55 Die BV endet nach **Ablauf der Zeit,** für die sie ausdrücklich oder dem Zweck der geregelten Angelegenheit nach abgeschlossen ist (z. B. Verlegung der Arbeitszeit im Betrieb im Zusammenhang mit Wochenfeiertagen; Außerkrafttreten eines TV, kraft dessen ergänzende BV bestanden, BAG 25. 8. 83 AP Nr. 7 zu § 77 BetrVG 1972), mit vollständiger Durchführung der in einer RahmenBV vereinbarten Einführung eines Lohnsystems durch stufenweise Regelung in EinzelBV (BAG 12. 8. 82, AP Nr. 5 zu § 77 BetrVG 1972). Sie endet weiter bei **Stillegung** des Betriebes (Ausnahmen: **Sozialplan,** BV über Altersversorgung, die darauf angelegt sind, gerade auch bei Stillegung zu gelten), endgültigem und dauerndem **Fortfall des BR** z. B. wegen Absinkens der Zahl der ständ. wahlberechtigten ArbN unter 5 (§ 1), aber nicht mit der Amtszeit des jeweils die BV abschließenden BR (BAG 28. 7. 81, AP Nr. 2 zu § 87 BetrVG 1972 Urlaub; *GKSB,* Rn 51), **Aufhebungsvertrag** zwischen BR und ArbGeb. und **Abschluß einer neuen BV** über dieselben Fragen. Ein Aufhebungsvertrag bedarf nicht unbedingt der Schriftform (*GK-Thiele,* Rdnr. 206; *DR* Rn 138; **a. M.** *HSG,* Rn 114), sie ist aber zur Klarstellung im Interesse der Belegschaft dringend zu empfehlen. Die jüngere BV

verdrängt die ältere, eine SeeBV eine Bordvereinbarung (vgl. § 115 Abs. 7 Nr. 3). Im Geltungszeitraum des BetrVG 52 abgeschlossene BV gelten weiter, sofern sie nicht dem neuen Recht, insbes. § 77 Abs. 3 widersprechen (vgl. BAG 27. 6. 85, AP Nr. 14 zu § 77 BetrVG 1972).

Der Hauptfall des Ablaufs der BV ist die **Kündigung.** Enthält die BV selbst keine Vorschriften über Kündigungsfristen, so kann jede Seite die BV mit einer **Frist von 3 Monaten** kündigen (Abs. 5). Der ArbGeb. hat dem BR, nicht etwa der ArbNschaft gegenüber zu kündigen. Es genügt, daß die Kündigung dem BRVors. zugeht (§ 26 Abs. 3 S. 2). Selbst bei Festlegung einer Kündigungsfrist ist aber bei **besonders schwerwiegenden Gründen eine sofortige Aufkündigung** der BV möglich (h. M.). Auch BV, die auf einem Spruch der E-Stelle beruhen, können gekündigt werden, sofern sie nicht eine feste Laufzeit haben (*HSG,* Rn 105), dagegen im Regelfall nicht der **Sozialplan** (vgl. §§ 112, 112a Rn 31). Insbes. verbleibt es bei schon abgewickelten Individualansprüchen der ArbN aus einem Sozialplan. Im Kündigungszeitraum kann bereits über eine neue BV verhandelt u. ggfs. die E-Stelle angerufen werden. Die neue Regelung gilt aber grundsätzlich erst nach Ablauf des Geltungszeitraums der alten BV (*GKSB,* Rn 54), sofern diese nicht ausdrücklich vorher aufgehoben wird. Wegen Rückwirkung vgl. Rn 38. 56

Besteht auf längere Sicht kein BR mehr, insbes. weil die ArbNZahl unter die Grenze des § 1 sinkt, so kann der ArbGeb. sich durch Erklärung gegenüber den ArbN von der BV lossagen. Denn der ersatzlos weggefallene BR hat für die ArbN gehandelt (ausführlich *Gaul,* NZA 86, 628, der aber annimmt, BV nach § 87 würden Inhalt der Arbeitsverhältnisse). 57

Teilkündigung von BV ist nur möglich, wenn besonders vereinbart (BAG 19. 3. 57, AP Nr. 1 zu § 16 AOGÖ, 17. 4. 59, AP Nr. 1 zu § 4 TVG Günstigkeitsprinzip), oder sie einen selbständigen Teilkomplex betrifft (BAG 29. 5. 64, AP Nr. 24 zu § 59 BetrVG 1952). 58

Die **BV endet** dagegen **nicht** beim **Wechsel des Betriebsinhabers** (vgl. § 613a BGB u. § 1 Rn 68f.; *Falkenberg,* DB 80, 783; **a. M.** *Gaul,* DB 80, 102, für Nachwirkung) oder bei Änderungen in der Zusammensetzung der ArbNschaft, sofern der Betrieb unverändert bestehenbleibt. Auch der Zusammenschluß von Unternehmen berührt bei Wahrung der Identität des Betriebes den Bestand der BV nicht (*Neumann,* DB 60, 60; Ausnahme: Unternehmensbezogene Normen, z. B BV über die MitglZahl des GesBR nach § 47 Abs. 4 oder 5). Nach dem arbeitsrechtlichen EG-Anpassungsgesetz ist § 613a Abs. 1 BGB dahin ergänzt worden (Text Anhang 9), daß bisher geltende TV oder BV (nicht Regelungsabreden) für bisher schon bestehende Arbeitsverhältnisse Inhalt der Arbeitsverträge werden und vor Ablauf eines Jahres nach dem Übergang der Arbeitsverhältnisse nicht zum Nachteil der ArbN geändert werden können, es sei denn, diese Kollektivvereinbarungen würden ohnehin enden oder die Rechte und Pflichten würden beim neuen Betriebsinhaber durch andere TV oder BV geregelt (Näheres vgl. *Hanau/Vossen,* Festschrift Hilger/Stumpf, S. 271ff., *Kreßel,* DB 89, 1623; *Röder,* DB 81, 1980, *Schaub,* ZIP 84, 242; kr. zu diesem Gesetz: *Seiter,* DB 80, 877). Diese Vorschrift wird insbes. praktisch, wenn ein Betrieb nicht unver- 59 ändert übernommen, sondern mit einem anderen Betrieb verschmolzen wird oder nur ein Betriebsteil übergeht (*Schaub* a. a. O.: „Auffangtatbestand"). Bleibt die Identität des Betriebes gewahrt, so gelten trotz § 613a Abs. 1 BGB die bisherigen BV mit Normenwirkung weiter (*Hanau/Vossen,* a. a. O.; **a. M.** *Sowka,* DB 88, 1318; *Wank,* NZA 87, 505; *Wiesner,* BB 86, 1636). Besteht allerdings im übernehmenden Unternehmen (Betrieb) eine Gesamt-BV (BV) über denselben Gegenstand, so verdrängt diese die bisherige Einzel-BV des übernommenen Betriebes oder Betriebsteils (BAG 27. 6. 85, AP Nr. 14 zu § 77 BetrVG 1972; *Schaub,* a. a. O.; *Seiter,* DB 80, 877; vgl. auch § 613a Abs. 1 Satz 3 BGB).

60 Auch die Frage der **Nachwirkung von BV** wird im Gesetz ausdrücklich geregelt (Abs. 6; vgl. auch § 4 Abs. 5 TVG). Voraussetzung der Nachwirkung ist einmal, daß es sich um eine BV handelt (auch soweit sie durch Spruch der E-Stelle zustandegekommen ist), nicht um eine sonstige Vereinbarung der Betriebspartner, insbesondere eine Regelungsabrede, die mangels normativer Wirkung auch nicht nachwirken kann (vgl. Rn 90f.). Zum anderen muß es sich um **Angelegenheiten** handeln, in denen der Spruch der E-Stelle die Einigung zwischen ArbGeb. und BR ersetzen kann, also Fälle der sog. **notwendigen Mitbestimmung** (vgl. die Aufstellung oben Rn 27). Die Nachwirkung setzt weiter sinngemäß voraus, daß beide Betriebspartner die E-Stelle anrufen und eine Regelung erzwingen können (vgl. die Ausnahmen: § 76 Rn 26). Sonst könnte die Nachwirkung von der Seite, die (ausnahmsweise) das Verfahren vor der E-Stelle nicht in Gang setzen kann, niemals beseitigt werden (vgl. BAG 12. 8. 82, AP Nr. 5 zu § 77 BetrVG 1972). Das ist aber nicht Sinn der Nachwirkung einer BV, die nur einen Zwischenzustand überbrücken soll.

61 Das Gesetz macht dagegen **keinen Unterschied** hinsichtlich des Gegenstandes der BV, insbesondere ob es sich um **Inhaltsnormen** einerseits, **betriebliche Normen** oder **Betriebsverfassungsnormen** andererseits handelt (vgl. Rn 31–33). Auch in letzteren Fällen ersetzt der Spruch der E-Stelle die Einigung der Betriebspartner. Deshalb spielt auch die Streitfrage, ob sich die Nachwirkung des TV nur auf Inhaltsnormen erstreckt oder auch auf betriebliche und betriebsverfassungsrechtliche Bestimmungen (so *Wiedemann/Stumpf,* § 4 Rn 191) keine Rolle (zustimmend *GK-Thiele,* Rn 226). Es kommt auf die verbindliche Entscheidungsbefugnis der E-Stelle an. Die Nachwirkung kann ebenso wie beim TV schon in der BV ausgeschlossen werden (BAG 9. 2. 84, AP Nr. 9 zu § 77 BetrVG 1972; *HSG,* RN 125) oder sich aus dem Sinn einer zeitlich begrenzten Regelung ergeben, z. B. Werkurlaub für ein bestimmtes Jahr (vgl. Rn 55); Abs. 6 dürfte kein zwingendes Recht enthalten (vgl. *GK-Thiele,* Rn 230; *GL,* Rn 45; für TV *Wiedemann/Stumpf,* § 4 Rn 198). Umgekehrt kann eine kraft Gesetzes nicht gegebene Nachwirkung auch bes. vereinbart werden (LAG Düsseldorf, 23. 2. 88, NZA 88, 813).

62 Endet die BV durch Kündigung oder Fristablauf (anders wohl bei Zweckerreichung oder Gegenstandsloswerden, vgl. Rn 55, z. B. BV über Verwaltung einer Sozialeinrichtung, die aufgelöst wird), so gelten ihre Normen weiter, bis sie durch eine **andere „Abmachung"** ersetzt werden. Soweit Rechtsansprüche für die ArbN begründet werden, gelten sie nicht nur für die bisher schon bestehenden Arbeitsverhältnisse weiter (vgl. *GK-Thiele,* Rn 227), sondern auch für ArbN, die erst im Nachwirkungszeitraum in den Betrieb eintreten, sofern ArbGeb u. BR nicht ausdrücklich etwas anderes vereinbaren. Die betriebliche Praxis verträgt keine unterschiedlichen Regelungen (so für TV *Herschel,* ZfA 76, S. 89, 99 u. *Wiedemann/Stumpf,* § 4 Rn 186; *DR,* Rn 114, *GL,* Rn 43; vgl. auch BAG 29. 1. 75, AP Nr.8 zu § 4 TVG Nachwirkung). Eine andere Abmachung ist nicht nur ein TV oder eine neue BV, sondern auch ein **echter Einzelvertrag,** insbesondere wenn im Betrieb kein BR mehr besteht, der eine neue BV abschließen könnte. Das MBR darf aber nicht durch den Abschluß gebündelter, gleichlautender Einzelverträge umgangen werden (vgl. § 87 Rn 19, GL, Rn 42).

Werden **BV auf freiwilliger Grundlage** abgeschlossen (vgl. die Fälle 63 Rn 28), so enden deren Wirkungen mit **Ablauf ihrer Geltungsdauer** sofort. ArbGeb. und BR sollen nicht länger an sie gebunden sein, als es ihrem wirklichen Willen entspricht (h. M.; für analoge Anwendung des § 4 Abs. 5 TVG, also Nachwirkung sind DR, Rn 115 und *Schwerdtner,* ZfA 75, 192 in klarem Widerspruch zum Gesetzeswortlaut). Wenn in einer BV Regelungsgegenstände nach § 87 und § 88 untrennbar verbunden sind, wirkt die BV allerdings insgesamt nach, z. B. bei freiwilligen Sozialleistungen (im praktischen Ergebnis auch Blomeyer, DB 85, 2506, der aber einen Mitwirkungsanspruch des ArbGeb. gegen den BR zum Neuabschluß einer BV bejaht), sofern der ArbGeb. nur eine Umverteilung beabsichtigt, nicht eine ersatzlose Streichung (Hanau, NZA 85, Beilage 2, S. 10). Eine BV über betriebliche Altersversorgung (BAG 18. 4. 1989 – 3 AZR 688/87 –) oder über übertarifliches Urlaubsgeld (BAG 9. 2. 1989, AP Nr. 35 zu § 77 BetrVG 1972) wirkt nicht nach.

Eine **Anfechtung** der BV mit **rückwirkender Kraft** wegen Willens- 64 mängeln beim Abschluß ist **nicht** zulässig; sie würde dem Normencharakter der BV widersprechen (ebenso BAG 15. 12. 61, AP Nr. 1 zu § 615 BGB Kurzarbeit; DR, Rn 38; *Gl,* Rn 16; *HSG,* Rn 116). Sie wirkt nur wie eine fristlose Kündigung für die Zukunft (h.M.). **Nichtige BV** entfalten von vornherein keine Rechtswirkung, z. B. bei Nichteinhaltung der Form des Abs. 2 oder Verstoß gegen das tarifliche Vorrangprinzip des Abs. 3 (vgl. den Fall BAG 31. 8. 80, AP Nr. 2 zu § 77 BetrVG 1972). Wegen Teilnichtigkeit vgl. Rn 30.

IV. Vorrang des Gesetzes und Tarifvertrages

Wegen Vorrang des **Gesetzes** gegenüber dem TV vgl. § 87 Rn 4ff. § 77 65 Abs. 3 trägt dem **Vorrang der tariflichen Normsetzungsbefugnis** und damit der Sicherung der Tarifautonomie (Art. 9 Abs. 3 GG) Rechnung (*Haug* BB 86, 1921; *Richardi* Anm. AP Nr. 21 zu § 77 BetrVG 1972; *Moll,* Tarifvorrang, S. 37; BAG 22. 1. 80, AP Nr. 3 zu § 87 BetrVG 1972 Lohngestaltung, 18. 8. 87, AP Nr. 23 zu § 77 BetrVG 1972) und enthält eine Zuständigkeitsvorschrift. Er begrenzt die Kompetenz des BR zum

Abschluß von BV (von *Hoyningen-Huene/Meyer/Kreuz,* NZA 87, 793). Nicht nur dem derzeit geltenden (Rn 72–73), sondern auch dem üblicherweise geltenden TV kommt Sperrwirkung gegenüber einer BV zu. Dies gilt jedenfalls für eine freiwillige BV nach § 88 (*Hromadka,* DB 87, 1991; *Richardi* Anm. AP Nr. 21 zu § 77 BetrVG 1972; *Heinze* NZA 89, 41; anders nach § 87: Sperrwirkung nur bei geltendem TV, vgl. dort Rn 7ff.). Sperrwirkung tritt aber nur ein, soweit eine Angelegenheit in einem TV tatsächlich geregelt ist; Erörterungen in TV-Verhandlungen reichen nicht aus (BAG 23. 10. 85, AP Nr. 33 zu § 1 TVG TV: Metallindustrie).

66 Auch die **inhaltliche Übernahme eines für den Betrieb geltenden TV durch BV** mit der Folge der indirekten Erstreckung des TV auf die Außenseiter oder anders organisierte ArbN ist **nicht zulässig.** Die Erstreckung des persönlichen Geltungsbereichs eines TV auf alle ArbN soll dem hierfür allein vorgesehenen gesetzlichen Institut der AVE (§ 5 TVG) vorbehalten bleiben (*DR,* Rn 220f.; *GL,* Rn 85; *Moll,* Tarifvorrang, S. 52f.; *GK-Thiele,* Rn 118f.; **a.M.** *HSG,* Rn 89). Ein Interessenkonflikt zwischen BR und Gewerkschaften, vor allem auf dem Gebiet der Lohnpolitik, soll vermieden werden. Insoweit gilt im Verhältnis zwischen TV und BV auch nicht das sog. „Günstigkeitsprinzip" (vgl. Rn 81), soweit nicht der TV eine **Öffnungsklausel** zur näheren Regelung unter Berücksichtigung der betrieblichen Verhältnisse enthält (z. B. beim Akkordlohn). Nicht organisierten ArbN kann also z. B. nicht durch BV der Tariflohn zugebilligt werden (wegen einer betrieblichen Lohnordnung vgl. Rn 86), insbes. können BV nicht die Tariflöhne unter- oder überschreiten. Das Günstigkeitsprinzip gilt auch nicht für eine vortarifliche BV. Sie muß einem nunmehr geltenden TV weichen (*DR,* Rn 212; *HSG,* Rn 87; von *Hoyningen-Huene,* DB 84, Beilage 1, S. 4; **a.M.** *GK-Thiele,* Rn 66, soweit nicht Tarifbindung vorliegt).

1. Arbeitsentgelte und sonstige Arbeitsbedingungen

67 Die **Sperrwirkung** der tariflichen und tarifüblichen Regelung bezieht sich je nach dem Regelungsumfang des TV auf **Arbeitsentgelte,** d. h. jede in Geld zahlbare Vergütung und Sachleistung des ArbGeb. (vgl. § 87 Rn 121ff.) und **sonstige Arbeitsbedingungen,** d. h. alle Bestimmungen, die Inhalt des Arbeitsverhältnisses sein können, bzw. alles, was Gegenstand der **„Inhaltsnormen" eines TV** sein kann (wie früher wollen *DR,* Rn 188; *HSG,* Rn 47f. und *Wiedemann/Stumpf,* § 4 Rn 293 auf „materielle Arbeitsbedingungen" im Gegensatz zu den formellen [vgl. § 87 Rn 20] abstellen).

Beispiele für unzulässige BV:

Betriebliche Vorwegnahme von Tariflohnerhöhungen (BAG 7. 12. 62, AP Nr. 28 zu Art. 12 GG), versteckte Tariflohnerhöhungen (BAG 29. 5. 64, AP Nr. 24 zu § 59 BetrVG), „Hauszulagen" für in graphischen Berufen beschäftigte ArbN ohne zusätzliche Voraussetzungen über die bloße Erfüllung der Arbeitspflichten hinaus (BAG 13. 8. 80, AP Nr. 2 zu § 77 BetrVG 72), Einstufung der ArbN in Lohngruppen, Entlohnungssysteme und -verfahren, Überstundenvergütungen, Zahlung des Lohns bei Krankheit oder an Feiertagen oder dgl., Prämien, Kinder- und Familienzulagen, Kündigungsfristen und -termine, Urlaubsdauer und Urlaubsgeld.

Zulässig sind aber **Zulagen,** die an **andere tatbestandliche Voraussetzungen** als die tariflichen oder tarifüblichen geknüpft sind, sofern durch TV nicht ausgeschlossen, z.B. Schmutz- und Erschwerniszulagen (vgl. § 91 Rn 9b), Gratifikationen aus besonderem Anlaß, Zusatzurlaub bei längerer Betriebszugehörigkeit (LAG Hamm, DB 79, 2236; *DR,* Rn 214, 218; *Zöllner,* Festschrift Nipperdey, 1965, II 717). Wegen BV über Leistungszulagen bei tariflichem Zeitlohn vgl. § 87 Rn 11a.

Zu den Inhaltsnormen eines TV, die also bei Bestehen eines TV oder Tarifüblichkeit jede BV ausschließen, weil es sich um „sonstige Arbeitsbedingungen" handelt, gehören daher u. a. auch Vorschriften über Dauer und Lage der täglichen Arbeitszeit (§ 87 Abs. 1 Nr. 2, 3, BAG 21. 2. 67, AP Nr. 26 zu § 59 BetrVG 1952) und über Zeit, Ort und Art der Auszahlung der Arbeitsentgelte (§ 87 Abs. 1 Nr. 4, BAG 31. 8. 82, AP Nr. 2 zu § 87 BetrVG 1972 Auszahlung). Daß die Sperrwirkung die Entlohnungsfragen nach § 87 Abs. 1 Nr. 10, 11 ergreift, ist h. M. **§ 87 Eingangssatz u. § 77 Abs. 3 überschneiden sich** in ihren Voraussetzungen und ihren Wirkungen und sind ggfs. beide zusammen anzuwenden (vgl. näheres § 87 Rn 7, 13; DR Rn 180ff.; *GL* Rn 76; *Moll,* Tarifvorrang S. 39; *Haug,* BB 86, 1921; *Hromadka* DB 87, 1991; *Richardi* Anm. AP Nr. 21 zu § 77 BetrVG 1972; **a. M.** jetzt BAG 24. 2. 87, AP Nr. 21 zu § 77 BetrVG 1972, 24. 11. 87, AP Nr. 6 zu § 87 BetrVG 1972 Auszahlung mit im Ergebnis zustimmender Besprechung *Heinze,* NZA 89, 41; ebenso schon früher *Farthmann,* RdA 74, 71; *GKSB,* Rn 8; *Reuter,* SAE 76, 17). Die Sperrwirkung des TV tritt aber nur ein, wenn der **TV eine eigene, in sich geschlossene materielle Regelung** enthält oder üblicherweise enthält (näheres vgl. § 87 Rn 10). **68**

Der Vorrang des TV und der Tarifüblichkeit nach § 77 Abs. 3 greift dagegen **nicht** Platz bei den sog. **Abschlußnormen** eines TV, die sich auf die Begründung von Arbeitsverhältnissen beziehen, sowie bei **betrieblichen und betriebsverfassungsrechtlichen Normen** (vgl. *Wiedemann/Stumpf,* § 4 Rn 293; näheres vgl. Rn 32, 33). **69**

2. Tarifregelung oder Tarifüblichkeit

Das Gesetz stellt zunächst darauf ab, ob die Arbeitsbedingungen durch TV **„geregelt"** sind, nicht ob sie kraft Tarifbindung oder AVE auch für ArbGeb. und ArbN des Betriebes gelten. Wenn der Vorrang der Normsetzung für die Tarifpartner schon bei Tarifüblichkeit (Rn 74ff.) gilt und sogar günstigere BV ausgeschlossen sind (Rn 81), so gilt dies erst recht, wenn der TV lediglich mangels persönlicher Tarifbindung im Betrieb nicht anzuwenden ist, dieser aber im übrigen unter den räumlichen, betrieblichen und fachlichen Geltungsbereich des TV fällt (vgl. Rn 76). Allerdings gelten dann in einem Betrieb u. U. überhaupt keine kollektiven Normen, weil ein TV mangels Tarifbindung keine Anwendung findet u. weil eine BV wegen des absoluten Vorrangprinzips des TV nicht zulässig ist. Wegen vertraglicher Einheitsregelungen **70** vgl. aber Rn 86ff. Andererseits tritt keine Sperrwirkung ein, wenn die Anwendung eines TV, nur einzelvertraglich vereinbart wird, dessen Geltungsbereich sich an sich nicht auf den Betrieb erstreckt (BAG 27. 1. 87, AP Nr. 42 zu § 99 BetrVG 1972).

71 **ATAng.** fallen regelmäßig nicht unter einen TV, weil sich dessen persönlicher Geltungsbereich nicht auf sie erstreckt. Ihre Arbeitsbedingungen können durch BV geregelt werden, sofern sie nicht zu den leitenden Ang. (§ 5 Abs. 3, 4) zählen. Nach h. M. ist der Zweck des § 77 Abs. 3 die **Gewährleistung des Vorrangs der Tarifautonomie** (vgl. Rn 65) und nicht etwa die Vermeidung kollektiver Auseinandersetzungen über materielle Arbeitsbedingungen im Betrieb. Deshalb ist eine **Einschränkung der Beteiligungsbefugnisse** des BR für **AT-Ang.** unter Berufung auf § 77 Abs. 3 **nicht gerechtfertigt.** Eine Nichtregelung der Arbeitsbedingungen für diesen Personenkreis kann nicht als Negativregelung mit der Folge einer Sperrwirkung für BV angesehen werden (so auch BAG 22. 1. 80, AP Nr. 3 zu § 87 BetrVG 1972 Lohngestaltung; *GK-Thiele,* Rn 99; *Moll,* Tarifvorrang S. 73ff.; *Bichler,* DB 79, 1939; *Bitter,* DB 79, 695; *von Friesen,* DB 80, Beilage 1 S. 14ff.; *HSG,* § 87 Rn 427; *DR,* Rn 196; *GL,* Rn 83b; *Gaul,* BB 81, 193; *Wiedemann* Gedächtnisschrift Kahn-Freund, S. 343; **a. M.** *Janert,* DB 76, 243, *Lieb,* ZfA 78, 179ff.; vgl. auch § 80 Rn 42, § 87 Rn 14, 139). Wegen Muster-BV der IG-Chemie für AT-Ang. vgl. RdA 81, 181.

72 Eine Regelung durch TV liegt vor, wenn der Betrieb, abgesehen von der persönlichen Tarifbindung (Rn 58) unter den Geltungsbereich des TV fällt (Näheres *Wiedemann/Stumpf,* § 4 Rn 43ff.):

a) Der Betrieb muß sich im **räumlichen** Geltungsbereich des TV befinden (in der Regel ist hierfür maßgebend der Erfüllungsort, d. h. der Betrieb, in dem die Arbeitsleistung erbracht wird). Der TV muß nicht den gesamten Wirtschaftszweig umfassen (*HSG,* Rn 76 mit weiteren Nachweisen). Es genügt auch das Bestehen eines **FirmenTV** für diesen Betrieb (*DR,* Rn 191; *GK-Thiele* Rn 101; *Moll,* Tarifvorrang, S. 40; *Wiedemann/Stumpf* § 4 Rn 297; **a.M.** *HSG,* Rn 80). Vgl. weiter Rn 74.

b) Der Betrieb muß seinen **wirtschaftlichen** Hauptzweck nach dem Wirtschaftszweig angehören, für den der TV abgeschlossen ist (**betrieblicher Geltungsbereich** nach dem Industrieverbandsprinzip). Dieser Hauptzweck überstrahlt im Zweifel auch die Nebenzwecke von organisatorisch relativ selbständigen Betriebsteilen (§ 4).

c) Auch in **fachlicher** Beziehung muß der Betrieb vom TV erfaßt sein, d. h. ist dieser nur für bestimmte ArbNGruppen des Wirtschaftszweiges abgeschlossen, so müssen Angehörige dieser Gruppen im Betrieb beschäftigt sein (persönlicher Geltungsbereich).

d) Im Falle der **„Tarifkonkurrenz“,** d. h. wenn mehrere TV in Betracht kommen, gilt der Grundsatz der **Spezialität,** d. h. der betrieblichen, fachlichen und räumlichen Nähe (vgl. BAG 24. 9. 75, 29. 11. 78, AP Nr. 11, 12 zu § 4 TVG Tarifkonkurrenz; *Wiedemann/Stumpf,* § 4 Rn 165). Grundsätzlich ist für einen Betrieb auch nur ein TV anzuwenden. Ist nach diesen Gesichtspunkten die Konkurrenzfrage nicht zu lösen, so gilt in erster Linie derjenige TV, der von der Gewerkschaft mit der größeren „Sachnähe" abgeschlossen ist (*Wiedemann/Stumpf,* § 4 Rn 166). Führt diese Prüfung zu keinem Ergebnis, so ist der TV maßgebend, der die meisten ArbN im Betrieb kraft Tarifbindung erfaßt, in letzter Linie gilt der zeitlich zuerst abgeschlossene TV.

Gilt der TV nur noch **kraft Nachwirkung** (§ 4 Abs. 5 TVG), so kann er an sich jederzeit durch eine andere Abmachung, also auch durch BV ersetzt werden, sofern nicht noch Tarifüblichkeit (Rn 74ff.) besteht, was häufig der Fall ist (vgl. BAG 15. 12. 61, AP Nr. 1 zu § 615 BGB Kurzarbeit, 17. 12. 68, AP Nr. 27 zu § 56 BetrVG 1952, 31. 1. 69, AP Nr. 5 zu § 56 BetrVG 1952 Entlohnung, LAG Berlin, DB 81, 1730). **73**

Die Sperrwirkung gilt auch, wenn zwar z. Z. die Arbeitsbedingungen nicht durch TV geregelt sind, aber doch üblicherweise geregelt werden. **Üblicherweise** erfolgt die Regelung durch TV, wenn überhaupt für den räumlichen, betrieblichen und fachlichen Tätigkeitsbereich des Betriebes TV über die Frage abgeschlossen zu werden pflegen. Besteht ein **FirmenTV,** der die Frage nicht regelt, so bleibt die Üblichkeit eines BranchenTV außer Betracht (vgl. BAG 21. 12. 82, DB 83, 996). Es genügt auch nicht, daß in einzelnen anderen, fachlich vergleichbaren Betrieben Firmen-TV bestehen (BAG 27. 1. 87, AP Nr. 42 zu § 99 BetrVG 1972). Ausnahmsweise kann sich die Tarifüblichkeit auf bestimmte ArbN-Gruppen (Ang., Frauen) beschränken. Nur wenn danach Zweifel offen bleiben, ob der Betrieb unter den Geltungsbereich der TV (des TV) fällt, kann die Verkehrsanschauung zur Abgrenzung der Branche herangezogen werden (*Zöllner,* Festschrift für Nipperdey„ 1965, II, 713; weitergehend BAG 6. 12. 63, AP Nr. 23 zu § 59 BetrVG 1952). **74**

Die Feststellung der Tarifüblichkeit setzt nicht immer den Abschluß mehrerer zeitlich aufeinanderfolgender TV voraus, sondern kann u. U. auch schon dann bejaht werden, wenn ein TV, insbes. ein MTV, schon geraume Zeit gilt. Jedenfalls dürfte der dreimal hintereinander erfolgte Abschluß eines TV genügen (*HSG,* Rn 83; kr. *DR,* Rn 207). Üblichkeit liegt aber nicht schon dann vor, wenn die Sozialpartner erklären, sie wollten in Zukunft bestimmte Arbeitsbedingungen durch TV regeln oder schon (erstmals) Verhandlungen über den Abschluß eines TV zu einer bestimmten Frage geführt haben (BAG 22. 5. 79, 23. 10. 85, AP Nr. 13 zu § 118 BetrVG 1972, AP Nr. 33 zu § 1 TVG TV: Metallindustrie),auch nicht, soweit Fragen infolge Lückenhaftigkeit des TV nicht geregelt sind (vgl. auch § 87 Rn 10). Die **Tarifüblichkeit entfällt,** wenn mit Sicherheit feststeht, daß in Zukunft überhaupt keine Tarifregelung mehr angestrebt wird oder wenn längere Zeit kein TV mehr abgeschlossen worden ist; der „Übergangszeitraum" dauert um so länger, je länger in der Vergangenheit TV abgeschlossen wurden (vgl. *Meinert,* BB 76, 1615) oder je schwieriger die zu regelnden Probleme sind (LAG Berlin, DB 78, 115). **75**

Dabei ist es auch hier (vgl. Rn 70) unerheblich, ob persönlich eine Tarifbindung besteht. **Weder ArbN noch ArbGeb. müssen tarifgebunden** sein (für § 87 vgl. dort Rn 9). Nur diese Auslegung des Gesetzes wird der Monopolstellung der Koalitionen gerecht (BAG 16. 9. 60, AP **76**

Nr. 1 zu § 2 ArbGG BV m. Anm. *Auffarth; HSG,* Rn 77; *DR,* Rn 148, 206; GK-*Thiele,* Rn 100; *Moll,* Tarifvorrang, S. 42; *Wiedemann/Stumpf,* § 4 Rn 291; **a.M.** *Barwasser,* DB 75, 275 und *Hablitzel,* DB 71, 2158; gegen *Barwasser* auch *Beiersmann,* DB 76, 53). Nach Ansicht des BAG muß der **TV** aber für die Branche **repräsentativ** sein, dh. die in tarifgebundenen Betrieben beschäftigten ArbN müssen überwiegen (BAG 6. 12. 63, AP Nr. 23 zu § 59 BetrVG 1952; zustimmend *DR,* Rn 206 u. *GL,* Rn 82; ablehnend *Zöller,* a.a.O., S. 715 unter Hinweis auf den Wortlaut des Gesetzes u. die praktischen Schwierigkeiten der Abgrenzung). Das BAG verwechselt hier die Üblichkeit der Regelung mit der Üblichkeit der Anwendung, worauf es gerade nicht ankommt (*HSG,* Rn 84). Maßgeblich ist nur, ob der Betrieb üblicherweise in den Geltungsbereich des TV (vgl. Rn 67, 68) fallen würde (GK-*Thiele,* Rn 107ff.). Das Vorrangsprinzip gilt auch für Tendenzbetriebe (BAG 8. 12. 70, AP Nr. 28 zu § 59 BetrVG 1952).

77 Soweit demnach in solchen TV in der Regel bestimmte Fragen durch zwingende Normen geregelt werden, sind diese der **Regelung durch BV entzogen,** auch wenn vorübergehend überhaupt kein TV für den Gewerbezweig gilt; z.B. wenn der alte TV abgelaufen und ein neuer noch nicht abgeschlossen ist. Keine Tarifüblichkeit besteht dagegen mehr, wenn eine für den Wirtschafts- und Gewerbezweig maßgebende TV-Partei infolge „gewillkürter Tarifunfähigkeit" wegfällt, der bisher geltende TV endet und auch nicht für die Mehrzahl der Betriebe FirmenTV abgeschlossen werden; der nachwirkende TV kann dann jederzeit durch BV ersetzt werden (vgl. Auffarth, Anm. AP Nr. 1 zu § 2 ArbGG BV). Gleiches gilt, wenn die TVParteien weiterbestehen, aber keinen TV mehr abschließen wollen oder es nur tatsächlich schon seit Jahren nicht mehr zum Tarifabschluß kam. Ein genauer Zeitpunkt kann für solche Fälle nicht angegeben werden (vgl. aber *HSG,* Rn 86: Bei Üblichkeit von 1–5 Jahren Wegfall nach 1 Jahr, bei 5–10 Jahren nach 2 Jahren, bei über 10 Jahren pro 10 Jahre 1 Jahr länger).

78 Bestehen mehrere TV (Abschluß mit verschiedenen Gewerkschaften) mit gleichem fachlichem, betrieblichem u. räumlichem Geltungsbereich für einen Gewerbe- oder Wirtschaftszweig, so kommt es darauf an, ob diese TV zusammen betrachtet repräsentativ sind (vgl. Rn 76). Diese Prüfung ist aber nur möglich, wenn die TV die gleiche Materie, wenn auch nicht inhaltsgleich, regeln (vgl. BAG 6. 12. 63, AP Nr. 23 zu § 59 BetrVG 1952 Anm. *G. Hueck*). Wegen Tarifkonkurrenz vgl. Rn 72 Buchst. d.

3. Ausschluß jeder Betriebsvereinbarung

79 Die Vorschrift des Abs. 3 schließt jede BV (auch eine einen TV übernehmende BV, Rn 65, aber nicht eine betriebsübliche oder arbeitsvertragliche Einheitsregelung vgl. Rn 86ff.) aus, soweit es sich um die **Regelung des Inhalts von Arbeitsverhältnissen** handelt, selbst wenn insoweit ein MBR nach § 87 besteht (vgl. § 87 Rn 27). Sind z. B. üblicherweise im fachlich, betrieblich und räumlich einschlägigen TV der Akkordrichtsatz, die Entlohnungsgrundsätze und die Entlohnungsmethoden erschöpfend geregelt, so können trotz § 87 Abs. 1 Nr. 10 und 11 BV auch in tariflosen Zeiten und in Außenseiterbetrieben nicht geschlossen werden.

Auch nicht organisierte ArbN können – ohne daß in jedem Falle ein Rechtsanspruch hierauf bestünde (§ 75 Rn 16) – aber nach TV bezahlt werden, jedenfalls solange die Zulässigkeit von Differenzierungsklausel in TV nicht bejaht wird (vgl. BAG 29. 11. 67, AP Nr. 13 zu Art. 9 GG). Deshalb enthält Abs. 3 auch keinen Verstoß gegen den Grundsatz der negativen Koalitionsfreiheit (*DR,* Rn 222; so aber *Hromadka,* NJW 72, 184). **80**

Nach Wortlaut und Sinn des Abs. 3 gilt im Verhältnis zum TV auch **nicht das Günstigkeitsprinzip** (*DR,* Rn 211; vgl. § 4 Abs. 3 TVG). Es können also auch durch BV z. B. keine übertariflichen Löhne vereinbart oder Arb. die Rechte von Ang. verliehen (*Farthmann,* BB 61, 725) werden, soweit dies der TV nicht ausdrücklich zuläßt (darüber vgl. Rn 82, 83). Günstigere BV werden durch einen nachfolgenden, den gleichen Gegenstand regelnden TV verdrängt, auch wenn diese Regelung für die ArbN ungünstiger ist (BAG 26. 2. 86, AP Nr. 12 zu § 4 TVG Ordnungsprinzip; *GL,* § 87 Rn 55; *GK-Wiese,* § 87 Rn 41; *Schaub,* § 231 II 9). Wegen Zulagen vgl. Rn 67. BV dürfen auch **keine ungünstigeren Bestimmungen enthalten** als TV (BAG 17. 10. 62, AP Nr. 16 zu § 611 BGB Akkordlohn), es sei denn, der TV ließe dies ausdrücklich zu (gegen eine durch TV zugelassene Kürzung tariflicher Leistung durch BV: *Tyske,* ArbuR 85, 276). Die Vereinbarung übertariflicher Arbeitsbedingungen durch Einzelarbeitsvertrag ist aber immer möglich (§ 4 Abs. 3 TVG; vgl. BAG 24. 7. 58, AP Nr. 6 zu § 611 BGB Akkordlohn Ziff. A 3). **81**

4. Ausnahmen

Läßt **ein TV ausdrücklich** (d. h. klar und eindeutig, ohne daß aber das Wort BV gebraucht werden müßte) **zusätzliche BV zu,** z. B. über übertarifliche Löhne, Minderleistungsklauseln, Festsetzung der Urlaubsdauer über den gesetzlichen Mindesturlaub hinaus, so wird insoweit eine Sperrwirkung des geltenden TV und der Tarifüblichkeit beseitigt. Insoweit muß man es entgegen den Ausführungen in Rn 66 auch für zulässig ansehen, daß die BV für die nicht tarifgebundenen ArbN zunächst die tarifliche Regelung übernimmt, weil sonst die Anwendung der ergänzenden BV auf diese ArbN kaum möglich ist (vgl. *Braun,* BB 86, 1428, 1433; *Stebut,* RdA 74, 332 [341]; vgl. auch § 87 Rn 10c u. § 88 Rn 3). Die Zulassung gilt auch nach Ablauf des ermächtigenden TV kraft Nachwirkung (§ 4 Abs. 5 TVG) bis zum Abschluß eines neuen TV weiter, aber nicht über diesen Zeitpunkt hinaus, es sei denn, die BV sei eindeutig nicht nur zur Ergänzung eines bestimmten TV erlassen und der neue TV enthalte eine entsprechende Öffnungsklausel (BAG 25. 8. 83, AP Nr. 7 zu § 77 BetrVG 1972; vgl. auch *HSG,* Rn 91; *GK-Thiele,* Rn 129; *DR* Rn 233). Ist eine BV über denselben Gegenstand wie ein TV zulässig, so geht eine dem TV nachfolgende günstigere BV vor (*Schaub,* § 231 II 9). **82**

Die Zulassung ergänzender BV kann auch von der **Genehmigung** der **83**

BV **durch die Tarifvertragsparteien** abhängig gemacht werden oder von der **Erfüllung bestimmter tariflicher Voraussetzungen,** z. B. für die Einführung von Kurzarbeit (vgl. § 87 Rn 52). Die TVParteien können auch nähere Bestimmungen über Abschluß und Inhalt von BV treffen, z. B. Unterrichtung der TVParteien innerhalb bestimmter Fristen, zur Verfügungstellung bestimmter Unterlagen, Vereinbarung der Zuständigkeit der E-Stelle nach § 76 Abs. 6 (vgl. den Fall BAG 12. 8. 82, AP Nr. 5 zu § 77 Betr VG 1972). Andererseits können BV auch generell zugelassen werden, z. B. durch die Wendung, daß eine bestimmte Frage durch „BR und ArbGeb. zu vereinbaren" sei, „der BV vorbehalten", „der Regelung vorbehalten", „betrieblich in angemessener Weise zu regeln" sei, (vgl. die Fälle BAG 3. 4. 79, 22. 12. 81, AP Nr. 2 zu § 87 BetrVG 1972, AP Nr. 7 zu § 87 BetrVG 1972 Lohngestaltung; BAG 25. 5. 82, AP Nr. 2 zu § 87 BetrVG 1972 Prämie nimmt demgegenüber ohne Begründung an, damit sei dem ArbGeb ein einseitiges Bestimmungsrecht eingeräumt)

84 Schließlich können die TV-Parteien im TV sogar vom TV **abweichende BV** zulassen, sofern sie den Umfang der Abweichung genau definieren (z. B. Einführung der analytischen Arbeitsbewertung statt des tariflichen summarischen Verfahrens, BAG 12. 8. 82, AP Nr. 5 zu § 77 BetrVG 1972, 28. 2. 84, AP Nr. 4 zu § 87 BetrVG 1972 Tarifvorrang; 14. 2. 89, AP Nr. 8 zu § 87 BetrVG 1972 Akkord; HSG, Rn 91; DR, Rn 230). Gegen die Grundsätze der Tarifautonomie wird auch nicht verstoßen, wenn ein TV ausdrücklich die nähere Regelung einer Angelegenheit, z. B. der individuellen wöchentlichen Arbeitszeit (vgl. weiter § 87 Rn 10c), den Betriebspartnern überträgt (BAG 18. 8. 87, AP Nr. 23 zu § 77 BetrVG 1972). Allerdings dürfen sich die Tarifparteien ihrer Normsetzungsbefugnis nicht vollständig zugunsten betrieblicher Regelungen entäußern. Ein Grundbestand tariflicher Normen muß bleiben (*Linnenkohl,* BB 88, 1459; *Meier-Kreuz,* DB 88, 2149; *Heinze,* NZA 89, 41 spricht von einer „Selbstentmündigung" der Tarifpartner; *Weyand,* ArbuR 89, 193, 196; vgl. auch *Kissel,* NZA 86, 73). Wegen Festlegung der individuellen regelmäßigen wöchentlichen Arbeitszeit vgl. auch § 87 Rn 10c.

85 Für **Sozialpläne** gilt das Vorrangprinzip **nicht** (§ 112 Abs. 1 Satz 4, vgl. dort Rn 27). Sie können ohne Rücksicht auf TV (günstigere) Regelungen für die ArbN treffen.

5. Lohnordnung bei Nichtgeltung eines Tarifvertrages

86 Ist kein TV abgeschlossen oder darf wegen Abs. 3 die tarifliche Regelung nicht durch BV für die nichttarifgebundenen ArbN übernommen werden (Rn 65), so wird trotzdem eine gewisse **Lohnordnung im Betrieb eingehalten werden müssen,** durch die die Arbeitsentgelte der ArbN je nach ihrer Leistung am Arbeitsplatz in eine bestimmte Beziehung zueinander gebracht und gleichartige Arbeiten in gleicher Weise bezahlt werden. Diese Lohnordnungen finden in den einzelnen Arbeitsverhältnissen dadurch Ausdruck, daß der ArbGeb. die Arbeitsbedingungen danach mit den einzelnen ArbN vereinbart. Die Mitwirkung des BR bei Gestaltung dieser Lohnordnung ist auf Grund seiner allgemeinen Aufgaben durchaus möglich (§ 80 Abs. 1 Nr. 2; BAG 26. 1. 62, AP Nr. 8 zu § 626 BGB Druckkündigung) und erscheint unvermeidlich, wenn der ArbGeb. eine Verständigung mit dem BR anstrebt, d. h. sich von ihm beraten läßt. Auch wenn so verfahren wird, entsteht aber **keinesfalls eine BV mit unabdingbarer Wirkung;** vielmehr kann in Einzelabmachungen zwischen ArbGeb. und ArbN von der „Lohnordnung" abgewichen werden, soweit nicht der Grundsatz der Gleichbehandlung (§ 75 Abs. 1) entgegensteht.

Dabei ist zu beachten, daß die tariflichen Arbeitsbedingungen nur eine Verschlechterung ausschließen (§ 4 Abs. 3 TVG), so daß den ArbN günstigere Arbeitsbedingungen eingeräumt werden können. § 77 Abs. 3 schließt die BV zwar aus. Es ist dem ArbGeb. jedoch nicht verboten, nach Fühlungnahme und u. U. sogar gemäß Absprache mit dem BR („Regelungsabrede", vgl. Rn 90ff.) den **ArbN günstigere** Löhne und sonstige **Arbeitsbedingungen zu gewähren** (*DR,* Rn 225; *Moll,* Tarifvorrang, S. 53). Wirtschaftlich gesehen besteht nur ein geringer Unterschied zwischen einem vom BR vielleicht mitunterschriebenen Aushang des ArbGeb., durch den den ArbN günstigere Arbeitsbedingungen angeboten werden, und dem Aushang einer förmlichen BV. Es liegt daher nahe, eine nach Abs. 3 etwa unzulässigerweise abgeschlossene BV als ein **gebündeltes Vertragsangebot an die ArbN** anzusehen, sofern diese nach Treu und Glauben von einem Verpflichtungswillen des ArbGeb ausgehen konnten. Allerdings wirken diese Vertragsangebote nicht normativ auf die Einzelarbeitsverhältnisse ein. Auch liegt keine den ArbGeb. bindende einseitige sog. Gesamtzusage vor. Wohl aber kommt es regelmäßig durch eine stillschweigende Annahme (§ 151 BGB) des Angebots des ArbGeb. durch die ArbN des Betriebs zum Abschluß paralleler Einzelverträge (vgl. die Fälle BAG 25. 1. 63, AP Nr. 77 zu Art. 3 GG, 13. 8. 80, AP Nr. 2 zu § 77 BetrVG 1972; zur betrieblichen Übung: *Braun,* BB 86, 1428, 1433; vgl. § 75 Rn 18a). Von dieser rechtlichen Wertung wird man aber nur ausgehen dürfen, wenn die unzulässige BV lediglich Regelungen mit begünstigendem Inhalt enthält. Den ArbN können die in einer derartigen Abrede festgelegten, sie etwa individuell belastenden Arbeitsbedingungen nicht gegen ihren Willen aufgezwungen werden. 87

Die Umdeutung (§ 140 BGB) ist aber nur möglich, wenn der ArbGeb. auch in Kenntnis der Unzulässigkeit des Abschlusses einer BV eine inhaltsgleiche Gestaltung der Arbeitsbedingungen gewollt hat oder diese nach Kenntnis der Unwirksamkeit der BV aufrechterhalten will (vgl. BAG 13. 8. 80, AP Nr. 2 zu § 77 BetrVG 1972). Dieser Wille kann in der Regel unterstellt werden, sofern die unwirksame BV nicht unter Druck zustande gekommen ist (LAG Hamm 27. 4. 88, DB 88, 1706; **a. M.** *Stadler,* BB 71, 710, u. von *Hoyningen- Huene,* DB 84, Beilage 1) oder kraft eines ungültigen Spruchs der E-Stelle im erzwingbaren Einigungsverfahren. Unerheblich ist dagegen, welche Motive den ArbGeb. zum Abschluß der unwirksamen BV bewogen haben. 88

Die einheitlichen Arbeitsbedingungen in Einzelverträgen **(„vertragliche Einheitsregelungen")** entfalten **nicht die normativen Wirkungen einer BV** (vgl. Rn 45). Wegen Umgehung des MBR vgl. § 87 Rn 19. Sie sind nur nach den für das Einzelarbeitsvertragsrecht maßgebenden 89

Grundsätzen zu beurteilen. So kann sich der ArbGeb. durch Vereinbarung mit den betroffenen ArbN oder durch Änderungskündigung von den übertariflichen Arbeitsbedingungen lösen. Auch Verzicht und Verwirkung der Ansprüche des ArbN ist möglich. Wegen der Wirkungen des Abschlusses späterer BV vgl. Rn 43ff.

V. „Regelungsabreden"

90 Nicht jeder gemeinsam gefaßte Beschluß von ArbGeb. und BR ist notwendigerweise eine BV, die ihrer Natur nach nur **generelle** (kollektive) **Regelungen** oder Maßnahmen enthält, sei es auch solche von zeitlich begrenzter Dauer. **Nicht durch BV** werden die **Beteiligungsrechte des BR auf personellem Gebiet** ausgeübt, die nur das einzelne konkrete Arbeitsverhältnis betreffen, soweit nicht allgemeine Richtlinien festgelegt werden. Entsprechendes gilt für einzelne Beteiligungsfälle nach § 87, z. B. die **Zuweisung einer Werkmietwohnung im Einzelfall.** Die BV stellt eine Kollektivregelung zur abstrakten Regelung der Arbeitsverhältnisse (aller oder einer Gruppe), betrieblicher und betriebsverfassungsrechtlicher Fragen dar, ist aber nicht zur Bestimmung dessen fähig, was individuell für den einzelnen ArbN Rechtens sein soll (h. M.). Die BV ist nur die eine, allerdings wichtigste und wirksamste Möglichkeit der Vereinbarung zwischen BR und ArbGeb. (Abs. 1). Die Frage ist wegen der für die BV erforderlichen Schriftform von praktischer Bedeutung, aber nicht für das MBR nach § 87, das sowohl durch BV als durch sog. Regelungsabrede (betriebliche Einigung) verwirklicht werden kann (vgl. BAG 9. 7. 85, AP Nr. 6 zu § 1 BetrAVG Ablösung), insbesondere wenn der Abschluß einer BV nach § 77 Abs. 3 unzulässig ist, das MBR aber mangels gegenwärtig gültiger TV bestehen bleibt (vgl. § 87 Rn 13).

91 **Nicht als BV** ist anzusehen der gemeinsame Beschluß über eine **echte Einzelmaßnahme** (Beispiel: Kündigung einer Werkmietwohnung, zeitliche Festlegung des Urlaubs für einen einzelnen ArbN; Entlassung oder Einstellung eines ArbN; Maßnahmen zur Abwendung bes. Belastungen, vgl. § 91 Rn 9). Eine Gestaltung des Inhalts der Arbeitsbedingungen mit normativer Kraft entfällt.

Nicht erforderlich oder wegen Tarifüblichkeit u. U. sogar nicht zulässig ist der Abschluß einer BV bei allgemeinen, insbes. **vorübergehenden Maßnahmen** des ArbGeb. im Rahmen des Direktionsrechts, z. B. Verlegung der Arbeitszeit an einzelnen Tagen (vgl. § 87 Rn 16), die keine Änderung der Einzelarbeitsverträge erfordern. Diese Absprache hat keine normative Wirkung, sondern verpflichtet wie ein Vertrag ArbGeb. und BR, entsprechend zu verfahren. (*Haug,* BB 86, 1921; *DR,* Rn 160). Der ArbGeb. ist aber auch gegenüber den ArbN verpflichtet, bei begünstigenden Leistungen entsprechende Vertragsangebote zu machen (vgl. Rn 87). Diese formlose Absprache kann inbes. in sog. Eilfällen zweckmäßig sein.

92 Für derartige Fälle ist der **Begriff der Regelungsabrede,** auch betriebliche Einigung genannt, erfunden worden (*Adomeit,* Die Regelungsabrede, 1960, ders. BB 67, 1003; *Blomeyer,* BB 69, 101; *DR,* Rn 158ff. „Betriebsabsprache"; *GL,* Rn 100ff.). Sie darf **nicht** zu einer **Aushöhlung des Anwendungsbereichs der BV führen,** da nur durch diese auf Dauer unmittelbare Rechte und Pflichten für die betroffenen ArbN geschaffen werden. Nur die BV garantiert Rechtssicherheit. Die Regelungsabrede bedarf nicht der Schriftform, eine schriftliche Niederlegung ist aber aus Beweisgründen zweckmäßig. Auf seiten des BR ist aber auch hier eine Beschlußfassung nach § 33 erforderlich. (LAG Frankfurt, 17 3. 83, DB 84, 882). Eine Zustimmung zu Maßnahmen des ArbGeb. durch sog. „schlüssiges Verhalten" des BR gibt es also nicht (*GK-Thiele,* Rn 22; z. T. **a. M.** *Blomeyer,* a. a. O.). Es bedarf einer eindeutigen Erklärung des BR. Eine **Kündigung** der Regelungsabrede ist ebenso wie die einer BV möglich. Sie endet aber meistens schon wegen Zweckerreichung (z. B. Verlegung der Arbeitszeit für einen bestimmten Tag). § 77 Abs. 5 u. 6 wird man entsprechend anwenden können (*GK-Thiele,* Rn 25 für Kündigungsmöglichkeit, aber gegen Nachwirkung; für sofortige Kündbarkeit: *DR,* Rn 164; gegen Nachwirkung *GL,* Rn 105 u. *Haug,* BB 86, 1921), aber nicht das Unabdingbarkeitsprinzip des Abs. 4. Die Regelungsabrede kann jederzeit durch eine BV abgelöst werden, aber nicht eine BV durch eine Regelungsabrede (BAG 27. 6. 85, AP Nr. 14 zu § 77 BetrVG 1972).

VI. Streitigkeiten

Meinungsverschiedenheiten darüber, ob der ArbGeb. einen gemeinsam mit dem BR gefaßten Beschluß (BV oder Regelungsabrede) richtig durchführt (Abs. 1 Satz 1), sind im **BeschlVerf.** zu klären (§ 2a ArbGG). Der BR kann insbesondere die Durchführung bzw. Einhaltung einer BV und die **Unterlassung** entgegenstehender Handlungen vom ArbGeb verlangen; dieser Anspruch besteht unabhängig von der Streitfrage eines allgemeinen Unterlassungsanspruchs des BR (BAG 24. 2. 87, 10. 11. 87, AP Nr. 21, 24 zu § 77 BetrVG 1972, 13. 10. 87, AP Nr. 2 zu § 77 BetrVG 1972 Auslegung, 28. 9. 88, AP Nr. 29 zu § 87 BetrVG 1972 Arbeitszeit; LAG Frankfurt, 12. 7. 88, AiB 88, 288). Entsprechendes gilt für die Frage, ob der BR entgegen der Vorschrift des Abs. 1 Satz 2 in die Betriebsleitung eingegriffen hat. Bei hartnäckigen Verstößen gegen getroffene Vereinbarungen kommen Maßnahmen nach § 23 Abs. 1 oder Abs. 3 in Betracht. 93

Streitigkeiten zwischen BR und ArbGeb. über das Bestehen eines MBR überhaupt, insbes. darüber, ob ein Fall der obligatorischen Mitbestimmung nach § 87 gegeben ist, entscheiden die ArbG im **BeschlVerf.** (§ 2a ArbGG). Dasselbe gilt bei Meinungsverschiedenheiten über rechtlichen **Bestand** (BAG 21. 2. 67, 8. 12. 70, AP Nr. 25, 26, 28 zu § 59 BetrVG) und **Auslegung** schon abgeschlossener **BV,** auch von Teilen einer BV. Der **einzelne ArbN** kann außerdem einen Anspruch aus einer BV, soweit es sich um sein Arbeitsverhältnis handelt, im **Urteilsverf.** geltend machen. Dabei ist als Vorfrage auch über die Wirksamkeit der 94

BV zu entscheiden (BAG 22. 2. 83, – 1 AZR 478/81 –), aber nicht über deren Billigkeit in Anwendung auf ein einzelnes Arbeitsverhältnis (vgl. Rn 96; *Dütz,* Jahrbuch des Arbeitsrechts, Bd. 20, S. 53ff.).

95 Geht dagegen der Streit um den konkreten Inhalt einer noch abzuschließenden BV **(Regelungsstreitigkeit),** so ist die **E-Stelle** zuständig, die aber nur in den ausdrücklich im Gesetz genannten Fällen schon auf Antrag einer Seite die fehlende Einigung ersetzt (vgl. § 76 Rn 30).

96 Da die BV Rechtsnormen enthält, unterliegt sie nach § 73 ArbGG **unbeschränkt der gerichtlichen Auslegung,** auch durch das BAG (vgl. *DR,* Rn 155; BAG 8. 11. 88, AP Nr. 48 zu § 112 BetrVG 1972). BV sind revisibel (vgl. Rn 24), müssen aber als nichtstaatliches Recht (§ 293 ZPO) dem Gericht nachgewiesen werden. Das ArbG hat zu prüfen, ob eine **BV** etwa gegen **zwingendes Recht verstößt** u. deshalb unwirksam ist (vgl. § 87 Rn 4). Den ArbG steht aber **ebensowenig wie beim TV** eine **Zweckmäßigkeitskontrolle** zu. Eine **Billigkeitskontrolle** wird vom BAG in ständiger Rechtsprechung bejaht (BAG 11. 6. 75, AP Nr. 1 zu § 77 BetrVG 1972 Auslegung, 11. 3. 76, AP Nr. 11 zu § 242 BGB Ruhegehalt-Unverfallbarkeit, 13. 10. 76, AP Nr. 15 a.a.O.; 17. 2. 81, 24. 3. 81, 9. 12. 81, 8. 12. 81, AP Nr. 11, 12, 14 zu § 112 BetrVG 1972, AP Nr. 1 zu § 1 BetrAVG Unterstützungskasse, bzw. Ablösung; 12. 8. 82, AP Nr. 4 zu § 77 BetrVG 1972; 17. 3. 87, AP Nr. 9 zu § 1 BetrAVG Ablösung, 26. 7. 88, AP Nr. 45 zu § 112 BetrVG 1972; *DR,* Rn 77 und 156 u. *GL,* Rn 54f.; *HSG,* Rn 24; z. T. krit. dazu *Thiele,* Festschrift für Larenz 1973, S. 1057, *Otto,* ZfA 76, 392 und *GK-Thiele,* Rn 68f.; gegen gerichtliche Billigkeitskontrolle insbesondere: *von Hoyningen-Huene,* Die Billigkeit im Arbeitsrecht 1978 S. 161ff. u. DB 84, Beilage 1 S. 6; *Hammen,* RdA 86, 23; *Kreutz,* ZfA 75, 65ff. u. Grenzen der Betriebsautonomie, 1979; *Reuter,* SAE 83, 201). Sie ist im Rahmen der folgenden Ausführungen mit Bedenken wegen des Normencharakters der BV zu bejahen; BV dürfen nicht gegen Rechtsnormen verstoßen. Hierzu gehören insbes. auch die Grundsätze des § 75 (BAG 19. 4. 83, AP Nr. 124 zu Art. 3 GG, 20. 11. 87, AP Nr. 2 zu § 620 BGB Altersgrenze). Auch Sprüche der E-Stelle müssen nach § 76 Abs. 5 Satz 3 billigem Ermessen entsprechen (vgl. § 76 Rn 32). Nichts anderes kann für BV gelten, die ohne Einschaltung der E-Stelle zustande kommen.

97 Bei BV ist aber zunächst einmal davon auszugehen, daß sie die mögliche Bandbreite dessen, was Recht und Billigkeit entspricht, nicht überschritten haben, so daß nur bei Überschreitung dieser Bandbreite ein Gesetzesverstoß festgestellt werden kann. Eine Billigkeitskontrolle der BV als Rechtsnorm kann nicht in demselben Umfang erfolgen wie beim Individualvertrag. Greift eine neue BV allerdings in Rechte oder rechtlich gesicherte Anwartschaften von ArbN ein, soweit dies überhaupt zulässig ist (vgl. Rn 45), so ist ein strengerer Maßstab bei der gerichtlichen Überprüfung von BV anzulegen. Die gerichtliche Kontrolle erstreckt sich entsprechend der Natur der BV als kollektiver Regelung aber nur auf die Norm als solche **(abstrakte Billigkeitskontrolle)** nicht auf deren Auswirkungen auf die einzelnen Arbeitsverhältnisse (konkrete Billigkeitskontrolle; BAG 17. 2. 81, 14. 2. 84, AP Nr. 11, 21 zu § 112

BetrVG 1972, 20. 11. 87, AP Nr. 2 zu § 620 BGB Altersgrenze, 26. 7. 88, AP Nr. 45 zu § 112 BetrVG 1972; vgl. auch *Ahrend,* Festschrift Hilger-Stumpf, Seite 17, 26; *Ahrend-Ruhmann,* DB 82, 224, 229; in diese Richtung deuten aber die Entscheidungen des BAG vom 8. 12. 1981 aaO u. 17. 3. 87, AP Nr. 9 zu § 1 BetrAVG Ablösung). Wegen gerichtlicher Überprüfung von Sozialplänen vgl. §§ 112, 112a Rn 38, 41.

Streitigkeiten wegen der Frage der **Zulässigkeit** des Abschlusses einer BV wie auch der **Unwirksamkeit** einer schon bestehenden **BV** wegen Verstoßes gegen Abs. 3 entscheiden die ArbG im **BeschlVerf.** nach § 2a ArbGG. BR u. ArbGeb. kann nicht entgegengehalten werden, das Begehren auf Feststellung der Unwirksamkeit einer BV sei rechtsmißbräuchlich (BAG 8. 12. 1970, AP Nr. 28 zu § 59 BetrVG 1952). Neben ArbGeb. und BR sind **auch die Tarifpartner** antragsberechtigt, sofern es um die Wirksamkeit einer BV im Verhältnis zu einem TV gemäß § 77 Abs. 3, § 87 Eingangssatz geht (*Matthießen,* DB 88, 285; LAG Schleswig-Holstein, 27. 8. 86, DB 86, 2438 = NZA 86, 795; **a.M.** BAG 18. 8. 87, 23. 2. 88, AP Nr. 6, 9 zu § 81 ArbGG 1979 im Gegensatz zu früheren Entscheidungen, kr. dazu *Kempff,* AiB 89, 66 u. *Weyand,* ArbuR 89, 198; vgl. aber auch die in § 87 Rn 160 zitierten Entscheidungen des BAG). Sie haben damit die Möglichkeit, einer Aushöhlung der Tarifautonomie entgegenzuwirken. Die Gültigkeit einer BV ist als **Vorfrage auch im Urteilsverfahren** zu prüfen (vgl. Rn 94). 98

§ 78 Schutzbestimmungen

Die Mitglieder des Betriebsrats, des Gesamtbetriebsrats, des Konzernbetriebsrats, der Jugend- und Auszubildendenvertretung, der Gesamt-Jugend- und Auszubildendenvertretung, des Wirtschaftsausschusses, der Bordvertretung, des Seebetriebsrats, der in § 3 Abs. 1 Nr. 1 und 2 genannten Vertretungen der Arbeitnehmer, der Einigungsstelle, einer tariflichen Schlichtungsstelle (§ 76 Abs. 8) und einer betrieblichen Beschwerdestelle (§ 86) dürfen in der Ausübung ihrer Tätigkeit nicht gestört oder behindert werden. Sie dürfen wegen ihrer Tätigkeit nicht benachteiligt oder begünstigt werden; dies gilt auch für ihre berufliche Entwicklung.

Inhaltsübersicht

I. Vorbemerkung

1 Die Vorschriften des S. 1 schützen den BR als solchen u. dessen Mitgl. und alle anderen namentlich aufgeführten Institutionen der Betriebsverfassung in ihrer Amtsführung, d. h. in der Ausübung ihrer Tätigkeit im Rahmen der Betriebsverfassung. S. 2 verbietet die unterschiedliche Be-

handlung der Mitgl. dieser Organe gegenüber den anderen ArbN um ihrer Tätigkeit willen. Es werden auch **amtierende ErsMitgl.** geschützt u. **ArbNVertr. im AR** nach dem BetrVG 52 (§ 76 Abs. 2 Satz 5 BetrVG 52 i. V. mit § 129, BAG 4. 4. 74, AP Nr. 1 zu § 626 BGB ArbNVertr. im AR). Für die ARMitgl. der ArbN nach dem **MitbestG** gilt § 26 MitbestG (vgl. *Fitting/Wlotzke/Wißmann,* § 26 Rn 3). Die entsprechende Vorschrift für die SchwerbehVertr. enthält § 26 Abs. 2 SchwbG, für die GesamtSchwerbehVertr. § 27 Abs. 6 SchwbG.

1a Der Schutz der unmittelbaren Organträger wird außerdem durch **§ 78a, § 103, § 15 KSchG** direkt und über den Schutz aller ArbN durch §§ 99, 102 indirekt verstärkt. Lediglich auf die Schutzvorschrift des § 78 sind aber weiterhin angewiesen: Mitgl. einer zusätzlichen tariflichen Vertretung nach § 3 Abs. 1 Nr. 1, des WiAusschusses (sofern nicht zugleich BR-Mitgl.), der E-Stelle, einer tariflichen Schlichtungsstelle u. einer betrieblichen Beschwerdestelle. Wegen des Schutzes von Wahlbewerbern und Wahlvorstandsmitgl. vor Aufstellung des Wahlvorschlags bzw. Bestellung des Wahlvorstands vgl. § 20 Rn 12 u. § 103 Rn 3, 34.

§ 78 ist ein Schutzgesetz i. S. des § 823 Abs. 2 BGB (vgl. § 1 Rn 139; BAG 9. 6. 82, AP Nr. 1 zu § 107 BPersVG) und kann entsprechende Unterlassungsansprüche des BR auslösen (vgl. § 23 Rn 60).

1b Entsprechende Vorschrift im **BPersVG 74:** § 8 u. im **SprAuG:** § 2 Abs. 3.

II. Schutz der Tätigkeit der Betriebsverfassungsorgane

2 Die Vorschrift des S. 1 richtet sich **gegen jedermann,** d. h. nicht nur gegen den ArbGeb., sondern auch gegen ArbN, Betriebsangehörige, die nicht ArbN sind (§ 5 Abs. 2) sowie leitende Ang. (§ 5 Abs. 3, 4) und gegen außerbetriebliche Stellen.

3 Geschützt ist nur die legale, sich im Rahmen der gesetzlichen oder tariflichen Vorschriften bewegende Tätigkeit der Organe und Stellen. An der Überschreitung ihres Aufgabenbereichs können sie im Rahmen der gesetzlichen Möglichkeiten gehindert werden (h. M.).

4 Eine **verbotene Behinderung oder Störung** der Tätigkeit der Betriebsverfassungsorgane der ArbNSeite kann jedes positive Tun und, soweit eine Mitwirkungspflicht besteht, auch ein Unterlassen sein (h. M.).

Beispiele:

Grundsätzliche Ablehnung der Zusammenarbeit nach § 2 Abs. 1, Verweigerung der Freistellung nach § 37 Abs. 2 oder § 38 Abs. 1, Ablehnung der erforderlichen Geschäftsbedürfnisse und Räume (§ 40), Verbot der Abhaltung von BetrVerslg., Verhinderung von BRSitzungen, Maßnahmen, durch welche die Ausübung der Überwachungspflicht nach §§ 80 Abs. 1, 89 Abs. 2–5, 96 beeinträchtigt wird, ständige Unterlassung der Mitteilungs- und Auskunftspflichten nach §§ 99 Abs. 1, 102 Abs. 1, 105, ständiger Ausspruch außerordentlicher statt ordentlicher Kündigungen, um das Widerspruchsrecht des BR nach § 102 Abs. 3 auszuschließen, leichtfertige Anträge nach § 23 Abs. 1 auf Auflösung des BR oder Ausschluß einzelner Mitgl., die in der Praxis dazu führen, daß der BR in seiner Tätigkeit gehemmt wird. Abhören von Sitzungen des BR ohne dessen Willen durch Tonbandgeräte, Verweigerung des Zutritts von Gewerkschaftsbeauftragten zum Betrieb ohne Vorliegen eines der Ausnahmetatbestände nach § 2 Abs. 2; Anordnungen, daß jedes Ortsgespräch bei der Telefonvermittlung anzumelden ist (VG München, 10. 11. 82, M 5155 XIVa 82). Wegen Erfassung von Zeitpunkt und Dauer von Ferngesprächen des BR vgl. BAG 27. 5. 86, AP Nr. 15 zu § 87 BetrVG 1972 Überwachung.

Benennt der **ArbGeb. keine Mitgl. der E-Stelle**(§ 76 Abs. 2), so ist das keine Störung ihrer Tätigkeit im Sinne des § 78, da hier keine Pflicht zum Tätigwerden besteht und die Sondervorschriften des § 76 Abs. 5 Platz greifen. Wird jedoch die Tätigkeit der gebildeten E-Stelle durch irgendwelche Maßnahmen beeinträchtigt, so gilt § 78 entsprechend (vgl. § 119 Abs. 1 Nr. 2). **4a**

Verboten ist sowohl jede Handlung, die mit der Zielrichtung der Störung und Behinderung begangen wird, als auch diejenige, die nur eine unbeabsichtigte, aber objektiv feststellbare Beeinträchtigung darstellt (*GK-Thiele,* Rn 19; *DR,* Rn 15; **a.M.** *HSG,* Rn 8 die Vorsatz verlangen, der aber nur bei einer Bestrafung nach § 119 Voraussetzung ist). Unzulässig ist schon jede **objektive Behinderung** der Tätigkeit des BR, die sich nicht aus der Ordnung des Betriebs und den normalen Verpflichtungen der BRMitgl. aus ihrem Arbeitsverhältnis ergibt. Anweisungen des ArbGeb., die einen solchen Verstoß darstellen, sind unwirksam (§ 134 BGB) und für die BRMitgl. unbeachtlich, so daß auch keine Verletzung der arbeitsvertraglichen Pflichten gegeben ist. Dabei kann es zu einer Konfliktsituation zwischen dem Schutzbedürfnis der BRTätigkeit und den Interessen des ArbGeb. an der Arbeitsleistung der BRMitgl. kommen. Dann sind die betrieblichen Notwendigkeiten auch zu berücksichtigen (vgl. § 30 Satz 2 für BRSitzungen u. § 37 Abs. 6 S. 2 für Schulungen; ähnlich *Dr,* Rn 16). Erfordert die Tätigkeit für den BR oder sonstige Stellen plötzlich und unvorhergesehen eine Unterbrechung der Arbeit, so darf der ArbGeb. dies nicht verhindern. Die ArbN haben sich lediglich abzumelden. Eine Verschiebung der Amtstätigkeit auf einen anderen Zeitpunkt darf der ArbGeb. nur aus dringenden betrieblichen Gründen verlangen (wegen der Lohnfortzahlungspflicht vgl. § 37 Rn 34ff.). **5**

Verstöße gegen Satz 1 werden nach § 119 Abs. 1 Nr. 2 auf Antrag des BR, der anderen in § 119 Abs. 2 genannten Organe, der Gewerkschaft, oder des Unternehmers **strafrechtlich verfolgt.** Insoweit genügt aber nicht die objektive Beeinträchtigung; strafbar ist **nur vorsätzliches Verhalten** (vgl. § 119 Rn 8). Unberührt bleibt die Möglichkeit, gegen den ArbGeb. nach § 23 Abs. 3 vorzugehen (*Heinze,* DB 83, Beilage 9, S. 15; nach ArbG Rosenheim, 22. 6. 1988, AiB 89, 83 besteht sogar ein Anspruch auf Weitergewährung sozialer Leistungen, die der ArbGeb unter Hinweis auf Freistellungsverlangen des BR nach § 38 gestrichen hat; vgl. auch § 23 Rn 60). **6**

III. Schutz von Mitgliedern der Betriebsverfassungsorgane gegen unterschiedliche Behandlung

7 Untersagt ist jede Handlung, durch die der **geschützte Personenkreis** wegen (d.h. ausschließlich oder überwiegend wegen) seiner ehrenamtlichen Tätigkeit im Rahmen der Betriebsverfassung **benachteiligt oder begünstigt** wird. Damit wird kein Privileg eingeräumt, sondern nur sichergestellt, daß diese Personen nicht anders behandelt werden als die anderen ArbN auch. Geschützt ist nur die ordnungsmäßige Betätigung (vgl. oben Rn 3). Die Vorschrift richtet sich gegen jedermann (h.M.). Wegen des Schutzes der Wahlkandidaten vgl. § 20 Rn 15ff. und § 103 Rn 3ff., 34.

8 Die Bestimmung des Satz 2 gilt für die gesamte Amtszeit der Mitgl. des BR und der sonstigen in § 78 genannten Stellen, kann aber auch Vor- und Nachwirkungen entfalten, wenn nämlich die Maßnahme im Hinblick auf die zukünftige oder bereits beendete Tätigkeit erfolgt (wichtig für ErsMitgl.!).

9 Unter **Benachteiligung** ist **jede Schlechterstellung im Vergleich zu anderen ArbN** zu verstehen, die nicht aus sachlichen oder in der Person des Betroffenen liegenden Gründen, sondern um seiner Tätigkeit innerhalb der Betriebsverfassung willen erfolgt. Neben der **Kündigung** (Rn zu § 103) kommen u.U. **folgende Benachteiligungen in Betracht:** Zuweisung einer weniger angenehmen Arbeit; Ausschluß von besonderen Zuwendungen oder Vergünstigungen (z.B. das BRMitgl. kann wegen seiner Tätigkeit die Beförderungsmöglichkeit mit Werksbussen nicht in Anspruch nehmen; dieser Nachteil ist auszugleichen, LAG Düsseldorf, BB 69, 1086); Versetzung auf einen geringer bezahlten Arbeitsplatz (aber nicht Versetzung zu einer gleichwertigen Tätigkeit, BAG 9. 6. 82, AP Nr. 1 zu § 107 BPersVG). Ausschluß vom Bewährungsaufstieg (BAG 15. 5. 68, AP Nr. 1 zu § 23a BAT), Widerruf der vorübergehenden Übertragung einer tariflich höherwertigen Tätigkeit wegen Freistellung eines BRMitgl. (BAG 13. 1. 81, AP Nr. 2 zu § 46 BPersVG), Versagung eines Zusatzurlaubs für freigestellte BRMitgl. weil die berufliche Tätigkeit z. Zt. nicht ausgeübt wird (BAG 8. 10. 81, AP Nr. 2 zu § 49 BAT).

9a Der letzte Halbsatz der Vorschrift des § 78 stellt ausdrücklich klar, daß auch die **berufliche Entwicklung** im normalen Rahmen zu verlaufen hat (vgl. § 37 Abs. 5, § 38 Abs. 3, 4; wegen des Begriffs vgl. § 82 Rn 6 u. wegen PR-Mitgl. BAG 31. 10. 85, AP Nr. 5 zu § 46 BPersVG). Für Auszubildende kann sich daraus u.U. ein Anspruch auf weitere Berufsausbildung, z.B. vom Verkäufer zum Einzelhandelskaufmann ergeben, wenn vergleichbare andere ArbN des Betriebs auch eine derartige Ausbildung erhalten; es gilt darüber hinaus die besondere Schutzvorschrift des § 78a.

10 Dagegen ist eine **Schlechterstellung** dann in Kauf zu nehmen, **wenn sie für alle ArbN des Betriebes,** der Betriebsabteilung oder der Beschäftigtengruppe **gilt** (*HSG,* Rn 12; *DR* Rn 25), z.B. die Einführung von Kurzarbeit, Herabsetzung übertariflicher Löhne. Änderung einer be-

trieblichen Ruhegeldordnung (BAG 30. 1. 70, AP Nr. 142 zu § 242 BGB Ruhegehalt), Ausscheiden mit vollendetem 65. Lebensjahr kraft BV (BAG 25. 3. 71, AP Nr. 5 zu § 57 BetrVG 1952, vgl. auch § 77 Rn 37a und § 24 Rn 15). Wegen (Massen-)-Änderungskündigungen, die sich auf alle ArbN erstrecken, vgl. § 103 Rn 10 u. wegen Unwirksamkeit einer „herausgreifenden" Kündigung nur von BRMitgl. § 103 Rn 18 a. E. Eine unzulässige Benachteiligung liegt auch nicht vor, wenn der ArbGeb. seiner öffentlich rechtlichen Verpflichtung zur Abführung von Steuern nachkommt (BAG 29. 7. 80, 22. 8. 85, AP Nr. 37, 50 zu § 37 BetrVG 1972, 29. 7. 80, AP Nr. 1 zu § 46 BPersVG; vgl. weiter § 37 Rn 36). Andererseits ist der ArbGeb. nicht gehindert, BRMitgl., die bisher steuerfreie Zuschläge erhielten, diese weiterhin ungeschmälert auszuzahlen.

Ein wirksamer **Verzicht** auf die durch das BetrVG eingeräumte 11
Rechtsstellung ist nicht möglich.

Auch die **Begünstigung** des durch § 78 erfaßten Personenkreises we- 12
gen ihrer Tätigkeit im Rahmen der Betriebsverfassung ist unzulässig. Auch hier muß der Ursachenzusammenhang gegeben sein. Keine Begünstigung liegt vor bei Maßnahmen, durch die die Arbeitsleistung oder die soziale Lage des BRMitgl. in betriebsüblicher Weise berücksichtigt wird. **Unzulässige Begünstigung ist** dagegen z. B. die über § 38 Abs. 1 hinausgehende und nicht erforderliche Freistellung eines BRMitgl. (vgl. § 38 Rn 16), die sachlich unbegründete tarifliche Höhergruppierung. Gewährung zusätzlichen Urlaubs, Zahlung überhöhter Entschädigungen für Auslagen oder Reisekosten (vgl. BAG 29. 1. 74 u. 23. 6. 75, AP Nr. 8 zu § 37 und AP Nr. 10 zu § 40 BetrVG 1972; wegen der Zulässigkeit der Pauschalierung vgl. § 37 Rn 7 und § 40 Rn 3 u. wegen Vergütung für Mitgl. der E-Stelle § 76a).

Vorsätzliche Verstöße gegen Satz 2 werden auf Antrag gem. § 119 13
Abs. 1 Nr. 3 **strafrechtlich verfolgt.** Antragsberechtigt sind: Die geschützten Betriebsverfassungsorgane, Unternehmer und Gewerkschaft. Außerdem besteht die Antragsmöglichkeit nach § 23 Abs. 3.

Außerdem sind Verstöße gegen das Benachteiligungsverbot durch 14
Rechtsgeschäft nach § 134 BGB **nichtig,** sonstige schuldhafte Verstöße begründen **Schadensersatzansprüche** nach § 823 Abs. 2 BGB, da die Vorschrift ein Schutzgesetz im Sinne dieser Bestimmung ist (h. M.; BAG 9. 6. 82, 31. 10. 85, AP Nr. 1 zu § 107 BPersVG, AP Nr. 5 zu § 46 BPersVG). Die Beweislast trägt grundsätzlich derjenige, der die unzulässige Benachteiligung behauptet, jedoch können die Regeln des Beweises des ersten Anscheins (prima-facie-Beweis) angewandt werden. Danach wird oft eine tatsächliche Vermutung dafür sprechen, daß zwischen der Amtstätigkeit und der Benachteiligung ein Ursachenzusammenhang besteht (zustimmend *GL,* Rn 14).

Die **Vereinbarung einer unzulässigen Begünstigung** ist nach § 134 15
BGB gleichfalls **nichtig.** Die versprochene Leistung kann nicht mit Erfolg eingeklagt werden. Ist die Begünstigung allerdings schon gewährt, so kommt eine Rückgabe grundsätzlich nicht in Frage (§ 817 Satz 2 BGB; *GL,* Rn 28).

BRMitgl. können nicht in ein Arbeitsverhältnis auf Grund des Ar- 16 beitssicherstellungsgesetzes v. 9. 7. 1968 (BGBl. I S. 787) verpflichtet werden (§ 5 Abs. 2 a. a. O.). Die Einberufung zum Wehrdienst und Zivildienst ist keine Verletzung des § 78, da es sich um eine gesetzliche Verpflichtung handelt. Wegen der Zurückstellung vom Wehr- oder Zivildienst vgl. aber § 8 Rn 7.

§ 78a Schutz Auszubildender in besonderen Fällen

(1) **Beabsichtigt der Arbeitgeber, einen Auszubildenden, der Mitglied der Jugend- und Auszubildendenvertretung, des Betriebsrats, der Bordvertretung oder des Seebetriebsrats ist, nach Beendigung des Berufsausbildungsverhältnisses nicht in ein Arbeitsverhältnis auf unbestimmte Zeit zu übernehmen, so hat er dies drei Monate vor Beendigung des Berufsausbildungsverhältnisses dem Auszubildenden schriftlich mitzuteilen.**

(2) **Verlangt ein in Absatz 1 genannter Auszubildender innerhalb der letzten drei Monate vor Beendigung des Berufsausbildungsverhältnisses schriftlich vom Arbeitgeber die Weiterbeschäftigung, so gilt zwischen Auszubildendem und Arbeitgeber im Anschluß an das Berufsausbildungsverhältnis ein Arbeitsverhältnis auf unbestimmte Zeit als begründet. Auf dieses Arbeitsverhältnis ist insbesondere § 37 Abs. 4 und 5 entsprechend anzuwenden.**

(3) **Die Absätze 1 und 2 gelten auch, wenn das Berufsausbildungsverhältnis vor Ablauf eines Jahres nach Beendigung der Amtszeit der Jugend- und Auszubildendenvertretung, des Betriebsrats, der Bordvertretung oder des Seebetriebsrats endet.**

(4) **Der Arbeitgeber kann spätestens bis zum Ablauf von zwei Wochen nach Beendigung des Berufsausbildungsverhältnisses beim Arbeitsgericht beantragen,**

1. festzustellen, daß ein Arbeitsverhältnis nach Absatz 2 oder 3 nicht begründet wird, oder

2. das bereits nach Absatz 2 oder 3 begründete Arbeitsverhältnis aufzulösen,

wenn Tatsachen vorliegen, auf Grund derer dem Arbeitgeber unter Berücksichtigung aller Umstände die Weiterbeschäftigung nicht zugemutet werden kann. In dem Verfahren vor dem Arbeitsgericht sind der Betriebsrat, die Bordvertretung, der Seebetriebsrat, bei Mitgliedern der Jugend- und Auszubildendenvertretung auch diese Beteiligte.

(5) **Die Absätze 2 bis 4 finden unabhängig davon Anwendung, ob der Arbeitgeber seiner Mitteilungspflicht nach Absatz 1 nachgekommen ist.**

Inhaltsübersicht

I. Vorbemerkung

Die Vorschrift schützt die in Berufsausbildung beschäftigten Mitglieder von Betriebsverfassungsorganen, insbesondere die JugAzubiVertr. Sie gilt nicht für Mitgl. des Wahlvorstands und Wahlbewerber, die nicht zum Zuge gekommen sind (ArbG Kiel, 10. 9. 76, DB 76, 2022; *GK-Thiele,* Rn 14): Aus §§ 14, 17 BBiG ergibt sich, daß das Berufsausbildungsverhältnis grundsätzlich mit Ablauf der Ausbildungszeit endet, ohne daß es einer Kündigung bedarf. Deshalb gelten auch die §§ 102, 103 nicht (wegen Weiterbeschäftigung als Einstellung vgl. § 99 Rn 13). 1

Der § 78a ist am 23. 1. 1974 in Kraft getreten. Er gilt für alle Berufsausbildungsverhältnisse (vgl. Rn 4b). Auf das **Alter des Auszubildenden kommt es nicht an,** auch nicht auf die Dauer des Ausbildungsverhältnisses. Die Vorschrift ist ebensowenig eine nach § 78 Satz 2 unzulässige Begünstigung wie die des § 103. Zu dieser Bestimmung vgl. *Becker-Schaffner,* DB 87, 2647, *Moritz,* DB 74, 1016; *Reinecke,* DB 81, 889; *Schwedes,* BABl. 74, 9; *Thiele,* BlStR 74, 177; *Wollenschläger,* NJW 74, 935 und *H. P. Müller,* DB 74, 1526 der verfassungsrechtliche Bedenken hat, die aber nicht begründet sind (*DR,* Rn 3; *GL,* Rn 7). 2

Entsprechende Vorschrift im **BPersVG 74:** § 9. 3

II. Verfahren

Nach den Vorschriften des **BBiG** endet das Berufsausbildungsverhältnis mit Ablauf der Ausbildungszeit oder vorher mit Bestehen der Abschlußprüfung, ggfs. der ersten Wiederholungsprüfung innerhalb eines Jahres (näheres vgl. § 14 BBiG) oder aufgrund einer Kündigung aus wichtigem Grund nach § 15 Abs. 2 Ziff. 1 BBiG, an deren Berechtigung aber kurz vor Prüfungsbeginn besonders strenge Anforderungen zu stellen sind (BAG 10. 5. 73, AP Nr. 3 zu § 15 BBiG). Wird der Auszubildende jedoch im Anschluß an das Berufsausbildungsverhältnis tatsächlich weiterbeschäftigt, so gilt ein Arbeitsverhältnis auf unbestimmte Zeit als begründet, auch wenn nichts ausdrückliches vereinbart wird (§ 17 BBiG). Diese Rechtsfolge tritt aber nicht ein, wenn der ArbGeb. von der Weiterbeschäftigung Abstand nimmt, was grundsätzlich in seinem freien Belieben steht. Hierzu bedarf es keiner ausdrücklichen Kündigung oder Willenserklärung des ArbGeb. Hier greift der Schutz der Mitglieder von Betriebsverfassungsorganen ein. Vorbehaltlich einer anderweitigen gerichtlichen Entscheidung entsteht **kraft gesetzlicher Fiktion ein Arbeitsverhältnis,** wenn ein Auszubildender dies **schriftlich verlangt** (Abs. 2). Es tritt also im Ergebnis dieselbe Rechtsfolge ein, wie nach § 17 BBiG. 4

5 Die Schutzvorschrift erfaßt ohne Rücksicht auf das Alter die amtierenden **Mitglieder der JugAzubiVertr., des BR,** der Bordvertretung und des SeeBR (Abs. 1). Der Schutz beginnt bereits zu dem Zeitpunkt, zu dem das Wahlergebnis feststeht, ohne Rücksicht darauf, ob die JugAzubiVertr schon Amtsbefugnisse ausüben kann (BAG 22. 9. 83, AP Nr. 11 zu § 78a BetrVG 1972). Schutz genießen nach Abs. 3 auch die **ausgeschiedenen Mitglieder dieser Organe,** wenn der Zeitpunkt des Ausscheidens aus dem Betriebsverfassungsorgan bei Beendigung des Berufsbildungsverhältnisses noch nicht ein Jahr zurückliegt, sofern das Ausscheiden nicht auf gerichtlichem Ausschluß aus der JugAzubiVertr. oder Feststellung der Nichtwählbarkeit oder gerichtliche Auflösung der JugAzubiVertr. beruht (BAG 21. 8. 79, AP Nr. 6 zu § 78a BetrVG 1972; *DR,* Rn 7, vgl. auch § 15 Abs. 1 Satz 2 KSchG). Es gilt nichts anderes als für vorzeitig ausscheidende BRMitgl. (§ 103 Rn 39).

6 Erfaßt werden auch **ErsMitgl.,** die zeitweise oder endgültig für ein ordentliches Mitgl. im letzten Vierteljahr des Berufsausbildungsverhältnisses der Vertretung angehören oder angehört haben und in diesem Zeitraum die Weiterbeschäftigung verlangen (BAG 15. 1. 80, AP Nr. 8 zu § 78a BetrVG 1972, *DR,* Rn 8; *GK-Thiele,* Rn 16; **a.M.** *GL,* Rn 4: nachwirkender Schutz nur für erstes ErsMitgl. ohne Rücksicht auf Vertretung). Auch vorübergehende nachgerückte ErsMitgl. haben den nachwirkenden Schutz nach Abs. 3, sofern das Ausbildungsverhältnis innerhalb eines Jahres nach der Vertretung erfolgreich abgeschlossen wird u. der Auszubildende innerhalb von 3 Mon. vor der Beendigung des Ausbildungsverhältnisses seine Weiterbeschäftigung verlangt (BAG 13. 3. 86, AP Nr. 3 zu § 9 BPersVG; einschr. BVerwG 25. 6. 86 – 6 P 27, 28/84 –). Vgl. auch § 103 Rn 35.

7 **Auszubildender** i. S. des § 78a ist zunächst derjenige, der nach Maßgabe des BBiG aufgrund eines Berufausbildungsvertrages in einen Ausbildungsberuf ausgebildet wird. Aber auch der in einen Umschulungsverhältnis für einen anerkannten Ausbildungsberuf befindliche ArbN (vgl. § 47 Abs. 3 BBiG) fällt unter die Vorschrift (*DR,* Rn 4; *GKSB,* Rn 2; *Reinecke,* DB 81, 889; **a.M.** *GL,* Rn 3 u. *HSG,* Rn 6), nicht aber Volontäre und Praktikanten (*GK-Thiele,* Rn 11, 12), die nur vorübergehend in einem Berufspraktikum beschäftigt werden. Dagegen fallen **Volontäre** dann unter § 78a, wenn sie einen geordneten Ausbildungsgang für einen Beruf durchlaufen, der durch TV festgelegt ist und wie in einem anerkannten Ausbildungsberuf mindestens 2 Jahre dauert; dies gilt insbesondere für Redaktionsvolontäre (BAG 23. 6. 83, AP Nr. 10 zu § 78a BetrVG 1972, *Blanke,* AiB 83, 30).

8 Zunächst hat der **ArbGeb. spätestens 3 Monate** vor dem normalen Ende des Berufsausbildungsverhältnisses (oder auch schon angemessene Zeit vorher) dem Auszubildenden **schriftlich mitzuteilen,** wenn er ihn **nicht in ein Arbeitsverhältnis** auf unbestimmte Zeit übernehmen will (**a.M.,** BAG 31. 10. 85, AP Nr. 15 zu § 78a BetrVG 1972 u. *DR,* Rn 10, 17; danach muß diese Frist vom Bestehen der Abschlußprüfung an gerechnet werden; § 14 Abs. 2 BBiG kann hier aber nicht Platz greifen, da der Prüfungstermin zum Zeitpunkt der Mitteilung vielfach noch gar

nicht feststeht). Eine Beteiligung des BR ist insoweit nicht vorgesehen. Der Auszubildende soll einen angemessenen Überlegungszeitraum haben, ob er in dem Betrieb verbleiben will. Versäumt es der ArbGeb., dem Auszubildenden rechtzeitig die schriftliche Mitteilung zu machen, so ergibt sich daraus noch nicht automatisch die Überleitung des Ausbildungsverhältnisses in ein Arbeitsverhältnis, wie Abs. 5 klarstellt (BAG 15. 1. 80, AP Nr. 7 zu § 78a BetrVG 1972). Der **Auszubildende** muß vielmehr in **jedem Fall seine Weiterbeschäftigung verlangen** (Rn 9). Allerdings können sich Schadensersatzansprüche des nicht oder nicht rechtzeitig informierten Auszubildenden ergeben („Vertrauensschaden"), der dadurch entsteht, daß infolge verspäteter Mitteilung der Auszubildende die Möglichkeit eines anderen Arbeitsverhältnisses ausschlug (*h. M.;* BAG 31. 10. 85, a. a. O.). Erfolgt die **Mitteilung nicht wenigstens bis zum Ablauf des Ausbildungsverhältnisses,** so gilt schon nach § 17 BBiG ein Arbeitsverhältnis als begründet, wenn der Auszubildende tatsächlich weiter beschäftigt wird.

Der **Auszubildende** muß **binnen der letzten 3 Monate** vor der ver- 9
traglichen Beendigung des Ausbildungsverhältnisses (nicht vor Bestehen der Abschlußprüfung, vgl. Rn 8) in jedem Fall seinerseits **schriftlich die Weiterbeschäftigung verlangen** (Abs. 2 Satz 1), und zwar auch dann, wenn der ArbGeb. seine Mitteilungspflicht versäumt (Abs. 5). Damit übt er ein gesetzliches Gestaltungsrecht aus (*DR,* Rn 16), mit dem auch gegen den Willen des ArbGeb. ein Arbeitsverhältnis begründet wird. Ein **vorher** gestelltes Verlangen ist **unwirksam** und muß innerhalb der Dreimonatsfrist wiederholt werden (vgl. § 5 Abs. 1 BBiG; BAG 15. 1. 80, AP Nr. 7 zu § 78a BetrVG 1972, kritisch *Grunsky,* Anm. EzA § 78a BetrVG Nr. 9; BAG 4. 11. 81, AP Nr. 3 zu § 543 ZPO 1977). Eine Bindung an den Betrieb ist erst innerhalb der letzten 3 Monate rechtlich zulässig (BAG 31. 1. 1974, AP Nr. 1 zu § 5 BBiG und 13. 3. 1975, AP Nr. 2 a. a. O.)

Beispiel:

Endet das Berufsausbildungsverhältnis voraussichtlich am 31. 5. 1990, so kann das Verlangen frühestens am 1. 3. und spätestens im Laufe des 31. 5. gestellt werden. Die Mitteilung muß dem ArbGeb. aber am letzten Tag der Frist auch noch zugehen.

Ein Aufhebungsvertrag und ein Verzicht auf den Sonderschutz ist 10
ebenfalls nur in den drei letzten Monaten des Ausbildungsverhältnisses wirksam (LAG Frankfurt, 9. 8. 1974, BB 75, 1205). Dann endet das Berufsausbildungsverhältnis gemäß § 14 BBiG (SG Gießen, NJW 78, 2415).

Bei Minderjährigen wird eine Genehmigung des gesetzl. Vertr. zur 11
Antragstellung regelmäßig wegen § 113 BGB nicht erforderlich sein (*KR-Weigand,* Rn 29 **a. M.** *DR,* Rn 21; *GL,* Rn 8; für unbeschränkte Handlungsfähigkeit des Minderjährigen in jedem Fall: *Moritz,* DB 74, 1017).

Das Verlangen bedarf **keiner Zustimmung des BR oder der JugAzu- 12
bi-Vertr. Verlangt** der Auszubildende seine **Weiterbeschäftigung**

nicht, scheidet er mit **Ablauf des Ausbildungsverhältnisses aus,** es sei denn, der ArbGeb. würde ihn tatsächlich weiterbeschäftigen (Rn 8).

13 Verlangt der Auszubildende seine Weiterbeschäftigung, so gilt nach Abs. 2 auf Grund des Verlangens des Auszubildenden **ein Arbeitsverhältnis auf unbestimmte Zeit kraft gesetzlicher Fiktion als begründet,** ähnlich wie nach § 17 BBiG. Dabei hat der ArbN Anspruch auf die gleiche finanzielle und berufliche Entwicklung wie vergleichbare ArbN (vgl. §§ 37 Rn 64ff.). Grundsätzlich wird ein Vollzeitarbeitsverhältnis begründet (BAG 13. 11. 87, AP Nr. 18 zu § 78a BetrVG 1972; vgl. weiter Rn 19). Auf das Bestehen der Abschlußprüfung oder deren verspätete Ablegung nach dem Ende der Ausbildungszeit kommt es im Gegensatz zu § 9 BPersVG nicht an (LAG Baden-Württemberg, AP Nr. 4 zu § 78a BetrVG 1972; *DR,* Rn 6; *GL,* Rn 7; *GK-Thiele,* Rn 31; vgl. aber auch Rn 19). Ein **Widerruf** des Verlangens bis zum Beginn des Arbeitsverhältnisses dürfte möglich sein (*GK-Thiele,* Rn 29).

14 Mit der Überleitung in das Arbeitsverhältnis wächst der ArbN in den **besonderen Kündigungsschutz nach § 103 und § 15 KSchG** hinein u. in die Rechtsstellung nach § 37 Abs. 4 u. 5. Eine Beteiligung des BR nach § 99 entfällt hinsichtlich der Einstellung, aber nicht für Eingruppierung und evtl. Versetzung (*GK-Thiele,* Rn 27). Zwar hat der JugAzubiVertr. keinen Anspruch auf Beschäftigung auf einem bestimmten Arbeitsplatz. Eine Versetzung darf aber in der Regel nicht zu einem Amtsverlust führen (LAG Berlin, 16. 12. 1974, BB 75, 837; vgl. § 24 Rn 19).

15 Der **ArbGeb.** kann die Begründung eines Arbeitsverhältnisses kraft gesetzlicher Fiktion verhindern bzw. dessen Beendigung erreichen, wenn er seinerseits das **ArbG anruft** und zwar **spätestens 2 Wochen nach Beendigung des Berufsausbildungsverhältnisses.** Daneben kann die Einhaltung der Zweiwochenfrist des § 626 Abs. 2 BGB nicht verlangt werden (BAG 15. 12. 83, AP Nr. 12 zu § 78a BetrVG 1972; *DR,* Rn 29; *GK-Thiele,* Rn 43; **a.M.** aber *Barwasser,* DB 76, 2214); das könnte dazu führen, daß der ArbGeb. sich veranlaßt sieht, das Ausbildungsverhältnis gem. § 15 BBiG fristlos zu kündigen. Es handelt sich um eine materiellrechtliche **Ausschlußfrist.** Binnen zwei Wochen nach Beendigung des Berufsausbildungsverhältnisses muß der Antrag beim ArbG eingegangen sein.

16 Erhebt der ArbGeb. Klage **vor** Beendigung des Berufsausbildungsverhältnisses, so hat der **Antrag auf Feststellung** gemäß Abs. 4 Nr. 1 zu lauten. Dieser Feststellungsantrag kann auch nach Beendigung des Berufsausbildungsverhältnisses aufrechterhalten werden (BAG 16. 1. 79, AP Nr. 5 zu § 78a BetrVG 1972, 14. 5. 87, AP Nr. 4 zu § 9 BPersVG; *Auffarth,* Festschrift Herschel, S. 18; *DR,* Rn 26; *GK-Thiele,* Rn 50; **a.M.** *GL,* Rn 17a; *Grunsky,* Anm. EzA § 78a BetrVG Nr. 9 u. Anm. BAG 14. 5. 87 a.a.O.: Übergang zum Auflösungsantrag erforderlich). Die Rechtsfolgen des Antrags auf Weiterbeschäftigung bleiben bis zur Entscheidung des ArbG in der Schwebe (BVerwG 26. 6. 81, BVerwGE 62, 364). Die Fiktion der Begründung eines Arbeitsverhältnisses gemäß Abs. 2 tritt nicht ein (BAG a.a.O.).

17 Wird die Klage erst **nach** diesem Zeitpunkt erhoben, so ist von vornherein der **Auflösungsantrag** nach Abs. 4 Nr. 2 zu stellen, es sei denn, die gesetzlichen Voraussetzungen des Abs. 1 für eine Weiterbeschäftigung würden bestritten. Dann kann Feststellungsklage erhoben und hilfsweise ein Auflösungsantrag gestellt werden. Einer Feststellungsklage, die der ArbGeb. erhebt, bevor der Auszubildende überhaupt seine Weiterbeschäftigung verlangt, ist unzulässig (*GKSB,* Rn 16; *DR,* Rn 26 für den Fall, daß dieser Antrag vor den letzten drei Monaten gestellt wird; **a.M.** *GL,* Rn 17a).

III. Entscheidung des Arbeitsgerichts

Die gemäß dem Antrag des ArbGeb ergehende Entscheidung des ArbG **18**
geht entweder auf Feststellung, daß ein Arbeitsverhältnis von vornherein nicht begründet, oder dahin, daß das bereits begründete gesetzliche Arbeitsverhältnis durch rechtsgestaltende Entscheidung wieder aufgelöst wird und zwar erst mit der Rechtskraft der Entscheidung (BAG 15. 1. 80, AP Nr. 9 zu § 78a BetrVG 1972; *GL,* Rn 16, *Reinecke,* DB 81, 889 will unabhängig von der Art des Antrags das Arbeitsverhältnis erst mit Rechtskraft der Entscheidung für aufgelöst ansehen, da das Urteil immer rechtsgestaltend sei). Bis dahin ist der ArbN zu beschäftigen. Im Fall des aufrechterhaltenen Feststellungsantrags nach Abs. 2 hingegen besteht ein (vorläufiger) Weiterbeschäftigungsanspruch des Azubis nur unter den gleichen Voraussetzungen wie während des Kündigungsschutzprozesses, d.h. der Feststellungsantrag muß offensichtlich unbegründet oder in erster Instanz bereits abgewiesen sein (BAG 14. 5. 87, AP Nr. 4 zu § 9 BPersVG).

Der Antrag ist begründet, wenn die **Weiterbeschäftigung** (in einem **19**
Vollzeitarbeitsverhältnis, BAG 13. 11. 87, AP Nr. 18 zu § 78a BetrVG 1972; *Künzl,* BB 86, 2404) dem ArbGeb. **„unter Berücksichtigung aller Umstände ... nicht zugemutet“** werden kann (Abs. 4). Das Gesetz gebraucht damit eine Formulierung, die an § 626 Abs. 1 BGB über die außerordentliche Kündigung aus wichtigem Grund angelehnt ist, ihr aber nicht voll entspricht (BAG 16. 1. 79, AP Nr. 5 zu § 78a BetrVG 1972). Nur **schwerwiegende Gründe persönlicher Art** (LAG Düsseldorf, 12. 6. 1975, DB 75, 1995; z.B. wiederholtes Nichtbestehen der Abschlußprüfung: LAG Niedersachsen 8. 4. 1975, DB 75, 1224) werden den Antrag des ArbGeb. rechtfertigen können, **ausnahmsweise auch dringende betriebliche Gründe,** z.B. Fehlen von Arbeitsplätzen (BAG a.a.O.; *DR,* Rn 30; *GK-Thiele,* Rn 44ff.; noch weiter einschränkend: *Schäfer,* ArbuR 78, 202; *GL,* Rn 13 u. *HSG,* Rn 21 wollen insbes. auf betriebliche Umstände abstellen, ebenso *Weng,* DB 76, 1013, gegen beide: *Barwasser,* DB 76, 2114) oder auch bei Fehlen eines Vollzeitarbeitsplatzes. Nach Ansicht des BAG (13. 11. 87, 25. 5. 88, AP Nr. 18 zu § 78a BetrVG 1972, AiB 89, 81) soll es nicht möglich sein, das Bestehen eines Teilzeitarbeitsverhältnisses feststellen zu lassen (**a.M.** *Künzl* a.a.O.; LAG Frankfurt 6. 1. 87, NZA 87, 532; ArbG Hannover, 16. 10. 86, DB 87, 179). Diese Auffassung nach dem Prinzip des „Alles oder Nichts“ ist bedenklich.

20 Kann der ArbGeb. nur einen **Teil der Auszubildenden** in ein Arbeitsverhältnis übernehmen, so muß er dies jedenfalls bezüglich des Personenkreises des Abs. 1 tun (*Schäfer,* ArbuR 78, 407; *GK-Thiele,* Rn 45, **a.M.** *GL,* Rn 15). Eine Schaffung zusätzlicher Arbeitsplätze, die Wiederbesetzung freier Arbeitsplätze, die der ArbGeb. einsparen will (*Grunsky,* EzA § 78a BetrVG Nr. 9) oder die Entlassung anderer ArbN kann aber ebenso wie für BR-Mitgl. (vgl. § 15 Abs. 5 KSchG) nicht verlangt werden (*DR,* Rn 30; *GK-Thiele,* Rn 47b, *Reinecke,* DB 81, 889 mit der Maßgabe, daß die Entlassung unentbehrlicher anderer ArbN nicht verlangt werden kann; *Weng* a. a. O.; BAG 16. 1. 79, AP Nr. 5 zu § 78a BetrVG 1972). Maßgebender Zeitpunkt für die Weiterbeschäftigungsmöglichkeit ist beim Feststellungsantrag das Ende des Berufsausbildungsverhältnisses, beim Auflösungsantrag der der letzten mündlichen Verhandlung in der Tatsacheninstanz (*Strieder,* BB 83, 579 LAG Hamm 30. 3. 88, DB 88, 2057). Den **ArbGeb.** trifft aber die **Beweislast,** daß eine Beschäftigung nicht möglich ist.

21 Lehnt das **ArbG den Antrag des ArbGeb. ab,** so wird im Anschluß an das Berufsausbildungsverhältnis das gesetzliche Arbeitsverhältnis begründet bzw. das schon entstandene Arbeitsverhältnis besteht nahtlos fort. Wird dem Antrag des ArbGeb. stattgegeben, so enden die rechtlichen Beziehungen mit dem Ende des Ausbildungsverhältnisses bzw. der rechtskräftige Beschluß des ArbG beendet mit gestaltender Wirkung das bereits begründete Arbeitsverhältnis. Diese Wirkungen treten aber erst mit **Rechtskraft der Entscheidung** ein. Bis dahin bleibt der ArbN im Betrieb (BAG 15. 1. 80, AP Nr. 9 zu § 78a BetrVG 1972).

IV. Streitigkeiten

22 Das Gesetz enthält keine ausdrückliche Vorschrift darüber, in welcher Verfahrensart über die Weiterbeschäftigung zu entscheiden ist. Gemäß § 2a ArbGG ist auch hier das **Beschlußverfahren,** nicht das Urteilsverfahren anzuwenden, zumal die Vorschrift in Abs. 4 Satz 2 die Beteiligung des BR (Bordvertretung, SeeBR) und ggfs. der JugAzubiVertr. im Verfahren ausdrücklich vorsieht (*Auffarth,* Festschrift Herschel, S. 16; *DR,* Rn 34; *GKSB,* Rn 19; *Herschel,* DB 76, 1285; *Schäfer,* NZA 85, 418; jetzt auch BAG 5. 4. 84, AP Nr. 13 zu § 78a BetrVG 1972 unter Aufgabe der früheren Rechtsprechung; für Urteilsverfahren aber *Grunsky,* ArbuR 76, 254, ebenso Anm. EzA § 78a BetrVG Nr. 10 zu LAG Niedersachsen und *GL,* Rn 18; *Bulla,* RdA 78, 201 [213] *HSG,* Rn 27; *GK-Thiele,* Rn 55). Beteiligte kennt aber nur das Beschlußverfahren (§ 83 ArbGG), nicht das Urteilsverfahren.

23 **Einstw. Verfg.** auf vorläufige Weiterbeschäftigung oder umgekehrt auf Entbindung von der Weiterbeschäftigung sind möglich, ebenso auf Gestattung der Wahrnehmung der Aufgaben des JugAzubiVertr. (§ 85 Abs. 2 ArbGG; **a.M.** ArbG Wiesbaden, DB 78, 797, dem insoweit zuzustimmen ist, als eine einstweilige Verfügung auf Auflösung des gesetzlich begründeten Arbeitsverhältnisses nicht zulässig ist; nach LAG

Schleswig-Holstein, 25. 3. 85, DB 85, 2412 nur ausnahmsweise, wenn lediglich der Antrag nach Abs. 4 Satz 2 der Weiterbeschäftigung entgegensteht).

Das Verfahren nach Abs. 4 kann nur der ArbGeb. einleiten. Tut er dies nicht, z. B. weil er das Bestehen eines Arbeitsverhältnisses oder die Mitgliedschaft in dem Betriebsverfassungsorgan überhaupt leugnet, so kann nach Stellung des Weiterbeschäftigungsverlangens der **ArbN** seinerseits seine arbeitsvertraglichen Ansprüche (vgl. Rn 13) im **Urteilsverfahren** geltend machen oder auf Feststellung des Arbeitsverhältnisses klagen (so auch BAG 9. 12. 1975, 23. 6. 83, 22. 9. 83, 13. 11. 87, AP Nr. 1, 10, 11, 18 zu § 78a BetrVG 1972, 13. 3. 86, AP Nr. 3 zu § 9 BPersVG). 24

§ 79 Geheimhaltungspflicht

(1) **Die Mitglieder und Ersatzmitglieder des Betriebsrats sind verpflichtet, Betriebs- oder Geschäftsgeheimnisse, die ihnen wegen ihrer Zugehörigkeit zum Betriebsrat bekanntgeworden und vom Arbeitgeber ausdrücklich als geheimhaltungsbedürftig bezeichnet worden sind, nicht zu offenbaren und nicht zu verwerten. Dies gilt auch nach dem Ausscheiden aus dem Betriebsrat. Die Verpflichtung gilt nicht gegenüber Mitgliedern des Betriebsrats. Sie gilt ferner nicht gegenüber dem Gesamtbetriebsrat, dem Konzernbetriebsrat, der Bordvertretung, dem Seebetriebsrat und den Arbeitnehmervertretern im Aufsichtsrat sowie im Verfahren vor der Einigungsstelle, der tariflichen Schlichtungsstelle (§ 76 Abs. 8) oder einer betrieblichen Beschwerdestelle (§ 86).**

(2) **Absatz 1 gilt sinngemäß für die Mitglieder und Ersatzmitglieder des Gesamtbetriebsrats, des Konzernbetriebsrats, der Jugend- und Auszubildendenvertretung, der Gesamt- Jugend- und Auszubildendenvertretung, des Wirtschaftsausschusses, der Bordvertretung, des Seebetriebsrats, der gemäß § 3 Abs. 1 Nr. 1 und 2 gebildeten Vertretungen der Arbeitnehmer, der Einigungsstelle, der tariflichen Schlichtungsstelle (§ 76 Abs. 8) und einer betrieblichen Beschwerdestelle (§ 86) sowie für die Vertreter von Gewerkschaften oder von Arbeitgebervereinigungen.**

Inhaltsübersicht

I. Vormerkung

1 Die vertrauensvolle (§ 2 Abs. 1) Zusammenarbeit von ArbGeb. und BR bringt es mit sich, daß dessen Mitgl. und Ersatzmitgl. sowie weitere an der Organisation der Betriebsverfassung beteiligte Personen Mitteilungen und Kenntnisse über Betriebs- und Geschäftsgeheimnisse erhalten können. Im Interesse des ArbGeb. und des Betriebs und damit seiner Belegschaft wird für solche Fälle eine besondere Geheimhaltungspflicht dieser Personen festgelegt. Die Beachtung dieser Pflicht, Verschwiegenheit zu bewahren, ermöglicht es dem ArbGeb. seine Informationspflichten rechtzeitig und umfassen zu erfüllen. Eine Einschränkung der Mitteilungspflicht der ArbGeb. im Hinblick auf Geschäfts- und Betriebsgeheimnisse enthält das Gesetz nur hinsichtlich der BetrVerslg. (§ 43 Rn 24) und des WiAusschusses (§ 106 Rn 11), aber nicht für den BR.

1a Entsprechende Vorschrift im **BPersVG 74:** § 10 u. im **SprAuG:** § 29.

II. Betriebs- oder Geschäftsgeheimnisse

2 Betriebs- oder Geschäftsgeheimnisse sind Tatsachen, die im Zusammenhang mit dem technischen Betrieb oder der wirtschaftlichen Betätigung des Unternehmens stehen, nur einem eng begrenzten Personenkreis bekannt, also nicht offenkundig (z. B. nicht im Wirtschaftsteil einer Zeitung veröffentlicht) sind, nach dem bekundeten Willen des ArbGeb. (Unternehmers) geheimgehalten werden sollen, und deren Geheimhaltung (insbesondere vor Konkurrenten) für den Betrieb oder das Unternehmen wichtig ist (**materielles Geheimnis;** BAG 16. 3. 82, AP Nr. 1 zu § 611 BGB Betriebsgeheimnis; RGZ 149, 334; BGH in LM Nr. 2 zu § 17 UWG). Der ArbGeb. muß ein berechtigtes Interesse an der Geheimhaltung haben (h. M.). Es ist also **objektiv feststellbar,** ob ein Betriebs- oder Geschäftsgeheimnis vorliegt oder nicht. Besteht kein objektives Geheimhaltungsinteresse, so kann eine Angelegenheit nicht willkürlich zum Geschäftsgeheimnis gemacht werden (*Gl,* Rn 9). Unlautere oder gesetzwidrige Vorgänge (z. B. Steuerhinterziehungen) sind niemals Geschäftsgeheimnisse.

Beispiele für Geheimnisse:

Kundenlisten, Unterlagen über neue technische Verfahren oder Mängel der hergestellten Waren, Absatzplanung, Kalkulation, Diensterfindungen, Konstruktionszeichnungen, Rezeptur einer Reagenz (BAG 16. 3. 82, a. a. O.), u. U. Lohn- und Gehaltslisten als Teil der betriebswirtschaftlichen Kalkulation in einem Zeitungsverlag, in dem die Personalkosten mit den Produktionskosten weitgehend identisch sind (BAG 26. 2. 87, AP Nr. 2 zu § 79 BetrVG 1972).

3 Die Verschwiegenheitspflicht nach § 79 tritt erst ein, nachdem der **ArbGeb.** oder sein Vertreter (vgl. § 1 Rn 87) durch **ausdrückliche Erklärung** darauf hingewiesen hat, daß eine bestimmte Angelegenheit als Geschäfts- oder Betriebsgeheimnis zu betrachten und darüber Still-

schweigen zu bewahren ist (**formelles Geheimnis**). Erst der Hinweis begründet die Schweigepflicht; er muß klar und eindeutig (mündlich oder schriftlich) unter bestimmter Bezeichnung der Angelegenheit erfolgen. Der BR bzw. das andere Organ hat Sorge zu tragen, daß ggfls. BRMitgl., die bei der Erklärung nicht anwesend waren, hiervon in Kenntnis gesetzt werden. Nur ein „materielles" Geheimnis (Rn 2) kann als „formelles" Geheimnis bezeichnet werden. Die **Bezeichnung** einer Mitteilung als **„vertraulich" genügt nicht** (**a. M.** *DR,* Rn 6, *GK-Thiele,* Rn 10).

III. Umfang der Schweigepflicht

Auf Grund der Verschwiegenheitspflicht ist den Personen, die ihr unterliegen, verboten, die erlangten Kenntnisse zu **„offenbaren"** d. h. an Dritte weiterzugeben; dabei kommt es auf die Art der Weitergabe (schriftlich, mündlich, privat, unter dem Siegel der Verschwiegenheit) nicht an. „Dritte" sind **auch die ArbN des Betriebes,** soweit das Gesetz nicht selbst Ausnahmen (vgl. Rn 9ff.) vorsieht (DR, Rn 11; *GL,* Rn 16). Sie dürfen die Geheimnisse auch nicht **„verwerten",** d. h. zu eigenen wirtschaftlichen Zwecken ausnutzen (vgl. § 120 Rn 3; *GK-Thiele,* Rn 23). 4

Die **Schweigepflicht** kann gegenüber **vorrangigen Pflichten** zum Reden **zurücktreten,** z. B. Zeugenaussage vor Gericht, Anzeige strafbarer Handlungen, insbes. drohender Verbrechen nach § 138 StGB, Auskunftserteilung im Rahmen des Arbeitsschutzes (vgl. § 89 Rn 6). § 53 Abs. 1 StPO räumt den BR-Mitgl. kein auf ihr Amt bezogenes Zeugnisverweigerungsrecht im Strafprozeß ein (BVerfG 19. 1. 79, NJW 1979, 1286, dazu *Rengier,* BB 80, 321; LG Darmstadt NJW 79, 1286). 5

Die Schweigepflicht endet nie. Sie bleibt insbesondere auch bestehen, wenn der Betreffende die Mitgliedschaft, auf Grund deren er das Betriebs- oder Geschäftsgeheimnis erfahren hat, verliert oder die Amtszeit des Gremiums endet, ohne daß er wiedergewählt wird. Die Vertr. der Gewerkschaften und der Vereinigungen der ArbGeb. haben keine Amtszeit im Sinne der Betriebsverfassung, da sie nur beratend und unterstützend wirken. Für sie bleibt die Schweigepflicht auch bestehen, wenn sie nicht mehr Vertr. ihrer Organisation sind. 6

IV. Personenkreis

Die Pflicht zur Verschwiegenheit trifft nach Abs. 1 Satz 1 sämtliche Mitgl. des **BR** sowie die ErsMitgl., da auch diese entweder als zeitweilige Vertr. für verhinderte Mitgl. oder als nachrückende Mitgl. (§ 25) in interne Betriebsvorgänge eingeweiht werden können. Die Schweigepflicht gilt nach Abs. 2 aber auch für alle anderen dort genannten Betriebsverfassungsorgane (Mitgl. und ErsMitgl. des **GesBR, KBR, JugAzubiVertr., GesJugAzubiVertr., WiAusschuß,** der **Bordvertr.,** des 7

SeeBR, der gemäß **§ 3 Abs. 1 Nr. 1 und 2** gebildeten Vertr. der ArbN, der **E-Stelle,** der **tariflichen Schlichtungsstelle** [§ 76 Abs. 8], einer betrieblichen **Beschwerdestelle** [§ 86]), sowie für die Vertreter von **Gewerkschaften** und **ArbGebVerbänden,** die durch Teilnahme an BRSitzungen (§§ 31, 29 Abs. 4) Betriebs- oder Geschäftsgeheimnisse erfahren können. Die Vorschrift erfaßt auch den BR als Organ, wenn er z. B. durch Informationsblätter oder Aushänge am Schwarzen Brett Betriebs- oder Geschäftsgeheimnisse preisgibt (BAG 26. 2. 1987, AP Nr. 2 zu § 79 BetrVG 1972).

8 Die **Schweigepflicht** nach § 79 betrifft **nur Kenntnisse,** die eine Person als **Mitgl. einer der in § 79 bezeichneten Stellen von ArbGebSeite,** nicht von Dritten, (*GKSB,* Rn 6; **a.M.** *GL,* Rn 10, *GK-Thiele,* Rn 11) erworben hat. Hat eine solche Person derartige Kenntnisse auf Grund ihrer Arbeit im Betrieb, d. h. ohne Zusammenhang mit ihrer Tätigkeit im Rahmen der Betriebsverfassung erhalten, so kann sich eine Schweigepflicht aber aus der allgemeinen Treuepflicht als ArbN ergeben, für Geschäfts- und Betriebsgeheimnisse auch aus §§ 16, 17 UWG (Rn 24).

V. Ausnahmen

9 Von dem grundsätzlichen Verbot, Betriebs- und Geschäftsgeheimnisse Dritten gegenüber zu offenbaren (Rn 4), gelten im Interesse der Funktionsfähigkeit der Betriebsverfassung die **Ausnahmen** nach Abs. 1 Sätze 3 und 4.

Wer auf Grund dieser Ausnahmevorschriften befugterweise Geheimnisse, die nach § 79 geschützt sind, weitergibt, muß den Empfänger der Information ausdrücklich auf die Verpflichtung zu Verschwiegenheit hinweisen.

10 Das Verbot gilt **nicht** im **Innenverhältnis zwischen den BR-Mitgliedern** (einschließlich der auf Dauer oder für vorübergehend verhinderte BRMitgl. nachgerückten Ers.Mitgl.). So können der Vors., sein Stellvertr., oder die Mitgl. von Ausschüssen (§§ 27, 28) die Nichtweitergabe von Informationen an die übrigen BRMitgl. nicht aus § 79 begründen.

11 Entsprechendes gilt nach Abs. 2 für die **interne Kommunikation** innerhalb des **GesBR, KBR,** der **JugAzubiVertr.,** der **GesJugAzubiVertr.,** der **Bordvertr.,** des **SeeBR,** des **WiAusschusses,** der „zusätzlichen" oder „anderen" **Vertretungen nach § 3 Abs. 1 und 2,** der **E-Stelle,** einer tariflichen **Schlichtungsstelle** (76 Abs. 8) oder einer **betrieblichen Beschwerdestelle** (§ 86). Auch innerhalb dieser Stellen ist die interne Weitergabe von Informationen durch § 79 nicht beschränkt.

12 Nach Abs. 1 Satz 4 sind der **BR** und seine Mitgl. nicht gehindert, im Außenverhältnis Betriebs- oder Geschäftsgeheimnisse zu offenbaren gegenüber: **GesBR, KBR, Bordvertretung, SeeBR** desselben Unternehmens oder Konzerns sowie gegenüber den **ArbNVertr. im AR.**

Inwieweit er diese Geheimnisse weitergibt, obliegt seinem pflichtgemäßen Ermessen. Diese Befugnis unterliegt nach *GK-Thiele,* Rn 29 keiner rechtlichen Beschränkung.

Entsprechendes gilt nach Abs. 2 im **Außenverhältnis** für die Mitteilung von Betriebs- und Geschäftsgeheimnissen durch die in Abs. 1 Satz 4 genannten Stellen und ihre Mitglieder: **GesBR, KBR, Bordvertr.** und **SeeBR** können sowohl dem BR als auch wechselseitig (also nicht nur auf dem Umweg über den BR und die ArbNVertr. im AR) solche Geheimnisse mitteilen. 13

Auch die gegenseitige Unterrichtung von BR desselben Unternehmens dürfte nicht unzulässig sein, zumal da der GesBR, über den die Weitergabe der Information zulässig wäre, aus Mitgl. der BR besteht (§ 47 Rn 20ff.).

Findet ein Verfahren vor einer **E-Stelle,** einer **tariflichen Schlichtungsstelle** oder einer **betrieblichen Beschwerdestelle** statt, so können der BR bzw. dessen Mitgl. diesen Stellen Betriebs- oder Geschäftsgeheimnisse mitteilen, soweit deren Kenntnis für die Entscheidung der Stelle von Belang ist. Entsprechendes gilt für den GesBR oder KBR, soweit sie Beteiligte eines Verfahrens vor der E-Stelle oder der tariflichen Schlichtungsstelle sind. 14

Erfahren diese Stellen im Verfahren ihrerseits Betriebs- oder Geschäftsgeheimnisse, so dürften sie insoweit nur zur Information derjenigen ArbNVertr. berechtigt sein, die an dem betr. Verfahren beteiligt ist. Diese Einschränkung ergibt sich aus der sinngemäßen Anwendung des Abs. 1 Satz 4 (weitergehend *GK-Thiele,* Rn 29),

Der **BR** (GesBR, KBR, Bordvertr., SeeBR) darf durch § 79 geschützte **Geheimnisse nicht weitergeben** an diejenigen Stellen, die nur in Abs. 2, nicht jedoch auch in Abs. 1 genannt sind: **JugAzubiVertr., GesJugAzubiVertr., WiAusschuß,** die **„zusätzlichen" und „anderen" Vertretungen** nach § 3 Abs. 1 Nrn. 1 u. 2, sowie die **Vertreter** der **ArbGeb-Verbände und der Gewerkschaften.** 15

Für die Mitgl. dieser Gremien gilt die Geheimhaltungspflicht, soweit sie geschützte Geheimnisse in anderer Weise erfahren haben (z. B. durch Teilnahme an Sitzungen, in denen der ArbGeb. derartige Geheimnisse mitgeteilt hat, vergl. z. B. § 106 Abs. 2). Wegen interner Kommunikation vergl. oben Rn 11. Die Vertr. der Koalitionen dürfen ihre Kenntnisse insoweit allerdings ihren Organisationen nicht mitteilen.

Andererseits können diese Stellen und Personen **ihrerseits** Betriebs- und Geschäftsgeheimnisse **dem BR** (GesBR, KBR, Bordvertr., SeeBR) **mitteilen.**

Diese „Einbahnstraße" der Verschwiegenheitspflicht ist schwer verständlich hinsichtlich der „anderen Vertretung" (§ 3 Abs. 1 Nr. 2), die an die Stelle des BR tritt (vergl. den Hinweis in *GK-Thiele* Rn 31). Die Beschränkung der Mitteilungsbefugnis gegenüber dem WiAusschuß ist im Hinblick auf dessen Aufgaben ebenfalls befremdlich; sie kann jedenfalls nicht Platz greifen, wenn dessen Aufgaben auf einen Ausschuß des BR (GesBR) übertragen sind.

VI. Sonstige Schweigepflichten

16 Auf die Geheimhaltungspflicht der **Sachverständigen** nach § 80 Abs. 3 Satz 2, § 108 Abs. 2 Satz 3 und § 109 Satz 3 findet § 79 entsprechende Anwendung. Daraus ergibt sich, daß auch deren Schweigepflicht sich nur auf Kenntnisse bezieht, die sowohl „materielle" wie „formelle" Geheimnisse betreffen. Aus der Tatsache, daß diese Sachverständigen nicht Mitgl. eines Organs der BetrVerf. sind und nur eine auf den betr. Einzelfall beschränkte Aufgabe haben, ist zu schließen, daß ihnen die Befugnis zur Weitergabe von geschützten Geheimnissen allenfalls im Verhältnis zu der Stelle zusteht, die ihre Beiziehung veranlaßt hat. Entsprechendes gilt für die Information des Sachverständigen durch diese Stelle.

17 Auch die Verschwiegenheitspflicht der vom BR (GesBR) **in den WiAusschuß berufenen weiteren ArbN** (§ 107 Abs. 3 Satz 3) bezieht sich nur auf die nach § 79 geschützten Geheimnisse. Da sie Mitglieder dieses Ausschusses sind, gilt für sie das oben Rn 11 und 15 zum WiAusschuß gesagte entsprechend.

Für den vom Unternehmer zu den Sitzungen des WiAusschußes beigezogenen ArbN (§ 108 Abs. 2 Satz 2) könnte eine bes. Schweigepflicht allenfalls aus der Strafvorschrift des § 120 Abs. 1 Nr. 4 abgeleitet werden. Zu dieser wegen ihres widersprüchlichen Wortlauts unpraktikablen Vorschrift vergl. § 120 Rn 4.

18 Nach **§ 99 Abs. 1 Satz 3 und § 102 Abs. 2 Satz 5** haben die Mitglieder des BR Stillschweigen zu bewahren über „persönliche Geheimnisse" von ArbN (Bewerbern), die ihnen im **Rahmen von personellen Einzelmaßnahmen** bekannt geworden sind, d. h. über **persönliche Verhältnisse und Angelegenheiten** des ArbN, die ihrer Bedeutung oder ihrem Inhalt nach einer vertraulichen Behandlung bedürfen. In diesen Fällen bedarf es keiner Erklärung des ArbGeb. über die Geheimhaltungsbedürftigkeit. Es genügt, daß ein **„materielles"** Geheimnis vorliegt (näheres vgl. Rn 2). Durch Verweisung auf § 79 Abs. 1 Sätze 2–4 ist klargestellt, daß diese Schweigepflicht auch nach Ausscheiden aus dem BR gilt (Rn 6) und nicht Platz greift bei Informationen innerhalb des BR (Rn 10), sowie daß deren Weitergabe an die in Abs. 1 Satz 4 genannten Stellen zulässig ist (Rn 12). Strafvorschrift § 120 Abs. 2.

19 Einer noch weitergehenden Verschwiegenheitspflicht unterliegt das **BRMitgl.**, das von **einem ArbN nach § 82 Abs. 2 oder § 83 Abs. 1** im Rahmen der Mitwirkungsrechte einzelner ArbN **hinzugezogen** wird. Das BR-Mitgl. hat sowohl über den Inhalt der Verhandlungen nach § 82 als auch über den Inhalt der Personalakte (§ 83) Stillschweigen zu bewahren. Nur der ArbN selbst kann das BRMitgl. im Einzelfall (u. U. auch auf bestimmte Tatsachen beschränkt) von dieser Schweigepflicht entbinden. Diese Pflicht gilt **gegenüber jedermann,** auch gegenüber den übrigen BRMitgl. Sie besteht unabhängig davon, ob überhaupt ein „Geheimnis" im materiellen Sinne besteht. Allerdings ist nach § 120 Abs. 2 in diesen Fällen die Weitergabe von Geheimnissen nur auf Antrag des betr. ArbN strafbar. Zum Datenschutz vergl. Rn 25.

Der BR (und die in Abs. 1 Satz 4 genannten Stellen) dürfen den **ArbNVertr. im AR des Unternehmens oder Konzerns** Betriebs- und Geschäftsgeheimnisse mitteilen, die nach § 79 Abs. 1 geschützt sind. Die AR-Mitgl. ihrerseits unterliegen der gesellschaftsrechtlichen Verschwiegenheitspflicht (vergl. § 76 BetrVG 52 Rn 125 a). § 79 findet insoweit auf diesen Personenkreis keine Anwendung. 20

Die Schweigepflicht **der SchwbehVertr.** ist in § 26 Abs. 7 SchwbG (die des **GesSchwbehVertr.** in § 27 Abs. 6 SchwebG) eigenständig geregelt (vergl. auch die Strafvorschrift § 69 SchwbG). Sie bezieht sich auf Betriebs- und Geschäftsgeheimnisse im „materiellen" und „formellen" Sinn (Rn 2 u. 3) sowie auf persönliche Verhältnisse und Angelegenheiten (Rn 18), ohne daß diese als solche bezeichnet sein müßten. Diese Geheimnisse (Geschäfts- wie Privatgeheimnisse) darf das Mitgl. der SchwbehVertr.) aber mitteilen: Der Bundesanstalt für Arbeit, der zuständigen Hauptfürsorgestelle, dem GesVertrauensmann(-frau), sowie (Verweisung auf § 79 Abs. 1) dem BR, GesBR, KBR, Bordvertr. und SeeBR sowie den ArbNVertr. im AR. Bei seiner Zusammenarbeit mit der gesetzl. Betriebsvertretung können die SchwbehVertr (§ 32) und die GesSchwbehVertr (§ 52) Betriebs- und Geschäftsgeheimnisse erfahren, wenn der ArbGeb. entsprechende Mitteilungen in ihrer Gegenwart macht. Die Verschwiegenheitspflicht der Vertrauensmänner(-frauen) gilt nach dem Ausscheiden aus dem Amt weiter. 21

Eine Mitteilungsbefugnis der Betriebsverfassungsorgane gegenüber den Vertr. der Schwbeh ergibt sich insoweit weder aus § 79 noch aus den einschlägigen Vorschriften des SchwbG. 21a

Den **Vertrauensmann der Zivildienstleistenden** trifft keine bes. Verschwiegenheitspflicht. Für ihn gilt die allgemeine Schweigepflicht des § 28 Abs. 1 ZDG. Die BR sind nicht berechtigt, an den Vertrauensmann Betriebs- oder Geschäftsgeheimnisse weiterzugeben. 22

Neben der Schweigepflicht nach § 79 besteht die Verpflichtung der BRMitgl. (u. sonstiger Organmitgl.) auch über **Vorgänge innerhalb des BR** zu schweigen, soweit durch deren Bekanntgabe die **Funktionsfähigkeit des BR ernstlich beeinträchtigt** würde (vgl. BAG 5. 9. 1967, AP Nr. 8 zu § 23 BetrVG 1952). Strafrechtlich ist ein Verstoß hiergegen nicht verfolgbar, jedoch hat der BR die Möglichkeit, gem. § 23 Abs. 1 den Ausschluß desjenigen Mitgl., das einen groben Verstoß begangen hat, beim ArbG zu beantragen. Eine generelle Schweigepflicht besteht aber nicht, vgl. § 30 Rn 16. 23

Auch ohne daß ein Verstoß gegen die obengenannten Vorschriften vorliegt, kann eine überflüssige oder gar bösartige Verbreitung von Kenntnissen, die die **Intimsphäre** eines ArbN empfindlich betreffen (z. B. Schwangerschaft einer ArbN, vgl. § 80 Rn 35, § 94 Rn 18; Vermögenslage, Gehaltsbezüge eines ArbN), einen groben Verstoß gegen die BR-Pflichten darstellen. 24

Wegen Schweigepflichten aus dem **Arbeitsvertrag,** die auch die Mitgl. von Betriebsverfassungsorganen betreffen, soweit nicht Pflichten aus dem BetrVG vorgehen, vergl. § 17 UWG (vgl. § 120 Rn 9).

VII. Datengeheimnis

25 Neben den vorstehend genannten Verschwiegenheitspflichten gilt für BRMitgl. ferner die Vorschrift des **§ 5 Abs. 1 BDSG** über das **Datengeheimnis.** Danach ist es den bei der Datenverarbeitung beschäftigten Personen untersagt, geschützte personenbezogene Daten unbefugt zu einem anderen als dem zur jeweiligen rechtmäßigen Aufgabenerfüllung gehörenden Zweck zu nutzen. Diese Vorschrift richtet sich nicht nur an die unmittelbar mit der Datenverarbeitung befaßten Personen eines Unternehmens (z. B. die im Rechenzentrum beschäftigten ArbN), sondern erfaßt alle Personen, die im Rahmen ihrer beruflichen Tätigkeit im Unternehmen geschützte personenbezogene Daten zur Kenntnis bekommen (z. B. Angehörige von Fachabteilungen, denen die Daten übermittelt werden, Botendienst, Wartungs- und Reinigungspersonal; vgl. hierzu *Simitis/Dammannn/Mallmann/Reh,* BDSG, § 5 Rn 6; *Auernhammer,* BDSG, § 5 Rn 2). Zu diesem Personenkreis gehört auch der als Teil der speichernden Stelle anzusehende **BR** (vgl. hierzu § 1 Rn 100), der im Rahmen seiner zahlreichen Mitwirkungs- und Mitbestimmungsrechte insbesondere im personellen Bereich Anspruch auf Unterricht auch über vom BDSG geschützte personenbezogene Daten und auf ihre Vorlage hat (einschränkend *GL,* Rn 13a). § 5 Abs. 1 BDSG ist auch nicht – jedenfalls nicht in vollem Umfang – gemäß § 45 BDSG durch die Vorschriften über die Verschwiegenheitspflichten des BetrVG verdrängt. Dies wäre nur dann der Fall, wenn die betriebsverfassungsrechtlichen Verschwiegenheitsvorschriften eine deckungsgleiche Regelung wie § 5 Abs. 1 BDSG enthielten (vgl. hierzu *Auernhammer,* BDSG, § 45 Rn 2; *Simitis/Dammann/Mallmann/Reh,* BDSG, § 45 Rn 19ff. m. w. Angaben; vgl. auch § 83 Rn 30ff.). Diese Verschwiegenheitspflichten beschränken sich aber im wesentlichen auf Betriebs- und Geschäftsgeheimnisse und auf personenbezogene Daten mit einem gewissen Intim- bzw. Vertraulichkeitscharakter (vgl. z. B. § 99 Abs. 1 Satz 3, dort Rn 18).

26 Demgegenüber schützt das **BDSG** wegen der Gefährdung, die mit der Verarbeitung personenbezogener Daten in Dateien verbunden ist, **alle personenbezogenen Daten.** Soweit die betriebsverfassungsrechtliche Verschwiegenheitspflicht sich nicht auf in Dateien gespeicherte personenbezogene Daten erstreckt, greift deshalb insoweit § 5 Abs. 1 BDSG auch für BRMitgl. Platz (ebenso *Simitis,* Schutz von Arbeitnehmerdaten, S. 58ff.; *GKSB,* Rn 8; *Wohlgemuth,* Datenschutz, Rn. 766; *Gola,* DuD 78, 27; *Kriependorf,* DuD 79, 19; *Simitis/Dammann/Mallmann/Reh,* BDSG, § 5 Rn 6; *Gallwas/Schwappach/Schweinoch,* BDSG § 22, Rn 78; **a. A.** *DR,* Rn 94, *GK-Thiele,* Rn 46; *Linnenhohl,* NJW 81, 207; *Wahsner/Borgaes,* BlStR 80, 54, die damit jedoch die nach dem BDSG geschützten personenbezogenen Daten, die nicht auch von der betriebsverfassungsrechtlichen Schweigepflicht erfaßt werden, beim BR geheimschutzfrei stellen). Diese Konsequenz ist auch innerlich gerechtfertigt. Denn es ist kein Grund ersichtlich, weshalb es den BRMitgl. im Gegensatz z. B. zu den ArbN der EDV- oder der Personalabteilung gestattet sein soll, ihnen

im Rahmen ihrer Aufgabenerfüllung bekannt gewordene, durch das BDSG geschützte personenbezogene Daten in einer zweckentfremdeten Weise zu nutzen oder darüber zu verfügen. Die Geltung des § 5 Abs. 1 BDSG auch für BRMitgl. führt in keiner Weise zu einer irgendwie gearteten Einschränkung der BRArbeit. Denn § 5 Abs. 1 BDSG untersagt nur eine **unbefugte** Nutzung von personenbezogenen Daten. Ihre Nutzung zur Erfüllung und im Rahmen der umfassenden BRAufgaben ist jedoch nicht unbefugt.

Die in § 5 Abs. 2 BDSG vorgesehene Verpflichtung auf das Datengeheimnis durch den ArbGeb. findet allerdings auf die BRMitgl. keine Anwendung. Dem steht die organisatorische Unabhängigkeit des BR vom ArbGeb. entgegen (vgl. hierzu § 1Rn 101). 27

VIII. Verstöße und Streitigkeiten

Grobe Verletzung der Schweigepflicht berechtigt den ArbGeb., die **Amtsenthebung von BRMitgl.** nach § 23 Abs. 1 zu beantragen (h. M.), ggfs. die Auflösung des BR, wenn ein (bekanntgemachter) BR-Beschluß unmittelbar u. gröblich gegen die Geheimhaltungsvorschriften verstößt (h. M.). Je nach Sachlage dürfte im Einzelfall auch eine außerordentliche Kündigung gerechtfertigt sein, insbesondere wenn das Verhalten des BRMitgl. vornehmlich einen schweren Verstoß gegen die Pflichten aus dem Arbeitsvertrag enthält (vgl. § 103 Rn 18; vgl. auch *Zachert,* AiB 83, 55), oder die Pflichten aus dem Amt überhaupt nicht berührt werden, weil das Mitgl. die geheimen Angaben außerhalb seiner Amtstätigkeit erfahren hat (vgl. oben Rn 8, 24). Bei schuldhaftem Bruch der Schweigepflicht kann der ArbGeb. nach § 823 Abs. 2 BGB Schadensersatzansprüche geltend machen, da § 79 ein Schutzgesetz im Sinne dieser Vorschrift ist (h. M.); gleiche Ansprüche hat ein ArbN oder im Fall des § 105 ein leitender Ang., der Schaden erlitten hat. Aufgrund der Verschwiegenheitspflicht ergibt sich auch ein entsprechender **Unterlassungsanspruch** des ArbGeb, den er im BeschlVerf. geltend machen kann (BAG 26. 2. 1987, AP Nr. 2 zu § 79 BetrVG 1972). 28

Verstöße gegen § 79 werden auf Antrag des ArbGeb. (Unternehmers) **strafrechtlich verfolgt** (§ 120). Außerdem kommt auf Antrag auch eine Strafverfolgung nach §§ 17, 18, 20 UWG in Betracht. Wegen Verstößen gegen das Datengeheimnis vgl. § 41 BDSG. 29

Streitigkeiten über Bestehen und Umfang der Schweigepflicht entscheiden die ArbG im **BeschlVerf.** (§ 2a ArbGG), im Rahmen des § 109 aber die E-Stelle. Rechtskräftige Beschlüsse der ArbG können gem. § 85 Abs. 1 ArbGG vollstreckt werden. Diese Fragen sind u. U. aber auch in einem Schadenersatzprozeß als Vorfragen von Bedeutung. 30

§ 80 Allgemeine Aufgaben

(1) **Der Betriebsrat hat folgende allgemeine Aufgaben:**

1. darüber zu wachen, daß die zugunsten der Arbeitnehmer geltenden Gesetze, Verordnungen, Unfallverhütungsvorschriften, Tarifverträge und Betriebsvereinbarungen durchgeführt werden;
2. Maßnahmen, die dem Betrieb und der Belegschaft dienen, beim Arbeitgeber zu beantragen;
3. Anregungen von Arbeitnehmern und der Jugend- und Auszubildendenvertretung entgegenzunehmen und, falls sie berechtigt erscheinen, durch Verhandlungen mit dem Arbeitgeber auf eine Erledigung hinzuwirken; er hat die betreffenden Arbeitnehmer über den Stand und das Ergebnis der Verhandlungen zu unterrichten;
4. die Eingliederung Schwerbehinderter und sonstiger besonders schutzbedürftiger Personen zu fördern;
5. die Wahl einer Jugend- und Auszubildendenvertretung vorzubereiten und durchzuführen und mit dieser zur Förderung der Belange der in § 60 Abs. 1 genannten Arbeitnehmer eng zusammenzuarbeiten; er kann von der Jugend- und Auszubildendenvertretung Vorschläge und Stellungnahmen anfordern;
6. die Beschäftigung älterer Arbeitnehmer im Betrieb zu fördern;
7. die Eingliederung ausländischer Arbeitnehmer im Betrieb und das Verständnis zwischen ihnen und den deutschen Arbeitnehmern zu fördern.

(2) **Zur Durchführung seiner Aufgaben nach diesem Gesetz ist der Betriebsrat rechtzeitig und umfassend vom Arbeitgeber zu unterrichten. Ihm sind auf Verlangen jederzeit die zur Durchführung seiner Aufgaben erforderlichen Unterlagen zur Verfügung zu stellen; in diesem Rahmen ist der Betriebsausschuß oder ein nach § 28 gebildeter Ausschuß berechtigt, in die Listen über die Bruttolöhne und -gehälter Einblick zu nehmen.**

(3) **Der Betriebsrat kann bei der Durchführung seiner Aufgaben nach näherer Vereinbarung mit dem Arbeitgeber Sachverständige hinzuziehen, soweit dies zur ordnungsgemäßen Erfüllung seiner Aufgaben erforderlich ist. Für die Geheimhaltungspflicht der Sachverständigen gilt § 79 entsprechend.**

Inhaltsübersicht

I. Vorbemerkung

Die allgemeinen Aufgaben des BR beziehen sich auf **sämtliche Tätigkeitsbereiche,** d. h. den **sozialen, den personellen und den wirtschaftlichen** Bereich. Sie stehen selbständig neben den in den einzelnen Abschnitten angeführten Befugnissen, sind aber häufig Grundlage für die Ausübung der einzelnen Beteiligungsrechte. Der BR ist nicht auf die Angelegenheiten nach §§ 87–113 beschränkt. Vielmehr dürften für seine beratende Tätigkeit die gleichen Grenzen gelten wie für die zulässigen Themen der BetrVerslg. (vgl. § 45 Rn 5ff. u. § 74 Rn 11). Näheres Rn 6. Neben den in Abs. 1 geregelten „allgemeinen Aufgaben" sind die Unterrichtungspflichten nach Abs. 2 und die Möglichkeit der Zuziehung eines Sachverständigen nach Abs. 3 von Bedeutung. Allgemein zur Vorlage von Unterlagen an den BR: *Föhr,* DB 76, 1378. 1

Wegen entsprechender Vorschriften für die JugAzubiVertr. vgl. § 70, den Vertrauensmann der Schwbeh. § 25 Abs. 1 SchwbG und den Vertrauensmann der Zivildienstleistenden § 37 Abs. 2 u. 3 ZDG. Deren Aufgaben und Zuständigkeiten schließen die des BR nicht aus.

Entsprechende Vorschrift im **BPersVG 74:** § 68 und im **SprAuG:** § 25. 2

II. Allgemeine Aufgaben des Betriebsrats

1. Überwachung der zugunsten der Arbeitnehmer geltenden Normen

Die Überwachungspflicht des BR über die Durchführung der im § 80 Nr. 1 genannten Normen ist eine der grundlegenden Aufgaben des BR, ohne daß er damit zu einem dem ArbGeb. übergeordneten Kontrollorgan würde (h. M.). Es handelt sich zunächst um die Gesetze und Verordnungen, die Vorschriften über den Arbeitsschutz enthalten (vgl. **Vor** § 89 Rn 49ff.). Zugunsten der ArbN gelten im weiteren Sinne aber auch die **Vorschriften der meisten arbeitsrechtlichen Gesetze:** Urlaubs- und Feiertagsgesetze, das KSchG, das Gesetz über die Fristen für die Kündigung von Angestellten, das BeschFG, das LFG, das AÜG, die AZO, das JArbSchG, die arbeitsrechtlichen Vorschriften in BGB, HGB, GewO, das MuSchG, ferner die den Schutz der ArbN betreffenden Vorschriften des BetrVG, z. B § 75 und § 95. Der BR hat nicht nur die Schutzgesetze i. S. des § 823 Abs. 2 BGB zu überwachen, sondern die **Einhaltung** 3

sämtlicher Vorschriften, die „zugunsten" der ArbN wirken (grundsätzlich ebenso *DR,* Rn 4), einschließlich der Einhaltung der allgemeinen arbeitsrechtlichen Grundsätze (Gleichbehandlungsgrundsatz, Fürsorgepflicht, BAG 11. 7. 72 u. 18. 9. 1973, AP Nr. 1 u. 3 zu § 80 BetrVG 1972). Die Beachtung der gesetzlichen Bestimmungen über die Leiharbeit, die Teilzeitarbeit (Klevemann, AiB 86, 156) und das Verbot der illegalen Beschäftigung oder der Schwarzarbeit (vgl. §§ 1, 9, 14 AÜG, § 2 Nr. 8, § 12a AFG, Art. 1 § 4 BeschFG, § 1, 2 Gesetz zur Bekämpfung der Schwarzarbeit) dient der Erhaltung von Arbeitsplätzen im Betrieb bzw. deren Neubesetzung.

4 Hierzu zählen auch die Vorschriften des **Bundesdatenschutzgesetzes** (BDSG), soweit seine Bestimmungen auf die ArbN des Betriebs Anwendung finden (BAG 17. 3. 1987, AP Nr. 29 zu § 80 BetrVG 1972; vgl. hierzu § 83 Rn 16ff.). Daß auch dem vom ArbGeb. zu bestellenden **Datenschutzbeauftragten** die Sicherstellung der Vorschriften über den Datenschutz obliegt (vgl. § 29 BDSG), berührt das Überwachungsrecht des BR nicht (LAG Niedersachsen, EzA § 37 BetrVG 1972 Nr. 64; *DR,* Rn 6, 47; *GL,* Rn 7a; *GK-Thiele,* Rn 10; *Simitis,* ArbuR 77, 104; *Wohlgemuth,* ArbuR 81, 273). BR und Datenschutzbeauftrager sollen, auch wenn keine diesbezügliche gesetzliche Verpflichtung besteht (*DR,* Rn 111), zur Sicherstellung des Datenschutzes im Betrieb möglichst eng zusammenarbeiten (*Simitis,* Schutz von Arbeitnehmerdaten, S. 74; *Simitis/Dammann/Mallmann/Reh,* BDSG, § 29 Rn 20; *Kilian,* Personalinformationssysteme, S. 251; zurückhaltend *Wohlgemuth,* Datenschutz, Rn 749). Wegen Unterrichtung über EDV-Programme vgl. Rn 32 u. § 87 Rn 74).

5 Unter die Überwachungspflicht des BR fallen kraft ausdrücklicher Regelung auch Bestimmungen in **UVV der Unfallversicherungs-Träger** nach § 708 RVO. Zur Prüfung der Einhaltung der Vorschriften hat der BR auch ein Zutrittsrecht zu Räumen, deren Betreten Unbefugten verboten ist (LAG Frankfurt, DB 72, 2214); auch kann der BR **Betriebsbegehungen** zu diesem Zwecke durchführen, ohne daß dargelegt werden müßte, daß Verstöße gegen die in Nr. 1 genannten Vorschriften vorliegen (BAG 21. 1. 82, AP Nr. 1 zu § 70 BetrVG 1972; vgl. auch BAG 13. 6. 89, AP Nr. 36 zu § 80 BetrVG 1972; ArbG Berlin, 30. 7. 87, AiB 88, 187; *Schlochauer,* Festschrift Müller, S. 459ff.). Die alleinige Verantwortung für die Einhaltung der Vorschriften bleibt aber beim ArbGeb. Nach BAG 11. 12. 1973, AP Nr. 5 zu § 80 BetrVG 1972, fallen die Vorschriften des Lohnsteuerrechts nicht unter Abs. 1 Nr. 1.

6 Von Bedeutung für den BR sind insbesondere die **Gesetze,** die dem BR **weitere Zuständigkeiten** zuweisen, insbes. in Zusammenarbeit mit außerbetrieblichen Stellen (vgl. Brill, ArbuR 81, 202), z. B.:

KSchG	§§ 3, 17, 20
AFG	§§ 8, 12a, 72, 81, 88, 141bf.;
ArbNErfG	§§ 20, 21
SchwbG	§§ 13, 14, 17 Abs. 2, 23, 25 Abs. 4, 29, 31
GefStoffV	§ 21

ASiG	§§ 9, 11, 12 Abs. 2 Nr. 1
MitbestG	§§ 21, 22
AktG	§§ 98 Abs. 2, 104 Abs. 1
RVO	§ 712 Abs. 4 i. Vbdg. mit AVV (Anhang 7; vgl. auch § 89 Rn 8).
	§ 719 Abs. 4
VermBG	§§ 3, 11
HGB	§ 335 Abs. 1 S. 2

Auch die **Überwachung der Einhaltung von TV** obliegt dem BR, 7
soweit sie Bestimmungen zugunsten der ArbN enthalten. Das gilt auch für schuldrechtliche Normen eines TV, die sich zugunsten der ArbN auswirken (BAG 11. 7. 72, AP Nr. 1 zu § 80 BetrVG 1972) Zwecks Überprüfung der Eingruppierung kann der BR einen ArbN am **Arbeitsplatz aufsuchen** (BAG 17. 1. 89, AP Nr. 1 zu § 2 LPVG NW). Für die Geltendmachung individueller Ansprüche ist aber in erster Linie der einzelne ArbN zuständig (vgl. Rn 9). Den TV stehen die bindenden Festsetzungen der Arbeitsbedingungen nach §§ 19 und 22 HAG sowie Mindestarbeitsbedingungen nach § 8 MindArbBedG gleich.

Schließlich hat der BR insbesondere auch über die **Einhaltung von** 8
BV zu wachen, deren Durchführung aber Aufgabe des ArbGeb. ist (§ 77 Abs. 1). Die Überwachungsaufgaben nach Abs. 1 fallen in die originäre Zuständigkeit der EinzelBR auch dann, wenn es um die Einhaltung einer GesamtBV geht (BAG 20. 12. 1988, AP Nr. 5 zu § 92 ArbGG 1979). Entsprechendes gilt für die **einheitliche Regelung von Arbeitsbedingungen** durch Abschluß gleichlautender Arbeitsverträge wegen des Gleichbehandlungsgrundsatzes (*DR,* Rn 12; *GL,* Rn 11; vgl. auch § 77 Rn 86f.). Die Überwachungspflicht bezieht sich aber nicht auf die Gestaltung eines einzelnen, individuellen Arbeitsvertrages (*DR,* Rn 11).

Soweit der einzelne ArbN auf Grund der vorstehend genannten 9
Rechtsnormen einen unmittelbaren Anspruch gegen den ArbGeb. hat, gehört es **nicht zu den Aufgaben des BR,** vor dem ArbG die **Prozeßvertretung** des ArbN zu übernehmen (vgl. auch § 1 Rn 90; BVerwG 13. 2. 1976, BVerwGE 50, 186 [197]; *GL,* Rn 13; BAG 19. 5. 83, AP Nr. 44 zu § 37 BetrVG 1972; *Schmidt* ArbuR 88, 26). Aus der Überwachungsaufgabe des BR auf Einhaltung der in § 80 Abs. 1 Nr. 1 genannten Vorschriften folgt nicht zugleich, daß er auch einen im BeschlVerf. durchsetzbaren betriebsverfassungsrechtlichen Anspruch gegen den ArbGeb hätte; der individuelle Rechtsschutz des einzelnen ArbN würde auf das Verhältnis zwischen den Betriebspartnern verlagert (BAG 25. 5. 1982, AP Nr. 2 zu § 87 BetrVG 1962 Prämie, 16. 7. 1985, AP Nr. 17 zu § 87 BetrVG 1972 Lohngestaltung). Der BR ist darauf beschränkt, die mangelhafte Beachtung der Vorschriften beim ArbGeb zu beanstanden und auf Abhilfe zu drängen (BAG 10. 6. 1986, 24. 1. 1987, AP Nr. 26, 28 zu § 80 BetrVG 1972). Damit wird indirekt die individualrechtliche Position des einzelnen ArbN verstärkt. Der BR sollte sich aber in der Erteilung von Rechtsauskünften zurückhalten (Rechtsberatungsmißbrauchsgesetz!) und die ArbN besser an die Rechtsauskunftsstellen der

Gewerkschaften bzw. ArbG verweisen (vgl. LAG Hamburg, 10. 4. 87, DB 87, 1744). Wohl aber kann und soll der BR durch Vorstellungen beim ArbGeb. zunächst eine gütliche Regelung auch in Rechtsfragen versuchen. Auch kann ein Mitgl. des BR kraft besonderen Auftrags eines ArbN außergerichtlich vertreten.

10 Wegen des kollektivrechtlichen Bezugs von Sozialplänen ist davon auszugehen, daß der **BR im Konkurs** bevollmächtigt ist, für die einzelnen ArbN derartige Ansprüche im Konkursverfahren nach §§ 138ff. KO anzumelden (BAG 13. 12. 78, AP Nr. 6 zu § 112 BetrVG 1972). Vgl. weiter SozplKonkG § 4 Rn 2ff. Wegen der Behandlung von Beschwerden des ArbN vgl. §§ 84ff.

11 Vor **Anzeigen bei Behörden** oder einer „Flucht in die Öffentlichkeit" ist die interne Bereinigung innerbetrieblicher Mißstände zu versuchen (*Söllner,* Festschrift Herschel, S. 403; vgl. auch BGH 20. 1. 81, DB 81, 788). Unterläßt der ArbGeb. die Anzeige an das AA gemäß § 8 AFG oder § 17 KSchG, so kann der BR das AA unterrichten (*Bieback,* ArbuR 86, 161, 174). Haben Gegenvorstellungen des BR keinen Erfolg, so kann er im BeschlVerf. die Unwirksamkeit einer Maßnahme feststellen lassen (BAG 29. 4. 82, AP Nr. 4 zu § 15 BAT; kr. dazu von *Friesen,* BB 83, 1280). Vgl. auch § 84 Rn 1 und wegen Strafanzeige § 119 Rn 12.

2. Antragsrecht für Maßnahmen, die dem Betrieb und der Belegschaft dienen

12 In Abs. 1 Nr. 2 ist ein **Initiativrecht des BR** festgelegt. Er kann beim ArbGeb. alle Maßnahmen beantragen, die dem Betrieb und der Belegschaft dienen, ohne Rücksicht darauf, ob für die einzelne Maßnahme auch ein konkretes Beteiligungsrecht besteht (*GKSB,* Rn 8). Unter Belegschaft ist die Gesamtheit der ArbN i. S. des BetrVG oder einer Gruppe von ArbN zu verstehen. Dies gilt in erster Linie für eine Maßnahme im Bereich des Betriebes. Die Durchführung dieser Maßnahmen, auch wenn sie gemeinsam beschlossen sind, obliegt in aller Regel dem ArbGeb.; vgl. § 77 Abs. 1. Darüber hinaus dürften aber auch Anträge zulässig sein, die mögliche Themen der Betriebsversammlung angehen (§ 45 Rn 5ff., § 74 Rn 11). Diesen Anträgen muß aber ein konkreter Bezug zum Betrieb und seinen ArbN zugrundeliegen. Soweit der ArbGeb. ihnen nicht durch innerbetriebliche Maßnahmen Rechnung tragen kann (z. B. Fragen der Verkehrsverbindungen), sind sie als Anregungen an den ArbGeb. zu verstehen, gegenüber außerbetrieblichen Stellen tätig zu werden.

13 Zielrichtung des Antrags ist das **Wohl des Betriebs und seiner ArbN** (vgl. § 2 Abs. 1). Die Behandlung derartiger Anträge erfolgt nach den allgemeinen Regeln der Zusammenarbeit; bei Meinungsverschiedenheiten kann die E-Stelle nach Maßgabe des § 76 Abs. 6 tätig werden.

14 Auf **sozialem Gebiet** hat sich von jeher eine Fülle von Anregungsmöglichkeiten je nach Eigenart und Leistungsfähigkeit des Betriebs ergeben. Der BR kann auch wegen Zahlung von Weihnachtsgratifikationen u. wegen Lohnerhöhung vorstellig werden, jedenfalls soweit kein TV gilt (BAG 26. 1. 1962, AP Nr. 8 zu § 626 BGB Druckkündigung),

auch zugunsten einzelner ArbN, z. B. wegen Gewährung von Vorschüssen oder eines besonderen Erholungsurlaubs. Auch auf **personellem Gebiet** erhält der BR die Befugnis, von sich aus Anträge für Einstellungen, Versetzungen und Umgruppierungen an den ArbGeb. zu richten. Wegen Personalplanung vgl. § 92 und wegen Berufsbildung §§ 96ff. Auf **wirtschaftlichem Gebiet** kann der BR „die Betriebsleistung durch Rat unterstützen und dadurch für einen möglichst hohen Stand und für möglichste Wirtschaftlichkeit der Betriebsleistungen sorgen" (§ 66 Nr. 1 BRG 1920), er kann Verbesserungen der Arbeitsmethoden und die Beseitigung vermeidbarer Arbeitserschwernisse, Maßnahmen des „autonomen Arbeitsschutzes" (vgl. **Vor** § 89 Rn 79ff.) beantragen. Der Antrag kann sich auch auf unternehmerische Entscheidungen (z. B. Investitionen) beziehen (**a. M.** *GL,* Rn 15).

Der BR kann die **Befolgung seiner Anträge,** auch wenn sie sachlich berechtigt sind, nur in den **im Gesetz ausdrücklich genannten Fällen** erzwingen (§§ 85 Abs. 2, 87, 91, 93, 95 Abs. 2, 98 Abs. 5, 103 Abs. 1, 104, 109, 112 Abs. 4 i. Vbdg. mit § 112a). Im übrigen braucht der ArbGeb. den Anregungen des BR nicht stattzugeben. Das Überwachungsrecht des BR nach Nr. 1 beinhaltet nicht zugleich die Einräumung entsprechender zusätzlicher MBR, die nach anderen Vorschriften nicht gegeben sind (BAG 25. 5. 82, 16. 7. 85, AP Nr. 2 zu § 87 BetrVG 1972 Prämie, AP Nr. 17 zu § 87 BetrVG 1972 Lohngestaltung; 10. 6. 86, 24. 2. 87, AP Nr. 26, 28 zu § 80 BetrVG 1972). Der ArbGeb. ist aber nach §§ 2 Abs. 1, 74 Abs. 1 verpflichtet, sich ernsthaft mit ihnen zu beschäftigen. Es ist Sache des einzelnen ArbN, Rechtsansprüche geltend zu machen (vgl. Rn 9). 15

3. Entgegennahme von Anregungen und deren Vertretung

Der BR ist nur zuständig für die Behandlung von Anregungen der ArbN im Sinne der Betriebsverfassung, nicht dagegen der leitenden Ang. Auch Anregungen der JugAzubiVertr. hat er entgegenzunehmen (vgl. Rn 22). Es bleibt den ArbN überlassen, ob sie sich mit ihren Anregungen an den BR oder direkt an den ArbGeb. oder den unmittelbaren Vorgesetzten wenden wollen, z. B. im Rahmen des betrieblichen Vorschlagswesens (vgl. § 82 Rn 3 und § 87 Rn 154ff.). **„Anregung"** ist der **Oberbegriff für Vorschläge und Beschwerden** (*DR,* Rn 20; *Weiss,* Rn 4). Wegen Beschwerden vgl. §§ 84ff. und wegen Fragebogenaktionen § 74 Rn 7c. 16

Wird dem BR eine **Anregung** – gleich welcher Art – **vorgetragen,** so muß er sich **sachlich mit ihr befassen.** Der BR hat die Anregung zu untersuchen und zu prüfen, ob sie **„berechtigt erscheint",** d. h. wenn bestimmte Anzeichen dafür sprechen, daß die Anregung berechtigt sein dürfte. Ist dies der Fall, so hat der BR mit dem ArbGeb. über die Möglichkeit einer sachgerechten Erledigung zu verhandeln. Kommt es dabei zu Meinungsverschiedenheiten, so kann die E-Stelle, aber nur unter den Voraussetzungen des § 76 Abs. 6, angerufen werden. Hierdurch, wie durch die Anrufung des BR überhaupt, wird der betroffene 17

ArbN nicht gehindert, ggfs. beim ArbG Klage zu erheben. Kann die Streitfrage durch Verhandlungen zwischen BR und ArbGeb. nicht beigelegt werden, so hat der BR den ArbN ggfs. auf die Möglichkeit der Inanspruchnahme der ArbG oder der Erhebung einer förmlichen Beschwerde nach § 84 hinzuweisen. Der BR hat den ArbN über das Ergebnis der Verhandlungen mit dem ArbGeb. zu unterrichten und ggfs. einen Zwischenbescheid zu geben. Dasselbe gilt für Anregungen der **JugAzubiVertr.** (vgl. § 70 Abs. 1 Nr. 3), die diese aber nicht unmittelbar beim ArbGeb. vorbringen darf (§ 70 Rn 12; ebenso *HSG,* Rn 29; BAG 20. 11. 1973, AP Nr. 1 zu § 65 BetrVG 1972, 21. 1. 82, AP Nr. 1 zu § 70 BetrVG 1972). Der BR hat die JugAzubiVertr. bei der Unterrichtung des jugendl. ArbN zu beteiligen, soweit sich dieser an den BR und nicht an seine Vertr. gewandt hat (vgl. auch § 70 Rn 13).

4. Eingliederung schutzbedürftiger Personen

18 Die Aufgabe des BR, die Eingliederung bestimmter Personen in den Betrieb zu fördern, umfaßt: ihre Unterbringung im Betrieb, die Zuweisung einer ihren Kräften und Fähigkeiten entsprechenden Beschäftigung, die Einwirkung auf sie, die richtige Einstellung zum Betrieb, zum Arbeitsplatz und zu den anderen ArbN zu finden, sowie das Wecken von Verständnis für die besondere Lage dieser Personen bei der übrigen Belegschaft. Der BR hat mit dem ArbGeb. über die Angelegenheiten zu verhandeln. Bei Meinungsverschiedenheiten kann die E-Stelle nur unter den Voraussetzungen des § 76 Abs. 6 angerufen werden. Wegen älterer und ausländischer ArbN vgl. unten Rn 23, 24.

19 Das Gesetz hebt die **Eingliederung der Schwerbehinderten** besonders hervor (vgl. § 23 SchwbG). Nach Nr. 1 hat der BR auf die Durchführung des SchwbG zu achten, insbesondere auf die Einhaltung der Bestimmungen über die Besetzung eines bestimmten Teils der Arbeitsplätze mit Schwerbehinderten (§§ 5, 6 SchwbG) und die berufliche Förderungspflicht des ArbGeb. nach § 14 Abs. 2 SchwbG (vgl. BAG 4. 5. 1962, 23. 1. u. 7. 8. 1964, 8. 2. 1966, 28. 5. 75, AP Nr. 1–4, 6 zu § 12 SchwBeschG). Dabei arbeitet der **BR mit dem Vertrauensmann(-frau) der Schwerbehinderten zusammen.** Näheres vgl. § 32 Rn 8ff.

20 Neben den Schwerbehinderten sind auch **sonstige besonders schutzbedürftige Personen** der Obhut des BR anvertraut, insbes. körperlich, geistig oder seelisch Behinderte (§ 2 Nr. 4 AFG), deren Grad der Behinderung um weniger als 50% gemindert ist. Die Förderungspflicht des BR gilt auch für weibliche ArbN (§ 2 Nr. 5 AFG) und für ArbN, deren Unterbringung unter den üblichen Bedingungen des Arbeitsmarktes erschwert ist (§ 2 Nr. 6 AFG) sowie für die **Jugendlichen.** Die Unterbringung der letzteren in geordnete Arbeit und ihre Ausbildung und Eingliederung in den Betrieb ist eine außerordentlich wichtige Aufgabe des BR, die auch dem Betrieb (Nachwuchs) dient (Näheres vgl. §§ 96–98). Der BR kann dem ArbGeb. insbes. vorschlagen, Maßnahmen zur Erhaltung

und Schaffung von Arbeitsplätzen i. S. der §§ 54, 55, 74ff., 77ff., 91 AFG, für Behinderte nach § 60f. AFG durchzuführen.

Im übrigen lassen sich generelle Regeln darüber, wer schutzbedürftig 21
ist, nicht aufstellen. In unserer schnellebigen Zeit wechseln die Verhältnisse. Gegenwärtig steht die Eingliederung von ArbN aus krisenanfälligen Wirtschaftszweigen, Aussiedlern und langfristig Arbeitslosen und der Mangel an (qualifizierten) Ausbildungsplätzen (vgl. § 75 Rn 20a) im Vordergrund. Wegen der Beschäftigung von **Frauen** vgl. § 75 Rn 13ff.

5. Zusammenarbeit mit der Jugend- und Auszubildendenvertretung

Nr. 5 macht es dem BR ausdrücklich zur Pflicht, die Wahl einer JugA- 22
zubiVertr. vorzubereiten und durchzuführen. Diese Verpflichtung ergibt sich bereits aus § 63 (vgl. dort Rn 9ff.). Außerdem hat der BR mit der Vertr. zur Förderung der Belange der jug. ArbN eng zusammenzuarbeiten. Organisatorische Grundlage dafür bieten die §§ 65–70 (vgl. die Rn dort). Das Initiativrecht der JugAzubiVertr. ergibt sich bereits aus Nr. 3.

6. Beschäftigung älterer Arbeitnehmer

Der BR hat schon nach § 75 Abs. 1 Satz 2 darauf zu achten, daß die 23
ArbN nicht wegen Überschreitung bestimmter Altersstufen benachteiligt werden (vgl. § 75 Rn 20). Nr. 6 ergänzt diese Vorschrift dahin, daß der BR die Beschäftigung älterer ArbN überhaupt zu fördern hat, d. h. nicht nur der beruflichen Weiterentwicklung und Anpassung an veränderte wirtschaftliche und technische Gegebenheiten, sondern auch die **Neueinstellung älterer ArbN** auf für sie geeigneten Arbeitsplätzen und deren Erhaltung (vgl. zu Förderungsmaßnahmen nach dem AFG: § 96 Rn 37). Die Nichtberücksichtigung älterer Bewerber kann ein Widerspruchsgrund für den BR nach § 99 Abs. 2 Nr. 1 sein (LAG Frankfurt, 16. 12. 74, DB 75, 2329). Bei den übrigen ArbN ist Verständnis für die besonderen Probleme dieses Personenkreises zu wecken. Wegen Altersgrenze vgl. § 77 Rn 37a.

7. Eingliederung ausländischer Arbeitnehmer

Auch die Eingliederung ausländischer ArbN, d. h. solcher ArbN, die 24
nicht die deutsche Staatsangehörigkeit besitzen, hat der BR zu fördern (Nr. 7). Unter Eingliederung ist hier weniger die Einstellung als solche, sondern deren **Integrierung in den Betrieb** nach erfolgter Einstellung in ein normales Arbeitsverhältnis zu verstehen. Sie sind genauso zu behandeln wie ihre deutschen Kollegen (vgl. § 75 Abs. 1, dort Rn 10). Der BR hat diese ArbN vor Ausbeutung durch unzulässige illegale Beschäftigung (Schwarzarbeit, unzulässige ArbN-Überlassung) zu schützen. Der BR soll auch darauf hinwirken, daß deutsche und ausländische ArbN sich besser verstehen lernen und ungerechtfertigte gegenseitige **Vorur-**

teile („Ausländerfeindlichkeit") **abbauen.** Angesichts der großen Zahl ausländischer ArbN und deren besonderen Probleme (Sprache, Wohnraumbeschaffung, Einarbeitung, Lebensgewohnheiten, Religion), liegt hier eine besonders wichtige Aufgabe des BR. Wegen Unterrichtung ausländischer ArbN, die die deutsche Sprache nicht beherrschen, vor Wahlen vgl. § 2 Abs. 5 WO.

III. Unterrichtung und Vorlage von Unterlagen

1. Unterrichtung

25 Das BetrVG verpflichtet in zahlreichen Vorschriften den ArbGeb. (bzw. Unternehmer, vgl. § 1 Rn 76) zur Information der ArbN bzw. der Betriebsverfassungsorgane (§ 43 Abs. 2, § 53 Abs. 2, § 80 Abs, 2, §§ 81ff., § 89 Abs. 2, §§ 90, 92 Abs. 1, §§ 96f., § 99 Abs. 1, § 102 Abs. 1, §§ 105, 106 Abs. 2, § 108 Abs. 5, §§ 110, 111, sowie die Bußgeldvorschriften in § 121). Die rechtzeitige **Unterrichtung** der ArbN-Vertr. ist nächst der Mitbestimmung ein **besonderes Anliegen** des Gesetzes. Das Gebot der vertrauensvollen Zusammenarbeit bedingt zudem ein **hohes Maß an Offenheit.** Überdies werden erfahrungsgemäß Konflikte und Mißverständnisse in den Betrieben durch rechtzeitige, vollständige und wahrheitsgemäße Unterrichtung (vgl. § 121, der allerdings nur für die dort ausdrücklich genannten Informationspflichten gilt) häufig vermieden oder jedenfalls entschärft. Zur umfassenden Information gehört auch deren **Glaubhaftigkeit** und **Verständlichkeit.**

26 Die **Glaubhaftigkeit** hängt weitergehend von der Vollständigkeit, dem Wahrheitsgehalt und dem Zeitpunkt der Unterrichtung ab (vgl. dazu aus praktischer Erfahrung in einem Großunternehmen ausführlich *Osswald,* 5.63ff.). Eine verspätete Unterrichtung widerspricht (wie sich aus § 111 Abs. 1, § 121 sowie aus dem in den einschlägigen Vorschriften wiederholten „rechtzeitig" ergibt) dem Gesetz, da sie nicht die vom Gesetz gewünschte Durchsichtigkeit sicherstellt und überdies die Mitwirkungsmöglichkeiten der Betriebsverfassungsorgane verkürzt. Sie ist auch der zügigen Einführung und Durchführung von Projekten nicht dienlich. Selbst im übrigen sorgfältig vorbereitete Maßnahmen des ArbGeb. können bei verspäteter Beteiligung des BR – auch soweit keine echten MBR bestehen – erheblich verzögert werden oder jedenfalls zu Belastungen des Verhältnisses zwischen den Betriebspartnern führen. Andererseits besteht noch keine Unterrichtungspflicht beim theoretischen Durchspielen von Alternativen oder bei der Erstellung von Schubladenentwürfen durch Planungsstäbe im Vorfeld noch nicht getroffener unternehmerischer Entscheidungen (vgl. auch § 111 Rn 35). Allerdings müssen vor Realisierung solcher Planspiele die Stufen der Unterrichtung durchlaufen werden.

27 Zur umfassenden Unterrichtung gehört, daß der BR über die Vorhaben bzw. Unterlagen unterrichtet wird, soweit dies für seine gesetzlichen Aufgaben erforderlich ist. Andererseits sollte der BR oder WiAusschuß nicht mit Material zugeschüttet werden, innerhalb dessen die für die ArbN wichtigen Fragen schwer erkennbar oder gar verborgen bleiben. Aus dem Gebot der vertrauensvollen Zusammenarbeit ergibt sich vielmehr, daß den ArbN bzw. den Betriebsverfassungsorganen im Rahmen ihrer Zuständigkeiten loyal und in verständlicher Weise mitgeteilt wird, welche Auswirkungen die betr. Vorhaben auf die Beschäftigungslage, die Arbeitsbedingungen und die Arbeitsumstände haben werden (oder können).

Die Unterrichtungspflichten des ArbGeb nach Abs. 2 schließen es nicht aus, daß der BR sich auch selbst Informationen verschafft, z. B. am Arbeitsplatz von ArbN (vgl. Rn 5, 7) oder durch **Betriebsbegehungen** (BAG 17. 1. 89, AP Nr. 1 zu § 2 LPVG NW; 13. 6. 89, AP Nr. 36 zu § 80 BetrVG 1972). **27a**

Bei den Erläuterungen in Rn 29–50 zur Unterrichtung der Betriebsverfassungsorgane nach § 80 Abs. 2 und nach den speziellen Unterrichtungspflichten über Arbeitsgestaltung (§ 90), Personalplanung (§ 92), wirtschaftliche Angelegenheiten des Unternehmens (§ 106), sowie über Betriebsänderungen (§ 111) wird zur Veranschaulichung insbesondere des Zeitpunkts der **rechtzeitigen Unterrichtung** weitgehend auf das **REFA-Standardprogramm** (Sechs-Stufenmethode – MLA, Teil 3, Kap. 3; Schaubild, S. 890) verwiesen und zwar nicht nur, soweit es sich um Fragen der Arbeitsgestaltung im engeren Sinne handelt, sondern sinngemäß auch in anderen Fällen der Entscheidungsfindung des ArbGeb. (Unternehmers), da auch in solchen Fällen der Entscheidungsablauf nach dieser Methode aufgegliedert werden kann. **28**

Für die Zuordnung der Mitteilungspflichten gegenüber dem BR kommen im Hinblick auf die grundsätzliche Freiheit unternehmerischer Entscheidungen bei der Definition der Unternehmensziele (§ 1 Rn 77) die **Stufen 4 bis 6** in Betracht, die die Suche nach (bzw. die Einführung von) praktikablen Lösungen betreffen, nicht dagegen die Suche nach idealen Lösungen in den vorgelagerten Stufen. Zum Problem der „rechtzeitigen" Information vgl. auch Osterloh, ArbuR 86, 332.

Dabei wird beispielsweise von einem Unternehmen mit mehreren Betrieben ausgegangen, bei dem die unterschiedlichen Rollen von Unternehmer und (betrieblichen) ArbGeb. besonders deutlich werden. Allerdings sind die zu durchlaufenden Entscheidungsstufen auch bei einem Unternehmen, das nur einen Betrieb hat, grundsätzlich die gleichen.

Durch die **Generalklausel** in § 80 Abs. 2 S. 1 wird der ArbGeb. allgemein verpflichtet, den BR in allen Angelegenheiten, die unter dessen Zuständigkeit fallen, rechtzeitig und umfassend zu unterrichten. Die Anwendung dieser Vorschrift ist nicht auf die allgemeinen Vorschriften nach § 80 Abs. 1 beschränkt, sondern gilt für alle Fälle der Mitbestimmung bzw. Beteiligung des BR, soweit nicht spezielle Vorschriften bestehen (§ 90, § 92 Abs. 1, § 99 Abs. 1, § 100 Abs. 2, § 102 Abs. 1, §§ 105, 106ff., § 111 Satz 1; vgl. BAG vom 18. 9. 73 und 11. 12. 73, AP Nr. 3 und 5 zu § 80 BetrVG 1972). Dies gilt insbesondere, wenn dem BR die sachgemäße Ausübung seiner Mitbestimmungs- oder Beratungsrechte erst durch die Unterrichtung ermöglicht wird (BAG 12. 2. 1980, AP Nr. 12 zu § 80 BetrVG 1972). Andererseits kann der BR nur **29**

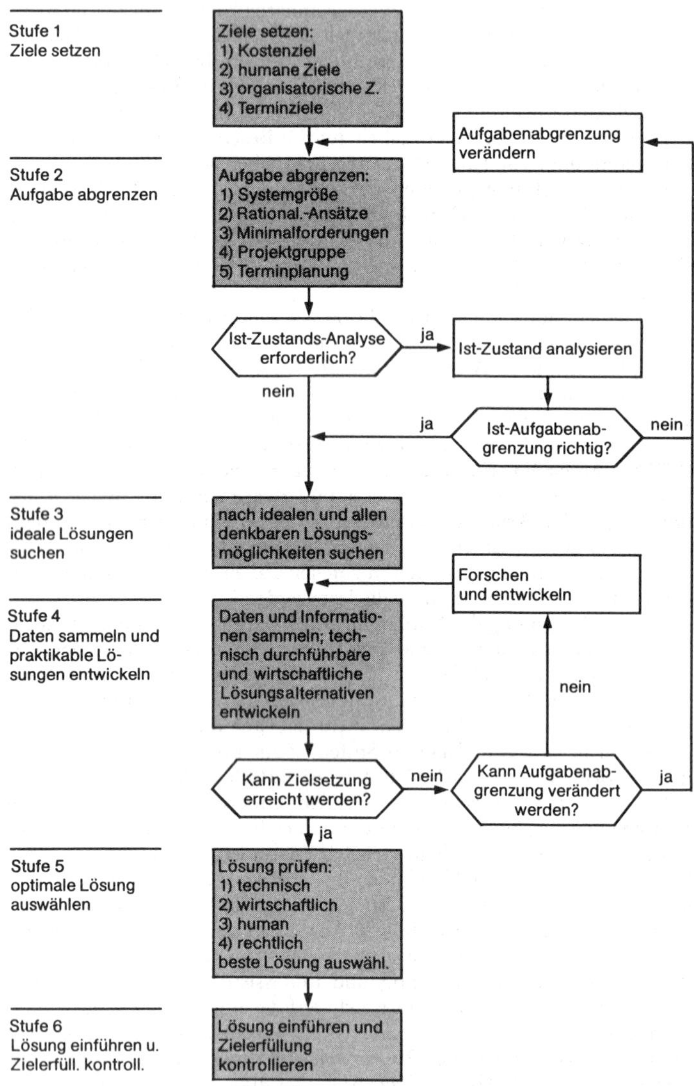

6-Stufen-Methode der Systemgestaltung (REFA-Standardprogramm Arbeitsgestaltung) MLA, Teil 3, Kap. 3

solche Auskünfte verlangen, die er benötigt, um die ihm zugewiesenen Aufgaben wahrnehmen zu können und die gesetzlichen Beteiligungsrechte auszuüben (BVerwG 21. 9. 84, 6 P 24. 83, NJW 85, 2845). Die Informationspflicht entfällt, soweit eine Zuständigkeit des BR offensichtlich nicht in Betracht kommt (BAG 26. 1. 1988, AP Nr. 31 zu § 80 BetrVG 1972). Wegen Unterrichtung des BR über Abmahnungen vgl. § 83 Rn 15.

Zeitpunkt und Umfang der Information ergeben sich jeweils aus 30
dem Gegenstand und aus der Art der Beteiligung (zu den speziellen Unterrichtungspflichten vgl. unten Rn 46ff. Ist die Unterrichtung von einem Verlangen des BR abhängig (vgl. § 80 Abs. 2 S. 2), so hat sie unverzüglich zu erfolgen, nachdem der BR dem ArbGeb. das Verlangen mitgeteilt hat (vgl. auch § 96 Abs. 1 S. 2). Soweit der ArbGeb. (Unternehmer) die Unterrichtung vorzunehmen hat, ohne daß es eines Verlangens des BR bedarf, ist zu unterscheiden: Bei Unterrichtung über den Soll-Istzustand oder **Vorgänge,** die **in einem abgelaufenen Zeitraum** eingetreten sind, ist die Information unverzüglich nach Ablauf des Berichtszeitraums zu geben (§ 43 Abs. 2, S. 2, § 53 Abs. 2 Nr. 2, § 110; vgl. auch § 89 Abs. 3 Satz 2; unverzügliche Mitteilungen von Auflagen und Anordnungen). Wegen Erläuterung des Jahresabschlusses vgl. § 108 Rn 11f., wegen Information des WiAusschusses über die wirtschaftliche und finanzielle Lage, die Produktions- und Absatzlage des Unternehmens vgl. Rn 51ff. Die Unterrichtung des BR über **beabsichtigte Maßnahmen** des ArbGeb., die unter die Beteiligungsrechte des BR fallen, dürfte grundsätzlich „rechtzeitig" sein, wenn sie **unmittelbar nach Abschluß der 5. Stufe des REFA-Standardprogramms** erfolgt, d. h. nachdem die aus der Sicht des ArbGeb. (Unternehmers) optimale Lösung ausgewählt worden ist, auf jeden Fall jedoch vor der „Einführung" (Umsetzung) i. S. der 6. Stufe des REFA-Standardprogramms – Revisionsberichte, die Maßnahmen des ArbGeb anregen, sind (noch) nicht vorzulegen (BAG 27. 6. 1989, AP Nr. 37 zu § 80 BetrVG 1972).

Ist allerdings die Beteiligung des BR bereits **bei der Einführung** vor- 31
geschrieben (insbes. die MBR nach § 87 Abs. 1 Nrn. 6 u. 10), so ist der BR bereits **innerhalb der Stufe 5** zu unterrichten und zu beteiligen, d. h. im Rahmen der Auswahl einer Lösung durch den ArbGeb. Denn die Einführung setzt voraus, daß die hierzu erforderlichen Phasen abgeschlossen sind, z. B. die Genehmigung durch vorgesetzte Stellen – REFA, MLA, Teil 3, Kap. 3.7 – aber auch die Beteiligung des BR bei MBR, die Einigung mit ihm (im Ergebnis wohl ähnlich *GK-Wiese* § 87 Rn 208, *HSG,* § 87 Rn 255).

Bei der sinngemäßen Anwendung des REFA-Standardprogramms auf unternehmerische Entscheidungen, die nicht unmittelbar im Betrieb umgesetzt werden, tritt an die Stelle der „Einführung" die Vorgabe des jeweiligen Unternehmensziele für die betriebliche Planung.

Die Unterrichtungspflicht des ArbGeb. (Unternehmers) gegenüber 32
dem BR wird durch die **Vorschriften des BDSG nicht eingeschränkt.** Der BR ist – auch i. S. des BDSG – Teil der speichernden Stelle und kein

Dritter (vgl. hierzu § 1 Rn 99ff.). Die Unterrichtung des BR als Betriebsverfassungsorgan bzw. der BRMitgl. in ihrer Amtseigenschaft stellt deshalb keine Datenübermittlung i. S. des BDSG dar, so daß dessen Schutzvorschriften (vgl. z. B. § 24 BDSG) schon deshalb nicht eingreifen (vgl. *Kroll,* DB 79, 1182; *Garstka,* ZRP 78, 241; *Wohlgemuth,* Datenschutz, Rn 642ff.). Gleiches gilt, für die Unterrichtung des GesBR, da das BDSG für die Abgrenzung der „speichernden Stelle“ ausschließlich auf deren rechtliche Einheit und Selbständigkeit abstellt (vgl. *Simitis/Dammann/Mallmann/Reh,* BDSG, § 2 Rn 144; *Auernhammer,* BDSG, § 2 Rn 14). Auch durch § 5 Abs. 1 BDSG wird das Unterrichtungsrecht des BR nicht berührt. Es ist schon zweifelhaft, ob sich diese Vorschrift überhaupt an den ArbGeb. bzw. den Unternehmer als solchen und nicht lediglich an die vom ArbGeb. bei der Datenverarbeitung beschäftigten Personen (ArbN) richtet (vgl. hierzu *Kroll,* DB 79, 1182). Aber selbst wenn auch der ArbGeb. Normadressat dieser Vorschrift sein sollte, steht sie einer Unterrichtung des BR nicht entgegen. Denn sie untersagt lediglich eine „unbefugte“ Bekanntgabe geschützter personenbezogener Daten. Eine Bekanntgabe auf Grund der umfassenden gesetzlichen Unterrichtungspflichten des ArbGeb. gegenüber dem BR nach dem BetrVG ist jedoch nicht unbefugt (LAG Bremen, DB 78, 2488; im Ergebnis ebenso, wenn auch z. T. mit anderer Begründung, *DR,* Rn 39, 84ff.; *GL,* Rn 32; vgl. auch BAG, 30. 6. 81, 17. 3. 83, 17. 3. 87, AP Nr. 15, 18, 29 zu § 80 BetrVG 1972).

33 Die Übermittlung personenbezogener Daten von Konzernunternehmen an den **KBR** ist zwar i. S. des BDSG als eine Datenübermittlung anzusehen, da der Konzern aus rechtlich selbständigen Unternehmen besteht und jeder Informationsfluß personenbezogener Daten, der die ausschließlich nach rechtlichen Kriterien zu bestimmende speichernde Stelle verläßt, nach dem BDSG eine Datenübermittlung darstellt (vgl. § 83 Rn 19). Soweit die Übermittlung personenbezogener Daten an den KBR jedoch aufgrund und im Rahmen der betriebsverfassungsgesetzlichen Unterrichtungsvorschriften erfolgt, dürften diese Vorschriften gem. § 45 BDSG als vorrangige Regelungen anzusehen sein. Deshalb schränkt das BDSG auch im Verhältnis zum KBR den aufgrund und im Rahmen des BetrVG stattfindenden Informationsfluß nicht ein (im Ergebnis ebenso *DR,* Rn 96). Die Unterrichtungspflicht des ArbGeb entfällt nicht etwa deshalb, weil die Datenverarbeitung in ein anderes Unternehmen einer Unternehmensgruppe ausgelagert worden ist (BAG 17. 3. 1987, AP Nr. 29 zu § 80 BetrVG 1972).

34 Der **ArbGeb.** (Unternehmer) kann sich bei der Informationserteilung, insbesondere über Angelegenheiten die nur einzelne Betriebsbereiche oder einzelne ArbN betreffen, durch dazu beauftragte ArbN vertreten lassen, wenn diese die erforderlichen Kenntnisse und Vollmachten besitzen (vgl. auch § 1 Rn 90). Auf seiten des **BR** kann in derartigen Fällen die Geschäftsordnung bestimmen, daß diese Informationen, insbesondere in Großbetrieben, statt an den BR z. Hd. von dessen Vors. an die Vors. von Ausschüssen nach § 28 zu geben sind oder auch an einzelne BRMitgl. für einen bestimmten Betriebsbereich. Derartige Regelungen

sind dem ArbGeb. mitzuteilen. Die Geschäftsordnung hat dann auch zu bestimmen, in welcher Weise die Informationen an den BR oder den zuständigen Ausschuß weiterzuleiten sind (vgl. auch § 26 Rn 38).

2. Vorlage von Unterlagen

Der ArbGeb. hat dem BR auf Verlangen die **Unterlagen zur Verfügung zu stellen,** d.h. im Original, Durchschrift oder Fotokopie zu überlassen, die dieser benötigt, um seiner Pflicht zur Kontrolle der Durchführung der zugunsten der ArbN geltenden Gesetze, Verordnungen, TV, UVV und BV, der Einhaltung der anderen Aufgaben nach Abs. 1 oder dem Gesetz überhaupt zu genügen. Der BR soll in die Lage versetzt werden, die Entscheidung des ArbGeb nachzuvollziehen (BAG 7. 8. 1986, AP Nr. 25 zu § 80 BetrVG 1972). Die ArbN, die bes. Schutzgesetzen unterliegen, sind dem BR unaufgefordert mitzuteilen. Das Verlangen des BR kann sich auch auf regelmäßige Vorlage von bestimmten Unterlagen erstrecken, die der BR zur Durchführung seiner Aufgaben benötigt (z.B. Statistiken des ArbGeb. über Arbeitsunfälle, über Mehr- und Nachtarbeit). Wegen Fragebogenaktion des BR vgl. § 74 Rn 7c. Wegen **Schwangerschaft** von Arbeitnehmerinnen, vgl. § 94 Rn 18. 35

Der **Umfang und die Art der erforderlichen Unterlagen** sind je nach der Sachlage verschieden. Auch Betriebs- und Geschäftsgeheimnisse sind erforderlichenfalls mitzuteilen. Insoweit besteht aber eine Geheimhaltungspflicht nach Maßgabe des § 79. Eine einschränkende Vorschrift wie § 106 Abs. 2 für den WiAusschuß enthält § 80 Abs. 2 Satz 1 und 2 nicht (*GKSB,* Rn 23, 30; *GK-Thiele,* Rn 44). Bei Überwachung der Durchführung der gesetzlichen Vorschriften sind die **Nachweisungen über die sich aus dem Gesetz ergebenden Leistungen** des ArbGeb. **zu erbringen** (z.B. beim MuSchG: über die Gewährung von Stillzeit, beim BUrlG: die Urlaubslisten, beim SchwbG: Nachweise über die Zahl der beschäftigten Schwerbehinderten, bei der AZO: Überstundenaufstellungen). Der BR hat auch Anspruch auf Vorlage von Werk- und Dienstverträgen mit Fremdfirmen, um die Einhaltung des AÜG überprüfen zu können (BAG 31. 1. 89, AP Nr. 33 zu § 80 BetrVG 1972; *Jedzig,* DB 89, 978; *Becker,* ArbuR 82, 379; vgl. auch § 5 Rn 82f.). Bei der Kontrolle der Durchführung der TV, BV sowie der Verordnungen nach dem MindArbBedG kann der BR diejenigen Unterlagen verlangen, die es ihm ermöglichen, festzustellen, ob im Betrieb entsprechend dem bestehenden Rechtszustand verfahren wird, aber nach Ansicht des BAG nicht die Installierung von Lärmmeßgeräten, um die tarifgerechte Bezahlung lärmbelasteter Arbeitsplätze zu überprüfen (BAG 7. 8. 86, AP Nr. 25 zu § 80 BetrVG 1972). Dagegen kommt es auf die Form vorhandener Unterlagen nicht an; neben Schriftstücken kommt auch die Vorlage von Tonträgern, Fotos, Werkstücken usw. in Betracht (BAG aaO). 36

Die **Vorlage der Personalakten** als solcher kann **nicht** verlangt werden, wie sich mittelbar aus § 83 Abs. 1 ergibt (h.M.; BAG 20. 12. 88, AP Nr. 5 zu § 92 ArbGG 1979; **a.M.** *Pfarr,* ArbuR 76, 198), wohl aber, soweit dies im Einzelfall erforderlich ist, eine konkrete Information aus 36a den Personalakten (BAG a. a. O.; *Föhr,* DB 76, 1379; *HSG,* Rn 40; *GL,* Rn 31; *GK-Thiele,* Rn 51).

37 Das Recht des BR zur **Überwachung der Durchführung des BDSG** beinhaltet die Befugnis darauf zu achten, daß eine Verarbeitung (d. h. eine Speicherung, Übermittlung, Veränderung oder Löschung) von personenbezogenen Daten der ArbN nur in dem vom BDSG zugelassenen Rahmen erfolgt (vgl. insbesondere §§ 3 und 23ff. BDSG; näheres hierzu § 83 Rn 16). Zu diesem Zweck hat der BR auch Anspruch auf Unterrichtung über Art und Ziele der Verarbeitung von ArbNDaten, ggfs. auch außerhalb des Betriebes, sowie auf Vorlage und Erläuterung der Verarbeitungsprogramme der bestehenden Personaldatenbanken, auch soweit eine Verknüpfung der Personaldatenbank mit anderen Datenbanken möglich ist (vgl. BAG 17. 3. 87, AP Nr. 29 zu § 80 BetrVG 1972; *Gola,* DuD 78, 25; *Kilian,* JZ 77, 486; *Brill,* BlStSozArbR 78, 166; *Hümmerich,* RdA 79, 148; *Wohlgemuth,* Datenschutz, Rn 649). Die Unterrichtungspflicht besteht unabhängig davon, ob ein MBR des BR in Betracht kommt oder etwa gegen Vorschriften des BDSG verstoßen wird (BAG, aaO). Darüber hinaus hat der BR auch das Recht auf stichprobenartige Kontrolle dahingehend, ob die zu beachtenden datenschutzrechtlichen Vorschriften auch tatsächlich eingehalten werden (*Wohlgemuth,* WSI Mitt. 79, 439), und zwar auch dann, wenn ihm dabei beiläufig persönliche Daten von ArbN bekannt werden (*Simitis,* ArbuR 77, 104; *GK-Thiele,* Rn 15; *GKSB,* Rn 29; *Zöllner,* Datenschutz, S. 74; einschränkend Hümmerich, RdA 79, 148, *GL,* Rn 31, wenn auf diesen Wegen ein Einsichtsrecht in die Personalakte gewährt würde). Dem kollektiven Überwachungsrecht des BR gebührt angesichts der mit der elektronischen Datenverarbeitung verbundenen Gefahren gegenüber einer unvermeidlichen und lediglich beiläufigen Kenntnisnahme von geschützten Daten der ArbN der Vorrang, weil es anderenfalls leerlaufen würde. Aus diesem Grunde hat der BR auch das Recht auf Zugang zu dem **Sicherheitsbereich der Datenverarbeitung** (*GKSB,* Rn 4; *Wohlgemuth,* Datenschutz, Rn 653).

38 Das Überwachungsrecht des BR erstreckt sich auch darauf, daß der **Datenschutzbeauftragte** seine Tätigkeit ordnungsgemäß und weisungsfrei (vgl. § 28 Abs. 3 S. 2 BDSG) ausübt; denn die Unabhängigkeit und Weisungsfreiheit des Datenschutzbeauftragten gehört mit zur Sicherstellung des Datenschutzes. Erkenntnisse über Verstöße gegen datenschutzrechtliche Bestimmungen kann der BR sowohl beim ArbGeb. als auch beim Datenschutzbeauftragten, ggfs. auch bei der Aufsichtsbehörde (vgl. § 30 BDSG) vorbringen (*Brill,* ArbuR 81, 207). Bestehen im Betrieb oder Unternehmen automatisierte Personalinformationssysteme, so kommen wegen möglicher Mitwirkungs- und Mitbestimmungsrechte z. B. nach § 87 Abs. 1 Nr. 6, §§ 92, 94 und 95 (vgl. § 87 Rn 75; § 92 Rn 26; § 94 Rn 8ff.; § 95 Rn 8) weitergehende Unterrichtungs- und Vorlagerechte in Betracht.

39 Die Vorlagepflicht des ArbGeb. ist **nicht von einem konkreten Streitfall abhängig.** Der BR kann vielmehr die Einsicht in die Unterlagen schon verlangen, wenn er im Rahmen seiner gesetzlichen Aufgaben,

insbes. nach § 80 Abs. 1 tätig werden will. Bestimmte Verdachtsmomente wegen eines Verstoßes des ArbGeb. gegen zugunsten der ArbN geltenden Vorschriften brauchen nicht vorzuliegen. Das ergibt sich aus der Einfügung des Wortes **„jederzeit"** in den Gesetzestext (vgl. BAG 11. 7. 1972 und 18. 9. 1973, AP Nr. 1 und 3 zu § 80 BetrVG 1972; zustimmend *GL,* Rn 34 u. *GK-Thiele,* Rn 50, 69, außer bei „außer- und übertariflichen Arbeitsbedingungen"; wohl auch *DR,* Rn 46f. unter Hinweis auf die vertrauensvolle Zusammenarbeit; einschränkend wie nach früherem Recht: *HSG,* Rn 38; *Kraft,* ZfA 83, 171, 187). Zur Vorlage regelmäßig erstellter Nachweisungen vgl. oben Rn 35 a. E.

3. Einsicht in Gehaltslisten

Abs. 2 Satz 2 Halbs. 2 räumt im Rahmen des für die Durchführung der Aufgaben des BR Erforderlichen auch das Recht der **Einsicht in die Listen über Bruttolöhne und -gehälter** ein, auch wenn diese in EDV-Anlagen eingespeichert sind (BAG 17. 3. 83, AP Nr. 18 zu § 80 BetrVG 1972). Es dient insbes. der Prüfung, ob die TV und die Grundsätze des § 75 Abs. 1 eingehalten sind. Dieses Recht hat aber in **größeren Betrieben** wegen der Vertraulichkeit der Informationen nicht der BR als solcher, sondern nur der **BetrAusschuß** (§ 27) oder ein nach § 28 besonders gebildeter Ausschuß des BR. Das bedeutet, daß dieses Einsichtsrecht in Betrieben, die mindestens neun BRMitgl. und damit mindestens 301 ArbN haben, nicht der ganze BR hat. Aber auch in **kleineren Betrieben** besteht ein Einblicksrecht. Eine Überprüfung der Einhaltung gesetzlicher und tariflicher Vorschriften ist hier vielleicht noch wichtiger. Statt des BetrAusschusses ist der **BRVors. bzw. das nach § 27 Abs. 4 anderweit bestimmte BRMitgl.** zur Einsichtnahme legitimiert (BAG 23. 2. 1973, 18. 9. 73, AP Nr. 2, 3 zu § 80 BetrVG 1972; *DR,* Rn 55; *Stege/Weinspach,* Rn 21; *GL,* Rn 37; *GK-Thiele,* Rn 52; verneinend für Einsichtsrecht bei kleineren Betrieben: *HSG,* Rn 43; *von Friesen,* ArbuR 82, 245 hält dann den ganzen BR für legitimiert). 40

Die Beschränkung auf die **Bruttolisten** gewährleistet, daß die besonderen persönlichen Verhältnisse der ArbN, die z. B in der Besteuerung oder in Lohnpfändungen zum Ausdruck kommen und dadurch zu unterschiedlichen Nettobezügen führen, der Einsicht Dritter verschlossen sind. Andererseits hat der ArbGeb. dem Ausschuß des BR, soweit erforderlich, die **Angaben zu entschlüsseln,** wenn die Lohn- und Gehaltslisten unter Benutzung von Datenverarbeitungsanlagen erstellt werden und aus sich heraus nicht verständlich sind. Unter „Listen" ist auch die Speicherung in Datenanlagen zu verstehen (*Kroll,* DB 79, 1182; BAG 17. 3. 83, AP Nr. 18 zu § 80 BetrVG 1972). 41

Einzelvereinbarungen über eine außertarifliche Bezahlung (insbes. von leit. Ang.) brauchen nicht vorgelegt zu werden, wohl aber Listen über **allgemein gewährte übertarifliche Zulagen** und die **Gehälter der ATAngestellten,** insbes. wegen Einhaltung der Grundsätze des § 75 Abs. 1 und des § 315 BGB, aber auch um zur Erzielung der Lohngerechtigkeit im Betrieb initiativ werden zu können (vgl. § 87 Rn 129; BAG 42

a. a. O.; auch für AT-Ang. BAG 30. 6. 81, 3. 12. 81, 10. 2. 87 AP Nr. 15, 16, 27 zu § 80 BetrVG 1972; *DR,* Rn 64, *GK-Thiele,* Rn 54, außer bei einzelvertraglichen Vergütungsvereinbarungen; *Stege/Weinspach,* Rn 18, *HSG,* Rn 47 und *Gaul,* BB 78, 764 [768], bejahen das Einsichtsrecht bei Bestehen einer betrieblichen Gehaltsordnung). Gleiches gilt für **Unterlagen** über Leistungsbeurteilungen zwecks Prüfung der Einhaltung einer BV über Leistungszulagen (BAG 20. 12. 1988, AP Nr. 5 zu § 92 ArbGG 1979).

43 Das Einblicksrecht in **übertarifliche Vergütungsbestandteile** einschl. Gratifikationen und Prämien ist **nicht von einer bes. Darlegung des BR abhängig,** die Zahlungen beruhten auf einer kollektiven oder kollektivähnlichen Regelung (BAG 28. 5. 1974, 12. 2. 1980, 30. 6. 81, 3. 12. 81 AP Nr. 7, 12, 15, 16 zu § 80 BetrVG 1972; so aber *Marienhagen,* DB 80, 1331, *GK-Thiele,* Rn 14f., *Kraft,* ZfA 83, 171, 186 u. *Mayer-Maly,* DB 79, 985ff., der u. U. aus dem Gesichtspunkt des Schutzes der Individualsphäre sogar das Einblicksrecht in die Listen der Tariflöhne beschränken will). Der BR will sich ja gerade darüber unterrichten, ob solche Zusammenhänge bestehen (BAG vom 12. 2. 1980, 30. 6. 81, a. a. O.). Der BR kann auch Auskunft über die Grundsätze für individuelle Versorgungszusagen an AT-Ang. verlangen (BAG 19. 3. 81, AP Nr. 14 zu § 80 BetrVG 1972). Wegen des Einsichtsrechts für die Lohnlisten des technischen Personals eines **Tendenzbetriebes** vgl. BAG 30. 4. 1974, AP Nr. 1 zu § 118 BetrVG 1972, für den Lehrer einer Privatschule vgl. BAG 22. 5. 79, AP Nr. 12 zu § 118 BetrVG 1972, für Redakteure BAG 30. 6. 81, AP Nr. 15 zu § 80 BetrVG 1972. Die Bruttoentgelte sind nach ihren einzelnen Bestandteilen aufzuschlüsseln (*Vogt,* BB 73, 479), einschließlich Gratifikationen und Prämien.

44 **Einblick** in die Listen bedeutet **Vorlage zur Einsicht,** ggfs. mit der Möglichkeit, **Notizen** zu machen, aber nicht Aushändigung der Listen, deren vollständiges Abschreiben oder Anfertigen von Fotokopien (*von Friesen,* ArbuR 82, 245; *DR,* Rn 68; *GL,* Rn 39; BAG 15. 6. 1976, 3. 12. 81, AP Nr. 9, 17 zu § 80 BetrVG 1972). Das ergibt sich aus dem unterschiedlichen Wortlaut von § 80 Abs. 2 Satz 1 u. 2 (**a. M.** *GKSB,* Rn 38 u. *Pramann,* DB 83, 1924).

45 Das Einblicksrecht besteht **unabhängig vom Einverständnis des ArbN** dessen Individualsphäre insoweit zurückteten muß (BAG 18. 9. 73, 30. 6. 81, AP Nr. 3, 15 zu § 80 BetrVG 1972, 30. 4. 74, AP Nr. 1 zu § 118 BetrVG 1972; 20. 12. 88, AP Nr. 5 zu § 92 ArbGG 1979; *GKSB,* Rn 39; *von Friesen,* ArbuR 82, 245; *Kraft,* ZfA 83, 171, 188; z. T. kr. *Glawatz,* DB 83, 1543). Die Lohn- und Gehaltsdaten können Teil der betriebswirtschaftlichen Kalkulation und damit Betriebs- oder Geschäftsgeheimnisse darstellen (BAG 26. 2. 1987, AP Nr. 2 zu § 79 BetrVG 1972). Der BR ist aber berechtigt, die benachteiligten ArbN über seinen Kenntnisstand, insbesondere eine ungleiche Behandlung in der Vergütung, zu unterrichten (von *Hoyningen-Huene,* Anm. EzA § 79 Nr. 1). Wegen Rechtsmißbräuchlichkeit eines Einblicksverlangens vgl. BAG 14. 5. 1987 – 6 ABR 39/84 – DB 88, 2569; der Fall kann nicht verallgemeinert werden.

IV. Rechtzeitige Unterrichtung über die Planung der Arbeitsgestaltung, Personalplanung, Unternehmensziele, geplante Betriebsänderungen

Besondere Vorschriften über die Unterrichtung von Betriebsverfassungsorganen gelten hinsichtlich von Vorhaben und Planungen des ArbGeb. (Unternehmers) im Vorfeld der Beteiligung des BR bei Durchführung konkreter Maßnahmen des ArbGeb. (z. B. bevor die MBR nach § 87 Abs. 1, nach §§ 99ff. sowie ggfs. Verhandlungen über die Vereinbarung des Sozialplans einsetzen). Wegen der Verwendung gleichlautender oder ähnlicher Begriffe in den einschlägigen Vorschriften (insbes. §§ 90, 92, 106, 111) bedarf Zeitpunkt und Gegenstand der Information näherer Bestimmung. Hierfür dürften maßgebend sein 46

a) die Phasenbezeichnung im Gesetz („über die Planung", „geplante Maßnahmen"),
b) der Gegenstand, über den zu berichten ist („wirtschaftliche Angelegenheiten des Unternehmens", „Produktionsprogramm", „Rationalisierungsvorhaben", „Jahresabschluß", usw.),
c) die zur Information verpflichtete Stelle bzw. der vom Gesetz vorgesehene Empfänger der Information (Unternehmer-Wirtschaftsausschuß, Unternehmer-BR, ArbGeb.-BR).

Zum BR als Planungspartner vgl. *Linnenkohl/Töpfer,* BB 86, 1301.

1. Information und Beratung über die Planung der Arbeitsgestaltung

Nach **§ 90** hat der ArbGeb. den BR rechtzeitig **„über die Planung"** von Arbeitsstätten, technischen Anlagen, Arbeitsverfahren, Arbeitsabläufen u. Arbeitsplätzen zu unterrichten und (außerdem) die vorgesehenen Maßnahmen mit dem BR zu beraten. Ein Mitbestimmungsrecht besteht nur in den Fällen des § 91. Die Unterrichtung erfolgt nicht, wie in § 111 über bereits geplante Maßnahmen, sondern über das Stadium des systematischen Suchens und Festlegens von Zielen sowie im Vorbereiten von Aufgaben, deren Durchführung zum Erreichen der Ziele erforderlich ist (vgl. REFA-Lexikon, Stichwort „Planung"; *GK-Wiese,* § 90, Rn 2; *GL,* § 90, Rn 6; **a. M.** *DR,* § 90 Rn 15; der sich irrtümlich auf diesen Kommentar beruft; *HSG,* § 90 Rn 3). Der Plan ist das Ergebnis der Planung; demnach ist der BR jedenfalls **vor der Planerstellung** zu unterrichten. Während die unternehmerischen Ziele der betrieblichen Produktions- und Fertigungsplanung vorgegeben sind (Rn 56f.), kommt der betrieblichen Planung die Entwicklung von technisch durchführbaren und wirtschaftlichen Lösungsalternativen zu (Stufe 4 des REFA Standardprogramms, vgl. Rn 28), sowie die anschließende Auswahl der optimalen Lösung unter technischen, wirtschaftlichen, humanen und rechtlichen Gesichtspunkten (Stufe 5 des REFA Standardprogramms). Bei Anwendung dieser Entscheidungsmethode sollte daher die Unterrichtung des BR und die Beratung mit ihm **vor Ende der 4. Stufe** geschehen. Die 47 ausdrücklich vorgeschriebene Beratung mit dem BR über vorgesehene Maßnahmen im Hinblick auf deren Auswirkungen besteht neben dieser Informationspflicht; sie dürfte sich sowohl auf alternativ vorgesehene Lösungsmöglichkeiten als auch auf die ausgewählte optimale Lösung (Stufe 5 des REFA Standardprogramms) beziehen. Diese Beratung hat so rechtzeitig zu geschehen, daß Vorschläge und Bedenken des BR bei der Planung noch berücksichtigt werden können (§ 90 Abs. 2 Satz 1 n. F.).

Der Begriff der Planung i. S. des § 90 erfaßt – insbes. hinsichtlich der Planung von Arbeitsabläufen und Arbeitsplätzen – die Makro- wie die Mikroplanung, d. h. sowohl die Planung auf Betriebs- oder Betriebsbereichsebene als auch die Ablauf- oder Gestaltungsplanung am Arbeitsplatz oder zwischen mehreren Arbeitsplätzen (vgl. REFA MLPS Teil 2, Kap. 6.1).

48 Die Unterrichtungs- und Beratungspflicht obliegt grundsätzlich dem ArbGeb. im Verhältnis zum BR. Der Unternehmer ist allerdings insoweit verpflichtet, als er dem betrieblichen ArbGeb nicht die erforderlichen Kenntnisse oder Dispositionsmöglichkeiten einräumt. Er kann die Unterrichtungs- und Beratungspflichten auf ArbN (z. B. leitende Ang.) delegieren, wenn diese die erforderlichen Kenntnisse und Vollmachten besitzen (vgl. Rn 34). Allerdings wird der ArbGeb. durch eine solche Delegation nicht von seiner grundsätzlichen Verantwortung befreit.

49 Da die Planung ein kontinuierlicher Prozeß ist (BAG 17. 3. 87, AP Nr. 29 zu § 80 BetrVG 1972), bei dem u. U. die Entscheidungsschritte wegen Änderung der Unternehmensziele mehrfach durchlaufen werden müssen, ergibt sich die Erforderlichkeit einer **laufenden Unterrichtung** (insbes. soweit sich die Planungsvorstellungen ändern oder Vorentscheidungen zu treffen sind – bis zur Entscheidung über „geplante Maßnahmen"). Hierfür bieten sich die in der Regel monatlichen Besprechungen an (§ 74 Abs. 1). Näheres kann z. B. im Zusammenhang mit der Bildung eines Ausschusses des BR oder eines gemeinsamen Ausschusses von ArbGeb. und BR gegebenenfalls durch freiwillige, nicht erzwingbare BV (§ 90 Rn 8a) festgelegt werden.

Wegen Unterrichtung des Wirtschaftsausschusses über die Planungsziele des Unternehmens nach § 106 Abs. 2 Nrn. 3 bis 5 vgl. Rn 51f. Soweit eine Planung im Sinne des § 90 zu geplanten Betriebsänderungen im Sinne des § 111 (insbes. dort Nrn. 4 und 5) führen, entsteht die Unterrichtungspflicht nach § 111 Satz 1 (dort Rn 56f.).

2. Personalplanung

50 Ebenso wie in den Fällen des § 90 hat der ArbGeb. nach **§ 92** den BR „über die Planung" (Personalplanung) zu unterrichten (vgl. oben Rn 47, § 92 Rn 24). Dabei ist zu unterscheiden, ob der ArbGeb. rein „intuitiv" plant oder ob er ganz oder teilweise eine methodische Planung durchführt (§ 92 Rn 5).

Wenn der ArbGeb. selbst nicht nach bewußten und damit nachvollziehbaren Entscheidungsschritten vorgeht, ist die Bestimmung der Planungsphase, in der der BR zu informieren ist, rückbezüglich naturgemäß kaum möglich. Da aber jedenfalls die Planung vor der Planentscheidung geschieht, liegt die **Phase der Planung** auch in diesen Fällen **vor der Phase der Einführung** bzw. der Durchführung von Maßnahmen (d.h. am Ende der 5. Phase des hier sinngemäß angewandten REFA-Standardprogramms „optimale Lösung auswählen" – vgl. Rn 28), d.h. wenn das konkrete Stadium der Maßnahmenplanung erreicht ist (für diese Fälle zutreffend (*HSG,* § 92 Rn 22).

Findet **eine methodische Personalplanung** statt, sodaß auch über Planungsschritte unterrichtet werden kann, dürfte die Phase der (erstmaligen) Unterrichtung des BR bereits vor **Ende der 4. Stufe** des REFA-Standardprogramms liegen („Daten sammeln und praktikabele Lösungen entwickeln"), in der in Abstimmung mit den übrigen Planungsbereichen des Unternehmens (bei Delegation auf den „betrieblichen ArbGeb. auch an der Hand der entsprechenden Vorgaben der Unternehmensleitung) unter Zugrundelegung von Daten und Informationen (z.B. über die Produktions- und Absatzlage) sowie der vorhandenen Personalstatistiken **Lösungsmöglichkeiten für Ziele der Personalplanung** entwickelt werden. Zur laufenden Unterrichtung vgl. Rn 49. **50a**

Wegen Unterrichtung des WiAusschusses über die Auswirkungen der Planungsziele des Unternehmens auf die Personalplanung vgl. Rn 53. Soweit auf Grund der Personalplanung Betriebsänderungen i.S. des § 111 geplant werden vgl. Rn 56ff.

3. Information des Wirtschaftsausschusses durch den Unternehmer

Nach **§ 106 Abs. 2** ist zur Unterrichtung des WiAusschuß der **Unternehmer** verpflichtet, d.h. derjenige, der die wirtschaftlichen Ziele verfolgt, denen die arbeitstechnische Leistung des Betriebs zu dienen bestimmt ist (vgl. § 1 Rn 72). Diese ausdrückliche Erwähnung des Unternehmers in dieser seiner Eigenschaft läßt den Schluß zu, daß es sich nicht etwa um den Gesamtarbeitgeber mehrerer Betriebe handelt (dieser wird z.B. in § 47 Abs. 6, § 48 schlicht als „Arbeitgeber" bezeichnet), sondern um die Stelle, die die Unternehmensziele, den finanziellen Rahmen und damit die Leistungs- und Planungsvorhaben der Betriebe festsetzt. (Zu den einzelnen Unterrichtsgegenständen in § 106 Abs. 3 vgl. die Rn dort). Der Katalog in § 106 Abs. 3 ist nicht erschöpfend. Er zählt nur auf, welche Gegenstände jedenfalls („insbesondere") bei der Unterrichtung des WiAusschuß über **„die"** (d.h. soweit nicht Betriebs- oder Geschäftsgeheimnisse gefährdet werden, grundsätzlich **alle**) **wirtschaftlichen Angelegenheiten des Unternehmens** anzusprechen sind. **51**

Aus § 106 Abs. 3 Nrn. 1 bis 3 wird bes. deutlich, daß die Beratung mit dem WiAusschuß schon bei der Festlegung der grundlegenden Unternehmensziele vorgesehen ist. So bilden die Analyse der wirtschaftlichen und finanziellen Lage des Unternehmens (§ 106 Abs. 3 Nr. 1) und der Produktions- und Absatzlage (§ 106 Abs. 3 Nr. 2) die Grundlagen für Erstellung des Absatzprogramms sowie von diesem ausgehend des Produktionsprogramms (vgl. REFA MLPS Teil 3 Kap. 2); entspre- **52** chendes gilt für das Investitionsprogramm (REFA MLPS Teil 2, Kap. 8). Auch die in § 106 Abs. 2 genannte Personalplanung (je nach deren Gestaltung u. U. die globale Planung des Personalbedarfs) gehört zu diesen unternehmerischen Zielvorgaben (REFA MLPS Teil 1, Kap. 1). Daher kann davon ausgegangen werden, daß die Informationen nach § 106 aus der übergeordneten Sicht und Kenntnis des Unternehmers zu erfolgen haben, und zwar bevor Maßnahmen bzw. abgeleitete Planungen in den Betrieben getroffen werden (z. B. vor der Umsetzung der unternehmerischen Investitions- und Produktionsplanung in die betriebliche Betriebsstättenplanung, über die der BR nach § 90 zu unterrichten ist).

53 Auch über die weiteren Gegenstände des Katalogs in § 106 Abs. 3 ist bereits im Stadium der Planung der Unternehmensziele zu berichten. Dies gilt auch für die in § 106 Abs. 3 Nrn. 5 bis 9 genannten Punkte, die unter dem Gesichtspunkt der „geplanten Maßnahmen" weitgehend auch im Katalog des § 111 Satz 2 ausgesprochen sind. Z. B. sind die Erwägungen über die Notwendigkeit oder Zweckmäßigkeit, einen Betrieb stillzulegen oder durch Veränderung der Arbeitsverfahren grundlegend zu rationalisieren, zunächst mit dem WiAussch. zu beraten, bevor betriebliche Maßnahmen im Sinne des § 111 als „geplante Maßnahmen" die weitere Beteiligung des BR auslösen. Der grundsätzlich eingeplante Personalbedarf, wie er sich aus dem Produktions- und Investitionsprogramm bzw. aus grundsätzlichen Rationalisierungsvorhaben ergibt, ist mit dem WiAusschuß zu erörtern, bevor die betriebliche Personalplanung nach § 92 einsetzt.

54 Bei sinngemäßer Anwendung des REFA-Standardprogramms auf die unternehmerische Entscheidungsfindung (vgl. Rn 28 ff.) dürfte die Beteiligung des WiAusschuß im Hinblick auf die umfassende Informationspflicht nach § 106 Abs. 2 insbes. im Zusammenhang mit Abs. 3 Nr. 1 bis 4 im Rahmen der **Stufe 4** („Datensammlung-praktikable Lösungen ermitteln") angemessen sein.

Inwieweit der Unternehmer als (Gesamt-) ArbGeb. dem BR in den hierarchisch nachgeordneten Stufen der Betriebs- bzw. Personalplanung unmittelbar als Verhandlungspartner gegenübertritt bzw. inwieweit er unmittelbar die gesetzlichen Unterrichtungspflichten wahrzunehmen hat oder diese Aufgaben dem ihn vertretenden betriebl. ArbGeb. zukommen, hängt davon ab, in welchem Umfang der Unternehmer die Entscheidungs- und Dispositionsbefugnisse auf die nachgeordneten Stufen delegiert hat (Ausnahme: § 111; näheres unten Rn 56).

55 In welchem Maße diese Phasenunterschiede sich zeitlich auswirken, hängt sowohl von der Unternehmensgröße als auch von den Umständen ab, unter denen die jeweilige unternehmerische Entscheidung zu fallen hat. Wenn die Unternehmensleitung Entscheidungen zu treffen hat, bei denen weitere betriebliche Maßnahmen keine Verzögerung dulden (z. B. im Falle der Betriebsstillegung wegen unvorgesehenen Entzugs der lebenswichtigen Kredite) muß der Entscheidungsprozeß bedeutend konzentrierter ablaufen als bei der Entscheidung über eine langfristig vorgesehene Änderung der Arbeitsverfahren oder die stufenweise

Einführung neuer Technologien. Zur Rechtzeitigkeit der Unterrichtung des WiAusschusses und der Beratung mit ihm vgl. auch *Keim,* BB 80, 1330.

4. Betriebsänderungen

Nach **§ 111 Satz 1** ist der Unternehmer verpflichtet, den BR über die in Satz 2 genannten Betriebsänderungen zu unterrichten. Die ausdrückliche Verpflichtung des **Unternehmers in dieser seiner Eigenschaft** (§ 1 Rn 72) vor Maßnahmen, die er an sich in erster Linie als ArbGeb. durchzuführen hätte (Einstellung, Versetzung, Umgruppierung, Kündigung sowie Angelegenheiten des sozialen Bereichs), ist sinnvoll, denn nur der Unternehmer ist in der Lage, ggfs. im Wege des Interessenausgleichs die zunächst gewählte „optimale" Lösung zu verändern, z. B. Arbeitsmarktgesichtspunkten stärkeres Gewicht zu verleihen und u. U. die finanziellen Mittel für einen Sozialplan zur Verfügung zu stellen. Wenn auch der Interessenausgleich nicht erzwingbar ist, ergibt sich doch aus § 112, daß hierüber jedenfalls mit dem ernsten Willen zur Einigung zu verhandeln ist (näheres vgl. §§ 112, 112a Rn 5ff.). Anderenfalls ist der Unternehmer zum Nachteilsausgleich verpflichtet (vgl. § 113 Rn 7). Deshalb kommt in den Fällen des § 111 eine abschließende Willenbsildung des Unternehmers zur Durchführung von Maßnahmen im Vollzug der geplanten Betriebsänderung ohne die Möglichkeit von Modifikationen nicht in Betracht. Überdies weist der gewählte Ausdruck „geplante" Maßnahmen (nicht „beschlossene" Maßnahmen – dies wäre im Hinblick auf Sinn und Zweck des §§ 111ff. nicht verständlich) darauf hin, daß die Phase der Planung zwar weitgehend abgeschlossen, die Stufe des wirtschaftlichen oder rechtlichen Handelns (der Einführung oder Umsetzung) aber noch nicht erreicht ist. Allerdings kann das Planungsstadium bei extremen Bedingungen zeitlich sehr kurz sein, u. U. nur in einer Reaktion auf wirtschaftliche Umstände bestehen. Insoweit ist dem BAG (GS 13. 12. 78, AP Nr. 6 zu § 112 BetrVG 1972 unter II B 5 der Gründe) darin zuzustimmen, daß es für die die Anwendung des § 111 nicht darauf ankommt, ob eine Betriebsänderung auch ohne Planung, z. B. im Konkursfall durchgeführt werden muß. **56**

Bei Anwendung des REFA Standardprogramms (MLA Teil 3, Kap. 3.1 – vgl. Rn 28) ist die Information rechtzeitig, wenn sie **vor der Einführung bzw. Vorgabe an die Betriebe zur Durchführung** und **vor Abschluß der 5. Stufe** („Auswahl der optimalen Lösung") geschieht; denn die Ermittlung der optimalen Lösung steht in diesen Fällen unter dem Vorbehalt der Modifizierung der im Planungsstadium ausgewählten Lösung auf Grund des Interessenausgleich und im Hinblick auf die wirtschaftlichen Auswirkungen eines Sozialplans auf die Entscheidung des Unternehmers (§ 112; vgl. auch REFA MLA Teil 3, Kap. 3.6 am Ende; dort wird hervorgehoben, daß die Auswahl der besten Lösungen häufig durch vorgesetzte Instanzen geschieht, nicht durch die an der Planung unmittelbar Beteiligten – im Modell der MLA Arbeitsgestalter). Die Unterrichtung des **WiAusschusses** nach § 106 Abs. 3 Nrn. 5 bis **57**

9 erfolgt demgegenüber in einer hierarchisch und in aller Regel auch zeitlich vorgelagerten Stufe der Festlegung der Planziele des Unternehmens (vgl. oben Rn 54; so auch *HSG,* § 111 Rn 27).

58 Die Betriebsstillegung bzw. -einschränkung ist nach Ansicht der BAG (22. 5. 79, AP Nr. 3, 4 zu § 111 BetrVG 1972) bereits als solche Gegenstand der unternehmerischen Planentscheidung (Näheres § 111 Rn 35ff.). Dagegen muß bei vom Unternehmer geplanten Änderungen der Betriebsanlagen, Arbeitsverfahren und -systeme anschließend die Unterrichtung über die Planung der betrieblichen Umsetzung der Entscheidung nach § 90 (hier Rn 47) erfolgen (vgl. § 111 Rn 32; **a.M.** *HSG,* § 111 Rn 67).

V. Sachverständige und Auskunftspersonen

59 Um dem BR die Durchführung seiner Aufgaben zu erleichtern, sieht Abs. 3 die Möglichkeit vor, daß der BR im Rahmen des Erforderlichen, insbesondere wegen der Schwierigkeit der Materie (Analyse des Geschäftsberichts, versicherungsmathematische Fragen bei betrieblicher Altersversorgung, System- und sonstige Fragen bei der elektronischen Datenverarbeitung, Fragen der Arbeitswissenschaften zur menschengerechten Gestaltung der Arbeit usw.), und kraft näherer Vereinbarung mit dem ArbGeb. **Sachverständige hinzuziehen** kann, ggfs. auch nicht dem Betrieb angehörende Personen. Diese unterliegen der Geheimhaltungspflicht im Rahmen des § 79, auf die sie der BR hinzuweisen hat (vgl. § 79 Rn 16). Ihre **Kosten trägt der ArbGeb.** (§ 40 Rn 14; näheres *Knauber-Bergs,* AiB 87, 160). Eine entsprechende Regelung gilt für den WiAusschuß, vgl. § 108 Abs. 2 Satz 3 und dort Rn 8. Wegen Zuziehung von Sachverständigen für die Sprechstunde vgl. § 39 Rn 8 und in der BetrVerslg. § 42 Rn 43.

60 **Sachverständige** sind Personen, die dem BR oder sonstigen Betriebsverfassungsorganen die ihnen fehlenden fachlichen oder rechtlichen Kenntnisse (mündlich oder schriftlich) vermitteln, damit sie ihre Aufgaben in Zusammenarbeit mit dem ArbGeb. sachgemäß erfüllen können (BAG 13. 9. 77, 25. 4. 78, AP Nr. 1 zu § 42 BetrVG 1972, AP Nr. 11 zu § 80 BetrVG 1972). Auch Rechtsanwälte und Gewerkschaftsvertreter können Sachverständige sein (BAG 25. 4. 78, a. a. O., 5. 11. 81, AP Nr. 9 zu § 76 BetrVG 1972, 18. 7. 78, AP Nr. 1 zu § 108 BetrVG 1972). Ihre Heranziehung für ein bestimmtes BeschlVerf. fällt aber unter § 40, bedarf also keiner Vereinbarung mit dem ArbGeb. Die Sachverständigentätigkeit kann z. B. in der Vorbereitung für einen Sozialplan bestehen (BAG 5. 11. 81 a. a. O.); sie ist nicht auf die Unterstützung der BR in einer einzelnen Frage beschränkt. Sie kann sich auch auf die Einführung eines Projekts beziehen, das längerfristiger Beratung bedarf, insbesondere bei Einführung neuer Technologien im Betrieb (vgl. Trittin, AiB 85, 90, LAG Hamburg 20. 6. 85, AiB 86, 23 und die in AiB 86, 69 wiedergegebenen Entscheidungen; wegen Grundbuchauszügen für Sachverständige vgl. LG Tübingen, 28. 5. 84,

NZA 85, 99). Eine allgemeine Vermittlung von Kenntnissen, losgelöst von konkreten Fragen des Betriebes, dürfte aber Schulungsveranstaltungen nach § 37 Abs. 6 oder 7 vorbehalten sein (BAG 17. 3. 1987, AP Nr. 29 zu § 80 BetrVG 1972; Pflüger, NZA 88, 45). Die Unterrichtung des BR über **EDV-Systeme** (vgl. Rn 4, 32, 37) kann zunächst durch sachverständige Mitarbeiter des Betriebes erfolgen. der BR kann nach Ansicht des BAG nicht von vornherein die Zuziehung außerbetrieblicher Sachverständiger verlangen, sondern erst dann, wenn die innerbetriebliche Unterrichtung nicht ausreicht und der BR weitere kritische Fragen hat, die ihm nicht zufriedenstellend beantwortet werden können (BAG 17. 3. 1987, 4. 6. 1987, AP Nr. 29, 30 zu § 80 BetrVG 1972 mit z. T. kr Anm. *Weckbach,* NZA 88, 305; *Linnenkohl,* BB 88, 766 und Pflüger NZA 88, 45 kr. auch Wohlgemuth, Datenschutz, Rn 672).

Die **Zuziehung eines Sachverständigen** ist bei Erforderlichkeit ein originäres Recht des BR. Seine Ausübung **bedarf der „näheren Vereinbarung“** mit dem ArbGeb., d. h. hinsichtlich der Modalitäten (z. B. Thema, Person des Sachverständigen, Kosten, Zeitpunkt; BAG 19. 4. 89, AP Nr. 35 zu § 80 BetrVG 1972). Diese Vereinbarung ist keine BV (vgl. § 77 Rn 29), bedarf daher nicht der Schriftform und kann auch von einem dazu ermächtigten Ausschuß nach §§ 27, 28 getroffen werden. Ihr Zustandekommen kann nicht durch Anrufung der E-Stelle nach § 76 Abs. 5 erzwungen werden (*DR,* Rn 73), wohl aber kann die E-Stelle nach § 76 Abs. 6 tätig werden. Wegen Zuständigkeit der ArbG vgl. Rn 63. **60a**

Keine Sachverständigen sind **Auskunftspersonen** (vgl. § 109 Abs. 1 Satz 2 AktG), die im Rahmen ihrer normalen beruflichen Tätigkeit dem BR ohne Gebührenansprüche Auskünfte erteilen, insbesondere weil ihre berufliche Tätigkeit ohnehin mit dem Betrieb verknüpft ist (z. B. Mitglieder des GesBR, Angehörige der Betriebskrankenkasse, Technischer Aufsichtsbeamter, Gewerbeaufsichtsbeamter, Werksarzt, Gewerkschaftssekretär). Eine derartige Auskunftserteilung bedarf keiner Vereinbarung mit dem ArbGeb. (wie hier: *GL,* Rn 42). Die Teilnahme von Sachverständigen oder Auskunftspersonen an BRSitzungen oder Betr-Verslg. stellt keinen Verstoß gegen den Grundsatz der Nichtöffentlichkeit dar (vgl. § 30 Rn 13, § 42 Rn 43; BAG 13. 9. 77, AP Nr. 1 zu § 42 BetrVG 1972; ArbG Frankfurt, 16. 9. 88, AiB 89, 14). **61**

VI. Streitigkeiten

Stellt der BR das Verlangen an den ArbGeb., ihm erforderliche Unterlagen vorzulegen, und verweigert der ArbGeb. dies, so kann ihm auf Antrag des BR vom ArbG gemäß § 85 Abs. 1 ArbGG aufgegeben werden, die **Unterlagen zur Verfügung** zu stellen bzw. Einblick zu gewähren. Es wird u. U. auch darauf ankommen, ob die verlangten Unterlagen „erforderlich“ sind. Über diese Rechtsfrage entscheiden die ArbG im **BeschlVerf.** (§ 2a ArbGG). Die Zwangsvollstreckung zur **62**

Einsichtsgewährung in die Gehaltslisten erfolgt durch Zwangsgeld gegenüber dem ArbGeb. nach § 888 ZPO (BAG 17. 5. 83, AP Nr. 19 zu § 80 BetrVG 1972; *Stege/Weinspach,* Rn 22; *GL,* Rn 45; *Heinze,* DB 83, Beilage 9, S. 16 sieht eine Anspruchsgrundlage nur in § 23 Abs. 3; vgl. auch § 87 Rn 161).

63 Es ist auch im **BeschlVerf.** zu entscheiden, wenn sich BR und ArbGeb. nicht darüber einigen können, **ob ein Sachverständiger** erforderlich ist (BAG 27. 9. 1974, AP Nr. 8 zu § 40 BetrVG 1972, 25. 4. 78, AP Nr. 11 zu § 80 BetrVG 1972, 18. 7. 78, AP Nr. 1 zu § 108 BetrVG 1972; *GK-Thiele,* Rn 65; *HSG,* Rn 55; *DR,* Rn 73; *GL,* Rn 40). Dabei sollte die Kostenfrage im voraus geklärt werden. In dringenden Fällen kann der BR einen Sachverständigen auch ohne vorherige Einigung mit dem ArbGeb zuziehen. Allerdings trägt er dann das Kostenrisiko, falls in einem anschließenden BeschlVerf. die Erforderlichkeit der Heranziehung nach § 40 verneint werden sollte (LAG Frankfurt, 11. 11. 1986, DB 87, 1440, Pflüger, NZA 88, 43). Eine Einigung mit dem ArbGeb ist auch erforderlich über die **Person** des Sachverständigen (BAG 19. 4. 89, AP Nr. 35 zu § 80 BetrVG 1972). Auch darüber wird im Streitfall im BeschlVerf. entschieden. Die Entscheidung des ArbG ersetzt die „nähere Vereinbarung“ nach Abs. 3. Der Sachverständige ist nicht Beteiligter in diesem BeschlVerf. (BAG 25. 4. 78, AP Nr. 11 zu § 80 BetrVG 1972).

Zweiter Abschnitt. Mitwirkungs- und Beschwerderecht des Arbeitnehmers

§ 81 Unterrichtungs- und Erörterungspflicht des Arbeitgebers

(1) **Der Arbeitgeber hat den Arbeitnehmer über dessen Aufgabe und Verantwortung sowie über die Art seiner Tätigkeit und ihre Einordnung in den Arbeitsablauf des Betriebs zu unterrichten. Er hat den Arbeitnehmer vor Beginn der Beschäftigung über die Unfall- und Gesundheitsgefahren, denen dieser bei der Beschäftigung ausgesetzt ist, sowie über die Maßnahmen und Einrichtungen zur Abwendung dieser Gefahren zu belehren.**

(2) **Über Veränderungen in seinem Arbeitsbereich ist der Arbeitnehmer rechtzeitig zu unterrichten. Absatz 1 gilt entsprechend.**

(3) **Der Arbeitgeber hat den Arbeitnehmer über die auf Grund einer Planung von technischen Anlagen, von Arbeitsverfahren und Arbeitsabläufen oder der Arbeitsplätze vorgesehenen Maßnahmen und ihre Auswirkungen auf seinen Arbeitsplatz, die Arbeitsumgebung sowie auf Inhalt und Art seiner Tätigkeit zu unterrichten. Sobald feststeht, daß sich die Tätigkeit des Arbeitnehmers ändern wird und seine beruflichen Kenntnisse und Fähigkeiten zur Erfüllung seiner Aufgaben nicht ausreichen, hat der Arbeitgeber mit dem Arbeit-**

nehmer zu erörtern, wie dessen berufliche Kenntnisse und Fähigkeiten im Rahmen der betrieblichen Möglichkeiten den künftigen Anforderungen angepaßt werden können. Der Arbeitnehmer kann bei der Erörterung ein Mitglied des Betriebsrats hinzuziehen.

Inhaltsübersicht

I. Vorbemerkung

Die im zweiten Abschnitt (§§ 81–86) aufgeführten Mitwirkungs- und Beschwerderechte des einzelnen ArbN sind im Zusammenhang mit dem Schutz des Persönlichkeitsbereichs (§ 75 Abs. 2) zu verstehen. Die Vorschriften sind an sich (jedenfalls soweit nicht die Beteiligung des BR in ihnen geregelt ist) dem Arbeitsvertragsrecht zuzuordnen. Das Gesetz zur Änderung des BetrVG vom 20. 12. 1988 hat § 81 einen neuen Abs. 3 angefügt, der die Unterrichtungs- und Erörterungspflicht des ArbGeb gegenüber dem einzelnen ArbN bei Planung von Maßnahmen im Sinne des § 90 festlegt. Der einzelne ArbN soll in den Informationsprozeß einbezogen werden. Abs. 3 steht im inneren Zusammenhang mit der Neufassung des § 90. 1

Die Verpflichtungen des ArbGeb. nach § 81ff. ergeben sich weitgehend schon aus desssen sog. „Fürsorgepflicht“ (h. M. z. B. *DR* Vorbem. 2; *GK-Wiese,* Vorbem. 11ff., *HSG,* Vorbem. 2). Sie bestehen insoweit auch in betriebsratslosen Betrieben (h. M.). Die in § 81 Abs. 1 Satz 2 enthaltene Unterrichtungspflicht über Unfallgefahren wird durch Vorschriften des gesetzlichen Arbeitsschutzes z. T. konkretisiert und ergänzt (§ 29 JArbschG, § 7a HAG – auch für in Heimarbeit Beschäftigte, die nicht ArbN i. S. des BetrVG sind –, § 7 Abs. 2 VGB 1 – Allgemeine Vorschriften). Näheres unten Rn 7ff. Wegen Abgrenzung zu Maßnahmen der Berufsbildung vgl. BAG 5. 11. 85, AP Nr. 2 zu § 98 BetrVG 1972. 2

Entsprechende Vorschrift im **BPersVG 74** und **SprAuG:** Keine. 2a

II. Unterrichtung des ArbN über Aufgaben, Tätigkeitsbereich und Verantwortung

Abs. 1 Satz 1 verpflichtet den ArbGeb., den ArbN nicht nur über seinen eigentlichen Aufgabenbereich und die dafür zu tragende Verantwortung, sondern darüber hinaus auch über die Bedeutung seiner Tätigkeit in größerem Rahmen des Arbeitsablaufs (§ 90 Rn 13) des Betriebes zu unterrichten. 3

Die Unterrichtung erfolgt vor Aufnahme der tatsächlichen Beschäftigung im Betrieb. Eine allgemeine Beschreibung im Rahmen eines Vorstellungsgesprächs genügt nicht (h. M.). Durch diese Unterrichtung sollen dem ArbN seine Aufgaben für die von ihm eingenommene Stelle und die damit verbundenen Verantwortlichkeiten deutlich gemacht werden. Sie muß präzis und individuell auf den einzelnen ArbN und seinen Arbeitsplatz abgestellt sein (h. M., vgl. auch *Höhn,* S. 47ff., der auf den Wert der Stellenbeschreibung für diese Zwecke hinweist). Pauschale Aussagen genügen nicht.

4 Die Unterrichtung hat sich insbes. zu beziehen auf **Arbeitsplatz** und **Arbeitsgerät,** Art der Tätigkeit und Zusammenhang mit dem Endprodukt, Bedienung und Wartung von Maschinen und Gerät, Beschaffenheit der Arbeitsstoffe, evtl. bes. Verhaltensweisen (vgl. **Vor** § 89 Rn 49ff.).

5 Neben dieser fachlichen Unterrichtung über den Arbeitsplatz, die Tätigkeit und die damit verbundenen Aufgaben, ist dem ArbN die **Verantwortlichkeit,** die mit seiner Arbeit verbunden ist, mitzuteilen. Hierzu gehört sowohl die Verantwortung, die sich auf das zu erzielende Arbeitsergebnis bezieht, als auch diejenige, die gegenüber anderen ArbN besteht, z. B. gegenüber Mitarbeitern oder im Rahmen einer Leitungsaufgabe. Hierzu gehört auch die Klärung von Über- und Unterstellungsverhältnissen und die Bezeichnung der übertragenen Befugnisse und Verpflichtungen sowie der Kontrollbefugnisse, die der ArbN ggfs. auszuüben hat, und die Kontrollen, denen er unterliegt. Damit wird zugleich die Einordnung des ArbN in den Arbeitsablauf angesprochen und dem ArbN die Bedeutung seiner Tätigkeit für den Gesamtablauf des Betriebs deutlich gemacht.

6 Die Unterrichtung hat so **„rechtzeitig"** zu geschehen, daß sich der ArbN mit den neuen Gegebenheiten vor dem tatsächlichen Beginn der Arbeit vertraut machen kann. Der ArbGeb. braucht die Unterrichtung nicht persönlich vorzunehmen. Es genügt die Einweisung des ArbN durch einen anderen sachkundigen Vorgesetzten (Abteilungsleiter, Hallenchef, Meister usw.).

III. Unterrichtung über Unfallgefahren

7 In Zusammenhang mit der Einschaltung des BR in den Arbeitsschutz gem. §§ 89, 88 Nr. 1 und 87 Abs. 1 Nr. 7 verlangt § 81 Abs. 1 Satz 2 ausdrücklich vom ArbGeb. die Unterweisung des ArbN über Unfall- und Gesundheitsgefahren und deren Abwehr im konkreten Arbeitsbereich des ArbN. Die Belehrung hat rechtzeitig vor der ersten Eingliederung des ArbN in den Betrieb zu geschehen. Insbesondere ist der ArbN auch über die Einrichtungen zur Gefahrenabwehr zu informieren und zu deren Benutzung anzuhalten, z. B. Demonstration von Sicherheitseinrichtungen, deren Bedienung und Wirkungsweise, der sicherheitsgerechten Arbeit an gefährlichen Maschinen, der Verwendung von persönlicher Schutzausrüstung (Helme, Brillen, Handschuhe, Masken, Ret-

tungsgeräte), Belehrung über gefährliche Einwirkungen am Arbeitsplatz (insbes, gefährliche Arbeitsstoffe), Erläuterung von Warnsignalen, Benennung der zuständigen Personen, die bei Unfällen oder Gefahrenlagen zu unterrichten sind, Informationen über Sanitätskästen und Unfallhilfsstellen.

Sind im Betrieb **Betriebsärzte** und Fachkräfte für Arbeitssicherheit **7a** bestellt, so gehört es zu ihren Aufgaben, den ArbGeb. bei seiner Unterweisungspflicht zu unterstützen und auf die Durchführung der Belehrung hinzuwirken (vgl. § 3 Abs. 1 Nr. 4 und § 6 Nr. 4 ASiG). Die Belehrung muß praxisbezogen, verständlich und eindringlich sein. Die Aushändigung eines **Merkblattes** an die ArbN oder das Vorlesen von Vorschriften genügt nicht (*Bächler,* DB 73, 1402; *GL,* Rn 7), ist aber als zusätzliche Maßnahme durchaus empfehlenswert, **Ausländische ArbN,** die die deutsche Sprache nicht ausreichend verstehen, sind erforderlicherweise in ihrer Heimatsprache zu belehren (*GL,* Rn 4; *HSG,* Rn 6; grundsätzlich zur Berücksichtigung der Sprachunkenntnis ausländischer ArbN: LAG Hamm, EzA § 130 BGB Nr. 9).

Die Unterrichtung des ArbN nach § 81 Abs. 1 Satz 2 ist zugleich eine **8** personenbezogene Maßnahme des gesetzlichen Arbeitsschutzes (**Vor** § 89 Rn 53), die besonders geeignet und erforderlich ist, um das sicherheitsgerechte Verhalten der ArbN zu beeinflussen. Vgl. insbes. die folgenden einschlägigen Bestimmungen der **VGB 1:**

§ 7.
(1) ...
(2) Der Unternehmer hat die Versicherten über die bei ihren Tätigkeiten auftretenden Gefahren sowie über die Maßnahmen zu ihrer Abwendung vor der Beschäftigung und danach in angemessenen Zeitabständen, mindestens jedoch einmal jährlich, zu unterweisen.

§ 8.
Der Unternehmer hat die Mitwirkung der Versicherten an der Verhütung von Arbeitsunfällen zu fördern. ...

§ 14.
Die Versicherten haben alle der Arbeitssicherheit dienenden Maßnahmen zu unterstützen. Sie sind verpflichtet, Weisungen des Unternehmers zum Zwecke der Unfallverhütung zu befolgen, es sei denn, es handelt sich um Weisungen, die offensichtlich unbegründet sind. Sie haben die zur Verfügung gestellten persönlichen Schutzausrüstungen zu benutzen. Die Versicherten dürfen sicherheitswidrige Weisungen nicht befolgen.

§ 16.
(1) Stellt ein Versicherter fest, daß eine Einrichtung sicherheitstechnisch nicht einwandfrei ist, so hat er diesen Mangel unverzüglich zu beseitigen. Gehört dies nicht zu seiner Arbeitsaufgabe oder verfügt er nicht über Sachkunde, so hat er den Mangel dem Vorgesetzten unverzüglich zu melden.
(2) Absatz 1 gilt entsprechend, wenn der Versicherte feststellt, daß
1. Arbeitsstoffe sicherheitstechnisch nicht einwandfrei verpackt, gekennzeichnet oder beschaffen sind oder

2. das Arbeitsverfahren oder der Arbeitsablauf sicherheitstechnisch nicht einwandfrei gestaltet bzw, geregelt sind.

§ 17.
Versicherte dürfen Einrichtungen und Arbeitsstoffe nicht unbefugt benutzen. Einrichtungen dürfen sie nicht unbefugt betreten.

8a Zur Konkretisierung der Unterweisungspflicht nach § 7 Abs. 2 VGB 1 haben die Berufsgenossenschaften Merkblätter, Merkhefte, Richtlinien und Sicherheitsregeln veröffentlicht, die im Hinblick auf ausländische ArbN z. T. in **Fremdsprachen** übersetzt sind (vgl. das ZH 1 Verzeichnis des Hauptverbands der gewerblichen Berufsgenossenschaften; Deutsches Arbeitsschutzmaterial in Fremdsprachen, Herausgeber BAU).

8b Nach § 29 JArbschG hat der ArbGeb. die Jugendlichen mindestens halbjährlich zu unterrichten (Bußgeldvorschrift § 59 Abs. 1 Nr. 3 JArbschG); § 20 Abs. 2 GefStoffV regelt die Unterrichtungspflicht für den Umgang mit gefährlichen Arbeitsstoffen. Ähnlich § 39 Abs. 1 StrlSchV; vgl. auch die Unterrichtungspflicht des ArbGeb über Ausnahme- und Gefahrenabwehrpläne nach § 6 Abs. 1 Nr. 5 StörfallVO (*Kothe,* BB 81, 1277).

9 Soweit keine konkretisierten Regelungen über die Art der Belehrung bestehen, hat der ArbGeb. festzulegen, in welcher Weise dies entsprechend den Gegebenheiten des Betriebs zu erfolgen hat. Demgemäß besteht in solchen Fällen das MBR des BR nach § 87 Abs. 1 Nr. 7 für die Konkretisierung der Belehrungsgrundsätze und Methoden (vgl. **Vor** § 89 Rn 45ff.).

IV. Unterrichtung bei Veränderungen im Arbeitsbereich

10 Die **Einweisungspflicht** besteht nicht nur bei Antritt der **Erstbeschäftigung** im Betrieb, sondern auch bei **Veränderungen** im **Arbeitsbereich** (d.h. räumliche, technische und funktionelle Umgebung und Zuordnung; vgl. § 99 Rn 22) des ArbN (Abs. 2), die regelmäßig eine Versetzung bedingen; nicht jedoch bei reinen Umsetzungen auf einen gleichartigen Arbeitsplatz bei grundsätzlich unveränderter Arbeitsumgebung, da dann kein erneutes Unterrichtsbedürnis besteht (*GK-Wiese,* Rn 4; **a.M.** *Dr,* Rn 6 mit der Begründung, Aufgabe und Verantwortung des ArbN änderten sich; das ist aber bei Umsetzung auf einen völlig gleichartigen Arbeitsplatz gerade nicht der Fall; wie hier *GL,* Rn 8). Auch wenn dem ArbN nur **vorübergehend** eine andere Arbeit (z.B. vertretungsweise) übertragen wird, müssen die Belehrungen nach § 81 im erforderlichen Umfang vorgenommen werden; das gilt insbesondere für die Sicherheitsbelehrung.

11 **Veränderungen** i. S. des Abs. 2 sind auch organisatorische oder technologische Veränderungen bei gleichbleibendem Arbeitsplatz (z. B. Einführung neuer Maschinen, anderer Arbeitsstoffe, Veränderungen der Arbeitsumgebung, des innerbetrieblichen Transportwesens, der Arbeitsorganisation), soweit diese für den Arbeitsbereich des ArbN von Bedeutung sein können (ähnlich *HSG,* Rn 3).

V. Unterrichtung und Erörterung bei Planung von Maßnahmen und deren Auswirkungen auf Arbeitsplätze, Arbeitsumgebung und Tätigkeit

Der neue Abs. 3 legt eine Unterrichtungs- und Erörterungspflicht des ArbGeb gegenüber dem einzelnen ArbN für geplante Maßnahmen fest. Diese Pflicht betrifft: 12
- technische Anlagen (vgl. § 90 Rn 12),
- Arbeitsverfahren und Arbeitsabläufe (vgl. § 90 Rn 13) und
- Arbeitsplätze (§ 90 Rn 14).

Zunächst ist der einzelne ArbN in einer **ersten Stufe** über die vorgesehenen Maßnahmen **zu unterrichten** (Abs. 3 Satz 1). Die Unterrichtung bezieht sich insbesondere auf die Auswirkungen auf den einzelnen Arbeitsplatz, die Arbeitsumgebung (§ 91 Rn 5) und Inhalt und Art der Tätigkeit; sie hat also **alle Gesichtspunkte** zu umfassen, die für den einzelnen ArbN von Bedeutung sein können. Die Unterrichtung wird zeitlich etwas später als die des BR nach § 90 (dort Rn 9 und § 80 Rn 47) stattfinden, da sie erst dann sinnvoll ist, wenn sich konkrete Maßnahmen bereits abzeichnen (Bericht BT-Ausschuß Drucks. 11/3618 Seite 9; *Wlotzke,* DB 89, 116; *Engels/Natter,* BB 89, Beil. 8 S. 25. 13

In der **2. Stufe** (Abs. 3 Satz 2) hat der ArbGeb in eine **Erörterung** mit dem ArbN einzutreten, sobald feststeht, daß sich die **Tätigkeit** des ArbN **ändern wird,** der zwar im Betrieb verbleibt, dessen bisherigen beruflichen Kenntnisse und Fähigkeiten aber nicht mehr ausreichen werden, um den neuen Aufgaben gerecht zu werden (vgl. auch § 82 Rn 6). Die Erörterung dient der Frage, wie die beruflichen Kenntnisse und Fähigkeiten den künftigen Anforderungen angepaßt werden können, insbesondere durch Umschulung und betriebsinterne oder überbetriebliche Weiterbildung (wegen Beteiligung des BR insoweit vgl. Rn zu § 98). Im Laufe der parlamentarischen Beratungen ist allerdings diese Verpflichtung des ArbGeb durch die Einfügung der Worte „im Rahmen der betrieblichen Möglichkeiten" eingeschränkt worden. Zwar wird in der Begründung zum RE und im Ausschußbericht (BT-Drucks. 11/2503, Seite 35 und 11/3618 Seite 9) die Auffassung vertreten, eine weitergehende Verpflichtung des ArbGeb bestehe nicht, was sich wohl auf die Frage eines **Rechtsanspruchs** des ArbN auf Umschulung oder Weiterbildung beziehen soll. Jedenfalls hat aber die Versäumung der Erörterungspflicht des ArbGeb zur Folge, daß dem ArbN ein längerer Anpassungszeitraum zum Erwerb der erforderlichen Kenntnis eingeräumt werden muß, bevor etwa eine personenbedingte Kündigung in Betracht kommt (*Löwisch,* BB 88, 1954). Dies gilt auch dann, wenn der ArbGeb ihm mögliche und zumutbare Förderungsmaßnahmen unterläßt (vgl. wegen der Widerspruchsmöglichkeit des BR gegen eine Kündigung nach § 102 Abs. 3 Nr. 4 auch dort Rn 48). Die vielfach beschworene Qualifikationsoffensive muß am einzelnen Arbeitsplatz beginnen (*Buchner,* NZA 89, Beilage 1 Seite 12). 14

15 Der ArbN kann bei der Erörterung ein **Mitgl. des BR** nach seiner Wahl hinzuziehen, wie auch in § 82 Abs. 2 (vgl. dort Rn 8) und § 83 Abs. 1 Satz 2 vorgesehen ist.

VI. Streitigkeiten

16 Solange der ArbGeb. seine Verpflichtung aus § 81 nicht erfüllt, insbes. die Belehrung über Unfall- und Gesundheitsgefahren, hat der **ArbN ein Leistungsverweigerungsrecht** gem. § 273 BGB, d.h. er kann bis zur ordnungsgemäßen Einweisung seine Arbeitsleistung verweigern (*GL,* Vorbem. 8; einschr. *DR,* Rn 12), behält aber gleichwohl seinen Lohnanspruch (§§ 298, 615 BGB). Der ArbN kann auch im **Urteilsverfahren** (*GK-Wiese,* Vorbem. 37; *GL,* Vorbem. 12; *Schaub,* § 234 VIII) auf Vornahme einer ordnungsmäßigen Einweisung klagen, weil es sich um einen individualrechtlichen Anspruch des ArbN handelt (*DR,* Rn 14). Ein Entsprechendes Urteil wird nach § 888 ZPO, § 85 Abs. 1 ArbGG durch Verhängung von Zwangsgeld als Beugemaßnahme vollstreckt. Auch einstweilige Verfügungen sind zulässig.

§ 82 Anhörungs- und Erörterungsrecht des Arbeitnehmers

(1) **Der Arbeitnehmer hat das Recht, in betrieblichen Angelegenheiten, die seine Person betreffen, von den nach Maßgabe des organisatorischen Aufbaus des Betriebs hierfür zuständigen Personen gehört zu werden. Er ist berechtigt, zu Maßnahmen des Arbeitgebers, die ihn betreffen, Stellung zu nehmen sowie Vorschläge für die Gestaltung des Arbeitsplatzes und des Arbeitsablaufs zu machen.**

(2) **Der Arbeitnehmer kann verlangen, daß ihm die Berechnung und Zusammensetzung seines Arbeitsentgelts erläutert und daß mit ihm die Beurteilung seiner Leistungen sowie die Möglichkeiten seiner beruflichen Entwicklung im Betrieb erörtert werden. Er kann ein Mitglied des Betriebsrats hinzuziehen. Das Mitglied des Betriebsrats hat über den Inhalt dieser Verhandlungen Stillschweigen zu bewahren, soweit es vom Arbeitnehmer im Einzelfall nicht von dieser Verpflichtung entbunden wird.**

Inhaltsübersicht

I. Vorbemerkung

§ 82 ergänzt § 81 dahin, daß der einzelne ArbN auch von sich aus die Initiative ergreifen kann, wenn es um Auskunft über seine persönliche Stellung im Betrieb und seine berufliche Entwicklung geht. Außerdem ist ihm jederzeit auf Verlangen die Berechnung und Zusammensetzung seines Arbeitsentgelts zu erläutern. Diese Rechte ergeben sich weitgehend aus der „Fürsorgepflicht" des ArbGeb. Die Vorschrift gilt auch für Betriebe ohne BR. Näheres zur individualrechtlichen Natur der Vorschrift vgl. § 81 Rn 1. In Großbetrieben kann es zweckmäßig sein, entsprechende Formulare zu entwickeln und die für die Anhörung der ArbN nach Abs. 1 „zuständigen Personen" festzulegen und bekanntzugeben. Durch die Beteiligung eines BRMitgl. auf Wunsch des ArbN in den Fällen des Abs. 2 soll dem ArbN eine Hilfestellung bei den Gesprächen gegeben werden. Zum Wert des Gesprächs aus arbeitswissenschaftlicher Sicht vgl. *Neuberger/Dötz,* Miteinander arbeiten und miteinander reden, Bayer. Staatsministerium für Arbeit und Sozialordnung, 3. Aufl., 1982. 1

Die Anhörungs- und Erörterungsrechte als Ausfluß der arbeitsvertraglichen Rechtstellung kann der ArbN im angemessenen Rahmen **während der Arbeitszeit** ausüben. Das Arbeitentgeld ist also weiter zu zahlen (*GL,* Rn 14; *GK-Wiese,* Rn 1b; *HSG,* Rn 7 halten die Einführung von Sprechstunden für die Erörterung nach § 82 für zulässig; dem ist zuzustimmen soweit hierdurch keine Erschwerung in der Ausübung dieser Rechte bewirkt wird). Eine formalisierte Regelung ist nach § 87 Abs. 1 Nr. 1 durch BV zu treffen. 2

Entsprechende Vorschrift im **BPersVG 74** und **SprAuG:** Keine 2a

II. Recht des Arbeitnehmers auf Anhörung und Stellungnahme

Dem ArbN wird in Abs. 1 Satz 1 das Recht zugestanden, in **allen betrieblichen** (nicht in rein persönlich-privaten) **Angelegenheiten,** die ihn persönlich betreffen, insbes. den Fragen des § 81 Abs. 1 gehört zu werden. Er hat sich zunächst und vorbehaltlich eines bestehenden betrieblichen Instanzenzugs an den **sachlich zuständigen unmittelbaren Vorgesetzten** zu wenden (Meister, Abteilungsleiter, Hallenchef usw.). Dieser muß sich Zeit nehmen und auf das Anliegen des ArbN eingehen. Zu den „betrieblichen Angelegenheiten", die seine Person betreffen, gehören vor allem Fragen, die mit seiner Arbeitsleistung zusammenhängen, sowie Fragen der betrieblichen Organisation und des Arbeitsablaufs, die (auch mittelbar) Auswirkungen auf den Arbeitsbereich und die auszuübende Tätigkeit haben (*DR,* Rn 4; *HSG,* Rn 2), z. B. das innerbetriebliche Transportwesen. Wird eine Anhörung abgelehnt, so wird der ArbN sich zweckmäßigerweise an den BR wenden, der Anregungen gem. § 80 Abs. 1 Nr. 3 weiterverfolgen kann. Wendet sich der ArbN 3 gegen die Art seiner Behandlung, so handelt es sich um eine **Beschwerde,** die er gemäß § 84 persönlich oder nach § 85 unter Einschaltung des BR vorbringen kann. Kommt ein ArbN nach ordnungsgemäßer Erledigung ständig mit demselben Anliegen, so braucht der ArbGeb. oder die sonstige hierfür zuständige Person nicht immer erneut darauf einzugehen (Querulanten).

4 Darüber hinaus gibt Abs. 1 Satz 2 den ArbN das Recht, zu Maßnahmen des ArbGeb. Stellung zu nehmen, die Auswirkungen auf seinen betrieblichen Arbeitsbereich oder seine persönliche Stellung im Betrieb haben, auch wenn er sich dadurch nicht beeinträchtigt fühlt. Er kann insoweit auch Vorschläge zur Gestaltung seines Arbeitsplatzes (**Vor** § 89 Rn 85) und des Arbeitsablaufs (**Vor** § 89 Rn 84) machen. Dieses Recht kann während der Arbeitszeit ausgeübt werden, soweit dies der Arbeitsablauf gestattet. Diese Vorschläge können die Abwehr von Gefahren oder die Herstellung positiver Arbeitsumstände zum Gegenstand haben (vgl. **Vor** § 89 Rn 74), aber auch auf eine Verbesserung des Betriebsablaufs zielen (vgl. wegen betrieblichen Vorschlagswesens § 87 Rn 154ff. und wegen Qualitätszirkeln § 96 Rn 30). Nimmt der ArbGeb. die Anregung des ArbN auf, so kommt eine weitere Beteiligung des BR bzw. des WiAusschusses nach § 87 Abs. 1 Nr. 12, § 90 Nr. 3, 4, § 106 Abs. 3 Nr. 4, 5 und § 111 Nr. 5 in Betracht. Wegen Weitergabe von Anregungen, die der ArbN an den BR gerichtet hat, vgl. § 80 Abs. 1 Nr. 3.

III. Erläuterung des Arbeitsentgelts, Erörterung der Leistungen und der beruflichen Entwicklung

5 Bestehen beim ArbN Unklarheiten über die Berechnung oder Zusammensetzung seines Arbeitsentgelts, so kann er eine nähere Erläuterung verlangen (Abs. 2 Satz 1 Halbs. 1). Diese Vorschrift gewinnt angesichts der zunehmenden Verwendung von **Datenverarbeitungsanlagen** für die Berechnung von Löhnen und Gehältern an Bedeutung. Der ArbN muß die Möglichkeit haben, die auf Lohn- oder Gehaltsstreifen oder -zetteln gemachten Angaben **zu entschlüsseln,** d.h. zu verstehen. Abgesehen davon hat er aber auch Anspruch darauf, daß ihm die **Berechnung** (Arbeitszeit, Höhe des Stundenlohns, Akkordlohnberechnung) und **Zusammensetzung** (normaler Lohn, Überstundenvergütungen, Zulagen, Prämien, Auslösungen, auch vermögenswirksame Leistungen) der Brutto-, aber auch der Nettobezüge unter Aufgliederung der verschiedenen Abzüge erläutert wird, und zwar unabhängig vom Zeitpunkt der Auszahlung des Arbeitsentgelts und der etwaigen Aushändigung entsprechender Belege. Einer besonderen Darlegung der für den ArbN bestehenden Verständnisschwierigkeiten bedarf es nicht. Eine Auskunftspflicht besteht auch für die Grundsätze, nach denen freiwillige Nebenleistungen gewährt werden (*Schaub,* § 234 IV 1). Eine entsprechende Vorschrift für alle in **Heimarbeit** Beschäftigten– auch soweit sie nicht ArbN i.S. des BetrVG sind – enthält § 28 Abs. 2 HAG.

6 Der ArbN kann in in angemessenen Zeitabständen verlangen, daß die

im Betrieb jeweils zuständige Stelle mit ihm eine **Beurteilung seiner Leistungen** (wegen allgemeiner Beurteilungsgrundsätze vgl. § 94 Abs. 2) vornimmt und seine weitere berufliche Entwicklung im Betrieb erörtert (sog. **„Beurteilungsgespräch")**. Unter **„berufliche Entwicklung"** sind die, nicht zuletzt auch aufgrund von Bildungsmaßnahmen, sich ergebenden Möglichkeiten eines **beruflichen Aufstiegs** zu verstehen, die sich vollziehende Änderungen der Einordnung des ArbN in den Betrieb, verbunden mit den sich daraus ergebenden Änderungen der Arbeitsbedingungen, die **Sicherung des Arbeitsplatzes** bei Rationalisierungsmaßnahmen, aber auch die Aufstiegsmöglichkeiten und die Übertragung von Verantwortung im Betrieb. Dieses Recht besteht insbes. bei **Einführung neuer Technologien,** die zu einer Veränderung der Qualifizierung des Arbeitsplatzes führen können (Einsatz von Mikroprozessoren, computerunterstütztes Konstruieren, Bildschirmarbeit). Eine entsprechende Pflicht obliegt nach § 81 Abs. 3 S. 2 n. F. auch dem ArbGeb (vgl. § 81 Rn 14). Schriftliche Beurteilungen, die zu den Personalakten genommen werden, kann der ArbN gem. § 83 einsehen und dazu schriftlich Stellung nehmen (vgl. § 83 Rn 3ff., 14). Der ArbN hat aber keinen Anspruch auf Aushändigung einer schriftlichen Leistungsbeurteilung (*GKSB,* Rn 10, *GK-Wiese,* Rn 7a). Die Möglichkeiten einer beruflichen Weiterentwicklung sind nicht nur mit dem einzelnen ArbN auf dessen Verlangen zu erörtern. Auch der BR ist unter allgemeinen Gesichtspunkten bei der Personalplanung (§ 92) und bei der Förderung der Berufsbildung auf Grund der §§ 96 bis 98 zu beteiligen (vgl. die dort. Rn). Ein MBR bei der Einzelbeurteilung besteht aber nicht.

Der ArbGeb. ist verpflichtet, dem ArbN wahrheitsgemäß Auskunft zu 7
geben, soweit er die Lage im Zeitpunkt des Gesprächs beurteilen kann, damit sich der ArbN hierauf einstellen kann (z. B. sich um eine weitere Qualifikation zur Erfüllung künftig veränderter Anforderungen bemühen kann, bei zu erwartendem Wegfall der Beschäftigungsmöglichkeit einen Wechsel anstreben kann). Verbindliche Zusagen können zwar bei einem solchen Gespräch nicht verlangt werden (*GK-Wiese,* Rn 8a; *HSG,* Rn 5); werden sie jedoch vom ArbGeb. oder einem zuständigen Vertreter gemacht, so können sie Rechtswirkungen entfalten (z. B. Zustimmungsverweigerungsgründe nach § 99 Abs. 2 Nr. 3, vgl. § 99 Rn 51).

IV. Beteiligung eines BRMitglieds

Der ArbN kann bei Behandlung der Angelegenheiten der Rn 5ff. ein 8
von ihm bestimmtes **Mitglied des BR zu seiner Unterstützung zuziehen** (Abs. 2 S. 2). Der BR kann also nicht vorschreiben, daß generell ein von ihm ausgewähltes Mitgl. diese Aufgaben zu übernehmen habe (*GK-Wiese,* Rn 9). Der einzelne ArbN hat Anspruch auf Tätigwerden, aber nicht auf ein bestimmtes Verhalten des BRMitgl. (*GL,* Rn 15 wollen dem ArbN keinen Anspruch gegen das BRMitgl. einräumen). Das BRMitgl. ist kein rechtsgeschäftlicher Vertr. des ArbN (vgl. § 1 Rn 90; § 75 Rn 21a; § 80 Rn 9). Wegen der bes. Schweigepflicht des BRMitgl. vgl. § 79 Rn 19.

9 Der ArbGeb. kann die Anwesenheit eines BRMitgl. nicht deshalb ablehnen, weil in sog. „Beratungs- und Förderungsgesprächen" auch noch weitere Gegenstände erörtert werden (BAG 24. 4. 79, AP Nr. 1 zu § 82 BetrVG 1972). Dabei kommt es nicht darauf an, auf wessen Initiative das Gespräch stattfindet. (*DR,* Rn 12).

V. Streitigkeiten

10 Die Ansprüche nach § 82 sind im **Urteilsverfahren** einklagbar (*DR,* Rn 15; *Wiese,* RdA 73, 8 u. *GK-Wiese,* Vorbem. 37 zu § 81, § 82 Rn 11). Unberührt bleibt das Recht des BetrAusschusses oder eines anderen Ausschusses des BR, gem. § 80 Abs. 2 in Listen der Bruttolöhne und -gehälter Einblick zu nehmen (vgl. § 80 Rn 40ff.). Auch bei hartnäckiger Verweigerung der Anhörung und Erörterung steht dem ArbN kein Leistungsverweigerungsrecht zu; denn es handelt sich nur um die Verletzung einer Nebenpflicht des ArbGeb. (*DR,* Rn 7, **a.M.** *GL,* Rn 15). Wegen eines Verfahrens gegen den ArbGeb. nach § 23 Abs. 3 vgl. § 23 Rn 38ff.

11 Im **Urteilsverfahren** geltend zu machen ist auch der Anspruch des ArbN gegen den ArbGeb. auf **Beteiligung eines BRMitgl.** in den Fällen des Abs. 2 (*GL,* Vorbem. 12 zu § 81). Dagegen kann der BR (oder das ausgewählte BRMitgl.) diesen Anspruch nicht (im BeschlVerf.) selbständig geltend machen, da es sich nicht um einen kollektivrechtlichen Anspruch handelt (BAG 24. 4. 79, 23. 2. 84 AP Nr. 1, 2 zu § 82 BetrVG 1972; **a.M.** offenbar *GKSB,* Rn 14 u. *DR,* Rn 16). Weigert sich ein BRMitgl., dem Wunsch des ArbN auf Hinzuziehung nachzukommen, so kann dies u. U. eine grobe Pflichtverletzung i. S. des § 23 Abs. 1 sein. Ein gerichtlich durchsetzbarer Anspruch des ArbN gegen das BR-Mitgl. besteht aber nicht (vgl. § 84 Rn 10).

§ 83 Einsicht in die Personalakten

(1) **Der Arbeitnehmer hat das Recht, in die über ihn geführten Personalakten Einsicht zu nehmen. Er kann hierzu ein Mitglied des Betriebsrats hinzuziehen. Das Mitglied des Betriebsrats hat über den Inhalt der Personalakte Stillschweigen zu bewahren, soweit es vom Arbeitnehmer im Einzelfall nicht von dieser Verpflichtung entbunden wird.**

(2) **Erklärungen des Arbeitnehmers zum Inhalt der Personalakte sind dieser auf sein Verlangen beizufügen.**

Inhaltsübersicht

I. Vorbemerkung

Die Rechte auf Einsicht in die über den ArbN geführte Personalakte und auf Aufnahme von Erklärungen des ArbN in diese nach § 83 Abs. 1 Satz 1, Abs. 2 sind individualrechtlich. 1

Daher gelten die Rechtsgrundsätze des § 83 Abs. 1 Satz 1 und Abs. 2 als Ausfluß der „Fürsorgepflicht" des ArbGeb. auch fürArbN von Betrieben, für die kein BR zu bilden ist und sonstige Beschäftigte, die nicht unmittelbar unter den Geltungsbereich der §§ 81ff. fallen (§ 81 Rn 2; so auch *GL,* Rn 3; *Pramann,* DB 83, 1925). Zum Einsichtsrecht und zum Berichtigungsanspruch: *Becker/Schaffner,* BlStR 80, 177.

Die Vorschrift gilt auch für Personalakten die in Form von Personaldateien geführt werden (Näheres unten Rn 30ff.).

Entsprechende Vorschrift im **BPersVG:** keine. Die Akteneinsicht ist für Beamte in § 90 BBG geregelt, für ArbN des öffentlichen Dienstes enthält § 13 BAT entsprechende Vorschriften. Allerdings ist der Begriff der Personalakte für den öffentlichen Dienst enger gefaßt als der umfassende Begriff des § 83. Entsprechende Vorschrift im **SprAuG:** § 26 Abs. 2. 2

II. Einsicht in die Personalakten

Personalakte ist jede Sammlung von Unterlagen über einen bestimmten ArbN des Betriebes ohne Rücksicht auf die Stelle, an der diese Sammlung geführt wird, auf ihre Form oder das verwandte Material. Unter den Begriff der Personalakte fallen auch die in elektronischen **Datenbanken** gespeicherten Personaldaten, auf die der ArbGeb. zum Zwecke der Personalinformation oder -maßnahme zurückgreifen kann (also auch unter der Personalnummer des ArbN gespeicherte Leistungsprofile, die abgefragt werden können). Näheres Rn 16ff. 3

In der **Personalakte** werden in der Regel die für den Betrieb wissenswerten Angaben zur Person des ArbN einschließlich Personenstand, Berufsbildung, berufliche Entwicklung, Fähigkeiten, Leistungen, Anerkennungen, Arbeitsunfälle, Krankheitszeiten, Urlaubsvertretungen, Unterlagen über Weiterbildungsmaßnahmen, Abmahnungen, Verwarnungen, Betriebsbußen (wegen deren Tilgung vgl. § 87 Rn 38) sowie Beurteilungen zusammengefaßt. Die **Personalakten dürfen nur Angaben enthalten, für die ein sachliches Interesse des ArbGeb.** besteht (*GK-Wiese,* Rn 5; LAG Niedersachsen, AP Nr. 85 zu § 611 BGB Fürsorgepflicht; vgl. auch § 94 Rn 13). Zu den Personalakten des einzelnen ArbN gehören auch: alle Bewerbungsunterlagen einschließlich Lebenslauf und Zeugnissen, Personalfragebogen (§ 94), ärztliche Beurteilungen, Eignungstests, soweit sie aufbewahrt werden dürfen; der Arbeitsvertrag einschließlich späterer Änderungen; Beurteilungen und (Zwischen-)Zeugnisse; Lohn- und Gehaltsveränderungen (einschließlich 4

Darlehen, Pfändungen, und Abtretungen); der gesamte Schriftwechsel zwischen ArbGeb. und ArbN bzw. Dritten (z. B. Sozialversicherung).

5 Maßgebend ist der sogen. **materielle Begriff der Personalakte,** der alles betrifft, was das Arbeitsverhältnis angeht oder damit im inneren Zusammenhang steht (BAG 7. 5. 80, ArbuR 81, 124; *DR,* Rn 7; *GK-Wiese,* Rn 2), nicht nur das, was als Personalakte vom ArbGeb. bezeichnet und geführt wird (Personalakte im formellen Sinne). Auch **Sonder- oder Nebenakten,** gleichgültig wo sie geführt werden, sind Bestandteil der Personalakte und unterliegen damit dem Einsichtsrecht, ebenso Unterlagen des **Werkschutzes** über die Person ders ArbN (*DR,* Rn 7; *GKSB,* Rn 1; *GL,* Rn 6). Die **Führung von Geheimakten ist unzulässig.** Der ArbN hat Anspruch darauf, daß in den Hauptpersonalakten Hinweise auf geführte Sonderakten oder an anderer Stelle abgelegte Vorgänge angebracht werden (LAG Bremen, BB 77, 648; **a.M.** *GK-Wiese,* Rn 4).

6 **Nicht zu den Personalakten** gehören Aufzeichnungen und Unterlagen des **Betriebsarztes** („Befundbogen", vgl. auch § 94 Rn 21), die im Hinblick auf die ärztliche Schweigepflicht nach § 8 Abs. 1 Satz 2 ASiG auch dem ArbGeb. nicht zugänglich sind; der ArbN selbst hat nach § 3 Abs. 2 ASiG nur Anspruch auf Mitteilung des Ergebnisses einer Untersuchung (*Kliesch/ Nöthlichs/Wagner* § 3 Nr. 9, § 8 Nr, 4, 2; zu den rechtlichen Aspekten betriebsärztlicher Informationssysteme vgl. *Kilian,* BB 80, 893). Zu den Personalakten gehören ferner nicht statistische Zusammenstellungen von Personaldaten einer Vielzahl von ArbN und nicht **Prozeßakten** des ArbGeb. in einem anhängigen Rechtsstreit mit dem ArbN (*GK-Wiese,* Rn 2a, 7). Dagegen kann *GL,* (Rn 14) u. *HSG* (Rn 10) nicht dahin zugestimmt werden, es bestehe kein Einsichtsrecht in sog. betriebl. Ermittlungsakten im Rahmen eines betrieblichen Ordnungsverfahren, wenn anderenfalls der Ermittlungsgrund gefährdet wäre.

7 Nicht jeder Vorgang ist aufzubewahren und in den Personalakten abzulegen. Andererseits können vorhandene Vorgänge außer im Einverständnis mit den ArbN nur entfernt werden, wenn sie durch Zeitablauf erledigt sind oder der ArbN aus dem Arbeitsverhältnis ausgeschieden ist (*Gola/Hümmrich,* BB 74, 1170f.; *Hümmerich,* DB 77, 541; **a.M.** *Stengel,* BB 76, 1083). Durch BV kann bestimmt werden, daß bestimmte Vorgänge nicht oder nur für eine bestimmte Zeitspanne in die Personalakte kommen bzw. nur in ihrem Ergebnis festgehalten werden. Wegen Betriebsbußen vgl. § 87 Rn 38.

8 Der ArbGeb. ist nicht verpflichtet, die **Personalakten ausgeschiedener ArbN** weiter aufzubewahren. Sind sie aber noch vorhanden, so besteht ein Einsichtsrecht des ausgeschiedenen ArbN bei Darlegung eines Interesses (z. B. wegen Altersversorgung oder Zeugnis; *GL,* Rn 10; *DR,* Rn 23). Entsprechendes gilt für die Einsicht in Akten über ergebnislose **Vorverhandlungen** mit einem nicht eingestellten Bewerber. Dies kann u. U. von Bedeutung sein, wenn z. B. streitig ist, ob eine Benachteiligung wegen des Geschlechts des Bewerbers stattgefunden hat (vgl. hierzu auch § 611a Abs. 1 S. 1 BGB [Text Anhang 9] und § 75 Rn 13a).

Wegen des Anspruchs auf Entfernung bzw. Löschung von Daten erfolgloser Bewerber vgl. § 94 Rn 26.

Eine **Weitergabe** der **Personalakten an Betriebsfremde** , z. B. einen ArbGeb, bei dem sich der ArbN bewerben will (BAG 18. 12. 84, AP Nr. 8 zu § 611 BGB Persönlichkeitsrecht), ist ohne Einverständnis des ArbN unzulässig. Auch innerhalb des Betriebes ist der mit Personalakten befaßte Personenkreis möglichst klein zu halten. Das gilt insbesondere für sensible Daten, vor allem über den Gesundheitszustand eines ArbN; diese Schriftstücke sind in der Regel getrennt von den übrigen Personalakten aufzubewahren, z. B. in einem verschlossenen Umschlag (BAG 15. 7. 1987, AP Nr. 14 zu § 611 BGB Persönlichkeitsrecht). Auch der BR kann die Vorlage der Personalakten nicht verlangen (vgl. § 80 Rn 36). 9

Das Einsichtsrecht des ArbN besteht bezüglich aller Aufzeichnungen, die sich mit seiner Person und dem Inhalt der Entwicklung seines Arbeitsverhältnisses befassen. Es bezieht sich sowohl auf Personalakten in engerem Sinne, die meist mit einem Personalfragebogen oder mit dem Arbeitsvertrag beginnen (wegen MBR bei deren Aufstellung vgl. § 94), als auch auf die Angaben in Sammelakten, Karteikarten oder sonstigen Unterlagen. Auch **außerbetriebliche,** d. h. im Unternehmen oder Konzern oder durch einzelne Vorgesetzte angelegte schriftliche **Unterlagen** können eingesehen werden (*GL,* Rn 6). Das gilt auch für bei außenstehenden Dritten geführte Unterlagen (z. B. **Datenbanken),** über die der ArbGeb. verfügen kann (*DR,* Rn 14; *GL,* Rn 10; *Hümmerich/Gola,* BB 77, 149; *Wohlgemuth,* Datenschutz, Rn 514; vgl. auch unten Rn 38). Verschlüsselte Angaben sind dem ArbN zu erläutern, Mikrofilme lesbar zu machen. 10

Die Verwendung der elektronischen Datenverarbeitung (Personaldatei) hat zur Folge, daß die Einsichtnahme in die Personalakten durch das Abspielen der Personaldaten ersetzt wird. (*Friedrich,* Moderne Personalführung, München, 4. Aufl., S. 120ff.). Elektronisch gespeicherte Daten sind auszudrucken, wenn die Wiedergabe auf Bildschirm für die Zwecke der Einsicht nicht ausreicht (vgl. auch unten Rn 34). Der ArbN kann sich an Hand der Personalakten auch **Notizen** machen (h. M.). Auch kann der ArbN – soweit im Betrieb die Möglichkeit besteht – auf seine Kosten (*HSG,* Rn 5; *Becker-Schaffner,* BlStR 80, 177) Fotokopien aus den Akten fertigen. Dagegen besteht kein Anspruch auf Überlassung der Personalakte (h. M.). 11

Es besteht Anspruch auf Einsicht **während der Arbeitszeit;** der Lohn darf nicht gekürzt werden (h. M.). Der Anspruch auf Einsicht in die Personalakte ist grundsätzlich ein **persönlicher.** Jedoch kann die Einsicht auch durch einen **Bevollmächtigten** ausgeübt werden (so insbesondere zum BDSG *Simitis,* u. a., § 4 Rn 7 mit w. Hinw.; *Auernhammer,* BDSG § 13 Rn 4, § 26 Rn 8; zum BetrVG: *GL,* Rn 13; *HSG,* Rn 8; nach ArbG München, DB 79, 2284 kommt nur ausnahmsweise ein Einsichtsrecht des Rechtsanwalts in Betracht, der für den ArbN einen Kündigungsschutzprozeß führt; weiter einschr. *DR,* Rn 20 und *GK-Wiese,* Rn 12; *Pramann,* DB 83, 1925). Der ArbN kann daher auch ein bestimmtes 12

BRMitgl. bevollmächtigen; dagegen dürfte eine Bevollmächtigung des BR als Organ nicht zulässig sein, da dieser keine Rechtspersönlichkeit besitzt. Die Einsicht ist **kostenlos.**

13 **Einzelheiten des Einsichtsrechts** (Häufigkeit, Voranmeldung, Ort, Bescheinigung über erfolgte Einsicht) können durch (erzwingbare) **BV** gemäß § 87 Abs. 1 Nr. 1 geregelt werden, aber nicht i. S. einer grundsätzlichen Beschränkung (vgl. Muster-BV über die Führung von Personalakten. Der Betriebsrat 76, S. 435ff.; *GK-Wiese,* Rn 9; für nur freiwillige BV: *GL,* Rn 16).

III. Erklärungen des Arbeitnehmers zur Personalakte

14 Abs. 2 räumt dem ArbN das Recht ein, über die Möglichkeit einer allgemeinen Stellungnahme auf Grund des § 82 Abs. 1 Satz 2 hinaus **schriftliche Erklärungen zum Inhalt der Personalakten,** insbesondere zu Beurteilungen abzugeben, die auf sein Verlangen den Akten beizufügen sind, und zwar in räumlichem Zusammenhang mit den schriftlichen Vorgängen, zu denen sich der ArbN äußert. Gleiches gilt für die Beifügung von Unterlagen, z. B früheren Zeugnissen oder während des Bestands des Arbeitsverhältnisses erworbenen Qualifikationen. Durch diese Vorschrift erhält der ArbN die Möglichkeit, den Inhalt der Personalakte zu ergänzen (*Gola/Hümmerich,* BB 74, 1167ff., BB 77, 150; **a.M.** *Stengel,* BB 76, 1083) oder, soweit dieser für ihn nachteilig ist, die Beifügung von Gegenvorstellungen und Richtigstellungen zu erreichen. Die Erklärung ist auch dann beizufügen, wenn sie der ArbGeb. für unzutreffend oder nicht in die Personalakten gehörend ansieht (*GKSB,* Rn 7; *Weiss,* Rn 3; für letzteren Fall **a.M.** *GL,* Rn 17; *GK-Wiese,* Rn 19a; *Becker-Schaffner,* BlStR 80, 178).

15 Unabhängig davon besteht das im Klagewege (Urteilsverfahren) durchsetzbare Recht des ArbN auf **Entfernung unrichtiger Angaben aus der Personalakte** (BAG 25. 4. 1972, AP Nr. 9 zu § 611 BGB Öffentl. Dienst, 28. 3. 1979, AP Nr. 3 zu § 75 BPersVG). Die Entfernung einer **schriftlichen Abmahnung** aus der Personalakte, die wegen Verletzung arbeitsvertraglicher Pflichten erfolgte (hierzu § 87 Rn 36a), kann im Klagewege verlangt werden, wenn die Abmahnung unbegründet war (Besgen, AiB 86, 101; *Falkenberg,* NZA 88, 489; *Schaub,* § 148, III 3; *Kammerer,* BB 80, 1587; *Germelmann,* RdA 77, 75; *Linnenkohl/Töfflinger,* ArbuR 86, 199; vgl. auch BAG vom 30. 1. 79, 7. 11. 79, 6. 8. 81, 16. 3. 82, 30. 3. 82, 19. 7. 83, AP Nr. 2, 3, 5 zu § 87 BetrVG 1972 Betriebsbuße, AP Nr. 39, 40 zu § 37 BetrVG 1972, AP Nr. 3 zu § 108 BetrVG 1972, AP Nr. 74 zu Art. 9 GG Arbeitskampf; 27. 11. 85, AP Nr. 93 zu § 611 BGB Fürsorgepflicht). Der ArbGeb. hat die Richtigkeit der Gründe für die Abmahnung zu beweisen. Wegen Berichtigung, Sperrung und Löschung von Daten, die in Dateien gespeichert sind vgl. unten Rn 30. Bei **mündlichen** kritischen Äußerungen von Vorgesetzten, die keinen fordauernden, eigenständigen Sanktionswert haben und auf die nicht in den Personalakten verwiesen wird, kommt das Beschwerdeverfahren

nach § 84, 85 in Betracht (vgl. § 84 Rn 3). Wegen Entfernung übersandter, für das Arbeitsverhältnis des ArbN im öffentlichen Dienst nicht erheblicher (vgl. § 94 Rn 16) Strafurteile aus den Personalakten vgl. BAG vom 9. 2. 1977, AP Nr. 83 zu § 611 BGB Fürsorgepflicht. Soweit für individualrechtliche Abmahnungen kein MBR besteht (vgl. § 87 Rn 37), hat der BR auch keinen Informationsanspruch (LAG Schleswig-Holstein, 27. 5. 83, DB 83, 2145; *Hunold,* BB 86, 2050; *Schmidt* NZA 85, 409; **a.M.** ArbG Bremen, 13. 10. 83, AiB 84, 95). Unter besonderen Umständen kann eine **Abmahnung durch Zeitablauf wirkungslos** werden, wobei aber keine Regelfrist aufgestellt werden kann (BAG 18. 11. 1986, AP Nr. 17 zu § 1 KSchG 1969 Verhaltensbedingte Kündigung; dagegen *Eich,* NZA 88, 759; für Löschung nach 3 Jahren Conze, DB 87, 889, 2358; vgl. auch BAG 13. 4. 1988 AP Nr. 100 zu § 611 BGB Fürsorgepflicht). Wegen Beschwerdeverfahren bei Abmahnung vgl. § 85 Rn 4.

IV. Personaldateien – Personaldatenbanken

In der betrieblichen Praxis werden an Stelle der herkömmlichen Personalakte in zunehmendem Maße elektronische Datenverarbeitungsanlagen für die Sammlung, Auswertung, Verwaltung und Verwendung der über die ArbN vorhandenen Informationen verwandt. Die **elektronische Datenverarbeitung (EDV)** ermöglicht nicht nur eine ungleich größere Erfassung von Einzeldaten der ArbN, sondern auch einen Zugriff auf diese Daten und ggfs. eine Kombination mit anderen Datensystemen in kürzester Zeit (vgl. hierzu § 92 Rn 27f.). Den durch die elektronische Datenverarbeitung allgemein drohenden Gefahren hat der Gesetzgeber durch den Erlaß des Gesetzes zum Schutz vor Mißbrauch personenbezogener Daten bei der Datenverarbeitung **(Bundesdatenschutzgesetz – BDSG)** vom 27. 1. 1977 (BGBl. I, S. 201) zu begegnen versucht (vgl. zu diesen Gefahren auch BVerfG, NJW 84, 419, Volkszählungsurteil). Dieses Gesetz gilt grundsätzlich auch für die im Rahmen eines Arbeitsverhältnisses verarbeiteten Daten. Zwar ist das BDSG als sog. „Auffanggesetz" konzipiert, d.h. es gilt nur insoweit, als nicht „besondere Rechtsvorschriften des Bundes auf in Dateien gespeicherte personenbezogene Daten anzuwenden sind" **(§ 45 BDSG)**. Im Arbeitsrecht gibt es jedoch keine umfassende Kodifikation über den Schutz der ArbNDaten, sondern lediglich punktuelle Regelungen (z.B. § 83 BetrVG über das Einsichtsrecht in die Personalakte, §§ 73 HGB, 113 GewO und 630 BGB über die Zeugniserteilung). Im übrigen sind die wesentlichen individualrechtlichen Fragen des Datenschutzes der ArbN (z.B Zulässigkeit der Erfassung, Fragerecht, Offenbarungspflicht, Weitergabe an Dritte, Beachtung der Grundsätze der Vertraulichkeit und der Geheimhaltung) lediglich durch die Rechtsprechung auf Grund des allgemeinen Persönlichkeitsrechts des ArbN und der Fürsorgepflicht des ArbGeb. entwickelt worden (vgl. § 94 Rn 15ff). Diese von der Rechtsprechung entwickelten datenschutzrechtlichen Grundsätze verdrängen 16 die Vorschriften des BDSG nicht (*Simitis,* AuR 77, 107; *Wohlgemuth,* Datenschutz, Rn 94; *Zöllner,* Datenschutz, S. 2; *Gola,* DuD 76, 121; vgl. auch *DR,* Rn 29, 35f.; *GL,* Rn 16a, 18; **a. A.** *GK-Wiese,* Rn 1cff.; *Kroll,* Datenschutz, S. 66), gelten aber, soweit das BDSG keine deckungsgleichen Vorschriften enthält (*Wohlgemuth,* Datenschutz Rn 109).

17 Das BDSG schützt personenbezogene Daten, die in Dateien entweder in automatisierten Verfahren oder zum Zwecke der Weitergabe an Dritte verarbeitet werden (§ 1 BDSG).

Personenbezogene Daten sind nach der Legaldefinition des § 2 Abs. 1 BDSG „Einzelangaben über persönliche oder sachliche Verhältnisse einer bestimmten oder bestimmbaren Person (Betroffener)". Ausreichend ist die **bloße Bestimmbarkeit einer Person.** Deshalb sind auch solche Angaben, die durch Verbindung mit anderen Daten einem einzelnen ArbN zugeordnet werden können, geschützte Daten i. S. des BDSG.

18 Das BDSG erfaßt allerdings nur solche Daten, die **in Dateien** verarbeitet werden. Eine Datei ist eine „gleichartig aufgebaute Sammlung von Daten, die nach bestimmten Merkmalen erfaßt und geordnet, nach anderen bestimmten Merkmalen umgeordnet und ausgewertet werden kann" (§ 2 Abs. 3 Nr. 3 BDSG; eingehend zum Begriff der Datei vgl. *Simitis/Dammann/Mallmann/Reh,* BDSG, § 2, Rn 172ff.). Unerheblich sind die hierbei angewandten Verfahren, d. h. es spielt keine Rolle, ob die Erfassung, Ordnung, Umordnung oder Auswertung manuell oder maschinell erfolgt. Als Datei sind im allgemeinen anzusehen z. B. Urlaubskarteien, Fehlzeitkarteien, Personalfragebogen, Stempelkarten, Lohnkarten, Pfändungskarten. **Keine Dateien** sind nach ausdrücklicher gesetzlicher Regelung Akten und Aktensammlungen, es sei denn, sie können durch automatisierte Verfahren umgeordnet oder ausgewertet werden. Die herkömmliche **Personalakte** im formellen Sinne unterliegt – jedenfalls derzeit noch – im allgemeinen nicht dem BDSG (BAG 6. 6. 84, 18. 12. 84, AP Nr. 7, 8 zu § 611 BGB Persönlichkeitsrecht, *GK-Wiese,* Rn 4b; *Linnenkohl/Töfflinger,* ArbuR 86, 203; *Wohlgemut,* Datenschutz, Rn 78). Enthalten Akten oder Aktensammlungen Unterlagen, die für sich den Begriff der Datei erfüllen, so greifen insoweit die Schutzvorschriften des BDSG ein (*Simitis/Dammann/Mallmann/Reh,* BDSG, § 2 Rn 197).

19 Daten in einer Datei, die in **automatisierten Verfahren** (§ 87 Rn 75) verarbeitet werden, unterliegen stets dem BDSG. Wird die Datei **manuell** geführt, findet das BDSG Anwendung, wenn die in der Datei enthaltenen Daten (auch) zur **Übermittlung an Dritte** bestimmt sind (§ 1 Abs. 2 S. 2 BDSG). **Dritter** i. S. des BDSG ist – von hier nicht interessierenden Ausnahmen abgesehen – jede Person oder Stelle außerhalb der speichernden Stelle (§ 2 Abs. 3 Nr. 2 BDSG). Die speichernde Stelle wird allein durch das Merkmal der rechtlichen Einheit und Selbständigkeit bestimmt. Speichernde Stelle ist jeweils die natürliche oder juristische Person bzw. Personengesellschaft oder -vereinigung, die die Daten verarbeitet. Jede Übermittlung von Daten, die den Bereich der natürlichen oder juristischen Person bezw. Personengesellschaft oder -vereinigung verläßt, ist eine Übermittlung an Dritte. Aus diesem Grunde ist der **Datenfluß innerhalb eines Konzerns,** d. h. von einem Konzernunternehmen zu einem anderen, eine Datenübermittlung an Dritte (*Simitis/Dammann/Mallmann/Reh,* BDSG, § 22 Rn 30ff.; *Wohlgemuth,* Datenschutz, Rn 371, 391; *ders.* ArbuR 87, 264; **a. A.** *Höfer,* DuD 81, 80) Demgegenüber ist der Datenfluß innerhalb eines Unternehmens keine Übermittlung i. S. des BDSG. Hier greift allerdings die Vorschrift des § 5 BDSG ein. Da der BR und der GesBR Teil der speichernden Stelle und keine Dritte sind (vgl. hierzu § 1 Rn 100), unterliegt der Datenfluß zwischen dem ArbGeb. und ihnen nicht den einschränkenden Übermittlungsvoraussetzungen des § 24 BDSG (vgl. hierzu auch § 80 Rn 33).

Das BDSG schützt die **Verarbeitung** personenbezogener Daten. Datenverarbeitung i. S. des BDSG ist die **Speicherung, Übermittlung, Veränderung,** und **Löschung** von Daten (§§ 2, 23ff. BDSG). Vom BDSG **nicht erfaßt** wird die **Ermittlung** und **Erhebung von Daten** als solche. Denn unter der Speicherung von Daten ist lediglich das Erfassen, Aufnehmen oder Aufbewahren von Daten auf einem Datenträger zu verstehen (vgl. *Simitis/Dammann/Mallmann/Reh,* § 2 Rn 79; *Auernhammer,* BDSG, § 2 Rn 9; *Hümmerich/Gola,* BB 77, 149; *Wohlgemuth,* BB 80, 1533). Zu Grenzfällen, in denen Datenerhebung in Datenerfassung übergeht vgl. *Linnenkohl/Schütz,* RDV, 87, 132. Allerdings ist die Speicherung von Daten die rechtlich unzulässig erhoben worden sind, ebenfalls rechtlich unzulässig (BAG 22. 10. 1986, AP Nr. 2 zu § 23 BDSG). 20

Das BDSG geht von einem **grundsätzlichen Verbot** der Verarbeitung personenbezogener Daten aus und läßt diese nur zu, wenn entweder der Betroffene einwilligt (Rn 22f.) oder das BDSG selbst (Rn 24ff.) oder eine andere Rechtsvorschrift (Rn 27ff.) sie erlaubt. 21

Im Interesse der Rechtssicherheit als auch zur Bewahrung vor einer leichtfertigen Erklärung des Einverständnisses bindet das Gesetz die Rechtswirksamkeit der **Einwilligung** grundsätzlich an die **Schriftform.** Wird die Einwilligung zusammen mit anderen Erklärungen schriftlich erteilt, ist sie nur wirksam, wenn der Betroffene hierauf besonders schriftlich hingewiesen worden ist (§ 3 S 2 BDSG). Zur Frage des MBR des BR bei Aufnahme der Einwilligungserklärung in einen Fragebogen oder Formulararbeitsvertrag vgl. § 94 Rn 10, 27. Die Einwilligung muß **inhaltlich bestimmt** sein. Sie kann **beschränkt** werden und zwar sowohl auf einzelne Verarbeitungsverfahren, z. B. die Speicherung der Daten unter Ausschluß der Übermittlung, als auch im Falle der Übermittlung auf bestimmte Empfänger. Nach § 183 BGB bedeutet Einwilligung die **vorherige Zustimmung.** Sie muß also vor Durchführung der datenverarbeitenden Maßnahme erklärt sein. 22

Das BDSG bindet die Einwilligung abgesehen von dem Schriftformerfordernis an **keine** bestimmten **materiellen Voraussetzungen.** Dies bedeutet allerdings nicht, daß damit die Einwilligung auch im Bereich des Arbeitsrechts die Verarbeitung jeglicher personenbezogener Daten zulässig machen könnte. Dies stünde im Widerspruch zu der Schutzfunktion der von der arbeitsrechtlichen Rechtsprechung und Rechtslehre entwickelten Grundsätze, die verhindern sollen, daß die Abhängigkeit des ArbN vom Arbeitsplatz dazu ausgenutzt wird, den ArbN zu Erklä- 23 rungen zu veranlassen, die nicht durch das konkrete Arbeitsverhältnis bedingt sind und sich nicht mit dem Respekt vor der Persönlichkeit des ArbN vereinbaren lassen. Deshalb ist eine Einwilligung des ArbN zur Verarbeitung seiner personenbezogenen Daten nur insoweit rechtlich verbindlich, als diese **Daten eine Beziehung zum Arbeitsverhältnis** aufweisen und an deren Kenntnis der ArbGeb. ein objektiv gerechtfertigtes Interesse hat (vgl. oben Rn 4; § 94 Rn 13ff.; *DR,* § 80 Rn 98; *Simitis,* Schutz von Arbeitnehmerdaten, S. 107; *Hümmerich,* DuD 78, 135). Auch kann eine Einwilligung nicht das in einer höherrangigen Norm festgelegte Verbot der Verarbeitung von Daten außer Kraft setzen. Bestimmt z.B. eine BV, daß bestimmte Angaben über Fehlzeiten nach einer gewissen Zeit für bestimmte Zwecke nicht mehr verarbeitet werden dürfen, so kann auch eine Einwilligung des ArbN die Unzulässigkeit dieser Verarbeitung nicht beseitigen. Andererseits kann eine BV die individuelle Einwilligung der ArbN, da diese höchstpersönlich abzugeben ist (*Simitis/ Dammann/Mallmann/Reh,* § 3 Rn 52), nicht ersetzen (vgl. *Wohlgemuth,* Datenschutz, Rn 179; *Schwarz,* Arbeitnehmerüberwachung, S. 55ff.; *Himmerich,* RdA 79, 144; weitergehend *Ossberger,* Betriebliche Kontrollen, S. 54), wohl aber materielle Zulässigkeitsvoraussetzungen für die Datenspeicherung festlegen (vgl. unten Rn 28f.).

24 Das BDSG gestattet in seinem Dritten Abschnitt (§§ 22 bis 30), der die Datenverarbeitung nicht-öffentlicher Stellen für eigene Zwecke regelt und deshalb für den Geltungsbereich des BetrVG in erster Linie bedeutsam ist, die Speicherung, Übermittlung und Veränderung personenbezogener Daten im Rahmen der Zweckbestimmung eines Vertragsverhältnisses oder vertragsähnlichen Vertrauensverhältnisses mit dem Betroffenen oder soweit es zur Wahrung berechtigter Interessen der speichernden Stelle (im Falle der Übermittlung auch von Dritten oder der Allgemeinheit) erforderlich ist und kein Grund zu der Annahme besteht, daß dadurch schutzwürdige Belange des Betroffenen beeinträchtigt werden (§§ 23 bis 25 BDSG; nach LAG Bad.-Württ., DB 85, 2567 bedürfen diese äußerst allgemeinen Verarbeitungsvoraussetzungen unter Berücksichtigung des Grundrechts der informationellen Selbstbestimmung einer restriktiven Interpretation; bestätigt, aber in der Begründung abschwächend, durch BAG 22. 10. 86, AP Nr. 2 zu § 23 BDSG; wie LAG: *Linnenkohl,* ArbuR 84, 131, *Linnenkohl/Rauschenberg,* Anm. in BB 86, 1715; *Wohlgemuth,* ArbuR 84, 262, ders. AiB 84, 59, ders. ArbuR 86, 144ff. hält die Generalklauseln der §§ 23ff. BDSG für nicht vereinbar mit dem vom BVerfG hervorgehobenen Erfordernis der Normenklarheit der Datenverarbeitungsvoraussetzungen; insoweit **a.M.** *Boewer,* RDV 85, 22).

25 Mit der ersten der beiden Zulässigkeitsvoraussetzungen (**Zweckbestimmung des Vertragsverhältnisses** oder **vertragsähnlichen Vertrauensverhältnisses**) stellt das BDSG auf Grundsätze ab, die im Arbeitsrecht schon seit langem das Frage- und Informationsrecht des ArbGeb. beschränken (vgl. hierzu *Wiese,* ZFA 71, 273; *Pfarr,* ArbuR 76, 201; *Buchner,* ZfA 88, 461). Die geltenden arbeitsrechtlichen Grundsätze, nach denen vom ArbN nur Informationen verlangt werden dürfen, die in einem Zusammenhang zu seinem konkreten Arbeitsverhältnis stehen und an deren Kenntnis der ArbGeb. ein objektiv gerechtfertigtes Interesse hat (vgl. oben Rn 4 und § 94 Rn 13ff.), geben deshalb die Maßstäbe dafür ab, wieweit ArbNDaten unter Berufung auf die Zweckbestimmung des Vertragsverhältnisses gespeichert, übermittelt oder verändert werden dürfen (vgl. BAG 27. 5. 86, AP Nr 15 zu § 87 BetrVG 1972 Überwachung, 22. 10. 86 a. a. O.; *Simitis/Dammann/Mallmann/Reh,* BDSG, § 23 Rn 34; *Simitis,* ArbuR 77, 99; *Gola,* BlStR 78, 209; *GKSB,* Rn 17; **a. A.** *GK-Wiese,* Rn 5a f.; der die allgemeinen arbeitsrechtlichen Grundsätze als Vorschriften i. S. des § 45 BDSG ansieht und deshalb die §§ 22ff. BDSG generell als durch diese Grundsätze verdrängt ansieht; vgl. hierzu oben Rn 16). Zum **MBR des BR** bei der Erhebung und Verwendung von Informationen in Fragebögen und Formulararbeitsverträge vgl. § 94 Rn 6ff., 27ff., bei der Erhebung durch technische Kontrolleinrichtungen vgl. § 87 Rn 64ff., und bei ihrer Berücksichtigung im Rahmen von Auswahlrichtlinien vgl. § 95 Rn 8.

Die zweite Zulässigkeitsvoraussetzung für eine Datenverarbeitung 26 (**Erforderlichkeit zur Wahrung berechtigter Interessen** der speichernden Stelle oder eines Dritten, **fehlende Beeinträchtigung schutzwürdiger Belange des Betroffenen**) ist eng auszulegen (*Simitis/Dammann/Mallmann/Reh,* BDSG, § 23 Rn 52; *Wohlgemuth,* Datenschutz, Rn 280). Im Bereich des Arbeitsrechts kann sie bei Auskünften zwischen ArbGeb. oder bei Daten nicht eingestellter Bewerber oder ausgeschiedener ArbN bedeutsam werden, wobei allerdings das Erfordernis, daß die Übermittlung schutzwürdige Belange des ArbN nicht beeinträchtigen darf, wohl vielfach einer Datenverarbeitung entgegenstehen dürfte. Diese Alternative kann ferner praktisch werden, wenn in einem Konzern eine unternehmensübergreifende Personalplanung und -politik betrieben wird und zu diesem Zweck personenbezogene Daten von den Konzernunternehmen zur Konzernspitze übermittelt werden (*GKSB,* Rn 17; vgl. hierzu jedoch auch Rn 28 a. E.).

Die Zulässigkeit der Verarbeitung von Daten, wenn dies eine **„andere** 27 **Rechtsvorschrift“** erlaubt (§ 3 Nr. 1 BDSG), ist im Arbeitsrecht aus zwei Gründen von besonderer Bedeutung. Zum einen ist gerade das Arbeitsverhältnis Anknüpfungspunkt für zahlreiche gesetzliche Auskunfts- und Meldepflichten des ArbGeb., z. B. gegenüber dem Gewerbeaufsichtsamt oder der Berufsgenossenschaft, den Sozialversicherungsträgern, Arbeitsämtern, statistischen Ämtern, Finanzämtern oder Gerichten (vgl. hierzu die Zusammenstellung von *Kilian/Taeger,* BB 84, Beil. 12, die allein für den bundesrechtlichen Bereich über 190 diesbezügliche Vorschriften aufzählen).

Zum anderen zählen zu den „anderen Rechtsvorschriften“ i. S. des § 3 28 BDSG wegen der **normativen Wirkung ihrer Bestimmungen auch TV und BV** (vgl. BAG vom 27. 5. 86, AP Nr. 15 zu § 87 BetrVG 72 Überwachung; DR, § 80 Rn 93; *Auernhammer,* BDSG, § 3 Rn 4; *Simitis/Dammann/Mallmann/Reh,* BDSG, § 3 Rn 5; *Wohlgemuth,* Datenschutz, Rn 96, 211ff; *Kroll,* Datenschutz, S. 65). Diese kollektiven arbeitsrechtlichen Regelungsinstrumente sind wegen ihrer Fähigkeit, besser als eine generalisierende gesetzliche Regelung die konkreten Umstände berücksichtigen zu können, in besonderem Maße geeignet, unter Beachtung der Notwendigkeit und Bedürfnisse des Betriebs und Unternehmens für eine sachgerechte Sicherstellung des Schutzes der ArbNDaten zu sorgen. Das kann zum einen dadurch geschehen, daß sie die unscharfen und unbestimmten Zulässigkeitskriterien des BDSG („Zweckbestimmung des Vertragsverhältnisses oder vertragsähnlichen Vertrauensverhältnisses", „Wahrung berechtigter Interessen der speichernden Stelle oder Dritter", „schutzwürdige Belange des Betroffenen") unter Berücksichtigung der betrieblichen Umstände näher **konkretisieren** (vgl. *Hümmerich,* RdA, 70, 144). So kann z. B. festgelegt werden, daß (gewisse) Daten nur zu einem bestimmten Zweck verwendet werden dürfen oder nach einer gewissen Zeit zu löschen oder nur anonymisiert zu verwenden sind. Auch können nähere Regelungen über die Zulässigkeit und die Modalitäten eines **Datenflusses innerhalb eines Konzerns** getroffen werden (insoweit offensichtlich **a. A.** *Freise/Wohlgemuth,* DVR, 1982, Bd. 11, S. 290ff.; *Wohlgemuth* ArbuR 87, 264).

29 Durch **TV** und **BV** können ferner die gesetzlichen Zulässigkeitsvoraussetzungen der Datenverarbeitung gegenüber dem BDSG **abweichend geregelt** und insbes. **weiter eingeschränkt** werden. Das ergibt sich schon aus dem arbeitsrechtlichen Günstigkeitsprinzip. Auch eine vom Gesetz abweichende Regelung der Zulässigkeitsvoraussetzungen der Datenverarbeitung ist nicht schlechthin unzulässig (BAG 27. 5. 1986, AP Nr. 15 zu § 87 BetrVG 1972 Überwachung; *Wohlgemuth,* Datenschutz Rn 96; a. M. *Linnenkohl/Rauschenberg/Schütz,* BB 87, 1454 wegen eines unzulässigen Eingriffs in den individuellen Datenschutz des BDSG). Allerdings ist es nicht zulässig, daß TV oder BV die gesetzlichen Schranken der Datenverarbeitung einfach beseitigen, ohne ihrerseits eigene, an sachlichen Gesichtspunkten orientierte Zulässigkeitsvoraussetzungen der Datenverarbeitung festzulegen (vgl. die Telefondatenentscheidung des BAG vom 27. 5. 86, a. a. O.; *DR,* § 80 Rn 93). Bei der Aufstellung eigener Zulässigkeitsvoraussetzungen für eine betriebliche Datenverarbeitung durch BV haben die Betriebspartner vielmehr die **allgemeinen Grundsätze des Datenschutzrechts,** wie sie z. B. im BDSG (insbes. § 23) enthalten sind, sowie die Grenzen zu **beachten,** die der Personaldatenverarbeitung durch das Volkszählungsurteil des BVerfG (NJW 84, 419) und das in ihm entwickelte Grundrecht der informationellen Selbstbestimmung gezogen sind. Die vom BVerfG insoweit aufgestellten Grundsätze (Verbot der unbegrenzten Datenverarbeitung, Verarbeitung nur aufgrund klarer und für den Betroffenen erkennbarer Verarbeitungsvoraussetzungen unter Berücksichtigung des Grundsatzes der Verhältnismäßigkeit und Festlegung der Verwendungszwecke, angemessene Schutzrechte für den Betroffenen) sind gem. § 75 Abs. 2 BetrVG auch für den Bereich der Betriebsverfassung verbindlich (vgl. *Wohlgemuth,* ArbuR 84, 261 ff.; ders. ArbuR 86, 143; *Buchner,* ZfA 88, 415, BB 87, 1947; *Simitis,* RDV 89, 59). Die MBR können datenschutzrechtlich unzulässige Tatbestände nicht zulässig machen (*Gola,* ArbuR 88, 105, 112; ähnlich *Linnenkohl/Rauschenberg/Schütz* BB 87,

1454). Für den BR bieten seine Mitwirkungs- und Mitbestimmungsrechte insbesondere nach § 87 Abs. 1 Nr. 6, §§ 88, 92, 94 und 95 (vgl. § 87 Rn 74f., § 92 Rn 26ff., 34f., § 94 Rn 6ff., 29, § 95 Rn 4ff.) wirksame Ansatzpunkte für Regelungen, die einerseits die betrieblichen Erfordernisse und Notwendigkeiten, andererseits jedoch auch den Schutz der individuellen Persönlichkeitssphäre und Integrität der ArbN sachgerecht berücksichtigen. Insofern dürften betriebliche Regelungen im allgemeinen auf eine Konkretisierung der gesetzlichen Verarbeitungsvoraussetzungen hinauslaufen.

Das BDSG gewährt dem Betroffenen zu seinem Schutz eine Reihe 30
von **Informations- und Gestaltungsrechten,** die ihn in die Lage versetzen sollen, selbst die Einhaltung der gesetzmäßigen Verarbeitung der über ihn gespeicherten Daten zu überwachen und sicherzustellen. So hat er z. B. ein Recht auf **Benachrichtigung,** wenn erstmals über ihn Daten gespeichert werden, sofern er nicht auf andere Weise von der Speicherung Kenntnis erhält (§ 26 Abs. 1 BDSG). Ferner hat er ein Recht auf (entgeltliche) **Auskunft** darüber, welche Daten gespeichert und welchen Personen und Stellen seine Daten regelmäßig übermittelt werden (§ 26 Abs. 2 S. 1 u. 2 BDSG). Außerdem hat er Anspruch auf **Berichtigung** seiner Daten, wenn diese unrichtig sind, auf ihre **Sperrung,** wenn ihre Richtigkeit nicht festgestellt werden kann, sowie auf **Löschung,** wenn die Kenntnis der Daten nicht mehr erforderlich ist oder ihre Speicherung unzulässig war. Diese Ansprüche stehen grundsätzlich auch den ArbN zu, wenn der ArbGeb. personenbezogene Daten der ArbN in Dateien speichert. Zwar bestimmt § 45 BDSG, daß besondere, auf in Dateien gespeicherte personenbezogene Daten anzuwendende Rechtsvorschriften des Bundes den Vorschriften des BDSG vorgehen, und zählt in diesem Zusammenhang ausdrücklich auch § 83 BetrVG auf. Jedoch besteht ein **Vorrang des § 83 nur insoweit,** als er sich dem Gegenstand nach mit den Regelungen des BDSG deckt, wobei es nicht darauf ankommt, welche Regelung im Einzelfall günstiger ist (vgl. *GK-Wiese,* Rn 1d; *Simitis,* Schutz von Arbeitnehmerdaten, S. 21ff., 131f.; *Simitis/Dammann/Mallmann/Reh,* BDSG, § 26, Rn 125; *Simitis,* ArbuR 77, 106; *Garstka,* ZRP 78, 239; *Kilian,* RdA 78, 206; *ders.,* JZ 77, 484; *Sendler,* BlStR 78, 87; *Wohlgemuth,* Datenschutz, Rn 546; **a. A.** *Gola,* BlStR 78, 211; *Gola/Hümmerich,* BB 72, 148; *Hümmerich,* DB 78, 1933).

Das bedeutet im einzelnen: Das **Einsichtsrecht des § 83 BetrVG geht** 31
dem **Auskunftsanspruch** des § 26 Abs. 2 S. 1 und Abs. 3 BDSG **vor** (*DR,* Rn 29; *Gl,* Rn 16a; *GK-Wiese,* Rn 13a; *Kilian,* Personalinformationssysteme, S. 145ff., anders aber in JZ 77, 484, wo er § 26 als die sachnähere Regelung ansieht; *Linnenkohl/Töfflinger,* ArbuR 86, 204). Das ist nicht nur deshalb von Bedeutung, weil das Einsichtsrecht des § 83 im Gegensatz zu dem datenschutzrechtlichen Auskunftsanspruch **unentgeltlich** ist und weiter geht als der Auskunftsanspruch, da es auch den Ausdruck der gespeicherten Daten beinhaltet (vgl. oben Rn 11), sondern auch deshalb, weil die Ausnahmeregelungen des § 26 Abs. 4 BDSG keine Anwendung finden.

Dagegen steht **neben § 83 BetrVG,** da diese Vorschrift insoweit keine 32

Regelung enthält, der **Anspruch des ArbN auf Benachrichtigung bei erstmaliger Speicherung** nach § 26 Abs. 1 BDSG sowie auf **Auskunft über die Personen und Stellen,** an die die **Daten regelmäßig übermittelt** werden, nach § 26 Abs. 2 S. 2 BDSG (*DR,* a. a. O.; *GL,* a. a. O., *Linnenkohl/Töfflinger,* a. a. O.; ArbG Berlin, 24. 9. 87, DB 88, 133; *Wohlgemuth,* Datenschutz, Rn 546, 552ff; hinsichtl. des § 26 Abs. 1, nicht jedoch des Abs. 2 S. 2 auch *Kilian,* RdA 78, 206, und Personalinformationssysteme, S. 155, 160; **a. A.** *GK-Wiese,* Rn 13a; *Gola,* BlStR 78, 211; *Hümmerich,* DB 78, 1933). Das gleiche gilt für die **Ansprüche auf Berichtigung** und **Löschung** nach § 27 Abs. 1 und 3 BDSG bei Unrichtigkeit, Wegfall der Erforderlichkeit oder Unzulässigkeit der Datenspeicherung (z. B. bei Datenspeicherung aufgrund von Personalfragebogen ohne Beteiligung des BR nach § 94, BAG 22. 10. 86, AP Nr. 2 zu § 23 BDSG, kr. dazu *Buchner,* ZfA 88, 476), sowie für das **Recht auf Sperrung** der Daten, deren Kenntnis für die Erfüllung des Zweckes der Speicherung nicht mehr erforderlich ist (*DR,* Rn 35; *GL,* Rn 18; **a. A.** *GK-Wiese,* Rn 8a, 17b f.; *Gola/Hümmerich,* BB 77, 149; *Linnenkohl/Töfflinger,* ArbuR 86, 207 hinsichtlich § 27 Abs. 1).

33 Andererseits dürfte das **Recht des ArbN** nach § 83 Abs. 2 BetrVG, eine **Erklärung zur** (eingespeicherten) **Personalakte** zu geben (vgl. oben Rn 14f.), gegenüber dem Recht auf Sperrung von Daten, deren Richtigkeit umstritten ist (§ 27 Abs. 2 S. 1 BDSG), **vorrangig** sein (so *DR,* Rn 36; *GL,* Rn 17a; *GK-Wiese,* Rn 17c; *Sendler,* BlStR 78, 89; *Gola,* BlStR 78, 212; *Gola/Hümmerich,* BB 78, 148; *Simitis/Dammann/Mallmann/Reh,* § 27 Rn 38; **a. A.** *Simitis,* ArbuR 77, 107; *Kilian,* JZ 77, 485; *ders.,* RdA 78, 208; *ders.,* Personalinformationssysteme, S. 173ff.; *Linnenkohl/Töfflinger,* ArbuR 86, 208). Hierfür spricht nicht nur der Wortlaut und Systematik des § 45 BDSG, sondern auch die Überlegung, daß dem ArbN mit dem Recht, zu einem umstrittenen Punkt der Personalakte sachlich Stellung nehmen zu können, im Interesse einer Mitwirkung bei der Darstellung seines Persönlichkeitsbildes in der Personalakte nicht selten mehr gedient ist, als mit einer durch Sperrung bedingten Eliminierung von Daten (vgl. hierzu auch oben Rn 14f.). Es ist allerdings zuzugeben, daß letzteres u. a. von Art und Inhalt der umstrittenen Daten abhängt. Durch eine **BV** als eine Rechtsnorm i. S. von § 3 BDSG kann die Frage, in welchen Fällen bei nicht feststellbarer Richtigkeit von Daten eine Sperrung erfolgen oder eine Gegendarstellung möglich sein soll, im einzelnen **geregelt** werden. Zur Sicherstellung des Datenschutzes durch den Datenschutzbeauftragten vgl. §§ 28f. BDSG, zum Überwachungsrecht des BR vgl. § 80 Rn 4, 37.

34 Auch soweit Personaldaten in Datenbanken gespeichert sind, ist für das Einsichtsrecht der ArbN nach § 83 BetrVG von dem **materiellen Personalaktenbegriff** (Rn 5) auszugehen (*GK-Wiese,* Rn 2; vgl. hierzu auch; *Wohlgemuth,* Datenschutz, Rn 547). Der ArbN hat deshalb Anspruch auf **Ausdruck** aller über ihn gespeicherten Daten und zwar in einer **entschlüsselten,** d. h. für den ArbN verständlichen **Form** (*DR,* Rn 13; *GK-Wiese,* Rn 10; *Weiss,* Rn 1; *Simitis/Dammann/Mallmann/Reh,* § 26 Rn 124; *Gola/Hümmerich/Kerstan,* Bd. II S. 108). Da gespeicherte

Daten nicht sichtbar sind, sondern erst sichtbar gemacht werden müssen, bedingt das Einsichtsrecht bei automatisierten Systemen einen **Auskunftsanspruch über die Methoden** der betreffenden Datenverarbeitung; denn erst dieser Auskunftsanspruch ermöglicht es dem ArbN, gezielt von seinem Einsichtsrecht Gebrauch zu machen (vgl. *Kilian,* JZ 77, 484; *ders.,* Personalinformationssysteme, S. 153).

Der ArbN hat nur Anspruch auf Einsicht in **seine** Personaldaten. 35
Deshalb sind bei sog. **Sammelbogen** (listenmäßige Zusammenfassung der Daten einer Vielzahl von ArbN, z. B. Lohnliste oder Förderungs- und Aufstiegsliste) die Daten anderer ArbN im Interesse des Schutzes der Vertraulichkeit der sie betreffenden Angaben zu anonymisieren (*Kilian,* JZ 77, 485). Ist dies nicht möglich, dürfte dem Schutz der Vertraulichkeit insoweit der Vorrang gebühren (*Hümmerich,* DB 77, 543; *Gola/Hümmerich/Kerstan,* Bd. II S. 105), es sei denn, die anderen ArbN verzichten auf die Vertraulichkeit ihrer Daten (vgl. hierzu BVerwG MDR 76, 78).

Die Zusammenstellung von Personaldaten der ArbN als Grundlage 36
für unternehmerische Globalplanungen oder für die Erstellung von Richtlinien gehört noch nicht zur materiellen Personalakte eines ArbN. Etwas anderes gilt, wenn sich hieraus konkrete Entscheidungen bezüglich bestimmter ArbN ergeben (*Gola/Hümmerich/Kerstan,* Bd. II, S. 107; *Wolf/Köppen* in Jobs/Samland, Personalinformationssysteme S. 81).

Die Regelungen des § 83 BetrVG gelten auch für ArbN in Betrieben, 37
für die ein BR nicht zu bilden ist oder tatsächlich nicht besteht, als Ausfluß der Fürsorgepflicht entsprechend (vgl. oben Rn 1). Für ihre Ansprüche auf Auskunft, Berichtigung, Sperrung und Löschung über bzw. von in Dateien gespeicherten personenbezogenen Daten gelten die Ausführungen in Rn 30 ff. ebenfalls (*GK-Wiese,* Rn 1 e).

Führt der ArbGeb. (Unternehmer) nicht selbst die Verarbeitung per- 38
sonenbezogener Daten i. S. des BDSG durch, sondern beauftragt er hiermit einen **Dritten,** z. B. ein Konzernunternehmen das zentrale Konzernrechenzentrum, so findet der 4. Abschnitt des BDSG (§§ 31 bis 40) Anwendung, und zwar im allgemeinen die 3. der in § 31 genannten Alternativen („Auftragsdatenverarbeitung"). Die Verarbeitung der personenbezogenen Daten durch den Dritten ist gem. § 22 Abs. 2, § 31 Abs. 1, Nr. 3 i. V. mit § 37 BDSG nur im Rahmen der Weisungen des auftraggebenden ArbGeb. zulässig. **Verantwortlich** für die Zulässigkeit der Speicherung und sonstigen Verarbeitung der Daten bleibt den ArbN gegenüber allein der **ArbGeb** (BAG 17. 3. 87, AP Nr. 29 zu § 80 BetrVG 1972). Ansprüche der ArbN auf Einsicht, Auskunft, Berichtigung, Sperrung oder Löschung (vgl. oben Rn 30 ff.) richten sich ausschließlich gegen ihn (*Auernhammer,* BDSG, § 31 Rn 6, § 37 Rn 1; *Simitis/Dammann/Mallmann/Reh,* BDSG, § 31 Rn 30 f., § 37 Rn 3, § 22 Rn 43 ff.; Näheres vgl. *Wohlgemuth,* Datenschutz, Rn 513 ff und ArbuR 87, 264).

V. Beteiligung eines Betriebsratsmitglieds

39 Der ArbN kann bei Einsicht in seine Personalakte ein **von ihm bestimmtes BRMitglied hinzuziehen,** das ihn durch seine Erfahrung und Sachkunde unterstützen kann (vgl. § 82 Rn 8f.). Einsichtsgewährung und Auskunft kann nicht wegen der Beteiligung des BRMitgl. unter Berufung auf datenschutzrechtliche Vorschriften verweigert werden; denn der betr. ArbN hat durch Hinzuziehung des BRMitgl. die erforderliche Zustimmung erteilt. Dem BRMitgl. ist die Einsicht in demselben Umfang zu gewähren, wie dem betr. ArbN. Das BRMitgl. hat über den Inhalt der Personalakte **Stillschweigen** zu bewahren, soweit der ArbN es nicht ausdrücklich und im Einzelfall von der Schweigepflicht entbunden hat (Näheres vgl. § 79 Rn 19). Die Vorschriften des BetrVG über die **Schweigepflicht** gehen im Rahmen ihres Geltungsbereichs den Vorschriften des BDSG vor (§ 45 Nr. 5 BDSG; vgl. hierzu auch § 79 Rn 25).

Allgemein zur Frage der Übermittlung von Informationen aus den Personalakten (insbes. Personaldateien) an den BR vgl. § 80 Rn 32ff.

Schwerbehinderte ArbN können auch die Schwerbehindertenvertretung hinzuziehen (§ 25 Abs. 3 SchwbG). Zu deren Schweigepflicht vgl. § 79 Rn 21.

VI. Streitigkeiten

40 Im **Urteilsverfahren** vor den Arbeitsgerichten sind auszutragen Streitigkeiten zwischen ArbGeb. und ArbN über die Ausübung des Einsichtsrechts in die Personalakte, über deren Inhalt, über das Recht des ArbN, eine Stellungnahme zur Personalakte zu geben oder die Entfernung von Vorgängen aus ihr zu verlangen (Rn 14ff.), sowie ein BRMitgl. (bei Schwerbehinderten den Vertrauensmann) hinzuzuziehen (vgl. *Bulla,* RdA 78, 213; *DR,* Rn 37; *HSG,* Rn 13; für BeschlVerf. bei Streit über die Heranziehung eines BRMitgl.: *GK-Wiese,* Rn 20). Das Urteilsverfahren findet auch statt, wenn die Sperrung, Löschung oder Berichtigung von Daten verlangt wird, die in Personaldateien gespeichert sind (oben Rn 30ff.). Die Zwangsvollstreckung aus einem der Klage stattgebenden Urteil erfolgt durch Zwangsgeld gem. § 888 ZPO.

41 Der **BR** kann den Anspruch des ArbN auf Hinzuziehung eines BRMitgl. nicht, auch nicht im Beschlußverfahren, geltend machen (vgl. § 82 Rn 11; **a.M.** *DR,* Rn 37; *GKSB,* Rn 23). Weigert sich ein BRMitgl., dem Wunsch des ArbN auf Beteiligung an der Akteneinsicht nachzukommen, so kann dies u. U. eine grobe Pflichtverletzung i. S. von § 23 Abs. 1 sein. Ein gesetzlich durchsetzbarer Rechtsanspruch besteht aber nicht (§ 84 Rn 10).

§ 84 Beschwerderecht

(1) **Jeder Arbeitnehmer hat das Recht, sich bei den zuständigen Stellen des Betriebs zu beschweren, wenn er sich vom Arbeitgeber oder von Arbeitnehmern des Betriebs benachteiligt oder ungerecht behandelt oder in sonstiger Weise beeinträchtigt fühlt. Er kann ein Mitglied des Betriebsrats zur Unterstützung oder Vermittlung hinzuziehen.**

(2) **Der Arbeitgeber hat den Arbeitnehmer über die Behandlung der Beschwerde zu bescheiden und, soweit er die Beschwerde für berechtigt erachtet, ihr abzuhelfen.**

(3) **Wegen der Erhebung einer Beschwerde dürfen dem Arbeitnehmer keine Nachteile entstehen.**

Inhaltsübersicht

I. Vorbemerkung

Aufbauend auf den Informations-, Anhörungs- und Erörterungsrechten der §§ 81 und 82 regeln die §§ 84ff. das Beschwerderecht des einzelnen ArbN. Dem ArbN steht es frei, entweder unmittelbar Beschwerde nach § 84 einzulegen oder nach § 85 den Weg über den BR zu wählen. Das Beschwerderecht besteht unabhängig von einem möglichen individuellen **Klagerecht** des einzelnen ArbN vor den ArbG. Hat eine Beschwerde des ArbN Erfolg, so wird sich allerdings die Beschreitung des Rechtsweges zur Durchsetzung von Rechtsansprüchen erübrigen. **Gesetzliche Fristen** werden durch eine Beschwerde **nicht gehemmt,** wohl aber tarifliche Ausschlußfristen, sofern sie lediglich eine schlichte Geltendmachung eines Anspruchs verlangen (so auch *DR,* Rn 15; *GL,* Rn 8). Vorstellungen oder Beschwerden bei außerbetrieblichen Stellen sind regelmäßig erst nach Erschöpfung der betrieblichen Beschwerdemöglichkeiten zulässig (*Denck,* DB 80, 2132; weitergehend *Hinrichs,* Jahrbuch des Arbeitsrechts Bd. 18 S. 35ff.; vgl. auch § 80 Rn 11 und § 119 Rn 12). 1

Das Beschwerderecht nach § 84 besteht als Ausfluß arbeitsvertraglicher Beziehungen auch in betriebsratslosen Betrieben und für Beschäftigte, die nicht unmittelbar unter §§ 81ff. fallen (Zum Ganzen vgl. § 81 Rn 1f.).

Entsprechende Vorschrift im **BPersVG 74** und **SprAuG:** Keine. 1a

II. Beschwerdegegenstand

2 Beschwerdegegenstand ist die **individuelle** Benachteiligung, ungerechte Behandlung oder sonstige Beeinträchtigung des einzelnen ArbN. Es kommt auf den subjektiven Standpunkt des einzelnen ArbN an, ob er sich benachteiligt fühlt; ob die Beschwerde berechtigt ist, bedarf der Prüfung im Verfahren nach §§ 84, 85 (BAG 11. 3. 82 – 2 AZR 798/79 –). Die individuelle Position des ArbN muß nach dessen Auffassung beeinträchtigt sein. Es gibt **keine** sog. **Popularbeschwerde** (h. M.) d. h. Beschwerde wegen allgemeiner Mißstände im Betrieb oder gemeinsamer Belange bestimmter Gesellschaftsgruppen, wegen des allgemeinen Sicherheitsniveaus im Betrieb oder der Betriebsabteilung, sofern der einzelne ArbN nicht persönlich betroffen ist (vgl. *GKSB,* Rn 6). Der ArbN kann allgemeine Anregungen nur an den BR richten (§ 80 Abs. 1 Nr. 3). Eine individuelle Benachteiligung des ArbN kann auch dann zu einer Beschwerde führen, wenn bei entsprechenden generellen Maßnahmen des ArbGeb. ein MBR bestehen würde, z. B. wenn der ArbN ständig kraft Direktionsrechts des ArbGeb. (vgl. § 87 Rn 54) mit eiligen Arbeiten nach Arbeitsschluß beauftragt wird, also Überstunden leisten muß oder es um die Frage des konkreten Verhaltens einzelner ArbN geht (z. B. Gestaltung des Arbeitsraums, Zubereitung von Getränken, Belästigung durch Rauchen [vgl. weiter § 75 Rn 22a] oder unangenehme Gerüche). Dabei kann es sich auch um Maßnahmen handeln, die kollektiv unter Mitbestimmung des BR getroffen wurden (*GK-Wiese,* § 85 Rn 7a). Vgl. das Beispiel bei *GL* (§ 85 Rn 15): Ein ArbN strebt eine geringfügige Verlagerung seines persönlichen Arbeitsbeginns an, weil er andernfalls einen Frühzug benutzen muß, der wesentlich früher eintrifft; für diesen Fall soll bei Übernahme der Beschwerde durch den BR nach § 85 die Zuständigkeit der E-Stelle gegeben sein.

3 Eine Benachteiligung kann insbesondere in einer **unterschiedlichen Behandlung entgegen den Grundsätzen des § 75 Abs. 1** liegen. Damit wird auch der Gleichbehandlungsgrundsatz verletzt. Es kommt neben der Nichterfüllung von Rechtsansprüchen (*DR,* Rn 6; h. M.) insbesondere auch eine **rein tatsächliche Benachteiligung** in Betracht, z. B. ständige Zuweisung besonders schmutziger oder unangenehmer Arbeiten, Arbeit unter vermeidbar unwürdigen Arbeitsumständen (vgl. **Vor** § 89 Rn 86), dauernde Anordnungen von Vertretungen oder Botengängen (soweit nicht arbeitsvertraglich vereinbart) u. ä. Eine **ungerechte Behandlung** wird oft mit der Benachteiligung identisch sein, braucht dies aber nicht, z. B. Übertragung von Aufgaben ohne Sicherstellung der hierfür erforderlichen Kompetenzen, Erteilung von Weisungen in unsachgemäßem Tone, Ausspruch nicht gerechtfertigter Rügen, in Aussichtstellen von Kündigungen u. ä.

3a Während die genannten Nachteile regelmäßig vom ArbGeb. oder anderen Vorgesetzten des ArbN (auch leitende Ang) ausgehen werden, kann der ArbN **auch von Arbeitskollegen** „in sonstiger Weise **beeinträchtigt**" werden. Dieser Tatbestand erfaßt vor allem auch Hänseleien und Schabernack, z. B. Weitergabe von in Wirklichkeit nicht bestehenden Anordnungen, Verstecken von Werkzeug oder Bekleidung usw., mangelnde Bereitschaft zur Zusammenarbeit, aber auch Einmischung (unzuständiger) Kollegen oder Vorgesetzter in den übertragenen Arbeitsbereich, Streitigkeiten zwischen Rauchern und Nichtrauchern. Wegen Entfernung betriebsstörender ArbN vgl. § 104. Eine sonstige Beeinträchtigung kann auch ohne Verschulden Dritter gegeben sein, z. B. bes. Belastungen i. S. des § 91 (**a. M.** *GL,* § 85 Rn 11).

Beschwerden gegen den BR erfaßt § 84 **nicht.** Insoweit ist nur ein Antrag nach § 23 Abs. 1 möglich (*DR,* Rn 8; *GK-Wiese,* Rn 6). 3b

III. Beschwerdeverfahren

Der ArbN hat eine individuelle Beschwerde bei der organisatorisch für die Abhilfe der Beschwerde **zuständigen Stelle des Betriebes** einzulegen, regelmäßig zunächst bei dem unmittelbaren Vorgesetzten. Das Gesetz enthält **keine Form- oder Fristvorschriften** für die Beschwerde. Hat die Beschwerde keinen Erfolg, so kann der ArbN im Rahmen der betrieblichen Organisation den Instanzenzug nach oben bis zum ArbGeb. selbst bzw. Personalleiter beschreiten. Wegen Festlegung eines Instanzenzuges durch TV oder BV vgl. § 86 Rn 2. 4

Der ArbN kann ein von ihm bestimmtes **Mitglied des BR zur Unterstützung oder Vermittlung zuziehen** (vgl. § 83 Rn 39). Eine bes. **Schweigepflicht** des BRMitgl. (wie nach § 82 Abs. 2, § 83 Abs. 1) besteht in diesem Falle **nicht.** Es besteht kein Anspruch des ArbN auf anonyme Behandlung der Beschwerde; jedoch dürfen weder ArbGeb. noch das BRMitgl. das allgemeine Persönlichkeitsrecht des ArbN verletzten (*GK-Wiese,* Rn 9a; *Wiese* ZfA 1971, 273 [305, 310]). Vgl. Rn 8 und § 79 Rn 24. 4a

Der ArbGeb. hat die Berechtigung der Beschwerde zu prüfen. Bei längerer Dauer der Prüfung ist ein **Zwischenbescheid** zu geben (h. M.). Der ArbN muß einer Anordnung, über die er sich beschwert, zunächst einmal nachkommen, es sei denn, es besteht im Einzelfall ein Leistungsverweigerungsrecht (§ 273 BGB). Dieses dürfte nur in schwerwiegenden Fällen bestehen. Die Beschwerde hat als solche keine aufschiebende Wirkung gegenüber Anordnungen des ArbGeb. (BAG 14. 2. 63, AP Nr. 22 zu § 66 BetrVG 1952). Eine verzögerliche Behandlung der Beschwerde würde aber gegen die Fürsorgepflicht des ArbGeb. verstoßen. Erachtet er die Beschwerde für berechtigt, so ist ihr abzuhelfen, andernfalls ist sie abzulehnen. 5

Nach Abs. 2 hat der ArbGeb. selbst bzw. ein bevollmächtigter Vertreter den **ArbN über** die Behandlung, d. h. **Erledigung der Beschwerde zu unterrichten.** Die Unterrichtung kann sowohl mündlich als auch schriftlich erfolgen. Sie soll mindestens **bei Ablehnung eine Begründung** enthalten (h. M.). Die Unterrichtung des Beschwerdeführers über eine aufgrund der Beschwerde ausgesprochenen Betriebsbuße ist zulässig (*Brettschneider/Sondermann,* ArbuR 80, 158, 160f.). Wiederholte Be- 6 schwerden von Querulanten über denselben Gegenstand brauchen nicht mehr beschieden zu werden.

7 Die Entscheidung des ArbGeb. über die etwaige Ablehnung der individuellen Beschwerde ist vom ArbN hinzunehmen, vorbehaltlich einer Anrufung des BR nach § 85. Die Einschaltung der E-Stelle ist im Rahmen des § 84 nicht vorgesehen. Wohl aber kann der einzelne **ArbN im Urteilsverfahren klagen** (*Bulla,* RdA 78, 213), soweit er einen **Rechtsanspruch** verfolgt. Dieser wird durch ein erfolgloses Beschwerdeverfahren nicht beeinträchtigt. Andererseits kann der ArbN eine Beschwerde jederzeit zurücknehmen.

7a **Erkennt der ArbGeb. die Berechtigung der Beschwerde an,** so ist er durch diese **Selbstbindung zur Abhilfe verpflichtet,** sofern das möglich ist, d. h. soweit die Abhilfe in seinem Einflußbereich liegt. Es handelt sich dann um eine vertragliche Verpflichtung des ArbGeb., aus der ein **Rechtsanspruch** des ArbN erwächst (§ 85 Rn 5; *DR,* Rn 22; ähnlich *Moll/Klunker,* RdA 73, 362; wie hier: *GK-Wiese,* Rn 10b, falls die Auslegung der Erklärung des ArbGeb. eine zusätzliche rechtsgeschäftliche Bindung ergibt; *GL,* Rn 13 mit zutreffendem Hinweis auf die Möglichkeit der näheren Leistungsbestimmung nach § 315 BGB im Fall der nur allgemeinen Anerkennung der Berechtigung der Beschwerde durch den ArbGeb., im übrigen aber recht eng Rn 14).

IV. Benachteiligungsverbot

8 Abs. 3 stellt klar, daß dem ArbN durch die **Erhebung einer Beschwerde keine Nachteile** entstehen dürfen, auch keine Lohnminderung (vgl. § 39 Rn 23). Es gilt dasselbe wie für die Verfolgung von Rechtsansprüchen durch Klage.

Der ArbN hat im Regelfall kein Recht auf vertrauliche Behandlung der Beschwerde (vgl. Rn 4a). Das wird oft schon rein praktisch gar nicht möglich sein. Werden anläßlich einer Beschwerde eines ArbN Unregelmäßigkeiten dieses ArbN aufgedeckt, so sind sich daraus ergebende Maßnahmen gegen ihn nicht ausgeschlossen. Ein etwaiger Verstoß des ArbGeb. oder anderer Betriebsangehöriger gegen Abs. 3 verpflichtet zum Schadensersatz, da es sich um ein **Schutzgesetz** im Sinne des § 823 Abs. 2 BGB handelt. Wegen einer Beschwerdeerhebung zugefügte Nachteile sind unwirksam, Kündigungen nichtig (BAG 11. 3. 82 – 2 AZR 798/79 –; vgl. auch BAG 23. 11. 61, AP Nr. 22 zu § 138 BGB). Etwas anderes kann nur gelten, wenn Inhalt oder Begleitumstände der Beschwerde eine Kündigung rechtfertigen können, z. B. völlig haltlose schwere Anschuldigungen gegen den ArbGeb. (*DR,* Rn 16; *GK-Wiese,* Rn 14a; BAG 11. 3. 82 – 2 AZR 798/79 –). Nach **§ 612a BGB** (Text Anhang 9) darf der ArbGeb. einen ArbN nicht benachteiligen, weil dieser in zulässiger Weise seine Rechte ausübt.

V. Streitigkeiten

Das **Urteilsverfahren** findet statt bei Streitigkeiten zwischen ArbGeb. und ArbN über 9

a) die **Entgegennahme und Bescheidung** der Beschwerde. In einem hierauf begrenzten Verfahren kann keine konkrete Beschwerdeentscheidung begehrt werden;

b) **Rechtsansprüche,** die sich aus einer **Anerkennung** der Berechtigung der Beschwerde durch den ArbGeb. ergeben;
Rechtsansprüche wegen **Verletzung der Schutzvorschrift** des § 84 Abs. 3.

Nach der Rechtsprechung des BAG (24. 4. 79, AP Nr. 1 zu § 82 BetrVG 1972) findet das **Urteilsverfahren** auch bei Rechtsstreitigkeiten zwischen ArbN und ArbGeb. über die **Hinzuziehung eines** BRMitgl. statt (vgl. § 82 Rn 11).

Ein gerichtlich (im BeschlVerf.) **durchsetzbarer Anspruch des ArbN auf ein Tätigwerden des ausgewählten BR-Mitgl. besteht nicht** (*GL,* § 82 Rn 15; *GKSB,* Rn 16; **a.M.** *GK-Wiese,* Rn 15). Des BR-Mitgl. macht sich aber u. U. einer groben Pflichtverletzung i. S. des § 23 Abs. 1 schuldig. 10

§ 85 Behandlung von Beschwerden durch den Betriebsrat

(1) **Der Betriebsrat hat Beschwerden von Arbeitnehmern entgegenzunehmen und, falls er sie für berechtigt erachtet, beim Arbeitgeber auf Abhilfe hinzuwirken.**

(2) **Bestehen zwischen Betriebsrat und Arbeitgeber Meinungsverschiedenheiten über die Berechtigung der Beschwerde, so kann der Betriebsrat die Einigungsstelle anrufen. Der Spruch der Einigungsstelle ersetzt die Einigung zwischen Arbeitgeber und Betriebsrat. Dies gilt nicht, soweit Gegenstand der Beschwerde ein Rechtsanspruch ist.**

(3) **Der Arbeitgeber hat den Betriebsrat über die Behandlung der Beschwerde zu unterrichten. § 84 Abs. 2 bleibt unberührt.**

Inhaltsübersicht

I. Vorbemerkung

Die Vorschrift des § 85 ergänzt die des § 84. Der ArbN kann seine Beschwerde beim BR entweder sofort und unmittelbar oder nach einem erfolglosen Beschwerdeverfahren gem. § 84 einlegen (BAG 11. 3. 82 – 1

2 AZR 798/79 –). Dadurch wird das individuelle zum kollektiven, betriebsverfassungsrechtlichen Beschwerdeverfahren (*DR,* Rn 2; **a.M.** *GK-Wiese,* Rn 2). Vgl. im übrigen die Vorbem. zu § 84.

1a Entsprechende Vorschrift im **BPersVG 74** und **SprAuG:** keine.

II. Beschwerdeverfahren

2 Der **mögliche Gegenstand einer Beschwerde ist der gleiche wie in § 84** (vgl. dort Rn 2–3a). Der ArbN kann die Beschwerde an den BR selbst bzw. einen etwa gebildeten besonderen Ausschuß (§ 28) richten (wegen des Falles des Ansprechens eines einzelnen BRMitgl. im Betriebsgelände vgl. BAG 6. 8. 81, AP Nr. 40 zu § 37 BetrVG 1972). Der BR bzw. der Ausschuß muß sich mit der Beschwerde befassen und über die Frage ihrer Berechtigung einen Beschluß fassen. Falls er die Beschwerde für berechtigt ansieht (vgl. § 80 Rn 17), so hat er beim ArbGeb. auf Abhilfe hinzuwirken (Abs. 1). Andernfalls lehnt der BR die weitere Verfolgung der Beschwerde ab und unterrichtet hiervon mit Begründung den ArbN. Dieser kann dann u. U. noch ein individuelles Beschwerdeverfahren nach § 84 einleiten, aber nicht ein Tätigwerden des BR erzwingen (*GL,* Rn 5; **a.M.** *GK-Wiese,* Rn 14b). Vgl. Rn 9.

3 Nimmt sich der **BR der Beschwerde des ArbN an,** so hat er mit dem ArbGeb. über deren Erledigung zu verhandeln. Es ist zweckmäßig, den Beschwerdeführer zu hören. Eine Einigung bezieht sich auf die Berechtigung oder Nichtberechtigung der Beschwerde, nicht notwendigerweise auf deren Abhilfe (h. M., vgl. § 84 Abs. 2 und unten Rn 4 Buchst. a). Kommt zwischen BR und ArbGeb. keine Einigung zustande, so kann nunmehr **der BR** (nicht der ArbGeb.) die **E-Stelle anrufen,** es sei denn Gegenstand der Beschwerde ist ein Rechtsanspruch (Rn 4 Buchst. b). Er bedarf dazu nicht der Zustimmung des beschwerdeführenden ArbN, dieser kann allerdings jederzeit seine Beschwerde zurücknehmen und damit das weitere Verfahren hinfällig machen. Der einzelne ArbN kann die E-Stelle nicht anrufen, ist aber von ihr zu hören (BAG 28. 6. 84, AP Nr. 1 zu § 85 BetrVG 1972; *GL,* Rn 8).

4 Abs. 2 unterscheidet zwei Fälle, falls die Verhandlung zwischen ArbGeb. und BR erfolglos bleiben: (zur Zuständigkeit der E-Stelle: *Wiese,* Festschrift Müller, S. 625):

a. Ein die Einigung der Betriebspartner ersetzender **Spruch der E-Stelle** nach § 76 Abs. 5 betrifft die Berechtigung oder Nichtberechtigung, nicht unmittelbar die sachliche Erledigung (*DR,* Rn 26) der Beschwerde und damit die eventuelle Verpflichtung des ArbGeb. zur Abhilfe (§ 84 Abs. 2). Ein solcher Spruch kommt nur in Betracht, soweit es sich um **Regelungsstreitigkeiten nichtkollektiver Art** handelt, die also nur einzelne Arbeitsverhältnisse betreffen und vor allem rein tatsächliche Beeinträchtigungen (vgl. § 84 Rn 3) zum Inhalt haben, aus denen jedenfalls (noch) **keine Rechtsansprüche** des einzelnen ArbN erwachsen, über die im individuellen, arbeitsrechtlichen Urteilsverfahren zu entscheiden wäre (Abs. 2 Satz 3; vgl. auch § 76 Abs. 7). Es handelt sich um negative

Belastungen, die mangels Konkretisierbarkeit der allgemeinen „Fürsorgepflicht“ des ArbGeb. oder weil sie von dieser Pflicht nicht unmittelbar erfaßt werden, sich nicht in rechtlichen Abwehransprüchen verdichten können. Dies gilt insbes., wenn auch der Gleichbehandlungsgrundsatz als Anspruchsgrundlage versagt, weil eine negative Beeinträchtigung unterhalb der Grenzen des Gefahrenschutzes gerade nur einzelne ArbN betrifft, oder doch nur von einem einzelnen ArbN, z. B. wegen besonderer Lärm- oder Geruchsempfindlichkeit als lästig empfunden wird. (Vgl. auch den in § 84 Rn 2 a. E. genannten Fall). Unter dem Gesichtspunkt der arbeitsrechtlichen Fürsorgepflicht darf das Beschwerderecht des ArbN aber nicht „leerlaufen“ (*Denck,* DB 80, 2132; *DR,* Rn 19; *Hinrichs,* Jahrbuch des Arbeitsrechts, Bd. 18, S. 35ff.). In Frage kommen auch ständige Eingriffe von Vorgesetzten und Kollegen in den Aufgabenbereich des ArbN, mangelnde oder unzureichende Information und Zielsetzung, unsachgemäße Kritik oder Kontrolle, ständiger Einsatz als „Springer“ unter Verschonung anderer ArbN. Die Beschwerde kann u. U. auch gegen eine ungerechtfertigte Abmahnung wegen Verletzung arbeitsvertraglicher Pflichten gerichtet sein, soweit hiergegen nicht ohnehin eine Klagemöglichkeit gegeben ist (vgl. § 83 Rn 15), z. B. wenn geringfügige Fehlleistungen gezielt zum Anlaß für solche Abmahnungen genommen werden. Da die Rechtsprechung in zunehmendem Maße zur Anerkennung von Rechtsansprüchen des ArbN, insbesondere aufgrund von Generalklauseln (Fürsorgepflicht, Gleichbehandlungsgrundsatz) kommt, wird ein die Einigung ersetzender Spruch der E-Stelle nach § 76 Abs. 5 verhältnismäßig selten sein.

b. Bei **Rechtsansprüchen** (gleich welcher Art) besteht dagegen **kein Einlassungszwang** des ArbGeb. vor der E-Stelle. Ihre Zuständigkeit ist dann nur im Rahmen des **freiwilligen Einigungsverfahrens nach § 76 Abs. 6** gegeben (BAG 28. 6. 84, AP Nr. 1 zu § 85 BetrVG 1972; *DR* Rn 16; *HSG,* Rn 3). Selbst dann schließt ihre Entscheidung aber die Klage des einzelnen ArbN nicht aus (§ 76 Abs. 7). Die Entscheidung der E-Stelle hat dann nur vorläufigen Charakter und kann zur tatbestandlichen Klärung beitragen. Die Bestellung eines Vors. der E-Stelle gem. § 98 ArbGG kann nicht erfolgen (ArbG Kiel, BB 81, 1984 für den Fall der begehrten Entfernung eines Vermerks aus den Personalakten). Die E-Stelle ist nicht dazu da, Gutachten zu Rechtsansprüchen der ArbN zu erstatten (BAG aaO; **a. M.** *GKSB,* Rn 11). Das gilt auch für Abmahnungen des ArbN, da dieser auf Entfernung aus den Personalakten klagen kann (vgl. § 83, Rn 15; *Dedert,* BB 86, 320; LAG Rheinland-Pfalz, 17. 1. 85, NZA 85, 170; **a. M.,** d. h. die E-Stelle ist nicht offensichtlich unzuständig i. S. des § 98 ArbGG: LAG Köln, 16. 11. 84, BB 85, 1240, LAG Hamburg, 10. 7. 85, BB 85, 1729).

Erkennt der ArbGeb. nach Verhandlung mit dem BR die Berechtigung der Beschwerde an oder ersetzt die E-Stelle die Einigung zwischen BR und ArbGeb. dahin, daß die Beschwerde als berechtigt anerkannt wird, so hat der ArbGeb. der Beschwerde abzuhelfen, soweit dies im Rahmen seiner Einflußmöglichkeiten unter Berücksichtigung der Eigenart des Betriebs möglich ist. Die Anerkennung erledigt nicht unmit- 5 telbar den Beschwerdefall, vielmehr obliegt es nunmehr dem ArbGeb. der Beschwerde in angemessener Weise abzuhelfen (*DR,* Rn 1; *GKSB,* Rn 10; *HSG,* Rn 10). Durch die **Anerkennung der Beschwerde** entsteht ein im Klagewege (Urteilsverfahren) **durchsetzbarer Rechtsanspruch** des einzelnen ArbN auf Abhilfe ebenso wie im Fall der Anerkennung der Berechtigung der Beschwerde nach § 84 (vgl. § 84 Rn 7a; *DR,* Rn 12; *GL,* Rn 17, die aber zu Unrecht dem Spruch die Wirkung einer BV beimessen; *GK-Wiese,* Rn 8a, 14a).

6 Über die Behandlung der Beschwerde insbesondere über die Art der Abhilfe hat der ArbGeb. sowohl den BR (§ 85 Abs. 3 S. 1) als auch den betr. ArbN zu **unterrichten.** Dies gilt auch bei Ablehnung der Beschwerde im Einvernehmen von ArbGeb. und BR oder durch Spruch der E-Stelle.

6a Auch bei Erhebung einer Beschwerde durch den BR dürfen dem ArbN **keine Nachteile** entstehen (vgl. § 84 Abs. 3, dort Rn 8).

7 Im Wege des individuellen Beschwerdeverfahrens nach §§ 84, 85 können die kollektiven MBR des BR nicht erweitert werden (LAG Hamm, 16. 4. 86, DB 86, 1360). Das individuelle Beschwerdeverfahren muß sich im Rahmen des geltenden Rechts, auch des Betriebsverfassungsrechts abspielen (*DR,* Rn 22ff.; *GKSB,* Rn 3; *GL,* Rn 10). Der BR hat ein MBR **im** Beschwerdeverfahren, nicht aber über die sonstigen Regelungen des Gesetzes hinaus **über** das Beschwerdeverfahren (*DR,* Rn 22). Wohl aber ist es möglich, daß ein einzelner ArbN z. B. eine Veränderung seiner persönlichen Arbeitszeit erreicht oder eine andere Lage des Urlaubs als kollektiv festgelegt ist (vgl. *GL,* Rn 11ff.; *Wiese,* Festschrift Müller, S. 625ff.). Bestehende BV können aber darüber hinaus nicht durchbrochen werden (*Söllner,* ZfA 82, 1, 12; vgl. auch § 87 Rn 18).

III. Streitigkeiten

8 Streit über die **Zuständigkeit der E-Stelle,** insbes. über die Frage, ob Gegenstand der Beschwerde ein Rechtsanspruch ist, entscheiden die ArbG im **BeschlVerf.** (§ 2a ArbGG; h. M.).

Der einzelne beschwerdeführende ArbN ist in diesem Verfahren nicht Beteiligter (BAG 28. 6. 84, AP Nr. 1 zu § 85 BetrVG 1972).

8a Soweit durch die Anerkennung der Berechtigung der Beschwerde ein Rechtsanspruch des ArbN auf Abhilfe entstanden ist (oben Rn 5), ist dieser im **Urteilsverfahren** geltend zu machen. Der BR kann dies nicht (auch nicht im BeschlVerf.), da es sich insoweit um einen persönlichen arbeitsvertragsrechtlichen Anspruch des ArbN handelt. Der einzelne ArbN hat keinen gerichtlich durchsetzbaren Anspruch darauf, daß der BR sich mit seiner Beschwerde befaßt (vgl. § 84 Rn 10; *DR,* Rn 33; **a. M.** *GK-Wiese,* Rn 14b). Er kann auch nicht die E-Stelle anrufen.

§ 86 Ergänzende Vereinbarungen

Durch Tarifvertrag oder Betriebsvereinbarung können die Einzelheiten des Beschwerdeverfahrens geregelt werden. Hierbei kann bestimmt werden, daß in den Fällen des § 85 Abs. 2 an die Stelle der Einigungsstelle eine betriebliche Beschwerdestelle tritt.

§ 86 räumt die Möglichkeit ein, durch **TV oder auch durch BV** die näheren **Einzelheiten des betrieblichen Beschwerdeverfahrens,** sowohl des nach § 84, als auch des nach § 85, zu regeln. **BV** nach § 86 beruhen auf freiwilliger (nicht erzwingbarer) Einigung von ArbGeb. und BR (vgl. § 88). Ist der ArbGeb. tarifgebunden, so gilt ein **TV** nach § 86 für sämtliche ArbN ohne Rücksicht auf deren Tarifbindung, die unter den persönlichen Geltungsbereich des TV fallen, da dieser betriebliche und betriebsverfassungsrechtliche Fragen regelt (§ 3 Abs. 2 TVG). **1**

Eine bestehende tarifliche Regelung geht einer BV vor. Tarifüblichkeit genügt hier aber nicht, da es nicht um Arbeitsbedingungen geht (§ 77 Abs. 3). Deshalb kann ein BV auch dann das Beschwerdeverfahren näher regeln, wenn ein entsprechender TV nur noch kraft Nachwirkung gilt (wie hier: *DR,* Rn 6). BV oder TV können nicht zwingend festlegen, der ArbN müsse vor Anrufung des ArbG den betrieblichen Beschwerdegang ausschöpfen (*Moll/Klunker,* RdA 73, 368). **1a**

Regelungen nach Satz 1 können insbes. umfassen; Die Festlegung der „zuständigen Stelle“ gemäß § 84 Abs. 1 und der Zuständigkeit für die weiteren Unterrichtspflichten des ArbGeb. nach §§ 84, 85; Festlegung von Fristen für Beschwerden und deren Behandlung; Schriftlichkeit der Beschwerde und des Beschwerdeverfahrens; Besetzung und Geschäftsordnung der E-Stelle nach § 85 Abs. 2 und einen **betrieblichen Instanzenzug** für die Behandlung von Beschwerden (zB. unmittelbarer Vorgesetzter, nächsthöherer Vorgesetzter, Beschwerdeausschuß, ggfs. Personalabteilung). **2**

TV bzw. BV können darüber hinaus die E-Stelle durch eine **betriebliche Beschwerdestelle ersetzen** und deren **Verfahren** regeln (**Beschwerdeordnung).** Dabei kann allerdings die Zuständigkeitsregelung nach § 85 Abs. 2 nicht geändert werden. Derartige Regelungen sind geeignet, den betrieblichen Besonderheiten Rechnung zu tragen. Ihre Errichtung ist besonders für Großbetriebe zu empfehlen. Dabei muß ein gleichgewichtiger Einfluß des BR gegenüber dem ArbGeb. gewährleistet sein. Die Beschwerdeordnung wird zweckmäßigerweise Bestimmungen über Form und Frist einer Beschwerde, Anhörung der Beteiligten, Vorentscheidung des zuständigen Vorgesetzten, Einspruch bei einem Beschwerdeausschuß und dessen Zusammensetzung, Geschäftsordnung und Form der (vorbehaltlich der Beschreitung des Rechtswegs) endgültigen Entscheidung enthalten. **3**

Es besteht auch die Möglichkeit, die Aufgaben nach § 85 Abs. 2 durch **TV** statt der E-Stelle einer **tariflichen Schlichtungsstelle** (§ 76 Abs. 8) zuzuweisen; dabei kann die Zuständigkeit nach § 85 Abs. 2 nicht geän- **4** dert werden. Dem steht die ausdrückliche Regelung des § 86 Satz 2 nicht entgegen; vielmehr schafft diese Vorschrift nur einen zusätzlichen dritten Weg zur Entscheidung über die Berechtigung einer Beschwerde (so zutreffend *GL,* Rn 5; **a. M.** *DR,* Rn 9, *GK-Wiese,* Rn 7; *HSG,* Rn 7).

5 Die Mitgl. der Beschwerdestelle sind nach §§ 78, 119 Abs. 1 Nr. 2 **geschützt** und unterliegen der **Schweigepflicht** gemäß § 79 Abs. 2, 120 Abs. 1 Nr. 1.

6 Streit über den zulässigen Inhalt eines TV oder einer BV nach § 86 entscheiden die ArbG im BeschlVerf. nach § 2a ArbGG.

Dritter Abschnitt. Soziale Angelegenheiten

§ 87 Mitbestimmungsrechte

(1) **Der Betriebsrat hat, soweit eine gesetzliche oder tarifliche Regelung nicht besteht, in folgenden Angelegenheiten mitzubestimmen:**

1. Fragen der Ordnung des Betriebs und des Verhaltens der Arbeitnehmer im Betrieb;
2. Beginn und Ende der täglichen Arbeitszeit einschließlich der Pausen sowie Verteilung der Arbeitszeit auf die einzelnen Wochentage;
3. vorübergehende Verkürzung oder Verlängerung der betriebsüblichen Arbeitszeit;
4. Zeit, Ort und Art der Auszahlung der Arbeitsentgelte;
5. Aufstellung allgemeiner Urlaubsgrundsätze und des Urlaubsplans sowie die Festsetzung der zeitlichen Lage des Urlaubs für einzelne Arbeitnehmer, wenn zwischen dem Arbeitgeber und den beteiligten Arbeitnehmern kein Einverständnis erzielt wird;
6. Einführung und Anwendung von technischen Einrichtungen, die dazu bestimmt sind, das Verhalten oder die Leistung der Arbeitnehmer zu überwachen;
7. Regelungen über die Verhütung von Arbeitsunfällen und Berufskrankheiten sowie über den Gesundheitsschutz im Rahmen der gesetzlichen Vorschriften oder der Unfallverhütungsvorschriften;
8. Form, Ausgestaltung und Verwaltung von Sozialeinrichtungen, deren Wirkungsbereich auf den Betrieb, das Unternehmen oder den Konzern beschränkt ist;
9. Zuweisung und Kündigung von Wohnräumen, die den Arbeitnehmern mit Rücksicht auf das Bestehen eines Arbeitsverhältnisses vermietet werden, sowie die allgemeine Festlegung der Nutzungsbedingungen;
10. Fragen der betrieblichen Lohngestaltung, insbesondere die Aufstellung von Entlohnungsgrundsätzen und die Einführung und Anwendung von neuen Entlohnungsmethoden sowie deren Änderung;

11. Festsetzung der Akkord- und Prämiensätze und vergleichbarer leistungsbezogener Entgelte, einschließlich der Geldfaktoren;
12. Grundsätze über das betriebliche Vorschlagswesen.

(2) **Kommt eine Einigung über eine Angelegenheit nach Absatz 1 nicht zustande, so entscheidet die Einigungsstelle. Der Spruch der Einigungsstelle ersetzt die Einigung zwischen Arbeitgeber und Betriebsrat.**

Inhaltsübersicht

I. Vorbemerkung

Die Vorschrift faßt diejenigen **sozialen Angelegenheiten** zusammen, 1
bei denen das MBR des BR sich in der Weise auswirkt, daß sowohl er als auch der ArbGeb. eine Ersetzung der Einigung mit dem anderen Organ durch **Spruch der E-Stelle nach § 76 Abs. 5 erzwingen** können. In diesem Sinne ist der auch hier verwendete Ausdruck „obligatorische" Mitbestimmung zu verstehen. Keine Seite kann wirksam ohne die andere handeln.

2 Das MBR ist nicht von einer Mindestgröße des betriebsratsfähigen Betriebes abhängig. Es steht auch im Kleinbetrieb dem einzigen BR-Mitgl. zu. Unter den Voraussetzungen des § 50 ist der **GesBR** Träger des MBR (näheres § 50 Rn 25ff.), gemäß § 58 der **KBR.** Dies gilt insbesondere bei Sozialeinrichtungen für das ganze Unternehmen oder den Konzern (vgl. Rn 107) und bei unternehmenseinheitlicher Vergütungsgestaltung (vgl. BAG 6. 4. 76, AP Nr. 2 zu § 50 BetrVG 1972). In bisher vertretungslosen Betrieben bleibt die eingeführte Ordnung bis zur anderweitigen Einigungen zwischen BR u. ArbGeb. oder Spruch der E-Stelle erhalten (*Schönherr,* BB 65, 993; LAG Berlin, 9. 1. 84, DB 84, 2098).

Die Vorschrift erweitert die Mitbestimmung in sozialen Angelegenheiten entscheidend gegenüber § 56 BetrVG 52. Von besonderer Bedeutung sind die Mitbestimmungsregelungen in § 87 Nr. 3 (Einführung von Kurzarbeit oder Überstunden), Nr. 6 (Technische Einrichtungen zur Überwachung der Arbeitnehmer), Nr. 11 (Akkord- und Prämiensätze einschl. der Geldfaktoren), Nr. 12 (betriebliches Vorschlagswesen).

3 Entsprechende Vorschrift im **BPersVG 74:** § 75 Abs. 2 und 3 und im **SprAuG:** § 30 S. 1 Nr. 1, aber nur Unterrichtung u. Beratung.

II. Mitbestimmung

1. Vorrang von Gesetz und Tarifvertrag

4 Das MBR greift nur Platz, soweit eine gesetzliche Regelung nicht besteht, d.h. soweit das **Gesetz** nicht **zwingende** Rechtsnormen aufstellt (BAG 13. 3. 73, AP Nr. 1 zu § 87 BetrVG 1972 Werkmietwohnungen). Zwingende gesetzliche Regelungen müssen nicht unbedingt Schutznormen für die ArbN enthalten. Hierzu zählt **nicht gesetzesvertretendes Richterrecht** (*GKSB,* Rn 32 und *Schaub,* § 235 V 1; **a.M.** *GK-Wiese,* Rn 32, *DR,* Rn 116; *HSG,* Rn 45), wohl aber jedes Gesetz im materiellen Sinne, also z.B. auch **VO** oder autonomes Satzungsrecht öffentlich-rechtlicher Körperschaften, z.B. Dienstordnungen (BAG 25. 5. 82, AP Nr. 53 zu § 611 BGB DO-Ang). Insbes. kann durch die Ausübung des MBR nicht verstoßen werden gegen die zwingenden Vorschriften des Arbeitsschutzes über die Verantwortlichkeit des ArbGeb. für den Gefahrenschutz und über die Pflichten der Auszubildenden bei der Berufsausbildung, gegen Festsetzung von Mindestarbeitsbedingungen, gegen das Truckverbot nach §§ 115ff. GewO, gegen die AZO (vgl. BAG 28. 7. 81, AP Nr. 4 zu § 87 BetrVG 1972 Arbeitszeit) oder das BetrAVG (§§ 1–4, 5 Abs. 1, 16 vgl. *Höfer/Abt,* BetrAVG, 2. Aufl. 1982, Arb.GR, Rn 429ff.). Zum Verhältnis zu den Vorschriften über den gesetzlichen Arbeitsschutz vgl. **Vor** § 89 Rn 41ff.

4a Verwaltungsakte und Anordnungen aufgrund gesetzlicher Vorschriften oder Ermächtigungen, insbes. im Bereich des öffentlichen Rechts, stehen in ihrer Wirkung einer gesetzlichen Regelung gleich (vgl. **Vor**

§ 89 Rn 47). Hat der **ArbGeb. keinen Regelungsspielraum mehr,** so entfällt deshalb das MBR; es bleibt aber bestehen, soweit für das **„wie"** einer Maßnahme, sei sie auch genehmigungsbedürftig, noch mehrere Möglichkeiten bestehen (vgl. BAG 23. 4. 85, AP Nr. 12 zu § 87 BetrVG 1972 Überwachung zum BDSG, § 6; *GK-Wiese,* Rn 36f., *Moll,* Tarifvorrang S. 14f. und *Wiese,* Festschrift BAG, S. 661ff., eingehend *Ehmann,* Arbeitsschutz und Mitbestimmung bei neuen Technologien, S. 76ff.). Das MBR bleibt also erhalten, wenn der ArbGeb. nicht unmittelbar durch höherrangige Rechtsvorschriften (Gesetz, TV) gehalten ist, eine bestimmte Maßnahme zu ergreifen oder zu unterlassen, sondern lediglich aufgrund gesetzlicher Vorschriften behördliche Anordnungen ergehen (BAG 26. 5. 1988, AP Nr. 14 zu § 87 BetrVG 1972 Ordnung des Betriebes betr. Zugangskontrollen zu Atomkraftwerken, dazu vgl. kr. *Beck/Trümmer,* ArbuR 89, 77; *Däubler* AiB 86, 173; *Ziegler,* NZA 87, 224, zustimmend *Ziegler,* NZA 89, 498) oder die öffentliche Hand als Zuwendungsgeber für private Forschungseinrichtungen lediglich Auflagen für die Vergütung der ArbN macht (BAG 27. 1. 1987, AP Nr. 42 zu § 99 BetrVG 1972; 24. 11. 1987, AP Nr. 6 zu § 87 BetrVG 1972 Auszahlung). Insoweit handelte es sich zwar nicht um eine „gesetzliche Regelung" i. S. des Eingangssatzes des § 87. Derartige faktische Zwangslagen des ArbGeb sind aber „Vorgaben" für die Ausübung der MBR durch den BR. Es spielt auch keine Rolle, ob in einer Vorschrift eine Regelungslücke vorliegt und ob diese gewollt ist. Es ist auch unerheblich, ob eine fehlende Regelung im Gesetz oder TV durch Lückenausfüllung geschlossen werden könnte. Das MBR des BR nach § 87 würde sonst weitgehend zur Disposition je nach der Rechtsansicht des ArbGeb. gestellt. Lassen vorrangige Normen Beurteilungs-(Ermessens-)spielräume, so sind diese durch Einigung von ArbGeb. und BR auszufüllen, vorbehaltlich der Klärung von Rechtsfragen im BeschlVerf. (vgl. Rn 160f.). Dem BetrVG ist auch die Beurteilung von Rechtsfragen durch den BR nicht fremd (vgl. § 99 Rn 14f. und **Vor** § 89 Rn 46f). Wegen TV vgl. Rn 10ff.

Sieht ein Gesetz ausdrücklich eine **Regelungsbefugnis für die TV-Parteien** vor (§ 7 AZO, § 13 BUrlG, § 622 Abs. 3 BGB, § 2 Abs. 3 LFG), so gilt dies **nicht für** die Partner einer **BV** (*DR,* Rn 118; *GK-Wiese,* Rn 20); durch BV kann z. B. nicht im Vorgriff auf das nächste Urlaubsjahr Urlaub gewährt werden (vgl. § 13 Abs. 1 BUrlG u. BAG 17. 1. 1974, AP Nr. 3 zu § 1 BUrlG). 5

Das MBR bleibt aber gegenüber **nachgiebigen** Gesetzesvorschriften, die sogar durch Einzelvertrag ersetzt werden können, bestehen z. B. bei der Bestimmung von Ort und Zeit der Lohnzahlung, vgl. § 269ff. BGB (BAG 13. 3. 73, 29. 3. 77, AP Nr. 1 zu § 87 BetrVG 1972 Werkmietwohnungen, AP Nr. 1 zu § 87 BetrVG 1972 Provision; *DR,* Rn 117; *GL,* Rn 45; *GK-Wiese,* Rn 32 u. *Wiese,* Festschrift BAG, S. 666; *HSG,* Rn 46). Wegen BeschFG vgl. Rn 45a. 6

Weit stärker als durch Gesetz wird das **MBR des BR durch tarifliche Regelungen** eingeschränkt. Aus **§ 77 Abs. 3 und § 87 Abs. 1 Satz 1** ergibt sich, daß das BetrVG der Zuständigkeit der Koalitionen bei der Festset- 7 zung der formellen und materiellen Arbeitsbedingungen den unbedingten Vorrang einräumen wollte. Während aber im Bereich der Arbeitsentgelte und sonstigen Arbeitsbedingungen jede, also auch eine günstigere, BV ausgeschlossen ist, sofern ein TV existiert oder auch nur üblich ist und nicht ergänzende BV ausdrücklich zuläßt (vgl. § 77 Rn 70–84), haben die Eingangsworte des § 87 den Sinn, nur das erzwingbare MBR für die aufgezählten sozialen Angelegenheiten der Nr. 1–12 ausschließen, sofern und soweit ein im Betrieb geltender TV bereits diese Gegenstände regelt („Tarifvorrang"). Insoweit kann der ArbGeb. sein dem MBR unterworfenes Direktionsrecht gar nicht mehr ausüben. Freiwillige günstigere BV (oder Regelungsabreden) sind aber insoweit möglich, als es sich nicht um Arbeitsentgelte oder sonstige Arbeitsbedingungen handelt (*Konzen,* a.a.O.), bzw. der TV auch insoweit ergänzende BV zuläßt (vgl. § 77 Rn 82f.). Die Gegenstände, auf die sich der Tarifvorbehalt in § 77 Abs. 3 bzw. der Tarifvorrang des § 87 Abs. 1 Satz 1 erstrecken, überschneiden sich teilweise, auch in ihren Voraussetzungen und Wirkungen (vgl. auch § 77 Rn 68). Beide Vorschriften gelten im Rahmen des § 87 **nebeneinander** soweit es sich um „Arbeitsentgelte und sonstige Arbeitsbedingungen" (§ 77 Rn 67ff.) handelt („**Zwei- Schrankentheorie";** *DR,* § 77 Rn 198f.; § 87 Rn 132; *Moll,* Tarifvorrang, S. 39; *Lappe,* Jahrbuch des Arbeitsrechts, Bd. 16, S. 82f.; *HSG,* Rn 60; *Stege/Weinspach,* Rn 35; *GL,* § 77 Rd 76 u. § 87 Rn 57; *Mengel,* DB 82, 43; *Schaub,* § 235 V 2; *Wiedemann/Stumpf,* § 4 Rn 277ff.; *GK-Wiese,* Rn 28; BVerwG 23. 12. 82, DB 83, 1877; *Haug,* BB 86, 1921; *Hromadka,* BB 87, 1991; **a.M.** für alleinige Geltung des § 87 Eingangssatz jetzt BAG 24. 2. 1987, AP Nr. 21 zu § 77 BetrVG 1972, 24. 11. 1987, AP Nr. 6 zu § 87 BetrVG 1972 Auszahlung; im Ergebnis zustimmend: *Heinze,* NZA 89, 41; so schon früher GKSB, Rn 37; *Weiß,* Rn 9; *von Friesen,* DB 83, 1873). Die nunmehr vom BAG vertretene Auffassung, § 87 Eingangssatz sei die speziellere Vorschrift gegenüber § 77 Abs. 3 würde die Identität der Regelungsbereiche und -zwecke voraussetzen, was aber gerade nicht der Fall ist (vgl. auch *Richardi,* Anm. AP Nr. 21 zu § 77 BetrVG 1972).

8 Nach Abs. 1 Satz 1 hat der BR nur **mitzubestimmen, „soweit" nicht eine tarifliche Regelung besteht.** Daß einem TV nach dem Unabdingbarkeitsprinzip der Vorrang gegenüber der betrieblichen Einigung (BV) zukommt, ergibt sich schon aus dem Grundsatz des Vorrangs der stärkeren vor der schwächeren Rechtsquelle. Die betriebsverfassungsrechtliche Vorschrift des Abs. 1 Satz 1 hat demgegenüber den Sinn, für den Bereich, der tariflichen Regelung zwar die erzwingbare Mitbestimmung auszuschließen, nicht aber **freiwillige Vereinbarungen** (§ 88) auf der betrieblichen Ebene, soweit nicht § 77 Abs. 3 entgegensteht (*Moll,* Tarifvorrang, S. 32; BAG 16. 9. 1960, AP Nr. 1 zu § 2 ArbGG BV; *GL,* Rn 43; *DR,* Rn 133f.; *GK-Wiese,* Rn 34). Diese dürfen aber gegenüber dem TV nach dem hier anwendbaren § 4 Abs. 3 TVG nur für die ArbN günstigere Bestimmungen enthalten, ungünstigere allenfalls, wenn durch TV ausdrücklich gestattet (BAG 17. 10. 1962, AP Nr. 16 zu § 611 BGB Akkordlohn). Es gilt also das **Günstigkeitsprinzip** (*HSG,* Rn 60; *Wiese,* Festschrift BAG, S. 669).

Eine tarifliche Regelung ist aber nur dann von Bedeutung, wenn sie **für den Betrieb gilt** (§ 77 Rn 72). **Es genügt die Tarifbindung des ArbGeb,** unabhängig davon, ob und wieviele ArbN tarifgebunden sind. Bei den Gegenständen des § 87 Abs. 1 handelt es sich ausschließlich oder im wesentlichen um betriebliche Fragen, bei denen die Tarifbindung des ArbGeb nach § 3 Abs. 2 TVG genügt (anders noch Vorauflage; BAG 24. 2. 1987 und 24. 11. 1987, aaO; *Heinze,* NZA 89, 41; DR, Rn 125f; *HSG,* Rn 52; *GK-Wiese,* Rn 35, *Wiese,* Festschrift BAG S. 671 u. *Wiedemann/Stumpf,* § 4 Rn 284 verlangen zu Unrecht Tarifbindung des ArbGeb. und aller ArbN). Die Sperrwirkung beginnt mit dem Zeitpunkt des tatsächlichen Beitritts des ArbGeb zu seinem Verband (BAG 20. 12. 1988, AP Nr. 9 zu § 87 BetrVG 1972 Auszahlung). Wegen Vorrang der Tarifüblichkeit vgl. Rn 7 und § 77 Rn 74ff. 9

Das obligatorische MBR entfällt, „soweit" ein TV besteht. Sofern der TV nicht ausdrücklich ergänzende betriebliche Absprachen (BV) zuläßt, wird es darauf ankommen, ob die **Tarifvertragsparteien die abschließende Regelung** einer Frage gegeben haben, die aus sich heraus praktikabel ist, oder ob der TV einer Ergänzung bedürftig und fähig, weil lückenhaft ist (BAG 5. 3. 74, AP Nr. 1 zu § 87 BetrVG 1972 Kurzarbeit, 3. 4. 79, AP Nr. 2 zu § 87 BetrVG 1972, 22. 1. 80, AP Nr. 3 zu § 87 BetrVG 1972 Lohngestaltung, 4. 8. 81, 17. 12. 85, AP Nr. 1, 5 zu § 87 BetrVG 1972 Tarifvorrang und AP Nr. 5 zu § 87 BetrVG 1972 Arbeitszeit, 3. 8. 82, 8. 3. 83, AP Nr. 12, 14 zu § 87 BetrVG 1972 Lohngestaltung). Es kommt dabei nicht auf den Willen der TV-Parteien, sondern den objektiven Regelungsinhalt des TV an. Von der Regelungsintensität des TV hängt der Umfang eines verbleibenden MBR ab. Nur soweit der ArbGeb. eine Tarifnorm nur noch zu vollziehen hat, ist nichts mehr zu bestimmen und damit auch nichts mehr mitzubestimmen. Dann geht es um eine Rechtsfrage, nicht eine Regelungsfrage (BAG 2. 3. 82, AP Nr. 8 zu Art. 5 Abs. 1 GG Meinungsfreiheit zu § 8 BAT). 10

Die MBR bleiben bestehen, wenn die TV-Parteien von dem Vorrang ihrer Regelungsbefugnis keinen Gebrauch machen oder gar ausdrücklich dem BR Regelungszuständigkeiten in einer Öffnungsklausel einräumen (BAG 22. 12. 81, 28. 2. 84, AP Nr. 7 zu § 87 BetrVG 1972 Lohngestaltung, AP Nr. 4 zu § 87 BetrVG 1972 Tarifvorrang; 18. 8. 87, AP Nr. 23 zu § 77 BetrVG 1972, 24. 11. 87, AP Nr. 6 zu § 87 BetrVG 1972 Akkord; vgl. auch § 77 Rn 82f.; bedenklich BAG 4. 8. 81, AP Nr. 1 zu § 87 BetrVG 1972 Tarifvorrang, das jedem TV Sperrwirkung einräumt, der „nicht ohne weiteres als nur unvollständig gemeint erkennbar" ist und 31. 8. 82, AP Nr. 2 zu § 87 BetrVG 1972 Auszahlung, wonach ein MBR für die Erstattung von Kontenführungsgebühren schon dann ausscheiden soll, wenn ein TV die Einführung der bargeldlosen Lohnzahlung bestimmt, über diese Frage aber nichts aussagt, dazu kr. *Herschel,* ArbuR 83, 95). Soweit ein TV abweichende Regelungen nur durch eine freiwillig zustandekommende BV zuläßt (vgl. auch § 77 Rn 82), kann ein verbindlicher Spruch der E-Stelle nicht ergehen. Vielmehr verbleibt es mangels Einigung der Betriebspartner bei der tariflichen Regelung (BAG 28. 2. 84, AP Nr. 4 zu § 87 BetrVG 1972 Tarifvorrang). Der TV 10a kann auch selbst verfahrensrechtliche Normen über die Ausübung des MBR (ggfs. unter Beteiligung des BR) setzen (z. B. tarifliche oder betriebliche Akkordkommissionen; vgl. auch § 76 Rn 39).

10b Soweit der TV nicht mehr auslegungsfähig, sondern ausfüllungsbedürftig ist, bleibt das MBR bestehen. Vgl. auch Rn 4a. Nach dem Sinn des Eingangssatzes des § 87 sollen die sozialen Angelegenheiten entweder durch TV oder betrieblich geregelt werden. Ein TV kann nicht das MBR ausschließen, ohne selbst eine ausreichende materielle Regelung zu enthalten (BAG 18. 3. 1976, AP Nr. 4 zu § 87 BetrVG 1972 Altersversorgung). Wenn und insoweit die **TV-Parteien eine Sachentscheidung** und damit eine „Regelung" **nicht selbst treffen, verbleibt es beim MBR** des BR (BAG 18. 4. 89, AP Nr. 18 zu § 87 BetrVG 1972 Tarifvorrang; vgl. *DR,* Rn 129; *GK-Wiese,* Rn 37 u. *Wiese,* Festschrift BAG, S. 673f.; *HSG,* Rn 58; *Moll,* Tarifvorrang, S. 25; *GL,* Rn 52 halten die Zuweisung eines einseitigen Bestimmungsrechts an den ArbGeb. für zulässig, wenn „sachlich – vernünftige Gründe" dafür sprechen). Die MBR sind nicht tarifdispositiv (*Moll,* Tarifvorrang S. 31).

10c Mit der Tarifrunde 1984 wurde vielfach die 38½ Stundenwoche (jetzt 37 Stunden) eingeführt unter teilweiser **Flexibilisierung der wöchentlichen Arbeitszeit,** soweit die TV eine unterschiedliche wöchentliche individuelle Arbeitszeit von 37 bis 40 Stunden vorsahen. Die Zulässigkeit derartiger Tarifnormen wurde vielfach bezweifelt, soweit diese die konkrete Festsetzung der Arbeitszeit für Gruppen von ArbN den Betriebspartnern überlassen, die entsprechende BV abzuschließen haben (vgl. u. a. *Löwisch,* NZA 85, 170, *von Hoyningen-Huene,* NZA 85, 9, 169; *Richardi,* NZA 85, 172, *Schüven,* RdA 85, 22). Diese Zweifel sind unbegründet. Einmal liegt nach der hier vertretenen Auffassung gar keine tarifliche Erweiterung des MBR des BR vor, da sich dieses auch auf die Dauer der Arbeitszeit erstreckt (vgl. Rn 44). Außerdem handelt es sich nicht um eine Übertragung von Befugnissen der TV Parteien (eine Delegation) an die Betriebspartner. Denn es wird lediglich die Regelungssperre des TV (§ 77 Abs. 3) zurückgenommen, so daß ArbGeb und BR Spielraum zur Festsetzung der Dauer der Arbeitszeit haben (vgl. auch § 77 Rn 82), der BR im Rahmen seiner umfassenden funktionellen Zuständigkeit in sozialen Angelegenheiten (vgl. § 88 Rn 2, 3). Ein TV kann die Konkretisierung materieller Arbeitsbedingungen Dritten überlassen (BAG 28. 11. 84, AP Nr. 2 zu § 4 TVG Bestimmungsrecht, 18. 8. 87, AP Nr. 23 zu § 77 BetrVG 1972), also auch ArbGeb und BR (*Buchner,* DB 85, 913 und NZA 86, 377; vgl. auch *Brötzmann,* NZA 86, 593, *Brunz,* NZA 86 Beilage 2 zu Heft 18 u. *Hanau,* NZA 85, 73, *Linnenkohl,* BB 88, 1459). Die umfassende Regelungsbefugnis der Betriebspartner erstreckt sich auf alle ArbN i. S. des BetrVG, also auch auf die nicht tarifgebundenen ArbN und auf die AT-Ang. Bei der Übertragung der näheren Bestimmung der Arbeitszeit auf die Betriebspartner handelt es sich nicht nur um Inhaltsnormen, sondern zugleich auch um betriebliche und betriebsverfassungsrechtliche Normen, so daß nach § 3 Abs. 2 TVG die Tarifbindung des ArbGeb genügt (*Heinze,* NZA 89, 41; *Linnenkohl,* aaO; Weyand, ArbuR 89, 197; **a.M.** von *Hoyningen-Huene,* Anm. AP

Nr. 23 zu § 77 BetrVG 1972). Wenn und solange keine BV über eine unterschiedliche Verteilung der individuellen wöchentlichen Arbeitszeit abgeschlossen ist, gilt einheitlich für den Betrieb die tarifliche Arbeitszeitregelung. Wegen Spruch einer E-Stelle vgl. NZA 89, 132.

Andererseits schließt jede einigermaßen vollständige Regelung von **Akkordfragen** eine BV aus (BAG 6. 7. 1962, AP Nr. 7 zu § 37 BetrVG 1952; vgl. auch LAG Hamm 3. 10. 1974, DB 74, 2161 betreffend Ermittlung der Vorgabezeiten nach dem Lohnrahmenabkommen Metallindustrie NRW vom 11. 1. 1973 und BAG 8. 3. 83, AP Nr. 14 zu § 87 BetrVG 1972 Lohngestaltung betr. Richtbeispiele für die Zuordnung von Arbeitsbereichen zu tariflichen Lohngruppen durch eine betriebliche paritätische Kommission), aber nicht eine allgemeine Klausel im TV, bestimmte Arbeiten seien im Akkord zu vergeben. Es genügt auch nicht die Festsetzung des Akkordrichtsatzes; dieser bestimmt nur, welcher Lohn bei Normalleistung zu erzielen sein muß (vgl. Rn 141f.). Es ist auch nicht zulässig, daß ein TV dem ArbGeb. die Festsetzung der Akkorde zunächst einseitig überläßt (so aber *Stege/Weinspach,* Rn 30 für den ganzen Katalog des § 87); das widerspräche zumindest dem Sinn des MBR (*Wiese,* aaO, S. 675). Bedenken bestehen auch gegen eine Tarifvorschrift, wonach bei Reparaturarbeiten die Vorgabezeiten beim Akkord sich nach den Angaben der Herstellerfirma richten sollen. Diese Bedenken verstärken sich noch, wenn auch auf die jeweiligen zukünftigen Vorgaben Bezug genommen und somit auf eine eigene Regelung verzichtet wird (vgl. auch § 77 Rn 12). Blankettverweisungen sind unzulässig (so auch BAG 18. 3. 76, AP Nr. 4 zu § 87 BetrVG 1972 Altersversorgung). 11

Läßt ein TV bei der Regelung des Zeitlohns erkennen, daß **Leistungsgesichtspunkte noch nicht berücksichtigt** sind, aber in Form von (außertariflichen) Leistungszulagen berücksichtigt werden können, so bleibt das MBR insoweit bestehen (vgl. auch Rn 150; ähnlich wie hier LAG Hamm, 14. 5. 1976, DB 76, 1973 u. *Moll,* Tarifvorrang, S. 27). Dies gilt nach der neueren Rechtsprechung des BAG auch für (freiwillige, Rn 126) **übertarifliche Zulagen** (BAG 19. 12. 1985, AP Nr. 5 zu § 87 BetrVG 1972 Tarifvorrang, 10. 2. 1988, AP Nr. 33 zu § 87 BetrVG 1972 Lohngestaltung). Zwar ist das Entgelt für die vertraglich geschuldete Arbeitsleistung bereits durch den TV festgelegt, so daß auch die Gewährung einer Zulage ohne zusätzliche Anspruchsvoraussetzungen vom BR nicht verlangt werden kann. Wenn aber der ArbGeb derartige Zulagen gewähren will und auch kann, da der TV nur Mindestbedingungen setzt, so hat der BR im Rahmen des Dotierungsumfangs (Rn 127) ein MBR nach Nr. 10 bei der Ausgestaltung der Zulage, einschl. der Frage des Zwecks und des begünstigten Personenkreises; auch ein Initiativrecht ist zu bejahen. Allerdings kann der ArbGeb von der Gewährung der zusätzlichen Leistung noch absehen, wenn die Ausübung des MBR, einschl. eines etwaigen Spruchs, der E-Stelle, seinen Vorstellungen nicht entspricht (vgl. schon von *Hoyningen-Huene,* SAE 85, 298, *Herbst,* DB 87, 738, *Matthes,* NZA 87, 289; a. M. *Goos,* NZA 86, 701, *Hromadka,* DB 88, 2636, *Kappes,* DB 86, 1520; LAG Schleswig- 11a

Holstein, 20. 8. 1987, NZA 88, 35; LAG Hamm, 20. 8. 1987, NZA 88, 35). Wegen MBR bei der Kürzung übertariflicher Zulagen bzw. deren Anrechnung auf Tariflohnerhöhungen vgl. Rn 127.

12 Soweit **alte TV** den ArbGeb. zu einseitigen Regelungen ermächtigen, die jetzt dem MBR unterliegen, sind diese gegenstandslos (vgl. Rn 52; BAG 5. 3. 74, 13. 7. 77, AP Nr. 1, 2 zu § 87 BetrVG 1972 Kurzarbeit; *GL,* Rn 54). Es spricht eine Vermutung dafür, daß die TV- Parteien nicht hinter der jeweiligen gesetzlichen Regelung zurückbleiben wollen (BAG 14. 2. 89, AP Nr. 8 zu § 87 BetrVG 1972 Akkord). Auch der BR selbst kann seine Befugnisse nicht auf den ArbGeb. oder gar Dritte delegieren (vgl. Rn 21).

13 Von **nachgiebigen Vorschriften** in Gesetzen, Verordnungen und TV kann in Ausübung des MBR abgwichen werden, bei TV soweit ein solches Verfahren ausdrücklich zugelassen ist. Die **Nachwirkung** eines **ausgelaufenen TV** (§ 4 Abs. 5 TVG) steht – solange kein neuer TV abgeschlossen ist – **dem MBR nicht entgegen** (BAG 13. 7. 77, AP Nr. 2 zu § 87 BetrVG 1972 Kurzarbeit, 24. 2. 87, AP Nr. 21 zu § 77 BetrVG 1972; *GL,* Rn 46; *GK-Wiese,* Rn 33; *Wiedemann/Stumpf,* § 4 Rn 283; *DR,* Rn 122; *Moll,* Tarifvorrang, S. 23; *Schaub,* § 235 V 2), wohl aber dem Abschluß von BV nach § 77 Abs. 3, sofern noch die Tarifüblichkeit von Arbeitsbedingungen anzunehmen ist. Die Betriebspartner bzw. die E-Stelle können dann bis zum Neuabschluß eines TV nur Vereinbarungen treffen, die **nicht die Form einer BV** haben. Zur Überbrückung der Zwischenzeit können auf der betrieblichen Ebene sog. Einheitsregelungen durch gebündelte gleichlautende Arbeitsverträge getroffen werden (vgl. § 77 Rn 86ff.), zu deren Angebot an die ArbN sich der ArbGeb. in Fragen des mitbestimmungspflichtigen Direktionsrechts gegenüber dem BR durch sogenannte Regelungsabrede verpflichtet (vgl. § 77 Rn 90; **a.M.** *DR,* Vorbemerkung 6, § 77 Rn 182, 223f.). § 77 Abs. 3 schließt nur Dauerregelungen durch BV aus (**a.M.** jetzt BAG 24. 2. 1987, AP Nr. 21 zu § 77 BetrVG 1972 mit jedenfalls insoweit kr. Anm. *Richardi;* danach sollen sich die Fragen, ob ein MBR besteht, und dessen Ausübung durch BV nicht trennen lassen; diese Gleichsetzung von MBR und BV ist keineswegs zwingend, vgl. *Hromadka,* DB 87, 1991; noch in der Entscheidung des GS vom 16. 10. 1986, AP Nr. 17 zu § 77 BetrVG 1972 vertrat das BAG die Auffassung, das gesetzliche MBR des § 87 führe nicht zwangsläufig zu einer BV vgl. auch Rn 27).

14 Für **AT-Ang.,** die nicht leitende Ang. sind, **besteht das volle MBR des BR** (von *Friesen,* DB 80, Beilage 1, S. 14ff., *GL,* Rn 54a; *GK-Wiese,* Rn 39; *DR,* Rn 128; näheres vgl. *Föhr,* ArbuR 75, 353ff. und *Henkel/Hagmeier,* BB 76, 1420). Die Nichtregelung ist keine, das MBR ausschließende Negativregelung (BAG 22. 1. 1980, AP Nr. 3 zu § 87 BetrVG 1972 Lohngestaltung: *Moll,* Tarifvorrang S. 73ff.; vgl. auch Rn 139 u. § 77 Rn 71). Der BR hat auch hier ein Initiativrecht (*Moll,* a. a. O., S. 82ff.; vgl. auch Rn 26).

15 Dem TV steht gleich die bindende Festsetzung nach § 19 HAG für in Heimarbeit Beschäftigte (§ 6 Abs. 1 S. 2, Abs. 2 S. 2; *GL,* Rn 42). Soweit solche nicht bestehen, hat der BR ein MBR nach Nr. 10 und 11.

2. Generelle Regelungen

Das MBR nach § 87 bezieht sich sowohl auf generelle Regelungen durch **BV** als auch auf „allgemeine Maßnahmen im Rahmen des Direktionsrechts" in der Form der **Regelungsabrede** (§ 77 Rn 90). Im Wege der BV – und nur durch diese – sind alle den Betrieb oder eine Gruppe von ArbN betreffenden Angelegenheiten nach § 87 Abs. 1 zu regeln, die der ArbGeb., auch wenn das MBR nicht bestünde, nicht durch einseitige Erklärung auf Grund seines Direktionsrechts bestimmen könnte. Dabei ist es unerheblich, ob es sich um eine auf die Dauer vorgesehene Regelung handelt oder nicht (z. B. einmalige Verlegung der Arbeitszeit auf einen anderen Tag, *DR,* Rn 22). Derartige Vereinbarungen bedürfen der Schriftform nach § 77. Davon zu unterscheiden sind die **allgemeinen Maßnahmen im Rahmen des Direktionsrechts** (dazu *Falkenberg,* DB 81, 1087), d.h. solche, die der ArbGeb., wenn das MBR nicht bestünde, durch einseitige Erklärung anordnen könnte. Hier bedarf die Beteiligung des BR nicht der Form der BV. Es genügt eine „Regelungsabrede" (§ 77 Rn 90; ähnlich *DR,* Rn 52). 16

Besteht in betriebsfähigen Betrieben **kein BR,** so kann der ArbGeb. im Rahmen seines Direktionsrechts einseitige Anordnungen treffen, z. B. Lage der Arbeitszeit und der Pausen, Urlaubsplan (BAG 12. 10. 61, AP Nr. 84 zu § 611 BGB Urlaubsrecht), Ordnung des Betriebes, Einführung von Leistungslohn im Einverständnis mit den ArbN (LAG Baden-Württemberg, 29. 6. 1973, DB 73, 1952), Einführung von Kurzarbeit (BAG 25. 11. 81, AP Nr. 3 zu § 9 TVAL II). 17

Unter **allgemeinen Maßnahmen"** sind nur Fälle zu verstehen, die sich abstrakt auf den ganzen Betrieb oder eine Gruppe von ArbN oder einen Arbeitsplatz (nicht auf einen ArbN persönlich) beziehen, mag es sich auch nur um eine zeitlich vorübergehende Anordnung handeln. Demnach gehören nicht zu den mitbestimmungspflichtigen generellen Regelungen oder „allgemeinen" Maßnahmen im Rahmen des Direktionsrechts Anordnungen und Vereinbarungen des ArbGeb., die durch die besonderen Umstände des **einzelnen individuellen Arbeitsverhältnisses** bedingt sind, z. B. Veränderungen der Arbeitszeit wegen öffentlicher Verkehrsverbindungen (vgl. weiter Rn 54) oder Vereinbarung eines übertariflichen Lohns im Arbeitsvertrag im Einzelfall (vgl. auch Rn 138; *GK-Wiese,* Rn 13ff.; *GL,* Rn 6ff.; **a.M.** *DR,* Rn 14ff., insbes. für die Tatbestände der Nr. 1 2, 4, 6, 8, 10, 11, der aber zugleich die Ausübung der MBR nicht als Wirksamkeitsvoraussetzung für individualrechtliche Auswirkungen der Maßnahme des ArbGeb. ansieht). Nur Vereinbarungen, die den individuellen Besonderheiten einzelner Arbeitsverhältnisse Rechnung tragen und deren Auswirkungen sich auf das Arbeitsverhältnis dieses ArbN beschränkten, sind mitbestimmungsfrei (BAG 21. 12. 82, 10. 6. 86, 11. 11. 86, AP Nr. 9, 18, 21 zu § 87 BetrVG 72 Arbeitszeit, 17. 12. 85, AP Nr. 5 zu § 87 BetrVG 1972 Tarifvorrang). Ausnahmsweise besteht aber ein MBR bei **Einzelmaßnahmen** gemäß Abs. 1 **Nr. 5 und 9** (vgl. unten Rn 61, 108ff.). 18

Die **Umgehung des MBR** durch Abschluß gleichlautender Einzelver- 19 träge mit allen, einer Vielzahl oder einer Gruppe von ArbN sowie der Ausspruch von Änderungskündigungen zu diesem Zweck ist unzulässig (wegen Ansprüche des einzelnen ArbN vgl. Rn 23). Es kommt nicht auf die äußere Form, sondern den in Wahrheit **generellen Charakter** derartiger Maßnahmen an (vgl. § 77 Rn 90 und BAG 25. 1. 63, AP Nr. 77 zu Art. 3 GG). Sie unterliegen dem MBR (BAG 4. 5. 82, AP Nr. 6 zu § 87 BetrVG 1972 Altersversorgung) und sind ohne Beteiligung des BR unwirksam (vgl. *Buchner,* DB 83, 877, 882). Danach besteht ein MBR unabhängig von der Form, in der es verwirklicht wird, bei Maßnahmen des ArbGeb., die sich vorübergehend oder auf die Dauer auf den Betrieb, einen Betriebsteil oder eine abstrakt abgegrenzte ArbNGruppe beziehen, z. B. die Weisung, die Sekretärinnen der Abteilungsleiter haben auf Verlangen oder auch unter gewissen Voraussetzungen generell Überstunden zu leisten.

19a Gleiches gilt für **Führungsrichtlinien** mit dem Ziel, allgemeine Maßnahmen des Direktionsrechts im Wege gleichartiger Anweisungen der betrieblichen Vorgesetzten an die ArbN des Betriebes durchzusetzen (BAG 18. 7. 78 – 1 ABR 80/75 –, ArbuR 78, 278; *Bieding,* AiR 83, 12; **a. M.** BAG 23. 10. 84, AP Nr. 8 zu § 87 BetrVG 1972 Ordnung des Betriebes, soweit Vorgesetzte darauf zu achten haben, daß ihnen unterstellte ArbN ihren Arbeitspflichten in bestimmter Weise nachkommen; vgl. auch § 94 Rn 28).

3. Materielle Arbeitsbedingungen

20 Grenzen und Umfang des MBR bei den einzelnen in Abs. 1, Nr. 1–12 aufgeführten Angelegenheiten sind jeweils besonders zu prüfen und auf Grund des Wortlautes, des Sinnes und Zweckes der einzelnen Bestimmungen zu klären (vgl. Rn 29–158). Der Katalog umfaßt zu unterschiedliche Materien, als daß aus ihm ein übergeordnetes Prinzip erkennbar wäre. Das BAG hat im Geltungsbereich des BetrVG 1952 ein MBR nur für sog. formelle Arbeitsbedingungen bejaht. Diese **Rechtsprechung** ist nach der **neuen Gesetzesfassung überholt.** (*DR,* Rn 24 ff.; *GK,* Rn 2 ff.; *GKSB,* Rn 14 f.; *GK-Wiese,* Rn 22 ff.; für Nr. 8 u. 9 jetzt auch ausdrücklich BAG 13. 3. 1973, AP Nr. 1 zu § 87 BetrVG 1972 Werkmietwohnungen u. für Nr. 10 u. 11: 29. 3. 1977, AP Nr. 1 zu § 87 BetrVG 1972 Provision; *Moll,* Entgelt, S. 158 und *Schaub,* § 230 II 2; *Hanau,* RdA 73, 282 billigt ein MBR soweit zu, als materielle mit formellen Arbeitsbedingungen in engem Zusammenhang stehen, sogen. „Annexregelungen"). Jedenfalls § 87 Abs. 1 Nr. 3, 5, 10 und 11 betreffen materielle Arbeitsbedingungen. Die Regelung des § 87 ist trotz Erstreckung auf materielle Arbeitsbedingungen insgesamt verfassungsgemäß (vgl. Rn 26 u. § 76 Rn 35 ff., *GK-Wiese,* Rn 26; *DR,* Rn 32; *HSG,* Rn 10 ff., soweit der „Kernbereich der unternehmerischen Entscheidungsfreiheit" gewahrt wird). Z. T. kehrt die alte Unterscheidung in der Auslegung der einzelnen Mitbestimmungstatbestände (unzulässigerweise) wieder, indem auf die „unternehmerische Entscheidungsfreiheit" hingewiesen wird (vgl. *DR,* Rn 28 ff.), um die MBR zu beschränken (vgl. weiter insbes. BAG 31. 8. 82, AP Nr. 8 zu § 87 BetrVG 1972 Arbeitszeit und die Erläuterungen zu den einzelnen Rn).

4. Eilfälle

Auch in sog. **Eilfällen entfällt das MBR** des BR **nicht,** zumal das Gesetz ausdrücklich in den §§ 100, 115 Abs. 7 Nr. 4, aber nicht in den Fällen des § 87 vorläufige Maßnahmen des ArbGeb. zuläßt (vgl. BAG 5. 3. 74, 13. 7. 77, AP Nr. 1, 2 zu § 87 BetrVG 1972 Kurzarbeit, 2. 3. 82, AP Nr. 6 zu § 87 BetrVG 1972 Arbeitszeit; 12. 1. 88, AP Nr. 8 zu § 81 ArbGG 1979; *GKSB,* Rn 21; *GL,* Rn 22 ff.; *GK-Wiese,* Rn 87 ff.; *DR,* Rn 40 f.). Der ArbGeb. kann auch **nicht einseitige „vorläufige Anordnungen"** treffen. Hier kommt eine formlose Regelungsabrede in Frage (§ 77 Rn 90 ff.) oder der Abschluß einer **Rahmen-BV,** die dem ArbGeb gestattet, unter bestimmten Voraussetzungen im Einzelfall z. B. Mehrarbeit anzuordnen. Nach Ansicht des BAG verstößt eine derartige Handhabung nicht gegen das Gesetz (BAG 12. 1. 1988, aaO; vgl. auch BAG 28. 10. 1986, AP Nr. 20 zu § 87 BetrVG 1972 Arbeitszeit betreffend den einzelnen Schicht- oder Dienstplan). Das Gesetz enthält insoweit im Gegensatz zu §§ 69 Abs. 5, 72 Abs. 6 BPersVG 74 keinerlei Einschränkungen. Unaufschiebbar gewordene Fälle sind regelmäßig das Ergebnis mangelhafter Organisation des ArbGeb. Ggfls. muß der BR alsbald zusammentreten. Es kann auch eine vorläufige Einigung dahingehend getroffen werden, daß eine Regelung nur bis zu einem bestimmten Zeitpunkt gilt oder der BR z. B. seine Zustimmung zu Überstunden für bestimmte, immer wieder auftretende Störfälle im voraus erteilt (BAG 2. 3. 82, aaO). Im Nichteinigungsfall kann es zweckmäßig sein, daß eine ständige E-Stelle vorhanden ist, die unverzüglich tätig werden kann. Wegen Unzulässigkeit **einstw. Verfügungen** durch das ArbG vor Entscheidung der E-Stelle vgl. § 76 Rn 43 (für Zulässigkeit in Eilfällen *Schaub* § 235 IV 2; *DR,* Rn 42 f.). 21

Für einseitige Anordnungen des ArbGeb. in **Notfällen** ist *DR,* Rn 43 f., *GK-Wiese,* Rn 90 f. u. *HSG,* Rn 32. Dem wird man nur für plötzliche, nicht vorhersehbare und schwerwiegende Situationen im Hinblick auf den Grundsatz des § 2 Abs. 1 zustimmen können, z. B. bei Brand oder Überschwemmung (ähnlich *Farthmann,* RdA 74, 68; *Becker-Schaffner,* BlStR 75, 19; *GL,* Rn 25; vgl. BAG 13. 7. 1977, AP Nr. 2 zu § 87 BetrVG 1972 Kurzarbeit: „Extremsituation" und **Vor** § 89 Rn 44 bei konkreter Gefahr für Leben und Gesundheit der ArbN). 22

5. Wirksamkeitsvoraussetzung

Gelingt eine Verständigung nicht und will der ArbGeb. oder der BR eine Regelung herbeiführen, so muß er die **E-Stelle** anrufen, die eine verbindliche Entscheidung trifft (§ 87 Abs. 2; vgl. unten Rn 159). Verstößt der ArbGeb. durch einseitige Maßnahmen hiergegen, so sind seine Maßnahmen **rechtsunwirksam** (BAG 22. 12. 80, AP Nr. 70 zu 23

Art. 9 GG Arbeitskampf, 4. 5. 82, 26. 4. 88, AP Nr. 6, 16 zu § 87 BetrVG 1972 Altersversorgung; *GK-Wiese,* Rn 55ff., *GL,* Rn 16ff.; *Hanau,* RdA 73, 289; *Säcker,* AR-Blattei BV I unter D II, 4; **a. M.** *DR,* Rn 80ff.; *HSG,* Rn 74ff.). Die Kritik von *Richardi,* an der Theorie der Wirksamkeitsvoraussetzung wegen ihrer angeblich unmöglichen praktischen Auswirkungen auf den Rechtsverkehr ist unbegründet. Maßnahmen unter Verstoß gegen das MBR, die auch durch gebündelte Einzelverträge erfolgen können (vgl. Rn 19), sind zwar im Verhältnis zwischen BR und ArbGeb. unwirksam. Das bedeutet aber nicht, daß bei einseitigen Maßnahmen des ArbGeb. oder gebündelten Einzelverträgen mit den ArbN unter Umgehung des BR den ArbN jeder Anspruch zu versagen wäre.

23a Der **ArbGeb.** bleibt **für die Vergangenheit** an die getroffenen Maßnahmen und Zusagen **zugunsten des einzelnen ArbN faktisch gebunden** (vgl. BAG 14. 6. 1972, AP Nr. 54 zu §§ 22, 23 BAT; von *Hoyningen-Huene,* DB 87, 1426). Dem ArbGeb. ist es verwehrt, sich auf seine betriebsverfassungsrechtliche Pflichtwidrigkeit zu berufen. (BAG 16. 9. 86, AP Nr. 17 zu § 77 BetrVG 1972; *DR,* Rn 103ff., 110ff.). Z. B. ist die entgegen dem MBR erfolgte bargeldlose Lohnzahlung wirksam erfolgt; die Arbeitsleistung in der einseitig geänderten Arbeitszeit ist wirksam erbracht, die einseitig zugesagte Prämie muß, soweit entspechende Leistungen erbracht sind, auch bezahlt werden (BAG 5. 7. 76, AP Nr. 10 zu § 12 AZO). Andererseits besteht auch kein Lohnanspruch für nicht geleistete Arbeit, der dem ArbN auch bei betriebsverfassungsrechtlich einwandfreier Arbeitseinteilung nicht zustünde (BAG a. a. O.). Es gilt nichts anderes als z. B. für die Bezahlung von nach der AZO verbotenen Mehrarbeit.

24 Die MBR des BR erstreckten sich auf die einzelnen Tatbestände des § 87 in vollem Umfang. Wird z. B. in einer BV zunächst nur ein **Rahmen** für die betriebliche Altersversorgung festgelegt, so ist auch die später ausgearbeitete vollständige Fassung des Versorgungswerks mitbestimmungspflichtig. Das Mitbestimmungsverfahren spielt sich ggfs. in **mehreren Stufen** ab (BAG 4. 5. 82, AP Nr. 6 zu § 87 BetrVG 1972 Altersversorgung).

25 Eine **nachträgliche Zustimmung** des BR heilt die Unwirksamkeit einer vom ArbGeb. einseitig getroffenen Maßnahme nicht (*GK-Wiese,* Rn 56). Eine strafrechtliche Verfolgung derartiger Verstöße ist nicht vorgesehen, wenn nicht eine Behinderung der BRTätigkeit vorliegt (§ 119; vgl. aber § 23 Rn 60 und unten Rn 161).

6. Initiativrecht

26 In den in § 87 genannten Angelegenheiten besteht ein **echtes MBR** (vgl. § 1 Rn 120). Der ArbGeb. kann in diesen Fragen nur mit Zustimmung des BR entscheiden, Der BR hat ein **echtes Initiativrecht** in allen Fällen, wenn er es auch in der Praxis z. T. nur als Zustimmungsrecht ausüben wird (Nr. 8, 9), weil die Errichtung einer Einrichtung nicht dem MBR unterliegt (vgl. Rn 97). Der Ausschuß für Arbeit und Sozialordnung hat es ausdrücklich abgelehnt, die sozialen MBR in solche mit und ohne Initiativrecht des BR aufzuspalten (vgl. zu BT-Drucks. VI, 2729 S. 4). Ein MBR schließt logischerweise das Initiativrecht auch des BR ein; sonst hätten beide Teile nicht gleiche Rechte (BAG 14. 11. 74, AP Nr. 1 zu § 87 BetrVG 1972, 28. 4. 81, 31. 8. 82, 4. 3. 86, AP Nr. 1 zu § 87 BetrVG 1972 Vorschlagswesen, AP Nr. 8 zu § 87 BetrVG 1972 Arbeitszeit, AP Nr. 3 zu § 87 BetrVG 1972 Kurzarbeit). Es kommt insoweit auch nicht auf die überholte Unterscheidung zwischen formellen und materiellen Arbeitsbedingungen an (vgl. Rn 20; grundsätzlich auch *HSG,* Rn 39ff., 62ff.; wie hier: *GKSB,* Rn 16ff.; *DR,* Rn 46ff.; *Moll,* Entgelt, Seite 193ff.; *Gester/Isenhardt,* RdA 74, 80ff. mit ausführlicher Begründung und Hinweis auf § 75 Abs. 3 Nr. 4 BPersVG, *GL,* Rn 26ff., *Strieder,* BB 80, 420; verneinend für Nr. 3 u. 6: *Wiese,* Das Initiativrecht nach dem BetrVG 1972, *GK-Wiese,* Rn 80, 157, 209; ähnlich *Stege/Weinspach,* Rn 20, 21; ablehnend bei wirtschaftlichen Unternehmerentscheidungen: *Mengel,* DB 82, 43; vgl. auch für Nr. 10 Rn 127ff.). Die Initiative des BR kann sich auch auf Modalitäten einer vom ArbGeb. angestrebten Regelung beziehen, z. B. auf die Befreiung älterer ArbN von der Schichtarbeit, die Einhaltung von Ankündigungsfristen für Schichtarbeit oder auf die Durchführung eines betrieblichen Vorschlagswesens (BAG 28. 4. 81, a. a. O.). Die unternehmerische Entscheidungsfreiheit wird zwar durch die MBR des BR u. U. mittelbar eingeschränkt; das widerspricht aber nicht dem GG (vgl. BAG 31. 8. 82 betr. früheren Ladenschluß, AP Nr. 8 zu § 87 BetrVG 1972 Arbeitszeit, bestätigt durch BVerfG 18. 12. 85, AP Nr. 15 a. a. O.; BAG 4. 3. 86, AP Nr. 3 zu § 87 BetrVG 72 Kurzarbeit betr. Einführung von Kurzarbeit u. BAG 16. 12. 86, AP Nr. 8 zu § 87 BetrVG 1972 Prämie; **a.M.** *HSG,* Rn 63ff. für Nr. 2, 3, 5, 6, 9 u. 10). Vgl. auch Rn 20 u. § 76 Rn 35.

7. Form und Ausübung der Mitbestimmung

Mitbestimmung bedeutet nicht nur die Möglichkeit für den BR, das Zustandekommen einer BV zu erzwingen, in der ihm durch freie Übereinkunft oder durch den Spruch der E-Stelle gewisse MBR eingeräumt werden. Mitbestimmung bedeutet vielmehr, daß grundsätzlich der **ArbGeb. nur mit Zustimmung des BR** handeln kann. Die **Mitbestimmung** selbst, **nicht** aber **ihre Form** (BV, Regelungsabrede) ist das Entscheidende (vgl. auch Rn 13). Für die praktische Durchführung wird eine Regelung durch BV zweckmäßig, ja häufig unumgänglich notwendig sein, insbesondere um dem ArbGeb. eine gewisse Handlungsfreiheit bei unvorhergesehenen Ereignissen und unaufschiebbaren Maßnahmen zu gewähren. Solange eine solche BV jedoch nicht beschlossen ist, unterliegt der ArbGeb. bei **sämtlichen** durch den Katalog des § 87 Abs. 1 gedeckten **Maßnahmen dem vollen MBR des BR** (*GK-Wiese,* Rn 45ff). § 87 Abs. 1 besagt nichts über die Form des MBR in sozialen Angelegenheiten. BV sind zwar eine mögliche, aber nicht die einzige Form der Mitbestimmung. Allerdings kann nur die BV wie 27 eine Rechtsnorm auf die Arbeitsverhältnisse einwirken und deren Inhalt bestimmen, nicht eine Regelungsabrede (§ 77 Rn 92; *GK-Wiese,* Rn 46).

III. Gegenstände der obligatorischen Mitbestimmung

28 Die **Aufzählung** in den Nr. 1–12 ist hinsichtlich der kraft Gesetzes gewährten MBR **erschöpfend** (h. M.). Ein erzwingbares MBR geht ins Leere, wenn für die betreffende Angelegenheit die tatsächlichen Voraussetzungen im Betrieb nicht vorhanden sind, was z. B. für Nr. 8, 9, 11 in Betracht kommt (**Beispiele:** Es besteht keine Sozialeinrichtung; Werkmietwohnungen sind nicht vorhanden; es wird nur im Zeitlohn gearbeitet – im letzteren Fall allerdings unbeschadet der Möglichkeit des BR, nach Nr. 10 die Einführung anderer Lohnsysteme zu betreiben; vgl. Rn 26).

1. Ordnung des Betriebs und des Verhaltens der ArbN im Betrieb

a) Arbeitsnotwendige Maßnahmen

29 Hierher gehören alle Maßnahmen, die die allgemeine Ordnung des Betriebes und (oder) das Verhalten der ArbN oder von Gruppen von ArbN im Betrieb regeln. Es handelt sich um zwei nebeneinanderstehende Tatbestände (vgl. BAG 24. 3. 81, AP Nr. 2 zu § 87 BetrVG 1972 Arbeitssicherheit, ebenso *Pfarr,* Anm. AP Nr. 2 zu § 87 BetrVG 1972 Ordnung des Betriebes, *Bieding,* AiB 83, 13 und *Weiss,* Anm. EzA § 87 BetrVG 1972 Betriebliche Ordnung Nr. 7; **a.M.** BAG 23. 10, 84, AP Nr. 8 zu § 87 BetrVG 1972 Ordnung des Betriebes), so daß auch die Überwachung der ArbN dem MBR unterliegen kann, selbst wenn der Tatbestand der Nr. 6 nicht erfüllt ist (**a.M.** BAG a. a. O.). Nr. 6 enthält eine Sonderregelung gegenüber Nr. 1 für den speziellen Tatbestand der Überwachung der ArbN durch technische Einrichtungen (vgl. Rn 65). Wegen betrieblichem Arbeitsschutz vgl. **Vor** § 89 Rn 90f., § 88 Nr. 1 und BAG 24. 3. 81 (AP Nr. 2 zu § 87 BetrVG 1972 Arbeitssicherheit betr. Sicherheitswettbewerb).

29a Das MBR erstreckt sich auf **jede Gestaltung des Zusammenlebens und Zusammenwirkens von ArbN,** selbst wenn keine verbindlichen Verhaltensregeln geschaffen, sondern nur mittelbar das Verhalten der ArbN beeinflußt werden soll (BAG a. a. O. im Gegensatz zu BAG 9. 12. 80, AP Nr. 2 zu § 87 BetrVG 1972 Ordnung des Betriebes, vgl. *Wohlgemuth,* ArbuR 82, 40; wegen Führungsrichtlinien vgl. Rn 19). Auch der Tatbestand der Nr. 7 stellt keine erschöpfende Sonderregelung des MBR des BR auf den Gebieten der Unfallverhütung und des Gesundheitsschutzes dar, soweit es sich nicht um die Ausfüllung öffentlich-rechtlicher Arbeitsschutzvorschriften handelt (BAG a. a. O. und 24. 11. 81, 8. 12. 81, AP Nr. 3 zu § 87 BetrVG 1972 Ordnung des Betriebes, AP Nr. 6 zu § 87 BetrVG 1972 Lohngestaltung).

Die Einschränkung des BAG (vgl. insbes. 23. 10. 84, AP Nr. 8 zu § 87 BetrVG 1972 Ordnung des Betriebes), ein MBR bestehe nicht, soweit es sich um sogen. **„arbeitsnotwendige Maßnahmen“** handele, um das Arbeitsverhalten im Gegensatz zum Ordnungsverhalten, ist auf dem Gebiet der Ordnung des Betriebes und des allgemeinen Verhaltens der ArbNschaft im Betrieb nicht sachgerecht und zu unscharf (*GL,* Rn 61; *DR,* Rn 143; *GKSB,* Rn 42,; *Weiss,* Rn 12; vgl. auch Rn 72). Ein MBR entfällt nicht schon deshalb, weil die Anordnung des ArbGeb. kraft seines Direktionsrechts (Rn 16) sich auch auf die Erbringung der Arbeitsleistung bezieht. **Nicht** unter Nr. 1 fallen aber konkrete, **arbeitsbezogene Einzelanweisungen** (vgl. Rn 18) an einen ArbN, ohne die die Arbeitsleistung mangels näherer Regelung im Arbeitsvertrag nicht erbracht werden kann, z. B. „machen sie erst diese Arbeit und dann jene Arbeit“; insoweit liegt kein mitbestimmungspflichtiger Tatbestand vor (vgl. BAG a. a. O.; *GKSB,* Rn 41; *GK-Wiese,* Rn 106ff., *GL,* Rn 60ff.; *HSG,* Rn 96ff.). Die Abgrenzung ist schwierig, vgl. die folgenden Einzelfälle, deren jeweilige Entscheidung durch das BAG keine einheitliche Linie erkennen läßt. Wegen eines geschichtlichen Überblicks zur alten „Arbeitsordnung“ vgl. *Hromadka,* ZfA 79, 203 und die Arbeitsordnung im Wandel der Zeit, 1979. 30

Kein MBR besteht nach verschiedenen Gerichtsentscheidungen für Maßnahmen im Rahmen des Direktionsrechts des ArbGeb. die nicht das Verhalten der ArbN zum Gegenstand haben, sondern vorwiegend an sich schon bestehende **Pflichten aus dem individuellen Arbeitsverhältnis** in Hinblick auf den konkreten Arbeitsplatz konkretisieren, z. B. Einführung von Tätigkeitsberichten für Außendienstmitarbeiter, da es lediglich um das schriftliche Festhalten der arbeitsvertraglichen Tätigkeit handelt (LAG Düsseldorf, BB 75, 328; **a. M.** ArbG Frankfurt, BB 79, 1768 bei systematischer Auswertung durch EDV, die Rückschlüsse auf das Verhalten der ArbN zuläßt); Eintragung von Zeiten für die Ausführung bestimmter Arbeitsvorgänge in Lochkarten oder Arbeitsbogen zwecks Auswertung durch EDV für die Kalkulation (BAG 23. 1. 1979, 1 ABR 101/76, DB 81, 1144 und 24. 11. 81, AP Nr. 3 zu § 87 BetrVG 1972 Ordnung des Betriebes), Arbeitsablaufanalysen durch Mitarbeiter der Arbeitsvorbereitung, die nur mit Kugelschreibern und Papier arbeiten (LAG Schleswig-Holstein, 4. 7. 85, BB 85, 1791; insoweit kommt aber bei Auswertung durch EDV ein MBR nach Nr. 6 in Betracht, vgl. Rn 75). Ausfüllen von sogen. Tageszetteln bei Redakteuren zur Erleichterung des Nachweises von Überstunden (BAG 9. 12. 80, 4. 8. 81, AP Nr. 2 zu § 87 BetrVG 1972 Ordnung des Betriebes, AP Nr. 1 zu § 87 BetrVG 1972 Tarifvorrang), Ausfüllen von Tätigkeitslisten durch bestimmte ArbNGruppen zwecks rationellem Arbeitseinsatz (LAG Hamm, 23. 9. 81, DB 82, 385), Änderung des Verfahrens zur Ausfüllung von Arbeitsnachweisen (Akkordscheinen, LAG Frankfurt 27. 1. 1987, NZA 87, 678). Erlaß einer **Dienstreiseordnung** da diese nur das Vertragsverhältnis des ArbN zum ArbGeb. regele, insbes. den Aufwendungsersatz des ArbN (BAG 8. 12. 81, AP Nr. 6 zu § 87 BetrVG 1972 Lohngestaltung; kritisch dazu *GKSB,* Rn 43, vgl. auch *Hanau,* SAE 83, 31

74). Die Aufnahme allgemeiner (materieller) Arbeitsbedingungen in dem Arbeitsvertrag unterliegt nicht dem MBR (vgl. § 99 Rn 45, § 94 Rn 27), ebenso nicht die Weitergabe polizeilicher Anordnungen bei Ermittlungen im Betrieb (BAG 17. 8. 82, AP Nr. 5 zu § 87 BetrVG 1972 Ordnung des Betriebes).

Dagegen **besteht ein MBR** bei Einführung einer maschinell vorgedruckten Anwesenheitsliste (BAG 18. 7. 1978, 1 ABR 80/75, ArbuR 78, 778) und bei der Einführung sog. „Zeitstempler" i. V. mit Arbeitskarten zwecks Feststellung der Abweichung der aufgewandten zu den vorgegebenen Arbeitszeiten (LAG Düsseldorf, DB 79, 459). Die Grenze einerseits zum Mitbestimmungstatbestand der Nr. 6 (vgl. Rn 64, 70) und andererseits zur Erfüllung ohnehin bestehender individueller Arbeitsvertragspflichten ohne zusätzliche Konkretisierung durch das mitbestimmungspflichtige Direktionsrecht des ArbGeb. ist fließend.

32 Die **freie Entfaltung der Persönlichkeit** des einzelnen ArbN im Rahmen der betrieblichen Notwendigkeiten ist zu achten (vgl. § 75 Rn 22). Auch BV müssen diese Grenzen einhalten und dürfen dem ArbN nur im Rahmen des Erforderlichen Vorschriften für sein Äußeres machen (vgl. § 77 Rn 35a; *Wiese,* UFITA 1972, 155f.; *Blomeyer,* Festschrift BAG, S. 17ff. „Übermaßverbot"). Auch kann der ArbN mangels gesetzlicher Grundlage (vgl. § 94 Rn 21f.), nicht durch BV zur Teilnahme an ärztlichen Untersuchungen verpflichtet werden. Unzulässig sind Regelungen in BV, die gegen die in § 75 Abs. 1 wiederholten verfassungsrechtlichen Grundsätze verstoßen.

33 Soweit sich die Tätigkeit eines **Werkschutzes** nicht nur auf die Sicherung des Eigentums des ArbGeb. beschränkt, sondern auch die Ordnung des Betriebes oder das Verhalten der ArbN überwacht und kontrolliert, hat der BR ein MBR (weitergehend *GKSB,* Rn 43).

b) Einzelfälle

34 Zur mitbestimmungspflichtigen Ordnung des Betriebes gehören u. a. Vorschriften über: **Torkontrolle** (BAG 26. 5. 88, AP Nr. 14 zu § 87 BetrVG 1972 Ordnung des Betriebes; **a. M.** *Michaelis/Rose,* Jahrbuch des Arbeitsrechts, Bd. 19 S. 26ff.: Vereinbarung nur im Arbeitsvertrag möglich), Einführung von **Stechuhren,** Umstellung von Anwesenheitslisten auf EDV (BAG 18. 7. 78 – 1 ABR, 80/75 –, ArbuR 78, 278), Durchleuchten von Taschen, Einführung, Ausgestaltung und Nutzung von **Werksausweisen** (BAG 16. 12. 1986, AP Nr. 13 zu § 87 BetrVG 1972 Ordnung des Betriebes; anders bei Ausgabe von codierten Ausweiskarten für elektronische Zugangskontrolle, wenn die Karte lediglich die Funktion eines Schlüssels hat, also keine weitere Datenerfassung erfolgt, BAG 10. 4. 84, AP Nr. 7 zu § 87 BetrVG 1972 Ordnung des Betriebes), aber nicht für BRMitgl., da für deren Tätigkeit ein Direktionsrecht des ArbGeb. garnicht besteht (BAG 23. 6. 83, AP Nr. 45 zu § 37 BetrVG 1972), sondern nur eine Abmeldepflicht (vgl. § 37 Rn 31), Anwesenheitskontrolle bei gleitender Arbeitszeit (BAG 25. 5. 82, AP Nr. 53 zu § 611 BGB DO-Ang.), Ausfüllen von Formularen zum Arzt-

besuch (LAG Düsseldorf, 27. 4. 81, DB 81, 1677, ablehnend *Fenge,* BB 81, 1577), Einrichtung sogen. Sperrzonen aus Sicherheitsgründen, Verbot des Hausierhandels, des Zeitungsverkaufs oder des Verteilens von Propagandamaterial, Leibesvisitationen, Abstellen von Fahrzeugen u. Belegungsordnung für **Parkplatz** (vgl. BAG 16. 3. 1966, AP Nr. 1 zu § 611 BGB Parkplatz und wegen Haftung BAG 25. 6. 75, AP Nr. 4, a. a. O., § 77 Rn 37). Die Zurverfügungstellung von Parkplätzen kann aber nach § 87 vom BR nicht erzwungen werden (ArbG Wuppertal, 7. 1. 1975, BB 75, 561), Sicherung vom ArbN eingebrachter Sachen (BAG 1. 7. 1965, AP Nr. 75 zu § 611 BGB Fürsorgepflicht), Benutzungsordnung für Wasch- u. Umkleideräume, Benutzung des **Telefons** (oder firmeneigener Kfz.) für private Zwecke, soweit grundsätzlich von ArbGeb. gestattet (LAG Nürnberg, 29. 1. 87, NZA 87, 572; wegen Telefonkontrolle vgl. Rn 73 u. § 75 Rn 22b). Auch Vorschriften über das Verhalten der ArbN zueinander, der Erlaß von sogen. **Kleiderordnungen** (ArbG Frankfurt 8. 6. 88, AiB 89, 17; LAG Köln, 8. 6. 88, DB 89, 684; zu deren Zulässigkeit § 75 Rn 22d; vgl. zum Anspruch auf zur Verfügungsstellung von Arbeits- und Schutzkleidung *Brill,* DB 75, 1076 und § 77 Rn 39), kurzfristige gegenseitige Vertretung am Arbeitsplatz (wegen Urlaubsvertretung vgl. Rn 59), Behandlung des Arbeitszeugs, Vorschriften über Radiohören im Betrieb (BAG 14. 1. 86, AP Nr. 10 zu § 87 BetrVG 1972 Ordnung des Betriebes, dazu *Liebers,* DB 87, 2256) rechnen hierher.

Auch der Erlaß eines **Rauchverbots** (vgl. auch § 75 Rn 22a) oder **Alkoholverbots** (BAG 23. 9. 1986, AP Nr. 20 zu § 75 BPersVG; **Alkoholtests** im Betrieb ohne konkrete Einwilligung des ArbN sind auch dann bedenklich, wenn Rechtsgrundlage eine BV sein sollte; vgl. *Fleck,* BB 87, 2029; *Willemsen/Brune,* DB 88, 2304 und den Fall BAG 10. 11. 1987, AP Nr. 24 zu § 77 BetrVG 1972) gehören grundsätzlich zu der der Mitbestimmung unterliegenden Ordnung des Betriebes, sofern das Verbot sich nicht schon aus gesetzlichen Bestimmungen, Vorschriften der Berufsgenossenschaften (§ 708 RVO) oder zwingenden Erfordernissen des Betriebes (z. B. Lebensmittelbranche, Umgang mit feuergefährlichen Stoffen) ergibt (*Fuchs,* BB 77, 299; BAG 15. 12. 1961, AP Nr. 3 zu § 56 BetrVG Ordnung des Betriebes). Dann besteht ein MBR nur hinsichtlich der Ausgestaltung und Durchführung der Maßnahme (*DR,* Rn 140, 144f., 154; *Wiese,* Festschrift BAG, S. 678). Im übrigen fallen derartige Gebote aus Gründen des Arbeitsschutzes – ebenso wie Bestimmungen über ärztliche Untersuchungen – soweit sie im Rahmen öffentlich-rechtlicher Vorschriften ergehen, unter § 87 Abs. 1 Nr. 7, § 88 bzw. auch §§ 90, 91 (vgl. **Vor** § 89 Rn 68ff.). Wegen Unzulässigkeit des Verbots von **Nebenbeschäftigungen** vgl. § 77 Rn 35. Auch Regelungen über die Mitnahme von Arbeitsunterlagen durch Ang. nach Hause fallen unter den Tatbestand der Nr. 1 (vgl. ArbG Hamburg, 24. 8. 1976, MitbGespr. 77, 66).

c) **Betriebsbußen**

35 Das Gesetz erwähnt die Verhängung von **betrieblichen Disziplinarmaßnahmen** wegen Verstoßes gegen die kollektive Ordnung des Betriebes nicht ausdrücklich (anders § 28 AOG und BRG 1920 § 80 Abs. 2 i. Verb. mit § 134 GewO). Gleichwohl sind sie auch heute noch als **zulässig** anzusehen (BAG 5. 12. 1975, 30. 1. 1979, AP Nr. 1, 2 zu § 87 BetrVG 1972 Betriebsbuße; *GK-Wiese,* Rn 112ff., jetzt zweifelnd BAG 22. 10. 85, 5. 2. 86, AP Nr. 18 zu § 87 BetrVG 1972 Lohngestaltung, AP Nr. 12 zu § 379 BGB; zweifelnd auch *Grasmann,* SAE 79, 245; grundsätzlich ablehnend *Schumann,* Gedächtnisschrift Dietz, S. 323 und *Michaelis/Oberhofer/Rose,* BetrR 82, 77 und Jahrbuch des Arbeitsrechts Bd. 19, S. 19ff., die eine Rechtsgrundlage vermissen; ähnlich LAG Niedersachsen, DB 81, 1985 „Bierdosenfall"). Betriebsbußen dienen der Durchsetzung der betrieblichen Ordnung, die selbst Gegenstand der obligatorischen Mitbestimmung ist. Rechtsgrundlage ist aber nicht der Arbeitsvertrag allein, insbes. das Direktionsrecht des ArbGeb., sondern auf der Grundlage des § 87 Abs. 1 Nr. 1 ein TV oder eine BV über Disziplinarmaßnahmen (Satzungstheorie, vgl.; *GK-Wiese,* a. a. O.; *Harbeck,* ArbuR 71, 173; *Leßmann,* DB 89, 1769). Es handelt sich **nicht** um eine **Vertragsstrafe,** die in erster Linie die Leistungserfüllung des individuellen Arbeitsvertrages bezweckt (Vertragstheorie, so aber *DR,* Rn 168: Ordnungsgrundsätze des Vertragsrechts; *Leinemann,* ArbuR 70, 134; *HSG,* Rn 121; *Luhmann,* Betriebsjustiz u. Rechtsstaat, S. 105ff. *Zöllner,* ZZP, Bd. 83, 387; ablehnend dazu *Kaiser/Metzger/Pregizer,* Betriebsjustiz, S. 334, die S. 328 von einer „Annexkompetenz" aus § 87 Abs. 1 Nr. 1 spechen), sondern um ein kollektivrechtlich vereinbartes Institut, dem der einzelne ArbN aufgrund seiner Betriebszugehörigkeit unterworfen ist. Wegen einer rechtstatsächlichen Untersuchung über Betriebsjustiz und Betriebskriminalität vgl. *Metzger/Pregizer,* „Betriebsjustiz", 1976 und wegen eines Gesetzesentwurfs von Staatsrechtslehrern zur Regelung der Betriebsjustiz vgl. die Schrift im Mohr-Verlag, Tübingen, 1975 (kr. dazu *Pfarr,* ZRP 76, 233). Zu den Grenzen der innerbetrieblichen Information über Betriebsbußen vgl. *Brettschneider/Sondermann,* ArbuR 80, 158.

36 Es kommen **Geldbußen** bis zu einem Tagesverdienst u. deren Verwendung für einen Sozialfonds (ablehnend *Grasmann,* SAE 79, 247), der Entzug von Vergünstigungen, z. B. ermäßigte Flugscheine (BAG 22. 10. 85, AP Nr. 18 zu § 87 BetrVG 1972 Lohngestaltung) und als mildere Maßnahmen auch **Verwarnung** oder **Verweis** (BAG 14. 12. 1966, AP Nr. 27 zu § 59 BetrVG 1952) in Betracht. Eine **Entlassung** oder Rückgruppierung ist **als Disziplinarmaßnahme nicht** zulässig, weil mit dem zwingenden Kündigungsrecht nicht vereinbar; ein MBR kommt insoweit nur nach §§ 102, 104 in Betracht (*DR,* Rn 197f.; *GK-Wiese,* Rn 125; BAG 28. 4. 82, AP Nr. 4 zu § 87 BetrVG 1972 Betriebsbuße).

36a Unter § 87 fällt aber **nicht** eine bloße kr. Äußerung, eine **„Abmahnung"** (§ 83 Rn 15) wegen Schlechterfüllung des Arbeitsvertrages oder

Verstoß gegen andere einzelvertragliche Pflichten als Grundlage einer späteren Kündigung (BAG 13. 7. 1962, AP Nr. 1 zu § 242 BGB, 5. 12. 1975, 30. 1. 1979 AP Nr. 1, 2 zu § 87 BetrVG 1972 Betriebsbuße, 6. 8. 81, AP Nr. 39, 40 zu § 37 BetrVG 1972; *GK-Wiese,* Rn 114ff.; zur Abgrenzung u. Begriffsbildung eingehend: *Becker-Schaffner,* DB 85, 650; *Schlochauer,* DB 77, 254; kritisch: *Weiss,* Rn 14; nach BAG 19. 7. 83, AP Nr. 5 zu § 87 BetrVG 1972 Betriebsbuße auch kein Bezug zur kollektiven Ordnung des Betriebes, wenn Mitgl. einer Tarifkommmission wegen Inanspruchnahme bezahlter Freizeit abgemahnt werden). Wegen Abgrenzung von Vertragsstrafe u. Betriebsbuße vgl. BAG 5. 2. 86, AP Nr. 12 zu § 339 BGB).

Stellt ein arbeitsvertragswidriges Verhalten des ArbN zugleich einen 37
Verstoß gegen die kollektive betriebliche Ordnung dar, so kann der ArbGeb. sich darauf beschränken, eine mitbestimmungsfreie **Abmahnung** auszusprechen. Welche Maßnahme vorliegt, ist durch Auslegung der Erklärung des ArbGeb. zu ermitteln, so wie sie der ArbN verstehen mußte (vgl. BAG 30. 1. 1979, 4. 8. 81, 19. 7. 83 a. a. O., *GKSB,* Rn 53: Es besteht immer ein MBR, wenn die betriebliche Ordnung berührt wird, *Kempf,* AiB 82, 83: ArbGeb. muß klar Kündigungswillen zum Ausdruck bringen). Eine bloße Abmahnung darf keinen über den Warnzweck vor einer drohenden Kündigung hinausgehenden Sanktionscharakter haben, z. B. dadurch, daß die Maßnahme im Rahmen einer Stufenfolge von Mißbilligungen (Verwarnung, Verweis, Versetzung, Entlassung) ausgesprochen wird. Dann macht der ArbGeb. nicht nur seine Rechte als Arbeitsvertragspartner geltend, sondern will das beanstandete Verhalten ahnden, d. h. den ArbN bestrafen (BAG 7. 11. 1979, AP Nr. 3 zu § 87 BetrVG 1972 Betriebsbuße; vgl. auch BAG 10. 11. 88, AP Nr. 3 zu § 1 KSchG 1969 Abmahnung). Dann unterliegt die Abmahnung als Vorstufe weiterer Disziplinarmaßnahmen dem MBR des BR. Wegen Rechtsbehelfen des ArbN gegen die Aufnahme von Abmahnungen in die Personalakten vgl. § 83 Rn 15.

Ein **MBR** besteht nicht nur hinsichtlich der Aufstellung allgemeiner 38
Grundsätze **(Bußordnung),** die im Betrieb bekanntgemacht werden muß, über Bußtatbestände, Art, Verhängung und Verwendung (nicht an ArbGeb., sondern nur für soziale Zwecke) einer Buße durch BV, sondern auch für die **Verhängung der Buße im Einzelfall.** Liegen nicht **beide** Voraussetzungen vor, so ist die Maßnahme unwirksam (BAG 5. 12. 1975, AP Nr. 1 zu § 87 BetrVG 1972 Betriebsbuße). Denn es handelt sich nicht um eine echte Einzelmaßnahme, sondern um die Durchsetzung der generellen betrieblichen Ordnung (*DR,* Rn 194; *GK-Wiese,* Rn 128; *Herschel,* Betriebsbußen, 1967, S. 34; **a. M.** *HSG,* Rn 131 ff.). In eine Bußordnung sollten auch **Tilgungsfristen** (nicht mehr als 2 Jahre) aufgenommen werden, nach deren Ablauf die entspr. Unterlagen aus den Personalakten zu entfernen oder in den Personaldateien zu löschen sind. Wegen gerichtlicher Strafen vgl. § 94 Rn 16.

Bedenken gegen betriebliche Bußordnungen können auch **nicht aus** 39
dem GG (Art. 92, 101) hergeleitet werden. Das GG befaßt sich nur mit den staatlichen Gerichten und der staatlichen Gewaltenteilung (*Herschel,*

a. a. O. S. 29f.; *Kaiser,* BB 66, 1107; *Kaiser/Metzger/Pregizer,* a. a. O., S. 338ff.; *Meyer-Cording,* NJW 66, 225; *Zöllner,* ZZP, Bd. 83, 379ff.; **a.M.** *Bauer,* JZ 65, 163; *Halberstadt,* BlStSozArbR 65, 59). Es bestehen ebensowenig Bedenken wie gegen die Vereinsstrafe (BGHZ 29, 352). Auch Strafrechtsvorschriften (insbesondere §§ 138, 257 StGB) stehen nicht entgegen (*Kaiser,* a. a. O.). § 138 StGB verlangt nur die Anzeige drohender schwerer Verbrechen.

40 Da der ArbGeb. nicht allein entscheiden kann, ist die Bildung eines paritätisch aus Vertretern des ArbGeb. und des BR **zusammengesetzten Ausschusses** zweckmäßig. Der Grundsatz des rechtlichen Gehörs muß gewahrt werden. Es darf auch nicht derselbe Verstoß auf betrieblicher Ebene mehrfach geahndet werden. Andererseits besteht auch kein Zwang zur Verfolgung einer jeden Verletzung der betrieblichen Ordnung (Opportunitätsprinzip). Anprangerung (Namensnennung am Schwarzen Brett) u. andere Formen von „Ehrenstrafen" sind als gegen Art. 1 GG verstoßend unzulässig (*DR,* Rn 179). Wegen der gerichtlichen Nachprüfung ist eine **schriftliche Begründung** der Entscheidung erforderlich (über die teilw. Anwendung strafprozessualer Grundsätze vgl. *Kaiser,* BB 67, 1295).

41 Die Anrufung der ArbG kann nicht von vornherein ausgeschlossen werden. Die **gerichtliche Nachprüfung** beschränkt sich aber ähnlich wie bei der sog. Vereinsgerichtsbarkeit darauf, ob überhaupt eine wirksame Bußordnung vorliegt, ob die Mindestverfahrensgrundsätze eingehalten sind, der Verstoß gegen die Betriebsordnung überhaupt begangen wurde und schließlich ob die betriebliche Disziplinarmaßnahme willkürlich festgesetzt wurde oder offenbar unbillig ist (*Kammann,* DB 69, 2134; *Meyer-Cording,* NJW 66, 228; für Vereinsgerichtsbarkeit: BGHZ 21, 307; 29, 352; 47, 172 u. 381; BGH 30. 5. 83, NJW 84, 918). Nach Ansicht des BAG ist darüber hinaus auch die Angemessenheit der Maßnahme in jedem Einzelfall gerichtlich nachprüfbar (12. 9. 1967, 11. 11. 71, AP Nr. 1 zu § 56 BetrVG 1952 Betriebsbuße, AP Nr. 31 zu § 611 BGB DOAng., ebenso: *HSG,* Rn 134; *GL,* Rn 80; *GK- Wiese* Rn 130; *Kaiser/Metzger/Pregizer,* a. a. O., S. 348; *Zöllner,* ZZP, Bd. 83, 387 unter Anwendung des § 343 BGB). Muster einer Bußordnung: *Stadler,* BB 68, 801.

42 Durch Betriebsbuße dürfen aber nur Verstöße gegen die betriebliche Ordnung als solche (Rauchverbote, Kontrollvorschriften, Alkoholverbot usw.) geahndet werden, **nicht** auch **kriminelle Tatbestände,** die mit dem betrieblichen Geschehen nichts zu tun haben. Insoweit besteht keine Zuständigkeit der Organe der Betriebsverfassung gemäß § 87 Abs. 1 Nr. 1. Eine illegitime „Betriebsjustiz" liegt nicht vor, soweit Straftatbestände zugleich Verstöße gegen die betriebliche Ordnung enthalten und allein letztere geahndet werden, sogen. **„Mischtatbestände"** (*Galperin,* BB 70, 938; *Gaul,* DB 65, 665)

Beispiele

Beleidigung (§ 185 StGB), Körperverletzung (§ 223 StGB), Diebstahl geringwertiger Sachen (§ 248 a StGB), Sachbeschädigung (§ 303 StGB).

Diese Delikte werden ohnehin nur auf Antrag des Geschädigten strafrechtlich verfolgt. Ähnlich wie bei Disziplinarmaßnahmen gegen Beamte (vgl. BVerfG AP Nr. 22, 23 zu Art. 103 GG) schließt auch die Betriebsbuße die staatliche Strafe nicht aus. Beide liegen auf verschiedenen Ebenen (*Herschel,* a. a. O., S. 87). Die Konkurrenz beider Verfahren verstößt auch nicht gegen den Grundsatz, daß wegen derselben Tat auf Grund der allgemeinen Strafgesetze nur eine Bestrafung erfolgen darf (Art. 103 Abs. 3 GG; *Kaiser/Metzger/Pregizer,* a. a. O. S. 342; *Meyer-Cording,* NJW 66, 225). In der Praxis wird es zu einem Strafantrag und Bestrafung durch die staatlichen Gerichte aber meist nicht mehr kommen.

Ausschüsse (Rn 40), sowie ArbGeb. und BR können bei **Streitigkeiten zwischen ArbN** zwar vermittelnd tätig werden, auch wenn schon Strafanträge wegen Beleidigung, Körperverletzung usw. gestellt sind, um den Betriebsfrieden intern wieder herzustellen. Es darf aber kein Druck auf die streitenden Parteien zur Unterwerfung unter ein Schlichtungsverfahren und zur Annahme eines Vermittlungsvorschlages ausgeübt werden. Den Beteiligten muß der **Weg** zu den **staatlichen Zivil- und Strafgerichten offen bleiben** (bedenklich BAG 14. 5. 1964, AP Nr. 5 zu § 242 BGB Kündigung; wie hier: *GL,* Rn 77). 43

2. Beginn und Ende der täglichen Arbeitszeit, Verteilung der Arbeitszeit auf die Wochentage, Pausen

Der BR (regelmäßig nicht der GesBR, BAG 23. 9. 1975, AP Nr. 1 zu § 50 BetrVG 1972) bestimmt mit bei der Festlegung von Beginn und Ende der täglichen Arbeitszeit und der Arbeitspausen, (auch einmalige) Verlegung der Arbeit auf andere Tage und auch bei der Dauer der täglichen Arbeitszeit. Letzteres ist zwar umstritten. Die **Länge der täglichen Arbeitszeit** wird aber durch deren Beginn und Ende praktisch vorbestimmt. Beides läßt sich praktisch nicht trennen und hängt eng mit der Verteilung der wöchentlichen Arbeitszeit auf die einzelnen Wochentage zusammen (z. B. Einführung der 5-Tage-Woche), die ausdrücklich als dem MBR unterliegend aufgeführt wird. Es wäre aber wenig sinnvoll, wenn der Gesetzgeber beabsichtigt hätte, die Mitbestimmung zwar auf die Lage der Arbeitszeit im Tagesablauf und innerhalb der Woche zu erstrecken, aber nicht auf die viel wichtigere Frage ihrer Dauer. Insbes. nach der Verdeutlichung des § 56 Buchst. a BetrVG 52 durch § 87 Abs. 1 Nr. 2, 3 ist klar, daß auch die **Dauer der täglichen** und damit auch der **wöchentlichen Arbeitszeit** (im Rahmen der gesetzlichen und tariflichen Vorschriften) gemeint ist. (**a.M.** die h. M., z. B. BAG 21. 11. 1978, 26. 6. 85, AP Nr. 2 zu § 87 BetrVG 1972 Arbeitszeit; AP Nr. 4 zu § 9 TVAL II; 18. 8. 87, AP Nr. 23 zu § 77 BetrVG 1972; 13. 10. 87, AP Nr. 24 zu § 87 BetrVG 1972 Arbeitszeit; *GK-Wiese,* Rn 135; dagegen wie hier *GKSB,* Rn 55ff.; *Farthmann,* RdA 74, 67 u. AR-Blattei, Arbeitszeit u. Betriebsverfassung, I D unter II 2a; *Plander,* ArbuR 87, 281, 286ff.; *Weiss,* Rn 15; ebenso *Schaub,* § 235 II 2). 44

Insbes. kann aus der Einführung der Nr. 3 in das Gesetz als Unterfall 44a der Nr. 2 keine Einschränkung des Grundtatbestandes herausgelesen werden. Der Gesetzgeber wollte, wegen der abweichenden Auffassung des BAG zum früheren Recht, klarstellen, daß auch bei vorübergehender Abweichung von der betriebsüblichen täglichen Arbeitszeit der BR ein MBR hat. Die Gesetzesformulierung entspricht überdies § 2 Abs. 1 AZO, der eindeutig die Dauer der Arbeitszeit meint. Der Grundtatbestand der Nr. 2 umfaßt notwendigerweise auch die Dauer der betriebsüblichen Arbeitszeit. Auch insoweit muß ein MBR bestehen, weil sonst das MBR bei Beginn und Ende der täglichen Arbeitszeit und der Verteilung der Arbeitszeit auf die einzelnen Wochentage in der Luft hinge; jede Änderung der Dauer der Arbeitszeit ist untrennbar verknüpft mit der Lage der Arbeitszeit (*Farthmann,* RdA 74, 66f.). Sofern keine tarifliche Regelung besteht, käme sonst nur eine einzelvertragliche Regelung in Betracht, was aber faktisch unmöglich wäre und wegen der notwendigen Einheitlichkeit zu einer Alleinentscheidung des ArbGeb. führen würde (*Lappe,* Jahrbuch des Arbeitsrechts, 1979, S. 64). Bestehende tarifliche Bestimmungen u. die der AZO über die Dauer der Arbeitszeit regeln im allgemeinen nur deren Höchstdauer, so daß innerhalb dieser Grenzen die Festlegung der konkreten Arbeitszeit durch BV möglich und nach § 87 erzwingbar ist.

45 Dem MBR unterliegt auch die Einführung oder der Abbau von **Schichtarbeit** für den ganzen Betrieb, bestimmte Betriebsabteilungen oder Arbeitsplätze, selbst wenn nur eine Schicht ausfällt (BAG 13. 7. 1977, AP Nr. 2 zu § 87 BetrVG 1972 Kurzarbeit; *Farthmann,* a. a. O.; *GL,* Rn 88; *HSG,* Rn 145). Gleiches gilt für die Aufstellung von **Dienstplänen** im Fahrdienst (BAG 4. 6. 1969, AP Nr. 1 zu § 16 BMT-G II) und für eine sogen. **„Rufbereitschaft“** (BAG 21. 12. 82, AP Nr. 9 zu § 87 BetrVG 1972 Arbeitszeit; *Schaub,* § 235 II 2; vgl. auch BAG 5. 7. 1976, AP Nr. 10 zu § 12 AZO). Das MBR umfaßt auch die Einführung u. Ausgestaltung des **rollierenden Systems** bei der Einführung der 5-Tage-Woche im Kaufhaus (BAG 31. 1. 89, AP Nr. 15 zu § 87 BetrVG 1972 Tarifvorrang, AP Nr. 31 zu § 87 BetrVG 1972 Arbeitszeit) und den **einzelnen Schichtplan,** sofern nicht BR und ArbGeb allgemeine Grundsätze über deren Aufstellung vereinbaren; dann kann innerhalb dieses Rahmens der ArbGeb den einzelnen Schichtplan allein aufstellen (BAG 28. 10. 1986, 18. 4. 89, AP Nr. 20, 34 zu § 87 BetrVG 1972 Arbeitszeit). Nach LAG Köln 29. 2. 1988 (NZA 89, 73, bestätigt durch BAG 27. 6. 89, AP Nr. 35 zu § 87 BetrVG 1972 Arbeitszeit) fällt der Schichtwechsel auch von einzelnen ArbN wegen des kollektiven Bezugs unter Nr. 2, während der Tatbestand der Versetzung verneint wird (entgegengesetzter Ansicht *Gaul,* NZA 89, 48 und H. G. *Meier,* NZA 88, Beil. 3 S. 3).

45a Bei **Teilzeitbeschäftigten** (§ 2 Abs. 2 Satz 1 BeschFG) besteht zwar entgegen der hier vertretenen Ansicht (Rn 44) nach Auffassung des BAG ebenso wie für Vollzeitbeschäftigte kein MBR hinsichtlich der Dauer der **wöchentlichen** Arbeitszeit. Dann setzt aber das MBR des BR ein. Es bezieht sich auf die Lage der vorgegebenen wöchentlichen Arbeitszeit und umfaßt die Verteilung der Arbeitszeit auf die einzelnen Wochentage einschließlich der Bestimmung arbeitsfreier Tag, ferner auf die Frage, ob an einem Arbeitstage zusammenhängend oder in mehreren Schichten gearbeitet werden soll, schließlich auf die Festlegung der Mindestdauer der täglichen Arbeitszeit im Gegensatz zur mitbestimmungsfreien Dauer der wöchentlichen Arbeitszeit (BAG 13. 10. 1987, AP Nr. 24 zu § 87 BetrVG 1972 Arbeitszeit, bestätigt 28. 9. 1988, AP Nr. 29 zu § 87 BetrVG 1972; Arbeitszeit; *Klevemann,* DB 88, 334, AiB 86, 156, 160, *Buschmann* NZA 86, 277 und *Plander* ArbuR 87, 281, 286 gegen *Schwerdtner* DB 83, 2763; vgl. auch § 5 Rn 40ff.). Das MBR bezieht sich auch auf die Frage, ob Teilzeitbeschäftigte zu festen Zeiten oder nach Bedarf (KAPOVAZ) beschäftigt werden, unter Festlegung des frühesten Beginns und des spätesten Endes der täglichen Arbeitszeit. Das MBR „überlagert" etwaige abweichende individuelle Vereinbarungen (BAG 28. 9. 1988, aaO). Entsprechende Vorschriften im **BeschFG** (§§ 2–5) beziehen sich nur auf die individual-rechtliche, nicht die kollektiv-rechtliche Zulässigkeit der Flexibilisierung von Teilzeitarbeit (BAG 13. 10. 87, AP Nr. 2 zu § 77 BetrVG 1972 Auslegung; *Plander* aaO; kr. zur BAG Rechtsprechung *Goos,* NZA 88, 870). Nach BAG 12. 12. 84, AP Nr. 6 zu § 2 KSchG 1969, ist eine Individualvereinbarung, wonach der ArbGeb jederzeit einseitig die Arbeitszeit nach Bedarf verändern kann, wegen Umgehung des Kündigungsschutzes nichtig.

Die Festlegung sog. Erholungszeiten beim Akkord fällt unter Nr. 11 **45b** (vgl. Rn 141). Dem MBR unterliegen auch Arbeitszeitverlegungen nach § 4 Abs. 2 AZO (*Esser,* DB 65, 1400), z. B. für die zwischen Weihnachten u. Neujahr ausfallende Arbeitszeit (*Zmarzlik,* BB 66, 1312) und die zeitliche Lage von Theaterproben, sofern nicht künstlerische Gesichtspunkte eine bestimmte zeitliche Lage oder Mindestdauer der Proben erfordern (BAG 4. 8. 81, AP Nr. 5 zu § 87 BetrVG 1972 Arbeitszeit; vgl. auch § 118 Rn 33). Bei der **Telearbeit** (Fernarbeit am Bildschirm) erstreckt sich das MBR auf die Einschaltzeit (Betriebszeit) des Computers (wegen Eigenschaft als ArbN vgl. § 5 Rn 54ff.). Wegen Sonderschichten vgl. Rn 50.

Auch die Einführung der sog. **„gleitenden Arbeitszeit"** (einschließ- **46** lich deren Kontrolle) für ArbN, die also deren individuellen Bedürfnissen entgegenkommt und nach der AZO zulässig sein dürfte, **unterliegt dem MBR** des BR (BAG 18. 4. 89, AP Nr 33 zu § 87 BetrVG 1972 Arbeitszeit; *GL,* Rn 89; *GK-Wiese,* Rn 142; *HSG,* Rn 147). Beginn und Ende der täglichen Arbeitszeit muß nicht für jeden ArbN gleich sein. Es kommt sowohl eine Verschiebung von Beginn und Ende innerhalb eines Arbeitstages, als auch eine unterschiedlich lange Arbeitszeit mit „Zeitausgleich" innerhalb eines längeren Zeitraums in Betracht. Die erforderlichen Einzelheiten eines derartigen Systems sind durch BV festzulegen, insbesondere die **„Gleitspannen"** am Vor- und Nachmittag und eine **„Kernarbeitszeit",** innerhalb deren alle ArbN anwesend sein müssen, Zeitraum innerhalb dessen Zeitrückstände oder Zeitguthaben ausgeglichen werden müssen, evtl. Verfallklauseln, Verhältnis zu Überstundenvergütungen und Kontrollbestimmungen über die geleisteten Arbeitsstunden (Näheres vgl. *Garbers,* DB 72, 1871; *Hillert,* BB

70, 216; *Neumann,* RdA 71, 106 und *Schmidt,* DB 71, 46). Wegen Flexibilisierung der wöchentlichen Arbeitszeit vgl. Rn 10c.

47 Ein volles MBR einschließlich des Initiativrechts des BR (vgl. Rdnr. 26) besteht auch, wenn durch die zeitliche Lage der Arbeitszeit mittelbar die **Ladenöffnungszeit** in Geschäften beeinflußt wird, die der ArbGeb. an sich im Rahmen des Ladenschlußgesetzes allein festlegen könnte. Derartige Auswirkungen der MBR auf die unternehmerische Entscheidungsfreiheit sind vom Gesetzgeber gewollt (BAG 31. 8. 82, 13. 10. 87, AP Nr. 8, 24 zu § 87 BetrVG 1972 Arbeitszeit, Verfassungsbeschwerde nicht angenommen: BVerfG, 18. 12. 85, AP Nr. 15 zu § 87 BetrVG 1972 Arbeitszeit; *Buschmann* DB 82, 1059; **a.M.** *Goos,* NZA 88, 870; *Lieb,* DB 81, Beil, 17; *Reuter,* ZfA 81, 165, *Richardi,* Anm. EzA § 87 BetrVG Arbeitszeit Nr. 13 u. z.T. auch *Joost,* DB 83, 1818).

48 Das gesamte **öffentlich-rechtliche Arbeitszeitrecht** (insbesondere AZO, Vorschriften des JArbSchG und des MuSchG) über die Höchstarbeitszeit, ihre Lage und über Pausen kann **durch BV nicht verdrängt** werden. Diese gesetzlichen Bestimmungen setzen aber lediglich Höchstgrenzen der Arbeitszeit fest, außerdem die Voraussetzungen, unter denen ausnahmsweise die Arbeitszeit über den gesetzlichen Rahmen hinaus verlängert werden kann (vgl. **Vor** § 89 Rn 27, 53). Die tatsächliche Festsetzung der Länge der Arbeitszeit obliegt der Regelung durch Einzelvertrag und Kollektivvereinbarung (vgl. *Denecke-Neumann,* AZO, 9. Aufl. § 3 Rn 9). Anfang u. Ende von Arbeitszeit u. Pausen sind durch Aushang bekanntzugeben (§ 24 Abs. 1 Nr. 2 AZO, § 48 JArbSchG). Soweit **Sonntagsarbeit** gesetzlich zulässig ist (vgl. u. a. *Däubler,* DB 88, Beil. 7; *Löwisch,* DB 89, 1185; *Unterhinninghofen,* AiB 89, 190; *Schatzschneider,* NJW 89, 681; OVG Münster, NZA 86, 478; *Ulber,* ArbuR 87, 249; *Zmarzlik,* NZA 89, 537), unterliegt deren Einführung und Regelung dem MBR.

49 **Pausen** i. S. der Nr. 2 rechnen nicht zur Arbeitszeit und sind deshalb mangels tariflicher Vorschrift auch nicht zu vergüten (BAG 28. 7. 81, AP Nr. 3 zu § 87 BetrVG 1972 Arbeitssicherheit). Das MBR erstreckt sich auf die Lage und Dauer der Pausen. Wegen der öffentlich-rechtlichen **Pausenregelung** vgl. §§ 12 Abs. 2, 18 AZO; § 11 JArbSchG (dazu *Denecke-Neumann,* a. a. O., § 12 Rn 17ff.) u. wegen Erholungszeiten beim Akkord unten Rn 141.

3. Vorübergehende Verkürzung oder Verlängerung der betriebsüblichen Arbeitszeit

a) Überstunden und Kurzarbeit

50 Das Gesetz stellt in Nr. 3 als Unterfall von Nr. 2 klar, daß auch vorübergehende Änderungen der betriebsüblichen (d. h. der regelmäßigen betrieblichen, BAG 21. 11. 1978, AP Nr. 2 zu § 87 BetrVG 1972 Arbeitszeit) Arbeitszeit, die nicht nur deren Beginn und Ende betreffen, sondern auch zu einem echten Ausfall an Arbeitszeit führen (Kurzarbeit, sogen. Feierschichten) oder diese verlängern (Überstunden), dem MBR unterliegen (Überblick mit MusterBV: *Blanke,* AiB 84, 179). Das MBR bezieht sich sowohl auf die Frage, ob und in welchem Umfang und von welchen ArbN **Überstunden** oder **Kurzarbeit** geleistet werden sollen, als auch auf die zeitliche Verteilung der vorübergehend geänderten Arbeitszeit auf die einzelnen Wochentage (*DR,* Rn 211), bzw. auf die Festlegung der arbeitsfreien Tage, z. B. zwischen Weihnachten und Neujahr (BAG 9. 5. 84, AP Nr. 58 zu § 1 LohnFG). Fällt die Arbeit an einzelnen Tagen ganz aus, so liegt ein Fall der Nr. 2 vor. Bei Vereinbarung von **Überstunden** sind die **Grenzen der AZO** zu beachten (§§ 4, 6, 11, 14; vgl. BAG 28. 7. 81, AP Nr. 4 zu § 87 BetrVG 1972 Arbeitszeit; Ausnahmegenehmigungen nach § 8 AZO lassen das MBR des BR unberührt) und darüber hinaus auch die gesicherten arbeitswissenschaftlichen Erkenntnisse (**Vor** § 89 Rn 7ff.) bei der Planung der Arbeitsabläufe (vgl. § 90 Rn 13). Auch die Einlegung von **Sonderschichten** unterliegt dem MBR (vgl. *Neyses,* BlStR 77, 181 u. dazu *Schneider,* BlStR 77, 196), sowie Übergangsregelungen, die anläßlich der Einführung oder dem Ende der **Sommerzeit** erforderlich werden, insbes. in Betrieben mit mehreren Schichten (vgl. BAG 11. 9. 85, AP Nr. 38 zu § 615 BGB). Daneben kommt für die Lohnzahlung ein MBR nach Nr. 10 in Betracht (*Zilius,* ArbuR 80, 236). Das MBR bleibt grundsätzlich auch bestehen, wenn aus Gründen des Betriebs- oder Wirtschaftsrisikos die Beschäftigung unabhängig vom Willen des ArbGeb. eingeschränkt werden muß. Das MBR erstreckt sich dann auf die Verteilung der „Restarbeitszeit" (*Jahnke,* ZfA 84, 69).

Bei beabsichtigten **Massenentlassungen** (vgl. Rn 53 und § 102 Rn 77f.) gelten außerdem die Vorschriften des **§ 19 KSchG** über die Möglichkeit zwischenzeitlicher Einführung von Kurzarbeit mit Genehmigung des LAA bzw. gem. den in erster Linie maßgebenden einschlägigen Vorschriften eines TV. Wenn und soweit ein TV hierüber aber keine eigene materielle Regelung enthält, bleibt das MBR des BR bestehen. Die Genehmigung des LAA ersetzt es nicht (*GKSB,* Rn 70; *DR,* Rn 256; *GK-Wiese,* Rn 163; *Farthmann,* RdA 74, 70; *GL,* Rn 114; *HSG,* Rn 172; *Bieback,* ArbuR 86, 162; *Stebut,* RdA 74, 344ff.; **a.M.** *Böhm,* BB 74, 284; *Hueck,* KSchG, § 19 Rn 8). Die Zustimmung des BR zur Kurzarbeit wird nicht dadurch gegenstandslos, daß der Betrieb stillgelegt wird. **51**

Soweit **alte TV** den **ArbeitGeb.** ermächtigen, unter gewissen Voraussetzungen **einseitig** oder ohne gleichberechtigte Beteiligung des BR **Kurzarbeit** (oder Überstunden, Sonderschichten) einzuführen, sind diese insoweit nach Inkrafttreten des die MBR erweiternden BetrVG 72 **gegenstandslos** geworden (vgl. auch Rn 12; BAG 5. 3. 1974, 13. 7. 1977; AP Nr. 1, 2 zu § 87 BetrVG 1972 Kurzarbeit; *DR,* Rn 131; *GK-Wiese,* Rn 40; **a.M.:** *Farthmann,* RdA 74, 70). Entsprechendes gilt für **neue TV.** Diese werden schon aus praktischen Gründen nur die allgemeinen Voraussetzungen für die Zulässigkeit von Kurzarbeit, nicht aber die konkreten Einzelfälle regeln können, so daß insoweit das MBR des BR bestehen bleibt (*Stebut,* RdA 74, 338; vgl. auch BAG 25. 11. 81, AP Nr. 2 zu § 9 TVAL II). Führt der ArbGeb. **einseitig Kurzarbeit ein,** so hat er unter dem Gesichtspunkt des Annahmeverzuges (§ 615 BGB) den **vol-** **52**

len Lohn weiterzuzahlen (*Stebut,* RdA 74, 337; *GKSB,* Rn 77). Massenänderungskündigungen oder -verträge zwecks Einführung von Kurzarbeit unter Umgehung des MBR sind nicht zulässig.

53 Der **BR** kann die **Initiative** zur vorübergehenden Einführung von Überstunden oder **Kurzarbeit** ergreifen (BAG 4. 3. 86, AP Nr. 3 zu § 87 BetrVG 1972 Kurzarbeit, dazu *Gabert,* NZA 86, 412; *Fahrtmann,* RdA 74, 65, *von Friesen,* DB 80, Beil. 1, S. 12; *Berg,* AiB 82, 179ff mit Muster- BV; *GL,* Rn 111; *Reuter* ZfA 81, 165, 175ff. **a.M.** die überwiegende Meinung, vgl. *GK-Wiese,* Rn 157). Damit können Entlassungen aus betriebsbedingten Gründen vermieden werden (*Meinhold,* BB 88, 623; vgl. auch § 102 Rn 50a u. §§ 112, 112a Rn 15). Entsprechendes gilt für die **Wiederherstellung der betriebsüblichen Arbeitszeit,** einschließlich vorzeitiger Beendigung von Kurzarbeit (insoweit auch *GK-Wiese,* Rn 157; nach BAG 21. 11. 1978, AP Nr. 2 zu § 87 BetrVG 1972 Arbeitszeit soll kein MBR bestehen, wenn der ArbGeb. vorzeitig zur betriebsüblichen Arbeitszeit zurückkehren will; kr. hierzu *GKSB,* Rn 79 u. *Wiedemann/Moll,* Anm. a. a. O.). Dem MBR unterliegt auch der Abbau jahrelang eingeführter Überstunden, da damit die regelmäßige tägliche Arbeitszeit i. S. der Nr. 2 verändert wird (vgl. Rn 44; *Lappe,* Jahrbuch des Arbeitsrechts, Bd. 16, S. 67; **a.M.** BAG 25. 10. 1977, AP Nr. 1 a. a. O.; *Becker-Schaffner,* BlStR 75, 20; *GL,* Rn 86 und *GK-Wiese,* Rn 161). Gleiches gilt für **Rahmenvereinbarungen über die Begrenzung von Überstunden** (*Mache,* AiB 86, 184, DB 86, 2077; vgl. auch BAG 2. 3. 82, AP Nr. 6 zu § 87 BetrVG 1972 Arbeitszeit; **a.M.** LAG Hamm, 4. 12. 85, 22. 1. 86, DB 86, 547, 806). Derartige Vereinbarungen können auch zum Inhalt haben, daß der ArbGeb unter bestimmten tatbestandlichen Voraussetzungen im Einzelfall ohne nochmalige Beteiligung des BR Überstunden anordnen darf (BAG 12. 1. 88, AP Nr. 8 zu § 81 ArbGG 1979; vgl. auch Rn 21).

54 Eine Änderung der betriebsüblichen Arbeitszeit liegt nicht vor, wenn der ArbGeb. kraft seines Direktionsrechts oder Einzelarbeitsvertrages vorübergehend die **Arbeitszeit für einen oder mehrere einzelne ArbN** aus dringenden, nicht vorhersehbaren betrieblichen Gründen (vgl. § 14 AZO) ändert (vgl. *DR,* Rn 252; *GK-Wiese,* Rn 158; *GL,* Rn 108; *Farthmann,* RdA 74, 68; **a.M.** *GKSB,* Rn 13). **Beispiel:** Be- oder Entladen eines LKW nach Arbeitsschluß (vgl. BAG 7. 9. 1956, 25. 10. 1957, AP Nr. 2 und 6 zu § 56 BetrVG 1952). Das MBR besteht aber, wenn solche Arbeiten aus betrieblichen Gründen mit einer gewissen Regelmäßigkeit anfallen und zwar unabhängig vom Einverständnis und Zahl der ArbN (vgl. BAG 18. 11. 80, 21. 12. 82, AP Nr. 3, 9 zu § 87 BetrVG 1972 Arbeitszeit betr. die Anordnung von Überstunden für einzelne ArbN jeder Abteilung eines Warenhauses anläßlich von Schlußverkäufen und Bestandsaufnahmen bzw. die Rufbereitschaft für Störfälle im Heizwerk). Es geht nämlich nicht um die Berücksichtigung persönlicher Wünsche einzelner ArbN, sondern um die vorübergehende regelmäßige Arbeitszeit von ArbN in ihrer Eigenschaft als Mitgl. der kollektiven Belegschaft. Es besteht ein zusätzlicher Arbeitsbedarf für den Betrieb. Auf die **Zahl der betroffenen ArbN** kommt es **nicht** an. Sie ist nur ein

Indiz für das Bestehen eines kollektiven Tatbestandes (BAG 2. 3. 1982, 8. 6. 1982, 21. 12. 1982, 8. 11. 1983, 10. 6. 1986, 11. 11. 1986, AP Nr. 6, 7, 9, 11, 18, 21 zu § 87 BetrVG 1972 Arbeitszeit; wegen Anordnung von Überstunden für Teilzeitbeschäftigte vgl. ArbG Berlin 24. 3. 1988, AiB 88, 287).

b) Kurzarbeit und Überstunden im Arbeitskampf

Besonders umstritten ist das MBR des BR bei **Anordnung von Kurzarbeit** oder Überstunden in Auswirkung von **Streiks.** Das BAG hat das MBR unter Berufung auf den Gesichtspunkt der „Überforderung" des BR und der Kampfparität im Arbeitskampf (nach *Heinze,* DB 82, Beilage 23 eine „Leerformel", nach *Mayer,* BlStR 81, 353 eine „Allzweckwaffe"; nach Jahnke, ZfA 84, 69 sind die Betriebspartner nicht an den Grundsatz der Kampfparität gebunden) verneint, wenn der ArbGeb. in seinem **Betrieb unmittelbar vom Streik betroffen** war und mit arbeitswilligen ArbN unter Anordnung von Überstunden die Produktion aufrecht erhalten wollte (BAG 24. 4. 79, AP Nr. 63 zu Art. 9 GG Arbeitskampf, kr. dazu *Wolter,* ArbuR 79, 333; vgl. insoweit auch Rn 54i). Für die Anordnung von Kurzarbeit in unmittelbar bestreikten Betrieben, worunter auch der zeitweilige Ausfall ganzer Schichten zu rechnen ist (BAG 13. 7. 77, AP Nr. 2 zu § 87 BetrVG 1972 Kurzarbeit), gilt nach den grundsätzlichen Entscheidungen des **BAG** vom 22. 12. 80 (AP Nr. 70, 71 zu Art. 9 GG Arbeitskampf) dasselbe. Das MBR entfällt wegen der Neutralitätspflicht des BR. 54a

In diesen Urteilen hat sich das BAG insbes. auch mit den **Fernwirkungen** (z. B. Störungen von Zulieferungen oder Absatz) von Arbeitskampfmaßnahmen in **mittelbar vom Streik betroffenen Betrieben** befaßt, die also nicht selbst bestreikt wurden. Danach können diese Fernwirkungen auf Drittbetriebe das Kräfteverhältnis der kampfführenden TV-Parteien im Gebiet des TV so beeinflussen, daß jede Seite das Arbeitskampfrisiko selbst tragen muß, d. h. auch die ArbN in Drittbetrieben haben keinen Beschäftigungs- und keinen Lohnanspruch mehr. Zugleich entfällt nach Ansicht des BAG ein MBR bei Einführung von Kurzarbeit. Während das **„ob"** der Kurzarbeit als vom Recht vorgegeben mitbestimmungsfrei sei, soll der BR bei dem **„wie"**, d. h. bei den Modalitäten mitbestimmen, soweit noch etwas zu regeln ist (z. B. ab wann, für welche ArbN und in welcher Form Kurzarbeit eingeführt werden soll). Diese Beschränkung der MBR unter Durchbrechung der Grundsätze des sonst vom ArbGeb. zu tragenden Betriebs- und Wirtschaftsrisikos soll aber nur Platz greifen, wenn bei typisierender Betrachtung nennenswerte Einflüsse auf das Kräfteverhältnis der TV-Parteien eintreten können. Das BAG unterstellt diese Wirkungen jedenfalls dann, wenn auch für die mittelbar betroffenen Betriebe in derselben Branche dieselben Verbände zuständig sind oder eine enge wirtschaftliche Verflechtung (Konzern) besteht. Im übrigen hat das BAG darauf verzichtet, einen Katalog von Merkmalen aufzustellen, bei deren Vorliegen erhebliche Einflüsse auf die Arbeitskampfparität anzunehmen sind. 54b

54c Das BAG verweist den BR ausdrücklich auf den Weg der **einstw. Verf.** im BeschlVerf. mit dem Ziel, die einseitige Einführung der Kurzarbeit zu untersagen, wenn der BR davon überzeugt ist, daß die Fernwirkungen eines Arbeitskampfes nicht vorliegen (vgl. wegen einstw. Verf. näheres **Nach** § 1 Rn 56ff. u. Rn 161). Die erforderliche Eilbedürftigkeit wird regelmäßig gegeben sein. Besteht Streit über das „wie" der beabsichtigten Kurzarbeit, so muß der ArbGeb. umgehend die Bildung einer E-Stelle betreiben, da es sich insoweit um eine Regelungsfrage, nicht um eine Rechtsfrage handelt. Unterläßt dies der ArbGeb., so sind die angeordneten einseitigen Maßnahmen unwirksam, die ArbN behalten ihren Lohnanspruch, der BR kann seinerseits eine einstw. Verf. auf Untersagung der Kurzarbeit beantragen (hierzu vgl. LAG Berlin, 6. 8. 85, DB 86, 808; *Bieback/Mayer,* ArbuR 82, 180; *Kittner,* ArbuR 81, 301; *Seiter,* DB 81, 585; **a.M.** BAG 22. 2. 83, AP Nr. 2 zu § 23 BetrVG 1972).

54d Die vorstehend dargelegte Auffassung des BAG ist jedenfalls für **mittelbar streikbetroffene Betriebe** abzulehnen. Sie verkennt die grundsätzliche Trennung von Betriebsratsamt und Gewerkschaft, die auch das BetrVG 1972 aufrechterhält (vgl. § 2 Rn 3, § 74 Rn 3, § 75 Rn 14, 15). Der BR ist nicht der verlängerte Arm der Gewerkschaft, sondern hat seine eigenständigen gesetzlichen Rechte und Pflichten. Er ist nicht der „Kampfgegner" des ArbGeb., von dessen Einverständnis etwa Arbeitskampfmaßnahmen des ArbGeb. abhängig wären, sondern er ist zur Neutralität (§ 74 Abs. 2) verpflichtet (so aber *Seiter,* RdA 79, 397). Die Neutralität des BR ist nicht geeignet, MBR zu verkürzen (*Jahnke,* ZfA 84, 69; auch *Mayer-Maly,* BB 79, 1305 [1311ff.], u. *Kraft,* Festschrift Müller, S. 265ff., die aber aus dem Umstand, daß der BR kein Träger von Arbeitskampfmaßnahmen sei, den Schluß ziehen, MBR seien ausgeschlossen). Das BAG geht selbst davon aus, daß es in mittelbar betroffenen Betrieben an einer typischen Arbeitskampfkonfrontation fehlt. Im übrigen erstreckt sich diese nicht auf den BR. Der Gesetzeswortlaut läßt eine Einschränkung der MBR nicht zu. Das richterrechtliche Arbeitskampfrecht ist auch kein den MBR vorgehendes Gesetzesrecht (vgl. Rn 4). Zudem ist die Annahme des BAG, die ArbN seien durch die Zahlung vor Kurzarbeitsgeld abgesichert, durch die Neufassung des § 116 AFG fragwürdig geworden (vgl. Rn 54g).

54e Es besteht regelmäßig ein **Beurteilungsspielraum des ArbGeb.** ob, wann und in welchem Umfang er zur **Kurzarbeit übergeht,** insbes. bei Absatzstockungen. Das ist eine Regelungs-, keine Rechtsfrage. Der zwangsläufige, sofort notwendige Übergang zur Kurzarbeit wird der extreme Ausnahmefall sein (z. B. Stromausfall infolge Streiks im Elektrizitätswerk, der „Ausgangsfall" des Reichsgerichts zur Betriebsrisikolehre, vgl. RGZ 106, 272ff.; für volles MBR bei vorsorglicher Streckung der Arbeit auch *Broxs/Rüthers,* Rn 456ff.). Es ist nicht einzusehen, daß der BR als Betriebsverfassungsorgan, das kein Kampfgegner ist, bei Ausübung dieses Beurteilungsspielraumes ausgeschaltet werden sollte. Notfalls kann eine E-Stelle kurzfristig zusammentreten und entscheiden, bevor Engpässe zu Maßnahmen der Produktionsdrosselung zwingen.

Wenn das BAG das „ob" der Einführung von Kurzarbeit dem ArbGeb. allein überlassen will und nur für das „wie" die MBR des BR Platz greifen sollen, so ist diese **Unterscheidung** auch praktisch nicht durchführbar. Beides läßt sich nicht trennen (so auch *Bieback/Mayer,* ArbuR 82, 169; *Meier,* BlStR 81, 353; *Wohlgemuth,* AiB 81, 67). Im übrigen bleibt weitgehend unklar, in welchen Fällen Fernwirkungen eines Streiks in Drittbetrieben die Arbeitskampfparität im Tarifgebiet mit der Folge beeinflussen, daß ein MBR beim „ob" der Einführung von Kurzarbeit entfällt (zu den BAG Entscheidungen vom 22. 12. 80 vgl. außer den schon genannten: *DR,* Rn 260ff.; *GKSB,* Rn 72f.; *GL,* § 74, Rn 13b; *Dütz* und *Ehmann/Schnauder,* EzA § 615 BGB Betriebsrisiko Nr. 8; *Konzen,* SAE 81, 209; *Richardi,* Anm. AP Nr. 71 zu Art. 9 GG Arbeitskampf; *Seiter,* DB 81, 578; *Weiss,* ArbuR 82, 265; *Kittner/Wohlgemuth,* Schriftenreihe d. I. G. Metall, Nr. 90, 1981). **54f**

Von der Frage der Einführung der Kurzarbeit, bei der der BR unabhängig von ihrer etwaigen Arbeitskampfbedingtheit zu beteiligen ist (vgl. die Rn 50–54), andernfalls der ArbGeb. in Annahmeverzug geraten würde (vgl. Rn 52), ist die **Zahlung von Kurzarbeitergeld** durch das AA zu trennen. Der ArbGeb ist nach §§ 64 Abs. 1, § 72 Abs. 1, 1a AFG verpflichtet, dem AA schriftlich die Einführung von Kurzarbeit unabhängig von deren Gründen anzuzeigen und ggfs. glaubhaft zu machen, der Arbeitsausfall sei die Folge eines Arbeitskampfes. Dieser Anzeige ist eine **Stellungnahme des BR** beizufügen. Unterbleibt die Anzeige des ArbGeb., so hat der einzelne ArbN u. U. Schadenersatzansprüche, sofern er bei Erstattung der Anzeige Kurzarbeitergeld erhalten würde. Der BR hat daneben ein eigenes Anzeige- und Klagerecht für die Zahlung von Kurzarbeitergeld (§ 72 Abs. 1 u. 2 AFG; *Bieback,* ArbuR 86, 163; *Bieback* u.a. BB 87, 676; Runderlaß BAA 4. 3. 1987 Nr. 16/87 Ziff. 9 betr. MBR des BR, NZA 87, 304 = RdA 87, 281; SG Frankfurt, 29. 7. 88, NZA 89, 324). **54g**

Das AA prüft, ob die Voraussetzungen für die Gewährung von Kurzarbeitsgeld nach § 64 Abs. 1 AFG gegeben sind bzw. der Neutralitätsausschuß bei der BAA (§ 116 Abs. 5, 6, § 206a AFG), ob nach § 116 Abs. 3 AFG wegen eines Arbeitskampfes der Anspruch auf Arbeitslosengeld bzw. Kurzarbeitergeld ruht. In dem vom ArbGeb. anhängig gemachten Verfahren vor der Arbeitsverwaltung ist der **BR** gemäß § 12 Abs. 1 Nr. 1 SGB X **notwendiger Beteiligter,** d. h. er ist vom Eingang des Antrags des ArbGeb. zu unterrichten und jedenfalls auf seinen Antrag hin zum weiteren Verfahren zuzuziehen. Der BR hat dann alle Rechte eines Verfahrensbeteiligten. Trotz einer negativen Entscheidung des Neutralitätsausschusses kann der BR in gesetzlicher Prozeßstandschaft für die ArbN beim SG negativ beschiedene Leistungsanträge überprüfen lassen (*Bieback,* ArbuR 86, 161, 167; *Löwisch,* NZA 86, 345, 350; vgl. BSG, 22. 6. 83, SozR 130, § 12 SGB X Nr. 1). **54h**

Die Anordnung von **Überstunden** durch den ArbGeb für arbeitswillige ArbN im **Arbeitskampf** ist grundsätzlich zulässig, bedarf aber der Zustimmung des BR, die dieser nur aus sachlichen, „arbeitskampffreien" Gründen verweigern darf. Der ArbGeb hat im Streitfall glaubhaft zu **54i** machen, daß nur eine Zustimmung des BR sachgerecht wäre. Wegen Verfahren vor der E-Stelle und vor dem ArbG vgl. *Küttner/Schmidt,* DB 88, 704.

4. Auszahlung der Arbeitsentgelte

55 Der BR bestimmt (in der Regel durch Abschluß einer BV) mit bei der **Festlegung der Entgeltzahlungszeiträume** (z.B. monatl. Lohnzahlung), nicht zu verwechseln mit der Bezahlung im Monatslohn, die unter Nr. 10 fällt (vgl. *Vogt,* DB 75, 1025 [1030]), des **Tages und der Stundenzeit** der Entgeltzahlungen, soweit diese nicht durch Gesetz oder TV (bindende Festsetzung nach § 19 HAG) geregelt sind. Nach der abdingbaren Vorschrift des § 614 BGB ist der Lohn nachträglich zu zahlen. Wegen Termin für vermögenswirksame Leistungen vgl. § 4 Abs. 2 5. VermBG.

56 Außerdem unterliegt der **„Ort“** der Gewährung des Arbeitsentgelts der Mitbestimmung, d.h. die Stelle, an der der ArbN sein Arbeitsentgelt in Empfang nimmt (nicht in Gastwirtschaften: § 115a GewO, § 35 Abs. 2 SeemG), und die **Art der Entgeltzahlung,** insbesondere der Übergang zur bargeldlosen Zahlung, wie das Gesetz klarstellt. Durch BV kann auch die Frage der **Kosten** für **Überweisung und Kontenführung** geregelt werden, sowie des Aufsuchens der Bank zum Zwecke der Abhebung des Lohnes **während der Arbeitszeit** (vgl. BAG 20. 4. 82, DB 82, 1674). Der ArbN ist finanziell jedenfalls so zu stellen, als wenn er den Lohn in bar bekommen hätte. Das ergibt sich gemäß § 270 BGB schon aus dem Arbeitsvertragsrecht (*GL,* Rn 123; *Gola,* BB 75, 46). Das MBR des BR erstreckt sich jedenfalls insoweit auf die Frage der Kostentragung für bargeldlose Lohnzahlung, als unmittelbar Gebühren durch die Überweisung des Arbeitsentgelts anfallen, also je nach den Bankbedingungen auf eine **Gebühr für die Kontenführung** an sich, eine Gebühr für die **Überweisung** und eine Gebühr für die **einmalige Abhebung** des Arbeitsentgelts (BAG 8. 3. 1977, 31. 8. 82, 24. 11. 87, AP Nr. 1, 2, 6 zu § 87 BetrVG 1972 Auszahlung, 21. 12. 82, DB 83, 996, sogen. „Annexregelung“, *Hanau,* RdA 73, 281; *DR,* Rn 281; **a.M.** *GK-Wiese,* Rn 175f. u. *HSG,* Rn 222: nur freiwillige BV; LAG Düsseldorf, DB 80, 933: Keine Erstattung von Schließfachgebühren und Fahrtkosten; *Huber,* DB 80, 1643: keine Mehrkosten für ArbGeb.). Eine **Pauschalierung** dieser Gebühren durch BV ist zulässig. Nach Erlaß des Bundesministers für Wirtschaft und Finanzen vom 5. 4. 1972 und einem Schreiben vom 29. 6. 1976 des Bundesministers der Finanzen sind Leistungen des ArbGeb. zur Abgeltung von Kontenführungskosten bis zu 2,50 DM monatlich als Auslagenersatz nicht steuerpflichtig (DB 72, 706 und DB 73, 2168). Die Auferlegung von Kontenführungsgebühren auf den ArbGeb verstößt nicht gegen das Grundgesetz (BVerfG 18. 10. 1987, AP Nr. 7 zu § 87 BetrVG 1972 Auszahlung; vgl. auch § 76 Rn 35ff.). Wegen Spruch einer E-Stelle vgl. DB 80, 692.

57 **Arbeitsentgelt** im Sinne dieser Bestimmung ist die in **Geld auszuzahlende Vergütung** des ArbGeb. für geleistete Arbeit ohne Rücksicht auf

ihre Bezeichnung (Gehalt, Lohn, Provisionen, Kindergeld, Familienzulage, Teuerungszulage, Urlaubsgeld, [BAG 25. 4. 89, AP Nr 3 zu § 98 ArbGG 1979], sowie Reisekosten, Wegegelder, Spesen, Auslösungen [*HSG,* Rn 214] usw. einschl. der Regelung von Vorschußzahlungen). Darüber hinaus rechnen **auch Sachleistungen** des ArbGeb. (Deputate) hierher.

Auch nach Nr. 4 besteht das MBR des BR bei „allgemeinen Maßnahmen im Rahmen des Direktionsrechts" (oben Rn 16), z. B. bei Verschiebung des Zeitpunkts der Lohnzahlung wegen eines Feiertages (*DR,* Rn 284; *GK-Wiese,* Rn 177). 58

5. Urlaub

Das MBR in Urlaubsfragen betrifft nicht nur den Erholungsurlaub i. S. des § 1 BUrlG und den Zusatzurlaub für Schwbeh (LAG Frankfurt, 16. 2. 87, BB 87, 1461), sondern **jeden Urlaub** (vgl. Rn 63). Der Aufstellung des Urlaubsplans soll zunächst die **Aufstellung allgemeiner Urlaubsgrundsätze** unter Mitbestimmung des BR vorausgehen, in denen allgemeine Richtlinien festgelegt werden, z. B. für die Verteilung des Urlaubs innerhalb des Kalenderjahres (ArbN mit schulpflichtigen Kindern während der Ferien, Abwechslung der Urlaubserteilung in den günstigeren und ungünstigeren Monaten, Rücksicht auf den Urlaub berufstätiger Ehegatten, Teilbarkeit des Urlaubs im Rahmen des § 7 Abs. 2 u. 3 BUrlG), allgemeine **Betriebsferien** unter Schließung des Betriebes (vgl. BAG 16. 3. 1972, AP Nr. 3 zu § 9 BUrlG; 28. 7. 81, AP Nr. 2 zu § 87 BetrVG 1972 Urlaub, das in der Einführung von Betriebsferien bereits dringende betriebliche Belange i. S. des § 7 Abs. 1 BUrlG sieht, hinter denen abweichende Urlaubswünsche des einzelnen ArbN zurücktreten müssen, dazu kr. *Birk,* SAE 84, 120; arbeitsbereite, noch nicht urlaubsberechtigte ArbN haben Anspruch auf Lohnzahlung: BAG 2. 10. 1974, AP Nr. 2 zu § 7 BUrlG Betriebsferien; *DR,* Rn 296). Hierfür kann wegen der notwendigen Zusammenarbeit mehrerer Betriebe eines Unternehmens ausnahmsweise der **GesBR** zuständig sein (vgl. auch § 50 Rn 27). Dem BR (GesBR) steht auch ein Initiativrecht auf Einführung von Betriebsferien zu (*GL,* Rn 129; **a. M.** *GK-Wiese,* Rn 187 u. *HSG,* Rn 240). Hierher gehört ferner die Regelung der **Urlaubsvertretungen.** Wegen Freischichten vgl. Rn 50 u. wegen Versetzung § 99 Rn 27. 59

Auf Grund der allgemeinen Urlaubsgrundsätze ist der **Urlaubsplan** unter Beteiligung des BR aufzustellen, d. h. die **Verteilung des konkreten Urlaubs** der einzelnen ArbN des Betriebes **auf das Kalenderjahr.** Damit ist noch keine endgültige Festlegung der zeitlichen Lage des Urlaubs erfolgt; es können sich im Einzelfall noch Änderungen ergeben, sei es aufgrund der betrieblichen Belange, sei es gemäß den persönlichen Wünschen der ArbN (einklagbar im Rahmen des § 7 Abs. 1 BUrlG). Wenn allerdings angemessene Zeit vor Urlaubsbeginn von keiner Seite (BR, ArbGeb., ArbN) Änderungen gewünscht werden, ist der Urlaub für den Zeitraum einzelvertraglich als erteilt anzusehen, der in der **Urlaubsliste** aufgrund der Wünsche der einzelnen ArbN eingetragen ist 60

(*Dersch-Neumann,* BUrlG § 7 Rn 24; *GKSB,* Rn 98; nach LAG Hamm, DB 77, 2191 besteht kein MBR für die Anweisung an Vorgesetzte, bei Aufstellung der Urlaubsliste darauf hinzuwirken, daß die ArbN bestimmte Zeiten wählen, vgl. auch Rn 19). Spätere generelle Änderungen des Urlaubsplanes bedürfen der Zustimmung des BR. Ein Widerruf des Urlaubs im Einzelfall aus dringenden betrieblichen Gründen richtet sich nach urlaubsrechtlichen Grundsätzen (vgl. *Dersch-Neumann,* § 7 Rn 36f.) und unterliegt nicht dem MBR (*GK-Wiese,* Rn 193; *HSG,* Rn 242; **a.M.** LAG München, 23. 3. 88, BB 88, 2175). Die Frage, ob sich der einzelne ArbN eine **Schonzeit** nach einer Kur auf den Erholungsurlaub anrechnen lassen muß, unterliegt als Rechtsfrage nicht dem MBR (BAG 26. 11. 1964, AP Nr. 1 zu § 10 BUrlG Schonzeit).

61 Wird zwischen **ArbGeb. und einzelnen ArbN** bezüglich der endgültigen Festlegung der **zeitlichen Lage des Urlaubs kein Einverständnis** erzielt (insbes. weil mehrere ArbN gleichzeitig Urlaub nehmen wollen, aber nach Ansicht des ArbGeb. aus betrieblichen Gründen nicht können), so hat der **BR auch in diesem Einzelfall ein MBR;** ggfs. entscheidet die E-Stelle (h. M.; verneinend, falls es nur um einen einzigen ArbN geht: *GK-Wiese,* Rn 195). Dabei haben ArbGeb. und BR – aber auch die E-Stelle – von den Grundsätzen auszugehen, die § 7 Abs. 1 BUrlG aufstellt. Die Urlaubswünsche des betroffenen ArbN, aber auch die aus sozialen Gründen berechtigten konkurrierenden Urlaubswünsche anderer ArbN und dringende betriebliche Erfordernisse sind nach billigem Ermessen gegeneinander abzuwägen (BAG 4. 12. 1970, AP Nr. 5 zu § 7 BUrlG). Dem einzelnen ArbN steht es zwar frei, sich auch mit der zeitlichen Festlegung seines Urlaubs durch ArbGeb. und BR oder die E-Stelle nicht zufriedenzugeben (vgl. § 76 Abs. 7) und gegen den ArbGeb. auf **Erteilung des Urlaubs für einen bestimmten anderen Zeitraum** unter Berufung auf § 7 Abs. 1 BUrlG im **Urteilsverfahren** zu klagen (h. M. vgl. zur individuellen Klage *Dersch-Neumann,* § 7 Rn 53). Er wird aber regelmäßig keinen Erfolg haben, wenn die Betriebsverfassungsorgane selbst schon von den Grundsätzen des § 7 Abs. 1 BUrlG ausgegangen sind (vgl. BAG 25. 2. 83, AP Nr. 14 zu § 626 BGB Ausschlußfrist). Eine sofortige Klageerhebung des ArbN mangels Einigung mit dem ArbGeb. dürfte nicht zulässig sein, da der Urlaubszeitpunkt noch gar nicht festliegt. Solange das Mitbestimmungsverfahren noch nicht durchgeführt ist, besteht noch kein Rechtsschutzbedürfnis für eine Klage (ähnlich *Dütz,* ArbuR 73, 369; **a.M.** *DR,* Rn 321; *GK-Wiese,* Rn 197), es sei denn ArbGeb. und BR bleiben untätig.

62 Die **Dauer des Erholungsurlaubs** und die **Zahlung des Urlaubsentgelts** sind im BUrlG bzw. im TV festgelegt. Die Änderungsmöglichkeiten des § 13 BUrlG zugunsten von TV gelten nicht für BV (vgl. oben Rn 51). Eine BV kann auch nicht eine Urlaubserteilung im Vorgriff auf das nächste Kalenderjahr vorsehen (BAG 17. 1. 1974, AP Nr. 3 zu § 1 BUrlG). Die Zahlung eines zusätzlichen **Urlaubsgeldes** ist im BUrlG nicht vorgesehen, wohl aber in vielen TV. Entsprechende Zahlungen können (freiwillige) BV nur vorsehen, wenn eine Tarifregelung nicht besteht und auch nicht üblich ist oder zusätzliche BV auf diesem Gebiet

im TV ausdrücklich zugelassen sind (vgl. den Fall BAG 25. 4. 89, AP Nr. 3 zu § 98 ArbGG 1979).

Nicht im BUrlG geregelt ist die Erteilung unbezahlten **Sonderurlaubs,** z. B. an Gastarbeiter. Die Aufstellung allgemeiner Grundsätze hierüber unterliegt **auch dem MBR** (BAG 18. 6. 1974, 17. 11. 1977, AP Nr. 1 zu § 87 BetrVG 1972 Urlaub; AP Nr. 8 zu § 9 BUrlG; *GKSB,* Rn 94; von *Hoyningen-Huene,* NJW 81, 713, 717; **a. M.** *Blomeyer,* SAE 76, 10; *HSG,* Rn 230; *Faßhauer,* NZA 86, 453, 457). Das gilt auch für einen **Bildungsurlaub,** soweit nicht Sonderregelungen für BRMitgl. nach § 37 Abs. 6, 7 Platz greifen (*DR,* Rn 293, 308; *GL,* Rn 128; *GK-Wiese,* Rn 181; *GKSB,* Rn 106; *Schaub,* § 235 II 5). Ein Rechtsanspruch auf Gewährung von Sonder- oder Bildungsurlaub wird aber vorausgesetzt. Er kann auf Gesetz (vgl. z. B. § 185c RVO, § 616 BGB, Bildungsurlaubsgesetze der Länder), TV oder (freiwilliger) BV beruhen (näheres vgl. *Faßhauer* a. a. O.). 63

6. Arbeitnehmerüberwachung durch technische Einrichtungen

Das MBR des BR bei Einführung und Anwendung von technischen Überwachungseinrichtungen nach Nr. 6 ist 1972 neu in das Gesetz aufgenommen worden. Zum früheren Recht hatte es das BAG in seiner ersten Produktographen-Entscheidung (Beschluß vom 27. 5. 60, AP Nr. 1 zu § 56 BetrVG 1952 Ordnung des Betriebs) abgelehnt, das MBR nach § 56 Abs. 1 Buchst. f BetrVG 1952 (Fragen der Ordnung des Betriebes und des Verhaltens der ArbN im Betrieb) auf technische Überwachungseinrichtungen zu erstrecken, die (auch) eine Leistungskontrolle der ArbN ermöglichen. Diese Streitfrage ist durch § 87 Abs. 1 Nr. 6 überholt. Es wäre jedoch verfehlt, wollte man den Regelungsinhalt der Nr. 6 auf eine gesetzgeberische Klärung der früheren Streitfrage beschränken. Die Vorschrift ist vielmehr aus sich heraus unter Beachtung ihres Normzwecks anzulegen. Nur so kann sie einen wirksamen Beitrag zur Eindämmung der Gefahren leisten, die den ArbN durch die modernen Technologien mit ihren vielfältigen Überwachungsmöglichkeiten drohen (vgl. § 75 Rn 21b ff.). Wegen Überblick der neueren Rechtsprechung des BAG vgl.: *Gola,* ArbuR 88, 105, *Heither,* BB 88, 1049, *Kort,* CR 87, 300, *Tonner,* BB 88, 1813. 64

§ 87 Abs. 1 Nr. 6 geht, soweit eine Verhaltens- oder Leistungskontrolle der ArbN durch technische Einrichtungen erfolgt, der Regelung des Abs. 1 Nr. 1 vor (*GL,* Rn 59a; *GK-Wiese,* Rn 201; *HSG,* Rn 253; *Ossberger,* a. a. O., S. 101f.; *Moll,* DB 82, 1722; vgl. auch BAG vom 9. 9. 75, AP Nr. 2 zu § 87 BetrVG 1972 Überwachung; **a. A.** wohl *DR,* Rn 325). Neben Nr. 6 können jedoch MBR nach Nr. 10 und 11 in Betracht kommen. Bei der Einführung von technischen Überwachungseinrichtungen können ferner Unterrichtungs- und Beratungsrechte nach §§ 90, 91, 106 Abs. 3 Nr. 5 und § 111 Nr. 5 zu beachten sein (vgl. hierzu in bezug auf die Einführung von Bildschirmarbeitsplätzen *Kilian* NJW 81, 2545; *Engel* ArbuR 82, 79). Über weitere, insbesondere bei der Speicherung von ArbNDaten in EDV-Anlagen in Betracht kommende Rechte 65 des BR vgl. § 75 Rn 21b ff., § 80 Rn 37ff., § 92 Rn 26ff., § 94 Rn 8, 14, 29 sowie § 95 Rn 8 (vgl. hierzu *Matthes,* RDV 85, 16; *Müllner,* BB 84, 475; *Wagner,* AiB 86, 87). Zum umfassenden Auskunftsrecht des BR bei Verarbeitung personenbezogener Daten vgl. BAG 17. 3. 87, AP Nr. 29 zu § 80 BetrVG 1972 u. § 80 Rn 37.

66 Die Vorschrift dient dem **Persönlichkeitsschutz** des einzelnen ArbN gegen anonyme Kontrolleinrichtungen, die stark in den persönlichen Bereich der ArbN eingreifen (so Begründung zum RE, BT-Drucks. VI/1786 S. 48f.; vgl. auch BAG 7. 10. 87, AP Nr. 15 zu § 611 BGB Persönlichkeitsrecht). Insofern besteht ein enger Zusammenhang zwischen dem MBR nach § 87 Abs. 1 Nr. 6 und dem Gebot des § 75 Abs. 2, die freie Entfaltung der Persönlichkeit der im Betrieb beschäftigten ArbN zu schützen und zu fördern (vgl. hierzu § 75 Rn 21ff.; BAG vom 6. 12. 1983 und 14. 9. 1984, AP Nr. 7 und 9 zu § 87 BetrVG 1972 Überwachung; *DR,* Rn 324; *GL,* Rn 141; *GK-Wiese,* Rn 200; *Wiese,* Initiativrecht, S. 51; wohl auch *Buchner,* ZfA 88, 467ff; einen zu weit gefaßten Persönlichkeitsschutz als Normzweck ablehnend *HSG,* Rn 250f.). Durch das MBR des BR sollen zum einen in Form eines **präventiven Schutzes** unzulässige Eingriffe in den Persönlichkeitsbereich der ArbN (vgl. hierzu ausführlich *Ossberger,* a.a.O. S. 45ff.) verhindert werden (rechtlich unzulässige Eingriffe können auch durch eine Zustimmung des BR nicht legitimiert werden, vgl. BAG 13. 1. 87, AP Nr. 3 zu § 23 BDSG betr. Telefonüberwachung eines angestellten Psychologen; ferner *Ehmann,* ZfA 86, 374ff. mit kr. Würdigung der BAG-Rechtspr.; *DR,* Rn 324, 338; *GL,* Rn 151a; *GK-Wiese,* Rn 212; *Weiss,* Rn 19). Zum anderen sollen rechtlich zulässige Eingriffe auf das durch die betrieblichen Notwendigkeiten unbedingt erforderliche Maß beschränkt werden. Der innere Zusammenhang zwischen § 87 Abs. 1 Nr. 6 und § 75 Abs. 2 gebietet es, bei Auslegungszweifeln über Inhalt und Grenzen des MBR nach Nr. 6 derjenigen Auslegung den Vorzug zu geben, die den Persönlichkeitsschutz des einzelnen ArbN am besten sichert (vgl. *DR,* Rn 325; *Simitis,* Schutz von ArbNDaten, S. 30; *Franz,* Personalinformationssysteme, S. 88).

67 Vom MBR erfaßt werden technische Einrichtungen, die dazu bestimmt sind, das Verhalten oder die Leistung der ArbN zu überwachen. Unter **Überwachung** oder Kontrolle (beide Begriffe sind in diesem Zusammenhang synonym zu verwenden, vgl. den in der amtlichen Begründung a.a.O. verwandten Begriff der „Kontrolleinrichtung") versteht man einen Vorgang, bei dem bestimmte Informationen gesammelt (d.h. festgestellt und festgehalten) und diese (anschließend) in irgend einer Form ausgewertet werden, z.B. untereinander in Beziehung gesetzt oder mit anderen Daten, etwa bestimmten Vorgaben, verglichen werden (Soll-Ist-Vergleich). So gehört z.B. zur Überwachung des pünktlichen Erscheinens eines ArbN am Arbeitsplatz durch eine Stempeluhr nicht nur das Feststellen und Festhalten der Ankunftszeit des ArbN durch Betätigung der Stempeluhr, sondern auch die (anschließende) Bewertung, ob der ArbN rechtzeitig oder verspätet (und wenn ja, um wieviel) zum Arbeitsbeginn erschienen ist. Überwachung beinhaltet

also neben der bloßen **Sammlung** bestimmter Daten oder Informationen auch eine **Auswertung** dieser Daten, im Beispielsfall einen Vergleich des tatsächlichen Erscheinens des ArbN mit dem vorgegebenen Zeitpunkt des Arbeitsbeginns. Eine Auswertung läge auch vor, wenn die Zeiten, wann die ArbN am Arbeitsplatz erscheinen, miteinander verglichen würden (vgl. zum Überwachungsbegriff BAG v. 14. 9. 1984, AP Nr. 9 zu § 87 BetrVG 1972 Überwachung; BVerwG 31. 8. 88, NJW 89, 848; eingehend *Schwarz,* Arbeitnehmerüberwachung S. 17ff. und DB 83, 226; DB 85, 53; *Goos,* BB 83, 583; *Ehmann,* Festschrift Hilger/Stumpf, S. 131; *Gaul,* RDV 87, 112; *Jobs,* DB 83, 2309; *Weng,* DB 85, 1342; *Matthes,* RDV 85, 18; *ders.,* Arbeitsrecht der Gegenwart, Bd. 23, S. 21ff.; ferner, jedoch entschieden zu eng *Hunold,* DB 82, Beil. 18, S. 9; *Samland,* NZA 85, Beil. 1, S. 12).

Nach seinem Schutzzweck erfaßt Abs. 1 Nr. 6 nicht nur solche techni- **67a** sche Überwachungseinrichtungen, die alle Phasen der Überwachung (Erhebung, Sammeln, Speichern von Informationen und ihre Auswertung) durchführen (so jedoch *Schmidt-Dorrenbach/Goos,* DB 83, Beil. 11, S. 5; *Goos,* BB 83, 583; grundsätzlich auch *Ehmann,* a.a.O. S. 130; *ders.,* Anm. zu BAG v. 6. 12. 1983, EzA Nr. 1 zu § 87 BetrVG 1972 Bildschirmarbeitsplatz S. 77, 81). **Ausreichend** ist vielmehr, wenn lediglich ein **Teil des Überwachungsvorgangs** mittels einer technischen Einrichtung erfolgt; denn bereits dann liegt in aller Regel ein Eingriff in die Persönlichkeitsphäre des ArbN vor, die nach der Absicht des Gesetzes nur unter gleichberechtigter MB des BR erfolgen soll (*Matthes,* Jahrbuch des Arbeitsrechts, Bd. 23, S. 19ff.). Deshalb unterfällt auch die bloße **Erhebung** von leistungs- oder verhaltensrelevanten Daten der ArbN durch eine technische Einrichtung dem MBR (vgl. die Fallgestaltungen in BAG vom 14. 5. 1974 (Multimomentkamera), 9. 9. 1975 (Produktograph), 10. 7. 1979 (Fahrtenschreiber, Filmkamera), 6. 12. 1983 (Bildschirmarbeitsplatz), AP Nr. 1–4 u. 7 zu § 87 BetrVG 1972 Überwachung; BVerwGG 31. 8. 88, NJW 89, 849 (Videoanlage zur Aufklärung von Unregelmäßigkeiten; **a. M.** *Gaul,* RDV 87, 112). Näheres vgl. unten Rn 72a ff. Andererseits reicht es auch aus, wenn manuell erhobene leistungs- und verhaltensrelevante Daten der ArbN anschließend mittels einer EDV-Anlage **ausgewertet,** d.h. programmgemäß zu Aussagen über Verhalten oder Leistung einzelner ArbN verarbeitet werden (vgl. BAG vom 14. 9. 1984 (Techniker-Berichtsystem) und vom 23. 4. 1985 (TÜV-Berichtssystem), AP Nr. 9 und 11 zu § 87 BetrVG 1972 Überwachung; BAG vom 11. 3. 1986 (Paisy), AP Nr. 14 a.a.O. Näheres hierzu vgl. unten Rn 75ff.).

Da die Vorschrift dem Persönlichkeitsschutz des einzelnen ArbN **68** dient, unterfallen ihr nur solche Überwachungsmaßnahmen, die einem **bestimmten ArbN zugeordnet** werden können. Hierbei reicht es aus, wenn diese Zuordnung mittelbar durch Rückschlüsse aus anderen betrieblichen Informationsmitteln möglich ist, z.B. Feststellung an Hand der Anwesenheitsliste, wer eine Maschine zu einem bestimmten Zeitpunkt bedient hat (*GL,* Rn 144a; *GK-Wiese,* Rn 206; *Denck,* RdA 82, 297). Ist eine Identifizierung eines bestimmten ArbN nicht möglich, besteht grundsätzlich kein MBR (BAG vom 6. 12. 1983, AP Nr. 7 zu § 87 BetrVG 1972, Überwachung; BAG vom 10. 4. 84, AP Nr. 7 zu § 87 BetrVG 1972 Ordnung des Betriebes; *HSG,* Rn 269). Filmaufnahmen von Arbeitsplätzen, auf denen ArbN nicht zu sehen oder zu erkennen sind, sind deshalb nicht mitbestimmungspflichtig. Das MBR wird aber nicht dadurch beseitigt, daß der ArbN die Möglichkeit hat, das Kontrollgerät abzuschalten; denn dann lassen Häufigkeit und Dauer der Abschaltung Rückschlüsse auf das Verhalten des ArbN zu (vgl. BAG vom 14. 5. 74, AP Nr. 1 zu § 87 BetrVG 1972 Überwachung; ArbG Hamburg DB 80, 1224; *GK-Wiese,* Rn 206).

68a Nicht ausreichend ist es, wenn Kontrolldaten **nur einer Gruppe** von ArbN zugeordnet werden können, ohne daß eine weitergehende Identifizierung möglich ist, etwa wenn im Falle einer gemeinsamen Benutzung eines Bildschirmgeräts alle nutzungsberechtigten ArbN dieselbe Code-Nummer zur Nutzung des Geräts haben oder wenn das Gerät nur bei Arbeitsbeginn und Arbeitsende von einem der Mitarbeiter mit seinem Code in bzw. außer Betrieb gesetzt wird, in der Zwischenzeit aber von den übrigen Mitarbeitern ohne Verwendung ihres Codes benutzt werden kann (vgl. BAG vom 6. 12. 1983, AP Nr. 7 zu § 87 BetrVG 1972 Überwachung; ArbG Hamburg, BB 81, 1214; LAG Düsseldorf, DB 81, 379; *GL,* Rn 144a; *GK-Wiese,* Rn 206; *Denck,* RdA 82, 297; *Marsch-Barner,* AR-Blattei Betriebsverfassung XIV B 1 unter B II 1c). Etwas **anderes** gilt aber für den Fall, daß die von einer technischen Einrichtung erhobenen leistungs- oder verhaltensrelevanten Daten zwar nur einer Gruppe von ArbN zugeordnet werden können, der hierdurch ausgehende Überwachungsdruck auf die Gruppe jedoch auch auf die einzelnen ArbN der Gruppe durchschlägt, was jedenfalls bei einer kleinen überschaubaren **Akkordgruppe** anzunehmen ist (BAG v. 18. 2. 1986, AP Nr. 13 zu § 87 BetrVG 1972 Überwachung; *Schwarz,* Arbeitnehmerüberwachung S. 102ff.; *Jobs,* DB 83, 2310; *Heinze,* SAE 85, 250; *HSG,* Rn. 268; *Gola,* ArbuR 88, 110; *Simitis,* RDV 89, 56; kr. *Buchner,* BB 87, 1945; **a.M.** *Gaul,* RDV 87, 115; *Ehmann,* ZfA 86, 374, 380 u. SAE 86, 255; *Nipperdey,* CR 87, 434).

69 Die Überwachung durch die technische Einrichtung muß sich auf die Leistung oder das Verhalten der ArbN beziehen. **Leistung** im Sinne der Nr. 6 ist nicht im naturwissenschaftlich-technischen Sinne als Arbeit pro Zeiteinheit zu verstehen, sondern als vom ArbN in Erfüllung seiner vertraglichen Arbeitspflicht geleistetes Arbeiten (BAG v. 23. 4. 1985, AP Nr. 12 zu § 87 BetrVG 1972 Überwachung; BAG v. 18. 2. 1986, AP Nr. 13 zu § 87 BetrVG Überwachung; *Klebe,* DB 86, 380; enger *Müllner,* DB 84, 1679). **Verhalten** ist jedes Tun oder Unterlassen im betrieblichen, aber auch außerbetrieblichen (insoweit **a. A.** *Müllner,* DB 84, 1677; *Matthes,* RDV 85, 21) Bereich, das für das Arbeitsverhältnis erheblich sein kann (vgl. *Klebe,* DB 86, 380; *Simitis,* NJW 85, 406; *Schwarz,* DB 85, 532; vgl. auch BAG 11. 3. 1986 (Paisy), AP Nr. 14 zu § 87 BetrVG 1972 Überwachung; *Ehmann,* ZfA 86, 369, *Gola,* ArbuR 88, 108ff; *Linnenkohl/Schütz/Rauschenberg,* NZA 86, 769). Ist ein Verhalten für das Arbeitsverhältnis nicht relevant, fehlt ein berechtigtes Interesse des Arb-

Geb. an dieser Information; ihre Speicherung wäre nach § 24 BDSG grundsätzlich unzulässig. Nicht erforderlich ist, daß das Verhalten in bezug auf die Erbringung der Arbeitsleistung steht (so aber *HSG,* Rn. 265; *Müllner,* a.a.O.; *Gaul,* RDV 87, 113). Für eine solch einschränkende Interpretation bieten weder Wortlaut noch Normzweck einen Anhaltspunkt.

Für die konkrete inhaltliche Bestimmung des Begriffs „Verhalten" im Einzelfall kann nicht einfach auf die Kriterien abgestellt werden, die für den in § 1 Abs. 2 KSchG verwandten Begriff „Verhalten des ArbN" entwickelt worden sind. Das verbietet der unterschiedliche Normzweck von § 1 KSchG (Bestandsschutz des Arbeitsverhältnisses) einerseits und § 87 Abs. 1 Nr. 6 BetrVG (Persönlichkeitsschutz des ArbN) andererseits (so zutreffend *Klebe,* a.a.O.). Ferner ist zu beachten, daß das Gesetz nicht davon spricht, daß die Erhebung von Verhaltens- oder Leistungsdaten der ArbN dem MBR des BR unterliegt, sondern daß es allgemein und damit weitergehender technische Einrichtungen der Mitbestimmung unterwirft, die dazu bestimmt (nach der Rechtsprechung: objektiv geeignet) sind, das Verhalten oder die Leistung der ArbN zu überwachen. Entscheidend ist also die **Möglichkeit einer Überwachung** des Verhaltens oder der Leistung der ArbN **durch die technische Einrichtung.** Hierbei können aber auch – jedenfalls bei technischen Einrichtungen, die eine Datenauswertung, d.h. eine Datenverarbeitung vornehmen (vgl. Rn. 67a, 75ff.) – Informationen von Bedeutung sein, die für sich allein keine Aussage über die Leistung oder das Verhalten der ArbN zulassen, die jedoch in Verknüpfung mit anderen Daten einer Verhaltens- oder Leistungskontrolle ermöglichen (vgl. hierzu BAG v. 11. 3. 1986 (Paisy), AP Nr. 14 zu § 87 BetrVG 1972 Überwachung unter B II 3 der Gründe; a.M. *Gaul,* RDV 87, 115). Dies gilt umso mehr, als es für die Überwachung des Verhaltens der ArbN durch die techn. Einrichtung nicht darauf ankommt, daß die Information für sich allein schon eine sinnvolle Beurteilung ermöglicht (BAG vom 6. 12. 1983 und 23. 4. 1985, AP Nr. 7, 11 und 12 zu § 87 BetrVG 1972 Überwachung; *DR,* Rn. 331; **a.A.** *Weng,* DB 85, 1343; *Ehmann,* NZA 85, Beil. 1, S. 7). **69a**

Angesichts der vielfältigen Verknüpfungsmöglichkeiten, die moderne EDV-Anlagen hinsichtlich der in ihnen gespeicherten Daten bieten, ist eine definitive Bestimmung von personenbezogenen Daten, die nicht unter den Anwendungsbereich des Abs. 1 Nr. 6 fallen können, kaum möglich. Selbst für sich allein genommen so neutrale Daten wie Geschlecht, Geburtstag, Schul- und Ausbildung, Kinderzahl, können durch EDV-mäßige Verknüpfung mit anderen Daten zu einem Aussagewert über Verhalten oder Leistung eines ArbN führen. Das hängt von den jeweiligen Verknüpfungsmöglichkeiten ab. Deshalb ist es nicht ausgeschlossen, daß auch sog. **Statusdaten** wie Anschrift, Familienstand, Kinderzahl, Steuerklasse, Tarifgruppe, Schul- und Ausbildung, Vorbeschäftigung, allgemeine Gesundheitsdaten unter den Tatbestand der Nr. 6 fallen. Vgl. hierzu *Simitis,* NJW 85, 406; *ders.* RDV 89, 54; *Schwarz,* DB 85, 532; *Klebe,* DB 86, 380, *Schapper/Waniorek* ArbnR 85, 249; *Gola/Hümmerich,* Personaldatenrecht im Arbeitsverhältnis S. 22; **69b**

Linnenkohl/Schütz RDV 87, 135; *Matthes* RDV 87, 4; *Heither,* BB 88, 1052; *Gola,* RDV 86, 131; *ders.* ArbuR 88, 110; vgl. auch BAG 11. 3. 86 a. a. O. unter B II 3d der Gründe; **a. M.** BAG 22. 10. 88, AP Nr. 2 zu § 23 BDSG; *Buchner,* BB 87, 1942; *HSG,* Rn 263; *Zöllner,* DB 84, 1245; *Müllner,* DB 84, 1177; *Ehmann,* NZA 85, a. a. O. und ZfA 86, 372; *Matthes,* Arbeitsrecht der Gegenwart, Bd. 23, S. 28). Auch sog. **Betriebsdatensysteme,** die an sich nur die Fertigung überwachen und steuern (Erfassung von Materialverbrauch, Störungen, Wartungszeiten) können neben der Verfolgung betriebswirtschaftlicher Ziele u. U. je nach den vorhandenen Verknüpfungsmöglichkeiten auch zu einer Überwachung von ArbN führen (*Linnenkohl/Schütz/Rauschenberg,* NZA 86, 769, 771; *Heither,* BB 88, 1052; *Simitis,* RDV 89, 53), insbesondere bei sog. absoluten Systemen (vgl. insoweit Rn 75c).

69c Entsprechend den vorstehenden Ausführungen sind auf jeden Fall verhaltens- oder leistungserheblich folgende Daten des ArbN: Beginn und Ende seiner täglichen Arbeitszeit, seine Gleitzeit, Einzelheiten der Vertragserfüllung, Überstunden, Streikbeteiligung, Fehlzeiten, und zwar unabhängig davon, ob es sich um unentschuldigte oder krankheitsbedingte Fehlzeiten (insoweit **a. A.** *HSG,* Rn. 263, *Matthes,* RDV 85, 21; *Schwarz,* BB 85, 532) handelt (BAG vom 11. 3. 1986 [Paisy], AP Nr. 14 zu § 87 BetrVG 1972 Überwachung), bargeldlose Abrechnung des Kantinen- oder Automatenverzehrs, der Benutzung des Werkbusses oder der Einkäufe von Betriebserzeugnissen, betriebliche Darlehen, Pfändungen.

69d Nicht von der Regelung des Abs. 1 Nr. 6 erfaßt werden technische Einrichtungen, mit denen lediglich **Lauf oder Ausnutzung einer Maschine** oder sonstige technische Vorgänge kontrolliert werden, ohne daß daraus Rückschlüsse auf das Verhalten oder die Leistung des ArbN gezogen werden können; das gilt z. B. für Warnlampen, Druckzähler, Drehzahlmesser, in der Regel auch für Stückzähler (vgl. BAG vom 9. 9. 75, AP Nr. 2 zu § 87 BetrVG 1972 Überwachung; LAG Düsseldorf, DB 82, 550; *DR,* Rn 327; *GL,* Rn 144; *GK-Wiese,* Rn 207; *HSG,* Rn 256, 273; *Schwarz,* Arbeitnehmerüberwachung, S. 99; vgl. aber auch BAG vom 18. 2. 1986, AP Nr. 13 zu § 87 BetrVG 1972 Überwachung). Auch die Notwendigkeit, zur Vermeidung des Stillstands einer Maschine in bestimmten Abständen einen Knopf zu drücken, begründet jedenfalls solange kein MBR, als nicht das Drücken des Knopfes oder der Stillstand der Maschine in technisierter Form anderweit gemeldet oder aufgezeichnet wird (*GL,* Rn 144).

70 Die Überwachung der ArbN muß durch eine **technische Einrichtung** erfolgen. Eine Überwachung durch Personen, z. B. den Vorgesetzten oder den Werkschutz, unterfällt nicht dem MBR (*GL,* Rn 142a; *GK-Wiese,* Rn 204; *HSG,* Rn 254, 274; *Ehmann,* Arbeitsschutz, S. 106f.; *Schaub,* Handbuch, § 235 II 6). Das gleiche gilt für organisatorische Maßnahmen des ArbGeb. mit dem Ziel einer Leistungs- oder Verhaltenskontrolle der ArbN. Deshalb sind nach Abs. 1 Nr. 6 nicht mitbestimmungspflichtig Anordnungen des ArbGeb., Tätigkeitsberichte zu erstellen oder Arbeitsbücher zum Nachweis der Arbeitsleistung oder geleisteter Mehrarbeit zu führen (vgl. BAG vom 9. 12. 80 und 24. 11. 81, AP Nr. 2 und 3 zu § 87 BetrVG 1972 Ordnung des Betriebes; LAG Hamm, DB 82, 385; LAG Düsseldorf, DB 75, 556, DB 81, 849; *DR,* Rn 326; vgl. aber auch oben Rn 31; zur Frage der Mitbestimmungspflicht, wenn derartige Angaben anschließend durch eine EDV-Anlage ausgewertet werden, vgl. unten Rn 75). Auch die Kontrolle der Arbeitszeit durch persönlich auszufüllende Zeitkarten oder die Anordnung, private Telefongespräche selbst aufzuschreiben, fallen nicht unter Nr. 6 (*DR,* Rn 326).

Nicht erforderlich ist, daß die technische Einrichtung ausschließlich **71** oder überwiegend die Überwachung der ArbN zum Ziel hat. Insbesondere braucht der ArbGeb. eine Überwachung der ArbN nicht zu beabsichtigen. Es genügt, wenn die Einrichtung aufgrund ihrer technischen Gegebenheiten und ihres konkreten Einsatzes objektiv **zur Überwachung der ArbN geeignet** ist; unerheblich ist, ob dies nur ein Nebeneffekt der technischen Einrichtung ist oder ob die erfaßten ArbNDaten vom ArbGeb. ausgewertet werden (vgl. BAG vom 14. 5. 74, 9. 9. 75, 10. 7. 79 und 6. 12. 83, AP Nr. 1–3 und 7 zu § 87 BetrVG 1972 Überwachung; BVerwG, 16. 12. 87, NZA 88, 513; *DR,* Rn 327; *GL;* Rn 145; *GK-Wiese,* Rn 205; *GKSB,* Rn 109; *HSG,* Rn 256; *Kraft,* ZfA 85, 145; *Ossberger,* a. a. O. S. 103; *Schwarz,* Arbeitnehmerüberwachung, S. 106ff.; **a. A.** *Stege/Weinspach,* Rn 107; *Schmidt-Dorrenbach/Goos,* DB 83, Beil. Nr. 11, S. 5f.; enger auch *Ehmann,* Arbeitsschutz, S. 108ff.; *ders.,* Festschrift Hilger/ Stumpf, S. 130ff., SAE 85, 181ff., 273ff.; *Gaul,* RDV 87, 113; *Nipperdey,* CR 87, 434). Nicht erforderlich ist, daß die Überwachung über einen längeren Zeitraum erfolgt oder in gewissen Abständen wiederholt wird; es genügen z. B. Filmaufnahmen von nur wenigen Minuten Dauer (BAG vom 10. 7. 79, AP Nr. 4 zu § 87 BetrVG 1972 Überwachung; ArbG Hamburg, DB 80, 1224; *GK-Wiese,* Rn 208; *HSG,* Rn 255; **a. A.** LAG Hamm, EzA Nr. 3 zu § 87 BetrVG 1972 Kontrolleinrichtung). Das MBR entfällt auch nicht, wenn der ArbGeb. erklärt, mit der technischen Einrichtung keine Kontrollen durchführen zu wollen (BAG v. 6. 12. 1983, AP Nr. 7 zu § 87 BetrVG 1972 Überwachung; *Denck,* RdA 82, 298; *Schwarz,* BB 85, 534).

Dem Schutzzweck der Norm entsprechend (die wegen der darin lie- **72** genden Gefährdung des Persönlichkeitsbereichs der ArbN nur eine Verhaltens- oder Leistungsüberwachung der ArbN durch eine technische Einrichtung dem MBR unterwirft) ist es andererseits jedoch erforderlich, daß die technische Einrichtung eine **eigenständige Kontrollwirkung** entfalten kann. Dies ist z. B. bei einer **Uhr,** die der Vorgesetzte zur Feststellung des Zeitverbrauchs für einen Arbeitsvorgang benutzt (vgl. LAG Schleswig-Holstein, BB 85, 1791), oder bei einer **Lupe,** die der Meister zur Begutachtung der Qualität eines Arbeitsstückes oder zur Auswertung eines Nutzungsschreibers verwendet, nicht der Fall; hier erfolgt die Kontrolle durch Menschen, den Hilfsmitteln Uhr oder Lupe kommt keine eigenständige Kontrollwirkung zu. Das gleiche gilt für eine Rechenmaschine, mit der von Hand eingegebene Fehlzeiten addiert werden, oder für die Speicherung von Personaldaten auf einem Mikrofilm, der lediglich wieder abgelesen werden kann (LAG Hamm, DB 78, 1987; *GL,* Rn 142a; *GK-Wiese,* Rn 205; *GKSB,* Rn 118; *Ossberger,* a. a. O. S. 113; *Schwarz,* Arbeitnehmerüberwachung, S. 141; *ders.,* BB 85, 534). Auch die Festsetzung der **Bandgeschwindigkeit** unterfällt nicht dem MBR nach Nr. 6, da ihr als solcher kein eigenständiger Kontrolleffekt zukommt (*GK-Wiese,* Rn 207; vgl. auch Rn 137). Herkömmliche **Schreibgeräte,** mit denen der ArbN seine Arbeitsleistung auf Papier aufschreibt, sind keine technischen Einrichtungen mit einer eigenständigen Kontrollwirkung (BAG vom 24. 11. 81, AP Nr. 3 zu § 87 BetrVG 1972 Ordnung des Betriebes; vgl. aber auch unten Rn 75ff.).

72a Die früher von der Rechtsprechung des BAG verlangte, aber aus dem Gesetzestext nicht ableitbare **Unmittelbarkeit** der Überwachung ist praktisch überholt, nachdem es einerseits für genügend angesehen wird, daß eine Phase der Überwachung durch eine technische Einrichtung erfolgt (Rn 67a, 72b), andererseits bei sog. absoluten Systemen (Abfragesprachen) es überhaupt nicht mehr auf bestimmte Programme ankommt (vgl. Rn 75c; *Kort* CR 87, 304; *Matthes,* Jahrbuch des Arbeitsrechts, Bd. 23, S. 19ff.).

72b Die technische Einrichtung braucht allerdings **nicht alle Phasen der Überwachung** i. S. des obigen Überwachungsbegriffs (vgl. Rn 67f.) zu erfassen; es reicht aus, wenn lediglich eine dieser Phasen mittels einer technischen Einrichtung erfaßt wird (vgl. die Sachverhalte in BAG 6. 12. 83 und 14. 9. 84, AP Nr. 7 und 9 zu § 87 BetrVG 1972 Überwachung; *Denck,* RdA 82, 298; *Franz,* Personalinformationssysteme, S. 185f.). Ferner ist es unerheblich, wenn die durch eine technische Einrichtung aufgezeichneten Leistungsdaten **erst später ausgewertet** werden (vgl. BAG vom 10. 7. 79, AP Nr. 3 zu § 87 BetrVG 1972 Überwachung; *GL,* Rn 143a; **a.M.** *Nipperdey,* CR 87, 434; *Kort,* CR 87, 300). Das MBR ist selbst dann gegeben, wenn aufgrund der von der technischen Einrichtung gesammelten Daten Rückschlüsse auf das Verhalten oder die Leistung von ArbN möglich sind, die nicht die mit der Einrichtung versehenen Maschinen bedienen (vgl. BAG vom 9. 9. 75, AP Nr. 2 zu § 87 BetrVG 1972 Überwachung; *GK-Wiese* Rn 205). Das MBR besteht auch unabhängig davon, ob die Überwachungseinrichtung **automatisch** abläuft oder einer **Bedienung** durch den betroffenen oder einen dritten ArbN bedarf (*GL,* Rn 143; *HSG,* Rn 271). Auch spielt es keine Rolle, daß die Überwachungseinrichtung eine **arbeitsnotwendige Maßnahme** darstellt (*GK-Wiese,* Rn 207; *Schwarz,* Arbeitnehmerüberwachung, S. 118ff.; *Ossberger,* a. a. O. S. 124; *Schaub,* § 235 II 6; *HSG,* Rn 258; vgl. auch Rn 30) oder ob das Kontrollgerät für den ganzen oder einen Teil des Betriebs oder nur für einen Arbeitsplatz vorgesehen ist (*GK-Wiese,* Rn 203; *Schwarz,* a. a. O. S. 102; ArbG Hamburg, BB 80, 834). Nicht erforderlich ist ferner, daß die von der technischen Einrichtung erfaßten verhaltens- oder leistungsrelevanten Daten für sich allein eine sachgerechte Beurteilung ermöglichen; vielmehr genügt es, wenn diese Daten erst in Verbindung mit weiteren Informationen oder Umständen zu einer vernünftigen und sachgerechten Beurteilung der ArbN führen können (BAG v. 6. 12. 1983 und 23. 4. 1985, AP Nr. 7, 11 und 12 zu § 87 BetrVG 1972 Überwachung; kritisch hierzu *Ehmann,* SAE 85, 273; *Koffka,* Arbeitsrecht der Gegenwart, Bd. 23, S. 33f.).

Unter das MBR nach Nr. 6 fallen demnach zunächst solche technische 73
Einrichtungen, die leistungs- oder verhaltensrelevante Daten der ArbN sammeln oder übermitteln. Dies können **optische, akustische** oder **sonstige Kontrollgeräte** sein. Zu nennen sind insbesondere **Multimoment-Filmkameras,** die in regelmäßigen Abständen Aufnahmen von Arbeitsplätzen machen, oder sonstige **Filmkameras,** auch wenn sie nur kurzfristig die Arbeit eines Beschäftigten festhalten (vgl. BAG vom 14. 5. 74 und 10. 7. 79, AP Nr. 1 und 4 zu § 87 BetrVG 1972 Überwachung, LAG Baden-Württemberg, ArbuR 89, 24), die Installierung von **Fernsehmonitoren** (BAG 7. 10. 87, AP Nr. 15 zu § 611 BGB Persönlichkeitsrecht; BVerwG 31. 8. 88, NJW 89, 848 betr. Einbau einer Viedeoanlage zur Aufklärung von Unregelmäßigkeiten; *GL,* Rn 142; *GK-Wiese,* Rn 202) oder von **Spiegeln** oder **Einwegscheiben** (Zulässigkeit bedenklich, vgl. § 75 Rn 21c; vgl. *Schwarz,* Arbeitnehmerüberwachung, S. 141; **a.A.** *HSG,* Rn 254; *Kraft,* ZfA 85, 141); ferner die Installierung von **Mikrophonen** („Wanzen"), die Fertigung von **Tonbandaufnahmen** oder Aufnahmen von **Telefongesprächen** (*GK- Wiese,* Rn 202; *GL,* Rn 142; *DR,* Rn 326; ArbG Hamburg BB 80, 834); Geräte zum Mithören von telefonischen Verkaufsgesprächen, auch wenn dies zum Zweck einer sachgerechten Schulung der ArbN erfolgt (LAG Köln, DB 83, 1101). Letztere Maßnahmen sind u. U. wegen Verletzung des Persönlichkeitsbereichs verfassungswidrig (*Wiese,* Anm. zu AP Nr. 1 zu § 87 BetrVG 1972 Überwachung; vgl. auch § 75 Rn 22b), mangels Zustimmung des ArbN aber jedenfalls strafbar (§ 201 StGB). Ferner sind zu nennen: **Stechuhren** oder sonstige **automatische Zeiterfassungsgeräte** wie z. B. den **Zeitstempler,** mit dem Beginn und Ende einzelner Arbeitsvorgänge festgehalten werden (LAG Düsseldorf, DB 79, 459; *GL,* Rn 142; *GK-Wiese,* Rn 202; **a. A.** *Ehmann,* Arbeitsschutz, S. 106); **Produktographen,** d. h. Geräte, die Daten über Lauf und Ausnutzung von Maschinen, wie z. B. Lauf, Stillstand, Fertigungsmenge, Taktfolge, Leerlauf, Verlustzeiten, Störzeiten, ggfls. nach angeordneter Bedienung bestimmter Meldetasten auf einem Diagrammschreiber aufzeichnen (BAG vom 9. 9. 75, AP Nr. 2 zu § 87 BetrVG 1972 Überwachung); die automatische Erfassung von **Telefondaten oder -gebühren** (BAG vom 27. 5. 86, AP Nr. 15 zu § 87 BetrVG 1972 Überwachung; *HSG,* Rn 272; *Gola,* BlStR 75, 147; *Moll,* DB 82, 1722; zur – datenschutzrechtlichen – Zulässigkeit der Erfassung von Telefonaten vgl. ferner *Hilger,* DB 86, 911; *Färber/Kappes,* BB 86, 520; *Kappes,* BB 86, 2334; *Schulin/Babl,* NZA 86, 46; *Versteyl,* NZA 87, 7; *Wohlgemuth,* Datenschutz, Rn 297ff.; *Zehner,* DB 84, 666; insoweit **a. A.** hinsichtlich der angewählten Telefonnummer LAG Hamburg DB 86, 702; *Wohlgemuth,* Datenschutz, Rn 301ff., *ders.,* ArbuR 85, 243; *Wohlgemuth/Mostert,* ArbuR 86, 138; für Unzulässigkeit der Erfassung der Zielnummer der Gespräche eines angestellten Psychologen wegen dessen Schweigepflicht vgl. BAG 13. 1. 1987, AP Nr. 3 zu § 23 BDSG); **automatische Sicherungssysteme,** die den Zu- und Abgang des ArbN am Arbeitsplatz oder in bestimmten Arbeitsbereichen festhal-

ten; das gilt auch für technische Sicherungsmaßnahmen nach **§ 6 BDSG,** da die in der Anlage zu dieser Vorschrift vorgeschriebenen Kontrollaspekte dem ArbGeb. einen Ermessensspielraum belassen (BAG vom 23. 4. 85, AP Nr. 12 zu § 87 BetrVG 1972 Überwachung; VGH Bad.-Württ., ArbuR 82, 355; OVG Hamburg, BB 88, 2245; *GK-Wiese,* Rn 202; *GKSB,* Rn 114f.; *HSG,* Rn 282; *Kilian,* Personalinformationssysteme, S. 207; *Simitis,* Schutz von ArbNDaten, S. 35; *Wohlgemuth,* ArbuR 81, 277; einschränkend: *DR,* Rn 332; *Ehmann,* Festschrift Hilger/Stumpf, S. 147ff., 153; *ders.,* SAE 85, 280; vgl. auch *Heinze,* SAE 85, 253; **a. A.** *Stege/ Weinspach,* Rn 113); zu dem besonderen Datenschutz- und Datensicherungsproblemen bei Einführung von Personalcomputern vgl. *Schapper* ArbuR 88, 97. **Fahrtenschreiber** (BAG vom 10. 7. 79, AP Nr. 3 zu § 87 BetrVG 1972 Überwachung, 12. 1. 88, AP Nr. 23 zu § 75 BPersVG), soweit nicht gesetzlich vorgeschrieben (vgl. Rn 79).

74 Auch **Bildschirmgeräte,** die mit einem Rechnersystem in einer Weise verbunden sind, daß die Tätigkeiten der sie bedienenden ArbN festgehalten werden, sind mitbestimmungspflichtige technische Einrichtungen i. S. der Nr. 6. Das gleiche gilt für **andere Geräte,** die in **computergesteuerten oder -unterstützten Systemen** mit einer **EDV-Anlage** verbunden sind, z. B. on-line-Geräte, DNC-Maschinen, automatische Abrechnungssysteme z. B. des Kantinenverzehrs über EDV mittels einer persönlichen Code-Nummer. Ausreichend für das MBR des BR ist hierbei, daß aufgrund einer bestehenden **Programmierung (Software)** – wobei auch ein sogenanntes Betriebsprogramm (System-Software) genügt – verhaltens- oder leistungsrelevante Daten der Bildschirmbenutzer (z. B. Beginn und Ende der Arbeit mit dem Bildschirm, Menge der verarbeiteten Daten und ihre Verarbeitungsdauer, Art und Anzahl der Fehlerkorrekturen) ermittelt und aufgezeichnet werden, so daß aus dieser Bedienerstatistik im Falle ihrer (maschinellen oder manuellen) Auswertung Rückschlüsse auf das Verhalten oder die Leistung der am Bildschirm tätigen ArbN möglich sind. Es kommt weder darauf an, zu welchem Zweck diese Daten erfaßt werden, noch auf die Beurteilungsrelevanz der einzelnen Daten, d. h. darauf an, ob sie für sich allein eine vernünftige und sachgerechte Beurteilung ermöglichen (vgl. BAG v. 6. 12. 1983 und 23. 4. 1985, AP Nr. 7 und 12 zu § 87 BetrVG 1972 Überwachung; LAG Niedersachsen, BB 82, 1611; LAG Schleswig-Holstein, DB 83, 995; *DR,* Rn. 331; *GL* Rn. 145a; *Schwarz,* Arbeitnehmerüberwachung S. 109f.; *ders.,* BB 83, 203; *ders.,* BB 85, 531; *Denck,* RdA 82, 226; *Kilian,* NJW 81, 2549; *Braun,* BlStR 85, 56; *Heinze,* SAE 85, 245; *Samland,* BB 82, 1800; *Schapper/Waniorek,* ArbuR 85, 246; *Wohlgemuth,* ArbuR 84, 257; *Matthes,* Arbeitsrecht der Gegenwart, Bd. 23, S. 19ff.).

74a Das MBR besteht in diesen Fällen nicht erst, wenn die einzelnen Benutzerdaten mit Hilfe eines speziellen Programms durch den Rechner selbst ausgewertet werden können (**a. M.** *Ehmann,* Arbeitsschutz, S. 110ff.; *ders.,* Festschrift Hilger/Stumpf, S. 135ff.; *ders.,* Anm. zu BAG vom 6. 12. 1983, EzA Nr. 1 zu § 87 BetrVG 1972 Bildschirmarbeitsplatz S. 77, 81; *Stege/Weinspach,* Rn. 109a; *Bähringer,* RdA 81, 368;

Schmidt-Dorrenbach/Goos, DB 83, Beil. 11, S. 5f.; LAG Niedersachsen, BB 82, 1609; wohl auch *Marsch-Barner,* AR-Blattei XIV B 1, unter B II 1c; *Gaul,* Bildschirm-Arbeitsplätze, S. 45). Andererseits reicht es nicht aus, wenn lediglich die bloße Rechen- und Speicherkapazität einer EDV-Anlage die Ermittlung oder Aufzeichnung von Leistungs- und Verhaltensdaten der Benutzer zuläßt, unabhängig davon, ob solche Daten aufgrund der bestehenden Programmierung tatsächlich erfaßt werden (vgl. BAG v. 6. 12. 1983, AP Nr. 7 zu § 87 BetrVG 1972 Überwachung; DR, Rn 331; *GL,* Rn 145a; **a. A.** LAG Düsseldorf, DB 81, 379; LAG Berlin, DB 81, 1519; *Engel,* ArbuR 82, 84; *GKSB,* Rn. 117; *Tonner,* BB 88, 1814). Dies ergibt sich daraus, daß eine EDV-Anlage multifunktional einsatzfähig ist (z. B. im Finanz-, Verkaufs-, Buchhaltungs- oder Personalbereich) und sie von Hause aus ebensowenig wie z. B. eine Filmkamera auf eine ArbNÜberwachung angelegt ist. Erst wenn nach ihrer tatsächlichen Verwendung im konkreten Fall Leistungs- oder Verhaltensdaten der ArbN erfaßt werden können, wird sie zu einer technischen Überwachungseinrichtung i. S. der Nr. 6 (vgl. BAG vom 6. 12. 83, AP Nr. 7 zu § 87 BetrVG 1972 Überwachung; LAG Düsseldorf, EzA Nr. 10 zu § 87 BetrVG 1972 Kontrolleinrichtung). Die Installierung einer EDV-Anlage, bei der dies nach der vorhandenen Programmierung nicht der Fall ist, ist deshalb nicht nach Abs. 1 Nr. 6 mitbestimmungspflichtig. Wegen sogen. „absoluter Systeme" vgl. Rn 75c.

Etwas anderes gilt, sobald durch neue Programme oder durch Pro- **74b**
grammänderungen Benutzerdaten gespeichert werden können. Auch wenn danach weitere Programme mit weiteren Möglichkeiten der Überwachung der ArbN entwickelt bzw. eingeführt werden, unterliegen diese jeweils erneut dem MBR (vgl. unten Rn 76f.). Im Gegensatz zu anderen technischen Überwachungseinrichtungen ist bei EDV-Anlagen eine Ausweitung ihrer Funktionen durch Erwerb oder Entwicklung weiterer Programme nach außen nicht erkennbar. Um so wichtiger ist es, daß der ArbGeb. den BR im Rahmen seiner **allgemeinen Unterrichtungspflicht nach § 80 Abs. 2** über die bestehenden und künftig beabsichtigten Programme unterrichtet und den BR so in die Lage versetzt, bei Programmen, bei denen eine Leistungs- oder Verhaltensüberwachung der ArbN möglich ist, rechtzeitig sein MBR geltend machen zu können. Insbesondere hat der ArbGeb. den BR über den voraussehbaren weiteren Ausbau des Systems und über die künftige Nutzung von dessen Vernetzungsfähigkeit zu unterrichten (vgl. auch § 80 Rn 37 u. BAG 17. 3. 87, AP Nr. 29 zu § 80 BetrVG 1972; *Buchner,* ZfA 88, 478; *Kort,* CR 88, 220).

Ein EDV-System ist auch dann dazu bestimmt, Verhalten oder Lei- **74c**
stung der ArbN zu überwachen, wenn es Aussagen über das Verhalten oder die Leistung der an der technischen Einrichtung tätigen ArbN erarbeitet, ohne daß die dieser Aussage zugrunde liegenden, bei der Arbeit anfallenden und erfaßten einzelnen Verhaltens- und Leistungsdaten selbst ausgewiesen werden; etwa wenn bei einem rechnergesteuerten Textsystem zur Satzherstellung lediglich die Anzahl der Zeilen der vom ArbN eingegebene Texte – nicht die Texte selbst – abgerufen werden

können; hierbei ist nicht erforderlich, daß diese Aussage für sich allein schon eine sachgerechte Beurteilung ermöglicht (BAG v. 23. 4. 1985, AP Nr. 12 zu § 87 BetrVG 1972 Überwachung).

74d Kann von dem Bildschirmarbeitsplatz des „Operators" die Tätigkeit an den übrigen Bildschirmarbeitsplätzen beobachtet werden, ist dies ebenfalls eine mitbestimmungspflichtige Überwachungsmaßnahme (*GL,* Rn 145a). Dienen Bildschirmgeräte dagegen lediglich dazu, gespeicherte Informationen sichtbar zu machen, ohne daß Bedienungsdaten festgehalten werden, fehlt ihnen insoweit die Überwachungseigenschaft i. S. der Nr. 6 (*GK-Wiese,* Rn 202; vgl. aber auch folgende Rn).

75 Das MBR besteht nicht nur, wenn verhaltens- oder leistungsrelevante Daten der ArbN mittels einer technischen Einrichtung erhoben werden, sondern auch dann, wenn solche, auf **nichttechnischem Wege** (z. B. durch schriftliche Aufzeichnung des ArbN selbst oder des Vorgesetzten) **erhobene Daten** in ein elektronisches Datenverarbeitungs- oder Informationssystem, z. B. ein **automatisiertes Personalinformationssystem,** zum Zwecke der Speicherung und Verarbeitung **(Datenauswertung)** eingegeben werden (BAG vom 14. 9. 84 und 23. 4. 85, AP Nr. 9 und 11 und zu § 87 BetrVG 1972 Überwachung; BAG vom 11. 3. 86 (Paisy), AP Nr. 14 zu § 87 BetrVG 1972 Überwachung, 22. 10. 86, AP Nr. 2 zu § 23 BDSG; BVerwG 16. 12. 87, NZA 88, 513; LAG Düsseldorf, EzA Nr. 10 zu § 87 BetrVG 1972 Kontrolleinrichtung; LAG Frankfurt, BB 84, 402; LAG Berlin DB 83, 2584; *GK-Wiese,* Rn 202, anders aber 204; *GKSB,* Rn 110ff.; *Kilian,* NJW 81 2594; *ders.,* Personalinformationssysteme, S. 206ff.; *ders.,* BB 85, 403; *Denck,* RdA 82, 206; *Engel,* ArbuR 82, 79; *Schwarz,* Arbeitnehmerüberwachung S. 74ff.; *ders.,* BB 83, 202; *ders.,* DB 83, 226; *ders.,* DB 85, 531; *Klebe/Schumann,* ArbuR 83, 43; *Wohlgemuth,* Datenschutz, Rn 719f.; *ders.,* ArbuR 84, 259; *Klebe,* NZA 85, 44; *Braun,* BlStR 85, 55; *Linnenkohl,* ArbuR 84, 134; *Walz,* ArbuR 85, 233; *Apitsch/Schmitz,* DB 84, 983; *Schapper/Waniorek,* ArbuR 85, 246; *Simitis,* NJW 85, 401; *Matthes,* Arbeitsrecht der Gegenwart, Bd. 23, S. 22ff.; *Gaul,* RDV 87, 112; kr. *Buchner,* BB 87, 1942; nur stark **einschränkend** dahingehend, daß mittels bestimmter Programme neue Aussagewerte und Erkenntnisse gewonnen werden, *Ehmann,* SAE 85, 185ff., 277ff.; *ders.,* NZA 85, Beil. 1, S. 8; *ders.,* Anm. zu BAG vom 6. 12. 83, EzA Nr. 1 zu § 87 BetrVG 72 Bildschirmarbeitsplatz, S. 87; *Löwisch/Rieble,* Anm. zu BAG v. 14. 9. 84, EzA Nr. 11 zu § 87 BetrVG 72 Kontrolleinrichtung).

Diese Ansicht ist zwar **stark umstritten.** Zum Teil wird ein MBR mit der Begründung verneint, es fehle in diesen Fällen das Erfordernis der unmittelbaren und aktuellen Überwachung durch eine technische Einrichtung; außerdem sei nur bei solchen technischen Einrichtungen eine Gefährdung der Persönlichkeit der ArbN durch anonyme Kontrollen zu befürchten, die selbst – anstelle von Personen – leistungs- oder verhaltensrelevante Informationen erfaßten, nicht dagegen bei technischen Einrichtungen, die von Personen ermittelte Daten lediglich fest- und verfügbar hielten; deshalb sei ein MBR des BR bei einer bloßen Datenauswertung durch eine technische Einrichtung weder vom Wortlaut noch vom Normzweck gedeckt (vgl. *DR.* Rn 333; *GL,* Rn 142a; *HSG,* Rn 277; *Stege/Weinspach,* Rn 109b; *Bähringer,* RdA 81, 367; *Zöllner,* Datenschutz, S. 84; *ders.,* DB 84, 244; *Söllner,* DB 84, 1244; *Hunold,* DB 82, Beil. 18, S. 9ff.; *ders.,* BB 85, 195; *Jahnke,* DB 78, 1692; *Herschel,* DB 82, 2130; *Weng,* DB 85, 1341; *Samland,* NZA 85, Beil. 1, S. 11; *Hesse,* NZA 85, Beil. 1, S. 15; *Müllner,* DB 84, 477; *Kraft,* ZfA 85, 141; *Goos,* DB 83, 584; *Schmidt-Dorrenbach/Goos,* DB 83, Beil. 1, S. 5; *Marsch-Barner,* AR-Blattei, a.a.O. unter CII2; *ders.,* AR-Blattei, a.a.O. Anm. zu Entscheidungen 82/83; *Richardi,* Anm. zu BAG AP Nr. 7 und 9 zu § 87 BetrVG 1972 Überwachung). Die Gegenansicht überzeugt jedoch nicht.

Zunächst kann ernsthaft nicht bestritten werden, daß eine Gefährdung **75a** des Persönlichkeitsbereichs auch bei einer Einspeicherung manuell erhobener Daten in eine EDV-Anlage besteht. Es braucht nur auf die angesichts der nahezu unbegrenzten Speicherkapazität solcher Anlagen mögliche totale Erfassung von ArbNDaten, auf ihre jederzeitige Abrufbarkeit, auf die Gefahr des Kontextverlustes der gespeicherten Daten, auf das „Nichtvergessenkönnen" des Computers und auf die vielfältigen Möglichkeiten der Datenverknüpfung hingewiesen zu werden (vgl. § 75 Rn 21b ff.; BVerfG, NJW 84, 419 [Volkszählungsurteil]; *Däubler,* Anm. AP Nr. 2 zu § 23 BDSG; *Mayer-Maly,* DB 80, 1442; *Schwarz,* Arbeitnehmerüberwachung, S. 34ff.; *Freise-Wohlgemuth,* DVR, Bd. 11, S. 295; kritisch zu den behaupteten Möglichkeiten der EDV in der Praxis, *Samland,* NZA 85, Beil. 1, S. 13). Wegen dieser Gefahren hat das BDSG u.a. gerade die Speicherung personenbezogener Daten auf einen Datenträger seinen Schutzregelungen unterworfen (vgl. §§ 1, 2 und 23 BDSG; *Simitis/Dammann/Mallmann/Reh,* § 1 Rn 18b; § 2 Rn 74ff.). Es ist kein Grund ersichtlich, weshalb diese grundsätzliche Entscheidung des Gesetzgebers nicht bei der Auslegung des Abs. 1 Nr. 6 maßgebend berücksichtgt werden soll, zumal weder Wortlaut noch Normzweck des Abs. 1 Nr. 6 einer solchen Auslegung entgegenstehen. Der Begriff der Überwachung umfaßt sowohl die Erhebung von Kontrolldaten als auch ihre Auswertung, d.h. ihren Vergleich mit anderen Daten (vgl. oben Rn. 67). Ein Mitbestimmungsrecht des Betriebsrats wird jedoch nach der ganz überwiegenden Meinung nicht erst angenommen, wenn alte Phasen des Überwachungsvorgangs (Sammeln, Speichern und Auswerten von Kontrolldaten) durch eine technische Einrichtung geschieht. Vielmehr besteht es bereits dann, wenn eine technische Einrichtung lediglich verhaltens- oder leistungsbezogene Kontrolldaten des ArbN erhebt, ohne diese auch auszuwerten (vgl. o. Rn 71ff.). Warum bei einer bloßen Auswertung von kontrollrelevanten Daten durch eine technische Einrichtung dagegen kein MBR des BR bestehen soll, ist jedenfalls dann nicht einzusehen, wenn die technische Einrichtung bei der Auswertung dieser Daten einen eigenständigen Kontrolleffekt (vgl. oben Rn 72) entfaltet, der ebenfalls stark den Persönlichkeitsbereich der ArbN berührt. Dies ist jedoch bei automatisierten Personalinformationssystemen mit ihren vielfältigen Möglichkeiten, die gespeicherten Daten nach den unterschiedlichsten Gesichtspunkten abzurufen, zu verarbeiten und zu vergleichen, nicht zweifelhaft.

75b Eine **Auswertung** verhaltens- oder leistungsrelevanter Daten der ArbN durch eine EDV-Anlage liegt vor, wenn derartige Daten, ggfls. mit anderen Daten, programmgemäß gesichtet, sortiert, zusammengestellt oder miteinander in Beziehung gesetzt und damit zu Aussagen über Verhalten oder Leistung der ArbN verarbeitet werden können. Auch bei der Auswertung von verhaltens- oder leistungsrelevanten Daten ist nicht erforderlich, daß die von der EDV-Anlage erarbeiteten Aussagen für sich allein eine vernünftige und sachgerechte Beurteilung über Verhalten oder Leistung des ArbN ermöglichen, d.h. daß die programmäßige Verarbeitung der Daten auch eine Bewertung in Form eines Soll-Ist-Vergleichs vornimmt. Vielmehr reicht es aus, wenn die erarbeiteten Aussagen erst in Verbindung mit anderen Daten oder Umständen zu einer vernünftigen und sachgerechten Beurteilung führen (BAG vom 14. 9. 1984 und 23. 4. 1985, AP Nr. 9, 11 und 12 zu § 87 BetrVG 72 Überwachung; **a. A.** *Ehmann,* SAE 85, 274; *ders.,* NZA 85, Beil. 1, S. 8).

75c Erfolgt die Auswertung verhaltens- oder leistungsrelevanter Daten der ArbN aufgrund bestimmter Programme und sind diese von anderen, rein sachbezogenen Auswertungsprogrammen (z.B. Lagerhaltung Ersatzteilbeschaffung) getrennt, so besteht ein MBR nicht hinsichtlich des gesamten EDV-Systems, sondern nur insoweit, als in ihm aufgrund bestimmter Programme leistungs- oder verhaltensrelevante ArbNDaten verarbeitet werden (*Kilian,* NJW 85, 453; *HSG,* Rn 278). Anders ist dies bei sog. **absoluten Systemen,** bei denen die in ihnen gespeicherten Daten nicht mittels bestimmter Programme, sondern durch die Anwendung von **Abfragesprachen** verarbeitet und ausgewertet werden. Abfragesprachen ermöglichen einen Zugriff und eine Verarbeitung aller im System gespeicherten Daten. Eine Trennung der Verarbeitung durch das jeweils angewandte Programm besteht nicht. In diesem Fall unterliegt das gesamte System dem MBR des BR (*Ehmann,* NZA 85, Beil. 1, S. 10; *ders.,* SAE 85, 189; *Klebe,* NZA 85, 46; *Gola,* ArbuR 88, 111; *Linnenkohl/Schütz/Rauschenberg,* NZA 86, 769, 771 u. RDV 86, 230, 87, 132; *Schapper,* ArbuR 88, 97; *Simitis,* RDV 89, 49; ArbG Hanau, ArbuR 89, 150; offengelassen BAG 14. 9. 1984, AP Nr. 9 zu § 87 BetrVG 1972 Überwachung; zu dem besonderen Datenschutz- und Datensicherungsproblemen bei Einführung von Personalcomputern vgl. *Schapper* ArbuR 88, 97).

76 Das MBR besteht bei der Einführung und Anwendung von technischen Überwachungseinrichtungen (wegen des Zeitpunkts der Beteiligung vgl. § 80 Rn 25ff.). Zum umfassenden Auskunftsausspruch bei Verarbeitung personenbezogener Daten, auch über die Verarbeitungsprogramme und Verknüpfungsmöglichkeiten mit anderen Systemen vgl. BAG 13. 3. 1987, AP Nr. 29 zu § 80 BetrVG 1972; *Buchner,* ZfA 88, 438, *Gaul* RDV 87, 116; *Kort,* CR 88, 220; vgl. auch § 80 Rn 37. Unter **Einführung** ist nicht nur die erstmalige Anwendung zu verstehen, sondern hierunter fällt die Gesamtheit der Maßnahmen, um die geplante Anwendung vorzubereiten, insbesondere die Festlegung von Art und Gegenstand sowie von Zeitraum, Ort, Zweckbestimmung und Wirkungsweise der Überwachung; ferner Fragen einer etwa notwendig

werdenden Veränderung des Arbeitsablaufs, des Arbeitsplatzes sowie die Einweisung der von der Überwachung betroffenen oder an deren Durchführung beteiligten ArbN (*DR*, 330, 334; *GL*, Rn 148; *GK-Wiese*, Rn 208; *HSG*, Rn 255; *Schwarz*, Arbeitnehmerüberwachung, S. 121 ff.; *Jahnke*, DB 78, 1692).

Unter **Anwendung** ist die allgemeine Handhabung der eingeführten Kontrolleinrichtung zu verstehen, z. B. die Festlegung der Art und Weise, wie die Kontrolleinrichtung verwendet werden soll (generelle oder fallweise Kontrolle), oder Festlegung der Einschaltzeiten. Bei der Speicherung von leistungs- oder verhaltensrelevanten Daten der ArbN in eine EDV-Anlage, (z. B. bei Bildschirmarbeit oder bei einem Personalinformationssystem) gehört die **inhaltliche Gestaltung des Speicherungs- und Verarbeitungsprogramms** wenn nicht sogar zur Einführung der technischen Überwachungseinrichtung (so *Schwarz*, Arbeitnehmerüberwachung, S. 121 ff.) so doch auf jeden Fall zu ihrer Anwendung (so *Franz*, Personalinformationssysteme, S. 231). Damit hat der BR auch die Möglichkeit, bei der Festlegung des **Verwendungszwecks** gespeicherter Leistungs- und Verhaltensdaten mitzubestimmen (vgl. *Schwarz*, Arbeitnehmerüberwachung, S. 127; *ders.*, DB 83, 228; *Schumann/Klebe*, ArbuR 83, 47; *Moll*, DB 82, 1725; *Wohlgemuth*, Datenschutz, Rn 704; *Lappe*, Arbeitsrecht der Gegenwart, Bd. 16, S. 74; *GKSB*, Rn 109; vgl. auch BAG vom 11. 3. 86 (Paisy), AP Nr. 14 zu § 87 BetrVG 1972 Überwachung; **a. A.** wohl *DR*, Rn 330, 333, und *GK-Wiese*, Rn 208, wenn sie undifferenziert die Verwertung gespeicherter Daten mitbestimmungsfrei stellen; stark einschränkend auch *Ehmann*, ZfA 86, 374 m. RDV 88, 238). Wie die MBR des BR bei der Anwendung von technischen Überwachungseinrichtungen im einzelnen ausgestaltet werden, insbesondere ob und in welcher Weise der BR bei den konkreten Einsätzen der technischen Überwachungseinrichtung einzuschalten ist, bleibt der Vereinbarung der Betriebspartner überlassen (BAG vom 11. 3. 86, a. a. O.). **76a**

Das MBR des BR nach Abs. 1 Nr. 6 wird nicht dadurch beeinträchtigt, daß der ArbGeb. die der MB des BR unterliegenden Angelegenheiten (z. B. Speicherung oder Auswertung leistungs- oder verhaltensrelevanter ArbNDaten) einem Dritten, z. B. einem **anderen Konzernunternehmen** oder einem sonstigen externen Rechenzentrum überläßt (vgl. hierzu BAG 17. 3. 87, AP Nr. 29 zu § 80 BetrVG 1972; LAG Frankfurt, NZA 85, 34; LAG Hamburg, BB 85, 2110). In diesen Fällen muß der ArbGeb. durch eine entsprechende Vertragsgestaltung mit dem Dritten sicherstellen, daß der BR seine MBR ausüben kann. **76b**

Auch im Rahmen des § 87 Abs. 1 Nr. 6 hat der BR ein **Initiativrecht.** Er kann deshalb insbesondere auch die Abschaffung (**a. A.** *HSG*, Rn 255) oder die Änderung bestehender Kontrolleinrichtungen verlangen (*DR*, Rn 335; *GK-Wiese*, Rn 209; *Ossberger*, a. a. O. S. 143), aber nicht der Abschluß einer Rahmen-BV mit allgemeinen Regeln über den Einsatz von EDV-Anlagen, ohne daß es um eine konkrete Anlage geht (LAG Düsseldorf, 4. 11. 88, NZA 89, 146). **77**

Zielrichtung der Tätigkeit des BR muß es sein, von technischen Überwachungseinrichtungen ausgehende Gefahren für die Persönlich- **78**

keitssphäre der ArbN entweder zu verhindern oder doch jedenfalls auf das durch die betriebliche Notwendigkeiten bedingte Maß zu beschränken. Hierbei sind berechtigte Belange des ArbGeb. für die Einführung von Kontrolleinrichtungen, z. B. Gefahrenabwehr, Sicherung des Eigentums, rationellere Gestaltung des Arbeitsablaufs, Kostengründe, gegen die Interessen der ArbN auf Respektierung ihrer Persönlichkeitssphäre abzuwägen (vgl. *GL,* Rn 146f.; BAG vom 11. 3. 86 (Paisy), 27. 5. 86, AP Nr. 14, 15 zu § 87 BetrVG 1972 Überwachung; *Buchner,* BB 87, 1954 u. ZfA 88, 482; *Däubler,* Gläserne Belegschaften, S. 226; *Matthes,* RDV 87, 4; enger im Fall der Entscheidung der E-Stelle *Ehmann,* ZfA 86, 385, RDV 88, 238 u. NZA 86, 657 der die Regelungsbefugnis der E-Stelle auf Abwägungsgesichtspunkte datenrechtlicher Zulässigkeit der Datenerhebung begrenzt; aus praktischer Sicht vgl. *Hentschel,* DB 84, 186). Sind Kontrolleinrichtungen aus betrieblichen Gründen nicht zu verhindern, kommen zum Schutz der ArbN z. B. folgende Maßnahmen in Betracht: Einschränkung der ArbNÜberwachung auf das unumgängliche Maß, Vereinbarungen über Vernichtung, Löschung oder Anonyminierung (bestimmter) ArbNDaten, was insbesondere dann angebracht ist, wenn derartige Daten lediglich als auch vom ArbGeb. nicht gewünschter Nebeneffekt andersartiger Kontrollmaßnahmen anfallen; Vereinbarungen über Aufbewahrungsdauer der erfaßten Daten, Festlegung des oder der Zwecke, zu denen die Daten nur oder zu denen sie nicht verwendet werden dürfen, Einschränkung des Kreises der Zugriffsberechtigten, Bekanntgabe der Überwachungsdaten in bestimmten Abständen oder unter bestimmten Voraussetzungen an die betroffenen ArbN (vgl. *GK-Wiese,* Rn 202; *Schwarz,* Arbeitnehmerüberwachung, S. 62f.; *Hentschel,* DB 84, 187; *Buchner,* ZfA 88, 482ff.).

79 **Kein MBR** besteht, wenn bestimmte Kontrolleinrichtungen **gesetzlich oder tariflich vorgeschrieben** sind (vgl. auch Rn 4ff.). Letzteres kann z. B. der Fall sein, wenn ein TV bei leistungsbezogenen Entgelten die Verwendung bestimmter technischer Einrichtungen für die Ermittlung der Vorgabezeiten vorschreibt (*GL,* Rn 152; *GK-Wiese,* Rn 213; *Stege/Weinspach,* Rn 115). Gesetzlich vorgeschrieben ist z. B. die Verwendung von **Fahrtenschreibern** in LKW und Omnibussen zur Aufzeichnung der unmittelbaren Fahrwerte sowie der Lenk- und Ruhezeiten nach § 57a StVZO. Das MBR entfällt aber **nur insoweit,** als der ArbGeb. die Kontrolleinrichtung im Rahmen der gesetzlichen oder tariflichen Regelung verwendet. Die Benutzung von Fahrtenschreibern in anderen als den in § 57a StVZO genannten Fahrzeugen ist mitbestimmungspflichtig (BAG vom 10. 7. 79, AP Nr. 3 zu § 87 BetrVG 1972 Überwachung; LAG Bad.- Württ., DB 78, 1600; *Stege/Weinspach,* Rn 113; vgl. auch Rn 73). Das gleiche gilt, wenn der ArbGeb. Fahrtenschreiber über die gesetzliche Zweckbestimmung hinaus zu einer umfassenden Verhaltens- oder Leistungskontrolle der ArbN verwenden will. Denn auch die Festlegung der Verwendung der durch technische Einrichtung erhobenen Daten ist mitbestimmungspflichtig und bei einer über den gesetzlichen Verwendungszweck hinausgehenden Nutzung greift der Gesetzesvorbehalt nicht mehr ein (BAG 12. 1. 88, AP Nr. 23

zu § 75 BPersVG; *DR,* Rn 337; *GL,* Rn 151; *GK-Wiese,* Rn 203; *Schwarz,* Arbeitnehmerüberwachung, S. 134; *Ehmann,* Festschrift Hilger/Stumpf, S. 145; *ders.,* SAE 85, 280; **a. A.** *HSG,* Rn 282.) Deshalb unterliegt insoweit auch die Benutzung eines besonderen Lese- oder Auswertungsgeräts für den Fahrtenschreiber dem MBR (vgl. *Schwarz,* DB 83, 229; *GK-Wiese,* Rn 203; *Wohlgemuth,* Datenschutz, Rn 716; *GKSB,* Rn 123; im Ergebnis ebenso, wenn auch mit der unzutreffenden Begründung, das Auswertungsgerät sei Teil des Fahrtenschreibers, LAG Düsseldorf, EzA Nr. 4 zu § 87 BetrVG Kontrolleinrichtung; **a. A.** *Jahnke,* DB 78, 1692; *Ossberger,* a. a. O. S. 110ff.; *DR,* Rn 334, anders aber wohl Rn 337).

Das MBR nach Nr. 6 wird im Interesse der Rechtssicherheit am zweckmäßigsten durch eine die Kontrolleinrichtung betreffende **BV** ausgeübt. Das gilt insbesondere, wenn nähere Regelungen über Einschränkungen der Kontrolleinrichtung, über den zulässigen Verwendungszweck oder sonstige Einzelheiten der erhobenen Informationen festzulegen sind. **Beispiele** für BV: NZA 87, 808 (Hoechst AG), NZA 87, 11 (Muster-BV über Telefondatenerfassung). In einfachen Fällen kann auch eine **formlose Regelungsabrede** über die Kontrolleinrichtung ausreichen (*DR,* Rn 339; *GL,* Rn 149; *GK-Wiese,* Rn 210; *HSG,* Rn 286). **80**

Führt der ArbGeb. technische Überwachungseinrichtungen **ohne Zustimmung** des BR ein, kann dieser ihre **Beseitigung** und die **Unterlassung** der Benutzung im Wege des arbeitsgerichtlichen Beschlußverfahrens, ggfls. durch eine einstweilige Verfügung durchsetzen (*GL,* Rn 150; *Denck,* RdA 82, 284; vgl. Rn 161). Die ArbN sind nicht verpflichtet, die Kontrolleinrichtungen zu bedienen oder zu benutzen. Ferner haben sie ein **Leistungsverweigerungsrecht** ohne negative Auswirkungen auf den Entgeltanspruch, wenn ihnen die Erbringung der Arbeitsleistung nicht möglich ist, ohne daß die (unzulässige) Kontrolleinrichtung ihre Leistungs- oder Verhaltensdaten festhält (vgl. *DR,* Rn 340; *GL,* Rn 150; *GK-Wiese,* Rn 211; *Ossberger,* a. a. O. S. 175ff. **a. A.** *HSG,* Rn 289). **81**

7a. Arbeitssicherheit und Gesundheitsschutz

In Nr. 7 ist ein MBR des BR für „Regelungen" zur Verhütung von Arbeitsunfällen und Berufskrankheiten und zum Gesundheitsschutz insoweit eingeführt, als es um die **Ausfüllung des Rahmens der gesetzlichen, öffentlich-rechtlichen Schutzvorschriften** und der UVV der Berufsgenossenschaften geht. Es müssen ausfüllungsbedürftige Rahmenvorschriften vorhanden sein (BAG 28. 7. 81, AP Nr. 3 zu § 87 BetrVG 1972 Arbeitssicherheit; BAG vom 6. 12. 83, AP Nr. 7 zu § 87 BetrVG 1972 Überwachung unter C II 2; *Löwisch,* DB 87, 936). Näheres über Abgrenzung und Umfang dieser MBR vgl. Rn 4–19 und Vor § 89 Rn 41ff.). **82**

§ 88 Nr. 1 sieht demgegenüber freiwillige BV über zusätzliche Maßnahmen auf diesem Gebiet vor (Näheres Vor § 89 Rn 68–73). § 89 behandelt die Beteiligung des BR bei der Zusammenarbeit mit den für den **83**

Arbeitsschutz zuständigen Behörden, den Trägern der gesetzlichen Unfallversicherungen und dem Sicherheitsbeauftragten bzw. Sicherheitsausschuß. Außerdem hat der BR insoweit auch ein Überwachungsrecht bezüglich der Einhaltung dieser Bestimmungen, wie sich aus § 80 Abs. 1 Nr. 1 i. V. mit § 89 Abs. 1 ergibt. Wegen Gestaltung von Arbeitsplatz, Arbeitsablauf und Arbeitsumgebung vgl. §§ 90, 91 und wegen Sicherheitsbelehrung des ArbN § 81 Rn 7 ff.

7b. Arbeitssicherheitsgesetz

84 Für die Mitbestimmung im Rahmen des § 87 Abs. 1 Nr. 7 wird mit dem **Gesetz über Betriebsärzte, Sicherheitsingenieure und andere Fachkräfte für Arbeitssicherheit** (ASiG), ein bedeutsamer Anwendungsbereich eröffnet. Zum ASiG vgl. die Kommentare von *Doetsch/Schnabel, Giese/Ibels/Rehkopf, Graeff, Kliesch/Nöthlichs/Wagner.*

Das Gesetz verpflichtet alle ArbGeb., ihre Betriebe daraufhin zu überprüfen, ob der Einsatz von Betriebsärzten und Fachkräften für Arbeitssicherheit (Sicherheitsingenieure, -techniker, -meister) erforderlich ist. Ist das der Fall, so müssen sie die entsprechende Zahl von Betriebsärzten und Fachkräften für Arbeitssicherheit bestellen, ihnen die im Gesetz genannten Aufgaben schriftlich übertragen und die organisatorischen Voraussetzungen schaffen, damit diese betrieblichen Dienste ihre Aufgaben erfüllen können. Die Betriebsärzte und die Fachkräfte für Arbeitssicherheit sollen nicht die Verantwortung für die Durchführung des Arbeitsschutzes im Betrieb übernehmen, diese **Verantwortung bleibt beim ArbGeb.** und den betrieblichen Führungskräften (*HSG,* Rn 325). Die Betriebsärzte und Fachkräfte für Arbeitssicherheit sollen den ArbGeb. sowie die im Betrieb für den Arbeitsschutz Verantwortlichen und den BR **unterstützen,** indem sie als Spezialisten für Arbeitssicherheit und für den betrieblichen Gesundheitsschutz entsprechendes Fachwissen in die betrieblichen Entscheidungen einbringen (zum Aufgabenbereich der Sicherheitsfachkräfte vgl. die von der BAU und dem Hauptvorstand der gesetzlichen BG herausgegebenen Lehrgänge, Verlag TÜV Rheinland, Köln; *Sager,* Sicherheitsfachkräfte im betrieblichen Einsatz, ArbGebV Metallindustrie, Köln 1981; *Scheuermann,* BG 82, 33, sowie Forschungsberichte der BAU z. B. Nr. 9, 202; 232, 237, 255; ferner *Rosenbrock,* Arbeitsmediziner und Sicherheitsexperten im Betrieb, 1982; *Budde/Witting,* Funktion und rechtliche Stellung des Betriebsarztes in privatwirtschaftlichen Unternehmen, BAU-Sonderschrift Nr. 13, 1984.

84a Bei der Prüfung, ob die Bestellung eines Betriebsarztes oder einer Fachkraft für Arbeitssicherheit in einem Betrieb erforderlich ist, hat der ArbGeb. die **Unfall- und Gesundheitsgefahren** zu berücksichtigen, die sich aus der besonderen Art seines Betriebs ergeben (§ 2 Abs. 1 Nr. 1 ASiG). Diese Gefahren können sehr unterschiedlich sein, je nach den angewandten Fertigungsverfahren oder den verwendeten Betriebsanlagen oder Arbeitsstoffen. Ferner ist die **Zahl der ArbN** und die **Zusammensetzung der ArbNschaft** (z. B. besonders betreuungsbedürftige ArbNGruppen, Frauen, Jugendliche, ausländische ArbN usw.) zu berücksichtigen (§ 2 Abs. 1 Nr. 2 ASiG). Auch die Organisation im Betrieb kann maßgeblich dafür sein, ob die Bestellung solcher Fachkräfte in größerem oder geringerem Umfang erforderlich ist (§ 2 Abs. 1 Nr. 2 ASiG); dabei dürfte es wesentlich darauf ankommen, wie intensiv der Arbeitsschutz in die Betriebsorganisation integriert ist (zum Unterschied zwischen Betrieb und Unternehmen bei Anwendung des ASiG vgl. *Wolber,* BG 80, 794 und die dort kritisch besprochenen Entscheidungen des BSG, BG 80, 796).

Aus den **UVV der Unfallversicherungsträger** (§ 708 RVO), die in 84b
erster Linie die gesetzlichen Regelungen für die jeweiligen Branchen präzisieren sollen, werden die ArbGeb. und die durchführenden Behörden im einzelnen entnehmen können, wieviel **Einsatzzeit** eines Betriebsarztes oder einer Fachkraft für Arbeitssicherheit durchschnittlich für eine bestimmte Betriebsart erforderlich ist (§ 708 Abs. 1 Nr. 4 RVO). Einsatzzeit ist die Arbeitszeit, die den Betriebsärzten oder Fachkräften für Arbeitssicherheit zur Erfüllung ihrer Aufgaben je Jahr und ArbN mindestens zur Verfügung stehen muß (vgl. VGB 122, 123 mit Tabellen für die einzelnen BG und Durchführungsanweisungen).

Soweit die Unfallversicherungsträger keine oder unzureichende 84c
UVV erlassen, kann der BMA die gesetzlichen Verpflichtungen durch **VO** nach § 14 Abs. 1 ASiG präzisieren. Durch VO des BMA nach § 14 Abs. 2 ASiG kann auch bestimmt werden, daß die gesetzlichen Aufgaben der Betriebsärzte oder der Fachkräfte für Arbeitssicherheit in bestimmten Betriebsarten nur zum Teil oder gar nicht erfüllt zu werden brauchen, und zwar dann, wenn sich herausstellt, daß für eine Übergangszeit nicht genügend Betriebsärzte oder Fachkräfte für Arbeitssicherheit zur Verfügung stehen. Aus der Einsatzzeit, die aus dem Gesetz und den durchführenden UVV bzw. VO zu entnehmen ist, ergibt sich für den ArbGeb. zugleich die Anzahl von Betriebsärzten oder Fachkräften für Arbeitssicherheit, die er für seinen Betrieb bestellen muß; evtl. genügt auch die Bestellung eines **nebenberuflich** tätigen Betriebsarztes oder einer nebenberuflich tätigen Fachkraft für Arbeitssicherheit. Der ArbGeb. kann sich auch an einem **überbetrieblichen** arbeitsmedizinischen oder sicherheitstechnischen **Dienst** anschließen (z. B. berufsgenossenschaftl. Dienste – BAD; arbeitsmedizinische Dienste des TÜV; Werkarztzentren von ArbGebVerb). Zur Problematik der Bestellung niedergelassener Ärzte im Nebenberuf und der Inanspruchnahme kommerzieller Dienste vgl. „Arbeitsmedizin eine Ware?" Der Gewerkschafter 6/82, S. 8; „Arbeitsmedizin über den Hinterhof".

Bevor der ArbGeb. einen Betriebsarzt oder eine Fachkraft für Ar- 85
beitssicherheit bestellt, muß er den BR beteiligen (§ 9 Abs. 3 ASiG). Soll der Arzt oder die Fachkraft in den Betrieb eingestellt werden, so bedarf der ArbGeb. zur **Bestellung** nach dem ASiG der **Zustimmung des BR;** das gleiche gilt für die **Abberufung** des Betriebsarztes oder der Fachkraft für Arbeitssicherheit und für die **Erweiterung oder Einschränkung ihrer Aufgaben** (z. B. kann der BR damit Einfluß auf die Untersuchungstätigkeit der Betriebsärzte nehmen und überflüssigen Untersuchungen der ArbN entgegenwirken). Die ArbN sind auch bei

Zustimmung des BR nicht verpflichtet, sich untersuchen zu lassen (vgl. auch § 94 Rn 21f.).

Vor der Verpflichtung von **freiberuflich** tätigen Betriebsärzten und Fachkräften für Arbeitssicherheit bzw. von überbetrieblichen Diensten muß der ArbGeb. den BR **hören** (§ 9 Abs. 3 S. 3 ASiG). Dies gilt auch, wenn der ArbGeb. aufgrund Satzungsbestimmung der zuständigen BG nach § 719a RVO sich einem überbetrieblichen arbeitsmedizinischen und sicherheitstechnischen Dienst anschließen muß (Anschlußzwang); allerdings besteht in diesen Fällen kein Mitbestimmungsrecht (*GL,* Rn 163). Wegen des MBR des BR bei **freiwilliger** Verpflichtung von freiberuflichen Ärzten oder überbetrieblichen Diensten s. unten Rn 88. Die Verletzung dieser Verpflichtung führt allerdings nicht zur Unwirksamkeit der Maßnahme (*Giese/Ibels/Rehkopf,* § 9 Rn 16; wohl auch *Kliesch/Nöthlichs/Wagner,* § 9, Nr. 8).

86 Umstritten ist, welchen **Umfang das MBR** des BR nach § 9 Abs. 3 S. 1 u. 2. ASiG hat. Nach Sinn und Zweck der Bestimmung muß davon ausgegangen werden, daß ein **Initiativrecht des BR** besteht, jedenfalls für die **Abberufung** eines ungeeigneten Betriebsarztes bzw. einer entsprechenden Fachkraft für Arbeitssicherheit und auch für die **Erweiterung oder Beschränkung** des Aufgabenbereiches (ebenso *DR,* Rn 372f.; *GL,* Rn 165ff.; *GK-Wiese,* Rn 247; *Graeff,* ASiG § 9, Rn 5.1; *GKSB,* Rn 151; **a. A.** *HSG,* Rn 309, 329; *Stege/Weinspach,* Rn 130a; *Doetsch/Schnabel,* § 9, Rn 4; *Giese/Ibels/Rehkopf,* § 9, Rn 11; noch offengelassen von BAG 6. 12. 83, AP Nr. 7 zu § 87 BetrVG 1972 Überwachung). Dann kann aber auch nichts anderes **für die Bestellung** gelten (ebenso *GKSB,* Rn 151; *Kliesch/Nöthlichs/Wagner* § 9, Nr. 7.7., *Weiss,* Rn 20; insoweit **a. A.,** nur Zustimmungsrecht: *DR,* a. a. O.; *GL,* a. a. O.; *GK-Wiese,* a. a. O.; *Graeff,* a. a. O.). Alle diese Maßnahmen bedürfen der Zustimmung des BR, sonst sind sie unwirksam (BAG 24. 3. 88, AP Nr. 1 zu § 9 ASiG).

87 Im Grundsatz ist zwischen dem MBR des BR einschließlich des Initiativrechts nach § 9 Abs. 3 ASiG und den Beteiligungsrechten bei den **personellen Einzelmaßnahmen** nach § 99ff. BetrVG (Einstellung, Eingruppierung, Umgruppierung, Versetzung, Kündigung) zu unterscheiden. Das ASiG macht keinen Unterschied zwischen leitenden Ang. (§ 5 Abs. 3 BetrVG 72) und anderen ArbN, so daß die Beschränkung der betriebsverfassungsrechtlichen Beteiligungsrechte, soweit es sich um leitende Angestellte handelt, bei den MBR nach § 9 Abs. 3 S. 1 u. 2 ASiG nicht Platz greift (*DR,* Rn 374; *HSG,* Rn 327; *GK-Wiese,* Rn 236; *Kliesch/Nöthlichs/Wagner,* § 9, Nr. 7.1). Wohl aber ist die Unterscheidung bei den rein arbeitsrechtlichen Vorgängen nach § 99ff. BetrVG zu machen. Es sind an sich Bestellung und Abberufung i. S. des § 9 Abs. 3 ASiG von der Einstellung und Kündigung zu unterscheiden (vgl. für Ausbilder auch § 98 Rn 23; BAG 24. 3. 88, AP Nr. 1 zu § 9 ASiG, DR, Rn 369; GKSB, Rn 143). Die Zustimmung des BR zur Bestellung eines Betriebsarztes oder einer Fachkraft für Arbeitssicherheit bedeutet aber zugleich das Einverständnis mit dessen Einstellung nach § 99 BetrVG und umgekehrt (BAG a. a. O.). Das Beteiligungsrecht bei der Eingruppierung bleibt dagegen unberührt. Bei der Bestellung eines ArbN aus dem Betrieb ist die dafür erforderliche Versetzung mit der Zustimmung des BR nach § 9 Abs. 3 ASiG als erteilt anzusehen. Das MBR besteht ggfs. noch für die Umgruppierung. Im Fall der Abrufung, auch auf Verlangen des BR, verliert der BR damit aber nicht die Möglichkeit, einer Kündigung nach § 102 Abs. 3 zu widersprechen, falls dafür die Voraussetzungen vorliegen (*GKSB,* Rn 143; *HSG,* Rn 331) z. B. Verwendungsmöglichkeit eines abberufenen Sicherheitsingenieurs oder Betriebsarztes an anderer Stelle im Betrieb, es sei denn, es handele sich um einen leitenden Ang. Eine fehlende und auch nicht ersetzte Zustimmung des BR zur Abberufung eines Betriebsarztes nach § 9 Abs. 3 ASiG führt zumindest dann zur Unwirksamkeit der dem Betriebsarzt ausgesprochenen Beendigungskündigung, wenn diese auf Gründe gestützt wird, die sachlich mit der Tätigkeit als Betriebsarzt in einen untrennbaren Zusammenhang stehen (BAG 24. 3. 1988, AP Nr. 1 zu § 9 ASiG).

Das MBR nach § 87 Abs. 1 Nr. 7 BetrVG 72 und dem ASiG erstreckt **88** sich, wenn und soweit noch keine abschließende Regelung durch das ASiG und die dazu erlassene UVV oder RechtsVO vorliegt, auch auf die **Auswahlentscheidung** darüber, ob und wieviel Ärzte bzw. Fachkräfte für Arbeitssicherheit zu bestellen sind, ob dies hauptberuflich oder freiberufliche Kräfte sind oder ob ein überbetrieblicher Dienst in Anspruch genommen werden soll (BAG 10. 4. 79, AP Nr. 1 zu § 87 BetrVG 1972 Arbeitssicherheit; *DR,* Rn 366; *GL,* Rn 162; *GK-Wiese,* Rn 235; *Kliesch/Nöthlichs/Wagner,* § 9, Nr. 5; *Graeff,* a. a. O., § 9, Rn 5.1; *Denck,* ZfA 76, 463; *HSG,* Rn 335ff.; *Stege/Weinspach,* Rn 130b; *Doetsch/Schnabel,* § 9, Rn 4a; *Giese/Ibels/Rehkopf,* § 9, Rn 15; einschränkend *Ehmann,* Arbeitsschutz u. Mitbetimmung, S. 95). Unter den gleichen Voraussetzungen können im Wege der Mitbestimmung die **Aufgabenkataloge** der §§ 3 und 6 ASiG konkretisiert sowie die **„Aufschlüsselung"** der Sicherheitskräfte nach **Qualifikation und Fachkunde** vorgenommen werden, z. B. die Festlegung des Prozentverhältnisses zwischen Sicherheitsingenieuren und Sicherheitsmeistern (ähnlich *GL,* Rn 164af.).

In Ergänzung der dem BR durch das BetrVG übertragenen Aufgaben **89** auf dem Gebiet des Arbeitsschutzes (vgl. § 80 Abs. 1 Nr. 1, § 87 Abs. 1 Nr. 7, § 88 Nr. 1, § 89, §§ 90 und 91) verpflichtet das ASiG die Betriebsärzte und die Fachkräfte für Arbeitssicherheit, bei der Erfüllung ihrer Aufgaben **mit dem BR eng zusammenzuarbeiten** (§ 9 Abs. 1 ASiG). Sie sollen den BR auch unmittelbar in Fragen der Arbeitssicherheit und des Gesundheitsschutzes beraten (§ 9 Abs. 2 ASiG); dies kann z. B. bei der Ausübung von Mitbestimmungsrechten in sozialen Angelegenheiten nach § 87 oder bei der Mitwirkung des BR bei der Gestaltung von Arbeitsplatz, Arbeitsablauf und Arbeitsumgebung (§§ 90, 91) von großer Bedeutung sein. Die Aufgaben der Betriebsärzte und Sicherheitsfachkräfte erstrecken sich zwar vorrangig auf den gesetzlichen Arbeitsschutz. Sie betreffen jedoch auch den autonomen Arbeitsschutz (für Betriebsärzte: § 3 Abs. 1 Nr. 1 Buchst. d u. f ASiG; für Sicherheitsfachkräfte: § 6 Satz 1: „einschließlich der menschengerechten Gestaltung der Arbeit", Satz 2 Nr. 1 Buchst. d ASiG). Unterbreitet der Betriebsarzt oder die Fachkraft für Arbeitssicherheit Vorschläge unmittelbar dem ArbGeb., so haben sie hiervon dem BR eine Abschrift zuzuleiten. Lehnt der ArbGeb. den Vorschlag ab, so muß er dies dem Betriebsarzt oder der Fachkraft für Arbeitssicherheit unter Angabe von Gründen **schriftlich** mitteilen; auch hiervon erhält der BR eine **Abschrift** (vgl. § 8 Abs. 3 ASiG). Überdies wird die Zusammenarbeit im Betrieb durch die Bildung des **Arbeitsschutzausschusses** nach § 11 ASiG (vgl. § 89 Rn 28) gesichert. Zur Schweigepflicht des Betriebsarztes vgl. § 94 Rn 21 u. *Däubler,* BB 89, 282.

90 Die Vorschriften des ASiG als Rahmengesetz sind im Hinblick auf die Vielgestaltigkeit der Betriebsverhältnisse so formuliert, daß ausgedehnte **Beurteilungsspielräume** verbleiben. Es ist zwar vorgesehen, durch UVV oder RechtsVO (§ 708 Abs. 1 Nr. 4 RVO, § 14 ASiG) insbesondere den Umfang der Bestellungspflicht zu präzisieren; es bleiben aber von UVV nicht erfaßte Teilbereiche und die sonstigen Verpflichtungen des ArbGeb. aus dem Gesetz, die präzisiert werden müssen. Insoweit besteht ein MBR (*GKSB,* Rn 150).

91 Im einzelnen kann sich eine **BV** z. B. auf **folgende Gegenstände** beziehen: die Verpflichtung, Betriebsärzte und Fachkräfte für Arbeitssicherheit für den Betrieb zu bestellen bzw. einen Vertrag mit freiberuflich tätigen Betriebsärzten und Fachkräften oder einem überbetrieblichen Dienst abzuschließen, und zwar unter Berücksichtigung der im Betrieb anfallenden Aufgaben und der erforderlichen Fachkunde; die Verpflichtung, die Betriebsärzte und Fachkräfte für Arbeitssicherheit durch Hilfspersonal und sächliche Mittel zu unterstützen, z. B. durch die Bereitstellung von Räumen, Schreibkräften usw.; die Verpflichtung, den Betriebsärzten und Fachkräften für Arbeitssicherheit die erforderliche Fortbildung zu ermöglichen, z. B. dadurch, daß die Ärzte und die Fachkräfte für Arbeitssicherheit auf Kosten des ArbGeb. an bestimmten Fortbildungsveranstaltungen teilnehmen. Dies gilt jedenfalls, soweit die BG nicht durch UVV abschließende Regelungen getroffen haben. Die gewerbl. BG veranstalteten 1985 insgesamt 863 Fortbildungskurse für nahezu 19000 Sicherheitsfachkräfte (Unfallverhütungsbericht 1985, BT Drucks. 10/6690, Übersicht 26). Die Ausbildungslehrgänge werden nach Grundsätzen durchgeführt, die der BMA im Rahmen seiner Dienstaufsicht festlegt. Zu Beteiligung der BR vgl. § 9 AVV v. 38. 11. 1977 – Anhang 7.

91a Wegen der Zusammenarbeit zwischen ArbGeb. (als Strahlenschutzverantwortlichem), **Strahlenschutzbeauftragten,** BR und Fachkräften für Arbeitssicherheit vgl. § 30 Abs. 1 Satz 1 StrlSchV und Vor § 89 Rn 42. Wegen **Betriebsbeauftragten für Immissionsschutz** vgl. §§ 53ff. BImSchG, **Störfallbeauftragten** vgl. § 5 StörfallVO. Im **Bergbau** erstrecken sich die Aufgaben der verantwortlichen Person nach § 59 Abs. 2 BBergG auch auf Maßnahmen des Arbeitsschutzes.

8. Sozialeinrichtungen

a) Begriff und Abgrenzung

Das MBR des BR nach § 87 Abs. 1 Nr. 8 erstreckt sich auf Form, Ausgestaltung und Verwaltung von „Sozaileinrichtungen". Die Ersetzung des Begriffs „Wohlfahrtseinrichtung" des BetrVG 52 durch Sozialeinrichtung dürfte aus sprachlichen Gründen erfolgt sein und keine rechtliche Bedeutung haben (*GK-Wiese,* Rn 248; *DR,* Rn 378). Der Begriff der **„Einrichtung"** bedarf zwar einer **gewissen Institutionalisierung.** Der Umstand, daß auch Form und Ausgestaltung der Einrichtung mitbestimmungspflichtig sind, kann nicht dazu führen, vom Erfordernis der Institutionalisierung schlechthin abzusehen und nunmehr alle Sozialleistungen unter § 87 Abs. 1 Nr. 8 fallen zu lassen. Es genügt aber, daß soziale Leistungen des ArbGeb. institutionalisiert sind, d. h. einen bestimmten Zweck haben, keine Einzelmaßnahmen darstellen, sondern nach allgemeinen Richtlinien aus einer abgesonderten, bes. zu verwaltenden Vermögensmasse des ArbGeb. gewährt werden und auf eine gewisse Dauer gerichtet sind (BAG 9. 7. 85, AP Nr. 16 zu § 75 BPersVG *(GK-Wiese,* Rn 251; *Jahnke,* ZfA 80, 863, 888, *Moll,* Entgelt, S. 80ff. u. BB 88, 400). Besondere Anforderungen an die Ausformung einer Organisation sind aber nicht zu stellen. 92

Soweit danach eine **„Einrichtung" fehlt,** dürften Sozialleistungen unter **Nr. 10** als der Generalklausel fallen (vgl. Rn 122; *Jahnke* ZfA 80, 869). Der Unterschied beider Mitbestimmungstatbestände liegt darin, daß bei Sozialeinrichtungen Einführung und Dotierung nicht dem MBR unterliegen, wohl aber auch die Verwaltung u. Gewährung von Leistungen im Einzelfall, während nach Nr. 10 der BR ein Initiativrecht hat, sich auch indirekte Auswirkungen unter dem Gesichtspunkt der Lohngerechtigkeit auf die Höhe der finanziellen Aufwendungen ergeben können, aber kein MBR bei der einzelnen Vergütungsfestsetzung besteht (vgl. *Jahnke* a. a. O., S. 891ff., *Moll,* BB 88, 400 und *Weiss* Anm. EzA § 87 BetrVG Lohngestaltung Nr. 2). Wegen Auswirkungen auf die Lohnhöhe vgl. Rn 127. 92a

Beispiele für Sozialeinrichtung: 93

Pensions- und Unterstützungskassen (gesetzliche Definition in § 1 Abs. 3 und 4 BetrAVG; BAG 12. 6. 75, 18. 3. 76, 26. 4. 88, AP Nr. 1–4, 16 zu § 87 BetrVG 1972 Altersversorgung), Werksküchen, Kantinen (BAG 15. 9. 87, AP Nr. 9 zu § 87 BetrVG 1972 Sozialeinrichtung), Kasinos, Sportplätze, Erholungsheime, Werksbibliotheken, Kindergärten (BAG 22. 10. 81, AP Nr. 10 zu § 76 BetrVG 1972), Badeanstalten, Betreiben eines Werkverkehrs mit Bussen, sofern eine eigenständige Organisation mit abgesonderten Betriebsmitteln vorliegt (BAG 9. 7. 85, AP Nr. 16 zu § 75 BPersVG, nicht bei Betreibung des Busverkehrs durch Dritte: LAG Schleswig-Holstein 17. 3. 83, BB 84, 140). Wegen Werkmietwohnungen vgl. den Sondertatbestand der Nr. 9 (Rn 108ff.).

Nicht zu den Sozialeinrichtungen zählen u.a.

Werkzeitungen (sie sind in erster Linie Sprachrohr der Betriebsleitung zur ArbNschaft, h.M.; vgl. LAG Hamburg, DB 78 118, *Hoffmann,* ArbuR 74, 276 hält den ArbGeb. für verpflichtet, ein schriftliches Informationsblatt des BR zu finanzieren, wenn der Betrieb mindestens 21 ArbN hat und nimmt eine entsprechende Verpflichtung des BR dazu ab 301 ArbN an; a.M. LAG Düsseldorf, 11.8. 1976, DB 76, 2021; wegen Datenschutz vgl. *Simitis,* Festschrift Löffler, 75. Geburtstag, S. 319ff.; vgl. auch § 40 Rn 17); **Betriebskrankenkassen** als gesetzliche Träger der Sozialversicherung, auch nicht einzelvertragliche Pensionsleistungen aufgrund unmittelbarer Versorgungszusage der ArbGeb., sofern kein abgesondertes Vermögen vorhanden ist und verwaltet wird, auch wenn zur Finanzierung eine Rückdeckungsversicherung besteht, oder sogen. Direktversicherungen des ArbGeb. für seine ArbN bei einer Versicherung (Begriffsbestimmung in § 1 Abs. 2 BetrAVG), da der ArbGeb. gar keine „Einrichtung" schaffen will (BAG AP Nr. 1–4 zu § 87 BetrVG 1972 Altersversorgung; *Weigel,* BB 74, 1583ff.). Nicht unter Nr. 8 fällt auch die Veranstaltung von Betriebsfeiern und Betriebsausflügen (*Feller,* RdA 64, 41; *GL,* Rn 172a; *Neumann,* AR-Blattei Betriebsfeier I), Einräumung eines Rabattes auf Warenbezug durch den ArbGeb (vgl. BAG 18. 5. 1965, AP Nr. 26 zu § 56 BetrVG; zur steuerrechtlichen Behandlung vgl. *Giley,* BB 89, 122), Ausgabe von Essenmarken unmittelbar an die ArbN (BAG 15. 1. 1987, AP Nr. 21 zu § 75 BPersVG).

94 Die Einrichtung muß **„sozialen" Zwecken** dienen, d.h. den ArbN des Betriebes und evtl. deren Familienangehörigen sollen über das unmittelbare Arbeitsentgelt für die Arbeitsleistung hinaus weitere Vorteile gewährt werden, um deren soziale Lage zu verbessern. Ob der ArbGeb. subjektiv dabei nur aus uneigennützigen Motiven handelt oder auch eigene Interessen verfolgt, ist ebenso unerheblich (*Moll,* Entgelt, S. 85) wie die Frage, ob die finanziellen Mittel von den ArbN z.T. mit aufgebracht werden, z.B. für Kantinenessen (h.M. vgl. *DR,* Rn 338, *GK-Wiese,* Rn 255). Das Moment der **Uneigennützigkeit** kann nur insoweit eine Rolle spielen, als überhaupt eine Absicht des ArbGeb. vorliegen muß, eine Sozialeinrichtung zu errichten und zu betreiben. Dagegen ist nicht mehr die Auffassung aufrecht zu erhalten, daß Leistungen aus einer Sozialeinrichtung keinen Entgeltcharakter haben dürfen (so auch BAG 12. 6. 1975, AP Nr. 1 zu § 87 BetrVG 1972 Altersversorgung). In einem weiteren Sinne werden Sozialleistungen wegen der (fortdauernden) Zugehörigkeit zum Betrieb gewährt. Sie stehen jedenfalls mittelbar in einem Zusammenhang mit der Arbeitsleistung, wenn auch kein unmittelbares Austauschverhältnis bestehen wird. Alle Zuwendungen des ArbGeb. an seine ArbN haben auch Entgeltcharakter (*DR,* Rn 386).

94a Es ist für das MBR auch unerheblich, daß der ArbGeb. Leistungen aus Sozialeinrichtungen ursprünglich **freiwillig** erbracht hat (*Moll,* Entgelt, S. 96). Wenn und soweit nunmehr Rechtsansprüche der einzelnen ArbN nach Errichtung der Sozialeinrichtung entstehen, kommt diesem Umstand nur insoweit noch Bedeutung zu, als der ArbGeb. nicht gezwungen werden kann, insgesamt mehr finanzielle Mittel aufzuwenden, als der von ihm vorgenommenen Dotierung der Sozialeinrichtung entspricht. Die **Dotierung** gehört zur **mitbestimmungsfreien Errichtung** (vgl. Rn 97). Innerhalb dieses Rahmens besteht **aber ein MBR** des BR hinsichtlich der **Grundsätze und Verfahren** zur Gewährung der ursprünglich freiwilligen Leistungen, wobei insbesondere auch der Gleichbehandlungsgrundsatz des § 75 zu beachten ist (vgl. *Blomeyer,* Anm. AP Nr. 3 zu § 87 BetrVG 1972 Altersversorgung Ziff. II 5.) Soweit Sozialleistungen nicht institutionalisiert sind (vgl. Rn 92), kommt ein MBR nach § 87 Abs. 1 Nr. 10 in Betracht (vgl. Rn 122). Gibt der ArbGeb. an seine ArbN vermögenswerte Leistungen zu Preisen und Modalitäten ab, wie an jeden Dritten auch, so daß jeder besondere Vorteil für die ArbN entfällt, so liegt keine Sozialeinrichtung vor.

Die Sozialeinrichtung muß vom ArbGeb. für die ArbN eines **Betriebes,** eines **Unternehmens** oder eines **Konzerns** (vgl. § 54 Rn 7 ff) errichtet sein. Sie darf **nicht einem unbestimmten Personenkreis** zur Verfügung stehen. Es fallen daher z. B. jedenfalls aus diesem Grunde nicht unter Nr. 8: Direktversicherungen der ArbN, auch wenn Gruppenversicherungsverträge bestehen, bei privaten Versicherungsgesellschaften, weil der Wirkungskreis dieser Gesellschaften sich über den Bereich des Unternehmens oder Konzerns hinaus erstreckt. Nicht hierher gehören auch Höherversicherungsbeiträge zur Invaliden- und Angestelltenversicherung; ferner nicht Unterstützungkassen, die für einen Gewerbezweig errichtet werden, oder für eine Mehrzahl nicht konzernverbundener ArbGeb. (BAG 22. 4. 1986, AP Nr. 13 zu § 87 BetrVG 1972 Altersversorgung; vgl. aber wegen MBR nach Nr. 10 Rn 125). Mildtätige private **Stiftungen** eines Aktionärs oder ARMitgl. fallen nicht unter § 87, da nicht vom ArbGeb. errichtet; anders ist die Rechtslage, wenn bei wirtschaftlicher Betrachtungsweise der Stifter selbst ArbGeb. ist, weil er den maßgebenden Einfluß ausübt oder bei Errichtung der Stiftung besaß (*GL,* Rn 181; *GK- Wiese,* Rn 289). Auch besteht kein MBR bei gemeinsamen Einrichtungen der TV-Parteien (BAG 3. 2. 1965, AP Nr. 12 zu § 5 TVG). 95

Dageben entfällt das MBR nicht, wenn aus historischen Gründen (z. B. Ausgliederung eines Betriebes, Belegung durch Pensionäre) in unerheblichen Umfang Sozialleistungen auch Personen zugute kommen, die dem Unternehmen bzw. Konzern nicht (mehr) angehören (BAG 21. 6. 79, AP Nr. 1 zu § 87 BetrVG 1972 Sozialeinrichtung; *GK-Wiese,* Rn 278). Auch die Einbeziehung von **Familienangehörigen** von ArbN ist möglich, ebenso die Erstreckung auf **leitende Ang.** (*GK-Wiese,* Rn 257; *HSG,* Rn 350). Dann hat der BR auch deren Interessen zu berücksichtigen (vgl. Rn 119, BAG 30. 4. 1974, AP Nr. 2 zu § 87 BetrVG 1972 Werkmietwohnungen). Keine Sozialeinrichtung liegt allerdings mehr vor, wenn die Einrichtung **nur für leitende Ang.** geschaffen wird (vgl. LAG Düsseldorf, DB 79, 115 betr. Werkparkplatz). Umfaßt ein rechtlich selbständiges Unternehmen „Wirtschaftsbetriebe" auch ein kommerziell betriebenes Hotel, so unterliegt dieser einzelne Betrieb nicht dem MBR, wohl aber die anderen (z. B. Kantine, Erholungsheim). Vermietet eine Wohnungsbaugesellschaft in größerer Zahl Wohnungen an NichtArbN, so entfällt ein MBR nach Nr. 8, während das MBR gegenüber dem ArbGeb. hinsichtlich der Werkmietwohnungen nach Nr. 9 bestehen bleibt (vgl. den Fall BAG 18. 7. 78, AP Nr. 4 zu § 87 BetrVG 1972 Werkmietwohnungen). 96

b) Errichtung, Ausgestaltung, Verwaltung

97 Das MBR nach § 87 erstreckt sich auf Form, Ausgestaltung und Verwaltung bestehender Sozialeinrichtungen. Ihre **Errichtung** kann nicht erzwungen, ihre **Schließung** durch den BR nicht verhindert werden (BAG 13. 3. 73, AP Nr. 1 zu § 87 BetrVG 1972 Werkmietwohnungen, 26. 4. 88, AP Nr. 16 zu § 89 BetrVG 1972 Altersversorgung), wie sich aus § 88 Nr. 2 ergibt (*GL,* Rn 189; *GK-Wiese,* Rn 266; *Moll,* Entgelt, S. 104 verlangt angemessene Ankündigungsfrist vor der Schließung, *DR,* Rn 444 die Möglichkeit der Aufrechterhaltung nur mit Beiträgen der ArbN; anders § 75 Abs. 3 Nr. 5 BPersVG). Soweit aber der einzelne ArbN Rechtsansprüche hat, kann der ArbGeb. aus Gründen des Arbeitvertragsrechts Sozialeinrichtungen nicht ersatzlos wegfallen lassen z. B. Pensionsansprüche oder -anwartschaften.

Auch den finanziellen Rahmen, „die **Dotierung**", kann der ArbGeb. allein bestimmen (näheres vgl. Rn 102). Die abstrakte Festlegung des **Benutzerkreises** gehört zur Errichtung, die Auswahl der begünstigten ArbN im konkreten Fall zur Verwaltung (vgl. BAG 14. 2. 1967, AP Nr. 9 zu § 56 BetrVG 1952 Wohlfahrtseinrichtungen; *GL,* Rn 185; *Peters,* DB 67, 1500). Vgl. auch § 88 Rn 7ff.

98 Das MBG des BR nach Nr. 8 erstreckt sich bereits auf die **Form,** also insbes. die **juristische Gestaltung,** sofern die Errichtung als solche einmal vom ArbGeb. allein oder mit dem BR (§ 88 Nr. 2) beschlossen ist. Zum Errichtungsakt gehört aber der Entschluß, ob überhaupt eine „Einrichtung" geschaffen werden soll (vgl. Rn 92) und deren Dotierung (vgl. Rn 102). Durch die Formulierung ist klargestellt, daß es sich nicht nur um Sozialeinrichtungen handelt, die Bestandteil des Betriebs, Unternehmens oder Konzerns (Begriffe § 1 Rn 71ff.; § 54 Rn 7ff.) sind, sondern auch um solche mit **eigener Rechtspersönlichkeit,** z. B. Versicherungsvereine auf Gegenseitigkeit, rechtsfähige Stiftungen, Sozial- GmbH, eingetragener Verein. Der BR hat bereits mitzubestimmen, ob die Einrichtung juristisch unselbständiger Bestandteil des Betriebes (Unternehmens, Konzerns) sein, oder eine bestimmte eigene Rechtspersönlichkeit haben soll (nach *Höfer/Abt,* BetrAVG, ArbGr. Rn 454, 470 erstreckt sich das MBR auf die Rechtsform einer Altersversorgung nur, wenn der ArbGeb. überhaupt eine juristische Person bilden will).

98a Die **Rechtsform** und die sich daraus ergebende Geltung vereins- oder gesellschaftsrechtlicher Normen steht dem **MBR nicht entgegen.** Es kommt auch nicht darauf an, welchen MitglKreis die juristische Person umfaßt, insbes. ob die ArbN selbst Mitgl. sind. Die Möglichkeit, Mitgliedschaftsrechte auszuüben, ersetzt nicht das MBR. Denn den einzelnen Mitgl. stehen keine Verwaltungsrechte zu (h. M.). Soweit allerdings zwingende vereins- oder gesellschaftsrechtliche Vorschriften oder Normen des **Versicherungsaufsichtsgesetzes** bestehen, sind die vertretungsberechtigten Organe der mit eigener Rechtspersönlichkeit errichteten Sozialeinrichtungen nicht durch das MBR von deren Einhaltung befreit. Insoweit ergeben sich praktisch gewisse Beschränkungen des MBR durch die Einschränkung der Handlungsfreiheit (*Auffarth,* DB 62, 672).

Wird eine Unterstützungskasse e. V. für eine Mehrzahl nicht konzernverbundener Betriebe oder Unternehmen tätig, so daß der Tatbestand der Nr. 8 entfällt, so können MBR nach Nr. 10 nur in der Form ausgeübt werden, daß die einzelnen Mitgl. der Unterstützungskasse mit ihren BR ihr Abstimmungsverhalten für die Organe der Unterstützungskasse aushandeln (BAG 22. 4. 86, AP Nr 13 zu § 87 BetrVG 1972 Altersversorgung).

Unter **Ausgestaltung** ist die Bestimmung der Organisation, z. B. Umstellung von Verkaufseinrichtungen auf Automaten (*GKSB,* Rn 161), der Verwaltung (Geschäftsordnung), die Verteilung der finanziellen Mittel (z. B. Regelung der Leistungen einer Unterstützungskasse, BAG 13. 7. 78, AP Nr. 5 zu § 87 BetrVG 1972 Altersversorgung), auch deren Neuverteilung nach Kürzung des Dotierungsrahmens (BAG 13. 7. 1978, 26. 4. 1988, AP Nr. 5, 16 zu § 87 BetrVG 1972 Altersversorgung) und die Aufstellung allgemeiner Grundsätze über die Benutzung zu verstehen, z. B. die Festlegung der Öffnungszeiten und der Nutzungszwecke, auch für private Feiern von ArbN (BAG 15. 9. 1987, AP Nr. 9 zu § 87 BetrVG 1972 Sozialeinrichtung). Die Ausgestaltung steht nach ihrer Bedeutung und zeitlichen Reihenfolge zwischen Errichtung und Verwaltung (BAG 13. 3. 1973, AP Nr. 1 zu § 87 BetrVG 1972 Werkmietwohnungen). 99

Unter **Verwaltung** ist eine ordnende oder gestaltende Tätigkeit für einen bestimmten Lebensbereich nach gegebenen Weisungen oder Richtlinien zu verstehen; sie bezieht sich regelmäßig auf ein bestimmtes Objekt (vgl. Brockhaus Enzyklopädie). Der BR wirkt bei allen Entscheidungen gleichberechtigt mit, auch bei jeder **einzelnen Verwaltungsmaßnahme,** wenn und solange nicht wegen der laufenden alltäglichen Maßnahmen generelle Grundsätze durch BV aufgestellt sind (h. M., z. B. *DR,* Rn 419). Zur Verwaltung gehört auch die Vermögensanlage bei Pensions- und Unterstützungskassen (*Höfer/Abt,* BetrAVG, ArbGr. Rn 474ff.). Dem MBR unterliegt auch die Aufstellung einer internen **Hausordnung** bei räumlich gebundenen Einrichtungen, aber nicht mehr deren Durchführung im Einzelfall (z. B. Aufteilung der Gäste auf die Zimmer eines Erholungsheimes u. ä.). 99a

Zur „Verwaltung“ bzw. „Ausgestaltung“ rechnen auch **Abschluß und Kündigung von Pachtverträgen** über Sozialeinrichtungen, (vgl. VGH Kassel in AP Nr. 1 zu § 67 PersVG; *GK-Wiese,* Rn 271; *DR,* Rn 412; *Moll,* Entgelt, S. 107). Das MBR bezieht sich einmal auf die Grundfrage der Führung der Sozialeinrichtung in eigener Regie oder durch Dritte, zum anderen auf die Bedingungen des Pachtvertrages, insbesondere hinsichtlich des Einflusses von ArbGeb. und BR auf die Einrichtung (*GKSB,* Rn 167; *GK-Wiese.* Rn 286) und die Preise im Rahmen der Zuschüsse des ArbGeb. und den Umfang des Warensortiments (*Gumpert,* BB 78, 968). Der ArbGeb. ist dann verpflichtet, seine vertraglichen Befugnisse gegenüber dem Pächter nur in Übereinstimmung mit dem BR wahrzunehmen (*GL,* Rn 195; *HSG,* Rn 359). 100

Das Mitverwaltungsrecht besteht auch, wenn für die Sozialeinrichtung gemäß §§ 1, 4 ein **eigener BR** gebildet ist (h. M.). Die Kompetenz- 101 abgrenzung dürfte keine Schwierigkeiten bereiten, insbesondere nicht, wenn ein GesBR oder KBR besteht. Dieser BR hat nur ein MBR in eigenen Angelegenheiten der ArbN der Einrichtung, so daß eine Überschneidung der MBR regelmäßig ausscheidet. Notfalls geht das MBR des begünstigten Betriebes hinsichtlich der „unternehmerischen" Tätigkeit der Sozialeinrichtung vor (*Auffarth,* DB 62, 672; *DR,* Rn 441, *GK-Wiese,* Rn 290 u. *GL,* Rn 198 nehmen ein abgestuftes Beteiligungsverfahren erst des Stammbetriebes und dann der Sozialeinrichtung an; vgl. den Fall BAG 22. 10. 81, AP Nr. 10 zu § 76 BetrVG 1972 betr. Kindergarten).

102 Das MBR des BR erstreckt sich aber **nicht** auf die **Dotierung** der Sozialeinrichtung. Der Umfang der finanziellen Zuwendungen des ArbGeb. steht im engen Zusammenhang mit der Errichtung und rechnet daher nicht zur Ausgestaltung oder Verwaltung der Einrichtung (BAG 13. 3. 1973, 3. 6. 1975, AP Nr. 1, 3 zu § 87 BetrVG 1972 Werkmietwohnungen, 12. 6. 1975, 13. 7. 1978, 26. 4. 88, AP Nr. 1–3, 5, 16 zu § 87 BetrVG 1972, Altersversorgung; *GL* Rn 190; *GK-Wiese,* Rn 265; *DR* Rn 408; *Moll,* Entgelt, S. 102). Damit wird das Mitverwaltungsrecht des BR zwar praktisch beschränkt, aber nicht gegenstandslos. Im Rahmen der vom ArbGeb. zur Verfügung gestellten Mittel bleibt das MBR erhalten, mögen die Grenzen auch schwer zu ziehen sein. Die Verteilung bezw. Verwendung der Mittel gehört zur Ausgestaltung, ebenso die Festsetzung von Leistungen gemäß einem Leistungsplan im Einzelfall (*DR,* Rn 419; *GL,* Rn 185). Auch die Entscheidung über eine Beitragsleistung der ArbN unterliegt dem MBR (BAG 18. 3. 76, AP Nr. 4 zu § 87 BetrVG 1972 Altersversorgung). Es gibt auch Sozialeinrichtungen, die sich selbst tragen, ohne laufende Zuschüsse des ArbGeb. Daraus ergeben sich keine Einschränkungen des Mitverwaltungsrechts des BR. In Anwendung dieser Grundsätze hat das BAG schon zum BetrVG 52 entschieden, ein MBR des BR bestehe auch hinsichtlich der Festsetzung von Kantinenpreisen (BAG 6. 12. 1963, 22. 1. 1965, AP Nr. 6, 7 zu § 56 BetrVG 1952 Wohlfahrtseinrichtungen; zustimmend: *GK-Wiese,* Rn 265). Kantinenessen werden steuerlich mit 3,60–3,70 DM bewertet und lohnsteuerrechtlich nur erfaßt, soweit die Preisermäßigung für ArbN 1,50 DM übersteigt, vgl. Rundschreiben BMF 22. 12. 1987, DB 88, 83 = BB 88, 118).

c) Form der Mitbestimmung

103 Da sich das MBR auf **jede einzelne Verwaltungsmaßnahme** erstreckt, kann sich die Bildung gemeinsamer, paritätisch zusammengesetzter **Kommissionen** von ArbGeb. und BR empfehlen (§ 28 Abs. 3), die die Aufgabe haben, die Verwaltung der betrieblichen Sozialeinrichtungen entsprechend den praktischen Bedürfnissen im Einzelfall vorzunehmen (BAG AP Nr. 1 zu § 87 BetrVG 1972 Werksmietwohnungen; *DR,* Rn 427 hält es auch für möglich, daß „in anderer Form" durch die Satzung der gleichberechtigte Einfluß auf Ausgestaltung und Verwaltung der Einrichtung gesichert wird). Wegen Pattsituation vgl. Rn 106 und § 28 Rn 24ff.

104 Die Verwaltung der Sozialeinrichtung kann auch **ganz in die Hände**

des BR gelegt werden, ohne daß hierauf ein Rechtsanspruch bestünde (nur freiwillige BV nach § 88; *GK-Wiese,* Rn 285; vgl. den Fall BAG 24. 4. 86, AP Nr. 7 zu § 87 BetrVG 1972 Sozialeinrichtung, in dem die Werkskantine allein dem BR unterstand). Sofern der ArbGeb sachliche und personelle Mittel zur Verfügung stellt, kann nicht ohne weiteres davon ausgegangen werden, die Einrichtung werde von BR-Mitgl. als privatrechtlicher Personenvereinigung betrieben (BAG, a. a. O.). Das Eigentumsrecht des ArbGeb. an den Vermögenswerten als solchen bleibt aber auch in diesem Fall unberührt. Die **Ausübung der MBR** kann aber **nicht auf Dritte,** auch nicht auf Vertr. der im Betrieb vertretenen Gewerkschaften **übertragen** werden (BVerwG 16. 9. 77, VII P 10.75).

Bei Sozialeinrichtungen mit eigener Rechtspersönlichkeit kommt es **105** darauf an, ob auf Grund einer BV die Satzung der juristisch selbständigen Einrichtung so gestaltet ist, daß der BR in den entscheidenden **Organen paritätisch mitbestimmt** (sog. „organschaftliche Lösung", BAG 13. 7. 78, 26. 4. 88, AP Nr. 5, 16 zu § 87 BetrVG 1972 Altersversorgung, 26. 5. 81, 8. 12. 81, AP Nr. 6 zu § 242 BGB Ruhegehalt – Zusatzversorgung, AP Nr. 1 zu § 1 BetrAVG Unterstützungskassen; kr. dazu *HSG,* Rn 373ff.). Diese Art der Mitbestimmung ist praktikabeler. Sie kann erzwungen werden, da auch die Form der Einrichtung dem MBR unterliegt. Liegt keine gleichberechtigte, verbandsinterne Beteiligung des BR vor, so bleibt das MBR bei Ausgestaltung und Verwaltung als Beteiligung von außen her bestehen (sog. „zweistufige Lösung", BAG aaO; *HSG,* Rn 390f; **a.M.** offenbar *GK-Wiese,* Rn 287). Sonst könnte das MBR umgangen werden, das sich gerade auch auf selbständige juristische Personen erstreckt. Diese Sozialeinrichtungen sind vom ArbGeb. errichtet und dessen „verlängerterer Arm". Der ArbGeb. muß sich maßgebenden Einfluß auf die Verwaltung sichern, damit die zwischen ArbGeb. und BR vereinbarten Regelungen in der Sozialeinrichtung auch durchgeführt werden (BAG 13. 7. 78, AP Nr. 5 a. a. O.). Mitbestimmungswidrige Maßnahmen sind daher auch dann unwirksam (vgl. Rn 23), wenn sie von einer rechtlich selbständigen Sozialeinrichtung getroffen wurden (BAG 26. 4. 1988, 9. 5. 1989, AP Nr. 16, 18 zu § 87 BetrVG 1972 Altersversorgung). Zwingende gesellschaftsrechtliche Vorschriften stehen dem nicht entgegen (*Auffarth,* DB 62, 672). Das MBR besteht gegenüber dem ArbGeb., nicht gegenüber der Sozialeinrichtung (*Promberger* DB 70, 1437). Der ArbGeb. ist arbeitsvertraglich verpflichtet, seinen ArbN die Mitgliedschaft entspr. der Satzung zu ermöglichen (BAG 18. 1. 1966, 12. 7. 1968, AP Nr. 106, 128 zu § 242 BGB Ruhegehalt). Mitgliedschaftsrechte der ArbN ersetzen aber nicht das MBR des BR (*Auffarth,* DB 62, 672; *GK-Wiese,* Rn 288). Wegen Abstimmungsverhalten in den Organen einer Gruppenunterstützungskasse vgl. BAG 9. 5. 1989, a. a. O.

Entsteht in dem Geschäftsführungsorgan bei paritätischer Besetzung **106** eine **„Pattsituation",** so fällt bei Fehlen anderweitiger Konfliktsregelung (z. B. „neutrales" Vorstandsmitgl.) die Entscheidung an ArbGeb. und BR zurück, die notfalls die E-Stelle anrufen müssen (vgl. *Hanau,*

BB 73, 1277; *DR,* Rn 428, *GK-Wiese,* Rn 287). Wegen BR der Sozialeinrichtung vgl. Rn 101.

107 Besteht ein Unternehmen aus mehreren Betrieben, so übt der **GesBR** das Mitverwaltungsrecht bei überbetrieblichen Sozialeinrichtungen und der Gewährung von für das Unternehmen einheitlichen sozialen Leistungen aus (vgl. § 50 Rn 32 und BAG 6. 4. 1976, 5. 5. 1977, 8. 12. 81, AP Nr. 2, 3 zu § 50 BetrVG 1972, AP Nr. 1 zu § 1 BetrAVG Unterstützungskassen). Entsprechendes gilt für den **KBR,** z. B. bei Pensions- oder Unterstützungskassen für den ganzen Konzern (§ 58 Abs. 1). Legt der KBR (GesBR) im Einvernehmen mit der Geschäftsführung nur die Quote für die Benutzung der Einrichtung durch die einzelnen Unternehmen (Betriebe) fest, so übt im übrigen der einzelne GesBR (BR) das MBR aus.

9. Wohnräume

108 Der Mitbestimmungstatbestand der Nr. 9 ist ein Sonderfall neben dem MBR nach Nr. 8 (*GKSB,* Rn 175; *Moll,* Entgelt, S. 123). **Form, Ausgestaltung und allgemeine Verwaltung** einer Wohnungseinrichtung fallen bei Bestehen des sozialen Zwecks (Rn 94) unter den Grundtatbestand der **Nr. 8** (*GK-Wiese,* Rn 294). Nr. 9 betrifft nur **Wohnräume,** die **„mit Rücksicht auf das Arbeitsverhältnis“ vermietet** sind (also z. B. kein MBR, wenn eine Versicherungsgesellschaft zur Vermögensanlage Wohnungen baut und auch ArbN der Gesellschaft zu normalen Bedingungen Mieter sein können; *DR,* Rn 462f; *GL,* Rn 206). Zwischen beiden Rechtsverhältnissen muß ein innerer Zusammenhang bestehen (*GKSB,* Rn 178). Für den Sondertatbestand der Nr. 9 ist es unerheblich, ob eine kostendeckende Miete erhoben wird und deshalb etwa keine Sozialeinrichtung i. S. der Nr. 8 vorliegt (*DR,* Rn 460, 464; *Moll,* Entgelt, S. 123; *GK-Wiese,* Rn 295). Schon mangels allgemeiner Rechtsfähigkeit des BR (vgl. § 1 Rn 105) kommt ein rechtswirksamer Beitritt des BR zu einem Mieterverein nicht in Betracht. Eine derartige Mitgliedschaft ist kein geeignetes Mittel des BR, sich die erforderlichen Kenntnisse zu verschaffen (BAG 27. 9. 1974, AP Nr. 8 zu § 40 BetrVG 1972). Erforderlichenfalls muß er einen Sachverständigen zuziehen.

a) Begriff und Abgrenzung

109 Ein MBR nach Nr. 9 besteht nur, wenn Wohnräume vermietet bzw. das Mietverhältnis gekündigt werden soll. Es muß sich also um sog. **Werkmietwohnungen** (vgl. §§ 565 b–d BGB) handeln, über die zwischen ArbGeb. und ArbN neben dem Arbeitsvertrag ein normaler **Mietvertrag** abgeschlossen wird, **nicht** um eine sog. **Werkwohnung** (Werkdienstwohnung), die der ArbN im Interesse des Betriebes beziehen muß (z. B. Pförtner, Kraftfahrer, Hausmeister) und die ihm ohne Abschluß eines besonderen Mietvertrages im Rahmen des Arbeitsverhältnisses zugewiesen wird (§ 565e BGB; der Bezug der Wohnung muß im Interesse des Betriebes liegen; sonst liegt eine Umgehung des MBR vor, vgl.

Schmidt/Futterer, BB 76, 1033 und *GL,* Rn 203; für öffentlichen Dienst vgl. § 65 Abs. 1 BAT, § 69 MTB II und BAG 17. 5. 1968, AP Nr. 1 zu § 611 BGB Werkdienstwohnung). Deren Kündigung, die isoliert nicht zulässig ist (BAG 23. 8. 1989 – 5 AZR 569/88 –), erfolgt durch Kündigung des Arbeitsverhältnisses. Einer besonderen, der Beteiligung des BR und den Mieterschutzbestimmungen (vgl. Rn 114) unterliegenden Kündigung der Wohnräume bedarf es aber auch bei Werkdienstwohnungen, wenn der ArbN den Wohnraum überwiegend möbliert hat und (oder) mit seiner Familie dort einen eigenen Hausstand führt (vgl. § 565e BGB). Die Anrechnung eines Nutzungsbeitrages auf den Lohn bei der Gewährung von Werkdienstwohnungen unterliegt dem MBR nach Nr. 10 (*GKSB,* Rn 210).

Nach **wirksamer Beendigung des Arbeitverhältnisses entfällt das MBR** für die Kündigung der Wohnräume, da dann der BR nicht mehr zuständig ist (*DR,* Rn 473; *HSG,* Rn 389; **a.M.** *GK-Wiese,* Rn 309; *GL,* Rn 209b, *Schmitt/Futterer,* AR-Blattei, Werkwohnung I H, II, *Schaub* § 235 II 9: MBR ist objektbezogen). Es besteht aber, wenn und solange darüber noch Streit besteht und noch nicht rechtskräftig feststeht, ob das Arbeitsverhältnis endet. Insbesondere ist regelmäßig anzunehmen, daß die **ordentliche Kündigung** des Mietverhältnisses nur dann möglich ist, wenn zugleich das Arbeitsverhältnis endet (*Schmidt/Futterer,* BB 72, 1058; **a.M.** *DR,* Rn 472). Eine automatische Koppelung beider Rechtsverhältnisse ist ausgeschlossen (§ 565a Abs. 2 BGB) und demnach eine Klausel im Mietvertrag unzulässig „der Mietvertrag endet gleichzeitig mit den Arbeitsverhältnis“. Andererseits kann der BR verlangen, d. h. er hat ein Initiativrecht, daß der ArbGeb. im Zusammenhang mit der Kündigung des Arbeitsverhältnisses auch das Mietverhältnis kündigt, um die Wohnung für ArbN des Betriebes zu erhalten (*DR,* Rn 473f., *Schmitt/ Futterer* a. a. O.). Dies ist gemäß § 564b Abs. 1 i. Vbdg. mit § 565c BGB möglich. Wegen Regelungen in einem **Sozialplan** bei Betriebsstillegungen vgl. §§ 112, 112a Rn. 22a. 110

Wohl aber ist während des Bestehens des Arbeitsverhältnisses eine **fristlose Kündigung** des Mietverhältnisses aus den gesetzlichen Gründen der §§ 553–554a BGB (vertragswidriger Gebrauch, Zahlungsverzug, Unzumutbarkeit der Fortsetzung des Mietverhältnisses, insbesondere wegen nachhaltiger Störung des Hausfriedens) möglich; auch diese unterliegt dem MBR. 110a

Ob es sich um abgeschlossene Wohnungen oder nur um **einzelne Wohnräume** (Wohnheim, vgl. Rn 117) handelt, ist gleich, selbst wenn mehrere ArbN in einem Raum wohnen (BAG 3. 6. 1975, AP Nr. 3 zu § 87 BetrVG 1972 Werkmietwohnungen; *GL,* Rn 201; *Moll,* Entgelt, S. 122; *Schmidt/Futterer/Blanke* DB 76, 1234, u. AR-Blattei, a. a. O.). 111

Der **ArbGeb. muß verfügungsberechtigt** sein, d. h. die Wohnräume müssen entweder den Unternehmern gehören oder der ArbGeb. muß jedenfalls den Mieter bestimmen können („Belegrecht“, BAG 18. 7. 78, AP Nr. 4 zu § 87 BetrVG 1972 Werkmietwohnungen), z. B. weil er sich bei der Errichtung der Wohnung finanziell beteiligt hat. Das MBR besteht, soweit und solange der **ArbGeb. ein Belegungsrecht hat** 112

(*Schmidt/Futterer/Blanke,* DB 76, 1233; *GL,* Rn 213; *GK-Wiese,* Rn 301; *HSG,* Rn 381). Maßgebend ist nicht die Person des Vermieters, sondern die Vermietung von Wohnraum im Hinblick auf das Arbeitsverhältnis. Schafft der ArbGeb. ein **juristisch selbständiges Wohnungsunternehmen,** so muß er sich den maßgeblichen Einfluß sichern oder den BR in den entscheidenden Organen paritätisch beteiligen. Die entsprechenden Grundsätze für Sozialeinrichtungen mit eigener Rechtspersönlichkeit gelten auch hier (vgl. Rn 105).

b) Zuweisung und Kündigung

113 Dem MBR der BR unterliegen sowohl **Zuweisungen** (d. h. die Bestimmung des Vertragspartners des Mietvertrages, bzw. die Benennung des Begünstigten gegenüber dem Dritten als Wohnungseigentümer) wie **Kündigungen** von Wohnräumen **im Einzelfall.** Auch hier hat der BR ein Initiativrecht (*GK-Wiese,* Rn 317). Die Einigung über die Reihenfolge einer Anwärterliste genügt. Ebenso wie bei sonstigen Sozialeinrichtungen kann der ArbGeb. den Kreis der begünstigten ArbN aus sachlichen Gründen von vornherein begrenzen, z. B. für Gastarbeiter oder Monteure usw. (*DR,* Rn 470; *HSG,* Rn 392; *GK-Wiese* Rn 303; **a. M.** *GL,* Rn 210). Die **Zustimmung ist Wirksamkeitsvoraussetzung** jeden Mietvertrages (*GL,* Rn 209a; *GKSB,* Rn 187; *Weiss,* Rn 28; **a. M.** *GK-Wiese,* Rn 309; *DR,* Rn 488; *Schmitt/Futterer;* AR-Blattei, Werkwohnung I H II; *Schaub* § 235 II 9: BR kann nur Kündigung des an sich wirksamen Mietvertrages verlangen) und **jeder Kündigung** von Wohnräumen, auch einer fristlosen Kündigung, (*GKSB,* Rn 188ff.; *DR,* Rn 489; *GK-Wiese,* Rn 310; *Schmidt/Futterer* a. a. O.). Allerdings kann sich ein ArbGeb. gegenüber seinem ArbN nicht auf die Unwirksamkeit eines unter Verletzung des MBR abgeschlossenen Mietvertrages berufen (vgl. Rn 23).

114 Bei Kündigungen wird es für deren zivilrechtliche Wirksamkeit darauf ankommen, ob der ArbN das Arbeitsverhältnis ohne „gesetzlich begründeten Anlaß“ gekündigt hat oder ihm wegen seines Verhaltens aus gesetzlich begründeten Anlaß gekündigt worden ist (§ 565d Abs. 3 Nr. 2 BGB, vgl. dazu BAG 20. 5. und 18. 11. 1957, AP Nr. 1 und 4 zu § 20 MietSchG: insbesondere ein Grund zur außerordentlichen Kündigung wegen schuldhaften rechtswidrigen Verhaltens) oder ob die Wohnung (der Wohnraum) für einen anderen ArbN, insbesondere wegen der gleichen vorgesehenen Arbeitsleistung benötigt wird (§ 565d Abs. 3 Nr. 1 i. V. mit § 565c Nr. 2 BGB). Nach § 564b BGB kann der Vermieter (ArbGeb.) ein Mietverhältnis **nur dann kündigen,** wenn er ein **berechtigtes Interesse** daran hat, insbes. der Mieter (ArbN) seine vertraglichen Pflichten schuldhaft nicht unerheblich verletzt oder Eigenbedarf vorliegt. Die Gründe sind in dem schriftlichen Kündigungsschreiben anzugeben, die **Kündigung zum Zwecke der Mieterhöhung** ist **ausgeschlossen** (§ 554b Abs. 2 Nr. 3 Satz 2 BGB, § 1 MHRG, vgl. aber Rn 116). Diese Gründe dürften mit den besondern Kündigungsgründen des § 565d Abs. 3 Nr. 1 und 2 BGB für Werkmietwohnungen weitgehend übereinstimmen (ebenso *Schmidt/Futterer,* DB 74, 579; Eigenbedarf ist auch die notwendige Unterbringung des nachfolgenden ArbN), soweit nicht der ArbN lediglich spezielle Mieterpflichten erheblich verletzt und ihm deshalb ausnahmsweise nur das Mietverhältnis (ggfs. fristlos nach §§ 553 bis 554a BGB, vgl. Rn 110a), nicht aber das Arbeitsverhältnis gekündigt wird und gekündigt werden kann. Auch dieser Fall unterliegt dem MBR des BR. Die generelle Schutzvorschrift des § 564b BGB gilt nicht, wenn Wohnraum nur zum vorübergehenden Gebrauch vermietet ist, auch nicht für möblierte Räume für ArbN ohne Familie, insbesondere in Wohnheimen (§ 564b Abs. 7 BGB). Das MBR bleibt aber bestehen.

Stimmt der BR bzw. die E-Stelle einer Kündigung zu, so kann nunmehr der ArbGeb. kündigen. Der ArbN ist zwar nicht gehindert, noch Klage beim Amtsgericht zu erheben (vgl. § 76 Abs. 7), der Kündigung zu widersprechen und die Fortsetzung des Mietverhältnisses zu verlangen. Seine Klage wird aber regelmäßig keinen Erfolg haben, wenn sich die Betriebsverfassungsorgane an die Grundsätze des Mieterschutzrechts gehalten haben (vgl. auch Rn 114). **115**

c) Allgemeine Nutzungsbedingungen

Außerdem hat der BR bei der **allgemeinen Festlegung der Nutzungsbedingungen** ein MBR, d. h. insbesondere bei dem Entwurf eines Mustermietvertrages, einer Hausordnung (vgl. auch Gesetze über die Mindestanforderungen an Unterkünfte für ArbN vom 23. 7. 1973, BGBl. I S. 905) und bei der allgemeinen Festlegung der **Grundsätze über die Mietzinsbildung** im Rahmen der vom ArbGeb. zur Verfügung gestellten Mittel (*DR,* Rn 476; BAG v. 13. 3. 73, AP Nr. 1 zu § 87 BetrVG 1972 Werkmietwohnungen = SAE 73, 229 mit kr. Anm. *Bötticher,* zustimmend *GK-Wiese,* Rn 314; *HSG,* Rn 391, *Moll,* Entgelt, S. 128ff.; für MBR auch bei jeder einzelnen Mietzinsbildung: *GKSB,* Rn 13). **116**

Dabei ist zu berücksichtigen, daß die **Erhöhung der Grundmiete** nur mit Zustimmung des Mieters (ArbN) bis zur orstüblichen Vergleichsmiete erfolgen kann und nur, sofern und solange nicht durch (Miet)Vertrag eine Erhöhung ausgeschlossen ist. Es besteht aber ein einklagbarer Anspruch des Vermieters (ArbGeb.) auf Erteilung der Zustimmung (§§ 1–3 MHRG). Bestimmte Betriebskosten und Nebenkosten können gemäß §§ 4, 5 MHRG nach wie vor durch einseitige schriftliche Erklärung, des Vermieters, die aber bei Verletzung des MBR unwirksam wäre, auf die Mieter umgelegt werden. Diese nur mögichen, nicht notwendigen Mieterhöhungen sind aber keine gesetzliche, das MBR ausschließende Regelung (BAG a. a. O.). Andererseits wird der BR im Hinblick auf eine mögliche Entscheidung durch die E-Stelle nur aus triftigen Gründen eine Mieterhöhung ablehnen, die sich unter Berücksichtigung der Dotierung des ArbGeb. im entsprechenden **Abstand zur ortsüblichen Vergleichsmiete** für entsprechende Werkmietwohnungen hält. Darauf hat der BR zu achten (*Schmidt/Futterer,* AR-Blattei, Werkwoh- **116a** nungen II H I 4). Die Einbehaltung des Mietzinses bei der Gehaltszahlung verstößt nicht gegen das Truckverbot, da die Vermietung eine zusätzliche Sonderleistung des ArbGeb. als Vermieter zum Arbeitsvertrag darstellt (BAG 15. 5. 74, AP Nr. 2 zu § 387 BGB). Wegen Einstellung der Heizgaslieferung vgl. BAG 22. 10. 85, AP Nr. 5 zu § 87 BetrVG 1972 Werkmietwohnung.

117 Ein MBR besteht in dem vom ArbGeb gesetzten finanziellen Rahmen auch bei der Festlegung der **Übernachtungsgebühren** in einem möblierten betrieblichen **Wohnheim,** inbes. die Staffelung der Gebühren zwischen auslösungsberechtigten und anderen ArbN (BAG 3. 6. 75, AP Nr. 1 zu § 87 BetrVG 1972 Sozialeinrichtung). Aus der Verpflichtung des ArbGeb nach § 120c Abs. 4 GewO oder § 618 Abs. 2 BGB, Unterkünfte auf auswärtigen Baustellen zur Verfügung zu stellen folgt nicht, daß dies kostenlos geschehen müßte (LAG Düsseldorf, 22. 5. 1987, NZA 87, 679).

118 Bei **gemeinnützigen Wohnungsgesellschaften** darf die Miete nicht den Betrag überschreiten, der zur Deckung der laufenden Aufwendungen nach den Grundsätzen einer ordnungsgemäßen Geschäftsführung notwendig ist (§ 13 Abs. 1 DVO zum Gesetz über Gemeinnützigkeit im Wohnungswesen vom 23. 7. 1940), RGBl. I S. 1012). Diese Miete ist aber auch zu erzielen **(Kostendeckungsprinzip).** Bei dem **öffentlich geförderten Wohnungsbau** sind die entsprechenden mietpreisrechtlichen Vorschriften zu beachten. Trotz dieser Einschränkung kann der ArbGeb. mit dem BR eine (freiwillige) BV über **Mietbeihilfen** abschließen, insbesondere wenn die gesetzlich zu erzielende Miete eine besondere Belastung für die ArbN darstellt. Wegen der Möglichkeit der Gewährung von **Wohngeld** in diesen Fällen vgl. das Zweite Wohnungsgeldgesetz. Nach § 53 des 2. Wohnungsbaugesetzes i. d. F. vom 30. 7. 80 sollen öffentlich geförderte Wohnungen, die an ArbN vermietet werden, im Mietvertrag eine Klausel enthalten, wonach der Vertrag nach fünfjährigem Bestehen vom Arbeitsvertrag unabhängig wird. Danch würde es sich nicht mehr um Werkmietwohnungen handeln (vgl. BAG 18. 7. 78, AP Nr. 4 zu § 87 BetrVG 1972 Werkmietwohnungen).

119 Eine etwa abweichende Festlegung von Mietklauseln im Hinblick auf Besonderheiten des Einzelfalles (z. B. geringere Miete in einem sozialen Härtefall) ist nicht mitbestimmungspflichtig.

120 Dem MBR unterliegt aber auch die Frage, ob eine Wohnung einem ArbN i. S. des BetrVG oder einem **leitenden Ang.** zugewiesen werden soll (*GKSB,* Rn 185; *DR,* Rn 467; *HSG,* Rn 385; BAG 30. 4. 1974, AP Nr. 2 zu § 87 BetrVG 1972 Werkmietwohnungen). Der BR hat dabei auch das Wohl des Betriebes (§ 2 Abs .1) und das Interesse des ArbGeb. an der Unterbringung eines leitenden Ang. zu beachten. **Nicht dem MBR** unterliegt die Zuweisung von Wohnungen, die ihrer Bestimmung nach von vornherein **nur für den Personenkreis des § 5 Abs. 2 oder 3** vorgesehen sind (*DR,* Rn 467; *GK-Wiese,* Rn 298; *GL,* Rn 208).

10. Betriebliche Lohngestaltung

a) Begriff und Abgrenzung

In Nr. 10 wird dem BR ein MBR in allen allgemeinen Fragen der betrieblichen Lohngestaltung eingeräumt (soweit nach dem tariflichen Vorrangprinzip dazu Raum ist). Unter dem Begriff **„betriebliche Lohngestaltung"** ist das **Festlegen kollektiver, abstrakter Regelungen** zu verstehen, nach denen die Entlohnung im Betrieb vorgenommen werden soll. Es geht um die Struktur des Lohnes und dessen Vollziehungsformen, die Angemessenheit u. Durchsichtigkeit der **Grundlagen der Lohnfindung** und die betriebliche **Lohngerechtigkeit,** aber nicht unmittelbar um die Lohnhöhe, wie auch ein Vergleich mit dem Tatbestand der Nr. 11 zeigt, der sich ausdrücklich auch auf die Lohnhöhe bezieht (BAG 29. 3. 77, AP Nr. 1 zu § 87 BetrVG 1972 Provision, 10. 7. 79, 22. 1. 80, 22. 12. 81, 31. 1. 84, 10. 2. 88, AP Nr. 2, 3, 7, 15, 33 zu § 87 BetrVG 1972 Lohngestaltung; *HSG,* Rn 409ff; *GK-Wiese,* Rn 338; h. M., **a. M.,** *Moll,* Entgelt, S. 183ff.). Wohl aber können sich mittelbar Auswirkungen auf die Gesamtsumme des Lohnes ergeben. Insoweit ist das MBR nicht eingeschränkt (*Hanau,* BB 77, 356; *Richardi,* ZfA 76, 1 [23]; *GK-Wiese,* Rn 359ff., *Jahnke,* ZfA 80, 891; *Weiss,* Rn 31; vgl. auch BAG 22. 12. 81, 30. 3. 82, AP Nr. 7, 10 zu § 87 BetrVG 1972 Lohngestaltung). 121

Nr. 10 erfaßt auch die Grundsätze über die Bemessung des **Gehalts** für Ang., aber nicht die Festlegung der Vergütung im Einzelfall. Insoweit kommt eine Beteiligung des BR nach § 99 (Eingruppierung) in Betracht. 121a

Der Begriff **„Lohn"** ist hier i. S. von **Arbeitsentgelt** schlechthin zu verstehen, d. h. Leistungen des ArbGeb. mit Entgeltcharakter (Geld oder Sachleistungen) im Hinblick auf eine erbrachte Arbeitsleistung des ArbN, ohne Rücksicht auf ihre Bezeichnung, wobei aber ein unmittelbares Austauschverhältnis nicht zu bestehen braucht (BAG 30. 3. 82, 10. 6. 86, AP Nr. 10, 22 zu § 87 BetrVG 1972 Lohngestaltung). Deshalb rechnen z. B. auch 13.–15. Monatsgehälter oder Familienzulagen hierher (*DR,* Rn 516ff.). Nach der Rechtsprechung des BAG rechnen z. B. folgende Leistungen des ArbGeb. zum Lohn (vgl. auch die Rechtsprechungsübersichten von *Matthes,* NZA 87, 289 und *Trittin,* AiB 89, 9): 122

Beispiele: 123

Auslobung von Geldprämien für Außendienstmitarbeiter im Rahmen eines zeitlich begrenzten Wettbewerbs zwecks Einführung eines neuen Preissystems für Fotokopiergeräte (BAG 10. 7. 79, AP Nr. 2 zu § 87 BetrVG 1972 Lohngestaltung), Veranstaltung eines Wettbewerbs mit Reisen in die USA für die Gewinner (BAG 30. 3. 82, AP Nr. 10 zu § 87 BetrVG 1972 Lohngestaltung), Gewährung zinsgünstiger Darlehn (BAG 9. 12. 80, AP Nr. 5 zu § 87 BetrVG 1972 Lohngestaltung, dazu kr. *Meisel,* SAE 81, 194, vgl. auch Rn 92); Erlaß allgemeiner Richtlinien für die Gewährung jederzeit widerruflicher Zulagen für eine größere Anzahl von ArbN im Forschungsbereich und der Widerruf im Rahmen der vorgegebenen finanziellen Mittel und des bedachten Personenkreises (BAG 17. 12. 80,

3. 8. 82, AP Nr. 4, 12 zu § 87 BetrVG 1972 Lohngestaltung), Ermäßigung des Elternbeitrags im Kindergarten für ArbN des Kindergartens (BAG 22. 10. 81, AP Nr. 10 zu § 76 BetrVG 1972), Katalog zulagenpflichtiger, erschwerter Arbeiten einschl. der Festlegung der Lästigkeitsgruppen und des Verhältnisses der Lästigkeitsgruppen zueinander hinsichtlich ihres Wertes für die Zulagen (BAG 22. 12. 81, AP Nr. 7 zu § 87 BetrVG 1972 Lohngestaltung), Lieferung vom verbilligten Heizgas aus eigener Produktion (BAG 22. 10. 85, AP Nr. 5 zu § 87 BetrVG 1972 Werkmietwohnungen), allgemeine Regelungen über den Erwerb verbilligter Flugscheine, einschl. des Tatbestandes für den Verlust dieser Rechte (BAG 22. 10. 85, AP Nr. 18 zu § 87 BetrVG 1972 Lohngestaltung), verbilligte oder kostenlose Personalfahrten von der Wohnung zur Arbeitsstätte (BAG 9. 7. 85, AP Nr. 16 zu § 75 BPersVG), Grundsätze für die Zahlung eines zusätzlichen Urlaubsgeldes (BAG 31. 1. 84, AP Nr. 15 zu § 87 BetrVG 1972 Lohngestaltung), Mietzuschüsse, Kosten für Familienheimflüge (BAG 10. 6. 86, AP Nr. 22 zu § 87 BetrVG 1972 Lohngestaltung), Ausgabe von Essenzusatzmarken für die Kantine (BAG 15. 1. 1987, AP Nr. 21 zu § 75 BPersVG).

124 Soweit eine **Sozialeinrichtung** Leistungen erbringt, handelt es sich nicht um „Lohn" i. S. der Nr. 10 (zur Abgrenzung vgl. Rn 92 und ausführlich *Jahnke,* ZfA 80, 863), ebenso nicht beim **Ersatz von Aufwendungen,** z. B. Reisekosten, auch wenn diese pauschaliert werden (BAG 8. 12. 81, 10. 6. 86, AP Nr. 6, 22 zu § 87 BetrVG 1972 Lohngestaltung, vgl. Rn 31). Nach LAG Hamm (DB 83, 1985) besteht auch kein MBR bei Festlegung des begünstigten Personenkreises für den Personaleinkauf.

125 Nach Ansicht des BAG gehören auch **Ruhegeldansprüche,** die nicht durch eine „Einrichtung" (Rn 92) erbracht werden, als **„Soziallohn"** hierher (BAG 12. 6. 75, 18. 3. 76, 9. 7. 85, AP Nr. 1–4 zu § 87 BetrVG 1972 Altersversorgung, AP Nr. 6 zu § 1 BetrAVG Ablösung, mit kritischer Besprechung *Blomeyer,* AP Nr. 3 a. a. O.; kritisch auch *Gumpert,* BB 76, 605 und *Kraft* SAE 76, 42, sowie *Otto,* ZfA 76, 398 und *Weigel,* BB 74, 1585; vgl. weiter zu diesen Beschlüssen *Hanau* BB 76, 91 u. BB 77, 351; *GK-Wiese,* Rn 327, *Pauly,* DB 85, 2346, *Meisel,* SAE 81, 196 und *Sieber* BB 76, 367). Der Begriff des Soziallohns ist sehr schillernd. Auch die neuere Gesetzgebung unterscheidet noch zwischen Lohn und Ruhegeld (§ 19 Abs. 1 EStG, § 850 Abs. 2 ZPO, § 61 Nr. 1 Buchst. a und d KO; vgl. auch BAG 16. 12. 86, AP Nr. 8 zu § 87 BetrVG 1972 Prämie; *Trittin,* AiB 88, 81). Die Festlegung (Berechnung) des nach Ansicht des BAG nicht dem MBR unterliegenden Dotierungsrahmens begegnet hier großen Schwierigkeiten (vgl. *Höfer-Abt,* BetrAVG, ArbG Gr, Rn 443ff.).

125a Die Neuverteilung gekürzter Mittel fällt unter Nr. 10 (BAG 13. 7. 78, 26. 4. 88, AP Nr. 5, 16 zu § 87 BetrVG 1972, Altersversorgung, 11. 9. 80, AP Nr. 3 zu § 6 BetrAVG). Die Anpassung der Betriebsrente an veränderte Umstände muß wegen der Verteilungsgrundsätze mit dem BR ausgehandelt werden, anderenfalls ist die Neuregelung unwirksam (BAG 9. 7. 85, AP Nr. 6 zu § 1 BetrAVG Ablösung). Gleiches gilt für Regelungen über versicherungsmathematische Abschläge bei vorgezogenem Altersruhegeld (BAG 20. 4. 82, 26. 3. 85, AP Nr. 4, 10 zu § 6 BetrAVG). Vgl. weiter Rn 127.

Bei **zusätzlichen Leistungen des ArbGeb.** spielt die ursprüngliche **„Freiwilligkeit"** insoweit eine Rolle, als der ArbGeb. nicht gezwungen werden kann, auch nicht über ein Initiativrecht des BR, derartige Leistungen zu erbringen, wenn und soweit er dies nicht will. Nach individuellen Arbeitsrecht (noch) freiwillige Leistungen des ArbGeb. können durch das MBR des BR nicht in zwingende Leistungen umgewandelt oder aufgestockt werden. Insoweit beschränkt sich das MBR auf die gerechte Ausgestaltung der zusätzlichen Leistungen im vom ArbGeb. vorgegebenen finanziellen Rahmen. Die „Freiwilligkeit" schließt das MBR aber nicht aus, sondern begrenzt es nur quantitativ (vgl. BAG 12. 6. 75, AP Nr. 3 zu § 87 BetrVG 1972 Altersversorgung. BAG 10. 7. 79, 17. 12. 80, 10. 6. 86, AP Nr. 2, 4, 22 zu § 87 BetrVG 1972 Lohngestaltung, 8. 12. 81, AP Nr. 1 zu § 87 BetrVG 1972 Prämie; BAG 9. 7. 85, 17. 12. 85, AP Nr. 16 zu § 75 BPersVG, AP Nr. 5 zu § 87 BetrVG 1972 Tarifvorrang; *Jahnke,* ZfA 80, 878; *Moll,* Entgelt, S. 150). 126

Der ArbGeb. kann nach Ansicht des BAG allein darüber entscheiden, in welchem **Umfang** er finanzielle Mittel für zusätzliche Leistungen einsetzen will, welchen **Zweck** er mit der Leistung verfolgen will und auf welchen **Personenkreis** sie sich erstrecken sollen (BAG 8. 12. 81, AP Nr. 1 zu § 87 BetrVG 1972 Prämie). Das MBR beschränkt sich danach auf die Modalitäten im Rahmen dieser Vorgaben, einschließlich der Grundsätze für die Verteilung dieser Mittel, auch bei einer evtl. Neuverteilung nach mitbestimmungsfreier Kürzung des Dotierungsrahmens durch den ArbGeb (vgl. BAG 26. 4. 1988, AP Nr. 16 zu § 87 BetrVG 1972 Altersversorgung betr. Unterstützungskasse, 13. 1. 1987, AP Nr. 26 zu § 87 BetrVG 1972 Lohngestaltung betr. Kürzung von Zeitzuschlägen zu Akkordzeitvorgaben, 10. 2. 1988, AP Nr. 33 zu § 87 BetrVG 1972 Lohngestaltung betr. betriebliches Urlaubsgeld). Die gleichmäßige Weitergabe der Kürzung an alle ArbN ist nur eine der möglichen mitbestimmungspflichtigen Entscheidungen (anders noch BAG 15. 1. 1987, AP Nr. 21 zu § 75 BPersVG). Neben dem MBR müssen die individualrechtlichen Möglichkeiten für eine Kürzung vorliegen und wahrgenommen werden, z. B. Widerruf durch den ArbGeb. Das MBR des BR besteht unabhängig davon. Wird es verletzt, so ist ein Widerruf unwirksam (BAG 17. 12. 80, 3. 8. 82, AP Nr. 4, 12 zu § 87 BetrVG 1972 Lohngestaltung, 26. 3. 85, AP Nr. 10 zu § 6 BetrAVG). 127

Die nach Ansicht des BAG mitbestimmungsfreien Vorgabe des Dotierungsrahmens ist aus der Entwicklung der Rechtssprechung zu Nr. 8 und 10 zu erklären. Nachdem der Begriff des „Soziallohns" eingeführt wurde, hat das BAG Grundsätze, die im Rahmen der Nr. 8 i. Verb. mit § 88 Nr. 2 aus dem Gesetz abzuleiten sind, auch auf Nr. 10 erstreckt, obwohl der Begriff „Fragen der betrieblichen Lohngestaltung" umfassend ist und ein Vergleich zu dem Sondertatbestand der Nr. 11 nur eine Beschränkung der MBR bei Nr. 10 hinsichtlich der unmittelbaren Bestimmung der Lohnhöhe zuläßt (h. M.; insoweit weitergehend *Moll,* 127a

Entgelt, S. 180ff.). Hier muß differenziert werden. Wenn und soweit es um das eigentliche Arbeitsentgelt geht, also um das Austauschverhältnis, können sich auch unter Beschränkung auf den Gesichtspunkt der Lohngerechtigkeit jedenfalls **mittelbare Auswirkungen auf die Gesamtlohnsumme** ergeben. Der Gesamtrahmen der finanziellen Mittel läßt sich nicht im voraus feststellen. Eine Beschränkung auf eine vorgegebene „Dotierung" („Topftheorie") ist aus Nr. 10 nicht abzuleiten. (*DR,* Rn 546; *GL,* Rn 226d; *Hilger* Anm. 8. 12. 81, BAG a. a. O.; gegen die „Topftheorie" schlechtin: *Trittin,* AiB 88, 81; **a. M.** *Heinze,* NZA 86, 1: MBR nach Nr. 10 muß „kostenneutral" sein). Der Gesichtspunkt der Dotierung kann nur eine Rolle spielen bei Entgelten im weiteren Sinne, beim sogen. Soziallohn, der nicht unmittelbar für eine bestimmte Arbeitsleistung bezahlt, sondern an den Bestand des Arbeitsverhältnisses als solchen geknüpft ist (vgl. *Jahnke,* ZfA 80 S. 871, 893; *Moll* a. a. O.; *Weiss* Anm. EzA § 87 Betriebliche Lohngestaltung Nr. 1, 2).

127b Diese mittelbaren finanziellen Auswirkungen des MBR auf die unternehmerische Entscheidungsfreiheit sind hinzunehmen, jedes MBR setzt „Daten", die mittelbar Einfluß auf die Entscheidung des ArbGeb. haben (vgl. oben Rn 26 und insbes. BAG 31. 8. 82, AP Nr. 8 zu § 87 BetrVG 1972 Arbeitszeit betr. Auswirkungen auf die Ladenöffnungszeit). Für das eigentliche Arbeitsentgelt sind demgemäß auch die weiteren Einschränkungen des MBR hinsichtlich der Zweckbestimmungen und des Personenkreises für zusätzliche Leistungen nur insoweit anzuerkennen, als diese mit dem Gesichtspunkt der Lohngerechtigkeit vereinbar sind; sonst kann der BR seine Zustimmung verweigern (vgl. *Löwisch/Röder,* Anm. AP Nr. 4 zu § 87 BetrVG 1972 Lohngestaltung).

127c Nicht ganz eindeutig ist die Rechtsprechung des BAG zur Mitbestimmung bei der **Anrechnung von Tariflohnerhöhungen** auf (freiwillige) übertarifliche Zulagen (näheres vgl. *Hönsch,* BB 88, 2312). Während der 4. und. 5. Senat (vgl. zuletzt 3. 6. 1987, AP Nr. 58 zu § 1 TVG: TV Metallindustrie) von einer automatischen Anrechnung von Tariflohnerhöhungen ausgeht, sodaß mangels einer Entscheidung des ArbGeb ein MBR des BR entfällt (so auch LAG Hamm, 24. 3. 1987, 11. 2. 1987, BB 87, 968, DB 87, 146; auch *Hönsch,* BB 88, 2316, *Hromadka,* DB 88, 2636), bejaht der 1. Senat ein MBR jedenfalls bei nur teilweiser und (oder) ungleichmäßiger Anrechnung von Tariflohnerhöhungen (BAG 13. 1. 1987, 24. 11. 1987, AP Nr. 26, 31 zu § 87 BetrVG 1972 Lohngestaltung). Darüber hinaus hat ganz allgemein der 1. Senat die Frage als mitbestimmungspflichtig angesehen, wie eine an sich mitbestimmungsfreie Kürzung weitergegeben werden soll, da auch die gleichmäßige Weitergabe an alle ArbN nur eine der möglichen Entscheidungen sei (BAG 10. 2. 1988, AP Nr. 33 zu § 87 BetrVG 1972 Lohngestaltung).

128 Wenn und soweit der ArbGeb. arbeitsvertragliche Pflichten gegenüber einer Gruppe von ArbN eingegangen ist, greift das MBR des BR nach Nr. 10 Platz, soweit ein Regelungsspielraum besteht (vgl. *GK-Wiese,* Rn 327ff.).

129 Soweit es sich danach um das **eigentliche Arbeitsentgelt** handelt, unterliegen sowohl die Grundsätze des Lohnsystems (Zeitlohn, Leistungslohn) als auch die Festlegung der Faktoren für eine gerechte Lohngestaltung, für ein angemessenes Verhältnis von Leistung und Lohn, **dem MBR** und damit **auch dem Initiativrecht des BR.** Mittelbar kann sich auf diesem Wege bei höherer Leistung der ArbN auch eine Erhöhung der finanziellen Aufwendungen des ArbGeb. ergeben (ähnlich *Hanau* BB 76, 96, BB 77, 352, 356 und *Strieder,* BB 80, 420; für unbeschränktes Initiativrecht *Gester/Isenhardt,* RdA 74, 80ff.; grundsätzlich bejahend auch *GK-Wiese,* Rn 359f.; BAG 14. 11. 74, AP Nr. 1 zu § 87 BetrVG 1972, jedenfalls soweit es sich um die Lohnfindung unter dem Gesichtspunkt der Lohngerechtigkeit handelt; BAG 17. 12. 85, AP Nr. 5 zu § 87 BetrVG 1972 Tarifvorrang; *DR,* Rn 50ff., 523, 538; *GL,* Rn 226i; *HSG,* Rn 442, 449, soweit kein Eingriff in den „unternehmerisch-wirtschaftlichen Bereich" erfolgt; vgl. auch Rn 26, 127a).

Es handelt sich um eine **Generalklausel,** die auch erst in Zukunft auftretende neue Probleme der Lohngestaltung in das MBR einbezieht (*GK-Wiese,* Rn 123). Das Wort „betrieblichen" dient der Abgrenzung zur individuellen Lohnberechnung des einzelnen ArbN, schließt aber eine Regelung auf Unternehmensebene mit dem **GesBR** nicht unbedingt aus (h. M., vgl. § 50 Rn 26). 130

b) Aufstellung, Einführung, Anwendung

Nr. 10 umfaßt die **Aufstellung von Entlohnungsgrundsätzen** (Rn 134), **die Einführung und Anwendung neuer Entlohnungsmethoden sowie deren Änderung.** 131

Einführung bedeutet die Gesamtheit der Maßnahmen, die im Hinblick auf die geplante Anwendung (neuer) Entlohnungsmethoden getroffen werden (vgl. auch Rn 76). 132

Unter **„Anwendung"** ist die ständige Fortentwicklung der Entlohnungsmethoden unter Verwertung zusätzlicher Erkenntnisse zu verstehen. Sie liegt zwischen Einführung und Änderung der Methode (*GK-Wiese,* Rn 354f. u. *Moll,* Entgelt, S. 144 verstehen unter diesem Begriff die Anwendung der Regelungen, d. h. die Praktizierung der festgelegten Entlohnungsmethode). Das MBR betrifft nicht die Einführung vermögenswirksamer Leistungen nach dem VermBG als solche oder andere Maßnahmen zur Förderung der Vermögensbildung (insoweit freiwillige BV nach § 88 Nr. 3, vgl. Rn. 135). 133

Entlohnungsgrundsätze sind die übergeordneten allgemeinen Vorschriften, nach denen die gesamte Entlohnung für den Betrieb, für bestimmte Betriebsabteilungen oder Gruppen von ArbN geordnet wird, z. B. **Zeitlohn, Akkordlohn, Prämienlohn** (einschl. des Verlaufs der Leistungslohnkurve, BAG 16. 12. 1986, AP Nr. 8 zu § 87 BetrVG 1972 Prämie, vgl. weiter Rn 148f.), sowie die Festlegung des Verhältnisses des Grundgehalts zu Prämien und Provisionen bei Vertriebsbeauftragten (BAG, 6. 12. 88, AP Nr. 37 zu § 87 BetrVG 1972 Lohngestaltung), Leistungszulagen, **Provisionen** als eine Art Erfolgsbeteiligung (vgl. §§ 65, 87a HGB; ebenso *DR,* Rn 504; *GL,* Rn 221; *Moll,* Entgelt S. 66; vgl. insoweit auch Rn. 153), einschließlich der Modalitäten, z. B. Vorga- 134 be der Bemessungsgrundlagen. Gewichtungsfaktoren, Progressionsstufen bei erfolgsabhängigen Vergütungen (BAG 29. 3. 1977, AP Nr. 1 zu § 87 BetrVG 1972 Provision), Zahl der Provisionspunkte je Geschäft (BAG 13. 3. 84, AP Nr. 4 zu § 87 BetrVG 1972 Provision), Zuordnung der einzelnen Artikel zu einer von sechs Provisionsgruppen, d.h. es besteht ein MBR für alle Elemente außer dem „Geldfaktor" (BAG 26. 7. 1988, AP Nr. 6 zu § 87 BetrVG 1972 Provision), Festlegung der Berechnung von Abschlagzahlungen, Zeitpunkt und Grundsätze für die Verteilung der Weihnachtsgratifikation, soweit ein Rechtsanspruch besteht und im Rahmen der vom ArbGeb. zur Verfügung gestellten Mittel (vgl. BAG 13. 7. 62, AP Nr. 3 zu § 57 BetrVG 1952), Gewährung von jederzeit widerruflichen Zulagen und deren Widerruf gem. bestimmten Richtlinien im Rahmen der finanziellen Mittel und des vorgegebenen Personenkreises (BAG 17. 12. 80, AP Nr. 4 zu § 87 BetrVG 1972 Lohngestaltung), Festlegung der Grundsätze für eingeführte vermögenswirksame Leistungen nach dem VermBG (vgl. über den Inhalt von BV § 10. 5. VermBG: Art der Ergebnisbeteiligung, Bemessungsgrundlage, Berechnung der Ergebnisanteile, Fälligkeit, Mitteilung an ArbN usw.). Die Einführung von Funktionsbeschreibungen (vgl. § 94 Rn 31) ohne Bezug zu einer Vergütungsregelung unterliegt noch nicht dem MBR (BAG 14. 1. 86, AP Nr. 21 zu § 87 BetrVG 1972 Lohngestaltung).

134a Unklar ist ob in Betrieben, die mit öffentlichen Mitteln gefördert werden, die Anwendung des sog. **Absenkungserlasses** betr. eine geringere Vergütung für den Eingangszeitraum einen neuen, mitbestimmungspflichtigen Entlohnungsgrundsatz darstellt oder nur den Vollzug eines bisher schon geltenden Entlohnungsgrundsatzes. Für ersteres aufgrund des festgestellten Sachverhalts: BAG 27. 1. 1987, AP Nr. 42 zu § 99 BetrVG 1972; **a.M.** BAG 4. Senat 27. 5. 1987, AP Nr. 6 zu § 74 BAT und 7. 9. 1988, AP Nr. 35 zu § 87 BetrVG 1972 Lohngestaltung.

135 Auch die **Beteiligung der ArbN an dem wirtschaftlichen Ertrag,** an leistungsbedingten Kostenersparnissen, am Produktivitätszuwachs oder Umsatz fällt unter Nr. 10, soweit sie nicht über die Beteiligung am Ergebnis des Betriebs hinaus, das in der Regel nach betriebswirtschaftlichen Grundsätzen festgestellt wird, zur unmittelbaren Beteiligung am handelsrechtlichen Gewinn führen soll. Der ArbGeb. ist in seinem Entschluß frei, eine derartige Beteiligung einzuführen, die Höhe der Dotierung, den beteiligten Personenkreis, die Bezugsbasis und den Verzinsungsfaktor allein zu bestimmen. Ist die Beteiligung der ArbN aber einmal eingeführt, so hat der BR bei der **Festlegung der Grundsätze ein MBR** (*Röder,* NZA 87, 799; *Schimana/Frauenkron* DB 80, 445). Zur Einführung einer Ergebnisbeteiligung: LAG Bremen, AP Nr. 1 zu § 87 BetrVG 1972 Lohngestaltung. Hinsichtlich deren Höhe dürfen ArbN bevorzugt werden, die eine Anlage nach dem VermbG wählen (BAG 28. 9. 65, AP Nr. 1 zu § 4 1. VermBG). Vgl. auch Rn 151 und § 88 Rn 10.

136 **Entlohnungsmethoden** sind der engere Begriff d.h. das technische Verfahren, die Art u. Weise zur Ausführung und Durchführung der Entlohnungsgrundsätze; Arbeitsbewertungsmethoden (Punktsystem,

Leistungsgruppensystem, Kleinstzeitverfahren nach der Work Factor- oder der Methods-Time- Measurement-Methode), Einführung, Anwendung und Änderung von Refa-Grundsätze oder des Bedaux-Systems, auch mit Abwandlungen (z. B. Zusammenfassung der Erholungszeiten zu Kurzpausen).

Die Festsetzung der **Bandgeschwindigkeit** dürfte weder unter § 87, Abs. 1 Nr. 1 noch unter Nr. 6 oder Nr. 10 oder 11 fallen (*GL* Rn 222; *GK-Wiese,* Rn 352). Allerdings kommt unter dem Gesichtspunkt der bes. Belastung der ArbN ein korrigierendes MBR nach § 91 in Betracht (vgl. dort Rn 8f. und wegen des Verhältnisses zwischen Entlohnungsmethoden und menschengerechter Arbeitsgestaltung im Sinne des autonomen Arbeitsschutzes **Vor** § 89 Rn 5, 67, 69). Soweit die Leistung mittels technischer Überwachungsgeräte festgestellt wird, tritt das MBR nach Nr. 6 hinzu (vgl. Rn 72). 137

Nicht der Mitbestimmung unterliegt die übertarifliche Bezahlung kraft **echtem Einzelarbeitsvertrag** (*GK-Wiese,* Rn 319, LAG Niedersachsen, EzA § 87 BetrVG Nr. 12 Lohn und Arbeitsentgelt; vgl. auch Rn 18, z. B. aus Arbeitsmarktgründen), wohl aber die Gewährung einer betrieblichen Zulage zum Tariflohn, wenn diese zwar der Höhe nach unterschiedlich vom ArbGeb. festgelegt, aber generell im Betrieb gewährt wird; es geht um die Aufstellung einsehbarer und durchschaubarer Regelungen (BAG 17. 12. 85, AP Nr. 5 zu § 87 BetrVG 1972 Tarifvorrang; dazu *Kappes,* DB 86, 1520 u. *Herbst,* AiB 86, 186, BAG 24. 11. 1987, AP Nr. 31 zu § 87 BetrVG 1972 Lohngestaltung). Eine Häufung einzelner übertariflicher Zulagen wird regelmäßig zu einer kollektiven Regelung (vgl. *Goos,* NZA 86, 701). 138

c) AT-Angestellte

Für AT-Ang. gibt es keinen Vorrang des TV (vgl. Rn 14). Deshalb besteht ein MBR bei der Bildung von Gehaltsgruppen bei AT-Ang., einschl. der Abstände zur höchsten Tarifgruppe (insoweit **a.M.** BAG 22. 1. 80, AP Nr. 3 zu § 87 BetrVG 1972 Lohngestaltung mit zustimmender Anm. *Moll,* wie hier aber *von Friesen* ArbuR 80, 367 unter Hinweis auf das unbeschränkte Einsichtsrecht des BR in die Gehaltslisten der AT- Ang., vgl. § 80 Rn 42), der Wertunterschiede zwischen den Gruppen und der Bestimmung der „Bandbreite" einer Gehaltsgruppe in Prozentsätzen oder Verhältniszahlen (so auch BAG 22. 12. 81, AP Nr. 7 zu § 87 BetrVG 1972 Lohngestaltung, *Brill,* DB 79, 2135, *von Friesen,* DB 80, Beilage 1, S. 11; *GK-Wiese,* Rn 320; *Gaul,* BB 78, 766; *DR,* Rn 544; *Schaub,* § 235 II 10e; *Weiss,* BlStR 79, 97; im wesentlichen auch *HSG,* Rn 441; *Moll,* Entgelt, S 87f. mit Ausnahme des Mindestabstandes zur höchsten Tariflohngruppe; **a.M.** *Conze,* DB 78, 493; *Janert,* DB 76, 245; *Lieb,* ZfA 78, 194ff., 204ff., *Reuter,* Vergütung von AT-Ang. und betriebsverfassungsrechtliche Mitbestimmung 1979, S. 50; zurückhaltend *Bichler,* DB 79, 1939). 139

Die Vorschriften des § 77 Abs. 3 steht dem Abschluß entsprechender BV nicht entgegen (vgl. § 77 Rn 71), auch nicht wenn ein TV ausdrück- 139a lich bestimmen würde, die Entgeltregelung solle nicht durch BV sondern nur durch Einzelverträge erfolgen (*GK-Wiese,* Rn 320; **a.M.** *GL,* Rn 54a). Denn damit würden sich die TV-Parteien ihrer Normsetzungsbefugnis sogar zugunsten von Einzelvereinbarungen der Arbeitsvertragsparteien begeben. Eine derartige Bestimmung kann keine eine BV ausschließende Wirkung entfalten. Werden in größeren Betrieben auch für AT-Ang. typische Arbeitsvertragsbedingungen entwickelt, so hat der BR auf die Einhaltung des § 75 zu achten (BAG 18. 9. 73, AP Nr. 3 zu § 80 BetrVG 1972, 17. 5. 78, AP Nr. 42 zu § 242 BGB Gleichbehandlung). Auch die Aufzählung von Mindestbedingungen zur Erreichung des AT-Status in einem TV („15% über höchstem Tarifgehalt") stellt keine Tarifregelung dar, sondern dient nur der Abgrenzung des persönlichen Geltungsbereichs des TV (*von Friesen,* DB 80), Beilage 1, S. 15). Überblick über Abgrenzung der Ang. der höchsten Tarifgruppe und der AT-Ang. aus 15 Tarifbereichen: Die Mitbestimmung, 1983, 376. **Beispiel** einer BV über Funktionsgruppen für AT-Ang.: BV vom 1. 11. 1978 für AT-Ang. bei der Ruhrkohle-AG und BV über Gehaltsgrundsätze bei der Ford AG: AiB 88, 250.

11. Leistungsbezogene Entgelte

140 Nr. 11 bezieht neben den **Akkordsätzen** auch **alle** anderen **vergleichbaren leistungsbezogenen Entgelte** (z.B. Prämien, Leistungszulagen zum Zeitlohn, vgl. Rn 150) in das MBR des BR ein, d.h. alle Entgeltformen, bei denen eine **unmittelbare Beziehung** zwischen Leistung und Entgelt besteht. Außerdem wird klargestellt, daß der BR – soweit nicht das Vorrangsprinzip des TV durchgreift – auch bei der **Festlegung aller Bezugsgrößen für den Leistungslohn** mitzubestimmen hat, insbes. beim Akkordlohn nicht nur bei der Festlegung des Zeitfaktors, sondern auch des **Geldfaktors.** Während Nr. 10 ein MBR bei der Frage einräumt, ob im Zeitlohn oder Leistungslohn gearbeitet wird, legt Nr. 11 die Mitbestimmung des BR bei der Ausgestaltung der Entlohnungsgrundsätze und -methoden leistungsbezogener Entgelte fest. Hier wird eine besondere, aus Nr. 10 herausgehobene Frage geregelt (*Moll,* Entgelt, S. 28; BAG 29. 3. 77, AP Nr. 1 zu § 87 BetrVG 1972 Provision). Der Sinn des erweiterten MBR ergibt sich aus den besonderen Belastungen der ArbN bei Zahlung leistungsbezogener Entgelte und aus der Tatsache, daß eine Leistungsbewertung jedenfalls nicht mit mathematischer Genauigkeit vorgenommen werden kann, sondern einem Beurteilungsspielraum unterliegt. Hier ist im Interesse der innerbetrieblichen Lohngerechtigkeit ein MBR geboten (BAG 29. 3. 77, 10. 7. 79, AP Nr. 1 zu § 87 BetrVG 1972 Provision, AP Nr. 2 zu § 87 BetrVG 1972 Lohngestaltung).

a) Akkordlohn

141 In erster Linie unterliegt die Festsetzung der Akkordsätze, einschließlich des **Geldfaktors** dem MBR. **Akkord** ist der Oberbegriff für die

nicht nach der Arbeitszeit, sondern ausschließlich nach der Arbeitsmenge erfolgende Lohnregelung (vgl. die Aufstellung möglicher Anknüpfungspunkte bei *Schaub,* § 64 II). Innerhalb der Akkorde unterscheidet man zwischen Geldakkord (fälschlich aus Stückakkord genannt) und Zeitakkord. Zwischen beiden Akkordarten besteht kein wesensmäßiger Unterschied. Stets ist zunächst festzulegen, welchen Verdienst ein Akkordarbeiter bei normaler Leistung pro Stunde erreichen soll **(Akkordrichtsatz).** Diese Festlegung erfolgt in den meisten Gewerbezweigen üblicherweise durch TV, so daß insoweit eine Mitbestimmung des BR ausscheidet (§ 77 Rn 70ff.). Der Akkordrichtsatz entspricht heute unter Zugrundelegung der Normalleistung zumeist (insbes. in der Metallindustrie) dem Stundenlohn. Beim **Geldakkord** wird dann unter meist roher Schätzung der zur Herstellung eines Stückes (bzw. einer Maß- oder Gewichtseinheit) erforderlichen Zeit unter Berücksichtigung des Akkordrichtsatzes unmittelbar das Entgelt für das einzelne Werkstück festgelegt. Beim **Zeitakkord** ergibt sich die Entlohnung für das einzelne Stück (Akkordsatz) erst aus der Multiplikation des pro Minute zu zahlenden Arbeitsentgelts (Geldfaktor) mit der Zeit, die dem ArbN für den einzelnen Arbeitsvorgang zugebilligt, „vorgegeben" wird (Zeitfaktor). Die Zeitvorgabe erfolgt im Gegensatz zum Geldakkord (der meist frei ausgehandelt wird) zumeist auf Grund von Zeitstudien, d. h. unter Verwendung arbeitswissenschaftlicher Erkenntnisse (z. B. Refa- oder Bedauxverfahren), wozu aber u. U. durch TV festgelegte zusätzliche Zeiten, z. B. Erholungs- u. Verteilzeiten als Teil der Vorgabezeiten treten (über MBR bei der Festlegung von Erholungszeit vgl. BAG 24. 2. 1987, AP Nr. 21 zu § 77 BetrVG 1972, zu deren Zusammenfassung zu Kurzpausen BAG 24. 11. 1987, AP Nr. 6 zu § 87 BetrVG 1972 Akkord und zu Wartezeiten BAG 14. 2. 89, AP Nr. 8 a. a. O).

Bei der Ermittlung des Zeitfaktors wird von der **„Normalleistung"** **142** (nicht Durchschnittsleistung der ArbN des Betriebes) ausgegangen, d. h. der Leistung, die ein hinreichend geeigneter und geübter ArbN auf die Dauer in zumutbarer Weise erbringen kann. Die Bestimmung, d. h. Umschreibung der Normalleistung erfolgt regelmäßig durch TV. Der tatsächliche Lohn des einzelnen ArbN pro Stunde bzw. pro Arbeitstag errechnet sich dann aus Stückzahl mal Akkordsatz bzw. aus der Multiplikation der **Vorgabezeit mal Geldfaktor mal Zahl der erbrachten Leistungseinheiten.**

Die Entlohnung kann statt im **Einzel-** auch im **Gruppenakkord** erfol- **143** gen. Er liegt vor, wenn mehreren ArbN eine gemeinschaftlich auszuführende Arbeit unter gemeinsamer Entlohnung nach dem Arbeitsergebnis übertragen wird (BAG 26. 4. 61, AP Nr. 14 zu § 611 BGB Akkordlohn).

Dem MBR des BR unterliegt grundsätzlich sowohl die Entgeltfestset- **144** zung für das **einzelne Stück beim Geldakkord,** in dem die Zeitvorgabe von vornherein mit enthalten ist, als auch die **Festsetzung des Zeit- und Geldfaktors bei Zeitakkord.** Der BR ist auch schon bei der Vornahme von **Zeitstudien,** die der Festlegung des Zeitfaktors vorausgehen, zu beteiligen, auch wenn diese lediglich der Vorbereitung für eigene Entschließungen des ArbGeb. dienen (*DR,* Rn 610; *GKSB,* Rn 235; *GK-Wiese,* Rn 388; *Moll,* Entgelt, S. 44; **a.M.** BAG 10. 7. 79, 23. 11. 81, AP Nr. 4 zu § 87 BetrVG 1972 Überwachung, AP Nr. 3 zu § 87 BetrVG 1972 Ordnung des Betriebes; *GL,* Rn 239; *HSG,* Rn 465).

144a Hinsichtlich des **Zeitfaktors** kann nicht eingewandt werden, ein MBR scheide dann aus, wenn der ArbGeb. von sich aus die Zeitvorgabe nach anerkannten arbeitswissenschaftlichen Grundsätzen ermitteln lasse. Der BR soll nicht nur bei der Festlegung des Zeitermittlungsverfahrens mitbestimmen, sondern auch dabei, daß die auch nach seiner Ansicht **richtige Zeit ermittelt wird.** Die Betriebspartner können auch ein anerkanntes Zeitermittlungssystem für die betrieblichen Bedürfnisse abändern (BAG 24. 2. 1987, AP Nr. 21 zu § 77 BetrVG 1972, 24. 11. 1987, AP Nr. 6 zu § 87 BetrVG 1972 Akkord). Die Mitverantwortung des BR erhöht die Wahrscheinlichkeit zutreffender Ergebnisse (*Moll,* Entgelt, S. 30ff.). Es gibt keine von vornherein allein „richtige“ Akkordzeit, deren Ermittlung eine Art „Rechtsanwendung“ wäre. Eine absolut objektive Messung der menschlichen Leistung ist nicht möglich. Alle Zeitermittlungssysteme beruhen letzten Endes auf einer Bewertung der Normalleistung und beinhalten einen erheblichen Beurteilungspielraum (vgl. **Vor** § 89 Rn 7ff.; *GL,* Rn 238; LAG Düsseldorf, EzA § 87 BetrVG Leistungslohn Nr. 5; *Moll,* Entgelt, S. 33; **a.M.** *Stadler,* BB 72, 804: „Wer die Methode vereinbart, vereinbart auch die Fehlerquote“ und *HSG,* Rn 486). Soweit die Leistung mittels technischer Überwachungsgeräte festgestellt wird, besteht daneben das MBR nach Nr. 6 (vgl. Rn 64ff.).

145 Auch bei der Ermittlung des **Geldfaktors** hat der BR mitzubestimmen, soweit dieser sich nicht unmittelbar aus dem TV ergibt (vgl. BAG 25. 5. 82, AP Nr. 2 zu § 87 BetrVG 1972 Prämie). Aus dem tariflichen Akkordrichtsatz folgt aber keineswegs immer unmittelbar der Geldfaktor für den einzelnen Betrieb. Die TV legen auch heute noch z.T. nur den Akkordrichtsatz als Produkt von Zeit- und Geldfaktor fest, nicht auch, auf welche Weise dieses Lohnergebnis erreicht wird. Ebenso wie der Zeitfaktor ist auch der Geldfaktor als reine Rechnungsgröße manipulierbar und wird ggfs. unter Berücksichtigung weiterer Umstände gebildet (vgl. die Fälle BAG 24. 7. 58, AP Nr. 4–7 zu § 611 BGB Akkordlohn). Aus dem Wesen des Zeitakkords folgt nicht notwendig die Bindung des Geldfaktors an den tariflichen Akkordrichtsatz (BAG 18. 11. 54, 24. 7. 58, 17. 11. 59, AP Nr. 1, 4 und 12 zu § 611 BGB Akkordlohn).

145a Damit besteht hier ein MBR auch hinsichtlich der lohnpolitischen Entscheidung über die **Lohnhöhe.** Die Aushandlung des Leistungslohnes mit dem ArbGeb. soll nicht dem einzelnen ArbN überlassen, sondern kollektiv durch BV erfolgen, soweit kein TV eingreift. Der Tatbestand des Nr. 11 geht insoweit über den der Nr. 10 hinaus (vgl. Rn 121; BAG 29. 3. 77, 22. 1. 80, AP Nr. 1 zu § 87 BetrVG 1972 Provision, AP Nr. 3 zu § 87 BetrVG 1972 Lohngestaltung; **a.M.** *DR,* Rn 591ff.; *GL,* Rn 241f.; *HSG,* Rn 454f.).

146 Sind allerdings die Vorgabezeiten richtig bemessen, wofür bei gesicherten arbeitswissenschaftlichen Verfahren der erste Anschein sprechen kann, so muß der Geldfaktor den 60. Teil des Akkordrichtsatzes erreichen. Es besteht dann wegen des Vorrangs des TV kein MBR mehr, wenn der Geldfaktor des Zeitakkords unmittelbar vom Akkordrichtsatz (tariflichen Stundenlohn) abhängig gemacht wird, d. h. mindestens ein Sechzigstel des Akkordrichtsatzes beträgt (so in dem Fall BAG 17. 10. 62, AP Nr. 16 zu § 611 BGB Akkordlohn; wegen Prämienlohn vgl. BAG 25. 5, 82, AP Nr. 2 zu § 87 BetrVG 1972 Prämie, vgl. auch *DR,* Rn 595f.; *Moll,* Entgelt, S. 63ff.; nach *GL,* Rn 242 ist hier Zweck des MBR, die „Richtigkeit des Akkordsatzes", gemeint ist wohl des Geldfaktors zu gewährleisten).

Unter **„Festsetzung" von Akkordsätzen** usw. ist jede Bestimmung der Akkordsätze zu verstehen, die sich abstrakt auf ein bestimmtes Arbeitsvorhaben oder einen bestimmten Arbeitsplatz bezieht, dagegen **nicht die individuelle Lohnberechnung für den einzelnen Akkordarbeiter,** wie die Änderung des RE durch die Ausschußfassung klarstellt (schriftlicher Bericht des BT-Ausschusses für Arbeit zu § 87 S. 29). Nicht unter Nr. 11 fällt auch die Zuweisung eines anderen Arbeitsplatzes, an dem im Zeitlohn oder nach einem anderen Akkordsatz gearbeitet wird. In letzterem Fall kommt aber ein MBR nach §§ 99ff. (Versetzung) in Betracht. Änderungskündigungen mit dem Ziel, unter Umgehung des MBR die ArbN zu einer einzelvertraglichen Änderung der Arbeitsbedingungen zu veranlassen, sind unwirksam (LAG Düsseldorf, 23. 12. 88, NZA 89, 404; vgl. auch Rn 19). **147**

b) Prämienlohn

Ausdrücklich erwähnt das Gesetz in Nr. 11 auch die Festsetzung von **Prämiensätzen und vergleichbaren leistungsbezogenen Entgelten.** Damit unterliegen **alle auf das produktive Arbeitsergebnis abgestellten Entgelte** dem MBR des BR (vgl. *Pornschlegel,* AiB 82, 9). Die **Prämienentlohnungen** können in ihrer wirtschaftlichen Wirkung einem vergröberten Akkordsystem gleichkommen, das maßgeblich nur auf die Arbeitsmenge abstellt, oder häufig als bes. Zulagen zum Zeitlohn für (z. B. besonders qualitätsbestimmte, materialsparende, termingerechte oder maschinenausnutzende) Leistungen als Erfolgsprämien gewährt werden, die sich mit dem üblichen Akkordlohnsystem nicht mehr erfassen lassen. Werden dabei technische Überwachungsgeräte eingesetzt, so besteht zusätzlich ein MBR nach Nr. 6 (vgl. Rn 64ff.). Diese Lohnart, die weil betriebsbezogen oft nicht durch TV geregelt wird, nimmt an Bedeutung zu. Die Arbeitsvergabe im Akkord wird mit zunehmender Automation und Verlagerung der Tätigkeit des ArbN auf die Überwachung von Maschinen unzweckmäßig oder gar unmöglich. Das Leistungsmoment tritt gegenüber dem Zeitmoment (Mengenmoment) in den Vordergrund, wobei der Lohn nicht wie beim Akkord notwendig linear ansteigt. **148**

Das MBR erstreckt sich bereits nach **Nr. 10** (vgl. Rn 134) auf die arbeitswissenschaftliche und arbeitstechnische Gestaltung des Prämien- **148a** verfahrens, also die **Prämienart,** die **Bezugsgröße und die Anknüpfungspunkte** (Festsetzung des Leistungsmaßstabes, Ausgangsleistung, Verteilungsschlüssel, Prämienkurve; BAG 25. 5. 82, 13. 9. 83, 13. 3. 84, 16. 12. 86, AP Nr. 2, 3, 4, 8 zu § 87 BetrVG 1972 Prämie), aber nach **Nr. 11** auch auf die zugrunde zu legende **Entgelteinheit** (Prämienausgangslohn, Leistungsstufen, höchster Prämienlohn, Prämienlohnlinie), die dem **Geldfaktor beim Akkord entspricht** (BAG 16. 12. 86 a. a. O). Ein MBR lediglich für die Leistungsseite, während der ArbGeb. allein das keineswegs immer proportionale Verhältnis zur Geldseite bestimmen würde, wäre sinnlos (vgl. BAG 25. 5. 82, AP Nr. 2 a. a. O.; **a. M.** *HSG,* Rn 474). Bei einer Leistungsentlohnung könnte der „Geldfaktor" im verschiedenen Sinne verstanden werden (vgl. BAG a. a. O.); Entweder handelt es sich um den Betrag, der für die Ausgangs-(Bezugs-)Leistung bezahlt wird; eine höhere Vergütung ergibt sich erst bei Übersteigen der Ausgangsleistung. Ein MBR besteht sowohl hinsichtlich der **Ausgangsleistung** als auch der **Steigerungsbeträge** (*GK-Wiese,* Rn 391, *Gester/ Isenhardt,* RdA 74, 80; ausdrücklich klargestellt BAG 13. 9. 83, AP Nr. 3 a. a. O.). Nach einer engeren Auffassung ist unter dem Geldfaktor lediglich das Verhältnis des bereits feststehenden Entgelts für eine Ausgangsleistung zur tatsächlich erzielten Leistung zu verstehen. Damit unterläge nur diese Progression dem MBR (so *DR,* Rn 599, 627; *GL,* Rn 247; *Stege/Weinspach,* Rn 189a).

149 **Echter Prämienlohn ist Leistungslohn,** dessen Höhe vom ArbN beeinflußbar sein muß (BAG 10. 12. 65, AP Nr. 1 zu § 4 TVG Tariflohn und Leistungsprämie). Entscheidend ist, daß eine Leistung des ArbN gemessen und mit einer **„Bezugsleistung"** verglichen werden kann, so daß die Höhe der Vergütung nach dem Verhältnis von tatsächlicher Leistung und Bezugsleistung irgendwie ermittelt werden kann (BAG 28. 7. 81, 25. 5. 82, AP Nr. 2 zu § 87 BetrVG 1972 Provision, AP Nr. 2 zu § 87 BetrVG 1972 Prämie). Auch die Entscheidung über die Gewährung von Einzel- oder von **Gruppenprämien** unterliegt dem MBR (*GKSB,* Rn 220; *GK-Wiese,* Rn 349; *Stege/Weinspach,* Rn 184; **a. M.** BAG 8. 12. 81, AP Nr. 1 zu § 87 BetrVG 1972 Prämie mit kr. Anm. *Hilger).* Daneben gibt es auch Prämien für die Erfüllung an sich selbstverständlicher Pflichten aus dem Arbeitsvertrag (vgl. z. B. die „Antrittsgebühr" im graphischen Gewerbe; zur Anwesenheitsprämie: *Trappe,* BB 66, 128; vgl. auch *Moll,* Entgelt, S. 55). Diese fallen nicht unter Nr. 11, aber unter Nr. 10 (vgl. auch Rn 151). Wegen Prämien für Verbesserungsvorschläge vgl. Rn 156.

c) Vergleichbare leistungsbezogene Entgelte

150 Unter **„vergleichbaren" leistungsbezogenen Entgelten** sind nur solche Entgelte zu verstehen, deren Leistungs- und Entgelteinheiten nach dem **konkreten,** vom **ArbN jedenfalls mit beeinflußbaren Arbeitsergebnis** berechnet, bemessen oder bewertet werden im Verhältnis zu einer Bezugsleistung (Normalleistung; vgl. eingehend *Pornschlegel,* ArbuR 83, 193). Hierher gehören auch **Leistungszulagen** (z. B. für Ar-

beitsergebnis, Arbeitsausführung, Arbeitseinsatz, Arbeitssorgfalt, Arbeitssicherheit, Termineinhaltung, Vergütung für erhöhte Leistungsvorgaben), die in Prozenten oder nach Punkten insbesondere **zum Zeitlohn** der jeweiligen Lohngruppe als Grundlohn gewährt werden (*GKSB,* Rn 242; *Hanau,* RdA 73, 286; **a.M.** *DR,* Rn 597 u. *HSG,* Rn 479, vgl. z.B. Lohnrahmenabkommen Metallindustrie NRW 11. 1. 1973 § 9 Nr. 4 i.V. mit dem TV Leistungsbeurteilung von ZeitlohnArb. vom 7. 9. 1970, Stand 25. 1. 79 bzw. 19. 2. 75, vgl. die Fälle BAG 11. 9. 74, 28. 2. 84, AP Nr. 3 zu § 1 TVG Tarifverträge: Metallindustrie, AP Nr. 4 zu § 87 BetrVG 1972 Tarifvorrang). Wegen Tarifvorrang vgl. Rn 11a.

Der BR bestimmt mit bei der Festlegung der einzelnen **Beurteilungsstufen** (Leistungsstufen) und **deren Punktwert,** soweit der TV keine eigenständige Regelung enthält (LAG Düsseldorf, 16. 9. 75, EzA § 87 BetrVG Initiativrecht Nr. 3; vgl. auch LAG Hamm, 8. 10. 75, DB 75, 2282; *Hanau,* BB 77, 355 und *GL,* Rn 248 gewähren nur ein MBR nach Nr. 10). Dabei ist eine sogen. **Phasenverschiebung** zulässig, z.B. eine Regelung, daß die Leistungsbemessung in 1989 der Entlohnungsermittlung für 1990 zugrundegelegt wird (**a.M.** BAG 22. 10. 85, AP Nr. 3 zu § 87 BetrVG 1972 Leistungslohn). Es handelt sich hier nicht um die Aufstellung allgemeiner Beurteilungsgrundsätze i.S. des § 94 Abs. 2 (vgl. dort Rn 28; **a.M.** *Löwisch,* DB 73, 1749), sondern um sogen. **„Leistungsbewertungsgrundsätze“.** Der ArbN muß im Hinblick auf seine Arbeitsleistung das Entgelt beeinflussen können. 150a

Nicht hierher rechnen sog. „Leistungszulagen“, die **ohne weitere Anforderungen** gleichbleibend, wenn auch in Erwartung bes. Leistungen den ArbN gewährt werden. Gratifikationen, Jahresabschlußvergütungen, Zulagen für die Erfüllung ohnehin bestehender vertraglicher Pflichten (Rn 149), Nachtschicht- und Erschwerniszulagen, Überstundenvergütung, Ergebnisbeteiligung. Diese Vergütungsbestandteile fallen aber unter Nr. 10 (vgl. im wesentlichen wie hier: *GK-Wiese,* Rn 367ff.; *HSG,* Rn 479f.). Nach Auffassung des BAG (10. 7. 1979, AP Nr. 2 zu § 87 BetrVG 1972 Lohngestaltung) soll kein MBR bestehen hinsichtlich der Höhe der Prämiensätze für einen zeitlich begrenzten Wettbewerb für Außendienstmitarbeiter zwecks Durchsetzung eines neuen Preissystems für Fotokopiergeräte, da im Gegensatz zur Provision diese Prämie gezielt und zusätzlich im Interesse besonderer unternehmerischer Ziele gewährt werde (wohl aber MBR bei der Auslobung des Wettbewerbs, vgl. Rn 123). Keine leistungsbezogenen Entgelte im Sinne des Nr. 11 sind auch nachträglich ausgeworfene sogen. Treue- oder Jahresabschlußprämien; deren Zahlung hängt regelmäßig nicht unmittelbar von einer bestimmten, persönlich zu erbringenden Arbeitsleistung des einzelnen ArbN ab (*GK-Wiese,* Rn 367). 151

Haben sich BR und ArbGeb. auf die Anwendung eines bestimmten Entlohnungsgrundsatzes geeinigt und auf das Verfahren zu dessen Anwendung („Entlohnungsmethode“), so hat der BR als solcher auch noch bei der **Festsetzung jedes einzelnen Akkord- oder Prämiensatzes** mitzubestimmen. Vor allem in Großbetrieben mit einer Vielzahl derartiger 152

Entgeltsätze ist der BR überfordert, selbst wenn man z. B. ein Abzeichnen von Akkordlisten genügen läßt. Es ist daher die Bildung von besonderen **Ausschüssen** zu empfehlen, die von Mitgl. des BR und Vertr. des ArbGeb. paritätisch besetzt werden, um die Entgeltsätze für die einzelnen Arbeitsvorhaben festzusetzen (vgl. auch BAG 26. 7. 88, AP Nr. 6 zu § 87 BetrVG 1972 Provision). Derartige Ausschüsse sieht das Gesetz ausdrücklich vor (§ 28 Abs. 3; wegen der Beschlußfassung vgl. § 28 Rn 27). Das vereinbarte Verfahren darf aber nicht zur Aushöhlung des MBR führen, insbes. indem die einzelne Akkordfestsetzung etwa dem ArbGeb. überlassen wird (*Moll,* Entgelt, S. 40; **a.M.** *GL,* Rn 256). Schreibt ein TV die Bildung betrieblicher Akkordkommissionen vor, so sind die TVParteien in deren Ausgestaltung wegen des Vorrangs des TV frei. Wegen Schulung der Mitgl. von Akkordkommissionen vgl. § 37 Rn 93.

d) Provisionen

153 Als vergleichbare leistungsbezogene Entgelte sind auch **Provisionen** anzusehen, bei denen es auch auf den persönlichen Einsatz des Ang. ankommt, also insbesondere bei den sogen. **Abschlußprovisionen.** Zwar werden diese Provisionen regelmäßig nur gezahlt, wenn auch der Erfolg eintritt, es also zum Abschluß des Geschäfts kommt; andererseits besteht doch ein enger Zusammenhang mit der persönlichen Leistung des Ang. (BAG 29. 3. 1977, AP Nr. 1 zu § 87 BetrVG 1972 Provision; ähnlich *DR,* Rn 583ff; *GKSB,* Rn 243; *Moll,* Entgelt, S. 68ff.; *Moritz,* ArbuR 83, 97; *Etzel,* BlStR 78, 6; *von Friesen,* DB 80 Beilage 1, S. 11; *Klinkhammer,* ArbuR 77, 363; *Pornschlegel,* ArbuR 83, 193, ArbuR 84, 92; **a.M.** jetzt BAG 13. 3. 84, 26. 6. 88, AP Nr. 4, 6 a. a. O.; *Bolten,* DB 77, 1650; *GL,* Rn 251; *Heinze,* NZA 86, 1; *HSG,* Rn 478; *GK-Wiese,* Rn 368ff.; *Lieb,* DB 75, 1748; *Herking,* DB 82, 279; *Seifert,* DB 79, 2034). Auch bei der im Gesetz ausdrücklich genannten Prämienentlohnung besteht oft kein unmittelbarer, meßbarer Zusammenhang zwischen Arbeitszeit und Arbeitsergebnis. Gleichwohl liegen sowohl der Festsetzung von Provisionssätzen als auch von Prämiensätzen regelmäßig bestimmte Vorstellungen über eine „Normalleistung" zugrunde („Bezugsleistung", zustimmend *Moll,* Entgelt, S. 72). Nr. 11 läßt im übrigen keine notwendige Anknüpfung an eine „Normalleistung" erkennen (*Hanau,* Festschrift Müller, S. 169, 185ff.). Insoweit hat also der BR auch Einfluß auf die Gehaltshöhe. Anders kann die Rechtslage bei sogen. Anteil- oder Leitungsprovisionen sein, bei denen es an einem unmittelbaren persönlichen Einsatz der Ang. für das einzelne Geschäft fehlt (BAG 28. 7. 81, AP Nr. 2 a. a. O. vermißt hier einen meßbaren Vergleich mit einer Bezugsleistung). Unberührt bleibt aber jedenfalls das MBR nach Nr. 10 hinsichtlich der Wahl der Entgeltformen und insbes. auch der Provisionsarten (vgl. Rn 134). Das HGB enthält keine zwingende, das MBR ausschließende gesetzliche Regelung.

12. Betriebliches Vorschlagswesen

a) Begriff und Abgrenzung zu Arbeitnehmererfindungen.

Dem MBR unterliegen auch die **Grundsätze** für ein **betriebliches Vorschlagswesen.** Bisher hat man ganz überwiegend angenommen, damit seien vor allem technische Verbesserungsvorschläge i. S. des § 20 ArbNErfG gemeint (vgl. Rn 156a). Diese Betrachtungsweise ist zu eng und wird der heutigen betrieblichen Wirklichkeit nicht gerecht. Der Begriff „betriebliches Vorschlagswesen" umfaßt alle Systeme und Methoden, durch die Vorschläge von ArbN zur Verbesserung oder Vereinfachung der betrieblichen Arbeit angeregt, gesammelt, ausgewertet und bewertet werden (*DR,* Rn 634; *HSG,* Rn 493), und zwar nicht nur im technischen, sondern auch im sozialen und organisatorischen Bereich. Damit soll auch die Persönlichkeitsentfaltung des ArbN gefördert werden (*GK-Wiese,* Rn 401). Zum betrieblichen Vorschlagswesen können demnach auch **Arbeitskreise** gehören, die 154

a) auf Wunsch des ArbGeb. gebildet werden,

b) ArbN innerhalb eines oder mehrerer Arbeitsbereiche und außerhalb ihrer arbeitsvertraglichen geschuldeten Arbeitsleistung (z. B. nicht ArbN in einer Forschungsabteilung) unter einer Leitung (Moderator) zusammenfassen, mit dem Ziel

c) die ArbN zu motivieren und die Kommunikation zu erleichtern, damit u. a. die Produktivität und der Arbeitsablauf verbessert werden.

Weiterhin ist das Ziel solcher Arbeitskreise die Fortbildung der ArbN, die über die Einweisung der ArbN in ihren Arbeitsbereich gemäß § 81 hinausgeht (vgl. dort Rn 3, 10). Diese Gremien werden vielfach **Qualitätszirkel** genannt. Aber auch andere Bezeichnungen sind gebräuchlich (vgl. Praktikerreihe der Hans-Böckler-Stiftung Nr. 7 „Qualitätszirkel"). Wenn und soweit es auch Aufgabe der Arbeitskreise ist, Verbesserungsvorschläge zu machen, hat der BR ein MBR nach § 87 Abs. 1 Nr. 12, soweit es um die Fortbildung und weitere Qualifikation der ArbN geht, nach §§ 96ff. (dort Rn 30). Beide Mitbestimmungstatbestände können sich auch überschneiden. 154a

Weiterhin besteht ein MBR für sogen. **„freie Verbesserungsvorschläge",** soweit ein ArbN nicht schon lt. Arbeitsvertrag verpflichtet ist, zur Verbesserung des Betriebsablaufs beizutragen. Es muß sich um eine zusätzliche Leistung handeln (*DR,* Rn 639; *GKSB,* Rn 254). Der BR hat auch hier ein **Initiativrecht** (BAG 28. 4. 81, 16. 3. 82, AP Nr. 1, 2 zu § 87 BetrVG 1972 Vorschlagswesen, soweit für eine solche Regelung ein Bedürfnis besteht; *GK-Wiese,* Rn 403ff.; *DR,* Rn 647; grundsätzlich auch *HSG,* Rn 487; **a. M.** *GL,* Rn 264ff.). Er kann aber nicht gegen den Willen des ArbGeb. die Zurverfügungsstellung finanzieller Mittel für Prämien erzwingen (*DR,* Rn 546; *GL,* Rn 273; *GK-Wiese,* Rn 403). Insoweit ist der ArbGeb. in der Entscheidung frei, ob und welche Mittel er zur Verfügung stellen will (h. M. vgl. *Gaul,* DB 80, 1843), soweit nicht nach anderen Vorschriften ein individueller Vergütungsanspruch des ArbN besteht (vgl. Rn 156). Dann erstreckt sich aber das MBR auf die Aufstellung allgemeiner Grundsätze für die Bemessung der Prämien, 154b aber nicht unmittelbar auf deren Höhe und Zahlung im Einzelfall, z. B. dahingehend, daß ein bestimmter Prozentsatz des Jahresnutzens erreicht werden müßte, auch nicht auf die Annahme der Vorschläge oder die Zahlung einer Anerkennungsprämie für nichtverwertete Verbesserungsvorschläge (BAG a. a. O.). Insoweit soll es sich nach Auffassung des BAG um eine mitbestimmungsfreie unternehmerische Entscheidung handeln. Hiergegen sind Bedenken anzumelden, da der ArbN eine zusätzliche Leistung erbringt, die nicht mit dem normalen Arbeitslohn abgegolten ist. Dann greift aber ergänzend das MBR nach Nr. 10 Platz (vgl. *GKSB,* Rn 257f.).

155 Die ArbN sollen im Betrieb mitdenken und durch Verbesserungsvorschläge zur Verbesserung des Betriebsablaufs beitragen. Es sollen aber nicht nur rein wirtschaftliche Zwecke verfolgt, sondern unabhängig von einer möglichen Steigerung der Produktivität die Fähigkeiten des einzelnen ArbN oder einer Gruppe von ArbN (Team) entwickelt werden. Der ArbN soll Mitarbeiter werden. Damit wird auch seine Persönlichkeit gefördert (vgl. § 75 Abs. 2). Das betriebliche Vorschlagswesen sammelt, bearbeitet und wertet alle Anregungen von ArbN aus, die sie außerhalb ihres eigentlichen Pflichtenkreises freiwillig zur Vereinfachung, Erleichterung, Beschleunigung oder sicheren Gestaltung der betrieblichen Arbeit oder zur Förderung der menschlichen Zusammenarbeit im Betrieb machen. Der Verbesserungsvorschlag zielt auf eine Änderung oder Neuerung zum gegenwärtigen Zustand des Betriebes, erklärt also nicht nur, **was** verbesserungsbedürftig ist, sondern auch **wie** die Verbesserung vorgenommen werden kann. Es kommt nicht nur der **technische,** sondern **auch der organisatorische Betriebsablauf** als Gegenstand von Verbesserungsvorschlägen in Frage, einschließlich einer menschengerechten Arbeitsgestaltung nach § 90. Wegen der Bedeutung des Vorschlagswesens für den autonomen Arbeitsschutz vgl. **Vor** § 89 Rn 77. Zum betrieblichen Vorschlagswesen vgl. *Gaul,* DB 80, 1842; *Schoder,* ArbuR 80, 73; *Scholz/Fuhrmann,* Das betriebliche Vorschlagswesen aus gewerkschaftlicher Sicht, 1967, mit MusterBV der IG Metall und *Wrieske,* DB 71, 2028.

155a Will der ArbGeb. einen sogen. **Erfinderberater** gem. § 21 Abs. 1 ArbNErfG bestellen, so sind die Modalitäten mit dem BR zu beraten (*Gaul,* BB 81, 1781).

156 Im Bereich der technischen Verbesserungsvorschläge ist eine **Abgrenzung zu den ArbNErfindungen** erforderlich (dazu *Gaul,* BB 83, 1357), die im Gesetz über ArbNErfindungen (**ArbNErfG)** abschließend geregelt sind und deshalb nicht dem MBR unterliegen (*DR,* Rn 636). Technische Verbesserungsvorschläge sind Vorschläge für technische Neuerungen, die wegen ihres geringeren Neuheitsgrades nicht patent- oder gebrauchsmusterfähig sind (§ 3 ArbNErfG). § 20 Abs. 1 ArbNErfG gewährt dem ArbN oder jedem Mitgl. der beteiligten ArbNGruppe (§ 12 Abs. 2 a. a. O.) einen Anspruch auf **angemessene,** im Streitfall im arbeitsgerichtlichen Urteilsverfahren geltend zu machende (BAG 30. 4. 65, AP Nr. 1 zu § 20 a. a. O.) **Vergütung** für solche technischen Verbesserungsvorschläge, die der ArbGeb. verwertet und die ihm faktisch eine ähnliche Monopolstellung einräumen wie ein gewerbliches Schutzrecht (sog. **qualifizierter Verbesserungsvorschlag).** Für diese Verbesserungsvorschläge besteht hinsichtlich der Vergütung (aber nicht für andere Fragen, *GKSB,* Rn 252; *DR,* Rn 628; *HSG,* Rn 496) eine gesetzliche, das MBR ausschließende Regelung. Freiwillige BV nach § 88 können aber abgeschlossen werden (*Gaul,* ArbuR 87, 359). Abgesehen davon hat ein ArbN schon nach Treu und Glauben für besondere schöpferische Leistungen, die über die übliche Arbeitsleistung hinausgehen, auch ohne besondere Vereinbarung eine Vergütung zu beanspruchen, wenn der ArbGeb. durch Verwertung dieser Leistungen nicht unerhebliche Vorteile hat (BAG a. a. O.; *GK-Wiese,* Rn 403).

Für die Behandlung technischer Verbesserungsvorschläge, bei denen der ArbGeb. keine faktische Monopolstellung hat **(einfache Verbesserungsvorschläge)** verweist § 20 Arbs. 2 ArbNErfG auf eine Regelung durch TV oder BV. Insoweit besteht ein **volles MBR** des BR (*GK-Wiese,* Rn 404 u. *HSG,* Rn 496). Für Verbesserungsvorschläge außerhalb des technischen Bereichs, insbesondere in organisatorischer, kaufmännischer und sozialer Sicht, enthält das ArbNErfG keine u. U. dem MBR vorgehende Regelung. 156a

b) Form der Mitbestimmung

Die in einer BV niederzulegenden Grundsätze über das betriebliche Vorschlagswesen müssen Regelungen über Organe, deren Zusammensetzung, Aufgaben und Verfahren enthalten. Diese Grundsätze unterliegen dem MBR (BAG 28. 4. 81, 16. 3. 82, AP Nr. 1, 2 zu § 87 BetrVG 1972 Vorschlagswesen). In einem Betrieb wird regelmäßig mindestens ein Sachbearbeiter die Verbesserungsvorschläge, für die eine bestimmte Form festgelegt werden kann, zunächst entgegennehmen und bearbeiten. Die Bestimmung der Person des Beauftragten für das betriebliche Vorschlagswesen soll nach Auffassung des BAG (16. 3. 82, a. a. O.) nicht dem MBR unterliegen, sofern nicht die Voraussetzungen des § 99 zugleich gegeben sind (**a. M.** *GKSB,* Rn 256). Dann sind die Vorschläge einem **Prüfungsausschuß** zur Begutachtung zuzuleiten, der paritätisch besetzt sein sollte. Gegen die Entscheidung des Prüfungsausschusses kann eine Beschwerdemöglichkeit an einem **Berufungsauschuß** vorgesehen werden. 157

Hinsichtlich des **Verfahrens** sind Regelungen zu treffen über den **vorschlagsberechtigten** (grundsätzlich alle ArbN) und den prämienberechtigten **Personenkreis** (h. M.; u. U. nicht: der zuständige Sachbearbeiter und ArbN, die laut Arbeitsvertrag für die Verbesserung des Betriebsablaufs zu sorgen haben), **Abgrenzung der Gebiete** für Verbesserungsvorschläge (z. B. Einbeziehung von Fragen des autonomen Arbeitsschutzes, vgl. **Vor** § 89 Rn 77), Bestimmungen darüber, ob ein ständiges Vorschlagssystem eingerichtet wird oder (und) ein Ideenwettbewerb mit einer bestimmten Zielsetzung für eine bestimmte Zeit, Grundsätze für die Gewährung einer Prämie oder den Ausspruch einer Anerkennung (Urkunde) unter Berücksichtigung der Verwertbarkeit und Verwertung 158 des Verbesserungsvorschlags und dessen Nutzen für den Betrieb (vgl. zum Ganzen: *Wrieske,* DB 71, 2028; BAG 28. 4. 81, 16. 3. 82, AP Nr. 1, 2 zu § 87 BetrVG 1972 Vorschlagswesen).

Ein MBR hinsichtlich der Entscheidung über die eventuelle **Durchführung eines Verbesserungsvorschlags** besteht nicht, vorbehaltlich der §§ 90, 91 (BAG a. a. O.; *GK-Wiese,* Rn 402; *HSG,* Rn 506). Wohl aber kann hierüber aufgrund einer freiwilligen BV nach § 88 eine paritätische Bewertungskommission entscheiden (ArbG Heilbronn, 15. 5. 1986, DB 87, 541). Wegen der besonderen **Schweigepflicht,** auch für BR-Mitgl., vgl. § 24 Abs. 3 ArbNErfG.

IV. Regelungsstreitigkeiten

159 Sowohl bei Meinungsverschiedenheiten über den **Inhalt einer noch abzuschließenden BV** als auch bei **allgemeinen Maßnahmen im Rahmen des Direktionsrechts** (Rn 16) kann jede Seite die **E-Stelle** zur Ersetzung der Einigung anrufen (vgl. Abs. 2 in Verb. mit § 76 Abs. 5). Der BR hat in den Fällen des § 87 Abs. 1 ein Initiativrecht (vgl. Rn 26). Wegen der Möglichkeit, die Zuständigkeit tariflicher Schlichtungsstellen zu begründen und des Verfahrens vor ihnen vgl. § 76 Rn 39. Der bindende Spruch der E-Stelle hat bei allgemeinen Regelungen die Wirkung einer BV und kann daher auch gekündigt werden (§ 77 Rn 56). Wegen der Nachwirkung vgl. § 77 Rn 60. Auch in dringenden Fällen muß mangels Einigung zunächst das Verfahren vor der E-Stelle durchlaufen werden; insbes. ist eine unmittelbare Anrufung und Entscheidung des ArbG, auch durch einstw. Verfügung, nicht zulässig (vgl. Rn 21 und § 76 Rn 43).

V. Rechtsstreitigkeiten

160 Geht es nicht um den Inhalt des MBR, insbes. nicht um die Schaffung einer Regelung an Stelle der freiwilligen Einigung von ArbGeb. und BR, sondern um die Frage, ob ein **Anspruch auf Mitbestimmung überhaupt** besteht, so liegt keine Regelungs-, sondern eine **Rechtsstreitigkeit** vor (zur Abgrenzung vgl. *Bötticher,* Festschrift für Lent S. 89ff.). Die ArbG entscheiden auch über die Frage der Zuständigkeit der E-Stelle (näheres § 76 Rn 42). Das gleiche gilt für Meinungsverschiedenheiten über das Bestehen oder Nichtbestehen betrieblicher Normen (BV) und deren Auslegung und Durchführung (vgl. § 77 Rn 93, 96). Über derartige Rechtsstreitigkeiten entscheidet das **ArbG im BeschlVerf.** (§ 2a ArbGG). **Antragsberechtigt sind nur die Betriebsverfassungsorgane.** Die im Betrieb vertretenen **Gewerkschaften** können nicht von sich aus ein Verfahren zur Klärung umstrittener MBR einleiten (BAG 3. 2. 76, AP Nr. 8 zu § 118 BetrVG 1972), es sei denn, es ginge um die Unwirksamkeit einer BV wegen des Vorrangs eines TV (vgl. insoweit § 77 Rn 98) oder es liege eine grobe Pflichtverletzung

i. S. des § 23, Abs. 3 vor. Die TV-Parteien sind nach Ansicht des BAG auch nicht zu beteiligen, wenn der Umfang eines streitigen MBR von Tarifvorschriften abhängt, selbst dann nicht, wenn auch über die Wirksamkeit des TV zu entscheiden ist (BAG 24. 4. 79, 25. 5. 82, AP Nr. 63 zu Art. 9 GG Arbeitskampf, AP Nr. 2 zu § 87 BetrVG 1972 Prämie).

Da dem BR für die Gegenstände des § 87 ein MBR zusteht, sind einseitig getroffene Maßnahmen des ArbGeb. an sich schon unwirksam (vgl. Rn 23); der ArbGeb. darf z. B. nicht einseitig Kurzarbeit oder Überstunden anordnen. Gleichwohl ist nicht zu verkennen, daß bis zur Entscheidung der E-Stelle bei Befolgung unzulässiger einseitiger Anordnungen des ArbGeb. die MBR des BR unterlaufen werden können. Aus der betriebsverfassungsrechtlichen Pflicht des ArbGeb., derartige Anordnungen zu unterlassen, folgt ein entsprechender **Unterlassungsanspruch des BR.** Er beruht als Nebenleistungsanspruch auf dem betriebsverfassungsrechtlichen gesetzlichen Rechtsverhältnis zwischen ArbGeb. und BR (LAG Frankfurt, 19. 4. 88, DB 89, 128; *Derleder,* ArbuR 83, 298; vgl. auch BAG 8. 6. 82, AP Nr. 7 zu § 87 BetrVG 1972 Arbeitszeit mit zustimmender Anm. *Jahnke,* SAE 83, 147; BAG 22. 7. 80, AP Nr. 3 zu § 74 BetrVG 1972 und Bayer. VGH, Beschluß vom 27. 7. 83, AM 8 PE 83 A 588). Auch ohne ausdrückliche gesetzliche Festlegung bedingt regelmäßig die Verpflichtung einer Seite einen entsprechenden Anspruch der anderen, um die Einheit von Recht u. Rechtsdurchsetzung zu wahren (*Salje,* DB 88, 909; *Dütz,* Unterlassungs- u. Beseitigungsansprüche des BR gegen den ArbGeb. im Anwendungsbereich des § 87 BetrVG, 1983, will Unterlassungsansprüche aus § 78 herleiten, vgl. dort Rn 1). 161

Der Unterlassungsanspruch kann im allgemeinen BeschlVerf. geltend gemacht (vgl. **Nach** § 1 Rn 13) und gem. § 85 Abs. 1 ArbGG, §§ 888ff. ZPO vollstreckt werden (vgl. **Nach** § 1 Rn 54), allerdings erst nach Rechtskraft des Beschlusses. Dieser Unterlassungsanspruch besteht jedenfalls bis zum Zeitpunkt der Entscheidung der E-Stelle. § 23 Abs. 3 stellt keine Sondervorschrift dar, die die Zwangsvollstreckung aus Unterlassungsansprüchen nach den allgemeinen Vorschriften ausschließen würde (vgl. **Nach** § 1 Rn 54, § 23 Rn 77ff.). **A.M.** ist das BAG (Beschluß vom 22. 2. 83, AP Nr. 2 zu § 23 BetrVG 1972, auch LAG Hamburg, 12. 12. 83, DB 84, 567), insbesondere unter Hinweis darauf, daß § 23 Abs. 3 nur grobe Verstäße des ArbGeb. erfaßt und das Höchstmaß von Ordnungsgeld und Zwangsgeld dort auf 20000,- DM begrenzt ist. Letzterem Bedenken könnte dadurch Rechnung getragen werden, daß auch im Rahmen des § 85 Abs. 2 ArbGG i. V. mit § 890 ZPO nur ein Ordnungsgeld bis zur Höhe von 20000,-DM verhängt werden kann (vgl. *Grunsky,* ArbGG, § 85 Rn 8). Der Gesetzgeber hat trotz der Vorschrift des § 23 Abs. 3 BetrVG 1972 in § 85 Abs. 1 ArbGG 1979 die allgemeinen Zwangsvollstreckungsbestimmungen der ZPO auch für das BeschlVerf. für anwendbar erklärt, unter ausdrücklicher Berücksichtigung der Besonderheiten der §§ 23 Abs. 3, 98 Abs. 5, 101 und 104 BetrVG. Die Ansicht des BAG führt praktisch zur Unanwendbarkeit des § 85 Abs. 1 ArbGG (wie hier: *Derleder,* a. a. O.; *Kümpel,* AiB 83, 132; *GL,* Rn 41a; *GK-Wiese,* Rn 73; *Hanau,* NZA 85, Beilage 2, S. 12.; 162

Neumann, BB 84, 676; *Heinze,* DB 83, Beilage 9, S. 16 u. von *Hoyningen-Huene,* DB 87, 1426 sehen die Anspruchsgrundlage nur in § 23 Abs. 3). Die Auffassung des BAG im Beschluß vom 22. 2. 83 (a. a. O.) überrascht umsomehr, als es in der späteren Entscheidung vom 17. 5, 83, AP Nr. 19 zu § 80 BetrVG 1972, (vgl. § 80 Rn 62) einen Anspruch des BR auf Erfüllung von Informationspflichten des ArbGeb. trotz des § 23 Abs. 3 ohne weiteres bejaht, obwohl es sich um das schwächste Beteiligungsrecht des BR handelt (vgl. § 1 Rn 119). Ein Erfüllungsanspruch des BR soll auch bestehen auf Leistung von Geld, Sachen oder Vorlage von Unterlagen. Dann ist aber nicht einzusehen, weshalb der ArbGeb. einseitig vollendete Tatsachen im Kernbereich der Mitbestimmung bis zur Entscheidung der E-Stelle soll schaffen können. Wenn auch derartige Maßnahmen an sich schon unwirksam sind, so wird sie der einzelne ArbN doch vielfach faktisch befolgen. Er hätte an sich ein Leistungsverweigerungsrecht. Dann muß man aber auch ein Antragsrecht des BR bejahen. Der Unterlassungsanspruch ist also im Bereich des § 87 ohne weiteres gegeben. Hat der ArbGeb. bereits einseitige Anordnungen getroffen, so hat der BR auch einen Anspruch auf **Beseitigung** (Rücknahme) der Maßnahme.

163 Auch der Erlaß einer **einstw. Verfg.** ist möglich (vgl. u. a. Bayer. VGH a. a. O.). Sie gewährt allein einen effektiven Rechtsschutz gegen die Mißachtung der MBR des BR, ist aber zeitlich bis zur Einigung der Betriebspartner bzw. einem Spruch der E-Stelle zu beschränken. Wegen der Frage von Unterlassungsansprüchen des BR in anderen Fällen vgl. § 90 Rn 19, § 101 Rn 5 und § 111 Rn 41.

§ 88 Freiwillige Betriebsvereinbarungen

Durch Betriebsvereinbarung können insbesondere geregelt werden:

1. zusätzliche Maßnahmen zur Verhütung von Arbeitsunfällen und Gesundheitsschädigungen;

2. die Errichtung von Sozialeinrichtungen, deren Wirkungsbereich auf den Betrieb, das Unternehmen oder den Konzern beschränkt ist;

3. Maßnahmen zur Förderung der Vermögensbildung.

Inhaltsübersicht

I. Vorbemerkung

Während § 87 diejenigen Angelegenheiten erschöpfend aufzählt, in denen der BR ein obligatorisches, d.h. auf dem Weg über die E-Stelle erzwingbares MBR hat, behandelt **§§ 88 Fälle der freiwilligen Mitbestimmung.** In dieser Vorschrift werden **beispielhaft** Gegenstände aufgeführt, die durch BV geregelt werden können, d.h. bei denen nach den Grundsätzen der freien gemeinsamen Willensbildung (§ 77 Abs. 2) ArbGeb. und BR Normen setzen können. 1

Entsprechende Vorschriften im **BPersVG 74:** Keine. 1a

II. Freiwillige Betriebsvereinbarung

Die Aufzählung in §§ 88 ist **nicht erschöpfend.** Vielmehr können durch BV **alle sozialen Fragen** geregelt werden, die Gegenstand des normativen Teils eines TV sein können (*Löwisch,* ArbuR 78, 44; alle Rechte und Pflichten aus dem Arbeitsverhältnis). Die umfassende Zuständigkeit der BR in sozialen Angelegenheiten ergibt sich klar aus dem Wortlaut des Gesetzes, das mit dem Wort „insbesondere" die drei in § 88 angeführten Angelegenheiten nur beispielhaft hervorhebt, aber die freiwillige Mitbestimmung nicht darauf beschränkt (BAG 19. 5. 78, AP Nr. 1 zu § 88 BetrVG 1972, 18. 8. 87, AP Nr. 23 zu § 77 BetrVG 1972; *Wiese,* Festschrift BAG, S. 669; h. M.; vgl. auch § 1 Rn 128). Nicht jede freiwillige BV ist aber eine solche nach § 88. Durch freiwillige BV können die Ansprüche der ArbN aus Einzelarbeitsverträgen nicht verschlechtert werden (*GKSB* Rn.2; näheres vgl. § 77 Rn 42ff.). 2

Beispiele

Beitragsleistungen der ArbN zu Pensionskassen, Regelungen über freiwillige Sozialleistungen (Beihilfen zu Familienereignissen, Treueprämien für langjährige Mitarbeiter [BAG AP Nr. 4 zu § 57 BetrVG 1952], Kostenpauschale des ArbGeb. für Bearbeitung von Lohnpfändungen (*Schweer* DB 59, 1056; § 77 Rn 37); Lohnabtretungsverbot (BAG 26. 1. 83, AP Nr. 1 zu § 75 LPVG Rheinl.-Pfalz); Veranstaltung von Betriebsfeiern und Betriebsausflügen (vgl. aber § 77 Rdnr 35); Konkretisierung des Betriebsrisikos und der Fürsorgepflicht des ArbGeb.; Einführung vermögenswirksamer Leistungen (§ 3 Abs. 1, § 10 5. VermBG); nach BAG 20. 11. 87, AP Nr. 2 zu § 620 BGB Altersgrenze auch Beendigung des Arbeitsverhältnisses mit Vollendung des 65. Lebensjahres, vgl. § 77 Rn 37a; Bildung einer betrieblichen Schiedsstelle zwecks Überprüfung der Arbeitsplatzbewertung gem. TV über analytische Arbeitsplatzbewertung (BAG 19. 5. 78, AP Nr. 1 zu § 88 BetrVG 1972); *GL,* Rn 3 rechnen darüber hinaus die Setzung von „Daten" für personelle Einzelmaßnahmen hierher; insoweit handelt es sich aber nicht mehr um soziale, sondern um allgemeine personelle Angelegenheiten.

Weitere Aufgaben können über § 87 hinaus durch TV dem obligatorischen MBR unterworfen werden, da der durch das BetrVG nicht geänderte § 1 Abs. 1 TVG auch die Setzung betriebsverfassungsrechtlicher 3

Normen zuläßt (BAG 18. 8. 1987, AP Nr. 23 zu § 77 BetrVG 1972, das aber nicht von einer Erweiterung der MBR ausgeht, sondern von einer Übertragung tariflicher Befugnisse zur Regelung der Dauer der Arbeitszeit auf Dritte, hier ArbGeb und BR, ähnlich *Richardi* NZA 1988, 673; kr. zu dieser Begründung und der Erstreckung auf nichttarifgebundene ArbN: von *Hoyningen-Huene* Anm. AP a. a. O., *Meier-Kreuz,* DB 88, 2149; Vorbehalte auch bei *Heinze* NZA 89, 41; vgl. weiter *GKSB,* § 87 Rn 9; *GL,* § 87 Rn 13, aber Rn 14 gegen Erweiterung des Katalogs; GK-*Wiese,* § 87 Rn 9ff.; **a.M.** *Stege/ Weinspach,* § 87 Rn 6, 84; *DR,* § 2 Rn 135ff.). In der tariflichen Praxis sind die MBR des BR durch zahlreiche TV gerade im Bereich der sozialen Angelegenheiten erheblich erweitert worden. Vgl. auch wegen TV über 37 Stundenwoche § 87 Rn 10c.

4 Auch **durch (freiwillige) BV** können dem BR **weitere MBR** bei echten Einzelmaßnahmen des sozialen Bereichs eingeräumt oder der Katalog des § 87 erweitert werden; eine weite Auslegung ist insoweit geboten (BAG 13. 7. 62, AP Nr. 3 zu § 57 BetrVG 1952; GH-*Wiese,* § 87 Rn 8; **a.M.** *DR,* § 87 Vorbem. 11. Rn 7, der aber den Abschluß einer BV über eine konkrete Angelegenheit im Rahmen der umfassenden funktionellen Zuständigkeit des BR für möglich ansieht; *Löwisch,* ArbuR 78, 97; *HSG,* § 87 Rn 34ff).Dabei ist zu beachten, daß sich sozialer und personeller Bereich überschneiden können. So haben Normen über Begründung und Auflösung von Arbeitsverhältnissen in BV Auswirkungen auf das personelle MBR. Bei Verstößen kann der BR bei Einstellungen, Umgruppierungen und Versetzungen seine Zustimmung verweigern (§ 99 Abs. 2 Nr. 1). Weitgehende Einschränkungen ergeben sich aber aus dem Vorrang gesetzlicher oder tariflicher Regelungen vor BV; vgl. § 77 Abs. 3 und § 87 Abs. 1 S. 1 und die zugehörigen Rn.

III. Die ausdrücklich genannten Angelegenheiten

5 Die im § 88 beispielhaft genannten BV regeln **betriebliche Fragen** (Solidarnormen) im Sinne des § 1 TVG; vgl. hierzu § 77 Rn 32.

1. Verhütung von Unfällen und Gesundheitsschädigungen

6 Durch BV können Vorschriften festgelegt werden, die über den gesetzlich geregelten Arbeitsschutz hinaus zur Verhütung von Gesundheitsschädigungen und von Arbeitsunfällen dienen. Näheres hierzu, insbes. zur Abgrenzug gegenüber den nach § 87 Abs. 1 Nr. 7 mitbestimmungspflichtigen Angelegenheiten vgl. **Vor** § 89 Rn 68–73. Insoweit besteht aber kein (durchsetzbares) Initiativrecht des BR (BAG 24. 3. 81, AP Nr. 2 zu § 87 BetrVG 1972 Arbeitssicherheit).

2. Errichtung von Sozialeinrichtungen

Während § 87 Abs. 1 Nr. 8 dem BR ein MBR bei der Form, Ausgestaltung und Verwaltung von Sozialeinrichtungen (siehe dort Rn 97ff.) einräumt, weist § 88 Nr. 2 auf die Möglichkeit hin, durch BV Normen auch über die Errichtung derartiger Einrichtungen zu setzen, wozu der ArbGeb. aber nicht gezwungen werden kann. Unter den **Begriff „Errichtung"** fallen auch grundlegende Änderungen des Zwecks oder der sächlichen Mittel („Dotierung") sowie die endgültige **Schließung** der Einrichtung (über deren Modalitäten eine BV nach § 88 abgeschlossen werden kann, *Moll,* Entgelt, S. 104; offenbar für MBR: *Reuter,* ZfA 74, 235, 288 vgl. auch § 87 Rn 97, 102), während die „Ausgestaltung" dem MBR unterliegt. Diese Gegenstände können auch in einer BV zugleich geregelt werden d. h. die Errichtung, Form, Ausgestaltung und Verwaltung, wenn der ArbGeb. bereit ist, dem BR schon bei der Errichtung ein MBR einzuräumen. Wegen Betriebsübergang nach § 613a BGB ohne die Unterstützungskasse vgl. BAG 5. 5. 1977, AP Nr. 7 zu § 613a BGB. 7

Sollen Sozialeinrichtungen für ein Unternehmen mit mehreren Betrieben errichtet werden, so ist die Zuständigkeit des **GesBR** gegeben, bei Sozialeinrichtungen für einen Konzern die des KBR. 8

Den Entschluß, eine Sozialeinrichtung mit einem bestimmten Zweck zu errichten, und die entsprechenden Mittel zur Verfügung zu stellen („Dotation") kann der **ArbGeb. allein** fassen. Dann setzt aber bei der Frage der Rechtsform und Ausgestaltung das MBR des BR nach § 87 Abs. 1 Nr. 8 ein (vgl. dort Rn 98ff.). 9

3. Förderung der Vermögensbildung

Nr. 3 erwähnt im Hinblick auf die Bedeutung der Vermögensbildung in Arbeitnehmerhand ausdrücklich die Möglichkeit, freiwillige BV über diese Fragen abzuschließen. Insoweit dürfte selbst bei Festlegung vermögenswirksamer Leistungen durch TV trotz des § 77 Abs. 3 auch noch der Abschluß von BV zulässig sein (*DR,* Rn 22; *GL,* § 77 Rn 76a u. § 88 Rn 14; *Schimana/Frauenkron,* DB 80, 445; **a. M.** *GK-Wiese,* Rn 18; *Stege/Weinspach,* Rn 11.). Damit wird nicht nur auf das **5. Vermögensbildungsgesetz** (dazu *Schoen,* BB 89, 894) verwiesen, das in § 10 Vorschriften über die BV enthält (vgl. auch § 87 Rn 135), sondern auch auf andere Formen der Vermögensbildung, einschließlich einer betrieblichen Vermögensbeteiligung, insbesondere in Form von **ArbNDarlehen** oder einer direkten Beteiligung der ArbN im Unternehmen in Form der **stillen Gesellschaft** oder durch Ausgabe von **Beteiligungspapieren** (z. B. Belegschaftsaktien). Über Modelle und Erfahrungen der betrieblichen Vermögensbildung vgl. *Gast/Wissmann,* BB 87, Beil. 17 u. *Röder,* NZA 87, 799, über den Einfluß einer Mitarbeitervertretung auf die Rechtsstellung des ArbN vgl. *Nipperdey,* DB 76, 578 und *Schimana/Frauenkron,* DB 80, 445, über die Beteiligung durch TV oder BV: *Loritz,* DB 85, 531. 10

IV. Regelungsstreitigkeiten

11 Eine Anrufung der E-Stelle ist hier nicht vorgesehen. Allerdings können sich BR und ArbGeb. der E-Stelle nach § 76 Abs. 6 bedienen und durch vorherige Unterwerfung oder nachträgliche Annahme deren Spruch verbindliche Wirkung zuerkennen.

V. Rechtsstreitigkeiten

12 Streitigkeiten über Bestehen und Durchführung von BV entscheidet das ArbG im BeschlVerf. (§ 2a ArbGG). Nach § 85 Abs. 1 ArbGG ist die Zwangsvollstreckung aus rechtskräftigen Beschlüssen zulässig.

Vor § 89
Der betriebliche Arbeitsschutz (gesetzlicher und autonomer Arbeitsschutz)

Inhaltsübersicht

Hinweis:

In Abschnitt VI dieser Vorbemerkung findet sich eine bildliche Darstellung zu Verdeutlichung der zugrundegelegten Systematik. Die Kenntnis des Bildes und der zugehörigen Erläuterung kann das Verständnis der notwendigerweise kurz gefaßten Ausführungen im Text dieser Vorbemerkung erleichtern.

I. Arbeitsschutz im Sinne der Betriebsverfassung

1. Gesetzlicher Arbeitsschutz

Das Betriebsverfassungsgesetz befaßt sich in den §§ 87 Abs. 1 Nr. 7, 1
88 Nr. 2 und 89 mit „Fragen der **Verhütung von Arbeitsunfällen** und **Berufskrankheiten** sowie des **Gesundheitsschutzes“** (§ 87 Abs. 1 Nr. 7), „Verhütung von Arbeitsunfällen und Gesundheitsschädigungen“ (§ 88 Nr. 1), „Bekämpfung von Unfall- und Gesundheitsgefahren, Durchführung der Vorschriften über den Arbeitsschutz und die Unfallverhütung“(§ 89). Vgl. auch § 80 Abs. 1 Nr. 1, § 81 Abs. 1 S. 2. Es handelt sich dabei um denjenigen Bereich des Arbeitsschutzes, der unmittelbar durch Gesetz bzw. durch auf Gesetz beruhender Rechtsetzung durch VO oder durch Verfügung der staatlichen Behörden geregelt wird. Ihm entspricht die Regelung durch auf gesetzlicher Ermächtigung beruhenden Unfallverhütungsvorschriften der BG bzw. durch Einzelanordnungen der technischen Aufsichtsbeamten der BG. Im folgenden wird dieser Bereich als **„gesetzlicher Arbeitsschutz“** bezeichnet.

2. Autonomer Arbeitsschutz

In den §§ 90 und 91 werden die Probleme der „menschengerechten 2
Gestaltung der Arbeit im Hinblick auf die Auswirkung der Arbeit auf die Arbeitnehmer und zur Vermeidung von besonderen Belastungen der Arbeitnehmer“ behandelt. Der Begriff der **menschengerechten Gestaltung der Arbeit** ist hier in einem speziellen humanitären Sinn gebraucht. Aus dem Zusammenhang mit dem Katalog in § 90 Nr. 1 bis 4 und dem Verweis auf die gesicherten arbeitswirtschaftichen Erkenntnisse und die anschließende klarstellende Vorschrift des § 91 ergibt sich, daß es sich hierbei zunächst nicht um die Arbeitsgestaltung im allgemeinen betriebswirtschaftlichen Sinn unter Vorrangigkeit der Wirtschaftlichkeit des Betriebes bzw. der Erhöhung des Wirkungsgrades des Arbeitssystems handelt (etwa in dem Sinne der „Schaffung eines aufgabengerechten, optimalen Zusammenwirkens von Menschen, Betriebsmitteln und Arbeitsgegenständen zur zweckmäßigen Organisation von Arbeitssystemen unter Beachtung der menschlichen Leistungsfähigkeit und Bedürfnisse“, REFA, MLA, Teil 3, Kap. 2.1). Vielmehr handelt es sich hier um die Gestaltung der Arbeitsplätze, der Arbeitsverfahren, des Arbeitsablaufs, der Arbeitsumgebung mit dem Ziel der besseren **Anpassung der Arbeit an den Menschen** (REFA, MLA, Teil 1 Kap. 4 und Teil 3 Kap. 5,6) unter vorrangiger Berücksichtigung von deren Auswirkungen (durch Belastungen, Beeinträchtigungen) auf den arbeitenden Menschen. Aus dieser Begriffsbestimmung ergibt sich, daß die in den §§ 90 und 91 angesprochenen Bereiche systematisch dem Arbeitsschutz in weiterem Sinne zuzuordnen sind, wobei sich das Mitbestimmungsrecht des Betriebsrats nach § 91 nur auf diejenigen Bereiche erstreckt, die nicht schon dem gesetzlichen Arbeitsschutz (unten Rn 23ff.) unterliegen. Andererseits stellt der in § 90 angesprochene Bereich nur einen **Ausschnitt**

dar aus dem umfassenden Bereich, der (mit variierendem Begriffsumfang) als **Humanisierung der Arbeit** (des Arbeitslebens, der Arbeitswelt) bezeichnet wird. Zum HdA-Programm der Bundesregierung vgl. § 90 Rn 2ff. Der Bereich des Arbeitsschutzes, der der Gestaltung durch die Partner der sozialen Selbstverwaltung (s. u. Rn 74ff.) aufgegeben ist, wird im folgenden als **„autonomer Arbeitsschutz"** bezeichnet. An dieser Bezeichnung ist Kritik geübt worden (insbes. *Ehmann,* Arbeitsschutz und Mitbestimmung, S. 25ff. wegen der „Unklarheit des ... Bereichs"; *Zöllner,* Arbeitsrecht, 3. Aufl., S. 280; demgegenüber bevorzugt *Pornschlegel,* Humane Arbeit Bd. 1, Kap. 2.3. den weiterreichenden Begriff „autonome Arbeitsgestaltung"; *HSG,* § 87 Rn 294, sprechen von „nicht reglementiertem Arbeitsschutz"). Da der hier verwandte Begriff sich in der Praxis eingeführt hat und das Gemeinte hinreichend verdeutlicht – nämlich Maßnahmen, die von den Betriebspartner (Tarifvertragsparteien) außerhalb des gesetzlich vorgeschriebenen Arbeitsschutzes zum Schutz der Arbeitnehmer angestrebt werden – wird an ihm festgehalten, zumal eine andere Wortkombination kaum zur Klarheit beitragen würde. Zu den Zielen des autonomen Arbeitsschutzes vgl. insbes. Rn 4 u. 86.

3. Zielrichtungen des Arbeitsschutzes

3 Der Arbeitsschutz bezieht sich auf die Umstände organisatorischer, zeitlicher, räumlicher und technischer Art, unter denen die Arbeitnehmer die Arbeit verrichten. Er stellt die Summe der rechtlichen, organisatorischen, medizinischen und technischen Maßnahmen dar, die getroffen werden zum Schutz der körperlichen und geistigen Unversehrtheit und der Persönlichkeitsrechte der Arbeitnehmer und zur Berücksichtigung ihrer Menschenwürde als Mitglieder einer freien, zivilisierten Gesellschaft. Daraus folgt, daß der Arbeitsschutz sowohl eine **abwehrende Zielrichtung** gegen Gefahren und Schäden, Belästigungen und vermeidbare Belastungen hat als auch eine **gestaltende Zielrichtung:** der Herstellung möglichst **positiver** Voraussetzungen für das Erbringen der Arbeitsleistung und der Schaffung möglichst menschengerechter Arbeitsplätze, Arbeitsabläufe und Arbeitsumgebungen **(„Arbeitsumstände")**. Zum Arbeitsschutz in der Bundesrepublik Deutschland vgl. *Wlotzke,* BArbBl. 81, 30ff.; *ders.,* Festschr. Herschel 1982, 503ff.; *ders.* BABl. 89, 5ff.; *Mertens,* Schriftenreihe Arbeitsschutz, Nr. 15 (Herausgeb.: BAU); *Deppe/Kannengiesser/Kickutz,* Arbeitsschutzsystem, BAU – Forschungsbericht Nr. 232, 5 Bde, 1980) Die *Europäische Stiftung zur Verbesserung der Lebens- und Arbeitsbedingungen* (eine Einrichtung der EG), hat eine Anzahl von Forschungsvorhaben innerhalb der EG gefördert, deren Ergebnisse mittlerweile vorliegen. Von besonderem Interesse sind die aus EG-Perspektive verfaßten zusammenfassenden Berichte über Problemkreise wie Schichtarbeit, Nachtarbeit, Bildschirmarbeitsplätze, neue Formen der Arbeitsorganisation, den Einfluß neuer Technologien auf verschiedene Lebens- und Arbeitsbereiche. Die Studien werden von der Stiftung (Loughlinstown House, Shankill, Co, Dublin,

Irland; Näheres vgl. im regelmäßig erscheinenden Veröffentlichungskatalog der Stiftung) herausgegeben. Vgl. auch die Übereinkommen der Internationalen Arbeitsorganisation Nr. 148 v. 20. Juni 1977 und Nr. 155 v. 22. Juni 1981 (beide betr. Arbeitsschutz und Arbeitsumwelt) mit ergänzender Empfehlung Nr. 164. Zum Arbeitsschutz in der EG vgl. *Berié,* BArbBl. 9/88, 5ff., *Jansen/Römer,* Arbeitssicherheit 88, 438ff.; *Mertens,* Sicher ist Sicher 87, 644ff.; vgl. auch *Kaiser,* BG 88, 778ff.

Durch die Maßnahmen gegen Gefahren und Schäden für Leben und Gesundheit der Arbeitnehmer soll im Rahmen des gesetzlichen Arbeitsschutzes der Zustand der **Arbeitssicherheit** hergestellt werden; hier handelt es sich weitgehend zugleich um den klassischen Bereich der Unfallverhütung (§§ 708ff. RVO) und der Arbeitsmedizin. Bei den Gefahren und Schäden, deren Abwehr der Arbeitsschutz dient, handelt es sich um den „harten Kern" der **nach dem Stand der Medizin objektiv feststellbaren körperlichen und geistigen Schäden** (Verletzungen, Berufskrankheiten, aber auch sonstige arbeitsbedingte Gesundheitsschäden, die – noch – nicht als Berufskrankheiten im Sinne des § 551 RVO anerkannt sind; zum Berufsunfall- und Berufskrankengeschehen in der Bundesrepublik Deutschland vgl. die Unfallverhütungsberichte der Bundesregierung für 1985, BT-Drucksache 10/6690, für 1986, BT-Drucksache 11/1574 und für 1987, BT-Drucksache 11/3736; *Ostermann,* BArbBl. 2/87, 17ff, 4/88, 14ff., 1/89, 14ff., 2/89, 36ff.). Zum Arbeitsschutz gehören auch Maßnahmen des **präventiven Gesundheitsschutzes** durch betriebliche Hygiene sowie traditionelle Maßnahmen zur Wahrung von Sitte und Anstand. 4

Demgegenüber richten sich die Maßnahmen des **autonomen Arbeitsschutzes** einerseits außerhalb des Bereichs des gesetzlichen Arbeitsschutzes (im vorschriftenfreien Raum und in Erkenntnis der naturgegebenen Schranken menschlicher Beanspruchbarkeit) auf die **Vermeidung** sowohl **von körperlichen Beeinträchtigungen und Überforderungen** als auch von Zuständen, die zu negativen psychischen Reaktionen führen und damit je nach den Besonderheiten der Arbeitsumgebung als **typisiert-subjektive negative Belastungen** zu Gesundheitsschäden führen können. Dabei ist insbes. anzustreben, daß

- menschliche Leistungsgrenzen nicht überschritten werden,
- innerhalb der Leistungsgrenze hohe Beanspruchungen abgebaut und
- Unterforderungen auf ein Maß gebracht werden, das der normalen Funktionsfähigkeit des Menschen entspricht.

Andererseits (und sich teilweise mit dem Vorhergesagten überschneidend) sind diejenigen Umstände anzustreben, die geeignet sind, auch die Arbeit den **Leitvorstellungen einer freiheitlichen, zivilisierten Gesellschaft** entsprechend zu gestalten (unten Rn 86).

Der Arbeitsschutz befaßt sich mit den Umständen, unter denen der Arbeitnehmer seine Leistung erbringt, nicht dagegen mit den **Entgeltleistungen** des Arbeitgebers; die Beteiligung des BR ergibt sich insoweit aus § 87 Abs. 1 Nr. 10 und 11. Allerdings kann die arbeitsschutzgerechte Arbeitsgestaltung nicht ohne Einfluß auf das Entlohnungssystem bleiben (z. B. Akkordzeit, Takt des Fließbandes). Nicht erfaßt wird auch die 5

Privatsphäre der Arbeitnehmer; allerdings liegt gerade im Bereich des autonomen Arbeitsschutzes auch eine Berücksichtigung der allgemeinen Lebensumstände der betroffenen Arbeitnehmer nahe (z. B. bei Fragen der Schicht- und Nachtarbeit).

6 Aus der Regelungsqualität des (gesetzlichen wie des autonomen) Arbeitsschutzes ergibt sich ferner, daß er sich stets durch **typisierte oder kollektive Maßnahmen** auswirkt (Gesetz, VO, Verwaltungsvorschrift, UVV, TV, technische Regeln der Ausschüsse des BMA, Normen des DIN einschließlich VDE, BV, betriebliche Regelungen einschließlich der Gestaltung betrieblicher Anlagen und der Arbeitsabläufe). Im Verhältnis zwischen dem einzelnen Arbeitgeber und Arbeitnehmer gelten daneben die zum Teil inhaltsgleichen bürgerlich-rechtlichen Vorschriften (§ 618 BGB, § 62 HGB, § 14 Abs. 3 SchwbG; ferner die privatrechtlichen Ausstrahlungen der öffentlich-rechtlichen Vorschriften, vgl. *Herschel,* RdA 64, 77, *Wlotzke,* Festschrift Hilgert/Stumpf 1983, 723ff.; BAG 10. 3. 76, AP Nr. 17 zu 618 BGB). Vgl. auch §§ 81ff. BetrVG.

4. Arbeitswissenschaftliche Erkenntnisse

7 Die Anwendung des Begriffs der arbeitswissenschaftichen Erkenntnisse im Sinne der Vorschriften des BetrVG wird erschwert durch die Meinungsverschiedenheiten über die Definition und die Methoden (vgl. *Hackstein,* Arbeitswissenschaft im Umriß, Bd. 1 S. 16ff., der 49 voneinander z. T. nur in Nuancen abweichende Definitionen aufzählt; *Fürstenberg,* Konzeption einer interdisziplinär organisierten Arbeitswissenschaft, Göttingen 1975; *Gesellschaft für Arbeitswissenschaft,* Arbeitswissenschaft in der Gesetzgebung, Frankfurt 1974; *Zeitschrift für Arbeitswissenschaft* Heft 4 1982 mit Beiträgen zur integrativen Arbeitswissenschaft; *Deutsche Forschungsgemeinschaft, Luczak/Rohmert,* Denkschrift zur Lage der Arbeitsmedizin und der Ergonomie, 1980 mit besonderer Hervorhebung der Ergonomie, dagegen *Stebani* u. a., Ergonomie statt Arbeitswissenschaft, Wissenschaftszentrum Berlin, II VG Papers, Berlin 1981; *Pornschlegel, Schardt und Zachert,* in Humane Arbeit, Bd. 1; *Birkwald/Pornschlegel,* Handlungsanleitung zur menschengerechten Arbeitsgestaltung nach dem BetrVG, Herausgeb. IG-Metall 1976, dagegen *Natzel,* Menschengerechte Arbeitsgestaltung und Gewerkschaftspolitik, Schriftenreihe Leistung und Lohn, Herausgeb. BDA 1979; *Gerum,* Grundfragen der Arbeitsgestaltungspolitik, Diss. Poeschel-Verlag 1981; *Fuchs,* Die gesicherten arbeitswissenschafltichen Erkenntnisse als Rechtsbegriff, Diss. Uni Bremen, 1981; *Kador,* Integrative Arbeitswissenschaft aus der Sicht der ArbGeb., Zeitschrift für Arbeitswissenschaft 82, 195; *Fürstenberg/Hanau u. a.,* Menschengerechte Gestaltung derArbeit, Bd 9 der Schriftenreihe Gesellschaft, Recht, Wirtschaft, 1983; *Pulte,* Gesicherte arbeitswissenschaftliche Erkenntnisse, ArbuR 83, 174; *Ridder,* Zur Empirie und Theorie der gesicherten arbeitswissenschaftlichen Erkenntnisse, ArbuR 84, 353; *Däubler,* Arbeitsrecht Bd 1, 1985 S. 450ff., *Wagner,* Mitbestimmung bei Bildschirmtechnologien, 1985, S. 135ff.; Handbuch zu Humanisierung der Arbeit, Herausgeb. BAU, 1985, *Luc-*

zek/Volpert, Arbeitswissenschaft: Kerndefinition – Gegenstandskatalog – Forschungsgebiete, 1987; alle mit weiteren Hinweisen.)

Nach dem derzeitigen Stand der Wissenschaft dürfte es jedenfalls verfrüht sein, von einer Arbeitswissenschaft als einheitlicher Disziplin zu sprechen. Deshalb wird hier der Sammelbegriff (bzw. Oberbegriff) „Arbeitswissenschaften" verwandt (ebenso *Natzel,* a. a. O.; *Ehmann,* a. a. O. S. 25; *GK-Wiese* § 90 Rn 15; *DR.* § 90 Rn 22; *HSG,* § 90 Rn 18).

Unter „Arbeitswissenschaft" ist nicht eine bestimmte abgegrenze **8**
Wissenschaft zu verstehen, sondern eine Anzahl von wissenschaftlichen Fachdisziplinen. REFA (MLA, Teil 1, Kap. 1.3.4) nennt die auf die menschliche Arbeit bezogenen Erkenntnisse der Medizin, insbesondere physiologischer, hygienischer und toxiologischer Art, der Sozialwissenschaften, speziell der Psychologie, der Soziologie und der Pädagogik, der Wirtschaftswissenschaften und – in entsprechendem Maße – der Rechtswissenschaft. Die Arbeitswissenschaften befassen sich (zum Teil unter Hinnahme von Erfahrungswerten oder vereinbarten Vorgaben) mit den Problemen der menschlichen Arbeit, und zwar unter recht unterschiedlichen Aspekten. Zu den Arbeitswissenschaften gehören insbesondere diejenigen Bereiche des **Arbeitsrechts,** die sich mit der Gestaltung der Arbeit befassen, jedenfalls soweit arbeitswissenschaftliche Erkenntnisse und Zielvorgaben in Vorschriften des Arbeitsrecht übernommen und damit besonders „gesichert" sind; vgl. insbesondere § 75 Abs. 2, der den arbeitswissenschaftlichen Grundsatz der Persönlichkeitsentfaltung im Rahmen der Möglichkeiten der organisatorischen Arbeitsgestaltung enthält (vgl. u. a. REFA, MLA, Teil 1, Kap. 5.1.1.). Entsprechendes gilt für die Zuordnung **des gesetzlichen Arbeitsschutzes** (nach *Natzel* a. a. O. nur des technischen Arbeitsschutzes) zu den Arbeitswissenschaften, zumal sich diese notwendigerweise mit den Möglichkeiten der Umsetzung ihrer Erkenntnisse in Rechtsvorschriften und Normen befassen.

Es handelt sich dabei weitgehend um **Teildisziplinen** (z. B. Arbeits- **9**
medizin im Verhältnis zur allgemeinen Humanmedizin). Andererseits kann es nicht darauf ankommen, ob sich eine den Arbeitswissenschaften zugehörige Disziplin ausdrücklich als Arbeitswissenschaft bezeichnet (vgl. z. B. die Industriesoziologie) oder durch einen so bezeichneten Lehrstuhl an einer Hochschule vertreten ist.

Zu den Arbeitswissenschaften gehören **naturwissenschaftliche** und **10**
geisteswissenschaftliche Disziplinen sowie solche, die ihrer methodischen Vorgehensweise nach eine Mittelstellung zwischen Natur- und Geisteswissenschaft einnehmen (so die Arbeitspsychologie oder -soziologie). Die Ergebnisse der Einzeldisziplinen müssen sich nun dem Anwendungsbezug stellen; insbesondere wertende Kontexte – wie etwa der der Beurteilung eines Arbeitsplatzes als „menschengerecht" – bedingen einen engen Bezug der naturwissenschaftlich gewonnenen zu den geistes- u. sozialwissenschaftlichen Ergebnissen.

Ziel der Arbeitswissenschaften im Bereich des Arbeitsschutzes ist es einerseits, in Ausführung einschlägiger Rechtsvorschriften Gesundheitsgefahren von den Arbeitnehmern abzuwenden (gesetzlicher Arbeitsschutz), andererseits einen Zustand der Arbeitsumgebung und Arbeitsverrichtung herbeizuführen, der dem Wohl und dem Persönlichkeitsrechten der arbeitenden Menschen gemäß ist (autonomer Arbeitsschutz); Interessengegensätze auf letzterem Gebiet sind nach den Abwägungsgrundsätzen des § 2 Abs. 1 (§ 76 Abs. 5) zu lösen.

11 Zur Erfüllung dieser Aufgaben befassen sich die Arbeitswissenschaften mit

- der menschlichen Arbeit, insbesondere unter den Gesichtspunkten der Zusammenarbeit von Menschen und des Zusammenwirkens von Mensch und Produktionsmitteln;
- den Voraussetzungen und Bedingungen, unter denen sich die Arbeit vollzieht;
- den Wirkungen und Folgen, die die Arbeit auf Menschen, ihr Verhalten und damit auch ihre Leistungsfähigkeit hat;
- den Faktoren, durch die die Arbeit, ihre Bedingungen und Wirkungen menschengerecht beeinflußt werden können;
- menschengerechte Software-Gestaltung und – Auslegung technischer Systeme (BMFT; HdA-Programm, Arbeitsschwerpunkt Büro und Verwaltung, Januar 1986).

12 Im BetrVG sind die Arbeitswissenschaften unter den Gesichtspunkten der menschengerechten Gestaltung der Arbeit angesprochen. Dies gilt zunächst für den „gesetzlichen Arbeitsschutz“, zumal neuere Arbeitsschutzvorschriften auf solche Erkenntnisse hinweisen (§ 6 Abs. 1 ASiG; § 28 Abs. 1 JArbSchG, § 3 ArbStättVO, § 3 UVVLärm). Die in § 90 angesprochenen Erkenntnisse beziehen sich sowohl auf den „gesetzlichen“ wie den „autonomen Arbeitsschutz. Dagegen ist das korrigierende Mitbestimmungsrecht nach § 91 nur gegeben bei Verstößen gegen Erkenntnisse aus dem Bereich des „autonomen“ Arbeitsschutzes, während Regelungen, die unter den gesetzlichen Arbeitsschutz fallen, das stärkere Mitbestimmungsrecht nach § 87 Abs. 1 Nr. 7 auslösen (vgl. Rn 60f.).

13 Von besonderer praktischer Bedeutung sind diejenigen arbeitswissenschaftlichen Erkenntnisse, die positive **Gestaltungsrichtlinien** (Rezepte) aufweisen, d. h. in dem Sinne konkretisiert sind, daß ihre Umsetzung in die Betriebspraxis verhältnismäßig einfach erfolgen kann („Maß und Zahl“). Derartige Gestaltungsrichtlinien werden vorwiegend von der Ergonomie geleistet und sind demgemäß vorwiegend in den naturwissenschaftlichen Disziplinen (Technik, Medizin, z. T. Arbeitspsychologie) zu finden.

14 Zu den arbeitswissenschaftlichen Erkenntnissen gehören auch die Erkenntnisse der **Geisteswissenschaften** (denen hier die **Sozialwissenschaften** generell zugerechnet werden), und zwar auch soweit sie keine eigentlichen Gestaltungsrezepte vermitteln, wohl aber – positiv oder negativ ausgedrückte – **Richtziele** (z. B. Schutz der Würde des Menschen, der freien Entfaltung der Persönlichkeit, Vermeidung von Monotonie oder Isolation).

Diese allgemeinen geisteswissenschaftlichen Erkenntnisse sind jedenfalls bei der menschengerechten Gestaltung der Arbeit zu beachten, auch soweit die von ihnen geleisteten Kritiken und Analysen von Arbeitsverhältnissen und Arbeitsgestaltungen den Schluß zulassen, daß vermeidbare negative Auswirkungen auf die Arbeitnehmer (Verstöße i. S. des § 91) vorliegen. Dies kann auch der Fall sein, wenn die statischen Komponenten der Arbeitsgestaltung aus dem Gesichtspunkt der naturwissenschaftlich orientierten Ergonomie nicht zu beanstanden sind.

5. „Gesicherte arbeitswissenschaftliche Erkenntisse"

Die §§ 90/91 stellen auf die Beachtung der „gesicherten arbeitswissenschaftlichen Erkenntnisse" ab. Da es eine einheitliche übergeordnete Arbeitswissenschaft (noch) nicht gibt, die einheitliche Erkenntnismethoden beanspruchen könnte (vgl. oben Rn 7ff.), ist als **„gesichert" eine Erkenntnis** anzusehen, die den **Methoden der Erkenntnisgewinnung der betr. Einzeldisziplin** entspricht, es sei denn, sie wird durch Erkenntnisse einer anderen arbeitswissenschaftlichen Disziplin generell oder bei der konkreten Anwendung auf die Arbeitsgestaltung des Betriebs widerlegt (falsifiziert) oder als ergänzungsbedürftig ausgewiesen (z. B. weil sie sich nur auf die statischen Komponenten eines Arbeitssystems bezieht, nicht aber auch auf dessen Strukturierung). **15**

Andererseits kann nicht verlangt werden, daß Erkenntnisse einer Einzeldisziplin auch durch die Erkenntnisse der anderen Disziplinen bestätigt werden müssen. Dies gilt insbesondere im Verhältniss von geisteswissenschaftlichen zu naturwissenschaftlichen Disziplinen. Nicht jede arbeitswissenschaftliche Erkenntnis muß z. B. dadurch erhärtet werden, daß bei ihrer Mißachtung nachweisbare Gesundheitsschäden auftreten würden.

Den an den Arbeitswissenschaften beteiligten Disziplinen ist die ihnen eigene wissenschaftliche Schlußweise, also ihre spezifische Art der Erkenntnisgewinnung, zu belassen. So können die Auswirkungen von deduktiv gewonnenen geisteswissenschaftlichen Erkenntnissen u. U. deshalb nicht experimentell untersucht und empirisch-induktiv bewertet werden, weil sie den Menschen in einem kaum experimentell kontrollierbaren Bedienungsfeld betreffen; dies darf dann aber nicht als Mangel der geisteswissenschaftlichen Erkenntnis ausgelegt werden, der zu deren Ablehnung führt. Natürlich ist eine naturwissenschaftliche Forschung, die auch diese Kategorien durch konkrete Meßrezepturen erfaßbar werden läßt, wünschenswert. **16**

Als „gesichert" ist also auch eine Erkenntnis anzusehen, die nach den Maßstäben der betroffenen **geisteswissenschaftlichen** Disziplin als gültig anerkannt ist. Solche Erkenntnisse sind mitunter auf höherem Abstraktionsniveau abgeleitet, als dies bei naturwissenschaftlich gefaßten Erkenntnissen der Fall ist. Billigt man – auf hohem Abstraktionsniveau – dem Menschen das unveräußerliche Recht auf Selbstverwirklichung und auf freie, kreative Auseinandersetzung mit der Umwelt zu, so kann daraus wissenschaftlich richtig abgeleitet werden, daß dieses Recht auch für den am Arbeitsplatz stehenden Menschen gelten muß; diese gesicher- **17** te Erkenntnis hat der Gesetzgeber z. B. in § 75 Abs. 2 BetrVG in den Gesetzestext eingebracht. Von dieser wissenschaftlich gesicherten Erkenntnis ausgehend können entsprechend den Erkenntnismethoden der beteiligten Disziplinen weitere abgeleitete Konkretisierungen zu dem Schluß führen, daß Arbeitsabläufe im Rahmen der betrieblichen Möglichkeiten nicht monoton zu gestalten sind (vgl. auch unten Rn 84). Solche Schlüsse müssen auch dann anerkannt werden, wenn die Arbeitsmedizin eine physiologische Auswirkung ununterbrochener stereotypischer Arbeitsabläufe nicht nachweisen kann.

17a *Ehmann* a. a. O., S. 34 erkennt die Bedeutung der Geisteswissenschaften im Rahmen der Arbeitswissenschaften mit der Maßgabe an, daß diese in einem rechtförmlichen Verfahren – also nicht nur inhaltlich sondern auch formal – gesichert sein müßten (Gesetz, VO, UVV, TV, BV, Arbeitsvertrag). Zugegeben ist, daß in diesem Bereich **Gestaltungsrichtlinien** nicht in der gleichen Weise durch den Konsens von Fachleuten erstellt werden können wie im Bereich der Naturwissenschaften, sie vielmehr regelmäßig eine politische oder auf Vereinbarung beruhende Vorentscheidung bedingen. Andererseits ist **„Gesichertheit" nicht** gleichzusetzen mit **Konkretisierung durch Gestaltungsrichtlinien;** sie muß auch Erkenntnissen auf hohem Abstraktionsniveau zuerkannt werden, insbesondere wenn diese ihren Niederschlag in Rechtsnormen gefunden haben – auch wenn diese keine unmittelbaren arbeitsrechtlichen Ansprüche der Beteiligten begründen (z. B. § 75 BetrVG, die Persönlichkeitsrechte nach dem GG).

18 Das Maß der **Konkretisierung** von Erkenntnissen (z. B. in Normen mit „Maß und Zahl") ist für die Beurteilung der Frage wichtig, ob ein **offensichtlicher Verstoß** im Sinne des § 91 vorliegt. Auf je höherem Abstraktionsniveau eine Erkenntnis liegt, um so schärfere Anforderungen sind an die Feststellung der Offensichtlichkeit zu stellen; in der Praxis wird sie nur in extremen Fällen zu bejahen sein. Je detaillierter die Angaben in einer Gestaltungsrichtlinie sind, desto einfacher ist es zu prüfen, ob Verstöße gegen sie vorliegen.

19 **Gestaltungsrichtlinien** sind – soweit sie nicht die Qualität von Rechtsnormen haben – als „gesichert" anzusehen, wenn über sie in Fachkreisen eine überwiegende Meinung dahin besteht, daß sie der Zielsetzung der menschengerechten Arbeitsgestaltung entsprechen, ihre Anwendung zweckmäßig und mit angemessenen Mitteln durchführbar ist (enger *HSG,* Rn 19, die eine praktische Bewährung fordern; nicht aussagekräftig die lediglich negative Abgrenzung des BAG 6. 12. 83, AP Nr. 7 zu § 87 BetrVG 1972 Überwachung unter C II 4a der Gründe, nach der es sich bei gesicherten arbeitswissenschaftlichen Erkenntnissen „um Erkenntnisse handeln muß, die besagen, daß die davon nach unten abweichende Gestaltung nicht mehr als menschengerecht angesehen werden kann"; gegen eine bloß negative Begriffsbestimmung auch *Ehmann* in Urteilsanmerkung in EzA Nr. 1 zu § 87 BetrVG 1972 Bildschirmarbeitsplatz). Für letzteres genügt u. U. eine problemlose Durchführung in einem vergleichbaren Betrieb unter kritischer wissenschaftlicher Kontrolle (so wohl auch *Ehmann,* Arbeitsschutz, S. 33, der zutreffend darauf hinweist, die Richtigkeitsgewähr – wohl besser Glaubhaftigkeit – eines solchen Regelwerks werde verstärkt, wenn es in einem interessenpluralistisch zusammengesetzen Fachleutegremium erarbeitet ist; ähnlich wohl das von *Gerum,* a. a. O., S. 139ff., zur Diskussion gestellte Kommissionsmodell). Diese Glaubhaftigkeit ist besonders zu bejahen, soweit Verabschiedungsverfahren mit Veröffentlichung von Entwürfen, Einspruchsmöglichkeiten und Schlichtungsverfahren praktiziert werden, wie bei der Erstellung von **DIN-Normen** (DIN 820 Teil 4 Normungsarbeit-Geschäftsgang).

Für die Praxis bedeutsam sind daher die einschlägigen DIN-Normen (vgl. z. B. DIN 33400), aber auch die **Sicherheitsregeln der BG,** die **Arbeitsstättenrichtlinien** zur ArbeitsstättenVO, die sämtliche unter weitgehender Beteiligung und Einflußmöglichkeit der Fachleute interessierter Kreise erarbeitet werden (*Wagner,* Mitbestimmung bei Bildschirmtechnologien, S. 142; einschränkend *Ehmann,* a. a. O., S. 41ff., der diesen Regelungen und Normen nur eine abgestufte Vermutungswirkung zuerkennt; ebenso *HSG,* § 90 Rn 19a; einschränkend auch *GL,* § 91 Rn 7, der allerdings DIN-Normen und Arbeitsstättenrichtlinien anerkennt; wie hier *GK-Wiese,* § 90 Rn 16b). Gestaltungsrichtlinien, die in **Tarifverträgen** festgelegt sind, wirken innerhalb ihres Geltungsbereichs, soweit sie Ansprüche der ArbN normieren, unmittelbar, d. h. ohne den Umweg über § 91, außerhalb des Geltungsbereichs des TV als Beispiele, auf die im Rahmen eines Verfahrens nach § 91 zurückgegriffen werden kann. Z. B. ist der TV über Einführung und Anwendung rechnergesteuerter Textsysteme in der Druckindustrie und in den Verlagen von Zeitungen und Zeitschriften vom 20. 3. 78 Vorbild für zahlreiche Betriebsvereinbarungen auch in branchenfremden Betrieben (so daß die von *GL,* § 91 Rn 8, geforderte Üblichkeit gegeben sein dürfte). **20**

Als „gesichert" anzusehen sind auch übereinstimmenden Aussagen zu Gestaltungszielen auf Grund ernstzunehmender wissenschaftlicher Forschung. Dies dürfte in weitgehendem Maße zutreffen für die von der **BAU** veröffentlichten Forschungsberichte und herausgegebenen „Arbeitswissenschaftliche Erkenntnisse – Forschungsergebnisse für die Praxis", die Forschungsberichte der BAU betreffen schwerpunktmäßig die Bereiche Lärm, Beleuchtung, Klima, ergonomische und sicherheitstechnische Gestaltung der Arbeitsmittel, elektrotechnische Sicherheit (Einzelheiten vgl. im regelmäßig erscheinenden Katalog über die Schriftenreihen der BAU u. insbes. im Bericht der BAU von *Bieneck/Kuhn* in Zeitschrift für Arbeitswissenschaft, 1988, S. 65ff.). Entsprechendes gilt für die arbeitswissenschaftlichen Veröffentlichungen der **BG** (Schwerpunkte: Lärmabwehr, Bildschirmgeräte; Fundstellen u. a. im ZH 1-Verzeichnis) sowie für die arbeitswissenschaflichen Veröffentlichungen des **Bayerischen Arbeitsministeriums** (*Schmidtke/Bubb* u. a., Lärmschutz im Betrieb, 2. Aufl. 1983; Ergebnisse eines Forschungsberichts von *Gaugler* u. a. 1979; Rationalisierung im Büro – wo bleibt der Mensch:, 3. Aufl. 1985; *Ruthenfranz/Knauth,* Schichtarbeit und Nacharbeit 1985; *Bartenwerfer,* Monotonie in unserer Arbeitswelt, muß das sein? 1985; *Grandjean/Hünting,* Sitzen Sie richtig? 7. Aufl. 1985). Vergl. auch VDI Richtli- **21** nien z. B. 2570, 3720 sowie die Forschungsergebnisse des Forschungskuratoriums Maschinenbau (Frankfurt) zur Lärmabwehr.

22 **Übersicht über die wichtigsten bei der Arbeitsgestaltung zu beachtenden Vorschriften – am Beispiel der Einrichtung und Anwendung von Datensichtgeräten (Bildschirmen).**

Über die Planung der Einrichtung von Bildschirmarbeitsplätzen ist der BR **nach § 90 zu unterrichten,** die vorgesehenen Maßnahmen sind mit ihm zu beraten (§ 90 Rn 12). Wegen des Zeitpunkts der Unterrichtung vgl. § 80 Rn 47ff.

Vorhaben des Unternehmens, die derartige Maßnahmen zum Gegenstand haben, sind dem **WiAusschuß** mitzuteilen (Rationalisierung, Änderung der Fabrikations- bzw. Arbeitsmethoden). Dabei sind die Auswirkungen auf die Personalplanung darzustellen (§ 106 Rn 9ff.). Wegen des Zeitpunkts der Unterrichtung vgl. § 80 Rn 51ff.

Soweit die Einführung der neuen Technologie Auswirkungen auf die **Personalplanung** hat (Personalbedarf, -einsatz, -entwicklung, -abbau) ist der BR gemäß § 92 Abs. 1 (dort Rn 5ff.) zu unterrichten. Wegen des Zeitpunkts der Unterrichtung vgl. § 80 Rn 50. In diesem Zusammenhang sind ggfs. die Beratungsrechte nach §§ 96, 97 zu beachten (berufliche Fortbildung, Umschulung).

Daneben bestehen die **allgemeinen Unterrichtungspflichten** gegenüber der Belegschaft und dem einzelnen ArbN (§ 80 Rn 25ff., § 81 Rn 12ff.).

Ob im Zusammenhang mit der Einführung und dem Betrieb von Datensichtgeräten (die häufig mit der Einführung und Anwendung einer computergestützten oder -abhängigen Arbeitsorganisation verbunden sind), **Mitbestimmungsrechte des BR** gegeben sind, haben die Betriebspartner nach folgenden Gesichtspunkten zu prüfen:

Sind wegen des Arbeitsmittels Bildschirm **Gefahren für Leben und Gesundheit** der ArbN voraussehbar oder stellen sich solche Gefahren beim Betrieb heraus und hat der ArbGeb. einen Regelungsspielraum für die Abwendung dieser Gefahren, so besteht das Mitbestimmungsrecht nach § 87 Abs. 1 Nr. 7 (Näheres Rn 41ff.).

Durch BV nach § 88 Abs. 1 kann die Zuständigkeit des BR insoweit erweitert werden (Näheres Rn 68ff.).

Ist der Bildschirm „Außenposten" eines EDV-Systems, das zur **Überwachung des Verhaltens und der Leistung** der ArbN objektiv geeignet ist, besteht das Mitbestimmungsrecht nach § 87 Abs. 1 Nr. 6 (§ 87 Rn 64ff.).

Bei der Durchführung von Maßnahmen der **Berufsbildung** (Fortbildung, Umschulung) bestimmt der BR nach § 98 mit (dort Rn 5ff.).

Stellt sich bei der Einführung von Bildschirmen heraus, daß infolge der Änderung der Arbeitsplätze, des Arbeitsablaufs usw. – zwar keine nachweisbaren Gesundheitsschäden aber – **besondere Belastungen** der ArbN eintreten, die die Voraussetzungen des § 91 erfüllen, so besteht das korrigierende Mitbestimmungsrecht des BR (Näheres Rn 7ff., 74ff., § 91 Rn 2ff.).

Soweit der Wechsel zur Beschäftigung am Bildschirm eine **Versetzung** darstellt, besteht das eingeschränkte Mitbestimmungsrecht nach § 99 (dort Rn 21ff.).

Liegen die Voraussetzungen des § 111 vor, so besteht das Beratungs- und Mitbestimmungsrecht des BR unter dem Gesichtspunkt der für die ArbN **nachteiligen Betriebsänderung** (§ 80 Rn 56ff., § 111 Rn 6ff.).

Zum Ganzen wird auf das in Rn 7ff. zitierte Schrifttum verwiesen, außerdem: *Cakir* u.a. Anpassung von Bildschirmarbeitsplätzen an die physische und psychische Funktionsweise des Menschen, Forschungsbericht des BMA, Nr. 1, 1978; *ders.*, Beleggestaltung für Bildschirmarbeitsplätze, BAU-Forschungsbericht 227, 1981; *Der umstrittene Bildschirm,* Schriftenreihe des ArbGebVbds Metall, Köln, 1981; *Knevels,* Der Einsatz von Bildschirmgeräten aus der Sicht der Arbeitgeberverbände, Schriftenreihe Leistung und Lohn, Herausgeb. BDA 1980; *Knabe,* Bilanzierung der ergonomischen Erkenntnisse über die Arbeit am Bildschirmarbeitsplatz, BAU-Forschungsbericht 323, 1982; *Köchling,* Bildschirmarbeit-Literaturanalyse, Gesellschaft für Arbeitsschutz- und Humanisierungsforschung, Dortmund 1983; *Krueger/Müller/Limroth,* Arbeiten mit dem Bildschirm aber richtig! Herausgeb. Bay. Staatsministerium für Arbeit, 8. Aufl. 1985; *Sicherheitsregeln* für Bildschirmarbeitsplätze im Bürobereich, Herausgeb. Hauptverband der gewerbl. BG, Ausgabe 10, 1980; *VDMA – Fachgemeinschaft Büro- und Informationstechnik,* Arbeitsplätze mit Bildschirmgeräten, Dokumentation, Frankfurt/Main 1980; *Boikat,* Stand der Forschung über mögliche gesundheitliche Auswirkungen durch Strahlen an Bildschirmarbeitsplätzen, AiB 84, 13ff., 39ff.; *Gaul,* Die rechtliche Ordnung der Bildschirm- Arbeitsplätze, 2. Aufl., 1984; *Köchling,* Bildschirmarbeit: Gesundheitsregeln und Gesundheitsschutz, 1985; *Krüger/Nagel,* Mischarbeit im Büro- und Verwaltungsbereich beim Einsatz neuer Technologien, BAU-Forschungsbericht 450, 1986; *Friedrich u.a.,* Bildschirmarbeit- Soziale Auswirkungen und Gestaltungsansätze, BAU-Sonderschrift Nr. 16, 1986; *Keller/Trippmann,* Akzeptanzprobleme bei der Arbeit mit Bildschirmen, Schriftenreihe Leistung und Lohn, Herausg. BDA, 1984; *Wagner,* Mitbestimmung bei Bildschirmtechnologien, 1985; *Grune,* Bildschirmarbeitsplätze, 1985; WSI-Info-Paket Textverarbeitung – Bildschirmarbeit; PRODIS – Info – Paket Bildschirmarbeit, Herausgeb. Institut der Deutschen Wirtschaft.

Eine Übersicht über Tarifregelungen zur Bildschirmarbeit gibt die Zusammenstellung des WSI-Tarifarchiv: Elemente qualitativer Tarifpolitik Nr. 2, Stand 1985.

II. Der gesetzliche Arbeitsschutz

1. Öffentlich-rechtliche Vorschriften

Sind arbeitswissenschaftliche Erkenntnisse über das Vorhandensein **23**
von Gesundheitsgefahren und die Notwendigkeit ihrer Abwehr sowie das Wissen um ihre Umsetzbarkeit durch praktikable, den allgemeinen Regeln der Technik entsprechende Maßnahmen so zum Allgemeingut geworden, daß ihre Übernahme in abstrakte Rechtsnormen möglich ist, werden sie (in aller Regel auf Grund politischer Grundsatzentscheidungen) in **Vorschriften über den gesetzlichen Arbeitsschutz** überführt. Diese Vorschriften sind nach dem in der Bundesrepublik Deutschland geltenden Rechtssystem in aller Regel **dem öffentlichen Recht** zugeordnet, d.h. der „Normadressat" (derjenige, der die Vorschrift zu befolgen hat – in der Regel der ArbGeb.) ist durch Befehl des Staates gehalten, bestimmte Gebote des Arbeitsschutzes zu beachten. Diese Vorschriften gelten unabhängig vom Willen der Parteien des Arbeitsvertrages und

werden durch öffentlich-rechtliche Aufsichtsorgane überwacht **(Gewerbeaufsicht).**

24 Den staatlichen Vorschriften stehen in ihrem Geltungsbereich – was die praktische Auswirkung auf den ArbGeb. und die ArbN angeht – gleich die **Unfallverhütungsvorschriften** (UVV), die von den Trägern der gesetzlichen Unfallversicherung (gewerblichen und landwirtschaftlichen BG, SeeBG, sowie den Eigenunfallversicherungsträgern) nach §§ 708ff. RVO zur Verhütung von Arbeitsunfällen (zu denen nach § 551 RVO auch Berufskrankheiten zählen) erlassen werden. (vgl. hierzu den Überblick über das berufsgenossenschaftliche Vorschriften- und Regelwerk von Baum, BG 86, 364ff.). Die UVV verpflichten den ArbGeb. („Unternehmer"), Einrichtungen, Anordnungen und Maßnahmen zur Verhütung von Arbeitsunfällen zu treffen; sie enthalten aber auch Vorschriften über das Verhalten, das die ArbN („Versicherte") zur Verhütung von Arbeitsunfällen zu beachten haben. Die von UVV erfaßten **Regelungsbereiche** ergeben sich beispielhaft aus den Zusammenstellungen unten Rn 49ff.

24a **Keine Rechtsnormen** (so auch BAG 6. 12. 83, AP Nr. 7 zu § 87 BetrVG 1972 Überwachung unter C II 2a; *HSG,* § 87 Rn 310), sind die von den BG erlassenen **Durchführungsanweisungen** (Lösungsbeispiele und Erläuterungen zu UVV), **Richtlinien** (i. d. Regel Vorläufer von UVV), **Sicherheitsregeln** (Zusammenstellung einschlägiger Bestimmungen aus Vorschriften, technischen Regelwerken, Regeln der Technik), Grundsätze (z. B. zu Verfahrensfragen) und **Merkblätter** (Informationen zur Anwendung geltender Vorschriften und Regeln für die betriebliche Praxis, vgl. Verzeichnis ZH 1 der Zentralstelle für Unfallverhütung und Arbeitsmedizin, Hauptverband der gewerblichen BG; ferner BIH-Handbuch, Sammlung der sicherheitstechnischen Informations- und Arbeitsblätter für die betriebliche Praxis, Erich-Schmidt Verlag).

24b Die Durchführung der Unfallverhütung wird durch **technische Aufsichtsbeamte (TAB)** der BG überwacht, deren Befugnisse weitgehend denen der Gewerbeaufsicht nachgebildet sind (§§ 712ff. RVO). Die TAB sind u. a. berechtigt, im Einzelfall Anordnungen zur Durchführung von UVV oder zur Abwendung besonderer Unfall- oder Gesundheitsgefahren zu treffen. Zu den Rechten der TAB vgl. *Lauterbach,* Unfallversicherung, Bd. 3 zu §§ 712, 714 RVO. Die UVV dienen zugleich den Gewerbeaufsichtsbeamten als Richtlinien bei der Ausübung ihrer Überwachung.

25 Einen jährlich aktualisierten Überblick über die Vielzahl der Organisationen, die auf dem Gebiet des Arbeitsschutzes tätig sind, deren Zuständigkeit und das komplizierte Normenwerk vermittelt das Vormerkbuch „Betriebswacht" des Hauptverbandes der gewerblichen BG.

26 Zur Durchführung der Maßnahmen des gesetzlichen Arbeitsschutzes ist der **ArbGeb.** verpflichtet. Seine **Verantwortlichkeit** wird durch die Beteiligung des BR nicht gemindert, zumal dieser nicht berechtigt ist, selbst Maßnahmen des Arbeitsschutzes zu treffen (vgl. auch § 87 Rn 84ff.). Die Durchführung steht allein dem ArbGeb. zu (§ 77 Abs. 1; vgl. Auffarth, AR-Blattei. BetrVerf. XIV BV; *GK-Wiese,* § 89 Rn 4a; *GL,*

§ 87 Rn 153; *Schmatz/Nöthlichs,* Sicherheitstechnik, 4030, II). Da der ArbGeb. (= Unternehmer) nicht allgegenwärtig sein kann, ist er andererseits genötigt, seine Aufgaben mindestens teilweise **auf andere Personen zu übertragen.** Überträgt der ArbGeber Aufgaben, die sich aus dieser Verpflichtung ergeben, auf andere Personen (z. B. leitende Ang.), so wird er von seiner Verantwortlichkeit nur insoweit entlastet, als er zusammen mit der Übertragung auch die **zur Wahrnehmung der Verpflichtung erforderlichen Vollmachten** (z. B. Dispositionsbefugnisse) erteilt (zur Übertragung von Weisungsrechten vgl. *R. Birk,* Die arbeitsrechtliche Leitungsmacht, S. 180). Andernfalls bleibt der Unternehmer bzw. derjenige Vorgesetze verantwortlich, der über die entsprechenden Befugnisse verfügt. Nach § 12 VGB 1 hat der ArbGeb. eine solche Übertragung unverzüglich schriftlich zu bestätigen und dabei den Verantwortungsbereich und die Befugnisse zu beschreiben. Die Bestätigung bedarf der Unterzeichnung durch den Beauftragten (weitere Vorschriften über die Delegation von Verpflichtungen vgl. §§ 6, 12, 36 Abs. 2, 42 Abs. 5 VGB 1). Wegen der strafrechtlichen Folgen der Übertragung für den Beauftragten vgl. § 14 Abs. 2 StGB, § 9 Abs. 2 OWiG. Wegen Verletzung der Aufsichtspflicht (auch bei der Bestellung, Auswahl und Überwachung von Aufsichtspersonen) vgl. § 130 OWiG.

2. Allgemeine präventive Vorschriften

Zum Bereich des gesetzlichen Arbeitsschutzes gehören zunächst allge- **27**
meine, nicht-technische präventive Vorschriften, die losgelöst von den konkreten Verhältnissen (auch Gefährdungstatbeständen) im jeweiligen Betrieb im Interesse des Allgemeinwohls den **Einsatz der menschlichen Arbeit generell beschränken** (Verbot der Kinderarbeit, Beschränkung der täglichen und wöchentlichen Arbeitszeit, Arbeitszeitvorschriften für Jugendliche, Beschäftigungsverbot vor und nach der Niederkunft, Ladenschlußgesetz, Bäckereiarbeitszeitgesetz – sog. **sozialer Arbeitsschutz**). Diese Vorschriften zielen in erster Linie auf eine Unterlassung der Beschäftigung unter bestimmten Voraussetzungen oder zu bestimmten Zeiten und schließen insoweit ein gestaltendes Handeln des Arbeitgebers und des Betriebsrats aus. Sie sind in ihrem sachlichen und persönlichen Geltungsbereich vorgegeben, ohne daß es des Nachweises tatsächlicher Gesundheitsgefahren im jeweiligen Betrieb oder in der jeweiligen Beschäftigungsart bedarf. Die Wahrnehmung der MBR des BR bei der Inanspruchnahme der sich aus diesen Vorschriften noch ergebenden Regelungsmöglichkeiten erfolgt demgemäß auch nicht in erster Linie unter dem Gesichtspunkt der Verhütung von Arbeitsunfällen und Berufskrankheiten, sondern unter dem Gesichtspunkt der Verteilung oder Veränderung der Arbeitszeit (§ 87 Abs. 1 Nr. 2 und 3; *Dennecke/Neumann,* AZO, § 2 Rn 14, § 4 Rn 19). Allerdings spielen auch in diesem Bereich Fragen des Gesundheitsschutzes eine wesentliche Rolle (z. B. Abbau von Überstunden bei gefährlichen, anstrengenden oder lärmexponierten Arbeiten).

Dagegen handelt es sich bei den Regelungstatbeständen nach §§ 22,

23, 28 bis 30 JArbSchG um betriebliche Maßnahme, die unter dem Gesichtspunkt der Vermeidung konkreter im Betrieb auftretender Gesundheitsschädigungen getroffen werden müssen. Daher besteht insoweit das Mitbestimmungsrecht nach § 87 Abs. 1 Nr. 7.

Der betrieblichen Gestaltung vorgegeben sind auch die Vorschriften über die **Sonntagsarbeit** (§§ 105e bis i GewO), die allerdings nicht dem Gefahrenschutz zuzuordnen sind, vielmehr die allgemeine (auch vorwiegend religiös begründete) Sonntagsruhe zum Gegenstand haben. Die Beteiligung des BR in diesen Fragen erfolgt unter den Gesichtspunkten der Regelung der Arbeitszeit (§ 87 Abs. 1 Nrn. 2 u. 3 vgl. dort Rn 48).

28 Ebenso der betrieblichen Gestaltung vorgegeben sind die Vorschriften über das **Inverkehrbringen** (d. h. Überlassung durch den Hersteller oder Importeur – Näheres *Schmatz/Nöthlichs* Bd. I 1125 S. 6ff.) **von Arbeitsmitteln** (vgl. unten Rn 51ff.) oder **Arbeitsstoffen** (vgl. unten Rn 52ff.). Auch insoweit entfällt das Mitbestimmungsrecht des BR, insbes. hat der BR des produzierenden Betriebes kein Mitbestimmungsrecht über die sicherheitstechnische Gestaltung der Produkte, es sei denn, bei der Produktion selbst entstehen Gefahren.

3. Vorschriften über den betrieblichen Gefahrenschutz

29 Die Arbeitsschutzvorschriften (des Staates und der Unfallversicherungsträger), die sich an den ArbGeb. als „Betreiber" richten, enthalten darüber hinaus materielles Recht über die im Betrieb zu verwendenden **Arbeitsmittel, Arbeitsstoffe,** über die **Arbeitsstätten,** die Organsiation des **Arbeitsablaufs** (einschließlich besonderer Arbeitszeitbestimmungen) und über **personenbezogene Maßnahmen.** (Wegen eines Überblicks über die geltenden Arbeitsschutzvorschriften vgl. die Zusammenstellung im Unfallverhütungsbericht der Bundesregierung 1987, BT-Drucks. 11/3736).

Darüber hinaus enthalten solche Vorschriften Regeln des **Verwaltungs- und Organisationsrechts,** z. B. über die Aufsicht durch Gewerbeaufsicht und technische Aufsichtsbeamte bzw. die Prüfung von Anlagen durch außerbetriebliche Sachverständige. Die Beteiligung des BR an Maßnahmen der Arbeitsaufsicht ist in § 89 geregelt (vgl. hierzu § 89 Rn 7ff.).

Die Vorschriften über die Überwachung durch außerbetriebliche Stellen werden ergänzt durch Vorschriften über die **innerbetrieblich Sicherheitsorganisation** nach dem ASiG (vgl. § 87 Rn 84ff.) und über **Sicherheitsbeauftragte** nach § 719 RVO (vgl. § 89 Rn 24ff.).

30 Der gesetzliche Arbeitsschutz hat (soweit er von § 87 Abs. 1 Nr. 7 erfaßt wird) zum Gegenstand die **Verhütung von Arbeitsunfällen, Berufskrankheiten** sowie den **Gesundheitsschutz,** d.h. die Vermeidung von arbeitsbedingten Gesundheitsschäden, die als solche medizinisch allgemein anerkannt sind.

31 Ein **Arbeitsunfall** ist ein „ungewolltes, auf äußere Einwirkung beruhendes, plötzliches, örtlich und zeitlich bestimmbares Ereignis, durch das ein Körperschaden bewirkt wird".

Die **Berufskrankheit** ist zwar nach § 551 RVO dem Arbeitsunfall gleichgestellt, sie unterscheidet sich von diesem durch das Nichtvorliegen des „Plötzlichen". Berufskrankheiten sind nur diejenigen Krankheiten, die Versicherte während der Arbeit erleiden und die nach § 551 Abs. 1 RVO durch Rechtsverordnung als Berufskrankheiten anerkannt sind (BerufskrankheitenVO i. d. F. vom 8. 12. 1976, BGBl. I S. 3329; vgl. hierzu *Wagner/Zerlett,* Berufskrankheiten). Bei neueren Erkenntnissen gilt die Gleichbehandlungsvorschrift des § 551 Abs. 2 RVO. **32**

Der gesetzliche Arbeitsschutz dient aber auch der **Vermeidung anderer Krankheiten,** die durch die Arbeit verursacht oder anläßlich der Arbeit entstehen oder verschlimmert werden (wie z. B. Erkältungskrankheiten durch vermeidbare Zugluft, Erkrankungen wegen mangelnder Hygiene, Bandscheibenschäden wegen Zwangshaltung), ohne daß sie in den Berufskrankheitenkatalog aufgenommen sind. **33**

Dem Gesundheitsschutz i. S. des § 87 Abs. 1 Nr. 7 im weiteren Sinne sind auch zuzuordnen die **hygienischen Vorschriften** in § 120b Abs. 3 und 4 und § 120c der GewO, nicht dagegen die auch zum gesetzlichen Arbeitsschutz gehörenden Vorschriften zum Schutz von Anstand oder Sitte und über die Trennung der Geschlechter; die Beteiligung des BR ergibt sich insoweit nicht aus § 87 Abs. 1 Nr. 7, sondern aus § 87 Abs. 1 Nr. 1. **34**

Die allgemeine Verpflichtung des ArbGeb. für den Arbeitsschutz und damit seine öffentlich-rechtliche (wie auch dem ArbN gegenüber privatrechliche) Verantwortlichkeit ergibt sich zunächst unmittelbar aus den allgemeinen Vorschriften der **§§ 120a, 120b Abs. 3 und 4, 120c GewO, § 62 HGB.** Diese Vorschriften stellen nicht etwa nur einen unverbindlichen Appell an den ArbGeb. dar, vielmehr ergeben sich aus ihnen insoweit **unmittelbare Rechtpflichten,** als keine Vorschriften nach §§ 120e oder 139h bzw. Anordnung nach §§ 120d oder f GewO bestehen (zustimmend *Denck,* ZfA 76, 454, der zutreffend auf die entsprechende Verpflichtung des ArbGeb. nach **§ 2 VBG 1** hinweist; ebenso *Partikel,* Soziale Sicherheit 73, 132ff; *Kothe,* ArbuR 84, 263). Zum Mitbestimmungsrecht des BR vgl. unten Rn 41ff. **Weitere Generalklauseln** vgl. z. B. § 1 ASiG, § 3 Abs. 1 Nr. 1 ArbStättVO, § 17 GefStoffVO, § 12 Abs. 1, § 16 Abs. 1 HAG, § 28 Abs. 1 JArbSchG, § 2 Abs. 1, § 4 MuSchG, § 14 Abs. 3 SchwbG, § 719 Abs. 2 RVO. **35**

Zur **näheren Bestimmung der Verpflichtungen** des ArbGeb. auf dem Gebiete der Gefahrenabwehr sind **zahlreiche VO** (insbes. gestützt auf §§ 24ff., 120e, 139h GewO, § 37 JArbSchG, § 19 ChemG) **und UVV** (auf Grund § 708 RVO) ergangen (vgl. die Zusammenstellungen in Rn 49ff. sowie das Verzeichnis der Arbeitsschutzvorschriften im Unfallverhütungsbericht 1987, BT-Drucks. 11/3736). **36**

Im Hinblick auf die Vielfalt der Produktion, der Arbeitsverfahren, Arbeitsmittel und Arbeitsstoffe ist es allerdings insbesondere in einer Marktwirtschaft kaum möglich, in den öffentlich-rechtlichen materiellen Vorschriften jeden Sachverhalt erschöpfend zu regeln. Demgemäß enthalten die Gesetze und VO in der aller Regel **Generalklauseln** (vgl. § 120a bis c GewO sowie oben Rn 35) oder sie verweisen auf die **„allge-** **37**

mein anerkannten Regeln der Technik" (z. B. in den VO nach § 24 GewO sowie in § 3 GerätesicherheitsG), auf den „Stand der Technik" (z. B. in § 5 BImSchG; dort in § 3 Abs. 6 auch Definition dieses Begriffes) oder auf den „Stand von Wissenschaft und Technik" (so im Atom- und Strahlenschutzrecht, vgl. z. B. § 7 AtomG).

37a **Regeln der Technik** sind dann allgemein anerkannt, wenn die Fachleute, die sie anzuwenden haben, davon überzeugt sind, daß die betreffenden Regeln den sicherheitstechnischen Anforderungen entsprechen. Es genügt nicht, daß bloß im Fachschrifttum die Ansicht vertreten oder in Fachschulen die Ansicht gelehrt wird, die Regel entspreche den technischen Erfordernissen. Die technische Regel muß in der Fachpraxis erprobt und bewährt sein. Es ist unerheblich, ob einzelne Fachleute oder eine kleine Gruppe von Fachleuten die Regeln nicht anerkennen oder überhaupt nicht kennen. Maßgebend ist die Durchschnittsmeinung, die sich in den Fachkreisen gebildet hat (vgl. hierzu *Niklisch,* BB 83, 161 ff., *ders.,* NJW 83, 84). Durch den Verweis auf die allgemein anerkannten Regeln der Technik wird ein **Sicherheitsniveau** bezeichnet, das in den Fachkreisen vorherrschend als angemessen betrachtet wird (vgl. *Schmatz/Nöthlichs* Bd. I Blatt 1135). Diese Verweisungen haben den Vorzug, daß die Vorschrift immer der Entwicklung der Technik sowie allgemein der Arbeitswissenschaften folgt (s. unten Rn 55). Der Gesetz- oder (im Rahmen der gesetzl. Ermächtigung – Art. 80 GG) Verordnungsgeber ist seinerseits nicht an diese Regeln gebunden; er kann auch Vorschriften erlassen, die weitergehende technische Maßnahmen erfordern.

38 Zur Ergänzung dieser Generalklausel werden für die Setzung technischen Rechts überdies **technische Normen** herangezogen, die zwar keine Rechtsnormen sind und auch keine rechtlich ausschließliche Wirkung ausüben, aber wichtige und zuverlässige Hinweise für die Erfüllung der in den Rechtsvorschriften angesprochenen Forderungen geben und bei deren Beachtung der Normadressat (in der Regel auf Grund entsprechender Bestimmungen in Verwaltungsvorschriften) vor Beanstandungen der Aufsichtsbehörde sicher ist.

38a Auf dem Gebiet der Sicherheitstechnik fördert der Staat die Initiative zur **Schaffung sicherheitstechnischer Regeln** durch **private Institutionen** und beschränkt sich weitgehend auf Überwachungsfunktionen, soweit er durch eigene technische Rechtsetzung einer modernen differenzierten Industriegesellschaft nicht gerecht zu werden vermag. Ergänzend zu den staatlichen Arbeitsvorschriften und den UVV sind zur Ausfüllung von Generalklauseln die von den **Normenorganisationen** in den Kommissionen und Ausschüssen aufgestellten Regeln der Sicherheitstechnik (**DIN, VDE, DVGW,** im Bereich des Lärmschutzes auch des **VDI**) zu berücksichtigen (vgl. DIN 31000/VDE 1000 „Allgemeine Leitsätze für das sicherheitsgerechte Gestalten technischer Erzeugnisse"). Diese von privaten Fachausschüssen der Wirtschafts-, Fach- oder Berufsverbände geschaffenen technischen Regeln haben zwar keine Rechtsnormqualität und entwickeln damit auch keine bindende Wirkung. Die Rechtsvorschriften auf dem Gebiet des technischen Arbeitsschutzes verweisen in den verschiedensten Formen jedoch auf solche Normen (vgl. ArbSch. 1975 Heft 9 „Normung und Arbeitssicherheit“; dort auch Wortlaut der Vereinbarung zwischen der Bundesrepublik Deutschland und dem DIN v. 5. 6. 1975).

Entsprechendes gilt für die von den **Ausschüssen nach § 24 GewO** erarbeiteten **technischen Regeln** (unten Rn 51ff.), die Arbeitsstättenrichtlinien nach § 3 Abs. 2 ArbStättVO (unten Rn 50f.), die technischen Regeln nach § 17 GefStoffVO (unten Rn 52f.). **38b**

Auch im Bereich der **berufsgenossenschaftlichen Unfallverhütung** wird nicht selten auf private Normen (insbes. des DIN) verwiesen. Nach dem Beispiel der Vereinbarung zwischen der Bundesrepublik und DIN (s. oben) haben auch der **Hauptverband der gewerbl. BG und DIN** die Zusammenarbeit durch Vertrag geregelt (Näheres *Buss/Eiermann,* BG 82, 662; dort auch Wortlaut der Vereinbarung). Überdies geben die Durchführungsanweisungen, Richtlinien, Merkblätter und Sicherheitsregeln der Unfallversicherungsträger (oben Rn 24) Hinweise für die Erfüllung von nicht abschließend konkretisierten Anforderungen der UVV. **38c**

Nach dem Jahresbericht des DIN 1986/87 gab es im Berichtszeitraum in der Bundesrepublik Deutschland 19937 DIN Normen, 8726 internationale Normen (ISO/IEC) und 829 europäische Normen (CEN, CENELEC). Insgesamt gibt es in der Bundesrepublik Deutschland zur Zeit ca. 42000 technische Regeln (Gesetze, Verordnungen, Normen, Richtlinien usw.). Diese Regeln sind alle in der **Datenbank** des deutschen Informationszentrums für technische Regeln (DITR) beim DIN gespeichert. **39**

Regelmäßig wird durch **Abweichklauseln** eine unbedingte Bindung an die in Bezug genommenen Regelwerke vermieden (z. B. § 3 Abs. 1 S. 2 Gerätesicherheitsgesetz, § 3 VBG 1). Im Interesse des sicherheitstechnischen Fortschrittes werden auch alle anderen gleichwertigen sicherheitstechnischen Lösungen zugelassen. Für die **gleichwertige sicherheitstechnische Lösung** braucht in aller Regeln eine Ausnahmebewilligung nicht eingeholt werden. Die Feststellung, ob die gleiche Sicherheit auf andere Weise gewährleistet ist, wird in manchen Fällen eine sorgfältige Erarbeitung des maßgebenden Sicherheitsgedankens erfordern. **40**

III. Das Mitbestimmungsrecht des Betriebsrats im Bereich des gesetzlichen Arbeitsschutzes (§ 87 Abs. 1 Nr. 7)

1. Abgrenzung

Das Mitbestimmungsrecht nach § 87 Abs. 1 Nr. 7 betrifft diejenigen Regelungen, die der ArbGeb. auf Grund (vorwiegend) **öffentlich-rechtlicher Vorschriften** (staatliche Vorschriften, UVVen) im Rahmen des gesetzlichen Arbeitsschutzes zur Verhütung von Arbeitsunfällen, Berufskrankheiten, sowie zur Förderung des Gesundheitsschutzes der ArbN zu treffen hat. Zusätzlich wird dem BR auf dem Gebiet des Arbeitsschutzes **41** ein wichtiger Tätigkeitsbereich durch das ASiG (§ 87 Rn 84ff.) eröffnet. Das Mitbestimmungsrecht wird ausgeübt durch Abschluß von BV oder Herstellung des Einvernehmens über Einzelmaßnahmen (*HSG,* § 87 Rn 322; einschränkend *DR,* § 87 Rn 359: nur BV). Wegen Entscheidung der Einigungsstelle vgl. Rn 44, § 87 Rn 27, 159, und die Rn zu § 76.

41a Der Begriff **„Regelung"** ist nicht nur im Sinne der Aufstellung einer kollektiven normativen Ordnung für das Verhalten der ArbN zu verstehen (so *HSG,* § 87 Rn 295ff; *Ehmann,* Arbeitsschutz S. 81; *Stege/Weinspach,* Rn 126; *Glaubitz,* BB 77, 1405), sondern umfaßt auch die technischen Maßnahmen des ArbGeb im Bereich des Arbeitsschutzes (*GL* § 87 Rn 159a; *Weiss,* ArbuR 82, 257; *GK-Wiese,* § 87, Rn 222; *Denck,* ZfA 76, 453; *Spinnarke,* BB 76, 799; *Wagner,* Mitbestimmung bei Bildschirmtechnologien, S. 192ff.; vgl. auch BAG 10. 4. 79, AP Nr. 1 zu § 87 BetrVG 1972 Arbeitssicherheit).

41b Das MBR besteht **„im Rahmen"** der geltenden öffentlich-rechtlichen Vorschriften. Die Regelung des Abs. 1 Nr. 7 gewährt kein umfassendes MBR zur Gestaltung des Gesundheitsschutzes, der über den öffentlich-rechtlichen Gesundheitsschutz hinausgeht, sondern ein Recht auf MB innerhalb des öffentlich-rechtlichen Gesundheitsschutzes, soweit er Rahmenregelungen für Maßnahmen des Arbeits- und Gesundheitsschutzes aufstellt. Das MBR bezieht sich also auch die Ausfüllung vorgegebener Normen und zwar solcher Normen, die dem ArbGeb. einen Entscheidungsspielraum belassen, auf welche Weise er die Anforderungen des öffentlich-rechtlichen Arbeits- und Gesundheitsschutzes erfüllen will (vgl. BAG 6. 12. 83, AP Nr. 7 zu § 87 BetrVG 1972 Überwachung unter C I 3; *DR,* § 87 Rn 346; *GL,* § 87 Rn 154f; *GK-Wiese,* § 87 Rn 220f; *Stege/Weinspach,* § 87 Rn 122f; *Ehmann,* Arbeitsschutz, S. 76; *Denck,* ZfA 76, 447; *Kothe,* ArbuR 84, 263). Über Abs. 1 Nr. 7 kann also nicht die Aufstellung einer über den gesetzlichen Gesundheitsschutz hinausgehende Rahmenvorschrift vom BR erzwungen werden (freiwillige Vereinbarungen nach § 88 Nr. 1 sind möglich), wohl jedoch die Konkretisierung bestehender Rahmenvorschriften.

42 Das Mitbestimmungsrecht nach § 87 Abs. 1 Nr. 7 gilt auch für **kerntechnische Anlagen** sowie für den **Umgang mit radioaktiven Stoffen.** Soweit hier keine abschließende Regelungen auf Grund des Strahlenschutzrechtes getroffen sind, insbesondere durch Auflagen der Genehmigungs- oder Aufsichtsbehörden (vgl. BAG 26. 5. 88, AP Nr. 14 zu § 87 BetrVG 1972 Ordnung des Betriebes), besteht in den Fragen des Arbeitsschutzes das Mitbestimmungsrecht des BR in demselben Umfang wie in anderen Betrieben (näheres § 87 Rn 4a; vgl. hierzu auch *Simitis/Rydzy,* Von der Mitbestimmung zur staatlichen Administration, Arbeitsbedingungen bei riskanten Technologien, 1984, S. 41ff.). Die Zusammenarbeit zwischen dem ArbGeb. (dem **Strahlenschutzverantwortlichen**) und den nach § 29 Abs. 2 StrlSchV zu bestellenden **Strahlenschutzbeauftragten** mit dem BR und den Fachkräften für Arbeitssicherheit nach dem ASiG ist in § 30 Abs. 2 StrlSchV geregelt. In Angelegenheiten des Strahlenschutzes (Schutz der ArbN vor Strahlenexpositionen oder Kontaminationen) sieht § 30 Abs. 1 StrlSchV ein besonderes Verfahren zur Lösung von Meinungsverschiedenheiten zwischen dem ArbGeb. und den Strahlenschutzbeauftragten vor. Lehnt der ArbGeb. dessen Vorschläge über Strahlenschutzmaßnahmen oder -einrichtungen ab, so hat er dies schriftlich mitzuteilen und zu begründen sowie dem BR und der zuständigen Behörde je eine Abschrift zu übersenden. Die VO geht davon aus, daß in diesen Fällen die **zuständige Behörde entscheidet.** Dieses § 8 Abs. 3 ASiG nachgebildete Konfliktlösungsmodell betrifft allerdings nur das Verhältnis zwischen ArbGeb. und StrlSchBauauftragten und schließt **Initiativen des BR** nicht aus, zumal auch die StrlSchV eine große Zahl von Vorschriften enthält, bei deren Erfüllung Beurteilungsspielräume bestehen.

Das Mitbestimmungsrecht nach § 87 Abs. 1 Nr. 7 greift nicht Platz bei **43** **Maßnahmen,** die der ArbGeb. ausschließlich **zum Schutz „Dritter"** (d. h. nicht zum Betrieb gehörender Personen oder Güter) zu treffen hat (z. B. nach BImSchG). Allerdings erfaßt es die Maßnahmen zum Schutz der ArbN nach § 5 Nr. 2 BImSchG.

Soweit keine konkretisierenden Vorschriften oder Verfügungen zu **44** §§ 120a bis c GewO oder zu den anderen genannten Generalklauseln ergangen sind, hat der BR ein **volles Mitbestimmungsrecht,** und zwar auch als Initiativrecht, zur Ausfüllung dieses Regelungsbereiches (zust. *Denck,* a. a. O.; wohl auch *Schmatz/Nöthlichs,* Bd. 2, 4040, S. 2). Aus der **öffentlich-rechtlichen Verpflichtung** des ArbGeb. zur Gewährleistung der Arbeitssicherheit im Betrieb ergibt sich andererseits, daß Konflikte über die Ausfüllung des Rahmens von Vorschriften nicht in der Weise behandelt werden können, daß bis zur Einigung zunächst nichts geschieht. Vielmehr muß bei Meinungsverschiedenheiten in solchen Fällen der ArbGeb. die Erfüllung seiner Verpflichtungen je nachdem durch Anrufung der E-Stelle oder der Aufsichtsbehörde (i. d. Regel der Gewerbeaufsicht) ermöglichen. Er muß also in den Fällen des § 87 Abs. 1 Nr. 7 ggf. die **Initiative zur Beilegung des Konfliktes** ergreifen. **Bei konkreten Gefahren** für Leben und Gesundheit der ArbN ist der ArbGeb. überdies gehalten, **sofort die erforderlichen Maßnahmen** zu treffen (allerdings unbeschadet der Möglichkeit einer späteren Korrektur durch die E-Stelle oder die Aufsichtsbehörde); insoweit ist nach den Grundsätzen der Güterabwägung angesichts des öffentlich-rechtlichen Charakters der Verpflichtung des ArbGeb. und des schutzwürdigen Guts des menschlichen Lebens der im privatrechtlichen Bereich abzulehnende (zunächst mitbestimmungsfreie) **Eilfall** anzuerkennen (zustimmend *Wlotzke,* Festschrift Hilger/Stumpf, S. 746; **a. A.** *GK-Wiese,* § 87 Rn 228; dagegen verneinen *DR,* § 87 Rn 360, *HSG,* § 87 Rn 324, generell die Notwendigkeit der Beachtung des MBR als Wirksamkeitsvoraussetzung für Maßnahmen des ArbGeb.).

Die Generalklausel des § 120a GewO ist unbeschadet ihres ehrwürdi- **45** gen Alters (sie stammt aus 1891) so auszulegen, wie es die **jeweiligen technischen oder personellen Gegebenheiten** allgemein, aber auch im jeweiligen Betrieb gestatten. Dies gilt insbesondere für die Einschränkung der Verpflichtung des ArbGeb. durch die Schlußworte des § 120a Abs. 1 GewO „. . . die Arbeiter gegen Gefahren für Leben und Gesundheit soweit geschützt sind, wie es die Natur des Betriebes gestattet". Diese Formel ist als ein allgemeiner Verweis auf die nach den **allgemein anerkannten Regeln der Technik** gegebenen Möglichkeiten des Betriebes auszulegen mit der Maßgabe, daß das Mitbestimmungsrecht des BR die unternehmerische Entscheidung über die Änderung von technischen Anlagen oder Baulichkeiten nicht erzwingen kann, es sei denn, es gehen von diesen konkrete Gefahren für Leben und Gesundheit der ArbN aus (ähnlich *Meyer,* in *Landmann/Rohmer,* GewO, § 120a, Rn 13). Die allgemein anerkannten Regeln der Technik (oben Rn 37) ergeben die nach dem Stand der Technik möglichen und (nicht zuletzt in wirtschaftlicher Hinsicht) üblichen Mittel, mit denen die Schutzziele erreicht werden können. Die Faktoren dieser Kompromisse ändern sich naturgemäß sowohl was die Schutzziele (neue medizinische Erkenntnisse), aber auch was die technischen Möglichkeiten angehen (vgl. z. B. die heute allgemein übliche Verwendung von integrierten Maschinenantrieben an Stelle der früher üblichen Transmissionsbänder). Entsprechendes gilt für die Begriffe „Gefahren für Leben und Gesundheit", aus denen sich der **quantitative Geltungsbereich der Generalklausel** ergibt. Auch hier folgt die Generalklausel den Erkenntnissen der Arbeitsmedizin. § 120a GewO erfaßt alle schädlichen Einwirkungen (insbes. Unfälle und Krankheiten) auf den Menschen, die zu körperlichen oder geistigen Schäden führen, die nach dem jeweiligen Stand der Medizin als solche objektiv feststellbar sind. Allerding sind die Abs. 1–3 des § 120a GewO durch die zahlreichen Spezialvorschriften des modernen gesetzlichen Arbeitsschutzes, die z. T. ihrerseits Generalklauseln enthalten (vgl. oben Rn 35), in ihrer Bedeutung zurückgedrängt worden. Soweit aber § 120a GewO heute noch anwendbar ist, hat der BR das volle Mitbestimmungsrecht bei Ausfüllung der Grundregel (*GK-Wiese* § 87 Rn 220; *GL,* § 87 Rn 156a: *Denck,* RdA 82, 285; *Engel,* ArbuR 82, 81; *Kilian* NJW 81, 2545ff.; *Klinkhammer,* ArbuR 83, 324; *Kothe.* AiB 83, 51; *ders.* ArbuR 84, 263; *Wagner,* Mitbestimmung bei Bildschirmtechnologien, S. 187ff.; *Weiss* § 87 Rn 20; **a. M.** LAG Düsseldorf, DB 81, 1780; LAG Baden-Württemberg DB 81, 1781; LAG Niedersachsen BB 82, 1609; LAG Berlin, DB 81, 1519; *HSG,* § 87 Rn 307; *Heinze,* SAE 85, 246; *Bähringer,* RdA 81, 364ff., *Moll,* ZIP 82, 896, *Heß,* DB 82, 2241, die die Konkretisierung der zu treffenden Maßnahmen den staatlichen Stellen überlassen wollen). Einschränkend auch – insbesondere im Zusammenhang mit Bildschirmgeräten *Ehmann,* a. a. O., S. 95, *Stege/Weinspach,* § 87 Rn 122, und neuerdings *DR,* § 87 Rn 351ff., die das Mitbestimmungsrecht des BR auf Grund des § 120a GewO bei Fehlen konkretisierender Rechtsvorschriften in den Bereich des autonomen Arbeitsschutzes verweisen wollen; dagegen zutreffend *Kothe* a. a. O., *Denck* a. a. O., *Weiss,* ArbuR 82, 257. Diese durch den Gesetzeswortlaut nicht gebotene Verlegenheitslösung, derartige Fälle in den Bereich des § 91 zu verweisen, ist abzulehnen. Ihr widerspricht schon der Umstand, daß in § 91 von „Belastungen" und nicht von „Gefahren" gesprochen wird. Auch widerspricht es den Grundsätzen des gesetzlichen Arbeitsschutzes bei Vorliegen von Gesundheitsgefahren zwischen „alten" und „neuen" Anlagen zu unterscheiden. Schließlich kann es in diesen

Fällen nicht auf die in § 91 geforderte „Offensichtlichkeit" ankommen. Zum Ganzen vgl. oben Rn 7ff.; wegen § 120a Abs. 4 GewO vgl. unten Rn 59.

Das **BAG** (Beschluß 6. 12. 83, AP Nr. 7 zu § 87 BetrVG 1972 Überwachung) hat die Entscheidung der Frage, ob die Generalklausel des § 120a GewO als eine Rahmenvorschrift im Sinne des Abs. 1 Nr. 7 anzusehen ist, offengelassen. Es sah sich nicht zu einer Entscheidung dieser Frage genötigt, weil § 120a GewO nur solche Regelungen betreffe, die dem Schutz vor unmittelbar aus Arbeitsräumen, Betriebsvorrichtungen, Maschinen und Geräten drohenden Gefahren dienten, und deshalb Regelungen über das Verbot bestimmter Arbeiten, ihre zeitliche Beschränkung, ihre Beschränkung auf bestimmte Personengruppen oder über die Pflicht zur ärztlichen Untersuchung von ArbN nicht vom Regelungsinhalt dieser Vorschrift erfaßt würden. Regelungen der letzteren Art bewegten sich deshalb nicht im Rahmen dieser Bestimmung. Dem kann **nicht zugestimmt** werden. Bei Vorliegen konkreter Gefahren für Leben und Gesundheit können sich für den ArbGeb. aus § 120a GewO auch Verpflichtungen zu Maßnahmen und Regelungen ergeben, die – soweit keine andere Möglichkeit der Gefahrenabwehr besteht – nur durch ein Verbot oder zeitliche Beschränkung der Arbeit oder eine Beschränkung auf bestimmte Personengruppen verwirklicht werden können. Die Vorschriften der AZO oder die Arbeitszeitbestimmungen des MuschG oder des JugArbschG stehen dem nicht entgegen, da sie nicht der Abwehr konkreter Gesundheitsgefahren dienen, sondern den vorgelagerten allgemeinen Arbeitsschutz zum Inhalt haben. Entsprechendes gilt auch für die Frage, ob bei konkreten Gefahren für Leben und Gesundheit, mögen diese auch beim ArbN anlagebedingt vorgegeben sein, eine Verpflichtung des ArbGeb. zur Durchführung ärztlicher Untersuchungen besteht. Gegen die Ausschaltung von aus Gründen des Gesundheitsschutzes erforderlichen Arbeitszeitregelungen – Verbot, Beschränkung der Arbeit – oder notwendiger ärztlicher Untersuchungen aus dem Regelungsinhalt des § 120a GewO eingehend und überzeugend *Kothe,* ArbuR 84, 263; hiergegen auch *Ehmann,* Anm. zu BAG EzA Nr. 1 zu § 87 BetrVG 1972 Bildschirmarbeitsplatz S. 7 hinsichtlich möglicher Arbeitszeitbeschränkungen; ferner *Richardi,* Anm. zu AP Nr. 7 zu § 87 BetrVG 1972 Überwachung. **45a**

Soweit für einen Betrieb, einen Betriebsteil oder bestimmte Anlagen oder Fertigungsarten besondere Vorschriften bestehen, z. B. die ArbStättVO, GefStoffVO, die VOen nach §§ 24ff., 120e, 139h GewO oder die Vorschriften einer für den Betrieb geltenden UVV (Näheres unten Rn 49ff.), kommt es jeweils darauf an, ob die Vorschrift für einen bestimmten Tatbestand **eine konkrete „einzige" Lösung** (z. B. eine bestimmte Mußvorschrift) festlegt oder ob sie wiederum **einen ausfüllungsbedürftigen oder -fähigen Raum** enthält. Dort, wo die Vorschrift eine bestimmte Maßnahme zwingend anordnet, hat der ArbGeb. selbst nichts mehr zu „bestimmen", damit entfällt auch das Mitbestimmungsrecht des BR (Beispiele bei *Partikel,* Soz. Sicher- **46** heit 73, 133: ein genau umschriebener Sicherheitsabstand, ein Mindestalter für Kranwarte oder Kranführer; vgl. auch *Mertens,* ArbSch. 77, 4).

47 Beläßt die Vorschrift dem ArbGeb. in der Erfüllung einer Pflicht, die ihm in einer Spezialvorschrift (einschließlich einer UVV) auferlegt ist, noch einen eigenen **Ermessensspielraum,** d. h. die Wahl unter mehreren Möglichkeiten, die Vorschrift zu befolgen, hat der BR im Rahmen der betreffenden Vorschrift das volle **Mitbestimmungsrecht** (BAG 6. 12. 83, AP Nr. 7 zu § 87 BetrVG 1972 Überwachung; *DR,* § 87 Rn 349; *GL,* § 87 Rn 155; *GK-Wiese,* § 87 Rn 222; *Schmatz/Nöthlichs,* 4040, S. 3, Bd. 2; *Denck,* a. a. O.; *Kittner,* WSI-Mitteilungen 75, 261; *Kothe,* ArbuR 84, 269), und zwar auch als Initiativrecht. Dasselbe gilt in den Fällen, in denen eine Norm dem ArbGeb. einen **Beurteilungsspielraum** einräumt, sei es hinsichtlich des Vorliegens ihrer Voraussetzungen, sei es bei ihrer Durchführung (*Kothe,* ArbuR 84, 269; *ders.,* BB 81 1282; *Denck,* ZfA 76, 453; *Günther,* BlStR 81, 245; **a. A.** BAG 6. 12. 83, AP Nr. 7 zu § 87 BetrVG 1972 Überwachung unter C III 3b; *Ehmann,* Arbeitsschutz, S. 78; *HSG,* § 87 Rn 313; *Stege/Weinspach,* § 87 Rn 123; *Glaubitz,* BB 77, 1403; **a. M.** *GL,* § 87 Rn 155a, wohl auch LAG Baden-Württemberg, 8. 12. 87, NZA 88, 515 zur GefStoffVO). Das Mitbestimmungsrecht entfällt allerdings, sobald der Gewerbeaufsichtsbeamte eine **bestimmte Maßnahme** (z. B. nach § 120d oder f GewO) **zwingend anordnet** (gleiches gilt für Anordnungen des TAB nach § 172 Abs. 1 S. 2 RVO), ohne einen weiteren Entscheidungsspielraum zu belassen (BAG 26. 5. 88, AP Nr. 14 zu § 87 BetrVG 1972 Ordnung des Betriebes; nähers vgl. § 87 Rn 4a; **a. A.** *Däubler,* AiB 86, 173). Entsprechendes gilt im Arbeitszeitrecht für die Gestaltungsmöglichkeiten, z. B. nach §§ 4 bis 6, 10 Satz 1, § 12, 14, 15, 17 bis 19 AZO und §§ 8, 11 Abs. 1 und 2, § 12, 14 bis 18, 21 JArbSchG; insoweit gilt das Mitbestimmungsrecht nach § 87 Abs. 1 Nr. 2 und 3.

48 Ordnet die Vorschrift eine bestimmte Maßnahme zwar zwingend an, ermöglicht sie aber die **Genehmigung einer Ausnahme** (z. B. durch das Gewerbeaufsichtsamt), so besteht das Mitbestimmungsrecht bei Inanspruchnahme der durch die Genehmigung eingeräumten Wahlmöglichkeit zwischen der vorgeschriebenen Lösung und der durch die Ausnahme gestatteten Abweichung. Die Ausnahme ist nämlich nicht etwa dem Befehl gleichzusetzen, nach ihr zu verfahren. Der ArbGeb. erhält vielmehr durch sie nur die Möglichkeit, unter bestimmten Voraussetzungen von der in der Vorschrift angeordneten Maßnahme abzuweichen. Die **Beantragung der Ausnahmegenehmigung** als solche unterliegt nicht der Mitbestimmung, wohl aber ist der BR hierbei nach § 89 Abs. 2 S. 1 sowohl durch den Arbeitgeber als auch durch die zuständige Behörde (Aufforderung zur Stellungnahme) zu beteiligen. Der Antrag des ArbGeb. auf Erteilung einer Ausnahme bindet den BR, auch wenn er nach § 89 beteiligt wurde, nicht hinsichtlich seines Mitbestimmungsrechtes, es sei denn, er hat dem Antrag bereits zugstimmt und diesem ist unverändert entsprochen worden. Die Dienstanweisung für die Gewerbeaufsichtsämter kann für das Verwaltungsverfahren festlegen, in welchem Umfang die Zustimmung des BR für die Beurteilung eines Antrags auf

Erteilung einer Ausnahme zu berücksichtigen ist (vgl. z. B. die Dienstanweisung NRW v. 3. 12. 80). Dies insbesondere unter dem Gesichtspunkt, daß die mit der Bearbeitung von Ausnahmegenehmigungen verbundene Verwaltungsarbeit sinnlos sein kann, wenn nicht zu erwarten ist, daß von der Ausnahme im Hinblick auf das Mitbestimmungsrecht des Betriebsrats auch tatsächlich Gebrauch gemacht wird (Näheres § 89 Rn 9f.).

Entsprechendes gilt für die Inanspruchnahme von Ausnahmen nach §§ 8, 9, 10 S. 2, 12 Abs. 1 Nr. 3, Abs. 2 Satz 4, § 19 Abs. 2 S. 3, § 20 AZO, § 27 JArbSchG, § 4 Abs. 2 letzter Satz, § 8 Abs. 6 MuSchG. In diesen Fällen besteht das Mitbestimmungsrecht des Betriebsrats in der Regel nach § 87 Abs. 1 Nr. 2 und 3.

2. Sachbereiche

Die für die Anwendung des § 87 Abs. 1 Nr. 7 maßgebenden Verpflichtungen des ArbGeb. auf den Gebieten des Arbeitsschutzes betreffen den Schutz der Beschäftigten vor Gefahren für Leben und Gesundheit bei der Erfüllung der Arbeitsaufgaben. Die **hauptsächlichen Ansatzpunkte** für die Erfüllung dieser Verpflichtungen läßt eine Gliederung in folgende Sachbereiche erkennen, die allerdings im Betriebsgeschehen notwendigerweise ineinandergreifen: 49

Arbeitsstätten (Rn 50f.);
Arbeitsmittel (insbes. Maschinen Rn 51ff.);
Arbeitsstoffe (Rn 52f.);
personenbezogene Maßnahmen (Rn 53f.);
Organisation der Arbeitsabläufe (Rn 54f.).

Einen Überlick über die geltenden Arbeitsschutzvorschriften des Bundes geben die seit 1964 regelmäßig vorgelegten Unfallverhütungsberichte der Bundesregierung (vgl. zuletzt Unfallverhütungsbericht 1987, BT-Drucks. 11/3736).

a) Arbeitsstätten

Die gefahrlose und hygienische **Ausgestaltung der Arbeitsstätten** (insbes. Arbeitsräume, Verkaufsstände, aber auch Arbeitsplätze im Freien) wird erreicht durch die Berücksichtigung der sicherheitstechnischen und arbeitshygienischen Anforderungen bei der Errichtung, Einrichtung, Erweiterung, Änderung sowie Unterhaltung von Arbeitsstätten. Damit wird ein wesentlicher Beitrag zur Herstellung einer sicheren Arbeitsumgebung geleistet. Näheres vgl. § 4ff. ArbStättV: Anforderungen an Lüftung, Temperatur, Beleuchtung, bauliche Eigenschaften, Türen, Absturzsicherheit, Schutz gegen Gase, Dämpfe, Nebel, Stäube und Lärm, Anforderungen an die Verkehrswege (zur Arbeitsstättenverordnung vgl. die Kommentare von *Opfermann/Streit, Eberstein/Meyer* sowie *Schmatz/Nöthlichs,* Bd. II 4200ff.; vgl. auch Bocklenberg u. a., Technische Einrichtungen zur Sicherung von Einzelarbeitsplätzen, BAU-Forschungsbericht Nr. 326; Panikbeleuchtung, BMA-Forschungsbericht Nr. 66). 50

Übersicht

50a Für diesen Sachbereich gelten folgende **Vorschriften** und **Normen:** **§ 120a Abs. 1 bis 3, § 120b Abs. 3 und 4 GewO.**

Gesetz über Mindestanforderungen an Unterkünfte für Arbeitnehmer vom 23. 7. 1973 (BGBl. I S. 905) (= § 120c [neu] GewO).

VO über Arbeitsstätten (Arbeitsstättenverordnung – ArbStättV) vom 20. 3. 1975 (BGBl. I S. 729) zuletzt geändert durch VO vom 1. 8. 1983 (BGBl. I S. 1057) und die nach § 3 Abs. 2 vom **BMA** unter Hinzuziehung der fachlich beteiligten Kreise aufgestellten **Arbeitsstätten-Richtlinien** (ASR) (veröffentlicht im ArbSch. und BArBl.; zum Verfahren für die Erstellung der ASR vgl. *Horneffer,* BArbBl. Fachteil ArbSch. 77, 35 und *Opfermann/Streit,* Arbeitsstätten, Erl. 78 zu § 3 ArbStättV). In ihnen wird auf zahlreiche **Normen des DIN** und andere technische Regeln verwiesen.

Nach dem Stand vom September 1989 sind folgende ASR veröffentlicht:

ASR 5	„Lüftung" (BArbBl. 10/1979 S. 103 berichtigt BArbBl. 12/1984 S. 85)
ASR 6/1,3	„Raumtemperaturen" (ArbSch. 4/1976 S. 130, berichtigt ArbSch. 5/1977 S. 98 und BArbBl. 12/1984 S. 85)
ASR 7/1	„Sichtverbindung nach außen" (ArbSch 4/1976 S. 130)
ASR 7/3	„Künstliche Beleuchtung" (BArbBl. 7–8/1979 S. 62, berichtigt BArbBl. 3/1981 S. 68)
ASR 7/4	„Sicherheitsbeleuchtung" (BArbBl. 3/1981 S. 68, berichtigt BArbBl. 9/1988 S. 46)
ASR 8/1	„Fußböden" (ArbSch. 5/1977 S. 98, berichtigt BArbBl. 3/1981 S. 68, BArbBl. 12/1984 S. 85 und BArbBl. 9/1988 S. 46)
ASR 8/4	„Lichtdurchlässige Wände" (ArbSch. 2/1977 S. 50, berichtigt BArbBl. 3/1981 S. 68)
ASR 8/5	„Nicht durchtrittsichere Dächer" (ArbSch. 2/1977 S. 52, berichtigt BArbBl. 3/1981 S. 68)
ASR 10/1	„Türen, Tore" (BArbBl. 9/1985 S. 79, berichtigt BArbBl. 9/1988 S. 46)
ASR 10/5	„Glastüren, Türen mit Glaseinsatz" (ArbSch. 4/1976 S. 132, berichtigt ArbSch. 9/1976 S. 318 und BArbBl. 3/1981 S. 68)
ASR 10/6	„Schutz gegen Ausheben, Herausfallen und Herabfallen von Türen und Toren" (BArbBl. 10/1979 S. 105, berichtigt BArbBl. 12/1984 S. 85)
ASR 11/1–5	„Kraftbetätigte Türen und Tore" (BArbBl. 9/1985 S. 81)
ASR 12/1–3	„Schutz gegen Absturz und herabfallende Gegenstände" (BArbBl. 9/1985 S. 81)
ASR 13/1,2	„Feuerlöscheinrichtungen" (BArbBl. 5/1979 S. 62, berichtigt BArbBl. 3/1981 S. 68, 12/1984 S. 85 und BArbBl. 9/1988 S. 46)

ASR 17/1,2 „Verkehrswege" (BArbBl. 1/1988 S. 34, berichtigt BArbBl. 9/1988 S. 46)
ASR 18/1–3 „Fahrtreppen und Fahrsteige" (ArbSch. 5/1977 S. 99, berichtigt BArbBl. 3/1981 S. 68)
ASR 20 „Steigeisengänge" (ArbSch. 5/1976 S. 176)
ASR 25/1 „Sitzgelegenheiten" (BArbBl. 12/1985 S. 106, berichtigt BArbBl. 9/1988 S. 46)
ASR 29/1–4 „Pausenräume" (ArbSch. 6/1977 S. 141, berichtigt ArbSch. 10/1977 S. 282, BArbBl. 12/1984 S. 85 und BArbBl. 9/1988 S. 46)
ASR 31 „Liegeräume" (ArbSch. 6/1977 S. 142)
ASR 34/1–5 „Umkleideräume" (ArbSch. 6/1976 S. 215, berichtigt BArbBl. 7–8/1979 S. 65, 3/1981 S. 68 und BArbBl. 9/1988 S. 46)
ASR 35/1–4 „Waschräume" (ArbSch. 9/1976 S. 320, berichtigt ArbSch. 10/1977 S. 282, BArbBl. 7–8/1979 S. 65, 3/1981 S. 68 und BArbBl. 9/1988 S. 47)
ASR 35/5 „Waschgelegenheiten außerhalb von erforderlichen Waschräumen" (ArbSch. 5/1976 S. 178, berichtigt ArbSch. 9/1976 S. 318 und ArbSch. 10/1977 S. 282)
ASR 37/1 „Toilettenräume" (ArbSch. 9/1976 S. 322, berichtigt ArbSch. 5/1977 S. 98, 10/1977 S. 282 und BArbBl. 7–8/1979 S. 65)
ASR 38/2 „Sanitätsräume"(BArbBl. 10/1986 S. 62)
ASR 39/1,3 „Mittel und Einrichtungen zur Ersten Hilfe" (ArbSch. 5/1976 S. 180, berichtigt ArbSch. 5/1977 S. 98, BArbBl 3/1981 S. 68 und BArbBl. 9/1988 S. 47)
ASR 41/3 „Künstliche Beleuchtung für Arbeitsplätze und Verkehrswege im Freien" (BArbBl. 3/1981 S. 69)
ASR 45/1–6 „Tagesunterkünfte auf Baustellen" (ArbSch. 11/1977 S. 333, berichtigt BArbBl. 12/1984 S. 85 und BArbBl. 9/1988 S. 47)
ASR 47/1–3,5 „Waschräume für Baustellen" (ArbSch. 11/1977 S. 334)
ASR 48/1,2 „Toiletten und Toilettenräume auf Baustellen" (ArbSch. 11/1977 S. 335)

Auch zu weiteren Vorschriften der ArbStättV sind nach § 3 Abs. 1 Nr. 1 bis zum Erlaß von ASR die einschlägigen Normen heranzuziehen (z. B. zu § 15 ArbStättV: DIN 45630ff. über Schallmessungen).

VO über gefährliche Stoffe (Gefahrstoffverordnung – GefStoffV) vom 26. 8. 1986 (BGBl. I S. 1470 geändert durch Verordnung vom 16. Dezember 1987 (BGBl I S. 2721); vgl. z. B. § 19 Abs. 2 u. 3 GefStoffV.

VO über Arbeiten in Druckluft (Druckluftverordnung) vom 4. 10. 1972 (BGBl. I S. 1909), geändert durch JArbSchG vom 12. 4. 1976 (BGBl. I S. 965); insbes. Anhang 1 zu VO.

VO über besondere Arbeitsschutzanforderungen bei Arbeiten im Freien in der Zeit vom 1. November bis 31. März (Arbeitsschutz-Verordnung für Winterbaustellen) vom 1. 8. 1968 (BGBl. I S. 901), zuletzt geändert durch VO vom 20. 3. 1975 (BGBl. I S. 729).

VO der Länder über die Einrichtung und den Betrieb von **Bäckereien und Konditoreien** (*Opfermann/Streit* D 3).

Außerdem gelten die einschlägigen **Vorschriften der Bauordnungen der Länder,** mit den hierzu als technische Baubestimmungen eingeführten Normen (*Opfermann/Streit* E).

GaragenVO und **GeschäftshausVO der Länder** (*Opfermann/Streit* E 3ff.).

FeuerungsanlagenVO der Länder.

Richtlinie des BMA über Maßnahmen zum Schutz der ArbN gegen **Lärm am Arbeitsplatz** (Arbeitsplatzlärmschutzrichtlinie) vom 10. 11. 1970 (ArbSch. S. 345) mit VDI-Richtlinie 2058 Blatt 2 – Beurteilung von Arbeitslärm am Arbeitsplatz hinsichtlich Gehörschäden –.

UVV-Lärm v. 1. 12. 74/1. 10. 84 (hierzu Kommentar von *Bernhardt/Jeiter,* 1975).

Im Mai 1986 wurde die EG-Richtlinie „Schutz der Arbeitnehmer gegen Gefährdungen durch Lärm am Arbeitsplatz" verabschiedet, die noch der Umsetzung in das nationale Recht bedarf. Die Richtlinie sieht eine Reihe von Regelungen vor, die über die derzeitigen Festlegungen der UVV „Lärm" hinausgehen.

UVV der gewerbl. BG (Auswahl): Allgemeine Vorschriften (VBG 1, §§ 18–34) z. T. wörtlich übereinstimmend mit Vorschriften der ArbStättVO; Schweißen etc. (VBG 15); Hochöfen etc. (VBG 28); Stahlwerke (VBG 29); Gießereien (Grauguß, Temperguß, Stahlformguß, Metallguß) (VBG 32); UVV Bauarbeiten (VBG 37); Sprengarbeiten (VBG 46); Leitern und Tritte (VBG 74); Verkaufsstellen (VBG 118); Schutz gegen gesundheitsgefährl. mineralischen Staub (VBG 119); Kassen (VBG 120); Lärm (VBG 121). Vollständige Übersicht siehe bei *Opfermann/Streit,* Bd. 3, G 1.

b) Arbeitsmittel

51 Der Arbeitsschutz verlangt ferner die Verwendung, Erhaltung und Wartung **sicherheitstechnisch einwandfreier Arbeitsmittel** (d. h. von technischen Anlagen, Geräten und Maschinen aller Art, die benutzt bzw. bedient werden, um Arbeit zu leisten oder die die Arbeit ermöglichen bzw. erleichtern, vgl. REFA, MLA Teil 1, Kap. 3.3) sowie ferner Gesetz über technische Arbeitsmittel (Gerätesicherheitsgesetz) vom 24. 6. 1968 (BGBl. I S. 717), zuletzt geändert durch Gesetz vom 18. 2. 1986 (BGBl. I S. 265), sowie Verordnung über die Sicherheit medizinisch-technischer Geräte (Medizingeräteverordnung) vom 14. 1. 1985 (BGBl. I S. 93) und UVV Kraftbetriebene Arbeitsmittel (VBG 5). Der ArbGeb. ist nach den oben genannten Grundsätzen verpflichtet, nur solche Arbeitsmittel im Betrieb zu verwenden, von denen bei bestimmungsgemäßer Verwendung so wenig Gefahren ausgehen, wie nach den allgemeinen anerkannten Regeln der Technik sowie den Arbeitsschutz- und Unfallverhütungsvorschriften möglich ist. Dies gilt insbe-

sondere für Arbeitsmittel, die den Vorschriften des Gesetzes über technische Arbeitsmittel – Gerätesicherheitsgesetz (GSG) – unterliegen und nach den maßgebenden Normen hergestellt sind (vgl. zum GSG: *Jeiter,* Das neue Gerätesicherheitsgesetz, *BAU,* Gerätesicherheitsgesetz, Schriftenreihe Regelwerke Nr. 1, 1986). Ein wesentlicher Anteil in diesem Bereich derArbeitssicherheit haben ständige Kontrollen und die sachgemäße Wartung der Geräte.

Besondere Vorschriften über Anforderungen an Arbeitsmittel enthal- **51a**
ten die Bestimmungen über **überwachungsbedürftige Anlagen nach §§ 24ff. GewO,** z. B. Dampfkessel, Druckbehälter, Leitungen unter innerem Überdruck, Aufzüge, elektrische Anlage in explosionsgefährdeten Räumen, Acetylen-Anlagen, Anlagen zum Lagern, Abfüllen und Befördern brennbarer Flüssigkeiten (zu den einzelnen Verordnungen vgl. insbesondere die Kommentare der Schriftenreihe „Arbeit und Sozialordnung" Arbeitsschutz, Carl-Heymanns-Verlag sowie *Kraft/Ostermann,* Schriftenreihe „Überwachungsbedürftige Anlagen"). Eine Sonderstellung nehmen des weiteren die **elektrischen Anlagen und Geräte** ein, bei denen die elektronische Sicherheit weitgehend durch Konstruktion und Installation beeinflußt wird (s. unten „Normen des VDE").

Zur **Lärmabwehr** durch lärmarme Konstruktion von Arbeitsmitteln **51b**
hat die BAU zahlreiche Forschungsberichte veröffentlicht (Einzelheiten vgl. in der Sonderübersicht der BAU: Fachliteratur zum Thema Lärm). Die meisten konkreten technischen Vorschriften für diesen Sachbereich finden sich in UVV bzw. werden durch Verweisung auf Normen (DIN, VDE) ausgedrückt.

Übersicht

Auf folgende Vorschriften für diesen Sachbereich ist besonders hinzu- **51c**
weisen:

§ 120a Abs. 3 GewO

Gesetz über technische Arbeitsmittel („Gerätesicherheitsgesetz") v. 24. 6. 1968 (BGBl. I S. 717), zuletzt geändert durch Ges. v. 18. 2. 1986 (BGBl. I S. 265).

AVV zum Gesetz über technische Arbeitsmittel vom 27. 10. 1970 (BAnz. Nr. 205 v. 3. 11. 1970) i. d. F. der Änderung vom 11. 6. 1979 (BAnz. Nr. 108 v. 13. 6. 1979).

Die AVV bezeichnet in ihren Verzeichnissen A (BArbBl. Nr. 11/1987 S. 47ff.), B (BArbBl. 11/1987 S. 79 mit Nachtrag in BArbBl. 4/1988 S. 53) und C (BArbBl. 1/1986 S. 52 mit Nachtrag in BArbBl. 9/1986 S. 70) Normen und Vorschriften mit sicherheitstechnischem Inhalt als (im Zweifel) allgemein anerkannte Regeln der Technik im Sinne des Gerätesicherheitsgesetzes. Dies gilt insbes. für:

Normen des DIN über Allgemeine Leitsätze f. techn. Arbeitmittel, Akkumulatoren, Arbeitsmöbel, Ausbildungsmittel, Bastelgeräte, Baumaschinen, Be- und Verarbeitungsmaschinen, Beförderungsmittel, Bodenbearbeitungs- und Gartengeräte, Bühneneinrichtungen, Büromaschinen, Druck- und Papiermaschien, Einrichtungen für Kleinkinder,

Elektrowerkzeuge, Erste-Hilfe-Geräte, Fernmelde- und Rundfunkeinrichtungen, Feuerwehreinrichtungen, Flurfördermittel, Fördermaschinen, Gasgeräte und Zubehör, Gerüste, Handwerkszeuge, Haushaltsgeräte, Hebezeuge und Zubehör, Heiz-, Koch- und Wärmegeräte, Heizungs- und Feuerungseinrichtungen, Holzbearbeitungsmaschinen, Kältemaschinen und Kühlgeräte, Ketten, landwirtschaftliche Maschinen, Lasergeräte, Leitern und Tritte, Leitungen, Kabel und Zubehör, Leuchten und Zubehör, Lüftungseinrichtungen, medizinische Geräte, Meß- und Regelgeräte, Schläuche und Zubehör, Schutzausrüstungen, Schutzeinreichtungen, Schweiß-, Schneid- und Lötgeräte, Seile und Zubehör, Spielzeug und Spielgeräte, Sportgeräte, Stellteile für Arbeitsmittel, Stetigförderer, Transportgefäße, Waagen, Werkstoffprüfmaschinen.

Normen des VDE insbes. über Starkstromanlagen, Bearbeitungs- und Verarbeitungsmaschinen, Meß- und Prüfgeräte, Elektroschweißgeräte, Transformatoren, Weidezäune, Leuchten, Elektrowärmegeräte, Haushaltsgeräte, Elektrowerkzeuge, elektromedizinische Geräte. Zusammenstellung in *Nöthlichs/Jeiter/Stück,* Rechtsvorschriften im Bereich der Elektrotechnik.

Normen des DVGW insbes. über Gas- und Wasserverbrauchseinrichtungen.

Regeln derSicherheitstechnik des VDI insbes. für Werkzeugmaschinen.

UVV der gewerblichen BG (Auswahl): Elektrische Anlagen und Betriebsmittel (VBG 4), Kraftbetriebene Arbeitsmittel (VBG 5), Arbeitsmaschinen der Bekleidungsindustrie (VBG 7b), Druck und Papierverarbeitung (VBG 7i), Maschinen und Anlagen zu Be- und Verarbeitung von Holz und ähnlichen Werkstoffen (VBG 7j), Arbeitsmaschinen der keramischen Industrie (VBG 7k), Exzenter- und verwandte Pressen (VBG 7n 5.1), Hydraulische Pressen (VBG 7n 5.2), Spindelpressen (VBG 7n 5.3), Metallbearbeitung, Schleifkörper, Pließt- u. Polierscheiben, Schleif- u. Poliermaschinen (VBG 7n 6), Druckgießmaschinen (VBG 7 n 8), Maschinen der Papierherstellung (VBG 7r), Arbeitsmaschinen der Steinindustrie (VBG 7 t), Schleifkörper und Schleifmaschinen (VBG 7t 1), Maschinen, Anlagen und Apparate der Textilindustrie-Textilmaschinen (VBG 7 v), Spritzgießmaschinen (VBG 7a c), Winden, Hub- und Zuggeräte (VBG 8), Stetigförderer (VBG 10), Flurförderzeuge (VBG 12a), Kraftbetriebene Flurförderzeuge (VBG 12 b), Nietmaschinen (VBG 13), Hebebühnen (VBG 14), Schweißen, Schneiden und verwandte Arbeitsverfahren (VBG 15), Verdichter (VBG 16), Kälteanlagen (VBG 20), Verarbeiten von Beschichtungsstoffen (VBG 23), Lacktrockenöfen (VBG 24), Gießereien (VBG 32), Bauaufzüge (VBG 35), Bagger, Lader, Planiergeräte, Schürfgeräte und Spezialmaschinen des Erdbaues – Erdbaumaschinen – (VBG 40), Rammen (VBG 41), Heiz-, Flämm- und Schmelzgeräte für Bau- und und Montagearbeiten (VBG 43), Arbeiten mit Schußapparaten (VBG 45), Sauerstoff (VBG 62), Bügelei (VBG 67), Bühnen und Studios (VBG 70), Leitern und Tritte (VBG 74), Laserstrahlen (VBG 93), Silos und Bunker (VBG 112), Verkaufsstellen (VBG 118), Schutz gegen gesundheitsgefährlichen mineralischen Staub (VBG 119), Lärm (VBG 121), Sicherheitskennzeichnung am Arbeitsplatz (VBG 125).

UVV der landwirtschaftlichen BG insbes. Allgemeine Vorschriften (UVV 1.1), Allgemeine Bestimmungen für elektrische Anlagen und Betriebsmittel (UVV 1.4), Besondere Bestimmungen für Gärräume (UVV 2.4), Besondere Bestimmungen für Heizungsanlagen, Dampfgefäße und Warmlufterzeuger (UVV 2.9), Allgemeine Bestimmungen für Maschinen, Geräte, Werkzeuge, technische Anlagen und Fahrzeuge (UVV 3.1), Besondere Bestimmungen für Erntemaschinen (UVV 3.3), für Fördereinrichtungen (UVV 3.5), für ortsfest betriebene Zerkleinerungsmaschinen (UVV 3.6); für Maschinen, Geräte, technische Anlagen und Fahrzeuge für den Forst (UVV 3.7), für Leitern (UVV 3.8), für Holzbearbeitungsmaschinen (UVV 3.9), für Maschinen und Geräte für den Garten-, Obst- und Weinbau einschließlich Pflege von Grünflächen (UVV 3.10), für Flüssigkeitsstrahler (UVV 3.11), Forsten (UVV 4.3), Friedhöfe und Krematorien (UVV 4.7).

Außerdem zahlreiche **Durchführungsregeln, Richtlinien, Merkblätter der Unfallversicherungsträger** mit z. T. sehr genauen technischen Angaben (vgl. oben Rn 24).

In der Anlage zur **Gerätesicherheits-Prüfstellenverordnung** (GSPrüfV) vom 15. 1. 1986 (BGBl. I S. 124) zuletzt geändert durch VO vom 23. 2. 1988 (BGBl. I S. 200) sind 85 öffentlich-rechtliche und private Stellen bezeichnet, die Arbeitsmittel aus sicherheitstechnischer Sicht prüfen. Hat eine dieser Prüfstellen eine Bauart-Prüfung durchgeführt und dem Antragsteller (Hersteller oder Einführer) eine entsprechende Bescheinigung ausgestellt, so ist dieser berechtigt, jedes dem geprüften Prototyp baugleich nachgefertigte technische Arbeitsmittel mit dem Zeichen „GS = geprüfte Sicherheit" zu versehen. Bei Vorliegen von Prüfbescheinigungen und -zeichen der Prüfstellen sollen die Überwachungsbehörden auf eigene Prüfung des betreffenden Arbeitsmittels verzichten.

Überwachungsbedürftige Anlagen nach § 24 GewO

(Vorschriften über Errichtung, Erlaubnis, Zulassung, Prüfungen, **51d**
Wartung und Überwachung).

VO über **Acetylenanlagen und Calciumcarbidlager** (AcetV) i. d. F. v. 27. 2. 1980 (BGBl. I S. 173/220) geändert durch Gesetz vom 16. 12. 1986 (BGBl. I S. 2441); hierzu AVV v. 27. 2. 1980 (BAanz. Nr. 43) sowie Technische Regeln für Acetylenanlagen und Calciumcarbidlager (TRAC), aufgestellt vom Deutschen Acetylenausschuß (DAcA), veröffentlicht durch den BMA in ArbSch. und BArBl.

VO über **Aufzugsanlagen** (AufzV) i. d. F. v. 27. 2. 1980 (BGBl. I S. 173/205) geändert durch Verordnung vom 17. 8. 1988 (BGBl. I S. 1685); hierzu AVV v. 27. 2. 1980 (BAnZ. Nr. 43); Technische Regeln für Aufzüge (TRA), aufgestellt vom Deutschen Aufzugsausschuß (DAA), veröffentlicht durch den BMA im ArbSch. und BArbBl.

VO über Anlagen zur Lagerung Abfüllung und Beförderung **brenn-**

barer Flüssigkeiten zu Lande (VbF) i. d. F. v. 27. 2. 1980 (BGBl. I S. 173/229), geändert durch VO vom 3. 5. 1982 (BGBl. I S. 569); hierzu AVV v. 27. 2. 1980 (BAnz. Nr. 43); Technische Regeln für brennbare Flüssigkeiten (TRbF), aufgestellt vom Deutschen Ausschuß für brennbare Flüssigkeiten (DAbF), veröffentlicht durch den BMA im ArbSch. und BArbBl. (Zusammenstellung und Erläuterungen bei *Schmidt,* VbF-TRbF sowie Verordnung über brennbare Flüssigkeiten, Deutscher Fachschriften- Verlag, Wiesbaden).

VO über **Dampfkesselanlagen** (DampfkV) i. d. F. v. 27. 2. 1980 (BGBl. I S. 173), geändert durch Gesetz vom 16. 12. 1986 (BGBl. I S. 2441); hierzu AVV v. 27. 2. 1980 (BAnz. Nr. 43); Technische Regeln f. Dampfkessel (TRD) und sicherheitstechn. Richtl. (SR), aufgestellt vom Deutschen Dampfkesselausschuß (DAA), veröffentlicht durch den BMA im ArbSch. und BArbBl.

VO über **Druckbehälter, Druckgasbehälter und Füllanlagen** (DruckbehV) i. d. F. v. 27. 2. 1980 (BGBl. I S. 173/184), geändert durch Verordnung vom 21. 4. 1989 (BGBl. I S. 830); hierzu AVV v. 27. 2. 1980 (BAnz. Nr. 43); Technische Regeln Druckgase (TRG), aufgestellt vom Deutschen Druckbehälterausschuß (DBA), sowie Technische Regeln Druckbehälter (TRB), aufgestellt vom Fachausschuß „Druckbehälter", veröffentlicht durch den BMA im ArbSch. und BArbBl. Daneben AD-Regelwerk d. Arbeitsgemeinschaft Druckbehälter mit Vorschriften über Werkstoffe, Berechnung, Herstellung, Prüfung und Ausrüstung.

VO über **elektrische Anlagen in explosionsgefährdeten Räumen** (ElexV) i. d. F. v. 27. 2. 1980 (BGBl. I S. 173/214); hierzu AVV v. 27. 2. 1980 (BAnz. Nr, 48). Nach § 1 dieser AVV hat die Aufsichtsbehörde die von der BG der chem. Industrie herausgegebenen „Richtlinien für die Vermeidung von Gefahren durch explosionsfähige Atmosphäre mit Beispielsammlung – Explosionsschutz-Richtlinie – ExRL –" ihrer Entscheidung darüber zugrunde zu legen, ob ein Raum explosionsgefährdet ist (vgl. auch ArbSch. 1976 S. 54); darüber hinaus werden als Entscheidungsgrundlage für die Aufsichtsbehörde die einschlägigen Bestimmungen des Verbandes Deutscher Elektrotechniker (VDE) für verbindlich erklärt. Nach § 2 der AVV bezeichnet der BMA im BArbBl. die Normen, bei deren Einhaltung die zuständige Behörde davon auszugehen hat, daß ein elektrisches Betriebsmittel den Anforderungen des § 3 Abs. 1 ElexV entspricht. Siehe hierzu 2. Bek. des BMA vom 16. 3. 1989 (BArbBl. 5/1989 S. 93).

VO über **Gashochdruckleitungen** v. 17. 12. 1974 (BGBl. I S. 3591); Technische Regeln für Gashochdruckleitungen – (TRGL), aufgestellt vom Ausschuß für Gashochdruckleitungen (AGL), veröffentlicht durch den BMA im ArbSch. und BArbBl.

VO über den Schutz von Schäden durch **Röntgenstrahlen (Röntgen-VO)** v. 8. 1. 1987 (BGBl. I S. 114).

VO über den Schutz vor Schäden durch **ionisierende Strahlen (Strahlenschutzverordnung** – StrlSchV) v. 13. 10. 1976 (BGBl. I S. 2905; 1977 S. 184, 269), zuletzt geändert durch VO vom 26. 11. 1986 (BGBl. I S. 2089).

c) Arbeitsstoffe

Der gesetzliche Arbeitsschutz verlangt des weiteren die Vermeidung von Gefahren durch **Arbeitsstoffe** (Einsatzmaterial, Hilfs- und Betriebsstoffe), z. B. wegen **brandfördernder, giftiger, mindergiftiger, krebserzeugender, ätzender und reizender Eigenschaften** (vgl. *Weinmann/Thomas,* Gefahrstoffverordnung; *Weber,* Recht der gefährlichen Arbeitsstoffe; BAU-Regelwerke Nr. 3 und 4: Arbeitsstoffe; ferner BAU-Schriftenreihe Gefährliche Arbeitsstoffe), wegen ihrer Eigenschaft durch verhältnismäßig geringe äußere Einwirkungen eine erhebliche **Brisanz** zu entwickeln (**Sprengstoffgesetz,** insbesondere §§ 24, 25) mit den hierzu ergangenen Durchführungsverordnungen und allgemeinen Verwaltungsvorschriften (Näheres *Apel/Keusgen,* Lose-Blatt-Kommentar) und schließlich wegen der Gefahr der **Bildung von explosionsfähigen Gas-Luftgemischen** in der Atmosphäre. Zu beachten ist besonders das **Chemikaliengesetz** (vgl. *Radeck/Friedel*). 52

Aus der betrieblichen Sicht kommt in diesem Bereich in Frage insbes. die Auswahl des relativ am wenigsten schädlichen vergleichbaren Gefahrstoffs unter mehreren möglichen, die Beachtung der Kennzeichnung, Transportregeln, Lagervorschriften, von Gefahrenhinweisen, Sicherheitsratschlägen und Gebrauchsanweisungen, die Kontrolle der zulässigen Grenzwerte (MAK-Werte, TRK-Werte), die Bereitstellung der erforderlichen Hygiene-Einrichtungen, Schutzvorrichtungen und bauliche Maßnahmen zur Abschirmung möglicher innerbetrieblicher Emissionen der Gefahrstoffe. Die Verantwortlichkeit des ArbGeb. in diesem Sachbereich betrifft aber nicht nur solche Arbeitsstoffe, die ausdrücklich als gefährlich deklariert sind, sondern auch Stoffe, die an sich neutral sind, aber im Laufe der Bearbeitung Gefahren erzeugen können (z. B. Material, das bei der Bearbeitung zum Splittern neigt). Entsprechendes gilt für Stoffe, die zur Zersetzung neigen, aber auch für Stoffe, die als Stäube zu Explosionen führen können (Mehl, Zucker).

Die meisten Vorschriften für diesen Sachbereich werden durch staatliche Rechtsetzung erlassen, insbes. wegen fachlichen Zusammenhangs zwischen den Maßnahmen zum Schutz vor Gefahrstoffen in ihrer Eigenschaft als Arbeitsstoffe und dem Schutz der Allgemeinheit und der Umwelt vor denselben Gefahrstoffen schlechthin.

Übersicht

Für diesen Bereich gelten folgende Vorschriften und Normen:

Ges. über explosionsgefährliche Stoffe (Sprengstoffgesetz) in der Neufassung vom 17. 4. 1986 (BGBl. I S. 577). **1. SprengV** vom 10. 3. 1987 (BGBl. I S. 793) betr. Einstufung der Sprengstoffe und Prüfverfahren, Verkehr und Umgang (Vertrieb, Einfuhr, Beförderung, Erlaubnispflicht); **2. SprengV** vom 23. 11. 1977 (BGBl. I S. 2189, 1978 S. 590) und Sprengstofflager-Richtlinien (SprengLR), veröffentlicht durch BMA im ArbSch und BArbBl. **3. SprengV** vom 23. 6. 1978 52a

(BGBl. I S. 783) betr. Anzeige; **4. SprengV** vom 14. 4. 1978 (BGBl. I S. 503) betr. Kosten und Gebührenregelungen.

Ges. über die friedliche Verwendung der Kernenergie und den Schutz gegen ihre Gefahren (Atomgesetz) in der Neufassung vom 15. 7. 1985 (BGBl. I S. 1565), geändert durch Ges. vom 18. 2. 1986 (BGBl. I S. 265)

VO über den Schutz vor Schäden durch **Röntgenstrahlen (Röntgen-VO)** vom 8. 1. 1987 (BGBl. I S. 114).

VO über den Schutz vor Schäden durch **ionisierende Strahlen (StrahlenschutzVO)** vom 13. 10. 1976 (BGBl. I S. 2905) zuletzt geändert durch VO vom 26. 11. 1986 (BGBl. I S. 2089);

Ges. über Sicherheitskinefilme (Sicherheitsfilmgesetz) vom 11. 6. 1957 (BGBl. I S, 604), zulezt geändert durch Ges. vom 18. 2. 1986 (BGBl. I S. 265);

VO über **Sicherheitskinefilme** (Sicherheitsfilmverordnung) vom 13. 12. 1958 (BGBl. I S. 914);

VO über **gefährliche Stoffe** (Gefahrenstoffverordnung – GefStoffV) vom 26. 8. 1986 (BGBl. I S. 1470), geändert durch VO vom 16. 12. 1987 (BGBl I S. 2721); vgl. hierzu *Kaufmann,* DB 86, 2229; *Klein/Streffer* DB 87, 2307; *Morick,* NZA 87, 266) mit

- Anhang I (**Einstufung** und **Kennzeichnung** gefährlicher Stoffe und Zubereitungen),
- Anhänge II bis IV (Besondere Vorschriften für den Umgang mit bestimmten Arten gefährlicher Stoffe, z. B. krebserzeugende, giftige, brandfördernde Stoffe, u. a. mit **Verwendungsverboten** und **-beschränkungen),**
- Anhang V **(Vorsorgeuntersuchungen),**
- Anhang VI (Liste eingestufter gefährlicher Stoffe und Zubereitungen);
- vgl. ferner die **technischen Regeln für Gefahrstoffe** (Zusammenstellung siehe TRG S 002 (BArbBl. 10/1988)), z. B. TRGS 102, techn. Richtkonzentrationen (TRK) für gefährliche Stoffe (Acrylnitril, Arsen, Asbest (Feinstaub), Benzol, Nickel, Vinylchlorid) – vgl. BArbBl. 9/1987 S. 40 –,

Gesetz zum Schutz vor gefährlichen Stoffen (Chemikaliengesetz) vom 16. 9. 1980 (BGBl. I S. 1718), geändert durch Gesetz vom 15. 9. 1986 (BGBl. I S. 1505). Nach diesem Gesetz sind Arbeitsstoffe, die entsprechend ihrer spezifischen Eigenschaft Gesundheitsgefahren hervorrufen können, bei einer staatl. Meldestelle anzumelden. Neu entwickelte Arbeitsstoffe müssen vor ihrer Vermarktung auf etwaige gesundheitsgefährliche – insbes. krebserzeugende – Eigenschaften geprüft werden.

- Verordnung über Anmeldeunterlagen und Prüfnachweise nach dem Chemikaliengesetz (ChemG Anmelde- und PrüfnachweisV) v. 30. 11. 1981 (BGBl. I S. 1234), geändert durch VO vom 14. 10. 1986 (BGBl. I S. 1641),
- Verordnung zur Bestimmung der Anmeldestelle nach dem Chemikaliengesetz v. 2. 12. 1981 (BGBl. I S. 1238), geändert durch VO vom 26. 11. 1986 (BGBl. I S. 2089),

- Chemikalien-Altstoffverordnung (ChemG AltstoffV) v. 2. 12. 1981 (BGBl. I S. 1239),
- Verordnung über die Gefährlichkeitsmerkmale von Stoffen und Zubereitungen nach dem Chemikaliengesetz (ChemG GefährlichkeitsmerkmaleV) v. 18. 12. 1981 (BGBl. S. 1487),
- Abfallgesetz v. 27. 8. 1986 BGBl. I S. 1410 mit Berichtigung vom 11. 9. 1986, BGBl. I S. 1501).

Störfallverordnung vom 19. 5. 1988 (BGBl. I S. 625). Sie verpflichtet Betreiber solcher Anlagen, die durch ein hohes Gefährdungspotential gekennzeichnet sind, erforderliche Vorkehrungen zur Verhinderung oder Minderung von Störfällen (z. B. Brand, Explosion) zu treffen und den Eintritt eines Störfalls der zuständigen Behörde unverzüglich anzuzeigen und den BR hierüber zu unterrichten (zur arbeitsrechtlichen Bedeutung dieser VO vgl. *Kothe,* BB 81, 1277).

Werstoff- und Prüfvorschriften nach den Technischen Regeln zu den VO nach **§ 24 GewO (überwachungsbedürftige Anlagen)** – vgl. auch Rn 51d;

Acetylenverordnung: z. B. TRAC 202, 203, 204, 205, 207, 401;
Aufzugsverordnung: z. B. TRA 003, 101, 102;
Verordnung über **brennbare Flüssigkeiten:** TRbF der Reihe 100 und 200
Dampfkesselverordnung: z. B. TRD 101–108, 110, 501;
Druckbehälterverordnung: z. B. TRG 201–203, 801–803.

Auswahl von UVV der gewerblichen BG

Allgemeine Vorschriften (VBG 1), Explosionsstoffe und Gegenstände mit Explosionsstoffen – Allgemeine Vorschrift (VBG 55a), Herstellung von Nitroglycerin- und Nitratsprengstoffen (VBG 55f), Elektrolytische und chemische Oberflächenbehandlung von Metallen, Galvanotechnik (VBG 57), Gase (VBG 61), Sauerstoff (VBG 62), Chlorung vom Wasser (VBG 65), Chemischreinigung (VBG 66), Schutz gegen gesundheitsgefährlichen mineralischen Staub (VBG 119).

Maximale Arbeitsplatzkonzentrationen (MAK-Werte) der Kommission zur Prüfung gesundheitsschädlicher Arbeitsstoffe der Deutschen Forschungsgemeinschaft; die MAK-Werte-Liste wird jährlich durch Bek. des BMA im BArbBl. (zuletzt Bek. vom 10. 11. 1988, BArbBl. 12/88 S. 35) veröffentlicht.

Material-, Verpackungs- und Kennzeichungsvorschriften für **gefährliche Transportgüter** im Straßen-,Eisenbahn-, Binnenschiff- und Seefrachtverkehr, z. B. **Ges. über die Beförderung gefährlicher Güter** vom 6. 8. 1975 (BGBl. I S. 2121), zuletzt geändert durch Ges. vom 18. 9. 1980 (BGBl. I S. 1729); VO über die innerstaatliche und grenzüberschreitende Beförderung gefährlicher Güter auf Straßen **(Gefahrgutverordnung Straße-GGVS)** vom 22. 7. 1985 (BGBl. I S. 1550), geändert durch VO vom 21. 12. 1987 (BGBl. I S. 2858); VO über die innerstaatliche und grenzüberschreitende Beförderung gefährlicher Güter mit Eisenbahnen **(Gefahrengutverordnung Eisenbahn-GGVE)** vom 22. 7.

1985 (BGBl. I S. 1560), zuletzt geändert durch VO vom 21. 12. 1987 (BGBl. I S. 2862); **VO** über die Beförderung gefährlicher Güter auf dem **Rhein** (ADNR) vom 30. 6. 1977 (BGBl. I S. 1119), zuletzt geändert durch VO vom 24. 3. 1983 (BGBl. I S. 367); **VO** über die Beförderung gefährlicher Güter mit **Seeschiffen** (Gefahrgutverordnung See) vom 5. 7. 1978 (BGBl. I S. 1017) i. d. F. der Bek. vom 27. 6. 1986 (BGBl. I S. 961), geändert durch VO vom 21. 12. 1987 (BGBl. I S. 2863); vgl. hierzu auch BAU-Forschungsbericht Nr. 307: Krause, Transport gefährlicher Güter, 1982.

d) Personenbezogene Maßnahmen

53 Weitere Maßnahmen des gesetzlichen Arbeitsschutzes richten sich unmittelbar an den Menschen. Sie betreffen die Beachtung von **Beschäftigungsverboten oder Beschäftigungsbeschränkungen,** und zwar technischer oder zeitlicher Art für ArbN oder Gruppen von ihnen **(personengebundene Maßnahmen),** sowie die Beeinflussung dieser Personen zum unfallsicheren **Verhalten.** Hierzu gehören die Beschäftigungsverbote für Jugendliche, Frauen, werdende Mütter, Schwerbehinderte, Akkordverbote, Arbeitszeitverkürzungen aus gesundheitlichen Gründen, Erholzeiten zur gesundheitlichen Regeneration, ärztliche Untersuchungen als Voraussetzung der Arbeitsaufnahme oder der Weiterbeschäftigung, Verpflichtung, Schutzausrüstung zu tragen oder Schutzeinrichtungen zu bedienen; Information und Einübung; Verbot, sicherheitswidrige Anordnungen zu befolgen.

Wegen des Mitbestimmungsrechts bei Arbeitszeitregelungen vgl. auch oben Rn 27.

Übersicht

53a Für diesen Sachbereich gelten folgende Vorschriften und Normen:

Arbeitszeitordnung (AZO) vom 30. 4. 1938 (RGBl. I S. 447), zuletzt geändert durch Ges. vom 10. 3. 1975 (BGBl. I S. 685);

AusführungsVO zu AZO vom 12.12.1938 (RGBl. I S. 1799), zuletzt geändert durch VO vom 18. 4. 1975 (BGBl. I S. 967);

Ges. über die Arbeitszeit in Bäckereien und Konditoreien vom 29. 6. 1936 (RGBl. I S. 521), zuletzt geändert durch Ges. vom 14. 7. 1976 (BGBl. I S. 1801), mit DurchführungsVO;

Ges. über den Ladenschluß vom 28. 11. 1956 (BGBl. I S. 875), zuletzt geändert durch Ges. zur Einführung eines Dienstleistungsabends vom 10. Juli 1989 (BGBl. I S. 1382);

Jugendarbeitsschutzgesetz (JArbSchG) vom 12. 4. 1976 (BGBl. I S. 965); zuletzt geändert durch Ges. vom. 24. 4. 1986 (BGBl. I S. 560);

VO über die **ärztlichen Untersuchungen** nach dem JArbSchG vom 2. 10. 1961 (BGBl. I S. 1789), geändert durch VO vom 5. 9. 1968 (BGBl. I S. 1013);

Ges. über das Fahrpersonal von Kraftfahrzeugen und Straßenbahnen **(Fahrpersonalgesetz)** i. d. F. der Bek. vom 19. 2. 1987 (BGBl. I S. 640);

Schwerbehindertengesetz i. d. F. der Bek. vom 26. 8. 1986 (BGBl. I S. 1421) geändert durch Ges. vom 14. 12. 1987 (BGBl. I S. 2602);

Ges. über Betriebsärzte, Sicherheitsingenieure und andere Fachkräfte für Arbeitssicherheit vom 12. 12. 1973 (BGBl. I S. 1885), geändert durch Ges. vom 12. 4. 1976 (BGBl. I S. 965);

Ges. zum Schutze der erwerbstätigen Mutter (Mutterschutzgesetz – MuSchG) i. d. F. der Bek. vom 18. 4. 1968 (BGBl. I S. 315), zuletzt geändert durch Art. 1 der Vierten Zuständigkeitsanpassungsverordnung vom 7. 10. 1987 (BGBl. I S. 2265);

VO über die Arbeitszeit in der **Zementindustrie** vom 26. 3. 1929 (RGBl. I S. 82);

VO über Ausnahmen vom Verbot der Beschäftigung von ArbN an Sonn- und Feiertagen in der **Eisen- und Stahlindustrie** i. d. F. der Bek. vom 31. 7. 1968 (BGBl. I S. 885), geändert durch Ges. v. 24. 4. 1986 (BGBL. I S. 560);

VO über Ausnahmen vom Verbot der Beschäftigung der ArbN an Sonn- und Feiertagen in der **Papierindustrie** vom 20. 7. 1963 (BGBl. I S. 491), geändert durch Ges. v. 24. 4. 1986 (BGBl. I S. 560);

VO über die Beschäftigung von **Frauen auf Fahrzeugen** vom 2. 12. 1971 (BGBl. I S. 1957);

VO über **Arbeiten in Druckluft** (Druckluftverordnung) vom 4. 10. 1972 (BGBl. I S. 1909), geändert durch Ges. vom 12. 4. 1976 (BGBl. I S. 965).

Beschäftigungsverbote und -beschränkungen: Mutterschutzgesetz (§§ 3, 4, 6 u. 8), Jugendarbeitsschutzgesetz (§§ 22–24), RöntgenVO (§ 23); StrahlenschutzVO (§ 56); AcetylenVO (§ 25), AufzugsVO (§§ 20, 21), DampfkesselVO (§ 26), DruckbehV (§ 30), GefahrstoffVO (§§ 26 und 28 Abs. 2).

Beschäftigungsbeschränkungen nach UVV der gewerbl. BG: Arbeitsmaschinen der Bekleidungsindustrie (VBG 7b, § 2), Maschinen und Anlagen zur Be- und Verarbeitung von Holz und ähnlichen Werkstoffen (VBG 7 § 14); Exzenter- und verwandte Pressen (VBG 7n 5.1, § 10); Hydraulische Pressen (VBG 7n 5.2, § 12), Metallbearbeitung, Spindelpressen (VBG 7n 5.3, § 11), Druckgießmaschinen (VBG 7n 8, § 12), Maschinen der Papierherstellung (VBG 7r, § 32), Walzwerke (VBG 7x, § 3), Wäscherei (VBG 7y, § 35), Zentrifugen (VBG 7z, § 17), Arbeitsmaschinen der chemischen Industrie (VBG 7a b, § 16), Spritzgießmaschinen (VBG 7a c, § 5), Schienenbahnen (VBG 11, § 24), Straßenbahnen (VBG 11b, § 18), Schweißen, Schneiden und verwandte Arbeitsverfahren (VBG 15, § 25), Kälteanlagen (VBG 20, § 21), Stahlwerke (VBG 29, § 3), Gießereien (VBG 32, § 42), Bauarbeiten (VBG 37, § 5) Taucherarbeiten (VBG 39, § 10), Bagger (VBG 40, § 30), Rammen (VBG 41, § 14), Arbeiten mit Schußapparaten (VBG 45, § 7), Sprengarbeiten (VBG 46, §§ 2, 5 und 46), Schacht - und Drehrohröfen (VBG 47a, § 12). Explosivstoffe (VBG 55a, § 40), Fliegende Bauten, Schausteller, Zirkusbetriebe (VBG 72, § 21), Verpackungsmaschinen (VBG 76, § 35), Nahrungsmittelmaschinen (VBG 77, § 64); Arbeiten an Masten, Freileitungs- und Oberleitungsanlagen (VBG 89, § 8), Laserstrahlung (VBG 93,

§ 11), Arbeitsmedizinische Vorsorge (VBG 100, §§ 3, 4, 10), Gesundheitsdienst (VBG 103, § 19), Silos und Bunker (VBG 112, § 11), Kassen (VBG 120, § 36).

Ärztliche Untersuchungen in Gesetzen und VO: VO über die Beschäftigung von Frauen auf Fahrzeugen (§ 2), DruckluftVO (§§ 10, 11), RöntgenVO (§§ 37ff.), StrahlenschutzVO (§§ 67, 70), GefahrstoffVO (§§ 29–35 und Angang V), Jugendarbeitsschutzgesetz (§§ 32–36).

Ärztliche Untersuchungen in UVV der gewerbl. BG: Die UVV Arbeitsmedizinische Vorsorge (VBG 100) regelt die arbeitsmedizinische Vorsorge bei chemischen, physikalischen oder biologischen Einwirkungen sowie gefährdenden Tätigkeiten. Sie ist inzwischen von fast allen Berufsgenossenschaften erlassen worden und faßt die früher in verschiedenen UVV enthaltenen Regelungen über Vorsorgeuntersuchungen zusammen. Für den Bereich Gesundheitsdienst besteht eine gesonderte Regelung, vgl. UVV Gesundheitsdienst (VBG 103, § 2a).

Richtlinie für die ärztlichen Untersuchungen von ArbN, die mit **Arbeiten in Druckluft** beschäftigt werden, vom 19. 3. 1973 (ArbSch. S. 194).

Persönliche Körperschutzausrüstung nach UVV der gewerbl. BG (in Verbindung mit den entsprechenden DIN-Normen):

z. B. Allgemeine Vorschriften (VBG 1, §§ 4, 33 Abs. 3, 35 Abs. 1, 45 Abs. 3), Wärmekraftwerke und Heizwerke (VBG 2, §§ 25, 34 Abs. 1, 37 Abs. 1, 46 Abs. 4), Kohlenstaubanlagen (VBG 3, § 28 Abs. 3), Elektrische Anlagen und Betriebsmittel (VBG 4, § 8), Fleischwirtschaft (VBG 7g, § 4 Abs. 2, 8 Abs. 1, 46 Abs. 1, 49 Abs. 2, 81 Abs. 2 und 3), Metallverarbeitung, Schleifkörper, Pließt- und Polierscheiben, Schleif- u. Poliermaschinen (VBG 7n 6, § 14), Arbeitsmaschinen der Steinindustrie (VBG 7t, § 8) Schienenbahnen (VBG 11, §§ 17 Abs. 2 und 25 Abs. 2), Fahrzeuge (VBG 12, §§ 25a Abs. 1, 31 Abs. 1, 50 Abs. 5), Schweißen, Schneiden und verwandte Arbeitsverfahren (VBG 15, §§ 3, 4, 5 Abs. 3, 7 Abs. 2, 9 Abs. 7, 33, 35 Abs. 1, 41a Abs. 1, 45), Kälteanlagen (VBG 20, §§ 23 Abs. 1 und 2, 28 Abs. 2), Verarbeiten von Beschichtungsstoffen (VBG 23, § 22), Hochöfen, Direktreduktionsschachtöfen und Gichtgasleitungen (VBG 28, § 31 Abs. 1, 37 Abs. 2, 38 Abs. 1, 41 Abs. 4), Stahlwerke (VBG 29, §§ 18, 36, 37 Abs. 1), Kernkraftwerke (VBG 30, § 22), Bauarbeiten (VBG 37, §§ 9 Abs. 3, 12 Abs. 2 und 7), Taucherarbeiten (VBG 39, § 14 Abs. 1), Erbaumaschinen (VBG 40, § 7), Rammen (VBG 41, § 15), Arbeiten mit Schußapparaten (VBG 45, §§ 22 Abs. 2, 23), Sprengarbeiten (VBG 46, § 89 Abs. 2) Schacht und Drehrohröfen (VBG 47a, §§ 6 Abs. 1, 15), Arbeiten an Gasleitungen (VBG 50, §§ 5, 7 Abs. 5), Sauerstoff (VBG 62, § 32), Luftfahrt (VBG 78, §§ 8 Abs. 1, 55 Abs. 1, 58, 66, 67 Abs. 1), Tragbare Schußwaffen (VBG 88, § 7 Abs. 1), Arbeiten an elektrischen Freileitungs-, Mast- und Kabelanlagen (VBG 89, §§ 3 Abs. 4, 4, 5 Abs. 2, 9), Laserstrahlung (VBG 93, § 8 Abs. 2), Biotechnologie (VBG 102, § 13), Gesundheitsdienst (VBG 103, § 7), Silos und Bunker (VBG 112, § 12 Abs. 2 und 3), Schutzmaßnahmen beim Umgang mit krebserzeugenden Arbeitsstoffen (VBG 113, §§ 8 Abs. 5 und 6, 10 Abs. 3), Gesundheitsgefährliche mineralischer Stauf (VBG 119, § 6), Lärm (VBG 121, § 4) Müllbeseitigung (VBG 126, § 5).

Nach BAG v. 10. 3. 76, AP Nr. 17 zu § 618 BGB trägt der ArbGeb. die **Kosten** für persönliche Schutzkleidung, die durch UVV vorgeschrieben ist. Hiervon kann nicht durch Einzelvertrag oder BV ganz oder teilweise im Voraus abgewichen werden (BAG v. 18. 8. 1982, AP Nr. 18 zu § 618 BGB). Soweit die ArbN die Schutzausrüstungen auch privat benutzen dürfen, besteht ein MBR hinsichtlich der Kostenregelung für die private Nutzung (*GL,* § 87 Rn 159; *Denck,* ZfA 76, 458; **a. A.** nur freiwillige BV nach § 88: *DR,* § 87 Rn 356; *GK-Wiese,* § 87 Rn 226; *HSG,* § 87 Rn 317; *Stege/Weinspach,* § 87 Rn 127; *Glaubitz,* BB 77 1406).

e) Organisation der Arbeitsabläufe

Eine typisch betriebliche Aufgabe innerhalb des gesetzlichen Arbeitsschutzes ist die Organisation der Arbeitsabläufe zur Sicherung eines gefahrlosen Betriebs einschließlich der diese Organisation unterstützenden innerbetrieblichen Arbeitssicherheitsorganisation nach dem ASiG. Hierbei handelt es sich darum, die **Arbeit so zu organisieren** (zu strukturieren), daß beim Zusammenwirken der Faktoren Arbeitsstätte, Arbeitsmittel, Arbeitsstoffe und Mensch **Gefahren** sowohl durch die zeitliche Bindung des Menschen an den Arbeitsablauf als auch durch die Gestaltung der das Arbeitssystem ordnenden Regeln **vermieden werden** (vgl. hierzu auch BAU-Forschungsberichte Nr. 436, 449, 450). Wenn man von den auf bestimmte Arbeitsvorgänge oder Anlagen beschränkten Betriebsanweisungen absieht, gibt es nur wenige Regelungen in diesem Sachbereich (vgl. unten Rn 59). **54**

Übersicht

Für diesen Bereich gelten folgende Vorschriften und Normen: **54a**

§ 120a Abs. 1 und 4 GewO;

Ges. über Betriebsärzte, Sicherheitsingenieure und andere Fachkräfte für Arbeitssicherheit – vgl. Rn 53a;

Ges. über die friedliche Verwendung der Kernenergie und den Schutz gegen ihre Gefahren (Atomgesetz) – vgl. Rn 52a;

VO über die Arbeiten in Druckluft (Druckluftverordnung) – vgl. Rn 53a;

VO über den Schutz vor Schäden durch ionisierende Strahlen (Strahlenschutzverordnung) – vgl. Rn 52a;

Auszug aus UVV der gewerbl. BG

Allgemeine Vorschriften (VBG 1, § 6), Krane (VBG 9, § 33), Erste Hilfe (VBG 109, § 4), Lärm (VBG 121, § 3).

3. Umfang des Mitbestimmungsrechts

Der Umfang des Mitbestimmungsrechts des BR ist nach dem oben in Rn 41ff. Gesagten abhängig von der **Perfektion** der jeweils zum Schutze **55** der ArbN geltenden **öffentlich-rechtlichen Regelung** (*Denck,* a. a. O., S. 467). So wird z. B. der **Bereich der gefährlichen Stoffe** weitgehend durch die GefahrstoffVO vom 26. 8. 1986 (BGBl. I S. 1470), geändert durch Verordnung vom 16. 12. 1987 (BGBl. I S. 2721), und die Vorschriften und technischen Regeln (TRgA) nach § 17 GefStoffVO geregelt werden (vgl. aber auch die besonderen Beteiligungsrechte des BR in § 21 GefStoffVO). Dabei ist davon auszugehen, daß der ArbGeb. in der Regel wegen der hohen Gefahr die technischen Regeln befolgen wird. Andererseits bestehen auch in diesem Bereich, insbes. was die Betriebsvorschriften angeht, noch erhebliche Freiräume, die der Mitbestimmung zugänglich sind. Das gilt insbesondere für die in § 20 GefStoffVO genannte Betriebsanweisung, die nach § 87 Abs. 1 Nr. 7 der Zustimmung des BR bedarf (insoweit, sonst verneinend, auch LAG Baden-Württemberg, 8. 12. 87, NZA 88, 515; **a. A.** *HSG,* § 87 Rn 318; vgl. auch Rn 59ff.).

56 Die **ArbStättVO** enthält zwar in vielen Bereichen keine konkret ablesbaren Regelungen, sondern zeigt lediglich Schutzziele auf, die z. T. auf Grund der Generalklausel des § 3 Abs. 1 Nr. 1 ArbStättVO zu erfüllen sind, wobei sich durchaus Ermessensspielräume für den ArbGeb. und damit Mitbestimmungsrechte für den BR ergeben (oben Rn 47). Eine zunehmende Einengung auch dieses Ermessensbereiches hat sich aus den nach § 3 Abs. 2 ArbStättVO bekanntzugebenden Arbeitsstättenrichtlinien (ASR) ergeben, die Normen (insbes. des DIN) in Bezug nehmen. Die ASR sind für den ArbGeb, zwar insoweit nur beschränkt verbindlich, als er die Möglichkeit hat, von ihnen auch ohne vorherige Zulassung einer Ausnahme im Rahmen des Ermessensspielraumes, den der Verweis auf die allgemein anerkannten Regeln der Technik enthält, abzuweichen (er muß allerdings der Aufsichtsbehörde auf deren Verlangen nachweisen, daß die getroffene Maßnahme „ebenso wirksam" ist). Theoretisch besteht also ungeachtet der ASR im Rahmen der in § 3 ArbStättVO genannten Voraussetzungen das volle Mitbestimmungsrecht des BR. Praktisch führen die **ASR** (soweit sie abschließende Regelungen enthalten) jedoch **zu einer Verkürzung der Mitbestimmungsmöglichkeiten,** insbes. weil die Befolgung dieser Richtlinien den ArbGeb. von Eingriffen der Gewerbeaufsicht weitgehend freistellt.

57 Das **Gerätesicherheitsgesetz** (GSG) enthebt als Instrumentarium des vorgreifenden Arbeitsschutzes den BR weitgehend der Sorge um die sicherheitstechnisch einwandfreie Beschaffenheit der **Arbeitsmittel.** Dies gilt insbesondere, wenn die Maschine mit Prüfzeichen nach § 3 Abs. 4 GSG einschließlich der Prüfungsbescheinigung versehen und die erforderliche Gebrauchsanweisung mitgeliefert ist; ferner für Anlagen, die den für überwachungsbedürftige Anlagen (Dampfkesselanlagen etc.) geltenden Vorschriften und Normen entsprechen, insbes. den dort geregelten Prüfungen oder Zulassungen unterzogen worden sind (vgl. oben Rn 51a).

58 Die dem Gesundheitsschutz dienenden Vorschriften über die **Beschränkung der Beschäftigung des Menschen** (z. B. Höchstarbeitszeit für Jugendliche, Verbot der Nachtarbeit für Frauen, Vorsorgeuntersu-

chungen, vgl. oben Rn 27) sind in aller Regel abschließend. Das Mitbestimmungsrecht des BR kommt hier insbes. (soweit es nicht um freiwillige zusätzliche Maßnahmen nach § 88 geht) bei der Inanspruchnahme von Ausnahmen in Betracht. Überdies ist in diesem Bereich u. U. Zurückhaltung geboten; so bei der Regelung von **ärztlichen Untersuchungen,** die auf ein Maß beschränkt werden sollte, das weder die Betriebe noch die ArbN unnötig belastet. Aus § 120a GewO ist keine allgemeine Verpflichtung des Arbeitgebers abzuleiten, ärztliche Untersuchungen seiner ArbN durchführen zu lassen. Zur Frage, daß ausnahmsweise etwas anderes bei Vorliegen konkreter Gefahren für Leben und Gesundheit der ArbN und fehlender Möglichkeit einer anderen Gefahrenabwehr gelten kann, vgl. oben Rn 45a. Die ArbN können durch BV nicht zur Teilnahme an ärztlichen Untersuchungen verpflichtet werden (vgl. § 87 Rn 85, § 94 Rn 21f.).

Daher sollte das **Schwergewicht der Tätigkeit des BR auf dem Bereich der gefahrensicheren Organisation der Arbeitsabläufe** liegen, d. h. auf der Ausfüllung des in § 120a Abs. 4 vorgezeichneten Rahmens, der sich der spezialisierenden öffentlich-rechtlichen Regelung wegen der Unterschiedlichkeit der Betriebsstrukturen weitgehend entzieht. Danach hat der ArbGeb. „diejenigen Vorschriften über die Ordnung des Betriebes und das Verhalten der ArbN zu erlassen, welche zur Sicherung eines gefahrlosen Betriebes erforderlich sind". Vgl. auch die Betriebsanweisung nach § 20 GefStoffVO sowie UVV „Allgemeine Vorschriften" (VBG 1, § 2). 59

Der Erlaß dieser Vorschriften muß notwendigerweise **unter Mitbestimmung des BR** erfolgen, da es sich um Maßnahmen im Rahmen der Vorschrift des § 120a Abs. 4 i. V. mit § 87 Abs. 1 Nr. 7 handelt. Diese Regelungen unterscheiden sich ihrer Zielrichtung nach von der BV nach § 87 Abs. 1 Nr. 1, die ihren Vorläufer in § 134a GewO 1891 (aufgehoben durch § 69 Abs. 2 AOG) hatte und in erster Linie die allgemeine Ordnung im Betrieb im Interesse des ungestörten Arbeitsablaufs betrifft (*Rohlfing/Kiskalt,* GewO, 2. Aufl., S. 497). Diese systematische Unterscheidung schließt nicht aus, daß in ein und derselben BV Elemente nach § 87 Abs. 1 Nr. 1 und nach Nr. 7 zusammengefaßt sind (auf die Schwierigkeiten der Abgrenzung weist auch *Kittner,* WSI-Mitt, 75, S. 262, hin). Diese Zusammenhänge verkennt *Ehmann,* a. a. O. S. 93, wenn er § 120a Abs. 4 als „obsolet gewordene" Vorschrift bezeichnet u. a. mit der Begründung, sie sei weder nach 1933 aufgehoben noch nach 1945 wieder in Kraft gesetzt worden (ähnlich auch *Meyer* in *Landmann/Rohmer* I, § 120a Rn 22; gegen diese Ansicht wie hier: Weiss, ArbuR 82, 258; Anzinger, BArbBl. 1979, 43; *Wlotzke,* Festschrift Hilger/Stumpf, S. 760). 60

Die BV nach § 87 Abs. 1 Nr. 7 erfüllt ihren Zweck nur, wenn sie praktikabel und leicht verständlich ist (*Rehhahn,* a. a. O. 4/200). Insbesondere sollte sie sich nicht im Abschreiben von geltenden Voschriften erschöpfen.

Die nach § 120a Abs. 4 GewO zu erlassenden Vorschriften können umfassend das **sicherheitsgerechte Verhalten der ArbN** regeln, z. B. 61

das Erkennen und Geben von Signalen, die Benutzung bestimmter Wege, das Nichtbetreten gefährlicher Räume, Rauchverbote, Verbote, Alkohol zu trinken, Teilnahme an Brandschutzübungen, Bedienung von Schutzvorrichtungen. So hat der BR ein Mitbestimmungsrecht bei der Aufstellung der betrieblichen Alarm- und Gefahrenabwehrpläne nach § 5 Abs. 1 Nr. 3 und bei den Anweisungen und Schulungsprogrammen nach § 6 Nr. 4 StörfallVO (*Meyer* in *Landmann/Rohmer* III, Rn 6; *Kothe* BB 1981, 1282).

62 **Maßnahmen innerhalb der Organisation des Arbeitsablaufs** können erforderlich sein, um einen möglichst gefahrlosen Betrieb zu sichern, d. h. das Zusammenwirken von Mensch, Maschine, Material, die Folge der Arbeitsschritte und den Ablauf der Arbeit im Raum so zu gestalten, daß möglichst Gefahren vermieden werden. Insoweit kommen Regelungen in Betracht zur Vermeidung von **Fehlorganisation,** Sicherung der **Synchronisisation,** unbedenkliche **Tempogestaltung,** Übersichtlichkeit, Koordination der Wege für Roh- und Hilfsstoffe, Werkzeuge, Halbzeuge und Endprodukte, Sicherung eines genügend in den Arbeitsablauf eingepaßten innerbetrieblichen **Transportwesens,** (hierzu mehrere BAU-Forschungsberichte, z. B. Nr. 120, 154, 158, 162, 179, 206, 224, 247, 259, 419), Abschaltungen bei Reparaturen, Ordnung und Sauberkeit auf Wegen und am Arbeitsplatz, Festlegung von Stapelhöhen, sicherheitsgemäße **Anordnungen der Arbeitsplätze** innerhalb des Arbeitsablaufs, zweckmäßige **Signalgebung** bzw. (ganz allgemein) **ausreichender Informationsfluß** innerhalb des Arbeitsablaufs; Verpflichtung der ArbN, Sicherheitsmängel am eigenen Arbeitsplatz unverzüglich zu melden, sofortiges Aufsuchen des Sanitäters nach einem Unfall, Sicherung der Fluchtwege.

Dieses Mitbestimmungsrecht beeinflußt die arbeitsnotwendige Arbeitsorganisation, die Gestaltung des Arbeitsablaufs, der Arbeitsbereiche, der Arbeitsplätze im Sinne der Maßnahmen, die aus Gründen des gesetzlichen Arbeitsschutzes in die Organisation des Arbeitsablaufs integriert werden müssen (vgl. auch § 87 Rn 29ff.).

63 Da die Organisation des Arbeitsablaufs kein statischer Zustand ist, sondern „das lebendige Element der Arbeitsorganisation" (*Rehhahn,* a. a. O. 4/162), kommt den Menschen, die diese Organisation steuern und kontrollieren, wesentliche Bedeutung zu. Zwar entzieht sich die zugleich arbeitsnotwendige Organisation als typisch unternehmerische Aufgabe der Mitbestimmung des BR, es kann (und sollte) jedoch durch BV festgelegt werden, daß die **Verteilung der Leitungsfunktionen** und der damit verbundenen **Verantwortlichkeiten** auf dem Gebiet der Arbeitssicherheit den ArbN bekannt gemacht werden (vgl. oben Rn 26).

4. Informationsrechte

64 Bei der Wahrnehmung seines Mitbestimmungsrechts wird der BR durch die Arbeit der **Betriebsärzte und Sicherheitsfachkräfte** nach dem ASiG **unterstützt** (Näheres § 87 Rn 84ff.).

65 Das Mitbestimmungsrecht des BR wird durch **Informationsrechte**

erleichtert. Zunächst gilt auch hier das allgemeine Überwachungsrecht nach § 80 Abs. 1 Nr. 1, dem die umfassende Informationspflicht des ArbGeb. nach § 80 Abs. 2 S. 1 entspricht. Diese wird dem einzelnen ArbN gegenüber ergänzt durch die Unterrichtungspflicht nach § 81 Abs. 1 S. 2, die auch bei Veränderungen im Arbeitsbereich gilt (§ 81 Abs. 2).

Zudem ist der BR bereits im **Planungsstadium** über die Gestaltung **66** von Arbeitsräumen, technischen Anlagen, Arbeitsverfahren, Arbeitsabläufen oder Arbeitsplätzen rechtzeitig zu unterrichten; die geplanten Maßnahmen sind mit ihm im Hinblick auf die Art der Arbeit und die Anforderungen an die ArbN zu beraten (Näheres § 90 Rn 4ff.). Da diese Vorschrift sowohl den gesetzlich geregelten Arbeitsschutz als auch den autonomen Arbeitsschutz (s. o. Rn 1ff.) angeht, erhält damit der BR bereits im Planungsstadium die Möglichkeit, die Arbeitsschutzprobleme anzusprechen, so daß Auseinandersetzungen nach § 87 Abs. 1 Nr. 7 nicht erst nach Fertigstellung der Anlage ausgetragen werden müssen.

Weitere Informationen erhält der BR durch die Zusammenarbeit mit **67** den **Betriebsärzten und Fachkräften für Arbeitssicherheit** nach § 9 Abs. 1 und 2 ASiG (vgl. § 87 Rn 84ff.), mit den **Sicherheitsbeauftragten** (vgl. § 89 Rn 24ff.), durch die Zusammenarbeit im Arbeitsschutzausschuß nach § 11 ASiG (vgl. § 89 Rn 28) sowie durch die Beteiligung an den Maßnahmen der für den Arbeitsschutz zuständigen Behörden und Stellen einschließlich der TAB der BG nach § 89 sowie nach der AVV über das Zusammenwirken der technischen Aufsichtsbeamten der Träger der Unfallversicherung mit den Betriebsvertretungen (abgedruckt als Anhang 7). Außerdem können die Dienstanweisungen der Arbeitsminister der Länder weitere Informationsrechte seitens der **Gewerbeaufsichtsbeamten** vorsehen, soweit keine Betriebsgeheimnisse dabei preisgegeben werden (Näheres § 89 Rn 7ff. sowie *Mertens,* ArbSch. 1977, S. 8ff.).

IV. Zusätzliche Maßnahmen im Bereich des gesetzlichen Arbeitschutzes (§ 88 Nr. 1)

Die Maßnahmen zur Verhütung von Arbeitsunfällen, Berufskrank- **68** heiten und Gesundheitsschäden auf Grund der **öffentlich-rechtlichen Vorschriften** sind nicht notwendigerweise die bestmöglichen, sondern diejenigen, die **der Staat nach dem Grundsatz der Verhältnismäßigkeit den Betrieben auferlegt** (wobei u. U. organisatorische Maßnahmen einschließlich bestimmter Verhaltensweisen der ArbN an Stelle von zu kostspieligen technologischen Auflagen vorgeschrieben werden). Dieser Kompromißcharakter der öffentlich-rechtlichen Vorschriften stellt zugleich den Rahmen für die Ausfüllung von Ermessenspielräumen dar. Auf Grund seiner Mitbestimmung nach § 87 Abs. 1 Nr. 7 kann der BR Maßnahmen des ArbGeb. nur in diesem Rahmen erzwingen. Dagegen gestattet § 88 Nr. 1 ausdrücklich (nicht erzwingbare) **freiwillige BV über „zusätzliche Maßnahmen"** auf dem Gebiete der Verhütung von

Arbeitsunfällen und Gesundheitsschädigungen. Das betrifft qualitativ höherwertige Maßnahmen, zu deren Durchführung der ArbGeb. nicht nach öffentlich-rechtlichen Vorschriften verpflichtet ist.

69 **Im Bereich der Sicherheitstechnik** kommen in Betracht: die Verwendung von technischen Einrichtungen, von Werkstoffen oder die Bereitstellung von Körperschutzmitteln mit höherer Sicherheitsqualität als nach dem Stand der Technik üblicherweise in vergleichbaren Betrieben eingeführt; zusätzliche Schutzmaßnahmen; Festlegung von Höchstgeschwindigkeiten im Werksgelände, von Höchstdrehzahlen für Maschinen; regelmäßige vorsorgliche Auswechselung sicherheitswichtiger Verschleißteile; Verwendung von Sicherheitsfarben und -kennzeichnungen (DIN 4818, 4819, 4844); Sicherheitsanalysen (vgl. § 7 StörfallVO).

70 **Als organisatorische Maßnahmen** kommen in Betracht: zusätzliche Freistellungen z. B. von Sicherheitsbeauftragten; überschaubare Arbeitsbereiche für Sicherheitsbeauftragte; inner- und außerbetriebliche Sicherheitsschulungen (insbes. für ArbN an gefährlichen oder – andere Personen – gefährdenden Arbeitsplätze sowie für Führungskräfte); Belehrung und Verpflichtung von Fremdfirmen und deren ArbN; kombinatorische Unfallstatistik; Lärmkataster; Sicherheitspaten für Anfänger; Beteiligung des BR an Messungen und Nachmessungen (vgl. TV BetrVerf. Rhein-Westfäl. Steinkohlenbergbau 77, §§ 14, 15); Schwerpunktprogramme; verbindliche Einführung eines Verfahrens zur genauen Aufklärung von Unfallhergängen (vgl. die von der BAU herausgegebene Unterrichtungshilfe); Sicherheitswettbewerbe (vgl. hierzu *Partikel,* Soziale Sicherheit, 73, S. 132; nach BAG 24. 3. 81, AP Nr. 2 zu § 87 BetrVG 1972 Arbeitssicherheit, besteht hierbei das Mitbestimmungsrecht nach § 87 Abs. 1 Nr. 1 und nicht nach Nr. 7, da es sich um eine Maßnahme nach § 88 handele); Prämien für sicherheitsgemäßes Verhalten oder für das Tragen von unbequemen oder ungewohnten Körperschutzmitteln (ggf. in Verbindung mit der Festlegung von Entlohnungsgrundsätzen nach § 87 Abs. 1 Nr. 10); Bestimmungen darüber, daß neu eingeführte Arbeitsmittel erst nach Prüfung durch den Sicherheitsingenieur abgenommen werden (*Rehhahn,* a. a. O.) oder daß Improvisationen – insbes. bei nicht vollständigem Funktionieren des üblichen Sicherheitssystems – nur bei persönlicher Anwesenheit des verantwortlichen Vorgesetzten durchgeführt werden (ähnlich für Probebetrieb § 42 VBG 1); Festlegung der allgemeinen Sicherheitspolitik des Betriebs und Unternehmens und der Mittel für ihre Bekanntgabe an die Führungskräfte; Aufklärungsaktionen gegen Alkoholismus (BetrR 83, 1); Arbeitssicherheitsprogramme (z. B. die von der Bundesarbeitsgemeinschaft für Arbeitssicherheit, Düsseldorf, herausgegebenen: Prüflisten für Arbeitssicherheit; Arbeitssicherheitsprogramme für Groß-, Mittel- und Kleinbetriebe; Schwerpunktprogramme z. B. „Sicherheit der Arbeitswege").

71 Das **Aufsichtsrecht der Gewerbeaufsicht** und **der TAB** erstreckt sich auch auf Maßnahmen des ArbGeb. zur qualitativen Verbesserung des vorgeschriebenen Gefahrenschutzes (demgemäß auch die Beteiligung des BR im Rahmen des § 89), zumal die Aufsichtsbehörden bei techno-

logischen Veränderungen beurteilen müssen, ob diese tatsächlich eine Verbesserung gegenüber den gesetzlich vorgeschriebenen Lösungen darstellen.

Hinsichtlich der **Informationspflichten** des ArbGeb. bzw. der Auskunftsrechte des BR gilt das oben in Rn 64ff. Gesagte. 72

Da für solche „zusätzliche Regelungen" **kein erzwingbares Mitbestimmungsrecht des BR** besteht, hat dieser insoweit auch nicht das Initiativrecht zur Anrufung der E-Stelle nach § 87 Abs. 2 i. V. mit § 76 Abs. 5. Wohl aber kann der BR gemäß § 80 Abs. 1 Nr. 2 derartige Regelungen beim ArbGeb. beantragen, da diese dem Betrieb und der Belegschaft dienen, zumal nach richtiger Auffassung die Sicherheit der Arbeitnehmer zu den klassischen Betriebszielen gehören sollte (so *Rehhahn,* a. a. O., Gruppe 4, S. 159ff.). 73

V. Der autonome Arbeitsschutz (§§ 90, 91)

1. Abgrenzung

Während der Regelungsbereich des gesetzlichen Arbeitsschutzes die Abwehr der nach dem Stand der Arbeitsmedizin als arbeitsbedingt erkannten Schäden für Leben und Gesundheit der ArbN umfaßt (oben Rn 1), betrifft der „autonome Arbeitsschutz" als humanitäre Gestaltungsaufgabe der autonomen Kräfte des Arbeitslebens (Selbstverwaltung auf allen Ebenen, Tarifpartner, Betriebsverfassungsorgane) die **Herstellung möglichst positiver** und **menschenwürdiger Umstände für die Erbringung der Arbeitsleistung** einschließlich der Schaffung einer **menschenwürdigen Arbeitswelt** (Näheres auch zur Abgrenzung gegenüber anderen Bereichen vgl. oben Rn 1ff.; siehe auch BAU-Forschungsbericht Nr. 537 „HdA und Qualifizierung-Rückblick und Perspektiven"). 74

Die Grenze zwischen beiden Bereichen ist fließend. Sie wird bestimmt durch die Entwicklung der technischen Möglichkeiten sowie der arbeitswissenschaftlichen (insbes. arbeitsmedizinischen) Erkenntnisse. 75

2. Beteiligungsrechte

Im Bereich des autonomen Arbeitsschutzes sind tarifvertragliche Normen über betriebliche Fragen (§§ 1 und 3 Abs. 2 TVG) zulässig. Durch solche **Tarifverträge** können dem BR weitere Mitbestimmungsrechte auch in diesem Bereich zuerkannt werden (vgl. § 1 Rn 122ff.). Da es sich bei Fragen des autonomen Arbeitsschutzes – unbeschadet der Gliederung des BetrVG – um soziale Angelegenheiten handelt, sind insoweit jedenfalls **freiwillige Betriebsvereinbarungen zulässig,** auch soweit die Voraussetzungen des § 91 nicht vorliegen. In den Fällen des § 91 ist der Abschluß von BV erzwingbar (§ 77 Rn 27). 76

Im Bereich des autonomen Arbeitsschutzes kommt das Mitbestimmungsrecht des BR nach § 87 Abs. 1 Nr. 7 nicht in Betracht. Wohl aber das nach § 87 Abs. 1 Nr. 1 bis 3, je nachdem, ob sich solche Maßnahmen 77 zugleich als solche der Ordnung des Betriebes oder des Verhaltens der ArbN darstellen oder die Arbeitszeit und die Pausen betreffen. Gesichtspunkte der menschengerechten Arbeitsgestaltung sind u. U. bei der Beurteilung von technischen Einrichtungen nach § 87 Abs. 1 Nr. 6 (§ 87 Rn 64ff.) zu berücksichtigen. Weitere Möglichkeiten bieten § 87 Abs. 1 Nr. 12: das betriebliche Vorschlagswesen, dessen Gestaltung dem MBR des BR unterliegt, kann auf Fragen des autonomen Arbeitsschutzes erstreckt werden. Grundsätzlich bietet sich allerdings hier das Instrument der freiwilligen (nicht erzwingbaren) Betriebsvereinbarung an (vgl. im übrigen das Beispiel in Rn 22).

78 Bei besonderen, d. h. erheblichen typisiert-negativen (s. o. Rn 2) Belastungen, die allerdings nicht als Gesundheitsgefahren i. S. des § 87 Nr. 7 arbeitsmedizinisch anerkannt sind, besteht das **korrigierende Mitbestimmungsrecht nach § 91,** wenn diese Beeinträchtigungen auf einer Gestaltung der Arbeitsplätze, der Arbeitsabläufe oder der Arbeitsumgebung beruhen, die offensichtlich den gesicherten arbeitswissenschaftlichen Erkenntnissen über die menschengerechte Gestaltung der Arbeit widerspricht (oben Rn 15ff.). In solchen Fällen kann der BR angemessene Maßnahmen zur Abwendung, Milderung oder Ausgleich dieser Belastungen verlangen. Das korrigierende MBR ist auf die Beseitigung konkreter Verstöße gegen gesicherte arbeitswissenschaftliche Erkenntnisse beschränkt; es ermöglicht gegen den Willen des ArbGeb. keine generellen Regelungen zur Berücksichtigung gesicherter arbeitswissenschaftlicher Erkenntnisse (BAG 6. 12. 83, AP Nr. 7 zu § 87 BetrVG 1972 Überwachung; weitergehend *Engel,* ArbuR 82, 81; *Wagner.* Mitbestimmung bei Bildschirmtechnologien, S. 158ff.).

Das MBR nach § 91 ist einerseits an relativ strenge Voraussetzungen gebunden, andererseits sind die Gestaltungsmöglichkeiten (auch Kompromißmöglichkeiten) der Betriebsverfassungsorgane und der Einigungsstelle hinsichtlich „der angemessenen Maßnahmen" freier als in den Fällen des § 87 Abs. 1 Nr. 7 und § 88, in denen der Rahmen der öffentlch-rechtlichen Vorschriften nicht unterschritten werden kann (vgl. zum Ganzen § 91 Rn 2ff.).

78a Im Rahmen des § 90 stehen dem BR keine MBR, sondern nur Unterrichtungs- und Beratungsrechte zu (vgl. § 90 Rn 4ff.). Deshalb kann der BR den ArbGeb. nur auf freiwilligem Wege und nicht gegen seinen Willen durch einen verbindlichen Spruch der E-Stelle zur Beachtung gesicherter arbeitswissenschaftlicher Erkenntnisse anhalten (BAG 6. 12. 83, AP Nr. 7 zu § 87 BetrVG 1972 Überwachung; zur Möglichkeit freiwilliger BV vgl. oben Rn 68; zur Möglichkeit eines vorbeugenden Einschreitens, wenn die Durchführung der beabsichtigten Maßnahme ein korrigierendes MBR des BR nach § 91 auslösen würde, vgl. § 90 Rn 19). Es besteht auch keine allgemeine Rechtspflicht des ArbGeb. zur Beachtung gesicherter arbeitswissenschaftlicher Erkenntnisse, die sich noch nicht in Rechtsnormen niedergeschlagen haben (BAG, a. a. O.; weitergehend Richardi, Anm. zu vorstehender Entscheidung, sowie Zöllner, Arbeitsrecht, 3. Aufl. S. 168, die eine derartige Verpflichtung u. U. aus der allgemeinen Fürsorgepflicht bejahen).

3. Sachbereiche

Der autonom betrieblich zu gestaltende Arbeitsschutz ist in §§ 90, 91 teilweise umschrieben. Diese **Umschreibung** ist jedoch **nicht erschöpfend.** Da die Zuständigkeit des BR im sozialen Bereich (vgl. oben Rn 76) grundsätzlich vorbehaltlich des Vorrangs von Gesetz und TV unbeschränkt ist (*DR,* Vorbem. § 90 Rn 3), besteht die Möglichkeit, noch weitere Gegenstände im Wege der freiwilligen Zusammenarbeit zu regeln. Auch hier bieten sich insoweit dieselben Ansatzpunkte an wie für Regelungen des gesetzlichen Arbeitsschutzes, d. h. Räume, Arbeitsmittel, Arbeitsstoffe, personenbezogene Maßnahmen sowie organisatorische Regelungen (vgl. Rn 49ff.). **79**

§ 90 nennt ausdrücklich Neu-, Um- und Erweiterungsbauten von Fabrikations-, Verwaltungs- und sonstigen betrieblichen Räumen (unten Rn 80), technische Anlagen (Rn 81), Arbeitsverfahren (Rn 82), Arbeitsabläufe (Rn 84) und Arbeitsplätze (Rn 85). Diese Bereiche sind bereits wesentliche Regelungsgegenstände des gesetzlichen Arbeitschutzes und unterliegen, soweit hierzu gesetzliche Vorschriften ergangen sind, dem Mitbestimmungsrecht nach § 87 Abs. 1 Nr. 7. Demgemäß ist auch das Informations- und Beratungsrecht nach § 90 als Grundlage für die Ausübung auch dieses Mitbestimmungsrecht anzusehen.

Die Planung der **Gestaltung von Fabrikations-, Verwaltungsräumen und sonstigen betrieblichen Räumen** (§ 90 Nr. 1) erfolgt in Durchführung des Investitions- und Produktionsprogramms (§ 106 Abs. 3 Nr. 3), im engeren Sinne handelt es sich um die Betriebsstättenplanung (REFA, MLPS, Teil 2, Kap. 3; s. insbes. dort das Modell der Vorgehensweise in Kap. 3.1, Bild 46). Die Unterrichtung des BR und die Beratung mit ihm über die Planung muß nach der Projektfreigabe und zu Beginn der Ausführungsplanung stattfinden, damit der BR seine Vorschläge noch einbringen kann (§ 90 Abs. 2 S. 1 n. F.). Soweit Vorschriften des gesetzl. Arbeitsschutzes bestehen (insbes. ArbStättV), hat der BR das Mitbestimmungsrecht nach § 87 Abs. 1 Nr. 7, bei sonstigen Maßnahmen das Mitbestimmungsrecht nach § 87 Abs. 1 Nr. 1 unter dem Gesichtspunkt der Orndung des Betriebes und des Verhaltens der ArbN. Darüber hinaus besteht auch hier die Möglichkeit von zusätzlichen Vereinbarungen nach § 88. Dieser öffentlich-rechtlich abgesteckte Regelungsbereich setzt den Gestaltungsmöglichkeiten der BR (insbes. soweit Ansatzpunkte für das korrigierende Mitbestimmungsrecht nach § 91 in Frage kommen) Grenten. Außerhalb des Regelungsbereichs der ArbStättV dürften Ansatzpunkte hinsichtlich von Arbeits- und sonstigen Räumen zu suchen sein in der Auslegung der Beleuchtung (vgl. hierzu BAU-Forschungsberichte Nr. 366, 415, 453 und 504 sowie BAU-Sonderschriften Nr. 5 und 20), der Farbgebung, der Klimatisierung (DIN 33403; ferner BAU-Forschungsbericht Nr. 374), der Herstellung eines zuträglichen Geräuschpegels u. a. Schalldämmung auch unterhalb des Beurteilungspegels nach § 15 ArbStättVO, Trennung lauter Arbeitsplätze (vgl. hierzu BAU-Forschungsberichte Nr. 122, 173, 184, 201, 244, 264, 267, 325, 357, 368, 380, 399, 454, 467, 497), in menschengerecht geplanter Auf- **80** gliederung der Fläche in Großraumbüros (unten Rn 84), Fabrikhallen und Werkstätten, aber auch bei Arbeits- oder Lagerstätten im Freien.

81 Auch auf dem **Gebiet der technischen Anlagen** (§ 90 Nr. 2) deckt sich der Regelungsbereich nach § 91 weitgehend mit dem des gesetzlichen Arbeitsschutzes. Der hier angesprochene Planungsbereich des ArbGeb. (Unternehmers) ist die vom Produktions- und Investitionsprogramm bzw. vom Rationalisierungsprogramm (§ 106 Abs. 3, Nr. 3 u. 4) abgeleitete Betriebsmittelplanung (REFA, MLPS, Teil 2, Kap. 4) und zwar die Planung sowohl der (externen) Betriebsmittelbeschaffung als auch der (internen) Betriebsmittelentwicklung (Hinweise über die Beteiligung des BR bei REFA aaO, Kap. 4.1 und Kap. 4.4 am Ende). Der Begriff der techn. Anlage umfaßt sowohl die Maschinen, die unmittelbar der Arbeit dienen, als auch Geräte und Hilfsmittel, die mittelbar die Arbeitsleistung erleichtern oder ermöglichen (Fahrstühle, Klimaanlagen; vgl. Rn. 51 ff.). Die Bedeutung des autonomen Arbeitsschutzes ist allerdings auch hier nicht in der betrieblichen Gestaltung bzw. in der Beschaffung solcher Anlagen nach den Gesichtspunkten des Gefahrenschutzes (insoweit gilt insbes. das GSG, vgl. Rn 51), sondern in der **Anpassung der Arbeit an den Menschen** zur Vermeidung unnötiger Belastungen und Beanspruchungen zu sehen. Dabei sind die sich aus der Natur des Menschen ergebenden Schranken der Beanspruchbarkeit (einerseits Leistung, Aufnahmefähigkeit, Konzentration, Ermüdungsfaktoren, andererseits die geistes(sozial)wissenschaftlichen Richtziele wie Schutz der Persönlichkeit und der Menschenwürde, vgl. oben Rn 14) zu berücksichtigen. In Frage kommt demgemäß die Errichtung und Beschaffung von technischen Anlagen, bei deren Bedienung oder durch deren betriebliche Emissionen der ArbN möglichst wenig beeinträchtigt werden soll. Zusammen mit den Arbeitsräumen sind die technischen Anlagen wichtige Faktoren der Arbeitsumgebung. Hinsichtlich der technischen Anlagen kommen zunächst in Betracht: die Vermeidung von Beeinträchtigungen durch Lärm, Staub, Vibration, Nässe, Gase und Dämpfe, Hitze bzw. Kälte, Lichtmangel oder Blendung (z. B. menschengerechte Gestaltung von Skalen, von Bildschirmarbeitsplätzen, Vermeidung von Geruchsbelästigungen einschl. der durch passives Rauchen, abgasfreie Flurförderung). Der Anpassung der Arbeit an den Menschen dient z. B. die Berücksichtigung der Körpermaße (DIN 33402), körpergerechte Gestaltung und sinnfällige Anordnung von Stellteilen (Bedienungselementen DIN 33401), der Sitzgelegenheiten (DIN 4549 – vgl. *Grandjean/Hütting,* Sitzen Sie richtig? Herausgeb. Bay. Staatsministerium f. Arbeit und Sozialordnung, 7. Aufl. 1985; Handbuch technischer Entwicklungen zum Belastungsabbau, Schriftenreihe „HdA des BMFT, Bd. 66; *Duell/Frei,* Leitfaden für qualifizierende Arbeitsgestaltung, 1985; vgl. ferner BAU-Forschungsberichte Nr. 116, 187, 190, 191, 196–198, 269, 277, 285, 322, 323, 449, 456, 457, 501, 503, 520, 524, 530 sowie BAU-Sonderschriften Nr. 16 und 17). Zu allgemeinen Begriffen und Leitsätzen vgl. DIN 33400.

82 Die in § 90 Nrn. 3 und 4 genannten Gegenstände **(Arbeitsverfahren, Arbeitsabläufe** und **Arbeitsplätze)** können zusammengefaßt werden unter dem Oberbegriff der **Arbeitsstrukturierung.** Die Aufgabe des autonomen Arbeitsschutzes besteht hier in der menschengerechten Gestaltung der in Frage kommenden Faktoren (einschließlich der in Rn 80 und 81 genannten Arbeitsräume und technischen Anlagen) und ihres Zusammenwirkens bei der Erfüllung der Arbeitsaufgabe unter vorrangiger Berücksichtigung der für den autonomen Arbeitsschutz maßgebenden Gesichtspunkte (oben Rn 2). Die hier zu suchenden Lösungen gehen über den gesetzlichen Arbeitsschutz (Gefahrenschutz) hinaus bzw. bestehen neben ihm. Allerdings darf dabei der gesetzliche Arbeitsschutz nicht abgeschwächt oder vernachlässigt werden. So darf z. B. die unter humanitären Gesichtspunkten wünschenswerte Erweiterung von Arbeitsinhalten nicht dazu führen, daß bei gefährlichen Arbeiten Unfallgefahren durch Ablenkung entstehen.

Arbeitsverfahren ist die Technologie zur Veränderung der Arbeitsgegenstände (insbes. der Werkstoffe) zur Erfüllung der Arbeitsaufgabe (REFA, MLA, Teil 1, Kap. 3.4.2). Die Planung des ArbGeb. erfolgt insoweit in Ausführung der Produktions- und Fertigungsplanung (REFA MLPS Teil 1 Kap. 1.3.3). Das Arbeitsverfahren wird durch die Arbeitsmethode bedingt. Daher ergänzen sich insoweit die Beteiligungsrechte nach § 90 Satz 1 Nr. 3 und nach §§ 106 Abs. 3 Nr. 5, § 111 Abs. 2 Nr. 5. Die Gestaltungsaufgabe bezieht sich hier auf die Beurteilung der angewandten Arbeitsmethode und der Technologie unter den Gesichtspunkten der Beanspruchung und Belastung der ArbN (vgl. hierzu statt vieler *Rohmert/Rutenfranz,* Arbeitswissenschaftl. Beurteilung der Belastung und Beanspruchung an unterschiedlichen industriellen Arbeitsplätzen, 1975, Herausgeb. BMA – dieses Gutachten hat zugleich Bedeutung für die angemessene Bewertung von Arbeit unter vorwiegend psychischer Beanspruchung; ferner Handbuch der Arbeitsgestaltung und Arbeitsorganisation, Herausgeb. VDI, 1980; BAU-Forschungsberichte Nr. 145, 282, 306, 402, 428, 449, 450, 463, 485, 516, 532, Schriftenreihe HdA Bde. 35, 38, 39, 46, 48, 49). **83**

Arbeitsablauf ist (nach DIN 33400 Nr. 2.4) die räumliche und zeitliche Folge des Zusammenwirkens von Mensch, Arbeitsmittel, Stoff, Energie und Information in einem Arbeitssystem (im Ergebnis übereinstimmend REFA, MLA, Teil 1, Kap. 3.2). Die Planung des ArbGeb. erfolgt in Ausführung der Planung von Fabrikations- und Arbeitsmethode bzw. des Arbeitsverfahrens. Diese Planung kann sowohl den gesamten Betrieb als auch Teilbereiche mit unmittelbarem Bezug auf die Arbeitsplätze betreffen (REFA, MLPS, Teil 2, Kap. 6.1); über alle Planungen (Makro- wie Mikroplanungen) ist der BR zu unterrichten. Angesprochen ist insbes. die organisatorische, räumliche und zeitliche Gestaltung des Arbeitsprozesses i. S. der Erfüllung der Arbeitsaufgabe (Fließband-, Gruppen- oder Einzelarbeit, Arbeit in umschlossenen Räumen, im Freien, in Kabinen oder Fahrzeugen, Über- oder Untertage). Die Gestaltungsaufgabe im Sinne des autonomen Arbeitsschutzes betrifft hier die Organisation der Arbeitsleistung und die Lösung des „Raum-Zeit-Problems“ unter Berücksichtigung der sich dabei insgesamt ergebenden Beanspruchungen der ArbN (Beachtung der Grenzen **84**

der physischen und psychischen Dauerbelastbarkeit sowie Konzentrations- und Aufnahmefähigkeit; vgl. Rn 81). In diesem Rahmen sind auch die Probleme physischer Beanspruchung zu beachten: z. B. Überforderung durch eintönige konzentrierte Überwachungstätigkeit bei gleichzeitig erzwungener – dem Bewegungstrieb widersprechender – körperliche Untätigkeit (Problem der Fluglotsen vgl. *Rohmert,* Schriftenreihe Arbeitswissenschaft und Praxis, Bd. 30). Ähnliche Gesichtspunkte dürften – auch im Hinblick auf die in Rn 7ff., genannten Zielvorstellungen der Arbeitswissenschaften – auf Arbeitsabläufe zutreffen, bei denen der ArbN stereotyp während der gesamten Arbeitszeit oder deren überwiegendem Teil ununterbrochen Tätigkeiten leistet, die einerseits nur geringe Teile des Gesamtkomplexes körperlicher und geistiger menschlicher Fähigkeiten beanspruchen, andererseits einen besonders hohen Einsatz dieser Tätigkeitssegmente bei ununterbrochener Konzentration und geringer körperlicher Bewegungsmöglichkeit (bzw. bei ständiger Zwangshaltung) verlangen, ohne daß für den ArbN die ausreichende Möglichkeit von Arbeitsunterbrechung oder -abwechslung besteht (so ununterbrochene Tätigkeit an Geräten zur Datenerfassung, vgl. *Cakir* u. a. Forschungsbericht Humanisierung des Arbeitslebens Nr. 1, Herausgeb. BMA, 1978, insbes. S. 323ff.; dies gilt unabhängig davon, ob das Erfassungsgerät mit einem Bildschirm verbunden ist; zum Zusammentreffen von Zwangshaltung und Monotonie vgl. *Volkholz,* Belastungsschwerpunkte und Praxis der Arbeitssicherheit, Herausgeb. BMA, 1977, S. 129; zur Monotonie am Arbeitsplatz vgl. ferner *Gaußmann/Schmidt/Volkholz,* BAU-Forschungsbericht 282). Diese negativen Auswirkungen werden verstärkt, wenn der Arbeitnehmer keinerlei Einfluß auf die von ihm auszuübende Tätigkeit hat, diese sinnentleert wird und eine ständige technische Kontrolle erfolgt (vgl. hierzu auch *Krüger/Nagel,* Mischarbeit im Büro- und Verwaltungsbereich beim Einsatz neuer Technologien, BAU-Forschungsbericht Nr. 450 und 506; ferner *Breuer u. a.,* Positivbeispiele psychisch förderlicher Arbeitsmomente, BAU-Forschungsbericht Nr. 436). Entsprechendes gilt bei „Mangel an Privatheit und an Selbstbestimmung" (vgl. Forschungsbericht 47 des BMA 1980; TÜV Rheinland, Auswirkungen der Tätigkeit in **Großraumbüros** auf die Gesundheit der Beschäftigten). Zu den Fragen der Arbeitsabläufe gehören auch die Probleme der **Schichtarbeit** (bes. Nachtschicht – insoweit besteht zusätzlich das Mitbestimmungsrecht nach Maßgabe des § 87 Abs. 1 Nrn. 2 und 3; vgl. zur Schichtarbeit: *Rutenfranz/Knauth,* Schichtarbeit und Nachtarbeit, Herausgeb. Bay. Staatsministerium f. Arbeit und Sozialordnung, 2. Aufl. 1983; ferner *Müller/Seitz,* Schichtarbeit und Wirtschaftlichkeit, BAU- Forschungsbericht Nr. 279; *Streich,* Bilanz der Schichtarbeitsforschung, BAU-Forschungsbericht Nr. 458; *Hahn,* Nacht- und Schichtarbeit I, BAU-Forschungsanwendung Nr. 2). In diesem Zusammenhang spielen auch die Fragen der Bandgeschwindigkeit und der Arbeitstakte eine wichtige Rolle; wegen des Verhältnisses zur betrieblichen Lohngestaltung vgl. oben Rn 5.

85 **Arbeitsplatz** im Sinne des Arbeitsschutzes ist der (u. U. veränderli-

che) Ort, an dem der einzelne ArbN unter den technischen und organisatorischen Gegebenheiten der Arbeitsabläufe innerhalb eines Arbeitssystems seine Arbeit erfüllt (ähnlich DIN 33400, Nr. 2.4). Die Gestaltungsaufgabe bezieht sich hier auf die ergonomisch richtige Gestaltung und Anordnung der Arbeitsmittel einschließlich der Arbeitsumgebung (REFA, MLA, Teil 3, Kap. 5.3 – dort auch Hinweise auf die zu beachtenden Teilgebiete). Die insoweit durchzuführenden Planungen können sowohl den gesamten Betrieb als auch Teilbereiche sowie einzelne Arbeitsplätze betreffen; über alle diese Planungen hat der ArbGeb. den BR zu unterrichten.

Dabei sind die Anforderungen an die körpergerechte Gestaltung, z. B. im Hinblick auf die Körpermaße (vgl. DIN 33402), die Greif- und Bewegungsräume (etwa bei typischen Frauenarbeitsplätzen, Arbeitsplätzen für ältere oder behinderte Arbeitnehmer) sowie die Möglichkeiten zur Wahrnehmung von Vorgängen oder zur Steuerung von Arbeitsprozessen zu berücksichtigen (vgl. hierzu auch BAU-Forschungsberichte Nr. 188, 191, 217, 218, 233, 240, 299, 375, 421, 430). Der ArbN soll nach Möglichkeit über das nach den Grundsätzen des Gefahrenschutzes erforderliche Maß hinaus vor Beeinträchtigungen durch Lärm, Vibrationen, Nässe, Gase, Dämpfe, Hitze, Kälte, Lichtmangel oder Blendung (am eigenen Arbeitsplatz oder durch innerbetriebliche Immissionen) geschützt werden. Einseitige körperliche oder geistige Beanspruchung oder anstrengende Körperhaltung (Arbeiten in Zwangshaltung) sind möglichst zu vermeiden. Zur menschengerechten Gestaltung von **Kassenarbeitsplätzen** vgl. *Bitsch/Peters,* Menschengerechte Gestaltung des Kassenarbeitsplatzes in Selbstbedienungsläden, Schriftenreihe des BMA, Humansierung des Arbeitslebens Nr. 2, 1978; *Strasser/Müller/Limmroth,* Ergonomie an der Kasse – aber wie? Herausgeb. Bay. Staatsministerium f. Arbeit und Sozialordnung, 2. Aufl. 1983; ferner Bewertungsschema Kassenarbeitsplätze, Herausgeb. BAU, 1985. Der autonome Arbeitsschutz hat hier grundsätzlich die gleiche Zielrichtung wie bei der Gestaltung der Arbeitsräume, technischen Anlagen, Arbeitsverfahren und -abläufe (vgl. oben Rn 81 ff.). Je umsichtiger und konsequenter jene Faktoren unter dem Gesichtspunkt der menschengerechten Gestaltung geplant und organisiert sind, desto weniger Probleme werden sich am einzelnen Arbeitsplatz ergeben, an dem diese Faktoren zusammentreffen. Auch bei der Abwägung (§ 2 Abs. 1, § 75 Abs. 2, § 76 Abs. 5 S. 3) über die Einführung technischer Kontrollgeräte nach § 87 Abs. 1 Nr. 6 sind humanitäre Gesichtspunkte zu beachten (vgl. § 87 Rn 66).

Der autonome Arbeitsschutz erschöpft sich nicht in der Herstellung **86**
von technologischen Umständen, die dem Menschen die Arbeitsleistung unter möglichst zumutbaren, ausführbaren, gefahrlosen und beeinträchtigungsfreien Bedingungen gestatten. Vielmehr ist darüber hinaus eine Arbeitsgestaltung anzustreben, die der **Würde des ArbN** als Mitglied einer freien zivilisierten Gesellschaft entspricht und damit den Leitvorstellungen dieser freiheitlichen Gesellschaft auch im Arbeitsleben gerecht wird (oben Rn 14). Demnach sollten sich hier die Be-

mühungen von ArbGeb. und BR in freiwilliger (vertrauensvoller) Zusammenarbeit auf den Abbau von Arbeitsumständen richten, die – mögen sie auch technisch einwandfrei und unfallsicher sein – dem Wesen des Menschen widersprechen, insbes. wegen des Übermaßes von Zwängen, z. B. wegen zeitlicher Bindung, Eintönigkeit, Einsamkeit oder allgemein wegen der Verdrängung möglicher Selbstbestimmung zu Gunsten vermeidbarer Fremdbestimmung und Kontrolle (vgl. hierzu u. a. Bericht der Kommission für wirtschaftlichen und sozialen Wandel, 1977, Kapitel 10 Nr. 347ff.; *Gaugler/Kolb/Ling,* a. a. O.; *Kern* u. a. Neue Formen der betrieblichen Arbeitsgestaltung, 1976, Herausgeb. BMA; REFA, MLA, Teil 3, Kap. 5.3.5 organisatorische Arbeitsgestaltung). Diese Zielsetzung liegt auch dem Mitbestimmungstatbestand nach § 87 Abs. 1 Nr. 6 zugrunde.

Unter diesen Gesichtspunkten sind anzustreben:

Verstärkung der Möglichkeiten zur Einflußnahme auf die eigene Tätigkeit; Abkehr von der Fließarbeit zu Gunsten taktungebundener oder teilweise taktbefreiter Arbeit (soweit vertretbar); auch bei Fließarbeit: Gewährleistung von persönlichen Freiräumen (z. B. Erholzeiten, Möglichkeiten der kurzfristigen Arbeitsunterbrechung, etwa durch Pufferbildung); Einführung von Gruppenarbeit oder ähnlicher Arbeitsstrukturen, die eine Abwechslung in der Arbeit und damit einen Abbau der Eintönigkeit ermöglichen; Erweiterung von Arbeitsaufgaben; damit Vermeidung sinnentleerender Arbeitsteilung (vgl. z. B. bei MTM-Arbeitsplätzen); Anreicherung von Arbeitsinhalten; Information über den jeweiligen Sinn der Arbeit; Beachtung der menschlichen Leistungs- und Beanspruchungsgrenzen (z. B. durch Abbau von Schicht- oder Nachtarbeit sowie vermeidbarer Überstunden); menschengerechte Handhabung der Kontrollpotentiale neuer Technologien; Gewährleistung von Kommunikation am Arbeitsplatz (vgl. Bek. des BMFT über die Förderung von Forschungs- und Entwicklungsvorhaben zur menschengerechten Anwendung neuer Technologien in der Produktion v. 30. April 1984 nebst Erläuterungen, vgl. Veröffentl. April 1984 – HdA).

87 Die BR werden bei ihrer Beteiligung am autonomen betrieblichen Arbeitsschutz unterstützt durch die Zusammenarbeit mit den Betriebsärzten und Fachkräften für Arbeitssicherheit (§ 9 Abs. 1 i. V. mit § 5 Abs. 1 Nr. 1 Buchst. d und § 6 Satz 1 sowie § 11 ASiG).

88 Die Beteiligung des BR an den Maßnahmen des autonomen Arbeitsschutzes wird gesichert durch die bereits im Planungsstadium zu beachtende Pflicht des ArbGeb., dem BR rechtzeitig **zu unterrichten** und mit ihm über die Auswirkungen von betrieblichen Maßnahmen auf die Art der Arbeit und die Anforderungen an die ArbN **zu beraten** (Näheres § 80 Rn 25ff., 46a ff., § 90 Rn 4ff.). Wegen der Bedeutung der Unterrichtungs- und Beratungspflichten für die Mitbestimmungsrechte nach § 87 vgl. oben Rn 64ff.

89 Wegen der Möglichkeit des BR im Bereich des autonomen Arbeitsschutzes die Initiative zu ergreifen, vgl. oben Rn 76ff.

VI. Der betriebliche Arbeitsschutz (bildliche Darstellung mit Erläuterung)

Die bildliche Darstellung auf Seite 1180 soll die der vorstehenden Übersicht zugrundegelegte Systematik des betrieblichen Arbeitsschutzes verdeutlichen. **90**

Das Feld A bezeichnet den „gesetzlichen Arbeitsschutz" (oben Rn 23ff.) in seiner Zielsetzung (Gefahrenabwehr) und die Methode der Regelung (staatliche Vorschrift oder UVV). Im Rahmen dieses Bereichs hat der BR das MBR nach § 87 Abs. 1 Nr. 7. Diesem entspricht ein Initiativrecht, die Informationsrechte nach § 80 Abs. 1 Nr. 1 und (des einzelnen ArbN) nach § 81 Abs. 1 Satz 2 sowie das Recht des BR auf Beteiligung an der Überwachung nach § 89.

Das Feld B bezeichnet den Spielraum für freiwillige (nicht erzwingbare) Betriebsvereinbarungen nach § 88 über zusätzliche Maßnahmen im vorschriftenfreien Raum, die denselben Zielen (Gefahrenabwehr) dienen wie der gesetzliche Arbeitsschutz, die aber hinsichtlich der Qualität der Mittel über das Maß hinausgehen, das öffentlich-rechtlich vorgeschrieben ist (oben Rn 68ff.).

Die Grenze zwischen A und B verschiebt sich mit dem Stand und Regelungsumfang der öffentlich-rechtlichen Vorschriften.

Das Feld C „Autonomer Arbeitsschutz" weist als Zielsetzung – über den Gefahrenschutz hinaus – die Herstellung positiver Arbeitsumstände aus (oben Rn 74ff.). Dieser Raum ist grundsätzlich vorschriftenfrei und damit der autonomen Gestaltung überlassen. Diese Gestaltung beginnt in der Nähe des Gefahrenschutzes mit der Abwehr negativer Belastungen. Der Bereich der „besonderen" negativen Belastung ist innerhalb dieses Feldes (als Gegenstand des korrigierenden MBR nach § 91) gesondert abgegrenzt (Abschnitt d). Im Rahmen des autonomen Arbeitsschutzes hat der BR das Initiativrecht nach § 80 Abs. 1 Nr. 2.

Die Grenze zwischen den Feldern A und B einerseits und Feld C (einschl. Abschnitt d) verschiebt sich mit dem Stand der Erkenntnisse über Gefahren für Leben und Gesundheit und ihre Bedingtheit durch Arbeitsverrichtung oder Arbeitsumgebung.

Der gesamte Bereich wird beeinflußt durch die allgemein anerkannten Regeln der Technik, soweit diese die Erfüllung arbeitswissenschaftlicher Anforderungen ermöglichen (Rn 37f.). Sie dienen insbesondere im Bereich des gesetzlichen Arbeitsschutzes der Ausfüllung von Generalklauseln (Rn 37). Die gesicherten arbeitswissenschaftlichen Erkenntnisse beeinflussen den Bereich des autonomen Arbeitsschutzes, und zwar auch, soweit allgemein anerkannte Regeln der Technik noch nicht bestehen; sie sind nicht auf den technischen Bereich beschränkt und nicht in gleichem Umfang wie die anerkannten Regeln der Technik durch allgemeine Bekanntheit und tatsächliche Anwendung bedingt (Rn 7ff.).

Das Unterrichtungs- und Beratungsrecht nach § 90 sowie das allgemeine Informationsrecht nach § 80 Abs. 2 beziehen sich auf den Ge-

Der betriebliche Arbeitsschutz

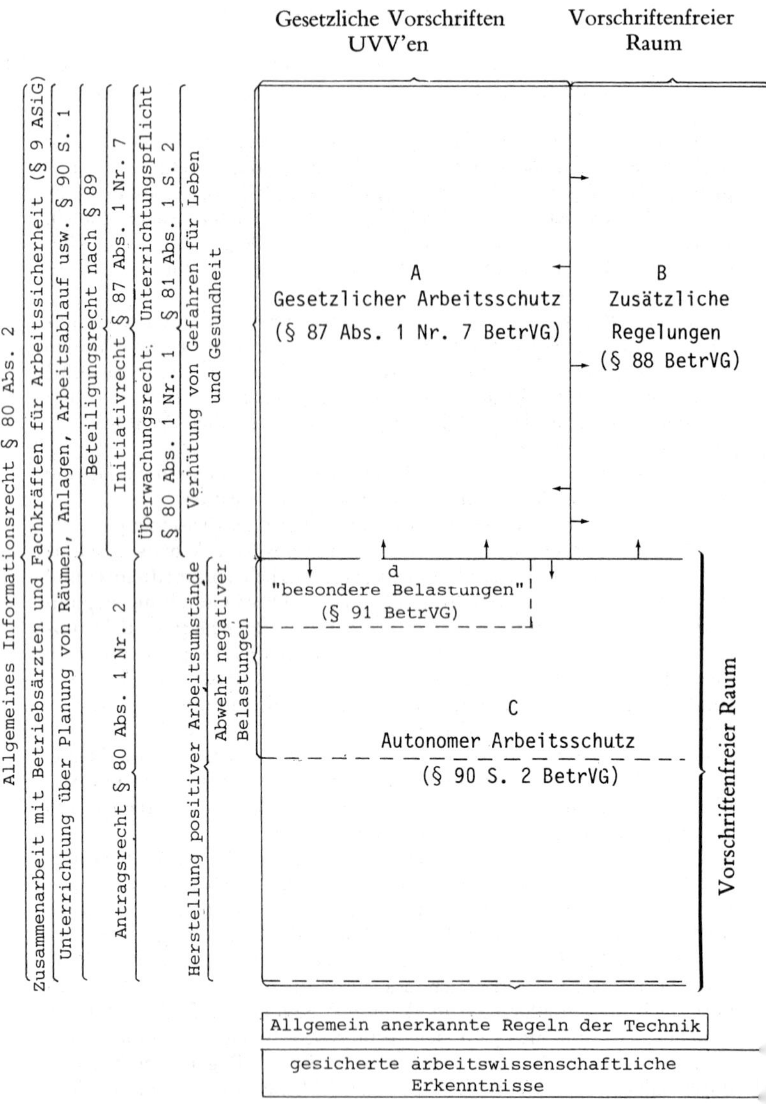

samtbereich; ebenso die Tätigkeit der Betriebsärzte und Fachkräfte für Arbeitssicherheit und ihre Zusammenarbeit mit dem BR (§ 9 ASiG).

§ 89 Arbeitsschutz

(1) **Der Betriebsrat hat bei der Bekämpfung von Unfall- und Gesundheitsgefahren die für den Arbeitsschutz zuständigen Behörden, die Träger der gesetzlichen Unfallversicherung und die sonstigen in Betracht kommenden Stellen durch Anregung, Beratung und Auskunft zu unterstützen sowie sich für die Durchführung der Vorschriften über den Arbeitsschutz und die Unfallverhütung im Betrieb einzusetzen.**

(2) **Der Arbeitgeber und die in Absatz 1 genannten Stellen sind verpflichtet, den Betriebsrat oder die von ihm bestimmten Mitglieder des Betriebsrats bei allen im Zusammenhang mit dem Arbeitsschutz oder der Unfallverhütung stehenden Besichtigungen und Fragen und bei Unfalluntersuchungen hinzuzuziehen. Der Arbeitgeber hat dem Betriebsrat unverzüglich die den Arbeitsschutz und die Unfallverhütung betreffenden Auflagen und Anordnungen der in Absatz 1 genannten Stellen mitzuteilen.**

(3) **An den Besprechungen des Arbeitgebers mit den Sicherheitsbeauftragten oder dem Sicherheitsausschuß nach § 719 Abs. 3 der Reichsversicherungsordnung nehmen vom Betriebsrat beauftragte Betriebsratsmitglieder teil.**

(4) **Der Betriebsrat erhält die Niederschriften über Untersuchungen, Besichtigungen und Besprechungen, zu denen er nach den Absätzen 2 und 3 hinzuzuziehen ist.**

(5) **Der Arbeitgeber hat dem Betriebsrat eine Durchschrift der nach § 1552 der Reichsversicherungsordnung vom Betriebsrat zu unterschreibenden Unfallanzeige auszuhändigen.**

Inhaltsübersicht

I. Vorbemerkung

1 Die Beteiligung des BR bei der Durchführung der gesetzlichen Vorschriften über den Arbeitsschutz ist eine seiner wichtigsten Aufgaben, dient sie doch unmittelbar der Erhaltung von Leben und Gesundheit der ArbN, mittelbar wird durch die Verhütung von Arbeitsunfällen der

Betrieb von Unfallkosten und Betriebsstörungen entlastet (*Franke/Joki,* Volkswirtschaftl. Kosten der Arbeitsunfälle, Forschungsberichte der BAU Nr. 148/149, 328, 361), § 89 ergänzt die Bestimmungen der §§ 80 Abs. 1 Nr. 1, 81 Abs. 1 S. 2, 87 Abs. 1 Nr. 7, 88 Nr. 1, §§ 90, 91 und § 115 Abs. 7 Nr. 7. Zum Gesamtkomplex vgl. Vor § 89 Rn 1ff. Die Zuständigkeit des BR nach § 89 umfaßt den gesamten gesetzlichen Arbeitsschutz im weiten Sinne einschl. der Anwendung der Arbeitszeitvorschriften.

1a Entsprechende Vorschrift im **BPersVG 74:** § 81.

II. Überwachungspflicht des Betriebsrats auf dem Gebiete des Arbeitsschutzes

2 Dem BR obliegt nach § 80 Abs. 1 Nr. 1 die allgemeine Verpflichtung, darüber zu wachen, daß die zugunsten der ArbN geltenden Gesetze, Verordnungen, Unfallverhütungsvorschriften, TV und BV durchgeführt werden. Für den Bereich des gesetzlichen Arbeitsschutzes **verstärkt** § 89 Abs. 1 diese Verpflichtung, indem sie dem BR ausdrücklich auferlegt, sich für die Durchführung der Vorschriften über den Arbeitsschutz und die Unfallverhütung im Betrieb einzusetzen. Der BR hat somit ein **selbständiges Überwachungsrecht** und eine **Überwachungspflicht** bei der Bekämpfung von Gefahren für Leben und Gesundheit der ArbN im Betrieb. Aufgrund dieser Befugnis und Verpflichtung hat der BR sich (ggf. ein Ausschuß nach § 28) vom Stand des Arbeitsschutzes im Betrieb zu überzeugen, sich mit der Aufzeigung von Gefahrenquellen und Mißständen zu befassen, insbesondere jeder Beschwerde und Anregung aus Kreisen der ArbN, soweit sie nicht offensichtlich unbegründet oder übertrieben ist, nachzugehen. Der BR hat den ArbGeb. auf Gefahren im Betrieb und auf Vernachlässigungen von Schutzeinrichtungen aufmerksam zu machen und mit ihm über deren Abstellung zu beraten. (Wegen der Mitbestimmung des BR in Fragen des gesetzlichen Arbeitsschutzes vgl. § 87 Rn 82ff. u. Vor § 89 Rn 41ff.).

3 Diese Überwachungsbefugnis und -verpflichtung des BR im Bereich des Arbeitsschutzes gibt ihm das Recht, alle zur Erfüllung dieser Aufgaben erforderlichen Maßnahmen zu ergreifen. Hierzu gehören insbesondere sowohl allgemeine **Besichtigungen des Betriebs** zum Zwecke der Überprüfung, ob die maßgebenden Arbeitsschutz- und Unfallvorschriften eingehalten werden, als auch zu diesem Zweck durchgeführte **unangekündigte Stichproben** (*DR,* Rn 13, *GK-Wiese,* Rn 16, einschränkend *HSG,* Rn 12); dies gilt auch für Betriebsbereiche, zu denen im allgemeinen der Zutritt verboten ist. Die Ausübung dieser Befugnisse ist nicht von konkreten Verdachtsmomenten abhängig. Vielmehr kann der BR jederzeit, auch ohne daß konkrete Anhaltspunkte für eine Nichtanwendung oder fehlerhafte Anwendung von Arbeitsschutznormen bestehen, von seiner Überwachungsbefugnis Gebrauch machen.

4 Aus der gesetzlichen Regelung, sich für die Durchführung des Arbeitsschutzes im Betrieb einzusetzen, ergibt sich ferner, daß die Über-

wachungspflicht des BR nicht nur in bezug auf den ArbGeb. besteht, sondern auch im Hinblick auf die **ArbN des Betriebes** (*DR,* Rn 12; *GL,* Rn 8; *GK-Wiese,* Rn 13; *HSG,* Rn 10). Der BR soll die ArbN auf die Bedeutung der Einhaltung der Vorschriften des Arbeitsschutzes, auch wenn sie manchmal als lästig empfunden werden, hinweisen (etwa in der BetrVerslg., durch Anschläge am Schwarzen Brett, durch kollegiales Gespräch mit den ArbN, die für ihre Unachtsamkeit bekannt sind, ferner in Zusammenarbeit mit der JugVertr. nach § 70 Abs. 1 Nr. 2). Wegen Beteiligung im **Arbeitsschutzausschuß** nach § 11 ASiG vgl. unten Rn 28. Der BR kann sich ferner dafür einsetzen, daß im Rahmen des betrieblichen Vorschlagswesens (vgl. § 87 Rn 154ff.) der Arbeitsschutz besonders beachtet wird. Diese Überwachungspflicht des BR besteht in bezug auf alle für den Betrieb geltenden Arbeitsschutzvorschriften in weitem Sinne. Wegen eines Überblicks über die diesbezüglichen Vorschriften vgl. Vor § 89 Rn 49ff. Hierzu zählen auch besondere betriebliche Arbeitsschutzregelungen, etwa aufgrund einer BV nach § 87 Abs. 1 Nr. 7 oder § 88 Nr. 1. Wegen der Zuständigkeit der Bordvertr. für die Schiffssicherheit vgl. § 115 Abs. 7 Nr. 7.

Der ArbGeb. hat dem BR die für den Betrieb einschlägigen **Bestimmungen** auf dem Gebiete des Arbeits- und Gesundheitsschutzes **zur Verfügung zu stellen.** Dies ergibt sich aus § 40 Abs. 2 und § 80 Abs. 2 S. 2. 5

Trotz der weitgehenden Überwachungsbefugnis und -verpflichtung des BR im Bereich des Arbeitsschutzes bleibt die **Verantwortlichkeit des ArbGeb.** für die Durchführung und Gewährleistung des betrieblichen Arbeitsschutzes unberührt (h. M. vgl. hierzu Vor § 89 Rn 26). Wegen der Zusammenarbeit des BR mit den Fachkräften für Arbeitssicherheit und den Betriebsärzten nach dem ASiG vgl. § 87 Rn 89. Wegen Arbeitsschutzbelehrung als integriertem Bestandteil der Ausbildung vgl. § 96 Rn 29. 6

III. Unterstützung der für den Arbeitsschutz zuständigen Behörden und Stellen

Der BR ist nach Abs. 1 verpflichtet, **alle** für den gesetzlichen Arbeitsschutz in weitem Sinne zuständigen Behörden und Stellen durch Anregung, Beratung und Auskunft bei ihrer auf den Betrieb bezogenen Tätigkeit zu unterstützen. In Betracht kommen insbes. die **staatlichen Gewerbeärzte** und **Gewerbeaufsichtsbeamten** (GAB), Beamte der **Baubehörden** (**a. A.** *HSG,* Rn 4) und der Stellen für vorbeugenden **Brandschutz,** im **Bergbau** die Beamten der Bergaufsichtsbehörde, die amtlich anerkannten Sachverständigen der **Technischen Überwachungsorganisationen** (TÜV, Staatl. Überwachungsämter in Hessen und Hamburg) und die **Technischen Aufsichtsbeamten der Berufsgenossenschaften** (TAB); ferner die für den **Immissionsschutz** zuständigen Behörden im Rahmen der ihnen obliegenden Berücksichtigung der Belange des Arbeitsschutzes (vgl. § 6 Nr. 2 BImSchG), nicht jedoch die Polizeibehör- 7 den, soweit sie nicht einen Unfallhergang, sondern den strafrechtlichen Tatbestand untersuchen. Übersicht über die landesrechtlichen Zuständigkeiten zur GewO bei *Landmann/Rohmer/Meyer,* GewO (I), § 155 Rn. 13ff. Abs. 1 gilt entsprechend für die Zusammenarbeit des BR mit den im Betrieb tätigen **Fachkräften für Arbeitssicherheit und Betriebsärzten** (*DR,* Rn 5; *GL,* Rn 4; *GK-Wiese,* Rn 8; **a.A.** *HSG,* Rn 5). Insoweit ist der Arbeitsschutz durch das ASiG weiter ausgebaut und die Beteiligung des BR institutionalisiert worden (Näheres vgl. § 87 Rn 84ff.).

8 Der BR kann auch **Betriebskontrollen** der GAB und der sonstigen in Betracht kommenden Stellen oder Entscheidungen der Aufsichtsbehörde (vgl. hierzu BAG 6. 12. 83, AP Nr. 7 zu § 87 BetrVG 1972 Überwachung unter C III 3b) **anregen,** wenn der ArbGeb. den Vorschriften über den Arbeitsschutz zuwiderhandelt und eine Einigung im Betrieb nicht gelingt (§ 74 Abs. 1; **a.A.** LAG Bad.-Württ., Kritische Justiz, 1979, 323). Da dem BR ausdrücklich zur Pflicht gemacht ist, den beteiligten Stellen Auskunft zu erteilen, entfällt insoweit die Schweigepflicht nach § 79 (h.M.).

9 Durch die auf Grund der §§ 712 Abs. 4, 769 Abs. 1 und 801 Abs. 1 RVO vom BMA erlassene **Allgemeine Verwaltungsvorschrift** (AVV) über das Zusammenwirken der technischen Aufsichtsbeamten der Träger der Unfallversicherung mit den Betriebsvertretungen vom 28. 11. 1977 (abgedruckt als Anhang 7) sind die TAB verpflichtet, den BR hinzuzuziehen, wenn sie **Betriebsbesichtigungen, Unfalluntersuchungen** oder **Besprechungen** über betriebliche Unfallverhütungsfragen durchführen, ferner wenn **Anordnungen** im Einzelfall erlassen oder **Ausnahmen** im Einzelfall gebilligt werden (vgl. zum letzteren auch Vor § 89 Rn 48). Der TAB hat dem BR **Niederschriften** über Betriebsbesichtigungen, Unfalluntersuchungen und Besprechungen über betriebliche Unfallverhütungsfragen sowie Schreiben an den Unternehmer, die Maßnahmen der Unfallverhütung zum Gegenstand haben, abschriftlich zu übersenden. Der TAB hat den BR ferner über die entgegen § 1552 RVO nicht vom BR mitunterzeichneten Unfallanzeigen und über vorgesehene Ausbildungslehrgänge auf dem Gebiet der Unfallverhütung und der ersten Hilfe zu unterrichten. Besonders hervorzuheben ist, daß der TAB den BR auf dessen Verlangen in Angelegenheiten der Unfallverhütung zu beraten hat (vgl. zu dieser AVV *Wolber,* BlStR 80, 1).

10 Gestützt auf §§ 717, 769 Abs. 1 und 801 Abs. 1 RVO hat der BMA eine weitere **Allgemeine Verwaltungsvorschrift** über das Zusammenwirken der Träger der **Unfallversicherung** und der **Gewerbeaufsichtsbehörden** vom 28. 11. 1977 (abgedruckt als Anhang 8) erlassen. Durch diese AVV werden Unfallversicherungsträger und Gewerbeaufsichtsbehörden zu einem engen Zusammenwirken auf dem Gebiet der Unfallverhütung und der ersten Hilfe verpflichtet: Die Aufsichtsbeamten sollen bei wichtigen Anlässen Betriebsbesichtigungen gemeinsam vornehmen, insbesondere wenn Zweifel über die Anwendung von Vorschriften bestehen, Ausnahmeregelungen beantragt sind, Anordnungen im Einzelfall erlassen oder Schadensfälle von größerem Ausmaß eingetreten

sind. Arbeitsunfälle mit tödlichem Ausgang, Massenunfälle und Unfälle bei der Verwendung neuartiger Maschinen oder bei der Anwendung neuartiger Arbeitsverfahren sollen gemeinsam untersucht werden. Daneben besteht für die Unfallversicherungsträger und Gewerbeaufsichtsbehörden die Verpflichtung zum gegenseitigen Erfahrungsaustausch, zur gegenseitigen Beteiligung an der Ausarbeitung sicherheitstechnischer Regeln und zur gegenseitigen Anhörung und Unterrichtung bei allen Vorgängen und Maßnahmen von wichtiger Bedeutung, z. B. Anordnungen und Ausnahmen im Einzelfall, Feststellung erheblicher Mängel in einem Betrieb, nicht gemeinsam durchgeführte Unfalluntersuchungen.

Mittelbar trägt diese AVV dazu bei, die Beteiligung des BR auch bei Maßnahmen der Gewerbeaufsichtsbehörden sicherzustellen. Denn ein Zusammenwirken des GAB mit dem TAB des Unfallversicherungsträgers führt nach den Bestimmungen der AVV über das Zusammenwirken der TAB mit den Betriebsvertretungen (vgl. Rn 9), in wichtigen Fällen dazu, daß der BR bei Betriebsbesichtigungen, Erlaß von Anordnungen oder Bewilligung von Ausnahmen im Einzelfall durch den TAB hinzugezogen wird. Der BR hat damit die Möglichkeit, auch auf die Entscheidungen der Gewerbeaufsichtsbehörden auf dem Gebiete des Arbeits- und Gesundheitsschutzes durch seine genaue Kenntnis der besonderen Verhältnisse des Betriebes Einfluß zu nehmen (vgl. auch Rn. 15ff.). Im übrigen sind die Gewerbeaufsichtsbeamten auch nach den Dienstanweisungen der obersten Arbeitsbehörden der Länder zur **Zusammenarbeit mit dem BR verpflichtet** (vgl. die folgenden Dienstanweisungen der obersten Arbeitsbehörden der Länder: Baden-Württemberg vom 6. 7. 1977; Bayern vom 30. 11. 72; Berlin vom 26. 6. 1979; Bremen vom 3. 6. 77; Hamburg vom 5. 5. 1982; Hessen vom 13. 2. 1979; Niedersachsen vom 3. 12. 1970; Nordrhein-Westfalen vom 3. 12. 1980; Rheinland-Pfalz vom 12. 10. 1972; Saarland vom 3. 7. 1972; Schleswig-Holstein vom 31. 3. 1976). **11**

Das in der Vorbem. Vor § 89 Rn 1ff. dargelegte System der Rechtsetzung auf dem Gebiete des Arbeitsschutzes, nach dem die Rechtsetzungsorgane sicherheitstechnische Leitlinien festlegen, setzt voraus, daß außer den überbetrieblich organisierten Fachausschüssen die praxisnahen BR mithelfen, das staatlich angestrebte Sicherheitsziel zu erreichen. Das gleiche gilt für die Beurteilung, ob eine von den allgemein anerkannten Regeln der Sicherheitstechnik abweichende sicherheitstechnische Lösung als gleichwertig anerkannt werden kann. Auch hier hat der BR das durch den ständigen Kontakt mit der Betriebspraxis gewachsene Wissen seiner Mitglieder durch Anregungen und Auskünfte zur Verfügung zu stellen. **12**

Eine Mitwirkung des BR kommt auch **im Rahmen der AZO** in Betracht, wenn das Gewerbeaufsichtsamt nach § 8 Anträge über Arbeitszeitverlängerung zu bescheiden hat. Bei der Prüfung, ob die Voraussetzungen „Nachweis eines dringenden Bedürfnisses“ und „wenn in die Arbeitszeit regelmäßig und in erheblichem Umfange Arbeitsbereitschaft fällt“ vorliegen, können die Auskünfte und Anregungen des BR einen **13** wichtigen Beitrag für eine sachgerechte Entscheidung der Behörde bilden. Das gleiche gilt für Entscheidungen nach § 20 Abs. 2 bis 4 AZO.

14 Der ArbGeb. hat dem BR nach Abs. 2 Satz 2 zur Erleichterung seiner Aufgaben **unverzüglich,** d. h. ohne schuldhaftes Zögern (§ 121 BGB) **alle Auflagen** (d. h. einschränkende Bedingungen bei Erteilung von Genehmigungen) **und Anordnungen** mitzuteilen, die die in Abs. 1 genannten Stellen dem ArbGeb. über den Arbeitsschutz und die Unfallverhütung gemäß § 120d, 120f, 124a, 139g, 139i GewO, § 714 Abs. 1 RVO machen. Diese Verpflichtung besteht auch, wenn der BR im Einzelfall entgegen Abs. 2 Satz 1 nicht zugezogen wurde (*DR,* Rn 21).

IV. Beteiligung des Betriebsrats

15 Der BR ist nach Abs. 2 bei allen mit dem Arbeitsschutz oder der Unfallverhütung zusammenhängenden **Fragen** und **Besichtigungen** sowie bei **Unfalluntersuchungen** zuzuziehen (h. M.). In der Regel werden das oder die BRMitgl. zu beteiligen sein, die der BR bestimmt, und zwar am besten in der Geschäftsordnung (§ 36). Auch kann der BR einen besonderen Ausschuß einsetzen (§ 27) oder zusammen mit dem ArbGeb. bilden (§ 28).

16 Die **Verpflichtung zur Hinzuziehung** des BR trifft zum einen den ArbGeb.; sie beschränkt sich jedoch nicht auf ihn, sondern obliegt – wie sich aus dem Gesetzeswortlaut eindeutig ergibt – auch alle mit dem Arbeitsschutz und der Unfallverhütung befaßten Stellen (Rn. 5). Auch diese haben eine originäre Pflicht, bei betriebsbezogenen Maßnahmen des Arbeits- und Gesundheitsschutzes den BR von sich aus zu beteiligen. Zu der diesbezüglichen Verpflichtung des TAB der Träger der Unfallversicherung vgl. die §§ 1ff. der AVV über das Zusammenwirken der technischen Aufsichtsbeamten der Träger der Unfallversicherung mit den Betriebsvertretungen (vgl. oben Rn 9). Zur Beteiligung des BR durch die Betriebsärzte und Fachkräfte für Arbeitssicherheit vgl. § 9 Abs. 1 und 2 ASiG (vgl. § 87 Rn 89).

17 Dem BR sind zur Erleichterung seiner Arbeit **alle Niederschriften** auszuhändigen, die im Rahmen seiner Beteiligung nach den Abs. 2 oder 3 angefertigt werden (§ 89 Abs. 4). Die Verpflichtung, dem BR die Niederschrift zu überlassen, trifft denjenigen, der die Niederschrift anfertigt; soweit dies eine für den Arbeitsschutz zuständige Stelle ist, hat diese die Niederschrift dem BR unmittelbar zuzuleiten (*DR,* Rn 21; *GK-Wiese,* Rn 29; **a. A.** *Leube,* DB 73, 236: nur der ArbGeb.; einschränkend auch *GL,* Rn 13, *HSG,* Rn 25: nur nach vorheriger Kenntnisnahme des ArbGeb.). Nach der ausdrücklichen Regelung des Abs. 2 S. 2 obliegt dem ArbGeb., dem BR unverzüglich, d. h. ohne schuldhaftes Zögern, die den Arbeitsschutz und die Unfallverhütung betreffenden Auflagen und Anordnungen der zuständigen Stellen mitzuteilen (vgl. Rn 14). Jedoch steht nichts im Wege, daß die zuständigen Stellen den BR auch unmittelbar über derartige Auflagen und Anordnungen unterrichten.

Bei Anordnungen der Aufsichtsbehörde nach dem ASiG ist der BR vorher von der Behörde **zu hören;** die Behörde hat den BR über eine dem ArbG gegenüber getroffene Anordnung unmittelbar und schriftlich in Kenntnis zu setzen (vgl. § 12 Abs. 2 und 4 ASiG). Über einen Störfall i. S. der StörfallVO hat der ArbGeb. außer der zuständigen Stelle auch den BR unverzüglich zu unterrichten (vgl. § 11 Abs. 4 StörfallVO). 18

1. Einführung und Prüfung von Arbeitsschutzeinrichtungen

Zu den im Zusammenhang mit dem Arbeitsschutz und der Unfallverhütung stehenden Fragen gehören auch die Einführung und Prüfung von Arbeitsschutzeinrichtungen. **Arbeitsschutzeinrichtungen** sind insbesondere Schutzvorrichtungen an Maschinen, Einrichtungen, die zum Beleuchten, Beheizen, Kühlen sowie zum Be- und Entlüften bestimmt sind, Einrichtungen zum Entstauben und Entgasen von Arbeitsräumen sowie Schutzausrüstungen, die nicht Teil eines technischen Arbeitsmittels sind, sog. „Persönliche Schutzausrüstungen" (z. B. Schutzanzüge, Schutzhelme, Schutzbrillen). 19

Der BR ist sowohl bei **der Prüfung** als auch der anschließenden **Einführung** (vgl. § 80 Rn 28, 47f.) zuzuziehen. Das bedeutet, daß der ArbGeb. den BR bereits zu einem so frühen Zeitpunkt zu beteiligen hat, daß der BR die Möglichkeit besitzt, auf die Entscheidung des ArbGeb. durch Anregungen und Beratung Einfluß zu nehmen. Das gilt insbesondere bei der Einführung neuer Persönlicher Schutzausrüstungen, wie z. B. Schutzhelmen, Sicherheitsbrillen, Sicherheitsschuhen usw. (zu den Persönlichen Schutzausrüstungen vgl. auch BAU-Forschungsberichte Nr. 138, 227, 287, 329, 340, 392, 413, 443; wegen Kosten vgl. § 77 Rn 39, Vor § 89, Rn 53a a. E.), wo leicht Fehlentscheidungen getroffen werden können, wenn die Erfahrungen der Belegschaft nicht rechtzeitig berücksichtigt werden. Der BR kann sich dabei von den für den Betrieb bestellten Betriebsärzten und Fachkräften für Arbeitssicherheit beraten lassen (vgl. auch § 87 Rn 89). 20

2. Unfalluntersuchungen

Die Beteiligung des BR an Unfalluntersuchungen ist besonders wichtig, weil dieser hieraus Erfahrungen gewinnt und Lehren zieht, die für die Erfüllung der Pflichten nach § 89 Abs. 1 von besonderer Bedeutung sind. Der BR ist berechtigt und verpflichtet, **an allen Unfalluntersuchungen teilzunehmen** ohne Rücksicht darauf, ob ein ArbN zu Schaden gekommen ist (h. M.). Ob sich der Unfall in den Betriebsräumen oder bei Außenarbeiten ereignet hat, spielt keine Rolle (OVG Lüneburg AP Nr. 1 zu § 68 PersVG; BVerwG AP Nr. 2 zu § 68 PersVG; *GL,* Rn 11; *HSG,* Rn 15; *GK-Wiese,* Rn 13). 21

Nach §§ 1552ff. RVO hat der ArbGeb. jeden schwerwiegenden Betriebsunfall (Arbeitsunfähigkeit von mehr als 3 Tagen) der Ortspolizeibehörde und der BG anzuzeigen und nach § 89 Abs. 5 eine Durchschrift der Anzeige dem BR auszuhändigen. Der BR hat die **Unfallanzeige** mit 22 zu unterschreiben (§ 1552 Abs. 3 RVO), ohne daß er damit die allein den ArbGeb. treffende Verantwortung für den Inhalt übernimmt (h. M.). Er ist berechtigt, ggfls. seine abweichende Sicht des Unfallgeschehen darzulegen (*GL,* Rn 14; *HSG,* Rn 27). Auch durch § 5 der AVV über das Zusammenwirken der TAB der Träger der Unfallversicherungen mit den BR (vgl. Anhang 7) wird sichergestellt, daß der BR von allen der BG angezeigten Unfällen Kenntnis erhält. Der TAB ist danach verpflichtet, dem BR Abschriften von Unfallanzeigen zu übersenden oder den Eingang von Unfallanzeigen mitzuteilen, sofern sie nicht vom BR mitunterzeichnet sind. Will der TAB eine Betriebsbesichtigung aus Anlaß eines Unfalls durchführen, so hat er den BR hiervon in Kenntnis zu setzen.

23 Der BR ist nicht nur zu den Besichtigungen des Unfallortes, sondern auch z. B. zu der **Vernehmung von Unfallzeugen** und zur **Anhörung von Sachverständigen** über Unfallursachen hinzuziehen. Ist zur Information des BR die Einsichtnahme in Unterlagen notwendig, so sind ihm diese vorzulegen. Zur Unterrichtung des BR gehört vor allem auch die Einsichtnahme in abschließende Berichte über Unfälle (zustimmend *HSG,* Rn 15).

23a Nach § 11 Abs. 4 StörfallVO ist der BR über Mitteilungen des ArbGeb. an die zuständige Behörde über den Eintritt eines Störfalls oder einer schwerwiegenden Betriebsstörung unverzüglich zu unterrichten.

V. Mitwirkung bei der Bestellung und Tätigkeit der Sicherheitsbeauftragten

24 Nach § 719 Abs. 1 RVO hat der Unternehmer in Unternehmen mit mehr als 20 Beschäftigten einen oder mehrere **Sicherheitsbeauftragte** zu bestellen; die Berufsgenossenschaften können für Betriebe mit geringer Unfallgefahr die Zahl 20 in ihrer Satzung erhöhen (das ist z. B. für die chemische Industrie geschehen). Die Bestellung (und Abberufung, vgl. *GK-Wiese* Rn 26; **a. A.** *HSG,* Rn 20) hat unter Mitwirkung des BR zu erfolgen. „Mitwirkung" ist eine schwächere Form der Beteiligung als „Mitbestimmung", sie ist jedoch mehr als bloße „Anhörung" (vgl. § 1 Rn 121). Der ArbGeb. hat die beabsichtigte Bestellung von Sicherheitsbeauftragten mit dem Ziel einer Verständigung **rechtzeitig** und eingehend mit dem BR zu erörtern. Die Auswahl geeigneter Sicherheitsbeauftragter, die auch bereit sind, sich für ihre Aufgaben einzusetzen, ist wichtig, zumal diese Personen eine notwendige Ergänzung der innerbetrieblichen Sicherheitsorganisation darstellen. Sie sind nicht etwa wegen des ASiG überflüssig geworden. (allgemein zu den Sicherheitsbeauftragten: *Dickershoff,* BAU-Forschungsbericht 202; *ders.* Moderne Unfallverhütung 1981, S. 25; *Rehhahn,* Die BG 79, 337f., 398f.; *Lauterbach,* Unfallversicherungsrecht 1983, § 719, *Rainer* u. a. Was muß die Führungskraft von der Arbeitssicherheit wissen? ArbAgebVerbd der Metallindustrie, Köln, 16. Aufl. 1983; *IG-Metall,* Sicherheitsbeauftragte, Schriftenreihe Arbeitssicherheit, Heft 10, 1983). Am 31. 12. 85 waren im Bereich der gewerbl. BG etwa 259.000 Sicherheitsbeauftragte in knapp 91.000 Unternehmen bestellt (Unfallverhütungsbericht 1985, BT-Drucks. 10/6690, Übersicht 25). Die Beteiligung des BR bezieht sich nicht nur auf die Auswahl, sondern auch auf die **Anzahl der Sicherheitsbeauftragten** (soweit diese nicht nach § 719 Abs. 5 RVO durch UVV abschließend bestimmt ist – VGB 1 Art. 1) und auf deren **Zuteilung zu den Betriebsbereichen.**

§ 719 Abs. 2 RVO bezeichnet es als **Aufgabe der Sicherheitsbeauftragten,** den Unternehmer bei der Durchführung des Unfallschutzes zu unterstützen, insbesondere sich von dem Vorhandensein und der ordnungsgemäßen Benutzung der vorgeschriebenen Schutzvorrichtungen fortlaufend zu überzeugen. Dies bedeutet: Der Sicherheitsbeauftragte hat den ArbGeb. von sich aus zu beraten, ihm Hinweise und Empfehlungen zu geben, er hat dem Unternehmer oder den eingesetzten Betriebsleitern seine Beobachtungen zu melden, seine Arbeitskollegen auf Unfallgefahren aufmerksam zu machen, zu beraten und aufzuklären. Der Sicherheitsbeauftragte hat allerdings gegenüber seinen Kollegen keine Weisungsbefugnis; der ArbGeb. ist rechtlich nicht verpflichtet, den Vorschlägen und Anregungen des Sicherheitsbeauftragten nachzukommen (*GK-Wiese,* Rn 29). 25

Die Sicherheitsbeauftragten dürfen wegen der Erfüllung ihrer Aufgaben nicht benachteiligt werden (§ 719 Abs. 3 RVO; § 9 Abs. 2 VBG 1). Den BG obliegt nach § 720 RVO die **Schulung** sowohl der Sicherheitsbeauftragten als auch der Sicherheitsfachkräfte nach dem ASiG. Die BG trägt die unmittelbaren Ausbildungskosten und die erforderlichen Fahrt-, Unterbringungs- sowie Verpflegungskosten (§ 720 Abs. 2 RVO). Für die wegen Teilnahme an einem Ausbildungslehrgang ausgefallene Arbeitszeit hat der ArbGeb. das Arbeitsentgelt unvermindert fortzuzahlen (vgl. BAG 20. 7. 77, AP Nr. 1 zu § 720 RVO). Die Heranziehung der Teilnehmer erfolgt auf Grund von Anmeldungen zu den von den BG angebotenen Seminaren (vgl. § 9 AVV v. 28. 11. 1977; Anhang 7); die Anmeldung erfolgt nach Beteiligung des BR (1987 wurden durch die gewerbl. BG für Sicherheitsbeauftragte insgesamt über 1300 Schulungskurse unterschiedlicher Dauer mit ca. 32000 Teilnehmern durchgeführt; vgl. Unfallverhütungsbericht 1987, BT-Drucks. 11/3736, Übersicht 26). 26

Wenn mehr als drei Sicherheitsbeauftragte bestellt werden, so bilden sie nach § 719 Abs. 4 RVO aus ihrer Mitte einen **Sicherheitsausschuß,** dem nicht ohne weiteres alle Sicherheitsbeauftragte angehören (h. M.). 27

Der ArbGeb. oder sein Beauftragter sollen mindestens einmal im Monat mit den Sicherheitsbeauftragten oder, soweit ein solcher vorhanden ist, mit dem Sicherheitsausschuß unter Beteiligung des BR zum Zwecke des **Erfahrungsaustausches** zusammentreffen (§ 719 Abs. 4 Satz 2 RVO); dies gilt auch, wenn ein Arbeitsausschuß (Rdnr. 28) gebildet ist (*DR,* Rn 30; *HSG,* Rn 23). § 89 Abs. 3 legt ausdrücklich fest, daß beauftragte Mitgl. des BR teilzunehmen haben. Der BR erhält die Besprechungsniederschriften. 27a

Sind in einem Betrieb Betriebsärzte oder Fachkräfte für Arbeitssicher- 28 heit bestellt, so ist nach § 11 ASiG ein **Arbeitsschutzausschuß** zu bilden, in dem auch Sicherheitsbeauftragte beteiligt sind. In diesem Fall entfällt der obligatorische Sicherheitsausschuß nach der RVO (vgl. § 719 Abs. 4 Satz 1 RVO). Hinsichtlich der MitglZahl und Zusammensetzung des Arbeitsschutzausschusses besteht ein MBR nach § 87 Abs. 1 Nr. 7 (*DR,* § 87 Rn 376; *GL,* § 87 Rn 166; *GK-Wiese,* § 87 Rn 246; *Denck,* ZfA 76, 461; einschränkend LAG Düsseldorf, DB 77, 915 **a. A.** *HSG,* § 87 Rn 338; *Stege/Weinspach,* § 87 Rn 131). Der Arbeitsschutzausschuß nach § 11 ASiG tritt mindestens einmal **vierteljährlich** zusammen; er setzt sich aus dem ArbGeb. oder seinem Beauftragten, zwei BRMitgl., Betriebsärzten, Fachkräften für Arbeitssicherheit und Sicherheitsbeauftragten zusammen.

VI. Verstöße

29 Vorsätzliche Behinderung oder Störung des BR in der Wahrnehmung seiner Aufgaben nach § 89 ist gemäß § 119 Abs. 1 Nr. 2 **strafbar.** Außerdem kann bei Verstößen gegen die Unfallverhütungsvorschriften eine **Geldbuße** verhängt werden (§ 710 RVO). Schließlich kommt bei Verletzung von ArbN durch Unfälle auch eine strafgerichtliche Verfolgung des ArbGeb. in Betracht (§ 323 StGB), wenn er schuldhaft die zur Unfallverhütung erforderlichen Maßnahmen unterlassen hat. Zivilrechtliche Ersatzansprüche eines geschädigten ArbN gegen den ArbGeb. sind aber in der Regel auf Grund der §§ 636ff. RVO ausgeschlossen.

30 Verletzt der BR grob seine Pflichten aus § 89, so kann er gemäß § 23 Abs. 1 aufgelöst, einzelne Mitgl. können des Amtes enthoben werden. Gegen den ArbGeb. kann in entsprechenden Fällen nach § 23 Abs. 3 vorgegangen werden (*DR,* Rn 31; *HSG,* Rn 29).

VII. Streitigkeiten

31 Streitigkeiten zwischen ArbGeb. und BR hinsichtlich der Mitwirkung bei Durchführung des Arbeitsschutzes entscheidet das **ArbG im BeschlVerf.** (§ 2a ArbGG). Gleiches gilt bei Streitigkeiten zwischen BR und den für den Arbeitsschutz zuständigen außerbetrieblichen Stellen, die sich aus § 89 ergeben (*DR,* Rn 32; *GL,* Rn 17; *GK-Wiese,* Rn 34; *HSG,* Rn 31; **a. A.** LAG Düsseldorf, ArbuR 72, 190). Wegen Zwangsvollstreckung gegen den ArbGeb. aus arbeitsgerichtl. Beschlüssen nach § 85 Abs. 1 ArbGG vgl. Nach § 1 Rn 54f. Auch der Ersatz notwendiger Aufwendungen von BRMitgl. ist im BeschlVerf. geltend zu machen (§ 40 Rn. 48ff., 51), Lohnansprüche für die Zeit notwendiger Arbeitsversäumnis sind dagegen im Urteilsverfahren einzuklagen (§ 37 Rn 152).

Vierter Abschnitt. Gestaltung von Arbeitsplatz, Arbeitsablauf und Arbeitsumgebung

§ 90 Unterrichtungs- und Beratungsrechte

(1) **Der Arbeitgeber hat den Betriebsrat über die Planung**

1. von Neu-, Um- und Erweiterungsbauten von Fabrikations-, Verwaltungs- und sonstigen betrieblichen Räumen,
2. von technischen Anlagen,
3. von Arbeitsverfahren und Arbeitsabläufen oder
4. der Arbeitsplätze

rechtzeitig unter Vorlage der erforderlichen Unterlagen zu unterrichten.

(2) **Der Arbeitgeber hat mit dem Betriebsrat die vorgesehenen Maßnahmen und ihre Auswirkungen auf die Arbeitnehmer, insbesondere auf die Art ihrer Arbeit sowie die sich daraus ergebenden Anforderungen an die Arbeitnehmer so rechtzeitig zu beraten, daß Vorschläge und Bedenken des Betriebsrats bei der Planung berücksichtigt werden können. Arbeitgeber und Betriebsrat sollen dabei auch die gesicherten arbeitswissenschaftlichen Erkenntnisse über die menschengerechte Gestaltung der Arbeit berücksichtigen.**

Inhaltsübersicht

I. Vorbemerkung

1 Das Gesetz bringt in einem eigenen 4. Abschnitt Beteiligungsrechte des BR in Angelegenheiten, die sich auf die technische und organisatorische Gestaltung der **Arbeitsplätze,** des **Arbeitsablaufs** und der **Arbeitsumgebung** auswirken können. Der BR soll schon im **Planungsstadium** auf Grund rechtzeitiger und umfassender Unterrichtung beteiligt werden. Wegen des Planungszeitpunkts, in dem die Unterrichtung vorzunehmen ist, vgl. § 80 Rn 47ff. Ziel der Beteiligung des BR nach §§ 90, 91 ist – über den „gesetzlichen Arbeitsschutz“ hinaus – die Berücksichtigung der Auswirkungen technischer und organisatorischer Maßnahmen auf die menschliche Arbeit durch Maßnahmen des „autonomen Arbeitsschutzes“ (zur Abgrenzung vgl. Vor § 89 Rn 1ff.). Im Interesse der Übersichtlichkeit sind die Beteiligungsrechte des BR nach §§ 90 und 91 wegen ihres Zusammenhangs mit denen nach § 87 Abs. 1 Nr. 7, § 88 Nr. 1 und § 89 in den Vorbemerkungen „Vor § 89“ zusammengefaßt dargestellt. Auf diese Ausführungen (insbes. dort Rn 1–22 und 74ff.) wird verwiesen, um Wiederholungen zu vermeiden. Das Gesetz zur Änderung des BetrVG vom 20. 12. 1988 hat durch eine Neufassung des § 90 die Informations- und Beratungsrechte des BR entsprechend der

bisherigen Rechtsprechung und -lehre festgeschrieben, aber faktisch nur „verdeutlicht", kaum erweitert. Mit der Neufassung des § 90 steht die Erörterungspflicht des ArbGeb gegenüber den einzelnen ArbN nach § 81 Abs. 3 n. F. in Zusammenhang (vgl. dort Rn 12ff.).

2 Die Betriebsverfassung soll in den Dienst einer wünschenswerten **Humanisierung des Arbeitslebens** gestellt werden. Die Bundesregierung (BMFT und BMA) hat zur Förderung der Bemühungen auf diesem Gebiet seit 1974 ein umfangreiches Forschungsprogramm „Humanisierung des Arbeitslebens" (HdA) entwickelt (vgl. hierzu Bulletin 1974, 563; ArbSch 74, Heft 6 mit Einführung von Bethge sowie Forschungsbericht der BAU Nr. 537 „HdA und Qualifizierung-Rückblick und Perspektiven") bis 1988 sind weit über eine Mrd. DM als Fördermittel in das Programm geflossen, z. Z. etwa 100 Mio. DM jährlich. (Näheres hierzu und zu den Forschungsschwerpunkten vgl. die Antworten bzw. Berichte der Bundesregierung vom 21. 3. 1980 – BT-Drucksache 8/3844 und 8/3852, vom 6. 4. 1983 – BT-Drucksache 10/16 – und vom 8. 11. 1985 – BT-Drucksache 10/4196; ferner Antwort der Bundesregierung auf die Große Anfrage der SPD „HdA" vom 22. 12. 1988 – BT-Drucksache 11/3780 ferner *Bieneck,* BArbBl. 83, Heft 10, S. 23; *ders.,* Die BG 85, 465; Forschung zur Humanisierung des Arbeitslebens, Dokumentation 1987, Hrsg.; BMFT und BMA; Gesundheit am Arbeitsplatz – Neue Techniken menschengerecht gestalten, Hrsg. BMA 1988). Das Programm läuft 1989 aus und wird 1990 durch das Programm „Arbeit und Technik" abgelöst. Dieses behält jedoch wesentliche Ziele des HdA-Programms bei. Leitziele des neuen Programms sind die Prävention und Innovation im Betrieb. Wegen der wachsenden Bedeutung der Qualifikation wird das Programm „Arbeit und Technik" gegenüber dem HdA-Programm entsprechend erweitert, u. a. durch den Eintritt des BMBW in die Trägerschaft.

2a Die Verwaltungsvorschriften vom 2. 11. 1976 (BAnz. vom 13. 11. 1976, Ziff. 5.2.1) sehen eine Beteiligung des BR bei der Projektierung und Beantragung von Forschungsmitteln für Forschungsvorhaben des HdA-Programms vor (kritisch hierzu *Scholz,* BB 81, 441; befürwortend *Bieback,* RdA 83, 265).

2b Die Forschungsergebnisse des HdA-Programms werden in folgenden Schriftenreihen veröffentlicht:

- Schriftenreihe „Humanisierung des Arbeitslebens" Herausgeb. BMFT (sogen. Grüne Reihe); Hinweis: Der BMFT hat inzwischen die Veröffentlichung seiner Berichte eingestellt und es den Autoren selbst überlassen, diese fortzusetzen.
- Forschungsberichte Humanisierung des Arbeitslebens, Herausgeb. BMA; hier als „BMA-Forschungsbericht" zitiert (sogen. Weiße Reihe);
- Forschungsberichte, Herausgeb. BMFT (sogen. Gelbe Reihe);
- Forschungsberichte der BAU, hier als „BAU-Forschungsbericht" zitiert;
- Arbeitswissenschaftliche Erkenntnisse – Forschungsergebnisse für die Praxis, Herausgeber BAU.

Eine Übersicht über die HdA-Forschung wird in unregelmäßigen Abständen von der Bundesanstalt für Arbeitsschutz herausgegeben (Titel: Humanisierung des Arbeitslebens, Verzeichnis der Veröffentlichungen, Sonderschrift, S. 26, Stand 31. 3. 88). Ferner ist auf folgende Informationsdienste hinzuweisen: „Prodis"-System der BDA und des Instituts für angewandte Arbeitswissenschaft, Köln; Informationsdienst des Wirtschafts- und Sozialwissenschaftlichen Instituts des DGB; Informationszentrum Sozialwissenschaft, Arbeitsgemeinschaft Sozialwissenschaftlicher Institute e. V., Bonn. Vgl. auch „Vor § 89" Rn 21. Zur Frage der Wirtschaftlichkeit von HdA-Maßnahmen vgl. RKW-Reihe „Menschengerechte Arbeitsplätze sind wirtschaftlich" 5 Hefte, 1985, sowie *Bieneck,* Schutz der Gesundheit ist auch wirtschaftlich wichtig in Maschinenmarkt Nr. 18/88 S. 54ff. Zur Theorie u. Praxis einer Humanisierung der Arbeit vgl. *Wriedt,* BB 88, 2025.

Entsprechende Vorschriften im **BPersVG 74;** § 75 Abs. 3 Nr. 16, § 76 Abs. 2 Nr. 5. 3

II. Unterrichtung über die Planung

Die Vorschrift des § 90 bezieht sich auf die Beteiligung des BR bei der **Planung künftiger Änderungen,** nicht auf eine Verbesserung der menschengerechten Gestaltung der Arbeit in bestehenden Einrichtungen, wenn nichts verändert wird (*HSG,* Rn. 3a; *GK-Wiese,* Rn. 11, § 91 Rn. 3; *Zöller,* RdA 73, 215; **a.M.** *GKSB,* § 91 Rn. 4; *DR,* § 91 Rn. 11). Insoweit wird aber ein gefährlicher oder gesundheitsschädlicher Zustand bereits durch öffentlich-rechtliche Arbeitsschutzvorschriften verhindert; insoweit besteht ein volles MBR (auch Initiativrecht) nach § 87 Abs. 1 Nr. 7 (Näheres hierzu Vor § 89 Rn. 41ff.). 4

Die Beteiligung des BR nach § 90 erfolgt durch **rechtzeitige Unterrichtung über die Planung** und die **(anschließende) Beratung** über die vorgesehenen Maßnahmen. Gegenstand der Beteiligung sind die in § 90 Abs. 1 Nr. 1 bis 4 genannten technologischen und organisatorischen Maßnahmen: Neu-, Um- und Erweiterungsbauten von Fabrikations-, Verwaltungs- und sonstigen betrieblichen Räumen, technischen Anlagen (aber nicht die Anschaffung einfacher Werkzeuge; *GK-Wiese,* Rn. 8; *Schaub* § 237 II 1b; **a.M.** *GL,* Rn. 2), Arbeitsverfahren und Arbeitsabläufe sowie Arbeitsplätze. Zu diesen Begriffen vgl. Vorbem. „Vor § 89" Rn 79ff. 5

Der Arbeitgeber hat über den Zweck und die technischen und organisatorischen Einzelheiten der geplanten Projekte gemäß § 80 Abs. 2 **umfassend zu unterrichten** (Näheres vgl. § 80 Rn 47ff.). Soweit erforderlich sind dem BR auch **schriftliche Unterlagen** und **Zeichnungen** zur Verfügung zu stellen, wobei es auf den Einzelfall ankommt, welche Aufzeichnungen und Pläne zur Einsichtnahme vorgelegt oder überlassen werden. Das Gesetz sieht jetzt ausdrücklich die Vorlage der erforderlichen Unterlagen durch den ArbGeb vor, ohne daß es einer Anforderung durch den BR bedürfte (wegen der Berücksichtigung von Betriebs- und 6

Geschäftsgeheimnissen vgl. § 80 Rn 36). Zur Unterrichtung gehört auch die Erläuterung. Wegen der Beteiligung von Sachverständigen bzw. Auskunftspersonen vgl. § 80 Rn 59ff. Die Unterrichtungspflicht und ihr Umfang sind nicht davon abhängig, ob und welche Auswirkungen sich aus der Planung für die ArbN ergeben. Es kommt lediglich darauf an, daß eine der in § 90 Abs. 1 genannten Maßnahmen geplant wird. Dies gilt auch bei versuchsweiser Einführung.

7 Der BR kann **seinerseits Planungen** für zukünftige Änderungen nach § 80 Abs. 1 Nr. 2 **vorschlagen,** deren Durchführung aber nicht erzwingen (BAG vom 6. 12. 83, AP Nr. 7 zu § 87 BetrVG 1972 Überwachung; LAG Düsseldorf, DB 81, 1676; *DR,* Rn 2; *GK-Wiese,* Rn 11; *HSG,* Rn. 12). Unberührt bleiben die Mitbestimmungs- und Initiativrechte aufgrund anderer Vorschriften, z. B. über infolge der Änderung erforderliche Verhaltensweisen der ArbN nach § 87 Abs. 1 Nr. 1, deren Kontrolle durch technische Anlagen nach § 87 Abs. 1 Nr. 6, auf dem Gebiet des gesetzlichen Arbeitsschutzes nach § 87 Abs. 1 Nr. 7, in Fragen der Entgeltgestaltung, die mit den geplanten Änderungen zusammenhängen, nach § 87 Abs. 1 Nr. 10, über die Teilnahme an Maßnahmen der Berufsbildung (Qualifikation für nach der Planung geänderte Tätigkeiten) nach § 98 Abs. 3 und bei den mit den Änderungen zusammenhängenden allgemeinen Personalangelegenheiten (§§ 92ff.), sowie bei geplanten Betriebsänderungen mit nachteiligen Auswirkungen für die ArbN nach §§ 111ff. (vgl. das Beispiel Vor § 89 Rn 22).

8 In der Regel ist **der BR** des von der Planung **betroffenen Betriebs** zu beteiligen. Die Übertragung dieser Aufgaben auf einen **besonderen fachkundigen Ausschuß** (zur Vorbereitung der Entscheidung des BR oder zur selbständigen Erledigung) kann zweckmäßig sein (*GL,* Rn 7; *HSG,* Rn 10). Die Zuständigkeit des GesBR oder des KBR wird in der Regel nicht angenommen werden können, es sei denn, der BR macht von der Delegationsmöglichkeit nach § 50 Abs. 2 bzw. der GesBR seinerseits von der nach § 58 Abs. 2 Gebrauch. Der Tatsache allein, daß derartige Planungen auf Unternehmensebene (in straff geführten Konzernen auf der Ebene des herrschenden Unternehmens) durchgeführt werden, begründet noch nicht die Zuständigkeit des GesBR bzw. KBR (Näheres vgl. § 50 Rn 17ff.; § 58 Rn 5ff.).

8a Je nach Art und Umfang des Betriebs führt die Beteiligung des BR nach § 90 zu häufigeren Verhandlungen zwischen ArbGeb. und BR, zumal die Unterrichtung und Beratung sich auf Planungen beziehen kann, die nicht nur den gesamten Betrieb, sondern Teilbereiche, Gruppen und einzelne Arbeitsplätze betreffen. Zur Entlastung der Betriebspartner kann jedenfalls in solchen Betrieben die Bildung von **gemeinsamen Ausschüssen** nach § 28 Abs. 3 zweckmäßig sein (*HSG,* Rn 10). Insbesondere führt die (nicht erzwingbare) Errichtung solcher ständiger Kommissionen nicht automatisch zu einer Erweiterung der Mitbestimmung im Sinne des Musters einer BV nach § 90 BetrVG bei *Birkwald/Pornschlegel,* aaO., Anhang 6.3. Durch freiwillige BV kann das Verfahren solcher Kommissionen geregelt werden.

9 Zum **Stadium der Planung,** in dem die Unterrichtung und Beteili-

gung des BR stattfindet, vgl. § 80 Rn 47. Das Gesetz schreibt jetzt in § 90 Abs. 2 Satz 1 n. F. ausdrücklich vor, daß die Beratung mit dem BR so rechtzeitig stattfinden muß, daß dessen Vorschläge und Bedenken noch berücksichtigt werden können. Der BR darf also nicht vor vollendete Tatsachen gestellt werden. Die zukünftige betriebliche Gestaltung soll sich nicht nur auf technische, organisatorische, wirtschaftliche und finanzielle Fragen erstrecken, sondern auch auf **die menschengerechte Gestaltung der Arbeit.** Im Rahmen der Planung ist auch zu prüfen, wie zukünftig Arbeitsplätze, Arbeitsablauf und Arbeitsumgebung menschengerecht gestaltet werden können. Eine Vernachlässigung dieses Gesichtspunktes wäre oft bei der späteren Verwirklichung der Planung nicht mehr aufzuholen.

Insbesondere ist die Beteiligung des BR – und damit die Beratung der **10**
Gegenstände des § 90 mit ihm – **nicht rechtzeitig,** wenn sie erst erfolgt, nachdem zwischen den anderen Ressorts Übereinstimmung erzielt worden ist, weil andernfalls der zuvor erzielte Kompromiß widerstreitender Interessen erneut in Frage gestellt werden müßte. Andererseits ist die **Beteiligung** in den fortschreitenden Stufen der Planung zu **wiederholen.** Sie darf nicht mit der theoretischen Erörterung beendet werden.

Nr. 1 umfaßt die Planung von **Neu-, Um- und Erweiterungsbauten** **11**
jeglicher betrieblicher Räumlichkeiten, insbesondere im Fabrikations- und Verwaltungsbereich, z. B. den Umbau oder den Neubau einer Fabrikhalle oder eines neuen Verwaltungsgebäudes. Unter „sonstige betriebliche Räume" fallen auch **Sozialräume** (Waschräume, Toiletten, Kantinen). Unter Räumlichkeiten sind aber auch abgegrenzte Teile eines Gebäudes zu verstehen, so daß z. B. auch die Planung der Einrichtung eines Laboratoriums oder des Umbaus eines Stockwerks zu einem Großraumbüro unter § 90 fällt (Näheres Vor § 89 Rn 50 und 80). Demgemäß ist jede bauliche Maßnahme beteiligungspflichtig, soweit es sich nicht um eine **reine Renovierung** oder kleine bauliche Veränderungen ohne Änderung der Bausubstanz handelt, z. B. um das Brechen einer neuen Tür (*DR,* Rn 5; *HSG,* Rn 5; insoweit **a. M.** *GK-Wiese,* Rn 6). Nicht beteiligungspflichtig sind ferner reine Abbrucharbeiten; insoweit gilt aber § 89.

Auch die Planung von **technischen Anlagen** (Nr. 2) bezieht sich so- **12**
wohl auf die Fabrikations- als auch den Verwaltungsbereich (z. B. Einführung von EDV-Anlagen i. Vbdg. mit Datensichtgeräten; von numerisch kontrollierten [NC], computergesteuerten [CNC] oder zentralcomputergesteuerten Maschinen; von Geräten zum computerunterstützten Konstruieren [CAD] oder Fertigen [CAM] (vgl. hierzu *Klebe/Roth,* AiB 84, 70ff., *Schuhmacher,* Rechnergestütztes Konstruieren und Fertigen, Schriftenreihe des Bayerischen Staatsministeriums für Arbeit und Sozialordnung, 2. Aufl. 1985; *Wohlgemuth,* Datenschutz, Rn 661); Einsatz von Robotern; Umstellung der durch EDV ausgeführten Personalabrechnung vom Off-Line- auf One-Line-Betrieb (vgl. LAG Hamburg, BB 85, 2110). Der Begriff der technischen Anlage erfaßt sowohl Maschinen, die unmittelbar dem Arbeitsablauf dienen, als auch Geräte und Hilfsmittel, die mittelbar den Arbeitsablauf ermöglichen oder erleich-

tern sollen, z. B. Neubau von Fahrstühlen, Klimaanlagen, Raumbeleuchtungen usw. (*DR,* Rn 8; *GK-Wiese,* Rn 8; *HSG,* Rn 6). **Nicht** beteiligungspflichtig ist lediglich die **Ersatzbeschaffung** für Teile schon vorhandener technischer Anlagen, sofern sich die gegebenen Bedingungen nicht ändern (z. B. Ersatz eines unbrauchbar gewordenen Motors oder Fahrstuhls durch einen neuen). Nicht gemeint sind technische Anlagen, die im Betrieb zur Überlassung an Dritte produziert werden (Näheres Vor § 89 Rn 51 und 81).

13 Unter Planung von **Arbeitsverfahren** (Nr. 3) ist die Technologie zur Veränderung des Arbeitsgegenstandes i. S. der Arbeitsaufgabe zu verstehen (z. B. vorwiegend Muskelarbeit oder vorwiegend nicht körperliche Tätigkeit, wie Steuern, Überwachen; Näheres Vor § 89 Rn 83), unter **Arbeitsabläufen** die organisatorische, räumliche und zeitliche Gestaltung des Arbeitsprozesses im Zusammenwirken von Menschen und Bebetriebsmitteln (Fließband, Gruppen- oder Einzelarbeit; Arbeit in der Halle, im Freien, in einer Kabine oder einem Fahrzeug, über oder unter Tage; Lage der Arbeitszeit, z. B. Nachtschicht, Umstellung des Bürobetriebs, der Lagerhaltung, der Werkstattkontrolle; Näheres Vor § 89 Rn 84 und 86). Der Begriff „Arbeitsverfahren“ dürfte weitgehend mit dem der Fabrikations- und Arbeitsmethoden (§ 106 Abs. 3 Nr. 5) übereinstimmen. Wegen „Arbeitsablauf“ vgl. auch § 81 Abs. 1 Satz 1 und § 82 Abs. 1 Satz 2. Wegen der MBR bei der Organisation der Arbeitsabläufe vgl. Vor § 89 Rn 54f, 59, wegen zusätzlicher Maßnahmen Vor § 89 Rn 70.

14 Die Planung der **Arbeitsplätze** (Nr. 4) bezieht sich über die Gestaltung von Arbeitsverfahren und Arbeitsabläufen hinaus auch auf die Ausgestaltung der einzelnen Arbeitsplätze, insbesondere die räumliche Anordnung und Gestaltung der Maschinen und Werkzeuge sowie die Anbringung sonstiger Arbeitsmittel und die Arbeitsumgebung des Arbeitsplatzes (vgl. *DR,* Rn 12; *GL,* Rn 4; *GK-Wiese,* Rn 10; *HSG,* Rn 9; Näheres vgl. Vor § 89 Rn 85).

14a Zur Unterrichtung des BR verpflichtet ist stets der ArbGeb., auch soweit es sich um die Planung für Teilbereiche, Gruppen- oder einzelne Arbeitsplätze handelt. Wegen Delegation von Aufgaben vgl. § 1 Rn 87; Vor § 89 Rn 26; § 9 Abs. 2 OWiG.

III. Beratung mit dem Betriebsrat

15 Bei der Beratung aufgrund der Unterrichtung des BR **müssen** nach der Neufassung der Vorschrift **alle Gesichtspunkte** erörtert werden, die sich aus den vorgesehenen Maßnahmen und deren Auswirkungen für die ArbN ergeben, auch solche die nicht mit arbeitswissenschaftlichen Erkenntnissen im Zusammenhang stehen (*Wlotzke,* DB 89, 116). Z. B. sind bei dieser Beratung auch Fragen der Beschäftigungspolitik des Unternehmens und der Auswirkungen der geplanten Maßnahmen auf die Arbeitszeit, die Arbeitsplätze, Art u. Anforderungen der Arbeit (Automatisierung, Arbeitstempo, Einzel- oder Gruppenarbeit), die Arbeitsentgelte, die Personalplanung und die betriebliche oder außerbetriebliche Fortbildung anzusprechen.

16 **Vorrangig,** aber nicht ausschließlich (Abs. 2 S. 1 n. F. „insbesondere") sind die vorgesehenen Maßnahmen im Hinblick auf ihre **Auswirkungen auf die Art der Arbeit** und die **Anforderungen an die ArbN** zu beraten. Beide Begriffe sind insbesondere im Hinblick auf die nicht erschöpfende Aufzählung und ihre Verwendung i. Vbg. mit den arbeitswissenschaftlichen Erkenntnissen **weit auszulegen.** Demgemäß ist unter „Art der Arbeit" sowohl die Festlegung bzw. Abgrenzung der Arbeitsaufgabe des einzelnen ArbN (z. B. i. S. der „Artteilung" nach REFA, MLA Teil 3, Kap. 6.3) als auch die sonstigen Auswirkungen von Arbeitsmethoden und -verfahren, die der ArbN anzuwenden hat oder denen er unterworfen ist, einschließlich der verwendeten Arbeitsmittel und -stoffe zu verstehen. Der Begriff der „Anforderungen an die ArbN" ist als Oberbegriff für Qualifikation, Verantwortung, Geschicklichkeit, Umgebungseinflüsse, Belastung und Beanspruchung zu verstehen (ähnlich *HSG,* Rn 17; Näheres vgl. Vor § 89 Rn 79ff.).

17 In Form einer **Sollvorschrift** (Abs. 2 S. 2 n. F.) ist BR und ArbGeb. auch aufgegeben, bei ihren Beratungen die **gesicherten arbeitswissenschaftlichen Erkenntnisse über die menschengerechte Gestaltung der Arbeit** zu berücksichtigen (vgl. hierzu Vor § 89 insbes. Rn 7ff., 15ff., 74ff.).

IV. Verstöße

18 Kommt der ArbGeb. seinen Verpflichtungen nach § 90 Abs. 1, Abs. 2 Satz 1 überhaupt nicht nach oder gibt er **wahrheitswidrige, unvollständige** oder **verspätete Auskünfte,** so kann gegen ihn nach § 121 eine **Geldbuße** bis zu Höhe von 20000 DM verhängt werden (vgl. OLG Düsseldorf, DB 82, 1575). Ist die Rechtsfrage streitig, ob die Voraussetzungen des § 90 für die Informations- und Beratungspflicht des ArbGeb. vorliegen, so entscheiden hierüber die **ArbG im BeschlVerf.** nach § 2a ArbGG. Bei offensichtlichen Verstößen gegen die gesicherten arbeitswissenschaftlichen Erkenntnisse über die menschengerechte Gestaltung der Arbeit kommt das **korrigierende MBR** nach § 91 in Betracht. Bei Verstößen gegen öffentlich-rechtliche Verpflichtungen finden dagegen die entsprechenden öffentlich-rechtlichen Maßnahmen des Verwaltungszwangs Anwendung bzw. werden solche Verstöße strafrechtlich oder als Ordnungswidrigkeiten verfolgt.

19 Der BR kann seinen Anspruch auf Unterrichtung und Beratung auch durch **einstw. Verfg.** geltend machen. Durch sie kann dem ArbGeb. allerdings im allgemeinen nicht untersagt werden, die Maßnahme bis zur vollständigen Unterrichtung und dem Abschluß der Beratung aufzuschieben. Denn § 90 gewährt nur ein Unterrichtungs- sowie Beratungsrecht und kein MBR, das den ArbGeb. an einer einseitigen Durchführung der Maßnahme hindert (vgl. zum letzteren § 87 Rn 23 und 161). Nur in den Fällen des § 91 besteht unter den dort genannten engen

Voraussetzungen ein (lediglich) korrigierendes MBR. Eine Untersagung der Druchführung der Maßnahme durch eine einstw. Verfg. würde über den Hauptanspruch (Unterrichtung und Beratung) hinausgehen (vgl. *GK-Wiese,* Rn 20; *HSG,* Rn 22; *Stege/Weinspach,* Rn 21; *Konzen,* Betriebsverfassungsrechtliche Leistungspflichten, S. 109; *Degott,* BB 82, 1995; *Schmidt,* BB 82, 48; **a. A.** *Dütz,* DB 84, 124; *Trittin,* DB 83, 230; *Köstler,* BB 82, 861; *GKSB,* Rn 26; Näheres zu dieser Streitfrage vgl. § 111 Rn 41). Falls dem ArbG allerdings im Zeitpunkt des Erlasses der einstw. Verfg. bekannt ist, daß die vom ArbGeb. geplante Maßnahme offensichtlich den gesicherten arbeitswissenschaftlichen Erkenntnissen über die menschengerechte Gestaltung der Arbeit widerspricht und die ArbN hierdurch besonders belastet werden, und damit das korrigierende MBR nach § 91 besteht (über den Zeitpunkt seines Entstehens vgl. § 91 Rn 8), kann auch eine Untersagung der Druchführung der geplanten Maßnahme gem. § 938 ZPO in Betracht kommen (ähnliche wohl *DR,* Rn 33). Auch soweit die Unterrichtung über Planungen stattzufinden hat, die den gesetzlichen Arbeiterschutz (§ 87 Abs. 1 N. 7) oder andere Mitbestimmungstatbestände nach § 87 (oben Rn 7) betreffen, kann im Wege der einstw. Verfg. ein Aufschub der Durchführung erzwungen werden (vgl. § 87 Rn 161).

§ 91 Mitbestimmungsrecht

Werden die Arbeitnehmer durch Änderungen der Arbeitsplätze, des Arbeitsablaufs oder der Arbeitsumgebung, die den gesicherten arbeitswissenschaftlichen Erkenntnissen über die menschengerechte Gestaltung der Arbeit offensichtlich widersprechen, in besonderer Weise belastet, so kann der Betriebsrat angemessene Maßnahmen zur Abwendung, Milderung oder zum Ausgleich der Belastung verlangen. Kommt eine Einigung nicht zustande, so entscheidet die Einigungsstelle. Der Spruch der Einigungsstelle ersetzt die Einigung zwischen Arbeitgeber und Betriebsrat.

Inhaltsübersicht

I. Vorbemerkung

1 Die Bestimmung des § 91 ergänzt das Anhörungs- und Beratungsrecht des BR nach § 90 durch ein **„korrigierendes“ MBR,** wenn der ArbGeb. Änderungen von Arbeitsplatz, Arbeitsablauf oder Arbeitsumgebung durchführt, die gesicherten arbeitswissenschaftlichen Erkenntnissen über die menschengerechte Gestaltung der Arbeit offensichtlich widersprechen und deshalb die betroffenen ArbN in besonderer Weise belastet werden. Der BR kann dann angemessene Maßnahmen zur Ab-

wendung, Milderung oder zum Ausgleich dieser Belastungen verlangen. Das korrigierende MBR des BR ist auf die Beseitigung konkreter Verstöße gegen gesicherte arbeitswissenschaftliche Erkenntnisse über die menschengerechte Gestaltung der Arbeit beschränkt; es ermöglicht gegen den Willen des ArbGeb. keine generellen Regelungen zur Berücksichtigung gesicherter arbeitswissenschaftlicher Erkenntnisse (BAG vom 6. 12. 83, AP Nr. 7 zu § 87 BetrVG 1972 Überwachung; weitergehend *Engel,* ArbuR 82, 81; *Wagner,* Mitbestimmung bei Bildschirmtechnologien, S. 158ff.). Im Gegensatz zu § 90 steht dem BR zur Beseitigung konkreter Verstöße i. S. des § 91 ein **Initiativrecht** zu. Es entscheidet letzten Endes die **E-Stelle** auf Antrag des ArbGeb. oder des BR verbindlich.

Entsprechende Vorschriften im **BPerVG 74:** § 75 Abs. 3 Nr. 16, § 76 **1a**
Abs. 2 Nr. 5.

II. Voraussetzungen der Mitbestimmung

Unter **„besonderen Belastungen"** im Sinne des § 91 sind erhebliche **2**
typisiert-negative Belastungen (bzw. Beeinträchtigungen) zu verstehen, die das Maß zumutbarer Belastungen und Beanspruchungen des arbeitenden Menschen übersteigen. Hierzu gehören z. B. **negative Umgebungseinflüsse** (Lärm, Vibrationen, Nässe, Gase, Dämpfe, Hitze, Kälte, Lichtmangel, Blendung), aber auch **negative Beanspruchungen durch die Art der Arbeitsleistung** (z. B. Tempo, Takt, einseitige Beanspruchung, Zwangshaltung, Monotonie, übermäßige Kontrolle). Diese negativen Belastungen lösen das MBR nach § 91 nur aus, wenn sie auch nach der Einarbeitungszeit auf **Dauer,** nicht nur vorübergehend bestehen (*GL,* Rn 11; *HSG,* Rn 8; **a. A.** *GK-Wiese,* Rn 11a). Wenn die Maßnahme nur einen einzigen Arbeitnehmer betrifft, genügt es, wenn dieser besonders belastet ist (*GL,* Rn 11; *GKSB,* Rn 7; *HSB,* Rn 8). Sonst ist für die Beurteilung dieser Frage von einer durchschnittlichen Belastbarkeit der in Frage kommenden ArbN auszugehen. Wird ein einzelner ArbN wegen nur bei ihm vorliegender besonderer persönlicher Verhältnisse besonders belastet, so greift § 91 nicht ein; der ArbN hat aber ggfs. ein Beschwerderecht nach §§ 84, 85. Darüber hinaus muß es sich für die Anwendung des § 91 um besondere Belastungen handeln, die nicht mit Mitteln des gesetzlichen Arbeitsschutzes abwehrt werden können (insoweit besteht das weitergehende MBR nach § 87 Abs. 1 Nr. 7 bzw. die Möglichkeit, daß die Gewerbeaufsicht bzw. der TAB der BG durch Anordnung konkreter Maßnahmen den Arbeitsschutz im Betrieb durchsetzt, vgl. Vor § 89 Rn 41ff.).

Das MBR nach § 91 ist nicht bei jeder besonderen Belastung gegeben, **3**
sondern nur, wenn diese **auf einer Änderung** von Arbeitsplätzen, des Arbeitsablaufs oder der Arbeitsumgebung **beruht,** die offensichtlich den gesicherten arbeitswissenschaftlichen Erkenntnissen über die menschengerechte Gestaltung der Arbeit widerspricht.

Als **Änderung** kommt jede Neuerrichtung bzw. Neugestaltung in **4**

Betracht, aber auch jede Veränderung des bestehenden technologischen oder organisatorischen Zustands, soweit es sich nicht lediglich um Renovierung, Reparaturen oder Ersatzteilbeschaffung ohne grundlegende Veränderung der baulichen oder technischen Gegebenheiten handelt (BAG vom 28. 7. 81, AP Nr. 3 zu § 87 BetrVG 1972 Arbeitssicherheit; *GL,* Rn 2; *GK-Wiese,* Rn 3; *HSG,* Rn 5; **a. A.** *DR,* Rn 11; *GKSB,* Rn 4, die das MBR auch auf bestehende Zustände erstrecken wollen).

5 Die Änderung muß sich beziehen auf **Arbeitsplätze,** den **Arbeitsablauf** oder die **Arbeitsumgebung.** Zum Begriff Arbeitsplatz vgl. Vor § 89, Rn 85, zu Arbeitsablauf Vor § 89 Rn 84. Der Begriff **Arbeitsumgebung,** der in der Überschrift des Vierten Abschnitts als einer der Oberbegriffe gebraucht ist, umfaßt den Gesamtzustand der Arbeitsumwelt, innerhalb deren der ArbN die Arbeit verrichtet (E DIN 33400: physikalische, chemische, biologische Einflüsse auf den Menschen im Arbeitssystem; nach REFA, MLA, Teil 4, Kap. 3.3.6: Klima, Lärm, Erschütterungen, Blendung oder Lichtmangel, Nässe, Staub, evtl. auch Schutzkleidung, Erkältungsgefahr, Unfallgefährdung). Die Arbeitsplatzumgebung umfaßt sowohl den Zustand des Arbeitsplatzes als auch die betrieblichen Immissionen in ihrer Abhängigkeit von der Gestaltung der Arbeitsstätte, der technischen Anlagen sowie vom Arbeitsverfahren (*DR,* Rn 3; *GL,* Rn 1; *GK-Wiese,* Rn 2a; *HSG,* Rn 4; näheres vgl. Vor § 89 Rn 80ff.). Wegen dieses Zusammenhangs sind die betrieblichen Maßnahmen, auf die sich das MBR nach § 91 bezieht, praktisch identisch mit denen, die dem Beratungsrecht nach § 90 unterfallen (*DR,* Rn 2; einschränkend *HSG,* Rn 3).

6 Die „besondere Belastung" löst das MBR nur aus, wenn sie auf Maßnahmen des Arbeitgebers beruht, die **offensichtlich den gesicherten arbeitswissenschaftlichen Erkenntnissen über die menschengerechte Gestaltung der Arbeit widersprechen** (kritisch *DR,* Rn 16, der auch hier die Zielrichtung der Vorschrift verkennt, indem er sie der Unfallverhütung zuordnet – vgl. Vor § 89 Rn 45). Der Verstoß gegen diese Erkenntnisse muß für jeden, der auf dem einschlägigen Gebiet der Arbeitswissenschaften eine ausreichende Sachkunde besitzt, spätestens im Zeitpunkt der Durchführung deutlich erkennbar sein (*DR,* Rn 6; *GK-Wiese,* Rn 10; *HSG,* Rn 7; kritisch *GL,* Rn 10, der das MBR nur bei objektiv schwerwiegendem Widerspruch gegen die gesicherten Erkenntnisse gelten lassen möchte; dieser Gesichtspunkt ist aber bei der Beurteilung der Angemessenheit von Abhilfemaßnahmen zu berücksichtigen; zustimmend *HSG,* Rn 7).

Die Feststellung, daß ein offensichtlicher Verstoß vorliegt, ist bei Gestaltungsrichtlinien (Regelwerken) verhältnismäßig leichter als bei Richtzielen auf höherer Abstraktionsstufe (vgl. Vor § 89 Rn 18).

7 Wegen des Begriffs der „gesicherten arbeitswissenschaftlichen Erkenntnisse" vgl. Vor § 89 Rn 2ff., 7ff., 15ff.

III. Abhilfemaßnahmen

Das MBR des BR greift ein, **sobald sich herausstellt,** daß geplante (LAG München, 16. 4. 87, DB 88, 186) bzw. schon in Ausführung begriffene (BAG vom 6. 12. 83, AP Nr. 7 zu § 87 BetrVG 1972 Überwachung unter C I 2b der Gründe; *GL,* Rn 2a; *GK-Wiese,* Rn 5; insoweit **a. A.** *HSG,* Rn 5; *Bähringer* RdA 81, 366) oder durchgeführte Maßnahmen (vgl. oben Rn 4) **eine besondere Belastung der ArbN** in physischer und (oder) psychischer Hinsicht (oben Rn 2) mit sich bringen. Der BR kann verlangen, daß der ArbGeb. angemessene Maßnahmen zur Abwendung, Milderung oder zum Ausgleich der Belastungen durchführt. Dies gilt auch, wenn sich ArbGeb. und BR gemäß § 90 einig waren, nunmehr in der Praxis aber gleichwohl besondere Belastungen auftreten (*DR,* Rn 14; *GK-Wiese,* Rn 7; *GL,* Rn 12; *Weiss,* Rn 2; einschränkend *HSG,* Rn 2; *Natzel,* DB 72, Beilage 24, S. 10; LAG, Niedersachsen, DB 82, 2039). 8

Der **BR** muß zur Inanspruchnahme der MBR die **negativen Aspekte** der Arbeitsgestaltung **dartun,** d. h. welche besonderen Belastungen bestehen und welche gesicherten arbeitswissenschaftlichen Erkenntnisse offensichtlich mißachtet wurden. Hierzu kann er auf gesicherte Erkenntnisse über ergonomische Gestaltung der statischen Komponenten des Arbeitsplatzes und der Arbeitsumgebung hinweisen, aber auch auf solche grundsätzlichen Erkenntnisse, die sich auf die menschengerechte Gestaltung des Arbeitsablaufs beziehen (Vor § 89 Rn 2ff., 7). In welcher Weise abgeholfen werden kann, überläßt das Gesetz den Betriebspartnern, die nach den Gegebenheiten und Möglichkeiten des Betriebs unter Berücksichtigung der Interessen der ArbN angemessene Abhilfemaßnahmen vereinbaren sollen, wenn die negativen Voraussetzungen des § 91 vorliegen. Da – anders als im Bereich des gesetzlichen Arbeitsschutzes – keine öffentlich-rechtlichen Regelungen für die im Einzelfalle richtige Abhilfe getroffen werden können, besteht insoweit für ArbGeb. und BR ein erheblicher Ermessensspielraum. 8a

Angemessen sind solche Maßnahmen, die nach dem jeweiligen technisch-organisatorischen und wirtschaftlichen Möglichkeiten geeignet und erforderlich sind, die besonderen Belastungen körperlicher oder nichtkörperlicher Art oder ihre Folgen für die ArbN zu beseitigen oder zu verringern (*DR,* Rn 19; *GL,* Rn 14; *GK-Wiese,* Rn 13c; *HSG,* Rn 9). Danach ist zunächst zu prüfen, ob Änderungen der Arbeitsplätze, des Arbeitsablaufs oder der Arbeitsumgebung nicht doch so vorgenommen werden können, daß eine besondere Belastung der ArbN **vermieden** oder doch **gemildert** wird. Erst wenn und soweit eine Abwendung oder Milderung derartiger Auswirkungen aus technischen oder wirtschaftlichen Gründen nicht möglich sein sollte, sind statt dessen oder zusätzlich **Ausgleichsvorkehrungen** gegenüber besonderen Belastungen der ArbN zu treffen (*DR,* Rn 20; *GL,* Rn 14). Dabei sind wiederum gesicherte arbeitswissenschaftliche Erkenntnisse bei der Bestimmung der Ausgleichsmaßnahmen zu berücksichtigen. Diese Maßnahmen dürfen nicht gegen gesetzliche Arbeitsschutzvorschriften oder Vorschriften der Be- 8b rufsgenossenschaften und nicht gegen gesicherte arbeitswissenschaftliche Erkenntnisse verstoßen. Maßnahmen zur Abwendung besonderer Belastungen haben Vorrang vor Maßnahmen zu deren Milderung, diese wiederum vor Ausgleichsmaßnahmen.

9 Als **Maßnahmen zur Abwendung,** also Beseitigung besonderer Belastungen, kommen z. B. in Betracht:

- Rückgängigmachen der Änderung (*DR,* Rn 22; **a. A.** *GL,* Rn 17; *GK-Wiese,* Rn 14; *HSG,* Rn 10);
- Verbesserung der ergonomischen Gestaltung des Arbeitsplatzes nach Körpermaßen und -kräften;
- Abwendung von Hebearbeit durch technische Mittel (Kran, Gabelstapler);
- Abwendung von Tragearbeit durch Transportmittel;
- Abwendung von Haltearbeit durch technische Mittel (Stützen, selbsthaltende Zangen);
- Vermeidung von Zwangshaltungen;
- Abwendung von besonders belastenden Körperhaltungen wie: kriechen, bücken, knien, auf einem Bein stehen, über-Kopf-Arbeit durch nicht belastende Körperhaltungen wie: sitzen, aufrecht stehen;
- Herabsetzung der Bandgeschwindigkeit bei Fließbandarbeit (vgl. auch § 87 Rn 137);
- Abbau von Nachtschichten;
- Beseitigung von Staub, Lärm, Gasen, Nebel, Dämpfen, Erschütterungen, Strahlungen, Wärme, Blendung, Lichtmangel an der Entstehungsquelle.

9a Als **Maßnahmen zur Milderung,** also teilweiser Aufhebung der Belastung, kommen in Betracht:

- Erholzeiten entsprechend der Belastung (*HSG,* Rn 11; offengelassen vom BAG 6. 12. 83, AP Nr. 7 zu § 87 BetrVG 1972 Überwachung unter C II 1; kritisch *DR,* Rn 24, zu Bildschirmarbeitsplätzen unter Berufung auf LAG Baden-Württemberg, DB 81, 1782; auch hier wird der Anwendungsbereich des § 91 auf die „ergonomische Arbeitsgestaltung“ verengt, vgl. Vor § 89 Rn 7ff.);
- Verkürzung von Belastungen durch Ablösung;
- Arbeitswechsel;
- Mischarbeitsplätze;
- Verringerung von Unterbelastung oder Monotonie durch Ausgleichstätigkeit (z. B. Gruppenarbeit);
- Berücksichtigung konstitutioneller Faktoren beim Arbeitseinsatz;
- Vermeidung sozialer Isolierung;
- Augenuntersuchungen;
- Einsatz von Blendschutz, Brillen, Lupen, Gehörschutz;
- Nutzung körpergerechter Schutzkleidung.

9b Als **Ausgleichsmaßnahmen** können herangezogen werden:

- Zusatzurlaub (z. B. bei Arbeiten mit Röntgenstrahlen; **a. A.** *Natzel,* a. a. O. S. 11);

- Verkürzung der Tätigkeitszeit;
- erhöhte Freizeit;
- die Stellung von Wechselkleidung;
- die Stellung von Körperschutzmitteln;
- die Stellung von Getränken bei extremen klimatischen Bedingungen;
- die Einrichtung von Ruheräumen;
- die Einrichtung von Bädern, Duschräumen, Massageräumen, Bestrahlungsräumen;
- die Stellung von die Belastung unmittelbar ausgleichender Zwischenverpflegung;
- Aufstellung von Ventilatoren und Verdunstungsapparaten;
- Aufstellung von Regenschutz bei Arbeiten im Freien;
- Einrichtung von Wärmestellen bei Arbeiten im Freien bei Kälte;
- Lohnzuschläge (z. B. Erschwerniszulage; arbeitswissenschaftlich verfehlt und nur anzuwenden, wenn keine andere Ausgleichsmöglichkeit besteht, (*GL,* Rn 19; *GK-Wiese,* Rn 16; ganz ablehnend *DR,* Rn 18, 26; *HSG,* Rn 12).

Über derartige Maßnahmen sollen sich ArbGeb. und BR einigen, bei Abhilfemaßnahmen durch Regelungsabrede, im übrigen durch BV (*DR,* Rn 27 ist für alle Fälle für BV). Auch für BV im Rahmen des § 91 gilt die Beschränkung des § 77 Abs. 3: d. h. es dürfen keine Arbeitsbedingungen durch BV geregelt werden, die Gegenstand traifvertraglicher oder tarifüblicher Regelungen sind (*DR,* Rn 28). Die Schranke des § 77 Abs. 3 hat jedoch nur Bedeutung, wenn der betr. Gegenstand tatsächlich inhaltlich – und nicht nur irgendwie formal – tarifvertraglich oder tarifüblich geregelt ist. So dürfte es verfehlt sein, arbeitswissenschaftlich gebotene Tätigkeitsunterbrechungen während der Arbeitszeit deshalb jener Schranke zu unterwerfen, weil der TV (ggfs. üblicherweise) die Dauer der Arbeitszeit und Pausen (und nicht die Arbeitsunterbrechung, die während der Arbeitszeit im Betriebsablauf im Hinblick auf Erschwernisse der Arbeit geboten ist) regelt. Der Tarifvorbehalt des § 87 Abs. 1 Einleitungssatz ist in den Fällen des § 91 nicht anzuwenden; denn § 91 enthält eine eigenständige Regelung außerhalb des § 87 (**a.M.** *DR* aaO; differenzierend *GL,* Rn 15). Für die einzelnen betroffenen ArbN entstehen dann individuelle Rechtsansprüche (vgl. Rn 10). 9c

IV. Streitigkeiten

Kommt eine Einigung zwischen ArbGeb. und BR nicht zustande, so entscheidet auf Antrag von ArbGeb. oder BR die **E-Stelle** verbindlich über die zu treffenden Maßnahmen. Soweit der Spruch der E-Stelle Ansprüche für die einzelnen ArbN begründet, haben diese einen im Urteilsverfahren einklagbaren Anspruch auf Gewährung bzw. Durchführung der Maßnahme. Ist streitig, ob eine besondere Belastung der ArbN i. S. der Vorschrift vorliegt und demnach Maßnahmen überhaupt zu treffen sind, so entscheiden über diese Rechtsfrage die **ArbG im BeschlVerf.** (§ 2a ArbGG; *HSG,* Rn 15; für Entscheidung der E-Stelle: 10

GKSB, Rn 15). Aber auch die E-Stelle hat ihre Zuständigkeit zur Entscheidung als Vorfrage zu prüfen (Näheres § 76 Rn 42a), ggfs. einschließlich der Frage, ob ein MBR nach § 91 oder nach § 87 Abs. 1 Nr. 7 besteht.

Fünfter Abschnitt. Personelle Angelegenheiten

Erster Unterabschnitt. Allgemeine personelle Angelegenheiten

§ 92 Personalplanung

(1) **Der Arbeitgeber hat den Betriebsrat über die Personalplanung, insbesondere über den gegenwärtigen und künftigen Personalbedarf sowie über die sich daraus ergebenden personellen Maßnahmen und Maßnahmen der Berufsbildung an Hand von Unterlagen rechtzeitig und umfassend zu unterrichten. Er hat mit dem Betriebsrat über Art und Umfang der erforderlichen Maßnahmen und über die Vermeidung von Härten zu beraten.**

(2) **Der Betriebsrat kann dem Arbeitgeber Vorschläge für die Einführung einer Personalplanung und ihre Durchführung machen.**

Inhaltsübersicht

I. Vorbemerkung

1 Die allgemeinen (d. h. kollektiv zu beratenden und zu regelnden) personellen Angelegenheiten faßt das BetrVG in einem besonderen Unterabschnitt zusammen. Die personellen Einzelmaßnahmen (insbes. nach §§ 99ff.) beruhen mit Ausnahme personenbedingter u. verhaltensbedingter Kündigungen zumeist auf zeitlich viel **weiter zurückliegenden Grundsatzentscheidungen** des ArbGeb. (Unternehmers), mögen diese nun ausdrücklich als solche erkannt und geplant worden sein oder nicht. Die **Personalplanung** gewinnt in Wissenschaft und Praxis vor allem in größeren Betrieben ständig an Bedeutung. Sie ist besonders geeignet, die betrieblichen und sozialen Probleme vorausschauend zu regeln, ohne allerdings die Probleme des Arbeitsplatzrisikos bei strukturellen Änderungen oder konjunkturellen Einbrüchen lösen zu können.

2 Das Bedürfnis nach einer vorausschauenden Personalplanung (§ 92) ist aus wirtschaftlichen und aus sozialpolitischen Gründen vorhanden. (REFA, MLPS Teil 2, Kap. 2; RKW-Handbuch Teil I, Kap. 1.7.). Von ihr ist eine stärkere Objektivierung und bessere Durchschaubarkeit personeller Entscheidungen zu erwarten, und zwar sowohl für den Arb-

Geb. als auch für BR und ArbN. Zugleich wird damit ein Beitrag zur sozialen Befriedigung geleistet. Aus der **Personalplanung** (§ 92) ergibt sich darauf aufbauend die innerbetriebliche **Ausschreibung von Arbeitsplätzen** (§ 93), die Aufstellung von **Personalfragebogen und Beurteilungsgrundsätzen** (§ 94) und der Erlaß von **Auswahlrichtlinien** (§ 95). Diese allgemeinen personellen Fragen haben einen engen Zusammenhang mit der **Berufsbildung** (§§ 96–98) und den **personellen Einzelmaßnahmen** (§§ 99–105). Nach § 106 Abs. 2 hat der Unternehmer den **WiAusschuß** rechtzeitig und umfassend über die Auswirkungen wirtschaftlicher Maßnahmen auf die Personalplanung zu unterrichten (vgl. § 106 Rn 9a).

Weiterhin bestehen enge Wechselwirkungen von Teilbereichen der 3
Personalplanung mit anderen Beteiligungsrechten des BR, insbes. wenn nur vorübergehend ein Personalbedarf oder Personalüberhang besteht, der durch Überstunden oder Kurzarbeit ausgeglichen werden soll (vgl. § 87 Abs. 1 Nr. 3 und eingehend zur Personalplanung im System der Beteiligungsrechte: RKW-Handbuch, Teil X, Kap. 2). Eine rechtzeitige Personalplanung vor Betriebsänderungen ist auch geeignet, finanzielle Auswirkungen eines Sozialplanes (§ 112) für den Betrieb in Grenzen zu halten. Zur Beteiligung des BR in allgemeinen personellen Angelegenheiten vgl. *Hunold,* DB 89, 1334.

Entsprechende Vorschrift im **BPersVG 74:** Keine. 4

II. Personalplanung

Das BetrVG verwendet den **Begriff der Personalplanung** in unter- 5
schiedlichem Zusammenhang **in abgestufter Bedeutung (a. M.** *GKSB,* Rn 6: Begriffe sind deckungsgleich):

a Nach **§ 106 Abs. 2** hat der Unternehmer bei der Unterrichtung des WiAusschusses über die wirtschaftlichen Angelegenheiten des Unternehmens die Auswirkungen auf die Personalplanung darzustellen (§ 106 Rn 9a). Dies entspricht der Vorstellung von der Integration der Personalplanung in die Gesamtunternehmensplanung als einem der Kernbereiche dieser Planung neben (bzw. unmittelbar abgeleitet von) z. B. der Absatz-, Investitions-, Produktions-, Finanzplanung (REFA MLPS, Teil 1, Kap. 1. 3. 3; RKW-Handbuch, Teil I, Kap. 2. 1f.). Der Begriff der Personalplanung erfaßt hier insbes. die lang- oder mittelfristige Rahmenplanung des Unternehmers (z. B. globale Personalbedarfsplanung), aber auch die auf der Ebene der Unternehmensleitung erforderliche Konkretisierung für kürzere Planungsperioden im Hinblick auf erforderliche Qualifikationen und auf die Übereinstimmung zwischen Produktionsplanung „mit dem menschlichen quantitativen und qualitativen Leistungsvermögen unter Berücksichtigung der sozialen Ziele des Unternehmens" (RKW-Handbuch aaO). Wegen des Zeitpunkts der Unterrichtung des WiAusschusses vgl. § 80 Rn 51ff.

b **Personalplanung i. S. des § 92 Abs. 1** ist die tatsächlich im Betrieb durchgeführte Planung des Personalbedarfs usw. ungeachtet des angewandten Systems, d. h. **sowohl die organisierte und bewußt** als solche betriebene Planung **als auch die „intuitive Planung"**, bei der u. U. nur eine kurzfristige Maßnahmenplanung auf Grund schwer nachvollziehbarer Vorstellungen des ArbGeb. betrieben wird (RKW-Handbuch Teil I, Kap. 1. 1; *DR,* Rn 4, 19; LAG Berlin, 13. 6. 88, DB 88, 1860; *Hunold,* DB 89, 1334; OLG Hamm, DB 78, 748; *GL,* Rn 10; GK-*Kraft,* Rn 20.). Der ArbGeb. ist dem BR gegenüber zur Information in dem Maße verpflichtet, wie er selbst plant (näheres unten (Rn 22); eine völlig planlose Personalpolitik, die nur auf zufällige Änderungen des Personalstands reagiert, ist überdies kaum vorstellbar (*Kador/Pornschlegel,* Kap. 3. 7. 1, Nr. 4). Die Fixierung der Personaldaten allein reicht aus, um das Tatbestandsmerkmal der Personalplanung zu erfüllen (*Heinze,* Rn 42).

c **Personalplanung i. S. des § 92 Abs. 2** ist demgegenüber eine Methode zur **Planung einer „möglichst weitgehenden Übereinstimmung zwischen künftigen Arbeitsanforderungen (qualitativ und quantitativ) und dem dann einsetzbaren Personal nach Qualifikation und Zahl", wobei „die unternehmerischen Ziele und die Interessen der ArbN soweit wie möglich in Einklang zu bringen sind"** (so RKW-Handbuch, Teil I, Kap. 3. 1; wegen des Begriffs der Personalplanung nach REFA vgl. MLPS Teil 2 Kap. 2. 1; vgl. auch *DR,* Rn 7, 9; *GL,* Rn 5; *GKSB,* Rn 4; für einheitlichen Begriff nach Abs. 1 u. 2: *Hunold,* DB 89, 1334).

6 Die nachfolgenden Erläuterungen zur Personalplanung (Rn 11–21) beziehen sich auf die nach dem gegenwärtigen Diskussionsstand anzustrebende Gestaltung dieser unternehmerischen Aufgabe. Dabei wird weitgehend auf die unter Beteiligung von Vertretern der Sozialpartner erarbeiteten Aussagen im RKW-Handbuch (sowie auf REFA MLPS, Teil 2, Kap. 2) Bezug genommen. Wegen des Oberbegriffs Personalplanung vgl. oben Rn 5 Buchst. c. Im Einzelnen wird vielfach unterschieden zwischen der Planung des **Personalbedarfs,** der **Personalbeschaffung,** der **Personalentwicklung,** des **Personaleinsatzes,** des **Personalabbaus** sowie der **Personalkosten** (GK-*Kraft,* Rn 13; *DR,* Rn 4ff; *GKSB,* Rn 10). Die Personalplanung steht nicht isoliert an einer bestimmten Stelle des Betriebsablaufs, sondern überlagert und durchdringt alle anderen Aufgabenbereiche und deren Planung, z. B. die Planungsbereiche Absatz, Produktion, Beschaffung, Finanzierung und Kosten (RKW-Handbuch, Teil I, Kap. 2. 2. *Linnenkohl/Töpfer,* BB 86, 1301). Eine enge Zusammenarbeit zwischen der Personal- bzw. der Stabsabteilung und allen übrigen Abteilungen des Betriebes (Unternehmens) ist daher angebracht. Vgl. das Ablaufbeispiel in RKW-Handbuch, Teil I, Abb. 5, in dem auch die Beteiligung des WiAusschusses und des BR dargestellt ist. Die Integration der Personalplanung in die Gesamtplanung des Unternehmens (bzw. Betriebs) ist gefördert worden durch die Entwicklung des Personalwesens zum Vorstandsressort (Arbeitsdirektor) nach dem MontanMitbestG und dem MitbestG 76. Allgemein muß die Personalabteilung zur Durchführung des Gesetzes u. U. qualitativ und quantitativ verstärkt und ihr Einfluß vergrößert werden. Dasselbe gilt für die

Schulung der Mitgl. des BR bzw. eines zweckmäßigerweise zu bildenden besonderen Ausschusses (unten Rn 23).

7 Allgemein zur Betriebsverfassung und Personalplanung: RKW-Handbuch, Praxis der Personalplanung, 10 Hefte, 1978 sowie Arbeitsbuch Personalplanung – 6 Lernprogramme, 1978; REFA, MLPS. Teil 2, *Heinze,* Personalplanung, Einstellung und Kündigung. 1982, *Rummel,* Die Beteiligung des Betriebsrats an der Personalplanung und an personellen Einzelmaßnahmen, 1978; *Kador/Pornschlegel,* Handlungsanleitung zur betrieblichen Personalplanung, 1977, mit Hinweisen für die Einführung einer einfach strukturierten Personalplanung in kleinen und mittleren Betrieben und mit ausführlichem Literaturverzeichnis; *A. Mohr,* Personalplanung und Betriebsverfassungsgesetz, 1977; *Schmidt/ Hagenbruck/ Sämann,* Handbuch der Personalplanung (Sammlung von Abhandlungen), 1975. Vgl. im übrigen auch die vom BMA vergebenen und z. T. veröffentlichten Forschungsberichte; z. B. *Gaugler,* u. a. Integration der betrieblichen Personal- und Bildungsplanung 1973; *Rinke,* Möglichkeiten der Berücksichtigung der Probleme älterer ArbN in der betrieblichen Personalplanung 1973; *Lutz/Weltz,* Personalstatistik und Personalplanung 1972; *Koch,* u. a., Die Arbeitsplatzanalyse als Grundlage für die betriebliche Personalplanung 1973; *Lutz* u. a. Betriebliche Personalplanung zwischen Unternehmensplanung und Personalpolitik, München 1977/79.

8 Die Erkenntnis der **Notwenigkeit betrieblicher Personalplanung** entstand zunächst in der Zeit des Mangels an Arbeitskräften und beschränkte sich auf die Personalbeschaffung. Im Rahmen der schnellen wirtschaftlichen und technischen Entwicklung und der berechtigten sozialen Interessen der Arbeitnehmer an Aufstiegsmöglichkeiten und an der Sicherung ihrer Arbeitsplätze kann sich aber die Personalplanung nicht mehr mit dieser Aufgabe begnügen. Es sind nicht nur Arbeitskräfte zu gewinnen bzw. zu erhalten, sondern es müssen in steigendem Maße ArbN. auf andere, vielfach qualifiziertere Tätigkeiten umgeschult werden. Entsprechende Aufstiegsmöglichkeiten sind zu eröffnen. Engpässe müssen überbrückt werden. In Zeiten der Arbeitslosigkeit stellen sich der Planung insbesondere die Probleme der Frauenarbeit, der Teilzeitarbeit und der Bereitstellung von Arbeits- und Ausbildungsplätzen.

9 Dabei sind die Fragen der innerbetrieblichen, aber auch des außerbetrieblichen Arbeitsmarktes einzubeziehen. Gerade in diesem Bereich müssen sich ArbGeb. sowie BR auch ihrer **gesamtwirtschaftlichen** und -gesellschaftlichen **Verantwortung** bewußt sein (z. B. auf zusätzliche Verdienstmöglichkeiten durch Überstunden, die zugleich u. U. Investitionen erübrigen, verzichten; vgl. auch § 87 Rn. 53). Besondere Probleme sind bei bestimmten Beschäftigungsgruppen zu lösen, z. B. bei Frauen, älteren ArbN oder vermindert Leistungsfähigen, damit diese in ihrem Interesse und im Interesse des Betriebes angemessen beschäftigt werden können. Die Personalplanung hat damit jedenfalls in größeren Betrieben heute gleichrangige Bedeutung mit der Finanz-, Beschaffungs-, Absatz- und Produktionsplanung.

10 Wenn heute in manchen Unternehmen noch keine voll entwickelte

Personalplanung betrieben wird, obwohl inzwischen **voll ausgebildete** und **anerkannte Methoden oder Personalplanung entwickelt worden sind** (vgl. RKW-Handbuch ; *Kador/Pornschlegel,* Kap. 3. 1. 1. mit Hinweisen auf die Möglichkeiten einfacher Personalplanungsmodelle) so beruht dies darauf, daß die Notwendigkeit, sich intersiv mit Personalplanung zu beschäftigen, z. T. noch nicht eingesehen wird bzw. aus einer (z. T auf mangelnder Information beruhenden) Zurückhaltung gegenüber Planungsmodellen unterlassen wird; sie liegt zum anderen auch an den natürlichen Grenzen jeder, insbesondere der längerfristigen Prognose. Sowohl die wirtschaftlich-technische Entwicklung (betrieblich, branchenmäßig, national und international) als auch das Verhalten der ArbN (Probleme der Mobilität und der Wahl des Arbeitsplatzes) lassen sich nur bedingt voraussehen. Die Einbettung der betrieblichen Personalplanung in die Probleme der übergreifenden Arbeitsmarktpolitik macht die betriebliche Personalplanung nicht überflüssig; vielmehr ist die betriebliche Reaktion auf die gesamtwirtschaftlichen Daten eine notwendige Ergänzung gesamtwirtschaftlicher Bemühungen.

11 Aufgabe der **Personalbedarfsplanung** ist festzulegen, wieviele Arbeitskräfte mit bestimmter Qualifikation zum Planungszeitpunkt und für welche Dauer an welchem Ort zur Verfügung stehen müssen, um die Unternehmensziele unter Beachtung der personalpolitischen Grundsätze zu verwirklichen (so im wesentl. übereinstimmend mit Hinweisen auf Methoden der Planung: RKW-Handbuch, Teil I Kap. 2. 1; REFA MLPS, Teil 2, Kap. 2. 3. 1; *Kador/Pornschlegel,* Kap. 3. 3; *Wenzel,* Methoden der Personalbedarfsplanung, RKW 1976; *GKSB,* Rn 11ff.). Diese Planung ist der Kernbereich jeder Personalplanung. Sie erfordert eine Gegenüberstellung des voraussichtlichen zukünftigen Personalbedarfs mit dem zukünftigen Personalbestand, also eine Art **Bestandsaufnahme von Soll und Ist** unter Berücksichtigung vorhersehbarer Veränderungen (Pensionierungen, Wehrdienst) sowie unter Berücksichtigung der Produktions- und Investitionsplanung, von Rationalisierungsvorhaben und Betriebsänderungen (§ 106 Abs. 3). Die erforderliche Datenbeschaffung kann auf Grund von Statistiken, u. U. mit Hilfe von Personalinformationssystemen (vgl. hierzu unter Rn 26ff) erfolgen. Bestehende **Stellenbesetzungspläne** und **Personalbeurteilungen** können den zukünftigen Stellenplänen und Stellenbeschreibungen (Arbeitsbereich, Kompetenzen, erforderliche Vorbildung und Berufserfahrung. Über- und Unterordunugsverhältnisse, Anforderungsprofile) gegenübergestellt werden (*GKSB,* Rn 12f.).

12 Ausführlich zur **Stellenbeschreibung:** RKW-Handbuch Teil VIII, dort auch zur Beteiligung des BR im Hinblick auf die mögliche Anwendung der Stellenbeschreibung zu Zwecken der Entgeltfindung (§ 87 Abs. 1, Nr. 10), auf das MBR bei personellen Einzelmaßnahmen (§§ 99ff.); vgl. auch § 94 Rn 31, § 95 Rn 16. Es ist nicht nur nach der **Zahl** der gegenwärtig und zukünftig benötigten (Ersatzbedarf u. Neubedarf) ArbN zu fragen, sondern eine weitere Aufschlüsselung hinsichtlich der **Qualifikation** und des **Zeitpunktes** und der Dauer **des**

zukünftigen Bedarfs vorzunehmen. Es ist zu überlegen, daß entsprechend geeignete ArbN, evtl. nach beruflicher Umschulung oder Fortbildung, in einer Anzahl bereitgestellt werden, daß das Arbeitspensum zumutbare Belastungen nicht übersteigt. Außerdem muß untersucht werden, inwieweit die benötigten Arbeitskräfte innerhalb des Betriebs herangebildet oder von außerhalb gewonnen werden müssen. Die Personalbedarfsplanung kann auch aufzeigen und vermeiden, daß in einzelnen Abteilungen Personalengpässe, in anderen dagegen Personalüberschüsse auftreten (Bedarfsdeckung, -überdeckung, -unterdeckung). Der BR ist auch über die geplante Einführung von Teilzeitarbeitsplätzen eingehend zu informieren näheres vgl. *Klevemann,* AiB 86, 156).

Die Planung der **Personalbeschaffung** (Personaldeckung) befaßt sich 13 mit der rechtzeitigen Bereitstellung der mit Hilfe der Personalbedarfsplanung als erforderlich ermittelten Anzahl von ArbN, die über eine den Arbeitsplatzanforderungen entsprechende Qualifikation verfügen, so daß sich Personalbestand und Personalbedarf decken (im wesentlichen übereinstimmend und mit Hinweisen auf Planungsmethoden: RKW-Handbuch, Teil III; REFA MLPS, Teil 2, Kap. 2. 4, *Kador/Pornschlegel,* Kap. 3. 4; *DR,* Rn 11; *GKSB,* Rn 17). Hierfür bedarf es einer **Analyse des innerbetrieblichen und des außerbetrieblichen Arbeitsmarktes.** Als Instumente der betriebsinternen Personalbeschaffung kommen insbesondere die Ausschreibung (§ 93), die Vereinbarung von Auswahlrichtlinien (§ 95) sowie die Durchführung von inner- oder außerbetrieblichen Aus- und Fortbildungsmaßnahmen sowie ggfs. von Umschulungsmaßnahmen in Betracht.

Im Zweifel wird – soweit nicht in bestimmten Bereichen Bewerber 14 mit neuen Impulsen erforderlich sind oder eine gesetzliche Verpflichtung zur Beschäftigung bestimmter Personengruppen besteht (SchwbG) – der **innerbetrieblichen** Personalbeschaffung im Zusammenhang mit Maßnahmen der Fortbildung bzw. Umschulung der Vorzug zu geben sein (Zum Für und Wider vgl. *Kador/Pornschlegel,* Kap. 3. 4, Tabelle 14). Bei Inanspruchnahme des **außerbetrieblichen** Arbeitsmarkts ist zu prüfen, inwieweit Arbeitskräfte mit der erforderlichen Qualifikation oder nach Fortbildung oder Umschulung in geringerer oder größerer räumlicher Entfernung vom Betrieb u. U. zu gewinnen sind. Im Anschluß daran ist zu überlegen, welche Mittel zweckmäßig für eine Anwerbung in Betracht kommen (Arbeitsvermittlung, Stellenanzeigen, Vermittlung durch ArbN des Betriebes, persönliche Einladung) und in welchem Ausmaß sie eingesetzt werden müssen, um voraussichtlich die benötigte ArbNZahl zu dem gewünschten Zeitpunkt und mit der erforderlichen Qualifikation zu gewinnen. Dabei ist das Vermittlungsmonopol der BAA bzw. ihrer AA zu beachten. Aus sozialen Gründen aber auch im Interesse der Sicherung einer qualifizierten Belegschaft, ist der Schaffung von Arbeits- oder Berufsausbildungsverhältnissen der Vorzug vor der Beschäftigung von **LeihArbN** zu geben *(GKSB,* Rn 18). Auch durch den Abbau von Überstunden kann die Schaffung neuer bzw. die Erhaltung bisheriger Arbeitsplätze ermöglicht werden (vgl. § 102 Rn 50a und §§ 112, 112a Rn 15).

15 Grundsätzliche Aufgabe der betrieblichen **Personalentwicklungsplanung** ist es nach REFA (MLPS Teil 2, Kap. 2.5), „die Anpassung der Qualifikation der Mitarbeiter an die vorhandenen Anforderungen so vorzubereiten, daß sich Personalbestand und Personalbedarf in qualitativer Hinsicht decken; dabei sind die Interessen der Mitarbeiter hinsichtlich der Entwicklung ihrer Fähigkeiten soweit als möglich zu berücksichtigen". Demgegenüber definieren *Kador/Pornschlegel* (Kap. 3.4.5.): „Grundsätzliche Aufgabe der betrieblichen Personalentwicklungsplanung ist es, Bildungsmaßnahmen für die Mitarbeiter individuell und für das Unternehmen bzw. den Betrieb zu planen, damit sie (d.h. die ArbN) den erforderlichen Wissensstand erwerben, um betriebliche Arbeitsaufgaben zu bewältigen und ihre persönlichen Entwicklungsmöglichkeiten zu fördern." Die Personalentwicklung dient danach sowohl der betrieblichen Personalbeschaffung als auch gesamtwirtschaftlichen und gesellschaftlichen Interessen. Sie erfolgt insbesondere durch **Ausbildung, Fortbildung umd Umschulung** der bereits vorhandenen ArbN (vgl. §§ 96–98) sowie durch **„sonstige Bildungsmaßnahmen"** (§ 98 Abs. 6), die der allgemeinen Weiterbildung dienen (vgl. § 98 Rn 38ff.) und eine entsprechende Zeitplanung. Innerbetriebliche **Stellenausschreibungen** (§ 93), regelmäßige Personalbeurteilungen und deren Besprechung mit den ArbN (vgl. § 94, § 82 Abs. 2 Satz 1), Laufbahnpläne für gehobene Positionen und Berufsbildungsmaßnahmen dienen der Qualifizierung der ArbN des Betriebes (*DR,* Rn 13; *GL,* Rn 8; *GKSB,* Rn 23).

16 Der BR ist auch bei Förderungsmaßnahmen für ArbN zu beteiligen, die die **Qualifikation als leitende Ang.** erreichen sollen (*DR,* Rn 22; *GL,* Rn 2; *GK-Kraft,* Rn 5; *HSG,* Rn 17; vgl. auch § 98 Rn 36; **a.A.** *Rumpff,* Rn 99). Wegen Beförderung vgl. aber § 105 Rn 1.

17 Aufgabe der **Personaleinsatzplanung** ist (nach den Vorgaben der Personalbedarfs- und -beschaffungsplanung, der Stellenbeschreibungen ggfs. des Stellenplans) „die bestmögliche Eingliederung der verfügbaren Arbeitskräfte in den betrieblichen Leistungsprozeß – oder mit anderen Worten: die optimale Zuordnung von Arbeitsplätzen und Arbeitskräften" (RKW-Handbuch Teil VI, Kap. 2; *Kador/Pornschlegel* Kap. 3.5; REFA MLPS, Teil 2 Kap. 2.7; alle mit Hinweisen auf Planungsmethoden; vgl. auch *DR,* Rn 14). Diesem Teil der Personalplanung entsprechen hinsichtlich der Gestaltung von Arbeitsplätzen, Arbeitsabläufen und Arbeitsumgebung die in § 90 behandelten Planungsbereiche. Während die Planung der Stellen (Arbeitsplätze) und ihre Beschreibung im Rahmen der Personalbedarfsplanung mehr oder weniger detailliert erfolgt, liegt der Schwerpunkt der Einsatzplanung auf der angemessenen **Zuordnung der ArbN zu den Stellen** (z.B. auf Dauer, Zuteilung zu Schichten; vorübergehende Umsetzung zur Überbrückung von Fehlzeiten wie Urlaub oder Krankheit; Versetzung; Umgruppierung, Einsatz von Teilzeitarbeitskräften). Der konkrete Einsatz einzelner ArbN auf einen bestimmten Arbeitsplatz fällt nicht unter § 92, sondern unter §§ 99 (*GL,* Rn 9; *GK-Kraft,* Rn 11, 17).

18 Auch eine systematische Personalplanung kann nicht die Arbeitsplatz-

risiken ausschließen, die aus konjunkturellen oder strukturellen Gründen entstehen können (Auftragsrückgänge, Auswirkungen der Entwicklung neuer Technologien, Konzentrationsvorgänge; – zur Beteiligung des WIAuschusses und des BR in solchen Fällen vgl. § 106 Abs. 2 u. 3, §§ 90 und 111ff., § 87 Abs. 1 Nrn. 3 u. 6, §§ 99ff.). Derartige Vorgänge können Abbaumaßnahmen zur Anpassung des Personalbestands an den (nicht zur vorübergehend) verminderten Personalbedarf unvermeidlich machen. Aufgabe der **Personalabbauplanung** ist es, sowohl die veränderten Gegebenheiten für das Unternehmen (den Betrieb) zu berücksichtigen, als auch die sozialen Folgen für die ArbN möglichst gering zu halten (vgl. hierzu RKW-Handbuch, Teil IV, mit Hinweisen auf Planungsmethoden). Bei der Abbauplanung ist eine rechtzeitige Abstimmung mit den übrigen Bereichen der Personalplanung, aber auch mit den anderen Bereichen der Unternehmensplanung (Absatz-, Produktions-, Investitionsplanung, Rationalisierungsvorhaben) erforderlich, zumal diese Planungen in der Regel die Daten setzen, denen die Abbauplanung zu folgen hat. Eine rechtzeitige und möglichst längerfristige Planung ermöglicht Vorgehensweisen, die einerseits für das Unternehmen den Bestand einer den Unternehmenszielen auf lange Zeit entsprechend qualifizierten und strukturierten Belegschaft sichern, andererseits den sozialen Belangen der ArbN möglichst gerecht werden.

Soweit möglich sollten vorbeugende Maßnahmen getroffen werden **19** (Flexibilität der Produktionsplanung, Gestaltung der Arbeitsabläufe und -plätze auch unter Rücksichtnahme auf besonders schutzwürdige Personengruppen); reichen diese nicht aus, so bestehen u. U. Möglichkeiten der Arbeitszeitreduzierung (Abbau von Überstunden, Kurzarbeit, Urlaubspläne; vgl. § 87 Abs. 1 dort Rn 53), der Qualifizierung von ArbN (Ausbildung, Fortbildung, Umschulung) zum Zwecke ihrer Beschäftigung auf anderen Arbeitsplätzen. Als Maßnahmen des Personalabbaus, die die Arbeitsverhältnisse nicht unmittelbar betreffen, kommen des weiteren Einstellungsbeschränkungen sowie der **Abbau von Leiharbeit** in Betracht, auch auf Initiative des BR hin (vgl. Rn 15; Jedzig, DB 89, 978). Ein direkter Personalabbau kann durch vorzeitige Pensionierung, Aufhebungsverträge, Kündigungen (§ 102), sowie Massenentlassungen erfolgen. Die Abbauplanung in Verbindung mit den anderen Unternehmensplanungen kann dazu beitragen, daß nach Möglichkeit die **jeweils mildeste Lösung** gewählt wird (vgl. *Kador/Pornschlegel,* Kap. 3.4.4 insbes. dort die Prüfliste in Tabelle 15; sowie die empirischen Studien von *Lutz* u. a., Betriebliche Personalplanung zwischen Unternehmensplanung und Personalpolitik; *Scholl/Blumschau,* Personalplanung und Personalpolitik in der Rezession, RKW 1979; vgl. auch *GKSB,* Rn 24; *Riesche/Braun,* Betriebliche und gewerkschaftliche Interessenvertretung bei Personalabbau, Diss., 1986).

Die Planung der **Personalkosten** betrifft die Kosten, die bei Erfüllung **20** der Planziele Personalbeschaffung, -einsatz, -entwicklung und -abbau entstehen, z. B. Kosten der Werbung, Löhne, Gehälter, Personalnebenkosten, Kosten für Bildungsveranstaltungen und -maßnahmen, von Kündigungen, eines Sozialplans (RKW-Handbuch Teil VII; *Kador/Porn-*

schlegel, Kap. 3.6; beide mit Hinweisen auf Planungsmethoden). Auch die Personalkostenplanung gehört zur Personalplanung (*DR,* Rn 16; *GKSB,* Rn 25; **a. A.** *GK:Kraft,* Rn 18).

21 Die Personalplanung bedarf einer ständigen **Kontrolle** im Hinblick auf die sich entwickelnde tatsächliche Situation. Von der Beurteilung der jeweiligen tatsächlichen Lage her sind die Pläne fortlaufend zu überprüfen bzw. zu korrigieren („Rückkoppelung"). Auch ist zu überprüfen, ob die vorgesehenen Werbemaßnahmen und Berufsbildungsmaßnahmen auch tatsächlich durchgeführt werden. Auch diese Kontrolle ist Teil der Personalplanung (*DR,* Rn 15; **a. A.** *GK-Kraft,* Rn 18).

III. Beteiligung des Betriebsrats

22 Der BR hat hinsichtlich der Personalplanung, der angewandten Methoden sowie der organisatorischen und technischen Hilfsmittel **kein MBR,** sondern er ist **zu informieren und beratend zu beteiligen,** und zwar in dem Umfange, in dem der Arbeitgeber Personalplanung durchführt (vgl. oben Rn 5 Buchst. b). Wegen Unterrichtung des WiAusschusses vgl. § 80 Rn 53, § 106 Rn 9a. MBR des BR bestehen bei der Gestaltung von Instrumenten der Personalplanung: Ausschreibung (§ 93), Personalfragebogen, Musterarbeitsverträge, Beurteilungsgrundsätze (§94), Auswahlrichtlinien (§ 95), Durchführung von Maßnahmen der betrieblichen Berufsbildung (§ 98), sowie bei geplanten Betriebsänderungen (§§ 111ff.) und bei Maßnahmen, die als Ergebnis der Personalplanung im sozialen (§ 87) oder personellen (§§ 99ff.) Bereich durchgeführt werden.

23 Keine Bedenken bestehen gegen **freiwillige** (nicht erzwingbare § 88) **BV** zur Regelung der Mitwirkung des BR bei der Beratung über die Personalplanung, z. B. über die **Bildung eines gemeinsamen Ausschusses,** in dem ArbGeb., Vertreter des BR, und weitere sachverständige Betriebsangehörige aus den betr. Ressorts Fragen der Personalplanung und deren Verzahnung mit den übrigen Planungsbereichen zur Vorbereitung von Entscheidungen beraten (*Rumpff,* S. 101; RKW-Handbuch, Teil X, Kap. 3.1.1; *Kador/Pornschlegel,* Kap. 3.7.7 mit Beispielen für Regelungsgegenstände solcher BV; vgl. auch *DR,* Rn 36f; *GL,* Rn 4; kritisch hierzu *GK-Kraft,* Rn 27; *HSG,* Rn 10, die wegen der Gefahr einer Ausweitung des MBR bei personellen Einzelmaßnahmen vor dem Abschluß solcher BV warnen). Die Beauftragung eines **Ausschusses des BR** mit Fragen der Personalplanung bedarf keiner Regelung mit dem ArbGeb. (so aber wohl *HSG,* aaO).

24 Die Unterrichtung des BR erfolgt **„über die Planung"** (nicht wie in § 111 über „geplante Maßnahmen"). **Planung** besteht im systematischen Suchen und Festlegen von Zielen sowie im Vorbereiten von Aufgaben, deren Durchführung zum Erreichen der Ziele erforderlich ist (z. B. REFA-Lexikon). Der **Plan ist das Ergebnis der Planung.** Das Stadium der Planung geht also der Entscheidung über den Plan voraus. Der BR ist in der Phase der Entscheidungsfindung, d. h. vor der Entscheidung über einen Plan zu beteiligen (vgl. *GKSB,* Rn 30; *GL,* Rn 14; *Linnenkohl/Töpfer,* BB 86, 1301, *Rehhahn,* ArbuR 74, 65; *Rumpff,* S. 85; **a. M.** *GK-Kraft,* Rn 9 und *HSG,* Rn 22, die anscheinend den Unterschied zwischen Planung und Plan verkennen, wenn sie die Beteiligung des BR erst nach Erarbeitung eines Plans bzw. im Endstadium der Planung bei der Maßnahmenplanung – d. h. praktisch bei der Ein- und Durchführung des Plans – vorsehen; ähnlich *DR,* Rn 24; das BAG 19. 6. 84, AP Nr. 2 zu § 92 BetrVG 1972 hält die Vorlage eines Untersuchungsberichts über mögliche Rationalisierungsmaßnahmen noch nicht für erforderlich, wenn diese noch nicht durchgeführt werden sollen, dazu *Linnenkohl/Töpfer* BB 86, 1301 u. *Hunold,* DB 89, 1334; vgl. auch BAG 27. 6. 89, AP Nr 37 zu § 80 BetrVG 1972 betr. Prüfungsbericht, der bestimmte Maßnahmen vorschlägt).

Der BR hat andererseits **kein MBR bei der Planung,** vielmehr ist für 25 die Planung der Unternehmer (ArbGeb.) verantwortlich, in dessen Leitungsfunktion der BR nicht eingreifen darf. Allerdings ist der BR rechtzeitig und umfassend über die Planung und die als Möglichkeit künftigen wirtschaftlichen Handelns zur Erörterung stehenden Maßnahmen an Hand derjenigen Unterlagen zu unterrichten (vgl. § 80 Rn 51), die der ArbGeb. selbst für seine Planung verwendet, ggfs. einschließlich der durch andere Planungsbereiche (Produktion, Investition, Rationalisierung) vorgegebenen Daten (zwischen allen Planungen besteht ein innerer Zusammenhang, BAG, 19. 6. 84 a. a. O; *Linnenkohl/Töpfer,* BB 86, 1301; **a. A.** *DR,* Rn 8; *GL,* Rn 6; *GK-Kraft,* Rn 9) und im Falle der Delegation der Planung auf den betreiblichen ArbGeb. insbes. einschließlich der Rahmenplanung des Unternehmers.

Auch über die **Methoden der Personalplanung** und die organisatori- 26 schen und technischen Hilfsmittel, deren sich der ArbGeb. dabei bedient, ist der BR zu unterrichten. Das gilt insbesondere, wenn der ArbGeb. im Rahmen seiner Planung **automatisierte Personalinformationssysteme** verwendet, die ohne Zweifel ein Instrument zur Durchführung einer Personalplanung sind (*Gola,* DSWR 74, 283; *GL.* Rn 13; *GKSB,* Rn 29; *Wohlgemuth,* Datenschutz, Rn 662; *Kilian,* RdA 78, 206; *Klebe/Schumann,* ArbuR 83, 41; im Ergebnis ebenso: *DR,* Rn 17; **a. A.** *GK-Kraft,* Rn 20; *Schmidt/Dorrenbach/Goos,* DB 83, Beil 11, S. 3). Wenn es auch keine eindeutige Definition der Personalinformationssystems gibt, so lassen sich doch zwei Arten unterscheiden.

Die **administrativen Personalinformationssysteme** (auch Verwal- 27 tungssysteme genannt, vgl. *Tubies,* DuD 82, 165) dienen lediglich dazu, die notwendigen personalwirtschaftlichen Verwaltungsabläufe zu bewältigen, die allerdings infolge der zunehmenden Fülle und Komplexität der gesetzlichen und tariflichen Erfordernisse ständig zunehmen (z. B. Lohn- und Gehaltsabrechnung, Feststellung von Fehlzeiten, Einstellungen, Versetzungen, Kündigungen). Schon die Daten bloßer administrativer Personalinformationssysteme können eine wertvolle Grundlage für eine Personalplanung sein (vgl. *Gola/Hümmerich/Kerstan,* Bd. II, S. 98; *Werkmeister,* Betriebsrat 77, 187).

Dies gilt in ungleich stärkerem Maße für sog. **dispositive Personalin-** 28

formationssysteme (z. T. auch planerische Systeme genannt z. B. das System PAISY). Diese Systeme sind mit ihren Daten z. B. über Personalstand, Fluktuation, Aufbau der Belegschaft, Ausbildung und Qualifikation der ArbN von vornherein auf eine Personalplanung hin angelegt. Sie ermöglichen insbesondere bei einer Verknüpfung ihrer Daten mit denen anderer Datensysteme, z. B. einer Arbeitsplatzdatenbank, d. h. durch eine automatisierte Gegenüberstellung der Erfordernisse des Arbeitsplatzes und der Qualifikation und der Leistungsfähigkeit der ArbN (generell oder gezielt für besondere Gruppen von ArbN), z. T. eine bis zur konkreten personellen Einzelmaßnahme durchgehende Personalplanung (Näheres zur Darstellung und Bedeutung von Personalinformationssystemen vgl. *Kilian,* DSWR 75, 322; ders, JZ 77, 481; ders, Personalinformationssysteme. S. 34ff.; *Franz,* Personalinformationssysteme, S. 13ff.; *Schuster* sowie *Wolf/Köppen* in *Jobs/Samland,* Personalinformationssysteme in Recht und Praxis, 1984 S. 1ff., 45ff.; *Freund,* Mitbestimmung bei betrieblichen Personalinformationssystemen 1984; *Linnenkohl,* ArbuR 84, 129ff.; zu den insoweit bestehenden rechtlichen Schranken für betriebsärztliche Informationssysteme vgl. *Kilian,* BB 80, 893, und BB 81, 985; vgl. hierzu auch *Budde,* BB 84, 1305). Bei der Einführung und Anwendung automatisierter Personalinformationssysteme sind einerseits die Vorschriften des BDSG zu beachten (vgl. hierzu § 83, Rn 10ff.); zum anderen kommen je nach Perfektion der dispositiven Personalinformationssysteme Mitbestimmungsrechte des BR nach § 87 Abs. 1 Nr. 6, §§ 94 und 95 in Betracht (vgl. hierzu § 87 Rn 75; § 94 Rn 8ff.; § 95 Rn 8).

29 Auf jeden Fall ist der BR im Rahmen der Personalplanung über die bestehenden Personalinformationssysteme zu unterrichten, auch über bloß administrative Systeme, da auch sie mit ihren Informationen z. B. über Altersaufbau, Betriebszugehörigkeitsdauer, Einkommensstruktur, Fehlzeiten wesentliche Daten für eine Personalplanung liefern (vgl. *Hümmerich,* DB 78, 1934; *Klebe/Schumann,* ArbuR 83, 41). Hierbei bezieht sich die Unterrichtungspflicht des ArbGeb. nicht nur auf die Aussagen und Resultate dieser Personalinformationssysteme. Vielmehr erfaßt sie auch die Programmdetermination, Fragedimensionen und Entscheidungsvariablen, d. h. die **Programmierung** bzw. **Software** dieser Systeme. Das gilt insbesondere für die dispositiven Personalinformationssysteme, da diese – je nach der Perfektion der Programmierung – mehr oder weniger selbst eine Personalplanung durchführen (vgl. hierzu *Gola,* DSWR 74, 283; *Kilian,* JZ 77, 468; ders. RdA 78, 206; *Brill,* BlStR 78, 165; *Hümmerich,* DB 78, 1934; *Wohlgemuth,* WSI Mitt. 79, 438; de legere ferenda *Zöllner,* Datenschutz, S. 97; **a. A.** *GK-Kraft,* Rn 26), Eine rechtzeitige und umfassende Information des BR kann dazu beitragen, Bedenken und Beunruhigungen zu vermeiden, die die Einführung und Anwendung von Personalinformationssystemen erschweren. Im übrigen kann durch den Abschluß von BV, die über notwendige Regelungen nach § 87 Abs. 1 Nr. 6, §§ 94 und 95 hinausgehen, die Zulässigkeit der Speicherung von Personaldaten i. S. des BDSG entweder begründet oder im Rahmen der §§ 23ff, BDSG konkretisiert werden

(vgl. *Auernhammer, BDSG § 3 Rn 4; Simitis/Damann/Mallmann/Reh,* BDSG, § 3 Rn 5; vgl. auch § 83 Rn 28). Näheres zur inhaltlichen Gestaltung von BV zur Einführung und Nutzung von Personalinformationssystemen vgl. *Samland* in Jobs/Samland, Personalinformationssysteme, S. 153ff.

Die **Unterrichtungspflicht** des ArbGeb. gilt für **alle Bereiche der Personalplanung.** Die Hervorhebung des „jeweiligen und künftigen Personalbedarfs" – des Kernbereichs der Personalplanung (§ 92 Abs. 1 Satz 1) – ist beispielhaft. Diese unter „insbesondere" aufgeführten Unterrichtungsgegenstände stellen keine erschöpfende Aufzählung dar (*Kador/ Pornschlegel,* Kap. 3.7.1 unter Nr. 3; *GKSB,* Rn 26). Führt der ArbGeb. nur in Teilbereichen eine Personalplanung durch (z. B. nur eine Einsatzplanung), ist der BR hierüber zu unterrichten (*GL,* Rn 10a; *GKSB,* Rn 28; vgl. auch *DR,* Rn 4). Die Unterrichtung ist nicht von einem ausdrücklichen Verlangen des BR abhängig, vielmehr muß der ArbGeb. von sich aus an den BR herantreten, wenn er (irgendeine Art der) Personalplanung durchführt. 30

Wegen des **Zeitpunkts der rechtzeitigen Unterrichtung** in entsprechender Anwendung des REFA-Standtarprogramms vgl. § 80 Rn 50 und *Linnenkohl/Töpfer,* BB 86, 1301 (nach *Heinze,* Rn 44 setzt das Merkmal der Rechtzeitigkeit stets erst dann ein, wenn die Personalplanung zumindest in ersten Teilen abgeschlossen ist.) 31

Die Unterrichtung des BR hat an Hand der Unterlagen zu erfolgen, soweit der ArbGeb. solche zur Verfügung hat (z. B. Stellenbeschreibungen, Stellenpläne, Personalbedarfsunterlagen, Personalstatistiken, z. B. über Fluktuation, Altersaufbau und Krankenstand der Belegschaft, Personalkostenpläne; vgl. *GL,* Rn 13). Dem BR sind nach der übergreifenden Norm des § 80 Abs. 2 S. 2 die erforderlichen **Unterlagen** auch zur Verfügung zu stellen (wie hier *Hunold,* DB 89, 1336; *Schaub,* § 238 II 2; *GKSB,* Rn 33f.), da nur so eine sinnvolle Vorbereitung und Zusammenarbeit möglich ist, und ihr Inhalt zu erläutern (**a. M.,** nur für Einblick in die Unterlagen *DR,* Rn 27; *Gl,* Rn 13b; *GK-Kraft,* Rn 25; *HSG,* Rn 26, LAG München, 6. 8. 86, DB 87, 281). 32

Erfüllt der ArbGeb. seine Informationspflichten wahrheitswidrig, unvollständig oder verspätet, so handelt er ordnungswidrig. Es kann eine Geldbuße bis zu 20000 DM verhängt werden (§ 121). 33

Der **ArbGeb. hat mit dem BR** über Art und Umfang der erforderlichen Maßnahmen und über die Vermeidung von Härten **zu beraten.** Auch insoweit hat der ArbGeb. von sich aus die Beratung zu veranlassen. Die Vorschrift des § 92 1 S. 2 schließt Beratungen über weitere Aspekte der Personalplanung insbes. auf **Initiative des BR** keineswegs aus (z. B. über die Personalbedarfsplanung; wie hier *GKSB,* Rn 37; *Weiss,* Rn 6; *Rumpff,* S. 97, *Kador/Pornschlegel,* Kap. 3.7.1 Nr. 6; **a. M.** *DR,* Rn 29, *GL,* Rn 15; *GK-Kraft,* Rn 28; *HSG,* Rn 27). Eine Einschränkung des Beratungsrechts gegenüber einem weitergehenden Unterrichtungsrecht ist sinnwidrig und verstößt zudem gegen die übergreifenden Grundsätze der § 74 Abs. 1, § 75, § 80 Abs. 1 Nrn. 2, 4 u. 7. Aus diesem Grunde erstreckt sich das Beratungsrecht des BR dem Gegenstand und 34

Umfang nach auf alle Aspekte, hinsichtlich deren dem BR ein Unterrichtungsrecht zusteht (vgl. oben Rn 22ff). Das gilt insbesondere auch in bezug auf bestehende Personalinformationssysteme. Hier umfaßt das Beratungsrecht auch die Programmierung bzw. die Software dieser Systeme. Für die Zuziehung von Sachverständigen gilt § 80 Abs. 3.

35 Nach **Abs. 2** kann der **BR** auch von sich aus **Vorschläge** für die Einführung und Durchführung einer Personalplanung machen. Der ArbGeb. ist nach § 2 Abs. 1 verpflichtet, sich mit diesen Vorschlägen ernsthaft zu beschäftigen, muß sie aber nicht durchführen (*DR,* Rn 19; *GL,* Rn 17; *GK-Kraft,* Rn 30; *GKSB,* Rn 38). Sofern der ArbGeb. Personaldaten in automatisierten Datenverarbeitungsanlagen verarbeitet, umfaßt das Vorschlagsrecht des BR auch die Befugnis, ein Programm für ein (dispositives) Personalinformationssystem zu entwickeln (vgl. *Zöllner,* Datenschutz, S. 91). Der ArbGeb. ist gem. § 80 Abs. 2 verpflichtet, dem BR die insoweit erforderlichen Auskünfte zu geben und Unterlagen zur Verfügung zu stellen. Der BR kann hier den Anstoß für eine moderne Entwicklung geben, insbes. für eine methodische Personalplanung (vgl. oben Rn 8).

36 Der BR kann jedoch nicht die Einführung oder Nichteinführung einer bestimmten Methode der Personalplanung oder den Abschluß einer BV hierüber erzwingen (h. M. – vgl. auch *Kador/Pornschlegel.* Kap. 3.7.1 Nr. 9). Freiwillige BV über Maßnahmen der Personalplanung und die mit ihr angestrebten Ziele sind jedoch zulässig, (z. B. über die Absicht, Arbeitsplätze für Schwerbehinderte oder Ausbildungsplätze zu schaffen). Die Einigungsstelle kann nur gemäß § 76 Abs. 6 tätig werden. Wegen der MBR des BR in angrenzenden Bereichen vgl. oben Rn 22.

37 Grundsätzlich ist der BR Träger der Beteiligungsrechte nach § 92 (h. M.). Wird eine übergreifende Personalplanung für Unternehmen mit mehreren Betrieben durchgeführt, so kann unter der Voraussetzung seiner Zuständigkeit der **GesBR** zu beteiligen sein (§ 50 Rn 36; ebenso *DR,* Rn 34; *GK-Kraft,* Rn 24; *Gl,* Rn 3; *GKSB,* Rn 40), ggfls. auch ein bestehender **KBR** (§ 58 Rn 10).

IV. Streitigkeiten

38 Die Verletzung der Informations- und Beratungsrechte des BR hat zwar keine unmittelbaren Auswirkungen auf spätere personelle Einzelmaßnahmen. Neben einem Ordnungsstrafverfahren nach § 121 (vgl. § 90 Rn 18) kommt bei groben Verstößen ein Verfahren gegen den ArbGeb. nach § 23 Abs. 3 in Betracht (*Heinze,* Rn 49ff. und DB 83, Beilage 9, S. 17). Der BR kann auch ein **BeschlVerf.** nach § 2a ArbGG auf Feststellung seiner Rechte nach § 92 in Gang setzen (*DR,* Rn 41).

§ 93 Ausschreibung von Arbeitsplätzen

Der Betriebsrat kann verlangen, daß Arbeitsplätze, die besetzt werden sollen, allgemein oder für bestimmte Arten von Tätigkeiten vor ihrer Besetzung innerhalb des Betriebs ausgeschrieben werden.

Inhaltsübersicht

I. Vorbemerkung

Die Vorschrift berücksichtigt den Gedanken eines innerbetrieblichen Arbeitsmarkts und soll die im Betrieb selbst vorhandenen Möglichkeiten der Personalbeschaffung aktivieren. Außerdem sollen Verstimmungen und Beunruhigungen der Belegschaft über die Hereinnahme Außenstehender trotz eines möglicherweise im Betrieb vorhandenen durchaus qualifizierten Angebots vermieden werden. 1

Entsprechende Vorschrift in **BPersVG 74:** § 75 Abs. 3 Nr. 14. 2

II. Ausschreibung von Arbeitsplätzen

Auf einem Teilgebiet der Personalbeschaffungsplanung, der Ausschreibung von Arbeitsplätzen (vgl. § 92 Rn 2, 15) hat der BR **ein echtes MBR.** Er kann verlangen, daß **freiwerdende oder neu geschaffene Arbeitsplätze allgemein** oder doch für **bestimmte Arten von Tätigkeiten** innerhalb des Betriebes ausgeschrieben werden (z. B. durch Aushang am Schwarzen Brett, Werkszeitung, Rundschreiben), nicht jedoch eine Ausschreibung nur aus Anlaß eines konkreten Einzelfalls (*DR,* Rn 5; *GL,* Rn 9; *GK-Kraft,* Rn 3; *Weiss,* Rn 1; **a. A.** *GKSB,* Rn 2); insbesondere kann die – vorher nicht verlangte Ausschreibung – nicht nachträglich zur **Begründung einer Zustimmungsverweigerung** nach § 99 Abs. 2 Nr. 5 verlangt werden, nachdem die personelle Maßnahme nach § 99 Abs. 1 eingeleitet ist (§ 99 Rn 56). 3

Das MBR bezieht sich auch auf die **Art und Weise der Ausschreibung,** die erst die praktische Anwendung der Vorschrift ermöglicht (*Schaub,* Handbuch, § 238 III 1; *GKSB,* Rn 3; *Hunold,* DB 76, 100; **a. M.** *DR,* Rn 12; *GL,* Rn 6; *GK-Kraft,* Rn 7, 9: *HSG,* Rn 4ff., die aber eine freiwillige BV nach § 88 empfehlen). 4

Unter **„Ausschreibung"** ist die allgemeine Aufforderung an alle oder eine bestimmte Gruppe von ArbN des Betriebes zu verstehen, sich für bestimmte Arbeitsplätze im Betrieb zu bewerben (BAG 23. 2. 88, AP Nr. 2 zu § 93 BetrVG 1972). Dabei sollten **mindestens folgende Informationen** gegeben werden: Bezeichnung der zu besetzenden Position; 5

geforderte Qualifikation – ggfs. unter Hinweis auf erwartete Bereitschaft zur Einarbeitung oder Fortbildung (§ 96 Rn 6); Beschreibung der wichtigsten Aufgaben; Zeitpunkt der Arbeitsaufnahme am neuen Arbeitsplatz; Tarifgruppe (für außerbetriebliche Ausschreibung vgl. REFA, MLPS, Teil 2, Kap. 2.4.3.)

6 Der Aktivierung des sog. innerbetrieblichen Arbeitsmarktes und der Erschließung von Reserven an qualifizierten ArbN kommt erhebliche Bedeutung zu. Es ist oft sinnvoller, für die Besetzung von Arbeitsplätzen auf ArbN des Betriebes zurückzugreifen, als Außenstehende anzuwerben oder Arbeitnehmerüberlassungsverträge abzuschließen (vgl. auch § 92 Rn 14). Anders u. U. bei Führungskräften. (Dieser Personenkreis zählt aber z. T. zu den leitenden Ang. und fällt nach § 5 Abs. 3 nicht unter das Gesetz, so daß auch eine Ausschreibung dieser Posten nicht verlangt werden kann.)

7 Eine **Ausschreibung im Unternehmen oder Konzern** ist durch den BR in der Regel nicht erzwingbar (für völlige Beschränkung der Anwendung des § 93 auf den einzelnen Betrieb: *GL,* Rn 8; *HSG,* Rn 12; *Stege/Weinspach,* Rn 5). Sind jedoch die Voraussetzungen für die Zuständigkeit des GesBR (KBR) gegeben (vgl. hierzu § 50 Rn 38, § 58 Rn 10), so können auch diese Organe eine Ausschreibung in Unternehmen verlangen. Dies gilt insbesondere für Spezialisten- und Beförderungsstellen, für deren Besetzung ArbN des weiteren Bereichs in Frage kommen (im Ergebnis wie hier *DR,* Rn 8, 10; *GK-Kraft,* Rn 5, weitergehend *GKSB,* Rn 7)

8 In **Tendenzbetrieben** kann der BR die Ausschreibung auch solcher Arbeitsplätze verlangen, die mit Tendenzträgern besetzt werden sollen (BAG vom 30. 1. 79, AP Nr. 11 zu § 118 BetrVG 1972; *DR,* Rn 11; **a.A.** *GK-Kraft,* Rn 3). Vgl. auch § 118 Rn 34.

9 Nach **§ 611b BGB** (Text vgl. Anhang 9) soll der ArbGeb. einen Arbeitsplatz **weder** öffentlich noch innerhalb des Betriebes **nur für Männer oder nur für Frauen** ausschreiben, es sei denn, ein bestimmtes Geschlecht sei unverzichtbare Voraussetzung für die auf dem Arbeitsplatz auszuübende Tätigkeit (vgl. auch § 75 Rn 13a). Der BR kann die Einhaltung dieser Vorschrift gem. Rn 12 durchsetzen, obwohl es sich nur um eine Sollbestimmung handelt. Es muß in aller Regel nach dieser Vorschrift verfahren werden.

10 Die zwischen ArbGeb. und BR zu vereinbarenden **Ausschreibungsgrundsätze** beziehen sich zweckmäßigerweise auf Form und Frist einer Ausschreibung (z. B. Anschlag am schwarzen Brett oder in der Werkzeitung, Bewerbungen binnen zwei Wochen [nach BAG 18. 11.80, AP Nr. 1 zu § 93 BetrVG 1972 kann auch ein Bewerber berücksichtigt werden, der die Frist überschritten hat]), fachliche und persönliche (z. B. Mindestdauer der Betriebszugehörigkeit oder der bisherigen Tätigkeit) Voraussetzungen für eine Bewerbung, Festlegung der durch Ausschreibung zu besetzenden Arbeitsplätze (z. B. von einer bestimmten Tarifgruppe ab). Über die Grundsätze kann eine freiwillige BV abgeschlossen werden (*GL,* Rn 6, *Heinze,* Rn 85). Muster einer BV im RKW-Handbuch, Teil III, Kap. 5.2.3. Soweit die Ausschreibung die fachlichen und persönlichen Voraussetzungen für die Bewerbung festlegt, besteht ein

MBR im Rahmen des § 95 (Auswahlrichtlinien, vgl. § 95 Rn 16; **a.M.** BAG 23. 2. 1988, AP Nr. 2 zu § 93 BetrVG 1972).

Ist eine Ausschreibung des Arbeitsplatzes erfolgt, so ist der ArbGeb. gleichwohl nicht verpflichtet, den Arbeitsplatz mit einem der sich meldenden Bewerber aus dem Betrieb zu besetzen, sofern nicht gegen eine Auswahlrichtlinie (§ 95) verstoßen wird oder einer der anderen Gründe des § 99 Abs. 2 für eine Verweigerung der Zustimmung des BV vorliegt (BAG 18. 11. 80, AP Nr. 1 zu § 93 BetrVG 1972; BAG vom 30. 1. 79, AP Nr. 11 zu § 118 BetrVG 1972; *DR,* Rn 17 m.w. Nachweisen). Der **ArbGeb. kann neben der innerbetriebl. Ausschreibung auch andere Bewerbungen einholen,** z.B. durch Zeitungsanzeige oder Anfrage beim Arbeitsamt (h.M.). Dabei dürfen aber keine geringeren Anforderungen gestellt werden als für die innerbetriebliche Ausschreibung, sonst kann der BR der Einstellung eines außerbetrieblichen Bewerbers die Zustimmung versagen (BAG 23. 2. 1988, AP Nr. 2 zu § 93 BetrVG 1972). Die Anwärter aus dem Betrieb haben keinen Anspruch (BAG 7. 11. 1977, AP Nr. 1 zu § 100 BetrVG 1972), aber eine Chance, die Stelle zu erhalten (vgl. § 99 Rn 51, 56). 11

III. Verstöße und Streitigkeiten

Schreibt der **ArbGeb.** entgegen dem Verlangen des BR freiwerdende **Arbeitsplätze nicht** innerhalb des Betriebes **aus,** so kann der BR seine **Zustimmung** zu einer personellen Maßnahme gem. § 99 Abs. 2 Nr. 5 **verweigern,** die sich auf die Besetzung des nicht ausgeschriebenen Arbeitsplatzes richtet (vgl. § 99 Rn 56). Damit wird ein indirekter Zwang auf den ArbGeb. ausgeübt, die Stellenausschreibung vorzunehmen bzw. nachzuholen. 12

Das **ArbG** entscheidet im Streitfall über Umfang und Art und Weise (Personenkreis, Form, Frist, vgl. Rn 10) innerbetrieblicher Ausschreibungen, da es sich bei dem Begriff der Ausschreibung um einen Rechtsbegriff handelt. Überdies kann der BR gegen den ArbGeb. ein Beschlußverfahren (§ 2a ArbGG) auf Feststellung der Ausschreibungspflicht anstrengen, wenn dieser die Ausschreibung verweigert; daneben kommt ein Verfahren nach § 23 Abs. 3 in Betracht (*Heinze,* Rn 87 und DB 83, Beilage 9, S. 17, *GK-Kraft,* Rn 14; *DR,* Rn 22). 13

§ 94 Personalfragebogen, Beurteilungsgrundsätze

(1) **Personalfragebogen bedürfen der Zustimmung des Betriebsrats. Kommt eine Einigung über ihren Inhalt nicht zustande, so entscheidet die Einigungsstelle. Der Spruch der Einigungsstelle ersetzt die Einigung zwischen Arbeitgeber und Betriebsrat.**

(2) **Absatz 1 gilt entsprechend für persönliche Angaben in schriftlichen Arbeitsverträgen, die allgemein für den Betrieb verwendet werden sollen, sowie für die Aufstellung allgemeiner Beurteilungsgrundsätze.**

Inhaltsübersicht

I. Vorbemerkung

1 Die Vorschrift des § 94 behandelt die Einführung und Verwendung von Personalfragebogen, Rubriken für persönliche Angaben in schriftlichen Arbeitsverträgen und die Aufstellung allgemeiner Beurteilungsgrundsätze. Hier besteht ein MBR des BR (GesBR, KBR), wenn der ArbGeb. derartige Hilfsmittel der Personalplanung einführen will. Es handelt sich um eine wichtige Voraussetzung für das Funktionieren einer Personalplanung. Die Bestimmung soll einerseits der Versachlichung der Personalpolitik dienen und zum anderen unzulässigen Eingriffen in die Intimsphäre des ArbN vorbeugen.

2 Das **allgemeine Persönlichkeitsrecht** und die Würde des Menschen (Art. 1 Abs. 1 GG, vgl. auch § 75 Abs. 2) sind **zu wahren.** Fragen, die rein persönliche Dinge betreffen, ohne daß ein erkennbarer Zusammenhang mit dem Arbeitsverhältnis besteht (vgl. *Leitpold,* ArbuR 71, 161; *Schmid,* NJW 71, 1863 [1867]), greifen in unzulässiger Weise in das **allgemeine Persönlichkeitsrecht** (Art. 1 Abs. 1 GG, § 75 Abs. 2 BetrVG, § 823 Abs. 1 BGB) ein. Der Betroffenen kann die **Beantwortung verweigern,** ggfs. auf Beseitigung der Beeinträchtigung, bei Wiederhohlungsgefahr auf Unterlassung und ggfs. auf Ersatz eines Vermögensschadens klagen, bei schweren Eingriffen in den Persönlichkeitsbereich auch auf Ersatz immateriellen Schadens (Schmerzensgeld; vgl. den Fall BAG 14. 9. 1967, AP Nr. 1 zu § 252 BGB).

3 Andererseits ist die sachgerechte Gestaltung von Fragebogen und Beurteilungsgrundsätzen in fachlicher, persönlicher und sozialer Hinsicht ein **wertvolles Hilfsmittel der Personalplanung** (§ 92), der Anwendung von Personalauswahlrichtlinien (§ 95) und der Entscheidung über personelle Einzelmaßnahmen. Die Verwendung bedarf einer **BV** (*Zeller,* BB 87, 1522; *DR,* Rn 26); diese kann nach § 77 Abs. 5 gekündigt werden, auch vom BR (vgl. *GK-Kraft* Rn 29 u. GL, Rn 18 u. DR, Rn 30) und wirkt in diesen Fällen nach § 77 Abs. 6 nach (§ 77 Rn 60ff.; *DR,* Rn 31; **a. M.** *Heinze,* Rn 102 und *GK-Kraft,* Rn 28). Erst die BV verpflichtet den ArbN zur Ausfüllung von Fragebogen. Die weitere Verwendung von **Altfragebogen** und Beurteilungsgrundsätzen nach erstmaliger Bildung eines BR bedarf dessen Zustimmung; der ArbGeb muß die Initiative ergreifen (*Teske,* ZIP 87, 960; vgl. auch BAG 22. 10. 1986, AP Nr. 2 zu § 23 BDSG mit Anm. Däubler, das für eine „Übergangszeit" bei Duldung durch den BR eine Weiterverwendung für zulässig ansieht).

4 Die Vorschrift des § 94 gilt uneingeschränkt auch in den Fällen, in denen die aufgrund eines Fragebogens usw. erhobenen Daten der ArbN in einer Weise verarbeitet werden, die den Vorschriften des BDSG unterliegt. Denn das **BDSG läßt die MBR des BR** nicht nur **unberührt,**

sondern gestattet, durch **BV** als einer **„anderen Rechtsvorschrift"** i. S. des § 3 BDSG sogar, die Zulässigkeit der Verarbeitung personenbezogener Daten eigenständig zu regeln (vgl. unten Rn 14). Im übrigen enthält das BDSG keine Regelung über die Erhebung von Daten, sondern greift erst ein, wenn (bereits erhobene) Daten in Dateien gespeichert werden (BAG 22. 10. 86, AP Nr. 2 zu § 23 BDSG, vgl. auch § 83 Rn 20).

Entsprechende Vorschriften im **BPersVG 74:** § 75 Abs. 3 Nr. 8, 9; 5
§ 76 Abs. 2 Nr. 2, 3 und im **SprAuG** für Beurteilungsgrundsätze: § 30 S. 1 Nr. 2.

II. Personalfragebogen

Personalfragebogen sind in der Regel **formularmäßig gefaßte Zu-** 6
sammenstellungen von durch den Bewerber (ArbN) auszufüllenden oder zu beantwortenden Fragen, die Aufschluß über die Person, Kenntnisse und Fertigkeiten des Befragten geben sollen. Personalfragebogen bedürfen der Zustimmung des BR (Abs. 1). Erfaßt werden sowohl Fragebogen für die schon im Betrieb tätigen ArbN, als auch Einstellungsfragebogen für Bewerber (*DR,* Rn 3; wegen Einstellungsgesprächen, vgl. § 99 Rn 37). Dem **MBR unterliegt** zum einen die **Einführung** und **jede Änderung von Fragebogen;** dies gilt auch für **nachträgliche formularmäßige Fragestellungen** zum Zwecke der **Datenerfassung** (vgl. *Hümmerich,* RdA 79, 145). Die erforderliche Einigung bezieht sich insoweit auf die Grundfrage der Einführung von Fragebogen und auf den konkreten Inhalt insbesondere der zu stellenden Fragen.

Darüber hinaus erstreckt sich das MBR des BR auch auf eine nähere 7
Festlegung des Verwendungszwecks der auf Grund des Fragebogens vom ArbN gegebenen Informationen. Denn andernfalls wäre die Schutzfunktion des § 94 nur unzureichend. Ebenso wichtig wie die Beschränkung des Fragerechts als solche ist es sicherzustellen, daß der ArbGeb. die Informationen der ArbN nur insoweit verwertet, als dies durch den Zweck des konkreten Arbeitsverhältnisses bedingt ist.

Insbesondere wenn Daten der ArbN in **automatisierte Datenverar-** 8
beitungsanlagen eingegeben werden, besteht leicht die Gefahr, daß sie aus ihrem zulässigen Kontext gelöst werden (zu den Gefahren des Kontextverlustes vgl. *Bull,* NJW 79, 1181; *Gola,* BB 80, 586; *Zöllner,* Datenschutz, S. 9). Die vielfältigen Möglichkeiten der automatisierte Datenverarbeitung machen es notwendig, schon bei der Aufstellung von Personalfragebogen die Besonderheiten und die qualitiativ andersartige Dimension der automatisierten Datenverarbeitung zu berücksichtigen. Deshalb kann der BR jedenfalls bei sensiblen Daten verlangen, daß schon im Fragebogen eine **Umschreibung** oder **Beschränkung des zulässigen Verwendungszwecks** festgelegt wird, z. B. daß bestimmte Informationen nach einer gewissen Zeit nicht mehr berücksichtigt werden dürfen oder daß sie zu anonymisieren sind (vgl. hierzu *Simitis,* Schutz von Arbeitnehmerdaten, S. 39; ders., ArbuR 77, 103; *Wohlgemut,* WSI Mitt. 79, 439; *Kilian,* RdA 78, 205; *Gola,* DuD 78, 26; *Klebe/Schumann,*

ArbuR 83, 42, *Brill,* BlStR 78, 163; *Schwarz,* Arbeitnehmerüberwachung, S. 126f.; *GKSB,* Rn 22; *Simitis/Dammann/Mollmann/Reh,* BDSG § 23 Rn 20; **a. A.** *GL,* Rn 14; *GK-Kraft,* Rn 12; *HSG,* Rn 5; *Weiss,* Rn 7; *Zöllner,* Datenschutz, S. 89; ders NJW 81, 970, DB 84, 243: *Jobs* in *Jobs/Samland,* S. 147).

9 Aus diesem Grunde ist es auch fraglich, ob der BR berechtigt ist, ohne Kenntnis der Datenverwendung einer generellen Vertragsklausel zuzustimmen, wonach die ArbN in eine unbeschränkte Verarbeitung aller personenbezogenen Daten pauschal einwilligen (vgl. hierzu *Kilian,* RdA 78, 205, sowie § 83, Rn 22). Sollte es nicht möglich sein, bereits im Fragebogen im einzelnen festzulegen, zu welchen Zwecken die Informationen des Fragebogens zulässigerweise verwendet werden dürfen, so sollte sich der BR bei sensiblen Daten das Recht vorbehalten, vom ArbGeb. über die künftige Verwendung rechtzeitig unterrichtet zu werden.

10 Die Frage nach dem **Einverständnis des ArbN** zur Verarbeitung seiner Daten in automatisierten Verfahren ist mitbestimmungspflichtig. Eine derartige Einwilligung des ArbN bedarf der **Schriftform;** ist die Einwilligung Bestandteil des Fragebogens, so muß der ArbN hierauf besonders hingewiesen werden (vgl. § 3 S. 2 BDSG und § 83 Rn 22).

11 Das MBR des BR beschränkt sich ferner nicht nur auf Personalfragebogen im formellen Sinne. Zustimmungsbedürftig sind vielmehr auch Fragen, die nicht in einem schriftlichen Fragebogen vom ArbN selbst zu beantworten sind, die aber standartisiert sind („Checklisten") und aufgrund eines Interviews oder in einem zulässigen (vgl. Rn 23) psychologischen Test von einem **Befrager niedergelegt und ausgefüllt** (*DR,* Rn 5; *Heinze,* Rn 94; *GK-Kraft,* Rn 4; *GL,* Rn 4; *Weiss,* Rn 7; *Schmid,* BB 80, 1865; **a. A.** *Hümmerich,* RdA 79, 145) oder über ein Datensichtgerät in einen **Datenträger eingegeben** oder über **optische Belegeleser eingelesen** werden (*Däubler,* Anm. AP Nr. 2 zu § 23 BDSG; *DR,* Rn 4f.; *Kroll,* Datenschutz, S. 93; *Zöllner,* Datenschutz, S. 83; *Wohlgemuth,* BB 80, 1533; *Gola,* DSWR 74, 283; *ders.;* DuD 78, 25; *Gola/Hümmerich/Kerstan,* Bd. II, S. 113; *Brill,* BlStR 78, 165; **a. A.** *Hümmerich,* DB 78, 1934; ders, RdA 79, 146; *Scholz,* NJW 81, 1990). Im letzteren Fall ist der BR deshalb schon bei den vorbereitenden Arbeiten zur Erfassung der Daten auf Datenträger, d. h. bei der Programmierung einzuschalten. Zur rechtlichen Zulässigkeit verschiedener Formen des Personalinterviews vgl. ausführlich *Schmid,* DB 80, 2442, 2517 und wegen Vorstellungsgespräch vgl. § 99 Rn 37.

12 Der ArbGeb. kann zwar davon absehen, Personalfragebogen einzuführen, oder kann sie auch wieder abschaffen. Der BR hat kein erzwingbares MBR (Initiativerecht) zur Einführung von Personalfragebogen mit einem bestimmten Inhalt (LAG Düsseldorf, 24. 7. 84, DB 85, 134; *Zeller,* BB 87, 1522; *Hunold,* DB 89, 1337). Wenn und solange aber im Betrieb Fragebogen verwendet werden sollen, sind sie in ihrem vollen Inhalt zwischen ArbGeb. und BR abzustimmen. Im **Streitfall entscheidet die E-Stelle** über den Inhalt der Personalfragebogen. Bei einheitlichen Fragebogen für Unternehmen mit mehreren Betrieben steht das MBR dem **GesBR** unter den allgemeinen Voraussetzungen seiner Zu-

ständigkeit zu (vgl. § 50 Rn 37; so auch *DR,* Rn 32 u. *GK- Kraft,* Rn 3; **a. M.** *GL,* Rn 19; *HSG,* Rn 17). Entsprechendes gilt für den KBR (vgl. § 58 Rn 10).

Wichtig ist die **Abgrenzung der zulässigen Fragen** von den unzulässigen im **Persönlichkeitsbereich des ArbN** (vgl. dazu weiter Rn 15ff. u. *Häßler/ Kehrmann, Leipold, Schmid,* a. a. O.; *Moritz,* NZA 87, 329). Es bedarf einer Abwägung der berechtigten Interessen von ArbN und ArbGeb. An diese Grenzen müssen sich ArbGeb., BR und E-Stelle bei der Aufstellung von Personalfragebogen halten. Auch durch Zustimmung des BR oder Entscheidung der E-Stelle kann insoweit eine Zulässigkeit nicht begründet werden (vgl. *DR,* Rn 25; *GK-Kraft,* Rn 25; *Weiss,* Rn 3; *Simitis,* ArbuR 77, 99; *Hümmerich,* ArbuR 79, 144). Nach den persönlichen Verhältnissen eines ArbN (Bewerbers), Krankheiten u. Körperbehinderungen, darf nur insoweit gefragt werden, als im Hinblick auf die Tätigkeit und den Arbeitsplatz ein berechtigtes, billigenswertes und **schutzwürdiges Interesse des ArbGeb.** an der Beantwortung der Frage im Rahmen des Verhältnismäßigkeitsgrundsatzes besteht (vgl. BAG 7. 6. 84, 20. 2. 86, AP Nr. 26, 31 zu § 123 BGB, 22. 10. 86, AP Nr. 2 zu § 23 BDSG) Nach Ansicht des BAG darf der ArbN (Bewerber) auf unzulässige Fragen wahrheitswidrige Antworten geben, ohne sich dem Vorwurf der arglistigen Täuschung auszusetzen (kr. dazu *Meilicke,* BB 86, 1288). Jedenfalls kann er die Beantwortung derartiger Fragen ablehnen (*DR,* Rn 25, 28; *Leipold,* ArbuR 71, 163). Um alle rechtlichen Unsicherheiten zu vermeiden, die insbesondere für den Bewerber bei Neueinstellung auftreten können, müssen ArbGeb. und BR sich darauf beschränken, nur solche Fragen in den Personalfragebogen aufzunehmen, die zweifelsfrei zulässig sind. Manche Fragen, die **vor** einer Einstellung unzulässig sind, können **danach** zulässig werden, z. B. nach dem Bestehen einer Schwangerschaft, der Zugehörigkeit zu einer Kirche oder Gewerkschaft (vgl. weiter Rn 15, 18). Zu den rechtlichen Grenzen der Informationsgewinnung durch den ArbGeb. vgl. auch *Wohlgemuth,* BB 80, 1530. 13

Sollen die Informationen des Fragebogens in **automatisierten Verfahren** verarbeitet werden, sind auch die Vorschriften des **BDSG** zu beachten. Eine Verarbeitung, d. h. insbesondere eine Speicherung, Veränderung und Übermittlung geschützter personenbezogener Daten ist nach § 3 BDSG nur zulässig, wenn das BDSG selbst (vgl. §§ 23ff. BDSG) oder eine andere Rechtsvorschrift sie erlaubt oder der Betroffene einwilligt (Näheres hierzu vgl. § 83 Rdnr. 22ff). Zu den „anderen Rechtsvorschriften" i. S. des § 3 BDSG gehören wegen der Normwirkung ihrer Vorschriften auch **TV und BV** (BAG 27. 5. 86, AP Nr. 15 zu § 87 BetrVG 1972 Überwachung; *Simitis/Dammann/Mallmann/Reh,* BDSG, § 3 Rn 5; *Auernhammer,* BDSG, § 3 Rn 4). Auch BV können damit nähere Regelungen über die Zulässigkeit und Unzulässigkeit der Verarbeitung personenbezogener Daten in automatisierten Verfahren treffen und zwar sowohl durch eine nähere Konkretisierung der sehr allgemein umschriebenen Zulässigkeitsvoraussetzungen des BDSG (vgl. z. B. § 23): „Zweckbestimmung des Vertragsverhältnisses oder vertragsähnlichen 14

Vertrauenesverhältnisses“, „Wahrung berechtigter Interessen der speichernden Stelle oder eines Dritten“, „schutzwürdige Belange des Betroffenen“), als auch durch eine gegenüber dem BDSG **einschränkende Zulässigkeitsregelung** (vgl. hierzu § 83 Rn 28f). Gerade wegen ihrer größeren Sachnähe zu den betrieblichen Gegebenheiten besteht für die Betriebspartner damit die Möglichkeit, die **Zulässigkeit** der Verarbeitung personenbezogener Daten auf das durch die betrieblichen Notwendigkeiten gebotene Maß **zu beschränken** (*GKSB,* Rn 22). Da bei einer automatisierten Datenverarbeitung wegen der Notwendigkeit einer gleichartigen Datenerfassung die Verwendung von Fragebogen stets unumgänglich sein dürfte, kann der BR im Rahmen seiner MBR nach § 94 entscheidenden Einfluß auf die Speicherungs- und Übermittlungsvoraussetzungen der ArbN-Daten nehmen. BR und ArbN können nach § 27 Abs. 3 S. 2 BDSG die **Löschung** von Daten verlangen, die entgegen § 94 erhoben worden sind (BAG 22. 10. 1986, AP Nr. 2 zu § 23 BDSG; **a.M.** *Teske,* ZIP 87, 960).

15 Im einzelnen gilt folgendes: Fragen nach der Zugehörigkeit zu Parteien, Religionsgemeinschaften, Gewerkschaften (insoweit für Zulässigkeit *HSG,* Rn 12; *Stege/Weinspach,* Rn 21; für Unzulässigkeit: *DR,* Rn 8, 9; *GK-Kraft,* Rn 21; *GL,* Rn 10) sind nur in sog. Tendenzbetrieben statthaft, da diese ein positives Eintreten der ArbN für ihre Ziele erwarten können. Man wird aber Angaben über **Gewerkschaftszugehörigkeit** (z. B. bei vereinbartem Einzug der Gewerkschaftsbeiträge; vgl. *Bellgardt,* AiB 84, 61, *Simitis* ArbuR 77, 99) und **Konfession nach einer Einstellung** u. U. für die Entgeltberechnung durch das Lohnbüro benötigen. Deshalb sind auch Fragen nach **Familienstand, Kinderzahl** und zuständiger Sozialversicherung **nach der Einstellung** statthaft (*GL,* Rn 12).

16 Nach **Vorstrafen** darf unter Berücksichtigung des Resozialisierungsgedankens nicht allgemein gefragt werden, sondern nur gezielt, soweit sie für das Arbeitsverhältnis von Bedeutung sein können (BAG 5. 12. 1957, AP Nr. 2 zu § 123 BGB, 15. 1. 1970, AP Nr. 7 zu § 1 KSchG Verhaltensbedingte Kündigung; ArbG München, 28. 7. 88, DB 88, 2209; vgl. auch § 99 Rn 34), z. B. nach Vermögensdelikten bei einem Bankkassierer, Verkehrsstraftaten bei einem Kraftfahrer, Sittlichkeitstaten bei Jugendbetreuern usw. Der ArbN (Bewerber) darf sich als unbestraft bezeichnen (§ 51 BundeszentralregisterG), wenn arbeitsplatzbezogene Vorstrafen im Register nicht (mehr) eingetragen oder in das Führungszeugnis nicht aufzunehmen sind (längstens 5 Jahre nach Verurteilung; **a.M.** ArbG München aaO; zur Offenbarungspflicht eines Bewerbers, der demnächst eine Freiheitsstrafe von acht Monaten antreten muß, vgl. LAG Frankfurt 7. 8. 1986, NZA 87, 352). Näheres vgl. *Götz,* BB 71, 1325, BB 72, 1325 und *Linnenkohl,* ArbuR 83, 129.

17 Auch **Fragen nach den Vermögensverhältnissen** sind nur zulässig, sofern es sich um besondere Vertrauensstellungen handelt, bei denen der ArbN entweder mit Geld umgehen muß oder die Gefahr der Bestechung oder des Geheimnisverrats besteht (*DR,* Rn 14; *GKSB,* Rn 13). Auch **Lohn- und Gehaltspfändungen** können erst nach Einstellung für Zwekke des Lohnbüros erfragt werden (*GK-Kraft,* Rn 19; *GL,* Rn 12; **a. M.**

HSG, Rn 13). Fragen nach dem letzten Verdienst sind zulässig, sofern der Bewerber diese als Mindestvergütung fordert (*Moritz,* NZA 87, 332; vgl. auch BAG 19. 5. 1983, AP Nr. 25 zu § 123 BGB).

Die Frage nach einer **Schwangerschaft vor** einer Einstellung ist nur zulässig, wenn der vertraglich vorgesehenen Beschäftigung Vorschriften des MuSchG entgegenstehen (§ 4 schwere körperliche Arbeiten oder Arbeiten mit gesundheitsgefährdenden Stoffen, § 8 Mehr-, Nacht- und Sonntagsarbeit). Nur dann hat der ArbGeb ein schutzwertes Interesse an dieser Frage (vgl. BAG 20. 2. 1986, AP Nr. 31 zu § 123 BGB mit der Einschränkung, daß sich lediglich Frauen um den Arbeitsplatz bewerben; aber wie kann man das von vornherein wissen?; insoweit kr. zum BAG *Donat,* BB 86, 2413, *Heilmann,* AiB 87, 188, ArbuR 87, 117, *Hunold* NZA 87, 4, *Walker,* DB 87, 273). Die Zulässigkeit der Frage nach der Schwangerschaft ist sehr streitig, dürfte sich aber nicht unmittelbar aus dem Diskriminierungsverbot für Frauen nach § 611a BGB (vgl. § 75 Rn 13a) ergeben (für unbeschränktes Fragerecht: *Hunold,* aaO, *Hromadka,* DB 87, 687; *Walker,* aaO; *Zeller,* BB 87, 1522; *GL,* Rdr. 8; *GK-Kraft,* Rn 16 einschr.: *Bellgardt* BB 83, 2187, BB 86, 2414 und AiB 84, 61, *DR,* Rn 11, *GKSB* Rn 9; für Unzulässigkeit: *Colneric,* BB 86, 1573, *Keller,* NZA 88, 561; v. *Stevens-Bartol,* AiB 84, 123 und ArbG München, 6. 9. 84, DB 84, 2519 unter Hinweis auf § 611a BGB; anders noch Voraufl.; zur Anfechtung des Arbeitsvertrages vgl. auch BAG 8. 9. 1988, AP Nr. 1 zu § 8 MuSchG 1968 und § 80 Rn 3 und § 99 Rn 33). **Nach** der Einstellung besteht eine Mitteilungspflicht der ArbN von einer Schwangerschaft gem. § 5 Abs. 1 MuSchG. Jede weitere Frage im sexuell-medizinischen Bereich ist unzulässig (vgl. LAG Düsseldorf, BB 72, 706 mit weiter einschr. Anm. von *Fischer*). Auch alle weiteren Fragen persönlicher Art, die mit der vorgesehenen oder ausgeübten Tätigkeit nichts zu tun haben, dürfen nicht in Personalfragebogen aufgenommen werden, z. B. nach dem Beruf des Vaters, nach der Freizeitbeschäftigung, nach den Familienverhältnissen, ob die Absicht besteht zu heiraten. 18

Zulässig ist die Frage nach der Eigenschaft als **Schwerbehinderter** oder Gleichgestellter wegen der Verpflichtung des ArbGeb aus dem SchwbG oder nach dem Bestehen bestimmter körperlicher Mängel oder **Krankheiten,** die zu einer Gefährdung oder eingeschränkten Leistungsfähigkeit des ArbN auf den vorgesehenen Arbeitsplatz führen könnte (vgl. BAG 7. 2. 64, AP Nr. 6 zu § 276 BGB Verschulden bei Vertragsabschluß, 1. 8. 85, AP Nr. 30 zu § 123 BGB; *Bellgardt,* BB 83, 218; *DR,* Rn 10, *GK-Kraft,* Rn 15). 19

Bei **Aids** dürfte zwischen Infizierung und akuter Erkrankung zu unterscheiden sein, Solange keine akute Erkrankung vorliegt, ist die Frage nach einer Infizierung nur zulässig, wenn auf dem vorgesehenen Arbeitsplatz die Gefahr einer Ansteckung Dritter besteht, z. B. bei Heil- und Pflegeberufen. Nach einer akuten Erkrankung dürfte der ArbGeb wohl ohne Einschränkung ein Fragerecht haben, da nach dem derzeitigen Stand der Medizin mit einer alsbaldigen Arbeitsunfähigkeit zu rechnen ist (vgl. *Richardi,* NZA 88, 73; *Keller,* NZA 88, 561; *Zeller,* BB 87, 19a

1522; *Heilmann,* BB 89, 1413; *Hinrichs,* AiB 88, 8). Aidstests dürfen keinesfalls ohne Genehmigung des Bewerbers (ArbN) vorgenommen werden (vgl. *Löwisch* DB 87, 936; *Klak,* BB 87, 1382; vgl. auch *Janker,* NZA 88, 86). Wegen Kündigung nach Infizierung vgl. BAG 16. 2. 89, BB 89, 425.

20 Soweit Angaben auf **Datenverarbeitungsanlagen** übertragen werden, muß sichergestellt werden, daß nicht Unbefugte Zugang zu den Daten über ArbN haben (vgl. §§ 5 und 6 BDSG). Zur Weiterleitung eines Fragebogens im Rahmen einer angeordneten Sicherheitsüberprüfung im öffentlichen Dienst vgl. BAG 17. 5. 83, AP Nr. 11 zu § 75 BPersVG.

21 Die Beschränkungen der Rn 15ff gelten grundsätzlich auch für **ärztliche Untersuchungen** und **psychologische Tests.** Ärztliche Einstellungsuntersuchungen werden grundsätzlich zulässig sein (näheres *Keller,* NZA 88, 561 und *Zeller,* DB 87, 2439). Der **Bewerber braucht sich** zwar **nicht untersuchen zu lassen** (wegen gesetzlich vorgeschriebener Untersuchungen vgl. aber §§ 18, 47 BundesseuchenG vom 18. 7. 1971, § 32ff. JugArbSchG, § 5 BerufskrankheitenVO, sowie Untersuchungen auf Grund von Arbeitsschutzvorschriften und UVVen, dazu *Spinnarke,* BB 82, 2114), muß aber dann damit rechnen, daß er nicht eingestellt wird. Andererseits darf der Arzt dem ArbGeb. das Ergebnis der Untersuchung nur insoweit mitteilen, als er die Eignung für den vorgesehenen Arbeitsplatz bejaht oder verneint (ohne einzelne Befunddaten), sofern keine weitergehende Entbindung von der ärztlichen Schweigepflicht (§ 203 StGB) durch den Bewerber erfolgt (*Kierski,* BB 76, 842; z.T. gegen diesen *Hinrichs,* BB 76, 1273, DB 80, 2287, soweit der ArbN pauschal von der Schweigepflicht entbindet; nach *Budde,* DB 85, 1529 muß der ArbN genau über die an den ArbGeb weiterzugebenden Daten aufgeklärt werden; vgl. auch BVerfGE 32, 373 unter Hinweis auf Art. 2 Abs. 1 GG; zu den rechtlichen Schranken für betriebsärztliche Informationssysteme vgl. *Kilian,* BB 80, 893; ders. BB 81, 990; über die z.T. bedenkliche Praxis vgl. *Däubler,* BB 89, 282; *Kilian,* Personalinformationssysteme S. 86ff., 97ff.). Auf die **ärztliche Schweigepflicht** (§ 203 Abs. 1 Nr. 1 StGB) weist auch § 8 Abs. 1 Satz 2 ASiG hin. Dem ArbN ist aber auf Wunsch das Ergebnis arbeitsmedizinischer Untersuchungen mitzuteilen (§ 3 Abs. 2 ASiG). Auch gehören **ärztliche Befundbogen** nicht in die Personalakten (*Hümmerich,* DB 75, 1893; vgl. auch § 83 Rdnr. 6), sondern sind getrennt aufzubewahren (BAG 15. 7. 1987, AP Nr. 14 zu § 611 BGB Persönlichkeitsrecht; zum Schutz medizinischer Daten des ArbN vgl. auch *Wohlgemuth,* AiB 87, 243). Sie gehören auch nicht in Personalfragebogen (Heinze, Rn 96); ihre Aufstellung unterliegt nicht den MBR (vgl. *DR,* Rn 6; *GK-Kraft,* Rn 8, *GL,* Rn 5, *HSG,* Rn 4; *Meisel,* Rn 164; *Zeller,* BB 87, 2439).

22 **Nach Beginn des Arbeitsverhältnisses** dürfen **ärztliche Untersuchungen nur verlangt** werden, wenn überwiegende betriebliche Interessen oder der Schutz des betreffenden ArbN oder anderer ArbN am Arbeitsplatz (z.B. vor ansteckenden Erkrankungen) oder öffentlichrechtliche Vorschriften (BundesseuchenG, JugArbSchG, Arbeitsschutzvorschriften, UVV) dies erfordern (vgl. BAG 23. 2. 1967, AP Nr. 1 zu

§ 7 BAT; *Keller,* NZA 88, 561; vgl. auch § 87 Rn 93ff., **Vor** § 89 Rn 58 u. *Spinnarke,* a. a. O.). Freiwillige ärztliche Untersuchungen können auch durch BV geregelt werden (z. B. Augenuntersuchungen vor Übertragung ständiger Arbeit an Datensichtgeräten, ggfs. einfacher Sehtest beim Betriebsarzt, bei bestehender Sehschwäche Untersuchung durch einen Augenarzt).

Psychologische Testverfahren (darüber *Schmid,* BB 81, 1646; *Marschner,* DB 71, 2260; *Wohlgemuth,* Datenschutz, S. 35f) die nur von Fachpsychologen durchgeführt werden dürfen, die wie Ärzte der Schweigepflicht unterliegen und nur das wertende Ergebnis der Begutachtung dem ArbGeb. mitteilen dürfen (*Scholz,* NJW 81, 1987), und **graphologische Gutachten** bedürfen in jedem Fall der ausdrücklichen **Zustimmung des ArbN** (Bewerbers), was insbesondere für die Auswertung handgeschriebener Lebensläufe wichtig ist (*GK-Kraft,* Rn 24; ArbG München, 14. 4. 1975, DB 75, 1657; eingehend: *Oetker,* BlStR 85, 65, 81; u. *Michel/Wiese,* NZA 86, 505; vgl. auch BAG 16. 9. 82, AP Nr. 24 zu § 123 BGB). Sofern sie nicht bis zur Einstellung vernichtet oder zurückgegeben sind, werden auch sie Bestandteil der dem Einsichtsrecht des ArbN unterliegenden Personalakten *Gola/Hümmerisch,* BB 74, 1170; *Oetker,* a. a. O; vgl. auch § 83 Rdnr. 4). 23

Derartige Tests dürfen nicht zu umfangreichen **Persönlichkeitsanalysen,** zu einer umfassenden seelischen „Durchleuchtung" führen, denn ein solches schrankenloses Eindringen in die Persönlichkeitssphäre ist nach Art. 1 Abs. 1 GG, § 75 Abs. 2 unzulässig. Tests sind nur dann und in dem Umfang erlaubt, wie sie nach dem Grundsatz der Verhältnismäßigkeit erforderlich oder zumindest zweckmäßig sind, um die Eignung des ArbN (Bewerbers) für die Anforderungen seines Arbeitsplatzes zu überprüfen, z. B. für die Bedienung komplizierter Maschinen (*Wiese,* ZfA 71, 296), das Fahren eines Omnibusses (BAG 13. 2. 1964, AP Nr. 1 zu Art. 1 GG), Eignung für die Teilnahme an beruflichen Fortbildungs- und Umschulungsmaßnahmen (*Schmid,* NJW 1971, 1865) und dergl. Da bei einer Speicherung von Testergebnissen in automatisierten Datenbanken die Gefahren, die aus der Verwendung der Testergebnisse entstehen können, erheblich größer sind als bei Aufbewahrung in der herkömmlichen Personalakte, ist die Anwendung wissenschaftlich nicht eindeutig abgesicherter Testverfahren hier stets als unzulässig anzusehen (*Kilian,* RdA 78, 205). 24

Intelligenztests, die lediglich den Intelligenzquotienten ermitteln und Persönlichkeitstests zur Bestimmung bzw. Erfassung der Gesamtpersönlichkeit sind in jedem Fall unzulässig (*Schmid,* BB 81, 1646; vgl. auch *Gola,* BB 80, 584). Wegen genetischer Analysen vgl. *Wiese,* Rn 86, 120 u. wegen Vorstellungsgespräch vgl. § 99 Rn 37. 25

Personalfragebogen erfolglos gebliebener Stellenbewerber mit Angaben aus der Privatsphäre sind zu vernichten, sofern nicht der ArbGeb ein berechtigtes Interesse an der weiteren Aufbewahrung nachweisen kann (BAG 6. 6. 84, AP Nr. 7 zu § 611 BGB Persönlichkeitsrecht). 26

III. Formularverträge

27 Ein MBR des BR besteht auch, wenn in Arbeitsverträgen, die allgemein für den Betrieb verwandt werden, also in sog. **Formularverträgen,** persönliche Angaben verlangt werden, sofern diese über die Feststellung der reinen Personalien (Name, Vorname, Geburtstag und -ort, Anschrift) hinausgehen. Dadurch soll eine Umgehung der Mitbestimmung bei Personalfragebogen verhindert werden. Sonst wäre es dem ArbGeb. möglich, dieselben Angaben ohne Beteiligung des BR zu erlangen, indem er sie statt in Personalfragebogen in die Arbeitsverträge aufnimmt. Im übrigen unterliegt das Muster eines Formularvertrages, insbes. die Aufnahme allgemeiner Arbeitsbedingungen in den Arbeitsvertrag, nicht dem MBR (*DR,* Rn 36), auch nicht Richtlinien zur Bearbeitung externer Bewerbungen (*Hunold,* DB 76, 102). Die Vorschrift betrifft nur schriftliche Verträge, nicht mündliche Vereinbarungen. Andererseits gilt sie auch für die allgemein einzuführende schriftliche Ergänzung bestehender Arbeitsverträge.

Dem dürfte gleichstehen die im Betrieb allgemein angestrebte Einwilligung der ArbN zur Speicherung oder sonstiger Verarbeitung personenbezogener Daten, die eine Ergänzung der Arbeitsverträge ist und nach § 3 S. 2 **BDSG** der Schriftform bedarf; ist eine solche Einwilligungserklärung Bestandteil des Formulararbeitsvertrags, ist der ArbN hierauf schriftlich besonders hinzuweisen (vgl. oben Rn 10).

IV. Allgemeine Beurteilungsgrundsätze

28 Auch die Aufstellung **allgemeiner Beurteilungsgrundsätze** (nicht die Beurteilung im Einzelfall) unterliegen dem MBR, sofern sie der ArbGeb. einführt oder verwendet. Beurteilungsgrundsätze sind Regelungen, die die Bewertung des Verhaltens oder der Leistung der ArbN verobjektivieren, und nach einheitlichen Kriterien ausrichten sollen, damit Beurteilungserkenntnisse miteinander verglichen werden können (BAG 23. 10. 1984, AP Nr. 8 zu § 87 BetrVG 1972 Ordnung des Betriebes). Sie sind, ebenso wie Personalfragebogen, Grundlage für die Beurteilung der ArbN (Bewerber) im Einzelfall (vgl. insoweit § 82 Rn 6). Auch hier kommt es auf die Form nicht an; unter diesen Begriff fallen sowohl Beurteilungsformulare als auch **Führungsrichtlinien,** in denen Beurteilungskriterien festgelegt sind (*Bieding,* AiB 83, 12; *Höhn,* a. a. O. S. 90; vgl. auch *DR,* Rn 51, sowie § 87 Rn 19, **a. M.** BAG 23. 10.84, a. a. O.; *Hunold,* DB 89, 1337) Auch kommt es nicht darauf an, ob die Beurteilung schriftlich niedergelegt oder „auf Band“ gespeichert wird.

29 Werden Beurteilungen von ArbN in ein **Personalinformationssystem** eingegeben, so müssen die Beurteilungen, wenn sie für das Informationssystem verwendbar sein sollen, nach allgemeinen (Beurteilungs-) Grundsätzen standardisiert sein. Die Festlegung von katalogmäßigen Klassifikationsmerkmalen für eine automationsgerechte Erstellung von

Fähigkeits- und Eignungsprofilen stellt eine Aufstellung von Beurteilungsgrundsätzen dar, die dem MBR des BR nach § 94 Abs. 2 unterliegt (*DR,* Rn 41; *GK-Kraft* Rn 22; wohl auch *Ehmann,* NJW 83, 98, *Hümmerich,* DB 78, 1934; *Klebe/Schumann,* ArbuR 83, 43; einschränkend *Zöllner,* Datenschutz, S. 94: nur bei Vorliegen einer Bewertungsskala). Zu den Beurteilungsgrundsätzen gehört auch die Festlegung des Verfahrens, wie Beurteilungen zustande kommen (z. B. Fragebogen für Vorgesetzte mit Beurteilungsstufen). Deshalb unterliegen auch EDV-Programme, die für die Beurteilung wesentliche Informationen zusammenführen, dem MBR. Dies gilt erst recht für Programme, die aufgrund der gespeicherten Daten unmittelbar selbst eine Beurteilung erstellen (*Zöllner,* Datenschutz, S. 93). Denn derartigen Programmen liegen stets Beurteilungsgrundsätze zugrunde. Wegen Beteiligung des BR bei Assessement-Center, d. h. einem systematischen Verfahren zur qualitativen Festlegung von Verhaltensleistungen und -defiziten von ArbN vgl. *Schönfeld/Gennen* NZA 89, 543.

Nicht unter § 94 fallen Erfassungsbogen, in die die ArbN die Arbeits- 30
zeiten für die einzelnen Arbeitsvorhaben eintragen sollen (BAG 24. 11. 81, AP Nr. 3 zu § 87 BetrVG 1972 Ordnung des Betriebes, vgl. auch § 87 Rn 31).

Eine sachgemäße Beurteilung der Leistungen seiner ArbN, die dem 31
ArbGeb. nicht verwehrt ist, soweit sie sich auf Eignung, Befähigung u. fachliche Leistung beschränkt (BAG vom 28. 3. 1979, 10. 3. 82, AP Nr. 3 zu § 75 BPersVG, AP Nr. 1 zu § 13 BAT), ist aber nur möglich, wenn für die Arbeitsplätze **Arbeitsbeschreibungen (Stellenbeschreibungen)** vorhanden sind, aus denen sich Rechte und Pflichten der Arbeitsaufgabe ergeben (vgl. auch § 92 Rn 11 ff.). Derartige Arbeitsbeschreibungen, auch analytische Arbeitsplatzbewertungen sind aber noch keine persönlichen Beurteilungsgrundsätze für die einzelnen ArbN, sondern auf die Arbeitsplätze bezogen (*DR,* Rn 39; *GK-Kraft,* Rn 11; *Heinze,* Rn 95; *GL,* Rn 29; wegen Anforderungsprofilen vgl. § 95 Rn 16). Das gilt auch für **Funktionsbeschreibungen** als reine Bestandsaufnahme für Gruppen von Stelleninhabern mit vergleichbarer Tätigkeit (BAG 14. 1. 86, AP Nr. 21 zu § 87 BetrVG 1972 Lohngestaltung; vgl. auch § 87 Rn 134). Die Beurteilung wird in der Regel Bestandteil der Personalakte (§83). Auch die sachgerechte Ausgestaltung der Beurteilungsgrundsätze ist von erheblicher Bedeutung für die im Rahmen der Personalplanung angestrebte Entwicklung der Personalpolitik in den Betrieben und Unternehmen.

Der **ArbGeb.** ist in seiner Entscheidung **frei, ob er** Beurteilungs- 32
grundsätze im Betrieb einführen will. Ist dies aber der Fall, so hat der BR ein notfalls über die E-Stelle durchsetzbares MBR über deren Inhalt. Es wird zweckmäßigerweise eine BV abgeschlossen, die als anderweitige Rechtsvorschrift i. S. des **§ 3 BDSG** (vgl. § 83 Rn 28) auch die Speicherung der Beurteilungsergebnisse in automatisierten Verfahren i. S. des BDSG gestattet. Die Grundsätze beziehen sich insbes. auf die bisherige Arbeitsleistung (Beurteilungsmerkmale und deren Gewicht), Eignung für andere Aufgaben, ggfs. auch Fragen der Zusammenarbeit mit ande-

ren ArbN, Entschlußfähigkeit und Verantwortungsbewußtsein, Berufsbildungsmaßnahmen und Verfahrensregelungen (Kreis der Beurteiler und Beurteilten, Zeitraum der Beurteilung, Arbeitsproben, psychologische Testverfahren, Überwachung, Kontrolle und Auswertung der Beurteilungen gemäß den Beurteilungsgrundsätzen). Wegen Erörterungsrechten des einzelnen ArbN vgl. § 82 Abs. 2 Satz 1 und zum Beurteilungsgespräch dort Rn 6.

V. Streitigkeiten

33 Können sich ArbGeb. und BR über die inhaltliche Gestaltung von Personalfragebogen, Formularverträgen oder Beurteilungsgrundsätzen nicht einigen, so entscheidet auf Antrag des BR oder des ArbGeb. die **E-Stelle.** Ein etwaiger Spruch über die Aufnahme arbeitsvertraglich unzulässiger Fragen (vgl. Rn 13ff.) ist aber im Verhältnis zum ArbN nicht rechtswirksam. Er kann die Beantwortung derartiger Fragen trotzdem verweigern (vgl. *GKSB,* Rn 16). Der ArbGeb. kann trotz eines Spruchs der E-Stelle noch auf die Verwendung derartiger Hilfsmittel im Personalbereich verzichten. Verwendet der ArbGeb. einen Einstellungsfragebogen ohne Zustimmung des BR, so wird dadurch die Wirksamkeit des abgeschlossenen Arbeitsvertrages nicht berührt. (*GK-Kraft,* Rn 26; *HSG,* Rn 32; vgl. auch LAG Frankfurt, 16. 10. 84, DB 85, 1534: kein Zustimmungsverweigerungsrecht des BR nach § 99 Abs. 2 Nr. 2).

34 Aus der unterlassenen oder falschen Beantwortung von Fragen eines derartigen Fragebogens, dürfen dem ArbN jedenfalls dann keine Nachteile (z. B. Kündigung oder Anfechtung des ArbVertrags durch den ArbGeb.) entstehen, wenn die Zulässigkeit der betr. Frage zweifelhaft sein kann (gegen Zulässigkeit eines Nachteils schlechthin *GL,* Rn 23; *Weiss,* Rn 5; **a. A.** *GK-Kraft,* Rn 26; *HSG,* Rn 32). Benutzt der ArbGeb. ohne Zustimmung des BR Beurteilungsgrundsätze, hat der ArbN Anspruch auf Entfernung einer auf ihrer Grundlage erstellten Beurteilung aus der Personalakte sowie auf Nichtverwendung der Beurteilung bei personellen Entscheidungen (*DR,* Rn 53; *GL,* Rn 34; *Weiss,* Rn 9, **a. A.** *Heinze,* Rn 101). Bei Verwendung von Fragebogen oder Beurteilungsgrundsätzen ohne Zustimmung des BR können ferner Ansprüche gegen den ArbGeb. nach § 23 Abs. 3 in Betracht kommen (*DR,* Rn 52; *GL,* a. a. O., **a. A.** *Heinze,* DB 83, Beil. 9, S. 18).

Wegen Überprüfung des Spruches der E-Stelle im arbeitsgerichtlichen Beschlußverfahren vgl. § 76 Rn 41.

§ 95 Auswahlrichtlinien

(1) **Richtlinien über die personelle Auswahl bei Einstellungen, Versetzungen, Umgruppierungen und Kündigungen bedürfen der Zustimmung des Betriebsrats. Kommt eine Einigung über die Richtlinien oder ihren Inhalt nicht zustande, so entscheidet auf Antrag des**

Arbeitgebers die Einigungsstelle. Der Spruch der Einigungsstelle ersetzt die Einigung zwischen Arbeitgeber und Betriebsrat.

(2) **In Betrieben mit mehr als 1000 Arbeitnehmern kann der Betriebsrat die Aufstellung von Richtlinien über die bei Maßnahmen des Absatzes 1 Satz 1 zu beachtenden fachlichen und persönlichen Voraussetzungen und sozialen Gesichtspunkte verlangen. Kommt eine Einigung über die Richtlinien oder ihren Inhalt nicht zustande, so entscheidet die Einigungsstelle. Der Spruch der Einigungsstelle ersetzt die Einigung zwischen Arbeitgeber und Betriebsrat.**

(3) **Versetzung im Sinne dieses Gesetzes ist die Zuweisung eines anderen Arbeitsbereichs, die voraussichtlich die Dauer von einem Monat überschreitet, oder die mit einer erheblichen Änderung der Umstände verbunden ist, unter denen die Arbeit zu leisten ist. Werden Arbeitnehmer nach der Eigenart ihres Arbeitsverhältnisses üblicherweise nicht ständig an einem bestimmten Arbeitsplatz beschäftigt, so gilt die Bestimmung des jeweiligen Arbeitsplatzes nicht als Versetzung.**

Inhaltsübersicht

I. Vorbemerkung

§ 95 schließt die Vorschriften über allgemeine personelle Angelegenheiten ab. Die Beteiligung des BR bei der Schaffung von Auswahlrichtlinien soll zum einen die Personalführung in den Betrieben durchschaubarer machen. Damit wird auch im Interesse des ArbGeb. das Betriebsklima verbessert. Zum anderen dienen Auswahlrichtlinien der Vermeidung von Streitigkeiten zwischen ArbGeb. und BR und zwischen einzelnen ArbN und ArbGeb. aus Anlaß von personellen Einzelmaßnahmen. Denn die personellen Einzelmaßnahmen sind, je nach der Ausführlichkeit der Richtlinien, mehr oder weniger vorbestimmt. Die Auswahlrichtlinien bilden die **Zwischenstufe** zwischen allgemeiner Personalplanung (Beschaffungs-, Entwicklungs- ggfs. Abbauplanung) und personeller Einzelentscheidung. Auswahlrichtlinien setzen sinngemäß eine Personalplanung nach § 92 voraus (*Heinze,* Rn 56, 59). Sie dienen der Durchführung personalpolitischer Grundsätze u. müssen die Grundgedanken der §§ 2 Abs. 1 und 75 beachten. Die ArbNschaft soll vor willkürlichen Personalveränderungen geschützt werden. Damit wird aber der BR nicht zur „Nebenregierung" (so *DR,* Rn 2 „Unternehmensorgan"), er kann nicht die Personalpolitik „lahmlegen" (so *Ruf,* DB 1971, 1817; *HSG,* Rn 2, halten im Anschluß an *Obermayer,* DB 71, 34, 49ff., eine verfassungskonforme Auslegung dahin für geboten, daß die MBR im wesentlichen auf soziale Aspekte beschränkt bleibe; dem widerspricht allerdings der Wortlaut des Gesetzes, der ausdrücklich auch 1 die fachlichen Gesichtspunkte in den Regelungsbereich der Auswahlrichtlinien einbezieht; dagegen auch *GL,* Rn 2). ArbGeb. und BR sollen gemeinsam objektive Auswahlgrundsätze erarbeiten, ggfs. in Form der BV; einigen sich ArbGeb. und BR nicht, entscheidet die E-Stelle, deren Spruch auf Ermessensmißbrauch hin gerichtlich nachprüfbar ist (vgl. § 76, Rn 33).

2 Während in Betrieben mit bis zu 1000 ArbN Auswahlrichtlinien zwar der Zustimmung der BR bedürfen, es dem ArbGeb. aber freisteht, ob er derartige Richtlinien überhaupt einführen will (Abs. 1), hat der BR in Betrieben mit **mehr als 1000 ArbN** nach Abs. 2 ein eigenes durchsetzbares **Initiativrecht** zur Aufstellung von Auswahlrichtlinien. In diesen Betrieben ist die Objektivierung wegen der häufiger anfallenden gleichartigen personellen Maßnahmen besonders wichtig. Allgemein zu den Auswahlrichtlinien: *Zöllner,* Festschrift Müller, S. 665ff; *Dirks/Klebe,* Auswahlrichtlinien, systematischer Überblick aus gewerkschaftlicher Sicht, Schriftenreihe IG Metall, 1983 mit Regelungsvorschlägen für BV u. AiB 84, 8. GesamtBV bei der Zahnradfabrik Friedrichshafen: NZA 89, 711.

3a Abs. 3 bringt eine Definition der **Versetzung** (vgl. § 99 Rn 21–29). Entsprechende Vorschrift im **BPersVG 74:** § 76 Abs. 2 Nr. 8.

II. Auswahlrichtlinien

4 **Auswahlrichtlinien** sind Grundsätze (im allgemeinen abstrakt – genereller Natur), die allgemein oder für bestimmte Arten von Tätigkeiten oder Arbeitsplätze festlegen, welche Voraussetzungen bei der Durchführung von personellen Einzelmaßnahmen vorliegen müssen oder nicht vorliegen dürfen und welche sonstigen Gesichtspunkte bei ihnen im Hinblick auf die ArbN weiter zu berücksichtigen sind oder außer Betracht zu bleiben haben (enger *Zöllner,* Festschrift Müller, S. 667ff., 675f.: zulässig nur Präferenzregelungen zur Auswahl zwischen mehreren Bewerbern; hiergegen *DR,* Rn 15). Hierbei kann den einzelnen Kriterien durch ein Bewertungs- oder **Punktsystem** (vgl. weiter Rn 21) jeweils ein bestimmter Stellenwert, ggfs. getrennt nach fachlichen, persönlichen oder sozialen Gesichtspunkten, zugewiesen werden (kritisch gegenüber einem zu perfektionistischem System *Gift,* ZfA 74, 140; *Gola,* BB 80, 584, *Zöllner,* a.a.O., S. 667, hält nur Grundsatzregelungen vom „Richtlinien"–begriff gedeckt, die dem ArbGeb. noch einen Ermessensspielraum belassen; ähnlich *GK-Kraft,* Rn 12). Auswahlrichtlinien sind damit **Entscheidungshilfen,** die je nach ihrer Vollständigkeit dazu beitragen, die personelle Einzelmaßnahme mehr oder weniger vorherzubestimmen und damit zu **objektivieren.** Eine Auswahlrichtlinie liegt allerdings nicht nur vor, wenn sie sämtliche bei einer personellen Einzelmaßnahme zu bedenkenden Aspekte berücksichtigt (was auch kaum möglich sein dürfte). Sie kann sich vielmehr auf die Festlegung einiger den Betriebspartners besonders wichtiger Gesichtspunkte beschränken. Insbesondere ist die Festlegung eines sog. Punkt- oder Be-

wertungssystem für die einzelen Auswahlkriterien kein notwendiges Wesensmerkmal für eine Auswahlrichtlinie.

Auch die Vereinbarung eines bloßen **„Negativkatalogs"**, in dem festgelegt wird, welche Gesichtspunkte bei der Durchführung personeller Einzelmaßnahmen nicht oder nach einer gewissen Zeit nicht mehr zu berücksichtigen sind, ist eine Auswahlrichtlinie. Alle Auswahlrichtlinien haben die Grundsätzue des § 75 zu beachten (vgl. auch unten Rn 10). Demnach ist es z. B. unzulässig, die Einstellung auf Gewerkschaftsmitglieder zu beschränken (closed shop). Zu den möglichen Auswahlkriterien im einzelnen vgl. unten Rn 15ff. 5

Regelungen über Auswahlrichtlinien haben den **Charakter einer BV,** wenn sie schriftlich zwischen ArbGeb. und BR festgelegt werden. In diesem Falle handelt es sich im allgemeinen um BV, die Abschluß- und Beendigungsnormen für das Arbeitsverhältnis enthalten (*DR,* Rn 55; **a. A.** *GK-Kraft,* Rn 6ff.; *Hanau,* BB 72, 452; *Zöllner,* a. a. O., S. 673). Jedoch liegt eine Auswahlrichtlinie nicht nur vor, wenn sie in einer förmlichen BV niedergelegt ist (*GL,* Rn 4a). Sie kann z. B. auch in einer **Führungsrichtlinie des ArbGeb.** enthalten sein, die insoweit dann der Zustimmung des BR, am zweckmäßigsten in Form einer BV, bedarf (vgl. auch § 87 Rn 19, § 94, Rn 28). 6

Das Gesetz verlangt für Auswahlrichtlinien **keine Schriftform.** Deshalb liegt eine Auswahlrichtlinie auch dann vor, wenn der ArbGeb. seine Personalentscheidungen nach einem bestimmten Auswahlsystem trifft, ohne dieses jedoch schriftlich niederzulegen. Anderenfalls könnte der ArbGeb. durch das Unterlassen der schriftlichen Fixierung eines tatsächlich praktizierten Auswahlsystems das MBR des BR unterlaufen (*GL,* Rn 4a). 7

Besondere Fragen treten auf, wenn im Betrieb (Unternehmen) ein **automatisiertes Personalinformationssystem** besteht (vgl. hierzu § 92 Rn 26ff). Die bloße Sammlung von Daten der ArbN auf einem Datenträger, auch soweit es sich um Daten über die Qualifikation und Leistungsfähigkeit der ArbN handelt, stellt für sich allein noch keine Auswahlrichtlinien i. S. des § 95 dar. Etwas anderes dürfte jedoch dann gelten, wenn das Personalinformationssystem so aufgebaut ist, daß es im Falle der **Verknüpfung mit anderen Datensystemen** (z. B. einer Datenbank mit den Erfordernissen der einzelnen Arbeitsplätze des Betriebs) die für eine zu treffende personelle Einzelentscheidung zu berücksichtigenden Daten selbst in einer Weise auswertet, daß der oder die für einen bestimmten Arbeitsplatz am besten geeigneten ArbN „automatisch" ermittelt werden. Die einem derartigen Personalinformationssystem zugrundliegende Programmierung bzw. Software setzt voraus, daß vorher die für die „automatische Auswahl" maßgebenden Kriterien und Gesichtspunkte (sog. **Fähigkeits- oder Eignungsprofile)** im einzelnen festgelegt worden sind (vgl. hierzu *Kilian,* Personalinformationssysteme, S. 43f.). Die Festlegung dieser Kriterien ist dann eine Auswahlrichtlinie i. S. von § 95 und unterliegt deshalb dem **MBR** des BR (*GL,* Rn 4a; *GKSB,* Rn 3; *DR,* § 80, Rn 104; *Wohlgemuth,* Datenschutz, Rn 720 *Hümmerich,* DB 78, 1934; *Gold/Hümmerich/Kerstan,* Bd. II S. 114; *Brill,* BlStR 78, 165; **a. A.** *Zöllner,* Festschrift Müller, S. 665ff.). **Nicht dem MBR** 8 des BR unterliegt die **konkrete Anwendung** des Auswahlprogramms für eine Abfrage im Einzelfall; dies ist auch wegen der Einschaltung des BR bei der voraufgegangenen Programmierung nicht erforderlich.

9 Der Mitbestimmung unterliegen Auswahlrichtlinien bei **Einstellungen** (§ 99 Rn 10f.), **Versetzungen** (Legaldefinition in Abs. 3; vgl. § 99 Rn 21–29), **Umgruppierungen** (§ 99 Rn 16–20) und **Kündigungen** (Entlassungen, vgl. § 102 Rn 3ff.). Die **Eingruppierung** wird hier im Gegensatz zu § 99 Abs. 1 Satz 1 (vgl. dort Rn 14–15) zu Recht **nicht** genannt (*Zöllner,* a. a. O. hält dies für rätselhaft). Denn die Eingruppierung richtet sich regelmäßig nach der vorgegebenen tariflichen oder betrieblichen Lohn-(Gehalts-)gruppeneinteilung. Die Aufstellung von Auswahlrichtlinien würde insoweit auf eine Kommentierung, insbesondere eines TV hinauslaufen. Das ist aber nicht Aufgabe von ArbGeb. und BR (*DR,* Rn 11).

10 Die Einhaltung personeller Auswahlrichtlinien sichern die § 99 Abs. 2 Nr. 2 (dort Rn 50) und § 102 Abs. 3 Nr. 2 (dort Rn 44); andererseits vermeiden solche Richtlinien vielfach spätere Meinungsverschiedenheiten über personelle Einzelmaßnahmen. Danach kann der **BR seine Zustimmung** zu einer Einstellung, Umgruppierung oder Versetzung **verweigern,** wenn die Maßnahme gegen eine **Auswahlrichtlinie nach § 95 verstoßen würde.** Dasselbe gilt für eine ordentliche Kündigung, die gegen eine Richtlinie verstößt; der BR kann der Kündigung widersprechen. Auswahlrichtlinien werden in ersten Linie für **betriebsbedingte Kündigungen** in Frage kommen (vgl. Rn 18ff.); sie dürfen den **Grundsätzen des § 75 und des § 1 Abs. 2 Satz 1, Abs. 3 KSchG nicht widersprechen,** z. B. darf nicht festgelegt werden, daß ArbN mit kürzerer Betriebszugehörigkeit oder ausländische ArbN grundsätzlich ohne Berücksichtigung anderer Gesichtspunkte (z. B. Unterhaltsverpflichtungen, Lebensalter) stets zuerst zu entlassen sind (BAG 11. 3. 1976, 20. 10. 83, AP Nr. 1 zu § 95 BetrVG 1972, AP Nr. 13 zu § 1 KSchG 1979 Betriebsbedingte Kündigung; *GKSB,* Rn 9; *DR,* Rn 39f.; *Zöllner,* Festschrift Müller, S. 683ff.). Vgl. weiter Rn 18ff. Außerordentliche verhaltensbedingte Kündigungen fallen nicht unter § 95. Bei ihnen entfällt eine Auswahl unter mehreren möglichen Betroffenen. Zu den zu berücksichtigenden sozialen Gesichtspunkten gehören nicht materielle Leistungen; diese sind §§ 111ff. und §§ 9f. KSchG vorbehalten (*Meisel,* Rn 140).

III. Mitbestimmung des Betriebsrats

11 In Betrieben **bis zu 1000 ArbN** besteht ein **MBR** des BR **nur, sofern der ArbGeb. Auswahlrichtlinien aufstellen will** (Abs. 1). Es dürfte auch hier, obwohl nicht ausdrücklich gesagt, auf den regelmäßigen Bestand an ArbN ankommen (vgl. § 1 Rn 144, *DR,* Rn 51; *GK-Kraft,* Rn 20). Die Punkte, auf die sich diese Richtlinien erstrecken, sind im Gegensatz zu Abs. 2 nicht auf fachliche, persönliche und soziale Voraussetzungen und Gesichtspunkte (vgl. Rn 15) beschränkt, mögen diese auch die wesentlichen Punkte darstellen (*GL,* Rn 26; *GK-Kraft,* Rn 17;

Meisel, Rn 118; *Zöllner,* Festschrift Müller, S. 679ff. **a.M.** *DR,* Rn 9; *Heinze,* Rn 67; *Weiss,* Rn 3). Z. B. können hier Gesichtspunkte der Zusammensetzung der Belegschaft geregelt werden (Alter, Ausbildung, Gesundheit). Im Rahmen der Auswahlrichtlinien kann auch vorgesehen werden, daß gem. § 93 **freie Arbeitsplätze zunächst im Betrieb ausgeschrieben** werden. Kommt eine Einigung über den Inhalt der Richtlinien nicht zustande, so scheitert diese, sofern nicht der **ArbGeb. die E-Stelle anruft,** die dann verbindlich entscheidet.

Der **ArbGeb.** hat in Betrieben mit bis zu 1000 ArbN die **alleinige Initiative,** ob es zur Aufstellung von Auswahlrichtlinien kommt. Er kann noch während des Einigungsverfahrens seinen Antrag zurückziehen. Der Zustimmung des BR bedarf aber auch die Entscheidung des ArbGeb. darüber, ob überhaupt Richtlinien aufgestellt werden sollen (*GKSB,* Rn 12; *HSG,* Rn 31). Wegen des Charakters als BV kann außer dem AbGeb. auch der BR bestehende Richtlinien kündigen (*GK-Kraft,* Rn 8; *GL,* Rn 18; *DR,* Rn 58; **a.M.** *HSG* Rn 32). Eine **Nachwirkung** entfällt aber in den Fällen des Abs. 1, weil nur der ArbGeb. ein Initiativrecht hat (vgl. § 77 Rn 60; *DR,* Rn 59). 12

In Betrieben mit **mehr als 1000 ArbN** kann **auch der BR die Aufstellung von Auswahlrichtlinien verlangen** und im Nichteinigungsfall auf dem Wege über die E-Stelle durchsetzen (Abs. 2). Hier ist außer dem ArbGeb. auch der BR zur Anrufung der E-Stelle berechtigt. Gegen eine Nachwirkung nach Kündigung bestehen hier keine Bedenken, sofern die regelmäßige ArbNZahl nicht unter 1001 sinkt (*DR,* Rn 59;*GL,* Rn 25). 13

Werden Auswahlrichtlinien für alle Betriebe eines Unternehmens aufgestellt, so kann unter den allgemeinen Voraussetzungen seiner Zuständigkeit der **GesBR** zuständig sein (§ 50 Rn 37), ggf. auch ein etwa bestehnder KBR (BAG 31. 5. 83, 3. 5. 84, AP Nr. 2 und 5 zu § 95 BetrVG 1972;*DR,* Rn 60; enger *GL,* Rn 19). Wegen der maßgebenden ArbNZahl und des Initiativrechts nach Abs. 2 kommt es aber auf den einzelnen Betrieb an (§ 50 Rn 10, *DR,* Rn 61; *Meisel,* Rn 124; *GL,* Rn 24). Allerdings dürfte es für die Initiative des GesBR nach § 95 Abs. 2 unschädlich sein, wenn nicht in sämtlichen Betrieben des Unternehmens die Zahl von in der Regel mehr als 1000 ArbN überschritten ist; in diesen Fällen ist der GesBR befugt, die Aufstellung von Auswahlrichtlinien für den gesamten Unternehmensbereich zu verlangen (*GKSB,* Rn 17; vgl. auch § 50 Rn 12; **a. A.** *DR,* Rn 61; *GK-Kraft,* Rn 22; *GL,* Rn 24; *Weiss,* Rn 3). 14

IV. Auswahlgesichtspunkte

Die Auswahlgesichtspunkte werden in Abs. 2 Satz 1 dahin präzisiert, daß sie sich auf die **fachlichen und persönlichen Voraussetzungen** und **sozialen Gesichtspunkte** erstrecken sollen. Das Verlangen des BR, freie Arbeitsplätze nach § 93 auszuschreiben, bleibt unberührt. Der Regelungsumfang dieser Richtlinien ist unterschiedlich je nach dem gesetzlich eingeräumten Ermessensspielraum, den der ArbGeb. selbst hat. 15

Bei **Einstellungen, Versetzungen,** weniger bei **Umgruppierungen** 16 (insoweit sind die TV einzuhalten, so daß hier kaum ein Ermessensspielraum besteht, vgl. *DR,* Rn 11, 33; *GK-Kraft,* Rn 30; *Hunold,* DB 76, 103) hat der ArbGeb., soweit nicht ein Rechtsanspruch des ArbN besteht, einen verhältnismäßig weiten Ermessensspielraum, vorbehaltlich des MBR des BR nach § 99. Dieses Ermessen wird durch die Richtlinie gebunden, die sich aber im Rahmen des § 75 halten muß (BAG 11. 3. 76, AP Nr. 1 zu § 95 BetrVG 1972).

In solchen Fällen können die Richtlinien Gesichtspunkte erhalten

- im **fachlichen** Bereich z. B. Festlegung der Anforderungen des Arbeitsplatzes, möglichst auf Grund einer Arbeitsplatzbeschreibung (Stellenbeschreibung, vgl. § 92 Rn 11f., § 94 Rn 31) und der daraus abzuleitenden **Anforderungsprofile** (*DR,* Rn 15; *GL,* Rn 7; **a. M.** BAG 31. 5. 83, 31. 1. 84, AP Nr. 2, 3 zu § 95 BetrVG 1972, 23. 2. 88, AP Nr. 2 zu § 93 BetrVG 1972: Teil der Personalbedarfsplanung, die aber nicht Auswahlrichtlinien in fachlicher und persönlicher Hinsicht bindend vorgeben kann; *GK-Kraft,* Rn 28; *Hunold,* DB 89, 1338; *Schönfeld/Gennen,* NZA 89, 543; *Meisel,* Rn 120; *Zöllner,* Festschrift Müller, S. 677), Schulbildung, Berufsbildung, abgelegte Prüfungen, erforderliche Grund- und Spezialkenntnisse, Nachweis von Fertigkeiten, Vorpraxis, betrieblicher Werdegang;
- im **persönlichen** Bereich: z. B. Alter, Anforderungen aus arbeitsmedizinischer Sicht, eventuell erforderliche Tauglichkeitsuntersuchungen und Tests (z. B. bei besonderen psychologischen Anforderungen, vgl. auch § 94 Rn 23), Festlegung der Bevorzugung betriebsangehöriger ArbN gegenüber Bewerbern bei gleicher Eignung („Aufstieg geht vor Einstieg“, *GK-Kraft,* Rn 28), bei behinderten Personen: Kriterien für die Beurteilung der Einsatzmöglichkeiten;
- im **sozialen** Bereich: Berücksichtigung des Familienstands, der Dauer der Betriebszugehörigkeit, der Notwendigkeit der Umsetzung, der Grundsätze des § 75 Abs. 1 (Gleichbehandlung, insbes. auch von Frauen, vgl. § 75, Rn 13ff., des Schutzes älterer ArbN, von Schwerbehinderten und sonstiger schutzbedürftiger Personen § 75 Abs. 1 Satz 2, § 80 Nr. 4 und 6), und von längere Zeit Arbeitslosen bei Einstellungen (zum letzteren **a. A.** *GL,* Rn 10).

17 Die Auswahlgesichtspunkte werden z. T. nach **Personengruppen zu differenzieren** sein. Es lassen sich zweckmäßigerweise folgende Personengruppen abgrenzen: Auzubildende, ArbN ohne spezielle, ArbN mit spezieller Berufsausbildung, ArbN mit Weisungsbefugnissen (*GKSB,* Rn 10). Außerdem können Auswahlrichtlinien geeignet sein, die Besetzung von Arbeitsplätzen mit Schwerbehinderten oder sonst Leistungsgeminderten zu fördern.

18 Bei **Kündigungen** (auch Änderungskündigungen) wird die Richtlinie im Hinblick auf die gesetzliche Bindung des Ermessensspielraums des ArbGeb. sich grundsätzlich darauf beschränken müssen, die nach § 1 KSchG zu berücksichtigenden Tatbestände im Hinblick auf die Verhältnisse des Betriebs zu konkretisieren (Grundsätze der sozialen Auswahl, die Voraussetzungen der Betriebsbedingtheit von Kündigungen, allgemeine Voraussetzungen zur Vermeidung von Kündigungen durch Umsetzung, Umschulung, Fortbildung oder durch einverständliche Änderungen der Arbeitsbedingungen; *Hunold,* DB 76, 103; *GK-Kraft,* Rn 31 hält die Aufstellung von Richtlinien nur in engem Rahmen für möglich, soweit ArbN Kündigungsschutz genießen).

19 **Richtlinien über soziale Gesichtspunkte** bei Kündigungen müssen sich **im Rahmen des § 1 Abs. 3 KSchG** halten (vgl. Rn 10). Sie werden ArbN mit gleichartigen, austauschbaren Tätigkeiten im Betrieb betreffen und u. a. folgende Punkte berücksichtigen können: Dauer der Betriebszugehörigkeit, Lebensalter, Zahl der Unterhaltsberechtigten (nach BAG 11. 3. 76, 20. 10. 83, AP Nr. 1 zu § 95 BetrVG 1972, AP Nr. 13 zu § 1 KSchG 1969 Betriebsbedingte Kündigung müssen Auswahlrichtlinien mindestens diese 3 Gesichtspunkte berücksichtigen; vgl. zu diesen Entscheidungen Preis, DB 84, 2244 und DB 86, 746), Einkünfte der Familie, materielle Sicherstellung des ArbN bei Ausscheiden (Ruhegeldanwartschaften), Vermittelbarkeit auf dem Arbeitsmarkt, besondere Schutzbedürftigkeit, z. B. Schwbehinderter (BAG 31. 5. 83 a. a. O.).

20 Richtlinien für **verhaltensbedingte Kündigungen** dürften mangels Voraussehbarkeit der möglichen Tatbestände **praktisch ausscheiden** (*GKSB,* Rn 8; *GL,* Rn 12; *GK-Kraft,* Rn 32 und *Zöllner,* Festschrift Müller, S. 665: nur bei betriebsbedingten Gründen; **a. M.** *DR,* Rn 37). Es ist aber zulässig, bei Verfehlungen im sog. „Leistungsbereich" festzulegen, daß der ArbN vor einer Kündigung in bestimmten Fällen einmal oder mehrmals **abgemahnt** sein muß. Der Ausschluß einer ordentlichen Kündigung für ArbN mit langjähriger Betriebszugehörigkeit kann freiwillig zwischen ArbGeb und BR vereinbart werden (*DR,* Rn 40; *HSG,* Rn 28; weitgehend *GKSB,* Rn 8; vgl. auch § 102, Rn 69).

21 Die einzelnen Kriterien können für die konkrete Entscheidung im Einzelfall durch ein vereinbartes **Bewertungssystem** (auch Punktsystem) verbunden werden, sofern die in Rn 19 genannten Gesichtspunkte bewertet werden und das System noch Raum läßt für eine abschließende Berücksichtigung individueller Besonderheiten des Einzelfalles. ArbGeb. und BR steht bei der Bewertung ein gewisser Ermessensspielraum zu (BAG 20. 10. 1983, AP Nr. 13 zu § 1 KSchG 1969 Betriebsbedingte Kündigung und dazu *Weller,* ArbuR 86, 215, 231; **a. M.** *Boewer,* NZA 88, 1). Muster von Kündigungsrichtlinien: Neyses, DB 83, 2414.

22 Auch **Verfahrensregeln** zur Festellung der laut Auswahlrichtlinien zu beachtenden Gesichtspunkte unterliegen dem MBR (*Boewer,* a. a. O.; *DR,* Rn 10, 22; *GKSB,* Rn 14; **a. A.** *GK-Kraft,* Rn 14; *Zöllner,* Festschrift Müller, S. 681; im Falle des Abs. 2: *GL,* Rn 11, 26; *HSG,* Rn 36). Das **MBR** bezieht sich **nicht nur auf materielle,** sondern **auch auf formelle Fragen.** Insbes. kommen in Betracht: Festlegung der verwertbaren Unterlagen (z. B. Personalfragebogen, Schulzeugnisse, Zeugnisse früherer ArbGeb., u. von Lehrgängen, Personalakten, Ergebnis von Beurteilungsgesprächen, Eignungsurteile von Ärzten und Psychologen in bes. festgelegten Fällen), Festlegung der Wertigkeit der Kriterien („Gewichtung"), Bestimmung der für die Feststellung und Bewertung der Auswahlgesichtspunkte maßgebende Personen. Wegen Einstellungsgespräch vgl. § 99, Rn 37.

V. Begriff der Versetzung

23 Wegen des Sachzusammenhangs ist der betriebsverfassungsrechtliche Begriff der Versetzung bei § 99 erläutert, vgl. dort Rn 21–29.

VI. Streitigkeiten

24 Rechtsstreitigkeiten über Auswahlrichtlinien, insbesondere über Inhalt und Umfang des MBR, z. B. die Auslegung der Begriffe „Einstellung, Versetzung, Umgruppierung und Kündigung“ und über die Durchführung der Richtlinien entscheiden die ArbG im **Beschl.Verf.** nach §§ 2a, 80ff. ArbGG.

25 Über den **zweckmäßigen Inhalt** der Auswahlrichtlinien im Rahmen der gesetzlichen Vorschriften befindet im Nichteinigungsfall die **E-Stelle.** Ihr Spruch hat die Wirkung einer BV. Dabei kann im Falle des Abs. 1 nur der ArbGeb., im Fall des Abs. 2 ArbGeb. und BR (GesBR, KBR) die E-Stelle anrufen. Die E-Stelle entscheidet auch darüber, ob überhaupt derartige Richtlinien aufgestellt werden sollen. Die Verwendung von vom ArbGeb. einseitig aufgestellten Richtlinien bei personellen Einzelmaßnahmen führt nicht schon deshalb zu deren Unwirksamkeit. Im Rahmen einer Kündigungsschutzklage sind aber Auswahlrichtlinien auf ihre Wirksamkeit hin zu überprüfen (BAG 11. 3. 76, AP Nr. 1 zu § 95 BetrVG 1972). Es kommt aber ein Verfahren nach § 23 Abs. 3 gegen den ArbGeb. in Betracht (*Heinze,* Rn 76ff. und DB 83, Beilage 9, S. 18).

Zweiter Unterabschnitt. Berufsbildung

§ 96 Förderung der Berufsbildung

(1) **Arbeitgeber und Betriebsrat haben im Rahmen der betrieblichen Personalplanung und in Zusammenarbeit mit den für die Berufsbildung und den für die Förderung der Berufsbildung zuständigen Stellen die Berufsbildung der Arbeitnehmer zu fördern. Der Arbeitgeber hat auf Verlangen des Betriebsrats mit diesem Fragen der Berufsbildung der Arbeitnehmer des Betriebs zu beraten. Hierzu kann der Betriebsrat Vorschläge machen.**

(2) **Arbeitgeber und Betriebsrat haben darauf zu achten, daß unter Berücksichtigung der betrieblichen Notwendigkeiten den Arbeitnehmern die Teilnahme an betrieblichen oder außerbetrieblichen Maßnahmen der Berufsbildung ermöglicht wird. Sie haben dabei auch die Belange älterer Arbeitnehmer zu berücksichtigen.**

Inhaltsübersicht

I. Vorbemerkung

1. Bedeutung der beruflichen Bildung

1 Das Gesetz widmet der Berufsbildung in den §§ 96–98 einen eigenen Unterabschnitt. Der Berufsbildung kommt wegen der technischen und wirtschaftlichen Entwicklung eine ständig größere Bedeutung zu (*GL,* Vor §§ 96, 97, Rn 1; *DR,* Rn 1; *HSG,* Rn 1). Berufliche Bildung liegt im **Interesse der Unternehmer.** Neue Techniken erfordern erweiterte **Qualifikationen;** sie müssen von Mitarbeitern **angenommen** werden. Die Aufwendungen der privaten Wirtschaft für Fort- und Weiterbildung betrugen 1980 ca. 8 Milliarden DM (vgl. *Görs,* in: Literatur- und Forschungsreport Weiterbildung, hrsg. von *Siebert/Weinberg,* 1983, Heft 11).

2 Aus der Sicht der **ArbN** entscheidet die Teilnahme an betrieblichen Berufsbildungsmaßnahmen häufig über den Erhalt oder die Verbesserung der **Arbeitsplatzsicherung,** über den **beruflichen Aufstieg** und die **Chancen am Arbeitsmarkt.** Ihr Interesse an wirksamer beruflicher Fort- und beruflicher Weiterbildung ist gestiegen. Den Beteiligungsrechten des BR an der Einführung und Durchführung von Maßnahmen der betrieblichen Berufsbildung kommt deshalb eine größere und wachsende Bedeutung zu (vgl. *Hammer,* Die Mitbestimmung 85, 462; ähnlich *GL,* Vor §§ 96 und 97, Rn 1; *DR,* Rn 1; *HSG,* Rn 1).

2. Übersicht über die gesetzliche Regelung

3 § 96 Abs. 1 verpflichtet ArbGeb. und BR gemeinsam, die Berufsbildung der ArbN zu fördern **(Förderungspflicht).** Diese Pflicht wird in § 96 Abs. 2 konkretisiert; ArbN soll die Teilnahme an betrieblichen Maßnahmen oder außerbetrieblichen Maßnahmen der Berufsbildung ermöglicht werden.

4 Nach § 96 Abs. 1 Satz 2 hat der ArbGeb. mit dem BR alle Fragen der Berufsbildung der ArbN des Betriebs zu beraten **(Beratungspflicht).** Diese Beratungspflicht wird konkretisiert in § 97. Sie bezieht sich auf Errichtung und Ausstattung betrieblicher Einrichtungen zur Berufsbildung, auf die Einführung betrieblicher Berufsbildungsmaßnahmen und auf die Teilnahme an außerbetrieblichen Berufsbildungsmaßnahmen.

5 Dem Beratungsrecht entspricht das **Vorschlagsrecht** nach § 96 Abs. 1 Satz 3. In dem Umfang, in dem der BR mitberaten darf, kann er auch Vorschläge unterbreiten.

6 Bei der **Durchführung von Maßnahmen der betrieblichen Berufsbildung** hat der BR **mitzubestimmen** (§ 98 Abs. 1 und 4).

Auch bei der **Auswahl von Teilnehmern** steht dem BR nach § 98 Abs. 3 und 4 ein **MBR** zu.

7 Bei der **Bestellung** eines Mitarbeiters, der mit der Durchführung von betrieblichen Bildungsmaßnahmen **beauftragt** ist, steht dem BR ein **personelles MBR** zu. Entsprechendes gilt für die Abberufung dieser Personen (§ 98 Abs. 2 und 5).

8 Die drei zuletzt genannten MBR (§ 98 Abs. 1 bis 3) kann der BR auch in Anspruch nehmen, wenn der ArbGeb. **sonstige Bildungsmaßnahmen,** die keine Maßnahmen der betrieblichen Berufsbildung sind, im Betrieb durchführt (§ 98 Abs. 6).

3. Zweck der gesetzlichen Regelung

9 Dem BR werden die umfassenden, aber abgestuften Beteiligungsrechte eingeräumt, weil in Fragen der betrieblichen Berufsbildung wichtige Arbeitnehmerinteressen berührt sind. Die betriebliche Berufsbildung hat Bedeutung für das **soziale Schicksal der ArbN** und ihren **beruflichen Werdegang.** Häufig entscheidet die Teilnahme an Maßnahmen der betrieblichen Berufsbildung darüber, ob der ArbN seinen Arbeitsplatz behalten oder an einem beruflichen Aufstieg teilnehmen kann (BAG 31. 1. 69, AP Nr. 1 zu § 56 BetrVG 1952 Berufsausbildung; 5. 11. 85, AP Nr. 2 zu § 98 BetrVG 1972).

4. Persönlicher Geltungsbereich der Vorschriften

10 Die in §§ 96–98 geregelten Beteiligungsrechte des BR beziehen sich nur auf die Berufsbildung (und sonstige Bildung im Sinne von § 98 Abs. 6) derjenigen ArbN, die unter das BetrVG fallen (§§ 5 und 6). Sie beziehen sich **nicht** auf die Berufsbildung (sonstige Bildungsmaßnahmen) der **leitenden Angestellten** im Sinne von § 5 Abs. 3 (*GL,* Vor §§ 96 und 97, Rn 5; *GK-Kraft,* Rn 2; *HSG,* Rn 2).

5. Zuständigkeit des Betriebsrats

11 Zuständig ist im allgemeinen der BR. Fallen die Entscheidungen über die Berufsbildung und sonstige Bildungsmaßnahmen einheitlich auf der Unternehmensebene, ist der GesBR zuständig. Wird über die Teilnahme einzelner ArbN im Betrieb entschieden, bleibt der BR zuständig. Entsprechendes gilt für den KBR.

II. Berufsbildung

Die Beteiligungsrechte des BR beziehen sich auf Fragen, Einrichtungen und Maßnahmen der Berufsbildung. Das Gesetz selbst legt aber nicht fest, was unter Berufsbildung im Sinne der §§ 96 bis 98 zu verstehen ist. Unstreitig gehören alle **Maßnahmen** dazu, die zur Berufsbildung **im Sinne des BBiG** gehören. Nach § 1 Abs. 1 BBiG umfaßt die Berufsbildung die **Berufsausbildung,** die **berufliche Fortbildung** und die **berufliche Umschulung** (ähnlich § 33 Abs. 1 Satz 1 AFG). 12

Berufsbildung im Sinne der **§§ 96 bis 98** ist aber nicht identisch mit der Berufsbildung im Sinne des BBiG und des AFG. Sie **geht** – entsprechend dem Zweck der gesetzlichen Regelung (vgl. Rn 9) **weiter** (*DR,* Rn 4; *GL,* Rn 5 vor §§ 96 und 97; *GK-Kraft,* Rn 3; *Stege/Weinspach,* §§ 96–98, Rn 10; *Natzel,* Berufsbildungsrecht, S. 514). Sie umfaßt alle Maßnahmen, die einen Bezug zum Beruf des ArbN (Erweiterung in § 98 Abs. 6) und Bildungscharakter haben (vgl. *Hammer,* Die Mitbestimmung, 1988, Beilage zu Heft 12, S. 45f.). Zur Berufsbildung im betriebsverfassungsrechtl. Sinn gehören deshalb insb. Maßnahmen zur Qualifikation für neue berufliche Anforderungen und Maßnahmen zur Erhaltung vorhandener Qualifikationen (zur Erhöhung der Arbeitsplatzsicherheit und Verhinderung von Arbeitslosigkeit. Formen und Inhalte der Wissensvermittlung spielen, abgesehen von der Berufsbezogenheit, keine Rolle (vgl. *Hammer,* aaO; **a. A.** *HSG,* Rn 5). Beispiele für Maßnahmen der beruflichen Bildung sind kurzfristige Bildungsmaßnahmen für **Anlernlinge,** Praktikanten, betriebliche **Lehrgänge** und **Seminare,** Bildungsprogramme, Anleitungen zur Bedienung neuer Maschinen (z. B. Kfz-Handwerker werden für ein neues Modell geschult) Veranstaltungen zum Zweck des Erfahrungsaustauschs, Besuch von Ausstellungen, Messen und Kongressen, Vorbereitungsseminare für Auslandstätigkeit u. ä. 13

Berufsbildung ist deshalb nur **abzugrenzen** gegenüber der – mitbestimmungsfreien – Unterrichtung des ArbN über seine Aufgaben und Verantwortung sowie über die Art seiner Tätigkeit und ihre Einordnung in den Arbeitsablauf des Betriebes nach **§ 81 Abs. 1 Satz 1** (BAG 5. 11. 85, AP Nr. 2 zu § 98 BetrVG 1972). 14

1. Berufsausbildung

Die Berufsausbildung im Sinne von **§ 1 Abs. 2 BBiG** gehört zur Berufsbildung im Sinne von §§ 96–98. Das Berufsausbildungsverhältnis ist ein Vertragsverhältnis, in dem einem Auszubildenden erstmals in einem Betrieb eine breit angelegte berufliche Grundbildung und die für die Ausübung einer qualifizierten beruflichen Tätigkeit notwendigen fachlichen Fertigkeiten und Kenntnisse in einem geordneten Ausbildungsgang vermittelt wird (BAG 3. 6. 87, AP Nr. 85 zu § 1 TVG Tarifverträge: Bau). Es soll auch den Erwerb der erforderlichen Berufserfahrung ermöglichen (§ 1 Abs. 2 BBiG). 15

16 Das Berufsausbildungsrecht ist in den §§ 3–45 BBiG ausführlich geregelt (für das Handwerk vgl. die inhaltlich entsprechenden §§ 21ff. HandwO). Nach § 28 Abs. 1 BBiG (§ 27 HandwO) darf für einen anerkannten Ausbildungsberuf nur nach einer Ausbildungsordnung ausgebildet werden, die der zuständige Fachminister im Einvernehmen mit dem BMBW erläßt. Für die einzelnen Berufe sind aufgrund von § 25 BBiG zahlreiche Rechtsverordnungen ergangen. Die Verordnungen umschreiben den Gegenstand der Ausbildung (Berufsbilder), sie enthalten einen zeitlichen Ausbildungsrahmenplan und legen die Prüfungsanforderungen fest. Eine Übersicht über die anerkannten Ausbildungsberufe gibt das vom BMBW nach § 6 Abs. 2 Nr. 5 BerufsbildungsförderungsG vom 23. 12. 1981 (BGBl. I 1692) geführte Verzeichnis (vgl. zuletzt Bekanntmachung im BAnz. 1989 Nr. 223b vom 30. 11. 1988).

17 Jugendliche unter 18 Jahren dürfen grundsätzlich nur in staatlich anerkannten Ausbildungsberufen ausgebildet werden (§ 28 Abs. 2 BBiG).

18 Auch soweit Berufsausbildung nicht im Rahmen eines Berufsausbildungsverhältnisses geleistet wird, sondern in einem Rechtsverhältnis nach **§ 19 BBiG,** in dem berufliche Kenntnisse, Fertigkeiten oder Erfahrungen erworben werden sollen, gehören diese Maßnahmen zur Berufsbildung (vgl. *DR,* Rn 4; *GL,* Vor §§ 96 und 97, Rn 5; *Stege/Weinspach,* §§ 96–98, Rn 10; *Natzel,* aaO, S. 514; *GK-Kraft,* Rn 3; **a. A.** *HSG,* Rn 5; *Eich,* DB 74, 2154). Auf diese Rechtsverhältnisse sind die §§ 3–18 BBiG mit einigen Einschränkungen anzuwenden.

19 Berufliche Ausbildung wird von der Bundesanstalt für Arbeit **gefördert** (§§ 33ff. AFG). Diese legt Art, Umfang, Beginn und Durchführung der Förderungsmaßnahmen fest. Dabei berücksichtigt sie das von dem jeweiligen Antragsteller angestrebte berufliche Ziel, den Zweck der Förderung, die Lage und Entwicklung des Arbeitsmarktes, Inhalt und Ausgestaltung der Bildungsmaßnahme sowie die Grundsätze der Wirtschaftlichkeit und Sparsamkeit. Gefördert werden nur Maßnahmen, die eine erfolgreiche berufliche Ausbildung erwarten lassen und angemessene Teilnahmebedingungen zu angemessenen Kostensätzen bieten. Berufsausbildungsbeihilfen erhalten diejenigen, die die erforderlichen Mittel dazu selbst nicht aufbringen können. Soweit ein Anspruch auf Unterhaltsleistungen besteht, tritt das AA nur vorläufig ein (Einzelheiten vgl. §§ 33ff. AFG).

20 Im Rahmen der **institutionellen Förderung** der beruflichen Bildung kann die Bundesanstalt Darlehen und Zuschüsse für den Aufbau, die Erweiterung und Ausstattung von Einrichtungen einschließlich überbetrieblicher Lehrwerkstätten gewähren, die der beruflichen Ausbildung, Fortbildung oder Umschulung dienen. Die Bundesanstalt soll auch Einrichtungen einschließlich überbetrieblicher Lehrwerkstätten gemeinsam mit anderen Trägern oder allein errichten, wenn bei dringendem Bedarf geeignete Einrichtungen nicht zur Verfügung stehen (vgl. §§ 50–52 AFG). Auskunft gibt das zuständige AA.

21 Mit der Förderung der Berufsbildung befassen sich das Bundesinstitut für Berufsbildung in Berlin (vgl. Näheres dazu bei *Knopp,* DB 76,

1911) und das Europäische Zentrum für die Förderung der Berufsbildung in Berlin (Amtsblatt der EG vom 13. 2. 1975, Nr. L 39, 1ff.).

2. Fortbildung und Umschulung

Die berufliche Fortbildung soll es dem ArbN ermöglichen, seine beruflichen Kenntnisse und Fertigkeiten zu erhalten, zu erweitern, der technischen Entwicklung anzupassen oder beruflich aufzusteigen (§ 1 Abs. 3 BBiG). Die berufliche Umschulung soll zu einer anderen beruflichen Tätigkeit befähigen (§ 1 Abs. 4 BBiG). 22

Die Rechtsverhältnisse, in denen Fortbildung oder Umschulung stattfindet, sind entweder **Arbeitsverhältnisse oder Vertragsverhältnisse im Sinne von § 19 BBiG.** Ähnlich wie für die berufliche Ausbildung können auch im Rahmen der beruflichen Fortbildung Prüfungen zum Nachweis von Kenntnissen, Fertigkeiten und Erfahrungen durchgeführt werden. Entsprechendes gilt für die berufliche Umschulung. Die zuständigen Stellen, das sind im Regelfall die Kammern, können den Inhalt, das Ziel, die Anforderungen, die Zulassungsvoraussetzungen und das Verfahren bei Prüfungen regeln (§§ 46, 47 BBiG; vgl. Rn 38). 23

Die Teilnahme an Maßnahmen der beruflichen Fortbildung und beruflichen Umschulung kann von der Bundesanstalt **gefördert** werden (§§ 41ff., 47 AFG). Teilnehmern an Maßnahmen der beruflichen Fortbildung mit ganztägigem Unterricht wird ein **Unterhaltsgeld** gewährt. In der Zeit vom 1. 1. 1986 bis 31. 12.1989 können auch Teilnehmer an Maßnahmen zur beruflichen Fortbildung mit Teilzeitunterricht ein Unterhaltsgeld erhalten (§ 44 AFG). Die Höhe der Leistungen ergibt sich aus der AFG-LeistungsVO 1985 vom 10. 1. 1985 (BGBl. I 43). 24

Bei einer Umschulung kann die Bundesanstalt den ArbGeb. **Zuschüsse** für ArbN gewähren, die eine volle Leistung am Arbeitsplatz erst nach einer Einarbeitungszeit erreichen können, und die vor Beginn der Umschulung arbeitslos oder von Arbeitslosigkeit bedroht waren (§ 49 AFG). Dabei kann das AA eine Stellungnahme des BR verlangen, wenn der ArbGeb. einen Einarbeitungszuschuß beantragt. 25

3. Abgrenzung zur Unterrichtungspflicht des ArbGeb. nach § 81

Nach § 81 Abs. 1 Satz 1 ist der ArbGeb. verpflichtet, den ArbN über dessen Aufgaben und seine Verantwortung sowie über die Bedeutung seiner Tätigkeit im größeren Rahmen des Arbeitsablaufs zu unterrichten (vgl. § 81 Rn 3). Es handelt sich um **individualrechtliche Verpflichtungen,** die sich ohnehin weitgehend als Nebenpflichten aus dem Arbeitsverhältnis ergeben (§ 81 Rn 2). Soweit der ArbGeb. den ArbN nach Maßgabe des § 81 Abs. 1 Satz 1 unterrichtet, handelt es sich nicht um eine Maßnahme der Berufsbildung (h. M.). 26

Diese **gesetzliche Abgrenzung** zwischen Berufsbildungsmaßnahmen (einschließlich der sonstigen Bildungsmaßnahmen im Sinne von § 98 Abs. 6) einerseits und der Unterrichtung des ArbN nach § 81 anderer- 27 seits ist **zwingend** (BAG 5. 11. 85, AP Nr. 2 zu § 98 BetrVG 1972). Sie darf nicht zum Nachteil der Berufsbildung in unzulässiger Erweiterung der Unterrichtung nach § 81 verschoben werden. Abzulehnen sind daher die Versuche, alle sog. „arbeitsplatz- bzw. unternehmensbezogenen Informationen" als Unterrichtung nach § 81 – außerhalb der Berufsbildung – zu werten (so aber *Eich,* DB 74, 2154; *HSG,* Rn 6). Es besteht kein Gegensatz zwischen tätigkeits- und funktionsbezogenen Informationen einerseits und berufsbezogenen Informationen andererseits. Auch das, was an Informationen der Tätigkeit und der Funktion des ArbN im Betrieb zugute kommen soll, aber über § 81 hinausgeht, ist Berufsbildung (vgl. *Hammer,* Die Mitbestimmung 85, 463).

28 Abzulehnen ist auch die Unterscheidung zwischen personen- und funktionsbezogenen Maßnahmen, wonach alle funktionsbezogenen Maßnahmen nicht zur Berufsbildung zählen und deshalb mitbestimmungsfrei bleiben sollen (vgl. *Bobrowski/Gaul,* Bd. 2, Rn 63ff.). Eine solche Abgrenzung wird dem Zweck der gesetzlichen Regelung – Beteiligung des BR an diesen Maßnahmen wegen ihrer Bedeutung für die Arbeitsplatzsicherheit und den beruflichen Aufstieg und die Chancen am Arbeitsmarkt – nicht gerecht. Die Teilnahme an Lehrgängen, die das jeweilige Aufgabengebiet des ArbN betreffen, kann für die Existenzsicherung entscheidend werden.

29 Im einzelnen gehören zur Berufsbildung Lehrgänge über technische Fragen, Werkstoffkunde, Arbeitsphysiologie und -psychologie, Arbeitssicherheit, Wirtschaftskunde, Arbeits- und Sozialrecht und Führung von Mitarbeitern (*GL,* Vor §§ 96 und § 97, Rn 3f.), Lehrgänge für Flugbegleiter über Sicherheits- und Notfallmaßnahmen (BAG 10. 2. 88, AP Nr. 5 zu § 98 BetrVG 1972). Zur beruflichen Bildung gehören weiter die sog. Trainée-Programme, bei denen Führungsnachwuchskräfte zu Ausbildungszwecken verschiedene Arbeitsbereiche im Betrieb zu durchlaufen haben (*GL,* Vor §§ 96 und 97, Rn 3f.); Nachwuchskräfte gehören nicht zu den leitenden Angestellten (vgl. oben Rn 10).

30 Zu den Bildungsmaßnahmen gehören auch alle Einrichtungen des ArbGeb., die dazu dienen, den ArbN weitere Kenntnisse über Produkte (Dienstleistungen) und Arbeitsabläufe zu verschaffen. Das gilt etwa für **„Qualitätszirkel"** oder ähnliche Einrichtungen. In diesen Arbeitsgruppen, die auf Wunsch des ArbGeb. organisiert werden, werden ArbN zusammengefaßt, die über die vertraglich geschuldete Arbeitsleistung hinaus sich informieren und fortbilden sollen, auch dadurch, daß sie ihre Erfahrungen und Beobachtungen einbringen. Ziel dieser Einrichtungen wird häufig sein, die Motivierung der ArbN und die Arbeitszufriedenheit zu erhöhen (insbes. bei neuen Technologien und Veränderungen am Arbeitsplatz) sowie die Produkte (Dienstleistungen) zu verbessern und die Produktivität zu erhöhen. Diese Zielsetzung führt zu MBR des BR nach § 87 Abs. 1 Nr. 12 (vgl. dort Rn 154). Soweit diese Einrichtungen des ArbGeb. auch dazu dienen, durch **Problemanalyse und Problemerörterung** die **berufliche Qualifikation** der ArbN zu verbessern, kommt ein MBR des BR nach § 98 in Frage;

insoweit enthalten diese Veranstaltungen des ArbGeb. berufsbildende Elemente (vgl. auch Rn 13). Zum Inhalt und Umfang des MBR vgl. § 98 Rn 5ff.

III. Förderungspflichten

ArbGeb. und BR haben gemeinsam die Berufsbildung der ArbN zu 31
fördern. Einzelne ArbN können aus dieser Verpflichtung allein noch keine durchsetzbaren Ansprüche ableiten (*DR,* Rn 2; *GL,* § 97 Rn 10; *GK-Kraft,* Rn 1; *HSG,* Rn 9). Solche Ansprüche können sich aus den Arbeitnehmerweiterbildungsgesetzen der Bundesländer ergeben (z. B. NRW G v. 16. 11. 1984 – GVBl. 84, 678; zu wichtigen Fragen vgl. *Klevemann,* BB 89, 209).

Soweit eine **Personalplanung** besteht, ist die gemeinsame Förderung 32
der Berufsausbildung Bestandteil dieser Personalplanung, nämlich Personalentwicklungsplanung (vgl. § 92 Rn 6). Berufsbildung trägt dazu bei, daß nicht nur kurzfristig, sondern vor allem langfristig unter Berücksichtigung der technischen Änderungen, der Abgänge, Krankheitsausfälle, Pensionierungen, Schwangerschaften usw. die notwendigen Mitarbeiter termingerecht nach Qualität und Zahl vorhanden sind. Maßnahmen der Berufsbildung ergeben sich daher aus der Berechnung des künftigen Personalbedarfs sowohl an Nachwuchskräften (Berufsausbildung) als auch an besonders qualifizierten Mitarbeitern (Berufsfortbildung). Maßnahmen der Berufsbildung können schließlich einen erforderlichen Personalabbau ganz oder teilweise verhindern (vgl. § 92 Rn 7a).

Zur Förderungspflicht gehört auch die Verpflichtung, darauf zu ach- 33
ten, daß **ArbN** die **Teilnahme** an betrieblichen oder außerbetrieblichen Maßnahmem der Berufsbildung **ermöglicht wird.** Daraus ergeben sich ebenfalls keine individuellen Ansprüche der ArbN auf berufliche Förderung, etwa durch bezahlte oder unbezahlte Freistellungen von der Arbeit oder durch Übernahme von Kosten (*DR,* Rn 15; *GK-Kraft,* Rn 16; *HSG,* Rn 16; vgl. aber Rn 31).

Die Einführung betrieblicher Berufsbildungsmaßnahmen bleibt dem 34
ArbGeb. überlassen. Insoweit ist er nur verpflichtet, mit dem BR über die Einführung dieser Maßnahmen zu beraten (§ 97). Der BR kann die Einführung von Bildungsmaßnahmen nicht erzwingen (vgl. § 97 Rn 4).

Außerbetriebliche Maßnahmen der Berufsbildung werden z. B. von 35
der Bundesanstalt für Arbeit nach dem AFG, aber auch von Verbänden und Kammern durchgeführt (z. B. Sonderkurse bei Berufs- und Fachschulen, Lehrgänge von Kammern, ArbGeb.-Verbänden und Gewerkschaften, Fernschulen, Besuch von Akademien, zentralen Lehrlingswerkstätten).

Soweit die betrieblichen Notwendigkeiten dies zulassen, ist bildungs- 36
willigen und -fähigen ArbN die **Teilnahme** an solchen betrieblichen und außerbetrieblichen Maßnahmen der Berufsbildung zu **ermöglichen.** Das gilt vor allem dann, wenn die Maßnahmen vom AA nach dem AFG

gefördert werden. Die Anzahl der Teilnehmer und der Zeitpunkt der Maßnahme richten sich nach betrieblichen Notwendigkeiten. Zur Auswahl der Teilnehmer vgl. § 98 Abs. 3, dort Rn 28ff.

37 Die **Belange älterer ArbN** sind mit dem Ziel der Erhaltung und Anpassung ihrer Fähigkeiten und Kenntnisse durch Teilnahme an Fortbildungsveranstaltungen besonders zu berücksichtigen (vgl. auch § 75 Abs. 1 Satz 2, § 80 Abs. 1 Nr. 6). Ein Ziel des AFG ist es, die berufliche Eingliederung älterer ArbN zu fördern (§ 2 Nr. 6 AFG), vor allem durch Schaffung von Arbeitsplätzen (§ 91 Abs. 3 Nr. 3 AFG). Darüber hinaus kann die Bundesanstalt nach §§ 97, 98 AFG Darlehen oder Zuschüsse für Aufbau, Erweiterung und Ausstattung von Betrieben gewähren, die die Beschäftigung älterer ArbN zum Ziel haben. Sogar laufende Zuschüsse für die zusätzliche Einstellung und Beschäftigung älterer ArbN können gewährt werden (vgl. *Hoppe,* DB 72, 2402). Die Bemühungen um die Belange älterer ArbN sind abzuwägen gegen die **Probleme der JugArbeitslosigkeit.** Letztere beziehen sich allerdings mehr auf die Berufsausbildung, während für ältere ArbN in erster Linie eine Fortbildung oder Umschulung in Betracht kommt (vgl. auch § 75 Rn 20a, § 80 Rn 14).

38 **ArbGeb. und BR** haben mit den für die Berufsbildung und deren Förderung **zuständigen Stellen zusammenzuarbeiten.** Dies sind insbes. die Handwerkskammern (§ 74 BBiG), Industrie- und Handelskammern (§ 75 BBiG), die Landwirtschaftskammern (§ 79 BBiG), im öffentlichen Dienst die oberste Dienstbehörde (§ 84 BBiG), die Rechtsanwalts-, Patentanwalts- und Notarkammern (§ 87 BBiG), die Wirtschaftsprüferkammern und Berufskammern für Steuerberater und Steuerbevollmächtigte (§ 89 BBiG), die Ärzte-, Zahnärzte- und Apothekerkammern (§ 91 BBiG) und in allen anderen Fällen die durch RechtsVO bestimmten Stellen (§ 97 BBiG; vgl. das Verzeichnis der anerkannten Ausbildungsberufe, Beilage Nr. 45/83 zum BAnz.). Auch mit den berufsbildenden und weiterbildenden Schulen ist zusammenzuarbeiten. **Ausbildungsberater** der zuständigen Stellen haben die Durchführung der Berufsausbildung, die Ausbildenden und die Auszubildenden zu überwachen (§ 45 Abs. 1 BBiG). Für finanzielle Förderung nach dem AFG ist die Bundesanstalt für Arbeit bzw. deren nachgeordnete Behörden (LAA, AA) zuständig (§ 33ff. AFG).

IV. Beratungspflichten des Arbeitgebers und Vorschlagsrechte des Betriebsrats

39 Der ArbGeb. hat nach Abs. 1 Satz 2 mit dem BR auf dessen Verlangen alle Fragen zu beraten, die die Berufsbildung der ArbN im Betrieb betreffen (*GK-Kraft,* Rn 14; *HSG,* Rn 15). Dazu gehören auch die Beratung über die Errichtung und Ausstattung betrieblicher Einrichtungen zur Berufsbildung, die Einführung betrieblicher Berufsbildungsmaßnahmen und die Teilnahme an außerbetrieblichen Berufsbildungsmaßnahmen (§ 97); dies ist ein Teil der Fragen, die die betriebliche Berufsbildung betreffen.

Die Beratung erfolgt **auf Verlangen des BR.** Nur über die in § 97 erwähnten Angelegenheiten hat der ArbGeb. von sich aus die Beratung mit dem BR zu suchen; für diese Angelegenheiten kommt es auf das Verlangen des BR nicht an. 40

Soweit Beratungspflichten des ArbGeb. bestehen, kann der BR Vorschläge machen. Das **Vorschlagsrecht** bezieht sich auf **alle Fragen der Berufsbildung der ArbN des Betriebs.** Der BR kann von sich aus die Initiative ergreifen. Der ArbGeb. muß mit dem BR über dessen Vorschläge beraten. Er muß Anregungen entgegennehmen. Doch ist er nicht verpflichtet, den Anregungen Folge zu leisten. Zu beraten ist mit dem Ziel einer Verständigung. 41

V. Streitigkeiten

Besteht Streit über Informations-, Beratungs- und Vorschlagsrechte oder über deren Umfang, entscheiden die ArbG im Beschl.-Verf. (§ 2a ArbGG). Das ist z.B. der Fall, wenn es der ArbGeb. ablehnt, auf Verlangen des BR Fragen der Berufsbildung der ArbN des Betriebes zu beraten (*HSG,* Rn 20). Die Weigerung des ArbGeb. kann auch einen groben Verstoß gegen seine Verpflichtungen nach dem BetrVG darstellen. Es kann ein Verfahren nach § 23 Abs. 3 eingeleitet werden (*Heinze,* DB 83, Beilage 9, S. 18; *HSG,* Rn 20). Auch der BR kann seine Beratungspflichten verletzen; das kann zu einem Verfahren nach § 23 Abs. 1 führen. 42

§ 97 Einrichtungen und Maßnahmen der Berufsbildung

Der Arbeitgeber hat mit dem Betriebsrat über die Errichtung und Ausstattung betrieblicher Einrichtungen zur Berufsbildung, die Einführung betrieblicher Berufsbildungsmaßnahmen und die Teilnahme an außerbetrieblichen Berufsbildungsmaßnahmen zu beraten.

Inhaltsübersicht

I. Vorbemerkung

Die Vorschrift räumt dem BR in Ergänzung des Beratungs- und Vorschlagsrechts nach § 96 ein besonderes Beratungsrecht ein bei Errichtung und Austattung betrieblicher Berufsbildungseinrichtungen, bei der Einführung betrieblicher Berufsbildungsmaßnahmen und für die Teilnahme an außerbetrieblichen Berufsbildungsmaßnahmen. Sie steht im Zusammenhang mit § 92 (Personalplanung); aus der Personalplanung 1 ergeben sich häufig Folgen für die betriebliche Berufsbildung (vgl. § 96 Rn 32). Auch ein Interessenausgleich (§ 112) kann Maßnahmen der beruflichen Fort- und Weiterbildung oder der Umschulung vorsehen.

2 Entsprechende Vorschrift im **BPersVG 74:** Keine.

II. Beratungsrechte des Betriebsrats

3 Der ArbGeb. hat mit dem BR rechtzeitig und eingehend gemäß dem Grundsatz vertrauensvollen Zusammenwirkens (§ 2 Abs. 1) zu beraten, wenn er **betriebliche Einrichtungen** (vgl. § 87 Rn 92) der Berufsbildung **errichten** und ausstatten will (z. B. Lehrwerkstatt, Umschulungswerkstatt, betriebliches Bildungszentrum). Eines ausdrücklichen Verlangens des BR bedarf es nicht. Der ArbGeb. muß u. U. die Initiative ergreifen, falls er Maßnahmen der genannten Art plant. Das gilt auch für die **Änderung** bestehender Einrichtungen (*DR,* Rn 2; *GK-Kraft,* Rn 4) und für die **sachliche Ausstattung** (z. B. Maschinen, Werkzeuge, Lehrmaterial usw.). An die Eignung einer Ausbildungsstätte im Sinne des BBiG werden besondere Anforderungen gestellt; die Eignung muß festgestellt werden und wird überwacht (§§ 22, 23 BBiG). Die personelle Ausstattung einer solchen betrieblichen Einrichtung unterliegt dem MBR nach § 98 Abs. 2.

4 Ein erzwingbares MBR zur Schaffung derartiger Einrichtungen und Bereitstellung finanzieller Mittel besteht nicht. Die Investitionsentscheidung verbleibt beim ArbGeb., ebenso die Befugnis zu Anweisungen an die auszubildenden ArbN im Einzelfall (*Heinze,* Rn 117).

5 Eine vorherige Beratungspflicht des ArbGeb. besteht ferner bei Einführung **betrieblicher Berufsbildungsmaßnahmen** innerhalb oder außerhalb der Arbeitszeit (z. B. Fortbildungskurse, Trainée-Programme, betriebl. Zusatzunterricht für Auszubildende, Technikerausbildung, Einführung in neue technische Verfahren oder Werkstoffe). Der ArbGeb. entscheidet darüber, ob er solche Maßnahmen einführen will. Bei der Durchführung dieser Maßnahmen hat aber der BR mitzubestimmen (§ 98 Abs. 1, vgl. dort Rn 5ff.).

6 Das Beratungsrecht erstreckt sich auch auf die Frage der **Teilnahme an außerbetrieblichen Berufsbildungsmaßnahmen,** insbesondere Art der Maßnahme, Auswahl der ArbN, Zeitpunkt und Zeitdauer der Teilnahme. Werden ArbN hierzu von der Arbeit freigestellt oder trägt der ArbGeb. mindestens teilweise die Kosten für die Teilnahme der ArbN, so hat der BR darüber hinaus ein MBR bei der Auswahl nach § 98 Abs. 3, 4 (vgl. dort Rn 28ff.).

7 Wegen des **Zeitpunkts der Beratung** vgl. § 80 Rn 19a ff. Bei Anwendung des REFA-Standardprogramms dürfte die Beratung, soweit es um die „Errichtung“ oder „Einführung“ geht, innerhalb der 5. Stufe (Auswahl der optimalen Lösung), im übrigen unmittelbar nach Abschluß der 5. Stufe und vor der Einführung (Umsetzung) zu erfolgen haben, die in der 6. Stufe stattfindet.

III. Streitigkeiten

Streitigkeiten über den Umfang der Beteiligung des BR entscheiden die ArbG im BeschlVerf. (§ 2a ArbGG). Ein Verstoß des ArbGeb. gegen § 97 ist nicht unter die Tatbestände für Ordnungswidrigkeiten nach § 121 aufgenommen. Es kommt aber ein Antrag nach § 23 Abs. 3 in Betracht (*Rumpff,* S. 209; *GK-Kraft,* Rn 7; *Heinze,* DB 83, Beilage 9, S. 18). 8

§ 98 Durchführung betrieblicher Bildungsmaßnahmen

(1) **Der Betriebsrat hat bei der Durchführung von Maßnahmen der betrieblichen Berufsbildung mitzubestimmen.**

(2) **Der Betriebsrat kann der Bestellung einer mit der Durchführung der betrieblichen Berufsbildung beauftragten Person widersprechen oder ihre Abberufung verlangen, wenn diese die persönliche oder fachliche, insbesondere die berufs- und arbeitspädagogische Eignung im Sinne des Berufsbildungsgesetzes nicht besitzt oder ihre Aufgaben vernachlässigt.**

(3) **Führt der Arbeitgeber betriebliche Maßnahmen der Berufsbildung durch oder stellt er für außerbetriebliche Maßnahmen der Berufsbildung Arbeitnehmer frei oder trägt er die durch die Teilnahme von Arbeitnehmern an solchen Maßnahmen entstehenden Kosten ganz oder teilweise, so kann der Betriebsrat Vorschläge für die Teilnahme von Arbeitnehmern oder Gruppen von Arbeitnehmern des Betriebs an diesen Maßnahmen der beruflichen Bildung machen.**

(4) **Kommt im Fall des Absatzes 1 oder über die nach Absatz 3 vom Betriebsrat vorgeschlagenen Teilnehmer eine Einigung nicht zustande, so entscheidet die Einigungsstelle. Der Spruch der Einigungsstelle ersetzt die Einigung zwischen Arbeitgeber und Betriebsrat.**

(5) **Kommt im Fall des Absatzes 2 eine Einigung nicht zustande, so kann der Betriebsrat beim Arbeitsgericht beantragen, dem Arbeitgeber aufzugeben, die Bestellung zu unterlassen oder die Abberufung durchzuführen. Führt der Arbeitgeber die Bestellung einer rechtskräftigen gerichtlichen Entscheidung zuwider durch, so ist er auf Antrag des Betriebsrats vom Arbeitsgericht wegen der Bestellung nach vorheriger Androhung zu einem Ordnungsgeld zu verurteilen; das Höchstmaß des Ordnungsgeldes beträgt 20000 Deutsche Mark. Führt der Arbeitgeber die Abberufung einer rechtskräftigen gerichtlichen Entscheidung zuwider nicht durch, so ist auf Antrag des Betriebsrats vom Arbeitsgericht zu erkennen, daß der Arbeitgeber zur Abberufung durch Zwangsgeld anzuhalten sei; das Höchstmaß des Zwangsgeldes beträgt für jeden Tag der Zuwiderhandlung 500 Deutsche Mark. Die Vorschriften des Berufsbildungsgesetzes über die Ordnung der Berufsbildung bleiben unberührt.**

(6) **Die Absätze 1 bis 5 gelten entsprechend, wenn der Arbeitgeber sonstige Bildungsmaßnahmen im Betrieb durchführt.**

Inhaltsübersicht

I. Vorbemerkung

1 Während §§ 96, 97 allgemeine Beratungsrechte und ein Vorschlagsrecht des BR zum Gegenstand haben, räumt § 98 dem BR mehrere über die E-Stelle (Abs. 1, 3) oder das ArbG (Abs. 2) **durchsetzbare MBR** ein bei der **Durchführung** von Maßnahmen der betrieblichen Berufsbildung, bei der Bestellung der **Ausbilder** und bei der **Auswahl der** an der Berufsbildung teilnehmenden **ArbN** (vgl. die Übersicht über die Beteiligungsrechte in § 96 Rn 3ff.). Die Errichtung paritätisch besetzter (§ 28 Abs. 3) „Bildungsausschüsse“ kann zweckmäßig sein.

2 Ob der ArbGeb., soweit er nicht gesetzlich dazu verpflichtet ist, Einrichtungen der Berufsbildung schafft oder Berufsbildungsmaßnahmen durchführt, obliegt seiner Entscheidung (*Eich,* DB 74, 2155; *GK-Kraft,* Rn 1; **a.M.** *Neyses,* BlStR 77, 322). Ein indirekter Zwang zur Durchführung von Umschulungsmaßnahmen kann sich aber aus § 102 Abs. 3 Nr. 4 zur Vermeidung von Kündigungen ergeben (vgl. dort Rn 48; *GK-Kraft,* Rn 1). Der ArbGeb. entscheidet auch allein, welche Beträge er für Bildungsmaßnahmen zur Verfügung stellt (*GKSB,* Rn 7). Insoweit hat der BR nach §§ 96, 97 nur ein Beratungs- und Vorschlagsrecht.

3 Abs. 6 stellt sicher, daß der BR in gleicher Weise wie bei beruflichen Bildungsmaßnahmen auch bei sonstigen im Betrieb durchgeführten Bildungsmaßnahmen mitzubestimmen hat. Unberührt bleibt die Überprüfung der fachlichen und persönlichen Eignung der Ausbilder für die Berufsausbildung nach dem BBiG (HandwO).

4 Entsprechende Vorschrift im **BPersVG 74:** § 75 Abs. 3 Nr. 6, 7; § 76 Abs. 2.

II. Durchführung von Maßnahmen der betrieblichen Berufsbildung

5 Der BR hat bei der **Durchführung aller Maßnahmen der betrieblichen Berufsbildung** (Berufsausbildung, Berufsfortbildung und berufliche Umschulung, vgl. § 96 Rn 12ff.), aber auch bei der Vermittlung sonstiger (beruflicher) Kenntnisse und Fertigkeiten, ein **echtes MBR.**

Können sich ArbGeb. und BR nicht einigen, so entscheidet die E-Stelle verbindlich (Abs. 4, vgl. unten Rn 12). Zu einigen mitbestimmungsfreien Entscheidungen im Zusammenhang mit der Teilnahme von ArbN vgl. § 98 Rn 31f.

Die **Berufsausbildung ist** allerdings weitgehend gesetzlich geregelt durch das (BBiG und die nach § 25 BBiG, § 25 HandwO erlassenen Ausbildungsordnungen, so daß insoweit nur eine Ausfüllung und Anpassung der Vorschriften an die betrieblichen Verhältnisse in Betracht kommt. Insbesondere ist innerhalb des Betriebes die Auswahl der Ausbilder von Bedeutung (Abs. 2, Rn 13ff.). Weiter kommen im Rahmen der Berufsausbildung Regelungen über einen Versetzungsplan für das Durchlaufen der einzelnen Abteilungen, die Führung und Überwachung von Berichtsheften (vgl. § 6 Abs. 1 Nr. 4 BBiG), die Abhaltung betrieblicher Zwischenprüfungen, regelmäßige Beurteilungen (LAG Köln 12. 4. 83, EzA § 98 BetrVG Nr. 1), Klärung der Zuständigkeiten (z. B. bei mehreren ausbildenden oder diese unterstützenden Fachkräften nach § 22 Abs. 1 Nr. 2 oder anderen weisungsberechtigten Personen nach § 9 Nr. 3 BBiG) u. ä. in Frage. 6

Ein MBR besteht nicht bei jeder konkreten **Einzelmaßnahme** gegenüber einem Auszubildenden (Lehrling), z. B. Einzelunterweisung, Anordnung zur Abholung von Material in der Materialausgabe u. ä. Das MBR bezieht sich auf die Durchführung von Maßnahmen, auf deren inhaltliche, zeitliche Ausgestaltung. Einzelanweisungen können auch rein praktisch nicht von einem MBR des BR abhängig gemacht werden (ähnlich *DR,* Rn 6; *HSG,* Rn 5; *GL,* Rn 7; *GK-Kraft,* Rn 2; *Eich,* DB 74, 2157; *Meisel,* S. 53). Sie müssen dem Ausbildungszweck dienen (§ 6 Abs. 2 BBiG). 7

Die **Einstellung von Auszubildenden** unterliegt dem personellen MBR nach **§ 99,** da auch sie zu den ArbN zählen (§ 5 Rn 84ff.). Der BR kann zwar den ArbGeb. nicht im Wege der Mitbestimmung zwingen, Ausbildungsverhältnisse zu begründen, d. h. Auszubildende einzustellen; wohl aber kann der BR, z. B. unter Hinweis auf Förderungsmaßnahmen, die in Anspruch genommen werden können (Maßnahmen nach dem AFG oder staatlichen Sonderprogrammen zur Durchführung zusätzlicher berufsbildender Maßnahmen, z. B. Programm zur Förderung überbetrieblicher Ausbildungsstätten, Zukunftsinvestitionsprogramme zur Schaffung zusätzlicher Ausbildungskapazitäten, Finanzhilfen zum Bau und zur Ausstattung von Einrichtungen der Berufsausbildung), derartige **Einstellungen anregen** (§ 80 Abs. 1 Nr. 2, § 96 Abs. 1). Überdies sind freiwillige (nicht erzwingbare) BV über Einstellungsvorhaben im Rahmen der Personalbeschaffungs- bzw. Personalentwicklungsplanung zulässig (vgl. § 92 Rn 16; und § 77 Rn 32). Dagegen besteht kein MBR nach § 98 bei der Gestaltung des Inhalts der Ausbildungsverträge, insbes. bei der Festlegung der Ausbildungsvergütung (*Meisel,* S. 53). 8

Bei der Berufsausbildung sind in aller Regel die Auszubildenden (Lehrlinge) jug. ArbN unter 18 Jahren. Deshalb hat die gesamte **JugAzubiVertr.** ein **Teilnahmerecht** an BRSitzungen, sowie ein **Stimmrecht** und ein Antragsrecht (§§ 67, 70 Abs. 1 Nr. 1, 3), wenn es um 9

Angelegenheiten der Berufsausbildung geht. Der BR hat die JugAzubiVertr. auch zu Besprechungen mit dem ArbGeb. über diese Angelegenheiten zuzuziehen (§ 68), sowie die JugAzubiVertr. rechtzeitig und umfassend zu unterrichten (§ 70 Abs. 2). Die Vertretung der Anliegen gegenüber dem ArbGeb., insbesondere die MBR, stehen aber dem BR, nicht der JugAzubiVertr. zu (vgl. auch § 60 Rn 1). Die JugAzubiVertr. kann nach § 67 Abs. 3 in diesen Angelegenheiten gegenüber dem BR die Initiative ergreifen (*GK-Kraft,* Rn 5).

10 Das MBR besteht weiter bei Maßnahmen der betrieblichen Fortbildung und Umschulung. Es bezieht sich sachlich auf den **gesamten Inhalt der Maßnahme** (vgl. § 96 Rn 13 und 29); abgesehen von gesetzlichen Vorgaben (vgl. Rn 6) ist es nicht beschränkt (a. A. *Eich,* DB 74, 2154, der von ungeschriebenen mitbestimmungsfreien Vorgaben ausgeht). Der BR hat z. B. mitzubestimmen über Inhalt und Umfang der zu vermittelnden Kenntnisse oder Fähigkeiten, über die Methoden der Wissensvermittlung, über die zeitliche Dauer und Lage der Maßnahme. Auch eine betriebliche Prüfung ist Teil der Maßnahme; die Ausgestaltung der Prüfung unterliegt daher dem MBR des BR (vgl. BAG 5. 11. 85, AP Nr. 2 zu § 98 BetrVG 1972, mit zust. Anm. von *Natzel*).

11 Das MBR besteht nur in dem Umfang, in dem dem ArbGeb. ein Gestaltungsspielraum verbleibt (ähnlich wie bei der Berufsausbildung, vgl. oben Rn 6). **Gesetzliche Grenzen** können sich aus §§ 46, 47 BBiG und aus den nach diesen Bestimmungen erlassenen Rechtsverordnungen ergeben. So ist bei einer Umschulung auf einen anerkannten Ausbildungsberuf das für die Erstausbildung maßgebende Berufsordnungsrecht anzuwenden (§ 47 Abs. 3 BBiG).

12 Können sich ArbGeb. und BR nicht über die der Mitbestimmung unterliegenden Fragen einigen, entscheidet auf Antrag einer oder beider Seiten die **E-Stelle** (Abs. 4). Der Spruch der E-Stelle ersetzt die fehlende Einigung (Abs. 4 Satz 2). Dabei sind keine Rechtsfragen, sondern nur Regelungsfragen zu entscheiden (**a. A.** *HSG,* Rn 13, allerdings ohne konkrete Beispiele). Rechtliche Rahmenbedingungen müssen eingehalten werden; sie können zur besseren Übersicht und Verständlichkeit in den Spruch aufgenommen werden.

III. Bestellung und Abberufung der mit der Durchführung der betrieblichen Berufsbildung beauftragten Personen

13 Der BR hat ein MBR hinsichtlich der Bestellung und Abberufung der mit der Durchführung der betrieblichen Berufsbildung beauftragten Personen. Dieses MBR bezieht sich auf die Ausbilder nach dem BBiG, aber auch auf alle anderen Personen, die mit der Durchführung einer Maßnahme der beruflichen Bildung beauftragt werden, sei es bei der Berufsausbildung außerhalb des BBiG, sei es im Rahmen der Fortbildung oder der Umschulung.

1. Sachliche Anforderungen

a) Ausbilder nach dem Berufsbildungsgesetz

Ausbilder ist die Person, die im Betrieb die Berufsausbildung persönlich durchzuführen hat. Abgesehen von kleineren Handwerksbetrieben wird Ausbilder nicht der ArbGeb. sein, sondern eine von ihm ausdrücklich beauftragte Person (§ 6 Abs. 1 Nr. 2 BBiG). Der anstellende ArbGeb. („Ausbildender") braucht dann nur die persönliche, nicht die fachliche Eignung zum Ausbilden zu haben (§ 20 Abs. 1 Satz 1 BBiG). Der **Ausbilder** muß dagegen die für die Ausbildung erforderliche **persönliche und fachliche Eignung** besitzen (§ 20, 21 BBiG; §§ 21, 22 HandwO). Durch die Bestellung des Ausbilders wird der Ausbildende nicht von der Verantwortung für die Erfüllung der Ausbildungspflichten nach § 6 BBiG befreit (§ 278 BGB). Verletzt er diese Pflichten schuldhaft, so macht er sich schadenersatzpflichtig; z. B. kann die Verdienstminderung bis zum Bestehen einer Wiederholungsprüfung geltend gemacht werden (BAG 10. 6. 76, AP Nr. 2 zu § 6 BBiG). 14

Eine RechtsVO regelt für den Bereich der gewerblichen Wirtschaft, welche berufs- und arbeitspädagogischen Kenntnisse die Ausbilder in einer besonderen Prüfung nachzuweisen haben (Ausbilder-Eignungs-VO gewerbliche Wirtschaft vom 20. 4. 1972, BGBl. I, S. 707, zuletzt geändert durch VO vom 3. 10. 1984, BGBl. I, S. 1261). Eine entsprechende VO ist für den öffentlichen Dienst ergangen (VO vom 16. 7. 1976, BGBl. I, S. 1825; neu gefaßt durch VO vom 29. 6. 1978, BGBl. I, S. 976), für die Landwirtschaft (VO vom 5. 4. 1976, BGBl. I, S. 923) und für die städtische Hauswirtschaft (VO vom 29. 6. 1978, BGBl. I, S. 976 in der Fassung der VO vom 10. 12. 1984, BGBl. I, S. 151). 15

Die persönliche oder fachliche Eignung fehlt, wenn der Betreffende Kinder und Jugendliche nicht beschäftigen darf, wiederholt oder schwer gegen das BBiG verstoßen hat, die erforderlichen Fachfähigkeiten und -kenntnisse oder die erforderlichen berufs- und arbeitspädagogischen Kenntnisse nicht besitzt (§ 20 Abs. 2, 3 BBiG). Ohne weiteres als fachlich geeignet anzusehen sind Handwerksmeister nach Vollendung des 24. Lebensjahres und Absolventen einer Ingenieurschule oder Technischen Hochschule (§§ 21 Abs. 3, 22 Abs. 1 HandwO), sowie Ausbilder, die bei Inkrafttreten des BBiG schon 10 Jahre mit Erfolg ausgebildet haben (§ 111 Abs. 2 BBiG). 16

Der Ausbilder darf weiter nicht bestellt werden oder muß abberufen werden, wenn zu erwarten steht, daß er seine **Aufgaben vernachlässigt** oder seine Aufgaben schon vernachlässigt hat. Das ist dann der Fall, wenn er sie nicht mit der erforderlichen Gründlichkeit und Gewissenhaftigkeit ausführt, so daß befürchtet werden muß, daß die Auszubildenden das Ziel der Ausbildung nicht erreichen (*GL,* Rn 13; *GK-Kraft,* Rn 9; *HSG,* Rn 22). 17

b) Andere Beauftragte

18 Außer dem Ausbilder im Sinne des BBiG können weitere Personen mit der betrieblichen Berufsbildung (Ausbildung, Fortbildung und Umschulung) beauftragt werden. Auf alle diese Personen bezieht sich das MBR des BR nach Abs. 2. Das Gesetz beschränkt seinem Wortlaut nach die Mitbestimmung nicht auf Ausbilder i. S. d. BBiG. Es ist auch nicht richtig, daß die persönliche und fachliche Eignung eines Mitarbeiters, der mit der beruflichen Fortbildung im Betrieb beauftragt ist, keine Bedeutung hätte. Richtig ist nur, daß die Voraussetzungen für eine fachliche und persönliche Eignung dieser Ausbilder im weit. Sinne nicht in Gesetzen außerhalb des BetrVG geregelt sind. Das schließt aber nicht aus, daß die Beauftragten nach allgemeinen Maßstäben ungeeignet sind. Das aber braucht der BR nicht hinzunehmen (**a. A.** *GK-Kraft,* Rn 9; *Stege/Weinspach,* §§ 96–98, Rn 31; *HSG,* Rn 19).

2. Verfahren

19 Der BR kann auf Grund eines **Beschlusses** unter Beteiligung der JugAzubiVertr. (Rn 9) der Bestellung eines Ausbilders oder einer anderen mit der Durchführung einer Maßnahme der betrieblichen Berufsbildung beauftragten Person widersprechen oder seine Abberufung verlangen, wenn er die persönliche oder fachliche Eignung nicht besitzt oder seine Aufgaben vernachlässigt, d. h. nicht mit der erforderlichen Gründlichkeit und Gewissenhaftigkeit ausübt, so daß zu befürchten ist, die Auszubildenden würden das Ziel der Ausbildung nicht erreichen. Dies gilt auch, wenn der Ausbilder kein ArbN des Betriebes oder leitender Ang. ist (*DR,* Rn 13; *HSG,* Rn 16). Maßgebend sind objektiven Kriterien, nicht das subjektive Verschulden (*HSG,* Rn 17). Nimmt der ArbGeb. selbst die Ausbildung vor, so kann der BR nur nach dem BBiG tätig werden.

20 Können sich ArbGeb. und BR über die Bestellung bzw. Abberufung des Ausbilders nicht einigen, so kann der **BR** das **ArbG anrufen** mit dem Antrag, dem ArbGeb. aufzugeben, die Bestellung zu unterlassen oder die Abberufung durchzuführen.

21 Auch der **ArbGeb.** kann vor Bestellung eines Ausbilders eine **gerichtliche Klärung** herbeiführen, um feststellen zu lassen, ob der Widerspruch des BR berechtigt ist (*DR,* Rn 22; *Heinze,* Rn 124). Das folgt zwar nicht aus dem Wortlaut des Abs. 5 Satz 1, ergibt sich aber indirekt aus dem unterschiedlichen Zwangsverfahren nach Abs. 5 Satz 2 u. 3. Der ArbGeb. muß die Möglichkeit zur Klärung der Rechtslage haben. Bestellt er nämlich trotz Widerspruchs des Betriebsrats einen Ausbilder, so ist diese Maßnahme unwirksam (*DR,* Rn 21 f; *Heinze,* Rn 124; a. A. *GL,* Rn 16; *HSG,* Rn 27; *Eich,* DB 74, 2158).

22 Das ArbG entscheidet im **BeschlVerf.** (§ 2a ArbGG). Weist es den Antrag des BR zurück, so kann der ArbGeb. den Ausbilder bestellen bzw. in seinem Amt belassen. Gibt es dagegen dem Antrag statt, so wird dem ArbGeb. die Verpflichtung auferlegt, die Bestellung des bestimm-

ten Ausbilders zu unterlassen bzw. dessen Abberufung durchzuführen (Abs. 5).

Bestellung und Abberufung eines Ausbilders sind **von** den sich daraus u. U. ergebenden **personellen Einzelmaßnahmen nach §§ 99, 102 zu unterscheiden** (*Eich,* DB 74, 2158; *Heinze,* Rn 127). Die gerichtliche Entscheidung auf Abberufung ersetzt nicht eine etwa erforderliche (Änderungs-)Kündigung des Arbeitsverhältnisses des Ausbilders (*HSG,* Rn 41; *Stege/Weinspach,* §§ 96–98, Rn 37; *GL,* Rn 21; *GK-Kraft,* Rn 21). Ein Widerspruch des BR wird, wenn eine solche gerichtliche Entscheidung vorliegt, nur aus Gründen des § 102 Abs. 3 Nr. 3 und 5 erfolgen können; auch scheidet ein weiterer Beschäftigungsanspruch nach § 102 Abs. 5 hier aus (*Eich* u. *GK-Kraft,* a. a. O.). Das Verfahren nach **§ 98 Abs. 2, 5 ist ein Sondertatbestand zu § 99** (vgl. *GL,* Rn 16; *HSG,* Rn 41) **und § 23 Abs. 3** (vgl. dort Rn 44). Hinsichtlich der persönlichen und fachlichen Eignung kommt eine Verweigerung der Zustimmung gemäß § 99 Abs. 2 Nr. 1 im Hinblick auf diese Sonderregelung nicht in Betracht (*Eich* a. a. O.; *GK-Kraft,* Rn 22; *Meisel,* S. 55); anders z. B. bei dem Datenschutzbeauftragten hinsichtlich dessen Bestellung eine vergleichbare Sonderregelung nicht besteht (vgl. § 99 Rn 43). 23

Die rechtskräftige Entscheidung des ArbG kann nach den Vorschriften der ZPO (§§ 888, 890) **zwangsweise durchgesetzt werden,** falls der ArbGeb. ihr nicht nachkommen sollte. Führt der ArbGeb. die **Bestellung eines Ausbilders** entgegen einer rechtskräftigen Entscheidung durch, so ist er auf Antrag des BR zu einem Ordnungsgeld zu verurteilen (Abs. 5 Satz 2). Es handelt sich um eine repressive Maßnahme wegen Verstoßes gegen die Entscheidung des ArbG gem. § 890 ZPO (Erzwingung einer Unterlassung). Deshalb muß ihr auch stets eine **Androhung vorausgehen,** die auf Antrag des BR durch Beschluß des ArbG ausgesprochen wird, aber schon mit dem Bestellungsverbot in einem Beschluß verbunden werden kann (§ 890 Abs. 2 ZPO i. Vbdg. mit § 85 Abs. 1 ArbGG). Der BR wird daher zweckmäßig mit dem Antrag an das ArbG, die Verpflichtung zur Unterlassung der Bestellung des Ausbilders auszusprechen, zugleich schon den Antrag stellen, im Fall der Zuwiderhandlung den ArbGeb. zu einem Ordnungsgeld zu verurteilen. Eine bestimmte Summe braucht weder in dem Antrag des BR noch in dem Androhungsbeschluß des ArbG angegeben zu werden. Es genügt der Hinweis des ArbG auf den gesetzlichen Rahmen (*HSG,* Rn 29). 24

Der Mindestbetrag des Ordnungsgeldes beträgt 1 DM, das Höchstmaß 20000 DM. Die Festsetzung von Haft ist ausgeschlossen (§ 85 Abs. 1 ArbGG). Sowohl vor der Androhung als auch vor Ausspruch des Ordnungsgeldes ist der ArbGeb. zu hören (§ 891 ZPO, § 83 ArbGG). Die Kammer entscheidet in voller Besetzung, eine mündliche Verhandlung ist nicht erforderlich. Der Sachverhalt ist von Amts wegen aufzuklären. Da es sich im Fall des § 890 ZPO um eine repressive Maßnahme handelt, setzt sie ein **Verschulden des ArbGeb.** voraus (*DR,* Rn 25; *GK-Kraft,* Rn 17; BVerfG 25. 10. 1966, BVerfGE 20, 323, 331; **a. A.** *Heinze,* Rn 138 Fußn. 210; *HSG,* Rn 31), das aber regelmäßig gegeben sein 25 wird. Der BR kann seinen Antrag auf Festsetzung eines Ordnungsgeldes bis zur Rechtskraft des Beschlusses zurücknehmen. Später ist eine Rücknahme unbeachtlich. Leistet der ArbGeb. dem Verbot der Bestellung nachträglich dadurch Folge, daß er die Bestellung des Ausbilders widerruft, so hat dies weder für die Verhängung noch die Vollstreckung des Ordnungsgeldes Bedeutung, da es sich um eine Maßnahme i. S. des § 890 ZPO, nicht um eine Beugemaßnahme gem. § 888 ZPO handelt. Die Vollstreckung erfolgt von Amts wegen durch den Vorsitzenden des ArbG. Die eingezogenen Beträge fließen der Staatskasse zu.

26 Führt dagegen der ArbGeb. die **Abberufung** eines Ausbilders entgegen einer rechtskräftigen gerichtlichen Entscheidung nicht durch, so wird er dazu auf **Antrag des BR** durch das ArbG angehalten, indem dieses für jeden Tag der Zuwiderhandlung **Zwangsgeld** von 1 bis 500 DM festsetzt (Abs. 5 Satz 3). Hier handelt es sich um eine **Beugemaßnahme** i. S. des § 888 ZPO (*DR,* Rn 32; *HSG,* Rn 33). Das Zwangsgeld kann nicht mehr verhängt oder vollstreckt werden, wenn der ArbGeb. der Anordnung des Gerichts nachgekommen ist (*DR,* Rn 32; *HSG,* Rn 33; *GK-Kraft,* Rn 18). Wegen der Einzelheiten vgl. § 101 Rn 4ff. Die dortigen Ausführungen gelten auch hier. Diese Sonderbestimmungen gehen einem Verfahren nach § 23 Abs. 3 vor (vgl. § 23 Rn 44; *DR,* Rn 40; *HSG,* Rn 39).

27 Neben dem MBR bei der Bestellung und Abberufung von Ausbildern bleibt deren **Überwachung durch die zuständige Stelle** (§ 96 Rn 38) gem. §§ 20ff. BBiG (§§ 23a, 24 HandwO) unberührt (Abs. 5 Satz 4). Beide Verfahren können nebeneinander in Betracht kommen (*GKSB,* Rn 11). Die zuständige Stelle hat darüber zu wachen, daß die persönliche und fachliche Eignung der Ausbilder gegeben ist; sie hat ggf. auf die Abstellung von Mängeln hinzuwirken (§ 23 BBiG). Nach **§ 24 BBiG ist das Einstellen und Ausbilden von Auszubildenden zu untersagen,** wenn die **persönliche oder fachliche Eignung des Ausbilders nicht (mehr) gegeben** ist. Insoweit handelt es sich um einen im verwaltungsgerichtlichen Verfahren nachzuprüfenden Verwaltungsakt. Gleichwohl wird eine Überschneidung mit dem arbeitsgerichtlichen BeschlVerf. gem. § 98 Abs. 5 kaum in Betracht kommen. § 24 BBiG befaßt sich nur mit der Berufsausbildung und Umschulung (§ 47 Abs. 4 BBiG), nicht mit der beruflichen Fortbildung, und regelt die Untersagung der Einstellung und Ausbildung von Auszubildenden, also nicht unmittelbar die Bestellung und Abberufung der einzelnen Ausbilder selbst. Überdies ist der Tatbestand der **Vernachlässigung** der Aufgaben des Ausbilders nicht notwendig identisch mit der fehlenden Eignung nach §§ 20ff. BBiG. Insofern geht das MBR des BR weiter als die Einflußmöglichkeit der nach dem BBiG zuständigen Stellen (*Rumpff-Kuhfuß,* AR-Blattei, D Berufsbildung II, E[V]). Der BR ist aber nicht gehindert, neben oder anstelle einer Anrufung des ArbG das Untersagungsverfahren nach dem BBiG durch entsprechende Anregung bei den zuständigen Stellen (§ 96 Rn 38) in Gang zu bringen, insbes. wenn der ArbGeb. selbst ausbildet. In einem sich etwa anschließenden verwaltungsgerichtlichen Verfahren ist auch der BR Beteiligter (Näheres vgl. *Natzel,* DB 71, 1665, 1669; ebenso *GK-Kraft,* Rn 19).

IV. Teilnahme von Arbeitnehmern an Berufsbildungsmaßnahmen

Nach Abs. 3 und 4 besteht ein MBR des BR bei der Auswahl der ArbN (die Einstellung Auszubildender fällt unter § 99), die an Berufsbildungsmaßnahmen gemäß den Teilnahmevoraussetzungen teilnehmen sollen. Hierdurch soll die Chancengleichheit der ArbN bei Bemühungen um den Erhalt des Arbeitsplatzes und beim beruflichen Fortkommen gesichert werden (*GL,* Rn 22; *HSG,* Rn 43; *DR,* Rn 45). 28

ArbGeb. und BR müssen sich über alle Teilnehmer einigen (positives Konsensprinzip, vgl. *Viets,* DB 80, 2085: Positive Zustimmung des BR zu allen Teilnehmern erforderlich). Es können paritätisch besetzte **„Bildungsausschüsse"** (§ 28 Abs. 3) die Auswahl übernehmen. Der BR kann eigene Vorschläge für die Teilnahme von **einzelnen** bildungswilligen und -fähigen ArbN oder von **Gruppen** von ArbN machen, damit niemand „übersehen" wird. 29

Voraussetzung des MBR ist, daß es sich 30

entweder um **betriebliche,** d. h. vom ArbGeb. veranstaltete und den Themen nach bestimmte, nicht unbedingt im Betrieb durchgeführte (vgl. *Eich,* DB 74, 2156), **Maßnahmen** der Berufsbildung handelt,

oder um **außerbetriebliche Maßnahmen** (vgl. § 96 Rn 35), für die der ArbGeb. die ArbN von der **Arbeit freistellt** (mit oder ohne Fortzahlung des Lohnes)

oder um Maßnahmen der Berufsbildung, bei denen der ArbGeb. die **Teilnahmekosten** (Teilnehmergebühren, Reisekosten, Aufenthaltskosten) der ArbN ganz oder teilweise trägt (nicht notwendig die fixen Kosten der Berufsbildungsmaßnahme bzw. der Einrichtung); letzterer Fall kann sowohl bei außerbetrieblichen wie bei betrieblichen Maßnahmen außerhalb der Arbeitszeit des ArbN gegeben sein (Wochenendseminare).

Streitig ist, ob der ArbGeb. einseitig fachliche Zulassungsvoraussetzungen aufstellen kann. Das wird man bejahen müssen, soweit die Zulassungsvoraussetzungen sachlich geboten sind, um den Zweck der Bildungsmaßnahme zu erreichen (ähnlich wie hier *DR,* Rn 47; *GL,* Rn 26; *GK-Kraft,* Rn 12; weitergehend *HSG,* Rn 47). 31

Der ArbGeb. kann auch – nach Beratung mit dem BR (§ 97) – die Zahl der Teilnehmer festlegen (*GL,* Rn 26; *HSG,* Rn 47). 32

Schlagen ArbGeb und BR für die Teilnahme an Maßnahmen der beruflichen Bildung mehr Teilnehmer vor als Teilnehmerplätze zur Verfügung stehen, müssen ArbGeb und BR alle vorgeschlagenen Bewerber in die Auswahl einbeziehen. Die Auswahl muß nach einheitlichen Kriterien erfolgen (BAG 8. 12. 87, AP Nr. 4 zu § 98 BetrVG 1972). Kommt eine Einigung nicht zustande, so **entscheidet die E-Stelle** unter Berücksichti- 33 gung der Grundsätze des § 96 Abs. 2 im Rahmen der vom ArbGeb. (nach Beratung mit dem BR gemäß § 97) festgesetzten Aufnahmekapazität und der Teilnahmeanforderungen verbindlich (Abs. 4). Sie hat ggf. eine Auswahl zwischen den vom ArbGeb. und BR vorgeschlagenen Teilnehmern zu treffen, selbst wenn nur ein Teilnehmer entsandt werden kann (BAG 8. 12. 87, AP Nr. 4 zu § 98 BetrVG 1972), *DR,* Rn 51ff.; *GL,* Rn 23; *GKSB,* Rn 18; *HSG,* Rn 48; *Heinze,* Rn 129; **a. A.** *Meisel,* S. 52: Er will die E-Stelle lediglich wegen der vom BR vorgeschlagenen und vom ArbGeb. abgelehnten Teilnehmer entscheiden lassen, ähnlich *Eich* a. a. O. u. wohl auch *Rumpff/Kuhfuß,* a. a. O.). Etwas anderes gilt nur, wenn der BR von sich aus keine Vorschläge für die Teilnahme von ArbN gemacht hat und damit die Auswahl dem ArbGeb überlassen hat. Das MBR des BR ist an „Vorschläge" gebunden (BAG 8. 12. 87, AP Nr. 4 zu § 98 BetrVG 1972).

34 Die für die Teilnahme bestimmten ArbN haben dann einen arbeitsvertraglichen Anspruch gegen den ArbGeb. auf Teilnahme bzw. Freistellung oder (und) Übernahme der Teilnahmekosten (h. M.; **a. A.** *Heinze,* Rn 137, da der Spruch der E-Stelle nur schuldrechtliche Wirkung zwischen ArbGeb. und BR habe).

35 Zur Vermeidung von Streitigkeiten kann die Aufstellung objektiver **Auswahlgesichtspunkte** zweckmäßig sein (Alter, fachliche Qualifikationen, Aufnahmeprüfungen). Solche Auswahlgesichtspunkte sind zwar keine Auswahlrichtlinien i. S. des § 95 (zutreffend *Rumpff,* S. 214); dennoch können ArbGeb. und BR solche Richtlinien vereinbaren, da es sich bei ihnen um Vorentscheidungen im Zusammenhang mit dem MBR nach § 98 Abs. 3 handelt (*DR,* Rn 49; *HSG,* Rn 51).

36 **Fortbildungskurse für leit. Ang.** unterliegen nicht dem MBR, wohl aber Kurse für ArbN, die sich für eine Leitungsaufgabe qualifizieren sollen (*GK-Kraft,* Rn 28; *GKSB,* Rn 6, 19; *Heinze,* Rn 145; vgl. auch § 92 Rn 6; **a. A.** *Eich,* DB 74, 2159; *HSG,* Rn 2).

37 Soweit Gesetze der Länder über Bildungsurlaub den ArbGeb. verpflichten, bestimmte ArbN für die Teilnahme an beruflichen Bildungsmaßnahmen freizustellen, kommt ein MBR nach Abs. 3 nicht in Betracht. Die Teilnahme am gesetzlichen Bildungsurlaub beruht auf einem individuellen Anspruch der ArbN, nicht auf einer Auswahl des ArbGeb., die der BR im Interesse der Gleichbehandlung beeinflussen soll (*HSG,* Rn 52).

V. Durchführung sonstiger betrieblicher Bildungsmaßnahmen

38 Für sonstige betriebliche Bildungsmaßnahmen, die nicht Berufsbildungsmaßnahmen sind, gelten nach Abs. 6 die Abs. 1 bis 5 entsprechend. Der **BR hat ein MBR,** sofern der ArbGeb. derartige Bildungsmaßnahmen selbst durchführt, bei der Durchführung dieser Maßnahmen und hinsichtlich der Ausbilder und der teilnehmenden ArbN. Wegen des Anspruchs der BRMitgl. auf bezahlte Freistellung für Schulungs- und Bildungsveranstaltungen vgl. § 37 Abs. 7 (dort Rn 106ff.)

und wegen des entsprechenden Fortbildungsanspruchs der Betriebsärzte und Fachkräfte für Arbeitssicherheit vgl. §§ 2 Abs. 3 und 5 Abs. 3 ASiG (vgl. § 87 Rn 91). Unter **„Bildungsmaßnahmen"** sind Veranstaltungen zu verstehen, die **Lernprozesse** durch theoretische Einsichten vermitteln und vollziehen (vgl. Brockhaus Enzyklopädie). Der Bildung dient die systematische Vermittlung **staatsbürgerlicher und kultureller Kenntnisse,** z. B. Kurse über Erste Hilfe und Unfallverhütung oder sozialkundliche Themen, Sprachkurse, Meisterwochen, Programmier- und Refalehrgänge, Buchführungs- und Kurzschriftkurse, Lehrgänge über Menschenführung im Betrieb, über Arbeitssicherheit, Wirtschaftskunde, Arbeits- u. Sozialrecht, sofern es sich nicht gerade um Kenntnisse handelt, die für den einzelnen ArbN eine berufliche Fortbildung oder Umschulung darstellen. Dann ist aber der BR nach Abs. 1 bis 5 erst recht zu beteiligen.

Nicht unter Bildungsmaßnahmen fällt die **Freizeitbeschäftigung und** 39
Unterhaltung, z. B. Einrichtung eines betrieblichen Schachklubs oder eines Sportvereins, eines Werksorchesters, Vergnügungsveranstaltungen usw. (*DR,* Rn 53; *GL,* Rn 27; *GK-Kraft,* Rn 27; *HSG,* Rn 56). Sofern es sich um Ausgestaltung und Verwaltung von Sozialeinrichtungen (z. B. Werksbücherei) handelt, die der Bildung der ArbN dienen, ist das MBR nach § 87 Abs. 1 Nr. 8 zu beachten.

Nicht unter Bildungsmaßnahmen i. S. von Abs. 6 fallen die Unter- 40
richtung des ArbN nach § 81 Abs. 1 Satz 1 und 2 (vgl. dazu die Abgrenzung oben Rn 26ff.). Informationen über Aufbau, Organisation und Bedeutung des Unternehmens, über seine wirtschaftliche Lage, Vertriebsschulungen, Unterweisungen in neue Geräte und Produkte gehen über die Unterrichtungspflichten nach § 81 Abs. 1 hinaus und unterliegen daher der Mitbestimmung des BR (**a. A.** *HSG,* Rn 56). Der Erfahrungsaustausch dient u. a. der beruflichen Bildung. Er ist schon Berufsbildungsmaßnahme (**a. A.** *HSG,* Rn 56).

Das MBR besteht nur, wenn der ArbGeb. die sonstige Bildungsmaß- 41
nahme **im Betrieb** durchführt. Das ist nicht im rein örtlichen Sinne zu verstehen. Es handelt sich nur um eine andere Beschreibung der in Abs. 1 bis 5 genannten betrieblichen Maßnahmen. Gemeint sind die Maßnahmen des ArbGeb., die für die ArbN des Betriebes durchgeführt werden (vgl. *GK-Kraft,* Rn 23; *HSG,* Rn 57; **a. A.** *DR,* Rn 56; *GL,* Rn 29, die anders abgrenzen und außerbetriebliche Maßnahmen dann erfassen, wenn der ArbGeb. für die Maßnahme ArbN freistellt oder die Kosten ganz oder teilweise trägt).

Für die Ausübung des MBR gilt das zu den Abs. 1 bis 5 Gesagte 42
entsprechend. Es bestehen MBR bei der Durchführung der Maßnahme, bei der Bestellung und Abberufung der beauftragten Person (*DR,* Rn 55; **a. A.** *HSG,* Rn 58) und bei der Auswahl der teilnehmenden ArbN.

VI. Streitigkeiten

43 Streitigkeiten über die Bestellung und Abberufung von Ausbildern entscheiden die ArbG. im BeschlVerf. (§ 2a ArbGG), Streitigkeiten über die Auswahl von Teilnehmern an Berufsbildungsmaßnahmen die E-Stelle. Den Streit über die Durchführung der Maßnahme entscheidet die E-Stelle. Ob eine Maßnahme der Mitbestimmung unterliegt, ist eine Rechtsfrage; sie wird vom ArbG im BeschlVerf entschieden.

Dritter Unterabschnitt. Personelle Einzelmaßnahmen

§ 99 Mitbestimmung bei personellen Einzelmaßnahmen

(1) **In Betrieben mit in der Regel mehr als zwanzig wahlberechtigten Arbeitnehmern hat der Arbeitgeber den Betriebsrat vor jeder Einstellung, Eingruppierung, Umgruppierung und Versetzung zu unterrichten, ihm die erforderlichen Bewerbungsunterlagen vorzulegen und Auskunft über die Person der Beteiligten zu geben; er hat dem Betriebsrat unter Vorlage der erforderlichen Unterlagen Auskunft über die Auswirkungen der geplanten Maßnahme zu geben und die Zustimmung des Betriebsrats zu der geplanten Maßnahme einzuholen. Bei Einstellungen und Versetzungen hat der Arbeitgeber insbesondere den in Aussicht genommenen Arbeitsplatz und die vorgesehene Eingruppierung mitzuteilen. Die Mitglieder des Betriebsrats sind verpflichtet, über die ihnen im Rahmen der personellen Maßnahmen nach den Sätzen 1 und 2 bekanntgewordenen persönlichen Verhältnisse und Angelegenheiten der Arbeitnehmer, die ihrer Bedeutung oder ihrem Inhalt nach einer vertraulichen Behandlung bedürfen, Stillschweigen zu bewahren; § 79 Abs. 1 Satz 2 bis 4 gilt entsprechend.**

(2) **Der Betriebsrat kann die Zustimmung verweigern, wenn**

1. **die personelle Maßnahme gegen ein Gesetz, eine Verordnung, eine Unfallverhütungsvorschrift oder gegen eine Bestimmung in einem Tarifvertrag oder in einer Betriebsvereinbarung oder gegen eine gerichtliche Entscheidung oder eine behördliche Anordnung verstoßen würde,**
2. **die personelle Maßnahme gegen eine Richtlinie nach § 95 verstoßen würde,**
3. **die durch Tatsachen begründete Besorgnis besteht, daß infolge der personellen Maßnahme im Betrieb beschäftigte Arbeitnehmer gekündigt werden oder sonstige Nachteile erleiden, ohne daß dies aus betrieblichen oder persönlichen Gründen gerechtfertigt ist,**
4. **der betroffene Arbeitnehmer durch die personelle Maßnahme benachteiligt wird, ohne daß dies aus betrieblichen oder in der Person des Arbeitnehmers liegenden Gründen gerechtfertigt ist,**

5. eine nach § 93 erforderliche Ausschreibung im Betrieb unterblieben ist oder

6. die durch Tatsachen begründete Besorgnis besteht, daß der für die personelle Maßnahme in Aussicht genommene Bewerber oder Arbeitnehmer den Betriebsfrieden durch gesetzwidriges Verhalten oder durch grobe Verletzung der in § 75 Abs. 1 enthaltenen Grundsätze stören werde.

(3) **Verweigert der Betriebsrat seine Zustimmung, so hat er dies unter Angabe von Gründen innerhalb einer Woche nach Unterrichtung durch den Arbeitgeber diesem schriftlich mitzuteilen. Teilt der Betriebsrat dem Arbeitgeber die Verweigerung seiner Zustimmung nicht innerhalb der Frist schriftlich mit, so gilt die Zustimmung als erteilt.**

(4) **Verweigert der Betriebsrat seine Zustimmung, so kann der Arbeitgeber beim Arbeitsgericht beantragen, die Zustimmung zu ersetzen.**

Inhaltsübersicht

I. Vorbemerkung

Die Mitbestimmungs- und Mitwirkungsrechte bei personellen Einzelmaßnahmen sind in §§ 99–102 erschöpfend aufgezählt. Die Beteiligung des BR bei **kollektiven Regelungen** im personellen Bereich ist in §§ 92ff. angesprochen. Diese haben erheblichen Einfluß auf den Umfang des MBR bei Einzelmaßnahmen (§ 99 Abs. 2 Nr. 1 „Betriebsvereinbarung", § 99 Abs. 2 Nr. 2, § 102 Abs. 3 Nr. 2 „Auswahlrichtlinien", § 99 Abs. 2 Nr. 5 „Ausschreibung"). Die Beteiligungsrechte bei Einzelmaßnahmen stehen dem BR nicht nur zugunsten des einzelnen ArbN zu, sondern auch im kollektiven Interesse der ArbN des Betriebes insgesamt (*Heinze,* Rn 190 hält die kollektiven Interessen des BR für den allein maßgebenden Bezugspunkt und zieht daraus weitreichende Folgerung, z. B. daß Einstellung nur die tatsächliche Beschäftigung sei, vgl. 1

dort Rn 200f.). Es ist dabei möglich, daß individuelle und kollektive Interessen widerstreiten, z. B. bei der Einstellung eines Bewerbers, die diesem erwünscht ist, aber den Interessen der ArbNschaft im ganzen widerspricht. Der BR hat dann die allgemeinen und individuellen Interessen gegeneinander abzuwägen. Fallen personelle Einzelmaßnahmen häufig an, ist die Bildung bes. Ausschüsse (§ 28) für die Ausübung des MBR zweckmäßig. Der Betr.Ausschuß nach § 27 ist aber nicht ohne weiteres zuständig, da es sich nicht um laufende Geschäfte handelt. In kleineren Betrieben kann die Zuständigkeit nicht auf den BRVors. übertragen werden (§ 27 Rn 64).

2 Das BetrVG 1972 hat die Mitbestimmung des BR bei den in § 99 behandelten personellen Einzelmaßnahmen (Einstellung, Eingruppierung, Umgruppierung, Versetzung) erheblich gegenüber dem BetrVG 52 verstärkt. Der ArbGeb. hat den BR vor solchen Maßnahmen umfassend zu unterrichten sowie die Zustimmung des BR einzuholen. Verweigert der BR diese Zustimmung aus den im Gesetz genannten Gründen, so darf der ArbGeb. die Maßnahme grundsätzlich nicht durchführen (vgl. aber wegen vorläufiger Maßnahmen in dringenden Fällen § 100). Will der ArbGeb. die Maßnahme trotz Verweigerung der Zustimmung des BR durchführen, so muß er das ArbG anrufen mit dem Antrag, die Zustimmung zu ersetzen. Das MBR des BR besteht hier in Form eines Zustimmungsverweigerungsrechts aus den in Abs. 2 genannten Gründen. Wegen Erweiterung der Beteiligungsrechte vgl. § 1 Rn 130ff. Zusammenfassende Darstellung der Rechtsprechung zu dem personellen MBR: *Brill,* DB 78, Beilage 14 u. wegen Verfahrensfragen bei der Beteiligung des BR: *Matthes,* DB 89, 1285.

3 Entsprechende Vorschrift im **BPersVG 74:** § 75 Abs. 1 Nr. 1–4, § 76 Abs. 1 Nr. 1–5, § 77 Abs. 2.

II. Voraussetzung der Mitbestimmung bei personellen Einzelmaßnahmen

4 Die Vorschriften der §§ 99–101 über das MBR bei personellen Einzelmaßnahmen gelten nur für **Betriebe mit in der Regel** (§ 1 Rn 55f.) **mehr als 20 wahlberechtigten ArbN,** bei denen also der BR aus mindestens drei Mitgl. besteht (§ 9). Steigt während der Amtszeit des einköpfigen BR die Zahl der in der Regel beschäftigten wahlberechtigten ArbN auf mehr als 20, so wächst diesem BR das personelle MBR zu. Sinkt die Zahl der in der Regel beschäftigten wahlberechtigten ArbN in einem Betrieb mit einem mehrgliederigen BR auf weniger als 21, so verliert der BR das personelle MBR (h. M.). Für die Ermittlung des regelmäßigen Beschäftigtenstands zählt der zu entlassende ArbN jedenfalls mit, ein noch Einzustellender, durch dessen Einstellung die Mindestzahl von mehr als 20 Wahlberechtigten erst erreicht würde, dagegen nicht (ähnlich *GL* Rn 3, *HSG* Rn 3). Der ArbGeb. ist in seinen personellen Entscheidungen grundsätzlich auch frei, wenn in einem Betrieb ein BR gebildet werden müßte, dieser aber tatsächlich nicht besteht (LAG Düsseldorf, BB 68, 628).

Eine Zuständigkeit des **GesBR** dürfte bei personellen Einzelmaßnahmen in aller Regel **nicht** gegeben sein (vgl. § 50 Rn 40). Jedenfalls könnte sie nicht dazu führen, statt auf die ArbNZahl des konkreten Betriebes auf die aller Betriebe abzustellen (vgl. § 50 Rn 10). 5

Auch soweit der BR in Betrieben bis zu 20 ArbN keine Beteiligungsrechte in personellen Angelegenheiten nach §§ 99ff. hat, ergibt sich doch aus seinen allgemeinen Aufgaben (§ 80), daß auch er personelle Maßnahmen anregen kann, die dem Betriebe und der Belegschaft dienen (§ 80 Abs. 1 Nr. 2); auch hat er Beschwerden von ArbN, die sich auf ihre Umgruppierung oder Versetzung beziehen, auf ihre Berechtigung zu prüfen und ggfs. nach § 85 zu verfahren; schließlich hat er auf die Einhaltung der gesetzlichen und tariflichen Bestimmungen auch im personellen Bereich zu achten (§ 80 Abs. 1 Nr. 1). Die Pflicht des ArbGeb. zur Unterrichtung auch des einköpfigen BR über personelle Einzelmaßnahmen wird aus § 2 Abs. 1 abzuleiten sein. Aus **§ 75 Abs. 1** ergibt sich die Pflicht, für die Behandlung aller ArbN in personellen Angelegenheiten nach Recht und Billigkeit einzutreten. 6

Nur die ArbN i. S. des BetrVG (§ 5 Abs. 1, § 6), nicht die leitenden Ang. gem. § 5 Abs. 3 (vgl. insoweit § 105) unterliegen dem MBR bei personellen Einzelmaßnahmen, ebenso nicht die in § 5 Abs. 1 u. 2 genannten Personen und die Beschäftigung von Strafgefangenen (BAG 3. 10. 78, AP Nr. 18 zu § 5 BetrVG 1972, vgl. auch § 5 Rn 100). 7

Das personelle MBR besteht auch bei personellen Einzelmaßnahmen, die während, aber nicht wegen eines **Arbeitskampfes** ausgesprochen werden (vgl. auch § 74 Rn 6, § 102 Rn 10, § 103 Rn 9; *DR,* Rn 16; *Heinze,* Rn 436f. und DB 82, Beil. 23; *GKSB,* Rn 9; *HSG,* Rn 9). Der ArbGeb. hat aber seinen Informationspflichten nach § 99 Abs. 1 auch dann nachzukommen, wenn er Streikbrecher einstellen will (*Heinze,* Rn 435; *Brox-Rüthers,* Rn 479f. wollen § 99 voll anwenden, außer dem Zustimmungsverweigerungsgrund des Abs. 2 Nr. 3 in unmittelbar streikbetroffenen Betrieben). 8

III. Gegenstände der Beteiligung

§ 99 unterwirft die wichtigsten personellen Einzelmaßnahmen dem MBR des BR, nämlich die Einstellungen, Eingruppierungen, Umgruppierungen aund Versetzungen. Wegen Kündigungen vgl. § 102. Diese Aufzählung ist erschöpfend, d. h. eine Erweiterung im Wege der Analogie ist nicht zulässig. Sonstige personelle Fragen wird der BR aber zum Teil bei Erfüllung seiner Aufgaben im sozialen Breich oder im Rahmen seiner allgemeinen Aufgaben (§§ 75, 80 Abs. 1) zu behandeln haben. Hierfür gilt jedoch nicht das Mitbestimmungsverfahren nach §§ 99ff. Arbeitsvertragliche und betriebsverfassungsrechtliche Voraussetzungen für eine personelle Maßnahme, die sich nicht immer decken, müssen unabhängig von einander geprüft werden und gegeben sein (h. M.). 9

1. Einstellung

10 Unter Einstellung kann sowohl die **Begründung des Arbeitsverhältnisses** (Abschluß des Arbeitsvertrages) durch Willensübereinstimmung von ArbGeb. und ArbN über die – eventuell erst zukünftige – Arbeitsaufnahme des letzteren in dem Betrieb verstanden werden, als auch die damit zusammenhängende tatsächliche Beschäftigung im Betrieb, d. h. die **Arbeitsaufnahme** an einem bestimmten Arbeitsplatz (BAG 12. 7. 1988, AP Nr. 54 zu § 99 BetrVG 1972, ausnahmsweise auch ohne Begründung eines Arbeitsverhältnisses, vgl. Rn 12). Sofern beide Zeitpunkte auseinanderfallen sollten, ist jeweils die zeitlich erste Maßnahme des ArbGeb. mitbestimmungspflichtig, d. h. der Abschluß des Arbeitsvertrages bzw. die tatsächliche Einstellung vor Abschluß eines formellen Vertrages (h. M., vgl. *GK-Kraft,* Rn 13; *HSG,* Rn 11; *GL,* Rn 10ff., 118 wollen nur auf den tatsächlichen Einstellungsvorgang abstellen, einen abgeschlossenen Arbeitsvertrag aber auch ohne Beteiligung des BR für wirksam ansehen; ähnlich *Heinze,* Rn 192ff. u. *von Hoyningen-Huene,* RdA 82, 205; *DR,* Rn 24f. verstehen unter Einstellung die „Zuweisung eines Arbeitsbereichs" an den ArbN mit Wissen und Wollen des ArbGeb.; vgl. insoweit hier Rn 64). Ist ein Arbeitsvertrag nichtig, so ist die etwa gleichwohl erfolgte tatsächliche Einstellung maßgebend. Die Zustimmung des BR zur Einstellung vermag Mängel des Arbeitsvertrages nicht zu ersetzen (*Heinze,* Rn 277). Wegen gesetzwidriger Klauseln des Arbeitsvertrages vgl. Rn 45.

11 Entsprechendes gilt für die **Arbeitsaufnahme von LeihArbN** im Entleiherbetrieb, da diese tatsächlich in diesen Betrieb eingegliedert werden, sich (personelle) Auswirkungen auf die Stammbelegschaft ergeben können und dessen BR z. T. auch für die LeihArbN zuständig ist (vgl. § 5 Rn 78). Das stellte entsprechend der früher schon h. M. § 14 Abs. 3 AÜG n. F. ausdrücklich klar. Der BR ist nach § 99 auch zu beteiligen, wenn ArbN aus einem anderen Konzernunternehmen vorübergehend im Betrieb beschäftigt (eingestellt) werden sollen. Die Ausnahmevorschrift des § 1 Abs. 3 Nr. 2 AÜG betrifft nicht die Beteiligungsrechte des BR (LAG Frankfurt, 24. 6. 1986, DB 87, 1200). Das Beteiligungsrecht des BR besteht sowohl für die Frage, ob LeihArbN eingestellt werden sollen, als auch für ihre Auswahl, falls diese dem Entleiher möglich ist (*Müllner,* Aufgespaltene ArbGebStellung u. Betriebsverfassung, 1978, S. 88; wegen des Umfangs der Unterrichtung des BR bei LeihArbN vgl. Rn 35a). Wird der LeihArbN kraft gesetzlicher Fiktion wegen Überschreitung der zulässigen Beschäftigungsdauer von 6 Monaten (§ 3 Abs. 1 Nr. 6 AÜG) ArbN des Entleiherbetriebes (§ 10 Abs. 1 AÜG, vgl. § 5 Rn 79), so wird dadurch nur die Willensbildung des ArbGeb. zum Abschluß des Arbeitsvertrages ersetzt. Die Beteiligungsrechte des BR entfallen nicht. Vielmehr hat der ArbGeb. den BR zu unterrichten und ggfs. das Verfahren nach § 99 Abs. 3, § 100 Abs. 2 einzuleiten (vgl. auch *Ulber,* ArbuR 82, 54 und *GKSB,* Rn 12; **a. M.** z. T. *Becker,* ArbuR 82, 379, da sich das Beteiligungsrecht nach § 14 Abs. 3 Satz 1 AÜG nicht auf den Vertragsabschluß, sondern nur auf den tatsächlichen Arbeitsein-

satz beziehe). Ist von vornherein eine Beschäftigungsdauer von mehr als 6 Monaten beabsichtigt, so verstößt die **Einstellung als solche** gegen ein Gesetz, so daß der BR nach Abs. 2 Nr. 1 wegen der kollektiven Interessen der Belegschaft die Zustimmung zur Beschäftigung des LeihArbN verweigern kann (BAG 28. 9. 1988, AP Nr. 60 zu § 99 BetrVG 1972). Der Fall ist nicht vergleichbar mit dem einer Befristung des Arbeitsverhältnisses (vgl. Rn 45). Dagegen ist die Rückkehr des LeihArbN in den Verleiherbetrieb keine Einstellung in diesen Betrieb, da der ArbN diesem betriebsverfassungsrechtlich ununterbrochen angehört hat (*GL* Rn 15; *Heinze,* Rn 412) und die Entsendung in den jeweiligen Entleiherbetrieb keine Versetzung ist, da nach der Art des Arbeitsverhältnisses üblich. Wegen Anspruch des BR auf Vorlage von Werkverträgen vgl. § 80 Rn 36.

Die Ausgabe von Arbeit an in **Heimarbeit Beschäftigte** ist als Einstellung anzusehen, wenn von vornherein feststeht, daß die Voraussetzungen des § 6 gegeben sind (wegen Kündigung vgl. § 102 Rn 5). Der BR ist auch zu beteiligen bei der Einstellung von Personen, die zwar **nicht ArbN** des Betriebes werden, aber eine **weisungsgebundene Tätigkeit** wie ArbN des Betriebes aufnehmen sollen, z. B. Wartungs-, Instandsetzungs- oder Reinigungsarbeiten (BAG 15. 4. 1986, 16. 12. 1986, AP Nr. 35, 40 zu § 99 BetrVG 1972; vgl. auch die Fälle LAG Düsseldorf, 24. 6. 1987, DB 87, 2159; ArbG Köln, 9. 9. 1987, AiB 88, 113, ArbG Freiburg 26. 1. 1988, AiB 88, 112; nach ArbG Hamburg, 31. 1. 89, NZA 89, 652 aber keine Beteiligung des BR bei Zuweisung von Zivildienstleistenden). Es genügt auch die Beschäftigung in einem mittelbaren Arbeitsverhältnis (§ 5 Rn 67; BAG 18. 4. 89, AP Nr. 65 zu § 99 BetrVG 1972). 12

Keine „Einstellung" liegt vor bei Rücknahme einer Kündigung, wenn die Beschäftigung ohne Unterbrechung fortgesetzt wird (*DR* Rn 26). Wiederaufnahme eines ruhenden Arbeitsverhältnisses (z. B. nach Ableistung des Wehr- oder Zivildienstes oder Beendigung eines Arbeitskampfes), Weiterbeschäftigung nach dem Ende des Berufsausbildungsverhältnisses gemäß § 78a (anders bei vertraglicher Weiterbeschäftigung oder Weiterbeschäftigung gem. § 17 BBiG: *DR,* Rn 29; *GK-Kraft,* Rn 18; LAG Hamm, DB 82, 2303; *Weiss,* Rn 6), vorläufige Weiterbeschäftigung nach § 102 Abs. 5, Betriebsübernahme nach § 613a BGB (BAG 7. 11. 1975, AP Nr. 3 zu § 99 BetrVG 1972), gerichtliche Feststellung, daß ein freies Mitarbeiterverhältnis ein Arbeitsverhältnis ist (vgl. BAG 3. 10. 1975, AP Nr. 15 zu § 611 BGB Abhängigkeit), **wohl aber** bei Verlängerung eines befristeten Arbeitsverhältnisses (BAG 16. 7. 1985, AP Nr. 21 zu § 99 BetrVG 1972, 28. 10. 1986, AP Nr. 32 zu § 118 BetrVG 1972; von Altrock, DB 87, 785; *DR,* Rn 27; *GK- Kraft,* Rn 16; *GKSB,* Rn 16; *Schmitz,* BlStR 83, 273; **a. M.** *Heinze,* Rn 206 Fußn. 292; *HSG,* Rn 17; *Lörcher,* BlStR 81, 177; *Plander,* RdA 85, 263: Überprüfung der Zulässigkeit befristeter Arbeitsverträge durch BR bereits bei deren Einstellung gem. Abs. 2 Nr. 1) und bei einer Beschäftigung über die vertraglich **vereinbarte oder tarifliche Altergrenze hinaus** (BAG 18. 7. 78, 12. 7. 88; AP Nr. 9, 54 zu § 99 BetrVG 1972; **a. M.** *Jobs/Bader,* DB 13

81, Beilage 21, S. 7; vgl. auch Rn 45 u. § 75 Abs. 1 Nr. 5 BPersVG). Wegen Beteiligung des BR bei Nichtverlängerung eines Arbeitsverhältnisses vgl. § 102 Rn 11.

13a Einstellungen hat der ArbGeb. gem. § 10 AFG dem AA zu melden (keine Wirksamkeitsvoraussetzung). Wegen Einstellung für eine Beschäftigung im **Ausland** vgl. § 1 Rn 13ff.

2. Eingruppierung

14 Die Einstellung ist regelmäßig verbunden mit der ersten Eingruppierung, d.h. mit der **ersten** (individualrechtlich nicht bindenden) Festlegung der für die Entlohnung des ArbN maßgebenden **Lohn- bzw. Gehaltsgruppe** (bei Bestehen eines TV nach der dort vorgesehenen Gruppeneinteilung, bei BV oder Richtlinien nach der betrieblichen Lohnordnung; BAG 3. 12. 85, 13. 8. 86, AP Nr. 1 zu § 74 BAT, AP Nr. 1 zu § 2 MTVAng DFVLR *DR* Rn 48ff.; *GL* Rn 30; *GK-Kraft,* Rn 28; **a.M.** *Gaul,* BB 81, 193; *HSG,* Rn 23). Es ist unerheblich, ob der TV kraft Tarifbindung oder nur kraft BV oder einzelvertraglicher Vereinbarung im Betrieb gilt (BAG 3. 12. 85, AP Nr. 31 zu § 99 BetrVG 1972, AP Nr. 1, 2 zu § 74 BAT). Bei nicht nach TV entlohnten ArbN ist unter Eingruppierung die Festlegung der betriebsüblichen Entlohnung zu verstehen, insbesondere gemäß einer vom ArbGeb. geschaffenen Vergütungsordnung (BAG 28. 1. 86, AP Nr. 32 zu § 99 BetrVG 1972; vgl. auch § 77 Rn 86). Die Eingruppierung wird ausdrücklich als bes. Mitbestimmungstatbestand erwähnt, setzt aber voraus, daß überhaupt eine Lohn- oder Gehaltsgruppenordnung besteht (BAG 20. 12. 88, AP Nr. 62 zu § 99 BetrVG 1972).

14a Die Vereinbarung außertariflicher Arbeitsentgelte im Einzelfall unterliegt zwar nicht dem MBR des BR (BAG 31. 5. 83, AP Nr. 27 zu § 118 BetrVG 1972, ArbG Düsseldorf, 26. 6. 88, NZA 88, 703), wohl aber die „Eingruppierung" von **AT-Ang.** in betriebliche Gehaltsgruppen, sofern solche bestehen (*DR,* Rn 48; *GL,* Rn 30; *Henkel/Hagemeier,* BB 76, 1421; *Weiss,* Rn 7; vgl. auch § 87 Rn 139).

14b Die Eingruppierung in die Lohngruppen eines TV erfolgt zwingend je nach der ausgeübten bzw. vertraglich auszuübenden Tätigkeit (BAG 27. 10. 1970, AP Nr. 46 zu § 256 ZPO). Ein MBR kommt insoweit in der Überprüfung der tarifgerechten Lohngruppe zum Ausdruck (vgl. Rn 46, 65). Das MBR dient einer **„Richtigkeitskontrolle"** (*DR,* Rn 50; *GL,* Rn 29; *Söllner,* Festschrift BAG, S. 605ff. u. BAG 22. 3. 83, 31. 5. 83, AP Nr. 6 zu § 101 BetrVG 1972, AP Nr. 27 zu § 118 BetrVG 1972, 15. 4. 86, AP Nr. 36 zu § 99 BetrVG 1972, „Mitbeurteilung"). Der BR kann demgemäß der **Einstellung als solcher nicht widersprechen,** wenn der Streit nur um die richtige oder fehlende Eingruppierung geht. Er hat die Verweigerung der Zustimmung auf die Eingruppierung zu beschränken (BAG 10. 2. 1976, 20. 12. 88, AP Nr. 4, 62 zu § 99 BetrVG 1972).

14c Auch der einzelne ArbN ist nicht gehindert, im Urteilsverfahren seine Eingruppierung überprüfen zu lassen (*DR,* Rn 50, 237; *GL,* Rn 32). Der tarifliche Lohnanspruch besteht unabhängig von dem Beteiligungsrecht des BR. Ein BeschlVerf. über die Ersetzung der Zustimmung des BR zur Eingruppierung hat keine präjudizielle Wirkung für den Eingruppierungsrechtsstreit des ArbN (BAG 13. 5. 81, AP Nr. 24 zu § 59 HGB, 28. 1. 1986, AP Nr. 32 zu § 99 BetrVG 1972; 25. 2. 1987, AP Nr. 16 zu § 1 TVG TV: Einzelhandel). Handlungsanleitung für BR bei Eingruppierungen: *Bösche/Grimberg,* AiB 83, 139, 141; *Blanke,* AiB 85, 105, 136ff.

Die mit der Eingruppierung wegen der Tätigkeitsmerkmale sachlich zusammenhängende **Zuweisung des ersten Arbeitsplatzes** als solche unterliegt dagegen dem Direktionsrecht des ArbGeb. Es besteht insoweit nach § 99 Abs. 1 Satz 3 nur eine Unterrichtungspflicht gegenüber dem BR. Wegen Einweisung des ArbN vgl. § 81 Abs. 1. 15

3. Umgruppierung

Unter Umgruppierung ist **jede Änderung** der Einreihung in die Tarifgruppen (auch wenn TV nur arbeitsvertraglich vereinbart, *DR,* Rn 65) zu verstehen, unabhängig davon, ob der ArbN wirtschaftlich besser oder schlechter gestellt würde (*Weiss,* Rn 7). Die Umgruppierung ist häufig, aber nicht immer mit einer Versetzung verbunden. Es fallen daher unter diesen Begriff sowohl die **Höhen- als auch die Herabstufungen,** auch auf Grund geringeren oder größeren Arbeitsanfalls einer höherwertigen Tätigkeit durch die der ArbN gleichsam in eine **andere Vergütungsgruppe „hineinwächst"** (BVerwG AP Nr. 10 zu § 71 PersVG u. *Dietz-Richardi,* Rn 61f.; einschränkend, falls keine Maßnahme des ArbGeb. vorliegt, sondern sich die an sich schon übertragenen Aufgaben auf demselben Arbeitsplatz in ihrem Verhältnis zueinander ändern: BAG 14. 6. 1972, AP Nr. 54 zu §§ 22, 23 BAT, 7. 10. 81, 2. 12. 81, AP Nr. 49, 52 zu §§ 22, 23 BAT 1975). 16

Es werden damit die Fälle betroffen, in denen die Stellung des ArbN innerhalb der betrieblichen Organisation geändert wird **(Versetzung, Beförderung),** auch bei Fortzahlung der alten Vergütung (BAG 16. 2. 66, AP Nr. 6 zu § 1 TVG TV: BAVAV), zum anderen auch **Umgruppierungen bei unverändertem Tätigkeitsbereich** des ArbN, z. B. auf Grund einer neuen Lohn- bzw. Gehaltsgruppeneinteilung oder zur **Berichtigung** der Ersteingruppierung (BVerwG 13. 2. 1976, BVerwGE 50, 186; gegen ein MBR bei Bestellung oder Widerruf der Bestellung zum Vorhandwerker unter Gewährung oder Wegfall einer **Zulage:** BAG 28. 8. 1974, 2. 4. u. 11. 6. 80, AP Nr. 3, 5, 6 zu § 9 MTB II; BAG 5. 7. 78, AP Nr. 2 zu § 75 BPersVG, kr. Anm. *Richardi,* 24. 1. 79, AP Nr. 2 zu § 28 BMT-G II; für MBR, soweit Zulage die Erfüllung bes. Tätigkeitsmerkmale voraussetzt BAG 24. 6. 86, AP Nr. 37 zu § 99 BetrVG 1972; nach BAG 21. 4. 82, AP Nr. 5 zu § 1 TVG TV: Bundesbahn: Kein MBR bei Einstellung der Vergütung und Zahlung nach einer irrtümlich vom ArbGeb. angenommenen höheren Vergütungsgruppe als der tariflich oder einzelvertraglich zustehenden; ebenso BAG 29. 1. 86, AP Nr. 17 zu § 75 BPersVG, 7. 5. 86, AP Nr. 12 zu § 4 BAT für 17 ohne Rechtsgrund gezahlte Zulage). Auch die Höhergruppierung kraft Festsetzung durch den ArbGeb. nach billigem Ermessen unterliegt dem MBR (BAG 25. 1. 78, AP Nr. 10 zu § 611 BGB Croupier). Besteht ein tariflicher Anspruch des ArbN, so besteht das MBR auch hier in einer **„Richtigkeitskontrolle“** (vgl. Rn 14b).

18 Ob der ArbGeb. die Änderung der Tarifgruppe kraft **Einigung mit dem ArbN** oder im Wege der **Änderungskündigung** durchführen kann ist für das MBR nach §§ 99ff. **unerheblich** (BAG 28. 1. 86, AP Nr. 32 zu § 99 BetrVG 1972; *DR,* Rn 64). Eine zusätzliche Anhörung des BR nach § 102 Abs. 1 dürfte nicht erforderlich sein, wenn die danach erforderlichen Angaben in der Unterrichtung nach § 99 Abs. 1 mit enthalten sind, d. h. auf die beabsichtigte Änderungskündigung hingewiesen wird (vgl. § 102 Rn 6ff.; *Meisel,* Rn 359f.; *HSG,* Rn 37; **a.M.** *GL,* Rn 40). Dem MBR unterliegt auch die probeweise Übertragung höherwertiger Tätigkeit (BVerwG AP Nr. 8 zu § 71 PersVG), aber nicht die nur vorübergehende (BAG 22. 3. 1967, AP Nr. 9 zu § 1 TVG TV: BAVAV). Eine im Wege der Abordnung übertragene höherwertige Tätigkeit ist nicht notwendig nur vorübergehend (BAG 5. 7. 1967, AP Nr. 10 a. a. O.).

19 Ist eine Höhergruppierung mangels Beteiligung des BR unwirksam, so besteht doch für die Dauer der tatsächlichen Ausübung dieser Tätigkeit ein Anspruch auf entsprechende Vergütung (BAG 5. 9. 1973, 15. 12. 76, AP Nr. 72, 95 zu §§ 22, 23 BAT; 19. 7. 78, AP Nr. 8 zu §§ 22, 23 BAT 1975; 10. 3. 82, AP Nr. 7 zu § 75 BPersVG). Kraft Arbeitsvertrages kann aber nicht die Aufrechterhaltung dieser Tätigkeit verlangt werden. Wegen Umgruppierung bei Nichtbestehen eines TV und Umgruppierung übertariflich entlohnter ArbN vgl. Rn 14. Nicht dem MBR unterliegt die Änderung echter einzelvertraglicher Abmachungen über eine übertarifliche Entlohnung (*DR,* Rn 68).

20 Wird ein Ang. in der Weise umgruppiert bzw. „befördert“, daß für seine Tätigkeit **künftig die Merkmale des § 5 Abs. 3** zutreffen, so unterliegt diese Umgruppierung nicht der personellen Mitbestimmung, sondern dem Verfahren nach **§ 105** (BAG 8. 2. 1977, 29. 1. 80, AP Nr. 16, 24 zu § 5 BetrVG 1972; *GL,* Rn 37; *DR,* § 105 Rn 3; *GK-Kraft,* Rn 9, 37; *Weiss,* Rn 4). Es kann hier für die Beförderung eines schon im Betrieb tätigen ArbN nichts anderes gelten als für die Neueinstellung eines leitenden Ang. Ebenso ist der BR lediglich zu informieren, wenn ein Ang. ohne Umgruppierung seine Funktion behält, nunmehr vom ArbGeb. aber nicht mehr als leitender Ang. geführt wird. Der BR ist aber nach § 99 zu beteiligen, wenn ein **AT-Ang.** nunmehr in die höchste Tarifgruppe herabgestuft werden soll (BAG 28. 1. 86, AP Nr. 32 zu § 99 BetrVG 1972).

4. Versetzung

21 Im Sinne des **allgemeinen Arbeitsvertragsrechts** versteht man unter Versetzung jede nicht nur vorübergehende Zuweisung eines anderen Arbeitsplatzes, d. h. eines anderen als des vertraglich vereinbarten Tätigkeitsbereichs im Betrieb (vgl. *Meisel,* Rn 323f.; *Stege,* DB 75, 1506). Es hängt von dem Inhalt des Arbeitsvertrages ab, ob der ArbGeb. die Versetzung einseitig kraft Direktionsrechts anordnen kann, oder ob der Tätigkeitsbereich des ArbN vertraglich so genau abgegrenzt ist, daß die Versetzung nur mit Zustimmung des ArbN oder im Wege der Änderungskündigung erfolgen kann (BAG 27. 3. 80, AP Nr. 26 zu § 611 BGB Direktionsrecht). Das allgemeine Weisungsrecht des ArbGeb. umfaßt mangels ausdrücklich abweichender Vereinbarung im Arbeitsvertrag, BV oder TV nicht das Recht zur Versetzung auf einen geringer entlohnten Arbeitsplatz, selbst wenn die bisherige Vergütung weitergezahlt wird, oder in einen anderen Betrieb (LAG Hamm, DB 81, 800). Es bedarf mangels Vereinbarung mit dem ArbN einer Änderungskündigung. Die Beteiligung des BR nach § 99 kann eine individualrechtlich erforderliche Zustimmung des ArbN nicht ersetzen (LAG Düsseldorf, DB 78, 2494), eine individualrechtlich mögliche Versetzung nicht die Beteiligung des BR (BAG 26. 5. 88, AP Nr. 13 zu § 95 BetrVG 1972). Die arbeitsvertragliche Voraussetzung für eine derartige Maßnahme müssen unabhängig vom Beteiligungsrecht des BR vorliegen (Direktionsrecht, Einwilligung des ArbN; *Heinze,* Rn 214).

Das Gesetz enthält einen besonderen **betriebsverfassungsrechtlichen** 22
Versetzungsbegriff in § 95 Abs. 3 (vgl. *Belling,* DB 85, 335). Er gilt grundsätzlich auch für Auszubildende (BAG 3. 12. 85, AP Nr. 8 zu § 95 BetrVG 1972; vgl. aber auch Rn 28). Danach ist unter Versetzung die tatsächliche (*Heinze,* Rn 206) Zuweisung eines anderen Arbeitsbereichs zu verstehen, die entweder voraussichtlich **länger als einen Monat** dauern wird (vgl. Rn 27) **oder** – auch bei kürzerer Dauer – mit einer **erheblichen Änderung der äußeren Umstände** (Rn 23) verbunden ist, unter denen die Arbeit zu leisten ist. Es handelt sich also um einen räumlichen (und) oder einen funktionalen Versetzungsbegriff. Aber auch eine **erhebliche Änderung der Umstände allein** ohne Zuweisung eines anderen Arbeitsbereichs kann eine Versetzung sein. Es wäre sinnwidrig, nur bei Abordnungen bis zu einem Monat diese Umstände zu berücksichtigen. Die Umstände der Arbeitsleistung zählen bei der Bestimmung des Arbeitsbereichs mit (BAG 26. 5. 1988, AP Nr. 13 zu § 95 BetrVG 1972 im Anschluß an Hönn, kr. Anm. zur früheren gegenteiligen Entscheidung des BAG 10. 4. 1984, AP Nr. 4 zu § 95 BetrVG 1972; kr. nunmehr zur neueren Rechtsprechung: *Eich,* BB 89, 145, *Hunold* BB 88, 2101; *Petereck,* Anm. EzA § 95 Nr. 13). Die tatsächlichen Feststellungen zu beiden Begriffen überschneiden sich. Rechtsprechungsübersicht bei *Plander,* AiB 89, 213.

Der **„Arbeitsbereich"** ist der konkrete Arbeitsplatz und seine Bezie- 22a
hung zur betrieblichen Unmgebung in **räumlicher, technischer und organisatorischer Hinsicht** (BAG 10. 4. 84, 3. 12. 85, AP Nr. 4, 8 zu § 95 BetrVG 1972, 30. 1. 86, ZIP 87, 938; vgl. auch § 81 Rn 10; ähnlich *DR,* Rn 74; *Boewer,* DB 79, 1035; *von Hoyningen-Huene,* RdA 82, 205). Es kann zweckmäßig sein, die Arbeitsbereiche durch Vereinbarung zwischen Betriebsleitung und BR festzulegen. Der Arbeitsbereich betrifft den Gegenstand der geforderten Arbeitsleistung. Ein anderer Arbeitsbe-

reich wird zugewiesen, wenn der Inhalt der Arbeitsaufgabe nunmehr ein anderer wird, so daß sich das **Gesamtbild der Tätigkeit erheblich ändert** (BAG 26. 5. 1988, AP Nr. 13 zu § 95 BetrVG 1972).

22b Anders als nach § 60 Abs. 3 BetrVG 1952 wird die Zuweisung eines anderen Arbeitsplatzes an demselben Ort im Gegensatz zur auswärtigen Beschäftigung nicht mehr erwähnt. Gleichwohl gehört auch der Arbeitsort zum Arbeitsbereich. Der **Ortswechsel** wird schon nach allgemeiner Anschauung als Versetzung angesehen. Dabei genügt es, daß der ArbN seine Arbeitsleistung in einer anderen geographischen Gemeinde erbringen soll. Die Zustimmung des BR ist also auch bei unveränderter Arbeitsleistung an einen anderen Ort, die länger als einen Monat dauert, erforderlich (BAG 18. 2. 1986, 18. 10. 1988, AP Nr. 33, 56 zu § 99 BetrVG 1972). Wegen Beteiligung der verschiedenen BR vgl. Rn 32.

Nicht hierher gehört aber der Wechsel des Vorgesetzten, die Zuteilung des Betriebsteils zu einer anderen Leitungsstelle im Unternehmen (BAG 10. 4. 84, a. a. O.) oder die Verlegung einer ganzen Betriebsabteilung in andere Räume an demselben Ort. Wegen Betriebsverlegung als Betriebsänderung vgl. § 111 Rn 25 und wegen Zumutbarkeit einer Weiterbeschäftigung an einen anderen Ort §§ 112, 112a Rn 36.

23 Unter den **Umständen der Arbeitsleistung** sind Ort und Art und Weise (Gestaltung des Arbeitsplatzes, Lage der Arbeitszeit, Umwelteinflüsse [BAG 10. 4. 1984 AP Nr. 4 zu § 95 BetrVG 1972], fachliche Anforderungen [vgl. LAG Düsseldorf 28. 1. 1987, NZA 88, 69 betr. Verkäuferin in einem Warenhaus] gemeint, während eine **Änderung der materiellen Arbeitsbedingungen** regelmäßig unter dem Gesichtspunkt der Umgruppierung, u. U. auch der Änderungskündigung, dem MBR des BR unterliegt (*DR,* Rn 84; *GL,* Rn 20; vgl. Rn 18, § 102 Rn 6ff.) Beide Arten der Änderung der Arbeitsbedingungen können auch zusammenfallen, z. B., wenn durch Zuweisung neuer, höherwertiger Tätigkeiten ein Anspruch auf Höhergruppierung entsteht; dann liegt sowohl eine Umgruppierung als auch eine Versetzung vor. Wegen des Begriffs der „Arbeitsumstände" i. S. der menschengerechten Arbeitsgestaltung vgl. **Vor** § 89 Rn 7ff. Auch eine für den einzelnen ArbN offenbar günstige Änderung der Umstände unterliegt dem MBR (*HSG,* Rn 50; *DR,* Rn 85; **a.M.** *GL,* Rn 20).

24 Die Bestellung eines ArbN des Betriebs zum **Datenschutzbeauftragten** i. S. des § 28 BDSG ist zwar (im Gegensatz zur Bestellung des Betriebsarztes nach § 9 Abs. 3 ASiG, vgl. § 87 Rn 85f.) nicht als solche mitbestimmungspflichtig (vgl. *Brill,* BlStR 78, 163; LAG Frankfurt, 24. 1. 84, BB 84, 1684; *Schaub,* § 241 I 5), stellt jedoch eine **Versetzung** i. S. des § 95 Abs. 3 (ggf. auch eine Umgruppierung) dar und unterliegt insoweit dem MBR des BR nach § 99 (LAG München, BB 79, 1092; *Gola,* DuD 78, 29; *Brill,* BlStR 78, 164; *Garstka,* ZRP 78, 242; *Hentschel,* ArbGeb. 77, 784; *Wohlgemuth,* WSI Mitt. 79, 440 und MitbGespr. 80, 128; *Simitis/Dammann/Mallmann/Reh,* § 28 Rn 95ff.; *Auernhammer,* BDSG, § 28 Rn 2; **a. A.** *Grassmann,* DB 78, 985). Die Beteiligungsrechte nach § 99 greifen allerdings nicht ein, wenn ein externer Datenschutzbeauftragter bestellt wird.

Der **Entzug der bisher wahrgenommenen Aufgaben** als erster Schritt für die Zuweisung eines anderen Arbeitsbereichs stellt bereits den Beginn einer Versetzung dar und unterliegt daher dem MBR (ArbG Kassel, 3. 5. 1977, DB 77, 1417; LAG Hamm, DB 79, 2042, ebenso der Entzug der Betreuung der gesamten Altkundschaft eines Vertriebsrepräsentanten, LAG Frankfurt, 22. 2. 83, DB 83, 2143; anders, wenn der Arbeitsbereich nicht wesentlich geändert wird, BAG 27. 3. 1980, AP Nr. 26 zu § 611 BGB Direktionsrecht). Bei qualitativer Änderung einzelner Teiltätigkeiten kommt es darauf an, ob bei Betrachtung der Gesamttätigkeit sich diese wesentlich ändert (vgl. *GKSB,* Rn 35). Bei Beschäftigung in (variabler) **Teilzeitarbeit** (KAPOVAZ) statt in Vollarbeit handelt es sich wegen der damit regelmäßig verbundenen organisatorischen Änderungen um eine Versetzung (vgl. eingehend *Klevemann,* AiB 86, 156; HG *Meier,* NZA 88, Beil. 3 S. 3; **a. M.** *Eich,* BB 89, 145). Wegen Widerruf der Bestellung zum Vorhandwerker vgl. Rn 17. 25

Damit werden die allein vom Direktionsrecht des ArbGeb. abhängigen sog. **Umsetzungen stark eingeschränkt. Mitbestimmungsfrei** sind noch **vorübergehende** (voraussichtliche Dauer bis zu einem Monat) Zuweisungen eines **anderen Arbeitsbereichs,** der hinsichtlich Arbeitsplatz, Arbeitsverrichtung und Arbeitsumgebung **keine erhebliche Änderung** aufweist (z. B. Mitglied der Hofkolonne soll als Ferienvertretung mit Abladearbeiten beschäftigt werden, der Reparaturschlosser wird mit der Betreuung einer anderen Maschine beauftragt, eine Schreibkraft soll statt mit einer Kugelkopfschreibmaschine jetzt Texte mit Hilfe eines Bildschirms schreiben, BAG 10. 4. 84, AP Nr. 4 zu § 95 BetrVG 1972), oder eine dauernde Änderung des konkreten Arbeitsplatzes ohne jede Veränderung der betrieblichen Umgebung, da dann keine Änderung des „Arbeitsbereichs" vorliegt (z. B. der ArbN soll zukünftig in derselben Betriebsabteilung an einer völlig gleichartigen Maschine beschäftigt werden oder **wechselt regelmäßig seine Schicht** (vgl. auch § 87 Rn 45), die Stenotypistin wird einem anderen Sachbearbeiter derselben Materie und in derselben Abteilung zugeteilt; LAG Bremen, DB 78, 2493; *GK-Kraft,* Rn 53; weitergehend LAG Rheinland-Pfalz, EzA, § 95 BetrVG Nr. 3 betr. Einsatz einer Raumpflegerin, dazu kr. Anm. *Peterek;* vgl. auch *Boewer,* DB 79, 1035 ff.). 26

Die Zuweisung eines anderen Arbeitsbereichs für **voraussichtlich nicht länger als einen Monat, ohne erhebliche Änderung** (wozu auch die Verbesserung zu zählen ist, vgl. *DR,* Rn 85; *HSG,* Rn 50; **a. M.** *Stege,* DB 75, 1509) der äußeren Arbeitsbedingungen, unterliegt nicht dem MBR. Es kommt auf eine objektive, sachliche Beurteilung der wahrscheinlichen Dauer im Zeitpunkt der Zuweisung des anderen Arbeitsbereichs an (*Meisel,* Rn 350). Hier kommen vor allem **Krankheits- und Urlaubsvertretungen** (vgl. auch § 87 Rn 59) in Betracht. Verlängert sich der Zeitraum über einen Monat hinaus, ohne daß dies vorhergesehen werden konnte, z. B. bei unvorhergesehen längerer Erkrankung eines Arbeitskollegen, so bedarf es auch für die länger dauernde Vertretung keiner Zustimmung des BR, es sei denn sie würde nunmehr voraussichtlich noch länger als einen Monat dauern (z. B. Kur des ArbN; 27

wie hier *Heinze,* Rn 210; *HSG,* Rn 47; *GL,* Rn 19; *Stege,* DB 75, 1509; offenbar auch *DR,* Rn 82; *Meisel,* Rn 350 u. *GKSB,* Rn 39 wollen den BR beteiligen, sobald sich herausstellt, daß die anderweitige Verwendung insgesamt einen Monat überschreitet; ähnlich *GK-Kraft* Rn 59; HG *Meier,* NZA 88, Beil. 3 S. 3).

27a **Abordnungen** bis zu einem Monat in auswärtige Filialen eines Handelsunternehmens sind für die abgebende Filiale eine Versetzung, wenn sie mit einer erheblichen Änderung der Umstände der Arbeitsleistung verbunden sind. Die Arbeitsleistung an einem anderen Ort, auch bei gleichartiger Tätigkeit, führt immer zu einer Veränderung ihrer Umstände; ob diese Veränderung erheblich ist, hängt im jeweiligen Einzelfall von der Entfernung und von den Verkehrsverbindungen des betroffenen ArbN ab (BAG 16. 12. 1986, 28. 9. 1988, 18. 10. 1988, AP Nr. 40, 55, 56 zu § 99 BetrVG 1972). Wegen BR-Zuständigkeit vgl. Rn 32.

28 Eine Versetzung liegt nicht vor, wenn nach der **Eigenart des Arbeitsverhältnisses** eine **ständige Beschäftigung an einem** bestimmten **Arbeitsplatz üblicherweise nicht** in Frage kommt (§ 95 Abs. 3 Satz 2), selbst wenn dies nicht ausdrücklich im Arbeitsvertrag vereinbart ist, z. B. bei Monteuren, Handelsvertretern (soweit ArbN) und bei **Ausbildungsverhältnissen** der planmäßige Ortswechsel des Arbeitsplatzes, soweit dies üblich und zur Erreichung des Ausbildungszieles erforderlich ist, z. B. in Lebensmittelfilialbetrieben (BAG 3. 12. 85, AP Nr. 8 zu § 95 BetrVG 1972; wegen des weiteren Beteiligungsrechts des BR nach § 98 Abs. 1 vgl. dort Rn 5ff.). Die jeweilige Bestimmung des Ortes der Arbeitsleistung ist dann keine Versetzung. Nach der Eigenart ihrer Arbeitsverhältnisse werden nicht ständig am gleichen Ort beschäftigt: ArbN des Baugewerbes, deren Beschäftigungsort mit den Baustellen wechselt oder die einverständlich zu einer sogen. **Arbeitsgemeinschaft entsandt** werden, weil dann unter Ruhen des bisherigen Arbeitsverhältnisses zu dieser Arbeitsgemeinschaft ein weiteres Arbeitsverhältnis begründet wird (vgl. § 9 Abs. 1 BRTV Bau; LAG Düsseldorf, 10. 12. 1973, DB 74, 1628; LAG Berlin, 28. 2. 83, DB 84, 673; **a. M.** *GL,* Rn 25, die auch den BR des abgebenden Betriebes beteiligen wollen; insoweit kommt aber nur die Beteiligung eines etwa bestehenden BR der Arbeitsgemeinschaft unter dem Gesichtspunkt der Einstellung in Betracht; wegen Rückversetzung vgl. § 102 Rn 12); Dekorateure von Einzelhandelsfirmen, die bei den einzelnen Filialen die Schaufenster dekorieren; Revisoren; die angestellten Vertreter und Propagandisten (wegen Beteiligung des BR des jeweiligen Beschäftigungsbetriebes vgl. Rn 11); Ang. auf Großbaustellen auch bei vorübergehender Verwendung im Innendienst (LAG Hamm, DB 79, 2042); sog. **„Springer"**. Bei solchen ArbN unterliegt die Anordnung des ArbGeb. über den Arbeitsplatz, an dem die Arbeit zu verrichten ist, nicht dem MBR. Keine Versetzung ist auch der jeweilige Einsatz von LeihArbN oder einer ArbNGruppe zur Bedienung vermieteter Spezialmaschinen im fremden Betrieb (**„Leasing"**, vgl. § 5 Rn 82) oder die Durchführung einer Vereinbarung über Tätigkeitswechsel zur Anreicherung von Arbeitsinhalten oder bei Gruppenarbeit (**Vor** § 89 Rn 86).

29 Dagegen schließt auch eine **arbeitsvertragliche Vereinbarung** über die Zulässigkeit auswärtiger Beschäftigung, z. B. mit dem Filialleiter, dem Lohnbuchhalter, dem Dreher und überhaupt mit allen ArbN, bei denen der ständige Wechsel des Arbeitsortes nicht zur besonderen Eigenart ihres Arbeitsverhältnisses gehört, das **MBR des BR** bei Versetzung **nicht aus** (h. M.). Dies gilt auch bei Einverständnis des ArbN in einem konkreten Versetzungsfall (BAG 18. 2. 86, AP Nr. 33 zu § 99 BetrVG 1972). Die betriebsverfassungsrechtlichen Voraussetzungen müssen neben den arbeitsvertraglichen gegeben sein, umgekehrt ersetzt die Zustimmung des BR zur Versetzung nicht die arbeitsvertraglichen Voraussetzungen, z. B. Einverständnis des ArbN, falls die Versetzung nicht im Arbeitsvertrag schon vorgesehen ist. Das Gesetz sieht eine nähere Bestimmung des betriebsverfassungsrechtlichen Versetzungsbegriffes durch TV oder BV nicht vor (**a. M.** *GK-Kraft,* Rn 63). Wegen der Pflicht des ArbGeb. zum Angebot einer anderweitigen Beschäftigung zur Vermeidung einer Kündigung vgl. § 102 Abs. 3 Nr. 3–5 (dort Rn 45ff.).

IV. Unterrichtung des Betriebsrats durch den Arbeitgeber, Einholung der Zustimmung

30 Der BR kann sich nur dann sachgemäß zu einer geplanten personellen Maßnahme äußern, wenn er zuvor vom ArbGeb. **umfassend und rechtzeitig informiert** wird; sonst läuft die Anhörungsfrist nicht (Rn 44). Die Informationspflicht des ArbGeb. entspricht grundsätzlich seinem eigenen Informationsstand, d. h. er darf keine Informationen zurückhalten (*GKSB,* Rn 49). Der ArbGeb. hat klarzustellen, zu welcher konkreten personellen Maßnahme er um Zustimmung des BR bittet (*GL,* Rn 56). Bei längeren Vorgesprächen muß der ArbGeb. den BR darauf hinweisen, wann das formelle Beteiligungsverfahren beginnen soll, er also die Maßnahme durchführen will (vgl. ArbG Kassel, DB 78, 111). Der BR muß wissen, worum es sich handelt, und Zeit haben, sich über seine Stellungnahme so rechtzeitig schlüssig zu werden, daß er ggf. die Verweigerung der Zustimmung noch binnen einer Woche dem ArbGeb. schriftlich mitteilen kann (Abs. 3). Diese Frist muß der BR ausnutzen können, so daß er regelmäßig eine Woche vor Durchführung der geplanten Maßnahme zu unterrichten ist. **„Rechtzeitig"** dürfte die Unterrichtung im übrigen sein, wenn sie unmittelbar nach Abschluß der 5. Stufe des REFA-Standardprogramms erfolgt (vgl. § 80 Rn 30). In **Eilfällen** kann der BR gehalten sein, nach Möglichkeit seine Stellungnahme auch schon eher abzugeben, z. B. wenn Aushilfskräfte für die Erledigung plötzlich anfallender Arbeiten oder für erkrankte ArbN einzustellen sind. Auch dann hat die Unterrichtung aber unbedingt vor Durchführung der Maßnahme zu geschehen (unklar *HSG,* Rn 60; *GL,* Rn 58; vgl. § 87 Rn 21), sofern nicht der ArbGeb. den Weg des § 100 beschreiten will. Die Mitteilung ist an den Vors. des BR (§ 26 Rn 36), evtl. einen besonders gebildeten Personalausschuß (§ 28) zu richten. Handelt es sich

um den BRVors. selbst, so genügt es nicht, daß er als ArbN persönlich über seinen zukünftigen Arbeitseinsatz unterrichtet wird (LAG Hamm, 28. 5. 1973, DB 73, 1407; vgl. auch Rn 61).

31 Bei **Neueinstellungen** handelt es sich um Personen, die noch nicht ArbN des Betriebes sind, aber auf Grund eigener Bewerbung oder Aufforderung des ArbGeb. werden wollen. Es sind die **Personalien aller,** also auch der nicht vom ArbGeb. zur Einstellung (Umgruppierung, Versetzung) vorgeseheneen **Bewerber mitzuteilen** (BVerwG, 11. 2. 81, BVerwGE 61, 325; *DR,* Rn 105; *Föhr,* DB 76, 1381; *GL,* Rn 43; *GKSB,* Rn 53; BAG 6. 4. 1973, 18. 7. 78, 19. 5. 81, AP Nr. 1, 7 zu § 99 BetrVG 1972, AP Nr. 18 zu § 118 BetrVG 1972; *Weiss,* Rn 14; **a. M.** für vom ArbGeb. nicht in Betracht gezogene Bewerber [ArbN], es sei denn, die Voraussetzungen des § 95 liegen vor: LAG Köln, 29. 4. 88, DB 88, 1859; *GK-Kraft,* Rn 68ff.; *Pauly,* BB 81, 501; *HSG,* Rn 64f.; *Meisel,* Rn 216; für ArbN, die die Qualifikationsvoraussetzungen nicht erfüllen: *DR,* Rn 106; *GL,* Rn 44). Vorzulegen sind ggf. auch Vermittlungsvorschläge des AA für den betr. Arbeitsplatz. Praktischen Schwierigkeiten in Großbetrieben kann durch entsprechende Vereinbarungen zwischen ArbGeb. und BR vorgebeugt werden, z. B. zunächst nur Unterrichtung des BR über die Bewerber, die nach einer Vorauswahl des ArbGeb. unter bestimmten Gesichtspunkten überhaupt für eine Einstellung in Betracht kommen. Zu den Bewerbern zählt nicht mehr, wer seine Bewerbung zurückgezogen hat (*GL,* Rn 44). Werden Einstellungen durch eine **Unternehmensberatungsfirma** vorbereitet und diese mit einer Vorauswahl von Bewerbern beauftragt, so hat der ArbGeb. den BR zumindest über die Bewerber zu informieren, die ihm von der Firma benannt werden (LAG Köln, 6. 10. 87, NZA 88, 589; *Heinze,* Rn 236), außerdem über alle innerbetrieblichen Bewerber. Trotz dieser umfassenden Informationspflicht obliegt die Auswahl unter den Stellenbewerbern grundsätzlich dem ArbGeb. (BAG 18. 7. 1978, AP Nr. 7 zu § 99 BetrVG 1972).

32 Bewerber ist auch ein **ArbN eines anderen Betriebes** (oder einer anderen selbständigen Betriebsabteilung) des gleichen Unternehmens, der in den Betrieb **„versetzt“** werden soll. In solchen Fällen bestimmt daher der BR des neuen Betriebes wegen „Einstellung“ mit, der des abgebenden Betriebes gemäß § 102 nur, wenn eine Änderungskündigung erforderlich ist, also nicht bei Einverständnis der Arbeitsvertragsparteien oder bestehendem Weisungsrecht des ArbGeb. (Näheres vgl. zutreffend *Boewer,* DB 79, 1098; *Hassan,* NZA 89, 373; *Meisel,* Rn 349; *Rumpff,* BB 73, 707 und *Neumann,* ARBlattei, Versetzung des ArbN, C I 6; BAG 30. 4. 81, AP Nr. 12 zu § 99 BetrVG 1972 mit z. T. ablehnender Anm. *Löwisch,* soweit Versetzung kraft Direktionsrecht, aber ohne Einverständnis des ArbN erfolgen soll, ebenso *GL,* Rn 22, 23; **a. M.** auch *Heinze,* Rn 215, 251: Beide BR haben ein Beteiligungsrecht nach § 99). Wird allerdings ein ArbN vorübergehend in einen anderen Betrieb versetzt **(abgeordnet),** wobei gleichzeitig die demnächstige Rückkehr vereinbart wird, so handelt es sich um eine einheitliche personelle Maßnahme, die jedenfalls bei Überschreitung der Monatsfrist als Versetzung der Zustimmung des BR des Stammbetriebes bedarf (BAG 18. 2. 86, 26. 1. 88,

18. 10. 88, AP Nr. 33, 50, 56 zu § 99 BetrVG 1972). Verweigert bei einer Änderungskündigung lediglich der BR des abgebenden Betriebes die Zustimmung zur Versetzung, so genügt die Zustimmung des BR des aufnehmenden Betriebes (*GK-Kraft,* Rn 81; nur für Zustimmung seitens des BR des neuen Betriebes ist: BVerwG AP Nr. 2 zu § 70 PersVG Versetzung). Eine Zuständigkeit des **GesBR** besteht **nicht** (vgl. § 50 Rn 40; BAG a. a. O.; *Heinze,* Rn 444f.; *GL,* Rn 24; *Boewer,* a. a. O.; *HSG,* Rn 53; **a. M.** *DR,* Rn 97 u. *Stege,* DB 75, 1509). Vgl. auch Rn 22b.

Im einzelnen sind der Name, die **genauen Personalien,** vorgesehene Eingruppierung, Zeitpunkt der Maßnahme (wird eine Einstellung zeitlich vorgezogen, so ist eine erneute Unterrichtung des BR nicht erforderlich, LAG Düsseldorf, 4. 3. 1976, DB 76, 779) und alle persönlichen Tatsachen über den Bewerber bzw. ArbN **mitzuteilen,** die den BR nach Abs. 2 zur Verweigerung der Zustimmung berechtigen könnten, also **alle Umstände über die fachliche und persönliche Eignung** für den vorgesehenen Arbeitsplatz sowie über die betrieblichen Auswirkungen (zum Umfang der Auskunftspflicht etwa wie hier: *DR,* Rn 110ff.; *GL,* Rn 45ff.; BAG 18. 10. 88, AP Nr. 57 zu § 99 BetrVG 1972). Hierher gehören auch die nach § 93 verlangten und nach § 94 ermittelten Angaben (auch über das Ergebnis ärztlicher Einstellungsuntersuchungen, vgl. § 94 Rn 21 und *Zeller,* BB 87, 2439). Dies gilt sowohl für **vom Bewerber eingereichte** als auch für vom **ArbGeb. ermittelte Angaben** (wegen Einholung von Auskünften vgl. *Schmid,* DB 83, 769). Mitzuteilen sind auch sonstige persönliche Umstände, die nach Abs. 2 bedeutsam sein können (z. B. Schwerbehinderteneigenschaft; Schwangerschaft [*GK-Kraft,* Rn 72 u. *HSG,* Rn 66; **a. M.** *DR,* Rn 108 betr. Schwangerschaft], vgl. auch § 94 Rn 18; nachteilige Auswirkungen auf andere ArbN). Der ArbGeb. braucht aber keine Informationen zu beschaffen, die er selbst nicht hat oder für die mangels Zusammenhangs mit dem vorgesehenen Arbeitsplatz keine Offenbarungspflicht des Bewerbers oder ArbN besteht (vgl. § 94 Rn 15ff); der **Datenschutz** steht der Mitteilung von Personaldaten an den BR nicht entgegen (näheres vgl. § 1 Rn 100). Wegen Vorlage des Arbeitsvertrages vgl. Rn 38. 33

Die Mitteilung von dem ArbGeb. bekannten **Vorstrafen** kommt nur in Betracht, wenn sich aus ihnen Rückschlüsse auf die fachliche Eignung (z. B. Verkehrsdelikte von Kraftfahrern) oder eine mögliche Gefährdung des Betriebsfriedens (Abs. 2 Nr. 6) ziehen lassen (*DR,* Rn 108, 111). Nur in diesem Rahmen darf auch der ArbGeb. einen Bewerber nach Vorstrafen fragen (näheres vgl. § 94 Rn 16). 34

Die Auskunft muß so erschöpfend sein, daß der BR sich ein Bild von der Person der Bewerber, d. h. aller Bewerber (vgl. oben Rn 31), bzw. ArbN machen kann. Die Auskunft muß rechtzeitig, wahrheitsgemäß und vollständig erteilt werden, sonst handelt der ArbGeb. **ordnungswidrig** (§ 121) und die Anhörungsfrist läuft nicht (vgl. Rn 44). Andererseits müssen nur solche Angaben gemacht werden, die Rückschlüsse auf die fachliche und persönliche Eignung erlauben. Dinge aus dem reinen Privatleben, die keinerlei Bedeutung für die Arbeit in dem betreffenden Betrieb oder den vorgesehenen Arbeitsplatz haben können, braucht der 35

ArbGeb. dem BR nicht mitzuteilen, auch wenn er sie zufällig erfahren hat.

35a Bei der Einstellung von **LeihArbN** wird sich die Unterrichtung im wesentlichen auf Anzahl, Qualifikation, Einstellungstermin, Einsatzdauer, vorgesehene Arbeitsplätze und Auswirkungen der Einstellung auf die Stammbelegschaft beschränken (vgl. *Hunold,* DB 76, 648; LAG Köln, 12. 6. 87, DB 87, 2106). Der BR des Entleiherbetriebes kann die Vorlage der ArbN-Überlassungsverträge (§ 12 AÜG) verlangen, aber nicht die der Arbeitsverträge der LeihArbN mit dem Verleiher nach § 11 AÜG (BAG 6. 6. 78, AP Nr. 6 zu § 99 BetrVG 1972; *DR,* Rn 120). § 14 Abs. 3 AÜG bestimmt, daß der Entleiher dem BR auch die schriftliche Erklärung des Verleihers über die Erlaubnis nach § 1 AÜG vorzulegen hat und ihm unverzüglich Mitteilung machen muß, falls die Erlaubnis entfällt. Entsprechende Verpflichtungen hat der Verleiher gegenüber dem Entleiher (§ 12 AÜG). Vgl. weiter Rn 11.

36 Bei **Einstellungen** und **Versetzungen** ist insbes. der **vorgesehene Arbeitsplatz** und die nach einem bestimmten Entlohnungssystem beabsichtigte **Eingrupppierung** (Rn 14–15) mitzuteilen, nicht aber die Höhe echter Einzelgehälter (*DR,* Rn 132; *Meisel,* Rn 295). **Arbeitsplatz** ist nicht nur der räumliche Ort, an dem die Arbeit geleistet wird, sondern auch die Funktion, in die der Bewerber bzw. ArbN in den Betrieb eingegliedert werden soll, einschließlich der Arbeitsbedingungen (zustimmend *GK-Kraft,* Rn 74; wegen des autonomen Arbeitsschutzes vgl. **Vor** § 89 Rn 85). Bei befristeten Arbeitsverhältnissen und für LeihArbN ist außerdem die voraussichtliche Dauer der Beschäftigung mitzuteilen, bei Teilzeitkräften Lage und Dauer der Arbeitszeit (LAG Frankfurt, 18. 11. 1986, NZA 87, 499; BAG 20. 12. 88, AP Nr. 62 zu § 99 BetrVG 1972).

37 Die **Unterrichtung des BR** kann **mündlich oder schriftlich** (aus Beweisgründen zweckmäßig) geschehen und ist mit der Bitte um Zustimmung zu der geplanten Maßnahme zu verbinden. Bei Einstellungen sind die erforderlichen **Bewerbungsunterlagen** aller Bewerber (z. B. Bewerbungsschreiben, Personalfragebogen, Ergebnis von Auswahlprüfungen, Zeugnisse, Lebenslauf, Lichtbild) vorzulegen, d.h. der BR kann deren **Aushändigung für höchstens eine Woche** verlangen, um seinen gesetzlichen Aufgaben gerecht werden zu können. Der Wortlaut steht dieser Auslegung im Gegensatz zu dem unterschiedlichen Wortlaut in § 80 Abs. 2 (vgl. dort Rn 35, 40) nicht entgegen. Es kann hier nichts anderes gelten als für Unterlagen, die der Wi-Ausschuß benötigt (vgl. § 106 Rn 10; BAG 3. 12. 85, AP Nr. 29 zu § 99 BetrVG 1972; *GKSB,* Rn 53; **a.M.** *Meisel,* Rn 219; *DR,* Rn 115). Der ArbGeb. darf **nicht bestimmte Unterlagen zurückhalten,** die der Bewerber als **vertraulich** bezeichnet hat (vgl. § 80 Rn 45). Wer sich um eine Stelle bewirbt, muß die Einhaltung der Beteiligungsrechte des BR in Kauf nehmen (*Föhr,* DB 76, 1381; *GL,* Rn 47; *GK-Kraft,* Rn 66; *HSG,* Rn 74; **a.M.** *DR,* Rn 114; *Meisel,* Rn 220; *Heinze,* Rn 239f.; *Wiedemann,* Anm. zu AP Nr. 1 zu § 99 BetrVG 1972). Findet ein **Vorstellungsgespräch** beim ArbGeb. statt, so wäre es zweckmäßig, daß sich der Bewerber auch beim BR vorstellt,

damit dieser sachgemäß prüfen kann, ob etwa eine der Voraussetzungen des Abs. 2 vorliegt. Ein Rechtsanspruch des BR besteht insoweit aber nicht (BAG 18. 7. 78, AP Nr. 7 zu § 99 BetrVG 1972; *DR,* Rn 123; *GL,* Rn 50; **a. M.** *GKSB,* Rn 50).

Bei Versetzungen, Ein- und Umgruppierungen sind gleichfalls die erforderlichen Unterlagen vorzulegen, d. h. die Unterlagen, die der BR zur Prüfung seiner Verweigerungsgründe nach Abs. 2 benötigt (*DR,* Rn 134; wegen Einblick in die Bruttolohn- und Gehaltslisten vgl. § 80 Abs. 2 Satz 2). Die Einsicht in die **Personalakten** als solche und auch in den **Arbeitsvertrag** (BAG 18. 10. 88, AP Nr. 57 zu § 99 BetrVG 1972) ist **nicht** vorgesehen und kommt allenfalls mit Einverständnis des ArbN (Bewerbers) in Betracht (§ 83 analog; h. M.). Es sind aber die erforderlichen konkreten Angaben aus den Personalakten (§ 80 Rn 36a), bzw. aus bestehenden Personaldateien (vgl. § 102 Rn 16) zu machen. 38

Die Mitglieder des BR trifft nach Abs. 1 Satz 3 eine besondere **Schweigepflicht,** Näheres § 79 Rn 18. 39

V. Gründe für die Versagung der Zustimmung

Die Verweigerung der Zustimmung kann nur auf einen der in Abs. 2 erschöpfend aufgezählten Gründe gestützt werden (h. M.). Dieser Grund muß dem ArbGeb. mitgeteilt worden sein. Ist dies geschehen, so kann der BR im arbeitsgerichtlichen Verfahren noch weitere Gründe des Katalogs des Abs. 2 heranziehen (Näheres vgl. Rn 70). 40

1. Verstoß gegen Gesetz, TV, BV, UVV

Eine Maßnahme unter Verstoß gegen Abs. 2 Nr. 1 ist regelmäßig **an sich schon nichtig** (§ 134 BGB). Wenn sich jedoch der ArbGeb. und der ArbN einig sind, bestünden mangels besonderer Vorschriften des BetrVG keine oder nur sehr beschränkte Möglichkeiten für den BR, die Rücknahme der personellen Maßnahme zu erreichen. Beruft sich der ArbGeb. allein auf die Unwirksamkeit einer von ihm selbst vorgenommenen personellen Maßnahme, so kann dies rechtsmißbräuchlich sein. 41

Ein Gesetzesverstoß als Zustimmungsverweigerungsgrund setzt voraus, daß die personellen Maßnahmen als solche, nicht einzelne Vertragsbestimmungen gesetzeswidrig sind (vgl. weiter Rn 45). Es kommen u. a. Verstöße gegen folgende **gesetzliche Verbote** und Vorschriften in Rechtsverordnungen in Frage: Verbot der Beschäftigung von Frauen überhaupt, während des Mutterschaftsurlaubs oder mit bestimmten Arbeiten (§§ 3, 4, 6, 8, 8b MuSchG; §§ 3, 16 AZO und die hierzu erlassenen Vorschriften, ferner die auf Grund des § 120e GewO ergangenen Bestimmungen), von Jugendlichen (§§ 22ff. JugArbSchG); ferner die Verbote, bestimmte Personen mit gefährlichen Arbeiten zu beschäftigen auf Grund der zu § 120e GewO erlassenen Verordnungen. Auch UVV, als autonomes Satzungsrecht gem. § 708 Abs. 1 RVO von den Berufsgenossenschaften erlassen, können derartige Vorschriften enthalten (ArbG 42

Berlin 15. 3. 1988, AiB 88, 292: Bestellung zur Aufsichtsperson i. S. des § 13 UVV VBG 1 ohne entsprechende Qualifikation), Beschäftigung von Ausländern (außer aus EG-Staaten) ohne Arbeitserlaubnis (vgl. § 19 AFG; nach Ablauf der Arbeitserlaubnis bedarf es aber einer Kündigung, BAG 13. 1. 1977, AP Nr. 2 zu § 19 AFG), Beschäftigung von ArbN ohne Gesundheitsattest gemäß §§ 17, 18 Bundesseuchengesetz (vgl. *Grundstein,* BB 72, 714). Verstöße gegen den Gleichbehandlungsgrundsatz (§ 75 Abs. 1, § 611a BGB; vgl. *DR,* Rn 150; *GL,* Rn 74; *GKSB,* Rn 67; vgl. auch § 75 Rn 13f.). Wegen **AÜG** vgl. Rn 11 und § 5 Rn 69ff.

43 Ein Gesetzesverstoß ist auch gegeben, wennn der ArbGeb. einen ArbN, der die in § 28 Abs. 2 BDSG geforderten Qualifikationen (erforderliche Fachkunde, Zuverlässigkeit) nicht besitzt, zum **Datenschutzbeauftragten** bestellt (*Gola,* DuD 78, 29; *Simitis/Dammann/Mallmann/Reh,* BDSG, § 28 Rn 93; *Wohlgemuth,* Datenschutz, Rn 743; **a. A.** *Brill,* BlStR 78, 164; *Hörle/Wronka,* BDSG, § 28 Rn 9).

44 Ein Verstoß gegen gesetzliche Vorschriften im Sinne der Ziff. 1 liegt an sich auch vor bei Einstellung, Eingruppierung, Umgruppierung und Versetzung **ohne Beteiligung des BR** gemäß § 99. Allerdings handelt es sich um ein Verstoß gegen das Verfahren bei der Beteiligung des BR, nicht um ein Verbot der Einstellung als solcher. Nach Ansicht des BAG (28. 1. 86, 15. 4. 86, 18. 10. 88, AP Nr. 34, 36, 57 zu § 99 BetrVG 1972) müßte aber die personelle Maßnahme selbst gegen eine gesetzliche Vorschrift verstoßen. Dieser Auffassung kann gefolgt werden, wenn man gleichzeitig davon ausgeht, ohne ordnungsgemäße und vollständige Unterrichtung des BR werde die Wochenfrist für dessen Stellungnahme überhaupt nicht in Lauf gesetzt (vgl. Rn 61), so daß der ArbGeb. die personelle Maßnahme noch nicht durchführen darf und ein Zustimmungsersetzungsantrag als unbegründet abzuweisen ist.

45 Als Gesetzesverstoß ist **nicht** anzusehen eine Vertragsklausel über die Beendigung des Arbeitsverhältnisses mit Vollendung des **65. Lebensjahres** (vgl. Rn 13, § 77 Rn 37a) oder eine vertraglich vorgesehene **Befristung** des Arbeitsverhältnisses ohne rechtfertigenden Grund, da dem BR **keine Inhaltskontrolle** des Arbeitsvertrages hinsichtlich seiner wesentlichen Bestimmungen zusteht (BAG 16. 7. 85, AP Nr. 21 zu § 99 BetrVG 1972 wegen Befristungsbeschränkung in einem TV mit kr. Anm. *Kothe,* ArbuR 86, 188, bestätigt durch Divergenzbeschluß BAG 10. 2. 1988, AP Nr. 6 zu § 92a ArbGG 1979; von *Altrock,* DB 87, 785; *GK-Kraft,* Rn 104; *HSG,* Rn 105b; *GL,* Rn 74; **a. M.** *DR,* Rn 151ff.; *Lörcher,* BlStR 81, 178ff.; *Wenning-Morgenthaler,* BB 89, 1050 jedenfalls für TV; *Weiss,* Rn 19; *Plander,* Der Betriebsrat als Hüter des zwingenden Rechts, Nomos-Verlag, der allerdings das Zustimmungsverweigerungsrecht des BR auf die beanstandeten Vertragsklauseln beschränken will) und nicht die Einstellung, sondern u. U. die spätere Beendigung des Arbeitsverhältnisses gesetzwidrig ist (BAG 20. 6. 78, 16. 7. 85, AP Nr. 8, 21 zu § 99 BetrVG 1972; kr. *Preiseler,* AiB 82, 44 u. NZA 85, 238; vgl. auch Rn 13 u. § 102 Rn 11).

Entsprechendes gilt bei Zweifeln über die Zulässigkeit von befristeten Arbeitsverträgen nach Art. 1, § 1 **BeschFG** (LAG Berlin 20. 1. 86, BB

86, 942), die Ausgestaltung von Teilzeitarbeitsverträgen nach Art. 1, §§ 2–5 BeschFG (LAG Düsseldorf, 17. 10. 85, NZA 86, 200; **a.M.** LAG Baden-Württemberg, 9. 8. 85, BB 85, 2321; *Klevemann,* AiB 86, 156, 158) oder die entgegen § 14 Abs. 1 S. 1 SchwbehG unterbliebene Einstellung von *Schwbeh* (LAG München, 21. 9. 88, BB 89, 424). Der BR kann der Einstellung nicht die Zustimmung versagen, wohl aber beim ArbGeb. nach § 80 Abs. 1 Nr. 1, 4 vorstellig werden, ohne daß aber MBR erweitert würden (vgl. § 80 Rn 5).

Verstöße gegen einen TV (auch wenn nur kraft einzelvertraglicher Bezugnahme anwendbar, *DR,* Rn 159; *HSG,* Rn 107; *GL,* Rn 76; *GK-Kraft,* Rn 109) sind hinsichtlich der **Eingruppierung** oder Umgruppierung (vgl. den Fall BAG 8. 10. 85, AP Nr. 22 zu § 99 BetrVG 1972 betr. MTV über Verdienstsicherung im Alter) möglich, aber auch bei sonstigen Arbeitsbedingungen (*DR,* Rn 157f.). Auch Bestimmungen eines TV über **Abschlußverbote** kommen in Betracht, z. B. Ausschluß von Frauen, Jugendlichen, Kindern oder von ungelernten Arb. von der Beschäftigung an bestimmten Arbeitsplätzen, Verbot einer Einstellung ohne Zustimmung des BR. Da die Tarifnormen zugunsten der ArbN abdingbar sind, unterliegen übertarifliche Leistungen im Einzelfall nicht dem MBR des BR. Auch die Verletzung tariflicher **Abschlußgebote** begründet ein Verweigerungsrecht, z. B.: Bestimmungen, wonach bestimmte Arbeitsplätze gewissen Arten von ArbN vorbehalten bleiben sollen (Schwerbehinderte, ältere ArbN, langfristig Arbeitslose). Auch gegen eine Wiedereinstellungsklausel nach Abschluß eines Arbeitskampfes kann verstoßen werden, wenn der seitherige Arbeitsplatz des Streikenden anderweit besetzt werden soll (*DR,* Rn 156). Mindestarbeitsbedingungen stehen Tarifnormen gleich (§ 8 MindArbG). 46

Vorbehaltlich des Vorrangs des TV (§ 77 Abs. 3, § 87 Abs. 1 Satz 1) kann auch eine **BV** Bestimmungen über personelle Maßnahmen enthalten, deren Verletzung zur Verweigerung der Zustimmung berechtigt, z. B. Arbeitsplatzsicherungen in einem Sozialplan (§ 112), Vereinbarungen über die Nichtverwendung von aus technischen Überwachungseinrichtungen gewonnenen Daten zu Personalentscheidungen (§ 87 Rn 76a), über den Versetzungsplan für Auszubildende zur Regelung des Durchlaufens der einzelnen Abteilungen (§ 98 Rn 6), Beteiligung des BR bei Einstellungsgesprächen (LAG Berlin, 11. 2. 85, NZA 85, 604; vgl. auch Rn 37). Wegen Auswahlrichtlinien vergl. unten Rn 50). 47

Eine personelle Maßnahme, insbes. eine Einstellung entgegen einer **rechtskräftigen gerichtlichen Entscheidung** liegt vor, wenn die Beschäftigung eines bestimmten ArbN im Betriebe oder doch an einem bestimmten Arbeitsplatz verboten ist. Z. B. in den Fällen der **§§ 100 Abs. 3, 101, 104** (insoweit **a.M.** *Heinze,* Rn 305; *GK-Kraft,* Rn 108; *HSG,* Rn 109), ferner bei gerichtlichem Berufsverbot nach **§ 70 StGB** (z. B. für einen Arzt, der als Betriebsarzt eingestellt werden soll; einen Kraftfahrer, § 44 StGB). 48

Eine **behördliche Anordnung** wird einer personellen Maßnahme nur selten im Wege stehen. In Frage kommt die behördliche Untersagung des Einstellens von Auszubildenden und des Ausbildens, wenn 49 die persönliche oder fachliche Eignung nicht (mehr) vorliegt. (§§ 22, 24 BBiG, §§ 23, 24 HandwO, vgl. § 98 Rn 14), Verbot der Beschäftigung von Jugendlichen (§ 27 JArbSchG). Ferner sind zu nennen Anordnungen des Gewerbeaufsichtsbeamten nach § 120d GewO (z.B. der Gewerbeaufsichtsbeamte verlangt ärztliche Untersuchung vor Einstellung in eine bestimmte Abteilung) oder auf Grund von Ermächtigungen in Verordnungen über den Arbeitsschutz (vgl. auch **Vor** § 89 Rn 52).

2. Verstoß gegen Auswahlrichtlinien nach § 95

50 Die Verletzung von Auswahlrichtlinien berechtigt den BR zur Verweigerung der Zustimmung zu der personellen Maßnahme, und zwar gleichgültig, ob der BR die Aufstellung von Richtlinien verlangen konnte (§ 95 Abs. 2) oder sie nur bei freiwilliger Einführung in ihrer Ausgestaltung dem MBR des BR unterlagen (§ 95 Abs. 1). Es kommt dann nicht darauf an, ob die Verweigerung der Zustimmung „unangemessen" ist (so aber *Blomeyer,* Gedächtnisschrift *Dietz,* S. 165; wie hier: *DR,* Rn 165; *GL,* Rn 81). Näheres vgl. die Rn. zu § 95.

3. Besorgnis der Benachteiligung anderer Arbeitnehmer des Betriebes

51 Der Tatbestand der Nr. 3 ist gegeben, wenn die durch bestimmte Tatsachen – die vom BR anzuführen sind – belegte **Besorgnis** besteht, daß durch die vorgesehene personelle Maßnahmen einem schon im Betrieb beschäftigten **anderen ArbN gekündigt** werden muß (BAG 15. 9. 1987, AP Nr. 45 zu § 99 BetrVG 1972 betr. Versetzung eines ArbN, dessen Arbeitsplatz wegfällt; nach BAG ist aber die Zustimmung zu ersetzen, wenn nach den Grundsätzen der sozialen Auswahl gerade dem ArbN gekündigt werden muß, dessen Arbeitsplatz der zu versetzende ArbN einnehmen soll; *Schmidt,* ArbuR 86, 97: keine Ersatzeinstellung während Kündigungsschutzprozeß) oder daß diesem doch **sonstige Nachteile** drohen, z.B. Zuweisung eines anderen Arbeitsbereichs oder auch eines anderen Arbeitsplatzes unter Verschlechterung oder Erschwerung der Arbeitsbedingungen. Auch **tatsächliche, nicht unerhebliche Erschwerungen** der Arbeit rechnen hierher, z.B. Verdopplung des Verantwortungsbereichs für einen Schichtleiter durch Versetzung des zweiten Schichtleiters der Abteilung (BAG 15. 9. 1987, AP Nr. 46 zu § 99 BetrVG 1972; kr. dazu *Hunold* BB 88, 2101, 2105). Nachteil i.S. der Nr. 3 ist auch die Versagung der beruflichen Entwicklung anderer ArbN wenn hierauf – ggfs. wegen Verletzung des Gleichbehandlungsgrundsatzes – ein **Rechtsanspruch** oder mindestens eine **rechtserhebliche Anwartschaft, nicht nur eine Chance,** besteht (BAG 7. 11. 77, 18. 7. 78, 6. 10. 78, 13. 6. 89, AP Nr. 1 zu § 100 BetrVG 1972, AP Nr. 1 zu § 101 BetrVG 1972, AP Nr. 10, 66 zu § 99 BetrVG 1972; *DR,* Rn 171; *Heinze,* Rn 314; *HSG,* Rn 117; *GL,* Rn 88; *Meisel,* Rn 254). Es gibt aber keinen allgemeinen

Anspruch des ArbN auf Beförderung. Die Annahme des BR, ein anderer ArbN sei geeigneter, reicht allein als Zustimmungsverweigerungsgrund nicht aus, ebenso nicht der vorgesehene Abbau von Überstunden wegen Neueinstellungen (*Meisel,* Rn 253; *HSG,* Rn 116; **a. M.** *GL,* Rn 9), vorbehaltlich des MBR nach § 87 Abs. 1 Nr. 3, dort Rn 53; vgl. auch § 102 Rn 50a.

Selbst wenn ein Nachteil i. S. der Nr. 3 vorliegt, greift aber dieser 52
Zustimmungsverweigerungsgrund nicht durch, wenn die Maßnahme durch **betriebliche oder persönliche Gründe gerechtfertigt** ist, also auch zu einer Kündigung führen könnte oder schon geführt hat. Dafür trägt der ArbGeb. die Darlegungslast (*DR,* Rn 178). Solche Gründe sind z. B. die Notwendigkeit, einen besonders qualifizierten ArbN – auch gegen höheren Lohn – zu gewinnen (also keine Verweigerung der Zustimmung, weil der Bewerber einen Lohnzuschlag erhalten soll) oder im Betrieb anderweitig zu beschäftigen, die Ungeeignetheit des bisherigen Inhabers des Arbeitsplatzes u. a. Eine Benachteiligung von ArbN des Betriebes infolge geplanter personeller Maßnahme aus betriebsbedingten oder personen- bzw. verhaltensbedingten Gründen berechtigt daher den BR nicht, die Zustimmung zu verweigern; insoweit ist der BR lediglich nach § 102 zu beteiligen (ArbG Offenbach, DB 81, 2033; *GL,* Rn 86a; *Hurlebaus,* DB 83, 2137; **a. M.** *Schmidt,* ArbuR 86, 97). Dem ArbGeb. steht ein gewisser Beurteilungsspielraum zu.

Ein- oder Umgruppierungen allein können praktisch keinen Zustimmungsverweigerungsgrund nach Nr. 3 auslösen (h. M.).

Der BR kann aber immer nur erreichen, daß eine **Benachteiligung** 53
unterbleibt. Ein positiver Anspruch auf Einstellung oder Versetzung eines bestimmten ArbN besteht (außer dem Fall des § 104) weder unter betriebsverfassungsrechtlichen Gesichtspunkten noch unter dem des Gleichbehandlungsgrundsatzes. Die Auswahl unter den Bewerbern ist Sache des ArbGeb. Der BR kann nicht die Einstellung eines vom ArbGeb abgelehnten Bewerbers durchsetzen (BAG 19. 5. 81, AP Nr. 18 zu § 118 BetrVG 1972; *DR,* Rn 171).

4. Benachteiligung des von der personellen Maßnahme betroffenen Arbeitnehmers

Auch der von der personellen Maßnahme unmittelbar betroffene 54
ArbN (BAG 6. 10. 78, AP Nr. 10 zu § 99 BetrVG 1972) kann der ungerechtfertigt Benachteiligte sein, insbes. bei **Versetzung** (bei erforderlichen Änderungskündigungen besteht auch das Beteiligungsrecht nach § 102). Solche Nachteile sind sowohl bei einer Verschlechterung der äußeren Arbeitsbedingungen (z. B. Schmutz, Lärm, längere Wege) als auch der materiellen Arbeitsbedingungen gegeben (*HSG,* Rn 121). Ist die Maßnahme weder aus betrieblichen noch aus persönlichen Gründen gerechtfertigt (Rn 52), so kann der BR seine Zustimmung versagen. Die Maßnahme kann dann zugleich einen Verstoß gegen den Gleichbehandlungsgrundsatz (§ 75) darstellen, der ebenfalls nach Nr. 4 gerügt werden kann (BAG 3. 12. 85, AP Nr. 1 zu § 74 BAT).

55 Auch bei **Neueinstellung** von ArbN können Benachteiligungen vorkommen, insbesondere wenn für sie ohne sachlichen Grund schlechtere Arbeitsbedingungen gelten sollen als für vergleichbare ArbN des Betriebs (BAG 1. 2. 89, AP Nr. 63 zu § 99 BetrVG 1972; *Heinze,* Rn 322; **a. M.** *HSG,* Rn 120; häufig wird aber schon der Tatbestand der Nr. 1 verwirklicht sein, z. B. bei tarifwidriger Eingruppierung). Auch das **Einverständnis des ArbN** schließt diesen Verweigerungsgrund nicht aus (**a. M.** *GL,* Rn 23 und 94). Der BR muß auf Grund seiner kollektiven Verantwortung und im wohlverstandenen Interesse des Bewerbers (oben Rn 1) in der Lage sein, in solchen Fällen die Zustimmung zu verweigern (*Heinze,* Rn 324; **a. M.** *DR,* Rn 180; *GK-Kraft,* Rn 119; *HSG,* Rn 121).

5. Fehlende Ausschreibung im Betrieb nach § 93

56 Der BR kann nach § 93 verlangen, daß zu besetzende Arbeitsplätze im Betrieb ausgeschrieben werden, damit die betriebsangehörigen ArbN sich bewerben können und nicht von vornherein nur Betriebsfremde in die Auswahl einbezogen werden. Zwar ist der ArbGeb. nicht verpflichtet, den Arbeitsplatz aus dem Kreis der bisherigen ArbN zu besetzen (§ 93 Rn 11). Unterläßt er aber die Ausschreibung, obwohl der BR dies verlangt hat, so kann der BR einer Besetzung des Arbeitsplatzes insbesondere durch einen betriebsfremden Bewerber widersprechen. Die innerbetriebliche Ausschreibung wird vor allem bei der geplanten Besetzung von Arbeitsplätzen durch neue Bewerber oder durch Umgruppierungen und Versetzungen bisheriger ArbN praktisch. Es kommt nicht darauf an, ob im Betrieb überhaupt für die Stelle geeignete Bewerber vorhanden sind; das läßt sich im voraus nicht sicher beurteilen (vgl. BAG 6. 4. 1973, AP Nr. 1 zu § 99 BetrVG 1972; **a. M.** *GL,* Rn 99 u. *HSG,* Rn 125; *DR,* Rn 188 hält zwar die Zustimmungsverweigerung für rechtsmißbräuchlich, aber gleichwohl formell für wirksam). Freie Arbeitsplätze sind geschlechtsneutral auszuschreiben (vgl. § 93 Rn 9 u § 75 Rn 13a).

56a Das Zustimmungsverweigerungsrecht des BR besteht auch, wenn der ArbGeb. **entgegen bestehenden Ausschreibungsgrundsätzen** verfahren hat (*GKSB,* Rn 85; nach BAG 18. 11. 80, AP Nr. 1 zu § 93 BetrVG 1972 darf der ArbGeb. aber auch nach Ablauf der Ausschreibungsfrist eingegangene Bewerbungen berücksichtigen). Ein solcher Verstoß liegt auch vor, wenn der ArbGeb in Stellenanzeigen geringere Anforderungen stellt als bei der innerbetrieblichen Ausschreibung und nunmehr einen außerbetrieblichen Bewerber einstellt; der BR kann seine Zustimmung zu dieser Einstellung verweigern (BAG 23. 2. 1988, AP Nr. 2 zu § 93 BetrVG 1972). Ausnahmsweise dürfte der ArbGeb. eine erforderliche Ausschreibung nachholen können, wenn eine vorläufige Einstellung aus dringenden betrieblichen Erfordernissen (§ 100 Rn 3) sofort vorgenommen werden muß, z. B. im Fall der Ersetzung des einzigen bisherigen Kranführers im Betrieb (*DR,* Rn 188). Ein Zustimmungsverweigerungsrecht besteht nicht, wenn der BR erst im konkreten Fall nachträglich die Ausschreibung verlangt (vgl. § 93 Rn 3; h. M.).

6. Gefahr für den Betriebsfrieden

Es müssen bestimmte Angaben über ein **Verhalten des Bewerbers oder ArbN** vorgebracht werden, aus denen sich ergibt, daß bei **objektiver Beurteilung** seiner Persönlichkeit die **Besorgnis** besteht, daß er sich auf dem ihm zugedachten Arbeitsplatz **gesetzwidrig verhalten** oder die **Grundsätze des § 75 Abs. 1** (Recht und Billigkeit, Gleichbehandlung) grob verletzen wird und daß hierdurch der Betriebsfriede gestört würde. Dies kann man oft nur aus dem früheren Verhalten schließen, wobei Fehler und Verirrungen, die längere Zeit zurückliegen, dann nicht mehr herangezogen werden sollten, wenn der Bewerber bzw. ArbN sich inzwischen nichts mehr hat zuschulden kommen lassen. Die Besorgnis kann nur auf **bestimmte Tatsachen** gestützt werden, die sich auf die Persönlichkeit beziehen, nicht auf die Tatsache, daß er einer bestimmten Gruppe von Menschen angehört (z. B. auf Vorurteile, weil er studiert hat, weil er an Demonstrationen teilgenommen hat und dgl.). Überhaupt wird in Anlehnung an die Vorschrift des § 104 eine **ernstliche Störung des Betriebsfriedens zu besorgen** sein müssen (h. M.). Hierzu reicht z. B. die persönliche Verschlossenheit eines Bewerbers (ArbN) oder häusliche Streitigkeiten nicht aus, auch nicht eine politische Tätigkeit außerhalb des Betriebes. Wegen Entfernung betriebsstörender ArbN vgl. § 104. Dieser Zustimmungsverweigerungsgrund kommt praktisch nur bei Einstellungen und evtl. bei Versetzungen in Betracht. 57

Als **gesetzwidriges Verhalten** kommen u. a. in Betracht: Diebstahl an Kollegen, Belästigung von Mitarbeitern durch unanständige Handlungen, Beleidigungen, Raufereien am Arbeitsplatz, körperliche Züchtigung jugendlicher ArbN, Verleumdung, Denunziation, unsittliche Handlungen gegenüber weiblichen ArbN oder Jug. Gesetzwidriges Verhalten ist aber unerheblich, wenn es mit dem betrieblichen Geschehen in keinerlei Zusammenhang steht (*DR,* Rn 190; z. B. Übertretung der Verkehrsgesetze, soweit es sich nicht um Kraftfahrer handelt). Wegen Fragen nach Vorstrafen vgl. Rn 34. 58

VI. Verweigerung der Zustimmung und Mitteilung an Arbeitgeber

Der BR hat eine etwaige Verweigerung der Zustimmung zu der personellen Maßnahme dem ArbGeb. binnen einer **Ausschlußfrist von einer Woche** seit Zugang der Auskunft unter **Angabe konkreter Gründe schriftlich** mitzuteilen. Das Schreiben des BR muß vom BRVors. bzw. dem Vors. des zuständigen Ausschusses unterzeichnet sein (§ 126 BGB; BAG 24. 7. 79, AP Nr. 11 zu § 99 BetrVG 1972; *Heinze,* Rn 293). Die mündliche Mitteilung mag im Einzelfall geeignet sein, Mißverständisse zu vermeiden und ist deshalb neben schriftlicher Mitteilung oft zu empfehlen, kann diese aber nicht ersetzen. Mitteilung und Begründung müssen nicht in demselben Schriftstück enthalten, aber beide unterschrieben sein (BAG a. a. O.). Bei längeren Vorgesprächen zwischen ArbGeb. und 59

BR kann auch die Angabe der Zustimmungsverweigerungsgründe in einem Schreiben des BR kurz vor dem formellen Anhörungsverfahren genügen (ArbG Kassel, DB 78, 111). Die **Wiederholung des Wortlauts einer der Nrn. des Abs. 2 genügt nicht.** Konkrete Tatsachen und Gründe müssen aber nur für die Tatbestände der Nrn. 3 u. 6 des Abs. 2 angegeben werden. Im übrigen verlangt das Gesetz nicht die Angabe konkreter Gründe. Vielmehr genügt es, daß die Zustimmungsverweigerungsgründe des BR sich noch einem der gesetzlichen Tatbestände zuordnen lassen. Es muß als möglich erscheinen, daß mit der gegebenen Begründung ein gesetzlicher Tatbestand geltend gemacht wird (so die neuere Rechtsprechung des BAG 26. 1. 1988, 18. 10. 1988, AP Nr. 50, 57 zu § 99 BetrVG 1972 unter Abschwächung der früheren Anforderungen). Nach wie vor ist aber eine Begründung unbeachtlich, die offensichtlich auf keinen der Verweigerungsgründe des Gesetzes Bezug nimmt (kr. zu dieser Abgrenzung *Dannhäuser,* NZA 89, 617).

59a Es ist also auch eine nach Ansicht des ArbGeb. unzutreffende, aber nicht offensichtlich unsinnige Begründung beachtlich, d. h. der ArbGeb. muß das ArbG anrufen, das die Stichhaltigkeit der Gründe nachprüft. Dieses materielle Prüfungsrecht steht nicht dem ArbGeb. zu (*Heinze,* Rn 298; *Kraft,* Anm. AP Nr. 21 zu § 99 BetrVG 1972). Die vom BR vorgebrachten Gründe müssen nicht die Rechtfertigung der Zustimmungsverweigerung ergeben, sie brauchen nicht einleuchtend zu sein, sofern sie nur in Zusammenhang mit den Gründen des Abs. 2 stehen. Sonst würden die Parteirollen vertauscht und entgegen der Absicht des Gesetzgebers der BR gezwungen, seinerseits gemäß § 101 das ArbG anzurufen (*GL,* Rn 110: „kein Vorprüfungsrecht des ArbGeb.“; BAG 21. 11. 78, AP Nr. 3 zu § 101 BetrVG 1972: „Die Prüfung der Schlüssigkeit bleibt dem Gericht im Zustimmungsersetzungsverfahren vorbehalten“; BAG 26. 1. 88, 18. 10. 88, AP Nr. 50, 57 zu § 99 BetrVG 1972).

60 Bei der **Berechnung der Wochenfrist** ist der Tag, an dem die Auskunft zugegangen ist, nicht mitzurechnen (§ 187 Abs. 1, § 188 Abs. 2 BGB). Ist daher die Mitteilung am Mittwoch, dem 6. 8., dem BR zugegangen, so muß dieser vor Ablauf des folgenden Mittwochs (13. 8.) seine Verweigerung schriftlich geltend machen. ArbGeb. und BR können **Fristverlängerung vereinbaren** (vgl. § 102 Rn 32; BAG 17. 5. 1983, AP Nr. 18 zu § 99 BetrVG 1972; *GK-Kraft,* Rn 93; *GKSB,* Rn. 92; *Peiseler,* AiB 84, 29; **a. M.** *DR,* Rn 203; *GL,* Rn 107; *Gaul,* DB 85, 812; *HSG,* Rn 101), aber nicht mehr nach Ablauf der Ausschlußfrist (LAG Berlin, 22. 9. 86, DB 87, 234). Auch durch **TV** kann jedenfalls anläßlich eines neuen Gehalts-TV mit der Notwendigkeit zahlreicher Umgruppierungen die Wochenfrist verlängert werden (BAG 22. 10. 85, AP Nr. 23 zu § 99 BetrVG 1972). Nimmt der ArbGeb. dennoch nach Ablauf einer Woche schon die personelle Einzelmaßnahme vor, so bleibt diese individualrechtlich wirksam; der einzelne ArbN kann auf den Gesetzeswortlaut vertrauen (*DR,* Rn 204; *GK-Kraft,* Rn 93).

61 Hat der ArbGeb. die Auskunft bei der erstmaligen Unterrichtung nicht vollständig gegeben oder die erforderlichen Unterlagen nicht vorgelegt, so rechnet die **Wochenfrist vom Tag des Zugangs der vollständigen**

Information an. Macht er überhaupt keine Mitteilung, so kann von einer Einholung der Zustimmung des BR unter Vorlage der erforderlichen Unterlagen keine Rede sein. Die Wochenfrist des Abs. 3 läuft nicht, und der ArbGeb. darf die beabsichtigte personelle Maßnahme nicht durchführen. Hat der ArbGeb. den BR nicht oder unzureichend informiert, so tritt die Zustimmungsfiktion nicht ein (*Heinze,* Rn 268). Vielmehr ist ein Zustimmungsersetzungsantrag des ArbGeb. als unbegründet abzuweisen (BAG 28. 1. 1986, 15. 4. 1986, AP Nr. 34, 36 zu § 99 BetrVG 1972; vgl. auch Rn 44). Die frühere Rechtsprechung, die Frist laufe von der anderweitigen ausreichenden Kenntnisnahme des BR an, läßt sich nach dem klaren Wortlaut des Abs. 1 Satz 1 nicht mehr aufrechterhalten (BAG 1. 9. 87, AP Nr. 10 zu § 101 BetrVG 1972; *HSG,* Rn 100; *DR,* Rn 202; **a. M.** *Meisel,* Rn 242). Hat allerdings der BR bereits aufgrund einer unvollständigen Unterrichtung die Zustimmung zu einer Einstellung versagt, der ArbGeb das ArbG angerufen und nunmehr die Informierung des BR vervollständigt, so liegt jetzt eine ordnungsgemäße Unterrichtung vor. Der BR kann nunmehr binnen einer weiteren Woche abschließend Stellung nehmen, auch weitere Zustimmungsverweigerungsgründe vorbringen, die sich aus der nachgeholten Information ergeben. Danach hat das ArbG in der Sache zu entscheiden. Nach neuer Ansicht des BAG (14. 3. 89, AP Nr. 64 zu § 99 BetrVG 1972) ist der BR gemäß § 2 Abs. 1 aber verpflichtet, den ArbGeb innerhalb der Wochenfrist schriftlich darauf hinzuweisen, wenn er die Unterrichtung nicht als ausreichend ansieht. Sonst soll die Zustimmung als erteilt gelten. Untätigkeit des BR führt also zum Verlust der Beteiligungsrechte. Vgl. auch Rn 30.

Ob der BR die Zustimmung verweigern will, hat er gemäß § 33 nach **62** pflichtgemäßen Ermessen zu beschließen. Eine etwa erklärte ausdrückliche Zustimmung des BR kann weder widerrufen noch angefochten werden (*Schreiber,* RdA 87, 257; wegen Kündigung vgl. § 102 Rn 24) und bedarf im Gegensatz zur Verweigerung nicht der Schriftform. **Schweigen innerhalb der Wochenfrist gilt als Zustimmung** (Abs. 3 Satz 2), selbst wenn der BR schuldlos die Zustimmung verspätet verweigert. Nur in Fällen **höherer Gewalt** wird man dem BR noch das Recht einräumen müssen, seine Zustimmung alsbald nach Wegfall des Hindernisses zur Abgabe einer Erklärung noch nachträglich verweigern zu können (*GL,* Rn 108; *Heinze,* Rn 29f.; *Meisel,* Rn 243). Wegen Betriebsferien vgl. § 102 Rn 4, 35. Liegt ein Ausssetzungantrag nach § 35 vor, so kann der Beschluß dem ArbGeb. dennoch schon zur Fristwahrung mitgeteilt werden, da der Lauf der Wochenfrist nicht gehemmt ist (§ 35 Rn 27ff.; so auch *GL,* Rn 104). Ist für Personalfragen ein Ausschuß nach § 28 gebildet, so kommt es auf dessen Willensbildung an, sofern ihm diese Aufgabe zur selbständigen Erledigung übertragen ist (vgl. § 28 Rn 6). Der Vors. des BR allein ist nicht zuständig (vgl. § 26 Rn 26ff. und § 102 Rn 22). Eine nicht in Ausführung eines BR-Beschlusses erklärte Zustimmung des BR-Vors. hindert den BR jedenfalls nicht, innerhalb der Wochenfrist die Zustimmung noch zu verweigern.

Bei **Jugendlichen** nimmt die JugAzubiVertr. gemäß § 67 Abs. 1 Satz 2 unter den in § 67 Rn 10, 16 genannten Voraussetzungen an der Beratung teil und hat ggf. ein Stimmrecht nach § 67 Abs. 2 (vgl. § 67 Rn 16).

63 Hat der BR innerhalb einer Woche die Zustimmung verweigert, so können ArbGeb. und BR sich noch um eine Verständigung bemühen. Sie können sich dabei der E-Stelle nach § 76 Abs. 6 bedienen. Der BR kann seinen ablehnenden Beschluß jederzeit aufheben (h. M.). Dann steht der geplanten Maßnahme nichts mehr im Wege. Schließt sich umgekehrt der ArbGeb. den Bedenken an, so hat er von der Maßnahme Abstand zu nehmen. Wegen Verhängung von Zwangsgeld gegen den ArbGeb. bei Durchführung personeller Maßnahmen ohne Zustimmung des BR vgl. § 101 und wegen Verhängung von Geldbußen bei Verletzung der Auskunftspflichten § 121.

VII. Antrag auf Ersetzung der Zustimmung

64 Hat der BR fristgemäß, schriftlich und unter Angabe von Gründen, die sich auf den Katalog des Abs. 2 beziehen müssen (vgl. Rn 40, 59), seine Zustimmung zu der geplanten personellen Maßnahme verweigert, so darf sie der ArbGeb. vorbehaltlich eines Verfahrens nach § 100 **zunächst nicht durchführen.** Andernfalls setzt er sich einer gerichtlichen Anordnung auf Aufhebung der Maßnahme und einer eventuellen Erzwingung gem. § 101 aus (*DR,* Rn 144; *GL,* Rn 71). Zum anderen ist die **Maßnahme** zivilrechtlich zunächst **schwebend unwirksam,** weil die Zustimmung vom BR nicht erteilt und vom ArbG noch nicht ersetzt ist. Wird sie ersetzt, so wird die Maßnahme nunmehr voll wirksam. Wird sie nicht ersetzt, so ist sie zivilrechtlich endgültig unwirksam.

64a **Unterläßt der ArbGeb. es überhaupt,** das Verfahren nach § 99 durchzuführen, so ist ein gleichwohl abgeschlossener **Arbeitsvertrag von vornherein unwirksam** (*Boewer,* RdA 74, 73; *GKSB,* Rn 60; *Meyer,* BB 82, 1614; *Hanau,* RdA 73, 289; **a. M.** *DR,* Rn 229ff.; *GK-Kraft,* Rn 97; *Meisel,* Rn 263, 289; *Heinze,* Rn 198f.; *HSG,* Rn 6, 81; *GL,* Rn 10ff., 118, die nur die tatsächliche Beschäftigung als Einstellung ansehen, insoweit greift aber schon das Verfahren nach § 101 ein; *Matthes,* DB 74, 2007; *Schreiber,* RdA 87, 257). Das gilt insbes. für **Neueinstellungen,** auf die ein Bewerber grundsätzlich keinen Anspruch hat. Das Verhalten des ArbGeb. kann aber rechtsmißbräuchlich sein. Er kann sich auf die Unwirksamkeit der Einstellung nicht berufen, wenn er bewußt von der Beteiligung des BR abgesehen hat. Auch der BR, der etwa längere Zeit in Kenntnis dieser Tatsache sich verschweigt, insbes. länger als 6 Monate, so daß der ArbN bereits unter das KSchG fällt, verwirkt damit die Möglichkeit, ein Verfahren nach § 101 durchzuführen (vgl. *DR,* Rn 236ff.; *Hanau,* RdA 73, 290; *Rixecker,* ArbuR 83, 238; *Wiedemann,* Anm. AP Nr. 54 zu §§ 22, 23 BAT; weitergehend BAG 2. 7. 1980, AP Nr. 9 zu Art. 33 Abs. 2 GG u. AP Nr. 5 zu § 101 BetrVG 1972, das den BR von vornherein auf ein Verfahren nach § 101 verweisen will; hier wird aber verkannt, daß das BetrVG 1972 im Gegensatz zum BetrVG 1952 gerade dem ArbGeb. die Verpflichtung zur Anrufung des ArbG auferlegen will, vgl. § 101 Rn 2). Wegen Schadensersatzansprüchen des Bewerbers gegen den ArbGeb. vgl. § 100 Rn 4.

Bei **Ein- und Umgruppierungen** besteht ein Rechtsanspruch des ArbN auf richtige Eingruppierung, das MBR des BR erstreckt sich nur auf die „Richtigkeitskontrolle" (vgl. Rn 14b). Insoweit können zutreffende Ein- bzw. Umgruppierungen im Verhältnis zum einzelnen ArbN nicht unwirksam sein (*DR,* Rn 237; *GL,* Rn 122; *Matthes,* DB 75, 1653). Ist die Ein- oder Umgruppierung mangels Beteiligung des BR unwirksam, aber tarifrechtlich richtig, so steht dem ArbN die tarifvertragliche Vergütung zu, solage er diese Tätigkeit ausübt (BAG 14. 6. 1972, AP Nr 54 zu §§ 22, 23 BAT, 5. 9. 1973, AP Nr. 3 zu § 24 BAT, 19. 7. 1978, AP Nr. 8 zu §§ 22, 23 BAT 1975). Der BR hat nur Anspruch auf nachträgliche Einholung der Zustimmung (BAG 22. 3. 1983, 31. 5. 1983, AP Nr. 6 zu § 101 BetrVG 1972, AP Nr. 27 zu § 118 BetrVG 1972, 24. 6. 86, AP Nr. 37 zu § 99 BetrVG 1972). Der einzelne ArbN kann sogar unabhängig von einem BeschlVerf. über die Ersetzung der Zustimmung zur Eingruppierung die seines Erachtens richtige Gehaltsgruppe einklagen (BAG 13. 5. 81, AP Nr. 24 zu § 59 HGB). 65

Versetzungen ohne Beteiligung des BR sind unwirksam, auch wenn kraft BV sich das Direktionsrecht des ArbGeb. auf Versetzungen erstreckt (BAG 26. 1. 1988, AP Nr. 50 zu § 99 BetrVG 1972; zustimmend für Verweigerungsgrund des Abs. 2 Nr. 4 *Weber* Anm. EzA § 99 Nr. 58) oder der ArbN einverstanden ist (*DR,* Rn 238). Der ArbN braucht einer betriebsverfassungswidrigen Versetzungsanordnung nicht nachzukommen (LAG Baden-Württemberg, 10. 1. 85, NZA 85, 326). Der insbesondere bei Versetzung in Betracht kommende Verweigerungsgrund des Abs. 2 Nr. 4 dient auch dem Schutz des einzelnen ArbN. Wegen vorläufiger personeller Maßnahmen vgl. § 100. Daneben gibt es **keine einstw. Verfg. auf Antrag des ArbGeb.** mit dem Ziel, die personelle Maßnahme vorläufig zu gestatten (*DR,* Rn 241; vgl. auch § 100 Rn 1). 66

Der ArbGeb. hat die Möglichkeit, beim ArbG den **Antrag auf Ersetzung der Zustimmung** zu der personellen Maßnahme zu stellen, evtl. nur hilfsweise zu dem Feststellungsantrag, daß die Zustimmung des BR nach dessen ordnungsgemäßer Unterrichtung wegen Fristablaufs als erteilt gilt, wenn über die ordnungsgemäße Unterrichtung gestritten wird (BAG 28. 1. 86, AP Nr. 34 zu § 99 BetrVG 1972). Das ArbG hat ggfs. aber auch ohne ausdrücklichen Antrag statt auf Ersetzung der Zustimmung auf die Feststellung zu erkennen, daß die Zustimmung als erteilt gilt (BAG 18. 10. 1988, AP Nr. 57 zu § 99 BetrVG 1972). Das Zustimmungsersetzungsverfahren kann schon eingeleitet werden, wenn der neu zu besetzende Arbeitsplatz noch nicht frei ist (BAG 15. 9. 1987, AP Nr. 45 zu § 99 BetrVG 1972). Eine Frist zur Einleitung des Zustimmungsersetzungsverfahrens enthält das Gesetz in § 99 Abs. 4 nicht (BAG 15. 9. 1987, AP Nr. 46 zu § 99 BetrVG 1972). 67

Das ArbG entscheidet im **BeschlVerf.** (§ 2a ArbGG). Die von der geplanten personellen Maßnahme erfaßten **ArbN** haben **nicht** die Rechtsstellung eines **Beteiligten** (BAG 27. 5. 1982, AP Nr. 3 zu § 80 ArbGG 1979, kr. *Grunsky,* SAE 83, 22; für Ein- und Umgruppierungen: 67a

BAG 22. 3. 1983, 31. 5. 1983, AP Nr. 6 zu § 101 BetrVG 1972, AP Nr. 27 zu § 118 BetrVG 1972; ebenso BAG 17. 5. 1983, AP Nr. 18 zu § 99 BetrVG 1972), insbes. auch kein eigenes Antragsrecht (*Heinze,* Rn 352; *GK-Kraft,* Rn 130; *HSG,* Rn 133; *GL,* Rn 114; *Matthes,* DB 74, 2010; vgl. auch § 102 Rn 73; für eigenes Antragsrecht des ArbN: *Hanau,* RdA 73, 288, der aber ein Rechtsschutzinteresse des ArbN verneint, wenn dieser unmittelbar gegen den ArbGeb. klagen kann; ähnlich *DR,* Rn 222ff.; abzulehnen ist die Ansicht von *Blomeyer,* Gedächtnisschrift Dietz, S. 173, der ein BeschlVerf. des einzelnen ArbN gegen den BR zulassen will). Auch sind die in Nr. 3 genannten anderen beschäftigten ArbN nicht Beteiligte, da der BR ihre Interessen nur im Vorfeld seiner Entscheidung über die Zustimmungsverweigerung zu berücksichtigen hat.

68 Zu erwägen wäre ein im **Urteilsverfahren** einklagbarer Anspruch des ArbN (Bewerbers) gegen den ArbGeb. auf Einleitung eines Verfahrens nach § 99 Abs. 4, sofern er schon tatsächlich beschäftigt wird oder eine verbindliche Zusage hat (vgl. auch § 75 Rn 21; für einen derartigen Anspruch: *DR,* Rn 240; *GL,* § 75 Rn 41; *HSG,* Rn 133; *Boewer,* RdA 74, 76, Fußnote 57). Ein derartiges vorgeschaltetes Verfahren ist aber höchst unpraktisch und umständlich. Wegen Schadensersatzansprüchen vgl. § 100 Rn 4.

69 Der **ArbGeb.** hat im Verfahren **darzulegen** und ihn trifft dafür die **Feststellungslast** (*DR,* Rn 227; *Heinze,* Rn 355ff.; *HSG,* Rn 134; **a.M.** *GL,* Rn 116 für die Gründe der Nr. 1, 2, 5 und 6, z. T. auch für Nr. 3 u. 4), daß die vom BR konkret und fristgemäß vorgetragenen Gründe zur Verweigerung der Zustimmung nicht gegeben sind, ferner im Streitfall für die ordnungsgemäße Unterrichtung (BAG 28. 1. 86, AP Nr. 34 zu § 99 BetrVG 1972), der BR für die Formalien (Schriftform, Frist) der Zustimmungsverweigerung. Das Amtsermittlungsprinzip im BeschlVerf. bedingt eine Aufklärung des zur Nachprüfung gestellten Sachverhalts von Amts wegen, allerdings nicht die Prüfung, ob etwa weitere vom BR nicht geltend gemachte Gründe für die Verweigerung der Zustimmung bestehen (*Heinze,* Rn 353 will nicht geltend gemachte Gründe dann berücksichtigen, wenn das ArbG auf sie im Rahmen der Feststellung der erheblichen Tatsachen stößt).

70 Der BR kann aber seinerseits **weitere Gründe** für die Zustimmungsverweigerung im BeschlVerf. **nachschieben** (*GL,* Rn 110a; *GK-Kraft,* Rn 90; *Schreiber,* RdA 87, 257; **a.M.** *HSG,* Rn 103; *Stege/Weinspach,* Rn 93; BAG 3. 7. 84, 15. 4. 86, AP Nr. 20, 36 zu § 99 BetrVG 1972 unter Hinweis auf die Förmlichkeit des Verfahrens nach § 99 Abs. 3 und die Unzulässigkeit des Nachschiebens von Kündigungsgründen durch den ArbGeb., vgl. § 102 Rn 18; zumindest dem BR bisher nicht bekannte Gründe müßte dieser aber dann noch geltend machen können, vgl. *Dütz,* Anm. EzA § 99 BetrVG Nr. 37).

71 Stellt das ArbG rechtskräftig fest, es habe kein ausreichender Grund zur Verweigerung der Zustimmung vorgelegen, so gibt es dem Antrag des ArbGeb. statt, der nunmehr die Maßnahme durchführen kann. Lehnt es den Antrag dagegen ab, so muß der ArbGeb. endgültig von der

Durchführung der geplanten Maßnahme absehen (vgl. auch § 101 Rn 2ff.).

§ 100 Vorläufige personelle Maßnahmen

(1) **Der Arbeitgeber kann, wenn dies aus sachlichen Gründen dringend erforderlich ist, die personelle Maßnahme im Sinne des § 99 Abs. 1 Satz 1 vorläufig durchführen, bevor der Betriebsrat sich geäußert oder wenn er die Zustimmung verweigert hat. Der Arbeitgeber hat den Arbeitnehmer über die Sach- und Rechtslage aufzuklären.**

(2) **Der Arbeitgeber hat den Betriebsrat unverzüglich von der vorläufigen personellen Maßnahme zu unterrichten. Bestreitet der Betriebsrat, daß die Maßnahme aus sachlichen Gründen dringend erforderlich ist, so hat er dies dem Arbeitgeber unverzüglich mitzuteilen. In diesem Fall darf der Arbeitgeber die vorläufige personelle Maßnahme nur aufrechterhalten, wenn er innerhalb von drei Tagen beim Arbeitgericht die Ersetzung der Zustimmung des Betriebsrats und die Feststellung beantragt, daß die Maßnahme aus sachlichen Gründen dringend erforderlich war.**

(3) **Lehnt das Gericht durch rechtskräftige Entscheidung die Ersetzung der Zustimmung des Betriebsrats ab oder stellt es rechtskräftig fest, daß offensichtlich die Maßnahme aus sachlichen Gründen nicht dringend erforderlich war, so endet die vorläufige personelle Maßnahme mit Ablauf von zwei Wochen nach Rechtskraft der Entscheidung. Von diesem Zeitpunkt an darf die personelle Maßnahme nicht aufrechterhalten werden.**

Inhaltsübersicht

I. Vormerkung

1 Die Vorschrift des § 100 mildert das grundsätzliche Zustimmungserfordernis für personelle Maßnahmen nach § 99 für die Fälle, in denen sachliche Gründe eine vorläufige Durchführung der Maßnahme dringend gebieten. Neben dem besonderen Verfahren nach § 100 ist eine einstw. Verfg. auf Antrag des ArbGeb. gemäß § 85 Abs. 2 ArbGG, §§ 935ff. ZPO unzulässig (§ 99 Rn 66; *DR,* Rn 241; *Dütz,* ZfA 72, 253; *GL,* Rn 2; *HSG,* Rn 2). Wegen einstw. Verf. auf Antrag des BR vgl. § 101 Rn 5.

1a Entsprechende Vorschrift im **BPersVG 74:** § 69 Abs. 5, § 72 Abs. 6.

II. Vorläufige Durchführung personeller Maßnahmen

2 Der ArbGeb. kann, wenn noch keine Stellungnahme des BR vorliegt, also die Wochenfrist des § 99 Abs. 3 noch nicht abgelaufen ist, oder der BR die Zustimmung bereits ausdrücklich verweigert hat (nicht mehr dagegen nach rechtskräftiger Ablehnung der Ersetzung der Zustimmung), eine personelle Maßnahme gleichwohl unter bestimmten Voraussetzungen vorläufig durchführen. Ist dagegen seit Unterrichtung des BR bereits eine Woche vergangen, ohne daß der BR sich geäußert hätte, so gilt dies als Zustimmung (§ 99 Abs. 3 Satz 2), d. h. der ArbGeb. kann die beabsichtigte personelle Maßnahme ohne weiteres durchführen.

3 Ein Recht zur vorläufigen Durchführung der personellen Maßnahme hat der ArbGeb. nur, wenn diese **aus sachlichen Gründen dringend erforderlich** ist, d. h., wenn ein verantwortungsbewußter ArbGeb. im Interesse des Betriebes alsbald handeln müßte, die geplante Maßnahme also keinen Aufschub verträgt. Das Merkmal „aus sachlichen Gründen" deutet darauf hin, daß die Dringlichkeit auf vom ArbGeb. nicht rechtzeitig voraussehbaren Umständen beruhen muß, der ArbGeb. darf sich also nicht selbst bewußt in „Zugzwang" setzen, um nunmehr nach § 100 handeln zu können (*Heinze,* Rn 364; **a. M.** *HSG,* Rn 8). Die Maßnahme muß wirklich notwendig sein und kein zumutbarer anderer Weg zur Verfügung stehen (*Meisel,* Rn 229). Unter sachlichen Gründen sind **betriebliche Gründe,** insbesondere solche des geregelten Arbeitsablaufs zu verstehen, nicht persönliche Gründe. Bei Prüfung der Frage, ob solche betrieblichen Gründe vorliegen, scheiden (anders als im Falle des § 1 Abs. 3 KSchG) Fragen der sozialen Auswahl (bei betriebsbedingten Kündigungen) zunächst aus; sie sind bei der Entscheidung über die Ersetzung der Zustimmung des BR nach § 99 Abs. 4 zu berücksichtigen (BAG 7. 11. 77, AP Nr. 1 zu § 100 BetrVG 1972). Es kommt allein auf die **Verhältnisse im Zeitpunkt der Durchführung der Maßnahme** an; entfällt nachträglich der dringende betriebliche Grund, so ist der ArbGeb. nicht verpflichtet, die Maßnahme vor Abschluß des Zustimmungsersetzungsverfahrens wieder aufzuheben (BAG 6. 10. 78, AP Nr. 10 zu § 99 BetrVG 1972).

Beispiele:

Der ArbGeb. hat die Gelegenheit, eine dringend benötigte, im Betrieb nicht vorhandene Fachkraft einzustellen (*HSG,* Rn 10; *GL,* Rn 4); betriebliche Notwendigkeiten verlangen eine sofortige Versetzung von ArbN, z.B. um die monatliche Lohnabrechnung im Betrieb sicherzustellen (BAG 7. 11. 77, AP Nr. 1 zu § 100 BetrVG 1972).

Ein- und Umgruppierungen werden kaum unaufschiebbar sein (*GL,* Rn 6; **a. M.** *DR,* Rn 9). Davon abgesehen hat der BR nur ein Mitbeurteilungsrecht, da es sich um einen Akt der Rechtsanwendung handelt (vgl. § 99 Rn 14b). Demgemäß dürfte eine vorläufige Ein- oder Umgruppierung nicht in Betracht kommen (BAG 27. 1. 1987, AP Nr. 42 zu § 99 BetrVG 1972).

3a Ein dauernder Mißbrauch der Möglichkeit zur vorläufigen Durchführung personeller Maßnahmen kann zu Maßnahmen gegen den ArbGeb. nach § 23 Abs. 3 führen. Eine gesetzeswidrige vorläufige Einstellung erzeugt keinerlei Rechtswirkungen auf Dauer, da sie unwirksam ist; es besteht nur ein faktisches Beschäfitungsverhältnis (vgl. § 99 Rn 64ff.).

Der ArbGeb. hat den **betroffenen ArbN (bzw. Bewerber)** bei vorläufiger Durchführung der Maßnahme über die **Sach- und Rechtslage,** insbes. den Widerspruch des BR mündlich oder schriftlich **aufzuklären** (Abs. 1 Satz 2), d.h. auf die Möglichkeit hinzuweisen, daß die Maßnahme kraft gerichtlicher Entscheidung rückgängig gemacht werden muß (Abs. 3). Soweit der ArbGeb. nicht einseitig kraft Weisungsrechts handeln kann, ist es zweckmäßig, die Vereinbarung mit den ArbN unter Vorbehalt zu schließen, d.h. unter der auflösenden Bedingung einer negativen arbeitsgerichtlichen Entscheidung. Damit vermeidet der ArbGeb. evtl. **Schadensersatzansprüche** bei Rückgängigmachung der Maßnahme aus dem Gesichtspunkt des Verschuldens bei Vertragsabschluß (vgl. dazu BAG 14. 6. 1972, AP Nr. 54 zu §§ 22, 23 BAT; *GL,* Rn 9f.). Er hat den ArbN auch von der Stellungnahme des BR und ggf. der Entscheidung des ArbG zu unterrichten. Andererseits hat der ArbN (Bewerber) den ArbGeb. auf besondere persönliche Umstände hinzuweisen, die zu einer Verweigerung der Zustimmung des BR führen könnten (vgl. BAG 8. 10. 1959, AP Nr. 1 zu § 620 BGB Schuldrechtliche Kündigungsbeschränkungen). Unterläßt der ArbN diesen Hinweis, so kann dies zur Minderung von Schadensersatzansprüchen führen (§ 254 BGB). Die Unterrichtung des ArbN (Bewerbers) durch den ArbGeb. ist aber keine Wirksamkeitsvoraussetzung für die vorläufige Durchführung der Maßnahme. 4

III. Unterrichtung und Stellungnahme des Betriebsrats

Der ArbGeb. hat den BR **unverzüglich** (d.h. ohne schuldhaftes Zögern, § 121 Abs. 1 BGB) von der **vorläufigen personellen Maßnahme mündlich oder schriftlich zu unterrichten** (Abs. 2 Satz 1), d.h. bereits vor ihrer Durchführung oder jedenfalls sofort danach (BAG 7. 11. 1977, AP Nr. 1 zu § 100 BetrVG 1972; *GL,* Rn 7; *GK-Kraft,* Rn 10, 16). Es sind alle Angaben zu machen, die § 99 Abs. 1 Satz 1 verlangt (vgl. § 99 Rn 33; notfalls sind einzelne Angaben oder Unterlagen nachzuliefern). Außerdem ist die **sachliche Dringlichkeit** der Maßnahme **darzulegen.** Regelmäßig hat die Unterrichtung nach § 99 Abs. 1 zusammen mit der nach § 100 Abs. 2 Satz 1 zu erfolgen, ausnahmsweise alsbald danach (h.M.). Ist der ArbGeb. aus dringenden betrieblichen Gründen genötigt, von der Möglichkeit des § 100 Gebrauch zu machen, so ergibt sich aus dem Gebot der vertrauensvollen Zusammenarbeit, daß er diese Absicht bereits bei der ersten Unterrichtung nach § 99 Abs. 1 dem BR mitteilen muß. Diese Mitteilung enthebt den ArbGeb. nicht von der weiteren Unterrichtungspflicht nach § 100 Abs. 2 Satz 1, sobald die vorläufige Maßnahme tatsächlich durchgeführt wird. 5

Der **BR** ist seinerseits nach Abs. 2 verpflichtet, dem ArbGeb. **unver-** 6

züglich (zweckmäßigerweise schriftlich) **zu antworten,** wenn er die sachliche Dringlichkeit der Maßnahme bestreiten will. Verschweigt der BR sich, so gilt die Maßnahme als vorläufige Maßnahme als gebilligt (*GL,* Rn 14, *GK-Kraft,* Rn 19; *Heinze,* Rn 375; *HSG,* Rn 18). Bei verspäteten Bestreiten der Dringlichkeit und rechtzeitiger Zustimmungsverweigerung des BR hinsichtlich der Maßnahme selbst, muß der ArbGeb. binnen 3 Tagen das Ersetzungsverfahren nach § 99 Abs. 4 einleiten, ohne allerdings noch die Dringlichkeit der Maßnahme darlegen zu müssen (*Heinze,* Rn 378ff.).

6a Der BR kann eventuell zugleich schon die Zustimmung zur Maßnahme als solcher entweder erklären oder gem. § 99 Abs. 3 verweigern oder aber diese Stellungnahme innerhalb der Wochenfrist nachholen. Der BR kann sich auch ausschließlich darauf beschränken, die sachliche Dringlichkeit zu bestreiten. Der BR kann aber auch die Dringlichkeit der Maßnahme einräumen, eine Zustimmung zur Maßnahme selbst vorbehaltlich einer weiteren Erörterung mit dem ArbGeb. verweigern (vgl. LAG Hamm 29. 3. 1976, DB 76, 2023). Dann muß der ArbGeb. das Verfahren nach § 99 Abs. 4 durchführen, will er sich nicht dem Zwangsverfahren nach § 101 aussetzen (*DR,* Rn 24; *GL,* Rn 15).

IV. Ersetzungs- und Feststellungsantrag des Arbeitgebers

7 Nach Abs. 2 Satz 3 darf der **ArbGeb.** bei **Bestreiten der sachlichen Dringlichkeit** die vorläufige personelle Maßnahme bis zur endgültigen Entscheidung des ArbG nur aufrechterhalten, wenn er **innerhalb von drei Tagen** (Kalendertage) nach entsprechender Mitteilung des BR das **ArbG zur Entscheidung im BeschlVerf.** (§ 2a ArbGG) anruft. Der Tag des Zugangs der Mitteilung des BR wird nicht mitgerechnet. Der Antrag muß binnen 3 Tagen beim ArbG eingehen. Da das Gesetz auf Kalendertage abstellt, muß z. B. das ArbG nach Widerspruch des BR am Freitag bereits am folgenden Montag angerufen werden. Nur wenn der letzte Tag ein Samstag, Sonntag oder gesetzl. Feiertag ist, verlängert sich die Frist bis zum Ablauf des nächsten Werktages (§ 193 BGB). Der Antrag geht einmal auf **Feststellung,** daß die Maßnahme aus **sachlichen Gründen dringend geboten** war, aber **außerdem** auch auf **Ersetzung der Zustimmung** des BR zur personellen Maßnahme als solcher. Damit werden die Verfahren nach § 99 Abs. 4 und § 100 Abs 2 miteinander verbunden (h. M.; *DR,* Rn 28; *Heinze,* Rn 376; BAG 15. 9. 87, AP Nr. 46 zu § 99 BetrVG 1972). Es gibt praktisch nicht zwei hintereinander durchzuführende Verfahren (Eilfall und Normalfall). Die Vorläufigkeit der Maßnahme erfordert eine alsbaldige Klärung der endgültigen Wirksamkeit (vgl. *Heinze,* Rn 374).

7a Der Antrag auf (vorsorgliche) Ersetzung der Zustimmung nach § 99 Abs. 4 ist nur dann entbehrlich oder später hinfällig, wenn die Zustimmung erteilt wird oder vom BR nicht fristgerecht und formgerecht verweigert wurde. Sobald nämlich feststeht, daß eine Maßnahme betriebsverfassungsrechtlich zulässig ist, so kann sie – auch vorläufig –

durchgeführt werden; entsprechende Anträge des ArbGeb. werden gegenstandslos (*GK-Kraft,* Rn 22; *Heinze,* Rn 377; *HSG,* Rn 22). Das Verfahren ist für erledigt zu erklären (§ 83a ArbGG; *DR,* Rn 43). Das Bestreiten der dringenden Erforderlichkeit einer Maßnahme stellt nämlich nicht zugleich notwendigerweise eine Zustimmungsverweigerung nach § 99 Abs. 3 dar (h. M. vgl. *DR,* Rn 31). Der **Zustimmungsersetzungsantrag** ist ebenso wie der Dringlichkeitsantrag **binnen 3 Tagen zu** stellen (*GK-Kraft,* Rn 27; **a. M.** *DR,* Rn 33, der auch eine Nachholung des Zustimmungsantrags bis zur Entscheidung des ArbG über die dringende Erforderlichkeit der Maßnahme für möglich hält; eine Wiedereinsetzung bei Fristversäumnis hält *Schlicht,* BB 80, 632 jedenfalls dann für möglich, wenn der Antrag rechtzeitig zur Post gegeben wurde). Hält der ArbGeb. trotz unverzüglichen Bestreitens der sachlichen Dringlichkeit durch den BR die personelle Maßnahme aufrecht, ohne rechtzeitig das ArbG anzurufen, so kann der BR nach § 101 verfahren. Die personelle Maßnahme ist aufzuheben (Näheres vgl. die Rn zu § 101).

V. Entscheidung des Arbeitsgerichts

In einem **einheitlichen Verfahren** mit dem Antrag des ArbGeb. auf **Ersetzung der Zustimmung** des BR **und Feststellung der** sachlichen **Dringlichkeit** einer vorläufigen personellen Maßnahme, hat das ArbG im BeschlVerf. **zu entscheiden** (LAG Schleswig-Holstein, BB 78, 611; *DR,* Rn 38ff. u. *GKSB,* Rn 12 halten eine gemeinsame Entscheidung nur für zweckmäßig, *Matthes,* DB 89, 1285, 1287 eine Vorabentscheidung über die Dringlichkeit durch Teilbeschluß für erforderlich). Die betroffenen ArbN sind nicht Beteiligte nach § 83 ArbGG (*GK-Kraft,* Rn 30; vgl. § 99 Rn 67a). Das **ArbG** kann zu vier Ergebnissen kommen: 8

a) Das ArbG hält die Maßnahme für **dringlich und keinen** der geltend gemachten **Verweigerungsgründe** des § 99 Abs. 2 **für gegeben.** Dann obsiegt der ArbGeb.; er kann die Maßnahme endgültig durchführen.
b) Das ArbG **verneint die Dringlichkeit** und erkennt auch die **Weigerungsgründe des BR an.** Die Anträge des ArbGeb. werden zurückgewiesen, d. h. er darf die Maßnahmen weder vorläufig noch endgültig aufrechterhalten.
c) Das ArbG **bejaht** zwar **die Dringlichkeit** der Maßnahme an sich, erkennt aber die **Weigerungsgründe des BR an.** Dann hat zwar der Feststellungsantrag des ArbGeb. Erfolg, aber nicht der Antrag auf Ersetzung der Zustimmung. Die Rechtsfolgen sind die gleichen wie im Fall b). Die Maßnahme war zwar vorläufig gerechtfertigt, bleibt aber nicht rechtswirksam und muß aufgehoben werden.
d) Das ArbG hält zwar die **Verweigerung der Zustimmung** durch den BR **nicht für gerechtfertigt,** ersetzt also die Zustimmung, hält die **Maßnahmen** gleichwohl aber **nicht für sachlich dringend,** so daß an sich kein Fall des § 100 Abs. 1 Satz 1 gegeben wäre. Der Feststellungs-

antrag ist dann aber gleichwohl nur abzuweisen, wenn die Maßnahme **„offensichtlich"** nicht dringend war. Ob diese offensichtliche Verkennung vorliegt, hat das ArbG von Amts wegen zu prüfen und ggfs. in der Beschlußformel zum Ausdruck zu bringen, weil sich Abs. 2 und Abs. 3 inhaltlich nicht decken (BAG 18. 10. 88, AP Nr. 4 zu § 100 BetrVG 1972). Eines ausdrücklichen Gegenantrags des BR bedarf es nicht (*DR,* Rn 42; *HSG,* Rn 33).

8a Das Merkmal der Offensichtlichkeit erfordert eine grobe, ohne weiteres ersichtliche Verkennung der sachlich-betrieblichen Notwendigkeiten für eine alsbaldige Durchführung der Maßnahme (h. M.; **a. M.** *Heinze,* Rn 383, der das Wort „offensichtlich" i. S. einer summarischen Prüfung der Dringlichkeit durch das ArbG versteht), wobei von dem Zeitpunkt der Entscheidung des ArbGeb., nicht von der nachträglichen Beurteilung der Sitaution auszugehen ist (BAG 7. 11. 77, AP Nr. 1 zu § 100 BetrVG 1972). Nur wenn dem ArbGeb. insoweit ein **grober Vorwurf** zu machen ist, muß der Feststellungsantrag wegen offensichtlicher Verkennung der Dringlichkeit abgewiesen werden mit der Folge, daß die personelle Maßnahme keinen Bestand hat (Rn 10, 11).

8b Mit der gerichtlichen Ersetzung der Zustimmung des BR erledigt sich entgegen der Ansicht des BAG (19. 6. 84, AP Nr. 1 zu Art 72 ZA- Nato-Truppenstatut, 27. 1. 87, AP Nr. 42 zu § 99 BetrVG 1972, 18. 10. 88, AP Nr. 4 zu § 100 BetrVG 1972) noch nicht der Antrag auf Feststellung der Dringlichkeit der Maßnahme. Zwar hätte der ArbGeb., wenn er das normale Verfahren nach § 99 Abs. 4 abgewartet hätte, die Maßnahme durchführen können, weil in der Sache kein Grund zur Verweigerung der Zustimmung bestand. Wegen offensichtlicher Verkennung der sachlichen Dringlichkeit einer vorläufigen Maßnahme trifft den ArbGeb. aber die Sanktion, daß er die Maßnahme überhaupt nicht aufrechterhalten darf. Eine ähnlich, keinesfalls „überzogene" Sanktion enthält auch § 102 Abs. 1 Satz 3 (wie hier *GKSB,* Rn 17; *Misera,* SAE 80, 106; *Weiss,* Rn 7; **a. M.** BAG a. a. O.; *GK-Kraft,* Rn 33: das Gesetz bedürfe wegen des „unhaltbaren" Ergebnisses der „Korrektur"; *DR,* Rn 49: „perplexe Rechtsfolge"; *GL,* Rn 22; *Heinze,* Rn 386ff.; *HSG,* Rn 35; *Meisel,* Rn 283; die a. M. nimmt also in Kauf, daß die offensichtliche, auch absichtliche Verkennung der Dringlichkeit entgegen der klaren Gesetzesvorschrift erheblich erleichtert wird). Das Verfahren auf Feststellung der Dringlichkeit einer Maßnahme erledigt sich allerdings und ist vom ArbG einzustellen, wenn der Antrag des ArbGeb nach § 99 Abs. 4 auf Ersetzung der Zustimmung zu der Maßnahme selbst rechtskräftig abgelehnt ist; denn dann endet die Maßnahme ohnehin nach § 100 Abs. 3 S. 1 1. Alternative mit Ablauf von 2 Wochen nach rechtskräftiger Entscheidung. Darauf, ob die Maßnahme zwischenzeitlich aus dringenden Gründen sachlich erforderlich war, kommt es nicht mehr an (BAG 18. 10. 1988, AP Nr. 4 zu § 100 BetrVG 1972, 27. 1. 1987, AP Nr. 42 zu § 99 BetrVG 1972). Sowohl die Nichtersetzung der Zustimmung des BR wie auch die Verneinung der dringenden Erforderlichkeit („oder") durch das ArbG führt zur Beendigung der vorläufigen Maßnahme (vgl. Rn 10).

Kommt das ArbG zu dem Ergebnis, daß die verweigerte Zustimmung des BR zu der Maßnahme nicht zu ersetzen ist und (oder) die Maßnahme offensichtlich nicht dringend war, so ist zunächst die (formelle) **Rechtskraft der Entscheidung abzuwarten** (vgl. **Nach** § 1 Rn 49; ausführlich *Richardi* RdA 75, 73). Eine einstweilige Verfügung zwecks Aufhebung einer vorläufigen personellen Maßnahme kommt vor rechtskräftigem Abschluß des Verfahrens nicht in Betracht; die Frage der Sanktion ist in § 101 geregelt (LAG Frankfurt 15. 12. 1987, DB 88, 915). 9

Die **vorläufige personelle Maßnahme endet 2 Wochen nach Rechtskraft** der Entscheidung ohne Rücksicht auf die Dauer von Kündigungsfristen. Der frühere Rechtszustand wird wiederhergestellt. Die **gerichtliche Entscheidung wirkt rechtsgestaltend** (*DR,* Rn 53; *GK-Kraft,* Rn 36; **a.M.** *Heinze,* Rn 391). Einer Kündigung bei Neueinstellungen bedarf es nicht (h. M.; **a.M.** *GL,* Rn 26; *DR* Rn 54 für den Fall, daß der ArbGeb. seine Aufklärungspflicht gegenüber dem ArbN nicht nachgekommen ist). Wegen eventueller Schadensersatzansprüche des ArbN vgl. Rdn. 4. 10

Auch tatsächlich darf die personelle Maßnahme **nicht** länger aufrechterhalten werden (Abs. 3 Satz 2; hierauf möchte *Heinze,* Rn 390f. die Wirkung der gerichtlichen Entscheidung begrenzen). Insbes. bei neu eingestellten ArbN würde eine gesetzwidrige Weiterbeschäftigung auf Grund eines unwirksamen Arbeitsverhältnisses erfolgen. Jedoch muß der ArbGeb. auch bei nichtigem Arbeitsverhältnis dem ArbN das bisher verdiente Entgelt zahlen; andererseits hat der verbotswidrig beschäftigte ArbN keinen Anspruch auf Einhaltung einer Kündigungsfrist. Nicht nur die Beschäftigung auf dem Arbeitsplatz, für den er Bewerber in Aussicht genommen war, ist **verboten,** sondern **jede Beschäftigung** als ArbN im Betrieb (*GL* Rn 27), es sei denn, die Zustimmungsverweigerung bezöge sich nur auf bestimmte Arbeitsplätze. Mit dem Sinn des Gesetzes dürfte auch die Beschäftigung in anderer Eigenschaft (z. B. als leitender Ang.) kaum zu vereinbaren sein. Bei **Versetzungen** kehrt der ArbN an seinen alten Arbeitsplatz zurück. Wegen Ein- und Umgruppierungen vgl. aber § 101 Rn 4. 11

Die tatsächliche Durchführung des Beschlusses des ArbG über die Beendigung der vorläufigen personellen Maßnahmen kann der BR gemäß § 101 erzwingen. Der ArbGeb. kann aber das bisher unterbliebene oder mangelhafte Verfahren nach § 99 (erneut) in Gang setzen (*Misera,* SAE 80, 107). 12

§ 101 Zwangsgeld

Führt der Arbeitgeber eine personelle Maßnahme im Sinne des § 99 Abs. 1 Satz 1 ohne Zustimmung des Betriebsrats durch oder hält er eine vorläufige personelle Maßnahme entgegen § 100 Abs. 2 Satz 3 oder Abs. 3 aufrecht, so kann der Betriebsrat beim Arbeitsgericht beantragen, dem Arbeitgeber aufzugeben, die personelle Maßnahme aufzuheben. Hebt der Arbeitgeber entgegen einer rechtskräftigen ge-

richtlichen Entscheidung die personelle Maßnahme nicht auf, so ist auf Antrag des Betriebsrats vom Arbeitsgericht zu erkennen, daß der Arbeitgeber zur Aufhebung der Maßnahme durch Zwangsgeld anzuhalten sei. Das Höchstmaß des Zwangsgeldes beträgt für jeden Tag der Zuwiderhandlung 500 Deutsche Mark.

Inhaltsübersicht

I. Vorbemerkung

1 Die Vorschrift sichert die Einhaltung des personellen MBR des BR nach den §§ 99, 100, obwohl diese Maßnahmen an sich schon unwirksam sind oder werden, sofern das ArbG die Zustimmung des BR nicht ersetzt bzw. nicht feststellt, daß die vorläufige personelle Maßnahme dringend erforderlich war (vgl. § 99 Rn 64ff., § 100 Rn 8ff.). Es soll auch **rein tatsächlich keine Beschäftigung** mehr entgegen dem personellen MBR erfolgen. Gegenüber den allgemeinen Bestimmungen des 8. Buchs der ZPO, insbesondere des § 888 ZPO, handelt es sich hier i. Verb. mit § 85 Abs. 1 ArbGG um eine Sondervorschrift (*DR,* Rn 17), die eine Art zweistufiges Verfahren vorsieht.

1a Entsprechende Vorschrift im **BPersVG 74:** Keine.

II. Gerichtliche Anordnung über die Aufhebung personeller Maßnahmen

2 Der BR kann nach ordnungsgemäßer Beschlußfassung (§ 33) beim ArbG beantragen, dem ArbGeb. die tatsächliche Aufhebung einer personellen Maßnahme i. S. des § 99 Abs. 1 Satz 1 (vgl. dort Rn 10–29, wegen Eingruppierungen und Umgruppierungen, vgl. aber Rn 4a) aufzugeben, wenn

a) der ArbGeb. die endgültige personelle Maßnahme entgegen § 99 Abs. 1 Satz 1 **ohne Zustimmung des BR durchgeführt** hat – d. h., wenn dieser seine Zustimmung nicht erteilt hat und sie auch nicht wegen Fristablaufs als erteilt gilt – und das ArbG die Zustimmung auch nicht im BeschlVerf ersetzt hat (§ 99 Abs. 4, dort Rn 67) oder

b) der ArbGeb. eine **vorläufige personelle Maßnahme aufrechterhält,** ohne den BR überhaupt oder unverzüglich (*Heinze,* Rn 373) zu unterrichten oder doch nach zwar unverzüglicher Unterrichtung (§ 100 Abs. 2 Satz 1) innerhalb von drei Tagen nach ablehnender Äußerung des BR (Bestreiten der Dringlichkeit) das **ArbG angerufen** zu haben (§ 100 Abs. 2 Satz 3) oder

c) der ArbGeb. den ArbN (Bewerber) noch länger als zwei Wochen **nach negativer rechtskräftiger Entscheidung** des ArbG über die Ersetzung der Zustimmung oder die Dringlichkeit der Maßnahme **faktisch weiterbeschäftigt** (§ 100 Abs. 3 dort Rn 8 Buchst. c und d) oder seinen Antrag nach § 99 Abs. 4 zurückgenommen hat (*Heinze,* Rn 395f. geht von 6 Fällen aus; diese sind aber in den vorgenannten 3 Fallgruppen enthalten).

Wegen Aufhebung personeller Maßnahmen in Tendenzbetrieben vgl. § 118 Rn 59.

Dem Antrag des BR kann der ArbGeb. jetzt nicht mehr mit einem Hilfeantrag begegnen, die fehlende Zustimmung des BR zu ersetzen, noch kann er geltend machen, in Wahrheit fehle ein Zustimmungsverweigerungsgrund (BAG 18. 7. 78, 21. 11. 78, 16. 7. 85, AP Nr. 1 u. 3 zu § 101 BetrVG 1972, AP Nr. 21 zu § 99 BetrVG 1972; zustimmend *Misera,* SAE 80, 106; *DR,* Rn 9f.; *Heinze,* Rn 401). Damit würde entgegen dem Zweck der §§ 99, 100 der ArbGeb. praktisch der Verpflichtung enthoben, von sich aus eine gerichtliche Entscheidung darüber herbeizuführen, ob der Widerspruch des BR begründet war. Der ArbGeb. könnte das Zustimmungsersetzungsverfahren „überspringen" (vgl. auch § 99 Rn 59). **2a**

Der BR ist aber auf das Verfahren nach § 101 nicht allein angewiesen, insbes. wenn die personelle Maßnahme inzwischen wieder aufgehoben worden ist. Er kann sich auch darauf beschränken, eine Verpflichtung des ArbGeb. nach § 99 für die Zukunft feststellen zu lassen. Dann liegt kein Begehren auf Erstattung eines unzulässigen Rechtsgutachtens durch das ArbG vor, wenn das Verfahren generell zur Klärung der Beteiligungsrechte des BR unabhängig vom konkreten Einzelfall führt (BAG 30. 4. 81, 16. 7. 85, AP Nr. 12, 21 zu § 99 BetrVG 1972; 19. 5. 81, AP Nr. 21 zu § 118 BetrVG 1972). **2b**

Das ArbG entscheidet im **BeschlVerf.** (§ 2a ArbGG). Beteiligte sind der BR, der ArbGeb., aber nicht der betroffene ArbN (Bewerber; BAG 27. 5. 82, AP Nr. 3 zu § 80 ArbGG 1979). Hat der ArbGeb. ein Verfahren auf Ersetzung der Zustimmung und Feststellung der Dringlichkeit nach § 100 Abs. 2 Satz 3 eingeleitet, so kann der **BR** bereits in diesem Verfahren seinen **Abweisungsantrag mit dem Antrag verbinden,** daß dem ArbGeb. aufgegeben wird, die vorläufige personelle Maßnahme aufzuheben (h. M). Im Falle des Zustimmungsersetzungsverfahrens nach § 99 allein wird eine derartige Verbindung praktisch nicht in Betracht kommen, da der ArbGeb. die Maßnahme entweder bereits einseitig ohne Anrufung des ArbG nach § 99 Abs. 4 durchgeführt hat, also noch gar kein BeschlVerf. anhängig ist oder er evtl. die Maßnahme trotz negativer rechtskräftiger Entscheidung des ArbG gleichwohl nachträglich durchführt. Das ArbG gibt dem Antrag des BR statt, wenn das Mitbestimmungsverfahren der §§ 99, 100 überhaupt nicht durchgeführt wurde oder doch die Zustimmung des BR nicht ersetzt bzw. festgestellt wird, daß die Maßnahme offensichtlich nicht dringend war. Andernfalls ist der Antrag abzuweisen, weil dann die Maßnahme des ArbGeb. rechtswirksam ist. **3**

III. Zwangsgeldverfahren

4 Liegt ein rechtskräftiger Beschluß des ArbG dahin vor, der ArbGeb. habe die personelle Maßnahme aufzuheben, so muß er unverzüglich die **tatsächlichen Konsequenzen** aus einer jedenfalls nunmehr rechtsunwirksamen personellen Maßnahme ziehen (wegen Schadenersatzansprüchen des betroffenen ArbN bzw. Bewerbers vgl. § 100 Rn 4). Die Maßnahme (Einstellung, Versetzung) ist rückgängig zu machen. In entsprechender Anwendung des § 100 Abs. 3 Satz 2 muß dies bei unterbliebener Durchführung des Verfahrens nach §§ 99, 100 jedenfalls **binnen zwei Wochen** geschehen, nachdem ein rechtskräftiger Bechluß nach § 101 vorliegt (§ 100 Abs. 3 S. 1 analog, h. M.). Da der Arbeitsvertrag von vornherein unwirksam ist (§ 99 Rn 64ff.), bzw. bei Einhaltung der Verfahrensvorschriften die Entscheidung des ArbG rechtsgestaltend wirkt (§ 100 Rn 10), kann sich der **Bewerber** auch nach Ablauf von 6 Monaten Beschäftigungszeit ab Einstellung **nicht auf das KSchG berufen** (*GKSB,* Rn 14; **a.M.** *DR,* Rn 12, § 99 Rn 236, der hier zu Unrecht eine Regelungslücke vermutet; *von Hoyningen-Huene,* RdA 82, 205; *Misera,* Anm. AP Nr. 5 zu § 101 BetrVG 1972). Geht man aber von dem wirksamen Bestehen eines Arbeitsverhältnisses aus, so liegt zumindest ein betriebsbedingter Kündigungsgrund vor (*Rixecker,* ArbuR 83, 238).

4a Bei **Eingruppierungen und Umgruppierungen** kann der ArbGeb. nicht zu einer dem Tarifrecht widersprechenden Maßnahme gezwungen werden; das Beteiligungsrecht des BR besteht insoweit nur in der Richtigkeitskontrolle (vgl. § 99 Rn 14b; BAG 22. 3. 83, 31. 5. 83, AP Nr. 6 zu § 101 BetrVG 1972, AP Nr. 27 zu § 118 BetrVG 1972; *von Hoyningen-Huene,* a. a. O.; *Matthes,* DB 75, 1653f. und *GL,* Rn 3; **a.M.** LAG Hamm, DB 81, 1727; *DR,* Rn 6; *GK-Wiese,* Rn 5; *GL,* Rn 3 bei Herabgruppierung). Dem ArbGeb. ist die (nachträgliche) Einholung der Zustimmung aufzugeben bzw. die Verpflichtung zur Vornahme der Eingruppierung (BAG 20. 12. 88, AP Nr. 62 zu § 99 BetrVG 1972). Der Lohnanspruch des ArbN kraft Tarifrechts bleibt unberührt (*Heinze,* Rn 399). Er kann im Urteilsverfahren klagen.

4b Hebt der ArbGeb. die Maßnahme nicht auf, so kann der BR nunmehr den Antrag an das ArbG stellen, dem **ArbGeb. durch Zwangsgeld** zur **Befolgung der gerichtlichen Anordnung anzuhalten.** Eine besondere vorherige gerichtliche Androhung des Zwangsgeldes ist nicht erforderlich. Das ArbG entscheidet nach Anhörung des ArbGeb., aber ohne erneute Sachprüfung durch Beschluß; einer mündlichen Verhandlung bedarf es nicht (§ 891 ZPO). Das Zwangsgeld beträgt für **jeden** Tag und **jeden Fall** der Zuwiderhandlung mindestens eine DM (*Wieczorek,* ZPO, § 888 Rn E IIa) und **höchstens 500 DM.** Die Höhe des Zwangsgeldes bestimmt das Gericht nach freiem, pflichtgemäßem Ermessen. Eine Festsetzung von Haft ist ausgeschlossen (§ 85 Abs. 1 Satz 2 ArbGG). Die Vollstreckung des Zwangsgeldes erfolgt von Amts wegen nach §§ 704ff. ZPO. Die Beträge fließen der Staatskasse zu. Vollstreckungsbehörde ist der Vors. des ArbG.

Das Verfahren des § 101 ist der Vorschrift des § 888 ZPO nachgebildet. Es handelt sich also anders als im Falle des § 890 ZPO nicht um eine echte öffentlich-rechtliche repressive Maßnahme wegen Zuwiderhandlung gegen eine gerichtliche Anordnung, sondern um eine **Zwangsmaßnahme zur Durchsetzung einer gerichtlichen Entscheidung.** Die allgemeinen strafrechtlichen Grundsätze gelten daher nicht. Demnach kommt es einerseits auf ein **Verschulden des ArbGeb. nicht** an (h. M.). Andererseits sind Zwangsgelder als Beugemaßnahme nicht mehr festzusetzen oder zu vollstrecken, wenn der BR seinen Antrag zurücknimmt oder der ArbGeb. die ihm verbotene personelle Maßnahme vor Verhängung oder Vollstreckung des Zwangsgeldes aufhebt (ebenso *DR,* Rn 18; *GK-Kraft,* Rn 13; *GL,* Rn 8; *HSG,* Rn 14). § 101 ist **Sondervorschrift** gegenüber § 85 Abs. 1 ArbGG und § 23 Abs. 3 S. 3, soweit es um die Aufhebung der konkreten personellen Maßnahme, um die Beseitigung eines bereits eingetretenen mitbestimmungswidrigen Zustandes im Einzelfall ohne Rücksicht auf die Schwere des Verstoßes geht (BAG 17. 3. 1987, AP Nr. 7 zu § 23 BetrVG 1972; *GK-Kraft,* Rn 15; *Heinze,* Rn 403; **a. M.** *GKSB,* Rn 3, 16; vgl. auch § 23 Rn 44), nicht aber für einen **vorbeugenden, in die Zukunft gerichteten Unterlassungsanspruch** nach wiederholten groben Verstößen des ArbGeb. (§ 23 Abs. 3), insbes. durch Einstellung von ArbN für jeweils kurze Zeit, so daß das Verfahren nach § 101 ins Leere geht (BAG 17. 3. 87 a. a. O.; *Heinze,* DB 83, Beilage 9, S. 19: Verfahren nach § 23 Abs. 3; *Lipke,* DB 80, 2239 für Verfahren nach § 85 Abs. 1 ArbGG; dagegen *GL,* Rn 1a). 5

Der ArbGeb. ist nicht gehindert, nach Entlassung des ArbN das Verfahren nach § 99 Abs. 4, § 100 Abs. 2 erneut und nunmehr ordnungsgemäß einzuleiten (*GKSB,* Rn 12; ArbG Kassel, DB 77, 1418). 6

§ 102 Mitbestimmung bei Kündigungen

(1) **Der Betriebsrat ist vor jeder Kündigung zu hören. Der Arbeitgeber hat ihm die Gründe für die Kündigung mitzuteilen. Eine ohne Anhörung des Betriebsrats ausgesprochene Kündigung ist unwirksam.**

(2) **Hat der Betriebsrat gegen eine ordentliche Kündigung Bedenken, so hat er diese unter Angabe der Gründe dem Arbeitgeber spätestens innerhalb einer Woche schriftlich mitzuteilen. Äußert er sich innerhalb dieser Frist nicht, gilt seine Zustimmung zur Kündigung als erteilt. Hat der Betriebsrat gegen eine außerordentliche Kündigung Bedenken, so hat er diese unter Angabe der Gründe dem Arbeitgeber unverzüglich, spätestens jedoch innerhalb von drei Tagen, schriftlich mitzuteilen. Der Betriebsrat soll, soweit dies erforderlich erscheint, vor seiner Stellungnahme den betroffenen Arbeitnehmer hören. § 99 Abs. 1 Satz 3 gilt entsprechend.**

(3) **Der Betriebsrat kann innerhalb der Frist des Absatzes 2 Satz 1 der ordentlichen Kündigung widersprechen, wenn**

1. der Arbeitgeber bei der Auswahl des zu kündigenden Arbeitnehmers soziale Gesichtspunkte nicht oder nicht ausreichend berücksichtigt hat,

2. die Kündigung gegen eine Richtlinie nach § 95 verstößt,

3. der zu kündigende Arbeitnehmer an einem anderen Arbeitsplatz im selben Betrieb oder in einem anderen Betrieb des Unternehmens weiterbeschäftigt werden kann,

4. die Weiterbeschäftigung des Arbeitnehmers nach zumutbaren Umschulungs- oder Fortbildungsmaßnahmen möglich ist oder

5. eine Weiterbeschäftigung des Arbeitnehmers unter geänderten Vertragsbedingungen möglich ist und der Arbeitnehmer sein Einverständnis hiermit erklärt hat.

(4) **Kündigt der Arbeitgeber, obwohl der Betriebsrat nach Absatz 3 der Kündigung widersprochen hat, so hat er dem Arbeitnehmer mit der Kündigung eine Abschrift der Stellungnahme des Betriebsrats zuzuleiten.**

(5) **Hat der Betriebsrat einer ordentlichen Kündigung frist- und ordnungsgemäß widersprochen, und hat der Arbeitnehmer nach dem Kündigungsschutzgesetz Klage auf Feststellung erhoben, daß das Arbeitsverhältnis durch die Kündigung nicht aufgelöst ist, so muß der Arbeitgeber auf Verlangen des Arbeitnehmers diesen nach Ablauf der Kündigungsfrist bis zum rechtskräftigen Abschluß des Rechtsstreits bei unveränderten Arbeitsbedingungen weiterbeschäftigen. Auf Antrag des Arbeitgebers kann das Gericht ihn durch einstweilige Verfügung von der Verpflichtung zur Weiterbeschäftigung nach Satz 1 entbinden, wenn**

1. die Klage des Arbeitnehmers keine hinreichende Aussicht auf Erfolg bietet oder mutwillig erscheint oder

2. die Weiterbeschäftigung des Arbeitnehmers zu einer unzumutbaren wirtschaftlichen Belastung des Arbeitgebers führen würde oder

3. der Widerspruch des Betriebsrats offensichtlich unbegründet war.

(6) **Arbeitgeber und Betriebsrat können vereinbaren, daß Kündigungen der Zustimmung des Betriebsrats bedürfen und daß bei Meinungsverschiedenheiten über die Berechtigung der Nichterteilung der Zustimmung die Einigungsstelle entscheidet.**

(7) **Die Vorschriften über die Beteiligung des Betriebsrats nach dem Kündigungsschutzgesetz und nach § 8 Abs. 1 des Arbeitsförderungsgesetzes bleiben unberührt.**

Inhaltsübersicht

I. Vorbemerkung

Nach Abs. 1 Satz 3 ist eine ohne Anhörung des BR ausgesprochene Kündigung unwirksam. Der BR kann nicht nur gem. Abs. 2 Bedenken geltend machen, sondern aus den Gründen des Abs. 3 einer ordentlichen Kündigung widersprechen. Trotz dieses Widerspruchs kann zwar der ArbGeb. kündigen. Die ordentliche Kündigung ist dann aber gem. § 1 Abs. 2 Satz 2, 3 KSchG sozial nicht gerechtfertigt, wenn einer der Widerspruchsgründe vorliegt. Auf diese Weise werden das MBR des BR bei Kündigungen und der individuelle Kündigungsschutz nach dem KSchG miteinander verbunden. Abs. 5 führte bei ordentlichen Kündigungen erstmals eine vorläufige Weiterbeschäftigungspflicht des ArbGeb. auf Antrag des ArbN ein, um ihm den Arbeitsplatz zu erhalten, falls er den Kündigungsrechtsstreit gewinnt (vgl. den Forschungsbericht „Kündigungspraxis und Kündigungsschutz" des Max-Planck-Instituts Hamburg, Schriftreihe des BMA, Arbeitsrecht, Nr. 47). 1

Entsprechende Vorschrift im **BPersVG 74:** § 78 Abs. 1 Nr. 4, 5, § 79 u. in **SprAuG:** § 31. 2

II. Gegenstand der Anhörung des Betriebsrats

1. Kündigung

Der BR (oder ein hiermit beauftragter Ausschuß, §§ 27 Abs. 3, 28) ist ohne Rücksicht auf die ArbNZahl des Betriebes **vor jeder Kündigung zu hören,** auch wenn diese innerhalb einer Probezeit ausgesprochen wird u. das KSchG noch keine Anwendung findet (BAG 8. 9. 88, AP Nr. 49 zu § 102 BetrVG 1972). Unter Kündigung ist **jede Art der Kündigung** seitens des ArbGeb. zu verstehen, die ordentliche und die außerordentliche. Will der ArbN bei Änderungskündigung das Arbeitsverhältnis auf jeden Fall fortsetzen, so kann er das Angebot des ArbGeb. unter Vorbehalt annehmen und gegen die Änderung der Arbeitsbedingungen als solche klagen (§§ 2, 8 KSchG; wegen Beteiligung des BR vgl. Rn 6ff., § 99 Rn 18). Eine **Teilkündigung** ist nur hinsichtlich von Nebenabreden bei ausdrücklicher vertraglicher Zulassung möglich (BAG 7. 10. 82, AP Nr. 5 zu § 620 BGB Teilkündigung). Sie fällt nicht unter § 102, da die Stellung des ArbN in der Belegschaft nicht berührt 3 wird und allgemein die Kündigungsvorschriften nicht für anwendbar gehalten werden (*DR,* Rn 16; *Heinze,* Rn 466, h.M.).

4 Ob das **KSchG** für den betroffenen ArbN **anwendbar** ist (BAG 13. 7. 78, 28. 9. 78, 8. 9. 88, AP Nr. 17, 18, 19, 49 zu § 102 BetrVG 72) und **deutsches Arbeitsvertragsrecht** Anwendung findet (BAG 9. 11. 77, AP Nr. 13 zu Internat. Privatrecht, Arbeitsrecht) spielt für die **Beteiligung des BR keine Rolle** (*GK-Kraft,* Rn 8). Es ist auch unerheblich, ob der ArbN die Kündigung hinnehmen will (*Heinze,* Rn 458). Gilt das KSchG nicht, so kann sich der betroffene ArbN allerdings nicht auf die mangelnde soziale Rechtfertigung einer Kündigung berufen und keine Weiterbeschäftigung nach Abs. 5 verlangen. Ist ein ArbN in einem ausländischen Betrieb eines deutschen Unternehmens beschäftigt, so entfällt die Beteiligung eines inländischen BR, es sei denn, es handele sich nur um eine vorübergehende Entsendung unter Aufrechterhaltung der Zugehörigkeit zum inländischen Betrieb (*GKSB,* Rn 12; vgl. auch § 1 Rn 13ff.).

4a **Besteht kein BR,** so kann das MBR nicht ausgeübt werden (*Brill,* ArbuR 75, 15; *Meisel,* Rn 11), nach Ansicht des BAG (23. 8. 84, AP Nr. 36 zu § 102 BetrVG 1972) auch nicht vor der **Konstituierung** eines erstmals gewählten BR gemäß § 29. Gleiches gilt bei längerer Verhinderung eines ersatzlosen einköpfigen BR (näheres vgl. *Barwasser,* DB 76, 914), der aber auch bei Erkrankung zu beteiligen ist, wenn der ArbGeb. ihn auch in anderen Angelegenheiten beteiligt hat (BAG 15. 11. 84, AP Nr. 2 zu § 25 BetrVG 1972). Während vereinbarter **Betriebsferien** oder sonstiger Verhinderung des BR (z.B. Auslandsmontage) laufen die Anhörungsfristen für den BR nicht (vgl. auch Rn 35; *GKSB,* Rn 6; **a.M.** *HSG,* Rn 16 und BAG 18. 8. 82, AP Nr. 24 zu § 102 BetrVG 1972: noch vorhandene BRMitgl. sind in entsprechender Anwendung des § 22 anzuhören). Hat der ArbGeb. den BR schon vor Beginn der Betriebsferien unterrichtet, so sind die infolge der Betriebsferien fehlenden Anhörungstage an deren Ende anzuhängen.

5 § 102 gilt auch für **in Heimarbeit Beschäftigte** i.S. des § 6 Abs. 1 Satz 2, Abs. 2 Satz 2, da nach § 29 HAG die Beendigung des Beschäftigungsverhältnisses einer Kündigung bedarf (*Gröninger/Rost,* HAG, § 29 Rn 3d; *KR-Etzel,* Rn 11; *Maus/Schmidt,* HAG, § 29 Rn 101; *Meisel,* Rn 389; *Schmidt,* NJW 76, 930). Jedenfalls ist das Anhörungsverfahren durchzuführen und der BR hat ein Widerspruchsrecht, wenn einer der Tatbestände des Abs. 3 vorliegt. Wegen Weiterbeschäftigunsanspruch vgl. Rn 58ff. und wegen Einstellung von in Heimarbeit Beschäftigten § 99 Rn 12.

2. Änderungskündigung

6 Die **Änderungskündigung** stellt sich unbeschadet der Wahlmöglichkeit des ArbN, von der es abhängt, ob das weitere Verfahren sich nach § 102 Abs. 2ff. oder § 99 Abs. 2ff. bestimmt, von seiten des ArbGeb. aus auch als eine Kündigung dar, die zur Beendigung des Arbeitsverhältnisses führen kann (BAG 10. 3. 82, AP Nr. 2 zu § 2 KSchG 1969). Der ArbGeb ist unabhängig von dem Widerspruchsgrund des BR nach

Abs. 3 Nr. 5 (Rn 49ff.) schon individualrechtlich verpflichtet, vor Ausspruch einer Beendigungskündigung dem ArbN eine zumutbare Weiterbeschäftigung auf einen anderen, freien Arbeitsplatz anzubieten (BAG 27. 9. 1984, AP Nr. 8 zu § 2 KSchG 1969). Es ist also zunächst ein **Anhörungsverfahren** durchzuführen, das sowohl den **Erfordernissen des § 102 Abs. 1** als auch wegen der vorgesehenen Umgruppierung bzw. Versetzung **§ 99 Abs. 1** genügt (insoweit gleicher Meinung *DR,* Rn 15, 279f.; ebenso *GL,* § 99 Rn 27f., § 102 Rn 10; HG *Meier,* NZA 88, Beil. 3 S. 3). Beide Beteiligungsverfahren decken sich sowohl in ihren Voraussetzungen als auch in ihrer Ausgestaltung und ihren Folgen nicht (BAG 3. 11. 77, 28. 1. 86, AP Nr. 1 zu § 75 BPersVG, AP Nr. 32 zu § 99 BetrVG 1972, 29. 6. 88, AP Nr. 2 zu § 72 LPVG NW), können aber miteinander verbunden werden (*Löwisch,* NZA 88, 639). Dem BR ist auch das Änderungsangebot mitzuteilen, und zwar unabhängig von den Widerspruchsgründen nach Abs. 3 (BAG 10. 3. 82 a. a. O. und 27. 5. 82, DB 84, 620). Das weitere Beteiligungsverfahren richtet sich dann je nach dem Verhalten des betroffenen ArbN (vgl. zur Änderungskündigung BAG 7. 6. 1973, AP Nr. 1 zu § 626 BGB Änderungskündigung u. 3. 11. 77 a. a. O.), läuft aber parallel (*DR,* Rn 280), da die Äußerungsfristen des BR immer eine Woche betragen.

Will der **ArbN** das **Arbeitsverhältnis** auf jeden Fall **fortsetzen,** so 7
wird er das Angebot des ArbGeb. zur Änderung der Arbeitsbedingungen (Umgruppierung, Versetzung) annehmen, ggfs. unter Vorbehalt. Dann richtet sich die Klageerhebung nur gegen die Änderung der Arbeitsbedingungen (§§ 2, 4 S. 2, 8 KSchG). Es muß nicht nur die Dreiwochenfrist des § 4 KSchG eingehalten werden, sondern die Annahme unter Vorbehalt muß auch innerhalb der Kündigungsfrist erfolgen. Dann liegt in Wahrheit keine Kündigung vor, sondern nur eine unter dem Druck des ArbGeb. stehende beabsichtigte Vertragsänderung, insbesondere eine Versetzung und (oder) Umgruppierung, die dem MBR des BR nach § 99 Abs. 2 (nicht nach § 102) unterliegt (wie hier: *HSG,* Rn 18; dagegen nehmen *DR,* Rn 279, *Dütz,* SAE 79, 204, *GL,* § 99 Rn 27 und § 102 Rn 10, *Hueck,* KSchG, § 2 Rn 12, *Schwerdtner,* Festschrift BAG, S. 577ff. ein MBR nach beiden Bestimmungen an; ebenso BAG 3. 11. 77, AP Nr. 1 zu § 75 BPersVG für den Fall der Rückgruppierung im Wege der Änderungskündigung mit der Maßgabe, daß beide Verfahren verbunden werden können; nach BAG 10. 3. 82, a. a. O. ist in jedem Fall von vornherein das Anhörungsverfahren nach § 102 durchzuführen, wobei der ArbGeb. den BR das Änderungsangebot mitzuteilen hat; ebenso *Heinze,* Rn 464 und *KR-Etzel,* Rn 30).

Es handelt sich um eine **„Änderungsschutzklage“,** deren Streitgegen- 8
stand die Wirksamkeit der Änderung ist. Der BR muß sich vor seiner Beschlußfassung beim betroffenen ArbN vergewissern, ob dieser Klage nach §§ 2, 4 KSchG erheben, der Vertragsänderung vorbehaltlos zustimmen oder sie vorbehaltlos ablehnen will. Der BR muß im Fall der beabsichtigten Änderungskündigung den ArbN hören (vgl. Rn 36). Verweigert der BR bei Annahme der Änderung (Umgruppierung, Versetzung) durch den ArbN unter Vorbehalt die Zustimmung zu dieser

Maßnahme, so muß der ArbGeb. zunächst das ArbG anrufen, um die Ersetzung der Zustimmung zu erreichen. Ein Dringlichkeitsfall i. S. des § 100 dürfte praktisch nicht vorkommen. Hat der ArbGeb. im BeschlVerf. keinen Erfolg, so kann die im Wege der „Änderungskündigung" angestrebte Vertragsänderung nicht durchgeführt werden. Hat er Erfolg oder stimmt der BR der vorgesehenen personellen Maßnahme gemäß § 99 zu (*Meisel,* Rn 600), so kann der ArbGeb. die Vertragsänderung nunmehr durchführen, vorbehaltlich deren Nachprüfung nach den hierfür maßgebenden Vorschriften des KSchG.

8a Eine vorläufige Weiterbeschäftigung zu den bisherigen Bedingungen nach Abs. 5 kommt in diesem Fall nicht in Betracht, da es sich nicht um eine Kündigung im Sinne der Beendigung des Arbeitsverhältnisses handelt. Der ArbN klagt nicht gem. Abs. 5 auf Feststellung, daß das Arbeitsverhältnis durch die Kündigung nicht aufgelöst ist, sondern auf Feststellung, daß die Änderung der Arbeitsbedingungen sozial ungerechtfertigt ist. Der ArbN muß vielmehr **vorläufig zu den geänderten Vertragsbedingungen weiterarbeiten** (*Hueck,* KSchG, § 2 Rn 31; *DR,* Rn 201; *GL,* Rn 605; *GK-Kraft,* Rn 104; *HSG,* Rn 164; *KR-Etzel,* Rn 199c; *Meisel,* Rn 616; *Schwerdtner,* Festschrift BAG, S. 577), es sei denn, der BR hätte einer Umgruppierung oder Versetzung widersprochen und der ArbGeb. keinen Antrag nach § 100 gestellt. Dann wäre der ArbN zu den alten Arbeitsbedingungen weiter zu beschäftigen (*Schwerdtner,* a. a. O., S. 580).

9 Will der ArbN auf die angebotenen neuen Vertragsbedingungen **auch nicht unter Vorbehalt eingehen,** sondern nur zu den bisherigen Vertragsbedingungen das Arbeitsverhältnis fortsetzen, so wird er Kündigungsschutzklage gem. §§ 1, 4 Satz 1 KSchG erheben. Der BR muß sich über diese Absicht des ArbN vor seiner Beschlußfassung vergewissern. In diesem Fall liegt eine (ordentliche) **Kündigung i. S. des § 102** vor, da der Bestand des Arbeitsverhältnisses selbst in Frage gestellt ist. Der BR kann der Kündigung aus den Gründen des § 102 Abs. 3 Nr. 1–4, widersprechen, nach Nr. 5 nur, wenn eine Versetzungsmöglichkeit auf einen anderen als dem vorgesehenen Arbeitsplatz besteht (z. B. ein Ang. als Lagerverwalter statt als Hofkehrer; so auch *DR,* Rn 282). In diesem Fall steht dem ArbN unter den Voraussetzungen des Abs. 5 ein **Anspruch auf vorläufige Weiterbeschäftigung zu den alten Bedingungen** zu (*Schwerdtner,* Festschrift BAG, S. 599; *Stege,* DB 75, 1512).

3. Anderweitige Beendigung des Arbeitsverhältnisses

10 Dagegen besteht in den Fällen, in denen das **Arbeitsverhältnis aus anderen Gründen als durch Kündigung seitens des ArbGeb. endet:** Geltendmachung der Nichtigkeit oder Anfechtbarkeit (**a. M.** *Wolf/Gaugel,* ArbuR 82, 271), Zeitablauf bei zulässig befristetem Arbeitsverhältnis (vgl. BAG 15. 3. 78, 24. 10. 79, AP Nr. 45, 49 zu § 620 BGB Befristeter Arbeitsvertrag u. § 99 Rn 13), Aufhebungsvertrag, Eintritt einer Bedingung, Beendigung der Tätigkeit eines LeihArbN im Entleiherbetrieb (vgl. § 5 Rn 79), Ruhen des Arbeitsverhältnisses kraft Gesetzes (z. B.

Wehrdienst) oder Vereinbarung (*GK-Kraft,* Rn 13), gerichtliche Entscheidung nach § 100 Abs. 3, § 101, § 104, Mitteilung der Nichtübernahme durch den ArbGeb. nach § 78a (vgl. dort Rn 8) **keine Anhörungspflicht** (h. M.). Auch bei Geltendmachung eines rechtlichen Mangels des Arbeitsvertrages entfällt die Möglichkeit einer Klage nach dem KSchG (*Hueck,* § 1 Rn 57f.).

Der BR ist aber zu beteiligen, wenn der **Konkursverwalter** gemäß **10a**
§ 22 KO kündigt (*Willemsen,* AR-Blattei, Konkurs III). Gleiches gilt bei Einzelkündigungen während, aber nicht wegen eines **Arbeitskampfes,** da der BR weiterhin funktionsfähig ist (vgl. § 74 Rn 6a; BAG 6. 3. 79, AP Nr. 20 zu § 102 BetrVG 1972; *Heinze,* DB 82, Beilage 23, mit Ausnahme des individualrechtlichen Weiterbeschäftigungsanspruchs; **a. M.** *Meisel,* Rn 23f.). Soweit Aussperrungen während eines Arbeitskampfes zulässig sein sollten, entfällt aber insoweit ein MBR (ähnlich *DR,* Rn 27), ebenso bei außerordentlichen Kampfkündigungen des ArbGeb. gegenüber ArbN, die sich an rechtswidrigen Arbeitskämpfen beteiligen (BAG 14. 2. 78, AP Nr. 57 zu Art. 9 GG Arbeitskampf; vgl. § 74 Rn 6a). Dabei wird es sich ohnehin um außerordentliche Kündigungen handeln, bei denen der BR nicht widersprechen kann (*Brox/Rüthers,* Rn 446). Kündigungen nach Beendigung des Arbeitskampfes unterliegen uneingeschränkt der Beteiligung des BR (h. M.; nach *Heinze,* Rn 722 bleiben die Beteiligungsrechte des BR nach § 102 Abs. 2 u. 3 stets gewahrt, allerdings soll kein Weiterbeschäftigungsanspruch bestehen, soweit dieser arbeitskampfrechtlich relevant ist), ebenso Kündigungen in nur mittelbar streikbetroffenen Betrieben. Notfalls kann der ArbGeb. Entbindung von dem Weiterbeschäftigungsanspruch begehren (*Brox/Rüthers,* Rn 448).

Bei **Nichtverlängerung** eines **Befristeten,** insbes. eines sogen. **Ket- 11**
tenarbeitsvertrages ist das Arbeitsverhältnis nach der Rechtsprechung des BAG (GS 12. 10. 60, AP Nr. 16 zu § 620 BGB Befristeter Arbeitsvertrag, ständige Rechtspr.) u. U. als auf unbestimmte Zeit eingegangen anzusehen, soweit nicht das BeschFG gilt. Hier ist zu unterscheiden. Handelt es sich um eine zulässige (auch wiederholte) Befristung des Arbeitsverhältnisses oder eine Beendigung wegen Erreichens der Altersgrenze (vgl. § 77 Rn 37a), so bedeutet das Auslaufen des Arbeitsvertrages keine Kündigung, der BR ist nicht zu beteiligen (vgl. den Fall der Nichtverlängerungsmitteilung nach dem tariflichen Bühnenarbeitsrecht BAG 28. 10. 1986, AP Nr. 32 zu § 118 BetrVG 1972). Stellt dagegen die Nichtverlängerung eine unzulässige Befristung des Arbeitsverhältnisses dar, so kann dieses nur durch eine Kündigung gelöst werden. Das Verhalten des ArbGeb. anläßlich der Nichtverlängerung kann für den Fall der Unzulässigkeit der Befristung als hilfsweise erklärte Kündigung angesehen werden, die dem Beteiligungsrecht des BR nach § 102 unterliegt (ähnlich *GL,* Rn 16 u. *HSG,* Rn 14; *GK-Kraft,* Rn 14, *GKSB,* Rn 16; *Heinze,* Rn 467; *KR-Etzel,* Rn 40; *Peiseler,* NZA 85, 238; nach *DR,* Rn 20 muß der ArbGeb. ausdrücklich hilfsweise eine Kündigungserklärung abgeben; von *Altrock,* DB 87, 785 sieht in der „Nichtwiedereinstellung" einen Gesetzesverstoß nach § 99 Abs. 2 Nr. 1; vgl. auch BAG 15. 3. 78,

26. 4. 79, AP Nr. 45, 47 zu § 620 BGB Befristeter Arbeitsvertrag und § 99 Rn 13, 45). Der BR kann insbesondere geltend machen, der ArbN könne auf demselben Arbeitsplatz beschäftigt werden (vgl. Rn 47), da es sich um einen Dauerarbeitsplatz handele. Er kann bei Zulässigkeit eines befristeten Arbeitsvertrages aber nicht dessen Fortsetzung nach Fristablauf verlangen (BVerwG 12. 8. 83, 6 P 29.79, ArbuR 84, 191 und dazu *Plander,* ArbuR 84, 161).

12 Der BR einer **Arbeitsgemeinschaft des Baugewerbes** ist bei „Rückversetzung" eines ArbN zum Stammbetrieb zu beteiligen (LAG Düsseldorf, 17. 10. 1974, DB 75, 650; vgl. auch wegen Entsendung zur Arbeitsgemeinschaft § 99 Rn 28). Eine ordentliche Kündigung kann nur der ArbGeb. des Stammbetriebes unter Beteiligung seines BR aussprechen (§ 9 Ziff. 2.2 BRTV-Bau).

III. Anhörungsverfahren

1. Zeitpunkt

13 Die **Anhörung** des BR **muß** in jedem Fall erfolgen, **bevor die Kündigung ausgesprochen** wird; dies gilt für ordentliche wie außerordentliche Kündigungen (Abs. 1 S. 3). Eine schriftliche Kündigung ist dann ausgesprochen, wenn das Kündigungsschreiben den **Machtbereich des ArbGeb. verlassen** hat, insbesondere zur Post gegeben ist (BAG 13. 11. 1975, AP Nr. 7 zu § 102 BetrVG 1972). In besonders schwerwiegenden Fällen einer außerordentlichen Kündigung dürfte der ArbGeb. befugt sein, den ArbN schon vor der Anhörung des BR und vor der Kündigung vorläufig von der Arbeit unter Weiterzahlung der Bezüge freizustellen (*KR-Etzel,* Rn 119; **a.M.** *Meisel,* Rn 482, z.T. *GL,* Rn 50). Es gibt aber **keine „Eilfälle"**, die eine Anhörung des BR erst nach der Kündigung oder eine Verkürzung der gesetzlichen Fristen rechtfertigen könnten (BAG 13. 11. 1975, 29. 3. 77, AP Nr. 7, 11 zu § 102 BetrVG 1972; *GK-Kraft,* Rn 21; *GKSB,* Rn 25; *Heinze,* Rn 470, 488, *KR-Etzel,* Rn 88; *Gester/Zachert,* Jahrbuch des Arbeitsrechts, Bd. 12 S. 89, **a.M.** *DR,* Rn 72, 75; *HSG,* Rn 22; *Meisel,* Rn 380).

2. Form und Inhalt der Mitteilung

14 Voraussetzung der Anhörung ist zunächst, daß der **ArbGeb. den BR** schriftlich oder mündlich zu Händen des BRVors. (§ 26 Rn 36) oder des Vors. des nach § 28 gebildeten Personalausschusses von der **vorgesehenen Kündigung unterrichtet** (wegen BetrAusschuß vgl. Rn 20). Diese Unterrichtung hat grundsätzlich während der Arbeitszeit und in den Betriebsräumen stattzufinden. Weist allerdings der BRVors. z.B. eine telefonische Mitteilung, die er zu Hause erhält, nicht zurück, so wird die Äußerungsfrist in Lauf gesetzt (BAG 27. 8. 82, AP Nr. 25 zu § 102 BetrVG 1972). Bei Mitteilung an andere BRMitgl. als Erklärungsbote trägt der ArbGeb. das Übermittlungsrisiko (vgl. BAG 27. 8. 1974,

27. 6. 85, AP Nr. 1 zu § 72 PersVG Niedersachsen, AP Nr. 37 zu § 102 BetrVG 1972 und *Meisel,* Rn 448), es sei denn, der BR habe keine Vorkehrungen für den Fall der Verhinderung sowohl des Vors. als auch des stellv. Vors. des BR getroffen (LAG Frankfurt, 23. 3. 1976, BB 77, 1048; *DR,* Rn 65).

Bestehen Unklarheiten, ob es sich lediglich um eine Unterrichtung gemäß § 92 handelt, so geht dies zu Lasten des ArbGeb. (LAG Düsseldorf 1. 8. 1974, DB 74, 1917). Eine **Information** an den BR **nach § 105** kann **nicht** ohne weiteres in eine **Anhörung nach § 102** umgedeutet werden wenn sich herausstellt, daß der gekündigte ArbN kein leitender Ang. ist (vgl. § 105 Rn 1; BAG 19. 8. 1975, AP Nr. 1 zu § 105 BetrVG 1972, 26. 5. 1977, 7. 12. 1979, AP Nr. 13, 21 zu § 102 BetrVG 1972). Der BR muß jedenfalls aus der Mitteilung des ArbGeb. entnehmen können, daß es sich um eine beabsichtigte, noch bevorstehende Kündigung handelt (BAG 18. 9. 1975, AP Nr. 6 zu § 102 BetrVG 1972). 15

Neben den **Personalien** des ArbN sind auch die **Kündigungsgründe** anzugeben, z. B. bei **Krankheit** die **Fehlzeiten,** Zukunftsprognosen und wirtschaftliche **Belastungen** für den Betrieb (vgl. BAG 25. 11. 82, 24. 11. 83, AP Nr. 7 zu § 1 KSchG 1969 Krankheit, AP Nr. 30 zu § 102 BetrVG 1972, dazu *Rummel,* NZA 84, 76 und *Schumann* DB 84, 1878). Werturteile oder stichwortartige Angaben genügen nicht, es sind **konkrete Tatsachen** anzugeben (BAG 13. 7. 78, 28. 9. 78, 4. 3. 81, AP Nr. 17, 19 zu § 102 BetrVG 1972, AP Nr. 1 zu § 77 LPVG Baden-Württemberg), sofern diese dem BR nicht ohnehin bekannt sind, z. B. aus Anlaß einer vorherigen Erörterung zwischen ArbGeb. und BR. Maßgebend ist der bei Einleitung des Anhörungsverfahrens vorhandene Kenntnisstand der zur Entgegennahme von Mitteilungen berechtigten BRMitgl.; die irrige Annahme des ArbGeb., der BR sei über den Kündigungssachverhalt bereits informiert, geht zu seinen Lasten, d. h. das Anhörungsverfahren ist nicht ordnungsgemäß eingeleitet (BAG 27. 6. 85, AP Nr. 37 zu § 102 BetrVG 1972). Gleiches gilt, wenn der ArbGeb. ihm bekannte entlastende Umstände bei Pflichtwidrigkeiten von ArbN dem BR verschweigt (BAG 2. 11. 83, AP Nr. 29 zu § 102 BetrVG 1972). Weiter sind mitzuteilen die **Art der Kündigung** (BAG 12. 8. 1976, AP Nr. 10 zu § 102 BetrVG 1972; *Hueck,* KSchG, Einl. Rn 102; vgl. auch Rn 30f.), **Kündigungsfrist** und **Kündigungstermin (a. M.** BAG 29. 1. 86, AP Nr. 42 zu § 102 BetrVG 1972, dem aber darin beizupflichten ist, daß die unrichtige Angabe des Kündigungstermins allein nicht zur Unwirksamkeit der Kündigung führt). Die Anhörung des BR zu einem vom ArbN erst angekündigten Verhalten genügt nicht (BAG 19. 1. 83, AP Nr. 28 zu § 102 BetrVG 1972). Eine ausdrückliche Aufforderung an den BR zur Stellungnahme ist nicht erforderlich, sofern aus dem Schreiben des ArbGeb. deutlich hervorgeht, daß er das Verfahren nach § 102 einleiten will (h. M., vgl. BAG 28. 2. 1974, 7. 12. 1979, AP Nr. 2, 21 zu § 102 BetrVG 1972). Über die **Vorlage von Unterlagen** besagt § 102 im Gegensatz zu § 99 (Rn 37) nichts. Hier findet die allgemeine Vorschrift des § 80 Abs. 2 Anwendung (*DR,* Rn 60, 63). Besteht ein **administratives Personalinformationssystem** über Verhalten und Leistung der ArbN 16 und wertet der ArbGeb. dies zur Vorbereitung einer Kündigung aus, so hat er dem BR die anfallenden Daten vollständig zur Verfügung zu stellen.

17 Kommt es bei betriebsbedingten Kündigungen (Wegfall von Arbeitsplätzen) auf die **soziale Auswahl** unter mehreren ArbN an, so sind auch die hierfür wesentlichen Gesichtspunkte **„Sozialdaten"** anzugeben, z. B. Alter, Dauer der Betriebszugehörigkeit, Unterhaltsverpflichtungen, und zwar nicht nur für den Betroffenen, sondern auch für **andere ArbN** mit vergleichbarer Tätigkeit, die der ArbGeb. in seine Erwägungen einbezogen hat (BAG 29. 3. 84, AP Nr. 31 zu § 102 BetrVG 1972; *KR- Etzel,* Rn 62d; *Heinze,* Rn 476; *DR,* Rn 60). Ohne diese Angaben kann der BR nicht sachgemäß Stellung nehmen. Der ArbGeb. kann nicht dem BR die Auswahl zu kündigender ArbN überlassen; es liegt dann keine ordnungsgemäße Anhörung vor (LAG Berlin, EzA § 102 BetrVG Nr. 46). Äußert sich der BR trotz unzureichender Information abschließend zur Kündigung, so ist diese aber nicht von vornherein unwirksam (vgl. BAG 3. 2. 82, AP Nr. 1 zu § 72 BPersVG). Das **BDSG** steht der Mitteilung der Sozialdaten des in Betracht kommenden Personenkreises nicht entgegen (vgl. § 1 Rn 99ff.; *KR-Etzel,* Rn 71; LAG Berlin, EzA § 1 KSchG betriebsbedingte Kündigung Nr. 17). Wegen Umfang der Unterrichtung bei verhaltensbedingter Kündigung vgl. den Fall BAG 2. 3. 89, AP Nr. 101 zu § 626 BGB.

18 Der ArbGeb. muß **alle Kündigungsgründe** mitteilen, die ihm bisher bekannt sind und auf die er die Kündigung stützen will. Eine weitere Erläuterung und Konkretisierung dem BR rechtzeitig mitgeteilter Kündigungsgründe ist aber im Kündigungsschutzprozeß möglich, sofern dadurch nicht überhaupt erst ein kündigungsrechtlich erheblicher Sachverhalt angegeben wird (BAG 18. 12. 80, 11. 4. 85, AP Nr. 22, 39 zu § 102 BetrVG 1972). Eine Geltendmachung dem BR nicht mitgeteilter Gründe im Prozeß führt nicht zur Unwirksamkeit der Kündigung mangels Anhörung des BR, vielmehr kann der ArbGeb. die Kündigung nicht auf diese weiteren Gründe stützen (BAG 8. 9. 88, AP Nr. 49 zu § 102 BetrVG 1972). Ein **„Nachschieben"** von anderen Kündigungsgründen im Rechtsstreit (individualrechtlich gesehen nach h. M. ohne weiteres zulässig, vgl. BAG 17. 8. 72, 18. 1. 80, 11. 4. 85, AP Nr. 65 zu § 626 BGB, AP Nr. 1 zu § 626 BGB Nachschieben von Kündigungsgründen, AP Nr. 39 zu § 102 BetrVG 1972) ist betriebsverfassungsrechtlich nur zulässig, wenn sie zum Zeitpunkt der Kündigung bereits vorlagen, dem **ArbGeb.** aber **noch nicht bekannt** waren (das wird allerdings kaum angenommen werden können, wenn ein Personalinformationssystem besteht). Sein Kündigungswille war dann durch diese Gründe auch noch nicht bestimmt (*DR,* Rn 111; *GL,* Rn 30f.; einschränkend, daß nämlich nur die wesentlichen Kündigungsgründe mitzuteilen sind, *Meisel,* Rn 421ff.; *Steger/Weinspach,* Rn 48ff., nach *KR-Etzel,* Rn 185ff., *Gester/Zachert,* Jahrbuch des Arbeitsrechts, Bd. 12, S. 93, *Schwerdtner* ZIP 81, 809, 1122, *GKSB,* Rn 41 müssen die Gründe vor Ausspruch der Kündigung dem BR in jedem Fall vollständig mitgeteilt sein; ein „Nachschieben" soll überhaupt nicht in Betracht kommen). Der ArbGeb. muß aber den **BR erneut anhören,** bevor er diese Gründe im Kündigungsschutzprozeß einführen kann; einer erneuten Kündigung bedarf es aber

nicht (BAG 11. 4. 85, AP Nr. 39 zu § 102 BetrVG 1972; *DR,* Rn 114; *GL,* Rn 30b; *HSG,* Rn 39ff.; **a.M.** *Heinze,* Rn 481 u. *GKSB,* Rn 49).

Wird die Kündigung auf andere als die dem BR mitgeteilten Gründe gestützt, die dem **ArbGeb. bereits bekannt** waren, so sind diese nicht zu berücksichtigen. Dann beschränkt sich die Überprüfung des ArbG im Kündigungsschutzprozeß auf die dem BR mitgeteilten Gründe. Dies gilt selbst dann, wenn der BR der Kündigung aus den schon mitgeteilten Gründen bereits zugestimmt hatte; denn diese Zustimmung ist kein „Freibrief" für einen Austausch des Kündigungssachverhalts (BAG 1. 4.81, 3. 2. 82, AP Nr. 23 zu § 102 BetrVG 1972, AP Nr. 1 zu § 72 BPersVG; *DR,* Rn 111; *Schwerdtner,* ZiP 81, 1122). Die Kündigungsgründe sind nicht beliebig kumulierbar, ohne daß sich der Bewertungszusammenhang ändern kann (*Höland,* ZiP 82, 143, 149). Nach Ansicht des BAG (3. 4. 86, AP Nr. 18 zu § 626 BGB Verdacht strafbarer Handlung) kann der ArbGeb. der nach Anhörung des BR wegen einer strafbaren Handlung gekündigt hat, im Kündigungsschutzprozeß die Kündigung nicht ohne erneute Anhörung des BR auf den Verdacht einer Straftat wegen desselben Sachverhalts stützen. 18a

Ob die mitgeteilten **Gründe eine Kündigung sachlich rechtfertigen,** ist eine **erst im Kündigungsschutzprozeß** nachzuprüfende Frage der Begründetheit der Kündigung (BAG 24. 3. 1977, AP Nr. 12 zu § 102 BetrVG 1972). Auch bei ArbN, die **noch nicht unter das KSchG fallen,** genügt aber nicht die formelhafte Begründung „für uns nicht geeignet" oder „eine zufriedenstellende Kooperation für die Zukunft sei nicht zu erwarten" (BAG 13. 7. 78, AP Nr. 17 zu § 102 BetrVG 1972), oder „die Leistungen sind nicht zufriedenstellend" (BAG 28. 9. 78, AP Nr. 19 a. a. O). oder „hoher Anteil an Fehlzeiten" (LAG Berlin, 19. 8. 1988, DB 89, 129). Es sind keine geringeren Anforderungen an die Mitteilungspflichten des ArbGeb. zu stellen als bei ArbN, die unter das KSchG fallen (BAG a. a. O., 8. 9. 88, AP Nr. 49 zu § 102 BetrVG 1972; ; *GKSB,* Rn 31; einschr. *DR,* Rn 55; u. LAG Berlin a. a. O.; **a.M.** *HSG,* Rn 38). Allerdings bedarf es noch nicht der Angabe gesetzlicher Kündigungsgründe i. S. von § 1 KSchG (BAG 8. 9. 88 a. a. O.). 19

IV. Beschlußfassung des Betriebsrats

Die Mitteilung hat so frühzeitig zu geschehen, daß dem BR genügend Zeit bleibt, in Ruhe zu beraten und über seine Stellungnahme zu beschließen (§ 33). Wegen Teilnahme der JugendAzubiVertr. vgl. § 67 Rn 10, 16. **Umlaufverfahren genügt nicht,** auch nicht in sogen. Eilfällen (h. M., vgl. § 33, Rn 14; **a.M.** *Meisel,* Rn 458 und *Brill,* ArbuR 75, 19). Der BetrAusschuß ist nur zuständig, wenn diesem Ausschuß oder einem besonderen Personalausschuß diese Aufgaben zur selbständigen Erledigung gem. §§ 27 Abs. 3, 28 Abs. 3 übertragen worden sind (BAG, 4. 8. 1975, 12. 7. 84, AP Nr. 4, 32 zu § 102 BetrVG 1972). Welche Zeitspanne als genügend anzusehen ist, hängt von der Eilbedürftigkeit der Kündigung und den betrieblichen Verhältnissen ab. Jedenfalls die **Wochenfrist** 20 des § 102 Abs. 2 Satz 1 bei ordentlichen Kündigungen und die von **drei Tagen** (Satz 3) bei außerordentlichen Kündigungen **muß dem BR eingeräumt werden.** Zur ordnungsgemäßen Anhörung i. S. des Abs. 1 Satz 1 gehört auch die Möglichkeit des BR, schriftlich Stellung zu nehmen und Bedenken geltend zu machen oder Widerspruch einzulegen. **Fristverlängerung** kann generell oder im Einzelfall vereinbart werden (vgl. Rn 32).

21 Die Äußerung des BR erfolgt durch dessen Vors (oder durch den Vors. des Personalausschusses). Der **ArbGeb.** ist mangels bes. negativer Anhaltspunkte (LAG Berlin, AP Nr. 1 zu § 102 BetrVG 1972) **nicht verpflichtet,** sich über die **Richtigkeit der Erklärung des BRVors. zu vergewissern** (BAG 26. 9. 1963, AP Nr. 2 zu § 70 PersVG Kündigung; *DR,* Rn 95; *GK-Kraft,* Rn 52; vgl. jedoch § 26 Rn 30). Wird der nicht mehr amtierende BR angehört, ist die Kündigung unwirksam (BAG 28. 9. 83, AP Nr. 1 zu § 21 BetrVG 1972).

22 Eine wirksame Äußerung des BR liegt noch nicht vor, wenn ein einzelnes BR-Mitgl. vor Ablauf der Wochenfrist gegenüber dem ArbGeb. eine Erklärung abgibt, dieser aber weiß oder den Umständen nach annehmen muß, daß sich der BR als Gremium noch nicht mit der Angelegenheit ordnungsgemäß durch Beschlußfassung (vgl. Rn 20) befaßt hat (BAG 28. 2. 1974, 18. 8. 82, AP Nr. 2, 24 zu § 102 BetrVG 1972). Erörterung der Kündigung mit dem BR-Vors. oder einem einzelnen BR-Mitgl. genügt nicht, ebenso nicht die Zustimmung des BR-Vors., auch nicht in kleineren Betrieben (vgl. § 27 Rn 64, BAG 28. 3. 1974 u. 18. 9. 1975, AP Nr. 3 u. 6 zu § 102 BetrVG 1972). Wegen Ausschüssen des BR vgl. § 27 Rn 42, 45, § 28 Rn 5.

Hat der ArbGeb. das Anhörungsverfahren ordnungsgemäß eingeleitet, so sind **Mängel in der Willensbildung des BR unerheblich,** wenn der ArbGeb. mit dem Ausspruch der Kündigung bis zum **Ablauf der Wochenfrist** des § 102 Abs. 2 S. 1 bzw. der Frist von 3 Tagen nach § 102 Abs. 2 S. 3 **wartet** (BAG 28. 3. 1974, AP Nr. 3 zu § 102 BetrVG 1972). Sie gehören zur **Sphäre des BR,** d. h. dessen Zuständigkeits- und Verantwortungsbereich (BAG 4. 8. 1975, 24. 3. 1977, AP Nr. 4, 12 zu § 102 BetrVG 1972) und gehen nicht zu Lasten des ArbGeb.

Beispiele:

Fehlerhafte Zusammensetzung des BR oder des zuständigen Ausschusses bei BeschlFassung (BAG 2. 4. 76, 12. 10. 79, AP Nr. 9 zu § 102 BetrVG 1972, AP Nr. 7 zu § 1 KSchG 69 Betriebsbedingte Kündigung); Mängel bei der BeschlFassung selbst, z. B. Umlaufverfahren (BAG 4. 8. 75, AP Nr. 4 zu § 102 BetrVG 1972); u. U. Teilnahme des ArbGeb. an der BRSitzung (BAG 24. 3. 77, AP Nr. 12 a. a. O.); ermessensfehlerhafte Nichtanhörung des ArbN durch den BR (BAG 12. 10. 79 a. a. O.).

23 Bei **Kündigungen vor Fristablauf** kann sich der ArbGeb. auf eine ihm übermittelte Stellungnahme des BR aber nur verlassen, wenn er keine Anhaltspunkte für eine geschäftsordnungswidrige oder gar unterlassene Beschlußfassung des BR hat (vgl. *Buchner,* DB 76, 532 zu BAG, AP Nr. 2–4 zu § 102 BetrVG 1972; BAG 18. 8. 82, AP Nr. 24 zu § 102

BetrVG 1972; LAG Hamm, 21. 9. 82, ZIP 83, 110 betr. spontane Zustimmung des BR zur außerordentlichen Kündigung ohne ordnungsgemäße Beschlußfassung; *DR,* Rn 95f. und *GK-Kraft,* Rn 40: ArbGeb. darf Fehler nicht selbst veranlaßt haben; zu weitgehend BAG 2. 4. 1976, AP Nr. 9 zu § 102 BetrVG 1972 unter Zustimmung von *Hunold,* DB 76, 1865, *Heinze,* Rn 496f. u. *GL,* Rn 41; danach sollen sich Mängel in der Willensbildung des BR selbst bei positiver Kenntnis des ArbGeb. nicht auf die Wirksamkeit der Anhörung auswirken, und zwar auch dann nicht, wenn der ArbGeb. noch innerhalb der Wochenfrist kündigt; vgl. auch § 26 Rn 27, 30; kr. zu letzterer BAG Entscheidung *Gaul,* RdA 79, 268 Fußnote 10 u. *Otto,* ZfA 76, 402). Verschweigt sich der BR, so kann der ArbGeb. jedenfalls nach Ablauf der Wochenfrist kündigen (BAG 18. 9. 75, AP Nr. 6 zu § 102 BetrVG 1972). Wegen nicht eindeutiger Äußerungen des BR vgl. Rn 32a.

Der **Widerruf einer ausdrücklichen Zustimmungserklärung** des BR ist nach Zugang der Mitteilung an den ArbGeb. nicht mehr möglich (vgl. § 33 Rn 33; BAG 3. 2. 82, AP Nr. 1 zu § 72 BPersVG; *GK-Kraft,* Rn 53; *KR-Etzel,* Rn 126; **a.M.** *Gaul,* RdA 79, 269f.: Widerruf bis zum Zeitpunkt des Ausspruchs der Kündigung durch den ArbGeb.; vgl. auch § 103 Rn 24 u. § 99 Rn 62). 24

V. Folgen mangelhafter Anhörung

Kündigt der ArbGeb. **ohne vorherige Anhörung des BR,** so ist die Kündigung mangels Vorliegens dieses Tatbestandsmerkmals der Kündigung von **vornherein unwirksam** (Abs. 1 Satz 3), ohne daß es noch auf die materiellen Gründe für die Kündigung ankäme (h. M.). Die Kündigung ist auch unwirksam bei **mangelhafter Anhörung** des BR, insbesondere wenn der ArbGeb. seine Mitteilungspflichten nicht ausreichend erfüllt, unabhängig davon, ob und wie der BR zu der mangelhaften Anhörung Stellung genommen hat. Auch eine Stellungnahme des BR ist nicht geeignet, Fehler des ArbGeb. bei der Anhörung zu heilen (BAG 28. 2. 74, 4. 8. 75, 16. 3. 78, 28. 9. 78, 5. 2. 81, AP Nr. 2, 4, 15, 19 zu § 102 BetrVG 1972, AP Nr. 1 zu § 72 LPVG NW; *DR,* Rn 97). Ein vorheriger Verzicht auf das Anhörungsrecht ist unwirksam (*GK-Kraft,* Rn 44). Auf ein **Verschulden des ArbGeb.** bei der Einleitung des Anhörungsverfahrens **kommt es nicht an** (*KR-Etzel,* Rn 107a). Die Beteiligung des BR liegt auch im Interesse des ArbGeb., der u. U. vom BR auf ihm bisher unbekannte Umstände hingewiesen wird und dadurch den Verlust eines Kündigungsschutzprozesses vermeiden kann. Besteht nämlich Einigung zwischen BR und ArbGeb. über die für eine betriebsbedingte Kündigung heranstehenden ArbN, so kann eine tatsächliche Vermutung für die ausreichende Berücksichtigung sozialer Gesichtspunkte i. S. des § 1 Abs. 3 KSchG sprechen (BAG 16. 2. 61, AP Nr. 1 zu § 565 ZPO). 25

Die Einhaltung des Anhörungsverfahrens ist **Wirksamkeitsvoraussetzung jeder Kündigung,** gleichgültig welcher Art die auszusprechende 25a

Kündigung ist und unabhängig davon, ob der betroffene ArbN unter das KSchG fällt oder nicht. Das gilt auch für die außerordentliche Kündigung; da es um die Beteiligung des BR, nicht des ArbN geht, kann auch dessen Anhörung vor der Kündigung für den ArbGeb. nicht „unzumutbar" sein (*Heinze,* Rn 499ff.). Infolgedessen trägt der kündigende **ArbGeb. die Darlegungs- und Beweislast** dafür, daß das Verfahren nach Abs. 1 eingehalten ist (BAG 19. 8. 75, 7. 11. 75, AP Nr. 5 zu § 102 und AP Nr. 1 zu § 130 BetrVG 1972; *GK-Kraft,* Rn 49; *Oetker,* BB 89, 417; *Busemann,* NZA 87, 581), der ArbN im Streitfall aber dafür, daß eine Anhörung wegen wirksamen Bestehens eines BR überhaupt erforderlich war. Die **Nichtigkeit** einer derartigen Kündigung kann nach § 13 Abs. 3 KSchG von **jedermann** (nach *HSG,* Rn 52 nur vom betroffenen ArbN), **jederzeit und in jedem Verfahren** geltend gemacht werden (h. M.; für Einhaltung der Frist von 3 Wochen [§ 4 KSchG] aber *Freese,* BB 73, 665 und *Hoechst,* ArbuR 73, 334). Eine Auflösung des Arbeitsverhältnisses gem. § 9 KSchG kommt nicht in Betracht (BAG 9. 10. 79, AP Nr. 4 zu § 9 KSchG 1969; *Hueck,* § 9 Rn 14; *GL,* Rn 46). Auch kann der ArbN seine Weiterbeschäftigung verlangen, ohne daß die Voraussetzungen des Abs. 5 vorliegen müßten. Eine Ausschlußfrist zur Geltendmachung dieses Mangels sieht das Gesetz nicht vor. Verschweigt sich der ArbN längere Zeit, so kann **Verwirkung** eintreten (h. M.; Verwirkung bei Klageerhebung mehr als 3 Monate nach der Kündigung nimmt ArbG Bielefeld, 22. 11. 84, NZA 85, 187 an). Er kann aber ebenso wie der BR nicht auf die Anhörung verzichten.

26 Der ArbGeb. ist verpflichtet, die Stellungnahme des BR (Bedenken nach Abs. 2 oder Widerspruch nach Abs. 3) entgegenzunehmen und sich mit ihr sachlich auseinanderzusetzen. Der **Kündigungswille** des ArbGeb. darf **nicht schon unabänderlich feststehen,** indem er z. B. dem BR ein fertig formuliertes Kündigungsschreiben vorlegt und es ablehnt, sich mit Gegenvorstellungen des BR zu befassen. Der ArbGeb. muß noch bereit sein, die Argumente des BR zu würdigen (vgl. § 1 Rn 121; *GKSB,* Rn 24; *GK-Kraft,* Rn 21; *Gester/Zachert,* Jahrbuch des Arbeitsrechts, Bd. 12, S. 92; **a. M.** BAG 28. 2. 74, 13. 11. 75, 28. 9. 78, AP Nr. 2, 7 und 19 zu § 102 BetrVG 1972 unter Hinweis darauf, daß der BR immer noch Einfluß auf den Kündigungswillen des ArbGeb. nehmen könnte, wenn die Kündigung noch nicht ausgesprochen sei; **a. M.** auch *Heinze,* Rn 460; *HSG,* Rn 25; *DR,* Rn 44; *GL,* Rn 40; *KR-Etzel,* Rn 55).

27 **Nachträgliche Zustimmung** des BR **heilt die Unwirksamkeit der Kündigung** als einseitiger Willenserklärung, die keinen Schwebezustand zuläßt, **nicht** (BAG, 28. 2. 1974, 18. 9. 75 AP, Nr. 2, 6 zu § 102 BetrVG 1972; *DR,* Rn 100, 103; *GL,* Rn 49; *GK-Kraft,* Rn 25; *Hueck,* KSchG Einl. Rn 106; *HSG,* Rn 19, 55). Das BetrVG enthält keine dem § 184 BGB entsprechende Vorschrift. Der ArbGeb. kann aber u. U. **nach ordnungsgemäßer Anhörung** des BR **erneut kündigen,** wenn die materiellen Kündigungsgründe noch nicht verbraucht sind.

28 **Kündigt der ArbGeb.** erst **geraume Zeit nach Anhörung des BR,** so ist eine erneute Anhörung erforderlich, falls sich inzwischen der Kündigungssachverhalt geändert hat (BAG 26. 5. 77, AP Nr. 14 zu § 102

BetrVG 1972; *Meisel,* Rn 451; *Heinze,* Rn 503 u. *GKSB,* Rn 20 halten nach längerem Zeitablauf stets eine neue Anhörung für erforderlich). Eine Frist für den Ausspruch der Kündigung enthält § 102 im Gegensatz zu § 18 Abs. 3 SchwbG und § 18 Abs. 4 KSchG aber nicht (für analoge Anwendung der Monatsfrist des § 18 Abs. 3 SchwbG: *Ottow,* BB 78, 1527; vgl. auch LAG Hamm, DB 78, 259).

Bei **Schwbeh.** kann der BR schon vor Abschluß des Verfahrens vor 29
der Hauptfürsorgestelle angehört werden. Dann ist eine erneute Anhörung des BR nicht erforderlich, wenn die Entscheidung der Hauptfürsorgestelle erst später ergeht und sich der Kündigungssachverhalt inzwischen nicht geändert hat. Dann muß der ArbGeb. aber binnen einem Monat nach der Erteilung der Zustimmung kündigen (§ 18 Abs. 3 SchwbG; BAG 5. 9. 1979, 1. 4. 81, AP Nr. 6 zu § 12 SchwbG, AP Nr. 23 zu § 102 BetrVG 1972). Das Anhörungsverfahren zu einer beabsichtigten **außerordentlichen Kündigung** kann auch erst nach dem Ende des Zustimmungsverfahrens bei der Hauptfürsorgestelle eingeleitet zu werden; dieser Antrag muß binnen 2 Wochen nach Kenntnis des ArbGeb von den maßgeblichen Tatsachen bei der Hauptfürsorgestelle eingehen (§ 21 Abs. 2 SchwbG als Sondervorschrift zu § 626 Abs. 2 BGB). Dann muß der ArbGeb. aber sofort nach Bekanntgabe der zustimmenden Entscheidung oder nach Ablauf der 2 Wochenfrist des § 21 Abs. 3 SchwbG das Anhörungsverfahren einleiten und sofort nach Eingang der Stellungnahme des BR oder Ablauf der 3-Tage-Frist des § 102 Abs. 2 Satz 3 kündigen (BAG 3. 7. 80, 1. 4. 81, AP Nr. 2 zu § 18 SchwbG, AP Nr. 23 zu § 102 BetrVG 1972; 22. 1. 87, AP Nr. 24 zu § 102 BetrVG 1972; vgl. auch *Braasch,* BlStR 81, 1 u. *Jobs,* ArbuR 81, 225, 229). Bei Kündigungen im öffentlichen Dienst ist der PR erneut zu beteiligen, wenn die vorgesetzte Dienststelle eine erneute Überprüfung der beabsichtigten Kündigung anordnet (BAG 16. 6. 1976, AP Nr. 57 zu § 4 TVG Ausschlußfristen). Wegen Anhörung der SchwbehVertr. vgl. § 32 Rn 8.

Bei **außerordentlichen Kündigungen** rechnet die Dreitagefrist für die 30
Stellungnahme des BR auf die zweiwöchige Überlegungsfrist des ArbGeb. nach § 626 Abs. 2 Satz 1 an, d.h. die letztere Frist wird nicht verlängert (*DR,* Rn 74; *HSG,* Rn 21; **a. M.** *Meisel,* Rn 487f. u. *H. P. Müller,* DB 75, 1363). Die Frist läuft aber nicht, so lange der ArbGeb. noch Ermittlungen anstellt und binnen einer Woche nach Kenntnis des Vorfalls den ArbN anhört (BAG 6. 7. 1972, AP Nr. 3 zu § 626 BGB Ausschlußfrist).

Eine **nachträglich,** insbes. im Prozeß, abgegebene Erklärung des Arb- 31
Geb., die **außerordentliche Kündigung solle hilfsweise als ordentliche** gelten, ist wegen Nichtanhörung des BR zur ordentlichen Kündigung **unwirksam,** und zwar auch dann, wenn sie aus verhaltensbedingten Gründen ausgesprochen wurde. Sie wäre eine Umgehung des Verfahrens nach § 102 Abs. 3 u. 5 (*DR,* Rn 50; *GK-Kraft,* Rn 29, 76; *Hueck,* KSchG § 13 Rn 27; BAG 16. 3. 78, 20. 9. 84, AP Nr. 15 zu § 102 BetrVG 1972, AP Nr. 80 zu § 626 BGB; insoweit **a. M.** *HSG,* Rn 140); etwas anderes kann gelten bei ausdrücklicher und vorbehaltloser Zu-

stimmung des BR zur Kündigung und identischem Sachverhalt; BAG a. a. O.; *DR,* Rn 44). Der ArbGeb. kann aber von vornherein den BR **auch zu einer hilfsweise zu erklärenden ordentlichen Kündigung hören,** wenn er den BR deutlich auf diese Absicht hinweist (BAG a. a. O.; *Meisel,* Rn 409, der die Ansicht des BAG aber für wenig einleuchtend hält; *GL,* Rn 26a; *Heinze,* Rn 483; *HSG,* Rn 29; *KR-Etzel,* Rn 182). Dann hat aber der ArbGeb die **Wochenfrist einzuhalten.** Auch ist es denkbar, daß der ArbGeb. aus denselben Gründen statt einer außerordentlichen nur eine ordentliche Kündigung ausspricht, wenn der BR dieser zustimmt (LAG Baden-Württemberg, 3. 11. 1976, DB 77, 777; nach LAG Berlin, NJW 83, 1631 ist der BR dann nochmals zu hören). Die Anhörung wegen einer beabsichtigten ordentlichen Kündigung ersetzt nicht die Anhörung wegen einer stattdessen ausgesprochenen und zudem auf zusätzliche Gründe gestützten außerordentlichen Kündigung (BAG 12. 8. 1976, AP Nr. 10 zu § 102 BetrVG 1972; *DR,* Rn 98).

VI. Mitteilung von Bedenken durch den Betriebsrat

32 Der BR hat **Bedenken** gegen die geplante **ordentliche Kündigung binnen einer Woche** seit Zugang der Auskunft des ArbGeb. **unter Angabe von Gründen schriftlich** mitzuteilen. ArbGeb. und BR können **Fristverlängerung vereinbaren** (vgl. § 99 Rn 60; BAG 14. 8. 86, AP Nr. 43 zu § 102 BetrVG 1972; *DR,* Rn 71; *GL,* Rn 39; *Meisel,* Rn 479; *Peiseler,* AiB 84, 29; **a.M.** *GK-Kraft,* Rn 55; *Heinze,* Rn 491, 498; *HSG,* Rn 67). Schutzwerte Interessen des ArbN im „Vorfeld" der Kündigung werden nicht berührt. Ist der letzte Tag der Frist ein Sonntag, gesetzlicher Feiertag oder Samstag, so erstreckt sich die Frist bis zum nächsten Werktag (§ 193 BGB). Rückfragen des BR beim ArbGeb. nach ausreichender Unterrichtung über die Kündigung (Rn. 14ff.) verlängern die Wochenfrist aber nicht (LAG Frankfurt 21. 3. 1973, DB 73, 1806). Auch für Massenkündigungen tritt keine automatische Verlängerung der Anhörungsfrist ein; die Verweigerung einer Fristverlängerung durch den ArbGeb kann aber rechtsmißbräuchlich sein (BAG 14. 8.86, a. a. O.).

32a Ob der BR Bedenken geltend machen will, hat er nach pflichtgemäßem Ermessen zu beschließen. Die Geltendmachung von Bedenken nach Abs. 2 ist der generelle Auffangtatbestand für alle ablehnenden Stellungnahmen des BR (*Heinze,* Rn 530). Der zustimmende Beschluß ist unwiderruflich, wenn er dem ArbGeb. mitgeteilt worden ist (vgl. Rn 24 und § 33 Rn 33). Die Mitteilung des BR, er nehme die Kündigung zur Kenntnis bzw. er beabsichtige, keine Stellungnahme abzugeben, kann nicht ohne weiteres als eine abschließende Äußerung des BR angesehen werden (BAG 12. 3. 87, AP Nr. 47 zu § 102 BetrVG 1972; *Oetker,* BB 84, 1433). Sie entbindet den ArbGeb. nicht von der Einhaltung der Wochenfrist (*HSG,* Rn 74; **a.M.** LAG Hamm, DB 83, 48; *KR-Etzel,* Rn 103), auch nicht die mündliche Mitteilung von Bedenken, wenn noch eine schriftliche Stellungnahme angekündigt ist (*KR-Etzel,* Rn 103a; BAG 28. 7. 82 – 7 AZR 1181/79 –; **a.M.** LAG Hamm, 5. 12. 75, DB 76,

680), oder die schriftlich erklärte Bereitschaft des BR, über andere Vorschläge zu diskutieren. Der ArbGeb. kann vor Ablauf der Wochenfrist nur kündigen, wenn sich aus der Erklärung des BR eindeutig ergibt, er wünsche keine weitere Erörterung des Falles, seine Stellungnahme sei abschließend (BAG 1. 4. 1976, 12. 3. 87, AP Nr. 8, 47 zu § 102 BetrVG 1972).

Eine ausdrückliche Zustimmungserklärung sieht das Gesetz **nicht** vor und kann **vom BR** nicht **verlangt** werden. Die **Nichtäußerung** binnen der Wochenfrist wird kraft Gesetzes **als Zustimmung fingiert,** selbst wenn der BR lediglich keine Möglichkeit sah, einen rechtserheblichen Widerspruch zu erheben (Abs. 2 Satz 2; vgl. § 99 Rn 59, 63). Nunmehr kann der ArbGeb. die Kündigung aussprechen, vorbehaltlich ihrer Überprüfung im Kündigungsschutzverfahren. War der BR schuldlos gehindert, die Wochenfrist einzuhalten, so wird er noch nachträglich Widerspruch einlegen können; die Wirksamkeit des Anhörungsverfahrens nach Abs. 1 bleibt aber davon unberührt (vgl. *Heinze,* Rn 582f. u. § 99 Rn 62). 33

Bedenken gegen eine **außerordentliche Kündigung** sind dem ArbGeb. unverzüglich, spätestens **binnen drei Tagen,** schriftlich mitzuteilen. 34

Die Fristen dieses Gesetzes und des § 626 Abs. 2 BGB werden durch einen **Aussetzungsantrag nach § 35** weder gehemmt noch unterbrochen (vgl. § 99 Rn 63 und § 35 Rn 28), wohl aber durch **Betriebsferien,** in denen der ArbGeb. den gesetzlichen Erfordernissen nicht genügen kann (vgl. Rn 4a). 35

Der **BR soll,** sofern dies nach pflichtgemäßem Ermessen erforderlich erscheint, vor seiner Stellungnahme den **betroffenen ArbN hören** und muß dies im Fall des Abs. 3 Nr. 3–5 u. im Fall einer vorgesehenen Änderungskündigung (vgl. Rn 6ff.). Er hat über **vertrauliche persönliche Dinge zu schweigen,** die er vom ArbGeb. oder ArbN in Zusammenhang mit personen- oder verhaltensbedingten Kündigungsgründen erfährt (vgl. § 99 Rn 39 u. § 79 Rn 18). Hört der BR den ArbN nicht, so ist diese Unterlassung ohne Einfluß auf die Wirksamkeit des Widerspruchs (*Meisel,* Rn 461). Auch wird die Ordnungsmäßigkeit der Anhörung dadurch nicht beeinträchtigt (BAG 2. 4. 1976, 3. 2. 82, AP Nr. 9 zu § 102 BetrVG 1972, AP Nr. 1 zu § 72 BPersVG). Bei ständiger Nichtanhörung der ArbN kommt aber ein Antrag nach § 23 Abs. 1 in Betracht. 36

Die Gründe, auf die der BR seine **Bedenken** stützt, sind nicht notwendig die gleichen wie in Abs. 3. Der BR kann zur Begründung seiner Bedenken auch Argumente heranziehen, die völlig außerhalb des Katalogs des Abs. 3 liegen (*DR,* Rn 86). Für ein sich anschließendes Kündigungsschutzverfahren kommen aber nur die Widerspruchsgründe des Abs. 3 in Betracht, soweit es die Anwendung des § 1 Abs. 2 Satz 2 und 3 KSchG sowie des § 102 Abs. 5 BetrVG angeht. Die Äußerung von Bedenken kann aber mittelbar die Stellung des ArbN im Kündigungsschutzprozeß verstärken (vgl. *Heinze,* Rn 530ff.). 37

VII. Widerspruch des Betriebsrats

38 Bei geplanten **ordentlichen Kündigungen** kann der BR innerhalb der Wochenfrist des Abs. 2 Satz 1 (vgl. Rn 32) gegen die Kündigung nach pflichtgemäßem Ermessen Widerspruch einlegen, wenn einer der **abschließend** (h. M.; kritisch dazu *Heinze,* Rn 538ff.; die Geltendmachung aller Gründe des § 1 Abs. 2 Satz 1 KSchG halten für zulässig: *Brox,* Festschrift BAG, S. 37; *GKSB,* Rn 71) **aufgestellten Tatbestände des Abs. 3 Nr. 1–5 vorliegt.** Die Stellungnahme muß dem ArbGeb. noch innerhalb der Wochenfrist zugehen. Der betroffene ArbN (Bewerber) hat keinen einklagbaren Anspruch gegen den BR auf Tätigwerden (vgl. auch § 99 Rn 67). Ein wiederholtes Untätigbleiben trotz Vorliegens der Voraussetzungen des Abs. 3 kann aber eine grobe Pflichtverletzung (§ 23 Abs. 1) sein. Der BR hat den in Betracht kommenden Tatbestand unter Hinweis auf mindestens einen Widerspruchsgrund in seiner **schriftlichen Stellungnahme** zu bezeichnen und zu erläutern (eventuell in einem besonderen Schriftsatz innerhalb der Wochenfrist). Eine **Wiederholung des Gesetzeswortlauts allein genügt nicht** (h. M.), auch nicht das Vorbringen eines Zweifels, daß wirklich kein anderer Arbeitsplatz vorhanden sei (LAG Düsseldorf, DB 78, 1282); dieser ist vielmehr zu benennen (LAG Düsseldorf, BB 80, 2043; **a. M.** LAG Berlin, DB 80, 2449: globale Angabe anderer Beschäftigungsmöglichkeit genügt). Die **konkrete Begründung braucht** andererseits **nicht ohne weiteres einleuchtend** zu sein, wie sich mittelbar aus Abs. 5 Nr. 3 ergibt (vgl. Rn 68 [3]; *Bormann,* DB 75, 882; *Heinze,* Rn 577; *HSG,* Rn 80; *KR-Etzel,* Rn 144). Bei einer Widerspruchsfrist von nur einer Woche können keine zu hohen Anforderungen gestellt werden. Ein mündlich eingelegter Widerspruch reicht aber ebensowenig wie bei der Erhebung von Bedenken (vgl. Rn 32) aus. Soweit Widerspruchsgründe nach Abs. 3 vorliegen, entfällt die Geltendmachung von Bedenken; Abs. 2 wird insoweit verdrängt. Der BR kann aber neben Widerspruchsgründen auch Bedenken aus anderen Gründen geltend machen (*Heinze,* Rn 573f.). Mit der abschließenden Stellungnahme des BR endet seine Beteiligung (vgl. BAG 19. 5. 83, AP Nr. 44 zu § 37 BetrVG 1972); es ist Sache des ArbN, ob er ggfs. Kündigungsschutzklage erheben will.

39 Bei den **Widerspruchsgründen** handelt es sich in erster Linie um Gesichtspunkte betriebsbedingter Kündigungen mit kollektivem Einschlag, die der BR wegen seines besseren Überblicks über die betrieblichen Geschehnisse leichter geltend machen kann als der einzelne ArbN. Insbes. ist der einzelne ArbN vielfach überfordert, wenn er im Kündigungsschutzprozeß auf betriebliche Fragen eingehen und Gesichtspunkte der sozialen Auswahl bei Kündigungen darlegen und beweisen soll (vgl. § 1 Abs. 3 letzter Satz KSchG).

Beispiele für den Inhalt von Widerspruchsbegründungen:

Gegen die Kündigung wird Widerspruch eingelegt, weil Herr X schon 10 Jahre der Firma angehört und eine 5-köpfige Familie zu ernähren hat. In der Abteilung sind mehrere ArbN beschäftigt, die kürzere Zeit im Betrieb beschäftigt sind und keinen Unterhaltsverpflichtungen nachkommen müssen (vgl. Abs. 3 Nr. 1);

Gegen die Kündigung wird Widerspruch eingelegt, weil Herr X in der Abteilung ......, in der mehrere Arbeitsplätze nicht besetzt sind, weiterbeschäftigt werden kann (vgl. Abs. 3 Nr. 3); er ist in der Lage und bereit, nach kurzer Umschulung die dort anfallenden Arbeiten zu verrichten (vgl. Abs. 3 Nr. 4);

Gegen die Kündigung wird Widerspruch eingelegt, weil Herr X bereit ist, nach Stillegung der Betriebsabteilung, in der er jetzt beschäftigt ist, eine Tätigkeit als Lagerarbeiter anzunehmen; im Lager sind mehrere Arbeitsplätze nicht besetzt (vgl. Abs. 3 Nr. 3 und 5).

VIII. Widerspruchsgründe

Die **Widerspruchsgründe des Abs. 3 decken sich** hinsichtlich der sozialen Auswahl mit § 1 Abs. 3 S. 1 KSchG. Sie modifizieren z. T. die personen-, verhaltens- und betriebsbedingten Gründe für eine Kündigung nach § 1 Abs. 2 S. 1 KSchG. Soweit derartige Tatbestände schon nach § 1 Abs. 1, Abs. 2 S. 1, Abs. 3 eine Kündigungsschutzklage rechtfertigen, kann der **ArbN unabhängig von einem etwaigen Widerspruch des BR klagen** (BAG 13. 9. 1973, AP Nr. 2 zu § 1 KSchG 1969; *DR,* Rn 176; *GL,* Rn 93; *GK-Kraft,* Rn 83; *Gift,* ZfA 74, 135f.; *GKSB,* Rn 66; *HSG,* Rn 134; *Hueck,* KSchG, § 1 Rn 73ff. u. Festschrift BAG, S. 264; **a.M.** *Blomeyer,* Gedächtnisschrift Dietz, S. 152f.). Die Gegenmeinung würde nicht zu einer vom Gesetz gewünschten Erweiterung, sondern im Gegenteil zu einer Einschränkung des bisherigen individuellen Kündigungsschutzes führen, insbes. wenn kein BR besteht. Für die auf § 1 Abs. 2 Satz 1 KSchG gestützte Klage ist es daher unerheblich, ob zugleich ein den Widerspruch des BR begründender Tatbestand vorliegt und ein entsprechender Widerspruch erhoben wird oder nicht. 40

Insoweit kommen nach der bisherigen Rechtsprechung des BAG, die noch fortentwickelt werden könnte (vgl. *Gester/Zachert,* Jahrbuch des Arbeitsrechts, Bd. 12, S. 100 und *GL,* Rn 94), nach **§ 1 Abs. 2 S. 1 KSchG folgende Tatbestände** in Betracht: Versetzung oder Umsetzung innerhalb desselben Betriebes (BAG 28. 11. 1968, AP Nr. 19 zu § 1 KSchG Betriebsbedingte Kündigung), Weiterbeschäftigung nach Umschulung oder Fortbildung (BAG 7. 5. 1968, AP Nr. 18 a. a. O.), einverständliche Änderung der Arbeitsbedingungen (BAG 12. 12. 1968, AP Nr. 20 a. a. O.), Versetzung in einen **anderen Betrieb des Unternehmens** (BAG 22. 11. 1973, 17. 5. 84, 27. 9. 84, AP Nr. 22 zu § 1 KSchG Betriebsbedingte Kündigung, AP Nr. 21 zu § 1 KSchG 1969 Betriebsbedingte Kündigung, AP Nr. 8 zu § 2 KSchG 1969), aber **nicht des Konzerns** (BAG 14. 10. 82, 22. 5. 86, AP Nr. 1, 4 zu § 1 KSchG 1969 Konzern; vgl. aber wegen Weiterbeschäftigung im Rahmen eines Sozialplans §§ 112, 112a Rn 35a u. zur unterschiedlichen Rechtslage bei kollektiver u. individualrechtlicher Betrachtung *Abbrent,* BB 88, 756). Zusammenfassend zur betriebsbedingten Kündigung: BAG 17. 10. 80, AP Nr. 10 a. a. O. 41

42 Bei den Kündigungsgründen, die zu einem Widerspruch nach Abs. 3 führen können, wird es sich zwar in **erster Linie** um **betriebsbedingte Gründe** handeln. Ein Widerspruch des BR kommt aber auch bei **personenbedingten** (vgl. BAG 10. 3. 77, AP Nr. 4 zu § 1 KSchG 1969 Krankheit) und in einzelnen Fällen sogar **verhaltensbedingten** (verschuldeten) Kündigungsgründen in Betracht (vgl. BAG 16. 3. 78, 22. 7. 82, AP Nr. 15 zu § 102 BetrVG 72; AP Nr. 5 zu § 1 KSchG 1969 Verhaltensbedingte Kündigung; *DR,* Rn 121; *KR-Etzel,* Rn 146; *Moritz,* DB 85, 229), wenn nämlich zu erwarten ist, daß das zu mißbilligende Verhalten bei Einsatz auf einem anderen Arbeitsplatz entfällt (vgl. *Brox,* Festschrift BAG, S. 48; *Gester/Zachert,* Jahrbuch des Arbeitsrechts, Bd. 12, S. 97; LAG Düsseldorf 13. 11. 75, BB 76, 464 bei schuldlosen verhaltensbedingten Kündigungsgründen; *Heinze,* Rn 553; *Hueck,* KSchG, § 1, Rn 78, 141; *Großmann,* DB 77, 1364; differenzierend *GL,* Rn 64; **a. M.** *HSG,* Rn 86ff.; *Stege/Weinspach,* Rn 114). Die Widerspruchsgründe des Abs. 3 beschränken sich nicht auf bestimmte Kündigungsarten, sondern auf bestimmte Lebenssachverhalte (*Klebe,* BB 80, 838).

43 Abs. 3 **Nr. 1** wiederholt den in § 1 Abs. 3 Satz 1 KSchG für betriebsbedingte Kündigungen aufgestellten Grundsatz, daß die Kündigung trotz Vorliegens dringender betrieblicher Erfordernisse dann nicht ausgesprochen werden darf, wenn der ArbGeb. bei der Auswahl des zu kündigenden ArbN **soziale Gesichtspunkte nicht oder nicht ausreichend** berücksichtigt hat (Dauer der Betriebszugehörigkeit, Lebensalter, Familienstand, wirtschaftliche Lage, Nebenverdienst oder Einkünfte des Ehegatten, Gesundheitsschäden aufgrund der Arbeit). Diese sind ggfs. gegenüber dringenden betrieblichen Bedürfnissen (§ 1 Abs. 3 S. 2 KSchG) abzuwägen (nach ArbG *Rheine,* BB 82, 431 kann der BR einen Widerspruch auch darauf stützen, daß überhaupt keine betriebsbedingten Gründe für die Kündigung vorliegen). Bei Nr. 1 ist nur ein Vergleich zwischen den (austauschbaren) ArbN des **Betriebes** (auch eines Großbetriebes), nicht aber innerhalb des Unternehmens oder Konzerns vorzunehmen (*Heinze,* Rn 546; *Weller,* ArbuR 86, 225, 230; BAG 22. 5. 86, AP Nr. 4 zu § 1 KSchG 1969 Konzern).

43a Ggfs. ist die Kündigung einerseits nach dem KSchG sozial ungerechtfertigt, zum anderen kann der BR aber schon vor Ausspruch einer Kündigung und einer evtl. Prüfung der Auswahl der gekündigten ArbN im Kündigungsschutzprozeß Widerspruch einlegen, um den ArbGeb. entweder zu veranlassen, von der Kündigung des dafür vorgesehenen ArbN von vornherein abzusehen oder doch dem ArbN für die etwaige Prozeßführung eine Hilfestellung zu geben (vgl. Abs. 4). Der betroffene ArbN wird oft nicht in der Lage sein, von sich aus die Belange der u. U. betroffenen ArbN bei der Auswahl zu kündigender ArbN zu überblikken. In Verbindung mit der auf Verlangen zu gebenden Auskunft des ArbGeb. über seine Gründe für die getroffene soziale Auswahl (§ 1 Abs. 3 Satz 1 Halbs. 2 KSchG; vgl. Rn 17: „Sozialdaten") kann dann der ArbN bzw. sein Rechtsbeistand prüfen, ob eine Kündigungsschutzklage Aussicht auf Erfolg hat. Die den ArbN nach § 1 Abs. 3 letzter Satz KSchG treffende Beweislast wird dadurch erleichtert. Bei Widerspruch des BR nach Nr. 1 spricht der Beweis des ersten Anscheins für mangelnde soziale Auswahl (*DR,* Rn 129; *Heinze,* Rn 543). Der **BR** hat zwar die zugunsten des für die Kündigung vorgesehenen ArbN sprechenden Gesichtspunkte darzulegen, braucht aber **nicht** seinerseits **andere ArbN zu bezeichnen,** denen gekündigt werden könnte (*Borrmann,* DB 75, 884; *Heinze,* Rn 578; LAG Niedersachsen, 22. 8. 1975, DB 75, 1898; *GL,* Rn 82a; *Weng,* DB 78, 889; *KR-Etzel,* Rn 151; **a. M.,** *Stege/Weinspach,* Rn 126; LAG Düsseldorf, 5. 1. 76, DB 76, 1065; *HSG,* Rn 101).

Soweit in einem Betrieb **Auswahlrichtlinien** nach § 95, insbes. über die fachlichen, persönlichen und sozialen Gesichtspunkte bestehen, nach denen erforderliche Kündigungen vorzunehmen sind, berechtigt der Tatbestand einer Kündigung unter Verstoß gegen diese Richtlinien den BR, nach **Nr. 2** Widerspruch einzulegen, sofern sich diese Richtlinien im Rahmen des § 75 u. des § 1 KSchG halten (vgl. § 95 Rn 10, 19). Dies gilt insbesondere, wenn in einer Auswahlrichtlinie festgelegt ist, daß bestimmte Vorgänge (Personaldaten in Personalinformationssystemen) nicht zu Personalentscheidungen herangezogen werden dürfen. **44**

Abs. 3 **Nr. 3** gibt ein Widerspruchsrecht, wenn der ArbN zwar nicht mehr an seinen bisherigen Arbeitsplatz, aber doch auf einem **anderen, freien** (*Heinze,* Rn 551; *Meisel,* Rn 521) **Arbeitsplatz** des Betriebes oder Unternehmens (nicht des Konzerns, BAG 14. 10. 82, AP Nr. 1 zu § 1 KSchG 1969 Konzern) im Wege der Versetzung **weiterbeschäftigt werden könnte** (wegen der Darlegungslast im Kündigungsschutzprozeß vgl. BAG 3. 2. 77, AP Nr. 4 zu § 1 KSchG 1969 Betriebsbedingte Kündigung). Einer evtl. erforderlich werdenden Versetzung in einen anderen Betrieb wird dann neben dem BR des aufnehmenden Betriebes, der des abgebenden Betriebes nur bei Erforderlichkeit einer Änderungskündigung zuzustimmen haben, also nicht bei Zustimmung des ArbN zur Versetzung oder wenn sie der ArbGeb. schon kraft seines Direktionsrechts durchführen kann. Sind diese Zustimmungen nicht zu erreichen, so entfällt ein Widerspruchsrecht (vgl. § 99 Rn 32; nach *Heinze,* Rn 555 bleibt das Widerspruchsrecht des BR des abgebenden Betriebes von der Zustimmung des einzelnen ArbN zur Versetzung unabhängig). Allerdings wird der BR des abgebenden Betriebes, der einer Kündigung widersprochen hat, der Versetzung nicht die Zustimmung verweigern können. Damit würde er sich mit seinem eigenen Verhalten jedenfalls dann in Widerspruch setzen, wenn der ArbGeb. einem konkreten Versetzungsvorschlag des BR folgt (*GL,* Rn 67; *Heinze,* Rn 556; *HSG,* Rn 114). Ausdrücklich ist auch eine Weiterbeschäftigung in einem **anderen Betrieb des Unternehmens** (nicht des Konzerns) in Betracht zu ziehen; dies gilt ganz allgemein auch ohne Widerspruch des BR (BAG 17. 5. 84, 27. 9. 84, AP Nr. 21 zu § 1 KSchG 1969 Betriebsbedingte Kündigung, AP Nr. 8 zu § 2 KSchG 1969; *Weller,* ArbuR 86, 225; vgl. auch Rn 41 und wegen Weiterbeschäftigung bei Betriebsänderungen § 112 Abs. 5 Nr. 2 S. 2, dort Rn 35a). **45**

Grundsätzlich sollen die Arbeitsbedingungen unverändert bleiben, jedenfalls aber nicht verschlechtert werden. Notfalls kommt aber nach **46**

Nr. 4 auch eine Weiterbeschäftigung nach Umschulung (Rn 48) oder unter geänderten Vertragsbedingungen in Betracht (vgl. Nr. 5, unten Rn 49).

47 Ist eine Weiterbeschäftigung auf dem **bisherigen Arbeitsplatz** möglich, z. B. Beschäftigung in einer anderen Schicht, so besteht erst recht ein Widerspruchsgrund (wie hier: *Brox,* Festschrift BAG, S. 39, 50; *Heinze,* Rn 541, 550; *GKSB,* Rn 84; LAG Düsseldorf, DB 80, 2043; *KR-Etzel,* Rn 164; **a. M.** BAG 12. 9. 85, AP Nr. 7 zu § 102 BetrVG 1972 Weiterbeschäftigung; *DR,* Rn 177; *Meisel,* Rn 523; wie hier, aber nur bei Beschäftigungsmöglichkeit in einer anderen Schicht: *GK-Kraft,* Rn 64 u. *HSG,* Rn 109). Der Widerspruchsgrund gilt auch, wenn eine Änderungskündigung zur Einführung variabler Arbeitszeit (Teilzeitarbeit) ausgesprochen werden soll (*Klevemann,* AiB 86, 160).

48 Der Widerspruchsgrund nach **Nr. 4** ergänzt subsidiär den der Nr. 3. Sofern und soweit z. B. Rationalisierungsmaßnahmen durchgeführt werden, soll der ArbGeb. die an den bisherigen Betriebsanlagen beschäftigten ArbN nicht ohne weiteres mit der Begründung entlassen, sie seien zur Bedienung neuer Maschinen nicht geeignet. Der ArbGeb. muß dem ArbN Gelegenheit zur Einarbeitung auf die neuen technischen Arbeitsbedingungen geben (vgl. BAG 7. 5. 68, AP Nr. 18 zu § 1 KSchG Betriebsbedingte Kündigung). Der BR kann einer Kündigung widersprechen, wenn der ArbGeb. nicht zunächst **Umschulungs- oder Fortbildungsmaßnahmen** durchführt, damit der ArbN den neuen Arbeitsbedingungen gerecht werden kann (vgl. auch die Beteiligungsrechte des BR nach §§ 96–98 u. die Unterrichtungs- u. Erörterungspflicht des ArbGeb gegenüber dem ArbN nach § 81 Abs. 3 n. F.). Derartige Maßnahmen sind regelmäßig schon im Zusammenhang mit der Einschaltung des BR bei der technischen Planung gem. § 90 und im Rahmen der Personalplanung (§ 92) zu erörtern. Nur wenn dem **ArbGeb.** aus besonderen betrieblichen Gründen oder auch Gründen in der Person des ArbN die Umschulung **nicht zumutbar** ist, weil sie in angemessener Zeit offenbar keinen Erfolg verspricht oder der ArbN nicht zustimmt (vgl. *Heinze,* Rn 558, der eine Zustimmung des ArbN erst im Kündigungsschutzprozeß für ausreichend ansieht), kann davon abgesehen werden (vgl. auch *DR,* Rn 142). Der BR hat dann kein Widerspruchsrecht gegen die Kündigung, vorbehaltlich einer möglichen Weiterbeschäftigung des ArbN nach Vertragsänderung gem. Nr. 5. Die Widerspruchsgründe nach Nr. 3 u. 4 können auch zusammen gegeben sein, wenn Umschulungsmaßnahmen die Weiterbeschäftigung in einem **anderen Betrieb des Unternehmens** ermöglichen (*DR,* Rn 139; *GK-Kraft,* Rn 67; *GKSB,* Rn 87; für Umsetzung nur im bisherigen Beschäftigungsbetrieb: *HSG,* Rn 116; *Meisel,* Rn 529).

49 Ist eine Weiterbeschäftigung des ArbN zu gleichen Vertragsbedingungen nach Nr. 3 oder 4 nicht möglich, so kann der BR gleichwohl hilfsweise einer Kündigung mit dem Ziel der Lösung des Arbeitsverhältnisses noch widersprechen (Abs. 3 **Nr. 5**), wenn wenigstens noch eine **Beschäftigung unter geänderten, auch ungünstigeren Bedingungen** möglich ist. Dann muß aber der **ArbN einverstanden** sein und zwar gegenüber dem BR (*Heinze,* Rn 562). Darüber muß sich der BR vergewissern, bevor er Widerspruch gegen eine beabsichtigte Kündigung des ArbGeb. einlegt. Der BR kann durch die Erhebung des Widerspruchs von sich aus die Initiative ergreifen. Eines vorherigen Angebots des ArbGeb. zur Änderung der Vertragsbedingungen bedarf es nicht (*Wank,* RdA 87, 129, 140). Einen derartigen Sachverhalt erfaßt Nr. 5 offenbar gar nicht, weil dann dieser Widerspruchsgrund gar nicht Platz greifen würde (*Heinze,* Rn 567). Bietet vielmehr der ArbGeb. dem ArbN geänderte Arbeitsbedingungen an (vgl. auch Rn 6) und geht dieser vorbehaltlos darauf ein, so kommt kein MBR nach § 102, wohl aber u. U. nach § 99 in Betracht. Ein Widerspruch des BR wäre nur wegen des etwa noch streitigen Umfangs der Änderungen möglich (*Meisel,* Rn 530), wenn der BR meint, der ArbN könne noch günstigere Bedingungen erreichen, als sie ihm vorgeschlagen sind (*GKSB,* Rn 91).

Das **Einverständnis des ArbN kann auch nur bedingt** erfolgen, d. h. 50
vorbehaltlich der gerichtlichen Nachprüfung der sozialen Rechtfertigung der Änderungen im Kündigungsschutzprozeß (vgl. Rn 6ff.; *DR,* Rn 146; *GKSB,* Rn 90; *KR-Etzel,* Rn 173; **a.M.** *GK-Kraft,* Rn 70; *Heinze,* Rn 563f.; *Meisel,* Rn 530; *GL,* Rn 77; *HSG,* Rn 127; *Wank,* RdA 87, 141, falls die Initiative nicht vom ArbGeb ausgeht). Dann hat der ArbGeb. eine Änderungskündigung auszusprechen. Kündigt er gleichwohl dem ArbN, ohne die Forsetzung des Arbeitsverhältnisses zu geänderten Bedingungen anzubieten, so führt der Widerspruch des BR dazu, daß diese Kündigung bei Vorliegen des Tatbestandes der Nr. 5 sozial ungerechtfertigt ist.

Der Widerspruch des BR ist unbegründet, wenn er nur auf die Mög- 50a
lichkeit der Einführung von **Kurzarbeit** verweist (LAG Düsseldorf, 21. 6. 83, DB 84, 565; *HSG,* Rn 127; LAG Hamm, 8. 3. 83, BB 83, 1349; *Vollmer,* DB 82, 1933; *Wank,* a. a. O.; **a. M.** ArbG Mannheim, BB 83, 1031; ArbG Bocholt, BB 82, 1938; vgl. auch BAG 17. 10. 80, AP Nr. 10 zu § 1 KSchG 1969 Betriebsbedingte Kündigung). Insoweit liegt aber ein kollektiver Tatbestand vor, der zu einer Initiative des BR nach § 87 Abs. 1 Nr. 3 führen kann und damit betriebsbedingte Kündigungen überflüssig macht; das MBR des BR dient auch der Erhaltung der Arbeitsplätze (vgl. BAG 4. 3. 86, AP Nr. 3 zu § 87 BetrVG 1972 Kurzarbeit; ähnlich *GL,* Rn 78; *DR,* Rn 145; *Heinze,* Rn 566; vgl. auch § 87 Rn 53 u. §§ 112, 112a, Rn 15). Wohl aber ist ein Widerspruchsgrund gegeben, wenn der betroffene ArbN zusammen mit bestimmten Arbeitskollegen bereit ist, zur Teilzeitarbeit überzugehen oder Überstunden abzubauen, um die Arbeit zu „strecken" (ablehnend *Dietz-Richardi,* Rn 145; *Heinze,* a. a. O.).

IX. Kündigung durch Arbeitgeber

Der ArbGeb. kann zwar **trotz Widerspruchs des BR** eine **ordentliche** 51
Kündigung aussprechen, wird also in seiner Entscheidungsfreiheit anders als durch § 99 nicht unmittelbar beschränkt. Das gilt erst recht,

wenn lediglich Bedenken geltend gemacht werden. Materiell gesehen stellen die Widerspruchsgründe des Abs. 3 Nr. 2–5 aber zugleich **z. T. neue Tatbestände einer sozial ungerechtfertigten** und damit unwirksamen **Kündigung** dar, sofern sie vom BR frist- und formgerecht geltend gemacht werden und die Widerspruchsgründe tatsächlich bestehen (Über die Verknüpfung von Kündigungsschutz u. Betriebsverfassung vgl. *Löwisch,* DB 75, 349). Deren Fehlen hat der ArbGeb. im individuellen Kündigungsschutzprozeß zu beweisen. Das ArbG kann u. U. einen anderen Widerspruchsgrund für gegeben erachten als der BR (§ 1 Abs. 2 Satz 2, 3 KSchG n. F.; „aus einem dieser Gründe"; **a. M.** für Zustimmungsverweigerungsgründe nach § 99: BAG 3. 7. 84, AP Nr. 20 zu § 99 BetrVG 1972; *DR,* Rn 174; *Hanau,* BB 72, 454 Fußn. 20).

52 Nimmt der **BR den Widerspruch** (nach Zugang der Kündigung) **zurück,** so kann sich der ArbN im Kündigungsschutzprozeß weiterhin auf § 1 Abs. 2 Satz 2, 3 KSchG berufen (*DR,* Rn 161; *GL,* Rn 86; *GK-Kraft,* Rn 61; *KR-Etzel,* Rn 139). Die **Rücknahme** ist also weitgehend **unbeachtlich** und hat auch keinen Einfluß auf den Weiterbeschäftigungsanspruch (*DR,* Rn 185; *HSG,* Rn 89; *Meisel,* Rn 498, 557). Wohl ist es aber zulässig, daß der ArbGeb. mit Einverständnis des BR eine weitere Kündigung (auch die des Weiterbeschäftigungsverhältnisses) ausspricht.

53 Um dem ArbN die Führung des Rechtsstreits zu erleichtern, verpflichtet Abs. 4 den **ArbGeb.** bei Ausspruch einer Kündigung trotz Widerspruchs des BR, dem ArbN zugleich **eine Abschrift der Stellungnahme des BR** zuzuleiten. Der Anspruch auf Unterrichtung nach Abs. 4 ist nicht davon abhängig, daß der ArbN unter das KSchG fällt. Unterläßt der ArbGeb. dies, so ist die Kündigung deshalb nicht unwirksam; es kommen aber Schadensersatzansprüche des ArbN in Betracht, z. B. wenn er von einer Klageerhebung abgesehen hätte und nun Prozeß- und Rechtsanwaltskosten zu tragen hat (*DR,* Rn 164; *GL,* Rn 84; *Heinze,* Rn 580; für Unwirksamkeit der Kündigung, da es sich um eine formelle Kündigungsvoraussetzung handele: *Düwell,* NZA 88, 866) und ggfls. ein Verfahren gegen den ArbGeb. nach § 23 Abs. 3, insbes. bei ständiger Unterlassung der Mitteilung. Der ArbN hat einen, u. U. noch im Kündigungsschutzprozeß durchsetzbaren Anspruch auf Überlassung der Stellungnahme (nach *Heinze,* Rn 532f. soll der ArbGeb. verpflichtet sein, dem ArbN auch vom BR geäußerte Bedenken mitzuteilen).

54 Für den **ArbN** ist allerdings Voraussetzung einer erfolgreichen **Klageerhebung,** daß das **KSchG** überhaupt für ihn **gilt.** (Mindestdauer des Arbeitsverhältnisses von sechs Monaten, kein Kleinbetrieb nach § 23 Abs. 1 Satz 2 KSchG). Die Kündigungsschutzklage ist binnen drei Wochen nach Zugang der Kündigung zu erheben (§ 4 KSchG), andernfalls diese als von Anfang an rechtswirksam gilt (§ 7 KSchG). Erhebt der BR keinen Widerspruch, so kann der ArbN gleichwohl geltend machen, die Kündigung sei bereits nach § 1 Abs. 2 Satz 1 KSchG sozialwidrig, d. h. aus den bisherigen gesetzlichen Gründen (vgl. Rn 41).

55 Nimmt der ArbGeb. die Kündigung zurück, so entfällt nicht das Rechtsschutzinteresse des ArbN an der Fortführung des Kündigungsschutzprozesses. Er kann auch danach noch den Auflösungsantrag nach

§ 9 KSchG stellen (BAG 29. 1. 81, 26. 11. 81, 19. 8. 82, AP Nr. 6, 8, 9 zu § 9 KSchG 1969).

X. Vorläufige Weiterbeschäftigung

Bei einer **ordentlichen Kündigung,** der der BR widersprochen hat, 56
gibt Abs. 5 dem betroffenen ArbN das Recht, von der Erhebung der Kündigungsschutzklage an seine **Weiterbeschäftigung** auch nach Ablauf der Kündigungsfrist **bis zum rechtskräftigen Abschluß des Kündigungsschutzprozesses** zu verlangen, und zwar zu unveränderten Arbeitsbedingungen (vgl. Rn 65; wegen Ausnahmen vgl. unten Rn 68). Auf die Wirksamkeit oder Unwirksamkeit der Kündigung kommt es nicht an. Der Beschäftigungsanspruch nach Abs. 5 ist davon unabhängig (*Boewer,* NZA 88, 1). Bis zum Ablauf der Kündigungsfrist hat der ArbN kraft Arbeitsvertrages einen Beschäftigungsanspruch, soweit dem nicht überwiegende und schwerwiegende Interessen des ArbGeb. entgegenstehen (BAG 19. 8. 76, AP Nr. 4 zu § 611 BGB Beschäftigungspflicht). Gewinnt er den Kündigungsschutzprozeß, so besteht das bisherige Arbeitsverhältnis nahtlos fort, was allerdings erst nach gerichtlicher Entscheidung feststeht (*Heinze,* Rn 606ff. geht bei Vorliegen der drei gesetzlichen Voraussetzungen [Rn 58] davon aus, daß der Gesetzgeber von der Wahrscheinlichkeit des Weiterbestehens des gekündigten Arbeitsverhältnisses ausgeht und deshalb der Weiterbeschäftigungsanspruch gegeben ist). Verliert der ArbN, so bestand vom Ablauf der Kündigungsfrist an ein **besonderes gesetzliches,** durch die rechtskräftige Abweisung der Kündigungsschutzklage auflösend bedingtes **Beschäftigungsverhältnis** mit dem bisherigen Vertragsinhalt (ähnlich: *GL,* Rn 97; *HSG,* Rn 152; *Lepke,* DB 75, 499; *Meisel,* Rn. 567 für faktisches Arbeitsverhältnis; BAG 12. 9. 85, AP Nr 7 zu § 102 BetrVG 1972 Weiterbeschäftigung; *DR,* Rn 206 u. *KR-Etzel,* Rn 215 für Fortbestehen des bisherigen Arbeitsverhältnisses). Es ist von den Erfolgsaussichten des Kündigungsschutzprozesses unabhängig. Der ArbGeb. kann evtl. aber Befreiung von der Weiterbeschäftigungspflicht verlangen (vgl. Rn 68).

Spricht der ArbGeb. **neben einer außerordentlichen Kündigung zugleich hilfsweise eine ordentliche** aus, so ist diese Möglichkeit nach 57
Anhörung des BR zu beiden Kündigungen zwar individualrechtlich gegeben, schließt aber die Konsequenzen des Abs. 5 nicht aus. Eine ordentliche Kündigung, die nach § 1 Abs. 2 S. 2, 3 KSchG angegriffen wird, ist eine Kündigung mit vorläufiger Beschäftigungsgarantie, die nicht deshalb entfallen kann, weil zugleich auch außerordentlich gekündigt wird. Will der ArbGeb. die Weiterbeschäftigung unbedingt vermeiden, so darf er **nur außerordentlich kündigen** (*Gester/Zachert,* Jahrbuch a. a. O., S. 104; *GKSB,* Rn 102; *Weiss,* Rn 20; **a. M.** *DR,* Rn 203; *GL,* Rn 106; *HSG,* Rn 143; *KR- Etzel,* Rn 198; *Meisel,* Rn 537). Allerdings wird eine außerordentliche Kündigung meist auf verhaltensbedingte Gründe gestützt, bei denen im allgemeinen ein Widerspruch des BR nicht in Betracht kommen wird (vgl. aber Rn 42).

1. Voraussetzungen

58 **Voraussetzung des Anspruchs auf Weiterbeschäftigung** ist, daß

a) der **BR der Kündigung** frist- und formgerecht aus einem der Gründe des Abs. 3 **widersprochen** hat, wobei die Widerspruchsgründe nicht „einleuchtend" zu sein brauchen (vgl. Rn 38, 68 [3]; *Heinze,* Rn 593). Das gilt auch für den Widerspruchsgrund nach Nr. 5, weil der ArbGeb. keine geänderten Arbeitsbedingungen angeboten hat, der ArbN aber gegenüber dem BR seine Bereitschaft erklärt hat, zu geänderten Bedingungen weiter zu arbeiten (vgl. Rn 49).

b) der **ArbN** binnen drei Wochen nach der Kündigung **Klage nach § 4 KSchG** mit dem Feststellungsantrag **erhoben** hat, daß das Arbeitsverhältnis durch die Kündigung nicht aufgelöst ist. Bei Änderungskündigungen (vgl. Rn 6ff.) entfällt der Weiterbeschäftigungsanspruch zu den bisherigen Bedingungen, wenn der ArbN unter Vorbehalt mit der Änderung einverstanden ist (h.M. vgl. *Heinze,* Rn 595; **a.M.** ArbG Köln, AiB 82, 160).

c) der ArbN neben der Klageerhebung noch **ausdrücklich die vorläufige Weiterbeschäftigung verlangt.** Der BR kann die Weiterbeschäftigung nicht verlangen. Dieser Antrag muß noch innerhalb der Kündigungsfrist gestellt werden (LAG Hamm, DB 76, 1917); ist diese kürzer als die Klagefrist von 3 Wochen nach dem KSchG, jedenfalls spätestens mit Klageerhebung (h.M.; **a.M.** BAG 31. 8. 78, AP Nr. 1 zu § 102 BetrVG 1972 Weiterbeschäftigung, das ein Weiterbeschäftigungsverlangen noch 4 Monate nach Erhebung der Kündigungsschutzklage nicht als verspätet ansieht, dagegen *Weber,* SAE 79, 192; keine zeitliche Beschränkung nimmt *DR,* Rn 198 u. *Schaub,* NJW 81, 1807 an). Der ArbN kann seine Weiterbeschäftigung auch schon vor Ablauf der Kündigungsfrist verlangen, wenn ihn der ArbGeb. von der Arbeit freistellen will; denn sonst entstünde eine Lücke in der Beschäftigung (*Braasch,* BB 76, 320). Vgl. auch Rn 20.

59 Der Anspruch auf vorläufige **Weiterbeschäftigung entfällt,** wenn der ArbN wegen zu kurzer Betriebszugehörigkeit **noch nicht unter das KSchG fällt** (oder das KSchG wie bei Heimarbeitern von vornherein keine Anwendung findet, *KR-Etzel,* Rn 11; *Schmidt,* NJW 76, 930), er **keine Kündigungsschutzklage** erhebt, oder seinerseits einen **Auflösungsantrag nach § 9 KSchG stellt.** In den beiden letzteren Fällen will der ArbN ohnehin nicht im Betrieb bleiben. Dann besteht auch kein schutzwertes Interesse an vorläufiger Weiterbeschäftigung (h.M., vgl. *Schaub,* NJW 81, 1807; **a.M.** für den Fall des Auflösungsantrags *Heinze,* Fußn. 891). Ein Auflösungsantrag des ArbGeb. ist ohne Bedeutung.

60 Liegen die Voraussetzungen des § 102 Abs. 5 nicht vor (insbes. wenn kein BR besteht bzw. dieser nicht widerspricht), so kann der ArbN gleichwohl nach dem grundlegenden Beschluß des **GS des BAG** vom **27. 2. 1985** (AP Nr. 14 zu § 611 BGB Beschäftigungspflicht) seine Weiterbeschäftigung im allgemeinen verlangen, wenn er Kündigungschutzklage erhoben und in 1. Instanz vor dem ArbG ein obsiegendes Urteil erstritten hat. Dieser Beschäftigungsanspruch besteht dann regelmäßig,

bis eine etwa gegenteilige Entscheidung des LAG oder des BAG ergehen sollte. Wird ein für den ArbN obsiegendes Urteil rechtskräftig, so hat er den allgemein anerkannten Anspruch auf Beschäftigung während des zweifelsfrei bestehenden Arbeitsverhältnisses (zum Beschluß des Großen Senats bzw. zum allgemeinen Beschäftigungsanspruch vgl. *Dütz,* NZA 86, 209; *Eich,* DB 86, 692; *Bauer,* BB 86, 799; *Bengelsdorf,* DB 86, 168, 222; *Berkowsky,* BB 86, 795; *Dänzer/Vanotti,* DB 85, 2610; *Färber/Kappes,* NZA 86, 215; *Kempff,* AiB 85, 187; *Künzl,* BB 89, 1261; *Pohle,* ArbuR 86, 233; *Schwerdtner,* ZIP 85, 1361; *Wolf/Pfeiffer,* ArbuR 85, 33). Dieser Anspruch besteht auch bei Streit über die Wirksamkeit einer Befristung des Arbeitsverhältnisses (BAG 13. 6. 85, AP Nr. 19 zu § 611 Beschäftigungspflicht). Wegen Weiterbeschäftigungsanspruch bei wiederholter Kündigung vgl. BAG 19. 12. 85, AP Nr. 17 a. a. O.).

Der Anspruch nach Abs. 5 besteht bei **verspätet eingereichter Klage** 61
jedenfalls bis zur Entscheidung des ArbG nach § 5 KSchG; *GK-Kraft,* Rn 96; *Weiss,* Rn 19; **a. M.** *DR,* Rn 194; *Heinze,* Rn 594; *Schaub,* NJW 81, 1807; *HSG,* Rn 144; *GL,* Rn 102; *KR-Etzel,* Rn 207; diese Autoren wollen einen Weiterbeschäftigungsanspruch erst vom Zeitpunkt der Zulassung der verspäteten Klage an gewähren; dann war aber u. U. das Arbeitsverhältnis schon tatsächlich unterbrochen.

Nimmt der ArbN die **Kündigungsschutzklage zurück,** so entfällt damit der Anspruch auf Weiterbeschäftigung, ebenso mit Ablauf der Kündigungsfrist einer **weiteren ordentlichen Kündigung,** der der BR nicht widerspricht bzw. gegen die der ArbN keine Kündigungsschutzklage erhebt (*DR,* Rn 221). Dasselbe gilt, wenn nunmehr der ArbN kündigt.

Während des Weiterbeschäftigungsverhältnisses kann auch der die 62
Weiterbeschäftigung verlangende ArbN nicht jederzeit die Arbeit einstellen, wenn nicht die Voraussetzungen des § 626 BGB für ihn gegeben sind. Auch er muß die Kündigungsfristen einhalten, da das Arbeitsverhältnis zu den bisherigen Arbeitsbedingungen weiterbesteht; dazu gehört auch die Einhaltung der Kündigungsfristen (h. M.).

Verlangt der ArbN **keine vorläufige Weiterbeschäftigung,** so kann 63
er nach **Obsiegen** im Kündigungsschutzprozeß **gleichwohl in den Betrieb zurückkehren,** aber auch nach § 12 KSchG ein inzwischen eingegangenes anderes Arbeitsverhältnis fortsetzen und die Wiederaufnahme der Arbeit binnen einer Woche gegenüber dem alten ArbGeb. ablehnen. Wegen Anrechnung von Zwischenverdienst auf den vom ArbGeb. geschuldeten Lohn vgl. § 11 KSchG. Abs. 5 gibt dem **ArbN eine echte Wahlmöglichkeit.** Deshalb ist die Auffassung von *Dietz-Richardi* (Rn 215) abzulehnen, der ArbN verliere ohne weiteres seinen Lohnanspruch, wenn er die Weiterbeschäftigung nicht verlange, da dann kein Annahmeverzug des ArbGeb. vorliege (wie hier auch *Heinze,* Rn 623 Fußnote 948). Es kommt vielmehr darauf an, ob die Voraussetzungen des § 11 KSchG gegeben sind. Nach ständiger Rechtsprechung genügt die Erhebung der Kündigungsschutzklage, um den Annahmeverzug des ArbGeb. herbeizuführen. Diese Rechtsstellung des einzelnen ArbN wird durch die zusätzliche Möglichkeit, nach Abs. 5 die Weiterbeschäftigung

zu verlangen, verbessert, aber nicht verschlechtert. Der ArbN behält daher, falls er die Kündigungsschutzklage gewinnt, seinen Lohnanspruch im Grundsatz auch dann, wenn er das Angebot des ArbGeb. auf vorläufige Weiterbeschäftigung abgelehnt hat (im Ergebnis auch *Heinze,* Rn 625). Dieses Angebot bezieht sich nicht auf das gekündigte Arbeitsverhältnis. Allerdings ist er wegen der Anrechnungsvorschrift des § 11 KSchG u. U. gezwungen, auf das Angebot des ArbGeb. einzugehen (vgl. auch *Denck,* NJW 83, 255; BAG 15. 1. 86, AP Nr. 66 zu § 1 LohnFG; LAG Hamm 18. 10. 85, DB 86, 1394).

64 Wird der ArbN vorläufig weiterbeschäftigt und gewinnt er die Kündigungsschutzklage, so dauert das Arbeitsverhältnis nahtlos fort. Wird dagegen seine **Klage abgewiesen,** so **endet** das besondere gesetzliche Beschäftigungsverhältnis **mit der Rechtskraft des Urteils** ohne erneute Kündigung bzw. Kündigungsfrist (*DR,* Rn 218). Der Lohn ist bis zu diesem Zeitpunkt weiterzuzahlen, auch wenn der ArbGeb. den ArbN trotz dessen Verlangens nicht beschäftigt hat (*DR,* Rn 216).

2. Unveränderte Arbeitsbedingungen

65 Der ArbN ist zu unveränderten Arbeitsbedingungen weiterzubeschäftigen. Das bedeutet zunächst **Weiterzahlung des** bisherigen **Arbeitsentgelts** einschließlich zwischenzeitlich gewährter allgemeiner Lohnerhöhungen, der Beiträge zur Sozialversicherung u. zu Unterstützungskassen, aber ohne Anspruch auf nunmehr erst entstehende Leistungen, die an eine ununterbrochene Betriebszugehörigkeit anknüpfen, z. B. Gratifikationen, Jubiläumsgelder, „Unkündbarkeit", Ruhegeld, (vgl. *Heinze,* Rn 620 u. Fußnote 942). Diese sind nachzuzahlen, wenn der Kündigungsschutzprozeß gewonnen wird. Der ArbN ist außerdem wie bisher im Betrieb **tatsächlich zu beschäftigen** (h. M.; BAG 26. 5. 77, AP Nr. 5 zu § 611 BGB Beschäftigungspflicht). Im Einverständnis mit dem ArbN kann hiervon abgewichen werden (z. B. nur Lohnzahlung). Der ArbN ist nach Sinn und Zweck der Vorschrift **nicht schlechter, aber auch nicht besser zu stellen** als in einem ungekündigten Arbeitsverhältnis. Demnach sind Umsetzungen auf einen gleichwertigen Arbeitsplatz möglich. Die Beschäftigungspflicht – nicht die Lohnzahlungspflicht – entfällt wie auch in einem nicht gekündigten Arbeitsverhältnis ausnahmsweise, wenn dem zwingende betriebliche (z. B. Wegfall jeder Beschäftigungsmöglichkeit) oder persönliche Gründe entgegenstehen (vgl. *DR,* Rn 210; *GL,* Rn 110; *Gester/Zachert,* Jahrbuch des Arbeitsrechts, Bd. 12, S. 100; *HSG,* Rn 154; *Otto,* RdA 75, 68f.; weiter einschränkend *Lepke,* DB 75, 498ff. und *Meisel,* Rn 553). Grundsätzlich hat jeder ArbN einen **Anspruch auf Beschäftigung** (vgl. BAG GS 27. 2. 85, AP Nr. 14 zu § 611 BGB Beschäftigungspflicht; h. M.). Abs. 5 soll die Weiterbeschäftigung im Kündigungsfall sichern, damit der Arbeitsplatz für den gekündigten ArbN bis zur rechtskräftigen Entscheidung auch tatsächlich erhalten bleibt.

66 Während dieses besonderen gesetzlichen Beschäftigungsverhältnisses besteht das **Wahlrecht** zum BR **fort** (vgl. § 7 Rn 15; *HSG,* Rn 156; *Otto,*

RdA 75, S. 72; *GL,* Rn 112; *KR-Etzel,* Rn 221). Die Beschäftigungszeit rechnet bei negativem Ausgang des Kündigungsschutzprozesses aber nicht auf die Dauer der Betriebszugehörigkeit an, was z. B. für die Frage der Unkündbarkeit oder die Zahlung von Jubiläums- oder Ruhegeld eine Rolle spielen kann (vgl. Rn 65).

Der ArbN kann den Weiterbeschäftigungsanspruch im Wege der Klage im **Urteilsverfahren** und im Wege der **einstweiligen Verfügung** (h. M.; *Brox,* Festschrift BAG, S. 52; *Dütz,* DB 78 Beilage 13; *DR,* Rn 241; *GK-Kraft,* Rn 105; *HSG,* Rn 160; *KR-Etzel,* Rn 222) durchsetzen. Der Verfügungsanspruch ist bei Vorliegen der drei Voraussetzungen der Rn 58 ohne weiteres gegeben, als Verfügungsgrund (drohender Verlust des Arbeitsplatzes) genügt z. B. die Glaubhaftmachung der vorgesehenen neuen Besetzung des Arbeitsplatzes durch einen anderen ArbN (vgl. *Heinze,* Rn 610f.; LAG Köln, 2. 8. 84, NZA 84, 300). Die Vollstreckung erfolgt gem. § 888 ZPO durch Verhängung von Zwangsgeld gegen den ArbGeb. (*GL,* Rn 113; vgl. auch § 101 Rn 4a und unten Rn 68a). Das Verfahren wird zweckmäßig mit dem Kündigungsschutzprozeß, ein Verfahren des ArbN auf einstweilige Verfügung mit einem etwaigen gegenteiligen Antrag des ArbGeb. nach Abs. 5 Satz 2 (vgl. Rn 68a) verbunden. Schadensersatzansprüche wegen einer letzthin zu Unrecht erwirkten einstw. Verfg. auf Weiterbeschäftigung durch den ArbGeb. gem. § 945 ZPO gibt es nicht (*Heinze,* Rn 630; vgl. auch **Nach** § 1 Rn 62). 67

3. Entbindung des Arbeitgebers von der Weiterbeschäftigung

Der ArbGeb. braucht ausnahmsweise den ArbN trotz dessen Verlangens nicht vorläufig weiter zu beschäftigen, wenn ihn das **ArbG** auf Grund einer von ihm beantragten **einstweiligen Verfügung im Urteilsverfahren** (h. M.; vgl. auch Rn 67), **von der Verpflichtung zur Weiterbeschäftigung entbindet** (Abs. 5 Satz 2). Der ArbGeb. kann sein Verlangen auch in einem Verfahren des ArbN auf Erlaß einer einstweiligen Verfügung auf Beschäftigung einredeweise durch Widerspruch oder Berufung gegen eine dem Antrag des ArbN stattgebende einstw. Verfg. geltend machen (*Dütz,* DB 78, Beilage 13, S. 9; *Heinze,* Rn 639; **a. M.** *GL,* Rn 113 u. ArbG Düsseldorf, 27. 9. 83, BB 84, 675: zwei Verfahren). Bis dahin ist der ArbN weiterzubeschäftigen. Dem Antrag hat das ArbG, das gemäß § 937 Abs. 2, § 944 ZPO in dringenden Fällen ohne mündliche Verhandlung durch den Vorsitzenden allein entscheiden kann (h. M.), stattzugeben, wenn **einer der drei folgenden Tatbestände** (ohne daß es auf weitere Voraussetzungen nach der ZPO ankäme) vorliegt und vom **ArbGeb. glaubhaft gemacht** wird: 68

a) Die Kündigungsschutzklage hat nach vorläufiger Prüfung der Rechtslage **keine hinreichende Aussicht auf Erfolg** oder erscheint gar mutwillig. Das ArbG hat das gesamte Vorbringen des ArbN zu würdigen, nicht nur die Widerspruchsgründe des BR. Diese Beurteilungsgrundsätze stimmen mit denen überein, die nach § 114 ZPO bei der Prüfung des Antrags auf Prozeßkostenhilfe anzulegen sind und ggfs. zu deren Ablehnung führen;

b) Die Weiterbeschäftigung des ArbN würde zu einer **unzumutbaren wirtschaftlichen Belastung des ArbGeb.** führen. Dieser Sachverhalt wird nur ganz ausnahmsweise (Kündigung einer größeren Anzahl von ArbN aus betriebsbedingten Gründen und deshalb Wegfall jeder Beschäftigungsmöglichkeit) gegeben sein, weil dem ArbGeb. bei vorläufiger Weiterbeschäftigung des ArbN ja auch dessen Arbeitskraft zur Verfügung steht (*Meisel,* Rn 578; *Heinze,* Rn 646; *GL,* Rn 120 u. *KR-Etzel,* Rn 226) und er andererseits dem ArbN regelmäßig auch den Lohn weiterzahlen müßte, wenn er nicht weiterbeschäftigt wird, sofern dieser den Rechtsstreit gewinnt (§ 615 BGB). Die Tatsache, daß der ArbGeb. den ArbN nicht mehr benötigt, reicht allein nicht aus. Denn das ist bei jeder betriebsbedingten Kündigung der Fall (*HSG,* Rn 169). Die wirtschaftlichen Belastungen des ArbGeb. müssen so schwerwiegend sein, daß die wirtschaftliche Existenz des Betriebes durch die Lohnfortzahlung infrage gestellt ist. Das kann in kleineren Betrieben der Fall sein, in größeren Betrieben allenfalls, wenn eine größere Anzahl von ArbN entlassen werden muß, insbesondere bei Stillegung des ganzen Betriebes oder doch einer größeren Betriebsabteilung.

c) Der **Widerspruch** des BR ist zwar formell ordnungsgemäß, aber aus rechtlichen oder tatsächlichen Gründen **offensichtlich unbegründet** (wegen Begründungspflicht des BR vgl. Rn 38f.). Dieser Tatbestand hängt meist mit dem der mangelnden Erfolgsaussicht einer Kündigungsschutzklage zusammen, da die Widerspruchsgründe und die Gründe für eine mangelnde soziale Rechtfertigung einer Kündigung zum großen Teil identisch sind. Hier ist aber erforderlich, daß der Widerspruch „offensichtlich" unbegründet ist (oder infolge der tatsächlichen Entwicklung im Betrieb wird), d. h. die Grundlosigkeit muß sich bei unbefangener Beurteilung geradezu aufdrängen (z. B. der BR hat nur allgemeine Bedenken geltend gemacht, da die Kündigung aus schuldhaftem Verhalten des ArbN erfolgte; bei personenbedingter Kündigung wird mangelnde soziale Auswahl gerügt [LAG Düsseldorf, 2. 9. 75, DB 75, 1995]; es bestanden gar keine Richtlinien nach § 95; der Arbeitsplatz, auf dem der umzusetzende ArbN beschäftigt werden soll, ist bereits besetzt). Offensichtlich unbegründet ist ein Widerspruch auch, wenn die **tatsächlichen Voraussetzungen** für den geltend gemachten Widerspruch offensichtlich **nicht** gegeben sind, es also keiner Beweiserhebung bedarf. Auf die Erfolgsaussichten der Kündigungsschutzklage selbst kommt es aber nicht an.

68a Es dürfte aber nicht richtig sein, mit dem LAG Berlin (11. 6. 1974, DB 74, 1629 sowie *Dütz* DB 78, Beilage 13, S. 9) eine einstw. Verfg. mangels Rechtsschutzinteresses von vornherein mit der Begründung abzulehnen, es liege ein unbeachtlicher Widerspruch vor, so daß ohnehin kein Weiterbeschäftigungsanspruch bestehe (wie hier LAG Baden-Württemberg, 15. 5. 74, BB 75, 43; *GL,* Rn 122; *Großmann,* DB 77, 1363; LAG Hamm, DB 79, 1232; *DR,* Rn 232; *HSG,* Rn 173; *KR-Etzel,*

Rn 232). Im Interesse der Rechtssicherheit muß der ArbGeb. die Frage seiner Weiterbeschäftigungspflicht einer materiellen gerichtlichen Entscheidung zuführen können, evtl. mit dem Hilfsantrag, daß eine Verpflichtung zur Weiterbeschäftigung nicht besteht (*GK-Kraft,* Rn 110; *HSG,* Rn 173). Der Antrag ist deshalb nicht mangels Rechtsschutzinteresses, sondern ggfs. als unbegründet abzuweisen.

Eine Entbindung von der Weiterbeschäftigungspflicht nach Abs. 5 läßt einen etwaigen einzelvertraglichen Beschäftigungsanspruch unberührt (LAG Rheinland-Pfalz, 11. 1. 80, BB 80, 415; dagegen *GK-Kraft,* Rn 110). Wegen des allgemeinen Weiterbeschäftigungsanspruchs vgl. Rn 60.

XI. Erweiterung des Mitbestimmungsrechts durch Betriebsvereinbarung

Abs. 6 sieht entsprechend einer teilweise bisher schon geübten Praxis 69
vor, daß ArbGeb. und BR durch **freiwillige BV,** die also als solche nicht erzwungen werden kann (nur Einigungsverfahren nach § 76 Abs. 6), die **Wirksamkeit von Kündigungen** des ArbGeb. von der **Zustimmung des BR abhängig machen.** Es ist der Abschluß einer formellen BV erforderlich, formlose Regelungsabrede genügt nicht (*DR,* Rn 287; BAG 14. 2. 78, AP Nr. 60 zu Art. 9 GG Arbeitskampf). Das Zustimmungserfordernis kann auch lediglich für bestimmte ArbN-Gruppen oder bestimmte Arten von Kündigungen eingeführt werden. Der Begriff der Kündigung i. S. des Abs. 6 erfaßt **jede,** also **auch eine außerordentliche** Kündigung (h. M.). Die 2-Wochenfrist des § 626 Abs. 2 S. 1 BGB läuft in diesen Fällen erst von dem Augenblick an, wo der ArbGeb. kündigen kann (vgl. § 103 Rn 29). § 102 Abs. 6 gilt allerdings nicht für Kündigungen von BRMitgl., da § 15 Abs. 1 KSchG und § 103 zwingende Sonderregelungen enthalten (*HSG,* Rn 183).

Besteht eine derartige BV für ordentliche Kündigungen, so wird zwar 70
das MBR des BR verstärkt, es **entfällt aber ein Widerspruch** des BR gem. Abs. 3 **und** eine **Weiterbeschäftigungspflicht** nach Abs. 5. Die nach Abs. 6 getroffene Regelung tritt an die Stelle der gesetzlichen (*GL,* Rn 133; *DR,* Rn 309f; *KR-Etzel,* Rn 248, 251; *HSG,* Rn 186; **a.M.** *GKSB,* Rn 126 u z. T. *Meisel,* Rn 634). Die BV kann ganz oder teilweise andere Maßstäbe als der Abs. 3 für die Unzulässigkeit einer Kündigung setzen, die aber die Grundgedanken der § 2 Abs. 1, §§ 75 und 76 Abs. 5 zu berücksichtigen haben. Insbes. ist die Festlegung von Fristen für den Verfahrensweg durch BV zu empfehlen. Die BV kann aber in eine etwa schon erworbene einzelvertragliche Rechtsposition des Ausschlusses ordentlicher Kündigungen nicht eingreifen (BAG 16. 2. 62, AP Nr. 11 zu § 4 TVG Günstigkeitsprinzip), auch nicht die Tatbestände für eine außerordentliche Kündigung über das Gesetz (§ 626 Abs. 1 BGB) hinaus erweitern (BAG 22. 11. 1973, AP Nr. 67 zu § 626 BGB).

Einigen sich ArbGeb. und BR dahin, die Kündigung könne ausge- 71
sprochen werden, so kann der ArbGeb. kündigen. Der ArbN kann

Klage gemäß dem KSchG erheben und sich auf § 1 Abs. 1, Abs. 2 S. 1, Abs. 3 KSchG berufen. Seine **Rechtsstellung nach dem KSchG bleibt unberührt** (*GL,* Rn 127; *Heinze,* Rn 727; *HSG,* Rn 180). Einigen sie sich nicht, so sieht Abs. 6 **zwingend** (*Adomeit,* DB 71, 2363; *Gumpert,* BB 72, 48; *Hanau,* BB 71, 490; **a.M.** *DR,* Rn 298; *GK-Kraft,* Rn 121; *GL,* Rn 132; *KR-Etzel,* Rn 256; *HSG,* Rn 190; *Meisel,* Rn 633) vor, daß dann zunächst die **E-Stelle** entscheidet, wenn Meinungsverschiedenheiten darüber bestehen, ob gem. dem Inhalt der BV der BR einer Kündigung zuzustimmen hat oder nicht. Die **sofortige Anrufung des ArbG** kann **nicht** verlangt u. nicht vereinbart werden, da es sich bei der Frage, **ob** gekündigt werden soll, auch dann zunächst um eine Ermessensentscheidung handelt, wenn bestimmte Gründe für eine Kündigung bestehen (*DR,* Rn 304; *Heinze,* Rn 730 nehmen an, es handele sich um eine Rechtsfrage; deshalb kann nach *Heinze,* a.a.O. auch die sofortige Anrufung des ArbG vereinbart werden). Entscheidet die E-Stelle dahin, die Zustimmung sei zu Recht verweigert, so darf der ArbGeb. die Kündigung nicht durchführen. Eine gleichwohl ausgesprochene Kündigung ist unwirksam. Ersetzt dagegen die E-Stelle die Zustimmung des BR, so kann der ArbGeb. nunmehr kündigen.

72 Die **Entscheidung der E-Stelle** unterliegt bei Rechtsverstößen, insbesondere Verstößen gegen die BV, der vollen **Überprüfung durch das ArbG** im BeschlVerf. (§ 2a ArbGG; vgl. BAG 11. 7. 1958, AP Nr. 27 zu § 626 BGB; *DR,* Rn 305). Insbesondere ist die Frage der „Berechtigung" des BR zur Verweigerung der Zustimmung eine Rechtsfrage (h.M.). Letzten Endes handelt es sich bei dem Verfahren vor der E-Stelle also nur um ein außergerichtliches **Vorverfahren** zwischen den Partnern der Betriebsverfassung über die Willensbildung des ArbGeb. Die gerichtliche Prüfung erstreckt sich noch nicht auf die Gesichtspunkte des KSchG, die in einem folgenden Kündigungsprozeß vorzunehmen sind.

73 Der **betroffene ArbN** kann zwar nicht gegen die Erteilung der Zustimmung des BR zur Kündigung gerichtlich vorgehen (*GL,* Rn 134; *HSG,* Rn 187; **a.M.** *Blomeyer,* Gedächtnisschrift Dietz, 1973 S. 147ff.) und ist auch im Verfahren vor der E-Stelle nicht zuzuziehen (*Heinze,* Rn 732). Er ist aber im BeschlVerf. zur Überprüfung der Entscheidung der E-Stelle **Beteiligter** (§ 83 ArbGG; *DR,* Rn 306; *GL,* Rn 134; *KR-Etzel,* Rn 261; *Heinze,* a.a.O.; **a.M.** *GK-Kraft,* Rn 121).

Der ArbN ist zwar nicht gehindert, nach einer betriebsverfassungsrechtlich zulässigen Kündigung gleichwohl noch Kündigungsschutzklage zu erheben. Er kann sich dann aber wegen der mangelnden sozialen Rechtfertigung seiner Kündigung nicht auf die Gründe des § 1 Abs. 2 Satz 2 und 3 KSchG berufen, da das Widerspruchsverfahren nach Abs. 3 außer Betracht bleibt (**a.M.** *HSG,* Rn 191). Außerdem dürfte ein arbeitsgerichtlicher Beschluß über die Zulässigkeit einer Kündigung bindende Wirkung („Präkklusionswirkung") für das nachfolgende Urteilsverfahren (Kündigungsschutzprozeß) haben, soweit nach Abschluß des Verfahrens nicht neue Tatsachen entstanden oder bekannt geworden sind (vgl. BAG 24. 4. 1975, AP Nr. 3 zu § 103

BetrVG 1972; *GL,* Rn 134; *KR-Etzel,* Rn 265; **a.M.** *Heinze,* Fußnote 1000). Vgl. auch § 103 Rn 30.

Folgende Erwägungen sprechen für eine Vereinbarung nach Abs. 6: 74
Die Verstärkung des MBR und der Anspruch auf vorläufige Weiterbeschäftigung bedingen, daß das gesetzliche Verfahren umständlich ist und zu einer Verzögerung der Entscheidung führen kann. Es kann deshalb zweckmäßig sein, allgemein oder für bestimmte Gruppen von ArbN das Zustimmungsverfahren nach Abs. 6 einzuführen, das einerseits dem BR ein volles MBR einräumt (allerdings auch ein hohes Maß von Mitverantwortung für die Kündigungen), andererseits aber eine schnellere und umfassendere Entscheidung ermöglicht, ohne die Rechte des einzelnen ArbN nach dem KSchG gegenüber dem bisherigen Recht zu beeinträchtigen. Die rechtlichen Gesichtspunkte für eine allgemeine Regelung nach Abs. 6 und für die Einigung der Betriebspartner bzw. die Entscheidung der E-Stelle im konkreten Fall, sind aus den Grundgedanken der § 2 Abs. 1, §§ 75 und 76 Abs. 5 sowie aus den allgemeinen Grundsätzen des Kündigungsschutzrechts zu entnehmen. Überdies unterliegen die Sprüche der E-Stelle der gerichtlichen Überprüfung (vgl. Rn 72).

Auch ein **TV** kann eine Regelung nach Abs. 6 treffen. Näheres vgl. 75
§ 1 Rn 126f. und *Hanau,* RdA 73, 293; *GL,* § 92, Vorbem. 9; *KR-Etzel,* Rn 244; BAG 12. 3. 87, 10. 2. 88, AP Nr. 47, 53 zu § 99 BetrVG 1972; DB 84, 670; **a.M.** z.T. *DR,* Rn 289; *Heinze,* Rn 734; *GK-Kraft,* Rn 119; *HSG,* Rn 188).

XII. Beteiligung des Betriebsrats nach anderen gesetzlichen Vorschriften

Das **KSchG** sieht die Einschaltung des BR bei Einzelkündigungen in 76
§ 3 und bei beabsichtigten Massenentlassungen in **§ 17 Abs. 1** vor. Der unter das KSchG fallende ArbN (also nicht leitende Ang. i.S. des § 14 KSchG) kann binnen einer Woche nach der Kündigung **Einspruch beim BR einlegen,** und zwar auch dann, wenn der BR Bedenken oder einen Widerspruch gar nicht oder jedenfalls nicht aus den vom ArbN vorgetragenen Gründen erhoben hat (§ 3 KSchG gilt unabhängig von § 102 BetrVG; näheres vgl. *Brill,* ArbuR 77, 109; *Heinze,* Rn 510ff.). Erachtet der BR den Einspruch des ArbN für begründet, so soll der BR zunächst versuchen, mit dem ArbGeb. eine Verständigung herbeizuführen. Er hat seine Stellungnahme zum Einspruch dem ArbGeb. und dem ArbN auf Verlangen schriftlich mitzuteilen (§ 3 KSchG). Diese schriftliche Äußerung soll der ArbN bei Anrufung des ArbG seiner Klage beifügen (§ 4 KSchG). Die Anrufung des BR ist aber nicht zwingend vorgeschrieben und ist auch keine Prozeßvoraussetzung für den Kündigungsschutzprozeß.

Bei beabsichtigten **Massenentlassungen** gemäß den Größenord- 77
nungen des **§ 17 Abs. 1 KSchG** (vgl. Text Anhang 5) hat der **ArbGeb. dem AA zuvor schriftlich Anzeige** zu erstatten. Der BR ist dadurch eingeschaltet, daß der ArbGeb. zunächst den **BR rechtzeitig,** d.h. hier

mindestens 2 Wochen vor Anzeige an das AA, über die Gründe der Entlassungen, die Zahl der Betroffenen und der regelmäßig beschäftigten ArbN und den vorgesehenen Entlassungszeitraum schriftlich unterrichten muß; darüber hinaus hat er weitere zweckdienliche Angaben zu machen und mit dem BR über die Entlassungen mit dem Ziel zu beraten, diese zu vermeiden oder zu mildern (§ 17 Abs. 2 KSchG). Die Unterrichtung nach § 17 Abs. 2 KSchG kann mit der Anhörung des BR nach § 102 Abs. 1 verbunden werden (BAG 14. 8. 1986, AP Nr. 43 zu § 102 BetrVG 1972). Dem AA ist zugleich eine Abschrift der Mitteilung an den BR zuzuleiten. Nach Abschluß der Beratungen mit dem BR hat der ArbGeb. seiner Anzeige an das AA eine **Stellungnahme des BR beizufügen;** äußert sich der BR nicht schriftlich, so hat der ArbGeb., z. B. durch eidesstattliche Versicherung, glaubhaft zu machen, daß er den BR mindestens 2 Wochen zuvor unterrichtet hat und den Stand der Beratungen darzulegen. Geschieht dies nicht, so liegt keine wirksame Anzeige an das AA vor. Von Kündigungen betroffene ArbN können sich auf deren Unwirksamkeit berufen, selbst wenn der BR nach § 102 ordnungsgemäß angehört sein sollte (BAG 6. 12. 73, 31. 7. 86, AP Nr. 1, 5 zu § 17 KSchG 1969). Wegen des Inhalts der Anzeige des ArbGeb. vgl. § 17 Abs. 3 KSchG. Insbesondere soll der ArbGeb. im Einvernehmen mit dem BR für die Arbeitsvermittlung Angaben über Geschlecht, Alter, Beruf und Staatsangehörigkeit der zu entlassenden ArbN machen. Eine Abschrift dieser Anzeige erhält der BR. Auch der BR kann gegenüber dem AA eine Stellungnahme abgeben; hiervon erhält der ArbGeb. eine Abschrift (zu § 17 KSchG vgl. *Löwisch,* NJW 78, 1237; *Marschall,* DB 78, 981; *Pulte,* BB 78, 1268).

78 Das AFG ergänzt in § 8 die Vorschriften des § 17 KSchG dahin, daß der ArbGeb. voraussichtliche Massenentlassung in der Größenordnung des § 17 Abs. 1 KSchG dem Präsidenten des LAA unverzüglich schon dann schriftlich mitzuteilen hat, wenn diese innerhalb der nächsten zwölf Monate erforderlich werden. Gleiches gilt für Massenumsetzungen, d. h. Versetzungen oder Umgruppierungen von ArbN, wenn das zukünftige Arbeitsentgelt geringer sein wird. Auch in diesem Fall ist der Mitteilung des ArbGeb. eine Stellungnahme des BR beizufügen (§ 8 Abs. 1 Satz 2 AFG). **§ 8 AFG** lautet:

(1) Werden erkennbare Veränderungen des Betriebes innerhalb der nächsten zwölf Monate voraussichtlich dazu führen, daß Arbeitnehmer in der in § 17 Abs. 1 des Kündigungsschutzgesetzes bezeichneten Zahl entlassen oder auf eine andere Tätigkeit umgesetzt werden, für die das Arbeitsentgelt geringer ist, so hat der Arbeitgeber dies dem Präsidenten des Landesarbeitsamtes unverzüglich schriftlich mitzuteilen. Der Mitteilung ist eine Stellungnahme des Betriebsrates beizufügen. Der Präsident des Landesarbeitsamtes hat die Mitteilung des Arbeitgebers mit der Stellungnahme des Betriebsrates sofort an das örtlich zuständige Arbeitsamt weiterzuleiten.

(2) Um nachteilige Folgen von Veränderungen im Sinne von Absatz 1 für die betroffenen Arbeitnehmer zu vermeiden oder zu mildern, hat die Bundesanstalt

unverzüglich alle erforderlichen Vorkehrungen zu treffen. Sie hat bei ihren Maßnahmen nach den Vorschriften dieses Abschnittes das Interesse des Betriebes an einer Geheimhaltung der geplanten Veränderungen zu berücksichtigen, soweit dies mit dem arbeitsmarktpolitischen Interesse an einer frühzeitigen Einleitung der Maßnahmen vereinbar ist.

(3) Hat der Arbeitgeber die Mitteilung nach Absatz 1 vorsätzlich oder grob fahrlässig unterlassen, so hat er der Bundesanstalt die Aufwendungen zu erstatten, die ihr durch die Umschulung der entlassenen oder auf eine andere Tätigkeit umgesetzten Arbeitnehmer für die Dauer von sechs Monaten entstehen.

Nach **§ 10 AFG** hat der ArbGeb. dem AA die Entlassung von ArbN **79**
(auch von Heimarbeitern, § 12 AFG) mitzuteilen.

Nach **§ 17 Abs. 2 SchwbG** hat die Hauptfürsorgestelle vor Entschei- **80**
dung über die Zustimmung zur Kündigung eines Schwbeh. eine Stellungnahme des BR und der SchwbehVertr. einzuholen. Nach §§ 15, 21 SchwbG bedarf **jede Kündigung eines Schwbeh. der vorherigen Zustimmung der Hauptfürsorgestelle** (vgl. Rn 29). Die Vorschriften beziehen sich auf alle Arbeitsverhältnisse, also auch auf das eines leitenden Ang.

§ 103 Außerordentliche Kündigung in besonderen Fällen

(1) **Die außerordentliche Kündigung von Mitgliedern des Betriebsrats, der Jugend- und Auszubildendervertretung, der Bordvertretung und des Seebetriebsrats, des Wahlvorstands sowie von Wahlbewerbern bedarf der Zustimmung des Betriebsrats.**

(2) **Verweigert der Betriebsrat seine Zustimmung, so kann das Arbeitsgericht sie auf Antrag des Arbeitgebers ersetzen, wenn die außerordentliche Kündigung unter Berücksichtigung aller Umstände gerechtfertigt ist. In dem Verfahren vor dem Arbeitsgericht ist der betroffene Arbeitnehmer Beteiligter.**

Inhaltsübersicht

I. Vorbemerkung

1 Um den Schutz der Betriebsverfassungsorgane, wie er in § 78 ausgesprochen ist, nicht nur gegen ordentliche Kündigungen, sondern auch gegenüber **außerordentlichen Kündigungen** sicherzustellen, wurde die Regelung des § 103 geschaffen, der geschützte Personenkreis und die Dauer des Schutzes erweitert und § 15ff. KSchG entsprechend umgestaltet. Motiv der Regelung ist es, die **Träger der Betriebsverfassungsorgane, Wahlbewerber** und **Mitgl. des Wahlvorstandes** auch vor **willkürlichen außerordentlichen Kündigungen zu schützen.** Vor allem soll der ArbGeb. bei groben Amtspflichtverletzungen, insbesondere von BR-Mitgl., die aber deren Arbeitsverhältnis nicht unmittelbar berühren, den zur Ahndung derartiger Verstöße vorgesehenen Weg des Ausschlusses aus dem BR beschreiten und nicht auf die außerordentliche Kündigung des Arbeitsverhältnisses ausuweichen (vgl. Rn 18a). Oft handelt es sich bei den Gründen für eine außerordentliche Kündigung von BR-Mitgl. und den Mitgl. anderer Organe nur um vorgeschobene arbeitsvertragliche Gründe, in Wahrheit aber um sachliche Streitfragen um die Amtsführung. Auch kann es im Einzelfall schwierig sein zu unterscheiden, ob ein bestimmtes Verhalten eines BR-Mitgl. einen Verstoß gegen seine Amtspflichten oder gegen Pflichten aus dem Arbeitsvertrag darstellt. Der Gesetzgeber setzt andererseits das Vertrauen in den BR, daß er die Zustimmung zu einer außerordentlichen Kündigung bei groben Arbeitsvertragsverletzungen nicht verweigern wird. Andernfalls kann der ArbGeb. das BeschlVerf. nach § 103 Abs. 2 durchführen. Der Sinn des besonderen Kündigungsschutzes ist es, die Wahl der Betriebsverfassungsorgane und die **Kontinuität ihrer Arbeit** zu sichern. Wegen des **Schutzes Auszubildender** als Mitgl. von Betriebsverfassungsorganen vgl. **§ 78a.**

1a § 103 in Verbindung mit §§ 15 und 16 KSchG erweitert den Kündigungsschutz über den für ordentliche Kündigungen hinaus

a) in persönlicher Hinsicht (Einbeziehung der JugAzubiVertr., Bordvertr., SeeBR, Wahlvorst. und Wahlbewerber),
b) durch das Erfordernis der Zustimmung des BR zur außerordentlichen Kündigung während der Amtszeit,
c) Durch Einführung eines „nachwirkenden" Kündigungsschutzes nach Beendigung der Amtszeit (von einem Jahr für Mitglieder des BR, der JugAzubiVertr. und des See-BR – von 6 Monaten für Mitglieder der Bordvertr., des Wahlvorst. und für Wahlbewerber).

Zusammenfassende Darstellung zu § 103: *Lepke,* BB 73, 894 u. *Weisemann,* DB 74, 2476.

2 Entsprechende Vorschrift im **BPersVG 74:** § 47 Abs. 1.

II. Voraussetzungen des Kündigungsschutzes nach dem KSchG

1. Personenkreis

3 Der durch § 15 KSchG i. Vbdg. mit § 103 geschützte Personenkreis umfaßt die **Mitgl. des BR** (einschließlich endgültig nachgerückter oder vorübergehend tätiger **ErsMitgl.**, vgl. Rn 7), der **JugAzubiVertr.**, der **BordVertr.**, **des SeeBR** sowie die **Mitgl. des Wahlvorstands** und die **Wahlbewerber** für diese Organe, also nicht nur für den BR. § 103 und § 15 KSchG gelten auch für gewählte BR-Mitgl. und anderen Organmitgl. vor Amtsantritt (vgl. § 21 Rn 12; *KR-Etzel,* Rn 19), Wahlbewerber, die von vornherein als ErsMitgl. kandidieren (§ 14 Abs. 4 S. 2; *Stein,* ArbuR 75, 202) und nachgerückte ErsMitgl. des Wahlvorstands (vgl. Rn 7, 8). Auch **Mitgl. einer tariflichen Sondervertretung** nach § 3 Abs. 1 Nr. 2 sind geschützt, da sie an die Stelle des BR treten (vgl. § 3 Rn 36; *DR,* Rn 4), ebenso zusätzlich in den Wahlvorstand entsandte betriebsangehörige Gewerkschaftsbeauftragte (§ 16 Abs. 1 S. 6; **a. M.** *Engels/Natter,* BB 89, Beil. 8 S. 21). Keinen bes. Kündigungsschutz genießen die in nichtiger Wahl bestimmten Organmitgl. (BAG 7. 5. 86, AP Nr. 18 zu § 15 KSchG 1969).

4 Gleiches gilt für **Mitgl. der Schwerbehinderten- u. Gesamtschwerbehinderten Vertr.** (vgl. § 26 Abs. 3 SchwbG) und die Wahlbewerber für diese Ämter (vgl. § 24 Abs. 6 S. 2 SchwbG). Auf diese sind sowohl § 103 als auch §§ 15, 16 KSchG anzuwenden (vgl. § 32 Rn 12; *DR,* Rn 8; *KR-Etzel,* Rn 14; **a. M.** *GK-Kraft,* Rn 5, *HSG,* Rn 8). Es bedarf der Zustimmung des BR zur Kündigung, die auch hier durch das ArbG, nicht etwa durch die Hauptfürsorgestelle ersetzt werden kann. Daneben bedarf die außerordentliche Kündigung aber auch noch der **Zustimmung** der **Hauptfürsorgestelle** nach § 21 SchwG, sofern das Mitgl. der Vertr. als Schwerbehinderter anerkannt ist (vgl. § 102 Rn 29).

5 § 29a HAG erstreckt den Kündigungsschutz auch auf in **Heimarbeit Beschäftigte,** die nach § 103 geschützte betriebsverfassungsrechtliche Funktionen ausüben (vgl. § 102 Rn 5).

6 Der durch § 15 KSchG und § 103 auch jetzt **noch nicht erfaßte,** aber **durch § 78 geschützte Personenkreis** (nicht amtierende ErsMitgl. des BR, Vertretungen nach § 3 Abs. 1 Nr. 1, Mitgl. der E-Stelle, einer tariflichen Schlichtungsstelle gemäß § 76 Abs. 8, einer betrieblichen Beschwerdestelle nach § 86, des Wi-Ausschusses), **genießt einen relativen Kündigungsschutz** bei Kündigungen, wenn diese nämlich wegen ihrer betriebsverfassungsrechtlichen Tätigkeit erfolgen. Dafür kann eine tatsächliche Vermutung sprechen (§ 78 Rn 14). Kündigungen sind dann nicht nur sozial ungerechtfertigt i. S. des § 1 KSchG, sondern verstoßen von vornherein gegen das gesetzliche Verbot des § 78 und sind deshalb nach § 134 BGB nichtig (vgl. BAG 22. 2. 79, DB 79, 1659 = BB 79, 1347). Entsprechendes gilt für ArbNVertr. im AR (vgl. § 76 BetrVG 52 Rn 132 u. ausführlich *Fitting/Wlotzke/Wißmann,* § 26 Rn 16ff. zum MitbestG), Wahlbewerber vor Aufstellung des Wahlvorschlags u. Mitgl. des Wahlvorstands vor ihrer Bestellung (§ 20 Rn 11, 25; vgl. auch BAG

13. 10. 77, AP Nr. 1 zu § 1 KSchG 1969 Verhaltensbedingte Kündigung).

2. Dauer des Kündigungsschutzes

7 Die Notwendigkeit der Zustimmung des BR besteht für die außerordentliche Kündigung **während der Amtszeit** (vgl. Rn 36ff.) der Mitgl. des BR bzw. der JugAzubiVertr., der BordVertr. oder des SeeBR (§ 15 Abs. 1 Satz 1 KSchG). Es kommt auf den **Zeitpunkt des Herausgehens der Kündigung** an (§ 102 Rn 13; *KR-Etzel,* Rn 62; *Hueck,* KSchG, § 15 Rn 32f.), nicht auf den Zeitpunkt des Kündigungsanlasses (LAG Düsseldorf, 5. 11. 1975, DB 76, 202). Für **ErsMitgl.** gilt der besondere Kündigungsschutz für die Zeit ihrer Vertretung im BR, einschl. einer kurzfristigen eigenen Verhinderung während der Vertretungszeit (BAG 9. 11. 77, AP Nr. 3 zu § 15 KSchG 1969), und außerdem der nachwirkende Kündigungsschutz als Wahlbewerber (Rn 34). Der Kündigungsschutz für ErsMitgl. beginnt an dem Tage, an dem das ordentliche Mitgl. erstmals verhindert ist, im Fall einer BR-Sitzung schon mit der Ladung. Als ausreichend zur Vorbereitung der Sitzung sind aber 3 Tage vor der BR-Sitzung anzusehen (BAG 17. 1. 79, AP Nr. 5 zu § 15 KSchG 1969). Der Kündigungsschutz besteht während der ganzen Dauer der Vertretung ohne Rücksicht auf die Wahrnehmung konkreter Geschäfte des BR und ohne Rücksicht darauf, ob etwa die Krankmeldung des ordentlichen BR-Mitgl. und dessen Fernbleiben vom Dienst berechtigt war oder nicht (BAG 5. 9. 1986, AP Nr. 26 zu § 15 KSchG 1969). Nach Ende der Vertretung besteht der nachwirkende Kündigungsschutz des § 15 Abs. 1 Satz 2 KSchG (vgl. Rn 35). Daneben bleibt der Kündigungsschutz des verhinderten BR-Mitgl. bestehen.

8 Der entsprechende Schutz für Mitgl. des **Wahlvorstandes** läuft vom **Zeitpunkt seiner Bestellung an** (§§ 16, 17), nicht schon für Wahlbewerber für den Wahlvorstand (vgl. § 20 Rn 12) und endet mit der **Bekanntgabe des endgültigen Wahlergebnisses** (§ 18 Abs. 3, § 19 WO) bzw. der gerichtlichen Abberufung (§ 18 Abs. 1 Satz 2). Er beginnt für **Wahlbewerber** der in § 103 genannten Organe (auch solche, die von vornherein nur als ErsMitgl. in Frage kommen, vgl. § 14 Abs. 4) vom Zeitpunkt der **Aufstellung,** nicht erst der Einreichung (so aber *DR,* Rn 15; *GL,* Rn 9; *GK-Kraft,* Rn 8 u. *Meisel,* Rn 644) **des Wahlvorschlags** mit ausreichender Zahl von Unterschriften an (§ 14 Abs. 5–8 u. § 15 Abs. 3 Satz 1 KSchG, vgl. BAG 4. 4. 1974, AP Nr. 1 zu § 626 BGB ArbNVertr. im AR, 4. 3. 1976, 5. 12. 80, AP Nr. 1, 9 zu § 15 KSchG 1969 Wahlbewerber; *KR-Etzel,* Rn 23ff.; *HSG,* Rn 14; *GKSB,* Rn 12; *Schaub,* § 143 III 1), jedoch nicht vor Bestellung eines Wahlvorstandes, ebenfalls **bis zur Bekanntgabe des Wahlergebnisses** (§ 15 Abs. 3 Satz 1 KSchG). Der Kündigungsschutz entfällt nicht, falls die Vorschlagsliste durch Streichung von Unterschriften gem. § 8 Abs. 2 Nr. 3 WO ungültig wird (BAG 5. 12. 80, a. a. O.).

9 **Besteht** im Betrieb noch **kein BR,** so genießen Mitgl. des Wahlvorstands und Wahlbewerber gleichwohl den Kündigungsschutz nach § 15

Abs. 3 Satz 1 KSchG. Der ArbGeb. hat dann die Erteilung der Zustimmung zur Kündigung **unmittelbar beim ArbG zu beantragen** (BAG 12. 8. 1976, 30. 5. 78, AP Nr. 2, 4 zu § 15 KSchG 1969; *DR,* Rn 27; *GL,* Rn 33; *GKSB,* Rn 27; **a. M.** *KR-Etzel,* Rn 53ff, der die hier vertretene Ansicht aber für möglich hält; *GK-Kraft,* Rn 16). Entsprechendes gilt, wenn nur (noch) ein BRMitgl. amtiert, dem gekündigt werden soll und kein Ers. Mitgl. mehr vorhanden ist (BAG 16. 12. 82, AP Nr. 13 zu § 15 KSchG 1969) oder BR-Mitgl. wegen Teilnahme an einem rechtswidrigen **Arbeitskampf** gekündigt werden soll (BAG 14. 2. 78, AP Nr. 57 zu Art. 9 GG Arbeitskampf; **a. M.;** *Brox/Rüthers,* Rn 447; *GK-Kraft,* Rn 15; *Weiss,* ArbuR 82, 265, für Verfahren nach Abs. 1).

3. Kündigung und anderweitige Beendigung des Arbeitsverhältnisses

Der besondere Kündigungsschutz besteht nur, wenn es zur Beendigung des Arbeitsverhältnisses einer **Kündigung des ArbGeb. bedarf,** wozu auch die Änderungskündigung zu rechnen ist (h. M.). Anders bei der (ordentlichen oder außerordentlichen) **Massenänderungskündigung;** könnte das BRMitgl. oder die anderen Funktionsträger sich auch insoweit auf den besonderen Kündigungsschutz berufen, so liefe das auf eine verbotene Begünstigung u. Verletzung des Gleichbehandlungsgrundsatzes des § 75 hinaus (vgl. § 78 Rn 10; im Ergebnis wie hier: *Hueck,* KSchG, § 15 Rn 29; *DR,* § 78 Rn 26ff; *GK-Kraft,* Rn 11; *GL,* Rn 49; *HSG,* Rn 20; **a. M.** BAG 24. 4. 69, 29. 1. 81, AP Nr. 18 zu § 13 KSchG, AP Nr. 10 zu § 15 KSchG 1969; 6. 3. 86, AP Nr. 19 zu § 15 KSchG 1969 mit der Erwägung, daß eine außerordentliche, betriebsbedingte Änderungskündigung in Betracht kommen könnte; 9. 4. 87, AP Nr. 28 a. a. O., *GKSB,* Rn 4; *KR-Etzel,* Rn 59; nach LAG Hamm, DB 78, 1745 ist auch eine einzelne Änderungskündigung zulässig, da dem BR-Mitgl. die „Erklärung nach § 2 KSchG zuzumuten" sei, ebenso *Matthes,* DB 80, 1165). Es **gilt aber § 102.** Das BR-Mitgl. kann sich dann noch auf mangelnde soziale Rechtfertigung der Änderungskündigung berufen. 10

Kein bes. Kündigungsschutz besteht, sofern der ArbGeb. kraft seines Direktionsrechts einzelne Arbeitsbedingungen einseitig ändern kann, z. B. kraft tariflicher Ermächtigung, § 15 KSchG greift ferner nicht Platz, wenn das BR-Mitgl. oder der sonstige geschützte Funktionsträger seinerseits kündigt oder das **Arbeitsverhältnis in anderer Weise** (Zeitablauf z. B. Vollendung des 65. Lebensjahres, vgl. § 77 Rn 37a, § 78 Rn 10, § 102 Rn 10f u. § 24 Rn 16; Zweckerreichung, Anfechtung) **endet.** Wird ein inzwischen in den BR gewählter ArbN erneut nur befristet beschäftigt, so sind an die Zulässigkeit dieser zweiten Befristung bes. strenge Anforderungen zu stellen (BAG 17. 2. 83, AP Nr. 14 zu § 15 KSchG 1969). Eine Aussperrung kann das Arbeitsverhältnis von BR-Mitgl. allenfalls suspendieren (vgl. § 24 Rn 18, § 74 Rn 6). Wegen Versetzung von BR-Mitgl. vgl. § 24 Rn 19. 11

IV. Ordentliche Kündigung bei Betriebsstillegung

12 Die ordentliche Kündigung des in § 15 Abs. 1 bis 3 KSchG (Text Anhang 5) genannten Personenkreises ist wegen ihrer betriebsverfassungsrechtlichen Funktionen grundsätzlich unzulässig. Ausnahmsweise läßt § 15 Abs. 4 KSchG eine **ordentliche** (BAG, 29. 3. 77, AP Nr. 11 zu § 102 BetrVG 1972, 23. 4. 80, 20. 1. 84, AP Nr. 8, 16 zu § 15 KSchG 1969) **Kündigung** zu, und zwar im Fall der Stillegung des ganzen Betriebes. Die Kündigung bedarf nicht der Zustimmung des BR nach § 103, aber dessen **Anhörung nach § 102 Abs. 1** (BAG a. a. O., h. M.; **a. M.** *Bader,* BB 78, 616, der eine außerordentliche Kündigung zulassen will und *Belling,* NZA 85, 481, der eine Zustimmung des BR nach § 103 verlangt). Dann endet das Amt des BR bzw. die sonstigen Ämter als Folge der Stillegung.

Unter **Stillegung** ist die **Aufgabe des Betriebszwecks** und damit die Auflösung der zu diesem Zweck geschaffenen Betriebsgemeinschaft zwischen ArbGeb. und ArbN für eine nicht nur vorübergehende, zeitlich noch unbestimmte Dauer auf Grund eines ernstlichen Willensentschlusses des ArbGeb. zu verstehen (h. M.). Vgl. auch § 111 Rn 17. Auch eine Betriebsverlegung kann im Einzelfall Stillegung sein und zur Kündigung berechtigen. Eine Betriebsstillegung kann auch schon gegeben sein, wenn auf dem Betriebsgrundstück noch einzelne Abwicklungsarbeiten oder Wartungsaufgaben erfüllt werden (BAG 23. 4. 80, a. a. O.). Es liegt grundsätzlich im pflichtgemäßen Ermessen des ArbGeb., ob er bei Vorliegen eines Sachverhalts, der eine sinnvolle Weiterarbeit des Betriebs in der bisherigen Form ausschließt, zum Mittel der Betriebseinschränkung (z. B. Kurzarbeit), der vorübergehenden Betriebsunterbrechung (Werksurlaub) oder aber der Stillegung greift (BAG 17. 9. 57, AP Nr. 8 zu § 13 KSchG); wegen MBR nach § 87 Abs. 1 Nr. 3 vgl. aber dort Rn 53.

12a Ein Widerspruch des BR gegen die Kündigung nach § 102 Abs. 3 kommt nach Nr. 3 wegen Weiterbeschäftigungsmöglichkeit in einem **anderen Betrieb des Unternehmens** in Betracht (vgl. auch § 102 Rn 45). Zwar geht § 15 Abs. 4 KSchG offenbar davon aus, diese Vorschrift enthalte eine § 1 KSchG nicht einbeziehende abschließende Regelung. Damit würden aber BR-Mitgl. schlechtergestellt als andere ArbN. Daher ist die entstandene Gesetzeslücke dahin zu schließen, daß eine Kündigung von BR-Mitgl. nur möglich ist, wenn auch eine Beschäftigungsmöglichkeit in einem anderen Betrieb des Unternehmens nicht besteht (vgl. *KR-Etzel,* § 15 KSchG Rn 93f.). Wegen Gemeinschaftsbetrieb mehrerer Unternehmen vgl. Rn 16.

13 Veräußert der bisherige ArbGeb. den Betrieb, so gehen nach **§ 613a BGB** alle Arbeitsverhältnisse auf den neuen Betriebsinhaber über (vgl. § 1 Rn 65ff., § 21 Rn 34 u. § 111 Rn 12). Die Betriebsübernahme führt nicht zur Beendigung der Amtszeit des BR. Stillegung und Veräußerung des Betriebes schließen einander aus (BAG 23. 4. 80, a. a. O.). Wegen des wirtschaftlichen Beteiligungsrechte bei Betriebsstillegung vgl. aber §§ 111–113 und die dortigen Rn.

14 Eine Kündigung ist jedoch nicht zulässig, wenn die **Stillegung nur für**

vorübergehende, kurze Zeit erfolgt, um die Kündigungsschutzbestimmungen des § 15 KSchG zu umgehen. Dann liegt nur eine Scheinstillegung vor. Auch eine bloße Änderung des Betriebszwecks unter Beibehaltung der Betriebsorganisation ist keine Stillegung. Hatte der alte ArbGeb. vor einer Betriebsübernahme die Arbeitsverhältnisse (noch) wirksam gekündigt, stellt aber der neue ArbGeb. die Masse der ArbN alsbald wieder ein, so bleibt der alte BR im Amt. Eine Kündigung der BR-Mitgl. war demnach unzulässig.

Die Kündigung ist regelmäßig erst **zum Zeitpunkt der Stillegung** 15
zulässig, d. h. die Kündigungsfrist darf erst mit der Stillegung ablaufen, während die Kündigung schon früher ausgesprochen werden kann (h. M.). Unterbleibt die Stillegung, so ist die Kündigung gegenstandslos, verzögert sich die Stillegung, so wirkt die Kündigung erst zum nächstzulässigen Kündigungstermin (BAG 23. 4. 1980, AP Nr. 8 zu § 15 KSchG 1969). Ausnahmsweise kann schon zu einem **früheren Zeitpunkt gekündigt werden,** wenn das BR-Mitgl. (oder der sonstige Funktionsträger) aus zwingenden betrieblichen Gründen, an die ein strenger Maßstab anzulegen ist, **nicht mehr beschäftigt werden kann,** auch nicht an einem anderen Arbeitsplatz. Sonst ist das BR-Mitgl. aber auch bei stufenweiser Stillegung erst mit der letzten ArbN-Gruppe zu entlassen (BAG 26. 10. 67, AP Nr. 17 zu § 13 KSchG). Die Beschäftigungsmöglichkeit spielt bei nach § 38 freigestellten BR-Mitgl. keine Rolle, sofern noch ArbN im Rahmen der Staffel des § 38 Abs. 1 beschäftigt werden. Selbst wenn dies aber nicht mehr der Fall ist und an sich auch keine Beschäftigungsmöglichkeit mehr besteht, muß der BR funktionsfähig bleiben, schon wegen der Aufstellung eines Sozialplanes (vgl. §§ 112, 112a Rn 40). Zur Wahrung eines **„Restmandats“** muß jedenfalls ein BR-Mitgl. bis zum Schluß im Betrieb verbleiben (*GL,* Rn 51; *HSG,* Rn 21). Der BR fällt weg, wenn die ständige ArbNZahl unter 5 sinkt, bleibt aber erhalten, wenn der Betrieb zwar tatsächlich schon stillgelegt ist, um den rechtlichen Bestand der Arbeitsverhältnisse oder deren Abwicklung aber noch gestritten wird (BAG 17. 7. 64, AP Nr. 3 zu § 80 ArbGG und 29. 3. 77, AP Nr. 11 zu § 102 BetrVG 1972; *KR-Etzel,* § 15 Rn 119).

Die **Stillegung** einer **Betriebsabteilung** kann in der Regel **nicht zur** 16
Kündigung eines BR-Mitgl. oder sonstigen Funktionsträgers (Rn 3) führen (§ 15 Abs. 5 KSchG). Es ist vielmehr in eine andere Betriebsabteilung zu gleichen Arbeitsbedingungen zu übernehmen, evtl. nach Ausspruch einer (ordentlichen) Änderungskündigung (BAG 20. 1. 84, AP Nr. 16 zu § 15 KSchG 1969). Es kommt hier nur die Stillegung einer unselbständigen Betriebsabteilung ohne eigenen BR in Frage, d. h. eines organisatorisch abgegrenzten Teils eines Betriebes mit eigener personeller Einheit, eigenen technischen Betriebsmitteln und eigenem Betriebszweck bzw. Hilfszweck (BAG a. a. O.). Wird eine diesen Anforderungen nicht genügende Arbeitseinheit stillgelegt, so kommt eine ordentliche Kündigung von vornherein nicht in Betracht. Handelt es sich dagegen um selbständige Betriebsteile mit eigenem BR (vgl. § 4 Rn 5ff.), so greifen die Vorschriften Platz, die für die Stillegung des ganzen Betrie-

bes gelten. Eine Kündigung ist in eng begrenzten Ausnahmefällen nur zulässig, wenn die Übernahme in andere Abteilungen aus zwingenden betrieblichen Gegebenheiten nicht möglich ist: Das hat der ArbGeb. genau darzulegen und zu beweisen (BAG 25. 11. 81, AP Nr. 11 zu § 15 KSchG 1969). Notfalls ist für das BR-Mitgl. sogar ein anderer Arbeitsplatz durch Kündigung frei zu machen, wobei aber auch die sozialen Belange des u. U. betroffenen ArbN zu berücksichtigen sind (*Hueck,* § 15 Rn 76, *KR-Etzel,* § 15 Rn 126; deshalb z. B. Versetzung auf den Arbeitsplatz eines Schwerbehinderten nicht möglich; gegen diese Beschränkung *Matthes,* DB 80, 1165). Die Grundsätze über das Vorliegen eines Gemeinschaftsbetriebes mehrerer Unternehmen (vgl. § 1 Rn 49ff. und § 111 Rn 14ff.) gelten auch für die Kündigung von Mitgl. der Betriebsverfassungsorgane wegen Stillegung eines Betriebsteils. Sie sind in einen anderen Betriebsteil, auch eines anderen Unternehmens, zu übernehmen, sofern die am Gemeinschaftsbetrieb beteiligten Unternehmen ArbGeb geworden sind (BAG 5. 3. 1987, AP Nr. 30 zu § 15 KSchG 1969). Der BR kann einer Kündigung nach § 102 Abs. 3 Nr. 3 widersprechen. Für den Zeitpunkt der Kündigung gilt das für die Stillegung des ganzen Betriebes Gesagte entsprechend. Wegen Versetzung in einen anderen Betrieb des Unternehmens, Ausgliederung eines Betriebsteils u. Konkurseröffnung vgl. auch § 24 Rn 19ff.

IV. Zustimmungsverfahren bei außerordentlichen Kündigungen

17 Die außerordentliche Kündigung eines BR-Mitgl. oder eines anderen in § 103 Abs. 1 genannten Mandatsträgers ist nur zulässig, wenn die **Voraussetzungen des § 626 BGB** vorliegen **und der BR** zu diesem einseitigen Rechtsgeschäft **vorher die Zustimmung** zu dieser Maßnahme erteilt **oder das ArbG sie ersetzt** hat (§ 103 Abs. 2). Kündigt der ArbGeb. vorher, so ist die Maßnahme von vornherein **nichtig,** nicht nur schwebend unwirksam (BAG 22. 8. 74, 20. 3. 75, 4. 3. 76, 25. 3. 76, AP Nr. 1, 2, 5 u. 6 zu § 103 BetrVG 1972; vgl. § 15 Abs. 1 Satz 1, § 13 Abs. 3 KSchG, vgl. auch Rn. 31). Auf ein **Verschulden des ArbGeb.** an der unterbliebenen Anhörung **kommt es nicht an** *(KR-Etzel,* Rn 107a). **Nachträgliche Zustimmung** (Genehmigung) des BR heilt die Unwirksamkeit einer schon ausgesprochenen Kündigung **nicht** (BAG, 22. 2. 1972, AP Nr. 1 zu § 15 BBiG, 28. 2. 1974, AP Nr. 2 zu § 102 BetrVG 1972, 22. 8. 74, 20. 3. 75, 1. 12. 77, AP Nr. 1, 2 u. 11 zu § 103 BetrVG 1972; *GL,* Rn 12; *GK-Kraft,* Rn 18; *Hueck,* KSchG, § 15 Rn 59; **a. M.** *DR,* Rn 39ff., der genügen läßt, daß der BR vor der Kündigung angehört ist). Eine Auflösung des Arbeitsverhältnisses auf Antrag des ArbGeb. gegen Zahlung einer Abfindung gem. §§ 9, 10 KSchG kommt nicht in Betracht (BAG 9. 10. 79, AP Nr. 4 zu § 9 KSchG 1969). Vgl. auch § 102 Rn 27 u. wegen nachträglicher Zustimmung des BR vor deren Ersetzung im Beschl. Verf. nach Abs. 2 Rn 23.

18 Nach **§ 626 Abs. 1 BGB** kann das Arbeitsverhältnis von jedem Vertragsteil, also auch vom ArbGeb. aus wichtigem Grund ohne Einhaltung einer Kündigungsfrist gekündigt werden, wenn dem Kündigenden unter Berücksichtigung aller Umstände des Einzelfalles und unter Abwägung der Interessen beider Vertragsteile die Fortsetzung des Arbeitsverhältnisses selbst bis zum Ablauf der normalen Kündigungsfrist oder bis zum vereinbarten Ende des Arbeitsverhältnisses nicht zugemutet werden kann.

Andererseits kann ein BR-Mitgl. (Mitgl. der JugAzubiVertr., der Bordvertr., der SeeBR) wegen grober Verletzung seiner gesetzlichen Pflichten aus dem BRAmt gem. **§ 23 Abs. 1** aus dem BR ausgeschlossen werden. Es ist oft schwer zu beurteilen, ob in erster Linie eine Verletzung betriebsverfassungsrechtlicher oder arbeitsvertraglicher Pflichten vorliegt. Nur wenn durch die **Amtspflichtverletzung zugleich** das konkrete **Arbeitsverhältnis unmittelbar und erheblich beeinträchtigt** wird, ist eine außerordentliche Kündigung zulässig (BAG 22. 8. 74, AP Nr. 1 zu § 103 BetrVG 1972, 16. 10. 86, AP Nr. 95 zu § 626 BGB; vgl. auch § 23 Rn 18; ähnlich *DR,* § 103 Anhang, Rn 10). Die Möglichkeit eines Zusammenhangs von Pflichtwidrigkeiten aus dem Amt und aus dem Arbeitsverhältnis verneint grundsätzlich *Bieback,* RdA 78, 82ff., *Weber,* NJW 73, 787 und *Konzen,* ZfA 85, 469, 483, der nur ein Verfahren nach § 23 Abs. 1 für möglich hält). Hängt das areitsvertragswidrige Verhalten des ArbN mit seiner **Amtstätigkeit zusammen,** so ist eine Kündigung nur unter **Anlegung eines besonders strengen Maßstabes** gerechtfertigt (BAG 16. 10. 86 a. a. O). Das gilt auch für JugAzubiVertr. (BAG 11. 12. 75, AP Nr. 1 zu § 15 KSchG 1969). Der ArbGeb. hat zu beweisen, daß das eine Amtspflichtverletzung darstellende Verhalten des BR-Mitgl. auch bei anderen ArbN Grund zur außerordentlichen Kündigung wäre. Das BR-Mitgl. kann sich damit entlasten, gemäß seinen Amtspflichten in gutem Glauben gehandelt zu haben (vgl. *Säcker,* RdA 65, 372, DB 67, 2072). Begeht ein BR-Mitgl. lediglich einen Verstoß gegen seine Amtspflichten, ohne daß die Pflichten aus dem Arbeitsverhältnis dadurch wesentlich berührt werden, so kann dies zwar zum Ausschluß aus dem BR nach § 23 führen, aber nicht zur außerordentlichen Kündigung (BAG 8. 8. 68, AP Nr. 57 zu § 626 BGB). Spricht der ArbGeb. wegen eines Vorfalls, an dem **mehrere ArbN beteiligt** sind, **nur dem BR-Mitgl.** gegenüber eine **außerordentliche Kündigung** aus, so ist diese nach §§ 75, 78 i. Vbdg. mit § 134 BGB nichtig (BAG 22. 2. 79, DB 79, 1659). 18a

Die außerordentliche Kündigung von BR-Mitgl. und der weiteren in § 103 Abs. 1 genannten Personen (vgl. Rn 3ff) bedarf der ausdrücklichen (mündlichen oder schriftlichen) **Zustimmung des BR,** der sie bei wirklich groben Verstößen eines Mitgl. gegen seine arbeitsvertraglichen Pflichten nicht verweigern darf; vgl. im übrigen Rn 1. Bei der Beratung und Beschlußfassung nimmt das betroffene Mitgl. nicht teil; an seine Stelle tritt ein ErsMitgl. (vgl. § 25 Rn 15; BAG 26. 8. 81, 23. 8. 84, AP Nr. 13, 17 zu § 103 BetrVG 1972). Dasselbe gilt für den einköpfigen BR. Das Ers-Mitgl. ist nicht wegen Befangenheit als verhindert anzusehen (*DR,* Rn 28; *HSG,* Rn 39; *GK-Kraft,* Rn 27; *Oetker,* ArbuR 87, 224; **a.M.** ArbG Siegen, NZA 86, 267; *GKSB,* Rn 27 und *Lepke,* BB 73, 895 19 für sofortige Entscheidungen des ArbG). Ist kein Ersatzmitgl. vorhanden, so hat der ArbGeb. das Verfahren nach Abs. 2 einzuleiten (BAG 16. 12. 82, AP Nr. 13 zu § 15 KSchG 1969). Nicht als verhindert sind auch andere BR-Mitgl. anzusehen, denen aus dem gleichen Anlaß ebenfalls gekündigt werden soll (BAG 25. 3. 76, AP Nr. 6 zu § 103 BetrVG 1972; *Oetker,* a. a. O.). Kann der BR auch mit Ersatzmitgl. nicht mehr voll besetzt werden, so ist der RestBR zu beteiligen (BAG 16. 10. 1986, AP Nr. 95 zu § 626 BGB).

Bei Betrieben und Unternehmen der **Seeschiffahrt** tritt an die Stelle des BR der SeeBR bzw. die Bordvertretung bezüglich ihrer Mitgl., soweit der Kapitän Kündigungsbefugnis hat (§ 116 Abs. 1 Satz 2, § 115 Abs. 1 Satz 2, Abs. 7 Nr. 1).

20 Der BR kann die Entscheidung über die Zustimmung auf den **BetrAusschuß** gem. § 27 Abs. 3 Satz 2 und 3 oder einen **besonderen Ausschuß** nach § 28 übertragen (*GK-Kraft,* Rn 20; *HSG,* Rn 35; **a. M.** *Heinze,* Rn 667; *GL,* Rn 13; *GKSB,* Rn 21). Dies ist aber im Hinblick auf die Bedeutung der Frage in der Regel nicht zu empfehlen. Auch für die Erteilung der **Zustimmung zur außerordentlichen Kündigung von JugAzubiVertr.** ist der **BR zuständig.** Die JugAzubiVertr. stimmen aber mit, weil überwiegend die kollektiven Belange jugendl. ArbN betroffen sind (vgl. § 67 Rn 16). Bei (erfolgreicher) Anfechtung der Wahl (nicht aber bei Nichtigkeit) besteht das Zustimmungserfordernis bis zur rechtskräftigen Entscheidung des ArbG (§ 19 Rn 37).

21 Der **ArbGeb.** hat im eigenen Interesse den BR alsbald von der beabsichtigten außerordentlichen Kündigung unter genauer Angabe der Kündigungsgründe wie nach § 102 Abs. 1 (vgl. § 102 Rn 16ff.) zu unterrichten und dessen **Zustimmung zu beantragen.** Eine unzureichende Unterrichtung führt trotz etwaiger Zustimmung des BR zur Unwirksamkeit der Kündigung (BAG 5. 2. 81, AP Nr. 1 zu § 72 LPVG NW; *Heinze,* Rn 668f.). Der ArbGeb. muß dies so rechtzeitig tun, daß er bei Nichterteilung der Zustimmung **noch innerhalb der Zweiwochenfrist des § 626 Abs. 2 BGB die Ersetzung der Zustimmung beim ArbG beantragen** kann (vgl. BAG 22. 8. 1974, 20. 3. 1975, 18. 8. 1977, AP Nr. 1, 2 und 10 zu § 103 BetrVG 1972). Da die Nichtäußerung des BR hier als Zustimmungsverweigerung gilt, wird der ArbGeb. zweckmäßigerweise dem BR eine angemessene Frist setzen, die entsprechend § 102 Abs. 2 Satz 3 drei Tage betragen soll. Gibt der BR **binnen 3 Tagen keine Erklärung ab,** so **gilt die Zustimmung als verweigert** (BAG 18. 8. 77, AP Nr. 10 zu § 103 BetrVG 1972; *Bieback,* ArbuR 77, 321; *Buus,* BB 79, 1508 unter Hinweis auf § 108 Abs. 1 Satz 2 BPersVG; *DR,* Rn 31; *GL,* Rn 19; *HSG,* Rn 38; *KR-Etzel,* Rn 78, 94; *Heinze,* Rn 668). Der ArbGeb. kann und muß dann ggf. noch binnen der Zweiwochenfrist des § 626 Abs. 2 Satz 1 BGB auch die Ersetzung der Zustimmung des BR beim ArbG beantragen (BAG a. a. O. u. 24. 4. 75, AP Nr. 3 a. a. O.). Die Frist beginnt nicht erneut zu laufen (für nochmalige Einräumung einer Zweiwochenfrist aber *H. P. Müller,* DB 75, 1363 und *Otto,* ZfA 76, 404; *Gamillscheg,* Festschrift BAG, S. 126f. bezieht die Zweiwochenfrist auf den Antrag beim BR; nach dessen Äußerung sei

dann unverzüglich zu kündigen oder das Ersetzungsverfahren einzuleiten).

Es ist ratsam, aber nicht erforderlich, daß der BR seine Verweigerung der Zustimmung näher begründet. An einen Katalog von Gründen wie nach § 102 Abs. 3 ist der BR nicht gebunden. Es ist **immer der EinzelBR,** nicht der GesBR zuständig (vgl. § 48 Rn 17). 22

Der BR kann seine **Zustimmung** im Gegensatz zu den mangelnden Rechtsfolgen einer Rücknahme des Widerspruchs gegen eine ordentliche Kündigung (vgl. § 102 Rn 52) auch **noch nachträglich erteilen** (vgl. auch Rn 32; *DR,* Rn 38; *GL,* Rn 20; *KR-Etzel,* Rn 99). Dann wird ein etwa schon eingeleitetes BeschlVerf. nach § 103 Abs. 2 gegenstandslos. Der ArbGeb. kann nunmehr unverzüglich kündigen (BAG 17. 9. 81, AP Nr. 14 zu § 103 BetrVG 1972). Eine zuvor ausgesprochene Kündigung bleibt aber unwirksam (Rn 17). Eine (unbedingte) Zustimmung liegt aber noch nicht vor, wenn der BR noch die Vorlage einer schriftlichen Äußerung eines Belastungszeugen verlangt (BAG 1. 12. 77, AP Nr. 11 zu § 103 BetrVG 1972). 23

Eine **Rücknahme der Zustimmungserklärung** ist nach Zugang beim ArbGeb. nicht mehr möglich (vgl. § 102 Rn 24; *DR,* Rn 38; *KR-Etzel,* Rn 86). 24

Noch mehr als nach § 102 (vgl. dort Rn 22) kommt es hier darauf an, daß die **Zustimmung des BR** auf einem **wirksamen BRBeschluß beruht,** dem konstitutive Bedeutung zukommt. Die sog. „Sphärentheorie“ ist hier vollends abzulehnen (BAG 23. 8. 84, AP Nr. 17 zu § 103 BetrVG 1972; *Bieback,* ArbuR 77, 323; *Klebe/Schumann,* DB 78, 1591; *KR- Etzel,* Rn 107, falls dem ArbGeb. die Mängel bekannt sind oder bekannt sein müssen; **a. M.** *DR,* Rn 51; *GL,* Rn 15; wegen Vertrauensschutz des ArbGeb. vgl. § 26 Rn 33 und BAG 23. 8. 84, a. a. O. für den Fall, daß der ArbGeb. die Tatsachen für den mangelhaften BR-Beschluß weder kennt noch kennen muß). Zwischen beiden Verfahren nach § 102 und § 103 bestehen erhebliche Unterschiede in ihren Voraussetzungen und Wirkungen (BAG 26. 8. 81, 23. 8. 84, AP Nr. 13, 17 zu § 103 BetrVG 1972). 25

Stimmt der BR zu, so kann der **ArbGeb. binnen der Frist des § 626 Abs. 2 Satz 1 BGB** nunmehr **außerordentlich kündigen.** Die Ausschlußfrist von 2 Wochen läuft von der Kenntnis des ArbGeb. von der Verfehlung an, verkürzt sich also um die Äußerungsfrist von 3 Tg. (vgl. Rn 21) für den BR (BAG 22. 8. 74, 24. 4. 75, 18. 8. 77, AP Nr. 1, 3, 10 zu § 103 BetrVG 1972; *DR,* Rn 48). Die Kündigung ist nach Zustimmung des BR jedenfalls **zulässig** (§ 15 Abs. 1 Satz 1 KSchG). Ob sie gemäß § 626 Abst. 1 BGB auch **begründet** ist, entscheidet das ArbG, wenn das **BR-Mitgl.** oder der sonstige Funktionsträger **binnen drei Wochen das Gericht anruft** (vgl. Rn 30, 42; § 13 Abs. 1 Satz 2 i. V. mit § 4 KSchG). Andernfalls gilt die außerordentliche Kündigung als wirksam (§ 7 KSchG). 26

Ist das BR-Mitgl. zugleich **Schwerbehinderter,** so brauch der ArbGeb als ersten Schritt nicht das Verfahren nach § 103 einzuleiten. Zweckmäßigerweise wird er vielmehr zunächst das Verfahren vor der 26a

Hauptfürsorgestelle durchführen (Antragstellung binnen 2 Wochen nach Kenntnis der maßgeblichen Tatsachen) und nach erteilter oder fingierter Zustimmung unverzüglich das Verfahren nach § 103 Abs. 2 BetrVG (BAG 22. 1. 1987, AP Nr. 24 zu § 103 BetrVG 1972). Das Verfahren vor der Hauptfürsorgestelle ist auch für BR-Mitgl. vorrangig, vgl. im übrigen § 102 Rn 29.

V. Ersetzung der Zustimmung zu außerordentlichen Kündigungen durch das ArbG

27 **Stimmt der BR** der außerordentlichen Kündigung **nicht zu** oder gibt er binnen 3 Tagen (vgl. Rn 21) keine Erklärung ab, so kann der ArbGeb. beim **ArbG im Wege des BeschlVerf.** beantragen, die **Zustimmung des BR zu ersetzen** (Abs. 2). Das muß innerhalb einer Ausschlußfrist von 2 Wochen in entsprechender Anwendung des § 626 Abs. 2 BGB geschehen, sonst ist der Ersetzungsantrag unbegründet (*DR,* Rn 47, 59, 61; BAG 18. 8. 77, 7. 5. 86, 22. 1. 87 AP Nr. 10, 18, 24 zu § 103 BetrVG 1972). Ist das Arbeitsverhältnis schon vor der Entscheidung des ArbG beendet, so ist der Antrag (nunmehr) unbegründet (BAG 10. 2. 1977, AP Nr. 9 zu § 103 BetrVG 1972). Nach Ansicht des BAG (7. 5. 86, a. a. O.) ist ein vor Zustimmungsverweigerung gestellter (vorsorglicher) Ersetzungsantrag unzulässig u. soll es auch nach Zustimmungsverweigerung durch den BR bleiben. Ein **Streik,** durch den der ArbGeb veranlaßt werden soll, einen Antrag auf Ersetzung der Zustimmung zur Kündigung eines BR-Mitgl. zurückzunehmen, ist rechtswidrig (BAG 7. 6. 1988, AP Nr. 106 zu Art. 9 GG Arbeitskampf).

27a Ein sogenanntes **Nachschieben von Kündigungsgründen** ohne erneute Beteiligung des BR ist **betriebsverfassungsrechtlich nicht zulässig,** da dessen Zustimmung Wirksamkeitsvoraussetzung für die Kündigung ist (vgl. auch § 102 Rn 18). Wird der BR aber erneut und erfolglos um seine Zustimmung gebeten, so können diese (neuen) Gründe noch im BeschlVerf. innerhalb der 2-Wochenfrist des § 626 Abs. 2 BGB (*GK-Kraft,* Rn 28) vorgebracht werden; das Ersetzungsverfahren bezieht sich nämlich auf eine erst zukünftig auszusprechende Kündigung (BAG 22. 8. 1974 und 27. 5. 1975, 27. 1. 1977, AP Nr. 1, 4 und 7 zu § 103 BetrVG 1972; *DR,* Rn 52, 63).

27b Der **Betroffene ist Beteiligter** (Abs. 2, § 83 ArbGG) und kann ggfs. nach § 87 Abs. 1 ArbGG Beschwerde (LAG Köln, 13. 12. 84, AP Nr. 22 zu § 103 BetrVG 1972, *Heinze,* Rn 675; *HSG,* Rn 47) und unter den Voraussetzungen der §§ 92, 92a ArbGG Rechtsbeschwerde einlegen (wegen Kostenerstattung durch den ArbGeb bei Obsiegen, vgl. LAG Hamm, 8. 2. 89, DB 89, 1244 u. § 40 Rn 23). Der ArbGeb. braucht lediglich den Sachverhalt darzulegen. Das **ArbG** ist von Amts wegen zur Aufklärung aller nach § 626 Abs. 1 BGB maßgebenden Umstände verpflichtet, soweit der ArbGeb. sich auf einen bestimmten Sachverhalt beruft (BAG 27. 1. 77, AP Nr. 7 zu § 103 BetrVG 1972; *Schaub,* § 143 IV 2). Es hat den Beschluß des BR nicht etwa nur auf Ermessensfehler hin nachzuprüfen (BAG 22. 8. 74, AP Nr. 1 zu § 103 BetrVG 1972), sondern es **trifft eine Rechtsentscheidung** (h. M.). BR und ArbGeb. können ohne Zustimmung des betroffenen BR-Mitgl. das Verfahren gemäß § 83a ArbGG für erledigt erklären (*GL,* Rn 28a; **a. M.** *Dütz,* RdA 80, 81, 99; *Fenn,* Festschrift BAG S. 91, 103).

Das BeschlVerf. nach § 103 Abs. 2 kann **hilfsweise mit einem Ausschließungsantrag nach § 23 Abs. 1** verbunden werden, aber nicht umgekehrt ein Ausschließungsantrag hilfsweise mit einem Antrag nach § 103 Abs. 2 (BAG 21. 2. 78, AP Nr. 1 zu § 74 BetrVG 1972; *GK-Wiese,* § 23 Rn 63; *GL,* Rn 33a; **a. M.** *Bohn,* SAE 79, 67; *HSG,* Rn 50; vgl. auch § 23 Rn 17), denn damit gibt der ArbGeb. zu erkennen, daß er die Fortsetzung des Arbeitsverhältnisses für zumutbar hält. Das BR-Mitgl. ist während des Verfahrens nach § 103 nicht gehindert, sein Amt auszuüben. Anders als im Fall des Ausschlußverfahrens nach § 23 Abs. 1 (vgl. dort Rn 26) ist eine einstw. Verf., dem ArbN die Ausübung seines Amtes zu untersagen, unzulässig (*Lepke,* BB 73, 899), ebenso eine einstw. Verf. auf vorläufige Ersetzung der Zustimmung, da die Entscheidung in der Hauptsache vorweggenommen würde (*DR,* Rn 72, 81ff.; *KR-Etzel,* Rn 130 und *GK-Kraft,* Rn 27; *HSG,* Rn 51). Eine etwa nach erstinstanzlicher Ersetzung der Zustimmung durch das ArbG mögliche **Suspendierung von der Arbeit** (*P. Nipperdey,* DB 75, 1891; **a. M.** *Bieback,* ArbuR 77, 328; allgemein gegen einen Weiterbeschäftigungsanspruch LAG Berlin, AP Nr. 6 zu § 611 BGB Beschäftigungspflicht) hindert das BR-Mitgl. grundsätzlich nicht, weiterhin den **Betrieb** zum Zwecke der **Ausübung seines Amtes zu betreten.** Daran ändert auch ein Hausverbot des ArbGeb. nichts (LAG Hamm DB 75, 111; *Dütz,* DB 78, Beilage 13, S. 17; *GL,* Rn 35; LAG Düsseldorf, 22. 2. 77, DB 77, 1053; einschränkend bei Rechtsmißbrauch *GK-Kraft,* Rn 35). **28**

Hat dagegen der BR seine Zustimmung erteilt oder das ArbG sie (rechtskräftig) ersetzt, so ist nunmehr das BR-Mitgl. während eines Kündigungsrechtsstreits an der Ausübung seiner Tätigkeit i. S. von § 25 Abs. 1 S. 2 verhindert (vgl. § 24 Rn 14; LAG Düsseldorf, 27. 2. 75, DB 75, 700; LAG Schleswig-Holstein, 2. 9. 76, BB 76, 1319; *Schaub,* § 143 IV 5). **28a**

Ersetzt das ArbG die Zustimmung, so kann der ArbGeb. **nach formeller Rechtskraft** (dazu § 100 Rn 9 und insbes. *Richardi,* RdA 75, 73ff.; *GL,* Rn 25; *Mareck,* BB 86, 1082; BAG 11. 11. 1976, AP Nr. 8 zu § 103 BetrVG 1972; *Bieback,* ArbuR 77, 325) der Entscheidung **nunmehr binnen 2 Wochen kündigen** (§ 626 Abs. 2 S. 1 BGB). Dem ArbGeb. ist zuzumuten, sich nach Ablauf der Rechtsmittelfrist alsbald nach dem Eintritt der Rechtskraft zu erkundigen (ArbG Wiesbaden, 11. 1. 78, DB 78, 796). Die Frist läuft erst von diesem Zeitpunkt ab, da eine außerordentliche Kündigung vorher überhaupt nicht zulässig war (vgl. § 4 S. 4 KSchG; im Ergebnis wie hier *GK-Kraft,* Rn 30, *Heinze,* Rn 672ff.). Nach Ansicht des **BAG** (24. 4. 1975, 18. 8. 77, 25. 1. 79, AP Nr. 3, 10, 12 zu § 103 BetrVG 1972) muß der ArbGeb. im Hinblick auf die vergleichbare Regelung des § 21 SchwbG nach Rechtskraft der die Zustimmung ersetzenden Entscheidung nunmehr **„unverzüglich" kün-** **29**

digen (ebenso *KR- Etzel,* Rn 136; *DR,* Rn 49; *GK-Kraft,* Rn 27; *GKSB,* Rn 39; *Schaub,* § 143 IV 3), u. U. aber schon nach Zustellung des Beschlusses des LAG, wenn nämlich die Rechtsbeschwerde nicht zugelassen ist und eine Divergenzrechtsbeschwerde offensichtlich ausscheidet (BAG 25. 1. 79, a. a. O.). Damit wird der ArbGeb. überfordert. Wie soll er diese Rechtsfrage zuverlässig beantworten? (kr. auch *Mareck* a. a. O. n. ArbG Berlin, 3. 11. 88, DB 89, 486).

30 Der **Betroffene** kann zwar nunmehr noch binnen drei Wochen (Rn 26, 42) **Kündigungsschutzklage erheben.** Da aber regelmäßig derselbe Tatbestand vorliegt und im Urteilsverfahren dieselben Prüfungsmaßstäbe (vgl. Rn 18f.) anzulegen sind wie im BeschlVerf., dürfte die Entscheidung des ArbG im BeschlVerf. **präjudizielle Wirkung** für das Urteilsverfahren mit der Folge haben, daß eine **abweichende Sachentscheidung regelmäßig nicht** in Betracht kommt, weil das ArbG im Urteilsverfahren nicht mehr zu der Feststellung kommen kann, es habe kein Grund für eine außerordentliche Kündigung vorgelegen. Etwas anderes kann nur gelten, falls die Formalien der Kündigung oder die Einhaltung der Frist des § 626 Abs. 2 Satz 1 BGB streitig sind (vgl. *KR-Etzel,* Rn 139f.; *Hueck,* KSchG § 15 Rn 66) oder neue Tatsachen die früheren Kündigungsgründe in einem anderen Licht erscheinen lassen (BAG 24. 4. 75, 9. 1. 86, AP Nr. 3 zu § 103 BetrVG 1972, AP Nr. 20 zu § 626 BGB Ausschlußfrist, *GL,* Rn 30). Die **Klage ist** also regelmäßig **unbegründet** (*DR,* Rn 79f.; *HSG,* Rn 56). Ein Rechtsschutzbedürfnis dürfte aber für die Klage zu bejahen sein, so daß sie nicht als unzulässig, sondern als unbegründet abzuweisen ist (BAG a. a. O.; *DR,* Rn 78; *KR-Etzel,* Rn 138; *GK-Kraft,* Rn 33; *Heinze,* Rn 676).

31 Lehnt das **ArbG die Ersetzung der Zustimmung rechtskräftig ab,** so kann der ArbGeb. dem BR-Mitgl. oder sonstigen Funktionsträger nicht kündigen, wohl aber u. U. noch ein Verfahren nach § 23 Abs. 1 beantragen. Kündigt der ArbGeb., ohne daß die Voraussetzungen des § 103 gegeben sind, so ist die außerordentliche Kündigung ohne weiteres unwirksam (Rn 17). Darauf kann sich der Betroffene jederzeit berufen, ohne daß er eine Kündigungsschutzklage erheben müßte (§ 13 Abs. 3 KSchG; vgl. Rn 42).

32 Läuft während des Zustimmungsverfahrens nach § 103 Abs. 1 oder 2 die Amtszeit des BR (Rn 36f) ab, so ist zu unterscheiden: Wird das **Organmitgl. wiedergewählt,** so gilt die bisherige Erklärung des BR weiter. Allerdings kann der neue BR einer außerordentlichen Kündigung noch zustimmen. Erfolgt keine Wiederwahl oder endet der Schutz des Wahlvorstands oder des Wahlbewerbers, so gelten nunmehr die Vorschriften über den nachwirkenden Kündigungsschutz nach § 15 Abs. 1 Satz 2, Abs. 3 Satz 2 KSchG (vgl. unten Rn 33ff). Hat der ArbGeb. die Zustimmung nach § 103 beantragt und endet die Amtszeit des BR-Mitgl. (oder eines anderen geschützten Mitgl. eines Betriebsverfassungsorgans), ohne daß dieses wiedergewählt wird, so wird das **Verfahren** nach § 103 **gegenstandslos.** Das Verfahren ist einzustellen (vgl. § 83a ArbGG u. BAG 30. 5. 78, AP Nr. 4 zu § 15 KSchG 1969; ebenso *KR-Etzel,* Rn 131ff.; **a.M.** *GKSB,* Rn 36, da durch Verzögerung des gerichtlichen Verfahrens das Zustimmungserfordernis entfallen könne; dann ist aber die außerordentliche Kündigung im Kündigungsschutzprozeß in vollem Umfang nachzuprüfen. Die Entscheidung verlagert sich lediglich vom BeschlVerf. auf das Urteilsverfahren). Der ArbGeb. kann die außerordentliche Kündigung aussprechen, ohne daß es einer erneuten Anhörung des BR bedarf, sofern die Gründe für die außerordentliche Kündigung sich nicht geändert haben. Auch in diesem Fall muß nach Ansicht des BAG (vgl. Rn 29 u. BAG a. a. O.) die Kündigung nunmehr unverzüglich erfolgen.

VI. Kündigungsschutz nach Ende der betriebsverfassungsrechtlichen Funktionen

§ 15 Abs. 1 Satz 2 und Abs. 3 Satz 2 KSchG regelt den **nachwirkenden Kündigungsschutz gegen ordentliche Kündigungen** für Mandatsträger, deren Amtszeit beendet ist (BR-Mitgl., Mitgl. der JugAzubi-Vertr., des SeeBR der Bordvertretung, des Wahlvorstands sowie der Wahlbewerber). Eine **Einschaltung des BR wie in § 103** während der Amtszeit ist hier **nicht** vorgesehen. Eine ordentliche Kündigung ist während des Schutzzeitraums ohne weiteres unwirksam, worauf sich der geschützte Personenkreis jederzeit und in jeder Form berufen kann, ohne einen Prozeß führen zu müssen (§ 13 Abs. 3 KSchG). Dabei kommt es nicht darauf an, ob der ArbGeb. statt einer ordentlichen etwa auch eine außerordentliche Kündigung (evtl. mit Auslauffrist) hätte aussprechen können (BAG 5. 7. 79, AP Nr. 6 zu § 15 KSchG 1969). Sinn der Vorschrift ist es, eventuell aufgetretene Spannungen zwischen ArbGeb. und Amtsträger abzubauen und letzterem für eine Übergangszeit den gesicherten Anschluß an das Berufsleben zu gewährleisten (vgl. auch die Jahresfristen für BR-Mitgl. gem. § 37 Abs. 3, 4 und § 38 Abs. 3, 4). **Außerordentliche Kündigungen** unterliegen nunmehr keinen besonderen Einschränkungen mehr, der BR ist aber nach **§ 102 Abs. 1** zu hören. 33

Ordentliche Kündigungen von **Mitgliedern des BR,** der JugAzubi-Vertr. oder des SeeBR, die **innerhalb eines Jahres** (bei Bordvertretungen innerhalb von sechs Monaten) nach Beendigung der Amtszeit diesen zugehen (§ 102 Rn 13) sind **unzulässig,** sofern es sich nicht um eine Stillegung (vgl. oben Rn 12ff.) handelt. Für **Mitgl. des Wahlvorstandes und Wahlbewerber** (auch bei Nichtigkeit der BRWahl, LAG Düsseldorf, DB 79, 1092) besteht der nachwirkende Kündigungsschutz **von 6 Monaten** nach Bekanntgabe des endgültigen Wahlergebnisses (§ 19 WO), im Fall der Amtsniederlegung vor Durchführung der Wahl vom Zeitpunkt der Niederlegung an (BAG 9. 10. 1986, AP Nr. 23 zu § 15 KSchG 1969). Dieser Schutz gilt auch für gewählte Bewerber, die die Wahl ablehnen (§ 18 Abs. 2 WO), aber nicht für den gem. § 18 Abs. 1 wegen Untätigkeit abgelösten Wahlvorstand. 34

Der nachwirkende Kündigungsschutz von einem Jahr gilt nach der Rechtsprechung des BAG auch für **ErsMitgl.** des BR (der JugAzubi- 35

Vertr.) und zwar unabhängig davon, ob sie **endgültig** in den BR nachgerückt oder nur **vorübergehend** als Stellvertr. für ein zeitweilig verhindertes BR-Mitgl. tätig geworden sind. Auch das ErsMitgl. ist, wenn u. U. auch nur vorübergehend, eigenständiges Mitgl. des BR mit vollen Rechten und Pflichten. Das Ende der persönlichen Mitgliedschaft im BR steht der „Beendigung der Amtszeit" i. S. des § 15 Abs. 1 Satz 2 KSchG gleich (vgl. Rn 36, 39). Wenn der nachwirkende Kündigungsschutz für das einzelne BR-Mitgl. auch bei vorzeitigem Ausscheiden aus dem BR vor der Beendigung der Amtszeit des BR selbst gilt (vgl. Rn 39), so muß dies auch für das ErsMitgl. zutreffen, das vorübergehend im BR tätig wird und dann wieder ausscheidet, es sei denn, das ErsMitgl. hätte in der Vertretungszeit überhaupt keine BRTätigkeit wahrgenommen. Im übrigen spielt aber die Dauer der Vertretung im BR keine Rolle (LAG Niedersachsen, 14. 5. 87, AiB 87, 286). Die Schutzfrist beträgt ein Jahr ohne Rücksicht auf die Dauer der Vertretung. Es ist zweckmäßig, daß das ErsMitgl. die Aufnahme seiner Vertretungstätigkeit im BR dem ArbGeb. alsbald meldet, damit dieser über das Eintreten des Kündigungsschutzes informiert ist (vgl. eingehend BAG 6. 9. 79, AP Nr. 7 zu § 15 KSchG 1969; *Barwasser,* ArbuR 77, 74; *GK-Thiele,* § 25 Rn 38; *GK-Kraft,* Rn 13; *Matthes,* DB 80, 1165; **a. M.** *GL,* Rn 18; *P. Nipperdey,* DB 81, 217 hält diese Rechtsprechung wegen Verstoßes gegen den Grundsatz der Verhältnismäßigkeit für verfassungswidrig). Vgl. auch § 25 Rn 5ff.

36 Unter **„Amtszeit"** ist zunächst die **Amtsperiode des kollektiven Organs** zu verstehen, der im Normalfall die Dauer der Mitgliedschaft des einzelnen Mitgl. entspricht (*DR,* § 103 Anhang Rn 4). Das Gesetz unterscheidet zwar in verschiedenen Vorschriften zwischen dem Erlöschen der persönlichen Mitgliedschaft und dem Ende der Amtszeit. Es gibt aber auch Ausnahmen. Z. B. wird in § 37 Abs. 7 von der Amtszeit des einzelnen BR-Mitgl. („seiner Amtszeit") gesprochen, nicht von der Dauer seiner Mitgliedschaft.

37 Die volle regelmäßige Amtszeit des BR dauert vier Jahre (§ 21) und beginnt mit der Bekanntgabe (§ 18 Abs. 3) des endgültigen Wahlergebnisses oder mit Ablauf der Amtszeit des vorigen BR (vgl. § 21 Rn 4ff.). Bereits gewählte BR-Mitgl. genießen aber in letzterem Fall **bis zum Amtsantritt** schon den **vollen Kündigungsschutz,** so daß eine außerordentliche Kündigung nur mit Zustimmung des (bisherigen) BR möglich ist (vgl. § 21 Rn 12). Kraft Gesetzes abgekürzte Amtszeiten nach § 13 Abs. 2 Nr. 1 (Veränderung der ArbNZahl nach 24 Monaten) und Nr. 2 (Absinken der Gesamtzahl der BR-Mitgl. unter die vorgeschriebene Zahl) beeinträchtigen den nachwirkenden Kündigungsschutz nicht. Die Amtszeit endet in diesen Fällen mit der Bekanntgabe des Wahlergebnisses des neugewählten BR (§ 21 Satz 5). Von da an läuft die **einjährige Schutzzeit.** Das gleiche gilt aber auch bei kollektivem Rücktritt des BR oder sonstigen Organs (vgl. § 21 Rn 25), da der alte BR die Geschäfte weiterführt. Erst mit Bekanntgabe des Wahlergebnisses der Neuwahl nach § 19 WO beginnt die Jahresfrist. Bleibt der vorzeitig neu gewählte BR länger als 4 Jahre im Amt (§ 13 Abs. 3), so gelten für dessen Kündigungsschutz die vorstehenden Ausführungen entsprechend. Lagen die Voraussetzungen des § 13 Abs. 3 Satz 2 in Wahrheit nicht vor und stellt das ArbG dies rechtskräftig fest, so beginnt der nachwirkende Kündigungsschutz zu dem Zeitpunkt, zu dem die regelmäßige Amtszeit des BR abgelaufen war. Die **Betriebsübernahme** führt in der Regel nicht zu einer Beendigung der Amtszeit des BR (vgl. Rn 13, § 21 Rn 34).

Kein nachwirkender Kündigungsschutz trotz Beendigung der Tätigkeit des Kollektivorgans besteht dagegen, wenn der BR durch gerichtliche Entscheidungen gem. § 23 aufgelöst worden ist (§ 15 Abs. 1 letzter Halbsatz KSchG; § 13 Abs. 2 Nr. 5) oder die BRWahl mit Erfolg angefochten oder deren Nichtigkeit festgestellt ist (§ 13 Abs. 2 Nr. 4). 38

Auch bei **vorzeitigem Erlöschen der Mitgliedschaft des einzelnen Organmitgl.** vor Ende der Amtszeit des Organs als solchem besteht nach der Rechtsprechung des BAG regelmäßig **nachwirkender Kündigungsschutz,** soweit das Erlöschen nicht auf gerichtlicher Entscheidung beruht, also nicht bei Ausschluß aus dem BR und rechtskräftiger (BAG 29. 9. 83, AP Nr. 15 zu § 15 KSchG 1969) gerichtlicher Entscheidung über die Feststellung der Nichtwählbarkeit (§ 15 Abs. 1 letzter Halbsatz KSchG i. V. mit § 24 Abs. 1 Nr. 5 u. 6; vgl. dort Rn 29, 31). Geschützt ist also insbesondere das BR-Mitgl. das sein Amt – aus welchen Gründen auch immer – niederlegt (§ 24 Abs. 1 Nr. 2). Wenn auch der Wortlaut des § 15 Abs. 1 letzter Halbsatz KSchG auch die gegenteilige Auffassung zuläßt, so sprechen nach Ansicht des BAG doch systematischer Zusammenhang, Entstehungsgeschichte von BetrVG und KSchG und Sinn und Zweck der Regelung mehr für ein Abstellen auf die persönliche Mitgliedschaft (so BAG 5. 7. 79, AP Nr. 6 zu § 15 KSchG 1969 mit ausführlicher Begründung; *GK-Kraft,* Rn 13; *Matthes,* DB 80, 1165; *DR,* Anhang § 103, Rn 5 unter Hinweis auf den RE des EG-Anpassungsgesetzes [BT-Drucks. 8/3317], der eine Ergänzung des § 15 KSchG vorsah, die dann wegen der Rechtsprechung des BAG als nicht erforderlich angesehen wurde; **a.M.** *GL,* Rn 42; *HSG,* Rn 16, die u. U. eine zeitlich begrenzte Nachwirkung je nach der Dauer der Mitgliedschaft annehmen; vgl. auch § 24 Rn 31). 39

Gleiches gilt bei **späterem Eintritt in das Betriebsverfassungsorgan** (zum Beispiel bei Nachrücken eines ErsMitgl.), selbst wenn die Mitgliedschaft bis zum Ende der Amtsperiode nur noch kurze Zeit dauert. 40

Wegen der Amtszeit der **JugAzubiVertr.** vgl. § 64 Rn 10 und wegen des nachwirkenden Kündigungsschutzes für JugAzubiVertr. und deren ErsMitgl. § 78a Rn 6. Für deren Mitgl. gelten im übrigen die Rn 20ff. entsprechend, **GesBR, KB** und GesJugAzubiVertr. haben keine Amtszeit, da sie eine Dauereinrichtung sind (vgl. § 47 Rn 19, § 49 Rn 5, § 54 Rn 37, § 72 Rn 8). Bei den Mitgl. dieser, in § 103 nicht genannten Betriebsverfassungsorgane bestimmt sich der nachwirkende Kündigungsschutz nach ihrer Amtszeit in dem sie entsendenden Organ, also in dem BR bzw. der JugAzubiVertr. 41

VII. Geltendmachung des Kündigungsschutzes

42 Das BR-Mitgl. bzw. der sonstige Funktionsträger kann die Unwirksamkeit einer gegen § 15 KSchG verstoßenden Kündigung (als Vorfrage) im Wege der Leistungsklage, z. B. auf Zahlung des Lohnes, oder im Wege der Feststellungsklage geltend machen. An die 3-Wochen-Frist des § 4 KSchG ist das BR-Mitgl. nicht gebunden, da der Kündigungsschutz für BR-Mitgl. im 2. Abschnitt des KSchG ohne jede Verweisung auf die Fristbestimmung im 1. Abschnitt besonders geregelt ist. Diese Auffassung entspricht hinsichtlich der ordentlichen Kündigung wegen Betriebsstillegung der h. M., ist aber auch für die unzulässige außerordentliche Kündigung zu vertreten, sei es daß diese bereits mangels Zustimmung des BR unwirksam ist (insoweit auch *DR,* Rn 53, *Hueck,* KSchG, § 15 Rn 63), sei es, daß der wichtige Grund fehlt (**a. M.** *Bieback,* ArbuR 77, 331; *DR,* § 103 Anh. Rn 17; *Hueck,* § 15 Rn 63; *HSG,* Rn 23; *Wilhelm,* NZA 88, Beil. 3, S. 18, 28; BAG 23. 1. 58, AP Nr. 11 zu § 13 KSchG). Mit Rücksicht auf die a. M. des BAG ist aber die **vorsorgliche Einhaltung der 3-Wochen-Frist** zu empfehlen, es sei denn, die außerordentliche Kündigung ist bereits wegen Nichteinhaltung des Verfahrens nach § 103 unwirksam (§ 13 Abs. 3 KSchG; vgl. Rn 17, 31).

43 Allerdings kann das BR-Mitgl. auch **nicht seinerseits die Auflösung des Arbeitsverhältnisses** und die Zahlung einer Abfindung nach §§ 9, 10 KSchG verlangen, da der gesamte 1. Abschnitt des KSchG (§§ 1–14) hier unanwendbar ist (anders, soweit es nicht um die fehlende Zustimmung, sondern um die Überprüfung des wichtigen Grundes selbst geht h. M.).

44 Stellt das ArbG die Unwirksamkeit der Kündigung eines BR-Mitgl. oder sonstigen Funktionsträgers fest und ist dieses inzwischen ein anderes Arbeitsverhältnis eingegangen, so kann es nach Maßgabe des § 16 KSchG die neue Tätigkeit beibehalten und die Wiederaufnahme der Arbeit in dem früheren Arbeitsverhältnis durch Erklärung gegenüber dem ArbGeb. binnen einer Woche nach Rechtskraft des Urteils ablehnen. Mit Zugang der Erklärung erlischt das alte Arbeitsverhältnis.

§ 104 Entfernung betriebsstörender Arbeitnehmer

Hat ein Arbeitnehmer durch gesetzwidriges Verhalten oder durch grobe Verletzung der in § 75 Abs. 1 enthaltenen Grundsätze den Betriebsfrieden wiederholt ernstlich gestört, so kann der Betriebsrat vom Arbeitgeber die Entlassung oder Versetzung verlangen. Gibt das Arbeitsgericht einem Antrag des Betriebsrats statt, dem Arbeitgeber aufzugeben, die Entlassung oder Versetzung durchzuführen, und führt der Arbeitgeber die Entlassung oder Versetzung einer rechtskräftigen gerichtlichen Entscheidung zuwider nicht durch, so ist auf Antrag des Betriebsrats vom Arbeitsgericht zu erkennen, daß er zur Vornahme der Entlassung oder Versetzung durch Zwangsgeld anzuhalten sei. Das Höchstmaß des Zwangsgeldes beträgt für jeden Tag der Zuwiderhandlung 500 Deutsche Mark.

Inhaltsübersicht

I. Vorbemerkung

Die Vorschrift entspricht § 66 Abs. 4 BetrVG 52. Zusammenfassende Darstellung vgl. *Schimana,* AR-Blattei, Kündigung XII. 1

Entsprechende Vorschrift im **BPersVG 74;** Keine. 1a

II. Voraussetzungen

Durch die Vorschrift erhält der BR die Möglichkeit, die Entfernung eines ArbN aus dem Betrieb, aus der Betriebsabteilung oder von seinem Arbeitsplatz zu verlangen, wenn der ArbN durch sein Verhalten den Betriebsfrieden ernstlich gestört hat. Die Vorschrift stellt eine logische Ergänzung des § 75 Abs. 1 und des § 99 Abs. 2 Nr. 6 dar. Die Bestimmung bezieht sich **nur auf ArbN im Sinne des BetrVG** (§ 5 Abs. 1 u. § 6; **a. M.** für leitende Ang: *GKSB,* Rn 5). Bezüglich anderer im Betrieb beschäftigter Personen hat der BR nur das Antragsrecht nach § 80 Abs. 1 Nr. 2. Streik(drohung) mit dem Ziel der Entlassung eines Vorstands-Mitgl. ist rechtswidrig (BGHZ 34, 393 = AP Nr. 5 zu § 626 BGB Druckkündigung). 2

Gesetzwidrig verhält sich derjenige, der den Willen zur Mißachtung der gesetzlichen Ordnung bekundet; das ist z. B. der Fall bei wiederholter Verleumdung oder Beleidigung von Mitarbeitern, Tätlichkeiten, Diebstählen, Betrügereien, Nötigungen oder unsittlichen Handlungen. 3

Wegen **Verletzung der Grundsätze des § 75** Abs. 1 vgl. dort Rn 3 bis 19. Die Verletzung muß **„grob“,** d. h. bes. schwer sein. Der ArbN muß gegen diese Grundsätze verstoßen, andere ArbN in bes. auffälliger Weise diskriminiert haben (*DR,* Rn 4), obwohl er sich über die Fehlerhaftigkeit seines Verhaltens ohne weiteres hätte im Klaren sein können. Bloße Ungefälligkeit, verschlossenes Wesen u. ä. reichen nicht aus (*KR-Etzel,* Rn 9). 4

Voraussetzung des Verlangens des BR auf Entlassung oder Versetzung ist die **wiederholte und ernstliche Störung** des Betriebsfriedens durch den ArbN, d. h. Störer. Der ArbN muß **mindestens zweimal,** bevor der BR mit seinem Verlangen auf Entlassung oder Versetzung an den ArbGeb. herantritt, Handlungen begangen haben, die den Betriebsfrieden ernstlich gestört haben (h. M.). Zwischen den Handlungen und den Störungen des Betriebsfriedens muß Ursachenzusammenhang gegeben sein, d. h. es muß eine Handlung begangen worden sein, deren unmittelbare Auswirkung die Störung des friedlichen Zusammenarbeitens der ArbN untereinander und mit dem ArbGeb. war, nicht dagegen eine Handlung, die erst durch das Zutun anderer zum Anlaß von Störun- 5 gen wurde oder völlig außerhalb der Betriebssphäre liegt (z. B. Übertretung der Straßenverkehrsordnung, Unterhaltsprozeß). Die Störung muß ernstlich sein, d. h. objektiv ernst zu nehmen, von einer gewissen Dauer und von nachteiliger betrieblicher Wirkung für eine größere Anzahl von ArbN sein.

6 Schließlich muß das Verhalten dem ArbN auch als **Schuld** zuzurechnen sein (*HSG, Rn* 7; **a. M.** *Adomeit,* ARBlattei, Kündigung XII Ziff. B V, *Heinze,* Rn 690), es sei denn, der ArbN wäre unzurechnungsfähig (*DR,* Rn 9; *GL,* Rn 4; *KR-Etzel,* Rn 15). Ein nur objektiv gesetzwidriges oder gegen § 75 Abs. 1 verstoßendes Verhalten genügt nicht, wohl aber Fahrlässigkeit; Vorsatz ist nicht zu fordern (h. M.).

III. Verlangen auf Kündigung oder Versetzung

7 Der BR oder ein dazu ermächtigter Ausschuß (§§ 27, 28) kann bei Vorliegen der Voraussetzungen des § 104 verlangen, daß das Arbeitsverhältnis des ArbN gekündigt wird (bei Vorliegen eines wichtigen Grundes ggfs. auch gemäß § 626 BGB; für Wahlrecht des ArbGeb, ob eine ordentliche oder außerordentliche Kündigung ausgesprochen wird: *GL,* Rn 9; *HSG,* Rn 11), oder daß dieser auf einen anderen Arbeitsplatz versetzt wird. Genügt die letztere Maßnahme, so kann der BR nur die Versetzung beantragen, weil sie weniger einschneidend ist (*DR,* Rn 12; *KR-Etzel,* Rn 23; *GK-Kraft,* Rn 2; **Grundsatz der Verhältnismäßigkeit**). Der BR kann nur die Entfernung des ArbN von seinem derzeitigen Arbeitsplatz (ggfs. aus der Betriebsabteilung) fordern, nicht dagegen den Arbeitsplatz bestimmen, auf den der ArbN bei einer Versetzung kommen soll (h. M.). Insoweit hat der BR aber ein MBR nach § 99 (vgl. Rn 11). Die Durchführung der Kündigung oder der Versetzung (ggfs. aufgrund einer Änderungskündigung, *KR-Etzel,* Rn 21), obliegt dem ArbGeb. (§ 77 Abs. 1). Eine weitere Beteiligung des BR nach §§ 99, 102 entfällt, wenn der ArbGeb. im Einzelfall dem Verlangen des BR, eine bestimmte Maßnahme durchzuführen, nachkommt. (*GL,* Rn 9 u. § 102 Rn 19; *HSG,* Rn 8; *KR-Etzel,* Rn 27, 31).

8 Der ArbGeb. hat den **Sachverhalt in eigener Verantwortung zu prüfen;** das Initiativrecht des BR nach § 104 schafft **keinen neuen Kündigungs- oder Versetzungsgrund,** sondern setzt einen solchen voraus (*DR,* Rn 14; *GL,* Rn 8). Kommt der ArbGeb. zu dem Ergebnis, daß das Verlangen des BR sachlich nicht berechtigt ist, so hat er auf Grund seiner Fürsorgepflicht alle ihm von der Rechtsordnung zur Verfügung gestellten Mittel zu nutzen, um einer durch das Verhalten der anderen BelegschaftsMitgl. drohenden Beeinträchtigung der Rechtsposition eines ArbN zu begegnen (z. B. wenn der BR bei Nichtentlassung eines nichtorganisierten BelegschaftsMitgl. mit Streik oder Kündigung seitens der ArbN droht), es sei denn, eine derartige Fürsorge würde zu einer erheblichen Gefährdung oder gar Vernichtung des Betriebs führen (BAG 21. 2. 1957, AP Nr. 22 zu § 1 KSchG mit zustimm. Anm. *Herschel,* 10. 10. 57, 11. 2. 60, 26. 1. 62, 18. 9. 75, 10. 3. 77, AP Nr. 1. 3. 8 u. 10 zu

§ 626 BGB Druckkündigung, AP Nr. 9 zu § 313 ZPO). Auch der ArbN hat allerdings zu einer möglichst friedlichen Lösung des Konflikts beizutragen, z. B. freiwillige Annahme eines anderen, gleichwertigen Arbeitsplatzes (BAG 11. 2. 60, AP Nr. 3 zu § 626 BGB Druckkündigung). Der ArbGeb. darf sich nicht auf eine Drucksituation berufen, die er selbst in vorwerfbarer Weise herbeigeführt hat (BAG 26. 1. 62, AP Nr. 8 zu § 626 BGB Druckkündigung; ArbG Berlin, 16. 6. 1987, NZA 87, 637 betr. Boykott eines aidsinfizierten ArbN). Kann der **ArbGeb. dem Druck** des BR bzw. der ArbNschaft **nicht entgehen,** so dürfte auch eine an sich aus persönlichen Gründen ungerechtfertigte Kündigung betriebsbedingt i. S. des § 1 Abs. 2 KSchG sein (BAG 19. 6. 86, AP Nr. 33 zu § 1 KSchG 1969 Betriebsbedingte Kündigung).

Verliert der ArbN durch eine derartige **„Druckkündigung"** (*Bulla,* 9
Festschrift f. Hueck S. 25) **seinen Arbeitsplatz,** ohne daß die Voraussetzungen des § 104 vorliegen, so stehen ihm **Schadensersatzansprüche** nach § 823 Abs. 1 BGB zu, da das Recht am Arbeitsplatz ein absolutes Recht im Sinne dieser Bestimmung ist, u. U. auch auf Grund des § 826 BGB wegen sittenwidriger Schädigung (*KR-Etzel,* Rn 74; *DR,* Rn 17). Der Anspruch richtet sich gegen jedes BRMitgl. und jeden sonstigen ArbN oder Dritten, der sich an der Ausübung des rechtswidrigen Drucks beteiligt hat (h. M.), aber nicht gegen den ArbGeb., wenn dieser das ihm Zumutbare getan hat (so aber *GL,* Rn 11; *Heinze,* Rn 696; wie hier: *DR,* Rn 17; *GK-Kraft,* Rn 19). Vgl. auch § 1 Rn 105ff.

Entspricht der ArbGeb. dem Verlangen des BR und kündigt er das 10
Arbeitsverhältnis des ArbN (je nach der Schwere des Verstoßes und seiner Art mit oder ohne Einhaltung einer Kündigungsfrist), so kann der betroffene ArbN vor dem ArbG Klage erheben (soweit für sein Arbeitsverhältnis das KSchG gilt). Die **Einigung zwischen ArbGeb. und BR** über die Vornahme der **Kündigung bindet das ArbG nicht,** vielmehr muß dieses den Tatbetand frei würdigen und über die Wirksamkeit der Kündigung entscheiden (h. M.). die Entscheidung des ArbG ergeht im Urteilsverfahren.

Entspricht der ArbGeb. dem Verlangen des BR auf **Versetzung,** so 11
unterliegt diese im Hinblick auf den Arbeitsplatz, auf den der zu Versetzende kommen soll, dem MBR des BR nach § 99, es sei denn, der ArbGeb. folgt einem konkreten Vorschlag des BR (*GL,* Rn 13; *KR-Etzel,* Rn 27). Ist der ArbN nach dem Arbeitsvertrag nicht verpflichtet, der Versetzung Folge zu leisten, so kann der ArbGeb. eine Änderungskündigung aussprechen, die ihrerseits dem MBR nach § 99 bzw. § 102 unterliegt (*DR,* Rn 22).

IV. Anrufung und Entscheidung des Arbeitsgerichts

Weigert sich der ArbGeb., die vom BR beantragte Kündigung oder 12
Versetzung vorzunehmen, so kann der **BR das ArbG anrufen,** mit dem Antrag, dem ArbGeb. die Durchführung dieser Maßnahme aufzugeben. Das ArbG entscheidet im **BeschlVerf.** (§ 2a ArbGG). In diesem Verfah-

ren hat der BR lediglich den Sachverhalt darzulegen, da im BeschlVerf. das ArbG von Amts wegen zur Aufklärung verpflichtet ist. Der **betroffene ArbN** ist am Verfahren beteiligt, d.h. er ist insbes. nach § 83 Abs. 3 ArbGG zu hören.

13 Eine **Frist für die Stellung des Antrages ist nicht festgelegt.** Ist verhältnismäßig lange Zeit nach der Ablehnung des Verlangens durch den ArbGeb. vergangen, hat sich inzwischen der Betrieb über die Vorfälle beruhigt und hat der betreffende ArbN zu erkennen gegeben, daß er sich das Eingreifen des BR zu Herzen genommen hat, so wird man in seinem Interesse annehmen müssen, daß der BR den Antrg nicht mehr mit Erfolg wird stellen können (Verwirkung). Als Richtlinie kann die **Frist von 3 Monaten** für die Stellung von Strafanträgen herangezogen werden (*DR,* Rn 21; *HSG,* Rn 18; *KR-Etzel,* Rn 40; **a.M.** *GL,* Rn 16).

14 Gibt das **ArbG dem Antrag des BR nicht statt,** so gilt das Verlangen des BR als nicht gestellt. Die Rechtsstellung des ArbN bleibt dann unberührt. Der BR ist jedoch nicht gehindert, bei erneuten, u. U. schwerwiegenderen Verstößen des betreffenden ArbN die früheren Handlungen, die im ersten Verfahren zur Begründung des Verlangens nicht ausreichten, in einem neuen Verfahren zur Unterstützung seines Antrags mit heranzuziehen.

15 Stellt das **Gericht fest, daß das Verlangen** des BR **auf Entlassung** des ArbN **begründet** ist, so ist der ArbGeb. verpflichtet, ohne schuldhaftes Zögern nach Eintritt der Rechtskraft des Beschlusses das Arbeitsverhältnis des ArbN durch **Kündigung zum nächstzulässigen Kündigungstermin** (*DR* Rn 26; *Meisel,* Rn 708) aufzulösen. Das Recht, fristlos zu kündigen, wird im Hinblick auf § 626 Abs. 2 S. 1 BGB verwirkt sein. Der ArbN ist, falls das KSchG für sein Arbeitsverhältnis gilt, nicht gehindert, Klage nach diesem Gesetz beim ArbG zu erheben oder die Kündigung in anderer Weise durch Anrufung des ArbG anzugreifen. Er wird jedoch mit der Klage durch **Sachurteil** abzuweisen sein, da der Beschluß des ArbG präjudizielle Wirkung hat (*KR-Etzel,* Rn 78 u. *GK-Kraft,* Rn 21; für Unzulässigkeit der Kündigungsschutzklage ist *Hueck,* § 1 Rn 54 für den Parallelfall des § 101; *Heinze,* Rn 702 meint offenbar, die Rechte des betroffenen ArbN würden durch die Entscheidung des ArbG überhaupt nicht berührt). Vgl. auch § 103 Rn 30.

16 Stellt das Gericht fest, daß das **Verlangen** des BR **auf Versetzung begründet** ist, so hat der ArbGeb. den betreffenden ArbN unverzüglich nach Eintritt der Rechtskraft des Beschlusses an einen **anderen Arbeitsplatz zu versetzen,** wenn er diese Möglichkeit nach dem Arbeitsvertrag kraft Direktionsrechts hat. Die Versetzung auf einen bestimmten anderen Arbeitsplatz kann dem ArbGeb. aber nicht vorgeschrieben werden (*GL,* Rn 17; *Heinze,* Rn 700). Sieht der Arbeitsvertrag des Betroffenen ArbN ein derartiges Weisungsrecht des ArbGeb. nicht vor und ist der ArbN mit der Versetzung nicht einverstanden, so muß der ArbGeb. eine Änderungskündigung aussprechen, die dem MBR nach § 99 bzw. § 102 unterliegt (vgl. § 102 Rn 6ff).

V. Zwangsgeldverfahren

Kommt der **ArbGeb. dem rechtskräftigen Beschluß** des ArbG auf Entlassung oder Versetzung des ArbN **nicht nach,** so kann der BR nunmehr den Antrag an das ArbG stellen, den ArbGeb. durch Verhängung von **Zwangsgeld** zur Befolgung der gerichtlichen Anordnung anzuhalten. Es handelt sich, wie in § 101, um eine Zwangsmaßnahme i. S. des § 888 ZPO. Daneben kommt ein Verfahren nach § 23 Abs. 3 nicht in Betracht (*Heinze,* DB 83, Beilage 9, S. 19). Wegen näherer Einzelheiten vgl. § 101 Rn 4aff. 17

§ 105 Leitende Angestellte

Eine beabsichtigte Einstellung oder personelle Veränderung eines in § 5 Abs. 3 genannten leitenden Angestellten ist dem Betriebsrat rechtzeitig mitzuteilen.

Inhaltsübersicht

I. Vorbemerkung

Gemäß § 5 Abs. 3 findet das Gesetz auf **leitende Ang. nur in den ausdrücklich genannten Fällen** Anwendung. Demzufolge besteht auch kein MBR bei personellen Maßnahmen, die diesen Personenkreis angehen, auch nicht, wenn ein schon im Betrieb tätiger ArbN zum leitenden Ang. befördert wird (vgl. § 99 Rn 20) oder umgekehrt ihm diese Befugnisse entzogen werden (*GL,* Rn 4; *GK-Kraft* Rn 3; *HSG,* Rn 3; der BR ist aber nach § 99 zur beteiligen, wenn ein ATAng. in die höchste Tarifgruppe herabgestuft werden soll, BAG 28. 1. 1986, AP Nr. 32 zu § 99 BetrVG 1972). In Zweifelsfällen empfiehlt es sich für den ArbGeb., in jedem Fall das Anhörungsverfahren nach § 102 Abs. 1 vorsorglich durchzuführen unter entsprechender eingehender Unterrichtung des BR (vgl. auch Rn 6). Eine Information nach § 105 kann nämlich nicht ohne weiteres in eine Anhörung nach § 102 umgedeutet werden (BAG 19. 8. 75, 26. 5. 77, 7. 12. 79, AP Nr. 1 zu § 105 BetrVG 1972, AP Nr. 13, 21 zu § 102 BetrVG 1972; vgl. § 102 Rdn 15). Dies gilt selbst dann, wenn der BR und (oder) der ArbGeb. und der Ang. selbst (irrig) der Meinung waren, es handele sich um einen leitenden Ang. (BAG 19. 8. 75, AP Nr. 5 zu § 102 BetrVG 1972, 30. 5. 78, EzA § 105 BetrVG 72 Nr. 3; *HSG,* Rn 9 wollen den Gedanken der Verwirkung anwenden, wenn der Ang. sich erst während des Prozesses auf die Unwirksamkeit der Kündigung beruft, weil er in Wahrheit kein leitender Ang. sei und der BR nach § 102 hätte gehört werden müssen). BR und ArbGeb. können sich nicht 1 darüber „einigen“, daß ein Ang. leitender Ang. ist. Es kommt vielmehr auf die **objektive Rechtslage** an. Der Rechtsstatus des Ang. ist in einem Kündigungsschutzprozeß als Vorfrage mit zu klären (BAG 19. 8. 75, AP Nr. 5 zu § 102 BetrVG 1972). Die Zuordnung von Ang. nach § 18a gilt nur für die Wahlen (vgl. auch Rn 6 und § 18a Rn 50; Dänzer-Vanotti, ArbuR 89, 204).

1a Andererseits sind Einstellungen und personelleVeränderungen leitender Ang. für die ArbNschaft des Betriebes von erheblicher praktischer Bedeutung, da sie vielfach Funktionen des ArbGeb. wahrnehmen. Der BR soll daher auf Grund der besonderen Informationspflicht des ArbGeb. nach § 105 **frühzeitig von derartigen Maßnahmen unterrichtet** werden. Für Veränderungen des Personenkreises des **§ 5 Abs. 2** besteht keine ausdrückliche Mitteilungspflicht. Sie ergibt sich aber aus dem Gebot der vertrauensvollen Zusammenarbeit auch für VorstandsMitgl. und Geschäftsführer.

1b Entsprechende Vorschrift im **BPersVG 74:** § 77 Abs. 1 u. im **SprAuG:** § 31 Abs. 1.

II. Mitteilung über personelle Veränderungen

2 Die Mitteilungspflicht besteht bei Einstellung und anderen personellen Veränderungen. Der Begriff der Einstellung ist derselbe wie in § 99 Abs. 1 (vgl. dort Rn 10ff.). „Personelle Veränderungen“ sind nicht nur Umgruppierungen, Versetzungen und Entlassungen, sondern **jede Änderung der Führungsfunktion** des leitenden Ang., seiner Stellung in der Organisation des Betriebes (Unternehmens), auch ein Ausscheiden „im gegenseitigen Einverständnis“, eine Suspendierung oder eine Kündigung durch den Ang. selbst (insoweit **anders** die **h.M.**). der Sinn des von § 99 Abs. 1 abweichenden Wortlauts ist es, den BR und damit die ArbN über alle Veränderungen der Führungsfunktion leitender Ang. zu informieren (*DR,* Rn 4; *Heinze,* Rn 417; *KR-Etzel,* Rn 23; *HSG,* Rn 10, aber nicht für Ein- u. Umgruppierungen).

3 Ist die Auskunftspflicht dem Gegenstand nach im Verhältnis zu der über andere ArbN erweitert, so ergibt sich ihrem Umfang nach häufig eine Einschränkung, da die bei leitenden Ang. übliche einzelvertragliche Abrede von Arbeitsbedingungen über den Tarifsätzen grundsätzlich nicht mitzuteilen ist. Im übrigen sind zur Person und zum Arbeitsplatz grundsätzlich die gleichen Angaben zu machen wie bei anderen ArbN (einschränkend *HSG,* Rn 11).

4 Die Mitteilung hat **„rechtzeitg“** zu geschehen, d. h. zu einem Zeitpunkt, zu dem der BR noch die Möglichkeit hat, sich vor Durchführung der Maßnahmen zu äußern und die ArbNschaft zu unterrichten (vgl. § 99 Rn 20; h. M.; *DR,* Rn 12 halten eine Unterrichtung nach Vertragsabschluß, jedoch vor Einstellung eines leitenden Ang. für ausreichend, wenn ein „schutzwürdiges“ Interesse an Geheimhaltung besteht; der BR ist aber ggfls. selbst noch zur Geheimhaltung verpflichtet; vermittelnd *GL,* Rn 8; *KR-Etzel,* Rn 29f. hält die Unterichtung mindestens eine

Woche vorher für ausreichend, aber auch erforderlich). Der BR darf nicht bei Empfang der Mitteilung vor vollendeten Tatsachen stehen.

Hat der **BR Bedenken oder Anregungen,** so kann er diese dem ArbGeb. mitteilen. Er kann solche Bedenken (auch im Interesse des betr. Ang.) auf § 75 Abs. 1 Satz 1 stützten (§ 75 Rn 5). Der ArbGeb. ist nach § 74 Abs. 1 verpflichtet, sachlich hierauf einzugehen (h. M.). Jedoch muß er nicht wie im Falle des § 99 Abs. 3 eine Frist von einer Woche abwarten, bevor er die pesonelle Maßnahme durchführen kann. 5

Besteht ein **GesBR** und erstreckt sich der Aufgabenbereich des leitenden Ang. auf mehrere Betriebe des Unternehmens, so ist **auch der GesBR** zu verständigen (§ 51 Abs. 6), nicht etwa nur der BR der Hauptverwaltung. Entsprechendes gilt für den KBR (§ 59 Abs. 1). 5a

Verstöße gegen § 105 sind nicht strafbar, da die Aufklärungs- und Auskunftspflichten, bei deren Verletzung Geldbußen möglich sind, in § 121 Abs. 1 ohne Erwähnung des § 105 erschöpfend aufgezählt sind. Auch ist eine Kündigung nicht wegen Verletzung der Informationspflicht gegenüber dem BR unwirksam (BAG 25. 3. 76, AP Nr. 13 zu § 5 BetrVG 1972), ggfs. aber wegen Nichtanhörung des Sprecherausschusses entgegen § 31 SprAuG. Der ArbGeb wird daher in Zweifelsfällen der Zuordnung zu den leitenden Ang. vorsorglich sowohl den BR als auch den Sprecherausschuß anhören müssen, will er die Unwirksamkeit der Kündigung aus formellen Gründen vermeiden (*Bauer,* NZA 89, Beilage 1, S. 27). 6

Sechster Abschnitt. Wirtschaftliche Angelegenheiten

Erster Unterabschnitt. Unterrichtung in wirtschaftlichen Angelegenheiten

§ 106 Wirtschaftsausschuß

(1) **In allen Unternehmen mit in der Regel mehr als einhundert ständig beschäftigten Arbeitnehmern ist ein Wirtschaftsausschuß zu bilden. Der Wirtschaftsausschuß hat die Aufgabe, wirtschaftliche Angelegenheiten mit dem Unternehmer zu beraten und den Betriebsrat zu unterrichten.**

(2) **Der Unternehmer hat den Wirtschaftsausschuß rechtzeitig und umfassend über die wirtschaftlichen Angelegenheiten des Unternehmens unter Vorlage der erforderlichen Unterlagen zu unterrichten, soweit dadurch nicht die Betriebs- und Geschäftsgeheimnisse des Unternehmens gefährdet werden, sowie die sich daraus ergebenden Auswirkungen auf die Personalplanung darzustellen.**

(3) **Zu den wirtschaftlichen Angelegenheiten im Sinne dieser Vorschrift gehören insbesondere**

1. die wirtschaftliche und finanzielle Lage des Unternehmens;
2. die Produktions- und Absatzlage;

3. das Produktions- und Investitionsprogramm;
4. Rationalisierungsvorhaben;
5. Fabrikations- und Arbeitsmethoden, insbesondere die Einführung neuer Arbeitsmethoden;
6. die Einschränkung oder Stillegung von Betrieben oder von Betriebsteilen;
7. die Verlegung von Betrieben oder Betriebsteilen;
8. der Zusammenschluß von Betrieben;
9. die Änderung der Betriebsorganisation oder des Betriebszwecks sowie
10. sonstige Vorgänge und Vorhaben, welche die Interessen der Arbeitnehmer des Unternehmens wesentlich berühren können.

Inhaltsübersicht

I. Vorbemerkung

1 Der WiAusschuß wird allein vom BR (GesBR) gebildet. Neben dem BR als dem eigentlichen Träger des MBR (§§ 111–113) sieht das Gesetz in den §§ 106ff. den WiAusschuß als besonderes **Beratungsorgan** vor. WiAusschüsse sind für Unternehmen mit in der Regel mehr als 100 ständ. ArbN zu bilden. Unterläßt der BR (GesBR) die Bildung eines Wi-Ausschusses, so kann darin eine grobe Pflichtverletzung i. S. des § 23 Abs. 1 liegen (*GKSB,* Rn 4). § 106 regelt in Abs. 1 die grundsätzlichen Aufgaben des Wi-Ausschusses, in Abs. 2 die Auskunftspflicht des Unternehmers über die wirtschaftlichen Angelegenheiten des Unternehmens, der Abs. 3 enthält eine beispielhafte Aufzählung von wirtschaftlichen Fragen, auf die sich die Unterrichtungspflicht des Unternehmers jedenfalls bezieht. Zum Begriff „Unternehmer vgl. § 1 Rn 71ff., zur Bedeutung des WiAusschusses in der Praxis vgl. *Gege,* DB 79, S. 647.

2 Der WiAusschuß ist nicht Träger von MBR, sondern ein Informations- und Beratungsgremium, ein Hilfsorgan des BR (BAG 25. 6. 87, AP Nr. 6 zu § 108 BetrVG 1972) zur Unterstützung der **Zusammenarbeit von Unternehmer und BR.** Eine weitere Hauptaufgabe ist die **Unterrichtung des BR.** Über positive Erfahrungen der Zusammenarbeit in einem Großunternehmen vgl. *Osswald,* S. 79.

Die Vorschriften dieses Unterabschnitts (§§ 106–110) finden nach § 118 Abs. 1 keine Anwendung auf die sog. Tendenzbetriebe bzw. -unternehmen (vgl. § 118 Rn 44). Für **Konzerne** ist die Errichtung eines WiAusschusses nicht vorgeschrieben, aber auf freiwilliger Basis möglich, dann hat er aber nicht die Rechtsstellung nach §§ 106–109 (so aber *DR,* Rn 5; *GL,* Rn 8: bes. Ausschuß kann gebildet werden). Zum WiAusschuß vgl. MB, Heft 9/1985, *Bösche/Grimberg,* AiB 89, 108; *Wißkirchen,* Jahrbuch des Arbeitsrechts, Bd. 13, S. 72 ff. und zu den Auskunftspflichten des Unternehmers *Dütz,* Festschrift Westermann, S. 37 ff. und *Vogt,* BlStrR 79, S. 193 u. DB 78, 1481. **3**

Entsprechende Vorschrift im **BPers VG 74:** Keine u. im **SprAuG:** § 32 Abs. 1. **3a**

II. Voraussetzung für Errichtung

Die Errichtung des WiAusschusses ist vorgesehen, wenn eine **Gesamtzahl von 100 ständigen ArbN in der Regel** (vgl. § 1 Rn 144 ff.) bei Zusammenfassung der ArbN sämtlicher Betriebe des Unternehmens **überschritten** wird. Auf die Größe der einzelnen Betriebe kommt es nicht an, jedoch muß, wie sich aus § 107 ergibt, mindestens für einen dieser Betriebe ein BR errichtet sein. Wegen des Begriffs der ständ. ArbN vgl. § 1 Rn 149. Auf die Wahlberechtigung kommt es hier nicht an. Leitende Ang. zählen nicht mit, wohl aber Auszubildende (LAG Niedersachsen 27. 11. 84, NZA 85, 332 = BB 85, 2173). **4**

Der WiAusschuß wird stets **für das ganze Unternehmen** (Begriff § 1 Rn 71) unbeschadet der Zahl seiner Betriebe gebildet; deshalb ist auch die Errichtung mehrerer WiAusschüsse, etwa für räumlich benachbarte oder im Produktionsprozeß besonders nahe zusammenhängende Betriebe ausgeschlossen. Der WiAusschuß ist allerdings **nicht zuständig für im Ausland liegende Betriebe** eines inländischen Unternehmens; auch zählen die in diesen Betrieben beschäftigten ArbN bei der Ermittlung der für die Errichtung des WiAusschusses maßgebenden Zahl nicht mit (*GKSB,* Rn 7; *DR,* Rn 8; **a. M.** *Birk,* Festschrift für Schnorr von Carolsfeld, S. 82, *GK-Fabricius,* Rn 36; *HSG,* Rn 10; *Simitis,* Festschrift für Kegel, 1977, S. 179). Sie können nicht Mitgl. des WiAusschusses werden (vgl. § 107 Rn 4). Der WiAusschuß ist aber auch dann für die **inländischen Betriebe** eines Unternehmens zu errichten, wenn dessen Hauptsitz im Ausland liegt, die inländischen Betriebe aber organisatorisch zusammengefaßt sind und die maßgebende ArbNZahl erreichen (vgl. § 1 Rn 10; BAG 1. 10. 74 und 31. 10. 75, AP Nr. 1 und 2 zu § 106 BetrVG 1972; *DR,* Rn 9; *GL,* Rn 9; *GK-Fabricius,* Rn 20 ff., *Wißkirchen,* Jahrbuch des Arbeitsrechts, Bd. 13, S. 76). Wegen der Bildung des WiAusschusses in sogen. Tedenzunternehmen vgl. § 118 Rn 44. **5**

Werden für **kleinere Unternehmen Ausschüsse** auf Grund freiwilliger BV errichtet, so haben diese nicht die gesetzlichen Befugnisse des WiAusschusses. Ihre Funktionen richten sich nach den durch freiwillige BV getroffenen Abmachungen, die allerdings die Regelung des BetrVG **6** übernehmen können (*DR,* Rn 10; dagegen *Rumpff,* S. 113, der derartige Vereinbarungen für unzulässig hält). Wegen der vierteljährlichen Lageberichte in Unternehmen mit in der Regel mehr als 20 Wahlberechtigten ArbN vgl. § 110 Abs. 2. *GK-Fabricius* (Rn 12; ebenso ArbG Bochum, 19. 2. 86, mit Besprechung *Wendeling-Schröder,* AiB 86, 226) nimmt für kleinere Unternehmen eine dem § 106 Abs. 2 entsprechende Verpflichtung des Unternehmers unmittelbar gegenüber dem BR an. Der BR in Betrieben bis 100 ArbN hat auch kein allgemeines Einblicksrecht in die Jahresbilanz (LAG Köln, 8. 9. 1987, NZA 88, 210).

III. Allgemeine Aufgaben

7 Der WiAusschuß hat die allgemeine Aufgabe, als besonderes betriebsverfassungsrechtliches Organ die **Zusammenarbeit und Information zwischen Unternehmer und BR (GesBR) in wirtschaftlichen Angelegenheiten zu fördern.** Er hat aber kein MBR (Rn 2). Die Fragen der Unternehmenspolitik sollen frühzeitig vorbesprochen und abgeklärt werden, bevor auf Grund konkreter Planung die Unterrichtungs- und Beratungsrechte des BR bei neuen Anlagen und Verfahren (§ 90) und in personellen Angelegenheiten nach §§ 92ff. Platz greifen. Unabhängig davon bestehen die Unterrichtungs- u. Beratungsrechte des BR wegen geplanter Betriebsänderungen (vgl. § 111 Rdn 35).

§ 106 Abs. 1 stellt als **allgemeine Aufgabe des WiAusschusses** heraus:

a) **Beratung wirtschaftlicher Angelegenheiten mit dem Unternehmer;**
b) **Unterrichtung des BR** über das Ergebnis aller Beratungen und aller erhaltenen Auskünfte (vgl. § 108 Rn 10). Da nach § 79 Abs. 1 keine Schweigepflicht gegenüber dem BR besteht, kann der WiAusschuß diese Aufgabe ungehindert wahrnehmen.

Abs. 1 erwähnt nicht ausdrücklich den Grundsatz der „vertrauensvollen Zusammenarbeit"; dieser gilt jedoch auch hier, zumal der WiAusschuß als Informations- und Beratungsgremium die Tätigkeit des BR (GesBR) unterstützt, der seinerseits nach § 2 Abs. 1 zur vertrauensvollen Zusammenarbeit mit dem ArbGeb. verpflichtet ist.

8 Bestehen im Unternehmen mehrere Betriebe mit BR, so hat der WiAusschuß den **GesBR** zu unterrichten, wenn die betr. Angelegenheit unter dessen Zuständigkeit fällt (vergl. § 50 Rn 41), anderenfalls ist der **BR** zu unterrichten. Dies gilt insbesondere, wenn der BR im WiAusschuß nicht vertreten ist. Daraus, daß der GesBR in den institutionellen Fragen des WiAusschusses zuständig ist, ist nicht notwendigerweise abzuleiten, daß diese auch in den sachlichen Fragen der Information stets der gesetzliche Addressat ist.

IV. Unterrichtungspflicht des Unternehmers

9 Anders als in den meisten Vorschriften des BetrVG ist in den §§ 106ff. der **Unternehmer in dieser seiner Eigenschaft** und nicht in seiner Teilfunktion als ArbGeb. angesprochen. Damit tritt dem WiAusschuß derjenige gegenüber, der die wirtschaftlichen Ziele verfolgt, denen die arbeitstechnische Leistung des Betriebs zu dienen bestimmt ist (§ 1 Rn 71ff.) und der die Unternehmensziele, den finanziellen Rahmen und damit die Planungs- und Leistungsvorgaben der Betriebe festsetzt. Zum Ganzen und insbes. **zum Zeitpunkt der rechtzeitigen und umfassenden Unterrichtung** vgl. § 80 Rn 51.

Die Auskunftspflicht des Unternehmers ist in Abs. 2 näher geregelt. Der Unternehmer ist verpflichtet, dem WiAusschuß unaufgefordert über **sämtliche** (vgl. Rn 13) **wirtschaftliche Angelegenheiten des Unternehmens rechtzeitig** und **umfassend** (vgl. § 80 Rn 52ff.) Auskunft zu erteilen. Das Recht auf Unterrichtung schließt auch das auf **gemeinsame Beratung** (Abs. 1) ein, wobei der WiAusschuß auch von sich aus Anregungen geben kann (h. M. – zum Informationsanspruch aus gewerkschaftlicher Sicht: BetrR 1981, Heft 3). Der Unternehmer kann sachkundige ArbN einschließlich leitender Ang. zuziehen (vgl. § 108 Rn 7).

9a Bei dieser Unterrichtung sind die Auswirkungen der unternehmerischen Planungen „auf die Personalplanung" darzustellen. Die **Personalplanung** erfolgt in der Regel jedenfalls in ihren Zieldaten bereits im Zusammenhang mit der Aufstellung der für die Gesamtplanung des Unternehmens zu erarbeitenden Teilpläne, wie Planung von Absatz, Produktion, Investitionen, Finanzpolitik (vgl. das Beispiel in REFA MLPS, Teil 1, Kap. 1.3.3.). Der Umfang, in dem der WiAusschuß darüber hinaus im Einzelnen zu unterrichten ist, wird weitgehend bestimmt durch die Leitungsstrukturen des Unternehmens. Bei dezentraler Struktur plant der Unternehmer wohl zunächst nur den globalen Personalbedarf (Zielplanung) und überläßt den betrieblichen Planungsstellen die Fragen der Personalbeschaffung, -entwicklung, ggfs. -freisetzung sowie des Personaleinsatzes; in diesen Fällen kommt der Unterrichtung des BR nach § 92 Abs. 1 besondere Bedeutung zu. Bei zentralen Planungssystemen sind schon dem WiAusschuß die Maßnahmen mitzuteilen, die in den Betrieben durchgeführt werden sollen (vergl. REFA MLPS, Teil 2, Kap. 2). Näheres zur Personalplanung und zur Unterrichtung über sie vergl. § 92 Rn 9ff.; einschr. *Rumpff,* S. 127.

10 Die Unterrichtung erfolgt **„unter Vorlage der Unterlagen"**, ohne daß es insoweit eines ausdrücklichem Verlangens des WiAusschusses (wie im Falle des § 80 Abs. 2 Satz 2) bedarf. Derartige Unterlagen sind z. B. Berichte, Vorschläge, Pläne und Analysen zur Verbesserung der Arbeitsmethoden, Organisations- und Rationalisierungspläne, Bilanzen, Gewinn- und Verlustrechnungen, Erfolgsberechnungen, Betriebsstatistiken, Marktanalysen. Nach Lage des Einzelfalles kommen auch Unterlagen über Lohn- und Leistungsbewertungen und Investitionsplanun-

gen, Betriebsabrechnungsbögen und Erfolgsrechnungen in Betracht, sowie Unterlagen, die dazu dienen, den Personalbedarf an Hand der Gegebenheiten und der Planziele des Unternehmens zu ermitteln.

10a Der WiAusschuß hat Anspruch darauf, daß ihm je nach Lage des Falls diese **Unterlagen zur Einsichtnahme vorgelegt** werden (vgl. § 108 Abs. 3) und daß die Unterrichtung unter Hinweis auf sie erfolgt. Der Unternehmer hat in seinen Berichten die Unterlagen zu verwerten. Die Mitgl. des WiAusschusses können sich **schriftliche Aufzeichnungen machen.** Obwohl „Vorlage" nicht gleichbedeutend mit „Überlassen" ist, hat doch der Unternehmer dem WiAusschuß umfangreiche Ausstellungen, Listen u. ä. auch schon vor der Sitzung in Fotokopie zu **übergeben** oder diese Unterlagen auch im Original für kurze Zeit auszuhändigen, da deren Auswertung und sofortige Beratung im zeitlichen Rahmen einer Sitzung (§ 108) gar nicht möglich ist (BAG 20. 11. 84, AP Nr. 3 zu § 106 BetrVG 1972; *Föhr,* DB 76, 1383; *GK-Fabricius,* Rn 57ff.; *Schaub,* § 243 II 1; *Pramann,* DB 83, 1924; *Weiss,* Rn 5; **a. M.** *DR,* Rn 22; *GL,* Rn 29). Allerdings sind diese Unterlagen nach Ansicht des BAG (aaO) spätestens bei Beendigung der Sitzung zurückzugeben. Die Mitgl. des WiAusschusses dürfen sich ohne Zustimmung des Unternehmers wegen der Vertraulichkeit der Unterlagen auch keine Fotokopien selbst anfertigen. Die allgemeine Unterrichtspflicht nach § 80 Abs. 2 greift hier nicht Platz, da sich diese nur auf den BR bezieht.

11 Sowohl der Umfang der Unterrichtung und Beratung als auch die Heranziehung und Vorlage von Unterlagen wird **beschränkt** durch das Recht des Unternehmens, die Auskunftserteilung zu verweigern, soweit dadurch **Betriebs- und Geschäftsgeheimnisse** (vgl. § 79 Rn 2f.) **gefährdet** werden (ausführlich *Rumpff,* S. 128ff.). Das dürfte auch für vertraglich geheimzuhaltende Betriebs- und Geschäftsgeheimnisse von Geschäftspartnern gelten (*GL,* Rn 34; *HSG,* Rn 26). Der Unternehmer muß nach pflichtgemäßer Prüfung der objektiv begründeten Ansicht sein, daß durch die Mitteilung an die Mitgl. des WiAusschusses eine Gefährdung der Betriebs- oder Geschäftsgeheimnisse eintreten könnte, obwohl diese nach § 79 Abs. 2 zur Geheimhaltung verpflichtet sind. Eine solche Gefährdung kann sowohl objektiv im Hinblick auf die Bedeutung der völligen Geheimhaltung einer bestimmten Tatsache für Bestand oder Entwicklung des Unternehmens bestehen, als auch in der Person eines oder mehrerer Mitgl. des WiAusschusses begründet sein (nur diesen letzteren Gefährdungsgrund erkennt *Weiss,* Rn 6 an; *GKSB,* Rn 16f. verlangen das Vorliegen beider Gründe). Über die Entscheidungsbefugnis der E-Stelle bei Verweigerung der Auskunft unter Berufung auf ein Betriebs- oder Geschäftsgeheimnis vgl. § 109 Rn 2.

12 Verweigert der Unternehmer eine Auskunft, zu deren Erteilung er (ggfs. nach Entscheidung der E-Stelle) verpflichtet ist, oder erteilt er sie wahrheitswidrig, verspätet oder unvollständig (z. B. verweigt er wichtige Vorkommnisse, die für die Beantwortung einer Frage von Bedeutung sind), so kann diese **Ordnungswidrigkeit** mit einer Geldbuße bis zu 20000 DM geahndet werden (§ 121). Ggfs. kommen auch Maßnahmen nach § 23 Abs. 3 in Frage.

V. Wirtschaftliche Angelegenheiten

In Abs. 3 werden **beispielhaft** die wichtigsten wirtschaftlichen Angelegenheiten aufgezählt. Der **Katalog ist nicht erschöpfend** (oben Rn 9) wie sich aus dem Wort „insbesondere" ergibt (h. M; **a. M.** *GL,* Rn 42, wohl auch *Weiss,* Rn 9). Er zählt nur auf, welche Gegenstände jedenfalls bei Unterrichtung des WiAusschusses über die wirtschaftlichen Angelegenheiten des Unternehmens anzusprechen sind. So gilt die Unterrichtungspflicht auch für **Dienstleistungsunternehmen,** obwohl in Abs. 3 Nrn. 2, 3 und 5 beispielhaft auf „Produktion" bezw. „Fabrikation" nicht dagegen auf die entsprechenden Vorgänge bei Planung und Erbringung von Dienstleistungen abgestellt ist. 13

Nr. 10 ist zudem eine **beschränkte Generalklausel.** Allerdings erscheint es nicht einsichtig, wenn *HSG,* Rn 30 im Umkehrschluß aus dieser den Katalog abrundenden Klausel ableiten wollen, daß wirtschafltliche Angelegenheiten i. S. des § 106 nur solche seien, die die Interessen der ArbN wesentlich berühren. Der Katalog gibt aber keinen Anhaltspunkt dafür, daß zu den wirtschaftlichen Angelegenheiten auch die **laufende Geschäftsführung** zu rechnen ist, d. h. die zur Durchführung der mitgeteilten Planungen und Vorhaben erfolgenden unternehmerischen Handlungen, soweit sie die Interessen der ArbNschaft nicht berühren (*DR,* Rn 31; im Ergebnis auch *GK-Fabricius,* Vorbem. 71 ff. vor § 106), falls derartige Geschäftsführungsmaßnahmen nicht ausdrücklich in § 106 Abs. 3 angesprochen sind. Andererseits verpflichtet der Katalog (insbes. in den Fällen der Nr. 6–10) den Unternehmer, über die dort aufgeführten Betriebsänderungen zu berichten, auch wenn er ihre **Durchführung auf nachgeordnete Teilebenen** delegiert hat. Auch gegenüber den im Katalog aufgeführten Materien gilt die Beschränkung der Auskunftspflicht bei Gefährdung von Geschäfts- und Betriebsgeheimnissen. Die Tatbestände überschneiden sich dem Mitteilungsgegenstand nach teilweise mit denen des § 111. Für die Zuständigkeit des WiAusschusses ist aber **nicht Voraussetzung,** daß die wirtschaftlichen Angelegenheiten **wesentliche Nachteile** für die ArbN haben können.

Zu den wirtschaftlichen Angelegenheiten gehören insbesondere:

1. Wirtschaftliche und finanzielle Lage des Unternehmens

Der Informationspflicht über die allgemeine wirtschaftliche und finanzielle Lage des Unternehmens (nicht der privaten finanziellen Verhältnisse des Unternehmers selbst) ist laufend zu genügen. Sie geht der Vorlage und Erläuterung des Jahresabschlusses zeitlich voraus (vgl. § 108 Abs. 5). Zur wirtschaftlichen und finanziellen Lage gehören alle auf das Unternehmen einwirkenden Gegebenheiten, die für die unternehmerische Planung von Bedeutung sind, insbesondere Verluste, Gewinne, Risikolage (d. h. die Frage, ob die Produktion mit besonderen kaufmännischen Risiken für die Zukunft belastet ist, Kreditschwierigkeiten), Versorgungslage mit Roh- und Betriebsstoffen, Energieversor- 14 gung, Preisgestaltung und deren Kalkulationsgrundlage (*GK-Fabricius,* Rn 87ff; *Rumpff,* S. 134; **a.M.** zur Preisgestaltung *HSG,* Rn 31 u. *DR,* Rn 34). Hierher rechnen weiter Außenstände, Fragen der Rohstoffbeschaffung und -kosten, Versorgung des Betriebs mit Kohle und Energie, die steuerliche Belastung, die sozialen Aufwendungen, Konjunktur, Konkurrenz, wirtschaftliche Entwicklung der Branche, Exportabhängigkeit und Wechselkurse, Auftragsbestand, Lieferzeiten und Liquidität, beabsichtigte **Stellung eines Konkurs- oder Vergleichsantrags** (*DR,* Rn 35; *Willensen,* AR-Blattei, Konkurs III).

2. Produktions- und Absatzlage

15 Bei Erläuterung der **Absatzlage** sind die für den Absatz (Vertrieb, Umsatz, Verkauf) der Erzeugnisse oder Dienstleistungen des Unternehmens bestehenden Gegebenheiten und Entwicklungen, insbes. die binnen- und außenwirtschaftliche Marktlage darzustellen und zwar an Hand der Verkaufs- und Umsatzstatistiken des Unternehmens und der Unterlagen der Marktforschung (REFA MLPS Teil 1. Kap. 2.2.4). Die Analyse der Absatzlage ist Voraussetzung für die Aufstellung des **Absatzprogramms.** Die Darstellung der **Produktionslage** ist die weitgehend von der Absatzlage ausgehende Analyse des Kapazitätsbestands bezw. der Auslastung der Betriebe, der Höhe der Lagerbestände, ggfs. des Bedarfs an Personal, Betriebsmitteln und Roh- und Hilfsstoffen. Es ist hier gemeint das Verhältnis der Gütermenge und -art, die erzeugt werden könnte (Kapazität), zur tatsächlichen Erzeugung, aufgegliedert nach Typen und Warenarten; die Hemmnisse, die einer Steigerung der Produktion entgegenstehen, und die Möglichkeiten ihrer Beseitigung, Produktionsausfälle durch höhere Gewalt, Streik, gewerbliche Auflagen. Die Untersuchung der Produktionslage ist Voraussetzung für die Erarbeitung des **Produktionsprogramms.**

3. Produktions- und Investitionsprogramm

16 Das **Produktionsprogramm** wird im Hinblick auf die Gegebenheiten der Beschaffungsmärkte und der Kapazität der Produktionsbereiche aufgestellt; es legt fest, welche Waren oder Dienstleistungen für einen bestimmten Zeitraum mittel- oder langfristig erzeugt werden sollen. Damit legt es die zu erbringende arbeitstechnische Leistung der Betriebe fest. Es geht vom **Absatzprogramm** aus, daß seinerseits aufgestellt wird, um entsprechend den Leistungsmöglichkeiten der Betriebe den voraussichtlichen Bedarf des Absatzmarktes zu befriedigen (REFA MLPS, Teil 3, Kap. 2.2.2.). Durch das **Investitionsprogramm** wird festgelegt, welche Investitionsprojekte oder Einzelinvestitionen (kurz-, mittel- oder langfristig) durchgeführt werden sollen (insbes. durch Entwicklung und Beschaffung von Betriebsstätten und Betriebsmitteln im Rahmen der auf Grund der Finanzplanung zur Verfügung stehenden Finanzmittel sowie unter Berücksichtigung der Absatzplanung und Personalplanung). Ggfs können durch das Investitionsprogramm nachge-

ordneten Ebenen des Unternehmens (z. B. den einzelnen Betrieben) eigene Budgets zu Bestreitung von Kleininvestitionen zur Verfügung gestellt werden (REFA MLPS Teil 2, Kap. 8.7). Wegen Rationalisierungsinvestitionen vgl. unten Rn 17. Bei Durchführung des Investitionsprogramms in den Betrieben sind die BR in der Regel zu beteiligen (§§ 90, 92, ggfs § 111).

4. Rationalisierungsvorhaben

Die Rationalisierung hat die zweckmäßigere Gestaltung der Arbeitsvorgänge (auch im Verwaltungsbereich) zum Ziel, um die Wirtschaftlichkeit des Unternehmens zu steigern, sei es durch Normung und Typisierung der Produkte oder des Arbeitsablaufs, sei es durch **Rationalisierungsinvestitionen** (REFA MLPS, Teil 2, Kap. 8.1.2) zur Einführung arbeitssparender oder qualitätsverbessernder Technologien (Einsatz von EDV-Anlagen, Mikroprozessoren, Datensichtgeräten, NC- oder CNC-Maschinen, des komputerunterstützten Konstruierens- CAD), sei es durch **betriebsorganisatorische Maßnahmen.** Es werden alle Vorhaben erfaßt, die in Anwendung wissenschaftlicher Erkenntnisse die Leistungen des Betriebes verbessern, insbesondere den Aufwand an menschlicher Arbeit, aber auch an Zeit, Energie, Material und Kapital herabsetzen. REFA, MLA, Teil 3 Kap. 2.1 verwendet hier den Begriff der „Arbeitsgestaltung", der neben dem Ziel der Erhöhung der Wirtschaftlichkeit gleichrangig das der **Erzielung menschengerechter Arbeitsbedingungen** umfaßt. Rationalisiserungsvorhaben fallen teilweise zugleich unter Nr. 3, 5, und 9. Die Mitteilungspflicht des Unternehmers erstreckt sich auf solche Rationalisierungsvorhaben, die über den Rahmen der bereits in den Betrieben eingeführten Methoden hinausgehen oder diese ändern. Soweit der Personalbedarf oder -einsatz sich infolge der angestrebten Rationalisierung ändern kann, ist hierauf gemäß Abs. 2 hinzuweisen. Auf diesem Gebiete bestehen die Beteiligungsrechte des BR bei der Planung der in den Betrieben durchzuführenden Maßnahmen nach §§ 90, 92, bezw. bei geplanten Betriebsänderungen mit nachteiligen Folgen für die ArbN nach § 111. 17

5. Fabrikations- und Arbeitsmethoden

Der in Abs. 3 Nr. 5 verwandte Begriff der **„Fabrikationsmethode"** 18
d. h. des planmäßigen Vorgehens zum Zwecke der Gütererzeugung dürfte im Bereich der industriellen Fertigung dem geläufigeren Begriff des **„Fertigungsverfahrens** (vergl. § 111 Nr. 5) bezw. des **Arbeitsverfahrens"** (§ 90 Nr. 3) entsprechen, d. h. es ist zu unterrichten über eine in Aussicht genommene Änderung der Technologie, die zur Veränderung des Arbeitsgegenstands im Sinne der Arbeitsaufgabe angewandt wird. (REFA MLA Teil 1 Kap. 3.4.2; z. B. handwerkliche Fertigung, Werkstatt-, Reihen-, Fließfertigung, einschließlich der technischen Methode zur Herstellung der Güter, z. B. Schweißen, Nieten, Roboter). Die **Ar-**

beitsmethode besteht in der Regel zur Ausführung des Arbeitsablaufs durch den Menschen bei einem bestimmten Arbeitsverfahren (REFA a. a. O.). Dies gilt auch, soweit der Betriebszweck nicht in der Fertigung von Gütern sondern in der Erbringung von Dienstleistungen besteht; z. B. Arbeit in Gruppen (Schichten), Einsatz moderner Technologien (oben Rn 17).

Wegen des autonomen Arbeitsschutzes vergl. **Vor** § 89 Rn 85; wegen Beteiligung des BR bei der Planung der in den Betrieben durchzuführenden Maßnahmen vergl. § 90 Nrn. 2–4; bei geplanten Maßnahmen mit nachteiligen Folgen für die ArbN vergl. § 111 Rn 33f.

19 Über **technische Kontrolleinrichtungen i. S. des § 87 Abs. 1 Nr. 6** ist der WiAusschuß zu unterrichten, soweit diese Bestandteil des Arbeitsverfahrens sind bezw. soweit deren Einführung im Zusammenhang mit Rationalisierungsvorhaben (Nr. 4) oder der Änderung der Betriebsorganisation (Nr. 9) in Frage steht. Überdies fällt die Einführung solcher Einrichtung stets unter die Generalklausel der Nr. 10, da es sich um Vorgänge und Vorhaben handelt, welche die Interessen der ArbN wesentlich berühren können (*GK-Fabricius,* Rn 71; *DR,* Rn 41; **a.M.** *GL,* Rn 53; *Rumpff,* S. 153).

6. Einschränkung oder Stillegung von Betrieben und Betriebsteilen

20 Entspricht § 111 Nr. 1 (vgl. dort Rn 17f) mit der Maßgabe, daß der WiAusschuß auch über Veränderungen bei kleineren Betriebsteilen zu unterrichten ist und es auf befürchtete Nachteile für die ArbN nicht ankommt (*Rumpff,* S. 137). Wegen der Unterschiedlichkeit der Unterrichtungsphasen vergl. § 80 Rn 56ff.

7. Verlegung von Betrieben oder Betriebsteilen

21 Entspricht § 111 Nr. 2 (vgl. dort Rn 25ff.) mit der Maßgabe, daß auch über die Verlegung kleinerer Betriebsteile zu berichten ist und es auf befürchtete Nachteile für ArbN nicht ankommt. Wegen der Unterschiedlichkeit der Unterrichtungsphasen vgl. § 80 Rn 56ff.

8. Zusammenschluß von Betrieben

22 Entspricht § 111 Nr. 3 (vgl. dort Rn 27ff). Ob Nachteile für die ArbN entstehen können, ist hier unerheblich. Wegen der Unterschiedlichkeit der Unterrichtungsphasen vergl. § 80 Rn 56ff. Zum Zusammenschluß von Unternehmen unten Rn 24.

9. Änderung der Betriebsorganisation oder des Betriebszwecks

Betriebsorganisation ist nach *Rumpff* (S. 255) das bestehende Ordnungsgefüge für die Verbindung von Betriebszweck, im Betrieb arbeitenden Menschen und Betriebsanlagen mit dem Ziele der (optimalen) Erfüllung der Betriebsaufgaben, (so auch BAG 22. 5. 79, AP Nr. 3, 4 zu § 111 BetrVG 1972). Der von REFA (MLA Teil 1 Kap. 2.2.1) verwandte ablauforientierte Begriff der Betriebsorganisation als Gestaltungsaufgabe dürfte hier nicht zutreffen, da er die Aufbauorganisation aus methodischen Gründen vernachlässigt (vergl. aber REFA, aaO am Anfang; wie hier wohl *GL,* Rn 69; enger *HSG,* Rn 45, die nur auf den Betriebsablauf abstellen). Der **Betriebszweck** wird vom Unternehmer zur Erreichung der jeweiligen Unternehmensziele bestimmt; er ist Ergebnis der Absatz- und Produktionsplanung, durch die den Betrieben Aufgaben der Gütererzeugung oder der Dienstleistung zugewiesen werden. 23

Die Informationspflicht nach Abs. 3 Nr. 9 erfaßt jede vom Unternehmer in Betracht gezogene Änderung, nicht nur – wie bei dem vergleichbaren Tatbestand in § 111 Nr. 4 – geplante „grundlegende Änderungen" (näheres § 111 Rn 29ff.).

10. Sonstige für die Arbeitnehmer bedeutsame Vorgänge und Vorhaben

Nr. 10 enthält schließlich eine **beschränkte Generalklausel** (h. M.). 24
Danach ist der WiAusschuß über alle Vorgänge und Vorhaben auf dem Laufenden zu halten, die die Interessen der ArbN des Unternehmens wesentlich berühren. Hierher gehören z. B. Rechtsstreitigkeiten, die für das Unternehmen von grundlegender Bedeutung sind; die Auswirkung der Steuerpolitik und sonstiger Maßnahmen der öffentlichen Hand (Zölle, Liberalisierung, Einfuhrsperren), Maßnahmen des Auslands, die Auswirkungen auf die wirtschaftliche Tätigkeit des Unternehmens haben werden; allgemeine wirtschaftliche Lage der Branche; Zusammenarbeit mit anderen Unternehmen. Verlagerung der Produktion ins Ausland, Unternehmenszusammenschlüsse (Fusionen), Konzentrationsvorgänge, Veräußerung von Geschäftsanteilen einer GmbH (LAG Düsseldorf, 29. 3. 89, DB 89, 1088) und der Übergang des Unternehmens, eines Betriebs oder Betriebsteils auf einen anderen Inhaber (§ 613a BGB, vergl. auch § 111 Rn 12ff); Art und Umfang von Sozialaufwendungen und freiwilligen Sozialleistungen (*Rumpff,* S. 139).

VI. Streitigkeiten

Bei Streitigkeiten über die Zulässigkeit der Bildung eines WiAusschusses und die Frage, ob es sich um wirtschaftliche Angelegenheiten nach Abs. 2, 3 handelt, oder etwa nur die laufende Geschäftsführung oder die persönlichen wirtschaftlichen Verhältnisse des Unternehmers 25 entscheidet das ArbG nach § 2a ArbGG im **BeschlVerf,** bei Streit über die Erteilung einer **Auskunft** aber nach § 109 zunächst die **E-Stelle.** Verletzungen der Auskunftspflicht nach § 106 Abs. 2 sind Ordnungswidrigkeiten (vgl. § 121). Der WiAusschuß ist im BeschlVerf. nicht Beteiligter (vgl. § 107 Rn 17).

§ 107 Bestellung und Zusammensetzung des Wirtschaftsausschusses

(1) **Der Wirtschaftsausschuß besteht aus mindestens drei und höchstens sieben Mitgliedern, die dem Unternehmen angehören müssen, darunter mindestens einem Betriebsratsmitglied. Zu Mitgliedern des Wirtschaftsausschusses können auch die in § 5 Abs. 3 genannten Angestellten bestimmt werden. Die Mitglieder sollen die zur Erfüllung ihrer Aufgaben erforderliche fachliche und persönliche Eignung besitzen.**

(2) **Die Mitglieder des Wirtschaftsausschusses werden vom Betriebsrat für die Dauer seiner Amtszeit bestimmt. Besteht ein Gesamtbetriebsrat, so bestimmt dieser die Mitglieder des Wirtschaftsausschusses; die Amtszeit der Mitglieder endet in diesem Fall in dem Zeitpunkt, in dem die Amtszeit der Mehrheit der Mitglieder des Gesamtbetriebsrats, die an der Bestimmung mitzuwirken berechtigt waren, abgelaufen ist. Die Mitglieder des Wirtschaftsausschusses können jederzeit abberufen werden; auf die Abberufung sind die Sätze 1 und 2 entsprechend anzuwenden.**

(3) **Der Betriebsrat kann mit der Mehrheit der Stimmen seiner Mitglieder beschließen, die Aufgaben des Wirtschaftsausschusses einem Ausschuß des Betriebsrats zu übertragen. Die Zahl der Mitglieder des Ausschusses darf die Zahl der Mitglieder des Betriebsausschusses nicht überschreiten. Der Betriebsrat kann jedoch weitere Arbeitnehmer einschließlich der in § 5 Abs. 3 genannten leitenden Angestellten bis zur selben Zahl, wie der Ausschuß Mitglieder hat, in den Ausschuß berufen; für die Beschlußfassung gilt Satz 1. Für die Verschwiegenheitspflicht der in Satz 3 bezeichneten weiteren Arbeitnehmer gilt § 79 entsprechend. Für die Abänderung und den Widerruf der Beschlüsse nach den Sätzen 1 bis 3 sind die gleichen Stimmenmehrheiten erforderlich wie für die Beschlüsse nach den Sätzen 1 bis 3. Ist in einem Unternehmen ein Gesamtbetriebsrat errichtet, so beschließt dieser über die anderweitige Wahrnehmung der Aufgaben des Wirtschaftsausschusses; die Sätze 1 bis 5 gelten entsprechend.**

Inhaltsübersicht

I. Vorbemerkung

§ 107 behandelt Bestellung und Zusammensetzung, Voraussetzungen für die Mitgliedschaft sowie die Amtszeit des WiAusschusses. Im Gegensatz zur Regelung nach § 68 BetrVG 1952 bestellt der **BR** (GesBR) **allein die Mitgl. des WiAusschusses.** Nach Abs. 3 kann ein **Ausschuß des BR** (GesBR) unmittelbar die Aufgaben des WiAusschusses übernehmen. Wegen Teilnahme des Unternehmers vgl. § 108 Abs. 2 (dort Rn 5, 6). 1

Entsprechende Vorschrift im **BPersVG 74:** Keine. 1a

II. Zusammensetzung

Der WiAusschuß besteht aus **mindestens drei und höchsten sieben Mitgl.** Über die Größe des Ausschusses innerhalb des gestzlichen Rahmens **bestimmt allein der BR (GesBR).** Es ist nicht ersichtlich, daß der WiAusschuß eine ungerade MitglZahl haben müsse, zumal keine formellen Beschlüsse zu fassen sind (vgl. § 108 Rn 4; h. M.). Eine besondere Berücksichtigung der ArbNGruppen ist nicht vorgesehen. Eine Staffelung der MitglZahl nach der Größe des Unternehmens besteht nicht. Ein Vors. ist im Gesetz nicht vorgesehen, ein Mitglied wird aber in der Praxis geschäftsleitende Aufgaben übernehmen. 2

Alle Mitgl. des WiAusschusses müssen dem **Unternehmen angehören,** d. h. in ihm tätig sein. Es können kraft ausdrücklicher Erwähnung in Abs. 1 Satz 2 **auch leitende Ang.** (§ 5 Abs. 3), wenn sie hierzu bereit sind, dem WiAusschuß als Mitgl. angehören. Sie können weder gezwungen werden, Mitgl. zu werden (*Borgwardt/ Steffens,* RdA 73, 74; *Dütz,* Festschrift Westermann, S. 43; *HSG,* Rn 17), noch haben sie einen Rechtsanspruch auf Vertretung im WiAusschuß (*HSG* Rn 5). Ihre Bestellung kann wegen ihres Sachverstandes für die Beurteilung wirtschaftlicher Fragen zweckmäßig sein. Sind leitende Ang. zu Mitgliedern des WiAusschusses bestellt, stehen sie insoweit dem ArbGeb. nicht mehr zu dessen Unterstützung (§ 108 Rn 7) zur Verfügung. Nicht zum Mitgl. des WiAusschusses berufen werden kann der Personenkreis des § 5 Abs. 2 Nr. 1 u. 2 (*GK-Fabricius,* Rn 6, *DR,* Rn 3). 3

Die **Zugehörigkeit zum Unternehmen** ist hier als Eingliederung in die personelle Organisation des Unternehmens zu verstehen; d. h. Unternehmensangehörige sind Personen, die an der wirtschaftlichen und betrieblichen Tätigkeit des Unternehmens in irgendeiner Funktion ständig und nicht nur vorübergehend mitwirken (*DR,* Rn 3). Wegen möglicher Kollisionen mit ausländischem Recht dürften ArbN ausländischer Betriebe des Unternehmens als Mitgl. des WiAusschusses nicht in Betracht kommen (*GL,* Rn 5; **a. M.** *GK-Fabricius,* § 106 Rn 38ff.; vgl. auch § 106 Rn 5). Die **Mitgliedschaft im AR** einer AG allein begründet nicht die Unternehmenszugehörigkeit im Sinne des Gesetzes, da die Tätigkeit des AR sich im wesentlichen auf eine Überwachung der Geschäftsfüh- 4 rung beschränkt (vgl. § 111 AktG). Auch Aktionäre einer AG oder Genossen einer Genossenschaft gehören dem Unternehmen nicht an, sofern sie nicht im Unternehmen tätig sind.

5 **Mindestens ein Mitgl.** des WiAusschusses muß **zugleich einem BR des Unternehmens angehören.** Besteht ein GesBR, so liegt es in dessen Hand, ob er ein Mitgl. aus seinen Reihen entsenden will. Notwendig ist dies aber nicht. Wer als BRMitgl. zum Mitgl. des WiAusschusses bestimmt ist, verliert diese Funktion mit Beendigung der Mitgliedschaft im BR (vgl. § 24, Rn 30). Das gilt auch, wenn mehrere BRMitgl. dem Ausschuß angehören. Denn es läßt sich nicht feststellen, wer nun das dem WiAusschuß notwendig angehörende BRMitgl. sein soll (*GL,* Rn 16; **a.M.** *DR,* Rn 23, sofern noch ein BRMitgl. weiterhin dem WiAusschuß angehört).

6 Das Gesetz verlangt ausdrücklich, daß alle Mitgl. die zur Erfüllung ihrer Aufgaben erforderliche **fachliche und persönliche Eignung** besitzen sollen. Die **fachliche Eignung** ist die Fähigkeit, die Unterrichtung zu verstehen, um tatsächlich im WiAusschuß mitarbeiten zu können. Dazu gehören weniger Beherrschung der Bilanzkunde und besondere volks- und betriebswirtschaftliche Kenntnisse, als praktische Erfahrungen im Betrieb, die zum Verständnis der wirtschaftlichen, finanziellen und technischen Gegebenheiten des Unternehmens ausreichen. Nach Ansicht des BAG (18. 7. 78, AP Nr. 1 zu § 108 BetrVG 1972) sollen die Mitgl. des WiAusschusses in der Regel fähig sein, den Jahresabschluß anhand der gegebenen Erläuterungen zu verstehen und gezielte Fragen zu stellen. Mit dieser Entscheidung legt das Gericht der **Sollvorschrift** der Abs. 1 Satz 3 (ähnlich wie der des § 26 Abs. 1 Satz 2 – vergl. § 26 Rn 13) entgegen dem Gesetz den Charakter einer schwachen Mußvorschrift bei (wie hier *GL,* Rn 10; *GK-Fabricius,* Rn 13ff.; strenger *DR,* Rn 9). Inwieweit vom BR (GesBR) verlangt werden kann, ArbN in den WiAusschuß zu berufen, die über die an sich erforderlichen fachlichen Spezialkenntnisse verfügen, hängt aber weitgehend von der personellen Zusammensetzung der Belegschaft ab. So wird es z. B. in einem Mittelbetrieb, der vorwiegend gewerbliche Leistungen technischer oder baulicher Art erbringt, schwieriger sein, nach den Maßstäben des BAG geeignete (bilanzkundige) Mitgl. des WiAusschusses zu finden, als in den Betrieben eines Kreditinstituts.

7 **Persönliche Eignung** ist: Gesunder Menschenverstand, Anständigkeit und Zuverlässigkeit. Sonstige Voraussetzungen für die Mitgliedschaft im WiAusschuß stellt das Gesetz nicht auf, so daß dem BR ein verhältnismäßig großes Maß an Ermessensfreiheit bei der Auswahl gegeben ist. Besondere Charaktereigenschaften sind keine Voraussetzung (*GK-Fabricius,* Rn 12).

8 Die **Entscheidung** darüber, wer persönlich und fachlich geeignet ist, obliegt **allein dem bestimmenden BR (GesBR).** Die Vorschrift hat die Bedeutung eines Hinweises, in dieses Gremium nur fachlich und persönlich geeignete Personen zu entsenden.

III. Bestellung und Abberufung der Mitglieder, Amtszeit

In Unternehmen mit **einem Betrieb** bestellt der **BR** die Mitgl. des WiAusschusses mit einfacher Stimmenmehrheit durch Beschluß (§ 33). Jedes Mitgl. ist einzeln zu wählen. Einen bes. Minderheitenschutz wie jetzt für die Ausschüsse des BR gibt es nicht (*Engels/Natter,* BB 89, Beil. 8 S. 22). Die Amtszeit ist mit der des BR gekoppelt, beträgt also im Regelfall vier Jahre (§ 107 Abs. 2 Satz 1 i. Verb. mit § 21; vgl. aber auch die Fälle des vorzeitigen Endes oder einer Verlängerung der Amtszeit des BR nach § 13). Vor Ablauf der Amtszeit des WiAusschusses erlischt die Mitgliedschaft des einzelnen Mitgl. außer im Fall des Endes der Mitgliedschaft im BR (vgl. Rn 5 und Rn zu § 24) durch Amtsniederlegung im WiAusschuß oder Abberufung. Abs. 2 Satz 3 sieht vor, daß der bestellende BR jederzeit und ohne bes. Grund ein Mitgl. durch **einfachen Mehrheitsbeschluß abberufen** kann (*DR,* Rn 21; *GL,* Rn 16; einschränkend ArbG Hamburg, 11. 9. 1975, DB 75, 2331). Das Wort „jederzeit" kann hier nicht anders ausgelegt werden als nach § 80 Abs. 2 S. 2 (vgl. dort Rn 39). Für den Rest der Amtszeit ist ein anderes Mitgl. zu bestellen. 9

Je nach Bedarf dürfte es auch zulässig sein, daß für jeweils ein Mitgl. des WiAusschusses je ein zugehöriges **ErsMitgl.** generell für den Fall der Verhinderung des ordentlichen Mitgl. bestellt wird 9a

Besteht ein Unternehmen aus **mehreren Betrieben** mit BR, so bestellt der **GesBR** die Mitgl. des WiAusschusses mit der einfachen Mehrheit seiner Stimmen (vgl. § 47 Abs. 7, 8). Dasselbe gilt für die Abberufung. Da der GesBR keine Amtszeit hat (vgl. § 49 Rn 5), richtet sich die Amtszeit der Mitgl. des WiAusschusses nach der der Mehrheit der Mitgl. des GesBR ohne Rücksicht auf deren Stimmenzahl nach § 47 Abs. 7, 8. 10

Beispiel:

Besteht der GesBR aus 12 Personen (je 1 Arb. und 1 Ang. aus 6 Betrieben), so beginnt die Amtszeit der Mitgl. des WiAusschusses am Tage des Beschlusses über ihre Bestellung. Sie endet, wenn die Amtszeit der BR von vier Betrieben abgelaufen ist. Z. B. es läuft ab

die Amtszeit des BR des Betriebs A am 5. 3. 1990
die Amtszeit des BR des Betriebs B am 7. 3. 1990
die Amtszeit des BR des Betriebs C am 18. 4. 1990
die Amtszeit des BR des Betriebs D am 6. 5. 1990
die Amtszeit des BR des Betriebs E am 9. 5. 1990
die Amtszeit des BR des Betriebs F am 31. 5. 1990

dann endet die Amtszeit der Mitgl. des WiAusschusses am 6. Mai. Wird am 7. Mai eine Neuwahl vorgenommen, an der schon die in den GesBR entsandten Mitgl. des neu gewählten BR des Betriebs D teilnehmen, so endet die Amtszeit dieser neuen Mitgl. des WiAusschusses, falls sich in jedem Betrieb die Amtszeit des neuen BR unmittelbar an die des alten BR anschließt, mit Ablauf der Amtszeit des neuen BR des Betriebs B.

Besteht kein GesBR, obwohl das Gesetz zwingend seine Errichtung vorschreibt (§ 47 Rn 5), so kann der **WiAusschuß nicht gebildet** werden (*DR,* Rn 11; *HSG,* Rn 15; *Wißkirchen,* Jahrbuch des Arbeitsrechts, 10a

Bd. 13, S. 75; *GL,* Rn 13; *GK-Fabricius,* Rn 15 und *Rumpff,* S. 145 wollen in diesem Fall auf § 68 Abs. 2 Satz 3 BetrVG 1952 zurückgreifen, der eine Bildung des WiAusschusses durch den BR vorsah). Dasselbe gilt, wenn in einem Unternehmen mit mehreren Betrieben nur ein Betrieb einen BR hat. In diesem Fall kann aber der besondere Ausschuß nach Abs. 3 durch die Mitgl. dieses einen BR gebildet werden (*DR,* Rn 12; vgl. Rn 14a).

11 Ist ein in den GesBR entsandtes Mitgl. eines BR aus persönlichen Gründen vorzeitig aus seinem BR und damit aus dem GesBR ausgeschiedem (z. B. Amtsniederlegung, Beendigung des Arbeitsverhältnisses, Verlust der Wählbarkeit, Ausschluß durch das ArbG, Tod, vgl. Rn zu § 24) oder abberufen worden (Rn 9), so tritt gem. § 47 Abs. 3 an seine Stelle ein Mitgl. des BR für den Rest seiner Amtszeit in den GesBR ein. Derartige Personenwechsel innerhalb des GesBR sind für die Amtsdauer der Mitgl. des WiAusschusses unerheblich. Wird dagegen der ganze BR durch Beschluß des ArbG (§ 23) aufgelöst, so ist dies für die Amtszeit der Mitgl. des WiAusschusses erheblich. (Wird z. B. der BR D nach dem obigen Beispiel am 3. 1. 1990 durch das ArbG aufgelöst, so endet die Amtszeit der Mitgl. des WiAusschusses schon am 18. 4. 1990).

12 Gemäß § 51 Abs. 4 genügt für die Beschlußfassung des GesBR über die Bestimmung der Mitgl. des WiAusschusses die Teilnahme von mindestens der Hälfte der Mitgl. des GesBR, die mindestens die Hälfte aller Stimmen vertreten (§ 47 Abs. 7).

IV. Rechtsstellung der Mitglieder

13 Die Tätigkeit im WiAusschuß ist **ehrenamtlich.** Die Vorschrift des § 37 Abs. 2 ist entsprechend anzuwenden, so daß Versäumnisse von Arbeitszeit, die durch die Teilnahme an den Beratungen des WiAusschusses entstehen, den ArbGeb. nicht zu Minderung des Arbeitsentgelts berechtigen. Eine entsprechende Anwendung des § 37 Abs. 6 über erforderliche **Schulungen** dürfte nicht nur für solche Mitgl. des WiAusschusses in Betracht kommen, die zugleich BRMitgl. sind (so aber BAG 6. 11. 1973, AP Nr. 5 zu § 37 BetrVG 1972, mit insoweit kr. Anm. *Kittner,* LAG Düsseldorf, DB 77, 2004), sondern für alle unternehmensangehörigen Mitgl. des WiAusschusses (so *Däubler,* Schulung S. 90; *DR,* Rn 27; *GKSB,* Rn 9, 24; *GK-Fabricius,* Rn 27; **a.M.** *GL,* Rn 23; *HSG,* Rn 28; *Schlüter,* SAE 75, 162 u. *Wißkirchen,* Jahrbuch des Arbeitsrechts, Bd. 13, S. 87; *Rumpff,* S. 171). Das gilt sowohl für die Lohnfortzahlung, als auch für die Kostentragung (vgl. § 37 Rn 102). Allerdings sollten im Regelfall die erforderlichen Kenntnisse bereits vorhanden sein (vgl. aber Rn 6).

13a Die durch die Tätigkeit des WiAusschusses entstehenden **Kosten trägt der Unternehmer,** da diese Kosten durch die Tätigkeit des BR (GesBR) erforderlich werden und die Bildung eines WiAusschusses nach dem Gesetz obligatorisch ist. Auch ist es verboten, den WiAusschuß in seiner Tätigkeit zu stören oder zu behindern oder dessen einzelne Mitgl. um ihrer Tätigkeit willen zu benachteiligen oder zu begünstigen (§ 78 und die Strafvorschrift in § 119 Abs. 1 Nr. 2 u. 3). Wenn die Mitgl. des WiAusschusses auch nicht den Kündigungsschutz des § 15 KSchG genießen, soweit sie nicht zugleich Mitgl. eines der dort genannten Betriebsverfassungsorgane sind, so kann eine Kündigung doch wegen Verstoßes gegen § 78 nichtig sein (relativer Kündigungsschutz; vgl. § 103 Rn 6). Wegen Geheimhaltungspflicht vg. § 79 und § 106 Rn 11 (Strafbestimmung: § 120).

V. Übertragung der Aufgaben auf Ausschuß des Betriebsrats

Abs. 3 ermöglicht eine Anpassung an die besonderen Verhältnisse der 14
einzelnen Unternehmen. Da der BR (GesBR) ohnehin alle Mitgl. des WiAusschusses bestellt, hat er die Möglichkeit, von der Bildung dieses besonderen Gremiums überhaupt abzusehen und diese Aufgaben einem **besonderen Ausschuß des BR** (§ 28) bzw. GesBR (§ 51 Abs. 1) **zu übertragen, ggfls. auch dem BetrAusschuß** nach § 27 (h. M.). Für Bestellung und Zusammensetzung gilt § 28 Abs. 1 u. 2 entsprechend (*DR,* Rn 41). Abs. 3 enthält eine eigenständige Regelung; insbes. wird nicht auf Abs. 1 verwiesen, so daß die aus der Sollvorschrift des Abs. 1 Satz 3 abgeleiteten Kriterien für die Auswahl der Mitgl. des WiAusschusses nicht unmittelbar zutreffen. Allerdings liegt es im Interesse des BR (GesBR), entsprechend qualifizierte Personen in den Ausschuß nach Abs. 3 zu bestellen.

Da sich die Höchstzahl der Mitgl. an der des BetrAusschusses orien- 14a
tiert und weitere Ausschüsse des BR überhaupt nur gebildet werden können, wenn ein BetrAusschuß gebildet ist, kommt die Übertragung der Aufgaben des WiAusschusses auf einen **besonderen Ausschuß des BR nur** in Betracht, wenn der **BR mindestens neun Mitgl.** hat, d. h. der Betrieb in der Regel mindestens 301 ArbN beschäftigt (§ 27 Abs. 1 i. Verb. mit § 9; *DR,* Rn 34; *GL,* Rn 30; *GK-Fabricius,* Rn 38; **a. M.** *Rumpff,* S. 148, der § 107 Abs. 3 als Spezialvorschrift ansieht). Die Übertragung ist davon abhängig, daß die Mehrheit der Mitgl. des BR bzw. die Mehrheit der Stimmen der Mitgl. des GesBR (§ 47 Abs. 7) dies beschließt (absolute Mehrheit). In **kleineren Betrieben** dürfte für eine derartige Delegierung kein Bedürfnis bestehen. Es dürfte aber zulässig sein, daß faktisch der **BR selbst die Aufgaben des WiAusschusses übernimmt,** wenn er **höchstens 7 Mitgl.** hat, die er nach Abs. 1 S. 1 sämtlich in den WiAusschuß berufen kann (h. M.; **a. M.** *GK-Fabricius,* Rn 12, 59, 65, *DR,* Rn 35 u. *Rumpff,* S. 164). Nur in diesen zahlenmäßigen Grenzen (bis 300 ArbN) kann **auch der GesBR** selbst die Aufgaben übernehmen (*GL,* Rn 36; weitergehend *DR,* Rn 38 und *Rumpff,* S. 163).

Die Zahl der AusschußMitgl. darf **bis zur Zahl der Mitgl. des** 15
BetrAusschusses (§§ 27, 51: 5–11 je nach Größe des BR bzw. GesBR) in beliebiger Höhe festgesetzt werden. Es braucht keine ungerade Zahl zu sein. Der BR (GesBR) hat auch das Recht, bis zur gleichen Zahl **weitere ArbN,** die nicht dem BR angehören müssen (aber können) oder auch zu

den leitenden Ang. (§ 5 Abs. 3) rechnen können, zu **kooptieren** (dies hält *Rumpff,* S. 150 für irreal). Die **Höchstzahl** der Ausschußmitgl. beträgt also **22.** Auch für die Erweiterung des Ausschusses ist absolute Mehrheit der Mitgl. erforderlich, vgl. Rn 14a. Damit besteht die Möglichkeit, die Sachkunde von ArbN außerhalb des BR nutzbar zu machen. Für deren Verschwiegenheitspflicht gelten gleichfalls §§ 79, 120.

15a Die neuen **Vorschriften über die Verhältniswahl** (§ 14 Abs. 3 für den BR, dort Rn 25ff, § 27 Abs. 1 S. 3ff für den BetrAusschuß, dort Rn 17ff, 20b, § 28 Abs. 1 S. 2 für die weiteren Ausschüsse des BR, dort Rn 19) gelten jedenfalls nicht für den Fall, daß der GesBR die Aufgaben des WiAusschusses einem seiner Ausschüsse überträgt (vgl. § 51 Rn 29, 39). Sie gelten ferner nicht für die Entsendung weiterer Mitgl. (Rn 15) in den Ausschuß des BR oder GesBR. Die Grundsätze über die Verhältniswahl sind andererseits anzuwenden, wenn der BetrAusschuß oder ein anderer Ausschuß des BR die Aufgaben des WiAusschusses zusätzlich übernimmt. Zweifelhaft ist die Rechtslage, wenn der BR die Aufgaben des WiAusschusses einem besonderem Ausschuß zur alleinigen Wahrnehmung überträgt. In Hinblick auf die gewünschten fachlichen und persönlichen Voraussetzungen der Mitgl. (Abs. 1 S. 3), die jederzeitige Abberufungsmöglichkeit (Abs. 2 S. 3) und die mögliche Entsendung weiterer Mitgl. (Abs. 3 S. 3) wird man davon ausgehen können, daß für diesen besonderen Ausschuß des BR, ebenso wie für einen entsprechenden Ausschuß des GesBR, **nicht** die Vorschriften über die Verhältniswahl wie für andere Ausschüsse des BR gelten (GKSBK, Rn 6; vgl. auch schon Rumpff, S. 148).

16 Der BR (GesBR) kann jederzeit die Übertragung der Aufgaben des WiAusschusses auf den besonderen Ausschuß oder die Heranziehung weiterer Mitgl. widerrufen. Er kann auch die MitglZahl innerhalb der vorgegebenen Höchstgrenzen ändern. Zur Beschlußfassung ist jeweils absolute Mehrheit erforderlich.

VI. Streitigkeiten

17 Alle Streitigkeiten über die Errichtung, Zusammensetzung und Amtszeit des WiAusschusses entscheidet das **ArbG im BeschlVerf.** nach § 2a ArbGG. Dazu gehört auch ein Streit über die Frage der Größe des Ausschusses. Gleiches gilt bei Meinungsverschiedenheiten über die Tragung der persönlichen und sächlichen Kosten des Ausschusses durch den Unternehmer. Ein etwa schon gebildeter WiAusschuß hat weder Beteiligten – noch Antragsbefugnis, weil er nur eine Art Hilfsorgan für den BR (GesBR) ist; auch die Kompetenzzuweisung in § 109 an den BR legt dies nahe (BAG 7. 4. 81, 8. 3. 83, AP Nr. 16, 26 zu § 118 BetrVG 1972; *GL,* Rn 39; *GK-Fabricius,* Rn 72f., aber für Beteiligungsfähigkeit; *HSG,* Rn 39; *DR,* Rn 49; **a.M.** LAG Berlin, EzA § 118 BetrVG Nr. 28; *Dütz,* Festschrift Westermann, S. 47f.; *Herschel,* ArbuR 80, 23; *Grunsky,* ArbGG § 10 Rn 24). Lohn- und Gehaltsausfall ist im Urteilsverfahren geltend zu machen (vgl. § 37 Rn 152).

§ 108 Sitzungen

(1) **Der Wirtschaftsausschuß soll monatlich einmal zusammentreten.**

(2) **An den Sitzungen des Wirtschaftsausschusses hat der Unternehmer oder sein Vertreter teilzunehmen. Er kann sachkundige Arbeitnehmer des Unternehmens einschließlich der in § 5 Abs. 3 genannten Angestellten hinzuziehen. Für die Hinzuziehung und die Verschwiegenheitspflicht von Sachverständigen gilt § 80 Abs. 3 entsprechend.**

(3) **Die Mitglieder des Wirtschaftsausschusses sind berechtigt, in die nach § 106 Abs. 2 vorzulegenden Unterlagen Einsicht zu nehmen.**

(4) **Der Wirtschaftsausschuß hat über jede Sitzung dem Betriebsrat unverzüglich und vollständig zu berichten.**

(5) **Der Jahresabschluß ist dem Wirtschaftsausschuß unter Beteiligung des Betriebsrats zu erläutern.**

(6) **Hat der Betriebsrat oder der Gesamtbetriebsrat eine anderweitige Wahrnehmung der Aufgaben des Wirtschaftsausschusses beschlossen, so gelten die Absätze 1 bis 5 entsprechend.**

Inhaltsübersicht

I. Vorbemerkung

Absatz 1 und 5 entsprechen § 69 Abs. 1 und 4 BetrVG 1952. Zusätzlich geregelt sind: die Verpflichtung des Unternehmers oder seines Vertreters, an den Sitzungen des Wirtschaftsausschusses teilzunehmen, die Hinzuziehung von Sachverständigen, das Einsichtsrecht der Mitgl. des Wirtschaftsausschusses in die vorzulegenden Unterlagen sowie die Verpflichtung des Wirtschaftsausschusses zur unverzüglichen und vollständigen Unterrichtung des BR nach jeder Sitzung. 1

Entsprechende Vorschrift im **BPersVG 74:** Keine. 1a

II. Sitzungen

Das Gesetz spricht in Abs. 1 lediglich aus, daß die Sitzungen des WiAusschusses **einmal im Monat** stattfinden sollen. Hiervon kann abgewichen werden, wenn nicht genügend Beratungsgegenstände anstehen oder wegen dringender wirtschaftlicher Entscheidungen zwischenzeitlich eine Sitzung erforderlich ist. 2

Offen bleibt die Frage, wie diese Sitzungen zustande kommen. In der

Regel wird der WiAusschuß sich konstituieren und bestimmte geschäftsleitende Aufgaben auf einzelne Mitgl. übertragen, die insbes. die Einladungen übernehmen. Der Zeitpunkt der Sitzungen ist dann von Fall zu Fall oder generell im voraus durch Absprache mit dem Unternehmer festzulegen, da dessen Teilnahme für die Tätigkeit des WiAusschusses von wesentlicher Bedeutung und deshalb vorgeschrieben ist. Zweckmäßig sind dem Unternehmer vorher anstehende Fragen mitzuteilen, damit er sich auf die Sitzung vorbereiten kann. Die Tagesordnung der jeweiligen Sitzung des WiAusschusses wird weitgehend bestimmt durch die in § 106 Abs. 2 und 3 genannten Gegenstände, über die der Unternehmer unaufgefordert rechtzeitig und umfassend zu berichten hat (vgl. § 80 Rn 51ff.). Erscheint der Unternehmer oder sein Vertreter zu dem vereinbarten Termin nicht oder erklärt er, nicht vorhandeln zu wollen, so kann bei groben Verstößen nach § 23 Abs. 3 verfahren werden. Bestreitet der Unternehmer die ordnungsgemäße Errichtung oder Geschäftsführung des WiAusschusses, so entscheidet das ArbG im BeschlVerf. (vgl. unten Rn 16).

3 Die Sitzungen sind **nicht öffentlich.** Das ergibt sich aus der Vertraulichkeit der meisten Beratungsgegenstände und der entsprechenden Anwendung des § 30 (h. M.). Ein Teilnehmerrecht der SchwerbehVertr. bejaht jetzt gemäß § 25 Abs. 4 SchwbG das BAG (4. 6. 87, AP Nr. 2 zu § 22 SchwbG; vgl. auch § 32 Rn 14). Es ist weder die Aufnahme einer Sitzungsniederschrift noch die Aufstellung einer Tagesordnung erforderlich (h. M.). Die Sitzungen finden regelmäßig **während der Arbeitszeit** unter Erstattung des Lohnausfalles durch den Unternehmer statt (h. M.). § 37 Abs. 2 u. 3 gelten entsprechend.

4 Das Gesetz sieht **kein Verfahren** für Beschlüsse des WiAusschusses vor, da es offensichtlich nicht dessen Aufgabe ist, förmliche Beschlüsse zu fassen. Vielmehr bleibt die Beschlußfassung dem BR (GesBR) und dem Unternehmer, als den „handelnden" Organen vorbehalten. Die Bedeutung des WiAusschusses liegt in der sachlichen, aber zwangslosen Aussprache, im Austausch von Unterrichtungen, Erfahrungen und Ratschlägen. Deshalb ist es auch nicht zweckmäßig, die Tätigkeit des WiAusschusses durch eine Geschäftsordnung zu binden. Die Wahl eines **Vorsitzenden** ist möglich, aber bei diesem Gremium, dessen Aufgabe nur in der Beratung besteht, nicht erforderlich. Es wird aber zweckmäßig sein, eine gewisse Geschäftsverteilung unter den Mitgl. des WiAusschusses vorzunehmen.

III. Teilnahme des Unternehmers und anderer Personen

5 Nach Abs. 2 Satz 1 hat der **Unternehmer oder sein Vertreter** an **allen Sitzungen** des WiAusschusses **teilzunehmen.** Unternehmer ist bei Einzelfirmen des Inhaber, bei juristischen Personen oder anderen Personengesamtheiten mindestens ein Mitgl. des gesetzlichen Vertretungsorgans bzw. eine zur Vertretung oder Geschäftsführung berufene Person (näheres § 1 Rn 84 und § 5 Rn 103ff.).

Der WiAusschuß kann zur Vorbereitung der Sitzung mit dem Unternehmer auch ohne diesen zu einer Sitzung zusammentreten (BAG 16. 3. 82, AP Nr. 3 zu § 108 BetrVG 1972; *GL,* Rn 7). 5a

Insbes. bei Einzelunternehmen kann der Unternehmer verhindert sein. Dann hat er seinen Vertreter zu entsenden. **Vertreter** ist diejenige Person, die nach Satzung, Geschäftsordnung oder Organisation des Unternehmens allgemein als rangnächster in der Betriebshierarchie ggfs. an Stelle des Unternehmers die Verantwortung trägt, insbes. ein leitender Ang., der Generalvollmacht oder Prokura hat (vgl. § 5 Abs. 3 Nr. 2, dort Rn 144ff.; ähnlich *DR,* Rn 13; *Dütz,* Festschrift Westermann, S. 42; *HSG,* Rn 6; *GK-Fabricius,* Rn 18; *GL,* Rn 9; *Rumpff,* S. 153) und in der Lage ist, die vorgeschriebenen Unterrichtungen rechtzeitig und umfassend vorzunehmen. 6

Es besteht keine originäre Alleinzuständigkeit des **Arbeitsdirektors** (§ 33 MitbestG, § 13 Montan-MitbestG), den Vorstand gegenüber den WiAusschuß zu vertreten. Jedenfalls dürfte diese Aufgabe nicht zu dem unabdingbaren Mindestressort dieses Vorstandsmitgl. gehören (hierzu: *Fitting/Wlotzke/Wissmann,* § 33 Rn 28ff.). Vielmehr sollten diejenigen Vorstandsmitgl., die fachlich jeweils zuständig sind (unbeschadet der Gesamtverantwortung sämtlicher Vorstandsmitgl.), den angesprochenen Gegenstand mit dem WiAusschuß erörtern. Dies schließt die Teilnahme des Arbeitsdirektors im Hinblick auf den sozialen Bezug der Beratungen nicht aus. Keine Vertreter i. S. des Abs. 2 Satz 1 sind sonstige ArbN in untergeordneter Stellung, die der Unternehmer etwa im Einzelfall bestellt. Derartige sachkundige ArbN kann der Unternehmer lediglich zu seiner Unterstützung zuziehen. 6a

Der Unternehmer kann nach Abs. 2 Satz 2 weitere **sachkundige ArbN** des Unternehmens, einschl. leitender Ang., **zuziehen.** Es steht ihm frei, welche und wieviele ArbN er beizieht, da es sich um ein Beratungsgremium ohne Abstimmungen handelt, Parität also überflüssig ist. Eine ausdrückliche Festlegung der **Verschwiegenheitspflicht** für diese ArbN fehlt, ergibt sich aber aus allgemeinen arbeitsrechtlichen und zivilrechtlichen (Recht am eingerichteten Gewerbebetrieb) Gesichtspunkten; ihre Verletzung ist in § 120 Abs. 1 Nr. 4 ausdrücklich unter Strafe gestellt (vgl. § 120 Rn 4; *DR,* Rn 17; *GL,* Rn 11; **a. M.** *GK-Fabricius,* Rn 25ff.). Vgl. auch § 79 Rn 17. 7

Die Hinzuziehung von **Sachverständigen** (insbes. von außerhalb des Unternehmens) bedarf nach Abs. 2 Satz 3 einer näheren **Vereinbarung zwischen Unternehmer und WiAusschuß** (vgl. § 80 Abs. 3, dort Rn 59f. u. *Herschel,* ArbuR 80, 21) und zwar auch dann, wenn der Unternehmer solche Personen zuziehen will (*GKSB,* Rn 12; widersprüchlich *GL,* Rn 15, der § 80 Abs. 3 nicht anwenden will, aber zur Bestellung eines Sachverständigen eine Einigung zwischen Unternehmer und WiAusschuß verlangt; **a. M.** *DR,* Rn 19; *Dütz,* Festschrift Westermann, S. 44). Es ist aber zu berücksichtigen, daß im Regelfall die Mitgl. des WiAusschusses ohnehin selbst die fachliche Eignung besitzen sollen (BAG 18. 7. 78, AP Nr. 1 zu § 108 BetrVG 1972). Das entspricht dem „gesetzlichen Leitbild" des § 107 Abs. 1 Satz 3 (§ 107 Rn 6, *Weiss,* 8

Rn 5 spricht von „Wunschvorstellungen" des Gesetzgebers; gegen jede Einschränkung der Zuziehung: *GKSB,* Rn 21). Andererseits kann diese besondere Fachkunde nicht gefordert werden, wenn der BR die Aufgaben des WiAusschusses auf einen Ausschuß des BR übertragen hat oder diese Aufgaben etwa selbst wahrnimmt (vgl. § 107 Rn 14a), zumal § 107 Abs. 2 eine eigenständige Regelung enthält und nicht auf § 107 Abs. 1 verweist. Für die Geheimhaltungspflicht der Sachverständigen gilt § 79 Abs. 2 entsprechend (vgl. § 79 Rn 16).

8a Die **Teilnahme eines Beauftragten** einer im Unternehmen vertretenen **Gewerkschaft** in entsprechender Anwendung des § 31 **ist zulässig.** Im Gegensatz zum früheren Recht bestellt jetzt der BR allein die Mitgl. des WiAusschusses. Ein Ausschuß des BR kann sogar unmittelbar die Aufgaben des WiAusschusses übernehmen (§ 107 Rn 14ff.). Ist aber für diesen Fall die Zuziehung eines Gewerkschaftsbeauftragten möglich (vgl. § 31 Rn 21), so ist nicht einsichtig, weshalb in anderen Fällen, in denen also der WiAusschuß formell als eigenes Organ besteht, die Teilnahme eines Gewerkschaftsbeauftragten unter den Voraussetzungen des § 31 nicht zulässig sein sollte (wie hier: BAG 18. 11. 80, 25. 6. 87, AP Nr. 2, 6 zu § 108 BetrVG 1972; *Richardi,* ArbuR 83, 33; *GK-Fabricius,* Rn 38 für interne Sitzungen; *Klinkhammer,* DB 77, 1139; *Klosterkemper,* S. 17; *Schaub,* § 243 III 2; *Weiss,* Rn 6; **a.M.** *Zeuner,* DB 76, 2414; *HSG,* Rn 11). Hat der BR dem WiAusschuß eine Ermächtigung erteilt, so kann dieser auch selbst mit Mehrheit die Zuziehung beschließen (BAG 18. 11. 80 a. a. O.). Nach Ansicht des BAG (25. 6. 1987, AP Nr. 6 zu § 108 BetrVG 1972) kann die Teilnahme von Gewerkschaftsbeauftragten aber jeweils nur für eine konkrete Sitzung beschlossen werden, nicht generell für alle zukünftigen Fälle. Auch ein Teilnahmerecht der **Schwerbehindertenvertretung** aufgrund des § 25 Abs. 4 SchwbG bejaht das BAG (4. 6. 1987, AP Nr. 2 zu § 22 SchwbG). Der ArbGeb. kann in entsprechender Anwendung des § 29 Abs. 4 Satz 2 seinerseits einen Verbandsvertreter zuziehen (BAG 18. 11. 80, a. a. O.).

IV. Einsicht in Unterlagen

9 Jedes Mitgl. hat nach Abs. 3 ein umfassendes Einsichtsrecht in die vom Unternehmer gemäß § 106 Abs. 2 vorzulegenden Unterlagen (vgl. dort Rn 10, 11). Beide Vorschriften ergänzen sich.

V. Bericht an Betriebsrat

10 Der WiAusschuß hat nach Abs. 4 in Konkretisierung der Verpflichtung nach § 106 Abs. 1 Satz 2 **unverzüglich nach jeder Sitzung** dem zuständigen BR (GesBR) einen vollständigen **Bericht** über die Sitzung zu geben (näheres vgl. § 106 Rn 7), ggfs. anhand des Protokolls über die Sitzung des WiAusschusses. Eine Unterrichtung nur der Mitgl. des GesBR reicht nicht aus; insbes. wenn im GesBR nicht sämtliche BR vertreten sind. Durch diese Unterrichtung soll erreicht werden, daß der BR (GesBR) ständig über die aktuelle wirtschaftliche Lage des Unternehmens informiert ist. Auch mitgeteilte Betriebs- und Geschäftsgeheimnisse sind nicht zurückzuhalten, aber auf deren Geheimhaltung durch den BR (GesBR) hinzuweisen. Im allgemeinen sollen alle Mitgl. des WiAusschusses die Unterrichtung vornehmen, damit der Gang der Beratungen nicht nur durch eine Person weitergegeben wird. Mit Zustimmung des BR (GesBR) wird aber auch die Unterrichtung durch ein Mitgl. des WiAusschusses genügen. Die **Übersendung** etwaiger **Sitzungsniederschriften** des WiAusschusses ist zwar ein zweckmäßiges Mittel der Unterrichtung, **genügt** aber für sich allein **nicht** (*DR,* Rn 29; *Dütz,* Festschrift Westermann, S. 47; *GL,* Rn 29; *GKSB,* Rn 17; *Weiss,* Rn 8; *Rumpff,* S. 162; **a. M.** *HGB,* Rn 25).

VI. Erläuterung des Jahresabschlusses

Der Unternehmer hat dem WiAusschuß unter Beteiligung des BR (GesBR) in gemeinsamer Sitzung den Jahresabschluß gemäß Abs. 5 zu erläutern (näheres *Bösche/Grimberg,* MB 87, 419). Die Heranziehung des BR kann unterbleiben, wenn der WiAusschuß aus einem Ausschuß des BR nach § 28 Abs. 1 S. 2 besteht. Unter Jahresabschluß ist die **Jahresbilanz** (Handelsbilanz) und die **Gewinn- und Verlustrechnung** zu verstehen (§ 242 Abs. 3 HGB), sowie der in Kapitalgesellschaften als ergänzende Erläuterung aufzustellende Anhang (§§ 264 bis 288 HGB). Aufgrund der 4. EG-Richtlinie hat das **Bilanzrichtliniengesetz** vom 19. 12. 85 (BGBl I S. 2355) ein in den Grundzügen einheitliches Bilanzrecht für **alle Kaufleute,** also Einzelfirmen, Personalgesellschaften und Kapitalgesellschaften geschaffen. Die Vorschriften finden sich im 3. Buch des HGB (§§ 238–339), während das AktG (§ 150ff.), das GmbHG (§§ 42, 42a) und das GenG nur wenige Bestimmungen enthalten. Der erste Abschnitt (§§ 238–263 HGB) enthält allgemeine Bestimmungen über Mindestanforderungen an Buchführung und Bilanzierung für alle, der 2. u. 3. Abschnitt ergänzende und strengere Vorschriften für Kapitalgesellschaften, wobei noch zwischen kleinen, mittelgroßen und großen Kapitalgesellschaften unterschieden wird (Abgrenzung § 267 HGB) und für Genossenschaften. 11

Bei Kapitalgesellschaften ist der Jahresabschluß und ein zusätzlicher **Lagebericht,** der insbesondere Vorgänge von besonderer Bedeutung nach Schluß des Geschäftsjahres, die voraussichtliche Entwicklung der Gesellschaft und den Bereich Forschung und Entwicklung darzustellen hat (§ 289 HGB), binnen 3 Monaten im folgenden Geschäftsjahr aufzustellen (§ 264 Abs. 1 HGB, bei kleineren Gesellschaften binnen 6 Monaten). Für den Jahresabschluß von Einzelkaufleuten und Personalgesellschaften enthält das HGB keine Fristen. Jahresabschluß und Lagebericht von mittleren und großen Kapitalgesellschaften sowie von Konzernen sind durch einen **Abschlußprüfer** zu prüfen (§ 316 HGB). Erst danach kann der Jahresabschluß festgestellt werden. 12

13 Bei der AG und GmbH mit AR sind bereits unverzüglich nach Eingang des Prüfungsberichts (§ 170 Abs. 1 AktG, vgl. § 76 BetrVG 52 Rn 121) die Bilanz, die Jahresgewinn- und verlustrechnung, der Anhang und der Lagebericht dem WiAusschuß unter Beteiligung des BR (GesBR) zu erläutern, d. h. nach der gesetzlichen Prüfung aber **vor Feststellung des Jahresabschlusses** durch die maßgebenden Organe (Vorstand und AR oder Hauptvers. (vgl. § 172, 173 AktG, § 52 Abs. 1 GmbHG; insoweit **a. M.,** *DR,* Rn 39; nach Feststellung: *GL,* Rn 23; *Rumpff* S. 140). Dazu gehört auch, ebenso wie für den AR (§ 170 Abs. 1 AktG), die **Vorlage des Prüfungsberichts des Abschlußprüfers** (soweit gesetzlich vorgeschrieben, Rn 12) zur Einsicht (*Bösche/Grimberg,* ArbuR 87, 133, AiB 89, 108). Sofern man den Prüfungsbericht nicht zum Jahresabschluß rechnet, kann sich eine Unterrichtungspflicht auch aus § 106 Abs. 2 ergeben; diese Vorschrift gilt neben § 108 Abs. 5 (LAG Frankfurt, 19. 4. 1988, DB 88, 1807, bestätigt durch BAG 8. 8. 89, 1 ABR 61/88); *Fabricius,* ArbuR 89, 121; *Gutsmann,* DB 89, 1083; **a. M.** *Martens,* DB 88, 1229).

Der Unternehmer muß ggfs. unter Zuziehung sachkundiger Mitarbeiter des Unternehmens die Bedeutung der einzelnen Bilanzposten erklären und ihre Zusammenhänge darstellen. Fragen von Mitgl. des WiAusschusses und des BR sind sachgemäß zu beantworten (BAG 18. 7. 78, AP Nr. 1 zu § 108 BetrVG 1972). Wegen Zuziehung eines **Sachverständigen** vgl. Rn 8).

14 Das Recht der BRMitgl., sich **Notizen und Aufzeichnungen** zu machen, ist in der Rechtsprechung schon zu den entsprechenden Vorschriften des BRG 1920 (§§ 71 und 72) bejaht worden. Es besteht kein Anlaß anzunehmen, daß jetzt eine andere Auslegung erforderlich ist. Dasselbe Recht haben die Mitgl. des WiAusschusses (*DR,* Rn 41; LAG Hamm, DB 83, 1311). Dabei können nicht nur die Mitgl. des WiAusschusses, sondern auch die der BR (GesBR) Fragen stellen. Eine Beschränkung der Pflicht, den Jahresabschluß **vorzulegen,** besteht angesichts der umfassenden Unterrichtspflichten nach § 108 Abs. 3, § 106 Abs. 2 nicht (LAG Frankfurt, 19. 4. 88, DB 88, 1807; *DR,* Rn 37; *GK-Fabricius,* Rn 60ff. und *GL,* Rn 22; *Löwisch,* Festschrift BAG, S. 362; einschränkend gemäß der früheren Rechtslage noch: *HSG,* Rn 17; *Vogt,* BlStR 79, 197). Eine **Aushändigung von Unterlagen** über den Jahresabschluß kann aber nur verlangt werden, soweit dieser zu **veröffentlichen ist,** d. h. bei Kapitalgesellschaften (§ 325 HGB) und großen Genossenschaften (§ 339 HGB). In diesen Fällen ist jedem Mitgl. des BR und des WiAusschusses ein Exemplar auszuhändigen (DR, Rn 38).

14a Bei Kapitalgesellschaften ist nunmehr generell neben der Einreichung des Jahresabschlusses beim Registergericht (Amtsgericht) auch dessen Veröffentlichung im BAnz vorgesehen, wobei wiederum Erleichterungen für kleinere und mittlere Gesellschaften vorgesehen sind (§ 325ff. HGB). Kommen die gesetzlichen Vertr. ihren Offenlegungspflichten nicht nach, so kann u. a. der GesBR (BR, KBR) beim Registergericht beantragen, die Mitgl. des Vertretungsorgans durch Zwangsgelder zur Einhaltung der Vorschriften anzuhalten (§ 335 HGB).

VII. Entsprechende Anwendung für Ausschuß des Betriebsrats

Abs. 6 regelt rechstechnisch die entsprechende Anwendung des § 108 Abs. 1 bis 5, wenn die Aufgaben des WiAusschusses gemäß § 107 Abs. 3 von einem Ausschuß des BR (GesBR) wahrgenommen werden (vgl. § 107 Rn 14–16). 15

VIII. Streitigkeiten

Alle Streitigkeiten über die **Geschäftsführung** des WiAusschusses oder eines nach § 107 Abs. 3 gebildeten anderen Ausschusses, seine Zuständigkeit (insbes. die Auslegung des Begriffs der wirtschaftlichen Angelegenheiten) und die **Ordnungsmäßigkeit der Unterrichtung** durch den Unternehmer entscheidet das ArbG im **BeschlVerf.** (§ 2a ArbGG). Gleiches gilt für die Zuziehung eines **Sachverständigen** (vgl. § 80 Rn 63 und BAG 18. 7. 78, AP Nr. 1 zu § 108 BetrVG 1972). Die Frage der Erforderlichkeit der Zuziehung ist eine Rechtsfrage. Das **ArbG** entscheidet im **BeschlVerf.** auch Streitigkeiten über das Einsichtsrecht nach Abs. 3 und die **Erläuterung des Jahresabschlusses** nach Abs. 5, insbes. dessen Zeitpunkt u. Umfang (*HSG,* Rn 28; zur Erläuterung des Jahresabschlusses für Zuständigkeit der E-Stelle: *DR,* § 109 Rn 2, *Jäcker,* S. 95; LAG Berlin, 13. 7. 1988, BB 89, 147 hält die E-Stelle nicht für offensichtlich unzuständig für die Frage, ob ein Wirtschaftsprüfungsbericht dem Wi-Ausschuß vorzulegen ist; die Zuständigkeit der E-Stelle bejaht auch LAG Frankfurt, 19. 4. 1988, DB 88, 1807). Beteiligte sind Unternehmer u. BR. Wegen Beteiligungsbefugnis des WiAusschusses vgl. § 107 Rn 17. Nur bei Meinungsverschiedenheiten über die Frage, ob der Unternehmer in einer unstreitig wirtschaftlichen Angelegenheit eine **konkrete Auskunft** geben muß und in welchem Umfang, entscheidet zunächst die **E-Stelle** (§ 109, Rn 1, 2, 8). 16

Verstöße gegen die Unterrichtungspflichten nach § 106 Abs. 2 und § 108 Abs. 5 werden als Ordnungswidrigkeiten mit Geldbußen bis zu 20000 DM geahndet (§ 121). 17

§ 109 Beilegung von Meinungsverschiedenheiten

Wird eine Auskunft über wirtschaftliche Angelegenheiten des Unternehmens im Sinne des § 106 entgegen dem Verlangen des Wirtschaftsausschusses nicht, nicht rechtzeitig oder nur ungenügend erteilt und kommt hierüber zwischen Unternehmer und Betriebsrat eine Einigung nicht zustande, so entscheidet die Einigungsstelle. Der Spruch der Einigungsstelle ersetzt die Einigung zwischen Arbeitgeber und Betriebsrat. Die Einigungsstelle kann, wenn dies für ihre Entscheidung erforderlich ist, Sachverständige anhören; § 80 Abs. 3 Satz 2 gilt entsprechend. Hat der Betriebsrat oder der Ge-

samtbetriebsrat eine anderweitige Wahrnehmung der Aufgaben des Wirtschaftsausschusses beschlossen, so gilt Satz 1 entsprechend.

Inhaltsübersicht

I. Vorbemerkung

1 Das Verfahren nach § 109 ist nur vorgesehen für Meinungsverschiedenheiten über den konkreten **Umfang der Auskunftspflicht** nach § 106 Abs. 2 einschließlich der Vorlage der erforderlichen Unterlagen (nach LAG Baden-Württemberg, 22. 11. 85, DB 86, 334 aber nicht für die Form der Auskunft, z. B. eine Fragenbeantwortung anhand eines Kennziffernkatalogs der Gewerkschaft). Geht der Streit darum, ob eine Frage überhaupt zu den wirtschaftlichen Angelegenheiten und damit zur Zuständigkeit des WiAusschusses gehört, so entscheiden hierüber die ArbG im BeschlVerf. (wie hier: *Bötticher,* Festschrift für Hueck, 70. Geburtstag, S. 149ff.; *DR,* Rn 4; *GL,* Rn 5; *HSG,* Rn 1ff.; für umfassende Zuständigkeit der E-Stelle ist *GK-Fabricius,* Rn 34ff.). Vgl. auch Rn 8 und § 108 Rn 16.

2 Während die Unterrichtungspflicht nach § 108 Abs. 5 verhältnismäßig klar umschrieben ist, kann die Durchführung des § 106 Abs. 2 in der Praxis durchaus Schwierigkeiten bereiten, so daß der Unternehmer und die Mitgl. des WiAusschusses verschiedener Ansicht, insbes. auch über das Vorliegen eines Betriebs- und Geschäftsgeheimnisses sein können. Das Gesetz regelt das Verfahren zur Beilegung und Entscheidung derartiger Meinungsverschiedenheiten in § 109 selbständig. Das **Verfahren gilt auch** für den Fall, daß der Unternehmer die **Auskunft unter Berufung auf** ein **Betriebs- oder Geschäftsgeheimnis verweigert** (*Bötticher,* S. 149ff., insbes. S. 164; *DR,* Rn 5; *GL,* Rn 7; *GK-Fabricius,* Rn 37ff.; *Jäcker,* S. 96; *Rumpff,* S. 159; LAG Düsseldorf, DB 78, 1695; für Entscheidung durch E-Stelle nur bei offensichtlichem Rechtsmißbrauch des ArbGeb.: *HSG,* Rn 5 u. *Gutsmann,* DB 89, 1083; für Alleinentscheidung des Unternehmers: *Stege/ Weinspach,* §§ 106–109, Rn 78). Falls man insoweit jede Überprüfungsmöglichkeit verneint, wird eine Umgehung der Auskunftspflichten durch den Unternehmer praktisch kaum zu vermeiden sein. Überdies braucht der ArbGeb. der E-Stelle nicht das Geschäftsgeheimnis zu offenbaren, sondern nur **glaubhaft zu machen,** daß er die Auskunft wegen der **Gefährdung von Geschäftsgeheimnissen** verweigern müsse (LAG Düsseldorf, DB 78, 1695; *Wißkirchen,* Jahrbuch des Arbeitsrechts, Bd. 13, S. 89 gestattet der E-Stelle eine Nachprüfung nur dahingehend, ob der Unternehmer die Gefährdung lediglich vorschützt). Die **E-Stelle** entscheidet insoweit im Interesse des Schutzes von Betriebs- oder Geschäftsgeheimnissen zwar trotz rechtssystemati-

scher Bedenken über eine **Rechtsfrage.** Deren **Spruch** kann aber gerade deshalb im arbeitstgerichtlichen **BeschlVerf. in vollem Umfang nachgeprüft** werden (vgl. § 76 Abs. 7 und § 2a ArbGG; h. M.). Einstw. Verfg. auf Einsicht in Unterlagen vor Entscheidung der E-Stelle würden deren Spruch vorgreifen u. sind abzulehnen (ArbG Wetzlar, 28. 2. 89, NZA 89, 443).

Entsprechende Vorschrift im **BPersVG 74:** Keine. **2a**

II. Meinungsverschiedenheiten über den Umfang der Unterrichtungspflicht

1. Verlangen auf Auskunft in wirtschaftlichen Angelegenheiten

Für die Einleitung eines Verfahrens nach § 109 bestehen folgende Voraussetzungen: **3**

Es bedarf eines **ausdrücklichen,** an den Unternehmer oder seinen Vertr. gerichteten **Verlangens** auf Auskunftserteilung über wirtschaftliche Fragen gemäß § 106, d. h. auf Erteilung einer konkret verlangten Auskunft (*HSG,* Rn 2). Dieses muß vom WiAusschuß oder dem nach § 107 Abs. 3 gebildeten Ausschuß beschlossen und gegenüber dem Unternehmer gestellt sein. Der Unternehmer muß daraufhin die Auskunft überhaupt nicht, unvollständig, verspätet oder ohne Vorlage der erforderlichen Unterlagen erteilt haben.

2. Verständigung zwischen Unternehmer und Betriebsrat

Im Streitfall ist zunächst der BR (GesBR) einzuschalten. Zwischen **4**
ihm und dem Unternehmer soll ein Ausgleich angestrebt werden. Der WiAusschuß hat sich an den BR (GesBR) zu wenden, der sich seinerseits, falls er das Verlangen für berechtigt erachtet (rechtsähnlich § 80 Abs. 1 Nr. 3), mit dem Unternehmer in Verbindung setzen kann. Hierbei gilt § 74 Abs. 1 Satz 2 entsprechend, d. h. Unternehmer und BR (GesBR) haben mit dem ernsten Willen zur Einigung über eine Beilegung der Meinungsverschiedenheit zu verhandeln. Der BR (GesBR) ist auch zuständig, wenn ein bes. Ausschuß nach § 107 Abs. 3 die Aufgaben des WiAusschusses übernommen hat, sofern dieser nicht nach § 28 Abs. 1 S. 2 ermächtigt ist (*GL,* Rn 14; *GKSB,* Rn 8).

Einigen sich Unternehmer und BR (GesBR) darüber, daß die verwei- **5**
gerte Auskunft an den WiAusschuß zu erteilen ist, so hat der Unternehmer sie unverzüglich vollständig und wahrheitsgemäß zu erteilen. Wird eine Verständigung darüber erzielt, daß die Auskunftserteilung nicht gewünscht werden soll, so bindet diese Erklärung des BR auch die Mitgl. des WiAusschusses (h. M.). Es handelt sich um eine nicht formbedürftige betriebliche Regelung (*DR,* Rn 12; *GKSB,* Rn 7; vgl. § 77 Rn 90ff.).

3. Entscheidung der Einigungsstelle

6 Kann die Meinungsverschiedenheit zwischen Unternehmer und BR nicht gütlich beigelegt werden, so entscheidet die E-Stelle (wegen anschließender Anrufung des ArbG vgl. Rn 2). Ihr Spruch ersetzt die Einigung zwischen Unternehmer (ArbGeb.) und BR. Entscheidet die E-Stelle dahin, daß der Unternehmer zur Erteilung der Auskunft verpflichtet ist und weigert sich dieser dennoch, der Verpflichtung nachzukommen, so macht er sich einer Ordnungswidrigkeit schuldig (§ 121). Bei groben Verstößen gegen die Unterrichtungspflicht kann ein Verfahren nach § 23 Abs. 3 in Betracht kommen.

6a Die E-Stelle kann erforderlichenfalls **Sachverständige anhören.** Es bedarf hier **keiner** entsprechenden **Vereinbarung** zwischen BR und ArbGeb. (anders § 80 Abs. 3 Satz 1 und § 108 Abs. 2 Satz 3). Streit über Erforderlichkeit der Anhörung entscheiden die ArbG im **BeschlVerf.** (§ 2a ArbGG). Beteiligte sind BR, Unternehmer und in diesem Sonderfall (vgl. sonst § 76 Rn 41) die E-Stelle, vertreten durch ihren Vors. Die Sachverständigen unterliegen der Geheimhaltungspflicht nach § 79.

7 Die Übertragung der Entscheidungsbefugnis der E-Stelle auf **tarifliche Schlichtungsstellen,** wie sie § 76 Abs. 8 vorsieht, ist **zulässig** (*DR,* Rn 15; *GL,* Rn 16; *HSG,* Rn 9 halten dies nur für angebracht, wenn eine überbetriebliche Vereinheitlichung wünschenswert ist; *GK-Fabricius,* Rn 49 macht Bedenken geltend, weil hier über Rechtsfragen entschieden wird).

4. Erzwingung der Auskunftserteilung

8 Kommt der Unternehmer der Entscheidung der E-Stelle oder der freiwilligen Vereinbarung über die Erteilung einer Auskunft nicht nach, so können BR (GesBR), aber nicht der WiAusschuß (vgl. § 107 Rn 17; GK-Fabricius, Rn 51; *GL,* Rn 21 u. *HSG,* Rn 13; **a.M.** *Herschel,* ArbuR 80, 23) beim zuständigen ArbG die **Feststellung der Verpflichtung des Unternehmers** zur Auskunftserteilung beantragen; das ArbG entscheidet im **BeschlVerf.** (§ 2a ArbGG). Dabei ist als Vorfrage die Rechtmäßigkeit des Spruchs der E-Stelle in vollem Umfang (nicht nur auf Ermessensüberschreitung hin – insoweit einschränkend, *Gaul,* die betriebliche E-Stelle, S. 153) nachzuprüfen, da die E-Stelle im Rahmen des § 109 über Rechtsfragen zu befinden hat (vgl. Rn 2; *Dütz,* Festschrift Westermann, S. 46 u. *GL,* Rn 23; für Überprüfungsmöglichkeit nur im Rahmen der §§ 317ff. BGB ist *DR,* Rn 19). Aus dem rechtskräftigen Beschluß kann gem. § 85 Abs. 1 ArbGG die Zwangsvollstreckung nach den Vorschriften der ZPO betrieben werden (vgl. *Bötticher,* a. a. O., S. 172). Da es sich bei der Auskunftserteilung um eine unvertretbare Handlung handelt, hat das ArbG auf Antrag den Unternehmer durch Zwangsgeld zur Erteilung der Auskunft anzuhalten (§ 888 ZPO). Daneben kommt ein Verfahren nach § 23 Abs. 3 nicht in Betracht (*Heinze,* DB 83, Beilage 9, S. 20). Die ArbG entscheiden auch bei Streit über die Zuständigkeit der E-Stelle (vgl. Rn 1) und die Erläuterung des Jahresabschlusses (vgl. § 108 Rn 16).

§ 110 Unterrichtung der Arbeitnehmer

(1) **In Unternehmen mit in der Regel mehr als 1000 ständig beschäftigten Arbeitnehmern hat der Unternehmer mindestens einmal in jedem Kalendervierteljahr nach vorheriger Abstimmung mit dem Wirtschaftsausschuß oder den in § 107 Abs. 3 genannten Stellen und dem Betriebsrat die Arbeitnehmer schriftlich über die wirtschaftliche Lage und Entwicklung des Unternehmens zu unterrichten.**

(2) **In Unternehmen, die die Voraussetzungen des Absatzes 1 nicht erfüllen, aber in der Regel mehr als zwanzig wahlberechtigte ständige Arbeitnehmer beschäftigen, gilt Absatz 1 mit der Maßgabe, daß die Unterrichtung der Arbeitnehmer mündlich erfolgen kann. Ist in diesen Unternehmen ein Wirtschaftsausschuß nicht zu errichten, so erfolgt die Unterrichtung nach vorheriger Abstimmung mit dem Betriebsrat.**

Inhaltsübersicht

I. Vorbemerkung

1 Diese Vorschrift betrifft die vierteljährliche Unterrichtung der ArbN über die wirtschaftliche Lage und Entwicklung des Unternehmens. Sie unterscheidet Unternehmen mit in der Regel (§ 1 Rn 144) mehr als 1000 ständige beschäftigten ArbN (Abs. 1, schriftliche Unterrichtung) und Unternehmen mit in der Regel mehr als 20 wahlberechtigten, ständigen ArbN (Abs. 2, mündliche Unterrichtung). Der Inhalt der Unterrichtungspflicht ist aber der gleiche. Ihre Verletzung kann mit Geldbußen geahndet werden (§ 121). Wegen Tätigkeitsbericht des BR in der BetrVerslg auch über die Tätigkeit des WiAusschusses vgl. § 43 Rn 13.

1a Entsprechende Vorschrift im **BPersVG 74:** Keine.

II. Vierteljahresbericht in größeren Unternehmen

2 Die vierteljährliche Unterrichtung der ArbN über Lage und Entwicklung des Unternehmens erfolgt durch den Unternehmer nach vorheriger Abstimmung mit dem WiAusschuß (Ausschuß nach § 107 Abs. 3) und dem BR (GesBR). Sinn der Vorschrift ist, daß Inhalt und Umfang des Berichts vor der Erstattung zunächst mit dem WiAusschuß und dem BR erörtert werden. Es ist nicht erforderlich, daß eine völlige Übereinstimmung über den Bericht erzielt wird; jedenfalls aber muß das Benehmen hergestellt und WiAusschuß und BR Gelegenheit zur Stellungnahme gegeben werden (*GKSB,* Rn 3 bejahen in Recht von BR u. WiAusschuß

auf abweichende Darstellung gegenüber den ArbN. Jedenfalls kann der BR in seinem Tätigkeitsbericht in der BetrVerslg. auch auf die wirtschaftliche Lage des Unternehmens aus seiner Sicht eingehen, worauf *DR,* Rn 5 u. *GL,* Rn 6 zutreffend hinweisen; nach *GK-Fabricius,* Rn 22, soll der Unternehmer eine abweichende Auffassung von BR und WiAusschuß in seinem Bericht darlegen; **a.M.** *HSG,* Rn 9).

3 Der Vierteljahresbericht muß in Unternehmen mit **mehr als 1000 ständig beschäftigten ArbN schriftlich** in der Weise erstattet werden, daß jedes Belegschaftsmitgl. mühelos davon Kenntnis erhalten kann (h.M.). Geeignet hierfür sind insbes. Werkzeitungen, Anschlag am schwarzen Brett (nach *GL,* Rn 7 u. *GKSB,* Rn 1 genügt dies nicht), Vervielfältigung und Verteilung an die Unternehmensangehörigen, insbes. in den vierteljährlichen BetrVerslg.

4 **Verantwortlich** für die Erstattung ist – unbeschadet der Mitwirkungsrechte des WiAusschusses und des BR – **nur der Unternehmer** (BAG 1. 3. 1966, AP Nr. 1 zu § 69 BetrVG 1952). Letzten Endes hat er den Bericht so zu erstatten, wie er es für richtig hält.

5 Der vierteljährliche Lagebericht soll den **ArbN in großen Zügen einen Überblick über die Wirtschaftslage des Unternehmens** und seiner Betriebe, die wirtschaftlichen und sozialen Leistungen, die Schwierigkeiten, die Marktlage und die Entwicklung, die das Unternehmen und seine Betriebe seit dem letzten Bericht genommen haben, sowie die Aussichten für die künftige Entwicklung gewähren (*GK-Fabricius,* Rn 7: „Grob verallgemeinerte Gesamtschau“). Da dieser Bericht sämtlichen Belegschaftsmitgl. (Also nicht – wie bei der Unterrichtung des BR und des WiAusschusses – einem verhältnismäßig kleinen Pesonenkreis) erstattet wird, muß er sich notwendigerweise auf eine Zusammenfassung solcher Angaben beschränken, deren Bekanntwerden die Wettbewerbsfähigkeit des Unternehmens nicht beeinträchtigen kann (h.M.). Anhaltspunkt über den Umfang der Unterrichtung können die Mitteilungen an die Aktionäre sein.

6 Der Vierteljahresbericht nach § 110 überschneidet sich teilweise mit den jährlichen Berichten in der Betriebsverslg. gemäß § 43 Abs. 2 Satz 3 (und der BRVerslg. nach § 53 Abs. 2 Nr. 2) und kann auch dort erstattet werden (vgl. § 43 Rn 23).

III. Vierteljahresbericht in kleineren Unternehmen

7 In Unternehmen, die die ArbNZahl des Abs. 1 nicht erreichen, aber **in der Regel** (§ 1 Rn 144) doch **mehr als 20 wahlberechtigte, ständige ArbN** beschäftigen, gelten die Ausführungen zu Abs. 1 (Rn 2–6) mit der Maßgabe, daß die Unterrichtung **nur mündlich** zu erfolgen braucht, zweckmäßig in den regelmäßigen Betriebs- oder Abteilungsversammlungen (§ 43 Rn 23). Besteht kein WiAusschuß, weil das Unternehmen nicht mehr als 100 ArbN ständig beschäftigt (§ 106 Abs. 1), oder trotz Vorliegens der Voraussetzungen kein WiAusschuß gebildet ist (*DR,* Rn 4; *GK-Fabricius,* Rn 20; *Rumpff,* S. 174), so hat sich der

Unternehmer lediglich mit dem BR (GesBR) abzustimmen (§ 110 Abs. 2 Satz 2).

IV. Streitigkeiten

Besteht zwischen Unternehmer und BR Streit über die (ordnungsgemäße) vierteljährliche Unterrichtung der ArbN, so entscheiden hierüber die ArbG im **Beschl.Verf.** nach § 2a ArbGG (*DR,* Rn 10; *Dütz,* Festschrift Westermann, S. 53). Die Verletzung der Unterrichtungspflicht kann als Ordnungswidrigkeit mit Geldbußen geahndet werden (§ 121). 8

Zweiter Unterabschnitt. Betriebsänderungen

§ 111 Betriebsänderungen

Der Unternehmer hat in Betrieben mit in der Regel mehr als zwanzig wahlberechtigten Arbeitnehmern den Betriebsrat über geplante Betriebsänderungen, die wesentliche Nachteile für die Belegschaft oder erhebliche Teile der Belegschaft zur Folge haben können, rechtzeitig und umfassend zu unterrichten und die geplanten Betriebsänderungen mit dem Betriebsrat zu beraten. Als Betriebsänderungen im Sinne des Satzes 1 gelten

1. **Einschränkung und Stillegung des ganzen Betriebs oder von wesentlichen Betriebsteilen,**
2. **Verlegung des ganzen Betriebs oder von wesentlichen Betriebsteilen,**
3. **Zusammenschluß mit anderen Betrieben,**
4. **grundlegende Änderungen der Betriebsorganisation, des Betriebszwecks oder der Betriebsanlagen,**
5. **Einführung grundlegend neuer Arbeitsmethoden und Fertigungsverfahren.**

Inhaltsübersicht

I. Vorbemerkung

1 Die Vorschriften der §§ 111–113 behandeln das MBR des BR bei Betriebsänderungen, die wesentl. Nachteile für die ArbN zur Folge haben können. Ihr Zweck ist, die Arbeitsplätze und die soziale Stellung der ArbN nach Möglichkeit zu sichern (h. M.). Das **MBR in sozialen und personellen Maßnahmen bleibt unberührt** (h. M.; es wird sich häufig als Folge einer Betriebsänderung ergeben). Während der WiAusschuß für das gesamte Unternehmen errichtet wird (d. h. unabhängig von der Zahl der Betriebe, aus denen das Unternehmen besteht), liegt das Schwergewicht der Mitbestimmung im einzelnen Betrieb, so daß in **erster Linie die Zuständigkeit des BR** gegeben ist.

1a Der **GesBR** ist außer im Fall der Beauftragung nach § 50 Abs. 2 unmittelbar nur nach § 50 Abs. 1 zuständig, d. h. soweit es sich um Angelegenheiten handelt, die das gesamte Unternehmen oder zumindest mehrere Betriebe betreffen und nicht durch die einzelnen BR innerhalb ihrer Betriebe geregelt werden können (z. B. Einschränkung oder Stillegung mehrerer oder aller Betriebe des Unternehmens aus wirtschaftlichen Gründen nach einem bestimmten Plan, ggfls. mit Versetzung von ArbN u. einheitlichem Sozialplan für das Unternehmen, Änderung der Arbeitsmethoden für sämtliche Betriebe, Änderung des Unternehmenszwecks, Umstellung der arbeitsteiligen Produktionsweise des gesamten Unternehmens), bei denen also die Zuständigkeit des GesBR sich aus der Natur der Sache notwendig ergibt (BAG 17. 2. 81, 26. 10. 82, AP Nr. 11 zu § 112 BetrVG 1972, AP Nr. 10 zu § 111 BetrVG 1972; *DR,* Rn 115; *GL,* Rn 13; *HSG,* Rn 5; *Fuchs,* Sozialplan nach dem BetrVG 72 S. 92 hält den GesBR nur bei Stillegung des gesamten Unternehmens für zuständig). Soweit danach das MBR dem GesBR zusteht, oder dieser vom einzelnen BR beauftragt ist, gelten die nachfolgenden Ausführungen entsprechend für seine Befugnisse und Tätigkeiten (vgl. § 50 Rn 42). Entsprechendes gilt für einen bestehenden KBR (§ 58 Rn 10).

2 Der Unterabschnitt über Betriebsänderungen ist durch das Beschäftigungsförderungsgesetz **(BeschFG)** vom 26. 4. 1985, BGBl I, S. 710) geändert worden. Diese Änderungen greifen nur punktuell in einzelne Beteiligungsrechte des BR ein, wie die folgende **systematische Übersicht** ergibt: Die Änderungen des BeschFG betreffen **nicht** die Frage, **wann eine Betriebsänderung** i. S. von § 111 **vorliegt.** Diese Bestimmung bleibt unberührt. Betriebsänderung kann auch ein Personalabbau sein (vgl. dazu Rn 19). Das BAG hat den **Personalabbau** als Betriebsänderung von der Zahl der betroffenen ArbN und der Größe des Betriebes abhängig gemacht (vgl. Staffel in Rn 19). Diese Rechtslage bleibt unverändert. Für die Frage, ob eine Betriebsänderung i. S. v. § 111 vorliegt, gilt weiterhin die **alte Staffel.**

An das Vorliegen einer Betriebsänderung knüpfen die **Unterrichtungs- und Beratungspflichten** nach § 111 Satz 1 an. Sie bestehen **unverändert bei jeder Betriebsänderung** i. S. von § 111, also auch wenn nach der bisherigen Staffel des BAG, aber nicht nach der des BeschFG (§§ 112, 112a Rn 17) eine Betriebsänderung vorliegt.

Unverändert ist auch die Rechtslage für den **Interessenausgleich.** Er ist bei jeder Betriebsänderung i. S. von § 111 durchzuführen. Besteht die Betriebsänderung in einem **Personalabbau,** ist über den Interessenauslgeich schon zu verhandeln, wenn die Voraussetzungen nach der **alten Staffel** vorliegen. Insoweit hat der BR die Möglichkeit, Arbeitnehmerinteressen im Verfahren des Interessenausgleichs geltend zu machen (näheres vgl. §§ 112, 112a Rn 5ff.).

Unverändert bleiben weiter die Bestimmungen über den **freiwillig** zwischen ArbGeb. und BR **ausgehandelten Sozialplan.** Das BeschFG schränkt die Gestaltungsmöglichkeiten insoweit nicht ein. Die Richtlinien des § 112 Abs. 5 n. F. (vgl. §§ 112, 112a Rn 33ff.) betreffen nur die Ermessensentscheidungen der E-Stelle. Bei freiwilligen BV sind ArbGeb und BR nicht an diese Richtlinien gebunden.

Neu ist die Bestimmung, daß bei einer Betriebsänderung in Form eines **Personalabbaus** ein Sozialplan nicht mehr in allen Fällen nach der bisherigen Rechtsprechung des BAG (vgl. Rn 19) erzwingbar ist. Soweit eine Betriebsänderung allein in der Entlassung von ArbN liegt (Personalabbau) kann ein **Sozialplan nur erzwungen werden, wenn die Voraussetzungen einer neuen Staffel (§ 112a Abs. 1) vorliegen,** die die Zahlen bzw. Prozentsätze anhebt (vgl. § 112, 112a, Rn 17). Wegen der unterschiedlichen Staffel gibt es Betriebsänderungen, die Unterrichtungs- und Beratungspflichten auslösen, zu einem Interessenausgleichsversuch verpflichten, aber nicht zum Aufstellen eines Sozialplans.

Neu ist weiter die Bestimmung, daß **Sozialpläne nicht in neugegründete Unternehmen** in den ersten vier Jahren nach der Gründung **erzwungen** werden können (vgl. §§ 112, 112a Rn 18). Auch hier bleiben die übrigen Beteiligungsrechte des BR unberührt; nur die Sozialplanpflichtigkeit wird eingeschränkt.

Neu sind die Bestimmungen, durch die die **Grenzen des Ermessens der E-Stelle abgesteckt** werden (§ 112 Abs. 5, vgl dort Rn 32ff).

Unberührt bleibt § 113. Nach § 113 Abs. 3 entsteht der Anspruch auf **Nachteilsausgleich,** wenn der Unternehmer eine Betriebsänderung durchführt, ohne einen Interessenausgleich versucht zu haben. Ein Interessenausgleichsversuch ist ausschließlich an die **Betriebsänderung** gebunden. Es gilt insoweit die **alte Staffel.** Ansprüche auf Nachteilsausgleich können deshalb auch dann entstehen, wenn der Personalabbau gemäß der neuen Staffel nicht zu einem Sozialplan führen muß.

Aus der Literatur zum betriebsverfassungsrechtlichen Teil des BeschFG vgl. AiB 85, 67, 74; *Hanau,* NZA 84, 345; *Hess/Gotters,* BlStR 85, 264; *Lehmann,* AiB 85, 3; *Löwisch* BB 85, 1200, 1205. *Lorenz/Schwedes,* DB 85, 1077; *Otto,* ZfA 85, 71, *Scherer,* NZA 85, 764; *Vogt,* BB 85, 2328; *Wlotzke,* NZA 84, 217. Überblick über Rechte u. Pflichten des Unternehmers bei *Leinemann,* ZIP 89, 552.

Ergänzt werden die Vorschriften des BetrVG durch das Gesetz über den Sozialplan im Konkurs- Vergleichsverfahren vom 20. 2. 1985 (SozplKonkG). Dieses Gesetz wird im Anhang 3 kommentiert.

3 Entsprechende Vorschriften im **BPersVG 74:** § 76 Abs. 2 Nr. 7, § 78 Abs. 1 Nr. 2 u. im **SprAuG:** § 32 Abs. 2 (nur Unterrichtung u. Beratung).

II. Voraussetzungen einer Betriebsänderung

1. Betriebsgröße

4 Entgegen den Voraussetzungen für die Errichtung des WiAusschusses besteht das MBR des BR schon, wenn in dem **Betrieb in der Regel** (vgl. § 1 Rn 144; LAG Hamm, BB 82, 1665 mit Besprechung *Tschöpe,* BB 83, 1416) zum Zeitpunkt der Entstehung der Beteiligungsrechte (BAG 22. 2. 83, AP Nr. 7 zu § 113 BetrVG 1972) **mehr als 20 wahlberechtigte ArbN** beschäftigt werden und zwar ohne Rücksicht darauf, ob es sich um ständige und vollzeitbeschäftigte (Rn 20) ArbN handelt. Es kommt auf die **ArbNZahl des Betriebes,** nicht des ganzen Unternehmens an. Ist aber der **GesBR** für eine Betriebsänderung zuständig (vgl. § 50 (Rn 42), so erstreckt sich dessen Zuständigkeit auch auf Kleinbetriebe mit in der Regel nicht mehr als 20 wahlberechtigten ArbN u. betriebsratslose Betriebe, sei es, daß ein BR nach § 1 nicht gewählt werden konnte oder ohne Rücksicht auf die ArbNZahl nicht gewählt worden ist. Das gebietet der Grundsatz der Gleichbehandlung (LAG Bremen, 31. 10. 86, DB 87, 895; *Fuchs,* Sozialplan nach dem BetrVG 72, S. 23; *GK-Fabricius,* Rn 30f., der schlechthin auf die ArbNZahl des Unternehmens abstellen will; jetzt wohl auch *DR,* Rn 7; **a.M.** die überwiegende Meinung: *GL,* Rn 5a; BAG 16. 8. 83, AP Nr. 5 zu § 50 BetrVG 1972 für betriebsratsfähige Betriebe, in denen kein BR gewählt worden ist). Leitende Ang. zählen nicht mit. Im allgemeinen wird daher nur ein mehrköpfiger BR das MBR haben. Steigt jedoch während der Amtszeit eines einköpfigen BR (§ 9) die regelmäßige ArbNZahl auf mehr als 20 Wahlberechtigte an, ohne daß die Voraussetzungen für eine Neuwahl nach § 13 Abs. 2 Nr. 1 gegeben sind, so steht das MBR auch diesem zu. Entsprechend verliert auch ein mehrgliedriger BR das MBR, wenn die Zahl der wahlberechtigten ArbN nicht nur vorübergehend unter 21 sinkt. In Betrieben mit bis zu 20 wahlberechtigten ArbN kann aber freiwillig ein Sozialplan gem. § 88 abgeschlossen werden (LAG München, 5. 9. 1986, NZA 87, 464). Die eingeschränkte Anwendung der §§ 111ff. verstößt nicht gegen Art. 3 GG (LAG Frankfurt 10. 5. 1988, DB 89, 130).

5 Besteht im Zeiptunkt der Planentscheidung des Unternehmers und noch bis zur Durchführung der Betriebsänderung **kein BR,** so kommen irgendwelche Abfindungs- oder Ausgleichsansprüche der ArbN nicht in Betracht (*DR,* Rn 11). Mit einem im Stillegungszeitraum erstmals gewählten BR muß der ArbGeb. nach Ansicht des BAG keinen Sozialplan aufstellen (BAG 20. 4. 82, AP Nr. 15 zu § 112 BetrVG 72). Dieser Ansicht kann zugestimmt werden, falls die Masse der ArbN bereits ausgeschieden ist (vgl. auch *GKSB,* Rn 4; *Fuchs,* Sozialplan

nach dem BetrVG 72, S. 25). Wegen **„Restmandat“** des BR bei Betriebsstillegung vgl. §§ 112, 112a Rdnr. 40.

2. Betriebsänderung und wesentliche Nachteile

Das MBR des BR besteht nicht bei jeder wirtschaftlichen Maßnahme des Unternehmers, sondern nur bei Betriebsänderungen, die wesentliche Nachteile für die Belegschaft zur Folge haben **können.** 6

Betriebsänderung ist an sich jede Änderung der betrieblichen Organisation, der Struktur, des Tätigkeitsbereichs, der Arbeitsweise, der Fertigung, des Standorts und dgl. Dem MBR des BR unterliegen jedoch nur solche Betriebsänderungen, die **wesentliche Nachteile für die Belegschaft** (d.h. die Gesamtheit der ArbN des Betriebes) oder erhebliche Teile derselben zur Folge haben können (d.h. deren Eintritt nicht ausgeschlossen erscheint, BAG 29. 2. 72, AP Nr. 9 zu § 72 BetrVG 1952), **nicht** hingegen die **laufende Geschäftsführung** des Unternehmers. Einer Prüfung, ob solche Nachteile zu erwarten sind, bedarf es aber in den einzelnen Fällen des Satzes 2 regelmäßig nicht; vielmehr **unterstellt das Gesetz,** daß insoweit stets **nachteilige Folgen** für die ArbN **eintreten können.** Ob ausgleichsbedürftige Nachteile tatsächlich entstehen, ist erst bei der Aufstellung des Sozialplanes zu prüfen (BAG 17. 8. 82, 26. 10. 82, 17. 12. 85, AP Nr. 11, 10, 15 zu § 111 BetrVG 1972). In Satz 2 ist nicht der Begriff der „Betriebsänderung“ schlechthin erklärt, sondern der der „Betriebsänderung im Sinne des Satzes 1“, d.h. derjenigen Betriebsänderung, bei der die Voraussetzungen des Satzes 1 über die Auswirkungen auf die ArbN als erfüllt gelten; sonst wären die Worte „i. S. des Satzes 1“ überflüssig (ebenso BAG a. a. O.; *GK-Fabricius,* Rn 71ff.; *GKSB,* Rn 11; *HSG,* Rn 18 nehmen keine entsprechende gesetzliche Fiktion, sondern nur eine durch den Unternehmer widerlegbare Vermutung an; **a. A.** *DR,* Rn 19ff. mit Ausnahme der Tatbestände der Nr. 1 u. 2; *GL,* Rn 20; *Hunold,* BB 75, 1440f. u. BB 84, 2275, 2279 u. *Stege/Weinspach,* Erg-Bd. Rn 13). 7

Wesentliche Nachteile die die Verpflichtung des Unternehmers zur Unterrichtung und Beratung des BR über einen Interessenausgleich zur Folge haben, sind – anders als beim Sozialplan – nicht nur wirtschaftliche Nachteile, (z.B. Minderung des Arbeitsentgelts, höhere Fahrtkosten; vgl. §§ 112, 112a, Rn 22a), sondern **alle drohenden Beeinträchtigungen,** insbesondere auch psychische Belastungen durch zusätzliche Kontrollen mit oder ohne Verwendung technischer Einrichtungen, Temposteigerungen, Leistungsverdichtungen, insbesondere bei Maßnahmen nach § 111 Nr. 4 u. 5, voraussehbare Qualifikationsverluste bei Versetzungen, auch wenn das Entgelt (zunächst) unverändert bleibt (wegen möglicher Punkte eines Interessenausgleichs vgl. auch § 112, 112a Rn 5c). 8

Das MBR hängt nicht davon ab, daß der Eintritt derartiger Folgen für die Belegschaft als sicher vorausgesehen werden kann. Es genügt vielmehr, daß nach objektiver Beurteilung die nachteiligen Folgen auf 9

Grund der geplanten, d.h. auf einem Willensentschluß des Unternehmers beruhenden Betriebsänderung eintreten **können** (vgl. BAG 23. 4. 1985, AP Nr. 26 zu § 112 BetrVG 1972). Auch dies ist in den Fällen des Satzes 2 ohne weiteres anzunehmen.

3. Belegschaft oder erhebliche Teile der Belegschaft

10 Schließlich muß die Betriebsänderung die **ganze Belegschaft** des Betriebes oder doch **„erhebliche Teile"** berühren. Diesem Tatbestandsmerkmal kommt nach der neueren Rechtsprechung des BAG keine selbständige Bedeutung mehr zu, sofern eine Betriebseinschränkung bereits infolge Entlassung einer größeren Zahl von ArbN vorliegt. Die **Zahlenangaben des § 17 Abs. 1 KSchG** (näheres Rn 19) können ein **Anhaltspunkt** dafür sein, wann erhebliche Teile der Belegschaft betroffen werden (BAG 6. 6. 1978, 22. 5. 1979, 21. 10. 80, 6. 12. 88, AP Nr. 2, 3, 8, 26 zu § 111 BetrVG 1972; *DR,* Rn 24; *GK-Fabricius,* Rn 171ff.; *HSG,* Rn 22 u. *Hunold,* BB 84, 2275 halten es für erforderlich daß 10% der Belegschaft betroffen sind).

11 Maßgebend ist die **Gesamtzahl der ArbN,** die voraussichtlich, wenn auch in **mehreren „Wellen",** betroffen sein wird (*Fuchs,* Sozialplan nach dem BetrVG 72, S. 79; *Teubner,* BB 74, 985), sei es auch erst nach Ablauf mehrerer Monate. Der Zeitraum von 4 Wochen nach § 17 Abs. 1 KSchG gilt nicht (BAG 22. 5. 1979, AP Nr. 3 zu § 111 BetrVG 1972). Maßgebend ist, wieviel ArbN von einer geplanten Maßnahme des Unternehmers **insgesamt** betroffen sein werden (LAG Düsseldorf, 14. 5. 86, DB 87, 180). Liegt zwischen mehreren „Wellen" von Personalabbau- und (oder) Versetzungsmaßnahmen nur ein Zeitraum von wenigen Wochen oder Monaten, so spricht eine tatsächliche Vermutung dafür, daß diese Maßnahmen auf einer einheitlichen unternehmerischen Planung beruhen. Der Unternehmer, der das Vorliegen einer Betriebsänderung bestreitet, muß dann darlegen und trägt ggfs. die Beweislast dafür, daß eine neue, von Anfang an nicht vorhersehbare Situation ihn zu weiteren Maßnahmen gezwungen hat, die ursprünglich nicht geplant waren (vgl. den Fall BAG 6. 6. 1978, AP Nr. 2 zu § 111 BetrVG 1972).

11a Daneben besteht die **Anzeigepflicht** des ArbGeb. gegenüber dem Präsidenten des LAA unter den Voraussetzungen des § 8 AFG (vgl. § 102 Rn 78). Dieser Mitteilung ist eine Stellungnahme des einzelnen BR beizufügen. Bei vorübergehender Kurzarbeit besteht ein MBR nach § 87 Abs. 1 Nr. 3 (vgl. dort Rn 50, 53).

4. Rechtliche Zuordnung eines Betriebes zu einem Unternehmen

12 Der **Betriebsübergang** (Veräußerung oder Verpachtung, BAG 15. 11. 78, AP Nr. 14 zu § 613a BGB, Bildung einer Auffanggesellschaft für notleidende Unternehmen, BAG 20. 11. 1984, AP Nr. 38 aaO) ist als solcher **keine Betriebsänderung,** da nach § 613a Abs. 1 BGB der neue ArbGeb. in die bestehenden Arbeitsverhältnisse eintritt. Der Wechsel des ArbGeb allein ist nicht Gegenstand eines Interessenausgleichs oder Sozialplans (§ 1 Rn 65; BAG 4. 12. 1979, 21. 10. 1980, 16. 6. 1987, AP Nr. 6, 8, 19 zu § 111 BetrVG 1972; h. M.; **a. M.** ausführlich *GK-Farbricius,* Rn 195 ff.). Auch die Rechtsstellung des BR bleibt unberührt, solange der Betrieb unverändert fortbesteht (BAG 28. 9. 1988, AP Nr. 55 zu § 99 BetrVG 1972). BV gelten weiter (§ 77 Rn 59). Der Übergang der Arbeitsverhältnisse erfolgt allerdings nach Auffassung des BAG nicht gegen den Willen des einzelnen ArbN (BAG 2. 10. 1974, 21. 7. 1977, 17. 11. 1977, 6. 2. 1980, 15. 2. 84, 30. 10. 86, AP Nr. 1, 8, 10, 21, 37, 55 zu § 613a BGB). Nachteile treten für die ArbN jedenfalls zunächst nicht ein, zumal Kündigungen nur wegen des Betriebsübergangs durch den alten oder neuen ArbGeb. gem. § 613a Abs. 4 BGB ohne weiteres unwirksam sind (BAG 31. 1. 85, 5. 12. 85, 19. 5. 88, AP Nr. 40, 47, 75 zu § 613a BGB; *Besgen,* AiB 86, 131; *Schwab,* NZA 85, 312; die vorsorgliche Einhaltung der Dreiwochenfrist des KSchG ist aber zu empfehlen). Allerdings sind damit wohl betriebsbedingte Kündigungen im zeitlichen Zusammenhang mit einem Betriebsinhaberwechsel nicht schlechthin ausgeschlossen, insbes. wenn als Sanierungsmaßnahme schon der bisherige ArbGeb. vor dem Betriebsübergang einen Personalabbau durchführt (BAG 4. 12. 1979, 21. 10. 1980, aaO, 26. 5. 1983, 27. 9. 1984, AP Nr. 34, 39 zu § 613a BGB). Dann liegt bei Entlassung einer größeren Anzahl von ArbN (Rn 19) eine Betriebsänderung vor. Dasselbe gilt, wenn nach Betriebsübergang der neue ArbGeb Betriebsänderungen durchführen will und aus Rationalisierungsgründen die Belegschaft verkleinert. Lehnt der neue ArbGeb. allerdings nur die Übernahme einzelner ArbN ab, weil er nur gute oder nicht so „teuere" ArbN übernehmen will, so wäre deren Kündigung unwirksam (BAG 26. 5. 1983, aaO). Wegen Übergang eines Betriebsteils vgl. Rn 28 und wegen Neugründung von Unternehmen §§ 112, 112a Rn 18. Näheres zum Betriebsübergang nach § 613a BGB vgl. § 1 Rn 57 ff. und *Loritz,* RdA 87, 65.

Vorgänge, die sich allein in der Ebene des Unternehmens abspielen, 13
unterliegen nicht dem MBR. Durch den **Zusammenschluß von Unternehmen** (Fusion) oder durch Umwandlung juristischer Personen (§§ 339–393 AktG) wird nicht notwendigerweise der einzelne Betrieb in seinem Bestand geändert. Diese wirtschaftliche (unternehmerische) Entscheidung ist im WiAusschuß gemäß § 106 Abs. 3 Nr. 10 zu erörtern (vgl. § 106 Rn 24). Wenn allerdings infolge von Fusionen Betriebe, die seither selbständig nebeneinander bestanden, zusammengelegt werden, ist der Fall der Nr. 3 (Rn 27) gegeben. Durch solche Zusammenschlüsse, die ggfs. zum Zweck der Rationalisierung erfolgen, werden u. U. Arbeitskräfte freigesetzt oder in anderer als der gewohnten Weise an einem anderen Arbeitsplatz, in einer anderen betrieblichen Atmosphäre, unter anderen Vorgesetzten oder mit anderen Kollegen beschäftigt.

Eine **Unternehmensaufspaltung** ist allein (noch) keine Betriebsände- 14
rung und führt nicht notwendig auch zu einer Betriebsaufspaltung (vgl. insoweit Rn 28). Oft bleibt die betriebliche Einheit erhalten, da auch mehrere formalrechtlich selbständige Unternehmen einen Betrieb („Gemeinschaftsbetrieb") bilden können (vgl. § 1 Rn 49 ff.). Unternehmens-

aufspaltungen werden oft aus steuerrechtlichen und haftungsrechtlichen Gründen vorgenommen, haben aber u. U. auch weitreichende betriebsverfassungsrechtliche Folgen, da Beteiligungsrechte des BR z. T. von der Zahl der ArbN des Betriebes abhängen (vgl. zu diesem Problem eingehend *Blanke/Klebe/Kümpel/Wendeling-Schröder/Wolter,* Arbeitnehmerschutz bei Betriebsaufspaltung und Unternehmensteilung; *Konzen,* Unternehmensaufspaltung und Organisationsänderungen im Betriebsverfassungsrecht, 1986, ders. ArbuR 85, 341, *Wendeling-Schröder,* NZA 84, 247; *Jäger,* BB 88, 1036; *Schaub,* NZA 89, 5; *Salje,* NZA 88, 449; *Sowka,* DB 88, 1318).

14a Es sind **mehrere Formen** der **Unternehmensaufspaltung** zu unterscheiden die auch kombiniert vorkommen: Eine bisher einheitliche Gesellschaft wird in eine Vermögensgesellschaft (KG, OHG) und eine (vermögenslose) Produktionsgesellschaft (insbesondere GmbH oder GmbH & Co. KG) aufgeteilt, die das Anlagevermögen von der Vermögensgesellschaft pachtet. Die **Betriebseinheit** bleibt regelmäßig **erhalten,** die Arbeitsverhältnisse gehen gemäß § 613a BGB auf die neue Gesellschaft über. Z. T. wird die Auffassung vertreten, es sei bereits jetzt ein (vorsorglicher) Sozialplan aufzustellen, nicht erst bei evtl. späteren Rationalisierungsmaßnahmen (*Engels,* DB 79, 2227ff.; *GK-Fabricius,* Rn 122; *GKSB,* Rn 11, 25, LAG Frankfurt, 12. 2. 85, DB 85, 1999; **a.M.** BAG 17. 2. 81, AP Nr. 9 zu § 111 BetrVG 1972 mit kr. Anm. *Kittner;* kr zum BAG auch *Herschel,* ArbuR 81, 388 und *Wendeling-Schröder,* AiB 83, 59; **a.M.** auch *Eich,* DB 80, 255). Eine Unternehmensaufspaltung ist aber noch keine Betriebsaufspaltung (vgl. insoweit Rn 14, 28), der Betriebszweck und die Arbeitsverhältnisse bleiben unberührt, die Einheit des Betriebes erhalten. Sofern die Vermögensgesellschaft die Produktionsgesellschaft beherrscht, kommt aber im Fall einer späteren Betriebsänderung eine Durchgriffshaftung gegenüber der Vermögensgesellschaft in Betracht (vgl. auch §§ 112, 112a Rn 32, *Löwisch,* SAE 82, 18; *Herschel,* ArbuR 81, 388; ArbG Wilhelmshaven, 4. 10. 85, AiB 86, 71).

14b Andere Formen der Unternehmensaufspaltung bestehen darin, daß in größeren Unternehmen z. B. Zentralverwaltung und zentrale Dienstleistungsbereiche juristisch verselbständigt werden oder (und) die Produktgruppen (Sparten) getrennt werden („Diversifikation), die bisher innerhalb eines Unternehmens einen Betrieb bildeten, wobei aber konzernrechtliche, kapitalmäßige und personelle Verflechtungen (z. B. Inditӓt von Gesellschaftern und Geschäftsführern) zwischen den neuen Unternehmen bestehen (vgl. den Fall BAG 16. 6. 87, AP Nr. 19 zu § 111 BetrVG 1972).

14c Hier ist zunächst zu prüfen, ob trotz der Aufspaltung in mehrere Unternehmen noch weiterhin von der Einheit des bisherigen Betriebes jedenfalls so lange auszugehen ist, als nicht weitere Veränderungen außer der Aufteilung in mehrere juristische Personen erfolgen. Dies ist insbesondere der Fall, wenn trotz der Aufspaltung in verschiedene Gesellschaften noch übergreifend eine einheitliche Organisation, vor allem für die Gebiete besteht, in denen dem BR MBR in sozialen und personellen Angelegenheiten zustehen; dabei könnten durchaus auch verschiedene arbeitstechnische Zwecke verfolgt werden. Die funktionelle Aufteilung eines einheitlichen Betriebes auf verschiedene Unternehmen kann nicht die Beteiligungsrechte des BR verkürzen. Die einheitliche Organisation des Betriebes mehrerer Unternehmen bedarf auch **nicht unbedingt** einer **ausdrücklichen vertraglichen Absprache** insbesondere in der Form einer BGB-Gesellschaft. Sie kann sich, insbesondere bei Unternehmensaufspaltungen, auch aus den tatsächlichen Umständen und Verflechtungen ergeben (vgl. BAG 23. 3. 84, AP Nr. 4 zu § 23 KSchG 1969 mit Anm. *Hönn,* SAE 85, 127; 13. 6. 85, AP Nr. 10 zu § 1 KSchG 1969; LAG Hamm, 5. 6. 85, NZA 85, 673 = AiB 85, 191 mit Anm. *Wendeling-Schröder*, aufgehoben u. zurückverwiesen durch BAG 7. 8. 86, AP Nr. 5 zu § 1 BetrVG 1972; 23. 11. 88, AP Nr. 77 zu § 613a BGB; 18. 1. 89, AP Nr. 2 zu § 14 AÜG; **a. M.** LAG Schleswig-Holstein 16. 8. 89, DB 85, 47). Es ist auch möglich, daß mehrere neugegründete Unternehmen von vornherein einen Gemeinschaftsbetrieb bilden.

Bleibt der einheitliche Betrieb erhalten, so ist auch in diesen Fällen die Unternehmensaufspaltung noch keine Betriebsänderung, sofern und solange keine weiteren Tatbestandsvoraussetzungen i. S. des § 111 Nr. 1–5 hinzutreten. Soweit rechtsgeschäftliche Vereinbarungen wegen des Betriebsübergangs auf mehrere juristische Personen vorliegen, gilt individualrechtlich für die Arbeitsverhältnisse zudem § 613a BGB.

Die betriebsverfassungsrechtliche Beteiligung des BR des Gemein- **14d**
schaftsbetriebes folgt der Leitungsstruktur der verbundenen Unternehmen. In etwa vergleichbar mit dem betriebsverfassungsrechtlichen Problem der Leiharbeit (vgl. insoweit § 5 Rn 78) ist hier an eine **gespaltene Arbeitgeberstellung** zu denken. Der BR des Gemeinschaftsbetriebes hat dann auf ArbGebSeite u. U. verschiedene Verhandlungspartner, einmal den ArbGeber, bei dem die Arbeitsverhältnisse rechtlich „angesiedelt" sind (z. B. für die Beteiligungsrechte in personellen Angelegenheiten) und im übrigen gegenüber dem Betriebsinhaber (vgl. §§ 87, 106ff., 111ff.). Sind die Betriebsinhaber verbundene juristische Personen ohne daß diese eine BGB Gesellschaft gebildet haben, so sind diese betriebsverfassungsrechtlich verpflichtet eine Regelung zu treffen, wer Verhandlungspartner gegenüber dem BR sein soll (vgl. insoweit eingehend Konzen, a. a. O.; S. 108ff.).

Wegen einer **Betriebsaufspaltung** vgl. Rn 28.

III. Die einzelnen Fälle

Nach Satz 2 gelten bestimmte wirtschaftliche Entscheidungen des **15**
Unternehmers unter den dort angeführten Voraussetzungen ohne weiteres als Betriebsänderungen. Aus dem Wortlaut des Gesetzes ergibt sich nicht eindeutig, ob der Katalog erschöpfend ist, d. h. ob das MBR des BR nur bezüglich der in Satz 2 bezeichneten Maßnahmen besteht, oder ob daneben noch bei anderen Betriebsänderungen der BR sein MBR geltend machen kann, wenn die Voraussetzungen des Satzes 1 gegeben sind. Letzteres ist zu bejahen. Wenn auch praktisch gesehen in Satz 2

wohl die wesentlichen Fälle aufgezählt sind, ist es doch rechtlich und tatsächlich nicht ausgeschlossen, daß ausnahmsweise unter den Voraussetzungen des Satzes 1 **auch außerhalb des Katalogs des Satzes 2** ein MBR besteht (*GKSB,* Rn 10; *Engels,* DB 79, 2227f.; *Fuchs,* Sozialplan nach dem BetrVG 72 S. 77; *GK-Fabricius,* Rn 86ff.; offen gelassen BAG 17. 2. 81, 17. 8. 82, AP Nr. 9, 11 zu § 111 BetrVG 1972; **a.M.** die h. M., z.B. *DR,* Rn 19 u. NZA 84, 177, dem allerdings zuzugeben ist, daß weitere Fälle kaum denkbar sind, nachdem das BAG auch den Personalabbau allein für eine Betriebsänderung genügen läßt; *HSG,* Rn 16; diese Autoren sehen den Katalog für erschöpfend an). Der Wortlaut des Satzes 2 legt nahe, daß noch andere Betriebsänderungen möglich sind als die kraft gesetzlicher Fiktion aufgezählten.

16 Wegen Beteiligung des WiAusschusses vgl. § 106 Rn 13ff. Die dort genannten Tatbestände sind mit denen des § 111 weitgehend identisch, stellen aber nicht auf mögliche wesentliche Nachteile für die ArbN ab. Die Unterrichtung von WiAusschuß und BR sind aber unabhängig voneinander.

1. Einschränkung und Stillegung des ganzen Betriebs oder wesentlicher Betriebsteile, Personalabbau

17 Unter **Stillegung** ist die Aufgabe des Betriebszwecks unter gleichzeitiger Auflösung der Betriebsorganisation auf Grund eines ernstlichen u. endgültigen Willensentschlusses des Unternehmers für unbestimmte, nicht nur vorübergehende Zeit zu verstehen (h. M.; vgl. BAG 27. 9. 1984, AP Nr. 39 zu § 613a BGB und § 103 Rn 12). Es muß sich um eine vom Unternehmer gewollte und durch Auflösung der betriebl. Organisation auch tatsächlich durchgeführte Maßnahme handeln. Die Weiterbeschäftigung weniger ArbN mit Abwicklungsarbeiten steht der Annahme einer Stillegung nicht entgegen (BAG 23. 4. 80, 14. 10. 82, AP Nr. 8 zu § 15 KSchG 1969, AP Nr. 1 zu § 1 KSchG 1969 Konzern). Auf die Gründe der Unternehmerentscheidung kommt es nicht an. Werden lediglich die Betriebsmittel nach Kündigung der Arbeitsverhältnisse veräußert, so handelt es sich um eine Betriebsstillegung, nicht um einen Betriebsübergang (*Heß,* DB 76, 1154; BAG 21. 10. 80, AP Nr. 8 zu § 111 BetrVG 1972). Die gekündigten Arbeitsverhältnisse können nicht mehr nach § 613a BGB übergehen.

18 Bei der **Betriebseinschränkung** wird der Betriebszweck weiter verfolgt, aber die **Leistung der Betriebsanlagen herabgesetzt,** z. B. durch Außenbetriebsetzung von Maschinen (h. M.). Eine (zeitlich) **geringere Ausnutzung der Betriebsanlagen allein,** ohne daß es zur Entlassung von ArbN kommt (Verkürzung der Arbeitszeit, geringere Schichtzahl), ist aber **noch keine Betriebseinschränkung** (*DR,* Rn 43, 47ff.; **a.M.** *GKSB,* Rn 17; *GK-Fabricius,* Rn 119ff., *GL,* § 106 Rn 60; *Hanau,* ZfA 74, 98), weil regelmäßig keine wesentlichen Nachteile für die Belegschaft oder wesentliche Teile der Belegschaft zu erwarten sind. Unberührt bleibt aber das MBR nach § 87 Abs. 1 Nr. 2 u. 3.

19 Ein bloßer **Personalabbau** kann eine Betriebseinschränkung i. S. von

§ 111 Nr. 1 sein, auch wenn sächliche Betriebsmittel unverändert beibehalten werden. Dies war ständige Rechtsprechung des BAG (22. 5. 1979, 15. 10. 1979, 4. 12. 1979, 22. 1. 1980, AP Nr. 3–7 zu § 111 BetrVG 1972) und wurde durch § 112a Abs. 1 BeschFG bestätigt: Eine Betriebsänderung kann allein in der Entlassung von ArbN bestehen. Demnach ist jetzt gesetzlich festgelegt, daß ein Personalabbau sowohl Ursache als auch Folge einer Betriebseinschränkung sein kann (Vogt, BB 85, 2328).

Eine Betriebsänderung liegt nur vor, wenn eine größere Anzahl von ArbN betroffen ist. Richtschnur dafür, wann erhebliche Teile der Belegschaft betroffen sind, sind die Zahlen und Prozentangaben in § 17 Abs. 1 KSchG (Anzeigepflicht bei Massenentlassungen; ständige Rspr. des BAG, vgl. 2. 8. 1983, AP Nr. 12 zu § 111 BetrVG 1972). Doch wird diese Staffel für Großbetriebe eingeschränkt; für diese Betriebe hat das BAG eine Betriebseinschränkung erst bei einer Entlassung von 5 v. H. der Belegschaft angenommen (vgl. BAG 2. 8. 1983, aaO).

Danach gilt für die Frage ob eine Betriebsänderung (Betriebseinschränkung) vorliegt, **folgende Staffel:** 19a

Betriebe mit 21–59 ArbN	6 ArbN
Betriebe mit 60–499 ArbN	entweder 10 v. H. der ArbN oder mehr als 25 ArbN
Betriebe mit 500–599 ArbN	30 ArbN
Betriebe mit über 600 ArbN	5 v. H. der ArbN

Ein Personalabbau in diesem Ausmaß ist Betriebseinschränkung und löst MBR des BR aus. Wegen stufenweiser Entlassungen in mehreren „Wellen" vgl. Rn 11. Der BR muß unterrichtet werden (§ 111 Satz 1). Ein Interessenausgleich ist anzustreben (§ 112 Abs. 1). An dieser Rechtslage hat das **BeschFG nichts geändert.** In § 112a Abs. 1 wird nur die Frage geregelt, unter welchen Voraussetzungen ein Sozialplan erzwingbar ist. Insoweit gilt eine andere Staffel (vgl. §§ 112, 112a Rn 17).

Auch **Teilzeitbeschäftigte** die zur Entlassung anstehen, zählen mit (vgl. § 5 Rn 43). Das **BeschFG** hat zwar u. a. § 23 Abs. 1 KSchG durch einen Satz 3 dahin ergänzt, daß ArbN, die regelmäßig nicht mehr als 10 Stunden wöchentlich oder 45 Stunden monatlich arbeiten, bei der Feststellung der maßgebenden ArbNZahl nicht zu berücksichtigen sind und § 10 Abs. 2 LFG dahin erweitert, daß ArbN bis zu 20 Stunden wöchentlicher Arbeitszeit nur zur Hälfte und ArbN bis zu 30 Stunden nur zu ¾ anrechnen. Diese differenzierte Regelung hat der Gesetzgeber des BeschFG aber in § 112a Abs. 1 BetrVG gerade nicht übernommen. Teilzeitbeschäftigte sind demnach sowohl bei dem freiwilligen Sozialplan als auch bei dem durch die E-Stelle aufzustellenden Sozialplan voll mitzuzählen, soweit es darum geht, ob der Personalabbau schon allein eine Betriebsänderung darstellt. 20

Bei der Personalreduzierung aus betrieblichen Gründen kommt es auf den wahren Auflösungsgrund an, **nicht** auf die **Form der Beendigung** des Arbeitsverhältnisses (vgl. auch BAG 20. 8. 1980, AP Nr. 15 zu § 6 LohnFG). Nach Auffassung des BAG sollen nur ArbN mitzählen die für betriebsbedingte Kündigungen vorgesehen sind (BAG 2. 8. 83, AP Nr. 12 zu § 111 BetrVG 1972), während ArbN, die infolge „natürlicher 21

Fluktuation", z. B. Erreichens der Altersgrenze oder Fristablauf aus dem Arbeitsverhältnis ausscheiden, nicht mitzählen sollen. Wohl aber ist nach BAG der Abbau von Arbeitskräften zu berücksichtigen, der nicht auf betriebsbedingten Kündigungen beruht, aber doch vom ArbGeb. veranlaßt worden ist, z. B. durch **Abschluß von Aufhebungsverträgen** oder Kündigung durch den ArbN auf Veranlassung des ArbGeb. Diese Frage ist für den erzwingbaren Sozialplan in § 112a Abs. 1 Satz 2 jetzt für den Aufhebungsvertrag ausdrücklich geregelt. Der Fall der vom ArbGeb. veranlaßten Kündigung durch den ArbN kann nicht anders behandelt werden (BAG 23. 8. 1988, 8. 11. 1988, AP Nr. 17, 18 zu § 113 BetrVG 1972; 4. 7. 89, AP Nr. 27 zu § 111 BetrVG 1972; HSG, § 112a Rn 10; *Scherer,* NZA 85, 768; *Wlotzke,* NZA 85, 221; *Heither,* ZIP 85, 513, 518). Auch für die Frage der Betriebsänderung und des Nachteilsausgleichs kann es auf die Form des Ausscheidens des ArbN nicht ankommen (BAG aaO; *Spieker,* DB 87, 1839). Mitzuzählen sind auch ArbN, die in andere Betriebe des Unternehmens (Konzerns) versetzt werden. Bei der **Änderungskündigung** kommt es darauf an, ob der betroffene ArbN mindestens unter Vorbehalt die angebotenen Arbeitsbedingungen annimmt; dann besteht das Arbeitsverhältnis in jedem Falle fort.

22 Demnach liegt eine Betriebseinschränkung i. S. der Nr. 1 vor bei erheblicher, ungewöhnlicher und nicht nur vorübergehender (*Mummenhoff,* Anm EzA Nr. 16 zur § 111 BetrVG 72) Herabsetzung der Leistungsfähigkeit des Betriebes, gleichgültig, ob deren Verminderung durch Außerbetriebsetzung von Betriebsanlagen und (oder) Personalreduzierung erfolgt.

Das BAG sieht in den unterschiedlichen Rechtsfolgen betriebsbedingter Kündigungen je nach Größe des betroffenen Personenkreises keinen Verstoß gegen Art. 3 GG (so auch *Mummenhoff* a. a. O.; **a. M.** *Hunold,* BB 80, 1750, BB 84, 2275 und Vogt, DB 81, 1823). Wegen MBR bei (vorübergehender) Kurzarbeit vgl. § 87 Rn 50ff., bei Wegfall einer Schicht § 87 Rn 45.

23 Für die Beurteilung, ob der Fall der Nr. 1 gegeben ist, ist auszugehen von dem regelmäßigen Bestand des Betriebes, d. h. seiner Struktur und seiner Größe. Ist ein Betrieb (Betriebsteil) **nur für eine von vornherein zeitlich begrenzte Arbeitsaufgabe errichtet,** so ist deren Abbau oder völlige Auflösung nach Erfüllung der Arbeitsaufgabe nicht dem MBR unterworfen (z. B. Gaststätte auf einer Ausstellung; Baustelle; Auffanggesellschaft zur Verwertung der Konkursmasse, LAG Hamm, 1. 2. 77, DB 77, 1099). Auch **saisonbedingte Schwankungen,** die sich z. B. in der Beschäftigung von Aushilfskräften auswirken, fallen nicht unter Nr. 1. Es muß sich um Maßnahmen handeln, die vom regelmäßigen Erscheinungsbild des Betriebes abweichen (BAG 22. 5. 1979, 15. 10. 1979, AP Nr. 4, 5 zu § 111 BetrVG 1972). Entsprechendes gilt für Kampagnebetriebe. Der unterschiedliche Personalbestand entspricht der Wesensart dieser Betriebe u. stellt deshalb keine Betriebsänderung dar. Beschließt der Unternehmer die Stillegung eines Betriebes, so ist der Zeitpunkt der Beschlußfassung maßgebend, nicht der eines späteren geringeren Personalbestands bei stufenweiser Entlassung (BAG 8. 6. 89, AP Nr. 6 zu § 17 KSchG 1969).

Das MBR besteht auch, wenn sich die geplante Maßnahme nur auf **wesentliche Teile des Betriebs** erstreckt. Es braucht sich **nicht** um eine **Betriebsabteilung im Rechtssinn** (§ 4, § 15 Abs. 5 KSchG) zu handeln (h. M.), sondern es genügt, daß der betroffene, einen Teilzweck erfüllende (*GK-Fabricius,* Rn 129) Teil des Betriebes einen erheblichen Teil der ArbN (vgl. Rn 10) beschäftigt (*GKSB,* Rn 22; BAG 21. 10. 80, 6. 12. 88, AP Nr. 8, 26 zu § 111 BetrVG 1972; **a. M.** *Rumpff,* S. 242 unter Hinweis darauf, dieses Merkmal enthielten schon die Voraussetzungen des Satzes 1) oder wirtschaftlich gesehen für den Betrieb von wesentlicher Bedeutung ist (allein für Berücksichtigung dieses Gesichtspunktes: *Hunold,* BB 84, 2278 u. *HSG,* Rn 56; offen gelassen BAG aaO), so daß sich auch Auswirkungen auf andere Betriebsteile und deren ArbN ergeben (vgl. den Fall LAG Hamm, NZA 85, 121: Umstellung des Restaurants in einem Warenhaus auf Selbstbedienung, wenn dort 20 von 280 ArbN beschäftigt werden und nur 3% des Umsatzes erzielt wurde: keine Betriebsänderung; BAG 6. 12. 1988 a. a. O.: Schließung der „Reinigungsabteilung" einer Druckerei mit 39 von 1769 ArbN: kein wesentlicher Betriebsteil). Die Ausgliederung von Betriebsteilen fällt nicht unter Nr. 1, u. U. aber unter Nr. 3 (vgl. Rn 28 a. E.) oder Nr. 4 (vgl. Rn 30; *DR,* Rn 41). 24

2. Verlegung des ganzen Betriebs oder von wesentlichen Betriebsteilen

Nr. 2 bezieht sich nur auf solche Betriebe und Betriebsteile, die ihrem Wesen nach ortsgebunden sind, nicht z. B. auf den Wanderzirkus oder die Baustelle (h. M.). Verlegung ist **jede wesentliche Veränderung der örtlichen Lage** des Betriebs oder von wesentlichen Betriebsteilen unter Weiterbeschäftigung (des größeren Teils) der Belegschaft. **Beispiel:** Verlegung vom Zentrum an den Stadtrand oder an einen 4,3 km entfernten Ort, auch in Großstädten mit günstigen Verkehrsverbindungen (BAG 17. 8. 82, AP Nr. 11 zu § 111 BetrVG 1972, LAG Frankfurt, 28. 10. 86, AiB 87, 292; **a. M.** Stege/Weinspach, Erg. Bd., Rdnr. 51), aber nicht der Umzug von einer Straßenseite auf die andere. Meinungsverschiedenheiten mit dem BR werden in der Praxis dann entstehen, wenn durch die Verlegung Entlassungen ortsgebundener Arbeitskräfte oder Erschwerungen der Arbeit oder der Wege vom und zum Arbeitsplatz zu erwarten sind. Für das MBR ist es unerheblich, ob die ArbN kraft Arbeitsvertrages verpflichtet sind, am neuen Arbeitsort die Arbeit fortzusetzen oder ob es einer Änderungskündigung bedarf, für die zusätzlich das personelle MBR in Betracht kommt. 25

Werden wesentliche Teile der Belegschaft am **neuen Arbeitsort nicht weiterbeschäftigt,** so handelt es sich um eine **Betriebsstillegung** und anschließende Neuerrichtung des Betriebes (BAG 6. 11. 1959, AP Nr. 15 zu § 13 KSchG), auch bei gleichzeitiger Betriebsveräußerung nicht um einen Betriebsübergang gem. § 613a BGB (BAG 12. 2. 1987, 26

AP Nr. 67 zu § 613a BGB). Dies wird bei Verlegung eines Betriebes in eine andere Gegend oder ins Ausland häufig der Fall sein.

3. Zusammenschluß mit anderen Betrieben

27 Der Zusammenschluß, d.h. die Verschmelzung eines Betriebes mit einem anderen, kann auf zweifacher Weise erfolgen. Entweder wird aus den bisherigen Betrieben ein neuer Betrieb gebildet oder ein bestehender Betrieb nimmt einen anderen unter Aufgabe von dessen arbeitstechnischer Selbständigkeit in sich auf (h. M.). Die Zuständigkeit von GesBR bzw. KBR kann hier gegeben sein (vgl. § 50 Rn 42). Die Betriebe können auch verschiedenen Unternehmen angehören. Dann erfordert aber der Zusammenschluß eine einheitliche unternehmerische Leitung (vgl. Rn 14ff. u. § 1 Rn 49ff.). Unter Nr. 3 fällt auch die Zusammenlegung von selbständigen Betriebsabteilungen (§ 4) mit dem eigenen Hauptbetrieb (*GK-Fabricius,* Rn 143; *GL,* § 106 Rn 67; *DR,* Rn 55; **a.M.** *HSG,* Rn 62; *Rumpff,* S. 253).

28 Die **Aufspaltung** eines bisher organisatorisch **einheitlichen Betriebs** fällt nicht unter Nr. 3. Die Aufspaltung in mehrere organisatorische Einheiten ist aber regelmäßig mit weiteren organisatorischen und wirtschaftlichen Maßnahmen verbunden, die unter den Tatbestand der Nr. 4 bzw. 5 (Rn 29ff.) fallen (*Schaub,* NZA 89, 5). Dabei kann die Aufteilung des Betriebes innerhalb desselben Unternehmens erfolgen und der ArbGeb derselbe bleiben oder die Aufspaltung führt auch zu einem Betriebsinhaberwechsel für den abgespaltenen Betriebsteil auf einen anderen Unternehmer (Arbeitgeber) und den Übergang der Arbeitsverhältnisse der dort beschäftigten ArbN. Dann kann die Aufspaltung eines bisher einheitlichen Betriebes eine Betriebsänderung (grundsätzliche Änderung der Betriebsorganisation und des Betriebszwecks einschließlich seiner Einschränkung nach Nr. 4) mit wesentlichen Nachteilen jedenfalls für die ArbNschaft des Restbetriebes sein, deren Arbeitsverhältnisse nicht gem. § 613a BGB auf den neuen ArbGeb übergehen (vgl. BAG 16. 6. 1987, AP Nr. 19 zu § 111 BetrVG 1972, das darüber hinaus annimmt, alle ArbN des früher einheitlichen Betriebes seien betroffen und lediglich bei der Aufstellung des Sozialplans zu prüfen, inwieweit Nachteile entstanden seien).

4. Grundlegende Änderungen der Betriebsorganisation, des Betriebszwecks oder der Betriebsanlagen

29 Die unter Ziff. 4 (und 5) genannten Änderungen sind u. U. schwer abgrenzbar, weil sie vielfach ineinander übergehen. Das ist aber praktisch unerheblich, weil alle genannten Änderungen dem MBR des BR unterliegen (BAG 17. 12. 85, AP Nr. 15 zu § 111 BetrVG 1972). **„Grundlegend“** ist eine Änderung insbes., wenn sie erhebliche Auswirkungen auf den Betriebsablauf hat, bzw. einen „Sprung“ in der technisch-wirtschaftlichen Entwicklung darstellt. Diese Änderung erfolgt aber vielfach in einer größeren Anzahl „kleiner Schritte“. Dann spricht eine tatsächliche Vermutung dafür, daß diese Entwicklung auf einer Gesamtplanung beruht, die jedenfalls im Ergebnis auch zu einer grundlegenden Änderung führt (vgl. *Däubler,* DB 85, 2297, 2299; *Denck,* RdA 82, 294). Läßt sich nicht zweifelsfrei beurteilen, ob die Änderung grundlegend ist, so kann wiederum auf die Zahl der von der Änderung betroffenen ArbN (Rn 19a) abgestellt werden (BAG 26. 10. 1982, AP Nr. 10 zu § 111 BetrVG 1972; zu letzterem Punkt **a. M.** *Hunold,* BB 84, 2279).

Eine grundlegende **Änderung der Betriebsorganisation** liegt vor bei einer vollständigen Änderung des Betriebsaufbaus bzw. der Gliederung des Betriebes oder der Zuständigkeiten (Änderung in der Zahl, Gliederung und Aufbau der Betriebsabteilungen), Ausgliederung von wesentlichen Betriebsteilen (z. B. nicht bei Ausgliederung einer Gaststätte aus einem Supermarkt BAG 21. 10. 80, AP Nr. 8 zu § 111 BetrVG 1972), Aufteilung eines bisher einheitlichen Betriebes in mehrere selbständige Betriebe (sofern die Arbeitsverhältnisse nicht gem. § 613a BGB übergehen; vgl. Rn 12). Änderung der Unterstellungsverhältnisse, insbesondere Zentralisierung oder Dezentralisierung, Einführung von Großraumbüros oder EDV-Anlagen). Zum Begriff der **Betriebsorganisation** vgl. § 106 Rn 23. 30

Eine grundlegende Änderung des **arbeitstechnischen** (nicht des wirtschaftlichen, BAG 17. 12. 85, AP Nr. 15 zu § 111 BetrVG 1972) **Zwecks des Betriebes** (zum Begriff vgl. § 106 Rn 23) ist die völlige Umstellung der Produktion oder des Gegenstandes der Betriebstätigkeit (**Beispiel:** Übergang von Motorrad- auf die Kraftwagenproduktion, aber nicht Herstellung eines verbesserten Typs einer Maschine). Sie dürfte auch gegeben sein, wenn die seitherige Tätigkeit des Betriebs nur noch zu einem unwesentlichen Teil fortgeführt oder durch eine weitere Abteilung mit einem anderen arbeitstechnischen Betriebszweck ergänzt wird (BAG 17. 12. 85, aaO). Das Interesse des BR liegt hierbei in der Auswirkung solcher Änderungen auf die Arbeit der ArbN (wegen Berücksichtigung arbeitswissenschaftlicher Erkenntnisse vgl. §§ 90, 91), aber auch in der Gefährdung des Arbeitsplatzes, die sich aus dem Risiko einer Änderung des Betriebszwecks ergeben kann. Wegen der Unterrichtung und Beratung mit dem WiAusschuß vgl. § 106 Abs. 3 Nr. 3 (dort Rn 16). 31

Grundlegende **Änderung der Betriebsanlagen** (d. h. der Betriebsmittel i. w. S.: Betriebsstätten, Einrichtungen, Maschinen, EDV-Anlagen – REFA MLA, Teil 1 Kap. 3.3) sind: Einführung völlig neuer Maschinen, eines neuen technischen Produktionsverfahrens, völlige Umgestaltung der Büroeinrichtung in einem Dienstleistungsbetrieb, Bau neuer Werkshallen, Übergang zur Selbstbedienung in einem Einzelhandelsgeschäft, technische Rationalisierung und insbesondere die fortschreitende Automation, Einsatz von Mikroprozessoren, NC- oder CNC-Maschinen, Datensichtgeräten (*DR,* Rn 69; LAG Berlin, DB 81, 1519, 1522) Bildschirmarbeitsplätzen (BAG 26. 10. 82, AP Nr. 10 zu § 111 BetrVG 1972), des komputerunterstützten Konstruierens – CAD –, EDV-Anlagen, auch in Dienstleistungsunternehmen, Einrichtung von **Tele-Ar-** 32

beitsplätzen in der Wohnung (vgl. auch § 5 Rn 54ff.), Einsatz neuer Druckmaschinen, die mehrere bisher getrennte Arbeitsgänge zusammenfassen (LAG Frankfurt 27. 10. 1987, NZA 88, 407). Eine Änderung einzelner, unter technisch- wirtschaftlichen Gesichtspunkten bes. wichtiger Anlagen genügt (BAG a. a. O.), insbes. wenn eine ArbN-Zahl in der Größenordnung der Rn 19a betroffen wird (insoweit **a. M.** *Hunold,* BB 84, 2279). Nicht hierher rechnet der normale Ersatz abgenutzter Maschinen. Es kommt auf den Grad der technischen Änderung an (BAG a. a. O.). Die Beteiligung des BR nach § 90 Nrn 1 u. 2 bei der betrieblichen Planung erfolgt, wenn der Unternehmer die Durchführung der geplanten Maßnahmen im Betrieb veranlaßt. Diese betriebliche Beteiligung verdrängt nicht das Verfahren nach § 111 (BAG a. a. O., vgl. § 80 Rn 56ff.; **a. M.** *HSG,* Rn 67, die ohne nähere Begründung annehmen, in solchen Fällen gehe die Sondervorschrift des § 90 vor).

5. Einführung grundlegend neuer Arbeitsmethoden und Fertigungsverfahren

33 Der Tatbestand steht in Zusammenhang mit dem nach Nr. 4, stellt aber mehr auf die Art der Verwertung der menschlichen Arbeitskraft ab (h. M.). Grundlegende Änderungen liegen nicht vor, bei der üblichen laufenden Verbesserung der Arbeitsmethoden und Fertigungsverfahren (*GKSB,* Rn 30). Unter diesem Gesichtspunkt kommt auch hier die Rationalisierung und der Einsatz neuer Technologien in Betracht, aber auch die Einrichtung von Teilzeitarbeitsplätzen, insbes. KAPOVAZ (vgl. § 5 Rn 40ff., eingehend *Klevemann,* AiB 86, 156). Die **Arbeitsmethoden und Fertigungsverfahren** (vgl. wegen der Begriffe § 106 Rn 18) müssen **für den Betrieb,** nicht für den Gewerbezweig **neu sein;** dies wird auch durch die Hervorhebung der „Einführung" deutlich gemacht. Änderungen bei der Erledigung von Nebentätigkeiten (z. B. Reinigung der Büroräume durch ein Institut statt durch eigene ArbN) bleiben hier außer Betracht (OVG Berlin in AP Nr. 1 zu § 73 PerVG). Grundlegende Änderungen unterliegen auch dem MBR, wenn sie offensichtlich durch den technischen Fortschritt bedingt sind.

34 Soweit durch veränderte Arbeitsmethoden oder Fertigungsverfahren gleichzeitig die Arbeitsbedingungen der ArbN geändert werden (z. B. Übergang auf Zeitlohn bei Einführung von Bandarbeit), besteht außerdem u. U. das soziale MBR, z. B. bei Einführung technischer Kontrollgeräte nach § 87 Abs. 1 Nr. 6, sowie § 87 Abs. 1 Nr. 10 und 11 und bei Entlassungen das personelle MBR (§ 102). Wegen Berücksichtigung gesicherter arbeitswissenschaftlicher Erkenntnisse vgl. §§ 90, 91.

IV. Unterrichtung und Beratung

Das MBR setzt ein, sobald die Planung des Unternehmers zu einer gewissen Reife gelangt ist, d. h. sobald der Unternehmer sich im Grundsatz entschlossen hat, eine Maßnahme – allerdings vorbehaltlich der Bemühungen um eine Einigung mit dem BR – durchzuführen. Dies gilt für jeden Willensentschluß des Unternehmers, eine Betriebsänderung ins Auge zu fassen. Das Wort **„geplant"** ist kein selbständiges Tatbestandsmerkmal, d. h. das MBR ist nach Ansicht des BAG (BAG 17. 9. 1974, 13. 12. 1978, AP Nr. 1 zu § 113 BetrVG 1972, AP Nr. 6 zu § 112 BetrVG 1972) nicht davon abhängig, ob und in welcher Weise der Unternehmer eine vorausgegangene Planung durchgeführt hat. Bei Betriebsänderungen hat das Wort „geplant" **nur rein zeitliche Bedeutung** für die Einschaltung des BR. Dieser Zeitpunkt ist bei juristischen Personen erreicht, sobald der Vorstand oder die Geschäftsleitung sich zu einer Maßnahme entschlossen hat, auch wenn noch nicht die Genehmigung des AR, des Beirats oder eines ähnlichen Gremiums vorliegt (vgl. § 108 Rn 12; BAG 14. 9. 76, AP Nr. 2 zu § 113 BetrVG 1972; LAG Düsseldorf, 27. 8. 85, NZA 86, 371; *GKSB,* Rn 38; **a. M.** *Rumpff,* S. 273f., der dies nur für zweckmäßig hält; *DR,* Rn 108; *Ehmann,* Betriebsstillegung u. Mitbestimmung, S. 91). Die Unterrichtung u. Beratung steht dann unter dem Vorbehalt der Zustimmung des AR (vgl. *Hanau,* ZGR 77, 407). Ob die Betriebsänderung wegen wirtschaftlicher Notlage des Unternehmens zwangsläufig durchgeführt werden muß oder auf einen freien Willensentschluß des Unternehmers beruht, ist für die Beteiligung des BR unerheblich (*DR,* Rn 74; *GL,* Rn 21a; *GK-Fabricius,* Rn 51). In jedem Fall sind noch Verhandlungen über die Modalitäten einer Betriebsänderung sinnvoll, selbst wenn das Konkurs- oder Vergleichsverfahren eröffnet worden ist (vgl. insoweit SozplKonkG Anahng 3, § 1 Rn 8). Wegen Unterrichtung über die „Planung" nach § 90 und § 92 vgl. § 80 Rn 47ff., 50ff. 35

Die Unterrichtung muß **„umfassend"** (d. h. unter Darlegung der Ursachen der bisherigen und der zu erwartenden zukünftigen Entwicklung aufgrund der geplanten Maßnahmen und deren Auswirkungen auf die AbrNschaft) und so **rechtzeitig** erfolgen, daß noch über einen Interessenausgleich und einen Sozialplan verhandelt und das weitere Verfahren nach § 112 vorher abgeschlossen werden kann (BAG 14. 9. 1976, AP Nr. 2 zu § 113 BetrVG 1972; *GL,* Rn 39; eingehend *Rumpff,* S. 272ff.; **a. M.** *Ehmann,* a. a. O., S. 57, 65: 2 Wochen vor Durchführung der Maßnahme, analog § 17 Abs. 3 Satz 3 KSchG; gegen diese zeitliche Hinausschiebung Kammergericht, 25. 9. 1978, DB 79, 112; wegen Bestimmung des **Zeitpunkts der rechtzeitigen Unterrichtung** bei sinngemäßer Anwendung des REFA Standardprogramms vgl. § 80 Rn 57). Eine Einschränkung ist anzuerkennen, wenn die wirtschaftliche Lage den Unternehmer zu plötzlichen Maßnahmen zwingt; dann ist der BR zum frühestmöglichen Zeitpunkt und in dem noch tatsächlich möglichen Umfang zu beteiligen (*Dütz,* Festschrift Westermann S. 49; *GL,* Rn 37; *GKSB,* Rn 36; *HSG,* Rn 34; *Schäfer,* ArbuR 82, 120; vgl. auch § 113 Rn 7). 36

Handelt es sich um ein **konzernabhängiges Unernehmen,** so kann sich 37 dessen Vorstand nicht auf seine Unkenntnis oder mangelnde Zuständigkeit berufen, wenn er die Folge des § 113 BetrVG vermeiden will. Die Pflichten nach § 111 ff. treffen dann den Vorstand des herrschenden Unternehmens; er hat ggfs. mit dem BR des einzelnen Betriebes bzw. dem GesBR des einzelnen Unternehmens zu verhandeln (vgl. auch Rn 1a, 14ff u. wegen Volumen des Sozialplans §§ 112, 112a Rn 32a).

38 Die **Mißachtung des Beteiligungsrechts** nach § 111 ff. durch den Unternehmer führt nicht zur Unwirksamkeit der wirtschaftlichen Maßnahme, sondern hat zunächst die **Rechtsfolgen des § 113,** wie § 113 Abs. 3 ausdrücklich klarstellt. Diese Regelung ist insofern folgerichtig, als die Beteiligungsrechte lediglich die Willensbildung innerhalb des Betriebs betreffen und infolgedessen keine Außenwirkungen auf Dritte haben können. Weder tatsächliche Maßnahmen des Unternehmers noch zweiseitige Rechtsgeschäfte mit einem Dritten (z. B. Verkauf von Betriebsteilen oder Ankauf eines anderen Betriebs zum Zwecke des Zusammenschlusses) können wegen Verletzung der §§ 111 ff. nichtig sein. Deshalb wirft diese Ausgestaltung des wirtschaftlichen MBR auch keine unternehmensverfassungsrechtlichen Grundsatzfragen auf (§ 76 Rn 37).

38a Trifft der Unternehmer dagegen in Verbindung mit einer wesentlichen Betriebsänderung ohne Beteiligung des BR Maßnahmen, die dem personellen oder sozialen MBR unterliegen (z. B. Kündigungen anläßlich einer Betriebsverlegung oder Einschränkung), so richtet sich deren Wirksamkeit nach den allgemeinen arbeitsrechtlichen, insbes. betriebsverfassungsrechtlichen Grundsätzen. Der Unternehmer kann ferner wegen unvollständiger oder verspäteter Auskunft gem. § 121 mit einer Geldbuße bis zu 20000 DM belegt werden. Bei groben Verstößen des Unternehmers gegen seine Auskunftspflichten aus § 111 kann gegen ihn nach § 23 Abs. 3 vorgegangen werden (*DR,* Rn 127; *Heinze,* DB 83, Beilage 9, S. 20). Vgl. weiter Rn 41.

39 Die Unterrichtungspflichten des Unternehmers gegenüber dem WiAusschuß nach § 106, in der BetrVerslg (§ 43 Abs. 2 Satz 5), der BRVerslg (§ 53 Abs. 2 Nr. 2) und gegenüber dem ArbN nach § 110 bestehen neben denen des § 111. Vgl. § 80 Rn 25ff.

V. Streitigkeiten

40 Streitigkeiten über die Frage, **ob eine Betriebsänderung** i. S. des § 111 vorliegt und ob der **Unternehmer seiner Auskunftspflicht rechtzeitig und umfassend** nachgekommen ist, entscheiden die **ArbG** auf Antrag vorab im **BeschlVerf.** nach § 2a ArbGG (BAG 15. 10. 1979, 17. 12. 1985, AP Nr. 5, 15 zu § 111 BetrVG 1972, 10. 11. 1987, AP Nr. 15 zu § 113 BetrVG 1972). Die E-Stelle kann aber als Vorfrage mitentscheiden, ob eine Betriebsänderung vorliegt (BAG 18. 3. 75, AP Nr. 1 zu § 111 BetrVG 1972). Vgl. auch § 76 Rn 42. Ein Rechtsschutzinteresse besteht aber für ein BeschlVerf. auf Feststellung der Verpflichtung zu Verhandlungen über einen Interessenausgleich nicht mehr, wenn eine streitige Betriebsänderung längst durchgeführt ist;

dann kann nur noch über die Verpflichtung zur Aufstellung eines Sozialplans entschieden werden (BAG 17. 12. 1985, AP Nr. 15 zu § 111 BetrVG 1972, 10. 11. 1987, AP Nr. 15 zu § 113 BetrVG 1972). Die Vollstreckung von Beschlüsse auf Auskunftserteilung ist nach § 85 Abs. 1 ArbGG, § 888 ZPO möglich (*Dütz,* ArbuR 73, 357 und Festschrift Westermann, S. 50; einschränkend *Rumpff,* S. 268, 331). Im übrigen gelten für das weitere Mitbestimmungsverfahren die §§ 112–113.

41 Ob der BR durch Antrag auf **Unterlassung** der Maßnahme und Erlaß einer **einstw. Verfg.** die (betriebsverfassungswidrige) Durchführung der Betriebsänderung, insbes. den Anspruch von Kündigungen bis zur Ausschöpfung des Verhandlungsanspruchs nach §§ 111, 112 auch über einen Interessenausgleich verhindern kann, ist streitig (dafür LAG Hamburg, 13. 11. 81, ArbuR 82, 389 mit Anm. *Bertelsmann/Gäbert;* LAG Frankfurt, DB 83, 613, BB 84, 145, DB 85, 178 bis zum Abschluß der Verhandlungen über den Interessenausgleich; LAG Hamburg, DB 83, 2369 u. 5. 3. 86, DB 86, 598; ArbG Bamberg, NZA 85, 259, aber nur für begrenzte Zeit; *Buschmann,* BB 83, 510; *Trittin,* DB 83, 230; *GK-Fabricius,* Rn 252; *Wahsner,* AiB 82, 166; *GL,* Rn 252, § 112 Rn 163; *Derleder,* ArbuR 83, 289; **dagegen** *Eich,* DB 83, 657; *Heinze,* DB 83, Beilage 9 S. 20; *Leinemann,* ZIP 89, 552, 557; *Schmidt,* BB 82, 48; *Schlochauer,* Jahrbuch des Arbeitsrechts Bd. 20, S. 61ff.; LAG Düsseldorf 14. 11. 83, DB 84, 511; LAG Baden-Württemberg, 28. 8. 85, DB 86, 805). Die Frage ist zu **verneinen.** Es besteht zwar ein Verhandlungsanspruch des BR über den Interessenausgleich (vgl. §§ 112, 112a Rn 14), letzten Endes kann aber der Unternehmer allein entscheiden. Eine einstw. Verfg. würde also über das Beteiligungsrecht des BR hinausgehen. Es fehlt also schon an einem Verfügungsanspruch (vgl. **Nach** § 1 Rn 57). Der Gesetzgeber hat das Problem gesehen und die Verletzung der Verhandlungspflicht durch den individualrechtlichen Anspruch auf Nachteilungsausgleich nach § 113 sanktioniert, nicht wie in § 102 Abs. 1 Satz 3 durch Unwirksamkeit der Kündigung. Die Aufstellung eines Sozialplanes kann zudem auch noch nach Durchführung der Betriebsveränderung verlangt und erzwungen werden (vgl. §§ 112, 112a Rn 16). Eine einstw. Verfg. ist demnach nur auf Vornahme der Unterrichtung und Beratung durch den Unternehmer möglich (Vollstreckung nach § 888 ZPO).

§ 112 Interessenausgleich über die Betriebsänderung, Sozialplan

(1) **Kommt zwischen Unternehmer und Betriebsrat ein Interessenausgleich über die geplante Betriebsänderung zustande, so ist dieser schriftlich niederzulegen und vom Unternehmer und Betriebsrat zu unterschreiben. Das gleiche gilt für eine Einigung über den Ausgleich oder die Milderung der wirtschaftlichen Nachteile, die den Arbeitnehmern infolge der geplanten Betriebsänderung entstehen (Sozialplan). Der Sozialplan hat die Wirkung einer Betriebsvereinbarung. §§ 77 Abs. 3 ist auf den Sozialplan nicht anzuwenden.**

(2) **Kommt ein Interessenausgleich über die geplante Betriebsänderung oder eine Einigung über den Sozialplan nicht zustande, so können der Unternehmer oder der Betriebsrat den Präsidenten des Landesarbeitsamtes um Vermittlung ersuchen. Geschieht dies nicht oder bleibt der Vermittlungsversuch ergebnislos, so können der Unternehmer oder der Betriebsrat die Einigungsstelle anrufen. Auf Ersuchen des Vorsitzenden der Einigungsstelle nimmt der Präsident des Landesarbeitsamtes an der Verhandlung teil.**

(3) **Unternehmer und Betriebsrat sollen der Einigungsstelle Vorschläge zur Beilegung der Meinungsverschiedenheiten über den Interessenausgleich und den Sozialplan machen. Die Einigungsstelle hat eine Einigung der Parteien zu versuchen. Kommt eine Einigung zustande, so ist sie schriftlich niederzulegen und von den Parteien und vom Vorsitzenden zu unterschreiben.**

(4) **Kommt eine Einigung über den Sozialplan nicht zustande, so entscheidet die Einigungsstelle über die Aufstellung eines Sozialplans. Der Spruch der Einigungsstelle ersetzt die Einigung zwischen Arbeitgeber und Betriebsrat.**

(5) **Die Einigungsstelle hat bei ihrer Entscheidung nach Absatz 4 sowohl die sozialen Belange der betroffenen Arbeitsnehmer zu berücksichtigen als auch auf die wirtschaftliche Vertretbarkeit ihrer Entscheidung für das Unternehmen zu achten. Dabei hat die Einigungsstelle sich im Rahmen billigen Ermessens insbesondere von folgenden Grundsätzen leiten zu lassen:**

1. **Sie soll beim Ausgleich oder bei der Milderung wirtschaftlicher Nachteile, insbesondere durch Einkommensminderung, Wegfall von Sonderleistungen oder Verlust von Anwartschaften auf betriebliche Altersversorgung, Umzugskosten oder erhöhte Fahrtkosten, Leistungen vorsehen, die in der Regel den Gegebenheiten des Einzelfalles Rechnung tragen.**
2. **Sie hat die Aussichten der betroffenen Arbeitnehmer auf dem Arbeitsmarkt zu berücksichtigen. Sie soll Arbeitnemer von Leistungen ausschließen, die in einem zumutbaren Arbeitsverhältnis im selben Betrieb oder in einem anderen Betrieb des Unternehmens oder eines zum Konzern gehörenden Unternehmens weiterbeschäftigt werden können und die Weiterbeschäftigung ablehnen; die mögliche Weiterbeschäftigung an einem anderen Ort begründet für sich allein nicht die Unzumutbarkeit.**
3. **Sie hat bei der Bemessung des Gesamtbetrages der Sozialplanleistungen darauf zu achten, daß der Fortbestand des Unternehmens oder die nach Durchführung der Betriebsänderung verbleibenden Arbeitsplätze nicht gefährdet werden.**

§ 112a Erzwingbarer Sozialplan bei Personalabbau, Neugründungen

(1) Besteht eine geplante Betriebsänderung im Sinne des § 111 Satz 2 Nr. 1 allein in der Entlassung von Arbeitnehmern, so findet § 112 Abs. 4 und 5 nur Anwendung, wenn

1. in Betrieben mit in der Regel mehr als 20 und weniger als 60 Arbeitnehmern 20 vom Hundert der regelmäßig beschäftigten Arbeitnehmer, aber mindestens 6 Arbeitnehmer,

2. in Betrieben mit in der Regel mindestens 60 und weniger als 250 Arbeitnehmern 20 vom Hundert der regelmäßig beschäftigten Arbeitnehmer oder mindestens 37 Arbeitnehmer,

3. in Betrieben mit in der Regel mindestens 250 und weniger als 500 Arbeitnehmern 15 vom Hundert der regelmäßig beschäftigten Arbeitnehmer oder mindestens 60 Arbeitnehmer,

4. in Betrieben mit in der Regel mindestens 500 Arbeitnehmern 10 vom Hundert der regelmäßig beschäftigten Arbeitnehmer, aber mindestens 60 Arbeitnehmer.

aus betriebsbedingten Gründen entlassen werden sollen. Als Entlassung gilt auch das vom Arbeitgeber aus Gründen der Betriebsänderung veranlaßte Ausscheiden von Arbeitnehmern auf Grund von Aufhebungsverträgen.

(2) § 112 Abs. 4 und 5 findet keine Anwendung auf Betriebe eines Unternehmens in den ersten vier Jahren nach seiner Gründung. Dies gilt nicht für Neugründungen im Zusammenhang mit der rechtlichen Umstrukturierung von Unternehmen und Konzernen. Maßgebend für den Zeitpunkt der Gründung ist die Aufnahme einer Erwerbstätigkeit, die nach § 138 der Abgabenordnung dem Finanzamt mitzuteilen ist.

Inhaltsübersicht

I. Vorbemerkung

1 Die Vorschrift regelt das Verfahren der Beteiligung des BR bei Betriebsänderungen nach § 111. Der Präsident des zuständigen LAA kann um Vermittlung ersucht werden; neben dem freiwilligen Interessenausgleich über die unternehmerische Entscheidung ist der Abschluß eines Sozialplans (erforderlichenfalls durch Spruch der E-Stelle) zwingend vorgesehen (Einschränkungen vgl. Rn 17ff). Über Interessenausgleich und Sozialplan vgl. die Abhandlung aus gewerkschaftlicher Sicht von *Michaelis,* AiB 82, 25 und die Schriften von Harald *Fuchs,* Der Sozialplan nach dem BetrVG 72, 1977, Bund Verlag. *Ehmann,* Festschrift Weitnauer, 1980, S. 3ff.; *Gift,* Jahrbuch des Arbeitsrechts, Bd. 15, S. 51ff.; *v. Kaven,* Das Recht des Sozialplans, 1977, Erich Schmidt Verlag; *Vogt,* Sozialplan in der betrieblichen Praxis, 1981 und BlStR 81, 232 und *Weller* AR-Blattei, Der Sozialplan I.

2 Die Beteiligungsrechte des BR sind unterschiedlich. Bei dem **Interessenausgleich** über die unternehmerisch-wirtschaftliche Entscheidung als solche kann im Streitfall die E-Stelle nur auf **eine gütliche Einigung** hinwirken. Hingegen entscheidet die E-Stelle **verbindlich über einen Sozialplan** zum Ausgleich nachteiliger Folgen unternehmerischer Maßnahmen für die ArbN, allerdings mit den Einschränkungen des § 112a (vgl. Rn 17f.). Gleichwohl findet über beide Fragen zweckmäßigerweise ein einheitliches Verfahren vor der E-Stelle jedenfalls dann statt, wenn diese einen Sozialplan aufzustellen hat. In **Tendenzbetrieben** entfällt das Verfahren zur Herbeiführung eines Interessenausgleichs, aber nicht das Verfahren zum Abschluß eines Sozialplans (vgl. § 118 Rn 46).

3 Das **BeschFG** hat für den von der E-Stelle aufzustellenden **erzwingbaren Sozialplan** dessen Voraussetzungen sowohl hinsichtlich der Zahl der betroffenen ArbN bei der Betriebseinschränkung (lediglich) durch Personalabbau (§ 111 Nr. 1) als auch bei Neugründungen eingeschränkt. Außerdem werden der E-Stelle für ihre Entscheidung zusätzliche Maßstäbe anhand gegeben. Für den **Interessenausgleich** ergeben sich dagegen **keine Änderungen,** so daß die Verhandlungen darüber an Bedeutung gewinnen, wenn ein Sozialplan durch die E-Stelle nicht erzwingbar ist.

4 Entsprechende Vorschrift im **BPersVG 74:** § 75 Abs. 3 Nr. 13.

II. Interessenausgleich

5 Nach Mitteilung seitens des Unternehmers haben die Organe der Betriebsverfassung im Fall von Meinungsverschiedenheiten, d. h. wenn der BR mit der geplanten Betriebsänderung i. S. des § 111 (h. M.) nicht einverstanden ist, zunächst untereinander über einen **Interessenausgleich** im Geiste vertrauensvoller Zusammenarbeit (§ 74 Abs. 1) zu verhandeln (Abs. 1). Der Interessenausgleich soll klären, **ob, wann** und in **welcher Weise** die vorgesehene **unternehmerische Maßnahme durchgeführt**

werden soll (BAG 27. 10. 87, AP Nr. 41 zu § 112 BetrVG 1972). Der Interessenausgleich betrifft alle Fragen der Betriebsänderung, die nicht zum Sozialplan gehören (*Rumpff,* S. 286; GL, Rn 5f).

Der Interessenausgleich gewinnt angesichts der Rationalisierungs- **5a** und Konzentrationswelle in der Wirtschaft und der großen Schwierigkeiten der von einem Personalabbau betroffenen ArbN, einen angemessenen anderen Arbeitsplatz, zu finden, an Bedeutung. Es ist eine Neubesinnung auf die Bedeutung des Interessenausgleichs angebracht, der bisher eher ein Schattendasein geführt hat. Der Interessenausgleich hat den über einen Sozialplan hinausgehenden und ihm vorgreifenden Zweck, Nachteile für die von einer Betriebsänderung betroffenen ArbN möglichst überhaupt nicht entstehen zu lassen, zumindest diese aber in Grenzen zu halten. Dabei geht es beim Interessenausgleich nicht nur um den Ausgleich oder die Milderung wirtschaftlicher Nachteile, sondern aller wesentlichen Beeinträchtigungen durch eine Betriebsänderung (vgl. § 111 Rn 8). Ist ein Interessenausgleich „sozial verträglich", so wird ein etwa noch erforderlicher Sozialplan nicht den Umfang haben müssen, wie evtl. bei Durchführung der ursprünglich geplanten Betriebsänderung. U. U. wird ein Sozialplan überhaupt entbehrlich, z. B. bei Aufnahme einer alternativen Produktion. Der Versuch eines Interessenausgleichs hat daher gerade auch in den Fällen einen Sinn, in denen nach § 112a ein Sozialplan nicht erzwungen, sondern nur freiwillig abgeschlossen werden kann (BAG 8. 11. 1988, AP Nr. 18 zu § 113 BetrVG 1972, vgl. auch § 113 Rn 10a).

Durch den Interessenausgleich soll versucht werden, die z. T. **gegen-** **5b** **läufigen Interessen** von Unternehmer und BR in **Einklang zu bringen,** so daß Nachteile für die ArbN vermieden oder doch gemildert werden, ohne daß es zu einer nachhaltigen Beeinträchtigung der wirtschaftlichen Belange des Unternehmens kommt (vgl. auch für Sozialplan § 112 Abs. 5, Rn 32, 37). Bei den Verhandlungen über einen Interessenausgleich wird der **Unternehmer** das Interesse am Fortbestand des einzelnen Betriebes oder jedenfalls des Unternehmens geltend machen, an der Stärkung der Marktposition, an der Senkung der Kosten durch Rationalisierung. Auf seiten des **BR** besteht ein vorrangiges Interesse an der Erhaltung der Arbeitsplätze, aber auch einer menschengerechten Arbeitsgestaltung und einer Verdienstsicherung. Es ist zunächst zu versuchen, diese Interessen gegeneinander abzuwägen und zu einer Einigung über die wirtschaftliche Maßnahme als solche zu gelangen (vgl. Rn 5c). Diese Einigung wird vielfach gleichzeitig eine Einigung über einen Sozialplan zur Folge haben, sofern die Betriebsänderung, wenn auch mit Modifikationen, überhaupt noch durchgeführt werden soll.

Gegenstand eines Interessenausgleichs (vgl. auch § 111 Rn 8) kön- **5c** nen einzeln oder in Verbindung mehrerer Maßnahmen sein: Unterbleiben der Betriebsänderung überhaupt (dann ist kein Sozialplan aufzustellen); Veränderung der ursprünglichen Planung der Betriebsänderung in zeitlicher, quantitativer und qualitativer Hinsicht; Aufnahme zusätzlicher (alternativer) Produktion zur Vermeidung von Entlassungen; Umschulungsmaßnahmen zur Qualifikation von ArbN für neue Produktionen oder Techniken (wegen Widerspruch des BR gegen Kündigungen vgl. § 102 Rn 45ff.); Fortbildungsmaßnahmen, z. B. für Facharbeiter oder Büroangestellte, ggfs. mit finanzieller Unterstützung der BAA (vgl. § 96 Rn 22ff.); Maßnahmen der menschengerechten Arbeitsgestaltung, insbesondere sozialverträglicher Einsatz moderner Technologien; Planung von Mischarbeitsplätzen und Fertigungsinseln; Einführung einer transparenten Personalplanung. Vgl. zu Beschäftigungs- statt Sozialplänen: Klebe/Roth, DB 89, 1518.

6 Auch wenn schon ein zeitlich unbegrenzter Sozialplan für alle künftig aus betriebsbedingten Gründen notwendigen Entlassungen aufgestellt worden ist, muß gleichwohl der Unternehmer bei später geplanten Betriebsänderungen jeweils mit dem BR neu über einen Interessenausgleich verhandeln; der BR kann nicht von vornherein sein Einverständnis mit allen zukünftigen Betriebsänderungen gleich welcher Art und welchen Ausmaßes erklären (BAG 29. 11. 1983, AP Nr. 10 zu § 113 BetrVG 1972; vgl. wegen vorsorglicher Sozialpläne auch Rn 24).

7 Der **Unternehmer** muß, falls der BR nicht von sich aus tätig wird, seinerseits die **Initiative zur Aufnahme von Verhandlungen über einen Interessenausgleich ergreifen** (*HSG,* Rn 4), sonst treffen ihn die Folgen des § 113 (vgl. dort Rn 8).

8 Ein **Interessenausgleich ist schriftlich niederzulegen und vom Unternehmer und BR,** d. h. dessen Vors., **zu unterschreiben** (Wirksamkeitsvoraussetzung, BAG 9. 7. 85, AP Nr. 13 zu § 113 BetrVG 1972). Der Unternehmer kann dann die Maßnahme durchführen, u. U. mit den vereinbarten Abweichungen von der unternehmerischen Vorentscheidung in zeitlicher, quantitativer und qualitativer Hinsicht oder mit Sicherungen zugunsten der ArbN. Normative Wirkungen auf das einzelne Arbeitsverhältnis hat der Interessenausgleich nicht. Er ist keine BV (*Schaub,* § 244 IV 29), sondern eine kollektiver Vereinbarung besonderer Art (*DR,* Rn 20). Wird dagegen vereinbart, daß die Betriebsänderung überhaupt nicht oder nicht in der geplanten Form verwirklicht werden soll, so hat der Unternehmer davon Abstand zu nehmen. Handelt er ohne zwingenden Grund entgegen den getroffenen Abmachungen, so ist er zum Nachteilsausgleich nach § 113 verpflichtet. Überdies wird man den Unternehmer für verpflichtet ansehen müssen, das Verfahren nach §§ 111ff. noch in Gang zu setzen.

8a Der Abschluß eines Interessenausgleichs kann unabhänig von den weiteren MBR des BR (Rn 15) Anlaß dazu sein, über **weitergehende Maßnahmen** im Zusammenhang mit einer Betriebsänderung eine **freiwillige BV** nach § 88 abzuschließen, um die vorgesehene Regelung im einzelnen in die Betriebswirklichkeit umzusetzen. Es ist hier u. a. an Fragen der Personalplanung, an Bildungs- und Umschulungsmaßnahmen und die menschengerechte Arbeitsgestaltung im weiteren Sinne zu denken. Eine derartige BV hat im Gegensatz zum Interessenausgleich unmittelbare und normative Wirkung auf die Arbeitsverhältnisse im Betrieb.

9 Scheitert der innerbetriebliche Interessenausgleich, so kann nach Abs. 2 nunmehr jede Seite den **Präsidenten des LAA,** in dessen Bezirk der Betrieb liegt, **um Vermittlung ersuchen.** Dieser oder der allgemein oder aus dem konkreten Anlaß bestellte Vertreter hat dem Ersuchen stattzugeben. Der Präsident des LAA ist ohnehin vom Unternehmer über erkennbare Veränderungen innerhalb der nächsten zwölf Monate zu unterrichten, soweit sie Massenentlassungen oder Umsetzungen von ArbN auf geringer bezahlte Posten voraussichtlich bedingen (§ 8 AFG, Text § 102 Rn 78). Er kennt die Verhältnisse am Arbeitsmarkt (mögliche Vermittlung von ArbN in andere Arbeitsplätze) und kann durch Umschulungs- und Fortbildungsmaßnahmen nach dem AFG helfen. Die den Präsidenten des LAA nicht anrufende Seite ist nach § 2 Abs. 1 gehalten, sich an dem Vermittlungsversuch zu beteiligen (*DR,* Rn 154; GK-*Fabricius,* Rn 159; *HSG,* Rn 26, 63; skeptisch bezüglich der Zweckmäßigkeit eines bes. Zwischenverfahrens; *Bovensiepen,* RdA 75, 288; *Fuchs,* Sozialplan nach dem BetrVG 72, S. 102 hält das Interesse an alsbaldiger, endgültiger Entscheidung für vorrangig; **a.M.** auch *GL,* Rn 86). Der Präsident des LAA kann auch Anregungen für die Gestaltung des Sozialplans geben, insbes. hinsichtlich der Aussichten der zu entlassenden ArbN auf dem Arbeitsmarkt (Rn 35), aber nicht durch BR und Unternehmer von vornherein ermächtigt werden, eine verbindliche Entscheidung für sie zu treffen. Eine derartige Blankovollmacht ist unzulässig (**a.M.** *DR,* Rn 156; *GL,* Rn 88). Die **Einschaltung des Präsidenten des LAA** ist **fakultativ** (*HSG,* Rn 62; *Dolde/Bauer,* BB 78, 1675; *DR,* Rn 153; *GL,* Rn 86), ihr Unterbleiben hat keine Rechtsfolgen nach § 113 (vgl. dort Rn 7). Unternehmer und BR können auch jede andere Person oder Stelle um Vermittlung ersuchen (*GKSB,* Rn30; **a.M.** GK- *Fabricius,* Rn 160; *DR,* Rn 149).

Kommt es nicht zu einem Vermittlungsversuch oder bleibt die Vermittlung erfolglos, so steht **nunmehr** (nach *DR,* Rn 159f.; soll die alsbaldige Anrufung der E-Stelle den Vermittlungsversuch beenden; die nicht anrufende Seite ist aber verpflichtet, sich zunächst einmal auf die Vermittlung einzulassen, vgl. Rn 9) der **Weg zur E-Stelle offen,** die jede Seite anrufen kann. Der Vors. der E-Stelle kann den Präsidenten des LAA wegen dessen besonderer Sachkunde als Berater zuziehen, insbes. wegen der Arbeitsmarktlage (vgl. weiter Rn 35). Dieser selbst oder ein entsandter Vertreter darf sich dem Ruf nicht entziehen. Er hat die Stellung eines Sachverständigen und ist nicht stimmberechtigt. Es kann aber auch, insbesondere zur Erzielung eines Interessenausgleichs, zweckmäßig sein, in die E-Stelle aussenstehende Dritte als Beisitzer zu berufen, z. B. Wirtschaftsprüfer Bürgermeister der betroffenen Gemeinde oder andere für die Kommunal- oder Regionalpolitik maßgebende Personen. Für den Sozialplan kann die E-Stelle andere Beisitzer haben. Die Anrufung der E-Stelle bedarf nicht übereinstimmenden Handels von Unternehmer und BR. Vielmehr ist sie schon zu errichten, wenn eine Seite (in erster Linie wohl der Unternehmer, der eine wirtschaftliche Maßnahme durchführen will) die Initiative ergreift und die andere Seite hiervon verständigt (*Rumpff,* S. 318). Sieht der **Unternehmer von der Anrufung der E-Stelle ab,** so ist er zum 10

Nachteilsausgleich verpflichtet (§ 113 Abs. 3, näheres Rn 14 u. § 113 Rn 8). Daneben kann ein Sozialplan erzwungen werden (vgl. Rn 16).

11 Zunächst sollen **Unternehmer und BR selbst Vorschläge zur** Überbrückung der Meinungsverschiedenheiten machen (§ 112 Abs. 3). Es ist nicht erforderlich, daß diese Vorschläge schriftlich festgelegt sind. Jede Seite soll jedoch positiv darlegen, in welcher Weise sie den Interessenausgleich herbeizuführen wünscht. Es genügt also nicht, wenn der BR sich nur rein negativ gegen eine geplante Maßnahme des Unternehmers ausspricht. Er muß vielmehr dartun, ob er den seitherigen Zustand aufrechtzuerhalten für möglich hält oder welche Maßnahmen er an Stelle der von Unternehmer geplanten vorschlägt (*Teubner,* BB 74, 485). Beide Seiten sollten ihre Argumente vortragen. Auch die E-Stelle kann bereits in diesem Stadium des Verfahrens Vorschläge für die Einigung machen.

12 Die **E-Stelle hat einen sachlichen Gedankenaustausch** zwischen Unternehmer und BR **zu fördern** und die eigentlichen Streitpunkte herauszuschälen, insbes. also die Mißverständnisse zu bereinigen, die etwa entstanden sind und die Einigung erschweren. Zur Klärung des Sachverhalts kann sie jede Seite auffordern, **Unterlagen vorzulegen.** Dies gilt insbes. für den Unternehmer, der veranlaßt werden kann, die Unterlagen für seine geplanten Entscheidungen vorzulegen. Beruft sich der Unternehmer darauf, es sei keine Betriebsänderung i. S. des § 111 beabsichtigt (z. B. nur Stillegung eines unwesentlichen Betriebsteils), so hat die E-Stelle hierüber als Vorfrage mit zu entscheiden (BAG 18. 3. 75, AP Nr. 1 zu § 111 BetrVG 1972) und ggfs. Beschluß darüber zu fassen, daß sie ihre Tätigkeit einstellt, da keine dem MBR unterliegende Frage vorliegt (vgl. § 76 Rn 42).

13 Kommt es zu einer **Einigung,** über die der BR einen Beschluß zu fassen hat (§ 33), so ist sie im vollen **Wortlaut schriftlich niederzulegen** und vom Unternehmer, BRVors. und Vors. der E-Stelle zu **unterschreiben.** Ist die Schriftform nicht gewahrt, so ist kein Interessenausgleich zustandegekommen (BAG 9. 7. 85, AP Nr. 13 zu § 113 BetrVG 1972). Die E-Stelle hat darauf hinzuwirken, daß dieser Wortlaut klar ist. Die Einigung kann dadurch erreicht werden, daß der Unternehmer auf die Maßnahme verzichtet oder sich den Vorschlägen des BR anschließt, daß der BR seine Bedenken oder Gegenvorschläge zurückzieht oder daß sich beide Seiten durch gegenseitiges Nachgeben mit der Durchführung bestimmter Maßnahmen, die sich erst im Laufe der Verhandlung als zweckmäßig erwiesen haben, einverstanden erklären.

13a Im Falle der Einigung ist es zwar zweckmäßig, wenn gleichzeitig schon eine Regelung über den Sozialplan getroffen wird. Wegen der verschiedenen Materien und Rechtswirkungen von **Interessenausgleich** und **Sozialplan** sollte aber die Einigung in **getrennten Urkunden** niedergelegt werden. Während auf Grund eines Sozialplans der einzelne ArbN unmittelbar klagen kann Rn 28, 41) entfaltet der **Interessenausgleich** für den einzelnen ArbN Rechtswirkungen nur nach § 113; er ist **kein vollstreckbarer Titel** *(Rumpff,* S. 298; GK-*Fabricius,* Rn 20), sondern eine kollektive Vereinbarung besonderer Art (*DR,* Rn 20, 22; GK- *Fabricius,* a. a. O., aber Rn 8: Vertrag nach §§ 145 ff. BGB).

Kommt auch vor der E-Stelle **kein Interessenausgleich zustande** (was der Vors. der E-Stelle festzustellen hat, LAG Düsseldorf, 14. 11. 83, DB 84, 511), so kann der **Unternehmer die geplante Maßnahme nunmehr durchführen.** Ein Spruch der E-Stelle über einen Interessenausgleich wäre unverbindlich (LAG München, 13. 1. 89, BB 89, 916). Ein Nachteilsausgleich entfällt, nicht aber die Verpflichtungen auf Grund eines Sozialplans. Die eingehenden Verfahrensvorschriften, auch über den Interessenausgleich zeigen, daß eine **Verhandlungsobliegenheit des Unternehmers** besteht, obwohl insoweit die E-Stelle keinen verbindlichen Spruch fällen kann. Vor Ausschöpfung des Verhandlungsweges darf der Unternehmer die Betriebsänderung nicht durchführen (vgl. *Buschmann,* BB 83, 510; *HSG,* Rn 4, 22; BAG 18. 12. 1984, AP Nr. 11 zu § 113 BetrVG 1972, vgl. auch § 113 Rn 8; wegen einstw. Verfg. vgl. aber § 111 Rn 41). Sonst ist er zum Nachteilsausgleich verpflichtet. 14

Unabhängig von einem Interessenausgleich bleiben die **weiteren MBR** vor und bei Durchführung der Betriebsänderung **bestehen,** insbesondere nach §§ 87 Abs. 1 Nr. 3 und 6, 90, 98, 99 u. 102, sofern nicht schon über konkrete Folgemaßnahmen im Rahmen des Interessenausgleichs Einigung erzielt ist. Eine Einigung über personelle Abbaumaßnahmen ersetzt aber nicht die Kündigungen (vgl. Rn 29). Der BR kann aber auch die **Initiative zur Einführung von Kurzarbeit** ergreifen (vgl. § 87 Rn 53) und damit letzten Endes erreichen, daß eine Betriebsänderung durch Personalabbau entweder überhaupt nicht oder nicht in dem geplanten Umfang und (oder) zu dem vorgesehenen Zeitpunkt durchgeführt wird. Dem MBR nach § 87 Abs. 1 Nr. 3 steht auch nicht entgegen, daß ein Interessenausgleich an sich nicht erzwungen werden kann. Das MBR nach § 87 setzt Begrenzungsdaten für eine vorgesehenen Personalabbau (vgl. BAG 4. 3. 86, AP Nr. 3 zu § 87 BetrVG 1972 Kurzarbeit; vgl. auch § 87 Rn 50 und § 102 Rn 50a). Unberührt bleiben auch die Unterrichtungspflichten an den WiAusschuß nach § 106 (und damit mitelbar an den BR) über Vorhaben, die Betriebsänderungen zur Folge haben können. 15

III. Sozialplan

1. Allgemeine Voraussetzungen

Unabhängig davon, ob der Unternehmer eine Betriebsänderung i. S. des § 111 auf Grund eines Interessenausgleichs mit dem BR oder ohne eine solche Einigung durchführt, besteht mit den Einschränkungen nach § 112a ein **(erzwingbares) MBR des BR auf Aufstellung eines Sozialplans,** auch noch nach Durchführung der Betriebsänderung (BAG 15. 10. 1979, AP Nr. 5 zu § 111 BetrVG 1972). Dies gilt auch, wenn der Unternehmer einen Interessenausgleich überhaupt nicht versucht hat, also auch die weiteren Rechtsfolgen nach § 113 eintreten können (LAG Hamm, AP Nr. 1 zu § 112 BetrVG 1972; *DR,* Rn 42; **a.M.** *Reuter/Körnig,* AktG 78, 325, vgl. auch § 113 Rn 25). Der Unternehmer hat **kein** 16

„Wahlrecht" zwischen Sozialplan und Nachteilsausgleich (*DR,* Rn 142). Der Sozialplan soll die wirtschaftlichen, d. h. vermögenswerten Nachteile (zum Begriff vgl. *Hanau,* ZfA 74, 100 u. *Vogt,* BlStR 82, 234), nicht immaterielle Beeinträchtigungen (*DR,* Rn 47, 55; *Vogt,* a. a. O.), die die geplante (oder etwa bereits eingeleitete oder gar durchgeführte) Maßnahme für die ArbN zur Folge hat, ausgleichen oder wenigstens mildern. Diese Nachteile können Entlassungen oder Versetzungen sein (BAG 27. 10. 1987, AP Nr. 41 zu § 112 BetrVG 1972).

2. Einschränkungen (§ 112a)

17 Die **Erzwingbarkeit eines Sozialplanes** durch Spruch der E-Stelle unterliegt aber jetzt nach § 112a folgenden gegenüber § 111 einschränkenden Voraussetzungen, sofern das Tätigwerden der E-Stelle (§ 76 Rn 24) nach dem 1. 5. 1985 beantragt worden ist:

a) Bei geplanten Betriebsänderungen nach § 111 Satz 2 Nr. 1, die **lediglich durch Personalabbau** und nicht unter gleichzeitiger Änderung sächlicher Betriebsmittel erfolgt, ist nicht die Staffel gem. der Rechtsprechung des BAG maßgebend (vgl. § 111 Rn 19), sondern die höheren Zahlen, bzw. Prozentsätze des § 112a Abs. 1. Ein Sozialplan ist nur erzwingbar, wenn
in Betrieben mit in der Regel (§ 1 Rn 144)

21–59 ArbN	20% der ArbN, aber mindestens 6 Arbn
60–249 ArbN	20% der ArbN oder mindestens 37 ArbN
250–499 ArbN	15% der ArbN oder mindestesn 60 ArbN
500–599 ArbN	60 ArbN
ab 600 ArbN	10% der ArbN

aus betriebsbedingten Gründen entlassen werden. Bei (Teil-)Stillegungen ist nur ein Rückblick möglich, um die regelmäßige Belegschaftsstärke festzustellen. Entscheidend ist der Zeitpunkt, zu dem der Unternehmer noch eine übliche Betriebstätigkeit entwickelt hat (BAG 31. 1. 1986, AP Nr. 5 zu § 17 KSchG 1969). Wegen anderweitigen Ausscheidens aus dem Arbeitsverhältnis und wegen Teilzeitbeschäftigten vgl. § 111 Rn 20, 21.

18 b) § 112a Abs. 2 schließt die Anwendung der Vorschriften des § 112 Abs. 4 und 5 auf Betriebe **neugegründeter Unternehmen** für vier Jahre aus. Soweit § 112a Abs. 2 eingreift, ist ein **Sozialplan nicht erzwingbar,** und zwar für **alle Fälle von Betriebsänderungen.** Es ist aber rechtlich unbedenklich, wenn der Unternehmer mit dem BR auch in den Fällen, in denen der Sozialplan nicht erzwingbar ist, neben dem obligatorischen Versuch eines Interessenausgleichs (BAG 8. 11. 88, AP Nr. 18 zu § 113 BetrVG 1972) freiwillig einen Sozialplan vereinbart.

Zweck der Bestimmung ist es, einem Unternehmer die schwierige Anfangsphase des Aufbaus zu erleichtern. Der Unternehmer soll von dem Risiko befreit werden, im Falle des Scheiterns seiner Neugründung mit Sozialplanverpflichtungen belastet zu werden.

Begünstigt sind nur **neugegründete Unternehmen.** Abzustellen ist auf das **Alter des Unternehmens.** Unternehmen, die länger als 4 Jahre bestehen, können sich nicht auf die begünstigende Vorschrift berufen, auch wenn sie einen neuen Betrieb gründen. Ältere Unternehmen müssen das Risiko ohne Einschränkung tragen (vgl. *Wlotzke,* NZA 84, 217; *Otto,* ZfA 85, 74).

Um Streitigkeiten über den **Zeitpunkt der Gründung** auszuschließen, bestimmt Satz 3 als Zeitpunkt der Gründung die Aufnahme einer nach § 138 AO mitteilungspflichtigen Erwerbstätigkeit. Nach § 138 Abs. 1 AO ist die Eröffnung eines gewerblichen Betriebes oder einer Betriebsstätte zu melden. Maßgebend ist die Aufnahme der Erwerbstätigkeit, nicht der Zeitpunkt der Mitteilung an das Finanzamt, die binnen einem Monat zu erfolgen hat. Ist z. B. die Erwerbstätigkeit am 1. März 1985 aufgenommen worden, so endete die Begünstigung mit Ablauf des 1. März 1989.

Um ein begünstigtes neugegründetes Unternehmen handelt es sich **18a**
nicht, wenn die **Neugründung im** Zusammenhang **mit Umstrukturierungen** von Unternehmen und Konzernen steht (Satz 2). Maßgebend sind wirtschaftliche Verflechtungen des neugegründeten Unternehmens zu bereits bestehenden Unternehmen. Auf die rechtliche Selbständigkeit kommt es nicht an, entscheidend ist die **wirtschaftliche Betrachtungsweise.** Das Gesetz enthält bewußt nur eine allgemeine Umschreibung.

In der Begründung zum Regierungsentwurf werden folgende **Beipiele** genannt: Die Verschmelzung von Unternehmen zu einem neuen Unternehmen, die Umwandlung auf (in) ein neues Unternehmen, die Auflösung eines Unternehmens und die Übertragung seines Vermögens auf ein neues Unternehmen, die Aufspaltung eines Unternehmens auf mehrere neugegründete Unternehmen oder die Abspaltung von Unternehmensteilen auf neugegründete Tochtergesellschaften. Die Aufzählung ist nur beispielhaft, nicht abschließend gemeint.

Es sind damit Tatbestände angesprochen, in denen eine Gesamtrechtsnachfolge vorliegt (vgl. Verschmelzung von Kapitalgesellschaften, §§ 339ff. AktG; Übertragungsumwandlung, § 359ff. AktG; Umwandlung von Kapitalgesellschaften in Personalgesellschaften nach dem Umwandlungsgesetz vom 6. 9. 1969), aber auch Fälle, in denen die Identität des Unternehmens erhalten bleibt, die Rechtsform jedoch wechselt (formwechsenlnde Umwandlung, § 362 AktG). Insoweit wiederholen die Beispiele nur Selbstverständliches. Praktisch bedeutsam sind nur die übrigen Fälle, deren gemeinsames Merkmal die wirtschaftliche Verflechtung zwischen neugegründeten Unternehmen und zuvor bereits bestehenden Unternehmen ist.

Die neugegründeten Unternehmen können sich auf die Begünstigung **18b**
weiter nur berufen, wenn auch der **Betrieb,** in dem eine Betriebsänderung durchgeführt werden soll, **nicht älter als vier Jahre ist.** (ähnlich zum Begriff der „Neueinstellung" nach § 1 BeschFG: LAG Niedersach-

sen, DB 88, 1654, wonach auch ein neuer Arbeitsplatz geschaffen sein muß **a.M.** BAG 13. 6. 89, – 1 ABR 14/88 –; *Heinze,* NZA 87, 41, 49, von *Hoyningen-Huene,* NJW 85, 1802). Der Wortlaut ist insoweit nicht eindeutig. Es bleibt offen, ob sich die Altersbestimmung nur auf das Unternehmen selbst bezieht oder **auch** auf den Betrieb.

Beispiele:

Ein neugegründetes Unternehmen erwirbt einen seit vielen Jahren bestehenden Betrieb. Dieser Betrieb soll rationalisiert werden (Betriebsänderungen nach § 111 Nr. 1, 4 und 5).

Der Kommanditist (und Geldgeber) einer KG gründet eine neue KG und erwirbt einen älteren Betrieb der KG. Er kann diesen Betrieb nicht rationalisieren, ohne einen Sozialplan aufzustellen.

Es wäre nicht gerechtfertigt, dieses Unternehmen zu begünstigen. Der Zweck des Gesetzes fordert eine solche Auslegung nicht, weil mit einer Betriebsübernahme keine neuen Arbeitslplätze geschaffen werden und keine Erleichterungen für die Anfangsphase eines Betriebes notwendig sind. Wer einen bereits bestehenden Betrieb übernimmt, kann Chancen und Risiken beurteilen. Die gegenteilige Auslegung stünde im Widerspruch zum **Grundgedanken des § 613a BGB.** Das neugegründete Unternehmen tritt bei der Übernahme eines älteren Betriebs in die Rechte und Pflichten der im Zeitpunkt der Übernahme bestehenden Arbeitsverhältnisse ein (vgl. weiter § 111 Rn 12ff.). Kann der frühere oder neue Unternehmer Betriebsänderungen nur mit der Verpflichtung durchführen, einen Sozialplan aufzustellen (vgl. § 111 Rn 12), muß gleiches auch für den Erwerber gelten, selbst wenn dieser ein Unternehmen hat, das noch keine vier Jahre besteht.

Die Ausnahmevorschrift des § 112a Abs. 2 gilt danach nur für **neu errichtete Betriebe bei Unternehmensneugründungen.**

3. Der vereinbarte Sozialplan

a) Zweck.

19 Es geht bei § 112 nicht nur um finanzielle Ansprüche des einzelnen ArbN, im Gegensatz zu dem Abfindungsanpruch des § 113 als Sanktionsnorm, sondern einmal um einen allgemeinen Ausgleich für den **Verlust des Arbeitsplatzes.** Derartige Leistungen sind nach Ansicht des BAG auch zulässig, wenn der ArbN alsbald auf einen gleichwertigen Arbeitsplatz weiterbeschäftigt werden kann, weil jedenfalls der Bestandsschutz des bisherigen Arbeitsverhältnisses und daraus abgeleitete Anwartschaften verlorengehen (vgl. BAG 23. 4 1985, AP Nr. 26 zu § 112 BetrVG 1972 und *Richardi* NZA 84, 177). Für die Entscheidung der E-Stelle vgl. aber § 112 Abs. 5 Nr. 2 u. dazu Rn 35. Daneben hat der Sozialplan **Überleitungs- und Vorsorgefunktion** (so BAG 13. 12. 78, AP Nr. 6 zu § 112 BetrVG 1972; 22. 5. 79, AP Nr. 3, 4 zu § 111 BetrVG 1972; LAG Berlin, DB 80, 2343: Leistungen auch für ArbN, die in eine Auffanggesellschaft überwechseln; *DR,* Rn 27ff.; *Heinze,* NJW 80, 147; *Weller,* ARBlattei Sozialplan I; einschränkend: *Beuthin,* ZfA 82, 181 nur

berufliches Veränderungsrisiko des ArbN; *Löwisch,* Festschrift Müller S. 301 u. *GL,* Rn 3a: nur Daseinsvorsorge; *Vogt,* BlStR 82, 237: Erleichterung der Wiedereingliederung des ArbN; *Willemsen,* ZIP 81, 1058: Keine Entschädigung für abstrakten Verlust des Arbeitsplatzes ohne Nachteile, z. B. bei Übernahme in anderes Unternehmen; vgl. auch Rn 35).

b) Zustandekommen

Das **Verfahren** zur Herbeiführung einer Einigung über den Sozialplan 20
ist zunächst das **gleiche wie beim Interessenausgleich.** Es kann auf die Rn 5–15 verwiesen werden. Beide Verfahren laufen zweckmäßigerweise parallel, da sie in einem systematischen Zusammenhang stehen (BAG 20. 4. 82, AP Nr. 15 zu § 112 BetrVG 1972). Zunächst ist in den Verhandlungen über einen Interessenausgleich aber zu klären, ob bzw. wie die Betriebsänderung durchgeführt werden soll. Denn sie ist Grundlage für die Aufstellung des Sozialplans. (vgl. Rn 13a). Kommt ein Interessenausgleich nicht zustande, so braucht nicht abgewartet zu werden, bis der Unternehmer die Betriebsänderung tatsächlich durchgeführt hat. Die Maßnahmen des Sozialplanes haben sich danach zu richten, wie der Unternehmer seiner erklärten Absicht nach die Betriebsänderung durchführen will. Ändert der Unternehmer nachträglich seinen Entschluß und will demgemäß die Betriebsänderung durchführen, so beginnt das Verfahren nach §§ 111 ff. von neuem. Ggfls. ist auch ein neuer Sozialplan aufzustellen, der den alten ganz oder teilweise ersetzen kann (vgl. auch Rn 24). Ist zunächst nur eine Teilstillegung eines Unternehmens vorgesehen, muß dann aber vor deren Durchführung das gesamte Unternehmen stillgelegt werden, so ist unbeschadet eines früheren Sozialplanes ein neuer Sozialplan für alle ArbN aufzustellen (BAG 9. 12. 81, AP Nr. 14 zu § 112 BetrVG 1972). Gehen die Betriebspartner von irrigen Voraussetzungen über die zur Verfügung stehende Finanzmasse aus, so können sie sich auf den Wegfall der Geschäftsgrundlage berufen (Rn 31) und die Aufnahme neuer Verhandlungen verlangen, notfalls auch die E-Stelle anrufen (BAG 17. 2. 81, AP Nr. 11 zu § 112 BetrVG 1972).

c) Inhalt

Die Feststellung wesentlicher Nachteile durch die Betriebsänderung 21
ist zum Zeitpunkt der Aufstellung des Sozialplans nur schwer möglich. Es ist daher nicht erforderlich, daß tatsächlich wesentliche Nachteile i. S. des § 111 für die ArbN eingetreten sind, oder eintreten werden, *DR,* Rn 35, 49); so aber offenbar GK-*Fabricius,* Rn 21, 31; eine Aufrechnung von Vor- und Nachteilen wollen vornehmen *DR,* Rn 48 u. *GL,* Rn 21); die **Möglichkeit des Eintritts eines** (materiellen) **Nachteils genügt.** Es ist zulässig, daß Sozialpläne **pauschaliert** und u. U. gestaffelt (z. B. Dauer der Betriebszugehörigkeit, Lebensalter) Abfindungen für den Verlust des Arbeitsplatzes und den Verlust der im Laufe des Arbeitsverhältnisses erworbenen Vorteile vorsehen (BAG 13. 12. 1978, 23. 4. 1985, AP Nr. 6, 26 zu § 112 BetrVG 1972; *Ohl,* ArbuR 80, 108; vgl. weiter Rn 22

u. für den von der E-Stelle aufgestellten Sozialplan Rn 34). Es kann nicht von vornherein die Verhandlung über einen Sozialplan mit der Begründung abgelehnt werden, Nachteile seien nicht eingetreten oder nicht zu erwarten.

21a Maßgebend ist die **Betrachtung** zu dem **Zeitpunkt,** zu dem der Sozialplan bei freiwilliger Einigung abgeschlossen werden soll, also nach den Absichten des Gesetzgebers **vor der Betriebsänderung.** Nach einer Prognose zu diesem Zeitpunkt können die wirtschaftlichen Nachteile der zu entlassenden ArbN abgegolten werden, mit denen im Zeitpunkt der Betriebsstillegung typischerweise zu rechnen ist (BAG 23. 4. 1985, a. a. O. **a. M.** *von Hoyningen-Huene,* RdA 86, 110: Zeitpunkt des tatsächlichen Abschlusses des Sozialplans). Andererseits ist es auch möglich, und für den von der E-Stelle aufgestellten Sozialplan nach Abs. 5 Nr. 1 und 2 geboten, unterschiedliche Leistungen zu gewähren, je nach den tatsächlich eingetretenen oder für die betroffenen ArbN zu erwartenden Nachteilen (BAG 8. 12. 1976, 29. 11. 1978, 12. 2. 1985, AP Nr. 3, 7, 25 zu § 112 BetrVG 1972). Für die Entscheidung der **E-Stelle** beim erzwingbaren Sozialplan vgl. aber Rn 34.

22 **Inhalt des Sozialplans** ist nicht die wirtschaftliche Unternehmerentscheidung, sondern der **Schutz der ArbN auf sozialem und personellem Gebiet.** Ein Sozialplan darf deshalb keine Regelungen enthalten, die ausschließlich zu Lasten der ArbN wirken (BAG 7. 8. 1975, AP Nr. 169 zu § 242 BGB Ruhegehalt; BAG 30. 10. 80, AP Nr. 3 zu § 1 BetrAVG; Keine Aufhebung oder Kapitalisierung unverfallbarer Versorgungsanwartschaften, BAG 24. 3. 81, AP Nr. 12 zu § 112 BetrVG 1972).

22a In einem Sozialplan können z. B. **folgende Regelungen** getroffen werden: Zahlung von einmaligen Abfindungen oder auch laufenden Ausgleichszahlungen. Pauschalierungen nach einem **Punktsystem,** das insbesondere Lebensalter, Familienstand, Dauer der Betriebszugehörigkeit längere Fahrzeiten (LAG Frankfurt, 28. 10. 86, AiB 87, 292), regionale Arbeitsmarktprobleme berücksichtigt, sind nach der bisherigen Rechtsprechung (vgl. BAG 11. 6. 1975, 22. 5. 1979, AP Nr. 1 zu § 77 BetrVG 1972 Auslegung, AP Nr. 4 zu § 111 BetrVG 1972, 23. 4. 85, 27. 10. 87, AP Nr. 26, 41 zu § 112 BetrVG 1972) und auch zukünftig für einen durch die E-Stelle aufgestellten Sozialplan (vgl. Rn 34) zulässig. Insbesondere in kleineren Betrieben können aber unter Berücksichtigung des Gleichbehandlungsgrundsatzes **auch** Sozialplanleistungen **individuell je nach den persönlichen Verhältnissen der einzelnen betroffenen ArbN** festgelegt werden. Das entsprach schon der bisherigen Rechtslage (BAG 12. 2. 1985, AP Nr. 25 zu § 112 BetrVG 1972) und wird der **E-Stelle** bei ihrer Entscheidung nach § 112 Abs. 5 Nr. 1 jetzt als Ermessensmaßstab ausdrücklich **vorgegeben** (vgl. Rn 34). Bei **älteren ArbN** kann berücksichtigt werden, daß sie alsbald das vorgezogene Altersruhegeld nach § 1248 RVO beantragen können, so daß sie nur geringere oder keine Leistungen für den Verlust des Arbeitsplatzes erhalten (BAG 10. 11. 1982, 14. 2. 1984, 23. 4. 1985, 26. 7. 88, AP Nr. 5 zu § 42 SchwbG, AP Nr. 21, 26, 45 zu § 112 BetrVG 1972; siehe auch § 75 Rn 20). Weiter kommen in Betracht: Zahlungen von Lohnausgleich oder Auslösung bei Versetzungen, Beihilfen für Umschulungs- oder Weiterbildungsmaßnahmen, Weitergewährung von Deputaten, Gewinnbeteiligungen, vermögenswirksame Leistungen, AtbGebDarlehen, Werkwohnungen, Übernahme von Bewerbungs- und Fahrtkosten, Aufrechterhaltung von Pensionsanwartschaften, (BAG 13. 2. 1975, 7. 8. 1975, AP Nr. 9 zu § 242 BGB Ruhegehalt – Unverfallbarkeit, AP Nr. 169 zu § 242 BGB Ruhegehalt; wegen Zuständigkeit des BR für Pensionäre vgl. § 77 Rn 26). Die Aufstellung der durch die E-Stelle zu berücksichtigende Gesichtspunkte in § 112 Abs. 5 Nr. 1 (Rn 34) ist lükkenhaft. Es kann auch ein **Sonderfond** für (unvorhergesehene) Härtefälle, z. B. längere Arbeitslosigkeit, als Reserve gebildet werden. Wegen weiterer Beispiele und Muster abgeschlossener Sozialpläne vgl. *Schmitt* MitbGespr. 75, 78 und *Vogt* Sozialpläne in der betrieblichen Praxis., Otto Schmidt Verlag Köln, 2. Aufl., 1981 Teil C, Seite 174ff., derselbe BB 75, 1583ff.

Die Betriebspartner (und auch die E-Stelle) sind im Rahmen billigen **22b**
Ermessens bei der Aufstellung eines Sozialplanes grundsätzlich frei in ihrer Entscheidung, welche Nachteile einer Betriebsänderung in welchem Umfang ausgeglichen oder gemildert werden sollen (BAG 29. 11. 1978, 12. 2. 1985, 27. 10. 1987, 26. 7. 1988, 28. 9. 1988, AP Nr. 7, 25, 41, 45, 47 zu § 112 BetrVG 1972).

Schon nach der bisherigen Rechtsprechung konnten Abfindungen auf **23**
die ArbN beschränkt werden, denen kein **zumutbarer anderer Arbeitsplatz** angeboten werden kann oder die noch keine anderweitige Beschäftigung gefunden haben (BAG 17. 2. 81, AP Nr. 11 zu § 112 BetrVG 1972) oder die einen gleichwertigen und gleichbezahlten Arbeitsplatz in einem anderen Betrieb des Unternehmens oder Konzerns ablehnen, selbst wenn damit ein Ortwechsel verbunden ist. Unter welchen Voraussetzungen ein anderes Arbeitsplatzangebot zumutbar ist, kann im Sozialplan näher festgelegt werden, sofern die Grundsätze des § 75 gewahrt werden (BAG 8. 12. 1976, 25. 10. 1983, 28. 9. 88, AP Nr. 3, 18, 47 zu § 112 BetrVG 1972). Wegen **Entscheidungsmaßstäben für die E-Stelle** vgl. § 112 Abs. 5 Nr. 2 u. Rn 35, 36.

Die **Aufstellung vorsorglicher Sozialpläne** für noch gar nicht ge- **24**
plante Betriebsänderungen fällt nicht unter §§ 111ff. und ist auch nicht erzwingbar (vgl. BAG 25. 10. 1983– 1 AZR 225/82–; *DR,* Rn 39; *Fuchs,* a. a. O. S. 94; vgl. aber § 111 Rn 14a. E). Wohl aber ist es möglich, unabhängig von §§ 111ff. schuldrechtliche, generell formulierte Vereinbarungen zwischen Unternehmer und BR (*Birk* ZfA 86, 73, 89) über betriebliche Rationalisierungsschutzmaßnahmen zu treffen, insbes. auch zur Erleichterung späterer Verhandlungen im Falle einer nunmehr geplanten Betriebsänderung (vgl. BAG 29. 11. 83, AP Nr. 10 zu § 113 BetrVG 1972).

Es können auch Abfindungen für ArbN vorgesehen werden, die noch **25**
nicht unter das KSchG fallen (*GL,* Rn 35) oder deren Arbeitsverhältnis gem. Art. 1 § 1 BeschFG auf längstens 18 Monate befristet worden ist. Allerdings werden bei befristeten Arbeitsverhältnissen nur in geringerem Umfang Leistungen in Betracht kommen. Entsprechendes gilt für

Heimarbeiter (*Schmidt,* NZA 89, 126). **Teilzeitbeschäftigte ArbN** (§ 111 Rn 20) müssen wegen des Verbots unterschiedlicher Behandlung (Art. 1 § 2 BeschFG) bei Sozialplanleistungen mitberücksichtigt werden, jedenfalls im Verhältnis ihrer Arbeitszeit zu der vollzeitbeschäftigter ArbN.

26 **Leitende Ang.** erfaßt ein Sozialplan nicht (GK-*Fabricius,* Rn 63; BAG 31. 1. 79, AP Nr. 8 zu § 112 BetrVG 1972), wie sich jetzt auch aus § 32 Abs. 2 SprAuG ergibt, der lediglich eine Beratungspflicht wegen wirtschaftlicher Nachteile für leitende Ang. durch Betriebsänderungen vorsieht. Mit leitenden Ang. kann allerdings der Unternehmer Einzelvereinbarungen in Anlehnung an den Sozialplan abschließen. Eine Verpflichtung des Unternehmers auf Grund des Gleichbehandlungsgrundsatzes besteht aber nicht (BAG 16. 7. 85, AP Nr. 32 zu § 112 BetrVG 1972; zustimmend *Spinti,* DB 86, 1571). Der BR kann auch nicht in Vertretung der leitenden Ang. entsprechende Verträge abschließen. Dazu wäre der Sprecherausschuß berufen.

d) Wirkungen

27 Der Sozialplan hat die **Wirkung einer BV** (BAG 27. 8. 75, 8. 11. 88, AP Nr. 2, 48 zu § 112 BetrVG 1972) und kann trotz etwaiger Tarifüblichkeit derartiger Regelungen (vgl. z. B. die Aufstellung von **Rationalisierungsschutzabkommen** bei *Pornschlegel,* RdA 78, 160, Fußnote 16) abgeschlossen werden (§ 112 Abs. 1 Satz 2, 3, § 77 Abs. 3). Der **Tarifvorbehalt des § 77 Abs. 3 gilt** hier **nicht.** Der Sozialplan kann über eine tarifliche Regelung hinausgehen, sie aber nicht unterschreiten (*DR,* Rn 85ff; *GL,* Rn 53; *Rumpff,* S. 356). Der Sozialplan ist aber wie die BV an zwingendes Gesetzesrecht gebunden (vgl. § 87 Rn 4), z. B. § 1 Abs. 3 KSchG in seiner richterlichen Ausprägung (§ 95 Rn 10), an § 75 Abs. 1 (BAG 29. 11. 1978, 19. 4. 1983, AP Nr. 7 zu § 112 BetrVG 1972, AP Nr. 124 zu Art. 3 GG) und das BetrAVG (BAG 30. 10. 80, AP Nr. 3 zu § 1 BetrAVG; *DR,* Rn 65ff; *GL,* Rn 39). Wegen Billigkeitskontrolle durch die Gerichte vgl. Rn 41. Das BAG bezeichnet den Sozialplan als „BV besonderer Art" (27. 8. 1975, 29. 11. 1978, AP Nr. 2, 7 zu § 112 BetrVG 1972; *Fuchs,* a. a. O. S. 15 und *DR,* Rn 80 sehen ihn als „normale"BV an).

28 Aufgrund des Sozialplanes entstehen **unmittelbare Rechtsansprüche** des einzelnen ArbN, auch vor Abschluß des Sozialplans, aber nach dem festgelegten Stichtag ausgeschiedener ArbN (LAG Hamm, AP Nr. 1 zu § 112 BetrVG 1972; *DR,* Rn 73; *Fuchs,* a. a. O. S. 27; *von Hoyningen-Huene,* RdA 83, 228; *HSG,* Rn 41; *Stege/Weinspach;* Erg. Bd., Rn 86; *GL,* Rn 32). Wegen Vererblichkeit von Ansprüchen vgl. § 113 Rn 26. Deshalb ist auf eine klare Formulierung zu achten und ein **Stichtag** festzulegen, von wann ab der Sozialplan gelten und danach ausscheidende ArbN erfassen soll. Legt der Sozialplan selbst nicht fest, wann Sozialplanansprüche entstehen, so ist der Beginn der Durchführung der Betriebsänderung bzw. die schon vorhergehende Beendigung des Arbeitsverhältnisses gemäß einem bereits abgeschlossenen Sozialplan maßge-

bend. Wird der Sozialplan erst nach der Betriebsänderung erlassen, so entstehen die Ansprüche mit dem Zustandekommen des Sozialplanes (näheres vgl. *Hansen,* NZA 85, 609). Ein versehentlich unberücksichtigt gebliebener ArbN hat auch dann Anspruch auf Auszahlung des ihm zustehenden Betrages gegenüber dem ArbGeb., wenn der hierfür gebildete Fonds erschöpft ist. Einzelvertraglich vereinbarte Abfindungen können Sozialplanabfindungen über- aber nicht unterschreiten (*Leinemann,* ZIP 89, 557).

Der **Sozialplan ersetzt** aber **nicht die Kündigung des Arbeitsverhältnisses;** für deren Ausspruch besteht keine kollektive Regelungsmacht der Betriebspartner (BAG 17. 7. 1964, AP Nr. 3 zu § 80 ArbGG; *GL,* Rn 29; *DR,* Rn 65; *Fuchs,* a. a. O. S. 34). Leistungen aus dem Sozialplan sind unabhängig davon, ob Kündigungen sozial gerechtfertigt sind (*DR,* Rn 52; vgl. auch § 113 Rn 12). Auch ist es unzulässig, Leistungen aus dem Sozialplan davon abhängig zu machen, daß der ArbN keine Kündigungsschutzklage erhebt („Abkauf" des Kündigungsschutzes; *Fuchs,* a.a.O. S. 40, *Löwisch,* ZIP 81, 1293; BAG 20. 12. 1983, AP Nr. 17 zu § 112 BetrVG 1972 **a.M.** *Hunold,* BB 84, 2282, sofern Sozialplanleistungen ohne Nachweis von Nachteilen erfolgen u. Stege/Weinspach, Erg. Bd., Rn 87). Sozialplanleistungen sind nicht zu vergleichen mit vergleichsweise gewährten Kündigungsabfindungen. Wohl aber können Sozialpläne vorsehen, daß evtl. Abfindungszahlungen nach §§ 9, 10 KSchG auf Sozialplanleistungen angerechnet werden (*Heinze,* NZA, 84, 17). Nach Ansicht des BAG (7. 5. 1987, AP Nr. 19 zu § 9 KSchG 1969) können Aufhebungsverträge mit ArbN unter Zahlung einer Abfindung eine „funktionswidrige Umgehung der §§ 111, 112 BetrVG" und deshalb der Vertrag und die zugrundeliegende BV teilweise nichtig sein. 29

Da Leistungen aus einem Sozialplan regelmäßig kein Arbeitsentgelt i. S. des § 117 Abs. 1 AFG sind, **ruht** der Anspruch auf **Arbeitslosengeld nicht.** Ein zeitweises Ruhen in den Grenzen des § 117 Abs. 3 AFG kommt gemäß § 117 Abs. 2 AFG (zuletzt geändert durch Gesetz vom 22. 12. 81, BGBl I, S. 1497) nur bei Abfindungen, Entschädigungen oder „ähnlichen Leistungen" in Betracht, die der ArbN wegen der Beendigung des Arbeitsverhältnisses erhalten oder zu beanspruchen hat, sofern die Beendigung zu einem Zeitpunkt erfolgt, der vor dem Kündigungstermin bei einer ordentlichen Kündigung durch den ArbGeb. liegt. Das Ruhen des Arbeitslosengeldes kommt also nur in Frage, wenn und soweit das Arbeitverhältnis unter Nichteinhaltung der Kündigungsfristen und -termine vorzeitig beendet worden ist. Diese, unter Umständen Lohnbestandteile enthaltenden und deshalb z. T. anrechenbaren Zahlungen haben aber mit den Ansprüchen aus Sozialplänen für den Verlust des Arbeitplatzes nichts zu tun (zu § 117 Abs. 2 u. 3 AFG n. F. im Anschluß an die Entscheidung des BVerfG vom 12. 5. 1976, AP Nr. 1 zu § 117 AFG vgl. *Ammermüller,* DB 77, 2445, *Behrens,* DB 78, 1224 und *Ottow,* DB 78, 1226; BAG 13. 1. 82, AP Nr. 7 zu § 9 KSchG 1969; BSG 21. 5. 80, AP Nr. 2 zu § 117 AFG, 23. 6. 81, EzA AFG § 117 Nr. 2; wegen arbeitsgerichtlicher Vergleichspraxis vgl. *Gagel,* BB 88, 30

1957 u. 89, 432; Reinecke BB 81, 854 u. BAG 28. 4. 1983, AP Nr. 3 zu § 117 AFG). Sozialplanabfindungen sind bei der Feststellung der unterhaltsrechtlichen Leistungsfähigkeit zu berücksichtigen (BGH 23. 12. 81, AP Nr. 13 zu § 112 BetrVG 1972). Wegen **steuerrechtlicher** Behandlung finanzieller Leistungen aus einem Sozialplan vgl. § 113 Rn 27.

e) Kündigung u. Wegfall der Geschäftsgrundlage

31 Eine (außerordentliche) **Kündigung** des Sozialplans ist nur für Dauerregelungen unter strengen Voraussetzungen denkbar, soweit Einzelansprüche der ArbN noch nicht entstanden sind (Däubler, NZA 85, 545; LAG Saarland, 3. 7. 85, DB 86, 48; *DR,* Rn 90, ähnlich GK-*Fabricius,* Rn 72 und *GL,* Rn 43). Dann wirkt aber der alte Sozialplan gemäß § 76 Abs. 6 bis zu einer anderweitigen Regelung nach, soweit der Sozialplan erzwingbar ist (*DR,* a.a.O.; *Rumpff,* S. 309). Bei **Wegfall der Geschäftsgrundlage** für einen Sozialplan kann statt einer außerordentlichen Kündigung die notwendige Anpassung auch durch Abschluß einer ersetzenden BV erfolgen (BAG 28. 2. 1984 – 1 AZR 134/83–). Wegen Neuabschluß eines Sozialplanes nach Konkurseröffnung vgl. SozplKonkG, Anhang 3, § 3 Rn 18, § 4 Rn 21. Nach BAG 24. 3. 81, AP Nr. 12 zu § 112 BetrVG 1972 kann ein späterer Sozialplan, der vom BR des aufnehmenden Betriebes eines Unternehmens abgeschlossen wird, die bisherigen Leistungen im Rahmen von Recht und Billigkeit für die Zukunft verschlechtern (kr. *Naendrup,* ArbuR 84, 193).

4. Der von der Einigungsstelle beschlossene Sozialplan

a) Ermessensrichtlinien

32 Kommt eine freiwillige Einigung zwischen den Betriebspartnern auch unter Vermittlung der **E-Stelle** nicht zustande, so entscheidet diese – sofern nicht eine der **Ausnahmen** der Rn 17ff. gegeben ist – **verbindlich** über die Aufstellung eines Sozialplans, der auch in diesem Fall die Wirkung einer BV hat (Rn 27). Die E-Stelle hat nach § 112 Abs. 5 Satz 1 (bisher Abs. 4) eine Interessenabwägung zwischen den sozialen Belangen der betroffenen ArbN und der wirtschaftlichen Vertretbarkeit der Belastungen für das Unternehmen (nicht den Unternehmer persönlich) vorzunehmen und diese Interessen auszugleichen. Höchstbeträge oder Prozentsätze wie beim Sozialplan im Konkurs legt das Gesetz nach wie vor nicht fest (vgl. auch Rn 37).

32a Eine Zuständigkeit der E-Stelle kann aber auch für die Ausnahmefälle des § 112a freiwillig vereinbart werden. Dann wäre der Spruch der E-Stelle über einen Sozialplan aber nur verbindlich, wenn die Betriebspartner dies nach § 76 Abs. 6 von vornherein vereinbart haben oder doch den Spruch nachträglich annehmen (vgl. den Fall BAG 6. 12. 1988, AP Nr. 26 zu § 111 BetrVG 1972).

32b Bei einem kraft Eingliederungs- oder Gewinnabführungsvertrag abhängigen **Konzernunternehmen** (vgl. § 54 Rn 8) ist nicht nur die wirtschaftliche Lage des betroffenen Unternehmens, sondern des ganzen Konzerns zu berücksichtigen (vgl. für die Betriebsrentenanpassung gemäß § 16 BetrAVG BAG 19. 5. 81, 14. 2. 89, AP Nr. 13, 22 zu § 16 BetrAVG 18. 4. 89, 3 AZR 299/87; wegen Durchgriffshaftung für Versorgungsansprüche bei Betriebsaufspaltung vgl. BAG 19. 1. 1988, AP Nr. 70 zu § 613a BGB, desgl. für Sozialplanungsansprüche gegen Alleingesellschafter einer Kapitalgesellschaft BAG 11. 11. 1986, AP Nr. 2 zu § 3 ArbGG 1979). Bei Vermögenslosigkeit der abhängigen Gesellschaft haftet für Ansprüche aus Sozialplänen unmittelbar die herrschende Gesellschaft in entsprechender Anwendung der §§ 103, 322 Abs. 2, 3 AktG (vgl. LAG Frankfurt, 11. 3. 1988, NZA 89, 107; BGH 16. 9. 1985, NJW 86, 188; *Schaub,* NZA 89, 5). Wegen anderer Unternehmensverbindungen vgl. *von Hoyningen-Huene,* RdA 86, 102, 111.

§ 112 Abs. 5 stellt ausdrücklich klar, daß die E-Stelle wie auch in 33 anderen Fällen gem. § 76 Abs. 5 S. 3 nach **billigem Ermessen** (vgl. § 76 Rn 32) zu entscheiden hat. An dem Vorrang des billigen Ermessens ändert sich nichts dadurch, daß das Gesetz, anders als für den freiwillig vereinbarten Sozialplan, einige zusätzliche Entscheidungshilfen in Anlehnung an die bisherige Rechtsprechung und Rechtslehre gibt. Allerdings werden durch die gesetzlichen Vorgaben die Grenzen des Ermessens abgesteckt und damit **Richtlinien** für die Ausübung des Ermessens gegeben (BAG 26. 5. 1988, AP Nr. 26 zu § 76 BetrVG 1972). Die Geltendmachung einer Ermessensüberschreitung kann nur binnen einer Ausschußfrist von 2 Wochen erfolgen (vgl. § 76 Rn 33).

Für die E-Stelle sind folgende Grundsätze maßgebend:

b) Gegebenheiten des Einzelfalls

Beim Ausgleich oder der Milderung wirtschaftlicher Nachteile soll 34 nach **Abs. 5 Nr. 1** „in der Regel den Gegebenheiten des Einzelfalls" Rechnung getragen werden. Nach der Begründung des Regierungsentwurfs soll die E-Stelle nicht von vornherein generelle Abfindungen pauschal vorsehen, sondern feststellen, welche **Nachteile einzelnen ArbN** oder Gruppen von ArbN **tatsächlich entstehen,** wobei aber durchaus auch **pauschalierende Faktoren** (Lebensalter, Familienstand, Dauer der Betriebszugehörigkeit) ins Gewicht fallen können. Dieser Berücksichtigung der individuellen Nachteile steht aber vielfach, wie die Begründung zum Regierungsentwurf selbst ausführt, entgegen, daß ein Sozialplan schnell aufgestellt und abgewickelt werden soll, so daß sich oft zum Zeitpunkt seiner Aufstellung noch gar nicht beurteilen läßt, welche Nachteile der einzelne ArbN zu erwarten hat. Es ist nur eine Prognose möglich. Dann aber können Ausgleichsleistungen für typischerweise zu erwartende Nachteile vielfach doch nur pauschaliert werden (vgl. weiter Rn 21, 22; *Stege/Weinspach,* Erg. Bd. Rn 131 verlangen ins Einzelne gehende Ermittlungen). Ggfs. können neben der Gewährung eines Grundbetrages nach einem Punktsystem weitere einmalige oder laufende Leistungen (bis zu einem bestimmten Endtermin) für die ArbN vorgesehen werden, denen zukünftig weitere wirtschaftliche Nachteile entstehen, z. B. Einkommensminderungen durch eine nunmehr schlechter bezahlte Tätigkeit oder Arbeitslosigkeit, erhöhte Fahrtkosten. Dann ist die Bildung eines Sonderfonds (vgl. Rn 22a erforderlich).

34a Spätere Leistungen aus Sozialplänen müssen aber in den Anspruchsvoraussetzungen schon konkret geregelt werden. Dabei ist das Diskriminierungsverbot des § 75 zu beachten, so daß z. B. Frauen und Teilzeitbeschäftigte nicht ausgenommen oder schlechter gestellt werden dürfen. Diese Ansprüche sind im Rahmen des Gesamtvolumens des Sozialplans (Rn 37) zu begleichen. Nr. 1 zählt beispielhaft einige wirtschaftliche Nachteile auf, die insbes. für ArbN eintreten können, die trotz der Betriebsänderung weiterbeschäftigt werden, aber Verluste in ihren „sozialen Besitzstand" hinnehmen müssen. Der Verlust des Arbeitsplatzes wird erst in Nr. 2 angesprochen (Rn 35).

c) Aussichten auf dem Arbeitsmarkt

35 Nach § 112 **Abs. 5 Nr. 2 Satz 1** hat die E-Stelle weiter die **Aussichten der betroffenen ArbN** auf dem **Arbeitsmarkt** zu prüfen. Hier handelt es sich um Fälle, in denen durch die Betriebsänderung der bisherige Arbeitsplatz verloren geht, vielfach auch eine anderweitige Beschäftigung im Betrieb nicht mehr möglich ist. Nach der Begründung zum Regierungsentwurf (Besonderer Teil) soll hier eine **Prognose** gestellt werden, da bei Aufstellung des Sozialplanes regelmäßig noch nicht feststehe, ob und wie lange ArbN arbeitslos werden. Damit wird der E-Stelle aber eine schwer lösbare Aufgabe übertragen, bei der der **Präsident** des LAA (vgl. Rn 9) oder auch der Leiter des örtlichen AA als Sachverständiger hilfreich sein könnte. Hier kann ggfs. nach ArbN-Gruppen unterschieden werden, z. B. nach fachlicher Qualifikation, aber auch nach Schwierigkeiten bei der Vermittlung auf dem Arbeitsmarkt wegen Alters, Behinderung, Ausländereigenschaft.

35a Nach **Abs. 5 Nr. 2 Satz 2** sollen ArbN von **Leistungen ausgeschlossen** werden, die in **demselben Betrieb oder in einem anderen Betrieb des Unternehmens oder Konzerns weiterbeschäftigt** werden können und dies trotz zumutbarer Arbeitsbedingungen ablehnen. Der Ausschluß von Leistungen ist nur insoweit gerechtfertigt, als diese den Verlust des Arbeitsplatzes ausgleichen sollen; diese Leistungen sind im Sozialplan zu bezeichnen. (*Hess/Gotters,* BlStR 85, 264; *HSG,* Rn 116).

Der Ausschluß von Leistungen aus einem Sozialplan ist nur vertretbar, wenn ein **verbindliches,** gleichwertiges **Arbeitsplatzangebot** abgelehnt wird, das insbesondere bei Versetzungen in ein anderes Konzernunternehmen von diesem abzugeben ist. Wegen Abschluß eines Sozialplans durch den KBR vgl. § 58 Rn 10 und wegen Nichtberücksichtigung einer Weiterbeschäftigungsmöglichkeit im Konzern im Rahmen eines Kündigungsschutzprozesses § 102 Rn 41). Dabei ist auch die bisherige kündigungsschutzrechtliche Stellung des ArbN zu garantieren (vgl. Begründung zum Regierungsentwurf Besonderer Teil). Widerspricht ein ArbN den Übergang seines Arbeitsverhältnisses gem. § 613a BGB, so ist er von Sozialplanleistungen für den Verlust des Arbeitsplatzes auszuschließen, da die Zumutbarkeit der Weiterbeschäftigung kraft Gesetzes unterstellt wird (*Jäger,* BB 88, 1036).

Was **„zumutbar"** ist, wird in Nr. 2 nicht gesagt. Im Rahmen ihres Ermessensspielraums kann die E-Stelle beurteilen und in ihrem Spruch (Sozialplan) selbst festlegen, welche anderen Arbeitsplätze zumutbar sind (BAG 25. 10. 1983, 27. 10. 1987, 28. 9. 1988, AP Nr. 18, 41, 47 zu § 112 BetrVG 1972). Zumutbar sind in der Regel **gleichwertige Arbeitsbedingungen** im Verhältnis zu den bisherigen; sie brauchen nicht unbedingt gleichartig zu sein. Dabei können entweder die Gesichtspunkte für eine Zumutbarkeitsprüfung generalklauselartig bezeichnet oder entsprechende Arbeitsplätze im Sozialplan bereits festgelegt oder die Beurteilung im Einzelfall einem paritätischen Ausschuß übertragen werden (vgl. den Fall BAG 8. 12. 76, 28. 9. 88, AP Nr. 3, 47 zu § 112 BetrVG 1972).

Die **Gleichwertigkeit von Arbeitsbedingungen** muß in **finanzieller und beruflicher Hinsicht** gewährleistet sein. Die Zumutbarkeitsanordnung der BAA vom 15. 4. 1982 aufgrund des § 103 AFG ist nicht maßgebend (LAG Düsseldorf, 23. 10. 86, DB 87, 1254; **a. M.** Löwisch, BB 85, 1200, 1205). Zumutbar ist nur eine Tätigkeit entsprechend der beruflichen Qualifikation und mit einer Vergütung, die dem tariflichen Lohn (Gehalt) entspricht (einschränkend *Stege/Weinspach,* Erg. Bd. Rn 138: erheblich geringere Bezahlung zumutbar). Der Wegfall von Überstunden am neuen Arbeitsplatz ist z. B. zumutbar. Trotz finanzieller Einbußen kann ein neues Arbeitsplatzangebot zumutbar sein, wenn zusätzlich Ausgleichsleistungen nach Abs. 5 Nr. 1 (Rn 34) gewährt werden. Beruflich muß z. B ein Facharbeiter als solcher weiterbeschäftigt werden, eine Tätigkeit gemäß einer geringeren Tarifgruppe, auch bei Lohnausgleich, wäre unzumutbar. Bei Weiterbeschäftigung entsprechend der beruflichen Qualifikation muß aber u. U. eine geringere Stellung in der Hierarchie des Unternehmens hingenommen werden. Von den ArbN wird auch verlangt werden können, daß sie sich Umschulungsmaßnahmen für eine gleichwertige Tätigkeit unterziehen. Schließlich ergibt sich aus der Formulierung „Weiterbeschäftigung" daß auch die bisherige Betriebszugehörigkeit angerechnet werden muß.

Nr. 2 Satz 2 führt das **Arbeitsplatzangebot eines anderen ArbGeb** (außerhalb des Unternehmens oder Konzerns) nichts als Ausschlußtatbestand auf, das aber im Rahmen der Aussichten auf den Arbeitsmarkt eine Rolle spielen kann (vgl. insoweit weiter Rn 23 zur bisherigen Rechtsprechung und Rechtslehre). Wegen der erforderlichen Zustimmung des Betriebsrats des neuen Betriebs vgl. § 99 Rn 32.

Ein erforderlicher **Ortswechsel** soll die Weiterbeschäftigung für einen 36
ArbN **nicht für sich allein** unzumutbar (Rn 35) machen. Da die Begründung zum Regierungsentwurf (Besonderer Teil) auf die Entscheidung des BAG vom 25. Oktober 1983 (AP Nr. 18 zu § 112 BetrVG 1972) verweist und selbst dahin interpretiert, daß durchaus **weitere Umstände** hinzutreten können, die eine Weiterbeschäftigung für den ArbN unzumutbar machen können, ist die Berücksichtigung derartiger Gesichtspunkte beim Spruch der E-Stelle nicht ausgeschlossen, z. B. hohes Le-

bensalter, Schwerbehinderteneigenschaft, Plege von Familienangehörigen, erforderliche Umschulung von Kindern usw. In diesem Zusammenhang kommt einer weiten Entfernung des neuen vom alten Beschäftigungsort (z. B. Saarbrücken-Passau, Angebot einer Auslandstätigkeit) wegen des notwendigen Umzugs doch Bedeutung zu (**a. M.** Stege/Weinspach, Erg. Bd. Rn 139). Falls der Spruch der E-Stelle solche besonderen persönlichen Umstände, die über die Schwierigkeiten des Ortswechsels an sich hinausgehen, nur in einer allgemeinen Formel anspricht (Zumutbarkeitsklausel) und sich der ArbN hierauf beruft, muß er im Streitfall im Klagewege nachweisen, daß er unter diese Klausel des Sozialplans fällt. Ein Spruch der E-Stelle, der ohne Zumutbarkeitsprüfung allen ArbN eine Abfindung zuerkennen würde, wäre allerdings unwirksam (LAG München, 13. 1. 89, BA 89, 416).

d) Geamtvolumen des Sozialplans

37 § 112 **Abs. 5 Nr. 3** fordert schließlich, daß beim **Gesamtvolumen** der Sozialplanleistungen der **Fortbestand des Unternehmens** bzw. die nach Durchführung der Betriebsänderung noch **verbleibenden Arbeitsplätze nicht gefährdet** werden. Auch diese Vorschrift entspricht der bisherigen h. M. und besagt Selbstverständliches. Wird ein Unternehmen allerdings liquidiert, ohne daß es notwendig ist, ein Konkurs- oder Vergleichsverfahren durchzuführen, so entfällt auch der Gesichtspunkt der Nr. 3, z. B., wenn in einem gut florierendem Unternehmen ein Betrieb stillgelegt wird. Der Gesetzgeber hat allerdings auch jetzt davon abgesehen, hier ein **Gesamtvolumen** für den Sozialplan oder doch für die Leistungen an einzelne ArbN in Form von Höchstbeträgen festzusetzen, wie dies beim Nachteilsausgleich nach § 113 i. Vbdg. mit § 10 KSchG (vgl. dort Rn 25) oder bei Sozialplan im Konkurs (vgl. SozplKonkG § 2 Rn 8ff.) geschehen ist (BAG 27. 10. 1987, AP Nr. 41 zu § 112 BetrVG 1972, kr. *Hunold,* BB 88, 764: „Maßlos ausufernde Sozialplanpraxis"). Andererseits können in Sozialplänen auch Höchstbeträge für Entlassungsabfindungen vorgesehen werden, was insbes. bei der Berechnung nach einem Punktesystem in Betracht kommen kann (BAG 23. 8. 1988, AP Nr. 46 zu § 112 BetrVG 1972). Zur wirtschaftlichen Vertretbarkeit: *von Hoyningen-Huene,* RdA 86, 102 und *Drukarczyk,* RdA 86, 115.

IV. Streitigkeiten

38 Ob die E-Stelle im Rahmen ihres Beurteilungsspielraums eine vertretbare Interessenabwägung beim Sozialplan vorgenommen u. die Ermessensgrenzen des § 112 Abs. 5 eingehalten hat, entscheidet auf Antrag des Unternehmers oder BR das **ArbG im BeschlVerf.** (§ 2a ArbGG). Dieser Antrag kann nur binnen **zwei Wochen** vom Tage der Zustellung des Spruchs an gestellt werden (§ 76 Abs. 5 Satz 4, dort Rn 33). Die Entscheidung lautet auf Bestätigung oder Feststellung der Unwirksamkeit des Sozialplans. Eine Abänderung des Spruchs dürfte im allgemeinen

nicht in Betracht kommen (vgl. auch § 76 Rn 33; *GKSB,* Rn 45; BAG 30. 10. 79, AP Nr. 9 zu § 112 BetrVG 1972; **a.M.** *Teubner,* BB 74, 488; *Schaub,* § 244 V 5). Nach Auffassung des BAG unterliegen auch freiwillig abgeschlossene Sozialpläne als BV der gerichtlichen Billigungskontrolle (BAG 11. 6. 75, 17. 2. 81, 9. 12, 81, 14. 2. 84, AP Nr. 1 zu § 77 BetrVG 1972 Auslegung, AP Nr. 11, 14, 21 zu § 112 BetrVG 1972; **kr.** *Blomeyer,* DB 84, 926, 933; *Ahrend/Ruhmann,* DB 82, 224, 229; *Hammen,* RdA 86, 23; *Hromadka,* Anm. SAE 84, 330; *Küttner/Schlüpers/Rebel,* DB 85, 172, 174; *Otto,* ZfA 76, 392; *Reuter,* SAE 83, 201). Vgl. auch § 77 Rn 96. Sonstige Rechtsfehler (z. B. Verstoß gegen § 75 Abs. 1) können auch nach Ablauf von zwei Wochen geltend gemacht werden.

Die ArbG entscheiden im BeschlVerf. auch über die Vorfrage, ob überhaupt eine Betriebsänderung i. S. des § 111 unter Berücksichtigung der besonderen Voraussetzungen der Rn 17, 18 vorliegt und damit die E-Stelle zur verbindlichen Entscheidung über den Sozialplan befugt war oder ist (vgl. auch § 111 Rn 40) und über die Frage der Unwirksamkeit eines Sozialplanes wegen Veränderung der Geschäftsgrundlage (vgl. Rn 31). 39

Die **Funktionsfähigkeit des BR** bleibt auch erhalten, wenn der **Betrieb** inzwischen **stillgelegt** worden ist, d. h. der BR kann nach wie vor über einen Sozialplan verhandeln und auch Beteiligter eines BeschlVerf. sein (**„Restmandat“;** BAG 29. 3. 1977, 14. 11. 1978, 30. 10. 1979, 20. 4. 82, AP Nr. 11 zu § 102 BetrVG 1972, AP Nr. 6 zu § 59 KO, AP Nr. 9, 15 zu § 112 BetrVG 1972; h. M.; vgl. auch § 21 Rn 31; nach *Hanau,* ZfA 74, 109 soll für den BR nach Stillegung ein von ihm eingesetzter Treuhänder handeln; letzter Meinung offenbar auch LAG Berlin, 26. 3. 1975, BB 76, 602 und LAG Düsseldorf, 26. 3. 1975, BB 76, 602; *DR,* Rn 44f., *Richardi,* Sozialplan u. Konkurs, S. 33 will die Beauftragung eines Treuhänders, z. B. eines Gewerkschaftssekretärs durch den BR für zulässig ansehen; dagegen mangels gesetzlicher Grundlage zu Recht *Fuchs,* a. a. O., S. 56). Über die „Restabwicklung“ von Beteiligungsrechten hinaus hat das BAG im Fall einer Betriebsunterbrechung durch Brand auch noch ein Mandat des BR bejaht, wenn das Beteiligungsrecht überhaupt erst nach dem Ende der Amtszeit entstanden ist (BAG 16. 6. 1987, AP Nr. 20 zu § 111 BetrVG 1972, insoweit kr. Anm. *Otto* SAE 87, 143). Wird ein Betriebsteil veräußert und als selbständiger Betrieb fortgeführt, so besteht nach Ansicht des BAG keine Zuständigkeit des BR des abgebenden Betriebes mehr für den ausgegliederten Betriebsteil, auch kein Restmandat bis zur erstmaligen Wahl eines eigenen BR (BAG 23. 11. 1988, AP Nr. 77 zu § 613a BGB). Zur Anhörung des BR nach § 102 Abs. 1 bei sofortiger Betriebstillegung vgl. § 103 Rn 15. 40

Der **einzelne ArbN** kann im Rahmen eines **Urteilsverfahrens** nur Rechtsfehler des Sozialplans bei der Festlegung von Grund und Höhe der Ansprüche geltend machen. Solche Rechtsfehler sind z. B. die Nichtbeachtung des Diskriminierungsverbots oder des arbeitsrechtlichen Gleichbehandlungsgrundsatzes des **§ 75 Abs. 1.** Auch eine **Überschreitung der Ermessensgrenzen** ist ein Rechtsfehler. Ein zu Unrecht von Leistungen ausgeschlossener ArbN kann diese Leistungen einklagen 41

(BAG 8. 12. 1976, 25. 10. 1983, AP Nr. 3, 18 zu § 112 BetrVG 1972). Hält sich dagegen der Sozialplan im Rahmen billigen Ermessens und verstößt er auch nicht gegen höherrangige Rechtsnormen, so kann der einzelne ArbN keine Überprüfung des Sozialplan dahin erreichen, ob dessen finanzieller Gesamtrahmen angemessen oder dessen Anwendung in seinem Einzelfall auch zu einem billigen Ergebnis führt (BAG 17. 2. 81, 14. 2. 84, 26. 7. 88, AP Nr. 11, 21, 45 zu § 112 BetrVG 1972). Würde man diese weitergehende Prüfung zulassen, so würde der Normcharakter des Sozialplans gesprengt; das Gesamtvolumen der vom Unternehmer aufzubringenden Leistungen hinge davon ab, wieviel Prozesse mit welchen Erfolg geführt würden (**a. M.** *Löwisch/Bittner,* SAE 85, 325).

42 Ist der Spruch der E-Stelle über einen Sozialplan im BeschlVerf. angefochten worden, so ist die Klage über Sozialplanansprüche bis zur Entscheidung über die Rechtswirksamkeit des Spruchs auszusetzen (LAG Hamm, DB 78, 1699). Hat umgekehrt die Klage eines ArbN im Urteilsverfahren Erfolg, so kann dies Anlaß dafür sein, daß ein neuer Sozialplan wegen der Änderung der Geschäftsgrundlage (vgl. Rn 24) aufgestellt wird, der die bisherige Diskriminierung einzelner ArbN oder ArbN-Gruppen vermeidet. In einem Sozialplan kann **nicht** vereinbart werden, daß Meinungsverschiedenheiten zwischen ArbGeb und ArbN über die Anwendung eines Sozialplans durch eine **E-Stelle** nach § 76 zu entscheiden sind. Eine solche Abrede stellt eine nach §§ 4, 101 ArbGG unzulässige Schiedsabrede dar (BAG 27. 10. 1987, AP Nr. 22 zu § 76 BetrVG 1972, 8. 11. 1988, AP Nr. 48 zu § 112 BetrVG 1972).

§ 113 Nachteilsausgleich

(1) **Weicht der Unternehmer von einem Interessenausgleich über die geplante Betriebsänderung ohne zwingenden Grund ab, so können Arbeitnehmer, die infolge dieser Abweichung entlassen werden, beim Arbeitsgericht Klage erheben mit dem Antrag, den Arbeitgeber zur Zahlung von Abfindungen zu verurteilen; § 10 des Kündigungsschutzgesetzes gilt entsprechend.**

(2) **Erleiden Arbeitnehmer infolge einer Abweichung nach Absatz 1 andere wirtschaftliche Nachteile, so hat der Unternehmer diese Nachteile bis zu einem Zeitraum von zwölf Monaten auszugleichen.**

(3) **Die Absätze 1 und 2 gelten entsprechend, wenn der Unternehmer eine geplante Betriebsänderung nach § 111 durchführt, ohne über sie einen Interessenausgleich mit dem Betriebsrat versucht zu haben, und infolge der Maßnahme Arbeitnehmer entlassen werden oder andere wirtschaftliche Nachteile erleiden.**

Inhaltsübersicht

I. Vorbemerkung

Die Vorschrift regelt in Abs. 1 individualrechtlich die Folgen eines Abweichens des Unternehmers vom Interessenausgleich durch Zahlung von Abfindungen bei Entlassungen. Außerdem gewährt Abs. 2 zusätzlich einen zeitlich begrenzten Ausgleich sonstiger, d. h. nicht durch Entlassungen bedingter wirtschaftlicher Nachteile. Nach Abs. 3 gelten die Abs. 1 u. 2 entsprechend, wenn der Unternehmer das Verfahren nach §§ 111f. überhaupt nicht durchführt. Die Verwendung des Ausdrucks „Entlassungen" statt „Kündigungen" bedeutet keine erhebliche sachliche Änderung. § 113 gilt für alle Betriebsänderungen, auch soweit kein erzwingbarer Anspruch auf Abschluß eines Sozialplanes besteht (vgl. insoweit §§ 112, 112a Rn 17, 18). 1

Entsprechende Vorschrift im **BPersVG 74:** Keine. 2

II. Abweichen von Interessenausgleich

Der Unternehmer muß sich grundsätzlich an einen erzielten Interessenausgleich über die geplante Maßnahme (§ 112, § 112a Rn 5–15) halten. Nur aus **zwingenden Gründen** darf er davon **abweichen,** ohne ausgleichspflichtig zu werden. Es muß sich um Gründe handeln, die nicht allein in den ursprünglichen Gründen für die Betriebsänderung liegen dürfen (BAG 17. 9. 1974, AP Nr. 1 zu § 113 BetrVG 1972). Der Unternehmer kann daher einwenden, d. h., er ist darlegungs- u. beweispflichtig, daß er aus zwingenden Gründen von der erzielten Einigung abweichen mußte. Ein solcher Anlaß ist noch nicht gegeben, wenn das Abweichen auf einem freien Entschluß des Unternehmens beruht, sondern nur dann, wenn dieser im Interesse des Unternehmens und seiner ArbNschaft zur Abwendung unmittelbar drohender Gefahren oder in Anpassung an eine Lage, die ihm **praktisch keine andere Wahl** ließ, bestimmte Handlungen oder Unterlassungen auf sich nehmen mußte. Es ist vom Standpunkt eines verständigen, verantwortungsbewußten Unternehmers auszugehen und an die Notwendigkeit der Abweichung ein strenger Maßstab anzulegen (ähnlich *DR,* Rn 9; *HSG,* Rn 4; *GL,* Rn 8). 3

Ist z. B. im Interessenausgleich ausgesprochen, daß die Entscheidung über eine für den 1. 6. 1990 geplante Betriebsstillegung zunächst auf ein Jahr zurückgestellt werden und der Unternehmer den Betrieb in seinem seitherigen Umfang weiterführen soll und fügt sich der Unternehmer dem nicht, weil er des Betriebs überdrüssig ist oder weil er sich gegenüber anderen Firmen verpflichtet hat, den Betrieb stillzulegen, so liegt kein zwingender Grund für die Stillegung vor. Stürzen jedoch plötzlich die Preise infolge Überangebots, entzieht die Bank dem Unternehmer den Kredit, gehen keine Aufträge mehr ein oder geht ein Hauptkunde in Konkurs oder tritt plötzlich ein schwerwiegender Rohstoffmangel oder 4

Energiemangel auf dem Weltmarkt ein und kann der Unternehmer nachweisen, daß er keine Möglichkeit hatte, zumutbare Gegenmaßnahmen zu treffen, die ihm die Aufrechterhaltung des Betriebes gestatten, so dürften zwingende Gründe anzunehmen sein. Ein zwingender Grund wird nicht vorliegen bei Schädigung der wirtschaftlichen Lage des Betriebes, die der Unternehmer infolge seines Abweichens von dem Interessenausgleich selbst zu vertreten hat, sondern nur, wenn die Lage sich durch Einwirkungen von außen her inzwischen so verändert hat, daß das weitere Befolgen des Interessenausgleichs dem Unternehmer nicht zugemutet werden kann.

5 Entscheidender **Zeitpunkt** für die **Notwendigkeit der Abweichung** ist der der **Durchführung der Maßnahme.** Es kommt also nicht darauf an, ob sich die wirtschaftliche Entscheidung des Unternehmers nachträglich als sachlich nichtig oder falsch erweist (*DR,* Rn 17).

6 Das **Abweichen von einem Sozialplan** fällt nicht unter §§ 113. Kündigungen werden aus diesem Grunde nicht erforderlich sein. Im übrigen kann der ArbN seine Rechtsansprüche auf Grund des Sozialplans, der die Wirkungen einer BV hat, unmittelbar im Urteilsverfahren geltend machen (vgl. §§ 112, 112a Rn 41).

III. Unterlassen des Verfahrens auf Interessenausgleich

7 Das Gesetz stellt in Abs. 3 den Fall gleich, daß der Unternehmer das Verfahren nach §§ 111ff. überhaupt nicht, nur teilweise oder verspätet, d. h. nach Einleitung der Betriebsänderung durchführt. Auch der Unternehmer ist verpflichtet, notfalls die E-Stelle zur Erzielung eines Interessenausgleichs anzurufen (*DR,* Rn 20). Es kommt dabei auf ein **Verschulden** oder eine Vorwerfbarkeit des passiven Verhaltens des Unternehmers **nicht an.** Es genügt ein objektiv betriebsverfassungswidriges Verhalten des Unternehmers (BAG 4. 12. 1979, 29. 11. 1983, AP Nr. 6 zu § 111 BetrVG 1972, AP Nr. 10 zu § 113 BetrVG 1972). Die Sanktion des Abs. 3 greift auch ein, wenn **an sich zwingende Gründe** für eine Betriebsänderung gegeben sind, das **Verfahren nach §§ 111, 112** aber **nicht eingehalten** wurde (*GK-Fabricius,* Rn 26ff.; *GL,* Rn 47f., soweit die Durchführung des Verfahrens nicht „sinnlos" ist; **a.M.** *HSG,* Rn 18, und offenbar auch *DR,* Rn 22). Abs. 3 verweist nur hinsichtlich der Rechtsfolgen auf Abs. 1, nicht hinsichtlich der Anspruchsvoraussetzungen (BAG 17. 9. 1974, 18. 12. 84, AP Nr. 1, 11 zu § 113 BetrVG 1972). Das **BeschFG** hat hier keine Änderungen gebracht.

8 Das gesetzliche, in § 112 Abs. 2 vorgesehene **Verfahren muß voll ausgeschöpft** werden (BAG 18. 12. 84, AP Nr. 11 zu § 113 BetrVG 1972; offengelassen für den Konkursfall, wenn die Schließung des Betriebes ohne jede Möglichkeit von Modalitäten unumgänglich ist: BAG 13. 12. 78, AP Nr. 6 zu § 112 BetrVG 1972; *GL,* Rn 44, der aber Rn 46 keine Initiative des ArbGeb. zur Anrufung der E-Stelle verlangt; *Matthes,* a. a. O.; *Schaub,* § 244 VI 6; **a.M.** *Dolde-Bauer,* BB 78, 1675 und *Stege/Weinspach,* Erg.Bd. Rn 116, 170; *Ehmann,* Betriebsstillegung und

Mitbestimmung, S. 61ff. hält nur den Versuch eines Interessenausgleichs spätestens 14 Tage vor der Betriebsänderung für erforderlich). Nur dann entfällt der Nachteilsausgleich (vgl. §§ 112, 112a Rn 7).

Der Anspruch besteht auch, wenn der BR mit der Betriebsänderung grundsätzlich unter der Voraussetzung einverstanden ist, daß zugleich auch eine Einigung über den Sozialplan erzielt wird, aber noch nicht erzielt worden ist. Beides steht in einem inneren Zusammenhang. Der BR kann daher seine Zustimmung zur Betriebsänderung von einer ihn befriedigenden Regelung über den Sozialplan abhängig machen (vgl. BAG 22. 1. 70, AP Nr. 7 zu § 72 BetrVG 1952; *DR,* § 112 Rn 14; *GL,* § 112 Rn 8; **a.M.** *Ehmann,* a. a. O., S. 62), soweit dieser erzwingbar ist (§§ 112, 112a Rn 17, 18). 9

Die Vorschrift gilt **auch für den Konkursverwalter** (BAG 13. 12. 78, AP Nr. 6 zu § 112 BetrVG 1972), es sei denn, die sofortige Schließung des Betriebes ist die einzig mögliche und unausweichliche Maßnahme, z. B. wenn sogar die **Konkurseröffnung mangels Masse abgelehnt** wird (BAG 23. 1. 79, AP Nr. 4 zu § 113 BetrVG 1972). Näheres vgl. die Erläuterungen zum SozplKonkG § 1 Rn 12ff. 10

Da der Versuch eines Interessenausgleichs gerade dann von Bedeutung ist, wenn ein Sozialplan aufgrund des § 112a nicht erzwungen werden kann (vgl. §§ 112, 112a Rn 5a), gilt die Sanktionsnorm des § 113 auch in diesen Fällen (BAG 8. 11. 1988, AP Nr. 18 zu § 113 BetrVG 1972; **a.M.** *Heinze,* NZA 87, 41). 10a

IV. Entlassung von Arbeitnehmern

§ 113 findet auf Entlassungen (Kündigungen) Anwendung, die erforderlich geworden sind, weil der Unternehmer mit seinen Handlungen oder Unterlassungen gegen den Interessenausgleich verstoßen oder Betriebsänderungen ohne versuchten Interessenausgleich vorgenommen hat. Mit der Durchführung der Betriebsänderung muß mindestens begonnen worden sein (*GL,* Rn 43; *GK-Fabricius,* Rn 23, BAG 14. 9. 1976, AP Nr. 2 zu § 113 BetrVG 1972). Anderenfalls können (bisher) nur Unterrichtungs- und Beratungsrechte des BR verletzt worden sein (Ordnungswidrigkeit nach § 121. Der Ursachenzusammenhang ist vom ArbN verhältnismäßig leicht nachzuweisen, wenn die Meinungsverschiedenheit sich auf eine Betriebsstillegung oder die Stillegung einer wesentlichen Betriebsabteilung (§ 111 Nr. 1) bezog. Bei der Verlegung von Betrieben wird der Ursachenzusammenhang regelmäßig bei Entlassung ortsgebundener Arbeitskräfte zu unterstellen sein (Nr. 2 a. a. O.); bei Betriebszusammenschlüssen (Nr. 3 a. a. O.) sind häufig Arbeitskräfte infolge einer Umorganisation entbehrlich. Änderungen der Betriebsorganisation, des Betriebszwecks oder der Betriebsanlagen (Nr. 4 a. a. O.) haben oft die Freisetzung von Arbeitskräften zur Folge, die infolge der Betriebsänderung nicht mehr beschäftigt werden können. Aber auch bei Auftragsschwund, der deshalb eingetreten ist, weil der Absatz der neuen Produkte gegenüber dem der früheren nachläßt (geringere Qualität 11 oder Verkehrsgeltung), können Entlassungen notwendig werden. Bei Einführung grundlegender neuer Arbeitsmethoden und Fertigungsverfahren (Nr. 5 a. a. O.) können ebenfalls Arbeitskräfte frei werden (Rationalisierung). § 113 gilt nicht für Entlassungen, die in Übereinstimmung mit einem Sozialplan erfolgen oder aufgrund eines Widerspruchs des ArbN gegen den Übergang seines Arbeitsverhältnisses gemäß § 613a BGB (vgl. § 1 Rn 66, § 111 Rn 12). Unerheblich ist andererseits, ob der ArbN alsbald einen anderen Arbeitsplatz außerhalb des Unternehmens (Konzerns) findet. Auch dann kann er eine Abfindung verlangen.

12 Die Entlassungen müssen durch das Abweichen vom Interessenausgleich bedingt, d. h. nicht etwa im Interessenausgleich oder Sozialplan bereits vorgesehen sein. (*GL*, Rn 12). Die ausgesprochenen **Kündigungen** werden regelmäßig rechtswirksam, d. h. bei Geltung des KSchG für die gekündigten ArbN **durch dringende betriebliche Erfordernisse bedingt** sein. (über Verflechtung von Kündigungsschutz u. Stillegung vgl. *Neumann-Duesberg*, ArbuR 69, 33.) Es bedarf aber stets noch einer individuellen Kündigung der einzelnen Arbeitsverhältnisse (vgl. auch §§ 112, 112a Rn 28). Es kommt für den Anspruch nach § 113 allerdings **nicht darauf** an, ob die ausgesprochene **Kündigung rechtswirksam,** d. h. nach dem KSchG sozial gerechtfertigt ist. Die Tatsache der Entlassung aus betriebsbedingten Gründen und der Verstoß gegen das BetrVG genügen; die Wirksamkeit der Kündigung braucht nicht zuvor in einem besonderen gerichtlichen Verfahren geprüft und festgestellt zu werden (so auch *DR*, Rn 28; *GK-Fabricius*, Rn 50; vgl. auch *Rumpff*, S. 302; **a. M.** *GL*, Rn 19ff.).

12a Die Entlassung muß nicht auf einer Kündigung durch den ArbGeb beruhen. Sie kann auch auf einen **Aufhebungsvertrag** oder eine vom ArbGeb veranlaßte **Eigenkündigung** des ArbN zurückgehen. Es kann hier nichts anderes gelten als für den Sozialplan wegen Personalabbaues (vgl. BAG 23. 8. 1988, 8. 11. 1988, AP Nr. 17, 18 zu § 113 BetrVG 1972; 4. 7. 89, AP Nr. 27 zu § 111 BetrVG 1972; vgl. weiter § 111 Rn 21).

13 Ist die Entlassung nicht betriebsbedingt, so ist die Kündigung nach § 1 Abs. 2 Satz 1 KSchG sozial ungerechtfertigt und unwirksam. Gleiches gilt bei falscher Auswahl (§ 1 Abs. 3 KSchG). Der ArbN kann zunächst binnen 3 Wochen Klage nach dem KSchG erheben und deren Ergebnis abwarten, und falls er abgewiesen wird, Klage nach § 113 BetrVG erheben. Er kann jedoch auch seine Klagen in der Weise verbinden, daß er die **Klage nach § 113 als Hilfsanspruch zusammen mit der Klage nach dem KSchG** geltend macht (diese u. U. in Verbindung mit einem Auflösungs- u. Abfindungsantrag nach § 9 KSchG; vgl. *Hueck*, KSchG, § 9 Rn 44; *DR*, Rn 35), d. h. beantragen, daß für den Fall, daß das Gericht die Kündigung als rechtswirksam ansieht, also ein Auflösungs- u. Abfindungsantrag nach § 9 KSchG nicht in Betracht kommt, der Unternehmer gem. § 113 zur Zahlung von Abfindungen verurteilt werden möge, da die Kündigung jedenfalls durch ein Abweichen von dem Interessenausgleich bzw. einseitige Durchführung der Betriebsänderung bedingt sei (nach *GL*, Rn 35 sollen Ansprüche nach § 113 auch in erster Linie gestellt werden können; dann bleibt aber die Auflösung des Arbeitsverhältnisses ungeklärt, was gerade Voraussetzung für einen Anspruch nach § 113 ist).

Der ArbN kann eine **Abfindung nur nach §§ 9, 10 KSchG oder § 113 BetrVG** erhalten. Versäumt es der ArbN, rechtzeitig Klage nach dem KSchG zu erheben, so ist er von vornherein auf den unsicheren Anspruch nach § 113 BetrVG beschränkt, bei dem insbesondere zweifelhaft sein kann, ob der Unternehmer „ohne zwingenden Grund" von einem Interessenausgleich abgewichen ist. 14

Hat der ArbGeb. unter Berufung auf dringende betriebliche Erfordernisse gekündigt und erkennt der ArbN an, daß seine Weiterbeschäftigung aus diesen Gründen nicht möglich ist, so scheidet eine Klage nach dem KSchG praktisch aus und er kann unmittelbar auf Grund des § 113 klagen. Der ArbGeb. kann dann nicht einwenden, der Abfindungsanspruch entfalle, da die Kündigung in Wahrheit doch nicht begründet gewesen sei (*Auffarth/Müller,* § 7 Rn 30; *Hueck,* KSchG § 9 Rn 47). Das würde gegen Treu und Glauben verstoßen. Zudem gilt die Kündigung nach Ablauf der Frist von drei Wochen als von Anfang an wirksam (§§ 4, 7 KSchG). 15

Hat der ArbGeb. aus Gründen gekündigt, die in der **Person oder dem Verhalten des ArbN** liegen, so muß der ArbGeb. zunächst im Kündigungsschutzverfahren den Beweis führen, daß derartige Gründe gegeben sind. Dringt er mit seiner Behauptung nicht durch, so hat das Gericht festzustellen, daß die Kündigung sozial ungerechtfertigt und somit rechtsunwirksam ist. Ansprüche aus § 113 entstehen daher nicht. Schiebt der ArbGeb. in diesem Verfahren als Kündigungsgrund schon bei Ausspruch der Kündigung vorhandene dringende betriebliche Erfordernisse nach (wegen Zulässigkeit vgl. § 102 Rn 18), so wird der ArbN zweckmäßigerweise für den Fall, daß der ArbGeb. mit diesem Kündigungsgrund durchdringt, zusätzlich den Hilfsantrag nach § 113 stellen. 16

Das **Beteiligungsrecht des BR** bei Kündigungen **gemäß § 102 bleibt unberührt.** § 113 behandelt nur die Rechtsfolgen von Entlassungen, bei denen angenommen wird, daß zwar das personelle, aber nicht das wirtschaftliche MBR gewahrt wurde, insbes. nicht das Verfahren zur Erzielung eines Interessenausgleichs. Der Anspruch nach § 113 besteht auch, wenn das KSchG auf den ArbN anzuwenden ist. 17

Bei **Änderungskündigungen** ist zu unterscheiden: Nimmt der ArbN die Änderungen unter Vorbehalt an, so kommt nur ein Nachteilsausgleich nach Abs. 2 in Frage (vgl. Rn 19), andernfalls hat er einen Abfindungsanspruch, wenn es zur Entlassung kommt (*DR,* Rn 31f.; *GL,* Rn 22). 18

V. Ausgleich anderer wirtschaftlicher Nachteile

§ 113 Abs. 2 gibt dem ArbN auch einen Anspruch auf Ausgleich der wirtschaftlichen Nachteile im Arbeitsverhältnis, die eine Betriebsänderung auch bei Verbleiben im Betrieb (Unternehmen, Konzern) mit sich 19 bringt, wenn also keine Kündigungen mit dem Ziel der Beendigung des Arbeitsverhältnisses (vgl. Rn 18) ausgesprochen werden. Solche Nachteile kommen insbes. bei Versetzungen und Umsetzungen in Betracht, z. B. Lohnausgleich bei geringerem Arbeitsverdienst, erhöhte Fahrtkosten, größerer Verschleiß an Arbeitskleidung usw. (vgl. auch § 111 Rn 8). Ein finanzieller Ausgleich der im Streitfall gleichfalls im **Urteilsverfahren** geltend zu machen ist (vgl. Rn 21–24), wird aber **nur für ein Jahr** vom Beginn des wirtschaftlichen Nachteils an gewährt. Entfällt die Benachteiligung aus irgendwelchen Gründen vor Ablauf eines Jahres, so besteht auch kein Anspruch des ArbN mehr. Andererseits ist stets ein voller finanzieller Ausgleich zu gewähren, dessen Höhe nach § 287 ZPO vom ArbG zu schätzen ist, wenn ein genauer Betrag nicht ermittelt werden kann. Ein Rahmen wie bei der Festsetzung einer Abfindung nach § 10 KSchG besteht aber nicht.

20 Ebenso wie beim Abfindungsanspruch (Rn 26) dürfte es sich beim Anspruch auf Nachteilsausgleich um **Arbeitseinkommen** handeln, das den Pfändungsbeschränkungen der §§ 850ff. ZPO unterliegt, aber im Gegensatz zu den Abfindungen (Rn 27) auch lohnsteuerpflichtig ist (mit Ausnahme von Zahlungen für Fahrtkosten und Umzugskosten, § 3 Nr. 16 EStG). Leistungen des ArbGeb. für doppelte Haushaltsführung unterliegen zwar dem Lohnsteuerabzug; der ArbN kann aber insoweit Werbungskosten geltend machen (§ 9 Abs. 1 Nr. 5 EStG).

VI. Abfindungsklage

21 Wird der Unternehmer infolge Abweichens vom Interessenausgleich ohne zwingenden Grund bzw. in Durchführung einer Betriebsänderung ohne den Versuch eines derartigen Ausgleichs genötigt, Entlassungen vorzunehmen, so können die davon betroffenen ArbN **Klage** bei dem für den Unternehmenssitz zuständigen ArbG auf **Zahlung von Abfindungen** erheben. Es handelt sich um eine normale Leistungsklage, über die im **Urteilsverfahren** entschieden wird. Sofern sie nicht mit einer Kündigungsschutzklage verbunden wird (vgl. Rn 13), ist sie von keiner gesetzlichen Fristwahrung abhängig. Der Klage ist stattzugeben, wenn der ArbN nachweist, daß der Unternehmer von einem Interessenausgleich abgewichen ist, bzw. das Verfahren nicht durchgeführt hat und er deshalb entlassen werden mußte. Die Vorfrage, ob überhaupt eine Betriebsänderung vorliegt, ist im Urteilsverfahren mit zu entscheiden (BAG 18. 3. 1975, AP Nr. 1 zu § 111 BetrVG 1972). Die Klage ist durch Sachurteil abzuweisen, wenn der Unternehmer nachweist, daß er aus zwingenden Gründen (vgl. Rn 3) von dem Interessenausgleich abweichen mußte. Ein besonderes BeschlVerf. über die Voraussetzungen des „zwingenden Grundes" findet nicht statt (*Schaub,* § 244 VI 3). Ist allerdings vorab in einem **BeschlVerf.** darüber entschieden worden, ob die geplante Maßnahme überhaupt eine **Betriebsänderung** darstellt (vgl. dazu § 111 Rn 40), so entfaltet diese Entscheidung präjudizielle Wirkung für die Abfindungsklage, d. h. es kann die Frage der Betriebsänderung

nicht abweichend beurteilt werden. Wurde sie bejaht, so kommen ggfs. Ansprüche des einzelnen ArbN in Betracht, wurde sie verneint, so ist eine Abfindungsklage aussichtslos (BAG 10. 11. 1987, AP Nr. 15 zu § 113 BetrVG 1972).

Nach Auffassung des BAG (20. 6. 78, 22. 9. 82, 22. 2. 83, 29. 11. 83, 18. 12. 84, AP Nr. 3 zu § 113 BetrVG 1972, AP Nr. 42 zu § 1 TVG TV: Bau, AP Nr. 7, 10, 11 zu § 113 BetrVG 1972) greifen **tarifliche Verfallklauseln** Platz, weil es sich um einen individualrechtlichen Anspruch des einzelnen ArbN handelt, der nicht erst mit der gerichtlichen Geltendmachung entsteht, sondern bereits mit der Erfüllung der materiell- rechtlichen Voraussetzungen, also der betriebsverfassungswidrigen Durchführung der Betriebsänderung i. V. mit der Beendigung des Arbeitsverhältnisses durch Kündigung des ArbN. Die tarifliche Fälligkeit des Anspruchs tritt auch dann ein, wenn über die Wirksamkeit der Kündigung noch ein Rechtsstreit schwebt (BAG 3. 8. 82, AP Nr. 5 zu § 113 BetrVG 1972). Eine Bezifferung des Antrags ist zur Wahrung der tariflichen Ausschlußfristen aber nicht erforderlich (BAG 22. 2. 83, 29. 11. 83, a. a. O.). 22

Führt ein Unternehmer eine Betriebsänderung ohne den Versuch eines Interessenausgleichs oder in Abweichung von einem Interessenausgleich durch und wird danach der **Konkurs** über sein Vermögen eröffnet, so sind die Forderungen nach den Vorschriften der KO anzumelden (vgl. SozplKonkG § 4 Rn 2ff.). Allgemein zu den Ansprüchen auf Nachteilsausgleich im Konkurs des Unternehmens vgl. SozplKonkG § 1 Rn 12ff. Daneben sind im Konkurs tarifliche Ausschlußfristen nicht mehr anzuwenden, sofern sie nicht bereits bei Konkurseröffnung abgelaufen waren (BAG 18. 12. 84, AP Nr. 88 zu § 4 TVG Ausschlußfristen). 22a

Der **Klageantrag** geht dahin, „den Beklagten zur Zahlung einer Abfindung zu verurteilen, deren Höhe das Gericht gemäß § 10 KSchG festsetzt“. Der Antrag auf eine bestimmte Abfindungssumme ist entbehrlich (h. M.; BAG 22. 2. 83, AP Nr. 7 zu § 113 BetrVG 1972), da sich aus der Anwendung des § 10 KSchG ergibt, daß das ArbG die Abfindung nach freiem gerichtlichen Ermessen im Rahmen des Höchstmaßes und der Richtlinien des Gesetzes festsezt. Wegen finanzieller Leistungen aus einem Sozialplan vgl. Rn 25. 23

Die **Klageschrift** soll außer den allgemeinen Angaben nach § 253 Abs. 2 bis 3 ZPO folgende Punkte enthalten, die für die Zuerkennung und Höhe einer Abfindung wesentlich sind: Zugang der Kündigung; Zeitpunkt der Auflösung des Arbeitsverhältnisses; Höhe des Monatsverdienstes, der dem ArbN bei regelmäßiger, betriebsüblicher Arbeitszeit in dem Monat, in dem das Arbeitsverhälnis endet, an Geld und Sachbezügen zusteht; Dauer der Beschäftigung im Betrieb und Angaben über die wirtschaftliche Lage des ArbN. Ferner sollen Datum und Inhalt eines Interessenausgleichs angegeben werden. Es ist darzutun, inwieweit der Unternehmer hiervon abgewichen ist und aus welchen Gründen die Abweichung für die Kündigung ursächlich ist. 24

Wegen der **Höhe** der Abfindung verweist die Vorschrift auf **§ 10** 25

KSchG. Diese Abfindungen sind wegen des Sanktionscharakters des § 113 grundsätzlich **unabhängig von** evtl. finanziellen **Leistungen aufgrund eines Sozialplans** (vgl. auch §§ 112, 112a Rn 16; *GKSB,* Rn 8; *GL,* Rn 27; **a.M.** BAG 13. 12. 78, 3. 8. 82, 18. 12. 84, AP Nr. 6 zu §§ 112 BetrVG 1972, AP Nr. 5, 11 zu § 113 BetrVG 1972, nach dem diese Abfindungen in Höhe des Nachteilsausgleichs an die Stelle einer Sozialplanabfindung für den Verlust des Arbeitsplatzes treten sollen; zustimmend *Stege/Weinspach,* Erg. Bd. Rn 17; *DR,* § 112 Rn 142: Es besteht Anspruchskonkurrenz mit gegenseitiger Anrechnung; *Dolde-Bauer,* DB 78, 1675 und *Ehmann* a. a. O., S. 74ff.: Anspruch auf Nachteilsausgleich ist subsidär; für eine Klage aus § 113 soll sogar das Rechtsschutzbedürfnis fehlen, wenn die Aufstellung eines Sozialplans noch möglich erscheint; nach *Reuter/Körnig,* AktG 78, 325 darf die Gesamtbelastung den Rahmen des § 113 Abs. 3 nicht überschreiten). Sozialplanleistungen können allerdings bei der Festsetzung der Höhe der Abfindung eine Rolle spielen. Umgekehrt kann ein nachträglich aufgestellter Sozialplan bei der etwaigen Festlegung von Geldleistungen in Rechnung stellen, daß ArbN schon Abfindungen nach § 113 erstritten haben. Dieser Anspruch entfällt aber nicht etwa deshalb weil ein Sozialplan noch nachträglich zustandekommt (BAG 14. 9. 76, AP Nr. 2 zu § 113 BetrVG 1972). Nach Ansicht des BAG sind aber Zahlungen aus einem Sozialplan anzurechnen (BAG 13. 6. 89, AP Nr. 19 zu § 113 BetrVG 1972). Das ArbG kann bei der Festsetzung auch den ideellen Nachteil berücksichtigen, der mit dem Verlust einer langjährigen Betriebszugehörigkeit verbunden ist (BAG 29. 2. 1972, AP Nr. 9 zu § 72 BetrVG 1952), ebenso wegen des Sanktionscharakters auch den Grad der Zuwiderhandlung des ArbGeb. (*Schäfer,* ArbuR 82, 120).

26 Die **Abfindungen** nach § 113 und aus einem Sozialplan sind rechtlich, insbes. steuerrechtlich, sozialversicherungsrechtlich, pfändungsrechtlich u. dgl. **ebenso zu beurteilen wie die Abfindungen nach § 10 KSchG,** da sie wie diese eine Belastung sind, die dem ArbGeb. mit Rücksicht auf ein bestimmtes Verhalten auferlegt und mit denen gleichzeitig dem ArbN ein gewisser Ausgleich für den Verlust des Arbeitsplatzes gewährt wird. Die Abfindungen sind pfändungsrechtlich zwar „Arbeitseinkommen" im weiten Sinne des § 850 Abs. 2, Abs 4 ZPO aber nur **beschränkt pfändbar.** Sie unterliegen zwar nicht den Pfändungsbeschränkungen nach § 850c oder o ZPO, wohl aber nach 850i ZPO, wobei allerdings ein Antrag an das Vollstreckungsgericht erforderlich ist (vgl. zu Abfindungen nach § 10 KSchG BAG 12. 9. 79, AP Nr. 10 zu § 850 ZPO; ebenso OLG Düsseldorf, DB 80, 112; *DR,* § 112 Rn 134, § 113 Rn 50; *GL,* § 112 Rn 62, § 113 Rn 40).

26a Sie sind auch abtretbar und **vererblich,** sofern ein ArbN **nach** dem maßgebenden Zeitpunkt (vgl. §§ 112, 112a Rn 28) stirbt, selbst wenn der Anspruch noch nicht fällig war. Es handelt sich nicht um einen höchstpersönlichen Anspruch (vgl. *Hansen,* NZA 85, 609; LAG Frankfurt, 1. 6. 84, DB 85, 870; zu Abfindungsansprüchen nach § 9, § 10 KSchG vgl. BAG 16. 10. 69, AP Nr. 20 zu § 794 ZPO; einschr. LAG Frankfurt, 21. 8. 84, NZA 85, 634; *Stege/Weinspach,* Erg. Bd. Rn 94).

Steuerrechtlich werden alle Abfindungen wegen einer vom ArbGeb. veranlaßten oder gerichtlich ausgesprochenen Auflösung des Arbeitsverhältnisses, sowie Zahlungen aufgrund eines Sozialplans, soweit sie 24000,– DM, bei höherem Lebensalter und längerer Betriebszugehörigkeit 36000,– DM nicht übersteigen, gleichbehandelt. Sie sind steuerfrei (§ 3 Nr. 9 EStG; vgl. auch Abschnitt 4 der Lohnsteuerrichtlinien). Nur darüber hinausgehende Beträge sind steuerpflichtig. Im Rahmen der Häöchstgrenzen sind Abfindungen auch dann steuerfrei, wenn sie Lohnbestandteile (auch zusätzliche Leistungen) enthalten, z. B. bei vertraglicher Auflösung des Arbeitsverhältnisses zu einem bestimmten Zeitpunkt vor Ablauf der ordentlichen Kündigungsfrist (BFH-Urteil vom 11. 1. 80, DB 80, 906, 10. 10. 1986, DB 87, 515). Unabhängig von einer etwaigen Steuerpflicht besteht jedenfalls keine Beitragspflicht zur **Sozialversicherung** (BAG 9. 11. 1988, AP Nr. 6 zu § 10 KSchG 1969; dazu *Gagel,* BB 89, 430). 27

Beispiel:

Beendigung des Arbeitsverhältnisses schon zum 30. 9. statt 31. 12. und Zahlung einer Abfindung von 10000,– DM plus 3 Monatsgehälter von je 3000,– DM; steuerfrei ist der Gesamtbetrag von 19000,– DM.

Auf die Form der Auflösung des Arbeitsverhältnisses kommt es nicht an (vgl. BFH Urteile vom 6. 10 und 13. 10. 78, DB 79, 726, 481). Die Finanzverwaltung folgt dem BFH-Urteil vom 13. 10. 78 zu § 3 Nr. 9 EStG i. d. F. ab 1975 (Rundschreiben BMF 28. 2. 79, DB 79, 625 = BStBl 79, 144). Zur steuerlichen Behandlung von Abfindungen vgl. *Tombers/Sauter,* DB 80, 209.

Wegen **steuerlich anerkannter Rückstellungen für Sozialpläne** als ungewisse Verbindlichkeit vgl. Erlaß BMF vom 2. 5. 1977, BB 77, 682 = DB 77, 889 u. *Elsner,* BB 83, 1169.

Sollten die Entlassungen unter Nichteinhaltung der ordentlichen Kündigungsfrist erfolgt sein, insbesondere durch außerordentliche Kündigungen, so können in der gerichtlich zuzusprechenden Abfindung Lohnanteile enthalten sein, die gemäß § 117 Abs. 2 AFG in den Grenzen des § 117 Abs. 3 a. a. O. zum Ruhen des **Arbeitslosengeldes** führen (vgl. §§ 112, 112a Rn 30). 28

Fünfter Teil. Besondere Vorschriften für einzelne Betriebsarten

Erster Abschnitt. Seeschiffahrt

Vorbemerkung

Von einer Kommentierung des Abschnitts Seeschiffahrt wurde aus den im Vorwort genannten Gründen abgesehen.

§ 114 Grundsätze

(1) **Auf Seeschiffahrtsunternehmen und ihre Betriebe ist dieses Gesetz anzuwenden, soweit sich aus den Vorschriften dieses Abschnitts nichts anderes ergibt.**

(2) **Seeschiffahrtsunternehmen im Sinne dieses Gesetzes ist ein Unternehmen, das Handelsschiffahrt betreibt und seinen Sitz im Geltungsbereich dieses Gesetzes hat. Ein Seeschiffahrtsunternehmen im Sinne dieses Abschnitts betreibt auch, wer als Korrespondentreeder, Vertragsreeder, Ausrüster oder auf Grund eines ähnlichen Rechtsverhältnisses Schiffe zum Erwerb durch die Seeschiffahrt verwendet, wenn er Arbeitgeber des Kapitäns und der Besatzungsmitglieder ist oder überwiegend die Befugnisse des Arbeitgebers ausübt.**

(3) **Als Seebetrieb im Sinne dieses Gesetzes gilt die Gesamtheit der Schiffe eines Seeschiffahrtsunternehmens einschließlich der in Absatz 2 Satz 2 genannten Schiffe.**

(4) **Schiffe im Sinne dieses Gesetzes sind Kauffahrteischiffe, die nach dem Flaggenrechtsgesetz die Bundesflagge führen. Schiffe, die in der Regel binnen 24 Stunden nach dem Auslaufen an den Sitz eines Landbetriebs zurückkehren, gelten als Teil dieses Landbetriebs des Seeschiffahrtsunternehmens.**

(5) **Jugend- und Auszubildendenvertretungen werden nur für die Landbetriebe von Seeschiffahrtsunternehmen gebildet.**

(6) **Besatzungsmitglieder sind die in § 3 des Seemannsgesetzes genannten Personen. Leitende Angestellte im Sinne des § 5 Abs. 3 dieses Gesetzes sind nur die Kapitäne. Die Zuordnung der Besatzungsmitglieder zu den Gruppen der Arbeiter und Angestellten bestimmt sich, abweichend von den §§ 4 bis 6 des Seemannsgesetzes, nach § 6 dieses Gesetzes.**

§ 115 Bordvertretung

(1) **Auf Schiffen, die mit in der Regel mindestens fünf wahlberechtigten Besatzungsmitgliedern besetzt sind, von denen drei wählbar sind, wird eine Bordvertretung gewählt. Auf die Bordvertretung finden, soweit sich aus diesem Gesetz oder aus anderen gesetzlichen Vorschriften nicht etwas anderes ergibt, die Vorschriften über die Rechte und Pflichten des Betriebsrats und die Rechtsstellung seiner Mitglieder Anwendung.**

(2) **Die Vorschriften über die Wahl und Zusammensetzung des Betriebsrats finden mit folgender Maßgabe Anwendung:**

1. Wahlberechtigt sind alle Besatzungsmitglieder des Schiffes.

2. Wählbar sind die Besatzungsmitglieder des Schiffes, die am Wahltag das 18. Lebensjahr vollendet haben und ein Jahr Besatzungsmitglied eines Schiffes waren, das nach dem Flaggenrechtsgesetz die Bundesflagge führt. § 8 Abs. 1 Satz 3 bleibt unberührt.

3. Die Bordvertretung besteht auf Schiffen mit in der Regel
5 bis 20 wahlberechtigten Besatzungsmitgliedern aus 1 Person (Bordobmann),
21 bis 75 wahlberechtigten Besatzungsmitgliedern aus 3 Mitgliedern,
über 75 wahlberechtigten Besatzungsmitgliedern aus 5 Mitgliedern.

4. Die Minderheitsgruppe erhält, abweichend von § 10 Abs. 2, in einer Bordvertretung, die aus mehr als einer Person besteht, bei bis zu 75 Gruppenangehörigen mindestens einen Vertreter, bei mehr als 75 Gruppenangehörigen mindestens zwei Vertreter.

5. § 13 Abs. 1 und 3 findet keine Anwendung. Die Bordvertretung ist vor Ablauf ihrer Amtszeit unter den in § 13 Abs. 2 Nr. 2 bis 5 genannten Voraussetzungen neu zu wählen.

6. Die wahlberechtigten Besatzungsmitglieder können mit der Mehrheit aller Stimmen beschließen, die Wahl der Bordvertretung binnen 24 Stunden durchzuführen.

7. Die in § 16 Abs. 1 Satz 1 genannte Frist wird auf zwei Wochen, die in § 16 Abs. 2 Satz 1 genannte Frist wird auf eine Woche verkürzt.

8. Bestellt die im Amt befindliche Bordvertretung nicht rechtzeitig einen Wahlvorstand oder besteht keine Bordvertretung, findet § 17 Abs. 1 und 2 entsprechende Anwendung. Kann aus Gründen der Aufrechterhaltung des ordnungsgemäßen Schiffsbetriebs eine Bordversammlung nicht stattfinden, so kann der Kapitän auf Antrag von drei Wahlberechtigten den Wahlvorstand bestellen. Bestellt der Kapitän den Wahlvorstand nicht, so ist der Seebetriebsrat berechtigt, den Wahlvorstand zu bestellen. Die Vorschriften über die Bestellung des Wahlvorstands durch das Arbeitsgericht bleiben unberührt.

9. Die Frist für die Wahlanfechtung beginnt für Besatzungsmitglieder an Bord, wenn das Schiff nach Bekanntgabe des Wahlergebnisses erstmalig einen Hafen im Geltungsbereich dieses Gesetzes oder ei-

nen Hafen, in dem ein Seemannsamt seinen Sitz hat, anläuft. Die Wahlanfechtung kann auch zu Protokoll des Seemannsamtes erklärt werden. Wird die Wahl zur Bordvertretung angefochten, zieht das Seemannsamt die an Bord befindlichen Wahlunterlagen ein. Die Anfechtungserklärung und die eingezogenen Wahlunterlagen sind vom Seemannsamt unverzüglich an das für die Anfechtung zuständige Arbeitsgericht weiterzuleiten.

(3) Auf die Amtszeit der Bordvertretung finden die §§ 21 bis 25 mit der Maßgabe Anwendung, daß

1. die Amtszeit ein Jahr beträgt,
2. die Mitgliedschaft in der Bordvertretung auch endet, wenn das Besatzungsmitglied den Dienst an Bord beendet, es sei denn, daß es den Dienst an Bord vor Ablauf der Amtszeit nach Nummer 1 wieder antritt.

(4) Für die Geschäftsführung der Bordvertretung gelten die §§ 26 bis 36, § 37 Abs. 1 bis 3, sowie die §§ 39 bis 41 entsprechend. § 40 Abs. 2 ist mit der Maßgabe anzuwenden, daß die Bordvertretung in dem für ihre Tätigkeit erforderlichen Umfang auch die für die Verbindung des Schiffes zur Reederei eingerichteten Mittel zur beschleunigten Übermittlung von Nachrichten in Anspruch nehmen kann.

(5) Die §§ 42 bis 46 über die Betriebsversammlung finden für die Versammlung der Besatzungsmitglieder eines Schiffes (Bordversammlung) entsprechende Anwendung. Auf Verlangen der Bordvertretung hat der Kapitän der Bordversammlung einen Bericht über die Schiffsreise und die damit zusammenhängenden Angelegenheiten zu erstatten. Er hat Fragen, die den Schiffsbetrieb, die Schiffsreise und die Schiffssicherheit betreffen, zu beantworten.

(6) Die §§ 47 bis 59 über den Gesamtbetriebsrat und den Konzernbetriebsrat finden für die Bordvertretung keine Anwendung.

(7) Die §§ 74 bis 105 über die Mitwirkung und Mitbestimmung der Arbeitnehmer finden auf die Bordvertretung mit folgender Maßgabe Anwendung:

1. Die Bordvertretung ist zuständig für die Behandlung derjenigen nach diesem Gesetz der Mitwirkung und Mitbestimmung des Betriebsrats unterliegenden Angelegenheiten, die den Bordbetrieb oder die Besatzungsmitglieder des Schiffes betreffen und deren Regelung dem Kapitän auf Grund gesetzlicher Vorschriften oder der ihm von der Reederei übertragenen Befugnisse obliegt.
2. Kommt es zwischen Kapitän und Bordvertretung in einer der Mitwirkung oder Mitbestimmung der Bordvertretung unterliegenden Angelegenheiten nicht zu einer Einigung, so kann die Angelegenheit von der Bordvertretung an den Seebetriebsrat abgegeben werden. Der Seebetriebsrat hat die Bordvertretung über die weitere Behandlung der Angelegenheit zu unterrichten. Bordvertretung und Kapitän dürfen die Einigungsstelle oder das Arbeitsgericht nur anrufen, wenn ein Seebetriebsrat nicht gewählt ist.

3. Bordvertretung und Kapitän können im Rahmen ihrer Zuständigkeiten Bordvereinbarungen abschließen. Die Vorschriften über Betriebsvereinbarungen gelten für Bordvereinbarungen entsprechend. Bordvereinbarungen sind unzulässig, soweit eine Angelegenheit durch eine Betriebsvereinbarung zwischen Seebetriebsrat und Arbeitgeber geregelt ist.
4. In Angelegenheiten, die der Mitbestimmung der Bordvertretung unterliegen, kann der Kapitän, auch wenn eine Einigung mit der Bordvertretung noch nicht erzielt ist, vorläufige Regelungen treffen, wenn dies zur Aufrechterhaltung des ordnungsgemäßen Schiffsbetriebs dringend erforderlich ist. Den von der Anordnung betroffenen Besatzungsmitgliedern ist die Vorläufigkeit der Regelung bekanntzugeben. Soweit die vorläufige Regelung der endgültigen Regelung nicht entspricht, hat das Schiffahrtsunternehmen Nachteile auszugleichen, die den Besatzungsmitgliedern durch die vorläufige Regelung entstanden sind.
5. Die Bordvertretung hat das Recht auf regelmäßige und umfassende Unterrichtung über den Schiffsbetrieb. Die erforderlichen Unterlagen sind der Bordvertretung vorzulegen. Zum Schiffsbetrieb gehören insbesondere die Schiffssicherheit, die Reiserouten, die voraussichtlichen Ankunfts- und Abfahrtszeiten sowie die zu befördernde Ladung.
6. Auf Verlangen der Bordvertretung hat der Kapitän ihr Einsicht in die an Bord befindlichen Schiffstagebücher zu gewähren. In den Fällen, in denen der Kapitän eine Eintragung über Angelegenheiten macht, die der Mitwirkung oder Mitbestimmung der Bordvertretung unterliegen, kann diese eine Abschrift der Eintragung verlangen und Erklärungen zum Schiffstagebuch abgeben. In den Fällen, in denen über eine der Mitwirkung oder Mitbestimmung der Bordvertretung unterliegenden Angelegenheit eine Einigung zwischen Kapitän und Bordvertretung nicht erzielt wird, kann die Bordvertretung dies zum Schiffstagebuch erklären und eine Abschrift dieser Eintragung verlangen.
7. Die Zuständigkeit der Bordvertretung im Rahmen des Arbeitsschutzes bezieht sich auch auf die Schiffssicherheit und die Zusammenarbeit mit den insoweit zuständigen Behörden und sonstigen in Betracht kommenden Stellen.

§ 116 Seebetriebsrat

(1) **In Seebetrieben werden Seebetriebsräte gewählt. Auf die Seebetriebsräte finden, soweit sich aus diesem Gesetz oder aus anderen gesetzlichen Vorschriften nicht etwas anderes ergibt, die Vorschriften über die Rechte und Pflichten des Betriebsrats und die Rechtstellung seiner Mitglieder Anwendung.**

(2) **Die Vorschriften über die Wahl, Zusammensetzung und Amtszeit des Betriebsrats finden mit folgender Maßgabe Anwendung:**

1. Wahlberechtigt zum Seebetriebsrat sind alle zum Seeschiffahrtsunternehmen gehördenden Besatzungsmitglieder.
2. Für die Wählbarkeit zum Seebetriebsrat gilt § 8 mit der Maßgabe, daß
   a) in Seeschiffahrtsunternehmen, zu denen mehr als acht Schiffe gehören oder in denen in der Regel mehr als 250 Besatzungsmitglieder beschäftigt sind, nur nach § 115 Abs. 2 Nr. 2 wählbare Besatzungsmitglieder wählbar sind;
   b) in den Fällen, in denen die Voraussetzungen des Buchstabens a nicht vorliegen, nur Arbeitnehmer wählbar sind, die nach § 8 die Wählbarkeit im Landbetrieb des Seeschiffahrtsunternehmens besitzen, es sei denn, daß der Arbeitgeber mit der Wahl von Besatzungsmitgliedern einverstanden ist.
3. Der Betriebsrat besteht in Seebetrieben mit in der Regel
   5 bis 500 wahlberechtigten Besatzungsmitgliedern aus einer Person,
   501 bis 1000 wahlberechtigten Besatzungsmitgliedern aus drei Mitgliedern,
   über 1000 wahlberechtigten Besatzungsmitgliedern aus fünf Mitgliedern.
4. Die Minderheitsgruppe erhält, abweichend von § 10 Abs. 2, in einem Seebetriebsrat, der aus mehr als einer Person besteht, bei bis zu 500 Gruppenangehörigen mindestens einen Vertreter, bei mehr als 500 Gruppenangehörigen mindestens zwei Vertreter.
5. Ein Wahlvorschlag ist gültig, wenn er im Fall des § 14 Abs. 6 Satz 1 erster Halbsatz und Satz 2 mindestens von drei wahlberechtigten gruppenangehörigen Besatzungsmitgliedern und im Fall des § 14 Abs. 7 mindestens von drei wahlberechtigten Besatzungsmitgliedern unterschrieben ist.
6. Die in § 16 Abs. 1 Satz 1 genannte Frist wird auf drei Monate, die in § 16 Abs. 2 Satz 1 genannte Frist auf zwei Monate verlängert.
7. Zu Mitgliedern des Wahlvorstands können auch im Landbetrieb des Seeschiffahrtsunternehmens beschäftigte Arbeitnehmer bestellt werden. § 17 Abs. 1 und 2 findet keine Anwendung. Besteht in einem Seebetrieb kein Seebetriebsrat, so wird der Wahlvorstand gemeinsam vom Arbeitgeber und den im Seebetrieb vertretenen Gewerkschaften bestellt. Einigen sich Arbeitgeber und Gewerkschaften nicht, so bestellt ihn das Arbeitsgericht auf Antrag des Arbeitgebers, einer im Seebetrieb vertretenen Gewerkschaft oder von mindestens drei wahlberechtigten Besatzungsmitgliedern. § 16 Abs. 2 Satz 2 und 3 gilt entsprechend.
8. Die Frist für die Wahlanfechtung nach § 19 Abs. 2 beginnt für Besatzungsmitglieder an Bord, wenn das Schiff nach Bekanntgabe des Wahlergebnisses erstmalig einen Hafen im Geltungsbereich dieses Gesetzes oder einen Hafen, in dem ein Seemannsamt seinen Sitz hat, anläuft. Nach Ablauf von drei Monaten seit Bekanntgabe des Wahlergebnisses ist eine Wahlanfechtung unzulässig. Die Wahlanfechtung kann auch zu Protokoll des Seemannsamtes erklärt wer-

den. Die Anfechtungserklärung ist vom Seemansamt unverzüglich an das für die Anfechtung zuständige Arbeitsgericht weiterzuleiten.

9. Die Mitgliedschaft im Seebetriebsrat endet, wenn der Seebetriebsrat aus Besatzungsmitgliedern besteht, auch, wenn das Mitglied des Seebetriebsrats nicht mehr Besatzungsmitglied ist. Die Eigenschaft als Besatzungsmitglied wird durch die Tätigkeit im Seebetriebsrat oder durch eine Beschäftigung gemäß Absatz 3 Nr. 2 nicht berührt.

(3) **Die §§ 26 bis 41 über die Geschäftsführung des Betriebsrats finden auf den Seebetriebsrat mit folgender Maßgabe Anwendung:**

1. In Angelegenheiten, in denen der Seebetriebsrat nach diesem Gesetz innerhalb einer bestimmten Frist Stellung zu nehmen hat, kann er, abweichend von § 33 Abs. 2, ohne Rücksicht auf die Zahl der zur Sitzung erschienenen Mitglieder einen Beschluß fassen, wenn die Mitglieder ordnungsgemäß geladen worden sind.

2. Soweit die Mitglieder des Seebetriebsrats nicht freizustellen sind, sind sie so zu beschäftigen, daß sie durch ihre Tätigkeit nicht gehindert sind, die Aufgaben des Seebetriebsrats wahrzunehmen. Der Arbeitsplatz soll den Fähigkeiten und Kenntnissen des Mitglieds des Seebetriebsrats und seiner bisherigen beruflichen Stellung entsprechen. Der Arbeitsplatz ist im Einvernehmen mit dem Seebetriebsrat zu bestimmen. Kommt eine Einigung über die Bestimmung des Arbeitsplatzes nicht zustande, so entscheidet die Einigungsstelle. Der Spruch der Einigungsstelle ersetzt die Einigung zwischen Arbeitgeber und Seebetriebsrat.

3. Den Mitgliedern des Seebetriebsrats, die Besatzungsmitglieder sind, ist die Heuer auch dann fortzuzahlen, wenn sie im Landbetrieb beschäftigt werden. Sachbezüge sind angemessen abzugelten. Ist der neue Arbeitsplatz höherwertig, so ist das diesem Arbeitsplatz entsprechende Arbeitsentgelt zu zahlen.

4. Unter Berücksichtigung der örtlichen Verhältnisse ist über die Unterkunft der in den Seebetriebsrat gewählten Besatzungsmitglieder eine Regelung zwischen dem Seebetriebsrat und dem Arbeitgeber zu treffen, wenn der Arbeitsplatz sich nicht am Wohnort befindet. Kommt eine Einigung nicht zustande, so entscheidet die Einigungsstelle. Der Spruch der Einigungsstelle ersetzt die Einigung zwischen Arbeitgeber und Seebetriebsrat.

5. Der Seebetriebsrat hat das Recht, jedes zum Seebetrieb gehördende Schiff zu betreten, dort im Rahmen seiner Aufgaben tätig zu werden sowie an den Sitzungen der Bordvertretung teilzunehmen. § 115 Abs. 7 Nr. 5 Satz 1 gilt entsprechend.

6. Liegt ein Schiff in einem Hafen innerhalb des Geltungsbereichs dieses Gesetzes, so kann der Seebetriebsrat nach Unterrichtung des Kapitäns Sprechstunden an Bord abhalten und Bordversammlungen der Besatzungsmitglieder durchführen.

7. Läuft ein Schiff innerhalb eines Kalenderjahres keinen Hafen im Geltungsbereich dieses Gesetzes an, so gelten die Nummern 5 und 6

für europäische Häfen. Die Schleusen des Nordostseekanals gelten nicht als Häfen.

8. Im Einvernehmen mit dem Arbeitgeber können Sprechstunden und Bordversammlungen, abweichend von den Nummern 6 und 7, auch in anderen Liegehäfen des Schiffes durchgeführt werden, wenn ein dringendes Bedürfnis hierfür besteht. Kommt eine Einigung nicht zustande, so entscheidet die Einigungsstelle. Der Spruch der Einigungsstelle ersetzt die Einigung zwischen Arbeitgeber und Seebetriebsrat.

(4) Die §§ 42 bis 46 über die Betriebsversammlung finden auf den Seebetrieb keine Anwendung.

(5) Für den Seebetrieb nimmt der Seebetriebsrat die in den §§ 47 bis 59 dem Betriebsrat übertragenen Aufgaben, Befugnisse und Pflichten wahr.

(6) Die §§ 74 bis 113 über die Mitwirkung und Mitbestimmung der Arbeitnehmer finden auf den Seebetriebsrat mit folgender Maßgabe Anwendung:

1. Der Seebetriebsrat ist zuständig für die Behandlung derjenigen nach diesem Gesetz der Mitwirkung oder Mitbestimmung des Betriebsrats unterliegenden Angelegenheiten,
   a) die alle oder mehrere Schiffe des Seebetriebs oder die Besatzungsmitglieder aller oder mehrerer Schiffe des Seebetriebs betreffen,
   b) die nach § 115 Abs. 7 Nr. 2 von der Bordvertretung abgegeben worden sind oder
   c) für die nicht die Zuständigkeit der Bordvertretung nach § 115 Abs. 7 Nr. 1 gegeben ist.
2. Der Seebetriebsrat ist regelmäßig und umfassend über den Schiffsbetrieb des Seeschiffahrtsunternehmens zu unterrichten. Die erforderlichen Unterlagen sind ihm vorzulegen.

Zweiter Abschnitt. Luftfahrt

§ 117 Geltung für die Luftfahrt

(1) Auf Landbetriebe von Luftfahrtunternehmen ist dieses Gesetz anzuwenden.

(2) Für im Flugbetrieb beschäftigte Arbeitnehmer von Luftfahrtunternehmen kann durch Tarifvertrag eine Vertretung errichtet werden. Über die Zusammenarbeit dieser Vertretung mit den nach diesem Gesetz zu errichtenden Vertretungen der Arbeitnehmer der Landbetriebe des Luftfahrtunternehmens kann der Tarifvertrag von diesem Gesetz abweichende Regelungen vorsehen; § 3 Abs. 2 ist entsprechend anzuwenden.

Das Gesetz gilt nach Abs. 1 **nur** für die **Landbetriebe von privaten Luffahrtunternehmen,** d. h. Unternehmen die Personen oder Sachen durch Luftfahrzeuge gewerbsmäßig befördern (vgl. § 20 Abs. 1 Satz 1 LuftVG), auch für **Zweigniederlassungen ausländischer Unternehmen** (vgl. BAG 6. 4. 1973, AP Nr. 1 zu § 99 BertVG 1972). Zu den Landbetrieben von Luftfahrtunternehmen rechnen u. a. die kaufmännischen Betriebe, Reisebüros, Reparaturwerkstätten. Die Verwaltung und Unterhaltung eines Flughafens wird dagegen regelmäßig von einem rechtlich selbständigen Unternehmen durchgeführt. Den Flugmelde- und meteorologischen Dienst nehmen Angehörige der Bundesanstalt für Flugsicherung bzw. der Bundesanstalt „Deutscher Wetterdienst" wahr. Bei der Feststellung der Zahl der in den Landbetrieben tätigen ArbN zählen die Besatzungsangehörigen der Luftfahrzeuge nicht mit (*DR* Rn 2 *GL,* Rn 4; GK-*Wiese,* Rn 4). 1

Das Gesetz gilt wegen der besonderen Schwierigkeiten, eine Betriebsvertretung zu organisieren und in ihr Tätigkeiten auszuüben, nicht für das sogenannte **„fliegende Personal".** Diese Regelung ist verfassungskonform (BAG 5. 11. 1985 AP Nr. 4 zu § 117 BetrVG 1972; **a. M.** *Grabherr,* NZA 88, 532, da die völlige Ausschließung dieses Personenkreises von der Anwendung des Gesetzes gegen Art. 3 GG verstoße). Dazu rechnen nur ArbN, bei denen „das Gepräge", nicht unbedingt der überwiegende Zeitaufwand der Tätigkeit, unmittelbar in der Beförderung liegt (BAG 14. 10. 1986, AP Nr. 5 zu § 117 BetrVG 1972). Abs. 2 läßt aber die Bildung einer **besonderen Vertretung durch TV** ausdrücklich zu. Bei Fehlen eines TV ist die Wahl eines BR nichtig (LAG Frankfurt, 15. 12. 1972, DB 73, 1512; GK-*Wiese,* Rn 5; *Schaub,* § 214 II 3). Der TV über die Errichtung einer Vertretung des fliegenden Personals kann die Bildung dieser Vertretung abweichend von den Vorschriften über die Wahl der BR regeln (insbesondere hinsichtlich der Berücksichtigung der Beschäftigungsarten) und eigenständige, vom BetrVG abweichende Bestimmungen über die Beteiligungsrechte der Vertretungen treffen (BAG 5. 11. 85 a.a.O.), auch über die Aufteilung der Beteiligungsrechte bei mehrstufigen Vertretungen. Insoweit bedarf der TV nicht der Genehmigung durch eine staatliche Behörde nach § 3 Abs. 2 (h. M.), weil es sich um ArbN handelt, die an sich nicht dem Gesetz unterliegen. Gemäß § 3 Abs. 2 TVG gilt der TV für alle Betriebe, deren ArbGeb. tarifgebunden ist; denn es handelt sich um betriebsverfassungsrechtliche Normen. 2

Der Geltungsbereich des TV kann sich auf die vom Unternehmen betriebenen Flugzeuge erstrecken, und zwar selbst auf ausländischen Teilstrecken; insoweit handelt es sich um eine sogen. „Ausstrahlung" des Betriebes (vgl. § 1 Rn 13 und die Entscheidung BAG 10. 9. 85, AP Nr. 3 zu § 117 BetrVG 1972 betreffend Einsatz ausländischen Flugpersonals auf ausländischen Teilstrecken).

Nach dem **TV** vom 15. 11. 1972 (geändert durch TV vom 26. 6. 1976) **2a**
besteht für das gesamte **Bordpersonal der Deutschen Lufthansa** eine Konzernvertretung, Gesamtvertretung und Gruppenvertretungen (für die Beschäftigungsarten), deren Befugnisse in Anlehnung an das BetrVG festgelegt sind. Jede Mitarbeitergruppe wählt ihre Vertr. in

getrennter Wahl nach den Grundsätzen der Persönlichkeitswahl (näheres vgl. Weber in Betriebsverfassung in Recht und Praxis, Haufe-Verlag). Wegen eines TV über die Personalvertretung für das Bordpersonal eines privaten Luftfahrtunternehmens vgl. BAG 11. 3. 1976, AP Nr. 1 zu § 95 BetrVG 1972. Weiterhin sind **folgende TV** abgeschlossen worden:

Vereinbarung über die Errichtung einer Personalvertretung für das Bordpersonal der AERO LLOYD Flugreisen GmbH & Co Luftverkehrs KG vom 7. 3. 1983, geändert durch TV vom 31. 1. 1985, mit DAG; TV über die Personalvertretung für die Stewardessen der DAN AIR vom 5. 11. 1975 mit DAG; TV über die Personalvertretung für die DLT Luftverkehrsgesellschaft mbH, vom 19. 2. 1976 mit DAG; TV Personalvertretung für das Bordpersonal der GENERAL AIR Luftverkehrsgesellschaft mbH vom 11. 6. 1975 mit DAG; TV Nr. 2 Personalvertretung für das Bordpersoder HAPAG-LLOYD FLUG GmbH vom 8. 9. 1982 mit ÖTV u. DAG; TV Personalvertretung für das Cockpit und Kabinenpersonal (Bordpersonal) der LTU vom 28. 4. 1981 mit DAG; TV Nr. 1 über die Personalvertretung der Flugbegleiter der Pan American World Airways, Inc. in Deutschland vom 2. 10. 1974 mit ÖTV; TV Nr. 1 über die Betriebsvertretung der Stewardessen der British European Airways in Deutschland vom 31. 10. 1972, geändert durch TV vom 21. 2. 1974 mit ÖTV.

3 Außerdem kann ein TV das **Zusammenwirken zwischen den gesetzlichen BR** der Landbetriebe **und den tariflichen Vertretungen** der Flugbetriebe regeln. Ein derartiger TV bedarf der Zustimmung der zuständigen obersten Arbeitsbehörde in Verfahren nach § 3 Abs. 2 (vgl. dort Rn 56ff.). Die Zustimmungsbedürftigkeit erklärt sich insbesondere im Hinblick auf die Notwendigkeit, gemeinsame Beschlüsse dieser Vertretungen (z. B. innerhalb eines erweiterten GesBR) zu ermöglichen und dabei die unterschiedlichen organisatorischen Voraussetzungen und Stimmgewichte sinnvoll aufeinander abzustimmen. Auf Bundesebene ist bisher nur der ErgänzungsTV zwischen der British-European-Airways, Direktion für Deutschland und der ÖTV über die Betriebsvertretung der Stewardessen vom 21. 2. 1974 genehmigt worden.

4 Nach der Sondervorschrift des § 24 Abs. 1 Satz 2 KSchG gelten für die Frage der Anwendung des KSchG die Gesamtheit der Luftfahrzeuge als einheitlicher Betrieb (vgl. BAG 28. 12. 56, AP Nr. 1 zu § 22 KSchG).

5 Wegen der Vertretung der ArbN im AR vom Unternehmen der Luftfahrt vgl. § 76 BetrVG 52 Rn 12. Das MitbestG unterscheidet nicht zwischen Land- und Luftbetrieb eines Luftfahrtunternehmens (*Fitting/Wlotzke/Wißmann,* § 10 Rn. 17).

Dritter Abschnitt. Tendenzbetriebe und Religionsgemeinschaften

§ 118 Geltung für Tendenzbetriebe und Religionsgemeinschaften

(1) **Auf Unternehmen und Betriebe, die unmittelbar und überwiegend**

1. politischen, koalitionspolitischen, konfessionellen, karitativen, erzieherischen, wissenschaftlichen oder künstlerischen Bestimmungen oder

2. Zwecken der Berichterstattung oder Meinungsäußerung, auf die Artikel 5 Abs. 1 Satz 2 des Grundgesetzes Anwendung findet,

dienen, finden die Vorschriften dieses Gesetzes keine Anwendung, soweit die Eigenart des Unternehmens oder des Betriebs dem entgegensteht. Die §§ 106 bis 110 sind nicht, die §§ 111 bis 113 nur insoweit anzuwenden, als sie den Ausgleich oder die Milderung wirtschaftlicher Nachteile für die Arbeitnehmer infolge von Betriebsänderungen regeln.

(2) **Dieses Gesetz findet keine Anwendung auf Religionsgemeinschaften und ihre karitativen und erzieherischen Einrichtungen unbeschadet deren Rechtsform.**

Inhaltsübersicht

I. Vorbemerkung

1 Die Vorschrift bringt in Abs. 1 für bestimmte Unternehmen und Betriebe mit Rücksicht auf deren Eigenart („Tendenzbetriebe") Ausnahmen von Bestimmungen des BetrVG, während nach Abs. 2 das BetrVG auf Religionsgemeinschaften und ihre karitativen und erzieherischen Einrichtungen überhaupt keine Anwendung findet. Der Ausschluß einer **ArbNVertretung im AR** ergibt sich aus § 129 Abs. 1. Insoweit ist aber für Unternehmen mit **bis zu 2000 ArbN** noch der **weitergehende Tendenzbegriff des § 81 BetrVG 52 maßgebend.**

2 Umstritten ist die Frage, ob § 81 Abs. 1 BetrVG 52 nunmehr nach den Grundsätzen des § 118 BetrVG 72 auszulegen (so *DR,* Rn 151). § 118 Abs. 1 BetrVG 72 regelt die Beteiligung nur in betriebsverfassungsrechtlichen Fragen, **§ 81 BetrVG 52 nur noch die evtl. Nichtbeteiligung der ArbN im AR von Unternehmen, die nicht unter die Mitbestimmungsgesetze fallen.**

3 In der Praxis dürften die Unterschiede zwischen beiden Vorschriften nicht so gewichtig sein, wie der theoretische Streit vermuten läßt. Im Ergebnis sind **nennenswerte Unterschiede in der Auslegung beider Vorschriften,** jedenfalls **für die Frage der Beteiligung der ArbN im AR nicht feststellbar.** Maßgebend ist, ob das Unternehmen selbst unmittelbar und überwiegend nach § 118 Abs. 1 BetrVG 72 oder § 81 Abs. 1 BetrVG 52 geschützten Bestimmungen dient. Nur dann entfällt eine Beteiligung der ArbN im AR gem. §§ 76ff. BetrVG 52. Näheres vgl. Voraufl.

4 Der gesetzgeberische Zweck des § 118 Abs. 1 wird von der h. M. vor allem darin gesehen, die vom GG statuierten **Grundrechte** (vgl. Art. 2 Abs. 1, Art. 4, Art. 5, Art. 9 Abs. 3 GG) durch das MBR der ArbNschaft nicht beeinflussen zu lassen (BAG 22. 4. 1975, AP Nr. 2 zu § 118 BetrVG 1972; *DR,* Rn 13ff.). Abs. 1 soll im allgemeinen Interesse (nicht im Interesse des Unternehmers) eine zulässige **Güterabwägung zwischen dem Sozialstaatsprinzip** (Art. 20 GG) **und den Freiheitsrechten der Tendenzträger enthalten** (Schriftl. Bericht des Ausschusses für Arbeit, Teil A XIV). Diese Zielsetzung ist bei der Auslegung der Vorschrift zu berücksichtigen (zur verfassungsrechtlichen Problematik eingehend *Ihlefeld,* RdA 77, 223ff. mit Hinweis auf das bei der Auslegung der Eigenartsklausel des § 118 Abs. 1 Satz 1 zu beachtenden Verhältnismäßigkeitsprinzip; vgl. eingehend kr. *Hensche u. Arndt, Ebsen* in Pressefreiheit u. Mitbestimmung, Verlag Neue Gesellschaft, S.75, 83ff.). § 118 verstößt daher nicht gegen Art. 20 GG (BAG 14. 11. 75, 6. 12. 77, AP Nr. 5, 10 zu § 118 BetrVG 1972; gegen die Begrenzung der Pressefreiheit durch das Sozialstaatsprinzip: *Rüthers,* AfP 80, 2 unter Berufung auf BVerfG 6. 11. 1979, AP Nr. 14 zu § 118 BetrVG 1972; *DR,* Rn 18f. und *Mayer-Maly, Löwisch,* BB 83, 913). Zusammenstellung der Rechtsprechung zu § 118 bei *Blanke,* AiB 86, 205; vgl. auch *Weber,* NZA 89, Beil. 3 S. 2.

5 Das BetrVG 72 versucht, den Ausnahmetatbestand schärfer als früher zu umschreiben und den Tendenzschutz auf Unternehmen und Betriebe zu beschränken, die die genannten Bestimmungen oder Zwecke verfolgen, und zwar, „unmittelbar und überwiegend." Die Sonderstellung gilt u. U. nur für einzelne Betriebe eines Unternehmens. Um eine unsachgemäße Ausweitung der Sondervorschrift zu vermeiden, ist im BetrVG 72 der Hinweis auf „ähnliche Bestimmungen" gestrichen. Damit **entfällt eine analoge Anwendung** der die Anwendung des Gesetzes einschränkenden Sondervorschrift des § 118 Abs. 1 (*GL,* Rn 30; *HSG,* Rn 12; **a.M.** *DR,* Rn 43). Die **Aufzählung ist erschöpfend** (*DR* u. *GL* a.a.O.).

6 Entsprechende Bestimmungen im **BPersVG 74;** § 77 Abs. 1, § 95 Abs. 1, § 112 und im **SprAuG** § 1 Abs. 3 Nr. 2.

II. Unternehmen und Betriebe

7 Zur Klarstellung führt das Gesetz neben dem Betrieb auch das Unternehmen auf. Der Betrieb verfolgt stets nur einen arbeitstechnischen

Zweck (vgl. § 1 Rn 3.1f.) Eine **Tendenz kann nur das Unternehmen** haben (h. M.). Damit ist aber nicht gesagt, daß in Unternehmen mit mehreren Betrieben oder nach § 4 selbständigen Nebenbetrieben oder Betriebsabteilungen sich die Tendenz des Unternehmens auf alle Betriebe erstrecken müßte oder umgekehrt schon ein Tendenzbetrieb allen anderen (neutralen) Betrieben des Unternehmens die Tendenz vermitteln würde. Die Voraussetzungen des Abs. 1 sind vielmehr für **jeden Betrieb** i. S. der §§ 1, 4 **gesondert zu prüfen,** insbs. in sozialen und personellen Angelegenheiten. Denn im Betrieb wird durch dessen ArbN die Tendenz des Unternehmens realisiert (*HSG* Rn 6; *Neumann-Duesberg,* DB 70, 1832; *DR,* Rn 22ff. hält dies nicht für sinnvoll, da bei der Frage der Einschränkung der Beteiligungsrechte jeweils die Verhältnisse des einzelnen Betriebes berücksichtigt werden könnten; vgl. auch BAG 17. 2. 1971, AP Nr. 9 zu § 1 TVG TV: Bau). Diesen Gedanken betont Abs. 1 besonders mit dem Wort „unmittelbar" (vgl. Rn 15).

Bei sog. **„Mischbetrieben"** kommt es auf die überwiegende Zielsetzung auf der Ebene des Betriebes an. Dabei ist nicht mehr das „Gepräge" maßgebend, sondern mehr **quantitative Gesichtspunkte,** wie **Umsatz- oder ArbNZahlen** (vgl. Rn 15; *DR,* Rn 30f.). Ein zahlenmäßiges Übergewicht sog. Tendenzträger ist aber nicht erforderlich und wäre auch praktisch kaum jemals gegeben (BAG 9. 12. 1975, AP Nr. 7 zu § 118 BetrVG 1972). Das **Überwiegen der Tendenz im ganzen Unternehmen** ist maßgebend für die Frage der Errichtung eines **WiAusschusses** (BAG 22. 2. 1960, AP Nr. 4 zu § 81 BetrVG 1957; *GKSB,* Rn 10), da dieser nicht für den Betrieb, sondern das Unternehmen errichtet ist (Rn 45). Gesellschaftsrechtliche Verflechtungen eines rechtlich selbständigen Unternehmens mit einem anderen Unternehmen bleiben dabei außer Betracht (BAG 31. 10. 1975, 30. 6. 81, AP Nr. 3, 20 zu § 118 BetrVG 1972, zustimmend *GL,* Rn 34). Dagegen werden die MBR bei Betriebsänderungen nach §§ 111ff. im Betrieb verwirklicht, so daß es auf dessen Tendenzcharakter ankommt. Entsprechendes gilt regelmäßig für soziale und personelle MBR, es sei denn, es wäre ausnahmsweise der **GesBR** zuständig (§ 50 Abs. 1). Dann handelt es sich aber meist um wertneutrale Angelegenheiten (z. B. Sozialeinrichtungen für das Unternehmen), die die Tendenz nicht berühren und deshalb mitbestimmungspflichtig sind (vgl. unten Rn. 33). Werden ausnahmsweise zwischen Unternehmer und GesBR tendenzbezogene Maßnahmen vereinbart, z. B. über das Verhalten der ArbN (vgl. Rn 43), die aus besonderen Gründen einheitlich für alle Tendenzbetriebe gelten sollen, so kann ihre Erstreckung auch auf Betriebe des Unternehmens ohne Tendenz bedenklich sein (§ 75!). Hat das Unternehmen nur einen Betrieb, so entfällt natürlich insoweit eine unterschiedliche Betrachtung. 8

Sind mehrere Unternehmen in einen **Konzern** oder in anderer Weise verbunden, so kommt es doch jeweils nur auf das einzelne Unternehmen bzw. den einzelnen Betrieb an, dessen Tendenzeigenschaft jeweils gesondert zu prüfen ist (BAG 31. 10. 75, 30. 6. 82, AP Nr. 3, 20 zu § 118 BetrVG 1972; *DR,* Rn 91, 96; *GKSB,* Rn 12; z. T. abweichend für herrschendes Unternehmen *GL,* Rn 34b; **a. M.** *Mayer-Maly,* Fest- 9 schrift Möhring, S. 253ff., derselbe u *Löwisch,* BB 83, 915; *Loritz,* ZfA 85, 497).

10 Soweit für kleinere Unternehmen hinsichtlich der **ARBeteiligung der ArbN im Unternehmen oder Konzern** noch §§ 76ff. i.V. mit § 81 BetrVG 52 maßgebend sind (vgl. oben Rn 2. f.), muß das Einzelunternehmen selbst unmittelbar und überwiegend den geschützten Zwecken dienen; nur dann entfällt die ArbNVertr. im AR. An Wahlen zum AR des herrschenden Unternehmens eines Konzerns gem. § 76 Abs. 4 BetrVG 52 nehmen auch die ArbN aller abhängigen Unternehmen einschl. der sogen. Tendenzunternehmen teil, es sei denn, der Konzern als solcher verfolge unmittelbar und überwiegend nach § 81 BetrVG 52 geschützte Bestimmungen; dann wäre der AR des herrschenden Unternehmens ohne die Beteiligung von ArbNVertr. zu bilden (vgl. zum MitbestG: *Fitting/Wlotzke/Wißmann,* § 1, Rn 39ff.; *Sieling/Wendeling,* ArbuR 77, 240ff.; OLG Hamburg 22. 1. 80, DB 80, 635).

11 Die Eigenschaft als Tendenzbetrieb (bzw. -unternehmen) nach Abs. 1 setzt voraus, daß der **Betrieb (Unternehmen) einer geistig-ideellen Zielrichtung dient.** Dieses „zweckhafte Wollen" muß ein bestimmtes Niveau aufweisen, also ernst zu nehmen sein. Nicht maßgebend ist Tendenz und Rechtsform des Trägers des Betriebes. Dessen persönliche Einstellung spielt keine Rolle (BAG 29. 5. 1970, AP Nr. 13 zu § 81 BetrVG 1952, BAG 14. 11. 75, AP Nr. 5 zu § 118 BetrVG 1972; *GL,* Rn 37). Die Motivation des Unternehmers ist unerheblich, maßgebend ist die Art des Unternehmens (BAG 1. 9. 1987, AP Nr. 11 zu § 101 BetrVG 1972; *DR,* Rn 33). Z. B. ist die einer Partei oder Gewerkschaft gehörende Gastwirtschaft kein Tendenzbetrieb, umgekehrt aber u. U. das karitativen Zwecken dienende Erholungsheim eines Privatmanns.

12 Das nur in der Überschrift der Norm enthaltene Wort **„Tendenz"** hat zu dem Mißverständnis geführt, das Unternehmen müsse eine einseitige, um nicht zu sagen, engstirnige, geistig-ideelle Zielrichtung verfolgen. Diese Auffassung ist verfehlt und mit dem Grundgedanken des § 118 (vgl. Rn 4) nicht vereinbar. § 118 will in erster Linie die **geistige Freiheit fördern,** die **objektive Unterrichtung und Forschung,** weniger subjektive, einseitige Zielsetzungen. Es können auch **mehrere** der in Abs. 1 genannten **Ziele nebeneinander** verfolgt werden (BAG 29. 5. 1970, AP Nr. 13 zu § 81 BetrVG 1952). Tendenzvielfalt schadet nicht (BAG 14. 11. 1975, AP Nr. 5 zu § 118 BetrVG 1972, zustimmend; *DR,* Rn 36; *GL,* Rn 36). Zum Begriff des „Tendenzbetriebes" vgl. insbes. *Kunze,* Festschrift Ballerstedt, 1975, S. 79ff. u. zur Tendenzvielfalt dort S. 98.

13 Der Betrieb **kann** neben ideellen Zielen zugleich **auch einen Erwerbszweck verfolgen.** Das wird vielfach, wenn nicht sogar regelmäßig (Presse, Verlage) der Fall sein (BAG 14. 11. 1975, 15. 2. 89, AP Nr. 5, 39 zu § 118 BetrVG 1972, 1. 9. 1987, AP Nr. 10, 11 zu § 101 BetrVG 1972). Ein Gewinnstreben steht der Verfolgung geistig-ideeller Ziele nicht entgegen, ja ist häufig notwendige Voraussetzung für eine derartige Bestimmung. Gewinnstreben und „Tendenz" sind keine gegeneinander abwägbaren Größen (ähnlich *Birk,* JZ 73, 756 u. *Kunze,* a.a.O., S. 92ff.;

grundsätzlich **a. M.,** wenn die Absicht besteht, Einnahmen zu erzielen: GK-*Fabricius,* Rn 91, 136, 439ff u. *Ihlefeld,* ArbuR 75, 239 bei „vorherrschendem“ Gewinnstreben). Auch das Wort „dienen“ in Abs. 1 Satz 1 besagt nichts dafür, daß der wirtschaftliche Erfolg zurückzutreten habe. Die Anwendung des § 118 ist nicht auf erwerbsuninteressierte Unternehmen und Betriebe beschränkt (*Müller,* Jahrbuch des Arbeitsrechts, Bd. 19 S. 63; *Mayer-Maly,* BB 73, 763, 765; *DR,* Rn 39ff.; *Rüthers,* AfP 74, 545). Wegen karitativer Einrichtungen vgl. aber Rn 19.

Andererseits ist eine **ideelle Zielrichtung nicht** mehr gegeben, wenn 14
rein kommerzielle Gesichtspunkte im Vordergrund stehen, selbst wenn der Unternehmer dabei gewisse Tendenzen zu achten hat, z. B. die einwandfreie ärztliche Behandlung der Patienten in einem kommerziell betriebenen Krankenhaus, die sich insoweit nicht nachteilig von der Behandlung in einem karitativen Krankenhaus unterscheiden darf. Dann achtet der ArbGeb. die ideelle Zielrichtung, verfolgt sie aber nicht, er ist nicht karitativ tätig (ähnlich *DR,* Rn 52; *GL,* Rn 17; *Frey,* Tendenzschutz S. 51 u. *Kunze,* a.a.O. S. 97 bezüglich der Fälle der Nr. 1; *GKSB,* Rn 13; *Müller,* a.a.O.; vgl. auch BAG 21. 11. 1975, AP Nr. 6 zu § 118 BetrVG 1972).

Der Tendenzschutz tritt nur ein für Betriebe (Unternehmen), die un- 15
mittelbar **und** überwiegend den geschützten Tendenzen dienen.

„Unmittelbar:“ Der Betriebszweck selbst muß auf die Tendenz ausgerichtet, nicht nur nach seiner wirtschaftlichen Tätigkeit geeignet sein, den eigentlichen Tendenzbetrieb zu unterstützen. Es genügt daher nicht, daß die Überschüsse eines Betriebes (z. B. Hotel) der Finanzierung eines Tendenzbetriebes (z. B. Krankenhaus) dienen oder mittelbar die wirtschaftliche Grundlage einer Tendenztätigkeit gesichert wird, z. B. durch die Gema (BAG 8. 3. 83, AP Nr. 26 zu § 118 BetrVG 1972; OLG Stuttgart, 3. 5. 89, BB 89, 1005). Es muß eine **direkte Beziehung zwischen Zweck und Tendenz** bestehen (*GK-Fabricius,* Rn 408ff).

„Überwiegend:“ Bei Mischbetrieben (Rn 8) muß ein quantitatives Übergewicht unmittelbar tendenzbezogener Tätigkeiten vorhanden sein. Die nur einen Teilbetrieb bildende (vgl. für den selbständigen Betrieb Rn 27) **Druckerei** des Zeitungsverlags oder des wissenschaftlichen Verlags muß **quantitativ überwiegend** der jeweiligen Tendenz dienen. Es gilt jetzt eindeutig das quantitativ-numerische Prinzip (BAG 31. 10. 1975, AP Nr. 3 zu § 118 BetrVG 1972; offen gelassen 9. 12. 75, 15. 2. 89, AP Nr. 7, 39 a.a.O.; *GKSB,* Rn 7; *Ihlefeld,* ArbuR 75, 237; an der früheren **Geprägetheorie** des BAG AP Nr. 13 zu § 81 BetrVG 1952 wollen *GL* Rn 45ff. und *Mayer-Maly* und *Löwisch,* BB 83 915 festhalten, ebenso *Birk,* JZ 73, 756, *DR,* Rn 30f., *HSG;* Rn 11; GK-*Fabricius,* Rdn. 433ff. will weder qualitative noch quantitative Gesichtspunkte maßgebend sein lassen sondern das Zuordnungsverhältnis von ideelen Haupt- und körperlich-materiellen Hilfszweck). Eine Druckerei, die im wesentlichen Akzidenzgeschäfte betreibt, wird nicht dadurch zum Tendenzbetrieb, daß sie ein Heimatblatt druckt (vgl. Rn 27). Entsprechendes gilt für das Unternehmen, soweit es als solches betriebsverfassungrechtlichen Vorschriften unterliegt (z. B. wegen der Bildung des WiAusschusses, vgl. Rn 8, 44).

III. Geschützte Bestimmungen

1. geistig-ideelle Bestimmungen (Abs. 1 Nr. 1)

16 Die Betriebe (Unternehmen) können politischen Bestimmungen (= Zwecken, *GK-Fabricius,* (Rn 277ff.) dienen, wobei politisch nicht nur i. S. von „parteipolitisch" zu verstehen ist (*DR,* Rn 45; so aber *GKSB,* Rn 14). Zu den Betrieben mit **politischer Zweckbestimmung** gehören u. a. der Verwaltungsapparat der politischen Parteien mit Geschäftsstellen, Büros, Sekretariaten, zugehörigen Frauen- und Jugendgruppen, sog. Arbeitsgemeinschaften usw., wirtschaftspolitische und sozialpolitische Vereinigungen (z. B. Verbände der Behinderten oder Vertriebenen, Bundesverband der Deutschen Industrie, Wirtschaftsverbände).

17 Das Wort gewerkschaftliche Bestimmungen (so § 81 BetrVG 52) ist durch **koalitionspolitische Bestimmungen** ersetzt, um die Einbeziehung der ArbGebVerbände klarzustellen. Damit soll dem Grundrecht des **Art. 9 Abs. 3 GG** Rechnung getragen werden. Rechtlich selbständige wirtschaftliche Unternehmen der Gewerkschaften und ArbGeb Verbände (Versicherungen, Banken, Wohnungsbaugesellschaften, Konsumvereine) und Einrichtungen der Tarifvertragsparteien (Zusatzversorgungs-, Urlaubs-, Lohnausgleichskassen) fallen nicht unter § 118, wohl aber Bildungs- und Schulungseinrichtungen (*DR,* Rn 47) und Forschungsinstitute der Verbände.

18 Betriebe oder Unternehmen mit unmittelbar und überwiegend **konfessionellen Bestimmungen** sind kirchlich oder weltanschaulich (vgl. Rn 36; *Müller,* Jahrbuch des Arbeitsrechts, Bd. 19, S. 50) ausgerichtete Einrichtungen, die rechtlich selbständig sind und nicht schon unter Abs. 2 fallen (vgl. insoweit Rn 49, 57), z. B. Bildungsvereinigungen, Frauen-, Männer-, Jugendgruppen, Missionsvereine (*Weber,* NZA 89, Beil. 3 S. 2).

19 **Karitativ** ist eine Tätigkeit im Dienste Hilfsbedürftiger, insbesondere körperlich oder geistig behinderter Menschen. Sie braucht weder für den karitativ tätigen ArbN oder sonstige Beschäftigte noch für das Unternehmen oder den Betrieb völlig uneigennützig zu sein (vgl. auch Rn 13; BAG 7. 4. 81, AP Nr. 16 zu § 118 BetrVG 1972; *DR,* Rn 52; **a. M.** *Kohte,* BlStR 83, 129 der ein karitatives Handeln nur für gegeben ansieht, wenn aus eigenem Vermögen freiwillige Zuwendungen an Hilfsbedürftige erbracht werden). Kostendeckende Einnahmen können erzielt werden, z. B. von Sozialversicherungsträgern (BAG 29. 6. 1988, 8. 11. 1988, AP Nr. 37, 38 zu § 118 BetrVG 1972). Der Dienst muß auch nicht aufgrund christlicher Überzeugung ausgeübt werden. Der Tendenzeigenschaft steht auch nicht entgegen, daß es sich zugleich um eine sozialpolitische Tätigkeit handelt, die auch dem Staat obliegt (BAG 7. 4. 81, a.a.O.; **a. M.** für deutschen Entwicklungsdienst GmbH ist Liemen, RdA 85, 85; wegen ArbNEigenschaft der Entwicklungshelfer vgl. § 5 Rn 100). Allerdings darf das Unternehmen nicht von Gesetzes wegen unmittelbar zur Hilfeleistung verpflichtet sein; dann läge keine karitative und damit freiwillige Hilfeleistung mehr vor (BAG 29. 6. 1988, 8. 11. 1988, AP Nr. 37, 38 zu § 118 BetrVG 1972).

Beispiele für Betriebe mit **karitativer Zielsetzung** sind:

Deutsches Rotes Kreuz, Arbeiterwohlfahrt, private Fürsorgevereine, Krankenhäuser (wegen kommerziell betriebener Luxuskliniken vgl. Rn 14); wohl auch Heime für Drogengefährdete, Familienhilfswerke u. Familienberatungsstellen, Müttergenesungswerk, Deutsche Krebshilfe, Bergwacht, Deutsche Gesellschaft zur Rettung Schiffbrüchiger, Volksbund Deutscher Kriegsgräberfürsorge (BAG 8. 12. 1970, AP Nr. 28 zu § 59 BetrVG), Werkstatt für Behinderte i. S. von § 52 SchwbG (BAG 7. 4. 81, 31. 1. 84, AP Nr. 16 zu § 118 BetrVG 72, AP Nr. 15 zu § 87 BetrVG 1972 Lohngestaltung, Berufsförderungswerke für Behinderte (BAG 29. 6. 88, 8. 11. 88, AP Nr. 37, 38 zu § 118 BetrVG 1972; Oldenburg, NZA 89, 412), aber nicht der TÜV (BAG 28. 9. 1971, AP Nr. 14 zu § 81 BetrVG 52).

Soweit diese Betriebe Einrichtungen von Religionsgemeinschaften sind, sind sie unter Abs. 2 einzureihen (z. B. konfessionelle Krankenhäuser und konfessionelle Fürsorgeeinrichtungen; Caritas und Innere Mission gehören unter Abs. 2; vgl. Rn 57; *DR,* Rn 50, 181; **a. M.** *GKSB,* Rn 16); sie fallen überhaupt nicht unter das BetrVG. Das gleiche gilt für karitative Betriebe, die unmittelbar von der **öffentlichen Hand** unterhalten werden, z. B. Krankenhäuser, Kinderheime (§ 130). Für diese gelten die PersVG der Länder. Wegen sogen. „Krankenhauskonferenzen" vgl. *Mayer-Maly,* DB 74, 1431. 20

Erzieherischen Bestimmungen dienen die Bildungseinrichtungen allgemeinbildender und berufsbildender Art, die ihre Aufgaben unter Wahrung eines gewissen Niveaus, auf Dauer und planmäßig (methodisch) in mehreren ausbildenden oder berufsbildenden Fächern betreiben (*GL,* Rn 19). Erzieherische Zwecke verfolgen u. a.: Privatschulen aller Art (BAG 22. 5. 79, AP Nr. 12 zu § 118 BetrVG 1972, 13. 1. 1987, AP Nr. 33 zu § 118 BetrVG 1972, 3. 12. 1987 – 6 ABR 38/86 – NZA 88, 507), Berufsbildungswerke (BAG 14. 4. 1988, AP Nr. 36 zu § 118 BetrVG 1972), private Erziehungsanstalten, Internate, aber auch Volkshochschulen und Fernlehrinstitute, (vgl. Art. 7 Abs. 4 Satz 1 GG; *GL,* Rn 19), jedoch nicht Autofahrschulen und nicht Sprachschulen, die ausschließlich Fremdsprachen nach einer bestimmten Methode unterrichten (BAG 7. 4. 81, AP Nr. 17 zu § 118 BetrVG 1972). Soweit derartige Betriebe Einrichtungen von Religionsgemeinschaften sind, fallen sie dagegen unter Abs. 2, z. B. konfessionelle Privatschulen und konfessionelle Erziehungsanstalten, soweit sie von der öffentlichen Hand betrieben werden unter die PersVG der Länder (§ 130). 21

Wissenschaftlichen Bestimmungen dienen z. B.: Bibliotheken, wissenschaftliche Buch- und Zeitschriftenverlage (soweit man sie nicht unter Nr. 2 einordnen will, vgl. Rn 26), Forschungsinstitute, auch soweit sie unabhängig von den Universitäten Forschung betreiben (z. B. Max-Planck-Institute). **Art. 5 Abs. 3 GG** garantiert die Freiheit von Kunst und Wissenschaft. Auf diese Begriffe ist bei Auslegung der Vorschrift abzustellen (§ 118 verneinend für Großforschungseinrichtungen: *Wendeling-Schröder,* ArbuR 84, 328). Keine „Tendenz" verfolgt die rein kommerzielle Forschung (z. B. Forschungsabteilung einer Arzneimittelfabrik; ebenso *DR,* Rn 57; *GL,* Rn 20b, nur einschr. bei Anwendung 22 wissenschaftlicher Erkenntnisse); die MBR sind in derartigen Betrieben (Unternehmen) nicht eingeschränkt.

23 **Künstlerischen Bestimmungen** dienen Werke der Sprache, der Musik, der darstellenden und bildenden Kunst, einschl. des Films (vgl. § 2 Urheberrechtsgesetz). Unter **Kunst** ist wie in Art. 5 Abs. 3 Satz 1 GG die Gestaltung eines seelisch-geistigen Gehalts durch eine eigenwertige Form nach bestimmten Gesetzen zu verstehen, wobei die Gestaltungsmittel und -gesetze bei jeder Kunst verschieden sind. Auf jeden Fall muß eine schöpferische Begabung und Gestaltung (Leistung) gegeben sein (BVerwGE 23, 104; 25, 318; 62, 55; BVerfGE 39, 173, 188f.; BAG 15. 2. 89, AP Nr. 39 zu § 118 BetrVG 1972)

Als **Beispiele** für künstlerische Betriebe (Unternehmen) sind zu nennen: Theater (BAG 28. 10. 86, AP Nr. 42 zu § 118 BetrVG 1972), Filmherstellungsbetriebe (nicht aber Lichtspieltheater), Kleinkunstbühnen, Konzertagenturen, Musikverlage, Synphonieorchester (BAG 3. 11. 82, AP Nr. 12 zu § 15 KSchG 1969), belletristische Buchverlage (BAG a.a.O.), aber **nicht:** Revuen und Zirkus-Unternehmen; **a.M.** *GL,* Rn 24 u. *HSG,* Rn 20).

Reine Tanz- und Unterhaltungsstätten haben keine geschützte Tendenz, ebenso **nicht** Verwertungsgesellschaften zur Ausnutzung von Urheberrechten (Gema; BAG 8. 3. 83, AP Nr. 26 zu § 118 BetrVG 1972; *Löwisch,* Festschrift Caemmerer, S. 566), Betriebe der Schallplattenherstellung und der Musikhandel (*Löwisch,* a.a.O., jetzt **a. M.** *GL,* Rn 24). Buchverlage, die literarische oder musikalische Werke verlegen, fallen unter Nr. 1, aber nicht die Buchhandlungen (vgl. Rn 26, 29; *DR,* Rn 62).

Bei Theatern und Orchestern nehmen vielfach Orchester-, Chor- und Solovorstände die Interessen des künstlerischen Personals wahr. Hiergegen ist nichts einzuwenden, sofern die Befugnisse der BR gewahrt bleiben (vgl. unten Rn 28 für Redaktionsstatute). Soweit die PersVG der Länder anzuwenden sind (§ 130), enthalten diese z. T. Sonderregelungen für Bedienstete mit künstlerischer Tätigkeit.

2. Berichterstattung oder Meinungsäußerung (Abs. 1 Nr. 2)

24 Die vom **GG (Art. 5 Abs. 1 Satz 2:** „Die Pressefreiheit und die Freiheit der Berichterstattung durch Rundfunk und Film werden gewährleistet.") garantierte Pressefreiheit und Freiheit der Berichterstattung durch Rundfunk und Film (Fernsehen) wird in Abs. 1 Nr. 2 ausdrücklich genannt. Dasselbe gilt für Meinungsäußerungen, obwohl diese in Art. 5 Abs. 1 Satz 1 (nicht Satz 2) GG garantiert werden (*Mayer-Maly,* AfP 72, 196 u. BB 73, 704; vgl. auch *DR,* Rn 65). Während aber unter „Pressefreiheit" zum Teil jede schriftliche Darstellung in Wort und Bild, gleich welcher Art, verstanden wird („formeller Pressebegriff"; *Maunz/Dürig,* Art. 5 GG, Rn 125 bis 136), beschränkt das Gesetz die Mitbestimmung nur für **Zwecke der Berichterstattung oder Meinungsäußerung,** also für die sogen. **Massenmedien** („materieller Pressebegriff„; vgl. auch *DR,* Rn 66ff.). Soweit also ein Verlag (eine Druckerei) sich ausschließlich oder überwiegend auf die Herausgabe von Anzeigenblättern, amtli-

chen Mitteilungen, Formularen, Adressen- oder Telefonbüchern usw. beschränkt, liegt eine wertneutrale Betätigung vor, die nicht der Berichterstattung oder Meinungsäußerung dient. In derartigen Fällen sind die MBR des BR nicht eingeschränkt, weil § 118 Abs. 1 unanwendbar ist (vgl. BAG 27. 8. 68, AP Nr. 10 zu § 81 BetrVG 1952; *DR* Rn 75; *HSG,* Rn 24; **a.M.** *GL,* Rn 27). Andererseits ist es nicht erforderlich, daß die Zwecksetzung nichtwirtschaftlicher Art ist (vgl. Rn 13; so aber offenbar *GK-Fabricius,* Rn 334, 339).

Betriebe (Unternehmen) dienen insbesondere der Berichterstattung 25
oder Meinungsäußerung, wenn sie **Zeitungen oder Zeitschriften** (Tageszeitungen oder periodische Zeitschriften politischen oder auch ideellen oder fachlichen Inhalts) herausgeben (BAG 1. 9. 87, AP Nr. 10, 11 zu § 101 BetrVG 1972). Dabei spielt es keine Rolle, ob das Druckerzeugnis politisch gebunden ist oder nicht (Generalanzeiger, Heimatblätter). Letztere dienen jedenfalls der Berichterstattung (vgl. BAG 7. 11. 1975, AP Nr. 3 zu § 99 BetrVG 1972 und 9. 12. 1975, AP Nr. 7 zu § 118 BetrVG 1972; *DR,* Rn 68, *GL,* Rn 26).

Auch **Buch- und Zeitschriftenverlage** sind im Regelfall sog. Ten- 26
denzbetriebe. Soweit die Druckerzeugnisse nicht unmittelbar der Berichterstattung oder Meinungsäußerung (Abs. 1 Nr. 2) dienen, verfolgen sie doch im allgemeinen geistig-ideelle Ziele i. S. des Abs. 1 Nr. 1, insbesondere erzieherischer, wissenschaftlicher oder künstlerischer Art (*Birk,* JZ 73, 755 hält in jedem Fall die Voraussetzung der Nr. 2 für erfüllt). Das gilt auch bei **breiter Streuung des Verlagsprogramms,** sei es auf dem Gebiet der Fachliteratur oder Belletristik (BAG 14. 11. 1975, 15. 2. 89, AP Nr. 5, 39 zu § 118 BetrVG 1972; *DR,* Rn 72; **a.M.** *GKSB,* Rn 24 u. *Ihlefeld,* RdA 77, 223). Wegen Handel mit Zeitschriften vgl. Rn 29.

Umfaßt der Presseverlag in einem **einheitlichen Betrieb** zugleich die 27
Druckerei, die allein die eigenen Zeitungen oder Zeitschriften druckt, so erstreckt sich die Eigenschaft als Tendenzbetrieb ohne weiteres auch auf die Druckerei als unselbständige Betriebsabteilung (BAG 13. 7. 1955, AP Nr. 1 zu § 81 BetrVG 1952, einschr. BAG 22. 2. 1966, 27. 8. 1968, AP Nr. 4, 10, 11 zu § 81 BetrVG 1952; vgl. Rn 15). Eine andere Rechtslage ist dagegen gegeben, wenn die Druckerei **selbständiger Betriebsteil** oder Nebenbetrieb des Zeitungsbetriebs i. S. des § 4 ist. In diesem Falle wird man die Druckerei nur dann als Tendenzbetrieb mit allen sich daraus ergebenden rechtlichen Folgerungen ansehen können, wenn der Betrieb ausschließlich den Druck dieser Zeitungen oder Zeitschriften mit Tendenzcharakter zur Aufgabe hat, oder wenn diese Aufgabe im Betrieb zumindest überwiegt und nicht der Druck verlagsfremder, tendenzfreier Erzeugnisse (BAG 31. 10. 1975, AP Nr. 3 zu § 118 BetrVG 1972). Ebensowenig genießen **reine Lohndruckereien,** die als selbständige Betriebe (Unternehmen) für Tendenzunternehmen Lohnaufträge durchführen, Tendenzschutz (BAG 31. 10. 1975, 30. 6. 81, a.a.O., AP Nr. 20 zu § 118 BetrVG 1972; h. M.). Sie verfolgen ebensowenig eine geistig-ideelle Zielrichtung wie z. B. die Papierfabrik, die das notwendige Papier liefert.

Redaktionsstatute zwischen Verlegern und Redakteuren sollen die 28 sog. **„innere Pressefreiheit"** (darüber *Hensche/Kittner,* ZPR 72, 177; *Mayer-Maly,* DB 71, 335; *Arndt/Ebsen,* ArbuR 77, 161; *Rüthers,* DB 72, 2471) sichern. Innerhalb des Rahmens der allgemeinen Tendenz des Presseorgans soll kein Gewissenszwang auf die Redakteure ausgeübt und ein Mitspracherecht in journalistischen Fragen bei der Gestaltung des Presseerzeugnisses eingeführt werden. Auf diese Fragen beschränkte **Regelungen** können **durch TV** (aber wegen des Regelungsgegenstandes nicht nach § 3 Abs. 1 Nr. 1: *DR,* Rn 198; *Mayer-Maly,* AfP 73, 198: *Weber,* NJW 73, 1956; zweifelnd *Hanau,* BB 73, 908) getroffen werden, **sofern die Befugnisse des BR** nach Maßgabe des § 118 **gewahrt bleiben** (*GKSB,* Rn 51; *KG-Fabricius,* Rn 671; *Weber* NJW 73, 1953: nur Einschränkung des Direktionsrechts möglich; **a.M.** *DR,* Rn 196, 202: Redaktionsstatute können nur zum Inhalt der Einzelarbeitsverträge gemacht werden und die arbeitsrechtlichen Beziehungen zwischen Verlegern und Redakteuren regeln; ähnlich *GL,* Rn 56, *Rüthers,* a.a.O., und offenbar auch *Mayer-Maly,* BB 73, 766). Eine **BV** kann weder derartige Sondervertretungen vorsehen, noch ihnen Befugnisse, wenn auch außerhalb der Beteiligungsrechte des BR, verleihen. Insoweit hat der BR keine funktionelle Zuständigkeit (*DR,* Rn 201, *GL,* Rn 57). Wegen TV über die Zusammenarbeit zwischen Verlegern und Redakteuren vgl. RdA 77, 237f. und wegen Gerichtsschutz für außergesetzliche ArbN-Vertr. im Betrieb *Dütz,* AfP 79, 420ff.

29 Zwecken der Berichterstattung oder Meinungsäußerung i. S. des § 5 Abs. 1 Satz 2 GG dienen **auch Rundfunk, Film und Nachrichtenbüros** (h.M.; einschränkend für Pressebetrieb: *GL,* Rn 29), dagegen **nicht der reine Handel mit Zeitungen, Zeitschriften und Büchern,** die Buchgemeinschaften (soweit nicht mit Buchverlagen verbunden) und die Lesezirkel. Sie dienen nicht unmittelbar der Berichterstattung oder Meinungsäußerung, sondern „verteilen" diese lediglich (ebenso *DR,* Rn 69, 76; *GL,* Rn 41). Dies gilt auch für „wissenschaftliche Buchhandlungen" – ArbG Berlin v. 26. 9. 79 – 1 BV 2/79 (nicht veröffentlicht). Die **Rundfunk-** u. **Fernsehanstalten** sind meist Körperschaften des öffentlichen Rechts und fallen deshalb aus dem Anwendungsbereich des BetrVG heraus (§ 130). Für sie gelten vielfach Sonderregelungen in den PersVG der Länder.

IV. Einschränkung der Beteiligungsrechte

30 Auf Tendenzbetriebe (Unternehmen) finden die Vorschriften dieses Gesetzes, insbesondere über die Beteiligung des BR in sozialen und personellen Angelegenheiten und bei der Gestaltung von Arbeitsplatz, Arbeitsablauf und Arbeitsumgebung keine Anwendung, „soweit die **Eigenart des Unternehmens oder des Betriebes dem entgegensteht"** (Abs. 1 Satz 1 a.E.). Der **ArbGeb.** trägt im Streitfall (vgl. Rn 59) die (objektive) **Beweislast** dafür, daß wegen des Tendenzcharakters **einzelne Mitbestimmungsrechte entfallen** (*Frey,* ArbuR 72, 166; *Dütz,* RdA 76, 18; **a.M.** *DR,* Rn 105). Es kommt darauf an, ob die Einschränkung der Beteiligungsrechte durch die Tendenz bedingt oder doch im Hinblick auf die Tendenz erforderlich ist, weil sonst deren Verwirklichung durch Beteiligungsrechte des BR ggfls. verhindert werden könnte (*GK-Fabricius* Rn 563). Es ist in jedem konkreten Einzelfall zu prüfen, ob und inwieweit die Eigenart des Unternehmens oder des Betriebes wirklich der Beteiligung des BR entgegensteht (vgl. *Ihlefeld,* RdA 77, 225). Läßt sich dies nicht feststellen, so bleiben die Beteiligungsrechte des BR bestehen (vgl. eingehend *Eisemann,* RdA 77, 336). Ggfls. sind die Beteiligungsrechte des BR einzuschränken (vgl. Rn 32ff.). Die „Eigenartsklausel" bedeutet nicht, daß die Beteiligungsrechte nur voll zu gewähren oder voll abzulehnen seien (vgl. *Ihlefeld,* ArbuR 80, 62).

Dabei ist einmal die **„Tendenznähe" der Maßnahme** als solcher er- **31**
heblich, außerdem aber auch die Frage, inwieweit die von einer Maßnahme, betroffene Person den Tendenzcharakter mit verwirklicht, also selbst **„Tendenzträger"** ist. Beide Gesichtspunkte müssen zusammentreffen, wenn das MBR entfallen soll (*DR,* Rn 107; *Müller,* Festschrift Hilger/Stumpf, S. 477, 485). Z. B. hat die Bestimmung der Arbeitszeit für Raumpflegerinnen in einer Bibliothek sicher nichts mit einer Tendenz zu tun, wohl aber die Kündigung eines Zeitungsredakteurs, weil er fortgesetzt gegen die allgemeine Linie des Blattes verstößt (anders bei Kündigung wegen finanzieller Unredlichkeit!). Weitere allgemeine Grundsätze lassen sich nicht aufstellen. Es kommt jeweils auf die Eigenart des Unternehmens (Betriebs) im Verhältnis zu der an sich beteiligungspflichtigen Maßnahme und deren Auswirkungen auf die mehr oder weniger die Tendenz tragenden ArbN an. Man wird darauf abstellen können, ob die **Arbeitsleistung typisch für die Tendenz** des Betriebes ist, der Tendenzträger maßgebenden Einfluß auf die Tendenzverwirklichung nehmen kann (BAG 28. 10. 1986, AP Nr. 32 zu § 118 BetrVG 1972), oder die Tätigkeit auch in jedem anderen Betrieb erbracht werden könnte (vgl. Rn 35). Für die einzelnen Beteiligungsrechte des BR gilt folgendes:

Bei den **organisatorischen** und den **allgemeinen Vorschriften** des **32**
Gesetzes über die Beteiligung des BR (§§ 1–86) wird sich kaum eine Einschränkung des MBR ergeben, z. B. nicht für den Einblick in die Lohn- und Gehaltslisten (BAG 30. 4. 1974, 22. 5. 79, 30. 6. 81, AP Nr. 1, 12 zu § 118 BetrVG 1072, AP Nr. 15 zu § 80 BetrVG 1972), auch nicht für Tendenzträger, denn der Dienst für die Tendenz macht die Höhe der Bezüge nicht zu einer schutzwürdigen Angelegenheit; nicht für den Jahresbericht des ArbGeb. in der Betr. Verslg. nach § 43 Abs. 2 S. 2 (BAG 8. 3. 1977, AP Nr. 1 zu § 43 BetrVG 1972) oder für das Zugangsrecht der Gewerkschaften zum Betrieb (BAG 14. 2. 78, AP Nr. 26 zu Art. 9 GG, sofern nicht insoweit gerade der Tendenzcharakter entgegensteht, z. B. bei einem ArbGeb-Verband, vgl. *DR,* Rn 122 u. *GL,* Rn 58; wegen Werbung durch betriebsfremde Gewerkschaftsangehörige, wenn die Gewerkschaft im Betrieb bereits vertreten ist, u. wegen Zutrittsrecht zu kirchlichen Einrichtungen vgl. Rn 50).

In **sozialen Angelegenheiten** (§§ 87–89) wird im allgemeinen eine **33**
Einschränkung der MBR nicht in Betracht kommen, da es meist um den

wertneutralen Arbeitsablauf des Betriebes geht. Allerdings können besondere Probleme bei der Frage der Ordnung des Betriebes und des Verhaltens der ArbN (§ 87 Abs. 1 Nr. 1, vgl. auch Rn 43) oder auch hinsichtlich der Arbeitszeit (vgl. § 87 Abs. 1 Nr. 2, 3) auftreten, z. B. in karitativen Einrichtungen aus therapeutischen Gründen, in Ganztagsschulen aus erzieherischen Gründen (BAG 13. 1. 87, AP Nr. 33 zu § 118 BetrVG 1972), oder in Presseunternehmen wegen der Aktualität der Berichterstattung (**anders** wenn nur der organisatorische-technische Arbeitsablauf in Frage steht; dann bleibt auch bezüglich der Redakteure das MBR erhalten, BAG 22. 5. 79, AP Nr. 13 zu § 118 BetrVG 1972, kr. dazu *Dütz,* AfP 88, 197; für Theaterproben vgl. BAG 4. 8. 81, AP Nr. 5 zu § 87 BetrVG 1972 Arbeitszeit; für Pflegekräfte im Dialysezentrum vgl. BAG 18. 4. 89, AP Nr. 34 a. a. O.; betr. Höchstgrenzen für Vertretungsstunden von Lehrern BAG 13. 6. 89, AP Nr. 36 a. a. O.), die eine Einschränkung der MBR bedingen (*DR,* Rn 127b; *GL,* Rn 62). Auch bei den Fragen der Gestaltung von Arbeitsplatz, Arbeitsablauf und Arbeitsumgebung (§§ 90–91) wird kaum eine Einschränkung der MBR im Hinblick auf eine Tendenz in Betracht kommen (*DR,* Rn 129). Entsprechendes gilt für die Mitwirkungs- und Beschwerderechte des einzelnen ArbN (§§ 81–86). Sie bestehen immer.

34 Eher kann sich die geistig-ideelle Aufgabe bei **personellen Maßnahmen** auswirken und deshalb gerade in personellen Angelegenheiten zu nicht unerheblichen Einschränkungen des MBR des BR gegenüber bestimmten ArbN führen (ausführlich *Hanaus,* BB 73, 901ff.). Eine Einschränkung der Beteiligungsrechte des BR kommt aber bei **personellen Einzelmaßnahmen** nur hinsichtlich sog. **Tendenzträger** in Betracht; unberührt bleiben jedenfalls die Beteiligungsrechte des BR bei der Personalplanung (§§ 92), der innerbetrieblichen Stellenausschreibung, auch für Tendenzträger (§ 93, BAG 30. 1. 79, AP Nr. 11 zu § 118 BetrVG 1972) und bei der Berufsbildung (§§ 96–98; *DR,* Rn 137; *GL,* Rn 70, *Heinze,* Rn 150ff.). Die Beteiligungsrechte entfallen lediglich für Auswahlrichtlinien und Beurteilungsgrundsätze, die sich ausdrücklich auf den Personenkreis der sogen. Tendenzträger beziehen (*Heinze,* a.a.O.).

35 Welche ArbN ausgenommen sind, wird weitgehend von den Verhältnissen des einzelnen Tendenzbetriebes abhängen. ArbN, die bestimmte **Tätigkeiten** verrichten, wie sie unabhängig von der Eigenart des Tendenzbetriebes **in jedem Betrieb anfallen** (z. B. Stenotypistinnen, Buchhalter, Bürogehilfin, Registratoren, Lagerarbeiter usw.), werden von der Eigenart des Tendenzbetriebs nicht berührt (*DR,* Rn 109ff.). Für personelle Maßnahmen ihnen gegenüber kommen daher die Vorschriften des BetrVG in vollem Umfange zur Anwendung (vgl. aber auch Rn 43).

36 Die personellen MBR (also insbesondere das **Zustimmungsverweisungsrecht nach § 99 Abs. 2 und das Widerspruchsrecht nach § 102 Abs. 3** und der **Weiterbeschäftigungsanspruch nach § 102 Abs. 5,** aber nicht die Informationspflichten des ArbGeb nach § 99 Abs. 1 und § 102 Abs. 1) **entfallen** also bei **tendenzbedingten** (nicht bei aus sonstigen Gründen vorgesehen) **personellen Maßnahmen** gegenüber solchen ArbN, die in verantwortlicher und maßgeblicher Stellung des Tendenz-

betriebes als sogenannte **„Tendenzträger"** (vgl. Rn 31) tätig sind, z. B. für Schriftleiter, Ressortleiter oder **Redakteure** mit eigenem Verantwortungsbereich (mit Ausnahme der Anzeigenredakteure; **a. M.** *DR,* Rn 111) einer Zeitung (*DR,* Rn 139f.; BAG 22. 4. 1975, AP Nr. 2 zu § 118 BetrVG 1972, 7. 11. 1975, AP Nr. 3 zu § 99 BetrVG 1972 und AP Nr. 4 zu § 118 BetrVG 1972, 9. 12. 1975, 30. 1. 79, 19. 5. 81, AP Nr. 7, 11, 18 zu § 118 BetrVG 1972, 1. 9. 87, AP Nr. 10, 11 zu § 101 BetrVG 1972) und einer Zeitschrift (BAG 31. 5. 83, AP Nr. 27 zu § 118 BetrVG 1972), sofern sie nicht als leitende Ang. (insbesondere Chefredakteure) überhaupt aus dem Anwendungsbereich des Gesetzes herausfallen. Zu diesem Personenkreis rechnen nach Ansicht des BAG (19. 5. 81, AP Nr. 21 a.a.O.) auch Redaktionsvolontäre, obwohl diese sich in einem Ausbildungsverhältnis befinden und unter Anleitung arbeiten (vgl. *Blanke,* AiB, 83, 30). Andererseits gilt auch für sie in den Fällen des § 78a ein Arbeitsverhältnis als begründet (BAG 23. 6. 83, AP Nr. 10 zu § 78a BetrVG 1972; Verfassungsbeschwerde nicht angenommen: BVerfG Beschluß 10. 1. 86 – I BvR 1539/83 –); Nach BAG vom 7. 11. 1975, 4. 8. 81 (AP Nr. 1 zu § 130 BetrVG 1972, AP Nr. 5 zu § 87 BetrVG 1972 Arbeitszeit) gehören auch die **Musiker** eines Theaterorchesters zu den Tendenzträgern, ebenso hauptamtliche Funktionäre der Gewerkschaften (BAG 6. 12. 79, AP Nr. 2 zu § 1 KSchG 1969 Verhaltensbedingte Kündigung), Lehrer an Schulen (BAG 22. 5. 79, AP Nr. 12 zu § 118 BetrVG 1972), Psychologen an einem Berufsförderungswerk für Behinderte (BAG 8. 11. 88, AP Nr. 38 zu § 118 BetrVG 1972) und Wissenschaftler mit Forschungsaufgaben, auch wenn projektbezogen (LAG Berlin, BB 83, 502; vgl. wegen Ärzten auch BAG 18. 4. 89, AP Nr. 65 zu § 99 BetrVG 1972).

Es kommt insoweit nicht nur auf die **Person als Tendenzträger,** sondern auch auf den **Tendenzcharakter der einzelnen Maßnahme** an (BAG a.a.O.; *Hanau,* BB 73, 901; **a. M.** *Gaul/Wamhoff,* DB 83, 2187; *Weber,* NJW 73, 1955). Für die Tendenzbedingtheit einer personellen Maßnahme kann bei Tendenzträgern eine tatsächliche Vermutung sprechen, insbesondere bei **Einstellungen,** weil sich fachliche u. tendenzspezifische Eignung kaum trennen lassen (BAG 7. 11. 1975, AP Nr. 3 zu § 99 BetrVG 1972, **a. M.** *Eisemann,* RdA 77, 346 unter Hinweis darauf, daß die Zustimmungsverweigerungsgründe weitgehend tendenzneutral sind; ähnlich *GKSB,* Rn 36ff., 43, 46; gegen jede Beschränkung der Widerspruchsgründe auch *Heinze,* Rn 713, da die Wirkungen des Widerspruchs sich nur individualrechtlich auswirken und im Kündigungsschutzprozeß nachgeprüft würden, allerdings verneint auch Heinze, Rn 715 einen vorläufigen Weiterbeschäftigungsanspruch von Tendenzträgern bei Kündigungen aus Tendenzgründen; ähnlich *DR,* Rn 144); zu Personalentscheidungen im Rundfunk vgl. BVerfG 13. 1. 82, AP Nr. 1 zu Art. 5 GG Rundfunkfreiheit und § 5 Rn 21). Auch bei **Versetzungen** von Tendenzträgern spricht eine Vermutung für deren Tendenzbedingtheit (BAG 1. 9. 1987, AP Nr. 10 zu § 101 BetrVG 1972). Die Beteiligungsrechte entfallen allerdings nicht, wenn es nur um **Eingruppierungsfragen,** also die Bezahlung geht (BAG 31. 5. 83, 3. 12. 85, AP Nr. 27 zu § 118 BetrVG 1972, AP Nr. 31 zu § 99 BetrVG 1972, 7. 9. 88, 37

AP Nr. 35 zu § 87 BetrVG 1972 Lohngestaltung; *DR,* Rn 138; a.M. *Meusel,* NZA 87, 658, da die Eingruppierung wissenschaftlicher Mitarbeiter mit häufig wechselnder Tätigkeit in den BAT angeblich im freien Ermessen des ArbGeb. liegen soll). Insoweit geht es nur um eine Mitbeurteilung des BR beim Normenvollzug (vgl. § 99 Rn 14).

38 Dagegen ist kein Grund ersichtlich, **Unterrichtungs- und Anhörungsrechte** des BR bei personellen Einzelmaßnahmen auszuschließen. Die Rechte des BR nach **§§ 99 Abs. 1** und **102 Abs. 1** bleiben in jedem Fall bestehen, **auch bei tendenzbedingten Maßnahmen** gegenüber sog. Tendenzträgern (BAG 7. 11. 1975, AP Nr. 3 zu §§ 99 BetrVG 1972, 9. 12. 1975, 19. 5. 81, AP Nr. 7, 18, 21 zu § 118 BetrVG 1972 betr. Einstellung, BAG 7. 11. 1975, AP Nr. 4 zu § 118 BetrVG 1972 und 7. 11. 1975, AP Nr. 1 zu § 130 BetrVG 1972 betr. Kündigung; ebenso *GL,* Rn 76, 79). Dadurch wird die Tendenz nicht beeinträchtigt. Diese Rechtsprechung ist verfassungsgemäß (BVerfG 6. 11. 79, AP Nr. 14 zu § 118 BetrVG 1972; kr. dazu *Plander,* NJW 80, 1084 einerseits und insbes. *Rüthers,* AfP 80, 2 andererseits, der im Gegensatz zu Plander Art. 5 Abs. 1 GG durch das Sozialstaatsprinzip nicht für begrenzt ansieht; *Kull,* NJW 82, 2227 sieht eine „Erosion" des Tendenzschutzes; zu der Entscheidung des BVerfG vgl. auch Ihlefeld, ArbuR 80, 257). Der BR kann auch schriftlich Bedenken geltend machen, die der ArbGeb. ernsthaft prüfen muß (BAG 19. 5. 81, AP Nr. 18 zu § 118 BetrVG 1972). Bei **Kündigungen** ist der **BR stets zu hören** (*DR,* Rn 142, **a.M.** *HSG,* Rn 47f.; *Gaul/Wamhoff,* DB 73, 2187 und *Dütz,* BB 75, 1261: Nur Information entsprechend § 105 bei Kündigung aus Tendenzgründen, wozu er auch die Frage der fachlichen Qualifikation zählt).

39 Dem BR sind **alle Gründe** für eine beabsichtigte **Kündigung** mitzuteilen, nicht nur die sog. tendenzfreien Gründe (BAG 7. 11. 1975, AP Nr. 1 zu § 130 BetrVG 1972; *Eisemann,* RdA 77, 346). Der BR kann auch nach § 102 Abs. 2 gegen eine Kündigung Bedenken geltend machen, alle möglichen Widerspruchsgründe vorbringen, aber nicht einer tendenzbedingten Kündigung nach Abs. 3 widersprechen (*Hanau,* BB 73, 907, BAG a.a.O.; weitergehend *Plander,* ArbuR 76, 289ff., der die Beteiligungsrechte des BR nach der sog. „eingeschränkten Maßnahmetheorie" grundsätzlich bestehen lassen will, aber unter Beschränkung auf die „tendenzfreien Aspekte", diese Unterscheidung wird praktisch kaum durchführbar sein). Denn regelmäßig wird der Katalog der Widerspruchsgründe bei einer derartigen Kündigung nicht in Betracht kommen.

40 Handelt es sich aber nicht um eine Kündigung aus Tendenzgründen, sondern z.B. wegen **Leistungsmängeln** ohne unmittelbaren Bezug zum Tendenzzweck (BAG 3. 11. 82, AP Nr. 12 zu § 15 KSchG 1969) oder aus **wirtschaftlichen Gesichtspunkten** z.B. wegen einer Betriebseinschränkung oder Rationalisierung, so ist nicht einzusehen, weshalb der BR nicht aus einem der Gründe des § 102 Abs. 3 widersprechen kann, z.B. wegen mangelnder sozialer Auswahl (*GL,* Rn 80; vgl. den Fall BAG 7. 11. 1975, AP Nr. 1 zu § 130 BetrVG 1972; **a.M.** *Oldenburg,* NZA 89, 412). Soweit solche Personen i. S. des § 5 Abs. 3 in leitender Stellung tätig sind, unterliegen sie dem personellen MBR ohnehin nicht.

Von personellen Maßnahmen ihnen gegenüber ist dem BR lediglich rechtzeitig Mitteilung zu machen (§ 105).

Außerordentliche Kündigungen von **BRMitgl.** als Tendenzträgern 41
aus tendenzbedingten Gründen unterliegen nur dem Anhörungsgebot des **§ 102 Abs. 1** (*Müller,* Festschrift Hilger/Stumpf, S. 477, 509; *GL,* Rn 81), nicht der Zustimmung des BR nach § 103 Abs. 1 (so aber *Ihlefeld,* RdA 77, 226 u. *GKSB,* Rn 48; *Heinze,* Rn 716 will darüber hinaus zwar nicht § 103 Abs. 1, aber Abs. 2 anwenden, so daß der ArbGeb. in jedem Fall eine Entscheidung des ArbG herbeiführen müßte, also in Praxis stärker beschränkt wäre als im Normalfall der außerordentlichen Kündigung eines BRMitgl.; offen gelassen BAG 3. 11. 82, AP Nr. 12 zu § 15 KSchG 1969). § 78a gilt aber auch für Tendenzträger; tendenzbedingte Gründe, die gegen eine Übernahme in ein Arbeitsverhältnis sprechen könnten, sind im Rahmen der Prüfung der Unzumutbarkeit der Weiterbeschäftigung nach § 78a Abs. 4 zu berücksichtigen (BAG 23. 6. 83, AP Nr. 7 zu § 78a BetrVG 1972).

Zweifelhaft ist es, inwieweit die Eigenart des Tendenzbetriebs dem in 42
§ 104 dem BR gegebenen Initiativrecht entgegensteht, die Entlassung oder Versetzung eines ArbN zu verlangen. Unter dem Gesichtspunkt, daß es sich hier nicht um eine Art Disziplinarmaßnahme gegen den ArbN handelt, die vom BR nur unter den im Gesetz festgelegten, tendenzfreien Voraussetzungen beantragt werden kann, wird man die Vorschrift des § 104 als mit der Eigenart eines Tendenzbetriebes vereinbar anzusehen haben. Sofern ein bestimmtes Verhalten des ArbN im Hinblick auf die Tendenz verlangt werden kann (Rn 43), kann allerdings der BR nicht wegen tendenzgemäßen Verhaltens Maßnahmen nach § 104 verlangen (*DR,* Rn 145; *Heinze,* Rn 717).

Die Tendenz des Beschäftigungsbetriebes (nicht des Inhabers des Be- 43
triebes!) kann auch ein **bestimmtes Verhalten der ArbN im Dienst,** abgestuft auch außerhalb des Dienstes erfordern, andernfalls eine Kündigung gerechtfertigt sein kann (*DR,* Rn 155; *GL;* Rn 86; *Mayer-Maly,* BB 73, 768; *Rüthers,* NJW 78, 2066). Insoweit werden die Grundsätze des § 75 Abs. 1 modifiziert. Es kommt aber auch dann wesentlich auf die „Tendenznähe" des ArbN an und darauf, ob er aktiv gegen die Tendenz Stellung nimmt, oder nur sein Privatleben nicht nach der Tendenz ausrichtet (vgl. den Fall LAG Berlin, 6. 12. 82, EzA § 1 KSchG Tendenzbetrieb Nr. 11 für den Redakteur einer Tageszeitung und BAG 6. 12. 79, AP Nr. 2 zu § 1 KSchG 1969 Verhaltensbedingte Kündigung betr. Rechtsschutzsekretär einer Gewerkschaft; wegen der Leiterin eines kath. Kindergartens BAG 25. 4. 1978, 4. 3. 80, AP Nr. 2, 3 zu Art. 140 GG unter Hervorhebung der besonderen kirchlichen Loyalitätspflicht und 14. 10. 80, AP Nr. 7 zu Art. 140 GG betr. Angestellte einer Caritasgeschäftsstelle; 21. 10. 82, AP Nr. 14 zu Art. 140 GG betr. Arzt in einem kath. Krankenhaus und 24. 5. 89, AP Nr. 1, zu § 611 BGB Gewissensfreiheit betr. Arzt in Forschungseinrichtung). In Betrieben mit politischer oder koalitionspolitischer Tendenz können u. U. Mitgliedschaft in dem Verband und aktives Eintreten für dessen Ziele verlangt werden; § 75 gilt insoweit nicht (vgl. § 75 Rn 17). Das BAG hat die ordentliche

Kündigung eines Druckers, der unter Berufung auf Gewissensgründe die Ausführung eines Druckauftrages verweigerte, für unwirksam angesehen (BAG 20. 12. 84, AP Nr. 27 zu § 611 BGB Direktionsrecht, dazu kr *Reuter,* BB 86, 385 unter Hinweis auf das Fehlen des Tendenzcharakters einer Druckerei, vgl. Rn 27). Jedenfalls im **außerdienstlichen Bereich** kann keine volle Unterwerfung unter die Zielsetzungen des ArbGeb. verlangt werden, mag die Tendenz auch noch so achtenswert sein. Es hat vielmehr eine Abwägung mit den Grundrechten des einzelnen ArbN (Art. 2 Abs. 1, Art. 5 Abs. 1 GG) stattzufinden (vgl. *Dudenbostel/Klas,* ArbuR 79, 296 ff. und *Ruland,* NJW 80, 89 ff.). Wegen des Verhaltens der ArbN bei kirchlichen Einrichtungen vgl. aber auch Rn 54a.

44 In Tendenzunternehmen (-betrieben) ist **kein WiAusschuß** zu errichten (§§ 106–109) und es entfällt eine Unterrichtung der ArbN (§ 110; aber nicht der jährliche Bericht in der Betr.Verslg. nach § 43 Abs. 2 Satz 3, vgl. BAG 8. 3. 1977, AP Nr. 1 zu § 43 BetrVG 1972), wenn das Unternehmen überwiegend und unmittelbar eine der geschützten Bestimmungen verfolgt (Abs. 1 Satz 2). Diese gesetzliche Regelung ist angesichts der Unmöglichkeit des WiAusschusses als reinem Beratungs- und Informationsgremium, auf die Tendenz Einfluß zu nehmen, kaum gerechtfertigt; sie ist aber nicht verfassungswidrig (BAG 14. 11. 1975, 7. 4. 81, AP Nr. 5, 16 zu § 118 BetrVG 1972; *Müller,* Jahrbuch des Arbeitsrechts, Bd. 19, S. 66; **a. M.** *GKSB,* Rn 3; *Ihlefeld,* RdA 77, 224, ArbuR 79, 348 u. ArbG Berlin, AP Nr. 9 zu § 118 BetrVG 1972; zweifelnd LAG Berlin, ArbuR 79, 346).

45 Der Wirtschaftsausschuß ist immer auf das Unternehmen bezogen. Es fragt sich, wann der **Tendenzcharakter in Unternehmen mit mehreren Betrieben überwiegt,** also der WiAusschuß entfällt. Da der GesBR in diesen Fällen die Mitgl. des WiAusschusses mit Stimmenmehrheit bestimmt (§ 107 Abs. 2 Satz 2), wird man im Zweifel darauf abstellen können, ob die Stimmen der Mitgl. des GesBR aus den Betrieben überwiegen (vgl. § 47 Abs. 7), die geistig-ideelle Ziele verfolgen. Besteht in einzelnen Betrieben kein BR, so daß diese auch nicht im GesBR vertreten sind, so dürften die Belegschaftszahlen maßgebend sein, d. h. die **Mehrzahl der ArbN** muß **in Tendenzbetrieben** beschäftigt sein. Daneben sind gerade im Hinblick auf die Aufgaben des WiAusschusses die **Umsatzzahlen** (Rn 8) als „Gegenprobe“ von Bedeutung. Eine geringere ArbNZahl in Tendenzbetrieben kann durch einen erheblich größeren Umsatz im Tendenzbetrieb als im tendenzfreien Betrieb ausgeglichen werden. Nur dann ist von der Bildung eines WiAusschusses abzusehen. Andernfalls ist er zu bilden, aber nicht für die Tendenzbetriebe des Unternehmens zuständig (*Neumann-Duesberg,* BB 67, 556; auf das „Gepräge“ des Unternehmens wollen auch hier abstellen: *HSG,* Rn 52 u. *GL,* Rn 46).

45a Bildet der Betrieb einer **Lohndruckerei** ein rechtlich selbständiges Unternehmen, so ist ein WiAusschuß auch dann zu bilden, wenn eine wirtschaftliche und personelle Verflechtung mit dem weiteren Unternehmen eines Zeitungsverlages besteht; denn die Druckerei dient nicht „unmittelbar“ einer Tendenz (BAG 31. 10. 1975, AP Nr. 3 zu § 118 BetrVG 1972, *GL,* Rn 40). Ein WiAusschuß ist auch zu errichten, wenn ein reines Druckereiunternehmen abhängiges Unternehmen eines Konzerns ist (BAG 30. 6. 81, AP Nr. 20 zu § 118 BetrVG 1972; **a. M.** *Mayer-Maly,* Festschrift Löffler, 1980, S. 267ff.). Dadurch wird die Tendenz des Konzerns nicht beeinflußt, weil die Beratung im WiAusschuß der Druckerei sich nur auf dieses Unternehmen erstreckt, das lediglich der technischen Verwirklichung der Tendenz dient.

Abs. 1 sieht ausdrücklich vor, daß die **§§ 111–113** auch im Tendenzun- 46
ternehmen (-betrieben) insoweit anzuwenden sind, als sie den **Ausgleich oder die Milderung wirtschaftlicher Nachteile** für die ArbN bei Betriebsänderungen betreffen (§ 112 Abs. 1 Satz 2). Maßgebend ist hier die Tendenz des konkreten Betriebes, nicht des Unternehmens. Das Beteiligungsrecht besteht nicht bei der Entscheidung über den Grund der Maßnahme, wohl aber deren Folgen (*Schaub,* § 214 III 5; für uneingeschränkte Anwendungen der §§ 111–113 ist *GKSB,* Rn 32). Demgemäß sind die §§ 111–113 wie folgt anzuwenden:

§ 111	Unterrichtung und Beratung über eine Betriebsänderung im Hinblick auf die Vermeidung wesentlicher Nachteile für die ArbN;
§§ 112, 112a	gelten nur für den Abschluß eines Sozialplans (BAG 17. 8. 82, AP Nr. 11 zu § 111 BetrVG 1972), nicht hinsichtlich eines Interessenausgleichs; die (mögliche) Einschaltung des Präsidenten des Landesarbeitsamts sowie die Zuständigkeit der E-Stelle für den Sozialplan bleibt bestehen; (*GK-Fabricius* Rn 533 hält Verhandlungen über einen Interessenausgleich für erforderlich, soweit es um das „wie“ nicht aber das „ob“ einer Betriebsänderung geht).
§ 113 Abs. 3	gilt mit der Maßgabe, daß an Stelle der Verhandlung über den Interessenausgleich, die über den damit in innerem Zusammenhang stehenden Sozialplan tritt (§ 113 Abs. 1 und 2 ist nur über die Bezugnahme in Abs. 3 anwendbar). Der Unternehmer soll den BR – auch eines Tendenzbetriebes – nicht vor vollendete Tatsachen stellen (vgl. BTAusschuß für Arbeit- u. Sozialordnung BTDrucks. VI/2729 S. 17; GK-*Fabricius,* Rn 533; *GKSB,* Rn 32 für unbeschränkte Anwendbarkeit des § 113, während *Dütz,* Festschrift Westermann S. 51, *DR,* Rn 149, *GL,* Rn 532, *HSG,* Rn 55, und Weber, NZA 89, Beil. 3 S. 7 den § 113 für unanwendbar halten). Der Sozialplan kann außerdem noch gemäß §§ 112, 112a durchgesetzt werden.

Gemäß § **613a BGB** gehen die **Arbeitsverhältnisse** aller ArbN in Ten- 47
denzbetrieben auf den **neuen Betriebsinhaber über,** also auch die der **Tendenzträger.** Es handelt sich um eine bürgerlich-rechtliche Vorschrift, für die die einschränkende Bestimmung des § 118 nicht gilt (BAG 7. 11. 1975, AP Nr. 3 zu § 99 BetrVG 1972; *DR,* Rn 154; *Neumann-Duesberg,* NJW 73, 268; *GL,* Rn 85; *Meisel,* SAE 77, 40; **a. M.** *Mayer-Maly,* BB 73, 761 [769]). Vgl. weiter § 1 Rn 65 und § 111 Rn 12.

V. Religionsgemeinschaften

48 Auf die in Abs. 2 genannten **Religionsgemeinschaften** (der Begriff ist weit auszulegen, BAG 21. 11. 1975, 6. 12. 77 AP Nr. 6, 10 zu § 118 BetrVG 72; vgl. auch Rn 31 und denselben Begriff in Art. 7 Abs. 3 Satz 2 GG; kr. *GK-Fabricius,* Rn 753ff.) und deren näher bezeichnete Einrichtungen ist **weder das BetrVG noch das BPersVG** (dort § 112) anzuwenden. Der Ausnahmetatbestand des Abs. 2 betrifft nicht die öffentlich-rechtlichen organisierten, „verfaßten" Kirchen, für die § 130 gilt, sondern nur Religionsgemeinschaften und karitative erzieherische Einrichtungen, die **privatrechtlich organisiert** sind (BAG 30. 7. 1987, AP Nr. 3 zu § 130 BetrVG 1972). Eine Erstreckung der staatlichen Gesetzgebung wäre wegen der verfassungsrechtlich garantierten Autonomie der Kirchen (Art. 140 GG, Art. 137 Abs. 3 Weimarer Verfassung) bedenklich (vgl. *Mayer-Maly,* BB 77, Beilage zu Heft 24, S. 3ff. und BVerfGE 24, 236 [244ff.], 11. 10. 77, 25. 3. 80, 17. 2. 81, AP Nr. 1, 6, 9 zu Art. 140 GG). Die Kirchen verwalten ihre Angelegenheiten selbst „innerhalb der für alle geltenden Gesetze", d. h. der Gesetze, die für die Kirchen keine stärkeren Auswirkungen haben als für jedermann; die Gesetze dürfen also die Kirchen nicht in ihrer Besonderheit stärker treffen als andere. Laut BVerfG soll die Kirche nach ihrem Selbstverständnis selbst bestimmen, was zur Kirche gehört. Das wäre hinzunehmen. Damit entscheidet nach der Rechtsprechung des BVerfG auch die Kirche allein, was zu ihren Einrichtungen nach § 118 Abs. 2 gehört (vgl. BVerfG 21. 9. 76, 25. 3. 80, 17. 2. 81, AP Nr. 5, 6, 9 zu Art. 140 GG; zum Begriff der für alle geltenden Gesetze: *Neumann,* Festschrift Müller, S. 353ff.). Dieser Ansicht mußte das BAG folgen (vgl. 24. 11. 81, AP Nr. 10 zu § 72a ArbGG 1979 Divergenz). Hinsichtlich der karitativen und (oder) erzieherischen Einrichtungen privater Rechtsform geht aber Abs. 2 möglicherweise noch über Art. 137 Weimarer Verfassung hinaus (vgl. *GK-Fabricius,* Rn 738ff.). Denn es werden alle kirchlichen Einrichtungen, auch solche ohne spezifischen religiösen Bezug und alle deren ArbN, auch z. B. die Raumpflegerinnen, aus dem Geltungsbereich des BetrVG herausgenommen, was durch Art. 137 Abs. 3 WV nicht geboten sein dürfte (vgl. *Herschel* ArbuR 78, 173; ähnlich *GKSB,* Rn 52; *Schwerdtner* ArbuR 79, Sonderheft, S. 21; *Wieland,* DB 87, 1633: „Die Kirchen bedienen sich des staatlichen Rechts, schließen aber gleichzeitig kraft ihres Selbstverständnisses lästige Konsequenzen aus"; *Ruland,* NJW 80, 89 hält diese Regelung sogar für verfassungswidrig; dagegen *Richardi,* Arbeitsrecht in der Kirche, S. 157ff. und *GK-Fabricius,* Rn 745f.). Das Selbstbestimmungsrecht der Kirchen besteht nur im Rahmen ihres „Heilsauftrags." Die Frage ist kontrovers. Andererseits wird die Ansicht vertreten, eine § 118 Abs. 2 entsprechende Vorschrift müßte aus der Verfassung herausgelesen werden, wenn sie nicht ausdrücklich schon im Gesetz stünde (vgl. *Mayer-Maly* gegen *Herschel* in BB 79, 632, *Richardi,* a.a.O.; *Müller,* RdA 79, 71).

49 Abs. 2 stellt **nur karitative oder erzieherische Einrichtungen** unbe-

schadet ihrer (privaten) Rechtsform (z. B. Verein, Stiftung, GmbH) von der Anwendung des Gesetzes frei, nicht andere. Diese können aber unter Abs. 1 fallen, so daß u. U. das Gesetz voll anzuwenden ist, soweit überhaupt ArbN beschäftigt werden (vgl. § 5 Rn 107). Hat die Einrichtung aber den Status einer öffentlich-rechtlichen Körperschaft, so findet das BetrVG überhaupt keine Anwendung (vgl. § 130 Rn 4).

Auch in kirchlichen Einrichtungen nach § 118 Abs. 2 können aber 50 grundsätzlich die **Gewerkschaften werben,** wie sich aus Art. 9 Abs. 3 GG ergibt (vgl. näher § 2 Rn 57 und § 74 Rn 15). Die Kirchenautonomie steht dem nicht entgegen. Auch für die Kirchen gilt das Grundgesetz und insbesondere Art. 9 Abs. 3 und damit auch das daraus abgeleitete Zutrittsrecht der Gewerkschaften, insbesondere zur Betreuung und Werbung von Mitgliedern. (BAG 14. 2. 78, AP Nr. 26 zu Art. 9 GG mit kr. Besprechung *Richardi* DB 78, 1736 und ebenso kr. *Mayer-Maly* a.a.O. u. *Klosterkemper,* S. 154ff.; zustimmend dagegen *Dütz* ArbuR 79, Sonderheft S. 6, *Birk,* ArbuR 79, Sonderheft S. 11 und *Naendrup,* ArbuR, a.a.O. S. 37; ebenso auch Müller RdA 79, 71). Das BVerfG hat die Entscheidung des BAG aufgehoben (17. 2. 81, AP Nr. 9 zu Art. 140 GG; kr. dazu *Herschel,* ArbuR 81, 267 und Otto Anm. EzA Art. 9 GG Nr. 32), da aus Art. 9 Abs. 3 GG mangels gesetzlicher Regelung **kein Zutrittsrecht betriebsfremder Gewerkschaftsangehöriger** abgeleitet werden könne. Der „Kernbereich" der Koalitionsbetätigung sei durch die Möglichkeit der Werbung durch betriebsangehörige Gewerkschaftsmitgl. gewahrt. Das BAG war nunmehr gezwungen, das Zutrittsrecht betriebsfremder Gewerkschaftsmitgl. zu verneinen (BAG 19. 1. 82, AP Nr. 10 zu Art. 140 GG). Die Entscheidung des BVerfG blockiert die gesetzvertretende Rechtsprechung des BAG, wenn sie diese nicht als für alle geltendes Gesetz i. S. des Art. 137 Abs. 3 Weim. Verf. gelten läßt (vgl. auch § 2 Rn 55ff.). Im übrigen üben ArbN im kirchlichen Dienst nicht ihre Religion aus, sondern eine, wenn auch vielleicht besonders motivierte Erwerbstätigkeit (*Nell-Breuning,* ArbuR 79, 1). Die Erhöhung ihrer Tätigkeit, d.h. der Tätigkeit aller ArbN schlechthin als „christliche Dienstgemeinschaft" ist fragwürdig und wird den tatsächlichen Gegebenheiten nicht gerecht (dafür aber *Mayer-Maly,* a.a.O.).

Auch das TVG ist ein für alle geltendes Gesetz i. S. des Art. 137 Abs. 3 51 WV, das für die Kirchen dieselbe Bedeutung hat wie für jedermann; auch die Kirchen können mit den Gewerkschaften **TV abschließen** (*Pierson,* RdA 79, 65; *Dietz,* RdA 79, 79; *Frank* RdA 79, 86: TVG als „Angebot"). Das ist bisher allerdings nur im evangelischen Bereich für die Nordelbische Kirche und die Kirche von Berlin–Brandenburg geschehen (vgl. *Richardi,* Arbeitsrecht in der Kirche, Beck Verlag. 1984, S. 135). Die Frage der Zulässigkeit von Arbeitskampfmaßnahmen im kirchlichen Bereich ist aber hiervon zu trennen und sehr umstritten; (vgl. *Richardi,* a.a.O., S. 88 verneinend).

Umstritten ist auch, ob neben dem Erfordernis eines „tendenzfreund- 52 lichen" Verhaltens (vgl. Rn 54a und § 75 Rn 17) für die Beschäftigten im Dienste von Religionsgemeinschaften (rund 600000 Personen, ausgenommen der Personenkreis des § 5 Abs. 2 Nr. 3) ein **besonderes kirchli-**

ches Arbeitsvertragsrecht geschaffen werden kann, das nicht nur auf Einzelvereinbarungen oder dem Direktionsrecht der Kirche beruht und auch nicht auf Regelungen durch TV, sondern auf Kollektivvereinbarungen besonderer Art, dem sogen. **„dritten Weg"** (*Grethlein,* BB 80, 213 u. NZA 86, Beil. 1. S. 18; *Grethlein/Spengler,* DB 80, Beilage 10). Allgemeine Bedingungen für die Vertragsverhältnisse („Dienstvertragsordnungen") sollen durch paritätisch zusammengesetzte Kommissionen festgelegt werden. Diese besitzen keine (staatliche) Rechtsnormqualität und vermögen die grundsätzliche Geltung des TVG für die Kirchen nicht zu verdrängen. Es handelt sich ausschließlich um eine interne Entscheidungsvorbereitung und Selbstbindung der Kirche als ArbGeb (so *Pierson,* RdA 79, 65 und *Dietz* RdA 79, 79, letzterer mit einem kr. Vergleich im Hinblick auf die schwächere Wahrung der ArbNInteressen im Verhältnis zum TV; *Müller,* RdA 79, 71 hält derartige Regelungen für bedenklich, da der tarifliche „Normenschutz" für Gewerkschaftsmitglieder abgeschnitten werde; *Pahlke,* NJW 86, 350 möchte den Dienstordnungen die Rechtswirkungen von TV beilegen; kr. dazu *Dütz,* Zeitschrift für evangelisches Kirchenrecht, 1985, S. 77ff.; vgl. auch ArbG Berlin 28. 10. 83, EzA § 13 BUrlG Nr. 21).

53 Derartige Arbeitsrechtsregelungsgesetze (ARRG) der **evangelischen Kirche** beruhen auf einer Richtlinie der EKD vom 8. 10. 1976 (ABl. EKD S. 398) und sind bisher in Bayern (30. 3. 77 KABl. 1977, S. 95), in Baden (vom 5. 4. 78 KABl. 1978, S. 78), Hessen-Nassau, 29. 11. 79 (ABl. EKD 1980, S. 98), Kurhessen-Waldeck, 25. 4. 79 (ABL EKD S. 47), Niedersachsen (vom 14. 3. 1978, KABl. 1978, S. 33 = RdA 79, 120, dazu *Tiling,* RdA 79, 103), Rheinland, 19. 1. 79 (ABl. EKD 80, S. 107) und Württemberg 27. 6. 80 (ABl. S. 125) erlassen worden. Nur die Nordelbische Kirche war bereit, mit den Gewerkschaften **TV** abzuschließen (ARRG vom 9. 6. 1979, GVBl 79, 193, dazu *Dietz,* BB 80, 1107 und *Rothländer,* RdA 80, 260), ebenso die Kirche in Berlin-Brandenburg (Tarifvertragsordnung vom 18. 11. 1979, KABl. 79, 139).

54 In der **katholischen Kirche** zeichnet sich eine ähnliche Entwicklung ab (vgl. dazu Kuper, RdA 79, 93; *Nell-Breuning,* ArbuR 79, 1 [7] und *Rothländer,* RdA 79, 99 [101]). Ebenso wie die Arbeitsrechtsregelungsgesetze in der evangelischen Kirche sollen hier nach einem Beschluß des Verbandes der Diözesen in der BRD vom 5. 12. 1977 Kommissionen gebildet werden, bzw. sind inzwischen gebildet worden, die eine Ordnung zur Mitwirkung an der Gestaltung des Arbeitsvertragsrechts enthalten. Neben einer zentralen Kommission bestehen Kommissionen für jedes einzelne Bistum, die paritätisch aus Vertretern des ArbGeb. und indirekt durch Wahlmänner gewählten Vertretern der ArbN bestehen. Auch die so geschaffenen Ordnungen sollen an die Stelle tarifvertraglicher Regelungen treten, haben aber nicht deren Rechtsqualität.

54a Im kirchlichen Bereich bestehen gegenüber Tendenzunternehmen (vgl. Rn 43) **erhöhte Loyalitätspflichten der ArbN.** Nach nunmehr ständiger Rechtsprechung des BVerfG ist das Selbstverständnis der Kirchenleitung maßgebend, auch wenn sich die Kirchen der Regelungsform des staatlichen Arbeitsrechts bedienen und individuelle Rechtsstreitigkeiten, insbesondere auch Kündigungsschutzprozesse vor den staatlichen Gerichten ausgetragen werden. Die ArbN der Kirchen stehen nach deren maßgebenden Selbstverständnis in einer besonderen christlichen Dienstgemeinschaft und zwar unabhängig von der Nähe oder Ferne ihrer Aufgaben zum Verkündungsauftrag der Kirchen. Die Kirchen bestimmen auch selbst, welche Tatbestände als schwerwiegender Verstoß gegen ihre wesentlichen Grundsätze anzusehen sind (BVerfG 4. 6. 85, APNr. 24 zu Art. 140 GG) unter Aufhebung der BAG-Entscheidungen 21. 10. 82 und 23. 3. 84, AP Nr. 14, 16 zu Art. 140 GG; vgl. weiter *Dütz,* NZA 86, Beil. 1 S. 11, Richardi ZfA 84, 109 und NZA 86 Beil. 1 S. 3, *Rüthers,* NJW 86, 356; *Schöpp,* BB 83, 1732). Damit sind die ArbG praktisch auf die Feststellung des Tatbestandes beschränkt, während die Kirchen bestimmen, welche Verstöße der ArbN einen Kündigungsgrund i. S. des KSchG bzw. des § 626 BGB darstellen (vgl. *Dütz* a.a.O.). Auch nach Ansicht des BAG besteht eine, wenn auch abgestufte Loyalitätspflicht kirchlicher Mitarbeiter (vgl. 25. 4. 78, 4. 3. 80, 30. 6. 83, 31. 10. 84, 12. 12. 84, AP Nr. 2, 3, 15, 20, 21 zu Art. 140 GG).

Das Gesetz, (vgl. auch § 112 BPersVG) schließt nicht aus, daß für karitative u. erzieherische Einrichtungen auf **freiwilliger Grundlage Betriebsvertretungen** errichtet werden. Die Religionsgemeinschaften können die Frage der Mitarbeitervertretungen insbesondere durch **besondere Kirchengesetze** regeln, um den autonomen Bereich durch eine kirchliche Gemeinschaftsordnung auszufüllen. Entsprechende Kirchengesetze sind von der Mehrzahl der evangelischen Landeskirche verabschiedet worden (eingehend *Richardi* a.a.O. S. 197ff.; Kirchengesetz für Mitarbeitervertretungen bei der EKD i. d. F. 20. 1. 83, ABl. EKD S. 4 und Rahmenordnung für eine Mitarbeitervertretungsordnung für den katholischen Bereich i.d.F. vom 1. 3. 1977, dazu *Kuper,* RdA 79, 93 und *Bietmann,* Betriebliche Mitbestimmung im kirchlichen Dienst, Athenäum-Verlag, derselbe Kommentar zur Rahmenordnung für eine Mitarbeitervertretungsordnung, 1982, ÖTV). Durch derartige Gesetze oder Regelungen kann eine einheitliche Vertretung aller Mitarbeiter herbeigeführt werden, seien sie nun ArbN i. S. des Gesetzes oder nicht (§ 5 Abs. 2 Nr. 3). Wegen entsprechender Anwendung von Rechtsgrundsätzen des BetrVG vgl. LAG Düsseldorf, 8. 9. 1975, NJW 76, 386. Vgl. auch Rn 60. **55**

Religionsgemeinschaften sind nicht nur die allgemein anerkannten christlichen Bekenntnisse, die Körperschaften des öffentlichen Rechts sind, sondern **jede Glaubensgemeinschaft weltanschaulicher Art** (vgl. Art. 137 Weimarer Verf. in Verb. mit Art. 140 GG; *HSG,* Rn 67; einschränkend *DR,* Rn 182; *GL,* Rn 89; *GK-Fabricius,* Rn 753ff.). Das BetrVG ist nicht anzuwenden auf den gesamten der Seelsorge dienenden Verwaltungsapparat, einschließlich der örtlichen und überörtlichen Dienststellen ohne Rücksicht auf deren juristische Form und Selbständigkeit. Nicht hierher gehören religiöse und konfessionelle Gesellschaften, Vereine usw. (sie können unter Abs. 1 fallen), wohl aber z. B. die katholischen Orden und ihre Niederlassungen (weitergehend für sog. Säkularinstitute der katholischen Kirche *DR,* Rn 175 u. BAG 19. 12. 1969, AP Nr. 12 zu § 81 BetrVG 1952). **56**

57 Soweit die Religionsgemeinschaften über ihren **eigentlichen Verwaltungsapparat hinaus Einrichtungen** irgendwelcher Art betreiben, zählen diese nicht mehr zur Religionsgemeinschaft. Sie sind dann entweder Betriebe, die konfessionellen Bestimmungen dienen und deshalb unter Abs. 1 fallen, oder sie zählen, wenn sie **karitativen oder erzieherischen Zwecken** dienen und damit dem Selbstverständnis der Kirchen (vgl. BVerfGE 18, 385 [386f.]; 24, 236 [246f.], 42, 312 [323, 334f.], 53, 366 [391f.], 57, 220 [242]), zu den Einrichtungen des Abs. 2, auf die das BetrVG keine Anwendung findet (Schulen, Krankenhäuser [BAG 21. 11. 1975, AP Nr. 6 zu § 118 BetrVG 1972], Kindergärten [BAG 25. 4. 78, 11. 3. 86, AP Nr. 2, 25 zu Art. 140 GG], Altersheime, Waisenhäuser, Diakonisches Werk e. V. [vgl. Gesetz der EKD vom 8. 3. 1957, BAG 6. 12. 77, AP Nr. 10 zu § 118 BetrVG 1972], Innere Mission, Caritasverband e. V., vgl. *Müller,* Zum Recht des Ordensvertrages 1956 insbes. S. 38ff.).

57a Voraussetzung ist aber, daß die **Kirche satzungsgemäß maßgeblichen Einfluß auf die Einrichtung** ausüben kann, insbes. wenn diese eine selbständige (bürgerliche) Rechtsform hat, z. B. Stiftung, Verein; denn sonst würde es sich nicht mehr um die Einrichtung einer Religionsgemeinschaft handeln. Die Auffassung, kraft Verfassungsrechts sei nur das Selbstverständnis der Kirchen maßgebend, ist abzulehnen. Damit würde die Anwendung des Gesetzes in das Belieben der Kirchen gestellt, ohne jede gerichtliche Überprüfungsmöglichkeit (so aber BVerfG, 11. 10. 1977, AP Nr. 1 zu Art. 140 GG unter Aufhebung von BAG 21. 11. 75, a. a. O, kr. zu BVerfG *Herschel* ArbuR 78, 172; *Wieland,* DB 87, 1633; *GKSB,* Rn 54; *Otto,* ArbuR 80, 298). Das BAG hat dem BVerfG folgend (6. 12. 77, AP Nr. 10 zu § 118 BetrVG 1972) auch eine Stiftung privaten Rechts als Einrichtung im Sinne des § 118 Abs. 2 anerkannt; dabei soll den Kirchen allein die Entscheidung darüber zustehen, welcher Einrichtungen und welcher Mittel sie sich bedienen will, um ihren Auftrag in der Welt wahrzunehmen. Hiernach kommt es nicht mehr darauf an, ob die Kirche durch die Organe einen rechtlich abgesicherten maßgebenden Einfluß auf die Einrichtung ausüben kann. Es kommt nur auf die „Zuordnung“ der Einrichtung zur Kirche und auf ihre Zielsetzung an. Die Kirche bestimmt also allein, ohne daß objektive Abgrenzungsmerkmale feststellbar wären, was eine „Einrichtung“ i. S. des § 118 Abs. 2 ist. Es ist allein ihr „Selbstverständnis“ maßgebend (vgl. auch Divergenzbeschluß BAG 24. 11. 81, AP Nr. 10 zu § 72a ArbGG 1979 Divergenz).

57b Diese extensive Auslegung durch das BVerfG ist bedenklich (vgl. *Herschel* u. *Wieland* a. a. O.). Das Selbstverständnis der Kirche muß zu einer entsprechenden Gestaltung der Einrichtung geführt haben. Eine institutionelle Verbindung zwischen Einrichtung und Kirche muß nach wie vor gefordert werden. Die Religionsgemeinschaft muß die durchsetzbare Verantwortung für die Einrichtung übernehmen (*GK-Fabricius,* Rn 780ff.; *GKSB,* Rn 54; *Löwisch,* ArbuR 79, Sonderheft, S. 33; *Richardi,* Festschrift BAG, S. 451 hält zwar mit dem BVerfG das kirchliche Selbstverständnis für maßgebend, verlangt aber immerhin einen „prägenden" Einfluß auf die Einrichtung). Eine Beurteilung nach der „Qualität der entfalteten Aktivitäten" (so *Mayer-Maly,* BB 77, Beilage zu Heft 24, S. 13) ist rechtlich nicht faßbar. Das BAG (14. 4. 1988, AP Nr. 30 zu § 118 BetrVG 1972) verlangt jetzt wenigstens „ein Mindestmaß an Ordnungs- und Verwaltungstätigkeit" der Kirche für ihre Einrichtung, um sich in Fragen der Ausübung der religiösen Betätigung gegenüber der Einrichtung durchsetzen zu können. Personelle Verflechtungen können statuarische Absicherungen ersetzen.

Die **Rechtsform** der Einrichtung ist **unerheblich.** Entscheidend ist 58
nur, daß es sich um eine karitative oder erzieherische Einrichtung der Religionsgemeinschaft handelt, mag sie auch selbständige juristische Person sein (h. M.) und (oder) nur Pächter, nicht Eigentümer der Einrichtung (BAG 19. 12. 1969, AP Nr. 12 zu § 81 BetrVG 1972). Selbst wenn eine kirchliche Einrichtung ein Krankenhaus mit den bisherigen Beschäftigten übernimmt, können diese nunmehr keinen BR mehr bilden (BAG 9. 2. 82, AP Nr. 24 zu § 118 BetrVG 1972 gegen LAG Düsseldorf, AP Nr. 15 a. a. O.).

VI. Streitigkeiten

Meinungsverschiedenheiten über die Frage, ob und inwieweit die An- 59
wendung des BetrVG nach Abs. 1 eingeschränkt ist oder nach Abs. 2 überhaupt entfällt, entscheiden die ArbG im BeschlVerf. (§ 2a ArbGG). Es muß sich aber um einen **konkreten Streitfall** handeln (BAG 13. 7. 1955, AP Nr. 2 zu § 81 BetrVG 1952). Die abstrakte Feststellung der Tendenzeigenschaft kann nicht verlangt werden. Als Vorfrage kann über die Anwendung des § 118, d. h. die Nichtanwendung des BetrVG auch im Urteilsverfahren entschieden werden, z. B. in einem Kündigungsschutzprozeß. Ist streitig, ob es sich um eine personelle Maßnahme mit Tendenzbezug handelt, so darf der ArbGeb. diese auch ohne Zustimmung des BR oder gerichtliche Ersetzung dieser Zustimmung zunächst durchführen. Er trägt dann aber das Risiko, daß ihm auf Antrag des BR die Aufrechterhaltung der Maßnahme nach § 101 untersagt wird (BAG 1. 9. 1987, AP Nr. 11 zu § 101 BetrVG 1972). Wird allerdings die auch in Tendenzbetrieben bestehende Anhörungspflicht (Rn 38) verletzt, so kann der BR allein deshalb das Verfahren nach § 101 betreiben (BAG 1. 9. 1987, AP Nr. 10 zu § 101 BetrVG 1972).

Für Streitigkeiten aus dem Mitarbeitervertretungsrecht (Rn 55) sind 60
die staatlichen Gerichte nicht zuständig; der Rechtsweg vor ihnen ist ausgeschlossen (LAG Berlin 19. 4. 85, NJW 85, 3039 und BAG 11. 3. 86, 25. 4. 89, AP Nr. 25, 34 zu Art. 140 GG; *GK Fabricius,* Rn 793). Wegen Schlichtungsausschüssen nach dem Mitarbeitervertretungsrecht der evangelischen Kirchen vgl. *Kammerer, BB* 85, 1986 u. wegen eines Beschlusses der Bischhöflichen Schlichtungsstelle Berlin vom 13. 3. 84: AP Nr. 22 zu Art. 140 GG und des Schlichtungsausschusses der Evangelischen Landeskirche Baden vom 3. 9. 1987, 4. 12. 1987, NZA 88, 704, 173.

Sechster Teil. Straf- und Bußgeldvorschriften

§ 119 Straftaten gegen Betriebsverfassungsorgane und ihre Mitglieder

(1) **Mit Freiheitsstrafe bis zu einem Jahr oder mit Geldstrafe wird bestraft, wer**

1. eine Wahl des Betriebsrats, der Jugend- und Auszubildendenvertretung, der Bordvertretung, des Seebetriebsrats oder der in § 3 Abs. 1 Nr. 1 oder 2 bezeichneten Vertretungen der Arbeitnehmer behindert oder durch Zufügung oder Androhung von Nachteilen oder durch Gewährung oder Versprechen von Vorteilen beeinflußt,

2. die Tätigkeit des Betriebsrats, des Gesamtbetriebsrats, des Konzernbetriebsrats, der Jugend- und Auszubildendenvertretung, der Gesamt-Jugend- und Auszubildendenvertretung, der Bordvertretung, des Seebetriebsrats, der in § 3 Abs. 1 Nr. 1 oder 2 bezeichneten Vertretungen der Arbeitnehmer, der Einigungsstelle, der in § 76 Abs. 8 bezeichneten tariflichen Schlichtungsstelle, der in § 86 bezeichneten betrieblichen Beschwerdestelle oder des Wirtschaftsausschusses behindert oder stört oder

3. ein Mitglied oder ein Ersatzmitglied des Betriebsrats, des Gesamtbetriebsrats, des Konzernbetriebsrats, der Jugend- und Auszubildendenvertretung, der Gesamt-Jugend- und Auszubildendenvertretung, der Bordvertretung, des Seebetriebsrats, der in § 3 Abs. 1 Nr. 1 oder 2 bezeichneten Vertretungen der Arbeitnehmer, der Einigungsstelle, der in § 76 Abs. 8 bezeichneten Schlichtungsstelle, der in § 86 bezeichneten betrieblichen Beschwerdestelle oder des Wirtschaftsausschusses um seiner Tätigkeit willen benachteiligt oder begünstigt.

(2) **Die Tat wird nur auf Antrag des Betriebsrats, des Gesamtbetriebsrats, des Konzernbetriebsrats, der Bordvertretung, des Seebetriebsrats, des Wahlvorstands, des Unternehmers oder einer im Betrieb vertretenen Gewerkschaft verfolgt.**

Inhaltsübersicht

I. Vorbemerkung

1 Der Sechste Teil des Gesetzes enthält die Straf- und Bußgeldvorschriften. Die Straftatbestände des § 119 beziehen sich auf die Behinderung oder rechtswidrige Beeinflussung der im BetrVG vorgesehenen Wahlen, 1

die Störung oder Hinderung der Tätigkeit der Betriebsverfassungsorgane und die Benachteiligung oder Begünstigung ihrer Mitgl. aber nicht auf die Wahl und Tätigkeit der ArbNVertr. im AR (*KG-Kraft,* Rn 4) und der Schwerbehindertenvertretung. Auch das AktG und das SchwbG enthält keine entsprechenden Vorschriften. Der nicht zur Vollendung gediehene Versuch ist straflos. Die Strafvorschriften richten sich nicht nur gegen den ArbGeb. (Unternehmer) oder ihre Vertr., sondern gegen **jedermann,** also gegen ArbN, Betriebsangehörige, die nach § 5 Abs. 2 nicht als ArbN gelten, leitende Ang. (§ 5 Abs. 3) und auch gegen außenstehende Dritte (h. M.). Unter den Voraussetzungen des § 23 Abs. 3 kann das dortige Verfahren neben dem Strafverfahren gegen den ArbGeb. betrieben werden.

Entsprechende Vorschrift im **BPersVG 74:** Keine, im **SprAuG:** § 34. 2

II. Die einzelnen Tatbestände

Es kann insoweit auf die Rn zu den materiellen Vorschriften verwiesen werden. Hier ist nur kurz folgendes hervorzuheben:

1. Tatbestand der Nr. 1

Geschützt wird die **unbeeinflußte Wahl des BR;** vgl. die materielle 3 Vorschrift in § 20 Abs. 1 und 2 und die dortigen Rn. Strafbar ist auch die Verhinderung der Durchführung einer BetrVerslg. zur Bestellung eines Wahlvorstandes durch unwahre Angaben (Bay.OLG, AP Nr. 1 zu § 119 BetrVG 1972). Entsprechendes gilt für die Wahl der anderen in Nr. 1 genannten Betriebsverfassungsorgane. In §§ 63 Abs. 2, 115, Abs. 2, 116 Abs. 2 wird auf die Wahlvorschriften für den BR und damit auf § 20 verwiesen. Eine besondere materielle Norm, die dem § 20 entspricht, fehlt für die nach § 3 Abs. 1 Nr. 1 oder 2 errichtete Vertretung. Sie ist jedoch in der Strafvorschrift enthalten, die wörtlich das Verbot des § 20 Abs. 1 und 2 wiedergibt (*GL,* Rn 7; *GK-Kraft,* Rn 4). Demnach ist die Wahl der tariflichen Sondervertretung genau so materiell und strafrechtlich gegen Behinderung oder rechtswidrige Beeinflussung geschützt wie die der übrigen Organe der Betriebsverfassung. Die Vorschrift gilt aber nicht für die Wahl der ArbN-Vertr. zum AR.

Die besonderen Vorschriften des StGB zum Schutze der Wahlen 4 (§§ 107ff.) gelten nur für die allgemeine Wahlen für die Volksvertretungen, sind also hier nicht anwendbar (vgl. § 108d StGB; Bay.OLG a. a. O.).

Zulässig bleibt die **Wahlpropaganda** (vgl. auch § 20 Rn 18). Da nur 5 ein Wahlrecht, aber keine Wahlpflicht besteht, stellt die Wahlenthaltung von ArbN keine strafbare Behinderung von Wahlen dar. Im übrigen ist unter einer Behinderung oder Beeinflussung der Wahl jedes Tun oder pflichtwidrige Unterlassen zu verstehen, das zu einem ungewöhnlichen Ablauf des Wahlvorganges führt.

2. Tatbestand der Nr. 2

6 Nr. 2 stellt die **Behinderung oder Störung** (§ 78 Satz 1) der **Amtsführung** der in Nr. 2 genannten Organe der Betriebsverfassung unter Strafe. Verboten ist demnach jede Maßnahme, die einen unzulässigen Eingriff in die Geschäftsführung dieser Stellen oder eine Behinderung oder Verhinderung der Ausübung ihr Tätigkeit im Rahmen des BetrVG darstellt. Eine solche Behinderung oder Störung kann erblickt werden: In der Verweigerung der Anhörung (vgl. BAG 20. 9. 1957, AP Nr. 34 zu § 1 KSchG); in dem Verbot gegenüber ArbN, sich an den BR zu wenden, in der Rücktrittsaufforderung an den BR, anderenfalls Zulagen gestrichen würden (Bay.OLG, AP Nr. 1 zu § 119 BetrVG 1972), in einem Aushang mit der Empfehlung, eine BetrVerslg. nicht zu besuchen (OLG Stuttgart, 9. 9. 1988, BB 88, 2245), in der Nichterfüllung der Verpflichtung, die notwendigen Geschäftsbedürfnisse zur Verfügung zu stellen (§ 40), in dem Verhindern der Teilnahme von Gewerkschaftsvertr. an BRSitzungen, wenn ein Beschluß nach § 31 vorliegt (nach OLG Stuttgart, 21. 12. 77, BB 78, 450, keine Bestrafung, wenn Zutritt eines Gewerkschaftsvertreters zum BRVors. außerhalb der BRSitzung verweigert wird); in der Vorenthaltung der Unterlagen nach § 80 Abs. 2 (soweit diese für die Überwachungstätigkeit der BR erforderlich sind); in der Verweigerung der Teilnahme von BRMitgl. an Unfalluntersuchungen gem. § 89 Abs. 2 oder Besprechungen mit dem Sicherheitsbeauftragten nach § 89 Abs. 3. Insbes. ist auch die **beharrliche Weigerung, überhaupt mit dem BR zusammenzuarbeiten,** strafbar. Die Strafandrohung richtet sich nicht gegen die Mitgl. der Betriebsverfassungsorgane selbst, die in ihren eigenen Gremien Obstruktion betreiben; insoweit kommt ein Ausschluß nach § 23 Abs. 1 in Betracht (*DR,* Rn 16; *GL,* Rn 3; *GK-Kraft,* Rn 6). Wegen einstw. Anordnungen vgl. § 85 Abs. 2 ArbGG (**Nach** § 1 Rn 56ff.). Wegen der Festsetzung von Ordnungsgeld und Zwangsgeld vgl. die Fälle der §§ 23 Abs. 3, 98 Abs. 5, 101 und 104. Geht es nur um die Verletzung einer Auskunftspflicht, so gilt § 121 (GK-Kraft, Rn 5; *HSG,* Rn 24; *Stege/Weinspach,* Rn 11).

3. Tatbestand der Nr. 3

7 Strafbar ist nach Nr. 3 auch die **Benachteiligung oder Begünstigung** (vgl. § 78 Rn 7ff.) der **einzelnen Mitgl.** der in Nr. 3 genannten Stellen um ihrer Amtstätigkeit willen, einschl. amtierender ErstMitgl. (vgl. § 78 Rn 1; *GK-Kraft,* Rn 7; weitergehend *GL,* Rn 18). ArbNVertr. im AR werden aber nicht genannt; eine analoge Anwendung ist im Strafrecht nicht möglich (*GK-Kraft,* Rn 8). Für den Ursachenzusammenhang der strafbaren Maßnahme mit der Amtstätigkeit wird oft eine tatsächliche Vermutung sprechen. Das begünstigte Mitgl. selbst steht nach § 119 nicht unter Strafandrohung. Es kommt aber eine Amtsenthebung von BRMitgl. nach § 23 Abs. 1 wegen grober Verletzung der gesetzlichen Pflichten in Betracht.

III. Schuldform und Strafhöhe

Die Bestrafung wegen Verstoßes gegen Nr. 1–3 setzt **vorsätzliches Verhalten** voraus; Fahrlässigkeit genügt nicht, da in § 119 nicht ausdrücklich unter Strafe gestellt (*DR,* Rn 3; *HSG,* Rn 9, vgl. § 15 StGB). Vorsätzlich handelt oder unterläßt, wer die Handlung oder Unterlassung mit Wissen und Willen begeht und sich dabei bewußt ist, gegen ein Gesetz zu verstoßen oder sonst Unrecht zu tun oder diese Folge mindestens in Kauf nimmt (bedingter Vorsatz). Da es sich um ein Vergehen handelt (§ 12 Abs. 2 StGB), ist der Versuch mangels ausdrücklicher Erwähnung in § 119 straflos (§ 23 Abs. 1 StGB). 8

Vorsätzliche Verstöße werden mit Freiheitsstrafe von einem Monat (§ 38 Abs. 2 StGB) bis zu einem Jahr oder mit Geldstrafe geahndet. Kommt nur eine Freiheitsstrafe unter 6 Monaten in Betracht, so ist im allgemeinen nur auf Geldstrafe zu erkennen (§ 47 Abs. 1 StGB). Eine Freiheitsstrafe statt einer Geldstrafe darf nur verhängt werden, wenn dies unerläßlich ist (§ 47 Abs. 2 StGB). Die **Höhe der Geldstrafe** kann zwischen **fünf** und **dreihundertsechzig vollen Tagessätzen** festgelegt werden (§ 40 Abs. 1 StGB; AG Detmold 24. 8. 78, BB 79, 783: Geldstrafe von 30 Tagessätzen bei verweigerter Zurverfügungstellung von Unterlagen an den Wahlvorstand; AG Konstanz, 3. 9. 81, Ls 71/80: Geldstrafe von 25 Tagessätzen wegen Behinderung der BRWahl u. der Tätigkeit des BR). Bei der Festsetzung der Höhe des Tagessatzes zwischen 2 bis 10000 DM sind die persönlichen und wirtschaftlichen Verhältnisse des Täters zu berücksichtigen. Liegt Bereicherung oder Versuch der Bereicherung vor, so kann Geldstrafe **und** Freiheitsstrafe verhängt werden (§ 41 StGB). Im Hinblick auf die Höhe der Strafandrohung sind alle nach § 119 verfolgbaren Handlungen Vergehen (§ 12 Abs. 2 StGB). 9

IV. Strafantrag

Sämtliche Verstöße nach § 119 sind **Antragsdelikte** (Abs. 2). Es erfolgt keine Strafverfolgung von Amts wegen. Der Antrag kann schriftlich zur Niederschrift der Strafverfolgungsbehörde (Staatsanwaltschaft, Gericht, Polizei) gestellt werden (§ 158 StPO). 10

Antragsberechtigt sind aufgrund eines Beschlusses nach § 33 der BR, die anderen in Abs. 2 genannten Vertr. der ArbN, die im Betrieb vertretenen Gewerkschaften (§ 2 Rn 26), der Wahlvorst. oder der Unternehmer. Das **Antragsrecht der Gewerkschaften** soll einen wirksameren Schutz der Organe der Betriebsverfassung sicherstellen (Begründung RE zu § 119). Sie können frei von persönlichen Rücksichten handeln. Den Antrag kann der Vors. des BR bzw. des Wahlvorst. usw. nur auf Grund eines Beschlusses dieser Stellen (§ 26 Abs. 3) einreichen. Auch der BR, der nur die Geschäfte nach § 22 weiterführt, ist antragsberechtigt (OLG Düsseldorf, AP Nr. 1 zu § 78 BetrVG 1952; *GK*- 11

Kraft, Rn 14). Der Wahlvorstand ist in erster Linie zuständig für Strafanträge wegen Behinderung oder Störung der Wahl des BR.

12 Der Strafantrag des BR ist kein Grund zur fristlosen Entlassung durch den angezeigten ArbGeb., es sei denn, es läge ein Rechtsmißbrauch vor (LAG Mannheim, AP Nr. 2 zu § 78 BetrVG 1952); auch ein Auflösungsantrag nach § 23 Abs. 1 ist regelmäßig unbegründet (*HSG,* Rn 12; *GL,* Rn 28; *GK-Kraft,* Rn 19). Zeigt der BR andere strafbare Handlungen des ArbGeb. an, die mit der Betriebsverfassung nichts zu tun haben, so ist u. U. eine außerordentliche Kündigung gerechtfertigt (vgl. BAG 5. 2. 1959, AP Nr. 2 zu § 70 HGB), vgl. aber § 103 Rn 18.

13 Der **Antrag** ist **binnen drei Monaten** (§ 77b StGB) zu stellen. Die Frist beginnt mit dem Tag, an dem der BR (d. h. mindestens der Vors. der BR), der Wahlvorst., die Gewerkschaft, die anderen antragsberechtigten Vertr. der ArbN oder der Unternehmer von der Handlung oder Unterlassung und von der Person des Täters **Kenntnis** erhalten hat. Sie endet mit Ablauf des Tages des dritten Monats, der dem Tag der Kenntnisnahme entspricht (§§ 187 Abs. 1, 188 Abs. 2 BGB). Stellt die Staatsanwaltschaft das Ermittlungsverfahren ein, so ist der Antragsteller unter Mitteilung der Gründe zu bescheiden (§ 171 StPO). Dann hat das den Antrag stellende Betriebsverfassungsorgan, aber nicht die Gewerkschaft als nicht unmittelbar Betroffener, die Möglichkeit, binnen 2 Wochen hiergegen Beschwerde bei der vorgesetzten Staatsanwaltschaft (Oberstaatsanwaltschaft, Generalstaatsanwalt) einzulegen (vgl. § 172 StPO). Bleibt dies erfolglos, so besteht noch die Möglichkeit, gerichtliche Entscheidung zu beantragen (Klageerzwingungsverfahren).

14 Kenntnis ist anzunehmen, wenn ein vernünftiger Mensch auf Grund gewisser Tatsachen einen sicheren Schluß auf Tat und Täter ziehen kann. Verdacht genügt nicht (*GK-Kraft,* Rn 16).

15 War der Antrag nicht rechtzeitig gestellt, so entfällt eine Strafverfolgung. Sie verjährt fünf Jahre nach der Tat (§ 67 Abs. 2, 4 StGB).

16 Die **Zurücknahme des Antrags** ist bis zur Rechtskraft des eine Bestrafung aussprechenden Urteils möglich (§ 77d Abs. 1 S. 1 StGB).

§ 120 Verletzung von Geheimnissen

(1) **Wer unbefugt ein fremdes Betriebs- oder Geschäftsgeheimnis offenbart, das ihm in seiner Eigenschaft als**

1. **Mitglied oder Ersatzmitglied des Betriebsrats oder einer der in § 79 Abs. 2 bezeichneten Stellen,**
2. **Vertreter einer Gewerkschaft oder Arbeitgebervereinigung,**
3. **Sachverständiger, der vom Betriebsrat nach § 80 Abs. 3 hinzugezogen oder von der Einigungsstelle nach § 109 Satz 3 angehört worden ist, oder**
4. **Arbeitnehmer, der vom Betriebsrat nach § 107 Abs. 3 Satz 3 oder vom Wirtschaftsausschuß nach § 108 Abs. 2 Satz 2 hinzugezogen worden ist,**

bekanntgeworden und das vom Arbeitgeber ausdrücklich als geheimhaltungsbedürftig bezeichnet worden ist, wird mit Freiheitsstrafe bis zu einem Jahr oder mit Geldstrafe bestraft.

(2) **Ebenso wird bestraft, wer unbefugt ein fremdes Geheimnis eines Arbeitnehmers, namentlich ein zu dessen persönlichen Lebensbereich gehörendes Geheimnis, offenbart, das ihm in seiner Eigenschaft als Mitglied oder Ersatzmitglied des Betriebsrats oder einer der in § 79 Abs. 2 bezeichneten Stellen bekanntgeworden ist und über das nach den Vorschriften dieses Gesetzes Stillschweigen zu bewahren ist.**

(3) **Handelt der Täter gegen Entgelt oder in der Absicht, sich oder einen anderen zu bereichern oder einen anderen zu schädigen, so ist die Strafe Freiheitsstrafe bis zu zwei Jahren oder Geldstrafe. Ebenso wird bestraft, wer unbefugt ein fremdes Geheimnis, namentlich ein Betriebs- oder Geschäftsgeheimnis, zu dessen Geheimhaltung er nach den Absätzen 1 oder 2 verpflichtet ist, verwertet.**

(4) **Die Absätze 1 bis 3 sind auch anzuwenden, wenn der Täter das fremde Geheimnis nach dem Tode des Betroffenen unbefugt offenbart oder verwertet.**

(5) **Die Tat wird nur auf Antrag des Verletzten verfolgt. Stirbt der Verletzte, so geht das Antragsrecht nach § 77 Abs. 2 des Strafgesetzbuches auf die Angehörigen über, wenn das Geheimnis zum persönlichen Lebensbereich des Verletzten gehört; in anderen Fällen geht es auf die Erben über. Offenbart der Täter das Geheimnis nach dem Tode des Betroffenen, so gilt Satz 2 sinngemäß.**

Inhaltsübersicht

I. Vorbemerkung

Die Bestimmung ergänzt § 119 und stellt den Bruch der Schweigepflicht unter Strafe. Den weitgehenden Auskunftspflichten des ArbGeb. (Unternehmers) muß ein entsprechender Geheimnisschutz gegenüberstehen. Wegen der Möglichkeit der Zuziehung von Sachverständigen müssen diese in die Strafvorschrift einbezogen werden. Infolge der Befassung des BR oder auch anderer Betriebsverfassungsorgane mit dem persönlichen Lebensbereich des einzelnen ArbN unterliegt auch dieser nach Abs. 2 dem Geheimnisschutz. **1**

Entsprechende Vorschriften im **BPersVG 74:** §§ 110, 111 u. im **SprAvG:** § 35. **1a**

II. Offenbarung von Betriebs- oder Geschäftsgeheimnissen

2 Die Strafvorschrift bezieht sich auf die Geheimhaltungspflicht des § 79. Es muß also zunächst ein Betriebs- oder Geschäftsgeheimnis (§ 79 Rn 2ff.) vorliegen. das der ArbGeb. ausdrücklich als geheimhaltungsbedürftig bezeichnet hat (§ 79 Rn 3) und das einem Mitgl. des BR oder einer anderen in § 79 Abs. 2 bezeichneten Stelle sowie dem Personenkreis des Abs. 1 Nr. 1–4 gerade in ihrer amtlichen Eigenschaft mitgeteilt worden ist.

3 Bestraft wird die **unbefugte Offenbarung** d. h. die ohne Zustimmung des Geheimnisträgers erfolgte Mitteilung an Personen, die nicht einem der in § 79 genannten Betriebsverfassungsorgane angehören (§ 79 Rn 7). Nimmt der ArbGeb. seine Erklärung der Geheimhaltungsbedürftigkeit zurück, so ist eine Offenbarung nicht mehr „unbefugt". Nach Abs. 3 S. 2 ist auch die **Verwertung** eines Geheimnisses ausdrücklich unter Strafe gestellt, d. h. die Ausnutzung eines Geheimnisses für eigene wirtschaftliche Zwecke ohne Offenbarung. Wegen Strafrahmen vgl. Rn 7.

4 Nach dem Straftatbestand des Abs. 1 richtet sich die Vorschrift praktisch gegen Mitgl. oder ErsMitgl. des BR, sowie der in § 79 Abs. 2 bezeichneten Stellen (Nr. 1); Vertr. einer Gewerkschaft oder ArbGeb-Vereinigung (Nr. 2), Sachverständige, die vom BR, vom WiAusschuß oder E-Stelle zugezogen worden sind (Nr. 3; §§ 80 Abs. 3 S. 2, 108 Abs. 2 S. 3, 109 S. 3), sowie ArbN, die der BR bzw. WiAusschuß gemäß §§ 107 Abs. 3 S. 3, 4 oder der Unternehmer nach § 108 Abs. 2 Satz 2 zusätzlich berufen bzw. zugezogen hat (Nr. 4), (der Gesetzeswortlaut enthält ein Redaktionsversehen: Nicht der WiAusschuß, sondern der Unternehmer zieht ArbN nach § 108 Abs. 2 Satz 2 zu, vgl. § 108 Rn 7 u. *DR,* Rn 6; *GK-Kraft,* Rn 5), jedoch **nicht** gegen **ArbN-Vertr. im AR;** insoweit gilt die Sondervorschrift des § 404 AktG (vgl. § 76 BetrVG 52, Rn 125a). Eine § 120 entsprechende Strafvorschrift für die SchwerbehindertenVertr. enthält § 60 SchwbG.

III. Offenbarung persönlicher Geheimnisse eines Arbeitnehmers

5 Insbes. Mitgl. des BR oder amtierende ErsMitgl., aber auch Mitgl. der anderen in § 79 Abs. 2 genannten Stellen erfahren im Rahmen ihrer Tätigkeit oft Dinge, die zum „Intimbereich" des einzelnen ArbN (oder Bewerbers für einen Arbeitsplatz; *DR,* Rn 19) gehören und ein **„Geheimnis"** sind, d. h. nicht offenkundig sondern nur einem eng begrenzten Personenkreis bekannt sind. Es kann sich insbes. um den ausdrücklich genannten **persönlichen Lebensbereich** handeln (Familienverhältnisse, Krankheiten, Vorstrafen), aber auch um die betrieblichen Belange des einzelnen ArbN (Verhältnis zu Kollegen und Vorgesetzten, soweit nicht allgemein bekannt, Beurteilungen, Personalakten, Lohnhöhe u. ä.; *GK-Kraft,* Rn 6). Die „unbefugte" (Rn 3) Offenbarung dieser Dinge ist nach Abs. 2 strafbar, soweit das **BetrVG ausdrücklich vorschreibt, daß**

Stillschweigen zu bewahren ist. Das hat das Gesetz in § 82 Abs. 2 S. 3, § 83 Abs. 1 S. 3, § 99 Abs. 1 S. 3, § 102 Abs. 2 S. 5 getan. In den beiden erstgenannten Fällen kann der ArbN das BRMitgl. von der Schweigepflicht, die selbst gegenüber anderen BRMitgl. gelten würde, entbinden. Vgl. im übrigen die Rn zu den genannten Vorschriften. Die Strafvorschrift des § 51 BDSG ist neben § 120 Abs. 2 als Sondervorschrift nicht anwendbar (*GL,* Rn 14a).

IV. Schuldform, Strafhöhe, Strafantrag

Bestraft wird **vorsätzliches** Handeln (§ 119 Rn 8). Der normale Strafrahmen ist derselbe wie in § 119 (dort Rn 9). 6

Strafverschärfung tritt ein, wenn der Täter gegen Entgelt, d. h. eine vermögenswerte Gegenleistung (§ 11 Abs. 1 Nr. 9 StGB) handelt oder in der Absicht, d. h. mit dem unmittelbaren Willen und Zweck, entweder sich durch eine Gesetzesverletzung persönliche (wirtschaftliche) **Vorteile zu verschaffen** oder einer anderen Person solche Vorteile zuzuwenden oder einem anderen, insbes. dem Betrieb (Unternehmen) **Schaden zuzufügen** (Abs. 3 S. 1). Gleiches gilt nach Abs. 3 S. 2 für unbefugte Verwertung (Rn 3) fremder Geheimnisse. In diesen Fällen kann auf Freiheitsstrafe bis zu zwei Jahren oder Geldstrafe (§ 119 Rn 9) erkannt werden, bei (versuchter) Bereicherung auf beide Strafen (§ 41 StGB). 7

Die Tat wird nur auf **Antrag** des Verletzten verfolgt, also insbes. des ArbGeb. oder des betroffenen ArbN (Abs. 4 S. 1). Wegen Übergangs des Antragsrechts auf Angehörige bzw. Erben vgl. Abs. 4 S. 2 und 3. Rücknahme des Antrags ist zulässig (vgl. § 119 Rn 13–16). 8

Nach § 17 des Gesetzes gegen den unlauteren Wettbewerb (UWG) wird mit Freiheitsstrafe bis zu drei Jahren und (oder) Geldstrafe bestraft, wer die ihm **als ArbN** anvertrauten Betriebs- oder Geschäftsgeheimnisse während bestehenden Arbeitsverhältnisses unbefugt aus Gründen des Wettbewerbs, des Eigennutzes oder in Schädigungsabsicht weitergibt. § 19 UWG enthält eine eigene Verpflichtung zum Schadenersatz und § 20 UWG stellt schon das Verleiten oder Erbieten zum Geheimnisverrat unter Strafe. Strafverfolgung tritt nur auf Antrag ein (§ 22 UWG). 9

§ 121 Bußgeldvorschriften

(1) **Ordnungswidrig handelt, wer eine der in § 90 Abs. 1, 2 Satz 1, § 92 Abs. 1 Satz 1, § 99 Abs. 1, § 106 Abs. 2, § 108 Abs. 5, § 110 oder § 111 bezeichneten Aufklärungs- oder Auskunftspflichten nicht, wahrheitswidrig, unvollständig oder verspätet erfüllt.**

(2) **Die Ordnungswidrigkeit kann mit einer Geldbuße bis zu 20000 Deutsche Mark geahndet werden.**

Inhaltsübersicht

I. Vorbemerkung

1 Der Tatbestand der Verletzung der Aufklärungs- oder Auskunftspflichten des ArbGeb. wird in einer besonderen Vorschrift zusammengefaßt und als Ordnungswidrigkeit geahndet. Daneben kann der ArbGeb. auch nach § 23 Abs. 3 zur Erfüllung seiner Pflichten angehalten werden. Die Vorschrift dient insbes. der Durchsetzung von Informationsrechten des BR, denen keine weiteren Beteiligungsrechte nachfolgen. Die Vorschrift hat sich in der Praxis als wenig wirksam erwiesen (vgl. *Denk,* RdA 82, 283; *Lipke,* DB 80, 2240; *Wahsner/Borgaes,* Der folgenlose Rechtsbruch, Kampus-Verlag, 1982; *Borgaes,* Betriebsrat 83, 402). Deshalb kommt u. U. ein Verfahren auf einstw. Verfg. in Betracht (vgl. insbes. **Nach** § 1 Rn 56ff., § 87 Rn 161, § 99 Rn 19, § 101 Rn 5, § 111 Rn 41).

1a Einen entsprechenden Tatbestand enthält § 59 Abs. 1 Nr. 6 und 8 **SchwbG** hinsichtlich der Verletzung der Unterrichtungspflichten des ArbGeb. gegenüber der SchwerbehindertenVertr. nach § 25 Abs. 2 SchwbG.

Entsprechende Vorschriften für **BPersVG 74:** Keine u. im **SprAuG:** § 36.

II. Verletzung der Aufklärungs- oder Auskunftspflichten

2 Die Unterrichtungspflichten, deren Verletzung ordnungswidrig ist, zählt § 121 **abschließend** auf. Es ist aber möglich, daß andere Tatbestände, z. B. die mangelhafte Unterrichtung oder Vorlage von Unterlagen nach § 80 Abs. 2, den Tatbestand des § 119 Abs. 1 Nr. 2 erfüllen, wenn dadurch die Überwachungstätigkeit des BR behindert oder gestört wird. Ordnungswidrig können nur der **ArbGeb. oder die von ihm beauftragten Personen** (§ 9 Abs. 2 OWiG) handeln, da sie allein die Unterrichtspflichten treffen. Die Festsetzung einer Geldbuße kommt bei **juristischen Personen** oder Personenvereinigungen als ArbGeb. nicht nur gegen Organmitglieder und vertretungsberechtigte Gesellschafter (§ 10 Abs. 1 Nr. 1 u. 2 OWiG), sondern u. U. auch gegen die juristische Person oder Personenvereinigung selbst in Betracht (vgl. § 30 Abs. 4 OWiG).

3 Die Verletzung folgender Aufklärungs- und Auskunftspflichten wird als Ordnungswidrigkeit geahndet:

Planung von Neubauten, technischen Anlagen, Arbeitsverfahren, Arbeitsabläufen, Arbeitsplätzen (§ 90 Abs. 1, 2 Satz 1 auch Beratungspflicht; vgl. die Bußgeldentscheidung OLG Düsseldorf, DB 82, 1585 = BB 82, 1113).

Personalplanung (§ 92 Abs. 1 Satz 1),
personelle Einzelmaßnahmen (§ 99 Abs. 1, vgl. Bußgeldbescheid, RP Stuttgart, 27. 10. 88, AiB 89, 22),
Unterrichtung des WiAusschusses (§ 106 Abs. 2),
Erläuterung des Jahresabschlusses (§ 108 Abs. 5),
Unterrichtung der ArbN über die wirtschaftliche Lage und Entwicklung des Unternehmens (§ 110),
Unterrichtung des BR über geplante Betriebsänderungen (§ 111).

Ordnungswidrig ist das völlige **Unterlassen** der Information, die **unvollständig,** die **wahrheitswidrige** und die **verspätete** Unterrichtung. Die Aufklärung bzw. Auskunft muß so vollständig sein, wie es deren Zweck erfordert. §§ 92, 106 u. 111 verlangen ausdrücklich eine umfassende Unterrichtung. Sie hat auch so frühzeitig zu geschehen, daß der BR bzw. das andere Betriebsverfassungsorgan noch seine gesetzlichen Rechte wahrnehmen kann. §§ 90, 92, 106 und 111 bestimmen wörtlich, die Information habe **„rechtzeitig"** zu erfolgen (wegen Verletzung des § 92 vgl. OLG Hamm, 7. 12. 1977, DB 78, 748 und wegen nicht rechtzeitiger Unterrichtung des WiAusschusses Kammergericht 25. 9. 1978, DB 79, 112 u. OLG Hamburg, 4. 6. 85, DB 85, 1846, dagegen *Heinze,* NZA 85, 555). Nach OLG Karlsruhe (7. 6. 85, DB 86, 387) liegt aber keine Ordnungswidrigkeit vor, wenn der Unternehmer sich auf Betriebsgeheimnisse beruft und eine Entscheidung der E-Stelle nach § 109 noch nicht vorliegt. Die Unterrichtung nach § 110 muß in Abständen von rund drei Monaten geschehen Vgl. auch § 80 Rn 25ff., 46ff. 4

Es wird **nur vorsätzliches Handeln** geahndet, Fahrlässigkeit genügt hier nicht (§ 10 OWiG, OLG Hamm, DB 78, 749). Fehlendes Unrechtsbewußtsein schließt die Ordnungswidrigkeit nur aus, wenn der Irrtum nicht vorzuwerfen ist (§ 11 OWiG). Man wird dem ArbGeb. aber regelmäßig die Unkenntnis der gesetzlichen Aufklärungs- u. Auskunftspflichten zum Vorwurf machen müssen (so auch *DR,* Rn 15; *GL,* Rn 8). Der versuchte Verstoß bleibt ohne Sühne (§ 13 Abs. 2 OWiG). 5

Bei Verletzung der Auskunftspflichten (§ 121) kann die im Betrieb vertretene Gewerkschaft und (oder) der BR **Anzeige** bei der zuständigen Verfolgungsbehörde **erstatten** (§ 158 Abs. 1 StPO in Verbdg. mit § 46 Abs. 1 OWiG, vgl. Rn 6). Eine Einstellung des Verfahrens ist nach § 171 StPO i. Verbdg. mit § 46 OWiG dem Anzeigenden mitzuteilen. Ein Anspruch auf Mitteilung der Einstellungsgründe besteht nicht. Andererseits ist die Verfolgungsbehörde nicht gehindert, die Einstellungsgründe mitzuteilen (*Göhler,* OWiG, Vor § 59 16 B). Gegen die Einstellung ist nur die Aufsichtsbeschwerde gegeben. 5a

III. Verhängung der Geldbuße

Die **Höhe** der Geldbuße beträgt **mindestens fünf DM** (§ 17 Abs. 1 OWiG) und **höchstens 20000 DM** (§ 121 Abs. 2). Bei der Festsetzung der Höhe, die die **Verwaltungsbehörde** vornimmt (§§ 35ff. OWiG, derzeit die **Arbeitsminister der Länder** bzw. Senatoren für Arbeit: § 36 6

Abs. 1 Nr. 2a OWiG, in Hessen, Niedersachsen, Nordrhein-Westfalen, Rheinland-Pfalz jedoch die Regierungspräsidenten bzw. der Präsident des Verwaltungsbezirks oder die Bezirksregierung, in Bayern die Kreisverwaltungsbehörden), sind die Bedeutung der Ordnungswidrigkeit, die Schwere des Vorwurfs und die wirtschaftlichen Verhältnisse des Täters zu berücksichtigen (§ 17 Abs. 3 OWiG). Liegt **gleichzeitig eine strafbare Handlung vor, insbesondere nach § 119 Abs. 1 Nr. 2,** so ist eine Geldbuße nur zu verhängen, wenn keine Bestrafung erfolgt (§ 21 OWiG).

7 Die Verfolgung von Ordnungswidrigkeiten liegt im pflichtgemäßen Ermessen der Behörde (§ 47 Abs. 1 OWiG) und verjährt zwei Jahre nach Begehung der Handlung (§ 31 Abs. 2 Nr. 2 OWiG). Gegen den Bußgeldbescheid (§§ 65, 66 OWiG) kann binnen einer Woche nach Zustellung schriftlich oder zur Niederschrift der Behörde, die den Bußgeldbescheid erlassen hat, Einspruch eingelegt werden; dann entscheidet das Amtsgericht (§§ 67ff. OWiG). Das OLG Hamm hat durch Beschluß vom 7. 12. 1977 (DB 78, 748) einen ArbGeb. wegen drei Verstößen zu Geldbußen von mehreren 1000 DM verurteilt.

Siebenter Teil. Änderung von Gesetzen

§ 122 Änderung des Bürgerlichen Gesetzbuchs

Im Bürgerlichen Gesetzbuch wird hinter § 613 folgender § 613a eingefügt:

Text i.d.F. des arbeitsrechtlichen EG-Anpassungsgesetzes vgl. Anhang 9

Mit der Einfügung des § 613a in das BGB wurde eine alte Streitfrage geklärt, die nicht nur für das Betriebsverfassungsrecht, sondern vor allem für das individuelle Arbeitsrecht bedeutsam war. Wegen der Auswirkungen auf das BetrVG vgl. § 1 Rn 57ff., § 77 Rn 59, § 99 Rn 13, § 103 Rn 13, 37, § 111 Rn 12, § 118 Rn 47.

§ 123 Änderung des Kündigungsschutzgesetzes

(überholt)

§ 124 Änderung des Arbeitsgerichtsgesetzes

(überholt)

Achter Teil. Übergangs- und Schlußvorschriften

§ 125 Erstmalige Wahlen nach diesem Gesetz

(1) **Die erstmaligen Betriebsratswahlen nach § 13 Abs. 1 finden im Jahre 1972 statt.**

(2) **Die erstmaligen Wahlen der Jugend- und Auszubildendenvertretung nach § 64 Abs. 1 Satz 1 finden im Jahre 1988 statt. Die Amtszeit der Jugendvertretung endet mit der Bekanntgabe des Wahlergebnisses der neu gewählten Jugend- und Auszubildendenvertretung, spätestens am 30. November 1988.**

(3) **§ 13 Abs. 1 Satz 1 und Abs. 2 Nr. 1, § 21 Satz 1, § 26 Abs. 2 Satz 1, § 27 Abs. 1 und 2, die §§ 28, 38 Abs. 2, § 47 Abs. 2 Satz 3, § 51 Abs. 2 und § 55 Abs. 1 Satz 3 sind in geänderter Fassung erstmalig anzuwenden, wenn Betriebsräte nach dem 31. Dezember 1988 gewählt worden sind.**

Das Änderungsgesetz 1989 hat § 125 neu gefaßt. Abs. 1 und 2 hat nur noch Bedeutung für die Festlegung des Jahres der regelmäßigen Wahlen zum BR bezw zur JugAzubiVertr. Gemäß Abs. 3 gelten die neuen Vorschriften über Minderheitenschutz erstmals für BR, die ab 1. 1. 1989 gewählt werden.

Zu der ab 1. 1. 1989 geltenden Neufassung des BetrVG und dieser Vorschrift (BGBl. 1989 I S. 1) vgl. auch die Einleitung.

§ 126 Ermächtigung zum Erlaß von Wahlordnungen

Der Bundesminister für Arbeit und Sozialordnung wird ermächtigt, mit Zustimmung des Bundesrates Rechtsverordnungen zu erlassen zur Regelung der in den §§ 7 bis 20, 60 bis 63, 115 und 116 bezeichneten Wahlen über

1. **die Vorbereitung der Wahl, insbesondere die Aufstellung der Wählerlisten und die Errechnung der Vertreterzahl;**
2. **die Frist für die Einsichtnahme in die Wählerlisten und die Erhebung von Einsprüchen gegen sie;**
3. **die Vorschlagslisten und die Frist für ihre Einreichung;**
4. **das Wahlausschreiben und die Fristen für seine Bekanntmachung;**
5. **die Stimmabgabe;**
6. **die Feststellung des Wahlergebnisses und die Fristen für seine Bekanntmachung;**
7. **die Aufbewahrung der Wahlakten.**

Inhaltsübersicht

I. Vorbemerkung

1 Die Vorschrift ermächtigt den Bundesminister für Arbeit und Sozialordnung, mit Zustimmung des Bundesrates zur Durchführung der verschiedenen im BetrVG vorgesehenen Wahlen in Form von Rechtsverordnungen entsprechende Wahlordnungen zu erlassen. Die Ermächtigung beschränkt sich auf die **Wahlen der nach diesem Gesetz zu bildenden betriebsverfassungsrechtlichen Organen.** Für die Wahlen der ArbN-Vertreter, im Aufsichtsrat bleibt die auf Grund des § 87 BetrVG 52 erlassene WO vom 18. 3. 1952 weiterhin in Geltung. Im Gegensatz zu § 87 BetrVG 52 erstreckt sich die Ermächtigung nicht mehr auf die „Wahlen" zum GesBR, da die Mitgl. dieser Institution ebenso wie die des KBR, des WiAusschusses und der GesJugAzubiVertr. durch Beschluß des BR (bzw. der in ihm vertretenen Gruppen) oder der JugAzubiVertr. bestimmt werden, für die eine förmliche WO nicht erforderlich ist.

2 Die Ermächtigung des § 126 zum Erlaß der RechtsVO entspricht den Erfordernissen des Art. 80 GG. Nach Art. 80 Abs. 1 Satz 2 GG müssen Inhalt, Zweck und Ausmaß der erteilten Ermächtigung im Gesetz bestimmt werden, was im § 126 hinreichend geschehen ist (*DR,* Rn 2). Die RechtsVO müssen sich im Rahmen der in § 126 angeführten Gegenstände der Regelung halten. Andere Fragen dürfen die RechtsVO nicht regeln. Sie dürfen auch keine von den Vorschriften des BetrVG oder von sonstigen Gesetzesbestimmungen abweichenden Vorschriften treffen.

3 Ermächtigt zum Erlaß der WO ist der **Bundesminister für Arbeit und Sozialordnung.** Er bedarf hierzu der **Zustimmung des Bundesrates.** Das Erfordernis der Zustimmung des Bundesrats ergibt sich aus Art. 80 Abs. 2 GG, wonach RechtsVO auf Grund von Bundesgesetzen, die der Zustimmung des Bundesrats bedürfen, nur mit dessen Zustimmung erlassen werden können. Da das BetrVG ein Zustimmungsgesetz ist, bedürfen daher auch die auf seiner Rechtsgrundlage erlassenen Rechtsverordnungen der Zustimmung des Bundesrats.

II. Gegenstand der Ermächtigung

4 Die Ermächtigung des § 126 erstreckt sich auf die nähere Regelung der Wahlen zum **BR** (§§ 7–20), zur **JugAzubiVertr.** (§§ 60–63), zur **Bordvertr.** (§ 115) und zum **SeeBR** (§ 116). Zu den in den §§ 7–20 und § 115 bezeichneten Wahlen gehören außer der eigentlichen BRWahl bzw. der Wahl zur Bordvertr. auch die Wahl des Wahlvorst. durch die Betr.- bzw. durch die Bordverslg. Die Ermächtigung erstreckt sich dagegen nicht darauf, näher zu regeln, in welcher Weise die Mitglieder von Ausschüssen des BR, GesBR oder KBR bestellt werden (*GK-Fabricius,* Rn 6).

III. Wahlordnungen

5 Die in § 126 vorbehaltenen näheren Wahlvorschriften erfordern keineswegs deren Erlaß in einer einzigen, einheitlich die Regelung aller Wahlen umfassenden WO. § 126 läßt vielmehr für die Regelung der verschiedenen Wahlen eine Mehrzahl von Rechtsverordnungen zu (ebenso *DR,* Rn 2; *GK-Fabricius,* Rn 8).

6 Die Wahlordnung für die **Wahl der BR und der JugAzubiVertr.** ist als Erste Verordnung zur Durchführung des Betriebsverfassungsgesetzes am 16. 1. 1972 erlassen worden (vgl. BGBl. I S. 49). Sie ist am 20. 1. 1972 in Kraft getreten. Sie enthält eingehende Vorschriften über die Wahl des BR (vgl. §§ 1–29) und über die Wahl der JugAzubiVertr. (vgl. §§ 30ff.). Vgl. hierzu im einzelnen Anhang 1 und zu den Änderungen der WO dort Vorbem. 1a.

7 Für die **Wahl der Bordvertr. und des SeeBR** gilt die Zweite Verordnung zur Durchführung des Betriebsverfassungsgesetzes **(Wahlordnung Seeschiffahrt – WOS –)** vom 24. 10. 1972 (BGBl. I S. 2029). Diese Verordnung ist am 28. 10. 1972 im Bundesgesetzblatt verkündet worden und entsprechend § 63 WOS am 29. 10. 1972 in Kraft getreten.

§ 127 Verweisungen

Soweit in anderen Vorschriften auf Vorschriften verwiesen wird oder Bezeichnungen verwendet werden, die durch dieses Gesetz aufgehoben oder geändert werden, treten an ihre Stelle die entsprechenden Vorschriften oder Bezeichnungen dieses Gesetzes.

Während § 129 Abs. 2 die Frage der Verweisung in fortgeltenden Bestimmungen des BetrVG 52 auf aufgehobenen Vorschriften des BetrVG 52 regelt, behandelt § 127 die gleiche Frage für andere Vorschriften (einschl. der WO 53), die auf aufgehobene Bestimmungen des BetrVG 52 verweisen. An deren Stelle treten die „entsprechenden" Vorschriften oder Bezeichnungen, auch wenn die bisherigen und die neuen Bestimmungen sich inhaltlich nicht voll decken.

Beispiel:

Es ist in jedem Fall der Betriebsbegriff der §§ 1, 4 BetrVG 72, der neue Begriff des leitenden Ang. nach § 5 Abs. 3, 4 BetrVG 72, der neue Versetzungsbegriff des § 95 Abs. 3 BetrVG 72 zugrunde zu legen.

§ 128 Bestehende abweichende Tarifverträge

Die im Zeitpunkt des Inkrafttretens dieses Gesetzes nach § 20 Abs. 3 des Betriebsverfassungsgesetzes vom 11. Oktober 1952 geltenden Tarifverträge über die Errichtung einer anderen Vertretung der Arbeitnehmer für Betriebe, in denen wegen ihrer Eigenart der Errichtung von Betriebsräten besondere Schwierigkeiten entgegenstehen, werden durch dieses Gesetz nicht berührt.

Nach § 20 Abs. 3 BetrVG 52 konnten durch TV für Betriebe, in denen wegen ihrer Eigenart der Errichtung von BR besondere Schwierigkeiten entgegenstanden, die Errichtung einer anderen Vertr. der ArbN dieser Betriebe bestimmt werden. Derartige TV bedurften zu ihrer Wirksamkeit ebenfalls der Zustimmung der obersten Arbeitsbehörde des Landes bzw. des Bundesministers für Arbeit und Sozialordnung, wenn sich der räumliche Geltungsbereich des TV nicht auf ein Land beschränkt.

Die Möglichkeit der Errichtung einer anderen Vertr. der ArbN nach § 3 Abs. 1 Nr. 2 deckt sich in ihren materiellen Voraussetzungen mit denen des § 20 Abs. 3 BetrVG 52. Aus diesem Grunde bestimmt § 128, daß TV, die auf Grund des § 20 Abs. 3 abgeschlossen worden sind, durch das Inkrafttreten des neuen Gesetzes nicht berührt werden. Diese TV gelten vielmehr bis zu ihrer Beendigung, sei es in Form des Zeitablaufs, der Kündigung, der Aufhebung oder Ersetzung durch einen neuen TV, weiter. Das gilt für alle in den TV zulässigerweise enthaltenen, vom Gesetz abweichenden Regelungen.

§ 129 Außerkrafttreten von Vorschriften

(1) **Mit dem Inkrafttreten dieses Gesetzes tritt das Betriebsverfassungsgesetz vom 11. Oktober 1952 (BGBl. I S. 681), zuletzt geändert durch das Erste Arbeitsrechtsbereinigungsgesetz vom 14. August 1969 (BGBl. I S. 1106), mit Ausnahme der §§ 76 bis 77a, 81, 85 und 87 außer Kraft. In § 81 Abs. 1 Satz 1 werden die Worte „§§ 67 bis 77" durch die Worte „§§ 76 und 77" ersetzt; Satz 2 wird gestrichen. In § 87 werden die Worte „6 bis 20, 46 und 47," gestrichen. Das Betriebsverfassungsgesetz vom 11. Oktober 1952 erhält die Bezeichnung „Betriebsverfassungsgesetz 1952".**

(2) **Soweit in den nicht aufgehobenen Vorschriften des Betriebsverfassungsgesetzes 1952 auf Vorschriften verwiesen wird, die nach Absatz 1 aufgehoben sind, treten an ihre Stelle die entsprechenden Vorschriften dieses Gesetzes.**

Das BetrVG 52 bleibt hinsichtlich der **Beteiligung der ArbN im AR** 1
in Kraft. Deshalb bestimmt § 129 Abs. 1 ausdrücklich, daß die dort genannten Vorschriften (mit Ausnahme einzelner gegenstandslos gewordener Punkte) weitergelten (Näheres vgl. Vorbem. 1 zu Anhang 2). Wegen der Gründe für die Ausklammerung der Unternehmensverfassung im neuen Gesetz vgl. § 76 BetrVG 52 Rn 3.

Um Verwechslungen zu vermeiden, führt das neue Gesetz eine beson- 2
dere Zitierweise des BetrVG 1952 ein.

Abs. 2 stellt sicher, daß in den fortgeltenden Bestimmungen des 3
BetrVG 52 an die Stelle der Verweisung auf aufgehobene Vorschriften des BetrVG 52 die auf die „entsprechenden" Vorschriften des BetrVG 1972 tritt. Die neuen Vorschriften sind auch dann anwendbar, wenn sie mit den bisherigen inhaltlich nicht voll übereinstimmen, aber den gleichen Sachverhalt regeln (Näheres vgl. Vorbem. 3 zu Anhang 2).

§ 130 Öffentlicher Dienst

Dieses Gesetz findet keine Anwendung auf Verwaltungen und Betriebe des Bundes, der Länder, der Gemeinden und sonstiger Körperschaften, Anstalten und Stiftungen des öffentlichen Rechts.

Inhaltsübersicht

I. Vorbemerkung

1 Die Vorschriften grenzen den Geltungsbereich des BetrVG zum öffentlichen Dienst ab, für den die PersVG des Bundes und der Länder gelten (vgl. auch § 1 Rn 23).

II. Öffentlicher Dienst

2 Es gilt das PersVG des Bundes **(BPersVG)** vom 15. 3. 1974 (BGBl. I, S. 683; WO zum BPersVG vom 23. 9. 1974, BGBl. I, S. 2337), das eine weitgehende Angleichung an das BetrVG 72 enthält. Da auch die Vertretung der Beamten in diesem Gesetz mit geregelt und damit die verfassungsmäßige Zuständigkeit der Länder berührt wird, kann das BPersVG unmittelbar nur die Bediensteten (Beamte, Ang. und Arb., vgl. § 4 BPersVG) des Bundes erfassen, hinsichtlich der übrigen Angehörigen des öffentlichen Dienstes aber nur Rahmenvorschriften (vgl. §§ 94ff.) geben (Art. 75 Nr. 1 GG), die den Ländern die Möglichkeit offenließen für eine eigene Willensentscheidung in der sachlichen Rechtsgestaltung (BVerfGE 4, S. 115 betr. Verfassungsmäßigkeit des Besoldungsgesetzes Nordrhein-Westfalen);

2a **Personalvertretungsgesetze der Länder** sind in allen Ländern zum BPersVG ergangen: Bayern (vom 11. 11. 86, GVBl. S. 349). Baden-Württemberg (i. d. F. 1. 10. 1975, GBl. S. 693), Berlin (vom 26. 7. 1974, GVBl. S. 1669), Bremen (vom 5. 3. 1974, GBl. 74, S. 131), Hamburg (vom 6. 3. 85, GVBl., S. 86), Hessen (vom 24. 3. 88, GVBl. I S. 103), Niedersachsen (vom 8. 8. 85, GVBl. I S. 261), Nordrhein-Westfalen (vom 3. 12. 74, GVBl. S. 1514), Rheinland-Pfalz (vom 5. 7. 1977, GVBl. S. 213 i. d. F. 10. 5. 85, GVBl. S. 103), Saarland (i. d. F. 2. 3. 89, Amtsblatt, S. 413) und Schleswig-Holstein (i. d. F. vom 22. 2. 87, GVBl. S. 42), z. T. mit späteren Änderungen. Richter haben eine eigene Vertretung im Richterrat und Präsidialrat (§§ 49ff. des Deutschen Richtergesetzes i. d. F. vom 19. 4. 1972 für den Bund, §§ 72ff. a. a. O. als Rahmenvorschriften für die Länder).

3 Gemäß der Rahmenbestimmung in § 95 BPersVG haben auch die PersVG der Länder vorbehaltlich zulässiger Sonderbestimmungen für

einige Gruppen von Beschäftigten den gleichen sachlichen (und persönlichen) Geltungsbereich, wie er durch § 1 BPersVG unmittelbar für die Verwaltungen einschließlich der sogen. „Betriebsverwaltungen“ des Bundes und der bundesunmittelbaren Körperschaften, Anstalten und Stiftungen des öffentlichen Rechts und die Gerichte des Bundes bestimmt ist.

Die Vorschriften des § 130 BetrVG und des § 1 (§ 95) BPersVG 4
grenzen die **Geltungsbereiche der beiden Gesetze lückenlos und ohne Überschneidungen gegeneinander ab.** Es kommt allein auf die **formelle Rechtsform** des Betriebes oder der Verwaltung an: Alle Betriebe mit **privater Rechtsform,** auch wenn sie der öffentlichen Hand (ausschließlich oder überwiegend, z. B. durch Aktienbesitz) gehören, auch die sogen. gemischtwirtschaftlichen Betriebe mit privater Rechtspersönlichkeit, unterliegen dem **BetrVG,** alle öffentlichen Verwaltungen sowie alle unmittelbar von der öffentlichen Hand geführten Betriebe (sogen. **„Eigenbetriebe“**) fallen dagegen unter das **PersVG** des Bundes oder der Länder (BAG 7. 11. 1975, 30. 7. 87 AP Nr. 1, 3 zu § 130 BetrVG 1972, 18. 1. 89, AP Nr. 2 zu § 14 AÜG). Es kommt weder darauf an, wer wirtschaftlich gesehen Inhaber eines Betriebes ist, noch ob etwa TV für den öffentlichen Dienst angewandt werden (BAG 3. 12. 85, AP Nr. 2 zu § 74 BAT). Demnach dürften **Betriebskrankenkassen** unter das PersVG fallen, obwohl der private Unternehmer ArbGeb. der in der Krankenkasse beschäftigten ArbN ist (vgl. dazu *Neumann,* BB 80, 1696).

Beispiel:

Das städtische Wasserwerk wird in der Form einer privatrechtlichen AG betrieben; sämtliche Aktien befinden sich in Händen der Stadt; dieser sogen. Regiebetrieb unterliegt dem BetrVG. Wird das Wasserwerk dagegen unmittelbar von der Stadt betrieben (Eigenbetrieb) so gilt das PersVG.

Es ist auch gleichgültig, ob und inwieweit eine öffentliche Verwaltung Hoheitsaufgaben wahrnimmt oder nicht. Es gilt immer das PersVG (h. M.). Eine **Klosterbrauerei,** der die Eigenschaft einer Körperschaft des öffentlichen Rechts verliehen worden ist, fällt nicht unter das BetrVG, selbst wenn auch die Anwendung des PersVG entfällt (BAG 30. 7. 1987, AP Nr. 3 zu § 130 BetrVG 1972).

Die Unterscheidung zwischen öffentlichem Betrieb (Betriebsverwal- 5
tung) und öffentlicher Verwaltung ist schwierig; die Grenzen zwischen ihnen sind flüssig. Der Unterscheidung kommt indessen hier keine Bedeutung zu, da öffentliche Betriebe (Betriebsverwaltungen) und Verwaltungen gleicherweise nicht dem BetrVG unterliegen.

Auf die Bediensteten bei den **internationalen und zwischenstaatli- 6
chen Organisationen,** die Einrichtungen auf dem Gebiet der Bundesrepublik unterhalten, findet das PersVG keine Anwendung. Diese Einrichtungen sind keine öffentlichen Betriebe oder Verwaltungen des Bundes im Sinne des § 1 BPersVG. Für sie gilt § 130 nicht. Deshalb ist das BetrVG anzuwenden, wenn im Inland ein Betrieb besteht und kei-

ne abweichende Regelung getroffen ist (vgl. § 1 Rn 5, *Birk,* Festschrift Schnorr v. Carolsfeld, S. 71; *DR,* Rn 5. *GL,* Rn 4).

III. Alliierte Streitkräfte

7 Auf die deutschen Arbeitnehmer bei den alliierten Streitkräften der NATO-Staaten findet zwar nach Art. 56 Abs. 9 des Zusatzabkommens vom 3. 8. 1959 zur Ergänzung des NATO-Truppenstatuts grundsätzlich das PersVG des Bundes Anwendung (verabschiedet vom Bundestag durch Gesetz vom 18. 8. 1961, BGBl. II, 1183ff.; in Kraft getreten am 1. 7. 1963, vgl. BGBl. II, 745).

8 Gleichwohl haben die Betriebsvertretungen nur in **beschränktem Umfang ein echtes MBR.** Art. 56 Abs. 9 des Zusatzabkommens sieht nämlich die Anwendung des BPersVG 74, rückwirkend ab 1. 4. 74 (vgl. Gesetz vom 12. 5. 82, BGBl. II, S. 530 zur Vereinbarung zur Änderung des Unterzeichnungsprotokolls zum Zusatzabkommen zum Nato-Truppenstatut; zum neuen Abkommen über die Anwendung des BPersVG 74 vgl. *Beitzke,* RdA 81, 380) nur vor, soweit das Unterzeichnungsprotokoll nichts Abweichendes bestimmt. Dies ist aber der Fall. Es bestimmt vor allem in Nr. 7 zu Art. 56 Abs. 9 des Abkommens (BGBl. 61 II S. 1334 bis 1336) i. d. F. des Änderungsabkommens vom 21. 10. 1971 (BGBl. II 1973, S. 1022ff.), in Kraft getreten am 18. 1. 1974 (vgl. BGBl. II S. 143), daß **MBR nur in folgenden Fragen** gewährt werden: Berufsausbildung, Verwaltung von Sozialeinrichtungen der Dienststelle, Festlegung von Arbeitszeit und Pausen, Zeit und Ort der Auszahlung der Arbeitsentgelte, Aufstellung des Urlaubsplanes. Im Streitfall entscheidet eine E-Stelle. Im übrigen haben die Betriebsvertretungen nur mitzuwirken. Es bestehen auch Stufenvertretungen. Den Mitgl. steht der besondere Kündigungsschutz nach § 15 KSchG zu (BAG 29. 1. 81, AP Nr. 10 zu § 15 KSchG 1969). Näheres vgl. *Beitzke,* RdA 73, 156 u. *Reichel,* BABl. 73, 298 mit einem Auszug aus dem Vertragstext.

9 Bei Streitigkeiten entscheiden nicht die Verwaltungsgerichte, sondern die **ArbG im BeschlVerf.** (BAG 21. 8. 1979, 23. 7. 81, AP Nr. 4, 5 zu Art. 56 ZA Nato-Truppenstatut). Die Bundesrepublik tritt für die Streitkräfte in Prozeßstandschaft auf (BAG 23. 7. 81, a. a. O., 30. 11. 84, 29. 1. 86, AP Nr. 6 a. a. O., AP Nr. 2 zu § 48 TVAL II). Näheres: *Beitzke,* RdA 59, 444 und *Reichel,* BABl. 61, 717.

10 Wegen **Bundeswehr** vgl. § 1 Rn 23.

§ 131 Berlin-Klausel

Dieses Gesetz gilt nach Maßgabe des § 13 Abs. 1 des Dritten Überleitungsgesetzes auch im Land Berlin. Rechtsverordnungen, die auf Grund dieses Gesetzes erlassen werden, gelten im Land Berlin nach § 14 des Dritten Überleitungsgesetzes.

Die Vorschrift enthält die Berlin-Klausel, wonach das BetrVG auch im Land Berlin gelten soll, sobald das Land Berlin das Gesetz übernimmt. Das ist durch das Berliner Gesetz zur Übernahme des Betriebsverfassungsgesetzes vom 10. 2. 1972 geschehen (GVBl. Berlin S. 316). Das BetrVG 72 ist nach Art. III des Berliner Gesetzes zum gleichen Zeitpunkt in Kraft getreten wie im Bundesgebiet, d.h. am 19. 1. 1972. **1**

Die Neufassung des BetrVG vom 3. 1. 1989 ist am 12. 1. 1989 im GVBl. Berlin (S. 151) veröffentlicht u. wie im Bundesgebiet am 1. 1. 1989 in Kraft getreten. **2**

§ 132 Inkrafttreten

Dieses Gesetz tritt am Tage nach seiner Verkündung in Kraft.

Der Tag der Verkündung ist der Tag, an dem die das BetrVG enthaltende Nr. 2 des BGBl. Teil I in Bonn ausgegeben wurde. Das war der 18. Januar 1972. **1**

Demnach ist das BetrVG in seiner ursprünglichen Fassung am 19. Januar 1972 in Kraft getreten. **2**

Die erste VO zur Durchführung des BetrVG (WO 72) wurde am 19. Januar 1972 im BGBl. I S. 49 verkündet und trat daher gemäß § 35 Abs. 1 WO 72 am 20. Januar 1972 in Kraft. **3**

Die zweite VO zur Durchführung des BetrVG (WOS) wurde am 28. Oktober 1972 im BGBl. I S. 2029 verkündet und trat daher gemäß § 63 WOS am 29. Oktober 1972 in Kraft. **4**

Wegen Geltung im Land Berlin vgl. § 131. **5**

Anhang

1. Text und Erläuterung der Wahlordnung 1972

Erste Verordnung zur Durchführung des Betriebsverfassungsgesetzes (Wahlordnung 1972)

vom 16. 1. 1972 (BGBl. I S. 49), zuletzt geändert durch Verordnung vom 28. 9. 1989 (BGBl. I S. 1793)

Inhaltsübersicht

Vorbemerkung

Die WO, die aufgrund des § 126 BetrVG vom BMA mit Zustimmung des Bundesrates erlassen worden ist, enthält nähere Regelungen zur Durchführung der in den §§ 7 bis 20 und §§ 60 bis 64 BetrVG enthaltenen Vorschriften über die **Wahl des BR** und **der JugAzubiVertr.** Die Erläuterungen der WO sind daher im Zusammenhang mit den Kommentierungen dieser Vorschriften zu verwenden, die bereits eingehende Ausführungen über die Wahl, insbesondere auch über den technischen Gang der Wahl, enthalten. 1

Die WO ist bisher zweimal **geändert** worden. Durch die VO vom 20. 7. 1988 (BGBl. I S. 1072) sind die Vorschriften über die Wahl der JugVertr. an die Änderungen des BetrVG durch das Gesetz zur Bildung von Jugend- und Auszubildendenvertretungen in den Betrieben vom 13. 7. 1988 (BGBl. I S. 1034) angepaßt worden (zu diesen Gesetzesänderungen vgl. § 60 BetrVG Rn 1a ff.). Durch die 2. ÄnderungsVO vom 28. 9. 1989 (BGBl. I S. 1793) sind zum einen die erforderlichen Anpassun- 1a gen der Vorschriften der WO an die Änderungen des BetrVG durch das Änderungsgesetz vom 20. 12. 1988 (BGBl. I S. 2312) erfolgt. Dieses Gesetz hat insbesondere die Minderheitsrechte bei der Wahl des BR einschl. der Besetzung des Wahlvorst. erweitert (vgl. hierzu § 14 BetrVG Rn 1a, § 16 BetrVG Rn 1a), den Gewerkschaften ein allgemeines Vorschlagsrecht bei den Wahlen zum BR und zur JugAzubiVertr. eingeräumt (vgl. § 14 BetrVG Rn 57ff., § 60 BetrVG Rn 1a) sowie ein neues Verfahren für die Zuordnung der leitenden Ang. vorgeschrieben (vgl. § 18a BetrVG). Zum anderen hat die 2. ÄnderungsVO den Datenschutz bei der Auslegung der Wählerlisten verbessert.

2 Für die **Wahl der Bordvertr.** und **des SeeBR** enthält die Zweite Verordnung zur Durchführung des Betriebsverfassungsgesetzes (Wahlordnung Seeschiffahrt – WOS –) vom 24. 10. 1972 (BGBl. I S. 2029), geändert durch VO vom 28. 9. 1989 (BGBl. I S. 1795), nähere Regelungen.

3 Für die **Wahl der Vertr. der ArbN im Aufsichtsrat** nach §§ 76ff. BetrVG 1952 und den Widerruf ihrer Bestellung bleiben die entsprechenden Vorschriften der Ersten Rechtsverordnung zur Durchführung des Betriebsverfassungsgesetzes vom 18. 3. 1953 (BGBl. I S. 58), geändert durch VO vom 7. 2. 1962 (BGBl. I S. 64), weiter maßgebend. Die Wahl der ARMitgl. der ArbN nach dem MitbestG 1976 und dem MitbestErgG sind in eigenen WO geregelt.

Erster Teil. Wahl des Betriebsrats

Erster Abschnitt. Allgemeine Vorschriften

§ 1 Wahlvorstand[1]

(1) **Die Leitung der Wahl obliegt dem Wahlvorstand.**[2]

(2) **Der Wahlvorstand kann sich eine schriftliche Geschäftsordnung geben.**[3] **Er kann wahlberechtigte Arbeitnehmer als Wahlhelfer zu seiner Unterstützung bei der Durchführung der Stimmabgabe und bei der Stimmenzählung heranziehen.**[4]

(3) **Die Beschlüsse des Wahlvorstands werden mit einfacher Stimmenmehrheit seiner stimmberechtigten Mitglieder gefaßt.**[5] **Über jede Sitzung**[6] **des Wahlvorstands ist eine Niederschrift aufzunehmen, die mindestens den Wortlaut der gefaßten Beschlüsse enthält. Die Niederschrift ist vom Vorsitzenden und einem weiteren stimmberechtigten Mitglied des Wahlvorstands zu unterzeichnen.**[7,8]

Erläuterungen

1 Die **Bestellung** und **Zusammensetzung des Wahlvorst.** sowie die Zahl seiner Mitgl. sind in §§ 16 und 17 BetrVG geregelt (vgl. § 16 Rn 3ff., § 17 Rn 4ff.). Bei Säumigkeit kann der Wahlvorst. nach § 18 Abs. 1 S. 2 BetrVG auf Antrag von mindestens drei Wahlberechtigten oder einer im Betrieb vertretenen Gewerkschaft vom ArbG durch einen

anderen Wahlvorst. ersetzt werden (Näheres vgl. § 18 Rn 24ff.). Eine ohne Wahlvorst. durchgeführte BRWahl ist nichtig (vgl. § 16 BetrVG Rn 41, § 19 BetrVG Rn 4); eine von einem fehlerhaft bestellten oder besetzten Wahlvorst. durchgeführte BRWahl kann anfechtbar sein (*Schneider,* Rn 1; vgl. auch § 19 BetrVG Rn 9ff.).

Der Wahlvorst., nicht der Vors. des Wahlvorst. (vgl. unten Rn 5), hat 2
die **Aufgabe,** die Wahl vorzubereiten, sie durchzuführen und das Wahlergebnis festzustellen (vgl. hierzu im einzelnen §§ 2ff. WO sowie § 18 BetrVG Rn 4ff.). Auch Vorabstimmungen nach § 12 BetrVG über eine abweichende Verteilung der BRSitze auf die Gruppen oder nach § 14 Abs. 2 über eine gemeinsame Wahl des BR können unter der Leitung des Wahlvorst. durchgeführt werden (vgl. § 12 BetrVG Rn 5, § 14 BetrVG Rn 21). Außerdem hat der Wahlvorst. den BR zur konstituierenden Sitzung einzuberufen (vgl. § 29 BetrVG Rn 5ff.). Soweit Entscheidungen des Wahlvorst. durch Beschluß zu treffen sind, dürfen an ihm nur die **stimmberechtigten Mitgl.** des Wahlvorst. teilnehmen, nicht die von den Gewerkschaften nach § 16 Abs. 1 S. 6 BetrVG entsandten Mitgl. (vgl. hierzu unten Rn 5 sowie § 16 BetrVG Rn 23 l). Durch ausdrückliche Regelung der WO können darüberhinaus bestimmte Tätigkeiten im Rahmen des Wahlverfahrens ebenfalls nur von stimmberechtigten Mitgl. des Wahlvorst. wahrgenommen werden (vgl. § 1 Abs. 3 S. 3, § 3 Abs. 1 S. 1 und § 17 Abs. 2: Unterzeichnung der Sitzungsniederschrift, des Wahlausschreibens und der Wahlniederschrift; § 12 Abs. 2 und 3 S. 1: Anwesenheit während der Stimmabgabe und Entgegennahme der Stimmzettel). Zur Berechtigung des Wahlvorst., einen **geschäftsführenden Ausschuß** zu bilden, vgl. § 18 BetrVG Rn 4.

Der Wahlvorst. – nicht der BR – kann eine **Geschäftsordnung** erlas- 3
sen. Der Erlaß einer Geschäftsordnung ist nicht zwingend vorgeschrieben. Wird sie erlassen, so muß auf jeden Fall die **Schriftform** gewahrt werden. Anderenfalls ist sie nichtig. Die Vorschriften der Geschäftsordnung müssen sich im Rahmen der WO und des BetrVG halten. Die Geschäftsordnung gilt nur für denjenigen Wahlvorst., der sie beschlossen hat (*DR,* Rn 8; *GL,* Rn 5; *GK-Kreutz,* Rn 15).

Der **Wahlhelfer** ist kein Mitgl. des Wahlvorst. Für ihn gilt deshalb 4
auch nicht der besondere Kündigungsschutz nach § 15 Abs. 3 KSchG und § 103 BetrVG, wohl jedoch der sich aus dem Behinderungs- und Benachteiligungsverbot des § 20 BetrVG ergebende relative Kündigungsschutz (vgl. hierzu § 20 BetrVG Rn 11ff.). Die durch die Tätigkeit als Wahlhelfer bedingte Arbeitsversäumnis hat keine Minderung des Arbeitsentgelts zur Folge (vgl. § 20 BetrVG Rn 32ff.; *GK-Kreutz,* Rn 16). Die **Aufgaben,** zu denen Wahlhelfer hinzugezogen werden können, sind in Abs. 2 Satz 2 aufgezählt. Sie dürfen den Wahlvorst. bei der **Durchführung der Stimmabgabe** (vgl. § 12 Abs. 2) und bei der **Stimmenauszählung** (vgl. §§ 13 und 22) unterstützen. Entscheidungen im Rahmen des Wahlverfahrens, insbesondere über die Ungültigkeit von Stimmzetteln (vgl. § 11 Abs. 4, § 14 Abs. 2), hat allein der Wahlvorstand zu treffen, und zwar durch Beschluß seiner stimmberechtigten Mitgl. (*GL,* Rn 6). Die Auswahl der Wahlhelfer steht im Ermessen des

Wahlvorst. (LAG Hamm, DB 61, 1491); gleiches gilt für ihre Anzahl, jedoch muß sich diese im Rahmen des Erforderlichen halten. Der Wahlvorst. kann nur wahlberechtigte ArbN des Betriebs (nicht Außenstehende) zu Wahlhelfern bestellen (*Schneider,* Rn 28). Die Aufgaben des Wahlhelfers können auch von den gem. § 16 Abs. 1 S. 6 BetrVG entsandten nicht stimmberechtigten Mitgl. des Wahlvorst. übernommen werden. Eine Verpflichtung zur Übernahme des Amtes als Wahlhelfer besteht nicht. Außer Wahlhelfern i. S. des Abs. 2 S. 2 kann der Wahlvorst. im Einvernehmen mit dem ArbGeb erforderlichenfalls auch **andere Personen** zur Unterstützung seiner Arbeit heranziehen, z. B. eine Schreibkraft oder eine Bürohilfskraft zur Erledigung der erforderlichen Schreib- oder sonstigen Büroarbeiten.

5 Abs. 3 S. 1 stellt klar, daß der Wahlvorst. – ebenso wie der BR nach § 33 BetrVG – **Kollegialentscheidungen** trifft und daß auch für ihn der Beschluß in einer Sitzung die allein mögliche Form der Willensbildung ist. An der Beschlußfassung dürfen nur die stimmberechtigten Mitgl. des Wahlvorst. teilnehmen, nicht die gem. § 16 Abs. 1 S. 6 BetrVG von den Gewerkschaften in den Wahlvorst. entsandten nicht stimmberechtigten Mitgl. Ihre Teilnahme führt zur Unwirksamkeit des Beschlusses, falls sie entscheidungserheblich ist. Ebenso wie beim BR ist eine Beschlußfassung im Umlaufverfahren unzulässig (*DR,* Rn 12; *GL,* Rn 7; *GK-Kreutz,* Rn 7; *Schneider,* Rn 20). Zur Wirksamkeit eines Beschlusses des Wahlvorst. ist die **einfache Stimmenmehrheit** seiner stimmberechtigten Mitgl. ausreichend (*GL,* Rn 7; *GK-Kreutz,* Rn 10). Bei einen Wahlvorst. mit drei stimmberechtigten Mitgl. genügt also für eine Beschlußfassung die Zustimmung von zweien dieser Mitgl. Dagegen ist nicht vorgeschrieben, daß alle stimmberechtigten Mitgl. des Wahlvorst. bei der Beschlußfassung anwesend sein müssen; wohl aber müssen alle Mitgl. zu der Sitzung eingeladen werden (*DR,* Rn 12; *GL,* Rn 7; *GK-Kreutz,* Rn 8). Die Ladung zu den Sitzungen des Wahlvorst. erfolgt durch den Vors. Dieser dürfte in entsprechender Anwendung des § 29 Abs. 3 BetrVG zur Einberufung einer Sitzung verpflichtet sein, wenn ein Viertel der Mitgl. des Wahlvorst. dies beantragt (*GK-Kreutz,* Rn 8). Für die **Vertretungsbefugnis des Vors.** des Wahlvorst. gilt dasselbe wie für den BRVors.; er ist Vertr. in der Erklärung, nicht im Willen (*DR,* Rn 4; *GK-Kreutz,* Rn 6; *Schneider,* Rn 10; Näheres hierzu vgl. § 26 BetrVG Rn 26ff.). Erklärungen gegenüber dem Wahlvorst. sind in entsprechender Anwendung des § 26 Abs. 3 BetrVG dem Vors. gegenüber abzugeben. An der Betriebsadresse des Wahlvorst. können Erklärungen jedoch auch gegenüber jedem anderen Mitgl. des Wahlvorst. abgegeben werden (*GK-Kreutz,* Rn 6; *Schneider,* Rn 11; vgl. hierzu auch § 3 Rn 16).

6 Die **Sitzungen des Wahlvorst.** sind grundsätzlich **nicht öffentlich.** Jedoch kann auch der Wahlvorst. andere Personen, z. B. Auskunftspersonen, Sachverständige, Vertreter von Gewerkschaften, eine Schreibkraft, zu den Sitzungen hinzuziehen, soweit dies sachlich erforderlich ist (*DR,* Rn 13; *GK-Kreutz,* Rn 11; weitergehend *Schneider,* Rn 17, der auch öffentliche Sitzungen des Wahlvorst. für zulässig hält; vgl. hierzu auch § 18 BetrVG Rn 7 und § 30 BetrVG Rn 13). Die Stimmenauszählung

und die Feststellung des Wahlergebnisses erfolgen allerdings stets öffentlich (vgl. § 13 WO sowie § 18 BetrVG Rn 11f.).

Der Wahlvorst. ist verpflichtet, über jede Sitzung eine **Niederschrift** anzufertigen, die vom Vors. und einem weiteren, und zwar stimmberechtigten Mitgl. des Wahlvorst. zu unterzeichnen ist. Die Niederschrift muß wenigstens den Wortlaut der gefaßten Beschlüsse enthalten. Für die Wirksamkeit der Beschlüsse ist ihre Aufnahme in die Sitzungsniederschrift allerdings ohne Bedeutung (*DR,* Rn 14; *GL,* Rn 8; *GK-Kreutz,* Rn 13). Die Unterlassung der Niederschrift begründet für sich allein auch keine Anfechtung der Wahl. Insofern gelten dieselben Grundsätze wie für die Niederschriften des BR (vgl. hierzu § 34 BetrVG Rn 17f.). Jedes Mitgl. des Wahlvorst., auch das nicht stimmberechtigte gem. § 16 Abs. 1 S. 6 BetrVG, hat das Recht, **Einblick in die Sitzungsniederschriften** und anderer Unterlagen des Wahlvorst. zu nehmen. Das gilt insbesondere für nachrückende ErsMitgl. (*GK-Kreutz,* Rn 14; *Schneider,* Rn 25). Die Niederschriften sind zunächst vom Wahlvorst. aufzubewahren und bei Beendigung seines Amtes dem neugewählten BR zu übergeben (*DR,* Rn 14; *GK-Kreutz,* Rn 13). 7

Streitigkeiten über die Tätigkeit und Zuständigkeit des Wahlvorst. entscheiden die ArbG im BeschlVerf. (§§ 2a, 80ff. ArbGG). Solange der Wahlvorst. noch im Amt ist, ist er Beteiligter des BeschlVerf. Nach Erlöschen seines Amtes ist der Wahlvorst. nicht mehr berechtigt, Rechtsmittel gegen einen arbeitsgerichtlichen Beschluß im Zusammenhang mit der BRWahl einzulegen (BAG 14. 11. 75, AP Nr. 1 zu § 18 BetrVG 1972). Entscheidungen und Maßnahmen des Wahlvorst. können **vor Abschluß der BRWahl selbständig** angegriffen werden (*GK-Kreutz,* Rn 18; vgl. auch § 18 BetrVG Rn 20ff.). Das gilt auch für die Zuordnung der leitenden Ang. im Rahmen des Wahlverfahrens (vgl. § 18a BetrVG Rn 54f). Zur Einschränkung der Einspruchsmöglichkeit gegen die Wählerliste in diesen Fällen vgl. § 4 Rn 7ff. **Antragsberechtigt** ist jeder, der durch Maßnahmen des Wahlvorst. in seinem aktiven oder passiven Wahlrecht betroffen wird (BAG 15. 12. 72, AP Nr. 1 zu § 14 BetrVG 1972; *DR,* § 16 BetrVG Rn 59; *GL,* Rn 9; *Schneider,* Rn 6; vgl. auch § 18 BetrVG Rn 20ff.). 8

Nach Durchführung der BRWahl kommen bei Mängeln der Wahl nur noch ihre Anfechtung oder die Geltendmachung ihrer Nichtigkeit in Betracht. Dieses Verfahren ist gegen den BR oder, wenn nur die Wahl eines BRMitgl. angefochten wird, gegen das BRMitgl. zu richten. Über die Möglichkeit der Antragsumstellung vgl. § 18 BetrVG Rn 31.

§ 2 Wählerliste

(1) **Der Wahlvorstand hat für jede Betriebsratswahl eine Liste der Wahlberechtigten (Wählerliste), getrennt nach den Gruppen der Arbeiter (§ 6 Abs. 1 des Gesetzes) und der Angestellten (§ 6 Abs. 2 des Gesetzes), aufzustellen.[1] Die Wahlberechtigten sollen[2] mit Familienname, Vorname, Geburtsdatum und innerhalb der Gruppen in alphabetischer Reihenfolge[3] aufgeführt werden.**

(2) **Der Arbeitgeber hat dem Wahlvorstand alle für die Anfertigung der Wählerliste erforderlichen Auskünfte zu erteilen und die erforderlichen Unterlagen zur Verfügung zu stellen.**[4] **Er hat den Wahlvorstand insbesondere bei Feststellung der in § 5 Abs. 3 des Gesetzes genannten Personen zu unterstützen.**[5]

(3) **Das aktive und passive Wahlrecht steht nur Arbeitnehmern zu, die in die Wählerliste eingetragen sind.**[6]

(4) **Ein Abdruck der Wählerliste und ein Abdruck dieser Verordnung sind vom Tage der Einleitung der Wahl (§ 3 Abs. 1) bis zum Abschluß der Stimmabgabe an geeigneter Stelle im Betrieb zur Einsichtnahme auszulegen. Der Abdruck der Wählerliste soll die Geburtsdaten der Wahlberechtigten nicht enthalten.**[7]

(5) **Der Wahlvorstand soll dafür sorgen, daß ausländische Arbeitnehmer, die der deutschen Sprache nicht mächtig sind, vor Einleitung der Betriebsratswahl über Wahlverfahren, Aufstellung der Wähler- und Vorschlagslisten, Wahlvorgang und Stimmabgabe in geeigneter Weise unterrichtet werden.**[8]

Erläuterungen

1 Die **Wählerliste** ist für die Durchführung der BRWahl von **erheblicher Bedeutung.** Nur in die Wählerliste eingetragene ArbN können ihr aktives und passives Wahlrecht ausüben (vgl. Abs. 3 und unten Rn 6; über die Wahlberechtigung und Wählbarkeit vgl. § 7 BetrVG Rn 3ff. und § 8 BetrVG Rn 3ff.). Außerdem entscheidet die Eintragung in die Wählerliste über die Zuordnung zur Gruppe der Arb. oder der Ang. Auch bei gemeinsamer Wahl ist die Wählerliste getrennt nach Gruppen aufzustellen, da auch in diesem Falle die Sitzverteilung im BR nach Gruppen getrennt erfolgt (*DR,* Rn 5; *GL,* Rn 6; *GK-Kreutz,* Rn 4; *Schneider,* Rn 2). Die Wählerliste muß bei Erlaß des Wahlausschreibens vorliegen (§ 3 Abs. 2 Nr. 2). Der Wahlvorst. hat sie deshalb **unverzüglich** aufzustellen. Die Entscheidung über die Aufnahme oder Nichtaufnahme von ArbN in die Wählerliste trifft der Wahlvorst. durch Beschluß seiner stimmberechtigten Mitgl.

Wird die Wahl des BR zeitgleich mit der Wahl eines Sprecherausschusses für leitende Ang. eingeleitet oder ist dies zwar nicht der Fall, besteht jedoch ein betrieblicher oder Unternehmens-Sprecherausschuß, so ist bei der Bestimmung des Personenkreises der leitenden Ang. das besondere **Zuordnungsverfahren nach § 18a BetrVG** zu beachten (Näheres hierzu vgl. § 18a BetrVG Rn 5ff.). Wird im Rahmen dieses Zuordnungsverfahrens der Personenkreis der leitenden Ang. anders abgegrenzt, als dies der Wahlvorst. zunächst beschlossen hatte, – sei es durch einvernehmliche Regelung zwischen den Wahlvorst. für die BR- und die Sprecherausschußwahl, sei es zwischen dem BRWahlvorst. und dem Sprecherausschuß, sei es durch eine Entscheidung des Vermittlers – so ist der Wahlvorst. verpflichtet, die Wählerliste entsprechend zu ändern. Vor einer fristgerechten Beendigung des Zuordnungsverfahrens ist die Wählerliste noch nicht endgültig aufgestellt.

Gegen unrichtige Eintragungen in die Wählerliste kann binnen einer **Frist von zwei Wochen** nach Erlaß des Wahlausschreibens **Einspruch** eingelegt werden (vgl. § 4). Ein Einspruch ist jedoch grundsätzlich ausgeschlossen, wenn der Personenkreis der leitenden Ang. in dem Zuordnungsverfahren nach § 18a BetrVG festgestellt worden ist (vgl. § 4 Rn 7). Scheiden ArbN aus dem Betrieb aus oder treten neue ArbN in den Betrieb ein, so ist die Wählerliste auch noch nach Ablauf der Einspruchsfrist bis zum Tage vor Beginn der Stimmabgabe zu **berichtigen** (vgl. § 4 Abs. 3 Satz 2; *GL,* Rn 3). Das gleiche gilt, wenn ein ArbN die Gruppe wechselt. Zur Frage der Wahlberechtigung und Wählbarkeit von gekündigten ArbN vgl. § 7 BetrVG Rn 15 und § 8 BetrVG Rn 8ff. Berichtigungen und Ergänzungen der Wählerliste haben ebenso wie ihre Aufstellung durch Beschluß der stimmberechtigten Mitgl. des Wahlvorst. zu erfolgen. Die Entscheidungen des Wahlvorst. im Zusammenhang mit der Wählerliste können im arbeitsgerichtlichen BeschlVerf. angegriffen werden. Zur Frage, inwieweit die Durchführung des Einspruchsverfahrens Voraussetzung für die Anfechtung der BRWahl ist, vgl. § 4 WO Rn 2 und 3 sowie § 19 BetrVG Rn 11.

Abs. 1 S. 2 ist eine **Sollvorschrift.** Ihre Verletzung beeinträchtigt im 2
allgemeinen die Rechtmäßigkeit der Wahl nicht. Jedoch müssen die Angaben in der Wählerliste stets eine **Identifizierung der einzelnen ArbN** sowie die Beurteilung ihrer Wahlberechtigung ermöglichen. Deshalb ist die Angabe von Familienname, Vorname und Geburtstag (vgl. hierzu aber auch unten Rn 7) im allgemeinen unerläßlich (*DR,* Rn 6; *GL,* Rn 7; *Schneider,* Rn 5).

Auch eine **andere Reihenfolge der Wahlberechtigten** ist zulässig, 3
wenn sie nach den betrieblichen Gepflogenheiten zweckmäßig ist, z.B. Reihenfolge nach der Personal- oder Schichtnummer (*GL,* Rn 7; *GK- Kreutz,* Rn 5). Nicht vorgeschrieben ist die Angabe der Wählbarkeit der ArbN. Da jedoch Wahlberechtigung und Wählbarkeit auseinanderfallen können und die Kenntnis der Wählbarkeit für das Vorschlagsrecht bedeutsam ist, erscheint eine entsprechende Kennzeichnung zweckmäßig. Dies kann auch in der Weise geschehen, daß man die nicht wählbaren ArbN entsprechend kennzeichnet.

Durch die 2. ÄnderungsVO vom 28. 9. 1989 (BGBl. I S. 1793) ist 4
ausdrücklich klargestellt worden, daß die Untersützungspflicht des ArbGeb bei der Aufstellung der Wählerliste eine ihm obliegende **Rechtspflicht** ist (so bisher schon die h.M.; vgl. *DR,* Rn 7; *GK-Kreutz,* Rn 10; *Schneider,* Rn 16). Der ArbGeb hat demnach dem Wahlvorst. alle für die Aufstellung der Wählerliste erforderlichen Auskünfte zu erteilen und Unterlagen zur Verfügung zu stellen. Diese Pflichten hat der ArbGeb. in dem Umfang zu erfüllen, daß dem Wahlvorst. die Aufstellung der Wählerliste möglich ist. Die Erfüllung dieser Pflicht kann im Bedarfsfall durch eine gerichtliche Entscheidung, ggf. auch durch eine einstweilige Verfügung sichergestellt werden (*DR,* Rn 7; *GK-Kreutz,* Rn 10; vgl. auch LAG Hamm, DB 77, 1269 und 1271). Der ArbGeb., der sich weigert, den Wahlvorst. in

dem erforderlichen Umfang bei der Aufstellung der Wählerliste zu unterstützen, behindert die Wahl und macht sich nach § 119 Abs. 1 Nr. 1 BetrVG strafbar (*DR,* Rn 7; *GL,* Rn 8; *Schneider,* Rn 17).

5 Da die **Abgrenzung der leitenden Angestellten** im Einzelfall besonders schwierig sein kann, ist die Verpflichtung des ArbGeb., den Wahlvorst. bei der Feststellung dieses Personenkreises zu unterstützen, besonders hervorgehoben. Die gleiche Verpflichtung des ArbGeb. besteht, auch ohne daß dies ausdrücklich gesagt ist, hinsichtlich der in § 5 Abs. 2 BetrVG genannten Personen (*DR,* Rn 8; *GK-Kreutz,* Rn 12). Das gleiche gilt ferner, wenn zweifelhaft ist, ob im Betrieb tätige Personen als ArbN oder freie Mitarbeiter oder im Rahmen eines Werkvertrages Arbeitende anzusehen sind, für die Klärung dieser Frage (**a. A.** wohl ArbG Augsburg BB 89, 218). Der ArbGeb. hat dem Wahlvorst. alle **Auskünfte** und **Unterlagen** zu geben, die zur Beurteilung der Frage, ob ein ArbN zu den in § 5 Abs. 2 und 3 genannten Personen gehört oder ob ein im Betrieb Tätiger als ArbN oder freier Mitarbeiter anzusehen ist, erforderlich sind, z. B. Beschreibung der Arbeitsaufgaben des Betreffenden, seine Eingliederung in den Betrieb, Organisationspläne des Unternehmens, u. U. auch die Gehaltslisten (vgl. *Schneider,* Rn 18; vgl. auch § 18a Rn 42). Die Entscheidung, ob jemand als leitender Ang. oder als Nicht-ArbN i. S. von § 5 Abs. 2 BetrVG oder als freier Mitarbeiter anzusehen ist oder nicht und deshalb in die Wählerliste aufzunehmen ist oder nicht, trifft **allein der Wahlvorst.** (*DR,* Rn 1; *GL,* Rn 1; *GK-Kreutz,* Rn 12; ArbG Ludwigshafen, BB 74, 1207). Hinsichtlich der leitenden Ang. hat er jedoch im Falle des § 18a BetrVG das besondere Zuordnungsverfahren zu beachten (vgl. oben Rn 1). Im übrigen kann gegen seine Entscheidung nach § 4 Einspruch eingelegt und danach ggf. ein arbeitsgerichtliches BeschlVerf. eingeleitet werden.

6 Die Aufnahme in die Wählerliste ist **formelle Voraussetzung** für die Ausübung des **aktiven** und **passiven Wahlrechts.** Ohne Eintragung in die Wählerliste kann ein ArbN von seinem Wahlrecht keinen Gebrauch machen. Andererseits begründet die Eintragung in die Wählerliste nicht das aktive oder passive Wahlrecht, wenn seine materiellen Voraussetzungen (vgl. hierzu § 7 BetrVG Rn 3ff., § 8 BetrVG Rn 3ff.) nicht vorliegen (BAG 5. 3. 74, AP Nr. 1 zu § 5 BetrVG 1972; *DR,* Rn 3; *GL,* Rn 2; *Schneider,* Rn 15).

7 Die **ordnungsgemäße Anfertigung** sowie die **Auslegung** eines Abdrucks der Wählerliste bis zum Abschluß der Stimmabgabe sind wesentliche Voraussetzungen für die Durchführung der BRWahl. Verstöße hiergegen – nicht dagegen die Unterlassung der ebenfalls vorgeschriebenen Auslegung dieser Verordnung (insoweit **a. A.** *GK-Kreutz,* Rn 13) – begründen im allgemeinen die Anfechtung der Wahl (*DR,* Rn 9; *GL,* Rn 10; *Schneider,* Rn 10). Auszulegen ist nicht das Original, sondern ein **Abdruck** der Wählerliste. In diesem ist aus Gründen des insoweit vorrangigen Schutzes von persönlichen Daten der ArbN ihr Geburtsdatum grundsätzlich nicht anzugeben. Hat ein ArbN Zweifel, ob ein in der Wählerliste Eingetragener schon das 18. Lebensjahr vollendet hat und damit wahlberechtigt ist, kann er den Wahlvorst. um Überprüfung bit-

ten oder auch formell Einspruch gegen die Wählerliste einlegen. Die Angabe des Geburtstags von ArbN in dem Abdruck der Wählerliste ist nur zulässig, wenn dies zur Identifizierung des ArbN unerläßlich ist, z. B. wenn mehrere ArbN des Betriebs denselben Vor- und Zunamen haben und eine Unterscheidung nach anderen Merkmalen, etwa der Betriebstätte oder Abteilung, nicht möglich ist.

Die Auslegung des Abdrucks der Wählerliste erfolgt am zweckmäßigsten im Geschäftszimmer des Wahlvorst. oder, falls dieser kein eigenes Geschäftszimmer hat, in dem des BR, ggf. auch am Arbeitsplatz (Büro) des Vors. des Wahlvorst. Die Auslegung an mehreren Stellen des Betriebs ist zulässig und in größeren Betrieben zweckmäßig (*GK-Kreutz,* Rn 13). Jeder ArbN hat das Recht, **Einblick in die ausgelegte Wählerliste** zu nehmen. Eine hierzu notwendige Arbeitsversäumnis hat keine Minderung des Arbeitsentgelts zu Folge (vgl. § 20 Abs. 3 Satz 2 BetrVG; **a. A.** *GK-Kreutz,* Rn 14). Wegen ihres Anfechtungsrechts haben auch ArbGeb. und Vertreter der im Betrieb vertretenen Gewerkschaften das Recht, die ausgelegten Wählerlisten einzusehen (*Schneider,* Rn 12; *GK-Kreutz,* Rn 14).

Durch Abs. 5 wird der Wahlvorst. im Hinblick auf die große Zahl 8
ausländischer ArbN angehalten, diejenigen ausländischen ArbN des Betriebs, die der deutschen Sprache nicht mächtig sind, in geeigneter Weise über die BRWahl, über das Wahlverf., über die Aufstellung der Wähler- und Vorschlagslisten sowie über den Wahlvorgang und die Stimmabgabe zu unterrichten. **In welcher Form** diese Unterrichtung erfolgt, (z. B. durch ein Merkblatt in ausländischer Sprache oder durch einen Dolmetscher im Rahmen einer Versammlung dieser ausländischen ArbN des Betriebs), unterliegt der Entscheidung des Wahlvorst., der insoweit einen weiten Ermessensspielraum hat (*GL,* Rn 11; *Schneider,* Rn 22). Im allgemeinen dürfte eine Übersetzung der Bekanntmachungen und Aushänge des Wahlvorst. allerdings stets erforderlich sein (vgl. hierzu LAG Hamm, DB 73, 1403; *Schneider,* Rn 23; **a. A.** *GK-Kreutz,* Rn 17). Dagegen ist der Entscheidungsspielraum des Wahlvorst., **ob** er eine entsprechende Unterrichtung der im Betrieb beschäftigten ausländischen ArbN durchführt, trotz der Tatsache, daß Abs. 5 lediglich eine Sollvorschrift ist, eng. Dies folgt aus der grundsätzlichen Bedeutung des aktiven und passiven Wahlrechts für die ArbN (zustimmend *Brill,* BB 78, 1574; *Schneider,* Rn 23). Ein Verstoß gegen die Vorschrift rechtfertigt deshalb die Anfechtung der Wahl, wenn die ausländischen ArbN nicht die erforderlichen Kenntnisse hatten, um sich an der BRWahl zu beteiligen (*DR,* Rn 10; *GL,* Rn 11; *GK-Kreutz,* Rn 15; *Schneider,* Rn 21; vgl. hierzu auch LAG Frankfurt, DB 65, 1746; über den Umfang der fremdsprachlichen Unterrichtung vgl. LAG Hamm, DB 73, 1403: verneinend hinsichtlich der Aufforderung nach § 6 Abs. 6 WO bei Doppelunterzeichnung von Vorschlagslisten).

§ 3 Wahlausschreiben[1]

(1) Spätestens sechs Wochen vor dem ersten Tag der Stimmabgabe[2] erläßt der Wahlvorstand ein Wahlausschreiben, das vom Vorsitzenden und von mindestens einem weiteren stimmberechtigten Mitglied des Wahlvorstands zu unterschreiben ist.[3] Mit Erlaß des Wahlausschreibens ist die Betriebsratswahl eingeleitet.[1] Der erste Tag der Stimmabgabe soll spätestens eine Woche vor dem Tag liegen, an dem die Amtszeit des Betriebsrats abläuft.[2]

(2) Das Wahlausschreiben muß folgende Angaben[4] enthalten:

1. das Datum seines Erlasses;[1]
2. die Bestimmung des Orts, an dem die Wählerliste und diese Verordnung ausliegen;[5]
3. daß nur Arbeitnehmer wählen oder gewählt werden können, die in die Wählerliste eingetragen sind, und daß Einsprüche[6] gegen die Wählerliste (§ 4) nur vor Ablauf von zwei Wochen seit dem Erlaß des Wahlausschreibens schriftlich beim Wahlvorstand eingelegt werden können; der letzte Tag der Frist ist anzugeben;
4. die Zahl der zu wählenden Betriebsratsmitglieder (§§ 9 und 11 des Gesetzes)[7] und ihre Verteilung auf die Gruppen der Arbeiter und der Angestellten (§§ 10 und 12 Abs. 1 des Gesetzes);[8]
5. ob die Arbeiter und die Angestellten ihre Vertreter in getrennten Wahlgängen wählen (Gruppenwahl) oder ob vor Erlaß des Wahlausschreibens gemeinsame Wahl beschlossen worden ist (§ 14 Abs. 2 des Gesetzes);[9]
6. die Mindestzahl von Arbeitnehmern, von denen ein Wahlvorschlag unterzeichnet sein muß (§ 14 Abs. 6 und 7 des Gesetzes);[10]

6a. daß der Wahlvorschlag einer im Betrieb vertretenen Gewerkschaft von zwei Beauftragten unterzeichnet sein muß;[10a]

7. daß Wahlvorschläge vor Ablauf von zwei Wochen seit dem Erlaß des Wahlausschreibens[11] beim Wahlvorstand, wenn für eine Gruppe mehrere Vertreter oder wenn in gemeinsamer Wahl mehrere Betriebsratsmitglieder zu wählen sind, in Form von Vorschlagslisten einzureichen sind;[12] der letzte Tag der Frist ist anzugeben;
8. daß die Stimmabgabe an die Wahlvorschläge gebunden ist und daß nur solche Wahlvorschläge berücksichtigt werden dürfen, die fristgerecht (Nr. 7) eingereicht sind;[12a]
9. die Bestimmung des Orts, an dem die Wahlvorschläge bis zum Abschluß der Stimmabgabe aushängen;[12b]
10. Ort, Tag und Zeit der Stimmabgabe[13] sowie die Betriebsteile und Nebenbetriebe, für die schriftliche Stimmabgabe (§ 26 Abs. 3)[14] beschlossen ist;
11. den Ort, an dem Einsprüche, Wahlvorschläge und sonstige Erklärungen[15] gegenüber dem Wahlvorstand abzugeben sind (Betriebsadresse des Wahlvorstands).[16]

(3) **Sofern es nach Größe, Eigenart oder Zusammensetzung der Arbeitnehmerschaft des Betriebs zweckmäßig ist, soll der Wahlvorstand im Wahlausschreiben darauf hinweisen, daß bei der Aufstellung von Wahlvorschlägen die Betriebsabteilungen, die unselbständigen Nebenbetriebe, die verschiedenen Beschäftigungsarten und die Geschlechter nach Maßgabe des § 15 des Gesetzes berücksichtigt werden sollen.**[17]

(4) **Eine Abschrift oder ein Abdruck des Wahlausschreibens ist vom Tage seines Erlasses bis zum letzten Tage der Stimmabgabe an einer oder mehreren geeigneten, den Wahlberechtigten zugänglichen Stellen vom Wahlvorstand auszuhängen und in gut lesbarem Zustand zu erhalten.**[18]

Erläuterungen

Die Vorschrift legt den **Inhalt des WA** und den Zeitpunkt fest, in dem dieses zu erlassen ist. Das WA ist für die BRWahl von wesentlicher Bedeutung. Eine ohne WA durchgeführte Wahl ist auf jeden Fall anfechtbar (vgl. § 19 BetrVG Rn 14). Mit **Erlaß des WA** ist die Wahl i. S. des § 18 Abs. 1 S. 1 BetrVG **eingeleitet.** Wird das WA an mehreren Stellen des Betriebs ausgehängt, ist die Wahl mit dem letzten Aushang eingeleitet (*DR,* Rn 1, 15; *GK-Kreutz,* Rn 3; LAG Hamm, DB 76, 921). Der Tag des Aushangs des WA und das Datum seines Erlasses sollten tunlichst übereinstimmen. Ist dies nicht der Fall, bestimmen sich insbesondere Fristen, die mit dem Erlaß des WA beginnen, allein nach dem Tag des Aushangs (*GK-Kreutz,* Rn 3). Der Tag des Aushangs sollte vom Wahlvorst. aktenmäßig festgehalten werden. 1

Der Zeitpunkt des Erlasses des WA hat **Bedeutung** für die Bestimmung der Größe des BR (vgl. § 9 BetrVG Rn 4), für die Verteilung der BRSitze auf die Gruppen (vgl. § 10 BetrVG Rn 5) sowie für den Beginn folgender Fristen: Einreichungsfrist der Wahlvorschläge (§ 6 Abs. 1 S. 2), Frist für die Abstimmung über eine gemeinsame Wahl (§ 6 Abs. 2), Einspruchsfrist gegen die Wählerliste (§ 4 Abs. 1), Tag der Stimmabgabe (§ 3 Abs. 1).

Eine nachträgliche **Ergänzung** oder **Berichtigung** des WA ist zulässig, sofern sie so rechtzeitig erfolgt, daß sich die ArbN in ihrem Wahlverhalten im weiten Sinne, z. B. auch hinsichtlich ihres Wahlvorschlagsrechts, hierauf ordnungsgemäß einstellen können und eine Beeinträchtigung ihrer Wahlchancen bei objektiver Betrachtungsweise nicht zu befürchten ist (vgl. auch unten Rn 11 und 13). Ist dies nicht gewährleistet, z. B. in dem Fall, daß irrtümlich als selbständig angesehene Betriebsteile oder Nebenbetriebe nachträglich in die Wahl einbezogen werden, ist ein neues WA zu erlassen.

Zwischen dem Erlaß des WA und dem ersten Tag der Stimmabgabe muß mindestens ein Zeitraum von **sechs Wochen** liegen. Der Tag des Erlasses des WA ist nicht mitzuzählen (vgl. § 187 Abs. 1 BGB). Eine Verletzung der Mindestfrist stellt einen Verstoß gegen wesentliche Vorschriften über das Wahlverfahren dar, der u. U. die Anfechtung der 2

Wahl nach § 19 BetrVG rechtfertigen kann (*DR,* Rn 2; *Schneider,* Rn 4). Demgegenüber ist eine Verletzung der bloßen Sollvorschrift des Abs. 1 Satz 3, nach der der Wahltag spätestens eine Woche vor Ablauf der Amtszeit des bestehenden BR liegen soll, im allgemeinen kein Anfechtungsgrund (vgl. *Schneider,* Rn 5). Zwar sollte der Wahlvorst. die Wahl so zügig vorbereiten und durchführen, daß eine betriebsratslose Zeit vermieden wird. Sofern jedoch eine ordnungsgemäße Vorbereitung der Wahl die Einhaltung dieser Frist nicht zuläßt, kann der Wahlvorst. den Wahltag anderweitig festlegen (*GK-Kreutz,* Rn 5). Wird das WA nachträglich in wesentlichen Punkten geändert, so daß ein neues WA zu erlassen ist (vgl. Rn 1), ist der Tag der Stimmabgabe entsprechend zu verschieben (*DR,* Rn 16f.; *GL,* Rn 11; *GK-Kreutz,* Rn 5, 28).

3 Das WA ist vom Vors. und mindestens einem weiteren stimmberechtigten Mitgl. des Wahlvorst. zu **unterschreiben.** Die Unterschrift bloß des Vors. oder die Mitunterzeichnung durch ein nicht stimmberechtigtes Mitgl. ist ein Verfahrensmangel. Dieser begründet allerdings nicht die Nichtigkeit der BRWahl; auch eine Anfechtbarkeit dürfte wohl kaum jemals in Betracht kommen, da nicht ersichtlich ist, wieso dieser Verfahrensmangel das Wahlergebnis beeinflussen kann (vgl. ArbG Gelsenkirchen, BB 68, 627; *DR,* Rn 3; *GL,* Rn 4; *GK-Kreutz,* Rn 6). Fehlt jede Unterschrift, ist das WA nicht erlassen.

4 Abs. 2 schreibt im einzelnen die Angaben vor, die das **WA grundsätzlich enthalten muß.** Bei der Wahl eines nur einköpfigen BR und (bei Gruppenwahl) nur eines Gruppenvertreters müssen außerdem die in § 25 Abs. 8 genannten Angaben in das WA aufgenommen werden. Unterbleiben die hier vorgeschriebenen Mitteilungen, so stellt dies im allgemeinen einen Verstoß gegen wesentliche Wahlvorschriften dar, der unter den Voraussetzungen des § 19 BetrVG die Anfechtung der Wahl rechtfertigen kann (vgl. *DR,* Rn 5; *GL,* Rn 5; *GK-Kreutz,* Rn 7; *Schneider,* Rn 10; BAG 11. 3. 60, AP Nr. 13 zu § 18 BetrVG; vgl. aber auch unten Rn 13). Das WA kann über die in Abs. 2 genannten weitere im Zusammenhang mit der Wahl stehende Angaben enthalten, falls dies sachdienlich erscheint, z. B. die Zusammensetzung des Wahlvorst. oder der Hinweis auf die Möglichkeit, noch innerhalb von zwei Wochen nach Erlaß des WA die gemeinsame Wahl zu beschließen (vgl. § 6 Abs. 2). Allerdings sollte das WA nicht mit zu vielen zusätzlichen Angaben belastet werden, damit nicht die wesentlichen und zwingend vorgeschriebenen Mitteilungen optisch an Bedeutung verlieren (*GK-Kreutz,* Rn 25). Außerdem hat jede Wahlbeeinflussung zu unterbleiben (*DR,* Rn 5; *GL,* Rn 8).

5 Die **Auslegung des Abdrucks der Wählerliste** an mehreren Orten ist zulässig. Durch die Auslage soll den ArbN die Nachprüfung der Richtigkeit der Wählerliste ermöglicht werden (vgl. im einzelnen zur Wählerliste § 2 Rn 1 ff.). Außer dem Ort sollte zweckmäßigerweise auch die Zeit angegeben werden, in der die Einsichtnahme möglich ist.

6 Näheres über das Einspruchsverfahren vgl. § 4. Der **Einspruch** kann nur innerhalb der angegebenen **Ausschlußfrist von zwei Wochen** eingelegt werden. Die Berechnung der Frist bestimmt sich nach § 187 BGB (vgl. § 32). Sie beginnt am Tage nach Aushang des WA; ist das WA an mehreren Stellen ausgehändigt worden, am Tage nach dem letzten Aushang (vgl. LAG Hamm, DB 76, 921). Wird das WA z. B. am 6. 3. 90 erlassen, so müssen etwaige Einsprüche bis zum 20. 3. 90 eingelegt sein. Dieser Tag ist als letzter Tag der Ausschlußfrist im WA anzugeben. Ist der letzte Tag der Frist ein Samstag, Sonntag oder gesetzlicher Feiertag, so läuft die Frist mit dem nächsten Werktag ab (§ 193 BGB). Der Wahlvorst. kann den Ablauf der Frist auf das **Ende der Dienststunden** am letzten Tag der Frist begrenzen, vorausgesetzt, der festgesetzte Fristablauf liegt nicht vor dem Ende der Arbeitszeit der überwiegenden Mehrheit der ArbN des Betriebs (BAG 4. 10. 77, AP Nr. 2 zu § 18 BetrVG 1972; *DR,* Rn 14; *GL,* Rn 6; *GK-Kreutz,* Rn 12; zur WO 1952 vgl. BAG 12. 2. 60 und 1. 6. 66, AP Nr. 11 zu § 18 BetrVG und Nr. 2 zu § 6 WahlO). Um hier keine Unklarheiten aufkommen zu lassen, muß der Wahlvorst. in diesen Fällen den Ablauf der Frist auch uhrzeitmäßig genau angeben (*Schneider,* Rn 19).

Die **Zahl der zu wählenden BRMitgl.** hängt in Betrieben mit mehr 7
als 51 wahlberechtigten ArbN von der Zahl der im Betrieb tätigen ArbN – ohne Rücksicht auf ihre Wahlberechtigung – ab. In diesen Betrieben muß der Wahlvorst. deshalb neben der Erstellung der Wählerliste auch die Zahl der regelmäßigen beschäftigten ArbN feststellen (vgl. hierzu im einzelnen § 9 BetrVG Rn 3ff.).

Die Angabe der auf die **Gruppen der Arb. und Ang.** entfallenden 8
BRSitze muß bereits im WA enthalten sein. Deshalb ist eine Abstimmung nach § 12 BetrVG über eine anderweitige Verteilung der Sitze auf die ArbNGruppen nach Erlaß des WA nicht mehr zulässig (vgl. § 12 BetrVG Rn 6; **a. A.** *GK-Kreutz,* Rn 29). Werden die auf die Gruppen entfallenden BRSitze wegen fehlerhafter Abgrenzung der Gruppenangehörigen nachträglich geändert, so ist, da die Zahl der auf die Gruppen entfallenden BRSitze für die Vorschlagslisten von Bedeutung sein kann, das WA entsprechend zu ändern. Zur Frage des Einflusses dieser Änderung auf die Frist für die Einreichung von Wahlvorschlägen vgl. unten Rn 11.

Eine Abstimmung nach § 14 Abs. 2 BetrVG darüber, ob die Wahl des 9
BR als **gemeinsame Wahl** durchgeführt werden soll, ist noch innerhalb einer Frist von zwei Wochen nach Erlaß des WA zulässig (vgl. § 6 Abs. 2). Es empfiehlt sich deshalb, im WA hierauf hinzuweisen, wobei zweckmäßigerweise der letzte Tag der Frist angegeben werden sollte. Ist die gemeinsame Wahl bereits vor Erlaß des WA wirksam beschlossen worden, ist dies im WA mitzuteilen.

Für die Mitteilung der erforderlichen Unterschriften unter einen 10
Wahlvorschlag ist ein bloßer Hinweis auf die Regelung des § 14 Abs. 6 und 7 BetrVG nicht ausreichend. Vielmehr ist die **genaue Angabe** der für einen gültigen Wahlvorschlag **erforderlichen Zahl von Unterschriften** notwendig, z. B. in einem Betrieb mit 100 Arb. und 40 Ang. die Angabe, daß im Falle der Gruppenwahl der Wahlvorschlag der Arb. mindestens von fünf wahlberechtigten Arb., ein Wahlvorschlag der Ang. mindestens von drei wahlberechtigten Ang. unterschrieben sein

muß (*DR,* Rn 9; *GL,* Rn 7; *GK-Kreutz,* Rn 15; *Schneider,* Rn 18). Da ein ArbN nicht mehrere Wahlvorschläge unterschreiben darf, empfiehlt es sich, hierauf ausdrücklich hinzuweisen. Zur Frage, wenn ein ArbN mehrere Wahlvorschläge unterschrieben hat, vgl. § 6 Rn 6. Eine Rücknahme der Unterschrift nach Einreichung des Wahlvorschlags ist für dessen Gültigkeit ohne Bedeutung (vgl. § 8 Abs. 1 Nr. 3; ferner § 14 BetrVG Rn 54).

10a Zum Wahlvorschlagsrecht der Gewerkschaften vgl. § 14 BetrVG Rn 57ff. Zum Erfordernis der Unterzeichnung durch zwei Beauftragte der Gewerkschaft vgl. unten § 29 Rn 3 sowie § 14 BetrVG Rn 60a.

11 Die **Frist für die Einreichung von Wahlvorschlägen** (§ 6 Abs. 1) ist im Regelfall die gleiche, wie für die Einlegung von Einsprüchen gegen die Richtigkeit der Wählerliste (vgl. oben Rn 6). Auch hier ist der Ablauf der Frist mit Datum und gfls. Uhrzeit genau anzugeben. Werden die für Wahlvorschläge bedeutsamen Angaben (z. B. Zahl der auf die Gruppen entfallenden BRSitze, Erhöhung der Zahl der erforderlichen Unterschriften) **im WA nachträglich geändert,** so ist für den Fall, daß zwischen der Bekanntmachung der Änderung und dem Ablauf der Einreichungsfrist für Wahlvorschläge nicht mindestens eine Woche liegt, in entsprechender Anwendung des § 6 Abs. 2 S. 1 eine **Nachfrist** von einer Woche für die Einreichung von Wahlvorschlägen zu setzen (**a. A.** *DR,* Rn 17, die den Erlaß eines neuen WA für notwendig halten; ebenso *Schneider,* Rn 32, für den Fall, daß bereits Wahlvorschläge eingereicht worden sind; nach *KG-Kreutz,* Rn 29, ist in diesem Falle die Wahlvorschlagsfrist entsprechend zu verlängern). Die Gegenmeinung ist abzulehenen. Der Erlaß eines neuen WA hätte stets eine Verschiebung des Wahltermins und damit u. U. eine betriebsratslose Zeit zur Folge, wenn nämlich der neue Wahltermin nach Ablauf der Amtszeit des bestehenden BR liegt. Das ist soweit wie vertretbar zu verhindern. Außerdem ist darauf hinzuweisen, daß selbst bei einer so gravierenden Änderung wie bei einem nachträglichen Übergang zur gemeinsamen Wahl § 6 Abs. 2 lediglich eine Nachfrist von einer Woche vorschreibt. Wird innerhalb der Einreichungsfrist für einen Wahlgang **keine gültige Vorschlagsliste** eingereicht, ist gem. § 9 eine Nachfrist von einer Woche für die Einreichung von Vorschlagslisten zu setzen.

12 Zur Einreichung von Wahlvorschlägen vgl. im einzelnen § 6 WO sowie § 14 BetrVG Rn 44ff.

12a Die **Belehrung über die Stimmabgabe** und ihre Bindung an ordnungsgemäß eingereichte Wahlvorschläge hat ausdrücklich und in verbaler Form zu erfolgen. Nicht ausreichend ist der bloße Hinweis auf die einschlägigen Vorschriften der WO.

12b Vgl. hierzu § 10 WO.

13 Der **Tag der Stimmabgabe** soll spätestens eine Woche vor dem Ablauf der Amtszeit des bestehenden BR liegen (Abs. 1 S. 3). Hierdurch soll eine betriebsratslose Zeit vermieden werden. Dies läßt sich insbesondere in größeren Betrieben nur sicherstellen, wenn der Wahlvorst. möglichst frühzeitig bestellt wird. Eine Verletzung der Sollvorschrift des Abs. 1 S. 3 hat auf die Gültigkeit der Wahl keinen Einfluß. In größeren Betrieben und in Betrieben, in denen in mehreren Schichten gearbeitet wird, kann eine **Stimmabgabe über mehrere Tage** in Frage kommen. In diesem Fall soll der letzte Tag der Stimmabgabe spätestens eine Woche vor Ablauf der Amtszeit des bestehenden BR liegen.

Die Verpflichtung, im WA außer dem Tag bereits auch **Ort und Zeit der Stimmabgabe** genau anzugeben, kann in Großbetrieben angesichts der zu treffenden notwendigen organisatorischen Maßnahmen und der Fülle der sonstigen Aufgaben, die der Wahlvorst. vor Erlaß des WA zu erledigen hat, auf Schwierigkeiten stoßen. Im Gegensatz zum Wahltag als solchem, von dem die Wahlberechtigten schon deshalb rechtzeitig Kenntnis haben müssen, um ggfs. wegen Abwesenheit vom Betrieb die Unterlagen für die schriftliche Stimmabgabe anfordern zu können, erscheint die genaue Kenntnis von Ort und Uhrzeit der Stimmabgabe bereits sechs Wochen vorher zur ordnungsgemäßen Ausübung des Wahlrechts nicht erforderlich. Deshalb ist der Wahlvorst., falls er aus sachlichen Gründen Ort und Uhrzeit der Stimmabgabe noch nicht im WA selbst genau angeben kann, berechtigt, sich insoweit im WA auf den Hinweis zu beschränken, daß Ort und Uhrzeit der Stimmabgabe durch einen besonderen und in gleicher Weise wie das WA bekanntzugebenden Aushang rechtzeitig mitgeteilt werden (*GK-Kreutz,* Rn 20; vgl. hierzu auch § 6 Abs. 2 Nr. 12 WOS; BAG 19. 9. 85, AP Nr. 12 zu § 19 BetrVG 1972, das auch ohne einen entsprechenden Hinweis im WA seine Ergänzung hinsichtlich des Ortes des Wahllokals zuläßt, sofern sie so rechtzeitig erfolgt, daß für die Wahlberechtigten keine Einschränkung ihres Wahlrechts eintritt).

Die Wahl findet **während der Arbeitszeit** statt (vgl. § 20 BetrVG Rn 33). Jedoch braucht die Zeit der Stimmabgabe nicht unbedingt mit der betrieblichen Arbeitszeit voll übereinzustimmen. So ist es z. B. zulässig, die Wahl auf sechs Stunden während der Arbeitszeit zu begrenzen, sofern diese Zeit ausreicht, um den ArbN die Ausübung ihres Wahlrechts in angemessener Weise zu ermöglichen; ferner ist es zulässig, in einem Betrieb, der in zwei Schichten arbeitet, die Wahlzeit so zu legen, daß sie teilweise in beide Schichten fällt.

Wird die im WA angegebene Zeit für die Stimmabgabe **nachträglich geändert** und die Änderung im Betrieb nur mündlich bekanntgemacht, so stellt dies einen die Wahlanfechtung begründenden Verstoß gegen wesentliche Wahlvorschriften dar (BAG 11. 3. 60, AP Nr. 13 zu § 18 BetrVG; *GL,* Rn 10; vgl. hierzu auch LAG Hamm, DB 74, 1241). Eine Änderung der Wahlstunden innerhalb des gleichbleibenden Wahltages im WA ist aber nicht zu beanstanden, wenn zwingende Gründe vorliegen und die Änderung so rechtzeitig bekanntgemacht wird, daß alle ArbN des Betriebs zweifelsfrei davon Kenntnis nehmen können (*GK-Kreutz,* Rn 20; *Schneider,* Rn 33).

Zur schriftlichen Stimmabgabe vgl. §§ 26 bis 28. Die Betriebsteile **14**
und Nebenbetriebe, für die eine schriftliche Stimmabgabe beschlossen worden ist, sind im WA genau zu bezeichnen (*GK-Kreutz,* Rn 21). Hierbei ist klarzustellen, daß insoweit eine Urnenwahl nicht zulässig ist.

15 Erklärungen sind zwar dem Wahlvorst., nicht seinem Vors. gegenüber abzugeben. Jedoch ist in entsprechender Anwendung des § 26 Abs. 3 BetrVG der Vors. des Wahlvorst. berechtigt, dem Wahlvorst. gegenüber abzugebende Erklärungen entgegenzunehmen (*DR*, Rn 13; vgl. auch § 1 Rn 5).

16 In Frage kommt in erster Linie das **Arbeitszimmer des Wahlvorst.,** insbesondere wenn dieses ständig besetzt ist, ferner der Arbeitsplatz des Vors. des Wahlvorst., wenn dieser ihn während der Arbeitszeit in der Regel nicht verläßt. Für schriftliche Erklärungen kann es jedoch durchaus zweckmäßig sein, eine andere Stelle zu bezeichnen. Es dürfte sich ferner empfehlen, die Stunden anzugeben, in denen das mit der Entgegennahme von Einsprüchen, Vorschlagslisten usw. betraute Mitgl. des Wahlvorst. anzutreffen ist.

Für die Wahrung einer Frist (z. B. zur Einreichung von Wahlvorschlägen) reicht es aus, wenn die Erklärung vor Ablauf der Frist dem Wahlvorst. an seiner Betriebsadresse zugeht. Das gilt auch dann, wenn zu diesem Zeitpunkt nicht der Vors. des Wahlvorst. oder sein Stellvertr. an der Betriebsadresse anwesend ist, sondern ein anderes Mitgl. des Wahlvorst. oder eine für den Wahlvorst. tätige Bürokraft (*GK-Kreutz,* Rn 23). Anderseits kann eine Erklärung dem Vors. des Wahlvorst. gegenüber auch außerhalb der Betriebsadresse fristwahrend abgegeben werden.

17 Die Vorschrift des Abs. 3 will dahinwirken, daß Wahlvorschläge möglichst eine die Organisation des Betriebs und die Struktur der ArbNschaft widerspiegelnde Zusammensetzung enthalten (vgl. im einzelnen § 15 BetrVG Rn 1ff.). Die Vorschrift wird nur in größeren Betrieben von Bedeutung sein. Ihre Verletzung begründet keine Anfechtung der BRWahl (*GL,* Rn 9; *GK-Kreutz,* Rn 24).

18 Das WA ist **bis zum Abschluß der Stimmabgabe** auszuhängen. Um die Lesbarkeit zu sichern, empfiehlt es sich, das WA vor Verschmutzung, Verstaubung und Verblassen der Schrift zu schützen.

§ 4 Einspruch gegen die Wählerliste

(1) **Einsprüche gegen die Richtigkeit[1] der Wählerliste können[2] mit Wirksamkeit für die Betriebsratswahl nur vor Ablauf von zwei Wochen[3] seit Erlaß des Wahlausschreibens beim Wahlvorstand[4] schriftlich[5] eingelegt werden.**

(2) **Über Einsprüche nach Absatz 1 hat der Wahlvorstand unverzüglich zu entscheiden.[6] Der Einspruch ist ausgeschlossen, soweit er darauf gestützt wird, daß die Zuordnung nach § 18a des Gesetzes fehlerhaft erfolgt sei.[7] Satz 2 gilt nicht, soweit die nach § 18a Abs. 1 oder 4 Satz 1 und 2 des Gesetzes am Zuordnungsverfahren Beteiligten die Zuordnung übereinstimmend[9] für offensichtlich fehlerhaft[8] halten. Wird der Einspruch für begründet erachtet, so ist die Wählerliste zu berichtigen. Die Entscheidung des Wahlvorstands ist dem Arbeitnehmer, der den Einspruch eingelegt hat, unverzüglich schriftlich mitzu-**

teilen; die Entscheidung muß dem Arbeitnehmer spätestens am Tage vor dem Beginn der Stimmabgabe zugehen.[6]

(3) **Nach Ablauf der Einspruchsfrist soll der Wahlvorstand die Wählerliste nochmals auf ihre Vollständigkeit hin überprüfen. Im übrigen kann nach Ablauf der Einspruchsfrist die Wählerliste nur bei Schreibfehlern, offenbaren Unrichtigkeiten, in Erledigung rechtzeitig eingelegter Einsprüche oder bei Eintritt eines Arbeitnehmers in den Betrieb bis zum Tage vor dem Beginn der Stimmabgabe berichtigt oder ergänzt werden.**[10]

Erläuterungen

Die **Wählerliste** ist **unrichtig,** wenn ein Wahlberechtigter nicht eingetragen oder ein Nichtwahlberechtigter eingetragen oder ein Wahlberechtigter der falschen Gruppe – ein Arb. der AngGruppe oder umgekehrt – zugeteilt ist. Gegen andere Maßnahmen des Wahlvorst. als gegen die Richtigkeit der Wählerliste ist ein Einspruch nicht gegeben. Soweit diese Maßnahmen rechtswidrig sind, können sie jedoch vor dem ArbG sowohl im Laufe des Wahlverfahrens als auch nach Ablauf der Wahl durch Wahlanfechtung angegriffen werden (vgl. § 18 BetrVG Rn 20ff., § 19 BetrVG Rn 10ff.). 1

Einspruchsberechtigt ist, da der zu wählende BR alle ArbN vertritt, jeder ArbN, nicht nur der unmittelbar Betroffene (*DR,* Rn 4; *GL,* Rn 4; *GK-Kreutz,* Rn 2; *Schneider* Rn 11); ferner derjenige, der sich zu Recht oder zu Unrecht für einen leitenden Ang. nach § 5 Abs. 3 BetrVG hält (vgl. LAG Hamm, DB 72, 1297; LAG Baden-Württemberg, BB 72, 918; zur Einschränkung der Einspruchsmöglichkeit nach einem Zuordnungsverfahren gem. § 18a BetrVG vgl. unten Rn 7ff). 2

Nicht einspruchsberechtigt sind dagegen der ArbGeb. und die im Betrieb vertretenen Gewerkschaften (vgl. BAG 29. 3. und 25. 6. 74, AP Nr. 2 und 3 zu § 19 BetrVG 1972; BAG 11. 3. 75, AP Nr. 1 zu § 24 BetrVG 1972; *DR,* Rn 5; *Schneider,* Rn 12; **a. A.** *GK-Kreutz,* Rn 3; *Bulla,* DB 77, 304; *HSG,* § 19 BetrVG Rn 8; hinsichtlich des ArbGeb. ferner *GL,* Rn 4). Sie können jedoch ggf. rechtwidrige Maßnahmen des Wahlvorst. vor dem ArbG angreifen bzw. nach Ablauf der Wahl eine Wahlanfechtung durchführen (vgl. BAG 5. 3. 74, AP Nr. 1 zu § 5 BetrVG 1972; ferner § 18 BetrVG Rn 20ff.). Allerdings sollte der Wahlvorst. „Einsprüche" von ArbGeb. oder den im Betrieb vertretenen Gewerkschaften zum Anlaß nehmen, von sich aus die Richtigkeit der Wählerliste zu überprüfen, um eine Wahlanfechtung zu vermeiden.

Die Frist ist eine **Ausschlußfrist.** Ihre Berechnung bestimmt sich nach § 187 BGB. Die Frist beginnt am Tage, nach dem das WA ausgehängt ist. Sie endet zwei Wochen später mit Ablauf des Wochentages, der dem Aushangtag entspricht. Hierbei kommt es nicht darauf an, ob dieser Tag ein Arbeitstag ist; jedoch ist § 193 BGB zu beachten (vgl. § 3 Rn 6). Hat der Wahlvorst. im Wahlausschreiben Dienststunden angegeben, so muß der Einspruch bis zum Ende der Dienststunden am letzten Tag der Frist beim Wahlvorst. eingegangen sein (vgl. § 3 Rn 6). Verspätet eingelegte 3

Einsprüche sollte der Wahlvorst. zu Beweiszwecken mit einem Eingangsvermerk versehen und zu den Wahlakten nehmen. Obwohl verspätete Einsprüche kein formelles Einspruchsverfahren nach Abs. 2 auslösen, können sie doch für den Wahlvorst. Veranlassung für eine Überprüfung der Wählerliste im Rahmen von Abs. 3 sein (vgl. unten Rn 10; *GK-Kreutz,* Rn 6).

Versäumen einspruchsberechtigte ArbN, rechtzeitig **Einspruch einzulegen,** so sind sie insoweit nicht mehr zur **Wahlanfechtung** nach § 19 BetrVG befugt (vgl. LAG Düsseldorf, DB 73, 2050; LAG Frankfurt, DB 76, 1271; *GL,* Rn 2, anders aber § 19 BetrVG Rn 9; einschränkend *DR,* § 19 BetrVG Rn 9; **a. A.** *GK-Kreutz,* § 19 BetrVG Rn 59; *Bulla,* DB 77, 304; *Gnade,* Festschrift für Herschel, S. 145; *Hanau,* DB 86, Beil. 4 S. 12). Etwas anderes gilt, wenn sie an der rechtzeitigen Einlegung des Einspruchs arglistig gehindert worden sind (vgl. LAG Kiel, AP Nr. 1 zu § 4 WO). Durch die Nichteinlegung eines Einspruchs gegen die Richtigkeit der Wählerliste geht das Wahlanfechtungsrecht der ArbN wegen sonstiger Verstöße nicht verloren (BVerwG, AP Nr. 1 zu § 9 PersVG). Das Anfechtungsrecht der im Betrieb vertretenen Gewerkschaften oder des ArbGeb. wegen Unrichtigkeit der Wählerliste besteht ohne Rücksicht darauf, ob ArbN gegen die Wählerliste Einspruch eingelegt haben (BAG 29. 3. und 25. 6. 74, AP Nr. 2 und 3 zu § 19 BetrVG 1972; *DR,* § 19 BetrVG Rn 8f.).

4 Einsprüche sind **beim Wahlvorst.** einzulegen. Sie sind deshalb an den Wahlvorst. als solchen, nicht an ein Mitgl. des Wahlvorst. zu adressieren. Der Vors. des Wahlvorst. ist jedoch berechtigt, Erklärungen, die dem Wahlvorst. gegenüber abzugeben sind, entgegenzunehmen. Die Entgegennahme des Einspruchs durch den Vors. des Wahlvorst. reicht deshalb zur Wahrung der Frist aus. Das gleiche gilt, wenn der Einspruch rechtzeitig im Wahlbüro abgegeben wird (vgl. hierzu § 3 Rn 16).

5 Der Einspruch muß **schriftlich** eingelegt werden; er ist vom Einspruchsführer zu unterschreiben (vgl. § 126 BGB). Telegraphische Übermittlung genügt (*GL,* Rn 5; *GK-Kreutz,* Rn 7). Ein mündlicher Einspruch ist rechtlich ohne Bedeutung; jedoch sollte der Wahlvorst. den ArbN auf die Notwendigkeit der Schriftform hinweisen (*Schneider,* Rn 5). Eine **Begründung des Einspruchs** ist nicht vorgeschrieben; jedoch muß der Einspruchsführer angeben, in welcher Hinsicht die Wählerliste unrichtig sein soll (*GK-Kreutz,* Rn 7).

6 Der Wahlvorst. entscheidet über eingelegte Einsprüche durch **Beschluß seiner stimmberechtigten Mitgl. mit einfacher Stimmenmehrheit** (*GL,* Rn 6). Die Entscheidung über den Einspruch ist in die Sitzungsniederschrift aufzunehmen. Der Wahlvorst. hat über Einsprüche **unverzüglich** zu entscheiden und seine Entscheidung dem Einspruchsführer ebenfalls unverzüglich, spätestens jedoch am Tage vor der Stimmabgabe, mitzuteilen. Die Unterrichtung des Einspruchsführers über die Behandlung seines Einspruchs kann ebenfalls telegraphisch erfolgen (*DR,* Rn 7; *GK-Kreutz,* Rn 8). Eine Begründung der Entscheidung des Wahlvorstands über einen Einspruch ist nicht vorgeschrieben, kann jedoch zweckmäßig sein. Weist der Wahlvorst. den Einspruch zurück, so

kann der durch die Entscheidung unmittelbar betroffene Einspruchsführer die Entscheidung des ArbG beantragen (vgl. § 18 BetrVG Rn 20ff.). Wird der Einspruch für begründet erachtet, sind alle Wählerlisten, d. h. das beim Wahlvorst. befindliche Original und alle im Betrieb ausgelegten Abdrucke entsprechend zu **berichtigen.** Die Berichtigung gehört zu den Amtspflichten des Wahlvorst. und muß spätestens am Tage vor Beginn der Stimmabgabe erfolgen (*GK-Kreutz,* Rn 9).

Diese Regelung steht in Zusammenhang mit § 18a BetrVG. Sie will 7
verhindern, daß eine Bestimmung des Personenkreises der **leitenden Ang.** im **Zuordnungsverfahren** nach § 18a BetrVG durch eine andere Entscheidung im Einspruchsverfahren wieder in Frage gestellt wird. Hierbei kommt es nicht darauf an, ob die Zuordnung durch eine einvernehmliche Regelung der beteiligten Wahlvorst. bzw., wenn nur eine Vertretung neu zu wählen ist, des Wahlvorst. für diese Wahl und der anderen, nicht neu zu wählenden Vertretung oder durch eine Entscheidung des Vermittlers erfolgt ist (vgl. hierzu im einzelnen § 18a BetrVG, Rn 5ff.). Mit diesem **Ausschluß der Einspruchsmöglichkeit** soll die grundsätzliche Bindung der Wahlvorst. an das Ergebnis des Zuordnungsverfahrens gesichert werden (vgl. hierzu auch die Regelung des § 18a Abs. 5 S. 2 BetrVG über den Ausschluß des Wahlanfechtungsrechts).

Der Ausschluß der Einspruchsmöglichkeit bezieht sich nur auf die Zuordnung der leitenden Ang., nicht auf andere Mängel der Wählerliste hinsichtlich dieses Personenkreises, z. B. einer falschen Namensangabe. Ausgeschlossen ist auch nur der Einspruch gegen die Wählerliste, nicht ein gerichtliches (Status-)Verfahren zur Klärung der Frage, ob ein Ang. leitender Ang. ist oder nicht (vgl. auch § 18a BetrVG Rn 54ff.; dort auch Näheres zur Antragsberechtigung). Ergeht in einem Statusverfahren eine rechtskräftige Entscheidung oder auch einstweilige Verfügung und steht diese mit der im Zuordnungsverfahren getroffenen Entscheidung in Widerspruch, haben die Wahlvorst. die Wählerlisten – und zwar bis zum Tag vor Beginn der Stimmabgabe – entsprechend zu berichtigen (vgl. auch § 5 Abs. 4 Nr. 1 BetrVG).

Eine **Ausnahme** von dem grundsätzlichen Verbot einer Änderung der 8
Zuordnungsentscheidung nach § 18a BetrVG im Einspruchsverfahren besteht dann, wenn die am Zuordnungsverfahren beteiligten Wahlvorst. bzw. die nicht neu zu wählende Vertr. die getroffene Zuordnung übereinstimmend für offensichtlich fehlerhaft halten (vgl. auch die Regelung des § 18a Abs. 5 S. 3 BetrVG und dortige Rn 59f.). Als **offensichtlich fehlerhaft** ist eine Zuordnung anzusehen, wenn sich die Fehlerhaftigkeit dem mit den Gegebenheiten des Betriebs und Unternehmens Vertrauten geradezu aufdrängt (*Wlotzke,* DB 89, 126; *Löwisch,* § 18a BetrVG Rn 8). Diese Ausnahmeregelung ermöglicht es z. B., nach Abschluß des Zuordnungsverfahrens eintretende Veränderungen, etwa eine nachträgliche unstreitige Beförderung eines Ang. zum leitenden Ang., in der Wählerliste zu berücksichtigen. Eine derartige Berichtigung aufgrund nachträglicher Umstände ist von den Wahlvorst. nach gegenseitiger übereinstimmender Abstimmung auch dann vorzunehmen, wenn kein Einspruch eingelegt worden ist (vgl. auch Rn 10).

Offensichtlich fehlerhaft kann die Zuordnung jedoch auch schon im Zeitpunkt ihrer Entscheidung sein. Dies ist z. B. der Fall, wenn offensichtlich die Abgrenzungskriterien des § 5 Abs. 3 und 4 BetrVG und das zwischen diesen Absätzen bestehende Rangverhältnis mißachtet worden ist (vgl. hierzu auch § 18a BetrVG Rn 59 und § 5 BetrVG Rn 175ff.) oder wenn bei der Zuordnung offensichtlich von falschen Annahmen ausgegangen worden ist, etwa weil der ArbGeb. über die Tätigkeit eines Ang. und seine Einordnung und Stellung im Betrieb oder Unternehmen falsche Angaben gemacht hat (Löwisch, § 18a BetrVG Rn 8). Auch wenn die Frage, ob jemand leitender Ang. ist oder nicht, im Rahmen eines gerichtlichen Verfahrens inzidenter entschieden worden ist, z. B. in einem Kündigungsschutzverfahren, ist in der Regel eine offensichtliche Fehlerhaftigkeit anzunehmen.

9 Eine Berichtigung der Zuordnungsentscheidung im Rahmen eines Einspruchsverfahrens setzt neben ihrer offensichtlichen Fehlerhaftigkeit weiter voraus, daß die **beteiligten Wahlvorst.** (bzw. die nicht neu zu wählende Vertr.) die Zuordnung **übereinstimmend** für offensichtlich fehlerhaft halten. Durch dieses Erfordernis soll zum einen eine widerspruchsfreie Abgrenzung der zum BR und zum Sprecherausschuß wahlberechtigten und wählbaren ArbN und zum anderen die nur in diesem Fall eingreifende Einschränkung des Wahlanfechtungsrecht nach § 18a Abs. 5 S. 2 BetrVG sichergestellt werden. Die Entscheidung darüber, ob die Wahlvorst. eine offensichtliche Fehlerhaftigkeit bejahen, hat jeder beteiligte Wahlvorst. in einem ordnungsgemäßen Beschluß zu treffen. Erst nachdem übereinstimmende Beschlüsse vorliegen, sind die Wählerlisten entsprechend zu berichtigen. Ist eine Fehlerhaftigkeit der Zuordnung offensichtlich, d. h. klar erkennbar zu bejahen, sind die Wahlvorst. **verpflichtet** einen entsprechenden Berichtigungsbeschluß zu fassen. Das folgt aus ihrer generellen Pflicht, eine gesetz- und rechtmäßige Durchführung der Wahlen zu gewährleisten, wozu insbesondere gehört, dem einzelnen ArbN die Ausübung seines aktiven und passiven Wahlrechts zu „seiner" Vertr. zu ermöglichen.

Ist zwar die getroffene Zuordnungsentscheidung fehlerhaft, ist die Fehlerhaftigkeit jedoch nicht offensichtlich oder ihre Offensichtlichkeit zweifelhaft, steht zwar das Einspruchsverfahren nach § 4 Abs. 1 und 2 nicht offen. Jedoch ist es den beteiligten Wahlvorst. nicht untersagt, im Rahmen ihrer allgemeinen Verpflichtung, die Wählerlisten bis zum Tage vor Beginn der Stimmabgabe laufend auf ihre Richtigkeit und Vollständigkeit zu überprüfen (vgl. Abs. 3 und Rn 10), auch in diesem Falle in beiderseitigem Einvernehmen die Wählerlisten entsprechend zu berichtigen. Denn es ist kein Grund ersichtlich, weswegen einvernehmliche Entscheidungen der beteiligten Wahlvorst. über die Zuordnung von leitenden Ang. nur im Rahmen des Zuordnungsverfahrens bis zur Aufstellung der Wählerliste, nicht jedoch auch noch später bis zum Tag vor Beginn der Stimmabgabe zulässig sein sollen, wenn die Wahlvorst. die im Zuordnungsverfahren erfolgte Entscheidung nachträglich übereinstimmend für falsch halten.

10 Obwohl Abs. 3 S. 1 lediglich als Sollvorschrift formuliert ist, ist der

Wahlvorst. verpflichtet, auch **nach Ablauf der Einspruchsfrist** die Wählerliste laufend auf ihre Vollständigkeit zu überprüfen. Dies folgt daraus, daß die Eintragung in die Wählerliste Voraussetzung für die Ausübung des aktiven und passiven Wahlrechts ist und dieses soweit wie möglich gesichert werden muß. Diese laufende Überprüfung erstreckt sich insbesondere darauf, daß alle wahlberechtigten ArbN des Betriebs, insbesondere die neu in den Betrieb eingetretenen ArbN, in die Wählerliste aufgenommen sind. Ferner ist eine Änderung der Wählerliste in Form der Berichtigung von Schreibfehlern, und von offenbaren, d. h. klar erkennbaren Unrichtigkeiten (z. B. Streichung nicht mehr dem Betrieb angehöriger ArbN; Streichung eines ArbN, der am Wahltag noch nicht 18 Jahre alt ist; Aufnahme offensichtlich übersehener wahlberechtigter ArbN; Befolgung eines rechtskräftigen Beschlusses oder einer einstweiligen Verfügung eines ArbG zur Aufnahme oder Nichtaufnahme eines ArbN in die Wählerliste) zulässig. Auch diese Berichtigungen und Ergänzungen erfordern einen entsprechenden Beschluß des Wahlvorst. (*GL,* Rn 8; *GK-Kreutz,* Rn 11). Diese Änderungen und Ergänzungen sind nur bis zum Tage vor Beginn der Stimmabgabe zulässig (*DR,* Rn 11; *GL,* Rn 8).

§ 5 Verteilung der Sitze auf die Gruppen

(1) **Der Wahlvorstand errechnet die Verteilung der Betriebsratsmitglieder auf die Gruppen (§§ 10 und 12 Abs. 1 des Gesetzes) nach den Grundsätzen der Verhältniswahl. Zu diesem Zweck werden die Zahlen der am Tage des Erlasses des Wahlausschreibens im Betrieb beschäftigten Arbeiter und Angestellten in einer Reihe nebeneinander gestellt und beide durch 1, 2, 3, 4 usw. geteilt. Die ermittelten Teilzahlen sind nacheinander reihenweise unter den Zahlen der ersten Reihe aufzuführen, bis höhere Teilzahlen, als aus früheren Reihen für die Zuweisung von Sitzen in Betracht kommen, nicht mehr entstehen.**[1]

(2) **Unter den so gefundenen Teilzahlen werden so viele Höchstzahlen ausgesondert und der Größe nach geordnet, wie Betriebsratsmitglieder zu wählen sind. Jede Gruppe erhält so viele Mitgliedersitze zugeteilt, wie Höchstzahlen auf sie entfallen. Wenn die niedrigste in Betracht kommende Höchstzahl auf beide Gruppen zugleich entfällt, so entscheidet das Los darüber, welcher Gruppe dieser Sitz zufällt.**[2]

(3) **Würden nach den Vorschriften des Absatzes 2 der Minderheitsgruppe weniger Sitze zufallen, als in § 10 Abs. 2 des Gesetzes vorgeschrieben ist, so erhält sie die dort vorgesehene Vertreterzahl; die Zahl der Sitze der Mehrheitsgruppe vermindert sich entsprechend.**[3]

(4) **Gehört beiden Gruppen die gleiche Zahl von Arbeitnehmern an, so entscheidet das Los darüber, welcher Gruppe die höhere Zahl von Sitzen zufällt.**[2]

Erläuterungen

1 Die Vorschrift enthält eine Beschreibung des d'Hondtschen Systems für die Ermittlung der den ArbNGruppen gem. § 10 Abs. 1 BetrVG im BR zustehenden Sitze. Vgl. hierzu im einzelnen § 10 BetrVG Rn 5ff.

2 Vgl. § 10 BetrVG Rn 5 bis 8.

3 Vgl. § 10 BetrVG Rn 9 und 10.

Zweiter Abschnitt. Wahl mehrerer Betriebsratsmitglieder oder Gruppenvertreter

Erster Unterabschnitt. Einreichung und Bekanntmachung von Vorschlagslisten

§ 6 Vorschlagslisten

(1) **Sind bei Gruppenwahl für eine Gruppe mehrere Vertreter oder bei gemeinsamer Wahl[1] mehrere Betriebsratsmitglieder zu wählen, so erfolgt die Wahl auf Grund von Vorschlagslisten.[2] Die Vorschlagslisten sind von den wahlberechtigten Arbeitnehmern vor Ablauf von zwei Wochen seit Erlaß des Wahlausschreibens beim Wahlvorstand einzureichen.[3]**

(2) **Beschließen die wahlberechtigten Angehörigen beider Gruppen nach Erlaß des Wahlausschreibens, aber vor Ablauf der in Absatz 1 Satz 2 genannten Frist, die gemeinsame Wahl (§ 14 Abs. 2 des Gesetzes), so hat der Wahlvorstand eine Nachfrist von einer Woche für die Einreichung neuer Vorschlagslisten zu setzen und dies in gleicher Weise bekanntzumachen wie das Wahlausschreiben (§ 3 Abs. 4).[4] Vorher[5] eingereichte Wahlvorschläge verlieren ihre Gültigkeit.**

(3) **Jede Vorschlagsliste soll mindestens doppelt so viele Bewerber aufweisen, wie in dem Wahlvorgang Betriebsratsmitglieder zu wählen sind.[6]**

(4) **In jeder Vorschlagsliste sind die einzelnen Bewerber in erkennbarer Reihenfolge[7] unter fortlaufender Nummer und unter Angabe von Familienname, Vorname, Geburtsdatum, Art der Beschäftigung im Betrieb und Arbeitnehmergruppe aufzuführen.[8] Die schriftliche Zustimmung der Bewerber zur Aufnahme in die Liste ist beizufügen.[9]**

(5) **Wenn kein anderer Unterzeichner der Vorschlagsliste ausdrücklich als Listenvertreter[10] bezeichnet ist, wird der an erster Stelle Unterzeichnete als Listenvertreter angesehen. Der Listenvertreter ist berechtigt und verpflichtet, dem Wahlvorstand die zur Beseitigung von Anständen erforderlichen Erklärungen abzugeben sowie Erklärungen und Entscheidungen des Wahlvorstands entgegenzunehmen.**

(6) **Die Unterschrift eines Wahlberechtigten zählt nur auf einer Vorschlagsliste.[11] Hat ein Wahlberechtigter mehrere Vorschlagslisten**

unterzeichnet, so hat er auf Aufforderung des Wahlvorstands[11a] binnen einer ihm gesetzten angemessenen Frist, spätestens jedoch vor Ablauf von drei Arbeitstagen,[12] zu erklären, welche Unterschrift er aufrechterhält. Unterbleibt die fristgerechte Erklärung, so wird sein Name auf der zuerst eingereichten Vorschlagsliste gezählt und auf den übrigen Listen gestrichen; sind mehrere Vorschlagslisten, die von demselben Wahlberechtigten unterschrieben sind, gleichzeitig eingereicht worden, so entscheidet das Los darüber, auf welcher Vorschlagsliste die Unterschrift gilt.[13]

(7) **Eine Verbindung von Vorschlagslisten ist unzulässig.**

(8) **Ein Bewerber kann nur auf einer Vorschlagsliste vorgeschlagen werden. Ist sein Name mit seiner schriftlichen Zustimmung auf mehreren Vorschlagslisten aufgeführt, so hat er auf Aufforderung des Wahlvorstands vor Ablauf von drei Arbeitstagen zu erklären, welche Bewerbung er aufrechterhält. Unterbleibt die fristgerechte Erklärung, so ist der Bewerber auf sämtlichen Listen zu streichen.[14]**

Erläuterungen

Die Frage, ob Gruppenwahl oder gemeinsame Wahl stattfindet, entscheidet sich nach § 14 Abs. 2 BetrVG (vgl. dort Rn 13ff.). 1

Der Ausdruck „Vorschlagsliste" ist gewählt, weil die Wahl des BR im allgemeinen als **Verhältniswahl,** d. h. als Listenwahl durchgeführt wird. Eine Mehrheitswahl findet lediglich statt, wenn nur ein einköpfiger BR oder im Falle der Gruppenwahl für eine Gruppe nur ein Vertr. zu wählen ist (vgl. hierzu § 25) sowie in den Fällen, in denen für einen Wahlgang (d. h. bei Gruppenwahl für die Gruppe, bei gemeinsamer Wahl für den BR insgesamt) nur eine Vorschlagsliste eingereicht worden ist (vgl. § 21). Letzteres ist jedoch erst nach Ablauf der Einreichungsfrist für Wahlvorschläge feststellbar. Bei einer Vorschlagsliste müssen die Bewerber in erkennbarer Reihenfolge aufgeführt sein, da die Zuteilung der auf die Liste entfallenden BRSitze nach der Reihenfolge der Kandidaten auf der Liste erfolgt (vgl. §§ 15 und 16). Die Vorschlagslisten müssen **schriftlich eingereicht** werden und von einer **erforderlichen Anzahl wahlberechtigter ArbN unterzeichnet** sein. Näheres hierzu vgl. § 14 BetrVG Rn 44ff. 2

Die für die Einreichung von Vorschlagslisten gesetzte Frist von zwei Wochen nach Erlaß des WA ist eine **Ausschlußfrist.** Die Frist beginnt am Tage nach dem Aushang des WA; wird das WA an mehreren Stellen im Betrieb ausgehängt, ist der letzte Aushang maßgebend (vgl. LAG Hamm, DB 76, 1075). Die Frist endet zwei Wochen später mit Ablauf desselben Wochentages, an dem das WA ausgehängt worden ist. Wird z. B. das WA am 6. 3. 90 erlassen und ausgehängt, so läuft die Frist mit Ende des 20. 3. 90 ab. Hat der Wahlvorst. im WA bestimmte Dienststunden angegeben, so müssen die Wahlvorschläge bis zum Ende der Dienststunden am letzten Tage der Frist (im obigen Beispielsfall also am 20. 3. 1990) bei ihm eingegangen sein. Hierbei ist allerdings vorauszusetzen, daß die vom Wahlvorst. bestimmten Dienststunden nicht vor dem 3

Ende der Arbeitszeit des überwiegenden Teils der ArbN enden (BAG 12. 12. 60, AP Nr. 11 zu § 18 BetrVG; BAG 4. 10. 77, AP Nr. 2 zu § 18 BetrVG 1972; *DR,* Rn 4; *GL,* Rn 2; *GK-Kreutz,* Rn 5; vgl. auch § 3 Rn 6). Der letzte Tag der Frist ist **datum-** und **ggf. stundenmäßig im WA** anzugeben (vgl. § 3 Rn 11). Behält der Wahlvorst. eine ihm bereits vor Erlaß des WA zugeleitete Vorschlagsliste, so kann er diese nach Erlaß des WA nicht mehr wegen vorzeitiger Einreichung zurückgeben; Diese Liste ist als mit Erlaß des WA eingereicht anzusehen (*Schneider,* Rn 14; BVerwG, ZBR 58, 187). Die Zurücknahme eines beim Wahlvorst. ordnungsgemäß eingereichten Wahlvorschlags ist nur mit Zustimmung aller Unterzeichner zulässig (*Schneider,* Rn 15).

Nach Ablauf der Frist können grundsätzlich keine Wahlvorschläge mehr rechtswirksam eingereicht werden (vgl. § 8 Abs. 1). Eine **Ausnahme** besteht nur dann, wenn

- innerhalb der Frist **keine gültige Vorschlagsliste,** bei Gruppenwahl für eine Gruppe oder bei gemeinsamer Wahl für den BR überhaupt, eingereicht worden ist (vgl. § 9) oder
- innerhalb der Frist die Durchführung der BRWahl als **gemeinsame Wahl** beschlossen wird (vgl. Abs. 2).

In diesen Fällen hat der Wahlvorst. für die Einreichung von Wahlvorschlägen eine **Nachfrist von einer Woche** zu setzen. Diese Nachfrist ist in gleicher Weise bekanntzumachen wie das WA. Auch nach Ablauf der Nachfrist können zwar rechtzeitig eingereichte, jedoch fehlerhafte Wahlvorschläge gem. § 8 Abs. 2 noch berichtigt werden.

Die Wahlvorschläge sind an die aus dem WA (§ 3 Abs. 2 Nr. 11) zu ersehende **Betriebsadresse des Wahlvorst.** zu richten und dem Wahlvorst. an dieser Stelle unmittelbar auszuhändigen oder ihm auf andere Weise, z. B. durch die Betriebspost, zuzuleiten. Der Wahlvorst. muß bis zum Ablauf der Frist zur Entgegennahme von Wahlvorschlägen bereit sein. Es genügt aber auch, wenn der Vors. des Wahlvorst. die Liste außerhalb der Betriebsadresse des Wahlvorst. entgegennimmt (vgl. § 3 Rn 15f.).

4 Der Beschluß der wahlberechtigten ArbN der beiden Gruppen, statt in Gruppenwahl in **gemeinsamer Wahl** zu wählen, ist nach § 14 Abs. 2 BetrVG (Näheres s. dort Rn 17ff.) in getrennten und geheimen Abstimmungen vor der Wahl zu fassen. Er dürfte im allgemeinen bei Erlaß des WA schon vorliegen (vgl. § 3 Abs. 2 Nr. 5). § 6 Abs. 2 setzt jedoch, obwohl die Wahl bereits eingeleitet ist, noch eine letzte Frist, bis zu deren Ablauf die gemeinsame Wahl beschlossen werden kann. Der Beschluß über die gemeinsame Wahl muß vor Ablauf der für die Einreichung von Wahlvorschlägen vorgesehenen **Frist von zwei Wochen seit Erlaß des WA** gefaßt sein. Nach Ablauf dieser Frist kann eine gemeinsame Wahl nicht mehr beschlossen werden. Wird z. B. das WA am 2. 3. 90 erlassen, so müssen diese Abstimmungen spätestens am 16. 3. 90 durchgeführt sein, um noch bei der Wahl berücksichtigt zu werden.

Wird innerhalb der Frist die Durchführung der BRWahl als gemeinsame Wahl beschlossen, so hat der Wahlvorst. unverzüglich eine **Nachfrist** von einer Woche für die Einreichung neuer Wahlvorschläge zu setzen und in gleicher Weise wie das WA bekanntzumachen. Bereits eingereichte Vorschlagslisten verlieren ihre Gültigkeit. Die Nachfrist bestimmt sich nach dem Tag ihrer Bekanntmachung, sie schließt sich nicht an den Ablauf der ursprünglichen Zweiwochenfrist für die Einreichung von Wahlvorschlägen an (*DR*, Rn 6; *GK-Kreutz*, Rn 7; *Schneider*, Rn 20). Erfolgt im obigen Beispiel die Bekanntmachung am 12. 3. 90, so läuft die Nachfrist vom 13. bis zum 19. 3. 90. Der letzte Tag der Nachfrist ist ausdrücklich anzugeben. Die Nachfrist von einer Woche führt allerdings nicht zu einer Verkürzung der ursprünglichen Einreichungsfrist von zwei Wochen. Erfolgt im vorstehenden Beispiel die Bekanntmachung, daß die Wahl als gemeinsame Wahl stattfindet, bereits am 5. 3. 90, so ist der für die Einreichung von Vorschlagslisten maßgebende Endtermin weiterhin der 16. 3. 90 (**a. A.** *Schneider*, Rn 20; *GK-Kreutz*, Rn 7). Das ergibt sich aus dem Charakter der Nachfrist. An die Nachfrist ist die gleiche Folge wie an die für die Einreichung von Vorschlagslisten nach Abs. 1 geltende Ausschlußfrist geknüpft. Gleichzeitig ist das **WA soweit zu ändern,** als die geänderte Situation dies erfordert. So ist es notwendig, die jetzt geänderte Zahl der für eine gültige Vorschlagsliste erforderlichen Unterzeichner (jetzt mindestens ein Zwanzigstel der wahlberechtigten ArbN des Betriebs; vgl. § 14 Abs. 7 BetrVG) bekanntzugeben. Ggf. ist auch der Zeitpunkt der Stimmabgabe zu ändern. Eine zu kurze Nachfrist macht die Wahl anfechtbar (LAG Frankfurt, DB 65, 1746; *GL*, Rn 6).

Wird vor Ablauf der Frist keine gültige Vorschlagsliste eingereicht, ist nach § 9 Abs. 1 zu verfahren.

Vorher eingereicht sind die Wahlvorschläge, die vor der neuen Bekanntmachung, daß die BRWahl als gemeinsame Wahl durchgeführt wird, dem Wahlvorst. zugeleitet worden sind. 5

Die Verletzung dieser reinen Ordnungsvorschrift **(Sollvorschrift)** führt nicht zur Ungültigkeit der Vorschlagsliste, selbst dann nicht, wenn bei mehreren zu wählenden BRMitgl. eine Liste überhaupt nur einen Kandidaten enthält (BAG 29. 6. 65, AP Nr. 11 zu § 13 BetrVG; *DR*, Rn 8, *GL*, Rn 7, *GK-Kreutz*, Rn 9; *Schneider*, Rn 23f.; **a. A.** *Heinze*, NZA 88, 570, insbesondere für den Fall, daß nicht durch andere Vorschlagslisten gewährleistet ist, daß deutlich mehr Bewerber zur Wahl stehen, als BRSitze zu vergeben sind). Läßt der Wahlvorst. eine derartige Liste nicht zu, so führt ein Wahlanfechtungsverfahren zur Ungültigkeit der BRWahl. 6

Die erkennbare **Reihenfolge der Bewerber** ist wichtig, weil bei Vorliegen mehrerer Vorschlagslisten die gewählten Bewerber sich nach der Reihenfolge ihrer Benennung auf der Vorschlagsliste bestimmen (vgl. § 15 Abs. 4, § 16 Abs. 2 S. 2). Das gilt allerdings dann nicht, wenn nur ein einköpfiger BR oder bei Gruppenwahl für eine Gruppe nur ein Vertr. zu wählen ist, weil diese stets in Mehrheitswahl gewählt werden und bei ihr die Reihenfolge der Bewerber keine Rolle spielt (*DR*, Rn 9). Ob (noch) eine erkennbare Reihenfolge der Bewerber vorliegt, ist nicht nach formalen Kriterien, sondern danach zu beurteilen, ob sich diese für einen unbefangenen und objektiven Dritten ohne Zweifel feststellen läßt 7

(*Heinze,* NZA 88, 570). Sind die Bewerber auf der Vorschlagsliste nicht in erkennbarer Reihenfolge aufgeführt, so ist die Liste **ungültig** (vgl. § 8 Abs. 1 Nr. 2). Das gilt auch dann, wenn nur diese Liste eingereicht wird und die Wahl gem. § 21 nach den Grundsätzen der Mehrheitswahl durchzuführen ist (*DR,* Rn 9; *GK-Kreutz,* Rn 11); denn im Zeitpunkt der Entscheidung des Wahlvorst. kann nicht abgesehen werden, ob nicht innerhalb der Einreichungsfrist noch weitere Wahlvorschläge eingehen. Der Wahlvorst. hat den Listenführer hierüber gem. § 7 Abs. 2 unverzüglich zu unterrichten. Eine neue ordnungsgemäße Liste kann nur innerhalb der allgemeinen Frist des § 6 Abs. 1 S. 2 beim Wahlvorst. neu eingereicht werden (*GK- Kreutz,* Rn 11).

8 Enthält ein Wahlvorschlag **keine oder eine falsche Angabe über die Gruppenzugehörigkeit,** so hat der Wahlvorst. die Vorschlagsliste nach § 7 Abs. 2 zu beanstanden. Übersieht er trotz Prüfung der Liste nach bestem Wissen und Gewissen diesen Fehler, so begründet dies im allgemeinen nicht die Anfechtbarkeit der Wahl (vgl. BAG 2. 2. 62, AP Nr. 10 zu § 13 BetrVG; *Schneider,* Rn 31; **a. A.** LAG Frankfurt DB 65, 1746; *GL,* Rn 11; im Falle der Gemeinschaftswahl *DR,* Rn 10; im allgemeinen nur im Falle der Gemeinschafts- und Mehrheitswahl *Heinze,* NZA 88, 571; vgl. auch *GK-Kreutz,* Rn 12, der jedoch auf die Notwendigkeit der Kausalität dieses Fehlers für das Wahlergebnis besonders hinweist). Das **Fehlen der Berufsangabe** rechtfertigt, da kein wesentlicher Verstoß, keine Wahlanfechtung, sofern die eindeutige Zuordnung und Individualisierung des Bewerbers möglich bleibt (*DR,* Rn 10; *GL,* Rn 11; *GK-Kreutz,* Rn 12; *Schneider,* Rn 31; *Heinze,* NZA 88, 571; **a. A.** LAG Frankfurt, BB 65, 456). Entsprechendes gilt bei einer fehlerhaften Angabe des Namens, Vornamens (z. B. Angabe des Spitznamens) oder Geburtsdatums oder bei Fehlen des Vornamens oder Geburtsdatums.

9 Die Zustimmungserklärung ist schriftlich zu erteilen, d. h. vom Bewerber zu unterschreiben (vgl. § 126 Abs. 1 BGB; **a. A.** LAG Frankfurt, BB 88, 2317). Nicht erforderlich ist allerdings, daß die Bewerber ihre **Zustimmung** jeweils gesondert schriftlich erklären. Vielmehr kann die schriftliche Zustimmung auch durch Unterschrift auf einer Vorschlagsliste gegeben werden (vgl. BAG 12. 2. 60, AP Nr. 11 zu § 18 BetrVG; *GL,* Rn 12; *GK- Kreutz,* Rn 13; *Heinze,* NZA 88, 571). Liegt die schriftliche Zustimmung der Bewerber nicht vor, ist nach § 8 Abs. 2 zu verfahren. Ausreichend ist, daß der Bewerber seine schriftliche Zustimmungserklärung unmittelbar beim Wahlvorst. einreicht (**a. A.** offensichtlich *Schneider,* Rn 41). Nach Ablauf der Frist gem. § 8 Abs. 2 ist eine Zustimmung auch dann nicht mehr zulässig, wenn die allgemeine Frist für die Einreichung von Wahlvorschlägen noch nicht abgelaufen ist (*GK-Kreutz,* Rn 13; insoweit **a. A.** *DR,* Rn 11). Wird das Verfahren nach § 8 Abs. 2 nicht durchgeführt, so bleibt die **Wahl anfechtbar,** auch wenn die schriftliche Zustimmung des Bewerbers nach Ablauf der Frist zur Einreichung von Vorschlagslisten nachgeholt wird (BAG 1. 6. 66, AP Nr. 15 zu § 18 BetrVG; *GL,* Rn 12). Eine **Rücknahme der Zustimmung** ist nicht zulässig (vgl. BVerwG, AP Nr. 1 zu § 9 WahlO z. PersVG; *Schneider,* Rn 43; **a. A.** *DR,* Rn 12; *GL,* Rn 13; *GK-Kreutz,*

Rn 14; vgl. auch § 14 BetrVG Rn 55). Allerdings kann ein Wahlbewerber die Annahme der Wahl ablehnen (vgl. § 18 WO).

Jede Vorschlagsliste muß einen **Listenvertr.** haben, mit dem eventuelle Mängel oder sonstige notwendig werdende Rückfragen erörtert werden können. Listenvertr. kann nur sein, wer den Wahlvorschlag mitunterschrieben hat. Ist oder wird nicht ausdrücklich ein anderer Unterzeichner als Listenvertr. benannt, so gilt der an erster Stelle stehende Unterzeichner als Listenvertr. Bei Wahlvorschlägen der im Betrieb vertretenen Gewerkschaften (vgl. hierzu § 14 BetrVG Rn 57ff.) ist mangels anderweitiger Bestimmung Listenvertreter der Beauftragte, der die Liste an erster Stelle unterschrieben hat (vgl. § 29 Rn 4). Der Listenvertr. ist berechtigt, alle mit der Vorschlagsliste zusammenhängenden Erklärungen abzugeben und entgegenzunehmen. Er ist hierbei nicht an die Zustimmung der weiteren Unterzeichner der Liste gebunden. Der Listenvertr. ist jedoch nicht befugt, einen beim Wahlvorst. eingereichten Wahlvorschlag zurückzunehmen; denn er hat keine Verfügungsbefugnis über den Wahlvorschlag (BVerwGE 48, 317). **10**

Die Urschrift der Vorschlagsliste ist von der nach § 14 Abs. 6 und 7 BetrVG erforderlichen **Mindestzahl von wahlberechtigten ArbN zu unterzeichnen** (vgl. hierzu § 14 BetrVG Rn 47ff.), anderenfalls ist die Vorschlagsliste ungültig (vgl. § 8 Abs. 1, Abs. 2 Nr. 3). Wegen der Unterzeichnung durch Mitgl. des Wahlvorst. vgl. § 14 BetrVG Rn 52. Zum Vorschlagsrecht der Gewerkschaften vgl. § 29. **11**

Die Unterschriften müssen auf dem Wahlvorschlag geleistet werden. Berstehen Wahlvorschlag und Unterschriftenliste aus mehreren Blättern, müssen diesen zu einer einheitlichen zusammenhängenden Urkunde verbunden werden (LAG Düsseldorf, DB 68, 898; BVerwG, AP Nr. 1 zu § 10 WahlO z. PersVG; LAG Frankfurt, NZA 87, 572; *GL,* Rn 15; **a. A.** *Faecks/Meik,* NZA 88, 193). Unterschriften auf blanken Blättern, die erst später der Vorschlagsliste mit den in § 6 Abs. 4 vorgeschriebenen Angaben angeheftet werden, sind unzulässig. Andererseits ist es jedoch zulässig, daß eine Vorschlagsliste in **mehreren gleichlautenden Ausfertigungen** bei den ArbN zur Unterzeichnung umläuft; jedoch müssen alle Ausfertigungen inhaltlich übereinstimmen und sämtliche in § 6 Abs. 4 vorgeschriebenen Angaben enthalten (*GK-Kreutz,* Rn 19; *Schneider,* Rn 34).

Eine nachträgliche **Rücknahme der Unterschrift** auf einem ordnungsgemäß eingereichten Wahlvorschlag hat – wenn nicht der Fall des Abs. 6 S. 2 und 3 vorliegt (in diesem Falle ist nach § 8 Abs. 2 zu verfahren) – keine Bedeutung für die Gültigkeit der Liste (vgl. § 8 Abs. 1 S. 2 WO; BAG 1. 6. 66, AP Nr. 2 zu § 6 WO; *GL,* Rn 16; *Schneider,* Rn 39). Vor Einreichung der Liste beim Wahlvorst. ist eine Rücknahme der Unterschrift zulässig; sie hat durch schriftliche Erklärung gegenüber dem Wahlvorst., nicht gegenüber dem Listenvertreter, zu erfolgen (*DR,* Rn 15; *GK-Kreutz,* Rn 21; BVerwG, AP Nr. 6 zu § 10 WahlO z. PersVG; vgl. auch § 14 BetrVG Rn 54).

Die Aufforderung des Wahlvorst. ist **nicht formgebunden.** Sie kann deshalb schriftlich oder mündlich erfolgen. Im letzteren Fall sollte sie **11a** vom Wahlvorst. aktenkundig gemacht werden. Die Aufforderung gegenüber einem ausländischen ArbN kann in deutscher Sprache erfolgen (*GK-Kreutz,* Rn 20; LAG Hamm, DB 73, 1403).

12 Zum Begriff des Arbeitstages vgl. § 32 Rn 2. Die Erklärungsfrist dauert längstens drei Arbeitstage. Der Wahlvorst. kann eine kürzere Frist, z. B. zwei Arbeitstage, festlegen, sofern diese Frist angemessen ist. Nach Ablauf der Frist ist eine Erklärung nicht mehr zulässig. Vielmehr gilt dann die Unterschrift nur auf der zuerst eingereichten Liste (Abs. 6 S. 3). Gleiches gilt, wenn der ArbN erklärt, seine Unterschrift auf allen Vorschlagslisten zurückzuziehen; denn über die in Abs. 6 S. 2 genannte Regelung hinaus hat der Unterzeichner keine Dispositionsmöglichkeit über seine Unterschrift auf bereits eingereichten Vorschlagslisten mit Wirkung für die Gültigkeit der Listen (*GK-Kreutz,* Rn 20; vgl. auch § 8 Abs. 1 Nr. 3). Auf diese Folge ist der betreffende ArbN vom Wahlvorst. ausdrücklich hinzuweisen, anderenfalls kann die Wahl anfechtbar sein (vgl. LAG Hamm, DB 66, 38; *GL,* Rn 18; *GK-Kreutz,* Rn 20; *Schneider,* Rn 51).

13 Ob Listen gleichzeitig eingereicht worden sind, bestimmt sich nach den allgemeinen Grundsätzen über den Zugang von Erklärungen. Durch **Streichung von Unterschriften** kann deren Zahl unter die in § 14 Abs. 6 und 7 BetrVG festgelegte Mindestzahl sinken, wodurch die Vorschlagsliste nach § 8 Abs. 2 Nr. 3 ungültig wird, wenn nicht die Mindestzahl der erforderlichen Unterschriften nachgeholt wird (vgl. ArbG Paderborn, DB 65, 979; *GL,* Rn 17).

14 Das Verbot der Kandidatur auf mehreren Vorschlagslisten ist die Folge des in Abs. 7 enthaltenen Verbots der Verbindung von Vorschlagslisten. Während bei der Unterzeichnung mehrerer Vorschlagslisten durch einen ArbN bei fehlender Erklärung nach Abs. 6 S. 3 die Unterzeichnung auf der zuerst eingereichten Vorschlagsliste gültig bleibt, ist ein Bewerber, der mit seiner Zustimmung auf mehreren Listen aufgeführt ist, **auf sämtlichen Listen zu streichen,** wenn er nicht binnen drei Arbeitstagen erklärt, welche Bewerbung er aufrechterhält. **Nach Ablauf der Frist** ist eine Erklärung nicht mehr zulässig; dies gilt auch dann, wenn die allgemeine Frist für die Einreichung von Wahlvorschlägen noch nicht abgelaufen ist (*DR,* Rn 18; *GL,* Rn 18; *Schneider,* Rn 56). Allerdings kann der auf der Liste gestrichene Bewerber auf einem innerhalb der Einreichungsfrist eingereichten weiteren Wahlvorschlag erneut benannt werden. Die Regelung des Abs. 8 gilt nicht für die Wahl des nur einköpfigen BR oder – im Falle der Gruppenwahl – nur eines einzigen Gruppenvertr. Denn ihre Wahl findet gem. § 25 Abs. 1 stets als Mehrheitswahl statt, so daß die Aufnahme eines Bewerbers in mehrere Wahlvorschläge insoweit keine Bedeutung hat (*DR,* Rn 19; *GL,* Rn 20; *GK-Kreutz,* Rn 24).

Liegen die Voraussetzungen des § 6 Abs. 8 nicht vor, so darf der Wahlvorst. Kandidaten von einer eingereichten Liste auch dann nicht streichen, wenn sie es selbst wünschen (vgl. ArbG Paderborn, DB 65, 979; BVerwG, AP Nr. 1 zu § 9 WahlO z. PersVG; **a. A.** *GK-Kreutz,* § 14 BetrVG Rn 100). Die ohne Einverständnis aller Unterzeichner vorgenommene Streichung einzelner oder mehrerer Kandidaten bedeutet eine inhaltliche Änderung des Wahlvorschlags; der Wahlvorschlag wird durch die Streichung unrichtig und ist kein gültiger Wahlvorschlag i. S. des BetrVG mehr (BAG 15. 12. 72, AP Nr. 1 zu § 14 BetrVG 1972; LAG Düsseldorf, DB 82, 1628; *GL*, Rn 21).

§ 7 Prüfung der Vorschlagslisten

(1) **Der Wahlvorstand hat dem Überbringer der Vorschlagsliste oder, falls die Vorschlagsliste auf eine andere Weise eingereicht wird, dem Listenvertreter den Zeitpunkt der Einreichung schriftlich zu bestätigen.**[1]

(2) **Der Wahlvorstand hat die eingereichten Vorschlagslisten, wenn die Liste nicht mit einem Kennwort**[2] **versehen ist, mit Familienname und Vorname der beiden in der Liste an erster Stelle benannten Bewerber zu bezeichnen.**[3] **Er hat die Vorschlagsliste unverzüglich, möglichst binnen einer Frist von zwei Arbeitstagen nach ihrem Eingang, zu prüfen**[4] **und bei Ungültigkeit oder Beanstandung einer Liste den Listenvertreter unverzüglich**[5] **schriftlich unter Angabe der Gründe zu unterrichten.**[6]

Erläuterungen

Die schriftliche Bestätigung des Zeitpunktes der Einreichung dient der **Sicherung des Beweises für Eingang und fristgerechte Einreichung** einer Vorschlagsliste. Da der Zeitpunkt der Einreichung der Liste nicht nur für ihre Gültigkeit, sondern u. U. auch bei Doppelunterzeichnungen von Bedeutung ist (vgl. § 6 Abs. 6), ist nicht nur der Tag der Einreichung, sondern auch die genaue Uhrzeit zu bestätigen. Unabhängig von der Bestätigung sollte der Wahlvorst. auf der Liste selbst einen Eingangsvermerk anbringen (*Schneider,* Rn 4). Auch die Einreichung nach § 8 Abs. 2 berichtigter Vorschlagslisten ist zu bestätigen. Das gleiche gilt für den Eingang einer verspätet eingereichten Liste (*Schneider,* Rn 1). Die Bestätigung ist vom Wahlvorst. zu unterschreiben. Die Unterschrift eines Mitgl. des Wahlvorst. dürfte genügen; desgleichen die Unterschrift einer im Wahlbüro tätigen Hilfskraft des Wahlvorst. (*GK- Kreutz,* Rn 3; vgl. auch § 3 Rn 16). Der Überbringer einer Liste kann darauf bestehen, daß ihm die schriftliche Bestätigung sofort ausgehändigt wird. Der Wahlvorst. darf die Aushändigung nicht verweigern. Daher ist die Übergabe der Vorschlagsliste an dem im Wahlausschreiben bezeichneten Ort der sicherste Weg. Ist die Vorschlagsliste auf andere Weise eingereicht, z. B. durch die Werkpost, so kann die Bestätigung auf demselben Wege zugeleitet werden. Dies sollte umgehend geschehen, damit die Listenvertr. baldmöglichst von dem rechtzeitigen Eingang ihrer Liste Kenntnis erhalten und der Wahlvorst. vor Rückfragen verschont bleibt. Ist eine schriftliche Bestätigung unterblieben oder verloren gegangen, so kann der Beweis für die rechtzeitige Einreichung einer Vorschlagsliste auf andere Weise, z. B. durch Zeugen, geführt werden (*GK-Kreutz,* Rn 4). 1

2 Parteipolitische Kennworte, den Gegner diffamierende oder gegen ihn aufhetzende Kennworte sowie lächerlich machende, unsittliche oder irreführende Kennworte sind **unzulässig** (*DR,* Rn 2; *GL,* Rn 3; *GK-Kreutz,* Rn 6). Durch das Kennwort darf **keine Verwechslungsgefahr** eintreten (vgl. hierzu BVerwG, AP Nr. 3 zu § 21 PersVG). Auf eine **Gewerkschaft hinweisende Kennworte** sind zulässig, sofern die Gewerkschaft hinter der Liste steht (*GL,* Rn 3; *GK-Kreutz,* Rn 7). Das Kennwort „Unabhängig" kann in einem Wahlvorschlag auch dann verwandt werden, wenn die Kandidaten gewerkschaftlich organisiert sind (OVG Münster, AP Nr. 1 zu § 21 PersVG; *DR,* Rn 2; *GK-Kreutz,* Rn 7). Kennworte für neue Listen müssen sich von denen gebräuchlicher Gewerkschaftslisten deutlich unterscheiden (vgl. BVerwG, AP Nr. 3 zu § 21 PersVG). Der Wahlvorst. kann statt der Kennworte gebräuchliche Abkürzungen in die Stimmzettel einsetzen (BAG 3. 6. 69, AP Nr. 17 zu § 18 BetrVG). Ist das Kennwort unzulässig, so hat der Wahlvorst. den Listenführer hierüber unverzüglich zu unterrichten. Da das Kennwort Bestandteil der Liste ist, ist er nicht befugt, von sich aus das Kennwort zu streichen und die Liste mit den ersten beiden Kandidaten zu bezeichnen (*Schneider,* Rn 11; a. A. *GK-Kreutz,* Rn 6). Ebensowenig darf er eine Liste, die kein Kennwort hat, mit einem Kennwort versehen. In diesem Falle ist die Liste mit Familien- und Vornamen ihrer ersten beiden Bewerber zu bezeichnen.

3 Der Wahlvorst. bezeichnet die eingereichten Vorschlagslisten unmittelbar nach ihrem Eingang gemäß Abs. 2 Satz 1 und **prüft sie unverzüglich.** Er ist verpflichtet, rasch zu handeln, da bei schneller Beanstandung unheilbare Mängel, die nach § 8 Abs. 1 die Vorschlagsliste von vornherein ungültig machen, doch noch dadurch geheilt werden können, daß die Vorschlagsliste vor Ablauf der Einreichungsfrist erneut eingereicht wird.

4 Der Wahlvorst. hat jede innerhalb der Einreichungsfrist eingegangene Vorschlagsliste darauf zu prüfen, ob sie den vorgeschriebenen Erfordernissen entspricht. Diese Prüfung ist eine **Rechtspflicht des Wahlvorst.,** deren Verletzung als solche u. U. eine Wahlanfechtung rechtfertigen kann, z. B. wenn durch die verzögerte oder unterlassene Prüfung die rechtzeitige Einreichung einer neuen oder ergänzten Vorschlagsliste verhindert worden ist (*GK-Kreutz,* Rn 12f.). Allerdings ist die Rechtspflicht nur verletzt, wenn der Wahlvorst. jegliche Prüfung unterläßt oder erkannte oder bei einer Prüfung nach bestem Gewissen erkennbare Mängel nicht beanstandet (vgl. hierzu BAG 2. 2. 62, AP Nr. 10 zu § 13 BetrVG; *GL,* Rn 1; *Schneider,* Rn 20; *DR,* § 8 Rn 8). Ergibt die Prüfung, daß die Liste den Erfordernissen nicht genügt, so ist entweder ihre **Ungültigkeit festzustellen** (wenn es sich um einen unheilbaren Mangel handelt – § 8 Abs. 1) oder sie ist **zu beanstanden** (wenn es sich um einen heilbaren Mangel handelt – § 8 Abs. 2). So ist zu prüfen, ob die Unterzeichner der Liste wahlberechtigte AN sind. Nicht vorschlagsberechtigte Unterzeichner sind zu streichen. Bei Vorschlagslisten der Gewerkschaften ist u. a. die ordnungsgemäße Unterzeichnung durch hierzu ermächtigte Beauftragte der Gewerkschaften zu prüfen. Hinsichtlich der

vorgeschlagenen Bewerber ist zu prüfen, ob diese nach § 8 BetrVG wählbar sind. Die unberechtigte Streichung eines wählbaren Bewerbers rechtfertigt die Anfechtung der Wahl nach § 19 BetrVG ebenso wie die Zulassung einer ungültigen Vorschlagsliste oder die Nichtzulassung einer gültigen Vorschlagsliste.

Der Wahlvorst. ist nicht berechtigt, eine Ergänzung der Wahlvorschläge um zusätzliche, weder vom BetrVG noch der WO geforderten Angaben oder Kennzeichnungen zu verlangen oder derartige Ergänzungen selbst vorzunehmen, z. B. Ergänzung der Wahlvorschläge um Lichtbilder der Wahlbewerber (BAG 3. 12. 87, AP Nr. 13 zu § 20 BetrVG 1972).

Die Prüfung muß **unverzüglich,** d. h. ohne schuldhaftes Zögern erfolgen. Grundsätzlich ist sie spätestens innerhalb von zwei Arbeitstagen nach Eingang der Vorschlagslisten vorzunehmen. Bei besonderen Ermittlungen kann jedoch eine Überschreitung der Frist von zwei Arbeitstagen gerechtfertigt sein, z. B. wenn wegen der Feststellung der ANEigenschaft eine Rückfrage bei der an einem anderen Ort befindlichen Hauptverwaltung erforderlich wird. Die Fristbestimmung dient dazu, daß Einreicher ungültiger Vorschlagslisten dies noch so rechtzeitig erfahren, daß sie innerhalb der Einreichungsfrist u. U. eine gültige Vorschlagsliste nachreichen können.

Sofort nachdem der Wahlvorst. festgestellt hat, daß die Liste ungültig 5
oder zu beanstanden ist, hat er den **Listenvertreter** unter Angabe der Gründe hierüber zu **unterrichten.** Die Unterrichtung muß **schrifltich** erfolgen. Die beanstandete Liste darf der Wahlvorst. aus Beweisgründen nicht zurückgeben, da dann in einem eventuellen Anfechtungsverfahren nicht mehr feststellbar ist, ob die Liste nicht etwa gültig war oder ob die fristgerecht eingereichte neue Liste tatsächlich nur eine Ergänzung der beanstandeten und nicht ein unzulässiger neuer Wahlvorschlag ist (vgl. *DR,* Rn 8; *GL,* Rn 2; *GK-Kreutz,* Rn 11; *Schneider,* Rn 18). Wohl ist es zulässig und vielfach zweckmäßig, dem Listenführer eine Ablichtung der beanstandeten Liste auszuhändigen, damit ggf. auf dieser Ablichtung die Mängel behoben werden können. Eine Pflicht zur schnellen Unterrichtung besteht insbesondere dann, wenn der Ablauf der Frist für die Einreichung der Liste unmittelbar bevorsteht. Wird die Unterrichtung so verzögert, daß die sonst noch mögliche Einreichung einer neuen und einwandfreien Liste verhindert wird, kann ein Anfechtungsgrund vorliegen (BAG 4. 11. 69, AP Nr. 3 zu § 13 BetrVG; *DR,* Rn 6; *GK-Kreutz,* Rn 10). Hat der Wahlvorst. den Verdacht, daß eine Vorschlagsliste gefälscht ist (z. B. weil die Liste Überklebungen, Streichungen oder Zusätze enthält), so hat er den Listenvertreter zur Stellungnahme aufzufordern (OVG Münster, AP Nr. 1 zu § 21 PersVG).

Die Unterrichtung muß die **Mängel der Liste angeben.** Weiter wird 6
der Wahlvorst. zweckmäßigerweise auf die sich aus § 8 Abs. 2 ergebende Frist für die Behebung der Mängel mit dem Hinweis aufmerksam machen, daß nach fruchtlosem Ablauf der Frist die Vorschlagsliste endgültig ungültig ist.

§ 8 Ungültige Vorschlagslisten

(1) **Ungültig sind Vorschlagslisten,**

1. die nicht fristgerecht eingereicht worden sind,

2. auf denen die Bewerber nicht in erkennbarer Reihenfolge aufgeführt sind,

3. die bei der Einreichung nicht die erforderliche Zahl von Unterschriften (§ 14 Abs. 6 und 7 des Gesetzes) aufweisen.[1] Die Rücknahme von Unterschriften auf einer eingereichten Vorschlagsliste beeinträchtigt deren Gültigkeit nicht; § 6 Abs. 6 bleibt unberührt.[2]

(2) **Ungültig sind auch Vorschlagslisten,[3]**

1. auf denen die Bewerber nicht in der in § 6 Abs. 4 bestimmten Weise bezeichnet sind,

2. wenn die schriftliche Zustimmung der Bewerber zur Aufnahme in die Vorschlagsliste nicht vorliegt,

3. wenn die Vorschlagsliste infolge von Streichung gemäß § 6 Abs. 6 nicht mehr die erforderliche Zahl von Unterschriften aufweist,

falls diese Mängel trotz Beanstandung nicht binnen einer Frist von drei Arbeitstagen[4] beseitigt werden.

Erläuterungen

1 Die Versäumung der für die Einreichung der Vorschlagslisten vorgesehenen Ausschlußfristen (§ 6 Abs. 1 S. 2, Abs. 2) zieht ebenso wie die nicht erkennbare Reihenfolge der Kandidaten auf der Liste und die unzureichende Unterzeichnung von Vorschlagslisten durch vorschlagsberechtigte ArbN im Zeitpunkt der Einreichung der Liste (vgl. hierzu § 14 BetrVG Rn 47ff.) **stets die Ungültigkeit der Liste** nach sich (*DR,* Rn 4; *GL,* Rn 2). Gleiches gilt, wenn ein Wahlvorschlag der Gewerkschaft nicht gem. § 29 Abs. 2 von zwei Beauftragten unterschrieben ist (vgl. ArbG Siegen, DB 74, 1776). Die Ungültigkeit ist nach § 7 vom Wahlvorst. festzustellen und dem Listenvertr. unter Angabe der Gründe mitzuteilen. Ist die Frist für die Einreichung von Wahlvorschlägen noch nicht abgelaufen, so kann innerhalb der Frist ein neuer Wahlvorschlag eingereicht werden. Im Falle des Abs. 1 Nr. 3 ist es zulässig, daß die ungültige Liste innerhalb der Einreichungsfrist um die fehlenden Stützunterschriften ergänzt wird (*GK-Kreutz,* Rn 2; **a. A.** *Schneider,* Rn 1). Ist eine gewerkschaftliche Vorschlagsliste von einem nicht bevollmächtigten Beauftragten unterzeichnet worden, kann innerhalb der Einreichungsfrist die Beauftragung nachgeholt werden. Außer den in Abs. 1 Nr. 1 bis 3 genannten Fällen ist eine Liste auch ungültig, wenn sie ohne Einverständnis aller Unterzeichner von einigen Unterzeichnern nachträglich geändert worden ist. Das bedeutet eine unzulässige inhaltliche Änderung der Vorschlagsliste (BAG 15. 12. 72, AP Nr. 1 zu § 14 BetrVG 1972).

Ist auf einer Vorschlagsliste **bei ihrer Einreichung ein nicht wählbarer Kandidat** aufgeführt, so ist die Liste ungültig (vgl. BVerwG, AP Nr. 2 und Nr. 10 zu § 10 WahlO z. PersVG; LAG Frankfurt, BB 88, 2317;

DR, Rn 4; *GK-Kreutz,* Rn 9; *Schneider,* Rn 2; **a. A.** *Heinze,* NZA 88, 573). Der Wahlvorst. darf die Liste nicht unverändert, d. h. mit dem nicht wählbaren Kandidaten zur Wahl stellen, da die Zulassung eines nicht wählbaren ArbN keine ordnungsgemäße Durchführung der Wahl ist. Er darf den nicht wählbaren Kandidaten jedoch auch nicht von der Liste streichen, da dies eine materielle Änderung des Wahlvorschlags darstellen würde, die grundsätzlich nur mit Zustimmung aller Unterzeichner zulässig ist (vgl. BAG 15. 12. 72, a. a. O.). Eine Nachfrist nach Abs. 2 Nr. 2 kommt in diesem Falle nicht in Betracht, da diese Regelung einen wählbaren Kandidaten voraussetzt. Der Wahlvorst. hat eine solche Liste unverzüglich beim Listenführer zu beanstanden, damit dieser ggfs. noch innerhalb der Einreichungsfrist eine neue Liste mit den erforderlichen Unterschriften einreichen kann.

Etwas anderes muß allerdings für den Fall gelten, daß ein Wahlbewerber **nach Einreichung des Wahlvorschlags** und **nach Ablauf der Einreichungsfrist** die Wählbarkeit verliert, z. B. weil er aus dem Betrieb ausgeschieden oder verstorben ist. Eine Rückgabe der Liste zur Behebung des Mangels ist wegen Ablaufs der Einreichungsfrist nicht möglich. Die Liste insgesamt als ungültig anzusehen und sie nicht zur Wahl zuzulassen, würde für jede Liste ein erhebliches Risiko bedeuten, da derartige Fälle nie auszuschließen sind. Da in diesen Fällen den Listenunterzeichnern die Aufnahme des nicht wählbaren Kandidaten auf der Liste nicht vorzuwerfen ist, wird man den Wahlvorst. hier für befugt halten müssen, den nicht mehr wählbaren Kandidaten auf der Liste zu streichen und im übrigen die Liste zur Wahl zuzulassen (im Ergebnis ebenso *DR,* Rn 4; *GK-Kreutz,* Rn 9).

Der Verdacht einer Fälschung der Vorschlagsliste berechtigt den Wahlvorst. nicht, diese für ungültig zu erklären (OVG Münster, AP Nr. 1 zu § 21 PersVG). Wird eine Vorschlagsliste zu Unrecht als ungültig festgestellt, so ist die Wahl stets nach § 19 BetrVG anfechtbar. Wird innerhalb der Einreichungsfrist überhaupt keine gültige Liste eingereicht, ist nach § 9 eine Nachfrist von einer Woche zu setzen.

Diese Regelung hat den Zweck zu verhindern, daß auf ArbN, die **2**
bereits eine Liste unterzeichnet haben, eingewirkt wird, ihre Unterschrift zurückzuziehen, um auf diese Weise eine unerwünschte Liste zu Fall zu bringen. Die **Rücknahme einer Unterschrift nach Einreichung des Wahlvorschlags** ist grundsätzlich ohne Bedeutung; dies gilt nur dann nicht, wenn ein ArbN mehrere Vorschlagslisten unterzeichnet hat. In diesem Falle zählt nur die Unterschrift, die der ArbN im Verfahren nach § 6 Abs. 6 S. 2 aufrechterhält oder die bei einem Verschweigen des ArbN nach dieser Vorschrift als gültig fingiert wird. Auch wenn der Listenführer einer Vorschlagsliste Erklärungen wahlberechtigter ArbN einreicht, in denen sie ihre zuvor geleistete Unterschrift auf einer anderen Vorschlagsliste zurückziehen, bestimmt sich die Frage, welche der Unterschriften zählt, allein nach dem Verfahren des § 6 Abs. 6 S. 2 (BAG 1. 6. 66, AP Nr. 2 zu § 6 WahlO). Nimmt der ArbN die Unterschrift auf allen Vorschlagslisten zurück, so ist die Rücknahme wie eine unterbliebene fristgerechte Erklärung nach § 6 Abs. 6 Satz 3 zu behandeln

(*DR,* § 6 Rn 15; *Schneider,* § 6 Rn 54; *GK-Kreutz,* § 6 Rn 20; vgl. auch § 6 Rn 12). Führt die Streichung einer Unterschrift nach § 6 Abs. 6 dazu, daß die Liste nicht mehr die erforderliche Zahl von Unterschriften aufweist, so hat der Wahlvorst. den Listenführer eine Nachfrist von drei Arbeitstagen zur Behebung dieses Mangels zu setzen (vgl. Abs. 2 Nr. 3).

3 Die in Abs. 2 genannten Mängel sind **heilbare Mängel,** d. h. Mängel, die die Vorschlagsliste nicht von vornherein, sondern erst dann ungültig machen, wenn trotz der Beanstandung die für die Beseitigung der Mängel zwingend vorgeschriebene Frist von drei Arbeitstagen fruchtlos abgelaufen ist. Der Wahlvorst. hat die in Abs. 2 genannten Mängel (vgl. hierzu im einzelnen § 6 Rn 7ff., 11ff.) dem Listenvertr. unter Angabe der Gründe mitzuteilen (§ 7 Abs. 2 S. 2). Unterbleibt die Mitteilung, so ist die Wahl anfechtbar (LAG Frankfurt, DB 65, 1746; *GL,* Rn 3; DR, Rn 8; *GK-Kreutz,* Rn 12; **a. A.** *Heinze,* NZA 88, 574).

4 Die **Frist** ist **zwingend** vorgeschrieben. Sie beträgt drei Arbeitstage und läuft von der Unterrichtung des Listenvertr. gem § 7 Abs. 2 S. 2 an (LAG Düsseldorf, DB 61, 1586). Der Tag der Mitteilung wird nicht mitgerechnet. Die Frist kann vom Wahlvorst. weder verlängert noch verkürzt werden (BAG 1. 6. 66, AP Nr. 2 zu § 6 WahlO; *DR,* Rn 6; *GK-Kreutz,* Rn 6; *Schneider,* Rn 14). Zum Begriff „Arbeitstag" vgl. § 32 Rn 2. Ist die gesetzte Nachfrist kürzer als drei Arbeitstage, so kann die BRWahl angefochten werden (BAG a. a. O.; *GL,* Rn 4; *GK-Kreutz,* Rn 6). Läuft die Frist ab, ohne daß die Mängel behoben werden, so ist die Vorschlagsliste **endgültig ungültig.** Das gilt auch, wenn der beanstandete Mangel zwar behoben, die Liste jedoch neue Mängel enthält, die eine Nachbesserung i. S. des Abs. 2 erforderlich machen würden. Eine erneute Beanstandung mit Nachfristsetzung kommt nicht in Betracht (*GL,* Rn 5; *GK-Kreutz,* Rn 7; *Schneider,* Rn 12). Befinden sich auf der Ergänzungsliste nunmehr Doppelunterzeichner i. S. des § 6 Abs. 6, so ist deren Unterschrift auf der Ergänzungsliste zu streichen (ArbG Gelsenkirchen, BB 68, 627; *GK-Kreutz,* Rn 7; *Schneider,* Rn 13; **a. A.** *DR,* Rn 9, für den Fall, daß die Doppelunterschrift für die Gültigkeit der Ergänzungsliste von Bedeutung ist).

§ 9 Nachfrist für Vorschlagslisten

(1) **Ist nach Ablauf der in § 6 Abs. 1 und 2 genannten Fristen für einen Wahlgang keine gültige Vorschlagsliste eingereicht,[1] so hat dies der Wahlvorstand sofort in der gleichen Weise bekanntzumachen[2] wie das Wahlausschreiben[3] und eine Nachfrist von einer Woche für die Einreichung von Vorschlagslisten zu setzen.[4] In der Bekanntmachung ist darauf hinzuweisen, daß der Wahlgang nur stattfinden kann, wenn innerhalb der Nachfrist mindestens eine gültige Vorschlagsliste eingereicht wird.[2]**

(2) **Findet gemäß § 14 Abs. 2 des Gesetzes Gruppenwahl statt und wird für eine Gruppe eine gültige Vorschlagsliste nicht eingereicht,[1] so hat der Wahlvorstand bei Festsetzung der Nachfrist darauf hinzu-**

weisen, daß, wenn für die andere Gruppe mindestens ein gültiger Wahlvorschlag eingereicht ist, der Betriebsrat nur aus Vertretern dieser Gruppe bestehen würde, wenn die Nachfrist ungenützt verstreicht.[2]

(3) **Wird trotz Bekanntmachung nach den Absätzen 1 und 2 eine gültige Vorschlagsliste nicht eingereicht, so hat der Wahlvorstand sofort bekanntzumachen, daß der Wahlgang nicht stattfindet.**[5]

Erläuterungen

§ 6 Abs. 1 sieht für die Einreichung von Vorschlagslisten eine Ausschlußfrist von zwei Wochen seit Erlaß des WA vor. Wird in dieser Zeit noch nachträglich gemäß § 14 Abs. 2 BetrVG die gemeinsame Wahl beschlossen, so ist vom Wahlvorst. gem. § 6 Abs. 2 als Nachfrist für die Einreichung neuer Vorschlagslisten eine weitere Ausschlußfrist von einer Woche zu setzen (vgl. § 6 Rn 4). Ist innerhalb der Einreichungsfristen nach § 6 Abs. 1 und 2 zwar eine ungültige Liste, jedoch mit nach § 8 Abs. 2 heilbaren Mängeln eingereicht worden, so ist vor Setzung einer Nachfrist abzuwarten, ob die Mängel geheilt werden. Denn anderenfalls wäre der notwendige Hinweis des Wahlvorst. nach Abs. 1 Satz 2 unrichtig (*DR,* Rn 1; *GK-Kreutz,* Rn 1; **a. A.** *Schneider,* Rn 3). Ist im Falle der gemeinsamen Wahl zwar eine Vorschlagsliste eingereicht worden, die jedoch nicht so viele Gruppenvertreter enthält, wie nach § 10 BetrVG jeweils Sitze auf die Gruppen entfallen, so ist **keine Nachfrist** zu entsprechenden Auffüllung der Liste mit Gruppenvertretern zu setzen; denn die eingereichte Vorschlagsliste ist gültig (vgl. § 6 Rn 6; nach *DR,* Rn 5, ist in diesem Falle der Wahlvorst. zwar nicht verpflichtet jedoch berechtigt, eine Nachfrist zu setzen). Entsprechendes gilt im Fall der Gruppenwahl, wenn für eine der Gruppen eine Vorschlagsliste mit weniger Wahlbewerbern, als ihre Sitze im BR zustehen, eingereicht wird. Die von der Gruppe nicht besetzbaren Sitze sind mit erfolgreichen Wahlbewerbern der anderen Gruppe zu besetzen. Werden jedoch Vorschlagslisten mit insgesamt weniger Wahlbewerbern, als BRSitze zu besetzen sind eingereicht, hat der Wahlvorst. im Interesse, die Wahl eines der gesetzlichen Größe des § 9 BetrVG entsprechenden BR zu ermöglichen, eine Nachfrist zur Gewinnung weiterer Wahlbewerber zu setzen (*GK-Kreutz,* Rn 1). Läuft diese Frist erfolglos ab, so ist der BR in der Größe zu wählen, die der nächstniedrigen Staffel des § 9 BetrVG entspricht (vgl. hierzu auch § 11 Rn 7). 1

Bekanntzumachen sind: 2

- die Tatsache, daß innerhalb der Einreichungsfristen (§ 6 Abs. 1 und 2) **keine gültigen Vorschlagslisten** eingegangen sind,
- die für die Einreichung von Vorschlagslisten zu setzende **Nachfrist** von einer Woche (Abs. 1 S. 1),
- bei gemeinsamer Wahl der Hinweis, daß eine Wahl nur stattfinden kann, wenn innerhalb der Nachfrist **mindestens eine gültige Vorschlagsliste eingereicht** wird; das gleiche gilt im Falle der Grup-

penwahl, wenn für beide Gruppen kein gültiger Wahlvorschlag eingereicht worden ist,
- bei Gruppenwahl, wenn nur für eine Gruppe keine gültige Vorschlagsliste eingereicht ist, der sich aus Abs. 2 ergebende Hinweis.

Sind insgesamt weniger Bewerber vorgeschlagen, als BRSitze zu besetzen sind (vgl. Rn 1 a. E.), ist dies bekannt zu machen und darauf hinzuweisen, daß, wenn keine weiteren Wahlbewerber vorgeschlagen werden, nur ein kleinerer BR in der Größe der nächstniedrigen Staffel des § 9 BetrVG gewählt werden kann.

Die Bekanntmachung hat **sofort,** d. h. am nächsten Arbeitstag nach Ablauf der Einreichungsfrist bzw. der Nachfrist nach § 8 Abs. 2, zu erfolgen (*GK-Kreutz,* Rn 2; enger *GL,* Rn 2: nach Ende der betrieblichen Arbeitszeit am Tage des Fristablaufs).

3 Die Bekanntmachung ist **wie das WA** vom Tage der Bekanntgabe an bis zum letzten Tag der Stimmabgabe **auszuhängen** und in gut lesbarem Zustand zu erhalten (vgl. § 3 Abs. 3). Ist das WA an mehreren Stellen des Betriebs ausgehängt worden, so muß auch die Bekanntmachung nach Abs. 1 an diesen Stellen ausgehängt werden.

4 Die **Nachfrist** beträgt **eine Woche** und läuft von der Bekanntmachung an. Ergeht die Bekanntmachung z. B. an einem Mittwoch, so ist der Mittwoch der folgenden Woche der letzte Tag der Nachfrist, an dem noch Vorschlagslisten eingereicht werden können. Für die innerhalb der Nachfrist eingereichten Vorschlagslisten gelten die §§ 6 bis 8. Heilbare Mängel können innerhalb der Frist von § 8 Abs. 2 behoben werden (*DR,* Rn 7; *GK-Kreutz,* Rn 5). Die Nachfrist hat zur Folge, daß eine etwa bereits zuvor, aber verspätet eingereichte Vorschlagsliste wieder zu berücksichtigen und jetzt als gültig zu behandeln ist (*DR,* Rn 6; *GK-Kreutz,* Rn 5; **a. A.** *Schneider,* Rn 10, der eine Rückgabe und erneute Einreichung der verspätet eingereichten Liste fordert).

Hat bei Gruppenwahl nur eine Gruppe keinen Wahlvorschlag eingereicht, so gilt die **Nachfrist nur für diese Gruppe.** Die andere Gruppe kann nicht etwa innerhalb dieser Frist einen weiteren Wahlvorschlag einreichen (*GK-Kreutz,* Rn 6).

5 Wird auch in der Nachfrist **keine gültige Vorschlagsliste** eingereicht, so steht damit fest, daß der Wahlgang unterbleibt. Das bedeutet, daß bei gemeinsamer Wahl ein BR überhaupt nicht gewählt wird, bei Gruppenwahl, daß die Gruppe, für die keine gültige Vorschlagsliste eingereicht worden ist, ohne Vertr. bleibt und der BR nur aus den von der anderen Gruppe zu wählenden Vertr. besteht (vgl. § 14 BetrVG Rn 16).

Ist keine gültige Vorschlagsliste eingereicht worden, so **erlischt** mit der Bekanntmachung, daß die Wahl nicht stattfindet, das **Amt des Wahlvorst.** Wenn dennoch eine BRWahl durchgeführt werden soll, muß ein neuer Wahlvorst. bestellt werden (*DR,* Rn 8; *GL,* Rn 4; *GK-Kreutz,* Rn 8).

§ 10 Bekanntmachung der Vorschlagslisten

(1) **Nach Ablauf der in § 6 Abs. 1 und 2, §§ 8 und 9 genannten Fristen**[1] **ermittelt der Wahlvorstand durch das Los die Reihenfolge der Ordnungsnummern, die den eingereichten Vorschlagslisten zugeteilt werden (Liste 1 usw.). Die Listenvertreter sind zu der Losentscheidung rechtzeitig einzuladen.**[2]

(2) **Spätestens eine Woche vor Beginn der Stimmabgabe**[3] **hat der Wahlvorstand die als gültig anerkannten Vorschlagslisten bis zum Abschluß der Stimmabgabe in gleicher Weise bekanntzumachen wie das Wahlausschreiben (§ 3 Abs. 4).**[4]

Erläuterungen

Die Bestimmung der Reihenfolge der Ordnungsnummern für die eingereichten gültigen Vorschlagslisten erfolgt erst, nachdem die für die Einreichung von Vorschlagslisten gesetzte Ausschlußfrist (vgl. § 6 Abs. 1 und 2) bzw. die zum gleichen Zweck gesetzte etwaige Nachfrist (vgl. § 9 Abs. 1) abgelaufen und innerhalb dieser Fristen gültige Vorschlagslisten eingegangen sind. Auch der Ablauf von Berichtigungsfristen nach § 6 Abs. 6 und 8 sowie § 8 Abs. 2 ist abzuwarten (*GK-Kreutz,* Rn 1). 1

Ordnungsnummern sind nur von Bedeutung, wenn für einen Wahlgang **mehrere Vorschläge,** d. h. bei Gruppenwahl für jede Gruppe, bei gemeinsamer Wahl für den BR als solchen, eingereicht worden sind. Die Ordnungsnummern sind entscheidend für die **Reihenfolge der Vorschlagslisten auf den Stimmzetteln** (§ 11 Abs. 2). Diese Reihenfolge bestimmt sich nicht nach der Reihenfolge des Eingangs der Wahlvorschlagslisten beim Wahlvorst., sondern wird durch **Losentscheid** ermittelt. Zur Kritik am Losentscheid vgl. *Pinther,* ArbuR 62, 83. Den Losentscheid hat der Wahlvorst. durchzuführen; er findet grundsätzlich in Gegenwart der Listenvertreter statt. Für die Zeit ihrer Teilnahme, die Teil der Ausübung des Wahlrechts i. S. von § 20 Abs. 2 Satz 2 BetrVG ist, ist ihnen das Arbeitsentgelt fortzuzahlen. Bleiben die Listenvertreter dem Losentscheid fern, so ist dies unschädlich, wenn sie so rechtzeitig eingeladen worden sind, daß sie nach den betrieblichen Verhältnissen ohne Schwierigkeit zugegen sein konnten. Aus Beweisgründen dürfte sich die schriftliche Einladung der Listenvertreter empfehlen. Der Losentscheid selbst erfolgt **formlos.** Es genügt z. B., wenn Zettel mit der Bezeichnung der einzelnen Listen in gleichartige Umschläge gesteckt, in ein Behältnis geworfen, gemischt und vom Wahlvorst. nach der Reihenfolge des Wiederherausnehmens numeriert werden. Nicht vorgeschrieben ist, daß der Wahlvorst. über den Losentscheid eine **Niederschrift** aufzunehmen hat. Allerdings ist diese aus Beweiszwecken zu empfehlen (*GL,* Rn 2). 2

Ist also z. B. die Stimmabgabe auf Mittwoch, den 25. 4. 1990 festgesetzt, so sind die als gültig anerkannten Vorschlagslisten spätestens am Dienstag der voraufgegangenen Woche, also dem 17. 4. 1990 bekannt- 3 zumachen. Wie das Wort „spätestens" zeigt, ist eine frühere Bekanntmachung nicht ausgeschlossen. Sie ist im Gegenteil im Interesse einer frühzeitigen Information der Wahlberechtigten zu empfehlen (*Schneider,* Rn 7). Eine Pflicht, die Vorschlagslisten vor der Bekanntmachung nach Abs. 2 geheimzuhalten, besteht nicht (BAG 4. 11. 60, AP Nr. 3 zu § 13 BetrVG; *GL,* Rn 3; *GK-Kreutz,* Rn 5).

4 Die Vorschlagslisten sind **in vollständiger Form** unter Angabe der vom Wahlvorst. nach Maßgabe des Abs. 1 zugeteilten **Ordnungsnummer und des Kennworts** oder der nach Maßgabe des § 7 an die Stelle des Kennworts tretenden Angaben des Familiennamens und des Vornamens der beiden in der Liste an erster Stelle benannten Bewerber sowie unter genauer Anführung aller Wahlkandidaten mit Angabe ihres Familiennamens, Vornamens, Geburtsdatums, ihrer Berufsbezeichnung und der ArbNGruppe (vgl. § 6 Abs. 4) in derselben Weise wie das WA bekanntzumachen. Ist das WA an mehreren Stellen des Betriebs bekanntgemacht worden, so sind auch die Wahlvorschläge an diesen Stellen auszuhängen. Die Wahlvorschläge müssen bis zur Beendigung der Wahl ausgehängt bleiben. Nicht bekanntzumachen sind die den Wahlvorschlag tragenden Unterschriften. Sie sind zwar für die Gültigkeit des Wahlvorschlags von Bedeutung, gehören doch nicht zum Inhalt des Wahlvorschlags (*DR,* Rn 2; *Schneider,* Rn 9). Die Frist des § 10 Abs. 2 ist eine wesentliche Verfahrensvorschrift i. S. des § 19 BetrVG (*DR,* Rn 3; *GL,* Rn 3; *GK-Kreutz,* Rn 6; *Rewolle,* BB 62, 297).

Zweiter Unterabschnitt. Wahlverfahren bei mehreren Vorschlagslisten[1]

§ 11 Stimmabgabe

(1) **Der Wähler kann seine Stimme nur für eine der als gültig anerkannten Vorschlagslisten abgeben.[1a] Die Stimmabgabe erfolgt durch Abgabe von Stimmzetteln in den hierfür bestimmten Umschlägen (Wahlumschlägen).**

(2) **Auf den Stimmzetteln sind die Vorschlagslisten nach der Reihenfolge der Ordnungsnummern sowie unter Angabe der beiden an erster Stelle benannten Bewerber mit Familienname, Vorname, Art der Beschäftigung im Betrieb und Arbeitnehmergruppe untereinander aufzuführen; bei Listen, die mit Kennworten versehen sind, ist auch das Kennwort anzugeben.[2] Die Stimmzettel, die für eine Gruppe Verwendung finden, oder bei gemeinsamer Wahl die Stimmzettel für die Betriebsratswahl, müssen sämtlich die gleiche Größe, Farbe, Beschaffenheit und Beschriftung haben. Das gleiche gilt für die Wahlumschläge.[3,4]**

(3) **Der Wähler kennzeichnet die von ihm gewählte Vorschlagsliste durch Ankreuzen an der im Stimmzettel hierfür vorgesehenen Stelle.[5]**

(4) **Stimmzettel, die mit einem besonderen Merkmal versehen sind**

oder aus denen sich der Wille des Wählers nicht unzweifelhaft ergibt oder die andere Angaben als die in Absatz 1 genannten Vorschlagslisten, einen Zusatz oder sonstige Änderungen enthalten, sind ungültig.[6]

Erläuterungen

Dieser Unterabschnitt regelt das Wahlverfahren, wenn für einen Wahlgang (d. h. bei gemeinsamer Wahl für die BRWahl insgesamt, bei Gruppenwahl für eine Gruppe) **mehrere gültige Vorschlagslisten** eingereicht worden sind. Ist für einen Wahlgang nur eine gültige Vorschlagsliste eingereicht worden, gelten §§ 21ff. Für den Fall, daß nur eine Person (d. h. das Mitgl. eines nur einköpfigen BR oder bei Gruppenwahl nur ein Gruppenvertr.) zu wählen ist, gilt § 25. 1

Gewählt wird die Liste. Der Wähler selbst hat keine Möglichkeit, die Liste durch Streichen oder Hinzusetzen von Namen auf dem Stimmzettel zu ändern. Solche Änderungen machen den Stimmzettel ungültig (vgl. Abs. 4). 1a

Wegen Verwendung von Abkürzungen vgl. § 7 Rn 2. Unterbleibt die Angabe der beiden ersten Bewerber, so kann dies die Anfechtung der Wahl begründen (ArbG Wetzlar, DB 72, 1731). 2

Der Wahlvorst. hat für die Stimmabgabe Stimmzettel und Wahlumschläge zur Verfügung zu stellen. **Stimmzettel** und **Wahlumschläge** müssen bei Gruppenwahl innerhalb der Gruppe **gleich** sein. Erfolgt eine gemeinsame Wahl, müssen alle Stimmzettel und Wahlumschläge gleich sein (vgl. Abs. 2 S. 3). Ein stärkerer Aufdruck eines Stimmkreises oder einer Vorschlagsliste macht die Wahl anfechtbar (vgl. BAG 14. 1. 69, AP Nr. 12 zu § 13 BetrVG). 3

Bei Gruppenwahl dürfen und sollten die Stimmzettel für die beiden Gruppen jeweils unterschiedlich sein. 4

Der Wähler muß **persönlich wählen.** Stellvertretung ist nicht zulässig. Ist ein Wahlberechtigter durch Krankheit, Urlaub, Dienstreise oder dergl. verhindert, an der Wahl teilzunehmen, so ist **schriftliche Stimmabgabe** möglich (vgl. §§ 26ff.). Bei einem Blinden ist es zulässig, daß ihn eine Vertrauensperson, die ihm auch sonst hilft und ihn unterstützt, bei der Stimmabgabe begleitet und Beistand leistet. Dagegen ist es nicht zulässig, daß ein deutscher ArbN einem ausländischen Kollegen bei der Stimmabgabe behilflich ist (vgl. ArbG Bremen, DB 72, 1831; *DR,* § 12 Rn 7; *GL,* Rn 3; *Brill,* BB 78, 1574; *Schneider,* Rn 7). Der Wahlvorst. hat dafür zu sorgen, daß den ausländischen ArbN der Stimmzettel, die auf ihm stehenden Listen und die notwendige Kennzeichnung in ausreichendem Maße bekannt sind (vgl. § 2 Rn 8). 5

Die Wahl selbst erfolgt durch Ankreuzen der gewählten Vorschlagslisten auf dem Stimmzettel. Jedoch ist auch eine sonstige Kenntlichmachung der gewählten Liste auf dem Stimmzettel zulässig, sofern der **Wille des Wählers unzweifelhaft feststeht.** Deshalb ist ein Stimmzettel, auf dem der Wähler alle Vorschlagslisten bis auf eine durchgestrichen hat, gültig und die Stimme als für die nicht durchgestrichene Vorschlagsliste abgegeben anzusehen (*DR,* Rn 4, *GK-Kreutz,* Rn 4; *Schneider,* Rn 9). Da für die Stimmabgabe nicht die Form der Kennzeichnung, sondern die eindeutige Feststellung des Willens des Wählers das entscheidende Kriterium ist, ist – um z. B. in Großbetrieben eine maschinelle Auszählung der Stimmen (etwa durch ein EDV-Anlage) zu ermöglichen – auch eine „maschinengerechte" Kennzeichnung des Stimmzettels (z. B. durch eine Lochung) zulässig (*DR,* Rn 5). Hierbei muß allerdings sichergestellt sein, daß die Wähler in ausreichendem Maße mit diesem Verfahren vertraut sind. Hat der Wähler einen Stimmzettel verschrieben, so ist ihm ein neuer auszuhändigen. Der verschriebene Stimmzettel ist ihm im Interesse des Wahlgeheimnisses zu belassen. Zur Frage, wenn ein Wahlumschlag mehrere Stimmzettel enthält, vgl. § 14 Rn 4.

6 **Ungültig** sind insbesondere Stimmzettel, auf denen mehr als eine Vorschlagsliste angekreuzt ist, die mit einem besonderen Merkmal versehen sind, so daß die Person des Wählers bekannt werden kann, auf denen der Wähler zwischen zwei zum Ankreuzen vorgesehenen Stellen ankreuzt, so daß nicht ersichtlich ist, welche der beiden Vorschlagslisten der Wähler wählen wollte, die der Wähler mit seinem Namen unterschrieben oder auf denen er irgendwelche Vermerke, Erklärungen oder dergleichen angebracht hat, ebenso wenn er Namen von ArbN, die er wählen möchte, auf den Stimmzettel schreibt. Ungültig ist im Interesse des Wahlgeheimnisses (vgl. § 12 Abs. 3) ferner die Stimmabgabe, wenn der Stimmzettel nicht in einem Wahlumschlag abgegeben wird (*DR,* Rn 3; *GL,* Rn 4; *Schneider,* Rn 14). Der Wahlvorst. hat eine solche Stimmabgabe zurückzuweisen. Über die Gültigkeit der Stimmabgabe entscheidet der **Wahlvorst. durch Beschluß** seiner stimmberechtigten Mitgl. (vgl. § 14 Abs. 1; *DR,* Rn 6; *GL,* Rn 1; *GK-Kreutz,* Rn 10). Die Entscheidung des Wahlvorst. ist im Rahmen eines Wahlanfechtungsverfahrens oder bei Geltendmachung der Nichtigkeit der Wahl gerichtlich überprüfbar.

§ 12 Wahlvorgang

(1) **Der Wahlvorstand hat geeignete Vorkehrungen für die unbeobachtete Bezeichnung der Stimmzettel im Wahlraum zu treffen[1] und für die Bereitstellung einer Wahlurne oder mehrerer Wahlurnen zu sorgen. Die Wahlurne muß vom Wahlvorstand verschlossen und so eingerichtet sein, daß die eingeworfenen Wahlumschläge nicht herausgenommen werden können, ohne daß die Urne geöffnet wird.[2]**

(2) **Während der Wahl müssen mindestens zwei stimmberechtigte Mitglieder des Wahlvorstands im Wahlraum anwesend sein; sind Wahlhelfer bestellt (§ 1 Abs. 2), so genügt die Anwesenheit eines stimmberechtigten Mitglieds des Wahlvorstands und eines Wahlhelfers.[3]**

(3) **Der Wähler händigt den Wahlumschlag, in den der Stimmzettel eingelegt ist, dem mit der Entgegennahme der Wahlumschläge betrauten stimmberechtigten Mitglied des Wahlvorstands[4] aus, wobei er**

seinen Namen angibt. Der Wahlumschlag ist in Gegenwart des Wählers in die Wahlurne einzuwerfen, nachdem die Stimmabgabe in der Wählerliste vermerkt worden ist.[5]

(4) **Wenn nicht gemeinsame Wahl stattfindet, so erfolgt die Stimmabgabe nach Gruppen getrennt.**[6]

(5) **Nach Abschluß der Stimmabgabe**[7] **ist die Wahlurne zu versiegeln,**[8] **wenn die Stimmenzählung nicht unmittelbar nach Beendigung der Wahl durchgeführt wird.**

Erläuterungen

Die Vorschrift dient der **Sicherung der geheimen Stimmabgabe.** 1
Wird an mehreren Stellen des Betriebs gewählt, so müssen die Vorkehrungen für das unbeobachtete Ankreuzen des Stimmzettels in jedem Wahlraum getroffen werden. Welche Vorkehrungen im einzelnen zu treffen sind, ist nicht vorgeschrieben. Ist der Wahlraum mit einem Nebenraum so verbunden, daß der Zutritt zum Nebenraum überwacht werden kann, so kann der Wähler zum Ankreuzen des Stimmzettels den Nebenraum benutzen. Wo das nicht der Fall ist, ist ein Aufstellen von Wandschirmen, Trennwänden usw. im Wahlraum selbst erforderlich. Zu den Vorkehrungen gehört auch, daß Schreibmaterial zum Ankreuzen der Stimmzettel in gebrauchsfähigem Zustand bereitliegt.

An den Grundsatz der geheimen Wahl sind **strenge Anforderungen** zu stellen (*DR,* Rn 1; *GL,* Rn 1; *GK-Kreutz,* Rn 1). Ist eine unbeobachtete Stimmabgabe nicht gesichert, der Wähler vielmehr gezwungen, unter den Augen anderer Personen den Stimmzettel anzukreuzen, so ist die Wahl stets nach § 19 BetrVG anfechtbar (*Schneider,* Rn 1).

Andererseits kann der Wähler **nicht gezwungen** werden, die vom Wahlvorst. vorgesehenen Einrichtungen zum unbeobachteten Ankreuzen des Stimmzettels zu benutzen. Zwar sollte sich jeder Wähler der Anweisung fügen, sich an den zum Ankreuzen des Stimmzettels vorgesehenen Ort zu begeben und dort seine Wahl vorzunehmen. Man wird aber nicht verhindern können, daß ein Wähler doch u. U. anderen Personen die Möglichkeit gibt, den Stimmzettel einzusehen (*GK-Kreutz,* Rn 3, *Schneider,* Rn 2).

Die **Wahlurne** ist ein verschließbares Behältnis aus Kunststoff, Holz 2
oder einem sonstigen festen Material. Sie muß mit einem Schlitz versehen sein, durch den die Wahlumschläge eingeworfen werden. Der Schlitz muß so eingerichtet sein, daß die Wahlumschläge nicht wieder „herausgeangelt" werden können. Der Wahlvorst. hat die Wahlurne, nachdem er sich vergewissert hat, daß sie leer ist, vor Beginn der Stimmabgabe zu verschließen. Zweckmäßigerweise wird er zugleich auch das Schloß der Wahlurne versiegeln. Über die Behandlung der Urne nach Abschluß der Stimmabgabe siehe § 12 Abs. 5, § 14 (vgl. unten Rn 6f.). Die Wahlurnen dürfen während des Wahlgangs **nicht unbeaufsichtigt** bleiben (vgl. LAG Hamm, BB 53, 234; *Schneider,* Rn 4) oder **während des Wahlgangs geöffnet** werden, um vorzeitig mit der Stimmauszählung zu beginnen (vgl. ArbG Bochum, DB 72, 1730).

3 Zur **Sicherung** des ordnungsmäßigen äußeren Ablaufs der **Stimmabgabe** müssen währen der gesamten Zeit der Stimmabgabe grundsätzlich mindestens zwei stimmberechtigte Mitgl. des Wahlvorst. anwesend sein. Sind Wahlhelfer bestellt, genügt es, wenn neben dem Wahlhelfer ein stimmberechtiges Mitgl. im Wahlraum anwesend ist. Die Funktion eines Wahlhelfers kann auch von einem nicht stimmberechtigten Mitgl. des Wahlvorst. übernommen werden.

Die **Stimmabgabe** kann an **mehreren** im WA (§ 3 Abs. 2 Nr. 10) festgelegten **Orten gleichzeitig** stattfinden. Da in jedem Falle – auch wenn Wahlhelfer bestellt worden sind – ein stimmberechtigtes WahlvorstMitgl. während der gesamten Wahl im Wahllokal anwesend sein muß, können äußerstenfalls so viele Orte für die Stimmabgabe festgelegt werden, wie der Wahlvorst. stimmberechtigte Mitgl. hat. Auch in diesem Falle müssen mindestens gleichviele Wahlhelfer bestellt worden sein, wobei allerdings auch auf die nicht stimmberechtigten Mitgl. des Wahlvortst. zurückgegriffen werden kann. Zur Möglichkeit der nachträglichen Erhöhung der Zahl der Mitgl. des Wahlvorst. vgl. § 16 BetrVG Rn 15.

4 Der ausgefüllte Stimmzettel ist im Wahlumschlag dem stimmberechtigten Mitgl. des Wahlvorst., nicht dem Wahlhelfer, im Wahllokal zu übergeben (*DR,* Rn 8; *GL,* Rn 5f.; *GK-Kreutz,* Rn 5).

5 Der **Vermerk über die erfolgte Stimmabgabe,** der auch durch den Wahlhelfer angebracht werden kann, hat den Zweck zu verhindern, daß ein Wähler zweimal seine Stimme abgibt. Deshalb ist zwingend vorgeschrieben, daß zuerst die Stimmabgabe zu vermerken und erst danach der Wahlumschlag in die Urne einzuwerfen ist. Dies hat in Gegenwart des Wählers zu geschehen. Unzulässig ist es, die Wahlumschläge zurückzuhalten oder sonst von dem zwingend vorgeschriebenen Einwurf des Wahlumschlags in die Wahlurne abzuweichen. Verstöße hiergegen führen nach Maßgabe des § 19 BetrVG zur Anfechtbarkeit der Wahl (vgl. LAG Hamm, EzA § 19 BetrVG 1972 Nr. 9). Hat der Wahlvorst. mehrere Wahllokale eingerichtet, so muß er durch geeignete Maßnahmen sicherstellen, daß kein Wähler seine Stimme mehrfach abgeben kann. Das kann z. B. dadurch geschehen, daß für bestimmte Gruppen von ArbN jeweils ein bestimmtes Wahllokal festgelegt wird. Ferner kann der Wahlvorst. **„Wahlscheine“** ausgeben, die die ArbN zur Wahl in jedem Wahllokal berechtigen, die sie jedoch bei der Stimmabgabe vorzulegen und dem im Wahllokal anwesenden stimmberechtigten Mitgl. des Wahlvorst. abzugeben haben (*GL,* Rn 5; *GK-Kreutz,* Rn 5; *Schneider,* Rn 7). Bei der Verwendung von Wahlscheinen muß jedoch durch geeignete Maßnahmen sichergestellt werden, daß auch bei Verlust des Wahlscheins dem ArbN die Teilnahme an der Wahl noch möglich ist. Dies ist deshalb erforderlich, weil anderenfalls das Wahlrecht des ArbN in einer nicht vom BetrVG oder dieser WO abgedeckten Weise eingeschränkt würde.

6 Bei **Gruppenwahl** geben die Angehörigen der beiden Gruppen **ihre Stimmen getrennt** voneinander ab. Für die Stimmabgabe der beiden Gruppen ist je eine Wahlurne zu verwenden, die am besten durch ent-

sprechende Hinweise auf die Gruppe gekennzeichnet werden. Werden für die Gruppe unterschiedliche Stimmzettel verwandt, so können die Stimmzettel beider Gruppen in eine Urne geworfen werden, da dann durch die unterschiedlichen Stimmzettel eine nach Gruppen getrennte Auszählung sichergestellt ist (*DR,* Rn 6; *GL,* Rn 7; *GK-Kreutz,* Rn 6; *Schneider,* Rn 9).

Abschluß der Stimmabgabe ist der Zeitpunkt, an dem die für die Stimmabgabe im WA (§ 3 Abs. 2 Nr. 10) festgelegte Zeit abgelaufen ist. Erstreckt sich die Stimmabgabe über mehrere Tage, so ist sie am letzten Tag mit dem Ende der für die Stimmabgabe vorgesehenen Zeit abgeschlossen. Haben alle in der Wählerliste eingetragenen wahlberechtigten ArbN ihre Stimme abgegeben, so kann die Stimmabgabe schon vor dem festgelegten Ende der Stimmabgabe abgeschlossen werden. Mit der Auszählung der Stimmen muß allerdings wegen der vorgeschriebenen Öffentlichkeit der Stimmauszählung bis zu dem im WA festgesetzten Ende der Stimmabgabe gewartet werden. 7

Nach dem Wortlaut ist die Wahlurne zu versiegeln, nachdem die Stimmabgabe völlig abgeschlossen ist, es sei denn, der Stimmauszählung wird unmittelbar nach Beendigung der Wahl durchgeführt. Jedoch ist die Wahlurne nicht nur bei endgültigem Abschluß der Stimmabgabe, sondern auch bei jeder Unterbrechung des Wahlganges zu versiegeln. Denn nur dann ist sichergestellt, daß nicht unzulässigerweise weitere Stimmzettel in die Wahlurne geworfen werden (*DR,* Rn 5; *GL,* Rn 3; *GK-Kreutz,* Rn 7; *Schneider,* Rn 4).

Die Versiegelung erfolgt durch **Zusiegeln** des Einwurfschlitzes für die Wahlumschläge. Es dürfte genügen, wenn die Einwurfsöffnung zugeklebt und der Klebestreifen von den im Wahlraum anwesenden Mitgl. des Wahlvorst. und Wahlhelfern unterschrieben wird, so daß die Öffnung der Urne nicht ohne Beschädigung des Streifens freigemacht werden kann (*DR,* Rn 5). Vor Beseitigung der Versiegelung hat sich der Wahlvorst. davon zu überzeugen, daß der Verschluß unversehrt ist. 8

§ 13 Öffentliche Stimmauszählung

Unverzüglich[1] nach Abschluß der Wahl[2] nimmt der Wahlvorstand[2a] öffentlich[3] die Auszählung der Stimmen vor und gibt das auf Grund der Auszählung sich ergebende Wahlergebnis bekannt.

Erläuterungen

Unverzüglich bedeutet ohne schuldhaftes Zögern. Die Auszählung muß sich nicht unbedingt an die Stimmabgabe anschließen. Sofern dies für die Mitgl. des Wahlvorst. und die Wahlhelfer nicht unzumutbar erscheint, sollte dies jedoch im allgemeinen geschehen, um einen Verdacht zwischenzeitlicher Manipulationen überhaupt nicht aufkommen zu lassen. Im allgemeinen wird die Auszählung der Stimmen jedoch spätestens an dem auf den Wahltag folgenden Arbeitstag zu erfolgen haben (*GL,* Rn 1; *GK-Kreutz,* Rn 2; *Schneider,* Rn 1). 1

2 **Abschluß der Wahl** ist der im WA für die Beendigung der Stimmabgabe genannte Zeitpunkt. Im Hinblick darauf, daß die Simmauszählung öffentlich erfolgt, wird der Wahlvorst. im allgemeinen auch dann, wenn bereits vorher alle wahlberechtigten ArbN ihre Stimme abgegeben haben, mit der Stimmauszählung bis zu dem im WA genannten Zeitpunkt des Endes der Stimmabgabe warten müssen.

2a Die **Stimmauszählung** erfolgt durch den **gesamten Wahlvorst.,** nicht etwa nur durch den Vors. oder einzelne Mitgl. des Wahlvorst. Wahlhelfer können bei der Auszählung behilflich sein. Beschlüsse des Wahlvorst. über die Gültigkeit oder Ungültigkeit von Stimmen sind nur von den stimmberechtigten Mitgl. des Wahlvorst. zu fassen.

3 Die **Stimmauszählung** erfolgt **öffentlich** (vgl. § 18 Abs. 3 BetrVG). Öffentlich ist hier i. S. der **Betriebsöffentlichkeit** zu verstehen, d. h. die ArbN des Betriebs sowie sonstige am Ausgang der Wahl Interessierte, (z. B. Vertr. der im Betrieb vertretenen Gewerkschaften) dürfen bei der Stimmauszählung anwesend sein (*DR,* Rn 3; *Schneider,* Rn 4; vgl. hierzu im einzelnen § 18 BetrVG Rn 12). Nicht erforderlich ist, daß alle ArbN der Stimmauszählung beiwohnen können. Ist z. B. der vorhandene Raum zu klein, so kann weiteren Personen der Zutritt versagt werden (vgl. LAG Hamm, DB 61, 1491; LAG Hamm, BB 78, 358; *DR,* Rn 3; *Schneider,* Rn 3). Den Interessierten muß jedoch ein ungehinderter Zugang zum Auszählungsraum möglich sein, was nicht gewährleistet ist, wenn dieser Raum erst auf Klingelzeichen geöffnet wird (LAG Berlin, DB 88, 504). Bereits die Öffnung der Wahlurnen, nicht erst die Auszählung der Stimmen, erfolgt öffentlich (ArbG Bochum, DB 72, 1730; *DR,* Rn 4; *GL,* Rn 2). Auch die Fertigung der Wahlniederschrift nach § 17 gehört noch zur Stimmauszählung und hat öffentlich zu erfolgen (*DR,* Rn 4; *GK-Kreutz,* § 18 BetrVG Rn 32; ArbG Bochum,DB 75, 1898; **a. A.** *Schneider,* Rn 7; vgl. hierzu § 18 BetrVG Rn 11). Das Prinzip der öffentlichen Stimmauszählung ist nur gewahrt, wenn die anwesenden ArbN in der Lage sind, die Stimmauszählung zu verfolgen. Ein Verstoß gegen das Gebot der öffentlichen Stimmauszählung ist im allgemeinen als ein erheblicher Verstoß gegen wesentliche Vorschriften des Wahlverfahrens anzusehen, der eine Anfechtung der Wahl rechtfertigen und u. U. sogar die Nichtigkeit der BRWahl zur Folge haben kann (vgl. ArbG Bochum, DB 72, 1730; *DR,* Rn 5; *GL,* Rn 3; *Schneider,* Rn 5; einschränkend in Bezug auf die Nichtigkeit der Wahl *GK-Kreutz,* Rn 4). Wird im Falle einer maschinell vorzunehmenden Stimmauszählung diese deshalb in die frühen Morgenstunden verlegt, weil anderenfalls die EDV-Anlage nicht zur Verfügung steht, so liegt darin kein Verstoß gegen das Gebot der öffentlichen Stimmauszählung (vgl. LAG Hamm, BB 78, 358).

§ 14 Verfahren bei der Stimmauszählung

(1) **Nach Öffnung der Wahlurne[1] entnimmt der Wahlvorstand die Stimmzettel den Wahlumschlägen und zählt die auf jede Vorschlags-**

liste entfallenden Stimmen zusammen.[2] **Dabei ist die Gültigkeit der Stimmzettel zu prüfen.**[3]

(2) **Befinden sich in einem Wahlumschlag mehrere gekennzeichnete Stimmzettel (§ 11 Abs. 3), so werden sie, wenn sie vollständig übereinstimmen, nur einfach gezählt, andernfalls als ungültig angesehen.**[4]

Erläuterungen

Die Wahlurne darf nur vom Wahlvorst. und nur in der nach § 13 vorgeschriebenen **öffentlichen Sitzung** geöffnet werden (*DR,* Rn 1). 1

Die Benutzung einer **Datenverarbeitungsanlage** bei der Auszählung der Stimmen ist zulässig (ArbG Bremen, DB 72, 1830; LAG Hamm, BB 78, 358; *DR,* Rn 3; *GL,* Rn 1; *GK-Kreutz,* Rn 3; *Schneider,* Rn 4). Jedoch muß die Verantwortung des Wahlvorst. für eine ordnungsgemäße Stimmenauszählung gewährleistet bleiben. Er darf diese nicht an andere Personen, z. B. Datenerfassungskräfte delegieren, ohne eine Kontrolle dieser Personen und ihrer Tätigkeit sicherzustellen (vgl. LAG Berlin, DB 88, 504). 2

Der Wahlvorst. hat – ggf. mit Unterstützung der Wahlhelfer (§ 1 Abs. 2 S. 2) – die Wahlumschläge zu öffnen, die Stimmzettel zu entnehmen und ihre Gültigkeit zu prüfen (vgl. § 11 Abs. 4). Der Wahlvorst. ermittelt, welche Vorschlagsliste auf den einzelnen Stimmzetteln durch Ankreuzen an der hierfür vorgesehenen Stelle gewählt ist (§ 11 Abs. 3), und stellt durch Zusammenzählen die auf jede Vorschlagsliste entfallenden Stimmen fest. Ist die Rechtmäßigkeit einer Stimmabgabe zweifelhaft, so entscheidet über ihre **Gültigkeit** oder **Ungültigkeit** der Wahlvorst. **durch Beschluß** seiner stimmberechtigten Mitgl. Der Beschluß ist im Rahmen der öffentlichen Stimmauszählung zu fassen (*DR,* Rn 3). Ungültige Stimmzettel sollte der Wahlvorst. zweckmäßigerweise fortlaufend numerieren und gesondert von den übrigen Stimmzetteln aufbewahren (*Schneider,* Rn 6). 3

Die in einem Wahlumschlag einliegenden **mehreren Stimmzettel** sind als eine Stimme anzuerkennen, wenn sie übereinstimmend dieselbe Vorschlagsliste kennzeichnen. Ebenso ist der Fall zu behandeln, wenn in einem Wahlumschlag mehrere Stimmzettel eingelegt sind, aber nur einer nach § 11 Abs. 3 gekennzeichnet ist. Befinden sich dagegen in einem Wahlumschlag mehrere verschieden gekennzeichnete Stimmzettel, so sind sie sämtlich ungültig (*GK-Kreutz,* Rn 5; *Schneider,* Rn 5). 4

§ 15 Verteilung der Sitze bei Gruppenwahl[1]

(1) **Hat Gruppenwahl stattgefunden, so werden die den einzelnen Vorschlagslisten der Gruppe zugefallenen Stimmenzahlen in einer Reihe nebeneinander gestellt und sämtlich durch 1, 2, 3, 4 usw. geteilt. Die ermittelten Teilzahlen sind nacheinander reihenweise unter den Zahlen der ersten Reihe aufzuführen, bis höhere Teilzahlen, als aus früheren Reihen für die Zuweisung von Sitzen in Betracht kommen, nicht mehr entstehen.**

(2) **Unter den so gefundenen Teilzahlen werden so viele Höchstzahlen ausgesondert und der Größe nach geordnet, wie Betriebsratsmitglieder für die Gruppe zu wählen sind. Jede Vorschlagsliste erhält so viele Mitgliedersitze zugeteilt, wie Höchstzahlen auf sie entfallen.**[2] **Wenn die niedrigste in Betracht kommende Höchstzahl auf mehrere Vorschlagslisten zugleich entfällt, so entscheidet das Los darüber, welcher Vorschlagsliste dieser Sitz zufällt.**

(3) **Wenn eine Vorschlagsliste weniger Bewerber enthält, als Höchstzahlen auf sie entfallen, so gehen die überschüssigen Mitgliedersitze auf die folgenden Höchstzahlen der anderen Vorschlagslisten über.**[3]

(4) **Die Reihenfolge der Bewerber innerhalb der einzelnen Vorschlagslisten bestimmt sich nach der Reihenfolge ihrer Benennung.**[4]

Erläuterungen

1 Die Berechnung der den einzelnen Vorschlagslisten zufallenden BR-Sitze erfolgt nach dem **d'Hondtschen Höchstzahlensystem** (vgl. hierzu ausführlich § 14 BetrVG Rn 25ff.)

Beispiel:

Für die ArbGruppe wurden 1449 gültige Stimmen abgegeben. Der Gruppe stehen nach der Berechnung gemäß § 5 zehn BRSitze zu.

Es standen drei Vorschlagslisten zur Wahl, davon erhielt

Liste 1 . . . . 982 Stimmen,
Liste 2 . . . . 311 Stimmen,
Liste 3 . . . . 156 Stimmen.

Liste 1 : 982	Liste 2 : 311	Liste 3 : 156
: 1 = 982 ×	: 1 = 311 ×	: 1 = 156 ×
: 2 = 491 ×	: 2 = 155½ ×	: 2 = 78
: 3 = 327⅓ ×	: 3 = 103⅔	
: 4 = 245½ ×		
: 5 = 196⅖ ×		
: 6 = 163⅔ ×		
: 7 = 140²⁄₇ ×		
: 8 = 122¾		
: 9 = 109⅑		

Die Liste 1 erhält 7 Sitze, die Liste 2 erhält 2 Sitze, auf die Liste 3 entfällt 1 Sitz.

3 Wenn also im Beispiel der Rn 2 die Liste 2 wohl zwei Sitze erhalten hätte, aber in ihr nur eine Person benannt worden wäre, so wäre die zweite auf sie entfallene Höchstzahl (155½) bei der Errechnung nicht zu berücksichtigen, vielmehr wäre auf die nächsthöchste Teilzahl (122¾), d. h. also auf die Liste 1, ein Sitz zuzuweisen.

4 Die nicht gewählten Bewerber der jeweiligen Liste kommen als **Ers-Mitgl.** in Betracht (vgl. § 25 BetrVG).

§ 16 Verteilung der Sitze bei gemeinsamer Wahl

(1) **Hat gemeinsame Wahl stattgefunden, so werden zunächst die Arbeitersitze, sodann in gesonderter Rechnung die Angestelltensitze verteilt. Jede Vorschlagsliste erhält so viele Mitgliedersitze von jeder Arbeitnehmergruppe zugeteilt, wie bei der gesonderten Berechnung Höchstzahlen auf sie entfallen.[1] § 15 Abs. 2 Satz 3 gilt entsprechend.[2]**

(2) **Bei der Verteilung der Arbeitersitze sind nur die der Arbeitergruppe, bei der Verteilung der Angestelltensitze nur die der Angestelltengruppe der einzelnen Listen zugehörigen Bewerber zu berücksichtigen.[3] § 15 Abs. 3 und 4 gilt entsprechend.[4,5]**

Erläuterungen

1 Bei gemeinsamer Wahl werden – falls mehrere Vorschlagslisten eingereicht worden sind – die Arb- und die AngSitze in gesonderter Rechnung ermittelt. Zunächst sind die auf die Listen entfallenden Höchstzahlen zu errechnen. **Diese Höchstzahlen** werden jeweils **sowohl für die Zuteilung der ArbSitze als auch der AngSitze verwandt** (vgl. BAG 2. 3. 55 und 2. 2. 62, AP Nr. 1 zu § 16 WO und Nr. 10 zu § 13 BetrVG; *DR,* Rn 1; *GL,* Rn 1; *GK-Kreutz,* Rn 2; *Schneider,* Rn 2; vgl. hierzu auch § 14 BetrVG Rn 30f.).

Beispiel:

Der BR besteht aus 11 ArbVertr. und 4 AngVertr. Es hat gemeinsame Wahl stattgefunden, bei der drei Vorschlagslisten als gültig anerkannt waren. Gesamtzahl der gültigen Stimmen 1382.

Davon entfielen auf die

Liste 1 . . . . 873 Stimmen
Liste 2 . . . . 344 Stimmen
Liste 3 . . . . 165 Stimmen

Der Wahlvorst. errechnet zunächst die Verteilung der 11 Arbeitersitze wie folgt:

Liste 1 : 873	Liste 2 : 344	Liste 3 : 165
: 1 = 873 ×	: 1 = 344 ×	: 1 = 165 ×
: 2 = 436½ ×	: 2 = 172 ×	: 2 = 82½
: 3 = 291 ×	: 3 = 114⅔ ×	
: 4 = 218¼ ×		
: 5 = 174⅗ ×		
: 6 = 145⅗ ×		
: 7 = 124⁵⁄₇ ×		
: 8 = 109⅛		
: 9 = 97		
: 10 = 87³⁄₁₀		

Es entfallen auf Liste 1 . . . . 7 ArbSitze
auf Liste 2 . . . . 3 ArbSitze
auf Liste 3 . . . . 1 ArbSitz.

Sodann errechnet der Wahlvorst. die Verteilung der vier AngSitze wie folgt:

Liste 1	:873	Liste 2	:344	Liste 3	:165
	:1 = 873 ×		:1 = 344 ×		:1 = 165
	:2 = 436½ ×				
	:3 = 291 ×				

Es entfallen auf die Liste 1 . . . . 3 AngSitze
und die Liste 2 . . . . 1 AngSitz.

2 Entfällt bei der Berechnung der Höchstzahlen innerhalb der Gruppen die niedrigste noch zu berücksichtigende Höchstzahl auf mehrere Vorschlagslisten, so entscheidet das Los darüber, welcher Liste der Sitz zufällt.

3 Es kommt nicht darauf an, in welcher **Reihenfolge** die Vertr. der Arb. und der Ang. auf den Listen stehen. Die Reihenfolge ist jeweils nur für Angehörige derselben Gruppe innerhalb der jeweiligen Liste von Bedeutung.

Beispiel (Fortsetzung des Beispiels in Rn 1):

Liste 1	Liste2	Liste3
1. A (Arb.)	1. M (Ang.)	1. V (Ang.)
2. B (Ang.)	2. N (Ang.)	2. W (Arb.)
3. C (Arb.)	3. O (Ang.)	3. X (Arb.)
4. D (Arb.)	4. P (Ang.)	4. Y (Arb.)
5. E (Arb.)	5. Q (Ang.)	
6. F (Arb.)	6. R (Ang.)	
7. G (Arb.)	7. S (Arb.)	
8. H (Ang.)	8. T (Arb.)	
9. J (Ang.)	9. U (Arb.)	
10. K (Arb.)		
11. L (Arb.)		

Gewählt sind in den BR entsprechend der Berechnung der Rn 1 folgende ArbVertr.: aus der Liste 1 die Arb. A, C, D, E, F, G und K; aus der Liste 2 die Arb. S, T und U; aus der Liste 3 der Arb. W,
sowie folgende AngVertr.: aus der Liste 1 die Ang. B, H und J; aus der Liste 2 der Ang. M.
Daß die Liste 2 eine besonders auf die Ang. ausgerichtete Liste war, hat für die Zuteilung der Sitze keine Bedeutung.

4 Enthält bei gemeinsamer Wahl eine Liste ausschließlich Angehörige einer Gruppe, dann gehen die an sich auf sie entfallenden Höchstzahlen bei Verteilung der Sitze für die andere Gruppe auf die folgenden Höchstzahlen der anderen Listen über (entsprechende Anwendung des § 15 Abs. 3).

5 Sind die Kandidaten einer Gruppe **ausschließlich auf einer Vorschlagsliste** vertreten (was zulässig ist – vgl. BAG 2. 3. 55, AP Nr. 1 zu § 16 WahlO), so findet im Falle der gemeinsamen Wahl gleichwohl keine Mehrheitswahl dieser Wahlbewerber statt. Vielmehr sind die dieser Gruppe zustehenden BRSitze mit den Kandidaten dieser Liste entsprechend der Reihenfolge, in der sie auf der Liste aufgeführt sind, zu besetzen (vgl. *DR,* Rn 2; *GL,* Rn 2; *GK-Kreutz,* Rn 3; *Schneider,* Rn 7). Voraussetzung ist allerdings, daß auf diese Liste mindestens eine gültige Stimme entfallen ist.

Beispiel (Fortsetzung des Beispiels in Rn 3):

Angenommen, die Liste 2 würde nicht die drei Arb. S, T und U (Nr. 7 bis 9) enthalten, dann würde sie bei der Verteilung der Sitze der Arbvertr. völlig ausscheiden. Die drei ArbSitze würden entsprechend den nächstfolgenden Höchstzahlen der Listen zufallen.

§ 17 Wahlniederschrift

(1) **Nachdem ermittelt ist, welche Arbeitnehmer als Betriebsratsmitglieder gewählt sind,[1] hat der Wahlvorstand in einer Niederschrift festzustellen:[2]**

1. **bei Gruppenwahl die Gesamtzahl der von jeder Arbeitnehmergruppe abgegebenen Wahlumschläge[3] und die Zahl der für jede Gruppe abgegebenen gültigen Stimmen;**
2. **bei gemeinsamer Wahl die Gesamtzahl der abgegebenen Wahlumschläge[3] und die Zahl der abgegebenen gültigen Stimmen;**
3. **die jeder Liste zugefallenen Stimmenzahlen;**
4. **die berechneten Höchstzahlen;[4]**
5. **die Verteilung der berechneten Höchstzahlen auf die Listen;**
6. **die Zahl der ungültigen Stimmen;[3]**
7. **die Namen der in den Betriebsrat gewählten Bewerber[5];**
8. **gegebenenfalls besondere während der Betriebsratswahl eingetretene Zwischenfälle oder sonstige Ereignisse.[6]**

(2) **Die Niederschrift ist vom Vorsitzenden und von mindestens einem weiteren stimmberechtigten Mitglied des Wahlvorstands zu unterschreiben.[7]**

Erläuterungen

1 Vgl. im Falle der Gruppenwahl § 15, im Falle der gemeinsamen Wahl § 16.

2 Die Niederschrift wird durch **Beschluß** der stimmberechtigten Mitgl. des Wahlvorst. festgelegt. Sie muß mindestens die unter Nr. 1 bis 8 genannten Angaben enthalten. Sie ist ein wichtiges Beweismittel, das die Nachprüfung des Wahlergebnisses (ggf. in einem Anfechtungsverfahren nach § 19 BetrVG) erleichtern soll. Ihre Erstellung erfolgt in der öffentlichen Sitzung nach § 13 (vgl. *DR,* Rn 1; *GK-Kreutz,* Rn 1; **a. A.** *Schneider,* Rn 2). Sie ist zu den Akten zu nehmen und bildet einen wesentlichen Bestandteil der Wahlakten. Eine Abschrift der Wahlniederschrift ist dem ArbGeb. und den im Betrieb vertretenen Gewerkschaften zu übersenden (vgl. § 18 Abs. 3 BetrVG).

Die **Unterlassung der Niederschrift** ist mit keinen Sanktionen bedroht. Irgendwelche Rechtsnachteile sind daher an ihr Fehlen nicht geknüpft. Fehlerhafte Angaben der Niederschrift ziehen keine rechtlichen Folgen nach sich. Insbesondere ist die Niederschrift nicht Wirksamkeitsvoraussetzung für die Feststellung des Wahlergebnisses (*DR,* Rn 2; *GL,* Rn 1; *GK-Kreutz,* Rn 5f.). Die Niederschrift kann bei Unrichtigkeiten nachträglich **berichtigt** werden, da sich das materielle Wahlergebnis allein nach den tatsächlich abgegebenen gültigen Stimmen, der richtigen Berechnung der Höchstzahlen und der richtigen Zuweisung der auf die einzelnen Listen entfallenden BRSitze entsprechend den Höchstzahlen bestimmt (*GK-Kreutz,* Rn 5). Die Frist für die Anfechtung der Wahl beginnt erst mit der Bekanntgabe des Wahlergebnisses nach § 19.

3 Die Zahl der abgegebenen Wahlumschläge ist zugleich die Zahl der abgegebenen Stimmen. Da gemäß Nr. 1 und 2 auch die Zahl der gültigen Stimmen anzugeben ist, so ergibt der Unterschiedsbetrag der beiden Zahlen die Zahl der vom Wahlvorst. für ungültig erklärten Stimmen (vgl. Nr. 6 sowie § 11 Abs. 4).

4 In die Niederschrift ist die **vollständige Ausrechnung der Höchstzahlen,** die auf die Vorschlagslisten entfallen, aufzunehmen. Näheres hierzu vgl. in den Erläuterungen zu §§ 15 und 16.

5 Mit der Feststellung, daß ein Wahlbewerber in den BR gewählt worden ist, unterliegt er den besonderen Schutzbestimmungen für betriebsverfassungsrechtliche Funktionsträger (z. B. Kündigungsschutz); es kommt nicht auf den Beginn der Amtszeit des BR oder der JugAzubi-Vertr. an (vgl. BAG 22. 9. 83, AP Nr. 11 zu § 78a BetrVG 1972).

6 Z. B. vorzeitige Schließung des Wahlraums, weil sämtliche wahlberechtigten ArbN gewählt haben, Proteste von ArbN, die nicht in der Wählerliste eingetragen waren und deshalb zur Stimmabgabe nicht zugelassen worden sind, etwaige Unterbrechung der Wahlhandlung und die Gründe hierfür; auch die verspätet eingegangenen Wahlbriefe sollten vermerkt werden.

7 Die Unterzeichnung der Niederschrift nur durch den Vors. oder die Mitunterzeichnung durch ein nicht stimmberechtigtes Mitgl. des Wahlvorst. oder einen Wahlhelfer ist unzureichend. Es liegt keine ordnungsgemäße Niederschrift vor (vgl. auch § 3 Rn 3).

§ 18 Benachrichtigung der Gewählten

(1) **Der Wahlvorstand hat die als Betriebsratsmitglieder gewählten Arbeitnehmer[1] unverzüglich schriftlich von ihrer Wahl zu benachrichtigen.[2] Erklärt der Gewählte nicht binnen drei Arbeitstagen nach Zugang der Benachrichtigung dem Wahlvorstand, daß er die Wahl ablehne, so gilt die Wahl als angenommen.[3]**

(2) **Lehnt ein Gewählter die Wahl ab, so tritt an seine Stelle der in derselben Vorschlagsliste in der Reihenfolge nach ihm benannte, nicht gewählte Bewerber.[4]**

Erläuterungen

1 Zu benachrichtigen sind die ArbN, die der Wahlvorst. nach § 15 und 16 als gewählt ermittelt und deren Namen er in der Niederschrift aufgeführt hat (vgl. § 17 Abs. 1 Nr. 7). Eine Benachrichtigung der in Frage kommenden ErsMitgl. (§ 15 Rn 4) ist nicht vorgeschrieben, aber zweckmäßig.

2 Es genügt die **einfache schriftliche Mitteilung** an den ArbN, daß er

als BRMitgl. gewählt ist (*GL,* Rn 1). Die Unterrichtung, die unverzüglich, d. h. ohne schuldhaftes Zögern nach den Feststellungen gemäß § 17 zu erfolgen hat, hat **keine materiellrechtliche** (konstitutive) **Bedeutung** (*DR,* Rn 1; *GK-Kreutz,* Rn 1). Es dürfte sich empfehlen darauf hinzuweisen, daß der Gewählte seine Wahl nur binnen drei Arbeitstagen ablehnen kann.

Es besteht **keine Pflicht zur Annahme der Wahl.** Die Erklärung des 3
Gewählten an den Wahlvorst., daß er die Wahl ablehne, braucht nicht notwendig schriftlich zu erfolgen. Sie muß jedoch **eindeutig** sein. Die Erklärung kann rechtsverbindlich erst nach Zugang der Benachrichtigung des Wahlvorst. über die Wahl abgegeben werden (vgl. den Wortlaut von Abs. 1 S. 2).

Die Frist beträgt **drei Arbeitstage** und läuft vom Tage nach Zugang der Benachrichtigung an. Zum Begriff des Arbeitstags vgl. § 32 Rn 2. Erhält z. B. der ArbN die Mitteilung am Donnerstag vor Pfingsten, so kann er bei der Fünf-Tage-Woche wegen des Pfingstmontags bis einschließlich Mittwoch nach Pfingsten dem Wahlvorst. erklären, daß er die Wahl ablehnt. Ist bis zum Ablauf der Frist eine Erklärung nicht beim Wahlvorst. eingegangen, so **gilt die Wahl als angenommen.** Der Gewählte ist i. S. des § 19 endgültig gewählt. Nach Ablauf der Erklärungsfrist kann er das Amt nur noch nach § 24 Abs. 1 Nr. 2 BetrVG niederlegen. Dies gilt auch dann, wenn die Amtszeit des BR noch nicht begonnen haben sollte (*DR,* Rn 3). Die Amtsniederlegung ist nicht dem Wahlvorst., sondern dem BR gegenüber zu erklären (*GL,* Rn 1; *GK-Kreutz,* Rn 6; *Schneider,* Rn 4).

Lehnt ein Gewählter die Wahl ab, so wird er so behandelt, als sei er 4
nicht auf der Vorschlagsliste aufgeführt gewesen. Bei gemeinsamer Wahl tritt an die Stelle des die Wahl ablehnenden Bewerbers der in derselben Vorschlagsliste folgende Bewerber, der der gleichen Gruppe angehört. Der an die Stelle des ablehnenden gewählten Bewerbers tretende Wahlkandidat nimmt kraft Gesetzes die rechtliche Stellung des ablehnenden Bewerbers ein, die dieser innehatte, bevor er die Wahl nach Abs. 1 ablehnte. Er ist gewählt, wie wenn er von Anfang an gewählt worden wäre. Das Eintreten des neuen Wahlbewerbers anstelle des ablehnenden ist in einer **Niederschrift nach § 17,** ggf. durch Ergänzung der ursprünglichen Niederschrift, festzustellen (*DR,* Rn 5; *GL,* Rn 2; *GK-Kreutz,* Rn 5). Der anstelle des ablehnenden **neu eintretende Bewerber** ist hierüber nach § 18 zu unterrichten. Auch ihm steht eine Erklärungsfrist von 3 Arbeitstagen zur Verfügung.

Ist die **Vorschlagsliste erschöpft,** d. h. enthält sie keinen weiteren Wahlbewerber derselben Gruppe wie der die Wahl ablehnende Kandidat mehr, so ist der BRSitz mit dem nächstfolgenden, derselben Gruppe angehörenden Wahlbewerber derjenigen Vorschlagsliste zu besetzen, auf die nach den Grundsätzen der Verhältniswahl der nächste Sitz entfallen würde (vgl. hierzu auch § 25 BetrVG Rn 24ff.).

§ 19 Bekanntmachung der Gewählten

Sobald die Namen der Betriebsratsmitglieder endgültig feststehen,[1] hat der Wahlvorstand sie durch zweiwöchigen Aushang in gleicher Weise bekanntzumachen wie das Wahlausschreiben (§ 3 Abs. 4).[2] Je eine Abschrift der Wahlniederschrift (§ 17) ist dem Arbeitgeber und den im Betrieb vertretenen Gewerkschaften unverzüglich zu übersenden.[3]

Erläuterungen

1 Die Namen der BRMitgl. stehen nach §§ 17 und 18 endgültig fest, sobald die Gewählten die Wahl ausdrücklich angenommen haben oder die Erklärungsfrist abgelaufen ist, ohne daß die gewählten ArbN nach § 18 Abs. 1 Satz 2 erklärt haben, daß sie die Wahl ablehnen, bzw. sobald der Wahlvorst. nach Ablauf der Erklärungsfrist festgestellt hat, wer von den zunächst gewählten ArbN die Wahl abgelehnt hat und wer nach § 18 Abs. 2 endgültig an ihre Stelle getreten ist.

2 Der Wahlvorst. hat diese Namen durch einen **zweiwöchigen Aushang** an den gleichen Stellen, an denen das WA ausgehängt war, bekanntzumachen. Auch diese Bekanntmachung ist vom Vors. und einem weiteren stimmberechtigten Mitgl. des Wahlvorst. zu unterzeichnen und in gut lesbarem Zustand zu halten (§ 3 Abs. 1 und 4). Ob der Wahlvorst. neben der zwingend vorgeschriebenen Bekanntmachung der gewählten BRMitgl. auch eine Abschrift der Wahlniederschrift aushängt, steht in seinem Ermessen (*GL,* Rn 1; *Schneider,* Rn 3).

Die Bekanntmachung der Namen der endgültig gewählten BRMitgl. setzt die **Frist für die Anfechtung der BRWahl** (§ 19 BetrVG) in Lauf. Erfolgt der Aushang an mehreren Stellen an verschiedenen Tagen, so ist für den Beginn der Anfechtungsfrist der letzte Aushang maßgebend. Der Tag des Aushangs zählt bei der Fristberechnung nicht mit (vgl. § 19 BetrVG Rn 23).

3 Vgl. hierzu § 18 BetrVG Rn 17.

§ 20 Aufbewahrung der Wahlakten

Der Betriebsrat hat die Wahlakten[1] mindestens bis zur Beendigung seiner Amtszeit aufzubewahren.[2]

Erläuterungen

1 Wahlakten sind die **gesamten Wahlunterlagen** im weitesten Sinne einschließlich der Stimmzettel. Dazu gehören u. a. die Sitzungsniederschriften, der Schriftwechsel des Wahlvorst., die Stimmzettel, die Niederschrift über das Wahlergebnis nach § 17, die abgenommenen Aushänge, das Wahlausschreiben (§ 3 Abs. 3), die Bekanntmachungen nach § 6 Abs. 2, §§ 9, 10, auch Berechnungszettel und dergleichen. Zur Aufbewahrung verspätet eingehender Wahlbriefe vgl. § 28 Abs. 2.

Die Wahlakten können sowohl für die Anfechtung der BRWahl nach

§ 19 BetrVG als auch bei behaupteter Nichtigkeit der Wahl (§ 19 BetrVG Rn 3ff.) von Bedeutung sein. Deshalb besteht auch ein **Einsichtsrecht** für ArbN, ArbG und jede im Betrieb vertretene Gewerkschaft (*DR,* Rn 2; *GL,* Rn 2; *GK-Kreutz,* Rn 3).

Der Wahlvorst. hat die entstandenen Wahlakten dem Vors. des BR, sobald sich dieser konstituiert hat, zum Zwecke der Aufbewahrung auszuhändigen (*DR,* Rn 1; *GL,* Rn 1). Die Amtszeit des BR und damit die Aufbewahrungsdauer für die Akten ergibt sich aus §§ 21 und 22 BetrVG. Gehen nach Übergabe der Wahlakten an den BR noch **Wahlbriefe** von Briefwählern ein, sind diese dem BR unmittelbar zuzuleiten. Dieser hat sie einen Monat nach Bekanntgabe des Wahlergebnisses ungeöffnet zu vernichten, es sei denn, die Wahl ist angefochten worden (vgl. § 28 Abs. 2). 2

Dritter Unterabschnitt. Wahlverfahren bei nur einer Vorschlagsliste

§ 21 Stimmabgabe

(1) **Ist für einen Wahlgang nur eine gültige Vorschlagsliste eingereicht,[1] so kann der Wähler seine Stimme nur für solche Bewerber abgeben, die in der Vorschlagsliste aufgeführt sind.[2]**

(2) **Auf den Stimmzetteln sind die Bewerber unter Angabe von Familienname, Vorname, Art der Beschäftigung im Betrieb und Arbeitnehmergruppe in der Reihenfolge aufzuführen, in der sie auf der Vorschlagsliste benannt sind.[3]**

(3) **Der Wähler kennzeichnet die von ihm gewählten Bewerber durch Ankreuzen an der hierfür im Stimmzettel vorgesehenen Stelle; er darf nicht mehr Bewerber ankreuzen, als Betriebsratsmitglieder in dem Wahlgang[4] zu wählen sind.[5] § 11 Abs. 1 Satz 2,[3] Abs. 2 Satz 2 und 3,[6] Abs. 4,[7] §§ 12 und 13[8] gelten entsprechend.**

Erläuterungen

Bei Vorliegen nur einer gültigen Vorschlagsliste (vgl. § 6 Abs. 3) werden die in dieser Liste aufgeführten Bewerber nach den **Grundsätzen der Mehrheitswahl** gewählt (vgl. im einzelnen § 14 BetrVG Rn 32ff.). Ist bei Gruppenwahl nur für eine Gruppe eine gültige Vorschlagsliste eingereicht worden, so wählen nur die ArbN dieser Gruppe ihre BRMitgl. in Mehrheitswahl, die ArbN der anderen Gruppe in Listenwahl. 1

Gewählt wird hier nicht wie bei der Listenwahl (bei mehreren gültigen Vorschlagslisten) die Liste (vgl. § 11 Abs. 1), sondern Bewerber, die auf der einen gültigen Vorschlagsliste aufgeführt sind (**Personenwahl**). Der Wähler kann auswählen, welchen der auf der Liste stehenden Kandidaten er seine Stimme geben will. Für andere Personen, die nicht auf der Vorschlagsliste aufgeführt sind, kann der Wähler seine Stimme nicht abgeben (*Schneider,* Rn 3). 2

3 Die Mehrheitswahl der auf der einzigen gültigen Vorschlagsliste aufgeführten Bewerber geschieht durch Abgabe von Stimmzetteln in den hierfür bestimmten Umschlägen (Wahlumschlägen; vgl. Abs. 3 Satz 2 i. V. mit § 11 Abs. 1 Satz 2). Auf dem Stimmzettel erscheinen die Namen sämtlicher auf der Vorschlagsliste angeführten Bewerber mit Familiennamen, Vornamen, Berufsbezeichnungen und Arbeitnehmergruppe; sie sind in der **Reihenfolge** aufzuführen, wie sie in der **Vorschlagsliste benannt** sind. Eine andere Reihenfolge ist unzulässig, da sie eine nicht erlaubte Wahlbeeinflussung darstellen kann (*DR,* Rn 4; *GL,* Rn 2).

4 Findet **gemeinsame Wahl** statt, darf der Wähler soviele Kandidaten aus der Liste ankreuzen, wie BRMitgl. zu wählen sind. Bei **Gruppenwahl** darf er soviele Bewerber, wie der betreffenden Gruppe Sitze im BR zustehen, kennzeichnen. Der Wähler kann die ihm zustehenden Stimmen nur auf verschiedene Kandidaten verteilen. Gibt er einem Kandidaten mehrere Stimmen (Stimmhäufung), so zählt dies nur als eine Stimme (*GL,* Rn 3; *GK-Kreutz,* Rn 5; *Schneider,* Rn 4).

5 Die Zahl der in dem Wahlgang zu wählenden BRMitgl. (bzw. Gruppenvertr.) ergibt sich aus dem Wahlausschreiben oder, wenn gemeinsame Wahl nach § 6 Abs. 2 nachträglich beschlossen wird, aus der dort vorgesehenen ergänzenden Bekanntmachung. Der Wähler darf auch weniger Namen ankreuzen. Kreuzt er mehr Bewerber an, als zu wählen sind, so ist der **Stimmzettel ungültig** (*DR,* Rn 7; *GL,* Rn 4).

6 Die Stimmzettel und die Wahlumschläge müssen bei Gruppenwahl innerhalb der jeweiligen Gruppen, bei gemeinsamer Wahl insgesamt die **gleiche Größe, Farbe, Beschaffenheit und Beschriftung** aufweisen.

7 Zur Ungültigkeit des Stimmzettels vgl. § 11 Rn 3. Unschädlich ist allerdings der vielfach zweckmäßige Hinweis, wie viele Kandidaten der Wähler ankreuzen darf (*GK-Kreutz,* Rn 5; *Schneider,* Rn 8).

8 Die Regelungen des § 12 über den äußeren Gang des Wahlverfahrens bei der Listenwahl gelten auch für die Mehrheitswahl.

Der Wahlvorst. hat, wenn sich die Stimmauszählung nicht sofort an den Abschluß der Stimmabgabe anschließt, in der Regel spätestens am nächstfolgenden Arbeitstag nach Abschluß der Stimmabgabe das Wahlergebnis in öffentlicher Sitzung festzustellen (vgl. § 13 Rn 1).

§ 22 Stimmauszählung

Nach Öffnung der Wahlurne entnimmt der Wahlvorstand[1] die Stimmzettel den Wahlumschlägen und zählt die auf jeden Bewerber entfallenden Stimmen zusammen;[2] § 14 Abs. 1 Satz 2 und Abs. 2 gilt entsprechend.[3]

Erläuterungen

1 Der Wahlvorst. kann hierbei Wahlhelfer hinzuziehen (vgl. § 14 Rn 3). Die Entscheidung über die Gültigkeit oder Ungültigkeit einer Stimme

hat allein der Wahlvorst. durch Beschluß seiner stimmberechtigten Mitgl. zu treffen.

Die Auszählung und Feststellung des Wahlergebnisses erfolgen eben- 2
falls in **öffentlicher Sitzung** (vgl. § 18 Abs. 3 BetrVG). Während bei Listenwahl auf einem Stimmzettel nur eine Liste angekreuzt werden darf und deshalb der Stimmzettel nur eine Wahlentscheidung des Wählers enthält, kann der Wähler bei Mehrheitswahl soviele Wahlentscheidungen treffen, wie bei gemeinsamer Wahl BRMitgl. insgesamt bzw. bei Gruppenwahl Gruppenvertr. zu wählen sind. Ist der Stimmzettel gültig, so hat der Wahlvorst. die auf die einzelnen Kandidaten entfallenden Stimmen zu berücksichtigen.

Die für die Verhältniswahl geltenden Vorschriften über die Prüfung 3
der Gültigkeit der Stimmzettel und die Beurteilung der Gültigkeit von mehreren Stimmzetteln in einem Wahlumschlag gelten auch bei der Mehrheitswahl (vgl. § 14 Rn 3 und 4).

§ 23 Ermittlung der Gewählten

(1) **Gewählt sind die Bewerber, die die meisten Stimmen erhalten haben.**[1] **Bei Stimmengleichheit entscheidet das Los.**[5]

(2) **Hat gemeinsame Wahl stattgefunden, so können jeder Gruppe nur so viele Betriebsratsmitglieder angehören, als ihr nach § 10 oder § 12 Abs. 1 des Gesetzes Vertreter im Betriebsrat zustehen.**[2] **Befindet sich unter den nach Absatz 1 Gewählten nicht die erforderliche Zahl von Angehörigen der beiden Gruppen, so tritt an die Stelle des oder der im Verhältnis zuviel gewählten Angehörigen der durch den Wahlausgang begünstigten Gruppe die entsprechende Zahl von Bewerbern mit der verhältnismäßig höchsten Stimmenzahl, die der anderen Gruppe angehören.**[3,4] **Haben für den zuletzt zu vergebenden Betriebsratssitz mehrere Bewerber die gleiche Stimmenzahl erhalten, so entscheidet das Los darüber, welcher Bewerber gewählt ist.**[5]

Erläuterungen

Als erster ist der Bewerber gewählt, der die meisten Stimmen erhalten 1
hat. Dann folgt als zweiter Gewählter der Bewerber mit der zweithöchsten Stimmenzahl. Entsprechendes gilt für die weiteren Gewählten. Bei **gleicher Stimmenzahl** entscheidet hinsichtlich des zuletzt zu besetzenden BRSitzes das **Los.** Die nicht gewählten Bewerber sind **ErsMitgl.,** die ggf. nach § 25 Abs. 1 BetrVG (vgl. dort Rn 10f.) in den BR nachrükken. Die Reihenfolge des Nachrückens wird durch die Zahl der auf die Bewerber entfallenden Stimmen bestimmt. Kein ErsMitgl. ist der nicht gewählte Bewerber, auf den überhaupt keine Stimme entfallen ist (*DR,* Rn 4; *GL,* Rn 3; *GK-Kreutz,* Rn 1; *Schneider,* Rn 1). Entfallen auf mehrere ErsMitgl. derselben Gruppe gleich viele gültige Stimmen, ist zwischen ihnen die Reihenfolge des (möglichen) Nachrückens durch Losentscheid zu ermitteln.

Beispiel:

Zu wählen sind drei Gruppenvertr. der Arb. Eingereicht ist nur eine gültige Vorschlagsliste mit acht Bewerbern. Die Stimmauszählung der 85 Wahlumschläge mit gültigen Stimmzetteln ergibt in der Reihenfolge des Stimmzettels:

1. A .... 78 Stimmen
2. B .... 62 Stimmen
3. C .... 37 Stimmen
4. D .... 29 Stimmen
5. E .... 31 Stimmen
6. F .... 0 Stimmen
7. G .... 18 Stimmen
8. H .... 0 Stimmen

Gewählt sind in folgender Reihenfolge die Arb. A (Nr. 1), B (Nr. 2), C (Nr. 3). Nicht gewählt sind folgende Arb., die jedoch in nachstehender Reihenfolge Ersatzmitgl. sind: E (Nr. 5), D (Nr. 4), G (Nr. 7). Nicht gewählt, aber auch keine Ersatzmitgl. sind die beiden Bewerber F (Nr. 6) und H (Nr. 8), die überhaupt keine Stimme erhalten haben.

2 Abs. 2 Satz 1 bestimmt für die **gemeinsame Wahl** in Abweichung vom reinen Mehrheitsprinzip, daß in keinem Fall eine Gruppe mehr BRSitze erhalten kann, als ihr nach den Vorschriften der §§ 10 und 12 Abs. 1 BetrVG zustehen, auch wenn nach den auf die einzelnen Bewerber entfallenen Stimmenzahlen bei der einen Gruppe mehr, bei der anderen Gruppe weniger Bewerber gewählt wären. An der durch die §§ 10, 12 Abs. 1 BetrVG festgelegten Verteilung der BRSitze auf die beiden Gruppen vermag daher ein für eine der Gruppen noch so günstiges Stimmenverhältnis nichts zu ändern.

Beispiel:

Der BR besteht aus 7 Vertr. der Arb. und 4 Vertr. der Ang. Das Wahlergebnis ist wie folgt:

1. A	(Arb.)	912	10. L	(Arb.)	640
2. B	(Arb.)	901	11. M	(Ang.)	312
3. C	(Arb.)	884	12. N	(Arb.)	226
4. D	(Arb.)	772	13. O	(Arb.)	212
5. E	(Arb.)	751	14. P	(Ang.)	175
6. F	(Arb.)	719	15. Q	(Arb.)	168
7. G	(Ang.)	706	16. R	(Arb.)	157
8. H	(Arb.)	688	17. S	(Ang.)	103
9. J	(Arb.)	663	18. T	(Ang.)	101

Gewählt sind als Vertr. der Arb.: Nr. 1 (A), Nr. 2 (B), Nr. 3 (C), Nr. 4 (D), Nr. 5 (E), Nr. 6 (F), Nr. 8 (H).
Als Vertr. der Ang.: Nr. 7 (G), Nr. 11 (M), Nr. 14 (P), Nr. 17 (S).
Die Arb. Nr. 9 (J), Nr. 10 (L), Nr. 12 (N), Nr. 13 (O), Nr. 15 (Q), Nr. 16 (R) sind trotz ihrer höheren Stimmenzahlen nicht gewählt.

3 Enthält die Vorschlagsliste **nicht genügend Bewerber** einer Gruppe, so fallen die nicht besetzten BRSitze dieser Gruppe der anderen Gruppe zu. Gleiches gilt, wenn nicht so viele Kandidaten einer Gruppe, wie ihr Sitze im BR zustehen, bei der Wahl nicht wenigstens eine Stimme erhalten haben. Denn wer keine Stimme erhält, kann auch nicht Mitgl. des BR werden (*DR*, Rn 2; *GL*, Rn 2f.; *GK-Kreutz*, Rn 1; *Schneider*, Rn 4).

Erhalten **weniger Bewerber eine Stimme** als der BR nach § 9 BetrVG Sitze hat, so besteht der BR nur aus so vielen Mitgl., wie Kandidaten gewählt worden sind. Entspricht diese Zahl nicht einer der in § 9 BetrVG genannten BRGröße, so ist in entsprechender Anwendung des § 11 BetrVG die nächstniedrigere der gesetzlichen BRGrößen maßgebend (*DR,* Rn 3; *Schneider,* Rn 9; **a. A.** *GL,* Rn 3, und *GK-Kreutz,* Rn 4, nach denen kein gesetzmäßiger BR bestehen soll). **4**

Der Losentscheid gilt bei gemeinsamer Wahl nur hinsichtlich der Kandidaten derselben ArbNGruppe. **5**

§ 24 Wahlniederschrift, Bekanntmachung

(1) **Nachdem ermittelt ist, welche Arbeitnehmer als Betriebsratsmitglieder gewählt sind, hat der Wahlvorstand eine Niederschrift[1] anzufertigen, in der außer den Angaben nach § 17 Abs. 1 Nr. 1, 2, 6 bis 8 die jedem Bewerber zugefallenen Stimmenzahlen festzustellen sind.[2] § 17 Abs. 2,[3] § 18 Abs. 1,[4] §§ 19 und 20[5] gelten entsprechend.**

(2) **Lehnt ein Gewählter die Wahl ab, so tritt an seine Stelle der nicht gewählte Bewerber mit der nächsthöchsten Stimmenzahl, der der gleichen Gruppe angehört.[6]**

Erläuterungen

Über die Bedeutung der Niederschrift vgl. § 17 Rn 2. **1**

Die **Niederschrift muß enthalten:** **2**
- bei Gruppenwahl die Gesamtzahl der von jeder ArbNGruppe abgegebenen Wahlumschläge und die Zahl der für jede Gruppe abgegebenen gültigen Stimmen;
- bei gemeinsamer Wahl die Gesamtzahl der abgegebenen Wahlumschläge und die Zahl der abgegebenen gültigen Stimmen;
- die Zahl der jedem Bewerber zugefallenen Stimmen;
- die Zahl der ungültigen Stimmzettel;
- die Namen der in den BR gewählten Bewerber;
- gegebenenfalls besondere während der BRWahl eingetretene Zwischenfälle oder sonstige Ereignisse.

Die Niederschrift ist vom Vors. des Wahlvorst. und einem weiteren stimmberechtigten Mitgl. zu unterschreiben. **3**

Der Wahlvorst. hat die von ihm als gewählt ermittelten ArbN unverzüglich **schriftlich zu benachrichtigen.** Wenn der Gewählte nicht binnen drei Arbeitstagen nach Zugang der Benachrichtigung dem Wahlvorst. erklärt, daß er die Wahl ablehnt, gilt die Wahl als angenommen. **4**

Zur Bekanntmachung des endgültigen Wahlergebnisses und zur Aufbewahrung der Wahlunterlagen vgl. §§ 19 und 20. **5**

An die Stelle des ablehnenden Bewerbers tritt bei Gruppenwahl der Bewerber mit der nächsthöheren Stimmenzahl, bei gemeinsamer Wahl der Berwerber mit der nächsthöchsten Stimmenzahl, der der gleichen Gruppe angehört. Wenn z. B. im Beispiel des § 23 Rn 2 der AngVertr. G ablehnt, tritt an seine Stelle der Ang. T (101 Stimmen), obwohl nichtge- **6** wählte Bewerber der ArbGruppe mit bedeutend höheren Stimmenzahlen vorhanden sind. Zur Frage, wenn die Vorschlagsliste keine ausreichende Zahl gruppenangehöriger Kandidaten aufweist, vgl. § 23 Rn 3.

Dritter Abschnitt. Wahl nur eines Mitglieds des Betriebsrats oder nur eines Gruppenvertreters[1]

§ 25 Verfahren

(1) **Ist nur ein Mitglied des Betriebsrats[2] oder bei Gruppenwahl nur ein Vertreter für eine Gruppe[3] zu wählen, so erfolgt die Wahl auf Grund von Wahlvorschlägen; § 6 Abs. 1 Satz 2[4], Abs. 2[5] bis 6[6], §§ 7 bis 9 und § 10 Abs. 2[7] gelten für die Wahlvorschläge entsprechend.**

(2) **Der Wähler kann seine Stimme nur für solche Bewerber abgeben, die in einem Wahlvorschlag nach Absatz 1 benannt sind.[8]**

(3) **Auf den Stimmzetteln sind die Bewerber in alphabetischer Reihenfolge unter Angabe von Familienname, Vorname, Art der Beschäftigung im Betrieb und Arbeitnehmergruppe aufzuführen.[9] Der Wähler kennzeichnet den von ihm gewählten Bewerber durch Ankreuzen an der im Stimmzettel hierfür vorgesehenen Stelle.[10] § 21 Abs. 3 und § 22 gelten entsprechend.[11]**

(4) **Gewählt ist der Bewerber, der die meisten Stimmen erhalten hat; § 24 Abs. 1 gilt entsprechend.[12] Bei Stimmengleichheit entscheidet das Los. Lehnt ein Gewählter die Wahl ab, so tritt an seine Stelle der nichtgewählte Bewerber mit der nächsthöchsten Stimmenzahl.[13]**

(5) **Das Ersatzmitglied des Betriebsrats oder bei Gruppenwahl des Vertreters der Gruppe ist in einem getrennten Wahlgang zu wählen (§ 14 Abs. 4 des Gesetzes).[14] Auf die Wahl finden die Absätze 1 bis 4 Anwendung.[15]**

(6) **Wahlvorschläge müssen bei ihrer Einreichung für die Wahl nach Absatz 1 oder für die Wahl nach Absatz 5 gekennzeichnet sein. Wahlberechtigte können sowohl einen Wahlvorschlag nach Absatz 1 als auch einen Wahlvorschlag nach Absatz 5 unterzeichnen. Ein Bewerber kann sowohl für eine Wahl nach Absatz 1 als auch für eine Wahl nach Absatz 5 vorgeschlagen werden.[16]**

(7) **Die Bewerber für die Wahl nach Absatz 1 sind getrennt von den Bewerbern für die Wahl nach Absatz 5 auf demselben Stimmzettel aufzuführen.[17] Der Wähler darf bei der Wahl nach Absatz 1 und Absatz 5 seine Stimme nicht demselben Wahlbewerber geben;[18] hierauf ist auf dem Stimmzettel hinzuweisen.[19] Gibt der Wähler bei der Wahl nach Absatz 1 und Absatz 5 seine Stimme demselben Bewerber, so ist nur die für die Wahl nach Absatz 1 abgegebene Stimme gültig.**

(8) **Das Wahlausschreiben[20] muß unbeschadet der Vorschrift des § 3 auch die Angabe enthalten, daß**

1. das Ersatzmitglied des Betriebsrats oder bei Gruppenwahl des Vertreters der Gruppe in einem getrennten Wahlgang gewählt wird,
2. Wahlvorschläge bei ihrer Einreichung für die Wahl nach Absatz 1 oder für die Wahl nach Absatz 5 zu kennzeichnen sind,
3. Wahlberechtigte sowohl einen Wahlvorschlag nach Absatz 1 als auch einen Wahlvorschlag nach Absatz 5 unterzeichnen können,
4. ein Bewerber sowohl für die Wahl nach Absatz 1 als auch für die Wahl nach Absatz 5 vorgeschlagen werden kann,
5. der Wähler bei der Wahl nach Absatz 1 und Absatz 5 seine Stimme nicht demselben Wahlbewerber geben darf.

Erläuterungen

Bei der Wahl eines nur einköpfigen BR und nur eines einzigen Gruppenvertr. sind gegenüber der sonstigen Wahl des BR **folgende Besonderheiten** zu beachten: 1
- die Wahl erfolgt stets als **Mehrheitswahl;**
- **das ErsMitgl.** ist in einem **gesonderten eigenen Wahlakt** ebenfalls in Mehrheitswahl zu wählen (vgl. Abs. 5 bis 8). Dies gilt allerdings bei der Wahl nur eines Gruppenvertr. lediglich im Falle der Gruppenwahl (*DR,* Rn 2). Findet eine gemeinsame Wahl statt, so ist ErsMitgl. des einzigen Gruppenvertr. derjenige Kandidat der Gruppe, der die nächsthöchste Stimmenzahl erreicht hat.

Da bei der Wahl eines nur einköpfigen BR die ArbN des Betriebs nur eine Person wählen, ist die Wahl stets eine **gemeinsame Wahl.** 2

Ob für die Gruppe der Arb. oder die Gruppe der Ang. nur ein Vertr. zu wählen ist, bestimmt sich nach § 10 Abs. 1 bis 3 und § 12 Abs. 1 BetrVG. 3

Die wahlberechtigten ArbN haben ihre Wahlvorschläge zu erstellen, zu unterzeichnen und vor Ablauf von zwei Wochen seit Erlaß des WA beim Wahlvorst. einzureichen. 4

§ 6 Abs. 2 kann hier lediglich bei der Wahl nur eines einzigen Gruppenvertr. Platz greifen. Beschließen die wahlberechtigten Angehörigen beider Gruppen nach Erlaß des WA, aber vor Ablauf der für die Einreichung von Vorschlagslisten oder Wahlvorschlägen gesetzten Frist, von der Gruppenwahl abzusehen und eine gemeinsame Wahl durchzuführen, entfällt die gesonderte Wahl des einzigen Vertr. für die Minderheitsgruppe. 5

Jeder Wahlvorschlag soll, obwohl die Wahl des ErsMitgl. in einem getrennten Wahlgang aufgrund gesonderter Wahlvorschläge erfolgt, **wenigstens zwei Bewerber** aufweisen. Wird nur ein Bewerber vorgeschlagen, so hat dies auf die Gültigkeit des Vorschlags keinen Einfluß (*Schneider,* Rn 4). 6

Die Vorschriften des § 6 Abs. 4 bis 6 über die Gestaltung der Vorschlagslisten, die schriftliche Zustimmung der Bewerber zur Aufnahme in die Liste, die Unterzeichnung der Listen, den Listenvertr., die Unterzeichnung mehrerer Listen durch einen Wahlberechtigten gelten entsprechend für die Wahlvorschläge für der Wahl des nur einköpfigen BR und nur eines Gruppenvertr. Dagegen ist es zulässig, daß ein Bewerber auf mehreren Wahlvorschlägen vorgeschlagen wird. Denn auf § 6 Abs. 8 ist nicht verwiesen; dies deshalb nicht, weil die Wahlbewerber nur einmal – und zwar in alphabetischer Reihenfolge – auf den Stimmzetteln aufzuführen sind und der Wähler nur einem der Kandidaten seine Stimme geben darf (*GK-Kreutz,* Rn 7; *Schneider,* Rn 7).

7 Ebenso gelten für die Wahlvorschläge sinngemäß die Vorschriften des

- **§ 7** über die Bestätigung des Empfangs der Wahlvorschläge, über die Prüfung der Vorschläge und die Unterrichtung der Listenvertr. bei Ungültigkeit oder Beanstandung eines Vorschlags;
- **§ 8** über die Ungültigkeit von Wahlvorschlägen bei verspäteter Einreichung oder bei Einreichung ohne die erforderliche Zahl von Unterschriften; über die Ungültigkeit, wenn in den Wahlvorschlägen die Bewerber nicht mit Familiennamen, Vornamen usw. aufgeführt sind, die schriftliche Zustimmung der Bewerber zur Aufnahme in den Wahlvorschlag nicht vorliegt, der Vorschlag infolge von Streichungen nach § 6 Abs. 6 nicht mehr die erforderliche Zahl von Unterschriften aufweist und die genannten Mängel nicht binnen einer Frist von drei Arbeitstagen beseitigt werden. Ohne Bedeutung ist allerdings der Ungültigkeitsgrund des § 8 Abs. 1 Nr. 2 (keine erkennbare Reihenfolge der Kandidaten), da die Bewerber auf den Stimmzetteln ohnehin in alphabetischer Reihenfolge aufzuführen sind und jeder Wähler nur einen Kandidaten wählen darf;
- **§ 9** über die vom Wahlvorst. zu treffenden Maßnahmen, wenn innerhalb der vorgesehenen Fristen keine gültigen Wahlvorschläge eingereicht sind (Festsetzung einer Nachfrist zur Einreichung von Wahlvorschlägen, entsprechende Bekanntmachung usw.), über den Wegfall des Wahlgangs, wenn auch innerhalb der Nachfrist ein gültiger Wahlvorschlag nicht eingegangen ist;
- **§ 10** über Bekanntmachung der als gültig anerkannten Wahlvorschläge. § 10 Abs. 1 findet keine Anwendung, da die Kandidaten nach § 25 Abs. 3 in alphabetischer Reihenfolge auf den Stimmzetteln aufgeführt werden.

8 Die in den gültigen Wahlvorschlägen benannten Bewerber sind im **Stimmzettel** nach näherer Maßgabe des Abs. 3 Satz 1 **in alphabetischer Reihenfolge** unter Angabe von Familiennamen, Vornamen, des Berufs und der Gruppengehörigkeit aufzuführen. Ist ein Bewerber auf mehreren Wahlvorschlägen benannt, ist er auf dem Stimmzettel dennoch nur einmal aufzuführen (vgl. aber auch unten Rn 16f.).

9 Die **Stimmabgabe** erfolgt auch hier durch Abgabe von Stimmzetteln in den hierfür bestimmten Umschlägen (Wahlumschlägen). Auf dem Stimmzettel hat der Wähler den Bewerber, dem er seine Stimme geben will, durch Ankreuzen an der im Stimmzettel hierfür vorgesehenen Stelle zu bezeichnen. Andere als die im Stimmzettel aufgeführten Kandidaten kann er nicht wählen. Fügt er dem Stimmzettel weitere Namen hinzu, so macht dies seine Stimme ungültig.

10 Der Wähler kann für die Wahl des nur einköpfigen BR oder bei Gruppenwahl des einzigen Gruppenvertr. **nur einen Bewerber** durch Ankreuzen an der im Stimmzettel hierfür vorgesehenen Stelle wählen. Kreuzt er mehrere Bewerber an, ist der Stimmzettel ungültig. Allerdings hat er für die gesonderte Wahl des auf demselben Stimmzettel aufgeführten, jedoch getrennt zu wählenden ErsMitgl. eine weitere Stimme (vgl. unten Rn 14ff.).

Für den **äußeren Ablauf des Wahlvorgangs** gelten die gleichen Vor- 11
schriften wie für die Wahl mehrerer Personen aufgrund einer Vorschlagsliste. Die Stimmabgabe erfolgt ausschließlich durch Abgabe von Stimmzetteln. Stimmzettel und Wahlumschläge müssen bei der Wahl des nur einköpfigen BR sämtlich, bei der Wahl des einzigen Gruppenvertr. in Gruppenwahl für die Gruppenangehörigen die gleiche Größe, Farbe, Beschaffenheit und Beschriftung haben (§ 11 Abs. 2 S. 2 u. 3). Über ungültige Stimmzettel vgl. § 11 Abs. 4, über den Verlauf der eigentlichen Wahlhandlung (Wahlraum, Wahlurne, Sicherung der Geheimhaltung der Stimmabgabe, Versiegelung der Wahlurne bei Abschluß der Stimmabgabe) vgl. § 12.

Zur Feststellung des Wahlergebnisses, die in **öffentlicher Sitzung** des Wahlvorst. zu erfolgen hat, entnimmt dieser die Stimmzettel den Wahlumschlägen und zählt die auf jeden Bewerber entfallenden Stimmen zusammen. Dabei ist die Gültigkeit der Stimmzettel zu prüfen. Für die Beurteilung der Gültigkeit der Stimmabgabe, wenn sich in einem Wahlumschlag mehrere Stimmzettel befinden, gilt § 14 Abs. 2 (vgl. § 14 Rn 4).

Nachdem ermittelt ist, wer als BR oder als Gruppenvertr. gewählt ist, 12
hat der Wahlvorst. eine Niederschrift anzufertigen, die die in § 24 Abs. 1 angeführten Angaben enthalten muß und nach § 17 Abs. 2 vom Vors. und einem weiteren stimmberechtigten Mitglied des Wahlvorst. zu unterschreiben ist; vgl. § 24 Rn 1 bis 3.

Der Wahlvorst. hat den als BR oder Gruppenvertreter gewählten Be- 13
werber nach § 18 Abs. 1 Satz 1 unverzüglich **schriftlich** von der Wahl zu **benachrichtigen.** Die Wahl gilt als angenommen, wenn der Gewählte nicht binnen drei Arbeitstagen nach Eingang der Benachrichtigung dem Wahlvorst. gegenüber erklärt, daß er die Wahl ablehnt.

Lehnt der Gewählte die Wahl fristgerecht **ab,** so tritt an seine Stelle nicht das gesondert gewählte ErsMitgl., sondern der **Bewerber,** der für die Wahl des einköpfigen BR bzw. des einzigen Gruppenvertreters kandidiert und hierbei die **nächsthöchste Stimmenzahl** erreicht hat (*DR,* Rn 15; *GL,* Rn 5; *GK-Kreutz,* Rn 19; *Schneider,* Rn 25).

Sobald der Name des gewählten BRMitgl. bzw. des einzigen Gruppenvertr. endgültig feststeht, hat der Wahlvorst. den Namen nach Maßgabe des § 19 in gleicher Weise wie das Wahlausschreiben bekanntzumachen.

Für die Aufbewahrung der Wahlakten gilt § 20.

Das ErsMitgl. des einköpfigen BR und im Falle der Gruppenwahl 14
des einzigen Gruppenvertr. ist in einem **getrennten Wahlgang** zu wählen. Dadurch soll sichergestellt werden, daß auch er eine ausreichende demokratische Legitimation hat, wenn er nach § 25 in den BR nachrückt. Die Wahl des ErsMitgl. ist ein **selbständiger Wahlakt,** der auch

gesondert angefochten werden kann. Organisatorisch ist die Wahl des ErsMitgl. allerdings mit der Wahl des einzigen BRMitgl. bzw. des einzigen Gruppenvertr. verbunden, da der Wähler beide Wahlen auf einem Stimmzettel vornimmt (vgl. Abs. 7).

15 Da die Wahl des ErsMitgl. eine eigenständige Wahl ist, gelten für sie grundsätzlich dieselben Vorschriften wie für die Wahl des einköpfigen BR bzw. des einzigen Gruppenvertr. (vgl. oben Rn 2ff.), soweit sich nicht aus den Abs. 6 bis 8 etwas anderes ergibt.

16 Die Regelung des Abs. 6 ist die Konsequenz daraus, daß die Wahl des ErsMitgl. in einem eigenständigen Wahlakt durchgeführt wird. Deshalb dürfen die Wahlberechtigten im Gegensatz zur Regelung des § 6 Abs. 6 **zwei Wahlvorschläge unterzeichnen,** wobei allerdings klar erkennbar sein muß, welcher Kandidat als BRMitgl. bzw. als Gruppenvertr. und welcher als ErsMitgl. vorgeschlagen wird. Fehlt diese Angabe, so ist der Wahlvorschlag zu **beanstanden** mit dem Ziel, diese Klarstellung nachzuholen. Geschieht dies nicht, ist davon auszugehen, daß die Vorschläge für die Wahl des BRMitgl. bzw. des einzigen Gruppenvertr. gemacht worden sind (zustimmend *Schneider,* Rn 10; **a. A.** *GK-Kreutz,* Rn 9, der den Wahlvorschlag als ungültig ansieht; *DR,* Rn 9, die einen heilbaren Mangel annehmen und § 8 Abs. 2 entsprechend anwenden). Da jedoch die Unterzeichnung mehrerer Wahlvorschläge unzulässig ist, ist in diesem Falle nach § 6 Abs. 6 S. 2 zu verfahren.

Da ein Kandidat nicht sicher sein kann, daß er als BRMitgl. bzw. als einziger Gruppenvertr. gewählt wird, ist es ihm gestattet, **gleichzeitig auch als ErsMitgl. zu kandidieren.** Auch die Wahlberechtigten dürfen dieselbe Person sowohl für die Wahl des BRMitgl. bzw. des einzigen Gruppenvertreters als auch für die Wahl des ErsMitgl. vorschlagen; in diesem Falle liegt keine unzulässige Doppelunterzeichnung von zwei Wahlvorschlägen vor, weil beide Wahlen getrennte und von einander unabhängige Wahlen sind.

17 Obwohl die Wahl des einzigen BRMitgl. bzw. Gruppenvertr. und des ErsMitgl. getrennte Wahlen sind, sind sie **organisatorisch verbunden.** Die Wahlbewerber sind auf **demselben Stimmzettel,** allerdings getrennt aufzuführen. Um Irrtümer und damit ungültige Stimmabgaben sowie die Gefahr von Wahlanfechtungen möglichst zu vermeiden, sollte auf den Stimmzettel deutlich gekennzeichnet sein, welche Bewerber für die Wahl des BRMitgl. bzw. des einzigen Gruppenvertr. kandidieren und welche als ErsMitgl. Ferner muß auf dem Stimmzettel darauf hingewiesen werden, daß der Wähler seine zwei Stimmen nicht demselben Kandidaten geben darf (vgl. Abs. 7 S. 2).

18 Hierdurch soll gewährleistet werden, daß auch das ErsMitgl. eine ausreichende demokratische Legitimation hat. Anderenfalls bestünde die Gefahr, daß derselbe Kandidat sowohl als BRMitgl. bzw. als einziger Gruppenvertr. als auch gleichzeitig als ErsMitgl. die meisten Stimmen erhält und damit kein ErsMitgl. gewählt worden ist. Gibt der Wähler seine **Stimme demselben Kandidaten,** so ist nur die Stimme für die **Wahl des BRMitgl.** bzw. des einzigen Gruppenvertr. **gültig,** seine Stimme für die Wahl des ErsMitgl. ist ungültig. Diese Regelung ist von der

Sache her insofern nicht unproblematisch, als die für denselben Kandidaten als ErsMitgl. abgegebenen Stimmen ohne Rücksicht darauf ungültig sind, ob dieser Kandidat bei der Wahl als BRMitgl. oder einziger Gruppenvertr. erfolgreich gewesen ist (kritisch hierzu auch *GL,* Rn 4, dessen Lösungsvorschlag, zunächst nur die Stimmen für die Wahl des BRMitgl. bzw. Gruppenvertr. auszuzählen und bei der anschließenden Auszählung für das ErsMitgl. die für den bereits als BRMitgl. bzw. Gruppenvertr. gewählten Kandidaten abgegebenen Stimmen unberücksichtigt zu lassen, jedoch mit Abs. 7 S. 3 unvereinbar ist; kritisch auch *DR,* Rn 6 und 13, und *Schneider,* Rn 21, die die Regelung als nicht mehr vom Gesetz abgedeckt ansehen und deshalb vorschlagen, die beiden Wahlgänge nacheinander durchzuführen; diese Möglichkeit läßt auch *GK-Kreutz,* Rn 16 zu, der jedoch andererseits de lege ferenda für eine Streichung des § 14 Abs. 4 S. 2 BetrVG plädiert und solange diese nicht erfolgt ist, dem Wahlvorst. auch das Recht zubilligt, strikt nach § 25 Abs. 7 zu verfahren). Leider ist es bisher versäumt worden, die gegenwärtige unbefriedigende Regelung im Rahmen der vergangenen Änderungen der WO sachgerechter zu gestalten.

Fehlt dieser Hinweis, so kann dies die Wahl **anfechtbar** machen. 19

Da die Wahlen des nur einköpfigen BR bzw. bei Gruppenwahl des 20
einzigen Gruppenvertr. und ihrer ErsMitgl. gegenüber der üblichen BRWahl gewisse **Besonderheiten** aufweisen, muß das **WA hierauf** besonders **hinweisen** und zusätzlich die in Abs. 8 genannten Angaben enthalten. Fehlen diese Hinweise, so kann das die Anfechtbarkeit der BRWahl begründen (*Schneider,* Rn 12). Ist nur ein einköpfiger BR zu wählen, können die in § 3 Abs. 2 Nr. 4 und 5 genannten Angaben, soweit sie die Gruppenzugehörigkeit betreffen, entfallen, da diese bei dieser Wahl keine Rolle spielen.

Vierter Abschnitt. Schriftliche Stimmabgabe

§ 26 Voraussetzungen

(1) **Einem wahlberechtigten Arbeitnehmer,[1] der im Zeitpunkt der Wahl wegen Abwesenheit vom Betrieb verhindert ist, seine Stimme persönlich abzugeben,[2] hat der Wahlvorstand auf sein Verlangen[3,4]**

1. das Wahlausschreiben,
2. die Vorschlagslisten,
3. den Stimmzettel und den Wahlumschlag,
4. eine vorgedruckte vom Wähler abzugebende Erklärung, in der dieser gegenüber dem Wahlvorstand versichert, daß er den Stimmzettel persönlich gekennzeichnet hat, sowie
5. einen größeren Freiumschlag, der die Anschrift des Wahlvorstands und als Absender den Namen und die Anschrift des Wahlberechtigten sowie den Vermerk „Schriftliche Stimmabgabe" trägt,

auszuhändigen oder zu übersenden.[5,6] Der Wahlvorstand soll dem Wähler ferner ein Merkblatt über die Art und Weise der schriftlichen

Stimmabgabe (§ 27) aushändigen oder übersenden.[7] **Der Wahlvorstand hat die Aushändigung oder die Übersendung der Unterlagen in der Wählerliste zu vermerken.**[8]

(2) **Wahlberechtigte, von denen dem Wahlvorstand bekannt ist, daß sie im Zeitpunkt der Wahl nach der Eigenart ihres Beschäftigungsverhältnisses voraussichtlich nicht im Betrieb anwesend sein werden**[9] **(insbesondere in Heimarbeit Beschäftigte**[10] **und Außenarbeiter),**[11] **erhalten die in Absatz 1 bezeichneten Unterlagen, ohne daß es eines Verlangens des Wahlberechtigten bedarf.**[12,13]

(3) **Für Betriebsteile und Nebenbetriebe, die räumlich weit vom Hauptbetrieb entfernt sind, kann der Wahlvorstand die schriftliche Stimmabgabe beschließen.**[14] **Absatz 2 gilt entsprechend.**[15]

Erläuterungen

1 Die nach § 26 für die schriftliche Stimmabgabe in Frage kommenden ArbN können – wie alle anderen ArbN – das aktive und passive Wahlrecht nur ausüben, wenn sie in die Wählerliste eingetragen sind (vgl. § 2 Abs. 3). Die Tatsache der Eintragung hat der Wahlvorst. dem einzelnen ArbN auf Anfrage mitzuteilen.

2 Voraussetzung für die schriftliche Stimmabgabe ist eine Verhinderung an der persönlichen Stimmabgabe wegen **Abwesenheit von dem Betrieb,** für den der BR zu wählen ist. Auf welchen Gründen die Abwesenheit beruht, ist ohne Bedeutung. Es können betriebliche Gründe sein (z. B. Geschäftsreise, Montagearbeit) oder persönliche (z. B. Urlaub, Arbeitsbefreiung, Krankheit). Unerheblich ist ferner, von welcher Dauer die Abwesenheit ist. Entscheidend ist nur, daß der ArbN im Zeitpunkt der Wahl nicht im Betrieb anwesend ist. Erstreckt sich die Wahl über mehrere Tage, genügt es, wenn er nur an einem dieser Tage nicht im Betrieb anwesend ist (*GK-Kreutz,* Rn 8; **a. A.** *Schneider,* Rn 5). Sollte ein ArbN, dem die Briefwahlunterlagen ausgehändigt worden sind, am Wahltag dennoch im Betrieb anwesend sein, so kann er seine Stimme auch persönlich abgeben (vgl. unten Rn 12 a. E.). Die Regelung über die schriftliche Stimmabgabe gilt **entsprechend** für die geheimen Abstimmungen nach § 12 Abs. 1 BetrVG und § 14 Abs. 2 BetrVG über die anderweitige Verteilung der BRSitze auf die Gruppen bzw. über die Durchführung einer gemeinsamen Wahl.

3 Die Wahlunterlagen sind im Falle der Rn 2 **nur auf Verlangen** eines Wählers auszuhändigen oder zu übersenden, nicht von Amts wegen (anders im Fall des Abs. 2; vgl. Rn 9). Der Antrag kann **mündlich** oder **schriftlich** gestellt werden. Ist ein Antrag nicht schriftlich gestellt, so hat der Wahlvorst. einen Vermerk über den Antrag anzufertigen. In dem Antrag sollte der Grund der voraussichtlichen Abwesenheit angegeben werden. Eine Nachprüfungspflicht des Wahlvorst., ob der Grund auch tatsächlich vorliegt, besteht nicht (*GK-Kreutz,* Rn 6; **a. A.** *Schneider,* Rn 10).

4 Der Wahlvorst. hat **folgende Wahlunterlagen** zu übersenden:

– Abschrift oder Abdruck des WA (§ 3 Abs. 3);

- Abschrift oder Abdruck der Bekanntmachung der als gültig anerkannten Vorschlagslisten (§ 10);
- den Stimmzettel, den Wahlumschlag und einen größeren Freiumschlag nach näherer Maßgabe dieser Vorschrift. Stimmzettel und Wahlumschlag dürfen keine Kennzeichen enthalten, die einen Schluß auf die Person des Wählers zulassen; sie dürfen sich insbesondere nicht von den übrigen Wahlumschlägen und Stimmzetteln unterscheiden (*DR,* Rn 12; *GL,* Rn 6; *GK-Kreutz,* Rn 15);
- den Vordruck der Erklärung, mit der der Wähler gegenüber dem Wahlvorst. versichert, daß er den Stimmzettel persönlich gekennzeichnet hat.

Wird das **WA nachträglich geändert,** hat der Wahlvorst. auch diese Änderungen den ArbN, die ihre Stimme schriftlich abgeben, zu übersenden (*GK-Kreutz,* Rn 15). Hierzu gehören:

- sofern die wahlberechtigten Angehörigen beider Gruppen nach Erlaß des WA, aber vor Ablauf der für die Einreichung von Vorschlagslisten vorgesehenen Frist von zwei Wochen seit Erlaß des WA (§ 6 Abs. 1), die gemeinsame Wahl (§ 14 Abs. 2 BetrVG) beschließen: Abschrift und Abdruck der Bekanntmachung des Wahlvorst. über die Nachfrist für die Einreichung neuer Vorschlagslisten (§ 6 Abs. 2);
- sofern während der Einreichungsfristen des § 6 Abs. 1 und 2 keine gültige Vorschlagsliste eingereicht ist: Abschrift oder Abdruck der Bekanntmachung über den Nichteingang gültiger Vorschlagslisten innerhalb der Einreichungsfrist und über die Nachfrist von einer Woche für die Einreichung von Vorschlagslisten gemäß § 9 Abs. 1 und 2;
- sofern auch während der Nachfrist eine gültige Vorschlagsliste nicht eingereicht ist: Abschrift oder Abdruck der Bekanntmachung, daß der Wahlgang nicht stattfindet (§ 9 Abs. 3).

Der Wahlvorst. ist verpflichtet, diese Unterlagen dem Wähler **auf** 5
Verlangen auszuhändigen oder zu übersenden. Die Zusendung durch Boten (z. B. durch Mitgl. des Wahlvorst. oder Wahlhelfer) ist zulässig (BVerwG, AP Nr. 1 zu § 17 WO/PersVG; *GK-Kreutz,* Rn 18; *Schneider,* Rn 22). Die Unterlagen sollten nach Möglichkeit vor dem Tage der Abwesenheit des Wählers überreicht werden. Jedenfalls muß dafür Sorge getragen werden, daß der Wähler in der Lage ist, seine Stimme rechtzeitig abzugeben. Die Wahlunterlagen sollten daher spätestens im Laufe des Tages der Bekanntgabe der Vorschlagslisten (§ 10 Abs. 2) übersandt werden. Stellt der Wähler den Antrag erst nach dieser Bekanntgabe, z. B. weil die Geschäftsreise erst in diesem Zeitpunkt festgesetzt wird, so sind ihm die Wahlunterlagen **unverzüglich** auszuhändigen oder zu übersenden. Andererseits kann der Wahlvorst. verpflichtet sein, das WA schon unmittelbar nach dessen Erlaß (§ 3 Abs. 1) einem Wähler vorab zu übersenden, wenn dieser darlegt, daß der Aushang des WA im Betrieb zur Wahrung seiner Rechte als Wähler nicht ausreicht, z. B. weil er aktiv in das Wahlgeschehen eingreifen möchte (*GK-Kreutz,* Rn 20; *Schneider,* Rn 23).

Die durch die schriftliche Stimmabgabe **entstehenden Kosten** (Porto- 6
kosten) sind Wahlkosten im Sinne des § 20 Abs. 3 BetrVG und vom ArbGeb. zu tragen (*DR,* Rn 11).

7 Zwar nicht zwingend vorgeschrieben, jedoch in aller Regel geboten ist auch die Übersendung eines Merkblatts über die in § 27 vorgeschriebene Art und Weise der schriftlichen Stimmabgabe (*GK-Kreutz,* Rn 17). Da es sich bei Abs. 1 S. 2 um eine Sollvorschrift handelt, dürfte ihre Verletzung nur bei Vorliegen besonderer Umstände eine Anfechtung der Wahl rechtfertigen (*GL,* Rn 1; weitergehend wohl *GK-Kreutz,* Rn 17).

8 Dieser Vermerk ist nicht zu verwechseln mit dem Vermerk über einen mündlichen Antrag (vgl. oben Rn 3) oder mit dem Vermerk nach § 28. Hierdurch soll sichergestellt werden, daß nicht neben der schriftlichen Stimmabgabe noch eine persönliche Stimmabgabe desselben Wählers erfolgt.

9 Bei Abs. 2 handelt es sich um ArbN, die dem Betrieb betriebsverfassungrechtlich angehören, die aber **nach der Art ihres Beschäftigungsverhältnisses** ihre Arbeit ganz oder teilweise nicht im Betrieb selbst verrichten und deshalb im Zeitpunkt der Stimmabgabe nicht im Betrieb anwesend sind. Diese Voraussetzungen erfüllen z. B. ArbN, die als Reisende oder Montagearbeiter im Außendienst außerhalb des Betriebes tätig oder die zum Wehr- oder Zivildienst einberufen sind.

10 Vgl. § 5 BetrVG Rn 95ff.

11 Unter „Außenarbeiter" sind solche ArbN zu verstehen, die ihre Tätigkeit überwiegend oder ständig außerhalb des Betriebs ausüben, z. B. der Montagearbeiter, der damit beschäftigt ist, das im Betrieb hergestellte Erzeugnis beim Kunden zu installieren, oder der Reisevertreter, der ständig die Kundschaft besucht.

12 ArbN, von denen **dem Wahlvorst. bekannt ist** (Kenntnis des Vors. genügt), daß sie nach der Eigenart ihres Beschäftigungsverhältnisses ihre Arbeitsleistungen gewöhnlich außerhalb des Betriebs erbringen, hat er **von Amts wegen** die Unterlagen für die schriftliche Stimmabgabe zu übersenden. Eines besonderen Antrags dieser ArbN bedarf es nicht. Dies gilt allerdings nur für ArbN, die nach der Eigenart ihres Beschäftigungsverhältnisses gewöhnlich außerhalb des Betriebes arbeiten. Der ArbGeb. ist insoweit gemäß § 20 Abs. 1 S. 1 BetrVG **zur Auskunft verpflichtet** (*GK-Kreutz,* Rn 11). Der Wahlvorst. sollte den ArbGeb. hiernach fragen. Eine besondere Nachforschungspflicht des Wahlvorst. besteht allerdings nicht (*Schneider,* Rn 13). Weiß der Wahlvorst. mit Sicherheit, daß ein ArbN, der nach der Eigenart seines Beschäftigungsverhältnisses gewöhnlich außerhalb des Betriebs arbeitet, am Wahltag im Betriebe ist, so besteht keine Übersendungspflicht (*GK-Kreutz,* Rn 11).

ArbN, denen Unterlagen für die schriftliche Stimmabgabe übersandt worden sind, können, wenn sie am Wahltag im Betrieb sind, **ihre Stimme auch persönlich** nach § 12 **abgeben.** In diesem Falle müssen sie allerdings entweder die ihnen übersandten Unterlagen für eine schriftliche Stimmabgabe dem Wahlvorst. zurückgeben oder den übersandten Stimmzettel und Wahlumschlag für die persönliche Stimmabgabe benutzen (*DR,* § 27 Rn 3). Die Rückgabe der Briefwahlunterlagen ist auf der Wählerliste ebenso zu vermerken wie die persönliche Stimmabgabe (*Schneider,* Rn 26).

Auch im Falle des Abs. 2 hat der Wahlvorst. die Übersendung der Wahlunterlagen an die betreffenden ArbN in der Wählerliste zu vermerken (vgl. oben Rn 8). 13

Voraussetzung ist, daß die Nebenbetriebe oder Betriebsteile keinen eigenen BR wählen, sondern betriebsverfassungsrechtlich – sei es aufgrund der gesetzlichen Regelung des § 4 BetrVG (vgl. dort Rn 5ff.), sei es aufgrund einer anderweitigen tarifvertraglichen Zuordnung nach § 3 Abs. 1 Nr. 3 BetrVG (vgl. dort Rn 42ff.) – zu dem Betrieb gehören, für den die BRWahl durchgeführt wird. Der in Abs. 3 verwandte Begriff **„vom Hauptbetrieb räumlich weit entfernt“** deckt sich nicht mit dem in § 4 BetrVG enthaltenen gleichlautenden Begriff. Das folgt schon daraus, daß anderenfalls die Regelung des Abs. 3 weitgehend leerliefe, da räumlich weit entfernte Betriebsteile i. S. von § 4 BetrVG im allgemeinen einen eigenen BR zu wählen haben. Der Begriff der räumlich weiten Entfernung i. S. des Abs. 3 ist entsprechend dem Sinn und Zweck der Vorschrift, den ArbN die Beteiligung an der BRWahl zu erleichtern, in einem weiten Sinne zu verstehen. Entscheidend ist, ob es den ArbN der außerhalb des Hauptbetriebs liegenden Betriebsteile oder Nebenbetriebe unter Berücksichtigung der bestehenden oder ggfs. vom ArbGeb zur Verfügung zu stellenden zusätzlichen Verkehrsmöglichkeiten (Pendelbus) **zumutbar** ist, im Hauptbetrieb persönlich ihre Stimme abzugeben (*GK-Kreutz,* Rn 12). Ist dies nicht der Fall, ist der Wahlvorst. verpflichtet dafür zu sorgen, daß diese ArbN in einer anderen zumutbaren Weise an der Wahl teilnehmen können. Anderenfalls setzt sich der Wahlvorst. der Gefahr einer Wahlanfechtung aus. Der Wahlvorst. hat in diesem Falle nur die Möglichkeit, entweder in den Betriebsteilen oder Nebenbetrieben **eigene Wahllokale** einzurichten oder für die dort beschäftigten ArbN die **schriftliche Stimmabgabe** zu beschließen (im Ergebnis ebenso *DR,* Rn 5; *GK-Kreutz,* Rn 12; *GL,* Rn 4; *Schneider,* Rn 16). Zu welcher dieser beiden Möglichkeiten sich der Wahlvorst. entschließt, hat er nach **pflichtgemäßem Ermessen** zu entscheiden. Bei der Einrichtung eigener Wahllokale wird der Wahlvorst. auch die durch § 12 Abs. 2 bedingte begrenzte Anzahl der Wahllokale und bei einer Stimmabgabe mit „fliegenden Wahllokalen“ über mehrere Tage die in diesem Fall bestehende größere Gefahr von tatsächlichen oder vermuteten Unkorrektheiten zu bedenken haben. Aus diesem Grunde kann auch für ausgelagerte Betriebsteile innerhalb einer Großstadt die schriftliche Stimmabgabe beschlossen werden, wenn die Verkehrsverhältnisse zum Wahllokal im Hauptbetrieb schwierig sind. 14

Wird für die räumlich weit vom Hauptbetrieb entfernten Betriebsteile und Nebenbetriebe **schriftlich Stimmabgabe** beschlossen, so hat der Wahlvorst. den dort beschäftigten ArbN **von Amts wegen** die erforderlichen Unterlagen auszuhändigen oder zu übersenden (*DR,* Rn 8; *GL,* Rn 5). 15

§ 27 Stimmabgabe

Der Wähler gibt seine Stimme in der Weise ab, daß er

1. den Stimmzettel unbeobachtet persönlich kennzeichnet[1] und in dem Wahlumschlag verschließt,[2]

2. die vorgedruckte Erklärung unter Angabe des Orts und des Datums unterschreibt[3] und

3. den Wahlumschlag und die unterschriebene vorgedruckte Erklärung in dem Freiumschlag verschließt[4] und diesen so rechtzeitig an den Wahlvorstand absendet oder übergibt, daß er vor Abschluß der Stimmabgabe vorliegt.[5]

Erläuterungen

1 Für die Kennzeichnung des Stimmzettels gelten § 11 Abs. 3, § 21 Abs. 3, § 25 Abs. 3 S. 2, Abs. 5 und 7.

2 Das Verschließen des Wahlumschlags dient der **Sicherung des Wahlgeheimnisses.** Ist der Wahlumschlag nicht verschlossen, ist er gleichwohl bei der Stimmabgabe zu berücksichtigen (vgl. § 28 Rn 2). Der Wahlumschlag darf keine Kennzeichen enthalten, die einen Rückschluß auf die Person des Wählers gestattet.

3 Fehlt die vorgedruckte Erklärung oder ist sie vom Wähler nicht unterschrieben, so liegt **keine ordnungsgemäße Stimmabgabe** vor. Die Stimme wird bei der Wahl nicht berücksichtigt (*GK-Kreutz,* Rn 4; *Schneider,* Rn 5).

4 Eine schriftliche Stimmabgabe, die ohne Verwendung des nach § 26 Abs. 1 Nr. 5 vorgeschriebenen Freiumschlags erfolgt, ist nicht ordnungsgemäß (vgl. BVerwG, AP Nr. 2 zu § 17 WahlO z. PersVG). Der **Freiumschlag** muß **verschlossen** werden, da anderenfalls die Möglichkeit besteht, daß der Wahlumschlag mit Stimmzettel ausgetauscht wird. Ist der Freiumschlag nicht verschlossen, darf der Wahlumschlag bei der Wahl nicht berücksichtigt und nicht in die Wahlurne gelegt werden, da die Stimmabgabe ungültig ist (*GK-Kreutz,* Rn 4; *GL,* Rn 2).

5 Der Freiumschlag mit dem Wahlumschlag und der unterschriebenen vorgedruckten Erklärung muß **vor Ablauf der für die Stimmabgabe festgesetzten Zeit** (§ 3 Abs. 2 Nr. 10) dem Wahlvorst. zugegangen sein. Später eintreffende Freiumschläge dürfen bei der Stimmauszählung nicht mehr berücksichtigt werden. Dies auch dann nicht, wenn mit der Stimmauszählung noch nicht begonnen worden ist (*Schneider,* Rn 6). Wegen der Bedeutung des rechtzeitigen Eingangs sollte der Wahlvorst. jeden einzelnen Freiumschlag mit einem genauen Eingangsvermerk versehen. Zulässig ist es, den Freiumschlag schon vor dem Wahltag dem Wahlvorst. zu übergeben oder zu übersenden (etwa vor Urlaubsantritt oder einer längeren Dienstreise). Der Wahlvorst. hat diese Freiumschläge ungeöffnet bis zum Wahltag unter Verschluß zu nehmen, damit eine Veränderung oder Entwendung der Freiumschläge ausgeschlossen ist. In Betracht kommt z. B. eine versiegelte Wahlurne. Für die Entgegennahme des Freiumschlags ist der Vors. des Wahlvorst. (entsprechend

§ 26 Abs. 3 BetrVG) sowie jedes Mitgl. des Wahlvorst. zuständig, das im Wahlbüro (Betriebsadresse des Wahlvorst.) oder im Wahllokal Dienst tut. Wird der Freiumschlag im Wahlbüro oder im Wahllokal abgegeben, reicht auch die Entgegennahme durch eine dort tätige Hilfskraft oder durch einen Wahlhelfer aus. Die Übersendung erfolgt im allgemeinen durch die Post, jedoch ist auch die Übersendung durch Boten zulässig (BVerwG, AP Nr. 1 zu § 17 WahlO z. PersVG; *DR,* Rn 2; *GL,* Rn 3); allerdings kann der Wahlvorst. die Entgegennahme des Freiumschlags durch einen offensichtlich unzuverlässigen Boten verweigern (*GK-Kreutz,* Rn 3; *Rewolle,* DB 62, 197).

Obwohl dies nicht ausdrücklich vorgeschrieben ist, sollte die Übersendung des Freiumschlags durch die Post durch **eingeschriebenen Brief** erfolgen (**a. A.** *GK-Kreutz,* § 27 Rn 16: nur bei Einverständnis des ArbGeb.). Da der Freiumschlag vom Wahlvorst. freizumachen ist, hängt es von ihm ab, durch entsprechende Freimachung die Übersendung als „Einschreiben" zu ermöglichen. Das **Risiko des rechtzeitigen Eingangs** des Freiumschlags beim Wahlvorst. trägt der Wähler, allerdings ist der Wahlvorst. verpflichtet, sich bis zum Abschluß der Stimmabgabe darüber zu vergewissern, ob nicht noch Freiumschläge an seiner Betriebsadresse eingegangen sind (*DR,* Rn 2; *GK-Kreutz,* Rn 2f.).

§ 28 Verfahren bei der Stimmabgabe

(1) **Unmittelbar vor Abschluß der Stimmabgabe[1] öffnet der Wahlvorstand in öffentlicher Sitzung die bis zu diesem Zeitpunkt eingegangenen Freiumschläge[1a] und entnimmt ihnen die Wahlumschläge sowie die vorgedruckten Erklärungen. Ist die schriftliche Stimmabgabe ordnungsgemäß erfolgt (§ 27),[2] so legt der Wahlvorstand den Wahlumschlag nach Vermerk der Stimmabgabe in der Wählerliste ungeöffnet[3] in die Wahlurne.**

(2) **Verspätet[4] eingehende Briefumschläge hat der Wahlvorstand mit einem Vermerk über den Zeitpunkt des Eingangs ungeöffnet zu den Wahlunterlagen zu nehmen.[5] Die Briefumschläge sind einen Monat nach Bekanntgabe des Wahlergebnisses ungeöffnet zu vernichten, wenn die Wahl nicht angefochten worden ist.[6]**

Erläuterungen

Die Vorschrift des Abs. 1 S. 1, nach der der Wahlvorst. unmittelbar vor Abschluß der Stimmabgabe die eingegangenen Freiumschläge zu öffnen hat, ist nur praktikabel, wenn die Stimmabgabe in einem einzigen Wahllokal durchgeführt wird. Sind mehrere Wahllokale eingerichtet, so müssen gem. § 12 Abs. 2 in jedem von ihnen mindestens ein Mitgl. des Wahlvorst. bis zum Ende der Stimmabgabe anwesend sein, so daß der Wahlvorst. nicht bereits unmittelbar vor Abschluß der Stimmabgabe zur Öffnung der Freiumschläge zusammentreten kann. In diesem Falle kann die Behandlung der Briefwahlunterlagen nach Abs. 1 erst nach Abschluß der Stimmabgabe durchgeführt werden (*DR,* Rn 2; *GK-* **1**

Kreutz, Rn 2; vgl. hierzu auch § 53 Abs. 2 WOS). Hierbei ist besonders darauf zu achten, daß nur solche Freiumschläge geöffnet und bei der Wahl berücksichtigt werden, die bis zum Ende der für Stimmabgabe festgesetzten Zeit beim Wahlvorst. eingegangen sind.

1a Der Wahlvorst. hat sich kurz vor Ablauf der Zeit für die Stimmabgabe zu vergewissern, ob nicht noch Wahlbriefe bei ihm, d. h. bei seiner Betriebsadresse, eingegangen sind. Er hat die notwendigen organisatorischen Maßnahmen zu treffen, um sicherstellen, daß noch etwa beim Pförtner durch Eilboten abgegebene Wahlbriefe unverzüglich an seine Betriebsadresse oder an die sonstige von ihm hierfür bestimmte Stelle weitergeleitet werden. Die Freiumschläge dürfen erst **unmittelbar vor bzw. nach Abschluß der Stimmabgabe** vom Wahlvorst. geöffnet werden. Bis zu diesem Zeitpunkt sind sie verschlossen zu lassen. Wahlumschläge in offenen Freiumschlägen bleiben unberücksichtigt, da nicht sichergestellt ist, daß der Wahlumschlag tatsächlich vom Absender des Freiumschlags stammt (*DR,* Rn 3; *GL,* Rn 1; *Schneider,* Rn 3).

Die **Öffnung der Freiumschläge** erfolgt in **öffentlicher Sitzung** des Wahlvorst., also bei normaler Öffnung des Wahllokals, so daß jeder ArbN die Möglichkeit hat, sich von der ordnungsmäßigen Behandlung der durch Briefwahl abgegebenen Stimmen zu überzeugen. Die Öffnung erfolgt durch den Wahlvorst., d. h. durch eines seiner Mitgl., nicht durch Wahlhelfer (*GK-Kreutz,* Rn 3).

2 **Nicht ordnungsgemäß** ist die schriftliche Stimmabgabe, wenn der Freiumschlag nicht verwandt worden (vgl. § 27 Rn 4) oder nicht verschlossen ist oder wenn die vorgedruckte Erklärung fehlt oder nicht unterschrieben ist (*DR,* Rn 4; *GL,* Rn 2; *GK-Kreutz,* Rn 3). Obwohl § 27 Nr. 1 vorschreibt, daß auch der Wahlumschlag zu verschließen ist, hat der Wahlvorst. einen offenen Wahlumschlag – ohne von seinem Inhalt Kenntnis zu nehmen – in die Wahlurne zu legen, wenn im übrigen die Stimmabgabe ordnungsgemäß ist (*DR,* Rn 4 und § 27 Rn 1; *GL,* § 27 Rn 1; *GK-Kreutz,* § 27 Rn 4; *Schneider,* Rn 3). Ist die Stimmabgabe nicht ordnungsgemäß, was durch Beschluß der stimmberechtigten Mitgl. des Wahlvorst. festzustellen ist, darf die Stimme bei der Wahl nicht berücksichtigt, d. h. der Wahlumschlag nicht in die Wahlurne gelegt werden.

3 Die **Wahlumschläge bleiben verschlossen.** Sie werden erst bei der Stimmauszählung geöffnet. Der Wahlumschlag darf erst in die Wahlurne gelegt werden, nachdem die Stimmabgabe in der Wählerliste vermerkt worden ist. Hierdurch soll sichergestellt werden, daß ein Wähler nicht zweimal seine Stimme abgibt. Hat ein ArbN entsprechend dem Vermerk nach § 12 Abs. 3 seine Stimme bereits persönlich abgegeben, so darf ein durch Briefwahl desselben ArbN übersandter Wahlumschlag nicht in die Wahlurne geworfen werden, sondern ist mit einem Vermerk über die bereits erfolgte Stimmabgabe zu den Wahlakten zu nehmen (*GK-Kreutz,* § 26 Rn 22).

4 **Verspätet eingegangen** sind alle Freiumschläge, die nicht vor Ablauf der für die Stimmabgabe festgesetzten Zeit den Wahlvorst. erreicht haben.

Ein Grund zur **Anfechtung** dürfte bestehen, wenn der Wahlvorst. die Stimme des Wählers zu Unrecht als verspätet zurückgewiesen hat. Verzögert sich die Übersendung des Briefes aus irgendwelchen Gründen bei der Post, so trägt der Wähler hierfür das Risiko; eine solche Verzögerung rechtfertigt eine Anfechtung der Wahl jedenfalls nicht.

Der Wahlvorst. ist verpflichtet, auf verspätet eingehenden Freium- 5
schlägen das **Eingangsdatum mit Uhrzeit zu vermerken** und sie ungeöffnet zu den Wahlakten (§ 20) zu nehmen. Da die Umschläge wie nicht abgegebene Stimmen zu behandeln sind, sind sie in der Niederschrift über die Wahl nicht als ungültige Stimmen nach § 17 Abs. 1 Nr. 6 zu zählen (*DR,* Rn 6; *GK-Kreutz,* Rn 6).

Verspätet eingehende Briefe werden dem Wähler nicht zurückge- 6
geben. Sie sind vielmehr nach Ablauf eines Monats seit Bekanntgabe des Wahlergebnisses gemäß § 19 **ungeöffnet zu vernichten,** es sei denn, die Wahl ist angefochten worden. Es dürfte sich empfehlen, die Briefumschläge zu verbrennen oder in den Reißwolf zu geben, damit das Wahlgeheimnis nicht verletzt wird. Die Vernichtung ist vom BR vorzunehmen, der hierüber einen Vermerk anzufertigen hat.

Wird die Wahl nach § 19 BetrVG angefochten, so werden die Briefumschläge bei den Wahlakten **bis zur rechtskräftigen Entscheidung weiterhin ungeöffnet** aufbewahrt. Sie dienen ggf. dem Nachweis über die Beteiligung des Wählers und über den tatsächlichen Eingang des Briefumschlags. Mit Rücksicht auf das Wahlgeheimnis dürfen sie auch während des Anfechtungsverfahrens nicht geöffnet werden. Nach Rechtskraft der gerichtlichen Entscheidung sind sie zu vernichten (*DR,* Rn 7; *GL,* Rn 4; *GK-Kreutz,* Rn 7; *Schneider,* Rn 10).

Fünfter Abschnitt. Wahlvorschläge der Gewerkschaften

§ 29 Voraussetzungen, Verfahren

(1) **Für den Wahlvorschlag einer im Betrieb vertretenen Gewerkschaft (§ 14 Abs. 5 des Gesetzes)[1] gelten die §§ 6 bis 28 entsprechend.[2]**

(2) **Der Wahlvorschlag einer Gewerkschaft ist ungültig, wenn er nicht von zwei Beauftragten der Gewerkschaft unterzeichnet ist (§ 14 Abs. 8 des Gesetzes).[3]**

(3) **Der an erster Stelle unterzeichnete Beauftragte gilt als Listenvertreter. Die Gewerkschaft kann einen Arbeitnehmer des Betriebs, der Mitglied der Gewerkschaft ist, als Listenvertreter benennen.[4]**

Erläuterungen

Jede im Betrieb vertretene Gewerkschaft hat für die Wahl des BR 1
ein eigenes Wahlvorschlagsrecht (vgl. hierzu im einzelnen § 14 BetrVG Rn 57 ff.). Im Rahmen und zur Verwirklichung dieses Vorschlagsrechts hat sie gem. § 2 Abs. 2 BetrVG das **Recht auf Zutritt**

zu dem Betrieb, um z. B. geeignete Wahlkandidaten zu gewinnen. Auch kann die Gewerkschaft in dem allgemeinen zulässigen Rahmen (vgl. hierzu § 20 BetrVG Rn 6) Wahlwerbung im Betrieb betreiben. Die Gewerkschaft kann jeden wählbaren ArbN, der mit der Kandidatur einverstanden ist, auf ihren Wahlvorschlag setzen, auch wenn dieser nicht bei ihr Mitgl. ist. Allerdings kann die Gewerkschaft ihren Wahlvorschlag auch auf bei ihr organisierte ArbN des Betriebs beschränken (*GK-Kreutz,* Rn 5; *Schneider,* Rn 7).

2 Die Wahlvorschläge der Gewerkschaften unterliegen – abgesehen von den zwei Ausnahmen in Rn 3 und 4 – **denselben Erfordernissen wie die Wahlvorschläge der ArbN** des Betriebs. Das gilt insbesondere auch für die Einhaltung der vom Wahlvorst. festgesetzten Fristen und die Form der Vorschlagslisten. Jede im Betrieb vertretene Gewerkschaft kann ferner für jeden Wahlgang jeweils **nur einen Wahlvorschlag** machen, d. h. bei Gruppenwahl für jede Gruppe einen, bei gemeinsamer Wahl insgesamt nur einen. Bei der Wahl eines nur einköpfigen BR und – bei Gruppenwahl – nur eines Gruppenvertreters kann sie für das getrennt zu wählende ErsMitgl. wie die ArbN des Betriebs einen weiteren Wahlvorschlag einreichen (vgl. § 25 Rn 16; *DR,* Rn 2; *GL,* Rn 1; *GK-Kreutz,* Rn 6).

3 Wahlvorschläge der Gewerkschaften brauchen nicht von wahlberechtigten ArbN des Betriebs unterstützt zu werden. Vielmehr reicht es aus – das ist allerdings für die Gültigkeit des Vorschlags auch erforderlich (vgl. ArbG Siegen, DB 74, 1776) –, daß der Wahlvorschlag von zwei **Beauftragten der Gewerkschaft unterschrieben** ist (vgl. Abs. 2 und § 14 Abs. 1 BetrVG). Die Beauftragten müssen zur Unterzeichnung entweder durch die Satzung oder durch eine entsprechende Vollmacht der Gewerkschaft legitimiert sein. In Zweifelsfällen kann der Wahlvorst. einen Nachweis der Beauftragung (z. B. durch Auszug aus der Satzung der Gewerkschaft oder durch schriftliche Vollmacht) verlangen (*Schneider,* Rn 4). Liegt eine rechtsgültige Beauftragung nicht vor, ist der Wahlvorschlag nur gültig, wenn diese bis zum Ablauf der Einreichungsfrist für Wahlvorschläge nachgeholt wird.

4 Der Beauftragte der Gewerkschaft, der den Wahlvorschlag an erster Stelle unterzeichnet hat, ist mangels anderweitiger Bestimmung von Gesetzes wegen **Listenvertreter** i. S. von § 6 Abs. 5. An erster Stelle ist der Wahlvorschlag von dem Beauftragten unterzeichnet, der bei nebeneinander stehenden Unterschriften links und bei untereinander stehenden Unterschriften an oberer Stelle unterzeichnet hat. Die Regelung des Abs. 3 S. 1 gilt jedoch nur für den Fall, daß die Gewerkschaft keine anderweitige Bestimmung des Listenvertreters vornimmt. Sie kann auch einen Wahlbewerber oder einen anderen ArbN des Betriebs als Listenvertreter benennen. Jedoch muß dieser der Gewerkschaft als Mitglied angehören (vgl. Abs. 3 S. 2) und mit der Benennung einverstanden sein. Die Gewerkschaft kann auch den Beauftragten, der die Liste an zweiter Stelle unterschrieben hat, als Listenführer bestimmen. Die Bestimmung eines anderen Listenvertreters ist nicht formgebunden, muß jedoch von einem hierzu ermächtigten Vertreter der Gewerkschaft er-

klärt werden. Bei mündlicher Bestimmung gegenüber dem Wahlvorst. sollte dieser sie aktenkundig machen.

Zweiter Teil. Wahl der Jugend- und Auszubildendenvertretung

§ 30 Wahlvorstand, Wahlvorbereitung

Für die Wahl der Jugend- und Auszubildendenvertretung[1] gelten die Vorschriften der §§ 1 bis 4 über den Wahlvorstand,[2] die Wählerliste[3] und das Wahlausschreiben[4] entsprechend mit der Maßgabe, daß die Wahl als gemeinsame Wahl stattfindet. Dem Wahlvorstand muß mindestens ein nach § 8 des Gesetzes wählbarer Arbeitnehmer angehören.[2]

Erläuterungen

Über die Voraussetzungen für die Wahl einer JugAzubiVertr., über das aktive und passive Wahlrecht zu ihr, über ihre Größe sowie über Zeitpunkt ihrer Wahl und die wesentlichen Wahlvorschriften vgl. §§ 60 bis 64 BetrVG. 1

Die Durchführung der Wahl der JugAzubiVertr. obliegt ebenfalls einem **Wahlvorst.** (vgl. § 63 BetrVG). Der Wahlvorst. sowie sein Vors. werden durch den **BR** bestimmt. Zu Mitgl. des Wahlvorst. können sowohl zur JugAzubiVertr. wahlberechtigte ArbN, d. h. jugendliche ArbN unter 18 Jahren oder zu ihrer Berufsausbildung Beschäftigte unter 25 Jahren (vgl. hierzu § 61 BetrVG Rn 3ff.), als auch sonstige ArbN des Betriebs bestellt werden. In jedem Falle muß dem Wahlvorst. ein zum BR wählbarer ArbN (vgl. hierzu § 8 BetrVG Rn 3ff.) angehören. Hierdurch soll sichergestellt werden, daß ein ArbN mit größerer Betriebserfahrung im Wahlvorst. mitwirkt. 2

Im übrigen gilt für den Wahlvorst. zur Durchführung der Wahl der JugAzubiVertr. das gleiche wie für den Wahlvorst. für die BRWahl. Auch er trifft seine Entscheidungen mit einfacher Mehrheit durch Beschluß seiner stimmberechtigten Mitgl.; auch er kann, soweit dies erforderlich erscheint, Wahlhelfer hinzuziehen und sich eine Geschäftsordnung geben (vgl. im einzelnen hierzu § 1 Rn 2ff.). Zu Wahlhelfern können auch jugendliche ArbN bestellt werden (*Schneider,* Rn 7).

Der Wahlvorst. hat in die Wählerliste alle zur JugAzubiVertr. wahlberechtigten ArbN des Betriebs, d. h. alle ArbN unter 18 Jahren und alle zu ihrer Berufsausbildung Beschäftigten unter 25 Jahren (vgl. hierzu § 61 BetrVG Rn 3ff.), aufzunehmen. Für die Aufstellung der Wählerliste gilt im übrigen § 2 entsprechend. Da jedoch die Wahl der JugAzubiVertr. **stets als gemeinsame Wahl** durchgeführt wird (vgl. § 63 Abs. 1 BetrVG), ist die Wählerliste nicht getrennt nach Arb. und Ang. aufzustellen. Die Regelung des § 2 Abs. 3, nach der wahlberechtigt und wählbar nur ist, wer in der **Wählerliste eingetragen** ist, findet auf die Wahl der JugAzubiVertr. uneingeschränkt nur in bezug auf die Wahlberechti- 3 gung Anwendung. In bezug auf die Wählbarkeit gilt sie nur für Wahlbewerber, die noch keine 18 Jahre alt sind oder die zu ihrer Berufsausbildung beschäftigt werden und noch keine 25 Jahre alt sind, nicht jedoch für die ebenfalls zur JugAzubiVertr. wählbaren übrigen ArbN des Betriebs zwischen 19 und 25 Jahren (vgl. § 61 Abs. 2 BetrVG; *GK-Kreutz,* Rn 8; wohl auch *Schneider,* Rn 9; **a. A.** *DR,* Rn 4, der bei der Wahl der JugAzubiVertr. § 2 Abs. 3 auf die Ausübung des aktiven Wahlrechts beschränkt).

Im übrigen gelten für die Auslegung eines Abdrucks der Wählerliste, die Bekanntmachung des Ortes dieser Auslegung im WA und die Möglichkeit von Einsprüchen gegen die Richtigkeit der Wählerliste und für das Einspruchsverfahren die §§ 2 bis 4 entsprechend (vgl. die dortigen Erläuterungen).

4 Auch für die Wahl der JugAzubiVertr. ist ein **WA zu erlassen.** Sein Inhalt bestimmt sich nach § 3, wobei allerdings zu berücksichtigen ist, daß die Wahl dieser Vertr. stets als gemeinsame Wahl durchgeführt wird und deshalb keine Unterscheidung der Wahlberechtigten nach Arb. und Ang. erfolgt. Die Mitteilung nach § 3 Abs. 2 Nr. 3 ist hinsichtlich der Wählbarkeit zu modifizieren, da wählbar nicht nur die zur JugAzubiVertr. Wahlberechtigten, sondern alle ArbN des Betriebs sind, die am Wahltag das 25. Lebensjahr noch nicht vollendet haben. Hierauf ist im WA ausdrücklich hinzuweisen (*DR,* Rn 5; *GK- Kreutz,* Rn 13).

§ 31 Durchführung der Wahl[1]

(1) **Sind mehrere Jugend- und Auszubildendenvertreter zu wählen, so erfolgt die Wahl auf Grund von Vorschlagslisten.[2] § 6 Abs. 1 Satz 2, Abs. 3 und 5 bis 8, die §§ 7, 8 und 9 Abs. 1 und 3 sowie die §§ 10 und 29 gelten entsprechend. § 6 Abs. 4 gilt entsprechend mit der Maßgabe, daß in jeder Vorschlagsliste auch der Ausbildungsberuf der einzelnen Bewerber aufzuführen ist.[3]**

(2) **Sind mehrere gültige Vorschlagslisten eingerreicht, so kann der Wähler seine Stimme nur für eine Vorschlagliste abgeben.[4] § 11 Abs. 1 Satz 2, Abs. 3 und 4, § 12 Abs. 1 bis 3 und 5, die §§ 13, 14[5] und 17 Abs. 1 Nr. 2 bis 8 und Abs. 2 sowie die §§ 18 bis 20[6] gelten entsprechend. § 11 Abs. 2 gilt entsprechend mit der Maßgabe, daß auf den Stimmzetteln auch der Ausbildungsberuf der einzelnen Bewerber aufzuführen ist.[3] § 15 gilt entsprechend mit der Maßgabe, daß die Verteilung der Sitze ausschließlich auf die Vorschlagslisten erfolgt und jede Vorschlagsliste so viele Sitze zugeteilt erhält, wie Höchstzahlen auf sie entfallen.**

(3) **Ist nur eine gültige Vorschlagsliste eingereicht, so kann der Wähler eine Stimme nur für solche Bewerber abgeben, die in der Vorschlagsliste aufgeführt sind. § 21 Abs. 3, die §§ 22, 23 Abs. 1 und § 24 gelten entsprechend.[7] § 21 Abs. 2 gilt entsprechend mit der Maßgabe, daß auf den Stimmzetteln auch der Ausbildungsberuf der einzelnen Bewerber aufzuführen ist.[3]**

(4) **Ist nur ein Jugend- und Auszubildendenvertreter zu wählen, so**

erfolgt die Wahl auf Grund von Wahlvorschlägen, § 25 Abs. 2 und 4 bis 8 sowie § 29 gelten entsprechend.[8] **§ 25 Abs. 1 und 3 gilt entsprechend mit der Maßgabe, daß auf jedem Wahlvorschlag und den Stimmzetteln auch der Ausbildungsberuf der einzelnen Bewerber aufzuführen ist.**[3]

(5) **Für die schriftliche Stimmabgabe gelten die §§ 26 bis 28 entsprechend.**[9]

Erläuterungen

1 Die Wahl der JugAzubiVertr. findet stets als **gemeinsame Wahl** aller Wahlberechtigten ohne Unterscheidung nach Gruppenzugehörigkeit statt (vgl. § 63 Abs. 1 BetrVG sowie § 30 S. 1 WO). Im übrigen ist wie folgt zu unterscheiden: Besteht die JugAzubiVertr. aus mehreren Personen und sind für die Wahl mehrere gültige Vorschlagslisten eingereicht worden, ist die Wahl als Verhältniswahl durchzuführen (vgl. Abs. 2 sowie § 63 BetrVG Rn 3a ff.). Steht nur eine gültige Vorschlagsliste zur Wahl, erfolgt die Wahl als Mehrheitswahl (vgl. Abs. 3). Ist nur eine einköpfige JugAzubiVertr. zu wählen, so wird diese stets in Mehrheitswahl gewählt (vgl. Abs. 4).

2 Auch die Wahl der JugAzubiVertr. erfolgt aufgrund von **Wahlvorschlägen,** die bei der Wahl einer mehrköpfigen Vertr. als Vorschlagslisten bezeichnet werden. Für diese Wahlvorschläge gelten dieselben Regelungen wie für die Wahlvorschläge zur BRWahl, soweit sich nicht etwas anderes daraus ergibt, daß bei der Wahl der JugAzubiVertr. keine Unterscheidung nach ArbNGruppen stattfindet. So gelten für diese Wahlvorschläge entsprechend z. B. die Vorschriften über die Vorschlagsberechtigung (vgl. hierzu auch § 63 BetrVG Rn 5f.), die Einreichungsfrist, ihre Gestaltung, den Listenvertreter, das Verfahren bei Doppelunterzeichnungen und Doppelkandidaturen (vgl. aber auch unten Rn 8), die Prüfung der Vorschlagslisten und ihre Ungültigkeit, die Notwendigkeit einer Nachfrist sowie die Bekanntmachung der gültigen Vorschlagslisten. Auch für die Wahl der JugAzubiVertr. steht den im Betrieb vertretenen **Gewerkschaften** ein eigenständiges Wahlvorschlagsrecht zu (vgl. § 29 sowie § 63 BetrVG Rn 6). Im einzelnen vgl. die Erläuterungen zu den in Bezug genommenen Vorschriften.

3 Ausdrücklich hervorgehoben ist die Verpflichtung der Vorschlagsberechtigten, in den Wahlvorschlägen auch den **Ausbildungsberuf** der Wahlbewerber anzugeben. Steht ein Wahlbewerber in keinem Ausbildungsverhältnis und hat er auch keinen oder einen anderen Ausbildungsberuf erlernt, als seiner gegenwärtigen Tätigkeit entspricht, ist seine gegenwärtige Beschäftigungsart anzugeben. Der Wahlvorst. ist verpflichtet, die Angaben über den Ausbildungsberuf auch in die **Stimmzettel** zu übernehmen, soweit in ihnen Angaben über die Wahlbewerber aufzunehmen sind (vgl. Abs. 2 bis 4 sowie § 11 Abs. 2, § 21 Abs. 2 und § 25 Abs. 1 und 3).

4 Bei der Wahl einer mehrköpfigen JugAzubiVertr., für die mehrere gültige Wahlvorschläge eingereicht worden sind, erfolgt die Wahl als

Verhältniswahl. Die für die BRWahl insoweit maßgebenden Regelungen der §§ 11 bis 20 über die Stimmabgabe, den Wahlvorgang, die Öffentlichkeit der Stimmauszählung und das bei ihr zu beachtende Verfahren, die Verteilung der Sitze auf die einzelnen Wahlvorschläge, die Wahlniederschrift, die Benachrichtigung und Bekanntmachung der Gewählten sowie die Aufbewahrung der Wahlakten gelten entsprechend (vgl. im einzelnen die Erläuterungen der genannten Bestimmungen). Nicht anwendbar sind jedoch auch hier die Vorschriften, die besondere Regelungen für die Gruppenwahl oder für die Berücksichtigung von Gruppen vorsehen, da diese bei der Wahl der JugAzubiVertr. keine Rolle spielen.

5 Der Wähler kann **nur eine** der zur Wahl anstehenden Listen **wählen.** Diese kann er weder ändern noch ergänzen. Das würde seine Stimmabgabe ebenso ungültig machen wie das Ankreuzen mehrerer Listen. Die Verteilung der auf die einzelnen Listen entfallenden Sitze in der JugAzubiVertr. bestimmt sich nach dem sog. d'Hondtschen Berechnungsverfahren (vgl. § 15). Entsprechend den auf die einzelnen Listen entfallenden Höchstzahlen, die für einen Sitz in Betracht kommen, sind die Wahlbewerber der einzelnen Listen in der Reihenfolge gewählt, in der sie auf der Liste aufgeführt sind.

6 Da durch die 1. ÄnderungsVO der ganze § 19 für entsprechend anwendbar erklärt worden ist, hat auch der Wahlvorst. für die Wahl der JugAzubiVertr. dem ArbGeb. und den im Betrieb vertretenen Gewerkschaften unverzüglich eine **Abschrift der Wahlniederschrift** zu übersenden. Die **Wahlakten** sind vom **BR,** nicht von der JugAzubiVertr., aufzubewahren, und zwar mindestens bis zur Beendigung der Amtszeit der JugAzubiVertr. (*DR,* Rn 4; *GK-Kreutz,* Rn 15; *Schneider,* Rn 13).

7 Sind mehrere JugAzubiVertr. zu wählen, ist jedoch nur eine gültige Vorschlagsliste eingereicht worden, so erfolgt die Wahl als **Mehrheitswahl.** Die für die BRWahl insoweit maßgebenden Vorschriften der §§ 21 bis 24 (ausgenommen die auf die Berücksichtigung der Gruppen abstellende Regelung des § 23 Abs. 2) sind entsprechend anzuwenden. Auf den **Stimmzetteln** sind die Wahlbewerber in der Reihenfolge aufzuführen, in der sie auf der Vorschlagsliste benannt sind (anders bei der Wahl nur eines JugAzubiVertr; vgl. Abs. 4 i. V. m. § 25 Abs. 3). Der Wähler hat **so viele Stimmen,** wie JugAzubiVertr. zu wählen sind. Er kann auswählen, welchen der auf der Liste stehenden Bewerbern er seine Stimmen geben will. Der Wähler kann auch weniger Bewerber ankreuzen, als ihm Stimmen zustehen. Gibt er einem Wahlbewerber mehrere seiner Stimmen, so zählen diese jedoch nur als eine Stimme, da die WO die Möglichkeit der Stimmenhäufung nicht vorsieht. Kreuzt der Wähler mehr Bewerber an, als er Stimmen hat, ist seine Stimmabgabe ungültig. **Gewählt** sind die Bewerber, die für die Besetzung der zur Verfügung stehenden Sitze die meisten Stimmen erhalten haben. Haben für den letzten Sitz Bewerber die gleiche Stimmenzahl erhalten, entscheidet über dessen Besetzung das Los. Die nichtgewählten Bewerber sind in der Reihenfolge der erreichten Stimmenzahlen **ErsMitgl.** der JugAzubiVertr.

Ist nur eine **einköpfige JugAzubiVertr.** zu wählen, erfolgt die Wahl stets als Mehrheitswahl. Für die Wahlvorschläge, die Gestaltung der Stimmzettel, die Stimmabgabe und die Stimmauszählung gelten dieselben (Sonder-)Regelungen wie bei der Wahl nur eines einköpfigen BR (vgl. § 25 und die dortigen Erläuterungen). Gleiches gilt für die Wahl des **ErsMitgl.** der einköpfigen JugAzubiVertr., das ebenfalls in einem gesonderten Wahlgang zu wählen ist (vgl. § 25 Rn 14ff.). Da die Bewerber für die Wahl nur eines JugAzubiVertr. auf den Stimmzetteln stets in alphabetischer Reihenfolge aufzuführen sind (vgl. § 25 Abs. 3), ist es unschädlich, wenn Wahlbewerber auf mehreren Vorschlagslisten vorgeschlagen werden. Die Vorschrift des § 6 Abs. 8, die nur bei Vorschlagslisten Anwendung findet, gilt nicht. Gewählt ist der Bewerber, der die meisten Stimmen erhalten hat. Bei Stimmengleichheit entscheidet das Los. 8

Auch bei der Wahl der JugAzubiVertr. können Wahlberechtigte, auf die die Voraussetzungen des § 26 zutreffen, ihre **Stimme schriftlich abgeben.** Die §§ 26 bis 28 über die Aufgaben und Pflichten des Wahlvorst. bei der Durchführung der schriftlichen Stimmabgabe, über den äußeren Hergang der schriftlichen Stimmabgabe, über die Übermittlung des Wahlumschlags nebst Stimmzettel an den Wahlvorst. und über den Einwurf des Stimmzettels in die Wahlurne gelten entsprechend. 9

Dritter Teil. Übergangs- und Schlußvorschriften

§ 32 Berechnung der Fristen[1]

Für die Berechnung der in dieser Verordnung festgelegten Fristen[2] finden die §§ 186 bis 193 des Bürgerlichen Gesetzbuches[3,4] entsprechende Anwendung.[5]

Erläuterungen

Einer solchen ausdrücklichen Vorschrift über die Anwendung der Auslegungsregeln der §§ 186 bis 193 BGB hätte es nicht bedurft, da diese Regeln nach § 186 BGB ohnehin für die in Gesetzen enthaltenen Fristen gelten. 1

Die Vorschrift gilt für alle in dieser WO festgelegten Fristen. Hierbei ist zu beachten, daß diese Fristen z. T. auf Arbeitstage abstellen (z. B. in § 6 Abs. 6 und 8, § 7 Abs. 2, § 8 Abs. 2). Der **Begriff des Arbeitstages** ist nicht mit dem des Werktages gleichzusetzen, dem Sonn- und Feiertage gegenüberstehen. Arbeitstag ist vielmehr jeder Tag, an dem der Betrieb arbeitet, ohne Rücksicht darauf, ob es sich um einen Werktag oder einen Sonn- oder Feiertag handelt. Andererseits sind aber nur diejenigen Tage Arbeitstage, an denen die **ganz überwiegende Mehrzahl der Belegschaft** regelmäßig der Arbeit im Betrieb nachgeht (vgl. BAG 12. 2. 60 und 1. 6. 66, AP Nr. 11 zu § 18 BetrVG sowie AP Nr. 2 zu § 6 WahlO; *DR,* Rn 3; *GK-Kreutz,* Rn 4; *Schneider,* Rn 6). Nicht ausreichend ist es, wenn lediglich eine oder einige Betriebsabteilungen an be- 2 stimmten Tagen arbeiten. Soweit ein Betrieb auch am Samstag oder an Sonn- und Feiertagen arbeitet, kann deshalb im Gegensatz zu den Vorschriften des BGB auch an diesen Tagen ein Fristablauf eintreten (*DR,* Rn 2; *GL,* Rn 1). Das gilt auch mit Wirkung für die ArbN, die an diesen Tagen nicht arbeiten.

3 Besonders wichtig ist § 187 Abs. 1 BGB. Danach wird, wenn für den Anfang einer Frist ein Ereignis (z. B. nach § 3 Abs. 1 der Erlaß des WA) maßgebend ist, bei der Berechnung der Frist der Tag, an welchem das Ereignis eintritt (hier das WA erlassen wird), nicht mitgerechnet. Eine nach Tagen bemessene Frist endet mit Ablauf des letzten Tages der Frist. Eine nach Wochen bemessene Frist endet im Falle des § 187 Abs. 1 BGB mit Ablauf des Tages der letzten Woche, der durch seine Benennung dem Tage entspricht, an dem das den Fristbeginn auslösende Ereignis stattgefunden hat. Ist z. B. das WA am Dienstag bekanntgemacht worden, so läuft die Frist für Einsprüche gegen die Wählerliste oder die Einreichung von Wahlvorschlägen zwei Wochen später am Dienstag ab.

4 Die **Frist** ist **eingehalten,** wenn vor ihrem Ablauf die erforderliche Handlung vorgenommen wird oder die erforderliche Erklärung dem Empfänger zugegangen ist.

Trotz der generellen Verweisung auf die Vorschriften des Bürgerlichen Gesetzbuches ist es im Hinblick darauf, daß es sich bei der BRWahl um einen betrieblichen Vorgang handelt, als zulässig anzusehen, daß der Wahlvorstand den Ablauf einer Frist auf das **Ende der Arbeitszeit am letzten Tage der Frist** begrenzt, vorausgesetzt allerdings, daß es sich bei dem für den Fristablauf festgesetzten Zeitpunkt um das Ende der Arbeitszeit der überwiegenden Mehrheit der ArbN des Betriebs handelt (*DR,* Rn 3; *GK-Kreutz,* Rn 5; *Schneider,* Rn 6; BAG 4. 10. 77, AP Nr. 2 zu § 18 BetrVG 1972; zur WO 1952: BAG 12. 2. 60 und 1. 6. 66, AP Nr. 11 zu § 18 BetrVG und AP Nr. 2 zu § 6 WahlO). Unerheblich ist dagegen für den Ablauf einer Frist, daß der einzelne ArbN infolge Krankheit, Urlaub usw. an dem letzten Tag der Frist nicht arbeitet (vgl. LAG Kiel, AP Nr. 1 zu § 4 WahlO; *GK-Kreutz,* Rn 4; *Schneider,* Rn 7).

5 Entsprechende Anwendung bedeutet, daß die genannten Vorschriften nur insoweit Platz greifen, als die einzelnen Bestimmungen nach ihrem Inhalt für die in Frage kommende Frist passen. Daher scheiden für Fristen, die nach Arbeitstagen bestimmt sind, die Vorschriften aus, die, wie die §§ 188 Abs. 2 und 3, 189, 191 bis 193 BGB, auf Kalendertage abstellen.

§ 33 Bereich der Seeschiffahrt

Die Regelung der Wahlen für die Bordvertretung und den Seebetriebsrat (§§ 115 und 116 des Gesetzes) bleibt einer besonderen Rechtsverordnung vorbehalten.[1]

Erläuterung

Diese ist als Zweite Verordnung zur Durchführung des Betriebsverfassungsgesetzes (Wahlordnung Seeschiffahrt – WOS –) vom 24. 10. 1972 (BGBl. I S. 2029) erlassen und durch VO vom 28. 9. 1989 (BGBl. I S. 1795) geändert worden. 1

§ 34 Berlin-Klausel

Diese Verordnung gilt nach § 14 des Dritten Überleitungsgesetzes vom 4. Januar 1952 (Bundesgesetzblatt I S. 1) in Verbindung mit § 131 des Gesetzes auch im Land Berlin.[1]

Erläuterung

Die Vorschrift enthält die Berlin-Klausel, wonach das BetrVG und die auf Grund des § 126 BetrVG erlassenen Durchführungsverordnungen nach Maßgabe des § 14 des Dritten Überleitungsgesetzes auch im Lande Berlin gelten, sobald das Land Berlin das Betriebsverfassungsgesetz übernommen hat. Dies ist durch das Berliner Gesetz zur Übernahme des Betriebsverfassungsgesetzes vom 10. 2. 1972 (GVBl. S. 316) geschehen. Die Wahlordnung ist am 28. 2. 1972 im Berliner Gesetz- und Verordnungsblatt veröffentlicht worden (vgl. GVBl. S. 398). Sie ist in Berlin am selben Tage wie im Bundesgebiet, d.h. am 20. 1. 1972 (vgl. § 35 WO), in Kraft getreten. 1

§ 35 Inkrafttreten

(1) **Diese Verordnung tritt am Tage nach ihrer Verkündung in Kraft.**[1]

(2) **Mit dem Inkrafttreten dieser Verordnung finden die Vorschriften der Ersten Rechtsverordnung zur Durchführung des Betriebsverfassungsgesetzes vom 18. März 1953 (Bundesgesetzbl. I S. 58), geändert durch die Verordnung zur Änderung der Ersten Rechtsverordnung zur Durchführung des Betriebsverfassungsgesetzes vom 7. Februar 1962 (Bundesgesetzbl. I S. 64), nur noch auf die in den §§ 76 und 77 des Betriebsverfassungsgesetzes 1952 bezeichneten Wahlen Anwendung.**

Erläuterung

Die WO ist im BGBl. vom 19. 1. 1972 verkündet worden. Sie ist damit am 20. 1. 1972 in Kraft getreten. Die erste ÄnderungsVO vom 20. 7. 88 (BGBl. I S. 1072) ist am 26. 7. 1988 verkündet worden und am 27. 7. 1988 in Kraft getreten, die zweite ÄnderungsVO vom 28. 9. 1989 (BGBl. I S. 1793) ist am 5. 10. 1989 verkündet worden und am 6. 10. 1989 in Kraft getreten. 1

Ab dem 20. 1. 1972 gelten die Vorschriften der Wahlordnung 1953 nur noch für die Wahlen der ArbNVertr. zum Aufsichtsrat gemäß §§ 76 und 77 BetrVG 1952. 2

2. Erläuterung fortgeltender Vorschriften des BetrVG 1952

Vorbemerkungen

1 Das BetrVG 1972 brachte eine umfassende Neuregelung des Betriebsverfassungsrechts und hob demgemäß in seinem § 129 das BetrVG 1952 in allen betriebsverfassungsrechtlichen Teilen auf. **Ausgenommen** hiervon wurden ausdrücklich die **Vorschriften über die Beteiligung der ArbN im AR** (§§ 76–77a, 81, 85 und 87 BetrVG 52). Auch nach Inkrafttreten des **MitBestG** haben diese Vorschriften ihre Bedeutung nicht verloren, denn sie gelten weiterhin für folgende Unternehmen, soweit sie nicht unter das **Montan-MitbestG** oder **das MitbestEG** fallen oder als **Tendenzbetriebe** ausgenommen sind (§ 81 BetrVG 52):

AG und KGaA mit in der Regel **nicht mehr als 2000 ArbN** (wegen der bei Konzernen gegenüber § 77a BetrVG 52 und auch bei der GmbH & Co KG abweichenden Berechnung der ArbN Zahl im MitbestG vgl. § 76 BetrVG 52 Rn 36).

AG und KGaA, die **Familiengesellschaften** sind (§ 76 Abs. 6 BetrVG 52) mit **mehr als 500 ArbN** und in der Regel nicht mehr als 2000 ArbN;

GmbH und Erwerbs- und Wirtschaftsgenossenschaften mit mehr als 500 und in der Regel nicht mehr als 2000 ArbN;

VVaG mit mehr als 500 ArbN (die Obergrenze von 2000 ArbN spielt hier keine Rolle, da VVaG nicht dem MitbestG unterfallen).

1a Nach § 2a Abs. 1 Nr. 2 ArbGG sind die **Arbeitsgerichte** zu Entscheidungen über Fragen der Wahl und Abberufung von ArbNVertr. im AR zuständig. Die **ordentlichen** Gerichte entscheiden darüber, ob überhaupt ArbNVertr. zu wählen sind, d. h. über die Zusammensetzung des AR (§§ 96ff. AktG); vgl. weiter Rn 34, 139. Diese Abgrenzung gilt auch für Erwerbs- und Wirtschaftsgenossenschaften (§ 77 Abs. 3 Satz 1 BetrVG 52 i. d. F. Art. 2 Nr. 2 des Gesetzes vom 23. 5. 1979 (BGBl. I, S. 545).

2 Die **WO 53 gilt** für die Wahl der ArbNVertr. zum AR und den Widerruf der Bestellung **weiter,** insbesondere die §§ 31–52. Innerhalb dieser Bestimmungen wird aber in zahlreichen Fällen wieder auf die Vorschriften der WO 53 über die BRWahl Bezug genommen, so daß die meisten Bestimmungen der WO 53 insoweit noch anwendbar sind (so ausdrücklich BAG 20. 7. 82, AP Nr. 26 zu § 76 BetrVG). Rechtsgrundlage für die WO 53 ist § 87 BetrVG 52. Auch diese Vorschrift wurde aufrechterhalten, einmal um die Fortgeltung der WO 53 klarzustellen (vgl. auch § 35 Abs. 2 WO 72), zum anderen aber auch um die Möglichkeit zu haben, die WO für die Wahl der ArbNVertr. und den Widerruf ihrer Bestellung neu fassen zu können, falls sich dies als erforderlich erweisen sollte.

Nach § 129 Abs. 2 BetrVG treten an die Stelle aufgehobener Bestimmungen des BetrVG 52, auf die in den §§ 76–77a, 81, 85 und 87 BetrVG 52 verwiesen wird, die **entsprechenden Vorschriften des BetrVG 72.** Bei inhaltlich oder gar wörtlich gleichen Vorschriften tritt die neue Nummerierung einfach an die Stelle der alten; zum Beispiel heißt es in § 76 Abs. 2 BetrVG 52 jetzt „alle nach § 7 wahlberechtigten ArbN" und „für die Vertr. der ArbN gilt § 78 *(bisher § 53)*. § 129 Abs. 2 BetrVG 72 betrifft aber nicht nur inhaltsgleiche, sondern auch „entsprechende" Vorschriften des BetrVG 72, die also mindestens zum Teil einen gegenüber dem BetrVG 52 abweichenden Inhalt haben, sofern nur der innere Zusammenhang der alten und der neuen Regelung gewahrt bleibt. So sind z. B. bei der Anwendung des BetrVG 52 nunmehr die Begriffe leitender Angestellter nach § 5 Abs. 3, 4 BetrVG 72 und Betrieb nach § 4 BetrVG 72 zugrundezulegen (vgl. *DR,* Rn 67ff.). Grundsätzlich muß bei der Wahl der ArbNVertr. zum AR den Veränderungen der Rechtslage, inbesondere bei der BRWahl, Rechnung getragen werden, sofern sich nicht aus den aufrechterhaltenen Vorschriften des BetrVG 52 ausdrücklich etwas anderes ergibt (z. B. ist ein Gruppenwechsel wegen § 76 Abs. 2 Satz 3 BetrVG 52 entgegen § 24 Abs. 2 BetrVG erheblich). Auch die WO 53 ist unter diesen Gesichtspunkte auszulegen (§ 127 BetrVG 72). 3

In der folgenden Kommentierung des BetrVG 52 wird jeweils vermerkt, ob es sich um §§ des BetrVG 52 oder des BetrVG 72 handelt. 4

Fünfter Abschnitt. Beteiligung der Arbeitnehmer im Aufsichtsrat

§ 76 BetrVG 1952 (Beteiligung im Aufsichtsrat der AG und KG auf Aktien)

(1) **Der Aufsichtsrat einer Aktiengesellschaft oder einer Kommanditgesellschaft auf Aktien muß zu einem Drittel aus Vertretern der Arbeitnehmer bestehen.**

(2) **Die Vertreter der Arbeitnehmer werden in allgemeiner, geheimer, gleicher und unmittelbarer Wahl von allen nach § 6 *(jetzt: § 7 BetrVG)* wahlberechtigten Arbeitnehmern der Betriebe des Unternehmens für die Zeit gewählt, die im Gesetz oder in der Satzung für die von der Hauptversammlung zu wählenden Aufsichtsratsmitglieder bestimmt ist. Ist ein Vertreter der Arbeitnehmer zu wählen, so muß dieser in einem Betrieb des Unternehmens als Arbeitnehmer beschäftigt sein. Sind zwei oder mehr Vertreter der Arbeitnehmer zu wählen, so müssen sich unter diesen mindestens zwei Arbeitnehmer aus den Betrieben des Unternehmens, darunter ein Arbeiter und ein Angestellter, befinden; § 10 Abs. 3 gilt entsprechend. Sind in den Betrieben des Unternehmens mehr als die Hälfte der Arbeitnehmer**

Frauen, so soll mindestens eine von ihnen Arbeitnehmervertreter im Aufsichtsrat sein. Für die Vertreter der Arbeitnehmer gilt § 53 *(jetzt: § 78 BetrVG 72)* entsprechend.

(3) **Die Betriebsräte und die Arbeitnehmer können Wahlvorschläge machen. Die Wahlvorschläge der Arbeitnehmer müssen von mindestens einem Zehntel der wahlberechtigten Arbeitnehmer der Betriebe des Unternehmens oder von mindestens einhundert wahlberechtigten Arbeitnehmern unterzeichnet sein.**

(4) **An der Wahl der Vertreter der Arbeitnehmer für den Aufsichtsrat des herrschenden Unternehmens eines Konzerns (§ 18 Abs. 1 Satz 1 und 2 des Aktiengesetzes) nehmen auch die Arbeitnehmer der Betriebe der übrigen Konzernunternehmen teil. In diesen Fällen kann die Wahl durch Wahlmänner erfolgen.**

(5) **Die Bestellung eines Vertreters der Arbeitnehmer zum Aufsichtsratsmitglied kann vor Ablauf der Wahlzeit auf Antrag der Betriebsräte oder von mindestens einem Fünftel der wahlberechtigten Arbeitnehmer der Betriebe des Unternehmens durch Beschluß der wahlberechtigten Arbeitnehmer widerrufen werden. Der Beschluß bedarf einer Mehrheit, die mindestens drei Viertel der abgegebenen Stimmen umfaßt. Auf die Beschlußfassung finden die Vorschriften der Absätze 2 und 4 Anwendung.**

(6) **Auf Aktiengesellschaften, die Familiengesellschaften sind und weniger als fünfhundert Arbeitnehmer beschäftigen, finden die Vorschriften über die Beteiligung der Arbeitnehmer im Aufsichtsrat keine Anwendung. Als Familiengesellschaften gelten solche Aktiengesellschaften, deren Aktionär eine einzelne natürliche Person ist oder deren Aktionäre untereinander im Sinne von *§ 15 Abs. 1 Nr. 2 bis 8, Abs. 2 der Abgabenordnung*[1] verwandt oder verschwägert sind. Dies gilt entsprechend für Kommanditgesellschaften auf Aktien.**

Inhaltsübersicht

[1] Änderung durch Art. 86 des EG zur AO vom 14. 12. 1976 (BGBl. I S. 3341, 3378).

I. Vorbemerkung

Die Vorschriften des Fünften Abschnitts des fortgeltenden BetrVG 52 (§ 129 Abs. 1 BetrVG 72) regeln in dem von den MitbestG nicht erfaßten Bereich (vgl. Vorbem. Nr. 1 vor § 76 BetrVG 52, sowie Rn 23ff.) die **Beteiligung** der ArbN im AR. Bei AG und KGaA sind grundsätzlich (wegen Ausnahmen vgl. Rn 14ff.) die ArbN **zu einem Drittel der Gesamtzahl der ARMitgl.** beteiligt, wenn diese Unternehmen in der Regel **nicht mehr als 2000 ArbN** beschäftigen. Das gleiche gilt für die GmbH und die Erwerbs- und Wirtschaftsgenossenschaften, wenn sie mehr als 500 ArbN, aber in der Regel nicht mehr als 2000 ArbN, beschäftigen. Die Vorschriften gelten für sämtliche Versicherungsvereine auf Gegenseitigkeit, die mehr als 500 ArbN beschäftigen. 1

Das **BetrVG** 72 beschränkt sich auf eine **Regelung der Betriebsverfassung** und enthält keine Gesamtregelung der Unternehmensverfassung; insbesondere regelt es nicht die Beteiligung bzw. Mitbestimmung der ArbN in den Unternehmensorganen. Deshalb bleiben insoweit die einschlägigen Vorschriften der §§ 76–77a, 81, 85–87 **BetrVG 1952** in Kraft (§ 129 Abs. 1). Die MBR der ArbN nach dem BetrVG 72 und die Beteiligung von ArbNVertr. in einen (paritätisch besetzten) AR führen **nicht** zu einer sogn. **Überparität"** (*Auffarth,* RdA 76, 2; *Fitting/Wlotzke/Wißmann,* Vorbem. 14ff. insbes. 20). 2

Im Zeitpunkt der Verabschiedung des BetrVG 72 war die Diskussion um die Erweiterung der Mitbestimmung in den Gesellschaftsorganen noch in vollem Gange. Um zu vermeiden, daß in der Übergangszeit bis zum Inkrafttreten eines Mitbestimmungsgesetzes weitere Unternehmen aus dem Anwendungsbereich des Montan-MitbestG und MitbestEG herausfielen, dann aber u. U. wieder in eine weitergehende neue gesetzliche Regelung einbezogen wurden, hielten mehrere gesetzliche Regelungen zunächst den bisherigen Rechtszustand aufrecht, sofern noch gewisse Mindestvoraussetzungen erfüllt waren. Nunmehr bestimmt § 1 Abs. 3 MontanMitbestG in Verbindung mit § 16 Abs. 2 MitbestEG i. F. des Gesetzes vom 20. 12. 1988 (BGBl. I S. 2324), daß ein Unternehmen noch 6 Jahre montanmitbestimmt bleibt, selbst wenn es die Vorausset- 3 zungen des § 1 Abs. 1 nicht mehr erfüllt (zur Änderung des MitbestEG vgl. Wissmann, DB 89, 426).

4 Das **MitbestG** gilt für AG, KGaA, GmbH, und Erwerbs- und Wirtschaftsgenossenschaften mit in der Regel mehr als 2000 ArbN mit Ausnahme der Tendenzunternehmen (§ 1 Abs. 4 MitbestG). Das MitBestG gilt nicht für VVaG. Das MontanMitBestG 1951 und das MitbestEG 1956 bleiben unverändert bestehen, ebenso die §§ 76ff. BetrVG 52 für Unternehmen mit bis zu 2000 ArbN.

5 Die **Geltungsbereiche des BetrVG 52, des MitbestG, des Montan-MitbestG und des MitbestEG** sind lückenlos gegeneinander abgegrenzt (vgl. § 85 Abs. 2 BetrVG 52, § 1 Abs. 2 MitbestG, §§ 2, 3 Abs. 1, 14 MitbestEG). Vgl. Rdnr. 24ff.

6 Die nachfolgenden Erläuterungen beziehen sich vorwiegend auf die AG. Nach § 278 AktG sind die für sie geltenden Bestimmungen weitgehend auf die **KGaA** anzuwenden. Allerdings hat der AR der KGaA eine recht schwache Stellung; so haben die persönlich haftenden Gesellschafter kraft Gesetzes die Rechtsstellung des Vorstandes, der sonst vom AR bestellt wird, (§ 278 Abs. 2 AktG, § 164 HGB; vgl. auch Rn 121). Der AR hat die Beschlüsse der Kommanditaktionäre auszuführen (§ 278 Abs. 1 AktG). Den Jahresabschluß stellt in jedem Fall die Hauptverslg. fest (§ 286 Abs. 1 AktG); er bedarf der Zustimmung der persönlich haftenden Gesellschafter. Der Umfang etwaiger Mitwirkung des AR an Maßnahmen der Geschäftsführung hängt von der Gestaltung der Satzung ab.

II. Keine Erweiterung der Beteiligung im Aufsichtsrat

7 Die Vorschrift des § 76 BetrVG 52, wonach der AR zu einem Drittel aus AN-Vertr. besteht, die von den Angehörigen der Belegschaft gewählt werden, und § 101 Abs. 1 AktG, wonach die ARMitgl., soweit sie nicht in den AR zu entsenden oder als ANVertr. nach dem BetrVG 52 oder dem MitbestEG zu wählen sind, von der Hauptversammlung gewählt werden, sind **zwingenden Rechts.** Aus dem Zusammenhang dieser zwingenden Regelungen ergibt sich, daß weder durch die Satzung noch durch TV oder BV das zahlenmäßige Verhältnis der von der Belegschaft und der von der Hauptversammlung zu wählenden ARMitgl. geändert werden kann (h. M.; OLG Bremen, 22. 3. 1977, NJW 77, 1153 für ein städtisches Versorgungsunternehmen; *Fitting/Wlotzke/Wißmann,* Vorbem. 9, 41 mit weiteren Nachweisen; *Mertens,* AG 82, 141; vgl. aber *Däubler,* Das Grundrecht auf Mitbestimmung, 1973, S. 229ff., der eine tarifvertragliche Verpflichtung des Vorstands für möglich hält, die gesetzliche Mitbestimmungsregelung durch Satzungsänderung zu erweitern; ähnlich *Fabricius,* Festschrift Hilger/Stumpf, S. 155ff., der auch entspr. Satzungsbestimmungen für zulässig ansieht; hierzu auch *Kittner/Fuchs/Zachert,* Bd. 1, Rn 215ff.). Vgl. auch Rn 33.

8 Die aktienrechtliche Regelung schließt es jedoch nicht aus, daß die **Hauptversammlung ArbN** der Gesellschaft oder von diesen, den BR

oder den Gewerkschaften benannte Personen **als Vertr. der Anteilseigner** in den AR wählt (vgl. *Fabricius,* a. a. O.; *Kittner/Fuchs/Zachert,* Bd. 1 Rn 218; *Raiser,* Festschrift *Werner,* S. 681; *DR,* Vorbem. 11f. zu § 76 BetrVG 52; BGH, 3. 7. 75, AP Nr. 1 zu § 96 AktG). Rechtliche Bedenken sind allerdings aus kommunalrechtlicher Sicht erhoben worden für den Fall, daß sich eine Stadt als Aktionär durch Stimmbindungsvertrag zu einem derartigen Verhalten gegenüber den Gewerkschaften oder ArbN verpflichtet (vgl. *Hensche,* ArbuR 71, 33 [39]). Für diesen Bereich wird geltend gemacht, daß **Stimmbindungsverträge,** gegen deren Zulässigkeit grundsätzlich keine Bedenken bestehen (vgl. *Baumbach/Hueck,* Rn 8 zu § 118 AktG; *Kittner/Fuchs/Zachert,* Bd. 1, Rn 219ff.), das Recht der Gemeindevertretung einengen würde, Weisungen zu erteilen bzw. die jederzeitige Niederlegung des AR-Mandats zu fordern (vgl. *DR,* Vorbem. 47 zu § 76 BetrVG 52 u. *Biedenkopf/Säcker,* ZfA 71, 211; *Mertens,* a. a. O.; OLG Bremen a. a. O.; keine Bedenken haben *Hensche* a. a. O. und *Raiser,* RdA 72, 69, BB 77, 1461). Jedenfalls dürften solche Bedenken bei einem rein tatsächlichen Handeln des öffentlich-rechtlichen Aktionärs ohne förmlichen Stimmbindungsvertrag nicht durchschlagen. Überhaupt ist nicht einzusehen, warum der Fiskus sich einerseits privatrechtlicher Formen bedienen kann, andererseits aber gehindert sein soll, sich so zu verhalten, wie jeder andere private Aktionär auch. Das demokratische Prinzip ist auf kommunaler Ebene jedenfalls dann gewahrt, wenn die Gemeinde den letztentscheidenden Einfluß behält (OLG Bremen a. a. O.).

Ebenso kann der AR einen **Sozialdirekter** bestellen, d. h. ein Vorst- **9**
Mitgl., das insbesondere für die sozialen Fragen im Unternehmen zuständig ist. Dieses Vorstandsmitgl. kann zwar „Arbeitsdirektor" genannt werden; es ist aber nicht „Arbeitsdirektor" i. S. der Mitbestimmungsgesetze (§ 33 MitbestG, § 13 Montan-MitbestG). Insbesondere ist ein durch den AR nach dem BetrVG 52 bestellter Sozialdirektor (unbeschadet seiner Bezeichnung) nicht automatisch „Arbeitsdirektor", wenn das Unternehmen später dem MitbestG unterfällt (*Fitting/Wlotzke/Wißmann* § 37 Rn 18; *Spieker,* MitbGespr. 76, 223; **a. M.** *Hoffmann/Lehmann/Weinmann,* MitbestG, § 33 Rn 44; *Meilicke/Meilicke,* MitbestG, § 33 Rn 18; *Thüssing,* ArbGeb. 76, 687f.).

III. Geltungsbereich

Die Notwendigkeit der Beteiligung von ArbNVertr. in dem schon **10**
nach Aktienrecht zwingend zu errichtenden AR (§§ 95, 287 Abs. 1 AktG) besteht grundsätzlich für **alle AG und KGaA** ohne Rücksicht auf ihre ArbNZahl, die Höhe des Grundkapitals oder die Zahl der Aktionäre. Es kommt auch nicht darauf an, wer Aktionär einer AG ist. Auch diejenigen AG, deren Aktien sich ausschließlich oder überwiegend in der Hand öffentlich-rechtlicher Körperschaften befinden, fallen unter das BetrVG 52 (Näheres vgl. § 130 Rn 4 BetrVG 72). Wegen allgemeiner Ausnahmen vgl. Rn 13ff.

11 Als unternehmensverfassungsrechtliche Regelung gelten §§ 76ff. BetrVG 52 **unabhängig vom Bestehen eines BR** (h. M.). Wegen AG mit geringer ArbNZahl vgl. Rn 41f.

12 Die Bestimmungen sind auch anzuwenden auf die Unternehmen der **Seeschiffahrt.** § 76 BetrVG 52 enthält keinerlei Einschränkung für die AR-Beteiligung (§ 88 BetrVG 52 ist aufgehoben; näheres *Kittner/Fuchs/Zachert,* Rn 967; *Wißmann,* DB 83, 1695). Entsprechendes gilt für **Luftfahrtunternehmen.** Zwar gilt das BetrVG 72 nur für deren Landbetriebe (§ 117 Abs. 1 BetrVG 72). Die ARBeteiligung nach § 76 BetrVG 52 bleibt jedoch unberührt. Die Vertr. der ArbN im AR sind daher von allen wahlberechtigten ArbN des Unternehmens zu wählen (*DR,* Vorbem. 35 zu § 76 BetrVG 52; *GK-Wiese,* § 117, Rn 8a; **a. M.** *Marienhagen,* BB 73, 293 Fußn. 3). Ist die Ausübung des Wahlrechts durch das fahrende oder fliegende Personal aus technischen Gründen nicht möglich, so bestimmt das Registergericht in entspr. Anwendung des § 104 AktG (vgl. Rn 116ff.) die ArbNVertr. zum AR (BAG 30. 8. 1963, AP Nr. 2 zu § 88 BetrVG 1952). Dies gilt nicht, wenn die ArbN, die aus diesen Gründen an der Wahl nicht teilnehmen können, im Verhältnis zur Gesamtbelegschaft eine unerhebliche Minderheit darstellen. In diesen Fällen haben die Wahlvorstände ggfs. die Fristen zu verlängern, um die Teilnahme der Seeleute oder des fliegenden Personals zu ermöglichen (vgl. *Wißmann* a. a. O.). Gelingt dies trotz zumutbarer Bemühungen nicht, so beeinträchtigt dies die Gültigkeit der Wahl nicht.

IV. Ausnahmen von der Drittelbeteiligung

13 Das Gesetz sieht einige Ausnahmen von der grundsätzlichen Beteiligungspflicht vor. Greifen sie Platz, so werden sämtliche ARMitgl. nach § 101 Abs. 1 AktG von der Hauptverslg. gewählt bzw. gem. Abs. 2 a. a. O. entsandt.

1. Familiengesellschaften

14 Bei sogn. Familiengesellschaften sind in den AR keine ArbNVertr. zu entsenden, wenn das Unternehmen in der Regel **weniger als 500 ArbN** (wegen des maßgebenden ArbNBegriffes vgl. Vorbem. 3 und die Rn 8ff. zu § 5 BetrVG 72) beschäftigt. Obwohl das Gesetz dies nicht ausdrücklich sagt, kann vernünftigerweise nur von den regelmäßigen (vgl. § 1 Rn 144 BetrVG 72) Beschäftigtenstand ausgegangen werden (*DR,* Rn 208; nach LG Stuttgart, 11. 9. 84, DB 84, 2551 ist § 1 Abs. 1 Nr. 2 MitbestG entsprechend anzuwenden). Teilzeitbeschäftigte rechnen voll mit; es kommt nicht etwa auf die Zahl der im Zeitpunkt der Wahl besetzten Arbeitsplätze an (so aber offenbar BAG 1. 12. 1961, AP Nr. 1 zu § 77 BetrVG 1952). Auch ArbN, die nicht wahlberechtigt sind (z. B. Jugendliche), sind mitzuzählen. (*DR,* Rn 209). Ist die FamilienAG Konzernspitze, so sind die ArbN abhängiger Unternehmen unter den Voraussetzungen des § 77a hinzuzurechnen (Näheres vgl. Rn 85–86).

Der **Begriff** der **„Familiengesellschaft“** ist gegenüber dem allgemeinen Sprachgebrauch durch § 76 Abs. 6 Satz 2 BetrVG 52 wesentlich eingeschränkt. Als Familiengesellschaften gelten nur solche AG, deren Aktien sich in der Hand einer einzelnen natürlichen Person (nicht einer Holdinggesellschaft) befinden („Einmanngesellschaft“) oder deren Aktien sich ausschließlich im Besitz von Personen befinden, die entweder **15**

a) miteinander verheiratet sind oder waren oder
b) in gerader Linie (z. B. Eltern, Großeltern, Kinder, Enkelkinder) oder zweiten (Geschwister) oder dritten (Onkel, Tanten, Neffen, Nichten) Grades in der Seitenlinie miteinander verwandt sind oder
c) In gerader Linie (Schwiegereltern, Stiefkinder) oder zweiten Grades (Schwager, Schwägerin) in der Seitenlinie miteinander verschwägert sind oder
d) durch Adoption in gerader Linie verbunden sind.

Diese Regelung ergibt sich aus der Verweisung auf § 15 Abs. 1 Nr. 2 bis 8 Abs. 2 der Abgabenordnung.

Diese **Beschränkung des maßgebenden Verwandtschaftsgrades** wirkt sich insbes. für ältere Familiengesellschaften aus, in denen nach der Generationsfolge häufig Vettern und Basen Mitaktionäre werden. Dann entfällt die eingeschränkte Anwendung des Gesetzes. Es ist nicht erforderlich, daß unter allen diesen Personen gegenseitig die Verwandtschafts- und Schwägerschaftsbeziehungen bestehen; ausreichend ist vielmehr, wenn **jede Person mit einer der anderen** im genannten Sinne verwandt oder verschwägert ist (ebenso *DR,* Rn. 221). Es wird auch genügen, wenn sämtliche Aktien einer Gesellschaft einer Familiengesellschaft gehören. Dann sind auch in den AR der erstgenannten AG keine ArbNVertr. zu entsenden, wenn die Zahl der ArbN unter 500 liegt (BAG 6. 4. 1955, AP Nr. 5 zu § 76 BetrVG 1952; *DR,* Rn 223). **16**

Bei der **KGaA** müssen die Aktionäre nicht nur untereinander, sondern auch mit den persönlich haftenden Gesellschaftern (§ 278 Abs. 1 und 2 AktG) nach Abs. 6 Satz 2 verwandt oder verschwägert sein. (*DR,* Rn 222). **17**

2. Tendenzbetriebe

Kraft ausdrücklicher Bestimmung in § 81 Abs. 1 Satz 1 BetrVG 52 besteht **kein Beteiligungsrecht** für den AR bei sogen. Tendenzbetrieben. Wegen des Begriffs vgl. den gemäß § 129 Abs. 1 BetrVG 72 insoweit unverändert fortgeltenden § 81 BetrVG 52 u. dazu § 118 BetrVG 72 Rn 2, 3. **18**

3. Ausländische Unternehmen

§ 76 gilt für inländische Unternehmen, d. h. für Gesellschaften mit **Sitz** (Hauptverwaltung) im **Gebiet der Bundesrepublik und in Berlin, nicht** jedoch für **inländische Betriebe von Unternehmen mit Sitz im Ausland,** da es sich um Unternehmensverfassungsrecht handelt, der deutsche Gesetzgeber aber die Gesellschaftsorganisation nur für Unter- **19** nehmen regeln kann, die ihren Sitz im Bundesgebiet haben (*Fitting/Wlotzke/Wißmann,* § 1 Rn 14; h. M.). ArbN deutscher Unternehmen, die in dessen ausländischen Betrieben beschäftigt sind, nehmen nach h. M. nicht an der Wahl teil. (*DR,* Vorbem. 30 zu § 76 BetrVG 52; *Fitting/Wlotzke/Wißmann,* § 3 Rn 14ff., *Hoffmann/Lehmann-Weinmann* § 3 Rn 24, *Kittner/Fuchs/Zachert,* Bd. 2 Rn 47; *Lutter,* Festschrift Zweigert, S. 251; **a. M.** *Föhr* im MitbestG 76, § 1 Rn 17; *Däubler,* RabelsZ. 1975, 444; LG Frankfurt, 1. 4. 82, DB 82, 1312). Wahlberechtigt und wählbar sind jedoch ArbN, die nur vorübergehend ins Ausland entsandt sind (vgl. § 1 Rn 15 BetrVG 72).

20 Die Beteiligung der ArbN in den Gesellschaftsorganen, insbesondere die qualifizierte Mitbestimmung (MitbestG, Montan-MitbestG, MitbestEG), aber auch die Beteiligung zu einem Drittel nach dem BetrVG 52 ist nach wie vor eine Besonderheit des Gesellschafts- und Sozialrechts der Bundesrepublik Deutschland, jedenfalls was die Intensität der Beteiligung der ArbN angeht.

Wegen Regelungen in den EG-Staaten vgl. Beulletin der Europäischen Gemeinschaften Beilage 8/75 (Mitbestimmung der Arbeitnehmer und Struktur der Gesellschaften – „Grünbuch") sowie die ausführliche Darstellung bei *Hoffmann/Lehmann/Weinmann,* Einleitung, Rn 61 ff. Wegen des Problems der Umgehung der Mitbestimmung durch Sitzverlagerung ins Ausland vgl. *Bernstein/Koch,* ZHR 1979, S. 522ff.

21 Das Zusammenwachsen der **EG-Staaten** u. der für 1992 vorgesehene gemeinsame Markt bringt deshalb Probleme für den Bestand der in Deutschland geltenden Mitbestimmung mit sich. Der Entwurf einer 10. gesellschaftsrechtlichen Richtlinie der EG-Kommission bildet die Grundlage für ein Übereinkommen betr. Fusionen von AG unterschiedlichen nationalen Rechts (vgl. auch Rn 22b).

22 Für die EG besteht ein Verordnungsvorschlag des Rates der EG für ein **Statut für eine europäische AG** (Bulletin der Europäischen Gemeinschaften, Beilage 4/1975). Hierbei handelt es sich um eine der deutschen AG nachgebildete Kapitalgesellschaft supranationalen Rechts, die allen Mitgliedstaaten als eine neue Gesellschaftsform – neben den bei ihnen bestehenden nationalen Gesellschaften – zur Verfügung stehen soll, insbesondere für größere Unternehmen mit internationaler Verflechtung. Für diese Gesellschaftsform schlug die Kommission eine Ein-Drittel-Mitbestimmung nach dem Muster der §§ 76ff. BetrVG 52 vor, ferner einen europäischen Betriebsrat und die Möglichkeit, europäische TV abzuschließen. Nach dem geänderten Vorschlag der Kommission vom 30. 4. 1975 (BT-Drucks. 7/3713) wird eine **Dreierbank-Lösung** vorgeschlagen. Ein Drittel Vertr. der Anteilseigner und ein Drittel Vertr. der ArbN sollen das restliche Drittel von AR-Mitgl. hinzuwählen. Letztere sollen allgemeine Interessen vertreten und unabhängig von den beiden anderen Gruppen sein (näheres zu dem geänderten Vorschlag *Walther/Wiesner,* GmbH-Rundschau, 75, 247, 265. *Wißmann,* BABl. 76, 52; vgl. auch *Fitting/Wlotzke/Wißmann,* Vorbem. 114). Auch dieser Vorschlag ist nicht weiter verfolgt worden. Nach dem Memorandum der EG-Kommission vom 15. 7. 1988 (BR-Drucks. 392/88) geht diese mit ihren neuen Alternativvorschlägen noch hinter die früheren Vorschläge zurück. Nunmehr werden ein „deutsches Modell", das Modell eines reinen Informationsorgans der ArbN und ein durch TV vereinbarte Beteiligungslösung zur Wahl gestellt. Der Bundesrat hat diese Vorschläge abgelehnt (vgl. BR-Drucks. 392/88). Zum neuesten Stand vgl. *Kolvenbach,* DB 88, 1837; *Däubler,* AiB 89, 46 u. zum Kommissionsentwurf vom 25. 8. 89 *Kolvenbach,* DB 89, 1957.

Das gleiche gilt für das Vorhaben der Kommission der EG zur Schaffung einer Europäischen Kooperationsvereinigung und eines gemeinsamen Unternehmens mit übernationalem Rechtsstatus zur internationalen Zusammenarbeit auf dem Erdölsektor und dem Gebiet der technologischen Entwicklung (*Kittner/Fuchs/Zachert,* Bd. 1, Rn 80). **22a**

Nach dem Vorschlag der EG-Kommission vom 8. 7. 1983 soll durch eine Richtlinie die **Unterrichtung und Anhörung der ArbN** in multinationalen Unternehmen standardisiert und verbessert werden (Text ZIP 83, 1142, RdA 83, 367 und BR-Drucks. 379/83). Zum Entwurf: *Hanau* RdA 84, 157, *Kolvenbach,* DB 86, 1973, 1976 und *Lehmann,* RdA 84, 160; *Däubler,* AiB 89, 46. Zur grenzüberschreitenden Fusion von AG nach dem Entwurf der 10. gesellschaftsrechtlichen Richtlinie der EG-Kommission vgl. *Däubler,* DB 88, 1850. **22b**

Für die **deutsch-schweizerische Grenzkraftwerke** am Oberrhein mit Sitz in der Bundesrepublik trifft das Gesetz vom 13. 5. 1957 (BGBl. II S. 262) eine Sonderregelung. Danach können an den ARSitzungen je nach Größe der Gesellschaft zwei bis drei gewählte ArbNVertr. beratend und ohne Stimmrecht teilnehmen. Diese Vertr. sind nicht Mitgl. des AR. **23**

4. Gesetze über Unternehmensmitbestimmung

Dem MitbestG, dem Montan-MitbestG und dem MitbestEG ist gemeinsam, daß der AR zu mehr als ein Drittel mit AR-Mitgl. der ArbN besetzt ist, sich unter den AR-Mitgl. der ArbN stets Vertr. der Gewerkschaften befinden müssen und daß dem Vorstand ein Arbeitsdirektor angehören muß. Im übrigen bestehen wesentliche Unterschiede zwischen diesen Regelungen, sowohl was die Zusammensetzung des AR angeht, als insbes. auch hinsichtlich der Methoden zur Pattauflösung (Uneinigkeit im AR bei Stimmengleichheit). **24**

Dem **MitbestG** liegt folgendes Modell zugrunde: Die AR sind paritätisch besetzt, d. h. sowohl die Anteilseigner als auch die ArbN wählen je nach der ArbN Zahl des Unternehmens (Konzerns) jeweils 6,8 oder 10 Mitgl. Die ARMitgl. der **Anteilseigner** werden weiterhin von den dafür zuständigen Wahlorganen gewählt oder entsandt. **25**

Die **Vertr. der ArbN** gliedern sich in 2 (bzw. 3) Sitze für die im Unternehmen vertretenen Gewerkschaften und 4 (6 oder 7) Sitze für die ArbN des Unternehmens (Konzerns). Unter letzteren muß sich mindestens 1 Arb., 1 Ang. und 1 leitender Ang. befinden. In einem Konzern können auch ArbN der abhängigen Unternehmen ebenso wie die des herrschenden in den AR der Obergesellschaft gewählt werden, sie gelten als ArbN des herrschenden Unternehmens. Die Wahl erfolgt in Unternehmen mit bis zu 8000 ArbN in der Regel als Urwahl, in größeren Unternehmen durch Wahlmänner; es kann aber jeweils auch das andere Wahlverfahren angewandt werden.

Der AR wählt seinen Vors. und dessen Stellvertr. jeweils mit Zweidrittelmehrheit. Wird diese Mehrheit auch nur für einen der beiden zu Wählenden nicht erreicht, so wählen die AR-Mitgl. der Anteilseigner aus ihrer Mitte den Vors. und die der ArbN dessen Stellvertr. Der AR Vors. erhält für den Fall, daß sich auch bei einer wiederholten Abstimmung im AR Stimmengleichheit ergibt, eine an seine Person gebundene **Zweitstimme,** um die Pattsituation zu überwinden. Diese Zweitstimme steht dem AR-Vors. letzten Endes auch bei der Bestellung von Vorstandsmitgl. zu, wenn in dem dafür zunächst vorgesehenen Verfahren die erforderlichen Mehrheiten nicht erzielt werden (§ 31 MitbestG).

26 Dem **Montan-MitbestG** liegt folgendes Modell zugrunde (§ 4 Montan-MitbestG): Die **Anteilseigner** wählen vier Vertr. sowie ein „weiteres" Mitgl. (das nicht unmittelbar an den im AR möglichen Meinungsverschiedenheiten interessiert ist). Die **Vertr. der ArbN** gliedern sich in:

Mindestens ein Arb. und ein Ang. (auf Vorschlag der BR nach Beratung mit den zuständigen Gewerkschaften und Spitzenorganisationen) aus einem Betrieb des Unternehmens, zwei von den Gewerkschaften vorgeschlagene Vertr. und ein „weiteres" Mitgl. (s. o.) auf Vorschlag der Spitzenorganisationen nach Beratung mit den Gewerkschaften und BR. Die ArbNVertr. werden sämtlich von dem „Wahlorgan" (bei der AG: Hauptversammlung) gewählt (§ 6 Montan-MitbestG). Dieses kann die Wahl nicht ablehnen (oder allenfalls in extremen Fällen, vgl. *Geßler* BB 56, 629; *Müller/Lehmann,* MitbestG, § 6 Rn 55; **a.M.** *Boldt,* MitbestG, § 6 Rn 5; derselbe MitbestEG, Einleitung S. 18; *Kötter,* MitbestG, § 6 Rn 29). Die Zahl der AR-Mitgl. kann durch die Satzung erhöht werden, dabei bleibt das Verhältnis zwischen Vertr. der Anteilseigner und der ArbN aber gewahrt (§ 9 Montan-MitbestG). Wegen des Geltungsbereichs des Montan-MitbestG vgl. unten Rn 37.

27 Um auch bei Uneinigkeit der Aktionär- und der ArbNVertr. im AR eine Beschlußfassung trotz paritätischer Besetzug zu ermöglichen, ist von den schon gewählten (in der Regel) zehn ARMitgl. dem Wahlorgan der Gesellschaft die **Wahl eines weiteren neutralen Mitgl.** des sogen. **„elften" Mannes** vorzuschlagen, dessen Stimme bei der Beschlußfassung des AR ausschlaggebend sein kann. Können sich die ARMitgl. beider Seiten auf den neutralen Mann nicht einigen, so wird in einem komplizierten Verfahren zunächst ein Vermittlungsausschuß gebildet, der dem Wahlorgan der Gesellschaft drei Personen zur Auswahl vorzuschlagen hat. Werden diese aus wichtigem Grund abgelehnt und die Ablehnung vom Oberlandesgericht im Verfahren der freiwilligen Gerichtsbarkeit anerkannt, so kann das ganze Verfahren noch einmal wiederholt werden. Führt auch dies zu keinem Ergebnis, so wählt letzten Endes das Wahlorgan der Gesellschaft das neutrale Mitgl. selbständig (vgl. § 8 Montan-MitbestG, § 5 Abs. 3 und § 18 Abs. 1 MitbestG).

28 Dem **MitbestEG** liegt folgendes Modell zugrunde: Die Anteilseigner wählen 7 Vertr., die ArbN der Betriebe des Konzerns wählen durch

Delegierte oder in unmittelbarer Wahl 5 ArbN von Konzernunternehmen und 2 Vertreter von Gewerkschaften. Das Institut des „weiteren" Mitgl. jeder Seite aus dem Montan-MitbestG ist nicht übernommen worden; wohl aber das „neutrale Mitgl." – wegen der veränderten Größe der AR, hier das „15." Mitgl., das im Verfahren nach § 8 Montan-MitbestG (oben Rn 26) bestellt wird. Die Zahl der Mitgl. des AR kann bei einem Gesellschaftskapital von mehr als 50 Mio. DM durch Satzung oder Gesellschaftsvertrag auf 21 erhöht werden. Dabei bleibt das Verhältnis zwischen Anteilseigner – und ArbN-Seite gewahrt (§ 12 MitbestEG). Wegen des Geltungsbereichs des MitbestEG vgl. unten Rn. 38.

Dem Vorstand (Geschäftsführung) der Unternehmen, die unter das **29** MitbestG, Montan-MitbestG oder das MitbestEG fallen, gehört ein **Arbeitsdirektor** an (§ 33 MitbestG, § 13 Montan-MitbestG, § 13 MitbestEG). Der Arbeitsdirektor ist gleichberechtigtes Mitgl. des gesetzlichen Vertretungsorgans der Gesellschaft (Vorst. der AG, Geschäftsführer der GmbH). Seine vornehmste Aufgabe wird es sein, die sozialen und wirtschaftlichen Belange der ArbN zu wahren. Wie die anderen Mitgl. des Vorst. oder der Geschäftsführung wird auch der Arbeitsdirektor vom AR gewählt (§ 84 Abs. 1, 4 AktG in Verb. mit § 12 Montan-MitbestG, § 13 MitbestEG). Während er **nach dem Montan-MitbestG** nicht gegen die Stimmen der Mehrheit der ArbNVertr. bestellt werden kann (§ 13 Abs. 1 S. 2 Montan-MitbestG), genügt nach dem **MitbestEG** (§ 13 Satz 1) die einfache Mehrheit des beschlußfähigen AR. Nach § 33 i. V. m § 31 **MitbestG** wird der Arbeitsdirektor wie jedes andere Vorstandsmitgl. nach dem dort vorgesehenen Verfahren berufen. Während also die Rechtstellung des Arbeitsdirektors nach allen drei Gesetzen gleich ist, ist der Einfluß der ArbNVertr. auf seine Bestellung im Geltungsbereich des Montan- MitbestG am größten. Näheres *Fitting/Wlotzke/Wißmann,* § 33 Rn. 3ff., insbesondere auch zu den im Zusammenhang mit der Bestellung und Ressortzuteilung nach dem MitbestG aufgeworfenen Streitfragen (vgl. insoweit auch OLG Frankfurt 23. 4. 85, Die Mitbestimmung 85, 313 = DB 85, 1459). Zum Sozialdirektor eines Unternehmens, das unter §§ 76ff. BetrVG 52 fällt, oben Rn 9.

Die **erweiterte Beteiligung** der ArbNschaft in AR und Vorst. nach **30** dem MitbestG verstößt **nicht gegen das Grundgesetz** (BVerfG vom 1. 3. 1979, AP Nr. 1 zu § 1 MitbestG, *Fitting/Wlotzke/Wißmann,* Vorbem. Rn 100ff.; zweifelnd *Hoffmann/Lehmann/Weinmann,* Einleitung Rn 50).

Das MitbestG, das Montan-MitbestG und das MitbestEG **regeln nur** **31** die **Beteiligung der ArbN in AR und Vorst.** Deshalb entfällt für den Geltungsbereich dieser Gesetze lediglich die Anwendung der §§ 76, 77, 77a BetrVG 52, wie sich aus § 85 Abs. 2 BetrVG 52 ergibt. Alle Vorschriften des BetrVG 72 über die Betriebsverfassung gelten auch für diese Unternehmen.

Die Mitbestimmungsgesetze gelten auch im **Land Berlin** und im **32** **Saarland.** Das Montan-MitbestG und das MitbestEG gelten im Saarland mit geringfügigen Änderungen (vgl. Gesetz zur Einführung von Bundesrecht im Saarland v. 30. 6. 1959 – BGBl. I S. 313, Negativliste des § 2

IV A Nr. 7 u. 25, das auch heute noch gilt, vgl. *Wiesner,* ArbuR 78, 73 [78]).

33 Wegen der unterschiedlichen Beteiligung der ArbNVertr. in den Führungsorganen der Unternehmen ist die **Abgrenzung des Geltungsbereichs von BetrVG 52, MitbestG, Montan-MitbestG und MitbestEG** von besonderer Bedeutung. Die gesetzlichen Bestimmungen sind ausschließlich und zwingend (h. M. vgl. auch Rn 7). Möglich bleibt aber die Beteiligung der ArbNschaft in **Organen,** die neben den gesetzl. Vertretungsgremien **freiwillig gebildet** werden, ohne in deren Befugnisse einzugreifen (Direktorium, Beirat für Betriebe oder Werksgruppen [Rn 127], die früher selbständige Unternehmen waren; vgl. die Mitbestimmungsabkommen vom 19. 8. 1959 für Werke der Montanindustrie, „Lüdenscheider Abkommen", BB 59, 1028 und für die Ruhrkohlen-Einheitsgesellschaft vom Juni 1969; *Fitting/Wlotzke/Wißmann,* Vorbem. 42; die Bedenken bei *Hoffmann/Lehmann/Weinmann* § 7 Rn 39 dürften mehr rechtspolitischer, als rechtlicher Art sein).

34 Der **Übergang von einer Form der Zusammensetzung des AR auf eine andere** findet nicht „automatisch" statt, sobald sich die Voraussetzungen für das Unternehmen entsprechend geändert haben. Vielmehr ist hierzu die **Durchführung des Verfahrens nach §§ 97–99 AktG** erforderlich. Im Interesse der Rechtssicherheit bleiben auch nach Änderung der maßgebenden Verhältnisse die bisherigen Vorschriften zunächst anwendbar, im Falle eines Rechtsstreits bis zur Rechtskraft der Entscheidung (§ 96 Abs. 2 AktG). In der Regel leitet der Vorstand die Änderung durch Bekanntmachung in den Gesellschaftsblättern gemäß § 97 Abs. 1 AktG ein. Er ist hierzu verpflichtet, wenn der AR nach seiner Auffassung nicht (mehr) nach den maßgeblichen gesetzlichen Vorschriften zusammengesetzt ist. Wird nicht binnen Monatsfrist nach der Bekanntmachung das Landgericht von den Antragsberechtigten des § 98 Abs. 2 AktG (vgl. Rn 139) angerufen, so erlischt spätestens mit Ablauf von weiteren sechs Monaten das Amt der bisherigen ARMitgl.; der AR ist nach den vom Vorstand für anwendbar gehaltenen Bestimmungen neu zu bilden (§ 97 Abs. 2 AktG). Außer dem Vorstand kann auch jeder andere nach § 98 Abs. 2 AktG Antragsberechtigte gerichtliche Klärung beantragen. Wird das Gericht angerufen, so beginnt die Frist von sechs Monaten mit der Rechtskraft der Entscheidung (§ 98 Abs. 4 AktG).

35 Wegen des Geltungsbereichs des **BetrVG 52** vgl. Vorbem. 1 vor § 76 BetrVG 52.

36 Das **MitbestG** gilt für inländische Unternehmen in der Form einer AG, einer KGaA, einer GmbH, oder einer Erwerbs- und Wirtschaftsgenossenschaft, wenn sie in der Regel (vgl. § 1 BetrVG 72 Rn 144) **mehr als 2000 ArbN** beschäftigen (z. Zt. etwa 470 Unternehmen). Erfaßt werden auch kleinere Unternehmen der genannten Rechtsformen, wenn sie herrschendes Unternehmen eines Konzerns oder Teilkonzerns sind und die inländischen Unternehmen dieses Konzerns insgesamt in der Regel mehr als 2000 ArbN beschäftigen (§ 5 MitbestG). Wegen der Anwendung des Gesetzes auf die KG, deren Komplementär eine juristische Person ist, insbesondere die **GmbH & Co. KG** vgl. § 4 MitbestG. Das

Gesetz gilt dagegen nicht für Tendenzunternehmen i. S. des § 118 BetrVG 72 (§ 1 Abs. 4 MitbestG).

Das **Montan-MitbestG** ist anzuwenden auf Unternehmen, die in der Rechtsform der AG oder der GmbH betrieben werden und die Voraussetzungen des § 1 Montan-MitbestG erfüllen (näheres *Fitting/Wlotzke/Wißmann* § 1, Rn 29 und das Schrifttum zum Montan-MitbestG). Das gilt **auch für Gesellschaften,** die **erst nach Inkrafttreten** dieses Gesetzes **gegründet** worden sind (BGH 28. 2. 83, DB 83, 1087 = NJW 83, 1617). **37**

Der Geltungsbereich des **MitbestEG** beschränkt sich auf AG und GmbH, die nach ihrem eigenen überwiegenden Betriebszweck nicht unter das Montan-MitbestG fallen, aber ein oder mehrere andere Unternehmen beherrschen (vgl. § 77 BetrVG 52, Rn 3a), die ihrerseits dem Montan- MitbestG unterliegen (§ 1 Abs. 1 MitbestEG) und insgesamt mindestens noch ⅕ der Umsätze sämtlicher Konzernunternehmen erreichen oder in der Regel mehr als 2000 ArbN beschäftigen (§ 3 Abs. 2 n. F. MitbestEG). Für das „Hineinwohnen" in den Anwendungsbereich des MitbestEG ist allerdings weiterhin erforderlich, daß während sechs Geschäftsjahren mehr als 50% der Umsätze in Konzernunternehmen erzielt wird, die unter das MontanMitbestG fallen (§ 16 Abs. 1 MitbestEG; *Bucher,* NZA 89, Beil. 1 S. 19; *Wlotzke,* Bochumer Beiträge zum Berg- u. Energierecht, Bd. 7 S. 165ff.). **38**

Wegen Übergangsregelung nach § 1 Abs. 3 MontanMitbestG u. § 16 Abs. 2 MitbestEG vgl. oben Rn 3. **39**

Zunehmende Konzentration und Umstrukturierung der Produktion haben im Laufe der Jahre zu einer Einschränkung des faktischen Geltungsbereichs des Montan-MitbestG und des MitbestEG geführt. Statt für ursprünglich acht Montankonzerne gilt das MitbestEG heute nur noch für die Salzgitter-AG. Das Montan-MitbestG gilt nach Schaffung der Ruhrkohle-AG nur noch für 29 Bergbauunternehmen sowie Eisen und Stahl erzeugende Unternehmen. **40**

5. Unternehmen ohne Arbeitnehmer

Abgesehen von den Familiengesellschaften (vgl. Rn 14–17) und den in § 77 BetrVG 52 genannten Unternehmen kommt es für den AR nach § 76 BetrVG 52 auf die Zahl der im Betrieb oder in den Betrieben des Unternehmens beschäftigten ArbN grundsätzlich nicht an, insbes. auch nicht auf eine Mindestzahl von fünf ständigen wahlberechtigten ArbN als Voraussetzung für die Errichtung der BR (§ 1 BetrVG 72; vgl. oben Rn 11; so aber *DR,* Rn 8). Das Gesetz enthält überhaupt keine Mindestzahl, die auch nicht sinngemäß aus dem Erfordernis des regelmäßig aus drei Personen zu bildenden Wahlvorst. entnommen werden kann (*Kittner/Fuchs/Zachert,* Bd. 2 Rn 24; **a. M.** *Baumbach/Hueck,* AktG § 96 Anh. Rn 11). **41**

Eine unzulässige Umgehung des Gesetzes durch Herbeiführung einer sachlich nicht gebotenen ArbN-Zahl oder Arbeitnehmerlosigkeit kommt praktisch nur in Betracht, wenn sich eine Gesellschaft statt der an sich erforderlichen ArbN im Wege des Leiharbeitsverhältnisses frem- **42** der Arbeitskräfte zur Bewältigung der anfallenden Arbeiten bedient (vgl. die kritische Anm. von *Kötter* zu BAG 24. 5. 57, AP Nr. 7 zu § 76 BetrVG 1952). Dem sind aber nach den Vorschriften des AÜG Grenzen gesetzte (vgl. BetrVG 72, § 5 Rn 69ff.). Ist das Unternehmen als Verwaltungsgesellschaft (Holding) Konzernspitze, so ist ihre ArbNlosigkeit ohne Belang. Es kommt auf die Gesamtzahl aller ArbN des Konzerns an (Näheres vgl. Rn 86).

V. Wahlrecht und Wählbarkeit

43 Die ArbNVertr. des nach dem BetrVG 52 zu bildenden AR werden **von der ArbNschaft des Unternehmens gewählt.**

44 Für die Wahlberechtigung **(aktives Wahlrecht)** gelten die gleichen Vorschriften wie für die BRWahl (§ 76 Abs. 2 Satz 1 BetrVG 52 i. Verb. mit § 7 BetrVG 72). Wegen der Teilnahme der ArbN abhängiger Unternehmen eines Konzerns an der Wahl zum AR der Konzernspitze vgl. § 76 Abs. 4 BetrVG 52 und Rn 83.

45 Besondere Voraussetzungen für die Wählbarkeit **(passives Wahlrecht)** der ArbNVertr. zum AR stellt das Gesetz nicht auf (vgl. aber Rn 47); insbes. sind die Vorschriften über die Wählbarkeit zum BR (§ 8 BetrVG 72) nicht anwendbar. Es gelten daher die allgemeinen Vorschriften des AktG auch für die ArbNVertr. Insbes. ist § 100 Abs. 2 AktG zu beachten, wonach derjenige, der bereits in zehn AG oder KGaA ARMitgl. ist, nicht Mitgl. eines weiteren AR werden kann (Ausnahmen s. § 100 Abs. 2 S. 2 AktG). Die ARMitgl. müssen voll geschäftsfähig sein (§ 100 Abs. 1 AktG); die Wahl von ArbN unter 18 Jahren (§ 2 BGB) ist daher unzulässig. Zusätzliche Satzungsbestimmungen, besonders über persönliche Voraussetzungen zur Wahl von ARMitgl. durch die Hauptverslg. gelten nicht für ArbNVertr., da dies eine unzulässige Einschränkung des § 76 BetrVG 52 bedeuten würde (BGH, AP Nr. 12 zu § 76 BetrVG 1952; § 100 Abs. 4 AktG).

46 VorstMitgl., Prokuristen (§ 48 HGB) und zum gesamten Geschäftsbetrieb ermächtigte Handlungsbevollmächtige (§ 54 Abs. 1 HGB) können nicht ARMitgl. sein (§ 105 Abs. 1 AktG). Die von § 105 Abs. 1 AktG abweichende Vorschrift des § 6 Abs. 2 MitbestG gilt im Anwendungsbereich des BetrVG 52 nicht. **Leitende Ang.** gemäß § 5 Abs. 3, 4 BetrVG 72 können ARMitgl. werden, und zwar grundsätzlich auch als Vertr. der ArbN, sofern sie nicht unter § 105 Abs. 1 AktG fallen (*DR,* Rn 78; wegen der beiden ersten Sitze vgl. aber die folgenden Rn).

47 Für die **beiden ersten ArbNVertr.** im AR stellt das BetrVG 52 (§ 76 Abs. 2 Satz 2 und 3) **zusätzlich noch die besondere Wählbarkeitsvoraussetzung** auf, daß sie **ArbN** (§ 5 Abs. 1, § 6 BetrVG 72) **in einem Betrieb des Unternehmens** sein müssen (vgl. § 100 Abs. 3 AktG). Dabei ist der ArbN-Begriff des Betriebsverfassungsrechts anzuwenden; die **leitenden Ang. nach § 5 Abs. 3, 4 BetrVG 72** gelten auch insoweit nicht als ArbN und können auf die beiden ersten Sitze **nicht** gewählt werden (*DR,* Rn 70). Das Zuordnungsverfahren nach § 18a BetrVG 72 gilt nicht für die Wahl der ArbNVertr zum AR (vgl. dort Rn 2, 52).

48 Besteht der **AR aus drei Personen,** so muß ihm ein Arb. oder ein Ang. (§ 6 BetrVG 72) eines Betriebs des Unternehmens als ARMitgl. angehören. Dabei ist das Stärkeverhältnis der Gruppe innerhalb der Betriebe unerheblich.

49 Besteht der **AR aus 6 Personen,** so müssen die beiden danach zu wählenden ArbNVertr. ArbN in einem Betrieb des Unternehmens sein. Sind Arb. und Ang. beschäftigt, so müssen beide Gruppen vertreten sein, d.h. **je einer der ArbNVertr.** muß **Arb.** bzw. **Ang.** in einem Betrieb des Unternehmens sein. Diese Vertretung der Gruppen ist zwingend vorgeschrieben und kann auch durch übereinstimmende Beschlüsse beider Gruppen nicht abbedungen werden. Hat allerdings eine Gruppe nicht mehr als 5 ArbN und stellen diese 5 oder weniger ArbN nicht mehr als 1/20 der gesamten ArbNschaft des Unternehmens dar, so hat diese Gruppe nach § 76 Abs. 2 Satz 3 Halbsatz 2 BetrVG 52 i. Verb. mit § 10 Abs. 3 BetrVG 72 keinen Anspruch auf einen Vertr. im AR. (Näheres vgl. § 10 BetrVG 72, Rn 11).

Beteiligt sich eine Gruppe nicht an der Wahl, obwohl sie Anspruch auf einen Vertr. im AR hat, so geht der Sitz auf die andere ArbNGruppe über (vgl. § 14 BetrVG 72 Rn 16, und § 25 BetrVG 72 Rn 31; ebenso LAG Baden-Württemberg, 23. 12. 1975, DB 76, 726).

50 Besteht der **AR aus neun oder mehr Personen,** so können diejenigen ArbNVertr., die über die Zahl von zwei hinaus gewählt werden, sowohl aus dem Kreis der ArbN des Unternehmens als auch aus Kreisen außerhalb der Unternehmensangehörigen (insbes. auch aus den Gewerkschaften) entnommen werden. Leitende Ang. nach § 5 Abs. 3, 4 BetrVG 72 können insoweit als ArbNVertr. gewählt werden, wenn sie nicht unter § 105 Abs. 1 AktG fallen (vgl. oben Rn 46).

51 Es ergibt sich demnach **folgende Zusammensetzung des AR:**

3 Mitglieder: 2 nach den Vorschriften des AktG bestellte (§ 101 Abs. 1 und 2 AktG) Vertr. der Anteilseigner,
1ArbN aus einem Betrieb des Unternehmens (§ 76 Abs. 2 Satz 2 BetrVG 52);

6 Mitglieder: 4 nach den Vorschriften des AktG bestellte (§ 101 Abs. 1 und 2 AktG) Vertr. der Anteilseigner
2 ArbN (in der Regel ein Arb. und ein Ang.) aus den Betrieben des Unternehmens (§ 76 Abs. 2 Satz 3 BetrVG 52);

9 Mitglieder: 6 nach den Vorschriften des AktG bestellte (§ 101 Abs. 1 und 2 AktG) Vertr. der Anteilseigner
2 ArbN (in der Regel ein Arb. und ein Ang.) aus den Betrieben des Unternehmens (§ 76 Abs. 2 Satz 3 BetrVG 52),
1 ArbNVertr., für den freie Wahl besteht;

12 Mitglieder: 8 nach den Vorschriften des AktG bestellte (§ 101 Abs. 1 und 2 AktG) Vertr. der Anteilseigner
2 ArbN (in der Regel ein Arb. und ein Ang.) aus den Betrieben des Unternehmens,
2 ArbNVertr., für die freie Wahl besteht.

52 Sind in einem Unternehmen mehr als die Hälfte der ArbN **Frauen,** so soll mindestens ein ArbNVertr. aus ihren Reihen in den AR entsandt werden (§ 76 Abs. 2 Satz 4 BetrVG 52; vgl. auch § 15 Abs. 2 BetrVG 72 und dort Rn 8).

VI. Wahlverfahren

53 Die Vertr. der ArbN zum AR der in §§ 76, 77 BetrVG 52 genannten Gesellschaften werden in **allgemeiner, geheimer, gleicher und unmittelbarer Wahl** von allen zur BRWahl wahlberechtigten ArbN aller Betriebe des Unternehmens gewählt (§ 76 Abs. 2 Satz 1). Das Wahlverfahren ist für Unternehmen mit einem Betrieb und die mit mehreren Betrieben teilweise verschieden geregelt. Wegen der Abweichungen im letzteren Fall vgl. Rn. 69–72. Zusammenfassende Darstellungen zum Wahlverfahren: *Kittner/Fuchs/Zachert,* Bd. 2, Rn 143–536.

54 Die **Behinderung der Wahl** der ArbNVertr. oder ihre Beeinflussung durch Zufügung oder Androhung von Nachteilen oder durch Gewähren oder durch Versprechen von Vorteilen (z. B. Verteilung der AR-Vergütung an die ArbN, vgl. Rn 130) ist unzulässig (§ 20 Abs. 2 BetrVG 72 ist analog anzuwenden). Wahlvorstand und Wahlbewerber genießen aber nicht den bes. Kündigungschutz nach § 103 BetrVG 72 i. Verb. mit § 15 KSchG. Beeinflussung der Wahl kann aber deren Anfechtbarkeit oder Nichtigkeit zur Folge haben (vgl. Rn 73). Der Unternehmer trägt die **Kosten der Wahl** in entspr. Anwendung des § 20 Abs. 3 BetrVG 72 (dort Rn 27ff.). Das gilt auch für die notwendigen Kosten des Wahlanfechtungsverfahrens, die dem BR, dem AR und den betroffenen ArbN-Vertr. im AR als Beteiligten (vgl. Rn 73) entstehen (*DR;* Rn 120; *Kittner/Fuchs/Zachert,* Bd. 2 Rn 559; ebenso für MitbestG: *Fitting/Wlotzke/Wißmann,* § 20 Rn 26).

1. Einleitung der Wahl

55 Zunächst hat das **zur gesetzlichen Vertretung des Unternehmens berufene Organ** (vgl. hierzu § 5 BetrVG 72 Rn 103f.) dem BR oder – falls ein BR nicht besteht – direkt den ArbN (z. B. durch Rundschreiben oder Anschlag am schwarzen Brett) mitzuteilen, wieviel ArbNVertr. in den AR zu entsenden sind und wann deren Amtszeit (vgl. Rn 91) beginnt (§ 31 Abs. 1 Satz 1 und 2 WO 53).

Die Benachrichtigung geschieht zweckmäßigerweise schriftlich und im Hinblick auf die Fristen in § 31 Abs. 1 Satz 3, Abs. 2 und 3 WO 53 spätestens zweieinhalb Monate vor dem Tage, an dem die Hauptverslg. die neuen AktionärVertr. in den AR wählt. Die Wahl soll 14 Tage vor diesen Tage abgeschlossen sein (§ 31 Abs. 1 Satz 3 Halbsatz 1 WO 53).

56 Im Fall der Gründung einer AG oder einer anderen beteiligungspflichtigen Gesellschaft sind die **Gründer** verpflichtet, die Mitteilungen nach § 31 Abs. 1 WO 53 zu machen, soweit die ArbN bereits an der Bildung des ersten AR zu beteiligen sind (darüber vgl. Rn 93).

2. Wahlvorstand

Auf die Mitteilung der Gesellschaft hin hat der **BR** in der Regel mindestens zehn Wochen vor Beginn der Amtszeit der ARMitgl. (darüber vgl. Rn 91–92) einen **Wahlvorstand einzusetzen.** Er soll im allgemeinen aus drei Mitgl. einschließlich eines vom BR bestimmten Vors. bestehen und Vertr. der Arb. und Ang. umfassen, wenn beider ArbN-Gruppen im Betrieb vorhanden sind (§ 31 Abs. 2 WO 53). In Kleinbetrieben, die nur Arb. oder Ang. beschäftigen, genügt auch die Bestellung eines Wahlleiters, also eines einköpfigen Wahlvorst. Die Bestellung von ErsMitgl. ist zulässig (vgl. für BR-Wahl § 16 Abs. 1 Satz 4 BetrVG 72). **57**

Ist ein **BR nicht vorhanden** oder hat er binnen zwei Wochen seit Mitteilung der Gesellschaft noch keinen Wahlvorst. eingesetzt, so kann ihn eine **BetrVerslg.** mit der Mehrheit der wahlberechtigten ArbN wählen (§ 31 Abs. 3 WO 53 entsprechend § 17 Abs. 1 BetrVG 72, näheres dort Rn 4ff.). Zur Einberufung der BetrVerslg. ist jeder ArbN berechtigt, aber nicht das gesetzliche Vertretungsorgan des Unternehmens. Auch einer im Betrieb vertretenen Gewerkschaft dürfte ein Einberufungsrecht zustehen (vgl. § 17 Abs. 2 BetrVG 72 und unten Rn 74). **58**

Die Befugnisse des Wahlvorst. sind die gleichen wie die des WahlVorst. für die BRWahl (§ 31 Abs. 4 i. Verb. mit § 1 WO 53; vgl. § 18 BetrVG 72 Rn 4ff.). **59**

Auch die Vorschriften für die Aufstellung, die Auslegung und die Behandlung von Einsprüchen gegen die Wählerliste als Voraussetzung für die Wahlberechtigung entsprechen denen für die BRWahl (§ 31 Abs. 5 i. Verb. mit § 2 Abs. 1, 2, 4 und § 4 WO 53). **60**

3. Wahlausschreiben

Der Inhalt des WA, das der Wahlvorst. spätestens sechs Wochen vor dem ersten Tag der Stimmabgabe zu erlassen hat, entspricht im wesentlichen dem für die BRWahl (§ 32 Abs. 2 i. Verb. mit § 3 Abs. 2 WO 53). Abweichungen ergeben sich vor allem in folgenden Punkten: Nach § 32 Abs. 2 Buchst. d WO 53 ist auch darauf hinzuweisen, daß nach § 76 Abs. 2 Satz 2 und 3 BetrVG 52 die ersten beiden ArbNVertr. als ArbN dem Unternehmen, ggfs. als Vertr. einer bestimmten Gruppe, angehören müssen (vgl. BAG 20. 7. 82, AP Nr. 26 zu § 76 BetrVG 1952). Weiter ist zu bemerken, daß die in § 105 Abs. 1 AktG genannten leitenden Ang. nicht ARMitgl. sein können (vgl. Rn 46). Mit **Erlaß des WA** ist die **Wahl eingeleitet.** Die Vorschriften des § 3 Abs. 3 WO 53 über die Bekanntmachung gelten entsprechend (§ 32 Abs. 3 WO 53). **61**

4. Wahlvorschläge

Die Wahl erfolgt auf Grund von Wahlvorschlägen, die innerhalb von zwölf Arbeitstagen seit Erlaß des Wahlausschreibens beim Wahlvorst. einzureichen sind (§ 33 Abs. 1 i. Verb. mit § 6 Abs. 1 Satz 2 WO 53). Jeder BR eines Betriebes des Unternehmens kann Wahlvorschläge ma- **62** chen (§ 76 Abs. 3 Satz 1 BetrVG 52). **Nicht zuständig** ist der **GesBR** (*Halberstadt,* BlStR 64, 269; **a. A.** *Spieker,* BB 65, 1111; *DR,* Rn 88; *Kittner/Fuchs/Zachert,* Bd. 2, Rn 471), da die Aufstellung der Wahlvorschläge zwar das Gesamtunternehmen betrifft, sie jedoch durch die BR innerhalb der Betriebe geregelt werden kann (§ 50 Abs. 1 BetrVG 72). Der GesBR wird aber vielfach Koordinierungsaufgaben übernehmen, um eine Zersplitterung der Stimmen zu vermeiden, er kann auch im Auftrag der BR nach § 50 Abs. 2 BetrVG 72 tätig werden. Der Wahlvorschlag eines BR muß auf einem ordnungsgemäßen Beschluß (§ 33 BetrVG 72) beruhen. **Wahlvorschläge** aus Kreisen der wahlberechtigten ArbN (§ 7 BetrVG 72) müssen entweder von **einem Zehntel** der Gesamtzahl der **wahlberechtigten ArbN** des Unternehmens oder aber von **100 wahlberechtigten ArbN** (d. h. auch wenn diese Zahl geringer ist als ein Zehntel der Gesamtzahl) unterzeichnet sein (§ 76 Abs. 3 Satz 2 BetrVG 52). Auch wenn nur ein BR oder eine ausreichende Zahl von ArbN nur eines Betriebes in Unternehmen mit mehreren Betrieben einen Wahlvorschlag einreichen, so gilt dieser doch für das ganze Unternehmen.

63 Die **Reihenfolge der Kandidaten** spielt **keine Rolle,** da nach dem System der Mehrheitswahl (vgl. Rn 64) gewählt wird. Sie sind daher zweckmäßig ebenso wie auf den Stimmzetteln (§ 33 Abs. 2 Satz 1 WO 53) schon in den Wahlvorschlägen nach dem Alphabet aufzuführen. Die Wahlvorschläge brauchen nicht nur ArbN des Unternehmens zu enthalten, sofern mehr als zwei ArbNVertr, in den AR zu entsenden sind (vgl. oben Rn 50–51).

5. Wahlsystem

64 Die Wahl findet ohne Vorabstimmung nach § 14 Abs. 2 BetrVG 72 als **Gemeinschaftswahl** (§ 33 Abs. 1 WO 53) aller wahlberechtigten ArbN (Arb. und Ang.) des Unternehmens statt. Gruppenwahl ist nicht zulässig (*DR,* Rn 95; *Kittner/Fuchs/Zachert,* Bd. 2 Rn 423; BAG 8. 12. 1970, AP Nr. 21 zu § 76 BetrVG 1952). Jeder Wähler darf höchstens so viel Kandidaten auf dem Stimmzettel ankreuzen, als ArbNVertr. in den AR zu wählen sind (§ 33 Abs. 2 Satz 2 WO 53), wobei die Höhe der Wahlbeteiligung keine Rolle spielt. Da **Mehrheitswahl** (Persönlichkeitswahl) stattfindet, gelten grundsätzlich die (der) Bewerber als gewählt, die (der) die meisten Stimmen erhalten haben (§ 34 Satz 1 WO 53). Eine **schriftliche Stimmabgabe** ist unter denselben Voraussetzungen zulässig wie bei der BRWahl (§§ 41 Abs. 1, 26–28 WO 53); dabei dürfte es sich empfehlen, insoweit die §§ 26–28 WO 72 zu beachten, die besser und ausführlicher gefaßt sind. Auch gegen die Anwendung des § 26 Abs. 3 WO 72 dürfen keine Bedenken bestehen, da die Anordnung der schriftlichen Stimmabgabe für räumlich weit entfernte Betriebsteile und Nebenbetriebe vielfach zweckmäßig und kostensparend ist und das Wahlrecht nicht einschränkt (BAG 20. 7. 82, AP Nr. 26 zu § 76 BetrVG 1952).

65 Der Grundsatz der Mehrheitswahl wird insoweit modifiziert, als ArbNVertr. im AR als ArbN dem Unternehmen oder darüber hinaus auch **einer bestimmten Gruppe** angehören müssen (§ 34 Satz 2 WO 53 in Verb. mit § 76 Abs. 2 Satz 2 und 3 BetrVG 52). Dann gilt von diesen Kandidaten der mit der relativ größen Stimmenzahl als gewählt. Jeder Wahlberechtigte kann aber jeden Kandidaten wählen, ist also nicht verpflichtet, beide ArbNGruppen zu berücksichtigen (BAG 8. 12. 1970, AP Nr. 21 zu § 76 BetrVG 1952).

Beispiele: 66

a) Der AR besteht aus 6 Mitgl. Es sind für einen Betrieb mit 300 Arb. und 30 Ang. 2 ArbN zu wählen, von denen nach § 76 Abs. 2 Satz 3 BetrVG 52 je einer als Arb. und als Ang. im Betrieb des Unternehmens beschäftigt sein müssen. Es findet gemeinsame Wahl statt, jeder ArbN hat zwei Stimmen. Die Stimmzählung der 260 Wahlumschläge ergibt
1. A (Arbeiter) .... 207 Stimmen
2. B (Arbeiter) .... 183 Stimmen
3. C (Angestellter) .... 54 Stimmen
4. D (Angesteller) .... 29 Stimmen
Gewählt sind der Arb. und der Ang., die die meisten Stimmen erhalten haben, d. h. A und C.

b) Der AR besteht im obigen Falle aus 9 Mitgl. Es sind also 3 ArbN-Vertr. zu wählen, davon ein Arb. und 1 Ang., der 3. Platz steht auch Betriebsfremden offen. Jeder ArbN hat 3 Stimmen. Die Stimmzählung der 260 Wahlumschläge ergibt
1. M (nicht Betriebsangehöriger) .... 250 Stimmen
2. N (nicht Betriebsangehöriger) .... 242 Stimmen
3. O (Arbeiter) .... 172 Stimmen
4. P (Angestellter) .... 54 Stimmen
Gewählt sind der Arb. und der Ang. mit den relativ meisten Stimmen, also O und P. Erst nachdem diese gebundenen Sitze besetzt sind, kommt das reine Mehrheitsprinzip zur Auswirkung. Der nächste Sitz fällt M zu.

Lehnt der Gewählte die Wahl ab, so gelten die vorstehenden Grundsätze auch für den Eintritt des Bewerbers mit der nächsthöchsten Stimmzahl (§ 25 Abs. 3 WO 53). Dies gilt nicht für den Fall, daß ein ArbNVertr. später aus dem AR ausscheidet. Es rückt dann unter den Voraussetzungen des § 101 Abs. 3 AktG ein ErsMitgl. nach oder es ist eine Nachwahl durchzuführen (BAG 21. 12. 1965, AP Nr. 14 zu § 76 BetrVG 1952; vgl. auch Rn 107). Wegen Ersatzbestellung durch das Gericht vgl. Rn 116. 67

Das **Wahlergebnis** hat der Wahlvorst. in einer Niederschrift festzulegen (vgl. § 35 Abs. 1 WO 53). Die Wahlakten sind mindestens für die Amtszeit der Gewählten aufzubewahren und die gewählten ARMitgl. im Betrieb durch Aushang und gegenüber dem Vertretungsorgan der Gesellschaft schriftlich bekanntzugeben (§ 35 Abs. 2 in Verb. mit § 19, § 36 WO 53). Eine Abschrift der Wahlniederschrift ist dem Unternehmen und den im Betrieb vertretenen Gewerkschaften zu übersenden (§ 18 ABs. 3 BetrVG 72 analog). 68

6. Wahl in Unternehmen mit mehreren Betrieben

69 Besteht das Unternehmen aus mehreren Betrieben, so wählen die ArbN ihre Vertr. **grundsätzlich in demselben Verfahren** wie in Unternehmen mit einem Betrieb für das ganze Unternehmen (§ 37 WO 53). Es gelten aber einige Besonderheiten.

70 Der Wahlvorstand **(Unternehmenswahlvorstand)** ist für alle Betriebe des Unternehmens zu bilden; ihn bestellt der GesBR (§ 38 Abs. 1 WO 53). Kommt dieser binnen zwei Wochen (§ 31 Abs. 3 WO 53) seiner Pflicht zur Bestellung des Wahlvorst. nicht nach, so bestimmt ihn die Mehrheit der Mitgl. der EinzelBR (§ 38 Abs. 2 WO 53). Es genügt, daß die Versammlg. der BR-Mitgl. einem Benennungsvorschlag nicht widerspricht (BAG 21. 12. 1965, AP Nr. 14 zu § 76 BetrVG 1952). Wegen der Bildung des Wahlvorst. für die Wahl der ArbVertr. zum AR der Konzernspitze (§ 76 Abs. 4 BetrVG 52) vgl. § 38 Abs. 3 WO 53 und unten Rn 87.

71 Außer dem Wahlvorst. für das Unternehmen sind **Betriebswahlvorst.** zu bilden (§ 39 Abs. 1 WO 53), die weitgehend die Aufgaben des Wahlvorst. für die technische Durchführung der Wahl übernehmen. Dem Unternehmenswahlvorst. obliegt aber der Erlaß des Wahlausschreibens, die Entgegennahme und Prüfung der Wahlvorschläge und die Feststellung des Gesamtwahlergebnisses (§§ 39–40 WO 53).

72 Die Fristen sind wegen der u. U. erheblichen räumlichen Entfernung der einzelnen Betriebe z. T. auf das Doppelte verlängert (§ 39 Abs. 2 WO 53).

7. Anfechtung und Nichtigkeit der Wahl

73 Eine dem § 19 BetrVG 72 entsprechende ausdrückliche Vorschrift über die Anfechtung der Wahl besteht nicht (anders §§ 21, 22 MitbestG, § 8 Abs. 2 MitbestEG). Nach § 2a Abs. 1 Nr. 2 ArbGG sind die **ArbG** für die Entscheidung von Streitigkeiten aus den im BetrVG 52 geregelten Wahlen zum AR im **BeschlVerf.** zuständig. Da die Anfechtung der Bestellung von ARMitgl. auch nach den Vorschriften des AktG bezüglich der von der Hauptverslg. zu wählenden Personen möglich, die Form der Anfechtung also auch dem Gesellschaftsrecht eigentümlich ist, dürften keine Bedenken bestehen, die ArbG zur Entscheidung über die ordnungsgemäße Durchführung der Wahl der ArbNVertr. vor Ablauf einer Ausschlußfrist anzurufen. Hierfür dürften die Rechtsnormen des **§ 19 BetrVG 72 analog anzuwenden** sein. Demgemäß ist die Anfechtung durch den Vorst., mindestens 3 wahlberechtigte ArbN oder eine im Unternehmen vertretene Gewerkschaft oder auch den BR bzw. GesBR (vgl. § 98 Abs. 2 Nr. 4 AktG; BAG 8. 12. 81, 20. 7. 82, AP Nr. 25, 26 zu § 76 BetrVG 1952; *DR,* Rn 114) innerhalb einer Frist von 14 Tagen (BAG 3. 12. 1954, AP Nr. 3 zu § 76 BetrVG 1952) seit Bekanntgabe des Wahlergebnisses (§ 35 Abs. 2 i. Verbdg. mit § 19 WO 53) zulässig. Die Frist gilt auch bei Anfechtung der Wahl nur eines ARMitgl. (BAG 15. 7. 1960, AP Nr. 10 zu § 76 BetrVG 1952). Weitere **Betei-**

ligte sind die BR, der GesBR, der AR als solcher, die in Unternehmen vertretenen Gewerkschaften und die betroffenen ArbNVertr. im AR (BAG 26. 11. 1968, 20. 7. 82, AP Nr. 18, 26 zu § 76 BetrVG 1952), der Wahlvorstand nur, wenn Maßnahmen vor Durchführung der Wahl angefochten werden (BAG 26. 10. 1962, AP Nr. 11 zu § 76 BetrVG 1952). Wegen Kosten vgl. Rn 54.

Die **Gewerkschaften** sind zwar an der Wahl der ArbNVertr. und ihrer 74
Tätigkeit nicht beteiligt. Sie haben aber im Rahmen ihrer allgemeinen Aufgaben gleichwohl ein Interesse an der formgerechten Durchführung der ARWahlen, zumal auch die dritten und weiteren ArbNVertr., die nicht ArbN im Unternehmen zu sein brauchen, häufig Vertr. der Gewerkschaften sind. Außerdem gebietet es die Rechtssicherheit, wenn man schon § 19 BetrVG 72 anwendet, diese Vorschriften in vollem Umfang Platz greifen zu lassen. Das **Anfechtungsrecht** der Gewerkschaft ist daher **zu bejahen** (BAG 20. 10. u. 3. 12. 1954, 24. 5. 1957, 21. 12. 1965, 30. 8. 1966, 8. 12. 1970, AP Nr. 1, 3, 7, 14, 15, 21 zu § 76 BetrVG 1952; *DR,* Rn 113; *Baumbach/Hueck,* AktG Anh. § 96, Rn 22; *Kittner/ Fuchs/Zachert,* Bd. 2 Rn 595). Die Gewerkschaft kann in einem BeschlVerf. auch den Antragsgegner unterstützen, wenn sie die Wahl für gültig ansieht (BAG 8. 12. 1970, AP Nr. 21 zu § 76 BetrVG 1952).

Im Verfahren **vor den ordentlichen Gerichten** zur Entscheidung über 75
die **Zusammensetzung des AR** (§ 98 Abs. 2 Nr. 7 und 8 AktG) haben die Gewerkschaften bzw. ihre Spitzenorganisationen kein Antragsrecht, soweit es um die Anwendung des BetrVG 52 geht, da sie kein „Vorschlags- oder Entsendungsrecht" für ArbNVertr. in den AR haben. Anders, wenn über die Anwendung des MitBestG zu entscheiden ist (*Fitting/Wlotzke/Wißmann,* § 22 Rn 28) oder des Montan-MitbestG oder des MitbestEG.

Ebenso wie die Anfechtung der Wahl des BR kann die Anfechtung der 76
Wahl der ArbNVertr. im AR nur darauf gestützt werden, daß gegen wesentliche Vorschriften über das Wahlrecht, die Wählbarkeit oder das Wahlverfahren verstoßen worden und eine Berichtigung nicht erfolgt ist. Die **Anfechtung** kann auf die fehlerhafte Feststellung des Wahlergebnisses, d.h. die **Sitzverteilung beschränkt werden** (BAG 15. 7. 1960, 30. 8. 1966, 26. 11. 1968, AP Nr. 10, 15 u. 18 zu § 76 BetrVG 1952; *Fittin/Wlotzke/Wißmann,* § 33 Rn 17). Die Anfechtung ist ausgeschlossen, wenn durch den Verstoß das Wahlergebnis nicht geändert oder beeinflußt werden konnte. Es sind aber alle Wahlverstöße zu berücksichtigen, die sich aus dem Vortrag der Beteiligten ergeben (BAG 20. 7. 82, AP Nr. 26 zu § 76 BetrVG 1952).

Auch die Feststellung der **Nichtigkeit der Wahl** wegen besonders 77
schwerer Verfahrensverstöße ist im BeschlVerf. möglich (BAG 10. 11. 1954, AP Nr. 2 zu § 76 BetrVG 1952; *DR,* Rn 119; *Fitting/Wlotzke/Wißmann,* § 22, Rn 5). Wegen der Voraussetzungen und Rechtsfolgen einer erfolgreichen Anfechtung oder Feststellung der Nichtigkeit der Wahl vgl. § 19 BetrVG 72 Rn 4ff., 30ff. und unten Rn 95.

VII. Wahlen zum Aufsichtsrat des herrschenden Unternehmens

78 Die Beteiligung im AR des eigenen Unternehmens ist für die ArbN-schaft nur von begrenztem Wert, wenn die Gesellschaft zwar formalrechtlich gesehen selbständig ist, die auch für die Arbeitsverhältnisse maßgebenden Entscheidungen aber von einem herrschenden Unternehmen getroffen werden. Deshalb räumt § 76 Abs. 4 BetrVG 52 auch den ArbN abhängiger Gesellschaften das volle aktive und passive Wahlrecht (vgl. Rn 84) zum AR der Konzernspitze ein. Dabei ist unerheblich, ob die ArbN auch in den AR ihres Unternehmens ArbNVertr. entsenden können (*DR,* Rn 195; vgl. aber auch § 77 BetrVG 52 Rn 3a).

Es kommen nur abhängige Gesellschaften mit Sitz im Bundesgebiet (und Berlin) in Betracht (vgl. oben Rn 19).

1. Konzern

79 § 76 Abs. 4 S. 1 BetrVG 52 enthält keine eigene Begriffsbestimmung des Konzerns, sondern verweist auf die Begriffsbestimmung des **Unterordnungskonzerns in § 18 Abs. 1 S. 1 und 2 AktG** (Text § 54 Rn 7). Insoweit ist zunächst auf § 54 Rn 8ff. BetrVG 72 zu verweisen. Die widerlegbare Vermutung des § 18 Abs. 1 S. 3 AktG gilt zwar für den Konzernbegriff des BetrVG 72, nicht aber für die Anwendung des BetrVG 52; d. h. soweit keine Beherrschungsverträge bestehen, hat derjenige, der das Bestehen eines Konzernverhältnisses geltend macht, den Nachweis hierfür zu erbringen.

80 Die Beteiligung der ArbN der abhängigen Unternehmen erfolgt gegenüber dem **AR der Konzernspitze,** d. h. desjenigen Unternehmens, das unmittelbar oder mittelbar den beherrschenden Einfluß ausübt. Hat also das herrschende Unternehmen des Konzerns abhängige Unternehmen („Töchter“), von denen wiederum andere Unternehmen („Enkel“) abhängig sind, so nehmen die ArbN der „Töchter und Enkel“ an der Wahl des AR der Konzernspitze teil (BAG 18. 6. 1970, AP Nr. 20 zu § 76 BetrVG 1952), nicht jedoch die der „Enkel“ an der Wahl der ArbN-Vertr. im AR der „Töchter“, da die „Töchter“ mit ihren dazugehörigen „Enkeln“ nur ausnahmsweise einen „Konzern im Konzern“ bilden (Rn 81). Die Konzernspitze muß ihren Sitz im Inland haben und in einer der Rechtsformen betrieben werden, die unter das BetrVG 52 fallen (AG, KGaA, GmbH, Erwerb- oder Wirtschaftsgenossenschaft, VVaG). Eine Kapitalgesellschaft kann auch dadurch Herrschaft über andere Unternehmen ausüben, daß sie als Komplementär in eine KG eintritt und damit die Leitung der Gesellschaft dieser KG übernimmt. Da dieser Fall insbesondere in der Fom der GmbH & Co. KG auftritt, ist darauf in § 77 BetrVG 52 Rn 3b eingegangen.

81 Besteht jedoch innerhalb des Konzerns eine **Unterkonzernspitze,** die ihrerseits nicht nur die Entscheidungen der Muttergesellschaft vollzieht, sondern selbst wesentliche Leitungsbefugnisse hat, so nehmen die ArbN der von dieser Unterspitze abhängigen Unternehmen auch an der Wahl der ArbNVetr. in deren AR teil, weil auch die Tochtergesellschaft mit den von ihr abhängigen Unternehmen einen **„Konzern im Konzern"** bildet. Zum Stand der Diskussion: *Fitting/Wlotzke/Wißmann* § 5 Rn 30ff. (Vgl auch OLG Düsseldorf v. 30. 1. 1979, DB 79, S. 699, das je nach der Erscheinungsform des Konzerns auch den „Konzern im Konzern" bei Aufteilung nach unternehmenspolitischen Grundsatzbereichen [Finanz-, Investitions-, Produktions-, Absatz- und Personalpolitik] für denkbar hält; *Fitting/Wlotzke/Wißmann,* § 5 Rn 21 m. w. N.) Auf die Ausführungen zu § 54 Rn 21f. BetrVG 72 wird hingewiesen. Die Möglichkeit der Beteiligung der ArbN an der Konzernspitze eines Teilkonzerns ist auch von Bedeutung, wenn bei der obersten Konzernspitze wegen deren Rechtsform kein AR gebildet werden kann oder diese ihren Sitz im Ausland hat. Diese Fälle behandelt § 5 Abs. 3 MitbestG durch eine Fiktion, wonach dann die Spitze des Teilkonzerns für die Anwendung des MitbestG als Konzernspitze gilt; diese Spezialvorschrift gilt nicht für das BetrVG 52. Wohl aber kann ein echter „Konzern im Konzern" vorliegen, wenn die ausländische Obergesellschaft der inländischen Unterkonzernspitze ein erhebliches Maß an selbständiger Leistungsbefugnis beläßt.

Wird ein Unternehmen von zwei (oder mehreren) Obergesellschaften gemeinsam beherrscht **(Gemeinschaftsunternehmen),** so kann ein Konzernverhältnis zu jeder Obergesellschaft bestehen, wenn die Obergesellschaften den Konzern auf Grund gemeinsamer Willensbildung einheitlich leiten (§ 54 Rn 18ff.; *Fitting/Wlotzke/Wißmann,* § 5 Rn 39). Liegen diese Voraussetzungen vor, so nehmen die ArbN des Gemeinschaftsunternehmens an der Wahl der ArbNVertr. im AR (beider) Obergesellschaften teil (BAG v. 18. 6. 1970, AP Nr. 20 zu § 76 BetrVG 1952). **81a**

Bei mehrstufigen Organschaftsverhältnissen gem. § 1 **Montan-MitbestEG** ergeben sich ähnliche Probleme, die in gleicher Weise zu lösen sind. Auch eine dem **Montan-MitbestG** unterliegende Gesellschaft kann abhängiges Konzernunternehmen i. S. des § 76 Abs. 4 BetrVG 52 sein, wie sich mittelbar aus § 3 Abs. 1 MitbestEG ergibt (BAG 18. 6. 1970, AP Nr. 20 zu § 76 BetrVG 1952). **81b**

Ist die Obergesellschaft ein Unternehmen, auf das das **MitbestG** Anwendung findet, so regelt sich die Beteiligung der ArbN nach § 5 MitbestG. **81c**

Fällt die Obergesellschaft unter das **Montan-MitbestG,** nehmen die BR der abhängigen Unternehmen an der Wahl der ARMitgl. der Obergesellschaft nicht teil. Ist für den Konzern allerdings ein **KBR** (§ 54 BetrVG 72) gebildet, so tritt dieser für die Wahl an die Stelle der BR (§ 1 Abs. 4 MontanMitbestG). **81d**

Auf die **Rechtsform der abhängigen Unternehmen** (z. B. AG, GmbH, KG, OHG, u. U. auch Einzelkaufmann, vgl. *Fitting/Wlotzke/Wißmann,* § 5 Rn 17; *Kittner/Fuchs/Zachert,* Bd. 1, Rn 175) oder die BRFähigkeit ihrer Betriebe kommt es für die Teilnahme an der Wahl **nicht an.** Für den Wahlvorst. wird es schwierig sein, die Konzernbeziehungen ohne Unterstützung des zur gesetzlichen Vertretung berufenen Organs klar zu durchschauen. Andererseits ist dieses Organ gem. § 38 **82**

Abs. 1 S. 2, § 31 Abs. 1 S. 1 WO 53 verpflichtet, die BR bzw. die ArbN der Betriebe der abhängigen Unternehmen von der bevorstehenden Wahl der ArbNVertr. und damit von ihrer Teilnahmeberechtigung zu verständigen. Das zur gesetzlichen Vertretung berufene Organ wird hierbei im wohlverstandenen Interesse der Gesellschaft die Rechtslage sorgfältig prüfen, um eine Anfechtung der ARWahl zu vermeiden.

82a Fällt eine Obergesellschaft selbst nicht unter § 81 BetrVG 52, gehört aber dem Konzern ein **Tendenzunternehmen** oder -betrieb an, so haben dessen ArbN das aktive und (oben Rn 78) passive Wahlrecht für die Wahl der ArbNVertr. im AR der Obergesellschaft (so auch für MitbestG *Fitting/Wlotzke/Wißmann,* § 1 Rn 39, im Ergebnis ebenso *Sieling/Wendeling,* ArbnR 77, 240). Zum Tendenzkonzern: *Fitting/Wlotzke/Wißmann,* § 1, Rn 40ff.

2. Wahlrecht und Wählbarkeit

83 Handelt es sich um ein Konzernverhältnis i. S. des Abs. 4, so nehmen die ArbN der abhängigen Unternehmen nicht nur an der Wahl ihres eigenen AR, sondern mit **vollen aktivem und passivem** (vgl. die folgende Rn). **Wahlrecht auch an der Wahl** der ArbNVertr. **zum AR des herrschenden Unternehmens** teil. Die Teilnahme nur mit aktivem Wahlrecht wäre nur eine teilweise Beteiligung und würde zu unbefriedigenden Ergebnissen führen. Z. B. könnte das herrschende Unternehmen nur wenige Ang. beschäftigen, während die abhängigen Unternehmen Produktionsbetriebe mit einer großen Zahl von ArbN hätten. Es wäre keine echte Teilnahme der ArbN der letzteren Betriebe, wenn sie nur Personen in den AR wählen könnten, die in dem Verwaltungsbetrieb des herrschenden Unternehmens beschäftigt sind (wie hier: *DR,* Rn 188; *Kittner/Fuchs/Zachert,* Bd. 2, Rn 214; **a.M** *Baumbach/Hueck,* AktG Anh. § 96 Rn 15). Vgl. auch § 5 Abs. 1 MitbestG.

84 Das **BAG** vertrat früher eine Mittelmeinung. Danach sollte der erste ARSitz einem ArbN des herrschenden, der zweite einem ArbN eines der abhängigen Unternehmen zustehen. Zugleich sollten aber beide ArbN-Gruppen vertreten sein. Nunmehr hat das BAG (24. 11. 81, 8. 12. 81, AP Nr. 24, 25 zu § 76 BetrVG 1952) seine bisherige Ansicht aufgegeben. Entsprechend dem Gesetz wird nur noch verlangt, daß bei der Wahl von mindestens 2 ArbNVertr. unter diesen ein Arb und Ang sein müssen. Auf die Zugehörigkeit zu dem herrschenden oder abhängigen Unternehmen kommt es nicht an.

3. Maßgebende Arbeitnehmerzahl

85 Die Feststellung der ArbN-Zahl des Konzerns ist auch von wesentlicher Bedeutung für die Bildung von AR bei **Familiengesellschaften,** sowie bei der **GmbH** und sonstigen in § 77 BetrVG 52 genannten juristischer Personen, bei denen die Beteiligung der ArbN im AR von einer Beschäftigung von **mehr als 500 ArbN** abhängig gemacht ist. Die frühere Streitfrage, ob es nur auf die ArbNZahl des herrschenden Unterneh-

mens ankommt oder es genügt, daß der ganze Konzern mehr als 500 ArbN beschäftigt, ist jetzt ausdrücklich in **§ 77a BetrVG 52** durch einen Kompromiß geregelt. Danach werden die **ArbNZahlen der abhängigen Unternehmen mitgerechnet,** soweit die Abhängigkeit **auf vertraglicher Beherrschung** in der Leitung oder Eingliederung in eine Hauptgesellschaft als Inhaberin sämtlicher Aktien beruht (vgl. § 77 BetrVG 52 Rdnr. 3a), nicht dagegen in den Fällen einer lediglich faktischen einheitlichen Leitung (§ 54 Rn 15ff.).

Da die ArbN der abhängigen Unternehmen das volle aktive und passive Wahlrecht zum AR des herrschenden Unternehmens haben (vgl. Rn 83), ist dessen ArbNlosigkeit ohne Bedeutung. Die ArbNVertr. zum AR der Konzernspitze können ggfs. von den ArbN der beherrschten Unternehmen gewählt und gestellt werden. **86**

4. Wahlverfahren

Grundsätzlich gelten für das Wahlverfahren die **gleichen Bestimmungen wie für Unternehmen mit mehreren Betrieben** (vgl. oben Rn 69–72). Nach § 38 Abs. 3 WO 53 nehmen außer dem GesBR oder dem BR des herrschenden Unternehmens auch die Mitgl. des GesBR oder der BR der abhängigen Unternehmen an der Bestimmung des Wahlvorst. teil. Daß der KBR nicht in der WO 53 erwähnt wird, erklärt sich daraus, daß dieses Gremium erst durch das BetrVG 1972 eingeführt worden ist. Trotz der historisch bedingten Nichterwähnung ist es aber möglich, soweit ein KBR besteht, diesem die Bestellung des Wahlvorstandes nach § 38 Abs. 3 WO 53 zu überlassen. **87**

Die wahlberechtigten ArbN der Betriebe der abhängigen Unternehmen und ihre BR nehmen völlig gleichberechtigt an der Durchführung der Wahl der ArbNVertr. teil. Sie können Wahlvorschläge machen. Bei Berechnung des Zehntels der Wahlberechtigten (§ 76 Abs. 3 Satz 2 BetrVG 52) sind auch hier die Wahlberechtigten sowohl der Betriebe des herrschenden als auch der abhängigen Unternehmen zusammenzuzählen. **88**

Wegen der Abberufung der ArbNVertr. im AR der Konzernspitze vgl. unten Rn 97ff.

5. Wahl durch Wahlmänner

Die Wahlen zum **AR der Konzernspitze** können auch mittelbar durch Wahlmänner erfolgen (§ 76 Abs. 4 Satz 2 BetrVG 52). Das Verfahren ist nur für Wahlen im Konzern zugelassen, obwohl es auch für Großunternehmen mit zahlreichen Betrieben praktisch wäre. Die Wahl durch Wahlmänner ist in der **WO 53 nicht geregelt.** Es bestehen jedoch keine Bedenken, auch ohne nähere Regelung eine derartige Wahl unter Beachtung der Grundsätze eines demokratischen Verfahrens durchzuführen (BAG 6. 2. 1968, AP Nr. 16 zu § 76 BetrVG 1952; DR, Rn 199). Wegen Wahlmännerverfahren nach dem MitbestG vgl. dort § 9, und von Delegierten nach dem MitbestEG vgl. dort §§ 7ff. **89**

90 Die mittelbare Wahl muß im Grundsatz von der **Mehrheit** der an der Abstimmung teilnehmenden **ArbN** aller Konzernunternehmen (ohne Unterscheidung nach Arb. und Ang.) auf Grund eines Antrags des Personenkreises des Abs. 3 beschlossen worden sein, d. h. von einem Zehntel der Gesamtzahl der wahlberechtigten ArbN oder 100 wahlberechtigten ArbN (vgl. Rn 62; h. M.; BAG 6. 2. 1968, AP Nr. 16 zu § 76 BetrVG 1952; *DR,* Rn 200; *Kirschner,* DB 71, 2064; *Marienhagen,* BB 73, 297). Das **Wahlverfahren bestimmt der Hauptwahlvorstand** aus eigenem Recht und gibt es den Wählern bekannt (BAG a. a. O.). Es kann nach dem Vorbild der WO zum MitbestEG vom 23. 1. 89 (BGBl. I S. 147) gestaltet werden. Dabei ist aber zu beachten, daß die Regelung des § 76 BetrVG 52 in einigen Punkten von dem MitbestEG abweicht. Insbes. kennt das BetrVG 52 bei der ARWahl keine Gruppenwahl (vgl. oben Rn 64). Wird dieses Wahlverfahren angewandt, so gilt es auch für alle Unternehmen des Konzerns (so auch *DR,* Rn 199).

90a Das Wahlverfahren der ArbNVertr. zum AR kann aber auch in anderer Weise geregelt werden, wobei das Prinzip der Mehrheitswahl und die Grundsätze der allgemeinen, gleichen und geheimen Wahl einzuhalten sind. Auf dieselbe Zahl wahlberechtigter ArbN hat in jedem Betrieb ein Wahlmann zu entfallen. Die Wahlmänner selbst werden in Urwahl nach den Grundsätzen der Verhältniswahl von den wahlberechtigten ArbN gewählt. Ihre Bestellung durch die BR ist nicht zulässig. Näheres *Fitting,* DB 62, 1339. Muster einer (vom BAG 6. 2. 68, AP Nr. 16 zu § 76 BetrVG 1952 gebilligten) WO vgl. 7. Auflage, Teil VIII; *Kittner/ Fuchs/ Zachert,* Bd. 2 Rn 333ff. mit im wesentlichen übereinstimmenden Mustern. Die WO zum MitbestG können nicht als Vorbild dienen, da das dort geregelte (durch die Sondervorschriften zugunsten der Gruppen einschl. der leitenden Ang. und die Möglichkeit von Abstimmungen über die Art des Wahlverfahrens notwendigerweise) komplizierte Verfahren nicht durch § 76 BetrVG 52 gedeckt wäre.

VIII. Amtszeit

1. Regelmäßige Amtszeit

91 Die Amtszeit der von ArbNSeite zu wählenden ARMitgl. entspricht der Amtszeit der Aktionärvertr. (§ 76 Abs. 2 Satz 1 BetrVG 52). Die Amtsdauer kann **praktisch höchstens fünf Jahre** betragen. Das Amt sämtlicher ARMitgl., auch der ArbNVertr., erlischt kraft Gesetzes (§ 102 Abs. 1 AktG) spätestens mit Beendigung der Hauptverslg., die über die Entlastung des Vorst. für das 4. Geschäftsjahr nach der Wahl Beschluß gefaßt hat. Sind die ArbNVertr. in einem anderen Geschäftsjahr gewählt als die Aktionärvertr., so ist der letztere Zeitpunkt maßgebend, weil die Amtszeit aller AR-Mitgl. nicht nur gleich lang, sondern vor allem auch zeitgleich sein soll (*Fitting-Wlotzke-Wissmann,* § 15 Rn 101; **a. M.** *Kittner/Fuchs/Zachert,* Bd. 2 Rn 203). Das Geschäftsjahr, in dem die Wahl vorgenommen wurde, wird nicht mitgerechnet. Die Satzung kann eine kürzere Amtsdauer vorsehen, jedoch nicht ausschl. für die ArbNVertr. Das Amt eines ErsMitgl. endet mit der normalen Amtszeit des ursprünglichen (weggefallenen) ARMitgl. (§ 102 Abs. 2 AktG).

Sieht die Satzung ein nach Aktienrecht mögliches **turnusmäßiges Ausscheiden** eines bestimmten Teils der ARMitgl. vor, so werden auch die ArbNVertr. hiervon betroffen. Die Vorschrift des § 76 Abs. 2 Satz 1 BetrVG 52 steht nicht entgegen, da die Dauer der Amtszeit aller ARMitgl. gleich ist; nur Beginn und Ende der Amtszeit sind zeitlich gestaffelt. Eine derartige Regelung ist aber im Hinblick auf die Tatsache, daß die beiden ersten ARMitgl. der ArbNSeite bestimmte Voraussetzungen erfüllen müssen (§ 76 Abs. 2 Satz 2 und 3 BetrVG 52) unzweckmäßig (im Ergebnis wie hier: *Baumbach/Hueck,* AktG, § 96 Anh. Rn 30; *Kittner/Fuchs/Zachert,* Bd. 2 Rn 201; **a.M.** *DR,* Rn 127; die eine derartige Bestimmung für ArbNVertr. für unanwendbar halten). Andererseits sind im Rahmen des § 76 BetrVG 52 die Besonderheiten des MitbestG nicht gegeben, dessen genauen und komplizierten Vorschriften einem vorzeitigen Ausscheiden eines Teils der ARMitgl. der ArbNSeite entgegenstehen (*Fitting/Wlotzke/Wißmann,* § 15 Rn 102ff.). 92

2. Gesellschaften im Gründungsstadium

Im Falle der Gründung einer AG haben die Gründer als das zur gesetzlichen Vertretung berufene Organ den ersten AR zu bestellen (§ 30 Abs. 1 AktG). Für die **Zusammensetzung und Bestellung des ersten AR** gelten § 76 BetrVG 52, das MitbestG, das Montan-MitbestG und das MitbestEG grundsätzlich **nicht** (§ 30 Abs. 2 AktG). Eine AG im Gründungsstadium beschäftigt im allgemeinen noch keine oder nur wenige ArbN. Ein größerer ArbNStamm ist meist noch nicht vorhanden. Andererseits müssen die Organe der AG aber möglichst bald gebildet werden. Etwas anderes gilt nur, wenn als **Sacheinlage** oder Sachübernahme eine Unternehmen(steil) eingebracht wird. Dann ist ein **ArbN-Stamm bereits vorhanden** und schon der erste AR muß in solchen Fällen bereits die ArbNVertr. umfassen (§ 31 AktG). Die Gründer haben nur die ARMitgl. der Anteilseigner zu bestimmen, mindestens aber drei Mitgl., um die alsbaldige Beschlußfähigkeit des AR sicherzustellen. Ausführlich: *Fitting/Wlotzke/Wißmann,* § 7, Rn 13ff.; vgl. auch *Kittner/Fuchs/Zachert,* Bd. 2 Rn 129ff. 93

Nach § 30 Abs. 3 AktG (§ 31 Abs. 5 AktG) bleibt der erste AR längstens im Amt bis zum Ende der Hauptverslg., die für das erste Geschäftsjahr über die Entlastung des Vorst. zu beschließen hat. Das sind höchstens 20 Monate nach Aufnahme der Geschäftstätigkeit (vgl. § 120 Abs. 1 AktG). Rechtzeitig, d.h. mindestens zweieinhalb Monate (Rn 56) vor Ablauf der Amtszeit des ersten AR (§ 30 Abs. 3 AktG) bzw. unverzüglich nach Einbringung (Übernahme) des Unternehmens (§ 31 Abs. 3 AktG) hat der Vorstand bekanntzumachen, nach welchen gesetzlichen Bestimmungen seiner Ansicht nach der AR zusammengesetzt sein muß. §§ 97–99 AktG gelten entsprechend (darüber vgl. Rn 34, 139). 94

3. Vorzeitige Beendigung des Amtes

95 Das Amt **aller** ArbNVertr. im AR endet:

bei erfolgreicher **Wahlanfechtung** mit der Rechtskraft der Entscheidung (vgl. § 19 BetrVG Rn 36, *DR,* Rn 118);

im Falle der **Auflösung der Gesellschaft,** ihrer Verschmelzung mit einem anderen Unternehmen unter Aufnahme in dieses (§§ 339ff., 346, Abs. 4 AktG) oder unter Bildung einer neuen AG (§§ 353ff. AktG). In beiden Fällen erlischt die bisherige Gesellschaft (die bisherigen Gesellschaften) mit Eintragung der Verschmelzung oder der neuen AG in das Handelsregister. Im Falle der Bildung einer neuen AG gelten die Gründungsvorschriften des § 31 AktG (vgl. Rn 93). Bei **Umwandlung** einer AG in eine GmbH (§§ 369ff. AktG), einer GmbH in eine AG (§§ 376ff. AktG), eines VVaG in eine AG (§ 385d AktG), einer KGaA in eine GmbH (§§ 386ff. AktG) und einer GmbH in eine KGaA (§§ 389ff. AktG) kann die Umwandlung eine Änderung der Zusammensetzung des AR dahin zur Folge haben, daß nunmehr ArbNVertr. gemäß §§ 76, 77 BetrVG 52 zu beteiligen oder nicht mehr zu beteiligen sind (sofern es sich um Unternehmen mit nicht mehr als 500 ArbN handelt). Wegen Bekanntmachung der Zusammensetzung des neuen AR und der Möglichkeit gerichtlicher Entscheidung sind die §§ 97ff. AktG entsprechend anzuwenden (vgl. Rn 34, 138f.);

in Familiengesellschaften und den Unternehmen des § 77 BetrVG 52, wenn die **Beschäftigtenzahl auf die Dauer unter 500 ArbN absinkt** und der Vorstand das Verfahren nach § 97 AktG eingeleitet hat oder das Verfahren durch Anrufung des Landgerichts nach § 98 Abs. 2 AktG in Gang gesetzt wird (vgl. Rn 34). Der AR ist dann ohne Beteiligung von ArbN-Vertr. neu zu wählen;

wenn bei der AG, KGaA, GmbH oder der Genossenschaft die Zahl der regelmäßig beschäftigten **ArbN 2000 überschreitet,** so daß die Voraussetzungen für die Anwendung des MitbestG gegeben sind und das Verfahren nach § 97ff. AktG eingeleitet wird.

96 Das **Amt einzelner ArbNVertr. endet vorzeitig:**

durch (jederzeit mögliche) Amtsniederlegung (näheres *Natzel,* RdA 60, 256; wegen Ablehnung der Wahl von vornherein vgl. Rn 67 u. § 35 Abs. 3 WO 53);

durch Tod des ArbN;

bei **Wegfall der Wählbarkeitsvoraussetzungen,** z. B. dem Erfordernis der vollen Geschäftsfähigkeit. Von besonderer Bedeutung sind die Voraussetzungen des § 76 Abs. 2 Satz 2 und 3 BetrVG 52. Sofern die gesetzlichen Mindestvoraussetzungen der Aufsichtsratsbesetzung mit je einem unternehmensangehörigen Arb. und Ang. nicht mehr vorliegen würden, sind auch die folgenden Umstände von Bedeutung, d. h. führen zum Verlust der Mitgliedschaft im AR:

a) Das Ausscheiden aus dem Unternehmen, bei Kündigungen aber erst, wenn diese unanfechtbar geworden sind. Ist das ARMitgl. zugleich BRMitgl., so führt ein Ausschlußverfahren aus dem BR nach § 23 Abs. 1 oder ein Kündigungszustimmungsverfahren nach § 103

Abs. 2 BetrVG 72 noch nicht zum Verlust des ARAmtes (vgl. § 103 Rn 28). Hierzu ausführlich *Fitting/Wlotzke/Wißmann,* § 24 Rn 8ff.

b) Der Wechsel der Gruppenzugehörigkeit. Die Bestimmung des § 24 Abs. 2 BetrVG 72 kann hier nicht analog angewandt werden. Das ARAmt erlischt auch bei Beförderung eines ArbN zum leitenden Ang. i. S. des § 5 Abs. 3 BetrVG 72, wenn kein weiterer unternehmensangehöriger Ang. mehr als ArbNVertr. im AR sitzt (anders § 24 Abs. 2 MitbestG, der ausdrücklich bestimmt, daß der Wechsel der Gruppenzugehörigkeit nicht zum Erlöschen des Amtes führt).

Handelt es sich dagegen um einen **dritten oder weiteren ArbNVertr.,** so führt deren Ausscheiden nicht zum Verlust der ARMitglschaft (BGH AP Nr. 12 zu § 76 BetrVG 1952); entsprechendes gilt in diesen Fällen für Gruppenwechsel und Beförderung zum leitenden Ang., sofern nicht § 105 Abs. 1 AktG entgegensteht (*DR,* Rn 137). Zur Frage, ob ein Wahlausschreiben die Beendigung der Mitgliedschaft im AR bei Ausscheiden aus dem Unternehmen vorsehen kann, vgl. BAG 31. 1. 1969, AP Nr. 19 zu § 76 BetrVG 1952.

4. Widerruf der Bestellung

Die Vorschriften des AktG über den Widerruf der Bestellung von ARMitgl., die von der Hauptverslg. gewählt oder kraft Satzung entsandt sind (§ 103 Abs. 1 u. 2 AktG), finden auf die ArbNVertr. keine Anwendung. Sie können aber ebenso wie die Vertr. der Anteilseigner durch das **Amtsgericht** (Registergericht, § 14 AktG) aus in ihrer **Person liegenden wichtigen Gründen** auf Antrag des AR (einfacher Mehrheitsbeschluß genügt, § 103 Abs. 3 AktG) vor Ablauf der Amtszeit **abberufen werden** (*DR,* Rn 150; *Geßler/Hefermehl/Eckhardt/Kropff,* AktG, § 103 Rn 4). Eine gerichtliche Abberufung wird nur in Fällen einer krassen Pflichtverletzung in Betracht kommen (*Eckhardt,* NJW 67, 1010; *Hofmann,* BB 73, 1081; BGHZ 39, 121 = AP Nr. 12 zu § 76 BetrVG 1952). Die energische Vertretung von legitimen Anliegen der ArbN ist kein Abberufungsgrund (*Hofmann,* a. a. O., S. 1087; *Fitting/Wlotzke/Wißmann,* § 6 Rn 60). **97**

Daneben besteht das **Widerrufsverfahren durch die ArbN nach § 76 Abs. 5 BetrVG 52.** Da dieser Widerruf durch die ArbN keine Disziplinarmaßnahme ist, sondern eine echte Abstimmung, bedarf es nicht der Angabe von Gründen. Das ArbG kann im BeschlVerf. nur die formelle Ordnungsmäßigkeit des Verfahrens prüfen (vgl. § 2a Abs. 1 Nr. 2 ArbGG). **98**

Der Widerruf der Bestellung kann nur auf Antrag der BR der Betriebe des Unternehmens (im Falle des Abs. 4 auch der Betriebe des abhängigen Unternehmens) oder auf Antrag von mindestens einem Fünftel der für die Wahl der ArbNVertr. wahlberechtigten ArbN (Abs. 5 Satz 1) erfolgen. Der Antrag der BR kommt nur zustande, wenn die einzelnen **BR, die die Mehrheit aller ArbN des Unternehmens** oder Konzerns **vertreten,** sich dafür aussprechen. Es besteht kein sachliches Bedürfnis, entgegen dem Wortlaut des Gesetzes die Zuständigkeit des GesBR bzw. eines KBR anzunehmen (so aber *DR,* Rn 141). **99**

100 Geht der Widerrufsantrag unmittelbar von den ArbN aus, so müssen ihn **ein Fünftel aller wahlberechtigen ArbN** unterzeichnen (§ 76 Abs. 5 Satz 1 BetrVG 52). Handelt es sich um die Abberufung aus dem AR einer Konzernspitze, so muß der Antrag unterzeichnet sein von mindestens einem Fünftel der Gesamtzahl der wahlberechtigten ArbN sämtlicher Konzernunternehmen. Auf die Gruppenzugehörigkeit der unterzeichnenden ArbN kommt es nicht an (anders § 23 MitbestG).

101 **Beispiel:**

a) Das Unternehmen besteht aus fünf Betrieben, in denen insgesamt 1500 wahlberechtigte ArbN beschäftigt sind. Der Antrag muß von 300 wahlberechtigten ArbN unterzeichnet sein.

b) Das Unternehmen A ist herrschendes Unternehmen eines Konzerns, dem die Unternehmen B und C als abhängige Unternehmen angehören.

Das Unternehmen A hat insges.	1500 wahlber. ArbN,
Das Unternehmen B hat insges.	900 wahlber. ArbN,
Das Unternehmen C hat insges.	2100 wahlber. ArbN,
zus. sind teilnahmeberechtigt:	4500 wahlber. ArbN.

Der Antrag nach § 76 Abs. 5 Satz 1 BetrVG 52 muß von mindestens 900 wahlberechtigten ArbN unterzeichnet sein.

102 Der **Antrag** ist in Unternehmen mit einem Betrieb an den **BR** zu richten, falls er ihn nicht selbst stellt (§ 42 Abs. 1 WO 53); in Unternehmen mit mehreren Betrieben **an den GesBR** (§ 49 Abs. 1 WO 53 ist infolge der obligatorischen Bildung von GesBR nicht mehr praktisch). Handelt es sich um den AR des herrschenden Unternehmens eines Konzerns, so sind dessen GesBR (EinzelBR) für die Entgegennahme des Antrages zuständig (§ 49 Abs. 2 WO 53), jetzt aber wohl auch der KBR (vgl. Rn 87).

103 Das weitere Verfahren ähnelt dem für die Wahl der ArbNVertr. Sofern eine genügende Zahl von Unterschriften der ArbN vorliegt, hat der zuständige BR (GesBR, KBR) einen Wahlvorst. einzusetzen, der ein Ausschreiben (§ 43 WO 53) erläßt und die Abstimmung leitet, an der bei Widerruf der Bestellung eines ArbNVertr. im AR des herrschenden Unternehmens auch die ArbN abhängiger Unternehmen teilnehmen (§ 76 Abs. 5 Satz 3 BetrVG 52).

104 Der Beschluß der ArbN wird in allgemeiner, geheimer, gleicher und unmittelbarer Abstimmung aller nach § 7 BetrVG 72 wahlberechtigten ArbN der Betriebe des Unternehmens (Konzerns) gefaßt. Er bedarf einer **Mehrheit** von **drei Vierteln der tatsächlich abgegebenen Stimmen.** Sind im Betrieb 3000 Wahlberechtigte beschäftigt und haben 2000 an der Abstimmung teilgenommen, so müssen sich 1500 für den Antrag auf Widerruf der Bestellung ausgesprochen haben, damit dieser wirksam wird. Das Mehrheitsverhältnis entspricht dem in § 103 Abs. 1 AktG. Die Satzung kann eine andere Stimmenmehrheit nur für die Abberufung der von der Hauptverslg. gewählten ARMitgl. vorschreiben. Näheres über das Verfahren bei der Abstimmung vgl. §§ 42ff. WO 53. Die Abberufung eines ArbNVertr. im AR eines

herrschenden Unternehmens kann auch durch **Wahlmänner** erfolgen (§ 76 Abs. 5 S. 3 BetrVG 52). Insoweit wird auf die Rn 89 und 90 verwiesen.

Der **Widerruf** bringt **das Amt** des ArbNVertr. im AR **zum Erlöschen.** Damit erledigt sich ein etwaiges Abberufungsverfahren nach § 103 Abs. 3 AktG durch das Amtsgericht (vgl. Rn 97; OLG Köln, 12. 10. 1988, DB 88, 2628). Der Widerruf wird wirksam mit der Mitteilung des den Widerruf aussprechenden Abstimmungsergebnisses (§ 47 WO 53) an den ArbNVertr. Der Widerruf ist eine empfangsbedürftige Willenserklärung (*Baumbach/Hueck,* § 103 Rn 4; *Fitting/Wlotzke/Wißmann,* § 23, Rn 23; *Hoffmann/Weinmann/Lehmann* § 23, Rn 20; *Kittner/Fuchs/Zachert,* Bd. 2 Rn 387; **a.M.** *Natzel,* DB 64, 1180 der annimmt, daß das Amt des ArbNVertr. bereits mit Feststellung des Abstimmungsergebnisses erlischt, während *DR,* Rn 148 den Zugang der Mitteilung an den Vorstand maßgebend sein läßt). 105

Die **Anfechtung des Widerrufsverfahrens** ist auch ohne ausdrückliche Vorschrift im Gesetz oder der WO 53 in entsprechender Anwendung des § 19 BetrVG 72 im **BeschlVerf.** nach § 2a ArbGG möglich (*DR,* Rn 149, *Kirschner,* DB 71, 2067). Es gilt das zur Anfechtung der Wahl der ArbNVertr. Gesagte entsprechend (vgl. Rn 73–77). Das **ArbG** kann aber **nur die formelle Ordnungsmäßigkeit** des Verfahrens, nicht die materiellen Gründe für den Widerruf nachprüfen. Gibt das Gericht der Anfechtung statt, so ist die Abberufung nicht rechtswirksam erfolgt und es steht fest, daß das Amt nicht erloschen ist. Die Wirksamkeit der Beschlüsse des AR wird aber nicht dadurch berührt, daß das zu Unrecht abberufene Mitgl. nicht mitgewirkt hat. 106

5. Ersatzmitglieder, Stimmbote

Ein **Nachrücken von ErsMitgl.** für ein AR-Mitgl., das vor Ablauf seiner Amtszeit **endgültig ausscheidet,** ist unter den Voraussetzungen des § 101 Abs. 3 AktG zulässig; dies gilt auch für ArbNVertr. (*Marienhagen,* BB 73, 296). Erlischt das Amt eines einzelnen ARMitgl. aus den in Rn 96–106 genannten Gründen oder wegen turnusmäßigen Wechselns, so ist die sonst erforderliche **Nachwahl für den Rest der Amtszeit des AR entbehrlich,** wenn mit der **Wahl des ARMitgl.** selbst **unmittelbar** die Wahl eines dazugehörigen **ErsMitgl. verbunden** worden ist; Wahl und Abberufung eines ErsMitgl. vollzieht sich nach denselben Bestimmungen wie die eines ordentlichen ARMitgl. (vgl. § 101 Abs. 3, § 103 Abs. 5 AktG; zur Wahl von ErsMitgl. vgl. *Lehmann,* DB 83, 485). Ein Ers.Mitgl. rückt aber nicht nach, wenn bereits vor dem Ausscheiden des ordentlichen Mitgl. ein Nachfolger gewählt worden ist (BGH 29. 6. 1987, NJW 88, 260). Ein ErsMitgl. kann auch für mehrere ARMitgl. gewählt werden, sofern diese die gleichen gesetzlichen Voraussetzungen erfüllen (vgl. Rn 51; BGH 15. 12. 1986, NJW 87, 902: für ein AR-Mitgl. auch mehrere Erstmitgl. in festgelegter Reihenfolge; *DR,* Rn 152). Eine Verschiebung der Zahlenverhältnisse des § 76 Abs. 1 u. 2 BetrVG 52 darf aber durch Nachrücken eines ErsMitgl. nicht eintreten. Es ist daher 107 zweckmäßiger und einfacher, für jedes ARMitgl. ein bes. ErsMitgl. zu wählen (so ausdrücklich § 17 MitbestG; *DR,* Rn 153). Es dürften keine Bedenken bestehen, die Wahl der Ersatzmitgl. nach § 76 BetrVG 52 in gleicher Weise vorzunehmen wie nach dem MitbestG (vgl. § 26 1. WO, § 28 2. WO; § 29 3. WO MitbestG), d.h. in den Wahlvorschlag zusammen mit dem Bewerber ein Ersatzmitgl. aufzunehmen, das allerdings – soweit erforderlich – dieselben Voraussetzungen erfüllt wie der Bewerber selbst. Wird der Bewerber in den AR gewählt, so ist auch das mit ihm zusammen vorgeschlagene Ersatzmitgl. gewählt. Bei der Wahl nicht gewählte Bewerber rücken aber nicht automatisch nach (BAG 21. 12. 1965, AP Nr. 14 zu § 76 BetrVG 1952; vgl. Rn 67); § 25 Abs. 2 BetrVG 72 ist nicht entspr. anzuwenden. Wegen Ersatzbestellung von ARMitgl. durch das Gericht vgl. Rn 116ff.

108 Scheidet ein ArbNVertr. aus, der **bestimmte persönliche Voraussetzungen** erfüllt, und würde bei seinem Ausscheiden die Einhaltung der Bestimmung des § 76 Abs. 2 Sätze 2 und 3 BetrVG 52 nicht mehr möglich sein, so kann nur eine Person als ArbNVertr. nachrücken bzw. im Wege der Nachwahl gewählt werden, die die gleichen Voraussetzungen erfüllt.

Beispiel:

Der AR besteht z.B. aus 9 Mitgl.; ihm gehören 3 ArbNVertr. an: Der Arb. X, der Ang. Y und der Betriebsfremde Z. X scheidet nach zwei Jahren aus. An seine Stelle kann nur ein anderer Arb. treten. Über die Schwierigkeiten einer Nachwahl zum AR einer Konzernobergesellschaft vgl. *Spieker,* MitbGespr. 69, 123.

109 Über die Voraussetzungen für die Anwendung des § 101 Abs. 3 Satz 2 AktG im Bereich des BetrVG 1952 bestehen unterschiedliche Auffassungen, zumal da eine gesetzliche Regelung insoweit nicht besteht (anders § 17 MitBestG). Der Wortlaut des § 101 AktG zwingt allerdings nicht zu einer einschränkenden Auslegung (*DR,* Rn 152). Deshalb kann es auch als zulässig angesehen werden, daß die Vorschlagsberechtigten in entsprechender Anwendung des § 17 MitbestG zusammen mit ihren Wahlkandidaten je ein Ersatzmitgl. vorschlagen (näheres Rn 107). Erfolgt andererseits eine Vorabstimmung, so kann in ihr auch die Wahl der Ersatzmitgl. abweichend von § 17 MitbestG geregelt werden (z.B. getrennte Wahlgänge); jedoch können die Vorschlagsberechtigten nicht gezwungen werden Ersatzmitgl. vorzuschlagen.

110 Die Ersatzmitgl. können nicht für zeitweilig verhinderte AR-Mitgl. eintreten. Die Wahl von **Stellvertr.** für **zeitweilig verhinderte** ARMitgl. ist nach Aktienrecht **unzulässig,** wie § 101 Abs. 3 Satz 1 AktG ausdrücklich bestimmt. Ein vorübergehend verhindertes ARMitgl. kann ohne Einschränkung ein anderes ARMitgl. oder – wenn die Satzung dies zuläßt – auch Dritte als sog. **Stimmboten** bestellen, d.h. durch diesen seine Stimme **schriftlich** abgeben lassen (§ 108 Abs. 3 AktG). Im übrigen können aber die ARMitgl. ihre Befugnisse nicht durch andere Personen wahrnehmen lassen (§ 111 Abs. 5 AktG) und auch nicht andere

AR-Mitgl. bevollmächtigen, an ihrer Stelle zu handeln (vgl. auch *Fitting/Wlotzke/Wißmann,* § 25, Rn 22, 26).

IV. Zusammensetzung des Aufsichtsrats

1. Dreiteilbarkeit der Sitzzahl

Um Schwierigkeiten bei der durch § 76 Abs. 1 BetrVG 52 vorgeschriebenen Beteiligung der ArbN mit einem Drittel der ARSitze zu vermeiden, bestimmt § 95 AktG, daß die Gesamtzahl der ARMandate durch **drei teilbar** sein muß. Die gesetzliche Mindestzahl beträgt gleichfalls drei, kann aber entsprechend der Höhe des Grundkapitals durch die Satzung bis auf neun, fünfzehn oder höchstens einundzwanzig Sitze erhöht werden (§ 95 S. 3 AktG). Zulässig ist nur die Festsetzung einer bestimmten höheren Zahl (§ 95 S. 2 AktG). **111**

Unzulässig ist eine Satzungsbestimmung des Inhalts, bei Fortfall einzelner ARMitgl. bestehe der AR für die restliche Amtszeit nur noch aus den verbleibenden Mitgl. (gleitende Zahl). Damit würde, wenn auch durch den Wegfall von Mitgl. bedingt, der Grundsatz der Dreiteilbarkeit durchbrochen werden (*DR,* Rn 11; Bayr. OLG, NJW 54 S. 1001 und OLG Frankfurt, NJW 54 S. 1569). **112**

2. Erhöhung oder Verminderung der Sitzzahl

Von einer unzulässigen variablen Sitzzahl kann nicht die Rede sein, wenn während der laufenden Amtsperiode durch **Satzungsänderung** der **AR** im gesetzlichen Rahmen des § 95 AktG **verkleinert** wird. Derartige Satzungsänderungen wirken aber erst zum Ende der normalen Amtszeit, gelten also praktisch erst für die ordentliche Neuwahl des AR (OLG Hamburg, 26. 8. 88, DB 88, 1941). Eine andere Meinung will zwar eine Verminderung der Zahl der ARMitgl. sofort wirksam werden lassen, wobei aber nunmehr überzählige ArbNVertr. nur durch freiwilliges Ausscheiden oder im Wege des Widerrufsverfahrens wegfallen könnten, also praktisch die Verkleinerung des AR vor Ablauf der Amtszeit von der Bereitwilligkeit der ArbNschaft abhängt (*Baumbach/Hueck,* § 95 Rn 5; *Kittner/Fuchs/Zachert,* Bd. 2 Rn 77; vgl. den Fall LAG Düsseldorf, 18. 12. 87, DB 88, 503). Mit dem Gesetz keinesfalls vereinbar ist die Ansicht, die an letzter Stelle gewählten ArbNVertr. würden automatisch ausscheiden (so aber *DR,* Rn 125). Bei **Vergrößerung** des AR hat eine Nachwahl von ARbNVertr. stattzufinden (*DR,* Rn 126). Wegen der Besonderheiten des MitbestG vgl. *Fitting/Wlotzke/Wißmann,* § 15 Rn 106. **113**

3. Beschlußfähigkeit und Vollständigkeit

Der AR entscheidet durch ausdrücklichen Beschluß (§ 108 Abs. 1 AktG). Eine stillschweigende Zustimmung gibt es nicht. Die Satzung **114** kann Vorschriften darüber enthalten, wieviel ARMitgl. an der einzelnen Sitzung teilnehmen müssen, um einen wirksamen Beschluß fassen zu können (Beschlußfähigkeit, § 108 Abs. 2 Satz 1 AktG). Unzulässig ist eine Satzungsbestimmung, wonach der AR nur beschlußfähig sein soll, wenn mindestens die Hälfte der an der Beschlußfassung teilnehmenden ARMitgl. solche der Aktionärseite sein müssen, darunter der Vors. des AR (BGH 25. 2. 82, ArbuR 82, 197 = AP Nr. 1 zu § 28 MitbestG). Bestimmt die Satzung insoweit nichts, so muß mindestens die **Hälfte der durch Gesetz oder Satzung festgelegten Mitglzahl** an der Beschlußfassung teilnehmen (Abs. 2 Satz 2). Die **Mindestzahl** für die Beschlußfähigkeit beträgt aber **stets drei** (Abs. 2 Satz 3). Teilnahme an der Beschlußfassung bedingt nicht persönliche Anwesenheit (anders für BR § 33 BetrVG 72), vielmehr kann die Teilnahme nach § 108 Abs. 3 AktG dadurch erfolgen, daß das ARMitgl. schriftliche Stimmabgabe überreichen läßt. Schriftliche, telegraphische oder fernmündliche Beschlußfassung ist zulässig, wenn kein Mitgl. dem Verfahren widerspricht (anders für BR, vgl. § 33 Rn 14 BetrVG 72). Die Teilnahme Dritter an der Abstimmung führt nur dann zur Nichtigkeit eines Beschlusses, wenn dieser ohne den Dritten möglicherweise nicht gefaßt worden wäre (BGHZ 47, 341 = NJW 67, 1711; vgl. auch § 109 Abs. 1 AktG und § 33 BetrVG 72 Rn 40).

115 **Beispiel:**

Ein AR besteht nach der Satzung aus 9 Mitgl., davon ein Drittel (3) ArbNVertr. Die Satzung hat die zur Beschlußfassung erforderliche Mitglzahl auf 5 festgesetzt. Der AR kann einen wirksamen Beschluß fassen, wenn nur 5 Vertr. der Aktionäre, aber auch wenn alle 3 ArbNVertr. und nur 2 AktionärVertr. z.Z. vorhanden sind und an der Beschlußfassung teilnehmen.

116 Ist die MitglZahl des AR **unter die für die Beschlußfähigkeit erforderliche Zahl gesunken,** so hat sie das **Amtsgericht** am Sitz der Gesellschaft auf Antrag bis zu dieser Grenze zu erhöhen **(Ersatzbestellung).** Der **Antrag** kann nach § 104 Abs. 1 AktG gestellt werden: vom Vorstand, jedem ARMitgl., jedem Aktionär sowie von mindestens einem Zehntel oder einhundert der wahlberechtigten ArbN; antragsberechtigt ist für den AR des Unternehmens auch der dort bestehende GesBR (wenn nur ein BR besteht, dieser BR); bei Ersatzbestellung für den AR eines herrschenden Unternehmens (Konzernspitze): der KBR sowie der GesBR (bzw. BR) jedes abhängigen Unternehmens, deren ArbN an der Wahl teilnehmen. Der **Vorstand ist verpflichtet,** die Ersatzbestellung unverzüglich zu beantragen, falls nicht erwartet werden kann, daß der AR durch Nachwahl so rechtzeitig ergänzt wird, daß das neue Mitgl. nach ordnungsgemäßer Ladung schon an der nächsten ARSitzung teilnehmen kann (§ 104 Abs. 1 Satz 2 AktG). Unterläßt der Vorstand den Antrag, so handelt er pflichtwidrig und ist vom Amtsgericht durch Zwangsgelder (§ 407 Abs. 1 AktG) zur Antragstellung anzuhalten. Das einzelne Zwangsgeld beträgt höchstens 10000,– DM.

117 Das Amtsgericht kann nach § 104 Abs. 2 AktG auf Antrag den AR

über die Grenze der Beschlußfähigkeit hinaus auf **die volle gesetzliche oder der Satzung entsprechende Stärke** ergänzen. Diese Möglichkeit besteht außer im Fall der **Dringlichkeit** aber erst, wenn die Vollständigkeit des AR seit **mehr als drei Monaten** entfallen ist. Dringlich ist diese Ergänzung, wenn vom AR für das Unternehmen, die ArbNschaft oder die Allgemeinheit wichtige Beschlüsse zu fassen sind und sich das Fehlen einzelner Mitgl., insbes. bei Verschiebung des Verhältnisses zwischen Aktionär- und AbNVertr. störend auswirken würde (*DR,* Rn 29; *Kittner/Fuchs/Zachert,* Bd. 2 Rn 573). Der Kreis der Antragsberechtigten ist derselbe wie bei der Ergänzung auf die Beschlußfähigkeit, ohne daß hier jedoch eine Pflicht des Vorstands zur Antragstellung besteht.

Das Gesetz gibt dem **Amtsgericht** in **§ 104 Abs. 4 AktG genaue** **118**
Richtlinien für die Ersatzbestellung der ARMitgl. Der Grundgedanke ist, bei der Ergänzung des AR das Zahlenverhältnis zwischen Aktionär- und ArbNVertr. und auch innerhalb der ArbNVertr. wiederherzustellen (vgl. § 76 Abs. 1, Abs. 2 Satz 2 und 3 BetrVG 52, Rn 47–51). Das ist in vollem Umfang möglich, wenn der AR auf seine volle MitglZahl ergänzt wird. Ist lediglich die Beschlußfähigkeit herbeizuführen, so ist es unschädlich, wenn dieser Grundsatz nur teilweise verwirklicht werden kann (§ 104 Abs. 4 S. 2 AktG).

Beispiel:

Der AR besteht nach der Satzung aus 9 Mitgl., davon 3 ArbNVertr. Die Satzung verlangt für die Beschlußfassung 6 Mitgl. Der AR besteht z.Z. aus 5 Mitgl., die sämtlich AktionärVertr. sind. Es ist ein Vertr. der ArbN zu bestellen, weil diese überhaupt nicht vertreten sind.

Ist ein ARMitgl. zu ersetzen, das **bestimmte persönliche Voraussetzungen** erfüllen muß, so muß das Gericht diese Voraussetzungen beachten (fehlt z.B. der Vertr. der Arb. im AR muß das Gericht ein Arb. bestellen, § 104 Abs. 4 S. 3 AktG). Der Antragsteller kann mit seinem Antrag zugleich eine Person zur Bestellung vorschlagen (*Kittner/Fuchs/Zachert,* Bd. 2 Rn 576). § 104 Abs. 4 Satz 4 AktG bestimmt, daß – soweit die BR ein Vorschlagsrecht für die Wahl haben (§ 76 Abs. 3 S. 1 BetrVG 52) – deren Vorschläge durch das Gericht berücksichtigt werden sollen, soweit nicht überwiegende Belange der Gesellschaft oder der Allgemeinheit dem entgegenstehen. Um konkurrierende Vorschläge der BR zu vermeiden, dürfte das Vorschlagsrecht insoweit praktisch durch den GesBR bzw. KBR ausgeübt werden. Das gerichtlich bestellte ARMitgl. hat dieselben Rechte und Pflichten, wie die übrigen ARMitgl. (Wegen Vergütung und Ersatz der Auslagen vgl. § 104 Abs. 6 AktG). **119**

Das **Amt** des gerichtlich bestellten ARMitgl. **endet** automatisch mit der Annahme des Amtes durch das im normalen Verfahren von den Aktionären oder den ArbN gewählte Mitgl. Dann ist der „Mangel behoben“ (§ 104 Abs. 5 AktG). Einer förmlichen Abberufung durch das Gericht bedarf es nicht (*DR,* Rn 28; *Fitting/Wlotzke/Wißmann,* § 6 Rn 51). **120**

X. Aufgaben des Aufsichtsrats

121 Stellung und Aufgaben des AR richten sich nach den Bestimmungen des AktG(vgl. eingehend *Kittner/Fuchs/Zachert,* Bd. 1 Teil B, Rn 240ff.; *Fitting/Wlotzke/Wißmann,* § 25 Rn 13–57). Der AR hat die VorstMitgl. zu bestellen und abzuberufen (§ 84 AktG). Dies gilt nicht für die KGaA, deren gesetzliche Vertr. die persönlich haftenden Gesellschafter sind (vgl. Rn 6). Die wesentliche Aufgabe des AR ist die **Überwachung der Geschäftsführung des Vorst.** (§ 111 Abs. 1 AktG). Diese Überwachungsfunktion übt der AR als Organ aus; die einzelnen Mitgl. werden nur im Rahmen des gesamten Organs tätig. Das einzelne, im AR überstimmte AR-Mitgl. kann keine Klage gegen Geschäftsführungsmaßnahmen des Vorstandes erheben (BGH 28. 11. 1988, DB 89, 165 = BB 89, 240). Der AR vertritt die Gesellschaft gerichtlich und außergerichtlich gegenüber Vorstandsmitgl. (§ 112 AktG). Der Vorst. hat den AR periodisch über den Geschäftsablauf zu unterrichten, aber auch außer der Reihe aus wichtigen Anlässen (§ 90 Abs. 1 u. 2 AktG).

121a Der AR als solcher, wie auch jedes einzelne ARMitgl., kann jederzeit einen bes. **Bericht verlangen.** Lehnt der Vorst. dieses Verlangen eines einzelnen ARMitgl. ab, so muß er den Bericht doch erstatten, sofern ein weiteres ARMitgl. das Verlangen unterstützt (§ 90 Abs. 3 AktG; vgl. LG Dortmund, 10. 8. 84, Mitbestimmung 84, 410). Jedes ARMitgl. hat das Recht, von den Berichten des Vorst. Kenntnis zu nehmen (§§ 90 Abs. 5, 170 Abs. 3, 314 Abs. 1 AktG). Die Mitgliedschaft von ArbN-Vertretern im AR berechtigt den Vorstand nicht zur Einschränkung einer Berichterstattung im Hinblick auf die Handhabung der Schweigepflicht durch diese ARMitgl. (*Schilling* AG 1981, S. 341ff., *Klein,* AG 1982 S. 9ff.).

121b Jeder ARMitgl. kann wie der Aktionär (§ 131 Abs. 1 S. 3 AktG) die Vorlage des ungekürzten Jahresabschlusses verlangen. Der AR kann die Bücher und Schriften sowie Vermögensgegenstände der Gesellschaft einsehen und prüfen (§ 111 Abs. 2 AktG). Der AR **prüft den Jahresabschluß,** den Vorschlag über die Gewinnverteilung, den Lagebericht, ggfs. den Prüfungsbericht des Abschlußprüfers (für Wi-Ausschuß vgl. insoweit § 108 Rn 13ff.) und berichtet hierüber an die Hauptverslg. (§ 171 AktG). Wegen der Mitwirkung des AR bei der **Feststellung des Jahresabschlusses** vgl. § 172 AktG. Nach Ansicht des BGH (15. 11. 82, NJW 83, 991) hat ein einzelnes ARMitgl. nur in Ausnahmefällen Anspruch auf Zuziehung eines Sachverständigen bei Einsicht in den Prüfungsbericht. Lehnt der AR den vorgeschlagenen Jahresabschluß ab, so geht die Zuständigkeit auf die Hautpverslg. über (§ 173 AktG). Eine „Tabelle" der Rechte des einzelnen ARMitgl. bei *Fitting/Wlotzke/Wißmann,* § 25 Rn 85; vgl. weiter *Köstler,* Die Mitbestimmung, 87, 416 und gewerkschaftliche Empfehlungen an ArbNVertr. im AR zur Handhabung des Bilanzrichtliniengesetzes in Beilage zu Heft 3/88. Die Mitbestimmung (kr. zu dieser Analyse *Reige,* BB 88, 2213). Der AR muß eine Hauptverlg. einberufen, wenn es das Wohl der AG erfordert (§ 111

Abs. 3 AktG). Die ARMitgl. können und sollen auch an jeder Hauptverslg. teilnehmen, auch wenn sie nicht Aktionäre sind (§ 118 Abs. 2 AktG; vgl. dazu *Spieker,* Mitbestimmungsgespräch 65, 184).

Die Befugnisse des obligatorischen AR der **GmbH** sind wesentlich geringer (§ 77 Abs. 1 BetrVG 52, vgl. dort Rn 10, 11). Wegen **KGaA** vgl. Rn 6.

Das AktG enthält in § 107 nur wenige Vorschriften über die **innere Ordnung des AR.** Es ist ein Vorsitzender und ein Stellvertr. zu wählen. Über die Sitzungen des AR ist eine Niederschrift aufzunehmen, deren Mindestinhalt § 107 Abs. 2 AktG festlegt. Wegen der Bildung von Ausschüssen vgl. Rn 127, 128 und § 107 Abs. 3 AktG. Nach § 110 Abs. 3 AktG soll der AR in der Regel einmal im Kalendervierteljahr, muß aber mindestens einmal im Kalenderhalbjahr einberufen werden. Jedes AR-Mitgl. (also auch jeder ArbNVertr.) kann unter Angabe des Zwecks und der Gründe eine unverzügliche Einberufung des AR durch den Vorsitzenden verlangen; die Sitzung muß binnen zwei Wochen nach der Einberufung stattfinden (§ 110 Abs. 1 AktG). 122

Die **Geschäftführung der AG** obliegt **allein dem Vorstand** als dem zur gesetzlichen Vertretung berufenen Organ der Gesellschaft (§ 76 AktG). Dieser leitet die Gesellschaft unter eigener Verantwortung; die Vorstandmitgl. haben dabei die Sorgfalt eines ordentlichen und gewissenhaften Geschäftsleiters anzuwenden (§ 93 Abs. 1 S. 1 AktG). Maßnahmen der Geschäftsführung können nicht auf den AR übertragen werden (§ 111 Abs. 4 Satz 1 AktG). Satzung oder AR können sich zwar die **Zustimmung des AR zu bestimmten** Arten von **Geschäften vorbehalten** (§ 111 Abs. 4 Satz 2 AktG). Der Vorst. kann aber den AR überspielen, indem er die Hauptverslg. anruft und diese die fehlende Zustimmung des AR mit einer Mehrheit von drei Vierteln der abgegebenen Stimmen ersetzt (§ 111 Abs. 4 S. 3–5 AktG). Bei Vorliegen eines Beherrschungsvertrages (§ 291 AktG) hat der Vorstand des abhängigen Unternehmens die Weisungen des Vorstandes des herrschenden Unternehmens zu befolgen (§ 308 Abs. 2 AktG). Handelt es sich um ein Geschäft, das der Zustimmung der AR des abhängigen Unternehmens bedarf und stimmt dieser nicht zu, so bedarf es der erneuten Weisung des Vorstand der Konzernspitze, der sich aber der Zustimmung seines AR versichern muß (§ 308 Abs. 3 AktG). Dies gilt auch, wenn das abhängige Unternehmen in das herrschende Unternehmen eingegliedert ist (§ 323 Abs. 1 S. 2 AktG). § 308 AktG findet dagegen keine Anwendung, wenn es sich um einen faktischen Konzern ohne vertragliche Bindung handelt. 123

XI. Rechtsstellung der Arbeitnehmervertreter

1. Grundsatz

Für die **ArbNVertr. im AR gelten grundsätzlich die gleichen Bestimmungen wie für die von Aktionärseite bestellten Mitgl.,** soweit 124 nicht das BetrVG 52 etwas anderes bestimmt (h. M.; BAG 27. 9. 57, AP Nr. 7 zu § 13 KSchG). Sie haben grundsätzlich die gleichen Rechte und Pflichten (ausführlich: *Hensche,* MitbGespr. 71, S. 67, 97, 111 und *Zachert,* MitbGespr. 76, Heft 8–12; ebenso *DR,* Rn 157). Satzungsbestimmungen, die insoweit Einschränkungen enthalten, sind nichtig (*DR,* a. a. O.; *Fitting/Wlotzke/Wißmann,* § 25, Rn 77, 80 mit w. Nachw.).

125 Die ARMitgl., die ArbNVertr. sind, haben dem Unternehmen gegenüber die gleiche Verantwortung wie die übrigen ARMitgl. Sie haben bei ihrer Amtsausübung die gleichen Sorgfaltspflichten wie die VorstMitgl. und haften der Gesellschqaft für Schaden, der dadurch entsteht, daß sie ihre Obliegenheiten verletzten (§ 116 in Verb. mit § 93 AktG).

125a Die **Verschwiegenheitspflicht** der ARMitgl. ist **nach Inkrafttreten des MitbestG** ausführlich und kontrovers erörtert worden und zwar insbesondere mit Blick auf die ARMitgl. der ArbN (ArbNVertr.) Vgl. *Fitting/Wlotzke/Wißmann,* § 25, Rn 98–113, 122–124; *Naendrup* in GK MitbestG, § 25, Rn 192–210 (beide mit ausführlichen Hinweisen); *Klinkhammer, Rancke* Verschwiegenheitspflicht der Aufsichtsratsmitglieder, Köln 1978; *Köstler,* MitBestGespr. 79 S. 217; *v. Hoyningen-Huene,* DB 1979, S. 2422; *Lutter,* Information und Vertraulichkeit im Aufsichtsrat, 1979; *Nagel,* BB 1979, S. 1299; *Säcker,* NJW 86, 803. **Zum BetrVG 52** vgl. das **Leiturteil des BGH** v. 5. 6. 1975, BGHZ 64, 325 = NJW 75, 1412.

Eine ausführliche Darstellung der Problematik unter Würdigung der kontroversen Ansichten würde den Rahmen dieses Kommentars sprengen. Dies gilt insbesondere für die Erörterung der Grenzen der Verschwiegenheitspflicht der ArbNVertr. im Verhältnis zum BR und zur Belegschaft. Deshalb werden im Folgenden nur einige Aussagen zu den wichtigsten Fragen gemacht und im übrigen zur Vertiefung auf die oben zitierte Literatur verwiesen.

125b Die ARMitgl. haben über **vertrauliche Angaben sowie Betriebs- und Geschäftsgeheimnisse** (vgl. hierzu § 79 BetrVG 72 Rdnr. 2), die ihnen durch ihre **ARTätigkeit bekannt geworden sind, Stillschweigen** zu bewahren (§ 116 i. Vbdg. mit § 93 Abs. 1 Satz 2 AktG, § 77 Abs. 1 Satz 2 BetrVG 52, §§ 41, 34 GenG, § 35 Abs. 3 VAG). Ein besonderer Hinweis als Voraussetzung der Schweigepflicht, wie in § 79 Abs. 1 Satz 1 BetrVG 72, ist nicht vorgeschrieben.

Die Verschwiegenheitspflicht gilt für **ArbNVertr. im AR im gleichen Umfang, wie für ARMitgl. der Anteilseigner.**

125c **Geheimhaltungsbedürftig** sind solche Informationen, aus deren Weitergabe dem Unternehmen mit einiger Wahrscheinlichkeit ein nicht nur ganz geringfügiger Schaden entstehen würde. Demnach ist nicht etwa alles, was dem ARMitgl. im Rahmen seiner ARTätigkeit bekanntgeworden ist, geheimhaltungsbedürftig. Schon allgemein bekanntgewordene Vorgänge sind kein Geheimnis; ein ARMitgl. kann auch sein eigenes Abstimmungsverhalten offenlegen (*Säcker,* NJW 86, 803).

Maßstab für die Ermittlung der Geheimhaltungsbedürftigkeit ist das **Unternehmensinteresse,** das nicht ohne weiteres mit dem Interesse der Anteilseigner gleichzusetzen ist, sondern von mehreren Faktoren, darunter auch dem Interesse der ArbN geprägt ist. Die Geheimhaltungsbedürftigkeit von Informationen kann **nicht durch die Satzung, den Vorstand, den AR,** den ARVors. oder andere Stellen verbindlich festgelegt werden. Vielmehr müssen die **ARMitgl. im Einzelfall** sorgfältig **in eigener Verantwortung** prüfen, ob eine Information der Geheimhaltung bedarf bzw. inwieweit eine (objektive) Berichterstattung zulässig ist. Verbindlich können hierüber nur die Gerichte entscheiden.

Verstößt ein ARMitgl. gegen die Verschwiegenheitspflicht, so haftet **125d** es dem Unternehmen für den etwa daraus entstehenden Schaden (§ 117 AktG). Als weitere Sanktionen kommen die Abberufung durch das Gericht (§ 103 AktG, vgl. oben Rn 97) sowie – bei vorsätzlichem Handeln – Geld- oder Freiheitsstrafen (§ 404 AktG, § 151 GenG, § 138 VAG) in Betracht (für die vom BetrVG 52 erfaßten GmbH bestehen mangels ausdrücklicher Verweisung auf § 404 AktG in § 77 BetrVG 52 keine Strafsanktionen).

Wegen Teilnahme von ARMitgl. an Betriebsverslg. vgl. § 42 Rn 18, an Betriebsräteverslg. § 53 Rn 15.

Die ArbNVertr. stehen in der Zielsetzung ihrer Tätigkeit den übrigen **126** ARMitgl. gleich, d. h. sie haben nicht nur ArbNInteressen zu vertreten, sondern ihr Amt zum Wohl der Gesellschaft und ihrer ArbN ordentlich und gewissenhaft zu führen (§ 116 i. Verb. mit § 93 AktG). Die Bezeichnung **„Vertreter der ArbN"** ist daher mißverständlich und bezieht sich nur auf den Bestellungsvorgang, nicht auf die Aufgaben der von ArbN-Seite bestellten ARMitgl. Folgerichtig kennt § 96 Abs. 1 AktG nur **AR-Mitgl.** der Aktionäre und der ArbN (ebenso § 7 MitbestG; vgl. *Fitting/Wlotzke/Wißmann,* § 25 Rn 80ff.; stärker auf die Interessenvertretung stellt *Zachert,* Sonderheft MitbGespr. 1976, S. 35ff. m. w. N. ab).

2. Beteiligung in Ausschüssen

Von großer praktischer Bedeutung ist die Bildung von Ausschüssen **127** des AR. Nach § 107 Abs. 3 AktG besteht die Möglichkeit, daß zahlreiche Aufgaben des AR derartigen Ausschüssen, insbes. die Vorbereitung von Beratungen oder von Beschlüssen des AR oder die Überwachung der Durchführung der Beschlüsse des AR, übertragen wird. Auch kann einem Ausschuß des AR die **Beschlußfassung anstelle des AR** übertragen werden; dies gilt allerdings nicht für die in § 107 Abs. 3 S. 3 AktG aufgeführten Geschäfte (u. a. Bestellung und Abberufung des Vorstands, Einberufung der Hauptverslg., Prüfung des Jahresabschlusses usw.). Satzungsvorschriften dürfen dem AR nicht vorschreiben, ob, in welcher personellen Zusammensetzung und mit welchen Aufgaben Ausschüsse gebildet werden (BGH 25. 2. 82, ArbuR 82, 194 = AP Nr. 2 zu § 25 MitbestG).

An den Sitzungen eines Ausschusses können auch nicht dem Aus- **127a** schuß angehörende ARMitgl. teilnehmen; dieses Recht kann aber der Vors. des AR entziehen (§ 109 Abs. 2 AktG), allerdings nicht nur mit Wirkung gegen ArbN-Vertr. (*Geßler/Hefermehl/Eckardt/Kropf,* § 109 Rn 22). Sog. **„Beiräten"**, die mit Personen besetzt sind, die nicht dem Vorstand oder AR angehören, dürfen **nur beratende Funktionen** übertragen werden (*Kunow,* DB 66, 332; vgl. auch Rn 33, § 77 BetrVG 52 Rn 5). Der AR muß seine gesetzlichen Aufgaben behalten (*DR,* Vorbem. 25 zu § 76 BetrVG 52; *Kittner/Fuchs/Zachert,* Bd. 1, Rn 228ff.).

128 Nach Aktienrecht hat kein ARMitgl. Anspruch darauf, einem Ausschuß oder gar einem bestimmten Ausschuß anzugehören. Das gilt auch für die ArbNVertr. Diese können zwar Mitgl. der Ausschüsse des AR sein. Eine ausdrückliche Vorschrift, wonach jedem Ausschuß ein ArbNVertr. angehören muß, besteht aber nicht. Als nichtig ist jedoch eine Satzungsbestimmung anzusehen, die grundsätzlich eine Nichtbeteiligung der ArbNVertr festlegt (h. M.). Der **Sinn des Gesetzes** verlangt vielmehr, daß die **ArbNVertr. in allen Ausschüssen** vertreten sind (*Hensche,* MitbGespr. 71, 112; *Zachert,* MitbGespr. 76, Sonderheft S. 18; LG Hamburg v. 22. 6. 1982, Mitbestimmung 82, 315; Hanseat. OLG vom 23. 7. 1982, AG 83, S. 21, besprochen in Mitbestimmung 1982 S. 315). Vor allem ist eine Mitwirkung in sozialpolitischen, aber auch in personellen Angelegenheiten geboten (ebenso grundsätzlich *DR,* Rn 161 und *Baumbach/Hueck,* § 107 Rn 14, die es für wünschenswert halten, daß jeder Ausschuß zu einem Drittel aus Vertr. der ArbN besteht). Der Ansicht, ArbNVertr. müßten in jedem entscheidenden Ausschuß mitwirken, ist zuzustimmen (*DR,* Rn 161; *Hensche,* MitbGespr. 71, 112; **a.M.** *Hefermehl/Eckardt/Kropff,* AktG § 107 Rn 70 unter Berufung auf die BT-Protokolle von 1965, denen er bindende Wirkung für die Gesetzesauslegung beimißt). Wegen der besonderen Probleme der Ausschußbildung durch die paritätisch besetzten AR vgl. *Fitting/Wlotzke/Wißmann,* § 29 Rn 36ff., weitergehend *Zachert,* aaO, einschränkend *Meilikke/Meilicke,* MitbestG, §§ 25–29 Rn 22; *Hoffmann/Lehmann/Weinmann* § 25 Rn 30ff.

128a Werden einem Ausschuß des AR Befugnisse zur selbständigen Erledigung an Stelle des AR übertragen, so muß dieser Ausschuß aus mindestens 3 Mitgl. bestehen, wie dies § 108 Abs. 2 Satz 2 AktG auch für die Beschlußfassung des AR verlangt (vgl. Rn 114; BGH, 23. 10. 1975, BGHZ 65, 190 = NJW 76, 145).

3. Vergütung der Aufsichtsratstätigkeit

129 Nach § 113 Abs. 1 AktG kann den ARMitgl. durch die Satzung oder die Hauptverslg. eine Vergütung für ihre ARTätigkeit gewährt werden, die meist in einem neben der Bestellung **besonders abgeschlossenen Dienstvertrag** (§ 611 BGB) zwischen Vorst. und dem ARMitgl. einzelvertraglich festgelegt wird (so die h. M.). Der Anstellungsvertrag kann aber auch ein unentgeltliches Auftragsverhältnis (§ 662 BGB) zum Inhalt haben. In jedem Fall sind aber die Auslagen der ARMitgl. zu erstatten (Sitzungsgelder; vgl. §§ 670, 675 BGB). Allgemein zur Vergütung des ARMitgl. *Natzel,* DB 65, 1393, 1429 u. zur Besteuerung *Kittner/Fuchs/Zachert,* Bd. 1 Rn 631ff.

130 Auch hinsichtlich der **Vergütung und der Auslagen stehen die ArbNVertr. den anderen ARMitgl. gleich** (h. M.). Das Begünstigungsverbot des § 78 BetrVG 72 gilt zwar auch für sie (§ 76 Abs. 2 Satz 5 BetrVG 52). Der Ersatz von Auslagen und die Entlohnung für eine dienstvertragliche Tätigkeit sind aber keine unzulässige Begünstigung; vielmehr würde hier eine unterschiedliche Behandlung der ArbNVertr. im Verhältnis zu den AktionärVertr. eine verbotene Benachteiligung darstellen (§ 78 BetrVG 72 in Verb. mit § 76 Abs. 2 Satz 5 BetrVG 52). Das Versprechen von Wahlkandidaten, die ARVergütungen an die ArbN zu verteilen oder einer unzulässigen BRKasse (vgl. § 41 Rn 4ff. BetrVG 72) zuführen zu wollen (vgl. die Fälle LAG Baden-Württemberg, AP Nr. 2 zu § 82 BetrVG 1952 und ArbG Lübeck, DB 67, 1724), stellt eine unzulässige Wahlbeeinflussung dar (*DR,* Rn 173). Die Wahl kann angefochten werden. Derartige Zuwendungen können bei der Ermittlung der steuerpflichtigen Einkünfte des ARMitgl. aber abgezogen werden (BFH 9. 10. 80, DB 81, 193). Zuwendungen an einzelne ArbN aus einem so gebildeten Sozialfonds gehören für diesen auch nicht zum Arbeitslohn (BFH 7. 8. 1987, DB 87, 2393 = BB 88, 45). Abzugsfähig dürfte auch der Teil der Aufsichtsratsvergütung sein, der auf Grund des Beschlusses des 10. ordentlichen Bundeskongresses des DGB von den zu ArbNVertr. gewählten ARMitgl. an die Stiftung *„Hans-Böckler-Stiftung"* abgeführt wird, also auf Grund einer rechtlichen Verpflichtung, die der ArbNVertr. vor seiner Wahl eingehen mußte, um als Kandidat aufgestellt zu werden (vgl. § 10b EStG; *Kittner/Fuchs/Zachert,* Bd. 1 Rn 633; *DR,* a. a. O.; *Zachert,* MitbGespr. 75, Sonderheft S. 30 hält diese Beträge nach § 4 Abs. 4 EStG für voll absetzbar, offen gelassen BFH a. a. O.).

Die ArbNVertr. haben, soweit sie Unternehmensangehörige sind, **131**
nach h. M. Anspruch auf **Erstattung des Lohnausfalls.** § 37 Abs. 2 BetrVG 72 wird zwar in § 76 BetrVG 52 nicht ausdrücklich für anwendbar erklärt. auch dürfte keine Benachteiligung vorliegen, wenn ARMitgl. statt des Lohnes eine höhere ARVergütung erhalten. Andererseits würde die Versagung des Anspruchs auf Lohnausfall praktisch zu einer Benachteiligung der Arb. im Verhältnis zu den Ang. als Mitgl. im AR führen. Deshalb erscheint es vertretbar, § 37 Abs. 2 BetrVG 72 für alle ARMitgl. der Arbeitnehmerseite entsprechend anzuwenden (so auch *Fitting/Wlotzke/Wißmann,* § 26 Rn 10 mit w. Nachw.; *DR,* Rn 175; *Reich/Lewerenz,* ArbuR 76, 366 für MitbestG; **a. M.** *Kirschner,* DB 71, 2065). Andererseits besteht kraft Gesetzes kein gesetzlicher Anspruch auf Lohnfortzahlung und Kostenerstattung, wenn während der Arbeitszeit ein Fortbildungslehrgang besucht wird (*Faude,* DB 83, 2249; *Fitting/Wlotzke/Wißmann,* § 26 Rn 11; *Henke,* BB 71, 751; **a. M.** *Reich/Lewerenz,* a. a. O., *Kittner/Fuchs/Zachert,* Bd. 1 Rn 642, 645; *Säcker,* NJW 79, 1526). Vgl. aber wegen BRMitgl., die zugleich ARMitgl. sind § 37 Abs. 6 und 7 BetrVG 72.

4. Schutz der Arbeitnehmervertreter

132 An die Stelle des in § 76 Abs. 2 letzter Satz BetrVG 52 erwähnten § 53 BetrVG 52 tritt jetzt § 78 BetrVG 72 (vgl. Vorbem. 3; die Frage ist offen gelassen in BAG 4. 4. 1974, AP Nr. 1 zu § 626 BGB ArbNVertr. im AR). Die Vertreter der ArbN im AR dürfen daher um ihres Amtes wegen **nicht bevorzugt oder benachteiligt** werden. Zwar genießen sie keinen absoluten Kündigungsschutz, weil § 15 KSchG nicht anzuwenden ist, sofern sie nicht zugleich BRMitgl. sind (weitergehend *Hensche,* ArbuR 74, 383, der aus § 15 Abs. 2 KSchG ein allgemeines Prinzip ableiten will und diese Vorschrift entsprechend auf ArbN-Vertr. im AR anwendet; ähnlich *Mayer,* BlStR 76, 176 und *Reich/Lewerenz,* ArbuR 76, 363f.; *Naendrup,* ArbuR 79, 204ff. will nur eine außerordentliche Kündigung unter Zustimmung der nicht betroffenen ArbNVertr. des AR zulassen). Eine **Kündigung** wird aber häufig gegen das **Benachteiligungsverbot des § 78 BetrVG 72** verstoßen und dann aus diesem Grunde unwirksam sein (so *DR,* Rn 177; *Fitting/Wlotzke/Wißmann,* § 26 Rn 16, 17; *Baumbach/Hueck,* § 96 Anh Rn 36; *Hoffmann/Lehmann/Weinmann* § 26 Rn 18; für entsprechend Anwendung des § 103 BetrVG 72 u. § 15 Abs. 1 KSchG 1969: *Kittner/Fuchs/Zachert,* Bd. 1 Rn 650ff.). Für den Ursachenzusammenhang zwischen Kündigung und Benachteiligung um der ARTätigkeit willen kann eine tatsächliche Vermutung sprechen, die der ArbGeb. entkräften muß.

132a Hat ein unternehmensangehöriges ARMitgl. der ArbN seine **Amtspflichten verletzt,** ohne zugleich gegen seine arbeitsvertraglichen Pflichten zu verstoßen, so kann das Arbeitsverhältnis deswegen nicht gekündigt werden; es kommen vielmehr **nur gesellschaftsrechtliche Sanktionen** in Betracht, insbesondere eine Abberufung des ARMitgl. gem. § 103 Abs. 3 AktG oder gem. § 76 Abs. 5 BetrVG 52. Es gilt hier entsprechendes wie bei Amtspflichtverletzungen von BRMitgl. (vgl. § 103 Rn 18a). Das Rechtsverhältnis als ARMitgl. zur Gesellschaft ist vom Arbeitsverhältnis getrennt zu betrachten (*Fitting/Wlotzke/Wißmann,* § 26 Rn 18). Begeht das unternehmensangehörige ARMitgl. eine Handlung, die sowohl gegen seine Amtspflichten als auch gegen seine arbeitsvertraglichen Pflichten verstößt (z. B. Verletzung der Verschwiegenheitspflicht), so greifen gleichfalls in erster Linie die gesellschaftsrechtlichen Rechtsfolgen Platz, insbesondere kommt eine Abberufung in Betracht u. U. auch eine Schadensersatzpflicht. Eine Kündigung wird nur ausnahmsweise begründet sein, wenn eine weitere arbeitsvertragliche Zusammenarbeit innerhalb des Betriebes unmöglich oder unzumutbar ist, also insbesondere, wenn der Tatbestand für eine außerordentliche Kündigung gem. § 626 BGB gegeben ist. Denn anderenfalls würde das ARMitgl. seine Unabhängigkeit gegenüber dem Vorstand, den es doch kontrollieren soll, durch den Druck der Kündigungsmöglichkeit verlieren (näheres vgl. *Fitting/Wlotzke/Wißmann,* § 26 Rn 19ff., weitergehend *Kittner/Fuchs/Zachert,* Bd. 1 Rn 654; nach *Naendrup,* ArbuR 79, 161 ist Testfrage, ob so nur ein ArbNVertr. handeln könnte, oder auch ein anderer ArbN; einschränkend *Hoffmann/Lehmann/Weinmann* § 26, Rn 21).

132b Auch in der **beruflichen Entwicklung** dürfen die ARMitgl. der ArbN nicht anders als andere ArbN behandelt werden; dies steht aber einem Berufsaufstieg aufgrund der Erfahrungen und Kenntnisse, die die Tätigkeit im AR vermittelte, nicht entgegen, da das Begünstigungsverbot nur aus unsachlichen Gründen gewährte Vorteile zum Gegenstand hat (weitergehend will *Zachert,* MitbGespr. 75, Sonderheft, S. 33 § 37 Abs. 4 und 5 BetrVG 72 entsprechend anwenden). Ein ausdrückliches Benachteiligungsverbot, auch für die berufliche Entwicklung, enthält § 26 MitbestG für die AR-Mitgl. der ArbN.

5. Interessenkollision und Streik

Die Frage eines Widerstreits der Interessen zwischen Gesellschaft und **133**
ArbN und dessen Auswirkungen auf die Pflichten und Befugnisse der ArbNVertr. im AR ist nach Inkrafttreten des MitbestG in der Literatur lebhaft erörtert worden. Zur Vertiefung wird auf die Kommentare zum MitbestG verwiesen.

Eine **Stimmrechtsbeschränkung** von ARMitgl., insbesondere von **134**
ArbNVertr., wegen **Interessenkollision ist im AktG nicht** vorgesehen. Man kann in entsprechender Anwendung der Bestimmung des § 34 BGB für das Vereinsrecht und des § 136 Abs. 1 AktG für das Stimmrecht der Aktionäre in der Hauptverslg. allenfalls annehmen, daß AR-Mitgl. in Angelegenheiten nicht mitstimmen können, die sie persönlich als Einzelperson angehen (vgl. *Baumbach/Hueck,* § 108 Rn 4; *Fitting/Wlotzke/Wißmann,* § 25, Rn 114ff.; einschränkend: *Hoffmann/Lehmann/Weinmann* § 25, Rn 131). Ein allgemeiner Interessenwiderstreit, der in der Person eines ArbNVertr. etwa deshalb entstehen könnte, weil z. B. über die Gewährung einer Weihnachtsgratifikation an die ArbN des Unternehmens zu beschließen ist, führt dagegen keinesfalls zum Ausschluß des Stimmrechts. Andernfalls würden die ArbNVertr. gerade von der Entscheidung lohn- und sozialpolitischer Fragen ausgeschlossen sein, derentwillen sie in erster Linie in den AR entsandt wurden (*Boewer,* DB 80, 673; *Fuchs,* MitbGespr. 79, 258; **a.M.** *Säcker,* DB 77, 1794 und gegen diesen *Michaelis* MitbGespr. 78, 3).

Eine schwierige Situation entsteht für die ArbNVertr. im AR bei **135**
Ausrufung eines legalen **Streiks.** Die ArbNVertr. sind häufig zugleich BRMitglieder und aktive Gewerkschaftler, weil gerade sie als die aktivsten Kräfte der ArbNschaft auf Grund deren Vertrauens in den AR gewählt werden. Die ArbNVertr. sind in das Spannungsverhältnis zwischen den Forderungen der Gewerkschaft und den Möglichkeiten des Unternehmens gestellt und dürfen in ihrer Amtsausübung die Interessen der ArbNschaft nur in den Grenzen des Unternehmensinteressses verfolgen (*Fitting/Wlotzke/Wißmann,* § 25, Rn 94ff.). Dabei ist aber zu berücksichtigen, daß das Interesse des Unternehmens nicht ohne weiteres dem der Aktionäre gleichsteht (so aber offenbar *Hoffmann/Lehmann/Weinmann,* § 25, Rn 134: „es ist Ziel des Streiks dem Unternehmen Schaden zuzufügen"; wie hier *Rumpff* MitbGespr. 69, 127 u. *Reich/Lewerenz,* ArbuR 76, 356; *Radke,* NJW 56 S. 1584 und *Zachert,* MitbGespr. 75, Sonderheft S. 24, die aber das Bestehen eines Gesellschaftsinteresses

überhaupt leugnen). Das Unternehmen entfaltet als Rechtssubjekt im Rahmen der Unternehmensverfassung sein eigenes Leben. Praktisch stimmen heute die Interessen des Managements und der ArbNSchaft häufig mehr überein als die der Leitung und der Aktionäre (*Radke,* a. a. O.).

136 Die ArbNVertr. müssen sich bei der Wahrnehmung der ArbNInteressen im AR zwar Beschränkungen auferlegen. Ihr **ARMandat ruht** aber **nicht während eines Arbeitskampfes.** (*DR,* Rn 182; *Fitting/Wlotzke/Wißmann,* § 25 Rn 116; *Hanau,* ZGR 77, 406; *Kirchner,* DB 71, 2066, *Rumpff,* MitGespr. 69, 127; *Zachert,* MitbGespr. 75, Sonderheft, S. 34f.; zurückhaltend *Hoffmann/Lehmann/Weinmann,* § 25, Rn 34 insbes. betr. ARMitgl., die ArbN des bestreikten Unternehmens sind.) Es ist zwar richtig, daß das Arbeitsverhältnis der ArbNVertr. im AR während eines Streiks ruht (BAG 28. 1. 1955, 21. 4. 1971, AP Nr. 1, 43 zu Art. 9 GG Arbeitskampf), soweit sie ArbN des Unternehmens sind. Dadurch wird aber nicht das besondere Dienstverhältnis des ARMitgl. zur Gesellschaft berührt. Nach richtiger Ansicht besteht sogar das Amt als BR-Mitgl. weiter (§ 74 BetrVG 72 Rn 6). Die Vertretung des bestreikten Unternehmens obliegt in aller Regel dem Vorst. Auch aus diesem Grunde besteht kein Anlaß, die ArbNVertr. etwa nach dem Grundgedanken des § 181 BGB (Verbot des Vertragsabschlusses mit sich selbst) von der ARTätigkeit auszuschließen, z. B. wenn ArbNVertr. etwa zugleich als Vertr. der Gewerkschaften TV abschließen (*Reich/Lewerenz,* ArbuR 76, 361).

137 Eine befriedigende Lösung ergibt sich, wenn man den Aufgabenkreis der ArbNVertr. abgrenzt, wie es die h. M. auch für die BRTätigkeit getan hat. Nach § 74 Abs. 2 BetrVG 72 dürfen ArbGeb. und BR zwar keine Arbeitskämpfe gegeneinander durchführen. Dadurch wird das Recht der BRMitgl., sich als **ArbN und Gewerkschaftsangehörige an einem Streik aktiv,** selbst in leitender Stellung, zu beteiligen, aber nicht berührt (§ 74 Abs. 3 BetrVG 72, dort Rn 5a). Der Grundgedanke dieser Vorschrift, die lediglich eine Konkretisierung des Art. 9 Abs. 3 GG darstellt, gilt auch für ArbNVertr. im AR. Sie verlieren nicht ihre ArbN-Rechte, sondern bleiben auch ArbN oder (und) Gewerkschaftsangehörige. Streikt der ArbNVertr. im AR als ArbN oder betätigt er sich sogar in der Streikleitung, so darf er aber in keiner Weise seine Stellung als ARMitgl. ausnutzen. Die Schweigepflicht der ARMitgl. gewinnt bei einem Streik besondere Bedeutung. Die Abgrenzung der verschiedenen Funktionen eines ArbNVertr. ist bei Arbeitskämpfen schwierig, aber möglich (wie hier: *Fitting/Wlotzke/Wißmann,* § 25 Rn 118ff. m. w. Nachw.; *Kittner/Fuchs/Zachert,* Bd. 1 Rn 668ff.; *DR,* Rn 180: ArbNVertr. dürfen keine „Schlüsselposition" einnehmen; *Hoffmann/Lehmann/Weinmann* § 25 Rn 134, die aber die besondere Lage derjenigen ArbNVertr. berücksichtigen, die Gewerkschaftsfunktionäre sind).

XII. Streitigkeiten

Streitigkeiten über **Gültigkeit der Wahl** und **Abberufung** der ArbN-Vertr. aus dem **unstreitig** nach dem **BetrVG 52 zu bildenden AR** entscheiden die ArbG im **BeschlVerf.** (§ 2a Abs. 1 Nr. 2 ArbGG; vgl. Rdnr. 73). Das gleiche gilt bei Streit über das Ausscheiden eines ArbN-Vertr. aus dem AR wegen Erreichens der Altersgrenze (BAG 31. 1. 1969, AP Nr. 19 zu § 76 BetrVG 1952). **138**

Nach §§ 98, 99 des AktG 1965 (vgl. auch Rn 34) entscheiden aber die **Landgerichte** im Verfahren nach dem FGG über alle Streitigkeiten betr. **Zusammensetzung des AR** nach dem BetrVG 52 oder dem MitBestG, Montan-MitbestG, oder MitbestEG, d.h. die Beteiligung von ArbNVertr. überhaupt und das Ausmaß der Beteiligung. Antragsberechtigt sind (§ 98 Abs. 2 AktG): Der Vorstand, jedes ARMitgl., jeder Aktionär, jeder beteiligte GesBR bzw. BR, ein Zehntel oder 100 der wahlberechtigten ArbN. **139**

Die **ordentlichen Gerichte** sind auch zuständig für Rechtsstreitigkeiten, die die **allgemeine Rechtsstellung** (auch Haftung, Rn 125) der ArbNVertr. im AR angehen (*DR,* Rn 170, 226). Der BGH (AP Nr. 12 zu § 76 BetrVG 1952) hält sich für zuständig, über die Frage zu entscheiden, ob ein unternehmensangehöriger ArbNVertr. auf Grund rechtskräftiger außerordentlicher Kündigung aus dem AR ausscheidet (vgl. aber BAG 31. 1. 1969 AP Nr. 19 zu § 76 BetrVG 1952). Zweifelhaft ist die Zuständigkeit für Schadensersatzprozesse wegen Streikbeteiligung. Sie dürfte bei den ordentlichen Gerichten liegen (*DR,* Rn 227). **140**

Über die **Anfechtung der Wahl** der ArbNVertr. zum AR nach dem BetrVG 52, entscheiden die ArbG (vgl. § 2a Abs. 1 Nr. 2 ArbGG). **141**

Zur Wahlanfechtung berechtigt sind bei Wahlen nach dem BetrVG 1952 mindestens 3 wahlberechtigte ArbN, der Vorstand des Unternehmens und jede im Unternehmen vertretene Gewerkschaft (§ 19 BetrVG 72 analog; wegen des Antragsrechts der Gewerkschaft vgl. Rn 74, 75 und wegen des Kreises der Beteiligten BAG 26. 11. 1968, 20. 7. 82 AP Nr. 18, 26 zu § 76 BetrVG 1952). **142**

§ 77 BetrVG 1952 (Beteiligung im Aufsichtsrat der GmbH, bergrechtlichen Gewerkschaft, Vers.-Verein a. G., Genossenschaft)[1]

(1) **Bei Gesellschaften mit beschränkter Haftung und bergrechtlichen Gewerkschaften mit eigener Rechtspersönlichkeit mit mehr als fünfhundert Arbeitnehmern ist ein Aufsichtsrat zu bilden. Seine Zusammensetzung sowie seine Rechte und Pflichten bestimmen sich nach § 90 Abs. 3, 4, 5 Satz 1 und 2, §§ 95 bis 114, 116, 118 Abs. 2, § 125 Abs. 3, §§ 171, 268 Abs. 2 des Aktiengesetzes und § 76 dieses Gesetzes.**

(2) **Besteht bei Versicherungsvereinen auf Gegenseitigkeit mit**

mehr als fünfhundert Arbeitnehmern ein Aufsichtsrat, so findet § 76 dieses Gesetzes Anwendung.

(3) **Auf Erwerbs- und Wirtschaftsgenossenschaften mit mehr als fünfhundert Arbeitnehmern findet § 76 Anwendung; § 96 Abs. 2 und die §§ 97 bis 99 des Aktiengesetzes sind entsprechend anzuwenden.**[1] **Das Statut kann nur eine durch drei teilbare Zahl von Aufsichtsratsmitgliedern festsetzen. Der Aufsichtsrat muß mindestens einmal im Kalendervierteljahr zusammentreten.**

Inhaltsübersicht

I. Vorbemerkung

1 Während § 76 BetrVG 52 die Beteiligung der ArbN im AR bei den AG und KGaA unterhalb der Größenordnung, die für die Anwendung des MitbestG maßgebend ist und mit den in der Vorbem. 1 vor § 76 genannten Ausnahmen regelt, befaßt sich § 77 BetrVG 52 mit der Beteiligung der ArbN im AR der GmbH (Rn 4), des VVaG (Rn 13) sowie der Erwerbs- und Wirtschaftsgenossenschaft (Rn. 16). Gemeinsamen Voraussetzung für die Anwendung des § 77 BetrVG 52 auf diese Unternehmen ist die regelmäßige Beschäftigung von mehr als 500 ArbN (s. unten Rn 3).

1a In Unternehmen mit geringerer ArbNZahl, bei denen eine Beteiligungspflicht nicht besteht, kann das Wahlorgan der Anteilseigner (Gesellschaftsverslg. der GmbH, oberste Vertr. des VVaG, Generalverslg. der Genossenschaft) freiwillig ArbNVertr. in den AR wählen (hierzu § 76 BetrVG 52 Rn 8). Dabei besteht keine Bindung an die Vorschriften des BetrVG 52 über die Zahl der ArbNVertr., die Wahlberechtigung, Wählbarkeit und sonstige persönliche Voraussetzungen. Entsprechens gilt, wenn die Satzung einer GmbH mit nicht mehr als 500 ARbN die Wahl von ArbN in den (freiwilligen) AR vorsieht.

2 Durch die Einführung des obligatorischen AR bei der GmbH und die Beteiligung von ArbNVertr. wurde nicht nur wie bei der AG der AR umgebaut, sondern das **Gesellschaftsrecht in seiner Struktur** aus arbeitsrechtlichen und sozialpolitischen Gesichtspunkten **geändert** (*Dietz,* Festschrift f. Lehmann S. 694f.). Andererseits sind die gesetzlichen Be-

[1] Abs. 3 Satz 1 in der Fassung gemäß Art. II Nr. 2 des Gesetzes vom 23. 5. 1979 (BGBl. I S. 545.

fugnisse des AR der GmbH geringer als bei der AG (vgl. Rdnr. 11). Das GmbHG kennt insbes. keine zwingende Zuständigkeitsregelung für Geschäftsführung, AR und Gesellschafterverslg. Letztere ist das entscheidende Organ der GmbH (§ 46 GmbHG).

Für die Feststellung der maßgebenden Zahl von **mehr als 500 ArbN** ist nicht von einem bestimmten Stichtag oder einer Referenzperiode auszugehen, sondern vom **regelmäßigen Beschäftigungstand** (vgl. auch § 1 MitbestG und *Fitting/Wlotzke/Wißmann* § 1 Rn 26). Näheres § 1 Rn 144 BetrVG 72, § 76 Rn 14 BetrVG 52. **3**

Ist eine Gesellschaft in einer der in § 77 genannten Rechtsformen **Obergesellschaft eines Konzerns** so gilt für die Zurechnung von ArbN von abhängigen Unternehmen zur Ermittlung der maßgebenden Gesamtzahl (mehr als 500 ArbN) die Sondervorschrift des **§ 77a** BetrVG 52. Danach sind außer den ArbN der Obergesellschaft auch diejenigen ArbN mitzuzählen, die in abhängigen Unternehmen beschäftigt sind, deren Abhängigkeit auf **Beherrschungsvertrag** (§ 291 Abs. 1 AktG) oder auf einer – nur zwischen AG'en vorgesehenen – **Eingliederung** (§ 319 AktG) beruht. Andere Unternehmensverbindungen (z. B. der in § 291 AktG genannte Gewinnabführungsvertrag – es sei denn verbunden mit einem Beherrschungsvertrag) oder ein faktisches Konzernverhältnis reichen für die Zurechnung der ArbN nicht aus (*DR,* § 77a BetrVG 52 Rn 3). Vergl. auch die Rn zu § 77a. **3a**

Die Vorschriften des AktG über den Beherrschungsvertrag (§ 291 AktG) regeln nur den Fall, daß das abhängige Unternehmen die Rechtsform einer AG oder KGaA hat. Daraus wird z. T. der Schluß gezogen, daß die Begrenzung auf diese Rechtsformen auch für Beherrschungsverträge im S. des § 77a BetrVG gelte, mit dem Ergebnis, daß die ArbN von z. B. abhängigen GmbH, Personengesellschaften usw. keinesfalls der Obergesellschaft als ArbN zugerechnet werden könnten. Diese Ansicht entspricht nicht Sinn und Zweck des BetrVG 52; überdies wird § 291 AktG nicht ausdrücklich im Gesetz erwähnt. Vielmehr liegt der Schluß nahe, daß (ähnlich wie bei dem Begriff des „Organschaftsverhältnisses" nach § 1 Abs. 2 MitbestEG) unter Beherrschungsvertrag **jedes auf Vereinbarung beruhende Beherrschungsverhältnis** zu verstehen ist, auf Grund dessen das abhängige Unternehmen in seiner Geschäftsführung dem Willen des herrschenden Unternehmens unterworfen ist, und zwar auch soweit die Schutzvorschriften des AktG keine Anwendung finden (*DR,* Rn 16; *Martens* ZHR 1974, S. 186, Rn 14; *Kittner/Fuchs/Zachert,* Rn 359; *Fitting/Wlotzke/Wißmann,* § 5, Rn 17; **a. M.** *Hoffmann/Lehmann/Weinmann,* § 5 Rn 20; *Schneider*-GK-MitbestG § 5 Rn 44; *Straßburg,* BB 79, 1070). Folgt man dieser Ansicht, so sind bei Vorliegen entsprechender Beherrschungsverhältnisse die ArbN auch derjenigen abhängigen Unternehmen der Obergesellschaft zuzurechnen, die in **anderer Rechtsform** als AG oder KGaA betrieben werden (*Baumbach/Hueck,* GmbHG, § 52 Rn 83). **3b**

Bei der **GmbH & Co KG** (oder anderen KG, deren Komplementär nicht eine natürliche Person, sondern – eigentlich gegen Sinn und Zweck der Rechtsform einer KG – eine juristische Person ist) übernimmt die **3c**

GmbH die Stellung des geschäftsführenden Gesellschafters (Komplementärs) der KG. Diese Stellung kann eine Beherrschung der KG durch die GmbH darstellen, sie erfüllt allerdings nicht die Voraussetzungen des § 77a BetrV 52, so daß für die Frage, ob die GmbH nach § 77 BetrVG 52 einen AR mit Beteiligung der ArbN zu errichten hat, die Zahl der ArbN der KG außer Betracht bleibt. (Ausführlich zur Kapitalgesellschaft & Co KG *Fitting/Wlotzke/Wißmann,* § 4 Rn 13). Ein AR bei der GmbH als Gesellschafterin der GmbH & Co ist nur zu errichten, sofern die GmbH allein regelmäßig mehr als 500 ArbN hat (*DR,* Vorbem. 22 zu § 76 BetrVG 52, *Hübner,* BB 75, 425).

3d Da § 76 BetrVG 52 auf die vorgenannten Gesellschaften anzuwenden ist, kann weitgehend auf die Rdnr. dort verwiesen werden. Vergl. aber die nachfolgenden Erläuterungen zu den jeweiligen Gesellschaftsformen.

II. Gesellschaft mit beschränkter Haftung

1. Errichtung des Aufsichtsrats

4 Die Bildung eines AR ist nach § 52 GmbHG nicht zwingend vorgeschrieben, sondern dem Gesellschaftsvertrag überlassen. Sind in den Betrieben der **GmbH** regelmäßig mehr als 500 ArbN beschäftigt, so ist (nach § 77 Abs. 1 BetrVG 52) die Errichtung des AR obligatorisch (vgl. auch oben Rn 3f.). Dem AR müssen zu einem Drittel der Sitze Vertreter der ArbN angehören. Für die Anwendung des BetrVG 52 auf die GmbH ist zu unterscheiden:

a. Besteht bereits **auf Grund der Satzung ein AR,** so findet das Verfahren nach §§ 97–99AktG statt (vgl. § 76 BetrVG 52, Rn 34). Dies ergibt sich aus den Verweisungen in § 52 GmbHG und § 77 Abs. 1 BetrVG 52.

b. Besteht **noch kein AR,** so ist der AR, sobald die gesetzlichen Voraussetzungen für die Errichtung des AR erfüllt sind, z. B. die Zahl der beschäftigten ArbN für die Dauer auf mehr als 500 ansteigt, ohne Rücksicht auf Bestimmungen des Gesellschaftsvertrages nach dem Gesetz zu bilden. Es ist alsbald eine Gesellschafterverslg. einzuberufen (§ 49 GmbHG), um die von der Gesellschaft zu bestimmenden Mitgl. zu wählen. Mangels anderweitiger Bestimmung im Gesellschaftsvertrag besteht der AR aus drei Mitgl. Verhält sich die Gesellschaft passiv, so können die ArbN ihren Vertr. zum AR wählen, der dann die Ergänzung des AR durch das Gericht nach § 104 Abs. 1 AktG veranlaßt (vgl. zum Ganzen wie hier: *Dietz,* Festschrift für Lehmann S. 700; *DR,* Rn 11; *Baumbach/Hueck,* GmbHG, § 52 Rn 104). Wegen weiterer Antragsberechtigter vgl. § 76 BetrVG 52 Rn 116.

Nach **§ 6 Abs. 2 MitbestG** gilt das Verfahren nach §§ 97ff. AktG auch für die (erstmalige) Bildung – nicht nur für die Veränderung der Zusammensetzung – des AR (vgl. *Fitting/Wlotzke/Wißmann,* § 6 Rn 8). Eine analoge Anwendung dieser **Sonderregelung** auf die Fälle des § 77

BetrVG 52 erscheint nicht zulässig. Andererseits wird man die Geschäftsführer für verpflichtet ansehen müssen, alsbald an die Gesellschafter wegen der Errichtung des AR heranzutreten. Dies ergibt sich aus ihrer Sorgfaltspflicht (§ 43 GmbHG), die insoweit durch den Grundgedanken des entsprechenden anwendbaren § 104 AktG ergänzt wird.

Nach § 163 BBergG vom 13. 8. 1980 (geändert durch G vom 20. 12. 88, BGBl. I S. 1450) werden die bestehenden bergrechtlichen Gewerkschaften aufgehoben bzw. in **eine andere Rechtsform bis zum 1. 1. 1994 überführt.** **4a**

Die Bildung **besonderer Gremien ohne ArbNVertr.** neben dem AR (Beirat, Verwaltungsrat) ist nach wie vor zulässig. Ihnen dürfen aber nicht gesetzliche Mindestbefugnisse des obligatorischen AR der GmbH übertragen werden (*DR,* Vorbem. 25 zu § 76 BetrVG 52; (*Baumbach/Hueck,* GmbHG, § 45 Rn 19; *Kittner/Fuchs/Zachert,* Bd. 1 Rn 228ff.). Wegen der Bildung derartiger Gremien und von Ausschüssen des AR selbst vgl. § 76 BetrVG 52 Rn 127a. **5**

2. Zusammensetzung und Amtszeit des Aufsichtsrats

Der **AR besteht** aus einer **durch drei teilbaren Zahl,** mindestens aus drei Mitgl. Die Höchstzahlen des § 95 AktG unter Berücksichtigung des Grundkapitals gelten entsprechend. Eine juristische Person kann nicht ARMitgl. sein, ferner nicht, wer bereits in zehn AR Mitgl. ist (§ 100 Abs. 2 Nr. 1 AktG). **6**

Zwei Drittel der ARMitgl. werden durch die Gesellschafter-Verslg. gewählt. Ein anderes Wahlorgan für die Wahl der ARMitgl. kann im Gesellschaftsvertrag nicht bestimmt werden. Durch Verweisung auf § 101 Abs. 2 (§ 103 Abs. 2 AktG) wird klargestellt, daß einzelne Gesellschafter (nicht Dritte) zur Entsendung bzw. Abberufung von ARMitgl. durch den Gesellschaftsvertrag ermächtigt werden können. **Ein Drittel der ARMitgl. wird gem. § 76 BetrVG 52 von ArbNSeite gewählt.** Wegen Ersatzmitgl. vgl. § 76 BetrVG 52 Rn 107f. **7**

Die **Amtszeit** sämtlicher ARMitgl. endet (soweit der Gesellschaftsvertrag nicht eine kürzere Dauer festsetzt) mit der Beendigung der Gesellschafter-Verslg., die über die Entlassung der Geschäftsführer für das 4. Geschäftsjahr nach der Wahl beschließt (§ 77 Abs. 1 Satz 2 BetrVG 52 in Verb. mit § 102 Abs. 1 Satz 1 AktG). Findet eine solche Verslg. nicht statt (die jährliche Entlastung ist z. B. durch das GmbH-Gesetz nicht vorgeschrieben), so endet das Amt der ARMitgl. spätestens mit Ablauf des 4. Geschäftsjahres nach dem Jahr der Wahl. Die von der GesellschafterVerslg. bestellten AR-Mitgl. können vor Ablauf ihrer Amtszeit in entsprechender Anwendung des § 103 Abs. 1–3 AktG, die von ArbN-Seite bestellten ARMitgl. gem. § 76 Abs. 5 BetrVG 52 oder aus wichtigem Grund durch das Amtsgericht abberufen werden (§ 76 BetrVG 52 Rn 97ff.). **8**

Es gelten auch entsprechend **folgende Bestimmungen des AktG:** **9**

§ 104 AktG: **Ersatzbestellung** von ARMitgl. durch das Gericht.

§ 105 AktG: Die Tätigkeit als Geschäftsführer oder die Beschäftigung als Prokurist oder zum gesamten Geschäftsbetrieb ermächtigter Handlungsbevollmächtigter ist mit der **Mitglschaft im AR unvereinbar.** Dagegen können andere Unternehmensangehörige stets als Mitgl. des AR bestellt werden, als erste und zweite ArbNVertr. aber nur aus dem Personenkreis des § 76 Abs. 2 Satz 2 und 3 BetrVG 52 (vgl. § 76 Rn 46, 47).

§ 106 AktG: Bekanntmachung von **Änderungen im AR.**

§ 107 AktG: **Innere Ordnung** des AR.

§ 108 AktG: **Beschlußfassung** des AR.

§ 109 AktG: **Teilnahme an Sitzungen des AR** und seiner Ausschüsse.

§ 110 AktG: **Einberufung des AR.**

3. Rechtsstellung des Aufsichtsrats

10 Die **Befugnisse** des obligatorischen AR der GmbH sind in § 77 Abs. 1 Satz 2 BetrVG 52 **erschöpfend durch Einzelverweisung auf Bestimmungen des AktG aufgezählt.** Sie sind geringer als die des AR der AG (*Hensche,* MitbGespr. 71, S. 67, 97, 111; *Fitting/Wlotzke/Wißmann,* § 25 Rn 62ff.; *Tronet,* DB 82, 29). Es kommen insbes. in Betracht:

§§ 111, 90 Abs. 3 **Aufgaben und Rechte.** Der AR hat die Tätigkeit der Geschäftsführer, zu überwachen, kann Berichte verlangen und die Bücher und Schriften der Gesellschaft einsehen. Er kann eine Gesellschafter-Verslg. einberufen und ferner bestimmen, daß bestimmte Geschäfte seiner Zustimmung bedürfen. Andererseits können dem AR nicht Geschäftsführungsbefugnisse übertragen werden (vgl. § 76 Rn 123ff.; *Dietz* Festschrift f. Lehmann, S. 707; *DR,* Rn 24). Neben dem obligatorischen AR steht die Überwachung der Geschäftsführung aber auch noch den Gesellschaftern zu. Die entsprechende Vorschrift des § 46 Nr. 6 GmbHG gilt fort (*Dietz,* Festschrift a.a.O. S. 708f.; *DR,* Rn 24; zum MitbestG: *Fitting/Wlotzke/Wißmann,* § 25 Rn 71f.).

§ 112 AktG: **Vertretung der Gesellschaft** gegenüber dem Vorstand (soweit es nicht um den Anstellungsvertrag geht; anders nach den MitbestG; dort bestellt der AR die Geschäftsführer und muß demgemäß auch für den Abschluß des Anstellungsvertrages zuständig sein, *Fitting/Wlotzke/Wißmann,* § 31 Rn 7; BGH, 14. 11. 83, DB 84, 104). Aber auch die Gesellschafter können eine Regelung treffen (§ 46 Nr. 8 GmbH).

§ 113 AktG: **Vergütung** der ARMitgl.

§ 114 AktG: Verträge mit ARMitgl. (gilt nicht für Arbeitsverträge).

§ 116 AktG: **Sorgfaltspflicht** und Verantwortlichkeit

§ 118 AktG: Abs. 2. Die ARMitgl. sollen an der Gesellschafter-Verslg. teilnehmen.

§ 125 AktG: Abs. 3. Recht auf Mitteilung der Einberufung der Gesellschafter-Verslg.

§ 171 AktG: **Prüfung des Jahresabschlusses** und des Gewinnverteilungsvorschlags und Berichterstattung hierüber an die Gesellschafter-Verslg.

§ 268 AktG: Abs. 2. Überwachung der Abwickler.

Dagegen gelten **nicht entsprechend** die wichtigen Vorschriften über 11
die **Bestellung des Vorst. durch den AR** und die sonstigen Vorschriften des 4. Teils des 1. Buches des AktG über das Verhältnis zwischen AR und Vorst. Vielmehr bestellen die Gesellschafter die Geschäftsführer und berufen sie ab (§ 46 Nr. 5 GmbHG; anders nach § 28 ff. MitbestG: dort wird das zur gesetzlichen Vertr. des Unternehmens befugte Organ unter Einschluß des Arbeitsdirektors vom AR gewählt). Nicht anwendbar sind auch die Vorschriften des § 172 AktG über die Beteiligung des AR an der Feststellung des Jahresabschlusses mit der Wirkung, daß der Hauptverslg. die Beschlußfassung hierüber bei Einigung zwischen AR und Vorst. entzogen wird (ebenso § 25 Abs. 1 Nr. 2 MitbestG, *Fitting/Wlotzke/Wißmann,* § 25 Rn 70). Allerdings hat der AR nach § 171 AktG den Jahresabschluß, den Geschäftsbericht und den Vorschlag für den Bilanzgewinn zu prüfen und der Gesellschafterverslg. darüber zu berichten. Keine Anwendung findet ferner § 115 AktG (Kreditgewährung an ARMitgl., so aber § 25 Abs. 1 Satz 2 MitbestG), sowie §§ 117, 118 Abs. 1 AktG.

Das Gesetz zur Änderung des GmbHG vom 4. 7. 1980 (BGBl. I, 12
S. 836) hat die Rechtstellung des AR der GmbH nicht geändert.

III. Versicherungsverein auf Gegenseitigkeit

Absatz 2 betrifft die Beteiligung der Arbeitnehmer im AR der Vers.- 13
Vereine auf Gegenseitigkeit. Die **„größeren" VVaG** (d. h. diejenigen, die nicht nur einen begrenzten Wirkungskreis haben, vgl. unten Rn 15) haben **kraft Gesetzes** (§ 29 ff. VAG) **einen AR** zu bilden; nach § 35 Abs. 1 VAG besteht dieser aus einer durch drei teilbaren Zahl von ARMitgl. (mindestens 3, höchstens 21).

Beschäftigt der Verein in der Regel (vgl. § 76 BetrVG 52 Rn 14) **mehr als 500 ArbN,** so findet § 76 BetrVG 52 auf den AR Anwendung, d. h. zwei Drittel der ARMitgl. werden von der „obersten Vertretung" (die insoweit eine der Hauptverslg. der AG vergleichbare Stellung hat, so auch § 35 Abs. 3 Satz 2 VAG) gewählt, ein **Drittel der ARMitgl. durch die ArbN.** Das BetrVG 52 ist deshalb von besonderer Bedeutung für die VVaG, weil das **MitbestG auf diese Vereine keine Anwendung** findet, d. h. auch für diejenigen Vereine, die mehr als 2000 ArbN beschäftigen, die Beteiligung der ArbN zu einem Drittel vorgeschrieben ist. Der größere VVaG kann Obergesellschaft eines Konzerns sein; ist dies der Fall, so gilt für die Ermittlung der maßgebenden ArbNZahl § 77a BetrVG 52.

Die **Rechtstellung des AR** ist weitgehend **der des AR der AG nach-** 14
gebildet. § 35 Abs. 3 VAG verweist – soweit dem nicht rechtstechnische

Gründe entgegenstehen – materiell auf den gesamten Abschnitt „Aufsichtsrat" des AktG (vgl. hierzu die Zusammenstellung der entsprechend anwendbaren Vorschriften bei *Prölss/Schmidt/Sasse,* § 35 VAG). Der Vorstand wird vom AR bestellt und abberufen. Für das Verhältnis des Vorstands gegenüber dem AR gelten – mit Ausnahme des § 92 AktG – materiell weitgehend die Vorschriften des Abschnitts „Vorstand" des AktG (vgl. *Prölss/Schmidt/Sasse* bei § 34 VAG); dies gilt insbesondere für die Berichtspflichten nach § 90 AktG. Nach § 36a VAG können – ebenso wie bei der AG – Vorstand und AR gemeinsam den Jahresabschluß feststellen. Bei der Beurteilung der Zuständigkeiten des AR ist allerdings der erhebliche kontrollierende Einfluß der Aufsichtsbehörde zu beachten (§ 55 VAG; *Prölss/Schmidt/Sasse* aaO).

15 **„Kleinere" VVaG können** durch Bestimmung in der Satzung einen (fakultativen) **AR bilden** (§ 53 Abs. 3 VAG). Kleinere Vereine sind solche, die nach ihrer Satzung einen sachlich, örtlich oder nach dem Personenkreis eng begrenzten Wirkungskreis haben. Ob dies der Fall ist, entscheidet nach § 53 Abs. 4 VAG die Aufsichtsbehörde (im Bereich der Bundeszuständigkeit das Bundesaufsichtsamt für das Versicherungswesen). Ist ein AR für einen „kleinere Verein" zu bilden, weil er mehr als 560 ArbN hat, so gelten für diesen AR nicht die Vorschriften des AktG, sondern die des Genossenschaftsgesetzes entsprechend (§ 53 Abs. 3 VAG i. Verbg. mit den dort genannten Vorschriften der §§ 34ff. GenG – vgl. hierzu *Pröls/Schmidt/Sasse* aaO, §§ 53–53b VAG Abschnitt I).

Erfüllt ausnahmsweise (was praktisch allerdings kaum denkbar ist) ein kleiner VVaG die Voraussetzungen des Abs. 2, d. h. beschäftigt er mindestens 501 ArbN und besteht nach der Satzung ein AR, so gilt für seine Zusammensetzung ebenfalls § 76 BetrVG 52 (wohl auch *DR,* Rn 35).

IV. Erwerbs- und Wirtschaftsgenossenschaften

16 Auch der AR von **eingetragenen Genossenschaften** mit **mehr als 500 ArbN** muß zu einem Drittel aus ArbNVertr. bestehen. Es handelt sich hier namentlich um Vorschuß- und Kreditvereine, Rohstoffvereine, Absatzgenossenschaften, Produktivgenossenschaften, Konsumvereine, Werkgenossenschaften und Baugenossenschaften (§ 1 Abs. 1 GenG). Die Errichtung eines AR ist durch das GenG (§§ 36ff.) vorgeschrieben.

17 § 9 Abs. 2 GenG (die Mitgl. des AR müssen Genossen sein) gilt nur für die von der Generalverslg. (§ 36 Abs. 1 S. 1 GenG) zu wählenden ARMitgl., nicht für die ArbNVertr. Dies ergibt sich aus § 85 Abs. 1 BetrVG 52 (vgl. auch die ausdrückliche Vorschrift des § 6 Abs. 3 S. 2 MitbestG und dazu *Fitting/Wlotzke/Wißmann,* § 6 Rn 40). Der AR besteht aus mindestens drei Mitgl. Das Statut kann eine höhere MitglZahl festsetzen, die jedoch, wenn die Genossenschaft unter § 77 Abs. 3 BetrVG 52 fällt, stets durch drei teilbar sein muß.

18 Die **Aufgaben und Rechte des AR** und seiner Mitgl. sind in den §§ 36 bis 42 des GenG **selbständig und ohne Verweisung** auf das AktG geregelt. Hervorzuheben ist, daß der **Vorst. durch die Generalverslg. ge-**

wählt wird, sofern das Statut nichts anderes bestimmt (§ 24 Abs. 2 GenG). Die Generalverslg. beschließt auch über den **Jahresabschluß** (§ 48 GenG). Das Statut kann dem AR weitere Aufgaben übertragen, insbes. auch Teile der Geschäftsführung (§ 38 Abs. 3 GenG; vgl. *DR,* Rn 38). Diese obliegt aber nach § 27 Abs. 1 GenG grundsätzlich dem Vorstand, der die Genossenschaft – dem Vorst. der AG vergleichbar – in eigener Verantwortung leitet.

Anders als in § 77 Abs. 1 BetrVG 52 für die GmbH **verzichtet das Gesetz** darauf, durch Verweisung auf entsprechend anwendbare Vorschriften des AktG in die **Kompetenzverteilung der Organe der Genossenschaft einzugreifen** (auch das MitbestG nimmt auf die Eigenständigkeit der Genossenschaft besondere Rücksicht; näheres vgl. *Fitting/Wlotzke/Wißmann,* a. a. O., § 25 Rn 73f.).

Während der AR der AG nach § 110 Abs. 3 AktG einmal im Kalen- **19**
dervierteljahr einberufen werden soll, aber einmal im Kalenderjahr einberufen werden muß, ist für Genossenschaften, soweit sie unter § 77 Abs. 3 BetrVG 52 fallen, die vierteljährliche Einberufung des AR erforderlich. Diese – seinerzeit auf einem redaktionellen Versehen beruhende – Sondervorschrift hat kaum praktische Bedeutung.

V. Streitigkeiten

Für die Entscheidung von Streitigkeiten im Zusammenhang mit der **20**
Wahl oder Abberufung von ArbNVertr. im AR (mit Ausnahme der Abberufung nach § 103 Abs. 3 AktG) entscheiden ausschließlich die **ArbG im BeschlVerf.** gem. § 2a Abs. 1 Nr. 2 ArbGG. Für alle anderen Streitigkeiten hinsichtlich der Stellung der AR-Mitgl. allgemein, also auch der ArbNVertr., sind die ordentlichen Gerichte zuständig; sie entscheiden auch über die Frage, nach welchen gesetzlichen Vorschriften der AR zusammenzusetzten ist; d. h. ob ArbNVertr. in den AR zu wählen sind. Die Neufassung des § 77 Abs. 3 BetrVG 52 durch Art. II Nr. 2 des Gesetzes v. 23. 5. 79 stellt klar, daß dies auch für Genossenschaften gilt. (Näheres vgl. § 76 BetrVG 52 Rn 138ff. u. § 85 BetrVG 52 Rn 1).

§ 77a BetrVG 1952 (Maßgebende Arbeitnehmerzahl in einem Konzern)

Soweit nach §§ 76 oder 77 die Beteiligung von Arbeitnehmern im Aufsichtsrat eines herrschenden Unternehmens von dem Vorhandensein oder der Zahl von Arbeitnehmern abhängt, gelten die Arbeitnehmer der Betriebe eines Konzernunternehmens als Arbeitnehmer des herrschenden Unternehmens, wenn zwischen den Unternehmen ein Beherrschungsvertrag besteht oder das abhängige Unternehmen in das herrschende Unternehmen eingegliedert ist.

Die Vorschriften des § 77a sind bei § 76 BetrVG 52 (vgl. Rn 85) und § 77 BetrVG 52 (vgl. Rn 3a) erläutert.

§ 77a BetrVG 52 regelt **ausschließlich die Frage,** welche ArbN abhängiger Unternehmen der ArbNZahl der Obergesellschaft **zugerechnet werden,** wenn Voraussetzung für die Bildung eines AR nach §§ 76ff. BetrVG 52 die Beschäftigung von mehr als 500 ArbN ist (Familiengesellschaften – § 76 Abs. 6 BetrVG 52, GmbH, VVaG, Genossenschaft – § 77 BetrVG 52). Ist diese ArbNZahl (auch durch Zurechnung gemäß § 77a BetrVG 52) erreicht, nehmen die **ArbN sämtlicher abhängiger Unternehmen an der Wahl** der ArbNVertr. der Obergesellschaft **teil** (§ 76 BetrVG 52, Rn 83ff.).

§ 81 BetrVG 1952 (Tendenzbetriebe)

(1) **Auf Betriebe, die politischen, gewerkschaftlichen, konfessionellen, karitativen, erzieherischen, wissenschaftlichen, künstlerischen und ähnlichen Bestimmungen dienen, finden die §§ 76 und 77 keine Anwendung.**

(2) **Dieses Gesetz findet keine Anwendung auf Religionsgemeinschaften und ihre karitativen und erzieherischen Einrichtungen unbeschadet deren Rechtsform.**

Da das BetrVG 72 die Unternehmensverfassung nicht regelt, gelten die §§ 76ff. BetrVG 52 über die ARBeteiligung der ArbN in Unternehmen mit bis zu 2000 ArbN weiter (vgl. Vorbem. vor Anhang 2 und § 76 BetrVG 52 Rn 2ff.). Die ARBeteiligung entfällt aber in sog. Tendenzunternehmen gem. dem gleichfalls fortgeltenden § 81 BetrVG 52. Auch das BetrVG 72 enthält in § 118 eine Vorschrift über Tendenzbetriebe, die aber aus rechtstechnischen Gründen nicht angewandt werden kann. Es muß in Kauf genommen werden, daß sich die **Abgrenzungsmerkmale** des § 81 BetrVG 52 und des § 118 BetrVG 72 **nicht voll decken;** wesentliche Unterschiede bestehen aber nicht (vgl. § 118 BetrVG 72 Rn 1ff.).

§ 85 BetrVG 1952 (Verhältnis zum Genossenschaftsgesetz und den Mitbestimmungsgesetzen)

(1) **Die Vorschriften des Genossenschaftsgesetzes über die Zusammensetzung des Aufsichtsrats sowie über die Wahl und die Abberufung von Aufsichtsratsmitgliedern gelten insoweit nicht, als sie den Vorschriften dieses Gesetzes widersprechen.**

(2) **Die Vorschriften dieses Gesetzes über Vertreter der Arbeitnehmer im Aufsichtsrat finden keine Anwendung auf die in § 1 Abs. 1 des Mitbestimmungsgesetzes, die in § 1 des Montan-Mitbestimmungsgesetzes und die in den §§ 1 und 3 Abs. 1 des Mitbestimmungsergänzungsgesetzes bezeichneten Unternehmen.**

1 Abs. 1 erklärt die Vorschriften des GenG insoweit für unanwendbar, als sie Bestimmungen des BetrVG widersprechen. Da die Rechtsstellung

und die Aufgaben des **AR der Genossenschaft** durch das BetrVG 52 grundsätzlich nicht verändert werden (§ 77 BetrVG 52 Rn 18), hat die Vorschrift nur begrenzte praktische Bedeutung. Sie betrifft die Vertr. der ArbN im AR bei regelmäßiger Beschäftigung von mehr als 500 ArbN, die Dreiteilbarkeit der Zahl der AR-Mitgl., und die Nichtanwendung des § 9 Abs. 2 GenG auf die Vertr. der ArbN im AR (§ 77 BetrVG 52 Rn 17). Zur Rechtslage nach dem MitbestG vgl. *Fitting/Wlotzke/Wißmann,* § 25 Rn 73–75.

Abs. 2 ist durch § 35 Abs. 2 MitbestG neu gefaßt. Er behandelt nunmehr die **Abgrenzung des Geltungsbereichs** der BetrVG 52 zum MitbestG, dem Montan-MitbestG und dem MitbestEG; die neu eingeführten Kurzbezeichnungen der Gesetze sind aus § 84 Abs. 4 und § 95 S. 5 AktG (i. d. F. des § 35 Abs. 1 Nr. 1 und 2 MitbestG) übernommen. Zur Abgrenzung im einzelnen vgl. Vorbem. § 76 BetrVG 52, § 76 BetrVG 52 Rn 35ff. 2

§ 87 BetrVG 1952 (Wahlordnungen)

Die Bundesregierung erläßt mit Zustimmung des Bundesrates Rechtsverordnungen zur Regelung der in den §§ 76 und 77 bezeichneten Wahlen über

a) die Vorbereitung der Wahl, insbesondere die Aufstellung der Wählerlisten und die Errechnung der Vertreterzahl;
b) die Frist für die Einsichtnahme in die Wählerlisten und die Erhebung von Einsprüchen gegen sie;
c) die Vorschlagslisten und die Frist für ihre Einreichung;
d) das Wahlausschreiben und die Fristen für seine Bekanntmachung;
e) die Stimmabgabe;
f) die Feststellung des Wahlergebnisses und die Fristen für seine Bekanntmachung;
g) die Anfechtung der Wahl;
h) die Aufbewahrung der Wahlakten;
i) den Widerruf der Bestellung der Arbeitnehmervertreter im Aufsichtsrat.

Die Wahlordnung 1953 ist aus Platzgründen nicht mehr abgedruckt. Text vgl. 14. Aufl., Anhang 4.

3. Gesetz über den Sozialplan im Konkurs- und Vergleichsverfahren

Vom 20. Februar 1985 (BGBl. I 369)

§ 1 (Anwendungsbereich)

Für die Behandlung eines Sozialplans (§ 112 des Betriebsverfassungsgesetzes) in dem Konkurs- oder Vergleichsverfahren über das Vermögen des Unternehmers gelten als besondere Vorschriften die §§ 2 bis 5.

Inhaltsübersicht

I. Entstehungsgeschichte und Ziel des Gesetzes

1 Die Entstehungsgeschichte gibt Aufschluß über den **Zweck** des Gesetzes. Die konkursrechtliche Behandlung von Ansprüchen der ArbN aus Sozialplänen (§ 112 BetrVG) ist in der KO nicht ausdrücklich geregelt. Das BAG (Großer Senat) hatte 1978 (13. 12. 78, AP Nr. 6 zu § 112 BetrVG 1972) entschieden, daß Ansprüche aus einem Sozialplan auf Abfindung für den Verlust des Arbeitsplatzes bevorrechtigte Konkursforderungen sind; sie hatten nach dieser Entscheidung den Rang vor den Ansprüchen des § 61 Abs. 1 Nr. 1 KO (sog. Rang „null"). Das BAG hatte es abgelehnt, Abfindungen für den Verlust des Arbeitsplatzes (Existenzgrundlage des ArbN) nur unter „alle übrigen Konkursforderungen" (§ 61 Abs. 1 Nr. 6 KO) einzuordnen. Eine solche Einordnung hätte die durch das BetrVG begründeten Abfindungen in einem wichtigen Anwendungsfall praktisch wertlos gemacht. Die Deckungsquote für nichtbevorrechtigte Konkursforderungen betrug 1975 in allen erfaßten Konkursverfahren nur 2,3% (Stat. Jahrbuch für die Bundesrepublik Deutschland, 1975, S. 131). Heute beträgt die Quote im Durchschnitt 3–5% (vgl. Stat. Bundesamt, Wirtschaft und Statistik 1984, S. 589ff.).

Das BVerfG hat durch Beschluß vom 19. 10. 83 (BVerfGE 65, 182) diese Entscheidung aufgehoben mit der Begründung, die Einordnung von Sozialplanansprüchen in eine durch Richterrecht im Wege der Rechtsfortbildung geschaffene Rangstelle vor Nr. 1 des § 61 Abs. 1 KO sei mit der Bindung der Rechtsprechung an Gesetz und Recht (Art. 20 Abs. 3 GG) nicht vereinbar.

Das BAG mußte daraus die Konsequenzen ziehen: Da Forderungen aus einem Sozialplan unter den Vorrechten des § 61 Abs. 1 KO nicht aufgeführt sind, blieb nur der Rang nach § 61 Abs. 1 Nr. 6 KO (BAG 30. 4. 84, AP Nr. 23 zu § 112 BetrVG 1972).

Diese Einordnung entspricht nicht der sozialen Bedeutung dieser Forderungen. Bereits im Mai 1983 – vor dem Beschluß des BVerfG – hatte die Bundestagsfraktion der SPD für Ansprüche aus einem Sozialplan nach § 112 und auf Nachteilsausgleich nach § 113 Abs. 3 BetrVG den Rang von § 61 Abs. 1 Nr. 1 KO vorgeschlagen; die bisherigen Nr. 1 bis 6 sollten Nr. 2 bis 7 werden (BT-Drucks. 10/81, abgedruckt in RdA 83, 243). Die Rechtsprechung des BAG sollte durch ein Gesetz abgesichert werden. **2**

Nach dem Beschluß des BVerfG hat die Bundesregierung einen Entwurf vorgelegt, der jetzt im wesentlichen Gesetz geworden ist. Danach werden Sozialpläne, die in einem Konkursverfahren aufgestellt werden, und Sozialpläne, die im unmittelbaren Vorfeld eines Konkurs- oder Vergleichsverfahrens zustandekommen, gleichbehandelt. Diese Ansprüche genießen im Konkurs des Unternehmers das **Vorrecht nach § 61 Abs. 1 Nr. 1 KO.** Das gleiche Vorrecht genießen z. B. Forderungen auf rückständiges Arbeitsentgelt für das letzte Jahr vor Eröffnung des Konkursverfahrens. Diese ArbN konnten im Durchschnitt mit einer Quote von 42% rechnen (vgl. *Gessner/Rhode/Strate/Ziegert,* Die Praxis der Konkursabwicklung in der Bundesrepublik Deutschland, 1978, S. 163, 164). Allerdings sieht das Gesetz zugleich eine Begrenzung der Ansprüche im Interesse der übrigen am Konkursverfahren beteiligten Gläubiger vor (§§ 2 bis 4).

Das Gesetz ist als **Zwischenlösung** gedacht. Seine Regelungen sollen durch die **Gesamtreform** des Insolvenzrechts abgelöst werden (der BMJ hat einen Diskussionsentwurf vorgelegt, dessen arbeitsrechtliche Bestimmungen mit dem BMA nicht abgestimmt sind). Im Rahmen der geplanten vollständigen Reform des Insolvenzrechts soll auch die Behandlung von Sozialplanansprüchen neu geregelt werden. Das Gesetz sollte daher am 31. Dez. 1988 außer Kraft treten (§ 8 Satz 2). Es ist inzwischen bis zum 31. Dez. 1989 verlängert worden (G. vom 20. 12. 1988 – BGBl I, S. 2450). Mit einer weiteren Verlängerung ist zu rechnen, da die neue Insolvenzordnung wegen der Dauer des Gesetzgebungsverfahrens und der benötigten Vorbereitungszeit nicht zum 1. Januar 1990 in Kraft treten kann. **3**

Das Gesetz enthält **Übergangsregelungen** (§ 6). Es ist mit Abweichungen immer dann anzuwenden, wenn das Konkurs- oder Vergleichsverfahren beim Inkrafttreten des Gesetzes noch anhängig ist. Das Gesetz ist am 27. Febr. 1985 verkündet worden (BGBl. I 369); es ist am 28. Febr. 1985 in Kraft getreten (§ 8 Satz 1). **4**

Gegenüber der Rechtslage, wie sie sich aus dem Beschluß des BVerfG (19. 10. 83, BVerfGE 65, 182) und dem Urteil des BAG vom 30. 4. 84 (AP Nr. 23 zu § 112 BetrVG 1972) ergab, ist das Gesetz aus der Sicht der ArbN ein Fortschritt. Ihre Ansprüche aus Sozialplänen haben einen angemessenen Rang. Gegenüber der Rechtslage, wie sie sich aus dem Beschluß des Großen Senats des BAG vom 13. 12. 78 (AP Nr. 6 zu § 112 BetrVG 1972) ergab, sind die ArbN schlechter gestellt, weil Sozialplan- **5** ansprüche in der Höhe begrenzt werden. Aus der Sicht der Unternehmer belastet die als Zwischenlösung gedachte Regelung die Gesamtreform des Insolvenzrechts, weil Besitzstände und Erwartungen geschaffen werden, die nur schwer abzubauen sind (tatsächlich sieht der Entwurf der neuen InsO weitere Verschlechterungen vor).

6 Das Gesetz begründet für Sozialplanansprüche ein Vorrecht (§ 4 Satz 1), begrenzt aber in mehrfacher Hinsicht die Entstehung und Durchsetzung dieser Ansprüche (§§ 2 und 3 sowie § 4 Satz 2). Damit will der Gesetzgeber Rücksicht nehmen auf die Interessen anderer Konkursgläubiger. Doch sind genaue empirische Daten schwer zu ermitteln (vgl. *Gessner/Plett,* Der Sozialplan im Konkursunternehmen, 1982; Plett, ZIP 82, 905: Die ArbN-Forderungen – einschließl. Sozialplanforderungen – sind nicht so hoch, als daß sie die Ziele des Insolvenzverfahrens in Frage stellen und die Zahl der masselosen Insolvenzen verringern könnten; weiteres Material bei *Doehring,* KTS 83, 369 und bei *Gessner/Rohde/Strate/Ziegert;* Die Praxis der Konkursabwicklung in der Bundesrepublik Deutschland, hrsg. vom BMJ; vgl. außerdem die Thesen des 54. Juristentages betr. die Insolvenzrechtsreform, dazu *Hanau,* KTS 82, 625; kritisch zum früheren Recht *Grub,* ZIP 83, 873).

II. Das Betriebsverfassungsrecht im Konkurs des Unternehmers

7 Das Gesetz stellt erstmals mit aller Deutlichkeit klar, daß das **BetrVG im Konkurs des Unternehmers** (ArbGeb.) **uneingeschränkt gilt** (vgl. BAG 6. 5. 86, AP Nr. 8 zu § 128 HGB; *Hess,* NZA 1985, 206; *ders.* ZIP 1985, 334; *Balz,* DB 85, 690). Es sieht besondere Vorschriften für die Behandlung eines Sozialplanes (§ 112 BetrVG) im Konkurs- oder Vergleichsverfahren des Unternehmers vor. Es setzt damit die Anwendung des BetrVG im Konkurs des Unternehmers voraus.

Nach der Konkurseröffnung (§ 108 KO) rückt der Konkursverwalter in den gesamten Pflichtenkreis des ArbGeb. ein (§ 6 KO; vgl. auch BAG 6. 5. 86, AP Nr. 8 zu § 128 HGB). Alle **Betriebsänderungen** im Sinne von § 111 BetrVG (vgl. *Heither,* ZIP 85, 513) lösen Mitwirkungs- und Mitbestimmungsrechte des BR aus. Das gilt insbesondere für Betriebsstillegungen, aber auch für andere Betriebsänderungen (vgl. § 111 Rn 17ff.). Der Konkursverwalter hat aber auch Mitwirkungs- und Mitbestimmungsrechte des BR bei **personellen Einzelmaßnahmen** (§§ 99ff. BetrVG) zu beachten. Er ist an das KSchG gebunden, auch wenn er den Betrieb sofort stillegt und ihn nicht einmal für beschränkte Zeit ganz oder teilweise weiterführt (BAG 16. 9. 82, AP Nr. 4 zu § 22 KO). Bei zeitlich gestaffelten Entlassungen hat er die Grundsätze der sozialen Auswahl zu beachten (BAG, aaO).

8 Das Gesetz übernimmt insoweit die Rechtsprechung des BAG (13. 12. 78, AP Nr. 6 zu § 112 BetrVG 1972). Die soziale Verantwortung des ArbGeb. gegenüber den ArbN kann nicht mit der Konkurseröffnung enden. Soweit das Gesetz keine besonderen Vorschriften enthält, gilt daher das BetrVG. Das MBR des BR bei Betriebsänderungen läßt sich mit dem

Konkursverfahren vereinbaren. Der Konkursverwalter hat den BR über geplante Betriebsänderungen rechtzeitig und umfassend zu **unterrichten** (vgl. § 111 Rn 35ff.). Das gilt auch für eine von der Gläubigerversammlung oder dem Gläubigerausschuß (§ 129 Abs. 2 Satz 2 KO) verfügte Betriebsstillegung. Weiter hat der Konkursverwalter zu versuchen, mit dem BR zu einem **Interessenausgleich** zu gelangen, gegebenenfalls muß er die E-Stelle anrufen (§ 112 Abs. 1 bis 3 BetrVG, vgl. dort Rn 5ff.). Die Einschaltung des BR ist bei einer konkursbedingten Stillegung oder Einschränkung des Betriebs in besonderem Maße geboten. Zum einen sind die Arbeitsplätze und damit das soziale Schicksal der Belegschaft aufs äußerste gefährdet, zum anderen ist der Konkursverwalter meist ein Außenstehender, der auf Unterstützung des BR angewiesen ist (vgl. BAG 13. 12. 78, AP Nr. 6 zu § 112 BetrVG 1972).

Auch der **Sozialplan** und die Sozialplanabfindung für den Verlust des Arbeitsplatzes haben im Konkurs des ArbGeb. ihren Platz. Ihre Zwecke, den ArbN für den Verlust des Arbeitsplatzes zu entschädigen und für die Zeit nach der Betriebsänderung Vorsorge zu treffen (vgl. §§ 112, 112a Rn 19) fordern die uneingeschränkte Anwendung im Konkurs.

Der Konkursverwalter ist kraft gesetzlicher Verpflichtung das für den Gemeinschuldner handelnde Organ. Er ist jedoch nach der KO verpflichtet, vor der Vereinbarung eines Sozialplans die Genehmigung des Gläubigerausschusses einzuholen (entspr. Anwendung von § 133 Nr. 2 KO; vgl. BAG 13. 12. 78, AP Nr. 6 zu § 112 BetrVG 1972). Die Gläubigerversammlung hat es in der Hand, einen Gläubigerausschuß zu bestellen (§ 87 Abs. 2 KO) und damit die Genehmigungspflicht herbeizuführen. Ebenso kann das Konkursgericht von Amts wegen einen Gläubigerausschuß bestellen. ArbN, die Gläubiger sind, können an der Gläubigerversammlung teilnehmen und in den Gläubigerausschuß gewählt oder berufen werden. 9

Kommt eine Einigung über den Sozialplan zwischen Konkursverwalter und BR nicht zustande, können der BR oder der Konkursverwalter die **E-Stelle** anrufen. Diese beschließt dann den Sozialplan (zum Verfahren vgl. §§ 112, 112a Rn 32ff.). Im E-Stellenverfahren ist der Konkursverwalter Beteiligter. Er ist nicht verpflichtet, als **Beisitzer für die E-Stelle auch Konkursgläubiger** oder deren Vertreter zu benennen (BAG 6. 5. 86, AP Nr. 8 zu § 128 HGB). Ein Spruch der E-Stelle, der ohne Beteiligung von Konkursgläubigern zustande gekommen war, beruhte nach altem Recht auf einem Rechtsfehler (vgl. BAG 13. 12. 78, AP Nr. 6 zu § 112 BetrVG 1972). Heute reicht es aus, daß ein Vertreter des Gläubigerausschusses von der E-Stelle angehört wird, da das neue Gesetz die Interessen der übrigen Konkursgläubiger durch eine eingehende Regelung ausreichend schützt. 10

Im Konkursfall müssen die Interessen der übrigen Gläubiger bei der Aufstellung des Sozialplans berücksichtigt werden. Das ergab sich bisher aus einer entsprechenden Anwendung des § 112 Abs. 4 BetrVG. Jetzt enthält das Gesetz in § 2 eine spezielle Regelung. Insoweit tritt das 11 allgemeine Betriebsverfassungsrecht hinter diese Sondervorschrift zurück.

11a Mit Konkursverfahren ist sowohl der Regelkonkurs (nach der Konkursordnung) als auch der Anschlußkonkurs nach § 102 VerglO gemeint (*Balz,* S. 45).

11b Wird über das Vermögen einer OHG oder KG der Konkurs eröffnet, kann der ArbN als Sozialplangläubiger auch den persönlich haftenden Gesellschafter in Anspruch nehmen (§§ 128, 161 Abs. 2 HGB). Der in Anspruch genommene Gesellschafter kann nicht geltend machen, er hafte nur nach Abschluß des Konkursverfahrens der Gesellschaft und nur in Höhe der dem Gemeinschuldner ausgehändigten Restmasse (BAG 6. 5. 86, AP Nr. 8 zu § 128 HGB).

III. Der Anspruch auf Nachteilsausgleich (§ 113 BetrVG) im Konkurs

12 Das Gesetz enthält keine besonderen Vorschriften über den Nachteilsausgleich (§ 113 BetrVG). Auch insoweit gelten deshalb allgemeines Betriebsverfassungsrecht und allgemeines Konkursrecht (vgl. *Balz,* DB 85, 690). Das **BetrVG** bestimmt, ob und unter welchen **Voraussetzungen** ein Abfindungsanspruch entsteht (zu den Voraussetzungen vgl. § 113 Rn 3 u. 7ff.). Für die Prüfung, ob der Anspruch entstanden ist, ist es gleichgültig, ob der Unternehmer selbst oder der Konkursverwalter die Tatbestände geschaffen hat, die den Anspruch auslösen. Diese Unterscheidung ist erst für die **konkursrechtliche Behandlung** dieser Ansprüche von Bedeutung. Das **Konkursrecht** entscheidet, wie dieser Anspruch im Konkurs des Unternehmers (ArbGeb.) abgewickelt wird.

Nach Auffassung des BAG (13. 12. 78, AP Nr. 6 zu § 112 BetrVG 1972) sollten Ansprüche auf Nachteilsausgleich (§ 113 Abs. 3 BetrVG) konkursrechtlich so behandelt werden wie Ansprüche aus den vereinbarten oder beschlossenen Sozialplänen: mit gleichem Vorrecht. Diese Gleichbehandlung ist jetzt nicht mehr möglich. Der Gesetzgeber hat besondere Vorschriften nur für Sozialpläne erlassen; er hält an der Gleichbehandlung von Sozialplanansprüchen und Forderungen auf Nachteilsausgleich nicht mehr fest. Das wird durch die Begründung des Gesetz-Entwurfs (Teil B § 1) ausdrücklich bestätigt. Dort heißt es: „Auf den Nachteilsausgleich lassen sich die allgemeinen konkursrechtlichen Vorschriften, insbesondere §§ 3 und 59 Abs. 1 Nr. 1 der Konkursordnung anwenden". Der Anspruch auf Nachteilsausgleich hat andere Voraussetzungen als ein Anspruch aus einem Sozialplan; mit § 113 BetrVG verfolgt der Gesetzgeber auch einen anderen Zweck. Verfassungsrechtl. ist eine Gleichbehandlung von Forderungen auf Nachteilsausgleich mit Sozialplanforderungen nicht geboten (BAG 23. 8. 88, AP Nr. 17 zu § 113 BetrVG 1972).

13 Der Hinweis auf die §§ 3 und 59 Abs. 1 Nr. 1 KO verlangt eine **Unterscheidung** danach, ob der Anspruch auf Nachteilsausgleich **vor oder**

nach Konkurseröffnung entstanden ist (zutreffend *Düttmann/Kehrmann/Muff,* AiB 1985, 35). Ist der Anspruch **vor** Konkurseröffnung entstanden, ist der ArbN Konkursgläubiger (§ 3 Abs. 1 KO). Sein Anspruch muß als Konkursforderung berichtigt werden. Chancen auf Berichtigung haben meist nur die Gläubiger, die ein Vorrecht in Anspruch nehmen können. Forderungen, für die ein Gläubiger das Vorrecht in Anspruch nehmen kann, sind jedoch abschließend aufgezählt. Ansprüche auf Nachteilsausgleich fallen nicht darunter; sie werden daher **ohne Vorrecht** (§ 61 Abs. 1 Nr. 6 KO) berichtigt; wenn überhaupt, dann werden sie nur zu einem geringen Prozentsatz befriedigt.

Ist der Anspruch erst **nach** Konkurseröffnung entstanden, ist die Forderung **Masseforderung** im Sinne von § 59 Abs. 1 Nr. 1 KO (BAG 9. 7. 85, AP Nr. 13 zu § 113 BetrVG 1972). Das ist verfassungsrechtlich in Ordnung (BVerfG vom 19. 2. 86 – 1 BvR 1466/85). Daraus folgt: Der ArbN kann vom Konkursverwalter verlangen, daß seine Forderung vorweg aus der Konkursmasse berichtigt wird (§ 57 KO). Er kann daher vom Konkursverwalter Zahlung verlangen; mit seiner Forderung nimmt er nicht an der Verteilung der Konkursmasse teil. Er steht also besser da als der ArbN, der eine Abfindung aus einem Sozialplan verlangen kann (§ 4). Handlungen eines Sequesters, der vor der Eröffnung des Konkursverfahrens bestellt wird, können Handlungen des Konkursverwalters nicht gleich gestellt werden (BAG 23. 8. 88, AP Nr. 17 zu § 113 BetrVG 1972). 14

Damit entscheidet über die konkursrechtliche Behandlung dieser Ansprüche der **Zeitpunkt,** in dem diese Ansprüche **entstehen** (vgl. dazu § 113 Rn 12). Nach **§ 113 Abs. 1** BetrVG entsteht ein Anspruch auf Nachteilsausgleich, wenn der Unternehmer abweichend von einem Interessenausgleich einen ArbN entläßt. An die Stelle des ArbGeb. tritt der Konkursverwalter. Hält er sich nicht an einen zuvor mit dem ArbGeb. (Gemeinschuldner) oder mit ihm selbst vereinbarten Interessenausgleich und führt das zu einer Entlassung des ArbN, wird eine **Masseschuld** begründet (vgl. *Hess,* NZA 85, 205; *Balz,* DB 85, 690). Maßgebend für die Entstehung des Anspruchs ist der Zeitpunkt, in dem dem ArbN die Kündigung zugeht. 15

Nach **§ 113 Abs. 3** BetrVG entsteht der Anspruch auf Nachteilsausgleich auch dann, wenn der ArbGeb. einen ArbN entläßt, ohne einen Interessenausgleich versucht zu haben. Vor einer Entlassung muß der Unternehmer das Verfahren vollständig ausschöpfen (BAG 18. 12. 84, AP Nr. 11 zu § 113 BetrVG 1972; vgl. auch Rn 8). Diese Verpflichtung trifft auch den Konkursverwalter. Maßgebend ist wiederum der **Zeitpunkt,** in dem einem betroffenen ArbN die **Kündigung zugeht.** Das muß im Interesse der Rechtssicherheit selbst dann gelten, wenn die Konkurseröffnung in den Zeitraum zwischen Absenden des Kündigungsschreibens und Zugang beim ArbN fällt. Geht die Kündigung nach Konkurseröffnung zu, entsteht eine Masseforderung. 16

Für ArbN, die vom ArbGeb. (Unternehmer) vor Konkurseröffnung entlassen wurden (Zeitpunkt des Zugangs der Kündigungen) und Ansprüche auf Nachteilsausgleich erworben haben, kann **nachträglich** ein 17

Sozialplan aufgestellt werden. Der Konkursverwalter ist – ebenso wie der Unternehmer – verpflichtet, auch nach Durchführung einer Betriebsänderung einen Sozialplan aufzustellen (BAG 18. 12. 84, AP Nr. 11 zu § 113 BetrVG 1972). Weigert er sich, über einen Sozialplan zu verhandeln, kann der BR die E-Stelle anrufen. Der nach Konkurseröffnung mit dem Konkursverwalter vereinbarte oder in der E-Stelle beschlossene Sozialplan begründet Ansprüche für die betroffenen ArbN, die nach § 4 dieses Gesetzes, d. h. mit dem Vorrecht des § 61 Abs. 1 Nr. 1 KO zu berichtigen sind. Für die Aufstellung eines solchen Sozialplans nach durchgeführter Betriebsänderung hat der BR ein Restmandat (vgl. §§ 112, 112a Rn 40). Auch insoweit gilt allgemeines Betriebsverfassungsrecht.

IV. Verfassungsmäßigkeit des Gesetzes

18 Der Beschluß des BVerfG vom 19. 10. 83 (BVerfGE 65, 182) enthält keine Handlungsanweisungen oder Vorgaben für den Gesetzgeber. Zwar bildet jedes Konkursvorrecht eine Ausnahme vom Gebot der Gleichbehandlung aller Konkursgläubiger. Verfassungsrechtlich ist jedoch eine Differenzierung des Gesetzgebers und damit eine Bevorzugung der Sozialplangläubiger zulässig. Diese Bevorzugung beruht auf sachgerechten Erwägungen und ist nicht willkürlich (zum Willkürverbot des Art. 3 Abs. 1 GG vgl. BVerfGE 47, 239, 249). Die soziale Bedeutung dieser Ansprüche rechtfertigt das Vorrecht. Umgekehrt wird das Sozialstaatsprinzip (Art. 20 GG) nicht dadurch verletzt, daß das Volumen des Sozialplans begrenzt (§§ 2, 3) und bei der Verteilung der Masse auf die Interessen der übrigen Gläubiger Rücksicht genommen wird (§ 4 Satz 2).

19 Der Gesetzgeber handelt nicht willkürlich, wenn er Ansprüche auf Nachteilsausgleich im Konkurs des Unternehmens anders behandelt als Forderungen aus einem Sozialplan. Ansprüche aus § 113 BetrVG haben Sanktionscharakter (vgl. §§ 112, 112a Rn 7). Die dadurch begründete Forderung sollte an sich den gleichen Rang haben wie eine Sozialplanforderung. Doch ist eine Gleichbehandlung dieser Ansprüche, die der einzelne ArbN verfolgen muß und bei denen eine Beschränkung des Gesamtvolumens ausscheidet, nicht möglich. Es kommt hinzu, daß die dadurch einem einzelnen ArbN drohenden Nachteile durch die nachträgliche Aufstellung eines Sozialplans „repariert" werden können (s. o. Rn 17).

20 Für die unterschiedliche Behandlung der Sozialplanansprüche je nach dem Zeitpunkt, in dem der Sozialplan aufgestellt wurde (drei Monate vor Antrag auf Eröffnung des Konkursverfahrens oder früher), gibt es Gründe. Mit der Dreimonatsfrist (§ 3) stellt der Gesetzgeber auf den Eintritt des materiellen Konkurses ab. Zudem besteht auch hier unter Umständen die Möglichkeit, nachträglich einen Sozialplan aufzustellen (vgl. § 3 Rn 18).

21 Die Unterscheidung zwischen ArbN, die Gläubiger eines Sozialplananspruchs werden können, und den ArbN, die in Kleinbetrieben beschäftigt sind, für die das BetrVG die Aufstellung eines Sozialplans nicht vorsieht (vgl. § 111 Rn 4), bleibt bestehen. Das Gesetz folgt insoweit nur der betriebsverfassungsrechtlichen Differenzierung. Das MBR des BR ist in Kleinbetrieben eingeschränkt (vgl. z. B. § 99 Abs. 1 Satz 1 und § 111 Satz 1). Einerseits soll der ArbGeb (Unternehmer) in Kleinbetrieben nicht mit MBR des BR belastet werden. Andererseits ist diese unterschiedliche Behandlung mit den unterschiedlich hohen Belastungen des Arbeitsmarktes bei Massentlassungen in Mittel- und Großbetrieben einerseits und Kleinbetrieben andererseits zu rechtfertigen. Im ersten Fall sind die Arbeitsmarktchancen der betroffenen ArbN deutlich geringer als im zweiten Fall.

§ 2 (Sozialplan nach Konkurseröffnung)

In einem Sozialplan, der nach der Eröffnung des Konkursverfahrens aufgestellt wird, kann für den Ausgleich oder die Milderung der wirtschaftlichen Nachteile, die den Arbeitnehmern infolge der geplanten Betriebsänderung entstehen, ein Gesamtbetrag bis zu zweieinhalb Monatsverdiensten (§ 10 Abs. 3 des Kündigungsschutzgesetzes) der von einer Entlassung betroffenen Arbeitnehmer vorgesehen werden.

Inhaltsübersicht

I. Vorbemerkung

Die Vorschrift ist eine materiell-rechtliche betriebsverfassungsrechtli- 1
che Norm. Sie hat folgenden betriebsverfassungsrechtlichen Hintergrund:

Der BR hat ein **erzwingbares Mitbestimmungsrecht** auf Aufstellung eines **Sozialplans,** und zwar unabhängig davon, ob der Konkursverwalter eine Betriebsänderung im Sinne von § 111 BetrVG aufgrund eines Interessenausgleichs mit dem BR oder ohne eine solche Einigung durchgeführt hat (BAG 15. 10. 79, AP Nr. 5 zu § 111 BetrVG 1972, vgl. auch § 112, 112a Rn 16).

Das **Verfahren** zur Aufstellung eines Sozialplans ist dasselbe wie außerhalb des Konkursverfahrens. An die Stelle des früheren ArbGeb. (Gemeinschuldners) tritt der Konkursverwalter (vgl. § 1 SozplKonkG Rn 7 ff.). Danach kann der Sozialplan zwischen Konkursverwalter und BR vereinbart werden. Kommt eine Einigung nicht zustande, entscheidet die E-Stelle (zum Verfahren allgemein vgl. §§ 112, 112a Rn 32 ff.).

Hier greift § 2 als Sonderregelung ein. Er setzt rechtliche Grenzen für 2 das Volumen eines Sozialplans. Diese rechtlichen Grenzen bestehen sowohl für den Fall, daß der Sozialplan vereinbart wird als auch für den Fall, daß er durch Spruch der E-Stelle beschlossen wird.

Andererseits ist der Sozialplan kein Sanierungszwangsvergleich (vgl. *GL*, § 112, Rn 37). Rückständige Lohnforderungen dürfen nicht angetastet werden. Auch Lohnkürzungen für die Zukunft sind nicht zulässig (vgl. zu den allgemeinen Grenzen des Sozialplans §§ 112, 112a Rn 21–26).

II. Maßgebender Zeitpunkt

3 Das Gesetz unterscheidet zwischen Sozialplänen, die vor Konkurseröffnung aufgestellt werden (§ 3) und Sozialplänen, die nach Konkurseröffnung aufgestellt werden (§ 2). Maßgebend ist also der **Zeitpunkt der Konkurseröffnung.**

4 Das Konkursverfahren wird nur auf Antrag eröffnet (§ 103 Abs. 1 KO). Antragsberechtigt sind der – spätere – Gemeinschuldner, jeder Konkursgläubiger und die in § 59 Abs. 1 Nr. 3 genannten Massegläubiger (z. B. ArbN wegen rückständiger Löhne für die letzten sechs Monate vor der Eröffnung des Verfahrens). Dieser Antrag wird vom Konkursgericht (Amtsgericht, in dessen Bezirk der Gemeinschuldner seine gewerbliche Niederlassung oder, wenn diese fehlt, seinen allgemeinen Gerichtsstand hat, § 71 KO) geprüft. Das kann längere Zeit in Anspruch nehmen. Das Konkursgericht kann deshalb für den Zeitraum bis zur Eröffnung des Konkursverfahrens „alle zur Sicherung der Masse dienenden einstweiligen Anordnungen treffen" (§ 106 Abs. 1 Satz 2 KO). Größere praktische Bedeutung haben das allgemeine Veräußerungsverbot (§ 106 Abs. 1 Satz 3 KO) und die Bestellung eines Sequesters. Die Anordnung der **Sequestration** – mit allgemeinem Veräußerungsverbot – steht der Eröffnung des Konkursverfahrens nicht gleich. Ein zwischen Unternehmer (ArbGeb) und dem Sequester einerseits und dem BR andererseits vereinbarter Sozialplan (vgl. dazu BAG 20. 11. 84, AP Nr. 24 zu § 112 BetrVG 1972) ist ein Sozialplan vor Eröffnung des Konkurses.

5 Das Konkursverfahren wird durch Beschluß des Konkursgerichts eröffnet. Dabei ist der Zeitpunkt der Verfahrenseröffnung im **Eröffnungsbeschluß** genau anzugeben (§ 108 Abs. 1 KO). Nach diesem Zeitpunkt richtet sich der Eintritt aller konkursmäßigen Folgen (vgl. *Mentzel/Kuhn/Uhlenbruck*, KO, § 108 Rn 2).

III. Sachlicher Anwendungsbereich

6 Die Vorschrift bezieht sich nur auf **Betriebsänderungen, die Entlassungen von ArbN zur Folge haben.** Das sind im wesentlichen Einschränkungen und Stillegungen des ganzen Betriebs oder von wesentlichen Teilen des Betriebs einschließlich Personalabbau (§ 111 Satz 2 Nr. 1

BetrVG). Denn in der Regel kommt es nur bei diesen Betriebsänderungen zu Entlassungen (vgl. dazu § 111 Rn 17, 19). Haben Betriebsänderungen während des laufenden Konkursverfahrens keine Entlassungen, wohl aber andere wesentliche Nachteile für die Belegschaft zur Folge (vgl. § 111 Rn 7), ist § 2 nicht anwendbar.

Hat ein Unternehmen mehrere Betriebe, ist unter den Voraussetzungen des § 111 BetrVG für jeden Betrieb, in dem ArbN entlassen werden sollen, ein Sozialplan aufzustellen, für den § 2 SozplKonkG zu beachten ist.

§ 2 spricht eingangs nur allgemein und undifferenziert von Sozialplänen und von „geplanten Betriebsänderungen". Das zulässige Volumen eines Sozialplans soll jedoch nach den Verdiensten der von einer Entlassung betroffenen ArbN berechnet werden. Deshalb sind nur die Sozialpläne gemeint, die sich mit den wirtschaftlichen Folgen für die entlassenen ArbN befassen, nicht Sozialpläne, die wirtschaftliche Nachteile der im Betrieb verbleibenden ArbN ausgleichen oder mildern sollen.

Im Konkurs des Unternehmers wird es – abgesehen von der Möglichkeit, den Betrieb nach **§ 613a BGB** an einen Dritten zu veräußern (vgl. § 111 Rn 12 und § 1 Rn 57ff.) – über kurz oder lang zur Betriebsstillegung kommen und damit zu Entlassungen der ArbN. § 2 SozplKonkG erfaßt damit den bei weitem wichtigsten Fall. Doch ist es nicht ausgeschlossen, daß der Konkursverwalter vor der Betriebsstillegung – evtl. auch vor der Betriebsveräußerung – noch Betriebsänderungen durchführen will. So kann er, um Arbeitsplätze durch Veräußerung des Betriebs an einen Dritten zu sichern, die Betriebsorganisation grundlegend ändern, er kann grundlegend neue Arbeitsmethoden oder Fertigungsverfahren einführen, er kann den Betrieb verlegen, mehrere Betriebe zusammenlegen usw. (vgl. § 111 Satz 2 Nr. 2 bis 5 BetrVG). Für jede dieser möglichen selbständigen Betriebsänderungen ist ein Interessenausgleich zu versuchen. Für jede dieser Maßnahmen ist ein Sozialplan aufzustellen. Kommt es bei diesen, der Betriebsstillegung oder der Betriebsveräußerung vorausgehenden Betriebsänderungen nicht zu Entlassungen der betroffenen ArbN, greift § 2 d. G. nicht ein. Entstehen z. B. durch eine Betriebsverlegung wesentlich höhere Fahrtkosten für die Belegschaft, können diese durch einen Sozialplan ausgeglichen werden. Dieser Sozialplan kann nicht in Monatsverdiensten „der von einer Entlassung betroffenen ArbN" berechnet werden, weil kein ArbN entlassen wird. **7**

IV. Berechnung des zulässigen Gesamtvolumens

Der Sozialplan, der die wirtschaftlichen Nachteile der von einer Entlassung betroffenen ArbN ausgleichen oder mildern soll, darf eine bestimmte Höhe nicht überschreiten. Hinsichtlich des Gesamtvolumens eines solchen Sozialplans stellt das Gesetz Inhaltsschranken auf. Der Gesamtbetrag aller Forderungen, die in einem solchen Sozialplan begründet werden, darf eine bestimmte Geldsumme nicht überschreiten. **8**

9 Die Vorschrift befaßt sich **nicht** mit Fragen, **wie** das errechnete Gesamtvolumen des Sozialplans **auf die einzelnen ArbN verteilt** werden soll. Innerhalb des zulässigen Gesamtvolumens können Konkursverwalter und BR in einem vereinbarten Sozialplan Abfindungen nach dem Ausmaß der individuell zu erwartenden wirtschaftlichen Nachteile unterschiedlich bemessen. Das gilt auch für Beschlüsse der E-Stellen (vgl. *Düttmann/Kehrmann/Muff,* AiB 1985, 36; zum zulässigen Inhalt von Vereinbarungen und Beschlüssen vgl. zuletzt BAG 12. 2. 85, AP Nr. 25 zu § 112 BetrVG 1972; 23. 4. 85, AP Nr. 26 zu § 112 BetrVG 1972). Der Sozialplan soll sich an unterschiedlichen Auswirkungen der Betriebsänderung auf einzelne ArbN ausrichten. Die Ermessensrichtlinien des § 112 Abs. 5 Nr. 1 u. 2 BetrVG gelten auch für den Konkurs; Nr. 3 ist nicht anzuwenden, weil das Unternehmen nach dem Konkurs nicht weiterbesteht (LAG Düsseldorf 7. 10. 86 – 11 Ta BV 64/86; vgl. Einzelheiten zu § 112 Abs. 5 BetrVG dort Rn 32–37). Nicht jeder ArbN, der bei der Berechnung des zulässigen Gesamtvolumens mitzählt und mit „seinem" Verdienst in die Gesamtrechnung eingeht, braucht bei der Verteilung berücksichtigt zu werden.

10 Für die Berechnung des zulässigen Gesamtvolumens ist zunächst zu ermitteln, **welche ArbN** von einer Entlassung betroffen werden. Anzuwenden ist der betriebsverfassungsrechtliche ArbN-Begriff (*Düttmann/Kehrmann/Muff,* AiB 85, 36; *Balz,* DB 85, 691). ArbN im Sinne des BetrVG sind alle diejenigen, die zur Belegschaft gehören, (vgl. § 5 Rn 8ff.), auch Teilzeitbeschäftigte (anders z. T. im Kündigungsrecht, vgl. § 23 Abs. 1 Satz 3 KSchG i. d. F. des BeschFG – BGBl. 85 I 712) und befristet eingestellte ArbN. Keine ArbN sind die in § 5 Abs. 2 aufgeführten Personen (vgl. § 5 BetrVG Rn 114ff.; *Balz,* S. 56). Zu den ArbN im Sinne von § 2 gehören nicht die leitenden Ang. im Sinne von § 5 Abs. 3 BetrVG. Für sie wird kein Sozialplan aufgestellt (vgl. §§ 112, 112a Rn 26). Werden Abfindungsansprüche nach § 328 BGB (Vertrag zugunsten Dritter) begründet, ist eine konkursrechtliche Behandlung nach diesem Gesetz nicht zulässig (*Balz,* DB 85, 691). Zur Belegschaft gehören aber die in Heimarbeit Beschäftigten, wenn sie in der Hauptsache für den in Betracht kommenden Betrieb tätig sind (§ 6 BetrVG; vgl. § 5 Rn 95ff).

11 Mit den von einer Entlassung betroffenen ArbN sind nicht nur diejenigen gemeint, denen der Konkursverwalter **kündigt.** Einzurechnen sind auch die ArbN, die aufgrund von **Aufhebungsverträgen** ausscheiden, die auf der geplanten Betriebsänderung beruhen (vgl. BAG 2. 8. 83, AP Nr. 12 zu § 111 BetrVG 1972; § 111 Rn 21; *Heither,* ZIP 1985, 518; *Düttmann/Kehrmann/Muff,* AiB 85, 36; *Balz,* DB 85, 691; **a. A.** *Hess,* NZA 85, 206). Nach § 112a Abs. 1 Satz 1 BetrVG gilt als Entlassung auch das vom ArbGeb. aus Gründen der Betriebsänderung veranlaßte Ausscheiden von ArbN auf Grund von Aufhebungsverträgen (vgl. §§ 112, 112a Rn 17). Das gilt auch hier. Auf den formalen Beendigungsgrund kann es nicht ankommen, zumal das Gesetz nicht von „Gekündigten" spricht, sondern von ArbN, die von einer Entlassung betroffen sind. Bereits ausgeschiedene ArbN sind zu berücksichtigen, wenn ihr Ausscheiden auf der Betriebsänderung beruht, die dem Sozialplan zugrunde liegt (vgl. *Balz,* DB 85, 691).

Für die Berechnung des zulässigen Gesamtvolumens kommt es auf den **individuellen Arbeitsverdienst** eines jeden von der geplanten Entlassung betroffenen ArbN an, nicht auf den Durchschnittsverdienst aller im Betrieb beschäftigten ArbN. 12

Bemessungszeitraum ist der Monat, in dem die Betriebsänderung durchgeführt wird. Das ist der Zeitpunkt, zu dem die Mehrzahl der betroffenen ArbN entlassen wird. Für diesen Monat, in dem das Arbeitsverhältnis der Mehrzahl der betroffenen ArbN endet, ist der Arbeitsverdienst aller von der Entlassung betroffenen ArbN zu berechnen. Denn möglichst noch vor diesem Zeitpunkt soll der Sozialplan aufgestellt werden. Bei seiner Aufstellung müssen die Grenzen berechenbar sein (**a. A.** *Balz,* S. 54, der auf den Zeitpunkt abstellen will, zu dem der Sozialplan rechtsverbindlich zustande kommt. Doch will auch er die mit Sicherheit zu erwartenden Änderungen in der Lohnhöhe bis zur Betriebsänderung berücksichtigen). Es ist also unerheblich, wenn Arbeitsverhältnisse einzelner ArbN über den Zeitpunkt der Betriebsstillegung hinaus aus rechtlichen oder tatsächlichen Gründen (z. B. Mutterschutz, Aufräumarbeiten, Abwicklungsarbeiten) fortgesetzt werden. Für diese später ausscheidenden ArbN kommt es auf den Monatsverdienst an, den sie in dem Monat beziehen, in dem der Betrieb stillgelegt wird. 13

Von jedem betroffenen ArbN ist die Höhe seines Monatsverdienstes nach § 10 Abs. 3 KSchG zu ermitteln. Nach dieser Bestimmung gilt als **Monatsverdienst** das, was dem ArbN bei der für ihn maßgeblichen regelmäßigen Arbeitszeit in dem maßgebenden Monat an Geld und Sachbezügen zusteht. Abzustellen ist auf die **individuelle Arbeitszeit,** nicht auf die regelmäßige betriebsübliche Arbeitszeit. Das ist für die ArbN von Bedeutung, die in einem Teilzeitarbeitsverhältnis beschäftigt werden. Auch insoweit soll die nach dem KSchG vorgeschriebene individuelle Bemessung offensichtlich durchschlagen, obwohl es bei der Ermittlung des zulässigen Gesamtvolumens noch nicht um die Verteilung des zur Verfügung stehenden Betrages geht. Doch sind Schwankungen der Arbeitszeit – **Kurzarbeit und Überstunden** – nicht zu berücksichtigen. Sind jedoch Überstunden über einen längeren Zeitraum hinweg angefallen, sind sie zu berücksichtigen (vgl. *KR-Becker,* § 10 KSchG Rn 29; *Balz,* S. 53). 14

Zu den **Geldbezügen** gehören alle **Grundvergütungen** (Gehalt, Zeitlohn, Fixum). Maßgebend ist der Bruttobetrag ohne Abzüge für Lohnsteuer und Sozialversicherung (vgl. *Hueck,* KSchG, 10. Aufl., § 10 Rn 4 und 18). Bei Akkordlöhnern ist der **Akkordverdienst** zu errechnen, den sie in dem maßgebenden Bemessungsmonat unter Zugrundelegung der für sie maßgebenden Arbeitszeit erzielt haben oder – bei Störungen – erzielt hätten. Zu den Geldbezügen gehören auch alle geschuldeten **Zulagen** (Gefahrenzulagen, Erschwerniszulagen, Schicht- und Nachtarbeitszuschläge, vgl. *KR-Becker,* KSchG, § 10 Rn 33). Weiter gehören alle Leistungen dazu, die nicht den Charakter von reinem Aufwendungser- 15 satz haben. Fallen Aufwendungen nur an, wenn der ArbN tatsächlich arbeitet (Spesen, Fahrkostenzuschüsse), gehört der Ersatz dieser Aufwendungen nicht zum Arbeitsverdienst. Zu den Geldbezügen gehören jedoch die vertraglich oder tariflich vorgesehenen **Sonderzahlungen** (13. oder 14. Gehalt, Jahresabschlußvergütungen, Weihnachtsgeld usw.). Sie alle haben Entgeltcharakter, sie werden geschuldet als Gegenleistung für die erbrachte Arbeitsleistung oder für Betriebstreue. Sind solche Leistungen auf einen längeren Zeitraum bezogen (Jahr, Halbjahr), werden sie anteilig auf einen Monat umgerechnet (zutr. *Düttmann/Kehrmann/Muff,* AiB 85, 36; *Balz,* S. 54). Das gilt auch für das vertraglich vereinbarte oder tariflich vorgesehene Urlaubsgeld.

16 Zum Monatsverdienst gehören alle vom ArbGeb. geschuldeten **Sachbezüge.** Sie sind in Geld umzurechnen (z. B. Deputate in der Landwirtschaft, im Bergbau, Überlassung von Werkswohnungen usw.). Maßgebend ist ihr Marktwert. Das ist der Betrag, den der ArbN aufwenden müßte, wenn er sich diese Leistungen auf dem Markt beschafft (BAG 22. 9. 60, AP Nr. 27 zu § 616 BGB). § 10 Abs. 3 KSchG enthält keine Verweisung auf die nach § 160 Abs. 2 RVO festgesetzten Sachbezugswerte; diese Werte sind daher nicht maßgebend (*KR-Becker,* § 10 KSchG Rn 34; *Düttmann/Kehrmann/Muff,* AiB 85, 36).

Für die Ermittlung der Verdienste ist es unerheblich, ob der ArbN bis zum Ablauf der Kündigungsfrist beschäftigt wird; **Freistellungen, Urlaub,** längere **Krankheit** usw. wirken sich auf die Berechnung nicht aus (zutr. *Düttmann/Kehrmann/Muff,* AiB 85, 36; *Balz,* S. 53).

17 Der **Gesamtbetrag** des zulässigen Gesamtplanvolumens ergibt sich, wenn die Monatsverdienste aller betroffenen ArbN mit 2,5 multipliziert werden. Dabei wollte sich der Gesetzgeber, was die Höhe der Abfindungen betrifft, an den Abfindungen orientieren, wie sie nach dem Beschluß des BAG vom 13. 12. 78 (AP Nr. 6 zu § 112 BetrVG 1972) im Durchschnitt gezahlt wurden (vgl. auch *Gessner/Plett,* Der Sozialplan im Konkursunternehmen, 1982, S. 100). In der Praxis werden einzelne Sozialplanleistungen häufig nicht in bestimmten DM-Beträgen festgesetzt; sie sollen vielmehr nach einem **Punktesystem** berechnet werden. Das ist nach dem Gesetz weiterhin zulässig (vgl. §§ 112, 112a Rn 22; *Balz,* S. 55). Ein solches Verfahren ist zu empfehlen, da es die Verteilungsmaßstäbe sichtbar macht. Das erleichtert die Anpassung bei unvorhergesehenen Störungen bei der Abwicklung (vgl. *Düttmann/Kehrmann/Muff,* AiB 1985, 37).

Im übrigen sollten die Beteiligten Anpassungsregelungen für den Fall vorsehen, daß die zulässigen Grenzen ungewollt überschritten werden (vgl. auch Rn 18).

V. Rechtsfolgen bei Überschreiten des zulässigen Gesamtvolumens

Der ermittelte Gesamtbetrag ist ein Höchstbetrag. Die Summe aller Abfindungen, die an ausscheidende ArbN gezahlt werden, darf diesen Betrag nicht überschreiten. Wird der **Höchstbetrag** überschritten, ist der Sozialplan insgesamt unwirksam. Diese Rechtsfolge ergibt sich aus dem Wortlaut des Gesetzes: Wenn Grenzen des rechtlichen Könnens überschritten werden, tritt Unwirksamkeit ein. Durch die Begründung zum Gesetzentwurf wird diese Auslegung bestätigt. Der Sozialplan soll insgesamt nichtig sein (vgl. *Balz,* S. 62). 18

Die Nichtigkeit läßt sich vermeiden, wenn die Vertragsparteien, die die Grenzen des zulässigen Sozialplans vorausschauend nur schwer berechnen können, Regelungen für den Fall treffen, daß die Grenzen ungewollt überschritten werden. Sie können z. B. anteilige Herabsetzung der Ansprüche vorsehen.

Nichtig ist sowohl eine Vereinbarung, die gegen § 2 verstößt als auch der Spruch der E-Stelle, der die Grenzen des § 2 nicht beachtet.

Die Nichtigkeit der Vereinbarung und die Nichtigkeit des Spruchs der E-Stelle kann der Konkursverwalter jederzeit geltend machen (vgl. *Hess,* NZA 1985, 206). Folge eines nichtigen Sozialplans sind neue Verhandlungen, neue Vereinbarungen oder ein erneutes Tätigwerden der E-Stelle. Aus einem nichtigen Sozialplan kann der einzelne ArbN keine Ansprüche herleiten. Der Konkursverwalter wird daher die Ansprüche der begünstigten ArbN nicht in dem nach der KO vorgesehenen Verfahren berichtigen. Dagegen können die einzelnen ArbN vorgehen (vgl. zum Verfahren § 4 Rn 10). Möglich ist auch ein BeschlVerf mit BR und Konkursverwalter als Beteiligten, in dem die Rechtswirksamkeit oder Rechtsunwirksamkeit des Sozialplans festgestellt werden soll. Der Antragsteller braucht die Antragsfrist des § 76 Abs. 5 Satz 4 BetrVG nicht einzuhalten, da er sich nicht auf Ermessensüberschreitung, sondern auf einen sonstigen Rechtsfehler beruft (vgl. auch §§ 112, 112a Rn 38 und § 76 Rn 33). 19

Der Sozialplan, der gegen § 2 verstößt, ist absolut nichtig, nicht nur relativ unwirksam gegenüber den Konkursgläubigern; er wirkt auch nicht gegen den Gemeinschuldner.

Ob ein nichtiger Sozialplan **teilweise aufrechterhalten** werden kann, ist fraglich. Zwar können Betriebsvereinbarungen teilweise aufrechterhalten werden, wenn ein von der Nichtigkeit nicht betroffener Teil eine in sich geschlossene und sinnvolle Regelung enthält (BAG 28. 4. 81, AP Nr. 1 zu § 87 BetrVG 1972 Vorschlagswesen; 20. 12. 83, AP Nr. 17 zu § 112 BetrVG 1972; s. auch § 77 BetrVG Rn 30 mit weit. Nachw.). Dasselbe gilt auch für Beschlüsse der E-Stelle (BAG 28. 4. 81, AP Nr. 1 zu § 87 BetrVG 1972 Vorschlagswesen). Doch passen diese Regeln nicht für den Fall, den § 2 regelt. Denkbar wäre allein eine **anteilige Kürzung** aller Ansprüche, bis das zulässige Volumen erreicht ist (so *Düttmann/Kehrmann/Muff,* AiB 85, 36; *Balz,* DB 85, 691). Sind die Verteilungs- 20 maßstäbe eindeutig erkennbar, und werden sie durch eine anteilige Kürzung nicht berührt, kann der Sozialplan teilweise aufrechterhalten werden (*Balz,* S. 63).

Auch Gründe der Praktikabilität sprechen für eine Anpassung. Umgekehrt können in Sozialpläne **Nachbesserungsklauseln** aufgenommen werden für den Fall, daß sich die erwartete Zahl der von der Entlassung betroffenen ArbN erhöht (vgl. §§ 112, 112a Rn 22).

§ 3 (Sozialplan vor Konkurseröffnung)

Ein Sozialplan, der vor der Eröffnung des Konkursverfahrens, jedoch nicht früher als drei Monate vor dem Antrag auf Eröffnung des Konkurs- oder Vergleichsverfahrens aufgestellt wird, ist den Konkursgläubigern gegenüber insoweit unwirksam, als die Summe der Forderungen aus dem Sozialplan größer ist als der Gesamtbetrag von zweieinhalb Monatsverdiensten der von einer Entlassung betroffenen Arbeitnehmer. Eine Forderung aus dem Sozialplan kann im Konkursverfahren mit demjenigen Teil ihres Betrags geltend gemacht werden, der dem Verhältnis des in Satz 1 bestimmten Gesamtbetrags zu der Summe der Forderungen aus dem Sozialplan entspricht. Hat ein Arbeitnehmer auf seine Forderung aus dem Sozialplan vor der Eröffnung des Konkursverfahrens Leistungen empfangen, werden diese zunächst auf denjenigen Teil seiner Forderung angerechnet, der im Konkursverfahren geltend gemacht werden kann.

Inhaltsübersicht

I. Vorbemerkung

1 § 2, der rechtliche Grenzen für das Gesamtvolumen eines Sozialplans bestimmt, gilt nur für solche Sozialpläne, die nach Konkurseröffnung aufgestellt werden. Diesen inhaltlichen Schranken kann das Gesetz die **Sozialpläne,** die **vor Konkurseröffnung** aufgestellt werden, nicht unterwerfen. Denn im Zeitpunkt der Aufstellung eines solchen Sozialplans steht noch nicht fest, ob ein Konkursverfahren eröffnet wird. Sozialpläne, die vor Konkurseröffnung aufgestellt werden, unterliegen daher nicht den inhaltlichen Schranken des § 2 SozplKonkG.

2 Soweit diese Sozialpläne innerhalb bestimmter zeitlicher Grenzen aufgestellt werden, sieht § 3 d. G. besondere Vorschriften für die konkursrechtliche Abwicklung dieser Ansprüche vor. Die Sozialpläne, die während des Konkursverfahrens aufgestellt werden, und die Sozialpläne, die im unmittelbaren Vorfeld eines Konkursverfahrens aufgestellt werden, sollen konkursrechtlich möglichst gleich behandelt werden. Denn oft hängt es von Zufällen ab, wann ein solcher Sozialplan infolge

einer Betriebsänderung (z. B. Betriebsstillegung) aufgestellt wird. Die Regelung mit ihrer möglichst weitgehenden Gleichbehandlung schafft jedenfalls keine Anreize, die Aufstellung des Sozialplans möglichst in die Zeit nach Konkurseröffnung zu verlegen (vgl. zum früheren Recht vor allem BAG 13. 12. 78, AP Nr. 6 zu § 112 BetrVG 1972).

Die Gleichbehandlung beider Tatbestände muß jedoch durch andere rechtliche Mittel erreicht werden. Während § 2 Nichtigkeit des Sozialplans vorsieht, kann nach § 3 der zunächst wirksam vereinbarte Sozialplan nicht absolut unwirksam werden, er kann im nachfolgenden Konkurs nur den Konkursgläubigern gegenüber, also relativ (bezogen auf diese Gläubiger) unwirksam sein. Der ArbGeb., der selbst an der Aufstellung des Sozialplans beteiligt war, kann die Unwirksamkeit später nicht geltend machen.

II. Zeitliche Grenzen

Der Sozialplan, der zwar vor Konkurseröffnung aufgestellt wurde, der aber wie ein Sozialplan im Konkurs behandelt werden soll, darf nicht früher als drei Monate vor dem Antrag auf Eröffnung des Konkurs- oder Vergleichsverfahrens aufgestellt worden sein. 3

Aufgestellt ist der Sozialplan, wenn ArbGeb. und BR sich geeinigt haben oder die Einigung durch die E-Stelle ersetzt worden ist. Die Einigung ist ein Rechtsgeschäft. Das Zustandekommen richtet sich nach §§ 145ff. BGB. Maßgebend ist danach – bei Vorliegen eines wirksamen Angebots – der Zeitpunkt, in dem die Annahmeerklärung dem anderen Teil zugeht. Das kann je nach Fallgestaltung der ArbGeb. oder der BR sein. Verhandeln ArbGeb. und BR, ist der Zeitpunkt maßgebend, in dem beide Seiten unterschreiben (§ 147 Abs. 1 BGB). Schickt eine Seite einen Entwurf, den die andere Seite annimmt, ist der Zeitpunkt maßgebend, in dem die Antwort eingeht (§ 147 Abs. 2 BGB). Zweckmäßigerweise ist dieser Zeitpunkt beweiskräftig (Zeugen, Urkunden) festzuhalten. Kommt die Einigung vor der E-Stelle zustande, wird dies zweckmäßigerweise im Protokoll vermerkt. 4

Andererseits kommt es auf den Zeitpunkt an, in dem ein Antragsberechtigter (§ 103 Abs. 2 KO) den **Antrag auf Eröffnung des Konkursverfahrens** stellt. Dieser Antrag ergibt sich aus den Akten des Konkursgerichts. Gehen beim Konkursgericht mehrere Anträge ein, ist der erste wirksame Antrag maßgebend, der zur Konkurseröffnung führt. Unerheblich ist der Tag der Konkurseröffnung. 5

Geht dem Konkursverfahren ein Vergleichsverfahren voraus, ist der Antrag maßgebend, der auf Eröffnung des Vergleichsverfahrens gerichtet ist. Vergleichsverfahren und Anschlußkonkursverfahren bilden insoweit eine Einheit (Satz 1, vgl. §§ 102ff. VerglO).

Zwischen dem Antrag auf Eröffnung des Verfahrens und der Eröffnung selbst kann ein längerer Zeitraum liegen. Wird in diesem Zeitraum ein Sozialplan aufgestellt, ist er wie ein Sozialplan vor Eröffnung des Konkursverfahrens zu behandeln, also nach § 3, nicht nach § 2. War 6

Sequestration angeordnet, können ArbGeb und Sequester – gemeinsam handelnd – mit dem BR einen Sozialplan vereinbaren (BAG 20. 11. 84, AP Nr. 24 zu § 112 BetrVG 1972).

7 Bei der Feststellung beider Zeitpunkte – Antrag auf Konkurseröffnung und Aufstellung des Sozialplans – braucht nur das jeweilige **Datum** festgehalten zu werden. Die genaue Uhrzeit ist unerheblich, da die Frist nach Monaten berechnet wird, nicht nach Stunden oder Minuten (§ 187 Abs. 1 BGB). Die Frist selbst wird nach § 188 Abs. 2 und 3 BGB berechnet. Die Frist beginnt mit der Aufstellung des Sozialplans.

Beispiel:

Wird der Sozialplan am 20. Februar aufgestellt, wird er von § 3 erfaßt, wenn der Antrag auf Eröffnung des Konkursverfahrens bis zum 20. Mai eingeht (gleiche Zahl). Wird der Sozialplan am 30. November aufgestellt, wird er von § 3 erfaßt, wenn der Antrag auf Eröffnung des Konkursverfahrens bis zum 28. Februar des Folgejahres eingeht (§ 188 Abs. 3 BGB).

8 **Sozialpläne,** die **außerhalb dieser zeitlichen Grenzen** aufgestellt werden, werden vom Gesetz nicht erfaßt. Für diese Sozialpläne bleibt es bei den allgemeinen konkursrechtlichen Bestimmungen. Forderungen der ArbN aus diesen Sozialplänen können im Konkurs des ArbGeb unbeschränkt geltend gemacht werden. Der ArbN kann jedoch für diese Forderung **kein Vorrecht** beanspruchen. Seine Forderung wird nur nach § 61 Abs. 1 Nr. 6 KO berichtigt (vgl. *Balz,* S. 47, 48; zur Geltendmachung dieser Forderung im Konkurs vgl. § 4 Rn 4ff.).

III. Behandlung dieser Sozialpläne im Konkurs des Unternehmers

9 Die Vorschrift will erreichen, daß die Konkursmasse durch einen unmittelbar vor dem Konkurs (Krisenzeitraum) aufgestellten Sozialplan nicht stärker belastet wird als sie belastet würde, wenn der Sozialplan erst nach Konkurseröffnung aufgestellt worden wäre.

Der Sozialplan ist den Konkursgläubigern gegenüber insoweit unwirksam, als die Summe aller Abfindungen, die in diesem vorkonkurslich aufgestellten Sozialplan festgelegt sind, das zulässige Gesamtvolumen überschreitet. Das **zulässige Gesamtvolumen** wird wie in § 2 d. G. vorgeschrieben berechnet (§ 2 Rn 10ff.). Maßgebend sind auch hier nur die Geldleistungen, die für ArbN vorgesehen sind, die als Folge der Betriebsänderung entlassen werden. Leistungen, die Nachteile der im Betrieb verbleibenden ArbN ausgleichen oder mildern sollen, die diesen infolge von Betriebsänderungen entstehen, die nicht zur Entlassung führen, bleiben unberücksichtigt (vgl. § 2 Rn 6).

10 Die hier angeordnete Rechtsfolge entspricht der Rechtsfolge, wie sie nach wirksamer Anfechtung einer Rechtshandlung eintritt, die vor Eröffnung des Konkursverfahrens vorgenommen wurde. Sachlich ungerechtfertigte Vermögensverschiebungen, durch die die Konkursmasse verkürzt worden war, die aber zeitlich vor der Eröffnung des Verfahrens vorgenommen wurden, unterliegen unter bestimmten Voraussetzungen einer konkursrechtlichen Anfechtung (§ 29 KO; diese Anfechtung hat mit der Anfechtung eines Rechtsgeschäfts nach § 119 BGB nichts zu tun). Doch ergeben sich in bezug auf Forderungen einzelner ArbN auch deutliche Unterschiede in den Rechtsfolgen.

Die teilweise relative Unwirksamkeit des Sozialplans gegenüber den Konkursgläubigern wirkt sich wie folgt auf die Forderungen der ArbN aus dem Sozialplan aus: 11

Es ist zu unterscheiden zwischen der Behandlung der Forderung im Konkurs und der Behandlung der Forderung gegenüber dem Gemeinschuldner (ArbGeb). Im Konkurs ist zu unterscheiden zwischen den Fällen, in denen die Sozialplanforderung schon ganz oder teilweise erfüllt ist, und den Fällen, in denen die Forderung noch offen ist.

Der Fall, daß eine **Forderung** aus dem Sozialplan bis zur Eröffnung des Konkursverfahrens **noch nicht befriedigt** (bezahlt) wurde, ist in Satz 2 geregelt. Der ArbN kann eine solche Forderung nur gekürzt geltend machen. Gekürzt wird die einzelne Forderung eines ArbN im Verhältnis von rechtlich zulässigen Gesamtvolumen zur tatsächlichen Summe aller im Sozialplan begründeten Forderungen (Abfindungen für den Verlust des Arbeitsplatzes). 12

Beispiel:

500 ArbN werden von einer Betriebsänderung betroffen, die zu ihrer Entlassung führt. Die Monatsverdienste dieser ArbN multipliziert mit 2,5 ergeben den zulässigen Gesamtbetrag des Sozialplans (vgl. § 2 Rn 10ff).

Der so errechnete Betrag soll 1200000,– DM betragen. Tatsächlich sieht der vor Konkurseröffnung aufgestellte Sozialplan Abfindungen für den Verlust der Arbeitsplätze in Höhe von 1800000,– DM vor. Das entspricht einem Verhältnis von 1,2 zu 1,8 (= 2:3). In diesem Verhältnis wird jede Forderung aus dem Sozialplan gekürzt.

Ein ArbN, der aus dem Sozialplan 7500,– DM zu beanspruchen hätte, kann im Konkurs nur 5000,– DM geltend machen.

Durch Kürzung sämtlicher Ansprüche wird erreicht, daß die Konkursmasse nur in dem für zulässig gehaltenen Umfang in Anspruch genommen werden kann (Satz 3).

Wurden vor Konkurseröffnung auf die Forderung **Teilbeträge gezahlt,** werden diese zunächst auf den Teil der Forderung angerechnet, den der ArbN im Konkurs geltend machen kann. 13

Beispiel:

Hat der ArbN aus dem Sozialplan 7500,– DM zu beanspruchen, hat er bereits 4000,– DM erhalten, kann er im Konkurs nur noch 1000,– DM geltend machen (7500,– DM gekürzt im Verhältnis 2:3 ergeben 5000,– DM); abzüglich der erhaltenen 4000,– DM bleibt ein Restanspruch von 1000,– DM.

Hat dieser ArbN bereits 5000,– DM erhalten, kann er keine weitere Forderung im Konkurs des ArbGeb geltend machen.

Hat der ArbN auf seine Forderung aus dem Sozialplan vor Konkurseröffnung die ihm zustehenden 7500,– DM bereits **vollständig erhalten,** verbleibt ihm diese Leistung. Eine Rückabwicklung ist im Gesetz nicht 14 vorgesehen (vgl. *Balz,* DB 85, 692). Insoweit ist diese Regelung – entgegen der Begründung des Gesetzgebers – nicht mit der Anfechtung im Konkurs (§§ 29ff. KO) zu vergleichen. Denn der vor Konkurseröffnung wirksam vereinbarte oder beschlossene Sozialplan führt nicht zu sachlich ungerechtfertigten Vermögensverschiebungen, die im Interesse der Konkursgläubiger wieder rückgängig gemacht werden müßten.

15 Der einzelne ArbN kann im Konkurs des Unternehmers nicht erkennen, ob er mit seiner Forderung voll oder nur anteilig (gekürzt) teilnimmt. Er wird seine **Forderung** zunächst einmal **in vollem Umfang anmelden** (zum Anmeldeverfahren vgl. § 4 Rn 4ff.). Es ist dann Sache des Konkursverwalters, Widerspruch zu erheben und diesen zu begründen. Daraus kann ein Rechtsstreit nach § 146 KO über den rechtlichen Bestand einer Konkursforderung entstehen (vgl. § 4 Rn 10).

16 Soweit ein aus dem vorkonkurslichen Sozialplan begünstigter ArbN seine Forderung nicht im Konkurs geltend machen kann, im Beispielsfall waren das 2500,– DM (vgl. Rn 12), bleibt der ArbGeb. weiter der Schuldner. Er haftet mit seinem konkursfreien Vermögen. Die Forderung geht also nicht unter. Mit ihr nimmt der Gläubiger nicht am Konkursverfahren teil. Er muß Befriedigung der Forderung **außerhalb des Konkursverfahrens** suchen (einschränkend, aber ohne Begründung, *Balz,* S. 65: nur nach Abschluß des Konkursverfahrens; das ist systemwidrig). Das ist meist aussichtslos, aber nicht immer. Nach § 1 Abs. 1 KO gehört nur das zum Zeitpunkt der Konkurseröffnung vorhandene Vermögen des Gesamtschuldners zur Konkursmasse. Der **Neuerwerb** ist konkursfrei. Zum Neuerwerb gehören z. b. Arbeitseinkommen und Vergütungen für Dienstleistungen oder Werkverträge, die der Gemeinschuldner nach Konkurseröffnung abschließt und durchführt.

IV. Neuer Sozialplan nach Konkurseröffnung

17 Forderungen aus Sozialplänen, die früher als drei Monate vor dem Antrag auf Eröffnung des Konkursverfahrens (oder Vergleichsverfahrens) aufgestellt wurden, werden nur nach § 61 Abs. 1 Nr. 6 KO – als einfache Konkursforderugnen – berichtigt. Sie sind in den meisten Fällen wirtschaftlich wertlos (vgl. § 1 d. G. Rn 1). Nach der Begründung des Gesetzentwurfs bleibt jedoch das Recht der Beteiligten – BR und ArbGeb – unberührt, sich im Einzelfall nach allgemeinen Rechtsgrundsätzen von einem vorkonkurslichen Sozialplan zu lösen. Allerdings scheidet eine Anfechtung des vorkonkurslichen Sozialplans nach § 29 KO aus, da die Voraussetzungen einer solchen Konkursanfechtung nicht vorliegen werden. In Betracht kommen nur eine Kündigung aus wichtigem Grund oder der Wegfall der Geschäftsgrundlage (vgl. §§ 112, 112a Rn 31).

Eine Kündigung des Sozialplans ist nur für Dauerregelungen denkbar, nicht wenn der Sozialplan einmalige Zahlungen für den Verlust des Arbeitsplatzes vorsieht (vgl. §§ 112, 112a BetrVG, Rn 31 mit weit. Nachw.).

Die Grundsätze über den **Wegfall der Geschäftsgrundlage** gelten an sich für alle schuldrechtlichen Verträge. Sie ermöglichen eine Anpassung der Verträge, wenn die Geschäftsgrundlage für ein Rechtsgeschäft von Anfang an fehlte oder nachträglich weggefallen oder wesentlich erschüttert ist, so daß dem Schuldner das Festhalten am Vertrag nicht mehr zugemutet werden kann (vgl. *Palandt/Heinrichs,* § 242 Anm. 6 B mit weit. Nachw.). Diese allgemeinen zivilrechtlichen Grundsätze können schon wegen des unmittelbar wirkenden normativen Charakters von BV auf diese Normen nicht ohne weiteres angewendet werden. Auch können die den Normen unterworfenen ArbN in aller Regel nicht erkennen, von welcher Geschäftsgrundlage die Parteien des Sozialplans (BV) ausgegangen sind (vgl. §§ 112, 112a Rn 31 und BAG 28. 2. 84 – 1 AZR 134/83 –). **18**

Diese Bedenken müssen in dem hier zu behandelnden Sonderfall aber zurückgestellt werden. Die Geschäftsgrundlage des vor Konkurseröffnung aufgestellten Sozialplans kann sich dadurch entscheidend verändern, daß die Berechtigten nach Konkurseröffnung nicht mehr mit einer Befriedigung ihrer Forderungen rechnen können, wenn diese Forderungen nur nach § 61 Abs. 1 Nr. 6 berichtigt werden (BAG 13. 12. 78, AP Nr. 6 zu § 112 BetrVG 1972). Zu dem Zeitpunkt, zu dem der Sozialplan aufgestellt wurde, konnten sie mit einer bevorstehenden Erfüllung der Forderung durch den Schuldner rechnen. Deshalb kann der BR in einem solchen Fall den Abschluß eines **neuen Sozialplans** verlangen, für den dann – als Sozialplan im Konkurs – **die Maßstäbe des § 2** gelten.

§ 4 (Rangstelle nach § 61 Abs. 1 Nr. 1 KO)

Im Konkursverfahren werden Forderungen aus einem Sozialplan nach § 2 ebenso wie Forderungen aus einem Sozialplan nach § 3, soweit diese im Konkursverfahren geltend gemacht werden können, mit dem Rang des § 61 Abs. 1 Nr. 1 der Konkursordnung berichtigt. Für die Berichtigung dieser Forderungen darf jedoch nicht mehr als ein Drittel der für die Verteilung an die Konkursgläubiger zur Verfügung stehenden Konkursmasse verwendet werden; § 61 Abs. 2 Satz 2 der Konkursordnung gilt entsprechend. Sind Forderungen aus mehreren Sozialplänen mit dem Vorrecht nach Satz 1 zu berichtigen, gilt Satz 2 entsprechend für die Gesamtheit dieser Forderungen.

Inhaltsübersicht

I. Vorbemerkung

1 Während §§ 2 und 3 bestimmen, welche Forderungen aus einem Sozialplan der ArbN im Konkurs seines ArbGeb. geltend machen kann, enthält § 4 Bestimmungen darüber, wie diese Forderungen im Konkurs zu berichtigen sind. Es geht einmal um den konkursrechtlichen Rang der Forderungen (Satz 1). Zum anderen sieht Satz 2 eine weitere Einschränkung bei der Durchsetzung dieser Forderungen vor (relative Grenze).

II. Anmeldung und Prüfung der Forderungen im Konkursverfahren

2 Forderungen aus einem Sozialplan, der nach der Eröffnung des Konkursverfahrens aufgestellt wird (§ 2), und Forderungen aus einem Sozialplan, der vor Konkurseröffnung aufgestellt wurde (§ 3), sind **Konkursforderungen** im Konkurs des ArbGeb. Die ArbN als Gläubiger dieser Forderungen sind Konkursgläubiger im Sinne von § 3 Abs. 1 KO (BAG 3. 12. 85, AP Nr. 3 zu § 146 KO). Zwar ist Konkursgläubiger in der Regel nur derjenige, der einen zur Zeit der Eröffnung des Verfahrens begründeten Vermögensanspruch an den Gemeinschuldner (Unternehmer) hat. Das trifft an sich nur für vorkonkursliche Sozialplangläubiger zu (§ 3), nicht aber für Sozialplangläubiger, die erst durch einen im Konkurs selbst aufgestellten Sozialplan ihre Ansprüche erwerben. Diese Gläubiger werden durch die Neuregelung in § 4 aber den Konkursgläubigern gleichgestellt. Sie werden in jeder Beziehung wie Konkursgläubiger behandelt.

3 Den Konkursgläubigern dient die Konkursmasse zur gemeinschaftlichen Befriedigung aller persönlichen Gläubiger des Gemeinschuldners (§ 3 Abs. 1 KO). Zur Konkursmasse gehört das gesamte, einer Zwangsvollstreckung unterliegende Vermögen des Gemeinschuldners, das ihm zur Zeit der Eröffnung des Konkursverfahrens gehört (§ 1 Abs. 1 KO; zur Haftung des Schuldners mit neuerworbenem Vermögen vgl. § 3 Rn 16). Es ist Aufgabe des Konkursverwalters, das gesamte zur Konkursmasse gehörige Vermögen sofort in Besitz und Verwaltung zu nehmen und dasselbe zu verwerten (§ 117 Abs. 1 KO). So entsteht die **Teilungsmasse** des Konkurses, sie ist die Aktivmasse.

4 Aus der Teilungsmasse werden die Konkursforderungen berichtigt. Zunächst hat der Gläubiger seine **Forderung** beim Konkursgericht **anzumelden** (§ 138 KO). Bei der Eröffnung des Konkursverfahrens (§ 110 Abs. 1 KO) hat das Konkursgericht die Anmeldefrist zu bestimmen, die mindestens zwei Wochen betragen muß und höchstens drei Monate betragen darf (§ 138). Wird die Forderung nach Ablauf der Anmeldefrist angemeldet, kann sie im allgemeinen Prüfungstermin nur geprüft werden, wenn der Konkursverwalter oder ein Gläubiger nicht widersprechen (§ 142 Abs. 1 KO). Die Forderung ist dann in einem späteren Prüfungstermin zu prüfen, dessen Kosten die Gläubiger nachgemeldeter

Forderungen zu tragen haben. Verspätete Anmeldung schadet nicht, verursacht aber Kosten.

Der ArbN hat bei der Anmeldung den Betrag, den Grund der Forderung und das beanspruchte Vorrecht anzugeben (§ 139 KO).

Beispiel:

Forderung in Höhe von 7.500,– DM aus dem am (Datum) vereinbarten (beschlossenen) Sozialplan mit Vorrecht nach § 61 Abs. 1 Nr. 1 KO.

Auch rückständige Zinsen für die Zeit von der Fälligkeit des Anspruchs bis zur Konkurseröffnung können angemeldet werden. Der Zinsanspruch hat den gleichen Rang wie der Anspruch auf Abfindung (§ 62 Abs. 3).

Im Beispielsfall ist evtl. hinzuzufügen: nebst 4% Zinsen seit dem ... bis zur Eröffnung des Konkursverfahrens.

Zinsen, die der Gemeinschuldner auf Sozialplanforderungen für die 5
Zeit nach Eröffnung des Konkursverfahrens schuldet, sind keine Konkursforderungen. Diese Zinsforderungen kann der Gläubiger (ArbN) außerhalb des Konkursverfahrens gegen den Schuldner (ArbGeb.) geltend machen (Klage und Einzelzwangsvollstreckung). Für diese Forderung haftet der Schuldner jedoch nur mit seinem Neuerwerb (vgl. § 3 Rn 16).

Die Forderung kann schriftlich beim Konkursgericht (§ 2 Rn 4) ange- 6
meldet werden, aber auch zu Protokoll der Geschäftsstelle. Der Gläubiger muß die Forderung selbst anmelden. Soll ein Verteter (Mitglieder des BR oder Gewerkschaftssekretär) für ihn tätig werden, muß der ArbN ihn schriftlich bevollmächtigen.

Der Gläubiger soll die zum Nachweis der Forderung notwendigen **Urkunden** mit vorlegen (§ 139 Satz 3 KO). Fehlen diese Unterlagen, ist die Anmeldung trotzdem wirksam.

Die Anmeldung beim Konkursgericht ist gebührenfrei. 7

Alle Anmeldungen werden in eine **Konkurstabelle** eingetragen (§ 140 8
KO). Diese Konkurstabelle kann nach der Beendigung des Konkursverfahrens als Urkunde dienen, aus der der Gläubiger gegen den Gemeinschuldner die Zwangsvollstreckung betreiben kann (§ 164 Abs. 2 KO).

Neben der vorgeschriebenen Anmeldung ist eine mündliche oder schriftliche Geltendmachung im Sinne von Ausschlußfristen nicht erforderlich. **Ausschlußfristen** sind im Konkurs des ArbGeb. nicht anwendbar (BAG 18. 12. 84, AP Nr. 88 zu § 4 TVG Ausschlußfristen).

Alle angemeldeten Forderungen werden in einem **Prüfungstermin** 9
geprüft. Der Gläubiger braucht nicht anwesend zu sein (§ 143 KO). Im Prüfungstermin können der Konkursverwalter oder ein Konkursgläubiger dem Betrag oder dem beanspruchten Vorrecht widersprechen. Der Konkursverwalter hat daher zu prüfen, ob die Grenzen des zulässigen Volumens beachtet wurden. Er ist aber nicht berechtigt, die Sozialplanforderung mit der Begründung zu bestreiten, es stehe noch nicht fest, wie hoch die zur Verteilung kommende Masse sein werde. Gegen die übermäßige Belastung der Konkursmasse mit Sozialplanforderungen

wird er nur nach Satz 2 geschützt (vgl. Rn 14ff.; BAG 10. 8. 88, AP Nr. 5 zu § 146 KO). Widerspricht er nicht, gilt die angemeldete Forderung einschließlich des Vorrechts als festgestellt (§ 144 KO). Sie ist nach dem beanspruchten Rang zu berichtigen.

10 **Widersprechen** der Konkursverwalter oder ein Gläubiger der Forderung oder dem Vorrecht, muß der Gläubiger dieser Forderung einen **Rechtsstreit** gegen den Bestreitenden führen (Feststellungsklagen nach § 146 KO).

Der Widerspruch des Gemeinschuldners wirkt sich auf die Teilnahme und Berichtigung der Forderung im Konkursverfahren nicht aus. Dieser Widerspruch ist insoweit unbeachtlich. Er schließt nur eine spätere Zwangsvollstreckung gegen den Gemeinschuldner aus der Tabelle aus (vgl. Rn 23).

III. Das Vorrecht nach § 61 Abs. 1 Nr. 1 KO

11 ArbN können ihre Forderungen aus Sozialplänen als **bevorrechtigte Forderungen nach § 61 Abs. 1 Nr. 1 KO** geltend machen. In die gleiche Rangklasse gehören z. B. Lohnforderungen der ArbN für das letzte Jahr vor der Eröffnung des Konkursverfahrens (§ 61 Abs. 1 Nr. 1a KO), soweit sie nicht – wegen der Rückstände für die letzten sechs Monate vor der Eröffnung des Verfahrens – Masseschulden sind (§ 59 Abs. 1 Nr. 3a KO), die noch vor den Konkursforderungen berichtigt werden müssen. Der gleiche Rang steht auch den Trägern der Sozialversicherung und der BAA für Forderungen auf Beiträge einschließlich Säumniszuschläge und für Umlagen zu, und zwar ebenfalls wegen der Rückstände für das letzte Jahr vor der Eröffnung des Konkurses.

12 Da alle unter einer Nummer zusammengefaßten Forderungen den gleichen Rang haben (§ 61 Abs. 2 KO), konkurrieren sie auch, wenn die Teilungsmasse nicht ausreicht, um alle Gläubiger der Rangklasse 1 zu befriedigen, mit anderen Forderungen in diesem Rang. In diesem Fall werden gleichrangige Forderungen nach dem Verhältnis ihrer Beträge berichtigt (§ 61 Abs. 2 Satz 2 KO). Das bedeutet eine Gefährdung der Sozialplanansprüche; die Rückstände der Sozialversicherungsbeiträge und der BAA können ein beträchtliches Ausmaß annehmen.

13 Während das Vorrecht für Sozialplanansprüche jetzt ausdrücklich anerkannt ist, ist die konkursrechtliche Behandlung von Abfindungen nach dem KSchG (§§ 9, 10 KSchG) immer noch umstritten. Jedenfalls soweit der Konkursverwalter kündigt, die Kündigung rechtsunwirksam ist und das Gericht das Arbeitsverhältnis auflöst und eine Abfindung festsetzt, handelt es sich um Masseschulden nach § 59 Abs. 1 Nr. 1 KO. Denn dieser Anspruch entsteht aus einem Geschäft und aus einer Handlung des Konkursverwalters (vgl. zum konkursrechtlichen Rang der Abfindungen nach §§ 9, 10 KSchG R. *Schmid,* BB 82, 191). Umgekehrt soll der Anspruch auf eine Abfindung nach §§ 9, 10 KSchG nur (einfache) Konkursforderung sein, wenn der ArbGeb. selbst noch vor Konkurseröffnung gekündigt hatte und das Konkursverfahren erst nach Ablauf der Kündigungsfrist eröffnet worden war (vgl. BAG 6. 12. 84, AP Nr. 14 zu § 61 KO).

IV. Relative Begrenzung der Sozialplanforderungen

§ 4 Satz 2 greift in die **Verteilung der Masse** ein. Nach allgemeinem Konkursrecht soll der Konkursverwalter, wenn hinreichende Konkursmasse vorhanden ist, diese an die Konkursgläubiger verteilen (§ 149 KO). Zahlungen auf bevorrechtigte Forderungen kann der Konkursverwalter mit Ermächtigung des Gerichts unabhängig von diesen allgemeinen Verteilungen leisten (§ 170 KO). Diese Ermächtigung können der Konkursverwalter und die begünstigten Gläubiger beantragen. Sie wird nur erteilt, wenn die Befriedigung gleich- oder besserberechtigter Gläubiger nicht gefährdet ist. Daher muß vor einer Berichtigung der Sozialplanansprüche sichergestellt sein, daß alle Masseschulden (§ 59 KO) gezahlt werden können und daß andere nach § 61 Abs. 1 Nr. 1 KO berechtigte Gläubiger zumindest in demselben Verhältnis befriedigt werden. **14**

Diese allgemeinen Grundsätze des Konkursrechts werden zum Nachteil der Gläubiger einer Sozialplanforderung (Abfindung) durch § 4 Satz 2 abgeändert. Gläubiger einer Sozialplanforderung (Abfindung) müssen nicht nur Rücksicht nehmen auf Massegläubiger (§ 59) und auf gleichrangige Forderungen; sie müssen Rücksicht nehmen auf alle übrigen – auch nachrangigen – Konkursgläubiger. § 4 Satz 2 bestimmt, daß für die Berichtigung bevorrechtigter Sozialplanforderungen nicht mehr als ein Drittel der Konkursmasse, die für die Verteilung an die Gläubiger zur Verfügung steht, verwendet werden darf. **15**

Das Gesetz will damit erreichen, „daß der Sozialplan nicht einen unvertretbar großen Teil der Konkursmasse aufzehrt" (vgl. Amtl. Begründung des Regierungsentwurfs, BR-Drucks. 411/84, zu § 4). Die Bestimmung soll Bedeutung gewinnen insbes. in den Fällen, in denen der Konkurs über das Vermögen eines Unternehmers mit hohem Kapitaleinsatz und entsprechend geringer Arbeitnehmerzahl eröffnet wird (krit. hierzu *Otto,* ZfA 85, 91).

Diese „relative" Begrenzung des Sozialplanvolumens tritt neben die schon in den §§ 2 und 3 angeordnete Begrenzung . **§ 4** schließt Sozialplanforderungen zwar nicht aus dem Konkursverfahren aus, er **schränkt** nur **die Berichtigung dieser Forderungen** – das ist allerdings das Entscheidende – **ein.** **16**

Der Konkursverwalter hat bei jeder Verteilung der Masse § 4 Satz 2 zu beachten. Er muß zunächst den Gesamtbetrag der Forderungen feststellen, mit denen Sozialplangläubiger am Konkurs teilnehmen (Berechnungen nach §§ 2 und 3). Auf der anderen Seite hat er die Teilungsmasse festzustellen (vgl. oben Rn 3). An Sozialplangläubiger darf er nur ein Drittel des Betrages verteilen, der insgesamt für die Verteilung an alle Konkursgläubiger zur Verfügung steht.

Beispiel:

Der Sozialplan hat ein nach §§ 2 oder 3 zulässiges Volumen von 100000,– DM. Die Teilungsmasse beträgt 210000,– DM. Sozialplanforderungen dürfen deshalb insgesamt nur bis zur Höhe von 70000,– DM (ein Drittel von 210000,– DM) berichtigt werden.

Diese Beschränkung kann gleich- oder nachrangig berechtigten Gläubigern zugute kommen (Beispiele bei *Balz,* RWS-Skript 149, S. 73ff.).

17 Die relative Begrenzung des Sozialplanvolumens wird nur erreicht, wenn jeder einzelne Anspruch eines Gläubigers, der eine Forderung aus dem Sozialplan geltend macht, entsprechend gekürzt wird. Das Kürzungsverhältnis ergibt sich aus dem Verhältnis zwischen dem Drittel des Betrages, der für die Verteilung an die Konkursgläubiger zur Verfügung steht, und dem Gesamtbetrag, den die Sozialplangläubiger im Konkursverfahren geltend machen können. Das folgt aus dem Hinweis auf § 61 Abs. 2 Satz 2 KO.

Beispiel:

Betragen das Sozialplanvolumen 100000,– DM und die verteilungsfähige Masse 210000,– DM, dürfen auf Sozialplanforderungen nur 70000,– DM gezahlt werden (s.o. Rn 16). Der einzelne Gläubiger einer solchen Sozialplanforderung kann deshalb nur Berichtigung in Höhe von 70/100 seines individuellen Anspruchs erwarten.

Kann er eine Abfindung von 5600,– DM im Konkursverfahren geltend machen, erhält er tatsächlich nur 3920,– DM.

V. Abschlagszahlungen

18 Konkursverfahren können Jahre dauern. In der Regel vergehen schon zwei Jahre bis zur Feststellung der Teilungsmasse. Wegen der möglichen relativen Begrenzung der Sozialplanforderungen nach § 4 Satz 2 muß die Feststellung der Konkursmasse in all den Fällen abgewartet werden, in denen eine Begrenzung in Betracht kommt. Das Drittel, das für Sozialplanforderungen zur Verfügung steht, ist zunächst eine rechnerische Größe. Beim Abschluß des Konkursverfahrens darf nicht mehr als ein Drittel der Konkursmasse an die Sozialplangläubiger verteilt worden sein. Das Gesetz schreibt also eine rückwirkende Betrachtung vor.

Andererseits können die Abfindungen, die in Sozialplänen für den Verlust des Arbeitsplatzes vorgesehen sind, ihre Überbrückungsfunktion – Sicherung der wirtschaftlichen Existenz für einen Zeitraum nach der Entlassung – bei verzögerter Auszahlung nur schwer erfüllen (zu dieser Funktion der Abfindungen vgl. BAG 13. 12. 78, AP Nr. 6 zu § 112 BetrVG 1972 u. §§ 112, 112a Rn 20). Mit **Ermächtigung des Gerichts** kann der Konkursverwalter auf festgestellte bevorrechtigte Forderungen, also auch auf Sozialplanansprüche, unabhängig von den allgemeinen Verteilungen Zahlungen leisten. Konkursverwalter oder Gläubiger können eine solche Ermächtigung beantragen (§ 170 KO). Bei Erteilung und Ausübung der Ermächtigung haben Gericht und Konkursverwalter darauf zu achten, daß die Sozialplanansprüche einer

Vorausberichtigung dringend bedürfen. Jeweils ein Drittel der vorhandenen Teilungsmasse kann an Sozialplangläubiger (und etwaige andere Berechtigte in der Rangklasse 1 – Gleichrang nach § 61 Abs. 2 KO – ausgezahlt werden.

VI. Mehrere Sozialpläne

Satz 3 behandelt den Fall, daß Forderungen aus mehreren Sozialplänen mit dem Vorrecht nach § 61 Abs. 1 Nr. 1 zu berichtigen sind. Welche Sozialpläne dafür in Betracht kommen, ist wiederum den §§ 2 und 3 zu entnehmen. Forderungen aus Sozialplänen, die nicht mit dem Vorrecht berichtigt werden müssen (Altsozialpläne, vgl. § 3 Rn 8) bleiben hier unberücksichtigt. 19

Zu mehreren Sozialplänen kann es infolge mehrerer Betriebsänderungen kommen (mehrere Maßnahmen zum Personalabbau, Stillegungen wesentlicher Betriebsteile, verbunden mit Entlassungen, vgl. § 111 Rn 11). Soweit Forderungen aus diesen Sozialplänen bereits vor Konkurseröffnung erfüllt wurden, nehmen sie nicht mehr am Konkursverfahren teil. Soweit sie noch nicht erfüllt waren, müssen die Schranken der §§ 2 und 3 beachtet werden.

Die Forderungen aus mehreren in Betracht kommenden Sozialplänen werden für das Berichtigungsverfahren zusammengerechnet. Der Konkursverwalter hat deshalb die Summe der nach § 4 Satz 1 bevorrechtigten Sozialplanforderungen zu ermitteln und diese Summe (Gesamtheit dieser Forderungen) mit der verteilungsfähigen Konkursmasse zu vergleichen. Dieser Vergleich ergibt das Verhältnis, in dem einzelne Forderungen der aus den verschiedenen Sozialplänen Berechtigten gekürzt werden müssen. 20

VII. Änderung der Geschäftsgrundlage

Die Höhe der Sozialplanforderung, die tatsächlich an Sozialplangläubiger ausgezahlt wird, können weder die Beteiligten, die einen Sozialplan vereinbaren, noch die E-Stelle, die einen Sozialplan beschließt, voraussehen. Die Höhe hängt von der verteilungsfähigen Konkursmasse ab. 21

Eine im Verhältnis zum Sozialplan erheblich geringere Befriedigung der Sozialplanforderungen kann zu sozialen Ungerechtigkeiten führen. Statt einer anteiligen Kürzung aller Abfindungsansprüche könnte es gerechter sein, weniger schutzwürdige ArbN-Gruppen von Leistungen auszuschließen und dafür die Leistungen an besonders schutzbedürftige ArbN zu erhöhen. Die Verteilungsgerechtigkeit innerhalb des Sozialplans kann durch eine gleichmäßige Kürzung aller Abfindungen verletzt werden.

Eine nicht voraussehbare Kürzung der Sozialplanforderungen kann deshalb Grund und Anlaß sein, den zuvor vereinbarten Sozialplan wegen veränderter Geschäftsgrundlage anzupassen (zur Änderung der Geschäftsgrundlage vgl. §§ 112, 112a Rn 31; zustimmend *Balz,* S. 70). Diese Anpassung ist nur dadurch möglich, daß ein neuer Sozialplan vereinbart oder beschlossen wird. Dies geschieht dadurch, daß sich Konkursverwalter und BR auf einen Sozialplan einigen, bei dem sie die Aussicht auf Berichtigung nach § 4 Satz 2 besser beurteilen können, oder daß eine Seite im Fall der Nichteinigung erneut die E-Stelle anruft und ein neuer Sozialplan in diesem Verfahren beschlossen wird. Diese Anpassung ist vermeidbar, wenn die Beteiligten von vornherein entsprechende Regelungen in den Sozialplan für den Fall aufnehmen, daß die Berichtigung der Forderungen nach § 4 Satz 2 eingeschränkt wird.

22 Wird ein neuer Sozialplan aufgestellt, müssen die ArbN die sich daraus ergebenden Forderungen erneut beim Konkursgericht anmelden. Es findet ein neues Feststellungs- und Prüfungsverfahren statt (vgl. § 4 Rn 4ff.).

Dagegen dürfte es nicht zweckmäßig sein, den Sozialplan erst aufzustellen, wenn die verteilungsfähige Konkursmasse annähernd zu übersehen ist. Dieses Verfahren schließt Abschlagszahlungen aus, die sonst möglich wären (s. o. Rn 18).

VIII. Ausgefallene Forderungen

23 Mit den nach §§ 2 und 3 zulässigen Sozialplanforderungen kann ein ArbN bei der Berichtigung nach § 4 Satz 2 ausfallen. Seine Forderung bleibt aber Konkursforderung. Er kann sie nicht außerhalb des laufenden Konkursverfahrens gegen den Gemeinschuldner (ArbGeb.) geltend machen. Erst **nach Abschluß des Konkursverfahrens** ist ein weiteres Vorgehen gegen den Gemeinschuldner möglich (§ 164 Abs. 1 KO). Der Gläubiger, dessen Forderung zur Tabelle festgestellt und nicht vom Gemeinschuldner im Prüfungstermin ausdrücklich bestritten worden ist, kann aus der Eintragung in die Tabelle die Zwangsvollstreckung gegen den Gemeinschuldner betreiben (§ 164 Abs. 2 KO). Die Eintragung in die Tabelle hat insoweit die Wirkung eines rechtskräftigen Urteils. Damit unterscheidet sich die Rechtslage nach § 4 Satz 2 von der Rechtslage, wie sie sich aus der relativen Unwirksamkeit einer Forderung nach § 3 Satz 1 und 2 ergibt. Mit der nach § 3 ausgeschlossenen Forderung kann der Gläubiger (ArbN) erst gar nicht am Konkursverfahren des Unternehmers teilnehmen (vgl. § 3 Rn 16).

§ 5 (Beteiligung von Arbeitnehmern am Vergleichsverfahren)

Am Vergleichsverfahren sind die Arbeitnehmer nicht beteiligt, soweit ihre Forderungen aus einem Sozialplan im Konkursverfahren geltend gemacht werden können und ein Vorrecht genießen; im übrigen sind sie Vergleichsgläubiger.

Inhaltsübersicht

I. Das Vergleichsverfahren

1 Durch das Vergleichsverfahren soll der Konkurs eines Unternehmens abgewendet werden (§ 1 VerglO). Vom Konkursverfahren unterscheidet sich das Vergleichsverfahren dadurch, daß dem Schuldner das Verwaltungs- und Verfügungsrecht über sein Vermögen verbleibt. Zwar wird ein Verwalter eingesetzt (Vergleichsverwalter, §§ 12, 38 VerglO). Er hat aber lediglich die Geschäftsführung des Schuldners zu überwachen (§ 39 VerglO). Der Schuldner kann im Rahmen des gewöhnlichen Geschäftsbetriebes alle Geschäfte abschließen. Außerhalb des gewöhnlichen Geschäftsbetriebes soll er Geschäfte nur mit Zustimmung des Verwalters eingehen (§ 37 VerglO). Das Gericht kann dem Schuldner jedoch weitergehende Verfügungsbeschränkungen auferlegen (§§ 58, 59 VerglO), entgegenstehende Verfügungen sind dann den Vergleichsgläubigern gegenüber unwirksam.

2 Das Vergleichsverfahren wird unter den gleichen Voraussetzungen **eröffnet** wie das Konkursverfahren, jedoch nur auf Antrag des Schuldners. Der Antrag muß einen Vergleichsvorschlag enthalten und angeben, wie die Erfüllung des Vergleichs gesichert werden soll (Bürgschaften, Pfandrechte usw.) (§§ 2, 3 VerglO).

3 **Vergleichsgläubiger** sind – wie Konkursgläubiger – alle persönlichen Gläubiger des Schuldners, die einen zur Zeit der Eröffnung des Verfahrens begründeten Vermögensanspruch gegen ihn haben (§ 25 VerglO). Vergleichsgläubiger können auch ArbN sein.

4 **Keine Vergleichsgläubiger sind die Gläubiger, deren Forderungen im Konkurs ein Vorrecht genießen** (§ 26 VerglO). Der Sinn dieser Regelung wird deutlich aus dem Zweck des Vergleichsverfahrens. Im Vergleichstermin stimmen die Gläubiger, gegen deren Forderungen weder die Schuldner noch der Verwalter oder ein Gläubiger Widerspruch erhoben haben, über den Vergleichsvorschlag des Schuldners ab (§ 74 VerglO). Dieser Vergleich ist das Ziel des Vergleichsverfahrens. Er ist wirksam für und gegen alle Vergleichsgläubiger, auch soweit sie am Verfahren nicht teilgenommen haben oder gegen den Vergleich gestimmt haben (§ 82 VerglO). Vergleichsgläubiger erlassen einen Teil ihrer Forderungen gegen den Schuldner. Sie erhalten im Vergleich nur eine anteilige Befriedigung ihrer Forderungen. Dabei müssen ihnen mindestens 35% ihrer Forderungen gewährt werden. Der Mindestsatz erhöht sich auf 40%, wenn der Schuldner eine Zahlungsfrist von mehr als einem Jahr von der Bestätigung des Vergleichs ab beansprucht (§ 7 Abs. 1 und 2 VerglO). Der Vergleichsgläubiger muß also Einbußen hinnehmen. Der Gläubiger, der kein Vergleichsgläubiger ist, behält seine Forderung ungekürzt.

5 An diese Wirkungen eines Vergleichs knüpft § 5 an. Soweit die ArbN

mit ihren Forderungen aus Sozialplänen am Vergleich nicht beteiligt sind, also keine Vergleichsgläubiger sind, bleiben ihre Forderungen ungekürzt erhalten. Soweit sie Vergleichsgläubiger sind, müssen sie mit einer Kürzung (Zwangserlaß) der Forderung rechnen.

II. Vergleichsgläubiger

6 Mit welchen Forderungen die ArbN am Vergleichsverfahren nicht beteiligt sind, ist in § 3 Satz 2 bestimmt. Auf diese Vorschrift verweist § 5 der Sache nach. Denn dort ist geregelt, welchen Teil seiner Forderung der Gläubiger eines Sozialplananspruchs im Konkurs geltend machen könnte. Daß er für diesen Teil seiner Forderung ein Konkursvorrecht genießt, bestimmt § 4 Satz 1.

7 Die in § 4 Satz 2 vorgeschriebene relative Begrenzung der Sozialplanforderungen wirkt sich nicht auf das Vergleichsverfahren aus. Zu einer konkursmäßigen Verteilung der Masse kommt es im Vergleichsverfahren nicht.

8 Mit dem Teilbetrag der Forderungen, der im Konkursverfahren nicht geltend gemacht werden könnte (vgl. § 3 Satz 2), nehmen die ArbN am Vergleichsverfahren teil. Sie sind insoweit Vergleichsgläubiger mit allen Rechten eines solchen Gläubigers (z. B. Stimmrecht). Sie müssen insoweit ihre Forderungen anmelden (§ 67 VerglO).

9 Dagegen braucht ein **während des laufenden Vergleichsverfahrens aufgestellter Sozialplan** die Grenzen des § 2 nicht zu beachten. Der Vergleichsschuldner (ArbGeb.) bleibt Herr seines Vermögens (vgl. *Balz*, DB 85, 694).

§ 6 (Übergangsvorschriften)

(1) **Ist das Konkurs- oder Vergleichsverfahren beim Inkrafttreten dieses Gesetzes anhängig, sind die §§ 2 bis 5 vorbehaltlich der folgenden Absätze anzuwenden.**

(2) **Auf einen Sozialplan nach § 2 oder § 3, der vor dem Inkrafttreten dieses Gesetzes aufgestellt worden ist, ist nur § 4 Satz 1 anzuwenden. Ist die Summe der Forderungen aus einem solchen Sozialplan größer als der Gesamtbetrag von zweieinhalb Monatsverdiensten der von einer Entlassung betroffenen Arbeitnehmer, wird jede Forderung im Konkursverfahren bis zu demjenigen Teil ihres Betrags, der dem Verhältnis des Gesamtbetrags zu der Summe der Forderungen aus dem Sozialplan entspricht, mit dem Rang des § 61 Abs. 1 Nr. 1 und im übrigen mit dem Rang des § 61 Abs. 1 Nr. 6 der Konkursordnung berichtigt. Hat ein Arbeitnehmer auf seine Forderung aus dem Sozialplan Leistungen empfangen, werden diese zunächst auf den bevorrechtigten Teil seiner Forderung angerechnet.**

(3) **Sind Forderungen für das Konkursverfahren mit einem Vor-**

recht vor den in § 61 Abs. 1 Nr. 1 der Konkursordnung aufgeführten Forderungen festgestellt worden, ist dieses Vorrecht in dem weiteren Verfahren unbeachtlich. Die Unbeachtlichkeit des Vorrechts wird von Amts wegen in der Tabelle vermerkt.

(4) **Ein Vorrecht nach diesem Gesetz kann im Konkursverfahren auch dann nachträglich angemeldet und festgestellt werden, wenn Forderungen ohne Vorrecht oder mit einem Vorrecht vor den in § 61 Abs. 1 Nr. 1 der Konkursordnung aufgeführten Forderungen festgestellt worden sind. Wird das Vorrecht binnen zwei Monaten nach dem Inkrafttreten dieses Gesetzes angemeldet, fallen die Kosten eines besonderen Prüfungstermins der Konkursmasse zur Last.**

(5) **Ansprüche aus ungerechtfertigter Bereicherung sind ausgeschlossen. Ein angenommener Vergleich oder Zwangsvergleich bleibt unberührt.**

§ 7 (Berlin-Klausel)

Dieses Gesetzes gilt nach Maßgabe des § 13 Abs. 1 des Dritten Überleitungsgesetzes auch im Land Berlin.

§ 8 (Inkrafttreten, Außerkrafttreten)

Dieses Gesetz tritt am Tage nach der Verkündung in Kraft. Es tritt mit Ablauf des 31. Dezember 1989 außer Kraft.

Inhaltsübersicht

I. Vorbemerkung

Das Gesetz enthält Übergangsvorschriften. Es ist mit Einschränkungen anzuwenden auf Konkurs- und Vergleichsverfahren, die am 28. Febr. 1985 anhängig waren. Anhängig ist ein solches Insolvenzverfahren, wenn der Antrag auf Eröffnung eines solchen Verfahrens gestellt wurde und das Verfahren noch nicht beendet ist. Wird im Anschluß an ein gescheitertes Vergleichsverfahren ein Konkursverfahren eröffnet (Anschlußkonkurs), ist das Konkursverfahren in dem Zeitpunkt anhängig geworden, in dem der Antrag auf Eröffnung des Vergleichsverfahrens gestellt wurde. Das Vergleichsverfahren und das Anschlußkonkursverfahren bilden insoweit eine Einheit. 1

§ 6 Abs. 1 erklärt die §§ 2 bis 5 in anhängigen Konkurs- oder Vergleichsverfahren grundsätzlich für anwendbar. Die nachfolgenden Absätze sehen jedoch für einzelne Fallgestaltungen teils abweichende, teils ergänzende Vorschriften vor. 2

3 Auf bereits abgeschlossene Verfahren findet das Gesetz keine Anwendung mehr. Zum Außerkrafttreten vgl. § 1 Rn 3.

II. Fallgestaltungen

4 Es sind verschiedene Fallgestaltungen zu beurteilen:

1. Das Konkursverfahren wurde **vor dem 28. Febr. 1985** eröffnet und ist noch nicht beendet:

5 a) Ein **Sozialplan** wurde **noch nicht aufgestellt,** er muß noch aufgestellt werden. In diesem Fall ist § 2 zu beachten.

6 b) Ein **Sozialplan** wurde bereits während des laufenden Konkursverfahrens vor dem 28. Febr. 1985 **aufgestellt.** § 2 kann auf den bereits aufgestellten Sozialplan nachträglich nicht mehr angewendet werden. Der Sozialplan ist deshalb auch dann wirksam, wenn er die inhaltlichen Schranken des § 2 (Höhe des zulässigen Gesamtbetrages) nicht beachtet hatte. Der Konkursverwalter kann in einem Verfahren nach § 76 Abs. 5 S. 4 nicht mehr geltend machen, die E.-Stelle habe die Grenzen ihres Ermessens überschritten (BAG 14. 5. 85, AP Nr. 16 zu § 76 BetrVG 1972). Die sich aus dem Sozialplan ergebenden Forderungen einzelner ArbN müssen im Konkurs berichtigt werden. Für diese Forderungen kann der ArbN das Vorrecht nach § 61 Abs. 1 Nr. 1 KO in Anspruch nehmen (§ 6 Abs. 2 Satz 1). Doch kann ein Rangstellensplitting eintreten.

Es kommt zu einem **Rangstellensplitting,** wenn die Summe der Forderungen aus einem solchen Sozialplan größer ist als der rechnerisch zu ermittelnde Höchstbetrag von zweieinhalb Monatsverdiensten aller von der Entlassung betroffenen ArbN (zur Berechnung vgl. § 2 Rn 10ff.). Ist die Summe der Forderungen größer als der zulässige Höchstbetrag, wird die Forderung rechnerisch aufgeteilt. Derjenige Teil, der dem Verhältnis der Gesamtsumme der tatsächlich begründeten Forderungen zur zulässigen Höhe des Gesamtbetrages entspricht, wird mit dem Vorrecht nach § 61 Abs. 1 Nr. 1 berichtigt. Der Rest der Forderung wird nach § 61 Abs. 1 Nr. 6 berichtigt.

Beispiel:

Beträgt die Summe aller im Sozialplan vorgesehenen Abfindungen 1800000,– DM wäre aber nur ein Höchstbetrag von 1200000,– DM zulässig gewesen, werden alle Sozialplanforderungen der einzelnen ArbN im Verhältnis von 1,2:1,8 (= 2:3) aufgeteilt.

Beträgt die individuelle Forderung eines ArbN 9000,– DM, müssen ⅔, das sind 6000,– DM nach § 61 Abs. 1 Nr. 1 KO berichtigt werden. Für die restlichen ⅓ (= 3000,– DM) kann der ArbN kein Vorrecht in Anspruch nehmen.

7 c) Der Sozialplan wurde **in den letzten drei Monaten vor einem Antrag auf Eröffnung des Konkurs- oder Vergleichsverfahrens aufgestellt:**

Forderungen aus diesen Sozialplänen werden ebenso behandelt wie

Forderungen aus Sozialplänen, die in einem bereits anhängigen Konkursverfahren (aber vor Inkrafttreten des Gesetzes aufgestellt wurden (Fallgestaltung 1 b).

d) Der Sozialplan wurde **früher als drei Monate vor dem Antrag auf Eröffnung des Insolvenzverfahrens aufgestellt:** Die Forderungen können unbeschränkt geltend gemacht werden, genießen aber kein Vorrecht. **8**

2. **Das Konkursverfahren** ist **nach dem 27. Febr. 1985** eröffnet worden oder wird erst eröffnet: **9**

a) Muß ein Sozialplan in einem solchen Konkursverfahren aufgestellt werden, ist § 2 zu beachten (§ 6 Abs. 1).

b) War der Sozialplan vor Eröffnung des Konkursverfahrens aufgestellt worden, ist § 3 zu beachten. Für die Gläubiger dieser Sozialplanforderungen enthält das Gesetz insoweit eine unechte Rückwirkung. Für die Gläubiger dieser Sozialplanforderungen bringt das Gesetz insgesamt gesehen jedoch keine Nachteile. Die Gläubiger mußten bis zum Inkrafttreten des Gesetzes damit rechnen, daß ihre Forderungen nur als einfache Konkursforderungen ohne Vorrecht berichtigt wurden (vgl. BAG 30. 4. 84, AP Nr. 23 zu § 112 BetrVG 1972). Jetzt werden ihre Forderungen im wesentlichen nach § 61 Abs. 1 Nr. 1 berichtigt und nur zum geringeren Teil nach § 61 Abs. 1 Nr. 6. **10**

III. Beseitigung der Rangstelle „null“

Nach dem Beschluß des BAG vom 13. 12. 78 (AP Nr. 6 zu § 112 BetrVG 1972) waren häufig Forderungen aus Sozialplänen mit einem Vorrecht vor den in § 61 Abs. 1 Nr. 1 aufgeführten Forderungen festgestellt worden (mit der sogenannten Rangstelle „null“). Zu dieser Feststellung konnte es kommen, wenn der Konkursverwalter dem angemeldeten Vorrecht nicht widersprochen hatte (§ 144 Abs. 1 KO), oder wenn es zu einem das Vorrecht feststellenden rechtskräftigen Urteil gekommen war (§ 146 KO). **11**

§ 6 Abs. 3 erklärt dieses festgestellte Vorrecht für unbeachtlich. Der Konkursverwalter braucht das Vorrecht bei der Verteilung nicht zu berücksichtigen. Unbeachtlich ist das Vorrecht aber auch in allen anderen verfahrensrechtlichen Zusammenhängen, in denen auf ein Vorrecht im Konkurs abgestellt wird (vgl. z. B. § 26 VerglO).

Ist das Vorrecht unbeachtlich, besteht zunächst kein Vorrecht mehr, auch nicht das Vorrecht nach § 61 Abs. 1 Nr. 1 KO. Der Gläubiger einer solchen Forderung muß daher sein Vorrecht erneut anmelden (vgl. § 4 Rn 4). Letztlich bedeutet diese Regelung eine Durchbrechung der materiellen Rechtskraft. **12**

Das Konkursgericht hat die Unbeachtlichkeit des Vorrechts von Amts wegen in der Tabelle zu vermerken.

§ 6 Abs. 3 gilt nicht nur für Sozialpläne im Sinne der §§ 2 und 3, sondern auch für solche Sozialpläne, die früher als drei Monate vor dem Insolvenzantrag aufgestellt wurden. Unwirksam ist auch die für An- **13** sprüche auf Nachteilsausgleich festgestellte Rangstelle „null" (zur konkursrechtlichen Behandlung dieser Ansprüche vgl. § 1 Rn 12ff).

IV. Neuanmeldung des Vorrechts nach § 61 Abs. 1 Nr. 1 KO

14 § 6 Abs. 4 gibt dem Gläubiger einer Forderung, für die das Vorrecht (Rangstelle „null") für unbeachtlich erklärt wurde, die Möglichkeit, das durch dieses Gesetz begründete Vorrecht nach § 61 Abs. 1 Nr. 1 KO nachträglich anzumelden. Ohne diese Anmeldung kommt nur eine Berichtigung der Forderung nach § 61 Abs. 1 Nr. 6 – ohne Vorrecht – in Frage. Eine Anmeldung des Vorrechts ist dringend zu empfehlen. Von Amts wegen wird nur das Vorrecht der Rangstelle „null" beseitigt (Vorrecht vor dem Recht nach § 61 Abs. 1 Nr. 1 KO); von Amts wegen wird aber nicht das neue Vorrecht nach § 61 Abs. 1 Nr. 1 eingetragen. Das ist auch nicht möglich, weil unter Umständen Teile der Forderung nur nach § 61 Abs. 1 Nr. 6 berichtigt werden können (vgl. § 6 Rn 6).

15 § 6 Abs. 4 Satz 1 gestattet aber auch den ArbN, deren Sozialplanforderungen – entsprechend dem Urteil des BAG vom 30. 4. 84 (AP Nr. 23 zu § 112 BetrVG 1972) – ohne Vorrecht festgestellt wurden, das Vorrecht des § 61 Abs. 1 Nr. 1 KO nachträglich anzumelden. In diesem Fall wird die materielle Rechtskraft zugunsten der ArbN durchbrochen.

16 Von den Kosten eines besonderen Prüfungstermins werden die ArbN befreit, wenn sie das Vorrecht bis zum 28. April 1985 angemeldet hatten (§ 6 Abs. 4 Satz 2). Ein besonderer Prüfungstermin ist immer dann erforderlich, wenn für eine bisher ohne Vorrecht angemeldete Forderung ein Vorrecht in Anspruch genommen wird.

17 Die relative Begrenzung des Sozialplanvolumens nach § 4 Satz 2 und 3 gilt nicht für die Übergangsfälle.

V. Keine Rückabwicklung

18 Der ArbN, der infolge eines zu Unrecht festgestellten Vorrechts vor den in § 61 Abs. 1 Nr. 1 KO aufgeführten Forderungen bei der Verteilung der Konkursmasse mehr erhalten hat, als ihm nach diesem Gesetz zustehen würde, braucht nichts zurückzuzahlen. Das gleiche gilt zugunsten der (anderen) Gläubiger, deren Forderungen berichtigt wurden, ohne daß dabei das Vorrecht der ArbN als Sozialplangläubiger berücksichtigt worden wäre. Umgekehrt können Sozialplangläubiger, deren Forderungen bisher als einfache Konkursforderungen behandelt worden waren, jetzt nicht andere Konkursgläubiger auf Herausgabe einer ungerechtfertigten Bereicherung in Anspruch nehmen mit der Begründung, in Wahrheit habe ihnen ein Vorrecht zugestanden.

19 Nach § 6 Abs. 5 Satz 2 wird der Bestand eines angenommenen Vergleichs (§ 74 VerglO) nicht dadurch in Frage gestellt, daß ein ArbN nur deshalb am Vergleich nicht beteiligt wurde, weil alle Beteiligten auf die Rechtsprechung des BAG vertrauten und ihm das Vorrecht uneingeschränkt zugebilligt haben. Der Vergleich wird auch nicht dadurch gefährdet, daß sich ein ArbN tatsächlich beteiligt hat, obwohl er nach diesem Gesetz (§ 5) kein Vergleichsgläubiger war (s. o. § 5 Rn 6).

VI. Berlin-Klausel

§ 7 enthält die übliche Berlin-Klausel.

4. Sprecherausschußgesetz

Vom 23. Dezember 1988 (BGBl. I S. 2312).

Erster Teil. Allgemeine Vorschriften

§ 1 Errichtung von Sprecherausschüssen

(1) In Betrieben mit in der Regel mindestens zehn leitenden Angestellten (§ 5 Abs. 3 des Betriebsverfassungsgesetzes) werden Sprecherausschüsse der leitenden Angestellten gewählt.

(2) Leitende Angestellte eines Betriebs mit in der Regel weniger als zehn leitenden Angestellten gelten für die Anwendung dieses Gesetzes als leitende Angestellte des räumlich nächstgelegenen Betriebs desselben Unternehmens, der die Voraussetzungen des Absatzes 1 erfüllt.

(3) Dieses Gesetz findet keine Anwendung auf

1. Verwaltungen und Betriebe des Bundes, der Länder, der Gemeinden und sonstiger Körperschaften, Anstalten und Stiftungen des öffentlichen Rechts sowie
2. Religionsgemeinschaften und ihre karitativen und erzieherischen Einrichtungen unbeschadet deren Rechtsform.

§ 2 Zusammenarbeit

(1) Der Sprecherausschuß arbeitet mit dem Arbeitgeber vertrauensvoll unter Beachtung der geltenden Tarifverträge zum Wohl der leitenden Angestellten und des Betriebs zusammen. Der Arbeitgeber hat vor Abschluß einer Betriebsvereinbarung oder sonstigen Vereinbarung mit dem Betriebsrat, die rechtliche Interessen der leitenden Angestellten berührt, den Sprecherausschuß rechtzeitig anzuhören.

(2) Der Sprecherausschuß kann dem Betriebsrat oder Mitgliedern des Betriebsrats das Recht einräumen, an Sitzungen des Sprecherausschusses teilzunehmen. Der Betriebsrat kann dem Sprecherausschuß oder Mitgliedern des Sprecherausschusses das Recht einräumen, an Sitzungen des Betriebsrats teilzunehmen. Einmal im Kalenderjahr soll eine gemeinsame Sitzung des Sprecherausschusses und des Betriebsrats stattfinden.

(3) Die Mitglieder des Sprecherausschusses dürfen in der Ausübung ihrer Tätigkeit nicht gestört oder behindert werden. Sie dürfen wegen ihrer Tätigkeit nicht benachteiligt oder begünstigt werden; dies gilt auch für ihre berufliche Entwicklung.

(4) Arbeitgeber und Sprecherausschuß haben Betätigungen zu unterlassen, durch die der Arbeitsablauf oder der Frieden des Betriebs beeinträchtigt werden. Sie haben jede parteipolitische Betätigung im Betrieb zu unterlassen; die Behandlung von Angelegenheiten tarifpolitischer,

sozialpolitischer und wirtschaftlicher Art, die den Betrieb oder die leitenden Angestellten unmittelbar betreffen, wird hierdurch nicht berührt.

Zweiter Teil. Sprecherausschuß, Versammlung der leitenden Angestellten, Gesamt-, Unternehmens- und Konzernsprecherausschuß

Erster Abschnitt. Wahl, Zusammensetzung und Amtszeit des Sprecherausschusses

§ 3 Wahlberechtigung und Wählbarkeit

(1) Wahlberechtigt sind alle leitenden Angestellten des Betriebs.

(2) Wählbar sind alle leitenden Angestellten, die sechs Monate dem Betrieb angehören. Auf die sechsmonatige Betriebszugehörigkeit werden Zeiten angerechnet, in denen der leitende Angestellte unmittelbar vorher einem anderen Betrieb desselben Unternehmens oder Konzerns (§ 18 Abs. 1 des Aktiengesetzes) als Beschäftigter angehört hat. Nicht wählbar ist, wer

1. aufgrund allgemeinen Auftrags des Arbeitgebers Verhandlungspartner des Sprecherausschusses ist,
2. nicht Aufsichtsratsmitglied der Arbeitnehmer nach § 6 Abs. 2 Satz 1 des Mitbestimmungsgesetzes in Verbindung mit § 105 Abs. 1 des Aktiengesetzes sein kann oder
3. infolge strafgerichtlicher Verurteilung die Fähigkeit, Rechte aus öffentlichen Wahlen zu erlangen, nicht besitzt.

§ 4 Zahl der Sprecherausschußmitglieder

(1) Der Sprecherausschuß besteht in Betrieben mit in der Regel

10 bis 20 leitenden Angestellten	aus einer Person,
21 bis 100 leitenden Angestellten	aus drei Mitgliedern,
101 bis 300 leitenden Angestellten	aus fünf Mitgliedern,
über 300 leitenden Angestellten	aus sieben Mitgliedern.

(2) Männer und Frauen sollen entsprechend ihrem zahlenmäßigen Verhältnis im Sprecherausschuß vertreten sein.

§ 5 Zeitpunkt der Wahlen und Amtszeit

(1) Die regelmäßigen Wahlen des Sprecherausschusses finden alle vier Jahre in der Zeit vom 1. März bis 31. Mai statt. Sie sind zeitgleich mit den regelmäßigen Betriebsratswahlen nach § 13 Abs. 1 des Betriebsverfassungsgesetzes einzuleiten.

(2) Außerhalb dieses Zeitraums ist der Sprecherausschuß zu wählen, wenn

1. im Betrieb ein Sprecherausschuß nicht besteht,

2. der Sprecherausschuß durch eine gerichtliche Entscheidung aufgelöst ist,
3. die Wahl des Sprecherausschusses mit Erfolg angefochten worden ist oder
4. der Sprecherausschuß mit der Mehrheit seiner Mitglieder seinen Rücktritt beschlossen hat.

(3) Hat außerhalb des in Absatz 1 festgelegten Zeitraums eine Wahl des Sprecherausschusses stattgefunden, ist der Sprecherausschuß in dem auf die Wahl folgenden nächsten Zeitraum der regelmäßigen Wahlen des Sprecherausschusses neu zu wählen. Hat die Amtszeit des Sprecherausschusses zu Beginn des in Absatz 1 festgelegten Zeitraums noch nicht ein Jahr betragen, ist der Sprecherausschuß in dem übernächsten Zeitraum der regelmäßigen Wahlen des Sprecherausschusses neu zu wählen.

(4) Die regelmäßige Amtszeit des Sprecherausschusses beträgt vier Jahre. Die Amtszeit beginnt mit der Bekanntgabe des Wahlergebnisses oder, wenn zu diesem Zeitpunkt noch ein Sprecherausschuß besteht, mit Ablauf von dessen Amtszeit. Die Amtszeit endet spätestens am 31. Mai des Jahres, in dem nach Absatz 1 die regelmäßigen Wahlen des Sprecherausschusses stattfinden. In dem Fall des Absatzes 3 Satz 2 endet die Amtszeit spätestens am 31. Mai des Jahres, in dem der Sprecherausschuß neu zu wählen ist.

(5) In dem Fall des Absatzes 2 Nr. 4 führt der Sprecherausschuß die Geschäfte weiter, bis der neue Sprecherausschuß gewählt und das Wahlergebnis bekanntgegeben ist.

§ 6 Wahlvorschriften

(1) Der Sprecherausschuß wird in geheimer und unmittelbarer Wahl gewählt.

(2) Die Wahl erfolgt nach den Grundsätzen der Verhältniswahl; wird nur ein Wahlvorschlag eingereicht, erfolgt die Wahl nach den Grundsätzen der Mehrheitswahl.

(3) In Betrieben, deren Sprecherausschuß aus einer Person besteht, wird dieser mit einfacher Stimmenmehrheit gewählt. In einem getrennten Wahlgang ist ein Ersatzmitglied zu wählen.

(4) Zur Wahl des Specherausschusses können die leitenden Angestellten Wahlvorschläge machen. Jeder Wahlvorschlag muß von mindestens einem Zwanzigstel der leitenden Angestellten, jedoch von mindestens drei leitenden Angestellten unterzeichnet sein; in Betrieben mit in der Regel bis zu zwanzig leitenden Angestellten genügt die Unterzeichnung durch zwei leitende Angestellte. In jedem Fall genügt die Unterzeichnung durch fünfzig leitende Angestellte.

§ 7 Bestellung, Wahl und Aufgaben des Wahlvorstands

(1) Spätestens zehn Wochen vor Ablauf seiner Amtszeit bestellt der Sprecherausschuß einen aus drei oder einer höheren ungeraden Zahl von leitenden Angestellten bestehenden Wahlvorstand und einen von ihnen als Vorsitzenden.

(2) Besteht in einem Betrieb, der die Voraussetzungen des § 1 Abs. 1 erfüllt, kein Sprecherausschuß, wird in einer Versammlung von der Mehrheit der anwesenden leitenden Angestellten des Betriebs ein Wahlvorstand gewählt. Zu dieser Versammlung können drei leitende Angestellte des Betriebs einladen und Vorschläge für die Zusammensetzung des Wahlvorstands machen. Der Wahlvorstand hat unverzüglich eine Abstimmung darüber herbeizuführen, ob ein Sprecherausschuß gewählt werden soll. Ein Sprecherausschuß wird gewählt, wenn dies die Mehrheit der leitenden Angestellten des Betriebs in einer Versammlung oder durch schriftliche Stimmabgabe verlangt.

(3) Zur Teilnahme an der Versammlung und der Abstimmung nach Absatz 2 sind die Angestellten berechtigt, die vom Wahlvorstand aus Anlaß der letzten Betriebsratswahl oder der letzten Wahl von Aufsichtsratsmitgliedern der Arbeitnehmer, falls diese Wahl später als die Betriebsratswahl stattgefunden hat, oder durch gerichtliche Entscheidung den leitenden Angestellten zugeordnet worden sind. Hat zuletzt oder im gleichen Zeitraum wie die nach Satz 1 maßgebende Wahl eine Wahl nach diesem Gesetz stattgefunden, ist die für diese Wahl erfolgte Zuordnung entscheidend.

(4) Der Wahlvorstand hat die Wahl unverzüglich einzuleiten, sie durchzuführen und nach Abschluß der Wahl öffentlich die Auszählung der Stimmen vorzunehmen, deren Ergebnis in einer Niederschrift festzustellen und es im Betrieb bekanntzugeben. Dem Arbeitgeber ist eine Abschrift der Wahlniederschrift zu übersenden.

§ 8 Wahlanfechtung, Wahlschutz und Wahlkosten

(1) Die Wahl kann beim Arbeitsgericht angefochten werden, wenn gegen wesentliche Vorschriften über das Wahlrecht, die Wählbarkeit oder das Wahlverfahren verstoßen worden ist und eine Berichtigung nicht erfolgt ist, es sei denn, daß durch den Verstoß das Wahlergebnis nicht geändert oder beeinflußt werden konnte. Zur Anfechtung berechtigt sind mindestens drei leitende Angestellte oder der Arbeitgeber. Die Wahlanfechtung ist nur innerhalb einer Frist von zwei Wochen, vom Tage der Bekanntgabe des Wahlergebnisses an gerechnet, zulässig.

(2) Niemand darf die Wahl des Sprecherausschusses behindern. Insbesondere darf kein leitender Angestellter in der Ausübung des aktiven und passiven Wahlrechts beschränkt werden. Niemand darf die Wahl des Sprecherausschusses durch Zufügung oder Androhung von Nachteilen oder durch Gewährung oder Versprechen von Vorteilen beeinflussen.

(3) Die Kosten der Wahl trägt der Arbeitgeber. Versäumnis von Arbeitszeit, die zur Ausübung des Wahlrechts, zur Betätigung im Wahlvorstand oder zur Tätigkeit als Vermittler (§ 18a des Betriebsverfassungsgesetzes) erforderlich ist, berechtigt den Arbeitgeber nicht zur Minderung des Arbeitsentgelts.

§ 9 Ausschluß von Mitgliedern, Auflösung des Sprecherausschusses und Erlöschen der Mitgliedschaft

(1) Mindestens ein Viertel der leitenden Angestellten oder der Arbeitgeber können beim Arbeitsgericht den Ausschluß eines Mitglieds aus dem Sprecherausschuß oder die Auflösung des Sprecherausschusses wegen grober Verletzung seiner gesetzlichen Pflichten beantragen. Der Ausschluß eines Mitglieds kann auch vom Sprecherausschuß beantragt werden.

(2) Die Mitgliedschaft im Sprecherausschuß erlischt durch

1. Ablauf der Amtszeit,
2. Niederlegung des Sprecherausschußamtes,
3. Beendigung des Arbeitsverhältnisses,
4. Verlust der Wählbarkeit,
5. Ausschluß aus dem Sprecherausschuß oder Auflösung des Sprecherausschusses aufgrund einer gerichtlichen Entscheidung oder
6. gerichtliche Entscheidung über die Feststellung der Nichtwählbarkeit nach Ablauf der in § 8 Abs. 1 Satz 3 bezeichneten Frist, es sei denn, der Mangel liegt nicht mehr vor.

§ 10 Ersatzmitglieder

(1) Scheidet ein Mitglied des Sprecherausschusses aus, rückt ein Ersatzmitglied nach. Dies gilt entsprechend für die Stellvertretung eines zeitweilig verhinderten Mitglieds des Sprecherausschusses.

(2) Die Ersatzmitglieder werden der Reihe nach aus den nicht gewählten leitenden Angestellten derjenigen Vorschlagslisten entnommen, denen die zu ersetzenden Mitglieder angehören. Ist eine Vorschlagsliste erschöpft, ist das Ersatzmitglied derjenigen Vorschlagsliste zu entnehmen, auf die nach den Grundsätzen der Verhältniswahl der nächste Sitz entfallen würde. Ist das ausgeschiedene oder verhinderte Mitglied nach den Grundsätzen der Mehrheitswahl gewählt, bestimmt sich die Reihenfolge der Ersatzmitglieder nach der Höhe der erreichten Stimmenzahl.

(3) In dem Fall des § 6 Abs. 3 gilt Absatz 1 mit der Maßgabe, daß das gewählte Ersatzmitglied nachrückt oder die Stellvertretung übernimmt.

Zweiter Abschnitt. Geschäftsführung des Sprecherausschusses

§ 11 Vorsitzender

(1) Der Sprecherausschuß wählt aus seiner Mitte den Vorsitzenden und dessen Stellvertreter.

(2) Der Vorsitzende vertritt den Sprecherausschuß im Rahmen der von diesem gefaßten Beschlüsse. Zur Entgegennahme von Erklärungen, die dem Sprecherausschuß gegenüber abzugeben sind, ist der Vorsitzende berechtigt. Im Falle der Verhinderung des Vorsitzenden nimmt sein Stellvertreter diese Aufgaben wahr.

(3) Der Sprecherausschuß kann die laufenden Geschäfte auf den Vorsitzenden oder andere Mitglieder des Sprecherausschusses übertragen.

§ 12 Sitzungen des Sprecherausschusses

(1) Vor Ablauf einer Woche nach dem Wahltag hat der Wahlvorstand die Mitglieder des Sprecherausschusses zu der nach § 11 Abs. 1 vorgeschriebenen Wahl einzuberufen. Der Vorsitzende des Wahlvorstands leitet die Sitzung, bis der Sprecherausschuß aus seiner Mitte einen Wahlleiter zur Wahl des Vorsitzenden und seines Stellvertreters bestellt hat.

(2) Die weiteren Sitzungen beruft der Vorsitzende des Sprecherausschusses ein. Er setzt die Tagesordnung fest und leitet die Verhandlung. Der Vorsitzende hat die Mitglieder des Sprecherausschusses zu den Sitzungen rechtzeitig unter Mitteilung der Tagesordnung zu laden.

(3) Der Vorsitzende hat eine Sitzung einzuberufen und den Gegenstand, dessen Beratung beantragt ist, auf die Tagesordnung zu setzen, wenn dies ein Drittel der Mitglieder des Sprecherausschusses oder der Arbeitgeber beantragen.

(4) Der Arbeitgeber nimmt an den Sitzungen, die auf sein Verlangen anberaumt sind, und an den Sitzungen, zu denen er ausdrücklich eingeladen ist, teil.

(5) Die Sitzungen des Sprecherausschusses finden in der Regel während der Arbeitszeit statt. Der Sprecherausschuß hat bei der Anberaumung von Sitzungen auf die betrieblichen Notwendigkeiten Rücksicht zu nehmen. Der Arbeitgeber ist über den Zeitpunkt der Sitzung vorher zu verständigen. Die Sitzungen des Sprecherausschusses sind nicht öffentlich; § 2 Abs. 2 bleibt unberührt.

§ 13 Beschlüsse und Geschäftsordnung des Sprecherausschusses

(1) Die Beschlüsse des Sprecherausschusses werden, soweit in diesem Gesetz nichts anderes bestimmt ist, mit der Mehrheit der Stimmen der anwesenden Mitglieder gefaßt. Bei Stimmengleichheit ist ein Antrag abgelehnt.

(2) Der Sprecherausschuß ist nur beschlußfähig, wenn mindestens die Hälfte seiner Mitglieder an der Beschlußfassung teilnimmt. Stellvertretung durch Ersatzmitglieder ist zulässig.

(3) Über jede Verhandlung des Sprecherausschusses ist eine Niederschrift anzufertigen, die mindestens den Wortlaut der Beschlüsse und die Stimmenmehrheit, mit der sie gefaßt sind, enthält. Die Niederschrift ist von dem Vorsitzenden und einem weiteren Mitglied zu unterzeichnen. Der Niederschrift ist eine Anwesenheitsliste beizufügen, in die sich jeder Teilnehmer eigenhändig einzutragen hat.

(4) Die Mitglieder des Sprecherausschusses haben das Recht, die Unterlagen des Sprecherausschusses jederzeit einzusehen.

(5) Sonstige Bestimmungen über die Geschäftsführung können in einer schriftlichen Geschäftsordnung getroffen werden, die der Sprecherausschuß mit der Mehrheit der Stimmen seiner Mitglieder beschließt.

§ 14 Arbeitsversäumnis und Kosten

(1) Mitglieder des Sprecherausschusses sind von ihrer beruflichen Tätigkeit ohne Minderung des Arbeitsentgelts zu befreien, wenn und soweit es nach Umfang und Art des Betriebs zur ordnungsgemäßen Durchführung ihrer Aufgaben erforderlich ist.

(2) Die durch die Tätigkeit des Sprecherausschusses entstehenden Kosten trägt der Arbeitgeber. Für die Sitzungen und die laufende Geschäftsführung hat der Arbeitgeber in erforderlichem Umfang Räume, sachliche Mittel und Büropersonal zur Verfügung zu stellen.

Dritter Abschnitt. Versammlung der leitenden Angestellten

§ 15 Zeitpunkt, Einberufung und Themen der Versammlung

(1) Der Sprecherausschuß soll einmal im Kalenderjahr eine Versammlung der leitenden Angestellten einberufen und in ihr einen Tätigkeitsbericht erstatten. Auf Antrag des Arbeitgebers oder eines Viertels der leitenden Angestellten hat der Sprecherausschuß eine Versammlung der leitenden Angestellten einzuberufen und den beantragten Beratungsgegenstand auf die Tagesordnung zu setzen.

(2) Die Versammlung der leitenden Angestellten soll während der Arbeitszeit stattfinden. Sie wird vom Vorsitzenden des Sprecherausschusses geleitet. Sie ist nicht öffentlich.

(3) Der Arbeitgeber ist zu der Versammlung der leitenden Angestellten unter Mitteilung der Tagesordnung einzuladen. Er ist berechtigt, in der Versammlung zu sprechen. Er hat über Angelegenheiten der leitenden Angestellten und die wirtschaftliche Lage und Entwicklung des Betriebs zu berichten, soweit dadurch nicht Betriebs- oder Geschäftsgeheimnisse gefährdet werden.

(4) Die Versammlung der leitenden Angestellten kann dem Sprecherausschuß Anträge unterbreiten und zu seinen Beschlüssen Stellung nehmen. § 2 Abs. 4 gilt entsprechend.

Vierter Abschnitt. Gesamtsprecherausschuß

§ 16 Errichtung, Mitgliederzahl und Stimmengewicht

(1) Bestehen in einem Unternehmen mehrere Sprecherausschüsse, ist ein Gesamtsprecherausschuß zu errichten.

(2) In den Gesamtsprecherausschuß entsendet jeder Sprecherausschuß eines seiner Mitglieder. Satz 1 gilt entsprechend für die Abberufung. Durch Vereinbarung zwischen Gesamtsprecherausschuß und Arbeitgeber kann die Mitgliederzahl des Gesamtsprecherausschusses abweichend von Satz 1 geregelt werden.

(3) Der Sprecherausschuß hat für jedes Mitglied des Gesamtsprecherausschusses mindestens ein Ersatzmitglied zu bestellen und die Reihenfolge des Nachrückens festzulegen; § 10 Abs. 3 gilt entsprechend.

(4) Jedes Mitglied des Gesamtsprecherausschusses hat so viele Stimmen, wie in dem Betrieb, in dem es gewählt wurde, leitende Angestellte in der Wählerliste der leitenden Angestellten eingetragen sind. Ist ein Mitglied des Gesamtsprecherausschusses für mehrere Betriebe entsandt worden, hat es so viele Stimmen, wie in den Betrieben, für die es entsandt ist, leitende Angestellte in den Wählerlisten eingetragen sind. Sind für einen Betrieb mehrere Mitglieder des Sprecherausschusses entsandt worden, stehen diesen die Stimmen nach Satz 1 anteilig zu.

§ 17 Ausschluß von Mitgliedern und Erlöschen der Mitgliedschaft

(1) Mindestens ein Viertel der leitenden Angestellten des Unternehmens, der Gesamtsprecherausschuß oder der Arbeitgeber können beim Arbeitsgericht den Ausschluß eines Mitglieds aus dem Gesamtsprecherausschuß wegen grober Verletzung seiner gesetzlichen Pflichten beantragen.

(2) Die Mitgliedschaft im Gesamtsprecherausschuß endet mit Erlöschen der Mitgliedschaft im Sprecherausschuß, durch Amtsniederlegung, durch Ausschluß aus dem Gesamtsprecherausschuß aufgrund einer gerichtlichen Entscheidung oder Abberufung durch den Sprecherausschuß.

§ 18 Zuständigkeit

(1) Der Gesamtsprecherausschuß ist zuständig für die Behandlung von Angelegenheiten, die das Unternehmen oder mehrere Betriebe des Unternehmens betreffen und nicht durch die einzelnen Sprecherausschüsse innerhalb ihrer Betriebe behandelt werden können. Er ist den Sprecherausschüssen nicht übergeordnet.

(2) Der Sprecherausschuß kann mit der Mehrheit der Stimmen seiner Mitglieder den Gesamtsprecherausschuß schriftlich beauftragen, eine Angelegenheit für ihn zu behandeln. Der Sprecherausschuß kann sich dabei die Entscheidungsbefugnis vorbehalten. Für den Widerruf der Beauftragung gilt Satz 1 entsprechend.

(3) Die Vorschriften über die Rechte und Pflichten des Sprecherausschusses und die Rechtstellung seiner Mitglieder gelten entsprechend für den Gesamtsprecherausschuß.

§ 19 Geschäftsführung

(1) Für den Gesamtsprecherausschuß gelten § 10 Abs. 1, die §§ 11, 13 Abs. 1, 3 bis 5 und § 14 entsprechend.

(2) Ist ein Gesamtsprecherausschuß zu errichten, hat der Sprecherausschuß der Hauptverwaltung des Unternehmens oder, sofern ein solcher nicht besteht, der Sprecherausschuß des nach der Zahl der leitenden Angestellten größten Betriebs zu der Wahl des Vorsitzenden und des stellvertretenden Vorsitzenden des Gesamtsprecherausschusses einzuladen. Der Vorsitzende des einladenden Sprecherausschusses hat die Sitzung zu leiten, bis der Gesamtsprecherausschuß aus seiner Mitte einen Wahlleiter zur Wahl des Vorsitzenden und seines Stellvertreters bestellt hat. § 12 Abs. 2 bis 5 gilt entsprechend.

(3) Der Gesamtsprecherausschuß ist nur beschlußfähig, wenn mindestens die Hälfte seiner Mitglieder an der Beschlußfassung teilnimmt und die Teilnehmenden mindestens die Hälfte aller Stimmen vertreten. Stellvertretung durch Ersatzmitglieder ist zulässig.

Fünfter Abschnitt. Unternehmenssprecherausschuß

§ 20 Errichtung

(1) Sind in einem Unternehmen mit mehreren Betrieben in der Regel insgesamt mindestens zehn leitende Angestellte beschäftigt, kann abweichend von § 1 Abs. 1 und 2 ein Unternehmenssprecherausschuß der leitenden Angestellten gewählt werden, wenn dies die Mehrheit der leitenden Angestellten des Unternehmens verlangt. Die §§ 2 bis 15 gelten entsprechend.

(2) Bestehen in dem Unternehmen Sprecherausschüsse, hat auf An-

trag der Mehrheit der leitenden Angestellten des Unternehmens der Sprecherausschuß der Hauptverwaltung oder, sofern ein solcher nicht besteht, der Sprecherausschuß des nach der Zahl der leitenden Angestellten größten Betriebs einen Unternehmenswahlvorstand für die Wahl eines Unternehmenssprecherausschusses zu bestellen. Die Wahl des Unternehmenssprecherausschusses findet im nächsten Zeitraum der regelmäßigen Wahlen im Sinne des § 5 Abs. 1 Satz 1 statt. Die Amtszeit der Sprecherausschüsse endet mit der Bekanntgabe des Wahlergebnisses.

(3) Besteht ein Unternehmenssprecherausschuß, können auf Antrag der Mehrheit der leitenden Angestellten des Unternehmens Sprecherausschüsse gewählt werden. Der Unternehmenssprecherausschuß hat für jeden Betrieb, der die Voraussetzungen des § 1 Abs. 1 erfüllt, einen Wahlvorstand nach § 7 Abs. 1 zu bestellen. Die Wahl von Sprecherausschüssen findet im nächsten Zeitraum der regelmäßigen Wahlen im Sinne des § 5 Abs. 1 Satz 1 statt. Die Amtszeit des Unternehmenssprecherausschusses endet mit der Bekanntgabe des Wahlergebnisses eines Sprecherausschusses.

(4) Die Vorschriften über die Rechte und Pflichten des Sprecherausschusses und die Rechtsstellung seiner Mitglieder gelten entsprechend für den Unternehmenssprecherausschuß.

Sechster Abschnitt. Konzernsprecherausschuß

§ 21 Errichtung, Mitgliederzahl und Stimmengewicht

(1) Für einen Konzern (§ 18 Abs. 1 des Aktiengesetzes) kann durch Beschlüsse der einzelnen Gesamtsprecherausschüsse ein Konzernsprecherausschuß errichtet werden. Die Errichtung erfordert die Zustimmung der Gesamtsprecherausschüsse der Konzernunternehmen, in denen insgesamt mindestens 75 vom Hundert der leitenden Angestellten der Konzernunternehmen beschäftigt sind. Besteht in einem Konzernunternehmen nur ein Sprecherausschuß oder ein Unternehmenssprecherausschuß, tritt er an die Stelle des Gesamtsprecherausschusses und nimmt dessen Aufgaben nach den Vorschriften dieses Abschnitts wahr.

(2) In den Konzernsprecherausschuß entsendet jeder Gesamtsprecherausschuß eines seiner Mitglieder. Satz 1 gilt entsprechend für die Abberufung. Durch Vereinbarung zwischen Konzernsprecherausschuß und Arbeitgeber kann die Mitgliederzahl des Konzernsprecherausschusses abweichend von Satz 1 geregelt werden.

(3) Der Gesamtsprecherausschuß hat für jedes Mitglied des Konzernsprecherausschusses mindestens ein Ersatzmitglied zu bestellen und die Reihenfolge des Nachrückens festzulegen; nimmt der Sprecherausschuß oder der Unternehmenssprecherausschuß eines Konzernunternehmens die Aufgaben des Gesamtsprecherausschusses nach Absatz 1 Satz 3 wahr, gilt § 10 Abs. 3 entsprechend.

(4) Jedes Mitglied des Konzernsprecherausschusses hat so viele Stim-

men, wie die Mitglieder des Gesamtsprecherausschusses, von dem es entsandt wurde, im Gesamtsprecherausschuß Stimmen haben. Ist ein Mitglied des Konzernsprecherausschusses von einem Sprecherausschuß oder Unternehmenssprecherausschuß entsandt worden, hat es so viele Stimmen, wie in dem Betrieb oder Konzernunternehmen, in dem es gewählt wurde, leitende Angestellte in der Wählerliste der leitenden Angestellten eingetragen sind. § 16 Abs. 4 Satz 2 und 3 gilt entsprechend.

§ 22 Ausschluß von Mitgliedern und Erlöschen der Mitgliedschaft

(1) Mindestens ein Viertel der leitenden Angestellten der Konzernunternehmen, der Konzernsprecherausschuß oder der Arbeitgeber können beim Arbeitsgericht den Ausschluß eines Mitglieds aus dem Konzernsprecherausschuß wegen grober Verletzung seiner gesetzlichen Pflichten beantragen.

(2) Die Mitgliedschaft im Konzernsprecherausschuß endet mit dem Erlöschen der Mitgliedschaft im Gesamtsprecherausschuß, durch Amtsniederlegung, durch Ausschluß aus dem Konzernsprecherausschuß aufgrund einer gerichtlichen Entscheidung oder Abberufung durch den Gesamtsprecherausschuß.

§ 23 Zuständigkeit

(1) Der Konzernsprecherausschuß ist zuständig für die Behandlung von Angelegenheiten, die den Konzern oder mehrere Konzernunternehmen betreffen und nicht durch die einzelnen Gesamtsprecherausschüsse innerhalb ihrer Unternehmen geregelt werden können. Er ist den Gesamtsprecherausschüssen nicht übergeordnet.

(2) Der Gesamtsprecherausschuß kann mit der Mehrheit der Stimmen seiner Mitglieder den Konzernsprecherausschuß schriftlich beauftragen, eine Angelegenheit für ihn zu behandeln. Der Gesamtsprecherausschuß kann sich dabei die Entscheidungsbefugnis vorbehalten. Für den Widerruf der Beauftragung gilt Satz 1 entsprechend.

§ 24 Geschäftsführung

(1) Für den Konzernsprecherausschuß gelten § 10 Abs. 1, die §§ 11, 13 Abs. 1, 3 bis 5, die §§ 14, 18 Abs. 3 und § 19 Abs. 3 entsprechend.

(2) Ist ein Konzernsprecherausschuß zu errichten, hat der Gesamtsprecherausschuß des herrschenden Unternehmens oder, sofern ein solcher nicht besteht, der Gesamtsprecherausschuß des nach der Zahl der leitenden Angestellten größten Konzernunternehmens zu der Wahl des Vorsitzenden und des stellvertretenden Vorsitzenden des Konzernsprecherausschusses einzuladen. Der Vorsitzende des einladenden Gesamtspre-

cherausschusses hat die Sitzung zu leiten, bis der Konzernsprecherausschuß aus seiner Mitte einen Wahlleiter zur Wahl des Vorsitzenden und seines Stellvertreters bestellt hat. § 12 Abs. 2 bis 5 gilt entsprechend.

Dritter Teil. Mitwirkung der leitenden Angestellten

Erster Abschnitt. Allgemeine Vorschriften

§ 25 Aufgaben des Sprecherausschusses

(1) Der Sprecherausschuß vertritt die Belange der leitenden Angestellten des Betriebs (§ 1 Abs. 1 und 2). Die Wahrnehmung eigener Belange durch den einzelnen leitenden Angestellten bleibt unberührt.

(2) Der Sprecherausschuß ist zur Durchführung seiner Aufgaben nach diesem Gesetz rechtzeitig und umfassend vom Arbeitgeber zu unterrichten. Auf Verlangen sind ihm die erforderlichen Unterlagen jederzeit zur Verfügung zu stellen.

§ 26 Unterstützung einzelner leitender Angestellter

(1) Der leitende Angestellte kann bei der Wahrnehmung seiner Belange gegenüber dem Arbeitgeber ein Mitglied des Sprecherausschusses zur Unterstützung und Vermittlung hinzuziehen.

(2) Der leitende Angestellte hat das Recht, in die über ihn geführten Personalakten Einsicht zu nehmen. Er kann hierzu ein Mitglied des Sprecherausschusses hinzuziehen. Das Mitglied des Sprecherausschusses hat über den Inhalt der Personalakten Stillschweigen zu bewahren, soweit es von dem leitenden Angestellten im Einzelfall nicht von dieser Verpflichtung entbunden wird. Erklärungen des leitenden Angestellten zum Inhalt der Personalakten sind diesen auf sein Verlangen beizufügen.

§ 27 Grundsätze für die Behandlung der leitenden Angestellten

(1) Arbeitgeber und Sprecherausschuß haben darüber zu wachen, daß alle leitenden Angestellten des Betriebs nach den Grundsätzen von Recht und Billigkeit behandelt werden, insbesondere, daß jede unterschiedliche Behandlung von Personen wegen ihrer Abstammung, Religion, Nationalität, Herkunft, politischen oder gewerkschaftlichen Betätigung oder Einstellung oder wegen ihres Geschlechts unterbleibt. Sie haben darauf zu achten, daß leitende Angestellte nicht wegen Überschreitung bestimmter Altersstufen benachteiligt werden.

(2) Arbeitgeber und Sprecherausschuß haben die freie Entfaltung der Persönlichkeit der leitenden Angestellten des Betriebs zu schützen und zu fördern.

§ 28 Richtlinien und Vereinbarungen

(1) Arbeitgeber und Sprecherausschuß können Richtlinien über den Inhalt, den Abschluß oder die Beendigung von Arbeitsverhältnissen der leitenden Angestellten schriftlich vereinbaren.

(2) Der Inhalt der Richtlinien gilt für die Arbeitsverhältnisse unmittelbar und zwingend, soweit dies zwischen Arbeitgeber und Sprecherausschuß vereinbart ist. Abweichende Regelungen zugunsten leitender Angestellter sind zulässig. Werden leitenden Angestellten Rechte nach Satz 1 eingeräumt, so ist ein Verzicht auf sie nur mit Zustimmung des Sprecherausschusses zulässig. Vereinbarungen nach Satz 1 können, soweit nichts anderes vereinbart ist, mit einer Frist von drei Monaten gekündigt werden.

§ 29 Geheimhaltungspflicht

(1) Die Mitglieder und Ersatzmitglieder des Sprecherausschusses sind verpflichtet, Betriebs- oder Geschäftsgeheimnisse, die ihnen wegen ihrer Zugehörigkeit zum Sprecherausschuß bekanntgeworden und vom Arbeitgeber ausdrücklich als geheimhaltungsbedürftig bezeichnet worden sind, nicht zu offenbaren und nicht zu verwerten. Dies gilt auch nach dem Ausscheiden aus dem Sprecherausschuß. Die Verpflichtung gilt nicht gegenüber Mitgliedern des Sprecherausschusses, des Gesamtsprecherausschusses, des Unternehmenssprecherausschusses, des Konzernsprecherausschusses und den Arbeitnehmervertretern im Aufsichtsrat.

(2) Absatz 1 gilt entsprechend für die Mitglieder und Ersatzmitglieder des Gesamtsprecherausschusses, des Unternehmenssprecherausschusses und des Konzernsprecherausschusses.

Zweiter Abschnitt. Mitwirkungsrechte

§ 30 Arbeitsbedingungen und Beurteilungsgrundsätze

Der Arbeitgeber hat den Sprecherausschuß rechtzeitig in folgenden Angelegenheiten der leitenden Angestellten zu unterrichten:

1. Änderungen der Gehaltsgestaltung und sonstiger allgemeiner Arbeitsbedingungen;
2. Einführung oder Änderung allgemeiner Beurteilungsgrundsätze.

Er hat die vorgesehenen Maßnahmen mit dem Sprecherausschuß zu beraten.

§ 31 Personelle Maßnahmen

(1) Eine beabsichtigte Einstellung oder personelle Veränderung eines leitenden Angestellten ist dem Sprecherausschuß rechtzeitig mitzuteilen.

(2) Der Sprecherausschuß ist vor jeder Kündigung eines leitenden Angestellten zu hören. Der Arbeitgeber hat ihm die Gründe für die Kündigung mitzuteilen. Eine ohne Anhörung des Sprecherausschusses ausgesprochene Kündigung ist unwirksam. Bedenken gegen eine ordentliche Kündigung hat der Sprecherausschuß dem Arbeitgeber spätestens innerhalb einer Woche, Bedenken gegen eine außerordentliche Kündigung unverzüglich, spätestens jedoch innerhalb von drei Tagen, unter Angabe der Gründe schriftlich mitzuteilen. Äußert er sich innerhalb der nach Satz 4 maßgebenden Frist nicht, so gilt dies als Einverständnis des Sprecherausschusses mit der Kündigung.

(3) Die Mitglieder des Sprecherausschusses sind verpflichtet, über die ihnen im Rahmen personeller Maßnahmen nach den Absätzen 1 und 2 bekanntgewordenen persönlichen Verhältnisse und Angelegenheiten der leitenden Angestellten, die ihrer Bedeutung oder ihrem Inhalt nach einer vertraulichen Behandlung bedürfen, Stillschweigen zu bewahren; § 29 Abs. 1 Satz 2 und 3 gilt entsprechend.

§ 32 Wirtschaftliche Angelegenheiten

(1) Der Unternehmer hat den Sprecherausschuß mindestens einmal im Kalenderhalbjahr über die wirtschaftlichen Angelegenheiten des Betriebs und des Unternehmens im Sinne des § 106 Abs. 3 des Betriebsverfassungsgesetzes zu unterrichten, soweit dadurch nicht die Betriebs- oder Geschäftsgeheimnisse des Unternehmens gefährdet werden. Satz 1 gilt nicht für Unternehmen und Betriebe im Sinne des § 118 Abs. 1 des Betriebsverfassungsgesetzes.

(2) Der Unternehmer hat den Sprecherausschuß über geplante Betriebsänderungen im Sinne des § 111 des Betriebsverfassungsgesetzes, die auch wesentliche Nachteile für leitende Angestellte zur Folge haben können, rechtzeitig und umfassend zu unterrichten. Entstehen leitenden Angestellten infolge der geplanten Betriebsänderung wirtschaftliche Nachteile, hat der Unternehmer mit dem Sprecherausschuß über Maßnahmen zum Ausgleich oder zur Milderung dieser Nachteile zu beraten.

Vierter Teil. Besondere Vorschriften

§ 33 Seeschiffahrt

(1) Auf Seeschiffahrtsunternehmen (§ 114 Abs. 2 des Betriebsverfassungsgesetzes) und ihre Betriebe ist dieses Gesetz anzuwenden, soweit sich aus den Absätzen 2 bis 4 nichts anderes ergibt.

(2) Sprecherausschüsse werden nur in den Landbetrieben von Seeschiffahrtsunternehmen gewählt.

(3) Leitende Angestellte im Sinne des § 1 Abs. 1 dieses Gesetzes sind in einem Seebetrieb (§ 114 Abs. 3 und 4 des Betriebsverfassungsgesetzes) nur die Kapitäne. Sie gelten für die Anwendung dieses Gesetzes als leitende Angestellte des Landbetriebs. Bestehen mehrere Landbetriebe, so gelten sie als leitende Angestellte des nach der Zahl der leitenden Angestellten größten Landbetriebs.

(4) Die Vorschriften über die Wahl des Sprecherausschusses finden auf Sprecherausschüsse in den Landbetrieben von Seeschiffahrtsunternehmen mit folgender Maßgabe Anwendung:
1. Die in § 7 Abs. 1 genannte Frist wird auf sechzehn Wochen verlängert.
2. Die Frist für die Wahlanfechtung nach § 8 Abs. 1 Satz 3 beginnt für die leitenden Angestellten an Bord, wenn das Schiff nach Bekanntgabe des Wahlergebnisses erstmalig einen Hafen im Geltungsbereich dieses Gesetzes oder einen Hafen, in dem ein Seemannsamt seinen Sitz hat, anläuft. Nach Ablauf von drei Monaten seit Bekanntgabe des Wahlergebnisses ist eine Wahlanfechtung unzulässig. Die Wahlanfechtung kann auch zu Protokoll des Seemannsamtes erklärt werden. Die Anfechtungserklärung ist vom Seemannsamt unverzüglich an das für die Anfechtung zuständige Arbeitsgericht weiterzuleiten.

Fünfter Teil. Straf- und Bußgeldvorschriften

§ 34 Straftaten gegen Vertretungsorgane der leitenden Angestellten und ihre Mitglieder

(1) Mit Freiheitsstrafe bis zu einem Jahr oder mit Geldstrafe wird bestraft, wer
1. eine Wahl des Sprecherausschusses oder des Unternehmenssprecherausschusses behindert oder durch Zufügung oder Androhung von Nachteilen oder durch Gewährung oder Versprechen von Vorteilen beeinflußt,
2. die Tätigkeit des Sprecherausschusses, des Gesamtsprecherausschusses, des Unternehmenssprecherausschusses oder des Konzernsprecherausschusses behindert oder stört oder
3. ein Mitglied oder ein Ersatzmitglied des Sprecherausschusses, des Gesamtsprecherausschusses, des Unternehmenssprecherausschusses oder des Konzernsprecherausschusses um seiner Tätigkeit willen benachteiligt oder begünstigt.

(2) Die Tat wird nur auf Antrag des Sprecherausschusses, des Gesamtsprecherausschusses, des Unternehmenssprecherausschusses, des Konzernsprecherausschusses, des Wahlvorstands oder des Unternehmers verfolgt.

§ 35 Verletzung von Geheimnissen

(1) Wer unbefugt ein fremdes Betriebs- oder Geschäftsgeheimnis offenbart, das ihm in seiner Eigenschaft als Mitglied oder Ersatzmitglied des Sprecherausschusses, des Gesamtsprecherausschusses, des Unternehmenssprecherausschusses oder des Konzernsprecherausschusses bekanntgeworden und das vom Arbeitgeber ausdrücklich als geheimhaltungsbedürftig bezeichnet worden ist, wird mit Freiheitsstrafe bis zu einem Jahr oder mit Geldstrafe bestraft.

(2) Ebenso wird bestraft, wer unbefugt ein fremdes Geheimnis eines leitenden Angestellten oder eines anderen Arbeitnehmers, namentlich ein zu dessen persönlichen Lebensbereich gehörendes Geheimnis, offenbart, das ihm in seiner Eigenschaft als Mitglied oder Ersatzmitglied des Sprecherausschusses oder einer der in Absatz 1 genannten Vertretungen bekanntgeworden ist und über das nach den Vorschriften dieses Gesetzes Stillschweigen zu bewahren ist.

(3) Handelt der Täter gegen Entgelt oder in der Absicht, sich oder einen anderen zu bereichern oder einen anderen zu schädigen, so ist die Strafe Freiheitsstrafe bis zu zwei Jahren oder Geldstrafe. Ebenso wird bestraft, wer unbefugt ein fremdes Geheimnis, namentlich ein Betriebs- oder Geschäftsgeheimnis, zu dessen Geheimhaltung er nach den Absätzen 1 oder 2 verpflichet ist, verwertet.

(4) Die Absätze 1 bis 3 sind auch anzuwenden, wenn der Täter das fremde Geheimnis nach dem Tode des Betroffenen unbefugt offenbart oder verwertet.

(5) Die Tat wird nur auf Antrag des Verletzten verfolgt. Stirbt der Verletzte, so geht das Antragsrecht nach § 77 Abs. 2 des Strafgesetzbuches auf die Angehörigen über, wenn das Geheimnis zum persönlichen Lebensbereich des Verletzten gehört; in anderen Fällen geht es auf die Erben über. Offenbart der Täter das Geheimnis nach dem Tode des Betroffenen, so gilt Satz 2 entsprechend.

§ 36 Bußgeldvorschriften

(1) Ordnungswidrig handelt, wer eine der in § 30 Satz 1, § 31 Abs. 1 oder § 32 Abs. 1 Satz 1 oder Abs. 2 Satz 1 genannten Unterrichtungs- oder Mitteilungspflichten nicht, wahrheitswidrig, unvollständig oder verspätet erfüllt.

(2) Die Ordnungswidrigkeit kann mit einer Geldbuße bis zu 20000 Deutsche Mark geahndet werden.

Sechster Teil. Übergangs- und Schlußvorschriften

§ 37 Erstmalige Wahlen nach diesem Gesetz

(1) Die erstmaligen Wahlen des Sprecherausschusses oder des Unternehmenssprecherausschusses finden im Zeitraum der regelmäßigen Wahlen nach § 5 Abs. 1 im Jahre 1990 statt. § 7 Abs. 2 und 3 findet Anwendung.

(2) Auf Sprecherausschüsse, die aufgrund von Vereinbarungen gebildet worden sind und bei Inkrafttreten dieses Gesetzes bestehen, findet dieses Gesetz keine Anwendung. Sie bleiben bis zur Wahl nach Absatz 1, spätestens bis zum 31. Mai 1990, im Amt.

§ 38 Ermächtigung zum Erlaß von Wahlordnungen

§ 39 Berlin-Klausel

5. Kündigungsschutzgesetz

in der Fassung der Bekanntmachung vom 25. August 1969

(BGBl. I S. 1317, zuletzt geändert durch Ges. vom 26. April 1985, BGBl. I S. 710)

Erster Abschnitt. Allgemeiner Kündigungsschutz

§ 1 Sozial ungerechtfertigte Kündigung

(1) Die Kündigung des Arbeitsverhältnisses gegenüber einem Arbeitnehmer, dessen Arbeitsverhältnis in demselben Betrieb oder Unternehmen ohne Unterbrechung länger als sechs Monate bestanden hat, ist rechtsunwirksam, wenn sie sozial ungerechtfertigt ist.

(2) Sozial ungerechtfertigt ist die Kündigung, wenn sie nicht durch Gründe, die in der Person oder in dem Verhalten des Arbeitnehmers liegen, oder durch dringende betriebliche Erfordernisse, die einer Weiterbeschäftigung des Arbeitnehmers in diesem Betriebe entgegenstehen, bedingt ist. Die Kündigung ist auch sozial ungerechtfertigt, wenn

1. in Betrieben des privaten Rechts
   a) die Kündigung gegen eine Richtlinie nach § 95 des Betriebsverfassungsgesetzes verstößt,
   b) der Arbeitnehmer an einem anderen Arbeitsplatz in demselben Betrieb oder in einem anderen Betrieb des Unternehmens weiterbeschäftigt werden kann

   und der Betriebsrat oder eine andere nach dem Betriebsverfassungsgesetz insoweit zuständige Vertretung der Arbeitnehmer aus einem dieser Gründe der Kündigung innerhalb der Frist des § 102 Abs. 2 Satz 1 des Betriebsverfassungsgesetzes schriftlich widersprochen hat,
2. in Betrieben und Verwaltungen des öffentlichen Rechts
   a) die Kündigung gegen eine Richtlinie über die personelle Auswahl bei Kündigungen verstößt,
   b) der Arbeitnehmer an einem anderen Arbeitsplatz in derselben Dienststelle oder in einer anderen Dienststelle desselben Verwaltungszweiges an demselben Dienstort einschließlich seines Einzugsgebietes weiterbeschäftigt werden kann

   und die zuständige Personalvertretung aus einem dieser Gründe fristgerecht gegen die Kündigung Einwendungen erhoben hat, es sei denn, daß die Stufenvertretung in der Verhandlung mit der übergeordneten Dienststelle die Einwendungen nicht aufrechterhalten hat.

Satz 2 gilt entsprechend, wenn die Weiterbeschäftigung des Arbeitnehmers nach zumutbaren Umschulungs- oder Fortbildungsmaßnahmen oder eine Weiterbeschäftigung des Arbeitnehmers unter geänderten Arbeitsbedingungen möglich ist und der Arbeitnehmer sein Einverständnis hiermit erklärt hat. Der Arbeitgeber hat die Tatsachen zu beweisen, die die Kündigung bedingen.

(3) Ist einem Arbeitnehmer aus dringenden betrieblichen Erfordernissen im Sinne des Absatzes 2 gekündigt worden, so ist die Kündigung trotzdem sozial ungerechtfertigt, wenn der Arbeitgeber bei der Auswahl des Arbeitnehmers soziale Gesichtspunkte nicht oder nicht ausreichend berücksichtigt hat; auf Verlangen des Arbeitnehmers hat der Arbeitgeber dem Arbeitnehmer die Gründe anzugeben, die zu der getroffenen sozialen Auswahl geführt haben. Satz 1 gilt nicht, wenn betriebstechnische, wirtschaftliche oder sonstige berechtigte betriebliche Bedürfnisse die Weiterbeschäftigung eines oder mehrerer bestimmter Arbeitnehmer bedingen und damit der Auswahl nach sozialen Gesichtspunkten entgegenstehen. Der Arbeitnehmer hat die Tatsachen zu beweisen, die die Kündigung als sozial ungerechtfertigt im Sinne des Satzes 1 erscheinen lassen.

§ 2 Änderungskündigung

Kündigt der Arbeitgeber das Arbeitsverhältnis und bietet er dem Arbeitnehmer im Zusammenhang mit der Kündigung die Fortsetzung des Arbeitsverhältnisses zu geänderten Arbeitsbedingungen an, so kann der Arbeitnehmer dieses Angebot unter dem Vorbehalt annehmen, daß die Änderung der Arbeitsbedingungen nicht sozial ungerechtfertigt ist (§ 1 Abs. 2 Satz 1 bis 3, Abs. 3 Satz 1 und 2). Diesen Vorbehalt muß der Arbeitnehmer dem Arbeitgeber innerhalb der Kündigungsfrist, spätestens innerhalb von drei Wochen nach Zugang der Kündigung erklären.

§ 3 Kündigungseinspruch

Hält der Arbeitnehmer eine Kündigung für sozial ungerechtfertigt, so kann er binnen einer Woche nach der Kündigung Einspruch beim Betriebsrat einlegen. Erachtet der Betriebsrat den Einspruch für begründet, so hat er zu versuchen, eine Verständigung mit dem Arbeitgeber herbeizuführen. Er hat seine Stellungnahme zu dem Einspruch dem Arbeitnehmer und dem Arbeitgeber auf Verlangen schriftlich mitzuteilen.

§ 4 Anrufung des Arbeitsgerichtes

Will ein Arbeitnehmer geltend machen, daß eine Kündigung sozial ungerechtfertigt ist, so muß er innerhalb von drei Wochen nach Zugang der Kündigung Klage beim Arbeitsgericht auf Feststellung erheben, daß das Arbeitsverhältnis durch die Kündigung nicht aufgelöst ist. Im Falle des § 2 ist die Klage auf Feststellung zu erheben, daß die Änderung der Arbeitsbedingungen sozial ungerechtfertigt ist. Hat der Arbeitnehmer Einspruch beim Betriebsrat eingelegt (§ 3), so soll er der Klage die Stellungnahme des Betriebsrates beifügen. Soweit die Kündigung der Zustimmung einer Behörde bedarf, läuft die Frist zur Anrufung des Arbeitsgerichtes erst von der Bekanntgabe der Entscheidung der Behörde an den Arbeitnehmer ab.

§ 5 Zulassung verspäteter Klagen

(1) War ein Arbeitnehmer nach erfolgter Kündigung trotz Anwendung aller ihm nach Lage der Umstände zuzumutenden Sorgfalt verhindert, die Klage innerhalb von drei Wochen nach Zugang der Kündigung zu erheben, so ist auf seinen Antrag die Klage nachträglich zuzulassen.

(2) Mit dem Antrag ist die Klageerhebung zu verbinden; ist die Klage bereits eingereicht, so ist auf sie im Antrag Bezug zu nehmen. Der Antrag muß ferner die Angabe der die nachträgliche Zulassung begründenden Tatsachen und der Mittel für deren Glaubhaftmachung enthalten.

(3) Der Antrag ist nur innerhalb von zwei Wochen nach Behebung des Hindernisses zulässig. Nach Ablauf von sechs Monaten, vom Ende der versäumten Frist an gerechnet, kann der Antrag nicht mehr gestellt werden.

(4) Über den Antrag entscheidet das Arbeitsgericht durch Beschluß. Gegen diesen ist die sofortige Beschwerde zulässig.

§ 6 Verlängerte Anrufungsfrist

Hat ein Arbeitnehmer innerhalb von drei Wochen nach Zugang der Kündigung aus anderen als den in § 1 Abs. 2 und 3 bezeichneten Gründen im Klagewege geltend gemacht, daß eine rechtswirksame Kündigung nicht vorliege, so kann er in diesem Verfahren bis zum Schluß der mündlichen Verhandlung erster Instanz auch die Unwirksamkeit der Kündigung gemäß § 1 Abs. 2 und 3 geltend machen. Das Arbeitsgericht soll ihn hierauf hinweisen.

§ 7 Wirksamwerden der Kündigung

Wird die Rechtsunwirksamkeit einer sozial ungerechtfertigten Kündigung nicht rechtzeitig geltend gemacht (§ 4 Satz 1, §§ 5 und 6), so gilt die Kündigung, wenn sie nicht aus anderem Grunde rechtsunwirksam ist, als von Anfang an rechtswirksam; ein vom Arbeitnehmer nach § 2 erklärter Vorbehalt erlischt.

§ 8 Wiederherstellung der früheren Arbeitsbedingungen

Stellt das Gericht im Falle des § 2 fest, daß die Änderung der Arbeitsbedingungen sozial ungerechtfertigt ist, so gilt die Änderungskündigung als von Anfang an rechtsunwirksam.

§ 9 Auflösung des Arbeitsverhältnisses durch Urteil des Gerichts; Abfindung des Arbeitnehmers

(1) Stellt das Gericht fest, daß das Arbeitsverhältnis durch die Kündigung nicht aufgelöst ist, ist jedoch dem Arbeitnehmer die Fortsetzung des Arbeitsverhältnisses nicht zuzumuten, so hat das Gericht auf Antrag des Arbeitnehmers das Arbeitsverhältnis aufzulösen und den Arbeitgeber zur Zahlung einer angemessenen Abfindung zu verurteilen. Die gleiche Entscheidung hat das Gericht auf Antrag des Arbeitgebers zu treffen, wenn Gründe vorliegen, die eine den Betriebszwecken dienliche weitere Zusammenarbeit zwischen Arbeitgeber und Arbeitnehmer nicht erwarten lassen. Arbeitnehmer und Arbeitgeber können den Antrag auf Auflösung des Arbeitsverhältnisses bis zum Schluß der letzten mündlichen Verhandlung in der Berufungsinstanz stellen.

(2) Das Gericht hat für die Auflösung des Arbeitsverhältnisses den Zeitpunkt festzusetzen, an dem es bei sozial gerechtfertigter Kündigung geendet hätte.

§ 10 Höhe der Abfindung

(1) Als Abfindung ist ein Betrag bis zu zwölf Monatsverdiensten festzusetzen.

(2) Hat der Arbeitnehmer das fünfzigste Lebensjahr vollendet und hat das Arbeitsverhältnis mindestens fünfzehn Jahre bestanden, so ist ein Betrag bis zu fünfzehn Monatsverdiensten, hat der Arbeitnehmer das fünfundfünfzigste Lebensjahr vollendet und hat das Arbeitsverhältnis mindestens zwanzig Jahre bestanden, so ist ein Betrag bis zu achtzehn Monatsverdiensten festzusetzen. Dies gilt nicht, wenn der Arbeitnehmer in dem Zeitpunkt, den das Gericht nach § 9 Abs. 2 für die Auflösung des Arbeitsverhältnisses festsetzt, das in § 1248 Abs. 1 der Reichsversicherungsordnung, § 25 Abs. 1 des Angestelltenversicherungsgesetzes oder § 48 Abs. 1 Nr. 1 des Reichsknappschaftsgesetzes bezeichnete Lebensalter erreicht hat.

(3) Als Monatsverdienst gilt, was dem Arbeitnehmer bei der für ihn maßgebenden regelmäßigen Arbeitszeit in dem Monat, in dem das Arbeitsverhältnis endet (§ 9 Abs. 2), an Geld und Sachbezügen zusteht.

§ 11 Anrechnung auf entgangenen Zwischenverdienst

Besteht nach der Entscheidung des Gerichts das Arbeitsverhältnis fort, so muß sich der Arbeitnehmer auf das Arbeitsentgelt, das ihm der Arbeitgeber für die Zeit nach der Entlassung schuldet, anrechnen lassen,

1. was er durch anderweitige Arbeit verdient hat,
2. was er hätte verdienen können, wenn er es nicht böswillig unterlassen hätte, eine ihm zumutbare Arbeit anzunehmen.
3. was ihm an öffentlich-rechtlichen Leistungen infolge Arbeitslosigkeit

aus der Sozialversicherung, der Arbeitslosenversicherung, der Arbeitslosenhilfe oder der Sozialhilfe für die Zwischenzeit gezahlt worden ist. Diese Beträge hat der Arbeitgeber der Stelle zu erstatten, die sie geleistet hat.

§ 12 Neues Arbeitsverhältnis des Arbeitnehmers; Auflösung des alten Arbeitsverhältnisses

Besteht nach der Entscheidung des Gerichts das Arbeitsverhältnis fort, ist jedoch der Arbeitnehmer inzwischen ein neues Arbeitsverhältnis eingegangen, so kann er binnen einer Woche nach der Rechtskraft des Urteils durch Erklärung gegenüber dem alten Arbeitgeber die Fortsetzung des Arbeitsverhältnisses bei diesem verweigern. Die Frist wird auch durch eine vor ihrem Ablauf zur Post gegebene schriftliche Erklärung gewahrt. Mit dem Zugang der Erklärung erlischt das Arbeitsverhältnis. Macht der Arbeitnehmer von seinem Verweigerungsrecht Gebrauch, so ist ihm entgangener Verdienst nur für die Zeit zwischen der Entlassung und dem Tage des Eintritts in das neue Arbeitsverhältnis zu gewähren. § 11 findet entsprechende Anwendung.

§ 13 Verhältnis zu sonstigen Kündigungen

(1) Die Vorschriften über das Recht zur außerordentlichen Kündigung eines Arbeitsverhältnisses werden durch das vorliegende Gesetz nicht berührt. Die Rechtsunwirksamkeit einer außerordentlichen Kündigung kann jedoch nur nach Maßgabe des § 4 Satz 1 und der §§ 5 bis 7 geltend gemacht werden. Stellt das Gericht fest, daß die außerordentliche Kündigung unbegründet ist, ist jedoch dem Arbeitnehmer die Fortsetzung des Arbeitsverhältnisses nicht zuzumuten, so hat auf seinen Antrag das Gericht das Arbeitsverhältnis aufzulösen und den Arbeitgeber zur Zahlung einer angemessenen Abfindung zu verurteilen; die Vorschriften des § 9 Abs. 2 und der §§ 10 bis 12 gelten entsprechend.

(2) Verstößt eine Kündigung gegen die guten Sitten, so kann der Arbeitnehmer ihre Nichtigkeit unabhängig von den Vorschriften dieses Gesetzes geltend machen. Erhebt er innerhalb von drei Wochen nach Zugang der Kündigung Klage auf Feststellung, daß das Arbeitsverhältnis durch die Kündigung nicht aufgelöst ist, so finden die Vorschriften des § 9 Abs. 1 Satz 1 und Abs. 2 und der §§ 10 bis 12 entsprechende Anwendung; die Vorschriften des § 5 über Zulassung verspäteter Klagen und des § 6 über verlängerte Anrufungsfrist gelten gleichfalls entsprechend.

(3) Im übrigen finden die Vorschriften dieses Abschnitts auf eine Kündigung, die bereits aus anderen als den in § 1 Abs. 2 und 3 bezeichneten Gründen rechtsunwirksam ist, keine Anwendung.

§ 14 Angestellte in leitender Stellung

(1) Die Vorschriften dieses Abschnitts gelten nicht

1. in Betrieben einer juristischen Person für die Mitglieder des Organs, das zur gesetzlichen Vertretung der juristischen Person berufen ist,
2. in Betrieben einer Personengesamtheit für die durch Gesetz, Satzung oder Gesellschaftsvertrag zur Vertretung der Personengesamtheit berufenen Personen.

(2) Auf Geschäftsführer, Betriebsleiter und ähnliche leitende Angestellte, soweit diese zur selbständigen Einstellung oder Entlassung von Arbeitnehmern berechtigt sind, finden die Vorschriften dieses Abschnitts mit Ausnahme des § 3 Anwendung. § 9 Abs. 1 Satz 2 findet mit der Maßgabe Anwendung, daß der Antrag des Arbeitgebers auf Auflösung des Arbeitsverhältnisses keiner Begründung bedarf.

Zweiter Abschnitt. Kündigungsschutz im Rahmen der Betriebsverfassung und Personalvertretung

§ 15 Unzulässigkeit der Kündigung

(1) Die Kündigung eines Mitglieds eines Betriebsrats, einer Jugendvertretung, einer Bordvertretung oder eines Seebetriebsrats ist unzulässig, es sei denn, daß Tatsachen vorliegen, die den Arbeitgeber zur Kündigung aus wichtigem Grund ohne Einhaltung einer Kündigungsfrist berechtigen, und daß die nach § 103 des Betriebsverfassungsgesetzes erforderliche Zustimmung vorliegt oder durch gerichtliche Entscheidung ersetzt ist. Nach Beendigung der Amtszeit ist die Kündigung eines Mitglieds eines Betriebsrats, einer Jugendvertretung oder eines Seebetriebsrats innerhalb eines Jahres, die Kündigung eines Mitglieds einer Bordvertretung innerhalb von sechs Monaten, jeweils vom Zeitpunkt der Beendigung der Amtszeit an gerechnet, unzulässig, es sei denn, daß Tatsachen vorliegen, die den Arbeitgeber zur Kündigung aus wichtigem Grund ohne Einhaltung einer Kündigungsfrist berechtigen; dies gilt nicht, wenn die Beendigung der Mitgliedschaft auf einer gerichtlichen Entscheidung beruht.

(2) Die Kündigung eines Mitglieds einer Personalvertretung oder einer Jugendvertretung ist unzulässig, es sei denn, daß Tatsachen vorliegen, die den Arbeitgeber zur Kündigung aus wichtigem Grund ohne Einhaltung einer Kündigungsfrist berechtigen, und daß die nach dem Personalvertretungsrecht erforderliche Zustimmung vorliegt oder durch gerichtliche Entscheidung ersetzt ist. Nach Beendigung der Amtszeit der in Satz 1 genannten Personen ist ihre Kündigung innerhalb eines Jahres, vom Zeitpunkt der Beendigung der Amtszeit an gerechnet, unzulässig, es sei denn, daß Tatsachen vorliegen, die den Arbeitgeber zur Kündigung aus wichtigem Grund ohne Einhaltung einer Kündigungsfrist berechtigen; dies gilt nicht, wenn die Beendigung der Mitgliedschaft auf einer gerichtlichen Entscheidung beruht.

(3) Die Kündigung eines Mitglieds eines Wahlvorstands ist vom Zeitpunkt seiner Bestellung an, die Kündigung eines Wahlbewerbers vom Zeitpunkt der Aufstellung des Wahlvorschlags an, jeweils bis zur Bekanntgabe des Wahlergebnisses unzulässig, es sei denn, daß Tatsachen vorliegen, die den Arbeitgeber zur Kündigung aus wichtigem Grund ohne Einhaltung einer Kündigungsfrist berechtigen, und daß die nach § 103 des Betriebsverfassungsgesetzes oder nach dem Personalvertretungsrecht erforderliche Zustimmung vorliegt oder durch eine gerichtliche Entscheidung ersetzt ist. Innerhalb von sechs Monaten nach Bekanntgabe des Wahlergebnisses ist die Kündigung unzulässig, es sei denn, daß Tatsachen vorliegen, die den Arbeitgeber zur Kündigung aus wichtigem Grund ohne Einhaltung einer Kündigungsfrist berechtigen; dies gilt nicht für Mitglieder des Wahlvorstands, wenn dieser durch gerichtliche Entscheidung durch einen anderen Wahlvorstand ersetzt worden ist.

(4) Wird der Betrieb stillgelegt, so ist die Kündigung der in den Absätzen 1 bis 3 genannten Personen frühestens zum Zeitpunkt der Stillegung zulässig, es sei denn, daß ihre Kündigung zu einem früheren Zeitpunkt durch zwingende betriebliche Erfordernisse bedingt ist.

(5) Wird eine der in den Absätzen 1 bis 3 genannten Personen in einer Betriebsabteilung beschäftigt, die stillgelegt wird, so ist sie in eine andere Betriebsabteilung zu übernehmen. Ist dies aus betrieblichen Gründen nicht möglich, so findet auf ihre Kündigung die Vorschrift des Absatzes 4 über die Kündigung bei Stillegung des Betriebes sinngemäß Anwendung.

§ 16 Neues Arbeitsverhältnis; Auflösung des alten Arbeitsverhältnisses

Stellt das Gericht die Unwirksamkeit der Kündigung einer der in § 15 Abs. 1 bis 3 genannten Personen fest, so kann diese Person, falls sie inzwischen ein neues Arbeitsverhältnis eingegangen ist, binnen einer Woche nach Rechtskraft des Urteils durch Erklärung gegenüber dem alten Arbeitgeber die Weiterbeschäftigung bei diesem verweigern. Im übrigen finden die Vorschriften des § 11 und des § 12 Satz 2 bis 4 entsprechende Anwendung.

Dritter Abschnitt. Anzeigepflichtige Entlassungen

§ 17 Anzeigepflicht

(1) Der Arbeitgeber ist verpflichtet, dem Arbeitsamt Anzeige zu erstatten, bevor er

1. in Betrieben mit in der Regel mehr als 20 und weniger als 60 Arbeitnehmern mehr als 5 Arbeitnehmer,
2. in Betrieben mit in der Regel mindestens 60 und weniger als 500

Arbeitnehmern 10 vom Hundert der im Betrieb regelmäßig beschäftigten Arbeitnehmer oder aber mehr als 25 Arbeitnehmer,
3. in Betrieben mit in der Regel mindestens 500 Arbeitnehmern mindestens 30 Arbeitnehmer

innerhalb von 30 Kalendertagen entläßt.

(2) Beabsichtigt der Arbeitgeber, nach Absatz 1 anzeigepflichtige Entlassungen vorzunehmen, hat er den Betriebsrat rechtzeitig über die Gründe für die Entlassungen, die Zahl der zu entlassenden Arbeitnehmer, die Zahl der in der Regel beschäftigten Arbeitnehmer und den Zeitraum, in dem die Entlassungen vorgenommen werden sollen, schriftlich zu unterrichten sowie weitere zweckdienliche Auskünfte zu erteilen. Arbeitgeber und Betriebsrat haben insbesondere die Möglichkeiten zu beraten, Entlassungen zu vermeiden oder einzuschränken und ihre Folgen zu mildern.

(3) Eine Abschrift der Mitteilung an den Betriebsrat hat der Arbeitgeber gleichzeitig dem Arbeitsamt zuzuleiten. Die Anzeige nach Absatz 1 ist schriftlich unter Beifügung der Stellungnahme des Betriebsrates zu den Entlassungen zu erstatten. Liegt eine Stellungnahme des Betriebsrates nicht vor, so ist die Anzeige wirksam, wenn der Arbeitgeber glaubhaft macht, daß er den Betriebsrat mindestens zwei Wochen vor Erstattung der Anzeige nach Absatz 2 Satz 1 unterrichtet hat, und er den Stand der Beratungen darlegt. Die Anzeige hat Angaben über den Namen des Arbeitgebers, den Sitz und die Art des Betriebes, die Zahl der in der Regel beschäftigten Arbeitnehmer, die Zahl der zu entlassenden Arbeitnehmer, die Gründe für die Entlassungen und den Zeitraum, in dem die Entlassungen vorgenommen werden sollen, zu enthalten. In der Anzeige sollen ferner im Einvernehmen mit dem Betriebsrat für die Arbeitsvermittlung Angaben über Geschlecht, Alter, Beruf und Staatsangehörigkeit der zu entlassenden Arbeitnehmer gemacht werden. Der Arbeitgeber hat dem Betriebsrat eine Abschrift der Anzeige zuzuleiten. Der Betriebsrat kann gegenüber dem Arbeitsamt weitere Stellungnahmen abgeben. Er hat dem Arbeitgeber eine Abschrift der Stellungnahme zuzuleiten.

(4) Das Recht zur fristlosen Entlassung bleibt unberührt. Fristlose Entlassungen werden bei Berechnung der Mindestzahl der Entlassungen nach Absatz 1 nicht mitgerechnet.

(5) Als Arbeitnehmer im Sinne dieser Vorschrift gelten nicht
1. in Betrieben einer juristischen Person die Mitglieder des Organs, das zur gesetzlichen Vertretung der juristischen Person berufen ist,
2. in Betrieben einer Personengesamtheit, die durch Gesetz, Satzung oder Gesellschaftsvertrag zur Vertretung der Personengesamtheit berufenen Personen,
3. Geschäftsführer, Betriebsleiter und ähnliche leitende Personen, soweit diese zur selbständigen Einstellung oder Entlassung von Arbeitnehmern berechtigt sind.

§ 18 Entlassungssperre

(1) Entlassungen, die nach § 17 anzuzeigen sind, werden vor Ablauf eines Monats nach Eingang der Anzeige beim Arbeitsamt nur mit Zustimmung des Landesarbeitsamtes wirksam; die Zustimmung kann auch rückwirkend bis zum Tage der Antragstellung erteilt werden.

(2) Das Landesarbeitsamt kann im Einzelfall bestimmen, daß die Entlassungen nicht vor Ablauf von längstens zwei Monaten nach Eingang der Anzeige beim Arbeitsamt wirksam werden.

(3) Das Landesarbeitsamt hat vor seinen Entscheidungen nach den Absätzen 1 und 2 zu prüfen, ob der Arbeitgeber die Entlassung rechtzeitig nach § 8 des Arbeitsförderungsgesetzes[1] angezeigt oder aus welchen Gründen er die Anzeige unterlassen hatte. Das Landesarbeitsamt soll das Ergebnis dieser Prüfung bei seinen Entscheidungen berücksichtigen.

(4) Soweit die Entlassungen nicht innerhalb eines Monats nach dem Zeitpunkt, zu dem sie nach den Absätzen 1 und 2 zulässig sind, durchgeführt werden, bedarf es unter den Voraussetzungen des § 17 Abs. 1 einer erneuten Anzeige.

§ 19 Zulässigkeit von Kurzarbeit

(1) Ist der Arbeitgeber nicht in der Lage, die Arbeitnehmer bis zu dem in § 18 Abs. 1 und 2 bezeichneten Zeitpunkt voll zu beschäftigen, so kann das Landesarbeitsamt zulassen, daß der Arbeitgeber für die Zwischenzeit Kurzarbeit einführt.

(2) Der Arbeitgeber ist im Falle der Kurzarbeit berechtigt, Lohn oder Gehalt der mit verkürzter Arbeitszeit beschäftigten Arbeitnehmer entsprechend zu kürzen; die Kürzung des Arbeitsentgelts wird jedoch erst von dem Zeitpunkt an wirksam, an dem das Arbeitsverhältnis nach den allgemeinen gesetzlichen oder den vereinbarten Bestimmungen enden würde.

(3) Tarifvertragliche Bestimmungen über die Einführung, das Ausmaß und die Bezahlung von Kurzarbeit werden durch die Absätze 1 und 2 nicht berührt.

§ 20 Entscheidungen des Landesarbeitsamtes

(1) Die Entscheidungen des Landesarbeitsamtes nach § 18 Abs. 1 und 2 trifft ein Ausschuß, der sich aus dem Präsidenten des Landesarbeitsamtes oder einem von ihm beauftragten Angehörigen des Landesarbeitsamtes als Vorsitzenden und je zwei Vertretern der Arbeitnehmer, der Arbeitgeber und der öffentlichen Körperschaften zusammensetzt, die von dem Verwaltungsausschuß des Landesarbeitsamtes benannt werden. Der Ausschuß hat vor seiner Entscheidung den Arbeitgeber und

[1] Abgedruckt in § 102 Rdnr. 78.

den Betriebsrat anzuhören; er trifft seine Entscheidungen mit Stimmenmehrheit.

(2) Dem Ausschuß sind, insbesondere vom Arbeitgeber und Betriebsrat, die von ihm für die Beurteilung des Falles erforderlich gehaltenen Auskünfte zu erteilen.

(3) Der Ausschuß hat sowohl das Interesse des Arbeitgebers als auch das der zu entlassenden Arbeitnehmer, das öffentliche Interesse und die Lage des gesamten Arbeitsmarktes unter besonderer Beachtung des Wirtschaftszweiges, dem der Betrieb angehört, zu berücksichtigen. Die Oberste Landesbehörde ist berechtigt, zwei Vertreter in den Ausschuß nach Absatz 1 mit beratender Stimme zu entsenden, wenn die Zahl der Entlassungen, für die nach § 17 Absatz 1 Anzeige erstattet ist, mindestens fünfzig beträgt.

(4) Der beim Landesarbeitsamt nach Absatz 1 gebildete Ausschuß kann seine Befugnisse nach Absatz 1 bei Betrieben mit in der Regel weniger als 500 Arbeitnehmern ganz oder teilweise auf das örtlich zuständige Arbeitsamt übertragen. In diesem Falle werden die Entscheidungen von einem beim Arbeitsamt entsprechend den Vorschriften des Absatzes 1 zu bildenden Ausschuß getroffen. Die Absätze 2 und 3 gelten entsprechend.

§ 21 Entscheidungen der Hauptstelle der Bundesanstalt für Arbeit

Für Betriebe, die zum Geschäftsbereich des Bundesministers für Verkehr oder des Bundesministers für das Post- und Fernmeldewesen gehören, trifft, wenn mehr als 500 Arbeitnehmer entlassen werden sollen, ein gemäß § 20 Abs. 1 bei der Hauptstelle der Bundesanstalt für Arbeit zu bildender Ausschuß die Entscheidungen nach § 18 Abs. 1 und 2. Der zuständige Bundesminister kann zwei Vertreter mit beratender Stimme in den Ausschuß entsenden. Die Anzeigen nach § 17 sind in diesem Falle an die Hauptstelle der Bundesanstalt für Arbeit zu erstatten. Im übrigen gilt § 20 Abs. 1 bis 3 entsprechend.

§ 22 Ausnahmebetriebe

(1) Auf Saisonbetriebe und Kampagne-Betriebe finden die Vorschriften dieses Abschnittes bei Entlassungen, die durch diese Eigenart der Betriebe bedingt sind, keine Anwendung.

(2) Keine Saisonbetriebe oder Kampagne-Betriebe sind Betriebe des Baugewerbes in denen die ganzjährige Beschäftigung gemäß § 76 Abs. 2 des Arbeitsförderungsgesetzes gefördert wird. Der Bundesminister für Arbeit und Sozialordnung wird ermächtigt, durch Rechtsverordnung Vorschriften zu erlassen, welche Betriebe als Saisonbetriebe oder Kampagne-Betriebe im Sinne des Absatzes 1 gelten.

§ 22a Übergangsregelung

...

Vierter Abschnitt. Schlußbestimmungen

§ 23 Geltungsbereich

(1) Die Vorschriften des Ersten und Zweiten Abschnitts gelten für Betriebe und Verwaltungen des privaten und des öffentlichen Rechts vorbehaltlich der Vorschriften des § 24 für die Seeschiffahrts-, Binnenschiffahrts- und Luftverkehrsbetriebe. Die Vorschriften des Ersten Abschnitts gelten nicht für Betriebe und Verwaltungen, in denen in der Regel fünf oder weniger Arbeitnehmer ausschließlich der Lehrlinge beschäftigt werden. Bei der Feststellung der Zahl der beschäftigten Arbeitnehmer nach Satz 2 sind nur Arbeitnehmer zu berücksichtigen, deren regelmäßige Arbeitszeit wöchentlich 10 Stunden oder monatlich 45 Stunden übersteigt. Satz 3 berührt nicht die Rechtsstellung der Arbeitnehmer, die am 1. Mai 1985 gegenüber dem Arbeitgeber Rechte aus Satz 2 in Verbindung mit dem Ersten Abschnitt dieses Gesetzes herleiten könnten.

(2) Die Vorschriften des Dritten Abschnitts gelten für Betriebe und Verwaltungen des privaten Rechts sowie für Betriebe, die von einer öffentlichen Verwaltung geführt werden, soweit sie wirtschaftliche Zwecke verfolgen. Sie gelten nicht für Seeschiffe und ihre Besatzung.

§ 24 Anwendung des Gesetzes auf Betriebe der Schiffahrt und des Luftverkehrs

(1) Die Vorschriften des Ersten und Zweiten Abschnitts finden nach Maßgabe der Absätze 2 bis 5 auf Arbeitsverhältnisse der Besatzung von Seeschiffen, Binnenschiffen und Luftfahrzeugen Anwendung. Als Betrieb im Sinne dieses Gesetzes gilt jeweils die Gesamtheit der Seeschiffe oder der Binnenschiffe eines Schiffahrtsbetriebs oder der Luftfahrzeuge eines Luftverkehrsbetriebs.

(2) Dauert die erste Reise eines Besatzungsmitglieds im Dienste einer Reederei oder eines Luftverkehrsbetriebs länger als sechs Monate, so verlängert sich die Sechsmonatsfrist des § 1 Abs. 1 bis drei Tage nach Beendigung dieser Reise.

(3) Die Klage nach § 4 ist binnen drei Wochen, nachdem das Besatzungsmitglied zum Sitz des Betriebes zurückgekehrt ist, zu erheben, spätestens jedoch binnen sechs Wochen nach Zugang der Kündigung. Wird die Kündigung während der Fahrt des Schiffes oder des Luftfahrzeuges ausgesprochen, so beginnt die sechswöchige Frist nicht vor dem Tage, an dem das Schiff oder das Luftfahrzeug einen deutschen Hafen oder Liegeplatz erreicht. An die Stelle der Dreiwochenfrist in § 6 treten die hier in den Sätzen 1 und 2 bestimmten Fristen.

(4) Für Klagen der Kapitäne und der Besatzungsmitglieder im Sinne der §§ 2 und 3 des Seemannsgesetzes nach § 4 dieses Gesetzes tritt an die Stelle des Arbeitsgerichts das Gericht, das für Streitigkeiten aus dem Arbeitsverhältnis dieser Personen zuständig ist. Soweit in Vorschriften des Seemannsgesetzes für die Streitigkeiten aus dem Arbeitsverhältnis Zuständigkeiten des Seemannsamtes begründet sind, finden die Vorschriften auf Streitigkeiten über Ansprüche aus diesem Gesetz keine Anwendung.

(5) Der Kündigungsschutz des Ersten Abschnitts gilt, abweichend von § 14, auch für den Kapitän und die übrigen als leitende Angestellte im Sinne des § 14 anzusehenden Angehörigen der Besatzung.

§ 25 Kündigung in Arbeitskämpfen

Die Vorschriften dieses Gesetzes finden keine Anwendung auf Kündigungen und Entlassungen, die lediglich als Maßnahmen in wirtschaftlichen Kämpfen zwischen Arbeitgebern und Arbeitnehmern vorgenommen werden.

§ 26 Inkrafttreten

Dieses Gesetz tritt am Tage nach seiner Verkündung in Kraft.[1]

[1] *Amtliche Anmerkung:* „Die Vorschrift betrifft das Inkrafttreten des Gesetzes i. d. F. vom 10. 8. 1951 (BGBl. I S. 499).“

6. Übereinkommen der Internationalen Arbeitsorganisation über Schutz und Erleichterungen für Arbeitnehmervertreter im Betrieb

Vom 23. 6. 1971

(BGBl 1973 II S. 954)

(Auszug)

Art. 1

Die Arbeitnehmervertreter im Betrieb sind gegen **jede Benachteiligung, einschließlich Kündigung,** die auf Grund ihrer Stellung oder Betätigung als Arbeitnehmervertreter oder auf Grund ihrer Zugehörigkeit zu einer Gewerkschaft oder ihrer gewerkschaftlichen Betätigung erfolgt, wirksam zu schützen, sofern sie im Einklang mit bestehenden Gesetzen oder Gesamtarbeitsverträgen oder anderen gemeinsam vereinbarten Regelungen handeln.

Art. 2

1. Den Arbeitnehmervertretern sind im Betrieb Erleichterungen zu gewähren, die geeignet sind, ihnen die rasche und wirksame Durchführung ihrer Aufgaben zu ermöglichen.
2. Hierbei sind die Eigenart des in dem betreffenden Land geltenden Systems der Arbeitsbeziehungen sowie die Erfordernisse, die Größe und die Leistungsfähigkeit des betreffenden Betriebs zu berücksichtigen.
3. Die Gewährung solcher Erleichterungen darf das wirksame Funktionieren des betreffenden Betriebs nicht beeinträchtigen.

Art. 3

Als „Arbeitnehmervertreter" im Sinne dieses Übereinkommens gelten Personen, die auf Grund der innerstaatlichen Gesetzgebung oder Praxis als solche anerkannt sind, und zwar

a) Gewerkschaftsvertreter, d.h. von Gewerkschaften oder von deren Mitgliedern bestellte oder gewählte Vertreter, oder
b) gewählte Vertreter, d.h. Vertreter, die von den Arbeitnehmern des Betriebs im Einklang mit Bestimmungen der innerstaatlichen Gesetzgebung oder von Gesamtarbeitsverträgen frei gewählt werden und deren Funktionen sich nicht auf Tätigkeiten erstrecken, die in dem betreffenden Land als ausschließliches Vorrecht der Gewerkschaften anerkannt sind.

Art. 4

Durch die innerstaatliche Gesetzgebung, durch Gesamtarbeitsverträge, Schiedssprüche oder gerichtliche Entscheidungen kann bestimmt werden, welche Art oder Arten von Arbeitnehmervertretern Anspruch auf den Schutz und die Erleichterungen haben, die in diesem Übereinkommen vorgesehen sind.

Art. 5

Sind in einem Betrieb sowohl Gewerkschaftsvertreter als auch gewählte Vertreter tätig, so sind nötigenfalls geeignete Maßnahmen zu treffen, um zu gewährleisten, daß das Vorhandensein gewählter Vertreter nicht dazu benutzt wird, die Stellung der beteiligten Gewerkschaften oder ihrer Vertreter zu untergraben, und um die Zusammenarbeit zwischen den gewählten Vertretern und den beteiligten Gewerkschaften und ihren Vertretern in allen einschlägigen Fragen zu fördern.

Art. 6

Die Durchführung dieses Übereinkommens kann durch die innerstaatliche Gesetzgebung, durch Gesamtarbeitsverträge oder auf irgendeine andere, den innerstaatlichen Gepflogenheiten entsprechende Art und Weise erfolgen.

7. Allgemeine Verwaltungsvorschrift über das Zusammenwirken der technischen Aufsichtsbeamten der Träger der Unfallversicherung mit den Betriebsvertretungen

Vom 28. November 1977 (BAnz. Nr. 225)

Nach § 712 Abs. 4, § 769 Abs. 1 und § 801 Abs. 1 der Reichsversicherungsordnung wird mit Zustimmung des Bundesrates folgende allgemeine Verwaltungsvorschrift erlassen:

§ 1 Geltungsbereich

Diese allgemeine Verwaltungsvorschrift gilt für die technischen Aufsichtsbeamten der Berufsgenossenschaften, der Gemeindeunfallversicherungsverbände und der besonderen Träger der Unfallversicherung für die Feuerwehren (im folgenden Unfallversicherungsträger genannt), soweit sie auf dem Gebiet der Unfallverhütung und Ersten Hilfe die §§ 546, 712 bis 715, 721, 769 Abs. 1, § 801 Abs. 1 und § 865 der Reichsversicherungsordnung auszuführen haben.

§ 2 Allgemeiner Grundsatz

Die technischen Aufsichtsbeamten müssen auf dem Gebiet der Unfallverhütung und Ersten Hilfe mit den Betriebsvertretungen (Betriebsräten, Bordvertretungen, Seebetriebsräten, Personalvertretungen) eng zusammenwirken. Die Pflicht der Unternehmer und der Berufsgenossenschaften, alle geeigneten Maßnahmen zur Unfallverhütung und Ersten Hilfe zu treffen, bleibt unberührt.

§ 3 Erfahrungsaustausch

Die technischen Aufsichtsbeamten sollen bei jeder sich bietenden Gelegenheit (bei Ausbildungslehrgängen, Betriebsbesichtigungen, Unfalluntersuchungen, Aussprachetagungen) ihre Erfahrungen auf dem Gebiet der Unfallverhütung und Ersten Hilfe mit denen der Betriebsvertretungen austauschen.

§ 4 Betriebsbesichtigungen, Unfalluntersuchungen, Besprechungen

(1) Der technische Aufsichtsbeamte hat bei Betriebsbesichtigungen, Unfalluntersuchungen und bei der Besprechung von Unfallverhütungsfragen die Betriebsvertretung oder die von ihr bestimmten Mitglieder der Betriebsvertretung hinzuzuziehen.

(2) Will der technische Aufsichtsbeamte einen Betrieb besichtigen, einen Unfall untersuchen oder Unfallverhütungsfragen besprechen, ohne dies dem Unternehmer vorher angekündigt zu haben, darf er hiermit erst beginnen, nachdem er die Betriebsvertretung unterrichtet und zur Beteiligung aufgefordert hat.

(3) Kündigt der technische Aufsichtsbeamte dem Unternehmer vorher an, daß der den Betrieb besichtigen, einen Unfall untersuchen oder Unfallverhütungsfragen besprechen will, hat er den Termin auch der Betriebsvertretung mitzuteilen, und zwar so rechtzeitig, daß es der Betriebsvertretung möglich ist, eines oder mehrere ihrer Mitglieder daran teilnehmen zu lassen. Dies gilt auch, wenn die Besichtigung, die Untersuchung oder die Besprechung vom Unternehmer oder von der Betriebsvertretung angereget worden ist. Vereinbart der technische Aufsichtsbeamte einen Termin, so ist hierbei auch die Betriebsvertretung zu beteiligen.

(4) Der technische Aufsichtsbeamte übersendet der Betriebsvertretung eine Abschrift seines Besichtigungsberichts und anderer Niederschriften. Das gleiche gilt für sonstige Schreiben an den Unternehmer, die Maßnahmen der Unfallverhütung zum Gegenstand haben.

(5) Der technische Aufsichtsbeamte hat in der Niederschrift über die Besichtigung, Untersuchung oder Besprechung zu vermerken, ob die Betriebsvertretung teilgenommen hat. Die Mitglieder der Betriebsvertretung, die hieran teilgenommen haben, sind namentlich in der Niederschrift aufzuführen. Eine nur zeitweilige Teilnahme ist zu vermerken.

(6) Der technische Aufsichtsbeamte hat in den Niederschriften und Schreiben für die Betriebsvertretung Betriebs- und Geschäftsgeheimnisse, die der Unternehmer als geheimhaltungsbedürftig bezeichnet hat, nur insoweit mitzuteilen, als der Unternehmer dem zugestimmt hat.

§ 5 Unfallanzeige

Ist dem Unfallversicherungsträger vom Unternehmer eine von der Betriebsvertretung nicht mitunterzeichnete Unfallanzeige erstattet worden, so hat der technische Aufsichtsbeamte der Betriebsvertretung eine Abschrift dieser Unfallanzeige zu übersenden oder mitzuteilen, daß die Unfallanzeige eingegangen ist.

§ 6 Unterrichtung

(1) Der technische Aufsichtsbeamte, der einen Betrieb besichtigt, hat der Betriebsvertretung Gelegenheit zu geben,
1. ihn über Mängel auf dem Gebiet der Unfallverhütung und Ersten Hilfe zu unterrichten und
2. ihm vorzuschlagen, auf welche Weise die Mängel behoben und Maßnahmen zur Verbesserung der Unfallverhütung und Ersten Hilfe getroffen werden können.

(2) Der technische Aufsichtsbeamte hat die Betriebsvertretung auf ihren Wunsch in Fragen der Unfallverhütung und Ersten Hilfe zu beraten.

§ 7 Anhörung

Ist beim Unfallversicherungsträger beantragt worden, von Unfallverhütungsvorschriften eine Ausnahme zu bewilligen, so hat der technische Aufsichtsbeamte der Betriebsvertretung Gelegenheit zur Stellungnahme zu geben.

§ 8 Beteiligung der Betriebsvertretungen an der Ausarbeitung sicherheitstechnischer Regeln

Werden beim Unfallversicherungsträger sicherheitstechnische Regeln (Durchführungsregeln zu Unfallverhütungsvorschriften, Richtlinien über durch Unfallverhütungsvorschriften noch nicht geregelte Gegenstände, Merkblätter) erarbeitet und ist zu erwarten, daß hierbei die Erfahrungen bestimmter Betriebsvertretungen verwertet werden können, so soll der technische Aufsichtsbeamte eine Stellungnahme dieser Betriebsvertretungen einholen.

§ 9 Unterrichtung über Lehrgänge

Werden von einem Unfallversicherungsträger Ausbildungslehrgänge auf dem Gebiet der Unfallverhütung und Ersten Hilfe durchgeführt, so hat der technische Aufsichtsbeamte den Betriebsvertretungen so rechtzeitig Ort, Zeit, Vortragsthemen und Namen der Vortragenden mitzuteilen, daß die Betriebsvertretungen den Unternehmern Teilnehmer vorschlagen können.

§ 10 Erfüllung durch andere Bedienstete

Die dem technischen Aufsichtsbeamten nach § 5 und den §§ 7 bis 9 dieser allgemeinen Verwaltungsvorschrift obliegenden Pflichten sind als erfüllt anzusehen, soweit der Unfallversicherungsträger diese Pflichten durch andere Bedienstete erfüllen läßt.

§ 11 Inkrafttreten[1]

Diese allgemeine Verwaltungsvorschrift tritt am ersten Tag des auf die Veröffentlichung folgenden Kalendermonats in Kraft. Gleichzeitig tritt der Runderlaß des Reichsversicherungsamtes über das Zusammenarbeiten der technischen Aufsichtsbeamten mit den Betriebsvertretungen vom 4. Dezember 1925 (Amtliche Nachrichten S. 360) außer Kraft.

---

[1] Die geänderte Fassung der AVV ist am 1. Januar 1978 in Kraft getreten.

8. Allgemeine Verwaltungsvorschrift über das Zusammenwirken der Träger der Unfallversicherung und der Gewerbeaufsichtsbehörden

Vom 28. November 1977 (BAnz. Nr. 225)

Nach den §§ 717, 769 Abs. 1 und § 801 Abs. 1 der Reichsversicherungsordnung wird mit Zustimmung des Bundesrates folgende allgemeine Verwaltungsvorschrift erlassen:

§ 1 Geltungsbereich

Diese allgemeine Veraltungsvorschrift gilt für

1. Die Berufsgenossenschaften, ausgenommen die See-Berufsgenossenschaft, sowie für die Gemeindeunfallversicherungsverbände und die besonderen Träger der Unfallversicherung für die Feuerwehren (im folgenden Unfallversicherungsträger genannt), soweit sie auf dem Gebiet der Unfallverhütung und Ersten Hilfe die §§ 546, 710, 712 bis 715, 717a, 720, 721, 769 Abs. 1 und § 801 Abs. 1 der Reichsversicherungsordnung auszuführen haben, und
2. die Gewerbeaufsichtsbehörden, soweit sie den gleichen Gegenstand regelndes Bundesrecht auszuführen haben.

§ 2 Allgemeiner Grundsatz

Die Unfallversicherungsträger und die Gewerbeaufsichtsbehörden müssen auf dem Gebiet der Unfallverhütung und Ersten Hilfe eng zusammenwirken, damit die Vorschriften auf diesem Gebiet möglichst wirkungsvoll ausgeführt werden können. Hierzu sind unabhängig von den §§ 3 bis 9 alle geeigneten Maßnahmen zu treffen.

§ 3 Erfahrungsaustausch

(1) Die Unfallversicherungsträger und die Gewerbeaufsichtsbehörden haben den Erfahrungsaustausch unter den technischen Aufsichtsbeamten und Gewerbeaufsichtsbeamten zu fördern. Dem Erfahrungsaustausch dienen auch gemeinsame Fachtagungen.

(2) Die Aufsichtsbeamten der Unfallversicherungsträger und der Gewerbeaufsichtsbehörden setzen sich bei der Ausübung ihrer Besichtigungstätigkeit, soweit dies den Umständen nach möglich ist, in Verbindung; sie tauschen hierbei ihre Erfahrungen aus. Überdies teilen sie sich aufgestellte Besichtigungspläne gegenseitig mit.

§ 4 Gemeinsame Betriebsbesichtigungen

(1) Die Aufsichtsbeamten der Unfallversicherungsträger und der Gewerbeaufsichtsbehörden sollen einen Betrieb gemeinsam besichtigen, wenn ein wichtiger Anlaß gegeben ist, Ein wichtiger Anlaß kann insbesondere gegeben sein, wenn
1. bei der Anwendung von Vorschriften auf bestimmte Betriebsanlagen Zweifel entstanden sind,
2. ein Unternehmer die Bewilligung einer Ausnahme von Vorschriften beantragt hat,
3. ein Unfallversicherungsträger oder eine Gewerbeaufsichtsbehörde beabsichtigt, hinsichtlich bestimmter Betriebsanlagen eine Anordnung im Einzelfall zu erlassen,
4. Schadensfälle von größerem Ausmaß eingetreten sind.

(2) Der Aufsichtsbeamte, der sich zu einer Besichtigung aus den in Absatz 1 genannten Gründen veranlaßt sieht, führt die gemeinsame Besichtigung herbei.

§ 5 Besichtigungen aus Anlaß eines Arbeitsunfalls (Unfalluntersuchung)

(1) Die Aufsichtsbeamten der Unfallversicherungsträger und der Gewerbeaufsichtsbehörden sollen einen Unfall gemeinsam untersuchen, wenn
1. es sich um einen Arbeitsunfall mit tödlichem Ausgang oder um einen Massenunfall handelt,
2. aus der Unfallanzeige ersichtlich ist, daß der Unfall bei der Verwendung neuartiger Maschinen oder bei der Anwendung neuartiger Arbeitsverfahren eingetreten ist.

(2) Der Aufsichtsbeamte, der sich zu einer Untersuchung nach Absatz 1 veranlaßt sieht, führt die gemeinsame Untersuchung herbei. Die Pflicht, zur Aufklärung des Arbeitsunfalles die erforderlichen Maßnahmen unverzüglich zu treffen, bleibt unberührt.

§ 6 Gegenseitige Anhörung

(1) Beabsichtigt ein Unfallversicherungsträger oder eine Gewerbeaufsichtsbehörde, eine Maßnahme zu treffen, die für den Aufgabenbereich der jeweils mit der Sache nicht befaßten Stelle von erheblicher Bedeutung sein kann, so ist dieser Gelegenheit zu geben, sich zu der beabsichtigten Maßnahme zu äußern. Dies gilt insbesondere, wenn beabsichtigt ist, von einer Vorschrift eine Ausnahme zu bewilligen.

(2) Absatz 1 gilt nicht, wenn die vorgenannten Maßnahmen bei Gefahr im Verzug getroffen werden müssen.

§ 7 Gegenseitige Unterrichtung

Die Unfallversicherungsträger und die Gewerbeaufsichtsbehörden unterrichten sich gegenseitig über Vorgänge, die für die Tätigkeit der anderen Stelle auf dem Gebiet der Unfallverhütung und Ersten Hilfe wichtig sind. Sie unterrichten sich insbesondere über

1. die im Betrieb festgestellten erheblichen Mängel und über die zu ergreifenden Maßnahmen zur Beseitigung dieser Mängel,
2. Ausnahmebewilligungen,
3. die Anhörung des Betroffenen in einem Bußgeldverfahren, das wegen einer Handlung eingeleitet worden ist, die von beiden Stellen als Ordnungswidrigkeit verfolgt werden kann,
4. das Ergebnis einer Unfalluntersuchung in den Fällen des § 5 Abs. 1, wenn eine gemeinsame Untersuchung nicht durchgeführt werden konnte,
5. die Planung und Durchführung von Sonderprogrammen.

§ 8 Gegenseitige Beteiligung an der Ausarbeitung sicherheitstechnischer Regeln

Die Unfallversicherungsträger sorgen dafür, daß die Gewerbeaufsichtsbehörden beteiligt werden, wenn von Fachausschüssen Durchführungsregeln zu Unfallverhütungsvorschriften oder Richtlinien über durch Unfallverhütungsvorschriften noch nicht geregelte Gegenstände erarbeitet werden. Entsprechendes gilt für die Gewerbeaufsichtsbehörden, wenn sie auf einem Gebiet, auf dem sie Vorschriften erlassen könnten, zu denen die Unfallversicherungsträger vorher gutachtlich gehört werden müßten, sicherheitstechnische Regeln erarbeiten.

§ 9 Ausbildung von Sicherheitsbeauftragten

Der Unfallversicherungsträger, der einen Ausbildungslehrgang für Sicherheitsbeauftragte plant, hat dies der für den Arbeitsschutz zuständigen obersten Landesbehörde, in deren Zuständigkeitsbereich der Lehrgang stattfinden soll, mitzuteilen. Hierbei sind Zeitpunkt, Ort und Vortragsfolge anzugeben.

§ 10 Inkrafttreten[1]

Diese allgemeine Verwaltungsvorschrift tritt am ersten Tag des auf die Veröffentlichung folgenden Kalendermonats in Kraft. Gleichzeitig treten die Richtlinien über die Gemeinschaftsarbeit der Gewerbeaufsichtsbeamten und der Technischen Aufsichtsbeamten der gewerblichen Berufsgenossenschaften und der gemeindlichen Unfallversicherungsträger bei der Durchführung des Unfallschutzes vom 17. November 1950 (Bundesarbeitslatt S. 467) außer Kraft.

---

[1] Die geänderte Fassung der AVV ist am 1. Januar 1978 in Kraft getreten.

9. Bürgerliches Gesetzbuch

Vom 18. August 1896 (RGBl. S. 195)

Zuletzt geändert durch Gesetz vom 8. 12. 1986 (BGBl. I S. 2317)[1]

Auszug

§ 611a

(1) Der Arbeitgeber darf einen Arbeitnehmer bei einer Vereinbarung oder einer Maßnahme, insbesondere bei der Begründung des Arbeitsverhältnisses, beim beruflichen Aufstieg, bei einer Weisung oder einer Kündigung, nicht wegen seines Geschlechts benachteiligen. Eine unterschiedliche Behandlung wegen des Geschlechts ist jedoch zulässig, soweit eine Vereinbarung oder eine Maßnahme die Art der vom Arbeitnehmer auszuübenden Tätigkeit zum Gegenstand hat und ein bestimmtes Geschlecht unverzichtbare Voraussetzung für diese Tätigkeit ist. Wenn im Streitfall der Arbeitnehmer Tatsachen glaubhaft macht, die eine Benachteiligung wegen des Geschlechts vermuten lassen, trägt der Arbeitgeber die Beweislast dafür, daß nicht auf das Geschlecht bezogene, sachliche Gründe eine unterschiedliche Behandlung rechtfertigen oder das Geschlecht unverzichtbare Voraussetzung für die auszuübende Tätigkeit ist.

(2) Ist ein Arbeitsverhältnis wegen eines von dem Arbeitgeber zu vertretenden Verstoßes gegen das Benachteiligungsverbot des Absatzes 1 nicht begründet worden, so ist er zum Ersatz des Schadens verpflichtet, den der Arbeitnehmer dadurch erleidet, daß er darauf vertraut, die Begründung des Arbeitsverhältnisses werde nicht wegen eines solchen Verstoßes unterbleiben. Satz 1 gilt beim beruflichen Aufstieg entsprechend, wenn auf den Aufstieg kein Anspruch besteht.

(3) Der Anspruch auf Schadenersatz wegen eines Verstoßes gegen das Benachteiligungsverbot verjährt in zwei Jahren. § 201 ist entsprechend anzuwenden.

§ 611b

Der Arbeitgeber soll einen Arbeitsplatz weder öffentlich noch innerhalb des Betriebs nur für Männer oder nur für Frauen ausschreiben, es sei denn, daß ein Fall des § 611a Abs. 1 Satz 2 vorliegt.

---

[1] Die §§ 611a, 611b, 612 Abs. 3 und § 612a BGB sollen laut Art. 2 des EG-Anpassungsgesetzes an geeigneter Stelle im Betrieb ausgehängt werden.

§ 612

(1) Eine Vergütung gilt als stillschweigend vereinbart, wenn die Dienstleistung den Umständen nach nur gegen eine Vergütung zu erwarten ist.

(2) Ist die Höhe der Vergütung nicht bestimmt, so ist bei dem Bestehen einer Taxe die taxmäßige Vergütung, in Ermangelung einer Taxe die übliche Vergütung als vereinbart anzusehen.

(3) Bei einem Arbeitsverhältnis darf für gleiche oder für gleichwertige Arbeit nicht wegen des Geschlechts des Arbeitsnehmers eine geringere Vergütung vereinbart werden als bei einem Arbeitnehmer des anderen Geschlechts. Die Vereinbarung einer geringeren Vergütung wird nicht dadurch gerechtfertigt, daß wegen des Geschlechts des Arbeitnehmers besondere Schutzvorschriften gelten. § 611a Abs. 1 Satz 3 ist entsprechend anzuwenden.

§ 612a

Der Arbeitgeber darf einen Arbeitnehmer bei einer Vereinbarung oder einer Maßnahme nicht benachteiligen, weil der Arbeitnehmer in zulässiger Weise seine Rechte ausübt.

§ 613a

(1) Geht ein Betrieb oder Betriebsteil durch Rechtsgeschäft auf einen anderen Inhaber über, so tritt dieser in die Rechte und Pflichten aus den im Zeitpunkt des Übergangs bestehenden Arbeitsverhältnissen ein. Sind diese Rechte und Pflichten durch Rechtsnormen eines Tarifvertrags oder durch eine Betriebsvereinbarung geregelt, so werden sie Inhalt des Arbeitsverhältnisses zwischen dem neuen Inhaber und dem Arbeitnehmer und dürfen nicht vor Ablauf eines Jahres nach dem Zeitpunkt des Übergangs zum Nachteil des Arbeitnehmers geändert werden. Satz 2 gilt nicht, wenn die Rechte und Pflichten bei dem neuen Inhaber durch Rechtsnormen eines anderen Tarifvertrags oder durch eine andere Betriebsvereinbarung geregelt werden. Vor Ablauf der Frist nach Satz 2 können die Rechte und Pflichten geändert werden, wenn der Tarifvertrag oder die Betriebsvereinbarung nicht mehr gilt oder bei fehlender beiderseitiger Tarifgebundenheit im Geltungsbereich eines anderen Tarifvertrags dessen Anwendung zwischen dem neuen Inhaber und dem Arbeitnehmer vereinbart wird.

(2) Der bisherige Arbeitgeber haftet neben dem neuen Inhaber für Verpflichtungen nach Absatz 1, soweit sie vor dem Zeitpunkt des Übergangs entstanden sind und vor Ablauf von einem Jahr nach diesem Zeitpunkt fällig werden, als Gesamtschuldner. Werden solche Verpflichtungen nach dem Zeitpunkt des Übergangs fällig, so haftet der bisherige Arbeitgeber für sie jedoch nur in dem Umfang, der dem im

Zeitpunkt des Übergangs abgelaufenen Teil ihres Bemessungszeitraums entspricht.

(3) Absatz 2 gilt nicht, wenn eine juristische Person durch Verschmelzung oder Umwandlung erlischt; § 8 des Umwandlungsgesetzes in der Fassung der Bekanntmachung vom 6. November 1969 (Bundesgesetzbl. I S. 2081) bleibt unberührt.

(4) Die Kündigung des Arbeitsverhältnisses eines Arbeitnehmers durch den bisherigen Arbeitgeber oder durch den neuen Inhaber wegen des Übergangs eines Betriebs oder eines Betriebsteils ist unwirksam. Das Recht zur Kündigung des Arbeitsverhältnisses aus anderen Gründen bleibt unberührt.

Fundstellennachweis

der nach AP zitierten Entscheidungen des Bundesarbeitsgerichts

BAG = Entscheidungen des Bundesarbeitsgerichts, RdA = Recht der Arbeit, BB = Betriebs-Berater, DB = Der Betrieb, NJW = Neue Juristische Wochenschrift, ArbuR = Arbeit und Recht, SAE = Sammlung Arbeitsrechtlicher Entscheidungen, EzA = Entscheidungssammlung zum Arbeitsrecht, NZA = Neue Zeitschrift für Arbeits- und Sozialrecht

() = Anmerkung oder Besprechung von ...

Wegen der Fundstellen der Entscheidungen der Jahre 1954 bis 1971 siehe 13. und frühere Auflagen.

Datum	Fundstelle AP	Weitere Fundstellen
	1972	
14. 1. 1972	AP Nr. 2 zu § 20 BetrVG Jugendvertreter	DB **72**, 686; SAE **73**, 69 (Blomeyer); EzA § 22 BetrVG Nr. 2
22. 2. 1972	AP Nr. 1 zu § 15 BBiG (Söllner/Volmer, B.)	BAG **24**, 133; BB **72**, 1191; DB **72**, 1731, 1783; ArbuR **73**, 92; SAE **73**, 108 (Monjau); EzA § 15 BBiG Nr. 1
29. 2. 1972	AP Nr. 9 zu § 72 BetrVG (Küchenhoff)	BAG **24**, 141; DB **72**, 1118; NJW **72**, 1342; SAE **73**, 73 (Schlüter)
16. 3. 1972	AP Nr. 10 zu § 611 BGB Lehrer, Dozenten (Söllner)	–
16. 3. 1972	AP Nr. 3 zu § 9 BUrlG (Natzel)	DB **72**, 782; SAE **72**, 260 (Meisel); EzA § 1 LFZG Nr. 21
25. 4. 1972	AP Nr. 9 zu § 611 BGB Öffentlicher Dienst	BB **72**, 1139; DB **72**, 1783; NJW **72**, 2016
14. 6. 1972	AP Nr. 54 zu §§ 22, 23 BAT (Wiedemann)	BAG **24**, 307
15. 6. 1972	AP Nr. 14 zu § 242 BGB Auskunftspflicht (Herschel)	BB **72**, 1276; DB **72**, 1780; SAE **73**, 252 (Peterek)
15. 6. 1972	AP Nr. 7 zu § 628 BGB	BB **72**, 1191; DB **72**, 1878; SAE **73**, 162 (Kreutz); EzA 626 n. F. BGB Nr. 14
6. 7. 1972	AP Nr. 3 zu § 626 BGB Ausschlußfrist (Söllner)	BAG **24**, 341; BB **72**, 1408; DB **72**, 2119; ArbuR **73**, 248; SAE **73**, 134 (Schwerdtner); EzA § 626 n. F. BGB Nr. 15
11. 7. 1972	AP Nr. 1 zu § 80 BetrVG 1972 (Richardi)	BAG **24**, 349; BB **72**, 1322; DB **72**, 2020; ArbuR **72**, 279; SAE **74**, 97 (Wiese); EzA § 80 BetrVG 1972 Nr. 1
18. 7. 1972	AP Nr. 10 zu § 72 BetrVG	BAG **24**, 364; DB **72**, 2021; NJW **72**, 2328; SAE **74**, 11 (Richardi)
17. 8. 1972	AP Nr. 65 zu § 626 BGB (Birk)	BAG **24**, 401; BB **73**, 1396; DB **73**, 481; SAE **74**, 42 (Beuthien)
28. 9. 1972	AP Nr. 2 zu § 134 BGB	BAG **24**, 438; DB **72**, 2356; NJW **73**, 77; ArbuR **73**, 218 (Ramm); SAE **73**, 157

Datum	Fundstelle AP	Weitere Fundstellen
		(Buchner); RdA **73**, 60; EzA § 1 KSchG Nr. 25
31. 10. 1972	AP Nr. 2 zu § 40 BetrVG 1972 (Richardi)	BAG **24**, 459; BB **73**, 243, 287, 333; DB **73**, 528; ArbuR **73**, 187; SAE **74**, 129 (Buchner); RdA **73**, 129; EzA § 40 BetrVG 1972 Nr. 3 (Richardi)
9. 11. 1972	AP Nr. 36 zu 242 BGB Gleichbehandlung (Hueck, G.)	BB **73**, 245; DB **73**, 432; SAE **74**, 87 (Wolf)
15. 12. 1972	AP Nr. 5 zu § 80 ArbGG 1953	SAE **75**, 37 (Dütz); EzA § 9 BetrVG 1972 Nr. 1
15. 12. 1972	AP Nr. 1 zu § 14 BetrVG 1972	BAG **24**, 480; DB **73**, 2052; ArbuR **73**, 55; SAE **73**, 234 (Bohn); EzA § 14 BetrVG 1972 Nr. 1

1973

Datum	Fundstelle AP	Weitere Fundstellen
11. 1. 1973	AP Nr. 110 zu Art. 3 GG	BB **73**, 520; DB **73**, 728; ArbuR **73**, 87; SAE **74**, 33 (Kreutz); EzA Art. 3 GG Nr. 1
30. 1. 1973	AP Nr. 1 zu § 37 BetrVG 1972 (Richardi)	BAG **25**, 23; BB **73**, 847; DB **73**, 1025; ArbuR **73**, 382; SAE **73**, 236 (Bohn); EzA § 37 BetrVG 1972 Nr. 5
30. 1. 1973	AP Nr. 3 zu § 40 BetrVG 1972 (Buchner)	BB **73**, 474; ArbuR **74**, 29 (Leinemann); SAE **74**, 244 (Dütz); EzA § 40 BetrVG 1972 Nr. 4
16. 2. 1973	AP Nr. 1 zu § 19 BetrVG 1972 (Natzel)	BAG **25**, 60; BB **73**, 1071, 1634; DB **73**, 1254; ArbuR **73**, 119; SAE **74**, 233 (Galperin); EzA § 19 BetrVG 1972 Nr. 1
23. 2. 1973	AP Nr. 2 zu § 80 BetrVG 1972 (Hanau)	BAG **25**, 75; BB **73**, 1255; DB **73**, 799; NJW **73**, 1472; ArbuR **73**, 120; SAE **74**, 237 (Thiele); EzA § 80 BetrVG 1972 Nr. 3
1. 3. 1973	AP Nr. 1 zu § 611 BGB Persönlichkeitsrecht (Wiese)	BAG **25**, 80; BB **73**, 704; DB **73**, 972; NJW **73**, 1247; ArbuR **73**, 152; SAE **73**, 239 (Herschel); EzA § 611 BGB Nr. 10
13. 3. 1973	AP Nr. 1 zu § 20 BetrVG 1972 (Dütz)	BAG **25**, 87; BB **73**, 849; DB **73**, 1257; ArbuR **73**, 153; EzA § 20 BetrVG 1972 Nr. 1 (Richardi)
13. 3. 1973	AP Nr. 1 zu § 87 BetrVG 1972 Werkmietwohnungen (Richardi)	BAG **25**, 93; BB **73**, 845; DB **73**, 1458; NJW **73**, 1900; ArbuR **73**, 153; SAE **73**, 229 (Bötticher); EzA § 87 BetrVG 1972 Werkwohnung Nr. 2
28. 3. 1973	AP Nr. 2 zu § 319 BGB (Herschel)	BB **73**, 1355
6. 4. 1973	AP Nr. 1 zu § 76 BetrVG 1972	BAG **25**, 174; BB **73**, 1438; DB **73**, 2197; ArbuR **73**, 59 (Lindner); SAE **74**, 211 (Hiersemann); EzA § 76 BetrVG 1972 Nr. 2 (Dütz)
6. 4. 1973	AP Nr. 1 zu § 99	BB **73**, 940 (Frey), 988; **81**, 501 (Pauly);

Datum	Fundstelle AP	Weitere Fundstellen
	BetrVG 1972 (Wiedemann)	DB **73**, 1456; NJW **73**, 1630; ArbuR **73**, 182; SAE **74**, 61 (Meisel); RdA **73**, 273; EzA § 99 BetrVG 1972 Nr. 4
10. 4. 1973	AP Nr. 38 zu § 242 BGB Gleichbehandlung (Crisolli)	DB **73**, 1755; EzA § 242 BGB Gleichbehandlung Nr. 3
10. 5. 1973	AP Nr. 3 zu § 15 BBiG (Söllner)	BB **73**, 1170; DB **73**, 1512; ArbuR **73**, 213; SAE **74**, 110 (Monjau); EzA § 15 BBiG Nr. 2
11. 5. 1973	AP Nr. 2 zu § 20 BetrVG 1972 (Richardi)	DB **73**, 1659; EzA § 20 BetrVG 1972 Nr. 2
22. 5. 1973	AP Nr. 2 zu § 37 BetrVG 1972 (Meisel)	DB **73**, 1955; ArbuR **73**, 215; SAE **75**, 223 (Gitter); EzA § 38 BetrVG 1972 Nr. 3
22. 5. 1973 1 ABR 26/72	AP Nr. 1 zu § 38 BetrVG 1972 (Richardi)	BB **73**, 1305; DB **73**, 1901; **74**, 190 (Schumann); ArbuR **73**, 215; SAE **75**, 221 (Gitter); EzA § 38 BetrVG 1972 Nr. 4
22. 5. 1973 1 ABR 2/73	AP Nr. 2 zu § 38 BetrVG 1972 (Richardi)	BAG **25**, 204; BB **73**, 1258; DB **73**, 1900; ArbuR **73**, 215; SAE **75**, 73 (Martens); EzA § 38 BetrVG 1972 Nr. 5 (Hanau)
7. 6. 1973	AP Nr. 1 zu § 626 BGB Änderungskündigung (Löwisch-Knigge/Lieb)	BAG **25**, 213; BB **73**, 1212; DB **73**, 1706; NJW **73**, 1819; SAE **75**, 100 (Fenn); RdA **73**, 336; EzA § 626 n. F. BGB Nr. 29
26. 6. 1973	AP Nr. 2 zu § 2 BetrVG 1972 (Richardi)	BAG **25**, 242; BB **73**, 1437; DB **73**, 2146; NJW **73**, 2222; ArbuR **73**, 279; **74**, 157 (Becker); SAE **74**, 144 (Bohn); EzA § 2 BetrVG 1972 Nr. 5
26. 6. 1973 1 ABR 21/72	AP Nr. 3 zu § 20 BetrVG 1972 (Richardi)	BAG **25**, 236; BB **73**, 1354; DB **73**, 1954; ArbuR **73**, 279; SAE **75**, 41 (Giese); EzA § 20 BetrVG 1972 Nr. 3 (Richardi)
26. 6. 1973 1 ABR 170/73	AP Nr. 4 zu § 20 BetrVG 1972 (Richardi)	DB **73**, 1955; EzA § 20 BetrVG 1972 Nr. 4 (Richardi)
28. 6. 1973	AP Nr. 10 zu § 611 BGB Abhängigkeit (Hueck, G.)	DB **73**, 1804; ArbuR **73**, 280; **74**, 188 (Woltereck); SAE **74**, 67 (Herschel); EzA § 611 BGB Nr. 13
5. 9. 1973	AP Nr. 72 zu §§ 22, 23 BAT (Crisolli)	BAG **25**, 268; EzA §§ 22, 23 BAT VergGr. Vb Nr. 2
5. 9. 1973	AP Nr. 3 zu § 24 BAT (Frieberg)	EzA §§ 22, 23 BAT Nr. 2
13. 9. 1973	AP Nr. 2 zu § 1 KSchG 1969 (Hueck, G.)	BAG **25**, 278; BB **73**, 1635; DB **73**, 2535; ArbuR **73**, 345; SAE **75**, 1 (Otto); EzA § 102 BetrVG 1972 Nr. 7
18. 9. 1973	AP Nr. 3 zu § 37 BetrVG 1972 (Weiss)	BAG **25**, 305; BB **74**, 89; NJW **74**, 335; ArbuR **73**, 345; **74**, 92; SAE **74**, 134 (Bohn); RdA **74**, 60; EzA § 37 BetrVG 1972 Nr. 12
18. 9. 1973	AP Nr. 1 zu § 44 BetrVG 1972 (Kreutz)	BAG **25**, 310; BB **74**, 90; DB **74**, 145; ArbuR **73**, 345; **74**, 92; SAE **74**, 209 (Bohn); EzA § 44 BetrVG 1972 Nr. 2
18. 9. 1973	AP Nr. 3 zu § 80	BAG **25**, 292; BB **74**, 133; DB **74**, 143;

Datum	Fundstelle AP	Weitere Fundstellen
1 ABR 7/73	BetrVG 1972 (Richardi)	NJW **74**, 333; SAE **74**, 239 (Thiele); EzA § 80 BetrVG 1972 Nr. 5 (Buchner)
18. 9. 1973 1 ABR 17/73	AP Nr. 4 zu § 80 BetrVG 1972 (Richardi)	BAG **25**, 301; DB **74**, 296; NJW **74**, 516; SAE **74**, 207 (Monjau); EzA § 80 BetrVG 1972 Nr. 4
9. 10. 1973	AP Nr. 4 zu § 37 BetrVG 1972 (Natzel)	BAG **25**, 325; BB **74**, 88; DB **74**, 146; ArbuR **73**, 378; SAE **74**, 177 (Kraft); EzA § 37 BetrVG 1972 Nr. 14 (Richardi)
9. 10. 1973	AP Nr. 3 zu § 38 BetrVG 1972 (Buchner)	DB **74**, 339; EzA § 38 BetrVG 1972 Nr. 6
6. 11. 1973 1 ABR 8/73	AP Nr. 5 zu § 37 BetrVG 1972 (Kittner)	BAG **25**, 348; BB **74**, 461; DB **75**, 780; ArbuR **74**, 25; SAE **75**, 155 (Schlüter); EzA § 37 BetrVG 1972 Nr. 16 (Richardi)
6. 11. 1973 1 ABR 26/73	AP Nr. 6 zu § 37 BetrVG 1972 (Wiese)	BAG **25**, 357; BB **74**, 416; DB **74**, 633; ArbuR **74**, 25, 285 (Schoden); SAE **75**, 162 (Meisel); EzA § 37 BetrVG 1972 Nr. 17 (Richardi)
20. 11. 1973	AP Nr. 1 zu § 65 BetrVG 1972 (Kraft)	BAG **25**, 394; BB **74**, 416; DB **74**, 683; NJW **74**, 879, 1349 (Linder); ArbuR **74**, 26; EzA § 65 BetrVG 1972 Nr. 1
22. 11. 1973	AP Nr. 67 zu § 626 BGB (Küchenhoff)	BB **74**, 463; DB **74**, 878; SAE **75**, 127 (Wolf, E.); EzA § 626 n. F. BGB Nr. 33
22. 11. 1973	AP Nr. 22 zu § 1 KSchG Betriebsbedingte Kündigung (Meisel)	DB **74**, 438; SAE **75**, 135 (Weitnauer); EzA § 1 KSchG Nr. 28
27. 11. 1973	AP Nr. 4 zu § 40 BetrVG 1972	BAG **25**, 415; BB **74**, 368; DB **74**, 731; SAE **75**, 198 (Gravenhorst); RdA **74**, 123; EzA § 20 BetrVG 1972 Nr. 1
27. 11. 1973	AP Nr. 9 zu § 89 ArbGG 1953 (Richardi)	BAG **25**, 407; BB **74**, 507; DB **74**, 830; NJW **74**, 1156; ArbuR **74**, 27; EzA § 40 BetrVG 1972 Nr. 18 (Richardi)
6. 12. 1973	AP Nr. 1 zu § 17 KSchG 1969 (Hueck, G.)	BAGE **25**, 430; BB **74**, 603; NJW **74**, 1263; SAE **74**, 191 (Herschel)
11. 12. 1973	AP Nr. 5 zu § 80 BetrVG 1972 (Thiele)	BAG **25**, 439; BB **74**, 602; DB **74**, 880; SAE **75**, 263 (Kreutz); EzA § 40 BetrVG 1972 Nr. 19 (Richardi)
18. 12. 1973	AP Nr. 7 zu § 37 BetrVG 1972 (Richardi)	BAG **25**, 452; BB **74**, 601; DB **74**, 923; ArbuR **74**, 54; SAE **74**, 136 (Streckel); EzA § 40 BetrVG 1972 Nr. 20 (Richardi)

1974

Datum	Fundstelle AP	Weitere Fundstellen
15. 1. 1974	AP Nr. 1 zu § 68 PersVG Baden-Württemberg	BAG **25**, 470; BB **74**, 885; DB **74**, 455; NJW **74**, 1527; ArbuR **74**, 89
17. 1. 1974	AP Nr. 3 zu § 1 BUrlG (Boldt)	BB **74**, 509; DB **74**, 783; ArbuR **74**, 90; SAE **75**, 123 (Blomeyer); EzA § 1 BUrlG Nr. 17
29. 1. 1974 1 ABR 34/73	AP Nr. 8 zu § 37 BetrVG 1972	BB **74**, 1023; DB **74**, 1535; EzA § 40 BetrVG 1972 Nr. 14 (Dütz)

Datum	Fundstelle AP	Weitere Fundstellen
29. 1. 1974 1 ABR 39/73	AP Nr. 9 zu § 37 BetrVG 1972	ArbuR **74**, 90; EzA § 37 BetrVG 1972 Nr. 36
29. 1. 1974	AP Nr. 5 zu § 40 BetrVG 1972 (Kraft)	BAG **25**, 482; BB **74**, 883, 1029; DB **74**, 1292; ArbuR **74**, 90; SAE **75**, 81 (Weisemann); EzA § 40 BetrVG 1972 Nr. 12 (Richardi)
31. 1. 1974	AP Nr. 1 zu § 5 BBiG (Natzel/Volmer)	BB **74**, 464; DB **74**, 927; NJW **74**, 1155; SAE **75**, 64 (Monjau); EzA § 5 BBiG Nr. 1 (Söllner)
14. 2. 1974	AP Nr. 12 zu § 611 BGB Abhängigkeit (Lieb)	BAG **25**, 505; BB **74**, 838; DB **74**, 1487; ArbuR **74**, 122; SAE **74**, 248 (Mayer-Maly); EzA § 611 BGB Nr. 16 (Gamillscheg)
28. 2. 1974	AP Nr. 2 zu § 102 BetrVG 1972 (Richardi)	BAG **26**, 27; BB **74**, 836; DB **74**, 1294; ArbuR **75**, 123 (Zachert); SAE **75**, 119 (Meisel); EzA § 102 BetrVG 1972 Nr. 8 (Kraft)
5. 3. 1974	AP Nr. 1 zu § 5 BetrVG 1972 (Wiedemann/Wank)	BAG **26**, 36; BB **74**, 553, 653 (Grüll); DB **74**, 826, 1237; NJW **74**, 965, 1161 (Hoffmann); ArbuR **74**, 149; SAE **74**, 165 (Beuthien); EzA § 5 BetrVG 1972 Nr. 7 (Kraft)
5. 3. 1974	AP Nr. 5 zu § 20 BetrVG 1972	DB **74**, 1534; ArbuR **74**, 149; SAE **75**, 44 (Böhm); EzA § 20 BetrVG 1972 Nr. 6
5. 3. 1974	AP Nr. 1 zu § 87 BetrVG 1972 Kurzarbeit (Wiese)	BAG **26**, 60; BB **74**, 931; DB **74**, 1389; NJW **74**, 1724; ArbuR **74**, 150; SAE **74**, 201 (Bötticher); EzA § 87 BetrVG 1972 Nr. 3 (Herschel)
19. 3. 1974	AP Nr. 1 zu § 17 BetrVG 1972	BB **74**, 1120; DB **74**, 1775; ArbuR **74**, 151; EzA § 17 BetrVG 1972 Nr. 1
19. 3. 1974	AP Nr. 1 zu § 26 BetrVG 1972 (Küchenhoff)	BB **74**, 1119; DB **74**, 1629; ArbuR **74**, 150; EzA § 26 BetrVG 1972 Nr. 1
28. 3. 1974	AP Nr. 3 zu § 102 BetrVG 1972 (Herschel)	BAG **26**, 102; BB **74**, 979; DB **74**, 1438; NJW **74**, 1726; SAE **74**, 112 (Meisel); EzA § 102 BetrVG 1972 Nr. 9
29. 3. 1974	AP Nr. 5 zu § 83 ArbGG 1953	EzA § 90 ArbGG Nr. 1
29. 3. 1974	AP Nr. 2 zu § 19 BetrVG 1972 (Seipel)	BAG **26**, 107; BB **74**, 837; DB **74**, 1342, 1680; ArbuR **74**, 152; EzA § 19 BetrVG 1972 Nr. 2
2. 4. 1974	AP Nr. 10 zu § 37 BetrVG 1972	BB **74**, 1022; DB **74**, 1439; NJW **74**, 1724; SAE **75**, 78 (Bohn); EzA § 37 BetrVG 1972 Nr. 21
4. 4. 1974	AP Nr. 1 zu § 626 BGB Arbeitnehmervertreter im Aufsichtsrat (Hueck, G.)	BAG **26**, 116; BB **74**, 739; DB **74**, 1067; ArbuR **74**, 185, 380; SAE **75**, 245 (Reuter); EzA § 15 KSchG n. F. Nr. 1
23. 4. 1974	AP Nr. 11 zu § 37 BetrVG 1972 (Blumensaat)	BB **74**, 1119; DB **74**, 1725; ArbuR **74**, 186; EzA § 37 BetrVG 1972 Nr. 22

Datum	Fundstelle AP	Weitere Fundstellen
30. 4. 1974	AP Nr. 2 zu § 87 BetrVG 1972 Werkmietwohnungen (Natzel)	BAG **26**, 142; BB **74**, 1070; DB **74**, 1627; NJW **74**, 1672 (Anm.); ArbuR **74**, 216; SAE **75**, 252 (Beuthien); EzA § 87 BetrVG 1972 Werkwohnung Nr. 3 (Herschel)
30. 4. 1974	AP Nr. 1 zu § 118 BetrVG 1972 (Mayer-Maly)	DB **74**, 1776; ArbuR **74**, 215; EzA § 80 BetrVG 1972 Nr. 6
10. 5. 1974 1 ABR 47/73	AP Nr. 2 zu § 65 BetrVG 1972	BB **74**, 1206; DB **74**, 2162; **75**, 446 (Teichmüller); ArbuR **74**, 215; EzA § 65 BetrVG 1972 Nr. 4
10. 5. 1974 1 ABR 57/73	AP Nr. 3 zu § 65 BetrVG 1972	DB **74**, 1773; **75**, 446 (Teichmüller); ArbuR **74**, 215; EzA § 65 BetrVG 1972 Nr. 2
10. 5. 1974 1 ABR 60/73	AP Nr. 4 zu § 65 BetrVG 1972	BB **74**, 1205; DB **74**, 1772; **75**, 446 (Teichmüller); ArbuR **74**, 215; EzA § 37 BetrVG 1972 Nr. 23
14. 5. 1974	AP Nr. 1 zu § 87 BetrVG 1972 Überwachung (Wiese)	DB **74**, 1868; NJW **74**, 2023; ArbuR **74**, 216; SAE **75**, 151 (Buchner); EzA § 87 BetrVG 1972 Kontrolleinrichtung Nr. 1
14. 5. 1974	AP Nr. 2 zu § 99 BetrVG 1972 (Kraft)	BAG **26**, 149; BB **74**, 1071; DB **74**, 1580; NJW **74**, 1966 (Becker); ArbuR **74**, 216; SAE **75**, 145 (Hueck, G.); EzA § 99 BetrVG 1972 Nr. 6
15. 5. 1974	AP Nr. 2 zu § 387 BGB (Herschel)	EzA § 115 GewO Nr. 2
21. 5. 1974 1 ABR 73/73	AP Nr. 12 zu § 37 BetrVG 1972	BAG **26**, 156; BB **74**, 1123; DB **74**, 1726; ArbuR **74**, 247; SAE **75**, 49 (Halbach); EzA § 37 BetrVG 1972 Nr. 24
21. 5. 1974 1 AZR 279/73	AP Nr. 13 zu § 37 BetrVG 1972	BB **74**, 1205; DB **74**, 2015; EzA § 37 BetrVG 1972 Nr. 26
21. 5. 1974 1 AZR 477/73	AP Nr. 14 zu § 37 BetrVG 1972	BB **74**, 1163; DB **74**, 1823; ArbuR **74**, 246; EzA § 37 BetrVG 1972 Nr. 25
28. 5. 1974 1 ABR 22/73	AP Nr. 6 zu § 80 BetrVG 1972	DB **74**, 1917; EzA § 80 BetrVG 1972 Nr. 7
28. 5. 1974 1 ABR 101/73	AP Nr. 7 zu § 80 BetrVG 1972	DB **74**, 1868; EzA § 80 BetrVG 1972 Nr. 8
10. 6. 1974	AP Nr. 15 zu § 37 BetrVG 1972	DB **74**, 1824; EzA § 80 ArbGG Nr. 3
10. 6. 1974	AP Nr. 8 zu § 80 BetrVG 1972	DB **75**, 60; SAE **75**, 256 (Dütz); EzA § 5 BetrVG 1972 Nr. 8 (Kraft)
14. 6. 1974	AP Nr. 20 zu § 670 BGB (Wiedemann)	BAG **26**, 187; BB **74**, 1531; DB **74**, 2210; EzA § 72 MTB II Nr. 1
18. 6. 1974	AP Nr. 16 zu § 37 BetrVG 1972	EzA § 37 BetrVG 1972 Nr. 30
18. 6. 1974	AP Nr. 1 zu § 87 BetrVG 1972 Urlaub	BAG **26**, 193; DB **74**, 2263; NJW **75**, 80; SAE **76**, 9 (Blomeyer); EzA § 87 BetrVG 1972 Urlaub Nr. 1
25. 6. 1974	AP Nr. 3 zu § 19 BetrVG 1972	DB **74**, 2115; ArbuR **74**, 248; EzA § 19 BetrVG 1972 Nr. 3

Datum	Fundstelle AP	Weitere Fundstellen
14. 8. 1974	AP Nr. 3 zu § 13 KSchG 1969 (Vollkommer)	BB **75**, 137; DB **75**, 212; SAE 76, 31 (Meisel); EzA § 615 BGB Nr. 26
22. 8. 1974	AP Nr. 1 zu § 103 BetrVG 1972 (Hueck, G.)	BAG **26**, 219; BB **74**, 1578; DB **74**, 2310, 2370; NJW **75**, 181; ArbuR **74**, 312; SAE **75**, 213 (Kraft); EzA § 103 BetrVG 1972 Nr. 6 (Schlüter)
27. 8. 1974	AP Nr. 1 zu § 72 PersVG Niedersachsen	DB **75**, 62; ArbuR **74**, 313
28. 8. 1974	AP Nr. 3 zu § 9 MTB II	EzA § 9 MTB II Nr. 1
11. 9. 1974	AP Nr. 39 zu § 242 BGB Gleichbehandlung (Birk)	DB **75**, 551; ArbuR **75**, 189 (Frey); EzA § 242 BGB Gleichbehandlung Nr. 9
11. 9. 1974	AP Nr. 3 zu § 1 TVG Tarifverträge: Metallindustrie (Wiedemann)	BAG **26**, 235; BB **75**, 44; DB **74**, 2485; EzA § 4 TVG Metallindustrie Nr. 7
13. 9. 1974	AP Nr. 84 zu § 611 BGB Gratifikation (Schwerdtner)	BB **74**, 1639; DB **74**, 2483; NJW **75**, 278; EzA § 611 BGB Gratifik., Prämie Nr. 43
17. 9. 1974	AP Nr. 17 zu § 37 BetrVG 1972 (Dütz)	EzA § 37 BetrVG 1972 Nr. 32
17. 9. 1974	AP Nr. 6 zu § 40 BetrVG 1972	DB **75**, 452; ArbuR **74**, 346; **75**, 122; SAE **75**, 260 (Monjau); EzA § 40 BetrVG 1972 Nr. 18
17. 9. 1974	AP Nr. 1 zu § 113 BetrVG 1972 (Uhlenbruck/Richardi)	BAG **26**, 257; BB **74**, 1483; **76**, 325 (Ritze); DB **74**, 2207; NJW **75**, 182; ArbuR **74**, 345; SAE **76**, 18 (Otto); EzA § 113 BetrVG 1972 Nr. 1 (Henckel)
17. 9. 1974	AP Nr. 1 zu § 116 BetrVG 1972	BAG **26**, 242; SAE **76**, 1 (Galperin); EzA § 116 BetrVG 1972 Nr. 1
27. 9. 1974	AP Nr. 1 zu § 6 BetrVG 1972	BAG **26**, 280; BB **75**, 651; DB **75**, 936; SAE **76**, 28 (Peterek); EzA § 6 BetrVG 1972 Nr. 1
27. 9. 1974	AP Nr. 18 zu § 37 BetrVG 1972 (Halberstadt)	BAG **26**, 269; DB **75**, 504; SAE **76**, 44 (Streckel); EzA § 37 BetrVG 1972 Nr. 33 (Weiss)
27. 9. 1974	AP Nr. 8 zu § 40 BetrVG 1972 (Weimar)	BB **75**, 371; DB **75**, 505; ArbuR **74**, 346; EzA § 40 BetrVG 1972 Nr. 15 (Herschel)
1. 10. 1974	AP Nr. 2 zu § 44 BetrVG 1972	DB **75**, 310; SAE **76**, 52 (Bohn); EzA § 44 BetrVG 1972 Nr. 3
1. 10. 1974	AP Nr. 1 zu § 106 BetrVG 1972 (Hinz)	BAG **26**, 286; BB **75**, 327; DB **75**, 453; NJW **75**, 1091; ArbuR **74**, 374; SAE **76**, 144 (Schlüter); EzA § 106 BetrVG 1972 Nr. 1 (Buchner)
2. 10. 1974	AP Nr. 1 zu § 613a BGB (Seiter)	BAG **26**, 301; BB **75**, 468; **77**, 501 (Hess); DB **75**, 601; NJW **75**, 1378; ArbuR **74**, 375; **75**, 379 (Herschel); SAE **76**, 74 (Stratmann); EzA § 613a BGB Nr. 1 (Birk)

Datum	Fundstelle AP	Weitere Fundstellen
2. 10. 1974	AP Nr. 2 zu § 7 BUrlG Betriebsferien (Natzel)	BAG **26**, 312; DB **75**, 157; SAE **75**, 169 (Herschel); EzA § 7 BUrlG Nr. 17
8. 10. 1974	AP Nr. 7 zu § 40 BetrVG 1972	DB **75**, 698; ArbuR **75**, 51; SAE **76**, 47 (Streckel); EzA § 40 BetrVG 1972 Nr. 17
16. 10. 1974	AP Nr. 1 zu § 705 BGB	BAG **26**, 320; BB **75**, 183, 231; NJW **75**, 710; EzA § 705 BGB Nr. 1
5. 11. 1974	AP Nr. 19 zu § 37 BetrVG 1972	DB **75**, 699; EzA § 37 BetrVG 1972 Nr. 35
14. 11. 1974	AP Nr. 1 zu § 87 BetrVG 1972 (Richardi)	BB **75**, 143; DB **75**, 647; ArbuR **75**, 252 (Nickel); SAE **76**, 14 (Reuter); RdA **75**, 143; EzA § 87 BetrVG 1972 Initiativrecht Nr. 2 (Birk)
19. 11. 1974 1 ABR 20/73	AP Nr. 2 zu § 5 BetrVG 1972 (Wiedemann/Wank)	BAG **26**, 345; BB **75**, 279; DB **75**, 405; NJW **75**, 797, 1246 (Hoffmann); SAE **75**, 182 (Buchner); EzA § 5 BetrVG 1972 Nr. 9 (Kraft)
19. 11. 1974 1 ABR 50/73	AP Nr. 3 zu § 5 BetrVG 1972 (Wiedemann/Wank)	BAG **26**, 358; BB **75**, 326; DB **75**, 406; NJW **75**, 1244 (Hoffmann); SAE **75**, 187 (Buchner); EzA § 5 BetrVG 1972 Nr. 10 (Kraft)
26. 11. 1974	AP Nr. 6 zu § 20 BetrVG 1972	BAG **26**, 376; DB **75**, 1178; ArbuR **75**, 52; SAE **76**, 54 (Schukai); EzA § 20 BetrVG 1972 Nr. 7 (Heckelmann)
4. 12. 1974	AP Nr. 4 zu § 5 BetrVG 1972	BB **75**, 743; DB **75**, 1031; ArbuR **75**, 53; EzA § 5 BetrVG 1972 Nr. 14
6. 12. 1974	AP Nr. 14 zu § 611 BGB Abhängigkeit (1. Schnorr v. Carolsfeld, 2. Lieb)	DB **75**, 844; EzA § 611 BGB Nr. 18
17. 12. 1974 1 ABR 131/73	AP Nr. 6 zu § 5 BetrVG 1972 (Wiedemann/Wank)	BAG **26**, 403; BB **75**, 604; DB **75**, 887; NJW **75**, 1717; EzA § 5 BetrVG 1972 Nr. 11
17. 12. 1974 1 ABR 105/73	AP Nr. 7 zu § 5 BetrVG 1972	BB **75**, 787; DB **75**, 1032; SAE **76**, 177 (Richardi); EzA § 5 BetrVG 1972 Nr. 15
17. 12. 1974 1 ABR 113/73	AP Nr. 8 zu § 5 BetrVG 1972	BB **75**, 606; DB **75**, 889, 984; EzA § 5 BetrVG 1972 Nr. 12
	1975	
28. 1. 1975	AP Nr. 5 zu § 5 BetrVG 1972 (Zöllner)	BAG **27**, 13; BB **75**, 743; DB **75**, 1034; ArbuR **75**, 88; EzA § 5 BetrVG 1972 Nr. 16
28. 1. 1975	AP Nr. 20 Nr. 37 BetrVG 1972	DB **75**, 1084, 1996; EzA § 37 BetrVG 1972 Nr. 37
29. 1. 1975	AP Nr. 8 zu § 4 TVG Nachwirkung (Wiedemann)	BAG **27**, 22; BB **75**, 699; DB **75**, 2455; SAE **76**, 85 (Leipold); EzA § 4 TVG Nachwirkung Nr. 3
12. 2. 1975	AP Nr. 1 zu § 78 BetrVG 1972	BB **75**, 701; DB **75**, 1226; EzA § 78 BetrVG 1972 Nr. 4
13. 2. 1975	AP Nr. 9 zu § 242 BGB Ruhegehalt-Unverfallbarkeit (Canaris)	BB **75**, 789; DB **75**, 1080; SAE **75**, 204 (Ortlepp); EzA § 242 BGB Ruhegeld Nr. 38

Datum	Fundstelle AP	Weitere Fundstellen
19. 2. 1975 1 ABR 55/73	AP Nr. 9 zu § 5 BetrVG 1972 (Richardi)	BAG **27**, 33; BB **75**, 925; DB **75**, 1320; NJW **75**, 1941 (Bulla); ArbuR **75**, 120; SAE **76**, 133 (Beuthien); EzA § 5 BetrVG 1972 Nr. 18
19. 2. 1975 1 ABR 94/73	AP Nr. 10 zu § 5 BetrVG 1972 (Richardi)	BAG **27**, 46; BB **75**, 927; DB **75**, 1271; ArbuR **75**, 120; EzA § 5 BetrVG 1972 Nr. 17
11. 3. 1975	AP Nr. 1 zu § 24 BetrVG 1972 (Ottow)	BB **75**, 967; DB **75**, 1753; EzA § 24 BetrVG 1972 Nr. 1
13. 3. 1975	AP Nr. 2 zu § 5 BBiG (Natzel/Volmer)	BB **75**, 883; DB **75**, 1417; EzA § 5 BBiG Nr. 3
18. 3. 1975	AP Nr. 1 zu § 111 BetrVG 1972 (Pfarr)	BAG **27**, 72; BB **75**, 884; DB **75**, 1322; ArbuR **75**, 153; EzA § 80 ArbGG Nr. 7
20. 3. 1975	AP Nr. 2 zu § 103 BetrVG 1972 (Richardi)	BAG **27**, 93; BB **75**, 880; DB **75**, 1321; ArbuR **75**, 153; SAE **77**, 1 (Rüthers); EzA § 103 BetrVG 1972 Nr. 7
22. 4. 1975	AP Nr. 2 zu § 118 BetrVG 1972 (Mayer-Maly)	BB **75**, 1066; DB **75**, 1516; NJW **75**, 1907; ArbuR **75**, 184; **76**, 59 (Ihlefeld); EzA § 118 BetrVG 1972 Nr. 4 (Mathy)
24. 4. 1975	AP Nr. 3 zu § 103 BetrVG 1972 (Hueck, G.)	BAG **27**, 113; BB **75**, 1014; DB **75**, 1610; ArbuR **75**, 184; SAE **75**, 3 (Rüthers); EzA § 103 BetrVG 1972 Nr. 8 (Dütz)
29. 4. 1975	AP Nr. 9 zu § 40 BetrVG 1972	BB **75**, 1111; DB **75**, 1708; EzA § 40 BetrVG 1972 Nr. 22
6. 5. 1975	AP Nr. 5 zu § 65 BetrVG 1972	DB **75**, 1706, 1947; EzA § 65 BetrVG 1972 Nr. 5
27. 5. 1975	AP Nr. 4 zu § 103 BetrVG 1972 (Hueck, G.)	DB **75**, 1706; SAE **77**, 8 (Rüthers); EzA § 103 BetrVG 1972 Nr. 9 (Dütz)
28. 5. 1975	AP Nr. 6 zu § 12 SchwBeschG (Schwedes)	BB **75**, 1345; DB **75**, 2330; NJW **75**, 2265; SAE **76**, 158 (Herschel); EzA § 11 SchwbG Nr. 1
3. 6. 1975	AP Nr. 1 zu § 5 BetrVG 1972 Rotes Kreuz	BAG **27**, 163; BB **75**, 1388; ArbuR **75**, 216; SAE **76**, 204 (Gitter); EzA § 5 BetrVG 1972 Nr. 19
3. 6. 1975	AP Nr. 3 zu § 87 BetrVG 1972 Werkmietwohnungen (Dütz)	BB **75**, 1159; DB **75**, 1752; ArbuR **75**, 215; EzA § 87 BetrVG 1972 Werkwohnung Nr. 4
10. 6. 1975	AP Nr. 6 zu § 65 BetrVG 1972	BB **75**, 1112; DB **75**, 1947; EzA § 65 BetrVG 1972 Nr. 6
10. 6. 1975	AP Nr. 1 zu § 73 BetrVG 1972	DB **75**, 2092, 2234; SAE **76**, 107 (Bohn); EzA § 37 BetrVG 1972 Nr. 42
11. 6. 1975	AP Nr. 1 zu § 77 BetrVG 1972 Auslegung	BAG **27**, 187; BB **75**, 1252; DB **75**, 1945; ArbuR **75**, 247; **76**, 285 (Herschel); SAE **76**, 103 (Glaubitz); EzA § 77 BetrVG 1972 Nr. 1
12. 6. 1975 1 ABR 13/74	AP Nr. 1 zu § 87 BetrVG 1972 Altersversorgung (Richardi)	BAG **27**, 194; BB **75**, 1062; **76**, 90 (Hanau), 605 (Gumpert); DB **75**, 1559; ArbuR **75**, 248; SAE **76**, 37 (Kraft); EzA § 87 BetrVG 1972 Lohn und Arbeitsentgelt Nr. 4 (Birk)

Datum	Fundstelle AP	Weitere Fundstellen
12. 6. 1975 1 ABR 137/73	AP Nr. 2 zu § 87 BetrVG 1972 Altersversorgung (Steindorff)	BB **75**, 1064; **76**, 90 (Hanau), 605 (Gumpert); ArbuR **75**, 248; EzA § 87 BetrVG 1972 Lohn und Arbeitsentgelt Nr. 2 (Birk)
12. 6. 1975 1 ABR 66/74	AP Nr. 3 zu § 87 BetrVG 1972 Alterversorgung (Blomeyer)	BB **75**, 1064; **76**, 90 (Hanau), 605 (Gumpert); ArbuR **75**, 248; EzA § 87 BetrVG 1972 Lohn und Arbeitsentgelt Nr. 3 (Birk)
23. 6. 1975	AP Nr. 10 zu § 40 BetrVG 1972	BB **75**, 1111; DB **75**, 1707; EzA § 40 BetrVG 1972 Nr. 21
25. 6. 1975	AP Nr. 4 zu § 611 BGB Parkplatz (Weitnauer/Holtkamp)	BB **75**, 1343; DB **75**, 1992; ArbuR **75**, 281; **76**, 29; SAE **76**, 153 (Lepke); EzA § 611 BGB Fürsorgepflicht Nr. 17
4. 8. 1975	AP Nr. 4 zu § 102 BetrVG 1972 (Meisel)	BAG **27**, 209; BB **75**, 1435; DB **75**, 2184; SAE **76**, 185 (Bohn); EzA § 102 BetrVG 1972 Nr. 14 (Nickel)
7. 8. 1975	AP Nr. 169 zu § 242 BGB Ruhegehalt	BB **75**, 1390; DB **75**, 1991; SAE **76**, 58 (Sieg); EzA § 112 BetrVG 1972 Nr. 5
19. 8. 1975	AP Nr. 5 zu § 102 BetrVG 1972 (Herschel)	BAG **27**, 230; BB **75**, 1485; DB **75**, 2138; ArbuR **75**, 343; SAE **76**, 261 (Otto); EzA § 102 BetrVG 1972 Nr. 15 (Meisel)
19. 8. 1975	AP Nr. 1 zu § 105 BetrVG 1972	BAG **27**, 218; BB **75**, 1483; DB **75**, 2231; ArbuR **75**, 343; SAE **76**, 257 (Otto); EzA § 102 BetrVG 1972 Nr. 16 (Meisel)
26. 8. 1975	AP Nr. 21 zu § 37 BetrVG 1972	DB **75**, 2450; EzA § 37 BetrVG 1972 Nr. 44
27. 8. 1975	AP Nr. 2 zu § 112 BetrVG 1972 (Natzel)	DB **75**, 2188; EzA § 4 TVG Bergbau Nr. 4
2. 9. 1975	AP Nr. 22 zu § 76 BetrVG (Wiedemann/Strohn)	BAG **27**, 246; BB **75**, 1480; DB **75**, 2136; ArbuR **76**, 6 (Kittner), 30; EzA § 76 BetrVG Nr. 9 (Herschel)
9. 9. 1975	AP Nr. 2 zu § 87 BetrVG 1972 Überwachung (1. Hinz, 2. Wiese)	BAG **27**, 256; BB **75**, 1480; DB **75**, 2233; NJW **76**, 261; ArbuR **76**, 91 (Nickel); SAE **76**, 189 (Peterek); RdA **75**, 386; EzA § 87 BetrVG 1972 Kontrolleinrichtung Nr. 2
18. 9. 1975	AP Nr. 6 zu § 102 BetrVG 1972	BAG **27**, 273; BB **76**, 227; DB **76**, 344; SAE **76**, 141 (Glaubitz); EzA § 102 BetrVG 1972 Nr. 17 (Schlüter)
18. 9. 1975	AP Nr. 10 zu § 626 BGB Druckkündigung (Hölters)	BAG **27**, 263; DB **76**, 634; EzA § 626 BGB Druckkündigung Nr. 1
23. 9. 1975	AP Nr. 1 zu § 50 BetrVG 1972 (Löwisch/Mikosch)	BB **76**, 314; DB **76**, 56; ArbuR **75**, 345; **76**, 188 (Mathes); SAE **76**, 97 (Galperin); EzA § 50 BetrVG 1972 Nr. 1 (Kittner)
24. 9. 1975	AP Nr. 11 zu § 4 TVG Tarifkonkurrenz (Wiedemann)	SAE **77**, 56 (Konzen); EzA § 4 TVG Tarifkonkurrenz Nr. 1
3. 10. 1975 5 AZR 162/74	AP Nr. 15 zu § 611 BGB Abhängigkeit (Beuthien/Wehler)	DB **76**, 393; EzA § 611 BGB Arbeitnehmerbegriff Nr. 1

Datum	Fundstelle AP	Weitere Fundstellen
3. 10. 1975 5 AZR 427/74	AP Nr. 16 zu § 611 BGB Abhängigkeit (Beuthin/Wehler)	BB **76**, 184; DB **76**, 299; EzA § 611 BGB Arbeitnehmerbegriff Nr. 2
3. 10. 1975 5 AZR 445/74	AP Nr. 17 zu § 611 BGB Abhängigkeit (Beuthin/Wehler)	DB **76**, 392; SAE **77**, 118 (Schnorr v. Carolsfeld); EzA § 611 BGB Arbeitnehmerbegriff Nr. 3
3. 10. 1975 5 AZR 430/74	AP Nr. 18 zu § 611 BGB Abhängigkeit (Beuthin/Wehler)	DB **76**, 298; EzA § 611 BGB Abhängigkeit Nr. 4 (Lieb)
29. 10. 1975	AP Nr. 2 zu § 613a BGB	BAG **27**, 291; BB **76**, 315; DB **76**, 391; NJW **76**, 535; SAE **76**, 196 (Roemheld)
31. 10. 1975	AP Nr. 2 zu § 106 BetrVG 1972 (Hinz)	DB **76**, 295; ArbuR **75**, 375; EzA § 106 BetrVG 1972 Nr. 2
31. 10. 1975	AP Nr. 3 zu § 118 BetrVG 1972 (Mayer-Maly)	BAG **27**, 301; BB **76**, 136; DB **76**, 151; ArbuR **75**, 375; SAE **75**, 169 (Löwisch); EzA § 118 BetrVG 1972 Nr. 5
7. 11. 1975	AP Nr. 23 zu § 76 BetrVG (Wiedemann/Strohn)	DB **76**, 247; EzA § 76 BetrVG Nr. 10
7. 11. 1975	AP Nr. 3 zu § 99 BetrVG 1972 (Kraft/Geppert)	BAG **27**, 322; BB **76**, 134; DB **76**, 152; ArbuR **76**, 24; SAE **77**, 35 (Meisel); EzA § 118 BetrVG 1972 Nr. 7 (Dütz)
7. 11. 1975	AP Nr. 4 zu § 118 BetrVG 1972 (Mayer-Maly)	BB **76**, 416; DB **76**, 585; NJW **76**, 727; ArbuR **76**, 24; SAE **77**, 81 (Buchner); EzA § 118 BetrVG 1972 Nr. 9 (Dütz)
7. 11. 1975	AP Nr. 1 zu § 130 BetrVG 1972 (Mayer-Maly)	BAG **27**, 316; BB **76**, 270; DB **76**, 248; SAE **77**, 33 (Meisel); EzA § 118 BetrVG 1972 Nr. 8 (Dütz)
7. 11. 1975	AP Nr. 30 zu § 615 BGB Betriebsrisiko (Seiter)	BAG **27**, 311; BB **76**, 511; DB **76**, 776; NJW **76**, 990; SAE **76**, 249 (Löwisch); EzA § 615 BGB Betriebsrisiko Nr. 4
13. 11. 1975	AP Nr. 7 zu § 102 BetrVG 1972	BAG **27**, 331; BB **76**, 694; DB **76**, 969; NJW **76**, 1766; SAE **77**, 207 (Kreutz/Geppert); EzA § 102 BetrVG 1972 Nr. 20
14. 11. 1975	AP Nr. 1 zu § 18 BetrVG 1972	BB **76**, 270; DB **76**, 300; EzA § 16 BetrVG 1972 Nr. 4
14. 11. 1975	AP Nr. 5 zu § 118 BetrVG 1972 (Mayer-Maly)	BB **76**, 183; DB **76**, 297; SAE **76**, 172 (Löwisch); EzA § 118 BetrVG 1972 Nr. 6
21. 11. 1975	AP Nr. 6 zu § 118 BetrVG 1972 (1. Küchenhoff, 2. Richardi)	BB **76**, 249; NJW **76**, 1165; ArbuR **76**, 26; EzA § 118 BetrVG 1972 Nr. 11
5. 12. 1975	AP Nr. 1 zu § 47 BetrVG 1972 (Wiedemann/Strohn)	BAG **27**, 359; BB **76**, 414; DB **76**, 588; NJW **76**, 870; SAE **77**, 137 (Leipold); EzA § 47 BetrVG 1972 Nr. 1
5. 12. 1975	AP Nr. 1 zu § 87 BetrVG 1972 Betriebsbuße (Konzen)	BAG **27**, 366; BB **76**, 415; DB **76**, 583; NJW **76**, 909; ArbuR **76**, 54; SAE **77**, 88 (Meisel); EzA § 87 BetrVG 1972 Betriebl. Ordnung Nr. 1 (Wiese)
9. 12. 1975	AP Nr. 11 zu § 5 BetrVG 1972	BAG **27**, 374; DB **76**, 631; SAE **77**, 73 (Hueck, G.); EzA § 5 BetrVG 1972 Nr. 22 (Kraft)

Datum	Fundstelle AP	Weitere Fundstellen
9. 12. 1975	AP Nr. 1 zu § 78a BetrVG 1972 (Hueck, G.)	DB **76**, 442; EzA § 78a BetrVG 1972 Nr. 2
9. 12. 1975	AP Nr. 7 zu § 118 BetrVG 1972 (Löwisch)	DB **76**, 584; ArbuR **76**, 54; SAE **77**, 84 (Buchner); EzA § 118 BetrVG 1972 Nr. 10 (Schulin)
11. 12. 1975	AP Nr. 1 zu § 15 KSchG 1969	DB **76**, 679; EzA § 15 KSchG n. F. Nr. 6

1976

Datum	Fundstelle AP	Weitere Fundstellen
16. 1. 1976	AP Nr. 7 zu § 130 BGB	DB **76**, 1018; EzA § 130 BGB Nr. 5 (Herschel)
20. 1. 1976	AP Nr. 2 zu § 47 BetrVG 1972	BB **76**, 510; DB **76**, 828; EzA § 171 ZPO Nr. 1
20. 1. 1976	AP Nr. 10 zu § 89 ArbGG 1953 (Fenn)	DB **76**, 729; NJW **76**, 727; EzA § 89 ArbGG Nr. 4
3. 2. 1976	AP Nr. 2 zu § 78a BetrVG 1972 (Hueck, G.)	BAG **28**, 8; BB **76**, 512; DB **76**, 777, 1285; NJW **76**, 1230; ArbuR **76**, 151, 252 (Grunsky); SAE **77**, 109 (Thiele); EzA § 78a BetrVG 1972 Nr. 3
3. 2. 1976	AP Nr. 8 zu § 118 BetrVG 1972 (Dütz)	BAG **28**, 4; BB **76**, 509; DB **76**, 823; ArbuR **76**, 119; SAE **76**, 201 (Galperin); EzA § 118 BetrVG 1972 Nr. 12
10. 2. 1976	AP Nr. 12 zu § 5 BetrVG 1972 (Rasch)	BB **76**, 839; DB **76**, 1238; SAE **78**, 7 (Beuthin/Wehler); EzA § 5 BetrVG 1972 Nr. 24
10. 2. 1976	AP Nr. 4 zu § 99 BetrVG 1972 (Kraft)	BB **76**, 510; DB **76**, 778; SAE **77**, 15 (Glaubitz)
24. 2. 1976	AP Nr. 2 zu § 4 BetrVG 1972	BB **76**, 1075; DB **76**, 1579; SAE **77**, 52 (Fabricius/Decker); EzA § 4 BetrVG 1972 Nr. 1
4. 3. 1976	AP Nr. 5 zu § 103 BetrVG 1972	DB **76**, 1160; NJW **76**, 1368; EzA § 103 BetrVG 1972 Nr. 11
4. 3. 1976	AP Nr. 1 zu § 15 KSchG 1969 Wahlbewerber (Hueck, G.)	BAG **28**, 30; BB **76**, 1128; DB **76**, 1335; NJW **76**, 1652; ArbuR **76**, 151; EzA § 15 KSchG n. F. Nr. 8
9. 3. 1976	AP Nr. 3 zu § 44 BetrVG 1972 (Meisel)	BB **76**, 977; DB **76**, 1291; SAE **78**, 73; EzA § 44 BetrVG 1972 Nr. 4
10. 3. 1976	AP Nr. 17 zu § 618 BGB (Herschel)	SAE **77**, 12 (Sieg); EzA § 618 BGB Nr. 2
11. 3. 1976	AP Nr. 1 zu § 95 BetrVG 1972 (Hueck, G.)	BAG **28**, 40; BB **76**, 883; DB **76**, 1387; NJW **76**, 1470; SAE **77**, 145 (Peterek); RdA **76**, 270; EzA § 95 BetrVG 1972 Nr. 1 (Gamillscheg)
11. 3. 1976	AP Nr. 11 zu § 242 BGB Ruhegehalt – Unverfallbarkeit (Canaris)	BB **76**, 841; DB **76**, 1236; EzA § 242 BGB Ruhegeld Nr. 51
16. 3. 1976	AP Nr. 22 zu § 37 BetrVG 1972	BB **76**, 509; EzA § 37 BetrVG 1972 Nr. 46

Datum	Fundstelle AP	Weitere Fundstellen
18. 3. 1976	AP Nr. 4 zu § 87 BetrVG 1972 Altersversorgung (Hanau)	BB **76**, 1175; DB **76**, 1631; EzA § 87 BetrVG 1972 Lohn- und Arbeitsentgelt Nr. 5 (Weiss)
23. 3. 1976	AP Nr. 14 zu § 5 BetrVG 1972	EzA § 5 BetrVG 1972 Nr. 25
23. 3. 1976	AP Nr. 3 zu § 78a BetrVG 1972 (Hueck, G.)	–
25. 3. 1976	AP Nr. 13 zu § 5 BetrVG 1972	BB **76**, 743; DB **76**, 1064; EzA § 5 BetrVG 1972 Nr. 23
25. 3. 1976	AP Nr. 6 zu § 103 BetrVG 1972	BAG **28**, 54; BB **76**, 932; DB **76**, 1337; NJW **76**, 2180; EzA § 103 BetrVG 1972 Nr. 12
1. 4. 1976	AP Nr. 8 zu § 102 BetrVG 1972	BAG **28**, 81; BB **76**, 884; DB **76**, 1241; NJW **76**, 1470; EzA § 102 BetrVG 1972 Nr. 23
2. 4. 1976	AP Nr. 9 zu § 102 BetrVG 1972	BB **76**, 1127; DB **76**, 1063; NJW **76**, 1519; SAE **77**, 210 (Kreutz/Geppert); EzA § 102 BetrVG 1972 Nr. 21 (Buchner)
6. 4. 1976	AP Nr. 7 zu § 83 ArbGG 1953	DB **76**, 1384; EzA § 83 ArbGG Nr. 21
6. 4. 1976	AP Nr. 23 zu § 37 BetrVG 1972	BAG **28**, 95; SAE **77**, 48 (Bohn); EzA § 37 BetrVG 1972 Nr. 48
6. 4. 1976	AP Nr. 2 zu § 50 BetrVG 1972 (Löwisch/Mikosch)	BB **76**, 791; DB **76**, 1290; SAE **77**, 41 (Körnig); EzA § 50 BetrVG 1972 Nr. 2
27. 4. 1976	AP Nr. 4 zu § 19 BetrVG 1972	NJW **76**, 2229; EzA § 19 BetrVG 1972 Nr. 8
11. 5. 1976 1 ABR 15/75	AP Nr. 2 zu § 76 BetrVG 1972 (Dütz)	BAG **28**, 103; NJW **76**, 2039; SAE **78**, 132 (Wiese); EzA § 78 BetrVG 1972 Nr. 5
11. 5. 1976 1 ABR 37/75	AP Nr. 3 zu § 76 BetrVG 1972 (Dütz)	BB **76**, 1222; DB **76**, 1772; EzA § 76 BetrVG 1972 Nr. 8
28. 5. 1976	AP Nr. 24 zu § 37 BetrVG 1972	SAE **77**, 105 (Schlüter); EzA § 37 BetrVG 1972 Nr. 49 (Otto)
28. 5. 1976	AP Nr. 11 zu § 40 BetrVG 1972	BAG **28**, 126; BB **76**, 1027; DB **76**, 1628; EzA § 40 BetrVG 1972 Nr. 27
1. 6. 1976	AP Nr. 15 zu § 5 BetrVG 1972	DB **76**, 1819; EzA § 5 BetrVG 1972 Nr. 26
1. 6. 1976	AP Nr. 1 zu § 28 BetrVG 1972 (Bulla)	EzA § 28 BetrVG 1972 Nr. 3 (Herschel)
10. 6. 1976	AP Nr. 2 zu § 6 BBiG	DB **76**, 2216; NJW **77**, 74; EzA § 6 BBiG Nr. 2
15. 6. 1976	AP Nr. 12 zu § 40 BetrVG 1972	EzA § 37 BetrVG 1972 Nr. 50 (Otto)
15. 6. 1976	AP Nr. 9 zu § 80 BetrVG 1972	BB **76**, 1223; DB **76**, 1773; ArbuR **77**, 125 (Schneider); EzA § 80 BetrVG 1972 Nr. 14
16. 6. 1976	AP Nr. 56 zu § 4 TVG Ausschlußfristen (Wiedemann)	BB **76**, 1464; DB **76**, 2261; NJW **77**, 74; EzA § 4 TVG Auschlußfristen Nr. 27

Datum	Fundstelle AP	Weitere Fundstellen
5. 7. 1976	AP Nr. 10 zu § 12 AZO (Schlüter)	BB **76**, 1223; **82**, 2053 (Linnenkohl); DB **76**, 1868; EzA § 12 AZO Nr. 2
12. 8. 1976	AP Nr. 10 zu § 102 BetrVG 1972 (Pfarr)	NJW **76**, 2366; SAE **78**, 77 (v. Maydell); RdA **76**, 398; EzA § 102 BetrVG 1972 Nr. 25 (Löwisch/Schreiner)
12. 8. 1976	AP Nr. 2 zu § 15 KSchG 1969 (Hueck, G.)	BAG **28**, 152; BB **76**, 1415; NJW **77**, 267; SAE **77**, 149 (Glaubitz); EzA § 15 KSchG n. F. Nr. 9
18. 8. 1976	AP Nr. 4 zu § 613a BGB (Mayer-Maly)	BB **77**, 95; DB **77**, 310; NJW **77**, 1168; SAE **78**, 52 (Hadding/Häuser); EzA § 613a BGB Nr. 7
19. 8. 1976	AP Nr. 4 zu § 611 BGB Beschäftigungspflicht (Birk)	BAG **28**, 168; BB **76**, 1561; DB **76**, 2308; NJW **77**, 215; SAE **78**, 66 (Mayer-Maly); EzA § 611 BGB Beschäftigungspflicht Nr. 1
24. 8. 1976	AP Nr. 2 zu § 95 ArbGG 1953	BB **76**, 1516; DB **76**, 2312; NJW **77**, 408; EzA § 37 BetrVG 1972 Nr. 51
14. 9. 1976	AP Nr. 2 zu § 113 BetrVG 1972 (Richardi)	BB **77**, 142; DB **77**, 309; NJW **77**, 727; SAE **77**, 282 (Otto); EzA § 113 BetrVG 1972 Nr. 2 (Schwerdtner)
23. 9. 1976	AP Nr. 1 zu § 1 KSchG 1969 Wartezeit (Hueck, G.)	BAG **28**, 176; BB **77**, 194; DB **77**, 213; NJW **77**, 1311; SAE **77**, 153 (Lepke); RdA **77**, 123; EzA § 1 KSchG n. F. Nr. 35
12. 10. 1976	AP Nr. 1 zu § 8 BetrVG 1972	BAG **28**, 203; BB **77**, 243; DB **77**, 356; NJW **77**, 647; SAE **78**, 1 (Dütz); EzA § 8 BetrVG 1972 Nr. 2
12. 10. 1976	AP Nr. 5 zu § 19 BetrVG 1972	BAG **28**, 212; BB **77**, 244; DB **77**, 212; SAE **77**, 141 (Bohn); EzA § 19 BetrVG 1972 Nr. 10
12. 10. 1976	AP Nr. 2 zu § 26 BetrVG 1972 (Richardi)	BAG **28**, 219; BB **77**, 245; DB **77**, 168; NJW **77**, 831; SAE **77**, 273 (Fabricius); EzA § 26 BetrVG 1972 Nr. 2
13. 10. 1976	AP Nr. 15 zu § 242 BGB Ruhegehalt – Unverfallbarkeit	BB **77**, 497; DB **77**, 681; SAE **77**, 70; EzA § 242 BGB Ruhegeld Nr. 58
11. 11. 1976	AP Nr. 8 zu § 103 BetrVG 1972 (Hueck, G.)	BAG **28**, 233; BB **77**, 895; DB **77**, 1190; NJW **78**, 72; ArbuR **77**, 318; SAE **78**, 96 (Grasmann); EzA § 103 BetrVG 1972 Nr. 17 (Kraft)
6. 12. 1976	AP Nr. 2 zu § 1 KSchG 1969 Wartezeit	BAG **28**, 252; BB **77**, 445; DB **77**, 587; NJW **77**, 1309; ArbuR **77**, 216; SAE **77**, 238 (Sieg); EzA § 1 KSchG n. F. Nr. 36
8. 12. 1976	AP Nr. 3 zu § 112 BetrVG 1972 (Wiedemann/Willemsen)	BB **77**, 495; DB **77**, 729; SAE **77**, 277 (Weitnauer); EzA § 112 BetrVG 1972 Nr. 11
15. 12. 1976	AP Nr. 95 zu §§ 22, 23 BAT (Crisolli)	BB **77**, 544; EzA §§ 22, 23 BAT VergGr. VIII Nr. 2
17. 12. 1976	AP Nr. 52 zu Art. 9 GG Arbeitskampf (Richardi)	BAG **28**, 302; BB **77**, 544; DB **77**, 728; NJW **77**, 918; ArbuR **77**, 58; SAE **77**, 185 (Herschel); EzA Art. 9 GG Arbeitskampf Nr. 20

Datum	Fundstelle AP	Weitere Fundstellen
		1977
13. 1. 1977	AP Nr. 2 zu § 19 AFG (Engels)	BAG **29**, 1; BB **77**, 596; DB **77**, 917; NJW **77**, 1023; SAE **78**, 257 (Hofmann); EzA § 19 AFG Nr. 2 (Herschel)
26. 1. 1977	AP Nr. 13 zu § 611 BGB Lehrer, Dozenten	DB **77**, 1323; SAE **77**, 136; EzA § 611 BGB Arbeitnehmerbegriff Nr. 8
26. 1. 1977	AP Nr. 5 zu § 613a BGB (Seiter)	BB **77**, 897; DB **77**, 1192; NJW **77**, 1470; ArbuR **77**, 88; SAE **77**, 296 (Roemhold); EzA § 613a BGB Nr. 11 (Birk/Deffner)
27. 1. 1977	AP Nr. 7 zu § 103 BetrVG 1972	BB **77**, 544; DB **77**, 869; SAE **77**, 104; EzA § 103 BetrVG 1972 Nr. 16
3. 2. 1977	AP Nr. 4 zu § 1 KSchG 1969 Betriebsbedingte Kündigung	BB **77**, 849; DB **77**, 1320; NJW **77**, 1846; EzA § 1 KSchG Betriebsbedingte Kündigung Nr. 7
8. 2. 1977	AP Nr. 16 zu § 5 BetrVG 1972	BB **77**, 945; DB **77**, 1146; SAE **78**, 284 (Buchner); EzA § 5 BetrVG 1972 Nr. 27
8. 2. 1977	AP Nr. 26 zu § 37 BetrVG 1972	BB **77**, 995; DB **77**, 1323; EzA § 37 BetrVG 1972 Nr. 52
8. 2. 1977	AP Nr. 10 zu § 80 BetrVG 1972	BB **77**, 647; DB **77**, 914; **78**, 395 (Eich); ArbuR **77**, 121; SAE **78**, 45 (Schlüter); EzA § 70 BetrVG 1972 Nr. 1
9. 2. 1977	AP Nr. 83 zu § 611 BGB Fürsorgepflicht (Crisolli)	NJW **78**, 124; EzA § 611 BGB Fürsorgepflicht Nr. 21
10. 2. 1977	AP Nr. 9 zu § 103 BetrVG 1972 (Moritz)	BAG **29**, 7; BB **77**, 945, 1150; DB **77**, 1273; NJW **77**, 1413; SAE **78**, 171 (Schnorr v. Carolsfeld); EzA § 103 BetrVG 1972 Nr. 18
8. 3. 1977	AP Nr. 1 zu § 43 BetrVG 1972	BB **77**, 648; DB **77**, 962; EzA § 43 BetrVG 1972 Nr. 1
8. 3. 1977	AP Nr. 1 zu § 87 BetrVG 1972 Auszahlung (Wiedemann/Moll)	BAG **29**, 40; BB **77**, 1199; DB **77**, 1464; ArbuR **77**, 153, 378; SAE **78**, 139 (Peterek); EzA § 87 BetrVG 1972 Lohn und Arbeitsentgelt Nr. 6 (Klinkhammer)
9. 3. 1977	AP Nr. 21 zu § 611 BGB Abhängigkeit (Beuthin/Wehler)	DB **77**, 2459; SAE **77**, 184; EzA § 611 BGB Arbeitnehmerbegriff Nr. 9
10. 3. 1977	AP Nr. 4 zu § 1 KSchG 1969 Krankheit	BAG **29**, 49; BB **77**, 1098; DB **77**, 1463; NJW **77**, 2132; SAE **78**, 22 (Schukai); EzA § 1 KSchG Krankheit Nr. 4 (Falkenberg)
10. 3. 1977	AP Nr. 9 zu § 313 ZPO (Grunsky)	BAG **29**, 57; BB **77**, 948; DB **77**, 1322; NJW **77**, 1504; SAE **78**, 108 (Schreiber); EzA § 322 ZPO Nr. 3
15. 3. 1977	AP Nr. 24 zu Art. 9 GG (Wiedemann)	BAG **29**, 72; BB **77**, 593; DB **77**, 772; ArbuR **77**, 153, 281 (Däubler); SAE **78**, 37 (Kraft); RdA **77**, 258; EzA § 2 TVG Nr. 12 (Dütz)
18. 3. 1977	AP Nr. 27 zu § 37	BAG **29**, 89; BB **77**, 995; DB **77**, 1148;

Datum	Fundstelle AP	Weitere Fundstellen
	BetrVG 1972	SAE **78**, 50 (Bohn); EzA § 37 BetrVG 1972 Nr. 53
24. 3. 1977	AP Nr. 12 zu § 102 BetrVG 1972 (Hueck, G.)	BB **77**, 1249; DB **77**, 1853; NJW **78**, 122; SAE **78**, 82 (Bohn); EzA § 102 BetrVG 1972 Nr. 28 (Kittner)
29. 3. 1977	AP Nr. 1 zu § 87 BetrVG 1972 Provision (Schulze-Osterloh)	BAG **29**, 103; BB **77**, 1046, 1415; DB **77**, 1145, 1650 (Bolten); NJW **77**, 1654; ArbuR **77**, 184, 363 (Klinkhammer); SAE **78**, 91 (Lieb); EzA § 87 BetrVG 1972 Leistungslohn Nr. 2 (Löwisch)
29. 3. 1977	AP Nr. 11 zu § 102 BetrVG 1972 (Hueck, G.)	BAG **29**, 114; BB **77**, 947; DB **77**, 1320; NJW **77**, 2182; SAE **78**, 87 (Thiele); EzA § 102 BetrVG 1972 Nr. 27
20. 4. 1977	AP Nr. 111 zu Art. 3 GG (Wiedemann-Willemsen)	BAG **29**, 122; BB **77**, 1098; DB **77**, 1751; NJW **77**, 1742; SAE **77**, 286 (Blomeyer); EzA Art. 3 GG Nr. 4
21. 4. 1977	AP Nr. 1 zu § 60 BAT (Spiertz)	BAG **29**, 133; BB **77**, 1399; DB **77**, 1801; SAE **78**, 19 (Sieg); EzA § 60 BAT Nr. 1
27. 4. 1977	AP Nr. 1 zu § 611 BGB Entwicklungshelfer (Herschel)	BB **77**, 1304; EzA § 611 BGB Arbeitnehmerbegriff Nr. 10
5. 5. 1977	AP Nr. 3 zu § 50 BetrVG 1972	BB **77**, 1199; DB **77**, 1610; EzA § 50 BetrVG 1972 Nr. 4
5. 5. 1977	AP Nr. 7 zu § 613a BGB	BB **77**, 1251; DB **77**, 1802; EzA § 613a BGB Nr. 13
17. 5. 1977	AP Nr. 28 zu § 37 BetrVG 1972	DB **77**, 1562; ArbuR **77**, 214; SAE **78**, 136 (Geppert); EzA § 37 BetrVG 1972 Nr. 54
18. 5. 1977	AP Nr. 175 zu § 242 BGB Ruhegehalt	BAG **29**, 169; BB **77**, 1353; DB **77**, 1655; NJW **77**, 1982; ArbuR **77**, 215; SAE **78**, 27 (Riedel); EzA § 242 BGB Ruhegeld Nr. 65
25. 5. 1977	AP Nr. 4 zu § 112 BetrVG 1972	BAG **29**, 188; DB **77**, 1606; NJW **77**, 1984; ArbuR **77**, 251; SAE **78**, 15 (Weitnauer); EzA § 112 BetrVG 1972 Nr. 13
26. 5. 1977 2 AZR 135/76	AP Nr. 13 zu § 102 BetrVG 1972 (Meisel)	BB **77**, 1351; DB **77**, 1852; SAE **77**, 232; EzA § 102 BetrVG 1972 Nr. 29 (Klinkhammer)
26. 5. 1977 2 AZR 201/76	AP Nr. 14 zu § 102 BetrVG 1972 (Stebut)	BB **78**, 96; DB **77**, 2455; NJW **78**, 603; SAE **78**, 163 (Meisel); EzA § 102 BetrVG 1972 Nr. 30 (Käppler)
26. 5. 1977	AP Nr. 5 zu § 611 BGB Beschäftigungspflicht (Weber)	BAG **29**, 195; BB **77**, 1504; DB **77**, 2099; **83**, 939 (Feichtinger); NJW **78**, 239; **79**, 86 (Grunsky); ArbuR **77**, 252; **78**, 155 (Körnig); **80**, 97 (Wenzel); SAE **78**, 242 (Reuter); EzA § 611 BGB Beschäftigungspflicht Nr. 2 (Dütz)
14. 6. 1977	AP Nr. 5 zu § 91 ArbGG 1953 (Leipold)	BAG **29**, 221; SAE **77**, 308 (Grunsky); EzA § 69 ArbGG Nr. 4
14. 6. 1977	AP Nr. 30 zu § 37 BetrVG 1972	–

Datum	Fundstelle AP	Weitere Fundstellen
13. 7. 1977	AP Nr. 8 zu § 83 ArbGG 1953	DB **78**, 168; SAE **78**, 225 (Misera); EzA § 83 ArbGG Nr. 24
13. 7. 1977	AP Nr. 2 zu § 87 BetrVG 1972 Kurzarbeit Löwisch)	BB **77**, 1702; DB **77**, 2235; SAE **79**, 145; EzA §87 BetrVG 1972 Arbeitzeit Nr. 3
19. 7. 1977 1 AZR 376/74	AP Nr. 29 zu § 37 BetrVG 1972 (Schlüter)	BAG **29**, 242; BB **77**, 1601; DB **77**, 2101; SAE **78**, 157 (Ehmann); EzA § 37 BetrVG 1972 Nr. 55
19. 7. 1977 1 AZR 302/74	AP Nr. 31 zu § 37 BetrVG 1972	DB **77**, 2458; ArbuR **77**, 279; EzA § 37 BetrVG 1972 Nr. 57
19. 7. 1977	AP Nr. 1 zu § 77 BetrVG 1972	–
20. 7. 1977	AP Nr. 1 zu § 720 RVO	BB **77**, 1604; DB **77**, 2333
21. 7. 1977	AP Nr. 8 zu § 613a BGB	BB **77**, 1549; **78**, 155 (Kaestel); DB **77**, 2146; EzA § 613a BGB Nr. 14
16. 8. 1977	AP Nr. 1 zu § 23 SchwbG	DB **77**, 2287; ArbuR **78**, 153; SAE **77**, 312; EzA § 23 SchwbG Nr. 3
18. 8. 1977	AP Nr. 10 zu § 103 BetrVG 1972 (Hueck, G.)	BAG **29**, 270; BB **78**, 43; DB **78**, 109, 586 (Eich); NJW **78**, 661; SAE **79**, 194 (Richardi); EzA § 103 BetrVG 1972 Nr. 20 (Herschel)
13. 9. 1977	AP Nr. 1 zu § 42 BetrVG 1972	BAG **29**, 281; DB **77**, 2452; ArbuR **77**, 344; **78**, 220 (Zachert); SAE **78**, 126 (Weitnauer); EzA § 45 BetrVG 1972 Nr. 1 (Hanau)
21. 9. 1977	AP Nr. 3 zu § 19 MTB II	EzA § 19 MTB II Nr. 2
4. 10. 1977	AP Nr. 2 zu § 18 BetrVG 1972	BB **78**, 254; DB **78**, 449; ArbuR **77**, 376; EzA § 8 BetrVG 1972 Nr. 3
13. 10. 1977	AP Nr. 1 zu § 1 KSchG 1969 Verhaltensbedingte Kündigung (Pfarr)	BB **78**, 660; DB **78**, 641; NJW **78**, 1872; EzA § 74 BetrVG 1972 Nr. 3 (Löwisch)
25. 10. 1977	AP Nr. 1 § 87 BetrVG 1972 Arbeitszeit (Wiedemann/Moll)	BB **78**, 610; DB **78**, 403; ArbuR **77**, 377; SAE **78**, 161 (Bohn); EzA § 615 BGB Nr. 4
3. 11. 1977	AP Nr. 1 zu § 75 BPersVG	DB **78**, 1135; SAE **79**, 201 (Dütz)
7. 11. 1977	AP Nr. 1 zu § 100 BetrVG 1972 (Richardi)	BAG **29**, 345; DB **78**, 447; NJW **78**, 848; ArbuR **78**, 55; SAE **78**, 228 (Koller); EzA § 100 BetrVG 1972 Nr. 1
9. 11. 1977	AP Nr. 13 zu Internat. Privatrecht, Arbeitsrecht (Beitzke)	BB **78**, 403; DB **78**, 451; NJW **78**, 1124; SAE **78**, 236 (Birk); EzA § 102 BetrVG 1972 Nr. 31
9. 11. 1977	AP Nr. 3 zu § 15 KSchG 1969 (Hueck, G.)	BB **78**, 359; DB **78**, 495; NJW **78**, 909; ArbuR **78**, 56; SAE **80**, 263 (Nickel/Kuznik); EzA § 15 KSchG n. F. Nr. 13
10. 11. 1977	AP Nr. 8 zu § 242 BGB Ruhegehalt-Unterstützungskassen (Kraft)	BB **78**, 762; DB **78**, 939; SAE **79**, 288 (Schnorr v. Carolsfeld); EzA § 242 BGB Ruhegeld Nr. 69
17. 11. 1977	AP Nr. 10 zu § 613a BGB (Birk)	BB **78**, 812; DB **78**, 1083; NJW **78**, 1653; SAE **78**, 114; EzA § 613a BGB Nr. 17

Datum	Fundstelle AP	Weitere Fundstellen
17. 11. 1977	AP Nr. 8 zu § 9 BUrlG (Trieschmann)	BB **78**, 360; DB **78**, 499; ArbuR **79**, 30 (Frey); SAE **78**, 75; EzA § 9 BUrlG Nr. 9
24. 11. 1977	AP Nr. 177 zu § 242 BGB Ruhegehalt (Weitnauer)	BAG **29**, 379; BB **78**, 450; DB **78**, 545; NJW **78**, 1069; EzA § 242 BGB Ruhegeld Nr. 67
28. 11. 1977	AP Nr. 2 zu § 8 BetrVG 1972	BAG **29**, 398; BB **78**, 255; DB **78**, 450; SAE **79**, 10; EzA § 8 BetrVG 1972 Nr. 4
28. 11. 1977	AP Nr. 6 zu § 19 BetrVG 1972	BAG **29**, 392; DB **78**, 643; SAE **78**, 153 (Fabricius/Decker); EzA § 19 BetrVG 1972 Nr. 14
1. 12. 1977	AP Nr. 11 zu § 103 BetrVG 1972	DB **78**, 355; SAE **78**, 291 (Bulla); EzA § 103 BetrVG 1972 Nr. 21
6. 12. 1977	AP Nr. 10 zu § 118 BetrVG 1972	BAG **29**, 405; DB **78**, 943; SAE **78**, 207 (Küchenhoff); EzA § 118 BetrVG 1972 Nr. 16 (Rüthers/Klosterkemper)
15. 12. 1977	AP Nr. 69 zu § 626 BGB (Anm. der Schriftleitung)	DB **78**, 1038; NJW **78**, 1874; ArbuR **78**, 56; SAE **78**, 274 (Leipold); EzA § 626 n. F. BGB Nr. 61

1978

Datum	Fundstelle AP	Weitere Fundstellen
11. 1. 1978	AP Nr. 7 zu § 2 LohnFG (Trieschmann)	BB **78**, 502; DB **78**, 942; SAE **78**, 253 (Peterek); EzA § 2 LohnFG Nr. 11
17. 1. 1978	AP Nr. 1 zu § 1 BetrVG 1972 (Wiese/Starck)	BAG **30**, 12; BB **78**, 962; DB **78**, 1133; SAE **79**, 15 (Fabricius/Decker); EzA § 1 BetrVG 1972 Nr. 1
25. 1. 1978	AP Nr. 10 zu § 611 BGB Croupier (Wiedemann)	EzA § 1 TVG Nr. 9
14. 2. 1978	AP Nr. 7 zu § 19 BetrVG 1972	BAG **30**, 114; DB **78**, 1451; SAE **80**, 72 (Kreutz); EzA § 19 BetrVG 1972 Nr. 16
14. 2. 1978	AP Nr. 26 zu Art. 9 GG (Frank)	BAG **30**, 122; BB **78**, 710; DB **78**, 892; NJW **79**, 1844; ArbuR **79**, 39 (Säcker), 62; SAE **80**, 108 (Schwerdtner); EzA Art. 9 GG Nr. 25 (Rüthers/Klosterkemper)
14. 2. 1978 1 AZR 54/76	AP Nr. 57 zu Art. 9 GG Arbeitskampf (Konzen)	BAG **30**, 43; BB **78**, 913; DB **78**, 1231; NJW **78**, 2054; ArbuR **78**, 120; SAE **80**, 152 (Seiter); EzA § 15 KSchG n. F. Nr. 19 (Herschel)
14. 2. 1978 1 AZR 76/76	AP Nr. 58 zu Art. 9 GG Arbeitskampf (Konzen)	BAG **30**, 50; BB **78**, 1115; DB **78**, 1403; NJW **79**, 236; ArbuR **78**, 120; SAE **80**, 139 (Seiter); EzA Art. 9 GG Arbeitskampf Nr. 22 (Herschel)
14. 2. 1978 1 AZR 103/76	AP Nr. 59 zu Art. 9 GG Arbeitskampf (Konzen)	BAG **30**, 68; BB **78**, 1115; DB **78**, 1403; NJW **79**, 239; SAE **80**, 145 (Seiter); EzA Art. 9 GG Arbeitskampf Nr. 24
14. 2. 1978 1 AZR 154/76	AP Nr. 60 zu Art. 9 GG Arbeitskampf	BAG **30**, 86; DB **78**, 1501; NJW **79**, 233; ArbuR **78**, 120; SAE **80**, 129 (Seiter);

Datum	Fundstelle AP	Weitere Fundstellen
	(Konzen)	EzA § 102 BetrVG 1972 Nr. 33 (Herschel)
21. 2. 1978	AP Nr. 1 zu § 74 BetrVG 1972 (Löwisch)	BB **78**, 1116; DB **78**, 1547; ArbuR **78**, 120; SAE **79**, 59 (Bohn); EzA § 74 BetrVG 1972 Nr. 4
22. 2. 1978	AP Nr. 84 zu § 611 BGB Fürsorgepflicht	BB **78**, 1167; DB **78**, 1548; SAE **78**, 269 (Sieg); EzA § 611 BGB Fürsorgepflicht Nr. 23 (Buchner)
22. 2. 1978	AP Nr. 11 zu § 613a BGB (Küchenhoff)	BB **78**, 914; DB **78**, 1453; SAE **79**, 84 (Hadding); EzA § 613a BGB Nr. 18
22. 2. 1978	AP Nr. 3 zu § 17 BAT	DB **78**, 1284; EzA § 17 BAT Nr. 2
14. 3. 1978	AP Nr. 30 zu § 2 TVG (Wiedemann)	BB **78**, 1213; DB **78**, 1279
15. 3. 1978	AP Nr. 26 zu § 611 BGB Abhängigkeit	BAG **30**, 163; BB **78**, 760; DB **78**, 1035; RdA **78**, 266; EzA § 611 BGB Arbeitnehmerbegriff Nr. 17
15. 3. 1978	AP Nr. 45 zu § 620 BGB Befristeter Arbeitsvertrag	BB **78**, 1265; DB **78**, 1744; NJW **78**, 2319; EzA § 620 BGB Nr. 34 (Bunge)
16. 3. 1978	AP Nr. 15 zu § 102 BetrVG 1972 (Meisel)	BAG **30**, 176; BB **79**, 371; DB **78**, 1454; NJW **79**, 76; SAE **79**, 4 (Heckmann); EzA § 102 BetrVG 1972 Nr. 32
21. 3. 1978	AP Nr. 62 zu Art. 9 GG Arbeitskampf (Seiter)	BAG **30**, 189; BB **78**, 1466; DB **78**, 1647; NJW **78**, 2114; ArbuR **78**, 184; SAE **79**, 77 (Weitnauer); EzA Art. 9 GG Arbeitskampf Nr. 25 (Weiss)
5. 4. 1978	AP Nr. 2 zu § 1 TVG Tarifverträge: Banken (Pleyer)	DB **78**, 1937; EzA § 4 TVG Bankgewerbe Nr. 1
11. 4. 1978	AP Nr. 8 zu § 19 BetrVG 1972	BB **78**, 1467; DB **78**, 1452; ArbuR **78**, 185; EzA § 19 BetrVG 1972 Nr. 17
25. 4. 1978	AP Nr. 33 zu § 37 BetrVG 1972	BB **78**, 1263; DB **78**, 1976; EzA § 37 BetrVG 1972 Nr. 59 (Kittner)
25. 4. 1978	AP Nr. 11 zu § 80 BetrVG 1972	DB **78**, 1747; EzA § 80 BetrVG 1972 Nr. 15 (Blomeyer)
25. 4. 1978	AP Nr. 2 zu Art. 140 GG (Mayer-Maly)	BAG **30**, 247; BB **78**, 1779; DB **78**, 2175; NJW **78**, 2116; EzA § 1 KSchG Tendenzbetrieb Nr. 4 (Dütz)
25. 4. 1978	AP Nr. 16 zu Internat. Privatrecht, Arbeitsrecht (Simitis)	BAG **30**, 266; DB **78**, 1840; SAE **79**, 221 (Lorenz); EzA § 8 BetrVG 1972 Nr. 6
17. 5. 1978	AP Nr. 42 zu § 242 BGB Gleichbehandlung	BB **78**, 1521; DB **78**, 1887; NJW **79**, 181; SAE **79**, 50 (Sieg); EzA § 242 BGB Gleichbehandlung Nr. 14 (Herschel)
17. 5. 1978	AP Nr. 28 zu § 611 BGB Abhängigkeit	BB **78**, 1778; EzA § 611 BGB Arbeitnehmerbegriff Nr. 18
19. 5. 1978	AP Nr. 3 zu § 43 BetrVG 1972	BB **78**, 1519; DB **78**, 2032; ArbuR **78**, 216; EzA § 46 BetrVG 1972 Nr. 2
19. 5. 1978	AP Nr. 1 zu § 88 BetrVG 1972 (Löwisch/Hetzel)	BAG **30**, 298; BB **78**, 1518; DB **78**, 2225; SAE **80**, 30 (Gamp); EzA § 77 BetrVG 1972 Nr. 6

Datum	Fundstelle AP	Weitere Fundstellen
30. 5. 1978	AP Nr. 4 zu § 15 KSchG 1969 (Hueck, G.)	BAG **30**, 320; BB **79**, 323; DB **79**, 359; NJW **80**, 80; SAE **79**, 235 (Thiele); EzA § 102 BetrVG 1972 Nr. 34
6. 6. 1978	AP Nr. 6 zu § 99 BetrVG 1972 (Löwisch)	DB **78**, 1841; ArbuR **78**, 252; SAE **79**, 1 (Herschel); EzA § 99 BetrVG 1972 Nr. 19
6. 6. 1978	AP Nr. 2 zu § 111 BetrVG 1972 (Ehmann)	DB **78**, 1650; EzA § 111 BetrVG 1972 Nr. 5 (Kittner)
20. 6. 1978	AP Nr. 8 zu § 99 BetrVG 1972	BB **79**, 422; DB **78**, 2033; EzA § 99 BetrVG 1972 Nr. 20 (Löwisch/Schiff)
20. 6. 1978	AP Nr. 3 zu § 113 BetrVG 1972	BAG **30**, 347; BB **79**, 44; DB **78**, 2034; NJW **79**, 126; EzA § 4 TVG Ausschlußfristen Nr. 34
4. 7. 1978	AP Nr. 1 zu § 538 ZPO (Grunsky)	BAG **30**, 360; BB **79**, 46; DB **78**, 1892; SAE **79**, 72 (Wittmann); EzA § 68 ArbGG Nr. 1
5. 7. 1978	AP Nr. 2 zu § 75 BPersVG (Richardi)	BAG **30**, 366
13. 7. 1978	AP Nr. 5 zu § 87 BetrVG 1972 Altersversorgung (Hanau)	BAG **31**, 11; BB **78**, 1617; DB **78**, 2189; NJW **79**, 2534; SAE **79**, 230 (Meisel); EzA § 87 BetrVG 1972 Sozialeinrichtung Nr. 9
13. 7. 1978 2 AZR 717/76	AP Nr. 17 zu § 102 BetrVG 1972 (Hueck, G.)	BAG **30**, 386; BB **79**, 322; DB **79**, 314; NJW **79**, 1677; SAE **79**, 206 (v. Hoyningen-Huene); EzA § 102 BetrVG 1972 Nr. 35 (Meisel)
13. 7. 1978 2 AZR 798/77	AP Nr. 18 zu § 102 BetrVG 1972 (Hueck, G.)	BAG **31**, 1; BB **79**, 323; DB **79**, 313; NJW **79**, 1675; SAE **79**, 210 (v. Hoyningen-Huene); EzA § 102 BetrVG 1972 Nr. 36 (Otto)
18. 7. 1978	AP Nr. 4 zu § 87 BetrVG 1972 Werkmietwohnungen	BB **78**, 1668; DB **78**, 2419; SAE **79**, 151; EzA § 87 BetrVG 1972 Werkwohnung Nr. 6
18. 7. 1978 1 ABR 8/75	AP Nr. 7 zu § 99 BetrVG 1972	BB **81**, 501 (Pauly); DB **78**, 2320; SAE **79**, 269 (Buchner); EzA § 99 BetrVG 1972 Nr. 22 (Peterek)
18. 7. 1978 1 ABR 79/75	AP Nr. 9 zu § 99 BetrVG 1972 (Kraft)	BAG **31**, 20; BB **78**, 1718 (Gumpert); DB **78**, 2319; ArbuR **78**, 278; SAE **79**, 276 (Schlüter/Belling); EzA § 99 BetrVG 1972 Nr. 21
18. 7. 1978	AP Nr. 1 zu § 101 BetrVG 1972 (Meisel)	BB **80**, 157, 522 (Becker); DB **78**, 2322; NJW **79**, 671; SAE **80**, 98 (Misera); EzA § 99 BetrVG 1972 Nr. 23 (Ehmann)
18. 7. 1978	AP Nr. 1 zu § 108 BetrVG 1972 (Boldt)	BB **78**, 1777; DB **78**, 2223; ArbuR **80**, 21, 30 (Herschel); EzA § 108 BetrVG 1972 Nr. 3 (Richardi)
19. 7. 1978	AP Nr. 8 zu §§ 22, 23 BAT 1975 (Zängl)	BAG **31**, 26; EzA §§ 22, 23 BAT Nr. 18
21. 7. 1978	AP Nr. 4 zu § 38 BetrVG 1972	BB **79**, 782; DB **78**, 2371; EzA § 37 BetrVG 1972 Nr. 60

Datum	Fundstelle AP	Weitere Fundstellen
15. 8. 1978	AP Nr. 1 zu § 23 BetrVG 1972	BB **79**, 522; DB **78**, 2275; EzA § 23 BetrVG 1972 Nr. 7
15. 8. 1978	AP Nr. 3 zu § 47 BetrVG 1972 (Löwisch/Hetzel)	BAG **31**, 58; BB **79**, 987; DB **78**, 2224; **81**, 214 (Gaul); SAE **79**, 159; EzA § 47 BetrVG 1972 Nr. 2
31. 8. 1978	AP Nr. 1 zu § 1 BetrAVG Gleichberechtigung (Beitzke)	BAG **31**, 67; BB **79**, 890; DB **79**, 553; NJW **79**, 2223; SAE **79**, 252 (Pestalozza); EzA Art. 3 GG Nr. 6
31. 8. 1978	AP Nr. 1 zu § 102 BetrVG 1972 Weiterbeschäftigung (Grunsky)	BB **79**, 523; DB **79**, 652; SAE **79**, 189 (Weber); EzA § 102 BetrVG 1972 Beschäftigungspflicht Nr. 7
26. 9. 1978	AP Nr. 1 zu § 114 BetrVG 1972 (Fettback)	BAG **31**, 77; BB **80**, 367; DB **79**, 1140; NJW **79**, 1791; EzA § 114 BetrVG 1972 Nr. 2
28. 9. 1978	AP Nr. 19 zu § 102 BetrVG 1972	BAG **31**, 83; BB **79**, 1094; DB **79**, 1135, 1136; NJW **79**, 2421; SAE **80**, 36 (Schreiber); EzA § 102 BetrVG 1972 Nr. 39
3. 10. 1978	AP Nr. 12 zu § 89 ArbGG 1953	EzA § 89 ArbGG Nr. 8
3. 10. 1978	AP Nr. 18 zu § 5 BetrVG 1972	DB **79**, 1186; EzA § 5 BetrVG 1972 Nr. 33
3. 10. 1978	AP Nr. 14 zu § 40 BetrVG 1972 (Grunsky)	BAG **31**, 93; BB **79**, 163; DB **79**, 107; NJW **80**, 1486; ArbuR **79**, 156 (Däubler); SAE **79**, 216 (Hanau); EzA § 40 BetrVG 1972 Nr. 37
6. 10. 1978	AP Nr. 10 zu § 99 BetrVG 1972	BB **79**, 373; DB **79**, 311; SAE **79**, 154; EzA § 99 BetrVG 1972 Nr. 24
6. 10. 1978	AP Nr. 2 zu § 101 BetrVG 1972 (Dütz)	DB **79**, 408
27. 10. 1978	AP Nr. 19 zu § 5 BetrVG 1972 (Gaul)	DB **79**, 700; EzA § 5 BetrVG 1972 Nr. 32
8. 11. 1978	AP Nr. 2 zu § 1 AÜG (Weber, H. J.)	BAG **31**, 135; BB **80**, 1326; DB **79**, 851; NJW **79**, 2636; EzA § 10 AÜG Nr. 1
14. 11. 1978	AP Nr. 39 zu § 242 BGB Verwirkung	BB **79**, 577; DB **79**, 800; EzA § 40 BetrVG 1972 Nr. 38
14. 11. 1978	AP Nr. 6 zu § 59 KO (Uhlenbruck)	BB **79**, 522; DB **79**, 849; EzA § 40 BetrVG 1972 Nr. 39
15. 11. 1978	AP Nr. 14 zu § 613 a BGB (Willemsen)	BB **79**, 735; DB **79**, 702; NJW **79**, 2634; EzA § 613a BGB Nr. 21
16. 11. 1978	AP Nr. 5 zu § 611 BGB Gefährdungshaftung des Arbeitgebers	BAG **31**, 147; BB **79**, 783; DB **79**, 1091; NJW **79**, 1424; ArbuR **79**, 285 (Zilius); SAE **80**, 5 (Neumann-Duesberg); EzA § 670 BGB Nr. 12
21. 11. 1978 6 AZR 247/76	AP Nr. 34 zu § 37 BetrVG 1972 (Jülicher)	BB **79**, 627; DB **79**, 899; ArbuR **79**, 26; SAE **79**, 297 (Ottow); EzA § 37 BetrVG 1972 Nr. 63
21. 11. 1978 6 ABR 10/77	AP Nr. 35 zu § 37 BetrVG 1972	BB **79**, 422; DB **79**, 507; SAE **79**, 167; EzA § 37 BetrVG 1972 Nr. 62
21. 11. 1978	AP Nr. 15 zu § 40 BetrVG 1972 (Meisel)	BB **79**, 523; DB **79**, 751; SAE **79**, 164; EzA § 40 BetrVG 1972 Nr. 41 (Herschel)

Datum	Fundstelle AP	Weitere Fundstellen
21. 11. 1978	AP Nr. 4 zu § 50 BetrVG 1972 (Meisel)	BB **79**, 938; DB **79**, 703; EzA § 40 BetrVG 1972 Nr. 40
21. 11. 1978	AP Nr. 2 zu § 87 BetrVG 1972 Arbeitszeit (Wiedemann/Moll)	BB **79**, 576; DB **79**, 655; EzA § 87 BetrVG 1972 Arbeitszeit Nr. 7
21. 11. 1978	AP Nr. 3 zu § 101 BetrVG 1972 (Richardi)	BB **79**, 678; DB **79**, 749; SAE **80**, 101 (Misera); EzA § 101 BetrVG 1972 Nr. 3
28. 11. 1978	AP Nr. 2 zu § 42 BetrVG 1972	DB **79**, 1185; ArbuR **79**, 26; EzA § 42 BetrVG 1972 Nr. 2
29. 11. 1978	AP Nr. 7 zu § 112 BetrVG 1972	BB **79**, 474; DB **79**, 795; ArbuR **79**, 58; EzA § 112 BetrVG 1972 Nr. 16
29. 11. 1978	AP Nr. 18 zu § 611 BGB Bergbau (Boldt)	DB **79**, 995
29. 11. 1978	AP Nr. 12 zu § 4 TVG Tarifkonkurrenz (Wiedemann)	EzA § 4 TVG Tarifkonkurrenz Nr. 2
5. 12. 1978	AP Nr. 4 zu § 101 BetrVG 1972 (Kittner)	BB **79**, 1556; DB **79**, 1282; EzA § 101 BetrVG 1972 Nr. 4
7. 12. 1978	AP Nr. 6 zu § 1 KSchG 1969 Betriebsbedingte Kündigung (Reuter)	BAG **31**, 157; BB **80**, 1103; DB **79**, 650; NJW **79**, 1902; EzA § 1 KSchG Betriebsbedingte Kündigung Nr. 10 (Rancke)
8. 12. 1978	AP Nr. 28 zu Art. 9 GG (Konzen)	BAG **31**, 167; BB **79**, 1400; DB **79**, 1043; NJW **79**, 1847; ArbuR **79**, 58, 242 (Pfarr), 255; SAE **80**, 23 (Weitnauer); EzA Art. 9 GG Nr. 28 (Zöllner)
13. 12. 1978	AP Nr. 6 zu § 112 BetrVG 1972	BB **79**, 267, 282 (Lux); DB **79**, 261; NJW **79**, 774 (Heilmann); **80**, 145 (Heinze); SAE **79**, 105 (Sieg); RdA **79**, 193 (Richardi); EzA § 112 BetrVG 1972 Nr. 15 (Heß)
15. 12. 1978 6 ABR 64/77	AP Nr. 5 zu § 76 BetrVG 1972 (Gaul)	BB **79**, 1293; DB **79**, 1467; **83**, 1148 (Gaul); EzA § 76 BetrVG 1972 Nr. 21
15. 12. 1978 6 ABR 93/77	AP Nr. 6 zu § 76 BetrVG 1972 (Gaul)	BB **79**, 1242; DB **79**, 1800; **83**, 1148 (Gaul); SAE **79**, 265 (Herschel); EzA § 76 BetrVG 1972 Nr. 23 (Wohlgemuth)

1979

Datum	Fundstelle AP	Weitere Fundstellen
16. 1. 1979	AP Nr. 5 zu § 38 BetrVG 1972	BB **79**, 1772; DB **79**, 1516; EzA § 38 BetrVG 1972 Nr. 9
16. 1. 1979	AP Nr. 5 zu § 78a BetrVG 1972 (Schwedes)	BB **79**, 1037; **83**, 579 (Strieder); DB **79**, 1138; **81**, 889 (Schwedes); SAE **79**, 281 (Reuter); EzA § 78a BetrVG 1972 Nr. 5
17. 1. 1979	AP Nr. 5 zu § 15 KSchG 1969 (Hueck, G.)	BB **79**, 888; DB **79**, 1136; SAE **80**, 265 (Nickel/Kuznik); EzA § 15 KSchG n. F. Nr. 21 (Dütz)
18. 1. 1979	AP Nr. 3 zu § 1 KSchG 1969 Wartezeit (Hueck, G.)	BB **79**, 1505; DB **79**, 1754; EzA § 1 KSchG Nr. 39
23. 1. 1979	AP Nr. 4 zu § 113 BetrVG 1972 (Meisel)	BB **79**, 782; DB **79**, 1139; SAE **79**, 248 (Peterek); EzA § 113 BetrVG 1972 Nr. 9

Datum	Fundstelle AP	Weitere Fundstellen
24. 1. 1979	AP Nr. 2 zu § 28 BMT-G II (Herschel)	DB **79**, 1996
25. 1. 1979	AP Nr. 12 zu § 103 BetrVG 1972 (Grunsky)	BAG **31**, 253; BB **79**, 1242; DB **79**, 1704; ArbuR **80**, 56; EzA § 103 BetrVG 1972 Nr. 22
30. 1. 1979	AP Nr. 2 zu § 87 BetrVG 1972 Betriebsbuße (Pfarr)	BB **79**, 1451; DB **79**, 1511; SAE **79**, 242 (Gresmann); EzA § 87 BetrVG 1972 Betriebsbuße Nr. 3
30. 1. 1979	AP Nr. 11 zu § 118 BetrVG 1972 (Kraft)	BB **79**, 1555; DB **79**, 1609; ArbuR **80**, 59 (Ihlefeld); EzA § 118 BetrVG 1972 Nr. 20
31. 1. 1979	AP Nr. 8 zu § 112 BetrVG 1972	BAG **31**, 266; BB **79**, 833; DB **79**, 1039; NJW **79**, 1621; SAE **80**, 49 (Löwisch/Hetzel); EzA § 112 BetrVG 1972 Nr. 17
23. 2. 1979 1 AZR 540/77	AP Nr. 29 zu Art. 9 GG (Konzen)	DB **79**, 1185; ArbuR **79**, 90, 381; EzA Art. 9 GG Nr. 30 (Zöllner)
23. 2. 1979 1 AZR 172/78	AP Nr. 30 zu Art. 9 GG (Mayer-Maly)	BAG **31**, 318; BB **79**, 887; DB **79**, 1089; ArbuR **79**, 90, 358, 381 (Zachert); SAE **80**, 187 (Buchner); EzA Art. 9 GG Nr. 29 (Zöllner)
28. 2. 1979	AP Nr. 9 zu § 1 TVG Tarifverträge: Rundfunk (1. Joachim, 2. Kiefer/Fieberg/Berger)	EzA § 4 TVG Rundfunk Nr. 9
6. 3. 1979	AP Nr. 20 zu § 102 BetrVG 1972 (Meisel)	BB **79**, 1142; DB **79**, 1464; NJW **79**, 2635; ArbuR **79**, 120; SAE **80**, 221 (Heinze); EzA § 102 BetrVG 1972 Nr. 40
27. 3. 1979	AP Nr. 7 zu § 80 ArbGG 1953	SAE **79**, 262 (Wittmann); EzA § 89 ArbGG Nr. 9
27. 3. 1979	AP Nr. 7 zu § 76 BetrVG 1972 (Gaul)	BB **79**, 1143; DB **79**, 1562; SAE **81**, 46 (Fabricius/Decker); EzA § 76 BetrVG 1972 Nr. 22
28. 3. 1979	AP Nr. 3 zu § 75 BPersVG (Richardi)	BB **79**, 1401; DB **79**, 1703; EzA § 611 BGB Fürsorgepflicht Nr. 24
3. 4. 1979	AP Nr. 1 zu § 13 BetrVG 1972	DB **79**, 2091; SAE **80**, 68 (Grunsky); EzA § 40 BetrVG 1972 Nr. 45
3. 4. 1979 6 ABR 63/76	AP Nr. 16 zu § 40 BetrVG 1972	DB **79**, 1706; EzA § 40 BetrVG 1972 Nr. 43
3. 4. 1979 6 ABR 70/76	AP Nr. 17 zu § 40 BetrVG 1972 (Hunold)	BB **79**, 1662; DB **79**, 1799; SAE **80**, 26 (Bohn); EzA § 40 BetrVG 1972 Nr. 44
3. 4. 1979	AP Nr. 2 zu § 87 BetrVG 1972	DB **79**, 2186; EzA § 87 BetrVG 1972 Nr. 7
10. 4. 1979	AP Nr. 1 zu § 87 BetrVG 1972 Arbeitssicherheit (Hanau)	BAG **31**, 357; BB **79**, 1713; DB **79**, 1995; NJW **79**, 2362; ArbuR **79**, 151; EzA § 87 BetrVG 1972 Arbeitssicherheit Nr. 2 (Gaul)
24. 4. 1979	AP Nr. 1 zu § 82 BetrVG 1972	DB **79**, 1755; ArbuR **79**, 152; EzA § 82 BetrVG 1972 Nr. 1
24. 4. 1979	AP Nr. 63 zu Art. 9 GG Arbeitskampf	BAG **31**, 372; BB **79**, 1348; DB **79**, 1655; NJW **80**, 140; ArbuR **79**, 152, 333

Datum	Fundstelle AP	Weitere Fundstellen
	(Rüthers/Klosterkemper)	(Wolter), 350; SAE **79**, 300 (Kraft); RdA **79**, 312; EzA Art. 9 GG Arbeitskampf Nr. 34
26. 4. 1979	AP Nr. 47 zu § 620 BGB Befristeter Arbeitsvertrag (Koller)	BB **79**, 1557; DB **79**, 1991; ArbuR **80**, 58, 314 (Schmidt, V.); SAE **80**, 345 (v. Hoyningen-Huene); EzA § 620 BGB Nr. 39
22. 5. 1979 1 AZR 848/76	AP Nr. 3 zu § 111 BetrVG 1972 (Birk)	BB **79**, 1501; **80**, 1750 (Hunold); DB **79**, 1897; ArbuR **79**, 185; SAE **80**, 85 (Reuter); EzA § 111 BetrVG 1972 Nr. 6 (Löwisch/Schiff)
22. 5. 1979 1 ABR 17/77	AP Nr. 4 zu § 111 BetrVG 1972 (Birk)	BAG **32**, 14; BB **79**, 1501; **80**, 1750 (Hunold); DB **79**, 1896; NJW **80**, 83; SAE **80**, 90 (Reuter); EzA § 111 BetrVG 1972 Nr. 7
22. 5. 1979 1 ABR 45/77	AP Nr. 12 zu § 118 BetrVG 1972	DB **79**, 2183; EzA § 118 BetrVG 1972 Nr. 21
22. 5. 1979 1 ABR 100/77	AP Nr. 13 zu § 118 BetrVG 1972	BB **79**, 1555; DB **79**, 2184; EzA § 118 BetrVG 1972 Nr. 22
19. 6. 1979	AP Nr. 36 zu § 37 BetrVG 1972	DB **80**, 546; ArbuR **79**, 217; EzA § 37 BetrVG 1972 Nr. 65
21. 6. 1979	AP Nr. 1 zu § 87 BetrVG 1972 Sozialeinrichtung (Martens)	BAG **32**, 39; BB **79**, 1718; DB **79**, 2039; SAE **81**, 31 (Dütz); EzA § 87 BetrVG 1972 Sozialeinrichtung Nr. 10
4. 7. 1979	AP Nr. 10 zu § 611 BGB Rotes Kreuz (Mayer-Maly)	BAG **32**, 47; DB **79**, 2282
5. 7. 1979	AP Nr. 6 zu § 15 KSchG 1969 (Richardi)	BB **79**, 1769; DB **79**, 2327; SAE **80**, 322 (Nickel/Kuznik); EzA § 15 KSchG n. F. Nr. 22
10. 7. 1979 1 ABR 50/78	AP Nr. 2 zu § 87 BetrVG 1972 Lohngestaltung (Schulze-Osterloh)	BB **79**, 1824; DB **79**, 2497; SAE **81**, 41 (Lieb/Randerath); EzA § 87 BetrVG 1972 Leistungslohn Nr. 3
10. 7. 1979 1 ABR 50/78	AP Nr. 3 zu § 87 BetrVG 1972 Überwachung (Moritz)	DB **79**, 2428; EzA § 87 BetrVG 1972 Kontrolleinrichtung Nr. 6
10. 7. 1979 1 ABR 97/77	AP Nr. 4 zu § 87 BetrVG 1972 Überwachung (Moritz)	BB **79**, 1714; DB **79**, 2427; EzA § 87 BetrVG 1972 Kontrolleinrichtung Nr. 7
24. 7. 1979	AP Nr. 1 zu § 51 BetrVG 1972	BB **80**, 578; DB **80**, 263; ArbuR **79**, 280; SAE **81**, 272 (Buchner); EzA § 40 BetrVG 1972 Nr. 46
24. 7. 1979	AP Nr. 11 zu § 99 BetrVG 1972 (Kraft)	BB **80**, 104; DB **79**, 2327; ArbuR **80**, 185 (Bösche); EzA § 99 BetrVG 1972 Nr. 26
21. 8. 1979	AP Nr. 6 zu § 78a BetrVG 1972 (Kraft)	BB **80**, 314; DB **80**, 454; **81**, 889 (Reinecke); NJW **80**, 1541; EzA § 78a BetrVG 1972 Nr. 6
21. 8. 1979	AP Nr. 4 zu Art. 56 ZA Nato-Truppenstatut (Beitzke)	–

Datum	Fundstelle AP	Weitere Fundstellen
22. 8. 1979	AP Nr. 3 zu § 611 BGB Deputat (Herschel)	DB **80**, 502
5. 9. 1979	AP Nr. 6 zu § 12 SchwbG (Meisel)	DB **80**, 455; NJW **80**, 1918; EzA § 12 SchwbG Nr. 8
6. 9. 1979	AP Nr. 7 zu § 15 KSchG 1969 (Löwisch/Mikosch)	BB **80**, 317; DB **80**, 451; **81**, 217 (Nipperdey); SAE **80**, 329 (Nickel); EzA § 15 KSchG n. F. Nr. 23 (Kraft)
12. 9. 1979	AP Nr. 10 zu § 850 ZPO (Walchshöfer)	BAG **32**, 96; BB **80**, 728; DB **80**, 358; SAE **80**, 165 (Herschel); EzA § 9 KSchG n. F. Nr. 8
9. 10. 1979	AP Nr. 4 zu § 9 KSchG 1969 (Hueck, G.)	BAG **32**, 122; BB **80**, 369; DB **80**, 501; NJW **80**, 1484; EzA § 9 KSchG n. F. Nr. 9
12. 10. 1979	AP Nr. 7 zu § 1 KSchG 1969 Betriebsbedingte Kündigung	BB **80**, 1163; EzA § 1 KSchG Betriebsbedingte Kündigung Nr. 12
15. 10. 1979	AP Nr. 5 zu § 111 BetrVG 1972 (Birk)	BB **80**, 524; DB **80**, 549, 550; EzA § 111 BetrVG 1972 Nr. 6
24. 10. 1979	AP Nr. 49 zu § 620 BGB Befristeter Arbeitsvertrag (Koller)	DB **80**, 455; EzA § 620 BGB Nr. 41 (Binkert)
24. 10. 1979	AP Nr. 8 zu § 1 KSchG 1969 Betriebsbedingte Kündigung (Herschel)	BAG **32**, 150; DB **80**, 1400; NJW **81**, 301; SAE **81**, 214 (v. Maydell/Borchert); EzA § 1 KSchG Betriebsbedingte Kündigung Nr. 13
26. 10. 1979	AP Nr. 5 zu § 9 KSchG 1969 (Grunsky)	BB **80**, 315; DB **80**, 356; NJW **80**, 1484; SAE **80**, 57 (Sieg); EzA § 9 KSchG n. F. Nr. 7
30. 10. 1979	AP Nr. 9 zu § 112 BetrVG 1972	DB **80**, 548; NJW **80**, 1542; SAE **80**, 316 (Beuthien); EzA § 76 BetrVG 1972 Nr. 26
7. 11. 1979	AP Nr. 3 zu § 87 BetrVG 1972 Betriebsbuße (Herschel)	BB **80**, 414; DB **80**, 550; SAE **81**, 236 (Thiele); EzA § 87 BetrVG 1972 Betriebsbuße Nr. 4
13. 11. 1979	AP Nr. 5 zu § 1 KSchG 1969 Krankheit (Herschel)	BB **80**, 836; DB **80**, 741; **81**, 1282 (Pauly); NJW **80**, 1917; EzA § 1 KSchG Verhaltensbedingte Kündigung Nr. 6
4. 12. 1979	AP Nr. 18 zu § 40 BetrVG 1972 (Hanau)	DB **80**, 2091; EzA § 40 BetrVG 1972 Nr. 47
4. 12. 1979	AP Nr. 6 zu § 111 BetrVG 1972 (Seiter)	BB **80**, 679; DB **80**, 743; SAE **80**, 226 (Bohn); EzA § 111 BetrVG 1972 Nr. 9 (Löwisch/Röder)
6. 12. 1979	AP Nr. 2 zu § 1 KSchG 1969 Verhaltensbedingte Kündigung (Kunze)	BAG **32**, 214; DB **80**, 547; SAE **81**, 91 (Koller); EzA § 1 KSchG Tendenzbetrieb Nr. 5 (Rüthers)
7. 12. 1979	AP Nr. 21 zu § 102 BetrVG 1972 (Meisel)	BB **80**, 628; DB **80**, 742; EzA § 102 BetrVG 1972 Nr. 42
19. 12. 1979	AP Nr. 10 zu § 112 BetrVG 1972 (Uhlenbruck)	DB **80**, 1352

Datum	Fundstelle AP	Weitere Fundstellen
	1980	
9. 1. 1980	AP Nr. 19 zu § 613a BGB (Vollkommer)	BB **80**, 990; DB **80** 1497; NJW **80**, 2148; EzA § 613a BGB Nr. 25 (Gaul)
15. 1. 1980 6 AZR 621/78	AP Nr. 7 zu § 78a BetrVG 1972	DB **80**, 1648; **81**, 889 (Reinecke); EzA § 78a BetrVG 1972 Nr. 8 (Grunsky)
15. 1. 1980 6 AZR 726/79	AP Nr. 8 zu § 78a BetrVG 1972	DB **80**, 1649; **81**, 889 (Reinecke); ArbuR **80**, 55; EzA § 78a BetrVG 1972 Nr. 9 (Grunsky)
15. 1. 1980 6 AZR 361/79	AP Nr. 9 zu § 78a BetrVG 1972	BAG **32**, 285; BB **83**, 579 (Strieder); DB **80**, 1647; **81**, 889 (Reinecke); NJW **80**, 2271; SAE **80**, 257 (Misera); EzA § 78a BetrVG 1972 Nr. 7 (Grunsky)
17. 1. 1980	AP Nr. 185 zu § 242 BGB Ruhegehalt	BAG **32**, 293; BB **80**, 941; DB **80**, 1399; NJW **80**, 1976; SAE **81**, 66 (Loewisch/Hetzel); EzA § 242 BGB Ruhegeld Nr. 86
17. 1. 1980	AP Nr. 18 zu § 613a BGB (Heinze)	BAG **32**, 326; BB **80**, 319; DB **80**, 308; NJW **80**, 1124; ArbuR **80**, 55; SAE **80**, 176 (Roemheld); EzA § 613a BGB Nr. 24
18. 1. 1980	AP Nr. 1 zu § 626 BGB Nachschieben von Kündigungsgründen (Birk)	BB **80**, 1160; DB **80**, 1350; NJW **80**, 2486; EzA § 626 n. F. BGB Nr. 71
22. 1. 1980	AP Nr. 3 zu § 87 BetrVG 1972 Lohngestaltung (Moll)	BAG **32**, 350; BB **82**, 432; DB **80**, 1895; NJW **81**, 75; ArbuR **80**, 382, 367 (v. Friesen); SAE **81**, 109 (Weber); EzA § 87 BetrVG 1972 Lohn und Arbeitsentgelt Nr. 11
22. 1. 1980	AP Nr. 7 zu § 111 BetrVG 1972 (Löwisch/Roeder)	BAG **32**, 339; BB **80**, 1267; DB **80**, 1402; NJW **80**, 2094; ArbuR **81**, 157 (Grunsky); SAE **82**, 220 (Kreutz); EzA § 111 BetrVG 1972 Nr. 11 (Fabricius/Cottmann)
24. 1. 1980	AP Nr. 3 zu § 87 BetrVG 1972 Sozialeinrichtung	BAG **33**, 1; BB **80**, 582 (Gumpert); DB **80**, 691; SAE **81**, 191 (Meisel); EzA § 87 BetrVG 1972 Sozialeinrichtung Nr. 12
29. 1. 1980 1 ABR 45/79	AP Nr. 22 zu § 5 BetrVG 1972 (Martens)	BAG **32**, 381; BB **80**, 1374; **82**, 949 (Wiesner); DB **80**, 1545; NJW **80**, 2665 (Martens); SAE **80**, 305 (Rüthers/Brodmann); RdA **80**, 281; EzA § 5 BetrVG 1972 Nr. 35 (Kraft)
29. 1. 1980 1 ABR 38/78	AP Nr. 23 zu § 5 BetrVG 1972 (Martens)	DB **80**, 1947; SAE **81**, 22 (Hromadka)
29. 1. 1980 1 ABR 49/78	AP Nr. 24 zu § 5 BetrVG 1972 (Martens)	BB **80**, 1525; DB **80**, 1946; SAE **81**, 24 (Hromadka)
6. 2. 1980	AP Nr. 21 zu § 613a BGB (Herschel)	BB **80**, 1585; DB **80**, 1485; NJW **80**, 2149; ArbuR **80**, 348 (Pfarr); SAE **81**, 9 (Wolf); EzA § 613a BGB Nr. 26 (Gaul)

Datum	Fundstelle AP	Weitere Fundstellen
6. 2. 1980	AP Nr. 7 zu § 1 TVG Rückwirkung (Clemens)	–
12. 2. 1980	AP Nr. 12 zu § 80 BetrVG 1972	BB **80**, 1157, 1331 (Marienhagen); DB **80**, 1699; ArbuR **80**, 178; EzA § 80 BetrVG 1972 Nr. 16
4. 3. 1980	AP Nr. 3 zu Art. 140 GG (Stein)	BAG **33**, 14; BB **80**, 1102; NJW **80**, 2211; EzA § 1 KSchG Tendenzbetrieb Nr. 8
5. 3. 1980	AP Nr. 44 zu § 242 BGB Gleichbehandlung (Mayer-Maly)	BAG **33**, 57; BB **80**, 1269; DB **80**, 1650; NJW **80**, 2374; SAE **81**, 1 (Reuter); EzA § 242 BGB Gleichbehandlung (Falkenberg)
27. 3. 1980	AP Nr. 26 zu § 611 BGB Direktionsrecht (Löwisch)	BAG **33**, 71; BB **80**, 1267; DB **80**, 1603; SAE **81**, 269 (Hanau); EzA § 611 BGB Direktionsrecht Nr. 2
2. 4. 1980	AP Nr. 5 zu § 9 MTB II (Richardi)	DB **80**, 2531
23. 4. 1980	AP Nr. 34 zu § 611 BGB Abhängigkeit (1. Küchenhoff, 2. Otto, 3. Wank)	DB **82**, 1869 (Rüthers); EzA § 611 BGB Arbeitnehmerbegriff Nr. 21
23. 4. 1980	AP Nr. 8 zu § 15 KSchG 1969 (Meisel)	BAG **33**, 94; BB **81**, 1335; DB **80**, 1601; NJW **80**, 2543; SAE **81**, 52 (Heckelmann); EzA § 15 KSchG n. F. Nr. 24
24. 4. 1980	AP Nr. 1 zu § 84 HGB (Küstner)	BB **80**, 1471; DB **80**, 2039
8. 5. 1980	AP Nr. 6 zu § 611 BGB Gefährdungshaftung des Arbeitgebers (Brox)	BAG **33**, 108; BB **81**, 183; DB **81**, 115; NJW **81**, 702; SAE **82**, 48 (v. Hoyningen-Huene); EzA § 670 BGB Nr. 14 (Käppler)
10. 6. 1980 1 AZR 822/79	AP Nr. 64 zu Art. 9 GG Arbeitskampf (Mayer-Maly)	BAG **33**, 140; BB **80**, Beilage Nr. 4, 13; **81**, 2141 (Wohlgemuth/Bobke); DB **80**, 1266, 1593 (Konzen), 1694 (Müller), 2188 (Lieb); **81**, Beilage 7 (Müller); NJW **80**, 1642; ArbuR **80**, 216; **82**, 1 (Bobke), 73 (Kempen), 105 (Buschmann), 144 (Däubler/Wolter), 361 (Däubler); SAE **80**, 287 (Kraft); RdA **81**, 65 (Seiter), 285 (Otto); EzA Art. 9 GG Arbeitskampf Nr. 37 (Rüthers)
10. 6. 1980 1 AZR 168/79	AP Nr. 65 zu Art. 9 GG Arbeitskampf (Mayer-Maly)	BAG **33**, 185; BB **80**, Beilage Nr. 4, 2; **81**, 2141 (Wohlgemuth/Bobke); DB **80**, 1274, 1593 (Konzen), 1694 (Müller), 2188 (Lieb); **81**, Beilage 7 (Müller); NJW **80**, 1642; ArbuR **80**, 216; **82**, 1 (Bobke), 73 (Kempen), 105 (Buschmann), 144 (Däubler/Wolter), 361 (Däubler); SAE **80**, 273 (Lieb); RdA **81**, 285 (Otto); EzA Art. 9 GG Arbeitskampf Nr. 36 (Rüthers)
10. 6. 1980	AP Nr. 66 zu Art. 9 GG	BB **80**, Beilage Nr. 4, 24; **81**, 2141

Datum	Fundstelle AP	Weitere Fundstellen
1 AZR 331/79	Arbeitskampf (Mayer-Maly)	(Wohlgemuth/Bobke); DB **80**, 1355, 1694 (Müller), 2188 (Lieb); **81**, Beilage 7 (Müller); NJW **80**, 1653; ArbuR **80**, 216; **82**, 1 (Bobke), 73 (Kempen), 105 (Buschmann), 144 (Däubler/Wolter), 361 (Däubler); SAE **80**, 293 (Kraft); RdA **81**, 285 (Otto); EzA Art. 9 GG Arbeitskampf Nr. 38 (Rüthers)
10. 6. 1980 1 AZR 690/79	AP Nr. 67 zu Art. 9 GG Arbeitskampf (Mayer-Maly)	BB **80**, 1525; DB **80** 1694 (Müller), 2040; **81**, Beilage 7 (Müller); **84**, Beilage 12 (Lieb)
11. 6. 1980	AP Nr. 6 zu § 9 MTB II (Richardi)	–
19. 6. 1980	AP Nr. 8 zu § 1 BetrAVG Wartezeit	BB **81**, 911; DB **81**, 431; EzA § 1 BetrAVG Nr. 8
2. 7. 1980	AP Nr. 5 zu § 101 BetrVG 1972 (Misera)	BB **81**, 119; SAE **82**, 149 (Martens)
2. 7. 1980	AP Nr. 9 zu Art. 33 Abs. 2 GG (Misera)	BAG **34**, 1; BB **81**, 119; DB **81**, 272; NJW **81**, 703; SAE **82**, 154 (Martens); RdA **80**, 341; EzA § 99 BetrVG 1972 Nr. 28 (Löwisch/Röder)
3. 7. 1980	AP Nr. 23 zu § 613a BGB (Bernert)	BAG **34**, 34; BB **81**, 1466; EzA § 613a BGB Nr. 29
3. 7. 1980	AP Nr. 2 zu § 18 SchwbG (Hueck, G.)	BAG **34**, 20; BB **81**, 1115; DB **81**, 103; NJW **81**, 1332; SAE **81**, 153 (Braasch); EzA § 18 SchwbG Nr. 3
9. 7. 1980	AP Nr. 7 zu § 1 TVG Form (Wiedemann)	BAG **34**, 42; DB **81**, 374; NJW **81**, 1574; ArbuR **82**, 116 (Gröbing); EzA § 1 TVG Nr. 13
9. 7. 1980	AP Nr. 2 zu § 1 TVG Tarifverträge: Seeschiffahrt (Bemm)	–
22. 7. 1980	AP Nr. 3 zu § 74 BetrVG 1972	BAG **34**, 75; BB **81**, 494; DB **81**, 481; EzA § 74 BetrVG 1972 Nr. 5
29. 7. 1980	AP Nr. 37 zu § 37 BetrVG 1972 (Bernert)	BAG **34**, 80; BB **81**, 429; DB **81**, 427; NJW **81**, 1287; SAE **82**, 69 (Misera); EzA § 37 BetrVG 1972 Nr. 70 (Kittner)
29. 7. 1980	AP Nr. 1 zu § 46 BPersVG (Schlüter/Belling)	DB **81**, 897
13. 8. 1980	AP Nr. 2 zu § 77 BetrVG 1972	BB **81**, 554; DB **81**, 274; EzA § 77 BetrVG 1972 Nr. 8
13. 8. 1980	AP Nr. 37 zu § 611 BGB Abhängigkeit	BAG **34**, 111
20. 8. 1980	AP Nr. 15 zu § 6 LohnFG (Herschel)	DB **81**, 222; SAE **81**, 136 (Gamp); EzA § 9 LohnFG Nr. 6
21. 8. 1980	AP Nr. 7 zu § 1 BetrAVG Wartezeit	BAG **34**, 140; BB **81**, 671; DB **81**, 430; NJW **81**, 1855; SAE **82**, 53 (Hofmann); EzA § 1 BetrAVG Nr. 9
11. 9. 1980	AP Nr. 3 zu § 6 BetrAVG	BB **81**, 737; DB **81**, 944; EzA § 6 BetrAVG Nr. 4

Datum	Fundstelle AP	Weitere Fundstellen
23. 9. 1980	AP Nr. 4 zu § 47 BetrVG 1972	BB **81**, 1095; EzA § 47 BetrVG 1972 Nr. 3
7. 10. 1980	AP Nr. 1 zu § 27 BetrVG 1972	BB **81**, 909; DB **81**, 803; EzA § 27 BetrVG 1972 Nr. 6
14. 10. 1980	AP Nr. 7 zu Art. 140 GG (Schlaich)	BAG **34**, 195; DB **81**, 1290; NJW **81**, 1228; EzA § 1 KSchG Tendenzbetrieb Nr. 10 (Herschel)
17. 10. 1980	AP Nr. 10 zu § 1 KSchG 1969 Betriebsbedingte Kündigung	BB **81**, 555; DB **81**, 747; NJW **81**, 1686; SAE **81**, 148 (Peterek); EzA § 1 KSchG Betriebsbedingte Kündigung Nr. 15
21. 10. 1980	AP Nr. 1 zu § 54 BetrVG 1972 (Fabricius)	BAG **34**, 230; BB **81**, 1461; DB **81**, 895; SAE **82**, 208 (Dütz); EzA § 54 BetrVG 1972 Nr. 1
21. 10. 1980	AP Nr. 8 zu § 111 BetrVG 1972 (Seiter)	DB **81**, 698; NJW **81**, 2599; EzA § 111 BetrVG 1972 Nr. 12
21. 10. 1980	AP Nr. 17 zu Internat. Privatrecht, Arbeitsrecht (Beitzke)	DB **81**, 696; NJW **81**, 1175; ArbuR **81**, 252 (Corts); EzA § 102 BetrVG 1972 Nr. 43
30. 10. 1980	AP Nr. 3 zu § 1 BetrAVG	BAG **34**, 238; BB **81**, 555; DB **81**, 699; NJW **81**, 1632; SAE **81**, 212 (Kraft); EzA § 112 BetrVG 1972 Nr. 20
18. 11. 1980	AP Nr. 3 zu § 87 BetrVG 1972 Arbeitszeit (Meisel)	BB **81**, 1464; DB **81**, 946; **82**, 2357 (Marsch-Barner); SAE **81**, 239 (Reuter); EzA § 87 BetrVG 1972 Arbeitszeit Nr.8 (Klinkhammer)
18. 11. 1980	AP Nr. 1 zu § 93 BetrVG 1972 (Küchenhoff)	BB **81**, 1463; DB **81**, 998; EzA § 93 BetrVG 1972 Nr. 1
18. 11. 1980	AP Nr. 2 zu § 108 BetrVG 1972	BAG **34**, 260; DB **81**, 1240; ArbuR **83**, 33 (Richardi), 60; SAE **81**, 243 (Koch); EzA § 108 BetrVG 1972 Nr. 4 (Wohlgemuth)
25. 11. 1980	AP Nr. 2 zu § 1 BetrVG 1972 (Kraft)	BB **81**, 2135; DB **81**, 1047; SAE **82**, 282 (Körnig); EzA § 1 BetrVG 1972 Nr. 2
25. 11. 1980	AP Nr. 3 zu § 18 BetrVG 1972	DB **81**, 1242; EzA § 18 BetrVG 1972 Nr. 4
5. 12. 1980	AP Nr. 9 zu § 15 KSchG 1969 Wahlbewerber (Pfarr)	BAG **34**, 291; DB **81**, 1142; EzA § 15 KSchG n. F. Nr. 25 (Löwisch/Arnold)
9. 12. 1980	AP Nr. 5 zu § 87 BetrVG 1972 (Lohngestaltung (Herschel)	BAG **34**, 297; BB **81**, 735 (Gumpert); DB **81**, 996; NJW **82**, 253; SAE **81**, 192 (Meisel); EzA § 87 BetrVG 1972 Betriebl. Lohngestaltung Nr. 1 (Weiss)
9. 12. 1980	AP Nr. 2 zu § 87 BetrVG 1972 Ordnung des Betriebes (Pfarr)	BB **81**, 973; DB **81**, 1092; ArbuR **82**, 38 (Wohlgemuth); EzA § 87 BetrVG 1972 Betriebl. Ordnung Nr. 5
17. 12. 1980	AP Nr. 4 zu § 87 BetrVG 1972 Lohngestaltung (Löwisch/ Röder)	BB **81**, 789; DB **81**, 1045; SAE **81**, 251 (Bohn); EzA § 87 BetrVG 1972 Betriebl. Lohngestaltung Nr. 2 (Weiss)
18. 12. 1980	AP Nr. 22 zu § 102	BAG **34**, 309; BB **81**, 1845; DB **81**, 1624;

Datum	Fundstelle AP	Weitere Fundstellen
	BetrVG 1972 (Herschel)	NJW **81**, 2316; SAE **82**, 20 (Koller); EzA § 102 BetrVG 1972 Nr. 44
22. 12. 1980 1 ABR 2/79	AP Nr. 70 zu Art. 9 GG Arbeitskampf (Richardi)	BAG **34**, 331; BB **81**, 609; DB **81**, 321, 578 (Seiter), 1086 (Adomeit); NJW **81**, 937; ArbuR **82**, 361 (Däubler); SAE **81**, 197 (Konzen); RdA **81**, 124, 285 (Otto); EzA § 615 BGB Betriebsrisiko Nr. 7 (1. Dütz 2. Ehmann/Schnauder)
22. 12. 1980 1 ABR 76/79	AP Nr. 71 zu Art. 9 GG Arbeitskampf (Richardi)	BAG **34**, 355; BB **81**, 669; DB **81**, 327, 578 (Seiter); NJW **81**, 942; ArbuR **82**, 105 (Buschmann), 361 (Däubler); SAE **81**, 205 (Konzen); RdA **81**, 130, 285 (Otto); EzA § 615 BGB Betriebsrisiko Nr. 8 (1. Dütz 2. Ehmann/Schnauder)

1981

Datum	Fundstelle AP	Weitere Fundstellen
13. 1. 1981	AP Nr. 8 zu § 76 BetrVG 1972	DB **81**, 1192; SAE **81**, 141 (Ottow); EzA § 76 BetrVG 1972 Nr. 31
13. 1. 1981	AP Nr. 2 zu § 46 BPersVG	–
27. 1. 1981	AP Nr. 2 zu § 80 ArbGG 1979 (Grunsky)	BAG **35**, 1; DB **81**, 2182; SAE **82**, 317 (Schreiber)
29. 1. 1981	AP Nr. 6 zu § 9 KSchG 1969 (Herschel)	BAG **35**, 30; DB **81**, 2438; NJW **82**, 1118; SAE **82**, 98 (Corts); EzA § 9 KSchG n. F. Nr. 10
29. 1. 1981	AP Nr. 10 zu § 15 KSchG 1969 (Beitzke)	BAG **35**, 17; BB **81**, 2069; DB **81**, 2283; NJW **82**, 252; EzA § 15 KSchG n. F. Nr. 26 (Schwerdtner)
3. 2. 1981	AP Nr. 1 zu § 72 BPersVG (Herschel)	DB **82**, 1416; NJW **82**, 2791
5. 2. 1981	AP Nr. 1 zu § 72 LPVG NW (Meisel)	DB **82**, 1171; EzA § 102 BetrVG 1972 Nr. 47
10. 2. 1981	AP Nr. 25 zu § 5 BetrVG 1972 (Natzel)	BAG **35**, 59; DB **81**, 1935; ArbuR **82**, 133 (Fangmann); EzA § 5 BetrVG 1972 Nr. 37
10. 2. 1981	AP Nr. 2 zu § 54 BetrVG 1972	BAG **35**, 67; BB **81**, 1769; DB **81**, 1937; EzA § 54 BetrVG 1972 Nr. 2
17. 2. 1981	AP Nr. 9 zu § 111 BetrVG 1972 (Kittner)	BB **81**, 1214; DB **81**, 1190; 1244 (Gutbrod); NJW **81**, 2716; ArbuR **81**, 386 (Herschel); SAE **82**, 17 (Löwisch); RdA **81**, 325; EzA § 111 BetrVG 1972 Nr. 13
17. 2. 1981	AP Nr. 11 zu § 112 BetrVG 1972 (Kraft)	BAG **35**, 80; BB **81**, 1092; DB **81**, 1414; NJW **82**, 69; SAE **82**, 43 (Schulin); EzA § 112 BetrVG 1972 Nr. 21
25. 2. 1981	AP Nr. 24 zu § 613a BGB (Lüke)	BAG **35**, 104; BB **81**, 848; DB **81**, 1140; **82**, 1168 (Meilicke); NJW **81**, 2212; SAE **81**, 219 (Roemheld); RdA **81**, 260; EzA § 613a BGB Nr. 28

Datum	Fundstelle AP	Weitere Fundstellen
4. 3. 1981	AP Nr. 1 zu § 77 LPVG Baden-Württemberg (Hueck, G.)	BAG **35**, 118
19. 3. 1981	AP Nr. 14 zu § 80 BetrVG 1972 (Kemper/Küpper)	BB **81**, 1952; DB **81**, 2181; EzA § 80 BetrVG 1972 Nr. 18
24. 3. 1981	AP Nr. 2 zu § 87 BetrVG 1972 Arbeitssicherheit (Wiese/Starck)	BAG **35**, 150; DB **81**, 1674, 1882; NJW **82**, 404; SAE **82**, 203 (Schlüter/Belling); EzA § 87 BetrVG 1972 Betriebl. Ordnung Nr. 6
24. 3. 1981	AP Nr. 12 zu § 112 BetrVG 1972 (Hilger)	BAG **35**, 160; BB **83**, 250; DB **81**, 2178; NJW **82**, 70; SAE **82**, 76 (Mayer-Maly); EzA § 111 BetrVG 1972 Nr. 22
1. 4. 1981	AP Nr. 23 zu § 102 BetrVG 1972 (Hueck, G.)	BAG **35**, 190; BB **81**, 2008; DB **81**, 2128; NJW **81**, 2772; SAE **82**, 37 (Streckel); EzA § 102 BetrVG 1972 Nr. 45 (Löwisch)
7. 4. 1981 1 ABR 83/78	AP Nr. 16 zu § 118 BetrVG 1972 (Birk)	DB **81**, 2623; NJW **82**, 254; EzA § 118 BetrVG 1972 Nr. 26
7. 4. 1981 1 ABR 62/78	AP Nr. 17 zu § 118 BetrVG 1972 (Birk)	EzA § 118 BetrVG 1972 Nr. 25
28. 4. 1981	AP Nr. 1 zu § 87 BetrVG 1972 Vorschlagswesen (Herschel)	BAG **35**, 205; DB **81**, 1882; NJW **82**, 405; SAE **82**, 213, 220 (Kreutz); EzA § 87 BetrVG 1972 Vorschlagswesen Nr. 2 (Kraft)
30. 4. 1981	AP Nr. 13 zu § 80 BetrVG 1972	DB **81**, 2131; EzA § 80 BetrVG 1972 Nr. 17
30. 4. 1981	AP Nr. 12 zu § 99 BetrVG 1972 (Löwisch)	BAG **35**, 228; BB **81**, 1833; DB **81**, 1833; NJW **81**, 2375; ArbuR **81**, 354 (Bobke); EzA § 95 BetrVG 1972 Nr. 4
13. 5. 1981	AP Nr. 24 zu § 59 HGB (v. Hoyningen-Huene)	BAG **35**, 239; DB **81**, 2547; EzA § 59 HGB Nr. 2
19. 5. 1981	AP Nr. 13 zu § 16 BetrAVG	BAG **35**, 301; BB **81**, 1900; DB **81**, 2333; NJW **82**, 350; SAE **82**, 179 (Gitter); EzA § 16 BetrAVG Nr. 11 (Schulin)
19. 5. 1981 1 ABR 109/78	AP Nr. 18 zu § 118 BetrVG 1972 (Meisel)	BAG **35**, 278; BB **82**, 1984; DB **81**, 2384; NJW **82**, 124, 2227 (Kull); SAE **82**, 124 (Kraft); EzA § 99 BetrVG 1972 Nr. 32
19. 5. 1981 1 ABR 39/79	AP Nr. 21 zu § 118 BetrVG 1972 (Herschel)	BAG **35**, 289; DB **82**, 129; EzA § 118 BetrVG 1972 Nr. 30
26. 5. 1981	AP Nr. 6 zu § 242 BGB Ruhegehalt – Zusatzversorgung	BB **81**, 1171 (Gumpert)
25. 6. 1981	AP Nr. 38 zu § 37 BetrVG 1972 (Grunsky)	BAG **35**, 337; DB **81**, 2180; **82**, 1368 (Loritz); NJW **82**, 68; SAE **84**, 5 (Richardi); EzA § 37 BetrVG 1972 Nr. 71
30. 6. 1981	AP Nr. 15 zu § 80 BetrVG 1972 (Kraft)	BAG **35**, 342; BB **81**, 1950; DB **81**, 2386; NJW **82**, 123; ArbuR **82**, 245 (v. Friesen), 262; SAE **82**, 119 (Meisel); EzA § 80 BetrVG 1972 Nr. 19

Datum	Fundstelle AP	Weitere Fundstellen
30. 6. 1981	AP Nr. 20 zu § 118 BetrVG 1972 (1. Naendrup, 2. Fenn)	BAG **35**, 352; BB **82**, 990; DB **81**, 2624; NJW **82**, 125; SAE **82**, 231 (Koch); EzA § 118 BetrVG 1972 Nr. 27
23. 7. 1981	AP Nr. 5 zu Art. 56 ZA-Nato-Truppenstatut (Beitzke)	BAG **35**, 370
28. 7. 1981 1 ABR 65/79	AP Nr. 3 zu § 87 BetrVG 1972 Arbeitssicherheit (Richardi)	BAG **36**, 138; BB **82**, 493; DB **82**, 386; EzA § 87 BetrVG 1972 Arbeitszeit Nr. 9 (Kraft)
28. 7. 1981 1 ABR 90/79	AP Nr. 4 zu § 87 BetrVG 1972 Arbeitszeit (Zmarzlik)	BAG **36**, 26; DB **82**, 117; NJW **82**, 1116; ArbuR **83**, 188 (Herschel); SAE **82**, 167 (Meisel); EzA § 6 AZO Nr. 1 (Kreutz)
28. 7. 1981	AP Nr. 2 zu § 87 BetrVG 1972 Provision (Schulze-Osterloh)	BAG **36**, 1; BB **82**, 1050; DB **81**, 2031; **82**, 279 (Heuking); SAE **82**, 113 (Löwisch); EzA § 87 BetrVG 1972 Leistungslohn Nr. 4 (Gaul)
28. 7. 1981	AP Nr. 2 zu § 87 BetrVG 1972 Urlaub (Boldt)	BAG **36**, 14; BB **82**, 616; DB **81**, 2621; NJW **82**, 959; SAE **84**, 114 (Birk); RdA **82**, 128; EzA § 87 BetrVG 1972 Urlaub Nr. 4
4. 8. 1981	AP Nr. 5 zu § 87 BetrVG 1972 Arbeitszeit (Herschel)	BAG **36**, 161; DB **82**, 705; NJW **82**, 671; EzA § 87 BetrVG 1972 Arbeitszeit Nr. 10
4. 8. 1981	AP Nr. 1 zu § 87 BetrVG 1972 Tarifvorrang (Mayer-Maly)	BAG **36**, 148; DB **82**, 383; SAE **82**, 293 (Buchner); EzA § 87 BetrVG 1972 Nr. 8
6. 8. 1981 6 AZR 505/78	AP Nr. 39 zu § 37 BetrVG 1972	EzA § 37 BetrVG 1972 Nr. 73
6. 8. 1981 6 AZR 1086/79	AP Nr. 40 zu § 37 BetrVG 1972 (Joachim)	DB **82**, 758; EzA § 37 BetrVG 1972 Nr. 74
25. 8. 1981	AP Nr. 2 zu § 83 ArbGG 1979 (Grunsky)	BAG **37**, 31; DB **82**, 546; SAE **82**, 195 (Zeiss)
26. 8. 1981	AP Nr. 13 zu § 103 BetrVG 1972 (Bickel)	BAG **36**, 72; BB **82**, 738; DB **81**, 2627; NJW **82**, 1175; EzA § 103 BetrVG 1972 Nr. 27
9. 9. 1981	AP Nr. 38 zu § 611 BGB Abhängigkeit (Stumpf)	BAG **36**, 77; DB **81**, 2500; SAE **82**, 271 (Häuser)
9. 9. 1981	AP Nr. 117 zu Art. 3 GG (Pfarr)	BAG **36**, 187; BB **82**, 676; DB **82**, 119; **83**, 1430 (Seeland); NJW **82**, 461; ArbuR **82**, 86 (Bertelsmann/Pfarr), 102; SAE **82**, 81 (Hromadka); EzA § 242 BGB Gleichbehandlung Nr. 26
17. 9. 1981	AP Nr. 14 zu § 103 BetrVG 1972	BAG **37**, 44; DB **82**, 2041; NJW **82**, 2891; ArbuR **83**, 156 (Grunsky); SAE **82**, 309 (Peterek); EzA § 103 BetrVG 1972 Nr. 28
23. 9. 1981	AP Nr. 22 zu § 611 BGB Lehrer, Dozenten	BAG **37**, 58; EzA § 611 BGB Arbeitnehmerbegriff Nr. 24

Datum	Fundstelle AP	Weitere Fundstellen
24. 9. 1981	AP Nr. 26 zu § 5 BetrVG 1972 (Natzel)	BAG **36**, 363; DB **82**, 606; SAE **82**, 277 (Gast)
7. 10. 1981	AP Nr. 49 zu §§ 22, 23 BAT 1975 (Clemens)	BAG **36**, 245; NJW **82**, 2279
8. 10. 1981	AP Nr. 2 zu § 49 BAT (Meisel)	NJW **82**, 1348
13. 10. 1981	AP Nr. 1 zu § 117 BetrVG 1972	BAG **36**, 291
22. 10. 1981	AP Nr. 10 zu § 76 BetrVG 1972 (Hilger)	BAG **36**, 385; DB **82**, 811; SAE **82**, 228 (Gamp); EzA § 76 BetrVG 1972 Nr. 32 (Herschel)
4. 11. 1981	AP Nr. 3 zu § 543 ZPO 1977	BAG **36**, 312; NJW **82**, 1832; EzA § 543 ZPO Nr. 3
5. 11. 1981	AP Nr. 9 zu § 76 BetrVG 1972	BAG **36**, 315; DB **82**, 604; SAE **83**, 329 (Hanau); EzA § 40 BetrVG 1972 Nr. 50
24. 11. 1981	AP Nr. 24 zu § 76 BetrVG 1952	BAG **37**, 92; DB **82**, 755; NJW **82**, 2518; ArbuR **82**, 165 (Köstler); SAE **83**, 35 (Konzen/Heß); EzA § 76 BetrVG Nr. 11
24. 11. 1981	AP Nr. 11 zu § 76 BetrVG 1972 (Grunsky)	BAG **37**, 102; DB **82**, 1413; SAE **83**, 246 (Dütz); EzA § 76 BetrVG 1972 Nr. 33 (Gaul)
24. 11. 1981	AP Nr. 3 zu § 87 BetrVG 1972 Ordnung des Betriebes (Herschel)	BAG **37**, 112; BB **82**, 1421 (Schirdewahn); DB **82**, 1116; SAE **84**, 102 (Ehmann); EzA § 87 BetrVG 1972 Betriebl. Ordnung Nr. 7 (Weiss)
24. 11. 1981	AP Nr. 10 zu § 72a ArbGG 1979 Divergenz	DB **82**, 1363; EzA § 72a ArbGG 1979 Nr. 37
25. 11. 1982	AP Nr. 11 zu § 15 KSchG 1969	BAG **37**, 128; BB **82**, 2047; DB **82**, 809; NJW **82**, 1719; SAE **83**, 17 (Baumgärtel); EzA § 15 KSchG n. F. Nr. 27 (Herschel)
25. 11. 1981	AP Nr. 3 zu § 9 TVAL II (Beitzke)	BAG **37**, 120; DB **82**, 909
26. 11. 1981	AP Nr. 8 zu § 9 KSchG 1969 (Denck)	BAG **37**, 135; BB **82**, 1113; DB **82**, 757; NJW **82**, 2015; SAE **82**, 133 (Beitzke); EzA § 9 KSchG n. F. Nr. 11 (Herschel)
2. 12. 1981	AP Nr. 52 zu §§ 22, 23 BAT 1975	BAG **37**, 155
3. 12. 1981 6 ABR 60/79	AP Nr. 16 zu § 80 BetrVG 1972	BB **82**, 615; DB **82**, 855; EzA § 80 BetrVG 1972 Nr. 21
3. 12. 1981 6 ABR 8/80	AP Nr. 17 zu § 80 BetrVG 1972	BAG **37**, 195; BB **82**, 615; DB **82**, 653; EzA § 80 BetrVG 1972 Nr. 20
8. 12. 1981	AP Nr. 1 zu § 1 BetrAVG Ablösung (Herschel)	BAG **36**, 327; BB **82**, 186, 565 (Höfer/Küpper); DB **82**, 46; **84**, 926 (Blomeyer); SAE **83**, 191 (Reuter); RdA **82**, 256; **83**, 201 (Richardi); EzA § 242 BGB Ruhegeld Nr. 96
8. 12. 1981	AP Nr. 1 zu § 1 BetrAVG Unterstützungskassen (Herschel)	BAG **37**, 217; BB **82**, 246, 565 (Höfer/Küpper); DB **82**, 50; NJW **82**, 1773; SAE **83**, 197 (Reuter); EzA § 242 BGB Ruhegeld Nr. 97

Datum	Fundstelle AP	Weitere Fundstellen
8. 12. 1981	AP Nr. 25 zu § 76 BetrVG 1952	DB **82**, 961
8. 12. 1981	AP Nr. 6 zu § 87 BetrVG 1972 Lohngestaltung (Kraft)	BAG **37**, 212; BB **82**, 989; DB **82**, 960; SAE **83**, 73 (Hanau); EzA § 87 BetrVG 1972 Betriebl. Ordnung Nr. 8
8. 12. 1981	AP Nr. 1 zu § 87 BetrVG 1972 Prämie (Hilger)	BAG **37**, 206; BB **82**, 2106; DB **82**, 1276; SAE **84**, 192 (Beuthien); EzA § 87 BetrVG 1972 Leistungslohn Nr. 6 (Hanau)
9. 12. 1981	AP Nr. 14 zu § 112 BetrVG 1972	BAG **37**, 237; BB **82**, 1299; DB **82**, 908; NJW **82**, 1718; SAE **82**, 299 (Wolf/Hammen); EzA § 112 BetrVG 1972 Nr. 24
17. 12. 1981	AP Nr. 41 zu § 37 BetrVG 1972 (Grunsky)	BB **82**, 1546; SAE **84**, 6 (Richardi); EzA § 37 BetrVG 1972 Nr. 75
22. 12. 1981	AP Nr. 7 zu § 87 BetrVG 1972 Lohngestaltung (Heckelmann)	BAG **37**, 255; BB **82**, 1920; DB **82**, 1274; SAE **83**, 12 (Löwisch/Röder); EzA § 87 BetrVG 1972 Betriebl. Lohngestaltung Nr. 3

1982

Datum	Fundstelle AP	Weitere Fundstellen
13. 1. 1982	AP Nr. 7 zu § 9 KSchG 1969	BAG **37**, 274; DB **82**, 1013; NJW **82**, 2207; SAE **83**, 110 (Bickel); EzA § 9 KSchG n. F. Nr. 13
19. 1. 1982	AP Nr. 10 zu Art. 140 GG	BAG **37**, 331; BB **82**, 674; DB **82**, 1015; EzA Art. 9 GG Nr. 34 (Dütz)
21. 1. 1982	AP Nr. 1 zu § 70 BetrVG 1972 (Natzel)	BAG **37**, 348; DB **82**, 1277; SAE **82**, 200 (Kraft); EzA § 70 BetrVG 1972 Nr. 2
26. 1. 1982	AP Nr. 35 zu Art. 9 GG	BAG **41**, 1; BB **82**, 1173; DB **82**, 1327; NJW **82**, 2890; ArbuR **82**, 293 (Herschel); EzA Art. 9 GG Nr. 35
26. 1. 1982	AP Nr. 1 zu § 1 HausArbTagsG Hamburg	BAG **37**, 356; DB **82**, 1471; NJW **82**, 2573; EzA Art. 3 GG Nr. 12
3. 2. 1982	AP Nr. 1 zu § 72 BPersVG (Herschel)	BAG **37**, 387; DB **82**, 1416; NJW **82**, 2791
3. 2. 1982	AP Nr. 1 zu Art. 77 LPVG Bayern	DB **82**, 1624
9. 2. 1982	AP Nr. 24 zu § 118 BetrVG 1972	BAG **41**, 5; BB **82**, 924; DB **82**, 1414; EzA § 118 BetrVG 1972 Nr. 33
24. 2. 1982	AP Nr. 7 zu § 17 BAT (Meisel)	BAG **38**, 69; NJW **82**, 2140
2. 3. 1982	AP Nr. 6 zu § 87 BetrVG 1972 Arbeitszeit	BAG **38**, 96; DB **82**, 1115; SAE **82**, 304 (Weber); RdA **82**, 321; EzA § 87 BetrVG 1972 Arbeitszeit Nr. 11
2. 3. 1982	AP Nr. 8 zu Art. 5 Abs. 1 GG Meinungsfreiheit	BAG **38**, 85; DB **82**, 2142; EzA Art. 5 GG Nr. 10 (Löwisch/Schönfeld)

Datum	Fundstelle AP	Weitere Fundstellen
4. 3. 1982	AP Nr. 3 zu § 77 BetrVG 1972 (Anm. Schriftleitung)	DB **82**, 1829; SAE **84**, 324 (Körnig); EzA § 77 BetrVG 1972 Nr. 10
10. 3. 1982	AP Nr. 1 zu § 13 BAT	BAG **38**, 141
10. 3. 1982	AP Nr. 7 zu § 75 BPersVG (Löwisch/Schüren)	BAG **38**, 130; DB **82**, 2712
10. 3. 1982	AP Nr. 2 zu § 2 KSchG 1969 (Meisel)	BAG **38**, 106; DB **82**, 1520; NJW **82**, 2839; SAE **83**, 104 (v. Hoyningen-Huene); EzA § 2 KSchG Nr. 3
11. 3. 1982	AP Nr. 28 zu § 5 BetrVG 1972	BB **82**, 1792; DB **82**, 1990; **83**, 1597 (Müller), 1653 (Müller); EzA § 5 BetrVG 1972 Nr. 41
16. 3. 1982	AP Nr. 2 zu § 87 BetrVG 1972 Vorschlagswesen (Misera)	BAG **38**, 148; BB **83**, 963; DB **82**, 1468; EzA § 87 BetrVG 1972 Vorschlagswesen Nr. 3
16. 3. 1982	AP Nr. 3 zu § 108 BetrVG 1972	BAG **38**, 159; DB **82**, 1326; EzA § 108 BetrVG 1972 Nr. 5
16. 3. 1982	AP Nr. 1 zu § 611 BGB Betriebsgeheimnis	BAG **41**, 21; BB **82**, 1792, 1795 (Gumpert); DB **82**, 2247; NJW **83**, 134; EzA § 242 BGB Nachvertragliche Treuepflicht Nr. 1
30. 3. 1982	AP Nr. 10 zu § 87 BetrVG 1972 Lohngestaltung (Weiss)	BB **82**, 1300; DB **82**, 1519; SAE **83**, 50 (Steindl); EzA § 87 BetrVG 1972 Betriebl. Lohngestaltung Nr. 4
30. 3. 1982	AP Nr. 74 zu Art. 9 GG Arbeitskampf (v. Stebut)	BAG **38**, 207; BB **83**, 766; DB **82**, 2139; NJW **82**, 2835; ArbuR **83**, 254 (Buschmann); SAE **83**, 55 (Hromadka); EzA Art. 9 GG Arbeitskampf Nr. 46 (Buschmann)
6. 4. 1982	AP Nr. 1 zu § 1 BetrAVG Gleichbehandlung (Pfarr)	BAG **38**, 382; BB **82**, 1176; **83**, 382 (v. Usslar); DB **82**, 1466, 1563 (Ahrend/Förster); NJW **82**, 2013; SAE **82**, 256 (Sieg); RdA **82**, 384; EzA § 1 BetrAVG Nr. 16
20. 4. 1982	AP Nr. 15 zu § 112 BetrVG 1972	BAG **38**, 284; BB **82**, 1423; DB **82**, 1727; EzA § 112 BetrVG 1972 Nr. 25
20. 4. 1982	AP Nr. 4 zu § 6 BetrAVG (Heubeck)	BAG **38**, 277; BB **82**, 1795; DB **82**, 1830; NJW **83**, 1015; SAE **83**, 273 (Gitter); EzA § 6 BetrAVG Nr. 5
21. 4. 1982	AP Nr. 5 zu § 1 TVG Tarifverträge: Bundesbahn	BAG **38**, 291; BB **83**, 193; DB **82**, 2521; EzA § 4 TVG Eingruppierung Nr. 1
28. 4. 1982	AP Nr. 4 zu § 87 BetrVG 1972 Betriebsbuße (Herschel)	BAG **39**, 31; DB **83**, 775; EzA § 87 BetrVG 1972 Betriebsbuße Nr. 5
28. 4. 1982	AP Nr. 3 zu § 2 KSchG 1969 (v. Hoyningen-Huene)	BAG **38**, 348; BB **38**, 1413; DB **82**, 1776; NJW **82**, 2687; ArbuR **83**, 381 (Kempff); SAE **82**, 246 (Beitzke); EzA § 2 KSchG Nr. 4
29. 4. 1982	AP Nr. 4 zu § 15 BAT (Clemens)	BB **83**, 1280 (Friesen); DB **82**, 2469; EzA § 2 AZO Nr. 1

Datum	Fundstelle AP	Weitere Fundstellen
4. 5. 1982	AP Nr. 6 zu § 87 BetrVG 1972 Altersversorgung (Moll)	BAG **38**, 365; BB **83**, 697; DB **82**, 2579; NJW **83**, 2159; SAE **84**, 72 (Belling); EzA § 87 BetrVG 1972 Lohn und Arbeitsentgelt Nr. 13
25. 5. 1982	AP Nr. 2 zu § 87 BetrVG 1972 Prämie (Gaul)	BAG **39**, 86; DB **82**, 2467; SAE **83**, 173 (Kraft); EzA § 87 BetrVG 1972 Leistungslohn Nr. 7 (Gaul)
25. 5. 1982	AP Nr. 53 zu § 611 BGB Dienstordnungs-Angestellte (Stuzky)	BAG **39**, 76; DB **82**, 2712
27. 5. 1982	AP Nr. 3 zu § 80 ArbGG 1979 (Schmidt, V.)	BAG **39**, 102; BB **83**, 442; DB **82**, 2410; SAE **83**, 20 (Grunsky); EzA § 83 ArbGG 1979 Nr. 1
27. 5. 1982	AP Nr. 1 zu § 34 BetrVG 1972	DB **82**, 2578; EzA § 34 BetrVG 1972 Nr. 1
27. 5. 1982	AP Nr. 3 zu § 42 BetrVG 1972 (Beitzke)	BAG **39**, 108; DB **82**, 2519; NJW **83**, 413; EzA § 42 BetrVG 1972 Nr. 3
2. 6. 1982	AP Nr. 3 zu § 284 ZPO (Baumgärtel)	BAG **41**, 37; BB **83**, 1727 (Schlund); DB **83**, 1827; NJW **83**, 1691; SAE **84**, 294 (Lorenz/Unger); EzA Art. 2 GG Nr. 2
8. 6. 1982	AP Nr. 7 zu § 87 BetrVG 1972 Arbeitszeit	BB **83**, 59; **84**, 676 (Neumann, M.); DB **82**, 2356, 2357 (Marsch-Barner); SAE **83**, 144 (Jahnke); EzA § 87 BetrVG 1972 Arbeitszeit Nr. 12
9. 6. 1982	AP Nr. 1 zu § 107 BPersVG (Herschel)	BAG **39**, 118; DB **82**, 2711
20. 7. 1982	AP Nr. 26 zu § 76 BetrVG 1952	BB **83**, 832; DB **82**, 2087; SAE **83**, 334 (Otto/Bachmann); EzA § 76 BetrVG Nr. 12
20. 7. 1982	AP Nr. 5 zu § 611 BGB Mittelbares Arbeitsverhältnis (Koller)	BAG **39**, 200; NJW **83**, 645; SAE **83**, 46 (Zeiss); EzA § 611 BGB Mittelbares Arbeitsverhältnis Nr. 1
20. 7. 1982	AP Nr. 31 zu § 613a BGB	BAG **39**, 208; DB **83**, 50, 1097 (Bauer); SAE **86**, 29 (Häuser); EzA § 613a BGB Nr. 33
22. 7. 1982	AP Nr. AP Nr. 2 zu § 1 KSchG 1969 Verhaltensbedingte Kündigung (Otto)	BB **83**, 834; DB **83**, 180; NJW **83**, 700; SAE **83**, 313 (Ottow); EzA § 1 KSchG Verhaltensbedingte Kündigung Nr. 10 (Weiss)
29. 7. 1982	AP Nr. 5 zu § 83 ArbGG 1979	BAG **39**, 259; DB **83**, 666; SAE **83**, 343 (Schreiber); EzA § 81 ArbGG 1979 Nr. 2
3. 8. 1982	AP Nr. 12 zu § 87 BetrVG 1972 Lohngestaltung (Misera)	BAG **39**, 277; BB **83**, 376; DB **83**, 237; NJW **83**, 2519; SAE **83**, 317 (Hirschberg); EzA § 87 BetrVG 1972 Betriebl. Lohngestaltung Nr. 5
3. 8. 1982	AP Nr. 5 zu § 113 BetrVG 1972	DB **82**, 2631; EzA § 113 BetrVG 1972 Nr. 10
3. 8. 1982	AP Nr. 12 zu § 242 BGB Betriebliche Übung (Scheuring)	BAG **39**, 271; EzA § 242 BGB Betriebliche Übung Nr. 7
12. 8. 1982	AP Nr. 14 zu § 77	BAG **39**, 295; BB **82**, 2183; DB **82**,

Datum	Fundstelle AP	Weitere Fundstellen
	BetrVG 1972 (Hanau)	2298, 2513 (Belling); **84**, 875 (Falkenberg); NJW **83**, 68; ArbuR **83**, 284 (Wohlgemuth); SAE **83**, 125 (Lieb); RdA **83**, 201 (Richardi), 217 (Martens), 278 (Richardi); EzA § 77 BetrVG 1972 Nr. 9 (Buchner)
12. 8. 1982	AP Nr. 5 zu § 77 BetrVG 1972	BB **83**, 249; DB **82**, 2301
17. 8. 1982	AP Nr. 5 zu § 87 BetrVG 1972 Ordnung des Betriebes	DB **82**, 2578; NJW **83**, 646; EzA § 87 BetrVG 1972 Betriebl. Ordnung Nr. 9
17. 8. 1982	AP Nr. 11 zu § 111 BetrVG 1972 (Richardi)	BAG **40**, 36; BB **83**, 501; DB **83**, 344; NJW **83**, 1870; SAE **84**, 234 (Mayer-Maly); EzA § 111 BetrVG 1972 Nr. 14
18. 8. 1982	AP Nr. 24 zu § 102 BetrVG 1972	BAG **40**, 42; BB **83**, 251; DB **83**, 288; NJW **83**, 2836; SAE **84**, 121 (Körnig); EzA § 102 BetrVG 1972 Nr. 48 (Heinze)
18. 8. 1982	AP Nr. 18 zu § 618 BGB (Lorenz)	BAG **40**, 50; BB **83**, 637; DB **83**, 234; EzA § 618 BGB Nr. 4
19. 8. 1982	AP Nr. 9 zu § 9 KSchG 1969 (Bernert)	BAG **40**, 56; BB **83**, 704; DB **83**, 663; NJW **83**, 1628; EzA § 9 KSchG n. F. Nr. 14
25. 8. 1982	AP Nr. 53 zu § 242 BGB Gleichbehandlung	BAG **39**, 336; BB **82**, 1921; DB **82**, 2354; **83**, 1430 (Seeland); NJW **83**, 190; ArbuR **83**, 219 (Pfarr); RdA **83**, 66; EzA § 242 BGB Gleichbehandlung Nr. 31
25. 8. 1982	AP Nr. 32 zu § 611 BGB Lehrer, Dozenten	BAG **39**, 329; EzA § 611 BGB Arbeitnehmerbegriff Nr. 25
27. 8. 1982	AP Nr. 25 zu § 102 BetrVG 1972	BAG **40**, 95; BB **83**, 377; DB **83**, 181; NJW **83**, 2835; EzA § 102 BetrVG 1972 Nr. 49
31. 8. 1982	AP Nr. 8 zu § 87 BetrVG 1972 Arbeitszeit (Rath-Glawatz)	BAG **40**, 107; BB **83**, 1597; DB **83**, 453, 1818 (Joost); NJW **83**, 953; ArbuR **88**, 65 (Suhr); SAE **83**, 134 (Löwisch); RdA **83**, 189; EzA § 87 BetrVG 1972 Arbeitszeit Nr. 13 (Richardi)
31. 8. 1982	AP Nr. 2 zu § 87 BetrVG 1972 Auszahlung	BAG **40**, 350; BB **83**, 60; DB **82**, 2519; NJW **83**, 2284; ArbuR **83**, 93 (Herschel); EzA § 87 BetrVG 1972 Nr. 9
1. 9. 1982	AP Nr. 65 zu §§ 22, 23 BAT 1975 (Jesse)	BAG **39**, 358
16. 9. 1982	AP Nr. 24 zu § 123 BGB (Brox)	BAG **41**, 54; DB **83**, 2780; NJW **84**, 446; EzA § 123 BGB Nr. 22 (Wohlgemuth)
16. 9. 1982	AP Nr. 4 zu § 22 KO	DB **83**, 504; NJW **83**, 1341; EzA § 1 KSchG Betriebsbedingte Kündigung Nr. 18 (Herschel)
22. 9. 1982	AP Nr. 42 zu § 1 TVG Tarifverträge: Bau (Walchshöfer)	BAG **40**, 156; DB **83**, 236; EzA § 4 TVG Ausschlußfristen Nr. 52
23. 9. 1982	AP Nr. 3 zu § 4 BetrVG 1972	BAG **40**, 163; BB **83**, 1534; DB **83**, 1498; EzA § 1 BetrVG 1972 Nr. 3

Datum	Fundstelle AP	Weitere Fundstellen
23. 9. 1982	AP Nr. 42 zu § 37 BetrVG 1972	DB **83**, 182; EzA § 37 BetrVG 1972 Nr. 76
7. 10. 1982	AP Nr. 5 zu § 620 BGB Teilkündigung (Wolf, M.)	BAG **40**, 199; BB **83**, 1791; DB **83**, 1368; SAE **83**, 185 (Beitzke); EzA § 315 BGB Nr. 28 (Herschel)
14. 10. 1982	AP Nr. 19 zu § 40 BetrVG 1972 (Otto)	BAG **40**, 244; BB **83**, 1215; DB **83**, 665; SAE **83**, 209 (Peterek); EzA § 40 BetrVG 1972 Nr. 52
14. 10. 1982	AP Nr. 36 zu § 613a BGB	DB **84**, 1306; EzA § 613a BGB Nr. 38
14. 10. 1982	AP Nr. 1 zu § 1 KSchG 1969 Konzern (Wiedemann)	BAG **41**, 72; DB **83**, 2635; NJW **84**, 381; SAE **84**, 139 (Windbichler); EzA § 15 KSchG n. F. Nr. 29
21. 10. 1982	AP Nr. 14 zu Art. 140 GG (Stein)	BB **83**, 2052; DB **83**, 2778; NJW **84**, 826; EzA § 1 KSchG Tendenzbetrieb Nr. 12 (Rüthers)
26. 10. 1982	AP Nr. 10 zu § 111 BetrVG 1972 (Richardi)	BAG **41**, 92; DB **83**, 1766; NJW **83**, 2838, 2803 (Kilian); SAE **84**, 269 (Buchner); EzA § 111 BetrVG 1972 Nr. 15
3. 11. 1982	AP Nr. 12 zu § 15 KSchG 1969	BAG **40**, 296; BB **83**, 1097; DB **83**, 830; NJW **83**, 1221; SAE **83**, 282 (Gangel); EzA § 15 KSchG n. F. Nr. 28
10. 11. 1982	AP Nr. 5 zu § 42 SchwbG	BAG **40**, 314; DB **83**, 503; EzA § 42 SchwbG Nr. 5
10. 11. 1982	AP Nr. 8 zu § 1 TVG Form (Mangen)	BAG **40**, 327; BB **83**, 1344; DB **83**, 717; EzA § 1 TVG Nr. 16
16. 11. 1982	AP Nr. 32 zu § 2 TVG (Rüthers/Roth)	DB **83**, 1151; **84**, 718 (Hagemeier); SAE **84**, 133 (Konzen); ArbuR **83**, 348 (Herschel); EzA Art. 9 GG Nr. 36
25. 11. 1982	AP Nr. 7 zu § 1 KSchG 1969 Krankheit (Meisel)	BAG **40**, 361; BB **83**, 899; DB **83**, 1047; **84**, 46 (Mohr); NJW **83**, 2897; EzA § 1 KSchG Krankheit Nr. 10 (Otto)
25. 11. 1982	AP Nr. 2 zu § 9 TVAL II (Beitzke)	BAG **37**, 120; DB **82**, 909
3. 12. 1982	AP Nr. 72 zu § 620 BGB Befristeter Arbeitsvertrag	BAG **41**, 110; DB **83**, 1553; NJW **83**, 2158; EzA § 620 BGB Nr. 63
8. 12. 1982	AP Nr. 6 zu § 77 BetrVG 1972 (Hanau)	BAG **41**, 118; BB **83**, 312; DB **83**, 346; **84**, 875 (Falkenberg), 926 (Blomeyer); SAE **83**, 129 (Lieb); RdA **83**, 201 (Richardi), 217 (Martens), 225 (v. Hoyningen-Huene); EzA § 77 BetrVG 1972 Nr. 11
9. 12. 1982	AP Nr. 73 zu § 626 BGB	BAG **41**, 150; BB **83**, 2257; DB **83**, 2578; NJW **84**, 1142; ArbuR **84**, 122 (Kohte); SAE **84**, 158 (Roemheld); EzA § 626 n. F. BGB Nr. 86 (Löwisch/Schönfeld)
14. 12. 1982	AP Nr. 1 zu § 1 BetrAVG Besitzstand (Wiedemann/Mangen)	BAG **41**, 163; BB **83**, 1034; DB **83**, 944, 1709 (Löwisch); SAE **85**, 9 (Pestalozza); EzA § 242 BGB Ruhegeld Nr. 100

Datum	Fundstelle AP	Weitere Fundstellen
16. 12. 1982	AP Nr. 13 zu § 15 KSchG 1969 (Kraft)	BAG **41**, 180; DB **83**, 1049; SAE **83**, 277 (Coester); EzA § 103 BetrVG 1972 Nr. 29
21. 12. 1982	AP Nr. 9 zu § 87 BetrVG 1972 Arbeitszeit (Gast)	BAG **41**, 200; BB **83**, 503; DB **83**, 611; SAE **83**, 321 (Wiese); EzA § 87 BetrVG 1972 Arbeitszeit Nr. 16
	1983	
13. 1. 1983 5 AZR 149/82	AP Nr. 42 zu § 611 BGB Abhängigkeit (Herschel)	BAG **41**, 247; BB **83**, 1855; NJW **84**, 1985; EzA § 611 BGB Arbeitnehmerbegriff Nr. 26
13. 1. 1983 5 AZR 156/82	AP Nr. 43 zu § 611 BGB Abhängigkeit (Herschel)	BAG **41**, 265; EzA § 611 BGB Arbeitnehmerbegriff Nr. 27
14. 1. 1983	AP Nr. 9 zu § 19 BetrVG 1972	BAG **41**, 275; BB **83**, 1223; DB **83**, 2142; EzA § 81 ArbGG 1979 Nr. 1
14. 1. 1983	AP Nr. 12 zu § 76 BetrVG 1972	BB **84**, 338; DB **83**, 2583; SAE **84**, 154 (Meisel); EzA § 76 BetrVG 1972 Nr. 34
19. 1. 1983	AP Nr. 28 zu § 102 BetrVG 1972	BB **83**, 1920; DB **83**, 1153; NJW **83**, 2047; EzA § 102 BetrVG 1972 Nr. 50
26. 1. 1983	AP Nr. 1 zu § 75 LPVG Rheinland-Pfalz (Pecher)	BAG **41**, 297
1. 2. 1983	AP Nr. 14 zu § 322 ZPO (Leipold)	BAG **41**, 316; DB **83**, 1660; NJW **84**, 1710; EzA § 322 ZPO Nr. 4
17. 2. 1983	AP Nr. 4 zu § 4 BetrVG 1972	BAG **41**, 403; BB **83**, 1790; DB **83**, 2039; ArbuR **83**, 283
17. 2. 1983	AP Nr. 14 zu § 15 KSchG 1969	BAG **41**, 391; BB **83**, 1218; DB **83**, 1551; NJW **83**, 1927; EzA § 620 BGB Nr. 64
17. 2. 1983	AP Nr. 6 zu § 212a ZPO	BAG **41**, 408; EzA § 212a ZPO Nr. 4
22. 2. 1983	AP Nr. 7 zu § 113 BetrVG 1972	BAG **42**, 1; BB **84**, 61; DB **83**, 1447; NJW **84**, 323; EzA § 4 TVG Ausschlußfristen Nr. 54
22. 2. 1983	AP Nr. 2 zu § 23 BetrVG 1972 (v. Hoyningen-Huene)	BAG **42**, 11 BB **83**, 1724; **84**, 676 (Neumann), 1169 (Trittin); DB **83**, 1926; **84**, 2695 (Konzen/Rapp); NJW **84**, 196; ArbuR **83**, 284; **85**, 78 (Kümpel), 65 (Derleder); SAE **84**, 182 (Buchner); RdA **83**, 319; EzA § 23 BetrVG 1972 Nr. 9 (Rüthers/Henssler)
25. 2. 1983	AP Nr. 14 zu § 626 BGB Ausschlußfrist	BB **83**, 1922; **88**, 2032 (Gerauer); **89**, 1061 (Kapischke); DB **83**, 1605; EzA § 626 n. F. BGB Nr. 83
3. 3. 1983	AP Nr. 8 zu § 20 BetrVG 1972 (Löwisch)	BAG **42**, 71; DB **83**, 1366; NJW **84**, 198; EzA § 20 BetrVG 1972 Nr. 12
8. 3. 1983	AP Nr. 14 zu § 87 BetrVG 1972 Lohngestaltung (Weiß)	BB **83**, 2114; DB **83**, 2040; EzA § 87 BetrVG 1972 Betriebl. Lohngestaltung Nr. 6

Datum	Fundstelle AP	Weitere Fundstellen
8. 3. 1983	AP Nr. 26 zu § 118 BetrVG 1972 (Herschel)	BAG **42**, 75; BB **83**, 2115; DB **83**, 1875; NJW **84**, 1144; EzA § 118 BetrVG 1972 Nr. 34
17. 3. 1983	AP Nr. 18 zu § 80 BetrVG 1972	BAG **42**, 113; BB **83**, 1282; DB **83**, 1607; NJW **83**, 2463; ArbuR **84**, 56 (Wohlgemuth); EzA § 80 BetrVG 1972 Nr. 24 (Kroll)
22. 3. 1983	AP Nr. 6 zu § 101 BetrVG 1972 (Löwisch)	BAG **42**, 121; BB **83**, 1986; DB **83**, 2313; SAE **84**, 59 (Kraft); EzA § 101 BetrVG 1972 Nr. 5
24. 3. 1983	AP Nr. 12 zu § 1 KSchG 1969 Betriebsbedingte Kündigung (Meisel)	BAG **42**, 151; BB **83**, 1665, 2057 (Berkowsky); DB **83**, 1822, 2465 (Westhoff); **84**, 1467 (Vogt); **86**, 1175 (Dudenbostel); NJW **84**, 78; ArbuR **84**, 58 (Klinkhammer, Dieter + Heinz); SAE **84**, 43 (Löwisch/Schüren); EzA § 1 KSchG Betriebsbedingte Kündigung Nr. 21
19. 4. 1983	AP Nr. 124 zu Art. 3 GG (Kraft)	BAG **42**, 217; BB **84**, 673; DB **83**, 2372; ArbuR **83**, 184; EzA § 112 BetrVG 1972 Nr. 26
21. 4. 1983	AP Nr. 43 zu § 37 BetrVG 1972	BB **83**, 1853; DB **83**, 2253; ArbuR **83**, 283; EzA § 37 BetrVG 1972 Nr. 79
21. 4. 1983	AP Nr. 20 zu § 40 BetrVG 1972 (Naendrup)	BAG **42**, 259; BB **84**, 469; DB **84**, 248; NJW **84**, 2309; SAE **84**, 261 (Schwerdtner); EzA § 40 BetrVG 1972 Nr. 53 (Kreutz)
28. 4. 1983	AP Nr. 3 zu § 117 AFG (Brackmann)	DB **83**, 2091; NJW **84**, 76; EzA § 117 AFG Nr. 3
17. 5. 1983	AP Nr. 19 zu § 80 BetrVG 1972 (v. Hoyningen-Huene)	BAG **42**, 366; BB **83**, 1984; **84**, 676 (Neumann, M.); DB **83**, 1986; SAE **85**, 56 (Joost); EzA § 80 BetrVG 1972 Nr. 25
17. 5. 1983	AP Nr. 18 zu § 99 BetrVG 1972 (Faude)	BAG **42**, 386; DB **83**, 2638; EzA § 99 BetrVG 1972 Nr. 36
17. 5. 1983	AP Nr. 11 zu § 75 BPersVG (Wiese)	BAG **42**, 375; BB **84**, 140; DB **84**, 139; NJW **84**, 824; EzA Art. 2 GG Nr. 3
19. 5. 1983	AP Nr. 44 zu § 37 BetrVG 1972 (Weiss)	BAG **42**, 405; BB **84**, 532; DB **83**, 2038; EzA § 37 BetrVG 1972 Nr. 77
19. 5. 1983	AP Nr. 25 zu § 123 BGB (Mühl)	BB **84**, 533; DB **84**, 298; SAE **84**, 173 (Misera); EzA § 123 BGB Nr. 23 (Wank)
26. 5. 1983	AP Nr. 34 zu § 613a BGB (Grunsky)	BAG **43**, 13; BB **83**, 2116; DB **83**, 2690; NJW **84**, 627; EzA § 613a BGB Nr. 34
31. 5. 1983	AP Nr. 95 BetrVG 1972 (Löwisch)	BAG **43**, 26; BB **84**, 275; DB **83**, 2311; ArbuR **85**, 100 (Zachert); SAE **84**, 108 (Weber); EzA § 95 BetrVG 1972 Nr. 6; NZA **84**, 49
31. 5. 1983	AP Nr. 27 zu § 118 BetrVG 1972 (Misera)	BAG **43**, 35; DB **84**, 995; SAE **84**, 62 (Kraft); EzA § 118 BetrVG 1972 Nr. 36
9. 6. 1983	AP Nr. 2 zu § 23 KSchG 1969	BAG **43**, 80; BB **84**, 143; DB **83**, 2473; NJW **84**, 82; SAE **84**, 283 (Gast); EzA § 23 KSchG Nr. 4

Datum	Fundstelle AP	Weitere Fundstellen
10. 6. 1983	AP Nr. 10 zu § 19 BetrVG 1972	BAG **44**, 57; DB **83**, 2142; EzA § 19 BetrVG 1972 Nr. 19
14. 6. 1983	AP Nr. 58 zu § 242 BGB Gleichbehandlung (Herschel)	BAG **44**, 61; DB **84**, 1251
15. 6. 1983	AP Nr. 5 zu § 10 AÜG	BAG **43**, 102; DB **83**, 2420; NJW **84**, 2912; ArbuR **84**, 348 (Ulber); SAE **85**, 71 (Wank)
23. 6. 1983	AP Nr. 45 zu § 37 BetrVG 1972 (Löwisch/Reimann)	BAG **43**, 109; DB **83**, 2419; SAE **84**, 196 (Meisel); EzA § 37 BetrVG 1972 Nr. 78
23. 6. 1983	AP Nr. 10 zu § 78a BetrVG 1972 (Natzel)	BAG **43**, 115; DB **84**, 1786; NJW **84**, 1779; ArbuR **83**, 247; EzA § 78a BetrVG 1972 Nr. 11
30. 6. 1983	AP Nr. 15 zu Art. 140 GG (Richardi)	NJW **84**, 1917; EzA § 1 KSchG Tendenzbetrieb Nr. 14
19. 7. 1983	AP Nr. 5 zu § 87 BetrVG 1972 Betriebsbuße (Herschel)	DB **83**, 2695; ArbuR **84**, 220 (Weiss); EzA § 611 BGB Fürsorgepflicht Nr. 34 (Klinkhammer, Dieter + Heinz)
28. 7. 1983	AP Nr. 1 zu § 22 SchwbG (Herschel)	BAG **43**, 210; DB **84**, 133; EzA § 22 SchwbG Nr. 1
2. 8. 1983	AP Nr. 12 zu § 111 BetrVG 1972 (Fabricius/Pottmeyer)	BAG **43**, 222; BB **84**, 274; DB **83**, 2776; NJW **84**, 1781; ArbuR **83**, 310; SAE **84**, 148; EzA § 111 BetrVG 1972 Nr. 16 (1. Mummenhoff, 2. Klinkhammer)
16. 8. 1983	AP Nr. 2 zu § 81 ArbGG 1979	BB **84**, 729; DB **84**, 408; EzA § 81 ArbGG 1979 Nr. 3
16. 8. 1983	AP Nr. 5 zu § 50 BetrVG 1972	BAG **44**, 86; DB **84**, 129; NJW **84**, 2966; ArbuR **83**, 310; SAE **84**, 334 (Dütz); EzA § 50 BetrVG 1972 Nr. 9
25. 8. 1983	AP Nr. 7 zu § 77 BetrVG 1972 (Misera)	BAG **44**, 94; BB **84**, 981; DB **84**, 1302; EzA § 77 BetrVG 1972 Nr. 12
25. 8. 1983	AP Nr. 14 zu § 59 KO (Gerhardt)	DB **84**, 303; EzA § 59 KO Nr. 11
30. 8. 1983	AP Nr. 38 zu § 9 GG (Herschel)	BB **84**, 212; DB **84**, 462; EzA Art. 9 GG Nr. 37
13. 9. 1983	AP Nr. 3 zu § 87 BetrVG 1972 Prämie (Hanau)	BAG **43**, 278; BB **83**, 2051; DB **83**, 2470; ArbuR **84**, 92 (Pornschlegel); SAE **88**, 253 (Lieb); RdA **84**, 55; EzA § 87 BetrVG 1972 Leistungslohn Nr. 8 (Löwisch/Reimann)
13. 9. 1983	AP Nr. 11 zu § 19 HAG (Brecht)	BAG **44**, 132; DB **84**, 2047; NZA **84**, 41
13. 9. 1983	AP Nr. 1 zu § 1 TVG Tarifverträge: Druckindustrie (Reuter)	BAG **44**, 141; DB **84**, 1099; EzA § 4 TVG Druckindustrie Nr. 1
22. 9. 1983	AP Nr. 11 zu § 78a BetrVG 1972 (Löwisch)	BAG **44**, 154; BB **84**, 1682; DB **84**, 936; EzA § 78a BetrVG 1972 Nr. 12; NZA **84**, 45
28. 9. 1983	AP Nr. 1 zu § 21 BetrVG 1972 (Gast)	BAG **44**, 164; DB **84**, 833; EzA § 102 BetrVG 1972 Nr. 56; NZA **84**, 52

Datum	Fundstelle AP	Weitere Fundstellen
28. 9. 1983	AP Nr. 9 zu § 1 TVG Rückwirkung (Herschel)	BAG **43**, 305; BB **84**, 724; DB **84**, 303; EzA § 1 TVG Rückwirkung Nr. 2
29. 9. 1983	AP Nr. 15 zu § 15 KSchG 1969 (Richardi)	DB **84**, 302; SAE **85**, 115 (Schulin); EzA § 15 KSchG n. F. Nr. 32
20. 10. 1983	AP Nr. 13 zu § 1 KSchG Betriebsbedingte Kündigung (v. Hoyningen-Huene)	BAG **43**, 357; BB **84**, 671; DB **84**, 563, 1467 (Vogt); NJW **84**, 1648; SAE **85**, 215 (Otto); EzA § 1 KSchG Betriebsbedingte Kündigung Nr. 28 (Kraft)
25. 10. 1983	AP Nr. 18 zu § 112 BetrVG 1972	BB **84**, 598; DB **84**, 725; SAE **84**, 326 (Hromadka); EzA § 112 BetrVG 1972 Nr. 28
2. 11. 1983	AP Nr. 29 zu § 102 BetrVG 1972	BAG **44**, 201; DB **84**, 407; EzA § 102 BetrVG 1972 Nr. 53 (Streckel)
8. 11. 1983	AP Nr. 11 zu § 87 BetrVG 1972 Arbeitszeit (Grunsky)	BAG **44**, 226; BB **85**, 269; DB **84**, 1479; EzA § 81 ArbGG 1979 Nr. 4
24. 11. 1983	AP Nr. 30 zu § 102 BetrVG 1972	BAG **44**, 249; BB **84**, 1045; DB **84**, 1149; EzA § 102 BetrVG 1972 Nr. 54 (Grunsky); NZA **84**, 93, 76 (Rummel)
29. 11. 1983	AP Nr. 10 zu § 113 BetrVG 1972	BAG **44**, 260; DB **84**, 724; NJW **84**, 1650; SAE **84**, 257 (Kraft); EzA § 113 BetrVG 1972 Nr. 11
1. 12. 1983	AP Nr. 13 zu § 76 BetrVG 1972 (Weiss)	DB **84**, 934; ArbuR **84**, 48; EzA § 40 BetrVG 1972 Nr. 54
6. 12. 1983	AP Nr. 7 zu § 87 BetrVG 1972 Überwachung (Richardi)	BAG **44**, 285; BB **84**, 850; **85**, 531 (Schwarz); DB **84**, 775, 1723 (Gaul), 2560 (Moll/Gaul); **85**, 1341 (Weng); NJW **84**, 1476; ArbuR **84**, 263 (Kohte); SAE **85**, 225 (Heinze); EzA § 87 BetrVG 1972 Bildschirmarbeitsplatz Nr. 1 (Ehmann); NZA **85**, Beilage 1, 2 (Ehmann)
15. 12. 1983	AP Nr. 12 zu § 78a BetrVG 1972 (Löwisch)	BAG **44**, 355; BB **84**, 1364; DB **84**, 1101; NJW **84**, 2598; EzA § 78a BetrVG 1972 Nr. 13; NZA **84**, 44
20. 12. 1983	AP Nr. 17 zu § 112 BetrVG 1972 (v. Hoyningen-Huene)	BAG **44**, 364; BB **84**, 2003; DB **84**, 723; NJW **84**, 1581; SAE **85**, 263 (Hanau); RdA **84**, 189; EzA § 112 BetrVG 1972 Nr. 29 (Kreutz); NZA **84**, 53
	1984	
19. 1. 1984	AP Nr. 4 zu § 74 BetrVG 1972	BAG **45**, 22; DB **84**, 1529; NZA **84**, 166
20. 1. 1984	AP Nr. 16 zu § 15 KSchG 1969	BAG **45**, 26; BB **84**, 1043; DB **84**, 1248; SAE **85**, 159 (Schlüter/Belling); EzA § 15 KSchG n. F. Nr. 33; NZA **84**, 38
25. 1. 1984 5 AZR 89/82	AP Nr. 67 zu § 242 BGB Gleichbehandlung (Herschel)	BAG **45**, 76; BB **84**, 1940; DB **84**, 2251; NJW **85**, 168; SAE **85**, 204 (Misera); EzA § 242 BGB Gleichbehandlung Nr. 38 (Weiss); NZA **84**, 326

Datum	Fundstelle AP	Weitere Fundstellen
25. 1. 1984 5 AZR 251/82	AP Nr. 68 zu § 242 BGB Gleichbehandlung (Herschel)	BAG **45**, 86; DB **84**, 2355; NJW **85**, 165; SAE **85**, 200 (Misera); EzA § 242 BGB Gleichbehandlung Nr. 39 (Weiss); NZA **84**, 323
31. 1. 1984	AP Nr. 15 zu § 87 BetrVG 1972 Lohngestaltung (Satzky)	BAG **45**, 91; BB **85**, 398; DB **84**, 1353; EzA § 87 BetrVG 1972 Betriebl. Lohngestaltung Nr. 8; NZA **84**, 167
31. 1. 1984	AP Nr. 3 zu § 87 BetrVG 1972 Tarifvorrang (Wiedemann)	BAG **46**, 182; DB **84**, 1351; **86**, 1520 (Kappes); SAE **85**, 290 (v. Hoyningen-Huene); EzA § 87 BetrVG 1972 Betriebl. Lohngestaltung Nr. 7; NZA **84**, 47
31. 1. 1984	AP Nr. 3 zu § 95 BetrVG 1972 (Löwisch)	BB **84**, 915; DB **84**, 1199; NJW **84**, 1709; EzA § 95 BetrVG 1972 Nr. 7; NZA **84**, 51
9. 2. 1984	AP Nr. 9 zu § 77 BetrVG 1972	BAG **45**, 132; BB **84**, 1746; DB **84**, 1477; EzA § 77 BetrVG 1972 Nr. 13; NZA **84**, 96
14. 2. 1984	AP Nr. 21 zu § 112 BetrVG 1972 (Konzen)	DB **84**, 1529; SAE **85**, 321 (Löwisch); EzA § 112 BetrVG 1972 Nr. 30; NZA **84**, 201
14. 2. 1984	AP Nr. 2 zu § 1 TVG Tarifverträge: Druckindustrie	DB **84**, 1531; EzA § 99 BetrVG 1972 Nr. 39
15. 2. 1984	AP Nr. 37 zu § 613a BGB (Herschel)	BAG **45**, 140; BB **84**, 2266; DB **84**, 1403; EzA § 613a BGB Nr. 39; NZA **84**, 32
23. 2. 1984	AP Nr. 2 zu § 82 BetrVG 1972 (Schreiber)	BB **84**, 1874; DB **84**, 2098; SAE **85**, 27 (Peterek); EzA § 82 BetrVG 1972 Nr. 2; NZA **85**, 128
28. 2. 1984	AP Nr. 4 zu § 87 BetrVG 1972 Tarifvorrang	DB **84**, 1682; SAE **85**, 293 (v. Hoyningen-Huene); EzA § 87 BetrVG 1972 Leistungslohn Nr. 9; NZA **84**, 230
6. 3. 1984	AP Nr. 10 zu § 1 BetrAVG	BAG **45**, 178; DB **84**, 2516; EzA § 1 BetrAVG Nr. 31
8. 3. 1984	AP Nr. 15 zu § 13 BUrlG	BAG **45**, 199; BB **84**, 1489; DB **84**, 1885; ArbuR **84**, 153; SAE **86**, 166 (Bachmann); EzA § 13 BUrlG Nr. 18; NZA **84**, 160
13. 3. 1984	AP Nr. 9 zu § 83 ArbGG 1979	DB **84**, 2148; EzA § 83 ArbGG 1979 Nr. 2; NZA **84**, 172
13. 3. 1984	AP Nr. 4 zu § 87 BetrVG 1972 Provision (Hanau)	BAG **45**, 208; BB **84**, 2128; DB **84**, 2145; SAE **85**, 120 (Meisel); EzA § 87 BetrVG 1972 Leistungslohn Nr. 10 (Otto); NZA **84**, 296
23. 3. 1984	AP Nr. 16 zu Art. 140 GG (Mayer-Maly)	BAG **45**, 250; BB **84**, 1552; NJW **84**, 2596; EzA § 1 KSchG Tendenzbetrieb Nr. 15 (Herschel); NZA **84**, 287
23. 3. 1984	AP Nr. 4 zu § 23 KSchG 1969	BAG **45**, 259; DB **84**, 1684; SAE **85**, 127 (Hönn); EzA § 23 KSchG Nr. 7; NZA **84**, 88

Datum	Fundstelle AP	Weitere Fundstellen
29. 3. 1984	AP Nr. 31 zu § 102 BetrVG 1972 (v. Hoyningen-Huene)	BAG **45**, 277; BB **84**, 1426; DB **84**, 1990; NJW **84**, 2374; SAE **85**, 88 (Reuter); EzA § 102 BetrVG 1972 Nr. 55 (Moll); NZA **84**, 169
5. 4. 1984	AP Nr. 2 zu § 17 BBiG (Herschel)	DB **85**, 602; EzA § 17 BBiG Nr. 1; NZA **85**, 329
5. 4. 1984	AP Nr. 46 zu § 37 BetrVG 1972 (Löwisch/Riehle)	DB **84**, 1785; EzA § 37 BetrVG 1972 Nr. 80; NZA **84**, 127
5. 4. 1984	AP Nr. 13 zu § 78a BetrVG 1972	BAG **45**, 305; DB **84**, 1992; ArbuR **84**, 186; EzA § 78a BetrVG 1972 Nr. 14
10. 4. 1984	AP Nr. 7 zu § 87 BetrVG 1972 Ordnung des Betriebes	BB **85**, 121; DB **84**, 2097; NJW **84**, 2431; SAE **86**, 21 (Kreutz); EzA § 87 BetrVG 1972 Betriebl. Ordnung Nr. 10
10. 4. 1984	AP Nr. 4 zu § 95 BetrVG 1972 (Höhn)	BB **84**, 1937; DB **84**, 2198; EzA § 95 BetrVG 1972 Nr. 8; NZA **84**, 233
30. 4. 1984	AP Nr. 23 zu § 112 BetrVG 1972	BAG **45**, 357; BB **84**, 1616; DB **84**, 1831; NJW **84**, 2486; SAE **84**, 316 (Weitnauer); EzA § 112 BetrVG 1972 Nr. 31; NZA **84**, 20 (Heß), 191
3. 5. 1984	AP Nr. 15 zu § 76 BetrVG 1972	BB **84**, 1746; DB **84**, 2307; EzA § 40 BetrVG 1972 Nr. 56; NZA **84**, 330
3. 5. 1984	AP Nr. 5 zu § 95 BetrVG 1972 (Fabricius)	BAG **46**, 4; BB **85**, 125; DB **84**, 2413; EzA § 81 ArbGG 1979 Nr. 6
9. 5. 1984	AP Nr. 45 zu § 611 BGB Abhängigkeit	DB **84**, 2203; EzA § 611 BGB Arbeitnehmerbegriff Nr. 30
9. 5. 1984	AP Nr. 58 zu § 1 LohnFG	BAG **46**, 1; BB **84**, 1687; DB **84**, 2099; EzA § 1 LohnFG Nr. 71 (Söllner); NZA **84**, 162
17. 5. 1984	AP Nr. 21 zu § 1 KSchG 1969 Betriebsbedingte Kündigung (v. Hoyningen-Huene)	BAG **46**, 191; DB **85**, 1190; SAE **86**, 273 (Schulin); EzA § 1 KSchG Betriebsbedingte Kündigung Nr. 32; NZA **85**, 489
6. 6. 1984	AP Nr. 7 zu § 611 BGB Persönlichkeitsrecht (Echterhölter)	BAG **46**, 98; BB **84**, 2130; DB **84**, 2626; NJW **84**, 2910; SAE **85**, 95 (Krause); EzA Art. 2 GG Nr. 4; NZA **84**, 321
6. 6. 1984	AP Nr. 83 zu § 620 BGB Befristeter Arbeitsvertrag	DB **84**, 2708; SAE **85**, 62 (Weber); EzA § 620 BGB Nr. 71; NZA **85**, 90
7. 6. 1984	AP Nr. 10 zu § 20 BetrVG 1972	BB **85**, 397; DB **84**, 2358; SAE **86**, 144 (Färber); EzA § 20 BetrVG 1972 Nr. 13; NZA **85**, 66
7. 6. 1984	AP Nr. 24 zu § 40 BetrVG 1972	BB **84**, 2192; DB **84**, 2200; EzA § 40 BetrVG 1972 Nr. 57; NZA **84**, 362
7. 6. 1984	AP Nr. 26 zu § 123 BGB	DB **84**, 2706; NJW **85**, 645; SAE **85**, 165 (Naendrup); EzA § 123 BGB Nr. 24 (Peterek); NZA **85**, 57
19. 6. 1984	AP Nr. 2 zu § 92 BetrVG 1972 (Kraft)	BAG **46**, 142; BB **84**, 2265; DB **84**, 2305; EzA § 92 BetrVG 1972 Nr. 1; NZA **84**, 329

Datum	Fundstelle AP	Weitere Fundstellen
19. 6. 1984	AP Nr. 3 zu § 1 TVG Verhandlungspflicht (Wiedemann)	BAG **46**, 129; DB **84**, 2415; NJW **85**, 220; SAE **85**, 339 (Coester); EzA § 256 ZPO Nr. 22; NZA **84**, 261
19. 6. 1984	AP Nr. 1 zu Art. 72 ZA-Nato-Truppenstatut (Beitzke)	BAG **46**, 107
28. 6. 1984	AP Nr. 1 zu § 85 BetrVG 1972 (Misera)	BAG **46**, 228; BB **85**, 1196; DB **85**, 1138; SAE **85**, 265 (Herschel); EzA § 85 BetrVG 1972 Nr. 1; NZA **85**, 189
3. 7. 1984	AP Nr. 20 zu § 99 BetrVG 1972 (Löwisch/Schönfeld)	BAG **46**, 158; DB **84**, 2304; ArbuR **85**, 229 (Bösche/Grünberg); EzA § 99 BetrVG 1972 Nr. 37 (Dütz); NZA **85**, 67
12. 7. 1984	AP Nr. 32 zu § 102 BetrVG 1972	BB **85**, 1599; DB **85**, 340; EzA § 102 BetrVG 1972 Nr. 57; NZA **85**, 96
23. 8. 1984	AP Nr. 36 zu § 102 BetrVG 1972 (Richardi)	BAG **46**, 282; BB **85**, 1066; DB **85**, 1085; SAE **86**, 117 (Meisel); EzA § 102 BetrVG 1972 Nr. 59 (Wiese); NZA **85**, 566
23. 8. 1984	AP Nr. 17 zu § 103 BetrVG 1972 (van Venrooy)	BAG **46**, 258; BB **85**, 335; DB **85**, 554; ArbuR **86**, 92 (Heilmann); EzA § 103 BetrVG 1972 Nr. 30; NZA **85**, 254
13. 9. 1984	AP Nr. 3 zu § 1 BetrVG 1972	BAG **46**, 363; BB **85**, 997; DB **85**, 711; ArbuR **84**, 344; EzA § 19 BetrVG 1972 Nr. 20; NZA **85**, 293
14. 9. 1984	AP Nr. 9 zu § 87 BetrVG 1972 Überwachung (Richardi)	BAG **46**, 367; BB **85**, 193 (Hunold), 531 (Schwarz); DB **84**, 2513; **85**, 1341 (Weng); NJW **85**, 450 (Kilian); ArbuR **85**, 233 (Walz), 261; SAE **85**, 193 (Ehmann); EzA § 87 BetrVG 1972 Kontrolleinrichtung Nr. 11 (Löwisch/Rieble); NZA **85**, 28, Beilage 1, S. 2 (Ehmann), S. 11 (Samland), S. 15 (Hesse)
20. 9. 1984	AP Nr. 80 zu § 626 BGB	DB **85**, 655; SAE **85**, 171 (Oetker); EzA § 626 n. F. BGB Nr. 91 (Dütz); NZA **85**, 286, 588 (Tschöpe)
27. 9. 1984	AP Nr. 39 zu § 613a BGB	BAG **47**, 13; BB **85**, 1333; DB **85**, 1399; NJW **86**, 91; SAE **86**, 147 (Wank); RdA **85**, 183; EzA § 613a BGB Nr. 40; NZA **85**, 493
27. 9. 1984	AP Nr. 8 zu § 2 KSchG 1969 (v. Hoyningen-Huene)	BAG **47**, 26; BB **85**, 1130; DB **85**, 1186; NJW **85**, 1197; ArbuR **86**, 236 (Brill); SAE **86**, 216 (Hönn); EzA § 2 KSchG Nr. 5 (Kraft); NZA **85**, 455
23. 10. 1984	AP Nr. 8 zu § 87 BetrVG 1972 Ordnung des Betriebes (v. Hoyningen-Huene)	BAG **47**, 96; DB **85**, 495; EzA § 94 BetrVG 1972 Nr. 1; NZA **85**, 224
30. 10. 1984	AP Nr. 1 zu § 1 BetrAVG Betriebliche Übung (Hromadka)	BAG **47**, 130; DB **85**, 1747; SAE **86**, 1 (Beitzke); EzA § 242 BGB Betriebliche Übung Nr. 14; NZA **85**, 531

Datum	Fundstelle AP	Weitere Fundstellen
31. 10. 1984	AP Nr. 20 zu Art. 140 GG (Dütz)	BAG **47**, 144; DB **85**, 1855; EzA § 1 Tendenzbetrieb Nr. 16; NZA **85**, 215
15. 11. 1984	AP Nr. 2 zu § 25 BetrVG 1972	BAG **47**, 201; DB **85**, 1028; EzA § 102 BetrVG 1972 Nr. 58; NZA **85**, 367
20. 11. 1984	AP Nr. 3 zu § 106 BetrVG 1972	BAG **47**, 218; BB **85**, 927; DB **85**, 924; SAE **85**, 350 (Eich); EzA § 106 BetrVG 1972 Nr. 6; NZA **85**, 432
20. 11. 1984	AP Nr. 24 zu § 112 BetrVG 1972	BAG **47**, 214; BB **85**, 658; DB **85**, 926; NJW **85**, 1484; EzA § 112 BetrVG 1972 Nr. 32; NZA **85**, 227
20. 11. 1984	AP Nr. 38 zu § 613a BGB (Willemsen)	BAG **47**, 207; BB **85**, 869; DB **85**, 1135; EzA § 613a BGB Nr. 41; NZA **85**, 393
22. 11. 1984	AP Nr. 1 zu § 64 BetrVG 1972	DB **85**, 1534; EzA § 64 BetrVG 1972 Nr. 1; NZA **85**, 715
28. 11. 1984	AP Nr. 2 zu § 4 TVG Bestimmungsrecht (Wiedemann)	DB **85**, 183; EzA § 4 TVG Rundfunk Nr. 12
30. 11. 1984	AP Nr. 6 zu Art. 56 ZA-Nato-Truppenstatut (Beitzke)	–
6. 12. 1984	AP Nr. 14 zu § 61 KO	BB **85**, 998; DB **85**, 1349; NJW **85**, 1724; EzA § 9 KSchG n. F. Nr. 17; NZA **85**, 394
12. 12. 1984	AP Nr. 21 zu Art. 140 GG (Dütz)	BAG **47**, 292; BB **85**, 1265; DB **85**, 1647; NJW **85**, 2781; EzA § 1 KSchG Tendenzbetrieb Nr. 17; NZA **86**, Beilage 1, S. 32
12. 12. 1984	AP Nr. 6 zu § 2 KSchG 1969	BAG **47**, 314; BB **85**, 731; DB **85**, 1240; NJW **85**, 2151; SAE **85**, 357 (Schüren); EzA § 315 BGB Nr. 29; NZA **85**, 321
18. 12. 1984	AP Nr. 11 zu § 113 BetrVG 1972	BAG **47**, 329; BB **85**, 1394; DB **85**, 1293, 1296 (Nipperdey); SAE **86**, 125 (Buchner); EzA § 113 BetrVG 1972 Nr. 12; NZA **85**, 400
18. 12. 1984	AP Nr. 8 zu § 611 BGB Persönlichkeitsrecht	DB **85**, 2307; NJW **86**, 341; EzA § 611 BGB Persönlichkeitsrecht Nr. 2; NZA **85**, 811
18. 12. 1984	AP Nr. 88 zu § 4 TVG Ausschlußfristen (Zeuner)	BAG **47**, 343; BB **85**, 1067; DB **85**, 1297; EzA § 4 TVG Ausschlußfristen Nr. 63; NZA **85**, 396
20. 12. 1984	AP Nr. 27 zu § 611 BGB Direktionsrecht (Brox)	BAG **47**, 363; BB **85**, 1853; **86**, 385 (Reuter); DB **85**, 2689; NJW **86**, 85; ArbuR **86**, 379 (Preuß); NZA **86**, 21
20. 12. 1984	AP Nr. 9 zu § 620 BGB Bedingung (Belling)	DB **86**, 281; SAE **86**, 235 (Hromadka); EzA § 620 BGB Bedingung Nr. 4; NZA **86**, 325

Datum	Fundstelle AP	Weitere Fundstellen
	1985	
31. 1. 1985	AP Nr. 40 zu § 613a BGB	BAG **48**, 40; BB **85**, 1913; DB **85**, 1852; NJW **86**, 87; EzA § 613a BGB Nr. 42 (Wank); NZA **85**, 593
6. 2. 1985	AP Nr. 44 zu § 613a BGB	BAG **48**, 59; DB **85**, 2411; NJW **86**, 453; EzA § 613a BGB Nr. 44 (Gaul); NZA **85**, 735; **86**, 286 (Schröder)
7. 2. 1985	AP Nr. 48 zu § 37 BetrVG 1972	BB **85**, 1263; DB **85**, 1346; EzA § 37 BetrVG 1972 Nr. 81; NZA **85**, 600
7. 2. 1985	AP Nr. 3 zu § 46 BPersVG	BAG **48**, 76; BB **85**, 1396; DB **85**, 1699
12. 2. 1985	AP Nr. 27 zu § 76 BetrVG 1952 (Rittner)	BAG **48**, 96; BB **85**, 1330; DB **85**, 1799; SAE **86**, 23 (Peterek); EzA § 19 BetrVG 1972 Nr. 21; NZA **85**, 786
12. 2. 1985	AP Nr. 25 zu § 112 BetrVG 1972	BB **85**, 1129; DB **85**, 1487; EzA § 112 BetrVG 1972 Nr. 33; NZA **85**, 717
12. 2. 1985	AP Nr. 1 zu Art. 1 Nato-Truppenstatut (Beitzke)	BAG **48**, 81
27. 2. 1985	AP Nr. 14 zu § 611 BGB Beschäftigungspflicht	BAG **48**, 122; BB **85**, 1978; **86**, 795 (Berkowsky), 799 (Bauer); DB **85**, 2197, 2610 (Dänzer-Vanotti); **86**, 168 (Bengelsdorf), 482 (Schukai), 692 (Eich); NJW **85**, 2968; ArbuR **86**, 97 (Schmidt), 159 (Herschel), 233 (Pahle), 326 (Ramm); **87**, 257 (Blanke); SAE **86**, 37 (Lieb); EzA § 611 BGB Beschäftigungspflicht Nr. 9 (Gamillscheg); NZA **85**, 702, 688 (Schuhmann), 691 (Schäfer); **86**, 209 (Dütz), 215 (Färber/Kappes); **87**, 295 (Grunsky)
26. 3. 1985	AP Nr. 10 zu § 6 BetrAVG	BB **86**, 877; DB **85**, 2617; EzA § 6 BetrAVG Nr. 9; NZA **86**, 232
11. 4. 1985	AP Nr. 39 zu § 102 BetrVG 1972	BAG **49**, 39; BB **87**, 1316; DB **86**, 1726; NJW **86**, 3159; EzA § 102 BetrVG 1972 Nr. 62; NZA **86**, 674; **87**, 361 (Schwerdtner)
18. 4. 1985	AP Nr. 5 zu § 23 BetrVG 1972 (v. Hoyningen-Huene)	BAG **48**, 246; BB **86**, 1358; DB **85**, 2511; RdA **86**, 60; EzA § 23 BetrVG 1972 Nr. 10 (Konzen); NZA **86**, 783
23. 4. 1985 1 ABR 39/81	AP Nr. 11 zu § 87 BetrVG 1972 Überwachung	BB **85**, 1666; DB **85**, 1897; ArbuR **85**, 60 (Küpferle); SAE **85**, 284 (Ehmann); EzA § 87 BetrVG 1972 Kontrolleinrichtung Nr. 12; NZA **85**, 669
23. 4. 1985 1 ABR 2/82	AP Nr. 12 zu § 87 BetrVG 1972 Überwachung	BB **85**, 1664; DB **85**, 1898; SAE **85**, 287 (Ehmann); EzA § 87 BetrVG 1972 Kontrolleinrichtung Nr. 13; NZA **85**, 671
23. 4. 1985	AP Nr. 26 zu § 112 BetrVG 1972	BAG **48**, 294; NJW **86**, 150; SAE **85**, 327 (Reuter); EzA § 112 BetrVG 1972 Nr. 34; NZA **85**, 628

Datum	Fundstelle AP	Weitere Fundstellen
30. 4. 1985	AP Nr. 4 zu § 1 BetrAVG Ablösung	BAG **48**, 337; BB **86**, 2239; DB **86**, 2514; EzA § 77 BetrVG 1972 Nr. 14; NZA **86**, 63
14. 5. 1985	AP Nr. 16 zu § 76 BetrVG 1972	DB **85**, 2153; EzA § 76 BetrVG 1972 Nr. 35; NZA **85**, 715
22. 5. 1985 5 AZR 30/84	AP Nr. 42 zu § 613a BGB (Herschel)	BAG **48**, 365; BB **86**, 193; DB **85**, 2409; NJW **86**, 451; SAE **86**, 133 (Loritz); EzA § 613a BGB Nr. 45 (Gaul); NZA **85**, 775
22. 5. 1985 5 AZR 173/84	AP Nr. 43 zu § 613a BGB	BAG **48**, 376; BB **86**, 196; DB **85**, 2407; **86**, 1722 (Denck); NJW **86**, 448; EzA § 613a BGB Nr. 46 (Gaul); NZA **85**, 773
13. 6. 1985	AP Nr. 19 zu § 611 BGB Beschäftigungspflicht (Belling)	BB **86**, 1437; DB **86**, 1827; SAE **87**, 11 (Kraft); EzA § 611 BGB Beschäftigungspflicht Nr. 16; NZA **86**, 562
13. 6. 1985	AP Nr. 10 zu § 1 KSchG 1969 (Wiedemann)	DB **86**, 1287; EzA § 1 KSchG Nr. 41; NZA **86**, 600
25. 6. 1985	AP Nr. 23 zu § 7 BetrAVG (Kraft)	DB **85**, 2459; NJW **86**, 450; SAE **86**, 136 (Loritz); EzA § 613a BGB Nr. 48; NZA **86**, 83
26. 6. 1985	AP Nr. 4 zu § 9 TVAL II (Herschel)	BAG **49**, 125; DB **86**, 132; EzA § 1 TVG Nr. 19
27. 6. 1985	AP Nr. 14 zu § 77 BetrVG 1972	BAG **49**, 151; DB **86**, 596; SAE **86**, 175 (Eich); EzA § 77 BetrVG 1972 Nr. 16; NZA **86**, 401
27. 6. 1985	AP Nr. 37 zu § 102 BetrVG 1972 (Ortlepp)	BAG **49**, 136; BB **86**, 321; DB **86**, 332; SAE **86**, 309 (Mummenhoff); EzA § 102 BetrVG 1972 Nr. 60; NZA **86**, 426
9. 7. 1985	AP Nr. 13 zu § 113 BetrVG 1972	BAG **49**, 160; DB **86**, 279; NJW **86**, 2454; EzA § 113 BetrVG 1972 Nr. 13; NZA **86**, 100
9. 7. 1985	AP Nr. 6 zu § 1 BetrAVG Ablösung	BB **86**, 1088; DB **86**, 1231; SAE **87**, 195 (Windbichler); EzA § 1 BetrAVG Nr. 37; NZA **86**, 517
9. 7. 1985	AP Nr. 16 zu § 75 BPersVG (Hromadka)	DB **86**, 230; ArbuR **85**, 289
16. 7. 1985	AP Nr. 17 zu § 87 BetrVG 1972 Lohngestaltung (Löwisch/Bernards)	DB **86**, 231; ArbuR **85**, 290; EzA § 87 BetrVG 1972 Betriebl. Lohngestaltung Nr. 9; NZA **86**, 235
16. 7. 1985	AP Nr. 21 zu § 99 BetrVG 1972 (Kraft)	BAG **49**, 180; BB **86**, 525 (Hunold); DB **86**, 124; ArbuR **86**, 185 (Kohte); SAE **86**, 180 (v. Hoyningen-Huene); EzA § 99 BetrVG 1972 Nr. 40; NZA **86**, 163
16. 7. 1985	AP Nr. 32 zu § 112 BetrVG 1972	BAG **49**, 199; DB **85**, 2207; **86**, 1571 (Spinti); NJW **86**, 94; SAE **86**, 75 (Hromadka); EzA § 112 BetrVG 1972 (Mayer-Maly); NZA **85**, 713
1. 8. 1985	AP Nr. 30 zu § 123	BAG **49**, 214; DB **86**, 2238; NJW **87**,

Datum	Fundstelle AP	Weitere Fundstellen
	BGB	398; EzA § 123 BGB Nr. 26 (Peterek); NZA **86**, 635
21. 8. 1985	AP Nr. 19 zu § 618 BGB (Mühl)	EzA § 618 BGB Nr. 5; NZA **86**, 324
22. 8. 1985	AP Nr. 50 zu § 37 BetrVG 1972	DB **86**, 599; EzA § 37 BetrVG 1972 Nr. 82; NZA **86**, 263
29. 8. 1985	AP Nr. 13 zu § 83 ArbGG 1979 (Wiedemann)	BAG **49**, 267; DB **86**, 1024; NZA **86**, 400
4. 9. 1985	AP Nr. 22 zu § 242 BGB Betriebliche Übung	BAG **49**, 290; DB **86**, 1627; NJW **87**, 2101; SAE **86**, 281 (Hromadka); EzA § 242 BGB Betriebliche Übung Nr. 16; NZA **86**, 521
10. 9. 1985 1 ABR 15/83	AP Nr. 2 zu § 117 BetrVG 1972	EzA § 117 BetrVG 1972 Nr. 1
10. 9. 1985 1 ABR 28/83	AP Nr. 3 zu § 117 BetrVG 1972 (Beitzke)	DB **86**, 331; EzA § 99 BetrVG 1972 Nr. 41
10. 9. 1985	AP Nr. 34 zu § 2 TVG	BAG **49**, 322; DB **86**, 755; NJW **86**, 1708; ArbuR **86**, 321 (Zachert), 351; SAE **86**, 229 (Brox); EzA § 2 TVG Nr. 14; NZA **86**, 332
11. 9. 1985	AP Nr. 38 zu § 615 BGB	DB **86**, 1780; EzA § 615 BGB Nr. 49; NZA **86**, 785
12. 9. 1985	AP Nr. 7 zu § 102 BetrVG 1972 Weiterbeschäftigung	BB **86**, 802; DB **86**, 752; EzA § 102 BetrVG 1972 Nr. 61; NZA **86**, 424
19. 9. 1985	AP Nr. 12 zu § 19 BetrVG 1972	BAG **50**, 1; DB **86**, 864; EzA § 19 BetrVG 1972 Nr. 22; NZA **86**, 368
19. 9. 1985	AP Nr. 11 zu § 77 BetrVG 1972	BB **86**, 191; DB **86**, 281; SAE **86**, 242 (Hromadka); EzA § 77 BetrVG 1972 Nr. 15
19. 9. 1985	AP Nr. 1 zu § 42 LPVG Rheinland-Pfalz	BAG **49**, 378
8. 10. 1985	AP Nr. 22 zu § 99 BetrVG 1972	DB **86**, 594; EzA § 99 BetrVG 1972 Nr. 42
22. 10. 1985	AP Nr. 3 zu § 87 BetrVG 1972 Leistungslohn (Streckel)	BAG **50**, 43; BB **86**, 1224; DB **86**, 544; SAE **86**, 248 (Löwisch/Rumler); EzA § 87 BetrVG 1972 Leistungslohn Nr. 11; NZA **86**, 296
22. 10. 1985	AP Nr. 18 zu § 87 BetrVG 1972 Lohngestaltung (Glaubitz)	BAG **50**, 29; DB **86**, 384; SAE **86**, 157 (Roemheld); EzA § 87 BetrVG 1972 Betriebl. Lohngestaltung Nr. 10; NZA **86**, 299
22. 10. 1985	AP Nr. 5 zu § 87 BetrVG 1972 Werkmietwohnungen	BAG **50**, 37; DB **86**, 704; EzA § 87 BetrVG 1972 Werkwohnung Nr. 7
22. 10. 1985 1 ABR 42/84	AP Nr. 23 zu § 99 BetrVG 1972 (Kraft)	BAG **50**, 55; DB **86**, 593; SAE **86**, 190 (Natzel); EzA § 99 BetrVG 1972 Nr. 44; NZA **86**, 366
22. 10. 1985 1 ABR 81/83	AP Nr. 24 zu § 99 BetrVG 1972	BB **86**, 1776; EzA § 99 BetrVG 1972 Nr. 43

Datum	Fundstelle AP	Weitere Fundstellen
23. 10. 1985	AP Nr. 33 zu § 1 TVG Tarifverträge: Metallindustrie	DB **86**, 595; SAE **86**, 286 (Coester); EzA § 4 TVG Metallindustrie Nr. 21
31. 10. 1985	AP Nr. 52 zu § 37 BetrVG 1972	BAG **50**, 76; DB **86**, 1026; EzA § 37 BetrVG 1972 Nr. 83
31. 10. 1985	AP Nr. 15 zu § 78a BetrVG 1972	BAG **50**, 79; BB **86**, 1223; DB **86**, 700 EzA § 78a BetrVG 1972 Nr. 15; NZA **86**, 401
31. 10. 1985	AP Nr. 5 zu § 46 BPersVG	–
5. 11. 1985	AP Nr. 2 zu § 98 BetrVG 1972 (Natzel)	BAG **50**, 85; DB **86**, 1341; EzA § 98 BetrVG 1972 Nr. 2; NZA **86**, 535
5. 11. 1986	AP Nr. 4 zu § 117 BetrVG 1972	EzA § 117 BetrVG 1972 Nr. 2
13. 11. 1985	AP Nr. 136 zu Art. 3 GG (Zuleeg)	BAG **50**, 137; BB **86**, 1085; DB **86**, 542; NJW **86**, 1006; SAE **86**, 161 (Scholz); EzA Art. 3 GG Nr. 18; NZA **86**, 321
19. 11. 1985	AP Nr. 4 zu § 2 TVG Tarifzuständigkeit (Reuter)	BAG **50**, 179; DB **86**, 1235; NJW **87**, 514; SAE **87**, 1 (Martens); EzA § 2 TVG Nr. 15; NZA **86**, 480
27. 11. 1985	AP Nr. 93 zu § 611 BGB Fürsorgepflicht (Echterhölter)	BAG **50**, 202; BB **86**, 594; DB **86**, 489; NJW **86**, 1065; ArbuR **86**, 199 (Linnenkohl/Töfflinger), 222; SAE **86**, 197 (Misera); EzA § 611 BGB Fürsorgepflicht Nr. 38; NZA **86**, 227
3. 12. 1985 4 ABR 7/85	AP Nr. 1 zu § 74 BAT (Clemens)	BAG **50**, 277; DB **86**, 1980; EzA § 1 TVG Auslegung Nr. 16
3. 12. 1985 4 ABR 60/85	AP Nr. 2 zu § 74 BAT	BAG **50**, 258; EzA § 1 TVG Nr. 21
3. 12. 1985	AP Nr. 8 zu § 95 BetrVG 1972 (Natzel)	BAG **50**, 226; DB **86**, 915; SAE **87**, 151 (Otto); EzA § 95 BetrVG 1972 Nr. 10; NZA **86**, 532
3. 12. 1985 1 ABR 29/84	AP Nr. 28 zu § 99 BetrVG 1972 (Otto)	BAG **50**, 251; DB **86**, 1076; EzA § 4 BetrVG 1972 Nr. 4 (Gamillscheg); NZA **86**, 334
3. 12. 1985 1 ABR 72/83	AP Nr. 29 zu § 99 BetrVG 1972 (Meisel)	BAG **50**, 236; BB **86**, 876; DB **86**, 917; EzA § 99 BetrVG 1972 Nr. 46; NZA **86**, 335
3. 12. 1985 4 ABR 80/83	AP Nr. 31 zu § 99 BetrVG 1972	BAG **50**, 241; EzA § 118 BetrVG 1972 Nr. 37
3. 12. 1985	AP Nr. 3 zu § 146 KO	BAG **50**, 221; DB **86**, 650; NJW **86**, 1896; EzA § 146 KO Nr. 1; NZA **86**, 429
5. 12. 1985	AP Nr. 47 zu § 613a BGB	DB **86**, 1290; NJW **86**, 2008; EzA § 613a BGB Nr. 50; NZA **86**, 522
17. 12. 1985	AP Nr. 5 zu § 87 BetrVG 1972 Tarifvorrang (Kraft)	BAG **50**, 313; BB **86**, 734; DB **86**, 914, 1520 (Kappes), 1921 (Hromadka); **87**, 738 (Herbst); EzA § 87 BetrVG 1972 Betriebl. Lohngestaltung Nr. 11; NZA **86**, 364, 701 (Goos)
17. 12. 1985	AP Nr. 15 zu § 111 BetrVG 1972 (Löwisch)	BAG **50**, 307; DB **86**, 2085; EzA § 111 BetrVG 1972 Nr. 17; NZA **86**, 804

Datum	Fundstelle AP	Weitere Fundstellen
19. 12. 1985	AP Nr. 17 zu § 611 BGB Beschäftigungspflicht	BAG **50**, 319; BB **86**, 1435; DB **86**, 1679; NJW **86**, 2965; ArbuR **87**, 185 (Blanke), 214; SAE **87**, 17 (Kraft); EzA § 611 BGB Beschäftigungspflicht Nr. 17; NZA **86**, 566
	1986	
9. 1. 1986	AP Nr. 20 zu § 626 BGB Ausschlußfrist	DB **86**, 1339; EzA § 626 n. F. BGB Nr. 98; NZA **86**, 467; **87**, 366 (Popp)
14. 1. 1986	AP Nr. 21 zu § 87 BetrVG 1972 Lohngestaltung	BAG **50**, 337; DB **86**, 1286; EzA § 95 BetrVG 1972 Nr. 11; NZA **86**, 531
14. 1. 1986	AP Nr. 10 zu § 87 BetrVG 1972 Ordnung des Betriebes (v. Hoyningen-Huene)	BAG **50**, 330; DB **86**, 1025, 1573 (Hromadka); **87**, 2256 (Liebers); NJW **86**, 1952; ArbuR **86**, 87; SAE **87**, 40 (Natzel); EzA § 87 BetrVG 1972 Betriebl. Ordnung Nr. 11; NZA **86**, 435
14. 1. 1986	AP Nr. 5 zu § 1 BetrAVG Gleichbehandlung (v. Hoyningen-Huene)	BAG **50**, 356; BB **86**, 2030; **87**, 1535; DB **86**, 2237; EzA § 1 BetrAVG Nr. 40; NZA **87**, 23
15. 1. 1986	AP Nr. 66 zu § 1 LohnFG	BAG **50**, 370; BB **86**, 1157; DB **86**, 1393; **87**, 92 (Ramrath); NJW **86**, 2133; SAE **86**, 258 (Misera); EzA § 1 LohnFG Nr. 79; NZA **86**, 561
23. 1. 1986 6 ABR 22/82	AP Nr. 30 zu § 5 BetrVG 1972	BAG **51**, 19; DB **86**, 1983; EzA § 5 BetrVG 1972 Nr. 43 (Gamillscheg); NZA **86**, 487
23. 1. 1986 6 ABR 47/82	AP Nr. 31 zu § 5 BetrVG 1972	BAG **51**, 29; EzA § 233 ZPO Nr. 7
23. 1. 1986 6 ABR 51/81	AP Nr. 32 zu § 5 BetrVG 1972	BAG **51**, 1; DB **86**, 1131; SAE **87**, 85 (Martens); EzA § 5 BetrVG 1972 Nr. 42 (Gamillscheg); NZA **86**, 458 (Tenckhoff), 484
28. 1. 1986 1 ABR 8/84	AP Nr. 32 zu § 99 BetrVG 1972	BAG **51**, 34; DB **86**, 1398; EzA § 99 BetrVG 1972 Nr. 47; NZA **86**, 536
28. 1. 1986 1 ABR 10/84	AP Nr. 34 zu § 99 BetrVG 1972 (Dütz/Bayer)	BAG **51**, 42; BB **86**, 1778; DB **86**, 1077; SAE **87**, 54 (Natzel); EzA § 99 BetrVG 1972 Nr. 48; NZA **86**, 490
29. 1. 1986	AP Nr. 42 zu § 102 BetrVG 1972	DB **86**, 2549; EzA § 102 BetrVG 1972 Nr. 64; NZA **87**, 32
29. 1. 1986	AP Nr. 17 zu § 75 BPersVG	–
29. 1. 1986	AP Nr. 2 zu § 48 TVAL II (Beitzke)	BAG **51**, 104; DB **86**, 1340
5. 2. 1986	AP Nr. 12 zu § 339 BGB (Löwisch)	DB **86**, 1979; EzA § 339 Nr. 2; NZA **86**, 782
18. 2. 1986	AP Nr. 13 zu § 87 BetrVG 1972 Überwachung (Kraft)	BAG **51**, 143; BB **86**, 1154; DB **86**, 1178; NJW **86**, 2069; ArbuR **86**, 283 (Hinrichs); SAE **86**, 253 (Ehmann); EzA

Datum	Fundstelle AP	Weitere Fundstellen
		§ 87 BetrVG 1972 Kontrolleinrichtung Nr. 14; NZA **86**, 488
18. 2. 1986	AP Nr. 33 zu § 99 BetrVG 1972 (Misera)	BAG **51**, 151; BB **86**, 2056; DB **86**, 1523; EzA § 95 BetrVG Nr. 12; NZA **86**, 616
20. 2. 1986	AP Nr. 2 zu § 5 BetrVG 1972 Rotes Kreuz	EzA § 5 BetrVG 1972 Nr. 45; NZA **86**, 690
20. 2. 1986	AP Nr. 1 zu § 63 BetrVG 1972	DB **86**, 2552; EzA § 64 BetrVG 1972 Nr. 2
20. 2. 1986	AP Nr. 31 zu § 123 BGB (Coester)	BAG **51**, 167; BB **86**, 1784, 1852; DB **86**, 2287, 2413 (1. Donat, 2. Bellgardt); NJW **87**, 397; ArbuR **86**, 120; **87**, 117 (Heilmann); EzA § 123 BGB Nr. 27; NZA **86**, 739; **87**, 4 (Hunold)
26. 2. 1986	AP Nr. 12 zu § 4 TVG Ordnungsprinzip	BAG **51**, 178; DB **86**, 2031; EzA § 4 TVG Tariflohnerhöhung Nr. 8; NZA **86**, 790
4. 3. 1986	AP Nr. 3 zu § 87 BetrVG 1972 Kurzarbeit	BAG **51**, 187; BB **86**, 1641; DB **86**, 1395; NJW **87**, 1844; SAE **87**, 34 (Reuter); EzA § 87 BetrVG 1972 Arbeitszeit Nr. 17; NZA **86**, 412 (Gäbert), 432
6. 3. 1986	AP Nr. 1 zu § 620 BGB Altersgrenze	EzA § 620 BGB Bedingung Nr. 6
6. 3. 1986	AP Nr. 19 zu § 15 KSchG 1969 (Schlaeper)	BAG **51**, 200; DB **86**, 2605; EzA § 15 KSchG n. F. Nr. 34; NZA **87**, 102
11. 3. 1986	AP Nr. 14 zu § 87 BetrVG 1972 Überwachung (Kraft)	BAG **51**, 217; BB **86**, 1292; DB **86**, 1469; NJW **86**, 2724; ArbuR **86**, 285 (Hinrichs); SAE **87**, 94 (Meisel); EzA § 87 BetrVG 1972 Kontrolleinrichtung Nr. 15 (Wohlgemuth); NZA **86**, 526, 657 (Ehmann)
11. 3. 1986	AP Nr. 25 zu Art. 140 GG (Dütz)	BAG **51**, 239; NJW **86**, 2591; EzA § 611 BGB Kirchliche Arbeitnehmer Nr. 25; NZA **86**, 685
13. 3. 1986 6 AZR 381/85	AP Nr. 2 zu § 9 BPersVG	EzA § 78a BetrVG 1972 Nr. 16
13. 3. 1986 6 AZR 207/85	AP Nr. 3 zu § 9 BPersVG	BAG **51**, 261; BB **87**, 686; DB **86**, 2235; **87**, 109 (Trümner); EzA § 78a BetrVG 1972 Nr. 17
19. 3. 1986	AP Nr. 49 zu § 613a BGB (v. Stebut)	BAG **51**, 274; DB **86**, 1575; SAE **87**, 140 (Wank); EzA § 613a BGB Nr. 51; NZA **86**, 687
3. 4. 1986	AP Nr. 18 zu § 626 BGB Verdacht strafbarer Handlung	BB **87**, 1114; DB **86**, 2187; ArbuR **87**, 67; EzA § 102 BetrVG 1972 Nr. 63 (Rüthers/Bakker); NZA **86**, 677
15. 4. 1986 1 ABR 44/84	AP Nr. 35 zu § 99 BetrVG 1972 (Streckel)	BAG **51**, 337; BB **86**, 1986; DB **86**, 2497; SAE **87**, 298 (Schreiber); EzA § 99 BetrVG 1972 Nr. 50; NZA **86**, 688
15. 4. 1986 1 ABR 55/84	AP Nr. 36 zu § 99 BetrVG 1972	BAG **51**, 345; DB **86**, 1783; EzA § 99 BetrVG 1972 Nr. 49; NZA **86**, 755

Datum	Fundstelle AP	Weitere Fundstellen
22. 4. 1986	AP Nr. 13 zu § 87 BetrVG 1972 Altersversorgung (Schulin)	BAG **51**, 387; BB **86**, 1989; DB **86**, 1343; ArbuR **86**, 218; SAE **86**, 303 (Blomeyer); EzA § 87 BetrVG 1972 Altersversorgung Nr. 1; NZA **86**, 574
24. 4. 1986	AP Nr. 7 zu § 87 BetrVG 1972 Sozialeinrichtung (Mühl)	BAG **52**, 1; BB **87**, 547; DB **86**, 2680; SAE **87**, 244 (Bickel); EzA § 1 BetrVG 1972 Nr. 4 (Weber); NZA **87**, 100
6. 5. 1986	AP Nr. 8 zu § 128 HGB (Zeuner)	BAG **52**, 24; BB **87**, 1739; DB **86**, 2027; NJW **87**, 92; EzA § 112 BetrVG 1972 Nr. 39; NZA **86**, 800
7. 5. 1986	AP Nr. 12 zu § 4 BAT	BAG **52**, 33
7. 5. 1986	AP Nr. 18 zu § 103 BetrVG 1972 (Leipold)	BAG **52**, 51; DB **86**, 1882; SAE **87**, 58 (Weiss); EzA § 103 BetrVG 1972 Nr. 31; NZA **86**, 719
7. 5. 1986	AP Nr. 18 zu § 15 KSchG 1969	DB **86**, 1883; EzA § 17 BetrVG 1972 Nr. 5; NZA **86**, 753
15. 5. 1986 6 ABR 64/83	AP Nr. 53 zu § 37 BetrVG 1972	BAG **52**, 73; BB **87**, 332; DB **86**, 2189; SAE **87**, 103 (v. Hoyningen-Huene); EzA § 37 BetrVG 1972 Nr. 84; NZA **86**, 803
15. 5. 1986 6 ABR 74/83	AP Nr. 54 zu § 37 BetrVG 1972	BAG **52**, 78; DB **86**, 2496; EzA § 37 BetrVG 1972 Nr. 85; NZA **87**, 63
22. 5. 1986	AP Nr. 4 zu § 1 KSchG 1969 Konzern	DB **86**, 2547; ArbuR **86**, 181; SAE **87**, 129 (Windbichler); EzA § 1 KSchG Soziale Auswahl Nr. 22; NZA **87**, 125
27. 5. 1986	AP Nr. 15 zu § 87 BetrVG 1972 Überwachung	BAG **52**, 88; BB **86**, 2333 (Kappes); DB **86**, 2080; NJW **87**, 674; ArbuR **87**, 149 (Mostert); EzA § 87 BetrVG 1972 Kontrolleinrichtung Nr. 16; NZA **86**, 643; **87**, 7 (Versteyl)
10. 6. 1986	AP Nr. 26 zu § 80 BetrVG 1972	BAG **52**, 150; BB **87**, 62; DB **86**, 2393; SAE **88**, 275 (Dütz); EzA § 80 BetrVG 1972 Nr. 26; NZA **87**, 28
10. 6. 1986	AP Nr. 18 zu § 87 BetrVG 1972 Arbeitszeit	BAG **52**, 160; BB **87**, 543; DB **86**, 2391; SAE **88**, 184 (Loritz); EzA § 87 BetrVG 1972 Nr. 18; NZA **86**, 840
10. 6. 1986	AP Nr. 22 zu § 87 BetrVG 1972 Lohngestaltung	BAG **52**, 171; DB **86**, 2340; EzA § 87 BetrVG 1972 Betriebl. Lohngestaltung Nr. 12; NZA **87**, 30
12. 6. 1986	AP Nr. 33 zu § 5 BetrVG 1972	BAG **52**, 182; ArbuR **86**, 245, 353 (Mayer); EzA § 5 BetrVG 1972 Nr. 44
12. 6. 1986	AP Nr. 5 zu § 74 BetrVG 1972	BB **87**, 1810; DB **87**, 1898; ArbuR **88**, 63 (Derleder); EzA § 74 BetrVG 1972 Nr. 7
19. 6. 1986	AP Nr. 1 zu § 82 ArbGG 1979	BB **87**, 551; DB **87**, 339; EzA § 82 ArbGG 1979 Nr. 1
19. 6. 1986	AP Nr. 33 zu § 1 KSchG 1969 Betriebsbedingte Kündigung (Gamillscheg)	DB **86**, 2498; NJW **87**, 211; EzA § 1 KSchG Betriebsbedingte Kündigung Nr. 39; NZA **87**, 21
24. 6. 1986	AP Nr. 37 zu § 99 BetrVG 1972	BAG **52**, 219; BB **87**, 60; DB **86**, 2392; EzA § 99 BetrVG 1972 Nr. 51; NZA **87**, 31

Datum	Fundstelle AP	Weitere Fundstellen
3. 7. 1986	AP Nr. 53 zu § 613a BGB (Loritz)	DB **87**, 99; SAE **88**, 50 (Reiff); EzA § 613a BGB Nr. 53; NZA **87**, 123
15. 7. 1986	AP Nr. 1 zu Art. 3 LPVG Bayern	BAG **52**, 279; ArbuR **86**, 278; EzA § 1 TVG Nr. 26
31. 7. 1986	AP Nr. 55 zu § 37 BetrVG 1972	DB **87**, 1845; EzA § 37 BetrVG 1972 Nr. 86; NZA **87**, 528
31. 7. 1986	AP Nr. 19 zu § 76 BetrVG 1972	DB **87**, 441; SAE **87**, 155 (van Venrooy); EzA § 76 BetrVG 1972 Nr. 36
31. 7. 1986	AP Nr. 5 zu § 17 KSchG 1969	DB **87**, 1591; SAE **88**, 33 (Tschöpke); EzA § 17 KSchG Nr. 3; NZA **87**, 587
7. 8. 1986	AP Nr. 5 zu § 1 BetrVG 1972	BAG **52**, 325; BB **87**, 193; DB **87**, 176; ArbuR **87**, 245 (Beck); SAE **88**, 91 (Konzen); EzA § 4 BetrVG 1972 Nr. 5 (Gamillscheg); NZA **87**, 131
7. 8. 1986	AP Nr. 25 zu § 80 BetrVG 1972	BAG **52**, 316; BB **87**, 195; DB **87**, 101; ArbuR **86**, 346; SAE **87**, 230 (Natzel); EzA § 80 BetrVG 1972 Nr. 27; NZA **87**, 134
13. 8. 1986	AP Nr. 1 zu § 2 MTVAng-DFVLR (Wiedemann)	EzA § 1 TVG Auslegung Nr. 15
14. 8. 1986	AP Nr. 43 zu § 102 BetrVG 1972	BAG **52**, 346; DB **87**, 1050; ArbuR **86**, 313; SAE **87**, 288 (Natzel); EzA § 102 BetrVG 1972 Nr. 69; NZA **87**, 601
5. 9. 1986	AP Nr. 26 zu § 15 KSchG 1969	BAG **53**, 23; BB **87**, 1319; DB **87**, 1641; EzA § 15 KSchG n. F. Nr. 36 (Schulin)
5. 9. 1986	AP Nr. 27 zu § 15 KSchG 1969 (Stutzky)	BAG **54**, 1
16. 9. 1986	AP Nr. 17 zu § 77 BetrVG 1972	BAG **53**, 41; BB **88**, 333 (Ahrend/Dernberger/Rößler); DB **87**, 383, 1888 (Belling); **88**, 2510 (Schuhmann); ArbuR **86**, 347; **87**, 349 (Däubler); SAE **87**, 175 (Löwisch); RdA **89**, 7 (Joost); EzA § 77 BetrVG 1972 Nr. 17 (Otto); NZA **87**, 168 (Richardi), Beilage **87** Nr. 3, S. 2 (Hromadka); Beilage **88** Nr. 1, S. 1 (Moll)
23. 9. 1986	AP Nr. 20 zu § 75 BPersVG	BAG **53**, 97; DB **87**, 337; EzA § 87 BetrVG 1972 Betriebl. Ordnung Nr. 12; NZA **87**, 250
23. 9. 1986	AP Nr. 45 zu Art. 9 GG (Bauschke)	BAG **53**, 89; DB **87**, 440; NJW **87**, 2891; ArbuR **86**, 347; NZA **87**, 164
25. 9. 1986	AP Nr. 7 zu § 1 BetrVG 1972	BAG **53**, 119; BB **87**, 1668; DB **87**, 1202; SAE **87**, 224 (Kort); EzA § 1 BetrVG 1972 Nr. 6; NZA **87**, 708
9. 10. 1986	AP Nr. 23 zu § 15 KSchG 1969 (Glaubitz)	BAG **53**, 152; BB **87**, 613; DB **87**, 792; SAE **87**, 315 (Hammen); EzA § 15 KSchG n. F. Nr. 35; NZA **87**, 279
14. 10. 1986	AP Nr. 5 zu § 117 BetrVG 1972	EzA § 117 BetrVG 1972 Nr. 3
16. 10. 1986	AP Nr. 58 zu § 37	BAG **53**, 186; BB **87**, 1459; DB **87**, 891;

Datum	Fundstelle AP	Weitere Fundstellen
	BetrVG 1972	SAE **88**, 22 (Winterfeld); EzA § 37 BetrVG 1972 Nr. 87; NZA **87**, 643
16. 10. 1986	AP Nr. 26 zu § 40 BetrVG 1972 (Uhlenbruck)	BAG **53**, 194; BB **87**, 2018; DB **87**, 1541; EzA § 40 BetrVG 1972 Nr. 58; NZA **87**, 752
16. 10. 1986	AP Nr. 95 zu § 626 BGB	BB **87**, 1952; DB **87**, 1304; EzA § 626 n. F. BGB Nr. 105
22. 10. 1986	AP Nr. 2 zu § 23 BDSG (Däubler)	BAG **53**, 226; BB **87**, 1461; DB **87**, 1048; NJW **87**, 2459; ArbuR **88**, 124 (Büllesbach); SAE **88**, 150 (Hromadka); EzA § 23 BDSG Nr. 4; NZA **87**, 415
28. 10. 1986	AP Nr. 20 zu § 87 BetrVG 1972 Arbeitszeit (Rath-Glawatz)	DB **87**, 692; SAE **87**, 277 (Blomeyer); EzA § 87 BetrVG 1972 Arbeitszeit Nr. 20; NZA **87**, 248
28. 10. 1986	AP Nr. 32 zu § 118 BetrVG 1972 (Mummenhoff)	BAG **53**, 237; BB **87**, 2298; DB **87**, 847; NJW **87**, 2540; EzA § 118 BetrVG 1972 Nr. 38; NZA **87**, 530
30. 10. 1986	AP Nr. 6 zu § 47 BetrVG 1972 (Dütz)	BAG **53**, 278; BB **87**, 1881; DB **87**, 1642; SAE **88**, 1 (Leipold); EzA § 47 BetrVG 1972 Nr. 4; NZA **88**, 27
30. 10. 1986	AP Nr. 1 zu § 55 BetrVG 1972	BAG **53**, 287; DB **87**, 1691; SAE **88**, 178 (v. Hoyningen-Huene); EzA § 54 BetrVG 1972 Nr. 3
30. 10. 1986	AP Nr. 55 zu § 613a BGB (Lüke)	BAG **53**, 251; BB **87**, 970; DB **87**, 942; EzA § 613a BGB Nr. 54; NZA **87**, 524
11. 11. 1986	AP Nr. 6 zu § 2 ArbGG 1979	EzA § 2 ArbGG 1979 Nr. 9
11. 11. 1986	AP Nr. 4 zu § 1 BetrAVG Gleichberechtigung AP Nr. 18 zu § 77 BetrVG 1972	BAG **53**, 309; SAE **87**, 191 (Sieg); EzA § 1 BetrAVG Gleichberechtigung Nr. 2; NZA **87**, 449
11. 11. 1986	AP Nr. 21 zu § 87 BetrVG 1972 Arbeitszeit	BB **87**, 544; DB **87**, 336; EzA § 87 BetrVG 1972 Arbeitszeit Nr. 21; NZA **87**, 207
18. 11. 1986	AP Nr. 17 zu § 1 KSchG 1969 Verhaltensbedingte Kündigung (Conze)	BB **87**, 1252; DB **87**, 1303; EzA § 611 BGB Abmahnung Nr. 4 (Peterek); NZA **87**, 418
25. 11. 1986	AP Nr. 36 zu § 2 TVG	BAG **53**, 347; DB **87**, 947; ArbuR **88**, 193 (Hagemeier), 222; EzA § 2 TVG Nr. 17 (Schulin); NZA **87**, 492
4. 12. 1986	AP Nr. 13 zu § 19 BetrVG 1972	BAG **53**, 386; DB **87**, 232; ArbuR **87**, 82; SAE **87**, 220 (Wolf, A.); EzA § 19 BetrVG 1972 Nr. 24; NZA **87**, 166
10. 12. 1986	AP Nr. 11 zu § 1 TVG Tarifverträge: Druckindustrie	EzA § 4 TVG Druckindustrie Nr. 6
16. 12. 1986	AP Nr. 13 zu § 87 BetrVG 1972 Ordnung des Betriebes (Rüthers/Hennsler)	BAG **54**, 36; BB **87**, 683; DB **87**, 791; EzA Art. 9 GG Arbeitskampf Nr. 64; NZA **87**, 355

Datum	Fundstelle AP	Weitere Fundstellen
16. 12. 1986	AP Nr. 8 zu § 87 BetrVG 1972 Prämie (Linnenkohl/Rauschenberg/Schütz)	BAG **54**, 46; BB **87**, 2450; DB **87**, 1198; SAE **88**, 257 (Lieb); EzA § 87 BetrVG 1972 Leistungslohn Nr. 14 (Gaul); NZA **87**, 568
16. 12. 1986	AP Nr. 40 zu § 99 BetrVG 1972	BB **87**, 900; DB **87**, 747; EzA § 99 BetrVG 1972 Nr. 54; NZA **87**, 424

1987

Datum	Fundstelle AP	Weitere Fundstellen
13. 1. 1987	AP Nr. 3 zu § 23 BDSG (Echterhölter)	BAG **54**, 67; BB **87**, 1037; DB **87**, 1153; SAE **88**, 114 (Mummenhoff); EzA § 87 BetrVG 1972 Kontrolleinrichtung Nr. 17; NZA **87**, 515
13. 1. 1987	AP Nr. 22 zu § 87 BetrVG 1972 Arbeitszeit	BAG **54**, 87; BB **87**, 827; DB **87**, 892; EzA § 87 BetrVG 1972 Arbeitszeit Nr. 22; NZA **87**, 388
13. 1. 1987	AP Nr. 26 zu § 87 BetrVG 1972 Lohngestaltung (Gaul)	BAG **54**, 79; DB **87**, 1096; EzA § 87 BetrVG 1972 Betriebl. Lohngestaltung Nr. 14 (Streckel); NZA **87**, 386
13. 1. 1987	AP Nr. 33 zu § 118 BetrVG 1972	EzA § 118 BetrVG 1972 Nr. 39
15. 1. 1987	AP Nr. 21 zu § 75 BPersVG	BB **87**, 2092; DB **87**, 2315; EzA § 4 TVG Rundfunk Nr. 14
22. 1. 1987	AP Nr. 24 zu § 103 BetrVG 1972	BAG **55**, 9; DB **87**, 1743; EzA § 103 BetrVG 1972 Nr. 32; NZA **87**, 563
24. 1. 1987	AP Nr. 28 zu § 80 BetrVG 1972	BB **87**, 1880; DB **87**, 1438; EzA § 80 BetrVG 1972 Nr. 29; NZA **87**, 674
27. 1. 1987	AP Nr. 42 zu § 99 BetrVG 1972 (Zängl)	BAG **54**, 147; EzA § 99 BetrVG 1972 Nr. 55; NZA **87**, 489
27. 1. 1987	AP Nr. 30 zu § 13 BUrlG	BAG **54**, 141; BB **87**, 1672; DB **87**, 1151; **88**, 1161 (Bengelsdorf); EzA § 3 BUrlG Nr. 18; NZA **87**, 462
29. 1. 1987	AP Nr. 6 zu § 1 BetrVG 1972 (Anm. der Schriftleitung)	DB **87**, 1539; EzA § 1 BetrVG 1972 Nr. 5; NZA **87**, 707; **88**, Beilage 4, S. 10 (Kamphausen)
10. 2. 1987	AP Nr. 27 zu § 80 BetrVG 1972 (Kraft)	BB **87**, 1177; DB **87**, 1152; EzA § 80 BetrVG 1972 Nr. 28; NZA **87**, 385
12. 2. 1987	AP Nr. 67 zu § 613a BGB	BB **87**, 2370; DB **87**, 126; EzA § 613a BGB Nr. 64; NZA **88**, 170
18. 2. 1987	AP Nr. 13 zu § 1 TVG Tarifverträge: Druckindustrie	EzA § 4 TVG Druckindustrie Nr. 9
24. 2. 1987	AP Nr. 21 zu § 77 BetrVG 1972 (Richardi)	BAG **54**, 191; BB **87**, 1246 (Gast); DB **87**, 1435; SAE **88**, 1 (Wiese); EzA § 87 BetrVG 1972 Nr. 10 (Gaul); NZA **87**, 639; **89**, 41 (Heinze)
25. 2. 1987	AP Nr. 16 zu § 1 TVG Tarifverträge: Einzelhandel	–

Datum	Fundstelle AP	Weitere Fundstellen
26. 2. 1987	AP Nr. 5 zu § 26 BetrVG 1972	DB **87**, 1995; EzA § 26 BetrVG 1972 Nr. 4
26. 2. 1987	AP Nr. 7 zu § 38 BetrVG 1972	BAG **55**, 90; DB **87**, 1995; EzA § 38 BetrVG 1972 Nr. 10; NZA **87**, 750
26. 2. 1987	AP Nr. 2 zu § 79 BetrVG 1972 (Teplitzky)	BAG **55**, 96; BB **87**, 2448; DB **87**, 2526; SAE **88**, 58 (Kort); EzA § 79 BetrVG 1972 Nr. 1 (v. Hoyningen-Huene); NZA **88**, 63
27. 2. 1987	AP Nr. 41 zu § 1 KSchG 1969 Betriebsbedingte Kündigung	BAG **54**, 215; BB **87**, 2021; DB **87**, 1896; EzA § 1 KSchG Betriebsbedingte Kündigung Nr. 46; NZA **87**, 700
5. 3. 1987	AP Nr. 30 zu § 15 KSchG 1969	BB **87**, 2304; DB **87**, 2362; SAE **89**, 46 (Windbichler); EzA § 15 KSchG n. F. Nr. 38; NZA **88**, 32
12. 3. 1987	AP Nr. 47 zu § 102 BetrVG 1972	DB **88**, 658; EzA § 102 BetrVG 1972 Nr. 71 (Kraft); NZA **88**, 137
17. 3. 1987	AP Nr. 9 zu § 1 BetrAVG Ablösung	BAG **54**, 261; DB **87**, 1639; SAE **87**, 281 (Reuter); EzA § 1 BetrAVG Nr. 48 (Schulin); NZA **87**, 855
17. 3. 1987	AP Nr. 7 zu § 23 BetrVG 1972 (v. Hoyningen-Huene)	BB **87**, 1878; DB **87**, 2051; SAE **89**, 24 (Hönn); EzA § 23 BetrVG 1972 Nr. 16; NZA **87**, 786
17. 3. 1987	AP Nr. 29 zu § 80 BetrVG 1972	BAG **54**, 278; BB **87**, 1806; DB **87**, 1491; ArbuR **88**, 92 (Linnenkohl); SAE **88**, 106 (Kraft); EzA § 80 BetrVG 1972 Nr. 30; NZA **87**, 747
17. 3. 1987	AP Nr. 18 zu § 111 BetrVG 1972	BB **87**, 1603; DB **87**, 1540; ArbuR **87**, 178; EzA § 111 BetrVG 1972 Nr. 19
18. 3. 1987	AP Nr. 132 zu §§ 22, 23 BAT 1975	–
26. 3. 1987	AP Nr. 7 zu § 26 BetrVG 1972	DB **87**, 2108; EzA § 26 BetrVG 1972 Nr. 3; NZA **88**, 65
2. 4. 1987	AP Nr. 3 zu § 87 ArbGG 1979	BAG **55**, 202; DB **88**, 187; EzA § 89 ArbGG 1979 Nr. 2; NZA **88**, 217
2. 4. 1987	AP Nr. 96 zu § 626 BGB	BB **88**, 1120; DB **88**, 236; SAE **88**, 119 (Coester); EzA § 626 n. F. BGB Nr. 108; NZA **87**, 808
9. 4. 1987	AP Nr. 28 zu § 15 KSchG 1969	DB **87**, 2209; EzA § 15 KSchG n. F. Nr. 37; NZA **87**, 807
5. 5. 1987 1 AZR 292/85	AP Nr. 4 zu § 44 BetrVG 1972 (Kraft/Raab)	BAG **54**, 314; BB **88**, 343; DB **87**, 2154; SAE **88**, 5 (Buchner); EzA § 44 BetrVG 1972 Nr. 7; NZA **87**, 853
5. 5. 1987 1 AZR 665/85	AP Nr. 5 zu § 44 BetrVG 1987 (Kraft/Raab)	BAG **54**, 325; BB **87**, 1809; DB **87**, 1945; SAE **88**, 15 (van Venrooy); EzA § 44 BetrVG 1972 Nr. 5; NZA **87**, 712
5. 5. 1987 1 AZR 666/85	AP Nr. 6 zu § 44 BetrVG 1972 (Kraft/Raab)	BAG **54**, 333; DB **87**, 1947; SAE **88**, 8 (Buchner); EzA § 44 BetrVG 1972 Nr. 6; NZA **87**, 714
7. 5. 1987	AP Nr. 19 zu § 9 KSchG 1969	BB **88**, 564; DB **88**, 450; NJW **88**, 159; EzA § 9 n. F. KSchG Nr. 21; NZA **88**, 15

Datum	Fundstelle AP	Weitere Fundstellen
14. 5. 1987	AP Nr. 4 zu § 9 BPersVG (Grunsky)	BAG **55**, 284; DB **87**, 2104; SAE **88**, 231 (Bengelsdorf); EzA § 78a BetrVG 1972 Nr. 18; NZA **87**, 820
27. 5. 1987	AP Nr. 6 zu § 74 BAT	–
2. 6. 1987	AP Nr. 49 zu Art. 9 GG (Rüthers)	BAG **54**, 353; DB **87**, 2312; NJW **87**, 2893; EzA Art. 9 GG Nr. 43; NZA **88**, 64
3. 6. 1987	AP Nr. 85 zu § 1 TVG Tarifverträge: Bau	NZA **88**, 66
3. 6. 1987	AP Nr. 58 zu § 1 TVG Tarifverträge: Metallindustrie (Lund)	BAG **55**, 322; DB **87**, 1943; EzA § 4 TVG Metallindustrie Nr. 31 (Reuter); NZA **87**, 848
4. 6. 1987	AP Nr. 30 zu § 80 BetrVG 1972	BB **88**, 69, 766 (Linnenkohl); DB **88**, 50; ArbuR **88**, 289 (Trittin); EzA § 80 BetrVG 1972 Nr. 31; NZA **88**, 208
4. 6. 1987	AP Nr. 2 zu § 22 SchwbG	BAG **55**, 333; DB **87**, 2467; EzA § 108 BetrVG 1972 Nr. 6; NZA **87**, 861
16. 6. 1987 1 ABR 41/85	AP Nr. 19 zu § 111 BetrVG 1972	BAG **55**, 356; BB **87**, 1737; DB **87**, 1842; SAE **84**, 214 (Eich); EzA § 111 BetrVG 1972 Nr. 20 (1. Gaul, 2. Kort); NZA **87**, 671
16. 6. 1987 1 AZR 528/85	AP Nr. 20 zu § 111 BetrVG 1972 (Löwisch/Göller)	BAG **55**, 344; BB **87**, 2231; DB **87**, 2365; SAE **88**, 138 (Otto); EzA § 111 BetrVG 1972 Nr. 21 (Preis); NZA **87**, 858
25. 6. 1987	AP Nr. 6 zu § 108 BetrVG 1972 (Däubler)	BAG **55**, 386; DB **87**, 2468; EzA § 108 BetrVG 1972 Nr. 7; NZA **88**, 167
15. 7. 1987	AP Nr. 14 zu § 611 BGB Persönlichkeitsrecht	BAG **54**, 365; BB **87**, 2300; DB **87**, 2571; NJW **88**, 791; SAE **89**, 42 (Krause); EzA § 611 BGB Persönlichkeitsrecht Nr. 5 (Wiese); NZA **88**, 53
30. 7. 1987	AP Nr. 3 zu § 130 BetrVG 1972	BAG **56**, 1; DB **87**, 2658; NJW **88**, 933; EzA § 130 BetrVG 1972 Nr. 2; NZA **88**, 402
18. 8. 1987	AP Nr. 6 zu § 81 ArbGG 1979	BAG **56**, 44; DB **87**, 2368; **88**, 285 (Matthießen); ArbuR **87**, 342; EzA § 81 ArbGG 1979 Nr. 11
18. 8. 1987	AP Nr. 23 zu § 77 BetrVG 1972 (v. Hoyningen-Huene)	BAG **56**, 18; BB **87**, 2160; **88**, 1459 (Linnenkohl); DB **87**, 2257; SAE **88**, 97 (Löwisch/Rieble); EzA § 77 BetrVG 1972 Nr. 18; NZA **87**, 779; **89**, 41 (Heinze)
1. 9. 1987 1 ABR 22/86	AP Nr. 10 zu § 101 BetrVG 1972 (Fabricius)	BAG **56**, 71; DB **87**, 2656; NJW **88**, 370; ArbuR **87**, 374; EzA § 118 BetrVG 1972 Nr. 40; NZA **88**, 99
1. 9. 1987 1 ABR 23/86	AP Nr. 11 zu § 101 BetrVG 1972 (Fabricius)	BAG **56**, 81; BB **87**, 2653; DB **88**, 67; NJW **88**, 372; EzA § 118 BetrVG 1972 Nr. 41; NZA **88**, 97
15. 9. 1987	AP Nr. 9 zu § 87 BetrVG 1972 Sozialeinrichtung	DB **88**, 404; SAE **88**, 271 (Brunz); EzA § 87 BetrVG 1972 Sozialeinrichtung Nr. 15; NZA **88**, 104
15. 9. 1987	AP Nr. 45 zu § 99	BAG **56**, 99; DB **88**, 235; SAE **88**, 192

Datum	Fundstelle AP	Weitere Fundstellen
1 ABR 29/86	BetrVG 1972 (Streckel)	(Oetker); EzA § 99 BetrVG 1972 Nr. 56; NZA **88**, 625
15. 9. 1987 1 ABR 44/86	AP Nr. 46 zu § 99 BetrVG 1972 (Streckel)	BAG **56**, 108; BB **88**, 482; DB **88**, 128; SAE **88**, 194 (Oetker); EzA § 99 BetrVG 1972 Nr. 57; NZA **88**, 101
22. 9. 1987	AP Nr. 5 zu § 1 BetrAVG Besitzstand (Schulin)	BAG **56**, 138; DB **88**, 291; SAE **89**, 79 (v. Maydell); EzA § 1 BetrAVG Ablösung Nr. 1; NZA **88**, 732
25. 9. 1987	AP Nr. 1 zu § 1 BeschFG 1985	BAG **56**, 155; BB **88**, 1042; DB **88**, 1022; EzA § 1 BeschFG 1985 Nr. 2; NZA **88**, 358
7. 10. 1987	AP Nr. 15 zu § 611 BGB Persönlichkeitsrecht	BB **88**, 137; DB **88**, 403; ArbuR **87**, 415; EzA § 611 BGB Persönlichkeitsrecht Nr. 6; NZA **88**, 92
13. 10. 1987	AP Nr. 7 zu § 81 ArbGG 1979	DB **88**, 334 (Klevemann); EzA § 81 ArbGG 1979 Nr. 12; NZA **88**, 249
13. 10. 1987	AP Nr. 2 zu § 77 BetrVG 1972 Auslegung	DB **88**, 334 (Klevemann), 345; EzA 3 611 BGB Teilzeitarbeit Nr. 2; NZA **88**, 253
13. 10. 1987	AP Nr. 24 zu § 87 BetrVG 1972 Arbeitszeit	BAG **56**, 197; BB **88**, 270; DB **88**, 334 (Klevemann), 341; SAE **88**, 217 (Reuter); EzA § 87 BetrVG 1972 Arbeitszeit Nr. 25; NZA **88**, 251
16. 10. 1987	AP Nr. 69 zu § 613a BGB	DB **88**, 712; EzA § 613a BGB Nr. 66
27. 10. 1987	AP Nr. 22 zu § 76 BetrVG 1972	DB **88**, 503; EzA § 76 BetrVG 1972 Nr. 37; NZA **88**, 207
27. 10. 1987	AP Nr. 41 zu § 112 BetrVG 1972	BAG **56**, 270; BB **88**, 761 (Hunold); SAE **88**, 262 (Bloymeyer); EzA § 112 BetrVG 1972 Nr. 41; NZA **88**, 203
3. 11. 1987	AP Nr. 25 zu § 77 BetrVG 1972 (Hromadka)	BAG **56**, 289; BB **88**, 1257; DB **88**, 966; SAE **88**, 311 (Eich); EzA § 77 BetrVG 1972 Nr. 20 (Wank); NZA **88**, 509
10. 11. 1987	AP Nr. 24 zu § 77 BetrVG 1972 (Schmitt)	BAG **56**, 313; BB **88**, 911; DB **88**, 611; EzA § 77 BetrVG 1972 Nr. 19; NZA **88**, 255
10. 11. 1987	AP Nr. 15 zu § 113 BetrVG 1972	BAG **56**, 304; BB **88**, 842; DB **88**, 388; SAE **88**, 288 (Zeiss); EzA § 113 BetrVG 1972 Nr. 16; NZA **88**, 287
13. 11. 1987	AP Nr. 61 zu § 37 BetrVG 1972	SAE **88**, 317 (Streckel); EzA § 37 BetrVG 1972 Nr. 88; NZA **88**, 403
13. 11. 1987	AP Nr. 18 zu § 78a BetrVG 1972	BAG **57**, 21; BB **88**, 2244; DB **88**, 2414; EzA § 78a BetrVG 1972 Nr. 19
20. 11. 1987	AP Nr. 2 zu § 620 BGB Altersgrenze (Joost)	BAG **57**, 30; BB **88**, 1820; DB **88**, 1501; SAE **89**, 84 (Weber); EzA § 620 BGB Altersgrenze Nr. 1 (Belling); NZA **88**, 617
24. 11. 1987	AP Nr. 6 zu § 87 BetrVG 1972 Akkord (Gaul)	BB **88**, 977; DB **88**, 811; EzA § 87 BetrVG 1972 Leistungslohn Nr. 15; NZA **88**, 320
24. 11. 1987	AP Nr. 6 zu § 87	BB **88**, 1387; DB **88**, 813; EzA § 87

Datum	Fundstelle AP	Weitere Fundstellen
	BetrVG 1972 Auszahlung (Pleyer)	BetrVG 1972 Lohn u. Arbeitsentgelt Nr. 14; NZA **88**, 405
24. 11. 1987	AP Nr. 31 zu § 87 BetrVG 1972 Lohngestaltung	BAG **56**, 346; BB **88**, 697 (Hönsch); DB **88**, 556; EzA § 87 BetrVG 1972 Betriebl. Lohngestaltung Nr. 17 (Hanau); NZA **88**, 322
26. 11. 1987	AP Nr. 36 zu § 5 BetrVG 1972	BAG **56**, 366; DB **88**, 972; EzA § 5 BetrVG 1972 Nr. 46; NZA **88**, 505
27. 11. 1987	AP Nr. 7 zu § 44 BetrVG 1972	DB **88**, 810; SAE **88**, 169 (van Venrooy); EzA § 44 BetrVG 1972 Nr. 8; NZA **88**, 661
3. 12. 1987	AP Nr. 13 zu § 20 BetrVG 1972	BAG **57**, 106; DB **88**, 862; SAE **88**, 224 (Kort); EzA § 20 BetrVG 1972 Nr. 14; NZA **88**, 440
3. 12. 1987	AP Nr. 62 zu § 37 BetrVG 1972	BAG **57**, 96; EzA § 37 BetrVG 1972 Nr. 89; NZA **88**, 437
8. 12. 1987	AP Nr. 4 zu § 98 BetrVG 1972	BAG **57**, 114; BB **88**, 1183, 2468 (Kaiser); DB **88**, 760; EzA § 98 BetrVG 1972 Nr. 3; NZA **88**, 401
11. 12. 1987	AP Nr. 7 zu § 47 BetrVG 1972	BAG **57**, 144; DB **88**, 759; EzA § 47 BetrVG 1972 Nr. 5

1988

Datum	Fundstelle AP	Weitere Fundstellen
12. 1. 1988	AP Nr. 8 zu § 81 ArbGG 1979	BB **88**, 1331; DB **88**, 1272; EzA § 87 BetrVG 1972 Arbeitszeit Nr. 26; NZA **88**, 517
12. 1. 1988	AP Nr. 23 zu § 75 BPersVG	DB **88**, 1552; NZA **88**, 621
12. 1. 1988	AP Nr. 90 zu Art. 9 GG Arbeitskampf (Rüthers/Berghaus)	DB **88**, 1270; NJW **88**, 2061; SAE **88**, 307 (Mayer-Maly); EzA Art. 9 GG Nr. 73 (Preis); NZA **88**, 474
19. 1. 1988	AP Nr. 70 zu § 613a BGB	BAG **57**, 198; DB **88**, 1166; EzA § 613a BGB Nr. 69 (Streckel); NZA **88**, 501
26. 1. 1988	AP Nr. 31 zu § 80 BetrVG 1972	DB **88**, 1551; EzA § 80 BetrVG 1972 Nr. 32; NZA **88**, 620
26. 1. 1988	AP Nr. 50 zu § 99 BetrVG 1972	BAG **57**, 242; BB **88**, 1327; DB **88**, 1167; SAE **89**, 73 (Kraft/Hoehn); EzA § 99 BetrVG 1972 Nr. 58 (Weber, Chr.); NZA **88**, 476
10. 2. 1988	AP Nr. 6 zu § 92a ArbGG 1979	EzA § 72a ArbGG 1972 Nr. 50
10. 2. 1988	AP Nr. 64 zu § 37 BetrVG 1972	DB **88**, 2206, 2367; EzA § 37 BetrVG 1972 Nr. 91; NZA **89**, 112
10. 2. 1988	AP Nr. 33 zu § 87 BetrVG 1972 Lohngestaltung	BAG **57**, 309; BB **88**, 1118; DB **88**, 1223; EzA § 87 BetrVG 1972 Betriebl. Lohngestaltung Nr. 18 (Glaubitz); NZA **88**, 479
10. 2. 1988	AP Nr. 5 zu § 98 BetrVG 1972	BAG **57**, 295; DB **88**, 1325; EzA § 98 BetrVG 1972 Nr. 4; NZA **88**, 549
10. 2. 1988	AP Nr. 53 zu § 99	BAG **57**, 317; DB **88**, 1397; EzA § 1

Datum	Fundstelle AP	Weitere Fundstellen
	BetrVG 1972 (Lund)	TVG Nr. 34; NZA **88**, 699; **89**, 41 (Heinze)
23. 2. 1988	AP Nr. 9 zu § 81 ArbGG 1979	ArbuR **89**, 261 (Kempen), 291; EzA § 81 ArbGG 1979 Nr. 13; NZA **89**, 229
23. 2. 1988	AP Nr. 2 zu § 93 BetrVG 1972	DB **88**, 1452; NJW **88**, 2558; ArbuR **89**, 198; EzA § 93 BetrVG 1972 Nr. 3; NZA **88**, 551
24. 2. 1988	AP Nr. 3 zu § 1 BeschFG 1985	BB **88**, 1390; ArbuR **88**, 120; EzA § 1 BeschFG 1985 Nr. 3; NZA **88**, 545
16. 3. 1988	AP Nr. 63 zu § 37 BetrVG 1972	DB **88**, 1453; EzA § 37 BetrVG 1972 Nr. 90
24. 3. 1988	AP Nr. 1 zu § 9 ASiG	DB **89**, 227; EzA § 9 ASiG Nr. 1; NZA **89**, 60
13. 4. 1988	AP Nr. 100 zu § 611 BGB Fürsorgepflicht	BB **88**, 1893; DB **88**, 1702; EzA § 611 BGB Fürsorgepflicht Nr. 47; NZA **88**, 654
14. 4. 1988	AP Nr. 36 zu § 118 BetrVG 1972	NJW **88**, 3283; EzA § 118 BetrVG 1972 Nr. 42
14. 4. 1988	AP Nr. 1 zu § 66 BPersVG	–
26. 4. 1988	AP Nr. 3 zu § 1 BetrAVG Geschäftsgrundlage	DB **88**, 2311; ArbuR **89**, 187 (Blomeyer); SAE **89**, 16 (Sieg); EzA § 1 BetrAVG Nr. 1; NZA **89**, 305
26. 4. 1988	AP Nr. 16 zu § 87 BetrVG 1972 Altersversorgung	BB **88**, 2249; DB **88**, 2411; SAE **89**, 20 (Schulin) EzA § 87 BetrVG 1972 Altersversorgung Nr. 2; NZA **89**, 219
27. 4. 1988	AP Nr. 4 zu § 1 BeschFG 1985	BB **88**, 1751; DB **88**, 1803; EzA § 1 BeschFG 1985 Nr. 4; NZA **88**, 771
27. 4. 1988	AP Nr. 37 zu § 5 BetrVG 1972	BB **88**, 2030; DB **88**, 2003; EzA § 5 BetrVG 1972 Nr. 47; NZA **88**, 809
28. 4. 1988	AP Nr. 2 zu § 29 BetrVG 1972	DB **88**, 2259; EzA § 29 BetrVG 1972 Nr. 1 (Klevemann); NZA **89**, 223
28. 4. 1988	AP Nr. 74 zu § 613a BGB	DB **89**, 430; ArbuR **89**, 59; EzA § 613a BGB Nr. 80; NZA **89**, 265
5. 5. 1988	AP Nr. 8 zu § 1 AÜG	DB **89**, 1139; SAE **89**, 62 (Oetker); EzA § 1 ArbeitnehmerüberlassungsG Nr. 1; NZA **89**, 18
19. 5. 1988	AP Nr. 75 zu § 613a BGB	BB **89**, 1122; DB **89**, 934; EzA § 613a BGB Nr. 82; NZA **89**, 461
26. 5. 1988	AP Nr. 26 zu § 76 BetrVG 1972	BB **88**, 2174; DB **88**, 2154; EzA § 76 BetrVG 1972 Nr. 41; NZA **89**, 26
26. 5. 1988	AP Nr. 14 zu § 87 BetrVG 1972 Ordnung des Betriebes	BB **88**, 2316; DB **88**, 2055; ArbuR **89**, 77 (Beck/Trümner), 95; SAE **89**, 138 (Fabricius); EzA § 87 BetrVG 1972 Nr. 11 (Löwisch/Rieble); NZA **88**, 811
26. 5. 1988	AP Nr. 13 zu § 95 BetrVG 1972	BB **88**, 2100 (Hunold); DB **88**, 2158; EzA § 95 BetrVG 1972 Nr. 13 (Peterek); NZA **89**, 438
31. 5. 1988 1 AZR 192/87	AP Nr. 57 zu § 1 Feiertagslohnzahlungs G	BB **88**, 2465; DB **88**, 2261; NJW **89**, 123; EzA Art. 9 GG Arbeitskampf Nr. 77; NZA **88**, 889

Datum	Fundstelle AP	Weitere Fundstellen
31. 5. 1988 1 AZR 200/87	AP Nr. 58 zu § 1 Feiertagslohnzahlungs G	BB **88**, 2466; DB **88**, 2262; NJW **89**, 124; ArbuR **89**, 218 (Pieper); EzA Art. 9 GG Arbeitskampf Nr. 78; NZA **88**, 887
7. 6. 1988 1 AZR 372/86	AP Nr. 106 zu Art. 9 GG Arbeitskampf	BB **89**, 503; DB **88**, 2102; NJW **89**, 63; EzA Art. 9 GG Arbeitskampf Nr. 80 (Wank); NZA **88**, 883
7. 6. 1988 1 AZR 597/86	AP Nr. 107 zu Art. 9 GG Arbeitskampf	BB **88**, 2467; DB **88**, 2104; NJW **89**, 315; ArbuR **89**, 219 (Pieper); EzA Art. 9 GG Arbeitskampf Nr. 79; NZA **88**, 890
10. 6. 1988	AP Nr. 5 zu § 1 BeschFG 1985	DB **88**, 2004; EzA § 1 BeschFG 1985 Nr. 5 (Oetker); NZA **89**, 21
21. 6. 1988	AP Nr. 108 zu Art. 9 GG Arbeitskampf	BB **88**, 2461; **89**, 1334 (Buchner); DB **88**, 1952, 2097 (Groggert); NJW **89**, 57; SAE **89**, 93 (Reuter); EzA Art. 9 GG Arbeitskampf Nr. 75 (Konzen); NZA **88**, 846; **89**, 81 (Kissel)
29. 6. 1988	AP Nr. 37 zu § 118 BetrVG 1972	BB **89**, 628; DB **89**, 536; EzA § 118 BetrVG 1972 Nr. 43; NZA **89**, 431
29. 6. 1988	AP Nr. 1 zu § 24 BPersVG	EzA § 37 BetrVG 1972 Nr. 97
29. 6. 1988	AP Nr. 2 zu § 72 LPVG NW	BB **89**, 1198; DB **89**, 1090; EzA § 7 BUrlG Nr. 62
12. 7. 1988	AP Nr. 54 zu § 99 BetrVG 1972	BB **88**, 2176; DB **89**, 633; EzA § 99 BetrVG 1972 Nr. 59
26. 7. 1988	AP Nr. 6 zu § 87 BetrVG 1972 Provision	DB **89**, 384; EzA § 87 BetrVG 1972 Leistungslohn Nr. 16; NZA **89**, 109
26. 7. 1988	AP Nr. 45 zu § 112 BetrVG 1972	BB **88**, 2385; DB **88**, 2464; SAE **89**, 163 (Bengelsdorf); EzA § 112 BetrVG 1972 Nr. 43; NZA **89**, 25
10. 8. 1988	AP Nr. 5 zu § 146 KO	BB **89**, 500; DB **88**, 2567; EzA § 146 KO Nr. 2; NZA **89**, 187
23. 8. 1988	AP Nr. 46 zu § 112 BetrVG 1972	BB **89**, 144; DB **88**, 2465; SAE **89**, 165 (Bengelsdorf); EzA § 112 BetrVG 1972 Nr. 44; NZA **89**, 28
23. 8. 1988	AP Nr. 17 zu § 113 BetrVG 1972	BB **88**, 2387; DB **88**, 2413; NJW **89**, 1054; ArbuR **89**, 153 (Bock); EzA § 113 BetrVG 1972 Nr. 17 (Löwisch/Rieble); NZA **89**, 31
7. 9. 1988	AP Nr. 35 zu § 87 BetrVG 1972 Lohngestaltung	EzA § 87 BetrVG Betriebl. Lohngestaltung Nr. 21
7. 9. 1988	AP Nr. 79 zu § 1 LohnFG	BB **89**, 69; EzA § 1 LohnFG Nr. 94; NZA **89**, 53
8. 9. 1988	AP Nr. 49 zu § 102 BetrVG 1972	EzA § 102 BetrVG 1972 Nr. 73 (Schwerdtner)
8. 9. 1988	AP Nr. 1 zu § 8 MuSchG 1968	BB **89**, 556; DB **89**, 585; NJW **89**, 929; EzA § 8 MuSchG Nr. 1; NZA **89**, 178
14. 9. 1988	AP Nr. 9 zu § 1 BetrVG 1972	BB **89**, 495; DB **89**, 127; EzA § 1 BetrVG 1972 Nr. 7; NZA **89**, 190
14. 9. 1988	AP Nr. 1 zu § 16	BB **89**, 496; DB **89**, 51; ArbuR **89**, 156

Datum	Fundstelle AP	Weitere Fundstellen
	BetrVG 1972	(Schlömp-Röder); EzA § 16 BetrVG 1972 Nr. 6; NZA **89**, 360
28. 9. 1988	AP Nr. 29 zu § 87 BetrVG 1972 Arbeitszeit	BB **89**, 423; DB **89**, 385, 1033; EzA § 87 BetrVG 1972 Arbeitszeit Nr. 30; NZA **89**, 184
28. 9. 1988 1 ABR 37/87	AP Nr. 55 zu § 99 BetrVG 1972	BB **89**, 286; DB **89**, 386; SAE **89**, 149 (Walker); EzA § 95 BetrVG 1972 Nr. 14; NZA **89**, 188
28. 9. 1988 1 ABR 85/87	AP Nr. 60 zu § 99 BetrVG 1972	BB **89**, 910; DB **89**, 433; EzA § 99 BetrVG 1972 Nr. 68; NZA **89**, 358
28. 9. 1988	AP Nr. 47 zu § 112 BetrVG 1972	BB **89**, 498; DB **89**, 48; NJW **89**, 290; SAE **89**, 219 (Dütz/Vogg); EzA § 112 BetrVG 1972 Nr. 49; NZA **89**, 186
18. 10. 1988	AP Nr. 10 zu § 81 ArbGG 1979	BB **89**, 705; DB **89**, 733; EzA § 83 ArbGG 1979 Nr. 8; NZA **89**, 396
18. 10. 1988 1 ABR 26/87	AP Nr. 56 zu § 99 BetrVG 1972	BB **89**, 422; DB **89**, 732; EzA § 95 BetrVG 1972 Nr. 15; NZA **89**, 402
18. 10. 1988 1 ABR 33/87	AP Nr. 57 zu § 99 BetrVG 1972	BB **89**, 626; DB **89**, 530; EzA § 99 BetrVG 1972 Nr. 69; NZA **89**, 355
18. 10. 1988	AP Nr. 4 zu § 100 BetrVG 1972	BB **89**, 700; DB **89**, 487; EzA § 100 BetrVG 1972 Nr. 4; NZA **89**, 183
18. 10. 1988	AP Nr. 68 zu § 1 TVG Tarifverträge: Metallindustrie	DB **89**, 785; EzA § 4 TVG Metallindustrie Nr. 51; NZA **89**, 767
25. 10. 1988	AP Nr. 1 zu § 1 BetrAVG Betriebsvereinbarung	BB **89**, 1548; DB **89**, 1195; EzA § 77 BetrVG 1972 Nr. 26 (Rüthers/Bakker); NZA **89**, 522
25. 10. 1988	AP Nr. 110 zu Art. 9 GG Arbeitskampf	BB **89**, 1055; DB **89**, 862; EzA Art. 9 GG Arbeitskampf Nr. 89; NZA **89**, 353
27. 10. 1988	AP Nr. 16 zu § 620 BGB Bedingung	DB **89**, 1730; EzA § 620 BGB Bedingung Nr. 9; NZA **89**, 643
8. 11. 1988	AP Nr. 48 zu § 112 BetrVG 1972	BB **89**, 911; DB **89**, 587; EzA § 112 BetrVG 1972 Nr. 50; NZA **89**, 401
8. 11. 1988	AP Nr. 18 zu § 113 BetrVG 1972	BB **89**, 773; DB **89**, 331; EzA § 113 BetrVG 1972 Nr. 18; NZA **89**, 278
8. 11. 1988	AP Nr. 38 zu § 118 BetrVG 1972	EzA § 118 BetrVG 1972 Nr. 44; NZA **89**, 429
9. 11. 1988	AP Nr. 6 zu § 10 KSchG 1969	BB **89**, 428; DB **89**, 327; NJW **89**, 1381; ArbuR **89**, 59; SAE **89**, 176 (Sieg); EzA § 9 KSchG n. F. Nr. 24; NZA **89**, 270
10. 11. 1988	AP Nr. 3 zu § 1 KSchG 1969 Abmahnung	BB **89**, 1483; DB **89**, 1427; EzA § 611 BGB Abmahnung Nr. 18; NZA **89**, 633
18. 11. 1988	AP Nr. 3 zu § 611 BGB Doppelarbeitsverhältnis	BB **89**, 847; DB **89**, 781; NJW **89**, 1692; EzA § 611 BGB Teilzeitarbeit Nr. 3; NZA **89**, 389
23. 11. 1988	AP Nr. 77 zu § 613a BGB	BB **89**, 1054; DB **89**, 1194; ArbuR **89**, 148; EzA § 102 BetrVG 1972 Nr. 72; NZA **89**, 433
29. 11. 1988	AP Nr. 7 zu § 1 BetrAVG Betriebsveräußerung	BB **89**, 558; DB **89**, 1140; EzA § 613a BGB Nr. 81; NZA **89**, 425

Datum	Fundstelle AP	Weitere Fundstellen
6. 12. 1988	AP Nr. 37 zu § 87 BetrVG 1972 Lohngestaltung	BB **89**, 1822; DB **89**, 984; ArbuR **89**, 149; EzA § 87 BetrVG 1972 Betriebl. Lohngestaltung Nr. 23 (Gaul); NZA **89**, 479
6. 12. 1988	AP Nr. 26 zu § 111 BetrVG 1972	BB **89**, 1058; DB **89**, 883; ArbuR **89**, 150; SAE **89**, 160 (Misera); EzA § 111 BetrVG 1972 Nr. 23; NZA **89**, 399, 577
7. 12. 1988	AP Nr. 15 zu § 19 BetrVG 1972	BB **89**, 1619; DB **89**, 1525; EzA § 19 BetrVG 1972 Nr. 25; NZA **89**, 731
14. 12. 1988	AP Nr. 30 zu § 76 BetrVG 1972	BB **89**, 983; EzA § 76 BetrVG 1972 Nr. 47; NZA **89**, 515
14. 12. 1988	AP Nr. 4 zu § 1 GesamthafenbetriebsG	NZA **89**, 565
20. 12. 1988	AP Nr. 5 zu § 92 ArbGG 1979	BB **89**, 1268; DB **89**, 1032; ArbuR **89**, 148; EzA § 80 BetrVG 1972 Nr. 33; NZA **89**, 393
20. 12. 1988	AP Nr. 9 zu § 87 BetrVG 1972 Auszahlung	BB **89**, 1056; ArbuR **89**, 148; EzA § 87 BetrVG 1972 Nr. 12; NZA **89**, 564
20. 12. 1988	AP Nr. 62 zu § 99 BetrVG 1972	BB **89**, 1549; DB **89**, 1240; ArbuR **89**, 149; EzA § 99 BetrVG 1972 Nr. 70; NZA **89**, 518
	1989	
17. 1. 1989	AP Nr. 1 zu § 2 LPVG NW	DB **89**, 1528; ArbuR **89**, 259; EzA § 2 BetrVG 1972 Nr. 12
18. 1. 1989	AP Nr. 2 zu § 14 AÜG	BB **89**, 1127, 1408; DB **89**, 1419; EzA § 14 AÜG Nr. 1; NZA **89**, 728
18. 1. 1989	AP Nr. 1 zu § 9 BetrVG 1972	BB **89**, 1406; DB **89**, 1420; EzA § 9 BetrVG 1972 Nr. 4; NZA **89**, 725
18. 1. 1989	AP Nr. 28 zu § 40 BetrVG 1972	DB **89**, 1829; EzA § 40 BetrVG Nr. 60; NZA **89**, 641
25. 1. 1989	AP Nr. 2 zu § 2 BeschFG 1985	BB **89**, 1271; DB **89**, 1726
31. 1. 1989	AP Nr. 12 zu § 81 ArbGG 1979	EzA § 81 ArbGG 1979 Nr. 14; NZA **89**, 606
31. 1. 1989	AP Nr. 33 zu § 80 BetrVG 1972	BB **89**, 1693; DB **89**, 982; EzA § 80 BetrVG 1972 Nr. 34
31. 1. 1989	AP Nr. 31 zu § 87 BetrVG 1972 Arbeitszeit	DB **89**, 1631; EzA § 87 BetrVG 1972 Arbeitszeit Nr. 32; NZA **89**, 646
31. 1. 1989	AP Nr. 15 zu § 87 BetrVG 1972 Tarifvorrang	BB **89**, 1339; DB **89**, 1630; EzA § 87 BetrVG 1972 Arbeitszeit Nr. 31; NZA **89**, 604
1. 2. 1989	AP Nr. 63 zu § 99 BetrVG 1972	NZA **89**, 814
9. 2. 1989	AP Nr. 40 zu § 77 BetrVG 1972	BB **89**, 2112; NZA **89**, 765
14. 2. 1989	AP Nr. 22 zu § 16 BetrAVG	BB **89**, 1902; DB **89**, 1471; EzA § 16 BetrAVG Nr. 21

Datum	Fundstelle AP	Weitere Fundstellen
14. 2. 1989	AP Nr. 8 zu § 87 BetrVG 1972 Akkord	DB **89**, 1929; EzA § 87 BetrVG 1972 Leistungslohn Nr. 17; NZA **89**, 648
14. 2. 1989	AP Nr. 52 zu Art. 9 GG	EzA Art. 9 GG Nr. 44; NZA **89**, 601
15. 2. 1989	AP Nr. 17 zu § 19 BetrVG 1972	–
15. 2. 1989	AP Nr. 39 zu § 118 BetrVG 1972	–
16. 2. 1989	AP Nr. 46 zu § 138 BGB	
2. 3. 1989	AP Nr. 101 § 626 BGB	EzA § 626 n. F. BGB Nr. 118; NZA **89**, 755
14. 3. 1989	AP Nr. 64 zu § 99 BetrVG 1972	DB **89**, 1523; ArbuR **89**, 258; EzA § 99 BetrVG 1972 Nr. 71; NZA **89**, 639
18. 4. 1989	AP Nr. 2 zu § 1 BetrAVG Betriebsveräußerung	DB **89**, 2232
18. 4. 1989 1 ABR 3/88	AP Nr. 33 zu § 87 BetrVG 1972 Arbeitszeit	–
18. 4. 1989 1 ABR 2/88	AP Nr. 34 zu § 87 BetrVG 1972 Arbeitszeit	DB **89**, 1926; NZA **89**, 807
18. 4. 1989	AP Nr. 18 zu § 87 BetrVG 1972 Tarifordnung	BB **89**, 2039; DB **89**, 1676
18. 4. 1989	AP Nr. 65 zu § 99 BetrVG 1972	BB **89**, 1696; DB **89**, 1774; NZA **89**, 804
19. 4. 1989	AP Nr. 35 zu § 80 BetrVG 1972	BB **89**, 1696; DB **89**, 1774
25. 4. 1989	AP Nr. 3 zu § 98 ArbGG 1979	DB **89**, 1928
25. 4. 1989	AP Nr. 34 zu Art. 140 GG	NJW **89**, 2284
9. 5. 1989	AP Nr. 18 zu § 87 BetrVG 1972 Altersversorgung	–
24. 5. 1989	AP Nr. 1 zu § 611 BGB Gewissensfreiheit	–
7. 6. 1989	AP Nr. 67 zu § 37 BetrVG 1972	–
13. 6. 1989	AP Nr. 36 zu § 80 BetrVG 1972	–
13. 6. 1989	AP Nr. 36 zu § 87 BetrVG 1972 Arbeitszeit	–
13. 6. 1989	AP Nr. 66 zu § 99 BetrVG 1972	–
13. 6. 1989	AP Nr. 3 zu § 112a BetrVG 1972	–
13. 6. 1989	AP Nr. 19 zu § 113 BetrVG 1972	DB **89**, 2026

Datum	Fundstelle AP	Weitere Fundstellen
21. 6. 1989	AP Nr. 34 zu § 76 BetrVG 1972	–
21. 6. 1989	AP Nr. 35 zu § 76 BetrVG 1972	–
27. 6. 1989	AP Nr. 37 zu § 80 BetrVG 1972	–
27. 6. 1989	AP Nr. 35 zu § 87 BetrVG 1972 Arbeitszeit	–
27. 6. 1989	AP Nr. 5 zu § 42 BetrVG 1972	–
4. 7. 1989	AP Nr. 20 zu § 87 BetrVG 1972 Tarifvorrang	–
4. 7. 1989	AP Nr. 27 zu § 111 BetrVG 1972	–
25. 7. 1989	AP Nr. 38 zu § 80 BetrVG 1972	–
25. 7. 1989	AP Nr. 38 zu § 87 BetrVG 1972 Arbeitszeit	–
1. 8. 1989	AP Nr. 17 zu § 95 BetrVG 1972	–
1. 8. 1989	AP Nr. 68 zu § 99 BetrVG 1972	–
8. 8. 1989	AP Nr. 11 zu § 23 BetrVG 1972	–
8. 8. 1989	AP Nr. 3 zu § 87 BetrVG 1972 Iniativrecht	–
8. 8. 1989	AP Nr. 15 zu § 87 BetrVG 1972 Ordnung des Betriebes	–
8. 8. 1989	AP Nr. 18 zu § 95 BetrVG 1972	–
8. 8. 1989	AP Nr. 6 zu § 186 BetrVG 1972	–
23. 8. 1989	AP Nr. 42 zu § 77 BetrVG 1972	–

Stichwortverzeichnis

Fett gedruckte Zahlen verweisen auf die §§ des Betriebsverfassungsgesetzes 1972, solche mit Klammerzusatz **(52)** auf den Anhang 2 (Erläuterung fortgeltender Vorschriften des Betriebsverfassungsgesetzes 1952), auf Seiten 1570ff; magere Zahlen verweisen auf die Randnummern; WO = Wahlordnung 1972; SozplKonkG = Gesetz über den Sozialplan im Konkurs- und Vergleichsverfahren (Anhang 3)

A

C

D

E

F

I

J

K

O

Q

R

T

V

Buchanzeigen

Köhler

Handbuch der Wohnraummiete

Von Wolfgang Köhler, Vors. Richter am Landgericht a. D.

3., völlig neubearbeitete Auflage. 1988
XXXVI, 660 Seiten. Gebunden DM 85,–
ISBN 3-8006-1315-8

Kaum ein anderes Rechtsgebiet
betrifft so viele Menschen unmittelbar und im Kern ihrer Lebensführung wie das der Wohnraummiete. Dementsprechend praxisbezogen geht die Konzeption dieses Handbuchs dahin, **die verstreuten Vorschriften zusammenzufassen, übersichtlich darzustellen und eingehend zu erläutern.** Dabei ist es dem Autor hervorragend gelungen, eine sinnvolle Synthese zwischen einer vollständigen Darstellung des gesamten Rechts der Wohnraummiete und dem Mietrechtsalltag herzustellen.

Der Rechtsentscheid
auf dem Gebiet der Wohnraummiete bewirkt einen besonderen Grad der Rechtsklarheit. Kenntnisse über dieses Rechtsinstitut vermittelt dieses bewährte Handbuch.

Gefördert durch die Rechtsentscheide der 15 Oberlandesgerichte und des BGH wurden zahlreiche Probleme des bisher stark zersplitterten Rechts der Wohnraummiete abgeklärt, wie vor allem hinsichtlich

- der Schönheitsreparaturen
- des AGB-Gesetzes, z. B. bei der Frage der Gewährleistung des Wohngebrauchs und
- der Reform des Rechts der **Mieterhöhungen,** die dem Vermieter die Anpassung der Miethöhe an die Marktverhältnisse erleichtert hat.

Die Musterformulierungen
im Anhang für Mietverträge, Kündigungsschreiben, Widerspruchsschreiben, Mieterhöhungsverlangen und Nebenkostenabrechnungen haben sich schon bisher als nützliche Hilfen erwiesen.

Verlag Vahlen München

Müller

Arbeitsrecht im öffentlichen Dienst

Von Dr. Bernd Müller, Professor an der Universität der Bundeswehr München

1989. XVIII, 357 Seiten. Kartoniert DM 48,–
ISBN 3-8006-1347-6

Die Neuerscheinung
ist **Lehrbuch und Handbuch** zugleich und verfolgt demnach **zwei Ziele:**

Als lehrbuchmäßige Darstellung wird einmal für diejenigen, die sich im Rahmen **des Studiums oder einer anderen Ausbildung** mit dem Arbeitsrecht im öffentlichen Dienst befassen müssen, dieses in seinen Grundzügen dargestellt und zusammengefaßt sowie ein Überblick über die einzelnen Teilbereiche gegeben.

Zum andern stellt das neue Werk für **Personalsachbearbeiter in den Verwaltungen und Betrieben** des Bundes, der Länder und der Gemeinden sowie für die Mitglieder der Personalvertretungen ein Handbuch dar, das über die allgemeine Behandlung des Sachgebietes hinaus als **Nachschlagewerk** die Lösung auch von praktisch **wichtigen Detailproblemen** ermöglicht.

Das Personalvertretungsrecht
des Bundes ist im Bundespersonalvertretungsgesetz, das der Länder und Gemeinden in eigenen Personalvertretungsgesetzen geregelt. Deshalb befindet sich in diesem Werk eine **tabellarische Übersicht,** die eine Zusammenstellung der Regelungsinhalte des Personalvertretungsrechts des Bundes und der Länder mit den dazugehörigen Vorschriften bringt. Obwohl Ausgangspunkt der Darstellung das Bundespersonalvertretungsgesetz ist, kann dieses Handbuch deshalb auch von denjenigen mit großem Gewinn benutzt werden, die mit dem Arbeitsrecht im **öffentlichen Dienst der Gemeinden und Länder** arbeiten, weil sie die Abweichungen vom Personalvertretungsrecht des Bundes mit Hilfe der tabellarischen Übersicht leicht herausfinden können.

Verlag Vahlen München